栾保群 编著

中国神怪大辞典

（第三版）

人民出版社

特约编辑：王　冲
责任编辑：翟金明
封面设计：石笑梦

图书在版编目（CIP）数据

中国神怪大辞典 / 栾保群编著. -- 3 版. -- 北京 ：
人民出版社，2025. 5. -- ISBN 978 - 7 - 01 - 027133 - 0

Ⅰ. B933 - 61

中国国家版本馆 CIP 数据核字第 20257DK841 号

中国神怪大辞典
ZHONGGUO SHENGUAI DA CIDIAN
（第三版）

栾保群　编著

人民出版社 出版发行
（100706　北京市东城区隆福寺街 99 号）

北京尚唐印刷包装有限公司印刷　新华书店经销

2025 年 5 月第 1 版　2025 年 5 月北京第 1 次印刷
开本：889 毫米×1194 毫米 1/16　印张：59.5
字数：1690 千字

ISBN 978 - 7 - 01 - 027133 - 0　定价：429.00 元

邮购地址 100706　北京市东城区隆福寺街 99 号
人民东方图书销售中心　电话（010）65250042　65289539

目　次

弁　言 ·· 1

修订说明 ·· 1

第三版出版说明 ·· 1

凡　例 ·· 1

笔画索引 ·· 1

音序目录 ·· 1

正　文 ·· 1

　　附录一　《真灵位业图》 ·· 838

　　附录二　《封神演义》神谱 ·· 856

　　附录三　诸神祭诞日 ··· 860

弁　言

一

作为《中国民间诸神》的姐妹编，本书可能有更广泛的读者。因为本书所收神祇的范围扩大了很多，编者尽自己力量所及，把古代文献中所能找到并有一定查询价值的鬼神名目搜罗起来，经过筛选，保留了五千多条，从名目上看，要比《中国民间诸神》多出十倍以上；而且这些神怪名目以词条方式出现，更便于读者检索，所以这实际上是一部"神名大辞典"。

说起编这部辞书的起因，其实也是由于看到了读者的需要。若干年前，东瀛的一个美术史学者，大约正研读米芾的《画史》吧，对其中著录的一幅"西山十二真图"不知所指，这位认真的读者查阅了手头的中国辞书，都找不到相关的条目。"西山十二真君"一词，对于搞道教史的学者自然不算生僻，但我试着查了一下各种大型辞书，包括《道教大辞典》，竟然全都没有收入这一条。当时我想，中国的传统文化可以说是博大精深，但关于各科目的专门辞书却还很少。在古代，经国济世的"大学问"不必说了，即是琐碎到弹棋打马、煎茶煮泉、畜猫赏蝶，也还有一些"闲人"编成笔记或类书，而且相当有体有品。相比之下，现在热热闹闹的图书市场中就看出了某些选题的单调和粗糙。专门性辞书的缺少对于那些读书爱"较真儿"的朋友是个遗憾，而对于做文字工作的先生们就不仅是自己遗憾而已了。有的《聊斋》注本沿袭旧注，把本是冥府十王的"转轮王"解释成"以转轮宝降伏四方"的"转轮圣帝"；有的专著因为对"孝悌王"没有弄清楚，结果得出了出家和尚要还俗尽孝的结论；有的望文生义，把"福禄寿三星"解释成"三星在天"的参宿或心宿，把凶煞"蚕官五鬼"当成了蚕神。类似的纰漏在出版物中并不少见，难免误己误人。但尺有所短，我们也没有理由要求某一专业的专家一通百通，可是如果我们有一部关于鬼神的专门辞典，这种失误总是可以避免一些的。

说神道鬼，其价值和意义当然无法与"经济之学"相比拟，但也不是全与世事无关。

近年来民生富足，再加上旅游业的腾飞，各地修复兴建庙宇宫观的风气日趋旺盛起来。我不想评价鬼神信仰的是非问题，只是想说，中国古代的寺观文化之所以至今能为举世所瞩目，所惊叹，是因为它凝聚了中华民族多方面的文化积淀，它不仅在建筑、绘画、雕塑方面有着卓越成就，还显示着宗教、文学、哲学等方面的整体高度。我们看一看山西大同下华严寺菩萨和诸天的塑像，就不仅要惊叹雕塑艺术家高超的表现力和创造力，还应该钦服当时僧侣学问之渊博、思想之宽容和见识之超卓，他们确实代表着一种思想和文化高度。但我们现在能留给后人什么样的寺观文化呢？总不能只是一堆伪劣假冒的"土木形骸"吧。粗制滥造出来以骗取香火钱的"寺观企业"就不去说它了，就是一些虔心建造的寺观也往往多有疏漏。我见过台湾地区一座相当宏丽的庙宇，其中所塑的送子张仙手里所持的除了一张弓之外，还有一支箭，以"诞子"取义而应该使用"弹子"的张仙竟然变成了"小爱神"！北京大学的白化文先生近些年来特别重视佛像的"营造法式"，大约也是出于对这一现象的忧虑。说句大白话，就是"迷信"也要有"迷信的规矩"。而作为民俗学家的冯骥才先生更是发大誓愿，尽其力所能甚至所不能地"抢救"文化遗产，颠沛于是，竭蹶于是，我想他要抢救的绝不止于那些建筑和版片，而是那一种执着精进、宽容博大的民族精神吧。

所以，即使我们现在不造寺观、不塑神佛，但与此相关的传统文化也还是应该延续的。中国和西方一样，宗教艺术在艺术史中占有相当大的比重，如果我们没有适当的知识，就无法理解山西永乐宫的"朝元仙仗图"和河北毗卢寺的"水陆画"（实际上，迄今为止所有关于毗卢寺壁画的出版物，也没见到一种能对其中诸神作出较为令人满意的说明）。古典文学，特别是戏曲小说，更是与中国民间的鬼神信仰血脉相通，要想让一个健全的有求知欲的现代人完全与传统的信仰隔绝起来，那简直是不可想象的。至于鬼神信仰在中国历史上曾发生过的特殊作用，很多历史学者都已经有大量的专题论著。几个牛鼻子老道的胡诌，竟能把多少诤臣都弹不倒的权臣掀翻，一个"篝火狐鸣"之类的把戏，竟能让一群赤手空拳的戍卒敢向偌大帝国叫板，这种让任何当权者都不能不掂一掂分量的"文化背景"，难道不应该好好研究一下吗？

所以我觉得编一本《中国神怪大辞典》这样的工具书还是有必要的。

二

需要做一下说明的是，这本书与一些宗教性辞典有所不同，那就是更偏重一些民间的俗信。

在我们中国的古代，伴随着现实的历史运动，总是不断发生着造神活动，从朝廷到民间，从儒、道、释的大师到贩夫走卒，总是根据自己的需要制造形形色色的神明。由于中华大地各民族的融合要比世界上其他文明古国来得更早，理性的史官文化要比同时期的文明古国成熟得更快，于是中国远古各部族的神话在中华民族的历史运动中被融化，被改造，被肢解，大量的远古诸神被改造为历史人物，就遗存的文献材料来说，已经很难恢复其本始的体系和面貌了。但是，中华民族统一的神灵世界也就是在这一运动中形成，它综合了各原始民族的灵界文化，铸造了一个具有比较稳定内核的灵界观，使其成为中华民族民族性的一部分。它仍然显示了极其丰富多彩的内容和别具一格的文化特征。

我们古代的中国是一个热衷于造神，但又始终建立不起"国教"的国家。无论是外来的佛教还是本土的道教，不但在统治者那里是处于"客座"的位置，就是在民间也会遭到"唯我所用"、变形变味的改造。天地日月、五岳四渎，这些列入祀典的神祇往往被儒生们"仪典化"，翻翻《文献通考》之类的书，我们可以看到历代名臣鸿儒们争来争去、连篇累牍的宏论，不过就是"礼学"的延伸；当然，这里也许可以看到政治斗争的暗影，却很少有宗教的虔敬。所以明太祖朱元璋对这些徒具虚名的神祇理解得很透彻，一道圣旨，什么他妈的帝、王、天师，每人给一个木牌位，写上"某某之神"就行了。天上万神的势力也抵不了人间的一个皇帝。

至于民间，对于鬼神的态度则别开生面。一方面是无神不信的多神崇拜，另一方面则是神为我用的非神信仰。那些"淫祀丛祠"里的神鬼们，一批过气了，一批又捧红了，一边是集资敛财重塑金身，一边是风雨剥蚀房倒屋塌；有时图省事，径直把当红神道搬进失势神道的老宅子里，更不像话的是，有时竟连过气神道的老婆也当"礼品"孝敬了当红神道。民间神祇中能当上"常青树"的也有不少，但他们的命运也很别致，那就是人们把对他们的信仰"民俗化"。不仅那些以年画花纸、竹木雕刻以及戏曲小说为表现形式的八仙、三星、麻姑、锺馗，甚至无常、女吊之类的神鬼，早已经脱离了信仰的范畴，就是对观音、弥勒佛、玉皇大帝的供奉和祭享，也有相当多的民俗成分，套句现成的话头，就是"神道搭台，民众唱戏"，借个名头大家消遣一下而已（其中最有代表性的自然是中元节上的城隍出巡和连演多少天的"目连戏"了）。当然，这些大多是被"改造好了"的神祇，和老百姓已经成了一家人，称兄道弟自是无妨，即使加些嬉笑怒骂也未尝不可。民间的俏皮话中有相当一部分是用鬼神做主角的，那"不敬"之间就含着亲昵。当然，这个"民间"也是包括很多文化人的。

对神祇的信仰一个是"仪典化"，另一个是"民俗化"，似乎是两个极端，其实是同一个作用，那就是对宗教的"消化"。但它们之间的区别也是很明显的，那就是，一个把神明僵化为庙堂里的牌位，另一个把神明变成活生生的人。我们感兴趣的就是那些经过民间"消化"之后的鬼神，正是这些鬼神仙佛对中国文化产生了独特的影响。我和吕宗力先生合编的《中国民间诸神》是以这些神明为主角，而作为《中国神怪大辞典》，虽然不得不把采取的范围扩大，但还是偏重为民间所接受的神明。比如对佛教中的诸神，除了常见的菩萨、罗汉、天王、金刚之外，我们只把范围扩大到中国寺庙雕塑绘画中能见到的神明，而不把佛经中的诸神全盘端上。道教中的神明也是一样，只是由于道教与民间信仰有着特殊的联系，二者的神明经常互相串门，所以看起来道教神明要更多一些。具体的安排，已经在"凡例"中有较详的说明，兹不赘叙。

三

说一点题外的话，中国的文化趋向似乎正处在一个十字路口上，一些有识之士开始注意到传统的民俗文化"是生是死"的问题。新中国成立前战乱频仍，民不聊生，可是新中国成立之后，百业振兴，传统的民俗很快得到恢复，六十多岁的人还可以回忆起那时端午、中秋的岁时民俗是多么丰富多彩，就不必说过年那样的大节了。可是此后经过几次或大或小的"文化革命"，这些民俗传统在现实生活中就荡然无存了。虽然改革开放以来，随着思想禁锢的逐步解除和人民生活水平的日益提高和稳定，一些民间习俗得到了恢复，但实际上却是所余无几，或是徒具形式。而眼下又面临着在民俗和节庆上与西方"接轨"的冲击，比如有人提议把"七夕"改叫"中国情人节"之类。这种"接轨"虽然不可避免，但是否就非要把不同文化内涵的东西强行置换，以至好好的老公母俩也要叫成"情人"不可呢？任何一个民族的习俗与节庆总是这个民族的重要文化特征之一，它们积存着历代祖先的信仰和追求，一代一代地延续下来，成了流淌在民族血管中的一种成分。我们很难想象一个没有春节的中华民族，可是如果把传统的春节民俗扫荡一空，只剩下联欢晚会和放花放炮，这又算是什么春节呢？

我们曾经把"移风易俗"的着眼点落在"破除迷信"上，为此还有一些自作高明的人专门要在旧民俗中挖掘出迷信的缘由，以图将其根除。但一个民族的习俗与节庆又偏偏与这个民族本身的神话、传说、鬼神信仰密不可分，甚至可以说，古代的一些生活习惯和经验往往要凭借着鬼神信仰才凝固为民俗，所以要想根除"迷信"，就等于是根除一切旧民俗。随着"破除迷信"的扩大化，我们的不少健康的民俗和习惯就渐渐失传了。你可以不让人信神，但有没有必要拆庙呢，庙拆了，庙会也没了，而庙会在中国农村社会结构中重要的经济文化交流作用也就随之失去。但这"根除"也不大容易。你不让人家演鬼戏，《李慧娘》不让演，《锺馗嫁妹》也不行，可是曾经"最高指示"中却又说"为了打鬼，借助锺馗"，还有什么"中宣部是阎王殿"，可见就是彻底的唯物主义者也不能"口不言鬼神"的。

那么在我们的节庆和民俗中，用些鬼神来娱人又有什么不可呢？我不赞成鬼神迷信和鬼神信仰，但民俗化的鬼神已经超越了信仰，有些内容已经突出为"道德传承"性质的纪念活动，比如山西解州的关公祭祀活动以及全国性的清明祭扫；有的则成为关系民生的娱乐性劳作，如端午节的一些旧习俗实际上就是一场春季卫生；有的则近似于一种民间的游戏，如春节时北京白云观元辰殿的点本命星君。这些民俗活动尽管掺杂着鬼神的故事，但很明显，鬼神的娱人性质完全遮蔽了信仰性质，所以没有必要为这些民俗故事贴上"神话传说"这种好听些的标签来作通行证，它本身就有合理存在的理由。当然，作为民族特征之一的民俗失去了可惜，可是要用行政命令的方式来恢复也是不可能的，我们只是希望在扶正破邪的前提下少设一些禁区，为那些被冤枉了的民俗化"鬼神"正一下名，那么随着政熙民和，若干年后总会出现一个既有民族特色又有时代风貌的新民俗。

学问本为公器，编出书来是为了供广大读者使用，而对于这本书来说，要想编得成功，更要仰仗读者诸公的支持和协助。它虽然是一本专门化的辞书，但所搜集的范围却很不"专门"，严格地说，它的取材对象就是所有的中国文献。这对于区区在下来说，那真是蚍蜉撼大树，穷有生之年也不能啃完了。虽然在我翻检的很多书中只能找到一条两条，甚至全无所获，可是由于条件所限，有些应该读的书却找不到，借不出。加上在下学识浅薄，对于很多领域都是生客，偏偏又不揣鄙陋，往往于其间夹以管窥之见。这样一来，缺漏及荒谬之处必然不少。所以在此恳请广大方家和读者，多加指正批评，如果能惠以辞条，则更为感激不尽。那么在若干年后加以修订时，本书就将成为一部群策群力的成果了。

栾保群

2007 年 8 月

修订说明

　　《中国神怪大辞典》出版已经将近十年，这期间不断得到读者提供的一些宝贵意见。这次修订主要是修正原书的错误，对原词条补充一些新的材料。同时增加也删除了一些辞条，大致算起来，新版比第一版多出三百多条，相应的也增加了大约十万字。考虑书中多有引文套引文的情况，容易引起读者的误读，所以这次修订，凡是引文容易误读之处，都酌加引号。需要说明的是，引号之内的文字多有裁剪，如果引用，务必检索原书。

栾保群

2017 年 12 月

第三版出版说明

　　本书初版于 2009 年，修订版出版于 2018 年，但实际上也增加了一些条目。本版是第二次增订版，故称为第三版。前两版出版后，其间我陆续读到诸多热心读者所反映的意见和建议，有的指出某些失误，有的提供新的材料和词条等，这些对本版的增订非常重要。在此谨向诸位读者朋友表示由衷的感谢。

　　此次增订改写的内容主要包括三个方面：一是对部分条目进行了修订，重新撰写了部分条目；二是搜集新材料，与修订本相比增加条目约 1000 条；三是补充替换部分图片，比修订本增加了约五分之一，并尽力提高图片的清晰度并保存细节。

　　翟金明先生是本书最早的责任编辑。十几年来，他一直关注着本书，不断督促我修改、补充。在收到第二次增订稿之后，他又在订正文字、校核引文、增改图片等方面付出很大的劳动。这是必须表示感激的。

　　前两版所附"征引书目"并不完全，仅是所引 800 余种书籍中的一小部分，保留的意义不大。考虑到如果此次全部刊出，必将占用篇幅过大，故决定删掉，请读者鉴谅。

　　再次恳请关心本书的读者朋友多提宝贵意见。

栾保群

2025 年 1 月

凡　　例

　　一、是编虽名"搜神"，所收并非狭义之"神"，举凡神、仙、鬼、怪、巫、幻之类带有"神性"者，一概归入所收范围。所谓"神性"，即人物现象之超自然性质。"鬼"之与"神"，本为一物，殷周以来，不仅连称，且为互名。大抵人死为鬼，其中所谓"聪明正直"者则为神，则神本为鬼中之"大人物"耳。乃如强魂恶鬼，为人所畏惧而谀之为"神"者，亦犹强盗可称大王，兵痞而称老总，更不在少。至于"仙"者，则或以肉身或以尸解成神者，故古人"神""仙"二字或亦通用。《淮南鸿烈》多方士之言，数十万言竟无一"仙"字，"昆仑之丘，登之乃神"，"不食者不死而神"，其"神"正为"仙"也。人不死为仙，物不死则为精为怪，是仙与精怪本无区别，故狐精可称狐仙，花神本为花妖。巫医星相，术能通神，在上古即为人神媒介；后世或称巫觋为"半仙"，虽为乡谈，实中本质。西方诸圣，本有"金仙""胡神"之称，传入既久，又多汉化，不惟名臣显宦身后之鬼可为阎摩，即逸人牧竖前生之灵或是佛陀。古之剑侠，肇自越女，至唐大盛；囊利器于脑内，取人头于千里，如云其击技而入圣，无宁为神仙之别才。它如妖人幻术，迹近于逸仙，甄别惟在正邪；异域灵怪，本源于《山海》，去取何分今古？凡此种种，概以"神"名，况干宝在前，例非自我也。

　　二、范围既大，搜取忌滥。我国民众思想向主泛神论，山川池沼，殿宇屋舍，乃至豕圈鸡埘，片石孤木，无不有神灵主其间。而人死为鬼，祠之即神，穷乡僻野，所在多有，即载于卷册略具名目者，其数即以万计。又道释二典，竞尚夸诞：仙真鬼王，随口即出，菩萨诸天，动辄累牍，而究其行迹，多空无一辞。是编于此种仅具名目者，例皆不取。

　　三、乡贤名宦，为方志一大节目，所谓盛德不泯、义存祀典者，修其祠墓，续其香火，不惟使后人有仨想夷门之思，亦为光耀桑梓、团结宗族计；又有捍土死事者，亦往往神之以显功昭节。其间或有虚称灵迹，拟号请封者，如为民众认可，即不妨酌入本编，其余一概略而不取。

　　四、行业祖师，有称为"行业神"者。尊崇祭享，不唯于宗教情绪上为一行业之佑护，亦对业内人士之凝聚、技艺之传承有相当实际作用，不宜与妖人巫觋之迷信造神等而视之。究其实质，颇类于方志之乡贤名宦：其本行业之能工巧匠即"祖师神"者，类于"乡贤"；偶与本行业相涉之帝王名臣或称"保护神"者，则类于"名宦"。诸"行神"名目虽多，而究其"神迹"，往往阙如，或虽有神迹，率多雷同，或空挂名衔，两不相干。故兹编仅择其"神性"较著者立条，其余则附见于有关条目。间有例外，如"蔡伯喈"之类，其原因阅时自明。

　　五、话本小说中有神魔一门，其中角色俱为神仙鬼怪，如猪八戒、黄风怪、鹿角大仙、铁扇公主之类，如一概编入，颇为不伦。故凡与典籍及民间信仰无涉者，例不录入。即文言小说中，文人缘兴自造之神亦不少，自唐人传奇以至清季说部，此风始终不歇。文人弄笔，故为狡狯：毛颖、管城，消块垒于咏物；游仙、会真，假神女以娱情。本编亦缘神魔小说之例待之。

　　六、民间传说，向为民俗研究之渊薮，其中颇涉鬼神。然其枝叶繁茂，发于柯干，综其条理，多成类型。如一概编入，颇嫌重复芜杂，故仅取见于典籍而较有影响者，如白水素女、陷湖龙母者收入，其余拟出别一方式整理，俟以将来。

　　七、民间秘密宗教及诸种会、道、门中，神名甚多，或信口无稽，有名无实，或取自唱本，鄙俚可笑；亦缘宝卷善书，觌面无缘，间得数种，录之适以贻笑大方，略而不取，亦有藏拙之意焉。

　　八、高道高僧，虽于宗教史地位重要，但无神迹可言者，不录。又此种人物已有专书，读者自可检阅，编者不妨偷懒。

　　九、由于所引材料与时代及地域关系甚大，为方便读者，除众所周知者外，所有书名之前均标明朝代作者，地名亦注以今称。

　　十、历代多有仙传之编，至《古今图书集成·神异典》而集其大成。诸传相较，有一事而数主者，有一人而误为数人者，或有时代乱置，甚或男女不辨者，皆一一甄别。

　　十一、辞条之列，或繁或简，大抵以读者检索之必要者而定。如一黄万户而衍化为黄万护、黄万枯、黄万炉、黄万佑数人，因分见诸书，则分别列条；又如吕洞宾除吕翁、吕仙、吕祖、吕公等称外，尚有文尼真君、文尼真佛、妙道天尊、无上宫主诸号，更有回道人、昌虚中、吕元圭、守谷客诸幻名，其中凡能于原文中悟出者，一概不列条目。

　　十二、本编诸神条目，凡其材料在文献中较多，且见于《中国民间诸神》者，尽量从略，或仅作综述；而其材料较为罕见者，则尽量从详。但所引文献多经节略，读者引用，请核原书。故本编标其卷数，以便翻检。

　　十三、元·赵道一《历世真仙体道通鉴》略称为《仙鉴》，《历世真仙体道通鉴续编》略称为《仙鉴续编》，《历世真仙体道通鉴后集》略称为《仙鉴后集》，《古今图书集成·神异典》略称为《神异典》。

笔画索引

（所标页码为"音序目录"页码）

一画

一 ……………… 50

二画

二 ……………… 10
丁 ……………… 9
十 ……………… 36
七 ……………… 32
卜 ……………… 3
人 ……………… 34
八 ……………… 1
九 ……………… 20
刁 ……………… 9
了 ……………… 24
刀 ……………… 8

三画

力 ……………… 24
三 ……………… 34
于 ……………… 51
干 ……………… 12
土 ……………… 41
丈 ……………… 54
大 ……………… 7
万 ……………… 42
上 ……………… 35
小 ……………… 46
山 ……………… 35
千 ……………… 32
乞 ……………… 32
川 ……………… 7
凡 ……………… 11

广 ……………… 14
门 ……………… 28
义 ……………… 50
尸 ……………… 36
弓 ……………… 13
卫 ……………… 43
子 ……………… 56
女 ……………… 31
飞 ……………… 11
马 ……………… 27

四画

丰 ……………… 11
王 ……………… 42
井 ……………… 20
开 ……………… 21
天 ……………… 40
夫 ……………… 12
元 ……………… 51
无 ……………… 44
韦 ……………… 43
云 ……………… 52
木 ……………… 29
五 ……………… 44
支 ……………… 55
不 ……………… 3
太 ……………… 39
犬 ……………… 33
历 ……………… 24
尤 ……………… 51
匹 ……………… 31
车 ……………… 5
巨 ……………… 21
戈 ……………… 13
比 ……………… 3

互 ……………… 16
少 ……………… 36
日 ……………… 34
中 ……………… 55
冈 ……………… 12
水 ……………… 38
贝 ……………… 3
牛 ……………… 30
毛 ……………… 28
升 ……………… 36
长 ……………… 5
仆 ……………… 32
仇 ……………… 33
化 ……………… 17
反 ……………… 11
介 ……………… 19
从 ……………… 7
公 ……………… 13
仓 ……………… 4
月 ……………… 52
风 ……………… 11
丹 ……………… 8
乌 ……………… 44
凤 ……………… 12
勾 ……………… 13
卞 ……………… 3
六 ……………… 25
文 ……………… 44
亢 ……………… 21
方 ……………… 11
火 ……………… 18
斗 ……………… 9
计 ……………… 18
户 ……………… 16
尹 ……………… 50
尺 ……………… 6

引 ……………… 50
孔 ……………… 21
巴 ……………… 1
邓 ……………… 8
劝 ……………… 33
双 ……………… 38
书 ……………… 37

五画

玉 ……………… 51
末 ……………… 29
击 ……………… 18
邗 ……………… 15
正 ……………… 55
邝 ……………… 33
功 ……………… 13
去 ……………… 33
甘 ……………… 12
古 ……………… 13
本 ……………… 3
左 ……………… 57
厉 ……………… 24
右 ……………… 51
石 ……………… 37
布 ……………… 4
龙 ……………… 26
平 ……………… 31
东 ……………… 9
北 ……………… 2
卢 ……………… 26
归 ……………… 14
目 ……………… 29
叶 ……………… 50
甲 ……………… 19
申 ……………… 36

电	9	发	10	师	36	齐	32
田	41	圣	36	当	8	交	19
由	51	台	39	吐	41	衣	50
史	37	矛	28	虫	6	产	4
叫	19	母	29	曲	33	充	6
冉	34	幼	51	吕	27	问	44
四	38			吊	9	羊	49
生	36	**六画**		因	50	并	3
禾	15			回	18	关	13
丘	33	匡	21	肉	34	米	28
仙	46	刑	47	年	30	灯	8
白	1	邢	47	朱	56	江	19
仝	41	戎	34	先	46	池	6
令	25	吉	18	舌	36	汤	40
氏	8	托	41	竹	56	忖	7
乐	22	老	22	乔	32	兴	47
尔	10	巩	13	伍	45	守	37
犰	33	扫	35	伏	12	宅	52
外	42	地	8	臼	20	安	1
冬	9	场	5	延	48	祁	32
鸟	30	扬	49	仲	55	许	47
务	45	耳	10	任	34	讹	10
包	2	共	13	伤	35	寻	48
主	56	亚	48	伥	4	阮	34
市	37	朴	32	华	17	孙	39
邝	21	机	18	仰	49	阵	55
冯	11	权	33	伊	50	阳	49
玄	48	协	46	向	46	阪	2
兰	22	西	45	似	38	阴	50
半	2	厌	48	后	16	防	11
头	41	有	51	行	47	如	34
汉	15	百	2	角	26	好	15
忉	8	夸	21	合	15	妈	27
宁	30	夺	10	杂	52	戏	46
讨	40	灰	18	危	43	羽	51
必	3	达	7	负	12	观	14
永	51	列	24	多	10	牟	29
司	38	成	6	凫	12	欢	17
弗	12	夷	50	邬	44	红	16
弘	16	邪	46	冲	6	纠	56
阡	32	划	17	冰	3	纤	46
奶	29	毕	3	庄	56	纪	18
皮	31	叽	18	庆	33		
边	3	贞	55	刘	25		

七画

寿 ……………… 37
弄 ……………… 30
形 ……………… 47
远 ……………… 52
扶 ……………… 12
坛 ……………… 40
贡 ……………… 13
赤 ……………… 6
折 ……………… 55
孝 ……………… 46
投 ……………… 41
坑 ……………… 21
护 ……………… 16
志 ……………… 55
报 ……………… 2
芙 ……………… 12
苇 ……………… 43
邯 ……………… 15
苌 ……………… 5
花 ……………… 16
苍 ……………… 4
严 ……………… 48
芦 ……………… 26
劳 ……………… 22
苏 ……………… 38
杜 ……………… 10
巫 ……………… 44
李 ……………… 24
杨 ……………… 49
孛 ……………… 3
更 ……………… 13
两 ……………… 24
丽 ……………… 24
医 ……………… 50
邴 ……………… 31
庑 ……………… 42
豕 ……………… 37
来 ……………… 22
连 ……………… 24
轩 ……………… 48
步 ……………… 4

坚 ……………… 19
旱 ……………… 15
时 ……………… 37
吴 ……………… 44
呆 ……………… 8
吠 ……………… 11
园 ……………… 52
旷 ……………… 21
围 ……………… 43
足 ……………… 57
员 ……………… 52
吹 ……………… 7
吼 ……………… 16
岐 ……………… 32
岑 ……………… 4
财 ……………… 4
针 ……………… 55
钉 ……………… 9
利 ……………… 24
兵 ……………… 3
何 ……………… 15
佑 ……………… 51
作 ……………… 57
伯 ……………… 3
伴 ……………… 2
身 ……………… 36
甸 ……………… 16
佛 ……………… 12
伽 ……………… 32
彷 ……………… 31
余 ……………… 51
希 ……………… 45
坐 ……………… 57
谷 ……………… 13
孚 ……………… 12
含 ……………… 15
肚 ……………… 10
龟 ……………… 14
狂 ……………… 21
狄 ……………… 8
角 ……………… 19
狐 ……………… 16
鸠 ……………… 20
卵 ……………… 27

邹 ……………… 57
饭 ……………… 11
言 ……………… 48
床 ……………… 7
应 ……………… 50
冷 ……………… 22
庐 ……………… 26
辛 ……………… 47
弃 ……………… 32
冶 ……………… 50
闰 ……………… 34
闲 ……………… 46
闵 ……………… 29
判 ……………… 31
灶 ……………… 52
汪 ……………… 42
沃 ……………… 44
沟 ……………… 13
沈 ……………… 36
沉 ……………… 5
怀 ……………… 17
宋 ……………… 38
穷 ……………… 33
启 ……………… 32
补 ……………… 3
社 ……………… 36
君 ……………… 21
灵 ……………… 24
张 ……………… 53
忌 ……………… 18
陆 ……………… 26
阿 ……………… 1
陈 ……………… 5
坠 ……………… 56
陀 ……………… 41
妙 ……………… 29
妖 ……………… 49
妒 ……………… 10
邵 ……………… 36
忍 ……………… 34
鸡 ……………… 18
驱 ……………… 33
纳 ……………… 29
驳 ……………… 3

纸 ……………… 55
驴 ……………… 27

八画

环 ……………… 17
武 ……………… 45
青 ……………… 33
抹 ……………… 29
卦 ……………… 13
邦 ……………… 14
拓 ……………… 41
担 ……………… 8
块 ……………… 49
拍 ……………… 31
顶 ……………… 9
拘 ……………… 21
抱 ……………… 2
幸 ……………… 47
招 ……………… 54
披 ……………… 31
拨 ……………… 3
茉 ……………… 29
苦 ……………… 21
若 ……………… 34
苗 ……………… 29
英 ……………… 50
苻 ……………… 12
苟 ……………… 13
范 ……………… 11
茅 ……………… 28
林 ……………… 24
杯 ……………… 2
杵 ……………… 6
枨 ……………… 6
板 ……………… 2
松 ……………… 38
枫 ……………… 11
枕 ……………… 55
丧 ……………… 35
画 ……………… 17
雨 ……………… 51
卖 ……………… 28
郁 ……………… 51

矿	21	帛	3	泥	30	毒	10
厕	4	卑	2	波	3	封	11
奔	3	征	55	泽	52	持	6
奇	32	舍	36	怪	13	拱	13
欧	30	金	19	宝	2	项	46
转	56	斧	12	宗	57	城	6
斩	53	采	4	定	9	赵	54
郅	55	贪	40	宜	50	郝	15
叔	37	肥	11	官	14	垢	13
齿	6	服	12	空	21	拾	37
卓	56	周	55	宛	42	挑	41
虎	16	鱼	51	实	37	挥	18
肾	36	兔	41	宓	29	荆	20
尚	35	狂	36	郎	22	茈	56
盱	47	狐	16	肩	19	草	4
旺	43	忽	16	房	11	茧	19
昊	15	狗	13	视	37	茴	18
昙	40	狍	31	祈	32	茶	4
果	14	狞	30	肃	39	荀	48
昆	22	狒	11	录	26	荣	34
国	14	枭	46	帚	56	荧	51
昌	4	婴	52	居	21	胡	16
明	29	变	3	鸤	36	茹	34
易	50	京	20	屈	33	南	29
忠	55	庞	31	弥	28	药	49
呼	16	夜	50	孟	28	枯	21
鸣	29	底	8	孤	13	柘	55
岩	48	疟	30	陕	35	相	46
罗	27	疠	24	姑	13	枳	55
罔	43	郊	19	始	37	柏	2
知	55	庚	13	弩	30	柳	25
牧	29	净	20	细	46	柱	56
物	45	育	51	织	55	树	37
乖	13	郑	55	终	55	勃	3
和	15	单	35	驸	57	要	49
季	18	炎	48	绍	36	威	43
委	43	炉	26	经	20	砚	48
侍	37	法	10	贯	14	面	29
岳	52	河	15			耐	29
使	37	油	51	**九画**		耍	37
岱	8	泗	38			奎	21
凭	31	洮	50	契	32	残	4
饮	7	沿	48	贰	10	殃	49
依	50	注	56	春	7	殇	35

背	3	郗	45	浑	18	素	39
临	24	剑	19	举	21	蚕	4
竖	37	爱	52	宫	13	盐	48
咕	18	食	37	穿	7	袁	52
哑	48	脉	28	窈	32	都	10
显	46	胇	11	冠	14	耆	32
禺	51	狨	34	语	51	壶	16
昭	54	猪	19	扁	3	耿	13
毗	31	猗	50	袜	28	聂	30
虹	16	独	10	祖	57	莲	24
虾	45	狰	55	神	36	莫	29
蚁	50	狡	19	祝	56	荷	15
好	56	狱	51	祠	7	晋	20
骂	28	昝	52	屏	31	莎	35
哈	14	急	18	屎	36	真	55
哪	30	饶	34	费	11	桂	14
骨	13	将	19	胥	47	桓	17
幽	51	度	10	险	46	桐	41
钟	55	疮	7	姬	16	桥	32
钦	33	疫	50	姚	49	桃	40
钩	13	帝	9	拏	29	格	13
钮	30	施	36	怒	30	索	39
看	21	闻	44	贺	15	栗	24
矩	21	闽	29	羿	50	贾	19
香	46	闾	27	勇	51	夏	46
种	55	养	49	柔	34	砧	55
秪	55	姜	19	结	19	破	32
秋	33	送	38	骄	19	烈	24
科	21	类	22	象	41	顾	13
重	55	迷	28	绛	19	柴	4
段	10	娄	26	骆	27	紧	20
顺	38	酋	33	绝	21	逍	46
修	47	首	37	骇	15	党	8
保	2	总	57			哮	46
信	47	炳	3	**十画**		鸭	48
皇	17	炮	31			晁	5
皈	14	洪	16	耕	13	晏	49
鬼	14	洹	17	耗	15	晖	18
禹	51	洞	9	泰	40	蚊	32
侯	16	活	18	秦	33	恩	10
衍	48	洙	12	项	47	哼	16
律	27	洛	27	珠	56	峭	32
俞	51	济	18	班	2	被	51
弇	49	浐	4	敖	1	宰	36

圆 …… 52	离 …… 22	继 …… 18	蚺 …… 33
峻 …… 21	唐 …… 40		蛊 …… 13
贼 …… 52	斿 …… 52	**十一画**	蚯 …… 6
钱 …… 32	阆 …… 22		蛇 …… 36
钳 …… 32	恙 …… 49	麸 …… 12	鄂 …… 10
钵 …… 3	瓶 …… 31	掩 …… 48	患 …… 17
铁 …… 41	料 …… 24	捷 …… 19	啸 …… 46
眚 …… 36	益 …… 50	推 …… 41	崖 …… 48
氪 …… 50	烛 …… 56	捻 …… 30	崔 …… 7
乘 …… 6	烟 …… 48	掠 …… 27	崩 …… 3
秤 …… 6	涛 …… 40	控 …… 21	崇 …… 6
积 …… 18	浦 …… 32	据 …… 21	婴 …… 51
筧 …… 19	酒 …… 20	勒 …… 22	圈 …… 21
笔 …… 3	涉 …… 36	黄 …… 17	铙 …… 30
笆 …… 1	娑 …… 39	菌 …… 21	铜 …… 41
倩 …… 32	消 …… 46	菊 …… 21	银 …… 50
值 …… 55	涓 …… 21	菩 …… 32	矫 …… 19
倚 …… 50	海 …… 14	菀 …… 42	梨 …… 22
倒 …… 8	涂 …… 41	营 …… 51	犁 …… 22
倍 …… 3	浴 …… 51	萧 …… 46	秽 …… 18
健 …… 19	浮 …… 12	菉 …… 26	移 …… 50
臭 …… 6	润 …… 34	萨 …… 34	符 …… 12
射 …… 36	浣 …… 17	梼 …… 40	鸺 …… 47
皋 …… 12	涌 …… 51	梦 …… 28	偓 …… 48
徐 …… 47	家 …… 18	梵 …… 11	傀 …… 22
殷 …… 50	宵 …… 46	梅 …… 28	偏 …… 31
般 …… 2	宾 …… 3	梓 …… 57	偓 …… 44
釜 …… 12	容 …… 34	曹 …… 4	盘 …… 31
爱 …… 1	诸 …… 56	副 …… 12	船 …… 7
豻 …… 1	诺 …… 30	戚 …… 32	彩 …… 4
豹 …… 2	冥 …… 29	硘 …… 47	领 …… 24
奚 …… 45	冤 …… 51	奢 …… 36	脱 …… 41
鸰 …… 24	展 …… 53	厩 …… 20	象 …… 46
翁 …… 44	陵 …… 24	聋 …… 26	猰 …… 44
脆 …… 7	蚩 …… 6	龚 …… 13	猪 …… 56
脏 …… 52	陶 …… 40	辅 …… 12	猫 …… 28
鸱 …… 6	陷 …… 46	虚 …… 47	猡 …… 27
狸 …… 22	姬 …… 18	常 …… 5	猇 …… 31
狼 …… 22	娲 …… 41	眼 …… 48	猛 …… 28
凌 …… 24	娥 …… 10	悬 …… 48	觌 …… 37
栾 …… 27	通 …… 41	野 …… 50	麻 …… 27
高 …… 12	难 …… 30	冕 …… 29	庚 …… 51
郭 …… 14	桑 …… 35	趺 …… 32	康 …… 21
席 …… 45	骊 …… 23	啮 …… 30	鹿 …… 26

盗 …… 8	**十二画**	紫 …… 57	痘 …… 9
章 …… 54		凿 …… 52	竦 …… 38
翊 …… 50	絮 …… 19	最 …… 57	童 …… 41
商 …… 35	琵 …… 31	量 …… 24	善 …… 35
族 …… 57	琴 …… 33	景 …… 20	羡 …… 46
望 …… 43	琼 …… 33	趺 …… 7	普 …… 32
率 …… 37	鼋 …… 52	跋 …… 3	道 …… 8
阎 …… 48	髦 …… 22	蛟 …… 19	曾 …… 52
阔 …… 10	堪 …… 21	喻 …… 51	湖 …… 16
剪 …… 19	塔 …… 39	赌 …… 10	湘 …… 46
兽 …… 37	越 …… 52	赐 …… 7	温 …… 43
焕 …… 17	揽 …… 22	巅 …… 3	游 …… 51
清 …… 33	提 …… 40	黑 …… 15	湔 …… 19
淋 …… 24	博 …… 3	锁 …… 39	愤 …… 11
渠 …… 33	揭 …… 19	短 …… 10	寒 …… 15
渐 …… 19	喜 …… 46	智 …… 55	富 …… 12
混 …… 18	彭 …… 31	犊 …… 10	寓 …… 51
淮 …… 17	插 …… 4	鹄 …… 16	禄 …… 26
淘 …… 40	蚩 …… 33	鹅 …… 10	谢 …… 46
淳 …… 7	葫 …… 16	稽 …… 18	犀 …… 45
深 …… 36	散 …… 35	程 …… 6	弼 …… 3
婆 …… 31	葛 …… 13	傅 …… 12	强 …… 32
梁 …… 24	萼 …… 10	傒 …… 45	巽 …… 48
寇 …… 21	董 …… 9	焦 …… 19	疏 …… 37
寂 …… 18	葆 …… 2	储 …… 6	媪 …… 1
窑 …… 49	葱 …… 7	皖 …… 42	登 …… 8
谌 …… 6	蒋 …… 19	傩 …… 30	婺 …… 45
扈 …… 16	落 …… 27	毳 …… 42	甦 …… 55
祸 …… 18	韩 …… 15	遁 …… 10	缆 …… 22
谛 …… 9	戟 …… 18	舒 …… 37	猴 …… 13
尉 …… 51	朝 …… 5	殽 …… 49	
隋 …… 39	棱 …… 22	腊 …… 22	**十三画**
随 …… 39	棋 …… 32	腑 …… 12	
隗 …… 43	椰 …… 50	鲁 …… 26	瑕 …… 46
隆 …… 26	植 …… 55	颍 …… 51	魂 …… 18
隐 …… 50	森 …… 35	猰 …… 48	摸 …… 29
婉 …… 42	棕 …… 57	猲 …… 13	鼓 …… 13
续 …… 48	棺 …… 14	猾 …… 17	靳 …… 20
骑 …… 32	辌 …… 24	猴 …… 16	蓐 …… 34
绸 …… 6	惠 …… 18	飓 …… 21	蓝 …… 22
绿 …… 27	厨 …… 6	猥 …… 18	蒨 …… 32
巢 …… 5	雁 …… 49	然 …… 34	蓟 …… 18
	雄 …… 47	蛮 …… 28	蓬 …… 31
		敦 …… 10	蓑 …… 39

蒿 …………… 15
蒲 …………… 32
蒙 …………… 28
楠 …………… 30
禁 …………… 20
楚 …………… 6
槐 …………… 17
楼 …………… 26
赖 …………… 22
甄 …………… 55
蜃 …………… 36
感 …………… 12
碎 …………… 39
雷 …………… 22
零 …………… 24
雹 …………… 2
频 …………… 31
訾 …………… 57
虡 …………… 21
虞 …………… 51
睡 …………… 38
睒 …………… 26
愚 …………… 51
路 …………… 26
蜈 …………… 44
蜗 …………… 44
蜂 …………… 11
蜕 …………… 41
嗅 …………… 47
蜀 …………… 37
嵩 …………… 38
错 …………… 7
锡 …………… 45
稠 …………… 6
筹 …………… 6
简 …………… 19
鼠 …………… 37
催 …………… 7
魁 …………… 18
斲 …………… 32
魁 …………… 22
衙 …………… 48
徯 …………… 46
貆 …………… 29

腹 …………… 12
腾 …………… 40
詹 …………… 52
鲋 …………… 12
鲍 …………… 2
獥 …………… 1
猿 …………… 52
獏 …………… 28
猸 …………… 3
獟 …………… 17
鲑 …………… 47
解 …………… 19
煞 …………… 35
鹐 …………… 7
廒 …………… 1
痴 …………… 6
廉 …………… 24
裔 …………… 50
靖 …………… 20
新 …………… 47
意 …………… 50
雍 …………… 51
阘 …………… 39
数 …………… 37
慈 …………… 7
满 …………… 28
滇 …………… 9
溪 …………… 46
滩 …………… 40
窦 …………… 9
褚 …………… 7
裨 …………… 3
福 …………… 12
辟 …………… 31
媟 …………… 29
缢 …………… 50

十四画

碧 …………… 3
瑶 …………… 49
髩 …………… 11
墙 …………… 32
駾 …………… 21

嘉 …………… 19
摧 …………… 7
赫 …………… 15
境 …………… 20
綦 …………… 32
聚 …………… 21
蔡 …………… 4
歌 …………… 13
酺 …………… 32
酸 …………… 39
臧 …………… 52
蜚 …………… 11
裴 …………… 31
嗽 …………… 38
蜮 …………… 51
嘘 …………… 47
锺 …………… 55
熏 …………… 48
箕 …………… 18
管 …………… 14
僬 …………… 19
僧 …………… 35
鼻 …………… 3
獃 …………… 9
魄 …………… 32
魅 …………… 28
魃 …………… 1
鄱 …………… 32
遴 …………… 10
鲛 …………… 19
鲜 …………… 46
獚 …………… 20
獙 …………… 3
遮 …………… 55
瘟 …………… 44
廖 …………… 24
阘 …………… 21
辣 …………… 9
精 …………… 20
潇 …………… 46
窬 …………… 48
察 …………… 4
谭 …………… 40
谯 …………… 32

嫦 …………… 5
嫘 …………… 22
翟 …………… 52
熊 …………… 47
缪 …………… 29

十五画

慧 …………… 18
髯 …………… 34
撅 …………… 21
增 …………… 52
鞋 …………… 46
蕊 …………… 34
横 …………… 16
樊 …………… 11
樕 …………… 16
樟 …………… 54
魇 …………… 48
震 …………… 55
暴 …………… 2
噎 …………… 50
颙 …………… 51
影 …………… 51
蝹 …………… 52
蝎 …………… 46
蝮 …………… 12
蝗 …………… 18
颛 …………… 56
墨 …………… 29
镐 …………… 13
稽 …………… 18
稷 …………… 18
黎 …………… 24
箭 …………… 19
僵 …………… 19
儋 …………… 8
滕 …………… 40
鲤 …………… 24
鲧 …………… 14
嬰 …………… 51
獜 …………… 24
獦 …………… 48
摩 …………… 29

褒 …………………… 2
瘤 …………………… 25
颜 …………………… 48
潜 …………………… 32
潮 …………………… 5
潘 …………………… 31
鹤 …………………… 15
履 …………………… 27

十六画

鬏 …………………… 18
燕 …………………… 49
薛 …………………… 48
薄 …………………… 2
颠 …………………… 9
薜 …………………… 3
樵 …………………… 32
橘 …………………… 21
槖 …………………… 41
融 …………………… 34
霍 …………………… 18
噤 …………………… 20
螭 …………………… 6
黔 …………………… 32
穆 …………………… 29
篯 …………………… 19
儒 …………………… 34
魈 …………………… 46
衡 …………………… 16
縢 …………………… 40
獴 …………………… 22
獬 …………………… 47
磨 …………………… 29
廪 …………………… 24
羲 …………………… 45
糕 …………………… 13
燃 …………………… 34

燧 …………………… 39
懒 …………………… 22
壁 …………………… 3
避 …………………… 3
鸥 …………………… 29
缴 …………………… 19

十七画

璪 …………………… 33
戴 …………………… 8
鞠 …………………… 21
藏 …………………… 52
藐 …………………… 29
檐 …………………… 48
檀 …………………… 40
蹊 …………………… 45
螺 …………………… 27
蟋 …………………… 46
鸢 …………………… 7
鴰 …………………… 56
魏 …………………… 43
繁 …………………… 11
簛 …………………… 41
魋 …………………… 32
魁 …………………… 43
貘 …………………… 29
鲐 …………………… 13
爕 …………………… 47
襄 …………………… 46
豁 …………………… 18
翼 …………………… 50

十八画

鬃 …………………… 57
瞿 …………………… 33
蟪 …………………… 14

嚣 …………………… 46
翻 …………………… 11
貙 …………………… 6
鹰 …………………… 51
鹴 …………………… 11
邀 …………………… 22

十九画

藻 …………………… 52
攀 …………………… 31
鹄 …………………… 32
蟾 …………………… 4
簸 …………………… 3
鳎 …………………… 46
鲑 …………………… 26
麒 …………………… 32
蠃 …………………… 27
鹇 …………………… 5
鳖 …………………… 3
瀚 …………………… 15
骊 …………………… 18

二十画

酆 …………………… 11
巍 …………………… 47
鲻 …………………… 9
魔 …………………… 29
灌 …………………… 14
瓇 …………………… 19
瀵 …………………… 11

二十一画

露 …………………… 26
朧 …………………… 17

赣 …………………… 12
夒 …………………… 22

二十二画

饕 …………………… 40
髑 …………………… 10
鱄 …………………… 56
蠹 …………………… 26
鷟 …………………… 51

二十三画

玃 …………………… 21
麟 …………………… 24

二十四画

鹦 …………………… 56
蠠 …………………… 41
谨 …………………… 17

二十五画

蠭 …………………… 8

二十六画

鸇 …………………… 22

二十七画

骦 …………………… 17

三十画

爨 …………………… 7

音序目录

A

a

阿閦佛 …………………………… 1
阿颠 …………………………… 1
阿父神 …………………………… 1
阿立祖 …………………………… 1
阿罗汉 …………………………… 1
阿马婆 …………………………… 1
阿弥陀佛 …………………………… 1
阿母 …………………………… 2
阿穑哥 …………………………… 2
阿秃师 …………………………… 2
阿修罗 …………………………… 2
阿羊 …………………………… 2
阿姨神 …………………………… 2
阿专师 …………………………… 2
阿紫 …………………………… 3

ai

爱铁道人 …………………………… 3

an

安昌期 …………………………… 3
安道士 …………………………… 3
安度明 …………………………… 3
安公 …………………………… 3
安慧文静大士 …………………………… 3
安济夫人 …………………………… 3
安济公 …………………………… 3

安乐妙静大士 …………………………… 4
安乐神 …………………………… 4
安流大王 …………………………… 4
安期生 …………………………… 4
安期先生 …………………………… 4
安天龙 …………………………… 4
安天玄圣帝 …………………………… 4
豻 …………………………… 4

ao

敖蓬头 …………………………… 4
敖真人 …………………………… 5
廒神 …………………………… 5
獒㹴 …………………………… 5
媪 …………………………… 5
媪妪 …………………………… 5

B

ba

八部鬼帅 …………………………… 6
八大金刚 …………………………… 6
八大菩萨 …………………………… 6
八大王 …………………………… 6
八风神 …………………………… 6
八公 …………………………… 6
八卦神 …………………………… 6
八卦祖师 …………………………… 6
八景神童 …………………………… 6
八骏 …………………………… 7
八蜡 …………………………… 7
八瑞神 …………………………… 7

八煞大将军 …………………………… 7
八山神君 …………………………… 7
八神 …………………………… 7
八史 …………………………… 8
八仙 …………………………… 8
八字娘娘 …………………………… 9
巴蛇 …………………………… 9
笆斗仙 …………………………… 9
魃 …………………………… 9

bai

白虮 …………………………… 10
白辩 …………………………… 10
白槎神 …………………………… 10
白道玄 …………………………… 10
白帝 …………………………… 10
白佛童 …………………………… 11
白狗仙人 …………………………… 11
白骨小儿鬼 …………………………… 11
白龟年 …………………………… 11
白和 …………………………… 11
白鹤大帝 …………………………… 11
白鹤大仙 …………………………… 11
白鹤道人 …………………………… 12
白鹤老松 …………………………… 12
白鲨仙人 …………………………… 12
白虎 …………………………… 12
白虎使者 …………………………… 12
白皇 …………………………… 12
白鸡神 …………………………… 12
白僵 …………………………… 12
白皎 …………………………… 12
白居易 …………………………… 12
白老太太 …………………………… 13
白龙娘娘 …………………………… 13
白龙神君 …………………………… 13
白马大王 …………………………… 13

白马将军 ……………… 13
白马三郎 ……………… 13
白马神 ………………… 13
白马王 ………………… 14
白马先锋 ……………… 14
白马相公 ……………… 14
白眉神 ………………… 14
白民国 ………………… 14
白娘子 ………………… 15
白沙神 ………………… 15
白神官 ………………… 15
白石祠 ………………… 15
白石大王 ……………… 15
白石道人 ……………… 15
白石神君 ……………… 15
白石生 ………………… 15
白石先生 ……………… 15
白水素女 ……………… 16
白獭神 ………………… 16
白特 …………………… 16
白头公 ………………… 16
白兔公 ………………… 16
白卫公 ………………… 16
白沃史君 ……………… 16
白下鬼 ………………… 17
白先生 ………………… 17
白凶 …………………… 17
白须翁 ………………… 17
白崖老祖 ……………… 17
白崖神 ………………… 17
白燕 …………………… 17
白羊公 ………………… 17
白衣老翁 ……………… 17
白幽求 ………………… 17
白玉蟾 ………………… 17
白云蟾 ………………… 18
白云道人 ……………… 18
白云和尚 ……………… 18
白云片鹤 ……………… 18
白云先生 ……………… 18
白泽 …………………… 18
白泽大王 ……………… 19
白真人 ………………… 19
白仲都 ………………… 19

白仲理 ………………… 19
白主公 ………………… 19
白子高 ………………… 19
百虫将军 ……………… 19
百花大王 ……………… 19
百花公主 ……………… 19
百神庙 ………………… 20
百岁杨 ………………… 20
百无禁忌神君 ………… 20
百足蟹 ………………… 20
柏成 …………………… 20
柏颠 …………………… 20
柏高 …………………… 20
柏户 …………………… 20
柏姬 …………………… 20
柏叶仙人 ……………… 20

ban

班孟 …………………… 20
班丘仲 ………………… 20
班仙 …………………… 21
般支迦大将 …………… 21
阪泉神 ………………… 21
板桥三娘子 …………… 21
半山道人 ……………… 21
伴娘 …………………… 21

bao

包真人 ………………… 21
包拯 …………………… 21
褒女 …………………… 22
褒通道人 ……………… 22
雹神 …………………… 22
宝夫人 ………………… 22
宝公禅师 ……………… 22
宝历菩萨 ……………… 22
宝蕊 …………………… 22
宝生佛 ………………… 22
宝掌 …………………… 22
宝志禅师 ……………… 22
保定老姑 ……………… 23
保和真人 ……………… 23

保生大帝 ……………… 23
保仪大夫 ……………… 23
保仪尊王 ……………… 23
保珠娘娘 ……………… 23
保宗 …………………… 24
葆江 …………………… 24
葆真 …………………… 24
报喜太尉 ……………… 24
抱犊子 ………………… 24
抱黄翁 ………………… 24
抱龙道士 ……………… 24
抱真子 ………………… 24
豹尾 …………………… 24
豹仙 …………………… 24
鲍察 …………………… 24
鲍盖 …………………… 24
鲍姑 …………………… 24
鲍靓 …………………… 25
鲍君神 ………………… 25
鲍郎 …………………… 25
鲍叔阳 ………………… 25
鲍仙师 ………………… 25
暴光 …………………… 25

bei

卑 ……………………… 25
杯渡禅师 ……………… 25
北帝 …………………… 26
北帝大魔王 …………… 26
北帝师 ………………… 26
北斗 …………………… 26
北斗君 ………………… 27
北斗七元真君 ………… 27
北斗使者 ……………… 27
北方鬼帝 ……………… 27
北方五灵玄老君 ……… 27
北海神 ………………… 28
北海水仙 ……………… 28
北河司命 ……………… 28
北虎元帅 ……………… 28
北极驱邪院左判官 …… 28
北极星 ………………… 28
北极真公 ……………… 28

北极子 …………… 28
北君太傅 …………… 28
北岭将军 …………… 28
北明公 …………… 29
北人无择 …………… 29
北台使者 …………… 29
北太帝君 …………… 29
北阴大帝 …………… 29
北阴天王 …………… 29
北岳 …………… 29
北岳使者 …………… 30
北岳真君 …………… 30
北岳真人 …………… 30
贝宫夫人 …………… 30
贝国器 …………… 30
孛星 …………… 30
背明国 …………… 30
背明鸟 …………… 30
倍阿鲑蠪 …………… 30

ben

奔云 …………… 30
本命神 …………… 31
本命星官 …………… 31

beng

崩拜爷 …………… 31

bi

鼻神 …………… 31
鼻亭神 …………… 31
比干 …………… 31
比肩民 …………… 32
比肩兽 …………… 32
比翼鸟 …………… 32
笔神 …………… 32
笔仙 …………… 32
必方 …………… 32
毕 …………… 32
毕道宁 …………… 32
毕道人 …………… 33
毕方 …………… 33

毕元帅 …………… 33
胇胃 …………… 33
弼星 …………… 33
飶飶 …………… 33
襷灶 …………… 34
辟蛇童子 …………… 34
辟邪 …………… 34
獑獑 …………… 34
碧峰长老 …………… 34
碧芬 …………… 34
碧鸡神 …………… 34
碧落侍郎 …………… 34
碧霞元君 …………… 34
壁角姑娘 …………… 35
壁山神 …………… 35
壁鱼 …………… 35
薜衣道人 …………… 35
避役 …………… 36

bian

边洞玄 …………… 36
边遁 …………… 36
扁鹊 …………… 36
扁蛇 …………… 37
卞城王 …………… 37
卞和 …………… 37
卞山王 …………… 37
变成王 …………… 37
变鬼 …………… 37
变婆 …………… 38

bie

鳖宝 …………… 38
鳖姑娘 …………… 38
鳖令 …………… 38

bin

宾满 …………… 38

bing

冰夷 …………… 38

兵主 …………… 38
炳灵公 …………… 38
并封 …………… 39

bo

拨斯鬼 …………… 39
波儿象 …………… 39
波神 …………… 39
钵仙 …………… 39
伯高子 …………… 40
伯牛 …………… 40
伯奇 …………… 40
伯强 …………… 40
伯山甫 …………… 40
伯王 …………… 40
伯夷 …………… 40
伯夷父 …………… 40
伯益 …………… 41
伯余 …………… 41
薄鱼 …………… 41
驳 …………… 41
駮马 …………… 41
帛公 …………… 41
帛和 …………… 41
帛举 …………… 42
勃鞮国 …………… 42
博父国 …………… 42
犦牷 …………… 42
跛仙 …………… 42
簸箕神 …………… 42

bu

卜成 …………… 43
卜景云 …………… 43
卜式 …………… 43
卜翊 …………… 43
卜偃 …………… 43
补锅匠 …………… 43
不倒翁怪 …………… 43
不化骨 …………… 43
不空 …………… 43
不死国 …………… 43

不死民 …………………… 43
不廷胡余 ………………… 44
布袋和尚 ………………… 44
不孝鸟 …………………… 44
布张 ……………………… 44
步景 ……………………… 44
步熊 ……………………… 44

C

cai

财神 ……………………… 46
采女 ……………………… 46
采石中水府 ……………… 46
采药民 …………………… 46
彩神 ……………………… 46
蔡伯喈 …………………… 46
蔡长孺 …………………… 46
蔡鼎 ……………………… 46
蔡观音 …………………… 47
蔡华甫 …………………… 47
蔡经 ……………………… 47
蔡女仙 …………………… 47
蔡琼 ……………………… 47
蔡侍郎 …………………… 47
蔡天生 …………………… 47
蔡铁 ……………………… 47
蔡襄 ……………………… 47
蔡寻真 …………………… 48
蔡郁垒 …………………… 48
蔡谪仙 …………………… 48
蔡真人 …………………… 48

can

残苦 ……………………… 48
蚕丛 ……………………… 48
蚕姑 ……………………… 48
蚕官 ……………………… 48

蚕花五圣 ………………… 49
蚕马 ……………………… 49
蚕母 ……………………… 49
蚕女 ……………………… 49
蚕神 ……………………… 50
蚕室神 …………………… 50
蚕王 ……………………… 50

cang

仓 ………………………… 50
仓公 ……………………… 50
仓颉 ……………………… 51
仓神 ……………………… 51
苍颉 ……………………… 51
苍山庙 …………………… 51
苍圣 ……………………… 51
苍水使者 ………………… 51
苍王 ……………………… 51
苍仙 ……………………… 51

cao

曹八百 …………………… 51
曹道翁 …………………… 51
曹德林 …………………… 52
曹德休 …………………… 52
曹娥 ……………………… 52
曹法师 …………………… 52
曹古松 …………………… 52
曹国舅 …………………… 52
曹拮休 …………………… 53
曹三香 …………………… 53
曹四公 …………………… 53
曹太初 …………………… 53
曹文姬 …………………… 53
曹仙媪 …………………… 53
曹休 ……………………… 54
曹熏 ……………………… 54
曹元理 …………………… 54
曹赞 ……………………… 54
草场天王 ………………… 54
草鞋大王 ………………… 54
草鞋道士 ………………… 54

草鞋三郎 ………………… 54
草腰带 …………………… 54
草野三郎 ………………… 54
草衣儿 …………………… 54

ce

厕怪 ……………………… 54
厕鬼 ……………………… 55
厕精 ……………………… 55
厕神 ……………………… 55

cen

岑道愿 …………………… 56
岑公 ……………………… 56

cha

插花李王 ………………… 56
茶姥 ……………………… 56
茶神 ……………………… 56
察治 ……………………… 56

chai

柴克宏 …………………… 56
柴通玄 …………………… 56
柴文元 …………………… 57

chan

蟾蜍 ……………………… 57
浐水神 …………………… 57
产亡鬼 …………………… 57

chang

伥鬼 ……………………… 57
昌福夫人 ………………… 57
昌季 ……………………… 57
昌容 ……………………… 58
昌文侯 …………………… 58
昌武王 …………………… 58

鹪鹩 …………………… 58
长白山神 ……………… 58
长臂国 ………………… 58
长乘 …………………… 58
长存子 ………………… 58
长狄 …………………… 58
长恩 …………………… 58
长肱 …………………… 59
长股国 ………………… 59
长胫国 ………………… 59
长里先生 ……………… 59
长命女 ………………… 59
长卿 …………………… 59
长人 …………………… 59
长桑公子 ……………… 59
长桑君 ………………… 59
长蛇 …………………… 59
长生大帝 ……………… 59
长生大帝君 …………… 59
长寿仙 ………………… 60
长行骰子怪 …………… 60
长右 …………………… 60
苌弘 …………………… 60
常 ……………………… 60
常伯 …………………… 60
常娥 …………………… 60
常生子 ………………… 60
常羲 …………………… 60
常仪 …………………… 60
常州武烈帝 …………… 60
嫦娥 …………………… 61
场神 …………………… 62

chao

晁崇 …………………… 62
晁迥 …………………… 62
巢父 …………………… 62
巢谷 …………………… 62
朝那神 ………………… 62
朝天岭老人 …………… 62
潮鬼 …………………… 62
潮神 …………………… 62
潮王 …………………… 63

che

车精 …………………… 63
车四 …………………… 63
车中女子 ……………… 63
车子侯 ………………… 63

chen

沉香 …………………… 63
陈安世 ………………… 63
陈宝 …………………… 64
陈宝炽 ………………… 64
陈必胜 ………………… 64
陈昌女 ………………… 64
陈长 …………………… 64
陈翠虚 ………………… 64
陈大素 ………………… 64
陈大王 ………………… 64
陈代仁 ………………… 64
陈道冲 ………………… 64
陈道人 ………………… 65
陈都尉 ………………… 65
陈二相公 ……………… 65
陈二爷爷 ……………… 65
陈昉 …………………… 65
陈复休 ………………… 65
陈高功 ………………… 65
陈姑娘 ………………… 65
陈箍桶 ………………… 65
陈寡言 ………………… 65
陈果仁 ………………… 65
陈和尚 ………………… 65
陈花子 ………………… 65
陈华夫 ………………… 66
陈惠虚 ………………… 66
陈惠度 ………………… 66
陈季卿 ………………… 66
陈简 …………………… 66
陈将军 ………………… 66
陈金 …………………… 66
陈进姑 ………………… 66
陈靖姑 ………………… 66

陈九郎 ………………… 66
陈九龙 ………………… 66
陈九娘 ………………… 66
陈可复 ………………… 66
陈铿韶 ………………… 66
陈朗 …………………… 67
陈雷 …………………… 67
陈灵洗 ………………… 67
陈鸾凤 ………………… 67
陈落魄 ………………… 67
陈嘛哩 ………………… 67
陈明 …………………… 67
陈明大王 ……………… 67
陈楠 …………………… 67
陈泥丸 ………………… 67
陈平 …………………… 67
陈七子 ………………… 68
陈琼玉 ………………… 68
陈仁呆 ………………… 68
陈仁果 ………………… 68
陈仁娇 ………………… 68
陈蕊娘 ………………… 68
陈三姑娘 ……………… 68
陈师 …………………… 68
陈十姨 ………………… 69
陈世安 ………………… 69
陈守元 ………………… 69
陈曙 …………………… 69
陈四夫人 ……………… 69
陈太初 ………………… 69
陈陶 …………………… 69
陈天君 ………………… 69
陈铁鞭 ………………… 69
陈铁脚 ………………… 69
陈抟 …………………… 69
陈王神 ………………… 70
陈文玉 ………………… 70
陈五云 ………………… 70
陈武烈帝 ……………… 70
陈贤 …………………… 70
陈逍遥 ………………… 70
陈孝子 ………………… 70
陈效 …………………… 70
陈兴明 ………………… 70

陈休复 …………… 71
陈玄龄 …………… 71
陈勋 ……………… 71
陈训 ……………… 71
陈彦 ……………… 71
陈应 ……………… 71
陈永伯 …………… 71
陈玉 ……………… 71
陈云布 …………… 71
陈允升 …………… 71
陈恽 ……………… 71
陈寨 ……………… 71
陈毡头 …………… 72
陈真人 …………… 72
陈致虚 …………… 72
陈智广 …………… 72
陈仲林 …………… 72
陈州娘娘 ………… 72
陈主帅 …………… 72
陈子春 …………… 72
陈子皇 …………… 72
陈自观 …………… 72
谌母 ……………… 72

cheng

枨 ………………… 72
成都老姥 ………… 72
成公 ……………… 73
成公兴 …………… 73
成公知琼 ………… 73
成君平 …………… 73
成俊 ……………… 73
成连 ……………… 73
成少卿 …………… 73
成武丁 …………… 73
成无为 …………… 74
成仙公 …………… 74
成兴公 …………… 74
成真人 …………… 74
城鬼 ……………… 74
城隍 ……………… 74
城精 ……………… 75
城阳景王 ………… 75

乘黄 ……………… 75
乘烟 ……………… 75
程伯昌 …………… 75
程二 ……………… 75
程济 ……………… 75
程君友 …………… 75
程太虚 …………… 76
程惟象 …………… 76
程伟妻 …………… 76
程晓 ……………… 76
程逸人 …………… 76
秤掀蛇 …………… 76

chi

蚩 ………………… 76
蚩尤 ……………… 76
鸱 ………………… 77
鸱鸠和尚 ………… 77
鸱尾 ……………… 77
痴呆子 …………… 77
痴和尚 …………… 77
螭虎 ……………… 78
池府王爷 ………… 78
池精 ……………… 78
持地菩萨 ………… 78
持国天王 ………… 78
蚳 ………………… 78
尺郭 ……………… 78
齿神 ……………… 78
赤城王 …………… 78
赤帝 ……………… 78
赤帝女 …………… 78
赤肚道士 ………… 78
赤肚子 …………… 78
赤奋若 …………… 79
赤斧 ……………… 79
赤黄父 …………… 79
赤将子舆 ………… 79
赤脚大仙 ………… 79
赤脚僧 …………… 79
赤脚王 …………… 79
赤精子 …………… 80
赤阑相王 ………… 80

赤鲁班 …………… 80
赤鱬 ……………… 80
赤石夫人 ………… 80
赤水女子献 ……… 80
赤松公 …………… 80
赤松时乔 ………… 80
赤松先生 ………… 80
赤松子 …………… 80
赤诵子 …………… 81
赤天魔王 ………… 81
赤乌公 …………… 81
赤虾子 …………… 81
赤须子 …………… 81
赤眼长毛怪 ……… 81
赤蚁 ……………… 81
赤羽仙 …………… 81

chong

充尚 ……………… 82
冲举仙 …………… 82
冲龙玉 …………… 82
虫落 ……………… 82
虫王 ……………… 82
崇恩真君 ………… 82
崇福夫人 ………… 82
崇宁真君 ………… 82
崇宁至道真君 …… 82
崇善王 …………… 82

chou

绸 ………………… 82
稠禅师 …………… 82
筹禅师 …………… 82
臭石头 …………… 83

chu

貙人 ……………… 83
厨神 ……………… 83
杵精 ……………… 83
储潭君 …………… 83
楚姑 ……………… 83

楚江王 ……………… 83
楚康王 ……………… 84
楚文子 ……………… 84
楚先觉 ……………… 84
楚雄神石 …………… 84
褚伯玉 ……………… 84
褚遂良 ……………… 84
趹踢 ………………… 84

chuan

川后 ………………… 84
川主 ………………… 85
穿胸国 ……………… 85
船神 ………………… 85

chuang

疮神 ………………… 85
床公 ………………… 85
床母 ………………… 85
床婆子 ……………… 85

chui

吹箫女子 …………… 85

chun

春皇 ………………… 85
春申君 ……………… 85
淳于棼 ……………… 86
淳于斟 ……………… 86
淳于智 ……………… 86
鹑鸟 ………………… 86

ci

祠山张大帝 ………… 86
慈悲度厄真人 ……… 87
慈感庙神 …………… 87
慈航大士 …………… 88
慈济夫人 …………… 88
慈姥龙 ……………… 88

慈上座 ……………… 88
慈童 ………………… 88
慈溪河神 …………… 88
慈心仙人 …………… 88
伙飞 ………………… 88
赐 …………………… 88
鹚鸟 ………………… 88

cong

从从 ………………… 88
从铉 ………………… 88
葱聋 ………………… 88

cuan

爨神 ………………… 89

cui

崔参军 ……………… 89
崔道人 ……………… 89
崔府君 ……………… 89
崔公崔婆 …………… 90
崔简 ………………… 90
崔莫二仙姑 ………… 90
崔判官 ……………… 90
崔婆 ………………… 90
崔少玄 ……………… 91
崔伟 ………………… 91
崔炜 ………………… 91
崔文子 ……………… 91
崔无斁 ……………… 91
崔玄亮 ……………… 91
崔玄微 ……………… 91
崔野子 ……………… 92
崔懿之 ……………… 92
崔羽 ………………… 92
崔之道 ……………… 92
崔子玉 ……………… 92
崔自然 ……………… 92
催生圣母 …………… 92
摧 …………………… 92
脆蛇 ………………… 92

cun

忖留神 ……………… 92

cuo

错断 ………………… 92

D

da

达摩 ………………… 93
大安王 ……………… 93
大辩才天 …………… 93
大丙 ………………… 93
大陈小陈 …………… 93
大成子 ……………… 93
大斗蓬和尚 ………… 93
大洞真君 …………… 94
大洞真人 …………… 94
大耳国 ……………… 94
大梵天王 …………… 94
大风 ………………… 94
大腹子 ……………… 94
大姑神 ……………… 94
大孤神 ……………… 94
大官小官 …………… 94
大耗小耗 …………… 94
大黑天神 …………… 95
大华山神 …………… 95
大将军 ……………… 95
大戒神 ……………… 95
大金仙 ……………… 95
大禁 ………………… 95
大觉金仙 …………… 95
大郎神 ……………… 95
大灵庙神 …………… 95
大陆山人 …………… 95

大茅君 …………………… 96
大奶夫人 ………………… 96
大鸟 ……………………… 96
大瓢李 …………………… 96
大千法王 ………………… 97
大乾惠应祠神 …………… 97
大青 ……………………… 97
大人国 …………………… 97
大散关老人 ……………… 98
大社之神 ………………… 98
大胜山上女 ……………… 98
大圣山王 ………………… 98
大圣爷 …………………… 98
大师佛 …………………… 98
大食王国 ………………… 99
大司命 …………………… 99
大亭小亭 ………………… 99
大头鬼 …………………… 99
大头爷 …………………… 99
大王 ……………………… 99
大威德菩萨 …………… 100
大小青龙神 …………… 100
大行伯 ………………… 100
大蟹 …………………… 100
大伊山神 ……………… 100
大禹 …………………… 100
大众妈 ………………… 101
大众爷 ………………… 101
大自在天 ……………… 101

dai

呆道僧 ………………… 101
岱石王 ………………… 101
岱委 …………………… 101
戴昞 …………………… 101
戴道 …………………… 101
戴道亨 ………………… 101
戴恩公 ………………… 101
戴侯 …………………… 102
戴花道人 ……………… 102
戴火仙 ………………… 102
戴孟 …………………… 102
戴洋 …………………… 102

戴真人 ………………… 102

dan

丹丘国 ………………… 102
丹丘子 ………………… 102
丹虾 …………………… 103
丹鱼 …………………… 103
丹朱 …………………… 103
儋耳国 ………………… 103
担生 …………………… 103

dang

当扈 …………………… 103
当康 …………………… 103
当路君 ………………… 103
党将军 ………………… 103
党翁 …………………… 103
党元帅 ………………… 103

dao

刀劳鬼 ………………… 104
刀神 …………………… 104
忉利天 ………………… 104
倒寿 …………………… 104
盗神 …………………… 104
盗跖 …………………… 104
道径之精 ……………… 104
道明和尚 ……………… 104
道神 …………………… 104
道州五龙神 …………… 104
道左老人 ……………… 105
纛神 …………………… 105

deng

灯花婆婆 ……………… 105
灯檠精 ………………… 105
登天王 ………………… 105
邓安道 ………………… 105
邓宝 …………………… 105
邓伯元 ………………… 105

邓法 …………………… 106
邓公庙神 ……………… 106
邓甲 …………………… 106
邓将军 ………………… 106
邓牧 …………………… 106
邓清 …………………… 106
邓若拙 ………………… 106
邓绍 …………………… 106
邓思瓘 ………………… 106
邓霆佑 ………………… 106
邓遐 …………………… 106
邓先生 ………………… 106
邓相公 ………………… 106
邓哑子 ………………… 106
邓郁 …………………… 106
邓郁之 ………………… 106
邓欲之 ………………… 107
邓元 …………………… 107
邓元帅 ………………… 107
邓云山 ………………… 107
邓真人 ………………… 107
邓子龙 ………………… 107
邓紫阳 ………………… 107

di

狄希 …………………… 107
氐人国 ………………… 108
底老 …………………… 108
地方鬼 ………………… 108
地肺真人 ……………… 108
地官 …………………… 108
地皇 …………………… 108
地基公 ………………… 108
地基主 ………………… 108
地界 …………………… 109
地狼 …………………… 109
地母 …………………… 109
地祇 …………………… 109
地祇夫人 ……………… 109
地神 …………………… 109
地司九天游奕使 ……… 109
地下主者 ……………… 109
地哑 …………………… 110

地羊鬼 …………………… 110
地阴神 …………………… 110
地藏王菩萨 ……………… 110
地宰 ……………………… 111
地轴 ……………………… 111
地主 ……………………… 111
地主真官 ………………… 111
帝江 ……………………… 111
帝俊 ……………………… 111
帝喾 ……………………… 111
帝女 ……………………… 112
帝女子泽 ………………… 112
帝释天 …………………… 112
帝台 ……………………… 112
谛听 ……………………… 113
鴅鸟 ……………………… 113
鯑鱼 ……………………… 113

dian

滇媪 ……………………… 113
颠倒李 …………………… 113
电父 ……………………… 113
电母 ……………………… 113

diao

刁道林 …………………… 113
刁自然 …………………… 113
吊客 ……………………… 114

ding

丁次卿 …………………… 114
丁姑 ……………………… 114
丁令威 …………………… 114
丁迈 ……………………… 114
丁实 ……………………… 114
丁淑英 …………………… 115
丁秀才 …………………… 115
丁秀英 …………………… 115
丁玄真 …………………… 115
丁义 ……………………… 115
丁义君 …………………… 115

丁约 ……………………… 115
钉灵国 …………………… 115
顶缸和尚 ………………… 115
定光佛 …………………… 116
定江神 …………………… 116
定录君 …………………… 116

dong

东仓使者 ………………… 116
东城九娘子 ……………… 116
东厨帝君 ………………… 116
东方青灵始老君 ………… 116
东方朔 …………………… 116
东方玄 …………………… 117
东郭延 …………………… 117
东郭延年 ………………… 117
东郭幼平 ………………… 117
东海姑 …………………… 117
东海黄公 ………………… 117
东海君 …………………… 117
东海神 …………………… 117
东海神女 ………………… 118
东海小童 ………………… 118
东海孝妇 ………………… 118
东华帝君 ………………… 118
东华玉妃 ………………… 118
东华紫府少阳帝君 ……… 118
东皇公 …………………… 118
东皇太一 ………………… 118
东君 ……………………… 118
东陵神 …………………… 119
东陵圣母 ………………… 119
东明 ……………………… 119
东明油客 ………………… 119
东平王 …………………… 119
东山神 …………………… 119
东王父 …………………… 119
东王公 …………………… 120
东阳大监 ………………… 120
东瀛子 …………………… 120
东源伯 …………………… 120
东岳 ……………………… 120
东岳大帝 ………………… 121

东岳夫人 ………………… 121
东岳三郎 ………………… 121
东岳十元帅 ……………… 121
辣辣 ……………………… 121
冬生娘 …………………… 121
董伯华 …………………… 121
董达存 …………………… 121
董大爷 …………………… 121
董疯子 …………………… 122
董奉 ……………………… 122
董父 ……………………… 122
董炼师 …………………… 122
董上仙 …………………… 122
董守志 …………………… 122
董双成 …………………… 122
董铁驴 …………………… 122
董仙 ……………………… 122
董谒 ……………………… 122
董永 ……………………… 123
董幼 ……………………… 123
董元素 …………………… 123
董仲 ……………………… 123
董仲君 …………………… 123
董子阳 …………………… 123
洞庭怪神 ………………… 124
洞庭湖神 ………………… 124
洞庭君 …………………… 124
洞真子 …………………… 124

dou

斗姆 ……………………… 124
斗篷张 …………………… 125
斗山王 …………………… 125
斗桶姑 …………………… 125
斗中真人 ………………… 125
痘疮老太 ………………… 125
痘儿哥哥 ………………… 125
痘鬼 ……………………… 125
痘神 ……………………… 125
痘神娘娘 ………………… 126
痘妖 ……………………… 126
窦迁 ……………………… 126
窦琼英 …………………… 126

窦俨 …………………… 126
窦致远 ………………… 126
窦子明 ………………… 126

du

都城隍 ………………… 126
都鲁神 ………………… 127
都录使者 ……………… 127
都市王 ………………… 127
都天神 ………………… 127
都天圣君 ……………… 128
都土地 ………………… 128
毒药鬼 ………………… 128
犊子 …………………… 128
髑髅神 ………………… 128
独狢 …………………… 128
独傲仙女 ……………… 128
独角 …………………… 128
独脚鬼 ………………… 128
独脚神 ………………… 128
独脚五通 ……………… 128
独骑郎君 ……………… 129
独足鸟 ………………… 129
独坐姑姑 ……………… 129
赌神 …………………… 129
妒妇 …………………… 129
妒女 …………………… 129
杜伯 …………………… 129
杜昜 …………………… 129
杜不愆 ………………… 129
杜冲 …………………… 130
杜甫 …………………… 130
杜光庭 ………………… 130
杜怀谦 ………………… 130
杜可均 ………………… 130
杜兰香 ………………… 130
杜契 …………………… 130
杜升 …………………… 131
杜生 …………………… 131
杜十姨 ………………… 131
杜昙永 ………………… 131
杜宇 …………………… 131
杜元阳 ………………… 131

杜主 …………………… 131
杜子春 ………………… 131
杜子恭 ………………… 132
杜子微 ………………… 132
肚仙 …………………… 132
度朔君 ………………… 132
度索君 ………………… 132

duan

短狐 …………………… 132
段谷 …………………… 133
段季正 ………………… 133
段璈 …………………… 133
段翳 …………………… 133

dun

敦圉 …………………… 133
遁母 …………………… 133
遯生 …………………… 133

duo

多目神 ………………… 133
多闻天王 ……………… 134
夺衣婆 ………………… 134

E

e

訛兽 …………………… 135
娥皇 …………………… 135
鹅笼书生 ……………… 135
鄂王神 ………………… 135
阏伯 …………………… 135
萼绿华 ………………… 136

en

恩仇二鬼 ……………… 136

恩情神 ………………… 136
恩州仙人 ……………… 136
恩主公 ………………… 136

er

尔朱洞 ………………… 136
尔朱通微 ……………… 137
耳报神 ………………… 137
耳神 …………………… 137
耳鼠 …………………… 137
二八神 ………………… 137
二皇君 ………………… 137
二郎独健 ……………… 137
二郎神 ………………… 137
二老爷 ………………… 138
二圣 …………………… 138
二十八宿 ……………… 138
二十七仙 ……………… 139
二十三真人 …………… 139
二十四神 ……………… 139
二十四天 ……………… 139
二十天 ………………… 139
二司神 ………………… 139
二童 …………………… 139
二王 …………………… 139
二王爷 ………………… 139
二相公 ………………… 140
二徐真君 ……………… 140
二禹君 ………………… 140
贰负 …………………… 140

F

fa

发冠仙姑 ……………… 141
发神 …………………… 141
法灵公 ………………… 141
法喜 …………………… 141

法主公 …………………… 141

fan

翻山大王 …………………… 142
凡八兄 …………………… 142
樊夫人 …………………… 142
樊哙 …………………… 142
樊英 …………………… 142
繁阳子 …………………… 142
反鼻虫 …………………… 142
反舌民 …………………… 142
饭箩仙 …………………… 142
范豹 …………………… 143
范伯慈 …………………… 143
范豺 …………………… 143
范长生 …………………… 143
范常真 …………………… 143
范寂 …………………… 143
范蠡 …………………… 143
范零子 …………………… 143
范丘林 …………………… 143
范叔宝 …………………… 144
范叔胜 …………………… 144
范谢二将军 …………………… 144
范阳山人 …………………… 144
范轶 …………………… 144
范友 …………………… 144
范冲 …………………… 144
范增 …………………… 144
范真人 …………………… 144
范志玄 …………………… 144
范仲淹 …………………… 144
范子珉 …………………… 144
梵公 …………………… 145

fang

方储 …………………… 145
方道士 …………………… 145
方道彰 …………………… 145
方夫子 …………………… 145
方辅 …………………… 145
方辉 …………………… 145

方回 …………………… 145
方使太尉 …………………… 145
方天君 …………………… 145
方相 …………………… 145
方相怪 …………………… 146
方响女 …………………… 146
防风氏 …………………… 146
房长须 …………………… 146
房州工人 …………………… 146
鬶山神 …………………… 147

fei

飞飞 …………………… 147
飞僵 …………………… 147
飞骸兽 …………………… 147
飞遽 …………………… 147
飞来神 …………………… 147
飞廉 …………………… 147
飞龙山神 …………………… 147
飞生 …………………… 147
飞尸 …………………… 147
飞兽之神 …………………… 147
飞鼠 …………………… 147
飞天大圣 …………………… 148
飞天神王 …………………… 148
飞天夜叉 …………………… 148
飞头国 …………………… 148
飞头獠子 …………………… 148
飞仙 …………………… 148
飞扬 …………………… 148
飞鱼 …………………… 149
蜚 …………………… 149
蜚廉 …………………… 149
肥蠰 …………………… 149
肥遗 …………………… 149
吠勒国 …………………… 149
狒狒 …………………… 149
费长道 …………………… 149
费长房 …………………… 150
费鸡师 …………………… 150
费郎君 …………………… 150
费文祎 …………………… 150
费孝先 …………………… 150

fen

羵羊 …………………… 151
愤王 …………………… 151
濆水神 …………………… 151

feng

丰干 …………………… 151
丰隆 …………………… 151
丰尊师 …………………… 151
风伯 …………………… 152
风后 …………………… 152
风雷将军 …………………… 152
风狸 …………………… 152
风流神 …………………… 152
风门洞神 …………………… 152
风母 …………………… 152
风母兽 …………………… 152
风僧哥 …………………… 152
风僧寿 …………………… 153
风神 …………………… 153
风生兽 …………………… 153
风猩 …………………… 153
风穴道人 …………………… 153
风摇头 …………………… 153
风姨 …………………… 153
枫鬼 …………………… 153
枫人 …………………… 153
封衡 …………………… 154
封君达 …………………… 154
封十八姨 …………………… 154
封盈 …………………… 154
蜂王 …………………… 154
酆都大帝 …………………… 154
酆都宫使 …………………… 154
酆都观主 …………………… 155
酆都鬼王 …………………… 155
酆都元帅 …………………… 155
酆去奢 …………………… 155
酆台北帝 …………………… 155
冯伯达 …………………… 155
冯长 …………………… 155

冯大亮···············155
冯大王···············156
冯道助···············156
冯盖罗···············156
冯观国···············156
冯俊················156
冯克利···············156
冯良················156
冯惟良···············156
冯修················156
冯延寿···············156
冯夷················156
冯真君···············157
冯真人···············157
凤纲················157
凤凰················157
凤凰山神·············157
凤女················157
凤真人···············157

fo

佛图澄···············157

fu

夫子李···············158
夫诸················158
䰀子李···············158
弗述················158
伏波将军·············158
伏波神···············158
伏虎茅司徒············158
伏魔公···············159
伏尸················159
伏羲················159
符拔················159
凫伯子···············159
凫徯················159
孚惠王···············159
孚应庙神·············160
孚应昭烈王············160
扶伏民···············160
扶娄国···············160

扶桑大帝·············160
芙蓉城主·············160
芙蓉仙人·············160
服闾················161
苻坚神···············161
涨口庙神·············161
浮尼················161
浮丘伯···············161
浮丘公···············161
浮丘叔···············161
浮丘翁···············162
浮丘仙···············162
浮丘先生·············162
浮提国···············162
浮忻国···············162
浮游················162
福德正神·············162
福禄财门之神···········162
福禄寿三星············162
福神················162
福星················162
斧神················163
釜甑鬼···············163
辅神通···············163
辅顺将军·············163
腑脏神···············163
负局先生·············163
负琴生···············163
负图先生·············163
副应元帅·············163
傅大士···············163
傅道流···············164
傅得一···············164
傅礼和···············164
傅说················164
傅太初···············164
傅同元···············164
傅翕················164
傅先生···············164
傅隐遥···············164
傅真人···············164
富初庵···············165
富春子···············165
富沙太尉·············165

腹中鬼···············165
鲋鱼················165
蝮虫················165

G

gan

干大················166
干吉················166
干麂子···············166
干将················166
甘虫················166
甘佃················166
甘将军···············166
甘露仙···············167
甘露祖师·············167
甘宁················167
甘凝················167
甘始················167
甘需················167
甘战················167
甘州神女·············167
感庭秋···············167
赣巨人···············168

gang

冈子蛇···············168

gao

皋稽················168
皋鲁················168
皋陶················168
皋通················168
高获················168
高俊················168
高闶················168
高箂················169

高禖 ………………… 169
高明大使 …………… 169
高娘 ………………… 169
高丘子 ……………… 169
高山君 ……………… 169
高堂隆 ……………… 169
高天大将军 ………… 169
高铜 ………………… 169
高元帅 ……………… 169
高远先生 …………… 169
糕糜先生 …………… 169
镐池君 ……………… 169

ge

戈府君 ……………… 169
歌仙 ………………… 170
格 …………………… 170
鮯鮯 ………………… 170
葛洪 ………………… 170
葛将军 ……………… 170
葛陂君 ……………… 170
葛乾孙 ……………… 170
葛三 ………………… 170
葛天君 ……………… 170
葛仙翁 ……………… 171
葛玄 ………………… 171
葛雍 ………………… 171
葛永璓 ……………… 171
葛用 ………………… 171
葛由 ………………… 171
葛佑二女 …………… 172
葛越 ………………… 172
獦狙 ………………… 172

geng

更生佛 ……………… 172
庚辰 ………………… 172
庚定子 ……………… 172
庚午神 ……………… 172
耕父 ………………… 172
耿梦 ………………… 172
耿七公 ……………… 173
耿听声 ……………… 173

耿先生 ……………… 173
耿玄 ………………… 173

gong

弓弩神 ……………… 173
公安二圣 …………… 173
公佛母佛 …………… 173
公母石神 …………… 173
公孙卿 ……………… 173
公孙圣 ……………… 173
公羽真人 …………… 173
功德山 ……………… 173
宫嵩 ………………… 174
宫亭庙神 …………… 174
龚刘二圣者 ………… 174
龚真人 ……………… 174
巩道岩 ……………… 174
拱尸鬼 ……………… 174
共工 ………………… 174
共工氏不才子 ……… 175
贡院将军 …………… 175

gou

勾魂使者 …………… 175
勾龙 ………………… 175
勾芒 ………………… 175
沟 …………………… 175
钩蛇 ………………… 176
钩弋夫人 …………… 176
猴仙姑 ……………… 176
狗封国 ……………… 176
狗民国 ……………… 176
狗皮道士 …………… 176
狗头国 ……………… 176
苟毕元帅 …………… 176
苟元帅 ……………… 176
苟仙姑 ……………… 177
垢仙 ………………… 177

gu

姑娘子 ……………… 177
姑获鸟 ……………… 177

姑恶 ………………… 178
姑射夫人 …………… 178
孤林法神 …………… 178
孤石大夫 …………… 178
孤石庙神 …………… 178
孤夷 ………………… 178
孤竹君 ……………… 178
古莽国 ……………… 178
古无极 ……………… 178
古先生 ……………… 178
古丈夫 ……………… 179
谷春 ………………… 179
谷父蚕母 …………… 179
谷将子 ……………… 179
谷女 ………………… 179
谷希子 ……………… 179
骨托 ………………… 179
蛊 …………………… 179
蛊雕 ………………… 180
蛊神 ………………… 180
鼓 …………………… 181
鼓槌精 ……………… 181
鼓侯 ………………… 181
鼓精 ………………… 181
顾笔仙 ……………… 181
顾欢 ………………… 181
顾况 ………………… 181
顾母大王 …………… 181
顾泰真 ……………… 181

gua

卦和尚 ……………… 181

guai

乖龙 ………………… 182
怪哉 ………………… 182
怪蛇 ………………… 182

guan

关令尹喜 …………… 182
关大王 ……………… 182
关三郎 ……………… 182

关圣帝君 …………………… 182
关索 ………………………… 183
关太子 ……………………… 183
观 …………………………… 183
观世音 ……………………… 183
观亭江神 …………………… 184
官嵩 ………………………… 184
棺材板精 …………………… 184
冠先 ………………………… 184
管革 ………………………… 184
管归真 ……………………… 184
管辂 ………………………… 185
管仲 ………………………… 185
管子文 ……………………… 185
贯胸国 ……………………… 185
灌口二郎 …………………… 185
灌口神 ……………………… 185
灌郎神 ……………………… 185

guang

广成丈人 …………………… 185
广成子 ……………………… 186
广德王 ……………………… 186
广东仙童 …………………… 186
广福庙神 …………………… 186
广福王 ……………………… 186
广惠王 ……………………… 186
广济王 ……………………… 186
广利王 ……………………… 186
广利尊王 …………………… 187
广陵茶姥 …………………… 187
广目天王 …………………… 187
广寿子 ……………………… 187
广佑王 ……………………… 187
广泽尊王 …………………… 187

gui

归洞 ………………………… 188
归真子 ……………………… 188
归终 ………………………… 188
龟 …………………………… 188
龟宝 ………………………… 188

龟蛇二将 …………………… 188
皈的达 ……………………… 188
邽 …………………………… 188
鬼车 ………………………… 189
鬼弹 ………………………… 189
鬼谷子 ……………………… 189
鬼国 ………………………… 190
鬼侯 ………………………… 190
鬼虎 ………………………… 190
鬼精 ………………………… 190
鬼母 ………………………… 190
鬼鸟 ………………………… 190
鬼师 ………………………… 190
鬼帅 ………………………… 190
鬼王 ………………………… 191
鬼仙 ………………………… 191
鬼婴儿 ……………………… 191
鬼爷爷 ……………………… 191
鬼臾区 ……………………… 191
鬼鱼 ………………………… 191
鬼子母 ……………………… 191
蝈 …………………………… 192
桂百祥 ……………………… 192
桂父 ………………………… 192
桂花相公 …………………… 192
桂心渊 ……………………… 192

gun

鲧 …………………………… 192

guo

郭崇子 ……………………… 193
郭登 ………………………… 193
郭洞阳 ……………………… 193
郭罕然 ……………………… 193
郭洪福 ……………………… 193
郭华 ………………………… 193
郭静 ………………………… 193
郭密香 ……………………… 193
郭麈 ………………………… 193
郭璞 ………………………… 193
郭琼 ………………………… 194

郭上灶 ……………………… 194
郭芍药 ……………………… 194
郭声子 ……………………… 194
郭叔香 ……………………… 194
郭叔子 ……………………… 194
郭四朝 ……………………… 194
郭文 ………………………… 194
郭秃 ………………………… 195
郭仙姑 ……………………… 195
郭宪 ………………………… 195
郭休 ………………………… 195
郭延 ………………………… 195
郭真人 ……………………… 195
郭志生 ……………………… 195
郭忠恕 ……………………… 195
郭子华 ……………………… 195
国清三隐 …………………… 195
果仙 ………………………… 195

H

ha

哈喇菩萨 …………………… 196

hai

海伯 ………………………… 196
海蟾子 ……………………… 196
海春 ………………………… 196
海多 ………………………… 196
海和尚 ……………………… 196
海姜 ………………………… 196
海陵圣母 …………………… 196
海南鬼 ……………………… 196
海人 ………………………… 196
海若 ………………………… 196
海山使者 …………………… 197
海上老人 …………………… 197
海神 ………………………… 197

海童 …………………… 197
骇神 …………………… 197

han

邗沟大王 …………… 197
邗子 …………………… 197
含涂国 ………………… 197
邯郸张君 ……………… 197
寒山 …………………… 198
寒山子 ………………… 198
韩必 …………………… 198
韩崇 …………………… 198
韩房 …………………… 198
韩君丈人 ……………… 198
韩流 …………………… 199
韩凭 …………………… 199
韩琦 …………………… 199
韩擒虎 ………………… 199
韩清 …………………… 199
韩生 …………………… 199
韩太华 ………………… 199
韩伟远 ………………… 200
韩西华 ………………… 200
韩仙 …………………… 200
韩湘子 ………………… 200
韩小五郎 ……………… 200
韩友 …………………… 201
韩愈 …………………… 201
韩越 …………………… 201
韩愲 …………………… 201
韩志和 ………………… 201
韩稚 …………………… 201
韩终 …………………… 201
韩仲 …………………… 201
韩众 …………………… 201
汉武帝 ………………… 201
汉宣帝 ………………… 202
汉阴生 ………………… 202
汉锺离 ………………… 202
旱魃 …………………… 202
旱龙 …………………… 202
瀚海神 ………………… 202

hao

蒿里相公 ……………… 202
好了道士 ……………… 203
郝大通 ………………… 203
郝姑 …………………… 203
郝连大娘 ……………… 203
郝孟节 ………………… 203
郝仙姑 ………………… 203
昊天上帝 ……………… 203
耗鬼 …………………… 203
耗神 …………………… 203

he

禾谷夫人 ……………… 203
合窳 …………………… 204
何昌言 ………………… 204
何丹阳 ………………… 204
何道者 ………………… 204
何殿直 ………………… 204
何二娘 ………………… 204
何福 …………………… 204
何公冕 ………………… 204
何何尊师 ……………… 204
何侯 …………………… 204
何九仙 ………………… 204
何老 …………………… 205
何立 …………………… 205
何令通 ………………… 205
何罗鱼 ………………… 205
何媚 …………………… 205
何敏 …………………… 205
何宁 …………………… 205
何女子 ………………… 205
何氏九仙 ……………… 205
何蓑衣 ………………… 205
何五路 ………………… 206
何仙姑 ………………… 206
何以润 ………………… 207
何有 …………………… 207
何昭翰 ………………… 207
何中立 ………………… 207

何紫霄 ………………… 207
何宗元 ………………… 207
何尊师 ………………… 207
和德瑾 ………………… 207
和合 …………………… 207
和合财神 ……………… 207
和合二郎神 …………… 207
和和 …………………… 207
和坤 …………………… 207
河北王母 ……………… 208
河伯 …………………… 208
河伯女 ………………… 208
河伯使者 ……………… 208
河渎 …………………… 208
河侯 …………………… 209
河精 …………………… 209
河精使者 ……………… 209
河平侯 ………………… 209
河上公 ………………… 209
河上翁 ………………… 209
河神 …………………… 209
河阴圣后 ……………… 209
荷叶先师 ……………… 209
贺亢 …………………… 209
贺兰归真 ……………… 209
贺兰栖真 ……………… 210
贺栾 …………………… 210
贺元 …………………… 210
贺源 …………………… 210
贺州道人 ……………… 210
贺自真 ………………… 210
赫连 …………………… 210
鹤龄子 ………………… 210
鹤民国 ………………… 210
鹤衣道人 ……………… 210

hei

黑齿国 ………………… 210
黑狄 …………………… 211
黑帝 …………………… 211
黑汉 …………………… 211
黑老 …………………… 211
黑煞将军 ……………… 211

黑煞神 …………………… 211
黑煞神君 ………………… 211
黑神 ……………………… 211
黑眚 ……………………… 212
黑水将军 ………………… 212
黑廝大王 ………………… 212
黑松使者 ………………… 212
黑叟 ……………………… 212
黑凶 ……………………… 213

heng

哼哈二将 ………………… 213
姮娥 ……………………… 213
横公鱼 …………………… 213
衡山道人 ………………… 213
衡山隐者 ………………… 213
衡岳道人 ………………… 213

hong

弘成子 …………………… 213
红光 ……………………… 213
红僵 ……………………… 213
红柳娃 …………………… 214
红娘 ……………………… 214
红沙煞 …………………… 214
红线 ……………………… 214
洪刚 ……………………… 214
洪山真人 ………………… 214
洪圣 ……………………… 214
洪施时真君 ……………… 215
洪崖先生 ………………… 215
洪真七 …………………… 215
洪志 ……………………… 215
虹 ………………………… 215
蛀蛀 ……………………… 216

hou

侯伯 ……………………… 216
侯道华 …………………… 216
侯瑾 ……………………… 216
侯神仙 …………………… 216

侯生 ……………………… 216
侯先生 …………………… 216
侯元 ……………………… 216
猴玃 ……………………… 217
猴王神 …………………… 217
猴妖 ……………………… 217
吼 ………………………… 217
犼 ………………………… 217
后仓 ……………………… 217
后帝 ……………………… 217
后稷 ……………………… 217
后圣九玄帝君 …………… 218
后圣太师 ………………… 218
后土 ……………………… 218
后土夫人 ………………… 218
后土皇地祇 ……………… 219

hu

鹕苍 ……………………… 219
鹕国 ……………………… 219
呼子先 …………………… 219
忽 ………………………… 219
忽怳 ……………………… 219
狐刚子 …………………… 219
狐精 ……………………… 219
狐龙 ……………………… 220
狐媚 ……………………… 220
狐魅 ……………………… 220
狐王庙 …………………… 220
狐总管 …………………… 220
狐祖师 …………………… 220
胡大明王 ………………… 220
胡道安 …………………… 220
胡道人 …………………… 220
胡钉铰 …………………… 221
胡二郎 …………………… 221
胡二姊 …………………… 221
胡浮先生 ………………… 221
胡公大帝 ………………… 221
胡弘 ……………………… 221
胡惠超 …………………… 221
胡将军 …………………… 222
胡敬德 …………………… 222

胡媚儿 …………………… 222
胡越神 …………………… 222
胡日新 …………………… 222
胡太公 …………………… 222
胡桃怪 …………………… 222
胡天放 …………………… 222
胡羊道人 ………………… 222
胡佯 ……………………… 223
胡隐遥 …………………… 223
胡用琮 …………………… 223
胡詹二王 ………………… 223
壶公 ……………………… 223
湖中姥 …………………… 223
葫芦生 …………………… 224
槲衣仙 …………………… 224
胡涂 ……………………… 224
虎伥 ……………………… 224
虎鬼 ……………………… 224
虎蛟 ……………………… 224
虎神 ……………………… 225
虎头人 …………………… 225
虎王 ……………………… 225
虎威 ……………………… 225
虎爷 ……………………… 225
虎鹰 ……………………… 225
互人国 …………………… 225
户夜神 …………………… 225
护界五郎 ………………… 225
扈谦 ……………………… 226

hua

花公 ……………………… 226
花姑 ……………………… 226
花果五郎 ………………… 226
花花五圣 ………………… 226
花魂 ……………………… 226
花婆 ……………………… 226
花卿 ……………………… 226
花丘林 …………………… 227
花煞 ……………………… 227
花神 ……………………… 227
花王父母 ………………… 227
花仙 ……………………… 227

花月之神 …………… 228
华芙蓉 ……………… 228
华盖三仙 …………… 228
华盖真人 …………… 228
华光 ………………… 228
华侨 ………………… 228
华山府君 …………… 228
华山玉女 …………… 229
华佗 ………………… 229
华胥之子 …………… 229
华严三圣 …………… 229
华幽栖 ……………… 229
华岳三夫人 ………… 229
华岳三郎 …………… 229
华岳神姥 …………… 229
华岳神女 …………… 230
华子期 ……………… 230
猾褢 ………………… 230
鱯鱼 ………………… 230
化人 ………………… 230
化蛇 ………………… 230
划船老爷 …………… 230
画鹤叟 ……………… 231

huai

怀浚 ………………… 231
淮渎 ………………… 231
淮南八公 …………… 231
淮泗乞者 …………… 231
淮涡神 ……………… 231
槐大相公 …………… 231
槐坛道士 …………… 232

huan

欢喜佛 ……………… 232
讙 …………………… 232
讙头国 ……………… 232
朣疏 ………………… 232
驩兜国 ……………… 232
驩头国 ……………… 233
獂 …………………… 233
环狗 ………………… 233

洹水神 ……………… 233
桓闿 ………………… 233
浣肠国 ……………… 233
浣花夫人 …………… 233
患 …………………… 233
焕灵庙神 …………… 233
㺊 …………………… 234

huang

皇初平 ……………… 234
皇初起 ……………… 234
皇甫君 ……………… 234
皇甫隆 ……………… 234
皇甫嵩真 …………… 234
皇甫坦 ……………… 234
皇甫玄真 …………… 235
皇甫玉 ……………… 235
皇甫真君 …………… 235
皇甫仲和 …………… 235
皇化 ………………… 235
皇人 ………………… 235
皇太姆 ……………… 235
皇天上帝 …………… 235
黄安 ………………… 236
黄宾臣 ……………… 236
黄拨沙 ……………… 236
黄伯祥 ……………… 236
黄伯严 ……………… 236
黄步松 ……………… 236
黄彻 ………………… 236
黄初平 ……………… 236
黄大夫 ……………… 236
黄大哥 ……………… 236
黄大王 ……………… 236
黄大仙 ……………… 237
黄旦 ………………… 237
黄道大王 …………… 237
黄道婆 ……………… 237
黄帝 ………………… 237
黄帝少女 …………… 238
黄洞源 ……………… 238
黄发叟 ……………… 238
黄幡、豹尾 ………… 238

黄房公 ……………… 238
黄飞虎 ……………… 238
黄疯子 ……………… 239
黄辅 ………………… 239
黄父鬼 ……………… 239
黄公 ………………… 239
黄拱斗 ……………… 239
黄姑 ………………… 239
黄观福 ……………… 239
黄观子 ……………… 239
黄冠道人 …………… 240
黄冠佛 ……………… 240
黄花老人 …………… 240
黄华姑 ……………… 240
黄景华 ……………… 240
黄敬 ………………… 240
黄老 ………………… 240
黄老君 ……………… 240
黄老相公 …………… 240
黄励 ………………… 240
黄列子 ……………… 240
黄灵微 ……………… 240
黄陵神 ……………… 240
黄令微 ……………… 240
黄龙真人 …………… 240
黄卢子 ……………… 240
黄鹿真人 …………… 240
黄魔神 ……………… 241
黄能 ………………… 241
黄牛神 ……………… 241
黄七公 ……………… 241
黄仁览 ……………… 241
黄阮丘 ……………… 241
黄山公 ……………… 242
黄山君 ……………… 242
黄神 ………………… 242
黄升 ………………… 242
黄十公 ……………… 242
黄石公 ……………… 242
黄石君 ……………… 242
黄司空 ……………… 242
黄损 ………………… 243
黄太和 ……………… 243
黄天顺 ……………… 243

黄万户……………………………243
黄万护……………………………243
黄万祜……………………………243
黄万枯……………………………243
黄万佑……………………………243
黄希旦……………………………243
黄仙姑……………………………243
黄仙师……………………………243
黄妖………………………………244
黄腰………………………………244
黄杨一官人………………………244
黄野人……………………………244
黄一真……………………………244
黄衣翁……………………………244
黄元道……………………………244
黄云翔……………………………244
黄真人……………………………245
黄镇………………………………245
黄知微……………………………245
黄竹………………………………245
黄子阳……………………………245
黄祖………………………………245
黄尊师……………………………245
蝗神………………………………245

hui

灰袋………………………………245
灰七姑娘…………………………245
挥文………………………………245
晖…………………………………245
回道人……………………………246
回回………………………………246
回禄………………………………246
回仙………………………………246
茴香道人…………………………246
秽迹金刚…………………………246
惠岸………………………………246
惠车子……………………………246
惠吉………………………………246
惠明………………………………246
惠宁庙神…………………………247
慧感夫人…………………………247

hun

浑沌………………………………247
魂精帝君…………………………247
混沌生……………………………247
混沌圣君…………………………247
驒…………………………………247

huo

豁口大王…………………………248
活死人……………………………248
火德星君…………………………248
火德真君…………………………248
火光兽……………………………248
火精………………………………248
火神………………………………248
火师汪真君………………………248
火鼠………………………………248
火星………………………………249
火正………………………………249
火祖………………………………249
祸斗………………………………249
霍光………………………………249
霍山………………………………249
霍山神……………………………249

J

ji

击竹子……………………………250
乩仙………………………………250
机神………………………………250
鸡宝………………………………250
鸡趣………………………………250
咭咯菩萨…………………………250
姬洞明……………………………250
积小塘……………………………250
积忧虫……………………………250
嵇康………………………………251
箕伯………………………………251
箕姑………………………………251
箕仙………………………………251
稽山大王…………………………251
吉吊………………………………251
吉量………………………………251
吉留馨……………………………251
吉祥菩萨…………………………251
吉祥天……………………………251
吉祥王……………………………251
吉知陀圣母………………………252
急脚先锋…………………………252
戟神………………………………252
计都星君…………………………252
计蒙………………………………252
计子勋……………………………252
纪虱子……………………………252
忌…………………………………252
季道华……………………………252
季咸………………………………252
季隐子……………………………252
济伯………………………………252
济渎………………………………253
济公………………………………253
济河神……………………………253
济生度死真人……………………253
济顺王……………………………253
寂感………………………………253
蓟丘君……………………………253
蓟子训……………………………253
稷丘君……………………………254
稷神………………………………254
髻…………………………………254
继无民……………………………254
魃…………………………………254

jia

家鬼………………………………254
家神………………………………254
猳国………………………………255
猳玃………………………………255

嘉应侯 …………………… 255
甲交先生 ………………… 255
甲作 ……………………… 255
贾 ………………………… 255
贾耽 ……………………… 255
贾姑 ……………………… 255
贾诎 ……………………… 255
贾善翔 …………………… 255
贾玄道 …………………… 255
贾谊 ……………………… 255
贾众 ……………………… 256

jian

坚牢地天 ………………… 256
肩吾 ……………………… 256
湔江水神 ………………… 256
箯铿 ……………………… 256
茧石先生 ………………… 256
笕头神 …………………… 256
剪头仙人 ………………… 256
简云颠 …………………… 256
剑神 ……………………… 256
剑童公 …………………… 256
剑仙 ……………………… 256
健儿 ……………………… 257
渐耳 ……………………… 257
箭神 ……………………… 257
瓀 ………………………… 257

jiang

江伯 ……………………… 257
江伥 ……………………… 257
江长老 …………………… 257
江东庙神 ………………… 257
江渎 ……………………… 258
江妃 ……………………… 258
江观潮 …………………… 258
江海保障之神 …………… 258
江汉二女 ………………… 258
江黄 ……………………… 258
江郎 ……………………… 258
江神 ……………………… 259

江叟 ……………………… 259
江疑 ……………………… 259
江泽 ……………………… 259
姜伯真 …………………… 259
姜澄 ……………………… 259
姜叔茂 …………………… 260
姜太公 …………………… 260
姜真人 …………………… 260
姜子牙 …………………… 260
将军 ……………………… 260
僵尸 ……………………… 260
蒋鳌 ……………………… 261
蒋疯子 …………………… 261
蒋侯 ……………………… 261
蒋晖 ……………………… 261
蒋泊 ……………………… 261
蒋七郎 …………………… 261
蒋山神 …………………… 261
蒋深女 …………………… 261
蒋升 ……………………… 261
蒋相公 …………………… 261
蒋先生 …………………… 261
蒋庄武帝 ………………… 261
蒋子文 …………………… 261
绛县老人 ………………… 262

jiao

交胫国 …………………… 262
郊间人 …………………… 262
骄虫 ……………………… 262
焦姑 ……………………… 262
焦光 ……………………… 263
焦湖庙赵太尉 …………… 263
焦侥国 …………………… 263
焦静真 …………………… 263
焦炼师 …………………… 263
焦生 ……………………… 263
焦先 ……………………… 263
蛟 ………………………… 263
蛟姜 ……………………… 264
僬侥国 …………………… 264
鲛人 ……………………… 264
鲛鱼 ……………………… 264

角端 ……………………… 264
角龙 ……………………… 264
狡 ………………………… 264
狡兔 ……………………… 264
矫慎 ……………………… 264
缴父 ……………………… 264
叫蛇 ……………………… 264

jie

揭谛 ……………………… 265
结胸国 …………………… 265
捷飞 ……………………… 265
猰猢 ……………………… 265
絜钩 ……………………… 265
解道 ……………………… 265
解奴辜 …………………… 265
解形民 …………………… 265
解鹰 ……………………… 265
介象 ……………………… 265
介休王 …………………… 266
介琰 ……………………… 266
介之推 …………………… 266

jin

金箔张 …………………… 266
金蚕 ……………………… 266
金蝉子 …………………… 267
金川神 …………………… 267
金都尉 …………………… 267
金盖老人 ………………… 267
金刚 ……………………… 267
金刚密迹 ………………… 267
金刚明王 ………………… 267
金刚仙 …………………… 268
金公 ……………………… 268
金虹氏 …………………… 268
金花夫人 ………………… 268
金花娘子 ………………… 268
金华将军 ………………… 268
金火二仙姑 ……………… 269
金姬 ……………………… 269
金鸡 ……………………… 269

金精 …………………… 269

金井神童 …………………… 269

金可记 …………………… 269

金累 …………………… 270

金梁凤 …………………… 270

金陵道士 …………………… 270

金龙大王 …………………… 270

金龙四大王 …………………… 270

金马碧鸡之神 …………………… 270

金母 …………………… 271

金母元君 …………………… 271

金牛 …………………… 271

金蓬头 …………………… 271

金婆 …………………… 271

金阙帝君 …………………… 271

金阙夫人 …………………… 271

金阙老君 …………………… 271

金阙上帝 …………………… 271

金阙圣君 …………………… 271

金阙真君 …………………… 271

金山大王 …………………… 271

金山神 …………………… 272

金山下水府 …………………… 272

金申 …………………… 272

金神 …………………… 272

金神七煞 …………………… 272

金天神 …………………… 273

金天顺圣帝 …………………… 273

金天王 …………………… 273

金小一总管 …………………… 273

金星之精 …………………… 273

金野仙 …………………… 273

金鱼神 …………………… 273

金玉之精 …………………… 273

金元七总管 …………………… 273

金咤 …………………… 273

金州道人 …………………… 274

紧那罗王 …………………… 274

晋祠圣母 …………………… 274

禁魇婆 …………………… 274

靳八公 …………………… 274

靳德进 …………………… 274

噤神 …………………… 274

jing

京西店老人 …………………… 274

经成子 …………………… 275

荆次德 …………………… 275

荆伏飞 …………………… 275

荆南仙女 …………………… 275

精卫 …………………… 275

井大夫 …………………… 275

井毂铲生 …………………… 275

井公 …………………… 275

井鬼 …………………… 275

井渊之精 …………………… 275

井泉童子 …………………… 275

井神 …………………… 276

景素阳 …………………… 276

景佑真君 …………………… 276

景知常 …………………… 276

景知果 …………………… 276

净光童子 …………………… 276

靖人 …………………… 276

境主公 …………………… 276

獍 …………………… 276

jiu

臼精 …………………… 276

鸠摩罗什 …………………… 276

九耳犬 …………………… 277

九凤 …………………… 277

九府仙师 …………………… 277

九宫贵神 …………………… 277

九宫玄女 …………………… 277

九姑 …………………… 277

九光夫人 …………………… 277

九光元女 …………………… 277

九华安妃 …………………… 277

九华大仙 …………………… 278

九华山人 …………………… 278

九华天仙 …………………… 278

九华真妃 …………………… 278

九华真人 …………………… 278

九皇君 …………………… 278

九皇真人 …………………… 278

九江八河神 …………………… 278

九井之神 …………………… 278

九老丈人 …………………… 278

九郎 …………………… 278

九郎神 …………………… 278

九鲤湖仙 …………………… 278

九梁星煞 …………………… 279

九灵大妙龟山金母 …………………… 279

九灵老子 …………………… 279

九灵子 …………………… 279

九隆 …………………… 279

九娘神 …………………… 279

九娘子 …………………… 279

九色鸟 …………………… 279

九山府君 …………………… 279

九圣 …………………… 279

九天采访使者 …………………… 279

九天司命保生天尊 …………………… 280

九天玄女 …………………… 280

九天应元雷声普化天尊 …………………… 280

九天真王 …………………… 281

九头虫 …………………… 281

九头鸟 …………………… 281

九尾狐 …………………… 281

九尾蛇 …………………… 282

九仙 …………………… 282

九显灵君 …………………… 282

九星 …………………… 282

九疑仙人 …………………… 282

九疑之神 …………………… 282

九婴 …………………… 282

九御法王 …………………… 283

九元子 …………………… 283

九源丈人 …………………… 283

九真庙神 …………………… 283

九真神牛 …………………… 283

九子母 …………………… 283

九子魔母 …………………… 283

酒鬼 …………………… 283

酒客 …………………… 284

酒魔 …………………… 284

酒母 …………………… 284

厩山蛇王 …………………… 284

ju

拘留孙 ……………………… 284
拘缨国 ……………………… 284
居壁 ………………………… 284
鞠通 ………………………… 284
菊花仙 ……………………… 284
橘中叟 ……………………… 284
举父 ………………………… 285
举人公 ……………………… 285
矩半拏 ……………………… 285
巨济大士 …………………… 285
巨灵 ………………………… 285
巨灵大人 …………………… 285
巨脸怪 ……………………… 285
巨灵氏 ……………………… 286
据比尸 ……………………… 286
虡 …………………………… 286
飓风神 ……………………… 286
飓母 ………………………… 286
聚 …………………………… 286
聚肉 ………………………… 286

juan

涓子 ………………………… 286
圈头五圣 …………………… 286

jue

撅儿 ………………………… 286
绝洞子 ……………………… 287
駃蹄 ………………………… 287
貜 …………………………… 287
貜如 ………………………… 287

jun

君山神 ……………………… 287
君子国 ……………………… 287
菌人 ………………………… 287
峻灵王 ……………………… 288

K

kai

开闭之鬼 …………………… 289
开路神 ……………………… 289
开闽圣王 …………………… 289
开明 ………………………… 289
开山圣王 …………………… 289
开心尊者 …………………… 289
开漳圣王 …………………… 290

kan

堪孖 ………………………… 290
阚相公 ……………………… 290
看财童子 …………………… 290

kang

康保裔 ……………………… 290
康回 ………………………… 290
康王神 ……………………… 290
康仙 ………………………… 291
康元帅 ……………………… 291
亢仓子 ……………………… 291
亢金大神 …………………… 291

ke

科场鬼 ……………………… 291

keng

坑三姑娘 …………………… 291

kong

空同山人 …………………… 292
空室之精 …………………… 292

空王佛 ……………………… 292
孔安国 ……………………… 292
孔丘明 ……………………… 292
孔愉 ………………………… 292
孔元 ………………………… 292
孔元方 ……………………… 293
孔庄叶三女仙 ……………… 293
孔子 ………………………… 293
控鹤仙人 …………………… 293

kou

寇谦之 ……………………… 293
寇先 ………………………… 294
寇准 ………………………… 294
寇子隆 ……………………… 294

ku

枯柴精 ……………………… 294
苦竹郎君 …………………… 294

kua

夸父 ………………………… 294
夸父国 ……………………… 295

kuang

匡阜先生 …………………… 295
匡俗 ………………………… 295
匡续 ………………………… 295
匡野四将 …………………… 295
匡裕 ………………………… 295
匡智 ………………………… 295
狂 …………………………… 295
狂章 ………………………… 295
邝仙 ………………………… 295
旷野大将 …………………… 296
矿神 ………………………… 296

kui

奎山公 ……………………… 296
奎星 ………………………… 296

魁星 ·············· 296
夔 ·············· 297
傀儡怪 ·············· 297
傀儡神 ·············· 297

kun

昆仑奴 ·············· 297
昆仑之神 ·············· 297
昆山神 ·············· 298
昆吾 ·············· 298
昆邪神 ·············· 298
髡顿 ·············· 298

L

la

邋遢仙 ·············· 299
腊塌四相公 ·············· 299

lai

来和 ·············· 299
来和天尊 ·············· 299
赖布衣 ·············· 299

lan

兰公 ·············· 299
兰陵里老人 ·············· 299
蓝采和 ·············· 300
蓝方 ·············· 300
蓝缕道人 ·············· 300
蓝乔 ·············· 300
揽诸 ·············· 300
缆将军 ·············· 300
懒残禅师 ·············· 301
懒妇 ·············· 301
懒拙道人 ·············· 301

lang

郎夫人 ·············· 301
郎君神 ·············· 301
郎顗 ·············· 301
郎子神 ·············· 301
郎宗 ·············· 301
狼范 ·············· 302
狼鬼 ·············· 302
狼精 ·············· 302
阆州神 ·············· 302

lao

劳民国 ·············· 302
劳真人 ·············· 302
老成子 ·············· 302
老吊爷 ·············· 302
老姑 ·············· 302
老郎 ·············· 302
老郎菩萨 ·············· 303
老童 ·············· 303
老王先生 ·············· 303
老子 ·············· 303
老子母 ·············· 304
老祖 ·············· 304

le

乐长治 ·············· 304
乐长子 ·············· 304
乐神 ·············· 304
乐氏二仙女 ·············· 304
乐欲大将 ·············· 304
乐正子长 ·············· 304
乐子长 ·············· 304
乐子苌 ·············· 305
勒毕国 ·············· 305

lei

猵 ·············· 305
雷媪 ·············· 305

雷部 ·············· 305
雷池君 ·············· 306
雷公 ·············· 306
雷鬼 ·············· 306
雷海青 ·············· 306
雷焕 ·············· 307
雷精 ·············· 307
雷默庵 ·············· 307
雷蓬头 ·············· 307
雷神 ·············· 307
雷声普化天尊 ·············· 308
雷师 ·············· 308
雷时中 ·············· 308
雷兽 ·············· 308
雷太云 ·············· 308
雷霆 ·············· 308
雷万春 ·············· 308
雷王 ·············· 308
雷乌 ·············· 308
雷五 ·············· 308
雷隐翁 ·············· 309
雷种 ·············· 309
雷州雷神 ·············· 309
雷祖 ·············· 309
嫘祖 ·············· 309
鷛 ·············· 309
类 ·············· 309

leng

棱睁神 ·············· 310
冷道者 ·············· 310
冷谦 ·············· 310
冷寿光 ·············· 310

li

梨山神 ·············· 310
梨园神 ·············· 311
梨岳李侯 ·············· 311
犁靦尸 ·············· 311
狸力 ·············· 311
离娄公 ·············· 311
离明 ·············· 311

离明大帝 …………………… 311
离朱 ………………………… 311
离珠 ………………………… 311
骊山老母 …………………… 311
黎道人 ……………………… 312
黎母 ………………………… 312
黎山老母 …………………… 312
李阿 ………………………… 312
李栒机 ……………………… 312
李八百 ……………………… 312
李芨 ………………………… 313
李白 ………………………… 313
李班 ………………………… 313
李鼻涕 ……………………… 313
李冰 ………………………… 314
李播 ………………………… 315
李伯山 ……………………… 315
李伯行 ……………………… 315
李常在 ……………………… 315
李赤肚 ……………………… 315
李充 ………………………… 315
李崇 ………………………… 315
李淳风 ……………………… 315
李慈德 ……………………… 316
李存忠 ……………………… 316
李道人 ……………………… 316
李洞 ………………………… 316
李洞宾 ……………………… 316
李都官 ……………………… 316
李恩主 ……………………… 316
李二郎 ……………………… 316
李方回 ……………………… 317
李奉仙 ……………………… 317
李福达 ……………………… 317
李根 ………………………… 317
李国用 ……………………… 317
李含光 ……………………… 317
李涵光 ……………………… 317
李汉雄 ……………………… 317
李和 ………………………… 317
李合 ………………………… 317
李贺 ………………………… 318
李弘 ………………………… 318
李侯 ………………………… 318

李惠姑 ……………………… 318
李岌 ………………………… 318
李贱子 ……………………… 318
李鉴夫 ……………………… 318
李教 ………………………… 318
李节 ………………………… 318
李金儿 ……………………… 319
李靖 ………………………… 319
李琚 ………………………… 319
李珏 ………………………… 319
李君神 ……………………… 319
李客 ………………………… 320
李孔目 ……………………… 320
李宽 ………………………… 320
李坤 ………………………… 320
李老 ………………………… 320
李烈士 ……………………… 320
李林甫 ……………………… 320
李灵阳 ……………………… 320
李六郎 ……………………… 321
李龙 ………………………… 321
李禄 ………………………… 321
李梦符 ……………………… 321
李泌 ………………………… 321
李明 ………………………… 321
李明香 ……………………… 321
李南 ………………………… 321
李泥丸 ……………………… 321
李盘白 ……………………… 321
李频 ………………………… 322
李破罐 ……………………… 322
李谱文 ……………………… 322
李琪 ………………………… 322
李青霞 ……………………… 322
李清 ………………………… 322
李球 ………………………… 322
李筌 ………………………… 323
李三夫人 …………………… 323
李三娘 ……………………… 323
李山人 ……………………… 323
李少君 ……………………… 323
李少翁 ……………………… 324
李绅 ………………………… 324
李神仙 ……………………… 324

李升 ………………………… 324
李叔升 ……………………… 324
李顺兴 ……………………… 324
李思广 ……………………… 325
李思慕 ……………………… 325
李思齐 ……………………… 325
李陶真 ……………………… 325
李腾空 ……………………… 325
李铁箍 ……………………… 325
李铁拐 ……………………… 325
李通敏 ……………………… 325
李焞 ………………………… 325
李脱 ………………………… 325
李旺 ………………………… 326
李武 ………………………… 326
李奚子 ……………………… 326
李遐周 ……………………… 326
李仙 ………………………… 326
李仙姑 ……………………… 326
李仙君 ……………………… 326
李仙女 ……………………… 326
李仙人 ……………………… 326
李仙药 ……………………… 326
李贤 ………………………… 327
李相笏 ……………………… 327
李信卿 ……………………… 327
李修 ………………………… 327
李秀才 ……………………… 327
李亚 ………………………… 327
李一足 ……………………… 327
李意期 ……………………… 327
李翼 ………………………… 327
李聿 ………………………… 327
李元 ………………………… 327
李元基 ……………………… 327
李元帅 ……………………… 327
李云卿 ……………………… 328
李真 ………………………… 328
李真多 ……………………… 328
李真人 ……………………… 328
李整 ………………………… 328
李芝 ………………………… 328
李植 ………………………… 328
李志亨 ……………………… 328

李终南 …………………… 328
李仲甫 …………………… 329
李子昂 …………………… 329
李子真 …………………… 329
李自然 …………………… 329
李醉 ……………………… 329
鲤鱼蛇 …………………… 329
力牧 ……………………… 329
历阳神母 ………………… 329
厉布衣 …………………… 329
厉归真 …………………… 330
厉鬼 ……………………… 330
厉神 ……………………… 330
丽山氏 …………………… 330
利市婆官 ………………… 330
利市仙官 ………………… 330
疠鬼 ……………………… 330
栗大王 …………………… 331
栗公子 …………………… 331
栗毓美 …………………… 331

lian

连步云 …………………… 331
连可久 …………………… 331
莲花子 …………………… 331
廉广 ……………………… 331

liang

梁伯鸾 …………………… 331
梁谌 ……………………… 332
梁戴 ……………………… 332
梁道士 …………………… 332
梁可澜 …………………… 332
梁亮 ……………………… 332
梁卢 ……………………… 332
梁母 ……………………… 332
梁渠 ……………………… 332
梁饶 ……………………… 332
梁山伯 …………………… 332
梁神 ……………………… 332
梁四公 …………………… 333
梁须 ……………………… 333

梁野人 …………………… 333
梁玉清 …………………… 333
梁真人 …………………… 333
两贵 ……………………… 333
两面人 …………………… 333
两头鹿 …………………… 333
两头蛇 …………………… 333
量人蛇 …………………… 334

liao

廖半仙 …………………… 334
廖冲 ……………………… 334
廖法正 …………………… 334
廖孔说 …………………… 334
了机 ……………………… 334
了然子 …………………… 334
料石岗神 ………………… 334

lie

列子 ……………………… 334
烈杰太子 ………………… 335

lin

林道人 …………………… 335
林夫人 …………………… 335
林癸午 …………………… 335
林和靖 …………………… 335
林衡 ……………………… 335
林回阳 …………………… 335
林九夫人 ………………… 335
林酒仙 …………………… 336
林灵素 …………………… 336
林容真 …………………… 337
林纱娘 …………………… 337
林升真 …………………… 337
林阳子 …………………… 337
林义 ……………………… 337
林益道 …………………… 337
林遇贤 …………………… 337
林子明 …………………… 337
临安土地 ………………… 337

临邛主簿 ………………… 337
临水夫人 ………………… 338
淋涔君 …………………… 338
獜 ………………………… 338
麟主 ……………………… 338
廪君 ……………………… 338

ling

灵安尊王 ………………… 338
灵哥 ……………………… 338
灵沟医官大王 …………… 339
灵姑 ……………………… 339
灵官 ……………………… 339
灵惠二郎 ………………… 339
灵惠夫人 ………………… 339
灵惠侯 …………………… 339
灵济菩萨 ………………… 339
灵济昭烈王 ……………… 339
灵济真人 ………………… 339
灵济真人 ………………… 339
灵康王 …………………… 339
灵鳗菩萨 ………………… 339
灵女 ……………………… 340
灵派侯 …………………… 340
灵山十巫 ………………… 340
灵寿光 …………………… 340
灵显侯 …………………… 340
灵显王 …………………… 340
灵胥 ……………………… 341
灵义侯 …………………… 341
灵泽夫人 ………………… 341
灵杖夫人 ………………… 341
灵照李夫人 ……………… 341
灵子真 …………………… 341
凌波神 …………………… 341
凌霄女 …………………… 341
陵阳子明 ………………… 341
陵阳子仲 ………………… 341
陵鱼 ……………………… 342
鸰鹈 ……………………… 342
軨軨 ……………………… 342
零陵王 …………………… 342
领胡 ……………………… 342

令公鬼 ················ 342
令狐绚 ················ 342

liu

刘瞻 ················ 342
刘懂 ················ 342
刘安 ················ 342
刘安上女 ············ 343
刘白云 ·············· 343
刘本德 ·············· 343
刘卜功 ·············· 343
刘伯温 ·············· 343
刘跛子 ·············· 344
刘长生 ·············· 344
刘晨 ················ 344
刘承忠 ·············· 345
刘处静 ·············· 345
刘处士 ·············· 345
刘春龙 ·············· 345
刘从善 ·············· 345
刘大瓢 ·············· 345
刘大师 ·············· 345
刘大头 ·············· 345
刘道昌 ·············· 345
刘道成 ·············· 346
刘道恭 ·············· 346
刘道合 ·············· 346
刘道平 ·············· 346
刘道秀 ·············· 346
刘德本 ·············· 346
刘德仁 ·············· 346
刘栋 ················ 346
刘斗子 ·············· 346
刘遁 ················ 346
刘方瀛 ·············· 346
刘昉 ················ 346
刘讽 ················ 347
刘奉林 ·············· 347
刘纲 ················ 347
刘根 ················ 347
刘公道 ·············· 347
刘海 ················ 347
刘海蟾 ·············· 347

刘黑黑 ·············· 348
刘泓 ················ 348
刘混康 ·············· 348
刘拣 ················ 348
刘简 ················ 348
刘京 ················ 349
刘景 ················ 349
刘景鹤 ·············· 349
刘倔子 ·············· 349
刘偏 ················ 349
刘可成 ·············· 349
刘快活 ·············· 349
刘宽 ················ 349
刘邈遏 ·············· 349
刘累 ················ 349
刘亮 ················ 349
刘灵助 ·············· 350
刘猛将 ·············· 350
刘摩诃 ·············· 351
刘平 ················ 351
刘平阿 ·············· 351
刘凭 ················ 351
刘任 ················ 351
刘日新 ·············· 351
刘三妹 ·············· 351
刘三娘 ·············· 351
刘商 ················ 351
刘尚羔 ·············· 352
刘少公 ·············· 352
刘少翁 ·············· 352
刘施言 ·············· 352
刘枢幹 ·············· 352
刘襄衣 ·············· 352
刘天君 ·············· 352
刘天翁 ·············· 353
刘綎 ················ 353
刘同圭 ·············· 353
刘图 ················ 353
刘王 ················ 353
刘伟 ················ 353
刘伟道 ·············· 353
刘玮惠 ·············· 353
刘无名 ·············· 353
刘希岳 ·············· 353

刘仙姑 ·············· 353
刘仙人 ·············· 353
刘玄英 ·············· 354
刘妍 ················ 354
刘瑶英 ·············· 354
刘益 ················ 354
刘翊 ················ 354
刘玉 ················ 354
刘渊然 ·············· 354
刘元靖 ·············· 354
刘元真 ·············· 354
刘越 ················ 354
刘瞻 ················ 355
刘章 ················ 355
刘珍 ················ 355
刘真人 ·············· 355
刘政 ················ 355
刘知常 ·············· 355
刘知古 ·············· 355
刘仲远 ·············· 356
刘子光 ·············· 356
刘子南 ·············· 356
刘宗道 ·············· 356
刘仲卿 ·············· 356
瘤道士 ·············· 356
柳成 ················ 356
柳道士 ·············· 356
柳夫人 ·············· 356
柳根怪 ·············· 356
柳侯 ················ 357
柳将军 ·············· 357
柳神 ················ 357
柳神九烈君 ·········· 357
柳实 ················ 358
柳世隆 ·············· 358
柳条青 ·············· 358
柳王 ················ 358
柳翁 ················ 358
柳仙 ················ 358
柳毅 ················ 358
柳真君 ·············· 359
柳洲龙王 ············ 359
柳子华 ·············· 359
六驳 ················ 359

六出 ……………………… 359
六丁 ……………………… 359
六丁六甲 ………………… 360
六丁神女 ………………… 360
六癸玉女 ………………… 360
六甲 ……………………… 360
六将爷 …………………… 360
六郎神 …………………… 360
六神 ……………………… 360
六十甲子神 ……………… 360
六畜瘟神 ………………… 361
六御 ……………………… 361
六贼 ……………………… 361

long

龙 ………………………… 361
龙伯高 …………………… 362
龙伯国 …………………… 362
龙伯康 …………………… 362
龙复本 …………………… 362
龙广寒 …………………… 362
龙龟 ……………………… 363
龙九子 …………………… 363
龙马 ……………………… 364
龙母 ……………………… 364
龙女 ……………………… 365
龙女三娘子 ……………… 365
龙身鸟首神 ……………… 365
龙身人面神 ……………… 365
龙述 ……………………… 365
龙天王 …………………… 365
龙王 ……………………… 365
龙威丈人 ………………… 366
龙鱼 ……………………… 366
龙主 ……………………… 366
聋皂隶 …………………… 366
隆恩真君 ………………… 366
蝰蛭 ……………………… 367
蝰蚳 ……………………… 367

lou

娄驾 ……………………… 367

娄金神 …………………… 367
娄近垣 …………………… 367
娄敬 ……………………… 367
楼观仙师 ………………… 367

lu

卢敖 ……………………… 367
卢遨 ……………………… 367
卢耽 ……………………… 367
卢狗大王 ………………… 368
卢沟桥神 ………………… 368
卢二舅 …………………… 368
卢扶国 …………………… 368
卢慧 ……………………… 368
卢六 ……………………… 368
卢眉娘 …………………… 368
卢琼 ……………………… 368
卢山人 …………………… 368
卢生 ……………………… 369
卢氏 ……………………… 369
卢太翼 …………………… 369
卢童子 …………………… 369
卢仙姑 …………………… 369
卢逍遥 …………………… 369
卢医 ……………………… 369
卢子基 …………………… 369
庐君 ……………………… 369
庐陵侯 …………………… 370
庐山夫人 ………………… 370
庐山府君 ………………… 370
庐山九天采访使 ………… 370
庐山九天使者 …………… 370
庐山君 …………………… 370
庐山匡阜先生 …………… 371
庐山老人 ………………… 371
芦童子 …………………… 371
芦王 ……………………… 371
炉神 ……………………… 371
甪端 ……………………… 371
鲁班 ……………………… 371
鲁道 ……………………… 372
鲁颠 ……………………… 372
鲁颠子 …………………… 372

鲁晋卿 …………………… 372
鲁妙典 …………………… 372
鲁沐玄 …………………… 372
鲁女生 …………………… 372
鲁少千 …………………… 372
鲁四公 …………………… 372
鲁仙 ……………………… 372
鲁质 ……………………… 373
陆大相公 ………………… 373
陆道姑 …………………… 373
陆东美 …………………… 373
陆法和 …………………… 373
陆圭 ……………………… 373
陆判官 …………………… 374
陆四官 …………………… 374
陆通 ……………………… 374
陆吾 ……………………… 374
陆相公 …………………… 374
陆修静 …………………… 374
陆压 ……………………… 374
陆羽 ……………………… 374
陆禹臣 …………………… 375
陆终 ……………………… 375
陆尊师 …………………… 375
录民 ……………………… 375
录图子 …………………… 375
菉豆公 …………………… 375
鹿 ………………………… 375
鹿卢蹻 …………………… 375
鹿娘 ……………………… 375
鹿皮公 …………………… 375
鹿蜀 ……………………… 375
鹿王 ……………………… 376
禄马神 …………………… 376
禄神 ……………………… 376
禄星 ……………………… 376
路大安 …………………… 376
路神 ……………………… 376
路头神 …………………… 376
路真官 …………………… 376
露筋娘娘 ………………… 377
露水姻缘之神 …………… 377
睩听 ……………………… 377
鲦 ………………………… 377

lü

驴鼠 …………………………… 377
驴仙 …………………………… 377
闾成子 ………………………… 377
闾丘方远 ……………………… 377
吕大郎 ………………………… 377
吕道章 ………………………… 378
吕洞宾 ………………………… 378
吕疙瘩 ………………………… 379
吕公 …………………………… 379
吕公子 ………………………… 379
吕恭 …………………………… 379
吕蒙 …………………………… 379
吕贫子 ………………………… 380
吕尚 …………………………… 380
吕生 …………………………… 380
吕翁 …………………………… 380
吕志真 ………………………… 380
吕子华 ………………………… 380
履 ……………………………… 381
律令 …………………………… 381
律吕神 ………………………… 381
绿僵 …………………………… 381
绿郎 …………………………… 381

luan

栾巴 …………………………… 381
栾大 …………………………… 382
栾侯 …………………………… 382
卵民国 ………………………… 382

lue

掠剩大夫 ……………………… 382
掠剩鬼 ………………………… 382
掠剩使 ………………………… 382
掠剩相公 ……………………… 383
掠刷真君 ……………………… 383

luo

罗卜 …………………………… 383

罗池神 ………………………… 383
罗赤脚 ………………………… 383
罗道成 ………………………… 383
罗浮山神 ……………………… 383
罗浮天王 ……………………… 383
罗浮先生 ……………………… 383
罗公远 ………………………… 383
罗璜 …………………………… 384
罗汉 …………………………… 384
罗罗 …………………………… 384
罗娘 …………………………… 384
罗女 …………………………… 384
罗蓬头 ………………………… 384
罗平鸟 ………………………… 384
罗刹 …………………………… 384
罗神 …………………………… 385
罗升 …………………………… 385
罗思远 ………………………… 385
罗天祐 ………………………… 385
罗通微 ………………………… 385
罗万象 ………………………… 385
罗文佑 ………………………… 385
罗仙 …………………………… 385
罗秀 …………………………… 385
罗晏 …………………………… 385
罗郁 …………………………… 385
罗真人 ………………………… 385
罗致福 ………………………… 386
罗子房 ………………………… 386
罗祖 …………………………… 386
螺精 …………………………… 386
猡神 …………………………… 386
蠃鱼 …………………………… 387
洛伯 …………………………… 387
洛神 …………………………… 387
洛子渊 ………………………… 387
骆山人 ………………………… 387
骆玄素 ………………………… 387
落鼻祖师 ……………………… 387
落魄仙 ………………………… 387
落头虫 ………………………… 387
落头民 ………………………… 387
落民 …………………………… 387

M

ma

妈祖 …………………………… 388
麻媪 …………………………… 388
麻风神 ………………………… 388
麻姑 …………………………… 388
麻襦 …………………………… 389
麻衣道者 ……………………… 389
麻衣和尚 ……………………… 389
麻衣仙姑 ……………………… 389
麻衣先生 ……………………… 389
麻衣子 ………………………… 389
马绊 …………………………… 389
马陂大王 ……………………… 389
马步 …………………………… 390
马成子 ………………………… 390
马处谦 ………………………… 390
马大仙 ………………………… 390
马丹 …………………………… 390
马丹阳 ………………………… 390
马当上水府 …………………… 390
马道兴 ………………………… 390
马底子 ………………………… 390
马福总管 ……………………… 391
马腹 …………………………… 391
马公 …………………………… 391
马鬼 …………………………… 391
马化 …………………………… 391
马俭 …………………………… 391
马见愁 ………………………… 391
马脚 …………………………… 391
马胫国 ………………………… 391
马郎妇 ………………………… 391
马灵官 ………………………… 391
马灵真 ………………………… 391
马明生 ………………………… 391
马明王 ………………………… 392

马鸣生 …………………… 392
马判 ……………………… 392
马皮婆 …………………… 392
马荣 ……………………… 392
马社 ……………………… 392
马身人面神 ……………… 392
马身龙首神 ……………… 392
马神 ……………………… 392
马师皇 …………………… 392
马头娘 …………………… 393
马王 ……………………… 393
马王爷 …………………… 393
马五娘 …………………… 393
马西风 …………………… 393
马下 ……………………… 393
马仙姑 …………………… 394
马仙娘 …………………… 394
马仙人 …………………… 394
马衔 ……………………… 394
马湘 ……………………… 394
马行 ……………………… 394
马绣头 …………………… 394
马宣德 …………………… 394
马钰 ……………………… 394
马御 ……………………… 395
马元帅 …………………… 395
马之瑶 …………………… 395
马重绩 …………………… 395
马周 ……………………… 395
马自然 …………………… 395
马祖 ……………………… 395
骂神 ……………………… 396

mai

卖姜翁 …………………… 396
卖蕨母 …………………… 396
卖水叟 …………………… 396
卖药翁 …………………… 396
脉望 ……………………… 396

man

蛮蛮 ……………………… 396

满财 ……………………… 396

mao

猫鬼 ……………………… 397
猫将军 …………………… 397
猫神 ……………………… 397
猫王神 …………………… 397
猫魅 ……………………… 397
毛 ………………………… 397
毛伯道 …………………… 397
毛苌 ……………………… 398
毛道人 …………………… 398
毛道真 …………………… 398
毛方 ……………………… 398
毛公 ……………………… 398
毛鬼 ……………………… 398
毛家姑妈 ………………… 398
毛僵 ……………………… 398
毛来宾 …………………… 398
毛老人 …………………… 399
毛门 ……………………… 399
毛民国 …………………… 399
毛女 ……………………… 399
毛人 ……………………… 399
毛仙翁 …………………… 400
毛真人 …………………… 400
矛神 ……………………… 400
茅安道 …………………… 400
茅固 ……………………… 400
茅将军 …………………… 400
茅君 ……………………… 400
茅蒙 ……………………… 400
茅司徒 …………………… 401
茅王 ……………………… 401
茅盈 ……………………… 401
茅衷 ……………………… 401

mei

梅福 ……………………… 401
梅葛仙翁 ………………… 402
梅姑 ……………………… 402
梅鋗 ……………………… 402

梅芹 ……………………… 402
梅山七圣 ………………… 402
梅溪子 …………………… 403
梅真君 …………………… 403
梅志仙 …………………… 403
魅 ………………………… 403
袜 ………………………… 403

men

门 ………………………… 403
门丞 ……………………… 403
门户 ……………………… 403
门户之鬼 ………………… 403
门精 ……………………… 403
门神 ……………………… 403
门尉 ……………………… 404

meng

猛虫子 …………………… 404
猛将 ……………………… 404
猛兽 ……………………… 404
蒙俱 ……………………… 404
蒙双民 …………………… 405
蒙恬 ……………………… 405
孟府郎君 ………………… 405
孟公孟姥 ………………… 405
孟槐 ……………………… 405
孟节 ……………………… 405
孟婆 ……………………… 405
孟岐 ……………………… 406
孟钦 ……………………… 406
孟涂 ……………………… 406
孟优 ……………………… 406
孟元帅 …………………… 406
梦神 ……………………… 406

mi

弥衡 ……………………… 406
弥勒佛 …………………… 406
迷龙 ……………………… 407
米芾 ……………………… 407

宓妃 ················· 407

mian

面然 ················· 407
冕 ··················· 407

miao

苗光裔 ············· 407
苗龙 ················· 407
苗民 ················· 407
苗守信 ············· 407
苗训 ················· 407
藐姑射山神 ······· 408
妙女 ················· 408
妙善 ················· 408
妙手空空儿 ······· 409
妙应 ················· 409
缪道者 ············· 409

min

鹐 ··················· 409
闵公 ················· 409
闵小艮 ············· 409
闽粤王 ············· 409

ming

明崇俨 ············· 409
明法仙 ············· 410
明公神 ············· 410
明王 ················· 410
明香元君 ········· 410
明星神 ············· 410
明星玉女 ········· 410
明月峡神女 ······· 410
明州三佛 ········· 410
鸣山神 ············· 411
鸣蛇 ················· 411
鸣童 ················· 411
冥 ··················· 411
冥羊 ················· 411

mo

摸先生 ············· 411
摸著铰 ············· 412
嫫母 ················· 412
摩利支天 ········· 412
摩酰首罗 ········· 412
磨嵯大王 ········· 412
魔母 ················· 412
魔王 ················· 412
抹脸儿妖人 ······· 412
末多国 ············· 412
茉莉夫人 ········· 412
莫龙 ················· 412
莫起炎 ············· 413
莫邪 ················· 413
莫王 ················· 413
莫月鼎 ············· 413
莫州女 ············· 413
墨精 ················· 413
墨秋 ················· 413
墨神 ················· 413
墨仙 ················· 413
墨羽 ················· 413
墨子 ················· 413
貘 ··················· 414
貊泽 ················· 414

mu

牟罗汉 ············· 414
獏㹸 ················· 414
木伴哥 ············· 414
木叉 ················· 414
木公 ················· 414
木精 ················· 415
木居士 ············· 415
木客 ················· 415
木郎 ················· 415
木龙 ················· 416
木平和尚 ········· 416
木平三郎 ········· 416
木仆 ················· 416

木球使者 ········· 416
木下三郎 ········· 416
木下三神 ········· 416
木先生 ············· 416
木雁子 ············· 416
木叶老人 ········· 416
木羽 ················· 416
目犍连 ············· 416
目连 ················· 417
目神 ················· 417
目羽鸡 ············· 417
牧得清 ············· 417
穆将符 ············· 417
穆若拙 ············· 417
穆天子 ············· 417

N

na

拏公 ················· 418
纳民 ················· 418

nai

奶娘 ················· 418
耐重鬼 ············· 418

nan

南朝六神 ········· 418
南斗 ················· 418
南方丹灵真老君 ··· 419
南海神 ············· 419
南华真人 ········· 419
南极长生司命君 ··· 419
南极夫人 ········· 419
南极老人 ········· 419
南极上元君 ······· 419
南极王夫人 ······· 419

南极仙翁 …………………… 420
南极元君 …………………… 420
南极子 ……………………… 420
南极尊神 …………………… 420
南霁云 ……………………… 420
南鲲鳟 ……………………… 420
南堂庙神 …………………… 420
南浔国 ……………………… 420
南阳公主 …………………… 420
南岳 ………………………… 420
南岳九真人 ………………… 421
南岳真人 …………………… 421
难陀 ………………………… 421
楠木大王 …………………… 422
楠木神 ……………………… 422

nao

铙神 ………………………… 422

ne

哪吒 ………………………… 422

ni

泥魃 ………………………… 422
泥孩儿怪 …………………… 422
泥离国 ……………………… 423
泥皂隶 ……………………… 423

nian

年 …………………………… 423
捻胎鬼 ……………………… 423

niao

鸟身龙首神 ………………… 423
鸟身人面神 ………………… 424
鸟氏 ………………………… 424

nie

聂耳国 ……………………… 424
聂家香火 …………………… 424

聂绍元 ……………………… 424
聂师道 ……………………… 424
聂隐娘 ……………………… 424
啮缺 ………………………… 425
啮铁 ………………………… 425

ning

宁封 ………………………… 425
宁封子 ……………………… 425
宁生 ………………………… 425
宁先生 ……………………… 425
宁野 ………………………… 426
宁真人 ……………………… 426
狞狰神 ……………………… 426

niu

牛班头 ……………………… 426
牛郎 ………………………… 426
牛龙 ………………………… 426
牛皮董 ……………………… 426
牛师 ………………………… 427
牛头大王 …………………… 427
牛头马面 …………………… 427
牛体鱼 ……………………… 427
牛王 ………………………… 427
牛仙 ………………………… 427
牛心道人 …………………… 427
牛用之 ……………………… 428
钮婆 ………………………… 428

nong

弄玉 ………………………… 428

nu

弩神 ………………………… 428
弩弦蛇 ……………………… 428
怒特 ………………………… 428

nü

女魃 ………………………… 429

女丑尸 ……………………… 429
女狄 ………………………… 429
女国 ………………………… 429
女姑 ………………………… 430
女华夫人 …………………… 430
女几 ………………………… 430
女娇 ………………………… 430
女节 ………………………… 430
女隤 ………………………… 430
女郎神 ……………………… 430
女灵 ………………………… 430
女鸟 ………………………… 430
女岐 ………………………… 430
女人星 ……………………… 431
女尸 ………………………… 431
女娃 ………………………… 431
女娲 ………………………… 431
女娲之肠 …………………… 431
女嬉 ………………………… 431
女夷 ………………………… 431
女偶 ………………………… 432
女志 ………………………… 432
女子国 ……………………… 432

nue

疟鬼 ………………………… 432

nuo

傩神 ………………………… 432
诺皋 ………………………… 432
诺距那尊者 ………………… 433

O

ou

欧默 ………………………… 434
欧阳碧潭 …………………… 434
欧阳澈 ……………………… 434

欧阳忽雷 …………………… 434
欧阳生 ……………………… 434
欧阳修 ……………………… 434
欧阳佑 ……………………… 434
欧冶子 ……………………… 434

P

pai

拍板精 ……………………… 435

pan

潘道泰 ……………………… 435
潘法正 ……………………… 435
潘谷 ………………………… 435
潘侯 ………………………… 435
潘金莲 ……………………… 435
潘觉 ………………………… 435
潘烂头 ……………………… 435
潘老人 ……………………… 436
潘茂 ………………………… 436
潘茂名 ……………………… 436
潘冕 ………………………… 436
潘仙人 ……………………… 436
潘先生 ……………………… 436
潘宸 ………………………… 436
潘自然 ……………………… 436
潘尊师 ……………………… 436
攀花五郎 …………………… 437
盘沟大圣 …………………… 437
盘古 ………………………… 437
盘古妈 ……………………… 438
盘古三郎 …………………… 438
盘古先生 …………………… 438
盘古真人 …………………… 438
盘王 ………………………… 438
盘瓠 ………………………… 438
鹔鶋 ………………………… 439

判官 ………………………… 439

pang

彷徨 ………………………… 439
庞蜂 ………………………… 439
庞九经 ……………………… 439
庞女 ………………………… 439
庞乔 ………………………… 440
庞元帅 ……………………… 440

pao

狍鸮 ………………………… 440
炮神 ………………………… 440

pei

裴长史 ……………………… 440
裴谌 ………………………… 440
裴郭生 ……………………… 440
裴航 ………………………… 440
裴老 ………………………… 441
裴姥 ………………………… 441
裴璞 ………………………… 441
裴清灵 ……………………… 441
裴庆 ………………………… 441
裴说 ………………………… 442
裴休 ………………………… 442
裴玄静 ……………………… 442
裴玄仁 ……………………… 442

peng

彭半壶 ……………………… 442
彭钉筋 ……………………… 442
彭宏大 ……………………… 442
彭侯 ………………………… 442
彭抗 ………………………… 442
彭克明 ……………………… 443
彭蠡小龙 …………………… 443
彭粗 ………………………… 443
彭廷坚 ……………………… 443
彭望祖 ……………………… 443
彭小仙 ……………………… 443

彭幼朔 ……………………… 443
彭元帅 ……………………… 443
彭知微女 …………………… 443
彭宗 ………………………… 443
彭祖 ………………………… 443
蓬球 ………………………… 444

pi

邳肜 ………………………… 444
披麻煞 ……………………… 444
披云真人 …………………… 445
皮场大王 …………………… 445
皮裘先生 …………………… 445
皮王 ………………………… 445
猈狸 ………………………… 445
毗卢舍那佛 ………………… 446
毗沙门天王 ………………… 446
毗邪天神 …………………… 446
琵琶蛇 ……………………… 447
匹布夫人 …………………… 447

pian

偏胡子 ……………………… 447

pin

频斯国 ……………………… 447

ping

平安王 ……………………… 447
平常生 ……………………… 447
平等王 ……………………… 447
平浪侯 ……………………… 448
平水王 ……………………… 448
平仲节 ……………………… 448
凭霄雀 ……………………… 448
屏蓬 ………………………… 448
屏翳 ………………………… 448
瓶隐 ………………………… 448

po

婆官 ………………………… 448

婆姐……………………449
婆女……………………449
婆婆庙…………………449
鄱阳水神………………449
破头老祖………………449
魄灵帝君………………449

pu

仆程……………………449
仆仆先生………………449
仆食……………………449
菩提树神………………449
菩提王…………………450
蒲包仙…………………450
蒲神……………………450
蒲仙……………………450
醋神……………………450
朴父……………………450
朴知义…………………450
浦回子…………………450
普安老祖………………450
普化和尚………………451
普宁王…………………451
普贤菩萨………………451

Q

qi

七宝大王………………452
七佛八菩萨……………452
七姑……………………452
七姑神…………………452
七姑子…………………452
七娘子…………………452
七魄……………………452
七煞神…………………452
七神……………………453
七圣……………………453
七十六司………………453

七仙……………………454
七爷八爷………………454
七元真君………………454
戚姑……………………455
戚澜……………………455
戚无何…………………455
戚逍遥…………………455
戚玄符…………………455
鶀雀……………………455
鶀堆……………………455
鹡鸰……………………455
魌魈……………………455
祁嘉……………………455
齐天大圣………………455
岐舌国…………………456
奇恒民…………………456
奇肱国…………………456
奇相……………………456
祈沦国…………………456
祈泽夫人………………456
耆童……………………456
耆域……………………456
蚑……………………456
跂踵……………………456
跂踵国…………………457
骑虎王…………………457
骑龙鸣…………………457
棋精……………………457
棋仙……………………457
綦母怀文………………457
麒麟……………………458
麒麟客…………………458
乞食公…………………458
启母神…………………458
弃……………………458
契……………………458
契此……………………458

qian

千里眼、顺风耳………458
千胜将军………………459
千胜小王………………459
千岁蝮…………………459

千岁和尚………………459
阡陌将军………………459
钱处士…………………459
钱国祯…………………459
钱九五…………………459
钱朗……………………459
钱龙……………………459
钱妙真…………………460
钱女真…………………460
钱神……………………460
钱四娘…………………460
钱王……………………460
钱真人…………………460
钱知微…………………460
钳且……………………460
潜翁……………………460
潜山真君………………460
黔嬴……………………460
倩平吉…………………460
蒨桃……………………461

qiang

强练……………………461
强良……………………461
强梁……………………461
强绅……………………461
墙妖……………………461

qiao

乔郭二真………………461
乔陆二侯………………461
乔顺……………………462
桥仙……………………462
樵青神…………………462
谯定……………………462
谯周……………………462
峭岩……………………462

qie

伽蓝……………………462
窃脂……………………462

qin

钦䳅 ································ 462
钦原 ································ 462
秦广王 ······························ 463
秦洪海 ······························ 463
秦景闲 ······························ 463
秦琼 ································ 463
秦三将军 ···························· 463
秦志通 ······························ 463
秦中 ································ 463
琴虫 ································ 464
琴高 ································ 464
琴精 ································ 464

qing

青城道士 ···························· 464
青城丈人 ···························· 464
青城真人 ···························· 465
青鹊 ································ 465
青帝 ································ 465
青娥 ································ 465
青蚨 ································ 465
青谷先生 ···························· 465
青光先生 ···························· 465
青洪君 ······························ 465
青华大帝君 ························· 465
青精先生 ···························· 465
青龙白虎神 ························· 465
青眉子 ······························ 465
青苗神 ······························ 466
青牛道士 ···························· 466
青牛妪 ······························ 466
青女 ································ 466
青琴 ································ 466
青丘狐 ······························ 466
青丘先生 ···························· 466
青山大王 ···························· 466
青童君 ······························ 466
青蛙将军 ···························· 466
青蛙神 ······························ 467
青蛙使者 ···························· 467
青卫娘娘 ···························· 467

青乌公 ······························ 467
青溪道人 ···························· 467
青溪小姑 ···························· 468
青魈菩萨 ···························· 468
青羊道人 ···························· 468
青衣神 ······························ 468
青衣童子 ···························· 468
青真小童君 ························· 468
清灵真人 ···························· 468
清洪君 ······························ 468
清明 ································ 468
清明山太太 ························· 469
清平吉 ······························ 469
清水祖师 ···························· 469
清溪小姑 ···························· 469
清元真君 ···························· 469
清源妙道真君 ····················· 469
庆忌 ································ 470

qiong

邛疏 ································ 470
穷鬼 ································ 470
穷奇 ································ 470
穷神 ································ 471
琼华夫人 ···························· 471
蛩蛩 ································ 471

qiu

丘处机 ······························ 471
丘浚 ································ 471
丘了颠 ······························ 471
丘墓之精 ···························· 471
丘驼 ································ 472
秋姑 ································ 472
秋狐 ································ 472
秋胡 ································ 472
秋胡妻 ······························ 472
仇季子 ······························ 472
仇生 ································ 472
仇王 ································ 472
犰狳 ································ 472
酋耳 ································ 472

qu

瞿柏廷 ······························ 473
瞿道士 ······························ 473
瞿夫人 ······························ 473
瞿君 ································ 473
瞿如 ································ 473
瞿塘水府 ···························· 473
瞿武 ································ 473
瞿宗武 ······························ 473
曲阿神 ······························ 473
曲绍 ································ 473
曲张 ································ 473
驱除大将军 ························· 473
驱蝗神 ······························ 473
驱石神 ······························ 474
驱云使者 ···························· 474
屈处静 ······························ 474
屈女 ································ 474
屈坦 ································ 474
屈突无为 ···························· 474
屈原 ································ 474
曲神 ································ 474
渠胥国 ······························ 475
渠逸鸟 ······························ 475
璩自忍 ······························ 475
去留馨 ······························ 475

quan

权师 ································ 475
犬封国 ······························ 475
犬戎 ································ 475
犬戎国 ······························ 475
劝善大师 ···························· 475

R

ran

蚺蛇 ································ 476

然独角 …………………… 476
然逸期 …………………… 476
髯公 ……………………… 476
髯仙 ……………………… 476
燃丘国 …………………… 476
冉伯牛 …………………… 476
冉遗 ……………………… 476

rao

饶道亨 …………………… 476
饶洞天 …………………… 476
饶娥 ……………………… 477
饶松 ……………………… 477
饶廷直 …………………… 477

ren

人皇 ……………………… 477
人面疮 …………………… 477
人面虎身神 ……………… 477
人面鸮 …………………… 477
人面鸟身神 ……………… 477
人面牛身神 ……………… 477
人面马身神 ……………… 478
人面三首神 ……………… 478
人面蛇身神 ……………… 478
人面兽身神 ……………… 478
人蛇 ……………………… 478
人身龙首神 ……………… 478
人身羊角神 ……………… 478
人神 ……………………… 478
人首蛇 …………………… 478
人膝怪 …………………… 478
人鱼 ……………………… 478
人足鸟 …………………… 479
人祖 ……………………… 479
忍辱仙人 ………………… 479
任敦 ……………………… 479
任疯子 …………………… 479
任公子 …………………… 479
任光 ……………………… 479
任化子 …………………… 479
任可居 …………………… 479

任荣 ……………………… 480
任三郎 …………………… 480
任文公 …………………… 480
任玄言 …………………… 480
任子季 …………………… 480
任子明 …………………… 480

ri

日宫天子 ………………… 480
日光菩萨 ………………… 480
日精 ……………………… 480
日林国 …………………… 480
日神 ……………………… 480
日值神 …………………… 481
日主 ……………………… 481

rong

戎 ………………………… 481
戎宣王尸 ………………… 481
狨 ………………………… 481
荣阳 ……………………… 481
容成 ……………………… 481
容成公 …………………… 481
容成子 …………………… 482
融州异蛇 ………………… 482

rou

柔利国 …………………… 482
肉翅虎 …………………… 482
肉身土地 ………………… 482
肉芝 ……………………… 482

ru

如来佛 …………………… 482
如愿 ……………………… 483
茹荣 ……………………… 483
儒童菩萨 ………………… 483
蓐收 ……………………… 483

ruan

阮丘 ……………………… 484

阮十六 …………………… 484
阮肇 ……………………… 484

rui

蕊宫仙史 ………………… 484

run

闰八相公 ………………… 484
润济侯 …………………… 484

ruo

若士 ……………………… 484

S

sa

萨守坚 …………………… 485
萨守贞 …………………… 485

san

三部八景二十四神 ……… 485
三虫 ……………………… 486
三大王 …………………… 486
三朵花 …………………… 486
三恩主 …………………… 486
三姑 ……………………… 486
三姑神 …………………… 486
三官 ……………………… 486
三官大帝 ………………… 487
三官清鬼 ………………… 487
三官神 …………………… 487
三侯 ……………………… 487
三皇 ……………………… 487
三皇仙姑 ………………… 488
三魂 ……………………… 488
三将军 …………………… 488
三戒庙 …………………… 488

三界神 …………………… 488
三九郡王 ………………… 488
三郎神 …………………… 488
三灵侯 …………………… 489
三茅真君 ………………… 489
三美人 …………………… 489
三面人 …………………… 490
三苗国 …………………… 490
三奶夫人 ………………… 490
三彭 ……………………… 490
三婆婆 …………………… 490
三青鸟 …………………… 490
三清 ……………………… 490
三让王 …………………… 492
三煞 ……………………… 492
三山 ……………………… 492
三山国王 ………………… 492
三身国 …………………… 492
三神 ……………………… 492
三圣 ……………………… 493
三圣大王 ………………… 493
三圣公王 ………………… 493
三尸神 …………………… 493
三十六雷 ………………… 494
三十六神 ………………… 494
三十六天罡 ……………… 494
三十六天将 ……………… 494
三十六员天将第一
　总领使 ………………… 494
三首国 …………………… 494
三台星 …………………… 494
三堂神 …………………… 495
三天君 …………………… 495
三瞳国 …………………… 495
三头人 …………………… 495
三王 ……………………… 495
三王得 …………………… 496
三王神 …………………… 496
三仙 ……………………… 496
三仙姑 …………………… 496
三仙女 …………………… 496
三星 ……………………… 496
三休 ……………………… 496
三一 ……………………… 496

三义之神 ………………… 496
三元 ……………………… 496
三元大帝 ………………… 496
三元先生 ………………… 496
三元真人 ………………… 496
三足鳖 …………………… 497
三足蟾 …………………… 497
三足龟 …………………… 497
三足乌 …………………… 497
散脂大将 ………………… 497

sang

桑道茂 …………………… 497
桑九郡王 ………………… 498
桑俱凤 …………………… 498
桑三姐 …………………… 498
桑石将军 ………………… 498
丧门、吊客 ……………… 498
丧门神 …………………… 498
丧神 ……………………… 499

sao

扫地和尚 ………………… 499
扫晴娘 …………………… 499

sen

森杀竭帝 ………………… 499

seng

僧伽大师 ………………… 499
僧涉 ……………………… 499

sha

煞 ………………………… 499
煞神 ……………………… 500

shan

单道开 …………………… 500

山猵 ……………………… 500
山大人 …………………… 500
山顶娘娘 ………………… 500
山都 ……………………… 500
山膏 ……………………… 500
山公 ……………………… 501
山鬼 ……………………… 501
山和尚 …………………… 501
山精 ……………………… 501
山炼师 …………………… 501
山臊 ……………………… 501
山神 ……………………… 502
山世远 …………………… 502
山图 ……………………… 503
山图公子 ………………… 503
山王 ……………………… 503
山魈 ……………………… 503
山隐居 …………………… 503
陕西子仙姑 ……………… 503
善财童子 ………………… 503
善恶二部 ………………… 503
善恶二山神 ……………… 503
善利将军 ………………… 503
善人国 …………………… 503
善神 ……………………… 504
善爽鬼 …………………… 504
善现大将 ………………… 504

shang

伤魂鸟 …………………… 504
殇神 ……………………… 504
商丘子 …………………… 504
商丘子胥 ………………… 504
商羊 ……………………… 504
上成公 …………………… 504
上官道人 ………………… 504
上逻神 …………………… 504
上清真人 ………………… 504
上虚夫人 ………………… 504
上元夫人 ………………… 504
上宰王君 ………………… 505
尚书 ……………………… 505
尚阳子 …………………… 505

shao

少昊 …………………………… 505
少千 …………………………… 505
少司命 ………………………… 505
少翁 …………………………… 505
少姨 …………………………… 505
邵道人 ………………………… 506
邵仁安 ………………………… 506
邵武惠应庙神 ………………… 506
邵雍 …………………………… 506
绍兴孚佑王 …………………… 506

she

奢比尸 ………………………… 506
舌神 …………………………… 506
蛇姑 …………………………… 507
蛇身人面神 …………………… 507
蛇神 …………………………… 507
蛇王 …………………………… 507
蛇王三 ………………………… 508
蛇瘟神 ………………………… 508
舍人 …………………………… 508
舍神 …………………………… 508
社公 …………………………… 508
社郎 …………………………… 508
社君 …………………………… 509
社神 …………………………… 509
射工 …………………………… 509
射魃 …………………………… 509
射洪道士 ……………………… 509
射木山神 ……………………… 509
涉蠱 …………………………… 509
涉正 …………………………… 509

shen

申公豹 ………………………… 509
申泰芝 ………………………… 510
申天师 ………………………… 510
申徒有涯 ……………………… 510
申仙 …………………………… 510
申先生 ………………………… 510

申元道 ………………………… 510
申元之 ………………………… 510
身神 …………………………… 510
羍 ……………………………… 511
深目国 ………………………… 511
神傀 …………………………… 511
神宝君 ………………………… 511
神宝丈人 ……………………… 511
神丛 …………………………… 511
神和子 ………………………… 511
神君 …………………………… 511
神龙王 ………………………… 512
神鹿 …………………………… 512
神农 …………………………… 512
神人氏 ………………………… 512
神神 …………………………… 512
神荼、郁垒 …………………… 513
神行 …………………………… 513
神鸦 …………………………… 513
神应王 ………………………… 514
神州地祇 ……………………… 514
神洲庙 ………………………… 514
沈彬 …………………………… 514
沈东老 ………………………… 514
沈汾 …………………………… 514
沈建 …………………………… 514
沈敬 …………………………… 514
沈烂头 ………………………… 514
沈麟 …………………………… 514
沈七太保 ……………………… 515
沈僧昭 ………………………… 515
沈廷瑞 ………………………… 515
沈文泰 ………………………… 515
沈羲 …………………………… 515
沈仙翁 ………………………… 515
沈先生 ………………………… 515
沈休文 ………………………… 515
沈野云 ………………………… 515
肾神 …………………………… 516
蜃 ……………………………… 516

sheng

升卿 …………………………… 516

升仙太子 ……………………… 516
生魂神 ………………………… 516
生身活鬼 ……………………… 516
生肖神 ………………………… 516
眚神 …………………………… 516
圣 ……………………………… 517
圣道者 ………………………… 517
圣公 …………………………… 517
圣姑 …………………………… 517
圣姥 …………………………… 517
圣母 …………………………… 518
圣母元君 ……………………… 518
圣女 …………………………… 518
圣婆 …………………………… 518
圣七娘 ………………………… 518
圣祖 …………………………… 518

shi

尸曹 …………………………… 518
尸解仙 ………………………… 518
尸罗 …………………………… 518
尸头蛮 ………………………… 518
师 ……………………………… 518
师涓 …………………………… 519
师旷 …………………………… 519
师门 …………………………… 519
师王菩萨 ……………………… 519
师延 …………………………… 519
鸤鸠和尚 ……………………… 519
施岑 …………………………… 519
施存 …………………………… 519
施府君 ………………………… 519
施肩吾 ………………………… 519
施糜 …………………………… 520
施菩萨 ………………………… 520
施全 …………………………… 520
施淑女 ………………………… 520
施无疾 ………………………… 520
施相公 ………………………… 520
屎魔 …………………………… 520
十八罗汉 ……………………… 520
十大弟子 ……………………… 521
十大忿怒明王 ………………… 521

十大明王 …………………… 521
十殿阎王 …………………… 521
十二潮神 …………………… 523
十二辰怪 …………………… 523
十二宫神 …………………… 523
十二神 ……………………… 523
十二兽 ……………………… 523
十二胎神 …………………… 523
十二仙君 …………………… 523
十大阴帅 …………………… 524
十二延女娘娘 ……………… 524
十二玉女 …………………… 524
十二元辰 …………………… 524
十二圆觉菩萨 ……………… 524
十二真 ……………………… 524
十方救苦天尊 ……………… 524
十方天尊 …………………… 524
十光佛 ……………………… 524
十六罗汉 …………………… 524
十六神 ……………………… 526
十太保 ……………………… 526
十太尉 ……………………… 526
十五女真 …………………… 526
十一大曜星君 ……………… 526
十御法王 …………………… 526
十种仙 ……………………… 526
石大夫 ……………………… 527
石敢当 ……………………… 527
石公山神 …………………… 527
石姑 ………………………… 527
石固 ………………………… 527
石固大王 …………………… 527
石龟 ………………………… 527
石侯 ………………………… 527
石鸡 ………………………… 528
石将军 ……………………… 528
石掬 ………………………… 528
石巨 ………………………… 528
石郎 ………………………… 528
石老翁 ……………………… 528
石姥 ………………………… 528
石鹿神 ……………………… 528
石曼卿 ……………………… 528
石猛大王 …………………… 528

石旻 ………………………… 528
石牛神 ……………………… 528
石婆婆 ……………………… 528
石桥海神 …………………… 528
石人神 ……………………… 529
石神 ………………………… 529
石神王 ……………………… 529
石笋夫人 …………………… 529
石泰 ………………………… 529
石坦 ………………………… 529
石藤石棱二夫人 …………… 529
石头公 ……………………… 529
石屋丈人 …………………… 529
石武圣庙 …………………… 529
石贤士神 …………………… 529
石养父母 …………………… 530
石夷 ………………………… 530
石印三郎 …………………… 530
石印神 ……………………… 530
石元帅 ……………………… 530
石垣 ………………………… 530
石真妃 ……………………… 530
石真人 ……………………… 530
石钟真人 …………………… 530
石仲元 ……………………… 530
时邦印 ……………………… 530
时荷 ………………………… 530
实沈 ………………………… 531
拾得 ………………………… 531
食火兽 ……………………… 531
食金鱼 ……………………… 531
食梦兽 ……………………… 531
食神 ………………………… 531
豕身人面神 ………………… 531
史见魂 ……………………… 531
史老 ………………………… 531
史通平 ……………………… 531
史瞎子 ……………………… 532
史姁 ………………………… 532
使牛郎 ……………………… 532
始皇先生 …………………… 532
始均 ………………………… 532
屎魔 ………………………… 532
市精 ………………………… 532

侍郎神 ……………………… 532
视肉 ………………………… 532

shou

守财神 ……………………… 532
守法真人 …………………… 532
首阳之神 …………………… 532
寿禅师 ……………………… 532
寿春真人 …………………… 532
寿光侯 ……………………… 532
寿麻国 ……………………… 533
寿星 ………………………… 533
兽身人面神 ………………… 533

shu

书神 ………………………… 533
书仙 ………………………… 533
叔服 ………………………… 533
叔均 ………………………… 533
叔先雄 ……………………… 533
舒道纪 ……………………… 533
舒姑 ………………………… 533
舒虚寂 ……………………… 534
孰湖 ………………………… 534
鼠怪 ………………………… 534
鼠王国 ……………………… 534
蜀八仙 ……………………… 534
树公花妈 …………………… 534
树精 ………………………… 534
树神 ………………………… 534
树头五圣 …………………… 535
树王 ………………………… 535
竖亥 ………………………… 535
竖目怪 ……………………… 535
数斯 ………………………… 535

shua

耍子 ………………………… 535

shuai

率然 ………………………… 535

率子廉·······················535

shuang

双花庙神···················535
双双·······················536
双袭祖·····················536

shui

水伯·······················536
水草大王···················536
水草马明王·················536
水府三官神·················536
水官·······················536
水虎·······················536
水狐·······················537
水𧊔·······················537
水精·······················537
水精子·····················537
水脉·······················537
水莽鬼·····················537
水母·······················537
水木之精···················537
水平王·····················537
水丘子·····················537
水唐·······················537
水太保·····················537
水太尉·····················538
水西大王···················538
水仙·······················538
水仙太保···················538
水仙王·····················538
水仙子·····················538
水仙尊王···················538
水魈·······················538
水银精·····················538
水月大师···················539
睡神·······················539
睡仙·······················539

shun

顺济圣妃···················539

顺济王·····················539
顺星·······················539
顺懿夫人···················539

si

司寒·······················539
司金·······················539
司马承祯···················539
司马季主···················540
司马郊·····················540
司命·······················540
司命君·····················541
司命真君···················541
司禄·······················541
司书鬼·····················541
司天王·····················541
司徒·······················541
司幽国·····················541
司阴·······················541
四大门·····················541
四大判官···················542
四大菩萨···················542
四大声闻···················542
四大天师···················542
四大天王···················542
四大真人···················543
四渎·······················543
四海·······················543
四海龙王···················543
四皓·······················544
四老太·····················544
四篱之鬼···················544
四灵·······················544
四明公·····················544
四目老人···················545
四神·······················545
四圣·······················545
四时主·····················545
四司·······················545
四祥·······················545
四御·······················545
四值功曹···················545
泗州大圣···················545

泗州普照王·················546
泗州文佛···················546
似·························546

song

松精·······················546
嵩山叟·····················546
竦斯·······················546
宋晨生·····················546
宋大王·····················547
宋道人·····················547
宋德芳·····················547
宋德玄·····················547
宋帝王·····················547
宋都相翁···················548
宋耕·······················548
宋来子·····················548
宋伦·······················548
宋师儒·····················548
宋无忌·····················548
宋仙·······················549
宋相公·····················549
宋玄白·····················549
宋益·······················549
宋有道·····················549
宋愚·······················549
宋云刁·····················549
宋真人·····················549
宋中正·····················549
宋子贤·····················549
宋自然·····················549
送子娘娘···················550

sou

嗽月·······················550

su

苏澄隐·····················550
苏耽·······················550
苏二十一郎·················550
苏姑·······················550

苏侯·····················550
苏将军···················550
苏林·····················550
苏岭山神·················550
苏轼·····················551
苏舜卿···················551
苏仙公···················551
苏庠·····················551
苏校书···················552
苏许仙童公···············552
苏元朗···················552
苏忠先···················552
苏州义师·················552
肃霜之神·················552
素娥·····················552
素姑·····················552

suan

酸与·····················552

sui

隋炀帝···················552
随应子···················553
碎蛇·····················553
燧明国···················553
燧人氏···················553

sun

孙博·····················553
孙不二···················553
孙彻·····················553
孙成·····················553
孙承公···················553
孙道人···················554
孙登·····················554
孙夫人···················554
孙公·····················554
孙姑·····················554
孙寒华···················554
孙乐庵···················554
孙龙·····················554

孙鲁西···················555
孙卖鱼···················555
孙千霞···················555
孙氏·····················555
孙守荣···················555
孙思邈···················555
孙晤·····················556
孙希龄···················556
孙仙·····················556
孙雄·····················556
孙甑生···················557
孙真人···················557

suo

莎衣道人·················557
娑迦龙天·················557
蓑衣道人·················557
蓑衣师···················557
蓑衣仙···················557
索统·····················557
索姑·····················557
锁骨菩萨·················557

T

ta

阘非·····················558
塔墩圣母·················558

tai

台产·····················558
台骀神···················558
台屋之精·················558
太白金星·················558
太白酒星·················558
太白老僧·················558
太白山人·················558

太白山神·················559
太白星官·················559
太白星君·················559
太白之精·················559
太保·····················559
太常蝶仙·················559
太帝·····················560
太皇·····················560
太极真人·················560
太姥·····················560
太姥元君·················560
太妈·····················560
太母·····················560
太姆·····················560
太清真人·················560
太山府君·················560
太山公···················561
太山录事参军·············561
太山门主·················561
太山神姥·················562
太山司命·················562
太上大道君···············562
太上道君·················562
太上老君·················562
太上真人·················563
太社之神·················563
太室神···················563
太司真人·················563
太岁·····················563
太岁灵君·················564
太岁殷元帅···············564
太微天帝君···············564
太玄女···················564
太阳女···················565
太阳星君·················565
太阳子···················565
太一·····················565
太一十神·················566
太一元君·················566
太乙·····················566
太乙救苦天尊·············566
太乙雷声应化天尊·········566
太乙真君·················567
太乙之精·················567

太阴法曹 …………………… 567
太阴夫人 …………………… 567
太阴女 ……………………… 567
太阴星君 …………………… 567
太元圣母 …………………… 567
太真夫人 …………………… 568
太子 ………………………… 568
太子爷 ……………………… 568
泰伯三郎 …………………… 568
泰逢 ………………………… 568
泰山府君 …………………… 568
泰山君 ……………………… 568
泰山老父 …………………… 569
泰山老师 …………………… 569
泰山令 ……………………… 569
泰山录事 …………………… 569
泰山娘娘 …………………… 569
泰山女 ……………………… 569
泰山七郎 …………………… 569
泰山三郎 …………………… 570
泰山四郎 …………………… 570
泰山王 ……………………… 570
泰山玉女 …………………… 570
泰山主簿 …………………… 571

tan

滩神 ………………………… 571
贪婪 ………………………… 571
坛神 ………………………… 571
昙霍 ………………………… 571
昙阳子 ……………………… 571
谭峭 ………………………… 571
谭峭岩 ……………………… 572
谭女仙 ……………………… 572
谭仙姑 ……………………… 572
谭宜 ………………………… 572
谭真人 ……………………… 572
谭紫霄 ……………………… 572
檀帝大将 …………………… 572
檀仙姑 ……………………… 572

tang

汤王 ………………………… 573

汤野云 ……………………… 573
汤周二仙 …………………… 573
唐八郎 ……………………… 573
唐法信 ……………………… 573
唐昉 ………………………… 573
唐疯仙 ……………………… 573
唐疯子 ……………………… 573
唐甘弼 ……………………… 573
唐葛周三真君 ……………… 574
唐公成 ……………………… 574
唐公房 ……………………… 574
唐公昉 ……………………… 574
唐广真 ……………………… 574
唐介寿 ……………………… 574
唐居士 ……………………… 574
唐举 ………………………… 574
唐览 ………………………… 574
唐若山 ……………………… 575
唐赛儿 ……………………… 575
唐胜 ………………………… 575
唐檀 ………………………… 575
唐王 ………………………… 575
唐仙姑 ……………………… 575
唐玄宗 ……………………… 575
唐雪 ………………………… 575

tao

涛神 ………………………… 575
饕餮 ………………………… 575
桃拔 ………………………… 576
桃花女 ……………………… 576
桃俊 ………………………… 576
桃人 ………………………… 576
陶安公 ……………………… 576
陶八八 ……………………… 576
陶淡 ………………………… 576
陶道人 ……………………… 576
陶弘景 ……………………… 576
陶九相公 …………………… 577
陶克忠 ……………………… 577
陶四郎 ……………………… 577
陶松云 ……………………… 577
陶太尉 ……………………… 577

陶王 ………………………… 577
陶詹庙 ……………………… 577
梼杌 ………………………… 577
淘沙子 ……………………… 578
讨债鬼 ……………………… 578

teng

腾根 ………………………… 578
腾简 ………………………… 578
螣蛇 ………………………… 578
滕六 ………………………… 578

ti

提脚道人 …………………… 578

tian

天宝君 ……………………… 579
天藏菩萨 …………………… 579
天曹猛将 …………………… 579
天厨星 ……………………… 579
天帝 ………………………… 579
天妃 ………………………… 579
天公 ………………………… 581
天狗 ………………………… 581
天关地轴 …………………… 582
天官大帝 …………………… 582
天后 ………………………… 582
天狐 ………………………… 582
天皇 ………………………… 582
天皇大帝 …………………… 582
天鸡 ………………………… 582
天老 ………………………… 582
天龙八部 …………………… 582
天聋地哑 …………………… 583
天鹿 ………………………… 583
天禄 ………………………… 583
天罗王 ……………………… 583
天马 ………………………… 583
天门都督 …………………… 584
天门三将军 ………………… 584
天门子 ……………………… 584
天目山神 …………………… 584

天女 …………………… 584
天蓬 …………………… 584
天齐王 ………………… 584
天泉池神 ……………… 585
天犬 …………………… 585
天上圣母 ……………… 585
天神 …………………… 585
天师 …………………… 585
天使 …………………… 585
天孙 …………………… 585
天台二女 ……………… 585
天童 …………………… 585
天王鬼 ………………… 585
天翁 …………………… 586
天吴 …………………… 586
天仙圣母 ……………… 586
天仙玉女 ……………… 586
天医 …………………… 586
天眼尊者 ……………… 586
天猷 …………………… 586
天愚 …………………… 586
天真道君 ……………… 586
天真皇人 ……………… 586
天主 …………………… 587
天自在 ………………… 587
田纯静 ………………… 587
田大神 ………………… 587
田都元帅 ……………… 587
田公田婆 ……………… 587
田华 …………………… 587
田良逸 ………………… 587
田吕元帅 ……………… 587
田鸾 …………………… 588
田三姑娘 ……………… 588
田神 …………………… 588
田守忠 ………………… 588
田蓑衣 ………………… 588
田先生 ………………… 588
田相公 ………………… 588
田元帅 ………………… 588
田章 …………………… 589
田忠良 ………………… 589
田祖 …………………… 589

tiao

挑生鬼 ………………… 589
鯈鱼 …………………… 589
鯈蛹 …………………… 589

tie

铁道人 ………………… 589
铁冠道人 ……………… 589
铁冠子 ………………… 590
铁瓢仙 ………………… 590
铁山神 ………………… 590
铁四太尉 ……………… 590
铁塔神 ………………… 590
铁元帅 ………………… 590

tong

通公 …………………… 590
通视 …………………… 591
通天教主 ……………… 591
通玄天师 ……………… 591
通应公 ………………… 591
通真三太子 …………… 591
仝寅 …………………… 591
桐川张王 ……………… 591
桐君 …………………… 591
铜箍儿 ………………… 591
铜精 …………………… 591
铜神 …………………… 592
铜铁之精 ……………… 592
童宾 …………………… 592
童哥 …………………… 592
童律 …………………… 592
童志高 ………………… 592
童子先生 ……………… 592

tou

头陀刘五 ……………… 592
投炉神 ………………… 592

tu

涂定辞 ………………… 592

涂井神 ………………… 592
涂山氏 ………………… 592
土伯 …………………… 593
土地 …………………… 593
土地公公 ……………… 594
土府 …………………… 594
土公 …………………… 594
土蝼 …………………… 594
土龙 …………………… 594
土母 …………………… 594
土蛢 …………………… 594
土神 …………………… 594
土羊 …………………… 594
土主 …………………… 595
吐钱怪 ………………… 595
兔儿神 ………………… 595

tuan

彖 ……………………… 595

tui

推潮鬼 ………………… 595
蜕仙 …………………… 595

tuo

托塔李天王 …………… 595
脱光 …………………… 595
陀移国 ………………… 595
橐茝 …………………… 595
拓拔大郎 ……………… 596
蠹围 …………………… 596

W

wa

娲皇 …………………… 597

wai

外国道人 ················· 597

wan

宛丘先生 ················· 597
宛渠国 ··················· 597
宛若 ····················· 597
婉妗 ····················· 597
婉盆子 ··················· 597
菀窳妇人 ················· 597
鼻 ······················· 597
皖公山神 ················· 597
万宝常 ··················· 597
万法天师 ················· 598
万凤 ····················· 598
万福敦 ··················· 598
万辅先生 ················· 598
万回 ····················· 598
万里沙 ··················· 598
万历妈妈 ················· 599
万蓬头 ··················· 599
万寿寺门子 ··············· 599
万仙童 ··················· 599
万一无 ··················· 599
万玉山 ··················· 599
万振 ····················· 599
万直臣 ··················· 599

wang

尪公 ····················· 599
尪妈 ····················· 599
汪华 ····················· 599
汪芒氏 ··················· 600
汪四 ····················· 600
汪台符 ··················· 600
汪仙翁 ··················· 600
汪元量 ··················· 600
汪子华 ··················· 600
王敖道 ··················· 600
王霸 ····················· 600

王褒 ····················· 600
王抱台 ··················· 601
王抱一 ··················· 601
王弼 ····················· 601
王表 ····················· 601
王伯元 ··················· 601
王璨 ····················· 601
王禅老祖 ················· 601
王昌遇 ··················· 602
王长 ····················· 602
王长生 ··················· 602
王长史 ··················· 602
王赤腿 ··················· 602
王敕 ····················· 602
王处讷 ··················· 602
王处一 ··················· 602
王春 ····················· 603
王次仲 ··················· 603
王大哥 ··················· 603
王丹 ····················· 603
王道士 ··················· 603
王道义 ··················· 603
王道真 ··················· 603
王鼎 ····················· 603
王恶元帅 ················· 604
王二太爷 ················· 604
王二相公 ················· 604
王法进 ··················· 604
王法兴 ··················· 604
王梵志 ··················· 604
王方平 ··················· 605
王奉仙 ··················· 605
王夫人 ··················· 605
王傅 ····················· 605
王刚 ····················· 605
王纲 ····················· 605
王高二元帅 ··············· 605
王谷神 ··················· 605
王固 ····················· 606
王轨 ····················· 606
王郭二仙 ················· 606
王亥 ····················· 606
王和平 ··················· 606
王和尚 ··················· 606

王槐 ····················· 606
王晖 ····················· 606
王吉 ····················· 607
王季文 ··················· 607
王嘉 ····················· 607
王贾 ····················· 607
王皎 ····················· 607
王捷 ····················· 607
王健 ····················· 607
王进贤 ··················· 607
王迥 ····················· 607
王君 ····················· 608
王俊明 ··················· 608
王柯 ····················· 608
王可交 ··················· 608
王廓 ····················· 608
王老 ····················· 608
王老相公 ················· 609
王老志 ··················· 609
王乐仙 ··················· 609
王烈 ····················· 609
王灵官 ··················· 610
王灵舆 ··················· 610
王鲁连 ··················· 610
王履冰 ··················· 610
王帽子 ··················· 611
王媚兰 ··················· 611
王妙想 ··················· 611
王旻 ····················· 611
王明志 ··················· 611
王母父 ··················· 611
王母娘娘 ················· 611
王倪 ····················· 611
王女 ····················· 611
王盘 ····················· 611
王坡 ····················· 611
王破头 ··················· 611
王朴 ····················· 612
王乔 ····················· 612
王青 ····················· 612
王清本 ··················· 612
王晴溪 ··················· 612
王琼 ····················· 612
王筌 ····················· 612

王叡 ································ 613
王三奶奶 ·························· 613
王山将军 ·························· 613
王山人 ···························· 613
王善 ······························ 613
王升 ······························ 613
王十八 ···························· 614
王士能 ···························· 614
王氏 ······························ 614
王世龙 ···························· 614
王侍宸 ···························· 614
王守一 ···························· 614
王守中 ···························· 614
王四郎 ···························· 614
王叟 ······························ 615
王孙大使 ·························· 615
王太尉 ···························· 615
王太虚 ···························· 615
王探 ······························ 615
王桃枝 ···························· 615
王体靓 ···························· 615
王挑杖 ···························· 615
王铁 ······························ 615
王万彻 ···························· 615
王玮玄 ···························· 616
王鲔 ······························ 616
王温 ······························ 616
王文卿 ···························· 616
王屋山道君 ························ 616
王无二 ···························· 616
王西城 ···························· 616
王锡 ······························ 616
王仙姑 ···························· 616
王仙君 ···························· 617
王先生 ···························· 617
王向 ······························ 617
王兴 ······························ 617
王夐 ······························ 617
王玄甫 ···························· 617
王玄真 ···························· 617
王养伯 ···························· 617
王遥 ······························ 618
王爷 ······························ 618
王野人 ···························· 618

王义娘 ···························· 618
王永龄 ···························· 618
王予可 ···························· 619
王玉山 ···························· 619
王元芝 ···························· 619
王远 ······························ 619
王远知 ···························· 619
王越 ······························ 619
王载玄 ···························· 619
王早 ······························ 619
王嚞 ······························ 620
王真 ······························ 620
王真人 ···························· 620
王质 ······························ 620
王中伦 ···························· 620
王仲都 ···························· 620
王仲甫 ···························· 621
王仲高 ···························· 621
王仲伦 ···························· 621
王重阳 ···························· 621
王仔昔 ···························· 621
王子登 ···························· 621
王子晋 ···························· 621
王子骞 ···························· 622
王子乔 ···························· 622
王子乔奴 ·························· 623
王子瑶 ···························· 623
王子夜尸 ·························· 623
王子芝 ···························· 623
王总管 ···························· 623
王纂 ······························ 623
罔两 ······························ 623
罔象 ······························ 623
魍魉 ······························ 624
旺神 ······························ 624
望帝 ······························ 624
望舒 ······························ 624

wei

危 ······························ 624
威惠广佑王 ······················ 624
威惠显圣王 ······················ 624
威灵公 ···························· 624

威济李侯 ························ 625
威烈侯 ·························· 625
威雄将军 ························ 625
威佑三将军 ······················ 625
韦慈藏 ·························· 625
韦丹 ···························· 625
韦鼎 ···························· 625
韦昉 ···························· 625
韦古 ···························· 625
韦古道 ·························· 626
韦集 ···························· 626
韦老师 ·························· 626
韦羌山神 ························ 626
韦善俊 ·························· 626
韦驮 ···························· 626
苇姑 ···························· 627
委然 ···························· 627
委蛇 ···························· 627
委随 ···························· 627
委维 ···························· 627
陒 ······························ 627
陒照 ···························· 627
卫朴 ···························· 627
卫叔卿 ·························· 627
卫源神 ·························· 628
魏伯阳 ·························· 628
魏二翁 ·························· 628
魏方进弟 ························ 628
魏夫人 ·························· 628
魏汉津 ·························· 628
魏华存 ·························· 628
魏隆 ···························· 629
魏宁 ···························· 629
魏王 ···························· 629
魏文昌 ·························· 629
魏显仁 ·························· 629
魏一翁 ·························· 629
魏真君 ·························· 629
魏真人 ·························· 629
魏徵 ···························· 629
魏左二公 ························ 629

wen

温媪 ···························· 629

温彬·················· 630
温夫人·············· 630
温琼·················· 630
温受·················· 630
温元帅·············· 630
瘟部鬼·············· 631
瘟鬼·················· 631
瘟神·················· 631
瘟祖·················· 631
文宾·················· 632
文财神·············· 632
文昌·················· 632
文昌帝君·········· 632
文昌神·············· 632
文成将军·········· 633
文惠通·············· 633
文斤·················· 633
文魁夫子·········· 633
文马·················· 633
文女真·············· 633
文曲星·············· 633
文氏·················· 633
文殊菩萨·········· 633
文文·················· 634
文星典吏·········· 634
文鳐·················· 634
文挚·················· 634
文子·················· 634
闻太师·············· 634
问···················· 634

weng

翁婆庙神·········· 634

wo

蜗斗·················· 634
沃焦·················· 635
偓佺·················· 635

wu

狱猰元帅·········· 635
乌哀国·············· 635

乌将军·············· 635
乌君·················· 635
乌面祖师·········· 635
乌先生子·········· 635
邬通微·············· 635
巫彭·················· 636
巫山神女·········· 636
巫咸·················· 636
巫咸国·············· 636
巫炎·················· 636
巫支祁·············· 636
无···················· 636
无不达·············· 636
无肠国·············· 636
无肠公子·········· 636
无常·················· 636
无膂国·············· 637
无继民·············· 637
无量寿佛·········· 637
无路之人·········· 637
无启国·············· 637
无启民·············· 637
无伤·················· 638
无上元君·········· 638
无首民·············· 638
无损兽·············· 638
无咸民·············· 638
无支祁·············· 638
无状·················· 639
吴安王·············· 639
吴彩鸾·············· 639
吴城小龙女······ 639
吴丹·················· 639
吴道子·············· 640
吴刚·················· 640
吴涵虚·············· 640
吴鸿扈稽·········· 640
吴回·················· 640
吴济川·············· 640
吴矫·················· 640
吴进宝·············· 640
吴景鸾·············· 640
吴客三真君······ 640
吴猛·················· 641

吴明国·············· 641
吴睦·················· 642
吴栖霞·············· 642
吴僧伽·············· 642
吴山大王·········· 642
吴士·················· 642
吴氏·················· 642
吴守一·············· 642
吴夲·················· 642
吴王庙神·········· 643
吴王小女·········· 643
吴兴·················· 643
吴兴楚王·········· 643
吴秀·················· 643
吴铉卿·············· 643
吴优·················· 643
吴真君·············· 643
吴子·················· 643
蜈蚣·················· 643
五百灵官·········· 644
五百罗汉·········· 644
五兵神·············· 644
五残·················· 644
五仓·················· 644
五猖·················· 644
五彩鸟·············· 645
五大家·············· 645
五代元帅·········· 645
五盗将军·········· 645
五道大使·········· 645
五道将军·········· 646
五德星君·········· 646
五帝·················· 646
五帝佐相·········· 646
五丁·················· 647
五恩主·············· 647
五方帝·············· 647
五方鬼帝·········· 647
五方神将·········· 647
五方圣·············· 647
五方瘟鬼·········· 647
五方五老·········· 647
五方贤圣·········· 647
五福大帝·········· 647

五福太一 ······ 648
五哥 ······ 648
五谷大帝 ······ 648
五谷神 ······ 648
五官王 ······ 648
五鬼 ······ 648
五火神 ······ 648
五郎鬼 ······ 648
五郎君 ······ 649
五郎神 ······ 649
五老 ······ 649
五雷神 ······ 649
五厉 ······ 649
五灵 ······ 650
五灵公 ······ 650
五龙 ······ 650
五路财神 ······ 650
五路神 ······ 650
五路通达司 ······ 650
五娘 ······ 650
五女 ······ 650
五神 ······ 650
五圣 ······ 651
五圣菩萨 ······ 651
五圣显应灵官 ······ 651
五时鸡 ······ 651
五祀 ······ 651
五通 ······ 652
五通大鬼 ······ 652
五通母 ······ 652
五通神 ······ 652
五通仙人 ······ 654
五土之神 ······ 654
五王 ······ 654
五瘟使者 ······ 654
五文昌 ······ 654
五仙 ······ 655
五显 ······ 655
五显灵公 ······ 656
五显灵官 ······ 656
五星 ······ 657
五行神 ······ 657
五羊仙人 ······ 657
五营元帅 ······ 657

五酉 ······ 657
五岳 ······ 657
五岳丈人 ······ 658
五岳真君 ······ 658
五脏神 ······ 658
五镇 ······ 659
五正 ······ 659
五足兽 ······ 659
五髭须 ······ 659
五子庙神 ······ 659
伍守静 ······ 659
伍相奴 ······ 659
伍子胥 ······ 659
武抱一 ······ 660
武财神 ······ 660
武昌丐者 ······ 660
武成王 ······ 660
武担山精 ······ 660
武德英侯 ······ 661
武陵娘子 ······ 661
武罗 ······ 661
武蓬头 ······ 661
武婆婆 ······ 661
武曲星 ······ 661
武夷君 ······ 661
武夷仙 ······ 662
武攸绪 ······ 662
武元照 ······ 662
武志士 ······ 662
务成子 ······ 662
务光 ······ 662
务光子 ······ 662
务勿尘 ······ 663
物女 ······ 663
婺女星君 ······ 663
婺源灵祠神 ······ 663

西城王君 ······ 664

西方皓灵皇老君 ······ 664
西海神 ······ 664
西汉夫人 ······ 664
西河少女 ······ 664
西皇 ······ 665
西极总真君 ······ 665
西灵王母 ······ 665
西灵子都 ······ 665
西陵氏 ······ 665
西门豹 ······ 665
西门君 ······ 665
西秦王爷 ······ 665
西山神 ······ 665
西山十二真 ······ 665
西施 ······ 666
西王母 ······ 666
西王母三鸟 ······ 667
西阳子 ······ 667
西岳 ······ 667
希有 ······ 667
郗俭 ······ 668
郗鉴 ······ 668
奚乐山 ······ 668
傒龙 ······ 668
傒囊 ······ 668
犀渠 ······ 668
犀犬 ······ 668
傒 ······ 668
傒龙 ······ 668
溪父 ······ 668
蹊鼠 ······ 668
锡则子 ······ 668
羲和 ······ 668
席琰 ······ 669
鳛鳛 ······ 669
喜 ······ 669
喜神 ······ 669
戏神 ······ 670
细民 ······ 670
细鸟 ······ 670

X

xi

西城王君 ······ 664

xia

虾子和尚 ······ 670

瑕丘仲 …………………… 670
夏得海 …………………… 670
夏馥 ……………………… 670
夏盖夫人 ………………… 670
夏耕尸 …………………… 670
夏侯隐者 ………………… 670
夏后启 …………………… 670
夏孟昌 …………………… 671
夏王子 …………………… 671
夏熙 ……………………… 671
夏元鼎 …………………… 671

xian

仙馆大夫 ………………… 671
仙姥 ……………………… 671
仙鼠 ……………………… 671
仙桐道人 ………………… 671
仙童 ……………………… 672
仙夷 ……………………… 672
先蚕 ……………………… 672
先牧 ……………………… 672
先农 ……………………… 672
先圣大王 ………………… 672
先天菩萨 ………………… 672
先天太后 ………………… 672
先医 ……………………… 672
纤阿 ……………………… 672
鲜卑务尘 ………………… 672
闲鬼 ……………………… 672
显灵侯 …………………… 672
显灵王 …………………… 673
显王相公 ………………… 673
显应庙神 ………………… 673
险道神 …………………… 673
陷河神 …………………… 673
羡门 ……………………… 673
羡门子高 ………………… 673

xiang

香阇黎 …………………… 673
相公 ……………………… 674
相国寺老人 ……………… 674
相顾尸 …………………… 674

相柳 ……………………… 674
相王 ……………………… 674
相繇 ……………………… 674
象蛇 ……………………… 674
湘媪 ……………………… 674
湘夫人 …………………… 674
湘君 ……………………… 674
襄阳老叟 ………………… 675
向道荣 …………………… 675
向辅 ……………………… 675
向王 ……………………… 675
向隐 ……………………… 675
项蔓都 …………………… 675
项囊 ……………………… 675
项羽 ……………………… 675

xiao

枭 ………………………… 676
枭羊 ……………………… 676
枭阳国 …………………… 676
宵明、烛光 ……………… 677
消面虫 …………………… 677
逍遥 ……………………… 677
逍遥翁 …………………… 677
逍遥子 …………………… 677
萧伯轩 …………………… 677
萧防 ……………………… 677
萧弓手 …………………… 677
萧公爷爷 ………………… 677
萧何 ……………………… 678
萧吉 ……………………… 678
萧净兴 …………………… 678
萧静之 …………………… 678
萧孔仲 …………………… 678
萧灵护 …………………… 679
萧綦 ……………………… 679
萧三娘 …………………… 679
萧史 ……………………… 679
萧王 ……………………… 679
萧逸人 …………………… 679
萧云山 …………………… 679
萧子云 …………………… 679
潇湘子 …………………… 680

魖鬼 ……………………… 680
蟏矶神 …………………… 680
嚣 ………………………… 680
小儿鬼 …………………… 680
小儿神 …………………… 680
小蜇虫 …………………… 680
小姑神 …………………… 680
小人 ……………………… 680
小人国 …………………… 680
小沈 ……………………… 680
小王先生 ………………… 681
孝娥 ……………………… 681
孝烈将军 ………………… 681
孝悌王 …………………… 681
孝佑夫人 ………………… 681
哮天犬 …………………… 681
啸父 ……………………… 681

xie

蝎魔 ……………………… 681
协济公 …………………… 681
邪 ………………………… 681
鞋帮子 …………………… 681
谢宝 ……………………… 682
谢瑶 ……………………… 682
谢范二将军 ……………… 682
谢圣公 …………………… 682
谢石 ……………………… 682
谢仕荣 …………………… 682
谢守灏 …………………… 682
谢天地 …………………… 682
谢天君 …………………… 682
谢通修 …………………… 683
谢仙 ……………………… 683
谢仙翁 …………………… 683
谢绪 ……………………… 683
谢夷吾 …………………… 683
谢佑 ……………………… 683
谢元 ……………………… 683
谢允 ……………………… 683
谢真人 …………………… 684
谢仲初 …………………… 684
谢自然 …………………… 684

獬豸···················· 684
鮭鮵···················· 685
爕邑子·················· 685

xin

辛七师·················· 685
辛兴···················· 685
辛玄子·················· 685
辛元帅·················· 685
新妇子怪················ 685
信夫···················· 686
信郎神·················· 686

xing

兴善庙神················ 686
狌狌···················· 686
刑神···················· 686
刑天···················· 686
刑天国·················· 686
行钦···················· 686
行神···················· 686
邢疯子·················· 687
邢和璞·················· 687
邢三姑·················· 687
邢仙翁·················· 687
形天···················· 687
硎上童子················ 688
幸灵···················· 688
幸潭···················· 688

xiong

雄伯···················· 688
熊德融·················· 688
熊廷弼·················· 688
熊仙人·················· 688

xiu

修······················ 688
修臂民·················· 688
修股民·················· 688
修己···················· 688

修羊公·················· 688
倄鹏···················· 689
嗅石···················· 689

xu

盱烈···················· 689
盱母···················· 689
胥徒国·················· 689
项天竺·················· 689
虚耗···················· 689
虚监···················· 689
虚上夫人················ 689
嘘······················ 689
魖······················ 689
徐珵···················· 689
徐纯翁·················· 689
徐道广·················· 689
徐道季·················· 689
徐道生·················· 689
徐登···················· 690
徐钓者·················· 690
徐定辞·················· 690
徐二公·················· 690
徐福···················· 690
徐复···················· 690
徐公···················· 690
徐光···················· 691
徐季道·················· 691
徐继先·················· 691
徐甲···················· 691
徐将军·················· 691
徐君···················· 691
徐钧···················· 691
徐困默·················· 691
徐来勒·················· 691
徐灵期·················· 691
徐明府·················· 691
徐启玄·················· 692
徐若浑·················· 692
徐三翁·················· 692
徐神公·················· 692
徐神翁·················· 692
徐生···················· 692

徐守信·················· 692
徐守真·················· 692
徐庶···················· 692
徐泰定·················· 693
徐童···················· 693
徐弯···················· 693
徐湾···················· 693
徐问真·················· 693
徐五真人················ 693
徐武功·················· 693
徐熙春·················· 693
徐仙···················· 693
徐仙姑·················· 694
徐仙翁·················· 694
徐相公·················· 694
徐偃王·················· 694
徐仪君·················· 694
徐有贞·················· 694
徐则···················· 694
徐真君·················· 695
徐真人·················· 695
徐子奇·················· 695
徐宗度·················· 695
徐佐卿·················· 695
许宸···················· 695
许大···················· 696
许道居·················· 696
许道育·················· 696
许飞琼·················· 696
许负···················· 696
许给···················· 696
许虎牙·················· 696
许黄民·················· 696
许翔···················· 696
许坚···················· 697
许建宗·················· 697
许将军·················· 697
许旌阳·················· 697
许老翁·················· 697
许迈···················· 697
许曼···················· 697
许毛···················· 697
许懋···················· 697
许谧···················· 698

许穆 ································ 698
许栖岩 ····························· 698
许碏 ································ 698
许鹊 ································ 698
许氏 ································ 698
许氏子 ····························· 698
许翁翁 ····························· 699
许宣平 ····························· 699
许逊 ································ 699
许杨 ································ 700
许映 ································ 700
许由 ································ 700
许玉斧 ····························· 700
许元长 ····························· 700
许远 ································ 700
许肇 ································ 700
许真君 ····························· 700
许仲源 ····························· 700
许遵 ································ 700
续长 ································ 701
续生 ································ 701
獝狂 ································ 701

xuan

轩辕国 ····························· 701
轩辕黄帝 ··························· 701
轩辕集 ····························· 701
轩辕弥明 ··························· 701
玄帝 ································ 701
玄都先生 ··························· 701
玄符先生 ··························· 701
玄股国 ····························· 701
玄龟 ································ 701
玄壶子 ····························· 702
玄虎 ································ 702
玄洛 ································ 702
玄妙玉女 ··························· 702
玄冥 ································ 702
玄凝子 ····························· 702
玄女 ································ 702
玄丘民 ····························· 702
玄俗 ································ 702
玄坛神 ····························· 703

玄坛元帅 ··························· 703
玄天二女 ··························· 703
玄天上帝 ··························· 703
玄武大帝 ··························· 703
玄夷苍水使者 ······················· 704
玄元皇帝 ··························· 704
玄真子 ····························· 704
玄中法师 ··························· 704
悬衣翁 ····························· 704

xue

薛昌 ································ 704
薛季昌 ····························· 704
薛继茂 ····························· 705
薛炼师 ····························· 705
薛灵芸 ····························· 705
薛玄同 ····························· 705
薛玄真 ····························· 705
薛肇 ································ 705
薛尊师 ····························· 705

xun

熏池 ································ 706
寻声救苦真人 ······················· 706
荀瓌 ································ 706
巽二 ································ 706

Y

ya

鸭儿五圣 ··························· 707
鸭人国 ····························· 707
崖山神 ····························· 707
衙神 ································ 707
哑女 ································ 707
亚穬 ································ 707
亚驼神 ····························· 707
猰貐 ································ 707

窫窳 ································ 707

yan

烟萝子 ····························· 708
延娟 ································ 708
延明子高 ··························· 708
延年 ································ 708
延维 ································ 708
弇兹 ································ 708
严君平 ····························· 708
严七师 ····························· 709
严青 ································ 709
严卿 ································ 709
严士则 ····························· 709
严头陀 ····························· 709
严真青 ····························· 709
言城生 ····························· 709
岩元元 ····························· 709
沿江游奕神 ························· 709
炎庆甲 ····························· 709
盐池神 ····························· 709
盐井神 ····························· 710
盐龙 ································ 710
盐神 ································ 710
盐枭 ································ 710
阎浮提王 ··························· 710
阎罗王 ····························· 710
阎希言 ····························· 711
颜笔仙 ····························· 711
颜恶头 ····························· 711
颜公 ································ 711
颜回 ································ 711
颜文姜 ····························· 711
颜真卿 ····························· 711
檐头五圣 ··························· 712
衍客 ································ 712
偃师 ································ 712
掩耳道士 ··························· 712
眼光娘娘 ··························· 712
魇鬼 ································ 712
厌光国 ····························· 713
厌火国 ····························· 713
砚神 ································ 713

晏公·········713
晏仙人·········713
晏贤生·········714
晏颖·········714
晏真人·········714
雁荡老人·········714
燕道人·········714
燕济·········714
燕昭王·········714
燕真人·········714

yang

殃·········714
殃煞·········714
殃神·········714
扬威侯·········714
扬州五司徒·········714
扬子江三水府·········715
羊魃·········715
羊城使者·········715
羊公修·········715
羊祜·········715
羊权·········716
羊身人面神·········716
羊神·········716
羊惰·········716
阳城·········716
阳关神·········716
阳侯·········716
阳平谪仙·········716
阳神·········716
阳生·········716
阳童·········716
阳翁伯·········716
阳武四将军·········717
阳主·········717
杨保宗·········717
杨波远·········717
杨伯丑·········717
杨布袋·········717
杨成·········717
杨抽马·········717
杨初·········717

杨道和·········717
杨道人·········717
杨德祖·········718
杨都督·········718
杨二郎·········718
杨府君·········718
杨府圣王·········718
杨黼·········718
杨艮·········718
杨侯·········718
杨回·········718
杨季雅·········718
杨监真·········718
杨戬·········719
杨将军·········719
杨敬真·········719
杨九娘·········719
杨救贫·········719
杨居士·········719
杨珏·········720
杨郎·········720
杨六·········720
杨磨·········720
杨魔头·········720
杨权·········720
杨山太尉·········720
杨生·········720
杨四将军·········720
杨四菩萨·········720
杨泗将军·········720
杨素弟·········721
杨燧·········721
杨泰明·········721
杨谭真·········721
杨通幽·········721
杨望才·········721
杨维·········721
杨翁仲·········721
杨希孟·········721
杨羲·········721
杨仙公·········721
杨仙师·········722
杨勋·········722
杨戾·········722

杨亿·········722
杨由·········722
杨元帅·········722
杨云外·········722
杨湛然·········723
杨真人·········723
杨正见·········723
杨卓·········723
杨子仙·········723
杨尊师·········723
仰山二王·········723
仰山龙神·········724
块扎子·········724
养皮袋·········724
恙·········724

yao

妖神·········724
妖星·········724
姚成·········724
姚道士·········724
姚道真·········724
姚二仔·········724
姚馥·········724
姚光·········724
姚泓·········725
姚基·········725
姚将军·········725
姚俊·········725
姚平仲·········725
姚器·········725
姚坦·········725
姚紾·········725
窑神·········725
窑仙·········725
殷坑君·········726
瑶姬·········726
瑶水天神·········726
要册大王·········726
药鬼·········726
药葫芦道人·········726
药师佛·········726
药兽·········726

药王 …… 726
药王菩萨 …… 727

ye

椰冠道人 …… 727
冶明期 …… 727
冶鸟 …… 727
噎 …… 728
野 …… 728
野叉 …… 728
野婆 …… 728
野仲、游光 …… 728
叶藏质 …… 728
叶昌龄 …… 728
叶法善 …… 728
叶侯 …… 729
叶简 …… 729
叶静 …… 729
叶静能 …… 729
叶炼师 …… 729
叶林 …… 729
叶缪 …… 729
叶梅卿 …… 730
叶千韶 …… 730
叶迁韶 …… 730
叶限 …… 730
叶元 …… 730
叶真君 …… 730
夜叉 …… 730
夜叉国 …… 731
夜察神 …… 731
夜星子 …… 731
夜行游女 …… 731
夜游神 …… 732

yi

一臂国 …… 732
一目国 …… 732
一目九仙 …… 732
一目五先生 …… 732
一瓢道人 …… 732
一炁 …… 732
一行 …… 733
一字天王 …… 733
一字王佛 …… 733
一足鬼 …… 733
一足国 …… 733
伊祁玄解 …… 733
伊尹 …… 733
伊用昌 …… 734
衣服鬼 …… 734
医官大王 …… 734
医王 …… 734
依倚 …… 734
夷坚 …… 734
夷羊 …… 734
移池国 …… 734
移门子 …… 734
狭母鬼 …… 734
蚁王 …… 734
倚 …… 734
义阳神 …… 734
义勇武安王 …… 735
易迁夫人 …… 735
易退 …… 735
泆阳 …… 735
疫鬼 …… 735
疫神 …… 735
宜楙 …… 735
羿 …… 735
益 …… 735
益州老父 …… 735
翊圣 …… 735
意 …… 736
意而子 …… 736
缢鬼 …… 736
裔 …… 736
翼宿星君 …… 736

yin

因墀国 …… 736
因霄国 …… 736
因因乎 …… 736
阴长生 …… 736
阴摩罗鬼 …… 737
阴山神 …… 737
阴生 …… 737
阴先生 …… 737
阴阳使者 …… 737
阴真人 …… 737
阴主 …… 737
殷道筌 …… 737
殷郊 …… 737
殷七七 …… 737
殷七子 …… 737
殷天祥 …… 738
殷王女 …… 738
殷王子 …… 738
殷文亮 …… 738
殷元帅 …… 738
氤氲大使 …… 738
银伥 …… 738
银精 …… 738
银瓶娘子 …… 739
银童 …… 739
尹澄 …… 739
尹道全 …… 739
尹公 …… 739
尹轨 …… 739
尹君 …… 739
尹蓬头 …… 739
尹虔子 …… 740
尹寿子 …… 740
尹思 …… 740
尹喜 …… 740
尹用 …… 741
尹真人 …… 741
引路王菩萨 …… 741
引魂童子 …… 741
隐形蛇 …… 741
隐游 …… 741

ying

应靖 …… 741
应龙 …… 741
应声虫 …… 742
应元 …… 742
英济侯 …… 742

英烈侯·················· 742
英烈王·················· 742
英显王·················· 742
英招···················· 743
婴母···················· 743
嬰如···················· 743
鹰虎神·················· 743
鹰神···················· 743
荧惑···················· 743
荧惑真君················ 743
营陵道人················ 743
颍州道士················ 743
影神···················· 743

yong

雍法志·················· 743
雍广莫·················· 744
雍和···················· 744
雍泰···················· 744
颙······················ 744
永清大王················ 744
永石公·················· 744
勇卢···················· 744
涌铁夫人················ 744

you

袯袯···················· 744
尤尊师·················· 744
由吾道荣················ 745
油筒子·················· 745
游方五圣················ 745
游光···················· 745
游师姨·················· 745
游天大帝················ 745
幽頞···················· 745
有古大先生·············· 745
有黄···················· 745
有穷鬼·················· 745
有应公·················· 745
右英王夫人·············· 745
幼伯子·················· 746
佑圣真君················ 746

yu

于半仙·················· 746
于儿···················· 746
于公···················· 746
于吉···················· 746
于老···················· 747
于仙姑·················· 747
于章···················· 747
于梓人·················· 747
余道人·················· 747
余儿···················· 747
余听声·················· 747
余仲宇·················· 747
鱼道超·················· 747
鱼凫···················· 747
鱼妇···················· 747
鱼花五圣················ 748
鱼肉道人················ 748
鱼子英·················· 748
俞儿···················· 748
俞灵瓆·················· 748
俞柳仙·················· 748
俞判官·················· 748
俞神君·················· 748
俞叟···················· 748
俞仙人·················· 749
俞允···················· 749
俞震斋·················· 749
俞竹心·················· 749
禹京···················· 749
禹貔···················· 749
禹号···················· 749
禹强···················· 749
愚公···················· 749
虞吏···················· 750
虞翁生·················· 750
虞仙姑·················· 750
羽林将军················ 750
羽民国·················· 750
羽人···················· 750
羽山民·················· 750
雨工···················· 750

雨虎···················· 750
雨师···················· 750
雨师妾·················· 751
禹······················ 751
语忘、敬遗·············· 751
庾道愍·················· 751
玉蟾大王················ 751
玉晨大道君·············· 751
玉峰老人················ 752
玉皇大帝················ 752
玉鸡···················· 753
玉京太后················ 753
玉精···················· 753
玉女···················· 753
玉人···················· 754
玉仙娘娘················ 754
玉仙圣母················ 754
玉源道君················ 754
玉真娘子················ 754
玉卮娘子················ 754
玉子···················· 754
育成子·················· 755
郁华子·················· 755
郁垒···················· 755
狱神···················· 755
浴池神·················· 755
喻常清·················· 755
尉迟恭·················· 755
尉迟猛将················ 755
寓······················ 755
寓氏公主················ 756
蜮······················ 756
鹝履道人················ 756

yuan

冤辱···················· 756
元······················ 756
元藏儿·················· 756
元彻···················· 757
元帝···················· 757
元宫仙·················· 757
元将军·················· 757
元君···················· 757

元洛 …………………… 757
元始天王 ……………… 757
元始天尊 ……………… 757
元始真人 ……………… 758
元俗 …………………… 758
元阳父 ………………… 758
元阳子 ………………… 758
元载孔升大帝 ………… 758
员神 …………………… 758
园客 …………………… 758
圆蛇 …………………… 758
爰居 …………………… 758
袁大娘 ………………… 759
袁根 …………………… 759
袁公 …………………… 759
袁珙 …………………… 759
袁何 …………………… 759
袁亢 …………………… 759
袁客师 ………………… 759
袁柳庄 ………………… 759
袁玘 …………………… 759
袁起 …………………… 759
袁千里 ………………… 759
袁时 …………………… 760
袁氏庙神 ……………… 760
袁天纲 ………………… 760
袁相 …………………… 760
袁隐居 ………………… 760
袁元 …………………… 760
袁真君 ………………… 760
袁忠彻 ………………… 760
袁宗善 ………………… 761
猿仙神 ………………… 761
鼋将军 ………………… 761
远飞鸡 ………………… 761
远望 …………………… 761
妴胡 …………………… 761

yue

月孛星君 ……………… 761
月宫天子 ……………… 761
月光童子 ……………… 762
月精 …………………… 762

月下老人 ……………… 762
月主 …………………… 762
岳飞 …………………… 762
岳真人 ………………… 762
越女 …………………… 762

yun

蝹 ……………………… 763
云安井神 ……………… 763
云华夫人 ……………… 763
云林夫人 ……………… 763
云师 …………………… 763
云阳 …………………… 763
云阳先生 ……………… 763
云英 …………………… 763
云中君 ………………… 763

Z

za

杂罗山神 ……………… 764

zan

昝老 …………………… 764

zang

藏神 …………………… 764
藏先生 ………………… 765
藏湘友 ………………… 765
藏延甫 ………………… 765
脏腑神 ………………… 765

zao

凿齿 …………………… 765
藻兼 …………………… 765
灶鬼 …………………… 765

灶君 …………………… 765
灶君夫人 ……………… 765
灶君女 ………………… 765
灶神 …………………… 765
灶王 …………………… 766
灶下小儿 ……………… 766

ze

泽精 …………………… 766
泽山君地长 …………… 766
泽仙 …………………… 766

zei

贼星 …………………… 767

zeng

曾广 …………………… 767
曾亨 …………………… 767
曾文迪 ………………… 767
曾虚舟 ………………… 767
曾义山 ………………… 767
曾易明 ………………… 767
曾志坚 ………………… 767
曾志静 ………………… 767
增福财神 ……………… 767
增福相公 ……………… 768
增长天王 ……………… 768

zhai

宅鬼 …………………… 768
宅仙 …………………… 768
宅魇之妖 ……………… 768
宅中主神 ……………… 769
翟法言 ………………… 769
翟乾佑 ………………… 769

zhan

旃涂国 ………………… 769
詹道人 ………………… 769
詹何 …………………… 769

詹妙容·······················769
斩鬼张真君···············769
展上公·····················769
展先生·····················769

zhang

张鳌·························769
张白·························769
张百子·····················770
张柏亭·····················770
张班·························770
张鼻鼻·····················770
张卜·························770
张抃·························770
张标·························770
张伯端·····················770
张伯子·····················771
张渤·························771
张超·························771
张乘槎·····················771
张痴六·····················771
张储·························771
张绰·························771
张辞·························771
张大明王···············771
张大王·····················771
张单·························772
张淡·························772
张道宽·····················772
张道陵·····················772
张道清·····················773
张道人·····················773
张德元·····················773
张颠仙·····················773
张貔·························773
张定·························773
张恶子·····················773
张二郎·····················773
张法乐·····················773
张飞·························773
张疯子·····················774
张奉·························774
张福·························774

张复阳·····················774
张镐妻·····················774
张公弼·····················774
张拱·························774
张谷山·····················775
张鬼灵·····················775
张果·························775
张果老·····················775
张皓·························775
张衡·························775
张弘国·····················775
张怀素·····················776
张怀武·····················776
张惠感·····················776
张惠明·····················776
张激子·····················776
张季连·····················776
张坚·························776
张健·························776
张姜子·····················776
张将军·····················776
张角·························776
张毘·························777
张金箔·····················777
张憬藏·····················777
张九哥·····················777
张酒酒·····················777
张巨君·····················778
张君宝·····················778
张楷·························778
张宽·························778
张邈遢·····················778
张刺达·····················778
张老·························778
张老相公···············779
张礼正·····················779
张丽英·····················779
张连翘·····················779
张良·························779
张亮·························780
张六五相公···········780
张龙公·····················780
张鲁·························780
张鲁女·····················780

张路斯·····················780
张落魄·····················781
张蒙山·····················781
张梦乾·····················781
张明·························781
张模·························781
张穆子·····················781
张女郎·····················781
张皮雀·····················781
张七相公···············782
张七政·····················782
张齐物·····················782
张齐贤·····················782
张如珍·····················782
张孺华·····················782
张润子·····················782
张三·························783
张三丰·····················783
张山人·····················783
张涉·························784
张深·························784
张神卜·····················784
张声·························784
张圣·························784
张圣者·····················784
张盛·························784
张士政·····················785
张守清·····················785
张守虚·····················785
张司封·····················785
张四郎·····················785
张叟·························785
张蓑衣·····················785
张太尉·····················785
张昙要·····················785
张桃枝·····················785
张天帝·····················785
张天觉·····················785
张天师·····················786
张天翁·····················786
张王·························786
张王神·····················786
张微子·····················786
张无梦·····················786

张无无 …………………… 786
张夏 ……………………… 786
张仙 ……………………… 786
张仙姑 …………………… 787
张先生 …………………… 787
张相公 …………………… 787
张逍遥 …………………… 787
张小鬼 …………………… 787
张信真 …………………… 787
张虚白 …………………… 787
张虚靖 …………………… 788
张玄宾 …………………… 788
张铉 ……………………… 788
张巡 ……………………… 788
张亚 ……………………… 788
张亚子 …………………… 788
张英 ……………………… 789
张咏 ……………………… 789
张用成 …………………… 789
张用诚 …………………… 789
张俞 ……………………… 789
张与材 …………………… 789
张玉兰 …………………… 789
张元化 …………………… 789
张元始 …………………… 790
张元帅 …………………… 790
张元英 …………………… 790
张远霄 …………………… 790
张云灵 …………………… 790
张云容 …………………… 790
张甿 ……………………… 790
张湛 ……………………… 790
张招 ……………………… 790
张昭成 …………………… 790
张昭烈 …………………… 790
张兆期 …………………… 791
张震 ……………………… 791
张芝 ……………………… 791
张殖 ……………………… 791
张志和 …………………… 791
张中 ……………………… 791
张重华 …………………… 792
张子冲 …………………… 792
张子信 …………………… 792

张紫阳 …………………… 792
张自明 …………………… 792
张祖常 …………………… 792
章詧 ……………………… 792
章宸 ……………………… 792
章苟 ……………………… 792
章全素 …………………… 792
章寿仙人 ………………… 792
章思廉 …………………… 793
章元帅 …………………… 793
章震 ……………………… 793
樟柳神 …………………… 793
丈夫国 …………………… 794

zhao

招商神 …………………… 794
昭烈武成王 ……………… 794
昭灵大王 ………………… 794
昭灵夫人 ………………… 794
昭灵侯 …………………… 794
昭灵李夫人 ……………… 794
赵爱儿 …………………… 794
赵抱一 …………………… 794
赵抃 ……………………… 795
赵丙 ……………………… 795
赵昞 ……………………… 795
赵炳 ……………………… 795
赵成子 …………………… 795
赵初旸 …………………… 795
赵达 ……………………… 796
赵道人 …………………… 796
赵道隐 …………………… 796
赵得秀 …………………… 796
赵度 ……………………… 796
赵辅和 …………………… 796
赵高 ……………………… 796
赵杲 ……………………… 796
赵公成 …………………… 796
赵公明 …………………… 796
赵光明 …………………… 797
赵广信 …………………… 797
赵归真 …………………… 797
赵侯 ……………………… 797

赵晃 ……………………… 797
赵惠宗 …………………… 797
赵吉 ……………………… 797
赵将军 …………………… 798
赵瞿 ……………………… 798
赵郎 ……………………… 798
赵灵运 …………………… 798
赵麻衣 …………………… 798
赵孟俯 …………………… 798
赵明 ……………………… 798
赵乞 ……………………… 798
赵如如 …………………… 798
赵三翁 …………………… 798
赵升 ……………………… 799
赵圣卿 …………………… 799
赵十四 …………………… 799
赵叔道 …………………… 799
赵叔期 …………………… 799
赵素台 …………………… 799
赵缩手 …………………… 799
赵他子 …………………… 799
赵棠 ……………………… 799
赵天雷 …………………… 799
赵童 ……………………… 800
赵威伯 …………………… 800
赵武灵王 ………………… 800
赵温圭 …………………… 800
赵仙伯 …………………… 800
赵仙姑 …………………… 800
赵仙人 …………………… 800
赵相公 …………………… 800
赵小哥 …………………… 800
赵延之 …………………… 800
赵应童 …………………… 800
赵逸 ……………………… 800
赵用贤 …………………… 801
赵友钦 …………………… 801
赵昱 ……………………… 801
赵云容 …………………… 801
赵瞿 ……………………… 802
赵真人 …………………… 802
赵知微 …………………… 802
赵自然 …………………… 802
赵尊师 …………………… 802

zhe

遮须国王 …………………… 802
折丹 ………………………… 802
折像 ………………………… 802
柘湖神 ……………………… 802
柘泽庙神 …………………… 802

zhen

贞义女 ……………………… 803
针姑 ………………………… 803
针神 ………………………… 803
真公 ………………………… 803
真武 ………………………… 803
真行子 ……………………… 803
真真 ………………………… 803
砧杵精 ……………………… 803
甄后 ………………………… 803
甄栖真 ……………………… 803
枕精 ………………………… 803
阵头大王 …………………… 803
震蒙氏之女 ………………… 804

zheng

征侨 ………………………… 804
狰 …………………………… 804
正伯侨 ……………………… 804
郑遨 ………………………… 804
郑册 ………………………… 804
郑景世 ……………………… 804
郑全福 ……………………… 804
郑山古 ……………………… 804
郑思远 ……………………… 805
郑天生 ……………………… 805
郑仙姑 ……………………… 805
郑相如 ……………………… 805
郑摇铃 ……………………… 805
郑野严 ……………………… 805
郑夷甫 ……………………… 805
郑隐 ………………………… 806
郑雄正 ……………………… 806

郑子卿 ……………………… 806
郑子真 ……………………… 806

zhi

支提国 ……………………… 806
知女 ………………………… 806
织女 ………………………… 806
织女四哥 …………………… 807
秖支国 ……………………… 807
值日功曹 …………………… 807
植柱庙神 …………………… 807
纸神 ………………………… 807
志公 ………………………… 807
志言 ………………………… 807
郅支国 ……………………… 807
智积菩萨 …………………… 807
智琼神女 …………………… 807
枳首蛇 ……………………… 807
彘 …………………………… 807
彘身神 ……………………… 807
彘身人首神 ………………… 808

zhong

中候王夫人 ………………… 808
中皇丈人 …………………… 808
中黄真人 …………………… 808
中雷 ………………………… 808
中水府 ……………………… 808
中坛元帅 …………………… 808
中堂神王 …………………… 808
中央黄老君 ………………… 808
中岳 ………………………… 809
中岳真人 …………………… 809
忠洁侯 ……………………… 809
忠靖公 ……………………… 809
忠靖王 ……………………… 809
忠孝鬼 ……………………… 809
忠孝节义判官 ……………… 809
终南山翁 …………………… 809
钟精 ………………………… 809
锺进明 ……………………… 810
锺馗 ………………………… 810

锺离大王 …………………… 811
锺离嘉 ……………………… 811
锺离简 ……………………… 811
锺离权 ……………………… 811
锺三郎 ……………………… 812
锺士贵 ……………………… 812
锺士季 ……………………… 812
锺万五 ……………………… 812
锺鬟髻 ……………………… 812
种苗香道人 ………………… 812
种火老母 …………………… 812
仲甫 ………………………… 812
重、黎 ……………………… 812
重明鸟 ……………………… 813

zhou

周斌 ………………………… 813
周仓 ………………………… 813
周打毡 ……………………… 813
周迪 ………………………… 813
周颠 ………………………… 813
周公 ………………………… 813
周狗师 ……………………… 814
周贯 ………………………… 814
周广 ………………………… 814
周恢 ………………………… 814
周惠抃 ……………………… 814
周季道 ……………………… 814
周君 ………………………… 814
周凯 ………………………… 814
周恪 ………………………… 814
周烂头 ……………………… 814
周亮 ………………………… 815
周穆王 ……………………… 815
周鹏举 ……………………… 815
周七娘 ……………………… 815
周栖野 ……………………… 815
周群 ………………………… 815
周饶国 ……………………… 815
周生 ………………………… 816
周史卿 ……………………… 816
周思得 ……………………… 816
周太宾 ……………………… 816

周韦节 …………………… 816
周文兴 …………………… 816
周仙葫 …………………… 816
周仙王 …………………… 817
周孝子 …………………… 817
周雄 ……………………… 817
周宣 ……………………… 817
周宣灵王 ………………… 817
周玄豹 …………………… 818
周玄初 …………………… 818
周玄真 …………………… 818
周瑶英 …………………… 818
周颐真 …………………… 818
周义山 …………………… 818
周隐克 …………………… 818
周隐遥 …………………… 818
周爱支 …………………… 818
周云宗 …………………… 818
周印 ……………………… 818
周匝 ……………………… 818
周贞实 …………………… 818
周祖师 …………………… 819
帚姑 ……………………… 819
帚精 ……………………… 819
纣王 ……………………… 819

zhu

朱犹 ……………………… 819
朱八相公 ………………… 819
朱彻 ……………………… 819
朱痴 ……………………… 819
朱大仙 …………………… 819
朱道人 …………………… 819
朱棣 ……………………… 820
朱疯子 …………………… 820
朱佛 ……………………… 820
朱邯 ……………………… 820
朱宏佑 …………………… 820
朱璜 ……………………… 820
朱姬大仙 ………………… 820
朱橘 ……………………… 820
朱建平 …………………… 821
朱库 ……………………… 821

朱灵芝 …………………… 821
朱六郎 …………………… 821
朱默 ……………………… 821
朱獳 ……………………… 821
朱蒲包 …………………… 821
朱孺子 …………………… 821
朱泗 ……………………… 821
朱桃椎 …………………… 822
朱天大帝 ………………… 822
朱熹 ……………………… 822
朱仙 ……………………… 822
朱相公 …………………… 822
朱宣 ……………………… 822
朱厌 ……………………… 822
朱衣 ……………………… 822
朱衣老人 ………………… 823
朱医 ……………………… 823
朱友 ……………………… 823
朱有 ……………………… 823
朱元帅 …………………… 823
朱悦 ……………………… 823
朱载堉 …………………… 824
朱真人 …………………… 824
朱之锡 …………………… 824
朱仲 ……………………… 824
朱自英 …………………… 824
珠鳖鱼 …………………… 824
珠妈 ……………………… 824
诸比 ……………………… 824
诸葛氏 …………………… 824
诸怀 ……………………… 824
诸犍 ……………………… 824
诸稽摄提 ………………… 825
诸先生 …………………… 825
猪母佛 …………………… 825
猪头和尚 ………………… 825
猪嘴道人 ………………… 825
鸈 ………………………… 825
竹神 ……………………… 825
竹王 ……………………… 825
竹王三郎 ………………… 825
烛龙 ……………………… 825
烛阴 ……………………… 826
主父 ……………………… 826

主柱 ……………………… 826
鸀鸟 ……………………… 826
注生娘娘 ………………… 826
注生真君 ………………… 826
柱础神 …………………… 826
祝大伯 …………………… 826
祝鸡翁 …………………… 827
祝融 ……………………… 827
祝英台 …………………… 827
祝由氏 …………………… 827

zhuan

颛顼 ……………………… 827
鱄 ………………………… 828
转轮王 …………………… 828

zhuang

庄伯微 …………………… 828
庄真人 …………………… 828
庄子 ……………………… 828

zhui

坠地仙人 ………………… 829

zhuo

卓晚春 …………………… 829
卓小仙 …………………… 829

zi

子贡 ……………………… 829
子姑 ……………………… 829
子路 ……………………… 829
子韦 ……………………… 830
子先 ……………………… 830
子英 ……………………… 830
子州 ……………………… 830
子主 ……………………… 830
呲鱼 ……………………… 830
蚘蚄神 …………………… 830

梓慎 …………………………… 830
梓桐神 ………………………… 831
梓潼帝君 ……………………… 831
梓潼神 ………………………… 831
紫姑 …………………………… 831
紫素元君 ……………………… 832
紫微大帝 ……………………… 832
紫微夫人 ……………………… 833
紫相公 ………………………… 833
紫玄夫人 ……………………… 833
紫阳真人 ……………………… 833
紫英夫人 ……………………… 833
訾亘 …………………………… 833

zong

宗本 …………………………… 833
宗超之 ………………………… 833
宗三秀才 ……………………… 833
宗三爷爷 ……………………… 834

棕三舍人 ……………………… 834
鬃三爷爷 ……………………… 834
总管 …………………………… 834

zou

邹葆光 ………………………… 834
邹法主 ………………………… 834
邹公 …………………………… 834
邹月宾 ………………………… 834
驺吾 …………………………… 834
驺虞 …………………………… 835

zu

足訾 …………………………… 835
族人炊 ………………………… 835
祖江 …………………………… 835
祖明 …………………………… 835
祖神 …………………………… 835

祖元君 ………………………… 835
祖珍俭 ………………………… 835
祖状尸 ………………………… 836
魖鬼 …………………………… 836

zui

最后 …………………………… 836

zuo

左贡 …………………………… 836
左彻 …………………………… 836
左慈 …………………………… 836
左辅右弼 ……………………… 836
左萝石 ………………………… 836
左右二王 ……………………… 837
左元泽 ………………………… 837
作器 …………………………… 837
坐雪道人 ……………………… 837

【A】

【a】

【阿閦佛】或作"阿閦鞞佛"。阿閦，梵语音译，即"不动""无嗔恚"之意。佛经以阿閦佛为五方佛中之东方佛（五方佛中另外四尊是中央毗卢遮那佛、南方宝生佛、西方阿弥陀佛、北方成就佛），故我国大同云冈石窟及民间水陆画中常有此佛。其成道之因果，《妙法莲华经·化城喻品》云："昔有佛名大通智胜，其未出家时有十六王子，闻父成佛，即以童子身出家为沙弥，后皆成正觉，于十方国土说法。其中二沙弥于东方作佛，一名阿閦，一名须弥灯。"其像为偏袒右肩，左手执拳，执袈裟角，右手伸五指，手指指地，置于右膝。

【阿颠】清·钮琇《觚剩·续编》卷二：端州（今广东高要）白云山，山寺有僧名阿颠，不知所从来，投寄僧寺，为之采茶。常竟日不食，虽甚寒，不肯衣布。跣足出入白云深处，呼之多不应。与人语，多不能解，众因呼为阿颠。山多虎，曾一日咥二牛去。阿颠编草为索，系白额虎，叱叱而下，鞭虎背数百。众始知阿颠为异人。

【阿父神】宋·谢守灏《混元圣纪》卷八：唐景龙四年，韦后鸩杀中宗，擅朝政，将不利于睿宗。时李隆基为临淄王，谋平内难，疑不能决。太上老君乃化一白衣老叟，卖卜于春明门外。王请筮之，俄有蓍一茎飞出，挺立空中。老叟笑曰："此卦宜取天下为君，吉，余并凶，利在三日内。"王乃定谋诛韦后，立睿宗。即命搜访老叟，莫知处所，亦不知其为老君也，遂于其地立庙，号"阿父神"。

【阿立祖】仇德哉《台湾之寺庙与神明（四）》：阿立祖，又称蕃太祖，其寺庙称阿立祖蕃庙，位于台湾台南市大内乡。相传阿立祖为台南大内乡、东山乡高山族之始祖。

【阿罗汉】即"罗汉"，见该条。

【阿马婆】唐·郑綮《开天传信记》：唐玄宗东封，次华阴，见华岳神数里迎谒。帝问左右，左右莫见。遂召诸巫，问神安在。独老巫阿马婆奏云："在路左，朱鬓紫衣，迎候陛下。"帝敕阿马婆，令神先归。帝至庙，见神纛鞭俯伏殿庭东南大柏之下。又召阿马婆问之，对如帝所见。帝加礼敬，命阿马婆致意而旋。

【阿弥陀佛】阿弥陀，古梵语之音译，意译为"无量寿"。故"阿弥陀佛"即"无量寿佛"。大乘佛教称其为西方极乐世界之教主，谓念其名号，即能往生净土。在五方佛中为西方佛。其成佛因果，《妙法莲华经·化城喻品》云："昔有佛名大通智胜，其未出家时有十六王子，闻父成佛，即以童子身出家为沙弥。……西方二佛，一名阿弥陀，一名度一切世界苦恼。"此外尚有数说，其较著者见于《悲华经》卷二："删提岚国有转轮王，王有千子，长曰不眴，次曰尼摩。宝藏如来为王说法。王发愿，愿成道时世界无有地狱恶鬼畜生，世界清净。宝藏如来即告转轮王曰：'一经过恒河阿僧祇劫，入第二阿僧祇劫，此时世界转名安乐，汝当于此时作佛，号无量寿如来。'其长子不眴则当为观世音，二子尼摩当为大势至。"◆自唐时阿弥陀佛与观音即为奉佛者所最常诵，此风至近代不衰，故有"家家弥陀佛，户户观世音"之说。唐·戴孚《广异记》云："开元中，僧道宪于江州（今江西九江）大云寺，主持画观世音七

阿弥陀佛　南宋·佚名

铺。后因故堕水，江流湍急，求拯无由。宪便思念观世音，遂见所画七菩萨立在左右。宪犹知在水底，惧未免死，又念阿弥陀佛，其七菩萨并来捧足，将至水上，衣服无所污染。"是唐时即以阿弥陀佛与观世音同为救苦救难，且灵应更胜于观音。

【阿母】即"西王母"。见汉·班固《汉武帝内传》："上元夫人曰：'承阿母相邀，诣刘彻家。'"

【阿蕴哥】清·俞蛟《梦厂杂著》卷三："广东新会人。为人淳朴好义，凡被罪入监者，每为之排难解纷，故狱中咸爱敬之，推为狱卒之长。时当小除，狱囚念及家室，咸泣下。阿蕴恻然，乃释诸囚，约明年正月二日归来。众指天誓地，乃为之脱械纵去。至期，囚皆返狱，无一失。时阿蕴方踞地独饮，喜极掷杯，大笑曰：'诸君至，予可告无愧！当从此逝矣！'兀坐不动，视之气绝。诸囚感其义，为肖像于狴犴。按：新会土俗，凡生子最少者曰蕴。蕴字，土音呼'赖'，字典不载。"◆又清·钮琇《觚剩·续编》卷二有"亚蕴"一条，云为广东增城人，与此大同小异，可参看"亚蕴"条。

【阿秃师】北朝僧人。《北齐书·文宣纪》："晋阳（今山西太原）沙门，乍智乍愚，时人不测。时高欢初归尔朱荣时，其子高洋尚幼，与诸童共见阿秃师，历问禄位。至高洋，举手再三指天，口无所言。"又同书《佞幸传·高阿那肱》言："天保中，高洋自晋阳还邺，阿秃师于路中大叫云：'高洋，阿那瓌终破你国。'后齐终因阿那肱而亡。虽作'肱'字，世人皆称为'瓌'音。"但《太平广记》卷九一"阿秃师"条引唐·窦维鋈《广古今五行记》则云阿秃师在此前即被高欢所杀："师出入民间，语谶而验。高欢镇并州，军国事常为阿秃师所预知，泄于民间。执置城内，遣人防守。当日并州三门，各有一秃师出。高欢以妖言惑众诛之。刑后六七日，有人于河西见之。"

【阿修罗】在佛教中是介于"天""魔"之间的恶神，男性丑陋，女性极美。帝释天有美食而无美女，阿修罗有美女而无美食，双方大战不休。传说阿修罗王身极长大，敌两倍须弥山。又云阿修罗王手能遮日月。但与帝释战时，知力不如，领百万兵众，入藕丝孔里躲藏。其与帝释战争，《起世经》卷八、《起世因本经》卷六至卷八载之较详，可参看。按：阿修罗本为古代印度神话中人物，后为佛教收编，常列于听法众中，故为佛教入于"天龙八部"，水陆画中称"阿修罗众"者是。

【阿羊】传说中的凶兽。《太平御览》卷九〇二引

阿修罗众　水陆道场鬼神像

《淮南万毕术》："阿羊，九头更食，国乱乃出。"

【阿姨神】少室山有少姨庙，其神称"阿姨"或"少姨"，即禹妻涂山氏之妹。《旧唐书·礼仪志三》："则天垂拱四年，将有事于嵩山，先遣使致祭，以祈福助。下制号嵩山为神岳，尊嵩山神为天中王，夫人为灵妃。嵩山旧有夏启及启母、少室阿姨神庙，咸令预祈祭。则天天册万岁二年，新行登封之礼（封禅中岳嵩山）。遂尊夏后启为齐圣皇帝，封启母神为玉京太后，少室阿姨神为金阙夫人。"明·陈士元《名疑》卷四："嵩北又有少室姨神庙，唐·杨炯撰《少姨庙记》云少姨庙，其神为妇人像，故老相传启母涂山之妹，莫详所始。"《明一统志》卷二九：少姨庙。在府（河南府）城东南。又偃师、巩、登封县俱有。世传神是启母之妹，故名少姨。明·顾炎武《日知录》卷二五"湘君"条载："涂山启母，后人附以少姨，以为启母之妹，而武后至封之为金阙夫人。"注云："今少室山有阿姨神。"参见"少姨神"条。

【阿专师】北朝僧人。《太平广记》卷九一"阿专师"条引唐·窦维鋈《广古今五行记》："侯景为定州（今河北定州）刺史时，有僧名阿专师，多预州人丧葬及少年游猎，斗争喧嚣。后于正月十五夜，于人家酒席上恶骂。主人欲毙之，为人解救。次

日，主人寻之，见其坐于败墙上，以杖击墙，墙忽飞升，举手与乡人别，入云而灭。过一年，传其又在长安，还如旧态。"

【阿紫】❶狐精别名。晋·干宝《搜神记》卷一八："后汉建安中，沛国（今安徽淮北市西）人王灵孝为魅将去，众人寻之，见孝于空冢中。魅闻人犬声，遂避去。众扶孝以归，其形颇象狐矣，不复与人应答，但啼呼'阿紫'。阿紫，狐字也。后十余日，乃稍稍了悟，云：'狐始来时，于屋曲角鸡栖间，作好妇形，自称阿紫，招我。如此非一。忽然便随去，即为妻，暮辄与共还其家，乐无比也。'《名山记》曰：'狐者，先古之淫妇也，其名曰阿紫，化而为狐。'故其怪多自称阿紫。"❷《太平广记》卷二九二"阿紫"条，以为紫姑神之别称。

【ai】

【爱铁道人】明清间人。《虞初新志》卷一〇陈鼎《爱铁道人传》："不知姓名，云南人。曾为郡诸生，明亡，为道士。性爱铁，见铁辄喜，向人拜乞之。头项肩背皆悬败铁，行路铮铮如披铠甲，自号爱铁道人。嗜酒。人以神仙目之，有不远千里来问吉凶者。与蜀中铜袍道人张闲相善。三藩乱后，二人不知所往。"《（雍正）云南通志》卷二五名之曰"铁道人"，云姓赵，河阳（今云南澄江）人。

【an】

【安昌期】北宋时人。南宋·洪迈《夷坚甲志》卷八：昭州恭城（今广西平乐北）人，少举进士，仁宗时为横州（今广西横州）永定尉，以事忤官。遂不复仕，与一童游广东，放浪山水间。善歌嗜饮，醉后扯纸，覆以器，开之，悉成群鼠；再叱之入器内，仍为纸。后游广州清源县峡山寺之和光洞，一去不返，传闻仙去。

【安道士】南朝时道士。《太平御览》卷四八引《南康记》曰：赤石山，大石连耸，灿若舒霞，山角多赤石，有玉房琼室。耆旧相传云：宋元嘉年中，有人自称安道士者，不知何许人，被服巾褐，栖于此山中数十年，忽失所在。其后时复有见者。

【安度明】北宋·张君房《云笈七签》卷四《上清经述》："有四真人降于魏华存之室，并年可二十余。其一人曰：'我太极真人安度明也。'余三人为东华大神方诸青童君、扶桑碧海旸谷神王景林真

人、清虚真人小有仙人王子登。"梁·陶弘景《真灵位业图》第三阶右位，有太极右真人安度明。

【安公】《天地宫府图》："七十二福地六十五泸水（在西梁州），仙人安公治之。"其人不详所指，疑为安度明。

【安慧文静大士】即文殊菩萨，见"大觉金仙"条。

【安济夫人】❶宋时丛祠，姓丁氏。南宋·吴曾《能改斋漫录》卷一八："宋开宝中，真州（今江苏仪征）渔者钓得一木刻妇人，背刻'丁氏'二字，

安济夫人　水陆道场鬼神像

持归，事之如神，遂有灵验。立庙于江上，舟过其下，必祠而后济。奏封安济夫人。庙在长芦崇福禅院之西。"❷即"小姑神"。南宋·陆游《入蜀记》卷二："小孤属舒州宿松县（今安徽宿松）。庙在山之西麓，额曰惠济神，曰安济夫人。"南宋·周必大《文忠集》卷九八有"舒州宿松县小孤山惠济庙圣母已封安济夫人，连年调发军马，津运钱粮，及舟楫经涉江湖，军民逐时祈祷，皆有灵应，加封助顺安济夫人"文。◆按：山西右玉宝宁寺水陆画、明代版画《水陆鬼神像》中均有安济夫人像，位在水府大帝及顺济龙王下，应为女性水神。

【安济公】即"张夏"。南宋·叶绍翁《四朝闻见录》卷一："庙号昭贶，即景祐中尚书兵部郎张夏。

夏字伯起，景祐中出为两浙转运使。杭州江岸，率用薪土，潮水冲击，不过三岁辄坏。夏令作石堤一十二里，以防江潮之害，既成，州人感夏之功，庆历中建庙于堤上。嘉祐十月赠太常少卿，政和二年八月封宁江侯，改封安济公，并赐今额。"◆张夏其神的演变，详见"张夏""张老相公""英济侯"等条。

【安乐妙静大士】即"普贤菩萨"。见"大觉金仙"条。

【安乐神】疑为"五通"别名。南宋·洪迈《夷坚支志·癸集》卷一〇"古塔主"条："南康建昌县（今江西永修）云居山，所祀五通甚灵异，名为'安乐神'，居于塔上。尝出与监寺僧相语，不见其形，其声全如五六岁儿。"又洪迈同时人孙觌《鸿庆居士集》卷三二《圆悟禅师真赞》云：禅师"改住庐山之云居。云居有安乐神者据方丈，前住持人皆避不敢居，师居之"。应与洪迈所云为一事，然未说是五通神。

【安流大王】洞庭湖水神。北宋·张舜民《画墁录》卷八《郴行录》："洞庭湖南有青草庙，一排三殿，中曰'劝善大师'，乃一僧像；西曰'安流大王'，东曰'昭灵大王'。劝善即泗州大圣，昭灵即东汉初人马援，安流者莫知其为谁。"◆按：泗州大圣曾降伏水怪，马援号"伏波将军"，故安流大王亦应为安澜镇水之神。

【安期生】秦汉时人。褚先生补《史记·封禅书》："方士李少君言于上曰：'臣尝游海上，见安期生，食巨枣，大如瓜。安期生仙者，通蓬莱中，合则见人，不合则隐。'于是天子遣方士入海求蓬莱安期生之属。"而汉·刘向《列仙传》卷上云："安期先生，琅琊（山东半岛东南部，治在今诸城）阜乡人。卖药于东海边，时人称千岁翁。始皇东游，请见，与语三日三夜，赐金璧度数十万。出阜

安期生　仙佛奇踪

乡亭，皆置去。留书曰：'后数年求我于蓬莱山。'始皇即遣徐市、卢生等数百人入海，未至蓬莱，辄逢风波而还。立祠阜乡亭海边十数处。"◆按《史记·乐毅列传》："河上丈人以黄老教安期生，数传至盖公，为曹参师。"至《田儋列传》则又云："安期生尝以策干项羽，羽不能用，授以官，安期生不受而去。"如此则安期生本为秦汉之际治黄老术之隐士，至汉武帝时遂传说为仙人。《（康熙）府志》卷四〇揉合仙人、隐士二说云："安期生，琅琊人，受学河上丈人，卖药海边，老而不仕，时人谓之千岁公。秦始皇与语三日三夜，赐璧直数千万。安期生为报遗书于始皇：'后数十年，求我于蓬莱山下。'及秦败，安期生与其友蒯通交往，项羽欲封之，不肯受。"◆清·屈大均《广东新语》卷三："安期生常与李少君南之罗浮（今广东惠阳地区之罗浮山）。罗浮之有游者，自安期始。自安期始至罗浮，而后桂父至焉。安期报始皇书云'后千岁求我于蓬莱山下'。罗浮者，蓬莱之一股也。"◆《天地宫府图》："七十二福地第二十安山（在交州北），为安期先生隐处，属先生治之。"而第五十一元晨山（在江州都昌县，今江西都昌），为"安期生"治之，似将安期生与安期先生分为二人矣。

【安期先生】汉·刘向《列仙传》有"安期先生"一条，即"安期生"。

【安天龙】五代·孙光宪《北梦琐言·逸文》卷四：后唐同光中，沧州（今河北沧州东南）民有子母路逢白蛇，其子以绳系蛇项，约而行，无何摆其头落。须臾，一片白云起，雷电暴作，撮将此子上天空中，为雷火烧杀坠地。而背有大书，人莫之识。忽有一人云："何不以青物蒙之，即识其字。"遂以青裙被之，有识字者读之曰："此人杀害安天龙，为天神所诛。"

【安天玄圣帝】北宋大中祥符间加封北岳为"安天玄圣帝"。见"北岳"条。

【豻】《淮南子·道应训》："散宜生得玄豹、黄罴、青豻、白虎文皮千合，以献于纣。"高诱注："豻，胡地野犬。"《本草纲目》卷五一上引《禽书》云："豻，胡狗也，状似狐而黑，身长七尺，头生一角，老则有鳞，能食虎豹、蛟龙、铜铁，猎人亦畏之。"

【ao】

【敖蓬头】明·支允坚《梅花渡异林》卷四："正德间有李某，肆情酒色。中年病羸七载，濒死，忽

有丐者至，为疗七昼夜，病霍然。问其姓名，曰：'吾乃丘长春十代孙清净敖蓬头也。'问宅里，则指东海上而已。于是李某与所昵之妓凤仙皆为徒三年，尽得其还丹修炼之术。一日同登天目，丐者忽不见，李某益虔奉之。"◆一说此李某即"赤肚子"。参见"李赤肚"条。

【敖真人】晋时人。北宋·乐史《太平寰宇记》卷一〇六：江西高安县。敖岭，在县北三里，敖真人得道之所，有敖真人炼丹之迹在。◆又作"敖仙"。元人《氏族大全》卷七："敖仙，晋人，即敖真人也，失其名。"《（雍正）江西通志》卷三五："敖仙驿即上高驿，在县北数里圣果寺旁敖真人修炼处。宋嘉定间张次贤有记。"

【廒神】"仓神"之一种。明·叶盛《水东日记》卷六：南岭以北，仓库草场中皆有土地祠，仓中祀"萧王"，即汉萧何，盖以尝督馈运故也。其配则吉知陀圣母。旁卧一犬，则曰"廒神"。◆按：以犬为"廒神"，似取"神獒"之义。且猛犬吠盗，亦警夜所须也。又《八旗通志》卷一一八云英吉沙尔驻防、哈密绿营驻防，均于仓廒处建有廒神庙。然不详其神为何物。

【獓㸘】《山海经·西山经》："三危之山，其上有兽焉，其状如牛，白身四角，其毫如披蓑，其名曰獓㸘，是食人。"字或作"獓绲""獒㸘"。

獓㸘 山海经图 吴任臣本

【媦】❶晋·干宝《搜神记》卷八："秦穆公时，陈仓（今陕西宝鸡）人掘地，得物，若羊非羊，若猪非猪，牵以献穆公。道逢二童子，童子曰：'此名为媦，常在地，食死人脑。若欲杀之，以柏插其首。'媦曰：'彼二童子，名为陈宝。得雄者王，得雌者伯。'陈仓人舍媦逐二童子，童子化为雉，飞入平林"云云。又唐·张鷟《朝野佥载》卷四言："媦者肉块，无七窍，秦穆公时野人得之。"◆按："媦"，《太平广记》卷四六一引魏·曹丕《列异传》作"媦述"，《史记·秦本纪》"正义"引《晋太康地志》作"媦"，唐·段成式《酉阳杂俎·前集》卷一三作"弗述"。❷一说为地神名。《史记·高祖本纪》"集解"孟康云："《礼乐志》'地神曰媦'。""索隐"则云："孟康注'地神曰媦'者，《礼乐志》云'后土富媦'。"按今《汉书·礼乐志》正作"后土富媦"。又《礼乐志》有"惟泰元尊，媦神蕃厘，经纬天地，作成四时"之语，"媦神"当亦指地神。

【媦姬】本泛指老妇，此为秦时妇人。《太平广记》卷四五八引《岭南异物志》："媦姬，秦时人，尝得异鱼，放于康州（今广东德庆）悦城江中，后稍大成龙。姬每来江浣衣，龙辄近前，率以为常。一日，姬于江边治鱼，龙又来，姬以刀戏之，误断龙尾。后姬死，龙拥沙成墓。人呼掘尾龙，为立祠。"◆参见"龙母温夫人"条。

【B】

【ba】

【八部鬼帅】瘟神。明·董斯张《广博物志》卷一五引《度人经》："张天师传八部鬼帅，刘元达行杂病，张元伯行瘟病，赵公明行下痢，锺子季行肠肿，史文业行暴汗寒疟，范巨卿行酸痛，姚公伯行五毒，李公仲行狂魅赤眼。"

【八大金刚】❶即八大金刚明王。见"金刚明王"条。❷即八大忿怒金刚。《忿怒金刚童子菩萨成就仪轨经》卷三亦有"八大金刚"，为难胜金刚、忿怒金刚、难持金刚、恐怖金刚、极忿怒金刚、三世金刚、成就金刚、大忿怒金刚。详见"忿怒金刚"条。

八大金刚等众　宝宁寺水陆画

【八大菩萨】指护持正法、拥护众生之八尊菩萨。有数说，常见的有：❶金刚手菩萨、观自在菩萨、虚空藏菩萨、金刚拳菩萨、文殊师利菩萨、才发心转轮菩萨、虚空库菩萨、摧一切魔菩萨。❷观自在菩萨、慈氏菩萨、虚空藏菩萨、普贤菩萨、金刚手菩萨、曼殊室利菩萨、除盖障菩萨、地藏菩萨。❸文殊师利菩萨、观世音菩萨、大势至菩萨、无尽意菩萨、宝檀华菩萨、药王菩萨、药上菩萨、弥勒菩萨。❹妙吉祥菩萨、圣观自在菩萨、慈氏菩萨、虚空藏菩萨、普贤菩萨、金刚手菩萨、除盖障菩萨、地藏菩萨。

【八大王】近人林纾《铁笛亭琐记》："苏州阊门外旧有八大王祠，号'箭风八大王'，具清代衣冠，有疯疾者祷之辄应。然其灵应恒以弩与箭名，意取其速愈乎？"◆又《聊斋志异》卷六有"八大王"一篇，盖鳖精也。

【八风神】《淮南子·墬形训》：诸稽摄提，条风之所生；通视，明庶风之所生；赤奋若，清明风之所生；共工，景风之所生；诸比，凉风之所生；皋稽，阊阖风之所生；隅强，不周风之所生；穷奇，广莫风之所生。

【八公】见"淮南八公"条。

【八卦神】伏羲之辅神。晋·王嘉《拾遗记》卷二："禹凿龙门之山，至一空岩，深数十里，见一神，蛇身人面，示禹八卦之图，又有八神侍侧。蛇身之神，即羲皇也。"又《云笈七签》卷

八卦神部分　山西芮城永乐宫

一八《老子中经》："太一君有八使者，八卦神也。太一在中央，主总阅诸神，案比定录，不得通亡。八使者以八节之日上对太一。"又云："八卦天神下游于人间，宿卫太一，为八方使者，主八节日上计，校定吉凶。乾神字仲尼，号曰伏羲；坎神字大曾子；艮神字照光玉；震神字小曾子；巽神字大夏候；离神字文昌；坤神字扬翟王，号曰女娲；兑神字一世（原注：一云字八世）。"

【八卦祖师】台湾台北县（今新北市）有碧龙宫，祀"先知先君"，后改称"八卦祖师"，即伏羲氏。见仇德哉《台湾之寺庙与神明（二）》。

【八景神童】道家炼内丹者将人体器官各命以神名，统名以八景神童。又分上部八景神童、中部八景神童，下部八景神童。上部八景神童为脑神、发神、皮肤神、目神、顶髓神、膂神、鼻神、舌神；中部八景神童为喉神、肺神、心神、肝神、胆神、

左肾神、右肾神、脾神；下部八景神童为胃神、穷肠中神、大小肠中神、胴中神、膈中神、两胁神、左阴右阳中神、右阴左阳中神。诸神各有名字衣冠形色。见《云笈七签》卷二九、三一。

【八骏】周穆王乘八骏巡行天下，至昆仑见西王母。其八骏名目，《穆天子传》以颜色目为赤骥、盗骊、白义、逾轮、山子、渠黄、华骝、绿耳。晋·王嘉《拾遗记》卷三则以其神骏

八骏 程氏墨苑

目之："一名绝地，足不践土；二名翻羽，行越飞禽；三名奔霄，夜行万里；四名越影，逐日而行；五名逾辉，毛色炳耀；六名超光，一形十影；七名腾雾，乘云而奔；八名挟翼，身有肉翅。"

【八蜡】古代蜡祭所祀八神。《礼记·郊特牲》："天子大蜡八。蜡之祭也，主先啬而祭司啬也。祭百种以报啬也。飨农及邮表畷，禽兽，仁之至，义之尽也。古之君子，使之必报之。迎猫，为其食田鼠也，迎虎，为其食田豕也，迎而祭之也。祭坊与水庸，事也。"◆按："八蜡"之目，历代说法并不相同。郑玄《礼记正义》云为先啬、司啬、农、邮表畷、猫虎、坊、水庸、昆虫。而明·田艺蘅《留青日札》卷二"八蜡异名"条引吕希哲《杂记》，则为先啬、司啬、百种、农、邮表畷、禽兽、坊、水庸（今本《吕氏杂记》无此条）。明·焦竑《焦氏笔乘》卷一"八蜡"条则为先啬、司啬、百种、农、邮表畷、猫虎、坊、水庸。明·徐树丕《识小录》卷一"八蜡"条则云："一先啬，神农也；二司啬，后稷也；三农，田官也；四邮表畷，约农事之所也；五迎猫，为其食田鼠也；六迎虎，为其食田豕也；七坊，水坊也；八庸，水沟也。"◆按：自明代各府州县均设八蜡庙，且以祀昆虫神为主。诸儒对此或不以为然，遂主八蜡中无昆虫之说也。又明清时各府州县八蜡庙，主要奉祀驱蝗神刘猛将军。清·阮葵生《茶余客话》卷四："八蜡庙，即将军祠，由来久矣。直省郡邑皆有刘猛将军祠，畿辅、齐鲁之间祀之尤谨。"是以驱蝗神为昆虫之神，亦民间变通古制之一例。

【八瑞神】沈平山《中国神明概论》第三章：中国戏曲演出时，由八神串戏而成，俗称八瑞神：财神石崇，寿神彭祖，禄神狄仁杰，宝神麻姑，喜科神魁星，佳囍神锺景期、葛孟霞，多子神周文王。◆按：此组人物未必皆为神明，惟多为民间熟知之戏曲人物，取其吉祥，乃冠以神名。

【八煞大将军】《玄天大圣真武本传神咒妙经》卷二：玄都右胜府正卫威北八煞大将军，八营驻地鄷都狱华盖山之前，其姓名次第为：天煞将军张子庶、地煞将军陈子春、日煞将军李子德、月煞将军范子章、水煞将军杜子贞、火煞将军刘子大、金煞将军王子官、石煞将军贾子元。

【八山神君】《云笈七签》卷七九载五岳储副佐命：东岳泰山君，以罗浮山（在今广东惠阳地区）、括苍山（在今浙江台州地区）为佐命；南岳衡山君，以霍山（在今安徽六安地区）、潜山（在今安徽潜山西北）为储君；中岳嵩高山君，以少室山（在嵩山）、武当山（在今湖北十堰南）为佐命；西岳华山君，以地肺山（即终南山，在今陕西西安之南）、女儿山（在今河南洛阳西南）为佐命；北岳恒山君，以河逢山（山西平定西南）、抱犊山（山西长治南壶关之抱犊山）为佐命。其中南岳储君霍山、潜山为黄帝所命，与青城丈夫、庐山使者并列，其余八山总称八山神君。◆按：《五岳名号》以女儿、少室为中岳储副。

【八神】❶又称八主、八将、八神将。《史记·封禅书》："秦始皇即位三年，东游海上，行礼祠名山大川及八神，求仙人羡门之属。八神将自古有之，或曰太公以来作之。"是八神本为齐国一地所奉祀之天地神明。至汉仍甚重之。《汉书·武帝纪》武帝登封泰山毕，诏有"用事八神"语，即指齐地之八神。而文颖注谓："武帝祭太一，并祭名山于太坛西南，开除八通鬼道，故言'用事八神'也。一曰八方之神。"《汉书·郊祀志》："八神：一曰天主，祠天齐。天齐渊水，居临淄（在今山东淄博）南郊山下者。二曰地主，祠泰山梁父。盖天好阴，祠之必于高山之下畤，命曰'畤'；地贵阳，祭之必于泽中圜丘云。三曰兵主，祠蚩尤。蚩尤在东平（今山东东平）陆监乡，齐之西境也。四曰阴主，祠三山（今山东莱州北）；五曰阳主，祠之罘山（在今山东烟台北）；六曰月主，祠莱山（在今山东龙口）：皆在齐北，并勃海。七曰日主，祠盛山（在今山东荣成）。盛山斗入海，最居齐东北阳，以迎日出云。八曰四时主，祠琅邪（在今山东青岛黄

岛）。琅邪在齐东北，盖岁之所始。皆各用牢具祠，而巫祝所损益，圭、币杂异焉。"又云："汉成帝初，匡衡奏罢万里沙、八神、延年之属。"然至末年，"又复长安、雍及郡国祠著明者且半"。虽未言八神，或亦在所复之数。❷帝喾之八子。晋·王嘉《拾遗记》卷一："帝喾之妃，邹屠氏之女，行不践地，常履风云。尝梦吞日，则生一子，凡经八梦，则生八子，世谓之八神，亦谓八翌，翌，明也；亦谓八英，亦谓八力，言其神力英明，翌成万象云。"❸伏羲画八卦，其侍神有八，侍于八卦图之侧，见"八卦神"条。❹天子大蜡所祭八神，见"八蜡"条。❺《太平御览》卷八八二引《世说》曰："鲍靓欲授徐长以秘术，谓徐宜有约誓。徐誓以不仕，于是受箓。常见八大神在侧，能知来见往，才识日异。及县欲用徐为县主簿，徐心悦之。八神一朝不见七人，余一人倨傲不如常。徐问其故，答云：'君违誓，不复相为使，身一人留卫箓耳。'徐乃还箓，遂退。"

【八史】八卦之精。晋·葛洪《抱朴子内篇·杂应》："或祭致八史。八史者，八卦之精也，亦足以预识未形矣。"

八仙过海　山西芮城永乐宫

【八仙】"八仙"一词起源甚早，东汉·牟融《理惑论》即有"王乔、赤松、八仙之箓，神书百七十卷"之语。或以为泛指诸仙，而未必定其数为八，后世欲实以具体人物，故唐时有"蜀八仙"之说，而杜甫之《饮中八仙歌》虽是比喻之词，亦可见彼时自有"八仙"之套语。近世所说之汉锺离、吕洞宾八仙，约起于元、明之际。浦江清有《八仙考》一文考辨甚详，可参看。历代具"八仙"之名者有：❶"淮南八公"亦有称"八仙"者。窃以为牟融《理惑论》"王乔、赤松、八仙之录"之"八仙"即指淮南八公。《艺文类聚》卷七八引《林屋馆记》："淮南八仙之图，赖乡九井之记。"《初学记》卷一三引虞世南《和至寿春应令诗》："路指八仙馆，途经百尺楼。"寿春即淮南。宋·王得臣《麈史》卷三："淮南庙有八仙公暨梅福等像。"详见

"淮南八公"条。❷蜀八仙：明·杨慎《升庵集》卷四八"蜀八仙"条引晋·谯秀《蜀纪》（此出处颇可疑，辨见"蜀八仙"条），以为一容成公，二李耳，三董仲舒，四张道陵，五严君平，六李八百，七范长生，八尔朱先生。其中"李耳"为"李

八仙　上八仙　河北武强

阿"之误。"董仲舒"，注为青城山道士，当即"董仲君"之误。又宋·郭若虚《图画见闻录》卷六"八仙真"条云："孟蜀后主诞辰，有人持道士张素卿所画八仙真形以献。"后注云："八仙者，李阿、容成、董仲舒、张道陵、严君平、李八百、长寿仙、葛永璝。"虽略有异，亦皆为蜀人或与蜀地相关者。（北宋·黄休复《茅亭客话》于上述八人中"李阿"作"李耳"，"长寿仙"作"范长寿"。）参见"蜀八仙"条。❸三国魏·嵇康《答难养生论》："赤斧以炼丹頳发，涓子以木精久延，偓佺以松实方目，赤松以水玉乘烟，务光以蒲韭长耳，邛疏以石髓驻年，方回以云母变化，昌容以蓬蔂易颜。"清·宫梦仁《读书纪数略》卷四三以此为"服食八仙"。❹浦江清据《宣和画谱》载北宋李得柔二十六幅神仙画，其中吕岩之下恰有八人名以"仙君"，浦氏云："如是虽称此八公为李得柔的八仙亦无不可。"此说虽为后人臆测，但也可备一说。此八公为：一吕岩仙君，二苏仙君，三栾仙君，四陶仙君，五封仙君，六寇仙君，七张仙君，八谭仙君。❺"锺吕八仙"，即汉锺离、吕洞宾、张果老、李铁拐、韩湘子、曹国舅、蓝采和、何仙姑八人。但此八仙并非自始即此种组合，自元至明，除汉锺离、吕洞宾、蓝采和、韩湘子四人外，其余均不稳定。1.元·马致远《吕洞宾三醉岳阳楼》，元明间人谷子敬《吕洞宾三度城南柳》，明·周宪王《诚斋杂剧》中《群仙庆寿蟠桃会》《瑶池会八仙庆寿》，此四剧所说八仙无何仙姑而有徐神翁（一作"徐信守"，即神翁）。2.元·岳伯川《吕洞宾度铁

拐李岳》中的八仙，无何仙姑而有张四郎。3. 范子安《陈季卿误上竹叶舟》中八仙，无曹国舅而有徐神翁。4. 明·罗懋登《三宝太监西洋记》第四十四回，其中八仙有风僧寿、玄壶子，而无张果老、何仙姑。5. 八仙组合固化为锺、吕、李、张、蓝、韩、曹、何形式。此组合在故宫所藏元代缂丝《八仙拱寿图轴》中即已出现，至明以后则渐趋稳定，终于取代了其他几种组合。按以上五种组合均以锺、吕为中心，只不过是锺吕八仙形成过程中的几种演变。其间亦有窜入刘海蟾等人者。❻《太清玉册》卷八有"唐八仙"之说，为所谓唐尧时仙人天皇真人、广成子、洪崖先生、彭祖、马师皇、宁封子、赤松子、赤将子羽。❼民间又有"上八仙""中八仙""下八仙"之说。锺吕八仙为中八仙，上、下八仙则说法甚多，上八仙如《何仙姑宝卷》为福禄寿三星、张仙、东方朔、陈抟、彭祖、骊山老母，七男一女，而《八仙上寿宝卷》则为寿星、王母、观音、斗姆、黎山老母、圣母娘、金刀娘（原缺一人），似乎是七女一男了；下八仙则明佚名杂剧《贺升平群仙庆寿》为王乔、陈戚子（即陈七子）、徐神翁、刘伶、陈抟、毕卓、任风子、刘操，《何仙姑宝卷》为广成子、鬼谷子、孙膑、刘海蟾、李八百、麻姑、和合二仙，《八仙上寿宝卷》则为张仙、刘伯温、诸葛亮、苗光裕、徐茂公、鲁宁秀、牛郎、织女。这几组神仙大多也是七男一女，其形象之多异与锺吕八仙亦相似，但各仙之间并无什么联系，只是取其吉祥而已。又河北武强年画中亦有"上八仙"，人物可辨识者有杨二郎、沉香、白猿等，疑是又一种组合。

【八字娘娘】清·顾禄《清嘉录》卷八："苏州北寺有八字娘娘像，为一半老妇人，插花满头。相传与人生前造命。妇女焚香献履，再生可转男身。八月八日为其诞辰，其日香火甚盛。进香者多老年妇人。"◆按："八字"疑是"北寺"音误。

【巴蛇】《山海经·海内南经》："巴蛇食象，三岁而出其骨，君子服之，无心腹之疾。其为蛇青黄赤黑。一曰黑蛇青首。"《海内经》："巴遂山有朱卷之国，有黑蛇，青首，食象。"即此巴蛇。马昌仪以为，《北山经·北次二经》大咸山中"其毛如彘毫，其音如鼓柝"之"长蛇"，《北次三经》錞于毋逢山"赤首白身，其音如牛"之"大蛇"，俱属巴蛇之类。◆吴任臣《广注》云："庾仲雍《江记》曰：'羿屠巴蛇于洞庭，其骨若陵。'《文心雕龙》注：'巴丘山，一名巴蛇冢。'是其地也。《一统志》：

'巴蛇冢，在岳州府城南。'罗愿曰：'说巴陵者，以为巴蛇之死，其骨若陵。又有象骨山，以为象暴骨之所。今倭国有兽如牛，名山鼠，彼有大蛇，亦吞此兽，皮坚不可斫，盖巴蛇类也。'"

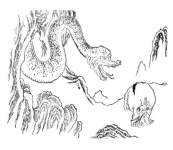
巴蛇　山海经图　蒋应镐本

又云："《闻奇录》曰：'番阳有书生，经山中，见气高丈余如烟。乡人言此冈子蛇吞象也。遂集众振噪，已而蛇退入谷中。经宿，乡人各持缶瓮往，见一象尚立，而肌骨已化为水，咸针破取水，云过海置此舟中，能辟去蛟龙。'又《南裔志·蚺蛇赞》：'蚺维大蛇，既洪且长。采色驳映，其文锦章。食灰贪鹿，腴成养疮。宾飨嘉食，是豆是觞。'审此，则吞兽者不独巴蛇也。"按宋·罗愿《尔雅翼》卷三二："今岳阳郡狱之侧，巍然而高、草木翳郁者，人指以为巴蛇积骨之处。城外尝有巴蛇庙，已而废。又有象骨山，以为象暴骨之所，其旁有湖，曰象湖。"

【笆斗仙】近人孙玉声《退醒庐笔记》卷上：有所谓笆斗仙者，其人乃一五十余男子，自言出入冥曹，供走无常之役，只须报死者八字，即于晚间立致其魂。其法以笆斗一只，覆于庭中，外设香案，案后十步许拦以一索，不准人近。至时，巫者咒祷毕，约四五分钟，指笆斗谓亡魂已至，有所言可细询之。

【魃】即旱魃。《说文解字》"魃，旱鬼也"，段玉裁注："魃，旱神也。此言'旱鬼'，以字从鬼也，神鬼统言之则一也。"吴任臣《山海经广注·大荒北经》"黄帝乃下天女曰魃"下注云："《玄览》曰：'旱之妖，状如人，长三尺，祖而戴目，疾走若风，其名曰魃，亦谓之狢，所见之国赤旱千里。'《本草注》云：'旱魃，山鬼也，所居之处天不雨。女魃入人家，能窃物以出。男魃入人家，能窃物以归。'《神异经》云：'南方有魃，长二三尺，裸身，目在顶上，行走如风，见则大旱，一名旱母。'《魏书》载'咸平五年，晋阳得死魃，长二尺，面顶各二目。'"按魃有数种：❶"女魃"，详见该条。魃既为女，后世祈雨用"月字法"，亦以旱魃为妇人形。❷汉·东方朔《神异经·南荒经》："南方有人，长二三尺，裸形，目在顶，走行如风，名曰魃。所见之国大旱，赤地千里。一曰旱母，一曰狢。遇者得之，投溷中即死，旱灾销也。"《北史·齐本纪下》所载亦相类："夏五月，大旱，晋阳（今山西太原）得死魃，长二尺，面顶各二目。"❸自明以来，有旱魃为僵尸所化之说。明·于慎行《谷山笔麈》卷一四："北方风俗，每遇大旱，以火照新葬坟，如有光焰，往掘，死人有白毛遍体，即是旱魃，椎之则雨。"明·谢肇淛《五杂组》卷一："燕、齐之地，四五月间，尝苦不雨，土人谓有魃鬼在地中，必掘出，鞭而焚之，方雨。魃既不可得，而人家有小儿新死者，辄指为魃，率众发掘。"明·黄玮《蓬窗类记》卷二亦云："河南、山东，愚民遭亢旱，辄指新葬尸骸为旱魃，必聚众发掘，磔烂以祷，名曰'打旱骨桩'。沿习已久，奸诈往往藉以报私仇。"而张岱《石匮书·韩文传》则云："济南之俗，天旱则恶少年相聚，发冢暴尸，名曰'打魃'。"相沿至于清末，以僵尸为旱魃之说仍行于北方。李庆辰《醉茶志怪》卷二"旱魃"条："房山（今北京房山）亢旱，有术人云：西山冢中，有僵尸变为旱魃。开圹，乃一空棺，棺旁卧一物如人，遍体绿毛，长寸许，双目赤如灯火。见人起立欲遁，众缚而焚之。未几大雪。土人云：每阴云四布，辄有白气自坟中出，实时晴朗。"❹如独脚兽者。清·清凉道人《听雨轩笔记》卷四有"射旱魃"条，云："乾隆时浙西大旱，有猎者兄弟二人至临安龙湫，见岩中一物跃出，形似人而独足，额生一目，口大如箕。以药矢射之而毙，于是大雨滂沱云。"❺有行走时带火光者。金·元好问《续夷坚志》卷一："贞祐初，洛阳界夏旱甚，登封西四十里告成，人传有旱魃为虐。父老云：'旱魃至，必有火光随之。'命少年辈昏夜凭高望之，果见火光入一农家，以大桲击之，火焰散乱，有声如驰。"南宋·周密《癸辛杂识·别集》卷下所载同。❻又有一种名"狢"者。清·袁枚《续子不语》卷三云旱魃有三种："一种似兽，一种乃僵尸所变，皆能为旱止风雨。惟山上旱魃名狢，为害尤甚：似人而长，头顶有一目，能吃龙，雨师皆畏之；见云起，仰首吹嘘，云即散而日愈烈。"按：此"格"字应是"狢"字之误。◆除前述"射旱魃"外，民间又有"浇旱魃"之俗，清·周亮工《书影》卷四："今中土大旱，辄谣传某妇产旱魃，聚众捽妇，用水浇之，名曰'浇旱魃'。"◆北宋·张唐英《蜀梼杌》卷上：后蜀·辛寅逊修《王氏开国纪》，以肥遗为旱魃。见"肥遗"条。◆清·袁枚《子不语》

卷一八，旱魃又有兽魃与鬼魃之分，云："猱形披发，一足行者，为兽魃；缢死尸僵，出迷人者，为鬼魃，获而焚之，足以致雨。"◆《民俗研究》二〇一四年第六期孙国江《中国古代旱魃形象的起源与嬗变》一文详考各种旱魃角色的关系，可参看。

【bai】

【白虹】气象之怪。清·钱泳《履园丛话》卷一四："余自幼居乡，乡间有白虹之患。每当白露、秋分节间，稻禾初熟，于四更时，忽起大雾，漫空遍野，雾中有白气一条或两三条，隐隐如白龙而无头尾，其行甚疾，人呼之曰白虹。此物一过，秋收顿减，转熟为灾。此物总在苏、常、嘉、湖之间，别处无有也。案字书无'虹'字，犹言白虹也。然此究竟何物，殊不可解。大约明季始有之。"

【白辩】北方天帝玄冥之佐神。东汉·袁康《越绝书·计倪内经》："黄帝于是上事天，下治地。故少昊治西方，蚩尤佐之，使主金。玄冥（一作日宿）治北方，白辩佐之，使主水。太皞治东方，袁何佐之，使主木。祝融治南方，仆程佐之，使主火。后土治中央，后稷佐之，使主土，并有五方，以为纲纪。"

【白槎神】枯木之神。《太平广记》卷二九四《孙盛》条引《湘中记》："衡山白槎庙。古老相传：昔有神槎，皎然白色，祷之无不应。晋孙盛临郡，不信鬼神，乃伐之，斧下流血。其夜波流神槎逆水而上，但闻鼓角之声，不知所止。"◆按：以流槎为神者，自古即有。晋·王嘉《拾遗记》："尧登位三十年，有巨查浮于西海，查上有光，夜明昼灭，海人望其光乍大乍小，若星月之出入矣。查常浮绕四海，十二月一周天，周而复始，名曰贯月查，亦谓挂星槎，羽人栖息其上，群仙含露以漱，日月之光则如暝矣。"

【白道玄】《全金诗·增补中州集》卷六一引《补泾阳志》："利市先生白道玄，峪口人，以其貌古质厚，肩背隆然，俗呼为'井毂轳生'。七岁不能言，及长，马丹阳遇于途次，遂得真诀，蹈水如履平地，日行千里，脚下无迹。后八十无疾而卒，既而举葬，棺空无尸。旬日，人见先生在白骨寺边往来。"《（雍正）陕西通志》卷六五引《泾阳县志》，云为元时人，或误。

【白帝】❶即少昊。《山海经·西山经·西次三经》："长留之山，其神白帝少昊居之。"《史记·封禅书》："秦襄公居西垂，自以为主少昊之神，作西畤，祠白帝。至秦文公时又作鄜畤，以祭白帝。后至秦献公时，栎阳（在今陕西富平东南）雨金，献公自以为得金瑞，复作畦畤于栎阳而祀白帝。"按秦祠白帝，是以五方帝学说为根据，至秦始皇时采用齐人五德终始说，方以为秦得水德。而五方帝说此时在民间仍极有影响，故刘邦制造斩蛇神话，仍以秦为"白帝子"。❷一说少昊之生父为白帝之子，则白帝为少昊之祖。晋·王嘉《拾遗记》卷一"少昊"条：少昊之母皇娥，于穷桑沧茫之浦遇神童，称为白帝之子，即太白之精，于是而生少昊。◆又有一说，白帝名朱宣。《春秋元命苞》："黄帝时，大星如虹，下流华渚，女节梦接，意感而生白帝朱宣。"

【白佛童】见"白主公"条。

【白狗仙人】见"魏伯阳"条。

【白骨小儿鬼】唐·戴孚《广异记》："唐贞元间，周济川有别墅在扬州之西，夜读至三更，闻窗外有格格之声，于窗间视之，乃一白骨小儿，格格者，白骨相磨之声也，见人辄求阿母乳。"此系失乳夭死之鬼。◆按：此鬼由来已久，睡虎地秦简《日书》甲种《诘咎》即有"鬼婴儿"，云："鬼婴儿恒为人号曰：'鼠（予）我食。'是哀乳之鬼，其骨有在外者，以黄土渍之则已矣。"

【白龟年】唐白居易之孙。清·王琦《李太白集注》卷三六引《广列仙传》："白龟年，乐天之后。一日至嵩山，一人至前曰：'李翰林相招。'龟年乃趋入。其人褒衣博带，风姿秀发，曰：'吾李白也。向水解，今为仙矣。上帝令吾掌笺奏于此，已将百年。汝祖乐天亦已为仙，现在五台掌功德所。'因出素书一卷遗龟年，曰：'读之可辨九天禽语、九地兽言。'"明顾起元《说略》卷三〇引《翰府名谈》："白龟年得李太白书一卷，能辨禽言兽语。知二雀言城西民家余粟在地；厩马仰首而嘶，为糟热不可食；羊鞭之不动，言腹有羔。"《仙鉴》卷三七"李白"条云："后龟年放迹方外，不知所之。"

【白和】晋·葛洪《抱朴子内篇·祛惑》："乃复有假托作前世有名之道士者。如白和者，传言已八千七百岁，时出俗间，忽然自去，不知所在。有一人于河北自称为白和，于是远近竞往奉事之。"◆按："白和"即"帛和"也，详见"帛和"条。

【白鹤大帝】《（乾隆）绍兴府志》卷五："会稽（今浙江绍兴）县有圣山，清初蔓藤丛生，黄蜂云集，樵人纵火焚之，俄而风雷大作，大雨如注，山

水暴涨，漂出龙牌一座，逆流而至。出而视之，乃藤蔓纠结而成，中有'圣山灵康白鹤大帝之位'十字，为蜂啮成文。居人异之，即其地建白鹤庙。水旱祈祷，无不感应。"而《（康熙）台州府志》卷三则云："灵康王庙

白鹤大帝赵丙 列仙图赞

在临海（今浙江临海）白鹤山，祀东汉赵炳。炳为东阳（今浙江金华）人，能为越方，善禁祝，至章安（今浙江临海东南）为人治病，神幻事甚众。后为章安令所杀，其尸溯流止今处。宋时屡显灵异，另封王号。"又按南宋·唐仲友有《白鹤山灵康庙碑记》，云："神曰灵顺显佑广惠王，汉人，姓赵名炳，字公阿。元丰时赐额，崇宁始封侯，大观进爵。"是此神本起于浙之临海，祀兴于北宋也。其庙在浙不止一处，除临海、会稽外，缙云有赵侯庙，亦祀赵炳，却云炳仕汉官至大将军、乌伤侯，祀时以东流水为酹，削桑皮为脯，疗病皆除，水旱有应。赤城（今浙江天台）亦有灵康庙祀赵炳。据《赤城志》："宋元丰七年赐灵康庙额，崇宁三年封仁济侯，大观二年进显仁公，政和三年进灵顺王，宣和四年加显佑，四年加广惠，庆元二年加善应，开禧三年改善应为威烈。"◆按：今浙江天台县有地名"白鹤殿"，应即灵康庙旧地。参见"赵炳"条。

【白鹤大仙】明·朱国桢《涌幢小品》卷二九："俞允，华亭（今上海松江）人。少时，一日有道人过，止宿，食间侑以美器，道人陨碎其一。允殊不为意，遇之加礼。明日道人出，遇少年行博于市，旋博得一器，绝类昨陨碎者，曰：'器固无恙如是。'盖道人业已预知有此，姑以试允也。道士曰：'子异时当奉大对，为天子命官。'允乃折节为儒，中洪武二十七年进士。为礼部主事，谪判长沙。未至病重，奄奄待毙。忽有医者卖药，取青囊一粒纳允口中，竟起不死。家人问医者姓名，不答，唯云：'长沙有白鹤大仙庙，盍往修之？'俄失所在。众方知为白鹤仙。"◆《明文海》卷四二一有林大春《俞长沙传》，亦记其事，可参看。

【白鹤道人】梁武帝时道士。南宋·祝穆《古今事文类聚·前集》卷三五："舒州潜山（今安徽潜山）最奇绝，而山麓尤胜。志公与白鹤道人俱欲得之，同谋于梁武帝。帝命二人各以物识其地，得者居之。道人云：'某以鹤止处为记。'志公云：'某以卓锡处为记。'已而鹤先飞去，至麓将止，忽闻空中锡杖飞声，志公之锡遂卓于山麓。道人不怿，然以前言不可食，遂各以所识筑室焉。"事又见《天中记》卷三六引《释鉴》、王世贞《列仙全传》卷五。

【白鹤老松】北宋·范致明《岳阳风土记》："白鹤老松，古木精也。李观守贺州（今广西贺县），有道人陈某自云一百三十六岁，因言及吕洞宾，曰：'近在南岳见之。吕云：过岳阳日，憩城南古松荫，有人自杪而下，自云吾非山精木魅，故能识先生，幸先生哀怜。吕因与丹一粒，赠之以诗。诗末云"惟有城南老树精，分明知道神仙过。"'"参见"松精"条。◆按：又有说为柳树精者，见"柳仙"条。

【白鲎仙人】清·俞樾《春在堂随笔》卷六："咸丰间，太平军攻诸暨（今浙江诸暨），包村村农包立身组团练，与太平军相持几一年，力尽死之。此前包立身遇一老翁，自称：'吾白鲎仙人也，明初助战有功，受封金井，上帝使吾掌雾于此。'遂授包以咒语，教以刀法"云云。

【白虎】❶"四灵"之一。见"四灵"条。❷瑞兽。明·孙瑴编《古微书》卷八辑《春秋演孔图》："天命汤，白虎戏朝，其终白虎在野。"一说即驺虞。北宋·陆佃《埤雅》卷五"驺虞"条："驺虞，尾三于身，白虎黑文，西方之兽也。王者有至信之德则应。不践生草，食自死之肉。传曰'白虎仁'，即此是也。"❸道教门神有用青龙、白虎二神者。❹水陆画中有

白虎星君　山西芮城永乐宫

以白虎及青龙为护法神者，白虎神为恶神，青龙神为善神。❺太岁星神。《协纪辨方书》卷三引《人元秘枢经》曰："白虎者，岁中凶神也，常居岁后四辰。所居之地，犯之，主有丧服之灾，切宜慎之。"

【白虎使者】唐·李冗《独异志》卷中："司马懿拜司空日，有人叩门请见，自称'白虎使者'，衣白衣，怀中探一物纳懿手中，曰：'两世慎勿开，开则墓中绝。'言讫不见。懿曰：'此或数也。'遂开视之，乃一金龙子，长三四尺，背上有铭云'父子从我受重火（按即"炎"字）'。至司马炎受禅世，墓中绝，元帝渡江，都建业。"◆按：此白虎使者当即五方帝之白帝使者，盖晋为金德尚白也。

【白皇】道教以金星主神为白皇，全称"太素少阳白皇上真道君"。辅神为七白帝。《云笈七签》卷二五："白皇者，西方之上真，太素之尊皇，出入玄清，与皇初道君为友。"

【白鸡神】清·施鸿保《闽杂记》卷五："柏姬庙在省城（今福州）抚署东。明兵入境，元守臣柏帕穆尔殉难，家人尽奔散，独其女自到。人为立柏姬庙。后讹为'白鸡'，为之说曰：此女有所爱白鸡，误飞入井，女救之，亦死井中。最可笑书坊所刊《白鸡传》云：'唐时有白鸡，年久得道，化为女子，时方瘟疫，制药施舍，全活甚众，后于白日飞升，故立庙祀之。'其庙座上供一木刻白鸡，神像则垂帏不可见。"

【白僵】生白毛之僵尸。明·于慎行《谷山笔麈》卷一四："北方风俗，每遇大旱，以火照新葬坟，如有光焰，往掘，死人有白毛遍体，即是旱魃，椎之则雨。"清·袁枚《子不语》卷九"掘冢奇报"："杭州朱某，以发冢起家。尝言所见棺中僵尸不一，有紫僵、白僵、绿僵、毛僵之类。"

【白皎】唐时道士。《太平广记》卷七八"白皎"条引唐·陈翰《异闻集》：唐长庆中，河阳从事樊宗仁自江陵（今湖北沙市）入峡，舟为妖人王升用术，遇礁破碎，行李尽失，人幸而获免。道士白皎至，扫地为坛，步立中央，呼召王升不绝口，良久乃至，则王升形魂焉。皎数以罪状，升号泣而去。宗仁解衣赠皎，皎不受。后至江陵访王升，皎召之夕已死。

【白居易】《太平广记》卷四八"白乐天"条引唐·卢肇《逸史》："唐会昌元年，有商客遭风飘荡，不知所止。月余至一大山，奇花异树，尽非人间所睹。至一处，若大寺观，道士须眉悉白，坐大

殿上，云此地为蓬莱山。遣左右引于宫内游观。至一院，局锁甚严，客问之。答曰：'此是白乐天院，乐天在中国未来耳。'"余见"白龟年"条。

【白老太太】清·李庆辰《醉茶志怪》卷四"白夫人"条：天津南门外东塔寺，仙祠也。中塑一老妪像，目为白老太太。一日凭巫而言，自称为许状元之母（即《白蛇传》之白素贞），诰命太夫人。自受法海之戒，居塔中修炼多年，罚限已满，复见天日，发大愿力，拔苦众生。

白居易　晚笑堂画传

【白龙娘娘】清·汤用中《翼駉稗编》卷八"白龙娘娘"条："常州清明山有白龙娘娘庙，相传明末山后村农家女。翁媪无子，甚爱之。年十七将嫁。除夕梦一白须臾自空下，授以二丸，大如卵。女受而携归，欲掩门上栓，手二丸因不便，纳口中，甫入，丸已下咽。比醒，以告父母。嫁期将逼，腹忽隆然，无以自明，夜赴清明山麓投井死。明日土人见白云一片覆井，忽二白龙自井腾出。窥井，则女尸在焉，焚之，取骨塑像。每岁五月，龙必来朝，土人奉之，香火甚盛，祈晴雨极验。"◆参见"清明山太太"条。

【白龙神君】见"茹荣"条。

【白马大王】宋时京师有白马大王庙。南宋·洪迈《夷坚丙志》卷七"安氏冤"条记京师安氏女为白马大王庙中小鬼所凭事。

【白马将军】❶巫山神女佐神。传说巫山神女助大禹治水，降伏神怪。后世立庙于巫山之阳，从祀有白马将军，俗说即神女收伏之神。见"巫山神女"条。❷《云笈七签》卷一一九：唐僖宗时，双流县（今四川双流）郭门外有白马将军庙，晓夕有人祈赛，长垂帘，帘内往往有光，及闻吹口之声，以此人皆竞信，无敢正视者。后乃知为妖狐所凭。❸李愬。《大清一统志》卷一六八：白马将军庙。在汝阳县西三十五里，祀唐节度使李愬。愬雪夜乘白马入蔡州擒吴元济，故名。❹罗成。《（雍正）畿辅通志》卷五〇：白马将军庙，在肥乡县（今河北肥乡）白落堡，祀唐将罗成。郡志云：罗士信俗讹罗成。❺清·吴炽昌《客窗闲话》续集卷二"南宋高宗遗事"条云：康王赵构南奔，为金兵所追，至一古庙，见茅蓬一僧，求庇之。僧即以衲衣盖之。一金将骑白马至，老僧谓曰："汝亦南人降金者，杀故主而求富贵，其心安在?"将即自刎，赵构遂得脱。因不知姓名，遂封为"白马将军土地尊神"。

【白马三郎】❶西汉时闽越王郢之子。南宋·梁克家《淳熙三山志》卷八："闽县（今福建福州）鼓山之北、大乘之南，山峡间有二潭，深不可测。闽越王郢时潭有大鳝为患。王第三子有勇力，射中大鳝于此，其长三丈，土人因为立庙，号白马三郎。"又一说，《全闽诗话》卷三："闽越王郢第三郎骑射于此射中大鳝，鳝跃出，以尾缠三郎，人马俱溺。土人为立庙，号白马三郎。"❷五代时闽王王审知。《新五代史·闽世家》："审知为人状貌雄伟，隆准方口，常乘白马，军中号白马三郎。"明·徐𤊹《徐氏笔精》卷七："常山有白马三郎庙，宋季祷旱有应。绍兴中龙图梁默奏于朝曰：'白马三郎，王审知号也。前已享王爵，不宜犹用军中之号，改额昭应。'常山与闽接壤，至今祠祀。"按：民间丛祀又称白马王、白马尊王、开闽圣王。参见"白马王"条。❸又常熟有土神亦名白马三郎，见明·姚宗仪《常熟私志》。

【白马神】❶《太平广记》卷三一二"尔朱氏"条引唐·尉迟枢《南楚新闻》："咸通中，有姓尔朱者，家于巫峡，每岁贾于荆益瞿塘之堨。有白马神祠，尔朱常祷焉。一日自蜀回，复祀之，忽闻神语曰：'愧子频年相知，吾将舍此境，故明言与君别尔。吾当为湖南城隍神，上帝以吾有薄德于三峡民，遂此升擢耳。'"按：此"白马神"应即巫山神女之从祀"白马将军"。❷南宋·吴自牧《梦粱录》卷一四记南宋时杭州有白马神祠。南宋·吴曾《能改斋漫录》逸文："何大圭在上庠，将试上舍。一日谒告，以状述己意，乞灵于白马神祠。"❸清·梁章钜《浪迹续谈》卷二"英济庙楹联"条："温州瑞安门俗呼大南门，出城半里许有英济庙，俗呼白马庙。相传神为昭明太子，拯饥来此。时乘白马，故又称白马庙云云。"又有白马大王庙、白马三郎庙、白马相公庙、白马将军庙，均见《续谈》。❹清·陈弘绪《江城名迹》卷三："白马庙，祀际真护法白马忠懿侯。神兄弟三人，从许旌阳斩蛟。二兄已被害，忠懿奋勇而往，卒击杀蛟。豫章（今江西南昌）为立庙祀之。"同书"三圣庙"条云："祀白马神兄弟。"

【白马王】清·俞樾《春在堂随笔》卷二："福建南台有闽越王骆无诸庙，从祀者四，曰白马王，曰吴岩王，曰显惠将军，曰协惠将军，皆不知何人。嘉庆间碑称两王皆无诸之孙，白马王即繇君丑，吴岩王即吴阳，其说尚可采。而又以白马王即白马三郎。余按白马三郎乃五代时闽王王审知也，以为无诸之孙，谬矣。又称白马王有射桑溪恶鳝事，因有'射鳝尊王'之称。"◆参见"白马三郎"条。

【白马先锋】近人金受申《北京通》："北京小儿受惊吓，必要昏呆，有的就要收魂。收魂方法之一即为供白马先锋。其父母为购请白马先锋神祃三张，每晚全家均已入睡后，由其母将白马先锋一张，贴于炕沿

白马先锋 民间神像

下炕帮上，前供凉水一碗，焚香三炷，低声祝告，候香稍尽，即将白马先锋送至屋外，用火焚烧，将凉水泼散，以便先锋前去追魂。凉水系饮马所用，与腊月二十三日祭灶供凉水之意相同。次日三日，均如第一日，三晚功行完毕。"

【白马相公】《（民国）怀宁县志》卷九："汉（光武）建武中，淳于临等聚众数千人，屯潜山（今安徽潜山），扬州牧欧阳歙遣兵讨之，不能克。庐江陈众时为从事，请往说降，乃单车驾白马说降之。潜山为立生祠，号'白马陈从事'云。今舒、桐间所在皆立庙，曰白马相公庙。"◆按：本事见《后汉书·李宪传》。

【白眉神】妓院所奉祀之行神。明·田艺蘅《留青日札》卷二一"白眉神"条："教坊妓女皆供白眉神。每至朔望，则以手帕汗巾之类扎神面一遭。若遇子弟有打乖空头者，辄以帕洒拂其面，一晃而过，则子弟之心自然欢悦相从，留恋不已。盖花门厌术也。"明·方以智《物理小识》卷一二所记则稍异："沈周曰：教坊供白眉神，朔望以手帕针刺

神面而收之，与子弟狎则佯怒，以帕掷其面，令拾之，则足以魇其魄。若辞其人，则撮物入水投火，便焦急而去。知者常佩雄精，持'婆珊婆演底'，然后入，则不为所魇。"按：古人有"主夜神咒"，持之夜行及寝，可却恐怖恶梦，咒曰"婆珊婆演底"。其神为何人则有数说：❶洪崖先生。明·谈迁《枣林杂俎·和集》"白眉神"条引《花锁志》："白眉神，即古洪崖先生也。"详见"洪崖先生"条。❷有以为柳下跖者。清人小说《斩鬼传》第八回："含冤道：'你家有白眉神么？'柳金娘道：'上边供奉的就是白眉神。'含冤扬起幔子看，果然一尊神像，两道白眉。含冤又问道：'这尊神是何出身，在生时姓甚名谁？'柳金娘道：'小妇人也不知其详，只听得当日老王八说是柳盗跖。'"又："白眉神道：'俺自春秋以来，至于今日，娼妇人家，家家钦敬，大小奉祀，竟如祖宗一般。'锺馗道：'将军在春秋时何等英雄，为何不树功立名，封妻荫子，反受此娼妇供奉，岂不有玷将军乎？'白眉神道：'和尚无儿孝子多，那些粉头水蛋就是俺的儿子。每日享他们的供献，受用无比，何必巴巴结结为儿孙作牛马乎？'"❸洪刚。见该条。❹有称为关公而实非者。明·沈德符《万历野获编·补遗》卷四："近来狭邪家多供关壮缪像，予窃以为亵渎正神，后乃知其不然，是名白眉神，长髯伟貌，骑马持刀，与关像略肖，但眉白而眼赤。京师相詈，指其人曰'白眉赤眼儿'者，必大恨，其猥贱可知。狭邪讳之，乃嫁名于关侯。坊曲倡女，初荐枕于人，必与艾豭同拜此神，然后定情，南北两京皆然也。"❺金将军。据吴祖德《商品经济冲击下的都市节日》一文，上海虹桥南东华道院，本祀关帝。清咸丰二年，沪上青楼中有人从茅山昇一木偶寄于道院，并称其为金将军。不久妓女中即传说金将军能保佑卖笑生涯，于是满城粉黛争相前往偿愿，殆无虚日。

【白民国】《山海经·海外西经》："白民之国，在龙鱼北，白身披发。有乘黄，其状如狐，背上有角，乘之寿二千岁。"吴任臣《广注》云："《吕氏春秋》注：'白民之国，在海外极南。'《淮南子》'自西北至西南方，有白民'，注云：'白民白身。'《天宝实录》云：'日南厥山连接不知几千里，裸人所居，白民之后也，刺其胸前作花，以为美饰。'《路史》：'白民进药兽。'《黄帝祠额解》云：'师白民药兽而知医。'刘凤《杂俎》曰：'赤颈白民。'谓此也。"又云："又《大荒东经》亦有'白民国'，

计其道里，疑为二国。"按《大荒东经》："有白民之国，帝俊之后，销姓，使虎豹熊罴。"《淮南子·墬形训》海外三十六国中有"白民国"，高诱注："白身，白发。"晋·张华《博物志》卷二："白民之国，有乘黄，状若狐，背上有角。乘之，寿三千年。"

【白娘子】民间著名传说《白蛇传》中的蛇精，其名为白素贞，民间称为白娘子。中国历代动物传说中，怪蛇、蛇怪、蛇妖故事最为大项，其事或南或北，其性有恶有善。"白娘子"传说，有人认为源于唐传奇《李黄》，其中少年为化身美女之蛇精诱惑噬杀（详见《太平广记》卷三六六"李黄"条）。而西湖白蛇，则在宋人话本《西湖三塔记》的蛇妖中已有端倪（见《清平山堂话本》卷一）。至明末冯梦龙写《白娘子永镇雷峰塔》（见《警世通言》第二十八卷），传说框架基本成形：白娘子与许宣一见生情，结为夫妇，后因白娘子多生怪事，许宣欲寻死，为高僧法海所救，并逼迫白娘子、小青现形，镇于西湖雷峰塔下。这时的白娘子虽然美丽多情，但还不是作为正面形象出现。此后白蛇故事在民间以戏曲和说唱形式不断传播，经嘉庆间《雷峰塔传奇》，至清末出现梦花馆主的《寓言讽世说部前后白蛇传》，情节和人物形象方才接近现在戏曲中的《白蛇传》，而白娘子也由蛇精转化为蛇仙。

【白沙神】北宋·钱俨《吴越备史》卷四："钱元懿判东阳（今浙江东阳）。东阳之南有白沙神，郡人畏而奉之。每岁三月有大风雨，自白沙起郡城。或言神本海龙，每岁一复东南为怪，坏民庐舍。"

【白神官】金·元好问《续夷坚志》卷一："鄜州洛郊（今陕西富县），大定中有妖人白神官，能以左道作怪变，如平地起龙，卷袖出金手，或端坐见佛像，光怪夺目。数百里间无不归向。县主簿王君捕得之，掘得狐涎一罂，乃伏罪。决杖二百而死。"

【白石祠】晋·干宝《搜神记》卷九："庾亮逼反苏峻。后苏峻败死，庾亮惧苏峻鬼魂为祟，曾祈福于白石祠，许赛其牛。后庾亮未还愿，镇荆州（治在今湖北沙市）时如厕遇鬼，次年死。"◆按：事又见《晋书·戴洋传》，是白石祠为东晋时著名神祠。

【白石大王】泰山神祠，疑是冥府之官。南宋·洪迈《夷坚丙志》卷八"白石大王"条："福州人陈祖安之父待兖州通判缺，梦黄衣吏持符至，曰：'帝命公为白石大王。'问所在。曰：'今未也，俟公见巨石缺一角，乃当去。'后赴官两月，谒泰山，

宿山下一寺，见庭下大石正缺一角，怅然不乐，还郡未久即卒。"《夷坚支志·庚集》卷一〇"白石大王"条，亦记有泰山府君令生人某代为白石大王，某辞以母老，且未娶，乞免行。

【白石道人】清·慵讷居士《咫闻录》卷一"无衣人"条：黄山上多仙迹。昔有樵夫，遇大雨雪，栖于石室，见一无衣人，披发至地，爪长八九寸，遍体生毛，足长二尺。樵夫再拜问长生术。其人大笑一声，声振山谷，穿林越涧而去。樵夫行止半山，复遇其人，知其患脚风，取松脂白石各数十，令吞之，昏然睡去，及醒而愈。问于土人，曰："此白石道人也。夏则见其狐裘蒙茸。"

【白石神君】白石山神。南宋·洪适《隶释》卷三有东汉光和六年《白石神君碑》，中云："白石神君居九山之数，参三条之壹，兼将军之号，秉斧钺之威。体连封龙，气通北岳，幽赞天地，长育万物。触石而出，肤寸而合，不终朝日而澍雨沾洽。前后国县，屡有祈请，指日刻期，应时有验。"又云："岩岩白石，峻极太清。皓皓素质，因体为名。惟山降神，髦土挺生。"◆按：碑在今河北元氏县封龙山阳。◆《（雍正）畿辅通志》卷五〇："白石神庙，在元氏县白石山麓。汉光和四年，守令以神能兴云雨，有祷辄应，因请于朝，立庙祀之。"

【白石生】上古仙人。晋·葛洪《神仙传》卷一："中黄丈人弟子。至彭祖时已二千余岁。不肯修升仙之道，但取不死而已。所行以交接之道为主，而金液之道为上。家贫，养猪牧羊数十年，致万金买药服之。常煮白石为粮，时人号曰'白石生'。问其何以不服药升天，答曰：'天上多有至尊相奉事，更苦人间耳。'称为隐遁仙人，以其不汲汲于升天为仙官也。"梁·陶弘景《真诰》卷五："又名白石子，为东府左仙卿。"

白石生 列仙图赞

【白石先生】❶北宋·乐史《太平寰宇记》卷六："虔州朱阳县柏谷，白石先生隐此得仙。"按：应即"白石生"。见该条。❷明·董斯张《广博物志》卷五引《武夷记》："昔有魏王名子骞，于此山得道。有白石先生、马鸣先生等八人，并女子四人，共十

二人，同诣此山，谓魏王为地主，求道。得遇控鹤仙人，各赐胡麻一合，汤药半合，得道玄化。"《（雍正）福建通志》卷六〇："三国魏时人。求仙访道于武夷。继而张湛等十二人亦以修炼来山，推子骞为地主，相与栖隐于此。十二人者：张湛、孙绰、赵元、彭令昭、刘景、顾思远、白石先生、马鸣生、胡氏、季氏、二鱼氏也。"参见"魏王"条。

【白水素女】晋·陶潜《搜神后记》卷五："晋安帝时，侯官（今福建福州）人谢端，少丧父母，无有亲属。至年十七八，未有妻。后得一大螺，如三升壶，携归，贮瓮中。畜之十数日。端每至野还，见户中有饭饮汤火，如有人为者。后早出潜归，窃窥家中，见一少女从瓮中出，至灶下燃火。端便入门，女大惶惑，欲还瓮中，不能得去，答曰：'我天汉中白水素女也。天帝哀卿少孤，恭慎自守，故使我权为守舍炊烹。十年之中，使卿居富得妇，自当还去。留此壳，以贮米谷，常不可乏。'端请留，终不肯。时天忽风雨，翕然而去。端为立神座，时节祭祀。今道中素女祠是也。"又见道藏本《搜神记》卷六，末云："今福州西北三十里有螺江，其得名由此云。"◆按：此为"田螺姑娘"民间故事雏型，唐·皇甫氏《原化记》螺女事则为另一变形，参见"祸斗"条。而亦有甚煞风景之异说，如梁·任昉《述异记》卷上："晋安郡（今福建福州）有一书生谢端，为性介洁，不染声色。尝于海岸观涛，得一大螺如一石米斛。割之，中有美女，曰：'予天汉中白水素女。天帝矜卿纯正，令为君妇。'端以为妖，呵责遣之。女叹息升云而去。"

【白獭神】明·王兆云《挥麈新谈》卷上：江阴陆九龄家屋旁有石闸一座，先世以备旱涝者，世久倾圮。其祖欲修筑，夜梦一白衣老人谓曰："寄身闸下有年，公勿修，修则妨我。"遂止。后其父又欲修，复梦白衣老人止之，曰："如不听，必劳而无工。"陆父曰："汝何人，而栖于此？"老人以指书于案，曰："吾白獭神也。"陆父不听，拆石闸将尽，独下有二石，百人不能动，遂罢。

【白特】唐·张鹭《朝野佥载》卷四："有竖子洗马于洛水，见一物如白练带，极光晶，绕竖子之项三两匝，即落水死。凡是水中及湾泊之间，皆有之。人澡浴洗马死者，皆谓鼋所引，非也。此名白特，蛟之类也。"

【白头公】白发老翁也，而六朝志怪小说称"白头公"者多为老魅精怪，其出现多有不祥。晋·干宝《搜神记》卷一七："东莱（今山东黄县）陈氏，家

百余口。朝炊，釜不沸，举甑看之，忽有一白头公从釜中出。巫卜曰：'此大怪，应灭门。'"晋·陶潜《搜神后记》卷五："晋太元中，高衡为魏郡太守，戍石头。其孙雅之，在厕中，有神来降，自称白头公，拄杖光辉照屋。与雅之轻举宵行，暮至京口，晨已来还。后雅之父子为桓玄所灭。"《晋书·五行志下》："永宁元年十二月甲子，有白头公入齐王冏大司马府，大呼曰：'有大兵起，不出甲子旬。'冏杀之。明年十二月戊辰，冏败，即甲子旬也。"《晋书·张士业传》："敦煌父老令狐炽，梦白头公衣帕而谓炽曰：'南风动，吹长木，胡桐椎，不中穀。'言讫，忽然不见。士业小字桐椎，至是而亡。"南齐·祖冲之《述异记》："秦周访少时与商人溯江俱行，夕止宫亭庙下，同侣相语：'谁能入庙中宿？'访性胆果决，因上庙宿，竟夕宴然。晨起，庙中见有白头老公，访遂擒之，化为雄鸭。访捉还船，欲烹之，因而飞去。后竟无他。"按：此白头公应是年久物魅，故能先知，东汉·应劭《风俗通义·怪神》所记白头公即为木精："汉末桂阳太守张辽，家居，伐田中大树，斧下，木中血出。复斫其枝，上有一空处，见白头公，可长四五尺，突出，往奔张辽。张辽格杀之，凡杀四头。细视之，非人非兽，遂伐其树。"◆或作"白头翁"，涵芬楼本《说郛》卷六四引宋·张畋《九河公语录》："民间讹言，有白头老翁夜后食人男女，郡县晓晓，至暮，路无行人。"

【白兔公】《（雍正）山东通志》卷三〇："周时长白山人。事吐纳之术，得长生。《神仙交感传》云是彭祖弟子，常骑白兔，往来如飞，因称为白兔公。"按晋·葛洪《抱朴子内篇·极言》云："彭祖之弟子青乌公、黑穴公、秀眉公、白兔公子、离娄公、太足君、高丘子、不肯来七八人，皆历数百岁。"

【白卫公】太上老君所骑之驴。清·陈祥裔《蜀都碎事》卷三："唐明皇幸蜀，过白卫岭，见玄元皇帝（按即老君）骑白卫而下，示取禄山之兆。遂封神曰白卫公。"按：卫，驴也。

【白沃史君】后汉时人。宋·鲁应龙《闲窗括异志》："相传当湖（在浙江平湖东门外，为后汉海盐县陷没处）初陷时，白沃史君跃马疾走，不及，遂驻马以鞭指，得湖东南一角，水至不没。因立庙。迄今此地独高。又云兄弟三人，一在沙腰，一在乍浦，皆称白沃庙。"按同书又云："古老相传，当湖初陷时，有妇人产一物若蛟蜃状，濯于水，当湖遂

陷。"又云："曩岁有渔者于湖中获一铁链，长不计极，舟满几覆，惧而弃之，或云系鼋于此。"

【白下鬼】西晋·王纂《太上洞渊神咒经》卷六："甲子之旬有白下鬼三万头，鬼王名赤都，天下游行，行七十八种病，病不可治，令人狂走妄语，下痢痈肿，口上出血而死，气息不定，乌鹊绕人宅中，则是此鬼，令天下人民卒然暴死，死不以理，男女多重病。"

【白先生】见"李思慕"条。

【白凶】尸怪。清·袁枚《子不语》卷二："凤翔（今陕西凤翔）以西，其俗人死不即葬，多暴露之，俟其血肉化尽，然后葬埋，否则有发凶之说：尸未消化而葬者，一得地气，三月之后，遍体生毛，白者名白凶，黑者名黑凶，便入人家为孽。"◆按：清人笔记中多记僵尸遍体白毛，此白凶即白僵也。

【白须翁】五代·孙光宪《北梦琐言》卷一四："唐中和中，魏州（魏博节度使治所，今河北大名县）观音门外其地有神祠，俗号'白须翁'。时罗弘信为魏博小校，其神借巫者言，云弘信不久为此地之主。不期岁，果有军变，推弘信为帅。"

【白崖老祖】明时人。明·钱希言《狯园》卷三：白崖老祖者，万历时云南土司官。能取水银吞服，内炼成丹，经三日吐出，每两加赤铜三钱销之，灿然上金矣。闽人陈履吉，或称是故尚书，弃家与白崖游，隐于雁飞三顿岭。

【白崖神】南宋·洪迈《夷坚丁志》卷一四"白崖神"条："四川梓潼射洪县有白崖陆使君祠。旧传姓陆名弼，梁时终于泸州刺史，至宋庙食犹盛。"南宋·祝穆《方舆胜览》卷六二云其卒于官，归舟过此山下，舟皆沉没，后为立庙。◆至北宋末，又有王补之，自称为白崖神后身。明·曹学佺《蜀中广记》卷七九："至宋时，汴梁王献可（补之）谪知泸时，过白崖庙题诗，有'泸州刺史非迁谪，合是龙归旧洞来'之句，意以已即陆弼后身也。后补之以元祐党谪而死，其子名云，来知简州，州尉两梦显惠庙神自言：'吾乃太守之父也。'盖显惠即白崖神云。又西充有紫崖庙，其神即王云也。"

【白燕】晋·王嘉《拾遗记》卷七：魏禅晋之岁，北阙下有白光如鸟雀，时飞翔来去。罗之，得一白燕，以为神物，置金笼中。旬日不知所在。论者曰："此为金德之瑞。"

【白羊公】古仙人，三国时神仙介琰之师，见晋·干宝《搜神记》卷一。又作"白羊真人"。金·王处一《西岳华山志》"白羊峰"条："每至三元八节

及诸斋日，即有神灯或三或五见于岩壁。昔有人隐此峰，莫知其姓名，常乘白羊往来尘世。后与弟子介琰俱登仙，以此号为白羊真人。真人有'禁山箓'及制虎豹狼熊符七十道行世。"

【白衣老翁】❶《太平广记》卷三〇八"郑蔿"条引《唐统记》：穆宗有事于南郊，将谒太清宫。长安县主簿郑蔿主役，于御院之西序见白衣老人云："此下有井，正值皇帝过路。汝速实之，不然，罪在不测。"蔿惶惧，使修之。其处已陷数尺，发之则古井也。惊顾之际，已失老人所在。❷五代·徐铉《稽神录》卷二"鞭牛"条：京中居人晚出，见江上石公山下有二青牛，腹青背赤，戏于水滨。一白衣老翁长可三丈，执鞭其旁。久之，翁回顾见人，即鞭二牛入水，翁即跳跃而上，倏然渐长，一举足，径上石公山顶，遂不复见。

【白幽求】唐时人。唐·郑还古《博异志·辑佚》：唐贞元十一年，秀才白幽求，从新罗王子过海，为风所飘，南驰两日夜，不知几千万里。见有山林，山高万仞，有城壁，龙虎列坐道旁。有朱衣人自城门出，传敕曰："西岳真君来游。"盘旋次，门中数十人出，龙虎奔走，人皆乘之下山。幽求随之，至维舟处，诸骑龙虎人皆履海面而行，须臾没于远碧中。幽求未知所适，忽见队伍千人，骑龙控虎，乘龟乘鱼，有乘朱鬣马人，如风而至。乃入城门，幽求又随觇。食顷，朱衣人持一牒书授幽求，命使水府，遂以手指之。幽求随指而身如乘风，下山入海底，虽入水而不知为水，朦胧如日中行。须臾至一城，有数十人皆龙头鳞身，引幽求入水府。真君于殿下北面授符牒。拜起，乃出门，已有龙虎骑从。俨然遂行，瞬息到旧所。次日，昨朱衣人屈膝言曰："白幽求已充水府使，有劳绩。"诸真君议曰："便与游春台洒扫。"幽求乞归故乡。朱衣人指随西岳真君。诸真君亦各下山，各有千余人，履海面而行。幽求亦操舟随西岳真君后，自有便风，迅速如电。平明至一岛，见真君上飞而去。幽求舟为所限，乃离舟上岛，望有人烟，渐前就问，云是明州。幽求自是休粮，常服茯苓，好游山水，多在五岳，永绝宦情矣。

【白玉蟾】南宋时道士。《仙鉴》卷四九："姓白，名玉蟾。生于海南，故自号海琼子，或号海南翁，或号琼山道人，或号武夷散人，或号神霄散吏。"明·王世贞《列仙全传》卷八则云其"本姓葛名长庚，母以白玉蟾名之，应梦也"。元·郭霄风《江湖纪闻》所说又不同："本姓葛，除去草头以谢父

母，除去勾曲以谢兄弟妻子，以中曰字加撇为姓。"《（嘉庆）祁阳县志》卷二三则以其姓为继父之姓，云："绍兴甲寅三月十五日，母梦一物如蟾蜍而长庚生，后父亡，母他适，因改姓白，名玉蟾。"其生平事迹，明·王世贞《列仙全传》载较详，云："年十

白玉蟾　仙佛奇踪

二，应童子科。后隐居于武夷山，号海琼子。事陈翠虚，九年始得其道。蓬头跣足，一衲弊甚。喜饮酒，未见其醉。博洽儒书，出言成章，文不加点。大字草书，若龙蛇飞动，兼善篆隶，尤妙梅竹。尝自赞云：'千古蓬头跣足，一生服气餐霞。笑指武夷山下，白云深处吾家。'雷印常佩肘间，祈禳则有异应，时言休咎，警省聋俗。时称玉蟾入水不濡，逢兵不害。宋嘉定中，诏征赴阙，对御称旨，命馆太一宫。一日不知所往。后每往来名山，神异莫测。诏封紫清明道真人，所著有《上清》《武夷》二集，行于世。"《（同治）九江府志》卷云其"尝任侠杀人，亡命之武夷，事陈泥丸为道士，自称灵霍童景洞天羽人。善幻，好诡诞之行。绍定己未冬解化，赐号养素真人"。又诸书皆言其为琼州人，仅《（万历）和州志》卷八称其为东海（治在今江苏连云港）人。◆按清·王士祯《居易录》卷二："刘后村序王隐君《六学九书》，引所见丹家四人，邹子益、曾景建、黄天谷、白玉蟾，邹不登七十，曾、黄仅六十，玉蟾夭死。"

【白云蟾】清·杨凤辉《南皋笔记》卷二"白云蟾"条：庐江白云蟾，好道，尝游名山，卒一无所遇而归。悟静谈玄，杜门不复出。忽有道士叩门求见。白以为风尘中俗道士，却之。道士复长歌而去，俄而丹炉火炽，延及于屋，火中有无数魔鬼游行。白骇而奔，出门，则见道士去尚不远，追及之，道士顾白而笑。回顾间，忽见一赤龙、一黑虎自火中出，相斗，道士以剑一指，虎降龙升，烟消

火灭，群魔无踪。白乃大惊异，知道士为仙人，长跪求教。此后白仍居庐间修炼，后数年，不知所之，庐舍亦不见，人以为拔宅飞升云。

【白云道人】明时人。《（雍正）甘肃通志》卷四一：俗姓黄。明初洪武永乐间依于凉州鲁氏，人莫测其迹。夏坐烈日下无汗，冬立风雪中暖气如蒸。与之食则食，不与则不食。问其事，闷闷不答，否则以隐语示之，休咎立见。年九十九而化。

【白云和尚】明·施显卿《奇闻类记》卷二"前知纪"：永乐间，毗陵胡尚书濙，奉使访仙，至蜀中遇高僧白云和尚，临别赠胡公素帛一端，曰："出陕当有用。"出陕果遇皇后哀诏。后太宗召白云至京师，朝士皆敬礼之，独欧阳主事不为礼。白云呼之曰："尔非永叔之裔？永叔赠我以诗。"探囊出之，果文忠手笔。凡宋元度牒俱在焉。

【白云片鹤】宋时道士。明·王世贞《列仙全传》卷七："张俞，字叔才，明县人。为道士，自称白云片鹤。宋宣和初，游汴京，见赵鼎，大呼'中兴名相！'又曰：'吉阳相逢。'后鼎于绍兴五年为相，晚年谪于吉阳，忽与白云相见。白云曰：'忆畴昔之言乎？公将归矣。'未几鼎卒。"《明一统志》卷三六、明·彭大翼《山堂肆考》卷一四八作金明县人，是。◆按：北宋时有一张俞，西蜀郫县人。南宋·晁公武《郡斋读书志》卷四下："张俞，字少愚。隐于岷山之白云溪。凡六被召，皆不起。"清·厉鹗《宋诗纪事》卷一七："文彦博治蜀，为筑室青城山白云溪以处之，号白云先生。"元·陆友仁《研北杂志》卷下："张俞欲作外臣，以白云孤鹤为友。"此人为隐士，非道士，不知与"白云片鹤"者是一人否。

【白云先生】《天地宫府图》：七十二福地之第十四灵墟（在台州唐兴县北，即今浙江天台），是白云先生隐处。按白云先生有三：❶周王子晋。宋·施宿《会稽志》卷一一："嵊县金庭洞天，在县东南，天台华顶之东门也。周王子晋羽化缑山去后，主治天台华顶，号白云先生。往来金庭，风月之夕，山中有闻吹笙者。"❷唐司马承祯。《大清一统志》卷二八一："白云先生药堂，在衡山县九真观西。开元中，司马承祯居此，号白云先生。"❸唐李约，号白云先生，为颜真卿、汪子华之师。参见"汪子华"条。◆隐七十二福地灵墟者，应是司马承祯。

【白泽】❶传说中的神兽。唐·瞿昙悉达《开元占经》卷一一六引《瑞应图》："黄帝巡于东海，白泽

出，达知万物之情，以戒于民，为除灾害。"《云笈七签》卷一○○《轩辕本纪》云："黄帝巡狩至海，登桓山，于海滨得神兽，能言，达于物之情。因部天下鬼神之事，自古精气为物、游魂为变者凡一万一千五百二十种。白泽言之，黄帝令人图写，以示天

白泽　程氏墨苑

下。"按：此亦神禹铸鼎以象怪物之意。后世有《白泽图》一书，即说神怪之事者。◆明·周祈《名义考》卷一○"飞鱼白泽"条："白泽，貘也。《说文》貘似熊而黄黑色。白居易《貘屏赞》象鼻犀目，牛尾虎足，寝其皮辟湿，图其形辟邪。徐氏谓即白泽也。"❷土精。宋·曾慥《类说》卷三五："土精如人手，在地中，又名白泽，食之无疾多力。"❸海中怪兽。见"白泽大王"条。

【白泽大王】《（康熙）杭州府志》卷一六："杭州纯礼坊有白泽大王庙。宋真宗景德年间，辽兵入寇，寇准请帝亲征。时六师所食，仰给海运，准遣中尉梁元帅专督漕运，行至海中，适有猛兽号白泽者出没海中，洪涛陡作，运船几覆。忽见空中一人，乘龙马挥鞭驱逐，白泽趋服，洪涛顿息，粮运以全。因建祠祀之。逮后奏请敕封土神。"

【白真人】《天地宫府图》："三十六小洞天之白石山（今广西桂平东南），为白真人所治。"不知所指何人。《云笈七签》卷二七《天地宫府图》："和州含山县是白真人治之。"◆《（雍正）江西通志》卷一一："壁鲁洞在贵溪县南八十里，又名西源洞，居绝壁之上，内有小洞，不可入，世传白真人授张天师降虎之法于此。"◆按：似指海琼白真人，即白玉蟾。

【白仲都】《太平广记》卷七七引《广德神异录》："《金陵六朝记》曰：白仲都，葛玄弟子，白日升天。至今祠坛见在白都山下。"南宋·周应合《景定建康志》卷一七："白都山在江宁县（今江苏南京）西南七十里，白仲都于此学道，白日升天，因

以为名。"

【白仲理】《太平御览》卷四五引《神仙传》云："仙人白仲理者，辽东人也，隐居无终山中，合神丹。又于山中作金五千斤，以救百姓。"晋·葛洪《抱朴子内篇·祛惑》："仙经云：仙人目瞳正方。洛中见之白仲理者，为余说其瞳正方，如此果是异人也。"

【白主公】台湾地区丛祠。仇德哉《台湾之寺庙与神明（四）》："又名白佛童、白佛主宰。为玉皇大帝派遣至人间，纠正世风，调理阴阳，主持正义的神明，而张天师为其文职佐神。此神仅台湾台东县奉祀。"

【白子高】北宋·乐史《太平寰宇记》卷一○七："鄱阳县（今江西鄱阳）有阁山，上有仙人白子高坛兼祠宇。有猛兽恒依此祠，不为人害。"《渊鉴类函》卷三九二引《世语》曰："白子高少好隐沦之术，常为美酒给道客。一旦有四仙人赍药集其舍求酒，子高知非凡，乃欲取他药杂之。仙人云：我亦有仙药。于是宾主各出其药。子高服之，因随仙人飞去。"◆古诗中有晋人傅玄《云中白子高行》，亦言游仙事。◆按：白子高或与古仙人"柏子高"有关，参见"柏成"条。

【百虫将军】伯益。《水经注·洛水》："九山有《百虫将军显灵碑》，云将军姓伊氏，讳益，字隤敳，帝高阳之第二子伯益也。"明·董斯张《广博物志》卷一四："伯益字隤敳，为唐泽虞，是为百虫将军。"注云："今巩洛嵩山有百虫将军庙，自汉有之。"而清·平步青《霞外攟屑》卷五"刘猛将军"条云："或以八蜡中昆虫为即百虫将军伯益，则说甚新奇，然不可以之释经也。"◆按：据《列子·汤问》"大禹行而见之，伯益知而名之，夷坚闻而志之"，是伯益能知百虫众生之名，或以此而为"百虫将军"。

【百花大王】南宋·洪迈《夷坚志补》卷一五"百花大王"条：平江（即今江苏苏州）有神曰百花大王，至生日，府民循例献寿。韩彦古镇平江，以其非祀典，议毁之。而神先期见梦，议遂止。明·钱希言《狯园》卷一二"百花大王"条：苏州府治即春申君所造，相传是桃夏宫是也。旧志：郡圃地甚广，前临池光亭，后抵云绮楼。唐朝木兰堂正在郡圃之西，圃中有土地神祠，名曰百花大王。宋淳熙中，韩彦古欲毁之，左右并谏，遂不果。嘉定中重建。今虽废，而民间尚有祠百花大王者。

【百花公主】仇德哉《台湾之寺庙与神明（四）》："百花公主系由百谷生日、花信风、百菜生日、花

朝、扑蝶会等演变而来。"清·顾禄《清嘉录》卷二："二月十二日为百花生日，闺中女郎剪五色采缯粘花枝上，谓之'赏红'。虎丘花神庙击牲献乐，谓之'花朝'。"

【百神庙】北宋·乐史《太平寰宇记》卷八四：百神庙在四川梓潼县南四里。唐咸通十一年，卢耽除四川节度使。时蛮寇围成都，大将军吴行鲁统师过此，见断碑，皆古卿相之名，遂心祷之，愿荡除蛮寇。既而王师大捷。乾符三年，行鲁除东川节度，遂抽俸于路侧置百神之庙。至景福、大顺间，庙遭兵火。王氏僭号，梦见一百神人，称是梓潼百神，未有祠宇。王氏因重置。

【百岁杨】明·冯时可《雨航杂录》卷下：百岁杨，不知何许人，常往来太和（今安徽太和）及荆襄间。人有见之，四十年前发已二毛，今更漆黑，口皆龀齿，似重生者。杨自忆为天顺二年生，计百岁外矣。所居挟二姬。尝以御女术游诸贵豪家，自云："吾贫，不能得三姬，得三姬即不死。"士大夫慕长生者都与游，而曹中丞尤尊信，复市一姬与御之，术败而死。未几，曹中丞亦以此术死。

【百无禁忌神君】民间神祃中有"百无禁忌神君"，传说为封神之姜子牙。

【百足蟹】东汉·郭宪《洞冥记》卷三：善苑国尝贡一蟹，长九尺，有百足四螯，因名百足蟹。煮其壳，胜于黄胶，亦谓之螯胶。

百无禁忌神君 民间神像

【柏成】古神仙。梁·陶弘景《真诰》卷四言其尸解成仙事："柏成纳气而胃肠三腐。"或作"柏成子"。按《抱朴子外篇·嘉遁》："漆园（庄周）垂纶而不顾卿相之贵，柏成操耜而不屑诸侯之高。"《云笈七签》卷一〇一有《三天君列纪》，云："上清真人、总仙大司马、长生法师主三天君，姓柏成，讳俟生，字芝高，乃中皇时人。"均指此人。◆按：似应作"柏成子皋"或"柏成子高"。《庄子·天地篇》云："尧治天下，伯成子高立为诸侯，禹时伯成子高辞为诸侯而耕。"宋·罗泌《路史》卷六用此事而作"柏成子皋"："尧治天下，有柏成子皋，立为诸侯。尧授舜，舜授禹，柏成子皋辞诸侯而耕。"注："一作'子高'。"◆《天地宫府图》：七十二福地第五十大面山（在成都），属仙人柏成子所治。柏成子即柏成。参见"柏高"条。

【柏颠】明时人。《（雍正）山东通志》卷三〇：新城人。不娶，游江湖三十年。有异术，能于暗中嘘气作光。巨石数十人不能动，能移之。能令鸡舞，又能使人作异梦。炼丹室中，不及期而母启之，鼎遂焚。柏惊仆其旁，遂颠。后不知所终。

【柏高】《山海经·海内经》："华山青水之东，有山名曰肇山，有人名曰柏高。柏高上下于此，至于天。"晋·郭璞注："柏子高，仙者也。"按《庄子·天地篇》云："尧治天下，伯成子高立为诸侯，禹时伯成子高辞为诸侯而耕。"清·郝懿行《山海经笺疏》曰："郭注《穆天子传》云'古伯字多从木'，然则'柏高'即'伯高'矣。伯高者，《管子·地数篇》有'黄帝问于伯高'云云，盖黄帝之臣也。帝乘龙鼎湖，伯高从焉，故亦仙者也。"

柏高 山海经图 汪绂本

【柏户】《天地宫府图》："七十二福地第五十六玉峰（在长安京兆县），仙人柏户治之。"其人不详，疑"户"字为"高"字缺笔。

【柏姬】见"白鸡神"条。

【柏叶仙人】即"田鸾"，见该条。

【ban】

【班孟】晋·葛洪《神仙传》卷四：不知何许人，或云为女子。能飞行终日，或坐于虚空之中，或入地中。以指刻地，即成泉井。吸人屋上瓦，瓦飞入人家。人家有桑树数十株，聚之成山，复吹之，各还本处如故。口中含墨，喷之皆成文字。年四百余岁，面容更少。后仙去。

【班丘仲】《水经注》卷一三引《魏土地记》曰：

大宁（今河北张家口）城西二十里有小宁城，昔邑人班丘仲居水侧，卖药于宁百余年，人以为寿。后地动宅坏，仲与里中数十家皆死。民人取仲尸弃于延水中，收其药卖之。仲披裘从而诘之，此人失怖，叩头求哀。仲曰："不恨汝，故使人知我耳。去矣。"后为夫余王驿使来宁，此方人谓之谪仙也。

班孟　程氏墨苑

【班仙】明时仙人。《（泰昌）登州府志》卷一一：不知何许人，居招远螺山最高峰石洞中，人迹罕到。黄县一举人入京赴试，班与别，云："此行必中进士，为某县令，予当过访焉。"举人行后，班即化去，人葬于山上。举人果成进士，授某县令，两月后，班来访，盘桓数日。后县令入都过乡里，始知班已逝去，发墓视之，唯双履而已。

【般支迦大将】元刊版画《水陆道场鬼神像》中有"般支迦大将"。或作"半支迦""散脂迦"。见"散脂大将"条。

【阪泉神】《（雍正）山西通志》卷一六四：太原阳曲县东有阪泉神祠。按《春秋左氏传》僖公二十五年：晋文公将纳襄王，使卜偃卜之，遇黄帝战于阪泉之兆。遂立庙祀焉。

般支迦大将　水陆道场鬼神像

【板桥三娘子】《太平广记》卷二八六"板桥三娘子"条引唐·薛渔思《河东记》：唐汴州（今河南开封）西有板桥店。店娃三娘子，以鬻餐为业，然而家甚富贵，多有驴畜。元和中，许州赵季和过是宿焉。夜既深，季和闻隔壁窸窣声，于隙中窥之，即见三娘子取一副耒耜，并一木牛、一木偶人，各大六七寸，含水噀之。二物便行走，小人则牵牛驾耒耜，遂耕床前一席地，来去数出。又于厢中取出一裹荞麦子，授于小人种之。须臾麦熟，又安置小磨子，碾成面讫，作烧饼数枚。有顷鸡鸣，诸客欲发，三娘子置烧饼与客点心。乃见诸客围床，食烧饼未尽，忽一时踣地，须臾皆变为驴。三娘子尽驱入店后，而没其货财。

【半山道人】南宋时人。南宋·洪迈《夷坚三志·己集》卷六"半山两道人"条：乐平（今江西乐平）胡大本锐意学道。绍熙初因干到半山，入一佛堂，见两道人坐地上，一衣青衣，佩青铜镜，一衣黄衣，项系藤圈数十。道者云："此名因缘子，与道有缘者入焉。镜名业镜，持以照人，可知终身贵贱寿夭。"遂令胡闭目，再开目，已非佛堂，乃在林松石上。两道者曰："半月后复来见我。"化赤光一道，俱不见。胡归后，遣其妻还宗，诣茅山，至今不出。

【伴娘】南宋时人。明·王鏊《（正德）姑苏志》卷五八：不知何许人，居苏州城西楞伽山下。乞食为活，往来山中。历年久，颜发不变，插花讴歌，夜宿古墓。有道士求慈悲开示，曰："汝不慈悲，如何却教我慈悲？"后不知所往。

【bao】

【包真人】宋时人。《（雍正）江西通志》卷一〇三：遇人授以至道，乃至进贤（在今江西南昌）之麻姑观居焉，自称包蟾者。玉蟾子过，传以道。一夕乘云升天而去。

【包拯】北宋时人。十殿阎王中第五殿阎罗王姓包。又有以包公掌东岳速报司者，见金·元好问《续夷坚志》卷一"包女得嫁"条。在台湾地区又称阎罗太子、包公太子爷、包府千岁。大约与民间戏文小说中包公曾为李太后干儿有关。◆包拯，《宋史》有传，言其"立朝刚毅，贵戚宦官为之敛手，闻者皆惮之。人以包拯笑比黄河清，童稚妇女，亦知其名，呼曰'包待制'。京师为之语曰：'关节不到，有阎罗、包老。'"故世传其死后为阎王。

【褒女】五代·杜光庭《墉城集仙录》卷九：褒女，汉中人。居汉、沔二水之间。幼而好道，既笄，浣纱于沔水上，云雨晦冥，若有所感而孕。父母责之，忧患而疾。临终谓其母曰："死后见葬，愿以牛车载送西山之上。"言讫而终。父母置之车中，未及驾牛，其车自行，逾沔、汉二水，横流而渡，直上沔口平元山顶。但见五云如盖，迎女升天而去。及视车中，空棺而已。邑人立祠祭之，水旱祈祷俱验。

【褒通道人】宋·姚宽《西溪丛语》卷上：蔡州褒信有道人善棋，凡对局，率饶人一先。后死于褒信，托后事于一村叟。数年后，叟为改葬，但空棺衣衾而已。道人有诗云："烂柯真诀妙通神，一局曾经几度春。自出洞来无敌手，得饶人处且饶人。"

【雹神】清·蒲松龄《聊斋志异》卷一"雹神"条："王筠仓莅任楚中，登龙虎山谒张天师。有使者侍其侧。天师谓王曰：'此先生同乡，不之识耶？'王问之。曰：'此即世所传雹

雹神　北京神像

神李左车也。适言奉旨雨雹，故告辞耳。'神出至庭中，忽足下生烟，氤氲匝地。霹雳一声，向北飞去。"又卷一二亦有"雹神"一则："唐济武适日照（今山东日照），道经雹神李左车祠。祠前有池，有朱鱼数尾游泳其中。太史拾小石将戏击之。道士急止勿击。问其故，言：'池鳞皆龙族，触之必致风雹。'"清·王士禛《池北偶谈》卷二六有"行雹"一则，言平原县（今山东平原）某人，在田间，忽阴风起，不觉入云中，见神人数十辈，形状诡异，驾一车，驾车者似羊而狞，车中皆冰雹，教某以手撒雹。须臾不知行几百里。◆《大清一统志》卷四六"遵化州"："在州之西关有雹神庙，每岁端午日致祭。"《（乾隆）盛京通志》卷九八："义州城北一里有雹神庙。"此两处雹神究为何人，不得而知。即李左车之为雹神，亦无端绪可寻也。◆地方雹神又有"胡涂"，见该条。

【宝夫人】《史记·封禅书》"集解"："陈仓县（今陕西宝鸡）有宝夫人祠，或一岁二岁与叶君合。

叶君神来时，天为之殷殷雷鸣，雉为之雊。"◆按：此即"陈宝之神"的进一步俗化。

【宝公禅师】北魏时人。北魏·杨衒之《洛阳伽蓝记》卷四"城西"：后魏有沙门宝公者，形貌寝陋，心识通达，过去未来，预睹三世。发言似谶，不可得解，事过之后，始验其实。胡太后问以世事，宝公把粟与鸡，唤"朱朱"，时人莫解。建义元年，太后为尔朱荣所害，始验其言。

【宝历菩萨】即伏羲氏。《造天地经》："宝历菩萨下生世间，是曰伏羲。"

【宝蕊】清·王士禛《池北偶谈》卷二一：江浦周西水兵部，幼不能言，然颇能记前世。七岁时戏门前，有僧过门顾之曰："此郎有夙因。"周应声即能言。读书过目如宿习，数月遍通经史。年十四，读书山中精舍。一日，是夕憩溪边石上，遇老僧，谓曰："郎忘七岁门前相见时耶？"叩其名，曰："我宝蕊也，闽人。"周因留之舍中，日夜与论象纬、律历、六壬、丁甲、勾股、洞章之术。未半载，尽通其说。濒行，复以黄河、海道、九边三图授之，且曰："吾数学未传人，今当游四方访之。"又秘语周："十年之内，天下必大乱。君异代人物也。"自丙子迄甲申，果九年而明亡，皆如其言。

【宝生佛】民间水陆画中有宝生佛。又称宝生如来，为密教金刚界五佛之一，在五方佛中为南方佛。此尊以摩尼宝福德聚功德，能成满一切众生所愿；更能于行者升至法王位时予以灌顶。为五部中之宝部所摄，主五智中之平等性智。为金刚曼陀罗五智如来之第三。

【宝掌】《（雍正）浙江通志》卷一九八引《西湖高僧事略》：中印度人，魏晋间东游，自云六百七十三岁，生于周威烈王十二年。左手握拳，有珠在掌，因以为名。始抵峨眉、五台，南返衡、庐，入建邺，与达摩遇于梁朝。后来浙，爱天竺之胜，结茅而居者四十五年，复往四明（在浙江奉化）、天台诸名山。唐贞观十五年还竺峰，后移居浦江。显庆二年正旦手捏一像，九日而成，与貌无异。即告其徒曰："吾誓住世千岁，今已过七十二年矣。"说偈而化。世称"千岁和尚"。详见《五灯会元》卷二"千岁宝掌和尚"条。

【宝志禅师】梁·慧皎《高僧传》卷一〇："释宝志本姓朱，金城人。少出家，止建业（今南京）道林寺。齐建元中，稍见异迹，数日不食，亦无饥容；与人言，始若难晓，后皆效验；时或赋诗，言如谶记。江东士庶皆共事之。齐武帝谓其惑众，收

建康狱。既旦，人见其入市，还检狱中，志犹在焉。又至其常所造侯伯家寻之，正睡眠未觉，方知其分身三处。永明中，常住东宫后堂。一旦平明，从门出入，忽云：'门上血污衣。'褰衣走过。及郁林见害，车载出此，帝颈血流于门限。其预鉴之明，此类非一。

誌公和尚

宝志　仙佛奇踪

及梁武即位，一日对梁武帝吃鲙，武帝曰：'朕不食荤二十余年矣。师何乃尔！'志公乃吐出小鱼，依依鳞尾。晋安王萧纲初生日，梁武遣使问志，志合掌云：'皇子诞育幸甚，然冤家亦生。'于后推寻历数，与侯景同年月日而生也。"明·王兆云《白醉琐言》卷上"奔牛"条："自丹阳郭东南登舟行四十五里为吕城，又十里为奔牛。相传梁武帝时，有人于石头城掘得一僧，瞑目坐土中，遂奏于帝。帝问志公。志公曰：'此入定耳。可令人于其耳旁击磬，则出定矣。'帝命试之，果开目。帝与志共临问之，无语。志话其前事云云。其僧一视志，即起身向南而奔去。帝令人随追之。僧奔至此地而止，追使迫之，遂化为牛。地因是为名。"

【保定老姑】明·王圻《续文献通考》卷二四三"仙释考"：不知名字，尝谓人曰："贫道持世二百年矣。"言毕投崖下，不堕，飞升而去。后人名其崖曰舍身崖，又曰老姑峪，在保定唐县葛洪山之西南。

【保和真人】南宋·洪迈《夷坚志补》卷一二"保和真人"条：潼州王藻，不知何时人，为府狱吏，常收受贿赂，锻炼成狱。因妻之言，幡然悔悟，尽散所受金钱，辞役弃众学道。后飞升，赐号保和真人。

【保生大帝】仇德哉《台湾之寺庙与神明（四）》："保生大帝，又称吴真人、吴真君、英惠侯、大道公、花轿公、真人仙师、吴公真仙，素为医师、药商、术士所奉祀。"保生大帝究为何人，大致有三

保生大帝　民间神像

说：❶吴夲。南宋·常棠《海盐澉水志》卷五："境内有医灵祠。开熙三年，里人梦神呼曰：'吾闽中吴真君，当食此方，福佑斯民。'晨见一神主浮海至岸，因舍宅创殿奉之。后闽商绘像传塑。祈疗病者甚验。"《（光绪）漳州府志》卷五〇载："宋吴夲，海澄（今福建漳浦）人，母梦吞白龟而孕。学道云游，得三五飞步之术。以济人为念，殁而灵焉。乡人祠祀之。"而《（乾隆）安溪县志》载其为福建同安人，由贡举授御史。宋仁宗时医帝后病愈，炼丹济世。景祐间蜕化于泉州，乘鹤升天。一说吴夲字华基，别号云东。台湾地区奉祀庙宇多达一百余所。❷又有以保生大帝为孙思邈者。❸又有保生大帝为吴猛者，或缘"吴夲"而误。

【保仪大夫】唐天宝末睢阳太守许远。见"许远"条。

【保仪尊王】闽台丛祠。又有尪王、尪元帅、翁公、汪公、许元帅、武安尊王、王公诸称。有说即唐时守睢阳之张巡者。按史云：睢阳城陷，张巡被执，贼首问："每接战时，何以紧啮其齿？"张巡骂道："恨不吞贼耳！"遂被害。文天祥《正气歌》亦有"为张睢阳齿"句。后世塑张巡像，多做咬牙切齿凶厉之像。台湾地区所奉尪王、尪元帅，疑为瘟神之属，造像自为凶煞，故有可能与张巡之像相混。然亦有将张巡奉为瘟神之可能。"汪公""王公""翁公"自是"尪"字音讹。而"许元帅"者，盖谓与张巡同守睢阳之许远，因许远被封"保仪大夫"，故与保仪尊王相混。参见仇德哉《台湾之寺庙与神明（二）》。◆按：张巡之名虽远远胜过许远，但其被祀于台湾地区，似多由许远之故。说见"许远"条。

【保珠娘娘】痘神，又称珠妈。清·施鸿保《闽杂记》卷四："福州登瀛桥旁珠妈庙，道光甲申初建。珠妈为刘姓，亦称娘娘。盖痘神也。"

【保宗】五代时女子。《（康熙）九江府志》卷一〇："及笄将聘，忽悟而入道，于庐山崇善观却粒炼形。南唐元宗闻之，诏赴阙。老而有少容，后尸解去。"◆按：此即"杨保宗"之误，详见该条。

【葆江】《山海经·西山经·西次三经》："锺山，其子曰鼓，其状如人面而龙身，是与钦䲹杀葆江于昆仑之阳。"即祖江，参见"祖江"条。

【葆真】明人。《（康熙）济南府志》卷五一：阳信人。修仙九十余年。居恒闭户，阒若无人。坐卧不起，动则足迹遍天下。一日出游，人莫知所之，咸疑成仙云。

【报喜太尉】梓潼佐神，见《三教源流搜神大全》"梓潼帝君"条。

【抱犊子】《（雍正）山东通志》卷三〇引《峄县志》：汉时邺（今河北临漳）人。少在黑山采松子、茯苓，饵之且数百年，时壮时老，人乃知其为仙。尝牵黄犊过阳都酒家，其女悦之，共牵犊而走，人不能追。◆按：此即西汉·刘向《列仙传》之"犊子"，《山东通志》妄加"抱"字。

【抱黄翁】见"董疯子"条。

【抱龙道士】《太平广记》卷八六引五代·景焕《野人闲话》：灌口（在四川都江堰）白沙有太山府君庙。每至春三月，蜀人多往设斋，乃至诸州医卜之人，亦尝集会。时有一人，鹑衣百结，颜貌憔悴，亦往庙所。行次江际，逶巡谓人曰："此水中有一龙睡。"众不之应。贫士遂解衣入水，抱一睡龙出，腥秽颇甚，深闭两目，而爪牙鳞角悉备。云雾旋合，风起水涌。众皆惊走遥礼，谓之圣人。遂却沉龙于水底，自挂鹑衣而行。众人与同行十里，瞥然不见。

【抱真子】见"姬洞明"条。

【豹尾】见"黄幡豹尾"条。

【豹仙】清·钮琇《觚剩·续编》卷三"豹仙"条：徐州有赵翁者，颇饶于赀，小筑数十楹，中分两院而空其半，栏槛曲折，花木幽深。忽一日，有美髯老人从空屋中曳杖出，自号"豹仙"，颜如童孺，衣冠甚古。入其室，屏帏之丽，几案之精，皆非素有。赵翁骇愕，豹仙曰："老夫生无氏族，居无井里，所至之地，安即为乡。昨从天目、天台渡江而北，遍访幽栖，适见君有闲馆，暂顿妾婢于此。"言未既，美姬渐次出见，光艳照座。豹仙笑指诸姬曰："此皆老夫养生之具矣。"豹仙自言得道汉时，市朝屡变，转瞬间不觉有余岁。赖有狐氏八仙，从侍巾栉。红粉四班，命曰"阴猎"，逾月

则遣一班于三百里外媚人取精，挹彼注兹，合同而化，延生之术，实由于此。叩以吉凶祸福，无不奇中。乡曲咸以真仙奉之。

【鲍察】《天地宫府图》："七十二福地第二十九三皇井（在温州横阳县，今为浙江平阳），真人鲍察所治处。"◆梁·陶弘景《真灵位业图》，鲍察在第四级右位，与栾巴、帛和等齐肩。陶弘景《真诰》卷一四："上党鲍察者，汉司徒鲍宣五世孙也。察受道于王君。"

【鲍盖】南宋·罗浚《宝庆四明志》卷一一："灵应庙即鲍郎祠，旧云永泰王庙。《舆地志》云：鲍郎名盖，后汉鄞（在今浙江宁波）人。为县吏，尝奉命入京投牒，留家逾月未行，县方诘责，已而得回章。既死，葬三十年，忽见梦于其妻，曰当复生。妻发棺，其尸如生，第无气息，而墓中所燃灯竟三十年未灭。乡人为立祠，号永泰王。今称灵应忠嘉威烈惠济广灵王。"按：此宋时人说，以为后汉仙人。而浙江又有一水神之"鲍郎子"。唐·道宣《续高僧传》卷六"释昙鸾"条："浙江有鲍郎子神者，一鼓涌浪，七日便止。神则见形，状如二十。梁帝敕为江神，更起灵庙。"此水神之鲍郎子与仙人之鲍郎并无关系。至宋元之际，又有鲍盖为晋时人之说，且又把水神鲍郎子之事窜入，于是"鲍郎子"真成鲍郎之子。元·袁桷《延祐四明志》引鄞（在今浙江宁波）人楼扶庙记及《神异典》引《宁波府志》略云："鲍盖之母梦吞日而孕，凡三年，于晋泰始三年出世。既长，乐善好施，任侠尚气。为县吏，俾奉牒入京，盖留家酣饮不行。逾月，县方拟责之，而得报章，文牒已上达于京。妻方氏生一子，能射石入镞，解海龙之战。晋愍帝建兴四年，卒于家。后三十年，梦告其子曰：'我当再生，启我棺。'子如命，盖颜色如生，众皆异焉。已而祥云下迎，盖乘之上升。闻于朝，穆帝许立祠。初立庙于青山，至唐圣历中，复庙于城中。"又云"旧相传称永泰王，莫详所始"，宋崇宁间，因犯陵名，奏改威烈，复封为惠济王，此后历代加封号，不录。◆北宋·乐史《太平寰宇记》卷九六引《郡国志》："鲍郎，本名盖，一名信。"南宋·梅应发《开庆四明续志》卷二称"鲍君"，生于汉，殁而为神。梁武帝时贼号"奴抄"者掠及境，神夺其魄，贼如醉，卒擒之，由是名益著。

【鲍姑】晋时人。五代·杜光庭《墉城集仙录》卷七："南海太守鲍靓之女，葛洪之妻。与葛洪相继成仙。"唐·裴铏《传奇》"崔炜"云："有崔炜者

居南海，时中元日，番禺人多陈珍异于神庙。炜往窥之，见一老妪跌倒，覆人酒瓮，被当垆者殴击，炜趋前解之，脱衣为赔酒钱。老妪不谢而去。异日复遇于途，妪曰：'吾善医赘瘤。'遂传以艾灸治之术。崔炜因医而致巨富。后有人告之云：'老妪者，鲍靓之女，葛洪之妻也。'而粤地遂有'鲍姑艾'之名。"参看"鲍靓""葛洪"条。又"崔炜"，参见"羊城使者"条。◆明·杨慎《谭苑醍醐》卷七："世传鲍姑五月五日曾以艾灼医龙女。"

【鲍靓】晋时人。《晋书》入《艺术传》，云："鲍靓字太玄，东海（治在今山东郯城）人。年五岁，语父母云：'本是曲阳李家儿，九岁坠井死。'父母寻访李氏，推问皆符。靓兼内外学，明天文河洛。官至南海太守，行部入海，遇风不能返，饥甚，取白石食之，终于抵岸。见仙人阴君，授以道诀。百余岁卒。"《晋书·葛洪传》云："洪师事鲍靓，靓以女妻洪。"而《云笈七签》所记略不同，卷一〇六《鲍靓真人传》云："陈留（今河南开封南）人。师左慈，受中部法及三皇五岳劾召之要，能役使鬼神，封山制魔。晋太兴间，遇仙人阴长生，助其尸解仙去。"而卷四引《三皇经说》则云："鲍靓，晋陵（今江苏常州）人。晋武帝时官南海太守。元康二年登嵩山，入石室，见《三皇文》。靓时未有师，乃依法自盟而受《三皇文》，后传于葛洪。"《仙鉴》卷二一："鲍靓，字太玄，陈留人。少有密鉴，洞于幽玄。一云为南海太守，得秘法，悟真理，受真仙要诀于谌姆。"是其所师于左慈与阴长生外又多一谌姆。◆明·王世贞《列仙全传》卷四"鲍靓"条："鲍靓与葛洪善，每来，门无车马，独双燕往还，或网之，乃比履也。靓以女妻葛洪。靓后还丹阳（今江苏南京），卒，葬于石子岗。苏峻之乱，发棺，但有大刀而已。"◆《云笈七签》卷一〇六《鲍靓真人传》引《洞天记》云："靓及妹七世之前身为李湛、张虑，杜陵（今陕西西安东南）北乡人，在渭桥为客舍，积行阴德，故易世变族改氏，更生为兄妹。"梁·陶弘景《真诰》卷一一所记同，唯后云："鲍靓与其妹今并作地下主者。"晋·葛洪《枕中书》亦云："鲍靓为地下主者带潜山真人，下掌五方鬼帝。复五百年当为昆兵侍郎。"则其确为鬼仙矣。

【鲍君神】鲍鱼而尊为神者。东汉·应劭《风俗通义·怪神》：汝南（郡治在今河南汝南东北）有人获一獐，置于泽中而未取。旋有商车过此，见獐持去，而留一鲍鱼。有顷，獐主来，不见獐，反见鲍鱼，怪以为神。转相告语，众人皆来治病求福，而大有效验。因为鲍鱼起庙舍，聚群巫，方圆数百里皆来祷祀，号为"鲍君神"。后数年，置鲍鱼于泽者复经此，言其故，其祀遂罢。

【鲍郎】即"鲍盖"。详见该条。

【鲍叔阳】西汉时人。梁·陶弘景《真诰》卷一四："汉高帝时赵王张耳、张敖之大夫。少好养生，服桂屑，而卒死于厕溷间。"又云："广宁鲍叔阳、太原王养伯、颖川刘玮惠、代郡段季正，俱受师西灵子都之道也。"《云笈七签》卷八五："广宁人，好养生，服桂屑。与司马季主俱在委羽山，师太玄仙女西灵子都，得尸解之道。"◆《真灵位业图》在第六地仙散位中。

【鲍仙师】见"江叟"条。

【暴光】淮河神。清·汤用中《翼駉稗编》卷八"巫支祁"条："嘉庆间，淮安属县某于署中扶鸾。一神至曰：'余名暴光，淮河神也。'问巫支祁事，曰：'余所管也。尧时支祁父子党恶，伤害生灵，禹王戮其子孙，使庚辰锁之山下，三万年后孽满方赦。彼自知罪大，近已屏除口食，服气潜修，或能早万余年出头也。'又云：'余北宋时人，金兵南下，殉节淮河，遂授今职。现秩将满，转调有期矣。'"

【bei】

【卑】厕鬼之属。唐·释道世《法苑珠林》卷五八引《白泽图》："故溷之精名曰卑，状如美女。而持镜呼之，知愧则去也。"

杯渡和尚　仙佛奇踪

【杯渡禅师】梁·慧皎《高僧传》卷一〇"神异"下：杯渡者，不知姓名，常乘木杯渡水，因为号。初在冀州（今河北衡水冀州区），后至京师。见时可年四十许，带索褴褛，殆不蔽身，言语出没，喜怒不均。或剖冰扣冻而洗浴，或著履上山，或徒行于市。唯荷一芦圈子，更无余物。后欲往瓜步，至于江侧，就航人告渡，不肯载。于是累足杯中，杯自然流，直渡北岸。渡不甚持斋，饮酒啖肉，至于辛脍，与俗不殊。一日，合境闻有异香，疑之。处处觅渡，乃见在北岩下，卧之而死。头前脚后，背生莲华，极鲜香，一夕而萎。邑共殡葬之。后日有人从北来云："见渡负芦圌，行向彭城（今江苏徐州）。"乃共开棺，唯见败衣。如此异事甚多，后世屡有见之者。

【北帝】❶即"酆都北帝"，又有"酆台北帝""北太帝君"等称。《太平广记》卷三一九"苏韶"条引王隐《晋书》："刘孔才为太山公，欲反，擅取人以为徒众。北帝知孔才如此，今已诛灭矣。"即此。❷颛顼亦称北帝。所谓"玄冥为北帝之佐"，北帝即指颛顼。❸北极紫微大帝。

【北帝大魔王】《云笈七签》卷四六"修真旨要"：凡道士隐迹山林，精思感灵，或读《洞经》发响之时，多为北帝大魔来试败兆。每至昏夜，当叩齿三十六通。毕，乃咒曰："北帝大魔王，受事帝君前。泉曲之鬼，四明酆山，千妖混形，九首同身。神虎放毒，魿灭雷霆，神公吐咒，所戮无亲。"

【北帝师】晋·葛洪《枕中书》："周公旦为北帝师，治劲革山。"《真灵位业图》第七左位：西明公领北帝师周公（北少傅）。

【北斗】北斗崇拜在星辰崇拜中地位突出，乃因其与民生关系至密，不惟夜间可指示方向，且其运行规律对制定历法亦大有作用。故而把许多社会功用强加给它，如《史记·天官书》所说"以齐七政"，除四时、天文之外，连地理、人道亦可由北斗调整，纬书更谓其主州国分野、年命寿夭、富贵爵禄、岁时丰歉。民间俗信与早期道教吸收了这种信仰，重新调整了分工，让它专掌寿夭，"北斗注死"之说遂兴。晋·干宝《搜神记》卷一〇："三国吴时，道士吕石昼卧，梦上天，至北斗门下，见外有马三匹，云：'明日当一以迎吕石，一以迎戴本，一以迎王思。'吕石梦觉，自知死期将至。"同书卷一五亦言梦见上天北斗门下缚某人，次日某人即死。是"北斗门下"类似于后世之冥府也。又晋·葛洪《西京杂记》："八月四日，出雕房北户竹下围棋。胜者终年是福，负者终年疾病，取丝缕就北辰星求长命，乃免。"而道教亦以北斗兼主人之生死寿夭，《太上玄灵北斗本命长生妙经》："北斗，司生司杀、养物济人之都会也。凡诸有情之人，既禀天地之气、阴阳之令，为男为女，可寿可夭，皆出其北斗之政命也。"《魏书·崔浩传》："浩父疾笃，

乃剪爪截发，夜在庭中仰祷斗极，为父请命，求以身代。"◆又有以北斗七星为七神者，唐·段成式《酉阳杂俎·前集》卷一四："北斗魁第一星神名曰执阴（一曰报阴），第二星曰叶诣（一作叶谐），第三星曰视金，第四星曰拒理，第五星曰防仵，第六星曰开宝，第七星曰招摇（一曰招始）。"然同书《前集》卷二又云："祸福续命，由怙照第四天，鬼官北斗君所治，即七辰北斗之考官也。"是以北斗为鬼官而主生死者，但又不同于冥官。按汉之前人或以天神主鬼魂之事，非如后世之有地狱冥府之说也。◆又有以北斗七星至下界为猪形者，《酉阳杂俎·前集》卷一又载僧一行禳北斗，于浑天寺置大瓮。从午至昏，有七豕至，遂置于瓮中，封以六一泥。次日，太史奏昨夜北斗不见。北京白云观藏斗姆画像，北斗即为七猪。按南宋·洪迈《夷坚支志·癸集》卷二"穆次裴斗鸡"条载穆度事："梦为二皂衣追去，行无人之境，遇冠金冠七道人，皂衣黑带，拱立于侧。七道人者，实北斗七星灵化。"北斗居北，其色为黑，故其身黑衣，而化形为猪，或亦由此。◆北斗七星，合二隐星，共为九星，又称"九皇"。九星依次为天枢星、天璇星、天玑星、天权星、玉衡星、闿阳星、摇（或作瑶）光星、洞明星、隐元星。即北斗七星合左辅右弼二隐星也。九宫星君名号系统不一，依次如下："天枢宫贪狼星君、天璇宫巨门星君、天玑宫禄存星君、天权宫文曲星君、玉衡宫廉贞星君、闿阳宫武曲星君、摇光宫破军星君、洞明宫外辅星君、隐元宫内弼星君。合称'北斗九皇'，为信仰斗姆者所奉。"而《云笈七签》卷二四《玄门宝海经》所言九星之神又与上说不同，曰："第一太星，精名玄枢，神曰阳明。第二元星，名曰北台，神曰阴精。第三真星，名曰九极上真，神曰真人。第四纽星，名曰璇根，神曰玄冥。第五纲星，名曰太平，神曰丹元。第六纪星，名曰命机，神曰北极。第七关星，名曰玄阳，神曰天关。第八帝星，名曰高上皇，神曰八景虚元君。第九尊星，号太微玉帝君，神曰太素七晨元君。"《太上玄灵北斗本命延生真经》所载九星名号则为："第一阳明贪狼太星君，第二阴精巨门元星君，第三真人禄存真星君，第四玄冥文曲纽星君，第五丹元廉贞纲星君，第六北极武曲纪星君，第七天关破军关星君，第八洞明外辅星君，第九隐光内弼星君。"◆又有"三斗""五斗"之说。南宋·叶大庆《考古质疑》卷三："儒书有三斗，北斗、南斗之外，《隋志》又有天市宫垣斗。而道书

东西南北各有斗星，又有所谓中斗，是其所谓斗者凡五也。"明代小说《封神演义》以金灵圣母为斗母，掌五斗群星吉曜恶煞，即不但有南斗、北斗，且有东斗、西斗、中斗。◆北斗神或以古帝王为之。《河图始开图》："黄帝名轩辕，北斗神也，以雷精起。一说：黄帝名轩，北斗黄神之精。"又梁·陶弘景《真灵位业图》："第七左位：鬼官北斗君周武王。"◆北斗神又有实以姓名者。《云笈七签》卷二四："北斗君字君时，一字充。北斗神君本江夏人，姓伯名大万，挟万二千石。一说：北斗君姓陈名奉常，字百万，江夏人。"◆《北斗本命经》仿佛经而造，对北斗七星彻底人神化："在昔龙汉有一国王，其名周御，圣德无边，将人禀寿八万四千大劫。王有玉妃，明哲慈慧，号曰紫光夫人，于尘劫中已

发至愿，愿生圣子，辅佐乾坤，以神造化，却被三千劫于此王世。因上春之日，百花荣茂之时，游戏后苑。至金莲花温玉池，脱服澡盥，忽有所感，生莲花九苞，应时开发，化生九子。

北斗星君　山西繁峙寺

其二长子，是为天皇大帝、紫微大帝。其七幼子，是为七星，或善或恶，化道群情于玉池中。经于七日七夜，结为光明，飞居中极，去地九千万里，化为九大宝宫。二长帝君居紫微垣太虚中勾陈之位，掌握浮图纪纲元化，为众星之主领也。圣母紫光夫人，尊号北斗九真圣德天后也。"

【北斗君】❶即"鬼官北斗君"，梁·陶弘景《真诰》卷一三："鬼官别有北斗君，以司生杀，非道家之北斗也。"然又云"鬼官北斗君乃是道家七辰北斗之考官。此鬼一官，又隶九星之精，上属北晨玉君府耳。"《真诰》卷一五："祸福吉凶、续命罪害，由恬昭第四天宫，鬼官北斗君治此中，鬼官之北斗。"按：《真诰》所言酆都六天宫，北太帝君、北斗君与四明公各居其一。北斗君位在北太帝君下，四明公上。北斗君之辅为斗君师，由东明公夏启兼之。按：此北斗君明系北斗主死之说的演变。因北斗在道教中地位大大提高，故移出此职能入于

鬼官，而又欲与北斗主死说相折中，遂沿用北斗之名。◆《真诰》卷一五："周武王姬发为鬼官北斗君。"又云："北斗君天门亭长，今是臧洪，臧洪代隗嚣。"北斗君下属既有替代，则北斗君亦非始终一人担任。《太平广记》卷二七六"许攸"条引刘宋·刘义庆《幽明录》："许攸梦乌衣吏奉六封书，曰：'府君当为北斗君。陈康伯为北斗簿。'明年，许与陈同日而卒。"

【北斗七元真君】见《云笈七签》卷一一六"边洞玄"："叟曰：'天上大圣真人高真上仙与北斗七元君，轮降人间，以为天子，期满之日，归升上天。'"按此即北斗星君，见"北斗"条。

【北斗使者】民间传说中的冥官，据明·朱国桢《涌幢小品》卷一九"避正人"条载："浙江兰溪北隅有明远楼，章文懿公夜游其上，倦而假寐。有二鬼来，惊曰：'章大人在此，奈何？'一鬼欲避去。另一鬼曰：'奉命洒扫，俟北斗使者摄狱，如何可违？'"按北斗判死，北斗使者则为北斗星君遣至阴司按察冥狱者，即人间朝廷派绣衣使者、巡按之类至地方审察刑狱的翻版。

【北方鬼帝】见"北太帝君"条。

【北方五灵玄老君】道教五方老君之一，全称为"北方洞阴朔单郁绝五灵玄老君"，与东方青灵始老君、南方丹灵真老君、中央黄老君、西方皓灵皇老君并列。《云笈七签》卷一〇一引《洞玄本行经》："本姓皓，字敷明，盖玄皇之裔，太清之胄。生于元福弃贤世界始青天中。年十二，幽寂，好玩山

北方五灵玄老君　北京白云观

水，或离家十日方还。时国中饥荒，饿殍遍野，敷明于地境山遇一顷巨胜，亲采以救民，活数千口，以致劳累而死。九天记其功德，度其魂神于朱陵之宫，天帝遣金翅大鸟以两翼覆其尸，历七百年尸身

不坏。后经水漂至贝渭邪源初默天郁单之国北垒元丘，又经野火焚烧，尸形受炼而起，化成真人。改姓节，名灵会，元始天王赐号灵会洞阴朔单郁绝五灵玄老君。"

【北海神】最初北海有神，名曰禺强，见于《山海经》。《云笈七签》卷一四《黄庭遁甲缘身经》记四海大神名，亦以禺强为北海神。◆北海神又有"海若""玄冥"诸说，分见各条及"四海"条。◆又有以"申公豹"为北海神者。参见该条。

【北海水仙】明·曹学佺《蜀中广记》卷七五引景焕《野人闲话》："蜀人韦昉，夜泊于涪陵江，遇龙女，迎入龙宫。后昉以状元及第，龙女复遣人来迎。敕命昉充北海水仙。"

【北河司命】梁·陶弘景《真诰》卷一二："为中茅君定录右禁郎官属，主水官考罚。此位虽隶定录，其实受事于东华宫中节度。"姚俊曾居此职。见"姚俊"条。

【北虎元帅】清·慵讷居士《咫闻录》卷一〇：雷州（今广东雷州半岛）有邪神，一曰北虎元帅，一曰青卫娘娘，随时作祟，遍户受殃。其为害也，附病人而求食，借人口而发言，祭以食则病轻，不祭则病重。听病人言似男声，即往北虎庙祈祷；似女声，遽刻青卫像，供奉于堂。青卫娘娘最爱观角抵、听戏，或三日五日即一索，必至倾其家而已。若产尽人亡，则弃其像于野，乡人惧收其像而招祸，故见则远避。然青卫之害在于一家，而北虎之害在于一方。新正欲占休咎，默祷神前，束草为人，腹中装满鸡卵，仆于地而滚之，卵有一碎，有一妇堕胎，若尽碎，则是村孕妇无不堕胎，即牛羊犬豕，亦皆胎落。北虎能扶乱，青卫则不能。每逢春秋，二庙土民扛像出巡。北虎出巡，必在青卫庙设床帐，舁北虎于青卫庙中，住宿一宵。青卫庙出巡亦然。

【北极驱邪院左判官】驱邪院左判官即"颜真卿"，见该条。顾名思义，驱邪院即神界专掌驱除邪祟之官府。如南宋·洪迈《夷坚丙志》卷五："青田小胥陈某，门不启，夜忽失所在。或怜其父失子，具状诉于驱邪院，判其后曰：'当所土地里域真官，仰来日辰时，要见陈某下落。如系邪祟枉害生人，亦仰拘赴所属根治，余依清律施行。'令焚于城隍祠。"《夷坚丙志》卷七"安氏冤"条云：安氏女为白马大王庙中小鬼所祟，乃用驱邪院法结正斩其首。

【北极星】《云笈七签》卷二四引《黄老经》《河图宝录》云：北斗第六星闿阳星，为北极星之魄灵。而北极星为天之太常，主升进，上总九天上真，中统五岳飞仙，下领学者之身。步刚真人号北晨飞华君，姓明灵，讳昌上元。◆《云笈七签》卷二四引《玄门宝海经》：北极星围七百七十里，中有玄台玉楼，真人号飞华君，姓羽灵，讳昌元。

北极驱邪院左判官　三教源流搜神大全

【北极真公】《云笈七签》卷二〇《太上飞行九神玉经》："太上大道君告北极真公曰九星"云云。是北极真公掌天府众星宿。

【北极子】晋·葛洪《神仙传》卷四："姓阴名恒。其经曰：'治身之道，爱神为宝。养性之术，死入生出。常能行之，与天相毕。因生求生，真生矣。以铁治铁之谓真，以人治人之谓神。'后服神丹而仙去。"

【北君太傅】酆都鬼官北斗君之辅佐，魏武帝曹操充任。见梁·陶弘景《真诰》卷一五。

【北岭将军】秦时人，名厉狄。元·陶宗仪《南村辍耕录》卷二七："至正丙申岁大旱，方士陈希微祷雨于萧山（今浙江萧山）北岭将军庙。俄降笔云：'吾秦人厉狄也。与项羽起事山阴，虽功不竟而死，然有德于民，其父老不忘我者，俾血食于此，尔来千五百年。世代云变，遂湮我姓名，至蔑焉无闻。'"明·刘基《诚意伯文集》卷九《北岭将军庙碑》："萧山县有北干山，其神甚灵，能祛疫疠，作云雨，人有所祈必应。故立庙于其山，尊其神曰北岭将军。宋徽宗时，方腊反，欲自睦州（今浙江建德）入杭，将渡江，吏民大怖，相祷于神。寇至，有风逆其舟，且见甲士列岸上甚众，乃止不敢渡。知越州刘韐上其事于朝，赐额，封显应侯。"◆又有神能驱厉，故称"厉将军"之说。见清·毛奇龄《西河集》卷一二九《北岭将军》篇，云："萧之北干山旧多种松，深林如神居，山头有岭，名北岭，祠厉将军神于岭间。或曰：神以驱厉名。"

【北明公】梁·陶弘景《真诰》卷一五：季札为北明公，与东明公、南明公、西明公，主四方鬼魂。

【北人无择】《庄子·杂篇·让王》："舜以天下让其友北人无择，北人无择曰：'异哉，后之为人也，居于畎亩之中，而游尧之门。不若是而已，又欲以其辱行漫我。吾羞见之。'因自投清泠之渊。"晋·葛洪《抱朴子内篇·释滞》将其仙化："北人、石户，善卷、子州，皆大才也，而沉遁放逸，养其浩然，升降不为之亏，大化不为之缺也。"

【北台使者】冥官多以"北"为号。"北台"指冥府，其使者即后世勾魂之阴差也。《太平广记》卷三二一"张闿"条引晋·戴祚《甄异录》：鄞城张闿，以建武二年从野还宅。见一人卧道侧，问之，云："足病，不能复去，家在南楚，无所告诉。"闿悯之，有后车载物，弃物以载之。既达家，此人了无感激，且语闿曰："我是鬼耳，承北台使来相收录。见君长者，不忍相取，故佯为病卧道侧。"闿惊，请留鬼，以豚酒祀之，因请求救。

【北太帝君】即北太鬼帝，或称北方鬼帝、北阴大帝、鄷都北帝、鄷台北帝，后世又有鄷宫帝君、鄷都大帝诸异名。梁·陶弘景《真诰》卷一五："炎庆甲即古炎帝，为北太帝君，主天下鬼神。治罗鄷山。"按晋·葛洪《枕中书》云北方鬼帝为张衡、杨云，治罗鄷山，因其位望太低，故至陶弘景则改为炎帝。《真诰》又言："罗鄷山在北方癸地，周回三万里，高三千六百里。山下有洞天，其上其下并有鬼神宫室。山上有六宫，洞中有六宫，是为六天鬼神之宫。"人死则其魂入六宫，故或以为罗鄷为道教冥府。但罗鄷山在六朝时实为鬼神之山，其治鬼功能并不如太山府君及阎罗王之冥府显著。北太帝君之下有上相秦始皇、太傅曹操为辅佐，有四明公（夏启、周文王、召公、吴季札）如世之诸侯方伯，领四方鬼。另有八"侍帝晨"（徐庶、庞德等）如世之侍中，"中郎直事"四人（公孙度、郭嘉等）如世之尚书，有"中禁"如世之中书令监。罗鄷有二天门，南天门为北太帝君之门，北天门为鬼官北斗君（周武王）之门。显然罗鄷山与其说是治鬼的官府，不如说是由历代帝王卿相组成的鬼神朝廷。而在陶弘景《真灵位业图》中，罗鄷在仙灵之界居于最低的第七阶，其上六阶为玉清、上清、太极、太清、九宫、洞天，罗鄷诸神即使有"上圣之德"也须修行数千年方得游行于太清。所以在南朝道教中，北太帝君的实际地位并不很高。但后世罗鄷山

本身出现向地狱和冥府的转型，北太帝君本身也发生了异变。参见"鄷都观主""鄷都元帅""鄷都大帝"等条。

【北阴大帝】陶弘景《真灵位业图》："第七中位鄷都北阴大帝：炎帝大庭氏，讳庆甲，天下鬼神之宗，治罗鄷山，三千年而一替。"是即《真诰》之"北太帝君"，见该条。

【北阴天王】南宋·洪迈《夷坚志补》卷一五"雍氏女"条："建康南门外十里有阴山，其下为北阴天王庙。天王之子祟人家女子，为法师所禳逐。"按此神未必与北阴大帝有关，当系地方丛祠。

【北岳】北岳之神，除原始的山川神之外，又有数说。❶《龙鱼河图》："北方恒山君神，姓登名僧。北岳恒山将军，姓莫名惠。一云恒山君伏通萌。"❷晋·葛洪《枕中书》："颛顼氏为黑帝，治太恒山。"❸《神异典》卷二四引《恒岳志》："北岳恒山。天涯、崆峒二山为副。岳神姓晨，讳崿，主世界江河淮海，兼四足负荷之类。"《三教源流搜神大全》

五岳 北岳安天元圣帝

卷二："北岳恒山，在定州曲阳县是也。以崆峒山为储副。东方朔《神异经》云：神姓晨，讳崿。北岳者，主于世界江河淮济，兼虎豹走兽之类、蛇虺昆虫等属。大中祥符四年五月五日追尊帝号安天玄圣帝、静明皇后。"❹清·徐道《历代神仙通鉴》卷四云：（元始曰）"契乃北岳转世，今为郁微洞元无极真君，主世界江河湖海淮济泾渭，兼虎豹走兽之类，虺蛇昆虫、四足多足等属。"◆按：北岳之祀，据云先在山西之浑源，后移至河北之曲阳，至清时复移至浑源。明·王圻《续文献通考·郊社考》卷一〇："（明）孝宗弘治六年七月，兵部尚书马文升请改祀北岳于浑源州。礼臣议以为祀北岳恒山于曲阳，历汉、唐、宋以至国朝凡三千年，未之有改。其浑源州号有恒山，亦名北岳，然祀典不闻。定议仍祀曲阳。"明·张志淳《南园漫录》卷

二叙马文升之言曰："北岳当祀于山西浑源州之恒山，今南祭于曲阳县者，始于李唐'飞石之祠'，而宋地不及北岳所在，故志有'恒山飞来'之说。今京师在北，恒山在境内，而顾南行以祀北岳，非礼也。"事下礼部，为礼部尚书倪岳所阻，不行。《清朝文献通考·郊社考》卷一〇："顺治十七年三月，改祀北岳恒山于山西浑源州。"◆按："飞石"事，舜仲冬巡北岳，诣大茂山，阻雪望祀，而庙傍飞一石堕帝前，又五载，石飞于真定之曲阳。◆顾炎武有《北岳辨》一文，亦以为北岳应为上曲阳。可参看。

【北岳使者】《宋史·杨廷璋传》："廷璋父名洪裕，小时尝渔于貂裘陂，忽有驰骑至者，以二石雁授洪裕，一翼掩左，一翼掩右，曰：'吾北岳使者也。'言旋不见。是年生淑妃，明年生廷璋，家遂昌盛。"按：自汉以来，有太山治鬼之说，唐时西岳神有治冥囚事（见《广异记》"刘可大"条）。据此，则北岳亦掌人间生死福禄。

【北岳真君】五代·杜光庭《墉城集仙录》卷一〇"戚玄符"条：冀州某妇人卒，有道士过其门，解黑符救之，遂活，曰："我北岳真君也。"◆宋·赵明诚《金石录》卷六有唐《北岳真君碑》，唐玄宗时人房凤所书。参见"五岳真君"条。

【北岳真人】《天地宫府图》"十大洞天之林屋山为北岳真人治所"。◆按：应即北岳真君。

【贝宫夫人】❶梁·任昉《述异记》卷上："贝宫夫人庙，在太一山下，云怀元王夫人也，庙即其基也。"❷唐·李贺有《贝宫夫人》诗，首云"丁丁海女弄金环"，是为海中龙女也。

【贝国器】元末人。明·何乔远《名山藏》卷一〇三：海宁人。有异术，弟子欲学而不传，乃俟其远出，将窃其书，发之，见国器在笥中矣。朱元璋称吴王之年，与铁冠道人俱游于金陵。高帝微行，假榻焉，无枕，枕斗。国器夜起视天，曰："帝星临斗。"帝昂首听之。铁冠曰："尚离尺余。"帝大惊。明日召二人至，问以国号年号，所对皆帝心所定者，益异之。因忽不见。

【孛星】宋·马端临《文献通考》卷二八一引《宋中兴天文志》："凡妖星，五行之乖戾气也。孛本黄帝时一女子，修行不得其死。"明·江应晓《对问编》卷一"孛"条："《晋书·志》妖星彗为最，孛次之。朱子《纲目》书彗十有七，书孛五十有三，则彗、孛非一明矣。董仲舒：孛者，恶气所生。言其孛，孛有所妨蔽闇乱不明之貌。偏指曰彗，芒气四出曰孛。"◆清·袁枚《子不语》卷七："祈雨道士谓：孛星，女身而性淫，能为云雨，居天上则赤体，惟朝北斗之期始著衣裳。有时行于民间，道士摄之入于妇人之体，行术以祈雨。"清·清凉道人《听雨轩笔记》卷一："大司空董邦达，未遇时，与友读书富阳（今浙江富阳）山寺中。一夕踏月寺前，忽见一女人长丈余，肤色如雪，披发赤身，持刀立。二人大惊倒地。次日，董公始苏，备言所见，而某生竟不得醒。后有精于天文者归而考之，其日其时孛星临于斗牛之分，正杭州分野。道家言：孛系女身，居恒裸体，惟朝北斗始著衣。人遭之，无不立死者。董公所遇正为孛星，以福泽正远，故得免耳。"◆按：孛星本指一种天象变化，与彗星常并提，并非特指某一天体。《晋书·天文志》："孛星，彗之属也。偏指曰彗，芒气四出曰孛。孛者，孛孛然非常，恶气之所生也。内不有大乱，则外有大兵，天下合谋，暗蔽不明，有所伤害。"据此，则袁枚等所云之孛星，乃道士求雨"月孛法"之所谓"月孛星"也。

【背明国】晋·王嘉《拾遗记》卷六：汉宣帝时有背明之国来贡。其乡在扶桑之东，见日出于西方。其国常昏暗。五谷皆良，食之后天而死。

【背明鸟】晋·王嘉《拾遗记》卷八：三国吴时，越巂（今四川西昌）之南献背明鸟，形如鹤，巢常对北，不向明，多肉少毛，声音百变，闻钟磬笙竽之声则奋翅摇头。时人以为吉祥。吴人语讹，呼"背明鸟"为"背亡鸟"。国中以为大妖，不及百年，当有丧乱背叛灭亡之事，果如其言。后此鸟不知所在。

【倍阿鲑蠪】《庄子·外篇·达生》：桓公曰："然则有鬼乎？"曰："有。沈有履。灶有髻。户内之烦壤，雷霆处之；东北方之下者，倍阿鲑蠪跃之；西北方之下者，则洗阳处之。水有罔象，丘有峷，山有夔，野有彷徨，泽有委蛇。"疏："人宅中东北墙下有鬼，名倍阿鲑蠪，状如小儿，长一尺四寸，黑衣赤帻，带剑持戟。"明·朱谋㙔《骈雅》卷五："倍阿鲑蠪、洗阳、彷徨，四野之神也。"明·方以智《通雅》卷二一作二物解："倍阿，屋东北方鬼。鲑蠪即《白泽》之徯龙。"按《白泽图》曰："门室精曰徯龙。"

【ben】

【奔云】清·袁枚《续子不语》卷三"全州兵书匣

乃水怪奔云之骨"条：水神巫支祈之第三子，能出入风云，吞噬虎豹。大禹治水时，父子与禹大战，败，禹命天将斩之，掷尸于江中。巫支祈命水怪入江取尸，用阴沉木为棺，葬之于广西全州绝壁之上。按：袁枚称此事引自《涌幢小品》，而《小品》卷二八"遗蜕"条仅云："全州临江一峭壁，凡数十级，半壁有一木柜，岁久不腐，人称兵书匣。嘉靖中，遣南昌姜御史徽访异书入全，张云梯，募健卒探取，乃一棺，中函头颅甚巨，二锯牙垂口外如虎豹然。持其骨下，卒暴死。姜仍以原所瘗之。"并无巫支祈及奔云事。袁枚《随园诗话补遗》所引《涌幢小品》与原文相差无几。

【本命神】《云笈七签》卷一四引《黄庭遁甲缘身经》："甲子神姓王字文卿，王自是姓，文卿是字。至癸亥皆仿此。从神计八百七人，每日有一神当直。人能每日清旦三叩齿，诵直日之神名，云'某君为直日，与我俱行，使我所在咸亨利贞'，又每日三叩齿，诵本命神须食之物，宜与本命神吃，尤加福寿。"《云笈七签》卷一二〇"范阳卢蔚醮本命验"："范阳卢蔚，年二十五，寝疾，忽梦为冥司所摄。有一人乘马奔来，所在留滞，必为遮救。将别去，其人曰：'某乃本命神尔。郎君为冥官所召，大限欲及，某已于天司奏陈，必及中寿，疾亦就痊，无以为忧也。'"南宋·洪迈《夷坚丙志》卷八"无足妇人"条："京师汴梁有一士人为鬼所魅，有伟人救之。士人拜谢，伟人曰：'我即子之本命神，以子平生虔心奉我，故来救护。'"◆按："本命神"又称"本命星官"，参见该条。

【本命星官】即本命神。晋·葛洪《抱朴子内篇·塞难》："命之修短，实由所值，受气结胎，各有星宿。命属生星，则其人必好仙道；命属死星，则其人不信仙道。"又同书《辨问》："人之吉凶，制在结胎受气之日，皆上得列宿之精。其值圣宿则圣，值贤宿则贤，值文宿则文，值武宿则武，值贵宿则贵，值富宿则富，值贱宿则贱，值贫宿则贫，值寿宿则寿，值仙宿则仙。"《太上玄灵北斗本命延生真经》：老君曰："凡人性命五体，悉属本命星官所主。掌本命神将本宿星官，常垂荫佑，主持人命，使保天年。本命星官每年六度降在人间。降日为本命限期，有南陵使者三千人、北斗真君七千神将。本命真官降驾，众真悉来拥护，可以消灾忏罪，请福延生。"《太平广记》卷三〇七"裴度"条引唐·卢肇《逸史》："裴度少时，有术士云：'命属北斗廉贞星神，宜每存敬，祭以果酒。'度从之，奉事甚谨。及为

相，机务繁冗，乃致遗忘，大为廉贞将军所责。"◆《钦定钱录》卷一六："右一品，楷书'本命星官'四字。按道家有祭星法，常以其受生所直之日祈请司命。著之钱文，亦祈寿之意。一面为十二属。"

【beng】

【崩拜爷】仇德哉《台湾之寺庙与神明（四）》："俗信崩拜爷为铁面无私、公正廉明之执法神。或谓即'董大爷'之讹音。"详"董大爷"条。

【bi】

【鼻神】纬书《龙鱼河图》："鼻神名勇卢。"唐·段成式《酉阳杂俎·前集》卷一一："鼻神曰冲龙玉。"

【鼻亭神】帝舜之弟象。《史记·五帝本纪·正义》引《括地志》称："鼻亭神在道县（今湖南道县）北六十里，相传舜葬九疑，象尝至此，后人因立祠，名鼻亭神。"唐·柳宗元《道州毁鼻亭神记》（道州治在今湖南道县西）："鼻亭神，象祠也，不知何自始立，相传且千岁。"◆按清·袁枚《随园随笔》卷一九"鼻亭之疑"条："柳子厚作《道州毁鼻亭神记》，明象之不当祀也。王阳明作《灵博山象祠记》，明象之当祀也。按灵博山在今贵州，非象所封地。《孟子》所云'有庳'，即今湖广永州府之零陵县，其险恶非人所居。舜罪四凶，流窜皆在中国，何独象而封之极远之地？当时舜都安邑，离零陵四千余里，焉得'常常而见''源源而来'耶？惟《史记》注引《括地志》曰：'帝葬九疑，象来至此，后人立祠，名曰鼻亭神。'此为近之。"按刘宋·刘义庆《幽明录》言："始兴县有皋天子国，因山崎岖，十有余里；坑堑数重，阡陌交通；城内堂基碎瓦，柱穿犹存。东有皋天子冢。皋天子，未之闻也。"皋天子，疑即鼻天子，传说即象。同书又云："始兴县有睪天子城，城东有冢。昔有发之者，垂陷，而冢里有角声震于外，惧而塞之。"睪天子，疑亦鼻天子。

【比干】商纣王大臣，因强谏，纣怒曰："吾闻圣人心有七窍。"遂剖比干以观其心。见《史记·殷本纪》。后世以比干为"文财神"，其因不详。或因其"心有七窍"而联想到精于算计，或云因其剖腹去心，而欲发财之人正无心肝，故而奉祀之，近于谑也。

【比肩民】《尔雅·释地》："北方有比肩民，迭食而迭望。"郭璞注："此即半体人，各有一目、一鼻孔、一臂、一脚。"按《山海经·海外西经》有"一臂国"，《淮南子·墬形训》海外三十六国有"一臂民"，似乎半体，应即比肩民。

比干　文财神　高密民间神像

【比肩兽】《尔雅·释地》："西方有比肩兽，与邛邛岠虚比。为邛邛岠虚啮甘草，即有难，邛邛岠虚负而走，其名谓之蟨。"郝懿行《笺疏》："邛邛岠虚状如马，前足鹿，后足兔，前高，不得食而善走。蟨前足鼠，后足兔，善求食，走则倒，故啮甘草以仰食邛邛岠虚，邛邛岠虚负之以走。"是比肩兽为邛邛岠虚与蟨二兽之合称也。

【比翼鸟】《山海经·海外南经》："比翼鸟在结胸国东，其为鸟青、赤，两鸟比翼。"《西山经·西次三经》："崇吾之山有鸟焉，其状如凫，而一翼一目，相

比翼鸟　山海经图　胡文焕本

得乃飞，名曰蛮蛮，见则天下大水。"郭璞注："比翼鸟也。色青赤，不比不能飞。《尔雅》作'鹣鹣'鸟也。"晋·张华《博物志》卷三："比翼鸟，一青一赤，在参嵎山。"又云："崇丘山有鸟，一足一翼一目，相得而飞，名曰䖢，见则吉良，乘之寿千岁。"亦比翼鸟也。至元·伊士珍《嫏嬛记》则铺衍为："南方有比翼凤，飞止饮啄，不相分离，雄曰野君，雌曰观谛，总名曰长离，言常相离著也。

此鸟能通宿命，死而复生，必在一处。纣时集于长桐之上，人以为双头鸟不祥。及文、武兴，始悟曰：此并兴之瑞也。"

【笔神】宛委山堂本《说郛》卷三一下引《致虚杂俎》：笔神曰佩阿，砚神曰淬妃，墨神曰回氏，纸神曰尚卿。笔神又曰昌化。

【笔仙】称笔仙者有二。❶苏轼《书石晋笔仙》："石晋之末，汝州有一士，不知姓名，每夜作笔十管付其家。至晓，阖户而出，面街凿壁，贯以竹筒，如引水者。有人置三十钱，则一笔跃出。以势力取之，莫得也。笔尽，则取钱携一壶买酒，吟啸自若。率尝如此，凡三十载，忽去，不知所在。又数十年，复有见之者，颜貌如故，人谓之笔仙。"❷"颜笔仙"。见该条。

毕方　山海经图　吴任臣本

【必方】唐·释道世《法苑珠林》卷五八引《白泽图》："火之精名必方，状如鸟，一足。以其名呼之，即去。"《太平御览》卷八八六引《白泽图》又曰："上有山林，下有川泉，地理之间生精，名曰必方，状如鸟，长尾，此阴阳变化所生。"前"必方"似为"毕方"之讹。

【毕】冥府有毕院，庭中聚人眼数千如山，即"毕"。见唐·段成式《酉阳杂俎·续集》卷一："唐太和五年，复州有医人王超，善用针。忽无病而死，梦至一处，如王者居，有王者病疮，使王超医之，愈。王者命黄衣人引王超入一门，门署曰'毕院'，庭中有人眼数千，堆聚如山，迭瞬明灭。黄衣人曰：'此即毕也。'俄有二人鼓巨扇吹之，众眼腾起，或为飞禽，或为走兽，或有为人者，顷刻而尽。黄衣人曰：'有生之类，先死而毕。'"

【毕道宁】北宋时人。《仙鉴》卷五〇：字康叔，为庐山太平兴国宫道士。哲宗绍圣间游江浙，至潜山（在今安徽潜山西北）遇异士，授以丹，曰："异日与子再会于圣治峰。"毕回宫杜门修行。至徽宗宣和七年，有白衣山人来访话旧，赠以《沁园春》一首。后四日，毕正襟危坐而逝。

【毕道人】宋·张师正《括异志》卷七"毕道人"：道人幼嗜酒，不治生，常衣弊褐游江湖间，携一扇，怀袖间置沙数合，偶有所适，则藉地取沙，写风云草木、蛟龙禽兽之字，以扇扇之殆尽，乃欣然而去。尝有贾姓者过洞庭，方离岸，为暴风所漂，几至沉溺。忽见一人循岸以扇招之，舟渐逼岸，遂获免。贾德之，默记其形状。旬日，贾到长沙，偶于市中见之，出金帛衣物为谢。毕固辞不受。强之，乃取衣服数事，旋以施贫者，一无所留。其后竟不知所在。

【毕方】《山海经·西山经·西次三经》："章莪之山，有鸟焉，其状如鹤，一足，赤文青质而白喙，名曰毕方，其鸣自叫也，见则其邑有讹火（即怪火）。"又《海外南经》："毕方鸟在其东，青水西，其为鸟人面一脚。"《韩非子·十过》："昔者黄帝合鬼神于泰山之上，驾象车而六蛟龙，毕方并辖，蚩尤居前，风伯进扫，雨师洒道。"《文选·东京赋》薛综注："毕方，老父神，如鸟，两足一翼，常衔火在人家作怪灾也。"袁珂《山海经校注》以为："毕方当是'煏烞'一词之音转，煏烞为竹木燃烧时之声，音转而为毕方。故《淮南子》云'木生毕方'，《广雅》云'木神谓之毕方'，《骈雅》云'毕方，兆火鸟也'。则毕方者，犹今之所谓'火老鸦'也。神话化为神鸟毕方，又转而为'衔火作灾'之妖物。"◆按：《广雅》卷九曰"木神谓之毕方"，而《意林》则称"木精毕方"，是作为五行之精而言。◆唐元和中夏，永州（今湖南零陵）多火灾，柳宗元有《逐毕方文》。◆又，《太平御览》卷八八六引《白泽图》："上有山林，下有川泉，地理之间生精，名曰毕方，状如鸟，长尾。此阴阳变化所生。"

【毕元帅】《三教源流搜神大全》卷四"毕元帅"："姓田名华，乃正东二七神也。雷藏地中，寄胎于田间千年石乳。诞时白昼霹雳，火光照天，风雨骤至，帅膝坐，大蛇围其外。至长，遂因田为田姓，指荜而为毕。修炼于漉泸岩下。时女娲补天，百计不成，帅助之。又助黄帝击死蚩尤，黄帝拜以龙师之职，帅不受而隐于华胥之境，因名华焉。至唐尧时十日并出，赤土千里。帝起用之。乃奉帝命，驾雷车，拥电筛，雨旸以时。及汉末，妖魔纵横，玉帝封以雷门毕元帅之职，掌十二雷庭，辅玄天上帝诛瘟疫鬼。"◆《封神演义》记雷部诸神毕天君名毕环。疑雷部中本有毕元帅，或拆"毕"字为"田华"二字，以为元帅之姓名。明·姚宗仪《常熟私

毕元帅　三教源流搜神大全

志》记致道观雷部诸神，有"右伐魔使毕元帅"。清·清凉道人《听雨轩笔记》卷一记有天神毕元帅除千年石妖故事，云元帅手发巨雷，复挥巨斧，正是雷神形象。明·陆粲《庚巳编》卷三"苟毕元帅"条有"心将雷霆苟毕元帅"，亦毕元帅之变称，与苟元帅、辛元帅俱为《搜神后记》卷一〇所载章苟故事之衍变。参见"苟元帅"条。

【肺胃】后汉傩仪中十二神之一。《续汉书·礼仪志》："肺胃食虎。"

【弼星】《云笈七签》卷二四"北斗九经职位总主"引《黄老经》及《河图宝录》云："北斗第九星隐元星，为弼星之魂明空灵。而弼星为太帝真人之星，主变化无方。三阳真人号帝真元星君，姓幽空，讳冥阳晖幽寥。"

【赑屃】清·王士禛《香祖笔记》卷九："龙生九子，一名霸下，好负重，故为碑座；赑屃好文，在碑文两旁。出《总龟》。《博物志·逸篇》又云：'赑屃性好负重，故用载石碑，螭虎形似龙，性好文采，故立于碑文上。二说名字亦不同。'顾起元《说略》云：'霸下未详。赑屃，《韵会》云：龙也，一名雌鳌。《吴都赋》云：巨鳌赑屃是也。'三国·张揖《广雅》云：'有角曰虬龙，无角曰螭龙。'今世石碑上下四旁率刻螭虎，而载石作龟形，盖似鳌而稍讹，霸下则竟不知何状。即龙生九子，其名亦无一定之说也。"参见"龙九子"条。◆按：疑"赑屃"与"霸下"为一物而二名，其功用与读音均相近。◆清·俞凤翰《高辛砚斋杂著》：粤东关姓言：闻英咭唎夷船，曾于海岛获三异物，似巨龟而长脚，蹒跚行，腹离地高数尺许。杀其一烹之，食者尽死。以为怪，蓄舟中。后阮太傅闻之，曰："此赑屃也，绝有力。"索而置诸园，令五六人坐其背，物盘辟略不觉重。所过之处，亭台山石俱为推

倒。急返之夷人，仍投于海。

【神灶】春秋时郑国大夫，精于星占，预言多验。事见《春秋左氏传》襄公二十八年、三十年，昭公九年、十年、十七年、十八年。

【辟蛇童子】南宋·陆游《入蜀记》卷二："晋慧远法师祠堂，远公之侧有一人，执军持侍立，谓之辟蛇童子。传云东林故多蛇，此童子尽拾而投之蕲州（今湖北蕲春）。"

【辟邪】汉·东方朔《海内十洲记》："聚窟洲有辟邪、天鹿。"《后汉书·灵帝纪》注："今邓州南阳县北有宗资碑，旁有两石兽，镌其膊，一曰天禄，一曰辟邪。据此，天鹿即天

辟邪　程氏墨苑

禄，与辟邪并兽名也。"南宋·程大昌《演繁露》卷一六："乌弋有桃拔，一名符拔，似鹿长尾。一角者或为天鹿，两角者或为辟邪。"近人朱希祖有《天禄辟邪考》，可参看。参见"符拔"条。

【獙獙】《山海经·东山经·东次二经》："姑逢之山，有兽焉，其状如狐而有翼，其音如鸿雁，其名曰獙獙，见则天下大旱。"

獙獙　山海经图　吴任臣本

【碧峰长老】明·董谷《碧里杂存》："姚广孝削发为僧于苏州承天寺。其兄碧峰长老戒行甚高。洪武中，征天下高僧以辅诸王，广孝有及世之志，将应诏。碧峰苦劝止之，不从。既而佐成祖靖难，迁都北京。碧峰思之，往访焉，既见，厉声诃责，广孝事之甚恭谨。或有以其语闻于上者，欲罪之，以广孝在，未发。乃敕广孝公差于外，始御鞫之。具以实对，无惧容。上曰：'汝号碧峰，必煮不烂者。'曰：'然。'命以甑蒸之，经一日夕，无伤也，乃下之狱。逾年而广孝始还，暇日从容以请，上曰：'朕固忘之。'即命宣入。至午门，跚跌于地，不肯入，曰：'业缘尽矣，又奚见为！'双玉箸自鼻中

出，长尺余，遂化去。"

【碧芬】《明皇杂录》："玄宗与贵妃避暑兴庆宫，饮宴于灵阴树下，寒甚，玄宗命进碧芬之裘。碧芬出林氏国，乃驺虞与豹交而生。此兽大如犬，碧于黛，香闻数里。

【碧鸡神】见"金马碧鸡之神"条。

【碧落侍郎】为天上仙秩，不拘一人，故笔记中有数说。❶沈羲。《说郛续》卷二一引唐·冯贽《记事珠》："沈羲为仙人所迎，见老君，以金案玉盘赐之，后授官碧落侍郎。"又见明·董斯张《吴兴备志》卷一三："沈羲，武康人，躬耕于野，忽弃耕亡去，家人求之不得。子孙相传，以为羽化。齐永明二年归访旧里，呼诸孙谓之曰：'吾是汝四世祖，在蜀以符药治病，有活人功，上帝授吾为碧落侍郎。'"参见"孙千霞"条。❷南宋宰相谢深甫之前身。南宋·谢采伯《密斋笔记》卷五："采伯皇考未第时，谒灵康，梦神赠金鱼一样，空中呼为碧落侍郎。"❸范长生。明·李日华《六研斋笔记·二笔》卷二："蜀青城山中，有孙太古画碧落侍郎范长生举手整貂蝉像。"参见"范长生"条。

【碧霞元君】❶泰山玉女。《神异典》卷二一引明·王之纲《玉女传》："泰山玉女者，天仙神女也。黄帝时始见，汉明帝时再见焉。按《玉女考》李谔《瑶池记》云：'黄帝尝建岱岳观，遣女七，云冠羽衣，焚修以迎西昆真人。'玉女盖七女中之一，其修而得道者。又《玉女卷》曰：'汉明帝时，西牛国孙宁府奉符县善士石守道妻金氏，中元七

碧霞元君等　北京白云观

年甲子四月十八日子时生女，名玉叶。貌端而性颖，三岁解人伦，七岁辄闻法，尝礼西王母。十四

岁忽感母教，欲入山，得曹仙长指，入天空山黄花洞修焉。天空即泰山，洞即石屋处也。三年丹就，遂依于泰山焉。'泰山以此有玉女神。山顶故有池，名玉女池，旁为玉女石像。宋真宗东封，像偶折，诏易以玉，构昭真祠祀焉。尹龙谓世传天仙玉女碧霞元君之祠始此。明成化间，拓建改为宫。弘治间更名灵应。嘉靖间再更碧霞。碧霞宫之名始此。若谓玉女为东岳金虹太乙定父所生，而化身为观音之在世，岂理也哉？世乃谓玉女亲受帝册，为女青真人，永镇泰山，以主其祀，岂不谬哉！明·顾炎武《日知录》卷二五"湘君"条："泰山顶碧霞元君，宋真宗所封，世人多以为泰山之女，后之文人知其说之不经，而撰为黄帝遣玉女之事以附会之，不知当日褒封，固真以为泰山之女也。今考封号虽自宋时，而泰山女之说则自晋时已有之。"◆按：对于泰山玉女之本原，历代多有议辨，而其说多迂。如清·徐昂发《畏垒笔记》卷三"碧霞元君"条，以为即周武王之女："世俗谓泰山之神为碧霞元君，是天帝之长女，亦曰玄女，亦曰陈州娘娘。余尝疑其故而不得，后忽悟，此必谓武王元女大姬也。以其为武王元女，故曰帝之长女，其言玄女者，元女也。世俗不解元女之称，故讹转为玄女也。其曰陈州娘娘者，当是陈敬仲奔齐时，奉其祭祀俱来，厥后子孙昌大，虽擅有齐国，而原其所始，犹谓之陈州娘娘也。"又《说郛续》卷一六引佚名《询刍录》，以为元君本为后土之神："元君女像，愚民以娘娘称之，北方称为奶奶，盖后土神故也，世俗遂以女像相传，以起愚民之信。"◆民间崇祀元君胜于东岳，其意乃在于求嗣。明·谢肇淛《五杂组》卷四云："又俗以东方主发生之地，故祈嗣者必祷于是，而其后乃傅会为碧霞元君之神，以诳愚俗。故古之祠泰山者，为岳也；而今之祠泰山者，为元君也。"又《民间新年神像图画展览会》："传说以泰山娘娘为东岳大帝之女，此神乃司使妇女多子，并为保护儿童之神。泰山娘娘之供奉极为普遍，山东尤甚。送子（娘娘）原为泰山娘娘（及观音）称号之一，其女侍之一曾代之抱一婴儿，因此人乃以此称号与之，彼乃渐变为被人单独供奉之对象。"◆民间又有祀元君以为亲祈寿事。近人林纾《铁笛亭琐记》"舍身崖"条云："旧闻礼元君时，孝子为亲祈寿，必投身崖下，冀代二亲以死。崖在日观峰前，其下残骨巉巉然。前泰安县令毛公澄恶之，为易名曰爱身崖。"❷有称"天妃"为碧霞元君者。清·姚福均《铸鼎余闻》卷一："《黟县志》云：泰山碧霞元君祠，宋真宗时敕建。又天后，明亦曾封为碧霞元君。"❸有称小姑神为碧霞元君者。明·王世贞《弇州四部稿》卷七八《江行纪事》："有祠翼然，嘉靖中所建以祠小孤神者，其称曰碧霞元君，又曰小姑之神，是不唯讹小孤为小姑，又并小姑、元君为一也。为之一笑。"

【壁角姑娘】紫姑之属。清·朱海《安安录》卷二："吴俗，儿女戏以饭筲覆蒙绢帕，插小簪，为乩于门后，迎请壁角姑娘，以香灰铺几上，扶筲听其自旋，时作鸟兽草木状毕备。"

【壁山神】五代·杜光庭《录异记》卷四："合州巴川县（今重庆合川），崔某为县令。尝有健卒盗寨木，崔令擒送镇将斩之。卒家先事壁山神，卒死，神乃于崔令家为祟，或现形往来，或空中诟骂，掷火毁器。钱帛衣服，无故遗失。箱匣锁闭如初，其中衣服，率皆剪碎。求方术禳解，都不能制。崔令罢官还千里，鬼亦随之。又日夕饮食，与人无异。一家承事，不敢有怠。费用甚多，吏力将困。忽一旦，举家闻大鸟鼓翼之声，止于屋。久之，空中大呼，自称大王，曰：'汝比有灾，值我雍溪兄弟非理，今已遣去矣。汝灾尽福生，吾自来暂驻，亦将不久。且借天蓬毫子中居。'自此日夕常在，恒与主人语。其言多劝人为善，亦令学气术修道。又自云姓张。有女名锦绣娘及妻妾，食物所费亦不少。人之所行，善恶灾福，言无不中。细问之，即以他语为对。未知是何神也。"◆五代·孙光宪《北梦琐言·逸文》卷三"壁"作"璧"："合州有璧山神，乡人必祭以太牢，否则有祸。蜀僧善晓经此庙，命斧击碎土偶，卒无恙。而庙祝则言：此神一向蔬食。"◆按：一说壁山神为唐大历中人赵延之，见"赵延之"条。

【壁鱼】即"脉望"。唐·段成式《酉阳杂俎·续集》卷二："建中末，书生何讽尝买得黄纸古书一卷，读之，卷中得发卷，规四寸，如环无端，何因绝之，断处两头滴水升余，烧之作发气。讽尝言于道者，吁曰：'君固俗骨，遇此不能羽化，命也。据仙经曰：蠹鱼三食神仙字，则化为此物，名曰脉望，夜以规映当天中星，星使立降，可求还丹。取此水和而服之，实时换骨上宾。'因取古书阅之，数处蠹漏，寻义读之，皆神仙字。"◇明·方以智《通雅》卷四七："蠹鱼、蛃鱼、衣鱼、壁鱼，即《尔雅》之蟫，白鱼也，化为脉望。"

【薛衣道人】《虞初新志》卷一二清·陈鼎《薛衣道人传》：姓祝，名尧民。洛阳诸生，有文名。明亡，弃举业为医，自号薛衣道人。剖腹洗肠，破脑灌髓，如华陀之神。里人有头为贼所断者，道人为续之，居然生还。后入终南山修道，不知所终。

【避役】唐·段成式《酉阳杂俎·前集》卷一七："南国有虫名避役，一曰'十二辰虫'。状似蛇医，肢长，色青赤，肉鬣。暑月时见于篱壁间，俗云见者多称意事。其首候忽更变为十二辰状。"◆按：此即变色龙，唯传闻甚夸张也。李时珍《本草纲目》作"十二时虫"。

【bian】

【边洞玄】唐时女子。有二说，所记殊异。❶唐·戴孚《广异记》："唐开元末，冀州枣强县（今河北枣强东）女道士边洞玄，学道服饵四十年，年八十四岁。忽有老人，持一器汤饼来诣洞玄曰：'吾是三山仙人，以汝得道，故来相取。此汤饼是玉英之粉，神仙所贵，顷来得道者多服之。'洞玄食毕，老人不见。后日，洞玄忽觉身轻，齿发尽换，满七日，紫云昏凝，遍满庭户。须臾门开，洞玄乃乘紫云，竦身空中立，去地百余尺，与诸弟子及法侣等辞诀。有顷日出，紫气化为五色云，洞玄冉冉而上，久之方灭。"❷五代·杜光庭《墉城集仙录》卷八"边洞玄"条："范阳（今北京）民女，幼而仁慈好善。年十五，白其父母，愿入道修身，父母不许。既笄，誓不嫁。及父母亡故，乃诣郡中女观，请为道士，昼夜纺绩不懈。每有所得，市胡麻、茯苓、香火之外，多贮五谷，每朝于庭中饲禽鸟，于室中饲鼠；至凶岁，辄以米麦济人。一日有老叟负布囊卖药，自称大还丹，及见边洞玄，则并桃胶同赠之，云：'太上有命，使我召汝。'于是七日后，边洞玄白日升天。是日唐玄宗于便殿忽闻异香，见青童四人导一女道士，年可十六七，进曰：'妾是幽州女道士边洞玄也。今日升天，来辞陛下。'"以上二说颇多差异，但均为女道士，至《仙鉴》卷四三所记，则为一男道士："洛阳人，幼为道士，游四方货药以自给。一日登嵩山，遇一书生，同憩树下。书生饮以酒，洞玄乃醉。书生取木简化为剑，曰：'欲借师之肝胆之，可乎？'洞玄惧而醒，俯伏乞命。书生曰：'观子有道风仙骨，然未有所遇。'遂挥剑腾空而去，掷下一卷书，曰：'请相访五云溪。'洞玄展看，即数幅纸，五彩画研茶槌十枚。殊不晓其意。洞玄见人辄问五云所在，人以为狂。后归洛阳，乘醉入水，不复出。后有人

自衡湘来，见洞玄于南岳观中，托寄书与洛阳。时好事者以为水解。"

【边遁】《（雍正）云南通志》卷二五：正德间人，住狮子山。土妇凤氏往谒，不为礼，且曰："汝不修，当为厕虫。"凤怒，夜遣人刺之，则为巨人所缚。鸡鸣，更使人往视，亦为所缚。恳请于遁，乃以法释之。凤请人邀遁，遁已渡金沙江，顾使者曰："尔主真当变虫矣。"遂失所在。

【扁鹊】扁鹊有二，一为神话中之扁鹊，乃黄帝时名医。《云笈七签》卷一〇〇《轩辕本纪》："黄帝臣，与俞跗定《脉经》。"一为战国时之秦越人。因其医术可比古之名医扁鹊，故在赵时人称之为扁鹊。《史记》本传："扁鹊者，渤海郡郑（今河北任丘）人。姓秦名越人，少时为人舍长。

扁鹊　本草真荃

扁鹊行医画像砖

舍客长桑君过，扁鹊独奇之，常谨遇之。而长桑君亦知扁鹊非常人也，出入十余年，乃出其怀中药与扁鹊，曰：'饮是以上池之水，三十日当知物矣。'乃悉取其禁方书尽与扁鹊。忽然不见，殆非人也。"扁鹊以其言饮药三十日，能见墙后之人。以此视病，尽见五脏症结，特以诊脉为名耳。为医或在齐，号卢医，或在赵，名扁鹊，名闻天下。过邯郸，闻贵妇人，即为带下医；过洛阳，闻周人爱老人，即为耳目痹医；来入咸阳，闻秦人爱小儿，即为小儿医，随俗为变。秦太医令李醯自知伎不如扁鹊也，使人刺杀之。"《史记正义》引《黄帝八十一难序》云："秦越人与轩辕时扁鹊相类，仍号之为

扁鹊。又家于卢国，因命之曰卢医也。"◆因其医术入神，故传说中多有神话色彩。《列子·汤问》："鲁公扈、赵齐婴二人有疾，同请扁鹊求治。扁鹊竟为二人换心。二人辞归，乃往对方之家。"清·李调元《新搜神记·神考》："药王有三。其一为扁鹊。"明·王圻《稗史汇编》："扁鹊墓在河间任丘县（今河北任丘），其祠名药王祠。祠前有地数亩，病者祷神，乃以珓卜之，许则云从某方取药。如言掘土，果得药，服之无弗愈者。其色味不一。四方来者，日掘千窖，越宿俱平壤矣。"《宋史·方伎·许希传》："景祐元年仁宗不豫，许希针愈，命为翰林医官，赐绯银鱼及器币。希拜谢，又西向拜。帝问故，对曰：'扁鹊，医师也。敢忘师乎？请以所得全与扁鹊庙。'帝为筑庙于城西隅，封灵应侯。"明·沈德符《万历野获编·补遗》卷三："郑州立药王庙，专祀扁鹊，盖扁鹊为郑人也。神庙建像，慈圣祈祷有效，遂鼎新之，香火繁盛为畿辅冠。"元·纳新《河朔访古记》卷中："汤阴县东南二十里有扁鹊墓，题'神应王扁鹊之墓'。宋仁宗景祐元年九月，诏封扁鹊神应侯。今曰神应王，未详何代所封。"

【扁蛇】清·朱翊清《埋忧集》卷四"异蛇"：扁蛇，阔五寸、长五尺，厚一寸。首尾俱齐，色如缊绸，五色相错成文而方。不知者以为栉沐之巾也。口甚巨，其行如飞，能逐狡兔。广西及南海山中，间有之。

【卞城王】或作"汴城王""变成王""变城王""变性王"。十殿阎君之第六殿，姓石，或云姓毕。为冥界十王之第六。据《预修十王生七经》《地藏十王经》等，亡魂于入冥之"六七"日会至此王之处。此王之本地为弥勒菩萨，乃职司对亡者惩恶劝善之冥官。而《玉历钞传》之类则云："第六殿，卞城王毕，三月初八日诞辰，司掌大叫唤大地狱及枉死城，另设十六小狱。凡世人怨天尤地，对北溺便涕泣者，发入此狱，查所犯来件，应发何小狱受苦。满日转解第七殿，再查有无别恶。"一说："六殿卞城王，司掌大海之底，正北沃燋石下，大叫唤大地狱，其广亦纵横三千里，四围另设常跪铁砂、屎泥浸身、磨催流血、钳嘴含针、割肾鼠咬等十六小地狱。凡犯贪污、贩毒、堕胎、放高利贷、纵火、包揽辞讼而为司法黄牛者，死后均归第六殿审理，判刑后发交各小地狱受苦。民间或以为掌管牛坑地狱、石压地狱、舂臼地狱。"

【卞和】《史记·鲁仲连邹阳列传》："昔卞和献

宝，楚王刖之。"《集解》应劭曰："卞和得玉璞，献之武王。武王示玉人，玉人曰'石也'，刖右足。武王没，复献文王，玉人复曰'石也'，刖其左足。至成王时，卞和抱璞哭于郊，乃使玉尹攻之，果得宝玉。"◆《太平广记》卷三四一"韦浦"条引唐·薛渔思《河东》："卞判官名和，即昔刖足者也。善别宝，地府以为荆山玉使判官。"◆按：后世玉器业以卞和为"祖师"，最为当行。

卞城王　北京白云观

【卞山王】即项羽。《宋书·孔季恭传》："先是，吴兴（今浙江湖州）频丧太守，云项羽为卞山王，居郡厅事，二千石至常避之。"◆按：又作"卞王"。刘宋·刘敬叔《异苑》卷一："乌程（今浙江湖州）卞山，本名土山。有项籍庙，自号卞王，因改为名。"详见"项羽"条。

【变成王】十殿阎罗之一，见"卞城王"条。

【变鬼】明·陆粲《庚巳编》卷六：南京华严寺僧月堂者，往年以募缘游食至贵州，闻土人言：此中夷俗，有人能为变鬼法。或男子，或妇人，变形为羊、豕、驴、骡之类，啮人至死，吮其血食之。宣慰土官戒僧云："卧时善防之。"僧与数人宿寺中，夜深，闻羊鸣户外，少顷一羊入室，就睡者身连嗅之。僧即运禅杖力击其腰下，一羊踣地，遂复本形，乃一裸体妇人也。执而絷之，将以闻官，妇人哀叫不已。天明，倩人往报其家，家人齐来寺中，罗拜求免，出白金三百两为僧赎妇命，僧受之，乃释妇使去。他日，僧出郊，见土官导从布野，方执人生瘗之，问旁观者，云："捉得变鬼人也。"清·陈鼎《滇黔纪游》："宾川州（在今云南大理东）有变鬼者，妇女居多，或变猫、变羊、变鸡鸭、变牛粪、变象马，遇单客则杀之而夺其财。村落中或有此种人，左右邻必鸣官擒治，否则连坐。其人面黄眼赤，神情恍惚，容易识认。"

【变婆】明·陆粲《说听》卷下："贵州平越山寨苗民，有妇年可六十余，入山迷不能归，掇食水中螃蟹充饥，不觉遍体生毛，变形如野人。与虎交合，夜则引虎至民舍，为虎启门，攫食人畜。或时化为美妇，不知者近之，辄为所抱持，以爪破胸饮血。人呼为变婆。"

【bie】

【鳖宝】有三说，相似而略有不同。❶《聊斋志异》卷六有"八大王"一篇，记鳖精八大王："自口中吐一小人，仅寸许，因以爪掐生臂，痛若肤裂；急以小人按捺其上，释手已入革里，甲痕尚在，而漫漫坟起，类痰核状。"此人"自念所获，必鳖宝也。由此目最明，凡有珠宝之处，黄泉下皆可见，即素所不知之物，亦随口而知其名"。❷清·姚元之《竹叶亭杂记》所记与之近似而非人形："其物大如豆，喜食血。得者与之约，相随十年或八年，每日食血若干厘。约定，即以小刀划臂，纳之于臂中，自此即能识宝。"❸清·汤用中《翼駉稗编》卷二"鳖宝"条："亡荆刘孺人之胞姊陈夫人常谓余曰：少时见比邻烹一巨鳖，忽闻釜中呼号声甚惨，启视寂然。及熟剖之，腹中得一小人，长三寸余，庞眉白髯，已被煮烂，乃鳖宝也。生得之可以致富，惜已无及。"清·东轩主人《述异记》卷上所记相类。清·俞樾《右台仙馆笔记》卷六则略异："樊氏家治一鳖，以箸夹其头，将断之，忽其尾间又出一物如头。庖人大怪之，曰：'吾烹于釜，看有何怪异。'及熟而剖之，则中有一人，其状如老翁，须眉宛然，头戴风帽，身披氅衣，但不见其足耳。或语庖人曰：'此鳖宝也。生得而畜之，则可得天下之宝也。'"◆又称"龟宝"，参见该条。

【鳖姑娘】胡朴安《中华全国风俗志》下编"河南"章，记沘源之闺阁游戏："一为抬石头神，二曰请鳖姑娘，用杓子一把，擀面杖一条，小儿衣服数件，扎成人形，置于阴沟旁，焚香叩首，念咒数句，二人抬至灶神前，以卜一年吉凶。或询以将来之富贵贫贱，问话时杓头若点动即为应允。三曰请七姑娘，与上法略相同，唯所请之地在粪堆前。"◆按：此亦"紫姑"之类。

【鳖令】或作"鳖灵"。《后汉书·张衡传》注引《蜀王本纪》："蜀王望帝积百余岁。荆有一人名鳖令，其尸亡去，荆人求之不得。鳖令尸随江水上至郫，遂活，与望帝相见，望帝以鳖令为相。时玉山出水，若尧之洪水，望帝不能治，使鳖令决玉山，民得安处。鳖令治水去后，望帝与其妻通，惭愧，自以德薄，不如鳖令，乃委国授之而去，如尧之禅舜。鳖令即位，号曰开明帝。"

【bin】

【宾满】唐·释道世《法苑珠林》卷五八引《白泽图》："三军所战，精名曰宾满。其状如人头，无身，赤目，见人则转。以其名呼之则去。"

【bing】

【冰夷】即冯夷，河伯也。《山海经·海内北经》：

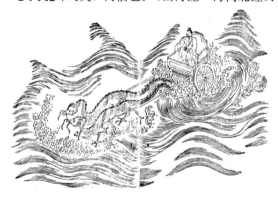

冰夷　山海经图　蒋应镐本

"从极之渊，深三百仞，维冰夷恒都焉。冰夷人面，乘两龙。"郭璞注："冰夷，冯夷也。即河伯也。《淮南》云：'冯夷得道，以潜大川。'即河伯也。《穆天子传》所谓'河伯无夷'者。《竹书》作'冯夷'，字或作'冰'。"详见"冯夷"条。◆按：冰夷既都于深渊，则似非黄河之神也。而《海内北经》又云"阳污之山，河出其中。凌门之山，河出其中"，郭注云："皆河之枝源所出之处也。"又《穆天子传》云："阳纡之山，河伯无夷之所都居。"是其解也。

【兵主】即战神，古齐国所祀"八神"之一，"祠蚩尤。蚩尤在东平陆监乡，齐之西境也。"或与西方主杀有关。见《史记·封禅书》。

【炳灵公】"泰山三郎"之封号。《旧五代史·唐书·明宗纪》："长兴四年七月，东岳三郎神赠威雄

炳灵公　岱庙东岳天贶殿

大将军。初，帝不豫，前淄州刺史刘遂清荐泰山僧一人，僧曰：'尝于泰山中亲睹岳神，谓曰："吾第三子威灵可爱，而未有爵秩，师为我请之。"'宫中神其事，故有是命。"（按明宗十一月即崩）《宋史·礼志五》："真宗封禅毕，加号泰山为仁圣天齐王，又封威雄将军为炳灵公。"南宋·吴曾《能改斋漫录》卷一八"天齐仁圣帝五子"条："京东父老相传：东岳天齐仁圣帝有五子，唯第三子后唐封威权大将军，本朝封炳灵侯。哲宗元符二年六月，始诏四子长为佑灵侯，次为惠灵侯，第四子为静鉴大师，第五子为宣灵侯。"《三教源流搜神大全》卷一："东岳大帝第三子，唐太宗时封威雄将军，宋太宗封上吴炳灵公，大中祥符元年封至圣炳灵王。"◆清·顾禄《清嘉录》卷六："世传炳灵公为火神。道书以五月十二日为炳灵公诞。"而清·姚福均《铸鼎余闻》云："吴俗以炳灵公为火祖，六月二十三日是其诞辰，或云是七月十八日。"疑此火祖之炳灵公为另一神，非泰山三郎也。◆《封神演义》第九十九回："封黄天化（黄飞虎之子）为总领三山正神炳灵公。"◆按：黄天化在西岐大将中与杨戬、哪吒、雷震子等相并列，近于《三国演义》蜀汉之五虎上将。◆参见"泰山三郎"条。

【并封】《山海经·海外西经》："并封，在巫咸东，其状如彘，前后皆有首，黑。"又作"屏蓬"，《大荒西经》："有兽，左右有首，名曰屏蓬。"又作"鳖

并封　山海经图　蒋应镐本

封"，《周书·王会》："鳖封者，若彘，前后皆有首。"闻一多《伏羲考》谓应作"并逢"，并、逢皆有合义，乃兽牝牡相合之义。袁珂云："推而言之，蛇之两头，鸟之两首者，均亦并封之类。"吴任臣《广注》曰："游氏《臆见》云'西区阳有鳖封，谓之两头鹿'，《骈雅》曰：'鳖封，两首彘也'，鳖封、并封、屏蓬，似是一物。"

【bo】

【拔斯鬼】又作"仆食鬼""扑斯鬼""卜思鬼"。明·谢肇淛《滇略》卷九："夷人中有号为仆食者，不论男女，年至老，辄夜变异形，若犬或彘或驴，于人坟前拜之，其尸即出，为彼所食。盖出自夷一种焉。"杨慎《滇程记》云：'百夷家畜一拔斯鬼，无形而善噬人魂，中者越宿死，死则百夷取其尸为醢。鬼畏犬，闻犬声则远遁不返。'殆谓是耶？"明·沈德符《敝帚轩剩语》卷上"人化异类"条所载大致相同，又云："百夷即僰夷，以音相近讹称。又四川建昌行都司有人变鬼者，亦名'扑斯'。"明·朱孟震《游宦余谈》："建昌有僰夷，善幻术。彼人葬尸未朽者，至坟所，禹步诵咒，尸即自穴通出，变为牛马，用以充馔，或曳娄而卖之。又三宣慰中有妖术曰'卜思鬼'，妇人习之，夜化为猫犬，行窃人家，遇有病者，舐其手足，嗅其口鼻，则摄其肉，唾于水化为水虾，取而货之。蛮莫之外有曰'地羊鬼'者，髡首黄目黑面而狰丑，能以泥土沙石换人及牛马五脏，忤之者必被其害，死后如蝉蜕。然卜思鬼惟狗可以败之，地羊鬼袒服皆青则无害。"

【波儿象】阴间怪兽。清·袁枚《子不语》卷五："似猪非猪，阴间畜养此兽，凡遇案件讯明罪重之人，即付彼吞噬，如阴间投畀豺虎故事。"

【波神】❶名"阳侯"。《楚辞·九章》"凌阳侯之泛滥兮"，王逸注："阳侯，大波之神。"《战国策·韩策》："塞漏舟而轻阳侯之波，则舟覆矣。"《淮南子·览冥训》"武王伐纣，渡于孟津，阳侯之波逆流而击"，高诱注："阳侯，阳陵国侯也，死于水，其神能为大波，有所伤害。"《汉书·扬雄传》应劭注："阳侯，古之诸侯也，有罪自投江，其神为大波。"❷或称"川后"。《三教源流搜神大全》卷七："波神，谓川后。"曹植《洛神赋》："屏翳收风，川后静波。"❸名"翻海"。《木郎祈雨咒》注："波神名翻海。"

【钵仙】明时人。《（雍正）浙江通志》卷二〇〇引

《会稽县志》：“不知姓名年岁。常手捧数十瓦钵，人叩之，唯曰‘孝弟’二字。冬月赤身睡雪中，体常温。一夕卒，众殓之，检其钵有银，适如买棺之数。举其棺甚轻，开视之，敝衣而已。”

【伯高子】《列子·黄帝》：“列子师老商氏，友伯高子，进二子之道，乘风而归。”晋·皇甫谧《高士传》卷中：“老商氏者，不知何许人也，列御寇师焉，兼友伯高子，而进于其道。”◆按：此“伯高子”或与《山海经》之“柏高”有关。而儒家亦有一“伯高子”，《宋史·礼志八》：“政和五年，太常等言：兖州邹县孟子庙，诏以乐正子配享，公孙丑以下从祀，皆拟定其封爵，其中有伯高子封泗水伯。”◆按：《列子》之“伯高子”自不应配祀孟子，此应是《礼记·檀弓》中“死于卫”之“伯高”之误。其人之丧而孔子赴之，是亦当时贤者。

【伯牛】明·朱国桢《涌幢小品》卷一九：“绵（绵上，今山西介休南）俗尚祷，有白牛庙者，民竞夸诩其妖以为神。实乃伯牛庙之讹。”◆按：伯牛，孔子弟子冉耕字伯牛。

【伯奇】❶尹吉甫之子。按尹吉甫为周宣王之辅臣，其前妻之子名伯奇。吉甫娶后妻，后妻生子，欲夺嫡，设谋谮于吉甫。伯奇至孝，不肯辨白而自投于江。后吉甫游于田，见鸟鸣于桑间，其声嗷然。（为伯奇所化。）吉甫动念，知伯奇冤死，遂射杀后妻。琴曲有《履霜操》，即写此。❷后汉傩仪中十二神之一。《续汉书·礼仪志》载大傩侲子辞，有“伯奇食梦”之句。据萧兵考证：伯奇即凶鸟伯劳，而伯劳则为西周尹吉甫之子伯奇冤死后精魂所化。是伯劳本有神鸟之实，而所谓“食梦”者，乃食致人恶梦之鬼物。又作“伯倚”，唐·段成式《酉阳杂俎·前集》卷一四：“伯倚食梦。”敦煌写卷《白泽精怪图》：“入夜得恶梦，旦起，于舍东北被发咒曰：‘伯奇伯奇，不饮酒食肉，常食高兴地，其恶梦归于伯奇，厌梦息，兴大福。’如此七咒，无咎也。”◆清·惠士奇《礼说》卷八云：“伯奇者，神名。食梦者，食于梦，犹食于火、食于土也，盖古舍萌之礼欤？舍萌者，释菜于神，赠之在堂，送之四方，男巫之职也。”

【伯强】《楚辞·天问》“伯强何处？惠气安在？”王逸注：“伯强，大厉疫鬼也，所至伤人。”明·方以智《通雅》卷二一：“《天问》伯强，大厉鬼也。疑即伯倚、强梁二名为一。”闻一多《天问释天》：“伯强者，王夫之以下说者多以为即禺强。禺强之

名见《庄子》、《吕氏春秋》及《山海经》诸书，乃北方神名，或曰北海神。《淮南子·墬形训》曰‘隅强，不周风之所生也’，不周风者，西北风也。北与西北，大同小异。禺强为北方之神，不周为北方之风，故周拱辰疑禺强为风神，亦即《天问》之伯强，而伯强、惠气，皆风属也。”

伯强 离骚图

【伯山甫】汉时人。晋·葛洪《神仙传》卷三：“雍州（今陕西西安）人，于华山精思服饵，时归乡里省亲。如此一百余年不老。每入人家，即知人家先世以来善恶功过，又知未来吉凶。其外甥女年老多病，服以药，面容转少，色如桃花。后汉朝使者见此女，云年已二百三十岁。”

【伯王】即“伯益”。《神异典》卷四九引《山西通志》：“夏城西十里有伯王庙，祀虞臣伯益。”

【伯夷】神名。❶颛顼帝掌刑之官。《尚书·吕刑》：“伯夷降典，折民惟刑。”袁珂云：“按据《吕刑》所记，蚩尤作乱时，曾作‘五虐之刑’，迫胁苗民与之同叛。蚩尤既诛，天地定位，颛顼乃命大神伯夷自天降颁法典，另制五刑，替正‘五虐之刑’，以此折服下民，建立人神间新秩序。”❷尧、舜时掌礼之官。《国语·郑语》云：“伯夷能礼于神，以佐尧者。”伯夷姜姓，唐臣，能礼于神，以佐尧。迄虞时，伯夷作秩宗。《路史》卷一三《炎帝纪下》：“垂生噎鸣，是为伯夷。为虞心吕，且功于水，封吕。生岁十二，泰岳袭吕，余列申许。”❸商末孤竹君之长子。见《史记·伯夷列传》。

【伯夷父】《山海经·海内经》：“伯夷父生西岳，西岳生先龙，先龙是始生氐羌。”郭璞注：“伯夷父，颛顼师，今氐羌其苗裔也。”郝懿行《笺疏》：“《周语》云：‘昨四岳国，命为侯伯，赐姓曰姜，氏曰有吕。’此经言伯夷父生西岳，盖其父本为四

岳，至其子纂修旧勋，故复为西岳也。"袁珂云："伯夷父，疑即大神伯夷，父盖男子之美称。"

【伯益】或作"伯翳""柏翳"。舜之大臣。《书·舜典》："帝（舜）曰：'谁能驯予上下草木鸟兽？'佥曰：'益哉！'"于是以益为虞官。为秦、赵之始祖。《史记·秦本纪》："帝颛顼之苗裔孙曰女修。玄鸟陨卵，女修吞之，生子大业。大业生大费，与禹平水土。已成，帝锡玄圭。禹受曰：'非予能成，亦大费为辅。'帝舜乃妻之姚姓之玉女。大费拜受，佐舜调驯鸟兽，鸟兽多驯服，是为柏翳。舜赐姓嬴氏。"其与禹并治

伯益像 山西新绛稷益庙

洪水事，《孟子·滕文公下》云："当尧之时，天下犹未平；洪水横流，泛滥于天下；草木畅茂，禽兽繁殖，五谷不登；禽兽逼人，兽蹄鸟迹之道，交于中国。尧独忧之，举舜而敷治焉。舜使益掌火，益烈山泽而焚之，禽兽逃匿。禹疏九河，瀹济、漯，而注诸海。"东汉·赵晔《吴越春秋》卷四："禹巡行四渎，与益、夔共谋，行到名山大泽，召其神而问之，山川脉理，金玉所有，鸟兽昆虫之类，及八方之民俗，殊国异域土地里数，使益疏而记之，名曰《山海经》。"据此，益之位置始终仅次于大禹，及大禹为帝，益亦为佐。故后世又有禹死传位于益，而禹子启以兵攻益而杀之，遂变禅让为世袭之局。见《战国策·燕策》《竹书纪年》。因伯益职掌草木鸟虫，能驯鸟兽，且有通鸟语之传说，后世民间遂以为"百虫将军"。参见"百虫将军"条。

【伯余】《淮南子·泛论训》："伯余之初作衣也，緂麻索缕，手经指挂，其成犹网罗。后世为之机杼胜复，以便其用，而民得以掩形御寒。"高诱注："伯余，黄帝臣。"《世本》曰："伯余作衣裳。"于是后世纺织业奉伯余以为机神。清·梁章钜《浪迹续谈》卷一"机神庙"条："又推原其始为机杼者，复立机神庙。神之缘起，引《淮南子》高注，以为黄帝之臣伯余也。"

【薄鱼】《山海经·东山经·东次四经》："女烝之山，其上无草木。石膏水出焉，而西注于鬲水。其中多薄鱼，其状如鳣鱼而一目，其音如欧，见则天下大旱。"欧，即"呕"字。

薄鱼 山海经图 汪绂本

【驳】《山海经·西山经·西次四经》："中曲之山，有兽焉，其状如马而白身黑尾，一角，虎牙爪，音如鼓音，其名曰驳，食虎豹，可以御兵（辟兵刃）。"《海外北经》亦云："有兽焉，其名曰驳，状如白马，锯牙，食虎豹。"清·吴任臣《广注》曰："《宋史》载顺州山中有异兽，如马，而食虎豹，北人不能识，问刘敞。敞曰：'此驳也。'为说其状，且诵《山海经》《管子书》晓之。《王会篇》：'义渠以兹白'，注：'兹白一名驳。'"按《管子》书称为"驳象"，《小问篇》："桓公乘马，虎望见之而伏。管仲曰：'君所乘马乃驳象也，驳食虎豹，故虎疑焉。'"

驳 山海经图 蒋应镐本

【驳马】《山海经·北山经》：敦头之山，其中多驳马，牛尾而白身，一角，其音如呼。

【帛公】南宋·陈葆光《三洞群仙录》卷三："于君者，病癞数十年，百药不能愈。忽见市中卖药公姓帛，因往问之，云可

驳马 山海经图 汪绂本

救，以素书二卷授之，曰：'不但愈病而已，当得长年。'于君再拜受之。内以治身修性，外以消灾救疾，无不愈者。道成仙去。"

【帛和】三国时人。晋·葛洪《神仙传》卷七："字仲理。师事董奉，行气断谷。又诣西城王君。

王君谓曰：'吾暂往瀛洲，汝于此石室中，熟视石壁，日久当见文字，读之则可得道。'帛和视之三年，见《太清中经神丹方》《三皇文》《五岳图》。王君回，制仙丹，服半剂可长生，余半剂作黄金五十斤，用以救济贫病。后入林虑山，为地仙。"又《水经注》卷一五"潕水"条："潕水西南有帛仲理墓，墓前有碑云：真人帛君之表。仲理，名护，益州巴郡（治在今重庆市）人。晋怀帝永宁（嘉）二年十一月立。"与《神仙传》所载名籍全异。然护、和音近，字又相同，应系一人。◆按：董奉为三国时吴人，帛和应是三国及西晋初人。据葛洪《抱朴子内篇·祛惑》所载，西晋时洛中有一自称为"白和"者，传言八千七百岁，"洛中道士已博涉众事、洽练术数者，以诸疑难咨问和，和皆寻声为论释，皆无疑碍"。此白和即帛和，疑晋灭吴后，和或其徒即北上传教。其教人称"帛家道"，经典即为前述之《神丹方》《五岳图》之类，东晋时，江南士大夫尚有奉事者。又按卿希泰《中国道教》"帛家道"条述：据《太平经》等天师道经典称，《太平经》由太上老君传于吉，于吉传帛和；据上清派方面经典称，《素书》二卷，由金阙后圣帝君传上相青童君，青童君传西城王君即方平，方平传帛和，帛和传于吉。而帛和之《神丹方》等三部经典又为鲍靓、郑隐、葛洪所奉信，则帛和当为魏晋之际道教一大造经者。◆参见"河北王母"条。

【帛举】《洞仙传》："字子高，尝入山采薪，见二白鹄飞下石上，即成二仙人，告以寻访河北王母，得九剑酒，又乞阴丹服之，即翻然飞升，至于云中，掌云雨之任。"◆按：帛子高，与"柏子高"音谐。参见"柏成"条。

【勃鞮国】晋·王嘉《拾遗记》卷一："颛顼时，滇海之北有勃鞮之国。人皆衣羽毛，无翼而飞，日中无影，寿千岁。凭风而翔，乘波而至中国。中国气暖，羽衣稍稍自落。"◆按：《后汉书·和帝纪》云："窦宪伐匈奴至北鞮海。"（按：今本作"比鞮海"）"北鞮海"，宋·吴仁杰《两汉刊误补遗》卷八"北海"条作"勃鞮海"。

夸父国　山海经图　蒋应镐本

【博父国】《山海经·海外北经》："博父国在聂耳东，其为人大，右手操青蛇，左手操黄蛇。"郝懿行《笺疏》案："博父，大人也，大人即丰人。《方言》云：'赵、魏之郊，燕之北鄙，凡大人谓之丰人。《燕记》曰"丰人杼首"。'疑此是也。或云即夸父也。《淮南·墬形训》云'夸父在其北'，此经又云'邓林在其东'，则'博父'当即夸父，盖其苗裔所居成国也。"

【猼訑】《山海经·南山经》："基山，其阳多玉，其阴多怪木。有兽焉，其状如羊，九尾四耳，其目在背，其名曰猼訑，佩之不畏。"郝懿行《笺疏》案："此亦羊属，唯目在背上为异耳。《说文》'祋'字注云：'城郭市里高县羊皮，以惊牛马，曰祋。'《本草经》云：'羖羊角，主辟恶鬼虎狼，止惊悸。'并与此经合。"

猼訑　山海经图　吴任臣本

【跛仙】❶北宋时人。宋·陈田夫《南岳总胜集》"圣寿观"条云："圣寿观去庙北登山七里，唐咸通中建。宋太平兴国间有跛仙，遇吕洞宾于君山，后亦隐此。行灵龟吞吐之法，功成回岳麓，自号潇湘子。"又见《衡岳志》。◆按：既为吕翁弟子，又为跛子，故后世有说李铁拐为洞宾所度者。❷《仙鉴》卷三六"宋愚"条："宋愚，京师人。父为客商，往来湖湘间，三年不归，愚往寻之。至潭州（今湖南长沙），遇跛者于酒肆，饮以酒，约明日至其居。既至，见跛者峨冠紫袍，有狼虎之姿，珍品罗列，虽王公之家不若。席间，跛者取二弹，云：'呈小技以娱客。'二丸飞起，两两相击，化为长剑，相击不止，又化为千余剑，如火如电。跛者曰：'汝若欲得此道，可吞一丸，即能变化如此。'宋愚辞以寻父，不愿学。跛者惊曰：'汝之道又在吾之上。'遂告愚：'其父已客死湘州（按：两宋无湘州，旧湘州即长沙地，疑有误）。'愚往寻之，果得遗骨。"

【簸箕神】沈平山《中国神明总论》第三章："紫姑，浙东人称簸箕神。"

【bu】

【卜成】晋·葛洪《抱朴子内篇·至理》："河南密县有卜成者，学道经久，乃与家人辞去。其始步稍高，遂入云中，不复见。此所谓举形轻飞，白日升天，仙之上者也。"按：河南伊阳县有九山。《水经注·洛水》："仲长统曰：昔密有卜成，身游九山之上，放心不拘之乡。"◆按：此"卜成"即晋·张华《博物志》之"成公"及《后汉书·方术传》之"上成公"，不知何者为正。

【卜景云】明初人。《（雍正）浙江通志》卷二〇一引《寿昌县志》："寿昌（今浙江建德南）人。常居仙池岩，习修炼之术。洪武己酉夏，严州（治在今浙江建德东）旱，为祷雨而应。县北塘水中蛟为患，县请治之。景云嘱其妻子曰：'速具棺，吾其殆矣。'遂往，以铁剑屠蛟。既归，临镜自画其像，遂卒于家。时人号为卜真人。"

【卜式】东汉末人。晋·张华《博物志》卷五："曹操集方士十六人，皆能断谷不食，分形隐没，出入不由门户。"其中有河南卜式。◆按：西汉武帝时有卜式，亦河南人。《史记》有传。

【卜珝】《晋书·艺术传》："字子玉，匈奴后部人。少好读《易》，郭璞见而叹曰：'吾不如也。奈何不免兵厄！'珝曰：'吾大厄在四十一，位为卿将。吾亦未见子之终也。'后刘渊称帝，征为大司农、侍中，以疾辞。刘聪时为太常，使持节、平北将军。将行，谓其妹曰：'此行，死自吾分。'果死于兵。"

【卜偃】春秋时晋国臣，精于卜筮。事见《春秋左氏传》闵公元年、僖公二年、僖公五年、僖公二十五年。

【补锅匠】明初时人。《神异典》卷二五七引《明外史》本传："不知何许人。往来夔州（治在今重庆奉节）、重庆间，为人补锅。与之值，一无所较；与之食，即不复受钱。所止多居佛寺。有从之学补锅者，不取酬，令负担从；后有学者，即令先学者去。如是数年，川中人皆呼老锅匠。一日于夔州遇一人，相顾愕然，已而相持大哭，共入山岩，坐语竟日，又大哭，永诀不能相见。此人即冯翁，在夔州为童子师者。后二人俱不知所终。"按：此条可参见《明史》卷一四三《牛景先传》，是补锅匠乃为明建文遗臣，靖难役后隐居于民间者，而后世遂传说成仙人。《（雍正）云南通志》卷二五亦载一"补锅匠"，收弟子事与前同，又云："无姓名。不言，以哑子称。永乐间常憩狮山，往来村落间。一日于狮山道上以柴枝写'要南下'三字，奄然而逝。土人收于棺，未葬，越三日而尸不见，传哑子又在省城补锅。"

【不倒翁怪】清·李庆辰《醉茶志怪》卷三：陈氏侨居于津，每夜闻复室中有声隆隆，如转碌碡。以灯烛之，即亦暂止。又半载，白昼亦然。窥之，有老叟长须彩服，高仅二尺，身圆几如小瓮，绕地旋转，其声随之，闻人语即遁去。细穷其处，似在柜后。移柜视之，有纸糊不倒翁，酷似所见。毁之，怪绝。盖物大肖人形，感天地之精气，即足为妖。

【不化骨】见"伏尸"条。

【不空】唐时僧人。唐·段成式《酉阳杂俎·前集》卷三："梵僧不空，能役百神。玄宗时大旱，上令祈雨。不空言：'须过某日方可，不然，必暴雨。'上不听，令金刚三藏设坛祈雨，连日暴雨不止。上乃复召不空作法，以泥捏土龙五六只，用胡语骂之，雨遂止。"同卷又云："邙山有大蛇，头若丘陵，见不空作人语曰：'弟子恶报，常欲翻河水淹没洛阳。'不空为蛇受戒，说苦空。后旬月，大蛇死于涧中，臭达数十里。"余事见"二郎独健"条。

【不死国】《山海经·大荒南经》："有不死之国，阿姓，甘木是食。"郭璞注："甘木即不死树，食之不老。"吴任臣《广注》引刘会孟云："祖州海岛产不死草，一株可活一人。"

【不死民】《山海经·海内南经》："不死民在其（交胫民）东，其为人黑色，寿，不死。"郭璞注："有员丘山，上有不死树，食之乃寿；亦有赤泉，饮之不老。"吴任臣《广注》案："《括地图》曰：'员丘之山，上有赤泉，饮之不死。'

不死民 山海经图 蒋应镐本

《博物志》云：'员丘山有不死树，食之乃寿。'景纯《游仙诗》：'圆丘有奇草，锺山出灵液。'《洛阳宫殿簿》云：'明光殿前长生树二株，晋华林园长生树二株，即不死树也。'又广西柳州产苴草，亦名不死草。《周髀算经》曰：'中衡左右，冬有不死之草。'李石

《续博物志》曰：'支国有活人草，人死者，将草覆面即活。'皆不死树类。"

【不廷胡余】传说中的神人。《山海经·大荒南经》："南海渚中，有神，人面，珥两青蛇，践两青蛇，名曰不廷胡余。"

不廷胡余 山海经图 蒋应镐本

【布袋和尚】❶ 南宋·周密《鸡肋编》卷中："昔四明（即明州，今浙江宁波一带）有异僧，身矮而皤腹，负一布囊，中置百物，于稠人时倾泻于地，曰'看看！'人皆目为布袋和尚。临终作偈曰：'弥勒真弥勒，分身千百亿。时时识世人，时人总不识。'于是隐囊而化。今世遂塑画其像为弥勒菩萨以事之。"《（雍正）浙江通志》卷一九九引《明州三佛传》："不知何许人。五代梁时见于明州奉化县。蹙额皤腹，常自称契此，若长汀子、布袋和尚，则以人之所见称。日夕寝食

布袋和尚 松下布袋图 明·佚名

无常处。每以锡杖布袋自随，行聚落田野间，见鱼肉辄入口，余以投袋中。所至酒垆屠肆，恣其饮啖，不厌恶，谓可使其货倍售而获利多也。晨起著高齿木屐，是日必晴，系草履疾走，则必雨。有陈居士遇甚谨，报以偈曰：'宽却肚皮须忍辱，放开笑口暗销磨。'又曰：'我有一布袋，虚空无挂碍。展开遍十方，入时观自在。'贞明三年示寂于岳林寺。"元·袁桷《延祐四明志》卷一六《释道考》："布袋和尚者，唐末有僧，形裁猥琐，蹙额皤腹，杖荷布囊，随处偃卧，号长汀子，雪中体不濡，示人祸福辄应。将雨则著草履，亢阳则曳木履。梁贞明二年（明·田艺蘅《留青日札》卷二七'布袋和尚'条、明·田汝成《西湖游览志余》卷一四俱作

'贞明三年'），于奉化（今浙江奉化）岳林寺东廊坐逝。偈曰：'弥勒真弥勒，化身千百亿，时时示时人，时人自不识。'葬寺西二里，曰弥勒庵。宋元符元年，赐号定应大师；三年祥光现于葬所，得锡杖净瓶，邑人建阁藏之。崇宁三年，赐阁名崇宁。"❷清·俞樾《右台仙馆笔记》卷五记另一布袋和尚，死后为吴江县（今江苏吴江）土地："布袋和尚者，不知何许人。嘉庆中至吴江县城专门卖卜，居城东关帝庙中。口操楚音，年可七十余。项下悬一黄布袋，不暂释，因以为名。袋广长仅尺余，而日用之具若杯壶冠履，笔墨纸砚，咸取于中。卖卜以十事为限，谈休咎辄中。暇则遍游乡市，见字纸必拾之投袋中。有人伺其睡而窥其袋，只得龟壳一，长寸余。于是皆疑为仙，叩其术者甚众。和尚厌之。一夕圆寂，父老皆梦土地神来别，曰：'明日布袋和尚来代我。'众即葬之土地庙后，而庙神项下犹悬布袋。"❸又为台湾地区民间所奉十八罗汉之一。◆按：布袋和尚，本五代后梁之僧人，因其死时说偈有"弥勒真弥勒，分身百千亿"句，世人遂以为弥勒化身，故造弥勒佛像则作布袋和尚相。明·吴承恩《西游记》中弥勒佛有一"人种袋"，为黄眉童子盗去，竟令孙悟空及普天神将束手无策，此袋当即胖和尚之布袋矣。

【不孝鸟】《太平御览》卷九二七引《神异经》曰："不孝鸟，状如人身，犬毛，有齿猪牙，额上有文曰不孝，口下有文曰不慈，鼻上有文曰不道，左胁有文曰爱夫，右胁有文曰怜妇，天故生此异鸟以显忠孝也。"

【布张】明时人。《（雍正）云南通志》卷二五："昆明人。有异术，尝为一妪作豫修斋，妪持所写文示张，一见尽焚。妪曰：'书此数日矣，今卒然何以办？'张曰：'办十笔砚，一夜可成。'妪潜窥，见十人相貌皆同，五鼓书毕。张于送神时伏地不起，谛视唯衣冠在地而已。黔国公请其术，张画门于壁，以手叩之，门开，中有宫室甚严。尝欲以术传僧铁峰，铁峰不受。示化后，人又见之于大理。"

【步景】东汉·郭宪《洞冥记》卷二：东方朔游吉云之地，得神马一匹，高九尺。武帝问是何兽。朔曰："昔西王母乘灵光辇以适东王公之舍，税此马游于芝田，乃食芝田之草。东王公怒，弃马于清津天岸。臣至王公之坛，因骑马返，绕日三匝，入汉关，关犹未掩。其名为步景。"

【步熊】西晋术士。《晋书·艺术传》：字叔罴，阳

平发千人。少好卜筮数术，门徒甚盛。学舍侧有一人为火烧死，吏持熊诸徒，谓为失火。熊谓吏曰："从道南行，当有一人来问得失火者否，便缚之。"吏从之，果得其人，乃农人烧草，风起而延烧，实不知草中有人。赵王伦闻其名，召之。熊曰："伦死有日，不足应也。"伦怒，遣兵捉之，熊逃脱。为成都王颖所辟，射覆无不中。后为平昌公模所杀。

【C】

【cai】

【财神】民间所祀财神大致有如下数种：❶赵公明及其陪祀之利市仙官、进财童子。❷文财神比干。❸武财神关公。❹五显。❺五通。❻"五路财神"即何五路。❼北方人以狐、蛇、猬、鼠及黄鼠狼五物为财神，号"五大家"或"四大门"（无鼠）。均见有关各条。此外又有：❽进宝之"回回"。❾北京神马有财神神马，并坐财神

文武财神 河北武强年画

及夫人，称"财公财母"。❿"利市仙官"及"利市婆官"。另有广义的财神，在体现人们对金钱的崇拜上与一般财神并无二致，如金精、银精、钱龙，蛊术中的"嫁金蚕"，巫术中的"青蚨"等等。请参见相关诸条。另民间又有以赵公明等为"正财神"，而五通之属为"偏财神"之说。

【采女】五代·杜光庭《墉城集仙录》卷六："采女，商王宫女。少得养神之道，年二百七十余，视之如十五六岁。初，商王闻彭祖有道，拜为大夫，复令采女问道于彭祖。彭祖授以道要，采女教之于王。王试为之，皆有验。王行彭祖之道，亦寿三百余岁，惟其不能戒其淫。其后采女亦不知所之，盖是得道者也。"◆按：诸书言及彭祖授采女之道多指房中术，而《集仙录》则相反，特言节欲："上士别床，中士异被。服药百裹，不如独卧。"参见"彭祖"条。

【采石中水府】"扬子江三水府"之一。五代·徐铉《稽神录》卷六："乌江县令朱元吉言：其友泛舟至采石（今安徽当涂之北），遇风。同行者数舟皆没，某既溺，不复见水，道路如人间。有大府署，门外堆坏船板木如山丘，复有人运诸溺者财物入库中。入门，堂上有官人，遍召溺者，阅籍审之。至某独曰：'此人不合来，可令送出。'吏即引去，复至舟所。舟中财物，亦皆还之。恍然不自知，出水，已在岸上。举船俨然，亦无沾湿。"◆《（康熙）太平府志》卷二三："采石山上有定江神祠，即水府庙。"

【采药民】《太平广记》卷二五引唐·皇甫氏《原化记》："唐高宗显庆中，蜀郡青城（今四川都江堰）有百姓，不知其名。采药于青城山下，遇一株药，掘之，深数丈，其根渐大如瓮。掘至十丈，民堕穴中，无由而出。忽旁见一穴，入之，穴渐大，行二里许，乃出洞口，为又一世界，有宫阙城池。民见一王者，称玉皇。玉皇赐金一铤，中有药。民乘鸿鹄而出，至一地，云是临海县（在今浙江）。时已玄宗开元间，归家，其孙年已五十余。罗天师见此民，云：'是第五洞定仙九室之天，玉皇即天皇也。'民后入山中，不知所终。"

【彩神】明·李诩《戒庵老人漫笔》卷六"彩神图"："苏州见周文矩绘《彩神图》卷，甚工，屏上悬一神影，盖彩神，即今所谓喜神也。"参见"喜神"条。

【蔡伯喈】民间或以蔡伯喈为掌菜之神，因蔡、菜谐音也。唐·李肇《国史补》卷下："江南有驿吏以干事自任，驿中酒库，其外画一神，为'杜康'。又茶库，复有一神，则为'陆羽'。又一室，署曰'俎库'，菜俎毕备，亦有一神，问曰何，吏曰：'蔡伯喈。'"◆按：蔡邕字伯喈，《后汉书》有传。

【蔡长孺】《洞仙传》："蜀郡（今四川成都）人，夫妻共服十精丸，体气充盈，年九十生一男，一百五十岁复生一男。年三百，视之如幼童。"又见《仙鉴》卷七。

【蔡鼎】明末人。《（雍正）福建通志》卷六一："字无能。晋江（今福建泉州）人。精星纬，言屡奇验。从枢辅孙承宗行边塞，所至山川形势咸笔于书。尝预卜甲申之变，时日不爽。明亡后居海滨，

以逸民终。"

【蔡观音】仇德哉《台湾之寺庙与神明（四）》："台南县盐水镇大丰里之南天宫，曾以蔡观音为主神。据传盐水镇大埔一蔡氏女，名鸳鸯，生于清同治间，父母早逝，依兄过活。年十六七时，至河边汲水，拾一小龟。归后精神变异，茹素事佛，能预言丰歉。村民遂认其为观音转世。四十余岁时尸解成佛云。"

【蔡华甫】宋时人。《（雍正）浙江通志》卷二〇〇引《于越新编》："新昌（今浙江新昌）人，名必荣，为县从事。遇异人授以道术，能驱使鬼神。暮年作丹成，服而尸解。时有从子在天台清溪见其乘青骡，从二童子，问之，曰：'道友邀我游桐柏宫。'"

【蔡经】晋·葛洪《神仙传》卷三："王远入括苍山（在今浙江台州地区），过吴，住胥门蔡经家。蔡经者，小民耳，而骨相当仙，远知之，故住其家，遂语经曰：'汝生命应得度世，然少不知道，气少肉多，不得上天，当为尸解。如从狗窦中过耳。'于是告以要言，乃委经而去。经后忽身体发热如火，欲就冷水灌之。

蔡经　列仙图赞

举家汲水灌之，如沃焦石。如此三日，销耗骨立，乃入室以被自覆，忽然失之。视其被内，唯有皮头足具，如蝉蜕也。去十余年，忽还家，容色少壮，鬓发鬒黑。"《太平御览》三七五引魏·曹丕《列异传》则言：蔡经与神交，神将去，家人见经诣井上饮水，上马而去。视井上，俱见经皮如蛇蜕，遂不还。《天地宫府图》："七十二福地之第十丹霞洞（在抚州南城县麻姑山）为蔡经得道之处，属蔡治之。"

【蔡女仙】晋时女子。《太平广记》卷六二引五代·杜光庭《仙传拾遗》："蔡女仙者，襄阳人也。幼而巧慧，善刺绣，邻里称之。忽有老父诣其门，请绣凤：'及绣至眼，毕功之日，自当指点。'既而绣成，五彩光焕。老父观之，指视安眼。俄而功毕，双凤腾跃飞舞。老父与仙女各乘一凤，升天而去。时降于襄阳南山林木之上，时人名为凤林山。

后于其地置凤林关，南山侧有凤台。敕于其宅置静贞观，有女仙真像存焉。云晋时人也。"

【蔡琼】《洞仙传》："蔡琼，字伯瑶。师从老子，受太玄阳生符，白日升天。常以阳生符活已死之人，但骸骨存者，投以符即起。"

蔡女仙　列仙图赞

【蔡侍郎】《太平广记》卷三〇五"李伯禽"条引唐·陈劭《通幽记》："贞元五年，李伯禽充嘉兴监徐浦下场籴盐官。场界有蔡侍郎庙。伯禽因谒庙，顾见庙中神女数人，中有美丽者，因戏言曰：'娶妇得如此足矣。'后数日，忽闻门外有车骑声，乃蔡侍郎来。明日又来，傍人并不之见。伯禽乃告其家曰：'吾已许蔡侍郎论亲。'治家事，别亲党，数日而卒。"

【蔡天生】梁·陶弘景《真诰》卷一四："上谷（今河北怀来一带）人。

蔡琼　列仙图赞

少为啸父卖杂香于野外以自赡，情性仁笃，口不言恶。道逢河伯少女购香，天生知是异人，再拜上一担香。少女感之，乃教其朝天帝玉皇之法，遂以获仙，托形履杖尸解。隐于四平山之方台洞。"

【蔡铁】刘宋时人。《艺文类聚》卷九五引南齐·祖冲之《述异记》："善卜，为南郡王义宣府史。王镇武昌，于内斋见一白鼠，令左右射得之，纳于函中，命铁卜之。铁曰：'白色之鼠，背明面户。弯弧射之，绝其左股。腹孕五子，三雄二雌。若不见信，剖腹而知。'果如其言。"

【蔡襄】北宋时人。南宋·方勺《泊宅编》卷中："朝奉郎李遘知兴化军（今福建莆田）时，蔡襄自福帅寻罢归乡，病革，以后事属李守。守夜梦神人紫绶金章，从数百鬼物，与守云迎代者。问何神，代者复何人？神曰：'予阎罗王，蔡襄当代我。'明日蔡公死。李作挽词，有'不向人间为冢宰，却归地下作阎王'之句。"◆清·赵翼《檐曝杂记》卷四"洛阳桥"条云："少时见优人演蔡襄修洛阳桥，有醉隶入海投文之事。及阅《明史》，则鄞人蔡锡守泉州时事也。余至泉州，过此桥，果壮丽。桥之南有蔡襄祠，旁有夏将军庙，即传奇所谓醉隶夏得海也。按《闽书》以此事属蔡锡，并记桥圮时有石谶云'石头若开，蔡公再来'，以为锡之证。而《坚瓠集》《名山记》皆以为襄事。府志两存之，究未知其为襄与锡也。"

【蔡寻真】唐时女子。《仙鉴后集》卷五、《(康熙)九江府志》卷一〇："蔡寻真，侍郎蔡某之女；与李林甫之女李腾空，贞元中同入庐山。蔡居咏真洞天九迭屏南，李居九迭屏北，并以丹药救人疾苦，三元八节会于咏真洞以相师资。九江守许浑奏闻，昭德皇后赐金币，辟土田。已而皆蜕去。"

【蔡郁垒】晋·葛洪《枕中记》："蔡郁垒为东方鬼帝，治桃丘山。"◆按：茶与蔡字形相近，此蔡郁垒即神茶郁垒。

【蔡谪仙】南齐时人。《南齐书·杜京产传》："永明中，会稽(今浙江绍兴)锺山有人姓蔡，不知名。于山中养鼠数十头，呼之即来，遣之便去。言语狂易。时人谓之谪仙。后不知所终。"

【蔡真人】元时人。《(雍正)畿辅通志》卷八五："满城(今河北满城)人。母王氏感梦而生。六岁始能言，七岁出家。金大安初，诣丘真人受口诀，遂得悟。元帅张柔治满城，奏赐真人'湛然江月'之号。五十五端然而逝，天不云而雪。比葬，有鹤翔其上，人以为仙去。"

【can】

【残苦】《(嘉靖)曲沃县志》卷二，残苦庙，县西北关。《旧志》云介子推从重耳出亡，追者甚急，推以其子林代死，后重耳入晋，推妻并林妻迁至此，闻焚死于绵山，二人投井而死。绵人以其情可残苦，立庙。后人讹为蚕姑。◆按：此为山西之地方性蚕神。方志以为是残苦讹为蚕姑，叙其起源颇无稽，实则蚕姑附会以残苦的可能性更大。《(雍正)山西通志》卷一六四作"蚕姑庙"。见"蚕姑"条。

【蚕丛】《史记·三代世表·正义》云："周衰，蜀地先称王者蚕丛，国破，子孙居姚、嶲等处。"似蚕丛在杜宇、开明诸帝之后者。而《汉唐地理书钞》辑《蜀王本纪》则云："蜀王之先名蚕丛。时民椎髻左衽，不晓文字，未有礼乐。"则蚕丛又似蜀之始祖。◆后世因其名蚕丛，又有附会为蚕神者。前蜀·冯鉴《续事始》引杜光庭《仙传拾遗》：

蚕姑 民间神像

"蚕丛氏自立王蜀，教人蚕桑。作金蚕数千头，每岁之首，出金头蚕，以给民一蚕，民所养之蚕必繁孳，罢即归蚕于王。"◆晋·常璩《华阳国志》卷三："周失纲纪，蜀先称王，有蜀侯蚕丛，其目纵，始称王。死作石棺石椁，国人从之，故俗以石棺椁为纵目人冢也。"按李思纯《江村十论》之《灌口氐神考》以为："这里所谓纵目，即是两眉之间的额际有一只纵列的眼。这是氐氏族特殊信仰的人神形象，在现今西藏喇嘛教多目手的佛像中有不少实例。而明代小说如《西游记》《封神榜》中所述，与现今都江堰二郎神庙的塑像，都可作为氐氏族特殊的纵目人神信仰的证明。"

【蚕姑】即蚕神。沈平山《中国神明概论》第三章：《农桑杂录》云："四孟之年大姑把蚕，四仲之年二姑把蚕，四季之年三姑把蚕。乃知三姑盖三处女，姐妹共职。世俗所称马头娘，乃蚕姑之始化也。"◆《(雍正)山西通志》卷一六四："曲沃县(今山西侯马)西关外有蚕姑庙。土人传介之推从重耳出亡，追急，推以子林代死。及重耳入晋，推妻并林妻寻推至此，闻其焚死绵山，遂俱投井死。乡人立庙祀之。"而《神异典》卷四九则以为是"残苦庙"之讹。参见"残苦"条。

【蚕官】❶星象学之蚕官，在书中多为主蚕之神。如《协纪辨方书》卷三引《堪舆经历例》曰："蚕官者，岁中掌丝之神也，所理之地，忌营构宫室，犯之蚕母多病，丝茧不收。"又引《考原》曰："蚕官者，蚕室之官，使蚕得养也。"又《蚕官蚕命总论》："养蚕者在室，则营构必有宜忌焉。太岁为本年之主，则是年之蚕即太岁之所生也，所生之库地，即蚕之官府也，故有蚕官方位。"但蚕官主蚕丰歉之说不见于他书，即《协纪辨方书》亦云："所谓蚕室、蚕官、蚕命者，其方位所在，必有每岁蚕丝丰歉之占，而今不可考矣。"❷水陆画中之蚕官，则

蚕官五鬼　河北石家庄毗卢寺

俱为凶煞。蚕官见于水陆画者如元代版画《水陆鬼神像》、山西右玉宝宁寺水陆画、河北石家庄毗卢寺壁画等，均为太岁属下凶煞。《协纪辨方书》卷三四又有按语云："按蚕室、蚕官、蚕命为岁方长生之宫，皆无凶义，而《堪舆经历例》以为丝茧之占，亦恐伤生气耳，非凶煞也。"由此可见，如果坚持蚕官主蚕事，则无法与凶煞之说兼容。而"星学"以蚕官、蚕室、蚕命诸星俱主蚕事，略无分别，疑其说亦为方士之望文生义耳。浙江民间祭蚕神时所接蚕神亦有"蚕官"，则自有民间的理解，与水陆画之蚕官并无关系。而星命说之"蚕官""蚕室"之"蚕"，颇疑从"残"字变来，故有凶义。◆按：水陆画"蚕官"与"五鬼"为一组凶煞，或即"五残"之讹传。五残即五残星，《史记·天官书》有"五残星"，《正义》曰："五残，一名五锋，出正东东方之分野。状类辰星，去地可六七丈。见则五分毁败之征，大臣诛亡之象。"《河图稽耀钩》曰："镇星散为五残，主奔亡。"《春秋合诚图》曰："五残主出亡。"《春秋考异邮》曰："五残，类辰星，有角，见则政在伯。"《文献通考》卷二八一"象纬考四"："五残一名五锋，或曰苍彗散为五残。主乖亡；为五分，毁败之征，亦为备急兵；见则主诛，政在伯，野乱成，有急兵，有丧，不利冲。"以上所说五残，俱为星神之凶煞，与水陆画之像合。

【蚕花五圣】胡朴安《中华全国风俗志》下编"湖州养蚕之迷信"一节："湖州人大半以养蚕为业，每届养蚕之期，各家有赴庙中焚香祷祝者，谓之拜蚕花五圣，其用意在请神护佑蚕花旺盛。"

【蚕马】蚕、马同类，荀卿《蚕赋》即有"此夫身女好而头马首者"之语，而后世则有数说：❶"马头娘"说，详见"蚕女"条。❷"马明菩萨"说。南宋·朱翌《猗觉寮杂记》卷上："韩

蚕花五圣　浙江余杭

退之《送马总南海》诗云：'衔时龙户集，上日马人来。''马人'见于佛书：毗舍离国有一类人如马裸露，王运神力分身为蚕，乃得衣。王生中土，马人感恋，号马鸣菩萨。"❸"天驷星"说。《宋史·孔维传》载：孔维上疏曰：《月令》仲春祭马祖，季春享先蚕，皆为天驷房星也。为马祈福，谓之马祖；为蚕祈福，谓之先蚕。是蚕与马同其类尔。"明·王圻《三才图会》："蚕神，天驷也。天文辰为龙，蚕辰生，又与马同气，谓天驷即蚕神也。"◆南宋·戴埴《鼠璞》卷下："唐《乘异集》载，蜀中寺观多塑女人披马皮，谓之马头娘，以祈蚕。《搜神记》载，女思父，语所养马：'若得父归，吾将嫁汝。'马迎得父，见女辄怒，父杀马，曝皮于庭中，皮忽卷女飞去桑间，俱为蚕。俗谓蚕神为马明菩萨以此。然《周礼·马质》'禁原蚕'注：'天文辰为马。蚕为龙精，月直大火，则浴其种。蚕马同气。'物不能两大，禁再蚕者为伤马。旧祀先蚕与马同祖，亦未可知。"◆后世尚有蚕马传说。南宋·洪迈《夷坚支志·丁集》卷七"余干谭家蚕"条："绍熙间，余干民养蚕，中一蚕大于常蚕数倍，民妻知有异，置于佛堂。次日忽生两耳，明日又生尾，生四足，全如马形，时时勃跳为戏。"

【蚕母】❶元·王桢《农书》卷一"蚕事起本"条："有谓三娘为蚕母者。"❷见"谷父蚕母"条。

【蚕女】《山海经·海外北经》有"欧丝之野，一女子跪据树欧丝"。袁珂以为即蚕马传说之雏形。欧者，呕之俗字，即吐丝也。晋·干宝《搜神记》卷一四："太古之时，有大人远征，家无余人，唯有一女。牝马一匹，女亲养之。女思念其父，戏谓

马曰:'尔能为我迎得父还,吾将嫁汝。'马乃绝缰而去,径至父所。父以家有事,亟乘以归。父为畜生有非常之情,故厚加刍养。马不肯食,每见女出入,辄喜怒奋击。父怪以问女,女具以告。父于是伏弩射杀马,暴皮于庭。女戏于皮所,马皮蹶然而起,卷女以行。

蚕女 三教源流搜神大全

后经数日,得于大树枝间,女及马皮,尽化为蚕,而绩于树上。《太平广记》卷四七九引《原化记拾遗》所述稍有异,末云:"女行过其侧,马皮蹶然而起,卷女飞去。旬日,皮复栖于桑树之上。女化为蚕,食桑叶,吐丝成茧,以衣被于人间。父母悔恨,念之不已。忽见蚕女,乘流云,驾此马,侍卫数十人,自天而下。谓父母曰:'太上以我孝能致身,心不忘义,授以九宫仙嫔之任,长生于天矣,无复忆念也。'乃冲虚而去。今家在什邡、绵竹、德阳三县界。每岁祈蚕者,四方云集,皆获灵应。宫观诸化,塑女子之像,披马皮,谓之'马头娘',以祈蚕桑焉。"

【蚕神】元·王桢《农书》卷一"蚕事起本"条:"黄帝元妃西陵氏始劝蚕事。黄帝始置宫室,后妃乃得育蚕,是为起本。西陵氏曰儇祖,为黄帝元妃。《淮南王蚕经》云:'西陵氏劝蚕稼,亲蚕始此。'《皇图要览》云:'伏羲化蚕,西陵氏养之。'上古有蚕丛帝,无文可考。盖古者蚕祭皆无主名,至后周缫丝先蚕,以黄帝元妃西陵氏为始,是为先蚕。历代因之。尝谓天驷为蚕精,元妃西陵氏始蚕,实为要典。若夫汉祭菀窳妇人、寓氏公主,蜀有蚕女、马头娘,又有谓三姑为蚕母者,此皆后世之溢典也。然古今所传,立像而祭,不可遗阙。"按历来蚕神约有如下几种:❶天驷星。明·王圻《三才图会》:"蚕神,天驷也。天文辰为龙,蚕辰生,又与马同气,谓天驷即蚕神也。"❷先蚕,黄帝元妃西陵氏,即嫘祖。❸菀窳妇人、寓氏公主。

❹马头娘。❺马明王。❻青衣神。❼蚕丛。❽园客妻。❾三姑。以上各见该条。◆按浙江民间祭蚕神时有接神歌,大略云:"香风凛凛起祥云,才了蚕桑又请神。凉州府,到西京,茧花共五圣。蚕室蚕官蚕将军,把蚕三姑夫人。蚕王天子,禁忌共蚕命。莫惜金卮酒,马鸣车头大神。"

【蚕室神】晋·干宝《搜神记》卷四:"吴县(今江苏苏州)张成,夜见一妇人立于宅之南角,举手招成曰:'此是君家之蚕室,我即此地之神。明年正月十五,宜作白粥,泛膏于上。'以后年年大得蚕。今之作膏糜像此。"又见梁·吴均《续齐谐记》。

【蚕王】唐·段成式《酉阳杂俎·续集》卷一《支诺皋上》:"新罗国人某求蚕种于其弟,其弟富而不良,蒸蚕种而与之,某不知也。至蚕时,有一蚕生焉,日长寸余,居旬大如牛。其弟伺间杀之,百里内蚕飞集其家。国人谓之巨蚕,意其蚕之王也。四邻共缫之,不供。"南宋·洪迈《夷坚支志·甲集》卷八"符离王氏蚕"条与此相类:"近宿州符离有民王友闻,与弟谅同处。友闻娶妻秦氏,天性狠戾。谅尝乞蚕种于兄,秦氏以火烤后方与之。至蚕时,亦仅生其一。已而渐大,几重百斤。秦氏妒焉,伺谅夫妇外出,以巨梃击蚕,每一击,辄吐丝数斤。秦惊怖而归,患心疾死。及谅蚕成茧,幡然如瓮,缫之,得丝百斤。"◆按:正统道藏有《蚕王妙经》,云灵宝天尊悯世人无衣,命玄名真人下世,化为蚕娥。

【cang】

【仓】《太平御览》卷八八六引《白泽图》:"金之精名曰仓,状如豚,居人家,使人不宜妻。以其名呼之,即去。"◆按:同书卷八一一引《白泽图》则作"石啮"。明·方以智《通雅》卷二一引《白泽图》则云"金之精曰苍"。大抵因抄写传讹,难断是非。

【仓公】西汉人。即太仓公淳于意。《史记·扁鹊仓公列传》:"太仓公者,齐太仓长,临菑(在今山东淄博)人也,姓淳于氏,名意。少而喜医方术。高后八年,更受师同郡元里公乘阳庆。庆年七十余,无子,使意尽去其故方,更悉以禁方予之,传黄帝、扁鹊之脉书,五色诊病,知人死生,决嫌疑,定可治,及药论,甚精。受之三年,为人治病,决死生多验。"元·伊士珍《嫏嬛记》卷上:

"仓公梦游蓬莱山，忽一童子以杯水进，饮毕，五内寒彻，由是神于诊脉。"

【仓颉】"仓"或作"苍"。《淮南子·本经训》："苍颉作书而天雨粟，鬼夜哭。"《春秋元命苞》："仓帝史皇氏，名颉，姓侯冈，龙颜侈哆，四目灵光。生而能书。"北宋·乐史《太平寰宇记》卷二八："苍颉，姓侯冈氏，冯翊人。黄帝史官，造书契。"清·徐道《历代神仙通鉴》卷一："(伏羲)时有臣仓颉，姓侯冈，名颉(陈仓人，故曰仓颉)。生而龙颜侈哆，四目电光。幼善画，养灵龟一头，揣摩其文理，又见群鸟践迹沙地，乃依龟文鸟迹，一画一竖，一点一圈，撇捺钩挑，配聚而成字体。"◆又称"三圣大王"，详见该条。◆《金史·章宗纪二》："明昌五年，以叶鲁、谷神始制女真字，诏加封赠，依仓颉立庙鳌屔例，祠于上京纳里浑庄。"清·清凉道人《听雨轩笔记》卷三："绍兴府城中卧龙山后有仓颉祠，越中名士如贺知章、陆游从祀。"清·王士禛《池北偶谈》卷二二："仓颉祠墓在寿光县城西门濒河。刘翔幼时读书外塾，每往返涉水，辄有白须老人负之。久之，问何人，曰：'我仓颉所遣送迎公者。他日富贵勿相忘。'"今浙江嘉兴鸳湖尚有仓颉祠，塑像为四目。

仓颉　民间神像

【仓神】主仓廪之神。仓廪为一国命脉，仓神之祭历来为国家祀典。《唐开元占经》卷六二"胃宿占三"："《佐助期》曰：'胃主廪仓，神名稽览，姓研骨白。'《圣洽符》曰：'胃者，仓廪也。'"是星神中以二十八宿之胃宿为仓神也。又《太平御览》卷一九〇引《春秋佐助期》曰："天廪仓神名均明。"是又一星中仓神也。民间或径曰"仓王"，明·叶盛《水东日记》卷六："广西桂林府仓，金书其扁曰'仓王之祠'。"至清时又有"增福"之名者，朱彝尊《曝书亭集》卷六九《通州西仓增福神祠碑》辨之："神之号未详乎祀典，考《春秋佐助期》'天

仓神　民间神像

廪仓神名均明'，然则今之所祀，将毋是与？曰'增福'者，从其旧也。"◆清·富察敦崇《燕京岁时记》："正月二十五日，粮商米贩致祭仓神，鞭炮最盛。居民不尽致祭，然必烹治饮食以劳家人，谓之'填仓'。"◆民间有实仓神以人名者。或说为萧何、吉知陀圣母。参见"吉知陀圣母"条。◆按：近世天津农村以刺猬、田鼠能收聚粮食，奉以为仓神，又以刺猬为"老仓神"，田鼠为"少仓神"。

【苍颉】见"仓颉"条。

【苍山庙】《(万历)续修严州府志》卷五："庙在寿昌县东港口。相传唐时徽州有客商名苍门者，至此无疾而终，因降灵其土，民为立庙，水旱祷之有应。宋时封灵应侯。"又《嘉定赤城志》卷三一言赤城县(今浙江天台县)南四十里亦有苍山庙，祀孙吴将军朱刚，赤乌元年建。

【苍圣】或作"仓圣"。即仓颉。清·陈浩《生香书屋集》有《苍圣祠记》。详见"仓颉"条。

【苍水使者】见"玄夷苍水使者"条。

【苍王】即"仓颉"。南宋·叶梦得《石林燕语》卷五："京师百司胥吏，每至秋必醵钱为赛神会，其神为'苍王'，盖以苍颉造字，故胥吏祖之。"见"仓颉"条。

【苍仙】《神异典》卷二五一引《广德州志》(今安徽广德)："不知何许人。爱羲苍山佳丽，隐居焉。不笑不语，时见时隐，莫测其端。后人为立祠山中。"

【cao】

【曹八百】宋时仙人。见"晏颖"条。

【曹道翁】北宋时人。《(雍正)福建通志》卷六〇："不知何许人。宋宣和间至长汀，状甚野，对人不坐不谈。居数年，稍合药济人，辄愈。入市必大醉归。一日嘱其徒曰：'吾将逝矣，葬我庵后。'后数日，邻人见翁于济川桥，及归启棺，空无

一物。"

【曹德林】元人。《神异典》卷二五五引《江西通志》："从东海青屿山来游江西，以符药救人疾病，无不愈者。有女子为妖物所魅，德林投符渊中，霹雳震天，有二丈蛟死于潭。一日语人曰：'我将入西山。然明年春牛疫，可书我姓名于牛角，自当无害。'后果然。"◆按：此即因"曹德休"而误传者。《（雍正）江西通志》卷一○三作"曹德休"。

【曹德休】五代·沈汾《续仙传》卷下：曹德休者，自言从东海青屿山来游江西，人见之三十余年，颜貌不改。游行民间，有疾者以符救之，无不愈。有一女子为邪物所魅，其父诣德休。德休曰："女子为蛟所窥，已拘撮精魂在其穴矣。"投符于潭，忽见潭水翻涌，水作霹雳声，须臾一物浮出，长二丈余，形如乌蛇，头已劈裂，毙矣。女精神明爽，全失其病。德休常谓人曰："若家有疾苦，不必财帛就德休求符药，以江鱼为脍一盘，并美酒一壶，飨吾告之，其疾自痊。"如其言，乡里为之，无不应验，人皆神事之。后忽告人曰："我舍此入西山天宝洞去。然来春牛疫颇甚，我留一姓名与汝传写，牛疫之时，以脍飨吾，书其字贴牛角上，自当无苦。"其后牛果大疫，一境之内，贴其字者免灾，不贴者毙。人咸思之，无复见者。◆事迹参见"王元芝"条。

【曹娥】东汉时人。《古文苑》卷一九有三国魏·邯郸淳《曹娥碑》，略云："孝女曹娥者，上虞曹盱之女也。盱能抚节安歌，婆娑乐神，以汉安二年五月迎伍君（伍子胥神），逆涛而上，为水所淹。不得其尸。时娥年十四，号慕思盱，哀吟泽畔，旬有七日，遂自投江死。经五日，抱父尸出。"又见《后汉书·列女传》、南朝刘宋·刘敬叔《异苑》卷一○、道藏本《搜神记》卷六等。

曹娥　无双谱

《元史·顺帝纪》："至元五年封为慧感灵孝昭顺纯懿夫人。"明·陆容《菽园杂记》卷一一："宋大观四年封灵孝夫人，政和五年封灵孝昭顺夫人，淳熙六年封灵孝昭顺纯懿夫人。"沈德符《万历野获编》卷一四"女神名号"条云："孝女曹娥，淳熙六年，又加灵孝昭顺纯懿夫人，父为和应侯，母为度善夫人。此无论名号之无稽，而女之父以溺死，则水府乃其深仇，有何'和应'？亦不经极矣。"◆按：柳宗元有《饶娥碑》，事与娥同，唯姓、籍不同耳。参见"饶娥"条。又晋·干宝《搜神记》卷一一有叔先雄事，晋·常璩《华阳国志》卷三记符县有女络投江求父尸事，卷一○中记犍道士张贞之妻黄帛自沉求夫尸事，《太平广记》卷三九九引《渝州图经》之江津和氏女事，当均与曹娥传说有关。

【曹法师】元时人。《天台山方外志·神仙考》："元时桐柏山（在浙江天台）道士，谒张真人，尽通其法。回至杭，时大旱，祷雨无应。法师书片纸于背曰'卖雨'。有司闻之，命往吴山，用一大瓮盛水，烧砖投其中，青天轰雷，四神将现形。法师命借太湖三尺水，须臾大雨如注。而太湖果下三尺。有司厚赠，不受。年七十余终。"

【曹古松】《神异典》卷二五六引《武当山志》："义兴（今江苏宜兴）人，生于元末。自幼入勾曲山（即茅山）礼三茅君，出家元符万宁宫为道士。后入武当修仙，煮石茹芝，韬光匿影。后回勾曲，复入杭开元寺。一日作颂而化。数日后有蒋姓者忽见古松如生，拜辞而去。"◆明·顾清《东江家藏集》卷一一有《过锦溪访曹古松，时年九十二，以不及再见，送予甚远，为之怅然，临别赠此》诗。

【曹国舅】锺吕八仙之一。清·黄斐默《集说诠真》："曹国舅，系宋仁宗曹皇后之弟也。曹后有弟，长名景休，不亲世务。次名景植，恃势妄为，帝每戒饬，不悛。尝不法杀人，至是，包拯案之，伏罪。景休深以为耻，遂隐迹山岩，葛巾野服，矢志修真。一日，锺离、吕二师来，授以还真秘旨，令其精炼。未几成道（见《神仙通鉴》）。一云：曹国舅，系宋仁宗朝之大国舅也。时有广东潮州府潮阳县秀才袁文正，携妻张氏，往京赴试。二国舅贪张氏姿色，邀袁生夫妇入府，绞死袁生，要迫张氏。不从，监幽深房。袁生魂诉包公，包公准究。时大国舅虑二国舅杀袁生之事被包公闻之究办，乃令告知二国舅，务将张氏置死，以绝后患。二国舅令投张氏于井。张氏逃逸，太白金星化作老人，引之出。途遇大国舅，误以为包公，投呈诉冤。大国舅接呈大惊，罪以冲道，令铁鞭击之，疑以已死，弃尸僻巷。张氏醒后，往诉包公。包公廉得其情，诈病，赚大国舅来府问疾。包公令张氏出诉，遂将大国舅长枷监禁。又作假书骗二国舅来府，令张氏面诉冤情。遂将二国舅枷入牢中。

曹国舅 仙佛奇踪

曹皇后暨仁宗亲来劝释。包公不从，即令二国舅押赴法场处决。仁宗颁诏全赦天下罪犯。包公领诏，令开大国舅长枷。大国舅释回，自称死中复生，遂入山修行，得遇真人点化，引入仙班（见《龙图神断公案》）。"◆按《宋史》：曹彬仕宋太祖、太宗朝。有七子。第五子名玘，玘之女为仁宗献皇后。后之兄名傅，弟名佾。傅为荣州刺史，谥恭侯。佾仕神宗朝，年七十二卒，追封沂王。无所谓升仙事。◆按：八仙之中，此仙最为无稽。俗称其为宋曹太后之弟，诸书已辨其妄。如《集说诠真》所引，曹国舅乃一猪狗不如之恶棍，何来成仙之说？唯《铸鼎余闻》于叙"八仙"时夹入魏曹休、南唐曹拮休二人，而于曹国舅只字未提，其意即以此二人为"八仙"之曹。按八仙中曹国舅名景休（或曰字景休），不唯景休与拮休（见五代·刘崇远《金华子》）、德休（见五代·沈汾《续仙传》）字音相近，即"国舅"亦与拮休、德休音近。颇疑世上所传曹姓仙人本为拮休或德休，后音误为国舅，于是而又有大国舅、二国舅故事。至于浦江清说"画工取其贵显美仪度，亦特缀于八仙庆寿班中欤？"则不过揣测之辞，盖民间年画所绘、戏文所扮之曹国舅，乃一丑角耳。

【**曹拮休**】即"曹德休"。五代·刘崇远《金华子杂编》卷下有"曹拮休"条，末言"此人灵异甚多，已见于沈汾侍御所著《续仙传》，遗落数件，故复叙之也。"◆按：四库本《续仙传》正作"德休"。不论德休、拮休何者为正，二者为一人则无疑。

【**曹三香**】北宋时人。南宋·洪迈《夷坚志补》卷一三"曹三香"条："元祐间，安丰县（在今安徽寿县南）倡女曹三香得恶疾，拯疗不瘥，贫甚，开旅舍以自给。一日有寒士来宿，欲得上房，主事仆见其蓝缕，拒之。三香曰：'贫富何择焉。'便延入。士闻三香呻吟甚苦，知其病，为疗之。三香问其高姓，答曰"回心回心"，旋不见。三香疾顿愈，始悟'回'之为'吕'，遂弃家寻师。至绍兴十四年，三香忽还乡，颜貌韶秀。后不知所之。"

【**曹四公**】宋时人。《（雍正）福建通志》卷六○："宁洋（在今福建漳平北）人。生时香雾蒙山，三昼夜不散，因名其地为香山。元祐间，乡有神，每岁以童男女祀，里人患之。公往诣庐山君，学御妖术归，降其妖。绍熙间大疫，四公以剑刺石，液涌如水，饮者立愈。洪水漂民田，四公于坝上立坛，以柳枝为矢射水中，一巨蟒浮水面死。绍兴十年沐浴而化。"

【**曹太初**】明时人。《（康熙）苏州府志》卷七九："哆口蹙额，深目髭髯。嗜酒，日就酤市中。时时瞑目语，若有所对接者，人或谓颠。其徒事之久，不见有所为。适旱，雩祷无应。太初求之，果大雨不止。逝前自云：'少读《内景经》有悟，后遇仙师授以至真要道。'"

【**曹文姬**】北宋·刘斧《青琐高议》前集卷二："曹文姬，本长安倡女，生四五岁即好文字戏，及笄，姿艳绝伦，尤工翰墨，自纸素之外至于罗绮窗户，可书之处必书之，日数千字，人号为'书仙'。与岷江任生结为夫妇。越五年，女啼泣谓任生曰：'吾本上天司书仙人，以爱谪居尘寰二纪。君可偕行乎？'俄仙乐飘空，有朱衣吏曰：'李长吉新撰《玉楼记》，天帝召汝写碑。'于是夫妇举步腾空而去。"

曹仙媪 列仙全传

【**曹仙媪**】明·彭大翼《山堂肆考》卷一五○、明·王世贞《列仙全传》卷四：不知何许人。尝携幼女引一犬，息于马斗关柳树下。一日将渡河，舟师拒之。遂与女、犬凌波御风，须臾登岸，入石龛中，化为石像。土人祀之。

【曹休】五代·杜光庭《神仙感遇传》卷五："唐宰相于琮之侄于涛，南迁至平望驿，遇一老人，自云姓曹，预言于涛家事甚验。或云老人即曹休博士。曹休，魏之宗室，仕晋为史官，齐梁间或处朝列，得神仙之道，多游江湖间，往来贩卖，常拯救人。"◆按：三国魏文帝曹丕时有曹休，曾任领军将军，未闻有博士名曹休者。

【曹熏】明时人。《(康熙)镇江府志》卷四〇：名家子。少不识字，好放鹰鼓刀，破产结客。遭家难，益无赖。于旷野遇异人，纳一丸口中，醉七日，自此不与诸无赖少年游。春月至茅山礼茅君，至乾元观，闻泉声，愀然改容，曰："此吾故宅也。"不复还家，瞑目趺坐百日。时阎蓬头、李彻度皆来指示道书，熏一日便记识不忘，执笔作书，形如鸾凤。有以往事问者，则恍如隔世。然闻朝野不平事，辄须眉奋掀，议论风起。自号混成子，著作多种，皆谈内丹。年九十三瞑目而逝。子弟哭，其尸忽张目叱之。熏长髯，因多称为"髯仙"。

【曹元理】晋·葛洪《西京杂记》卷四：汉成帝时人，精于算术。尝从其友人陈广汉，广汉曰："吾有二囷米，忘其石数，子为吾计之。"元理以食箸十余转曰："东囷七百四十九石二升七合。"又十余转曰："西囷六百九十七石八斗。"遂大署囷门。后出米，西囷六百九十七斗九升，中有一鼠，大堪一升。东囷不差圭合。

【曹赞】唐·赵璘《因话录》卷六：洪州（今江西南昌）优胡曹赞者，长近八尺，知书而多慧，凡诸谐戏，曲尽其能。又善为水嬉。百尺樯上，不解衣，投身而下，正坐水面，若在茵席。或令人以囊盛之，系其囊口，浮于江上，自解其系。至于回旋出没，变易千状，见者目骇神竦，莫能测之。

【草场天王】金·元好问《续夷坚志》卷三："金正大时，平凉（今甘肃平凉）西有草场天王庙，天王塑像前后飐动，两昼夜不止，而泥塑衣纹都不剥落。知府往拜至三，像遂不动；知府去，动如故。"◆按：此天王即"毗沙门天王"。

【草鞋大王】南宋·刘昌诗《芦浦笔记》卷四：蜀道上有百年古木，枝叶茂盛，可庇一亩，往来者多憩其下，或换草鞋，则以旧鞋挂于枝上以为戏。久而积千百双，亦有卜心事者，往往皆应，人遂神之。忽一士人应举过，旁无人，遂取佩刀削树皮

书曰："草鞋大王某年月日降。"及其回途，树下已立四柱小庙堂矣。再三年，则祠宇壮丽，且有数十户人家。惊而问焉，备言其灵应。士人乃叩神曰："神之号盖某戏书，何至如此？"是夕梦神紫绶而见，曰："我此近老铺兵也。平生不敢欺心，每见负重者，即为送五里，无他长也。不谓上帝录此劳绩，将授血食而未得其处，因得先辈所书神号，遂命血食此土。"

【草鞋道士】南宋·施宿《会稽志》卷七：绍兴府东南有天长观。尝有道士携草履数十双，坐观门，有过者辄与之。已而得履者或有脚疾，或骭疡，著之皆愈。竞相传布，而道士已失所在。故至今俚俗谓天长观为草鞋宫。

【草鞋三郎】明·钱希言《狯园》卷一二记杭州有一"草鞋三郎"庙，颇有灵响，公门伍、巡逻、游徼之属，家祭户享，稍不致敬，便罹官灾。相传草鞋三郎即古盗跖也。◆按：疑此即"草野三郎"之讹，乃既为盗神，又为官府衙役之"行业神"，颇有意味。

【草腰带】北宋时人。南宋·龚明之《中吴纪闻》卷五：元丰中，姑苏有一瞽者，号"草腰带"，善揣骨听声，无不验。

【草野三郎】明·田汝成《西湖游览志余》卷二三云："有所谓草野三郎、宋九六相公、张六五相公，不知何等神，杭人无不祀之。"明·田艺蘅《留青日札》卷二八"二郎三郎神"条云："草野三郎神，狱讼所祀者。"◆按当即"草鞋三郎"，见该条。

【草衣儿】宋·隐夫玉简《疑仙传》卷中：自称鲁人。美容仪，年可十四五。常披一草衣，故人号为"草衣儿"。常于泗水（泗河，在今山东泗水）边垂钓，数年不得一鱼。人方异之，潜察其举止。草衣儿遂逃往汉江，垂钓如故。人又异之，遂逃往渭水。人问其意不在钓，所待为何。儿曰："我待一片石耳。"后数日，有一片白石，长可丈余，随渭水流至。儿喜而跃上，乘流而去，不知所之。

【ce】

【厕怪】❶晋·陶潜《搜神后记》卷七：宋襄城（今河南襄城）李颐，其父为人不信妖邪，购一凶宅居之。因如厕，见壁中有一物，如卷席大，高五尺许。颐父便还取刀斫之，中断，便化为两人。复横斫之，又成四人。便夺取刀，反斫杀李。持刀至座上，斫杀其子弟。凡姓李必死，唯异姓无他。❷

《太平广记》卷三三三"王无有"条引《纪闻》：楚丘主簿王无有，娶妻美而妒。无有病，如厕，于垣穴中见人背坐，色黑且壮。顷之，此人回顾，深目巨鼻，虎口乌爪。谓无有曰："盍与子鞋?"无有惊，未及应，怪自穴引手，直取其鞋，口咀之，鞋中血见，如食肉状，遂尽之。他日，无有至后院，怪又见，语无有曰："吾归汝鞋。"因投其旁，鞋并无伤。无有请巫，鬼复谓巫："王主簿禄尽，余百日寿。不速归，死于此。"无有遂归乡，如期而卒。❸《太平广记》卷三二一"庾亮"条引晋·戴祚《甄异传》：庾亮镇荆州。登厕，忽见厕中一物，如方相，两眼尽赤，身有光耀，渐渐从土中出。庾乃攘臂以拳击之，应手有声，缩入地。因而寝疾，遂亡。❹《太平广记》卷三三三"刁缅"条引《纪闻》：宣城太守刁缅，初为玉门军使，有厕神形见外厩，形如大猪，遍体皆有眼，出入溷中，游行院内。如是数日。缅归，祭以祈福，厕神乃灭。缅旬迁伊州刺史，又改左卫率右骁卫将军左羽林将军，遂贵矣。❺《太平广记》卷三三三"王升"条引《纪闻》：吴郡陆望，寄居河内（今河南怀庆）。表弟王升，与望居相近。晨谒望，行至庄南故村人杨侃宅篱间，忽见物两手据厕，大耳深目，虎鼻猪牙，面色紫布㼉斓，直视王升。升惧而走。见望言之。望曰："吾闻见厕神无不立死，汝其勉之。"升意大恶，及还即死。❻清·曹宗璠《尘余》：闽俗古溷中，相传有三足蟾隐其中，其气袭人必死。◆按圊厕多在阴僻之处，鬼物易出没，其怪亦不定，除此条所述外，"厕鬼""厕精"诸条所述亦可称厕怪，请另参看。

【厕鬼】唐·段成式《酉阳杂俎·前集》卷一四："厕鬼名项天竺（一曰笙）。"又有"肃霜之神"，应亦厕鬼之属，见该条。唐代言厕鬼祟人者，以李赤最为典型。柳宗元有《李赤传》，略曰："李赤，江湖浪人也。尝曰：'吾善为歌诗，诗类李白，故自号曰李赤。'游宣州（今安徽宣城），州人馆之。其友访之，见赤方与妇人言，谓友人曰：'吾将娶之。'友大骇曰：'足下妻固无恙，安得有是?'有间，妇人至，又与赤言，即取巾经其脰，赤两手助之，舌尽出。其友号而救之，妇人解巾走去。赤怒其友，以为败己好婚。赤乃作书，封讫，如厕，久，其友从之，见赤抱厕瓮诡笑，势欲下溷中。友倒曳救之，赤又怒曰：'吾已升堂面吾妻，堂之宏大富丽，椒兰之气，油然而起，顾视汝之世犹溷厕也。'后赤屡入厕，俱为人救。后守者稍息，赤复

入厕中，死已久。"又《独异志·补佚》亦载李赤事，大致相同。而《太平广记》卷三三七"李咸"条引唐·陈邵《通幽录》，事亦相近，而名则为李咸，且未死于厕鬼之手："太原王容与姨弟赵郡李咸，永泰中之荆襄，次邓州（今河南邓州），夜宿邮厅。三更后，王忽见厨屏间有一妇人招手以挑之。王生乃佯寐以窥其变。俄而李子起就妇人，携手出大门外。王生潜行觇之。二人言笑殊狎。须臾，李独归，入厨取纸笔作书，又取衣物等，皆缄题之。封衣毕，置床上却出。遂出，与妇人语，把被俱入下厅偏院。既入食顷，王生往视，正见李生卧于床，而妇人以披帛绞李之颈，咯咯然垂死。妇人白面，长三尺余，不见面目，下按悉力以勒之。王生仓卒惊叫，妇人遂走，直入西北隅厨屋中，据床坐，头及屋梁，久之方灭。童隶闻呼声悉起，见李生七窍流血，唯心稍暖，方为招魂将养，及明而苏。问之，都不省记。但言仿佛梦一丽人，相诱去耳。驿之故吏云，旧传厕有神，先天中已曾杀一客使。"按以上三事，皆以厕中妇人为厕鬼，而都以帛巾绞人，疑此厕鬼实缢死于厕之缢鬼也。但厕中之鬼未必全为恶鬼。明·董谷《碧里杂存》"金大节"条：金大节者，海盐澉浦镇人。洪武初为乡老人。天下官员三年朝觐，老人亦与焉。大节往觐，侵晓出门，行里许，欲登厕，有鬼自厕中出，指大节曰："此人好一个金肚皮。"忽不见。大节甚忧怖，曰："此行必腰斩矣。"既入朝，上问曰："今天下盗贼平否?"耆民无敢答者，独大节抗声曰："捕获已尽，惟恐复生。"上异之，即擢为知府，果腰金云。

【厕精】唐·释道世《法苑珠林》卷五八引《白泽图》："厕之精名曰倚衣，青衣，持白杖。知其名呼之者除，不知其名则死。"又曰："故溷之精名曰卑，状如美女。而持镜呼之，知愧则去也。"按：明·谈迁《枣林杂俎·和集》"藏经志怪"条云"厕之精名曰'椅'"，当是字误。

【厕神】❶南宋·周密《齐东野语》卷一〇"都厕"条："《刘安别传》云：'安既上天，坐起不恭。仙伯主者奏安不敬，应斥。八公为安谢过，乃赦之，谪守都厕三年。'半山诗云：'身与仙人守都厕，可能鸡犬得长生?'然则都厕者，得非今世俗所谓'都坑'乎?"❷后帝。见"后帝"条。❸郭登。见"郭登"条。❹唐·傅亮《灵应录》：台州（今浙江临海）有民姓王，常祭厕神。一日至其所，见著黄女子。民问何许人，答云："非人，厕神也。

感君敬我，今来相报。"遂怀中取小合子，以指点少膏如口脂，涂民右耳，戒之曰："或见蚁子，侧耳聆之，必有所得。"民明旦见柱础下群蚁纷纭，听之，果闻众蚁云："移穴去暖处；其下有宝，甚寒。"伺蚁出处掘之，得白金十铤。五代·陈纂《葆光录》卷三亦记此事。❺**紫姑**。又有戚姑、七姑、箕姑诸称，均系一音之转，而坑三姑娘、灰七姑娘等则为其地方别称。详见"紫姑"诸条。清·黄斐默《集说诠真》载迎厕神之俗："今俗每届上元节，居民妇女迎请厕神。其法：概于前一日，取粪箕一具，饰以钗环，簪以花朵，另用银钗一支插箕口，供坑厕侧。另设供案，点烛焚香，小儿辈对之行礼。案上摊糁白米，扶者将箕口紧对案上，银钗即在米上乱画，略似笔砚、剪刀、花朵等形。祷者问其年岁若干，则箕口点若干点以示之。扶箕女谓：乱画时粪箕微觉加重，且转动亦不能自由。"唐·牛僧孺《玄怪录》卷二"滕庭俊"条有麻束禾、和且耶，亦为厕神。

【cen】

【岑道愿】《仙鉴》卷三五：江陵（今湖北沙市）人，隋初避难，溯三峡至万州（今重庆万州），入山修炼，食黄精，历百岁而逝。宋神宗时封虚鉴真人。

【岑公】唐时人。明·何宇度《益部谈资》卷下："万县本汉朐䏰地，隔江有岑公洞。岑公，唐人也，为仙化去。"明·曹学佺《蜀中广记》卷七五引宋·岑象《万州虚鉴真人岑公洞记》，云"公居江陵（今湖北沙市），隋末天下乱，公溯江逃难至南浦，爱龛岩，遂止其下，片衣粒米，皆无所营，晏坐二十年，兀然逝去。"以上所记均有姓无名。而《仙鉴》卷三五所记"岑道愿"事与之相合，是岑公即道愿也。

【cha】

【插花李王】明·钱希言《狯园》卷九"徐思省入虎头城"条："常熟徐思省，好弄刀笔。万历初，诣县服役，受笞于令，归而病疫以死。死后至阎王殿，受刀轮之刑，盘旋磨转，身从刀尖划过，痛楚万状。旋押入'虎头城'，永无出头之日。嗟叹之间，忽遇插花李王过狱门外，见思省，遽阑入，与相劳苦，谓曰：'汝三世住河洋，供养我于家庙中，香火不断，我忍不为之援耶？'遂挈徐出狱，令止

于殿前。李王入殿内，食顷而出，曰：'免矣。放汝还世间，将复有十七年阳算，以万历十八年二月十七午时死。汝宜勤心为善也。'"又卷一〇"插花李王"条："常熟致道观，西廊李王庙最灵应，自来常熟人相传，此观为李王宫。"又言："李王本长兴人，南朝神中所称长兴李烈士者也。"参见"李烈士""李侯""威济李侯"三条。

【茶姥】晋时人。《云笈七签》卷一一五《广陵茶姥传》："不知姓氏，在乡里间常如七十岁人，而轻健有力，耳聪目明，头发俱黑。晋元帝南渡之后，耆旧相传，见之百余年，颜状不改。每持一器茶往市卖之，市人争买，自旦至暮，器中茶常如新熟而未尝减少，人多异之。州吏以冒法系之于狱，姥乃持茶器自窗飞去。"

【茶神】❶唐·佚名《大唐传载》云："常见鬻茶之家，烧瓦瓷为陆羽之像，置于灶釜上左右为茶神。有交易则以茶祭，无则以釜汤沃之。"详见"陆羽"条。❷"丹丘子"。见该条。❸吴理真。见"甘露祖师"条。

【察洽】灶神之女名。《太上感应篇》李昌龄注云："灶神状如美人，有六女，即六癸玉女。一云，灶有三十六神。又苏吉利妇，姓王名博颊，张单妻，字卿吉，六女皆名察洽。"唐·段成式《酉阳杂俎·前集》卷一四："灶神名隗，状如美女。又姓张名单，字子郭。夫人字卿忌，有六女皆名察，一作祭洽。"名字稍不同。

【chai】

【柴克宏】五代时南唐人。即常州武烈帝佐神柴太尉。《三教源流搜神大全》卷三"常州武烈帝"条云："武烈帝佐神柴太尉，名克宏，封翊灵将军。"按柴克宏为五代十国时南唐大将。周世宗征南唐，约吴越国助攻。吴越兵克常州外郭，唐主用克宏救常州，大破吴越兵，斩首万级。是柴克宏于常州为有功者。北宋·马令《南唐书·柴克宏传》："常州有隋末陈果仁祠。果仁见梦于克宏曰：'吾以阴兵助尔。'及战，有黑牛二头冲突越兵，克宏继之，大败越人。克宏奏封为武烈大帝。"明·姚宗仪《常熟私志》云："克宏赴援，祷于武烈帝（陈果仁）祠下，于是神驱黑牛数百，为克宏助战。"

【柴通玄】北宋时人。《宋史·方伎传》："柴通玄，字又玄，陕州阌乡（今河南灵宝西）人。承天观道士。年百余岁，善辟谷长啸，唯饮酒。言唐末事历

历可听。太宗召至阙下，恳求归本观。真宗即位，屡来京师。召对，语无文饰，多以修身慎行为说。明年春，通玄作遗表，自称罗山太一洞主。夜分，燃香庭中，望阙而坐，迟明卒。"又见明·王世贞《列仙全传》卷九。

【柴文元】北宋时人。南宋·吴曾《能改斋漫录》卷一八：柴文元，本绵州彰明县（今四川绵阳北）弓手。山间遇一鹰绊林木间，柴取以归。道遇一少年，求索，即与之。少年愧谢，传以符术，授丹笔一支，曰："遇人疾厄，当书符以救之。"柴遂游于荆渚，书符以治疾。后游太华，见陈抟，问："子何处得太乙真君之笔乎？"方知所遇少年乃太乙洞主。柴遂学道，住阆乡观中。真宗召对，问以无为之要，赐茶药。时已百余岁，善服气，能长啸，精采如中年人。所居观人称柴先生观。

【chan】

【蟾蜍】❶月精。或作"詹诸"。传说为嫦娥奔月后所化。纬书《春秋演孔图》："蟾蜍，月精也。"《河图》："蟾蜍去月，天下大乱。"晋·干宝《搜神记》卷一四："羿请无死之药于西王母，嫦娥窃之以奔月。将往，枚筮之于有黄。有黄占之曰：'吉。翩翩归妹，独将西行。逢天晦

蟾蜍 程氏墨苑

芒，毋恐毋惊，后且大昌。'嫦娥遂托身于月，是为'蟾蜍'。"而《淮南子·说林训》曰："月照天下，蚀于詹诸。"许慎以为："詹诸，月中虾蟆，食月，故曰'食于詹诸'。"❷肉芝之一种。晋·葛洪《抱朴子内篇·仙药》："肉芝者，谓万岁蟾蜍，头上有角，颔下有丹书八字，体重，以五月五日中时取之，阴干百日，以其左足画地，即为流水，带其左手于身，辟五兵，若敌人射己者，弓弩矢皆反还自向。"南宋·王明清《挥麈后录》卷八："道家者流谓蟾蜍万岁则背生芝草，出为世之嘉祥。政和间，有以芝草与蟾蜍用漆粘合而伪报祥瑞者。"

【浐水神】五代·孙光宪《北梦琐言》卷一二：黄

巢之乱，有朝士裴某，挈妻子南趋汉中。才发京都，其室女暴亡，兵难中不暇藏瘗。行及洛谷，夜间其女有言，不见其形。父母诘之，女云："我为浐水（在今西安南，北流到西安东入渭）神子强暴，诱我归其家。其父责怒，以安杀生人，遽笞之，兼逊谢抚慰，令人送来。而且夕未有所托。且欲随大人南行，俾致于箱箧之中，庶以魂识依止。"饮食语言，不异于常。尔后又言已有生处，悲咽告辞而去。

【产亡鬼】清·李庆辰《醉茶志怪》卷四"土偶"条：邑城隍祠两廊中，所塑土偶最精。凡油鼎刀山诸狱，削肠剖腹等形，无不神采生动，宛肖其真。庚寅岁重修，好事者塑一产亡鬼，翠蛾愁锁，红粉娇啼，两鬓蓬飞，七窍丹渍，背负雨伞蒲团，犹活泼类生。三月间，有某姓妇，患产难，危在旦夕。忽闻门外有号泣声，其家人出视，见一妇倚门呜咽，酷似庙中所塑者，惊疑间即失所在。旋闻产妇大呼有鬼，转瞬即气绝矣。后往往深夜辄出为祟，遂毁其像，乃安。盖物太肖人形，感异气即足为怪，况工人聚精凝神之作乎？

【chang】

【伥鬼】虎伤死及溺水死者，其魂曰伥鬼。五代·孙光宪《北梦琐言·逸文》卷四："凡死于虎、溺于水之鬼号为伥，须得一人代之。"死于虎者为"虎伥"，死于水者为水伥，或称"江伥"。此外又有"银伥"，俱见各条。◆按：《南史·梁武帝纪》天监十三年"都下讹言有'伥'，取人肝肺及血以饲天狗。"又唐·陈劭《通幽记》有一条云："唐建中二年，江淮讹言有厉鬼曰湖南来，或曰'毛鬼'，或曰'毛人'，或曰'伥'，不恒其称。而鬼变化无方。人言鬼好食人心，少女稚男，全取之。"不知与此"伥"有关否。见"伥"条。

【昌福夫人】南朝时人。道藏本《搜神记》卷六："博罗县（今广东博罗）西梁时有陈氏女，其父年八十卒，女哀毁过甚，亦卒。乡人祠之。汉封昌福夫人。其神颇灵，祷雨辄应。"◆《（康熙）广东通志》卷八稍不同："祠在归善县（今广东惠州）西五十里。梁大同中，沙河民陈志年八十，独有一女，志卒，女哀毁过甚，葬毕亦卒。广州刺史萧储为建孝女祠，南汉封昌福夫人，祷雨有应。"

【昌季】《洞仙传》：不知何许人。入山担柴，崖崩，坠山下，仅有微气。有仙人尹伊过之，服以仙药。昌季服千日，忽然飞升。其妇亦服仙方三年，

复飞去，至蓬莱山，见昌季。

【昌容】西汉·刘向《列仙传》卷下："常山道人，自称殷王子。食蓬虆根，往来上下。见之者二百余年，而颜色如二十许人。能致紫草，卖与染家，得钱以遗孤寡。历世而然，奉祠者万计。"而《文选·魏都赋》注、《初学记》卷五、《太平御览》卷九九六所引《列仙传》，"王子"并作"王女"，《太平广记》卷五九"昌容"条引《女仙传》云："昌容者，商王女也。修道于常山，二百余岁，如二十许人。能致紫草，鬻于染工，得钱以与贫病者。或曰，昌容能炼形，故行于日中而不见其影。"《仙鉴后集》卷二亦作"女仙"。

【昌文侯】南宋时人。明·田汝成《西湖游览志》卷一五："昌文侯，名徐文庆，为岳飞部将，有战功。岳飞死，文庆遂不禄。孝宗平反岳飞之冤，褒崇岳飞部将，遂赐文庆昌文侯，牒充太学土地。至明时仍奉祀。"而同书卷二一又云临安太学土地为岳飞："宋绍兴十三年，以岳飞故宅改为太学，学中时时相惊以岳将军现。孝宗时诏复岳飞官，建庙于太学之左，曰忠佑庙。淳祐中，学中复惊岳将军降为土地。景定二年，从监学之请，立为土神。"

【昌武王】《(康熙)嘉兴府志》卷七："祠在皂林镇便民桥北，明洪武间建。世传淮海王有三子，皆有功于民，封昌武王，死后各著灵异。民奉为当境土谷之神，在皂林者为大王，龙翔为二王，炉头为三王。"

【鶹鶵】或作鷚鶵。《山海经·南山经》："基山，有鸟焉，其状如鸡，而三首六目，六足三翼，其名曰鶹鶵，食之无卧。"郭璞注："鶹鶵急性。""无卧"，郭注以为"使人少眠"。据郝懿行《笺疏》，鶹字应是"鷚"字之误。

鶹鶵　山海经图　胡文焕本

【长白山神】《清续文献通考》卷七四："金世宗大定十二年，有司言，长白山在兴王之地，服章爵号非在公侯之上不足称。至大定十五年三月，因册为兴国灵应王。至金章宗明昌四年，复册长白山神为开天弘道圣帝。"《(乾隆)盛京通志》卷一一载清乾隆时祭长白山神文。

【长臂国】《山海经·海外南经》："长臂国在其

（周饶国）东，捕鱼水中，两手各操一鱼。"郭璞注："旧说其人手下垂至地。魏黄初中玄菟太守王颀讨高句丽王宫，穷追之，过沃沮国，其东界临大海，近日之所出。问其耆老：海东复有人否？曰：常在海

长臂国　山海经图　蒋应镐本

中得一布褶，身如中人衣，两袖长三丈，即此长臂人衣也。"《淮南子·墬形训》海外三十六国有"修臂民"，高诱注云："一国民皆长臂，臂长于身，南方之国也。"《穆天子传》卷二云："天子乃封长肱于黑水之西河。"郭璞以为长肱即长臂人。牛衷《埤雅广要》曰："长臂国在海之东，其人垂手至地。又有长脚人，常负之入海捕鱼。"

【长乘】《山海经·西山经》："嬴母之山，神长乘司之，是天之九德也。其神状如人而豹尾。"郝懿行《笺疏》云："《水经注》云'禹西至洮水之上，见长人受黑玉'。疑即此神。"

【长存子】《洞仙传》：长存子者，学道成，为玄洲仙伯。十大洞天之赤城山（今浙江天台）

长乘　山海经图　汪绂本

为玄洲仙伯治所。又见《仙鉴》卷六。

【长狄】《春秋穀梁传》文公十一年："长狄也，兄弟三人，佚宕中国，瓦石不能害。射其目，身横九亩，断其首而载之，眉见于轼。"《水经注·河水》："秦始皇二十六年，长狄十二见于临洮，长五丈余，以为善祥。"或作"长翟"，即防风氏，《史记·孔子世家》："客曰：'防风何守？'仲尼曰：'汪罔氏之君守封、禺之山，为厘姓。在虞、夏、商为汪罔，于周为长翟（《国语·鲁语下》作长狄），今谓之大人。'"参见"防风氏"条。

【长恩】宛委山堂本《说郛》卷二六下《秘阁闲话》："司书鬼曰长恩。除夕呼其名而祭之，鼠不敢

啮，蠹鱼不生。"

【长肱】《穆天子传》卷二："天子乃封长肱于黑水之西河。"郭璞注："即长臂人。臂长三丈。"

【长股国】《山海经·海外西经》："长股之国在雄常北，被发。一曰长脚。"郭璞注云："长臂人，身如中人而臂长二丈，以类推之，则此人脚过三丈矣。黄帝时至。或曰长脚人常负长臂人入海中捕鱼。"郭又云："或曰有乔（蹻）国，今伎家乔（蹻）人，盖象此身。"按乔（蹻）者，即今之所谓"踩高跷"也。

长股国　山海经图　汪绂本

【长胫国】《山海经·大荒西经》："西北海之外，赤水之东，有长胫之国。"郭璞注曰："脚长三丈。"

【长里先生】梁·陶弘景《真诰》卷五："若如青光先生、谷希子、南岳松子、长里先生、墨羽之徒，皆为太极真人所友，或太上天帝所念者，兴云驾龙以迎之，故不学道而仙。"

【长命女】《（雍正）山西通志》卷一六五：汾阳县（今山西汾阳）东郭有圣仙庙，相传所祀为仙人长命女，汉武帝时仙去。宋开宝甲午或得一绝云："吾本西河一女仙，数年离乱在蓬颠。故临福地遗仙迹，不朽流传万万年。"

【长卿】蟛越别名。晋干宝《搜神记》卷一三："蟛越，蟹也，尝通梦于人，自称'长卿'。"

【长人】见"大人国"条。

【长桑公子】梁·陶弘景《真诰》卷一四："庄子师长桑公子，授其微言，谓之《庄子》也。隐于抱犊山（在今山西长治南），服北育火丹，白日升天，补太极闱编郎。"《洞仙传》："周时仙人，常散发行歌，曰：'巾金巾，入天门。呼长精，吸元泉。鸣天彭，养丹田。'柱下史闻之，曰：'得服五星守洞房之道也。'"◆按：《真诰》注以为扁鹊之师，是误以"长桑公子"与"长桑君"为一人也。明·王世贞《列仙全传》卷九云是周宣王时采薪叟，不知何据。

【长桑君】即扁鹊之师。《史记》扁鹊本传："扁鹊少时为舍长。舍客长桑君过，扁鹊独奇之，常谨遇之。长桑君亦知扁鹊非常人。出入十余年，乃传扁鹊以禁方，忽然不见。扁鹊用其方，尽见人之五

脏。"◆或以为长桑君即长桑公子，参见"长桑公子"条。

【长蛇】《山海经·北山经》："大咸之山，有蛇名曰长蛇，其毛如彘豪，其音如鼓柝。"郭璞注曰："说者云长百寻，今蝮蛇色似艾，绶文，文间有毛如猪鬣，此其类也。常山亦有长蛇，与此形不同。"郭璞《山海经图赞》曰："长蛇百寻，厥鬣如彘。飞群走类，靡不吞噬。极物之恶，尽毒之厉。"

长蛇　山海经图　吴任臣本

【长生大帝】《雷霆玉经》云：浮黎元始天尊、玉清神母元君，生长子为玉清元始天尊，第九子为高上神霄玉清真王长生大帝。道教以三清、斗姥、玉皇大帝、后土元君、太极天皇大帝、北极紫微大帝、南极长生大帝、东极青华大帝为"十御法王"。

南极长生大帝　河北石家庄毗卢寺

【长生大帝君】实即"长生大帝"。《宋史·林灵素传》："灵素既见徽宗，大言曰：'天有九霄，而神霄为最高，其治曰府，神霄玉清王者，上帝之长子，主南方，号长生大帝君，陛下是也。既下降于世，其弟号清华帝君者主东方，摄领之。'故徽宗诏天下诸州建神霄玉清万寿宫，中祀长生大帝君、青华大帝君像。"南宋·赵与时《宾退录》卷一："宋徽宗时，林灵素用事。诏天下天宁观改为神霄玉清万寿宫，无观者以寺充，仍设长生大帝君、青华大帝君像。上自称教主道君皇帝。"南宋·陆游《老学庵笔记》卷九："神霄宫以长生大帝君、青华帝君为主，其次曰蓬莱灵海帝君、公元大帝君、东井大帝君、西华大帝君、清都大帝君、中黄大帝君，又有左右仙伯、东西台吏二十

有二人，绘于壁。又有韩君丈人，祀于侧殿，曰此神霄帝君之尚宾也。其说皆出于林灵素、张虚白、刘炼。"

【长寿仙】宋·黄休复《益州名画录》："五代前蜀道士张素卿于简州开元观画容成子、董仲舒、严君平、李阿、马自然、葛玄、长寿仙、黄初平、葛永璱、窦子明、左慈、苏耽十二仙君像，各写当初卖卜、卖药、书符、导引时真。"按：黄休复《茅亭客话》亦载此，其言诸仙有范长寿而无长寿仙，是长寿仙即范长寿也。而范长寿实即"范长生"之误（范长寿本为隋唐时画家）也，是长寿仙者，即范长生也。参见"范长生"条。

【长行骰子怪】唐·张读《宣室志》：东都陶化里有空宅，大和中，张秀才借住肄业。常忽忽不安，因移入中堂以处之。夜深，乃见道士与僧徒各十五人从堂中出，形容长短皆相似，排作六行，威仪容止，一一可敬。秀才佯寝以窥之。良久，别有二物展转于地，每一物各有二十一眼，内四眼剡剡如火色，相驰逐，而目光眩转，奢劄有声。逡巡间，僧道三十人，或驰或走，或东或西，或南或北，道士一人独立一处，则被一僧击而去之。其二物周流于僧道之中，未尝暂息。如此争相击抟，或分或聚。一人忽叫云："卓绝矣。"言竟，僧道皆默然而息。秀才乃知必妖怪也，因以枕而掷之。僧道三十人与二物一时惊走，遂皆不见。明日搜寻之，于壁角中得一败囊，中有长行子三十个并骰子一双耳。按：长行，古代博戏名，盛行于唐。李肇《唐国史补》卷下："今之博戏，有长行最盛。其具有局有子，子有黄黑各十五，掷采之骰有二，其法生于握槊，变于双陆。"因骰子六面点数相加为二十一，故而骰子妖有二十一眼。长行子有黄黑各十五，僧人穿黑衣，代指黑子，道士穿黄衣，代指黄子。

【长右】《山海经·南山经·南次二经》："长右之山，无草木，多水。有兽焉，其状如禺而四耳，其名长右，其音如吟；见则郡县大水。"郭璞注："以山出此兽，因以名之。"又《山海经图赞》："长右四耳，厥状如猴。实为水祥，见则横流。猿虎其身，厥尾如牛。"

【苌弘】东周之臣，亦为周人方士厌胜之祖，事见《国语·周语》。《史记·封禅书》："苌弘以方事周灵王，诸侯莫朝周，周力少，苌弘乃明鬼神事，设'射狸首'，狸首者，诸侯之不来者，依物怪欲以致诸侯。诸侯不从，而晋人执杀苌弘。周人之言方怪者自苌弘。"晋·王嘉《拾遗记》卷三亦载苌弘导

周灵王求方术怪异之士，"周人以苌弘幸媚而杀之，流血成石，或言成碧，不见其尸矣"。而《庄子·外物》则云："苌弘死于蜀，藏其血，三年而化为碧。"二说不同。

长右 山海经图 吴任臣本

【常】《太平广记》卷三六一引《纪闻》："右监门卫录事参军张翰，有亲故妻，天宝初生子，方收所生男，更有一无首孩子在傍跳跃，揽之则不见，手去则复在左右。按《白泽图》曰：'其名曰常。'依图呼名，至三呼，奄然已灭。"

【常伯】黄帝之臣。晋·王嘉《拾遗记》卷一："帝使风后负书，常伯荷剑，旦游洹流，夕归阴浦，行万里而一息。"而南宋·罗泌《路史·后纪》作"风后、柏常从负书剑"。齐治平《拾遗记注》云："《史记·五帝本纪》黄帝臣有风后、常先。常伯疑即常先之误。"

【常娥】即"嫦娥""常羲""常仪"。见各条。

【常生子】《洞仙传》：常生子者，常漱水成玉屑，服之以升天。

【常羲】《山海经·大荒西经》："帝俊妻常羲，生月十有二，此始浴之。"郭璞注曰："义与羲和浴日同。"吴任臣《广注》："常羲有陬氏也，或作常仪，一作尚仪。《路史》云：'高辛氏次妃常羲，生而能言，发迨其踵。是归高辛，生太子康及月十二。'"杨慎《补注》云："帝俊之妻生十日，自甲至癸也；生月十又二，自子至亥也。"◆按：羲、娥古皆音俄。故袁珂云："生月之常羲，乃渐演变而为奔月之嫦娥，其身份亦由帝俊之妻一变而为帝俊属神羿之妻。"

【常仪】❶黄帝之臣。《史记·历书》"索隐"："黄帝使羲和占日，常仪占月云云。"❷帝喾之妃。《世本·帝系》："帝喾卜其四妃之子，皆有天下。下妃娵訾氏之女曰常仪，生挚。"◆元·白珽《湛渊静语》卷一："《周官》注，仪、羲二字古皆音俄。是常仪即常娥也。"◆明·周梦旸《常谈考误》卷一亦持此说，且云："因常仪能占月，故以奔月附会之。"

【常州武烈帝】隋时人陈果仁，或误作杲仁（如

常羲浴月　山海经图　汪绂本

《通鉴》《十国春秋》）、仁杲（如《江南别录》）。《三教源流搜神大全》卷三："忠佑武烈大帝，姓陈名果仁，字世威，常州晋陵（今江苏常州）人。父祖俱仕于陈。果仁中陈大帝天康元年进士第，授监察御史，迁江西道巡察大使。仕陈二十五年，德惠万民，盛名满天

常州武烈帝　三教源流搜神大全

下。陈亡，归隐不仕，隋高祖累征不起。炀帝时群盗并起，帝闻其名，诏令捕盗，遂奉命起，仕至朝请大夫，隋恭帝时拜大司徒。大业末，沈法兴起兵于吴兴（今浙江湖州）。法兴为果仁妻父，欲倚果仁为重。而果仁忠心于隋室。于是为法兴设计毒死，年七十二。法兴以为将得志，不意一日黑云蔽日，风雨晦冥，果仁现形，发神矢射死法兴。唐封忠烈公，继封福顺武烈王，后周加以帝号。宋宣和四年赐庙额曰福顺武烈显灵昭德大帝。"◆常州武烈祠中有唐天宝时僧德宣作《隋司徒陈公舍宅造寺碑》，所述与上说相近，当是其所本。唯言果仁与

法兴为结义父子。后世方志所记多沿用上说。◆按新、旧《唐书·沈法兴传》俱云："大业末，沈法兴为吴兴郡守，时东阳（今浙江金华）贼楼世干略其郡，炀帝遣法兴与太仆丞元祐讨之。隋恭帝义宁二年，江都乱，法兴乃与元祐将孙士汉、陈果仁执佑而反，自署江南道总管。及越王杨侗立，法兴上书自称大司马，而以果仁为司徒。至唐高祖武德二年，法兴自称梁王云云。"是陈果仁本隋末一反将，其为大司马云者，实为自封，与隋无关，而为法兴所害事，亦于史无征。清·赵翼《陔余丛考》卷三五、清·俞正燮《癸巳存稿》卷一三于果仁、法兴事俱有考辨，可参看。而《丛考》又云："抑郡人所传公（果仁）为法兴所害者，本是实事，而新、旧《唐书》所记不无讹谬耶？"亦备一说。◆武烈帝佐神为柴太尉，名克宏，封翊灵将军。见"柴克宏"条。◆南宋·范成大《吴郡志》卷一二："苏州有双庙，并祀伍子胥、陈果仁。"

【嫦娥】即"姮娥"，或作"常娥"。《淮南子·冥览训》："羿请不死之药于西王母，姮娥窃以奔月。"东汉·张衡《灵宪》："羿请不死药于西王母，羿妻垣娥窃以奔月，托身于月，是为蟾蜍。"晋·干宝《搜神记》卷一四："羿请无死之药于西王母，嫦娥

嫦娥　百美新咏图传

嫦娥　南阳汉画像

窃之以奔月。将往，枚筮之于有黄。有黄占之曰：'吉。翩翩归妹，独将西行。逢天晦芒，毋恐毋惊，

后且大昌。'嫦娥遂托身于月，是为蟾蜍。"◆明·胡应麟《少室山房笔丛》卷四三："字纯狐，一曰郁仪。按：一说嫦娥本为姮娥，汉避文帝讳改。然后人考证，嫦娥本之于《山海经》之常羲，岂常羲之常亦避讳字乎？"◆清·袁枚《随园随笔》卷一七"嫦娥奔月之讹"条："月中嫦娥之说，始于《淮南子》及张衡《灵宪》。《三余帖》云：'羿妻嫦娥奔月，羿思之，以米粉作团，呼而祭之，嫦娥遂归。今在月者乃结璘，非嫦娥也。'此小说家附会。嫦娥之始，其实因常仪占月而讹也。《吕氏春秋》'羲和占日，常仪占月'，皆官名也。《周礼》古仪、娥同音。《诗》'乐且有仪'叶'在彼中阿'，《太玄经》'各遵其仪'叶'不偏不颇'，汉碑凡'蓼莪'皆作'蓼仪'，是其证也。所谓'奔月'者，郝楚望曰：'《淮南·览冥训》羿请不死之药于西王母，恒娥窃以奔月，当作'坋肉'，死畜之肉发药坋之，可令复生，后世误作'奔月'耳。'此说见《通雅》，而所云'坋肉'之义，终不甚分明。张衡《灵宪》以恒为姮，唐避穆宗讳，改恒为常。杨升庵谓古者羲和占日，常仪占月，故曰嫦娥。"◆顾颉刚《嫦娥故事之演化》以为：天帝俊妻常羲生十有二月，一转而为"常仪占月"，再转而为"嫦娥奔月"，俱为神话之演变，而前人以为讹传者，皆是强以史实解神话。

【场神】掌农民打麦谷场之神。农民打场之前先祭之，以求场头安全及多获。见于民间神祃。

【chao】

【晁崇】北朝时人。《北史·艺术传》：晁崇，字子业，辽东襄平（今辽宁辽阳）人。善天文术数。魏道武帝拜太史令。天兴五年，月晕左角，崇奏，占为角虫将死。帝既克姚平于柴壁，以崇言之征，遂命诸军焚车而返。牛果大疫，舆驾所乘巨犗数百头，亦同日毙于路侧，自余首尾相继。是岁天下牛死者十七八，麇鹿亦多死。后因事赐死。

【晁迥】北宋时人。南宋·叶梦得《石林燕语》卷一〇："晁迥天资纯至，年过四十登第，始娶。初学道于刘海蟾，得炼气服形之法；后学释氏，常以二教相参，终身力行之。晚年耳中闻声，始隐隐如雷，渐浩浩如潮，或如铃如蝉。常自见其形于前，既久渐小，八十之后每在眉睫间。"◆按：晁迥《宋史》有传，称其"善吐纳养生之术，通释老书"。

【巢父】晋·皇甫谧《高士传》："巢父者，尧时隐士，山居不营世利，以树为巢而寝其上，人故曰巢父。"与许由为友，余见"许由"条。晋·葛洪《枕中书》："许由、巢父，今为九天侍中、箕山公。"◆一说许由与巢父为一人。谯周《古史考》："许由夏常居巢，故一号巢父。"

【巢谷】南宋·洪迈《夷坚乙志》卷一〇"巢先生"条："绍兴八年，无锡县有道人曰眉山巢谷，年百十七岁，少时与东坡兄弟往来。状貌虽甚老，而面不黧皱，瞳子炯然。自言'三十岁时遇异人，授以秘法，使记其岁月日时，至期即静室步北斗，披发卧魁星下，必可免，须五如此，若满百二十岁则长生不死。初时在宿州天庆观，以正月十六夜当死，如异人教，借空房屏处其中。正昼已见鬼物纷纭，如有所追捕，至夜半，来者愈多，而皆咨嗟曰："必在此，如何不见？"天晓则寂无所闻。凡四度皆如是，今年又当尔，不知能脱否。'至十一月二十一日，仍闭户屏处，过三日，人讶其不出，发户视之，已死。"◆按：《苏轼集》有《与孙叔静书》，云："眉山人有巢谷者，字符修。曾应进士武举，皆无成。笃有风义。年七十余矣，闻某谪海南，徒步万里来相劳问，至新州病亡。官为藁葬，录其遗物于官库。"

【朝那神】唐时丛祠，为泾州（今甘肃泾川）之西二百里朝那镇湫中小龙，见《太平广记》卷四九二《灵应传》。

【朝天岭老人】五代·杜光庭《录异记》卷二：黄齐，好道，多行阴功。于朝天岭（在四川广元北）遇一老人，语曰："子既好道，五年之后，当有大厄，吾必相救。"其后黄齐下峡，舟船覆溺，至滩上，如有人相拯，视之，乃前所遇老人也，寻失所在。自是往往见之。忽于什邡县（今四川什邡）市中相见，召齐过其所居，留止一宿。因言曰："蜀之山川是大福之地，久合为帝王之都。多是前代圣贤镇压岗源，穿绝地脉，致其迟晚。凡此去处，吾皆知之。又'蜀'字若去'虫'著'金'，正应金德久远，王于西方，四海可服。汝当为我言之。"及明，相送出门，已在后城山内，去县七十余里。

【潮鬼】南宋·洪迈《夷坚甲志》卷一四："明州（今浙江宁波一带）人沈富之父，溺钱塘江死，见于其妻梦中，自云：'我死为江神所录，为潮部鬼，每日职推潮，劳苦甚至。须草履并衫板，宜多焚以济用，年满当求代脱去矣。'"按：此即"推潮鬼"，参见该条。

【潮神】民间潮神甚多，大致有：❶伍员，南宋时临安有忠清庙，其神为春秋时吴国伍员，嘉定间加封为忠武英烈威德显圣王。理宗时海潮大溢，祷于神而潮平。详见"伍子胥"条。❷宋人陆圭，因其于淳佑中御潮有功，为立庙于钱塘，名协顺庙，封广陵侯。❸十二潮神，不知其名，十二时各主一时之潮。❹黄岩有潮神"岱石王"。详见该条。❺又有绍兴宁济庙潮神，宋时屡封至孚佑王。❻又有以戚澜为钱塘潮神者，见"戚澜"条。❼南宋人陈贤。见该条。❽石瑰，或称石姥潮王。见下"潮王"条。❾周作人《关于祭神迎会》一文中，绍兴一带奉祀张老相公为潮神。参见"张老相公"条。◆清·王韬《瀛壖杂志》卷一：八月十八日，俗传为潮生日。◆清·赵慎轸《榆巢杂识》卷下：雍正三年，定江潮诸神封：吴伍员为英卫公、唐钱镠为诚应武肃王、宋张夏为静安公、明汤绍恩为宁江伯。地方官设位奉祀。

【潮王】明·田汝成《西湖游览志》卷二三：石姥庙，在德胜坝。其神石瑰。当唐长庆间，江涛为患，神竭家赀，筑堤捍之，竟死于事。屡现灵异。咸通中封潮王，故俗称潮王庙。◆因在石姥庙，又称"石姥潮王"。而石姥乃山上一人形之石，疑庙初为石姥所立，而后改祀石瑰者。

【che】

【车精】唐·释道世《法苑珠林》卷五八引《白泽图》："故车之精名曰宁野，状如辒车，见之伤人目。以其名呼之，不能伤人目。"

【车四】北宋人。南宋·洪迈《夷坚甲志》卷一六：蔡京初登第，为钱塘尉，巡捕至汤村，有道人求见，饮之酒而去。次日至他处，道人复至。连数日如此。是日饮罢，道人曰："今不能归，愿同宿。"与蔡同榻，且命蔡居外。至夜，闻人声甚众，喧言追捕车四，欲就床擒之，而有人言："恐并伤床外人，帝必怒，吾属且获罪。"众人言："又被彼躲过一甲子！"遂去。次日，道人谢蔡曰："某乃车四，赖公脱此大厄，又可活一甲子，自此无所患。公当贵极人爵，吾是以得免；否则，与公俱死矣。"遂传蔡以铅汞之术。

【车中女子】唐时剑侠。《太平广记》卷一九三引唐·皇甫氏《原化记》：唐开元中，吴郡人入京应举。遇二少年引入东市一小曲内。升堂，列筵甚盛。至午后，有车来，一女子从车中出，年可十七八，容色甚佳，升床而坐。饮酒数巡，女子回顾座

中诸后生，各令呈技，有于壁上行者，亦有手撮椽子行者，轻捷之戏，各呈数般，状如飞鸟。少顷女子起，辞出。经数日，途中复见二人，求借其马，举人允之。至明日，闻宫苑中失物，掩捕失贼，唯收得马，是用以驮物者。验问马主，遂收此人，驱入小门。吏自后推之，倒落深坑数丈，仰望屋顶七八丈，唯见一孔，才开尺余。深夜仰望，忽见一物如鸟飞下，觉至身边，乃人也，以手抚生，则向所遇女子也。以绢重系此人胸膊讫，绢一头系女人身。女人纵身腾上，飞出宫城，去门数十里乃下。云："君且便归江淮，求仕之计，望俟他日。"

【车子侯】西汉人。《洞仙传》："车子侯者，扶风人。汉武帝爱其清净，迁其位至侍中。一朝语家云：'我今补仙官，今春应去，至夏中当暂还，还少时复去。'后果如其言。"◆按：《史记·封禅书》有"奉车子侯"，奉车，官名也；子侯，霍去病之子。武帝封禅，独与侍中奉车子侯上泰山，毕，子侯"暴死"。◆又按桓谭《新论·谴非》云："武帝出玺印石，才有朕兆，子侯则没印，帝畏恶，故杀之。"《史记》"索隐"引顾胤按："武帝既杀子侯，复与子侯家语云：'道士皆言子侯得仙，不足悲。'"如此则子侯之"仙去"乃一惨剧。

【chen】

【沉香】《沉香太子全传》：汉时书生刘向赶考过华山，与华山神三娘成亲，临别，刘以沉香一块赠别，云他日生子以此为名，三娘亦赠以夜明珠、玻璃盏等三宝。刘至京城，为奸相所陷，赖三娘相救，得以不死，且得功名，为扬州府巡按赴任。三娘与凡人相爱事，为其兄二郎神知晓，怒提华山，将三娘压在地下洞中。三娘于洞中诞子，取名沉香，遣夜叉送往扬州认父。时刘向已娶王氏，并生子秋儿。二子入学读书，同学有丞相之子秦官保，恶言相讥，沉香大怒，失手打死秦官保。王氏以己子秋儿抵命，纵沉香逃难。沉香至华山，遇何仙姑授以仙术，并窃得宣花神斧，遂与其舅二郎神大战，各显神通，不分胜负。后得太白金星说和，沉香斧劈华山，救出母亲。此后又有《宝莲灯华山救母》弹词，使此故事定型，《宝莲灯》以戏曲形式至今上演不衰。◆按：此故事实即华光救母故事之变形，同源于目连救母故事。

【陈安世】后汉末人。晋·葛洪《神仙传》卷三：京兆（治在今陕西西安西北）人，为灌（一作权）

叔平之客。叔平好道，有二仙人化为书生，从叔平游。叔平不知是仙人，时久而懈怠。二仙视安世心诚，传以神丹，遂绝谷食，但饮水。及叔平知安世成仙，乃师事之，亦道成飞升。

【陈宝】《史记·封禅书》："秦文公梦黄蛇自天下属地，其口止于鄜衍，于是作鄜畤。作鄜畤后九年，文公获若石云，于陈仓（今陕西宝鸡）北阪城祠之。其神

陈安世 列仙酒牌

或岁不至，或岁数来，来也常以夜，光辉若流星，从东南来集于祠城，则若雄鸡，其声殷云，野鸡夜雊。以一牢祠，命曰陈宝。"按：据此，则陈宝之宝本指所获若石之物，非鄜畤所祀之神。至后世遂衍为"宝夫人"之神，详见该条。至东汉时谶纬大兴，遂又生一说，《艺文类聚》卷九〇引《列异传》曰："秦穆公时，陈仓人掘地得物，若羊非羊，若猪非猪。牵以献穆公，路逢二童子。童子曰：'此名为媪，常在地食人脑。若欲杀之，以柏插其首。'媪曰：'彼二童子名为陈宝，得雄者王，得雌者霸。'陈仓人舍媪逐二童子。童子化为雉，飞入平林。穆公大猎，得其雌，又化为石，置于汧、渭之间。至文公时，为立祠陈宝。其雄者飞至南阳，今南阳雉县是也，秦欲表其符，故以名县。"此雄者即为后汉光武帝刘秀起于南阳之兆。◆按："媪"，《史记·秦本纪·正义》引《晋太康地志》作"媚"，东汉·应劭《风俗通义》佚文作"蝹"。◆道藏本《搜神记》卷五：祠在凤翔府宝鸡县（今陕西宝鸡）之东二十里。◆王国维有《陈宝说》，可参看。

【陈宝炽】北魏时人。《仙鉴》卷三〇："颍川（今河南许昌北）人。魏孝文帝太和十八年，年二十一，入楼观，师事王道义。未几道义化去，宝炽遂游华阴，遇陆景真人，受秘法而归。诵《大洞经》既久，珍禽异兽常来侍卫。每朝老子祠，有白虎导从。未兆先知，禁止妖邪。太师安定公及朝士大夫皆从之游。其弟子知名者有侯楷、李顺兴。"◆《初学记》卷二三"道释部"言四种道士，其四为"出家道士，宋伦、彭谌之匹也"，注引《祛惑论》曰："杜冲、彭宗、王探、封君达、王子年、陈宝炽、李顺兴亦是也。"

【陈必胜】见"洑口庙"条。

【陈昌女】《（雍正）福建通志》卷一五"顺懿庙"条："庙在古田县东三十里临水洞。神为邑人陈昌女。生于唐大历二年，嫁刘杞，卒年二十四。临水洞有巨蛇，吐气为疫疠。忽有朱衣神人执剑斩之。乡人诘其姓名，曰：'我江南下渡陈昌女也。'忽不见。众遂立庙于洞上"云云。◆按：此即大奶夫人陈靖姑，而误为另一人者。见"大奶夫人"条。

【陈长】晋·葛洪《神仙传》卷六："陈长在苎屿山六百年，每四时设祭，亦不饮食，亦无所修。人有病者，与茶水饮之，即愈。苎屿山在东海中，方圆千里，其俗与吴地同。"

【陈翠虚】见"陈楠"条。

【陈大素】唐初时人。《（雍正）江西通志》卷一〇三：字静甫。与蜀人罗太冲同见华阴道士王能，得炼白石法。渡湘水，又遇何仙娥，教隐浮田。大素云："此仆之故里。"遂还浮田十二载，忽清泉迸涌，以煮白石，食之，飘然若生羽翼云。时为武德二年。

【陈大王】元·冯福京《昌国州图志》卷七："陈大王庙，在定海县（今浙江定海）蓬莱乡之岱山。王为陈棱，隋大业中，航海伐流求国，俘斩颇众。见隋史。南宋淳祐间庙记云：'一夕风雨如晦，海潮奔涌，有巨石浮潮而上。岱山场亭户莫某负至数里，竖起石于墩上。若有神物凭之，称曰："吾隋朝陈将军也。"语毕罔然，如闻空中隐隐有甲马声，逾时不绝。乡人异之，即其地立庙。'"◆按：此即台湾地区民间所奉之"开国圣王"。又："陈棱"应作"陈稜"。

【陈代仁】《（雍正）广东通志》卷五六："五代时连州（今广东连县）人。鬻薪以养二亲。一日遇道士赐与一盒，封识甚固，令卦于市，休咎百中。时山下祠与山顶仙坛十里而遥，每日两处钟同时并鸣，皆代仁自击。后栖白鹤山，不知所终。"

【陈道冲】唐初人。《仙鉴》卷三一："当阳（今湖

北当阳）人。生有殊相，儿时便有慕道之心，既长，戒行高洁，受法箓于异人。结庵于紫霄之别峰。门庭甚峻，不妄接人。唐贞观二十一年化去，颜色如生。举棺如无物，人以为仙去。"

【陈道人】宋时人。南宋·洪迈《夷坚三志·壬集》卷二"楚州（今江苏淮安）陈道人"条："其父仕至员外郎，当任子，陈不肯受，忽若发狂，弃家，乞丐于途。经数年，日夕卧于堰岸泥中。当寒雪永夜，鼻息如雷。又数年，稍泄其机。顶囟常有气腾上，以未炊蒸糊置其上，少顷即熟。淳熙间，建宁刘思恭与约相会，陈曰：'不须尔，茅山刘蓑衣来谒方夫子，吾为引道。'"

【陈都尉】《太平广记》卷二九四引刘宋·刘义庆《幽明录》："新城县民陈绪家，晋永和中，旦闻扣门，自通云：'陈都尉。'便有车马声，不见形。径进，呼主人共语曰：'我应来此，当权住君家，相为致福。'令绪施设床帐于斋中。或人诣之，斋持酒礼求愿，所言皆验。每进酒食，令人跪拜，授闻里，不得开视。众不敢犯，而绪举家无恙，每事益利，此外无多损益也。"

【陈二相公】《三教源流搜神大全》卷四："大奶夫人陈进姑之兄名陈二相。"按陈进姑即"陈靖姑"，为五代时闽地女巫，其兄为道士陈守元，民间称为陈二相公。见"陈守元"条。

【陈二爷爷】清·丁治棠《仕隐斋涉笔》卷三"仙道"：陈二爷爷者，不知何地人，或言四川人，由两尘而得仙者也。生其凤根，能记前生事。前为儒生，受仙人指点，得长生诀，能结胎出神，步虚驭气，下视人寰，如掌上观纹，重楼深室，俱供眼底。始而近，继而远，千里百里之遥，弹指即到。但功行未满，不能自主。一日游神空中，见一大户延巫捉鬼，巫正披发持剑，以刀指画，拍木牌一声如霹雷鸣。陈为击中，置缶中，封以纸符，埋碧桃树下。约计数十年，有童子疑其地有窖金，发其缶，陈神始冉冉出。神魂无依，随风飘堕，遂投生于陈家。本性未迷，在怀抱中，忆前世事历历犹昨。读书为文，联登乡荐。遂绝意科名，仍证旧果，半仕半隐，日以修养为事。丁忧解职，以家事付子，游览名山。初犹还家，后遂不返。

【陈昉】北宋时人。《（康熙）苏州府志》卷七九："吴江（今江苏吴江）人。庆历间为县吏，掌刑狱，以廉谨称。不畜妻子，唯一女婢给使。昉好食鱼，每食必以二鱼饷。一日饷至而昉适他出，同舍吏戏窃其一置舍席上。昉以为婢窃鱼，杖之。时暑月，舍席生蛆，落几上。昉视之，乃腐鱼也，始悟婢冤，叹曰：'小事尚尔，大事能无冤耶？'遂辞亲友，从县前运河洞中而去。洞甚深黑，相传通太湖，上闻浪声，行七十里可通洞庭山（在太湖中）。后数十年，有道士沽饮肆中，将别，留一壶为赠，曰：'以此偿酒价，贮酒当佳。'既去，忽见酒旗上题云：'昔年陈昉登仙处，酒味松陵第一家。'主人取壶置酒，香冽异常，始知昉已仙矣。"◆按：疑婢窃鱼，传说本张伯端事，见"张伯端"条。

【陈复休】即"陈七子"，见该条。

【陈高功】唐时人。《（康熙）宜黄县志》卷六：姓陈，名云布，字宣威。唐开元中仕至校书郎，因言事罢归。至广德二年，复为殿中侍御史，明年托疾归，遍游名山。遇至人，授以飞符斩祟、驱龙致雨之术。行至宜黄，居于妙常观。唐封为普济护国妙应大师。年一百二十二岁，沐浴而逝。临葬，其棺内惟存履简。一门四世皆成仙。

【陈姑娘】见"陈三姑娘"条。

【陈箍桶】宋末元初人。清·毛祥麟《墨余录》卷三：陈箍桶，佚其名，居浦滨，以箍桶为业。跣足蓬头，冬夏一衲，不涤，亦不秽。髻鬓斑白，双瞳湛如碧玉。能言徽、钦时事，而貌仅如五十许人。常来江浙间，踪迹无定。好酒善睡。一日睡中为潮所卷，顺流五六里，犹酣睡，人以是目为仙。洎元贞元初，不知所终。

【陈寡言】唐时人。《仙鉴》卷四〇：越人，字太初，隐玉霄峰，号华琳，常以诗自娱。将尸解，谓徒当盛以布囊，勿以木为棺。

【陈果仁】即"常州武烈帝"。见该条。

【陈和尚】南宋时人。南宋·洪迈《夷坚三志·辛集》卷六"玉山陈和尚"：信州玉山县（今江西玉山）务林乡下岩寺童行陈生，年十三四时。因出县市，还至中途小桥少憩。先有道人坐其上，虽风骨轩昂，而身负疮垢。陈一见心异之，即加礼。道人若素相识者，探怀取油糍两枚与之。陈接食其一，颇喜；至其次，甚腥，陈不以为嫌，略加洗涤，亦食之。俄便别去，便觉步趋轻捷，心神顿清，自是遂能言未来事。远近有请，无不敬信。遂买牒削发，称为陈和尚。凡境内水旱疾疫，命之祷，辄应。乡人当三伏问雨期，曰某日某时，不差晷刻。至有"陈佛"之称。

【陈花子】北宋初人。《仙鉴》卷四七：陈花子，在青城山得道。常剪纸花子于市中卖之，得钱只买酒。与陈抟为友往来。青城山人常见之。

【陈华夫】雨师名。明·方以智《通雅》卷二一："风伯方道彰，雨师陈华夫。俱见道经。"

【陈惠虚】本唐时天台寺僧，后遇仙而得道升天。参见"张老"条❷。

【陈惠度】南朝时人。《(康熙)衡岳志》卷三：颍川（今河南许昌北）人。初居茅山，采草药货之。饮酒不食数年。南游至南岳，选地炼丹。丹炉三为鬼揭，而丹终成。以南齐永明三年升举。宋徽宗重和元年赐号冲虚元妙真人。《神异典》卷二三八引作"陈慧度"。

【陈季卿】唐时人。《太平广记》卷七四"陈季卿"条引《纂异记》：江南人，举进士，至长安，十年不归。一日于青龙寺访一僧，不值，有一终南山翁在坐，亦候僧者。壁上有《寰瀛图》，季卿于图上寻江南路，思回乡一顾。翁曰："欲归江南亦不难。"起折竹叶置渭水中，令季卿注目视之，竹叶竟成小舟。季卿乘舟沿流，竟归家中，见妻子，题诗而返。倏忽间至青龙寺，寺僧犹未归，而山翁拥褐而坐。季卿疑是梦。一月之后，家人来访，具述其归家事，题诗宛然。季卿顿悟，入终南山，隐而不出。

【陈简】五代·杜光庭《神仙感遇传》卷二：陈简为婺州金华县小吏。偶逢一道流，不觉随之，行三五里，忽及一宫观。道流引入一室，授以黄素书一卷，皆古篆。又饮以金华神液，告曰："此为金华洞天。"遣之归。出门恍如梦觉，已三日。后复入金华山，亦时还郡中。

【陈将军】沈平山《中国神明概论》第二章引《潮州县志》："潮州有独山、巾山、明山。当隋失其甲子二月下旬五日，有神三人出巾山，自称昆季，受命于帝，分镇三山。乡民陈姓者，见三神乘马而来，招为从者。未几，陈与神俱化去。土人遂将陈与三神合祭，称陈将军，尊称化王，以为界石之神。"参见"三山国王""陈大王"条。

【陈金】五代·徐铉《稽神录》卷五：陈金者，少为军士，私与其徒五人发一大冢，中卧白髯老人，面如生。开棺即有白气冲天，墓中有非常香气。金独视棺盖上有物如粉，微作硫黄气，即以衣襟掬取怀归。既至营中，人皆惊云："今日那得有香气?"金知硫黄之异，且辄汲水服之。城平，入舍僧寺，偶与寺僧言之，僧曰："此城中富人之远祖也，子孙相传，其祖好道，有异人教饵硫黄。云数尽当死，死后三百年，墓当开，即解化之期也，今正三百年矣。"即相与复视之，棺中空，唯衣尚存，如蝉蜕之状。金自是无病，今为清海军小将，年七十余矣，形体枯瘦，轻健如故。

【陈进姑】即"陈靖姑"。见"大奶夫人"条。

【陈靖姑】或作陈进姑，即"大奶夫人"。见该条。

【陈九郎】❶《(康熙)武昌府志》卷九："武昌县启石里人。五代末领土兵守本里，与尖山王大夫战，败走泉洞，死之。尸流出洞，沉于山溪港，渔人网得而置之，明日复得，如是者数次。其时大旱，众祷云：'汝若为仙，明日可得雨。'次日果大雨。遂以泥裹尸，塑而祝之，号陈九郎仙。"❷《嘉定赤城志》卷三一："庙祀陈九郎，俗称护国大圣。旧传五代晋天福十二年战死，以灵显封王。宋澶渊之役，有旗金书陈之爵里，揭于阵中，遂赐今号。"❸南宋·梁克家《淳熙三山志》卷八："闽之武胜王庙，旧传祀陈九郎神。"

【陈九龙】河神，见"大王"条引清·薛福成《庸庵笔记》。

【陈九娘】五代·徐铉《稽神录》卷三：王祠者，南安县大盈村人也。妻林氏忽病，有鬼凭之言："我陈九娘也，以香花祠我，当有益于主人。"祠许之。乃呼林为阿姐，为人言祸福多中。半余岁乃见形，自腰以下可见。人未常来者，亦未见也，但以言语相接。乡人有召者，不择远近，与林偕往。人有祭祀，但具酒食，陈氏自召神名。祝词明惠，听者忘倦，林拱坐而已，二年间，获利甚厚。一旦，忽悲泣谓林曰："我累生为人女，年未笄而夭。闻于地府，乃前生隐没阿姐钱二十万，故主者令我为神，以偿此钱，讫，即生为男子而获寿。今酬已足，请置酒为别。"乃尽见其形，容质端媚，言辞婉转，殷勤致谢，遂不见。

【陈可复】元·袁桷《延祐四明志》卷一八："陈可复，定海人。越有林生，善役雷，恣酒自许。有问其法，辄叱去，可复昼夜承事，伺林嗜酒，每鬻衣以奉，由是卒得其术。至元九年，乡大旱，祷禬莫应。有戏之曰：'陈道士能召雷。'命至官，人将候其不验以侮辱。可复徐行，精思集云，云果合，须臾雷电大作，雨甚。遂召为承应法师，见于世祖皇帝。"明·王圻《续文献通考》卷二四三："号雷谷，尝主教鄞之玄妙观。中秋，有方士赏月，可复不与。戏以墨水噀符，顷即乌云掩月，而雨黑雨。众知其所为，延之入席，云雾散尽，月复朗然。"

【陈铿韶】《(雍正)福建通志》卷六〇：年二十余丧妻，散家资学长生术。时至鼓山绝顶，默坐竟日。久能辟谷。遂远游大茅、武当诸名山。数年归，以药囊遗母。乡士大夫慕而迎致，亦不与言。后莫知所之。母启药囊视之，皆干桑叶。

【陈朗】宋时人。《(雍正)福建通志》卷六○：字子彝，德化人。宋末遇仙，授以草履，行疾如飞，百里立至。人谓其腾空。尤精于地理。邑中称为"陈朗仙"。

【陈雷】晋宋间人。《(雍正)浙江通志》卷二○○引《笔丛》："东阳（今浙江金华）人，幼出许长史（穆）门，常使典守经书。得长史自步七元星图。还东阳，义熙十三年，与东阳太守魏伏之兄子二人共合丹，丹成，三人前后服之，皆有神异，化遁而去。"◆按：事与许逊之徒"陈勋"相类，疑即陈勋之误。

【陈灵洗】明·彭大翼《山堂肆考》卷二二："徽州府西南有黄墩湖，昔有陈灵洗者，夜梦人告曰：'吾数为吕湖蛟所困，明日幸见助。'灵洗曰：'何以为识?'曰：'白练者我也。'及旦往视之，见二牛相触，有白者困，灵洗射黑牛死，视之，乃蛟也。"◆按：北宋·乐史《太平寰宇记》卷一○四记程灵洗斩蜃事，与此同，是"陈"乃"程"字之误也。参见"蜃"条。

【陈鸾凤】唐·裴铏《传奇》"陈鸾凤"条："唐元和中，有陈鸾凤者，海康（今广东雷州半岛之海康）人。负气义，不畏鬼神。海康有雷公庙，邑人虔洁祭祀。时海康大旱，邑人祷而无应。鸾凤大怒曰：'我之乡，乃雷乡也。为神不福，焉用庙为！'遂秉炬爇之。其风俗，不得以黄鱼彘肉相和食之，亦必震死。是日，鸾凤持竹炭刀，于野田中，以所忌物相和啖之，将有所伺。果怪云生，恶风起，迅雷急雨震。鸾凤乃以刃上挥，果中雷左股而断。雷堕地，状类熊猪，毛角，肉翼青色，手执短柄刚石斧，流血注然，云雨尽灭。逡巡，复有云雷，裹其伤者，和断股而去。沛然云雨，自午及酉，涸苗皆立矣。自后海康每有旱，邑人即醵金与鸾凤，请依前调二物食之，持刀如前，皆有云雨滂沱，终不能震。如此二十余年，俗号鸾凤为'雨师'。"参见"雷州雷神"条。

【陈落魄】唐末人。《(嘉靖)瑞安县志》卷一○：景福初为集真观道士，门前草盈尺，每出入，草辄靡然向之，若迎送然。一日语其徒曰："吾将入蜀，愿得锦袄而去。"未几，卒于大树下。其徒以锦袄敛之。后发棺，内中唯有锦袄而已。

【陈嘛哩】《(雍正)福建通志》卷六○：长汀人。学道庐山。能以符咒呼役鬼神。尝驰祠中泥马出入，乡人异之，塑像石王庙。

【陈明】宋·张淏《会稽续志》卷六引《夷坚辛志》（今《夷坚志》无此条）：攒陵铺兵，人呼陈院长。年三十五时因罪受杖，遂蓬头跣足，若病狂者，往来行歌，无定止，颇能知未来事。雪中不施一缕，卧处气腾如蒸。好以白灰书地，且读且歌，书类五铢钱文，观者莫识。淳熙八年，郡中不雨，或叩问，应曰："木灾、竹灾、鱼灾、贫道灾。"俄而洪水暴至，所经竹木尽拔，鱼鳖漂流。陈大病，不食数月，腹皮陷入附骨处，而迄不死。后有蜀客来，见之曰："先生正为乡里募缘造桥，安得来此?"人始知其为异人。或问其年庚，但云三十五。后以微疾去世。葬后发棺，空无一物。

【陈明大王】南宋·周密《武林旧事》卷五，记杭州有陈明大王庙，为汉灵帝熹平余杭令陈浑，后唐明宗长兴中封太平灵卫王。

【陈楠】南宋人。《仙鉴》卷四九：陈楠，字南木，号翠虚。博罗（今广东博罗）人。以盘栊箍桶为生（按：此似与陈七七为箍箕业之祖师事相涉）。后得太乙刀圭金丹法于毗陵禅师，得景霄大雷琅书于黎姥山神人。能以符水捻土治病，时人呼为"陈泥丸"。时披发，日行四五百里，鹑衣百结，尘垢满身，好食狗肉，终日烂醉。能驱龙祷雨，可浮笠渡江。以丹法授白玉蟾。宋宁宗嘉定间，于漳入水而解去。

陈楠　仙佛奇踪

【陈泥丸】即"陈楠"，见该条。

【陈平】有二说，一为河渎之神。《三教源流搜神大全》卷二："河渎，汉陈平也。"《月令广义·岁令一》："河神即汉相国陈平。"◆按《史记·陈丞相世家》："平间行杖剑，渡河，船人见其美丈夫独行，疑其亡将，意其当有金玉宝器，目之，欲杀平。平恐，乃解衣而佐刺船。船人知其无有，乃止。"陈平与河之关系唯此一处。又一说为蓬莱紫霞真人，南宋·洪迈《夷坚三志·辛集》卷一〇"蓬莱紫霞真人"条："淳熙间，有人扶乱，降神自称蓬莱紫霞真人，灵验甚著。一夕凭人言：'我本汉谋臣陈平，缘常用兵家奇计，谪堕尘世千年，今期限已满，当还仙界。吾从逝，不复来矣。'"

【陈七子】唐末人。五代·孙光宪《北梦琐言》卷八："唐李当尚书镇兴元（今陕西汉中），襄城县（今汉中北）有处士陈休复者，号陈七子，狎于博徒，行止非常。李当以其妖诞，械之，而市井之间又有一七子。无何，狱中七子死，尸体立腐，而襄城七子宛在。李当不敢寻问。后李当爱女暴亡，其妻追悼成疾。陈七子为招亡魂，使其妻哀少减。"同书卷四又记陈休复预言洋州刺史杨蔚一生当三为刺史事，称其为"道者""道士"。《太平广记》卷五二"陈休复"条引五代·杜光庭《仙传拾遗》、唐·蒋防《幻戏志》皆作"陈复休"，事又加详："陈复休者，号陈七子。贞元中来居襄城，耕农樵采，与常无异，如五十许人，多变化之术。襄人有好事少年，承奉之者五六人，常为设酒食，以求学其术，勤勤不已。复休约之曰：'我出西郊，行及我者，授以术。'复休徐行，群少年奔走追之，终不能及。后入市，众复奉之不已。复休与出郊外，坐大树下，语道未竟，忽然暴卒，须臾臭败。自此诸少年不敢干之。尝狂醉市中，襄帅李谠怒而系于狱中，欲加其罪，桎梏甚严。忽不食而死，寻即臭烂，虫蛆流出。弃之郊外，旋亦还家，复在市中。昌明令胡仿尝师事之，将赴任，留钱五千，为复休市酒。笑而不取，曰：'吾金玉甚多，恨不能用耳。'以锄授仿，使之劚地，不二三寸，金玉钱货，随劚而出。尝于巴南太守筵中，为酒妓所侮，复休笑视其面，须臾妓者髯长数尺。泣诉于守，为祈谢，复休咒酒一杯，使饮之，良久如旧。卒于家，葬于江南山下。数月，好事者掘其墓，无复所有。"◆明·王圻《稗史汇编》卷六一作"陈复林"，误。

【陈琼玉】北宋女子。南宋·洪迈《夷坚甲志》卷一四、《仙鉴后集》卷六、《金华府志》：姓陈，名琼玉，金华人（志云义乌人），年十九，与姐浣于涧中，得桃实，食之，从此不火食，唯饮酒啖生果。初不识字，忽能诗词，为人言祸福悉验。一日邀其兄游四明（即明州，今浙江宁波一带）海中，兄乘舟，而己行水上。语人曰："我水中遇婺女星君，相导至蓬莱，始知原是第十三洞主。"政和七年，召见，赐号妙靖炼师。寿九十端坐而化。

【陈仁杲】宋·陈彭年《江南别录》："常州有隋将

陈仁杲祠。"此显为"陈果仁"之误。见"常州武烈帝"条。

【陈仁果】南宋·吴自牧《梦粱录》卷一四：南宋临安有显佑庙，祀陈仁果，云"仁果为常州晋陵人。仕于隋，历官司徒。有叛臣沈法兴谋叛，忌仁果名声，以食毒之而死。其神忠愤赫灵，以神矢射死法兴。唐武德时庙祀，封忠烈公。后梁加封福顺忠烈王，后周封帝号。宋政和间赐庙，改王爵，曰'福顺忠烈显应昭德王'，诏赐额曰忠佑庙。"◆按：此显系"陈果仁"之误。见"常州武烈帝"条。

【陈仁娇】北宋女子。明·王世贞《列仙全传》卷七："南海陈玘女。尝梦为逍遥游，及寤，每思旧游不释。至八月望，有仙女数百从空中招之，仁娇超然随之而去，往朝于帝，遂命掌蓬莱紫虚洞。元祐中，降于广州进士黄洞家。"◆明·黄瑜《双槐岁抄》卷七"寿星塘"条则作香山（今广东中山）女子。

【陈蕊娘】台湾地区丛祠。相传为台南盐水县人，生于清时，年二八去世，埋于现祠址，因是吉穴，显化为神，为民解危除疠。见仇德哉《台湾之寺庙与神明（四）》。

【陈三姑娘】清·钱泳《履园丛话》卷一五"陈三姑娘"条："青浦（今属上海）金泽镇有淫祠曰陈三姑娘者，有塑像，附东岳行宫。每年逢三月廿八、九月初九，远近数百里内男女杂沓、络绎而至者以数万计，灯花香烛，昼夜不绝。乡中妇女皆装束陪侍女神，以祈福佑。或有疾病，巫辄言触犯三姑，必须虔祷。三姑娘者，云是吴江（今江苏吴江）之芦墟人，居三白荡边，年十六七，美丽自命。有桑间濮上之行，其父觉之，遂沉诸湖。后为祟，由来已久。又名'三姑神'。"清·诸联《明斋小识》卷一一"陈三姑娘"条："金泽西有陈氏三姑者，犯淫，父沉于河。未周年，新狎十七人，悉招地下同衾枕，乃为厉鬼。人病诣卜，咸云三姑为祟。三四十里间皆谨事虔肃。"又作"陈姑娘"，清·破额山人《夜航船》卷七"陈姑娘"条："自汤斌除五圣后，踵其为祟者，则有陈姑娘。"

【陈师】五代·徐铉《稽神录》卷五：豫章（今江西南昌）逆旅主人梅氏，济惠行旅，僧道投止，皆不求直。有一道士，衣服蓝缕，常止其家，梅厚待之。一日谓梅曰："吾明日当设斋，从君求新瓷碗二十事，及七箸。君亦宜来会，可于天宝洞前访陈师也。"梅许之，道士持碗渡江而去。梅翌日诣洞前，偶得一小径，试寻之，果见一院。中有道士，延与之坐。命具食，乃熟蒸一婴儿，梅惧不食。又进食，乃蒸一犬子，梅亦不食。道士叹息，谓梅曰："子善人也，然不得仙。千岁人参、枸杞，皆不肯食，乃分也。"谢而遣之。比不复见矣。

【陈十姨】南宋·郑景望《蒙斋笔谈》卷上："阆州（今四川阆中）人祠子昂，有陈拾遗庙，语讹为十姨。不知何时，遂更庙貌为妇人，妆饰甚严，有祷亦或验。"

【陈世安】唐时人。《（康熙）天台县志》卷一一："京兆人，好道遇仙，白日升天。治小台山。"疑即"陈安世"之讹。

【陈守元】五代时闽人。即民间传说中大奶夫人陈靖姑之兄陈二相公。史有其人。清·吴任臣《十国春秋》卷九九《闽列传》："陈守元，闽县（今福建福州）人，道士，以左道见信于惠宗（即闽王鏻）。守元谬为大言，而惠宗愈信之，凡将相更易，刑罚选举，多与之议。守元受贿请托，靡所不至。后国内作乱，为乱兵杀死于宫中。"又，谭紫霄与陈守元相善，守元得张道陵符箓而不能用，授与紫霄。参见"谭紫霄"条。

【陈曙】五代南唐人。北宋·吴淑《江淮异人录》卷上：陈曙，蕲州（今湖北蕲春）善坛观道士，谓为百岁，实亦不知其数。步行日数百里。郡人有宴席，常虚一位以待之，远近必至。保大中，尝至夜焚香恸哭，俄而淮上兵起，人以为预知。后过江，独居永兴景星废观，居常有虎豹随之。

【陈四夫人】即大奶夫人陈靖姑，见"大奶夫人"条。

【陈太初】北宋人。《仙鉴》卷五〇："眉山（今四川眉山）市井人。与苏东坡同学。年八岁，师道士张易简。东坡擢进士，太初为郡小吏。吴师道为汉州太守，正旦日，太初往客焉，求衣食钱物，且告别，持所得尽与市人贫者，反坐于戟门下，遂化。师道使卒舁往野外焚之，卒骂曰：'何物道士，使我正旦日舁死人！'太初微笑开目：'不须烦汝。'乃自戟门步至金雁桥，趺坐而逝。及焚，一城人见烟焰中陈道人冲虚而去。"◆按：事出苏轼《志林》卷二。

【陈陶】五代南唐人。五代·孙光宪《北梦琐言》卷五："大中年，洪州（今江西南昌）处士陈陶者，有逸才，歌诗中似负神仙之术，或露王霸之说。"北宋·龙衮《江南野史》卷八："陈陶者，世为岭表剑浦（今福建南平）人。习儒，善解天文。五代时至江南，筑室西山。南唐既亡，不知所终，或云仙去。"北宋·马令《南唐书·陈陶传》："陶所逝

西山，先产药物数十种，陶采而饵之。宋开宝中，常见一叟，角发披褐，与一老媪货药市中，获钱则市鳜对饮，旁若无人。既醉，行舞而歌曰：'篮采禾，篮采禾，尘世纷纷事更多。争如卖药沽酒饮，归去深崖拍手歌。'或疑为陶夫妇云。"《仙鉴》卷四六："溆浦人。少好学，明天文，长于歌颂。知南唐运祚不振，乃筑室西山，吟咏自乐，及以修炼为事。或云已得仙。"◆按：溆浦在湖南，不在南唐域内，疑为"剑浦"之误。

【陈天君】雨神。清·黄斐默《集说诠真》："《事物异名录》曰：雨师名冯修，号曰树德，又名陈华夫。今俗又塑雨师像，乌髯壮汉，左手执盂，内盛一龙，右手若洒水状，称曰'雨师陈天君'。"

【陈铁鞭】南宋·洪迈《夷坚支志·乙集》卷五"谭真人"条：衡州道士赵祖坚，初行天心法，时与乡人治祟。既止复作，不胜怒，摄附体者责问之。对曰："非敢擅来，乃法院神将受某略，是故敢然。今去矣。"赵默自念："吾所以持正法降伏魑魅者，赖神为用也。兹乃公受贿托，吾将何所倚仗哉？"欲状其罪申东岳。是夜梦一介胄武士，威容甚猛，拱手立于前曰："弟子即法师部下神将也，生时为兵，有膂力，众呼曰陈铁鞭。死得为神，得隶坛席，不能自谨，致纳鬼略，闻法师欲告岱岳，则当堕北酆无间狱，永无脱期。愿垂哀恕，请得洗心自新。"赵曰："吾不忍言汝罪，只云不愿行此法，使汝自回耳。"其人拜谢而退。

【陈铁脚】见"朱自英"条。

【陈抟】北宋初人。《宋史》入《隐逸传》，略云："陈抟，字图南，亳州真源（今河南鹿邑）人。始四五岁，戏涡水岸侧，有青衣媪乳之，自是聪悟日益。及长，读经史百家之言，一见成诵。后唐长兴中，举进士不第，遂不求禄仕，以山水为乐。隐武当山（在今湖北十堰南）九室岩，服气辟谷历二十余年，但日饮酒数杯。移居

陈抟 仙佛奇踪

华山云台观，又止少华石室。每寝处，多百余日不起。周世宗好黄白术，命华州送至阙下。留止禁中月余，既知其无他术，放还。太平兴国中来朝，宋太宗待之甚厚。九年复来朝，上益加礼重，下诏赐号希夷先生。数月放还山。端拱初，忽谓弟子贾德升曰：'汝可于张超谷凿石为室，吾将憩焉。'二年秋七月，石室成，先言死期，如期而卒，经七日肢体犹温。有五色云蔽塞洞口，弥月不散。抟好读《易》，手不释卷。常自号扶摇子，著《指玄篇》八十一章，言导养及还丹之事。能逆知人意，人以为神。华阴隐士李琪，自言唐开元中郎官，已数百岁，人罕见者；关西逸人吕洞宾有剑术，百余岁而童颜，步履轻疾，顷刻数百里，世以为神仙。皆数来抟斋中，人咸异之。"《宋史·太宗纪》：雍熙元年，赐号希夷先生。北宋·文莹《湘山野录》卷上："张咏曾欲学道于陈抟，抟一见，谓之曰：'子当贵为公卿。'又遗以诗：'征吴入蜀是寻常，鼎沸笙歌救火忙。乞得江南佳丽地，却应多谢脑边疮。'后皆验。"同书卷下又言："钱若水少时谒陈抟求相骨法，有麻衣道者在座。"《续湘山野录》："宋太祖微时，兄弟与赵普游长安市。陈抟乘驴遇之，大笑，巾簪几坠。拉三人入酒肆，赵普偶坐席左，陈怒曰：'紫微帝垣一小星，不可据上座！'斥之使居席右。"北宋·魏泰《东轩笔录》卷一、卷二有数则，亦仅谈其相人之术精妙。而北宋·邵伯温《邵氏闻见录》卷七所载最奇，与诸说迥异："陈抟为唐长兴中进士，游四方，有大志。尝乘白骡，从恶少年数百，欲入汴州（今河南开封）。中途闻宋太祖登基，大笑坠骡曰：'天下于是定矣。'遂入华山为道士。"是以其为道士在宋太祖登基之后事，而其人类似于虬髯客者。◆其生年本为唐末五代时，唯北宋·刘斧《青琐高议·前集》卷八云其生于唐德宗时。而明·李日华《六研斋二笔》卷四于其出世则更神之："陈希夷莫知所出，有渔人陈姓者举网得巨物，裹以紫衣，如肉球状，携归，溉釜析薪，煮而食之。水将熟，俄雷电绕天大震。渔人惧，取出掷地，衣裂儿生，即抟也。冒渔人姓，故曰陈。"

【陈王神】北宋·乐史《太平寰宇记》卷一六九：南中有妖鬼，号曰"陈王神"，面黑眼白，形容丑陋，祈祷有验。人多恶之。陈霸先刻木作形，自敬事之。神与之叙族，尊为叔父。祭祚精洁，动静与神俱。每有施为，多就掷珓。不得好卦，即云"王珓不许"，颇以惑人。及受梁禅，尊神为帝。

【陈文玉】见"雷州雷神""雷祖"诸条。

【陈五云】明时人。《（雍正）四川通志》卷三八之三：黔江（今重庆黔江区）鸡足山人。修炼于八面山，每炼杏核丹以济贫，人称为老仙。与邑人汤琼友善。崇祯十二年，忽辞别琼，曰："黔邑将坏，不可久居。"明年，寇围城，劫掠甚惨，人始知其有先见也。

【陈武烈帝】见"常州武烈帝"条。

【陈贤】南宋人。清·姚福均《铸鼎余闻》卷二引宋人《灵济侯墓亭记》："剡（今浙江嵊州）之浦桥有祠，神姓陈名贤，生于南宋乾道间，殁于绍定间。其生时，不问昼夜，假寝辄神游江海间，拯护舟楫。乡中每祭潮神，陈则睡，及醒，则哇出所享酒肉。殁后，御灾捍患，屡见灵验。端平间以水战助宋师败金兵于蔡州（今河南汝南），封灵济侯。"是一潮神也。

【陈逍遥】南宋人。南宋·洪迈《夷坚支志·庚集》卷九：陈逍遥，或称陈黑子。绍兴末来鄱阳（今江西鄱阳）。身衣布络，虽盛寒亦然，露卧霜雪。或就富家乞钱，人亦乐与。康立夫为饶州守，陈醉入公堂，指而骂曰："汝将病瘟生角矣。"唐弗怒，后乃移知温州，加直秘阁。人来问祸福，必毁骂，至遭笞击。未几病死于锺端明道堂，葬于漏泽园。后火其枢，得连锁骨一具。明年一道人来德兴，携一袍访余秀才，云："陈逍遥托将还，云是君室人手制者。"视之信然。

【陈孝子】明人。《（雍正）湖广通志》卷七四：江西人，着麻衣孝服，往来江汉间，不知其名，肩一画像，云为其母着麻衣孝服。所到处则卜卦，伺母之喜怒，喜则留，不喜则去。与汉上李宗鲁相善，馆于其家。万历中，告李曰："吾当解去，玉柱双垂；若心头热，则当返。"至期果返，叹曰："大道之难言也。"遂瞑。七日后，有人遇之，并捎一扇与李，始知其尸解。

【陈效】明·王鏊《（正德）姑苏志》卷五八："为吴江（今江苏吴江）县吏，好食鱼，常于池中养鱼以待烹啜。一日忽闻池中人言，悲哀乞命，于是省悟，尽放其鱼于江。是夜梦群鱼谢曰：'玉帝知君放我等千万性命，已令天曹挂名仙籍。'三年后，果于桥上白日上升。"◆按：苏州又有一"陈昉"者，亦出身县吏，其成仙亦与鱼有关，颇疑与陈效相涉。见该条。

【陈兴明】晋时人。《（康熙）衡岳志》卷三："颍川（今河南许昌东）人，访仙于南岳天柱峰，遇二仙，授以明镜玄真之道。于晋泰始四年飞升。"
宋·陈田夫《南岳总胜集》云是晋太康元年飞升。
宋徽宗赐号致虚守静真人。

【陈休复】见"陈七子"条。

【陈玄龄】明时人。明·王圻《稗史汇编》卷六
三：吴人，幼习举业。年十六，督学使者将按部至
吴，诸人方同陈赴县投牒，入齐门，忽疾走如飞。
从者追之不及，莫测所往。数月后方归，手持药一
瓶，云："仙人携我南游武林山中，惠服此丹，必
登仙矣。"人以其行三，谓之陈三痴。至二十岁娶
妻，不常入内。一旦发狂大呼，升屋跳墙，父母不
能止，遂絷其手，闭之室中。潜自脱去，为乞，时
时仰天自笑，遇人辄歌诗。拾敝履，索贯负之，累
然行市上。夜宿齐门下塘土地祠。甲午十月，若有
病色，谓群乞者曰："上帝召我，望日往矣。"及
期，焚扉，以灰分遗常饲己者，曰："用涤垢衣最
洁。"北面神祠，屹立而逝。受灰者共买棺殓之。
已如其言涤衣，乃得碎银于灰中，多寡与其平日厚
薄略称。陈里人有自闽归者，言在彼见之，计之正
玄龄死日也，于是知其尸解云。其得道弟子曰
裴庆。

【陈勋】晋时人。为"西山十二真君"之一。南
宋·白玉蟾《修真十书·玉隆集》：字孝举，蜀川
（今四川成都）人。博学洽闻。邓艾伐蜀时，勋尚
少，已有出尘之志。入青城山，师谷元子，求度世
之法。继闻许逊在旌阳（在今湖北枝江北），遂谒
逊，愿充书吏。逊以为门弟子而托以心腹，典司经
籍，守视药炉。许逊冲举，命陈勋执策前导。宋政
和二年，封正特真人。

【陈训】晋时人。《晋书·艺术传》：字道元，历阳
（今安徽和县）人。少好秘学，天文、历算、阴阳、
占候无不毕综，尤善风角。吴孙皓以为奉禁都尉，
使其占候。时有"青盖入洛阳"之语，训知吴必
亡。能预言吉凶祸福。东晋初卒，年八十余。

【陈彦】北宋末人。宋·蔡绦《铁围山丛谈》卷
三："徽宗在端邸时多征兆，心独自负。一日呼直
省官者谓之曰：'汝于大相国寺迟其开寺时，持我
命八字往，即诣卦肆，问以吉凶。第言汝命，勿谓
我也。'直省官如言，至历就诸肆问祸福，大抵常
谈。末见一人，曰浙人陈彦。直省官出年命以示
彦。彦曰：'必非汝命，此天子命也。'逾年，太上
皇帝即位，彦亦遭遇，后官至节度使。"宋·周辉
《清波杂志》卷六："宋徽宗在端邸时，使人持生辰
日月问彦，彦测曰：'吾自今闭铺，六十之内望

富贵。'及期，徽宗果继大宝。"

【陈应】清水祖师名，见"清水祖师"条。

【陈永伯】晋·葛洪《神仙传》卷八：南阳人。得
淮南王七星散方，试合而服之二十一日，不知所
在。其兄子增族服之二十八日，亦不见。后人不敢
再服。

【陈玉】明时人。《（雍正）陕西通志》卷六五：成
化间朝邑（今陕西大荔东）人。事亲孝。有仙术，
能分身，知未来事。常以药施人。冬时披布往市，
有饿者默念："若陈遗布而我拾之，则我可活矣。"
陈遂故遗其布。夜有盗欲穿其墙，陈即先知，置物
于所穿之处。后入华山。今饶益寺塔中乃其蜕
骨也。

【陈云布】唐时人。《（雍正）江西通志》卷一〇
四："陈云布，字宣威。唐开元中举博学宏辞。安
禄山反，云布避乱至江西，栖于宜黄绵谷，能呼风
致雨。武宗封为通玄悟真先生。年百余岁，沐浴而
逝。其子奉棺以葬，至半山，棺开一寸许，内唯剑
履存焉。"◆按：陈高功，字云布，不知与此是一
人否。见"陈高功"条。

【陈允升】五代时人。北宋·吴淑《江淮异人录》
卷上：陈允升，饶州（今江西鄱阳）人。人谓之陈
百年。少而默静，好道。诣龙虎山入道，栖隐深
邃，人鲜得见。天祐中，人见于抚州麻姑山（在今
江西南城）。计其去家七十年，而颜貌如初。升元
刺史知其异，迎置郡中。留处一室，时或失之。能
瞬时取远方物，有点金术。

【陈恽】三国时吴人。《（雍正）浙江通志》卷二〇
一引《严陵志》：字子厚，桐庐（今浙江桐庐）人，
仕至黄门侍郎、征寇将军，封余杭侯。有仙术，尝
于余杭一夕筑九里塘，不借人力而成。桐庐南北二
乡多陈侯公庙，即陈恽也。

【陈寨】五代·徐铉《稽神录》卷三：陈寨者，泉
州晋江（今福建晋江）巫也，善禁祝之术。为人治
疾，多愈者。有漳州（今福建漳州）苏猛，其子病
狂，人莫能疗。陈至，乃立坛于堂中，至夜，乃取
苏氏子，劈为两片，悬堂之东壁，其心悬北檐下。
寨方在堂中作法，所悬之心，遂为犬食。寨求之不
得，惊惧，乃持刀宛转于地，出门而去。主人弗
知，谓其作法耳。食顷，乃持心而入，内于病者之
腹。被发连叱，其腹遂合。苏氏子既悟，但连呼
"递铺，递铺"。家人莫之测。乃其日去家数里，有
驿吏手持官文书，死于道傍。初南中驿路，二十里
置一递铺。驿吏持符牒，以次传授，欲近前铺，辄

连呼"递铺"以警之。乃寨取驿吏之心而活苏氏，苏遂愈如故。

【陈毡头】南宋人。南宋·洪迈《夷坚支志·戊集》卷一：绍兴末，福州有丐者陈毡头，不知何许人。衣裳垢污，不与人接语，形容极秽浊。然虽未尝梳发而头无虮虱，未尝澡浴而身不臭。口中常吐一物于掌，莹白正圆，玩弄不已。见人来，则笑而复吞之，盖内丹也。数年后失其所在。

【陈真人】《天地宫府图》"三十六小洞天之幕阜山，为陈真人所治"。不详所指。

【陈致虚】唐时人。《(雍正)贵州通志》卷三二：号观吾，一号紫霄上阳子。尝从缘督真人授金丹妙道。遍游夜郎，至思唐，炼丹于万圣山岩壁中，后仙去。

【陈智广】明时人。《(雍正)福建通志》卷六〇：永春州人。生不茹荤。日月中行有十二影随身。持铁钵，一白犬随行。天启二年八月示寂。

【陈仲林】梁·陶弘景《真诰》卷四：与许道居、尹林子、赵叔道四人，汉末时隐于竹叶山中，修道成仙。

【陈州娘娘】见"碧霞元君"条。

【陈主帅】台湾地区丛祠，为"水流公"之一种。传说名陈万方，清代死于海难，其尸漂至嘉义县，为村民掩埋。初时游魂为祟，后为善神，村民建庙祀之。见仇德哉《台湾之寺庙与神明（四）》。

【陈子春】戴埴《巾箱说》：世人敬奉三元者遍天下，顾不晓三元所自。按旧山东《单父县志》：唐贞观时，有陈子春者居于单，寻真采药，极物济人。游东海之滨，龙神妻以三女，各产一子。及长，皆入山学道。道成，证位三元，为天、地、水三官。子春亦得道尸解，葬于故里，单人至今称陈祖墓，建三元庙焉。

【陈子皇】东汉人。《神仙传》卷一〇（《说库》本）：得饵术要方，服之得仙，去霍山。妻姜氏疾病，其婿用饵术法服之，病自愈，寿一百七十岁，登山取术，重担而归。

【陈自观】《(雍正)福建通志》卷六〇：闽清（今福建闽清）人。炼丹于蕉溪山石鼓岩，见石牛山夜火，知有魑魅，因往其处，与魅斗于山中，夺其窟穴，坐化以镇之。今座下洞穴深黑，祈祷辄应。

【谌母】又名婴母、谌姆。五代·杜光庭《墉城集仙录》卷五、南宋·白玉蟾《修真十书·玉隆集》：姓谌，字婴。不知何许人。西晋时居于丹阳（今江苏南京）黄堂，潜修至道。入吴市，见一三岁童

子，认其为母，母哀而收育之。童子成人，风神秀迈，所居常有云气，时说蓬莱阆苑之事。母异之。子自称名为"孝道王"，授母以修真之诀，而孝道王一旦隐去。母遂于黄堂建坛，大阐孝道明王之教。积数十年，无人知者。至西晋末，吴猛、许逊闻

谌母　列仙全传

母有道，诣丹阳求授道法。于是母传道于吴、许。许将辞归，云欲每岁来谒母。母止之曰："子勿来，吾即还乡矣。"乃取香茅一支，南望掷之，茅随风飞去。母曰："子归，于所居认茅落处为吾立祠。"语讫，有龙来迎，凌空而去。◆《仙鉴后集》卷二云所遇童子年十四五岁。又云："今新建（今江西南昌）、丰城（在南昌之南）二县之界有黄堂观，乃许真君访丹阳黄堂所立祠。每年八月三日朝谒谌母之所也。"

【cheng】

【枨】《南史·梁武帝纪》："天监十三年夏六月，都下讹言有枨。枨取人肝肺及血，以饴天狗。百姓大惧。二旬而止。"又《新唐书·五行志》："太宗贞观十七年七月，民讹言'官遣枨，枨杀人以祭天狗'，云：'其来也，身衣狗皮铁爪，每于暗中取人心肝而去。'于是更相震怖，每夜惊扰，皆引弓剑自防。"又"天宝三载二月辛亥，有星如月，坠于东南，坠后有声。京师讹言'官遣枨，枨捕人取肝，以祭天狗'，人颇恐惧，畿内尤甚。"又唐·陈劭《通幽记》有一条云："唐建中二年，江淮讹言有厉鬼自湖南来，或曰'毛鬼'，或曰'毛人'，或曰'枨'，不恒其称。而鬼变化无方。人言鬼好食人心，少女稚男，全取之。"◆按：此枨为天狗所役，攫人心肝以奉天狗，与为虎所役、诱人饲虎之"伥"疑为一类，唯音略有异耳。

【成都老姥】唐时人。唐·段成式《酉阳杂俎·续集》卷二：李固言，元和六年下第游蜀。遇一姥，言："郎君明年芙蓉镜下及第，后二纪拜相，当镇

蜀土。某不复见郎君出将之荣也，愿以季女为托。"明年，果状头及第，试卷有"人镜芙蓉"之目。后二十年，李公登庸。其姥来谒，李公省前事，具公服谢之，延入中堂。饮酒数杯，便请别，但言乞庇我女。李公送至门，不复见。及李公镇蜀日，卢氏外孙子，九龄不语，忽弄笔砚。李戏曰："尔竟不语，何用笔砚为？"忽曰："但庇成都老姥爱女，何愁笔砚无用耶？"李公惊悟，即遣使分访之。有巫董氏者，事金天神，即姥之女，言能语此儿。李公如巫所说，祈华岳三郎，是儿忽能言。因是蜀人敬董如神，祈无不应。富积数百金，怙势用事，莫敢言者。洎相国崔郸来镇蜀，遽毁其庙，投土偶于江，判董氏杖背，递出西界，其灵亦歇。

【成公】晋·张华《博物志》卷五："河南密县有成公，其人出行，不知所至，复来，还语其家云：'我得仙。'因与家人辞诀而去，其步渐高，良久乃没而不见。至今密县传其仙去。"◆按：此即《抱朴子》之"卜成"，而《后汉书·方术传》作"上成公"，不知孰是。参见"卜成"条。

【成公兴】北魏时人。《魏书·释老志》：有仙人成公兴，不知何许人，至寇谦之从母家佣赁。谦之令其开舍南田，谦之树下坐算，兴时来看算。后谦之算七曜，有所不了，兴在旁指点，俄然便决。谦之叹伏，请师事之。兴固辞不肯，但求为谦之弟子。未几，谓谦之曰："先生有意学道，能与兴隐遁乎？"谦之欣然从之。乃共入华山，自出采药，还与谦之食药，不复饥。复将谦之入嵩山。有三重石室，令谦之住第二重。历年，兴谓谦之曰："兴出后，当有人将药来。得但食之，莫为疑怪。"寻有人将药而至，皆是毒虫臭恶之物，谦之大惧出走。兴还，叹息曰："先生未便得仙，只可为帝王师耳。"兴事谦之七年，而谓之曰："兴不得久留，明日中应去。兴亡后，先生幸为沐浴，自当有人见迎。"兴乃入第三重石室而卒。明日中，有两童子叩石室，谦之引至兴尸所，兴欻然而起，著衣持钵执杖而去。先是，嵩高别岭有金室玉堂，中一馆尤珍丽，空而无人。或云："此是仙人成公兴馆，坐失火烧七间屋，被谪为寇谦之作弟子七年。"◆又《魏书·术艺传》：殷绍，好阴阳术数，太安四年上《四序堪舆》，表曰："臣以姚氏之世，行学伊川，时遇游遁大儒成公兴，从求《九章》要术。兴字广明，自云胶东人也。山居隐迹，希在人间。兴时将臣南到阳翟（今河南禹州）九崖岩沙门释昙影间。兴即北还，臣独留住，依止影所，求请《九章》。"

【成公知琼】女仙。"知"或作"智"。晋·干宝《搜神记》卷一：三国魏时人弦超，独宿，梦有神女来从，自称天上玉女，东郡（在今河南濮阳南）人，姓成公，字知琼。早失父母，天帝哀其孤苦，遣令下嫁。自言年七十，而视如十五六。注《易》七卷，有卦有象，可占吉凶。作夫妇七八年，父母为弦超别娶妇，知琼与之分日而宴，分夕而寝。后弦超漏泄其事，女求去，登车如飞。后五年，弦超奉使至洛，过济北（今山东东阿）鱼山下，遇知琼，同至洛为室家，至晋太康中尚在。张华为之作《神女赋》。

【成君平】《仙鉴》卷五："长沙郡人。年十五，其兄使牧鹅羊。忽遇一仙翁，将入东华山。兄后寻至山中，见君平，因问所牧鹅羊何在。君平指白石曰：'此即是也。'遂驱起，令随兄去。旬日却还山下，复化为石。今犹存焉，因名此山为鹅羊山。"◆按：此即《神仙传》中"皇初平"事，见该条。

【成俊】南宋·洪迈《夷坚支志·戊集》卷三"成俊治蛇"：武功大夫成俊，建康屯驻中军偏校也。善禁咒之术，尤工治蛇。绍兴二十三年，本军于南门外四望亭晚教。有蛇自竹丛出，其长三尺而大如杵，生四足，遍身有毛，作声如猪。行趋甚疾，为逐人吞噬之势。众皆惊扰，不知所为。适有马槽在侧，急取覆。俊至，已能言其状，且名之曰"猪豚蛇"，啮人立死。即步罡布气禁之。少顷，令启槽，则僵缩不能动。再覆之，仰吸日光，三吹槽上。及启视，化为凝血矣。

【成连】《太平御览》卷五七八引《乐府解题》曰：《水仙操》，伯牙学琴于成连先生，三年不成，至于精神寂寞、情之专一尚未能也。成连云："吾师方子春今在东海中，能移人情。"乃与伯牙俱往。至蓬莱山，留宿伯牙曰："子居习之，吾将迎师。"刺船而去，旬时不返。伯牙近望无人，但闻海水汨滑崩折之声，山林窅寞，群鸟悲号，怆然而叹曰："先生将移我情。"乃援琴而歌，曲终，成连回，刺船迎之而还。伯牙遂为天下妙矣。

【成少卿】《汉唐地理书钞》盛弘之《荆州记》附录"天门郡临湘县"引《草堂诗笺》："鹅羊山，石皆成鹅羊形，云昔有成少卿者，年十四五，兄令牧羊。见老人谓曰：'汝有仙骨，可相随去。'市人报其兄，兄至山。少卿送兄出。问羊在否，指谓石，使令随兄去。"◆按：此与"皇初平"事全同。《仙鉴》又作"成君平"。

【成武丁】即"成仙公"。

【成无为】《(雍正) 四川通志》卷三八之三：丹棱人。开元间女道士。幼而出家，卜居龙鹤山下，调形炼骨，却粒茹芝，年逾五十，升仙而去。栖隐之处有龙洞遗迹。

【成仙公】后汉时人，名武丁。晋·葛洪《神仙传》卷九（《说库》本）："桂阳临武（今湖南临武）人。年十三而身长七尺。长为县小吏，少言大度，人谓之痴。被使往京，还过长沙，宿于野，闻树上双白鹤言：'明日往长沙买药。'平旦视之，乃二白鹤。武丁遂往市中，见二白衣人，知是神仙，乃求传道。仙人服以二丸，云当成地仙，令还家。武丁于是明照万物，能知禽兽语。后尸解而去。"梁·吴均《续齐谐记》："成仙公，桂阳人，有仙道。一日忽谓其弟曰：'七月七日织女渡河，诸仙回宫。吾已被召，不得停，今与尔别。'"◆宋·王象之《舆地纪胜》卷五："郴县（今湖南郴州市）西南五里有武丁冈，传闻后汉仙人武丁葬此；又名骡冈，传说武丁葬后，有人见其乘白骡由此而去，今石壁仍有骡迹云。"

【成兴公】明·查志隆《岱史》卷八引《五岳真形图说》："成兴公真人，不知何许人，仙道成于泰山。"◆按：《岱史》编入元人，疑为"成公兴"之误。

【成真人】《太平广记》卷三五"成真人"条引五代·杜光庭《仙传拾遗》：唐开元末，有中使自岭外回，过华山，谒金天王庙，戏问道士："金天王在否？"答云："不在，去关外三十里迎成真人耳。"中使遂令人急去关外，果见一敝衣道士自关外来，问之，姓成。遂载之共往京师，以其事上奏。玄宗异之，问以道术，道士拱默不能对。半年后恳请还山，留诗于壁，云："蜀路南行，燕师北上。本拟白日升天，且看黄龙饮渭。"不久安禄山反，玄宗幸蜀。

【城鬼】明·郑仲夔《耳新》卷八"城鬼"条：天启七年，大同宣府某县地震，数日城崩，涌出黑鬼不计其数。人扣之，身坚如铁，四散作祟。县官延僧诵经禳之，得解，祟散，不知其处。

【城隍】城隍之神，源于古代大蜡所祭八神中之坊与水庸。而六朝梁时，文献始有城隍神之记载。至唐时城隍之祀较广，云"吴俗畏鬼，每州县必有城隍庙"（见《太平广记》卷三〇三"宣州司户"条引《纪闻》），城隍祭文多见于李白、韩愈、杜牧等人文集。至"宋时，城隍祠宇几遍天下，朝廷或赐庙额，或颁封爵。未命者，或袭邻郡之称，或承流俗所传，郡异而县不同。至于神之姓名，则又迁就

附会，各指一人。"（见南宋·赵与时《宾退录》卷八）◆城隍神本司佑护城郭之责，至唐时，已开始有主冥籍之事。（《太平广记》卷一二四引《报应录》云："唐洪州司马王简易梦见一鬼使，自称丁郢，手执符牒云：'奉城隍神命，来追王简易。'"）明洪武三年，诏天下府

城隍 北京白云观

州县立城隍庙，其制高广各视官署正衙，几案皆同（见《续文献通考·群祀考》卷三）。明、清以来，朝廷官吏治阳世，城隍神治冥间，分理阴阳二界，已成通例，至有于城隍庙置两廊之狱如东岳七十二司者。而城隍神上属于东岳大帝，下统理土地神，成为冥界系统中一个重要环节，各级城隍的职司完全与专制王朝的府州县长官相对应。其行事亦如人间官府，如清·俞樾《右台仙馆笔记》卷一一云：鬼魂诉状于城隍，城隍则按其籍贯所属，转其诉状，簿书期会，一如人间。官吏或有疑谳难决者，竟有诣城隍庙求签问卜者。◆城隍之属神，自宋时即"有黄巾力士、紫衣功曹等人物甚盛"（见《夷坚三志·壬集》卷三"张三店女子"条）。至于后世，正如刘文三《台湾神像艺术·司掌阴阳两界的城隍爷》所言：城隍爷部下有文武判官、六部司、牛爷、马爷、六将爷、范将军、谢将军、三十六关将、七十二地煞，其权柄之重，可想而知。◆按：城隍神向以人鬼为之，如江西城隍为灌婴，雷州城隍为陈冯宝，杭州城隍为南海周新之类。又，一城之城隍神亦有所更替，如杭州城隍，宋以前不知为何人，唯知宋初封保顺通惠侯，咸淳间加辅正康济广德显圣王。至明时则为周新，而清时有说为丁绍周者（见清·俞樾《右台仙馆笔记》卷一六）。既有更代，则亦有升迁，如林天龄本为浙江城隍，后调任苏州（见清·邹弢《三借庐笔谈》），石绍先为赣州城隍，后升为江西省城隍（见清·采蘅子《虫

鸣漫录》卷一）。然城隍虽称为神，生前多无神迹，大抵因其为地方名宦，或有捍土之功，或有利民之惠，遂为本地奉为城隍。本编一般不列专条。

【城精】《南史·梁本纪》：齐东昏侯永元三年七月，萧衍逼郢城（在今湖北武汉）。已未夜，郢城有数百毛人逾堞且泣，因投黄鹄矶，盖城之精也。次日城降。

【城阳景王】即西汉朱虚侯刘章，齐悼惠王子，高祖孙。宿卫长安。年二十，有气力。高后摄政，诸吕擅恣，章私忿之。尝入侍宴饮，章为酒吏，请以军法行酒。诸吕有逃酒者，章拔剑追斩之。自是诸吕畏惮，虽大臣亦皆依之。高后崩，诸吕作乱，欲危社稷，章与周勃共诛灭之，尊立文帝，封城阳王，立二年薨。事见《史记·吕太后本纪》《孝文本纪》。至于后世，民间奉以为神。《后汉书·刘盆子传》："军中常有齐巫，鼓舞祠城阳景王，以求福助。巫狂言：'景王大怒曰：当为县官，何故为贼？'"注："以其定诸吕，安社稷，故郡国皆为立祠焉。盆子承其后，故军中祠之。"东汉·应劭《风俗通义·怪神》："城阳，今莒县（今山东莒县）是也。自琅琊、青州（今山东临淄）六郡，乃渤海都邑乡亭聚落，皆为立祠，造饰五二千石车，商人次第为之，立服带绶，备置官属，烹杀讴歌，纷籍连日，转相诳曜，言有神明，其遣问祸福立应。历载弥久，莫之匡纠。唯乐安太守陈蕃、济南相曹操，一切禁绝，肃然政清。陈、曹之后，稍复如故。"明·谢肇淛《五杂组》卷一五："唐以前崇奉朱虚侯刘章，家祠户祷，若今之关王云。然自壮缪兴，而朱虚之神又安之也？"◆有以城阳景王为驱蝗之神刘猛将者。清·平步青《霞外攟屑》卷五"刘猛将军"条："雍正二年，奉旨各省、府、州、县庙祀刘猛将军，始见《会典》。近《俞楼杂著》中《壶东漫录》，疑为城阳景王刘章，亦臆度不足信。"

【乘黄】《山海经·海外西经》："白民国有乘黄，状若狐，背上有角，乘之寿三千岁。"晋·张华《博物志》卷二所记同。又作"飞黄"，《淮南子·览冥训》："飞黄伏皁。"注："飞黄，乘黄也，出西方，状如狐，背上有角，寿千岁。"一名"訾黄"，吴任臣《山海经广注》引游氏《臆见》曰："乘黄一名訾黄，龙翼马身，黄帝乘之而仙。汉武欲得之，《郊祀歌》曰：'訾黄何不徕下。'"

【乘烟】女仙，诸葛亮之女。明·曹学佺《蜀中广记》卷七三引南宋·魏了翁《朝贞观记》略云：观在成都西北，左列有圣母仙师乘烟葛女之祠，观西为诸葛亮宅。故老相传，亮有女子，于宅中乘云轻举。唐天宝间更祠为观，改名乘烟。

乘黄　山海经图　吴任臣本

【程伯昌】明·朱国桢《涌幢小品》卷二九：程伯昌，闽人。受雷霆秘诀，祈祷驱除，大著灵验，尤妙催生符法。好象棋，对局终日不释，闻有急叩之者，则随以一棋子与之持去，其胎即下。一日有人于郡城下指伯昌骂曰："饶舌哉，雷部判官精！"盖昌其降世云。

【程二】宋时人。《（雍正）广西通志》卷八七：藤县（今广西藤县）谷山人。得异术，坐一凫以渡郁水，遇孕妇，其术不神，遂沉溺。尸逆流附岸，坊人立祠祀之。

【程济】《明史》本传："朝邑（今陕西大荔东）人。有道术。洪武末为岳池教谕，去朝邑数千里，或见济在朝邑而治岳池，学事不废。建文初上书言：'某月某日北方兵起。'朝廷谓非所宜言，逮至京，将杀。济大呼：'陛下幸囚臣，臣言不验，死未晚也。'已而燕王兵起，帝乃释济，以为翰林院编修，参北征军事。淮上兵败，召还。或曰徐州之捷，诸将树碑纪功。济一夜往祭，人莫测。后燕王过徐，见碑大怒，趣左右椎之。再椎，遽曰：'止！为我录文来。'已按碑行诛，无得免者，而济名适在椎脱处。然考其实，徐州未尝有捷也。一说：燕王入南京，程济知建文帝难免，急召僧为帝剃发，济从帝逃出。每遇险，赖济以术脱。相从数十年，后不知所终。"事又见明·杨仪《高坡异纂》卷上。

【程君友】北宋时人。北宋·黄休复《茅亭客话》卷一：遂州不溪县（应是小溪县，在今四川遂宁）石城镇仙女垭村民程君友，家数口，垦耕力作，常于乡里佣力、织草履自给。人质朴而性慈仁。宋开宝九年春，年六十许，往云顶山寺，遇一道士引一黑狗，见君友云："愿与我携挂杖药囊到青城山，当倍酬值。"君友忻然随之。至一观宇，道士曰："尔有仙表，得至此间。"开囊取丹一粒令吞之，曰："且归家，止一室精思吾道。吾至九月八日来迎尔。"君友遂回家，无饥渴之念，不顾家事，常焚柏子柏叶静坐。至九月八日夜，云霞五色相映，君友足生彩雾，蹑空而去。

【程太虚】唐时人。《仙鉴》卷四二："果州西充（今四川西充）人。年十五，登所居之东山，有五色云霞拥其身，俄而天乐羽盖合沓而至。太虚心念未辞亲友，忽雷震一声，竟无所睹。年十八，弃产居南岷山，绝粒坐忘，动逾岁月，有二虎侍左右。得碧玉印两钮，每岁农人乞符篆祈年，以印印之，辄大获丰年。已有女道士谢自然授法篆，印讫则密收之，一日失所在。唐德宗贞元十年，自然白日升天。太虚于宪宗元和四年解化。宣宗大中十年，有使者过商山，见一道士，自云姓程名太虚，及访太虚之祠，见其像，与所见者无异。"明·曹学佺《蜀中广记》卷七六云为隋时人，宋赐号道济大师。

【程惟象】北宋时人。南宋·罗愿《新安志》卷八：婺源（今江西婺源）人。以占算游京师，言人贵贱祸福若神。家近三灵山，自号三灵山人。英宗潜邸时，惟象预言其兆，既贵，得赐御书。

【程伟妻】东汉·桓谭《新论·辨惑第十三》（严可均辑本）："汉期门郎程伟好黄白术。伟常从驾出而无时衣，甚忧。妻曰：'请致两端缣。'缣即无故至前。伟按《枕中鸿宝》作金不成，而妻出囊中药少许，即成银。伟日夜逼妻授其术，妻乃发狂，裸而走，以泥自涂，遂卒。"晋·葛洪《神仙传》卷七所云相同，唯后云"以泥自涂，遂死，实尸解而去"。

程伟妻　列仙全传

【程晓】五代时人。《仙鉴》卷四三：后改名彭晓。西蜀永康（今四川都江堰）人。少好修炼，自号真一子。与击竹子何五云善。孟蜀时明经登第，为金堂令。遇异人得丹诀。书符以施病者，号铁扇符。能长啸，为鸾凤声，飞鸟闻声皆至。蜀主孟昶屡召问长生久视，晓曰："仁义治国，名如尧舜，万古不死长生之道也。"累迁祠部员外郎、蜀州判官权

军州事。广政十七年卒。后有人见于青城山，立松柏上，飞去。

【程逸人】唐·张读《宣室志》"程逸人"条："上党（今山西长治）人，有符术。县民萧季平忽暴卒，逸人驰往视之，语其子云：'盖为山神所召，治之尚可活。'于是朱书一符，向空掷之。仅食顷，季平果苏。季平曰：'我今日方起，忽见一绿衣人云，霍山（今山西霍州之霍山）神召我，由是与使者俱行。约五十余里，适遇丈夫朱衣，仗剑怒目，从空而至，谓我曰："程斩邪召汝，汝可即去。"于是绿衣者驰走，若有惧。朱衣人牵我复偕来，有顷，忽觉醒然。'其家惊异，因质问逸人曰：'所谓程斩邪者谁邪？'逸人曰：'吾学于师氏归氏龙虎斩邪符篆。'因解所佩篆囊以示之，人方信其不诬。逸人后游闽越，竟不知所在。"◆按：此亦唐人小说熟套，参见"穆将符"条。

【秤掀蛇】清·朱翊清《埋忧集》卷四"秤掀蛇"："俗传有秤掀蛇，人被称者必死。余年十六，偕弟载熙，至东栅金怀亭舅太翁家，探病而还。至大悲桥之西，闻耳后泼剌一声，回视之，则一蛇在地，昂首疾追而来，遍身星点斑然如秤。离地约四五尺，惟后半著地，其行如风。"按：秤掀，应即"秤星"之误，言斑点如秤星也。又名"量人蛇"，同条又言："相传蛇之量人，其长过于是人则死。解之之法：当蛇之起立，随手拾一物抛起，呼曰：'你长不及我长。'蛇辄翻身而卧，舒其足盈千。必散发示之曰：'你脚多不如我发多。'蛇乃收足伏地。即取身上衣带尽断之，呼曰：'我去矣！'蛇必死。说见李绪光（应作季麒光）《台湾杂记》。"

【chi】

【蚩】唐·苏鹗《苏氏演义》卷上："蚩者，海兽也。汉武帝作柏梁殿，有上疏者云：'蚩尾，水之精，能辟火灾，可置之堂殿。'今人多讹作'鸱'字，见其吻如鸱鸢，遂呼之为'鸱吻'。"而南宋·黄朝英《靖康缃素杂记》卷一云："古老传云：蚩耸尾出于头上，遂谓之蚩尾。"又云："按《倦游杂录》云：汉以宫殿多灾，术者言天上有鱼尾星，宜为其象，冠于屋以禳之。今存唐以来寺观旧殿宇尚有为飞鱼形尾上指者，不知何时易名为鸱吻，状亦不类鱼尾。"参见"鸱尾"条。

【蚩尤】蚩尤在古神话传说中为炎帝族领袖，与黄帝大战涿鹿时败死，为众所周知，此处仅介绍一些

后世记述的神性。据《汉书·郊祀志》，古齐国"八神"之一有兵主，祠蚩尤。刘邦起兵，为沛公，则祠蚩尤，后定天下，令祝官立蚩尤之祠于长安。是以蚩尤为战神，而为后人所祭祷。梁·任昉《述异记》卷上："轩辕诛蚩尤于涿鹿之野，而涿鹿今有蚩尤神，俗云人身牛蹄四目六手。蚩尤氏兄弟有七十二人，铜头铁

蚩尤　山海经图　汪绂本

额，食铁石。今冀州人掘地，得髑髅如铜铁者，即蚩尤之骨，又有蚩尤齿，长二寸，坚不可碎。秦汉间说：蚩尤氏耳鬓如剑戟，头有角，以角抵人，人不能向。今冀州有乐名'蚩尤戏'，其民两两三三，头戴牛角而相抵，盖其遗制也。"又云："太原村落间祭蚩尤神不用牛头。今冀州有蚩尤川，即涿鹿之野。汉武时太原有蚩尤神昼见，龟足蛇首。"金·元好问《续夷坚志》卷四："华州界有蚩尤城。古老言蚩尤阚姓，故又谓之阚蚩尤城。城旁阚姓尚多。"◆又说蚩尤为西方天帝少昊佐神。东汉·袁康《越绝书·计倪内经》："黄帝于是上事天，下治地。故少昊治西方，蚩尤佐之，使主金。玄冥（一作日宿）治北方，白辩佐之，使主水。太皞治东方，袁何佐之，使主木。祝融治南方，仆程佐之，使主火。后土治中央，后稷佐之，使主土，并有五方，以为纲纪。"◆又有说蚩尤为黄帝相者。清·赵翼《陔余丛考》卷一九"蚩尤为黄帝相"条："《管子·四时》：'黄帝得蚩尤而明天道，遂置以为六相之首。'又云：'蚩尤明于天道，故使为当时。'注云：'知天时之所当也。'则蚩尤又尝为黄帝相矣。"

【鸱】《山海经·西山经·西次三经》："三危之山，有鸟焉，一首而三身，其状如鹨，其名曰鸱。"郭璞注："鹨似鸱，黑文赤颈。"

【鸱鸠和尚】唐·范摅《云溪友议》卷下"金仙指"条："邓州（今河南邓州）有老僧日食鸱鸠，僧俗共非之，老僧终无所避。当馔之际，贫士求餐，分其二足而食。食讫，僧盥漱，双鸠从口而出。一则能行，一则匍匐在地。贫士惊怪，亦吐其饭，其鸠二脚亦生。众加敬之，号曰'南阳鸱鸠和尚'。"按：鸱鸠，常指鸱枭或戴胜鸟，但此处似指斑鸠。

【鸱尾】或作蚩吻，或作螭吻。清·王士禛《香祖笔记》卷九："鸱尾之说，纷纭不一。《对类总龟》谓'龙生九子，一名蚩吻，好吞，在殿脊'。晋·张华

鸱　山海经图　吴任臣本

《博物志·逸篇》云：'螭吻，形似兽，性好望，故立屋角上。蠆，形似龙，性好风雨，故用于屋脊。'二说已不同。《唐会要》卷四四云：'汉武柏梁灾，越巫献术，言海中有鱼名虬，其尾似鸱，激浪则降雨，遂作其形置殿脊，以厌火灾。又或谓汉柏梁台灾，越巫上厌胜之法，乃大起建章宫，遂设鸱尾之象于殿脊。'二说亦有不同。"参见"蚩"条。

【痴呆子】明时人。《（雍正）畿辅通志》卷八五：姓陈，福建人。永乐中至房山隆阳宫修真，后入武夷山，遇至人授金丹秘诀。自此居常如醉，信口出辞而不越乎道。年八旬而貌若婴儿。常悬铁牌于胸，驱役雷霆，人称"铁牌陈"。

【痴和尚】❶清康熙时人。清·许仲元《三异笔谈》卷一："痴和尚，不知所来，或云姓沈，或云姓孙。冬夏一衲。与人言无庄语，间且谩骂，然事后多奇验。王少宰母蒋太君尤重之，供养宅中。一日忽曰：'今夕我欲卧太夫人床上。'告之，太夫人曰：'和尚放颠，必有所为。'即迁别室，让榻与之。夜半栋折榱崩，举室惊起，太夫人曰：'我有压厄，和尚故以身代。'方抢攘间，和尚从瓦砾中出。一日忽跃秀野桥湍流中，视之死矣。三日不流，亦不仆，经四日，不知所在。"❷清·俞樾《右台仙馆笔记》卷五："苏州珠明寺有痴和尚者，蓬头垢面，嬉笑无度，状类痴人，因以为号。常数日不食，或一日而食数日之食。冬夏衣一短布衲，不易亦不敝。每晨必出城，登枫桥，向西方呼吸良久而返。市中果饵鲑菜，任意攫食，食毕，纳其余于袖中。凡经其攫食者，是日利市三倍，故人皆乐之。若强之食，则必如值而偿。又能医人，招之即往，或不往，则病不治也。后圆寂，舁之，轻如

蝉翼。"

【螭虎】清·俞樾《耳邮》卷四："光绪二年六月二十四日，日加午，忽阴晦如夜，雷雨大作，电光中见一女人，白衣红抹额，手执双叉，与霹雳斗，雷竟不能下击。相持良久，大声忽发，有雷火从地出，伤女一足。女稍逡巡，一迅雷从空劈下，其声猛烈异常。俄而雨霁，则有一物震死于地，如猪而无尾，如牛而无角，周身白毛，两背至胁有黑毛，成如意形，腹下一肉条，长二尺余。其气膻腥，不可向迩，称至重二百余斤。众莫之识，其地有观音庵，一老僧出视曰：'此螭虎也。'乡人割脔焚之，臭闻里外。愚按《说文》，螭若龙而黄，《汉书·扬雄传》'音义'引韦昭云：'螭似虎而鳞。'此物白毛黑文而无鳞，未必其为螭也。"

【池府王爷】闽台"王爷"之一。池府王爷亦称"池王"，姓池名然，字逢春，金陵人。明万历间举人，后弃文从武，中武进士。朝廷任为漳州（今福建漳州）府尹，赴任途中，经过泉州府同安县马巷小盈岭时，遇两人，知为行瘟使者，恐漳州百姓受害，遂向使者借看瘟疫粉末，遽尔吞服，毒发身亡。两使者引池然亡魂返回天庭，玉帝念其舍身救民，封为"代天巡狩总巡王"，镇守马巷一带。

【池精】唐·释道世《法苑珠林》卷五八引《白泽图》："故牧弊池之精名曰觭顿，状如牛无头，见人则逐人。以其名呼之则去。"《太平御览》卷八八六引《白泽图》："故池之精，名意，状如豚。以其名呼之即去。"故池，废弃之池塘也。

【持地菩萨】多见于水陆画。在佛经中有持地菩萨，或云"其荷负众生，如地之能持万物。故名。"但在中国则另有解释。宋·叶廷珪《海录碎事》卷一三下"作桥梁"条："持地菩萨言：我念往昔时为比丘，于一切要路津口田地险，我皆平填，或作桥梁。时国大王延佛设斋，我于尔时平地待佛，毗舍如来摩顶，谓我'当平心地'。"明·曹学佺《蜀中广记》卷八四引宋·郭印《超悟院记》："昔持地菩萨平治险隘，修作桥梁。毗舍如来谓曰：'常平心地，则世界地一切皆平。'"宋·释道璨《柳塘外集》卷二言"持地菩萨平地待佛"，《五百家播芳大全文粹》卷八〇《造鸿桥疏》言"持地菩萨作桥梁而度众"。总之，持地菩萨皆与造桥修路、平整津隘有关，而为人崇奉亦多在宋朝时。

【持国天王】"四大天王"之一，全称东方持国天王，名多罗咤。此天王护持国土，安抚众生，故称持国天，又称东方天。住于须弥山东面半腹耸出之

由乾陀山，守护东方国土，为护世之善神。其身白色，持琵琶。

【蚳】《管子·水地篇》曰："涸小水精，生蚳。蚳者，一头而两身，其状若蛇，长八尺，以其名呼之，可使取鱼鳖。"

【尺郭】或作赤郭，又名食邪、赤黄父，以鬼为饭。汉·东方朔《神异经》："东南方有人焉，周行天下，身长七丈，腹围如其长。头戴鸡父魁头，朱衣缟带，以赤蛇绕额，尾合于头。不饮不食，朝吞恶鬼三千，暮吞三百。此人以鬼为饭，以露为浆，名曰尺郭，一名黄父。"◆按：有说即"黄父鬼"者，似不相类。参见该条。

【齿神】《龙鱼河图》："齿神名丹朱。"

【赤城王】即"清源妙道真君"。《三教源流搜神大全》卷三："唐太宗封为神勇大将军，明皇幸蜀，加封赤城王，宋真宗时加封清源妙道真君。"

【赤帝】炎帝。《淮南子·时则训》："南方之极，自北户孙之外，贯颛顼之国，南至委火炎风之野，赤帝之所司者，万二千里。"高诱注："赤帝，炎帝，少典之子，号为神农，南方火德之帝也。"

【赤帝女】即炎帝之女。《山海经·中山经》："宣山有帝女之桑。"唐·戴孚《广异记》："南方赤帝女学道得仙，居南阳崿山桑树上，赤帝见之悲恸，诱之不得，以火焚之，女即升天，因名曰帝女桑。"按：《山海经·北山经·北次三经》言精卫为"炎帝之少女"所化，是亦一赤帝女也。而《中山经》"帝女之桑"之"帝女"，并未明言为赤帝女，诸注亦未有定为炎帝女者，是仅为《广异记》一家之言也。

【赤肚道士】明·钱希言《狯园》卷一：闽中福州城内有一道士，常披发佯狂，衣裳垢滓，游行市中。人视其躯腹如碧瑠璃，五脏毕露，洞然照见。儿童蜂聚随之。每捧其腹大叫曰："撞我肚，撞我肚。"旬日间莫之有应。时因呼为赤肚道士。一日叹曰："我欲度人，人不来度，深可悲哉。"遂去。

【赤肚子】明·徐咸《徐襄阳西园杂记》卷上："密云有赤肚子，不知何许人。数十年前至密云养济院，与群乞儿同处。游行于市，取市饼食之。嗔而不与者，其日饼弗售，乐与食者，获倍利。赤身不衣，背披片毡，前蔽尺布，遇大雪，卧处雪皆融化。常就地坐，以左脚跟抵尾间，不语。问之，微笑。士夫北游者，皆往见之。弘治中，南京有尹蓬头者，馆于魏国公家，日食馒头数十，其行如飞。自言二百余岁。后往陕西，不知所终。皆异人也。"

明·王圻《稗史汇编》卷六三所记稍近于真实："赤肚子，不知何许人。正德末忽至密云，就人家屋檐下居，虽冬月大风雪，身无寸丝。一日有道士乘驴过之，赤肚遽起，随入一野庙中，相对悲泣。道士曰：'我以汝为死矣，乃尚在耶？'讲论通夕而别。"◆或云赤肚子本为元时尚书，弃家得道者，参见"铜箍儿"条。◆又有一李道人，亦称"赤肚子"，见"李赤肚"条。

【赤奋若】《淮南子·墜形训》："赤奋若，清明风之所生也。"高诱注："赤奋若，天神也。"◆按：此与太岁在丑之"赤奋若"无关。参见"八风神"条。

【赤斧】汉时人。西汉·刘向《列仙传》卷下："汉巴戎（今四川地）人。为碧鸡祠主簿。炼丹，与硝石服之三十年，容如童子，毛发生皆赤。后数十年，上华山取禹余粮，卖之于苍梧、湘江间，累世传之。手掌中有赤斧，故以为名。"◆明·曹学佺《蜀中广记》卷七一："汉宣帝时，方士言益州（泛指今四川地）有碧鸡金马之神，可祀而致。帝遣王褒乘传往祭之。《褒内传》云：褒引见太上丈人，著流霞袍，冠芙蓉，或即赤斧仙。一说王褒为碧鸡使，赤斧为主簿。"

【赤黄父】见"尺郭"条。

【赤将子舆】西汉·刘向《列仙传》卷上："黄帝时人。不食五谷，而啖百草之花。至尧时，为木工。能随风雨上下。时于市门中卖缴，故亦谓之'缴父'。"按：缴，音zhuó，系箭之绳也。◆《云笈七签》卷一〇五《清灵真人裴君传》："清灵真人裴君，字玄仁。

赤将子舆　列仙图赞

汉孝文帝二年生。家奉佛道。年十余岁，遇佛图中道人支子元，云己年一百七十岁，以所修秘术密以告君。道人曰：'此长生内术，世莫得知。吾昔游焦山及鳖祖之阿，遇仙人蒋先生者，乃赤将子舆

也。以神诀五首授吾，奉而行之，于今一百七年矣。'"

【赤脚大仙】宋时传说仁宗为赤脚大仙下界，又有说赤脚大仙住南岳，姓李者。南宋·张端义《贵耳集》卷中："真宗久无嗣，用方士拜章。至玉帝所，有赤脚大仙微笑。玉帝即遣大仙为真宗嗣。仁宗既出世，在禁中未尝穿鞋。"又宋·张师正《括异志》卷一"乐学

赤脚大仙　北京白云观

士"条："乐史梦天帝召，帝曰：'尔主求嗣，吾为择之。'少选一人至，帝曰：'中原求嗣，汝勿辞。'旁拱立者曰：'此南岳赤脚李仙人也。'明年果生仁宗。"南宋·王明清《挥麈后录》卷一："章懿李后微时，真宗偶过，喜李肤色如玉，与之言。李曰：'昨梦一羽衣跣足，从空而下，云：来为汝子。'时上无嗣，闻之大喜，是夕召幸，有娠，明年生仁宗。仁宗幼年每穿履袜，亟令脱去，常赤脚，宫中呼为赤脚仙。赤脚仙人，盖古之得道李君也。"

【赤脚僧】明初人。明·何乔远《名山藏》卷二〇三、张岱《石匮书》卷二〇六均附赤脚僧于《周颠传》中：帝既定天下，至洪武癸亥，有赤脚僧诣阙，自言"于匡庐深谷见一老人，使我来见大明天子，言国祚事，须面奏"。高帝恐惑众，不令见。赤脚守阙下四年，帝不豫，外奏前赤脚僧为周颠仙及天眼尊者送药至。帝引见，进所持药。饮之，周身肉内搐掣，当夜病愈，药瓯内乃闻菖蒲香，盏底有丹砂沉坠，鲜红非世有者。赤脚僧竟去。帝遣人往庐山，迹之杳然。忽一道士语使者曰："周颠在市中与天眼尊者弈棋。"急往，果见二人弈。使者致朝命，殊不顾。再三恳之，乃赋二诗，使持以献。二诗如谶纬，不可读，大约言国祚也。

【赤脚王】明时人。《（雍正）山东通志》卷三〇、《（泰昌）登州府志》卷一一：其人碧目苍颜，发明如鉴。戴一笠，其光如漆，每自以为始冠时物，不

知其几千年。隆冬不履，踏冰上如走平地，行步如飞，骤马不及。人争异之，问以长生术，则厉色嗔词。人传其为全真子，争师事之，早已遁去，不知所之。因四季赤脚，遂名为赤脚王云。

【赤精子】宋·谢守灏《混元圣纪》："老子颛顼时化身。"而涵芬楼本《说郛》卷一五引《养鱼经》云："陶朱公在西戎为赤精子。"小说《封神演义》中为元始天尊十二大弟子之一。

赤精子　封神真形图

【赤阑相王】《神异典》卷五〇："《苏州府志》：'赤阑相王庙，在府治东南赤门内。相传王为吴王阖闾筑城，死而为神。洞庭西山亦有祠，曰东相明王，在销夏湾。又云神姓桑名湛，盖不可考。或谓：赤阑，以庙近赤门故名。'又《吴地记》云：'南面击贼将军黑莫郝墓，在蛇门里，周敬王六年筑城死，今呼为赤阑将军。或云赤阑即赤门相，相王即伍相。'又《洞庭实录》云兄弟三人，并有灵迹，故居民立祠。"

【赤鲁班】《天地宫府图》："七十二福地之第九郁木洞（在吉州永新玉笋山），地仙赤鲁班主之。"◆按：赤鲁班即"黄初起"，见"皇初平"条。

【赤鱬】《山海经·南山经》："青丘之山，英水出焉，南流注于即翼之泽。其中多赤

赤鱬　山海经图　蒋应镐本

鱬，其状如鱼而人面，其音如鸳鸯；食之不疥。"吴任臣《广注》引刘会孟曰："磁州亦有孩儿鱼，四足长尾，声如婴儿啼，其膏燃之不灭。"据刘所说，乃鲺鱼也。袁珂以为即人鱼之类。

【赤石夫人】南宋·施宿《嘉泰会稽志》卷六：赤石夫人庙在上虞县（今浙江上虞）北五里山腰，有望夫石，夕阳返照，其色正赤，状如绯衣妇人。乡人异之，为立庙。

【赤水女子献】《山海经·大荒北经》："有锺山者，有女子衣青衣，名曰赤水女子献。"郭璞注："神女也。"袁珂云："献"字当作"魃"，赤水女子魃即徙居赤水北之黄帝女妭。

赤水女子献　山海经图　汪绂本

【赤松公】宋·马永易《实宾录》卷一〇：赤松公，不知其名姓。服麋角丸。彭祖弟子得仙者也。

【赤松时乔】纬书《孝经右契》、晋·干宝《搜神记》卷八：鲁哀公十四年，孔子夜梦三槐之间，丰、沛之邦，有赤氤气起，乃呼颜回、子夏同往观之。驱车到楚西北范氏街，见刍儿打麟，伤其左前足，束薪而覆之。孔子曰："儿来！汝姓为谁？"儿曰："吾姓为赤松，名时乔，字受纪。"孔子曰："汝岂有所见乎？"儿曰："吾所见一禽，如麏，羊头，头上有角，其末有肉。方以是西走。"孔子曰："天下已有主也。为赤刘。陈、项为辅。五星入井，从岁星。"儿发薪下麟，示孔子。麟向孔子蒙其耳，吐三卷图，广三寸，长八寸，每卷二十四字。其言赤刘当起日周亡，赤气起，火耀兴，玄丘制命，帝卯金。

【赤松先生】梁·吴均《续齐谐记》："弘农邓绍尝八月旦入华山采药，见一童子执五彩囊承柏叶上露，皆如珠满囊。绍问何为，答曰：'赤松先生取以明目。'言终便失所在。"南宋·陈元靓《岁时广记》卷三引《续齐谐记》"邓绍"作"郜超"，"赤松先生"作"赤松子"。

【赤松子】❶西汉·刘向《列仙传》卷上："赤松子，神农时雨师。服水玉（晋·干宝《搜神记》一作'冰玉散'），以教神农。能入火自烧。往往至昆仑山，常止西王母石室中，随风雨上下。炎帝少女追之，亦得仙俱去。至高辛时，复为雨师。今之雨师本是焉。"按：王叔岷云："入火自烧"或作"入火不烧"，浅人所改也。自烧即谓其不畏火也。又：《文选》孙兴公《游天台山赋》注引《列仙传》："赤松子好食松食，绝谷。"东汉·郭宪《洞冥记》卷三："赤松子饵风葵草三岁，乘黄蛇入水，得黄珠，言是黄蛇之卵，故名蛇珠，亦名销疾珠。"

葛洪《枕中书》："赤松子为昆林仙伯，治南岳山。"葛洪《抱朴子内篇·金丹》述诸丹法，中有"赤松子丹法"。❷皇初平得道后改字为"赤松子"，详见"皇初平"条。南宋·潜说友《咸淳临安志》卷七四："富阳县（今浙江富阳）东十里有赤松子庙，晏殊

赤松子 列仙全传

《舆地志》：'赤松子得道，驾鹤尝停于华盖山。'"注以为即神农雨师之赤松子。◆按：富阳地近金华，此赤松子似以皇初平为是。而明·杨德周《金华杂识》卷一引《太平寰宇记》："赤松子游金华山，以火自焚，其水皆赤。"则将古赤松子与皇初平捏合为一。按：今《寰宇记》无此文，其卷九五金华县"赤松涧"下云："赤松子游金华山，以火自烧而化，故山上有赤松之祠。涧自山而出，故曰赤松涧。"又"徐公湖"条言赤松子与安期先生酌湖中水为酒（详见"徐公"条），皆误将古赤松子与皇初平相混者。◆又有一说，见"赤诵子"条。

【赤诵子】《淮南子·齐俗训》："今夫王乔、赤诵子，吹呴呼吸，吐故内新，遗形去智，抱素反真，以游玄眇，上通云天。"高诱注："赤诵子，上谷（今河北怀来一带）人，病疠入山，导引轻举。"按：古字诵、松同音通用。

【赤天魔王】南宋·何薳《春渚纪闻》卷二：蒋颖叔为发运使，至泰州（今江苏泰州），谒徐神公（即徐神翁）。坐定，了无言说。将起，忽自言曰："天上也不静，人世更不定迭。"蒋扣之，曰："天上已遣五百魔王来世间作官，不定迭，不定迭。"蒋复扣其自身之休咎，徐曰："发运亦是一赤天魔王也。"◆按：一说此为蔡京事。北宋·钱世昭《钱氏私志》：徐神翁自海陵（今江苏泰州）到京师。蔡京谓徐曰："且喜天下太平。"是时河北盗贼方定，徐云："天上方多遣魔军下界，托生人间，作坏世界。"蔡云："如何识得其人？"徐笑曰："太师

亦是。"

【赤乌公】宋·叶廷珪《海录碎事》卷一三上："赤乌公，彭祖弟子，服金汋而升太极。"

【赤虾子】清·王士禛《池北偶谈》卷二三："《双槐岁钞》（明·黄瑜）云：广东顺德县有地曰寿星塘，有物名赤虾子，如婴儿而绝小，自树杪手相牵挂而下，笑呼之声，亦如婴儿，续续垂下，至地而灭。俗谓蓬莱仙女遗类也。又《月山丛谈》载广西思恩县近村树杪有二人，约长一尺五寸，武人装束，白竹缠芒屩，其行如飞。此当即赤虾子之类。盖闽粤皆有之。"

【赤须子】春秋时人。西汉·刘向《列仙传》卷下："丰人。丰中传世见之。云：'秦穆公时主鱼吏也。'数言丰界水旱灾害，十不失一。穆公迎而师之，从受业，问所长，好食松实、天门冬、石脂。齿落更生，发堕再出。服霞绝粒，去吴山下十余年，莫知所之。"明·王鏊《（正德）姑苏志》卷九"穹窿山"条作"丰人"，"食柏实石脂，绝谷"。◆按：又有仙人"赤须先生"，为夏馥之师。《天地宫府图》："七十二福地第六十七瑰山（在汉州），赤须先生治之。"疑即赤须子。见"夏馥"条。

【赤眼长毛怪】民国·郭则沄《洞灵续志》卷四：门头沟煤矿，挖煤者即用土人，咸居沟畔。值岁除，长工数人市白菜豕肉归，以篮贮菜悬之，置豕肉于案，即相聚为叶子戏。甫数局，突一怪掀帘入，赤眼白毛，毛长垂至地。见篮悬白菜，即作怪笑声，以爪攫菜，搓为泥吞之，须臾而尽。又见案上豕肉，复作怪笑，亦搓而吞之。闪目四顾，见土炕有人，怪笑声又作，径前将攫之。危急间又一怪至，亦赤眼白毛，而巨且数倍，毛亦加长，手持一巨棍，拨门立倒。前怪见之，垂手退。后怪作怒声直前，以棍击之，中腹。乃翻身侧行，又击以棍，中臀。自以爪摩之，若知痛者。摩已复击，亦如之，渐退近门，相逐俱去。时众工伏土炕上，怖几失魂。怪去，计食料顿尽，乃乞邻户分与之，而纵博如故。次日矿主至，众具告之。矿主曰："吾辈失祭山神，宜有是警。"凡山神大抵魑魅罔两，所谓木石之怪耳，固不足奇。祭而祷之，遂不复见。

【赤蚁】明·邝露《赤雅》卷三："赤蚁，大若象，浑身带火，力负万钧。杂食虎豹蛇虫，遗卵如斗，山人取为酱，是名蚍蔀。见于《周官》。"按：赤蚁初见于宋玉《招魂》，云西方之害，"赤蚁若象，玄蜂若壶。"

【赤羽仙】宛委山堂本《说郛续》卷四六引明·王

祎《逐鹿记》："黔宁王沐英征八百媳妇，经腰露顶山，山顶有石坛，父老相传云：古有赤羽仙成道于此。"

【chong】

【充尚】秦时方士。《史记·封禅书》："宋无忌、正伯侨、充尚、羡门高、最后，皆燕人，为方仙道，形解销化，依于鬼神之事。"是本战国时燕方士，后传为神仙。《汉书·郊祀志》作"玄尚"，而沈涛云："当做玄谷，即《列仙传》之玄俗也。"◆按："玄俗"出西汉·刘向《列仙传》卷下，参见该条。

【冲举仙】《（雍正）云南通志》卷二五："唐时栖于苍山（在云南大理）鹤云峰四十余年，常坐一石，或时与人弈。一日辞众，登石乘云而去。"

【冲龙玉】道教鼻神之名，见唐·段成式《酉阳杂俎·前集》卷一一。

【虫落】晋·干宝《搜神记》卷一二：秦时，南方有落头民，其头能飞。其种人部有祭祀，号曰"虫落"，故因取名焉。

【虫王】《清续文献通考·群祀考》卷二：（咸丰）八年谕："载华等奏松虫甫拿复生，人力难胜，拟于虫王庙叩祷等语。该处既有虫王庙三楹，素昭灵爽，自应一面虔祈，一面竭尽人力，上紧搜拿。至虫王庙何时起建，并无案卷可据，未知崇祀何人，现供神像如何服饰。著载华等查明具奏。嗣以东陵虫王庙迭著灵爽，命改为五神祠，颁御书匾额。"◆按：《艺文类聚》卷九七引《齐谐记》曰："当阳董昭之尝乘船过钱塘江中央，见有一蚁着一短芦，走一头回，复向一头，甚遑遽。昭之意其畏死，取著船上。夜梦一人乌衣，从百许人来谢云：'仆不慎堕江，惭君济活。仆是虫王，君若有急难之日，当见告语。'后昭之遇事系狱，蚁领群蚁穴狱，昭遂得免。"又：北京城西广安门外旧有青苗神庙，内祀有虫王。方志载辽宁锦州、河北涿州亦有虫王庙。

【崇恩真君】即萨守坚。明永乐中，京师建天将庙，宣德中改庙为火德观，封萨守坚为崇恩真君，王灵官为隆恩真君，合称二真君。成化间改观为宫，加"显灵"二字。

【崇福夫人】即天妃。南宋·洪迈《夷坚支志·戊集》卷一："莆田（今福建莆田）浮曦湾有崇福夫人庙，甚灵异。时已进封为妃。"参见"天妃"条。

【崇宁真君】即关羽。明·张钺《汉天师世家》卷一称："三十代天师张继先，于宋崇宁二年，投符解州盐池，杀恶蛟。帝问：'用何将？'遂召关羽现形于殿。帝惊掷崇宁钱与之，曰：'以此封汝。'世因祀为崇宁真君。"见"关圣帝君"条。

【崇宁至道真君】即关羽，见"义勇武安王"条。

【崇善王】南宋·吴自牧《梦粱录》卷一四"土俗祠"条，记南宋时杭州有灵应庙，其神为杨都督，与苏将军并为崇善王位下之神将。又云有七娘子庙，旧传为崇善王之妹。《梦粱录》卷一九"社会"条："九月初一日，湖州遇土神崇善王诞日，亦有童男童女迎献茶果，以还心愫。"◆按：崇善王应为南宋时临安民间所祀土俗神，但未言其姓名来历。《（康熙）杭州府志》卷一六记其神名陈项："城北皋亭山有崇善庙，祀晋杭州刺史陈项。项会稽人，仕东晋，尝使北，羁留三年，仗节不屈。后复命历青扬荆广四州刺史，食邑钱塘、海盐、盐官三县，卒葬皋亭山，因庙焉。"明·谈迁《枣林杂俎·和集》有"崇善王陈项"条，又云："陈项有女弟避寇山洞，不欲乞食，绝粒死，屡有灵显。"

【chou】

【稠禅师】北朝时人。唐·张鷟《朝野金载》卷二：北齐稠禅师，邺（今河北临漳）人。初落发为沙弥，每为时辈侮殴。禅师羞之，乃抱金刚足而誓曰："我捧汝足七日，不与我力，必死于此，无还志。"约既毕，至六日将曙，金刚形见，手执大钵，满中盛筋，令食之，斯须入口，即已多力。乃还所居，诸同列又戏殴，试引其臂，筋骨强劲，殆非人也。因入殿中，横踏壁行，自西至东，凡数百步。又跃首至于梁数四，乃引重千钧。其拳捷骁武，动骇物听。禅师后证果，居于林虑山，诸僧从者常数千人。齐文宣帝怒其聚众，因领骁勇数万骑，躬自往讨。禅师是日领僧徒谷口迎候。先是禅师造寺，诸方施木数千根，卧在谷口。禅师咒之，诸木起空中，自相搏击，声若雷霆，斗触摧折，缤纷如雨。文宣大惧，从官散走。文宣叩头请止之。

【筹禅师】《太平广记》卷七六引《大业拾遗记》："隋炀帝时有筹禅师，对宾客饮酒，杯至，取箸以画酒，中断。饮一边尽，一边尚满，以劝宾客。"◆按：方以智《物理小识》卷六引此条误作"稠禅师"。

【绸】汉·东方朔《神异经》：西方深山有兽焉，

面目手足毛色如猴，体大如驴，善缘高木。皆雌无雄，名绸。顺人三合而有子，要路强牵男人。将上绝冢之上，取果并窃五谷食，更合三毕而定，十月乃生。《史记·司马相如列传》"索隐"如淳注作"蜩"。

【臭石头】清·陈祥裔《蜀都碎事》卷三：成都江桥门外沼城有石一块，亦不甚巨，方圆丈余，曰"臭石头"。耆老相传，昔城内妓女每于四月十九浣花邀游，必拜此石，方敢经过。良人子女凡出游，必避此路，耻看此石。

【chu】

【貙人】晋·干宝《搜神记》卷一二："江、汉之域，有'貙人'，其先，廪君之苗裔也，能化为虎。长沙所属蛮县东高居民，曾作槛捕虎，明日众人共往视之，见槛中坐一亭长，怒曰：'昨忽被县召，夜避雨，遂误入此中。急出我。'于是即出之。寻视，乃化为虎，上山走。或云：貙虎化为人，如著紫葛衣，其足无踵。虎有五指者，皆是貙。"按宋·罗愿《尔雅翼》卷一九"貙"条："貙似虎而五爪。郭氏注《尔雅》云：'今山民呼虎之大者为貙。'然旧说云貙畏虎，虎畏黑，则貙不当大于虎。貙既五爪，有人之象。《博物志》称江汉有貙人能化为虎，《蜀都赋》所谓'晶貙氓于葽草'者也。唐李肇《国史补》云：'俗言四指者天虎也，五指者人虎也。'而《吴都赋》注乃言貙虎属能化为人，与前说反。闻之虎化为人，惟尾不化，须烧尾乃成人。好著紫葛衣，足无踵。貙是虎类，或云貙人能化为虎，或云貙虎属能化为人，辞亦相备。"

【厨神】❶即灶神。灶神有"东厨司命"之称，而诗词或称为"厨神"。如明于谦诗《腊月二十四夜口号》："自笑中年强随俗，买饧裂纸祀厨神。"**❷**清·袁枚《子不语》卷二"塞外二事"条：雍正时，定西大将军纪成斌以失律诛，家奴尽散。一厨者收其尸，无何病死，常附病者身，自称"厨神"，曰："上帝怜我忠心葬主，故命为群鬼长。"问："纪将军何在？"曰："上帝怒其失律，使兵民受伤数万，罚为疫鬼，受我驱遣。我以主人故，终不敢，然我所言，无不听。"嗣后塞外遇纪将军为祟，便呼"厨神"，纪遂去矣。

【杵精】春谷之杵，日为人所持，感人精气，遂成精怪。魏·曹丕《列异传》载"细腰"故事，即杵精：魏郡张奋，家巨富，后暴衰，遂卖宅与黎阳程家。程入居，死病相继，转卖与邺人何文。日暮，文乃持刀上北堂中梁上坐。至二更，忽见一人，长丈余，高冠黄衣，升堂呼问："细腰！舍中何以有生人气也？"答曰："无之。"须臾，有一高冠青衣者，次之，又有高冠白衣者，问答并如前。及将曙，文乃下堂中，如向法呼问之，细腰答黄衣者为金，青衣者为钱，白衣者为银，而自己则为杵，在灶下。及晓，何文按次掘之，得金银各五百斤，钱千余万。仍取杵焚之，宅遂清安。

【储潭君】北宋·乐史《太平寰宇记》卷一〇八："江西赣县（今江西赣州）北有储潭祠。《南康记》：晋咸和二年，朱伟赴江州讨苏峻，行至此山，忽有神人曰：'余尝弋猎于此百余年，帝以我司此山水。府君幸能为我立祠宇，当有报焉。'伟即为立祠山下，名曰'储潭君庙'。及至建业，果有功。百姓祈祷，于今不绝。"◆按：《太平御览》卷四八引《南康记》曰："储潭山，俯临清潭，有储君庙，因以名焉。"是神亦称"储君"也。

【楚姑】秦汉间楚义帝之女。清·梁绍壬《两般秋雨盦随笔》卷五："楚义帝为项羽所弑，姑年十四，遂自杀。楚人立祠以祀，在盱眙（今江苏盱眙）县署后山。"

【楚江王】或作"初江王"。十殿阎王之第二殿，姓曹。《佛学大辞典》：据《预修十王生七经》《地藏十王经》等载："此王之本地为释迦如来，系监视亡人渡河之冥官。盖人死后，于二七日时至此王之大殿，其间有奈何桥，河畔衣领树下有夺衣婆，待亡人至时，脱取其衣，交予悬衣翁，此翁将其衣悬于树枝，以量

楚江王　北京白云观

罪之轻重；若罪重而树枝下垂时，则为引路之牛头与催行之马头两鬼逐向王殿审判。"而据《玉历钞传》等书载："楚江王，三月初一日诞辰，司掌活

大地狱，又名剥衣亭寒冰地狱，另设十六小狱。凡在阳间伤人肢体，奸盗杀生者，推入此狱，另发应到何小狱受苦，满期转解第三殿，加刑发遣。一说人死之后，经第一殿秦广王分别善恶，作恶者交付第二殿阎王受地狱诸刑。一说司掌大海之底、正南沃焦石下活大地狱，纵广三千里，下设十六小地狱，凡生前犯有诱骗、伤害、贩卖人口、侵占等罪者，交付十六小地狱受刑。十六小地狱为饥饿小地狱、焦渴小地狱、脓血小地狱、寒冰小地狱等。民间或以为掌管割舌地狱、剪刀地狱、吊铁树地狱。"

【楚康王】《仙鉴》卷一〇："不知其名，为六国时楚怀王之后。始皇吞并六国，康王逃奔庐山，入深谷中避难。秦将王翦领兵至谷口，见烟雾迷漫，雷雨暴集，心惧而退。康王得免，遂入山而得道。后人入山，或见之。梁武帝大同间为立观于山侧。"◆按：春秋时楚国本有康王，在位十五年，当鲁宣公时，则怀王后不当有称康王者。

【楚文子】晋·葛洪《抱朴子内篇·仙药》："楚文子服地黄八年，夜视有光，手上连弩。""连弩"，一本作"车弩"，不知何意。

【楚先觉】北宋末年术士，以卜术名于都下，事见南宋·王明清《投辖录》：廉布、吕祉二人同年生，且友善，既中第，赴楚先觉处问卜，各以八字叩之。楚曰："廉君目下又有小喜，不出明年，即官中都，然终身官爵止于此矣。吕君后数年始入朝，便须进用，又数年出，而再入为八座，将不得令终。吕君亡后二十年，廉君始死。"后果如其言。

【楚雄神石】道藏本《搜神记》卷五：楚雄（今云南楚雄）有二石：一在南安州（在楚雄南）西五里，巨石高十余丈，蒙氏号为"南岳社灵安边之神"。土人每岁以金贴其顶，有祷辄应。一在楚雄县西南三十里碌摩山顶，屹立似人，高八尺许，顶突出如戴笠之状。土人以金巾其面，事之甚谨。

【褚伯玉】南齐时人。《神异典》卷二三八引《浙江通志》："钱塘人。年十六，家为娶妇，乘车而入，先生逾墙而出。隐于天台山（今浙江天台北）中峰二十年，居重岩之下。齐高帝征之不起，乃移居大霍山，仙去。"《（雍正）浙江通志》卷一九二引《南史》本传。◆按：伯玉于《南齐书》入"高逸传"，略云："褚伯玉，字符璩，吴郡钱唐（今浙江杭州）人也。伯玉少有隐操，寡嗜欲。年十八，父为之婚，妇入前门，伯玉从后门出。遂往剡（今浙江嵊州），居瀑布山。性耐寒暑，时人比

之王仲都。在山三十余年，隔绝人物。王僧达为吴郡，苦礼致之，伯玉不得已，停郡信宿，才交数言而退。建元元年卒，年八十六。"未言仙去事。

【褚遂良】织机之神。明·田汝成《西湖游览志》卷一六记杭州有助圣庙，祀褚遂良。◆明·

褚遂良　集古像赞

郎瑛《七修类稿》卷四"琼花园"条则云其神乃褚遂良九世孙："偶至褚堂一土地祠，见古碑一通，然后知祠名通圣，即琼花园之地。神乃褚遂良九世孙，褚堂之织绫锦，由于此神始之也。"清·钱泳《履园丛话》卷二三"机神庙"条则云为褚遂良及其子："机杼之盛，莫过于苏、杭，皆有机神庙。杭州之机神奉褚河南，在张御史巷。相传河南子某者迁居钱唐，始教民织染，至今父子并祀为机神，并有褚姓者为奉祀生，即居庙右。"

跊踢　山海经图　汪绂本

◆按：褚遂良被杭州织工奉为机神，当因杭州织工曾有褚姓者，但于史无征；而遂良为钱塘人，另据《旧唐书》本传，遂良对太宗有"雕琢害农事，纂组伤女工"之语，或者因此而为织工奉为保护神。

【跊踢】《山海经·大荒南经》："南海之外，赤水之西，流沙之东，有兽，左右有首，名曰跊踢。"《骈雅》卷七曰："跊踢、屏蓬，皆两首兽也。"

【chuan】

【川后】泛指江河之神。《三教源流搜神大全》卷七有"川后"，云即"波神"。实本于王正己撰《皇帝圣德孝感记》"祥风瑞烟，以助安济；波神川后，仿佛毕出"之句（见《宋史全文》卷二七下）。

【川主】清·陈祥裔《蜀都碎事》卷一："蜀人奉二郎神甚虔，谓之'川主'。刘德馨《读〈灌口氏神考〉的商榷》一文引《遵义府志》：'高巁祖庙，用祀川主行神。一云二郎庙，祀蜀守李冰。遵义五属，川主庙无三里蔑有，惟高巁山独古。'◆南宋·朱熹《朱子语类》卷三："蜀中灌口（在四川都江堰）二郎庙，当时是李冰，因开离堆有功，立庙。今来现许多灵怪，乃是他第二儿子出来，初间封为王。后来徽宗好道，谓他是什么真君，遂改封为真君。利路又有梓潼君极灵。今二个神似乎割据了两川矣。"◆按：川主，五代后唐灭前蜀，使孟知祥入蜀，孟于未称尊号之前称"川主"。见北宋·句延庆《锦里耆旧传》卷二。二郎之称"川主"，或本于此。

【穿胸国】纬书《河图玉版》曰："禹平天下，会诸侯会稽之野。防风氏后到，杀之。防风之神二臣以涂山之戮见禹使，怒而射之。迅雷风雨，二龙升去，二臣恐，以刃自贯其心而死。禹哀之，乃拔其刃，疗以不死之草，是为穿胸民。"（又见晋·张华《博物志》卷二）吴任臣《山海经广注》驳云："然《金楼子》云'帝舜九载，贯匈民献珠鰕'，《竹书》'黄帝五十九年，贯匈氏来宾'，前此已有其国矣。"◆郭璞注《山海经》"贯胸国"云："《异物志》曰：穿胸之国，去其衣则无自然者，盖似效此贯胸人也。"

【船神】唐·段公路《北户录》卷二："南方逐除夜及将发船，皆杀鸡择骨为卜，传古法也。卜吉，即以肉祠船神，呼为'孟公孟姥'，其来尚矣。按梁简文《船神记》云：'船神名冯耳。'《五行书》云：'下船三拜三呼其名，除百忌。'又呼为孟公孟姥。刘思真云：'玄冥为水官，死为水神，冥、孟声相似。'又孟公父名帧，母名衣。孟姥父名板，母名履。'或云：'冥父冥姥，因玄冥也。'"注引刘敬叔《异苑》曰："船神曰孟公孟姥，利涉之所虔奉，商贾之所崇仰也。荆州（治在今湖北沙市）送迎，恒烹牛为祭。"◆按冯耳，明·田艺蘅《留青日札》卷一八"舟船名"条、明·郎瑛《七修类稿》卷二三均引作"鸿耳"。明·方以智《通雅》卷二一："按俗呼'耳'与'以'混，故'冯夷'讹'冯耳'，河自神，而名则附会也。"

【chuang】

【疮神】山西阳高县西门有疮神庙，见《（雍正）山西通志》卷一六五。

【床公】清·顾禄《清嘉录》卷一二："荐茶酒糕果于寝室，以祀床神，云祈终岁安寝。俗呼床神为床公、床婆。杨循吉《除夜杂咏》云：'酌水祀床公。'盖今俗犹以酒祀床母，而以茶祀床公，谓母嗜酒，公癖茶，谓之'男茶女酒'。而魏巁《钱塘县志》亦载：'除夕用茶酒果饼祀床神，以祈安寝。杭俗祭床神以上元后一日，品用煎饼。'"又，胡朴安《中华全国风俗志》下编"京兆"："近世北京人家生子三日，名曰洗三，必招收生婆至家，然后供设送子娘娘及床公床母神像，祭以烧饼等食品。"该书"寿春迷信录"一节亦言："是日置红鸭蛋于产妇床前，使产如焚香祷告，谓之拜床公床母。"

【床母】见"床公"条。仇德哉《台湾之寺庙与神明（四）》："虽称为母而为男性。相传古有一书生，名郭华，赶考途中经苏州，遇一卖扇女子，一见钟情，到女子家，春风一度之后，郭暴毙。女子遂将其尸埋于床下。后女子生一子，时以酒菜于床前祭拜。邻人询之，女子答以拜床母。于是后人仿效之。有谓卖扇女子所拜者为情夫，拜床母即是拜客兄公。

【床婆子】即"床母"。涵芬楼本《说郛》卷一九引宋·曾三异《因话录》："崔大雅在翰苑，夜直玉堂，忽降旨令撰《祭床婆子文》。惘然不知格式，邀周丞相问之，云：'亦有故事，但如例程：皇帝遣某人致祭于床婆子之神曰，汝司床簀云云。'"又云："民间妇人分娩时，接生婆亦行祭床婆子之礼。"

【chui】

【吹箫女子】《太平御览》卷一八九引《白泽图》曰：井神为吹箫女子。宛委山堂本《说郛》卷三一下引《奚囊橘柚》：少昊母皇娥。璇宫之侧有井，曰盘灵。白帝之子与皇娥宴于宫，帝子命江妃歌冲景旋归之曲，盘灵之神吹箫以和之。故至今号井神曰吹箫女子。

【chun】

【春皇】即伏羲。晋·王嘉《拾遗记》卷一："春皇者，庖牺之别号。以木德称王，故曰春皇。"

【春申君】南宋·龚明之《中吴纪闻》卷一、南宋·范成大《吴郡志》卷一二皆言姑苏城隍庙神乃春申君。◆按《史记》：春申君既相楚，后"请封于江东，考烈王许之，因城故吴墟，以为都邑。"

《吴地志》亦云："春申君尝造蛇门以御越军，其庙食于此也固宜。"

【淳于棼】《太平广记》卷四七五"淳于棼"条引《广异录》：淳于棼居广陵郡（今江苏扬州）东十里，宅南有古槐。一日昼寝，梦至大槐安国，国王妻以女，任南柯太守，尽享荣华。居二十年，公主病死，乃请还乡。国王遣使者送之，上车行可数里，俄出一穴，见本里闾巷，不改往日。下车入门，见己身卧于堂东庑之下。斜日方西，而梦中倏忽，若度一世矣。因出外，寻槐下穴，悟为梦中所惊入处。寻穴究源，有大穴，上有积土壤，以为城郭台殿之状，有蚁数斛，隐聚其中，即槐安国都也。又穷一穴，直上南枝可四丈，宛转方中，即生所领南柯郡也。追想前事，感叹于怀，悟人世之倏忽，遂栖心道门，绝弃酒色。◆南宋·祝穆《方舆胜览》卷四四："淳于棼墓今在广陵县北十里，俗呼为南柯太守墓。"◆淳于棼故事传播到日本，影响颇大，为小泉八云整理为《怪谈》中的《安艺之助梦游记》。

【淳于斟】东汉时人。梁·陶弘景《真诰》卷一二："字叔显（《元和姓纂》卷三云字叔孙），会稽（今浙江绍兴）人。汉桓帝时为徐县令，灵帝时为大将军辟为府掾。好道术，服饵胡麻黄精。后入吴乌目山中隐居。遇仙人慧车子，授以虹景丹经，修行得道。仙职为定录府典柄执法郎。"

【淳于智】《晋书·艺术传》："字叔平，济北卢（今山东东阿之东）人。能以《易》筮，善厌胜术。刘柔为鼠啮中指。智曰：'是欲杀君而不能，当使其反死。'乃以朱书刘柔手腕，明旦，有大鼠伏死于前。夏侯藻母病，而有狐当户而嗥，藻急求智。智曰：'其祸甚急，速归，于狐嗥处大哭，必令家人尽出，一人不出，哭不止。'藻如言，母亦扶病出，而堂屋五间拉然而崩。其消灾转祸，卜筮所占，神异均类是。自知短命。太康末为司马督，因为杨骏所宠，故见杀。"事又见晋·干宝《搜神记》卷三。

【鹑鸟】《山海经·西山经·西次三经》："昆仑之丘，有鸟焉，其名曰鹑鸟，是司帝之百服。"郭璞注："服，器服也。一曰服事也。"清·吴任臣《广注》案："《天文志》鹑首、鹑火、鹑尾三宫，当太微轩辕之座南面，如在帝左右，且星主衣裳文绣，张主宗庙服用，皆鹑火宿。《周礼》轮人鸟旟七斿，画南方鹑火之象。《山海经》云'鹑鸟司帝百服'，或义取此。"

【ci】

【祠山张大帝】南宋·吴曾《能改斋漫录》卷一八"广德王开河为猪形"条："广德军祠山广德王，名渤，姓张，本前汉吴兴郡乌程县（今浙江湖州）横山人。始于本郡长兴县（今浙江长兴）顺灵乡，役阴兵导通流，欲抵广德县（安徽广德，与长兴相邻），故东自长兴、荆溪（今江苏宜兴，北与长兴相接），

祠山张大帝　山西新绛稷益庙

疏凿河渎。先与夫人李氏密议为期，每饷至，鸣鼓三声，而王即自至，不令夫人至开河之所。厥后因夫人遗飨于鼓，乃为乌啄，王以为鸣鼓而饷至。洎王诣鼓坛，乃知为乌所误。逡巡，夫人至，鸣其鼓，王以为前所误而不至。夫人遂诣兴工之所，见王为大猪，驱役阴兵，开凿河渎。王见夫人，变形未及，从此耻之，遂不与夫人相见，河渎之功遂息。遁于广德县四五里横山之顶，居民思之，立庙于山西南隅。夫人李氏，亦至县东二里而化，时人亦立其庙。由是历汉五代以至本朝，水旱灾祲，祷之无不应。都人以王故，呼猪而曰乌羊。"而《三教源流搜神大全》卷三则云："祠山圣烈真君，姓张，讳渤，字伯奇，武陵龙阳（今湖南常德东南）人也。父曰龙阳君，母曰张媪。其父龙阳君与媪游于太湖之陂，风雨晦冥，云盖其上，雷电并起，忽失媪处。俄顷开霁，媪言见神赐以金丹。已而有娠，怀胎十四个月，当西汉神雀三年二月十一日夜半生。长而奇伟，宽仁大度，深知水火之道。有神告以地荒僻不足建家，命行，有神兽前导，形如白马，其声如牛。遂与夫人李氏东游吴、会稽（今浙江绍兴）。渡浙江，至苕、霅（二溪在今浙江湖州）之白鹤山，止而居焉。于白鹤得柳氏，于乌程（今浙江湖州）桑丘得赵氏，为侍人。王九弟、五子、一女、八孙。始于吴兴郡长兴县（今浙江长兴）顺灵乡发迹，役阴兵自长兴、荆溪疏凿圣渎，长十五里，岸高七丈至十五丈，总三十里。志欲通津于广

德也。"后与《能改斋漫录》所述相同。又云："唐天宝中，祷雨感应。初赠水部员外郎，横山改为祠山。昭宗赠司农少卿，赐金紫。景宗封广德侯。南唐封为司徒，封广德公。后晋封广德王。宋仁宗封灵济王，至宁宗朝累加至八字王。至理宗淳祐五年，改封正佑圣烈真君。至咸淳二年十二月十二日，准告加封正佑圣烈昭德昌福真君。其佐神有丁壬二圣者、打拱方使者，封协灵侯。"宋吴自牧《梦粱录》卷一四：广惠行宫有三：曰钱塘门外霍山，曰在城金地山，曰千顷寺。按《会要》："真君姓张名渤，血食广德军之祠山，始封灵济王，累加美号曰'昭烈大帝'，后改封'昌福真君'，今加宝号曰'正佑圣烈昭德昌福崇仁真君'，自祖父祖母以下，若圣妃、若诸弟、诸子、诸妇及女，俱锡宋朝上爵封之，然都人士庶奉礼者，有祷必应，如响斯答。"元人卢镇《琴川志》云："累朝敕封正顺忠佑灵济圣烈王。"◆神之由来，亦有异说多种。明·田艺蘅《留青日札》卷二八"祠山大帝"条："武当（在今湖北十堰南）人张秉遇仙女山中，谓曰：'帝以君功在吴分，故遣我为配，生子，以木德王其地。'且约逾年再会。秉如期往，仙女抱幼子归秉，曰：'当世世相承，血食吴楚。'所生子名渤，为祠山之神。今广德州横山有庙，志云：'生西汉末，游苕、雪之间。'夫人李氏亦有昭妃庙。"明·宋讷《鸡鸣山广惠祀记》云："神为龙阳人张渤。西汉以来，盖已有之。或谓张汤之子安世。而颜真卿所记则在于新室、建武之间。"《神异典》卷二三一引《广德州志》："汉张真君，讳渤，句容（今江苏句容）人。尝学道于横山，师事宝林禅师，昕夕礼斗。道成，就山巅构北斗殿。"明·谈迁《枣林杂俎·和集》："《象山县志》（今浙江象山）：唐末忽有一石香炉，立而附于人曰：'吾姓庄名穆，祠山昭烈大帝也，当庙食此山，所福斯民。'众惊讶。教谕梁宗明率众立庙祀之，今曰庄穆庙。噫，一祠山昭烈也，姓名互异如此！"王弇州《宛委余编》以为张大帝即《酉阳杂俎》之张天翁，及《殷芸小说》周兴死，见天帝，私问左右曰："是古张天帝耶"，以为张大帝之证。清·赵翼《陔余丛考》卷三五辩之。明·张元忭《万历绍兴志》："祠山张大帝姓张名渤，汉神雀中人，礼斗横山，有御灾捍患功。或云：佐禹治水有功。其赛祷盛于广德州。常以二月九日降，至必有风雨。"◆南宋·吴自牧《梦粱录》卷一："二月初八日为祠山圣诞。祖庙在广德军之祠山。自梁至宋，血食已一千三百余年。"

又引《会要》云："始封灵济王，累加美号曰昭烈大帝，后改封昌福真君，今加宝号曰'正佑圣烈昭德昌福崇仁真君'。自祖父祖母以下，若圣妃，若诸弟、诸子、诸妇及女，俱锡宋朝上爵封之。"同书卷一九"社会"条又云："二月初八日'霍山张真君'圣诞。"如非笔误，是又一称也。又称"桐川张王"，南宋·周密《武林旧事》卷三："二月八日为桐川张王生辰，霍山（此杭州之霍山）行宫，朝拜极盛，百戏竞集。"又称"广德张王"，南宋·洪迈《夷坚支志·乙集》卷八"胡朝散梦"条："事广德张王甚严敬，举家不食猪肉。"◆奉祀者禁食猪肉。《能改斋漫录》卷一八："都人以王故，呼猪为乌羊。"南宋·施宿《嘉泰会稽志》卷六："庙在余姚（今浙江余姚）县西，祭者必诵《老子》，且禁食彘肉。"◆清·顾禄《清嘉录》卷二："二月八日为祠山张大帝诞。相传大帝有风山女、雪山女，归省前后数日，必有风雨，号请客风、送客雨。俗有'吃狗肉'之谚。"引言汝泗《常昭合志》云："大帝吃冻狗肉，逢辰日上天（一说逢戌日），有接客风、送客雨。"◆明·徐应秋《玉芝堂谈荟》卷二四有"祠山七宝"条，七宝曰铜印，曰玉磬，曰径寸珠，曰古画仙图云云，可参看。◆《宋史·孙梦观传》记梦观知建宁府，有循吏风。"吏民有梦从者甚都，迎祠山神，出视之，则梦观也。"是祠山神又可以人鬼充之，如城隍之类，不必定为张大帝也。◆程棨《三柳轩杂识》"祠山事要"条云："广德祠山神曰张，欲通津广德，化身为豨，从使阴兵，与《淮南子》载禹治水时自化为熊，以通轘辕之道，涂山氏见之，惭而化为石事相类。"

【慈悲度厄真人】《高上玉皇本行集经》载四大真人为：慈悲度厄真人、寻声救苦真人、济生度死真人、万福护身真人。位在诸玉帝、五老、诸上帝下。性质近于佛教之四大菩萨。

【慈感庙神】❶南宋·陈耆卿《赤城志》卷三一：仙居县（今浙江仙居）有慈感庙，祀杜氏二女。唐天宝中建。据庙记：二女生隋大业末，家鬻汤饼。甫笄，丧父母，庖人挑之，二女愤激，杀庖人，去而之孟溪隐焉。会溪溢，溺死。唐天宝中有锺离介者，寓长安，梦二女揖曰："吾家孟溪。君今中第，将尹吾邑。"后果如其言。及赴任入境，见二枯骸挂藤上，举其骸，钩连有声，遇樵夫告曰："此石藤、石棱二夫人锁子骨也。"语竟不见。介嗟异，塑其骨祠之。❷南宋·祝穆《方舆胜览》卷三九横州（今广西横县）"祠庙"：唐贞观中，妇人陈氏居朝京门外，有鬻鱼者，忽见白衣人谓陈曰："鱼不可食。既市，可掷于水，急上山顶避之。"陈如其言。比至山颠，回望所居，皆陷而为池矣。陈既没，即山顶立祠，名慈感庙。

【慈航大士】观世音菩萨的道教化。清·徐道《历代神仙通鉴》卷五："普陀落伽岩潮音洞中有一女真，相传商王时修道于此，已得神通三昧，发愿欲普渡世间男女。尝以丹药及甘露水济人，南海人称之曰慈航大士。后随释迦西行。"◆按：《封神演义》元始天尊十二弟子中有慈航道人，后归西方教主修行，即慈航大士所本。

【慈济夫人】见"临水夫人"条。

【慈姥龙】南宋·范成大《吴船录》卷上："眉州青神县（今四川青神）中岩，号西川林泉最佳处，相传为第五罗汉诺距那道场，又为慈姥龙所居。"◆按：姥读作姆。慈姥当即龙母之类，参见"龙母"条。

【慈上座】见"胡钉铰"条。

【慈童】清·俞樾《茶香室丛钞》卷二"慈童"条："日本人守屋元泰著有《东阳集》，有《题慈童画》五绝一首，序云：世传慈童事周穆王，有宠。尝误越王枕，王放诸郫县山国，私悯焉。临去授以法语曰：'朝朝诵之，可为周身之防。'慈童恐遗忘，题之于菊叶。既而有露滴于溪流，慈童饮之，极甘美，遂为仙。下流之民三百余家，饮之皆得上寿。"

【慈溪河神】清·破额山人《夜航船》卷六"铁盖银瓶"条："慈溪河神庙，灵爽最著，其神为袁元峰再世，元峰生则庙衰，死则庙中香火日盛，以此为验。元峰全相名'铁盖银瓶'，周身白皙如羊脂玉，面独黑，黑，水色也，生时，母梦黑龙蟠床，生而黑面，故名应龙。临终，嘱后人云：'家有火警，当以我蟒袍覆屋，可得无虞。'后邻家不戒，延烧一村，家人如其言，则见一黑龙空中来，云气翁翳，火寻扑灭。"◆按：元峰即袁炜，字懋中，慈溪人。明嘉靖进士，官至户部尚书、武英殿大学士。

【慈心仙人】唐·戴孚《广异记》：唐广德二年，临海（今浙江临海）贼袁晁寇永嘉（今浙江永嘉），遇风，东漂数千里，见一山青翠，有城，壁五色。泊岸，见精舍，琉璃为瓦，玳瑁为墙。既入房，寂不见人，唯有胡矮子二十余枚，器物悉是黄金。又有金城一座，碎金成堆，不可胜计。众人竞取，忽有妇人从金城出，高可六尺，责贼送金还故处，并云："此是镜湖山，慈心仙人修道处。"于是作风送众人回浙。

【伙飞】南宋·罗浚《宝庆四明志》卷一一有"伙飞庙"。见"荆伙飞"条。

【赐】马死后所成之鬼。唐·段成式《酉阳杂俎前集》卷一四《诺皋记》上："马鬼名赐。"

【鸑鸟】《山海经·海外西经》："鸑鸟鶄鸟，其色青黄，所经国亡。在女祭北。鸑鸟人面，居山上。"郭璞注："此应祸之鸟，即今枭、𪁺鸹之类。"郝懿行《笺疏》曰："郭氏但举类以晓人。《玉篇》云'鸑鶄即𪁺鸹'，非也。《大荒西经》云'爰有青鸑、黄鷔、青鸟、黄鸟。其所集者其国亡'，是鸑、鷔即鸑、鶄之异名，非𪁺鸹也。"

【cong】

【从从】《山海经·东山经》："枸状之山，有兽焉，其状如犬，六足，其名曰从从，其鸣自詨。"或作"𤡪𤡪"。清·吴任臣《广注》案云："《事物绀珠》云：'𤡪如犬，六足，尾长丈余。'《宋书》：'六足兽，王者谋及众庶则至。'"

从从　山海经图　吴任臣本

【从铉】《（雍正）陕西通志》卷六五、《（康熙）安陆府志》卷二九：字又铉，别号鼎爝。安陆（今湖北安陆）人。明正统八年，母梦韩湘子入梦而孕。少好黄老，辞婚娶，游太和、嵩、华诸山，遇异人，授大还药。丹成，云游无踪。至万历间，有人见之于华山，年已百六十岁。

【葱聋】《山海经·西山经》："符禺之山，其兽多葱聋，其状如羊而赤鬣。"郝懿行《笺疏》曰："此即野羊之一种，今夏羊亦有赤鬣者。"

葱聋　山海经图　吴任臣本

【cuan】

【爨神】《礼记·礼器》："燔柴于奥。夫奥者老妇之祭也，盛于盆，尊于瓶。"郑康成以为"奥，当为爨字之误"。是奥即爨神，而礼祭爨神，言其有功于人，人得饮食，故祭报之也。参见"族人炊"条。

【cui】

【崔参军】唐初术士。唐·戴孚《广异记》：唐太宗以美人赐赵国公长孙无忌，有殊宠，忽遇狐媚。有术者相州崔参军将达京师，狐便遁去。时太宗亦幸其第。崔设案几，坐书一符。太宗与无忌俱在其后。顷之，宅内井、灶、门、厕、十二辰等数十辈，或长或短，状貌奇怪，悉至庭下。崔呵曰："诸君等为贵官家神，职任不小，何故令媚狐入宅？"神等前白云："是天狐，力不能制，非受略也。"崔又书飞一符，俄闻虚空有兵马声，见五人各长数丈。崔云："相公家有媚狐，敢烦执事取之。"诸神敬诺，遂各散去。帝问何神，崔云："五岳神也。"又闻兵马声，乃缠一狐坠砌下。崔乃判云："肆行奸私，神道所殛，量决五下。"狐便乞命，崔取东引桃枝决之，血流满地。崔云："五下是人间五百，殊非小刑，为天曹役使此辈，杀之不可。"使敕自尔不得复至相公家，狐乃飞去。美人疾遂愈。

【崔道人】北宋·叶梦得《避暑录话》卷上：近岁庐山有崔道人，积香数斛，一日尽命弟子至五老峰下，徐焚之，默坐其旁。烟甚，不相辨，忽跃起，已在峰顶上。

【崔府君】❶磁州（今河北磁县）都土地。一说为东汉人，有姓无名字，或说名子玉。南宋·吴自牧《梦粱录》卷四："六月初六日，敕封护国显应兴福（一作圣）普佑真君诞辰，乃磁州崔府君，系东汉人也。朝廷建观在丰城门外聚景园前灵芝寺侧，赐观额曰显应。靖康时，高宗为康王，出使到磁州界，神显灵卫驾。因建此宫观，崇奉香火，以褒其功。"卷八又云："建炎初，秀邸妻梦府君指一羊谓曰：'以此为识。'遂生孝宗。由是累朝祠祀弥谨。"南宋·熊克《中兴小纪》："崔府君，为东汉崔子玉，封嘉应侯，号应王。康王赵构至磁州，人拥神马，谓应王出迎。"又一说为唐时人，名子玉，一

崔府君　泥马渡康王　山东潍县年画

说名珏字子玉。《宋会要辑稿·礼二一》载"护国显应公庙"云："庙在东京城北，即崔府君祠。唐为滏阳令，殁为神，主幽冥事。太宗淳化初，民间于此置庙，因公主祈祷有灵，朝廷遣内侍修庙，赐名与衣物。真宗咸平元年重修，赐额'崔府君庙'，仁宗封'护国显应公'。"明·田汝成《西湖游览志》卷三："贞观间为磁州滏阳（今河北磁县）县令，有异政，民立生祠；既卒，为神于其土。靖康间，宋康王赵构避金寇走巨鹿，马死路迷，莫知所往。忽有白马引导至一祠下，见祠中泥马汗下如雨。赵构睡于庑下，忽梦神人以杖击地，促其速行。白马复引路至斜谷，遇宋将来迎，方解难。"《三教源流搜神大全》卷二所述最详，略云："崔府君，祁州鼓城（今河北晋州）人。父母因乏嗣祷于北岳，夜梦仙童馈美玉二枚，夫妻各吞一枚，遂生府君，因名子玉。唐太宗贞观七年赴举贤良诏，除潞州长子县（今山西长子）令。正直无私，洞察秋毫。郡人皆言府君昼理阳，夜断阴。贞观十七年迁磁州滏阳县令，理太宗入阴府之事。后迁卫州卫县（今河南淇县）令，赴任时遇大水，即设坛以词奏上帝，水旋退去。在世六十四年，为上帝遣使迎去。后安禄山反，玄宗梦神人自称崔子玉，告曰：'陛下不可别此方，贼即退。'后果如言，反正后建庙，封灵圣护国侯。唐武宗时，天下洪水涨溢，祷于祠，乃止，加封护国威应公。宋真宗封岱岳，加封护国西齐王。宋高宗避金人至巨鹿，马毙，冒雨独行，遇一白马引路。夜至一祠宇，觉马似泥马而身有汗迹。因宿，梦青衣方袍者以杖击地，促令急行。及明，方知是'磁州都土地崔府君'之祠。又乘泥马前行，至一处，马忽不见，而众臣来迎。于是安然渡江，至杭州，为崔府君立庙，赐额'显卫'。"按此篇虽未言崔府君名珏，然夜梦双玉，显系"珏"字。◆宋·楼钥《攻媿集》卷五四有《中

兴显应观记》，辨崔珏非崔府君。南宋·费衮《梁溪漫志》卷一〇亦以崔府君非崔子玉，乃唐贞观中相州滏阳（今河北磁县）令，迁蒲州刺史。有惠爱于滏阳，后为磁州，民为立祠；殁，因葬其地，而终不知其名字。◆按：崔府君之祀，最盛于南宋。《（乾隆）畿辅通志》卷一四八引元·王德渊《崔府君庙碑》云："金有中原，以衡山在宋境，命府君权行南岳事。至元十三年，归岳祀于衡山，改封崔府君为齐圣广佑王，与五岳岁时同致祭。元贞二年，加封灵惠齐圣广佑王、顺佑灵懿夫人。"南宋·孟元老《东京梦华录》卷八"六月六日崔府君生日"条："六月六日州北崔府君生日，多有献送，无盛如此。"南宋·周密《武林旧事》卷三："六月六日显应观崔府君诞辰，自东都时庙食已盛。"是其祀于北宋时已甚盛，非仅因"泥马渡康王"而始也。❷又有一崔府君为唐长子县令崔元靖。《（雍正）山西通志》卷一六五："按神唐贞观七年除邑令，多异政，民歌曰：'天降神明君，赐我仁慈父。'于五月五日戒部民无得杀生。有朱赛者冒禁射杀一兔，吏执就讯。谓之曰：'汝故犯吾令，欲阳罚耶，阴罚耶？'朱度阴道渺远，诡辞愿阴罚。及夜，果见一黄衣来勾去，逮至公府，仰望元靖冕服如王者，鞠勘如轮回状，朱受杖而还。时刁黄山有虎，遣吏孟完赍牒往摄之，虎衔牒而至，数其罪，虎触阶死。明皇幸蜀，府君紫衣感梦，封显圣护国嘉应侯。后德宗避难，忽有白马前导，送至斜桥之谷。武宗封护国感应公，加封护国真济王。元至正十五年、明嘉靖二十五年均重葺。"◆按：崔元靖事与《三教源流搜神大全》所载崔府君颇相类，疑出于《搜神大全》。

【崔公崔婆】元时人。元·佚名《湖海新闻夷坚续志·后集》卷一：至元间，灌州（今四川都江堰）青城山崔公，与崔婆在山门路口茅屋下卖柴为生。一日入山砍柴，遇麻姑，问以所欲。崔公云："不欲官，不喜钱，唯欲胡须能拖地。"麻姑引手捋之，须应手而长，竟至垂地。归后不食，言人祸福如神。一年后，夫妻入山，不知所终。

【崔简】唐时人。《太平广记》卷二八五"东岩寺僧"条引唐·陈劭《通幽记》：博陵崔简，少敏慧，好异术。尝遇道士张元肃晓以道要，使役神物，坐通变化。唐天宝二载如蜀郡（今四川成都）。吕谊有女，闺帷之中，一夕而失，求简寻之。简即于别室焚名香作法，知有胡僧咒水取人，乃作法召请神兵。忽有一物，猪头人形，云："上人愿起居仙官。"简踞坐而命之，紫衣胡僧趋入。简让曰："僧盗主人女，安敢妄有役使！"初僧拒诈。吕生忽于户间跃出，执而尤之。僧即伏。俄顷，见猪头负女至，冥然如睡。简曰："宜取井花水为桃汤，洗之即醒。"遂自陈云："初睡中，梦一物猪头人身摄去，不知行近远，至一小房中，见胡僧相凌。问何处，乃云天上也，便禁闭无得出。是夜，有兵骑造门，猪头又至，云：'崔真人有命。'方得归。"

【崔莫二仙姑】清·汪森《粤西丛载》卷一一：宜州郡城江北有仙山，由丹流阁而上，悬崖百尺，石洞区其半，是为崔莫二仙姑炼丹处。中有丹灶，灶顶石蓬皆作金碧色，光彩灿然，盖丹火燻烁也。灶后即二仙卧所，头臂股胫两形皆现，深入石寸许。崔峭甚，人罕蹑者，至必香楮默祷之，方能缘焉。不则惟望叹而已。

【崔判官】冥府诸判官中以崔判官名气最大，但唐代小说中出现的"崔判官"并非一人。一为发现于敦煌的《唐太宗入冥记》（《敦煌变文集》卷二），因李建成、李元吉二人鬼魂在阴府诉状，冥司拘唐太宗入冥对质。阎罗王手下负责推勘的判官即崔子玉，此人生前为滏阳（文中作辅杨）县尉，与太史令李淳风（文中作李乾风）情同管鲍，所以太宗临入冥时，李淳风即有书信以为请托。故事为《西游记》所采，大致相同。另一为牛僧孺《玄怪录》所记，元和间崔环入冥，至冥府判官院，判官正是其父。再有为《太平广记》卷三一四"崔炼师"条引五代·王仁裕《玉堂闲话》：晋州女道士崔炼师，于路辗杀一小儿，其父母诉官，追摄驾车之夫及崔练师，并絷之。太守栾元福夜梦冥司崔判官谓曰："崔炼师是我侄女，何罪而絷之？"俄尔死儿复活。以上二崔判官显然与崔子玉无关。◆唐末五代之《地藏十王图》中，或有绘冥府判官四名，其中有崔判官者，当因唐太宗入冥故事流传于民间，故标其中判官为崔姓，但其地位亦不见特殊。崔判官地位之变化，乃在北宋时期转变为"崔府君"，而崔府君生前身份虽然仍是唐滏阳县令，但此时强调的是生前有善政，而死后为地府判官只是生前善政之报偿。于是立庙于磁州，朝廷屡有颁赐，这是地府判官不可能有的殊荣。至南宋时，崔府君更因"泥马渡康王"故事而进一步显赫，作为地府判官的崔子玉也随之成为最有名的判官。详见《唐研究》第十一卷所载黄正建《关于唐宋时期崔府君信仰的若干问题》一文。另参见"崔府君"条。

【崔婆】北宋时人。明·彭大翼《山堂肆考》卷二五：崔婆井在衡州（今湖南衡阳）府西崔婆宅。张虚白举进士不利，辟谷而游至此，崔婆饮以醇酒。后虚白仙去，郡人余安遇虚白于扬州，因寄崔婆诗云云。

【崔少玄】唐时女子。《太平广记》卷六七引《崔少玄传》：崔少玄，汾州刺史崔恭小女。其母梦神人持紫函授之，乃孕，十四月而生少玄。既生而异香袭人，后十八年嫁于卢陲。岁余，陲从事闽中，道过建溪，远望武夷山，忽见碧云自东峰来，中有神人告陲曰："玉华君在乎！"陲怪其言。神人曰："君妻即玉华君也。"少玄曰："扶桑夫人、紫霄元君果来迎我！"遂整衣出见神人。此后日独居静室，往往有女真来诣其室，笑语通夕。后二年，少玄卒，葬时举棺如空。发椁视之，留衣而蜕。

【崔伟】唐时人。《太平广记》卷二三"崔生"条引唐·卢肇《逸史》：进士崔伟，尝游青城山（在今四川都江堰），偶入一洞，洞中别有天地城阙，有金甲数百人。崔谒仙翁，仙翁以女嫁之，崔遂居于洞府。一日，崔请暂回尘世，与眷属一别。仙翁与崔符一道，曰："可隐形，然慎勿游宫禁。"又与符一道，曰："甚急即开。"崔至京都，人皆不见，便入大内苑囿，时值杨贵妃生日，剑南进锦绣，崔窃之。玄宗觉之，乃召罗公远作法，果见崔。崔急持另一符，公远及从者皆僵仆。公远奏："此人已居上界，杀之不祥。"玄宗遂释崔，令百人持兵杖相送。至洞口，仙翁出门，以杖画地，遂成巨涧，深阔各数丈，崔与送者皆不得过。崔妻出，掷一巾，成五色彩桥，崔登之而度涧。须臾，云雾四起，咫尺不见人影，及云散，唯有空山而已。

【崔炜】唐·裴铏《传奇》"崔炜"条："崔炜在南海误入仙洞，中有四女，逶巡间，四女云：'羊城使者至矣。'遂有一白羊自空而下，背有一丈夫，衣冠俨然，执大笔，兼封一青竹简，上有篆字，上书'广州刺史徐绅死，安南都护赵昌充替'云云。及崔回人世，果然。"而《仙鉴》后集卷四则云："有崔炜者居南海，时中元日，番禺人多陈珍异于神庙。炜往窥之，见一老姬跌倒，覆人酒瓮，被当垆者殴击。炜趋前解之，脱衣以赔酒钱，老姬不谢而去。异日复遇于途，姬曰：'吾善医赘瘤。'遂传以艾灸治之术。崔炜因医而致巨富。后有人告之云：'老姬者，鲍靓之女，葛洪之妻也。'"按此二崔炜当是一人，盖亦广州民间传说中一角色也。而前条之"崔伟"亦为误入仙洞者，或与此亦为一人而二也。

【崔文子】汉时人。西汉·刘向《列仙传》卷上："太山人。世好黄老，居潜山（在今安徽潜山西北）下，后作黄散赤丸，成石父祠。卖药都市，自言三百岁。后有疫气，民死者万计，崔文子散药，所活者以万计。后去而至蜀，卖黄散赤丸。"《楚辞·天问》"白蜺婴茀，胡为此堂？安得夫良药，不能固藏"，王逸《楚辞章句》云："言崔文子学仙于王子侨。子侨化为白蜺，而婴茀持药与崔文子。崔文子惊惧，引戈击蜺，中之，因堕其药。俯而视之，王子侨之尸也，故言得药不善也。"又言："崔文子取王子侨之尸置之室中，覆之以币筐。须臾则化为大鸟而鸣。开而视之，翻飞而去。"晋·干宝《搜神记》卷一"崔文子"条亦录此。按崔文子师事王子侨，似为汉时传说，王逸以之解《天问》，颇勉强。◆治三十六小洞天之鬼谷山。晋·葛洪《抱朴子内篇·金丹》述诸丹法，中有"崔文子丹法"。

【崔无斁】五代时前蜀人。北宋·黄休复《茅亭客话》卷二："崔尊师，名无斁。王氏据蜀，由江吴而来。每观人书字而知休咎，能察隐伏逃亡、山藏地秘、生期死限，千里之外骨肉安否，未尝有误。"❾五代·孙光宪《北梦琐言》卷一二："崔无斁，成都道士。老而得瘈疾，往往托算术预知吉凶，多有验者。"

【崔玄亮】唐时人。五代·杜光庭《神仙感遇传》卷一：崔玄亮，荥阳人。奕世好道，勤于香火，常讽《黄庭》《道德经》。宝历中授湖州刺史，修黄箓斋于紫极宫，有鹤三百六十五只集降坛上，内一只周身皎白，朱顶而已。紫气弥亘坛所，自辰及西方散。玄亮自是通感，弥加精诚。一旦于静室诵《黄庭经》，异香盈室，无疾而终。葬时棺轻若空。其子在金陵幕，拂衣而去，居茅山，亦解形去。

【崔玄微】唐时人。唐·段成式《酉阳杂俎·续集》卷三：唐天宝中，处士崔玄微居洛东。好道，饵术及茯苓三十载。春季夜间，风清月朗，有十余女子来，自言姓杨、姓李、姓陶，又有一姓石名阿措者，称来看封十八姨。坐未定，门外报封家姨来，举座惊喜出迎。封氏言词冷冷，有林下风气。众女色皆殊绝，满座芳香，馥馥袭人。诸人命酒，各歌以送之。至十八姨持盏，翻酒污阿措衣。阿措作色，十八姨亦怒，众遂散去。明夜众女又来，阿措向崔言曰："诸侣皆住苑中，每岁多被恶风所挠，居止不安，常求十八姨相庇。昨阿措不能依回，应难取力。处士倘不阻见庇，亦有微报耳。"玄微曰："某有何力，得及诸女？"阿措曰："但处士每岁岁日，与作一朱幡，上图日月五星之文，于苑东立之，则免难矣。今岁已过，但请至此月二十一日，平旦微有东风，即立之。庶夫免患也。"玄微许之。是日东风振地，自洛南折树飞沙，而苑中繁花不动。玄微乃悟诸女皆众花之精，封十八姨乃风神也。后数夜，杨氏辈各裹桃李花数斗，劝崔生服之，可延年却老。至元和初，玄微犹在，如年三十许人。

【崔野子】《洞仙传》："服术以度世。"又见《仙鉴》卷七。明·高濂《遵生八笺》卷一三有"崔野子服食术法"。

【崔懿之】西晋时人。《晋书·刘元海载记》：屯留人。精相法。与崔游友善。刘渊游上党（今山西长治），懿之一见而惊，曰："此人大贵。"渊当心有三赤毫，长三尺六寸。懿之曰："须与此齐，则大贵逼矣。"后渊称尊号，辟懿之为中书监。

【崔羽】宋时人。《仙鉴续编》卷四：唐州（今河南唐河）人。自号紫霞。宋高宗绍兴间游罗浮（今广东惠阳地区之罗浮山）。性喜酒，饮则醉，醉则歌，歌中所言休咎皆验。后居东莞数年。一夕，命道流设醮于上清观，礼毕，命酌西室，酬酢笑语，如对客者。人问之，则曰："锺、吕、陈（陈抟）三先生会于此。"既撤，奄然端坐而逝。焚其尸，有蝴蝶径尺，自烈焰中腾空而去。是日乡人有见之于榴花渡，云将东归，盖归罗浮也。

【崔之道】明·王世贞《列仙全传》卷五编其入隋代："舒县（今安徽舒城）人，为真源宫道士。尝见二仙对弈，与一棋子，令吞之。自是能言吉凶。后尸解。"《（雍正）江南通志》卷一七五云为宋时人。

【崔子玉】即"崔府君"。见该条。

【崔自然】明·王世贞《列仙全传》卷九："巢县（今安徽巢湖）人。少好道，得服松脂法。后隐于城南山洞中，辟谷修炼。积雪凝寒，常浴于溪。每入山，虎豹驯服。一日语其徒曰：'我为仙师所召。'语讫而逝。后有自豫章（今江西南昌）来者，云见之于道，盖蝉蜕也。"《（雍正）巢县志》卷二二云是唐时人。

【催生圣母】助产之神大奶夫人辅神，掌催生助产事。见《三教源流搜神大全》卷四"大奶夫人"条。

【摧】南宋·邵博《邵氏闻见后录》卷三〇：宣和末，禁中数有变异，曰"摧"者为甚。每夜久，有巨人呼"摧"云，遇人必扯裂之。中官有胆者数辈逐之，巨人返走，坠一物，乃内府所藏铁镤头。

【脆蛇】有二说。❶清·谈迁《枣林杂俎》中集引《玉（镜）〔塵〕新谭》：脆蛇出昆仑，闻人声即自寸断。人伺其断，钳取之，须寸各异处，待风干入药。若少顷无人声，寸寸动跃，仍续而蛇也。清·陈鼎《滇黔纪游》言：脆蛇出土司中，长尺余。伏草间，见人辄跃起，跌为数段，少顷复合为一。其色如白金，光亮可爱。误拾之，触毒即死。其出入有度，捕者置竹筒径侧，蛇以为穴也，而入之。急持之则完，稍缓则碎矣。暴干以治疯疾，视其身上中下以治头腹胫股，罔不效，又可接断骨。即此蛇也。❷清·桂馥《札朴》卷一〇《滇游续笔》与陈鼎说相近：今顺宁有小蛇，见人则自断数节，人去复成完体，俗谓之脆蛇，主疗骨伤。

【cun】

【忖留神】《水经注》卷一九引《三辅黄图》："秦于渭南有兴乐宫，渭北有咸阳宫。秦昭王欲通二宫之间，造横桥，长三百八十步，桥北垒石水中，旧有忖留神像。此神曾与鲁班语，班令其出，忖留曰：'我貌丑，卿善图物容，不出。'班于是拱手与语曰：'出头见我。'忖留乃出首。班以脚画地，忖留觉之，便没水。故置其像于水，唯背以上立水上。后董卓焚此桥，魏更修之。忖留之像，曹公骑马见之惊，又命下之。"◆按：此与《水经注》卷一四引《三齐略记》始皇于海中作石桥故事相类。参见"石桥海神"条。《太平广记》卷二一〇"张衡"条引《郭氏异物志》，言张衡以足指画怪兽"骇神"，事亦相类。◆又，东汉·应劭《风俗通义》佚文言及门户铺首之兽形，引《百家书》云："公输般之水上，见蠡，谓之曰：'开汝匣，见汝形。'蠡适出头，般以足画图之，蠡引闭其户，终不可得开，般遂施之门户，欲使闭藏当如此周密也。"◆按：蠡，即海螺。

【cuo】

【错断】后汉傩仪中十二神之一。《续汉书·礼仪志》："错断食巨。"明·朱谋㙔《骈雅》卷五以为"食鬼之神"。

【D】

【da】

【达摩】或作"达磨"。中土禅宗初祖。本天竺王子，泛海达广州，梁普通年间，为梁武帝迎至金陵，谈佛理不合，遂折芦苇一支，乘之过江入魏。居嵩山少林寺，面壁九年，端居而逝。葬熊耳山。道藏本《搜神记》卷三："达磨逝后，宋云奉使西域，过狮子葱岭，见其手携只履，曰去西天。及宋云东还，奏其事，帝令起圹，空棺中惟存一只革履。"按湖南益阳的牛皮业奉达摩为祖师，或因此"革履"事。明人有小说《达磨出身传灯传》。南宋·范成大《吴船录》卷下："建康之下为长芦，为达摩一苇渡江处，有一苇堂以祠达摩。"

达摩 南宋·牧谿

【大安王】清·陈祥裔《蜀都碎事》卷一："蜀什邡县（今四川什邡）治北四十里有章山，古有高景关，有神祠曰大郎庙神。草中得古碑，曰'大安王神'，岂'大安'与'大郎'字声之讹耶？抑因灌县二郎之号而仿以称之耶？是皆不然。按李冰治水，有功于蜀。至汉时加封大安王，以其大安蜀民故也。"

【大辩才天】佛教"二十天"之一。又作大辩天、大辩功德天、辩才天。又名美音天、妙音天、妙天音乐等。本为古代印度婆罗门教、印度教之文艺女神。在《梨俱吠陀》中，彼为一河及河川神之名字，能除人之秽，予人财富、子孙、勇敢。在梵书与《摩诃婆罗多》中，为语言、知识女神，并掌管诗歌、音乐，为艺术和科学之保护者，最后成为智慧与雄辩女神。有时亦被视为毗湿奴之妻。与吉祥天同受普遍之信仰。此神被佛教引用之后，守护受持《金光明经》者。其像为八臂，手持弓、箭、刀、槊、斧、杵、铁轮、胃索等武器。密教有辩才天奏琵琶之图像，琵琶即为辩才天之象征。供养此天可得福与智慧。

大辩才天 山西大同善化寺

【大丙】天神名。《淮南子·原道训》："昔者冯夷、大丙之御也，乘云车，入云霓。"注："冯夷、大丙，二人名，古之得道能御阴阳者。"《淮南子·览冥训》："若夫钳且、大丙之御。"注："此二人太一之御也。"

【大陈小陈】明时人。《（雍正）山西通志》卷一六〇：叔侄二人为猗氏太清观道士，得颠术。尝夏月碾麦，戏语人曰："日烈甚，宜入碾中避之。"遂入碾后寝。神游一日，题诗壁间，止留空室，莫知所往。

【大成子】宋·谢守灏《混元圣纪》卷一："神农时老君降于济阴，号大成子。"《仙鉴》卷二："大成子，又号傅豫子，在神农时降于济阴，授《地皇内文》，教人以好生之道，俾播殖谷果，以代烹杀，和合方药，救疾养性。一云作'《太乙元精经》三十六卷'。"

【大斗蓬和尚】明·都穆《都公谭纂》卷上：刘彦敬，洪武间谪戍云南大理卫，言其地铁佛寺有僧，多神异，好顶笠子，人呼大斗蓬和尚。尝渡沧浪江，蹑笠而行，不用舟楫。指挥恐有他变，置诸狱中。一日出行，遥见此僧吹笛山上。归将笞狱卒，以为失僧。时僧已端坐六日，僧预告狱卒，唤吾必当击吾首。卒如其言，击首一下，僧醒曰："吾正熟睡，何搅我也？"指挥知不可杀，遂释之。

【**大洞真君**】吴猛。《三教源流搜神大全》卷二"许真君"条："真君弱冠师大洞真君吴猛。"

【**大洞真人**】南宋·洪迈《夷坚三志·己集》卷六"二姜梦更名"条，言姜氏兄弟梦至一处，门首揭大牌曰"大洞真人之殿"。上有三人皆王者之服，而金紫侍立者甚众。

【**大耳国**】唐·李冗《独异志》卷上："《山海经》有大耳国，其人寝，常以一耳为席，一耳为被。"按此即指《山海经》之"聂耳国"，参见该条。

【**大梵天王**】即"大梵天"。为佛教"二十天"之一。《佛学大词典》云：位于色界初禅天之第三天。又称梵天王、梵天、梵王、大梵、梵童子等。大梵天谓己为众生之父，乃自然而有，无人能造之，后世一切众生皆其化

大梵天王　山西新绛稷益庙

生；并谓已尽知诸义理，统领大千世界，以最富贵尊豪自居。大梵天为梵书时代以来之神格，尔后婆罗门即以大梵天为最尊崇之主神。据《大毗婆沙论》卷九八载，大梵天身长为一由旬半，寿量为一劫半。又《阿含》及诸大乘经中，常载此王深信佛法、助佛教化等事。每值佛出世，大梵天王必先来请转法轮，手持白拂，于会座参法听受，常以法义与佛问答。后与帝释天同受佛之付嘱，护持国土，而为显密二教所共尊崇。

【**大风**】《淮南子·本经训》："尧时有大风为民害，羿射大风于青丘之泽。"高诱注以为大风即风伯。袁珂以为大风即大凤，亦即大鹏。袁说是。

【**大腹子**】明时人。《（康熙）建昌府志》（府治在今江西南城）卷二一：不知何许人，自称"大腹子"。明万历间尝游旴中，日乞食城市。言人祸福多中。乞钱米随手转施。后不知所终。

【**大姑神**】五代·孙光宪《北梦琐言》卷一二："西江中有两山孤拔，大者号大孤（在今九江市东南鄱阳湖中），小者号小孤（在今彭泽县北、宿松县东南长江中），李德裕有《小孤山赋》寄意焉。而后人语讹，作'姑姐'之'姑'，创祠山上，塑像艳丽。而此地风涛甚恶，行旅惮之，每岁本府命从事亲祭之。唐宰相杨收之子杨镳为江西推巡，是年预本府之祭，见庙像端丽，遂发戏谑之言。祭毕回舟，见云中一美女，呼曰：'家姐蒙杨郎相爱，特来相迎以成礼。'命其从容一月，处理家事。至期，杨镳遂卒，似有鬼神来迎者。"北宋·欧阳修《归田录》亦云："江南有大小孤山，俨然独立，而世俗转'孤'为'姑'。江侧有一石矶，谓之澎浪矶，遂传为'彭郎矶'，云彭郎者，小姑之婿也。"苏轼《李思训画长江绝岛图》诗，有"小姑前年嫁彭郎"句。彭郎，彭郎矶也。◆南宋·吴曾《能改斋漫录》卷五引南唐·陈致雍《曲台奏议集》，其间"乞正大姑山小姑山神像"一首，要求去妇人位，立山神庙貌。最为煞风景。◆按：晋·干宝《搜神记》卷四载宫亭湖孤石庙二女神事，宫亭即今之鄱阳湖，此二女神即"大姑""小姑"也。故大姑小姑神之说，在晋之前即已有之，非自唐始也。◆至清时，犹有小姑神谴罚不敬之说，见清·东轩主人《述异记》卷中"小姑遣侮"条。又：清时小孤山供"姑射夫人"神，实亦"小姑神"之变。见"姑射夫人"条。

【**大孤神**】见"大姑神"条。

【**大官小官**】明·谢肇淛《滇略》卷四："永昌（今云南保山）以正月十六祠大官小官庙，夷汉皆往会祭。有水旱，官亦往祷。庙在哀牢山下，其神题大官曰'大定戎方天下灵帝'，小官曰'大圣信苴利物灵帝'，不知何神。张志淳曰：此必蒙氏世隆僭号时，即其始祖生长之地而祠之也。相传大官为叔，小官为侄。其塑像冠服皆与蒲蛮同。"清·冯苏《滇考》卷下："明师斩关入擒段世及段宝二孙苴仁、苴义，送金陵。上面谕曰：'尔祖宝曾有降表，朕不忍废。'赐苴仁名归仁，授雁门卫镇抚，苴义名归义，授永昌卫镇抚；余头目悉伏诛。大官小官庙，所祀即苴仁、苴义也。"

【**大耗小耗**】见于诸种水陆画。按：即"耗神"，在星宿为虚、危二宿，《晋书·天文志下》"岁星守虚、危"，占曰"守虚，饥；守危，徭役烦多，下屈竭。"民间遂以为凶辰，二宿即所谓大耗、小耗也。又星命家以大耗、小耗为太岁属下凶煞。《协纪辨方书》卷三云："大耗者，岁中虚耗之神也，所理之地不可营造仓库、纳财物，犯之当有寇贼惊

恐之事。"又云："小耗者，岁中虚耗之神也。所理之方不宜运动出入、兴贩经营及有造作，犯之者当有遗亡虚惊之事。"参见"耗神"条。

【大黑天神】明·谢肇淛《滇略》卷一〇：元大德间，昆明池有蛟，化美少年淫妇女，居民苦之。有赵伽罗，世精阿叱力教，尤通梵经。乡父老礼请治之。伽罗即遣黑貌蛮奴，擒至，以水噀之，蛟立见形，因斩之，怪绝。人问蛮奴为谁，曰："此大黑天神也。"后不知所往。

【大华山神】清·魏禧《吴孝子传》："大华山为抚州崇仁（今江西崇仁）之名山，上有舍身崖。相传神最灵，诸来谒者，有罪辄被祸，不能上，甚则有灵官击杀之；同行人闻鞭声铮然，或忽狂病，自道生平隐恶。"神为三人，似指主神及二佐神。清·乐钧《耳食录》卷一"邹忠介公"条云："赵玄坛、王灵官为大华山神之左右护法，轮流值岁，相传赵宽王严云。"

【大将军】山西右玉宝宁寺水陆画中有"大将军"。按天神中号大将军者甚多，而此大将军为太岁属下凶煞。《协方辨纪书》卷三引《神枢经》曰："大将军者，岁之大将也，统御威武，总领战伐。若国家命将出师，攻城战阵，则宜背之；凡兴造皆不可犯。"

【大戒神】北宋·文莹《玉壶清话》卷一：西京（今河南洛阳）有淫祀曰大戒，其设颇雄，立二十四司、三十六门。张士逊时尚幼，往观之。其巫传神语曰："张秀才请于中书门下坐。"后果以师儒之重相仁宗。

【大金仙】涵芬楼本《说郛》卷四四引《隋炀帝开河记》："大业五年始开河，得古堂室，有棺椁，启之，一人容貌如生，肌肤洁白，如玉而肥，其发自头而出，覆其面，过腹胸下略其足，倒生而上，及其背下而止。搜得一石铭，字如苍颉鸟迹之篆，识者读曰：'我是大金仙，死来一千年。数满一千年，背下有流泉。得逢麻叔谋，葬我在高原。发长至泥丸，更候一千年，方登兜率天。'叔谋乃自备棺椁，葬于城西隅之地。"后注云："今大佛寺是也。"而宋徽宗宣和间改佛名为大觉金仙，又明·童轩《清风亭稿》卷三《题大佛洞》（在遂宁县）有"巍巍大金仙，坐镇石壁间"句，是大金仙即佛也。

【大禁】汉时神祇，为太一之佐。《史记·封禅书》："寿宫神君最贵者太一，其佐曰大禁、司命之属。"

【大觉金仙】宋徽宗宣和元年，道士林灵素欲尽废佛教，请于帝，诏佛寺改为宫，僧寺为观。佛赐天尊服，改塑菩萨、罗汉作道服冠簪，佛号大觉金仙，文殊封安慧文静大士，普贤封安乐妙静大士，泗州大圣封巨济大士，傅大士封应化大士，达摩封元一大士，二祖同慧大士，三祖善明大士，四祖灵应大士，五祖静心大士，六祖德明大士，永嘉宿觉封金德大士，菩萨称仙人，罗汉称无漏，金刚称力士，僧伽称修善。见南宋·赵彦卫《云麓漫钞》卷一四。

【大郎神】❶即李冰。见"大安王"条。❷李冰之子。据刘德馨《读〈灌口氏神考〉的商榷》引《元一统志》："蜀人呼洛口为大郎，灌口为二郎，棚口为三郎。"《彭县志·古迹》："毛郎镇即殷家场，江矶有毛郎庙尚存，俗呼三郎，以古算马'三'字负数有作'毛'者，因是致误。"

董贤　无双谱

《崇庆县志·宗教》："毛郎殿在毛郎镇，明刹，祀李冰子大郎、二郎、毛郎。"❸董贤。清·袁枚《子不语》卷二：康熙间，西安同知袁某求雨终南山，见山侧古庙塑美少年，道士指为孙策。袁以为孙策横行江东，未尝至长安，且策英武，而像妍媚如妇女，疑为邪神，欲毁之。是夕，袁梦神召见，曰："余非孙郎，乃汉大司马董贤也。为王莽所害，死甚惨。上帝怜我无罪，虽居高位，蒙盛宠，而未尝害一士大夫，故封我为大郎神，管此方晴雨。"按董贤《汉书》入《佞幸传》。

【大灵庙神】《（雍正）云南通志》卷一五：在府城内城隍庙东，即土主庙神，为摩诃迦罗蒙氏城滇时建。其像乃蜀匠罗都道太所造，有天竺僧菩提巴坡以秘咒丹书纳像中，复以手中菩提念珠一枚种之庭前，成树焉。神屡著灵异，滇人奉为土神，村邑处处奉之；独在官渡者灵异与府庙同。

【大陆山人】明·王同轨《耳谈类增》卷二三：会

稽范生读书大陆山，月夜行深林，遇老人，形貌古怪，目光射人，与语，皆玄冥上古之事，问其世，不知其始，似避秦来者，以居大陆，名大陆山人。常来顾生，劝生学道，授以熊经鸟伸诸法。家人疑其为妖，潜以秽投水饮之，遂不复至。

【大茅君】即"茅盈"，见该条。

【大奶夫人】即助产之神"临水陈夫人"。《三教源流搜神大全》卷四"大奶夫人"条：陈四夫人，名进姑，祖居福州府罗源县下渡。父官谏议，拜户部郎中，兄陈二相。嘉兴元年（按除十六国西凉国之外，史无嘉兴年号），蛇母兴灾吃人，占古田县临水村洞穴中，

大奶夫人　三教源流搜神大全

乡人为蛇妖立祠，并于每年重阳喂以童男童女各一，遂不为害。时观音菩萨赴会归南海，见恶气冲天，乃剪一指甲，化为金光一道，直投陈长者之妻葛氏之胎。于是进姑降生，时为大历元年（唐代宗年号）。其兄陈二相曾受异人传授，神通三界，行至古田，为民除蛇妖，因酒醉为妖所困。进姑年十七，念同胞一气，遂往闾山学法，得传驱雷破庙罡法。于是打破蛇洞，救其兄，斩蛇妖为三截。后唐王皇后分娩艰难，进姑遂入宫，以法催下太子。唐王大悦，敕封都天镇国显应崇福顺懿大奶夫人，建庙于古田，以镇蛇母不得为害。圣母专保童男童女，催生护幼。◆按："进姑"诸书多作"靖姑"，而其兄"陈二相"即"陈二相公"多作"陈守元"。其余大同小异，唯谢金銮《（嘉庆）续修台湾县志》所记传说甚可注意："夫人名进姑，福州人陈昌女。唐大历二年生，嫁刘杞。孕数月，会大旱，脱胎祈雨，寻卒，年只二十四。卒时自言：'吾死必为神，救人产难。'而临水斩蛇诸神迹，乃为进姑死后之灵应。"◆按：如是，则进姑竟以有孕之少妇，为乡人做月亏乞雨，遂堕胎而死者矣。◆清·彭润章《（同治）丽水县志》卷一三云："妇女敬事夫人，即所称顺懿夫人、护国马夫人也。顺懿庙在太平坊鹤鸣井者，香火尤甚。凡求子者，必赴庙虔祷。儿生，自洗儿及弥月、周岁，必设位于家，供香火，招瞽者唱夫人遗事，曰'唱夫人'。每岁上元前二日，司事择妇人福寿者数人，为夫人沐浴更新衣。次日平明升座，各官行礼，士女焚香膜拜，络绎不绝。至夜，舁夫人像巡行街市，张灯结采，鼓吹喧阗。小儿数百人，皆执花灯跨马列前队，观者塞路。至元夕，南园管痘夫人出，亦如之。"◆按：据清·吴任臣《十国春秋》卷九九《闽列传·陈守元传》，则大奶夫人又似实有其人者。传云陈靖姑为道士陈守元女弟，"尝饷守元于山中，遇饿姬，以饭饭之。老姬遂传以秘箓符篆，与鬼物交通，驱使五丁，鞭笞百魅。永福有白蛇为孽，或隐迹宫禁，幻为人形。惠宗召靖姑驱之，夜围宫，斩蛇为三，蛇化三女子溃围出，尽入古田井中。靖姑围井三匝，乃就擒。惠宗封靖姑为顺懿夫人，食古田三百户。靖姑辞封邑不受。乃赐宫女三十六人为弟子。后数岁，逃居海上，不知所终。"按陈守元者，道士，以左道见信于惠宗，谬为大言，淆乱朝政，后闽内乱，守元死于乱军中（参见"陈守元"条）。如守元真有妹靖姑，当亦一女巫耳，死后为人们所神化，明清时流行于福建地区。该神实未受朝廷封赏，人们遂移天妃之号冠戴之。该神掌除蛇妖及催生助产之事，故妇女事之尤勤。与李三娘（李三靖）、林纱娘（林淑靖、林九娘）合称"三奶夫人"，并奉为"闾山三奶教"教主，而靖姑遂又有"陈大奶"之称，其庙祀亦以"李三夫人""林九夫人"为配，但亦有配以虎奶江夫人、二奶石夫人者。◆大奶夫人辅神有：助娘破庙张萧刘连四大圣者、铜马沙王、五猖大将、催生圣母、破产灵童、二帝将军。◆按：夫人生于临水，故又称"临水夫人"，参见该条。◆《（嘉庆）续修台湾县志》又云："宋淳祐中封崇福昭惠济夫人，赐额顺懿。后又加封天仙圣母青灵普化碧霞元君。"则将大奶夫人与碧霞元君混而为一也。

【大鸟】汉·东方朔《神异经》：北海有大鸟，其高千尺，头纹曰天，胸纹曰候。左翼文曰鸳，右翼纹曰勒。头向东正海中央捕鱼。或时举翼而飞，其羽相切如风雷也。

【大瓢李】明时人。明·王圻《续文献通考》卷二四三：太和（今安徽太和）有仙人三四，大瓢李为其一。明嘉靖时，闽人有李公某，按家谱知大瓢李年已百三十余岁，为己曾祖，遂入洞拜谒，愿从之

修道。大瓢李云："公为贵人，自此皆荣擢。第记吾言：兵部尚书命不可拜。"后李公果累擢，及拜兵部尚书，李辞归。代者为丁汝夔，果因庚戌之变（嘉靖二十九年鞑靼兵犯京师事）被诛于东市。

【大千法王】老子又名大千法王，见唐·段成式《酉阳杂俎·前集》卷二。

【大乾惠应祠神】隋时人。道藏本《搜神记》卷四："姓欧阳名佑，温陵太守，舟次邵武（今福建邵武）之大乾河溺死，后人立庙大乾祀之。极为神异，水旱祈祷必应。"南宋·洪迈《夷坚三志·壬集》卷一："泰宁邹应龙为士人时，诣大乾庙焚香。其夕，梦到一处拾钱，钱堆撒满地，而才得二十文，意其少之。傍人云：'邵武解额二十六名，若更得一钱，便为厌脚矣。'庆元乙卯秋试，遂占第二，说者曰：'此居二十五人之上，梦已验矣。'次年春，乃魁天下，或者贺曰：'钱上有元字，状元之谓也。'"又《夷坚志补》卷二〇"大乾庙"条载闽人祈梦事数则。明·朱国桢《涌幢小品》卷二三："刘珙少时，尝谒梦于大乾惠应祠，梦金牌上有'曲巷勒回风'五字。后登第，教授诸王。上曾出'斜窗拗明月'，命诸王对之，珙遂以梦中五字对之。"《谒梦录》言宋李纲尝谒庙神，神让以主位，又言叶祖洽谒梦事。◆按元·刘埙《隐居通义》卷三〇："温陵太守欧阳公佑，洛阳人，仕闽，授代归，自经邵武光泽之大乾，爱其山水清秀，盘桓久之。已而舟溺，夫妇俱死焉。后人葬于其地。久之发灵庙食，累受封爵为王。宋时士人应举者求梦多应，好事者辑之曰《大乾梦录》。录言隋恭帝义宁二年始立庙，宋仁宗时始封通应侯，元丰五年进封佑民公，政和六年封广佑王，绍兴十三年封明应威信广佑王，（中缺）明应威信广佑福善王，嘉熙中换封（中缺）福善王。宝祐中又换明应威圣英惠福善王，均未言有'惠应'之号。而录中又言：刘侍郎岑作郡城，熙春台别庙祀有惠应神。徐端修自吴中来，过建昌（今江西南城），访道士王文卿，文卿授五雷法，能致雷雨，道行甚著，因语徐曰：'邵武顷大旱，予拜表至帝所，见所谓惠应神，叩王陛为民请甚力'云云。"是惠应似为另一神，因同建于大乾，遂与欧阳佑相混为一也。参见"广佑王"条。

【大青】❶丧神。晋·干宝《搜神记》卷一二："庐江耽、枞阳二县境上，有大青、小青，里居。山野之中，时闻哭声，多者数十人，男女大小，如始丧者。邻人惊骇，至彼奔赴，常不见人，然于哭地必有死丧。率声若多，则为大家；声若小，则为小家。"❷树精。明·朱国桢《涌幢小品》卷一九"冬青树"条：陆道判，洪武初游姑苏，得一废宅。先是居者多祟，遂以微价得之。始居之，张灯夜坐堂中，有二女笑语于前，陆知为怪，叱问之，二女曰："妾乃大青、小青也。"言讫跃出，陆急飞剑击之，若中其臂，没。早视剑处，庭下有大小冬青二树。因斧之，其声铮铮。启下一石版，版数瓾，满贮黄白。陆遂用饶富。后赘沈氏，生万三，为江南富族之甲。已皆籍没于官（万三名秀）。

【大人国】《山海经》三记大人之国。❶《海外东经》："大人国在其北，为人大，坐而削船。"郝懿行《笺疏》："削船谓操舟也。"❷又《大荒东经》："东海之外有大人之国，有大人之市，名曰大人之堂。有一大人踆其上，张其两耳。"❸又《大荒北经》："有人名曰大人。有大人之国，厘姓，黍食。"

大人国　山海经图　汪绂本

◆郭璞注《大荒东经》曰："晋永嘉二年，有鹙鸟集于始安县，木矢贯之，铁镞长六尺有半，以箭计之，其射者人身应长一丈五六尺也。又平州别驾高会语云：倭国人尝行，遭风吹度大海外，见一国人，皆长丈余，形状似胡，盖是长翟别种，箭殆将从此国来也。按《河图玉版》曰：'从昆仑以北九万里，得龙伯国，人长三十丈，生万八千岁而死。从昆仑以东得大秦，人长十丈，皆衣帛。从此以东十万里，得佻人国，长三十丈五尺。从此以东十万里，得中秦国，人长一丈。'《榖梁传》曰：'长翟身横九亩，载其头，眉见于轼，即长数丈人也。'秦时大人见临洮，身长五丈，脚迹六尺。准此以言，则此大人之长短未可得限度也。"◆吴任臣《广注》案：《职方外纪》曰：'智加国人长一丈许，遍体皆毛。'《洞冥记》云：'支提国人长三丈二尺。'《岭海异闻》云：'河池州近山地，有人长二丈，面横三尺，背有双肉翅。'《骈雅》曰：'西南荒有人长丈，名曰先通。天竺车邻之国，男女皆长丈八尺。'《云笈七签》云：'东方铭呵罗提之国，人长二丈。南方铭伊沙陁之国，人长二丈四尺。'《依立世经》云：'郁单越人长三十二肘。'《通考》云：'长人国在新罗之东，其人长三丈，锯牙钩爪，黑毛覆身。'《混元真录》：'长引国，人长四十尺。'刘香云：'毗骞国王，其长数丈。'《博物志》：'日东北极人长九尺。'《华阳国志》：'始皇时，有长人二十五丈见宕渠。'《东方类语》云：'东方有人长七丈，名黄父，又名尺郭。'《事物绀珠》云：'金犀长五丈，在西方日官外金山。'《拾遗记》曰：'宛渠之民，其国人长十丈。'又《楚辞·大招》曰：'长人千仞，维魂是索些。'《凉州异物志》：'有大人在丁零北，偃卧于野，其高如山，顿脚成谷，横身塞川，长万余里。'《神异经》云：'西北海有人焉，长二千里，名曰无路。腹围二千六百里，日饮天酒五斗。东南隅大荒中有林父焉，其高千里，腹围百辅，一曰朴父。'皆大人类也，语亦诞矣。"又·晋·张华《博物志》卷二云："大人国，其人孕三十六年生，白头，其儿则长大，乘云雨而不走，盖龙类。去会稽（今浙江绍兴）四万六千里。"◆大人国之说，至后世亦不断于传闻，如北宋·邵伯温《邵氏闻见录》卷一九云："宋时一道人言其泛海遇风，飘至一岛，见巨人数十，长丈余，捉诸人以竹贯之，食以荐酒。道人偶被穿于竹末，趁巨人醉睡而走，其胁下尚有穿痕云。"南宋·洪迈《夷坚乙志》卷八云："明州（今宁波）人泛海，值大风，漂至一岛，见一长人，高三四丈，断其指，大如椽。"南宋·郭象《睽车志》卷四："建炎间，泉州有人泛海，为恶风漂至一岛。登岸入一大山谷，俄见长人数十，身皆长丈余，耳垂至腹，即前擒数人，每两手各携一人，提携而去，举大铁笼罩之。常有一人看守，时揭罩取一人，褫其衣裂而食之。"至清·蒲松龄《聊斋志异》卷六亦有《大人》篇，与此相类，盖沿海诸地民间传说也。

【大散关老人】南宋·洪迈《夷坚乙志》卷一二"大散关老人"条：政和末，张魏公自汉州与乡人吴鼎同入京省试。徒步出大散关，遇暴雨，而伞为仆先持去，无以障，共趋入粉壁屋内避之。败宇穿漏，殆不容立。望道左新屋数间，急往造焉。老父出迎客，意色甚谨，纵观客容貌举止，目不暂置。二人同辞而问曰："老父岂能相乎？"应曰："唯唯。"魏公先指吴生扣之，笑曰："大好大好。"而不肯明言。吴生指魏公曰："张秀才前程如何？"起而答曰："此公骨法，贵无与比。异日中原有变，

是其奋发之秋，出将入相，为国柱石，非吾子可拟也。"二人皆不以为然，会雨止，即舍之去。明年，魏公登科，吴下第，公送之出西郊。临别谓曰："君过散关时，幸复访道傍老父。"吴虽不乐父言，然亦欲再谒休咎。及至昨处，唯粉壁故在，无所谓新居者。询关下往来人，皆莫知。魏公既贵，为川陕宣抚处置使，吴犹布衣。以公恩得一官，竟不显。

【大社之神】即社神。纬书《龙鱼河图》："天岁星主德庆，其精下为大社之神。"◆按："大"读如"太"。

【大胜山上女】晋·陆云《登遐颂》所载仙人有"大胜山上女"，不知何许人，其地亦不详。颂云："大胜之娥，厥犹翼翼。降宫有和，纳符帝侧。挥杖指辰，绝音颓息。苕苕元右，在彼峻极。"

【大圣山王】明·王鏊《（正德）姑苏志》卷二八"惠应庙"条引宋明道二年黄昺《惠应庙记》："大圣山王者，马鞍山（在今江苏昆山）之神也。按《图经》，梁沙门慧向谓兹山可兴佛寺而力不逮。一日昼寝，梦山神曰愿助千工。是夕云驱电掣，风挠雷动，诘旦，庙基天成。事闻，建神之祠，赐号大圣山王。"（黄记全文见明·钱谷《吴都文粹续集》卷一五、《神异典》卷五三）◆北宋·张邦基《墨庄漫录》卷三："建炎庚戌二月，金兵陷平江府（即今江苏苏州），宋将周望移军退保昆山，泊舟马鞍山下湖边，吏方用印，忽有风旋转入舟，印与文移尽卷入水。使水工入水探求不得，周望责吏必得之。吏无奈，祷于马鞍山神曰静济侯者，曰：'苟不获，且将得罪，必焚庙而行。'"

【大圣爷】台湾地区称孙悟空为大圣爷。其像常供于注生娘娘庙中，妇人祭拜，是希求孩子像孙行者一样顽健可爱。

【大师佛】唐·张读《宣室志》"广陵大师"条：唐贞元中，有一僧客于广陵（今江苏扬州），亡其名，自号"大师"，广陵人因以大师呼之。质甚陋，好以酒肉为食，性狂悖，好屠犬豕，日与广陵少年斗殴，或醉卧道旁。自负有神力，往往剽夺市中金钱衣物。市人皆惮其勇，莫敢拒。后有老僧召大师责之，大师怒骂曰："蝇蚋徒嗜膻腥耳，安能如龙鹤之心哉？然则吾道亦非汝所知也。且我清其中而混其外者，岂若汝龊龊无大度乎？"老僧卒不能屈其词。后一日，大师自外来归，既入室，闭户。有于门隙视者，大师坐于席，有奇光自眉端发，晃然照一室。观者奇之，具告群僧。群僧来，见大师眉端

之光，相指语曰："吾闻佛之眉有白毫相光，今大师有之，果佛矣。"遂相率而拜。至明日清旦，群僧俱集于庭，候谒广陵大师。比及开户，而广陵大师已亡去矣。群僧益异其事，因号大师为"大师佛"焉。

【大食王国】梁·任昉《述异记》卷上：大食王国在西海中，有一方石，石上多树，干赤叶青，枝上生小儿长六七寸，见人皆笑，动其手足。头着树枝，便摘一枝，小儿便死。

【大司命】《楚辞·九歌》中有《大司命》《少司命》二章。清·王夫之《楚辞通释》卷二："大司命统人之生死，而少司命则司人之子嗣之有无。以其所司者婴稚，故曰少；大则统摄之辞

大司命 程氏墨苑

也。大司命、少司命，皆楚俗为之名而祀之。"

【大亭小亭】南宋·梁克家《淳熙三山志》卷九："县东江口，晋时有黄助兄弟二人，汉黄香之孙也。舟回自海南，至是遇风，兄弟连臂没于江。夜则画沙成字，表其履历，复见梦于乡人曰：'为我南山作坟，北山立庙，吾能辟灾降福。'如其言，里无虎豹之患。建盐亭，获其利。人号其兄庙为大亭，弟庙为小亭。永隆元年，大亭号孚济将军，小亭号昭远将军。"《(雍正)福建通志》卷一五"大小亭庙"条所记云庙在连江县（今福建连江）二十七都。五代闽时封大亭为孚济将军，小亭为孚远将军。

【大头鬼】清·东轩主人《述异记》卷中："乙亥冬，奉天（今辽宁沈阳）城内每至三鼓人静，遍闻击柝之声，人共骇听。有人夜起察之，见一物如人，头大如数斗甕，其口如箕，张噏作声，如击柝然，身有黄毛。转相惊恐，遂有凶徒假作，效其形声，夜行遇之，辄掠取其财。将军下令严捕，祟亦旋息。"况周颐《眉庐丛话》："咸丰间，顺天闱中哄传大头鬼事。据称其头大逾五斗栲栳，门小者不能容出入。迨后同、光朝乡会闱，大头鬼犹间一示现。相传其面闪闪作金光，团团如富翁，见者试官必升迁，士子必中式，咸谓势利鬼装绝大面孔者。"而又有相反之说，清·薛福成《庸庵笔记》卷三"戊午科场案"条云："咸丰八年某夕，哗传大头鬼

出见。都人士云：'贡院中大头鬼不轻出见，见则是科必闹大案。'"而是年果有科举大案，首辅弃市，少宰戍边，内外帘官及新中举子被判军、流、降、革至数十人之多。

【大头爷】陕西渭水一带供奉的一种农神，"一间小屋里面，塑一个高约四五尺的大脑袋，仅有头，无身躯，俗称它为大头爷。"见徐旭生《中国古史传说时代》。

【大王】❶民间丛祠之神多以"大王"称者，除最有名之皮场大王外，又有要离大王、莫邪大王、胥吴大王、孙吴大王、春申大王、徐偃大王、高城大王、晐城大王、祝城大王、福顺大王、福善大王、聚仁大王、安邦大王、护国大王、姚玉大王、何王大王、翁圣大王、徐善大王、裴虺大王、汤明大王、陈曹大王、苏李大王、唐金大王、柳杨大王、芦荻大王、上支大王、支墼大王、朱舍大王、沙营大王、宿金大王、伍相大王、保安大王、新产大王、傀儡大王、休留（鹓鹐）大王、牛头大王（以上均见姚宗仪《常熟私志》），其中或为古人，或为土神。此称自宋即已常见，如白石大王、白马大王、水草大王、皮场大王等。❷明清时河神。清·百一居士《壶天录》卷下："乃有所谓大王、将军，皆河工官员殁以成神，幻化若小龙，长不盈尺，细才如指，身类蛇而头则方，隐隐露双角。有满身金色者，有具朱砂斑者。位尊者王，其身小；位卑者将军，其身略大。名号不一，最著者为金龙四大王，此外又有栗大王、朱大王等号。"清·薛福成《庸庵笔记》卷四"贾庄工次河神灵迹"条："闻河工凡见五毒，皆可谓之大王、将军，如蛇、蝎虎、蟾蜍皆是也，然托于蛇体者为最多。但其首方，其鳞细，与常鳞不同。位愈尊，灵愈显，则形愈短。金龙四大王长不满尺，降至将军，有长至三尺余者。又如金龙四大王金色，朱大王朱色，黄大王黄色，栗大王栗色，皆偶示迹象，以著灵异。各就其神位之前，蟠伏盘中而昂其首，或一二十日不动，或忽然不见，数日复来，其去来皆无踪迹。而鳞色璀灿，或忽然黄变为朱，朱变为绿，谓之换袍。或忽然死于盘中，谓之脱壳。其死蛇须送水滨，即自沉于河底。或数日后仍现于河干，盖其所附之蛇偶死，而大王实未死也。又有某大王在盘中生数蛋而去者。"另清·俞樾《右台仙馆笔记》卷一六、邹弢《三借庐笔谈》卷九亦载"大王"之事，与上大同小异，可参看。◆清·陆长春《香饮楼宾谈》卷二"河神"条："相传船上见大王，装载货物必获

厚利，故播扬于人，冀加雇值。又闻土人云：黄河中神最多，皆人首蛇身，风雨之夕人常见之，有戴帽者，有兜鍪者，有本朝冠顶者。盖凡死事及有功德于民者皆得成神云。"

【大威德菩萨】
丁福保《佛学大辞典》"大威德"条：有伏恶之势谓之大威，有护善之功谓之大德。明王中之大威德，菩萨中之大威德，迦楼罗王中之大威德，各以其性德而名之。

大威德菩萨 水陆道场鬼神像

【大小青龙神】
《明史·礼志四》：弘治元年，尚书周洪谟等言："大小青龙神者，记云：'有僧名卢，寓西山。有二童子来侍。时久旱，童子入潭化二青龙，遂得雨。后赐卢号曰感应禅师，建寺设像，别设龙祠于潭上。宣德中，建大圆通寺，加二龙封号，春秋祭之。'迄者连旱，祈祷无应，不足崇奉明矣。"

【大行伯】《山海经·海内北经》："有人曰大行伯，把戈。"袁珂以为即好远游之共工之子修。◆按：以"大行"二字遂联及"好远游"，欠稳。

【大蟹】《山海经·海内北经》："大蟹在海中。"郭璞注曰："盖千里之蟹也。"吴任臣《广注》案："《王会篇》'海阳大蟹'注：

大蟹 山海经图 汪绂本

'海水之阳，一蟹盈车。'此云千里，则更异已。《岭南异志》云：'昔有海商海中行，遇沙渚，林木茂甚，乃维舟登岸，爨于水傍。半炊而林没，详视之，大蟹也。'《玄中记》云：'北海之蟹，举一螯能加于山，身故在水中。'亦此类也。"另参见"百足蟹"条。◆南齐·祖冲之《述异记》："出海口北行六十里，至腾屿之南溪，有淡水，清澈照底，有

蟹焉，筐大如笠，脚长三尺。宋元嘉中，章安县民屠虎取此蟹食之，肥美过常。"

【大伊山神】南宋·洪迈《夷坚三志·己集》卷三"大伊山神"条：葛万者，居楚州。绍兴辛巳，胡尘不靖。倡率乡人子弟，立忠义军，自称统领。时魏胜据海州，楚守遣万往游说。语言不相投，遂为怨偶，欲致之死地。万窜而南窜，独行于野。遇一大人骑马来，皂靴青袍，从者且十辈。万拜于道左。青袍曰："魏胜捕汝急乎？可从吾行。"乃徒步随数十里，饥渴交攻。其人指地，则饭茹陈列，食之至饱。乃告之曰："吾为大伊山神。汝三年之后，当建功于国家矣。"使闭目勿开。万如所教，觉若有人扶掖登舟，耳畔风水之声汹汹。移时足履地，方敢开目，已达淮北岸久矣。

【大禹】大禹之事见《史记·夏本纪》："夏禹，名曰文命。其父曰鲧，当帝尧之时，鸿水滔天，尧听四岳，用鲧治水。九年而水不息，乃殛鲧于羽山以死，舜举鲧子禹，使续鲧之业。禹乃遂与伯益、后稷行山表木，定高山大川。劳身焦思，居外十三年，过家门不敢入。陆行乘车，水行乘船，泥行乘橇，以开九州，通九道，陂九泽，度

大禹治水 潍坊年画

九山。"大禹治水神话最多，可参见袁珂《中国古代神话》。至于后世，道士者流又将大禹仙化。如明·曹学佺《蜀中广记》卷七一引《遁甲开山图》曰："禹，得道仙人也。古有大禹，乃女娲十九代孙，寿三百六十。入九疑山（在湖南宁远南），去后三千六百岁，尧理天下，洪水既甚，人民垫溺。大禹念之，乃化生于石纽山泉。女狄汲水，得石子如珠，爱而吞之有娠，十四月生子。及长，能知泉源，代父鲧理洪水，三年功成。尧知其功如古大禹

知水源，乃赐号禹。"

【大众妈】仇德哉《台湾之寺庙与神明（四）》：即女姓之"大众爷"，见该条。与"圣众"相对，又称"圣妈"。

【大众爷】仇德哉《台湾之寺庙与神明（四）》：又称大将军、圣公、阴阳公、千众爷，均为成群无依之鬼魂。考其本源，当闽粤移民来台拓荒，多为单身只影，死于疫疠、械斗

禹王锁蛟 清代北京年画

者甚众，尸骸暴露。后有仁人善士收埋枯骨，惧其作祟，为之建祠，称为大众爷。亦厉鬼之一种。女姓之"大众爷"，则称"大众妈"。

【大自在天】佛教中"二十天"之一。音译摩醯首罗，又作自在天、自在天王、天主。此天原为婆罗门教之主神"湿婆"，谓此天乃一切万物之主宰者，又司暴风雷电，凡人间所受之苦乐悲喜，悉与此天之苦乐悲喜相一致。初时，此天与那罗延天同列于梵天之下，其后，其神位渐次升高，而成为最高神格。然湿婆神进入佛教后，即成为佛教之守护神，称为大自在天，住在第四禅天。其像为三目、八臂，骑白牛，执白拂之天人形，有大威力，能知大千世界雨滴之数，独尊于色界。

【dai】

【呆道僧】南宋·岳珂《桯史》卷三："姑苏有二异人，曰何蓑衣，曰呆道僧，踪迹皆奇诡，淳熙间名闻一时。呆道僧者，苏州人，为兵家子。少有所遇。何蓑衣旧与之友狎。不知何时髠而髼，似道似僧，故曰道僧。状不慧，而言发奇中，与何颉颃。好游荡市井间，见人必求钱，止于三，随即予之贫者。上欲见之，何挽不使去，而道僧竟来，见于内殿。上狎之，使出入勿禁。逾年归见何，何以杖诟

逐之，至死不与接一谈。绍熙甲寅春，道僧入北内，坐榻前曰：'今日六月也好大雪。'侍珰咸笑。顾曰：'尔满身皆雪而笑我狂耶？'至季夏八月而孝宗崩，宫中皆缟素焉。"明·王鏊《（正德）姑苏志》卷五八："年十四五，为继母所虐，遣出货糖。一日与群儿戏井边，覆糖于井，惧而泣，适卖药道人见而怜之，令负笈以随，因饥，啖以一枣，遂饱。索归再三，道人怒批其颊使去，自此如痴如狂，左颊空起肉块，自云中有金虾蟆。能预谈人祸福，发其隐，识者以为神。高宗召见，赐名应梦达道先生。"《（正德）姑苏志》卷五八"唐广真"条又云："淳熙间，广真昏睡二日，苏后自言：'梦中若有呼我者，出门遇吕纯阳、曹混成、呆道僧三人，引至海边，跨水虾渡海，游名山洞府'云云。"

【岱石王】浙江黄岩丛祠，类于潮神。不知其名姓。南宋·陈耆卿《赤城志》（今浙江天台）卷三一：黄岩岱石庙，在县西十七里，建于永初、景平（南朝刘宋年号）中。世传神家于婺州，好游观，至黄岩而死，灵爽如在，父老祠之。山有巨石数株，忽耸如人形，咸以为神显异于此，奏封岱石王。又传神尝与钱塘江神竞分其潮三分。今庙北有港，潮生则怒涛高可五六尺，颇类钱塘。

【岱委】唐·释道世《法苑珠林》卷五八引《白泽图》："玉之精名曰岱委，其状如美女，衣青衣。见之以桃尖刺之，而呼其名，则得之。"◆按：玉之精一说是"委然"。见该条。

【戴昞】晋·葛洪《抱朴子内篇·登陟》：昔石头水有大鼋，处于深潭，能作鬼魅，行病于人。吴有道士戴昞者，偶视之，以越章封泥作数百封，乘舟，以此封泥遍掷潭中。良久，有大鼋径丈余浮出，乃格杀之，病者即愈。

【戴道】元·佚名《湖海新闻夷坚续志·后集》卷一：南宋绍兴间人，生于兵伍，削发为僧。后以无度牒还俗，丐于市。嗜酒，忽忽如痴，大雪中常浴水中，蒸气如雾。能言人祸福。死后有人遇于都下，盖尸解云。

【戴道亨】元·吾丘衍《闲居录》：戴光生，名道亨，临江（今江西清江之西）人。有异术，能煮麻荚为油，松脂为蜡，与真无异。每云游，即以此易饮食。宋咸淳间，多游好士之门，有欲得而久留者，辄粪秽其家。能坐化立亡。宋亡后，归钱塘门外九曲城下许公道院尸解，不知其年。

【戴恩公】仇德哉《台湾之寺庙与神明（二）》：即戴万生，其真实姓名为戴潮春，祖籍福建漳州府龙

溪，远祖迁至台湾地区中部，为彰化人。天地会在台湾地区又名八卦会，至同治元年，会众已达数万，戴潮春即其首领。同治元年三月十七日，戴奉明正朔，改年号，自称大元帅，旋改称东王，起兵攻占彰化、斗六、嘉义诸地。次年为官府镇压，潮春自后自后被杀。其宅第为今之台中四张犁一带，田地甚多，此后多为农户所有。该地农户多供奉"戴恩公"神位，视同"地基公"或"境土公"。

【**戴侯**】晋·干宝《搜神记》卷四：豫章（今江西南昌）有戴氏女，久病不愈，见一小石形像偶人，女谓曰："尔有人形，岂神？能愈我宿疾，吾将重汝。"自后疾渐差。遂为立祠山下，戴氏为巫，故名戴侯祠。

【**戴花道人**】南宋·赵彦卫《云麓漫钞》卷四：王安石之生也，有獾出于市，一道人首常戴花，时人目为戴花道人，来访其父曰："是儿他日以文名天下。"因述其出处甚详，云"俟至执政，自当见之"。安石父书于册，后休证不少差，安石甚神之。及执政，道人果来，安石见之。道人曰："自此益得君，谨无复仇。"荆公扣之，曰："公前身，李王也，戒之。"遂辞去。◆按："李王"，指五代南唐国主李氏。此故事是诬王安石变法以亡宋，盖为李氏转世以复仇也。

【**戴火仙**】汉时人。《（雍正）浙江通志》卷二〇一引《名胜志》："汉时道士，入留明山修炼（《处州府志》作'入松阳大明山修炼'）。道成，阳精毕露于顶，夜如太阳。因无姓名，人名曰戴火仙，为立祠。"同书卷二二五引《（崇祯）处州府志》："戴火仙庙，在县西南十七里，遇旱祷雨，以见火为谶，里人祠之。"

【**戴孟**】汉时人。《太平御览》卷六六三引《列仙传》："戴孟，本姓燕名济，字仲微，汉明帝时人。入华山，入武当山，受裴君《玉佩金珰经》，又受《石精金光符》，复有《大微黄书》，能周旅名山。"梁·陶弘景《真诰》卷一四云："为武当山道士，所入为华阳山及武当山，又云日行七百里，多所经涉，犹未成仙人。仙人郭子华、张季连、赵叔达、山世远常与之游。其徒有谢允。"《洞仙传》则云："戴孟，字子成。汉武帝时为殿中将军。本姓燕名济，得道后改名。入华阴山受裴君传道。"《襄阳府志》："名之生，汉将军。武帝遣入北山采药，遂弃官学道，号孟盛子（明·胡应麟《少室山房笔丛》卷四三作'字成子'，应误）。后白日上升，落帽于武当山，迄今呼为落帽峰。"戴祚《甄异传》：历阳

谢允，字道通。年十五，为苏峻贼军王免所掠，为奴于东阳蒋风家。常行山中，见虎槛中狗；窃念狗饿，以饭饴之。入槛，方见虎，攀木仰看。允谓虎曰："此槛本为汝施，而我几死其中，汝不杀我，我放汝。"乃开槛出虎。贼平之后，允诣县，别良善，乌程令张球不为申理，桎梏考楚。允梦见人云："此中易入难出，汝有慈心，当相拯拔。"觉见一少年，通身黄衣，遥在栅外，时进狱中与允言语。狱吏知是异人，由是不敢枉允。既蒙理还，乃上武当山。太尉庚公亮闻而愍之，给其资粮，遂到襄阳。见道士，说："吾师戴先生孟盛子非世间人也，敕：'若有西上欲见我者，可将来。'得无是君？"允因随去，入武当山，斋戒三日，进见先生，乃昔日所梦人也。问允："欲见黄衣童子否？"赐以神药三丸，服之便不饥渴，无所思欲。先生亦无常处，时有祥云紫气荫其上，芬馥之气，彻于山谷。

【**戴洋**】《晋书》入《艺术传》，云：字国流，吴兴（今浙江湖州）人。年十二，病死，五日而复苏。自言死时天帝使其为酒藏吏，遍游蓬莱、昆仑、积石、太室诸山。既而遣归，遇一老父，谓曰："后当得道，为贵人所识。"及长，善风角，好道术，解占卜。吴末为台吏，知吴将亡，托病不仕。吴亡，还乡里，经濑乡老子祠，识为死时所至故处。东晋时，多与贵显如祖约、刘胤、陶侃、庾亮辈游，至必有占，占必奇应。年八十余死。

【**戴真人**】《天地官府图》"三十六小洞天之金华山，为戴真人所治"。不详所指。

【dan】

【**丹丘国**】晋·王嘉《拾遗记》卷一：帝喾高辛氏时有丹丘之国，来献玛瑙瓮，以盛甘露。丹丘之地有夜叉驹跋之鬼，能以赤玛瑙为瓶盂及乐器，皆精妙轻丽。

【**丹丘子**】《北堂书钞》卷一四四引晋·王浮《神异记》："余姚人（今浙江余姚）虞洪，入山采茗。遇一道士牵三青牛，引洪至瀑布山，曰：'吾丹丘子也。闻子善具饭，常思见惠山中有大茗，可以相给，祈子他日有瓯蚁之余，不相遗也。'因立奠祀。后令家人入山，获大茗焉。"《太平广记》卷四一二《顾渚山记》引《神异记》则有异文，曰："余姚人虞洰，入山采茗，遇一道士，牵三百青羊，饮瀑布水。曰：'吾丹丘子也。闻子善茗饮，常思惠。山

中有大茗，可以相给。祈子他日有瓯牺之余，必相遗也。'虞遂为立茶祠。后常与人往山，获大茗焉。"唐·陆羽《茶经》卷下云是汉仙人。

【丹虾】东汉·郭宪《洞冥记》卷四：有丹虾，长十丈，须长八尺，有两翅，其鼻如锯。马丹尝折虾须为杖，后弃杖而飞，须化为丹，亦在海傍。

【丹鱼】《水经注·丹水》："水出丹鱼。先夏至十日，夜伺之，鱼浮水侧，赤光上照如火，网而取之，割其血以涂足，可以步行水上，长居渊中。"又见梁·任昉《述异记》卷下。

【丹朱】❶传说中古帝尧之长子，因"慢游是好""傲虐是作"诸不肖而被放。一说名朱，因放于丹水而后人称为丹朱（《竹书纪年》）。❷即"驩兜"。《山海经·海外南经》三苗国之前记有"驩头国"，郭注："驩兜为尧臣，有罪，自投南海而死。尧怜之，使其子孙居南海而祀之。"清·邹汉勋《读书偶识》卷二以为"驩兜、驩头、驩朱、鴅吺、丹朱五者一也，古字通用。"马国翰《目耕帖》亦以为丹朱即驩兜而非尧子，乃尧时南蛮酋长而为尧所灭者。而袁珂则以为驩兜即尧子丹朱，被放丹水后，疑与三苗联合共同反尧，兵败怀惭，投南海而死，其子孙居南海，遂成驩头国。而驩头国或驩朱国即丹朱国。◆杨宽以为丹朱、驩兜之传说实出于朱明、昭明、祝融之神话，丹朱即祝融所演变（详见杨著《中国上古史导论》，《古史辨》第七册）。❸《太平御览》卷八八一引《龙鱼河图》："齿神名丹朱。"◆唐·苏鹗《苏氏演义》卷上："今濮州有偃朱城，一云丹朱城，学者又云舜偃塞丹朱之所，遂谓之偃朱城，误也。盖舜禅位之后，筑城以为丹朱偃息、汤沐之地，实非偃塞之义。刘子玄又引《竹书》云'舜篡尧位，立丹朱城，俄又夺之'，皆非也。丹朱之有城，如周封禄父、微子之义，盖为二王之后也。"

【儋耳国】《山海经·大荒北经》："有儋耳之国，任姓，禺号子，食谷。"郭璞注曰："其人耳大下儋，垂在肩上。朱崖儋耳，镂画其耳，亦以放之也。"《淮南子·墬形训》作"耽耳"。袁珂《校注》云即《海外北经》之"聂耳国"。见该条。又《大荒北经》："有牛黎之国，有人无骨，儋耳之子。"郭璞注："儋耳人生无骨子也。"

【担生】《水经注·浊漳水》："有武强人行于途，见一小蛇，疑其有灵，持养之，名曰'担生'。长而吞噬人，里中患之，遂捕系狱，担生负而奔，邑沦为湖，县长及吏皆为鱼。"又见唐·戴孚《广异

记》"担生"条，而稍作铺张，地亦移至范县。

【dang】

【当扈】《山海经·西山经·西次四经》："上申之山，其鸟多当扈，其状如雉，以其髯飞，食之不眴目。"郭璞注："髯，咽下须毛。"

【当康】《山海经·东山经·东次四经》："钦山，有兽，其状如豚而有牙，名当康，其鸣自叫其名，见则天下大穰。"郝懿行《笺疏》："盖岁将丰稔，兹兽先出以鸣瑞。"

当扈　山海经图　汪绂本

【当路君】晋·葛洪《抱朴子内篇·登陟》："山中寅日，称当路君者，狼也。"见"十二辰怪"条。

当康　山海经图　汪绂本

【党将军】河神。清·采蘅子《虫鸣漫录》卷二：乾隆间，河决淮徐，不能合龙。河督无计，见河弁有名"党德柱"者，大喜，以为循名可以责实，乃呼党至，服以提督冠带，告以河工难成，欲借以挡水，许官其子孙，并奏请祀为河神。党应诺，遂醉之而投于水，随即下土纳秸，而河堤合龙。立庙于堤上，至今称党将军庙，香火极盛。◆清·薛福成《庸庵笔记》卷四"水神显灵"条亦记党将军显灵事，可参看。

【党翁】宋·沈作喆《寓简》卷五：洛阳老人曰党翁，卖药水南北，行步甚快。自言五代清泰中尝为兵，经事柴太宗，有放停公帖可验，其衣服犹唐装也。有妻无子。有问以前事者，皆不答。元丰中不知所在。按：清泰至元丰一百五十年，党翁在清泰时已为兵，则已不下三十岁，计其寿当一百八十余岁，而不知其所终，岂非异人也哉。

【党元帅】《三教源流搜神大全》卷五：怀州（今河南沁阳）人，名归籍。生于宋元祐时。貌黑而心不黑。任晋昭察使，公正廉明，真伪如见，廷无冤狱，

民无怨辞。间谣曰："党不党，见五脏。"死年九十七，玉帝封之，以蒺藜槌掌考校，以察天下恶过。

党元帅 三教源流搜神大全

【dao】

【刀劳鬼】晋·干宝《搜神记》卷一二：临川（今江西抚州）间诸山，有妖物。来时常乘大风雨，有声如啸，能射人。中者肿毒，急则半日，缓则经宿，救之稍迟即死。俗名曰"刀劳鬼"。

【刀神】纬书《龙鱼河图》："有脱光刀。"明·朱谋㙔《骈雅》卷五："脱光，刀神也。"宛委山堂本《说郛》卷二七下引朱翼《猗觉寮杂记》："刀神名脱光。"

【忉利天】佛教有三十三天说，忉利天位于欲界六天之第二天，系帝释天所居之天界，山西右玉宝宁寺水陆画中有神名忉利天，即代指帝释天。

【倒寿】汉·东方朔《神异经》："西荒中兽，如虎，豪长三尺，人面虎足，口牙一丈八尺。人或食之，兽斗终不退却，唯死而已。荒中人张捕之，复黜逆知，一名倒寿。"《尔雅翼》卷二一以为即"梼杌"。

【盗神】盗贼之"祖师神"。除"盗跖"之外尚有数说，❶五盗将军。❷时迁。❸马陵大王。❹宋江。各见该条。

【盗跖】盗贼行之祖师神。唐·段成式《酉阳杂俎·前集》卷九："高堂县南有鲜卑城，城旁有盗跖冢，极高大，贼盗尝私祈焉。齐天保初，县令为丁永兴。有群贼劫于境内，丁乃密令人伺之于冢旁，果有祈祀者，执之而杀焉。自后祀者渐绝。"是北齐时已有盗贼祀盗跖为祖师之俗。

【道径之精】唐·释道世《法苑珠林》卷五八引《白泽图》："故道径之精名曰忌，状如野人行歌。以其名呼之，使人不迷。"故道，废弃无人行走之道。又云："在道之精名作器，状如丈夫，善眩人。以其名呼之则去。"

【道明和尚】今地藏菩萨有左右二胁侍，左为闵公，右为道明和尚。参见"闵公"条。道明有解为"导冥"者，意为亡灵入阴后之向导。宋·洪迈《夷坚乙志》卷四记张文规入冥，至冥狱，见大门内一僧持磬，冥吏云："此导冥和尚也，凡人魂魄

道明和尚 山西平遥双林寺

皆此僧导引。"即是。然道明为地藏胁侍，实有根据。按《佛祖统纪》卷三三"十王供"条云："世传唐道明和上，神游地府，见十王分治亡人。因传名世间，人终多设此供。"关于道明和尚游地府的详情，仅见于敦煌发现的《还魂记》（《敦煌宝藏》第二十五册），略云："襄州开元寺僧道明，大历十三年（公元七七八年）二月八日，见二黄衣使者，云：'奉阎罗王敕令，取和尚暂往冥司要对会。'道明遂与使者徐步同行。及见阎罗王，方知误拘。道明既蒙洗雪，举头西顾，见一禅僧，目比青莲，面如菩萨，问道明：'汝识吾否？'道明曰：'耳目凡贱，不识尊容。'曰：'吾是地藏也。汝劝一切众生，念吾真言，我誓必当相救。'道明便去，刹那之间，至本州岛院内，苏息，绘列丹青，图写真容，流传于世。"

【道神】即祖神，见"祖神"条。

【道州五龙神】道藏本《搜神记》卷五：庙在道州（今湖南道县）五龙井侧。据云：唐时阳城出守道州，至襄阳（今湖北襄阳），有五老人来送，自云春陵人。城与之帛，问其所居，曰居城西北五里。城至道州，访焉，惟有五龙井，帛尚在焉，因为立庙。

【道左老人】唐·段成式《酉阳杂俎·前集》卷二："裴沇之再从伯，自洛中将往郑州，觉道左有人呻吟，荆丛下见一病鹤。忽有老人白衣曳杖而至，谓曰：'若得人血一涂，则能飞矣。'裴曰：'某请刺此臂血。'老人笑曰：'君此志甚劲，然须三世是人，其血方中。郎君前生非人，唯洛中胡卢生，三世人矣。郎君能至洛中，干胡卢生乎？'裴欣然而返，至洛，乃访胡卢生，具陈其事，且拜祈之。胡卢生初无难色，开袄，取一石合，大若两指，授针刺臂，滴血下满合，授裴。及至鹤处，老人已至，喜曰：'固是信士。'乃令尽涂其鹤，复邀裴，因随行。至一庄，裴渴甚，求浆，老人指一土瓮：'此中有少浆，可就取。'裴视瓮中，有一杏核，一扇如笠，满中有浆，浆色正白，乃力举饮之，不复饥渴，浆味如杏酪。裴后寿至九十七。"又见《仙鉴》卷四四。参见"胡卢生"条。

【蠹神】明·田汝成《西湖游览志》卷一六："旗蠹庙，洪武三年建于都督府后，以祀军牙六蠹之神，每岁惊蛰、霜降祭之。"清·孙承泽《春明梦余录》卷一五："旗蠹庙，建于太岁殿之东。永乐建，规制如南京。神曰旗蠹大将，曰六蠹大神，曰五方旗神，曰主宰战船之神，曰金鼓角铳炮之神，曰弓弩飞枪飞石之神，曰阵前阵后神祇、五猖等众，皆南向。"

【deng】

【灯花婆婆】宋人小说中有《灯花婆婆》话本，已佚，其本事见于唐·段成式《酉阳杂俎·前集》卷一五"刘积中"条：刘积中，居于西京（长安）近县庄。妻病亟，未眠，忽有妇人，白首，长才三尺，自灯影中出，谓刘曰："夫人病，唯我能理，何不祈我？"刘素刚，咄之。姥徐戟手曰："勿悔勿悔！"遂灭。妻因暴心痛，殆将卒，刘不得已，祝之。言已复出，刘揖之坐。乃索茶一瓯，向日如咒状，顾令灌夫人，茶才入口，痛愈。后时时辄出，家人亦不之惧。经年，复请刘为其女觅一佳婿。刘辞以"人鬼路殊，难遂所托"。姥曰："非求人也，但为刻桐木稍工者，可矣。"刘许诺，因为具之。姥又请刘作"铺公铺母"，刘亦应之。数日，姥复来拜谢曰："我小女成长，今复托主人。"刘不耐，骂曰："老魅，敢如此扰之！"姥随灭，而刘妻疾发。刘与男女爵地祷之，不复出矣。妻竟以心痛卒。而明·冯梦龙《三遂平妖传》第一回复述此故事，以灯花婆婆为莺脰湖中之猴妖，最后为龙树菩萨所擒。

【灯檠精】灯台每日为人所持，近人精气，易成精怪，其高者为灯檠。唐·莫休符《桂林风土记》：开成中，桂林裨将石从武，居子城西壕侧。从武早习弓矢。忽一年，家内染恶疾，长幼不安。每至深夜，常见一人从内出来，体有光焰，居常令疾者痛苦。稍间，若此物至，则呻吟声加甚。医巫醮谢，皆莫能效。从武心疑精邪为祟，至夜，操弓挟箭，闻精复至，遂引弓一发中焉，见焰光星散而灭。遂命烛而看视之，乃是家中旧使樟木灯檠，中箭而倒。乃劈为蒻粉，焚蒻为灰，投河中。家人患者皆愈。

【登天王】南宋·范成大《吴船录》卷下：合江县（今四川合江）有庙曰登天王。相传为吕光庙。事苻坚，以破虏将军平蜀有功，后其子绍即天王位。"登天"之名或此。

【邓安道】宋时人。《（雍正）湖广通志》卷七四：孙寂然弟子。随师武当，尽得其法，驾风鞭霆如响。远迩有疾患者皆趋之。嘉泰中，预告众徒而逝，时大风拔木，人谓乘风去。

【邓宝】晋时人。明·曹学佺《蜀中广记》卷七三：彭县（今四川彭州）人，事父母至孝。有二客见其尽孝，云其可学道。宝潜随二客，见其过江不陷溺。入山，所居皆仙境。二客见宝，与药两丸，令救其母。遂出，回顾旧处，无复所有，至家已二年矣。宝以药献母，疾愈，寿至百余而终。宝结庐墓侧，其后二客来，召入葛璜洞天。

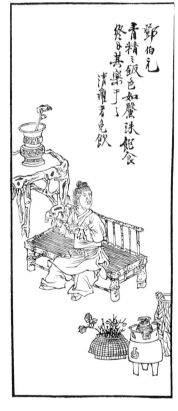

邓伯元　列仙酒牌

【邓伯元】晋时得道仙人，仙秩为中岳真人。见

"王玄甫"条。

【邓法】《(雍正)福建通志》卷六〇：沙县（今福建沙县）人，习静于龙会山中，得道，祈晴祷雨皆应。自杉口归，以笠为舟，以枝为楫而渡。寻即敛柴自焚而化。

【邓公庙神】清·王士禛《香祖笔记》卷五：康熙十五年，有余姚（今浙江余姚）人山行，夜宿山神祠。夜半有虎跪拜祠下，作人言，乞食，山神许以邓樵夫。余姚人晨起，伺于祠外，见一樵夫过，问知姓邓，即告以昨夜见闻，戒勿往。邓曰："吾有母仰食于樵，一日不樵即饥。且生死命也，吾何畏！"遂去。余姚客随觇之。邓方采樵，有虎出于丛莽，邓以手搏虎，后竟杀之。邓樵复至山神祠下，以死虎示神，曰："今竟何如？"于是碎其土偶，樵一笑，跃上神座，瞑目而逝。乡人重为建祠，号邓公庙。◆按《矩斋杂记》云："邓公庙在山阴县（今浙江绍兴）紫洪村。"◆又按：此与"肉身土地"事同，参见该条。

【邓甲】唐·裴铏《传奇》"邓甲"："宝历中，邓甲者，事茅山道士峭岩。峭岩能药变瓦砾，符召鬼神。甲精恳虔诚，不觉劳苦，峭岩授之禁天地蛇术，环宇之内，唯一人而已。"◆按：茅山道士峭岩，即"谭峭岩"。参见该条。

【邓将军】❶满族所祀痘神，见孟森《清代堂子所祀邓将军考》。日人稻叶君山以为痘神。❷雷部神，见"邓元帅"条。

【邓牧】见"叶林"条。

【邓清】明时人。清·汪森《粤西丛载》卷一一：字子真，正统间道士，居岑溪。习瑜珈，得异传。一日雷击物，遇秽堕地，清为咒洒水净之，雷遂飞升。羽化之日，棺为风雨飘去，置石中。乡人立祠，祈雨辄应。

【邓若拙】北宋时人。南宋·马永卿《嬾真子》卷四：淳化二年，均州武当山道士邓若拙善出神，尝至一处，见二仙官议来春进士榜有宰相三人。后果然。事又见南宋·洪迈《夷坚支志·癸集》卷一〇。

【邓绍】《三辅黄图》卷三引《华山记》：弘农邓绍八月晓入华山，见童子执五彩囊盛柏叶露食之。武帝即其地造宫殿，岁时祈祷焉。

【邓思瓘】即"邓紫阳"。见该条。

【邓霆佑】《(雍正)江西通志》卷一〇六：号元元真人。明时建昌（今江西永修）钓台乡人。同袁霆奎秘授符咒异术于李元洲。凡祷雨祝晴，降魔逐

疫，无不应。俗传其白昼驱雷神现形，拔庭西大树植之东边。

【邓退】晋时人。刘宋·刘敬叔《异苑》卷三："荆州（今湖北沙市）上明浦沔水隈潭极深，常有蛟杀人。升平中，陈郡邓退字应遥，为襄阳太守，素勇健，愤而入水，觅蛟得之，欲斫杀。母语云：'蛟是神物，岂可杀？今可咒令无复为患。'退咒而放之，自此遂无此患。一云：退拔剑入水，蛟绕其足，退挥剑斩蛟数段，流血水丹，遂无蛟患。"◆《(乾隆)杭州府志》卷七言："杭州忠清里有二郎神庙，祀邓退。邓字应远，陈郡人。自幼勇力绝人，人比之樊哙。桓温以为参军，数从征伐，号为名将。襄阳城北水中有蛟，数出害人。退拔剑挥蛟数段。乡人为立祠祀之。以其曾为二郎将，故尊为二郎神。"《太平御览》卷六二引盛弘之《荆州记》大致相同。◆按：邓退《晋书》有传，事迹略与上同，然无任"二郎将"及尊为"二郎神"之说。后人称其为"二郎神"，或因其斩蛟事与赵昱相似乎？

【邓先生】《天地宫府图》"七十二福地第二十六洞灵源（在南岳招仙观），邓先生所隐处"。◆按：所指或为邓郁之。

【邓相公】宋·吕希哲《吕氏杂记》卷下："天汉台桥西旧有邓相公庙，世传邓通庙。近岁庙官自榜其前曰：此乃后汉邓禹庙，非邓通也。"◆按：邓通，西汉文帝时为太中大夫，爱幸，赏赐累巨万。又赐邓通蜀严道铜山得自铸钱，"邓氏钱"布满天下。此邓相公庙或为宋时财神庙，故祀邓通。所谓邓禹云者，盖庙官附会耳。

【邓哑子】汉时人。《(万历)汝州志》（今河南临汝）卷六：邓哑子，年二十，对人不笑不语，行于途，间对人笑而作揖。一日起黄风，不知所之。后访其所与笑语者，皆成名宦忠良，人始知其为神仙。

【邓郁】南朝梁时人。《南史·隐逸传下》："南岳邓先生，名郁，荆州建平人也。少而不仕，隐居衡山极峻之岭，足不下山，断谷三十余载，唯以涧水服云母屑，日夜诵《大洞经》。梁武帝敬信殊笃，为帝合丹，帝不敢服。白日，神仙魏夫人忽来临降，乘云而至，言语良久。至天监十四年，忽见二青鸟，鼓翼鸣舞，移晷方去。谓弟子等曰：'求之甚劳，得之甚逸。近青鸟既来，期会至矣。'少日无病而终。"宋·陈田夫《南岳总胜集》作"邓欲之，字彦达"。

【邓郁之】南朝时人。宋·陈田夫《南岳总胜集》：

"南阳新野（今河南新野）人。幼梦一鸟吐印与之，自是人间有病，即以印为符，治辄愈。后与徐灵期结方外友，周游名山，遇至人传以金鼎大龙之术。梁武帝时炼丹于南岳。至天监末，有八真人乘羽盖迎之升天。宋徽宗重和元年赐号超真集妙真人。"《仙鉴》卷三三云其字符达。◆

邓郁　列仙全传

按：与邓郁事相类，应即一人。

【邓欲之】见陈田夫《南岳总胜集》。即"邓郁之"所讹，见该条。

【邓元】南宋·祝穆《方舆胜览》卷一〇"霍童山"条：山在宁德（今福建古田一带）北七十里，《洞天记》所谓霍林洞天是也。武后时司马炼师于此修炼，后驾鹤升天。又吴郡人邓元、盐官人褚伯玉、沛国王玄甫于此授餐青精饭、白霞丹景之法。

【邓元帅】雷部诸帅之一。雷部众神，常以邓为首。《封神演义》称"邓忠"，《西游记》称"邓化"，《常熟志》称"律令大神邓元帅"，当即宋代流传之"天元邓将军"也。按南宋·洪迈《夷坚志补》卷二三："宗室赵善蹈，少时遇九华周先生传灵宝大法，行持多显效。筑坛行法，见神人火焰绕身，曰：'吾天元考召邓将军也。'"◆清·俞蛟《梦厂杂著》卷八"谢云"条，记"乾隆三十六年七月甃赭大潮溢堤，人畜淹

邓元帅　山西芮城永乐宫

毙十余万，此前之四月，上帝命邓天君查海塘之劫"。此邓天君应即邓元帅，则又不仅属雷部矣。

【邓云山】梁·陶弘景《真诰》卷一〇："有得道者邓云山，曾患两手不授，为三官保命司茅思和（"小茅君"茅衷字思和）所治愈。"◆《天地宫府图》："三十六小洞天之中岳嵩山，为仙人邓云山治所。"

【邓真人】❶《（康熙）安陆府志》（今湖北安陆）卷二九："晋时人。丹成，凌空而去，遗丹二粒于炉。鲍氏姑嫂得而吞之，俱仙去。"❷南宋·洪迈《夷坚支志·景集》卷一〇"李氏二童"条云"麻姑山（在今江西南城）有仙人，名紫阳邓真人"。是邓真人即邓紫阳，亦即邓思瓘。见"邓紫阳"条。

【邓子龙】清·查嗣瑮《查浦辑闻》卷下："万历副总兵南昌邓子龙，领众援朝鲜，渡鸭绿江，得沉香一段。把玩良久，宛似人头，爱护之，每梦香木与己头或对或舍。后阵没，丧其元，即以香木刻为首，酷似子龙。国朝立庙祀之，谓其神能令人头痛也。"

【邓紫阳】唐时人。《（康熙）临川（府）〔县〕志》（治在今江西抚州）卷二八："邓紫阳，临川人。名思瓘。隐于南城。唐开元中诏求方士，郡以紫阳应诏。帝重之，曾使神兵讨西戎犯境之寇。开元二十九年，召入大同殿，忽见虎驾龙车，紫阳曰：'此迎我也。'遂奏请还山，奄然而化。玄宗命归殡于本山。今相山祀四仙，邓为其一。其余三仙为栾巴、梅福、叶法善。"《（康熙）衡岳志》卷三："紫阳，建昌南城（今江西南城）人。初为道士于麻姑坛之西北。常诵《天蓬咒》，遂感北帝，遣神人授以剑法。远访南岳、朱陵，谒青玉、光天二坛，礼邓真人（邓郁之），梦有所感。唐玄宗召入大同殿，封天师。尸解，后人常见其游于衡岳。"唐·范摅《云溪友议》："其侄名德成。尝随侍紫阳，玄宗奇其颖异，赐以巾简，曰：'他日为教主。'后石堡为边患，召至禁中。告斗焚香冥祝，一灯飞去若流星，而石堡城中正以此夜灰烬云。"

【di】

【狄希】稗海本《搜神记》："狄希，中山（今河北定州）人。能造千日酒，饮之亦千日醉。州人玄石好饮，往求之，狄希仅与一杯。玄石归家即醉死。经三年，狄希发石墓，石恰醉醒。"◆按：句道兴

本《搜神记》"狄希"作"刘义狄"，"玄石"作"刘玄石"。狄希及刘仪狄实皆由造酒之"仪狄"化来。而此故事最早见于晋·张华《博物志》卷一〇，其言刘玄石千日醉事，并未言造酒者名，则狄希云云，自为后人附会耳。参见"仪狄"条。

【氏人国】《山海经·海内南经》："氏人国在建木西，其为人人面而鱼身，无足。"郭璞注曰："尽胸

氏人国　山海经图　蒋应镐本

以上人，胸以下鱼也。"吴任臣《广注》、郝懿行《笺疏》皆以为即《大荒西经》之"互人国"，氏、互二字因形近而讹。按《大荒西经》："有互人之国，炎帝之孙，名曰灵恝，灵恝生互人，是能上下于天。"郭注"人面鱼身"。吴任臣《广注》案："徐铉《稽神录》云：'谢仲玉者，见妇人出没水中，腰以下皆鱼。'《徂异记》曰：'查道奉使高丽，见海沙中一妇人，肘后有红鬣，问之，曰人鱼也。'《职方外纪》云：'海中有海女，上体为女人，下体则鱼形。'又禹治洪水，观于河，见白面长人，鱼身，出曰：'吾河精也。'形状与此同。"

【底老】五代·杜光庭《神仙感遇传》卷五："唐开元中，玄宗皇帝昼梦二十七仙人，云：'我等二十八宿也，一人寓直，在天不下。我等寄罗底间三年矣。与陛下镇护国界，不令戎虏侵边，众仙每易形混迹游处耳。'既寤，敕天下山川郡县访焉。宁州东南五里罗川县罗州山，有洞穴，石室宽博，中有石像二十七真，得之以进。乡里之人言：昔年有底老者，不知所来，乡俗咸敬之。于山下卖酒，常有异人来饮。一旦众异人谓底老曰：'加其酝，更一饮，不复来矣。'如其言，加酿以待焉。酿熟，群仙果至，饮酣，居下者一人乃取石二十七片，刻成二十七人真容，置于洞中，依饮时列坐，皆志仙之名氏于其背。安讫而散去。底老亦不复知所之，

时人咸谓仙举也。底老者，疑其氏宿耳。"事又见宋·李石《续博物志》卷四，参见"二十七仙"条。

【地方鬼】清·纪昀《阅微草堂笔记》卷一九：热河碧霞元君庙（俗谓之娘娘庙）两厢，塑地狱变相。西厢一鬼卒，惨淡可畏，俗所谓"地方鬼"也。有人见其出买杂物，如柴炭之类，往往堆积于庙内。问之土人，信然。然不为人害，亦习而相忘。

【地肺真人】晋·葛洪《枕中书》："阴长生为地肺真人。"◆明·谢肇淛《五杂组》卷四："荆州济江西岸有地肺，洪潦常浮不没，其状若肺焉，故名。骆宾王吸金丹于地肺，即此也。或云：终南山亦曰地肺。一云：太一山。"

【地官】"三官"之一，参见"三官"条。

【地皇】唐·司马贞补《史记·三皇本纪》："地皇十一头，火德王。兄弟十一人，兴于熊耳、龙门等山。"又荣氏《遁甲开山图》："地皇兄弟九人，面貌皆如女子。貌皆相类，蛇身兽足，生于龙门山中。"

【地基公】台湾地区丛祠。仇德哉《台湾之寺庙与神明（四）》：地基公者，有谓属厉类，即无后之孤魂；有谓为

地官图　南宋·佚名（旧传吴道子）

司土地之神；又有谓当地人死后之孤魂野鬼，有别于远死他乡之鬼。

【地基主】沈平山《中国神明概论》第二章："台湾习俗，每在清明、中元、重阳、除夕等节日，若拜公妈（祖先），也必祭地基主。并以为即周礼五祀之中雷神。"◆按：此即"地基公"，实即家宅所在地之诸种无名鬼魂，似与中雷无关。

【地界】即"土地神"。唐·段成式《酉阳杂俎·续集》卷一："有道士月夜游冶，崔生疑其为妖，投枕揽之。道士怒，厉声曰：'此处有地界耶？'忽有二人，长才三尺，巨首儋耳，伏于道士之前。道士命其勾取崔生亲属亡魂。二人出，食顷，崔生见其亡父诸兄皆至，备受挞楚。"按唐时乡里之"地方"即称"地界"，是以人世乡里保甲之名用于阴间者，而其职亦当与相近。参见唐·李复言《续玄怪录》卷四"木工蔡荣"条、唐·薛用弱《集异记》"裴琪"条、唐·牛僧孺《玄怪录》"齐推女"条。

【地狼】晋·干宝《搜神记》卷一二："太兴中，吴郡（今江苏苏州）太守张懋，闻斋内床下犬声，求而不得。既而地坼，有二犬子，取而养之，皆死。其后懋为吴兴兵沈充所杀。《尸子》曰：'地中有犬，名曰地狼；有人，名曰无伤。'《夏鼎志》曰：'掘地而得狗，名曰贾；掘地而得豚，名曰邪；掘地而得人，名曰聚。聚，无伤也。'然则'贾'与'地狼'名虽异，其实一物也。"◆清·俞凤翰《高辛砚斋杂记》："孙曼青常带勇粤西，营于土山颠，四野旷无人家，时闻下有狗吠声。迹之，其声出于土中。掘之数尺，果得小犬一，鼠一，鳖一，同穴居。烹鳖而食之，无他。犬畜之长大，亦无异常犬。"

【地母】即女娲。光绪九年《劝诵地母经》有"娲皇制人伦，从此地母神"句。仇德哉《台湾之寺庙与神明（二）》："又称无上虚空地母、大道玄玄虚空地母、无上虚空地母无量慈尊。《地母真经》：'盘古初生我当尊，阴阳二气配成婚'，'天君本是玄童子，他聋我哑配成双'。"◆按：此说以玄童子为天公，女娲为地母，与一般传说女娲为伏羲之夫妇之说不同。

【地祇】有宽狭二义。其狭义即指地神。南宋·马端临《文献通考》卷七六："陈氏《礼书》曰：'《周礼》或言大祇，或言地祇，或言土祇。盖大祇则地之大者，地祇则凡地之祇与焉，土祇则五土之祇而已。'"又云："周制，夏日礼地祇于方丘。《曲礼》疏曰：'地神有二，岁有二祭。夏至之日祭昆仑之神于方泽，一也；夏正之日祭神州地祇于北郊，二也。'"◆按：后土与社是否为地祇，诸儒说法不一。地祇又可泛指山川社稷等神，为广义之地祇。《宋书·礼志三》："晋成帝立二郊，天郊六十二神。地郊则四十四神，五岳、四望、四海、四渎、五湖、五帝之佐、沂山、岳山、白山、霍山、医无闾山、蒋山、松江、会稽山、钱唐江、先农凡四十四也。"此四十四神均属地祇。

【地祇夫人】《太平广记》卷三〇六"卢佩"条引唐·薛渔思《河东记》：贞元末，渭南（今陕西渭南）县丞卢佩，性笃孝。其母病腰脚，不堪痛楚。佩即弃官，奉母归长安，欲求国医王彦伯治之。一日忽见一白衣妇人，姿容绝丽，自言能治其母之病。佩遂引妇人至母前，才举手，其母已能自动矣，积年诸苦，释然顿平。即具六礼，纳为妻。妇人朝夕供养，妻道严谨。然每十日，即请一归本家，倏忽往来，略无踪迹。佩颇以为异。一旦，伺其将出，即潜往窥之。见乘马出延兴门，马行空中。佩惊问行者，皆不见。佩又随至城东墓田中，巫者陈设酒肴，沥酒祭地，即见妇人下马，就接而饮。其女僮随后收拾纸钱，载于马上，即变为铜钱。又见妇人以策画地，巫者随指其处曰："此可以为穴。"事毕，即乘马而回。佩归具告母，母以为妖异。自是妇人绝不复归佩家。后数十日，佩忽逢妇人，呼之，妇人不顾而去。明日，使女僮传语佩曰："今既见疑，信当决矣。娘子前日已改嫁靖恭李咨议矣。"佩曰："虽欲相弃，何其速欤？"女僮曰："娘子是地祇，管京兆府三百里内人家丧葬所在。长须在京城中作生人妻，无自居也。"女僮又曰："娘子终不失所，但嗟卢郎福佑太薄，向使娘子长为妻，九郎一家皆为地仙矣。"◆按：此仅为一地之土神，唐人小说随意夸侈如此，不必做认真观也。

【地神】北宋·范致明《岳阳风土记》："岳人以兔为地神，无敢猎取者。"

【地司九天游奕使】太岁殷元帅。见"殷元帅"条。

【地下主者】早期道教冥府系统中文职鬼官的统称。其说似起自魏晋，至唐时尚存，此后方完全被东岳、阎罗之说替代而消于无形。梁·陶弘景《真诰》卷七："地下主者，解下道之文官；地下鬼帅，解下道之武官。文解一百四十年一进，武解二百八十年一进。"《真诰》卷一三："地下主者复有三等，鬼帅之号复有三等，并是世有功德，积行所锺，或身求长生，步道所及，或子弟善行，庸播祖祢，或讽明洞玄，化流昆祖。鬼帅武解，主者文解，俱仙之始也，度名东华，简刊上帝，不隶酆宫，不受制三官之府也。其一等地下主者散在外舍，闲停无业，不受九宫教制，不闻练化之业，是主者之下者。按四明法，一百四十年依格得一进，一进始得步仙阶，给仙人之使令。第二等地下主者便径得行仙阶级仙人，百四十年进补管禁位。管禁之位如世间散吏。此为地下主者之中者。第三等地下主者便得入仙人之堂，出馆易迁、童初二府。"据此，地下主者之最高等方与初得仙者相埒也。其第一等实为冥府中散鬼，虽非鬼籍，却无职务，相当于人世中之白衣士子也。而唐·段成式《酉阳杂俎·前集》卷二亦载有地下主者之所谓"三等"者：其一，"至忠至孝之人，命终皆为地下主者，一百四十年乃授下仙之教，授以大道。"其二，"有上圣之德（疑有误），命终受三官书，为地下主者，一千年乃转三官之五帝，复一千四百年，方得游行太清，为九宫之中仙。"其三，"又有为善爽鬼者、三官清鬼者；或先世有功，在三官流，逮后嗣易世练化，改氏更生，此七世阴德，根叶相及也，命终当道遗脚一骨，以归三官，余骨随身而迁。男左女右，皆受书为地下主者，二百八十年乃得进处地仙之道矣。"（亦见《云笈七签》卷八六）是《酉阳杂俎》中地下主者地位明显高于《真诰》。

【地哑】 见"天聋地哑"条。

【地羊鬼】 明·谢肇淛《滇略》卷九："地羊鬼，短发黄睛，性奸狡嗜利，出没不常。或与人相仇，能用器物行妖术，易其肝胆心肾，使为木石，不救而死。或行蛊饮食中。妇有所私者，他适辄药之，如期归，解以他药，过期不归辄死。"明·朱孟震《河上楮谈》亦云："蛮莫之外有曰'地羊鬼'者，髡首黄目黑面而狰丑，能以泥土沙石换人及牛马五脏，忤之者必被其害，死后如蝉蜕。地羊鬼祖服皆青则无害。"

【地阴神】 东汉时出现之冥府官员。《太平经·庚部之十》："岁尽拘校簿上，山海陆地，诸祀丛社，各上所得、不用，不得失脱；舍宅诸守，察民所犯，岁上月簿；司农祠官，当辄转相付文辞。太阴法曹，计所承负，除算减年，算尽之后，召地阴神，并召土府，收取形骸，考其魂神。"

【地藏王菩萨】 中国民间所信仰的阴间主宰，受佛教影响，自东汉始相继出现泰山府君、阎罗王及地藏王菩萨主冥之说。关于地藏菩萨的来历，在佛经中有数说：❶无量劫前之一国王。过去有佛，号一切智成就如来，其佛寿命六万劫。未出家时，为小国王，与一邻国王为友，同行十善，饶益众生。其邻国内所有人民，多造众恶。二王议计，广设方便。一王发愿：早成佛道，当度是辈，令使无余。一王发愿，若不先度罪苦，令其安乐，得至菩提，

我终未愿成佛。一王发愿早成佛者，即一切智成就如来是。一王发愿永度罪苦众生未愿成佛者，即地藏菩萨是。❷古印度光目女。过去清净莲华目如来世，有一罗汉，遇一女人，字光目，设食供养。罗汉问其所愿。光目曰："欲知我亡母，生于何趣。"罗汉愍之，为入定观，见光目女母，堕在恶趣，受极大苦。罗汉问光目："汝母在生，作何行业？"光目答："我母唯好食啖鱼鳖之属。"后光目女发广大誓愿："若得我母永离三途，及斯下贱，乃至女人之身，永劫不受者，愿所有地狱及三恶道诸罪苦众生，令离地狱恶趣，畜生、饿鬼等，如是罪报等人，尽成佛竟，我然后方成正觉。"佛曰："尔时罗汉，即无尽意菩萨是。光目母者，即解脱菩萨是。光目女者，即地藏菩萨是。"❸大长者子。在过去师子奋迅具足万行如来时，有长者子，见佛相好千福庄严，因问彼佛作何行愿而得此相。时师子奋迅具足万行如来告长者子："欲证此身，当须久远度脱一切受苦众生。"长者子因发愿言："我今尽未来际不可计劫，为是罪苦六道众生广设方便，尽令解脱，而我自身方成佛道。"❹婆罗门女。其说与目连救母故事相类，不录。按，佛教诸说均出于《地藏菩萨本愿经》，是于无量世有无量地藏菩萨，其特点即"地狱不空，誓不成佛"，只要有此信念，即是地藏菩萨。而地藏菩萨在中国主要有两种说法：❶"金地藏"，新罗王族，姓金，名乔觉，出家为僧，渡海至九华山，坐化为菩萨。北宋·释赞宁《宋高僧传》卷二〇云："释地藏，姓金氏，新罗国王之支属也。慈心而貌恶，颖悟天然。于时落发涉海，舍舟而徒，邂逅至池阳，睹九子山，心甚乐之。乃径造其峰，得谷中之地。藏尝为毒螫，端坐无念。俄有美妇人作礼馈药云：'小儿无知，愿出泉以补过。'言讫不见，时谓为九子山神，为涌泉资用也。其山天宝中李白游此，号为九华山。俗传山神为女子。藏素愿持四大部经，遂下山至南陵，有信士为缮写，得以归山。至德初，有诸葛节率村父相与同构禅宇，不累载而成大伽蓝。新罗本国闻之，率以渡海相寻，其徒且多，无以资岁，藏乃发石得土，其色青白，不碜如面，而供众食。贞元十九年夏，忽召众告别，罔知攸往，但闻山鸣石陨，扣钟嘶嘎，跏趺而灭，春秋九十九。其尸坐于函中，洎三稔，开将入塔，颜貌如生，举舁之，动骨节若撼金锁焉。"❷如来十大弟子之目犍连。《三教源流搜神大全》卷七："相传王舍城傅罗卜，法名目犍连，尝师事如来，救母于饿鬼群丛，作盂兰

胜会，殁而为地藏王。以七月三十日为所生之辰，士人礼拜。"◆按：地藏菩萨的标志是"地狱不空，誓不成佛"，而新罗僧之成为地藏，只是因为在其死后"骨节俱动，若撼金锁"，与佛经所载地藏菩萨之"瑞像"相似，遂ం云即地藏菩萨后身。此说本极勉强，而后人复将金乔觉与目犍连二说混合为一，又以九华山为地藏菩萨道场，于是地藏菩萨即金乔觉之说在一些地区的俗信中即确定无疑。《集说诠真》所记即为近世较流行之"混合说"："地藏王，一称新罗国僧，一称王舍城僧，本名傅罗卜，法名目连。尝师事如来，始创盂兰盆，救其母于饿鬼之苦。唐肃宗至德间，渡海居青阳九华山，尝以岩间白土杂饭食之，人以为异。年九十九，忽召徒众告别，跌坐函中，遂没为地藏王，职掌幽冥教主，十殿阎王俱行朝礼。以七月三十日为生降之辰，士人礼拜焉。后三载，开函视之，颜色如生，异之，骨节俱动，若撼金锁焉，遂名金地藏。"◆清·梁章钜《浪迹续谈》卷六"扫秦"条："戏场有扫秦之疯僧，即济颠，俗以为地藏王现身。《江湖杂记》载其事云：秦桧既杀武穆，向灵隐祈祷，有一行者乱言讥桧。桧问其居址，僧赋诗有'相公问我归何处，家在东南第一峰'之句。桧令何立物色之。立至一宫殿，见僧坐决事。立窃问之，答曰：'地藏王决秦桧杀岳飞事。'"按：明·木增《云薖淡墨》所载与此略同。◆清·顾禄《清嘉录》卷七："七月晦日为地藏王生日。"而清·刘声木《苌楚斋随笔》卷七云："相传地藏王菩萨生日系闰七月三十日，六十年始能一遇。"

【地宰】晋·干宝《搜神记》卷一二："《淮南万毕》曰："千岁羊肝，化为地宰。"

【地轴】见"天关地轴"条。

【地主】❶地神，古齐国所祀"八神"之一，祠于泰山梁父。❷又土地亦称地主。南宋·洪迈《夷坚支志·戊集》卷四"辰州地主"条："王仲寅梦老翁白袍乌帽，通名上谒，径趋宾阶。王意其土地神，屡揖使东向，翁谢曰：'明公异日当来此，地主那敢居上？'固辞不可。"

【地主真官】南宋·白玉蟾《修真十书·玉隆集》《地主真官传》："地主金公，忘其名（或云名宝，行第七）。世居豫章（今江西南昌）西山金田。许逊与郭璞修炼之地，美其所居。金公遂献地与许逊，而自迁家居西林。西山玉隆宫有神曰西林地主显忠真官，即是也。"◆按：此与九华山金地藏之地主"闵公"事相类。

【帝江】《山海经·西山经·西次三经》："天山，有神焉，其状如黄囊，赤如丹火，六足四翼，浑敦无面目，是识歌舞，实惟帝江也。"吴任臣《广注》案："《路史》'帝不降是为帝江'，注云：'《山海经》帝江也。'此罗氏之误。"毕沅云："江读如鸿，《春秋传》云：'帝鸿氏有不才子，天下谓之浑沌'，此云帝江，犹言帝江氏子也。"袁珂《校注》论曰："毕说江读如鸿，是也；谓帝江犹言帝江氏子，则曲说也。古神话必以帝鸿即此'浑沌无面目'之怪兽也。帝鸿即黄帝，即中央之帝浑沌，亦即帝江。"◆按：以黄帝即"状如黄囊""无面目"之物，实难想象。

帝江　山海经图　胡文焕本

【帝俊】中国古代东方部族所传之上帝，非专指一人或指帝喾，或指帝舜。《山海经·大荒东经》"帝俊生中容"，郭璞注："'俊'亦'舜'字，假借音也。"吴任臣《广注》曰："崔希裕《略古》云：'古文俊、舜同音，故帝舜作帝俊。'《说文先训》云：'古文"舜"上从庶，下从土，即英俊字，故《山海经》"舜"作"俊"也。'"毕沅《新校正》曰："《帝王世纪》云：'帝喾生而神异，自言其名曰夋。'见《初学记》。又《帝王世纪》云：'帝喾次妃娵訾氏女曰常仪，生帝挚'，见《史记正义》，又合于此经帝俊妻常仪之说也。又《大荒西经》云'帝俊生后稷'，郭氏亦曰'俊疑为喾，喾第二妃生后稷也'。则帝俊是喾无疑，而曰'俊'亦'舜'字假借音，何所据矣。"郝懿行《笺疏》亦以帝俊即帝喾，又曰："经内'帝俊'迭见，似非专指一人。此云'帝俊生中容'，据《左传》文公十八年云高阳氏才子八人，内有中容（今本作'仲容'），然则此经帝俊又当为颛顼矣。"袁珂《校注》曰："郝氏说此帝俊即帝喾是也，然谓'郭云俊亦舜字，未审何据'，则尚有说也。《大荒南经》'帝俊妻娥皇'，《海内经》'帝俊生三身，三身生义均'，可证帝俊亦时为帝舜。"

【帝喾】《初学记》卷九引《帝王世纪》："生而神异，自言名曰夋。"《世本·帝系篇》："黄帝曾孙，年十五佐颛顼，封于辛。后代颛顼王天下，号高辛氏。"后世亦为道士所仙化，《云笈七签》卷三《灵宝略纪》："帝喾时，太上遣三天真皇赍灵宝真文五篇以授帝喾。帝喾将仙，乃封之于锺山。"《仙鉴》卷二："帝喾时录图子降于江湄，说《黄庭经》，教以清和之道。又命九天真王、三天真皇执八光之节、景云之符，下牧德台，授地喾以九天真灵三天宝符。后帝喾升天为玄宫真人。"

帝喾
惟帝聪明
知远察微
执中御世
仁威並施
其德嶷嶷
其色郁郁
式修厥身
九有咸服

帝喾　集古像赞

【帝女】《山海经·中山经·中次十二经》："洞庭之山，帝之二女居之，是常游于江渊。澧沅之风，

帝女　山海经图　汪绂本

交潇湘之渊，是在九江之间，出入必以飘风暴雨。"郭璞注："天帝之二女，而处江为神，即《列仙传》'江妃二女'也，《离骚·九歌》所谓'湘夫人'称'帝子'者是也。而《河图玉版》以湘夫人为帝尧女、舜妃，《列女传》亦以湘君为尧之二女，郑司农亦以舜妃为湘君。按《九歌》湘君、湘夫人自是二神。江湘之有夫人，犹河洛之有虙妃也。此之为灵，与天地并矣，安得谓之尧女？且既谓之尧女，安得复总云湘君哉？"是郭氏以为"帝之二女"乃天帝之二女，非舜妃也。顾炎武及郝懿行皆主郭说。吴任臣引高似孙《纬略》，主二女为尧女舜妃之说。袁珂亦从此说。另陈士元《江汉丛谈》又辟新说，以为"二女"为"舜之二女"，曰："沈存中云'舜陟方时，二妃皆百余岁，岂得俱存，犹称二女？'其说诚是，但未考黄陵舜妃墓及潇湘二女之故。惟《路史·发挥》则以黄陵为癸比之墓，潇湘二女乃帝舜女也。癸比氏，帝舜第三妃，而二女皆癸比氏所生，一曰宵明，一曰烛光。《帝王世纪》云：'舜三妃，娥皇无子，女英生商均。'今女英墓在商州，盖舜崩之后，女英随子均徙于封所，故其卒葬在焉。而癸比氏则亦从二女徙于潇湘之间，故其卒葬在此，《山海经》所谓'洞庭之山，帝之二女居之'是也。若《九歌》之湘君、湘夫人，则又洞庭山神，岂谓帝女之灵耶？"

【帝女子泽】唐·段成式《酉阳杂俎·前集》卷四："帝女子泽，性妒，有从婢散逐四山，无所依托。东偶狐狸，生子曰狭；南交猴，有子曰溪；北通獾猸，所育为伧。"

【帝释天】又称"帝释尊天"。《佛学大词典》：又作天帝释、天主。本为印度教之神，入佛教后，称为帝释天。据诸经论所载，帝释天原为摩伽陀国之婆罗门，由于修布施等福德，遂生忉利天，且成为三

帝释天　山西稷山青龙寺

十三天之主。其于佛教中之地位，与"大梵天"同为佛教之护法主神，乃十二天之一。镇护东方，居于须弥山顶之忉利天，其城称善见城。左右有十大天子侍卫其侧。于每半月之三斋日下令四天王、太子、侍者等，探察天下万民之善恶邪正。又云：世尊成道后，帝释天成为世尊之守护神。

【帝台】《山海经·中山经·中次十一经》："高前之山。其上有水焉，甚寒而清，帝台之浆也，饮之者不心痛。"袁珂《校注》云："《中次七经》休与之山有帝台之棋，为帝台所以祷百神者；又有鼓钟之山，为帝台所以觞百神者，则帝台者，盖治理一方之小天帝，犹人间徐偃王之类是也。《晋书·束

晳传》云：'《穆天子传》五篇，言周穆王游行四海，见帝台、西王母。'今本《穆天子传》已无帝台事，盖阙佚也。"

【谛听】神兽，为地藏菩萨坐骑。《西游记》第五十八回："那谛听是地藏菩萨经案下伏的一个兽名。他若伏在地下，一霎时，将四大部洲山川社稷，

谛听 九华山

洞天福地之间，所有羸虫、麟虫、毛虫、羽虫、昆虫、天仙、地仙、神仙、人仙、鬼仙之类，皆可照鉴善恶，察听贤愚。"按：此兽原始，佛经无载，虽然在文字上最早仅见于明人小说《西游记》，但敦煌出土之五代《地藏菩萨像》（现藏大英博物馆），地藏座前有一狮形怪兽，与道明和尚相对，而敦煌发现之《还魂记》，记道明和尚入冥，见地藏菩萨旁有狮子，道明问菩萨："此是何畜也？敢近贤圣？"地藏云："此是大圣文殊菩萨化现在身，共吾同在幽冥救诸苦难。"此兽应即谛听之前身。谛听命名之由，或因《地藏菩萨本愿经》《大乘大集地藏十轮经》《大方广十轮经》等世尊与地藏菩萨的有关交谈中常用"谛听"之语。其实"谛听"为佛典中常用语，见于不少与地藏无关之经典。但不论如何，谛听后来在九华山已铸成塑像，成为地藏的当然坐骑。

【𪃍鸟】《山海经·中山经·中次五经》："首山，多𪃍鸟，其状如枭而三目有耳，其音如录，食之已垫。"

𪃍鸟 山海经图 吴任臣本

【鯑鱼】《山海经·中山经·中次七经》："少室之山，休水出焉，而北流注于洛。其中多鯑鱼，状如盩蜼而长距，足白而对，食者无蛊疾，可以御兵。"按即人鱼，详见"人鱼"条。

鯑鱼 山海经图 蒋应镐本

【dian】

【滇媪】《（雍正）广西通志》卷八七：汉时人。幼寡。炼丹都峤山，采薇以充食。日久坐化于岩。历岁久，骨皮尚存，因名婆岩。同时有陀妪者，好施斋，久亦坐化于岩。二岩因以得名。

【颠倒李】明时人。《（雍正）山东通志》卷三〇、《（泰昌）登州府志》卷一一：常住莱阳（今山东莱阳）郭外墓地中。白日乞讨，夜挂双足于树上而头向下，人呼曰"颠倒李"。有从之游者，辄叱曰："求妇去！先立人道，后图仙道。"一日于五沽河遇群盗。盗问："吾辈何时死？"曰："即死。"盗又怒问："尔何时死？"答曰："亦即死。"盗殴杀于沙洲中。无何群盗被擒。居人异李尸具棺葬之。后又有见李者，遂发棺，空无所有。

【电父】清·钱大昕《十驾斋养新录》卷一七："今人称电神曰电母，古人则称电父。《三国志·魏书·管辂传》注引《辂别传》：'天昨檄召五星，宣布星符，刺下东井，告命南箕，使召雷公电父、风伯雨师。'"

【电母】新罗·崔致远《桂苑笔耕集》卷一六《补安南录异图记》："然后使电母雷公，凿外域朝天之路。"《封神演义》姜子牙封金光圣母为"闪电神"，《西游记》则称"闪电娘子"。明·姚宗仪《常熟私志》记致道观雷部前殿，称"电母秀使者，名文英"，乃用道书之说。◆《元史·舆服志二》："电母旗，青质，赤火焰脚，画神人为女子形，纁衣朱裳，白袴，两手运光。"

【diao】

【刁道林】《天地宫府图》"三十六小洞天之四明山（在浙江奉化）为真人刁道林治所"。

【刁自然】见"王遥"条。

【吊客】本为吊丧之客，后为巫者做星神中恶煞名，常与"丧门"并提。《协纪辨方书》卷三谓"吊客为岁之凶神，主疾病哀泣之事。常居岁后二辰，即子年在戌，丑年在亥。"《三命通会》卷三谓"丧吊煞，一名横关煞。取命前二辰为丧门，命后二辰为吊客，其或太岁凶煞并临大小运限，必主祸。"◆水陆画中有吊客像，与丧门相类，形如冥府之无常。《西游记》第十三回形容镇山太保面貌凶恶，道："环眼圆睛如吊客，圈须乱扰似河奎。"《封神演义》中姜子牙封张桂芳为"丧门星"，风林为"吊客星"，二者相邻。《元曲选·庞居士误放来生债》第一折："缠杀我也财物金银，我觑的似吊客丧门。"

电母　山西芮城永乐宫

吊客丧门大耗小耗宅龙神众
宝宁寺水陆画

【ding】

【丁次卿】明·曹学佺《蜀中广记》卷七四引《列仙传》（按今本《列仙传》无此条）：丁次卿欲还峨眉山，语主人丁氏曰："当为作漆。"以罂十枚盛水，唾之，百日乃发，皆成漆。

【丁姑】晋·干宝《搜神记》卷五：淮南全椒有丁新妇，本丹阳（今江苏南京）丁氏女，十六适谢家。其姑严酷，使役不如限，辄笞捶。丁不能堪，于九月九日自经死。遂有灵响，闻于民间。发言于巫祝曰："念人家妇女，使九月九日，勿用作事。"现形，从一婢，至牛渚津求渡还丹阳。有二男子调戏之，丁作法使男子淹水中。一渔翁渡之，丁驱鱼千头入翁舟中以报。江南人呼为"丁姑"，所在祠之。

【丁令威】晋·陶潜《搜神后记》卷一："本辽东人，学道于灵虚山。后化鹤归辽东，集城门华表柱。有少年举弓欲射之。鹤乃飞起，徘徊于空中而言曰：'有鸟有鸟丁令威，去家千年今始归，城郭如故人民非，何不学仙冢累累。'"《（雍正）江西通

丁令威　仙佛奇踪

志》卷一〇三云，令威学道于阁皂山。《飞天仙人经》则云其"七岁入山学道，千年化鹤归乡"。《南昌郡乘》云："令威，豫章（今江西南昌）人，晋建武初化鹤仙去。"又《武进县志》云令威学道于灵虚山，曾来曲阿（今江苏丹阳）为太霄观道士，今其地尚有遗迹云。◆《（雍正）江南通志》卷四一："泾县（今安徽泾县）丁溪有丁仙庙，祀唐令丁令威。"不知此丁令威为何人；或其人本名丁威，又为县令，故连称"丁令威"者。

【丁迈】清·姚元之《竹叶亭杂记》卷七：道光壬寅，英夷有欲来天津之谣，都人有设乩问者，太岁真人丁迈降坛，判云："殷天君即过此，当邀之。"有顷神降，问者问神何往，判云："将往天津会议。五帝轮递值年，一帝管五百岁。今时为赤熛怒帝值年。若有大事，仍集五帝会议。兹灵威仰诸帝尚未到。"

【丁实】宋·隐夫玉简《疑仙传》卷中：丁实，多游洛阳，自称嵩山隐人，白发如丝而貌若桃花。自

言为秦始皇时儒士，坑儒时逃入嵩山，遇老人授以药丸，遂不老。又云识汉武时东方朔，为仙家一小儿。自言虽得长生之道，而未得乘虚御气之道，故不得升仙。安禄山将起兵，丁实谓人曰："我又须逃。胡与儒异也？"去而不复至。人疑为地仙。

【丁淑英】五代·杜光庭《墉城集仙录》："不知何许人。有救穷之阴德，上感皇人，授其道要。今为朱陵仙嫔，数游三清。"又见《仙鉴后集》卷四。

【丁秀才】五代·孙光宪《北梦琐言·逸文》卷二：朗州（今湖南常德）道士罗少微，顷在茅山紫阳观寄泊。有丁秀才者亦同寓于观中，举动风味，无异常人，然不汲汲于仕进。盘桓数年，观主亦善遇之。冬之夜，霰雪方甚，二三道士围炉，有肥羜美酝之羡。丁曰："致之何难。"时以为戏。俄见开户奋袂而去。至夜

丁秀才　剑侠图传

分，蒙雪而回，提一银楪酒，熟羊一足，云浙帅厨中物。由是惊讶欢笑，掷剑而舞，腾跃而去，莫知所往，唯银楪存焉。

【丁秀英】晋时人。明·王圻《续文献通考》："丁义君之女，尝于扬州城西七十里炼丹得道。"《（雍正）江西通志》卷一〇三引《玉泉志》云："县之调露乡有白鹤山，山下有崇元观，梁太清二年置，为丁秀英炼丹之所。吴彩鸾尝就学焉。"与《续通考》说不同。

【丁玄真】《仙鉴》卷三一：丁法师名玄真，字仲诚，当阳（今湖北当阳）人。严于持戒。尝遇野人得法，能驱使鬼神。以康王谷地最灵秀，其谷口有铜马庙，妖物凭之为害，玄真即为毁除其庙，于其地置道观。隋炀帝大业间解化，春秋七十八。

【丁义】魏晋时人。晋·干宝《搜神记》卷一："吴猛遇至人丁义，授以神方。"明·王世贞《列仙全传》卷二："瑞州（今江西高安）人，以神方授吴真君。其女秀英，亦仙去。今瑞州崇元观有秀英炼丹之所。"◆按：丁义，或作"丁义君"。

【丁义君】即"丁义"。《瑞州府志》：丁义君，高安人，精医道。以神方授吴猛。其女名秀英，亦炼丹仙去。

【丁约】唐·高彦休《唐阙史》卷上、唐·戴孚《广异记》：唐大历中，韦子威方弱冠，溺惑神仙修炼之术。有步卒丁约，执役于部下。一日云欲他适，因赠药一粒，又曰："五十年后在京相遇。"后子威年及七十，将还京，宿于骊山旅舍，闻通衢甚喧，曰：刘悟执逆贼李师道将校至阙下。步出视之，则兵仗严卫，桎梏累累。其中一人乃丁约，反接双臂，齿发强壮，无异昔日。惊认之际，丁已见之，微笑遥谓曰："幸今相见，请送至前驿。"须臾到滋水驿，则散絷于廊舍，开一窍以给食物。子威窥之，俄见脱置桎梏，覆之以席，跃自窦出，与子威携手上旗亭，话阔别之恨。子威谓曰："仙兄既有先见之明，何为私叛臣耶？果就刑否？"对曰："道中有尸解、兵解、水解、火解，我以此委蜕耳。某自此而逃，孰能追也？"言讫还馆，复入穴中，荷校以坐。至十九日，始行大戮，观者甚众。丁遥目子威，笑颔三四。及挥刃之际，子威独见霜锋倏忽之次，丁因跃出，而广众之中，蹑足以进，又登酒肆，脱衣换筋，与威对饮。云："某自此游适矣；勉于奉道，犹隔两尘（儒谓之世，释谓之劫，道谓之尘）。当奉候于昆仑石室矣。"言讫，下旗亭，冉冉西去，数步而灭。

【钉灵国】《山海经·海内经》："北海之内有钉灵之国。其民从膝以下有毛，马蹄，善走。"《三国志·魏志·东夷传》注引《魏略》："乌孙长老言，北丁令有马胫国，其人声似雁鹜，膝以上身头，人也；膝以下生毛，马胫马蹄，不骑马而走疾于马。"

钉灵国

山海经图　吴任臣本

【顶缸和尚】明·钱希言《狯园》卷一：顶缸和尚，名真颠，不知其所自。善击剑，得分身隐形之术。或云僧侠，或云剑仙。尝游山阴，留止祝秀才家一月，出入往来，变幻莫测。将去之前一夕，命置酒，谓祝生曰："我为若作戏，若为我秉烛。"忽见杖头一掣，划然声裂，有白气数十丈，状如素蜺，环绕其身，左盘右旋，忽失其处。时门户皆鐍，求

之不得。少顷，则依然坐于堂上。

【定光佛】即定光如来，出现于过去世，曾为世尊授记之佛。又作锭光如来、燃灯如来、普光如来、灯光如来。为过去之佛中最著名者。而南宋时有些笔记却以某高僧为定光佛转世。参见"猪头和尚""宗本"条。

【定江神】即"中水府"。《（雍正）江南通志》卷四一："太平府（今安徽当涂）城外采石山有定江神庙，即水府庙，明封水府定江之神。"《（康熙）太平府志》卷二三："采石山上有定江神祠，即水府庙。五代时吴乾贞三年封定江王。"

【定录君】即"茅固"，见"三茅真君"条。

【dong】

【东仓使者】见清·乐钧《耳食录》卷三"东仓使者"条，为鼠精而济穷人者。

【东城九娘子】《（雍正）江南通志》卷四二：庙在和州（今安徽和县），传为楚汉时范增之女。宋庆历初，山东寇王伦围历阳（今安徽和县，历阳为范增封邑），恍见女守御，遂溃散。封威显夫人。

【东厨帝君】沈平山《中国神明概论》第三章："道教称祝融为九天司命真君，又叫东厨帝君，专司民间火德。"◆按：东厨帝君即灶神也。

【东方青灵始老君】道教"五方五老"之一。全称东方安宝华林青灵始老君，与南方丹灵真老君、中央黄老君、西方皓灵皇老君、北方五灵玄老君并列。《云笈七签》卷一〇一引《洞玄本行经》：始老

东方青灵始老君　北京白云观

君暂生于郁悦金映云台那林之天西娄无量玉国浩明玄岳，其名元庆。仙道将成，为采女所动心，遂又经三劫，寄胎于洪氏，为女子身，姓洪名那台。洪

那台潜心修行，愿转身为男子，感通元始天尊。一日，洪那台登墙四望，见东方桑林之下华光赫奕，而间隔沧海，无由得渡，遂跃下高墙，投身大海。于是水帝神王命五色飞龙捧接，而女身遂化为男身，飞至元始天尊面前。天尊赐以安宝华林青灵始老帝君之号。

【东方朔】本事见《史记·滑稽列传》、《汉书》本传。西汉·刘向《列仙传》卷下云："平原厌次人，久在吴中，为书师数十年。武帝时上书说便宜，拜为郎。至昭帝时，时人或谓圣人，或谓凡人，作深浅显默之行，或忠言，或戏语，莫知其旨。至宣帝初，弃郎以避乱世，置帻官舍，风飘之而去。后见于会稽，卖药五湖。智者疑其岁星精也。"东汉·郭宪《洞冥记》卷一："东方朔，字曼倩。父张夷，字少平，妻田氏女。夷年二百岁，颜如童子。朔生三日而田氏死，时景帝三年也。邻母拾而养之，年三岁，天下秘谶，一览闇诵于口。常指挈天下空中独语。邻母忽失朔，累月方归，母笞之，后复去，经年乃归，曰：'儿至紫泥海，有紫水污衣，仍过虞渊湔浣。朝发中返，何云经年乎？'朔复去家万里，见一枯树，脱布挂于树，布化为龙，因名其地为布龙泽。朔以元封中游蒙鸿之泽，忽见王母采桑于白海之滨。俄有黄翁指阿母以告朔曰：'昔为吾妻，托形为太白之精，今汝此星精也。'"《太平广记》卷六又引《朔别传》云："朔既长，仕汉武帝为太中大夫。武帝暮年好仙术，与朔狎昵。天汉二年，帝升苍龙馆，思仙术，召诸方士，言远国遐乡之事。唯朔下席操笔疏曰：'臣游北极，至镜火山，又尝东游吉云之地，得神马一匹，又至东极，过吉云之泽。'朔又善啸，每曼声长啸，辄尘落漫飞。朔未死时，谓同舍郎曰：'天下人无能知朔，知朔者唯太王公耳。'朔卒后，武

东方朔　无双谱

帝得此语，即召太王公问之曰：'尔知东方朔乎？'公对曰：'不知。''公何所能？'曰：'颇善星历。'帝问：'诸星皆具在否？'曰：'诸星具，独不见岁星十八年，今复见耳。'"其作为仙人之事迹，参见《仙鉴》卷三。又东汉·应劭《风俗通义·正失》："俗言：东方朔太白星精，黄帝时为风后，尧时为务成子，周时为老聃，在越为范蠡，在齐为鸱夷子皮。"言其神圣能兴王霸之业，变化无常。◆其出生之迹，另有一说。唐·李冗《独异志》卷上："张少平妻田氏寡居，忽梦一人自天而下，压其腹，因而怀孕。于是徙于代，依东方，生子，因所居为代之东方，故名之东方朔。"◆因《汉书》本传言东方朔在京有"细君"事，后之方士竞附会为习容成御女之术者。《汉武故事》："武帝知东方朔非世中人，问其道。朔曰：'陛下当自知。'帝知其神人，不敢逼，乃出宫女稀幸御者二十人以赐之。朔与行道，女子并年百岁而死。唯一女子长陵徐氏号仪君，善传朔术，至元延中已百三十七岁。人问其道术，乃善行交接之道，无他法也。受道者皆与之以通，京师好淫乱者争就之。"◆晋·张华《博物志》卷八、《汉武故事》等书均记东方朔偷西王母桃故事，故后世取寿桃之义，于寿庆时往往为绘画题材。

【东方玄】宋·隐夫玉简《疑仙传》卷中：荆州（治在今湖北荆州西北荆州区）人。好道，结庐于南山。其妻范氏有道术，能以水为酒，削竹为脯，以竹杖化飞鸟，万里顷刻而回，以手画地为池，松柏荷芰应有尽有。范氏传其道与玄。

【东郭延】汉时人。晋·葛洪《神仙传》卷七：字公游，山阳（今河南焦作东）人。少好道，闻李少君有道，师事之，少君授以五帝六甲左右灵飞之术、游虚招真十二事。延还家，合服灵飞散，能夜书，身生光。行六甲左右，能知吉凶生死，役使鬼神。在乡里二百岁，不老。汉建安二十一年与亲故别而去，云诣昆仑台。其徒有尹先生，《仙鉴》卷三四云其在乡四百岁不老。◆按：《后汉书·方术列传》有东郭延年，注引《汉武内传》云"字公游"。晋·张华《博物志》卷五：曹操集天下十六方士，中有东郭延年，并云其行容成之术。与此东郭延当是一人，而应以东郭延年为正。参见"甘始"条。

【东郭延年】参见"东郭延""甘始"二条。

【东郭幼平】梁·陶弘景《真诰》卷一二：秦时人，隐于增城山（在今广东增城）中而得道者。后汉时授桃俊以长生之术。

【东海姑】《太平广记》卷二九六引《八朝穷怪录》：齐明帝建武中，有书生萧岳，自毗陵（今江苏常州）至延陵季子庙前，泊舟望月。忽有一女子，年十六七，从三四侍女，貌皆绝世，掷橘于岳怀中。岳问其姓名。云："葛氏。"岳因命酒与歌宴。及晓请去，岳甚怅然。岳登舟望之，见庙前有五六女相迎笑，一时入庙。岳异之，及明，乃整衣冠，至延陵庙中。见东壁上书第三座之女，细观之而笑，果昨夜宿之女也。及左右侍女，亦所从也。画壁题云"东海姑之神"。◆清·蒲松龄《聊斋志异》卷一中《画壁》一则本此。

【东海黄公】东汉·张衡《西京赋》："东海黄公，赤刀粤祝，冀厌白虎，卒不能救。"晋·葛洪《西京杂记》卷三、晋·干宝《搜神记》卷二："东海（治在今山东郯城）人黄公，善为幻术，制蛇御虎，常佩赤金刀。及衰老，饮酒过度。秦末，有白虎见于东海，诏遣黄公以赤刀往厌之，术不行，为虎所杀。"又宛委山堂本《说郛》卷三一引宋人《奚囊橘柚》云："汉高帝时有黄公，不事生产，日牵一黄斑虎乞食于道。或饮食不丰，辄解其缚，虎即作噬人状，多畀钱米始去。人有语曰：'虎莫凶，有黄公。'人入山遇虎，一呼'黄公来'，虎即掉头而去。"◆元·冯福京《昌国州图志》卷七定海县（今浙江定海）有"黄公祠"，云："按晋贾充问会稽（今浙江绍兴）于夏统，统曰：'其人循循有大禹之遗风，太伯之义逊，严光之抗志，黄公之高洁'，而《会稽典录》亦称'人材则有黄公，洁己暴秦之世'，然则是四皓之一也。至《西京杂记》乃曰'东海人黄公少能幻制蛇虎'云云。今两存之。"◆按：是东海有能幻之黄公，又有高洁之黄公，当为二人，而此黄公祠者不知何人也。

【东海君】纬书《河图玉版》："东海君姓冯名修青，夫人姓朱名隐娥。"《太平御览》六百九十五引魏·曹丕《列异传》："东海君以织成青襦遗陈节方。"（晋·干宝《搜神记》卷二："陈节访诸神，东海君赠以青襦一领。"应误）是皆指东海海神。《太平广记》卷二九三"费长房"条引魏·曹丕《列异传》："费长房能使鬼神。后东海君见葛陂君，淫其夫人。于是长房敕系三年，而东海大旱。长房至东海，见其请雨，乃敕葛陂君出之，即大雨也。"则似东海神亦兼东海郡之地方神。

【东海神】北宋·朱彧《萍洲可谈》卷二："东海神庙在莱州府（治在今山东莱州）东门外十五里，

下瞰海咫尺，东望芙蓉岛，水约四十里。岛之西水色白，东则色碧。岛上有神庙，渔者至彼则还。一在蓬莱阁西，后枕溟海。"南宋·罗浚《宝庆四明志》卷一九："东海助顺孚圣广德威济王庙，在定海县东北五里。宋元丰元年敕建，封渊圣广德王，大观四年加助顺二字，仍建风、雨二神殿于左右。宣和五年封风神曰宁顺侯，雨神曰宁济侯。"

【东海神女】《太平御览》卷一〇引晋·张华《博物志》："太公为灌坛令。武王梦见妇人当道夜哭，问之，曰：'我东海神女，嫁为西海神童，今灌坛令当道，废吾行，我行必有大风雨，而太公有德，吾不敢以暴风疾雨过也。'武王明日召太公，三日三夜，果有疾风暴雨从太公邑外过。"按：《御览》卷一九五"东海神女"作"东山女"，卷二〇九又做"太山神"。顾炎武《日知录》引此作文王时事，"东海神女"作"东海泰山神女"。

【东海小童】在仙界地位极高，与九天真王、西城王君等并列。《太平广记》卷八"张道陵"条言道陵修仙，"有天人下，千乘万骑，金车羽盖，骖龙驾虎，不可胜数，或自称柱下史，或称东海小童，乃授陵以新出正一明威之道"。又言"东海小童君为陵保举师，太上老君为度师"。卷五九"梁母"条引《集仙录》："梁母者，盱眙人，寡居无子，舍逆旅于平原亭，客来投憩，咸若还家。衣食之外，所得施诸贫寒。常有少年住经日，举动异常，临去曰：'我东海小童也。'母亦不知小童何人。后梁母为太上召而成仙。"晋·葛洪《抱朴子内篇·登涉》有"东海小童符"，梁·陶弘景《真诰》卷一〇有"东海小童口诀"。

【东海孝妇】晋·干宝《搜神记》卷一一：汉时，东海（治在今山东郯城）孝妇养姑甚谨，姑曰："妇养我勤苦，我已老，何惜余年，久累年少。"遂自缢死。其女告官云："妇杀我母。"官收系之。拷掠毒治，孝妇不堪苦楚，自诬服之。时于公为狱吏，曰："此妇养姑十余年，以孝闻，必不杀也。"太守不听。于公争不得理，抱其狱词哭于府而去。自后郡中枯旱，三年不雨。后太守至，于公曰："孝妇不当死，前太守枉杀之，咎当在此。"太守身祭孝妇冢，因表其墓，天立雨，岁大熟。长老传云：孝妇名周青，青将死，车载十丈竹竿，以悬五幡，立誓于众曰："青若有罪，愿杀，血当顺下；青若枉死，血当逆流。"既行刑已，其血青黄，缘幡竹而上，极标，又缘幡而下云。◆关汉卿《感天动地窦娥冤》杂剧本此。

【东华帝君】即东王公、木公之道教化。《三教源流搜神大全》卷一：东华帝君，将欲启迪玄功，生化万物，先以东华至真之气，化而生木公于碧海之上、苍灵之墟，以主阳和之气，理于东方，亦号王公焉。与王母共理二气而育养天地，陶钧万物。凡天上天下三界十方，男子之登仙得道者，悉所掌焉。居方诸之上。按《尘外记》，方诸山在东海之内。其诸司命三十五，所以录天上人间罪福；帝君为大司命总统之。山有东华台，帝君常以丁卯日登台四望学道之品者。凡仙有九品，升天之时，先拜木公，后谒金母，受事既讫，方得升九天，入三清，拜太上而观元始。又云：东华者，以帝君东华至真之气化而生也，分治东极，居东华之上也。又《真教元符经》云："盘古与太元圣母生天皇，号上皇元年，始世三万六千岁，受元始上帝符命，为东宫大帝扶桑大君东皇公，号曰元阳。"又考之仙经，或号东王公，或号青童君，或号东方诸，或号青提帝君，名号虽殊，即一东华也。至元六年正月日上尊号曰"东华紫府少阳帝君"。◆五代·杜光庭《太上老君说常清静经注》引《上清经》，以东华帝君亦称东华小童君，居于东方飘云世界碧霞之国翠羽城中苍龙宫。◆明·王圻《续文献通考》："姓王，不知其世代名号。或云名玄甫，得老子之道，后隐昆仑山，复居五台紫府洞天，自号少阳帝君。于终南凝阳洞，以道授钟离权。"参见"木公""东王公"诸条。

【东华玉妃】淳文期（《真诰》卷一〇作湻文期），即青童帝君之妹，曾授含真台女真张微子服雾之法。参见"张微子"条。

【东华紫府少阳帝君】即"东华帝君"。

【东皇公】即"东华帝君"。

【东皇太一】《楚辞·九歌》有"东皇太一"章。注云："太一，星名，天之尊神，祠在楚东，以配东帝，故云东皇。"《太平御览》卷二引《五经通义》："天皇大帝亦曰太一。"◆闻一多认为东皇太一即伏羲。袁珂认为即天帝。参见"太一"条。

【东君】❶日神。楚辞《九歌》有"东君"一章，云："暾将出兮东方，照吾槛兮扶桑。"《史记·封禅书》："汉初，晋巫祠五帝、东君、云中君、司命、巫社、巫祠、族人、先炊之属。"三国·张揖《广雅》："东君，日也。"❷即东王公。曹操《陌上桑》有"济天汉，至昆仑，见西王母，谒东君"句，东君与西王母对举，当是东王公。闻一多《东君·湘君·司命》一文："东王公亦可称东公。公、

东皇太一 离骚图

东君 离骚图

君声近义同，古语通用。故东王公又称东君。"

【东陵神】北宋·乐史《太平寰宇记》卷七二：东陵即蜀先主刘备陵，今有祠存，号曰"东陵神"。

【东陵圣母】晋·葛洪《神仙传》卷六、《太平广记》卷六〇引《女仙传》："广陵海陵（今江苏泰州）人，适杜氏。师于刘纲学道，能易形变化，隐现无方。其夫以为妖人，讼之。官收圣母，圣母从窗中飞去。远近神之，为立庙祀之。常有一青鸟在祭所，人有失物者，乞问所在，青鸟即飞集盗物人之上。"涵芬楼本《说郛》卷四引《洽闻记》："女子杜姜，左道通神，县以为妖，闭狱桎梏，变形莫知所在。以状上，以其处为庙祠，号东陵圣母。"北宋·乐史《太平寰宇记》卷九二引刘遵之《神异录》："梁武帝普通年中，有商人乘船，夜梦有妇人曰：'我是东陵圣母神也，随形影（即神像）逐流来此。今当君船底水里，若能将形影上岸立祠，当重相报。'其人觉，视之，果如所梦，因将上岸，为立祠。"鲁迅辑《古小说钩沉》引刘之遴《神录》："广陵县女，美，有道术，县以为妖，桎梏之。忽变形，莫知所之。因以其处为立庙，曰东陵，号圣母。"

【东明】晋·干宝《搜神记》卷一四：槖离国王侍婢有娠，王欲杀之。婢曰："有气如鸡子，从天来下，故我有娠。"后生子，弃之猪圈中，猪以喙嘘之；徙至马枥中，马复以气嘘之，故得不死。王疑以为天子也，乃令其母收畜之，名曰东明。常令牧马。东明善射，王恐其夺己国也，欲杀之。东明走，南至施掩水，以弓击水，鱼鳖浮为桥，东明得渡。鱼鳖解散，追兵不得渡。因都王夫余。

【东明油客】五代·杜光庭《神仙感遇传》卷四：东明油客，不知名氏，常负担卖油于侧近坊内。谨洁谦慎，未曾见其喜愠。一旦邻居有负债者，所司将欲追捕，计无所出，欲窜诸远邑。客曰："无须远逃，我有计矣。"致酪罐一具，炭五斤，于其室穴地为炉，投药于罐内，以泥封之，燃炭烧之，因荷担而去。明日，火已冷，其家发罐视之，乃真金也，货以偿债。油客自此不知所在。

【东平王】南宋·洪迈《夷坚支志·戊集》卷七"信州营卒郑超"条，云东平忠靖王掌东岳第八司生死案。◆按明·王鏊《（正德）姑苏志》卷二八："东平忠靖王祠在常熟虞山南麓。按王为唐开元时淮阴人张有严之子，没而为神，封成济侯。宋太祖征太原，神著灵异，加征应护圣使者。熙宁五年升济物侯，再封嘉应侯。南渡后累封东平忠靖王。"而据《（雍正）福建通志》各府均有东平王庙，祀张巡。参见"张抃"条。

【东山神】清·屈大均《广东新语》卷六：新兴（今广东新兴）有东山神者，有处女采桑过焉，歌曰："路边神，尔单身，一蚕作二茧，吾舍作夫人。"还家，果一蚕二茧，且甚巨。是夜风雨大作，女失所之。有一红丝自屋起，牵入庙中，兀坐无声息矣。遂泥而塑之，称罗夫人。

【东王父】❶即东王公。汉·东方朔《海内十洲记》："扶桑在东海之东岸，上有太帝宫，太真东王父治所也。"《太平广记》卷一"木公"条引五代·杜光庭《仙传拾遗》："木公亦云东王父，亦云东王公，居扶桑。"❷麋精。晋·葛洪《抱朴子内篇·登陟》："山中卯日，称东王父者，麋也。"见"十二辰怪"条。

【东王公】东汉·赵晔《吴越春秋·勾践阴谋外传》:"立东郊以祭阳,名曰东王公;立西郊以祭阴,名曰西王母。"《史记·赵世家》唐·司马贞"索隐"引谯周语:"代俗以东西阴阳所出入,宗其神曰王父母。"按"王父"即东王父之略称。唐·段成

东王公　列仙全传

式《酉阳杂俎·前集》卷一四:"东王公,讳倪,字君明。天下未有人民时,秩二万六千石,从女九千,以丁亥日死。"而五代·杜光庭《仙传拾遗》云东王公"又名木公,又名玉皇君,统领得道群仙"。是以东王公为玉皇大帝也。《云笈七签》卷一八《老子中经》:"东王父,治在东方,下在蓬莱山,姓无为,字君鲜,一云君解。"汉·东方朔《神异经·东荒经》:"东荒山中有大石室,东王公居焉。长一丈,头发皓白,人形鸟面而虎尾。载一黑熊,左右顾望。恒与一玉女投壶,有入不出者,天为之噫嘘;而脱误者,天为之笑。"其《中荒经》曰:"昆仑之山,上有大鸟,名曰稀有,南向张翼,左翼覆东王公,右翼覆西王母。西王母每岁登翼上,会东王公。"晋·葛洪《枕中书》以为即扶桑大帝,为元始天王与太元玉女所生。◆按:东王公,又称木公、东华帝君,与西王母共为道教之尊神。而其源则颇暗昧。战国时楚地信仰"东皇太一"神,又称东君,或认为即人神化之日神,为东王公之前身。《枕中书》与《真灵位业图》又称其为扶桑大帝,也显示了它是由日神演变而来。另外,东王公在中国民间传说中被认作男仙之首,主阳和之气,生于碧海之上,理于东方,也表现出日神的特征。至于其姓氏、配偶、职能、名号,多为后世道士捏造,已根本脱离原始的日神性质了。

【东阳大监】唐·唐临《冥报记》:"杨师操,见青衣人来,云:'东阳大监追汝。'须臾不见。师操身忽倒。已到东阳都录处。于时府君大衙未散,师操遂私行曹司,皆有几案床席。见囚人,或著枷锁,露头散腰,或坐立行住。如是不可算数。到一处,臭烟蓬勃,云是猛火地狱。"◆按:此条有"东阳大监"及"东阳都录"二冥职。隋时以大臣越国公杨素为仁寿宫大监,高颎领新都大监,是大监在隋时为显宦之职衔。唐临去隋不远,此或沿用隋时官称。而杨师操所游即冥界地狱,东阳大监为其主者,疑即太山府君之辅佐如主簿判官之类。又东阳大监又称"东阳都录",故其办公之所称"都录处"。又《冥祥记》"孙回璞"条有冥间有贵官为"太阳都录太监",与此应是一物。而任其职者为唐故宰相魏徵也。参见"太阳都录太监"条。

【东瀛子】即"杜光庭"。见该条。

【东源伯】即"张石生"。见该条。

【东岳】东岳为五岳之长,详见"五岳"条。作为泰山神,东岳有诸多名目。纬书《龙鱼河图》:"东方泰山君神,姓圆名常龙。东方太山将军,姓唐名臣。一云泰山君玄丘目睦。"《神异典》卷二二引《氏族博考》:"东岳姓元丘,名目陆。"而作为冥界大

五岳　东岳天齐仁圣帝

神,东岳尤为世人所注重。《云笈七签》卷七九《五岳真形图序》:"东岳太山君领群神五千九百人,主治生死,百鬼之帅也,血食庙祀所宗者也。世俗所奉鬼祠邪精之神而死者,皆归泰山受罪考焉。"《三教源流搜神大全》卷一把东岳进一步人神化:"东岳为群山之祖、五岳之宗、天帝之孙、神灵之府。玄英氏之子曰金轮王,金轮王弟曰少海氏,少海氏之妻曰弥轮仙女,弥轮仙女夜梦吞二日,觉而有娠,生二子,长曰金蝉氏,次曰金虹氏,金虹氏即东岳帝君,金蝉氏即东华帝君。伏羲氏封金虹氏为太岁,为太华真人,掌天仙六籍。遂以岁为姓,讳崇。至神农时赐天符都官,号名府君。至汉明帝土封泰山元帅,掌人世居民贵贱高下之份、禄科长短之事、十八地狱、六案簿籍、七十五司生死之

期。至唐之前，只有天都（天符都官）府君之位，武则天始封为神岳天中王，复尊为天齐君。唐玄宗加封天齐王。宋真宗封东岳天齐仁圣王，复尊为天齐仁圣帝。有五子，长封宣灵侯，次封惠灵侯，三封炳灵王，四为居仁尽鉴尊师，五曰佑灵侯。一女，为玉女大仙，即岱岳太平顶玉仙娘娘。”◆泰山掌生死之说始见于东汉之末。纬书《孝经援神契》：“泰山一曰天孙，言为天帝孙也。主召人魂魄。东方万物始成，知人生命之长短。”《三国志·魏书·管辂传》：管辂曰：“但恐至泰山治鬼，不得治生人。”明·顾炎武《日知录》卷三〇云：“尝考泰山之故，仙论起于周末，鬼论起于汉末。《左氏》《国语》未有封禅之文，是三代以上无仙论也。《史记》《汉书》未有考鬼之说，是元、成以上无鬼论也。”◆按：泰山由仙都而为鬼狱，乃受佛教“太山地狱”说影响。参见本书“太山府君”条。

【东岳大帝】宋真宗大中祥符元年封禅于泰山，毕，诏加号泰山为仁圣天齐王。至五年，又加天齐仁圣帝。在朝廷，东岳为封禅之所，岳神之地位已超出一般的山川之神；而在民间，东岳大帝则仍兼管幽冥之事，但已经把十殿阎王置于属下。这样，泰山神的太山府君地位便升华为主掌幽冥的大帝。至明代之后，朱元璋于府州县各级普设城隍，东岳大帝又是全国城隍的总上司，于是而形成“东岳大帝—城隍”的一套完整的幽冥体系，而阎罗仅附属于此系统。余见“东岳”条。

东岳大帝 宝宁寺水陆画

【东岳夫人】❶即太真夫人，王母小女，名琬，字罗敷。❷一说张道陵妻孙夫人升天后，位至上真东岳夫人。

【东岳三郎】《旧五代史·后唐明宗纪》：“长兴四年七月己卯，东岳三郎神赠威雄大将军。初，帝不豫，前淄州刺史刘遂清荐泰山僧一人，云善医，及召见，乃庸僧耳。问方药，僧曰：‘不工医，尝于泰山中亲睹岳神，谓僧曰：“吾第三子威灵可爱，而未有爵秩，师为我请之。”’宫中神其事，故有是命。识者嫉遂清之妖佞焉。”详见“泰山三郎”条。

【东岳十元帅】南宋·吴自牧《梦粱录》卷一四：“东岳十将军，温封正佑，李封孚佑，钱封灵佑，刘封显佑，杨封顺佑，康封安佑，张封广佑，岳封协佑，孟封昭佑，韦封威佑。”后世又称“十太保”“十元帅”。

【辣辣】《山海经·北山经·北次三经》：“泰戏之山，有兽焉，其状如羊，一角一目，目在耳后，其名曰辣辣，其鸣自訆。”吴任臣《广注》引《玄览》曰：“解廌、狰驳、臛疏、辣辣，一角之兽也。”又引曹学佺《名胜志》曰：“代州谷中常产兽，其名曰辣，状如羊，一目一角，目生耳后，鸣则自呼。”

辣辣 山海经图 吴任臣本

【冬生娘】仇德哉《台湾之寺庙与神明（四）》：台湾地区妇女于上元节之夜，有拜冬生娘之古俗，祭以简单供品及绣花鞋一双。相传冬生娘即效颦之东施，精女红。有谓东施与粤之何媚相似，台人奉之为厕神。

【董伯华】《（雍正）福建通志》卷五一：“董仙伯华，晋江（今福建泉州）人。服气炼形，谈征应辄验。成化间往来漳、泉，能呼风雨立至。又卖雷符，一文一纸，必童子始卖之，藏符于掌，开之应声而震，人称为雷师。后尸解于北山紫极宫。”按《（乾隆）福建通志》卷六〇泉州府有“董伯华”条，云是宋时人，与此异。◆闽台又称“董公真仙”。

【董达存】清·赵翼《檐曝杂记》卷二：字华星，常州阳湖人（今江苏常州），壬申进士，精六壬奇门术，相宅尤奇验，人皆称“董仙翁”。

【董大爷】仇德哉《台湾之寺庙与神明（二）》：“为信徒咀咒发愿之神明。据洪灿楠考证，‘董大爷'与'崩败爷'语音相似，由于同为供民发誓之神，'崩败爷'或为'董大爷'之误。又据王国璠研究，董大爷为明代御史，以公正廉明闻于世，故乡人祀之。查史乘，明代董姓御史唯有董应举。应举字崇相，闽县（今福建福州）人。天启间官太常，擢太仆卿兼河南道御史，迁工部侍郎兼理盐政。因权高位重，遭嫉落官。至崇祯初始复职。居乡兴利除患，海滨民众感其德，比殁，立祠祀之。"

【董疯子】南宋·洪迈《夷坚三志·壬集》卷八"岳阳董风子"条：董风子者，不知其乡里。事母至孝。乾道元年暮冬过岳阳，夜宿黄花市，遇同居一叟，破衣单巾而貌若婴童。叟授董以至道之要，自云"为东晋抱黄翁，知君孝通于天，故来相见"。语罢不见。董还店，题诗掷笔，长吟而去。由是往来通城、平江二县，自称董疯子。人皆不识，稍书祸福于门首，众方略知其有道。潭州（今湖南长沙）岳麓宫有抱黄阁及抱黄洞，其命名之由，即东晋义熙年真人成道于此。

【董奉】三国时人。晋·葛洪《神仙传》卷一〇："字君异，侯官（今福建福州）人。吴孙权时，交州刺史杜燮中毒死，董奉灌以三丸，燮遂复活，为奉起楼于庭中。奉不食他物，唯啖脯枣，往来以飞。一年余，辞燮去，请一棺。至明日日中，奉死，燮以棺埋之。再启棺，中唯存一帛，一面画作人形，一面为丹书之符。后奉居于庐山下，为人治病求雨除妖。在人间三百余年乃去，状常如三十许人。"明·彭大翼《山堂肆考》卷一五〇："董奉有道术，为人治病不取钱，病愈者使栽杏五株，轻者一株。数年计得万余株，乃纵山中百禽群兽游戏其下。后杏子大熟，乃于林中作一草仓，示时人曰：'欲买杏者不须报奉，但将谷一器置仓中，即自取杏一器而去。'置谷少而取杏多者，群虎辄吼逐之。"《仙鉴》

董奉 列仙全传

卷一六所记较详。

【董父】即"豢龙氏"。《左传》昭公二十九年："董父甚好龙，能求其嗜欲以饮食之，龙多归之。乃扰畜龙，以服事舜。帝赐之姓曰董，氏曰豢龙。"

【董炼师】见"李思慕"条。

【董上仙】唐时女子。《太平广记》卷六四引《集仙传》：董上仙，遂州（今四川遂宁）方义女也。年十七，神姿艳冶，寡于饮膳，好静守和，不离于世。乡里以其容德，皆谓之上仙之人，故号曰"上仙"。忽一旦紫云垂布，青童子二人，引之升天。父母素愚，号哭呼之不已。去地数十丈，复下还家，紫云青童，旋不复见。居数月，又升天如初。父母又号泣，良久复下。唐开元中，天子好尚神仙，闻其事，征入长安。月余，乞还乡里，许之。中使送还家。百余日复升天，父母又哭之。因蜕其皮于地，乃飞去。皮如其形，遂漆而留之。诏置上仙、唐兴两观于其居外。今在州北十余里，涪江之滨焉。

【董守志】《（雍正）陕西通志》卷六五："元时人，字宽甫，号凝阳。精于修炼。遇锺离权、吕洞宾、刘海蟾屡屡加点化。一日祥云覆地，疾雷震天，谓其徒曰：'仙师邀会蓬莱矣。'遂化去。"按：《道藏》有《凝阳董真人遇仙记》，云"本姓术虎，女真人，在军籍。大定间为谋克，迁陇州汧阳，因家焉。"是其生于金，而得道在元。其遇仙成道事述之甚琐细，可参看。

【董双成】汉·班固《汉武帝内传》："王母命侍女董双成吹云和之笙。"《（雍正）浙江通志》卷一九八："西王母侍女，世传其故宅即临湖妙庭观。双成炼丹宅中，丹成得道，自吹玉笙，驾鹤升天。邑人立桥望之，因名望仙桥。"

【董铁驴】《（雍正）山西通志》卷一六〇：宋时万泉（今山西万荣南）人。通遁术，行步如飞，倏忽数百里。后尸解仙去。

【董仙】❶"董伯华"。见该条。❷牛皮董。《（雍正）陕西通志》卷六五："不知其名。往来城市，言皆应验。夕宿咸宁（今陕西西安）金华落土洞中。冬夏不着衣，唯裹牛皮，人又呼为牛皮董。僵死洞中，身首异处。乡人葬之，后又见于他处。明正德间遍辞乡人，跨鹤升去。"❸另一有董仙之称者，系《重增幼学琼林》中有"黑虎卖董仙庙杏"之句。其事出于葛洪《神仙传》之董奉，见"董奉"条。

【董谒】汉时人。东汉·郭宪《洞冥记》卷一：字仲玄，武都（今甘肃成县西）郁邑人，少好学。尝游山泽，家贫，拾树叶以代书简。汉武帝元光中，起寿灵坛，高八丈，使董谒乘云霞之辇以升坛，三更，西王母至。

【董永】汉时人。晋·干宝《搜神记》卷一：董永，千乘（今山东高青东）人。少偏孤，与父居肆，力田亩，鹿车载自随。父亡，无以葬，乃自卖为奴，以供丧事。主人知其贤，与钱一万，遣之。永行，三年丧毕，欲还主人，供其奴职。道逢一妇人曰："愿为子妻。"遂与之俱。主人谓永曰："以钱与君矣。"永曰："蒙君之惠，父丧收藏，永虽小人，必欲服勤致力，以报厚德。"主曰："妇人何能？"永曰："能织。"主曰："必尔者，但令君妇为我织缣百匹。"于是永妻为主人家织，十日而毕。女出门，谓永曰："我，天之织女也。缘君至孝，天帝令我助君偿债耳。"语毕，凌空而去，不知所在。

【董幼】晋时人。《洞仙传》：海陵（今江苏泰州）人，兄弟三人，为最小，自小多病。年十八，投道门，笃学恭谨，遂洞明道术。年四十一，夜有真人降，授其水行不溺之术，以一马鞭与之，令鞭水，行于水上，如履平地。晋义熙间，归家辞母，自云往峨嵋山求道。亲邻送之至区阳西江，见其鞭水而行，渐渐而远云。

【董元素】五代·尉迟偓《中朝故事》卷下：唐宣宗时术士，自江南来京，言能役使鬼神。上召见，试之，立取江南新熟柑橘。异事甚多，半年后坚辞归，不知所终。

【董仲】汉时人。明·王世贞《列仙全传》卷三："汉董永之子，母乃天之织女，故仲生而灵异，能篆符以驱邪怪。后仙去。尝游京山潼泉，以地多蛇毒，书二符镇之。"句道兴本《搜神记》："田昆仑家甚贫，母老无妻。于水池中见三美女洗浴，浴毕即化白鹤。后昆仑乘其浴，偷藏小女羽衣，女不得已而与昆仑为夫妇。后生一子，起名田章。天女

董仲 列仙图赞

因搜得羽衣，披衣回天上。又思其子，终日落泪。田章五岁，思母啼哭于野，遇董仲先生，先生知是天女之子，又知天女将下界，乃语儿曰：'明日午时有三妇人来池边，两个看你，一个佯不看你者，即是你母。'于是田章寻得其母，天女披以羽衣，携之上天。天公知是外甥，心中怜悯，乃教习方术艺能。后田章下界为人间宰相云。"此故事中前段亦天女下凡，近于董永、织女事，而董仲一角色却发生变化，颇可寻味。◆按：董仲一名，不见于元以前书，且董永之子亦向无名字记载，疑其或由"董仲君"而化出者。

【董仲君】汉时人。晋·葛洪《神仙传》卷七："临淮（今江苏盱眙西北）人。少行气炼形。年百余岁不老。被诬系狱，佯死，臭烂生虫。家人举出复生。后尸解而去。"《太平广记》卷七一"董仲君"条引晋·王嘉《拾遗记》："汉武帝嬖李夫人。及夫人死后，帝欲见之，乃诏董仲君（按：今本《拾遗记》作李少君），与之语曰：'朕思李氏，其可得见乎？'仲君曰：'可远见而不可同于帷席。'帝曰：'一见足矣，可致之。'仲君曰：'黑河之北，出潜英之石，刻之为人像，神语不异真人。使此石像往，则夫人至矣。'于是以楼船百艘，经十年而还，得此石。即刻作李夫人形，置于轻纱幕中，婉若生时。"◆按东汉·桓谭《新论·辨惑第十三》（严可均辑本）："近哀、平间，睢陵有方士董仲君，好方道，尝犯事坐重罪，系狱，佯病死。数日，目陷虫出。吏捐弃之，既而复活。故知幻术靡所不有。"谭生在哀、平时，所云当近是。而李夫人事又为李少君，与仲君无涉，则仲君显非武帝时人也。◆按葛洪《神仙传》卷六"李少君"条中记有"董仲躬"者，云："少君与朝议郎董仲躬相亲爱。仲躬宿有疾，体枯气少。少君乃与其成药二剂，而仲躬博学五经，然不达道术，得药竟不服，亦不问其方。少君去后数月，仲躬病甚，忆少君所留药。试服之，未半，乃身体轻壮，其病顿愈；服尽，气力如年少时，乃信有长生不死之道。解官，行求道士，问其方，竟不能悉晓。仲躬唯得发不白，形容盛甚，年八十余乃死。"云云。颇疑董仲躬乃由董仲舒化来，竟似以韩愈反衬湘子之神者；而后乃与哀、平时之董仲君相混淆，成为武帝时另一仙人。

【董子阳】汉时人。《神异典》卷二二七引《神仙传》（今本《神仙传》无此条）：少知长生之道，隐博落山九十余年，但食桃饮泉。后逢司马季主，季主与以导仙八方，遂度世为神仙。

【洞庭怪神】

《山海经·中山经·中次十二经》："洞庭之山，是多怪神，状如人而载蛇，左右手操蛇。"

洞庭怪神　山海经图　汪绂本

【洞庭湖神】

唐·袁郊《甘泽谣》"韦驮"条："韦驮弟溺于洞庭湖。驮于水滨恸哭，移舟湖神庙下，欲焚湖神庙。忽于舟中假寐，梦神人盛服来谒云云。"清·王士禛《池北偶谈》卷二二："梁中翰遂奉使西粤，道出洞庭，忽雷雨骤至，云气昼晦，舟中人共见一神人，美须髯，戴乌纱巾，骑异兽行水上，兽身半在波涛中，仅露头角。后一人形貌怪伟，衔兽尾而行。舟人以为洞庭之神也。"北宋·秦观《淮海集》卷三一有《祭洞庭文》，其中列洞庭之神为：洞庭昭灵王、青草安流王、渊德侯、顺济侯、忠洁侯、孝烈灵妃、孝感侯。◆按：洞庭湖，北名洞庭，南名青草，实一湖也。又忠洁侯，应即屈原，其庙在湘水支流汨罗江上。

【洞庭君】清·蒲松龄《聊斋志异·织成》：洞庭湖中，往往有水神借舟。遇有空船，缆忽自解，飘然游行。但闻空中音乐并作，舟人蹲伏一隅，瞑目听之，莫敢仰视，任所往，游毕仍泊旧处。有柳生落第归，醉卧舟上。笙乐忽作，俄见满船皆佳丽。南面一人，冠类王者，因行且语，曰："闻洞庭君为柳氏，臣亦柳氏。"云云。"抄本"于篇末有附记云："相传柳毅遇龙女，洞庭君以为婿。后逊位于毅，又以毅貌文，不能慑服水怪，付以鬼面，昼戴夜除。久之渐习，忘除，遂与面合而为一，毅揽镜自惭，故行人泛湖，或以手指物，则疑为指己，手覆额，风波骤起，舟多覆。"清·东轩主人《述异记》卷上"洞庭神君"条亦云："洞庭君相传为柳毅。其神立像，赤面獠牙朱发，狞如夜叉，以一手遮额覆目而视，一手指湖旁。从神亦然。舟往来者必临祭，舟中之人不敢一字妄语，尤不可以手指物及遮额，不意犯之，则有风涛之险。唯郴州人则无恙。郴州士子赴省试者，至庙拜祝，焚乡眷晚生

帖，虽遇风涛，无不安然而渡。"参看"柳毅"条。◆洞庭君借舟事又有一说。清·袁枚《子不语》卷一八"洞庭君留船"条："凡洞庭湖载货之船，卸货后，每年必有一整齐精洁之船，千夫拉曳不动。舟人皆知之，曰：'此洞庭君所留之船也。'便听其所之，不复装货，舵工水手，俱往别船生活。至夜，则神灯炫赫，出入波浪中，清晨仍归原泊之处。年年船只轮换当差，从无专累一家者。"又明·王兆云《白醉琐言》卷上"鬼借物"条所言借舟事，与此正相反，是洞庭君借舟与人："洞庭君有船与客装货，及有银贷与土人。但送息还之，即无恙。人莫敢爽其期。"

【洞真子】元时人。《（嘉靖）徐州志》卷九："涿州（今河北涿州）人，姓丘。壮年学道。元至元间至京师，谒真人祁公，赐号宝岩大师。游邹峄山，拜丹阳真人为师，号洞真子。于砀山建聚仙观，赐号真静大师兼宝观提点。延祐间，人见其西去，开其户，则已羽化矣。"又见明·王世贞《列仙全传》卷八，云其"宝佑中羽化"，应误。

【dou】

【斗姆】又有斗母、斗姥、斗姥天尊、先天道姥天尊、紫光夫人、北斗九真圣德天后诸称。《太上玄灵斗姆大圣元君本命延生心经》所加尊号最多，曰九灵太妙白玉龟台夜光金精祖母元君，又曰中天梵炁斗母元君、紫光明哲慈惠太素元后、金真圣德天尊，又号大圆满月光王，又曰东华慈救皇君、天医大圣。此经并云："斗姆在玄明真净天修行玄灵妙道，勤奉元始至尊。每发至愿，愿生圣子。因沐浴于九曲华池中，冲然摄气，放微妙光明，洞彻华池，化生金莲九苞。经人间七昼夜，

斗姆元君　北京白云观

九花化成九所大宝楼阁，阁中混凝九真梵炁，自然成章，九章生神，应现九皇道体。"九皇即北斗九星：天皇、紫微、贪狼、巨门、禄存、文曲、廉贞、武曲、破军。而《玉清无上灵宝自然北斗本生真经》则云："斗姆本为龙汉年间周御王之妃，名紫光夫人，生九子，二长子为玉皇大帝、紫微大帝，七幼子为贪狼、巨门、禄存、文曲、廉贞、武曲、破军等七星。"◆有以斗姆与佛教诸神相附会者。清·屈大均《广东新语》卷六"斗姥"条："斗姥像在肇庆七星岩，名摩利支菩萨，亦名天后，花冠璎珞，赤足，两手合掌，两手擎日月，两手握剑。天女二，捧盘于左右，盘中一为羊头，一为兔头。前总制熊文灿所造。文灿招抚郑芝龙，使芝龙与海寇刘香大战，菩萨见形空中，香因败灭。文灿以为菩萨即助黄帝讨蚩尤之玄女，于是倾赏十余万为宫殿，极其壮丽以答之。"◆今成都青阳宫有斗姆殿，配神为王母及后土娘娘。其像为四头八臂，以四头应四象，八臂应八卦。似与斗姆为后世附会为"道姆"有关，"道"即以八卦象征之。《封神演义》以金灵圣母为斗母，掌五斗群星吉曜恶煞，即不但有北斗、南斗，且有东斗、西斗、中斗矣。◆明·钱希言《狯园》卷二"天医"条，以斗母掌天医，云：吴人张叟，家奉斗母，间为亲戚祈祷疾病，俟斗母许救，约以某日某时命天医至焉。或见形往来，或空中授药，或示异梦中，或附耳而告。然斗母不许，终莫能致天医矣。

【斗篷张】明时人。明·钱希言《狯园》卷四：隐于武当山蜡烛涧。修行山中，野猿常采花果酿成美酒，献于斗篷张。苏州吴梅卿入山求道，斗篷赐之一杯，醉经三日。后斗篷过吴阊门，梅卿出家酿一罂，重七十斤，斗篷三口即尽。又称"蒲团张"，负一蒲团，重数十斤，上下岭阪如飞，故得名。

【斗山王】《太平广记》卷二九四引刘宋·刘义庆《幽明录》：余姚（今浙江余姚）人沈纵，家素贫。与父同入山，还，未至家，见一人，左右导从四五百许，前车辀马鞭，夹道卤簿，如二千石。遥见纵父子，便唤住，就纵手中燃火。纵因问是何贵人。答曰："是斗山王。"斗山在余杭（今浙江杭州西）南。纵知是神，叩头云："愿见佑助。"后入山，得一玉枕，从此如意。

【斗桶姑】沈平山《中国神明总论》第三章："紫姑，山东人称为斗桶姑。"

【斗中真人】《太平广记》卷一五"兰公"条引《十二真君传》："有至人兰公，精专孝行，感动乾坤，忽有斗中真人下降，自称孝悌王，云：'居日中为仙王，居月中为明王，居斗中为孝悌王，在"三清"中为上清，托化人间，示陈孝悌之教。'"

【痘疮老太】地方痘神。清·徐庆滨《信征录》"陈打筶"条：吴江罗区镇陈姓，世业打筶。康熙癸酉春，有一子九岁，患痘。陈至痘神前俗号痘疮老太者许愿禳保，未几竟死。陈痛愤之极，至庙中将痘神掌击数十，牵其像下阶朴之。

【痘儿哥哥】清·俞凤翰《高辛砚斋杂著》：孩子出痘，必有小鬼，俗呼为痘儿哥哥。戊寅冬，渠一女甫周岁，发痘甚危。医云："卧室外须置要货数事，以供鬼玩时不扰患者。"某如言贮于门外。一夕小铙小鼓竞敲聒耳，良久寂然，女之痘渐结痂而愈矣。

【痘鬼】明·钱希言《狯园》卷一三：王武库世仁之孙四岁，乳名升官，凤慧非凡。壬子春，遇一恶鬼，初因暗，髣髴见形如人，靛面赤发，遍身黑色，稍类世间妆塑魁星状。家人遂呼为魁星。其孙始见时，大惊怖，哕噫狼藉，遗溺不止。尔后渐渐狎玩，与之俱卧起，便不去矣。时武库方居母艰，长君秋试期迫，心疑魁星降临，有吉祥善事，戒勿驱逐，常呼其孙唤魁星入书室来。孙云："已在此矣，东行西走，亦无定踪。"如是相征逐者半年，而长君下第。后其孙抱痘，竟不起，声迹始绝。乃知恶鬼即是痘司鬼神，来摄小儿，或云是死于痘者来求受替也。

【痘神】古人以痘疹为人生一劫，故各地均祀有痘神，以佑平安。碧霞元君、天妃等女神均有"痘神娘娘"陪祀。此外尚有：❶张健。见"张元帅"条。❷施相公。❸保珠娘娘，或称珠妈。❹柳夫人。❺金元七总管。❻又满族祀有邓将军，见孟森《清代堂子所祀邓将军考》，日人稻叶君山亦以为痘神。❼痘疮老太。以上参见各条。

痘神张元帅　三教源流搜神大全

【痘神娘娘】痘神之一种，北方多为碧霞元君辅神。金受申《北京通》言："北京供痘神娘娘，神祃并有痘儿哥哥、痘儿姐姐。在出痘期间，花头如有不正情形，即吁呼痘神娘娘保佑，如出花幼童啼哭打闹，除呼吁痘神娘娘外，还有频呼'痘儿哥哥跟我们玩'，'痘儿姐姐跟我们玩'，以求安慰出花幼童。出花期间，出花幼童如喜吃素，不近荤食，则断定所来的为'京娘娘'；有的荤肉不忌，喜吃大肉，则断定所来的为'荤娘娘'；有的出花幼童，嗓音不同，举动幼稚，索要食物，必要好的，必要多的，一切均不似京朝派举动，则断定所来的为'怯娘娘'。有的出花幼童，只喜近家中男人，厌弃女人，则断定为'风娘娘'，风者风骚也。"清·鉴湖渔者《薰莸并载》卷二"痘神"条："小儿痘疹，有自出者，谓之'自行苗'，又曰'天花'；有以他人所脱痘痂，研末吹鼻孔中，三日即出者，谓之'种苗'；有终身不出者，谓之'天赦'。北人多自行，南人多吹种。有所谓'天妃'者，其神为三女子，痘医奉之甚虔。刘宾门太史家孙辈种痘，医请以金鼓乐神，三日一次为小庆，五日一次为大庆，而以纸伞、纸船迎送之。是日薄暮，入中堂，见三女排立，衣帔华丽，遂信之。如医所请，亲制祝文以祷，诸幼之痘皆无。"

【痘妖】清·破额山人《夜航船》卷五"驱痘妖"条：某年松江痘症大发，小儿为之一空。有兄弟三人共一子，亦将发痘，举家惨怛。季弟为武孝廉，以为一方之灾，必有妖孽为祟，乃拔剑坐小儿之旁，昼夜伺之。至第三夕，忽见檐下一老人，青袍幅巾，眼如绿豆，自上而下，对小儿床帐内尽力吸气。孝廉将擒之，妖一跃上屋，飞至南城外荒园内皂荚树上，被角刺所伤，扑下，又触着树根不净之物，遂不能起。明晨视之，见巾服蜕壳一具，自顶至踵皆小儿痘痂。付于火，一方痘症遂得安宁。

【窦迁】南宋·陈葆光《三洞群仙录》卷一引《神仙传》（今本《神仙传》无此条）：晋扶风（今陕西凤翔）人，晋愍帝时天下大乱，迁痛此乱离，遂慕道栖于峰岩之中。一夕神光照室，异香满谷，有真仙降，自称平都山阴长生，授以金液九丹之诀。

【窦琼英】东汉时女仙。梁·陶弘景《真诰》卷一三："易迁宫中有高业而萧条者，有窦琼英、韩太华、刘春龙、王进贤、李奚子、郭叔香。此数人并天姿郁秀，澄上眇邈，才及拟胜，仪观骇众。窦琼英者，窦武妹也。其七世祖有名峙者，以埋枯骨为业，以活死人为事，故祚及于英身矣。"五代·杜光庭《墉城集仙录》卷七："后为明晨侍郎。"

【窦俨】北宋·佚名《丁晋公谈录》：窦俨，周世宗时，同兄仪在翰林为学士。善术数，听声音而知兴废之未兆。尝指明德门谓杨徽之、卢多逊二校书曰："此门相次变为大宫阙，兵渐销偃，天下太平，几乎似开元天宝间。二校书将来富贵，皆见之也。卢虽甚贵，其如寿不及杨。"入宋，太祖改明德门为乾元门，宫阙壮丽，书轨混同。卢为相，贬朱崖，而杨为尚书，享年皆如其言。

【窦致远】南宋·洪迈《夷坚支志·丁集》卷九"窦致远"条：蔡州（今河南汝南）伏羌人。偶得古书，记左道之术，习之，遂能呼风召雨，精于卜筮。金主完颜亮正隆四年亢旱，窦取井旁绳浸桶中，随手抛掷，即化为龙，雷雨大作，甘霖遍周匝二十里。有人告于官，缚至官府。郡守释其缚，以好语问之。窦云："所学者戏术也。"解腰间帛置地上，顿化为龙，骑之而去。

【窦子明】❶晋时人。《青阳县志》："讳伯玉，沛国（今安徽淮北市西）人。自少好服六气之精。闻陵阳乃丹丘成仙之地，求为县宰，清谈终日而政务自理。钓鱼于延溪，得白鱼，剖之得方书，教其服食之法。炼丹成，服之仙去。而《旌阳县志》云：晋元帝嘉子明之义，拜官陵阳（在今安徽石埭东北）宰。后辞官结庵于西山。遇隐者，献药百余种，遂与居凫山白龙潭炼丹，于咸康八年升天。"《（雍正）陕西通志》引《汉中志》谓其学道于汉中斗山，后升仙去。而明·彭大翼《山堂肆考》卷一五〇云其为汉时丹阳人，曾为陵阳令，无欲而民自化。◆按：此窦子明与西汉·刘向《列仙传》卷下所云之"陵阳子明"事相类，应即一人，而以陵阳子明为正。❷唐时人。明·曹学佺《蜀中广记》卷七三、《（雍正）四川通志》卷三八之三："窦子明，唐时江油（今四川江油）人，为彰明主簿，后弃官，隐于窦坪，未几，至圌山修道。抵仙女桥，见一女人磨针，曰：'铁杵磨成针，功久自然成。'遂感悟。后白日飞升。"◆按：此似因江油窦圌山之名而附会古时仙人之名者。

【du】

【都城隍】《明史·礼志四》："弘治元年，尚书周洪谟等言：京师都城隍之神者，旧在顺天府西南，以五月十一日为神诞辰，故是日及节令皆遣官祀。"明·朱国桢《涌幢小品》卷一九："北京都城隍庙中有石刻'北平府'三大字，此国初旧物。一老卒云：其石长可丈六尺，下有'城隍庙'三字。既建北京，埋而露其顶，埋矣又露，不知何意。仪门塑十三省城隍，皆立像，左右相对。其香火甚盛，每岁顺天府官致祭。府尹可以配都城隍，

都城隍　民间神像

则布政使可以配省城隍，势位略均，而一坐一立，何居？再思在外府州县皆有城隍庙，并不闻有各省城隍庙。然则都城隍者，乃都城之城隍耳，岂如都御史、都指挥之云乎？其位次亦可辨矣。"按：明·钱希言《狯园》卷一一"都城隍神"条，言天下城隍皆属都城隍。其说不确，都城隍与诸省城隍并无统属关系，明清时各地城隍之上司俱为东岳大帝。◆清·潘荣陛《帝京岁时纪胜》："都城隍庙在都城之西，明永乐中建。两庑十八司，前为阐威门，塑十三省城隍对立，望之俨然，酷肖各方仪表。"清·戴莲芬《鹂砭轩质言》卷三："京师有都城隍庙，在顺治门内西南，旁列各省城隍，数之得十七，独缺江苏一尊。或曰：国初时各省城隍来朝，江苏后至，故独居城外，即今南下洼子城隍庙是也。或曰：国朝沿前朝旧制，南都为陪京，当别建都城隍庙，而不在各省之列。其说近理。又云：北人传都城隍为杨继盛，颇著灵异。"清·梁绍壬《两般秋雨盦随笔》卷四："今七月二十四日为都城隍诞辰，相传是日为筑城之始云。"◆又清·钱泳《履园丛话》卷一五"城隍"条："无锡惠山黄准墩对岸，有汉纪信庙，里人谓之都城隍庙。每年三月廿八日为城隍生日。"

【都鲁神】清·梁恭辰《北东园笔谈续编》卷二：桂林有都鲁神，为元裨将，兵败，匿山谷中，因犬吠为敌所觉，遂遇害。后为神，颇灵，土人祀之必以犬。

【都录使者】梁·释宝林《檄太山文》："沙门竺道爽敢告太山东岳神府及都录使者"，"都录使者，降同神行"。"都录"即"都录事"之简称，在南朝萧梁时为府郡官属，总掌文簿，与太守密近。故释宝林所说之"都录使者"应即由梁时官职变化而来。按阳世的标准相比对，应是太山府君之最密近下属。"都录使者"在唐时小说中仍用作冥官，其职类于掌簿籍之主簿或判官。刘宋·刘义庆《幽明录》云："主者又召都录使者，问：'赵文和何故死来？'使检年犯之籍。"

【都市王】十殿阎王之第八殿，姓黄。或以为第九殿，姓薛。《佛学大词典》："又称都帝王、都吊王。为冥界十王之第九。据《预修十王生七经》《地藏菩萨发心因缘十王经》等所载，死者在冥途中，于一周年时会至此王之处，接受生前所造善恶业之审判。因死者群集于此，犹如城都之市，故称此王为都市王。此

都市王　北京白云观

王之本地为阿閦如来或大势至菩萨。其于审判死者之罪业外，并为彼宣说造立《法华经》及阿弥陀佛之功德。"而据《玉历钞传》："第八殿，都市王黄，四月初一日诞辰，司掌大热恼大地狱，又名热恼闷锅地狱，另设十六小狱。凡在世不孝，使父母翁姑愁闷烦恼者，掷入此狱，再交各小狱加刑。受尽痛苦，解交第十殿，改头换面，永为畜类。一说八殿都市王：司掌大海之底，正西沃燋石下，大热恼大地狱，其广亦纵横三千里，另设敲骨灼身、抽筋擂骨、鸦食心肝、狗食肠肺、身溅热油等十六小地狱，凡犯不孝、忤逆者，均归八殿审理，判刑后再交各小地狱加刑受苦。"民间或以为掌管刀锯地狱。

【都天神】即张巡。清·黄斐默《集说诠真续编》引清·俞鸿渐《印雪轩笔记》："赛神之盛莫过于镇江都天会。考神为唐睢阳公。镇江人奉之极虔。此会又藉以逐疫云。"清·金安清《水窗春呓》有"都天会"一则记其盛。

【都天圣君】见"法主公"条。

【都土地】《（康熙）河南府志》卷二一："都土地庙，庙在宜阳县（今河南宜阳）西湾子北坡。传闻此地旧系南北孔道，五代后周世宗微时过此，山路崎岖难行。忽出一白发老人，代为拉牵，及至平坦处，跪送于侧。世宗问其故，老人对曰：'臣本山土地也。'世宗慰之曰：'朕异日果登极，封汝为都土地。'今庙重新，土人岁时享祀。"又明·郎瑛《七修类稿》卷七载："盱眙县（今江苏盱眙）唐兴、灵迹二乡，即《皇陵碑》所谓钟离之东乡，今封神为都土地，乃太祖龙飞之地。"

【毒药鬼】清·俞樾《右台仙馆笔记》卷九：茂州（今四川茂县），古汶山郡，人民稀少。从州治东行六十里为甘沟，西行二十里为打鼓石。沿途置店，应门者、当垆者皆妇女。其妇女之貌美者，恒有异疾，土人名之曰"毒药鬼"。每立春、立秋两节间，天癸至而疾作，作则腹胀如鼓，皮肤皆肿，口眼及十指甲流出黄水，至夜而烦懑更甚。其人身畔密藏小竹筒，筒中储各兽之毛，犬、豕、牛、马、驴、骡皆备，暗中拈得一毛，其毛为何物，魂即化是物，出至旷野，迷惘行人。间或遇有胆力者，执而捶击之，则哀鸣乞怜。天欲明，窘更甚，辄自言其姓氏里居；人或杀之，则病者死矣。病人所流出之黄水，人稍小沾染之，即中其毒，病亦如之，而病者得以稍间。故凡有是病者，相戒不食于其家，或不得已而就食，则以赤铜置食器内，毒不能中。

【犊子】西汉·刘向《列仙传》卷下："邺（今河北临漳）人，少时于黑山采松子、茯苓，服之，历数百年，时老时壮，时美时丑，人乃知为仙人。常过酤酒阳都家，阳都女者，市中酤酒家女，眉生而连，耳细而长，众以为异，皆言此天人也。会犊子牵一黄犊来过，都女悦之，遂留相奉侍。都女随犊子出取桃李，一宿而返，皆连兜甘美。邑中随伺逐之，出门共牵犊耳而走，人不能追。且还，复在市中，数十年乃去。见潘山下，冬卖桃李云。"又见五代·杜光庭《墉城集仙录》卷五"阳都女"条，云酒家女生而连眉，即《魏都赋》云"犊妃连眉"者也。

【髑髅神】元·佚名《湖海新闻夷坚续志·前集》卷二：南宋理宗嘉熙间，有妖人拐盗人家童男，初时每顿必饱，自是日减一日，久则不给食物，每日灌法醋自顶至踵，关节脉络悉被锢钉。待其死后，收其枯骨，掬其魂魄，谓能于耳边报事，言人吉凶，名"髑髅神"。

【独狫】《山海经·北山经·北次二经》："北嚣之山，有兽焉，其状如虎，而白身犬首，马尾彘鬣，名曰独狫。"唐·苏鹗《苏氏演义》卷下引许慎云："此兽行止无伴，遂名曰独。"

独狫　山海经图　汪绂本

【独傲仙女】清·汪森《粤西丛载》卷一一：象州（今广西象州）六村人。宋乾德间，傲氏与嫂独孤氏赴天盖山采葛，见双鲤戏水，取之，堕于泉中。月余，乃于空中呼父母曰："吾仙女，有过谪于人间，数满当还。"土人名山曰独傲山。

【独角】南齐·祖冲之《述异记》："独角者，巴郡（治在今重庆市）人。年可数百岁，俗失其名，顶生一角，故谓之独角。或忽去积载，或累旬不语，及有所说，则旨趣精微莫测。一旦入舍前江中，化为鲤鱼，角尚在首。后时时暂还，容貌如平生。"明·曹学佺《蜀中广记》卷七五引《渝州图经》："州西南江津县有仙池，传闻有仙人，姓然名独角，自扬州来居此，于池边起楼。一日忽登楼，命仆自楼下起火，乃飞空而去。"

【独脚鬼】❶见"栾巴"条。❷清·东轩主人《述异记》卷下："富阳桐庐（今浙江桐庐）山中多独足鬼，人称为独脚仙，比户祀之，否则纱帽彩袍，彳亍而来，夜入人家，魔人至死。又能窃人财物。时作老人扶策至人家，复与人共宿。亲而奉之，所求必得，否则为祟。"◆按：或以夔即"独脚鬼"，山魈木客之类。宋·俞琰《席上腐谈》卷上则云："以夔为独脚鬼，冤哉。独脚鬼乃山魈，见道家烟萝子图，连胲一只脚，故唐诗有'山鬼趫跳唯一足'之句。"

【独脚神】唐·裴铏《传奇》"崔炜"："有任翁者，家事鬼为独脚神，每三岁必杀一人飨之。"◆按：实即"妖神"之一种。

【独脚五通】南宋·洪迈《夷坚丁志》卷一九"江南木客"条："二浙、江东曰五通，江西、闽中曰木下三郎，又曰木客，一足者曰独脚五通，名虽不同，其实则一。考之传记，所谓木石之怪夔罔两及山魈是也。"又《夷坚支志·景集》卷二"会稽独脚鬼"条云："独脚五通，盖山魈类也。"《夷坚支志·癸集》卷三"独脚五通"条："吴十郎居舒州宿松县（今安徽宿松），以织草履自给，渐至卖油。后梦一脚神来言：'吾将发迹于此，汝能谨事我，凡钱物百须，皆可如意。'明日吴访屋侧，得一毁庙，问邻人，曰旧有独脚五通之庙。吴遂稍加缮葺。自此钱物自来，殆及

独脚五郎　云南神马

巨万。吴事神，每值时节及月朔日，必盛具奠祭，杀双羊、双猪、双犬，并毛血粪秽，悉陈列于前。以三更行礼，不设灯烛。率家人拜祷讫，皆裸身暗坐，逾时而退。常夕不闭门，恐妨神出入。妇女率有感接，或产鬼胎。"

【独骑郎君】亦樟柳神之类。南宋·洪迈《夷坚三志·壬集》卷四"南山独骑郎君"条：临川（今江西抚州）村民张四，买扫帚一束，及开用，于中得小镰，取挂壁间。夜则有声，始也乌乌，少则訇訇，旬日则喃喃然，云云然，似可晓一二。又数日，悉能辨之。问谁，曰："吾南山独骑郎君也。山神怜我巧言语，又知人事，故遣报祸福于人。"初言明日某客至，送某物来，邻妇方孕，言何时得子，一切皆然。渐渐有持钱酒问事者。居半年，其门如市，乃绘卷轴以应之，益敬为神。而人亦以"仙童"称之。考向所报答，不过村疃细琐，不能知其他。

【独足鸟】一足之鸟，除《山海经·西山经》之橐𧑐外，吴任臣《山海经广注》又案云："孙愐《唐韵》云：'鵕，土精也，似雁一足，黄色。'《广州志》：'独足鸟，一名山萧鸟，大如鹊，其色苍，其声自呼。'《临海志》云：'独足鸟，文身赤口，昼伏夜飞，将雨转鸣，即孔子所谓商羊也。'《河图》曰：'鸟一足，名独立，见则主勇强。'《南史》：'陈之将亡，有鸟一足，集其殿庭，以嘴画地成文。'凡此皆一足鸟，亦橐𧑐类。"

【独坐姑姑】金·王处一《西岳华山志》："华山黄神谷内有独坐姑姑庙，其旁为神姑林，合围松桧万余，禁人樵采。"◆按：此神当与"华岳神姥"有关，可参见。

【赌神】清·袁枚《子不语》卷三："阴司赌神，号称迷龙。其门下有赌鬼数千，皆受驱使，探人将托生时，便请迷龙作一花押，纳入天灵盖中，此人一落母胎，性便好赌。"

【妒妇】唐·段成式《酉阳杂俎·前集》卷一四：临津（在今山东宁津）有妒妇津。相传晋泰始中，刘伯玉妻段氏，字明光，性妒。伯玉常于明光前诵《洛神赋》云："娶妇如此，吾无憾矣。"明光曰："君以水神美而轻我，吾死，何愁不为水神！"乃自沉死。死后七日，见梦于伯玉，云已为水神。伯玉觉后终身不复渡水。有妇人渡此津者，必坏衣毁妆然后敢，否则风波暴发；丑妇虽不毁妆而渡，其神亦不复妒。

【妒女】梁·任昉《述异记》卷上："并州（治在今山西太原）妒女泉，妇人不得靓妆彩服至其地，必兴云雨。一名为介推妹。"唐·张鷟《朝野佥载》卷六："并州石艾、寿阳二界有妒女泉，有神庙。俗传妒女者，介之推妹，与兄竞，去泉百里，寒食不许举火，至今犹然。女锦衣红鲜，装束盛服，及有人取山丹、百合经过者，必雷风电雹以震之。"《旧唐书·狄仁杰传》："高宗将幸汾阳宫，以仁杰为知顿使。并州长史李冲玄以道出妒女祠，俗云盛服过者必致风雷之灾，乃发数万人别开御道。仁杰曰：'天子之行，千乘万骑，风伯清尘，雨师洒道，何妒女之害耶？'遽令罢之。"北宋·乐史《太平寰宇记》卷五〇："平定县妒女泉中有神似鳖，昼伏夜游，神出，水随神而涌。"金·元好问《承天镇悬泉》诗，有注曰："平定土俗传：介子推被焚，其妹介山氏耻兄要君，积薪自焚，号曰妒女祠。唐大历中有碑，辞旨殊谬，至有'百日积薪，一日烧之'之语。乡社至今以百五日积薪而焚之，谓之'祭妒女'。"

【杜伯】见"杜主"条。

【杜昺】晋时人。《洞仙传》：字叔恭，钱塘人。早孤，事后母至孝。师余杭陈文子，为正一弟子。治病有效，百姓咸附。后夜中有神人降，云为张镇南，授以秘要。每静夜烧香，能见百姓三五世祸福，章书符水，应手即验。苻坚南侵，车骑将军谢玄领兵御之，问以胜负，昺言："我不可往，往必无功；彼不可来，来必覆败。"后果验。桓温北伐，亦问以成败，所言皆验。后尸解。

【杜不愆】《晋书·艺术传》：庐江（今安徽舒城）人。少从外祖郭璞学易卜，屡有验。郗超二十时得重病，不愆筮之，曰："宜于东北三十里上宫姓家，

索其所养雄鸡，笼盛于东檐下。其后九日丙午日午时，有雌鸡飞来与交，既而双去。若如此，不仅病除，且位至人臣，年将八十。若雌逝雄留，则年半八十，名位亦失。"后果如言，雌去而雄留。都超位至中书郎，年仅四十。◆又见晋·陶潜《搜神后记》卷二。

【杜冲】道教楼观派所奉先师之一。《云笈七签》卷一〇四《太极真人传》、《仙鉴》卷九："字玄逸，镐京（今陕西西安）人。周昭王时，闻尹喜登仙，即与尹轨于尹喜之宅修道。后穆王闻之，乃为修数观，以冲为道士。历二十余年，感真人展先生降于其寝，授九华丹方；又感真人李君，授以洞玄大有妙经。与穆王同游昆仑，见西王母。年一百二十岁，至懿王时，上清元君遣仙官授以太极真人，下任王屋山仙王。其弟子有彭宗。"《仙鉴》卷八"尹喜"条云："尹喜既与老君西适流沙，周穆王遂于草楼处建祠修观，延杜冲等七人为道士以奉祠事。"◆宋·潘自牧《记纂渊海》卷八六言：十大洞天，第一王屋山，名小有清虚之天，即杜冲、王褒为小有天王、清虚真人所理。

【杜甫】唐·冯贽《云仙杂记》卷一："杜甫十余岁时，梦人令采文于康水。觉而问人，乃往求之，见鹅冠童子告曰：'汝本文星典吏，天使汝下谪，为唐世文章海，九云诰已降，可于豆垄下取。'甫依言，果得一石，金字，曰：'诗王本在陈芳国，九

杜甫　晚笑堂画传

夜扣之麟英熟，声震扶桑享天福。'后因佩入葱市，归而飞火满室，有声曰：'邂逅秽吾，令汝文而不贵。'"《渊鉴类函》卷三二〇"神三"："杜少陵生为文星典吏，及其没也，又与李青莲等俱优游江湖，称散仙。"

【杜光庭】唐末五代人。《仙鉴》卷四〇："道士。字宾圣，号东瀛子。处州（今浙江丽水）人。博极群书。唐懿宗时试日赋万言，不中，乃奋然入道。

事天台道士应夷节。郑畋荐于朝，赐紫服象简，遂为道门领袖。中和初从驾兴元（今陕西汉中），道遇术士陈七子名休复者，取瓢酒酌之，曰'以此换子五脏'。游成都青城（今四川都江堰），遂结茅于白云溪。王建霸蜀，召为皇子师，光庭不乐宫中，荐人自代。后唐庄宗长兴四年，年八十四，跌坐而化。"清·吴任臣《十国春秋》卷四七《前蜀列传》云字宾至，缙云（今浙江缙云）人，一曰长安人。明·曹学佺《蜀中广记》卷七三引《高道传》："光庭在青城山，一日谓门人曰：'昨梦上帝以吾为岷峨主司，恐不久于人世矣。'光庭尝畜一白犬，以胡麻油涂足，可日行万里，及光庭化去，犬亦号叫而毙。"

【杜怀谦】唐时人。金·王处一《西岳华山志》、《（雍正）陕西通志》卷六五：贞观中道士，居华山云台山侧石室中，断谷不食。好吹长笛。栖岩中累月不动。自号长春先生。今石室巍然，笛声不绝。

【杜可均】唐·冯翊子《桂苑丛谈》："唐僖宗末，广陵（今江苏扬州）贫人杜可筠，年四十余，好饮不食。有乐生家多鼠，杜与一符，依法焚之，遂绝鼠迹。后孙儒渡江，乃寓毗陵（今江苏常州）。犯夜禁，为刃死，传其剑解矣。"《太平广记》卷七九引作"杜可筠"。

【杜兰香】晋·干宝《搜神记》卷一："汉时人，自称南康（郡治在今江西于都）人，建兴四年春，数往见张传，言：'阿母所生，遣配君。'年可十六七，而能说古时事。乘青牛车，车上饮食俱备。"五代·杜光庭《墉城集仙录》卷五："有渔父于湘江洞庭之岸拾一女婴，年方三岁。养至十余岁，貌如天仙。忽有青童灵人自空而下，携女而去。临升天谓其父曰：'我仙女杜兰香，有过谪于人间，玄期有限，今去矣。'自后亦时还其家。其后降于张硕（即张传）家，授以飞升之道，而渔父亦老而益少云云。"◆北宋·乐史《太平寰宇记》卷八九引《异苑》："交州阮郎，晋永和中出都至西浦泊舟，见一青衣女子，云杜兰香遣信，托好君子。郎愕然云：'兰香已降张硕，何以敢尔？'女曰：'伊命年不修，必遭凶厄。钦闻姿德，志相存益。'郎弯弓射之，即驰牛车升天。后郎寻被害。"◆明·李日华《六研斋笔记》卷一："杜兰香上升于女几山（在今河南洛阳西南），因有遗儿，故以名山。"此说误，参见"女几"条。

【杜契】三国时人。梁·陶弘景《真诰》卷一三、《洞仙传》：字广平，京兆杜陵（今陕西西安东南）

人。汉献帝建安初渡江依孙策，后孙权用为立信校尉。黄武二年学道于介琰，受玄白术。久之能隐形遁迹。后与徐宗度、晏贤生居茅山之中。其弟子有孙寒华、陈世京。寒华少时，密与契通情。契后学道，受介琰法，又以法授寒华。

【杜升】五代·沈汾《续仙传》卷下：字可云，自言京兆杜陵（今陕西西安东南）人，莫测其年寿。不食，饮酒三石不醉，年若三十许人。言谈甚高雅，颇有文学。善沙书，好于水碗及盆内以沙书"龙"字，叱之，即成真龙而飞起丈余。乞钱，人与甚多，便散与贫人。冬则卧于雪中数日，人以为僵死，或拨之，则抖擞积雪而行。杜琮之子杜孺休为苏州牧，延请杜升入州，呼为道翁，咨以道术。杜升教其宜远于兵杀之地。后军乱，孺休果为兵所杀，而杜升亦被杀于乱军中。一年后，有人于湖南见之，言苏州事历历。◆明·曹学佺《蜀中广记》卷七三作"杜子升"。应误。

【杜生】唐时人。《太平广记》卷七七引《纪闻》：许州（今河南许昌）人。善易占。有亡奴者，问所从追，生曰："自此行逢使者，恳丐其鞭，若不可，则以情告。"其人果值使者于道，如生语。使者异之曰："无鞭吾何以鞭马？"曰："可折道旁荆代之。"乃往折荆，见亡奴伏其下。

【杜十姨】宋·高文虎《蓼花洲闲录》云："温州有土地杜十姨，无夫，五髭须相公，无妇，州人遂迎杜十姨以配五髭须，合为一庙。杜十姨为谁？杜拾遗（甫）也；而五髭须者，伍子胥也。"又见明·谢肇淛《文海披沙》卷七。《神异典》卷四八引《谈撰》，记浙西吴凤村亦有以杜十姨嫁五卒须者。又引《陕西通志》载西安府白水县有杜十姨庙，竟塑十妇人像，后掘得庙碑，亦为杜甫之庙。最可笑者，因杜甫与豆腐音近，竟成为豆腐坊之保护神。清·陈祥裔《蜀都碎事》卷三："蜀中立春日，豆腐店扮'杜甫游春'，取杜甫与豆腐二字相近。"◆据南宋·郑景望《蒙斋笔谈》卷上，蜀中亦有讹陈拾遗（子昂）庙为十姨庙者。◆明·陆容《菽园杂记》卷六："吴中羽林将军庙，讹为雨淋，而不覆以屋。三孤庙讹为三姑，而肖三女郎焉。山西有丹朱岭，盖尧子封域也，乃凿一猪形，以丹涂之。世俗传讹可笑，大率类此。"

【杜昙永】晋时人。《仙鉴》卷三一：字符老，祖居三辅京兆（治在今陕西西安）人，晋室南渡后迁于吴郡钱塘（今浙江杭州）人。南齐时官豫章王国左常侍。梁天监中携门人钱文咏，乘舟载家南上玉笥山（今江西峡江县东南）。得胜地，构清真宫，萧子云助钱百万成之。梁武闻其风，赐号金阙先生。后于太白峰顶白日升天。家属为地仙，隐于后洞。

【杜宇】汉·扬雄《蜀王本纪》："有一男子名杜宇，从天堕至朱提（今四川宜宾西南），一女子名利，从江源井中出，为杜宇妻。乃自立为蜀王，号望帝，治于郫。百有余年，荆有一人名鳖灵，死后其尸溯江而上，至郫而复活，望帝以其为相。后发洪水，鳖灵治之，民得安处。鳖灵治水在外，望帝与鳖灵之妻私通，自惭德不如鳖灵，遂让位与鳖灵。鳖灵即位，号开明帝。望帝去位，正子规鸟鸣时，故蜀人闻子规而思望帝。"晋·常璩《华阳国志》卷三则云："杜宇称帝，号曰望帝，更名蒲卑。"而《禽经》引李膺《蜀志》云："望帝禅位之后，修道，化为杜鹃，或云化为杜宇鸟，至春则啼，闻者凄恻。"又《仙鉴》卷一〇："杜宇禅位与鳖灵，自居西山，得道成仙。"

【杜元阳】五代·何光远《鉴诫录》卷一"九转丹"条：会昌末，武宗皇帝酷求长生之道，访九转之丹。茅山道士杜元阳制药既成，白日轻举。弟子马全真得残药，诣京表进。上因饵之，遍体生疮，髭发俱脱，十日而崩。

【杜主】❶即杜伯。《史记·封禅书》云："雍菅庙亦有杜主。杜主，故周之右将军，其在秦中，最小鬼之神者。""索隐"案："《地理志》杜陵（今陕西西安东南），故杜伯国，有杜主祠四。《墨子》云：'周宣王杀杜伯不以罪，后宣王田于圃，见杜伯执弓矢射，宣王伏弢而死也。'"❷即杜宇。晋·常璩《华阳国志·蜀志》："蜀有王杜宇，教民务农，一号'杜主'。"

【杜子春】唐·牛僧孺《玄怪录》卷一：杜子春，周隋间人。少落拓，不事家产，纵酒闲游，资产荡尽。行长安中，遇一老人，与钱三百万，不告姓名而去。子春一二年间，稍稍而尽。既而自叹于市门，发声而老人到，又与钱一千万。纵适之情，又却如故，不一二年间，贫过旧日。复遇老人于故处，老人与三千万，曰："此而不痊，则子贫在膏肓矣。来岁中元，见我于老君双桧下。"子春遂转资扬州，买良田百顷，郭中起甲第，要路置邸百余间，悉召孤孀，分居第中。婚嫁甥侄，迁祔族亲，恩者煦之，仇者复之。既毕事，及期而往。老人遂与登华山云台峰，见一室，中有药炉，高九尺余，紫焰光发。老人持白石三丸，酒一卮，遗子春，戒曰："慎勿语。虽尊神恶鬼夜叉，猛兽地狱；及君之亲属，为所困缚万苦，皆非真实。但当不动不语，宜安心莫惧，终无所苦。当一心念吾所言。"言讫而去。道士去后，有凶神恶鬼夜叉及猛兽地狱来犯，子春俱不顾。又有牛头狱卒，执其妻来，鞭捶流血，或射或斫，或煮或烧，苦不可忍。

杜子春　历代圣贤半身像册

其妻号哭，春终不顾。将军遂敕左右斩子春。斩讫，魂魄被领见阎罗王，备受火坑镬汤、刀山剑树之苦，竟不呻吟。阎罗王令子春转世作女人。俄而长大，容色绝代，而口无声，其家目为哑女。亲戚狎者，侮之万端，终不肯对。嫁进士卢圭，恩情甚笃，生一男，仅二岁。卢抱儿与之言，不应，怒持两足，以头扑于石上，应手而碎，血溅数步。子春爱生于心，忽忘其约，不觉失声云："噫！"噫声未息，身坐故处，道士者亦在其前。初五更矣，见其紫焰穿屋上，大火起四合，屋室俱焚。道士叹曰："措大误余乃如是！"◆按：此种"十试"故事，又见于吕洞宾、萧洞玄诸人。可参看。

【杜子恭】晋时人。《宋书·自序》："钱塘人杜子恭，通灵有道术。东土豪家并京邑贵望并事之为弟子，执在三之敬。"晋·陶潜《搜神后记》卷二："有秘术。尝就人借瓜刀，其主求之，子恭曰：'当即相还。'既而刀主行至嘉兴，有鱼跃入舟中，破鱼而得刀。"◆按：其子杜运，运子道鞠，道鞠子京产，京产子栖，世传五斗米道不替。其门徒为孙泰，孙泰之侄则为孙恩，孙恩妹夫则为卢循。在南朝，子恭信徒甚多，其著者多为江南大族，史载沈约之高祖敬事子恭，孔稚珪之父居钱塘，每过子恭墓辄遥拜之。

【杜子微】晋·葛洪《抱朴子内篇·仙药》："杜子微天门冬，御八十妾，有子百三十人，日行三百里。"

【肚仙】清·俞樾《右台仙馆笔记》卷五："慈溪之俗，有所谓肚仙者。相传鬼于生前负人之钱，则入其人腹中。其人借鬼之力，为人招致亡者之魂，人必以钱酬之。偿满宿债，则鬼自去。有腹中止一鬼者，有数鬼同居一腹者。"清·尹元炜《溪上遗闻别录》卷二："嘉庆间，有妖见于（慈溪）南乡沈氏，能与人交言，自言姓王名秀英，然但闻其声，不见其形。有时凭窗而立，则淡妆雅饰，丰姿绰约。年余寂然，遂绝。或云：是家素奉肚仙，有老妇尝凭之以赚钱，老妇死，肚仙无所依，故久而见异如此。所谓王秀英者，盖即肚仙之灵。"又有一说，清·俞蛟《梦厂杂著》卷八《齐东妄言》："浙东西有'关肚仙'之技者，皆妇女为之。关，索取也。关肚仙云者，生人念死者不置，倩妇召之，告以其人之生卒年月日，少选，妇腹中乌乌作声，如泣如诉，倾耳以听，其言可辨不可辨，其事亦可信不可信，然亦有与其人生前事迹往往相合者。故世人信而不疑，竟呼之为'肚仙'云。"◆肚仙实即灵哥之一种。胡朴安《中华全国风俗志》下编"江苏"章述江湖有"管灵哥"者："业此者自谓有樟木神，能介绍已死之魂与生人接谈。喉间作声唧唧，闻者不明，必须其为之翻译，方能明了，谓之'管灵哥'。"按此"管"即"关肚仙"之"关"也。

【度朔君】精怪。晋·干宝《搜神记》卷一七：东汉末，袁绍在冀州时，有神出于河东，号度朔君，百姓为立庙，庙设主簿。陈留蔡庸为清河太守，过庙而谒，度朔君为召其亡子之魂。曹操讨袁谭，使人从庙换千匹绢，神不与。曹操遣张郃毁庙。未至二里，云雾绕张车，不知庙处。神语庙主簿："曹公气盛，宜避之。"后遣道人语曹操："欲修故庙，地衰不中居，欲寄住。"曹应之，治城北楼以居之。数日，曹公猎得一物，大如麂，色白如雪。夜闻北楼上哭曰："小儿出行不还。"曹公遂将数百犬绕楼下。犬突入，有物大如驴，自投楼下，犬杀之，神乃绝。

【度索君】《太平御览》卷九六八引曹丕《列异传》："袁本初时，有神出河东，号度索君，人共立庙。兖州苏士容母疾，往祷，见一人著白布单衣，高冠，冠似鱼头。度索君曰：'昔庐山共食白李未久，已三千年，日月易得，使人怅然。'去后，度索君曰：'此南海君也。'"◆按，此即"度朔君"，参见该条。

【duan】

【短狐】晋·葛洪《抱朴子内篇·登陟》："短狐，

一名蜮，一名射工，一名射影，其实水虫也。状如鸣蜩，大似三合杯，有翼能飞，无目而利耳，口中有横物角弩，如闻人声，缘口中物如角弩，以气为矢，因水中而射人。中人身者即发疮，中影者亦病，而不即发疮。不晓治之者杀人，不十日皆死。"明·邝露《赤雅》卷三："短狐，人所生也。《诗》曰'蜮'，《书》曰'射工'，《骚》曰'短狐'。斑衣山子（散居广西横州一带）插青衔弩，裸体兽交，遗精降于草木，岚蒸嶂结，盎然化生。狐长三寸，状若黄熊，口衔毒弩，巧伺人影，胎性使然。南海有虫，亦名水弩，能射人。以四月一日上弩，八月一日卸弩，与此不同。射工之毒，唯蟾能解之。"参见"蜮"条。

【段谷】宋·张师正《括异志》卷七"段谷"：段谷者，许州人，累举进士，家丰于财，后忽如狂，日夕冠帻，衣布袍白银带，行游讴吟于廛市中。遇其出入，则有闾巷小儿数十随而和焉，人以狂待之，不以为异。庆历末，病死，权厝于野，后数年营葬，发视，但空棺耳。

【段季正】梁·陶弘景《真诰》卷一四、《云笈七签》卷八五引《遁迹灵仙记》：段季正，代郡（今山西大同）隐士。晚从司马季主学道，为入室弟子。渡秦州（一作秦川）溺水而死。盖水解也。今在委羽山中。

【段璟】南宋时人。《仙鉴续编》卷四：字德瑱。袁州万载（今江西万载）人。天性悖谨，宋高宗绍兴五年，东南大旱，斗米千钱，璟尽发宿藏，只取常值，又赈粥以食饥者，所活不可胜计。忽厌人事，结庵于严田之山中，壁间多书"坦荡"二字。一旦会亲旧与叙别，曰"天帝召我"。人不以为然。经数日，忽凌云而去。◆《（康熙）袁州府志》卷一三作"字德祯"。

【段翳】东汉人。《后汉书·方术列传》：字符章，广汉新都（今四川新都）人。习《易经》，明风角。尝告守津吏曰："某日当有诸生二人荷担问吾住处，幸为告之。"后果然。有生来学，自谓学成辞归。翳为合膏药，并以简书封于筒中，曰："有急则发。"生至葭萌，与吏争渡，津吏挝破从者头。生发翳筒，正言此事。

【dun】

【敦圄】《淮南子·俶真训》："骑蜚廉而从敦圄。"高诱注："敦圄，似虎而小。"

【遁母】元·陶宗仪《南村辍耕录》卷二五：钱唐戴厚甫，精遁甲法。戴母常寝处楼上，忽一夕，惊见红光贯室，视之，乃一美妇人，独立榻前，自拔金钗遗母，既而无所见。母以语戴，答曰："适吾祭遁神，遂致此耳。遁母见，某必不久于人世矣。"由此悒悒不乐，逾数月，果卒。

【遁生】清·杨凤辉《南皋笔记》卷二《普贤洞记》：南宁之西南有真峰山，山半有弥陀崖，后有普贤洞。近世有遁生者，不识其姓名，自号遁生，隐居于此。一日有道士持黄金百镒、白璧一双与之，遁生不受；又遗之书，云读此可为帝王师，遁生亦不受。道士乃与之剑，曰："将助子成大道。"生喜而受之，剑入手即化为龙，遁生乘之而升，盖仙去矣。或谓道士即普贤所化云。

【duo】

【多目神】清·昭梿《啸亭杂录》卷一〇："《水浒》之王伦，《平妖传》之多目神，已见诸欧公奏疏及唐介记，王渔洋皆详载《居易录》矣。"按《三遂平妖传》第十八回："左瘸师祭起磨盘，飞往宋营，向文彦博帐中砸下，忽有一人拦腰抱住文彦博躲过一边。其人生得身材长大，面貌丑恶，道：'我不是军中人。我特来救你之命，报你向日一饭之恩。'写下'多目神'三个大字，忽然不见。原来文彦博未及第时，曾于一馆驿中宿歇，夜至三更，忽然起一阵狂风，见一人披发至案前，低头叉手，呼文为相，请赐酒食。自言：'我生得面貌丑恶，凡人见者皆被惊死，故不敢以面貌相见。'文彦博不信其说，其人分开头发，只见青脸上霍霍眨眨有十二只眼。文彦博见了亦惊骇，遂与他酒饭，其人吃罢，便道：'公相异日有难，我必来相救！'言罢，隐然而去。"◆清·王士禛《香祖笔记》卷一五："《平妖传》多目神，借用吕文靖事，指使马遂乃北寺留守贾魏公所遣，借作潞公耳。郑毅夫有《马遂传》严三点，已详予《居易录》。"按《居易录》卷二五云："今小说演义记贝州王则事，其中人亦多有依据，如马遂击贼被杀是也。其云成都神医严三点者，江西人，能以三指间知六脉之受病，以是得名，见《癸辛杂识》。"◆南齐·祖冲之《述异记》另记有多目之怪："炖煌索万兴昼坐厅事。斋中一奴子忽见一人牵一骢马，直从门入，负一物状如乌皮隐囊，置砌下便出门。囊自轮转，径入斋中，缘床脚而上，止于兴膝前，皮即四处卷开，见其中周匝是眼，动瞬甚可憎恶，良久又还，更舒合，仍轮转下床，落砌西去。兴令奴子逐至厅事东头灭，恶之，因得疾亡。"◆又《朱子语类》卷一二九记李沆微时事："李文靖重厚沉默，尝寓京师，亦少出入。一日忽有一轿至，下轿乃一盖头妇人，不见其面，然仪度甚美，入文靖房。久而出，众讶之，以为文靖如此，却引得这般人来，遂问之。文靖亦只依违应之曰：'亦言某前程之类，何足信?'深诘之，文靖曰：'诸公曾见其面乎? 一面都是目。'"◆另，太岁亦有说形体正方、遍身是眼者，见清·汤用中《翼駉稗编》。此书又有"多目怪"，见卷八"墩怪"条，附记之："江阴马姓移居一宅，有怪物长不满二尺，状极臃肿，满身皆眼，绿色烟烁如萤火，跃地登登然。每夜半即出，遇之辄病。偶一仆妇夜半小遗，物适至，以溺桶冒其首，怪不能动。烛之，则锻工木墩也。此宅距铁工住时已五易主矣。"

【**多闻天王**】佛教四大天王之一。即北方"毗沙门天王"，见该条。

【**夺衣婆**】据《预修十王生七经》《地藏十王经》等载：二殿初江王，系监视亡人渡河之冥官。盖人死后，于二七日时至此王之大殿，其间有奈河桥，河畔衣领树下有夺衣婆，待亡人至时，脱取其衣，交予悬衣翁，此翁将其衣悬于树枝，以量罪之轻重；若罪重而树枝下垂时，则为引路之牛头与催行之马头两鬼逐向王殿审判。

【E】

【e】

【讹兽】怪兽。汉·东方朔《神异经》：产于西南荒中，形如菟，人面能言，常欺人，言东而西，言恶而善。其肉美，食之则言不真。

【娥皇】西汉·刘向《列女传》卷一："帝尧之二女，长娥皇，次女英。四岳荐舜于尧，尧乃妻以二

娥皇女英　山海经图　蒋应镐本

女，以观其内。二女承事舜于畎亩之中，不以天子之女故而骄盈怠嫚，犹谦谦恭俭，思尽妇道。舜既纳于百揆，宾于四门，尧试之百方，每事常谋于二女。舜既嗣位，升为天子，娥皇为后，女英为妃。天下称二妃聪明贞仁。舜陟方，死于苍梧，号曰重华。二妃死于江湘之间，俗谓之湘君。"参见"湘君""帝女"条。

【鹅笼书生】梁·吴均《续齐谐记》："东晋阳羡（今江苏宜兴）许彦于绥安山行，遇一书生，年十七八，卧路侧，云脚痛，求寄彦鹅笼中。彦戏许之，书生便入笼。笼亦不更广，书生亦不更小。彦负笼而去，都不觉重。前息树下，书生乃出笼，乃谓彦曰：'向将一妇人自随，今欲暂要之。'于口中吐出一女子，年可十五六，容貌绝伦。俄而书生醉卧，此女口中吐出一男子，亦颖悟可爱。书生卧欲觉，女子吐一锦行幛，书生仍留女子共卧。男子谓彦曰：'此女子虽有情，心亦不尽，向复窃将女人同行。'男子又于口中吐出一女子。戏调甚久，闻书生动声，男曰：'二人眠已觉。'因取所吐女子，还

内口中。须臾，书生处女子乃出，更吞向男子，独对彦坐。书生既醒，还复吞此女子，诸铜器悉内口中。"◆按：唐·段成式《酉阳杂俎·续集》卷四亦引此，文稍异。◆按：此故事改自晋·荀氏《灵鬼志》，参见"外国道人"条。

【鄂王神】北宋·乐史《太平寰宇记》卷一一二："鄂王城，在鄂州（今湖北武昌）西北一百八十里。楚子熊渠封中子红于鄂，僭称王，居此城。《九州记》曰：今武昌是也。今鄂人祀鄂王神，即遗像也。"

【阏伯】《春秋左氏传》昭公元年：子产曰："昔高辛氏有二子，伯曰阏伯，季曰实沈，居于旷林，不相能也。日寻干戈，以相征讨。后帝不臧，迁阏伯于商丘，主辰。商人是因，故辰为商星。迁实沈于大夏，主参。"又襄公九年："陶唐氏之火正阏伯居商丘，祀大火，而火纪时焉。"《宋史·礼志六》："大火之祀。康定初，南京鸿庆宫灾，集贤校理胡宿请修其祀，而以阏伯配焉。礼官议：'阏伯为高辛火正，实居商丘，主祀大火。后世因之，祀为贵神，配火侑食，下历千载，遂为重祀。然国家有天下之号实本于宋，五运之次，又感火德，宜因兴王之地，商丘之旧，为坛兆祀大火，以阏伯配。'"因阏伯对

萼绿华　列仙酒牌

宋朝的特殊意义，故宋又封其为"商丘宣明王"。
◆《木郎祈雨咒》注："南方荧惑神君下有阏伯神君。阏伯神君又名火铃大帅。"

【萼绿华】梁·陶弘景《真诰》卷一："年可二十上下。晋穆帝升平三年，降于永州（今湖南零陵）羊权家，自云南山人。一月六过其家。自云本姓杨，又云为九疑山（在湖南宁远南）得道女罗郁。前世曾为师母，毒杀乳妇。玄洲以先罪未灭，故令谪降于臭浊，以偿其过。年已九百岁。"◆按："师母"即女巫，世之"仙姑"多为女巫，此亦一证。◆南宋·叶梦得《避暑录话》卷下："《真诰》载萼绿华事，细考之，近今之紫姑神，晋人好奇，稍缘饰之尔。紫姑神止为诗文，自托于仙，不与人相接，而萼绿华事乃近亵，岂有真仙若此哉？"

【en】

【恩仇二鬼】古人甚重科场，以为功名与本人及祖先阴德有关，故考场之上，鬼魂可报德报怨。此类故事最早见于宋人笔记，惟尚无"恩鬼""仇鬼"之名耳。至明季，遂有恩仇二鬼之说，且成闱中俗习，每于点名之前，必先召恩仇二鬼入场。清·闲斋氏《夜谭随录》卷二："举子入场之前一夕，职事官公服致诚，以召鬼神。请神以红旗，招家亲以蓝旗，引恩怨鬼以黑旗。召讫，插三色旗于明远楼四角，吏且招且呼曰：'有冤者报冤，有仇者报仇'"云云。该书记科场怪异八则，有缢死于场屋者，有为鬼污考卷者，有自拔其舌而死者，有见鬼以交白卷者，皆仇鬼所为。◆然亦有不信此邪者。清·钱泳《履园丛话》卷一五"张抚军退鬼"条："张伯行抚苏时，值江宁乡试，公为监临。故例，将点名，先召恩仇二鬼进。公大怒，正色而言曰：'国家取士大典，一切关防严肃，岂许纷纷鬼祟进场骚扰耶？'是科南闱无一病者。"

【恩情神】清·屈大均《广东新语》卷六：番禺石壁有恩情神者。昔有男女二人，于舟中目成，将及岸，女溺于水，男从而援之，俱死焉。二尸浮出，相抱不解，民因祠以为恩情庙。

【恩州仙人】五代·杜光庭《录异记》卷一：恩州（今广东恩平北）大江之侧崖壁万仞，高处有洞，门中有仙人。江中船人呼之，往往即出。多著紫衣，下窥江岸，踌躇久之方去。

【恩主公】沈平山《中国神明概论》第四章：前人对地方设垦，或阴佑有功，后人设祠怀祀之，称为恩主公。台北奉关羽，金门浯地奉陈渊。按陈渊，唐贞元时为牧马监，始辟浯地。

【er】

【尔朱洞】《仙鉴》卷四五："尔朱洞，字通微，不知何许人。少遇异人，授还元抱一之道，炼大丹不死之方，因自号归元子。唐懿宗时至蓬州（今四川仪陇南），隐山中石室。久之，复舍去，卖药于蜀汉间。其行飘然，时啖猪血灌肠，饮酒吟诗。唐昭宗大顺中，王建围成都，通微在城内，摄建三军入席笼中，建与

尔朱洞　列仙全传

军皆见有神乘黑云，叱其入城不许扰民。后建入成都，果束兵，民得全济。往客果州（今四川南充），尝大醉，吐丹于井，曰：'后当为良药，炎夏病疫者饮之辄愈。'卖丹于市，价十二万。刺史召问其值，更增十倍。刺史怒，以竹笼盛之，沉于江。至涪州（今重庆涪陵区），有渔人石姓者网得之，尔朱投以丹，二人俱仙去。"◆按："遇石"事又有二说。宋·陶岳《五代史补》卷一："尔朱先生，忘其名，蜀人也。遇异人与药一丸，曰：'今若服之，必死；若见浮石而后服之，则仙道成。'自是每遇石必投于水，欲其浮。如此一纪，人皆以为狂。因游峡上，遇一叟，问其姓，曰姓石，其地为涪州。先生乃悟'浮石'之言，服前药而轻举。"又苏轼《东坡志林》："尔朱道士晚客于眉山（今四川眉山），自言：'受记于师，云：汝后遇白石浮，当飞仙去。'尔朱虽以此语人，亦莫识所谓。后去眉山，客于涪州，爱其产丹砂，遂止，炼丹数年，竟于涪之白石县仙去。"◆明·洪应明《仙佛奇踪》卷三有归洞，字微通，自号归元子。应是尔朱洞之误。◆四川民间或做"尔诸仙"，见卫惠林《酆都宗教习俗调查》。

【尔朱通微】《（嘉靖）四川通志》卷三八之三"尔朱真人"条：名通微，号归元子。卖丹于市，价十二万云云。◆按：此即尔朱洞。又明·洪应明《仙佛奇踪》卷三有归洞，字微通，自号归元子，亦为尔朱洞之误。

【耳报神】即"樟柳神"之类。唐·段成式《酉阳杂俎·前集》卷八："道士秦霞霁，少勤香火，存想不息。尝梦大树，树忽穴，有小儿出。因惊觉。自是休咎之事，小儿仿佛报焉。"明·王士性《广志绎》卷四："奉新有樟柳神者，假托九天玄女之术，俗名'耳报'。"清·平步青《霞外攟屑》卷五"樟柳神"条："此即今之樟柳神、耳报法之所为也。"参见"樟柳神""鸣童""灵哥"各条。明·王兆云《挥麈新谈》卷下"樟柳神"条亦云："耳报之术有数端，其一不必生人魂爽，只以草木合而为之，如世传樟柳神。"

【耳神】纬书《龙鱼河图》："耳神名娇女。"

【耳鼠】《山海经·北山经》："丹熏之山，有兽焉，其状如鼠，而菟首麋身，其间如獳犬，以其尾飞，名曰耳鼠，食之不睬（大腹也），又可以御百毒。"清·吴任臣

耳鼠　山海经图　胡文焕本

《广注》案："即鼯鼠，飞生鸟也，状如蝙蝠，暗夜行飞，其形翅联四足及尾，与蝠同，故曰以尾飞。"郝懿行《笺疏》云："疑即《尔雅》之'鼯鼠，夷由'。耳、鼯、夷并声之通转。其形肉翅连尾足，故曰尾飞。"

【二八神】《山海经·海外南经》："有神人二八，连臂，为帝司夜于此野。在羽民东。其为人小颊赤肩，尽十六人。"郭璞注："昼隐夜见。"杨慎《补注》："南中夷方或有之，夜行逢之，土人谓之夜游神，亦不怪也。"郝懿行《笺疏》："薛综注《东京赋》云：'野仲、游光，恶鬼也，兄弟八人，常在人间作怪害。'按野仲、游光二人，兄弟各八人，正得十六人，疑即此也。"袁珂云：此帝即天帝。

【二皇君】皇初起称"大皇君"，皇初平称"二皇君"，见宋·倪守约《金华赤松山志》。详见"皇初平"条。

【二郎独健】为毗沙门天王之二子。据张政烺先生

《〈封神演义〉漫谈》，毗沙门天王即托塔李天王之原形，天王有五子，二子为独健，则是后世所传"杨二郎"之原形。据唐·不空译《毗沙王仪轨》后附记事一段，唐天宝间，大食、康居等五国围安西，唐接安西请援之表，因路远难及，玄宗遂唤不空和尚请毗沙门天王神兵应援。不空作法，玄宗忽见有神将率二三百神兵立于道场。不空曰："此是毗沙门天王第二子独健，领神兵救安西，特来辞行。"至其年四月，安西来表，云二月十一日城东北三十里，忽有三五百人，身长一丈，金甲。五国大惧，遂退兵。而五国诸营兵甲弓弦先已被金鼠咬断而不能用。新疆吐鲁番壁画中有天王图，其中人物二郎独健及金鼠尤为突出，可见二郎独健在当地的影响。当独健演变为二郎神，金鼠则演变为哮天犬。如是则二郎神与托塔天王本为父子，与哪吒则是兄弟。明人小说《封神演义》中杨戬仍为李靖外甥，而元人杂剧中，二郎神虽名赵昱，但与哪吒却是兄弟。另明·吴承恩《西游记》陷空山无底洞之鼠怪，为李靖干女儿，哪吒之义妹，实亦安西金鼠之变形。

【二郎神】二郎神妇孺皆知，但究竟为何许人，向来说法不一，大致有如下几种：❶李冰。南宋·朱熹《朱子语类》卷三："蜀中灌口（在四川都江堰）二郎庙，当时是李冰，因开离堆有功，立庙。"南宋·曾敏行《独醒杂志》卷五："蜀道永康军

二郎独健　行道天王图

（今四川都江堰）城外崇德庙，乃祠李太守父子。太守李冰尝守其地，有龙为孽，太守捕之。祠祭甚盛，每岁用羊至四万余。江乡人今亦祠之，号曰'灌口二郎'。"❷李冰之子李二郎。《宋会要辑稿·礼二〇》"郎君神祠"云："仁宗嘉祐八年，诏永康军广济王庙郎君神，特封灵惠侯。神即李冰次子，川人号护国灵庆王，开宝间命去王号。至是军民上言，神尝赞助其父除水患，故有是命。"《都江堰功

小传》："二郎为李冰仲子，喜驰猎，与其友七人斩蛟。"《清文献通考》卷一〇六《群祀考下》："雍正五年封李冰为敷泽兴济通佑王，其子李二郎为承绩广惠显英王，令地方官春秋致祭。"❸清源妙道真君赵昱。《（康熙）常熟县志》卷一三："神赵昱立庙灌江，呼灌口二郎神。"清·俞樾《茶香室丛钞》卷一五："昱斩蛟时年二十六。按此则灌口二郎神又似即赵昱矣。其年少而行二，与所谓二郎者颇合，岂后人失其传而误以为李冰之子邪?"❹杨二郎杨戬。出于明许仲琳《封神演义》，时为最近，亦最为民众所认可。❺邓遐。❻二郎独健。以上俱见各专条。❼近人李思纯《江村十论》之《灌口氏神考》，以为二郎神原型本于羌族牧神。杨二郎即南朝时氏族首领杨难当。◆按：据《舆地纪胜》引五代杜光庭《水记》，辅李冰治水者有杨磨，李冰既称大郎，则杨磨称二郎亦非不可。疑北宋之杨二郎即二郎独健与杨磨的混合物。参见"杨磨"条。◆除灌口二郎神之外，尚有几种二郎神：❶宋人词牌有"二郎神"，南宋·吴曾《能改斋漫录》卷一以为乃"大郎神"之误："唐《乐府杂录》曰《离别难》，武后朝有一士人陷冤狱，籍其家，妻配入掖庭，善吹觱篥，乃撰此曲以寄情焉。初名'大郎神'，盖良人行第也。既畏人知，遂三易其名，曰'悲切子'，又曰'怨回鹘'，乃以大为二，传写之误。"按：此说甚勉强。❷又有"和合二郎神"，即和合二仙也。明·田艺蘅《留青日札》卷二八"二郎三郎神"条："和合二郎神，市井商贾所祀者。"按此二郎乃指"二位郎君"，非行二之一人也。❸又梨园祖师神亦称二郎神。汤显祖有《宜黄县戏神清源师庙记》，中云："予闻清源，西川灌口神也，为人美好，以游戏而得道，流此教于人间。讫无祠者。子弟开呵时一醵之，唱罗哩而已。予每为恨。"此二郎为灌口二郎，是汤义仍一人之见，并未得到梨园界承认。故清·杨懋建《京尘杂录》卷四云："伶人所祀之神，《笠翁十种曲·比目鱼传奇》但称为二郎神，而不知其名。"按：此梨园之二郎神应即灌口二郎。梨园界有一行神西秦王爷，其像旁塑一犬，应即"哮天犬"之遗制。故不仅此二郎为灌口二郎，即西秦王爷亦当与灌口二郎有关。❹明·沈德符《万历野获编·补遗》卷四："蹴鞠家祀清源妙道真君，初入鞠场子弟必祭之，云即古二郎神，又云即徐知证、知谔。余思二徐已祀于京师灵济宫，恩宠逾制，何又司白打之戏耶？是未必然。"◆张政烺先生《〈封神演义〉漫谈》云："灌口李冰

庙流传已久，二郎神传到灌口大约在唐代后期，后来居上，庙大位尊，李冰的小庙遂处于偏殿配享的地位。二郎神是外来的，与李冰本无关系。后人为他们拉关系，或说二郎即李冰，或说为李冰之子，都说不圆满。"

【二老爷】清·慵讷居士《咫闻录》卷一〇：六祖弘忍在韶州（今广东韶关）时，曾收蛟为徒，亦成正果。六祖惧其悍性复萌，封窆其殖，复铸造七尺之塔镇之，木刻其像，供奉于前，极灵异，善嗜酒。韶下土民咸称为"二老爷"。

【二圣】五代·孙光宪《北梦琐言》卷九："公安县（今湖北公安北）寺有二金刚神，土人号曰'二圣'，亦甚有灵。"南宋·洪迈《夷坚支志·景集》卷一〇"公安木手"条亦述及此寺神："所事神俗称二圣，曰青叶髻如来，曰楼至得如来，灵效彰著。"南宋·范成大《吴船录》卷下："公安县二圣寺，二圣之名，江湖间竞尚之，即在处佛门寺两金刚神也，此则迁之殿上。其发迹灵异大略出于梦应，云是千佛数中最后者，一名娄至德，一名青叶髻。江岸善溃，或时巨足迹印其处，则溃止。"南宋·陆游《入蜀记》卷三则云："二圣报恩光孝禅寺。二圣谓青叶髻如来、娄至德如来也，皆示鬼神力士之形，高二丈余，阴威凛然可畏。正殿中为释迦，右为青叶髻，号大圣，左为娄至德，号二圣。予按藏经驹字函，婆罗浮殊童子成道为青叶髻如来，青叶髻如来再出世为楼至如来，则二如来本一身耳。碑言：邑人一夕同梦二神大言：'我青叶髻、娄至德如来也。有二巨木在江干，我所运者，俟部行者来，令刻为我像。'已而果有人自称部行者，又善肖像，邑人欣然请之，像成，人皆谓酷类所梦。然碑无年月，不知何代也。"参见"金刚"条。

【二十八宿】星神二十八宿之人格化。《云笈七签》卷二四记二十八宿星神姓名，如角星神，阳神九人，姓宾名远；亢星神，阴神五人，姓扶名司马云云，甚繁琐无谓。较为人熟知的则是《星禽衍法》中的二十八宿：角木蛟、亢金龙、氐土貉、房日兔、心月狐、尾火虎、箕水豹、斗木獬、牛金牛、女土蝠、虚日鼠、危月燕、室火猪、壁水㺄、奎木狼、娄金狗、胃土雉、昴日鸡、毕月乌、觜火猴、参水猿、井木犴、鬼金羊、柳土獐、星日马、张月鹿、翼火蛇、轸水蚓。又唐·段成式《酉阳杂俎·前集》卷三载佛书之二十八宿具名及形象。明·钱希言《狯园》卷一一"二十八宿"条："相传高皇帝一日步月下，仰观玄象，忽召侍臣开济问曰：

'古云二十八宿，信有之乎？'济对曰：'岂惟有神，莫不有形。以陛下精诚，可因祭享而致也。'于是命太常择日设二十八位，试其来否。即命开济主祭，祭毕验之，褥上隐隐有列兽形，惟娄、觜两星不来。上曰：'此二星何为不至也？'对

二十八宿之东方七宿
河北石家庄毗卢寺

曰：'已在人间久矣。'上曰：'应象者谁？'济曰：'陛下即娄金狗，臣乃觜水猿也。'又据野史载，则云周颠在匡山林寺，宫殿侍从，俨然王者威仪，中有二十八室。颠谓使者曰：'二十八室者，经天之宿也，递为人世主。汝方御宇，故一室扃鐍，虚无人焉。'其说又如此。然释典中，此二十八宿皆言形状甚悉，当用何物祭之，其说更详，不独支干家以九州分野分配而已。"参见"二十七仙"条。

【二十七仙】五代·杜光庭《神仙感遇传》卷五："唐开元中，玄宗皇帝梦二十七仙人云：'我等二十八宿也，一人寓直，在天不下。我等寄罗底间三年矣，与陛下镇护国界，不令戎虏侵边。众仙每易形混迹游处耳。'既寤，敕天下山川郡县，有'罗底'字处访之，于宁州东南五里，有地名罗川，川上有县，县以川名。有罗州山，石室宽博，中有石像二十七真，得之以进。"北宋·文莹《玉壶清话》卷一记有人梦游至一道宫，中有一金龙蟠踞床上，旁有绿衣道士，称："此亢宿之宫也。"是二十八宿亦各有宫室。又宋·李石《续博物志》卷四亦有类似故事，可参看。

【二十三真人】梁·陶弘景《真诰》卷一记二十三真人、十五女真姓名仙秩。二十三真人为：东岳上真卿司命君，东宫九微真人金阙上相青童大君，蓬莱右仙公贾宝安，清虚小有天王王子登，桐柏真人右弼王领五岳司侍帝晨王子乔，青盖真人侍帝晨郭世幹，戎山真人太极右仙公范伯华，少室真人北台郎刘千寿，蟠冢真人左禁郎王道宁，大梁真人魏显仁，岷山真人阴友宗，陆浑真人太极监西郭幼度，九嶷山侯张上贵，岱宗神侯领罗酆右禁司鲍元节，华山仙伯秦叔隐，葛衍真人周季通，阳洛真人淳于

太玄，潜山真伯赵祖阳，勾曲真人定录右禁郎茅季伟，郁绝真人裴玄人，白水仙都朱交甫，三官保命司茅思和，太和真人山世远。

【二十四神】见"身神"条。

【二十四天】佛教在"二十天"外另加入紧那婆迦尊天（即紧那罗）、阿修罗、星宫、雷神尊天。四川新津观音寺壁画有二十四天，东壁为坚牢地天、梵王尊天、持国天王、广目天王、金刚密迹、韦驮尊天、菩提树天、婆竭罗王尊天、月宫尊天、摩利支尊天、紧那婆迦尊天；西壁为大辩才天、帝释尊天、增长天王、多闻天王、阿修罗、散脂大将、鬼子母、摩醯首尊天、日宫尊天、阎摩罗王、星宫、雷神尊天。

【二十天】天即天神。佛教寺庙多有"二十天"壁画或塑像，其目如下：一大梵天王，二帝释尊天，三多闻天王，四持国天王，五增长天王，六广目天王，七金刚密迹（密迹金刚），八摩醯首罗（大自在天），九散脂大将，十大辩才天，十一吉祥天（大功德天），十二韦驮天，十三坚牢地神，十四菩提树神，十五鬼子母神，十六摩利支天，十七日宫天子，十八月宫天子，十九裟竭龙王，二十阎摩罗王。详见各条。

【二司神】清·屈大均《广东新语》卷六：崖州（今海南三亚西）有二司神。一日神降魂于童子，曰欲与萧公斗法。于是二司神各发马脚，马脚者，神所附之人也，以枪自刺其腹，洞贯焉，刺咽亦如之。有病者许火棚，既愈，如数伐薪，请二司神酬愿。病者率众舆二司神，跣行烈焰中，毫发无损。

【二童】清·汤用中《翼駉稗编》卷三"二童致雨"条：山西榆次县北门外有二童祠，祷雨辄应。二童一姓乔，年十二，一姓李，年十三。前明嘉靖丁巳岁大旱，遍祷山川不雨。里人令二童执香祷于竿山，七日不应。二童相与恸哭，日夜不绝，不食，至夜潜往社稷坛自缢死。遍觅得尸，葬于坛侧。越日大雨，群见空中二童指挥。

【二王】❶四川灌县（今都江堰）有"二王庙"，祀李冰、二郎父子。因雍正间封李冰为敷泽兴济通佑王，二郎为承绩广惠显英王，故称"二王"。❷即仰山神。宋·张淏《云谷杂记》卷三："袁州（今江西宜春）仰山有二王神祠，其灵甚著，士大夫往来者多祈梦于祠下。淳熙十一年，汤璹经过，是夜梦一贵人姓萧云云。次日视庙碑，始知神姓萧。"参见"仰山二王"条。

【二王爷】台湾地区丛祠。相传为郑成功之二弟，

由嘉义讨贼至永康，坠马殒命，居民建庙祀之。考该庙咸丰七年重建碑记，谓崇祀关圣帝君，旁立二王，由此证之，则二王为二神，非所传郑成功二弟一人也。又郑成功二弟随其爷郑芝龙降清，曾南下劝降，后复北上，与台地无任何关系。见仇德哉《台湾之寺庙与神明（四）》。

【二相公】孔子弟子子游、子夏。又称"二相"。南宋·王栐《燕翼贻谋录》卷四："京师试于礼部者，皆祷于二相。二相者，子游、子夏也。子游为武城宰，子夏聘列国，不知何以得相之名。"南宋·费衮《梁溪漫志》卷一〇有"二相公庙祈梦"一条："京师二相公庙，世传子游、子夏也，灵异甚多，不胜载，于学子问得失，尤应答如响。"南宋·洪迈《夷坚志》多载祈梦于二相公事，是宋时香火甚盛。然清·梁绍壬《两般秋雨盦随笔》卷三"祈梦"条亦言俗以子游、子夏掌梦。是此习至明清时不衰也。◆二相公神有左右二童子。《夷坚乙志》卷一九云："京师二相公庙在城西内城脚下，举人入京者，必往谒祈梦，率以钱置左右童子手中，云最有神灵。"

【二徐真君】明·王圻《续文献通考》卷七九《群祀考》："永乐十五年三月，建洪恩灵济宫于北京，祀徐知证、知谔。知证、知谔为徐温子。及徐知诰（李昇）代杨氏有国，封知证为江王，知谔为饶王。尝帅兵入闽靖群盗，闽人德之，立生祠于金鳌峰北。未几相继化去，降神于闽，累著灵应。宋高宗赐额灵济。是年帝初疾，医药罔效，祷之即瘳，乃立庙于皇城西，封金阙、玉阙真人。十六年改封真君。神父亦封真君，母配皆仙妃。宪宗成化二十二年，加称上帝，父母及配称圣帝、元君。"《明史·方伎传》："成祖时，礼部郎周讷自福建还，言闽人祀南唐徐知谔、知海，其神最灵。帝命往迎其像及庙祝以来，遂建灵济宫于都城，祀之。"明·黄瑜《双槐岁抄》卷三"洪恩灵济宫"条："永乐丁酉二月建洪恩灵济宫于北京皇城之西，祀徐知证及其弟知谔。文皇帝遣人祷祠辄应。间有疾问神，神降鸾书药味，如法服之，每奏奇效。于是封知证为九天金阙明道达德大仙、护国庇民洪恩真君，知谔为九天玉阙宣化扶教上仙、辅国佑民洪恩真君。"◆明·沈德符《万历野获编·补遗》卷四"二徐真君之始"条："福建之祀，谓二徐提兵平福建，闽人德之，图像以祀，至宋而赐今额。按徐氏专政时，全闽尚为王延钧所据，至王曦遇弑，延政乱国，南唐遣查文徽、边镐等入闽取其地，寻为留从效所据，而福州入于吴越钱氏。是时李昇篡位已久，其

子璟嗣位，二徐足迹何由涉闽境也？则不但本朝祀典为不经，并宋时君臣于近代事亦殊愦愦。"黄虞稷《蟫窠别志》曰："南唐前后遣将攻闽者，具载于史，未尝有知证、知谔领兵之事。则所云屯兵金鳌峰下者，妄也。且知谔之死在升元三年，知证卒于保大五年。云兄弟相继化去，尤妄之妄矣。"明·于慎行《谷山笔麈》卷一七："二子平生皆以凶德取败，不保其身，而列于诸神之祀，未审其由。世传（明）成祖有疾，尝梦二神进药，故崇祀之。然其祀不始于国初也。今京师禁城之西及福州城外皆有灵济宫。"

【二禺君】清·屈大均《广东新语》卷三：二禺在中宿峡。相传轩辕二庶子，长名太禺，次名仲阳，降居南海，与其臣名初、名武者隐于此。太禺居峡南，仲阳居峡北，故山名二禺，在南者曰南禺，在北者曰北禺。太禺、仲阳称二禺君。

【贰负】《山海经·海内西经》："贰负之臣曰危，危与贰负杀窫窳。帝乃梏之疏属之山，桎其右足，反缚两手与发，系之山上木。"按《海内北经》云："贰负神在其（鬼国）东，其为物

贰负臣危　山海经图　蒋应镐本

人面蛇身。"是贰负为神名。其名"贰负"，颇疑本为窫窳之臣，因怀贰心，遂纠其臣危叛杀其君。天帝知此事，遂梏贰负于疏属之山。郭璞注曰："汉宣帝使人上郡发盘石石室，中得一人跣裸被发，反缚，械一足。以问群臣，莫能知。刘子政按此言对之，宣帝大惊。于是时人争学《山海经》矣。"此言"一人"，即指贰负。吴任臣《广注》案："王充《论衡》云'董仲舒睹重常之鸟，刘子政晓贰负之尸'，李商隐《启》'共工、蚩尤之辈，与贰负同袍'，王世贞《类隽序》'贰负见表于中山'，卢柟《放招赋》'贰负反缚石室圜且'，又诗'贰负缚瞑间，石室梏两足'。"可证梏于石室者为贰负，而非贰负之臣危。任臣又云："《宛委余编》云：刘向识贰负桎梏之尸，盖僵尸数千年不朽者也。今鄠溪水侧有重人穴，穴中有僵尸，不知年载。又记云，人以五月五日生者尸不腐。皆此之类。"

【F】

【fa】

【发冠仙姑】明·朱国桢《涌幢小品》卷二九：当阳县（今湖北当阳）极真万寿宫，发冠仙姑封悟玄参化妙靖真人寓迹之所也。仙姑本济宁肥城（今山东肥城）农家女，俗姓田，后归同村孙氏。自合卺，其家数有妖，以新妇为不利，逐之。无所适，距村十数里有槐如幄，横生洞上，下深不测，仙姑泰然处其上者数月，风雨皆不及，虎狼不敢逼。后居于西郊丛祠中，年少见而亵之，俄而媒者若空悬，去地尺，呻吟若被挞。未几居于东原民家，其家礼之甚至。最后居于滕县峄山（在今山东邹城南）。有辟谷术，日唯啖枣数颗，不言不笑。自归道二十余年，首未尝栉沐，发皆上生丛合，高尺余，其端旋结如云。乡里异之，因目为"发冠仙姑"。

【发神】纬书《龙鱼河图》："发神名寿长。"唐·段成式《酉阳杂俎·前集》卷一一："发神曰玄华。"明·杨宗吾《检蠹随笔》卷五："白乐天《和祝苍华》诗末云：'苍华何用祝，苦辞亦休吐。'苍华，发神名。"

【法灵公】即"万回"。宋·高承《事物纪原》卷七：唐中宗神龙二年号万回曰法灵公。

【法喜】《太平广记》卷九一引《大业拾遗记》：隋炀帝时，南海郡送一僧，名法喜。于时内造一堂新成，师忽升堂观看，因惊走下阶，回顾云："几压杀我。"其日中夜，天大雨，堂崩，压杀数十人。其后又于宫内环走，索羊头。帝闻而恶之，以为狂言，命锁于一室。数日，三卫于市见师。所司检验所禁之处，门锁如旧，开户入室，见袈裟覆一丛白骨，锁在项骨之上。至日暮，师还室内，或语或笑。守门者奏闻，敕所司脱锁，放师出外，随意所适。有时一日之中，凡数十处斋供，师皆赴会，其间亦饮酒啖肉。俄而见身有疾，常卧床，去荐席，令人于床下铺炭火，甚热。数日而命终，火炙半身，皆焦烂，葬于香山寺。至大业四年，南海郡奏云："法喜见还在郡。"敕开棺视之，则无所有。

【法主公】沈平山《中国神明概论》第五章："道教有法主公派及三奶派，三奶派主治产厄，法主公派主治邪煞。嘉义朴子、布袋一带的神庙多供九龙三公。九龙是指福建永春州的九龙湖，三公是指张、萧、章三道人，又有指为张、萧、洪的。相传法主公姓张名自观，闽清（今福建闽清）人，修行于蕉溪山石鼓岩。宋绍兴间，与萧、章二圣同降妖魅。"仇德哉《台湾之寺庙与神明（四）》："又称张圣公、张圣

法主公　民间神像

真君、张公法主、都天圣君、张公圣君、张法主圣君，为福建永春、安溪一带居民所笃信之神。相传法主公为宋代人，姓张，兄弟三人闻福建永春州九龙潭石牛洞有一数千年之大蛇，能化人形，为害地方，每年需献活人祭之，否则即有水患、风灾、虫害，民不聊生。三人入洞制服大蛇，化为青烟，升为天神。百姓安居乐业，建庙祀之，尊为法主公。今法主公神像手持一蛇，即本此说。其来源另有一说：福州桥下有一深渊，渊底有庙，庙门三千年一开，而渊中常有鳄鱼求食。如有人能入渊参拜此庙，当可获无上法力。某日法主公以狗饵鳄鱼，鳄鱼甚喜，以尾写出'如山大法力'五字。由此百姓以鳄鱼为寺庙使者，咸信法主公已获无上威力，建庙祀之。并云法主公能惩恶奖善，每月两次上天，报告人间善恶云。"

【fan】

【翻山大王】南宋·王明清《投辖录》：熙宁中，内侍高伟使蜀，道由华阴，正值华山崩，石坠，压二十七村，百余里平地为山。后山下立庙，其神为翻山大王。

【凡八兄】《太平广记》卷三〇引五代·杜光庭《仙传拾遗》：唐初，隋太子勇之孙杨德祖，性好道，以金丹延生为务，家赀尽于炼丹。一日，有凡八兄者忽诣其家，谈玄虚，论方术，德祖甚崇信之。而凡八嗜酒贪吃，昼出夜还，不畏街禁。德祖委曲事之，有求必备。淹留数月，一日，令德祖投鼎釜之属于丹炉，自投散药于炉中，乃闭户与德祖步于庭，自云为太极仙人，愿与子远游。二人闲步约三十里，德祖觉倦，凡八兄云："此去长安已千里。"又乘一白兽行，须臾已八万里。德祖思家，凡八兄云："果有俗念！"便命白兽送杨回长安。杨至家，丹炉中黄白灿然，而凡八不可见矣。后凡八兄遣仆来召德祖，德祖从之去，不复还。

【樊夫人】晋时女子。晋·葛洪《神仙传》卷六："刘纲之妻。纲仕为上虞（今浙江上虞）令，有道术，能召致鬼神，禁制变化。民受其惠，无水旱疫毒，岁岁大丰。暇日，刘纲常与樊夫人坐堂上较其法术，而纲多不能胜。将升天，厅侧有大皂角树，刘纲升树数丈方能飞举，而夫人平坐，冉冉如云气之升。"

樊夫人与刘纲　列仙全传

◆至唐贞元中，樊夫人下降于湘潭，度女子逍遥而去。唐长庆中，裴航游湘渚，遇樊夫人于舟，乃国色。参见"湘媪""逍遥""裴航"诸条。

【樊哙】南宋·方勺《泊宅编》卷中："今西北屠者皆祭樊哙。"明·谢肇淛《文海披沙》卷七"祭古人"云屠户祭樊哙。按：《史记》哙传言其起自屠狗，故屠户奉为行神。据明·沈德符《万历野获编》卷三〇"樊哙祠"条："楚中土司尊奉樊哙，在在敬事，杀人亦献首于庙。俗能徒手致虎，縻而生祭之，方敢开剥。不知狗屠有何神灵，独飨此方尊礼至今也。"

樊哙

◆《（雍正）江西通志》卷一五九："芝山有宝福侯庙，神为樊哙。旧庙在山顶，曰鹿头大王庙。"

【樊英】东汉时人。《后汉书·方术列传》："字季齐，南阳鲁阳（今河南鲁山）人。习《京氏易》，明五经，善风角、星算，推步灾异。隐于壶山之阳，受业者四方而至。尝有暴风从西方起，英谓学者曰：'成都市火甚盛。'因含水西向喷之。后有客自蜀来，问之，云：'是日大火，有黑云从东起，须臾大雨，火遂得灭。'安帝时征为博士，顺帝时征为五官中郎将，俱称疾辞归。"又见晋·干宝《搜神记》卷二。◆按：郭宪、栾巴、佛图澄等皆有噀酒救火事。

【繁阳子】见梁·陶弘景《真诰》卷一三，未言其姓名，仅云为服石脑而得仙者。而卷一四则云："汉越骑校尉何苗，字叔达，为何进之同母弟。少好道，曾居河东繁山之南服食，故自号繁阳子。"按《后汉书》，何苗为何进异母弟，官车骑将军，与阉党勾结而被诛，何来好道服食事？

【反鼻虫】见"蝮虫"条。

【反舌民】《淮南子·墜形训》海外三十六国，其中有"反舌民"，高诱注云："语不可知而自相晓。"而《吕氏春秋·功名》"反舌殊乡之国"，高诱注："南方有反舌国，舌本在前，末倒向喉，故曰反舌。"一人而两注全然不同。按反舌民即《山海经·海外南经》之"岐舌国"。郝懿行《笺疏》以为《山海经》古本应作"反舌"，"反""支"字形相近，误为"支"，而"支""枝"字通，"枝"又误为"岐"。

【饭箩仙】沈平山《中国神明概论》第三章：紫姑，江苏昆山人称"饭箩仙"。

【范豹】《仙鉴》卷二八：巴西阆中（今四川阆中）人，久住支江百里洲，修太平无为之道。临日嘘漱，项有五色光。冬夏唯单衣。桓温时头已斑白，至宋文帝元嘉中状貌不变。其占吉凶，虽万里事皆如指掌。自云曾见周武王伐纣。时元凶劭为太子，豹过东宫，指曰："此中有博劳鸟，奈何养贼不知？"文帝恶之，敕豹自尽，埋于新亭。后发其棺，无尸。明年其弟子见豹入门如旧日。◆按：此与"范豺"应是一人。见该条。

【范伯慈】梁·陶弘景《真诰》卷一四：桂阳（郡治在今湖南郴州）人。忽得狂邪，卧床经年，家赀耗尽而病不愈。于是事沈敬为道士，病愈后入天目山（今浙江临安北）。服食胡麻，精思十七年，感司命君下降，受三十六篇经。后服还丹而白日升天。今为玄一真人。《（万历）郴州志》卷一九：幼染异疾，经年不愈。闻道士沈敬治病多验，弃俗事之，月余病愈。后入天目山，服胡麻十七年，得道登仙。号玄一真人。◆《神异典》卷二五四引作"范慈伯"，入宋时人，误。

【范豺】东晋时人。《云笈七签》卷八六："范豺字子恭。宋元嘉中，以名香数十斛煮作汤，浴于其中，自晨至午，汤尽而豺亦无气。江夏王令殡殓而不下棺盖，四日而尸不臭，葬于新亭。时年四十九。"明·曹学佺《蜀中广记》卷七六亦载其人，事与《仙鉴》卷二八"范豹"事全同。应有一误。

【范长生】蜀"八仙"之一。见"八仙"及"长寿仙"条。南宋·陆游《题丈人观道院壁》诗："却笑飞仙未忘俗，金貂犹著侍中冠。"自注云："孙太古画范长生，作举手整貂冠像。"可见宋时犹有以范长生为仙人之说。《（雍正）四川通志》卷三八之三有"范友"，实亦范长生一名"范支"之误，云："字子元，涪陵（今重庆涪陵区）人，隐居西山。蜀人敬之，号曰长生。惠帝时，李雄据蜀，拜长生为相。后归青城山，仙去。"◆范长生史有其人，本名贤。晋·常璩《华阳国志》卷九："李雄建元太武，迎范贤为丞相。贤名长生，一名延久，又名九重；一曰名支，字符，涪陵丹兴人。"《十六国春秋·蜀录》："长生善天文，有术数，民奉之如神。李雄欲迎以为君长，不就，乃尊为天地太师，封西山侯。"《晋书·李流载记》《李雄载记》记范长生曾于李流兵士疲困时资给军粮。至李雄据成都，以西山范长生岩居穴处，求道养志，欲迎立为君而臣之。长生固辞，李雄乃亲迎至成都，拜丞相，尊曰"范贤"。

【范常真】《（万历）莱州府志》卷六：丘处机弟子，隐平度盘石山。能驯猛兽，人称为"狼范"。后尸解去。参见"狼范"条。

【范寂】明·曹学佺《蜀中广记》卷六"灌县"引《方舆胜览》：碧落观即长生观，在青城山北二十里。昔有范寂字无为，刘先主时栖止青城山中，以修炼为事。先主征之不起，就封为逍遥公。得长生久视之道。刘禅易其宅为长生观。

【范蠡】春秋时越人，助越王勾践忍辱二十年，富国强兵，灭吴以报会稽之耻。复北渡淮水，号令中国，以尊周室，助成勾践霸业。及返国，范蠡以勾践为人难共富贵，遂泛轻舟与西施游于五湖云云。本事见《史记·越世家》。而后世多有其成仙传说。西汉·刘向《列仙传》卷上："字少伯，徐人。师事太公望。好服桂饮水。后为越大夫。佐勾践破吴后，乘扁舟入海。变姓名，适齐为鸱夷子皮。后百余年见于陶，财累亿万，号陶朱公。后弃之兰陵卖药，后人世世见之。"《太平广记》卷一三"孔安国"条引《神仙传》："孔安国者事海滨渔父，渔父者，故越相范蠡也。乃易姓名隐，以避凶世。哀其有志，授以秘方服饵之法，以得度世。"五代·杜光庭《神仙感遇传》卷五："唐乾符中，吴人胡六子入海遇风，至一岛，有村名范村，谒见一人，自称'越相范蠡'，得道长生。"明·陈继儒《香案牍》言其于洛阳北邙山得仙。

范蠡　列仙图赞

【范零子】梁·陶弘景《真诰》卷五：范零子随司马季主入常山石室，室有石匮，季主戒勿开。零子忽发视，下见其家父母大小，近而不远，乃悲思。季主来还，乃遣之归。经数载，复令守一铜匮，又违戒，所见如前，终不得道。

【范丘林】梁·陶弘景《真诰》卷一三：赵威伯，东郡（在今河南濮阳南）人，少好道，师邯郸张先生，晚在中岳授《玉佩金珰经》于范丘林。丘林乃汉楼船将军卫行道之妻。

【范叔宝】见"范子珉"条。

【范叔胜】见"李伯山"条。

【范谢二将军】沈平山《中国神明概论》第二章：台湾地区各地城隍庙、青山宫、岳帝庙、地藏庵、厉坛等，皆塑二怪神。一惨白瘦长，吊眼吐舌，高约丈余，头戴"一见大吉"高帽，立于左侧，称七爷，名谢必安。另一尊面貌黝黑，狮鼻厚唇，左手拿"善恶分明"火牌，右手持扇，高约五尺，立右侧，称八爷，名范无救。民间又称为"高仔爷""矮仔爷"。每当主神出游，二将军则为前导。来历有二说：一说二将本张巡部将，睢阳被围，张巡遣二将出讨救兵。谢为敌擒，吊死桥头，范则落水而死。人念其忠，追张巡封为城隍神，二将亦被封护卫将军。又一说：二人乃福建闽县（今福建福州）人，少小结义，情同手足。一日相偕出差，行至南台桥，暴雨骤至。七爷回家取伞，八爷避雨桥下。河水暴涨，八爷不愿失约趋避，为水淹死。七爷取伞归，知八爷已死，不愿独生，遂自缢于树。阎君念二人义气，令在城隍驾前为吏，专捕恶魔邪鬼。传云：若遇谢爷神游，只要跪下谢福，必获阴佑，所以称他"一见大吉谢必安"。若遇范爷神游，那可晦气兆头，人命将终，所以称他"范（犯）无救"。

【范阳山人】唐时人。唐·段成式《酉阳杂俎·前集》卷六：李叔詹尝识一范阳（今北京）山人，语休咎必中，兼善推步禁咒。居半年，忽谓李曰："某有一艺，将去，欲以为别，所谓水画也。"乃于后厅掘地为池，方丈，深尺余，汲水满之。具丹青墨砚，先援笔叩齿良久，乃纵笔水上，就视，但见水色浑浑耳。经二日，拓以细绢四幅，食顷，举出观之，古松怪石，人物屋木，无不备也。◆《太平广记》卷二一三引作"范山人"。

【范轶】晋·葛洪《抱朴子内篇·辨问》述诸仙人云："范轶见斫而不入。"其人不详。

【范友】《（雍正）四川通志》卷三八之三：字子元，晋时涪陵（今重庆涪陵区）人，隐居西山。蜀人敬之，号曰长生。惠帝时，李雄据蜀，拜长生为相。后归青城山，仙去。◆详见"范长生"条。

【范冲】《真诰》卷一三：范冲，辽西人。受胎化易形之道，恒服三气。三气之法，存青气、白气、赤气，各如縺，从东方日下来直入口中，挹之九十过，自饱便止。为之十年，身中自有三色之气，遂得神仙。范监者，即其人也。昔得为童初监，今在华阳中。

【范增】明·朱国桢《涌幢小品》卷一九：五代石晋天福以前，有巧工来自雪川（今浙江湖州），见有石浮于水，叹曰："是必有神使之。"其夕梦一老人，自称楚历阳侯范增："大功不成，悒郁而死，未有主我祠者。附石以告君，君能留意，必有以报。"巧工遂取石以为像，奉香火甚虔。香烟随风飞至兰溪县，止于苎峰之颠。乡人聚木石成庙，题曰"福佑括苍"。◆按：范增事见《史记·项羽本纪》。浙江天台县九叠山有范增祠，已历千年。

【范真人】《天地宫府图》"七十二福地第四十九抱福山（在连州连山县），为范真人所治"。不知何指。

【范志玄】唐时女子。明·曹学佺《蜀中广记》卷七五：天宝中，志玄修炼于合州（今重庆合川区）北之纯阳山。时任安为使，雅慕之，命卢姓者通好。志玄不从，任安怒，欲焚其庐，乃阳许之。择日具礼亲迎，至山麓，志玄化为男子，腾云而去。人追至十余里外，望入云门，不及而还。

【范仲淹】北宋名臣。南宋·龚明之《中吴纪闻》卷五有"范文正为阎罗王"一条，云："曾大父捐馆至五七日，曾祖母忽梦其还家，开箧取新衣。问之，曰：'来日当见范文正公，衣冠不可不早正也。'又问范公何为尚在冥间，曰：'公本天人，现司生死之权。'"◆按：范仲淹《宋史》有传。

范仲淹　故宫南薰殿藏画本

【范子珉】南宋时人。南宋·洪迈《夷坚丙志》卷六"范子珉"条："处州（今浙江丽水）道士范子珉，嗜酒落魄。初自雁荡游天台，至会稽（今浙江绍兴），中道得异石，宝之。后为同行道士窃去，遂若有所失，语多不伦，谈人意外事，时时奇中。善画，而牛最工，浙东人以故呼为'范牛'。有道术，能预知祸福。乾道二年，往访缙云守，曰：'欠公画四轴，故来相偿，毕则行矣。'画成，奄然而逝。将殁，得片纸于席间，书曰'庚申日天帝诏范子珉'。盖其亡日也。"《(雍正) 处州府志》卷一三有范叔宝字子珉，应是一人："遂昌 (今浙江遂昌) 人，年十八为道士，有仙骨。宣和间随师适京师，遇长髯道人，授以画牛术，由是得名。言人祸福无不应。行步若飞，每历各属郡，三日而周至。一日醉归，夜半坐逝。葬后有数人见之于茶肆，或一时数十处见之。"

【梵公】宋时人。《(雍正) 处州府志》卷一三：庆元时为隶人。邑令刑峻，公用血贮刑杖中，行杖见血，往往得从减。一日邑令见公足不履地三尺，大异之。无何，遂飘然去，至白鹤山，庐其上，一意修炼。功成，冠千斤石臼登山顶，羽化。俗称"梵公圣仙"。

【fang】

【方储】东汉时人。人称"方仙翁"。南宋·罗愿《(淳熙) 新安志》卷八："方储，字圣公，歙县 (今安徽歙县) 人。后汉时历句章长、郡五官掾。母丧，负土成坟。对策天下第一，拜洛阳令。章帝以储善天文，当郊祭问之，储劝帝勿往。其日风景明淑，帝遂行，比发，雨雹如斗，死者千计。使召储，已死，帝甚伤之。丧至家，母启视之，唯有只履。"《(乾隆) 江南通志》卷一七五"人物志"："汉方储，字圣公，讲孟氏《易》，精图谶，善天文。"《(万历) 续修严州府志》卷一八："方仙翁，即汉尚书令方储。言天变，郊祀宜更择日。帝不从，死于非命。后果言验，追悔无及。死后人见其乘鹤往来于新安。"明·宋濂《文宪集》卷七《方氏族谱序》考证仙翁世系甚详，大略云："其祖方纮在西汉末为长史，知天下将乱，避地于歙。生一子方雄。雄生三子：俦、储、俨。储字圣明，一字颐真。太守周歆举为孝廉，又举贤良方正第一，累官太常兼洛阳令。和帝时忤上意，饮鸩而卒。储能役使鬼神，故乡人立庙祀之，称其为'仙翁'。然据新定别谱，则谓长史 (方纮) 为晋元熙间人，仙翁仕梁，在武帝时。"

【方道士】宋·张师正《括异志》卷七"方道士"条：方道士，失其名，不知何许人，隐于滏阳之西山。磁州有护国灵应公祠，每岁二三月，天下之事神者四集，游览宴聚，以至夏初乃归。方道士无岁不来。一岁忽不至，皆谓徙居他山，或以为物故。明年春，城隍庙神座后有死人，埃尘厚且寸余，官吏将检视，忽振衣而起，乃方道士也，复陪诸君酣

饮月余乃去，自是不复来。

【方道彰】风神名。取风、方音近也。明·方以智《通雅》卷二一："风伯方道彰，雨师陈华夫。俱见道经。"参见"方天君"条。

【方夫子】南宋·洪迈《夷坚三志·壬集》卷二"楚州方夫子"条：楚州 (今江苏淮安) 方夫子者，一僧也，莫能知其纪年。人疑其少时尝为儒流，故称夫子。不火食，亦不寄宿宫寺人烟之处，但往神墟社庙栖止。凡人生死祸福，值其肯言，无不回应；然不可扣。未尝从人觅钱，而腰间不乏。间呼一人，揖而与语，不出一年，非死即大病。或欣然邀客入酒肆对酌，客自喜奇遇，然被祸尤速。

【方辅】明·徐燉《徐氏笔精》卷八："周武王时，方辅先生与李老君跨白驴入山，炼丹得道仙去，惟庐存，故名庐山。"明·王圻《续文献通考》卷二四一作"万辅先生"，参见该条。

【方辉】明·董斯张《广博物志》卷四八引《集微》：弦超入泰山，遇一物如獐，头若妇人，鬟髻簪珥悉具。归告智琼，琼曰："此方辉也，五百年一见，见者寿。"弦超果二百余岁。智琼，见"成公智琼"条。

【方回】西汉·刘向《列仙传》卷上："尧时隐士，尧聘以为闾士。炼食云母，并以其为人治病。隐于五柞山中。夏启末为宦士，为人所劫，闭之室中，从求道。回化而得去，更以方回印掩封其户。时人言：'得方回一丸泥涂门户，终不可开。'"晋·王嘉《拾遗记》卷一载仙人方回游南岳，有诗"珠尘圆洁轻且明，有道服者得长生"。

【方使太尉】唐时人。《(万历) 黄岩志》(今浙江黄岩) 卷七：县北灵顺庙，神姓方名珪，字子卿。中牟人。咸通间以部尉从刺史讨裘甫之乱。殁后民感其德，肖像祀之。捍灾御患，屡著灵异。宋宣和间，贼寇黄岩，忽半空中有赤帜，书"方部尉神兵驻此"。贼惊惧下舟，须臾有石大如斗者数十浮江中，荡击贼舟，舟沉，贼遂遁去。事闻于朝，封灵顺安邦宁国卫民侯方使太尉。

【方天君】风神名。方、风音近。清·黄斐默《集说诠真》引《事物异名录》曰："今俗塑风伯像，白须老翁，左手持轮，右手执翣，若扇轮状，称曰风伯方天君。"参见"方道彰"条。

【方相】《周礼·夏官》："方相氏，掌蒙熊皮，黄金四目，玄衣朱裳，执戈扬盾，帅百隶而时傩，以索室驱疫。大丧，先柩。(疏：丧所多凶邪，故使之导也。) 及墓入圹，以戈击四隅，殴方良 (注：

方良，罔两也）。"《文选》张平子《东京赋》薛综注引《汉旧仪》："以岁十二月，使方相氏蒙虎皮，黄金四目，玄衣丹裳，执戈持盾，帅百隶及童子而时傩，以索室中而驱疫鬼也。"《北堂书钞》卷九二引东汉·应劭《风俗通义》佚文："方者，兴旭。相者，所以威厉鬼，驱同像（罔象），方相欲以惊逐鬼魅。"晋·干宝《搜神记》卷一六："正岁，命方相氏帅肆傩以驱疫鬼。"◆方相之形，《周礼》所记为"傩面"，而

方相氏 新刊三礼图

晋·陶潜《搜神后记》卷七所云某怪"状似方相，目赤如火，磋牙吐舌"，唐·段成式《酉阳杂俎·前集》卷一三所云"四目曰方相，两目曰倛"，《太平广记》卷三二一引刘宋·刘义庆《幽明录》所云"厕中一物，如方相，两眼尽赤"，亦皆傩面之形。◆方相之用，据前述一为驱疫鬼，一为导墓驱邪。而后世则更有一用，即为开路神。《云笈七签》卷一〇〇《黄帝本纪》云："黄帝游行四方，元妃嫘祖死于道，帝祭之以为祖神，令次妃嫫母监护于道，以时祭之，因以嫫母为方相氏。"注曰："向其方也。以护丧，亦曰防丧氏。"明·刘元卿《贤弈编·附录》则云："轩辕黄帝周游，元妃累祖死于道，令次妃好嫫监护，因置方相以防夜，盖其始也。俗名险道神、阡陌将军，又名为开路神。"又清·徐道《历代神仙通鉴》卷二："黄帝召募长勇人方相氏，执戟防卫，封阡陌将军。后死为险道神，一曰开路神。"三说稍不同，皆由方相导墓而护丧，护丧而开路演变而来。◆近代坊间新造传说有一怪物名"年"者，其实即古代傩祭中披虎皮或熊皮之方相的有意讹变，只是变驱鬼怪者为被驱之鬼怪也。

【**方相怪**】即送葬之开路神方相，方相头多为木制，不易朽坏，日久即成精怪。《太平御览》卷五五二引《幽明录》：广陵露白村人每夜辄见鬼怪，或有异形丑恶，怯弱者莫敢过。村人怪此，疑必

有故，相率得十人，一时发地，掘入地尺许，得一朽烂方相头。访之故老，尝有人冒雨送葬，至此遇劫，一时散走，方相头陷没泥中。又《太平广记》卷一四一"刘兴道"条引《续异记》：零陵太守刘兴道，罢郡，住斋中，安床在西壁下。忽见东壁边有一眼。斯须之间。便有四。渐渐见多，遂至满室，久乃消散，不知所在。又见床前有头发，从土中稍稍繁多，见一头而出，乃是方相头，奄忽自灭。刘忧怖，沈疾不起。又唐人裴铏《传奇》中"卢涵"一则，所记方相怪则不仅方相之头，而是送殡之"开路神"全体。其体形巨大，高墙举足即过，追人极速。但只要天明，即现原形，不过一个竹扎的空心巨人而已。

【**方响女**】唐时人。宋·隐夫玉简《疑仙传》卷中：长安乐人郑文，生一女，生而能言。年七岁，容貌端丽，善奏方响，其亲族皆称为方响女。杨贵妃知之，欲取焉。女曰："我岂是宫人邪？杨妃自与我同辈，那得如此！"其夜忽失之。后三年复至家，谓父母曰："我暂至上清宫，因父母忆念，故再来耳。"又曰："我是上清宫奏方响女，因偶窥下界而谪罚尘世。"忽而不见。

【**防风氏**】《国语·鲁语下》："仲尼曰：'丘闻之，昔禹致群神于会稽之山，防风氏后至，禹杀而戮之，其骨节专车，此为大矣。'客曰：'敢问谁守为神？'仲尼曰：'山川之灵，足以纪纲天下者，其守为神。社稷之守为公侯，皆属于王者。'客曰：'防风何守也？'仲尼曰：'汪芒氏之君也，守封嵎之山者也。为漆姓。在虞夏商为汪芒氏，于周为长狄，今为大人。'"梁·任昉《述异记》卷上："昔禹会涂山，执玉帛者万国。防风氏后至，禹诛之。其长三丈，其骨专车。今南中有姓防风氏，即其后也。皆长大。越俗祭防风神，奏防风古乐。"又云："今吴越间防风氏庙，土木作其形，龙首牛耳，连眉一目。"北宋·乐史《太平寰宇记》卷九四："湖州武康县（今浙江德清西）有防风山，一名风公山，一名风渚山，古防风氏之国。风公者，以其山上有风公祠。"明·田艺蘅《留青日札》卷一〇"防风氏国"条："今湖州乃防风氏之国。"

【**房长须**】宋时人。《（雍正）湖广通志》卷七四：不知其名。宋南渡后隐居武当，日以栽杉为事。一日忽遇玄武化形为道者，慰谕曰："子神清矣，惜无须。"以手领之，经宿须长尺余。后跨鹤飞升。

【**房州工人**】唐·郑还古《博异志》：唐神龙元年，房州竹山县（今湖北竹山）百姓阴隐客家富，庄后

凿井二年，已一千尺而无水。隐客志不辍，又凿二年，忽闻地中鸡犬鸟雀声，旁出一石穴。工人乃入穴，越数十步，则另有一世界。山水灵透如琉璃，有宫阙署为"天桂仙宫"，内居仙人。仙人引工人周游，又至一处名梯仙国，云初得仙者至此国，再修行七十万日然后得至诸天。仙人送工人由别路归，人间已历三世，为贞元七年。工人寻觅家人子孙，不知去处。自后不乐人间，绝谷食，信足而行，不知所之。

【髳山神】北宋·文莹《续湘山野录》："宋太平兴国五年，安德裕知广济军（今山东定陶）。是岁亢旱，因祷于髳山神祠。方注香，神自帏中冉冉而出，古服峨冠，拱揖而前立，曰：'某堆阜之神也，恨力小地卑，不能兴致云雨。某当为公至主者之所，密候雨信，必先期奉报。'言讫而隐。是夕，德裕梦神来报：'雨候只在明晨。'次日果大雨沾足。"◆《（雍正）山东通志》卷二一："髳山庙，在定陶县北十二里，祀曹叔振铎。宋太平兴国中祷雨有应，封其山为丰泽侯。"

【fei】

【飞飞】山精。晋·葛洪《抱朴子内篇·登涉》：又有山精，如龙而五色，赤角，名曰飞飞。见之者以名呼之，即不敢为害也。

【飞僵】能飞之僵尸。清·袁枚《续子不语》卷五：僵尸久则能飞，不复藏棺中，遍身毛皆长尺余，出入有光。又久则成飞天夜叉，非雷击不死，惟鸟枪可毙之。

【飞骸兽】汉·郭宪《洞冥记》卷一：汉武帝时，翕韩国献飞骸兽，状如鹿，青色。及死，帝惜之而不瘗，挂于苑门，皮毛皆烂杇，惟骨色犹青。时人咸知其神异，更以绳系其足。往视之，惟见所系处存，而头尾及骨皆飞去。

【飞遽】汉·司马相如《上林赋》："射游枭，栎飞遽"。《文选》六臣注："飞遽，天上神兽也，鹿头而龙身。"

【飞来神】清·屈大均《广东新语》卷六："罗定州（今广东罗定）西五里许牛头湾，有尉佗庙。万历间，庙乘风雨飞越数里至玉树冈谭石乡，民乃增饰而祀之，号其神曰飞来神，庙曰飞来庙。"◆按：尉佗，即汉初之南越王赵佗。

【飞廉】又作"蜚廉"。❶风伯神。东汉·应劭《风俗通义·祀典》："《楚辞》说：'后飞廉使奔属。'飞廉，风伯也。"《水经注》"谷水"引应劭曰："飞廉，神禽，能致风气者也。"《三教源流搜神大全》卷七："风伯神，飞廉是也。应劭曰：飞廉神禽，能致风气。身似鹿，头似爵，有角，尾似蛇，大如豹，风伯之神也。"清·徐道《历代神仙通鉴》卷二："蜚廉生得鹿形蛇尾，爵头羊角，与蚩尤同师一真道人，并居南祁，见对山之石，每遇风雨则飞起似燕，天晴安伏如故。怪而觇之，夜见一物大如囊，豹文而无足，向地吸气二口喷出，狂风骤发，石燕纷飞。（永州祁阳有风伯之山）廉步如飞禽，乃追而擒之，是为风母，能掌八风消息，通五运之气候。"❷兽名。《淮南子·俶真训》："骑蜚廉而从敦圄。"高诱注："蜚廉，兽名，长毛有翼。"◆夏启及商纣均有臣名蜚廉者。

【飞龙山神】五代·孙光宪《北梦琐言》卷二："镇州（治在今河北正定）王庭凑别墅之西有飞龙山神之祠。"北宋·乐史《太平寰宇记》卷六一："飞龙山，一名封龙山。"◆按：封龙山在今河北石家庄市西南。

【飞生】宋·李石《续博物志》卷八：江浙间有鸟名飞生，狐首肉翅，四足如兽，飞而生子，即随母后。人有难产，以其爪安胸腹间，立验。

【飞尸】邪鬼之属。东汉·王符《潜夫论·巫列》："若乃巫觋之谓独语，小人之所望畏，土公、飞尸、咎魅、北君、衔聚、当路、直符七神，及民间缮治微蔑小禁，本非天王所当惮也。"东汉·王充《论衡·解除》："宅中主神有十二焉，青龙、白虎列十二位。龙虎猛神，天之正鬼也，飞尸、流凶，安敢安集？犹主人猛勇，奸客不敢窥也。"

【飞兽之神】《山海经·西山经·西次二经》："自钤山至于莱山，凡十七山，四千一百四十里。其十神者，皆人面而马身，其七神皆人面牛身，四足而一臂，操杖以行，是为飞兽之神。"

【飞鼠】《山海经·北山经·北次三经》："天池之

飞兽之神　山海经图　蒋应镐本

山。有兽焉，其状如兔而鼠首，以其背飞，其名曰飞鼠。"郭注："用其背上毛飞，飞则仰也。"明·杨慎《补注》："飞鼠即《文选》所谓飞鼯，云南姚安、蒙化有之，其肉可食，其皮治难产。"◆又有称蝙蝠为飞鼠者，见扬雄《方言》。

飞鼠　山海经图　吴任臣本

【飞天大圣】元始天尊胁侍之一。《灵宝洞玄自然九天生神章经》《高上玉皇本行集经》皆言："元始天尊昔在清微天中，飞天大圣、无极神王、玉辅上宰、四协侍晨、灵童玉女，九千万人，清斋建节，侍在侧焉。"◆闽台民间又有"飞天大将"之神，云是《封神演义》中之雷震子，于是有将"飞天大圣"与"飞天大将"相混者。

【飞天神王】西晋·王纂《太上洞渊神咒经》卷一一："九天飞天神王，名曰三昧威德智能，力摄诸魔天神龙鬼，大明咒术，善权方便。下领诸真人蔚明罗王及三十六天小王拘娄王等。所谓'飞天'者，其职乃奉太上之敕，周行三界二十二天及十方国土山林、灵岳龙宫、洞天福地，疗治病苦，保其国祚，养护群生，光宣正法。"明·朱国桢《涌幢小品》卷一九："嘉州（今四川乐山）开元观，后周所创，隋大业末方建大殿，殿西塑飞天神王像。座高二丈余，坐二鬼之上。道士吕元藻数夕梦神从空直入，其形接天，遂为此像。佑护本境，颇有灵异。"

【飞天夜叉】唐·郑还古《博异志》："一僧游至居延，遥见一女人，衣绯裙，跣足祖膊，被发而走，其疾如风。谓僧曰：'救命可乎？'对曰：'何也？'云：'后有人觅，但言不见，恩至极矣。'遂入枯木中。僧更行三五里，忽见一人，乘甲马，奔跳如电，问僧前曰：'见某色人否？'僧曰：'不见。'又曰：'勿藏，此非人，乃飞天夜叉也。其党数千，相继诸天伤人，已八十万矣。今已并擒戮，唯此乃尤者也，未获。'"南宋·洪迈《夷坚甲志》卷一九："郭大乘月夜行，见瓜田中一物高丈余，形如蝙蝠，头如驴，两翅如席，一爪据地，一爪食之，目光烂然。他日入神祠，见壁画飞天夜叉，盖其物也。"清·李庆辰《醉茶志怪》卷二"吴某"条："吴某骑行旷野，见一妇人飞行空际，袒臂露胸，肤白如粉，颈上横插霜刃，血痕殷湿，鬓发蓬松，

红裙拖曳，转瞬飞入云端。其亦夜叉之类欤？"◆清·袁枚《续子不语》卷五"骷髅三种"以为僵尸所化："地中有游尸、伏尸、不化骨三种，伏尸久则受精气为游尸，又久而为飞天夜叉。"

【飞头国】《格致镜原》卷一一引《酉阳杂俎》："吴大帝孙权伐阁婆，献一美姬。每梳洗，则不令人见。大帝伺其临妆，密遣人窥，见姬置头于膝上，用手梳发。因惊询之，即以头属颈如故。自言飞头国人也。"今本《酉阳杂俎》无此条，仅《前集》卷四言："梵僧菩萨胜又言：阁婆国中有飞头者，其人目无瞳子。"

【飞头獠子】唐·段成式《酉阳杂俎·前集》卷四："岭南溪洞中，往往有飞头者，故有'飞头獠子'之号。头将飞一日前，颈有痕，匝项如红缕，妻子遂看守之。其人及夜状如病，头忽生翼，脱身而去，乃于岸泥寻蟹蚓之类食之。将晓飞还，如梦觉，其腹实矣。"明·邝露《赤雅》卷一"飞头獠"条："予尝入石袍山洞中，偶见二头。一食蠏，一食蚓，见人惊起。食蚓者尚衔蚓而飞，蚓长尺许，两耳习习如飞鸟之使翼也。獠俗贱之，不与婚娶，欲绝其类。"◆唐·释道世《法苑珠林》卷七六引汉·桓谭《新论》："荆州有鼻饮之蛮，南域有头飞之夷。"《搜神记》："晋朱桓一婢，其头夜飞，或从天窗出入，以耳为翼，将晓复还。旁人怪之，夜中照视，惟有身无首，其体微冷，乃蒙之以被，至晓，头还，碍被不得安，两三度堕地，暗叱甚怒，而其体气急若将死，乃去补，头复附首。"《星槎胜览》："占城国妇人有头飞者，人知而封固其项，及移其身则死。"《赢虫集》："老挝国鼻饮水浆，头飞食鱼。"《瀛涯胜览》："占城有尸头蛮，但眼无瞳，人为异，夜寝则头飞去，食人家小儿粪秽。"《拾遗记》："汉武时因墀国言南方有解形之民，能使头飞南海，左手飞北海，右手飞西海，至暮头还肩上，两手遇疾风，飘于海外。"

【飞仙】《太平御览》卷六六二引《天仙品》："飞行云中，神化轻举，以为天仙，亦云飞仙。"◆按：《史记·封禅书》："自（齐）威、宣、燕昭使人入海求三神山者，诸仙人及不死之药皆在焉。"此为史籍中首见"仙人"一名者，但仅言其长生，未言其能飞行也。至卢生方把《庄子》中"至人"概念引入"仙人"，云能"入水不濡，入火不蒸，陵云气"，至汉武帝时方士公孙卿请建通天台，可招致仙人飞来。是知仙人有能飞者，亦有不能飞者。

【飞扬】纬书《龙鱼河图》：剑神名飞扬。

【飞鱼】《山海经·中山经·中次三经》："騩山，正回之水出焉。其中多飞鱼，其状如豚而赤文，服之不畏雷，可以御兵。"吴任臣

飞鱼 山海经图 胡文焕本

《广注》又列数说："屠本峻《海错疏》：'飞鱼头大尾小，有肉翅，一跃十余丈。'《林邑图记》曰：'飞鱼身圆，长丈余，羽重沓，翼如山蝉，出入群飞，游翔翳会。'杨慎《异鱼赞》曰：'飞鱼身圆长丈余，登云游波形如鲋，翼如轻蝉翔泳俱，仙人宁封曾饵诸，著藻灼灼千载舒。'《酉阳杂俎》云：'朗山浪鱼长一尺，能飞，飞则凌云，息归潭底。'"

【蜚】《山海经·东山经·东次四经》："太山，有兽焉，其状如牛而白首，一目而蛇尾，其名曰蜚，行水则竭，行草则死，见则天下大疫。"

蜚 山海经图 吴任臣本

清·吴任臣《广注》云："《春秋》庄二十五年'秋有蜚'，刘侍读《春秋解》引此，谓蜚状若牛，一目虬尾。江休复《杂志》亦云：'唐彦猷有旧本《山海经》，说蜚处渊则涸，行木则枯，《春秋》所书，似即此物。若是，负蠜不当云有，谓之多可也，未审是非。'"○《尔雅·释虫》云：蜚蠦，蜰。则以蜚为蜰，是臭虫也。

【蜚廉】见"飞廉"条。

【肥蟥】《山海经·西山经》："太华之山，削成而四方，其高五千仞，其广十里，鸟兽莫居。有蛇焉，名曰肥蟥，六足四翼，见则天下大旱。"郭璞注云："汤

肥蟥 山海经图 吴任臣本

时此蛇见于阳山下。复有肥遗蛇，疑是同名（即同名而异物）。"晋·张华《博物志》卷三："华山有

蛇名肥遗，六足四翼，见则天下大旱。"清·吴任臣《广注》案："成汤元祀，肥蟥见于阳山，后有七年之旱。《述异记》曰：'肥遗，西华山中有之，见则大旱。'今华山有肥蟥穴，土人谓之老君脐。明末时大旱，肥蟥曾一见云。"

【肥遗】❶蛇类。《山海经·北山经》："浑夕之山，有蛇一首两身，名曰肥遗，见则其国大旱。"郭璞注曰："《管子》曰'涸水之精名曰蟡，

肥遗 山海经图 吴任臣本

一头而两身，其状如蛇，长八尺，以其名呼之，可使取鱼龟'，亦此类。"又以为与《西山经》之"肥蟥"同名异物。北宋·张唐英《蜀梼杌》卷上："后蜀辛寅逊修《王氏开国纪》，以肥遗为旱魃。"❷鸟类。《山海经·西山经》："英山，禺水出焉，北流注于招水。有鸟焉，其状如鹑，黄身而赤喙，其名曰肥遗，食之已疠，可以杀虫。"

【吠勒国】东汉·郭宪《洞冥记》卷二：去长安九千里，在日南。人长七尺，被发至踵，乘犀象之车。乘象入海底取宝，宿于鲛人之舍，得泪珠，则鲛人所泣之珠也。

【狒狒】唐·段成式《酉阳杂俎·前集》卷一六："狒狒，饮其血可以见鬼。力负千斤，笑辄上吻掩额。状如猕猴，作人言，如鸟声，能知生死。"明·屈大均《广东新语》卷二一则以"狒狒即人熊，多力而好笑，一名山笑。见人则笑不止，以投其嗜也"。又言"状如猕猴，红发鬆鬛，人言而鸟音，能知生死，笑似阘閧，上吻覆额。得之生饮其血，可见鬼物。"按："狒狒"字又作"禺禺"，屈氏未免相混。左太冲《吴都赋》言"禺禺（即狒狒）笑而被格"，注云："禺禺食人，因以简致臂而与之，则执而笑，唇掩其目，则为人所擒云。"《证类本草》卷一七："宋孝建中，獠子以西波尸地高城郡安西县主簿书文礼进雌雄二头。帝曰：'吾闻禺禺能负千钧，若既力如此，何以致之？'彼土人丁銮进曰：'禺禺见人喜笑，则上唇掩其目，人以钉钉著额上，任其奔驰，候死而取之。'"◆吴任臣《山海经广注》以为狒狒即枭阳，袁珂《山海经校注》以为即"山猓""山臊"，参见各条。

【费长道】稗海本《搜神记》卷四：王莽篡汉，十

八年，忽于南阳市中生一肉块，斫刺不入。莽召荆房息，问是何祥。房息对曰："臣不识，有费长道，通人也，能识之。"又云："费长道至，必言不识，陛下但言：卿既不识，何故城东门外下马仰天而叹也？"长道至，果言不识，莽如房息言。长道曰："臣叹荆将军推死与臣。"莽曰："卿但实言勿隐，朕不罪卿。"长道曰："此物一名肃，一名伏，中有铁券，长三尺六寸，道：'王家衰，刘家再兴。'须得七岁女子尿之，可开。"◆按：此费长道与荆房息二人，似拆"费长房"名而成者。

【费长房】后汉时人。《后汉书·方术列传》："汝南（郡治在今河南汝南县东北）人，曾为市掾。市中有老翁卖药，悬一壶于肆头，市罢辄跳入壶中，人莫见之，唯长房于楼上睹之，知是仙人，因往再拜，奉酒脯。老翁乃与长房俱入壶中，内另有世界。长房欲求道，而恐家人忧

费长房 列仙全传

之。老翁乃断一青竹，度与长房高矮相齐，使其悬于家中舍后。家人见之，即是长房自缢之形，于是大小惊号，为其殡殓。于是长房随老翁入深山修道。长房辞归，翁与一竹杖，曰：'骑此任所之，则自至矣。既至，可以杖投葛陂中也。'又为作一符，曰：'以此主地上鬼神。'长房乘杖，须臾来归，自谓去家适经旬日，而已十余年矣。即以杖投陂，顾视则龙也。长房得仙之道，能医治百病，鞭笞鬼神，遂行术于人间。后失其符，为众鬼所杀。晋·张华《博物志》卷五："魏武帝集方士十六人，皆能断谷不食，分形隐没，出入不由门户。"中有费长房。晋·干宝《搜神记》卷一五"李娥"条费长房能读"鬼书"。《太平广记》卷二九三引魏·曹丕《列异传》："费长房能使鬼神。后东海君见葛陂君，淫其夫人。于是长房敕系三年，而东海（治在今山东郯城）大旱。长房至东海，见其请雨，

乃敕葛陂君出之，即大雨也。"梁·吴均《续齐谐记》："汝南桓景随费长房游学累年。长房谓曰：'九月九日汝家中有灾，宜急去，令家人各作绛囊，盛茱萸以系臂，登高饮菊花酒，此祸可除。'景如言，全家登山。夕还，鸡犬牛羊一时暴死。长房闻之，曰：'此可代也。'"

【费鸡师】唐时人。唐·段成式《酉阳杂俎·前集》卷五："蜀人，目赤无黑睛，长庆时已七十余岁。为人解疾，必用一鸡设祭于庭，又取江石如鸡卵者，令患者握之，乃踏步作气，鸡死石破，人病亦瘥。故人呼为'鸡师'。"宋·曾慥《类说》卷五二引《戏幕闲谈》所记有异："费鸡师，凡有病者来告，即把一鸡往。乃持咒呵其鸡，令入病者之所，鸡入而死，病者即瘥；鸡出，则病者不起。时号'鸡师'。"

【费郎君】唐时人。《（雍正）湖广通志》卷七四：名光辉，广济（今湖北蕲春南）人。母刘氏，饷夫于田，雷震感之而孕。有异僧以三丸和墨汁饮之，三年而生郎君。年数岁，与群儿戏水，忽雷雨，山水大下，遂失郎君所在。越数日，忽自来，踞于庭曰："吾龙也，三年将俱往。"至期，果以父母去。乡人即其居立庙祀之。

【费文祎】南宋·祝穆《方舆胜览》卷二八鄂州（今湖北武汉武昌城区）"黄鹤楼"条：《图经》云：'费文祎登仙，尝驾黄鹤返，憩于此。遂以名楼。'张敬夫云：'黄鹤楼，以山得名也，而唐《图经》何自为怪说，谓费文祎仙去，驾鹤来憩于此。而或者又引梁·任昉《（述异）记》，所谓驾鹤之宾乃荀叔伟（见'荀瓌'条），非文伟也。此皆因黄鹤之名而世之喜事者妄为之说。'"◆明·王世贞《列仙全传》卷九所记与旧说不同："费文祎，字子安。好道得仙。过江夏辛氏酒馆中饮，辛氏饮以巨觞，如是数岁，略无愠意。费乃向壁间画一鹤，曰：'客来饮，但令拍手歌之，鹤必下舞。'试之果然，远近莫不集饮来观。逾十年，文祎来，取笛数弄，鹤至前，遂跨鹤乘云而去。辛氏即于飞升处建楼，名黄鹤楼。"

【费孝先】北宋时人。《东坡志林》卷一〇："至和二年，成都人有费孝先者，始来眉山（今四川眉山），云近游青城山，访老人村，坏其一竹床。孝先谢不敏，且欲偿其值。老人笑曰：'子视其上字。字云：'此床以某年月日造，至某年月日为费孝先所坏。'成坏自有数，子何以偿为？'孝先知其异，乃留师之，老人授以轨革卦影之术。前此未有知

此学者。后五六年，孝先以致富，今死矣，然四方治其学者所在而有，皆自托于孝先，真伪不可知也。"◆宋人笔记如苏轼《仇池笔记》、魏泰《东轩笔录》、陆游《老学庵笔记》、洪迈《夷坚志》及章炳文《搜神秘览》等均记其轨革卦影之术，可参看。

【fen】

【羵羊】土中之怪。《孔子家语·辨物》：季桓子穿井，获如土缶，其中有羊焉。使使问孔子曰："穿井于费，而于井中得一狗，何也？"子曰："丘之所闻者，羊也。丘闻之，木石之怪，夔、罔两；水之怪，龙、罔象；土之怪，羵羊也。"

【愤王】即西楚霸王项羽。《梁书·萧琛传》："萧琛迁吴兴太守。郡有项羽庙，土民名为'愤王'，甚有灵验，遂于郡厅事安施床幕为神座，公私请祷，前后二千石皆于厅拜祠，而避居他室。琛至，徙神还庙，处之不疑。又禁杀牛解祀，以脯代肉。"参见"项羽"条。

【瀵水神】唐·张读《宣室志》"夏阳赵尉"条：冯翊之属县夏阳（今陕西合阳东），县东有池馆，又有瀵泉穴其南。太和中，有赵生者尉于夏阳。一夕雨霁，赵生与友数辈，联步望月于瀵泉上。忽见一人，貌甚黑，被绿袍，自水中流沿泳久之。赵生方惊，其人忽若有所惧，遂入水，有顷即没。赵生明日又至泉所，见有神祠，表其门曰瀵水神。赵生因入庙，见神坐之左右，搏埴为偶人，被绿袍者，视其貌，若前时所见水中人也。赵生曰："此瀵壤也，尚能惑众，非怪何为？"将毁其庙。有县吏曰："此神庙，且能以风雨助生植。苟若毁其屋，适足为邑人之患。"于是不果毁。

【feng】

【丰干】唐时僧人。宋·陈耆卿《赤城志》卷三五："丰干与寒山、拾得号'国清三隐'。丰干者貌尤寝，被发布裘，或时唱歌，人问之，但云：'随我骑虎游松门。'三人每邂逅，则长吟大笑，人莫测也。贞观中，闾丘守尝问丰干：'天台有何贤圣？'答曰：'见之不识，识之不见，欲见而识，不得取相。国清有寒山、拾得，状类风狂，歌笑不常，盖普贤、文殊后身也。公至宜谒之。'后寒山隐寒石山，拾得隐祥云峰，遗迹可考。独丰干不知

所终。"按：此说简而有误，可参看"寒山"条所引《景德传灯录》卷二七文。又《景德传灯录》卷二七云："天台丰干禅师者，不知何许人也。居天台山国清寺，剪发齐眉衣布裘。人或问佛理，止答'随时'二字。尝诵唱道歌，乘虎入松门。众僧惊畏。本寺厨中有二苦行，曰寒山子、拾得，时谓风狂子，独与师相亲。一日寒山问：'古镜不磨，如何照烛？'师曰：'冰壶无影像，猿猴探水月。'曰：'此是不照烛也，更请师道。'师曰：'万德不将来，教我道什么？'寒拾俱礼拜。"参见"寒山""拾得"二条。

丰干　南宋·李确

【丰隆】❶云师。《楚辞·离骚》："鸾皇为余先戒兮，雷师告余以未具。吾令丰隆乘云兮，求宓妃之所在。"王逸注："丰隆，云师，一曰雷师。"**❷**雷神。张衡《思玄赋》："丰隆轩其震霆。"《水经注·河水》："《穆天子传》：'天子升于昆仑，观黄帝之宫，而封丰隆之葬。'丰隆，雷公也。"又有以雷神与丰隆为二者，唐·瞿昙悉达《开元占经》：《石氏中官占·五车星占三十七》引石氏云："五车东南星名曰司空，其神名曰雷公；西南星名曰卿，其神名曰丰隆。"

【丰尊师】五代·杜光庭《神仙感遇传》卷一：丰尊师，不知何许人。初为行者，至处州松阳县叶天师卯酉山旧宅观中，求度为道士。栖于岩下。数月，叶天师降焉，与其白丹一斗，曰："今岁大疫，一丸可救一家之疾。"因是保全者甚多。众遂集钱帛瓦木，于山顶创建殿宇。因中元修黄箓道场，十五夜明月如昼，忽雷声一震，失丰所在，异香满

山，人皆惊异。遂巡丰至，曰："适天师与三天张天师并降，赐我神剑，令且于山中修道，续有旨命，即出人间，用此剑扶持社稷。"

【风伯】又作"风师"。风伯之名，初见于《山海经·大荒北经》："蚩尤作兵伐黄帝，请风伯、雨师，纵大风雨。"《韩非子·十过》："黄帝合鬼神于西泰山，风伯进扫。"《史记·封禅书》记秦时雍地百有余庙，中即有风伯、雨师之祠。东汉·应劭《风俗通义·祀典》：

风伯雨师电母　三教源流搜神大全

"《周礼》'以槱燎祀风师'，风师者，箕星也，箕主簸扬，能致风气。《易》'巽为长女也'，长者伯，故曰风伯。鼓之以雷霆，润之以风雨，养成万物，有功于人，王者祀以报功也。戌之神为风伯，故以丙戌日祀于西北，火胜金为木相也。"◆风伯之名，《史记·司马相如传》张揖注："风伯，字飞廉。"《云笈七签》卷一八《老子中经上》："风伯神名咤君，号曰长育。"◆亦为星名。或说为箕星，《周礼·宗伯》郑玄注："风师，箕也；雨师，毕也。"蔡邕《独断》上："风伯，箕星也，其象在天，能兴风。"而纬书《龙鱼河图》则以为荧惑星，云："天荧惑星主司非，其精下为风伯之神。"◆《元史·舆服志》："风伯旗，青质，赤火焰脚，画神人，犬首，朱发，鬼形，豹汗胯，朱袴，负风囊，立云气中。"◆参见"风神"条。

【风后】黄帝之臣。清·马骕《绎史》卷五引《帝王世纪》："黄帝得风后于海隅，登以为相。"《诗含神雾》："风后，黄帝师，又化为老子，以书授张良。"晋·王嘉《拾遗记》卷一："帝使风后负书，常伯荷剑，且游洹流，夕归阴浦，行万里而一息。"《太平御览》卷一五引《志林》："黄帝与蚩尤战于涿鹿，蚩尤作大雾弥三日。黄帝乃令风后法斗机作指南车，以别四方，遂擒蚩尤。"《云笈七签》卷一〇〇："黄帝征诸侯同一十五旬未克敌，思念贤哲

以辅佐，乃梦见大风吹天下尘垢，又梦一人执千钧之弩，驱羊数万群。觉而思曰：'天下当有姓风名后者。夫千钧之弩，冀力能远者也，驱羊万群，是牧人为善者也，岂有姓力名牧者乎？'遂依二梦求其人，得风后于海隅，得力牧于大泽。即举风后以理民，初为侍中，后登为相。"

【风雷将军】唐时人。《（雍正）山西通志》卷一六〇：姓焦氏。武乡人。咸通九年生。及长，通天文地理、易数遁甲。景福元年，梦日华贯顶，有道者送一石匣。觉而开视，皆龙文虎篆。后遇异人指授，遂能伏风驾雾，鞭笞鬼神，出入幽显。因除上党妖，赐号风雷将军。卒年三十四，加封昭泽龙王。

【风狸】唐·段成式《酉阳杂俎前集》卷一五：南中有兽名风狸，如狙，眉长好羞，见人辄低头。其溺能理风疾。卫士多言风狸杖难得齄形草。南人以上长绳系于野外大树下，入匿于旁树穴中伺之。三日后，知无人至，乃于草中寻摸。忽得一草茎，折之长尺许，窥树上有鸟集，指之，随指而堕，因取而食之。人候其怠，劲走夺之。见人遽啗食之，或不及，则弃于草中。若不可下，当打之数百，方肯为人取。有得之者，禽兽随指而毙。有所欲者，指之如意。

【风流神】明·田艺蘅《留青日札》卷二八"风流神"条：洞庭包山，林木阴森，居民稠密，近有风流神在东湾茹家园轩中，能呼人姓名，谈世隐事。自言终南山道人，每出酒果乐宾，彼则暗处陪语，蒙蒙洞洞，言兼谑浪，亦善吟咏。其所说事，验于前而昧于后，不知其为何妖也。

【风门洞神】明·宋濂《文宪集》卷一六《风门洞碑》：金华县东南五十里有山曰风门山，有石洞，口可入二人，内晦如漆，莫测底止，风蓬然从中出，袭人毛发尽竖。乡民异之，意其必有神，岁时祷祠多应，因号之曰"风门洞神"。久而神与人益习，因降于巫，言生四子，皆为神。民信之，遂即洞西一里所为祠，以像神及所谓四子者。

【风母】见"风生兽"条

【风母兽】见"风生兽"条

【风僧哥】北宋·蔡絛《铁围山丛谈》卷五："北宋末在汴京，佯狂，时时言事多中。时又有异人刘快活，风僧哥见之辄避缩。"南宋·孟元老《东京梦华录》卷五"京瓦伎艺"条："董十五、赵七、曹保义、朱婆儿、没困驼、风僧哥、俎六姐，影戏。"不知是艺人名，抑或说唱题目。◆明·罗懋

登《三宝太监西洋记》一书，载郑和下西洋事。第四十四回提及八仙，无张果、何仙姑，而别有风僧寿、玄壶子。按：此风僧寿疑系风僧哥之误。

【风僧寿】应是"风僧哥"之误，见该条。

【风神】❶古时风神源于星宿，初称风师。《尚书·洪范》孔传："箕星好风，毕星好雨。"《周礼·大宗伯》即有"以槱燎祀司中、司命、飌（风）师、雨师"。郑注："风师，箕也。"贾疏："《春秋纬》云：月离于箕，风扬沙，故知风师箕也。"❷亦有以神话人物飞廉为风神者。《楚辞·离骚》"前望舒使先驱兮，后飞廉使奔属"，王逸注："飞廉，风伯也。"❸一说风神为屏翳，《文选》曹植《洛神赋》"屏翳收风，川后静波"，李善注："曹植《诘洛文》曰：'河伯典泽，屏翳司风。'"❹后世又有称"风姨"者，称"方天君"者，《事物异名录》曰："风神名巽二，又名风姨，又名方道彰。今俗塑风伯像，白须老翁，左手持轮，右手执翣，若扇轮状，称曰风伯方天君。"❺有以孟婆为风神者，宋徽宗词云："孟婆好做些方便，吹个船儿倒转。"❻南方称飓风之神为"飓母"。◆仇德哉《台湾之寺庙与神明（四）》："又称风天王、风神爷。宋宣和间加封东海神，仍封附祀风神曰宁顺侯，雨神曰宁济侯。"◆明·李诩《戒庵老人漫笔》卷五"五风生日"条："太湖中渔船，以十月初五日为五风生日，聚舟杀牲，合祭散福，饮酒极醉，狂噪争斗，各船互相惊搅，则以为有鱼之兆。"则似有"五风"之神矣。

【风生兽】汉·东方朔《海内十洲记》："炎洲在南海中，有风生兽，似豹，青色，大如狸。张网取之，积薪数车以烧之，薪尽而兽不燃，灰中而立，毛亦不焦，斫刺不入，打之如灰囊，以铁锤锻其头数十下乃死；而张口向风，须臾复活。以石上菖蒲塞其鼻，即死。取其脑和菊花服之，尽十斤，得寿五百年。"梁·任昉《述异记》卷上、晋·葛洪《抱朴子内篇·仙药》所载同。《太平御览》卷九〇八引《十洲记》作"风母兽"。◆又有"风母"，实即"风生兽"之异说。《艺文类聚》卷一引《交州记》："风母，出九德县。似猨，见人若惭，屈颈。打杀，得风还活。"

【风狸】清·陈元龙《格致镜原》卷八九引《岭南异物志》：风狸如猿猴而小，昼日蜷伏不能动，夜则惊跃湛疾，好食蜘蛛毒。打杀，以口向风复活，惟破脑不复生矣。以酒浸，愈风病。南人传云：此兽常持小杖，遇物则指，飞走悉不能去。人有得其杖者，所指必有获。夷人施网罟，既得其兽，不复见其杖。杖之数百，乃肯为人取。或云邕州首领宁泗得之。泗资产巨万，僮伎数百。泗甚秘其事。

【风穴道人】《太平广记》卷四七"李球"条引五代·杜光庭《仙传拾遗》：唐宝历二年，李球游五台山，有风穴，人稍喧哗或投以物，则大风震发，损屋拔木。李球戏投以石，果大风迅发，有一木随风而出。球力扳其木，随之坠于穴底。穴中有二道士，问球所修何道，球无以答。道士曰："汝虽凡流，然既至仙境，亦少有道分。"遂饮以神浆，命引出洞。后球锐志修道，与其子入王屋山（在今河南济源西北）。

【风摇头】明时人。《（雍正）云南通志》卷二五：姓名无考。明弘治间至石屏，敝庐垢席，坐卧不常，狂呼谩语，人不能测。有问者，辄摇头，因呼"风摇头"。一日湖内有船欲覆，乃以手作扶掖状，遂得济。比登岸迹之，不知所往。

【风姨】《北堂书钞》卷一四四引《太公金匮》："风神名姨。"故后世把风神女性化为"风姨""封姨""封十八姨"。小说中则为一中年妇人。

【枫鬼】或作"枫子鬼"。《太平广记》卷四〇二"灵枫"条引梁·任昉《述异记》："南中有枫子鬼，枫木之老者人形，亦呼为灵枫焉。"又卷四〇七"枫鬼"条引《十道记》："《临川记》云，抚州麻姑山（在今江西南城），或有登者，望之，庐岳、彭蠡，皆在其下。有黄连、厚朴，恒山枫树，数千年者，有人形，眼鼻口臂而无脚。入山者见之，或有斫之者，皆出血。人皆以蓝冠于其头，明日看失蓝，为枫子鬼。"（按《太平御览》卷四八"麻山"条引荀伯子《临川记》，"麻姑山"作"麻山"）◆明·来集之《倘湖樵书》初编卷三"生于空桑"条："《述异记》云：'南中有枫子鬼，木之老者为人形，亦呼为灵枫。'盖瘿瘤也。至今越巫有得之者，雕刻鬼神，可致灵异。《尔雅正义》云：'枫子鬼乃枫木上寄生，高三四尺，天旱以泥涂之，即雨。'《临川记》云：'岭南枫木岁久生瘤如人形，遇暴雷骤雨则暗长三五尺，谓之枫人。'《化书》云：'老枫化为羽人，亦曰枫鬼。一云见雷雨即长与树齐，见人则缩依旧。曾有人合笠于上，明日看笠子挂在树头上。'"◆按《山海经·大荒南经》："有宋山者。有木生山上，名曰枫木。枫木，蚩尤所弃其桎梏，是谓枫木。"是枫木有灵之最早记录。

【枫人】即"枫鬼"。唐·刘恂《岭表录异》卷中："枫人岭多枫树。树老多有瘤瘿。忽一夜遇暴雷骤雨，其树赘则暗长三数尺。南人谓之枫人。越巫云，取之雕刻神鬼，易致灵验。"

【封衡】 三国时人。道教楼观派所奉先师之一。晋·葛洪《神仙传》卷一〇："字君达，陇西（今甘肃陇西）人，自幼学道，通老庄。初服黄连五十年，又服术百余年，还乡里，如二十许人。以竹管为针，为人治病。

封衡 列仙图赞

遇鲁女生，授以还丹诀及《五岳真形图》，遂周游天下，凶怪鬼物无不窜避。常驾一青牛，因号青牛道士。曹操曾问其养生大略。在人间二百年，后入玄丘山，不见。"晋·张华《博物志》卷五叙魏武帝时方士十六人，中有陇西封君达，并云："皇甫隆遇青牛道士封君达，其与养性法皆可仿用。"《后汉书·方术列传》有封君达者，注引《汉武内传》云："陇西人，服黄连五十余年，服水银百余年，还乡里，如二十许人。常乘青牛，故号'青牛道士'。闻有病死者，识与不识，或药或针，应手而愈。闻鲁女生得《五岳图》，连年请求，女生不见授。后二百余年，乃入玄丘山去。"◆按：后二书仅言封君达而未言其名"衡"。

【封君达】 晋·张华《博物志》卷五："魏王所集方士名：上党王真、陇西封君达、甘陵甘始、鲁女生、谯国华佗字符化、东郭延年、唐霅、冷寿光、河南卜式、张貂、蓟子训、汝南费长房、鲜奴辜、魏国军吏河南赵圣卿、阳城郄俭字孟节、卢江左慈字符放。右十六人，魏文帝、东阿王、仲长统所说，皆能断谷不食，分形隐没，出入不由门户。左慈能变形，幻人视听，厌胜鬼魅，皆此类也。《周礼》所谓'怪民'，《王制》称'挟左道'者也。"即"封衡"，见该条。

【封十八姨】 唐人小说中的风神，又作"封姨"。见"崔玄微"条。

【封盈】 唐·段成式《酉阳杂俎·前集》卷五：韩钦在桂州（今广西桂林），有妖贼封盈能为数里雾。先是尝行郊外，见黄蛱蝶数十，因逐之，至一大树

下忽灭。掘之，得石函，有素书，遂成左道，百姓归之如市。乃声言某日将攻桂州，有紫气者我必胜。至期，果紫气如匹帛，自山亘于州城。白气直冲之，紫气遂散。

【蜂王】 南宋·洪迈《夷坚支志·乙集》卷五：宣州南陵县（今安徽南陵）有蜂王祠，虹硎所起，巫祝因以鼓众，谓为至灵，奉事甚谨。其中无他像设，唯一蜂大如拳，飞走自若。南宋绍兴间庙为县令所焚。

【酆都大帝】 从名目上看，酆都大帝即酆都北帝、北太帝君，但此名在明代以后民间，实为东岳大帝之"替身"。据《（嘉靖）山东通志》卷一八："蒿里山神庙。庙在泰山下，弘治十四年建。其神酆都大帝，有七十五司，以为收捕追逮出入死生之所。"现存明人李钦《重修泰山酆都庙记》所记

酆都大帝 北京白云观

即此庙，述庙之始乃源于"泰山治鬼"，而不及罗酆山。且此酆都大帝下领十殿阎王、七十二司，亦与罗酆制度全然无涉。盖泰山岱庙所祀东岳大帝列入朝廷祀典，不预鬼事，蒿里近接岱庙仅数百武，其神治鬼，如用东岳泰山之名，势必为官府所禁（虽然东岳在各地的行宫不受此限），故借酆都大帝之名，而其实则为东岳大帝。又《玉历钞传》所记冥府，十殿阎罗之上亦非东岳大帝而为酆都大帝，当因书中有大帝率十王叩拜面然鬼王事，如写东岳大帝，亦断为官府所禁也。

【酆都宫使】 南宋·洪迈《夷坚丙志》卷九："姑苏人林义，刚正尚谊，梦吏士来迎，入官府，升堂正坐。掾属出文书使书，视印衔下文五字，曰'酆都宫使林'。林平生读道书，慕神仙事，顾谓从吏曰：'学道之人，皆当为仙官。此乃冥司主掌，非以罪遣谪者不至。且吾闻居此职者率二百四十年始

一迁，非美官也。'不愿拜。"南宋·方勺《泊宅编》卷中作"林毅"："从事郎林毅，本闽人，寄居姑苏。宣和六年，忽梦黄衣吏持文书一卷，列十人姓名，林在其中，谓曰：'召公等作酆都使者，请书知。'"

【酆都观主】北宋·文莹《玉壶清话》卷五：咸平三年，王显帅定州（今河北定州）。忽一日，一道士通刺为谒，破冠敝褐，自称"酆都观主"，笑则口角至耳，乱鬓若刚鬣，谓显曰："昨日上帝牒番魂二万至本观，未敢收于冥籍，死于公之手者。公果杀之，则功冠于世，然减公算十年。二端请裁之。"显谓疯狂，叱起。后日，契丹自变量万骑猎于威虏军境，显引兵剿袭，大破之，斩二万级。露布至阙，朝廷以枢相召归，赴道数程而卒。

【酆都鬼王】见"酆都元帅"条。

【酆都元帅】即"孟元帅"。《三教源流搜神大全》卷五："姓孟名山，为狱官，残冬思亲，因念数百囚徒亦同此心，因与囚约：'今二十五日回家，来月初五归于狱中。'诸囚泣拜而去。府主滕公知而答之，令即捕回诸囚。孟山思曰：'死有何难，此命难复。'遂立枪于地，踊跃欲扑枪自杀，而有白兔三倒其枪，不能死。忽玉帝降诏，封孟山为'酆都元帅'"云云。按：此神在世为狱官，死后所封实即狱神，最晚至唐时，酆都已由神鬼之山转化为罗酆狱，此后"酆都""北酆""东岳酆都""北酆无间狱"往往即指"酆都狱"，为专门关押邪恶鬼魂之最严酷地狱。故此酆都元帅应即掌管地狱之神。又，清人徐道《历代神仙通鉴》中列出一个佛教化的冥府体系，以地藏菩萨为幽冥教主，下领十殿阎王，而列于阎王之后还有一"酆都鬼王"。此鬼王之位置既在十王之后，也应是掌管酆都冥狱者，或可看作酆都元帅之另一名称。

【酆去奢】唐时人。五代·沈汾

酆去奢　列仙全传

《续仙传》卷上："衢州龙丘（今浙江龙游）人，家九峰山下。少入道。年三十余，居处州（今浙江丽水）松阳县安和观，即叶静能学道之所。北五里有卯山，相传汉张天师及叶静能皆于此修道。去奢于是登山结庵。去奢常坐一大石上静想，一旦感神人下降，赠以张天师斩邪剑及贮丹瓶。后刺史华造夺其丹、剑，并囚去奢，一月不给米水，而神色愈转红白。造惊异，乃释去奢，而剑、丹亦一夕飞去还山。一日，去奢与众道士辞，有鸾鹄迎之上天。"◆《（雍正）处州府志》卷一三云其剑、丹为叶真人所藏。明·王世贞《列仙全传》卷五云其为刘宋间人，当误。

【酆台北帝】梁·陶弘景《真诰》卷一〇："太极真人敕酆台北帝，使告三官制神灭鬼灵符。"实即《真灵位业图》之"酆都北阴大帝"、《真诰》之"北太帝君"。详见"北太帝君"条。

【冯伯达】《洞仙传》：豫章建昌（今江西永修）人。世奉孝道，精进济物。舟行阻于风，伯达谓船主曰："欲速还家，但安眠，慎勿开眼。"其夜闻船下刺树杪而不危，有人窃视，见两龙挟舟而行，迅若电逝。后伯达至庐山不返。

【冯长】道教楼观派所奉先师之一。《仙鉴》卷九："冯长，字延寿，骊山（今陕西临潼南）人。年十五即通阴阳占候之书。周宣王聘为柱下史，观天文之变，乃退隐摄生，日诵五千言，服天门冬。感邓真人授以灵书，复遇彭真人授以太上隐书，遂得道，以医术济人。年八十余，平王二十年三月飞升，授为西岳真人。"◆参见"乞食公"条。

冯长　列仙全传

【冯大亮】唐时人。《太平广记》卷三五"冯大亮"条引五代·杜光庭《仙传拾遗》："冯大亮，导江（在今四川都江堰东）人。家贫好道，唯一牛拽步磨以自给，一旦牛死，与妻对泣。慈母山道士即取皮缀如牛形，斫木为脚，以绳系其口，驱之遂起，肥健如常。其家已渐富，改置酒肆。常以奉道祈感遇仙人，仍力行救物，好宾客。一日，有樵叟八人偕至，客于袖中出柟木一枝，栽于庭中，曰：'此树径尺，则家财百万。此时可贡助天子，垂名国史。十年后，会于岷岭巨人宫，当授以飞仙之道。'言讫而去。旬日而树已凌空，高十余丈，大已径尺。其家金玉自至，宝货自积，殷富弥甚。五年，玄宗幸蜀，大亮贡钱三十万贯，以资国用。"◆明·曹学佺《蜀中广记》卷七三："《氏族大全》作冯大量。慈母山亦名圣母山，在导江县西南五十里。"

【冯大王】《(民国)宿松县志》卷一○：县南有冯大王庙，明崇祯时贺逢圣道出江口，遇风几覆舟，仿佛见红袍神跃入江中，舟遂定。明日解缆，铁锚重不可拔，贺亲祷之，始起，锚上铁索缠异木数株。乃命知县立庙祀之。灵应异常，但不知为何姓冯与封王也。

【冯道助】明人。《(雍正)浙江通志》卷一九七：山阴人。善幻术。凡里中狂犬啮人，道助指之，狂犬即死。三江戍卒侮之，不与较，引坐石上，既去，卒逾时不能起。道助行三十里许，摘草与行人，曰："某桥上有戍卒数人，可以此草与之。"戍卒得草，始能起。因用符箓事，官府遣人持牒往捕。道助适与捕者遇于途，取捕者公牒去，而捕者昏然不见。

【冯盖罗】南朝刘宋时人。明·曹学佺《蜀中广记》卷七三：广汉（今四川广汉）人，居合州（今重庆合川区）龙多山。山有台，高十余丈，俗名石囷。盖罗炼丹其上，妇汲水于松下，得茯苓如婴儿状，蒸食之，举家十七人飞升，时永嘉元年七月十五日也。南宋淳熙初，赐号冲妙真人。

【冯观国】南宋时人。南宋·洪迈《夷坚丙志》卷一九"无町畦道人"条："冯观国，邵武（今福建邵武）人。幼敏悟，读书。既冠，弃乡里游方外。遇异人，得导引内丹之法，凡天文地理、性命祸福之妙，不学而精，自称'无町畦道人'。寓宜春（今江西宜春），技术自养，所言人吉凶及阴阳变化，尽验。绍兴三十二年端坐作偈而逝。"《仙鉴续编》卷四："时弄小术，如今之撮药者。又常喜颠酒。众呼之冯颠道。人或见其坐于树杪，仰面向天吐气，遂谓其能吸太阳精。"

【冯俊】北宋时人。明·田汝成《西湖游览志》卷一九：冯俊，字德明，钱唐人。天资刚直，幼孤，事母孝。年十八，梦上帝易其肺腑，既醒，豁然开明，顿通书传，能预知祸福。足未出门，人或见之于江海之上。宋元祐间，有舟渡江，遇大风将覆，有神现于云间，自言姓冯名俊，颠涛顿息。常昏睡竟日，既醒，呕吐皆海中异物，问之，则云适宴于龙宫。大观三年十一月，忽语人曰："上帝命司江涛事，不得辞。"越三日，不疾而终，年三十六。人即所居建祠，绍兴间赐顺济庙额，庆元间封灵佑公，绍定间封英烈王。

【冯克利】明时人。清·汪森《粤西丛载》卷一一：贵县（今广西贵港）人。尝往北山采香，遇八仙对弈，分得仙衣一袭。及归，子孙已逾数代。闻于官，赴省勘问，以火焚之，安然无恙，遂信以为仙。表闻，敕封游天得道三界真人。归时羽化于苍梧江口。

【冯良】东汉时人。梁·陶弘景《真诰》卷一四："南阳冠军（今河南邓州北）人。少为县吏，年三十发愤，从师读儒书，复学道术占候。家中谓已死，十五年乃还，整修志节，州郡礼辟，朝廷诏征，皆不就。年六十七乃弃世东渡入山，今在鹿迹山中。"◆按：冯良，《后汉书》有传，事迹与《真诰》所述相类，唯无州郡朝廷征辟事，更无入山成仙事。

【冯惟良】唐时人。《仙鉴》卷四○：道士。字云翼，相州（今河南安阳）人。修道于衡岳中宫。与徐灵府、陈寡言为烟萝友。师田虚应，受三洞秘诀。宪宗元和中东入天台，构上清阁、降真堂等。年九十坐化。其弟子有名者为叶藏质、应夷节。

【冯修】❶"河伯"，见该条。❷一说为"雨师"。清·宫梦仁《读书纪数略》卷四三："雨师名冯修，号曰树德。"

【冯延寿】梁·陶弘景《真诰》："仙秩五岳真人、上清真人，又名乞食公。"事见"宋来子"条。

【冯夷】❶河伯。《淮南子·齐俗训》："冯夷得道，以潜大川。"晋·张华《博物志》卷七："冯夷，华阴潼乡人也，得仙道化为河伯。"又《太平御览》卷二四引《圣贤记》曰："冯夷服八石，得水仙。"又云："夏桀之时，费昌之河上，见天有二日，昌问于冯夷。"晋·葛洪《抱朴子内篇·释鬼》、《神灵经》等则云："冯夷以八月上庚日渡河，溺死，天帝署为河伯。"《木郎祈雨咒》注："六波天主帝君，乃冯夷也。"郭璞以为《山海经·海内北经》之"冰夷"即"冯夷"。吴任臣《广注》云："《太公金匮》河伯名'冯循'，《太公伏阴谋》云名'冯修’，又《河图》曰‘姓吕名夷’，《鸿烈解》云‘一名冯迟’。名号不同，彼此各异。”❷一说为河伯夫人名。《龙鱼河图》：“河伯姓公名子，夫人姓冯名夷。”❸古神人名。《淮南子·原道训》：“昔者冯夷、大内之御也，乘云车，入云霓，游微雾，鹜怳忽，历远弥高以极往。”高诱注：“夷或作迟，丙或作白，皆古之得道能御阴阳者也。”《水经注》卷一引《括地图》曰：“冯夷恒乘云车，驾二龙。”

【冯真君】清·陆祚蕃《粤西偶记》：冯真君庙，灵爽颇著。小青蛇十余，金色烂然，长尺许，盘结栋宇及侍从腰领间，竟日不动，去来莫知其踪。士夫经此，必祷祠下，云神能遣蛇相护，遇险滩疾风可无恙。

【冯真人】汉时人。明·曹学佺《蜀中广记》卷七六：“冯真人，汉车骑将军冯绲之子。修炼于岳门山。一日辞父母，谓当仙去，以来晨鹤飞为候。父登山望之，果然。按《广安志》，为五代将军冯胜之子。未知孰是。”◆《（雍正）四川通志》卷三八之三有“冯真”者，云：“广安州人，冯绲子，修炼岳门山顶，白日升天。”与此显系一人，而不知何者为是。

【凤纲】后汉时人。晋·葛洪《神仙传》卷一：“渔阳（治在今河北安次东）人，常采百草花，以水渍泥封，埋百日，用火煎成药，猝死者服之立活。纲常服此药，百岁不老。后入地肺山仙去。”◆《天地宫府图》：“七十二福地第二十五光天坛（在衡山西源头），凤真人所治之处。”疑指“凤纲”。

【凤凰】《山海经·南山经·南次三经》：“丹穴之山，其上多金玉，丹水出焉。而南流注于渤海。有鸟焉，其状如鸡，五采而文，名曰凤凰，首文曰德，翼文曰义，背文曰礼，膺文曰仁，腹文曰信。是鸟也，饮食自然，自歌自舞，见则天下安宁。”

凤凰　山海经图　蒋应镐本

郭璞注：“《广雅》曰：‘凤，鸡头、燕颔、蛇颈、龟背、鱼尾。雌曰皇，雄曰凤。’《书·益稷》‘凤凰来仪’孔颖达传：‘雄曰凤，雌曰凰。’”清·吴任臣《广注》引纬书《乐叶图征》云：“五凤皆五色，为瑞者一，为孽者四。其四皆似凤并为妖，一鹔鹴，二发明，三焦明，四幽昌。”又引《玄览》云：“凤青曰鹖，赤曰鹑，黄曰焉，白曰鹔，紫曰鷟。”引杨慎云：“西有鸱雀，东有谏珂，北有定甲，南有锦驼，皆窃凤形而似者也。”南宋·周去非《岭外代答》卷九：“凤凰生丹穴，丹穴南方也，今邕州溪峒高崖之上，人迹不至之处，乃有凤凰巢焉。五色成章，大逾孔雀，如今所画而头特大。百鸟遇之，必环列而立。其顶之冠常盛水，雌雄更饮。未始下人间，南人谓之山凤凰。”

【凤凰山神】清·诸联《明斋小识》卷九：青浦（今属上海）凤凰山有赵姓，在郡为役，一昔归家而颠，自云：“山灵命查每日花开数，造册以报。山有神三，并古衣冠。”

【凤女】即秦穆公女弄玉。《水经注·渭水》：“雍县有凤台、凤女祠。”

【凤真人】《天地宫府图》“七十二福地第二十五光天坛（在衡山西源头），凤真人所治之处”。疑指凤纲。

【fo】

【佛图澄】晋·陶潜《搜神后记》卷二：“天竺人佛图澄，永嘉四年来洛阳，善诵神咒，役使鬼神。腹傍有孔，常以絮塞之。每夜读书，则拔絮，孔中出光，照于一室。平旦，至流水侧，从孔中引出五脏六腑洗之，讫，还内腹中。”梁·慧皎《高僧传》卷九：“佛图澄者，西域人也。本姓帛氏。少出家。清真幼学，诵经数百万言。以晋怀帝永嘉四年来适洛阳，志弘大法。善念神咒，能役使鬼物。以麻油杂烟灰涂掌，千里外事，皆彻见掌中，如对面焉，亦能令洁斋者

佛图澄　仙佛奇踪

见。又叫听铃音以言事，无不效验。事石勒，勒甚悦之，于是中州之胡，皆愿奉佛。勒登位已后，事澄益笃，有事必咨而后行，号大和尚。勒死。太子弘袭位。少时，虎废弘自立，迁都于邺（今河北临漳），改元建武。倾心事澄，又甚于勒。后卒于邺宫寺，是岁晋穆帝永和四年也。士庶悲哀，号赴倾国。春秋一百一十七岁矣。"叙其神异事甚详，可参看。◆《晋书》入"艺术传"。

【fu】

【夫子李】明时人。明·钱希言《狯园》卷四"夫子李"条："曲阜县人，传是故衍圣公，禅封爵于其子，遂变姓名，入武当山，草栖于玉虚宫。穆宗皇帝诏岁给廪粮，命中贵人供养于山中。至神宗即位，李辞中贵人欲往云南。中贵欲先奏请，而夫子李其夕即病死，明日给棺盛殓。三日后，有人见李在山下酒家饮，自云将往云南。及中贵人知之，再发其棺，惟草履一双。"◆按：此或即"麸子李"，而除在武当山修道外，竟无一事相同。

【夫诸】《山海经·中山经·中次三经》："敖岸之山。神熏池居之。有兽焉，其状如白鹿而四角，名曰夫诸，见则其邑大水。"

【麸子李】明时人。《（雍正）湖广通志》卷七四：明正德间得道于太和山（即武当山）。以其辟谷，只食麦麸，故名。荆藩永定王慕之，礼聘至蕲州（今湖北蕲春）。问以长生，李答："儒者修身齐家，即长生诀也。"辞归，王遣十校送之。至汉口，李忽不见。校奔至太和山，见李坐舍身岩最险处，忽又不见。后荆王以罪几覆国，始悟李语非漫然也。

夫诸　山海经图　汪绂本

【弗述】唐·段成式《酉阳杂俎·前集》卷一三："昔秦时陈仓（今陕西宝鸡）人猎得兽，若彘而不知名。道逢二童子，曰：'此名弗述，常在地中食死人脑。欲杀之，当以柏插其首。'"◆按：弗述，晋·干宝《搜神记》作"媪"，魏·曹丕《列异传》作"媪述"，梁·任昉《述异记》作"蝹"。参见

"陈宝"条。◆明·邢凯《坦斋通编》："梁任昉曰：'地中有兽名弗述，好食亡者脑，畏柏而不畏铜铁。'段成式《酉阳杂俎》云，'罔两好食亡者肝，而畏柏与虎。故植柏于墓，琢石为虎，所以驱之。'按《周官》方相氏，'入圹以戈击四隅，殴方良'，注云：'罔两也，椁用柏，黄杨为里，表以石焉。'然则柏之用于圹，植于墓，古矣，为子孙者宜知之。"

【伏波将军】明·田艺蘅《留青日札》卷二八"伏波将军有八人"条："南海龙王庙庑下有神，号伏波曹将军。询之土人，云：唐时新罗使入贡，夜梦有神介而持戈，曰：'予为南海伏波曹将军也。龙王遣我护汝，但渡无苦。'明日风浪大作，见一人

伏波将军马援　古圣贤像传略

出波心，以手按怒涛，旋灭。遂立祠于此。"◆《留青日札》又云："今岭海多伏波庙，而雷之徐闻，当之乌蛮滩，香火尤盛，士夫客商往来必祷祀乃济。"按：此为曹伏波、马伏波，则不可知矣。

【伏波神】清·屈大均《广东新语》卷六"伏波神"条："伏波神，为汉新息侯马援。侯有大功德于越，越人祀之于海康、徐闻，以侯治琼海也；又祀之于横州（今广西横县），以侯治乌蛮大滩也。"又云："伏波祠广东、广西处处有之，而新息侯尤威灵。其庙在交趾者制狭小，交趾绝神之。交趾人每惧汉人诉其过恶于侯而得疾病，于是设二人守庙，不使汉人入。"◆清·赵翼《檐曝杂记》卷三"粤西滩峡"条："粤西滩与峡皆极险府江之昭平峡，横州之大滩，右江之努滩、鸡翼滩，左江之归德滩、果化峡，余皆身经其地，而昭平峡最险。横州滩、清浪滩，两处皆有马伏波庙。"◆按：是取"伏波"之名以镇险滩者，不必马援曾到于此也。

【伏虎茅司徒】明·姚宗仪《常熟私志》："伏虎茅司徒，土地也，庙在邑之许浦及河阳山后。据洪迈《夷坚志》（《支志·庚集》卷四），平江（即今江苏

苏州）人江仲谋在常熟梅李镇开一药铺，开张前梦黄衣人持一轴云：相公投下文字。并云是镇中人户所居名次，望官人题上簿。江许之，视黄衣人一臂损烂出血。次日，江语邻叟，叟疑是镇中庙神。江于是往庙进香，见土偶驭卒臂泥脱落，宛然如梦所见，盖伏虎茅司徒也。是茅司徒在南宋时已有，但为梅李镇之土地也。"按：扬州五司徒中第一位即茅姓者，而五司徒又以伏虎名。是此伏虎茅司徒当为五司徒之前身。参见"扬州五司徒"条。◆《宋史·李全传》云："李全死后被支解。先是，全乞灵茅司徒庙，无应，全怒，断神像左臂。或梦神告曰：'全伤我，全死亦当如我。'至是果然。"按：茅司徒左臂或伤或断，据《夷坚志》，其神像本应如此，《李全传》所云盖附会也。

【伏魔公】台湾地区称锺馗为伏魔公，或伏魔爷。

【伏尸】清·袁枚《续子不语》卷五"骷髅三种"：地中有游尸、伏尸、不化骨三种，皆无棺木外袭者。游尸乘月气而移无定所。伏尸则千年不朽，常伏地。不化骨乃其人生前精神贯注之处，其骨入地，虽棺朽衣烂，身躯他骨皆化为土，独此一处之骨不化，色黑，久得日月精气，亦能为祟。伏尸久则受精气为游尸，又久而为飞天夜叉。

【伏羲】或作"庖牺""伏牺""宓羲"。皇甫谧《帝王世纪》曰："太昊帝庖牺氏，风姓也，母曰华胥。燧人之世，有大人之迹出于雷泽之中，华胥履之，生庖牺于成纪（今甘肃秦安北）。"而南宋·罗泌《路史·后纪》注引《宝椟记》云："帝女游于华胥

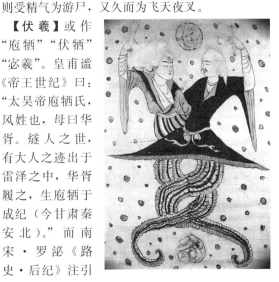

伏羲女娲图

之渊，感蛇而孕，十二年而生庖牺。"晋·王嘉《拾遗记》卷一："庖牺所都之国有华胥之洲，神母游其上，有青虹绕神母，即有娠，历十二年而生庖牺。长头修目，龟齿龙唇，眉有白毫，须垂委地。礼义文物，于兹始作。去巢穴之央，变茹腥之食，立礼教以导文，造干戈以饰武，丝桑为瑟，均土为

埙，礼乐于是兴矣。调和八风，以画八卦。规天为图，矩地取法，视五星之文，分晷景之度，使鬼神以致群祠，审地势以定山川，始嫁娶以修人道。庖者包也，言包含万象。以牺牲登荐于百神，民服其圣，故曰庖牺，亦谓伏羲。变混沌之质，文宓其教，故曰宓牺。以木德称王，故曰春皇。其明叡照于八区，是谓太昊，昊者明也。位居东方，以含养蠢化，叶于木德，其音附角，号曰木皇。"◆伏羲之状，蛇身人面。《文选·鲁灵光殿赋》："伏羲鳞身，女娲蛇躯。"《列子·黄帝》亦云庖牺氏"蛇身人面"，汉代画像石仍存蛇身人面之像。◆佛教或称伏羲为"应声大士""宝历菩萨"。◆闻一多《神话与诗》一书中有《伏羲考》，可参见。

【符拔】《汉书·西域传》："乌弋山离国有桃拔。"孟康注："桃拔一名符拔，似鹿，长尾，一角者或为天鹿，两角者或为辟邪。师子似虎，正黄有髯鬣，尾端茸毛大如斗。"《后汉书·西域传·安息国》："章帝章和元年，遣使献师子、符拔。符拔形似麟而无角。"明·周祈《名义考》卷一〇"天禄辟邪"条："予谓桃拔、符拔当作桃被、符被，以是兽能被除不祥也。被误作拔，曰桃曰符者，犹度朔山桃梗之意。被除不祥，故谓之辟邪。永绥百禄，故谓之天禄。汉立天禄于阁门，古人置辟邪于步摇上。南阳宗资碑旁有两石兽，一曰天禄，一曰辟邪，皆取被除永绥之意。《一统志》忽鲁谟斯国产福禄，似驴而花文可爱，即天禄也。今元旦赐近臣福禄狮子，亦其遗与?"

【凫伯子】仙人。东汉·郭宪《洞冥记》卷三：凫伯子游翠水之涯，得菱而食之，骨轻，身生毛羽。

【凫徯】《山海经·西山经·西次二经》："鹿台之山，有鸟焉，状如雄鸡而人面，名曰凫徯。其名自叫。见则有兵。"明·朱谋㙔《骈雅》卷七："橐𩿬（一足）、瞿如（三足）、鸺鹠（如乌）、凫徯（如鸡），人面鸟也。"

凫徯　山海经图　吴任臣本

【孚惠王】见南宋·洪迈《夷坚支志·景集》卷一〇"向友正"条。其人不详。南宋·郭彖《睽车志》卷二云道州（今湖南道县西）有孚惠庙，甚灵

验，亦未详言。按南宋·罗愿《新安志》卷一云：
"本地祀孚惠庙，本出于信州。传云神石敬纯，东
晋时人，前赵之从子，为父报仇，山为震鸣，故信
州人祀之。本朝封八字王。"不知是此人否？◆按：
如是则似即鸣山神石固之另一传说矣。参见"鸣山
神"条。

【孚应庙神】❶南宋·罗愿《新安志》卷一〇引
《武阳志》《邵武图经》："孚应庙，在邵武军泰宁县
（今福建泰宁）东二里。五代正明中建庙，有二神。
相传一姓陈，闽人，一姓汪，歙（今安徽歙县）
人，相遇于庙东之黄溪，爱其山川气象，可为宅。
陈曰：'吾昔尝过此，识之以钱。'汪曰：'吾亦以
钉为识。'遂掘地，得钱而钉贯其中。由是二人相
悦，卒，俱葬于此。数有神异。闽王氏时封为将
军，宋载在祀典，元丰中赐孚应庙额。"❷清·陈
弘绪《江城名迹》卷三："相传唐隐士崔姓，自汾
宁游至此，值城中患疫，隐士以丹掷井，折柳示人
汲饮，病者即愈。又一说：神为晋人，姓崔名子
玉。唐宪宗得奇病，诸医不效。忽有道人卖药于
市，一粒而愈。问其姓名，曰：'臣豫章人，崔
姓。'俄不知所往。遣使觅之，乃于此地得崔
公祠。"

【孚应昭烈王】许远封号，见"许远"条。◆一说
为张拊。清·姚福均《铸鼎余闻》卷二"孚应昭烈
王"条："国朝王峻《苏州府志》云：'神事迹莫
详，今祀唐忠臣许远，因张庙义起云。'均按：似
即上之昭烈王张拊，然今邑城内东岳庙左祀忠靖
王，右祀孚应王，则又分为二神。此庙为明洪武二
十一年建。"

【扶伏民】《太平御览》卷七九七引《玄中记》
曰：扶伏民者，黄帝轩辕之臣曰茄丰，有罪，刑而
放之，扶伏而去，是后为扶伏民。去玉门关二万五
千里。

【扶娄国】晋·王嘉《拾遗记》卷二：周成王时，
南陲之南有扶娄国。其人能机巧变化，易形改服，
大则兴云起雾，小则入于纤毫之中。缀金玉毛羽为
衣裳。能吐云喷火，鼓腹则如雷霆之声。或化为
犀、象、狮子、龙、蛇之状，或变为虎兕。口中生
人，人形或数分或数寸，备百戏之乐。

【扶桑大帝】即东王公、东华帝君。晋·葛洪《枕
中书》载："元始天王与太玄玉女相媾，生扶桑大
帝东王公，号曰元阳父。"又云："扶桑大帝住碧海
之中，宅地四面，并方三万里。上有太真宫。多生
林木，叶似桑，又有椹，树长数千丈，两同根偶

生，更相依倚，
名为扶桑。"

【芙蓉城主】北
宋石曼卿、丁度
俱云死后为芙蓉
城主。北宋·欧
阳修《六一诗
话》："曼卿卒
后，其故人有见
之者，云恍惚如
梦中，言'我今
为鬼仙也，所主
芙蓉城。'欲呼
故人往游，不
得，忿然骑一素

扶桑大帝 河北石家庄毗卢寺

骡去如飞。其后又云降于亳州一举子家，又呼举子
去，不得，因留诗一篇与之。"宋·文莹《湘山野
录》卷上叙此略详，但未云为芙蓉城主。宋·张师
正《括异志》卷七"芙蓉观主"："庆历中，有朝士
冒辰赴起居，至通衢，见美妇三十余人，靓妆丽
服，两两并马而行，若前导，俄见丁度按辔，继之
而去。有一人最后行，朝士问之，对曰：'诸女御
迎芙蓉馆主耳。'时丁已在告，顷之，闻丁卒。"◆
苏轼有《芙蓉城》诗，小序云："世传王迥字子高，
与仙人周瑶英游芙蓉城。元丰元年三月，余始识子
高，问之信然，乃作此诗，极其情而归之正，亦变
风止乎礼义之意也。"诗开首二句云："芙蓉城中花
冥冥，谁其主者石与丁。"又苏轼有《和蔡景繁海
州石室》诗，首句云"芙蓉仙人旧游处"，自注：
"石曼卿也。"◆按：石延年，字曼卿，与丁度俱
《宋史》有传，而无修仙慕道事。然石有一"疑仙"
事："延年喜剧饮，尝与刘潜造王氏酒楼对饮，终
日不交一言。王氏怪其饮多，以为非常人，益奉美
酒肴果，二人饮啖自若，至夕无酒色，相揖而去。
明日，都下传王氏酒楼有二仙来饮，已乃知刘、石
也。"见欧阳修《归田录》卷下。◆清·蒲松龄
《聊斋志异·瞳人语》中亦有芙蓉城七郎子新妇归
宁事，当系偶然拈出点缀耳。

【芙蓉仙人】王子高遇芙蓉仙人事，见苏轼《芙蓉
城》诗小序（"芙蓉城主"条已引）及南宋·王明
清《玉照新志》卷一，但未详记，其他宋人笔记亦
未见其详。唯南宋·叶梦得《避暑录话》卷上云：
"世传王迥芙蓉城鬼仙事，或云无有，盖托为之者。
迥字子高。苏子瞻与迥姻家，为作歌，人遂以为

信。俞澹清老云：王荆公尝和子瞻歌，为其兄紫芝诵之，紫芝请书于纸，荆公曰：'此戏耳，不可以训。'故不传。犹记其首语云：'神仙出没藏杳冥，帝遣万鬼驱六丁。'"而清初人徐岳《见闻录》亦叙其事，言"芙蓉仙与王子高别时授神丹一粒，曰：'无戚戚，后当偕老于澄江之上。'时子高方十八九，已而结婚向氏，十年而鳏居，四十再娶江阴巨族室女，年二十，容貌与芙蓉仙绝似。而澄江则江阴之里名。夫妻服丹，年八十余偕老云"。此则似明人敷衍小说，不录。

【服间】西汉·刘向《列仙传》卷下："不知何许人。常止于莒（今山东莒县），往来海边诸祠中。有三仙人于祠中博，赌瓜，顾见间，令担黄白瓜数十。教令瞑目，及觉，乃在方丈山，在蓬莱山南。后往来莒，取方丈山上珍宝卖之。一旦髡头著赭衣，貌更老。人问之，言坐取庙中物云。后数年，貌更壮好，鬓发如往日时矣。"◆《仙鉴》卷三作"服间子"。

【苻坚神】《晋书·苻坚载记》："苻坚既被害，苻登立坚神主于军中，载以辒辌，羽葆青盖，车建黄旗，武贲之士三百人以卫之，将战必告，凡欲所为，启主而后行。而姚苌以登频战辄胜，谓坚有神验，亦于军中立坚神主，请曰：'往年新平之祸，非苌之罪。'登进师攻苌，既而升楼谓苌曰：'自古及今，安有杀君而反立神像请福，望有益乎？'苌自立坚神像，战未有利，军中每夜惊恐。"梁·任昉《述异记》卷下："苻坚既为姚苌杀于新平（今陕西彬州）佛寺中，后寺主摩诃兰常梦坚曰：'可为吾作宫。'既而寺左右民家死疫相继，巫者常见坚怒曰：'吾宫不起，将尽杀新平民。'因共改寺为庙，遂无复灾疾。每年正月二日，民竞祀以太牢。新平寺，今'苻家神'也。"南齐·祖冲之《述异记》："姚苌既杀苻坚，与苻登相拒于陇东。苌夜梦坚将天帝使者勒兵驰入苌营。以矛刺苌，正中其阴，苌惊觉，阴肿痛，明日遂死。"

【洑口庙神】《（弘治）八闽通志》卷五八：威（济）[显]庙，在永福县东南二里许。神姓陈，讳必胜，汉丞相陈平之后，家于闽城。兄弟九人，皆著奇节，没为神，显灵，庙食于此。唐永泰二年，邑初置，溪潦暴涨，有若枯木上者数四，乃洑口祠所立神之刻像也。邑人取之，即今庙址，累石为屋祀之。民祷祠或樵牧过者，往往于石室中获钱。宋开宝中，号洑口通灵护境庙。绍兴元年赐额威显，九年封灵贶侯。

【浮尼】清·袁枚《子不语》卷二二"浮尼"条：戊戌年，黄河水决，每筑堤成，见水面有绿毛鹅一群，翱翔水面，其夜堤必崩。虽老河员不知为何物。后阅《桂海稗编》，载前明黄萧养之乱，黄河有绿鹅为祟，识者曰："此名浮尼，水怪也。以黑犬祭之，以五色粽投之，则自然去矣。"如其言，果验。

【浮丘伯】当即"浮丘公"。宛委山堂本《说郛》卷一〇七有《相鹤经》，后记云："此文李浮丘伯授王子晋，崔文子学道于子晋，得其文，藏嵩山石室，淮南八公采药得之，遂传于世。"明·王世贞《列仙全传》卷二："姓李，修道于嵩山，白日飞升。作《相鹤经》《王子乔传》，传于世。"◆按：浮丘伯本为汉初时齐人，《汉书·儒林传》："申公少与楚元王交，俱事齐人浮丘伯。"则浮丘伯本为儒家者流，与神仙略不相干也。

【浮丘公】《神异典》卷二二四引诸书有数说《太平县志》："轩辕问道于浮丘公，并与浮丘公、容成子同游黄山，炼丹于天都峰下，后飞升于望仙峰。"有称"浮丘先生"者，《江西通志》："上古浮丘先生，其姓氏不可知，亦不详其世代，或曰黄帝时人，与容成子游，或曰即列子所称壶丘子，或曰《汉书》之浮丘伯，楚元王、申公所从受诗者。晋时由金华山之华盖山吐气为桥，度王、郭二仙。故今崇仁华盖山并祀之。"又有称"浮丘伯"者，《太平府志》："浮丘伯，相传周灵王时人，太子尝师之。或云即传子夏《诗》者，与王子晋吹笙骑鹤游嵩山，邑南隐玉山，为其炼丹处。"而《巢县志》《济南府志》皆云："浮丘公姓李，居嵩山修道，白日飞升。以《相鹤经》授王子晋，崔文子又学道于子晋。"则与明·王世贞《列仙全传》之浮丘伯为一人也。

【浮丘叔】清·屈大均《广东新语》卷五载："广东会城有三石，东曰海印，西曰浮丘，中曰海珠。粤人以为即仙人浮丘所游处，塑浮丘、葛洪二像祀之。相传有二仙，一老一少，两人一目，彼此扶掖而行。居人遗以麦豆，撒之成金，视所荷之薪，则红白珊瑚枝也。老者浮丘丈人，少者浮丘叔也。考《列仙传》，浮丘伯姓李氏，不言浮丘叔，意丈人其即伯欤？然浮丘伯。班固以为荀卿门人，服虔以为秦时儒生。高后时，浮丘伯在长安，楚元王交尝受《诗》于浮丘伯。又遣子郢客与申公俱卒业。当时浮丘伯或与安期生为友，安期生至粤，而浮丘伯亦相从而至耶？"

【浮丘翁】❶"华盖三仙"之一。据道藏本《搜神记》云为晋时仙人，王褒之师。见"华盖三仙"条。❷清·徐道《历代神仙通鉴》卷一五："鸡笼山，弘仁度厄通明天尊浮丘翁。"注云："即神农炎帝，药王。"

【浮丘仙】《（康熙）长沙府志》卷一三：姓潘名越，刘宋时炼丹于益阳浮丘山，后仙去。

【浮丘先生】施存。《（康熙）衡岳志》卷三："施存，号浮丘先生。师黄卢子，得三皇内文、驱虎豹之术。居衡岳西峰洞门观石室。或跨白豹而出。晋永康元年升举。"◆按：《真诰》作"浮胡先生"，《南岳九真人传》作"胡浮先生"。《神异典》所引或误。

【浮提国】晋·王嘉《拾遗记》卷三：周灵王时，浮提国献神通善书二人，乍老乍少，或隐或现。肘间金壶四寸，内有黑汁如漆，洒地及石，皆成篆隶科斗之字。佐老子撰《道德经》垂十万言，写以玉牒。昼夜精勤，形劳神倦，及金壶汁尽，二人刳心沥血以代墨。老子更除其繁紊，存五千言。经成，二人不知所往。

【浮忻国】晋·王嘉《拾遗记》卷四：汉武帝元封元年，浮忻国贡兰金之泥。此金出汤泉，水常沸涌，飞鸟不能过。以此泥封诸函匣及诸宫门，鬼魅不敢近。

【浮游】《路史》卷一一引《琐语》：晋平公梦见赤熊窥屏，恶之而有病，使问子产。子产曰："昔共工之卿曰浮游，既败于颛顼，自投沉淮之渊。其色赤，其言善笑，其形善顾，其状如熊，常为祟。见之堂上，天下之主死；见堂下，则邦人骇；见门，则臣有忧；见庭则无伤。窥君之屏，病而无伤，祭颛顼、共工则瘳。"公如其言而疾间。

【福德正神】为土地神之尊称，常用于书写牌位。详见"土地"条。

【福禄财门之神】见"福神"条。

【福禄寿三星】仇德哉《台湾之寺庙与神明（四）》：顾名思义，此三星为掌管人间之福、禄、寿之神，有称其为多福星君、多禄星君、多寿星君者，亦有称其为天福星君、天禄星君、天寿星君者。而《天官赐福》一剧中，福禄寿三星又以"三官"充当，即上元天官赐福，中元地官赐禄，下元水官赐寿，且于福禄寿三官之外，又添天福、天禄、天寿、天喜、天财五星君。

【福神】有数说：❶《三教源流搜神大全》卷四："汉武帝时，杨成为道州（治在今湖南道县西）刺

福禄寿三星　山西新绛稷益庙

史。武帝爱州矮民，以为宫奴玩戏，每岁贡数百人。杨成即任，上表奏闻天子：'本郡只有矮民而无矮奴。'武帝感悟，自后不复取矮民。道州民为杨成立祠绘像，以为本州岛福神。后天下百姓皆绘像敬之，以为福禄神。"按：末句道藏本《搜神记》做"天下士庶皆绘像敬之，以为福禄财门之神。"◆按：拒贡道州矮民事，史载为唐道州刺史阳城事，此杨成显为阳城之误而又移唐为汉者。参见《唐书·隐逸传》。❷明万历间《龙会兰池录》："福神蒋子文死于锺山之下"，是蒋子文

福神　三教源流搜神大全

亦为福神矣。❸民间神祃又有以福神即送子张仙者，又有以魏徵为福神者，皆见于民间神像，因时因地而异。❹又岁星为天之福神，见"福星"条。❺《玄天大圣真武本传神咒妙经》中说玄武大帝"天称元帅，世号福神"。◆按：民间神像中之福神，形似"天官"，而实亦因有"天官赐福"之说，故视天官为福神。

【福星】或以福禄寿三星于天文中求之，似应是岁星。《史记·天官书·正义》引《天官占》云："岁星为东方木之精，苍帝之象。其色明而内黄，天下安宁。岁星盈缩，所在之国不可伐，可以罚人。其所居国，人主有福，不可以摇动。岁星农官，主五谷。"

【斧神】《太平御览》卷一六三引纬书《龙鱼河图》："斧神名狂章。"

【釜甑鬼】见"婆女"条。

【辅神通】唐玄宗时道士。唐·戴孚《广异记》：道士辅神通者，家在蜀州（今四川成都），幼而孤贫，为人牧牛以自给。恒见一道士往来，遂拜为师。道士乃引神通入水中，既入，至其居所，屋宇严洁，有药囊丹灶，床下悉大还丹。遂使神通看火，兼教黄白之术。经三年，神通已年二十余，思忆人间，会道士不在，乃盗还丹，别贮一处。道士归，问其丹何在，神通便推不见。道士引至他道逐去。神通崎岖洞穴，以药自资，七十余日，方至人间。其后厌世事，追思道士，闻其往来在蜀州开元观，遂请配度，隶名于是，而终不得见。蜀州刺史奏神通晓黄白，玄宗试之皆验。

【辅顺将军】仇德哉《台湾之寺庙与神明（二）》：台湾地区所奉祀之辅顺将军有马恩、马殷、马仁、马援、马福数说，据道光《彰化县志》，马恩为宋人，杨文广部将，入闽征讨，陷阵死于马上，其尸不倒，敌胆怯而退。民间怀其神勇，崇祀为神，后封辅顺将军。马殷为宋仁宗时左翼镇殿大将军，亦有死于马而尸不倒传说。马仁为宋真宗时人。◆按：马仁、马殷、马恩当系一音之转。马福另见"马公"条。

【腑脏神】清·宫梦仁《读书纪数略》卷四三：心神丹元字守灵；肺神皓华字虚成，肝神龙烟字含明，肾神元冥字育婴，脾神常在字魂庭，胆神龙曜字威明。又胃神同来育字道还。

【负局先生】西汉·刘向《列仙传》卷下："不知何许人，语似燕、代间人。常负磨镜局游吴市，以一钱为人磨镜。常问主人有无苦痛，有则出紫丸药以与之，得者莫不愈。如此数十年，后大疫，所活人以万计，不取一钱。吴人乃知其为真人。后上吴山绝崖，悬药下与人。将欲去时，语下人曰：'吾还蓬莱山，为汝曹下神水。'一旦有水自石间流

负局先生 列仙图赞

下，饮者多愈疾病。立祠十余处。"

【负琴生】宋·隐夫玉简《疑仙传》卷上：负琴生者，游长安数年，日在酒肆乞酒饮，身负一琴，人不问即不语，人以为狂。常于月下水畔鼓琴，凄切感人。李白闻之，访于酒肆，至郊外对饮，论琴及学仙事。一日，李白见之于长安南大树下，方欲就之，忽然而灭。

【负图先生】见"李充"条。

【副应元帅】《三教源流搜神大全》卷五：姓副名应，别号泰宇。泰山人，生于唐乾符九年。科举不第，苦志励行于山间。夜有九尾狐精做美女形来，帅不为惑。次日又化为恶鬼，帅神色不变。后玉帝降旨迎帅，授以金銮纠邦之职。

副应元帅 三教源流搜神大全

【傅大士】南朝梁时人。《三教源流搜神大全》卷二："名翕，婺州义乌（今浙江义乌）人。幼通二教之书，自号善慧大士。梁普通元年遇天竺僧嵩头陀，语曰：'尔弥勒化身。'令自鉴于水，见圆光宝盖。乃悟道，创庵于松山双梼木下，即后之双林寺。大士虽出家而不削发。义乌城南黄山顶有饲虎岩，为大士以斋饲虎之处。

傅大士 三教源流搜神大全

饲虎之余粮即化为饭化石，石紫色，可琢数珠。死后葬于婺州，忠献王

（钱镠）取骨殖，建龙华寺于钱塘，塑大士像。"又见《佛祖统纪》卷三三，云"傅大士愍世人多故，不暇诵经及不识字，乃于双林道场创转轮藏。"而北宋·蔡絛《铁围山丛谈》卷六则言钱塘龙华寺有大士真身。明·田汝成《西湖游览志》卷六："傅大士，本为渔夫，遇嵩头陀语曰：'我昔与汝于毗婆尸佛前发愿度生，汝今何时还兜率宫？'指令临水观影，大士乃见圆光宝盖，便悟前因。夫妇双修，顿通佛法。梁武帝召见，共论真谛；又请讲《金刚经》。"◆世传寺庙中"转轮藏"始于傅大士。明·顾起元《客座赘语》卷三："大士姓傅名弘，梁武帝延之于锺山定林寺。常以经目繁多，人不能遍诵，乃建大层龛，一柱八面，实以诸经，运行不碍，谓之'轮藏'。"明·曹安《谰言长语》则云："凡寺中有轮藏者供一傅大士，问之僧众，皆妄说无稽。少时闻一诗云：'袈裟新补片云寒，足蹑儒鞋戴道冠，欲把三家归一辙，捻沙终是不成团。'盖讥之也。俗云其人道冠儒履释袈裟，正此。而《搜神记》谓其名翁，义乌人，幼通三教书，自号善慧大士云云，又不知何据，此不足论。"

【傅道流】梁·陶弘景《真诰》卷一一："北地（今甘肃环县东南）人，汉灵帝时殿中将军，学道至勤，后为地仙。"陶弘景《真灵位业图》："地仙散位贾元道、李叔胜、言成生、傅道流四人，并隶司命，主察试学道者，在泰山。"

【傅得一】宋时人。《仙鉴续编》卷四：字宁道，又字齐贤。清江新淦（今江西新淦）人。儿时入山，遇弈者，啖以果。自是神气清爽，行步如飞，能预知休咎。语言狂怪，人莫能测。尝深夜卧雪中，鼻息如雷，皆称为傅颠。时年十八。忽起江湖之兴，遍走湖广淮浙间。言人祸福多应，士大夫多与之游。朱熹曾赠以诗，并大书其居曰雪庵。淳熙初，召对德寿内殿，赐号灵宝大师。宋孝宗淳熙十五年化去，年七十四。

【傅礼和】东汉末人。梁·陶弘景《真诰》卷一三：傅礼和，汉桓帝外甥侍中傅建女也。北地（今甘肃环县东南）人，其家奉佛精进，女常旦夕洒扫佛前，勤勤祝誓，心愿仙化。神灵监其此心，亦得来此。久处易迁，今始得为含真台主也。常服五星气以得道。礼和善歌，歌则鸟兽飞聚而听声焉。

【傅说】《墨子·尚贤下》："傅说衣褐带索，庸筑于傅岩之城。武丁得而举之，立为三公。"晋·王嘉《拾遗记》卷二："傅说赁为赭衣者，舂于深岩以自给。梦乘云绕日而行，筮得'利建侯'之卦。岁余，汤以玉制聘为阿衡。"按：傅说为武丁时人，距汤已十世，不可能为汤之阿衡。◆又云傅说死后为星，即傅说星。晋·张华《博物志》

傅说 集古像赞

傅说岩 道成傅赍 梦感帝言 落沃数大 学术之圣 婉美德作柤 庶几阿衡 亦蹑其武

卷九："《神仙传》曰：'说上据箕尾为宿。傅说死后，方有此宿。'"宋·郑樵《通志·天文略一》："傅说一星，在尾后河中。谨按傅说一星，惟主后宫女巫祷祠求子之事。谓之傅说者，古有傅母，有保母，傅而说者，谓傅母喜之也。今之妇人求子，皆祀婆神，此'傅说'之义也。偶商之傅说与此同音，诸子百家，更不详审其义，则曰'傅说骑箕尾而出'，殊不知箕尾专主后宫之事，故有傅说之佐焉。"

【傅太初】见"王世龙"条。

【傅同元】明时人。《（雍正）江西通志》卷一〇三：名履道，马步桥简氏子。生而神异，长好长生诀。游湖湘汉沔间，遇异人授以法。能以道法为人治病，以符咒驱虎蝗，或为乡人请雨。后入武当山。成化十五年京师旱，以荐入京师求雨，有验。时六月，为上求雪，雪深三尺，寒若严冬。

【傅翁】见"傅大士"条。

【傅先生】梁·陶弘景《真诰》卷五：傅先生自少好道，入焦山石室，积七年，而太极老君诣之，与以木钻，使穿一盘石，石厚五尺，曰："此石穴，当得道。"积四十七年，石穿，得神丹，乃升太清为南岳真人。

【傅隐遥】三国时吴人。《（雍正）浙江通志》卷二〇一引《两浙名贤外录》：吴甘露初弃家为道士，居石室山大若岩（在浙江永嘉），辟谷修炼。至唐调露元年上升。游戏人间四百余载。今大若岩左有登仙石。

【傅真人】《天地宫府图》"三十六洞天之青田山，为傅真人所治"。不详所指，疑是傅隐遥。

【富初庵】元·郑元祐《遂昌杂录》：元初有富初庵，以占筮起东南。时钱塘初内附，世皇（忽必烈）占其后来如何。既成卦，而富犹未之知也。世皇曰："我占宋故都。"富对曰："诚如所占。其地五六十年后，会见城市生荆棘，不如今多矣。"今杭城连厄于火灾，复困于科徭，视昔果不逮，富之占亦神矣。

【富春子】明·宋濂《宋景濂未刻集》卷下《跋俞先辈所述富春子事实后》：宋末人，姓孙，其先居富春（今浙江富阳），因自呼"富春子"。七岁病瞽，遇异人，授以音律推五数、播五行之术，其于万物始终盛衰，恒于音决之。周垣未第时，坐于观桥厉声诟仆。孙君闻其声往揖之曰："状元何怒邪？"周以其绐己，不答。后果擢进士第一。能听声而知人过去未来仕宦之迹。后为史嵩之所忌，谪死远方。

【富沙太尉】闽有富沙太尉祠，土人颇信。见南宋周密《癸辛杂识》前集。

【腹中鬼】晋·陶潜《搜神后记》卷六："李子豫，少善医方，当代称其通灵。许永为豫州刺史，镇历阳（今安徽和县）。其弟得病，心腹疼痛十余年，殆死。忽一夜，闻屏风后有鬼谓腹中鬼曰：'何不速杀之？不然，李子豫当以赤丸打汝，汝即死矣。'腹中鬼对曰：'吾不畏之。'及旦，遂使人迎子豫。未入门，病者忽闻腹中有呻吟之声。子豫遂于巾箱中出八毒赤丸与服之。须臾，腹中雷鸣鼓转。大利数行，遂差。"参见"肚仙"条。

【鮒鱼】汉·东方朔《神异经》：东南海中有炬洲，洲有温湖，鮒鱼生焉。其长八尺，食之宜暑而辟风寒。

蝮虫 山海经图 蒋应镐本

【蝮虫】《山海经·南山经》："猨翼之山，中多蝮虫。"郭璞注："蝮虫，色如绶文，鼻上有针，大者百余斤。一名反鼻虫。虫，古虺字。"吴任臣《补注》："《楚辞》'蝮蛇蓁蓁'是也。蝮大而虺小。"宋·罗愿《尔雅翼》卷三二："蝮，蝮蛇之最毒者，短形，反鼻，锦文。著足断足，著手断手，不尔合身糜溃。又善伺人，捷取巧噬肆其害。"

【G】

【gan】

【干大】北宋·吴淑《江淮异人录》卷下："干大，居洪州（今江西南昌）西山中，四时常持花，不欲近人。尝至应圣宫，以花置道像前。道士为设茶于案，干乃取饮，始终不与人言。"《（康熙）南昌郡乘》卷四一："干大，居豫章（今江西南昌）西山。或曰即许真君之仆许大，改姓曰干。"参看"许大"条。

【干吉】《后汉书·襄楷传》："顺帝时，琅邪（在今山东临沂北）宫崇诣阙，上其师干吉于曲阳泉水上所得神书百七十卷，号《太平清领书》。其言以阴阳五行为家，而多巫觋杂语。有司奏崇所上妖妄不经，乃收藏之。后张角颇有其书焉。"注引《江表传》云："时有道士琅邪干吉，先寓居东方，来吴会，立精舍，烧香读道书，制作符水以疗病，吴会人多事之。孙策尝于郡城楼上请会宾客，吉乃盛服趋度门下。诸将宾客三分之二下楼拜之，掌客者禁诃不能止。策即令收斩之，悬首于市。"◆按：孙策时干吉，乃冒顺帝时干吉名之另一术士。此干吉在《三国志》及小说《三国演义》中作"于吉"。参见"于吉"条。

【干麂子】僵尸之一种，又类似于银伥。清袁枚《续子不语》卷四"干麂子"条言：干麂子，乃僵尸类也。云南多五金矿，开矿之夫，有遇土压不得出，或数十年，或百年，为土金气所养，身体不坏，虽不死，其实死矣。凡开矿人，苦地下黑如长夜，多额上点一灯，穿地而入。遇干麂子，麂子喜甚，向人说冷，求烟吃。与之烟，嘘吸立尽，长跪求人带出。挖矿者曰："我到此为金银而来，无空出之理，汝知金苗之处乎？"干麂子导之，得矿必大获。临出则绐之曰：'我先出，以篮接汝出洞。'将竹篮系绳，拉干麂子于半空，剪断其绳，干麂子辄坠而死。有管厂人性仁慈，怜之，竟拉上干麂子七八个。见风，衣服肌骨即化为水。其气腥臭，闻之者尽瘟死。是以此后拉干麂子者必断其绳，恐受其气而死。不拉，则又怕其缠扰无休。又相传人多干麂子少，众缚之，使靠土壁，四面用泥封固作土墩；其上放灯台，则不复作祟。若人少干麂子多，则被其缠死不放矣。

【干将】东汉·赵晔《吴越春秋·阖闾内传》："干将者，吴人，妻莫邪。造阴阳二剑，阳名干将，阴名莫邪。夫妻断发剪爪，投之炉中，使童女三百，鼓橐装炭，剑乃成。干将匿其阳，献阴剑于吴王阖闾。"晋·干宝《搜神记》卷一一："楚干将、莫邪为楚王作剑，三年乃成，王怒，欲杀之。剑有雌雄，其妻重身，当产，夫语妻曰：'王必杀我。汝若生子，是男，大，告之曰：出户，望南山，松生石上，剑在其背。'王果杀之。莫邪子名赤，比后壮，母乃告之。子果复仇"云云。◆《（雍正）江南通志》卷三八："苏州匠门外有干将祠。门本名干将门，后讹为匠门。"

【甘虫】《新唐书·宣宗纪》：宣宗大中十年三月，舒州吴塘堰有众禽成巢，阔七尺，高一尺。中有如人面、绿毛、绀爪觜者，其声曰"甘"，人谓之甘虫。有人占曰："有鸟非常，来宿于邑中，国有兵，人相食。"

【甘佃】五代时人。明·王世贞《列仙全传》卷七："象州（今广西象州）人。家富好施，贫而告者，未尝少吝。性灵异，决祸福无不奇中。一日辞乡里，瞑目而逝。乡人设庙祀之。"《（雍正）广西通志》卷八七："后封惠济感应侯，元加封孚应惠济圣公，明加封王号。"清·吴任臣《十国春秋》卷六六"南汉列传"："乡人肖形祀之，号曰'甘大将'。"

【甘将军】清·施鸿保《闽杂记》卷五："漳、汀、邵武诸处皆有江东庙，祀吴将甘宁，亦称甘将军庙。考三国时闽属吴，然甘宁并未至闽，闽人何独为之立庙？今漳州（今福建漳州）府城西有江东桥，为一郡要害处。郑成功时，其将甘辉于此抗清，此战甚著称。又康熙十七年，成功破镇江，甘辉建议断瓜洲以扼山东之师，成功不听，直攻南京，遂败，而甘辉死之。成功败归厦门，设坛祭甘辉，令所属皆为立庙。漳、汀等地时为成功所据，故皆有辉庙。及郑氏亡，人或讳之，托为甘宁。亦称江东庙者，盖犹震其江东桥之战也。"◆甘辉，《明史》《清史》均无传，张岱《石匮书后集》有传。

【甘露仙】明时女子。《（万历）休宁县志》（今安徽休宁）卷八：汪氏女，自幼洁身，奉道不嫁。入金山焚修，岁久道成，莫知其终。山中有其得道遗迹，至今祷雨辄应。旁有甘露井，四时不竭。

【甘露祖师】汉人，姓吴名理真。蜀名山县蒙山以产茶名，相传有甘露祖师所种八株。见清·王士禛《陇蜀余闻》、清·吴庆坻《蕉廊脞录》卷八。一说蒙山顶有茶十株，为甘露大师自岭表所携灵茗植之。清·陈商祥《蜀都碎事》卷二又云："蒙山极顶有小殿，仅方丈地，中奉甘露师像，两旁列文武二神，一为张七丞相，一为秦妃将军。"又见清·青城子《聊斋志异续编》卷三。

【甘宁】三国时吴人。南宋·洪迈《夷坚丁志》卷二"富池庙"条："兴国（今江西兴国）江口富池庙，吴将军甘宁祠也。灵应章著，舟行不敢不敬谒，牲牢之奠无虚日。谒祷者往往求珓以占吉凶。南宋建炎间，巨寇欲屠兴国，祷于庙，掷珓以占，二珓一堕地，一不见，盗惧而退。"又南宋·曾敏行《独醒杂志》卷三亦记此，而所云"巨寇"为李成："南宋绍兴初，大盗李成破江州（今江西九江），欲入豫章（今江西南昌），先掷珓于神庙，珓跃起丈余，落神座后，李成以为神不许，遂转兵于湖南，江西获全。后郡守闻于朝，加封王爵，命其珓曰灵珓，以龛藏之。"◆《夷坚三志·己集》卷八"富池庙诗词"条又言庙有神鸦，立于樯杆，则有好风送舟。清·王嘉桢《在野迻言》卷六"洞庭湖神"条，以甘宁为湖神，云："有不洁者，必遭其变。湖中多神鸟，色润而驯，与之食亦食，如见人飞去则不吉。"而清·宋荦《筠廊偶笔》卷上则云洞庭神鸦俗传为"柳毅使者"。又按："神鸦"不惟甘庙及洞庭湖有，巫峡神女庙亦有神鸦迎送宾客，见清·王士禛《池北偶谈》卷二一。◆甘宁庙不仅见于江西。如清·董含《莼乡赘笔》卷上"神索仆马"条："湖广田家镇有吴甘兴霸庙，甚灵异。"即是。然清以来福建漳、汀、邵武诸处皆有江东庙，亦称甘将军庙，所祀云是吴将甘宁，而实为郑成功部将甘辉。详见"甘将军"条。

【甘凝】唐时人。《（康熙）建昌府志》（治在今江西南城）卷二一：字云隐，丹阳（今江苏丹阳）人，移家南丰（今江西南丰）。举进士不就，为神仙之事。岁旱，以破竹画地为环，各置其方，令童

男女随之所转，辄雷震而雨。一日召家人曰："四十年后当有圣人出。"言毕而逝。后宋祖隆兴，甘氏登进士者十五人。

【甘始】东汉时人。《后汉书·方术列传》："甘始、东郭延年、封君达，三人皆方士，率能行容成御妇人之术，或饮小便，或自倒悬，爱惜精气，不极视大言。甘始、延年与左元放俱为曹操所召，问其术而行之。此数人皆百余岁及二百岁。"又注引曹植《辩道论》云："甘始者，老而有少容，诸术士咸归之。然辞繁而少实。曾语曹植曰：'本师姓韩字雅。尝与师于南海作金，前后数四，投数万金于海。'言颇怪诞"云云。晋·葛洪《神仙传》卷一〇云其在人间三百余岁，后入王屋山（在今河南济源西北）仙去。晋·张华《博物志》卷五叙魏武帝方士十六人中有"甘陵甘始"，并云："甘始老而少容，曹子建密问其所行，始言：'本师姓韩字世雄。尝与师于南海作金，投数万斤于海，又取鲤一双，一鲤傅药，游釜中若处渊，其无药者已熟而食。'"又云："始能行气。"葛洪《抱朴子内篇·辨问》："甘始休粮以经岁。"

【甘需】战国时仙人。晋·王嘉《拾遗记》卷四："燕昭王即位后好神仙之道，仙人甘需臣事之，为王述昆台登真之事，去嗜欲，撤声色，无思无为，可以致道。谷将子乘虚而至，告王曰：'西王母将降。'后一年，王母果至。自是王母三降燕宫。而昭王徇于攻取，不能守甘需澄静之旨，王母遂不复至。而甘需则升天而去。"参见"谷将子"条。

【甘战】"西山十二真君"之一。南宋·白玉蟾《修真十书·玉隆集》："字伯武，丰城（今江西丰城）人。有孝行，见推乡党。喜神仙久视之术。闻许逊行孝道法，遂造门愿备驱使。真君收为弟子。及许逊上升，付以金丹妙诀。后归丰城，至陈大建初飞升。政和二年封精行真人。"◆明·王世贞《列仙全传》卷四作"甘戢"，误。

【甘州神女】宛委山堂本《说郛》卷一八引明·王世懋《二酉委谭》：甘州（今甘肃张掖）一山洞中有一立化神女，名某母，其旁有一屠者，蹲踞而化。云初屠者日见一女子买猪肝三片，疑之，乃微踪其往，至一山洞中。屠者就见焉，女为说法，因各化去，皆真身也。第神女身上无所系，下去地将一尺，竟不知何以中悬。

【感庭秋】南宋·胡仔《苕溪渔隐丛话·后集》卷三八引《高道传》：唐末有狂道士，不知何许人，名氏亦晦，游成都，诣紫极宫谒杜光庭，光庭不

见。道士日货药于市，得钱即饮酒，唱《感庭秋》词，其意似感蜀之将亡。人即呼"感庭秋道士"。一夕大醉，夜将阑，尚闻唱声愈高，有人隔户窥之，见灯烛器具甚盛，二青童侍立。或告杜光庭，光庭诣门谢过，道士乃令二童收筵具，叠之随手而小，置冠中，又手按二童如木偶寸许，亦置冠中。道士曰："子行业未至，更宜修炼。"乃化火光一道，乘空而去。

【赣巨人】《山海经·海内经》："南方有赣巨人，人面长臂，黑身有毛，反踵，见人笑亦笑，唇蔽其面，因即逃也。"郭璞注曰："即枭阳也。"见"枭阳"条。

【gang】

【冈子蛇】《太平广记》卷四五九"番禺书生"条引《闻奇录》：有书生游番禺，经山中，见有气高丈余，如烟。乡人曰："此冈子蛇吞象也。"乡里振鼓叫噪，而蛇退入一岩谷中。经宵，乡里人各持缸瓮往，见一象尚立，而肌骨皆化为水。遂针破，取其水。里人云："比过海，置水舟中，可辟去蛟龙。"

【gao】

【皋稽】《淮南子·墬形训》："皋稽，闻阖风之所生也。"高诱注："皋稽，天神也。"

【皋鲁】秦汉间人。宋·佚名《越史略》卷上：南越武皇赵佗时，安阳王有神人曰皋鲁，能造柳弩，一张十放，教军万人。武皇知之，遣其子始为质，请通好。后王遇皋鲁稍薄，皋鲁去之。王女媚珠又与始私焉。始诱媚珠，求看神弩，因毁其机，驰使报武皇。武皇复兴兵攻之。王又如初弩，折，众皆溃散。武皇遂破。王衔生犀入水，水为之开，国遂属赵。

【皋陶】《晋书·礼志上》：挚虞以为："案《虞书》，皋陶作士师，惟明克允，国重其功，人思其当，是以狱官礼其神，系者致其祭，功在断狱之成，不在律令之始也。"南宋·方勺《泊宅编》卷中："今州县狱皆立皋陶庙，以时祠之，盖自汉已然。范滂系狱，吏俾祭皋陶。滂曰'皋陶贤君者，知滂无罪，将理之于帝；如其无知，祭之何益？'"又明·王兆云《白醉琐言》卷下云："官府即任并朔望升堂，俱用皂隶排衙，以鼓为节，其唱喝凡三。初曰'大人升堂公座咎繇'，次曰'吩班侍立咎繇'，末曰'各衙人马平安咎繇'。所云'咎繇'，

即皋陶也。盖皋陶尝谓狱吏，旬日不呼其名，狱中即病，故云然。"按：皋陶字或作"咎繇"。

【皋通】宋·李石《续博物志》卷四："交州（此汉之交州，包括两广及今越南）安阳王有神人名皋通，为安阳王治弩，一张一发杀三百人。"即"皋鲁"之误。

皋陶　古圣贤像传略

【高获】东汉时人。《后汉书·方术列传》："字敬公，汝南新息（今河南息县）人。少游学京师，师事欧阳歙。三公争辟，不应。善天文，晓遁甲，能役使鬼神。游江南，卒于石城（今安徽贵池西）。石城人为立祠。"《（万历）续修严州府志》卷五："县南三里有高府君庙，俗称逻浦庙，祀高获。获后汉人，与严子陵有旧，尝自石城适富春访其庐，值大旱，即曳剑登坛，未几雷雨大作，秋遂大熟。人感其德，立庙祀之。"

【高俊】明人。《（康熙）江阴县志》卷一六：字彦文，人称高法官，永乐间人。少游金陵，遇异人，得书数卷，往龙虎山谒真人，三载方还。自称其术可移造化、役鬼神，以符咒驱邪魅，飞剑斩狐妖，能呼风唤雨。江浙间无不知者。

【高阆】宋·张师正《括异志》卷七：高阆，蜀人，本姓向，名良少，为郡吏，抵罪亡命，遂易姓名焉。虽眇一目，而神气高爽，善诗，来往

高禖　玄鸟贻喜　离骚图

江湖间，深得养生之术，饮酒至数斗不乱。后死于滁之琅琊山僧寺，将终，以玉笛授僧曰："此开元中宁王所吹者，然不知是否。"时已几百岁矣。

【高箓】明时人。《(雍正)山西通志》卷一六〇：猗氏人。于孤山采药，遇刘海蟾，授长生诀。坐卧一窟，寒暑不出。后村人欲甃池，忽出曰："此万古利也，当为置石。"授人一鞭，入山驱石若飞。后卒，妻子俱失所在。

【高禖】古代的婚姻及生殖神。《续汉书·礼仪志》注引《月令章句》曰："高，尊也。禖，祀也。盖为人所以祈子孙之祀。玄鸟感阳而至，其来主为孕乳蕃滋，故重其至日，因以用事。契母简狄，盖以玄鸟至日有事高禖而生契焉。"又云："晋元康中，高禖坛上石破，诏问出何经典，朝士莫知。博士束皙答曰：'汉武帝晚得太子，始为立高禖之祠。高禖者，人之先也。故立石为主，祀以太牢。'"《晋书·五行志中》："郊禖坛者，求子之神位，无故自毁，太子将危之象也。"《宋史·礼志六》："祓无子，祝多男。至政和时：春分祀高禖，以简狄、姜嫄从祀。"

【高明大使】即"许逊"。见该条。

【高娘】见"谷女"条。

【高丘子】梁·陶弘景《真诰》卷五：殷人。好道，入六景山，积五百二十岁。但读黄素道经，服饵术。后合神丹，以得陆仙。游行五岳二百年，后得金液，以升太清。今为中岳真人。

【高山君】羊怪。晋·干宝《搜神记》卷一八：汉时齐人梁文，好道，家有神祠，座上设皂帐。一日，帐中忽有人语，自称"高山君"，大能饮食，治病有验。后神醉，现形为羊，乃袁公路家走失之羊，杀之乃绝。

【高堂隆】三国时魏人。《艺文类聚》卷六二引王隐《晋书》："高堂隆刻邺宫屋材云：'后若干年当有天子居此宫。'及晋惠帝止邺宫，治者更剥泥土，始见刻字，计其年正合。"

【高天大将军】恶鬼。《太平广记》卷三二〇引晋·荀氏《灵鬼志》：河内（今河南怀庆）姚元起，居近山林，举家恒入野耕种。唯有七岁女守屋，而渐觉瘦。父母问女，女云："常有一人，长丈余而有四面，面皆有七孔。自号高天大将军，来辄见吞，径出下部。为此数过。云：'慎勿道我，道我当长留腹中。'"阖门骇愕，遂移避。

【高铜】见"王高二元帅"条。

【高元帅】《三教源流搜神大全》卷五："姓高名员。降生之时，为一团火光，父母以为怪，投于江。药师天尊抱以为徒，授以仙剂。能治诸种奇症，起死回生。遍游方外，救人无数。玉帝封以九天降生高元帅之职。"清·徐道《历代神仙通鉴》卷一五："东岳属神有'抱送贵子高元帅'。"即此。

高元帅　三教源流搜神大全

【高远先生】《(乾隆)宁远县志》卷一一："高远先生，尧时人，与何侯同里，又与何侯同炼药，亦得道仙去。"参见"何侯"条。

【糕糜先生】《(万历)保定府志》(治在今河北保定)卷四〇：元末道士，行医。至柳山，乃曰："吾姓杨，此山名柳，吾宜居焉。"寻卒，葬于山颠。乡人思之，为建塔塑像。至今有疾者，持糕糜悬拜，用纸展案上，良久即有药，服之辄愈。人称糕糜先生。

【镐池君】《史记·秦始皇本纪》作"滈池"："秦始皇三十六年，使者从关东夜过华阴平舒道，有人持璧遮使者曰：'为吾遗滈池君。'因言：'今年祖龙死。'因忽不见。""集解"服虔曰："滈池君，水神也。"张晏曰："周武王居镐，镐池君则武王也。武王伐商，故神云始皇荒淫若纣矣，今亦可伐也。""索隐"云："秦以水德王，故其君将亡，水神先自相告也。"按镐池在长安城西南，周匝二十二里。《史记·封禅书》云："丰、镐有天子辟池之庙。""索隐"："顾氏以为璧池即滈池，所谓'华阴平舒道逢使者，持璧以遗滈池君'，故曰璧池。今谓天子辟池，即周天子辟雍之地。故周文王都酆，武王都滈，既立灵台，则亦有辟雍耳。"

【ge】

【戈府君】五代时人。南宋·郑瑶《景定严州续志》卷六：庙在淳安县（今浙江淳安西）西五里。旧传吴越时，府君提兵御敌，不利，为敌所执，不屈，断其头弃之。府君右手握剑，左手自提其头，行至此仆焉。既而风雨晦明，雷电交作，乡人骇其神异，即地为庙祀之，水旱祷焉。

【歌仙】见"刘三妹"条。

【格】梁·任昉《述异记》卷下：南康郡（郡治在今江西赣州赣县区西南）有积压山，高秀重迭，有类台榭，名曰女娲宫。有兽名格，似猩猩之形，自知吉凶。人无机心，爱之，则可驯狎；欲执害之，则去不来。

鮯鮯　山海经图　吴任臣本

【鮯鮯】《山海经·东山经·东次三经》：跂踵之山，有水焉，广员四十里皆涌，其名曰深泽。有鱼焉，其状如鲤而六足鸟尾，名曰鮯鮯之鱼，其鸣自叫。

【葛洪】《晋书》有传，云："字稚川，丹阳句容（今江苏句容）人，祖为吴大鸿胪，父为晋邵陵太守。洪少好学，家贫，自伐薪购纸笔，遂以儒学知名。好神仙导引之法。从祖葛玄，吴时学道得仙，号葛仙翁，以其术传弟子郑隐。洪就隐学，悉得其法。后师事南海太守鲍玄。玄能逆占未来，见洪深重之，以女妻洪。洪传玄业，兼长医术。又从吴兴太守顾秘讨石冰，为都尉。又为广州刺史嵇含参军事。受司徒王导辟，为咨议

葛洪　列仙酒牌

参军。闻交趾出丹，求为句漏令，许之。至广州，为刺史所留，遂止罗浮山（今广东惠阳地区之罗浮山）炼丹，自号抱朴子，因以名所著书，又著有《神仙传》《枕中书》等，俱传世。年八十一，兀坐日中而卒，世以为尸解仙去。"◆后世以葛洪与梅福合称"梅葛仙师"，为染业行神。见该条。

【葛将军】"天门三将军"之一。北宋·宋敏求《春明退朝录》："张尚书安道言，尝收得道家奏章，图其天门有三人守卫之，皆金甲。葛将军掌旌，周将军掌节，其一忘记。"北宋·邵伯温《邵氏闻见录》卷二："宋仁宗病，昏不知人者三日，既愈，自言梦行荆棘中，失路。有神人金甲，自天而下，曰：'天以陛下有仁心，增寿一纪。'以车送帝归。帝问神何人，神曰：'臣所谓葛将军者。'帝寤，令查道藏，果有葛将军主天门事，因增其位号于大醮仪中，立庙京师。"◆清·姚福均《铸鼎余闻》卷一："道书云：三官俱周幽王谏臣，一曰唐宏，一曰葛雍，一曰周实。"参见"天门三将军"条。

【葛陂君】《后汉书·方术传》："汝南有魅，伪作太守章服。费长房至，魅即现形为大鳖，大如车轮，颈长一丈。长房付其一札，以敕葛陂君，魅叩头流涕，持札植于陂边，以颈绕之而死。后东海君来见葛陂君，因淫其夫人。于是长房劾之三年，而东海大旱。长房至海上，见其人请雨，乃敕葛陂君出东海君，使作雨。"按：葛陂君为葛陂之神，详见"费长房"条。

【葛乾孙】明时苏州神医，事繁不录，见明·王兆云《湖海搜奇》卷上"葛乾孙后传"条。

【葛三】《太平广记》卷三九"崔希真"条引唐·皇甫氏《原化记》：唐大历初，崔希真家于郡西，善鼓琴，工绘事，好修养之术。二年十月，大风雪，希真晨出门，见一老人避雪门下，貌非常人，请入，待以麦饭、松花酒。崔入宅，于窗隙见老人若有所绘，及回，老人已去。崔急冒雪追之，数里至江，江上有大船，船中数人貌皆奇古，而老人在焉。其人顾笑曰："葛三乃见逼于伊人。"崔拜谢而归，得图，画三人二树一白鹿一药笈。崔不解，持图诣茅山问李涵光天师。天师云："此真人葛洪第三子所画。画中之意，若得道者，寿可过松柏也。"◆又见五代·杜光庭《神仙感遇传》卷五，作"葛三郎"。

【葛天君】《吕祖全书》卷三二载"葛天君诰"。原注云："天君讳明扬，为吕祖涵三主将，清微三品告成，同受元始诰命，晋秩佐化宣道之职。"

【葛仙翁】按除葛玄、葛洪、葛永瓂等外，又有一葛仙翁，乃以祝由科治病之湖南人葛益山。见清·赵翼《檐曝杂记》卷四"湖南祝由科"条。

【葛玄】三国时人。世称"葛仙公"。葛洪之从祖。晋·干宝《搜神记》卷一：

葛玄　列仙全传

"字孝先，三国时人。从左元放受《九丹液仙经》。食间作戏，嗽口中饭，尽变大蜂数百，复张口，蜂尽入口，依旧是饭。能指虾蟆燕雀之属，使之舞蹈应节。能冬设瓜果，夏致冰雪。投钱数十于井，一一呼之使出。曾为吴主求雨，书符置于社中，顷刻大雨流淹。"晋·葛洪《神仙传》卷八所载文更详，云"长于治病、收劾鬼魅之术，能分形变化。吴孙权欲加荣位，玄不肯受。求去不得，一日委衣床上，忽失所在"。梁·陶弘景《真诰》卷一一："葛玄善于变化而拙于用身，今正得不死而已，非仙人也。初在长山，今在盖竹，亦能乘虎使鬼，无所不至，但几于未得受职耳。亦恒与谢稚坚、黄子阳、郭声子相随。"而葛洪《枕中书》云："葛玄受金阙君命，为太极左仙公，治盖竹山，又在女几山，常驾乘虎骑也。"至《仙鉴》卷二三，则进一步神化，云为大罗真人降生，"诞于汉桓帝延禧七年。八岁失怙恃。年十三通古今经传子史，十五六名振江左。遂衣道服入天台、赤城（今浙江天台）、上虞山，精思念道。遇左元放，授以《九丹金液仙经》、炼炁保形之术，治病劾鬼秘法、《三元真一妙经》。行持三年，广积功效。感太上老君携太极真人徐来勒等同降于天台山（今浙江天台北），示以《感应篇》，许以功德圆满，白日升天"云云。并详述其除蛇精及诸异事，可参看。◆按：道教灵宝派创始者葛巢甫为葛洪从孙，而葛玄则为葛洪从祖。葛巢甫造《灵宝经》，遂以葛玄为灵宝派祖师。据《云笈七签》卷三《道教所起》："今传灵宝经者，则是天真皇人授于黄帝，又授于帝喾，

夏禹感降于锺山，阖闾窃窥于句曲（即茅山）。其后有葛孝先、郑思远之徒，师资相承，蝉联不绝。"《灵宝略纪》则云："元始天尊以灵宝教化授太上大道君，并赐道君太上之号，自后相传世系同前述，直至葛玄，再辗转传至葛巢甫，巢甫传徐灵期等。"葛玄本为三国时一普通术士，名气尚在左慈辈之下，因其后嗣张扬，遂成仙真。而《仙鉴》所载事迹当系灵宝派后裔阁皂宗于宋时所编，故极尽夸诞之能事也。

【葛雍】"吴客三真君"或"天门三将军"之一。见该条。

【葛永瓂】或作葛永瑰、葛瓂。见"十二真君"条。其人不详。道教二十四治中有"葛瓂山治"，本名上清治，因上清真人所居也。后杨先贤、蒲高远、葛永瓂上升于此，遂更名为葛瓂治。唐人小说有韦皋梦仙人葛瓂故事。葛瓂，当即葛永瓂。按北宋·乐史《太平寰宇记》卷七三："九陇县北四十余里有葛瓂山，上有葛永瓂治，永瓂学道于此山。"明·曹学佺《蜀中广记》卷五"彭县"（今四川彭州）引《胜览》云："葛仙山有崇真观，在蒙阳北，二十四化之第五化也。葛仙翁瓂、杨仙翁升贤于此得道。大同中，蒲仙翁高远复于此白日上升。"同书卷七二引《灵验记》略云："韦皋梦二神人谓曰：'天下诸化领世人名籍，吾子名系葛瓂，禄食全蜀。异日富贵，无忘葛瓂也。'后皋尹成都，再梦，乃复新观宇，皋自为记。"

【葛用】宋·隐夫玉简《疑仙传》卷上：常牵一黄犬游岐陇间。好与僧道之徒谈。至夜则宿于郊野。道士王奉敬仰焉。一日谓奉曰："可共乘此犬一游。"因共乘之，此犬跃身如飞，顷刻出中华之外约万余里，到一仙山，盘桓一日。及乘犬复归岐陇，已过三载矣。后与王奉别，不复至。

【葛由】周时人。西汉·刘向《列仙传》卷上："蜀地羌人。周成王时，好刻木为羊卖之。一旦

葛由　列仙图赞

骑羊而入西蜀，蜀中王侯遣人追之，上绥山。绥山在峨嵋山西南，极高，山上多桃。追之者不复还，皆得仙道。故里谚曰：'得绥山一桃，虽不得仙，亦足以豪。'山下立祠数十处。"又见晋·干宝《搜神记》卷一。◆《列仙通纪》卷七作"葛田"，误。

【葛佑二女】唐时女子。道藏本《搜神记》卷六：葛佑，金溪（今江西金溪）人。邑有银场，葛典其事。银矿耗，产不能偿。二女不忍其父荼毒，赴冶而死。父得释，场亦无罢。后现形，自称上帝嘉其孝行，授以玉清宫正乙之职。为立庙，颇灵应。可参看"金火二仙姑"条。◆据明·罗鹤《应庵随录》卷九，二女为唐宝历间人。

【葛越】即"黄卢子"，见该条。

【猲狙】《山海经·东山经·东次四经》：北号之山，有兽焉，其状如狼，赤首而鼠目，其音如豚，名曰猲狙，是食人。

猲狙　山海经图　汪绂本

【geng】

【更生佛】南宋·洪迈《夷坚乙志》卷一"更生佛"条："绍兴十八年，鲜述因病误服药，为冥吏所追，入大城，遇故人曹某。曹曰：'有乡人在，勿忧。虞太博今判更生道，明日为更生佛矣。'至殿下，见一王者，问述曰：'平生修何善？'述曰：'家贫无力，但尝游瓦屋山，瞻辟支佛。'王者令放还，且曰：'为我报家人，令设更生道场，且诵更生佛名。'述拜而出，望题榜绿牌金字曰'大慈大悲更生如来'。虞名祺，字齐年，绍兴十七年卒。其子即名臣虞允文。"事又见南宋·邵博《邵氏闻见后录》卷二八。按《夷坚乙志》卷七"虞并甫奏章"条所说与此大异："虞允文以父病，斋戒浃日，命道士刘泠然奏章请命，章内有'乞减臣之年，增父之算'语，泠然自云见天帝，天帝云：'虞允文至孝，可与执政。'而不从其请。虞父竟卒。"◆明·曹学佺《蜀中广记》卷八：仁寿县有更生寺。宋丞相虞允文为其父秦国公建碑云：绍兴十八年六月二十六日，乡人鲜于述既死复苏，言地府有更生佛，故秦国虞公祺也。明日以告丞相，丞相因言：

"父属犷时，微疾耳。忽睨坐客：'古佛俱来，吾当归。'允文泣下。公顾曰：'身得为佛，有何不可？'含笑而逝。"

【庚辰】传说中大禹治水时所用神将，降伏巫支祁者。见"巫支祁"条。

【庚定子】南宋·罗浚《宝庆四明志》卷一三："东海海上有野人名庚定子。旧说云：昔从徐福入海，亡匿姓名，自号庚定子。土人谓之白水郎。字或讹为'卢定子'。"

【庚午神】清·许叔平《里乘》卷七："湖北木商运筏至九江关，忽江中出一爪，大如箕，抓其筏不能行。商不得已，折筏去木，甫六层，见中藏一蜥蜴，长五尺许，跃入江中，倏不见。俄顷风雨雷电并至，霹雳一声，一物震死于江干，形类蜥蜴，长丈许，其腹中有篆书十一字，云'水怪为患，帝命庚午神诛之'。"◆按：此由"庚辰"连类而造者。

【耕父】《山海经·中山经·中次十一经》："丰山，神耕父处之，常游清泠之渊，出入有光，见则其国为败。"郭璞曰："清泠水在西号郊县山上，神来时水赤有光耀，今有屋祠之。"吴任臣《广注》云："《骈雅》曰：'耕父、野仲、语忘、敬遗，皆鬼名也。'张衡《东京赋》：'囚耕父于清泠，溺女魃于神潢。'

耕父　山海经图　蒋应镐本

《文选注》曰：'耕父，旱鬼。'"按《续汉书·礼仪志》注引《东京赋》注，曰："耕父、女魃，皆旱鬼，恶水，故囚溺于水中，使不能为害。"

【耿梦】"老郎神"之一说。清·杨掌生《梦华琐簿》："小霞言：'老郎神耿姓名梦。昔诸童子从教师学歌舞，每见一小郎极秀慧，为诸郎导，固非同学中人也。每肄业时必至。或集诸郎按名索之，则无其人。诸郎既与之习，乐与游，见之则智能顿生，由是相惊以神，乃肖像祀之。'其说颇不经。

然吴人晨起禁言梦，诸伶人尤甚，不解其故。如小霞言，是禁言梦者，讳其神名也。"

【耿七公】道藏本《搜神记》卷五：庙在扬州府高邮州之西北十五里。相传公为东平（今山东东平）梁山泊人，生负侠气，抚剑一呼，发上指，有古贲育风。泊里最号英雄薮泽，而公冲挪其间，渠魁北面事之。按戎马南下，殁于州境，大著灵异，有祷辄应。宋赐号曰康泽侯。

【耿听声】南宋·周密《齐东野语》卷一五：耿听声，以听人声而知贵贱得名，兼能嗅衣物而知人吉凶贵贱。宋高宗（时已为太上皇）闻其名，取宫人扇百余，杂以孝宗及中宫所御，令小黄门使叩之。嗅及耿后扇，云："此圣人也，然有阴气。"至上扇，乃呼万岁。嗅一珠冠曰有尸气，乃已故张贵嫔物也。

【耿先生】五代时南唐女子。北宋·吴淑《江淮异人录》卷下："耿先生，江表将校耿谦之女。明慧，有姿色，知书能诗而明于道术，能拘制鬼魅，通于黄白之术。保大中，召入宫观其术，称之曰先生。嗜酒，至于男女大欲亦与常人同，后病死。"马令《南唐书》卷二四、陆游《南唐书》卷一七："南唐女冠耿先生，鸟爪玉貌。获宠于元宗。有孕，将诞之夕，震雷绕室，大雨河倾，半夜雷止，耿身不复孕。能以宫妓箕中粪壤炒为银，又握雪成锭，投火中，皆成白金。"清·吴任臣《十国春秋》卷三四"南唐列传"于其终则云："宫中忽失宋太后所在，耿先生亦隐去几月余。有告者曰：'在都城外二十里方山宝华宫。'元宗亟命迎太后，见与数道士方酣饮，乃迎还宫，道士皆诛死，而耿亦不复得入宫。或言其往来江、淮，卖药于市云。"

【耿玄】北魏时人。《魏书·术艺传》《北史·艺术传》：耿玄，巨鹿宋子（在今河北赵县北）人也。善卜占。有客叩门，玄在室已知其姓字，并所赍持及来问之意。其所卜筮，十中八九。别有《林占》，时或传之。

【gong】

【弓弩神】纬书《龙鱼河图》："弓之神名曲张。"《春秋元命包》："天弓星主司弓弩。"《春秋佐助期》云："天弓主弓弩之张，神曰推亡。"宛委山堂本《说郛》卷二七下引朱翼《猗觉寮杂记》："弓神名曲张。弩神名远望。"

【公安二圣】五代·孙光宪《北梦琐言》卷九：

"荆州公安县寺中有二金刚神，土人号曰'二圣'，甚有灵。"参看"金刚"条。

【公佛母佛】即"欢喜佛"。清·董含《莼乡赘笔》卷下"淫像"条：辽阳城中一古刹，守卫严肃，百姓瞻礼者俱于门外焚香叩头。内塑巨人二，长数丈，一男子向北立，一女南面，抱其颈，赤体交接，备极淫亵状，土人呼为"公佛母佛"，崇奉甚谨。尝阅《留青日札》载嘉靖十五年大善殿有铸像，极其淫秽，巨细不下千百，乃元之遗制。郑所南《心史》载元人于幽州建佛母殿，铸佛裸形与妖女合淫状，种种纤毫毕具，即此类也。

【公母石神】台湾地区丛祠。仇德哉《台湾之寺庙与神明（四）》：台南安平妈祖庙侧有一小庙，中奉两尊石刻神像，像分男女，并立如配偶，民众以"公神""母神"称之。相传二神刻于厦门，于三百年前郑成功收复台湾时，与妈祖同时迎入台湾。公神为厦门吴将军，母神为澎湖柳金花。二神除保护郑成功外，尚为妈祖护驾。

【公孙卿】《史记·封禅书》："公孙卿，汉武帝时方士，齐人。上书言黄帝铸宝鼎而升仙事，为帝所幸。又候神河南，云见仙人迹缑氏城上。帝东巡海上，行礼祠八神，令言海中神山者数千人求蓬莱神人。公孙卿持节常先行候名山，至东莱，言夜见一人，长数丈，就之则不见，见其迹甚大，类禽兽云。"《洞仙传》："学道于东梁甫山，一云滋液山，山宫中有合成仙药，得服之人立成仙。"

【公孙圣】东汉·赵晔《吴越春秋·夫差内传》：吴王欲兴兵伐齐，昼寝于姑胥台，得一梦，梦入章明宫，见两鬵蒸而不炊，两黑犬嗥以南嗥以北，命太宰嚭占之。以为宜兴兵伐齐。吴王仍不决，问王孙骆，骆曰："臣不能占。有所知者，东掖门亭长长城公弟公孙圣。圣为人少而好游，长而好学，多见博观，知鬼神之情状。"乃召公孙圣诣姑胥台。圣伏地而泣，谓其妻曰："今日壬午时加南方，命属上天，不得逃亡。吾受道十年，陷身避害，欲绍寿命，不意卒得急召，中世自弃，故悲与子相离耳。"遂诣姑胥台，为吴王解梦，以为不宜伐齐。吴王大怒，令力士以铁锤击杀之。公孙圣仰天而言曰："我魂至深山，后世相属为回声。"吴王果伐齐，越王乘其隙伐吴，大败吴师。吴王逃至余杭山，呼"公孙圣"，圣从山中应曰"公孙圣"。

【公羽真人】《天地宫府图》"三十六小洞天之紫盖山，为公羽真人所治"。不详所指。

【功德山】唐末人。《太平广记》卷二八七"功德山"条引《王氏见闻》：唐黄巢将乱中原。汴中有妖僧功德山，远近桑门皆归之。至于士庶，无不降附者。能于纸上画神寇，放入人家，令作祸祟，幻惑居人，通宵继昼，不能安寝，或致人疾苦。及命功德山赠金作法，则患立除之。又画纸作甲兵，夜夜与街坊嘶鸣，腾践城郭，天明即无所见。又多画其犬，焚祝之，夜则鸣吠，相咬啮于街衢，居人不得安眠。命而赠之，即悄无影响。人既异其术，趋术者愈众。中书令王铎镇滑台，以计捕之。讯之，并是黄巢之党，将欲自二州相应而起，咸命诛之。

【宫嵩】东汉时人。晋·葛洪《神仙传》卷七："有文才，著书百余卷。师事仙人于吉。汉元帝（原文如此）时，随于吉于曲阳泉上遇天仙，授以《太平经》。后入苎屿山仙去。"◆按《后汉书·襄楷传》言："顺帝时，琅琊（在今山东临沂北）人宫崇诣阙，上其师干吉于曲阳泉水上所得神书百七十卷，号《太平清领书》。其言以阴阳五行为家，而多巫觋杂语。"干吉，《三国志》作于吉。而《太平清领书》即《太平经》，为张角创立太平道的主要根据。宫嵩上书，有司以为妖妄不经，乃收藏之；而宫嵩其人则未详言。◆又按：晋·葛洪《抱朴子内篇·勤求》有"后之知道者干吉、容嵩、桂帛诸家"语，"容嵩"当是"宫嵩"之误。《仙鉴》卷二〇有"官嵩"一条，亦"宫嵩"之误。

【宫亭庙神】《水经注》卷三九："庐山有神庙，号曰宫亭庙，故彭湖（即彭蠡泽）亦有宫亭湖之称。"道藏本《搜神记》卷三言宫亭神："神无姓名，显应于南康府东之宫亭湖（湖不在南康，应误）上。神来则阴霾蔽日，其声澎湃若潮汐。能分风，令一南一北，上下各不顺帆。能擘浪如持灵犀而入海。守郡者重其神，且防其为舟之梗，立祠宫亭湖上，岁时享祀，有呼必应。远近行者赖之。"按庙神实有二说。❶即庐山君。《太平御览》卷六八八引刘宋·刘义庆《幽明录》曰："孙权时，南方遣吏献簪，吏过宫亭湖庐山君庙请福。神下教求簪，吏叩头曰：'簪献天子，必乞哀念。'神云：'临入石头，当相还。'吏遂去。达石头，有三尺鲤鱼跳入船，吏破腹得之。"此故事又见干宝《搜神记》卷四。又《北堂书钞》卷一三三引晋·王浮《神异记》：陈敏为江夏太守，自建业赴职，过宫亭庙，乞在任安稳，当上银杖一枚。年限既满，作杖，铁为干，以银涂之，往宫亭送杖于庙中。宫亭神降巫宣教曰："陈敏欺蔑之罪，不可容。"铁杖浮江水上，其疾如飞，遥到敏舫前，敏舟遂覆。《太

平广记》卷二九三则作引《神鬼传》，所述稍详。又《太平广记》卷二九六引南齐·祖冲之《述异记》载，宋元嘉中州吏黄苗背约，神竟令黄苗为虎五年，食人三十。可见宫亭湖神于许愿而背约者惩治极峻。参见"庐山君"条。❷孤石女神，实即"大姑小姑"。见"孤石庙神"条。

【龚刘二圣者】南宋·祝穆《方舆胜览》卷一〇邵武军"鸡笼山"条："山在邵武（今福建邵武）县西。土人祠龚、刘二圣者于其上。水旱必祷，有飞蜂之应。"同卷"七台山"条："福州刘道人居此山，号'刘圣者'。善役虎豹。敕封真济惠应大师。"◆按：龚圣者不详，然同卷"道人峰"条下有云："昔有道人结庵岩下，喜乘龙往来，颇有异迹。敕封神济妙应大师。"其封号与刘圣者正相对，疑即"龚圣者"。

【龚真人】《天地宫府图》："三十六小洞天之锺山，为龚真人所治。"不详所指。◆按宛委山堂本《说郛》卷一九引《牧竖闲谈》云："知邛州事龚颖，建溪人也，则真君之远孙也。"不知是此龚真君，抑或为"龚刘二圣者"之龚圣者？

【巩道岩】明时人。《（雍正）山东通志》卷三〇：滋阳（今山东兖州）人。元刘长生弟子。成化中居三清万寿观，一日八仙降，道岩跪恳仙术，因授书一卷而去。道岩习之，能呼风唤雨，拘役龙雷。后以搬运术授其徒吴道人。

【拱尸鬼】明·沈德符《敝帚轩剩语》卷下：吴人曹蕃在京，抱病垂殆，忽见一丈夫，长抵屋榱，面白而阔，衣团花皂袍，向曹深拱至地，良久方起再拱，开目即见，昏黑张烛亦如之，惟合眼息灯则无所睹。初犹怖骇，后习之不怪。如此月余，自分必死。一日鬼忽不见，沉疴亦消。问之学佛人，云此名"拱尸鬼"。

【共工】炎帝之裔。《山海经·海内经》："炎帝生炎居，炎居生节并，节并生戏器，戏器生祝融，祝融生共工。"《淮南子·原道训》："昔共工之力，触不周之山，使地东南倾。与高辛争为帝，遂潜于渊，宗族残灭，继嗣绝祀。"一说与争者为颛顼，《天文训》："昔者共工与颛顼争为帝，怒而触不周之山。天柱折，地维绝。天倾西北，故日月星辰移焉；地不满东南，故水潦尘埃归焉。"一说与争者为女娲（见《路史·后纪》），一说与争者为重黎（见《史记·楚世家》），尚有与其战者为神农、祝融之说，虽诸说不同，而一方为共工则无异议。◆又为水神。《春秋左氏传》昭公十七年："共工氏以

水纪，故为水师而水名。"《淮南子·兵略训》："炎帝为火灾，故黄帝擒之；共工为水害，故颛顼诛之。"《淮南子·本经训》："舜之时，共工振滔洪水，以薄空桑，龙门未开，吕梁未发，江、淮通流，四海溟涬，民皆上丘陵，赴树木。"◆又为八风神之一。《淮南子·墬形训》："共

共工　离骚图

工，景风之所生也。"见"八风之神"条。◆尧时"四凶"之一。《史记·五帝本纪》尧所谓"共工善言，其用僻，似恭漫天"。遂"流共工于幽陵，以变北狄；放驩兜于崇山，以变南蛮；迁三苗于三危，以变西戎；殛鲧于羽山，以变东夷"。"正义"："驩兜，浑沌也。共工，穷奇也。鲧，梼杌也。三苗，饕餮也。""集解"服虔曰："穷奇，谓共工氏也。其行穷而好奇。""正义"谓共工："言毁败信行，恶其忠直，有恶言语，高粉饰之，故谓之穷奇。"故汉·东方朔《神异经·西北荒经》云："西北荒有人焉，人面朱发，蛇身，人手足。食五谷禽兽，贪恶愚顽，名曰共工。"◆又共工为尧舜时官名，掌工事，《史记·五帝本纪》所谓舜以"契为司徒，皋陶作士，垂为共工"是也。

【共工氏不才子】南宋·罗泌《路史·后纪》卷二注引《岁时记》："共工氏有不才子，以冬至日死，为厉，畏赤豆，故作赤豆粥以禳之。"明·谢肇淛《滇略》卷四引《初学记》作"共工氏有不才子七人，死而为厉"（今本《初学记》卷四引《岁时记》文与《路史》同）。

【贡院将军】宋·鲁应龙《闲窗括异志》：嘉兴贡院每举几二千人，然西廊第三间，举子常有为魅所凭而至死者。或如猫而过，或如妇人，每一发喊，则妖气愈盛。丙午岁，监试官忽梦有人自称贡院将军，云："我死于此地，今得为神。每举子死于场屋者皆我辈为之。可立庙于西北隅，则免。"于是

而为立祠，士人就试者，莫不先期备金钱，祷求阴庇。或云：此地原为勘院，徐明之乱，多鞫死于此，故遇呼喊三声则鬼出。

【gou】

【勾魂使者】《聊斋志异》卷九"岳神"：扬州提同知，夜梦岳神召之，词色愤怒。仰见一人侍神侧，少为缓颊。醒而恶之。早诣岳庙，默作祈禳。既出，见药肆一人，绝肖所见。问之，知为医生。及归暴病，特遣人聘之。至则出方为剂，暮服之，中夜而卒。或言：阎罗王与东岳天子，日遣侍者男女十万八千众，分布天下作巫医，名"勾魂使者"。用药者不可不察也！

【勾龙】《春秋左氏传》昭公二十九年："共工氏有子曰勾龙，为后土。"《国语·鲁语》："共工氏子曰后土，能平九土，故祀以为社。"《周礼·春官》"先告后土"疏："勾龙生为后土之官，死则配社。"

【勾芒】❶《山海经·海外东经》："东方勾芒，鸟身人面，乘两龙。"郭璞注曰："木神也。方面素服。《墨子》曰：'昔秦穆公有明德，上帝使勾芒赐之寿十九年。'"而《墨子·明鬼下》误作"郑穆公"："郑穆公当昼日

勾芒　山海经图　汪绂本

中处于庙，遇一神，鸟身，素服三绝，面状正方。穆公大惧。神曰：'无惧，帝厚汝明德，使锡汝寿十年，使若国昌。'公问神名，曰：'予为勾芒也。'"❷东方青帝之佐神。《礼记·月令》："孟春之月，其帝太昊，其神勾芒。"《吕氏春秋·孟春》"其帝太昊，其神勾芒"，高诱注："勾芒，少昊氏之裔子，曰重，佐木德之帝，死为木官之神。"《淮南子·时则训》："东方之极，自碣石山过朝鲜，贯大人之国，东至日出之次，榑木之地，青土树木之野，太昊、勾芒之所司者，万二千里。"此神后世又称"芒神"，于迎春时祭之。

【沟】唐·释道世《法苑珠林》卷五八引《白泽

图》："又夜见堂下有儿被发走，勿恶之，精名曰沟。以其名呼之，则无咎。"明·董斯张《广博物志》卷一四引《白泽图》则作："夜见堂下有鬼，被发走，物恶之精，名沟。"

【钩蛇】见"马绊"条。

【钩弋夫人】西汉·刘向《列仙传》卷下作"钩翼夫人"，云："齐人，姓赵。少好清净，病卧六年，右手拳屈，饮食少。汉武帝悦其姿色，召见，发其手，得玉钩，手于是得展。生昭帝。后武帝害之，殡尸不冷而香，一月间。昭帝即位，更葬之，棺中但有丝履。故名其宫曰钩翼，后避讳改为弋。"《汉武故事》云："上巡狩过河间（在今河北献县东），有紫青气自地属天，望气者以为其下当有奇女子，天子之祥。上使求之，见一女子在空馆中，姿貌殊绝，两手皆拳。上令开其手，数十人辩之莫能舒，上于是自披手，手即伸。由是得幸，号拳夫人，进为婕妤，居钩弋宫。解黄帝素女之术，大有宠，生昭帝。从上至甘泉（今陕西甘泉），因病而死。既殡，尸香闻十余里。后开其棺，无尸，惟衣履存焉。"晋·干宝《搜神记》卷一则云："钩弋夫人有罪赐死，既殡，尸香闻十余里，因葬云陵。武帝哀悼之，发冢开视，棺空无尸，唯丝履存焉。"◆按：钩弋夫人见于《史记·外戚世家》。

【缑仙姑】五代·杜光庭《墉城集仙录》卷七：长沙人。入道居衡山，年八十余，容色甚少。独身居南岳魏夫人仙坛，精修十余年，不畏虎豹。后来一青鸟，自言为魏夫人使者，命为伴。他日又言："西王母姓缑，乃姑之圣祖，将

缑仙姑　列仙图赞

有仙真降而授道，时未至也。"一夕有十僧来害姑，其中九人被虎所杀。后迁居湖南，相国郑畋师事之。姑谓郑曰："今后四海多难，人间不可久居，吾将卜隐九疑山（在湖南宁远南）矣。"一旦遂去。

【狗封国】《山海经·海内北经》："大行伯东有犬封国。"郭璞注："昔盘瓠杀戎王，高辛以美女妻之，不可以训，乃浮之会稽（今浙江绍兴）东南海中，得三百里地封之，生男为狗，女为美人，是为狗封之国。"晋·郭璞《玄中记》："狗封氏者：高辛氏有美女，未嫁。犬戎为乱，帝曰，有讨之者，妻以美女，封三百户。帝之狗名盘护，三月而杀犬戎，以其首来。帝以为不可训民，乃妻以女流之，会稽东南二万一千里，得海中土。方三千里，而封之，生男为狗，生女为美女。封为狗民国。"

【狗民国】鲁迅《古小说钩沉》辑《天中记》以"狗封国"为"狗民国"。参见"狗封国"条。

【狗皮道士】《虞初新志》卷一〇陈鼎《狗皮道士传》：不知姓氏。明末冠道冠，披狗皮，乞食于成都市。至人家乞食，辄作犬吠声。家犬闻之，则突出吠之，道士与之对吠不休。群犬大集，则道士忽作虎啸，群犬辟易。张献忠称尊号，道士忽披狗皮在百官列中，执笏作犬吠。缚之，道士大作犬吠，盈庭若有千百犬争吠，于是城内外众犬争和之，声震天地。及犬声息，道士亦不知所往。

【狗头国】清·陈鼎《滇黔纪游》：金沙江上流即狗头国。今年大水漂一狗头人至岸，上下衣服同中国，口耳眉目皆狗也。逾日得土气，狗人复生，问其言，答之如狗吠。与之饮食，大嚼也。

【苟毕元帅】明·陆粲《庚巳编》卷三记有"苟毕元帅"，言："饮马桥居人李旭见一人披发而束额，左绾索，右挈槌，状如神人。问玄妙观道士郭渊静，渊静曰：'吾心将雷霆苟毕元帅也。'"乃为一人，其实本应为苟元帅、毕元帅二人之联称。常熟致道观雷部前殿，苟为左伐魔使，毕为右伐魔使，二人或因联称而误混为一人。

【苟元帅】《三教源流搜神大全》卷五"辛兴苟元帅"条："雍州（西晋时雍州治在今陕西西安）有神雷山，至惊蛰时雷气发扬，威气闪赫，无物不折；至夏秋，雷藏于地中，作鸡状。雍州有民姓辛（原文做新）名兴，字震宇，家贫，卖薪以养母。一日入雷山，于石中得鸡形者五，以为可做母膳，以内衣裹之持归。母欲烹之，一鸡作人言：'予雷也，不可食。乞宥一剐之恩。'其母不允，雷霹雳而起，母受惊破胆而死。辛兴卖薪携酒归，抱母尸而泣，知为雷鸡所震死，遂欲将五雷鸡并捶毙。雷神冲虚而起，风霾交至，欲下击辛兴，而悯其为孝子，便化做道士，揖辛兴曰：'误伤尔母，勿怨也。我等愿听命以谢罪。'因奉十二火丹，辛兴食之，遂易形貌，头如妖，嘴如鸟，肩生翼，左持凿，右持槌，脚踏五鼓，而升化母尸而去。天帝感其孝，

封为雷门苟元帅，与毕元帅共五方事，往来行天，剪除幽明邪魔。"◆按此故事或与晋·陶潜《搜神后记》卷一〇所载章苟事有关："吴兴（今浙江湖州）人章苟者，五月中，于田中耕，以饭置菰里，每晚取食，饭亦已尽。如此非一。后伺之，见一大

苟元帅　三教源流搜神大全

蛇偷食。苟遂以鍬斫之，蛇便走去。苟逐之，至一阪，有穴，便入穴，但闻啼声云：'斫伤我某甲。'或言：'当何如？'或云：'付雷公，令霹雳杀奴。'须臾，云雨冥合，霹雳覆苟上。苟乃跳梁大骂曰：'天使！我贫穷，展力耕垦。蛇来偷食，罪当在蛇，反更霹雳我耶？乃无知雷公也！雷公若来，吾当以鍬斫汝腹。'须臾，云雨渐散，转霹雳向蛇穴中，蛇死者数十。"◆又《封神演义》中所记雷部苟天君名苟章，恰为章苟二字倒置，可见苟元帅故事来源甚早。《封神》中另有辛天君名环者，是《三教源流搜神大全》将此二人合而为一，竟成苟元帅而姓辛之怪事。◆又明·陆粲《庚已编》卷三有"苟毕元帅"一条，言："饮马桥居人李旭见一人披发而束额，左绾索，右挈槌，状如神人。问玄妙观道士郭渊静，渊静曰：'吾心将雷霆苟毕元帅也。'"按：此苟毕元帅亦与章苟故事有关。雷部中另有姓田名华之毕元帅，窃疑毕元帅、苟元帅、辛元帅（辛字与章字形近）皆为苟章故事所衍变而来，看似合而为一，实乃一分为三。

【苟仙姑】明·何乔远《名山藏》卷一〇三、张岱《石匮书》卷二〇八：苟仙姑，名正觉，其先蜀人，世居石门县之国山。生而有红光紫芝之瑞。长好端默。一日登山，遇一姥，授草一茎，食之而甘，遂绝火食。求山中一穴居之，修道且十年。家人窥之，则见群蛇守穴口，樵苏至，辄有虎咆哮其前。四方之人始知姑为真仙，投谒麕至。姑应答如响，无不奇验。楚华阳王致斋奉书，凡三迎之。于三教九流之言，莫不涉贯，人谓其再来不昧，静中生

明，称之曰"瑞仙"。

【垢仙】明·钱希言《狯园》卷四："姓刘名黑黑，东齐人。万历三十年，由泰州渡江，来游虞山（今江苏常熟）。止泊无所，衣服滓弊，状若疯狂，号为垢仙。每行市中，群犬竞逐，俗又呼为'狗仙'。路遇邑丞导从，箕踞相视，丞怒，笞逐出界，遂入姑苏。每至风雪连旬，气蒸汗流。忽一日，无病而卒，众焚其尸。数日后有人见其坐于河滩，折芦一枝，掠水而去。一说：垢仙常自称张明珠。谈人间事无不中者。其弟子为方接头，委妻子相从，尽得垢仙之术。"明·佚名《集异新抄》卷五亦载一垢仙，时地均相近，事则有异同，不知是一人否："垢仙姓吴，姑苏市人。生于万历甲申。二十以前，踪迹未定，如醉如痴，宿不择地。每行市中，群儿嬲之，呼为狗仙。乙巳（为明亡次年）始赤身矣。人与之食，有享有不享，与之钱，有受有不受。享者受者其家必有吉祥善事。两耳中通，左右洞瞩。日则缄默，夜闻其室中有笑语声。虞山顾某访之，见其蓬首垢面，因改为垢仙。殁于弘光乙酉，度世六十二。"又明·王同轨《耳谈类增》卷二三有"江陵垢面道士"一条，所言似吕洞宾化身于世。

【gu】

【姑娘子】❶清·张焘《津门杂记》卷中："天津女巫自称'顶神'，能看香头，治人疾病，人称曰'姑娘子'。所顶之神或称'白老太太'，或称'黄少奶奶'，或称'胡某姑娘'，所立名号，大抵妇女居多，实皆狐鼠之精也。"❷台湾地区丛祠。仇德哉《台湾之寺庙与神明（四）》：在南投县，主神为姑娘。相传清同治、光绪间，有刘姓少女自杀于此。后居民入山打猎，途经该地，如焚香祈祷，必满载而归，因建祠祀之。

【姑获鸟】李剑国《唐前志怪小说辑释》据《太平御览》、《荆楚岁时记》注、《水经注》等多种文献校理晋郭璞《玄中记》，其"姑获鸟"一则云："天下有女鸟，名曰姑获。姑获鸟夜飞昼藏，盖鬼神类。衣毛为鸟，脱毛为女人。名为天帝少女，一名夜行游女，一名钩皇鬼，一名隐飞鸟。喜以阴雨夜过，飞鸣徘徊人村里，唤'得来'者是也。是鸟纯雌无雄，不产，阴气毒化生。喜落毛羽中尘，置人儿衣中，便令儿作痫病，必死，即化为其儿也。今时小儿之衣不欲夜露者，为此物爱以血点其衣为志，即取小儿也。故世人名为鬼鸟，荆州为多。"

《天中记》卷五九："乳母鸟姑获，能收人魂气。今人一云'乳母鸟'。言产妇死，变化作之，能取人之子以为己子。胸前有两乳，有小子之家，则血点其衣以为志。今时人小儿衣不欲夜露者，为此也。时人亦名'鬼鸟'。姑获鸟夜飞昼隐，如鬼神。衣毛为飞鸟，脱毛为妇人。无子，喜取人子养之以为子。人养小儿，不可露其衣，此鸟度，即此儿死。荆州为多。今谓之'鬼车'。"◆按：此即"夜行游女"，参见该条。◆一说即"鬼车"。而《本草》以姑获、鬼车为二鸟。明·李时珍《本草纲目》卷四九："《玄中记》名其为乳母鸟，一名夜行游女，一名天帝少女，一名无辜鸟，一名隐飞鸟。杜预《左传注》名为嬉嬉。《岁时记》称为钓星。"李时珍按云："昔人言此鸟产妇所化，阴慝为妖，故有诸名。"又云："此鸟纯雌无雄，七八月夜飞害人尤毒。"

【姑恶】明·李时珍《本草纲目》卷四九："今之苦鸟，大如鸠，黑色，以四月鸣，其鸣曰苦苦，又名姑恶，人多恶之，俗以为妇被其姑苦死所化，颇与伯奇之说相近。"而清·史震林《西青散记》卷二则云："姑恶者，野鸟也，色纯黑，似鸦而小，长颈短尾，足高，巢水旁密篠间，三月末始鸣，鸣自呼，凄急。俗言此鸟不孝妇所化，天使乏食，哀鸣见血，乃得曲蟮水虫食之。鸣常彻夜，烟雨中声尤惨也。"

【姑射夫人】清·慵讷居士《咫闻录》卷三："长江小孤山，水中突起一峰，以当蜀水之来。只供姑射夫人，最著灵异。"按：此为"小姑神"之讹变也。

【孤林法神】《太平广记》卷三一一"裴氏子"条引《录异记》：天水彭郡裴氏子，咸通中，于东阆学孤林法。淫其亲表妇女，事发系狱。每日供其饮食，悉是孤林法神为致之。狱吏怪而谓其神曰："神既灵异，何不为免此刑？"神曰："受吾法者，只可全身远害，方便济人。既违戒誓，岂但王法，神亦不容也。今之殷勤，以酬香火之功。"竟笞杀之。

【孤石大夫】清·蒲松龄《聊斋志异》卷一二"韩方"：明季，济郡以北数州县，邪疫大作。齐东农民韩方，姓至孝，父母皆病，因具楮帛，哭祷于孤石大夫之庙。

【孤石庙神】晋·干宝《搜神记》卷四："宫亭湖（即彭蠡湖）有孤石庙，有商贾入都，经庙下，见二女子，云：'请为买两双丝履。'商至都，购丝履，并己之书刀共置箱中。既还，置箱于庙而忘取书刀。至河中流，忽有鲤鱼跳入船中，破鱼腹，书刀在焉。"◆按：宫亭湖有庙祀庐山君，神为男性，而此孤石庙神为二女子，应即大姑神、小姑神。但故事却与庐山君索人犀簪事同出一辙："南州遣吏献犀簪于孙权，过宫亭庙而乞灵。神下教：'须汝犀簪。'吏不敢应，而簪已陈于神案。神又下教：'汝至石头城，还汝簪。'吏至石头，有大鲤鱼跃入舟，剖之得簪。"又见刘义庆《幽明录》。参见"大姑神"条。

【孤夷】北宋·乐史《太平寰宇记》卷一五八：岭南镡津县有孤夷兽，有两牙，长二寸，食人，性重人掌足跖。得人即悬之室内，当面铺坐，击钟鼓，歌舞饮酒，稍割而啖之。方于农时，猎人以祀田神。

【孤竹君】晋·干宝《搜神记》卷一六："汉时不其县（在今山东即墨西南），有孤竹城，古孤竹君之国也。灵帝光和元年，辽西人见辽水中有浮棺，欲斫破之，棺中人语曰：'我是伯夷之弟，孤竹君也。海水坏我棺椁，是以漂流。汝斫我何为？'人惧，不敢斫。因为立庙祠祀。吏民有欲发视者，皆无病而死。"又见晋·张华《博物志》卷七。◆按：据《孔丛子》注，孤竹君有三子，长为伯夷，次为仲辽，三为叔齐，此应指仲辽。仲辽，清·俞樾《茶香室丛钞》卷二作"伯辽""伯僚"，可通。因异母之子自为伯仲，故称"伯辽"。

【古莽国】《列子·周穆王》：西极之南隅有国焉，不知境界之所接，名古莽之国。阴阳之气所不交，故寒暑亡辨；日月之光所不照，故昼夜亡辨。其民不食不衣而多眠。五旬一觉，以梦中所为者实，觉之所见者妄。

【古无极】元·高德基《平江记事》：元泰定中，有一道翁，自称古无极，不知何许人。携一竹笼，荷一竹杖来，假居葑门（苏州城门）道堂后小室。四围上下皆以白垩涂之，正中设小木榻，出笼中瓢、笛、渔鼓之类悬壁间，以书一束为枕。市酒一瓮，置于床头，自酿自饮，饮竟复酿。室中皎然如雪，不生一虫，蚊蝇无敢入者。人不见其募缘，而笼中青蚨不乏。一日收其所用之物，不知何往。明日物色追之，葑门、娄门、盘门、闾门之人皆云是日见其出门而去。

【古先生】老子西入流沙，传道竺乾，号古先生。明·田艺蘅《留青日札》卷一七"古先生"条引《唐诗依止》，古先生一作"故"，乃竺乾国人，善入无为。

【古丈夫】《仙鉴》卷四、明·王世贞《列仙全传》卷二：汉时恂大与尹子虚同游嵩、华，松下见一古丈夫并一女子。丈夫曰："吾本秦之役夫，此为毛玉姜，亦秦宫人，合为殉者，同脱骊山之祸，匿于此。不知今几甲子。"二生曰："幸遇二仙，愿求金丹大药。"丈夫曰："我本凡人，初

古丈夫　列仙图赞

饵柏子，后食松脂，岁久凌虚，毛发绀绿，不知金丹大药为何物也。"

【谷春】汉时人。西汉·刘向《列仙传》卷下：栎阳（在今陕西富平东南）人，汉成帝时为郎。病死而尸不冷。三年，更着冠帻坐县门上，一县大惊。家人迎之，不肯随归。发棺，有衣无尸。留门上三宿而去，之长安，止横门上。人知而迎之，遂往太白山。立祠于山上，时来祠中止宿。

【谷父蚕母】宋人《绀珠集》卷二"谷父蚕母"条引沈汾《续仙传》云：三川饥，有三青衣童子语人曰："世人厌弃五谷，地司已收五谷之神矣，可相率祈谢谷父蚕母之神，当致丰穰。"

【谷将子】晋·王嘉《拾遗记》卷四："燕昭王九年，思神异之术。有学道之人谷将子，言于王曰：'西王母将来游，必语虚无之术。'后王母果至，与昭王游于燧林之下，说炎帝钻火之术。"按同书记昭王四年甘需为燕昭王述游昆台见一上仙云云，疑此谷将子即甘需所见之仙人，昭王既行甘需去嗜欲之道，时已四年，故仙人来降。

【谷女】明·谢肇淛《滇略》卷九："唐初，居人高氏生一子一女。女名谷女，年十三，尚不能言。其兄从军东川，三月不归。谷女一日忽语嫂曰：'兄缺食，我往饷之。'家喜其开言，戏应之。女果行，家人笑蹑其后，至盘陀石下入水洞而去，觅之不得。众方惊怪未已，谷女忽至，谓家人曰：'兄

一旅之众皆已饱矣。'其嫂不信，东川距此二千余里，安得即至？乃以衣授之曰：'汝送与兄，取其污衣来。'谷女如其言，果取污衣来。自是送饷，日以为常。谷女常牧一白猪。一日谓家人曰：'军回矣。'遂骑白猪化为象，腾空而去，乃知为普贤化身。"《（雍正）云南通志》卷二五作"高娘"，云是赵州（时云南有赵州县，治今云南大理东凤仪镇）白崖人。一说为赵州张会家婢。

【谷希子】汉·东方朔《海内十洲记》："东方朔云：先师谷希子者，太上真官也。昔授臣昆仑、锺山、蓬莱山及神州真形图"云云。梁·陶弘景《真诰》卷五："若如青光先生、谷希子、南岳松子、长里先生、墨羽之徒，皆为太极真人所友，或太上天帝所念者，兴云驾龙以迎之，故不学道而仙。"

【骨托】宋·彭乘《墨客挥犀》卷二：河州有禽名骨托，状类雕，高三尺许，常以名自呼。能食铁石。取三寸白石，系以丝绳，掷其前，即啄而吞之，良久牵出，石已软烂如泥矣。

【蛊】古代以虫物惑人害人的一种巫术，其虫亦称蛊。蛊术起源甚早，先秦史料多有记载。其造蛊之法，以百虫置于器皿之中，使其相食，最后存者则为蛊虫（见郑樵《通志·六书略》）。晋·干宝《搜神记》卷一二："蛊有怪物，若鬼，其妖形变化，杂类殊种，或为狗豕，或为虫蛇，其人皆自知其形状，行之于百姓，所中皆死。"若所畜蛊虫死，则畜者亦死。◆其蛊有为蛇者。《搜神记》卷一二："荥阳有姓廖者，累世为蛊。后娶新妇，未以事蛊事告之。一日举家外出，唯留此妇看家。妇见屋中有大缸，中有大蛇，乃用沸水灌杀。及家人归，乃告之。举家惊惋，未几，死亡略尽。"有为蜈蚣者。晋·陶潜《后搜神记》卷二："剡县（今浙江嵊州）有一家事蛊，人用其食饮则吐血死。有昙猷道人诣之，主人设食，昙猷依习惯诵咒，便有双蜈蚣从盘中跳走。昙猷饱食归，无恙。"有为犬者。《搜神记》卷一二："鄱阳（今江西鄱阳）赵寿，有犬蛊。有陈岑者诣寿，忽有大黄犬六七，群出吠岑。"有为蝗虫、蝴蝶者。南宋·周去非《岭外代答》卷一〇："钦州（今广西钦州）城东有卖浆者畜蛊毒，败而伏辜，云其家造毒，妇人裸形披发夜祭，作糜粥一盘，蝗虫蛱蝶百虫自屋上来食，遗屎乃药也。"有为猫者，即所谓"猫鬼"，另见"猫鬼"条。尚有为蜘蛛、蚰蜒、蛤蟆者。又有鱼虾之蛊、牛皮之蛊、布蛊诸说（见清·慵讷居士《咫闻录》卷七"下蛊"条）。最可怕者为飞蛊，唐·张鷟《朝野金

载》卷六："江岭之间有飞蛊，其来也有声而无形，如鸟鸣啾啾唧唧，人中之则痢血。"而金蚕蛊最为恶毒，见"金蚕"条。◆又有"挑生鬼蛊"，南宋·周去非《岭外代答》卷一〇："广南挑生杀人，以鱼肉延客，对之行厌胜法，鱼肉能反生于人腹中而人以死。相传谓人死阴役于其家。"清·屈大均《广东新语》卷二四："广东诸山县，人杂瑶蛮，亦往往下蛊。有'挑生鬼'者，能与权量货物时，出则使轻而少，入则使重而多，以坑害商旅。蛊主必敬事之。投宿者视其屋宇洁净，则挑生鬼所为，饮食先嚼甘草，乃无患。"又有水蛊，《广东新语》卷二四："粤西有三江，而左江之水尤毒，往往令人腹疾。又恩平水中多蚯蚓，每水一升可得蚯蚓数十，饮之立蛊。"又有木蛊，《广东新语》卷二四："高、雷间木器皆有蝎蛊，善啮木心，木既穿穴，雨后化为天牛，是为木蛊。"◆沈从文于《凤凰》一文中以当地人的亲身体验，剖析"放蛊"之事实，甚有价值，可参看。

【蛊雕】《山海经·南山经》："鹿吴之山，泽更之水出焉，而南流注于滂水。水有兽焉，名曰蛊雕，其状如雕而有角，其音如婴儿之音，是食人。""蛊"或作"纂"，郭璞《图赞》曰"纂雕有角，声若儿号"即是。

蛊雕 山海经图 胡文焕本

【蛊神】清·东轩主人《述异记》卷中"畜蛊"条："凡畜蛊之家，必盟于蛊神曰：'愿此生得富，甘世世不复为人。'其用蛊也，其人既死，死者之家赀器物，悉运来蛊家，其受蛊之鬼即为蛊家役使。凡男耕女织，起居伏侍，无不如意，若虎之役伥然。中斯毒者，唯自投粪窖中，稍

蛊神 云南保山

或可解。""飞蛊"条又云："石门沈心涯守开化（今云南文山）时，偶坐晚堂，见空中流光如帚，似彗星之状。问之胥役，云：'此名飞蛊，乃蛇蛊也。畜蛊之家奉此蛊神能致富，但蛊家妻女，蛇必淫之。蛇每于晚间出游，其光如彗，遇人少处，下食人脑。'"又"虾蟆蛊"条云："闽有虾蟆蛊，与金蚕蛊大略相同，事之者辄富。人或于路侧见金帛甚多，知是遇蛊，贪昧者遂奉之以归，其蛊亦随至，送者遗一册，书事蛊之法及行蛊之术甚备。奉之者家庭洒扫清洁，止奉蛊神，至二氏之教及一应神祇俱不复奉。每至金日则蛊神下粪如白鸟屎，刮取以毒人。非庚辛申酉日则不下蛊。中其毒者必先一嚏，则虫入百节五脏矣。其始也昏愦胀满，至虫食骨脏俱尽，则死矣。其毒或入饮食中，或弹衣领上，或鸡鸭鱼肉果蔬之中，皆可下蛊。活鸡有蛊，则两腿中皆虫，而行止鸣啄自若。肉有蛊则煮之不熟。凡蛊入食物，隔宿则虫出，故官于此地者受馈饮食，必隔宿方用。事蛊之家，被蛊死之人皆为役使，凡耕织之事，鬼皆任之，故不用人力而粟满庾，帛满箱。至除夕，则以鸡子祀之，夫妇裸拜，且与算账：每蛊一衙役算银五钱，秀才四两，官长五十两。蛊多者获利必厚，少则薄。如或厌恶之者，必倍其来之数以送之，又有贪昧奉之而去。"◆蛊神实即蛊鬼。清·屈大均《广东新语》卷二四："下蛊皆出于僮妇。蛊有鬼，名曰药鬼。药鬼之所附僮妇，皆不得自由，代代相传，必使其蛊不绝。"清·袁枚《子不语》卷一四"蛊"条："云南人家家畜蛊，蛊能粪金银以获利。每晚即放蛊出，火光如电，东西散流。聚众噪之，能令堕地。或蛇或虾蟆，类亦不一。人家争藏小儿，虑为所食。养蛊者别为密室，命妇人喂之，一见男子便败。食男子者粪金，食女子者粪银。"◆按：蛊神、蛊鬼之名虽多见于清人笔记，而其事则远不止此。南宋·洪迈《夷坚支志·癸集》卷七"古田民得遗宝"条云："福州古田村民，夏夜已寝，梦一异人来谓曰：'汝暴得遗宝，便可致富。今现在门外，宜急起收取。稍迟，怕落他人手，可惜也。'民素贫甚，既觉，即趋出。果得一朱红小合，正当行路。捧归开视，有金数两，银二锭。未敢辄取，置于神堂桌上，自守宿其侧。旦而验之，皆真物也。不胜喜惬，率妻子拜而受赐。俄见巨蛇蟠于前十数匝，高与桌齐。民知为畜蛊家移祸，然不可复却。于是致祷，愿尽心敬事，蛇遂隐。时时化为他虫，或吐涎沫。民固耳闻乡井姻戚谈说大概，乃贮藏之，施毒

于人。积岁所杀不少，资业日盛。后为被毒者所告，官捕系勘鞠，家人皆当死。"

【鼓】《山海经·西山经》："锺山，其子曰鼓，其状人面而龙身，是与钦䲹杀葆江于昆仑之阳，帝乃戮之锺

鼓　山海经图　蒋应镐本

山之东曰瑶崖，钦䲹化为大鹗，其状如雕而黑文白首，赤喙而虎爪，其音如晨鹄，见则有大兵；鼓亦化为鵕鸟，其状如鸱，赤足而直喙，黄文而白首，其音如鹄，见则其邑大旱。"郭璞以为"鼓"即神名，名之为"锺山之子"。因"丽山之子""金水之子"皆山水之神名而加"子"字也。而毕沅以为"锺山之神，名曰烛阴"，鼓即为烛阴之子。

【鼓槌精】《太平广记》卷三六八"桓玄"条引《续齐谐记》：东晋桓玄时，朱雀门下忽有两小儿，通身如墨，相和作《芒笼歌》，路边小儿数十人从而和之。歌云："芒笼茵，绳缚腹。车无轴，倚孤木。"声甚凄楚。日既夕，二小儿还入建康县，至阁下，遂成一双漆鼓槌。鼓吏云："槌积久，比恒失之而复得，不意作人也。"明年春而桓玄败。言"车无轴，倚孤木"，桓字也。荆州送玄首。用败笼茵包裹之。又以芒绳束缚其尸。沈诸江中。悉如童谣所言尔。

【鼓侯】明·谈迁《枣林杂俎·和集》"藏经志怪"条："木之精名曰鼓侯，状如黑狗，无尾，可烹而食之。"按：鼓侯应是"彭侯"之误，见"彭侯"条。

【鼓精】❶南宋·施宿《会稽志》卷一八：会稽有雷门，旧有大鼓，声闻洛阳。旧经云：雷门，句践旧门也，重阙二层。初，吴于陵门格南上有蛇象，而作龙形，越又作此门以胜之，名之为雷。门下有鼓，长丈八尺，声闻百里。孙恩乱，为军人打破，有双鹤飞去。此后鼓遂不鸣。人以此白鹤为鼓精。❷唐·刘恂《岭表录异》卷上：高州有乡墅小儿，因牧牛，闻田中有蛤鸣。牧童遂捕之，蛤跃入一穴，遂掘之深丈，即蛮酋冢也，蛤乃无踪。穴中得一铜鼓，其色翠绿，其上隐起，多铸蛙黾之状，疑其鸣蛤即鼓精也。蛤即虾蟆。

【顾笔仙】南宋时人。明·王圻《续文献通考》卷二四三："高邮（今江苏高邮）人。建炎初，鬻笔遇仙。日售笔十则止。人置钱于筒，笔自跃出。会转运使过境，见之，问能饮否，曰可饮一斗。饮毕长揖而去，遗所携笔筒于舟，众人举之不能动。凡购其笔者，剖之，中必有诗或偈，记其破毁岁月及人之姓名祸福，无不验。年九十七，自焚庭中，人见其乘火飞升而去。"◆按：疑"顾"字或为"颜"字之误。明·来集之《倘湖樵书》所记颜笔仙事与此全同，见"笔仙"条。

【顾欢】南朝宋、齐间人。南宋·高似孙《剡录》卷三："顾欢，字景怡。隐剡山（在今浙江嵊州），好服食。弟子鲍灵绶门前树六十围，精怪数见。欢叩树，即枯。山阴白石村多邪病，为讲《老子》，皆愈。又有病邪者，欢问其家有《孝经》否，欢令取'仲尼居'一章置枕边而愈。"（又见宋·孔平仲《续世说》卷六）◆按：顾欢，《南齐书》有传，云其"事黄老道，解阴阳书，为数术多效验。"《南史》本传称其"卒于剡山，时年六十四。身体香软，道家谓之尸解仙化焉。"

【顾况】唐时人。五代·王定保《唐摭言》卷八："顾况全家隐于茅山，竟莫知所止。其子非熊及第归庆，既莫知况宁否，亦隐于旧山。或闻有所遇长生之秘术也。"◆元·徐硕《至元嘉禾志》卷一四："海盐有顾况宅，侧有禅寂寺，以况为伽蓝神。"

【顾母大王】《（万历）续修严州府志》卷五：寿昌县东二都有姚村庙。相传昔有百家居此。宋宣和间，方腊犯村，姚氏一小儿年方弱冠，持杖与之斗，其母亦随。贼见甲士无数拥其后，风沙乱起，林木震动，骇而走，追逐出境。回顾其母，遂为贼所害，而村赖以全。乡人立庙，号顾母大王，因而著灵。

【顾太真】明时人。《（万历）温州府志》卷一三：号虚白。遇麻衣道人于浦城（今福建北部浦城），授何真人掌心雷法，能指呼雨旸，叱咤风雷。洪武十九年夏旱，请祷于宝胜寺，登坛有顷，雷电交至，大雨如注三日。预知死日，至期而逝。又作"顾泰真"。

【gua】

【卦和尚】张岱《石匮书》卷二〇八：卦和尚，永平人，居东阳山庵。娶八妻皆死，寿百六十岁。百岁以后能先知。凡来访者，其人方出门，即呼妻

曰："急作饭，若干人来矣。"无不验。一日语庄客曰："某日有盗来劫，至期可同伏庵后伺之，闻磬声，各敲铜铁器使皆散。"如是者数次。一日知盗来，自避庵后，坐最高处。盗盈担归，去庵百步许，眩惑眯方，但旋庵外。日出，若被拘絷，齐至卦前。卦张目视之，群盗如梦得醒，皆叩头流血。卦慰以善言，盗尽还窃物于故处。

【guai】

【乖龙】五代·孙光宪《北梦琐言·逸文》卷四："世言乖龙苦于行雨，而多窜匿，为雷神捕之。或在古木及楹柱之内，若旷野之间，无处逃匿，即入牛角或牧童之身，往往为此物所累而震死也。蜀邸有军将郭彦郎者，行舟峡江，至罗云濑。方食而卧，心神恍惚如梦，见一黄衣人曰：'莫错。'而于口中探得一物而去。觉来，但觉咽喉中痛。于时篙工辈但见船上雷电晦瞑，震声甚厉不，斯则乖龙入口也。南山宣律师，乖龙入中指节，又非虚说。"又见北宋·黄休复《茅亭客话》卷五。

【怪哉】梁·殷芸《殷芸小说》卷二："汉武帝幸甘泉（今陕西甘泉），驰道中有虫，赤色，头、牙、齿、耳、鼻尽具，观者莫识。帝乃使东方朔视之，还对曰：'此虫名怪哉。昔时拘系无辜，众庶愁怨，咸仰首叹曰：怪哉怪哉。盖感动上天，愤所生也，故名怪哉。此地必秦之狱处。'即按地图，信如其言。上又曰：'何以去虫？'朔曰：'凡忧者，得酒而解，以酒灌之当消。'于是使人取虫置酒中，须臾糜散。"而刘宋·刘义庆《幽明录》云："汉武见物如牛肝，入地不动，问东方朔，朔曰：'此积愁之气，惟酒可以忘愁，今即以酒灌之，即消。'"未言是虫名。◆又有作"患""积忧虫"诸名者，见各条。

怪蛇　山海经图　蒋应镐本

【怪蛇】《山海经·北山经·北次二经》"洹山"条"怪蛇"，清·吴任臣《广注》云："岭表之蛇人面，云南之蛇岐尾，活褥之蛇似鼠而捕鼠，苟印之

蛇如蛇而四足，古都之蛇角号曰碧犀，千岁之蝮精呼曰博叔，凡皆蛇类绝怪者。"又《中次九经》"崌山"条"怪蛇"，郭璞注："今永昌郡有钩蛇，长数丈，尾岐，在水中钩取岸上人牛马啖之，又呼马绊蛇，谓此类也。"吴任臣《广注》："张文仲云：钩蛇，尾如钩，能钩人兽入水食之。又南方有呴蛇，人若伤之不死，终身伺其主。"

【guan】

【关令尹喜】见汉·刘向《列仙传》。即"尹喜"，见该条。

【关大王】民间对关羽之神的一种称呼。南宋·郭彖《睽车志》卷二：李若水于宣和间为元城（今河北大名）尉，有村民持书至，云："关大王有书。"发书，皆预言靖康祸变。

【关三郎】五代·孙光宪《北梦琐言》卷一一："唐咸通乱离后，坊巷讹言关三郎鬼兵入城，家家恐悚。罹其患者，令人寒热战栗，亦无大苦。夫丧乱之间，阴厉旁作，心既疑矣，邪亦随之，'关妖'之说，正谓是也。"唐·范摅《云溪友议》卷上"玉泉祠"（在今湖北当阳）云："玉泉祠，天下谓四绝之境。或言此祠鬼助土木工而成，祠有三郎神，即关三郎也。人或于厨中偷盗，则有大掌掴其面。"于是而有以关三郎即为关羽之说，清·俞正燮《癸巳存稿·补遗》亟辨之，以为关三郎绝非关圣。其引僧无尽著《天台山志》言："广西临桂龙隐岩，有宋至和时僧义缘所镌三像，一云天台教主智者大师，一云擎天得胜关将军，一云檀越关三郎。其时尚未混关三郎、关圣为一。"

【关圣帝君】即关羽，《三国志·蜀书》有传，因小说与戏曲的传播，其人其事，家喻户晓。关羽为三教尊奉，儒家称为关夫子，道家以为伏魔大帝，佛氏以为护法伽蓝。究其神化之始，一说以为始于天台宗开宗大师智者（顗）以关羽为伽蓝。《天台智者禅师传》云："隋开皇十二年，智者至当阳（今湖北当阳）上金龙池，欲立道场。入定，见关某，言：'某住此山，欲为智者去一舍立寺。'智者七日出定，而栋宇焕丽。神乃受师五戒。师致书晋王（杨广），王奏，赐名玉泉寺，以关某为寺伽蓝神。"后世《关帝志》延伸此说，变关羽一人为关羽及关平二人。宋·黄休复《益州名录》记五代孟蜀时蜀主令画工赵忠义画关将军起玉泉寺图。清·钱泳《履园丛话》卷三："关侯神庙，始于唐贞元十八年为玉泉伽蓝。有董侹为记。"而清·俞正燮《癸巳存稿·补遗》则考关羽为当阳玉泉山护法伽蓝之讹，引唐·范摅《云溪友议》之说："或言此祠鬼助土木工而成，祠有三郎神，即关三郎也。厨中偷盗，则有大掌掴其面。盖以关三郎护寺，因言其助功，因以移之关圣。如此则隋唐时当阳之关某乃

关圣帝君 凌烟阁功臣图

关三郎，非关羽也。"一说以为关羽之神化始于北宋。《三教源流搜神大全》卷三："宋真宗祥符七年，解州刺史表奏云：'盐池自古生盐，自去岁以来，盐池减水，有亏课程。'帝遣使持诏至解州城隍庙祈祷焉。使者夜梦城隍神告曰：'盐之患乃蚩尤也。往昔蚩尤与轩辕帝争战，帝杀之于此地盐池之侧。近闻朝廷创立圣祖殿，蚩尤大怒，攻竭盐池之水。'使者回奏于帝，帝诏张天师收伏此怪。天师奏举关羽神可讨蚩尤，言讫，关将军现形于帝前，乃受命。忽一日，大风阴暗，雷奔电走，空中似有铁马金戈之声。如此五日，云收雾散，天晴日朗，盐池水如故，皆关将军力。帝嘉其功，遣王钦若赍诏往玉泉山祠下致享，以谢神功，复新其庙，赐庙额曰'义勇'，追封四字王，号曰武安王。宋徽宗加封尊号，曰崇宁至道真君。"按：此关羽神化始于北宋之说，然此说于史无征，即徽宗赐封号事亦无据可考，故后人颇疑之。然据南宋·郭彖《睽车志》卷二："李若水于宣和间为元城尉，有村民持书至，云：'关大王有书。'"南宋·洪迈《夷坚支志·甲集》卷九"关王幞头"条："潼州关云长庙在州治西北隅。"《夷坚支志·景集》卷一〇"公安药方"条，关公显灵，为一伟丈夫，长须巨目，执拂尘。则北宋末南宋初已有关庙及关羽信仰似无疑义。但关羽之封王封帝，应在元、明二代。

【关索】传说为关羽之子，应是民间附会。明·钱希言《狯园》卷一二："云贵间有关索祠数处。相传一巨绠常夜作声，时人以为灵响，于此建屋立祠，名曰'花关索'，衣冠钟鼓，千年不断，往来行旅，莫不祷祈。传奇小说中常有花关索，不知何人。"清·王士禛《池北偶谈》卷二四："云贵间有关索岭，有祠庙极灵。云明初师征云南至此，见一古庙，庙中石炉插铁箭一，钑其上曰：'汉将军关索至此。'云南平，遂建关索庙。今香火甚盛。《月山丛谈》（明·李文凤）：云南平夷过曲靖，晋宁过江川，皆有关索岭，上各有庙。盖前代凡遇高埠置关，关吏备索，以挽舁者，故以名耳。传讹之久，遂谓有是人，而实妄也。"清·许缵曾《滇行纪程》有"关索岭考"条，则以关索为关兴："世俗谓关羽第三子曰关索，从诸葛亮南征孟获，功勋甚盛。没后而民思之，立庙于此，以其名名岭，未考何代敕封义勇英武威烈感应顺忠王。考《三国志》，关羽无所谓第三子名索者。而俗传有'丞相不察，投军自效'之语，益属不经。或曰：诸苗谓父为'索'，犹言'关父'，犹岳飞之称'岳爷爷'也。然伏魔大帝与忠顺王凿然两庙并峙（关索岭之半有伏魔大帝庙，绝顶祀顺忠王，俗称小关王庙），则春秋之受享王号者得非其次子名兴者欤？诸葛元声《滇事纪略》云：武侯渡泸水，从征者自赵云、魏延外，云长少子关兴即关索尤以骁勇前驱，多建奇功。观此，则从前臆测者若有符合。"

【关太子】即关平。与周仓同为关圣辅神，台湾地区民间或有称之为关太子者，见仇德哉《台湾之寺庙与神明（二）》。按：关平在《三国演义》中本为关定之子，关羽过五关时收为义子。然关羽兵败被杀时，关平同时被难，故关羽神化后，关平亦随之神化。另清·俞正燮《癸巳存稿·补遗》据江陵县（今湖北沙市）关氏谱云："关平有子名樾，麦城破时，樾方八岁，平妻携之逃于安乡民家，改姓门，至晋平吴，始复关姓。明万历二十四年，封关平为竭忠王，关兴为显忠王，周仓为威灵忠勇公。今之关裔，以关氏谱言之，皆关平之后也。"

【观】唐·释道世《法苑珠林》卷五八引《白泽图》："故井故渊之精名曰观。状如美女。好吹箫。以其名呼之则去。"《御览》引《白泽图》无"故渊"二字。

【观世音】佛教诸神中，以观世音菩萨在中国影响最大，但其面目也被改造得最为失真。据佛典，观世音或译作"光世音""观自在"，唐人因避李世民

讳而略称为"观音"。因其大慈大悲，寻声就苦，向来最为民众信仰。观音为化度六道众生，随缘应化，有"六观音"之化身，据《普门品》更有三十三身，据《楞严经》则有三十二应身，其法相几乎包括了社会各阶层人士，而在中国最为通行的则为慈祥女性之像，而此像亦有三十三种。其成道因果，遂以"妙善公主"传说最为流行，参看"妙善"条。清·梁章钜《退庵随笔》卷一〇

观音　白衣观音　元绝际永中画

曾专门辨此，云："观音或塑或画，率用女像，而不知此为观音之变像也。六朝唐宋名手写像，亦无作妇人者。但闺阁崇祀，则于女像为宜，既有变像，随人所奉可耳。"清·王士禛《居易录》卷一记南海大士现身，"绀发卷腮，高颧隆准"，亦为男相。这些文人虽然极力想纠正民俗的观音形象，但终究无济于事。

【观亭江神】刘宋·刘敬叔《异苑》卷五：秦时中宿县（今广东清远西北）十里外有观亭江神祠坛，甚灵异。经过有不敬者，必狂走入山，变为虎。晋中朝有质子将归洛，反路见一行旅，寄其书云："吾家在观亭庙前，石间有悬藤，即是也。君至但扣藤，自有应者。"及归，如言，果有二人从水中出，取书而没，寻还云："河伯欲见君。"此人亦不觉随去，便睹屋宇精丽，饮食鲜香，言语接对，无异世间。今俗皆言观亭有"江伯神"也。

【官嵩】见《仙鉴》卷二〇，实即"宫嵩"之误。

【棺材板精】明·钱希言《狯园》卷一三"寄渡鬼"条：苏城人王席少恃胆智，充县门游徼。万历丙申夏，夜半从盘门外捕贼归。行至孙家菜园，去家只隔一小河矣，水不甚深广，便褰裳而涉。时月色微明，忽见岸侧有青衣美妇人，头上有花插，呼乞寄渡。席便应曰："要我负汝去，必着力攀好，慎无妄动，动则跌下水也。"妇便依言而登，席即解腰缠紧缚其妇于背。行至半河，觉背上重甚，心颇生疑。已而抵岸，解腰缠，铿然堕下一物，视之，乃是破棺板片，其上插纸花一朵而已。席至家炽火焚之。明日踪迹其地，杳然声响。相传此孙家菜园是吴太宰伯嚭故宅基址，至今尚多女妖。清·朱海《安安录》卷七：苏州府学在城南僻隅，其旁隙地厝棺，岁久，骼暴者累累。有门斗某半夜扶醉归，途遇一女子，年可二十余，坐地啜泣，嘤嘤呜呜，娇媚可怜。疑为宦家逃婢，四顾无人，游语慰藉，与之抚肩摩胸，亦不相拒。门斗淫心狂炽，搂抱缱绻。良久，携至家，一犬咆哮奔前。急驱犬出户，返视女子，乃一朽棺盖。明日迹其处，见一无盖败棺，白骨已为犬啮狼籍。呼人掩埋之，终身不敢复行其所。

【冠先】晋·干宝《搜神记》卷一："冠先，宋人。钓鱼为业。居睢水旁百余年。得鱼，或放，或卖，或自食之。常冠带。好种荔，食其葩实焉。宋景公问其道，不告，即杀之。后数十年，踞宋城门上，鼓琴，数十日乃去。宋人家家奉祠之。"《列仙传》作"寇先"，应误。

【管革】唐时人。宋·隐夫玉简《疑仙传》卷中：赵人。少好道，不事耕凿。多游赵魏间。遇张果，命之同游恒山，登绝顶，坐而问曰："何久游赵魏，不远游四极？赵魏戎马之地，非道人所宜游。"革对曰："尔何为出于赵魏之间也？唯道人不随土地而化。我游赵魏之间，与游玉清蓬瀛等。我无俗情，又奚以远游为？"果笑而不应。革遂不辞而下。后不知所终，人或见之于稽山。

【管归真】北宋时人。南宋·潜说友《咸淳临安志》卷六九："钱唐人。雍熙初有青衣过之，欲传以点金之术。归真曰：'历年久远，能无变乎？'青衣曰：'五百年后当复故。'归真笑曰：'得不为误后人乎？'拒不肯学。青衣曰：'先生真人也。'遂传以紫府符法。祥符初，归真行符法，病入膏肓者悉为平治。京师大旱，召作法，云龙飞跃，膏雨大沛。赐正白先生之号。四年化去，临终谓其徒曰：'上帝召我任职也。'"◆按：不学点金术，北宋·陈师道《后山谈丛》卷四又作吕洞宾与锺离先生事。

【管辂】三国时魏人。字公明，平原（今山东平原）人。年八九岁便喜仰视星辰，夜不肯寐。及成人，明《周易》，精风角、占、相之道，无不精微。性宽厚，以德报怨。容貌粗丑，无威仪而嗜酒，饮食言戏，不择非类，故人多爱之而不敬也。魏时为清河太守辟为文学掾，历官冀州文学从事、治中别驾、少府丞。正元三年二月卒，年四十八。事详《三国志·魏书·方伎·管辂传》注引《辂别传》。晋·干宝《搜神记》卷三、刘宋·刘敬叔《异苑》卷九亦记其卜验事多条。◆南宋·洪迈《夷坚三志·辛集》卷四"管先生祠"条：鼎州永寿乡相传为管辂之墓，碑记长沙人谭县尉曾梦管辂，为言未来事甚验云云。

【管仲】春秋时齐人。《后汉书·阴识传》："阴氏世奉管仲之祀，谓为'相君'。"又，后世妓院有祀管仲为行神者，胡朴安《中华全国风俗志》下编"江苏"六月十一日，妓女有老郎会之举，俗传为"老脸会"。每年三次，正月、六月、十一月。或谓所祀

管仲 古圣贤像传略

为管仲，以"女闾七百"故。◆按：《战国策·东周》云："齐桓公宫中女市、女闾七百，国人非之。"世人或以为妓院之始。

【管子文】唐·马总《大唐奇事》："李林甫初为相，有一书生来谒，自称管子文，教以治国之道。林甫欲留之，子文坚辞而去。林甫遣人暗迹之，至南山一石洞，子文遂入。其人亦入，而不见子文，唯有一大笔。其人携归，白林甫。林甫置笔于书阁，焚香拜祝，一夕忽化为五色禽飞去，不知所之。"◆按：此似为笔精。管者，"管城子"之管也。

【贯胸国】《山海经·海外南经》："贯胸国在其东，其为人胸有窍。"郭璞注曰："《尸子》曰：四夷之民有贯胸者，有深目者，有长股者，黄帝之德尝致之。《异物志》曰'穿胸之国，去其衣则无自

然者'，盖似效此贯胸人也。"《淮南子·墬形训》有"穿胸民"，高诱注："胸前穿孔达背。"《艺文类聚》卷九六引《括地图》："防风氏见禹，怒射

贯胸国 山海经图 汪绂本

之，有迅雷，二龙升去。神惧，以刃自贯其心而死。禹哀之，瘗以不死草，皆生，是名穿胸国。"◆吴任臣《广注》案："《河图玉版》曰'防风之二臣，以刃自贯其心而死，禹哀之，乃拔其刃，疗以不死之草，是为穿匈民'，然《金楼子》云'帝舜九载，贯匈民献珠鳅'，《竹书》'黄帝五十九年，贯匈氏来宾'，前此已有其国矣。"

【灌口二郎】见"二郎神"条。

【灌口神】即"李冰"或李冰父子。北宋·张唐英《蜀梼杌》卷上："王衍戎装，披金甲，珠帽锦袖，执弓挟矢。百姓望之，谓如灌口神。"卷下："孟昶明德二年七月，阆州（今四川阆中）大雨雹如鸡子，鸟雀皆死，暴风飘船上民屋。女巫云：'灌口神与阆州神交战之所致。'"又云："广政十五年六月朔，宴，教坊俳优作灌口神队二龙战斗之像。"南宋·洪迈《夷坚支志·丁集》卷六："永康军（今四川都江堰）崇德庙乃灌口神祠，爵封王，置监庙官，蜀人事之甚谨，每时节献享。及因事有祈者，必宰羊，一岁至四万口。一羊过城，纳税钱五百，岁终可得钱二万千，为公家无穷利。当神之生日，郡人醵迎尽敬，官僚亦无不瞻谒者。"

【灌郎神】《神异典》卷四〇引《月令广记》：灯时请灌郎神，以桶盛水，取大石，以黄泥涂之，安桶于上，众男子请曰："一请灌郎神，灌郎神……；二请……"云云，随口所说，至于十请，令两人扛之。其石随桶而起，谓之神来矣。若见妇人即落下。此村童之节戏也。

【guang】

【广成丈人】晋·葛洪《枕中书》："广成丈人，今为锺山真人、九天仙王。汉时四皓、仙人安期、彭祖今并在此辅焉。"按：应即"广成子"。

【广成子】晋·葛洪《神仙传》卷一："古之仙人。居崆峒山石室之中。黄帝闻而造焉，问至道之要。广成子以为黄帝不足以语至道。黄帝退居三月而后见之，膝行而前，再拜请问。广成子方

广成子　列仙图赞

答曰：'至道之精，杳杳冥冥，无视无听，抱神以静。'"按此本于《庄子·在宥》。葛洪《抱朴子内篇·登涉》："圆丘有大蛇，又生好药，黄帝将登焉，广成子教以佩雄黄，而众蛇皆去。"唐·段成式《酉阳杂俎·续集》卷二："东都龙门有一处，相传广成子所居也。"则广成子未必居于崆峒矣。◆按：葛洪《枕中书》中有广成丈人，当即广成子。宋·谢守灏《混元圣纪》卷一以为"老子于轩辕时降世，居于崆峒山，号广成子"。《仙鉴》卷二则云："一号力默子，作《道成经》七十卷。"小说《封神演义》有广成子，为玉虚宫元始天尊门下弟子，最为好事，与《庄子》所云"无视无听"者大相径庭矣。

【广德王】祠山大帝之封号。或称"广德张王"。南宋·洪迈《夷坚支志·乙集》卷六记有胡氏供事广德张王。南宋·吴曾《能改斋漫录》卷一八有"广德王开河为猪形"条，即说祠山事。详见"祠山张大帝"条。

【广东仙童】清·袁枚《续子不语》卷八"仙童行雨"条：粤东亢旱，制军孙公祷雨无验。时值按临潮郡，途次见民众千余，聚集前山坡上，云是"看仙童"。先是潮之村民孙姓子，年十二，与村中群竖牧牧，嬉于山坡。一儿戏以拳击孙氏子，方击去，忽孙子两脚已离地数尺。又一儿以石击之，愈击愈高，皆不能著体。于是群儿奔说，哄动乡邻，十数里外者，俱来哗睹。其父母泣涕仰唤，童但俯笑不言。制军闻之异，与司道群官徒步往观。仰视一童子背挂青笠，牛鞭插于腰际，立空中。制军方以天旱为忧，便请求雨。童笑而颔之，俄顷即大雨滂沱。制军于是命塑其像，遣画师赴其家，使忆而图之。童父母盖愚农也，苦难形容其状，虽易屡幅莫似。方无计间，忽童自空而下，笑曰："特来为

绘吾面目。"遂图而成之。父母将挽留之，倏失所在。遂塑其像于五羊城内三元宫，题曰"羽仙孙真人"，香火甚盛。此乾隆五十二年五月事。

【广福庙神】南宋·吴自牧《梦粱录》卷一四、南宋·潜说友《咸淳临安志》卷七三："杭州盐桥有广福庙，神姓蒋，世为杭人，生建炎间。乐赈施。每秋成，籴谷预储，贵则贱粜如原价，岁歉或捐以予饥者。死之日，嘱其二弟存仁心，行好事。里人相与祠其像以报。人心所趋，灵应如响，祈卜者肩相摩。咸淳初赐庙额曰广福。"◆按：此神即"蒋七郎"，见该条。

【广福王】清·张祥河《关陇舆中偶忆编》：粤西广福王庙，祀后汉武当王，从诸葛武侯南征牂牁，为蛮追逐，逾岭遇暴涨，溺智能山下。自宋迄明，加封爵，祷雨灵应。

【广惠王】南宋·祝穆《方舆胜览》卷四八庐州"广惠王庙"条：在合肥县西二十里。庙碑云：唐贞观间，有僧慧满结庵此山，诵经，有布衣造门，曰："我东海龙王之少子。"时苦旱，僧令其降雨。答曰："盗布天泽，罪当殛死。"须臾，膏泽大沛三日。龙死于山隅。僧乃携以葬，而民为立祠。其后水旱，祷之必验。

【广济王】即李冰。宋·高承《事物纪原》卷七："广济王，在永康军导江县（在今四川都江堰东），李冰庙也。伪蜀封大安王，孟昶又号应圣灵感王。宋开宝七年改号广济王。"《宋史·礼志八》："永康军李冰庙，已封广济王，近乃封灵应公。"又"李频"亦封广济王，见该条。

【广利王】唐时封南海龙王为广利王，见韩愈《南海神庙碑》，有云："考于传记，而南海神次最贵，在北、东、西三海神及河伯之上，号为祝融。天宝中，尊南海神为广利王。"南宋·洪迈《夷坚乙志》卷四："绍兴中，权广东东南道税官赵士藻，去职，买舟如临安，过广利王庙，不敬，士藻夜梦为广利王所召，怒责之。次日舟覆，家眷从人尽没，一舟所载皆货贿所得，一无所余。"苏轼《东坡志林》"广利王召"条，云"祝融"字犯王讳。是以广利王即祝融也。◆明·钱希言《狯园》卷一一"广利王"条："广利王庙香火盛于岭南，积贮民间施舍金钱，许人告借。有贾人子，持券借金，筊卜于神前，凡三次皆大吉。三次讨借过数百金，才出洋，便遇海寇劫取。群寇缚之于树，此人具言借自广利王庙。寇恻然悯之，适有近劫商船桐油数百篑，给与此人，连舶载去，贩作资本。后卖其油，每篑底

有元宝一双，立偿子母于神，家遂大富。"

【广利尊王】《职方典》卷一〇五二"泉州府部外编"："唐时人，姓陶。自长江边至泉州旅邸。晨起遇二异人，谓曰：'帝命，兹土合灾，将投药于井，咸毕其命。'陶某闻之大惊，夺其药曰：'郡人何罪，我代此土生灵可矣！'即吞药而死。郡人以其舍生求仁，乃立庙祀之，曰'崇朵官'，尊之为广利尊王。"◆按此类故事多见于闽台传说，参见"挈公"条、"五福大帝"条。

【广陵茶姥】《仙鉴后集》卷四："不知姓氏，在乡里间常如七十岁人，而轻健有力，耳聪目明，头发俱黑。晋元帝南渡之后，耆旧相传，见之百余年，颜状不改。每持一器茶往市卖之，市人争买，自旦至暮，器中茶常如新熟而未尝减少。人多异之。州吏以冒法系之于狱，姥乃持茶器自窗飞去。"◆明·曹学佺《蜀中广记》卷七三云其为蜀人："傅咸为司隶，下教云：'闻南市有蜀妪作茶鬻卖，而廉事打破其器具。'又云：'卖饼于市而禁鬻茶于蜀姥，何哉？'"

【广目天王】佛教中"四大天王"之一。住于须弥山西面半腹，常以净天眼观察阎浮提之众生，乃守护西方之护法善神，又称西方天。司掌处罚恶人，令起道心。在中国，广目天之造型多为右手执蛇。参见"四大天王"条。

【广寿子】宋·谢守灏《混元圣纪》卷一："祝融时老君降济阴，号广寿子。"《仙鉴》卷二："广寿子在祝融时降于恒山，授人皇内文，教人以安神之道，俾陶铸为器，以变生冷。一号传豫子，作《按摩通精经》九十卷。"

【广佑王】广佑王在南宋时名甚显，南宋·祝穆《方舆胜览》卷一〇邵武军（今福建邵武）有"广佑庙"条，云："王讳佑，姓欧阳，洛阳人。隋义宁中为温陵太守，代还，舟过大乾，爱其江山之胜，顾夫人崔氏曰：'此可立庙。'发舟之夕，江水暴涨，夫妇溺焉。其尸沿流而下，至向所舣舟处辄止。见者随流送之二十里，次日溯流而返；再送之三十里，又如之。于是众惊异，敛而葬之，屡出灵响，远近争来。"是则广佑王即"大乾惠应祠"条所述之神也。然虽同为"大乾山神"，广佑王又似非"惠应祠神"，详见"大乾惠应祠"条。◆又南宋时有广佑王请代传说。南宋·洪迈《夷坚丁志》卷一五"新广佑王"条："邵武军北大乾山有广佑王庙，乃唐末欧阳使君之神，乾道间，有人梦庙中出车骑甚众，曰'远接新广佑王'，问为何人，曰：

'故临江丞陈公也。'陈平生廉正，为乡里所称，时方死五日。"南宋·洪迈《夷坚志补》卷一五"陈焕广佑王"条言乾道三年广佑王降梦，请建阳人陈焕宣教代之。按：此与丁志所言似为一事，但虽二人均姓陈，官职却不同。南宋·祝穆《方舆胜览》载诸举人祈梦问禄事甚详，俨然东南梓潼，可参看。◆又崔府君元时亦封广佑王。

【广泽尊王】仇德哉《台湾之寺庙与神明（四）》：全号为威镇忠孚惠威武烈保安广泽尊王，又称郭圣王、圣王公。据传，广泽尊王姓郭名洪福，福建泉州南安人，为唐名臣郭子仪后裔。传说为宋时人。幼失怙恃，家贫，为陈姓牧羊，忠厚诚笃。

清福建木雕广泽尊王坐像
中国闽台缘博物馆

而陈氏为富不仁。陈氏每出卖羊只，而羊群之数不减，村人奇之。洪福十岁时，有一独眼之风水先生路经羊舍，见风水甚异，欲告知主人。陈氏以坠溺粪池之羊款待之。先生不悦，而见洪福诚笃，遂嘱洪福将其双亲骨灰洒于羊舍附近，并告以：如遇毒蜂，即逃往"头戴铜笠、牛骑人、鱼上树"之处，就地打坐。洪福从之，洒骨灰毕，果然黑蜂如云。洪福急奔，途遇大雨，见一僧以铜镜为笠，又有一牧童躲于牛腹之下，一渔夫手持钓杆，杆上有鱼，踞树上避雨。洪福随即盘石上打坐，立地成神。而陈姓者竟为毒蜂螫死。闽台一带多有其庙，祀之以为保国安民之神。神像为一身着龙袍之童子，一足著地，一足翘于膝上。据传说，当其盘腿打坐之时，其叔父见之，拉其一足使起，而恰在此时洪福成神，遂成打坐之像。一说尊王姓郭名乾，为清代泉州人，性忠孝。一日外出不归，后发现坐于松树之上，呼之不应，与死无异，而身体尚温。百姓奉以为神，建庙祀之，朝廷封为广泽尊王。又传说雍正幼时患天花，势危急，夜梦有人送药，服后问其姓名，答云"泉州郭乾"，醒后病愈。后雍正派人至泉州查访，始知即广泽尊王，遂加封"保安"二字。

【gui】

【归洞】明·洪应明《仙佛奇踪》卷三："归洞，字微通。少遇异人，传还元抱一之道，因自号归元子"云云。按：此条所记诸事均为尔朱洞事。又尔朱洞字通微，归洞字微通，二人又俱号归元子，则"归洞"显即"尔朱洞"之讹也。

【归真子】北宋·文莹《湘山野录》卷下："宋熙宁间，桂州（今广西桂林）人唐子正携家赴京调举，至全州，雇得一肩夫，乃往日在袁州时所役旧奴也。肩夫负担，行若飞箭，虽奔马不及。唐子正恐其携担逃逸，遣去之。其人当日自全州行至唐州（今河南唐河），凡二千七百余里，日午即到，留书于驿吏，曰：'候桂州唐秀才至，即付之。'又过月余，唐子正方至唐州。驿吏付以书信，上署'归真子谨封'。启封，内仅一诗，方知归真子即全州所遣之仆，神仙也。"◆又见《仙鉴》卷五○，作宋英宗治平间事，当误。

【归终】神兽，能知将来之事。《艺文类聚》卷九五引《淮南万毕术》："归终知来，狌狌知往。"高诱注："归终，神兽。"

【龟】龟之神者，大致有如下说：《周礼·春官》曰："龟人掌六龟之属。各有名物。天龟曰灵属，地龟曰绎属，东龟曰果属，西龟曰雷属，南龟曰猎属，北龟曰若属，各以其方之色与其体辨之。"《史记·龟策列传》："一曰北斗龟，二曰南辰龟，三曰五星龟，四曰八风龟，五曰二十八宿龟，六曰日月龟，七曰九州龟，八曰玉龟。"《尔雅》分神龟、灵龟、摄龟、宝龟、文龟、筮龟、山龟、泽龟、水龟、火龟十种。《河图》："灵龟负书，丹甲青文。"鲁迅《古小说钩沉》辑《玄中记》："千岁之龟，能与人语。"梁·任昉《述异记》："龟千年生毛，寿五千年谓之神龟，万年谓之灵龟。"

【龟宝】五代·刘崇远《金华子杂编》卷下："徐太尉彦若赴东南，将渡小海，亲随军将于浅滩得一小琉璃瓶，大如婴儿之拳，内有一龟，长寸许，旋转其间，略无停息，瓶口极小，不知何由而入。其夕，忽觉船舷压重，及晓视之，见有众龟层层乘船而上。大惧，因取小瓶祝而投于海，龟遂散。后话于海舶之胡人，曰：'此所谓龟宝也。希世之物。苟藏于家，宝藏自来。'"◆按：后又称作"鳖宝"，见该条。

【龟蛇二将】《楚辞·远游》"召玄武而奔属"，王

逸注："玄武，北方神名。"洪兴祖《补注》："玄武谓龟蛇，位在北方，故曰玄，身有鳞甲，故曰武。"《中兴天文志》："石氏云：北方黑帝，其精玄武，为七宿斗，有龟蛇蟠纠之象。"《尚书考灵曜》："二十八宿。北方斗、牛、女、虚、危、室、壁七宿，其形如龟蛇，曰后玄武。"元·俞琰《席上腐谈》卷上："玄武即乌龟之异名。龟，水族也。水属北方，其色黑，故曰玄；龟有甲，能捍御，故曰武，其实只是乌龟一物耳。北方七宿如龟形，其下有螣蛇，火属也。丹家借此以喻身中水火之交，遂绘为龟蛇蟠纠之形，世俗不知其故，乃以玄武为龟蛇二物。"◆按：龟蛇本为玄武之形象。明代真武信仰极盛，自不能容忍此说，遂以龟蛇为真武降伏之魔王所化，从此民间始有龟蛇二将之说。清·徐道《历代神仙通鉴》卷四："昔商纣感动水、火、旱、蝗、瘟、妖六大魔王，扰贼天下。尔时无上元始悯之，乃命玉皇上帝降诏紫微垣，阳以武汤降为周主，伐纣除残，阴用太玄元帅收魔荡秽。斯时玄帝被发跣足，与六魔王战于洞阴之野。四魔败遁，二魔王自恃坎离二气，化苍龟巨蛇，变现方成，玄帝施大威力，摄二魔于足下，不能变动。回天缴旨，拜为玉虚师相，玄天上帝，领九天采访使。下诏龟蛇，奖其去邪归正，封巨蛇为天关太玄火精、命阴将军、赤灵尊神，苍龟为地轴太玄水精、育阳将军、黑灵尊神，并居天一之乡。四魔初畏惧避去，后见龟蛇受封，亦来拜服，玄帝悉收为部从。"◆又据明·刘效祖《重修真武庙碑记》，明时宫禁及诸司均建真武庙，塑龟蛇二将，乃以其"善除水火之患"也。参见"玄武"条。

【皈的达】明·钱希言《狯园》卷五：皈的达，西域圣僧。洪武中来朝阙下，马足所践，地涌金莲。高皇帝奇待之。时的达与真人张宇皆侍从焉，帝令二人较术，谓宇曰："朕闻西域某国有玉龙可取，试为朕设坛召将取之。"真人遂受诏作法。的达止求盂水置前，结跏趺坐而已。约以三时返命，俄逾六日不至，帝心已懈，命罢之。宇皇恐无地，于是奏言的达破其术。帝大笑，复谓的达曰："上人既能禁之，亦能解之乎？"的达曰："此最易事。"呼侍者取盂水泻于地，有顷诸神至矣，以次入见，对云："取得玉龙，行抵流沙，忽见洪涛涨天，遂迷失道。六日后水退，始得渡，而玉龙竟沉于沙中，失所在矣。"帝不悦，的达便从怀内探出玉龙以献，帝骇以为神，赏赉无数。

【邽】《太平御览》卷九○二八引《鲁连子》：南

方有鸟，名为邦，生而食其翼。

【鬼车】传说中的怪鸟，即"九头鸟"，而所说不一。唐·陆长源《辨疑志》云："应洛间，春三二月寒食之际，夜阴微雨，天色晦冥。即有鸟声轧轧然，度于庭下。家人更相惶怖，呼为'九头鸟载鬼过'。又以此鸟曾经闭门碾断一头，至今血滴，若落人家，皆为灾咎，递拥门作犬吠以恐之，责其速过。又云有人曾获一只，类野狐而黑，嘴长，洛中呼为'渠逸鸟'。"唐·刘恂《岭表录异》卷中："鬼车，春夏之间稍遇阴晦，则飞鸣而过。岭外尤多。爰入人家，烁人魂气。或云：九首曾为犬啮其一，常滴血，血滴之家，则有凶咎。"唐·段成式《酉阳杂俎·前集》卷一六："相传此鸟昔有十首，能收人魂。"南宋·周密《齐东野语》卷一九："鬼车，俗称九头鸟。世传此鸟昔有十首，为犬噬其一，至今血滴人家，能为灾咎。故闻之者必叱犬灭灯，以速其过。泽国风雨之夕，往往闻之。据云其身圆如箕，十胮环簇，其九有头，其一独无，而鲜血点滴，如俗所传。每胮各生两翅，当飞时，十八翼霍霍竞进，不相为用，至有争拗折伤者。"宋·李石《续博物志》卷八："郝氏夜祠佛，鬼车乘烛光而下，翼广丈余，九首互相低昂。其家呼犬持杖逐之，坠一羽，长三尺许，广八九寸，色类鹅雁。"南宋·洪迈《夷坚三志·壬集》卷三"夜见光景"条："江西俗相传，夜间有光景烨烨发见者，亦谓之鬼车。人偶闻之，须急以秽物蒙眼，近注视之，则见其或丈夫或妇人形，而非淮浙所谓九头鸟者。"《夷坚志补》卷四"九头鸟"条："九头鸟，谓之鬼车，人多闻其声而鲜睹形状。《戊志》所书明州海上出者，只云如大芦席耳。淳熙初年，李寿翁守长沙。此禽时以中夜鸣噪，深恶之。揭榜募能捕者，每获一，与钱十千。飞虎营兵用手弩射之，中其腹而坠，持诣府，身圆如箕，十胮环簇，其九有头，其一独缺。而鲜血点滴，如世所传。一胮各生两翅，当飞时，十八翼霍霍而动。亦有所向不同，更相争拗。用力竞进而翅翻伤折者。"◆清·王士禛《居易录》卷一六："鬼车亦名鸧。儒书：奇鸧十首，周公命庭氏射之，血其一首，今余其九。夫子、子夏见而歌之曰：'鸧兮鸹兮，逆毛衰兮，一身九尾长兮。'予在鬼门见者正一身九尾。其九首者雄鸧，犹九首曰雄虺也。"◆一说即"姑获鸟"。清·破额山人《夜航船》卷五"酱汁鬼车鸟"条："崔豹《古今注》云：夜行娘子，怪鸟也。相传产妇亡魂所化。昼伏夜行，行则啼哭有泪。人家晒小儿衣服未收，鸟泪滴著，小儿必丧。并主一切不祥。一名望板，一名快扛，一名休留，言鸟经过者必死。南方人呼变九头鸟，以其声音密穆，如九口齐鸣。每于月黑荒村，凄风惨雨，磷火星星，鬼鸟嘻嘻，始颉颃而过。统名鬼车，以其两翅如车轮推行。"按：查崔豹《古今注》并无以上文字。◆又有以为即枭之别名。见"枭"条。◆明王兆云《白醉琐言》卷下有"鬼车"一条，言："嘉靖壬辰八月，白石山有一物自空坠下，其身如巨鳖，肉翅，一首在前，八首分列两旁，目瞑不开，啾啾可恶。盖此物乘雾出而天倏倏明，不能开目而坠也。恶少取而烹食之，味美。或云即鬼车鸟也。然吴中有人独行其是得鬼车，乃禽类，形如鸭而大，巨首在中，余首分列左右。一首吸食，八首竞夺，故时流血。养数日，死。与今白石山所见绝异，岂九头鸟自有两种邪？"

【鬼弹】晋·干宝《搜神记》卷一二："汉（蜀汉）永昌郡不违县（今云南保山东北）有禁水，水有毒气，自正月至十月不可渡，渡辄病，杀人。其气中有恶物，不见其形，有声，如有所投击。中木则折，中人则害，土俗号为'鬼弹'。"明·谢肇淛《滇略》卷二："兰沧江中有物黑如雾，光如火，声如折木破石，触之辄死。或云瘴母也，《文选》谓之'鬼弹'，内典谓之'禁水'。惟此江有之，他所绝无。"

【鬼谷子】又称鬼谷先生。姓王名诩，一说名利，一号玄微子。汉·东方朔《海内十洲记》："秦始皇大苑，中多枉死者横道，有鸟如乌，衔草覆死人面，当时起坐复活。始皇遣使者问北郭鬼谷先生，先生云：此草是东海祖洲上不死之草云云。始皇乃使徐福发童男童女五百人入海寻祖洲。"晋·王嘉《拾遗记》卷四："张仪、苏秦好学苦读，尝息于大树之下，有一先生来，自云生于归谷，亦云鬼谷，鬼

鬼谷子　仙佛奇踪

者，归也；又云，归者，谷名也。苏、张乃请其术，先生教以干世出俗之辩。"《太平广记》卷四引五代·杜光庭《仙传拾遗》："晋平公时人，隐居鬼谷，因以为号。亦居清溪山中。苏秦、张仪从之学纵横之术。学成，先生与一只履，化为犬，北引二子即日到秦。先生朴而不露，在人间数百岁，后不知所之。"五代·杜光庭《录异记》卷一："古之真仙，云姓王氏，自轩辕历于商周。随老君西至流沙，泊周末复还中国，居汉滨鬼谷山，受道弟子百余人，唯苏秦、张仪不好神仙，好纵横之术。"◆按：《史记》苏、张本传《集解》引徐广云："颍川阳城（今河南登封东）有鬼谷。"鬼谷之地，历代说法不一，另有谓在今河南登封者，有谓在陕西三原者，有谓在湖北远安县东南之清溪者。◆晋·葛洪《枕中书》："鬼谷先生为大玄师，治青城山。"明·洪应明《仙佛奇踪》卷一云鬼谷子入云梦山采药得道，后居清溪之鬼谷。

【鬼国】《山海经·海内北经》："鬼国在贰负之尸北，为物人面而一目。一曰贰负神在其东，为物人面蛇身。"郝懿行《笺疏》案：《伊尹四方令》云：'正西：鬼亲。'又《魏志·东夷传》云：'女王国北有鬼国。'《论衡·订鬼篇》引此经曰：'北方有鬼国。'"袁珂云："《大荒北经》'有人一目，当面中生。一曰是威姓，少昊之子'，即此国。"

鬼国　山海经图　蒋应镐本

【鬼侯】《太平广记》三二二"蛮兵"条引晋·荀氏《灵鬼志》：南平国蛮兵，（东晋安帝）义熙初，随众来姑熟，便有鬼附之。声呦呦细长，或在檐宇之际，或在庭树上。若占吉凶，辄先索琵琶，随弹而言。荆州俗语云是老鼠所作，名曰"鬼侯"。

【鬼虎】五代·徐铉《稽神录》："清源（今福建仙游）人陈褒，隐居别业，临窗夜坐。窗外即旷野，忽闻有人马声，视之，见一妇人骑虎自窗下过。西屋内先有一婢卧，妇人即取细竹杖从壁隙中刺之。婢忽肚疼，开户如厕，即为虎所搏，急救之，仅而得免。此怪所谓'鬼虎'者也。"◆按：此妇人应即"虎伥"，是虎伥又称"鬼虎"也。

【鬼精】鬼既可成鬼仙，亦可成鬼妖，鬼精即鬼之成妖者，然仅见于南宋·洪迈《夷坚三志·辛集》卷一〇"王节妻裴"条，云："龙游王节，自少学卜筮，长而盘游他方。淳熙十六年，到潭州益阳，遇彭生偕妻裴氏于邸。彭死，店主人张二哀裴无归，为媒嫁节。节时二十九岁，裴二十五岁，年时相当，甚为惬意。复漂转售技。绍熙四年，过洞庭湖。有巴陵人刘一郎者，能知人未来事，俗称为'活神道'。见之云：'汝妻非人，乃三世之鬼。先在永州东关惑杀蔡氏儿，继在桂府化为散乐，惑杀杨十二郎，其三则彭六也。既夺三人精气，养尸成人，他日必定丧命。'节不之信。裴已闻之，反责节无义，遂依然共处。明年，至蕲，遇云水道人。见裴曰：'此三世鬼精，何得在是！'节怒欲打。道人曰：'不须尔，吾今召天将使汝知之。'裴立于侧，拊掌大笑，腾空而灭。"依此，"三世鬼精"即此鬼三次化身为人，夺三人的精气以养其本尸。鬼而成精，亦即鬼中之妖。

【鬼母】梁·任昉《述异记》卷上：南海小虞山中有鬼母，能产天地鬼。一产十鬼（一本作"千鬼"）。朝产之，暮食之。今苍梧有"鬼姑神"是也。虎头龙足，蟒目蛟眉。

【鬼鸟】梁·宗懔《荆楚岁时记》："正月夜多鬼鸟度，家家搥床打户、捩狗耳、灭灯烛以禳之。"《玄中记》云："此鸟名姑获，一名天帝女，一名隐飞鸟，一名夜游鬼，好取人女子养之。有小儿之家即以血点其衣以为志。故世人号'鬼鸟'。荆湖弥多，斯言信矣。"◆按：参见"鬼车"条。

【鬼师】清·袁枚《子不语》卷一七"广西鬼师"条：广西信奉鬼师。有陈、赖二姓，能捉生替死，病家多延之。至则先取杯水，覆以纸，倒悬病者床上。翌日来视其水，周时不滴者可救。或取雄鸡一只，贯白刃七八寸入鸡喉，提向病人身，运气诵咒。咒毕，鸡口不滴血者，亦可救。其可救者，设一坛，挂神鬼像数十幅。鬼师作妇人状，步罡持咒，锣鼓齐作。至夜，染油纸作灯，至野外呼魂。其邻人有熟睡者，魂即应声来，鬼师递火与之。接去后，鬼师向病家称贺，则病者愈而接火之人死矣。解之术，但夜闻锣鼓声，以两脚踏土上，便无所妨。陈、赖二家以此致富。其堂宇层层阴黑，供鬼神像甚多。

【鬼帅】❶道教酆都山之鬼官。梁·陶弘景《真诰》卷一三："地下主者复有三等鬼帅之号。并是世有功德，积行所锺；或身求长生，步道所及；或子弟善行，庸播祖祢；或讽明洞玄，化流昆祖。”又卷七：“地下主者，解下道之文官；地下鬼帅，解下道之武官。文解一百四十年一进，武解二百八十年一进。武解，一解之下者也。”❷或以为即冥府主者太山君。《天中记》卷八：“鬼帅，东岳太山君领群神五千九百人，主治死生，百鬼之主帅也。血食庙祀所宗者也。”❸又有以为行瘟众鬼之首领者。明·董斯张《广博物志》卷一五引《度人经》：“张天师传八部鬼帅，刘元达行杂病，张元伯行瘟病，赵公明行下痢，锺子季行肠肿，史文业行暴汗寒疟，范巨卿行酸痛，姚公伯行五毒，李公仲行狂魅赤眼。”

【鬼王】谓群鬼之首领，晋·陶潜《搜神后记》卷二：“石虎时邺中（今河北临漳）有一道人，其驴为恶鬼所偷。道人遂念咒呼诸鬼王，驴被送还。”西晋·王纂《太上洞渊神咒经》中所言鬼王鬼众甚多，如鬼王淮南子返、白公、韩涉、宋铣、王善等；又有五通大鬼，名王翳、白起、韩章、乐阳、楚狂者；又有郝景、女娲、祝融；大鬼主邓艾、锺士季、赵山、王莽、李敖、杜周、刘斗乌、王离、夏侯婴、蒋公琰、萧何、申屠伯、韩信、田进、梁洪、高沛、孙温、司马迥、刘元达等，俱以古人或变化古人之名为鬼王。此外尚有啄头大魔王、乌延大王、长鼻大王、中祥大王、小眼大王、白面大王、赤面大王之类。

【鬼仙】❶是鬼而近仙，或由鬼而成仙。宋文莹《湘山野录》卷上所言石曼卿死后现形，自言“已作鬼仙”。石曼卿之前有王子高所遇鬼仙“周瑶英”，之后有为芙蓉馆主之“丁度”，生前未必修炼，全凭宿根，为鬼仙之异数。更多的是死后修炼所谓“太阴炼形法”“回骸起死法”“九天玄女法”之类，起死而回生，有神通，既不入人世，又不登仙籍。如洪迈《夷坚甲志》卷一二之“缙云鬼仙”，貌美如仙，且能预知将来，疗治奇疾。◆元·戴起宗《悟真篇注疏》卷上：“《传道集》云：仙非一也。纯阴而无阳者鬼也，纯阳而无阴者仙也。阴阳相杂者人也，惟人者可以鬼，可以仙。仙有五等，鬼仙者，阴中超脱，神像不明，鬼关无姓，三生无名，虽不轮回，又难返蓬瀛，终无所归，止于投胎夺舍。盖以神识内守，一心不散，意中以出阴神，乃清灵之鬼，非纯阳之仙，以其一志阴灵不散，故曰鬼仙。”清·宫梦仁《读书纪数略》卷四三：“仙有五等，为鬼仙、人仙、地仙、神仙、天仙。”❷鬼而为福于人者。唐·段成式《酉阳杂俎·前集》

卷一四，以厕鬼、井鬼、马鬼、神荼、郁垒、语忘、敬遗、蛇鬼、伯奇等为“鬼仙”。❸樟柳神之类或亦称“鬼仙”，但其性质已经与称狐精为狐仙相类。清·诸联《明斋小识》卷一二“鬼仙”条：“潘斐成雇一小奚，三月中，拾二寸长木偶，耳目口鼻皆备。疑为要具，藏胸际。少间，声若雏鸡朱朱然，家事琐屑俱以告，亦有中与不中。”

【鬼婴儿】睡虎地秦简《日书》甲种《诘咎》：“鬼婴儿恒为人号曰：‘鼠（予）我食。’是哀乳之鬼，其骨有在外者，以黄土渍之则已矣。”◆参见“白骨小儿鬼”条。

【鬼爷爷】元·陶宗仪《南村辍耕录》卷二三：元元统间，杭州宋监纳，客大都，功名不遂，甚穷窘，出齐化门将投水自尽，闻空中有鬼作人声，曰：“宋某阳寿未终，不可死也。”遂默默而归，途中拾得一纸帖，云：“宋某可于吏部某令史下某典史处学书写。”翌日物色之，果得其人，遂获进步。此后常得纸帖，依言行之，凡事皆成，至于得官获财宝，娶妻生子，为富家翁。平昔却未曾睹鬼形状，只见一矮小影子而已。但有所见，即便祭献，称名“爷爷”。忽一日有一帖，云：“我要叶子金一百八十两，去扬州天宁寺妆佛。”索要甚急。此后宋家即常常丢失财物。宋乃请龙虎山张天师符悬于室，晨起，只见同样符命四十道，一一倒悬，莫辨其真伪。后遇一道人，为作法，鬼遂绝。

【鬼臾区】又作鬼谷区、鬼容区。黄帝之臣。或说即容成公。明·杨慎《升庵集》卷四八“蜀八仙”条云：“蜀之八仙，首容成公，云即鬼容区，隐于鸿蒙，今青城山也。”按《史记·历书》“索隐”：“黄帝使羲和占日，常仪占月，臾区占星气”云云。《云笈七签》卷一〇〇《轩辕本纪》：“黄帝使羲和占日，常仪占月，鬼臾区占星。黄帝作占候之法、占日之书，以明休咎。”

【鬼鱼】明·邝露《赤雅》卷三：“鬼鱼似鳄，用以祷鬼克敌。人误食之立死，请巫咒之立生。”清·汪森《粤西丛载》卷二三引《庆远府志》所述更详：“鬼鱼，荔波县产，形如鲤鱼。水蛮畜之浅水池中，如往仇杀，取是鱼以祷鬼，辄能取胜。或有行人见鱼跃，惊曰‘大鱼’，其人即病。取鱼而食之者，即死。僮人腌是鱼，如恶其人，与之食，发病亦死。有早觉者，请蛮喃咒可苏。”

【鬼子母】佛教之神，为“二十天”之一。产五百鬼子，而好食生人。后佛匿其爱子，母悲惶不宁，佛以理喻之，遂皈依佛法，为护法神。又一说是母有千子，五百子在天上，五百子在人间，千子皆为鬼王。按《杂宝藏经》云："鬼子母者，是老鬼神王般阇迦妻。有子一万，皆有大力士之力。其最小子字嫔伽罗。此鬼子母凶妖暴虐，杀人儿子，以自啖食。人民患之，仰告世尊。世尊尔时即取其子嫔伽罗，盛著钵底。时鬼子母周遍天下，七日之中，推求不得，愁忧懊恼。传闻他言，云佛世尊有一切智，即至佛所，问儿所在。时佛答言：'汝有万子，惟失一子，何故苦恼愁忧而推觅耶？世间人民，或有一子，或五三子，而汝杀害。'鬼子母白佛言：'我今若得嫔伽罗者，终更不杀世人之子。'佛即使鬼子母见嫔伽罗，在于钵下。尽其神力，不能得取，还求于佛。佛言：'汝今若能受三归五戒，尽寿不杀，当还汝子。'鬼子母即如佛敕，受于三归及以五戒。受持已讫，即还其子。佛言：'汝好持戒。汝是迦叶佛时羯腻王第七小女，大作功德。以不持戒故，受是鬼形。'"◆刘宋·刘敬叔《异苑》卷五："陈虞字君度，妇庐江杜氏常事鬼子母，罗女乐以乐娱神，后一夕复会，管弦无声，歌者凄怆。杜氏尝梦鬼子母惶遽涕泗云：'凶人将来。'婢先与外人通，以梯布垣，登之人。神被服将剥夺毕，加取影像，焚到而后去。"

【蝸】《管子·水地》：涸川之精者，生于蝸。蝸者，一头而两身，其形若蛇，其长八尺，以其名呼之，可以取鱼鳖。此涸川水之精也。

【桂百祥】南宋·洪迈《夷坚乙志》卷一五：会稽（今浙江绍兴）人桂百祥，能役使六甲六丁，以持正法著名，称为真官。吴松江长桥下，江龙兴潮，多损舟船。桂为做判状，令人持将覆

桂父　列仙酒牌

舟处，语之曰："宜改过自新，脱或再犯，当飞章上天，捕治行法矣。"后潮果不复为害。

【桂父】西汉·刘向《列仙传》卷上："桂父，象林（在今越南）人。色黑而时白、时黄、时赤。南海人见而尊事之。服食桂及葵，以龟脑和之，千丸十斤桂。"◆清·屈大均《广东新语》卷三："安期生常与李少君南之罗浮（今广东惠阳地区之罗浮山）。罗浮之有游者，自安期始。自安期始至罗浮，而后桂父至焉。罗浮者，蓬莱之一股也。"

【桂花相公】清·袁枚《子不语》卷二三：江西丰城县署后有桂花相公祠。相公之里居姓氏不可考，相传为明时人，作幕丰城令。有盗案连株数人，相公廉其冤，欲释之，令不从，遂大怒，触桂花树而死。后人肖其像立祠，称桂花相公。宰此土者，必先行香。凡有命案发觉，先一日，相公必脱帽几上，自露其顶。

【桂心渊】元时人。《（雍正）江西通志》卷一〇三："抚州（今江西抚州）人。元世为紫极宫道士。宫观有宴会，心渊一遇，饮啖无算，或乘酒骂詈，人不能堪。或各自为会，心渊化身数形，幻在各席。虞集礼遇之。后栖隐于庐山。"明·张宇初《岘泉集》卷三《金野庵（即金蓬头）传》："同辈桂心渊，世称桂疯子，坐解于庐山。"

【gun】

【鲧】《山海经·海内经》："黄帝生骆明，骆明生白马，白马是为鲧。"又云："洪水滔天。鲧窃帝息壤以埋洪水，不待帝命。帝令祝融杀鲧于羽郊。鲧复生禹。帝乃命禹卒布土以定九州。"《史记·夏本纪》："尧用鲧治水，九年不成，舜摄行天子政，乃殛鲧于羽山，复举其子禹治水。"《春秋左氏传》昭公七年："昔者尧殛鲧于羽山，其神化为黄熊，入于羽渊。"晋·王嘉《拾遗记》卷二："尧命鲧治水，九载无绩，鲧自沉于羽渊，化为玄鱼，时扬须振鳞，横修波之上，见者谓为河精。羽渊与河海通，海民于羽山修立鲧庙，四时祭祀。"按此玄鱼，当是以"鲧"字异体又作"鲲"，分解其字而为"玄鱼"也。◆鲧化为黄熊，"熊"又作"能"，《释文》以能为三足鳖。而《说文》云，能，熊属，足似鹿。《拾遗记》折中其说为"在山变为能，在水化为鱼"。南宋·罗泌《路史·余论九》有《黄熊化》辨之甚详。《山海经·中山经·中次三经》青要之山多驾鸟，为禹父所化。清·汪绂《山海经

存》云："《左传》言鲧化黄熊，入于羽渊，而又云在此，世之随处而附以为古迹，类似此也。"◆梁·任昉《述异记》卷上："尧诛鲧于羽山，化为黄熊，入于羽泉。今会稽（今浙江绍兴）祭禹庙不用熊，曰黄能即黄熊也。"

【guo】

【郭崇子】殷商时人。梁·陶弘景《真诰》卷五：郭崇子者，彭真人（应指彭祖）之弟子。兄弟四人俱行，为恶人所击。三弟大怒，欲取治之。崇子曰："不用。"笑而各去。其人后仕宦，而崇子屡称誉之。此人乃往谢之，而崇子犹称誉不止。其人曰："我恶人也，不可以受君子之施。"乃自杀。后崇子得道，太极真人以为有杀人之过，不得为真人。

【郭登】厕神。每月六日例当出巡，此日人逢必致灾难，人见即死，见人即病。唐·李复言《续玄怪录》卷三"钱方义"条：唐殿中侍御史钱方义，宝历初居长乐第，夜如厕，忽见蓬头青衣者长数尺，来逼。方义惧，强谓曰："君非郭登乎？常闻人之见君，莫不致死。"郭登曰："登非害人，出亦有限。人之见者，正气不胜，自致夭横，非登杀之。然有心曲，欲以托人，以此久不敢出。登久任此职，积效当迁，但以福薄，须得人助。贵人能为写《金刚经》一卷，回付与登，登之职即有小转。必有厚报。"

【郭洞阳】《（雍正）福建通志》卷六〇：瓯宁（福建建瓯）人。秦始皇二年，隐居郭岩。得老氏法炼气葆元，御风而行，泠然万里。后白日冲举去，因名岩曰郭岩。

【郭罕然】元时人。《（雍正）山西通志》卷一六〇："盂县人，寓平定州之娘子关。至山中，见一洞水流飞瀑而下，窄然入洞得异书，遂善遁法。或令入瓶，呼之辄内应，碎之，片片皆应。"按：《（光绪）平定州志》作明洪武时人。

【郭洪福】见"广泽尊王"条。

【郭华】❶见"床母"条。❷《天地宫府图》三十六小洞天之会稽山为仙人郭华所治。此郭华疑与"郭子华"为一人。

【郭静】梁·陶弘景《真诰》卷一四：颍川（今河南许昌东）人，少孤，穷苦无依。年十六为县吏，后得罪逃逸。遇郑先生（应指郑思远），遂为役使，不敢懈怠。先生授以饵服之方，得寿三百岁。后入

大有洞为真人。

【郭密香】王母侍女。见汉·班固《汉武帝内传》。

【郭黁】《晋书·艺术传》：西平人，明《老》《易》，仕郡为主簿，常为太守卜筮，言多中。吕光王河西，仕为散骑常侍、太常。后以光年老，遂与仆射王祥起兵作乱。百姓闻之，咸以圣人起事，从之若不及。黁以"代吕者王"，遂推王乞基为主。后吕隆降姚兴，兴以王尚为凉州刺史，终如黁言。黁性褊酷，不为士庶所附，战败，为追兵所杀。

【郭璞】《晋书》有传，云："字景纯，河东闻喜（今山西闻喜）人。好经术，博学有高才，词赋为中兴之冠，妙于阴阳算历。从郭公学卜筮，郭公传以《青囊中书》九卷，遂精五行、天文、卜筮之术，虽京房、管辂不能过。西晋末先识乱兆，避地于东南，宣城太守殷佑引为参军。王导深重之，引参己军事。明帝在东宫，璞以才学见重。然性轻易，嗜酒好色。王敦之谋逆也，温峤、庾亮

郭璞　列仙酒牌

使璞筮之，璞对不决。峤、亮复令占己之吉凶，璞曰：'大吉。'峤等于是劝帝讨敦。敦将举兵，又使璞筮。璞曰：'无成。'敦大怒曰：'卿寿几何？'曰：'命尽今日日中。'敦怒，收璞，诣南冈斩之。时年四十九。及王敦平，追赠弘农太守。"葛洪《神仙传》又言："郭璞周识博闻，天文地理，龟书龙图，爻象谶纬，安墓卜宅，莫不穷微。善测人鬼之情状。晋中兴，王导受其成旨，以建国社稷。璞尽规矩制度，仰范太微星辰，俯则河洛黄图，夫帝王之作，必有天人之助者矣。敦诛璞。殡后三日，南州市人见璞货其平生服饰，与相识共语。敦不

信，开棺无尸。璞得兵解之道。今为水仙伯。"而葛洪《枕中书》则云："郭景纯为都录司命，治虚台。"二书俱署葛洪撰，而相异如此。

【郭琼】东汉·郭宪《洞冥记》卷二："东郡（在今河南濮阳南）人。形貌丑劣而意度过人。曾宿人家，辄乞薪自照读书。昼眠，眼不闭，行地无迹。汉武帝闻其异，征焉。"《仙鉴》卷四："每至人家，出袖中一把算子，散置膝前，则人家隐事皆知。"

郭琼 列仙全传

【郭上灶】宋时人。宋·张师正《括异志》卷七"郭上灶"："不知何许人。宋真宗天禧中，尝佣作于汴州（今河南开封）茶肆间。一日有青衣布袍者来啜茶，郭疑为吕先生，即求为仆役。吕不顾而去。郭尾至一僻处，吕回顾曰：'若真欲事我，可受吾一剑。'郭唯唯，延颈以待。吕引剑将击，郭大呼，已失吕所在，郭乃在百万仓中。巡卒擒送官，杖而遣之。自此郭日于京城内外寻吕先生，无僻不至，逢人辄问。自此十余年，不知所在。至仁宗天圣末，磁州（今河北磁县）有赵长官，忽有丐者来访，自称郭上灶。赵问寻见吕先生否。郭曰：'周天下不知吕先生所在。今吾大数垂尽，来求一小棺，以藏骸骸。'赵以为妄，问何日当尽。曰来日午时。赵乃为置棺，郭乞棺首开一穴，以一竹杆插穴中。及期，郭卧槐下而逝，赵如言瘗之。次年河涨，赵虑棺为水所漂，临视开棺，中已无尸。"◆《（雍正）陕西通志》卷六五作"郭尚灶"："一名郭马儿，宋时兴安人。卖酒翠花台下，有道人吕姓常来饮，尚灶不取其值。如此数年，道人授药一丸投龙窝水中，即成酒。道人去后数年复来，携尚灶往香溪炼丹，浴于销金池中，从翠花台飞去。"◆马致远《吕洞宾三醉岳阳楼》杂剧中，吕洞宾要度柳树精，因其无人身，使之投胎转世为岳阳楼卖茶之人，即郭上灶。

【郭芍药】梁·陶弘景《真诰》卷一四：汉度辽将军郭骞之女。少好道，受灵飞六甲而成仙。

【郭声子】晋时人。梁·陶弘景《真诰》卷五："郭声子，晋初时曾于洛阳市中隐身作卜师。时刘、石、张、臧四人并欲学道，常叹不遇明师。及声子出而四人不觉其为真人。"晋·葛洪《枕中书》："郭声子为阆风真人。"

【郭叔香】女仙。梁·陶弘景《真诰》卷一三："易迁中有高业而萧条者，有窦琼英、韩太华、刘春龙、王进贤、李奚子、郭叔香，此数人并天姿郁秀，澄上眇邈，才及拟胜，仪观骇众。"同书卷一五："郭叔香者，王修母。"注："王修字叔治，北海人，为魏武郎中令，年七岁丧母。母以社日亡，不知是郭谁女也。"《云笈七签》卷一一五："刘春龙、郭叔香，并不知何许人也。以其先世有阴德，故皆得遁化炼景，入华阳易迁宫中。"◆按：王修事见《三国志·魏书》，且云"年七岁丧母，母以社日亡。来岁邻里社，修感念母，哀甚。邻里闻之，为之罢社。"未言其母修仙事。

【郭叔子】宋·谢守灏《混元圣纪》卷一：周康王时，老君复归于周，号郭叔子，复为柱下史。

【郭四朝】梁·陶弘景《真诰》卷一三："华阳雷平山，昔高辛时有仙人展上公者，于伏龙地植李，弥满其地。后有郭四朝，又于其处种五果。"《洞仙传》："郭四朝，燕国人。兄弟四人并于秦（按：《日下旧闻考》引作'苻秦'，则燕即十六国之燕矣）时得道。司三官六百年，职满上补九宫左仙公，领玉台执盖郎。曾来勾曲山南，于其处种五果。又此地可种柰，所谓福乡之柰，以除灾疠。又遏涧水为塘，乘小船游戏其中。"

【郭文】《晋书·隐逸传》："字文举，河内轵（今河南轵城）人。自少好游山林，不娶，历游名山。西晋亡，步担入吴兴（今浙江湖州）、余杭（今浙江杭州西）深山穷谷中，居木棚，采竹叶木实，贸盐自供。王导闻其名，遣人迎之，文不肯就船车，荷担徒行。居于西园，七年未尝出入，一旦忽求还山，导不听，后逃归临安，结庐山中。及苏峻反，临安独全，人以文为知机。后病甚，不食而死。"而《太平广记》卷一四引五代·杜光庭《仙传拾遗》云："隐余杭天柱山，或居大壁岩。太和真人曾降其室，授以冲真之道。猛虎常在左右，可抚而牵之，驯如羊犬。晋帝闻之，征之于阙下，拜官不就，归隐鳌亭山，得道而去。著《金雄诗》《金雌记》，似于谶纬，传于世。"《仙鉴》卷二八"郭文举"条云："文举亡，如蝉蜕。"

【郭秃】傀儡神。明·徐应秋《玉芝堂谈荟》卷一三："傀儡神，其名郭秃。"不知其说之本，按：《颜氏家训》卷六："或问：'俗名傀儡子为郭秃，有故实乎？'答曰：'《风俗通》云："诸郭皆讳秃。"'当是前代人有姓郭而病秃者，滑稽戏调，故后人为其象，呼为郭秃，犹文康象庾亮耳。

【郭仙姑】南宋·周密《癸辛杂识》续集卷下："华山有郭仙姑，年二百六七十岁，曾事陈抟，又曾随吕公游于世。"◆按：吕公当指吕洞宾。

【郭宪】东汉时人。《后汉书·方术列传》："字子横，汝南宋（在今安徽太和北）人。少师事东海王仲子。时王莽为郎中，赐以衣服，宪受而焚之，逃于东海之滨。光武时拜博士，迁光禄卿。从驾南郊，忽向东北含酒三潠。执法奏为不敬。诏问故。宪对曰：'齐国失火，故以此厌之。'后果然。"◆按：栾巴、佛图澄皆有潠酒救火事。◆《天地宫府图》七十二福地第三十六阁皂山、第四十三鸡笼山，皆云郭真人治之。疑郭真人指郭宪。

【郭休】五代·王仁裕《开元天宝遗事》卷一："太白山有隐士郭休，字退夫，有运气绝粒之术。每于山中白云亭与宾客看山禽野兽，即以槌击一铁片，其声清响，鸟兽闻之，集于亭下。"卷二又云："郭休有夜明杖，每夜出，可照十步之内。"

【郭延】汉时人。《（康熙）怀庆府志》卷一○：郭延，山阳（今河南焦作东）人，服云散，能夜书。有数十人乘虎豹来迎，与亲友辞别而去，自云往昆仑山。

【郭真人】《天地宫府图》"七十二福地第三十六阁皂山（在吉州新淦），郭真人所治处"。又第四十三鸡笼山（和州历阳县。今安徽和县），亦郭真人治之。疑指"郭宪"。

【郭志生】《洞仙传》：字明通，朱提郡（治在今四川宜宾西南）人，晋元帝时云已四百岁，见之如五十许人。每叹云："兵荒方生，毒流生民，将以沟渎为棺材，苍蝇为孝子，必然之期，可为痛心。"后二年，孙恩乱，人死十不遗一。死前嘱人不钉棺材，只以石压之。死后不数日，有人见其骑白鹿行于山中。

【郭忠恕】五代、宋初时人。《仙鉴》卷四六"郭恕先"条："洛阳人。少能属文，善史书小学，通九经。仕于后汉、后周及宋，均因忿争去官，遂不复仕。纵放岐雍陕洛之间，值山水，即旬日不去。可数旬不食，盛夏暴体日中，衣不沾汗，大寒凿冰而浴。太宗召入阙，馆于内侍窦神兴舍，恕先本有美髯，忽尽剃去，神兴问其故，曰：'聊以效颦。'神兴大怒。太宗以其少检，除国子监主簿，益纵酒肆言时政。黜登州，至齐州临邑，谓部送吏曰：'我逝矣。'因踣地为穴，度可容，面俯而逝，遂就地藁葬。后数月，故旧取其尸改葬，但存衣衾，盖尸解也。"◆按：郭忠恕，字恕先，以画名世。《宋史》入《文苑传》。其尸解事初见于北宋·文莹《玉壶清话》卷二。

【郭子华】参见"戴孟"条。

【国清三隐】《（雍正）浙江通志》卷二○○引《赤城志》（今浙江天台）：天台国清寺僧人丰干与寒山、拾得，号"国清三隐"。

【果仙】《（雍正）江西通志》卷一○四：不详姓名。久住于饶（饶州，今鄱阳）。衣带皆缀杂果，不停嚼，人因号果仙。城南杜君平鬻果，常与之而不索值。一日，仙邀杜入山中，望见红鲜满野，仅隔一涧，深不可渡。杜惧，不肯渡，仙哂曰："君无缘矣。"遂一别而渡，烟霞四生，寂无人响。杜循迹归家，世上已历十余年矣。

【H】

【ha】

【哈喇菩萨】周作人《往昔》诗"三续"之六"玩具"云："光头端然坐，哈喇挺大肚。"自注云："弥勒佛俗称哈喇菩萨。"

【hai】

【海伯】海神。晋·葛洪《枕中书》：屈原为海伯，统领八海。

【海蟾子】南宋·洪迈《夷坚丁志》卷四："凤翔阳平（在今陕西眉县西）人王筌遇萧三娘，三娘以为可教，曰：'神仙海蟾子今居此。'乃引见，授以丹诀。"金·元好问《续夷坚志》卷三："代州（今山西代县）寿宁观有一老楸树，宋天圣中且枯，海蟾子过州卖不死药，三日不售，投药此树中，明年，枯桥再茂。"◆按：即"刘海蟾"，参见该条。

【海春】唐·佚名《灌畦暇语》：仙人海春居髑髅山，善啸术。太山道士锺约往来敬其艺，愿学焉而无从。一日，春变其形为石，约不之知，乃坐旁石上，仰面而啸。春所化石应之，亦发声，倾山动涧，云雾为下坠。约知是春，惊起再拜以祈请焉。春哀其诚，因教以三术。

【海多】宋·王明清《玉照新志》卷六：嘉祐末，有一人携一巨鱼入京师，而能人言，号曰海多。炫耀于市井间，亦常召至禁中，由是赏赐盈积。常自声一辞云："海多风措，被渔人下网打住，将在帝城中，每日教言语。甚时放我归去？"后李氏园作场，跃入池中，不复可获。

【海和尚】见"海人"条。

【海姜】清·吴任臣《山海经广注》卷一《南次三经》下云："龙身赤色有毒者名海姜，龙种而蛟类也。"按宋《证类本草》卷一一引陈藏器云："海姜生海中，赤色，状如石龙芮，大毒。"只是海中生物，未必为动物。而石龙芮应属植物。

【海陵圣母】道藏本《搜神记》卷六："圣母，海陵（今江苏泰州）人。适杜氏子。性好善，师刘纲学仙术。道成，杜氏子不之信，告官，拘以囹圄。顷之，圣母已从窗隙中出去，高入云中。人为立庙奉祭，每有灵验。常有一青鸟在祭所，人有祭，鸟为飞鸣。有所失，问其所在，鸟即集盗物之处。以此道不拾遗。元大德初，更立庙于扬州江都县（今江苏扬州）之东六十里，灵响愈著。"◆按：此即《神仙传》之"东陵圣母"，参见该条。

【海南鬼】明·郑仲夔《耳新》卷四"海南鬼"条："海南有鬼，兽种，人形，黧色，长不满三尺，解人言，不食烟火。入山能取琪南异香及诸宝，海南人多购而畜之。欲购者必先令其相果，有分得宝，鬼抱膝首肯，约指相随几年，不则摇手而退。人得之，择日始放，置小锯斧与之，唻以果，食尽饱，携锯斧去，或经年，或数月，或旬日，以取果之多寡为去时之久近。返则导主人往其处，奇香异宝，无所不有，携归，价不啻千万。约满，更依他人，留之不得。"

【海人】五代·徐铉《稽神录》卷四："东州静海军（在今越南境）姚氏率其徒捕海鱼，以充岁贡。时已将晚，而得鱼殊少。方忧之，忽网中获一人，黑色，举身长毛，拱手而立，问之不应。海师曰：'此所谓海人，见必有灾，请杀之以塞其咎。'姚曰：'此神物也，杀之不祥。'乃释而祝之曰：'尔能为我致群鱼，以免阙职之罪，信为神矣。'毛人却行水上，数十步而没。明日，鱼乃大获，倍于常岁矣。"◆又清·褚人获《坚瓠广集》卷三"海人"条："海商言：南海时有海人出，形如僧人，颇小，登舟而坐，戒舟人寂然不动，少顷复沉于水；否则大风翻舟。"清·袁枚《子不语》卷一八"海和尚"条云，"有渔人于海上撒网，觉甚重，异之出，网中无鱼，仅有六七小人趺坐，见人辄作合掌顶礼状，遍体毛如猕猴，髡顶复沉于水；否则语言不可晓。土人称为'海和尚'。"按：此之海和尚及形如僧人者，应是海豹之类。

【海若】《楚辞·远游》"使湘灵鼓瑟兮，令海若舞冯夷"，王逸注："海若，海神名。"洪兴祖《补注》以为即《庄子·秋水》之"北海若"。姜亮夫《楚辞通故》第一辑"海若"条："晋人则称'水若',颜延之《三月侍从曲阿后湖诗》'山祇跸峤路,水若警沧流'是也。"◆按:海若为海神,北海若则为北海神,二者似有所区别。至张衡《西京赋》"海若游于玄渚",则径以海若为北海之神也。

【海山使者】南朝刘宋·刘敬叔《异苑》卷五:陶侃家僮千余人。尝得胡奴,不喜言,常默坐。侃一日出郊,奴执鞭以随。胡僧见而惊,礼云:"此海山使者也。"侃异之。至夜,失奴所在。

【海上老人】❶《(雍正)畿辅通志》卷八四:"金时人。隐姓氏,住渤海条山洞中,时与当地耆老相游息。金末大乱,老人引诸老入海,煮石而食,甚甘美。次年诸老皆肥泽而归。"**❷**明时人。即"王士能",见该条。

【海神】古代神话中以禺貌为东海之神,禺强为北海之神,不廷胡余为南海之神,分别见之于《山海经》之《大荒东经》《大荒南经》。袁珂以为古代神话中的海神似具鱼形。《史记·秦始皇本纪》:"始皇梦与海神战,若人状。问占梦博士,曰:'水神不可见,以大

海神 三教源流搜神大全

鱼蛟龙为候。'于是始皇乃以连弩入海射大鱼。"可见海神为鱼形在秦汉时仍有影响。《楚辞·远游》之"海若"及《庄子·秋水》之"北海若",当为楚地传说之海神名。又,汉世以来有以四方神移用于四海神者,如《太公金匮》所云"南海之神曰祝融,东海之神曰勾芒,西海之神曰蓐收,北海之神曰玄冥"是也。至于后世,其名更繁,如《黄庭遁甲缘身经》所云东海神名阿明,西海神名祝良,南海神名巨乘,北海神名禺强之类,以无稽之谈为多。受佛教影响,海神又有四海龙王之类,名称虽变,其实则与以往海神无大异。而后世民间影响较大之海神,实为"天妃"。所谓四海神则仅存于国家祭典或宗教科仪之中,与民生无大关系,其中稍多见于文字者,仅南海神祝融而已。

【海童】《文选·吴都赋》"海童于是宴语",刘逵注:"海童,海神童也。吴歌曲云:'仙人赏持何,等前谒海童。'"李善注引汉·东方朔《神异经》云:"西海有神童乘白马,出则天下大水。"

【骇神】《太平广记》卷二一○"张衡"条引《郭氏异物志》:"后汉张衡,明天象,善书。累拜侍中,出为河间王相,年六十二。昔建州满城县山有兽,名'骇神',豕身人首,状貌丑恶,百鬼恶之。好出水边石上。平子往写之,兽入水中不出。或云,此兽畏写之,故不出。遂去纸笔,兽果出。平子拱手不动,潜以足指画之。今号巴兽潭。"◆参见"忖留神"及"石桥海神"条。"骇神"疑是"海神"传讹。

【han】

【邗沟大王】清·李斗《扬州画舫录》卷一:"扬州官河(即运河)旁有邗沟大王庙,正位为吴王夫差,副位为汉吴王刘濞。《春秋左氏传》哀公九年:'秋,吴城邗沟通江淮。'此之运河自江入淮之道也。自茱萸湾通海陵、如皋、蟠溪,此吴王濞所开之河,今运盐道也。"

【邗子】西汉·刘向《列仙传》卷下:"自言蜀人,好放犬,知相犬。一日犬走入一山穴,邗子随入,至一处,为仙人洞府。见故妇主洗鱼,与邗子符一函并药,使还成都,交与成都令乔君。乔君发函,见有鱼子,养于池中,一年,皆为龙形。复送符还山上,犬色更赤,有长翰常随邗子往来。百余年,遂留止山上,时下来护其宗族。蜀人立祠于穴口,常有鼓吹传呼声,西南数千里共奉祠焉。"明·曹学佺《蜀中广记》卷七五引《道儒记》:"邗子已成丹,不能出神,有仙童来告曰:'月生之月,君之亲族犹有不禁者,阴德未远,故迟君成仙期耳。'邗子于是家书一纸与之,明年蜀大疫,邗子亲族无一人染者。"

【含涂国】晋·王嘉《拾遗记》卷六:汉宣帝时,含涂国贡其珍怪,自言其国去长安七万里,鸟兽皆能言语。鸡犬死者,埋之不朽,经数世,地中乃闻鸡犬鸣吠,掘出养之。

【邯郸张君】晋·葛洪《神仙传》卷七:"刘京,汉文帝时侍郎,从邯郸(今河北邯郸)张君学道。"梁·陶弘景《真诰》卷一○:"鲁女生、邯郸张君今皆在中岳及华山。"《真诰》卷一三:"赵威伯,东郡(在今河南濮阳南)人,少好道,师邯郸张先

生。"◆按：其人出处不详，诸仙传所载，仅此而已。

【寒山】唐时人。《景德传灯录》卷二七："天台寒山子者，本无氏族。始丰县（即今浙江天台）西七十里有寒、暗二岩，以其居于寒岩中而得名也。容貌枯悴，布襦零落，以桦皮为冠，曳大木屐。时来国清寺就拾得，取众僧残食菜滓食之。或廊下徐行，或时叫噪，望空慢骂。寺僧

寒山拾得图　明·蒋贵

以杖逼逐，翻身拊掌大笑而去。虽出言如狂，而有意趣。"又云："初，闾丘胤出牧丹丘，忽患头疼，医莫能愈。丰干造访（按：丰干时已圆寂），闾丘告之病。师乃索净器咒水喷之，斯须立差。闾丘异之，乞一言示此去安危之兆。师曰：'到任记谒文殊、普贤。'曰：'此二菩萨何在？'师曰：'国清寺执爨洗器者寒山、拾得是也。'闾丘拜辞乃行，寻至山寺。问：'此寺有丰干禅师否？寒山、拾得复是何人？'时有僧道翘对曰：'丰干旧院在经藏后，今阒无人矣。寒、拾二人见在僧厨执役。'闾丘入师房，唯见虎迹。复问道翘：'丰干在此作何行业？'翘曰：'唯事舂谷供僧，闲则讽咏。'乃入厨寻访寒、拾。见寒、拾二人围炉语笑。闾丘不觉致拜。二人连声咄叱。寺僧惊愕曰：'大官何拜疯狂汉耶？'寒山复执闾丘手，笑而言曰：'丰干饶舌。'久而放之。自此寒、拾相携出松门，更不复入寺。闾丘又至寒岩礼谒，送衣服药物。二士高声喝之曰：'贼贼！'便缩身入岩石缝中，唯曰：'汝诸人各各努力。'其石缝忽然而合。闾丘哀慕，令僧道翘寻其遗物，于林间得叶上所书辞颂，及题村墅人家屋壁，共三百余首，传布人间。"◆参见"拾得""丰干"条。

【寒山子】唐时人。清·王士禛《居易录》卷二三："寒山子有二，皆载《天台山志》。一即'寒山

拾得'之寒山，文殊化身；其一道士李褐遇贫士，去数日，复乘白马来，谓褐曰：'颇知寒山子乎？即吾是也。'见《续仙传》。"李褐事详见《太平广记》卷五五引五代·杜光庭《仙传拾遗》："寒山子者，不知其名氏。大历中，隐居天台翠屏山。其山深邃，当暑有雪，亦名寒岩，因自号寒山子。好为诗，每得一篇一句，辄题于树间石上。多述山林幽隐之兴，或讥讽时态，能警励流俗。十余年忽不复见。咸通十二年，毗陵（今江苏常州）道士李褐，好凌侮人。忽有贫士诣褐乞食，褐不之与，加以叱责。贫者唯唯而去。数日，有白马从白衣者六七人诣褐，褐礼接之。因问褐曰：'颇相记乎？'褐视其状貌，乃前之贫士也。忽语褐曰：'子修道未知其门，而好凌人侮俗，何道可冀？子颇知有寒山子邪？即吾是矣。吾始谓汝可教，今不可也。'出门乘马而去，竟不复见。"◆按：此二寒山子实即一人，唯《仙传拾遗》所记已道教化，故王士禛疑为二人也。今《全唐诗》存寒山子诗一卷三百余首，小传亦谓为天台三隐之寒山。◆又按：南宋·陈葆光《三洞群仙录》卷二引《广记》作"寒岩子"。《云笈七签》卷七三有《寒山子至诀》，均为道教化之寒山。

【韩必】唐末人。清·吴任臣《十国春秋》卷八九：唐末，韩必、吴崧二人与吴琪、吴顼、皮光业、林升、罗隐、何肃同居长城（今浙江长兴）八座山，号八友。已而稍稍散去。钱镠时，韩必、吴崧偕隐于落坞，日以炼丹为事。钱镠遣罗隐召之，两人隐入石壁中。至今名为"二仙石壁"。

【韩崇】东汉时人。梁·陶弘景《真诰》卷一二："吴郡毗陵（今江苏常州）人，字长季。少好道，林屋仙人王玮玄曾授以流珠丹一法，修之有验。玮玄云：'子行此道，仕宦无妨仙举。'韩崇遂入仕，累迁汝南太守。用道抚民，为官清苦，政化洽著。年七十四得隐解法，入大霍山。后列上真，为左理中监，中茅君之僚属也。"参见"王玮玄"条。◆按韩崇，《后汉书·周盘传》有其人，为汝南太守。不言学道事。

【韩房】晋·王嘉《拾遗记》卷三：韩房，周灵王之世自渠胥国来，身长一丈，垂发至膝，以丹砂画左右手如日月盈缺之势，可照百余步。周人见之如神明。灵王末年，不知所在。

【韩君丈人】南宋·陆游《老学庵笔记》卷九："神霄宫以长生大帝君、青华帝君为主，其次曰蓬莱灵海帝君、公元大帝君等二十有二人绘于壁。又

有韩君丈人祀于侧殿，曰此神霄帝君之尚宾也。其说皆出于林灵素、张虚白、刘炼。"◆《(雍正)山西通志》卷一六〇："韩君丈人，名终，又名众。善幻养，不服食，年百岁，其行如飞。匿迹五老山阿，不知所终。"按：此以韩终为韩君丈人，毫无根据。韩终为隐逸仙人，而丈人则是显贵仙人，两不相涉。宋徽宗有《韩君丈人内传》，其文未见。

【韩流】《山海经·海内经》："黄帝妻雷祖生昌意。昌意降处若水，生韩流。韩流擢首、谨耳、人面、豕喙、麟身、渠股、豚止（足也），取淖子曰阿女，生帝颛顼。"郭璞注："渠，车辋，言跰脚也。"

韩流 山海经图 蒋应镐本

【韩凭】晋·干宝《搜神记》卷一一："宋康王舍人韩凭娶妻何氏，美，康王夺之。凭怨，王囚之，论为城旦。俄而凭自杀，其妻遂投台而死，遗书于带曰：'王利其生，妾利其死，愿以尸骨赐凭合葬。'王怒，弗听，使里人埋之，冢相望也。宿昔之间，便有大梓木生于二冢之端，旬日而大盈抱，屈体相就，根交于下，枝错于上。又有鸳鸯，雌雄各一，恒栖树上，晨夕不去，交颈悲鸣，音声感人。宋人哀之，遂号其木曰'相思树'。'相思'之名，起于此也。南人谓：此禽即韩凭夫妇之精魂。今睢阳有韩凭城，其歌谣至今犹存。"◆北宋·乐史《太平寰宇记》卷一四："凭既自杀，妻腐其衣，与王登台，自投台下，左右揽之，著手化为蝶。"◆南齐·祖冲之《述异记》有陆东美及其妻朱氏，死后合葬，冢生二树，相抱成一树。

【韩琦】北宋·刘斧《青琐高议》前集卷一"紫府真人记"条："孙勉为元城史，治河埽，因老鼋穴于埽下，遂射杀之。老鼋诉于冥府，勉一日梦一吏召入冥府，见紫府真人，云即魏公韩琦云。"宋·蔡絛《铁围山丛谈》卷五，王老志言："韩琦虽为本朝宗臣第一。然其始也，一真人下侍者而已。"又见南宋·周辉《清波杂志》卷七、南宋·叶梦得《避暑录话》卷上。而洪迈《夷坚支志·戊集》卷四"豫章神庙"条，则言韩琦死后为紫气星君，为天帝之左辅右弼。

【韩擒虎】《隋书》本传："邻母见擒虎门下仪卫甚盛，拟于王者，母异而问之。其中人曰：'我来迎王。'忽然不见。又有人疾笃，忽惊走至擒虎家曰：'我欲谒王。'左右问曰：'何王也?'答曰：'阎罗王。'擒虎子弟欲挞之，擒虎止之曰：'生为上柱国，死作阎罗王，斯亦足矣。'因寝疾，数日竟卒，时年五十五。"◆清·徐道《历代神仙通鉴》卷一五记十殿阎王，其中第五殿阎罗王姓韩，应即据此附会。

【韩清】明·钱希言《狯园》卷一：韩清，洛阳人。赵府君重方术，见韩风骨明秀，深加礼遇。府君丧妾悲哀，忽思与韩生饮博消遣，而韩即拱手于侧。饮酒数行，外忽报吏廨失火。韩清含酒一口向其方喷之，火即灭。时韩清之父为县藏吏，偶引亲故入库，失金若干。县令捉吏夫妇系狱中。府君知其无辜，欲释之，县令固不从。一日讯此事，县令敕门下无容韩生入，而清忽立案旁。令大怒，问清曰："若多妖术，能代父偿藏金乎? 不尔，当并受拷掠。"清曰："唯唯。"立锅于堂，取案上笔架磁瓯之属置其中，以火煮之，又取药两粒放火中，锅中物顿成金。令大骇，然仍强曰："术止于此乎?"韩生曰："未也。"又从袖中出二美女，娇歌妙舞。令又曰："技止此乎?"韩生又探其襟中，出一龙一虎，风生云起，哮吼拏攫。县令神色惶怖，曰："止矣，吾见子之奇矣。"韩生曰："犹未也。公无惧，聊以戏剧耳。"从左右索水一盂，持帚噀之，尘起堂上，烟雾晦冥。顷之尘息，其庭已成大河，波涛汹涌。清乃拾地上树叶作舟，身登其上，父母亦共载焉，挥手别令曰："为我谢赵府君，异日洞天相见也。"刺舟入云，冉冉而灭。

【韩生】宋时人。北宋·蔡絛《铁围山丛谈》卷五：成相如好道，在桂林与一韩生游。过昭平，住于城外佛寺。至夜，韩生不睡，持杓篮于庭中，勺取月光置于篮中。人问之，答曰："今夕月夜难得，我惮他夕风雨夜黑，留此以备缓急。"后至昭平，众坐江亭上，值风急夜黑，灯烛不能张，韩生遂取篮，用杓勺而挥之，月色满亭。将旦，韩生复收月光于篮。

【韩太华】梁·陶弘景《真诰》卷一五："太华，韩安国之妹，贰师将军李广利之妇。得道，在易迁宫。广利宿世有功德，亦在南宫受化。"◆按：安国、广利，皆汉武帝时人，《汉书》俱有传，无安国之妹为广利之妇事。

【韩伟远】梁·陶弘景《真诰》卷一四："九疑真人韩伟远，受业于中岳宋德玄。德玄乃周宣王时人，服灵飞六甲得道，能一日行三千里，数变形为鸟兽，今在嵩高。伟远久随之，乃得受法，行之道成。今处九嶷山。"◆按：南宋·陈葆光《三洞群仙录》卷二作"韩伟道"。

【韩西华】五代·杜光庭《墉城集仙录》卷七："不知何许人，慈爱于物，常行阴功。学道得仙，居于嵩山洞天之中，与李奚子、刘春龙等女仙同为明晨侍郎。"◆按：其人初见于《真诰》"王进贤"条，疑与"韩太华"为一人。

【韩仙】清·汤用中《翼駉稗编》卷七"渔人遇仙"条：常州送仙湖旁，韩某捕鱼为业。性嗜饮，得钱辄付酒家。一日携酒罍矶边独酌，一跛道人曳杖而来，韩与之饮。道人搔爬垢腻，得一丸付韩，曰："以此投死鳞立活，终身谋醉有余矣。"转瞬不见，方悟所遇为拐仙。由是捕鱼日多，获利无算。渔者妒之，乘间攫其丸，韩急纳于口，忽已咽下，不觉顿悟玄机。从此佯狂街市，歌哭不伦，言多奇中。一日进委巷，一人驰马急奔。韩叱何往，其人下骑伏地。韩曰："怀中物可与我。"其人探怀中出一小竹筒。韩持入巷间，闻小门内有哭声，取筒向门内，烟一缕自筒出，徐入户去，即闻止哭，曰"儿醒矣"。人问韩所遇，曰："四值游神也。设迟来，则多死一小儿矣。"仙迹甚多。后入阳羡山中，不知所终。

【韩湘子】"锺吕八仙"之一。北宋·刘斧《青琐高议·前集》卷九"韩湘子"条："韩湘，字清夫，唐韩文公愈之侄也，幼养于文公门下。文公诸子皆力学，唯湘落魄不羁。公责之，湘笑曰：'湘之所学，非公所知。'云能'解造逡巡酒，能开顷刻花'。取土聚于盆，用笼覆之，逡巡间，花已开，类世之牡丹，上有小金字，曰：'云横秦岭家何在，雪拥燕关马不前。'不久，湘告去，不可留。公以言佛骨事贬潮州。一日途中，公方凄倦，俄有一人冒雪而来。既见，乃湘也。公喜而泣下。湘曰：'公忆向日花上之句乎？乃今日之验也。'公因询地名，即蓝关也。公叹曰：'今知汝异人，乃为汝足成此诗。'"◆按：《太平广记》卷五四引五代·杜光庭《仙传拾遗》有韩愈外甥，所述事与《青琐高议》大同小异。五代·孙光宪《北梦琐言》卷一〇亦言"唐韩文公之甥有种花之异"，然均无姓及名。

唯唐·段成式《酉阳杂俎·前集》卷一九记为韩愈"疏从子侄"，然尚未言其为韩湘。◆《神异典》卷二四七有《韩仙传》，已演义成小说，云湘子前世为东汉时一仙鹤（胎仙氏），侍东华李公、西城王公而悟道。至唐时为吕洞宾所识，方托胎为人。◆柴小梵《梵天庐丛录》卷三〇"八仙"条，以为《仙传拾遗》所述，乃以'云横秦岭'之诗傅会敷衍成说，断不足信。考韩湘字北渚，愈之侄孙也。愈兄弇，弇子老成，老成子湘。长庆三年，登进士第，幼而能文，尤长于诗。是湘乃功名之士，非好道者也。其好道者，别是一族子。愈诗云：'击门者谁子，向言乃吾宗。自言有奇术，探妙知天工。'可证也。韩愈有从侄孙湘，字清夫，号元阳子，清修寡欲，未入名场，落拓不羁，纵游山水。长庆初，湘及第。后愈贬潮州，路经蓝关，积雪满地，马不能前。适湘至，为扫除其雪，怀中出药丸一枚与之，曰：'服之可御瘴。'言毕飘然而去。见《道缘汇录》。今人知有湘而不知有湘，实因'湘'、'湘'二字为鲁鱼之讹。列仙班者，非前之族子，即此字曰清夫之湘，而湘则无与。"按：柴氏之说，偏执于《道缘汇录》一书，别无他证，安知此书之"湘"字非"湘"之误刻乎？

【韩小五郎】南宋时人。南宋·洪迈《夷坚志补》卷一三"韩小五郎"条：韩小五郎，抚州（今江西抚州）市人。淳熙十五年正月亡，明年二月，有客从岳州来，附其书至家，云："闻家中失一银瓶，不必冤他人，正在我处。至秋深，我自归看妻子。"妻启其棺，中无尸，瓶在其中。及九月，忽还家，起居如常。绍熙元年正月，又谋出外，妻劝使宁居，忽半夜自缢，复瘗葬之。六月，又在荆南寄信，言我今番带去松文剑一口。其家虑是妖妄附

韩湘子　明·刘俊

托，将火其尸，迨启棺，惟有剑存。

【韩友】晋·干宝《搜神记》卷三、《晋书·艺术传》：字景先，庐江舒（今安徽舒城）人。善占卜，能图宅相冢，亦行京（房）、费（长房）厌胜之术。有妇人病垂死，韩友为筮之，画一野猪著屏风上，一宿即愈。又有人病将死，友以丹画日月置床头，立愈。卜筮有奇验，并能消祸转福。干宝与游。至东晋，为广武将军。宋永嘉末卒。

【韩愈】清·王士禛《池北偶谈》卷二："今礼部、吏部、翰林院土地祠皆祀韩文公。南京吏部土地祠则祀蹇忠定公。"《词林典故》卷六下引严绳孙《西神脞说》："建置官署，必立土谷祠。翰林院所祀则昌黎伯韩子也。乾隆九年，重新祠宇，同官集议以昌黎为土谷祠未洽典礼，因别建一祠。"◆又有韩愈为贡院土地之说，见清·袁枚《续子不语》卷九。

韩愈 晚笑堂画传

【韩越】南朝时人。《洞仙传》：南陵冠军（今河南邓州北）人。心慕神仙而形类狂愚。常著屐出行入山，或百日、五十日辄还，家人问之，不以实对。后有乡人入山斫木，于大阳山绝崖石室中见越与六七仙人读经。后越还，至峦村暴亡。家人迎其枢，发视，唯一竹杖。至宋大明中，越乡人为台将，于青州（今江苏扬州）遇越，容貌更少。

【韩悀】南宋初蜀人，善卜者。事见南宋·洪迈《夷坚丁志》卷六、卷七，周密《齐东野语》卷八等，不具录。

【韩志和】唐时人。唐·苏鹗《杜阳杂编》卷中：本倭国人也，来中国为飞龙卫士。善雕木为鸾鹤鸟鹊之形，置机捩于腹中，发之则飞高三二百尺，数百步外方却下。又作龙床为御榻，足一履之，则鳞鬣爪角皆动，矫矫如生。又于唐宪宗前，出蝇虎子五六十头，分立队，令舞《梁州曲》，皆中曲度；致词时，殷殷有声，曲毕则累累而退，若有尊卑等级焉。帝大悦，赐金帛加等，志和一出宫门，尽施

散他人。后忽失之。

【韩稚】晋·王嘉《拾遗记》卷四：汉惠帝时，有道士韩稚越海而来，云是东海神使，闻圣德洽乎宇内，故悦服来庭。稚，韩终之裔也。能通绝国之言。因察惠帝不明大道，退而不知所之。

【韩终】又作"韩众"。《楚辞·远游》"羡韩众之得一"，王逸注："众，一作终。"洪兴祖《补注》："《列仙传》：齐人韩终为齐王采药，王不肯服，终自服之而成仙。"晋·王嘉《拾遗记》卷四："方士说赵高先世受韩终丹法，冬坐坚冰，夏卧炉上，不觉寒热。晋·葛洪《抱朴子内篇·仙药》："韩终服草蒲十三年，身生毛，日视书万言，皆诵之，冬袒不寒。"葛洪《枕中书》："韩众为霍林真人。"葛洪《神仙传》卷八"刘根"条："刘根自言：入华阴山，见一人乘白鹿车，从者十余人，左右玉女四人，执采旄之节，皆年十五六。其人自称为韩众，以神方五篇见授，并告以去三尸。根从其言，合服之，遂以得仙。"◆按：韩终本秦时齐地一方士。《史记·秦始皇本纪》三十二年："使韩终、侯公、石生求仙人不死之药。"又《汉书·郊祀志》：谷永上封事，云"秦始皇初并天下，甘心于神仙之道，遣徐福、韩终之属，多赍童男童女，入海求神采药，因逃不还。"◆《天地宫府图》："七十二福地第二十三福墟（在长沙），为西岳真人韩终所治。"而宋·潘自牧《记纂渊海》卷八六，言三十六小洞天，第一霍桐山，即郑思远、韩众、许映真人为司命府君所理。◆又《（雍正）山西通志》卷一六〇以为即"韩君丈人"，云："善幻养，不服食。年百岁，其行如飞。匿迹五老山阿。后不知所终。"◆又有作"韩仲"者。明·曹学佺《蜀中广记》卷七一："秦韩仲为秦始皇采药使者，既而入蜀，炼丹于德阳之秦中观，遇京兆刘根，授以神言五道。"◆明·郑瑗《井观琐言》卷二，以屈原《远游》中有韩终，遂以为本古仙人，而秦之韩终则为冒古仙之名者。按：郑说胶执于《远游》为屈原所作，故作此猜想。其实《远游》所载游仙事，与屈原时代本来不合，大似汉人伪托者，其中出现韩终，即伪托之一证也。

【韩仲】即"韩终"，见该条。

【韩众】即"韩终"。见该条。

【汉武帝】《史记·封禅书》《汉书·郊祀志》及《武帝纪》载：汉武帝封禅求仙，大集方士，遍试诸方。后世方士遂据此大造神仙故事，除将武帝臣东方朔及当时方士李少君等逐一仙化之外，又作

《汉武内传》，言王母下降汉宫，与武帝相见，使皇帝之尊，在仙人面前形如乞儿。王母授武帝《五岳真形图》《灵光经》，上元夫人授《六甲灵飞》，武帝安著柏梁台上，数自斋洁朝拜。帝自受法，出入六年，意旨清畅高韵，自许为神真

汉武帝　集古像赞

恢我王治　烨烨明明　征代四裔　振举百度　狄小汉制　嘉乐唐世　雄才御制　盛气当阳　汉武帝

见降，必当度世。然而恃此不修至德，更兴起台馆，劳弊万民，坑降杀服，远征夷狄，路盈怒叹，流血膏城。至太初元年，天火烧柏梁台，《真形图》《灵飞经》等并失。此王母知武帝既不从训，故降火为灾耳。于是武帝终未成道。

【汉宣帝】售饼业保护神。北宋·蔡絛《铁围山丛谈》卷六："汉宣帝微时有售饼之异，而关中饼师每图宣帝像于肆中，今殆成俗。"◆按《汉书·宣帝纪》记其"微时居长安尚冠里，每买饼，所从买家辄大售，亦以是自怪"。是宣帝微时曾买饼，非售饼也。卖饼者因宣帝来买而销路甚旺，故后世卖饼者奉祀之。

【汉阴生】晋·干宝《搜神记》卷一："汉阴生者，长安渭桥下乞丐小儿也。常于市中乞讨，市中厌苦，以粪洒之。旋复在市中乞讨，衣净如故。洒之者家屋室自坏，死十数人。长安中谣曰：'见乞儿，与美酒，以免破屋之咎。'"◆或作"阴生"，则以汉为朝代名，误。阴生自另是一人，参见"阴生"条。

【汉锺离】见"锺离权"条。

【旱魃】见"魃"条。

【旱龙】清·薛福成《庸庵笔记》卷四"河上旋风"条：光绪丁丑七月，黄河之北岸复有飞沙冲起，横亘半天，有若白龙之飞游者。或曰："此旱龙也。"其首偃仰向日，两目炯炯如巨盘，谛视之，即芦席两方也。其身如数百匹白练舒布空中，谛视之，则扬沙映日光也，其下尘沙乱刮，若以尾扫地。而南岸芦席七八，须臾尽至北岸，飘转青冥间，久之始杳。

【瀚海神】《太平广记》卷二九七引唐·李隐《潇湘录》：并州（在今山西太原）北七十里有一古冢。贞观初，每至日夕，即有鬼兵万余，旗幡鲜洁，围绕此冢。须臾，冢中又出鬼兵数千，步骑相杂，于冢傍力战。夜即各退，如此近及一月。忽一夕，复有鬼兵万余，自北而至，去冢数里而阵。一耕夫见之惊走。有一鬼将，令十余人擒之至前，谓曰："尔勿惧，我瀚海神也。被一小将窃我爱妾，逃入此冢中。此冢张公，又借之兵士，与我力战。我离瀚海月余，未获此贼，深愤之。"遂力战，三败三复。战及初夜，冢中兵败，生擒叛将，并入冢获爱妾，拘之而回。

【hao】

【蒿里相公】《三教源流搜神大全》卷三："蒿里赵相公，长安蒿里村人。世为农桑，公习科举登第。鲠直无私，累谏不听，触阶而死。郡人为立祠。唐睿宗封直列侯。"◆按：蒿里，崔豹《古今注》云："《薤露》《蒿里》，送哀歌也，出田横门人。横自杀，门人伤之而作悲歌，言人命如薤上露，易晞灭。

蒿里相公　三教源流搜神大全

至李延年乃分为二曲，《薤露》送王公贵人，《蒿里》送士大夫庶人，使挽逝者歌之，俗呼为挽歌。"《汉书·武五子传·广陵厉王刘胥传》：王自歌曰："蒿里召兮郭门阅，死不得取代庸，身自逝。"唐·颜师古注云："蒿里，死人里。"东汉镇墓文中的耗里伍长、蒿里君、蒿里父老、中蒿长等，即为"死人里"中之乡官。而自泰山变为鬼府，又有将蒿里附于泰山，以为泰山下之小山，且建有蒿里神庙者。按：泰山下小山本名"高里"，非"蒿里"也。颜师古注《汉书·武帝纪》"禅高里"下辨之甚明，云："此'高'字自作'高下'之'高'，而死人之里谓之'蒿里'，或呼为'下里'者也，字则为蓬

嵩之嵩。或者既见太山神灵之府，高里山又在其旁，即误以高里为嵩里。混同一事，文学之士共有此谬，陆士衡尚不免，况其余乎？今流俗书本此'高'字有作'嵩'者，妄加增耳。"

【好了道士】明时人。《（雍正）湖广通志》卷七四、《（康熙）荆州府志》卷三二：不知何许人，亦不知姓氏。貌体古怪，椎结芒属。饮酒数石不醉。善为巧法，言祸福奇中，能使鬼。正德间常往来宜都（今湖北宜都）山中。叩其姓氏，笑而不答，但点头曰"好了"，人故呼以"好了道士"。居无几，大疫。道士遍诣诸疫者，呼曰："尔曹急去，无困此一方人！"疫遂止。道士亦去，莫知所之。

【郝大通】王重阳弟子，"北七真"之一。《仙鉴续编》卷三："字太古，号广宁子。宁海（今山东牟平）人。生于金熙宗天眷三年。洞晓阴阳律历卜筮之术。金世宗大定七年，王重阳至宁海，始受教诲，次年从重阳至昆嵛山（在今山东烟台牟平）烟霞洞，列为门弟子中。重阳殁后，

郝大通 列仙全传

至岐山遇神人，授以易之大义。十五年坐于沃州桥下而不语，河水泛溢而不动，亦不伤，如是六年。二十二年居真定，占卜之应十得八九，人皆神之，崇庆元年仙蜕于宁海。元至元六年赠广宁通玄太古真人。"明·王世贞《列仙全传》卷八："号恬然子。尝坐赵州桥（在今河北赵县）下而不语，诸小儿戏累砖石为塔于其顶，嘱以勿坏，头竟不侧。"

【郝姑】见"圣姑"条❶。

【郝连大娘】清·吴炽昌《客窗闲话》卷六"郝连大娘"：北平民郝连大之妻于氏，为人抑己尊人，让利趋义。生一子甫周岁，归宁父母。欲回，有邻人子年十四五岁，其母情令送女，大娘偕之行。绕溪越岭，人迹罕到。比有群狼来扑，邻子倒地。大娘急呼之曰："此子不可食，是邻情来者，请以吾子易之。"遂投其孩童于地，而与狼力争邻子，狼竟舍之。跟跄而归，其夫询得其故，携枪往捕，至其地，见群狼环伺之，其子端坐于中，挖地抟土为戏。狼见人来，跳跃而去。村人益神大娘，死而庙祀之。凡有遇虎狼者，大呼"郝连大娘"，则必有旋风护之，至今香烟犹盛。

【郝孟节】东汉时人。《后汉书·方术列传》：上党（今山西长治）人。能含枣核不食，可至五十年。又能结气不息，身不动摇，状若死人，可至百日半年。有室家，质谨不妄言，似士君子。曹操使领诸方士。

【郝仙姑】明时人。《（雍正）畿辅通志》卷八五：安州（今河北安新）人，幼时痴憨若无知者，蓬头跣足。父母早亡，兄嫂恶之。有一丐求水，病颠垢污，人不敢近，唯女敬与之。丐与女药数粒，女吞之，有云起，乘而去，不知所终。

【昊天上帝】《周礼·大宗伯》"以禋祀祀昊天上帝"，郑司农注："上帝玄天也。"汉祀昊天上帝，位在五方帝之上，至晋废五方帝之号，并而称为昊天上帝，是合五帝归于昊天大帝一位。是实为天之至尊，亦为"昊天"及"上帝"之代称。参见"玉皇大帝"条。

【耗鬼】《文选》扬雄《甘泉赋》"属堪舆以壁垒兮，捎夔魖而抶獝狂"，李善注引孟康曰："魖，耗鬼也。"◆宋·僧赞宁《物类相感志》："居三徙，鬼逐人。邻三穴，家必破。"注："家三移徙，耗鬼逐人。三穴为空，亡故家破。"

【耗神】南宋·鲍云龙《天原发微》卷三上："危为元枵，耗神也，虚亦耗神。"明·江应晓《对问编》卷一"虚危"条："有客梦天降女子如贱妾状，缟衣绯裳，腐其鼻，自言曰：'我耗神也。'过邻人甲家门趑趄而不入，直入乙家留焉。居无何，乙家以后妻故顿乏，二十余年，今子孙稍复旧业，甲家无恙。乃知星家以虚、危即耗神，须女次之以虚、危也。"◆按：星历家又有大耗、小耗，俱为耗神。参见"大耗、小耗"条。◆《左传》襄公二十八年：梓慎曰："宋、郑其饥乎？岁在星纪，而淫于玄枵，以有时灾，阴不堪阳，蛇乘龙。龙，宋、郑之星也，宋、郑必饥。玄枵，虚中也，枵，耗名也。土虚而民耗，不饥何为？"

【he】

【禾谷夫人】清·屈大均《广东新语》卷六"禾谷

夫人"条：香山（今广东中山）村落多祀禾谷夫人，或以为后稷之母姜嫄云。

【合窳】《山海经·东山经·东次四经》："剡山，有兽焉，其状如彘而人面，黄身而赤尾，其名曰合窳，其音如婴儿。是兽也，食人，亦食虫蛇，见则天下大水。"

合窳　山海经图　汪绂本

【何昌言】仙人。见《汉武帝内传》：侍女捧五色玉笈凤文之蕴，以出六甲之文，曰："弟子何昌言，向使奉绛河摄南真七元君，检校群龙猛兽之数，事毕授教。承阿母相邀诣刘彻家，不意天灵至尊，乃复下降于臭浊中也。"

【何丹阳】西汉末人。南宋·陈葆光《三洞群仙录》卷一引五代·杜光庭《仙传拾遗》："何丹阳，陇右人，仕汉为尚书郎。哀、平间，王室陵夷，遂放志山林，居蜀之名山，以求度世。常服松花，身轻目明。上真降，授以攀魁乘龙之道，后上升。"参见"马底子"条。

【何道者】《（雍正）贵州通志》卷三二：不知何许人。栖绥阳何家山。冬夏常衣一葛，往来城市，能作十里雾。病者求疗，只书一"好"字于病者手中，即愈。遇贫者，随拾地上石与之，即化为白镪。后不知所往。

【何殿直】北宋时人。北宋·孙升《孙公谈圃》卷下：何殿直，黟卒也。善行天心正法。苏辙妇遇崇二年，何治之，初见四鬼环守，后止见一。何更造天狱，筑坛追捕，鞭笞之声闻于外。是夜妇如醉而醒者。家人询之病，皆不记，但如梦中耳。

【何二娘】唐时人。唐·戴孚《广异记》：广州人，以织鞋为业。年二十，与母居。一日忽谓母曰："住此闷，欲行游。"遂飞上罗浮山（在今广东惠阳），拜和尚为师，每为寺僧采山果为斋。罗浮山北为循州，去南海四百里，其中山寺有杨梅树，何氏每采其实，数百里及斋而返。由是人知其为仙。唐开元中，敕令黄门使至广州求何二娘，二娘从中使往京城，途中，使者悦二娘之色，欲挑之。二娘遂踊身而去，不知所之。

【何福】清·许缵曾《滇行纪程》：威清卫（在贵州）人。顺治年间偶游阴崖，逢二老围棋。从旁看不休，一老者分半桃食之。福归家，绝烟火，处分家事，随上山养真，三十年不食人间一粒粟，不饮人间一勺水。康熙间尸解去。

【何公冕】明人。《（康熙）安庆府志》卷一三：潜山（今安徽霍山县）人。少好云游。遇异人授符箓二卷，于是可呼风雨，役鬼神。置田于乱山中，无水路，每遇旱，取手巾沥水，畦町盈溢。书符即可乞雨。行路迷途，问耕者，皆不答，于是取柳叶布于田中，皆化鲤鱼，耕者竞取之，田苗践踏无存，及登岸视之，皆柳叶也。

【何何尊师】唐时人。南宋·陈葆光《三洞群仙录》卷四引《神仙传》："衡山有一道士，不示姓名。或问其姓，则曰何，问其名，亦曰何，时人因呼为'何何尊师'。杖藜入山，虎豹随之。后尸解，雷震，尸遂不见。"◆按：此即"何尊师"，参见该条。

【何侯】北宋·乐史《广卓异记》卷二○："尧时隐苍梧山。慕长生，三百余口皆耕耘。舜南巡，止其家。太帝五老来谓舜曰：升举有期。翌日，五帝下迎舜白日升天。五帝以药一器与何侯，使投酒中，一家三百余口饮不竭，以余酒洒屋宇，拔宅上升天，位为太极仙侯。今九嶷山有何侯庙，在舜庙侧。"又见《仙鉴》卷四。《（乾隆）宁远县志》卷一一："何侯名真元，尧时人，隐居九疑山（在湖南宁远南）中。三子十孙，寿皆百岁。尝遇黄衣真人引入无为洞天，历览仙境。于是思念玄学，修真炼气，汲水炼丹。舜南巡至其家，封为何侯。后七月七日，举家服仙药拔宅飞升。"◆《神异典》卷二三五引《道州志》云有何侯石室，晋时房日茨居之二十年，于舜源峰仙去。

何侯　列仙全传

【何九仙】明·王世贞《列仙全传》卷七有"何九

仙"，即"九鲤湖仙"，见该条。

【何老】清·王士禛《池北偶谈》卷二一"何老庵"条：元时新城人。居于县东六七里一茅庵，独居数十年，每夜有蛇虎来护庵。庵后有积水，曰豢龙池，相传何老扰龙处。

【何立】❶何蓑衣名何立。见"何蓑衣"条。**❷**明·木增《云薖淡墨》卷三："岳飞之狱，以秦桧之妻王氏一言而死。有押衙何立，秦桧命往东南第一峰勾干，恍惚被人引至阴司，见王氏带枷备刑，楚毒难堪，语立曰：'转告相公：东窗事发矣。'何立复命，言其事，秦桧忧骇，数日亦死。"按：元人张光弼有《蓑衣仙》诗，前有小引云："宋押衙何立向秦桧复命后，即弃官学道，即苏州玄妙观蓑衣仙是也。"

【何令通】五代时人。明·王世贞《列仙全传》卷七：南唐时为国师，言牛头山不利，谪居休宁（今安徽休宁）。后至芙蓉峰，一坐四十年，豁然大悟，更名慕真。宋天禧中，一旦正席跌坐，忽心火自灼，顷刻而化。

【何罗鱼】《山海经·北山经》："谯明之山，谯水出焉。其中多何罗之鱼，一首而十身，其音如犬吠，食之已痈。"明·杨慎《异鱼图赞》以为鬼车鸟为何罗鱼所化："何罗之鱼，十身一首。化而为鸟，其名休旧。窃糈于春，伤陨在臼。夜飞曳音，闻春疾走。"清·胡世安《异鱼图赞笺》："休旧

何罗鱼　山海经图　汪绂本

即休鹠，夜飞昼伏，能拾人爪甲以为凶，又名夜游女，又名鬼车，又名鬼鸟。"又云："窃糈之说，蜀有之，至今闻此鸟声夜春彻里。"◆清·吴任臣《广注》引游氏《臆见》云："冉遗六足，建同四足，章举八足，鳐鳐十翼，何罗一首十身，皆异鱼也。"邓元锡《物性志》云："其尤异者曰何罗鱼，曰鲐，曰鱄，曰鮖，则鳞族之生不测也。"

【何媚】紫姑名。见"紫姑"条。

【何敏】温州瑞安地方保护神，庙名显佑。清·姚福均《铸鼎余闻》卷二引季兰坡《显佑庙记》：何敏，字虚中，宋仁宗元丰（按元丰为神宗年号）八年生于苏公里（温州瑞安）。及长，聪明正直，骁

勇绝伦。后乘虎远适，不知所终。宋、元世屡显奇功，由将军进封为王。明正统间以阴兵助王师歼巨寇。成化间居民大火，势甚猛，众祈神默护，俄而大风西起，火转而东，众见烟焰中有人穿赭袍执白旗指挥。弘治间居民复大火，众祷于神，俄见一人自人群中出，裸体散发，升殿端坐，自称季姓子，为神远方送款而来，言讫风转火灭。

【何宁】明时人。宋·隐夫玉简《疑仙传》卷下：西蜀富人之子。少好道，弃家远游天台山，十余年方归。此后秋去春来。邻有人死，宁以药丸纳死者口中，寻苏。又出囊中药普与家人，后别去，有人于郊野见其乘虎而行。家人服药者皆寿至百岁。

【何女子】晋·陆云《登遐颂》所载二十一仙人中有"何女子"，云："逝矣何女，芳灵既凋。安寝曾丘，逝魂清霄。丧魄载营，大墓崇朝。玉趾再步，于焉逍遥。"不详其人。

【何氏九仙】见"九鲤湖仙"条。

【何蓑衣】南宋人。南宋·洪迈《夷坚志补》卷一二"蓑衣先生"条："何蓑衣先生，淮阳朐山（今江苏连云港西南）人。遭乱南来，寓姑苏。绍兴初，候若狂疾，久而益甚，求乞度日，衣裙不整，只以蓑笠蔽身，处葑门城隅土窟中，人窃窥之，唯见大蟒踞坐。人与之钱，或受或掷。

何蓑衣　列仙全传

半岁后，渐出语说灾祥。吴人传其得道，云因在妙严寺临池，见影豁然有悟。历三四十年，一蓑一笠，不披寸缕，夏不驱蚊，春不除蚤，冬寒敲冰涤蓑，披之以出，归则解挂于树，气出如蒸，露坐之处，雪不凝积。士俗来焚香请问，略不接纳，往往秽骂，且发其隐匿，人以是益敬畏之。孝宗赐名通神先生，为造一庵，御扁'通神'二字，并赐蓑笠十事，道俗强邀迎入庵，大笑而出，复栖于故处。时以便溺炼泥，捻成孩儿，人求得者，持归供

养，必获灵异。有病者乞坐处草煎汤，或易草衣焚灰，令捻作丸服之，其病即愈。窃取则不验。何先有衣寄于郭氏，云：'吾死，则以殓。'庆元三年五月二十二日，忽来索衣，明日，趺坐而化。"南宋·岳珂《桯史》卷三："姑苏有二异人，曰何蓑衣，曰呆道僧，踪迹皆奇诡。淳熙间名闻一时，士大夫维舟者率往访之，至今吴人犹能言其大略。"事又见于南宋·叶绍翁《四朝闻见录》、元·刘一清《钱塘遗事》。◆《宋史》入《方伎传》。◆明·王鏊《(正德)姑苏志》卷五八云其名何中立。◆明末·佚名《集异新抄》卷三："苏州玄妙观有莎衣真人肉身，戴笠披莎，两手抱膝若存神返息之状。"

【何五路】传说五路财神姓何名五路，见"五路财神"条。

【何仙姑】"锺吕八仙"之一。❶北宋时之何仙姑，或云永州，或云零陵，或云衡州（今湖南衡阳），不知为同一人否。北宋时永州治在零陵，实为一地，而衡山属衡州，与永州虽为邻郡，终非一地。北宋·魏泰《东轩笔录》卷一四："永州有何氏女，幼遇异人，与桃食之，遂不饥无漏，能逆知祸福。乡人神之，为构楼以居，世谓之何仙姑。士大夫好奇者，多谒之以问休咎。王达为湖北运使，巡至永州，召于舟中，留数日。遂为人弹奏取无夫妇人阿何于舟中止宿。"（此事又见于宋·高晦叟《珍席放谈》卷下。《东轩笔录》卷一〇又言潭州士人夏钧罢言职南归，过永州，谒何仙姑。是当时过往士夫谒见者甚多）按：王达在两湖为仁宗时事，时何仙姑尚为青年女子，故留宿事为人所讥弹。又南宋·曾敏行《独醒杂志》卷四："何仙姑，永州民女子也，因放牧野中，遇人唼以枣，因遂绝粒而能前知人事。独居一阁，往来士大夫率致敬焉。狄青征南出永州，问以兵事，对曰：'公必不见贼。'侬智高

何仙姑 列仙全传

大败，遁入大理国，果如其言。"此时之何仙姑既称女子，年岁当在中青之时。北宋·沈辽《云巢编》卷六《零陵先贤赞》所云"进贤女真"即此人，中云"时会三女，若梦而飞。以食我桃，妙龄不饥。大道不晦，至人发挥。晋公南迁，顺风有祈。示人金镜，识其仙衣"，其事有不见于他书者，惜语焉不详。此永州之仙姑也。至于衡州之仙姑，欧阳修《集古录跋尾》卷一〇《谢仙火》条云："(仁宗)庆历中，衡山女子号何仙姑者，绝粒轻身，人皆以为仙也。近见衡州奏云：'仙姑死矣，都无神异。'客有自衡来者，云仙姑晚年羸瘦，面皮皱黑，第一衰媪也。"按：欧公书此，已在晚年，故仙姑亦成衰媪，按时间推断，此衡山仙姑与永州仙姑似是一人。❷又扬州亦有一何仙姑。南宋·赵彦卫《云麓漫钞》卷二："庄绰跋锺离权书云：昔维扬有何仙姑者，世以为谪仙，能与其灵接。一日锺离过之，使治黄素，乃书此诗。"按：以文意揣之，此仙姑亦似为北宋时人。❸唐时增城之何仙姑。《仙鉴后集》卷五："何仙姑，广州增城县（今广东增城）何泰之女也。唐天后时住云母溪。年十四五。一夕，梦神人教食云母粉，可得轻身不死，因饵之，誓不再嫁。常往来山顶，其行如飞。每朝去，暮则持山果归遗其母。后遂辟谷，语言异常。天后遣使召赴阙，中路失之。"《仙鉴后集》作者赵道一以此为真正何仙姑，遂于同书卷六将宋时永州之何仙姑改为姓赵名何之赵仙姑。而赵仙姑之出身事迹全与永州何仙姑相同。赵氏之谬，浦江清于《八仙考》中披之甚详，可参看。又，此何仙姑事与《广异记》所载"何二娘"事相类，可参看。❹据方志，安徽、福建等地亦有吕洞宾所度之何仙姑，均为地方附会，不足为辨。唯《歙县志》云歙县（今安徽歙县）昌化驻跸山有何家坞，传言世出一仙姑。此似为另一地方女巫，与八仙之何仙姑无关者。❺《(乾隆)甘肃通志》卷四一载元时又有一何仙姑，姓何，枹罕（今甘肃和政）人，又号澄阳真人。见"澄阳真人"条。❻又有一禅宗何仙姑。《(雍正)江南通志》卷一七五："唐时桐城投子山大同禅师，每溺，有鹿来饮。久之，鹿产一肉球，裂开乃一女。师育至十二岁，牧童戏以山花插其髻。师乃令下山，嘱曰：'遇柴则止，遇何则归。'至柴巷口何道人家，遂栖之，因姓何。慎守师戒，修持觉悟。一日禅师使赵州和尚往召。女正淅米，即持笊篱往，先至，坐师左，赵州后至，坐师右，三人一时同化。"❼最奇者有《道谱源流图》一书，

云何仙姑本为男子，姓徐名圣臣，入定时灵魂出游，家人不知，殓其尸。及魂返，不能还旧体，适有何氏女新死，遂附焉。后得道，封为元君。

【何以润】明时人。《(雍正)湖广通志》卷七五、《(乾隆)桂阳州志》卷一六：东隅人。号云岩。少孤业儒。宣德六年在会城与客弈，遇一少年。少年问："君桂阳(今湖南桂阳)人，知南门外吕先生否？为寄一书。"以润归，道经洞庭，书笥夜发光。既归，遍寻无吕姓者，启视书笥，皆朱书龙凤篆五十六字，莫能解。自是辟谷，食菉豆十七年，人号曰"菉豆公"。正统十三年逝去。至万历间，有人见道士募化菉豆，或疑即以润所化。

【何有】《(雍正)浙江通志》卷一九六引《富阳县志》：坊郭里人，少读书，知文义，为人迂古质直。因读易，留心数学，见邵康节《梅花数》，玩数月，忽有悟。一日鸦鸣，占之而灵，因名曰"老鸦数"，所占无不立应。

【何昭翰】见"张涉"条。

【何中立】明·王鏊《(正德)姑苏志》卷五八有神仙何中立，云即"何蓑衣"。见该条。

【何紫霄】《仙鉴》卷一〇："字仙良，或云姓邓。秦时朝官，与孔丘明等弃官修道于群玉山。丘明等十人乘龙仙去，唯紫霄不与。后司命真君命其服太清草，遂成地仙。"参见"秦三将军"及"孔丘明"条。

【何宗元】南宋时人。南宋·曾敏行《独醒杂志》卷四："岳飞既死，部下多奇才，有何宗元者，积功至修武郎，一日弃官入玉笥山(今江西峡江县东南)，结屋于山之三会峰。居五年，披发而逝。时方秋暑，不知其死几日，而面貌如生。"按：一本作"何宗"，无"元"字。

【何尊师】唐时人。《仙鉴》卷三二：不知何许人。唐龙朔中居衡岳。行步如风，常往来苍梧五岭间，百余年状貌不改。或问其氏族，但云"何何"，诘其乡里，亦但云"何何"，时人因号曰"何尊师"。每杖藜入林，有群虎随之。唐明皇开元中，司马承祯游衡岳，望祝融峰曰："当有高仙处之。"已而见尊师于林中。承祯造问，如若无睹。观察使吕渭(传说吕渭即吕洞宾之祖)即其庐请受符箓。天宝二年化去。中夕闻雷震之声，即失所在。

【和德瑾】《仙鉴续编》卷三：和德瑾，号玉蟾子，秦州甘泉(今陕西甘泉)人。尝为州吏，未尝取非义。与一道者游，后道者以恶疾殂，玉蟾子礼葬之。复有一老妪来，曰道者为其子，年老无依，

玉蟾子赠以金帛。老妪请发其葬，开圹，失尸所在，惟存赠妪之金帛，回视老妪亦失焉。由是感悟，弃家入山。后遇至人，得九还金液之妙。游终南山，与王重阳结为山林之友。莫知所终。

【和合】有数说：❶万回哥哥。元·刘一清《钱塘遗事》卷一"万回哥哥"条："临安居民不祀祖先，惟万回哥哥者，不问省部吏曹、市肆买卖及娼妓之家，无不奉祀，每一饭必祭。其像蓬头笑面，身着彩衣，左手擎鼓，右手执棒，云是'和合之神'，祀之可使人在万里外亦能回家，故名万回。"详见"万回"条。❷寒山、拾得。《集说诠真》引《事物原会》云：和合神乃天台山(今浙江天台北)僧寒山与拾得也。寒山为和，拾得为合。❸仇德哉《台湾之寺庙与神明(四)》：民间传说和合二仙为韩湘子与林英所生二子。因湘子三度林英均未同房，林英得道后，某日化为磨盘，湘子无意在磨盘上小睡，林英因此生下二子。❹又有"和合二郎神"。见该条。

【和合财神】胡朴安《中华全国风俗志》下编"江苏"记"泰县亦有一泰山，山麓有和合财神庙，香火颇盛。并有借钱之说，并非钞票银元，只是锡箔粘成之元宝。进香者将纸元宝携至家，供于神桌，每日焚香祷祝。至次年正月初四，复将元宝送还庙中，谓'还债'，另加利钱元宝一个。于是庙中纸元宝愈积愈多。"按：此即"和合二郎神"。

【和合二郎神】明·田艺蘅《留青日札》卷二八"二郎三郎神"条："和合二郎神，市井商贾所祀者。"按：此即商家所谓"和气生财"，亦财神之一类也。

【和和】唐时人。《太平广记》卷九七引《纪闻录》：唐代国公主适荥阳郑万钧，数年无子。时有僧和和者，如狂如愚，众号为圣，言事多中。和和常至公主家，万钧请曰："吾无嗣，愿得一子，惟师降恩，可得乎？"师曰："遗我三千匹绢，主当诞两男。"钧如言施之。和和取绢付寺，云修功德。乃谓钧曰："主有娠矣，吾令二天人下，为公主作儿。"又曰："公主腹小，能并娠二男乎？吾当使同年而前后耳。"公主遂娠，年初岁终，各诞一子。长曰潜耀，少曰晦明，皆美丈夫，博通有识焉。

【和珅】清·梁章钜《浪迹丛谈》卷六"睢工神"条以为睢工神为和珅，大略言："嘉庆初，和珅伏法时，衣带间有一诗云：'五十年前幻梦真，今朝撒手撇红尘。他时睢口安澜日，记取香烟是后身。'

然则睢工之神其即和珅乎？和珅音与河神同，或其名已为之兆矣。"◆按：睢工，指濰河（在河南）之治河工程。

【河北王母】《仙鉴后集》卷三：女仙。莫知其年纪，惟见重于帛和。和每拜王母，常坐而止之，语众人曰："阿和是吾邻家儿。"晋武帝末年，和别去，云被昆仑召，不知所之。惠帝元康二年，有人见和于华阴山中，乘虎，从王母，颜色更少。

【河伯】河伯最早见于先秦文献，如《楚辞·九歌》有"河伯"一章，而《楚辞·天问》且有具体神话故事："帝降夷羿，革孽夏民，胡射夫河伯，而妻彼洛嫔。"但多无具名，至汉以后方有以其他水神名附合者。最常见的是说河伯名冯夷，《庄子·大宗师》"冯夷

河伯　离骚图

得之，以游大川"，《释文》引《清泠传》："冯夷，华阴潼乡堤首人，服八石，得水仙，是为河伯；一云以八月庚子浴于河而溺死，一云渡高河溺死。"晋·干宝《搜神记》卷四同。按浴河或渡河而死，无成神之理。或为古代治水而死者，为人所敬崇，祀以为神。流传既远，遂讹为此说。但大河东西数千里，所经之处，各有地方所祀河神，其成神之因，在在不同。溺死成神，亦或有之。一作"无夷"，《穆天子传》"阳纡之山，河伯无夷之所居"，注："冯夷也。"（按：此河伯为历史之河伯，非神话之河伯，说见后）或作"冰夷"，《山海经·海内北经》"冰夷人面，乘两龙"，郭璞注："冰夷，冯夷也。"又有"冯循""吕夷""无夷""冯迟"诸说，皆为"冯夷"音转。唐·段成式《酉阳杂俎·前集》卷一四："河伯人面，两龙，一曰冰夷，一曰冯夷。又曰人面鱼身。《太公金匮》言：'一名冯循（一作冯修）。'《河图》言：'姓吕名夷。'《穆天子传》言'无夷'，《淮南子》言'冯迟'。"又有说河伯姓吕名公子，而其妻姓冯名夷，见纬书《龙鱼

河图》。◆梁·陶弘景《真灵位业图》已把河伯仙化："太清右位：河伯（是得道之人所补）。"清·徐道《历代神仙通鉴》卷二则做了进一步仙化处理："尝入华阴服八石，得凌波泛水之道。北居阳纡陵门之山，与萤廉互相讲术。初探从极之渊，深入三百仞，师玄冥大人，学混沌之法。"◆袁珂《山海经校注》论及河伯，略云："冯夷渡河溺死云云皆后起之说，未免芜杂不伦。河伯盖古黄河水神，渊源亦已古矣。战国之世奉河伯之风仍有增未已。观《楚辞·九歌》中'河伯'一章及《天问》中河伯为羿射眇一目故事，又西门豹为河伯娶妇故事，可知在民间心目中为浪荡风流之神。而其形应是人面鱼身。"按：河伯娶妇事，至后世仍不绝。《师友谈记》载东坡语，云"郭子仪镇河中（今山西永济），河甚为患，子仪祷河伯曰：'水患止，当以女妻之。'已而河复故道，而子仪女无疾而终。子仪以其骨塑像于庙，至今奉祀不绝。"◆以上为神话中之河伯，又有历史上之河伯。《竹书纪年》载："帝芬十六年，洛伯用与河伯冯夷斗。"明·胡应麟《少室山房笔丛》卷四〇引之曰："夫洛与河，国名也。伯，爵也。用与冯夷，人名也。观'泄十六年，殷侯以河伯之师代易'，则河伯为诸侯，而冯夷非神鬼昭昭矣。"明·顾炎武《日知录》卷二五亦言："河伯者，国居河上而命之为伯，如文王之为西伯，而冯夷者其名尔。"◆南宋·赵彦卫《云麓漫钞》卷一〇："自释氏书入，中土有龙王之说，而河伯无闻矣。"◆鱼怪之别名。晋·葛洪《抱朴子内篇·登陟》："山中辰日称河伯者，鱼也。"见"十二辰怪"条。

【河伯女】刘宋·刘义庆《幽明录》：阳羡县小吏吴龛，有主人在溪南。一日乘掘头舟过水，溪内忽见一五色浮石，取内床头，至夜化成一女子，自称是河伯女。

【河伯使者】汉·东方朔《神异经·西荒经》："西海水上有人乘白马朱鬣，白衣玄冠，从十二童子，驰马西海水上，如飞如风，名曰河伯使者。其所至之国，雨水滂沱。"又晋·崔豹《古今注》卷中："江东谓鼍为河伯使者。"

【河渎】"四渎"之一，即黄河之神。《汉书·地理志》："左冯翊临晋县（今陕西大荔东）有河水祠。"《郊祀志》："祀河于临晋。即四渎之河渎祠也。"《旧唐书·礼仪志四》："唐玄宗天宝六载，河渎封灵源公。"《宋史·礼志八》："仁宗康定元年，诏封河渎为显圣灵源王。"《元史·顺帝纪》："至正

十一年加封河渎神号灵源神佑宏济王。"◆民间传说河渎之神是汉丞相陈平。似与《陈平传》中渡河解衣事有关。

【河侯】黄河神。❶梁·陶弘景《真诰》卷一二："昔有一人，数旦旦诣河边拜河水。如此十年，河侯、河伯遂与相见，与其白璧十双，教授水行不溺法。此人见在中岳得道。"据此，则河侯、河伯当是两神矣。❷《元和郡县志》卷九记白马县南有河侯祠，云："汉王尊为东郡太守，河水盛，浸瓠子堤。尊临决河不去。后人嘉尊壮节，因为立祠。"按：王尊事详见《汉书·王尊传》。

【河精】❶即河伯。《尚书中候·考河命》："夏禹观于河，有长人白面鱼身，出曰：'吾河精也。'呼禹曰：'文命治淫。'言讫，授禹《河图》，言治水之事，乃退于渊。于是禹告舜曰：'臣见河伯，面长人首鱼身'云。"是河精即河伯也。晋·张华《博物志》卷七亦云："昔夏禹观河，见长人鱼身，出曰：'吾河精。'岂非河伯耶？"❷为禹父鲧所化。晋·王嘉《拾遗记》卷二："尧命鲧治水，九载无绩，鲧自沉于羽渊，化为玄鱼，时扬须振鳞，横修波之上，见者谓为'河精'。"

【河精使者】晋·王嘉《拾遗记》卷二：禹尽力沟洫，导川夷岳，黄龙曳尾于前，玄龟负青泥于后。玄龟，河精之使者也。龟下颔有印，文皆古篆，字作九州山川之字。禹所穿凿之处，皆以青泥封记其所，使玄龟印其上。今人聚土为界，此之遗像也。

【河平侯】《水经注·河水五》："洛阳北界旧有河平侯祠。郭颁《世语》曰：'晋文王之世，大鱼见孟津，长数百步，高五丈，头在南岸，尾在中渚河平侯祠。'即此祠也。"

【河上公】晋·葛洪《神仙传》卷八："莫知其姓字。汉文帝时结庵于河之滨。文帝读《老子》，有不能通者，亲幸其庵以问。公乃授素书二卷，自云：'余注此经以来一千七百余年，凡传三人，连子四人，勿轻以示人。'言毕不见。"北宋·乐史《太平寰宇记》卷六："陕县（今河南三门峡）有望仙台。汉文帝亲谒河上公。公既上升，故筑此台以望祭之。"又五代·杜光庭《神仙感遇传》卷五载："刘宋元嘉时，辰溪县有人名文广通，因逐猪误入一处，见十数书生听一老者讲《道德经》，老者乃河上公，而书生当王弼之流。"

【河上翁】唐·戴孚《广异记》"麻阳村人"条："辰州（今湖南沅陵）麻阳村有人射猪，逐入石室，见老翁，问：'何故射吾猪？'对以'伤禾'。翁即呼一童责之曰：'何不谨门，令猪出。'射猪者问何人，童子曰：'此河上翁，帝使为众仙讲《易》。我即王弼，受《易》未通，遂罚守门。'"◆五代·杜光庭《神仙感遇传》卷五所载稍异，见"河上公"条所引。是河上翁即"河上公"也。

【河神】❶黄河之神，见"河伯"条。❷大王、将军之类，见"大王"条。❸唐·冯贽《云仙杂记》卷五引《禹功记》：顾希微开成二年遇河神屈莫多，曰："更二千年，大江所在堤岸当崩沙九里。"❹后世有传治河大臣死为河神者。清·赵慎畛《榆巢杂识》卷上：朱之锡，顺治十四年奉命治河，至康熙四年卒于官。徐、兖、淮、阳间人盛传，朱死为河神，经总河王光裕疏请建祠济宁，部议未允。而豫河两岸往往私自肖像立庙，称为朱大王。乾隆间，阿文成请敕封为河神。

【河阴圣后】黄河神。金世宗大定二十年、二十六年，黄河两决卫州堤。至二十七年正月，因尚书省言河庆安流，请加郑州河阴县圣后庙褒赠，诏加神号曰昭应顺济圣后，庙曰灵德善利之庙。见《金史·河渠志》。◆按此神似为掌河阴一段之黄河者。其原待考。

【荷叶先师】仇德哉《台湾之寺庙与神明（四）》："又称芋叶先师，为泥水匠同业工会年会时必拜之祖师。日本人铃木谓先师为鲁班弟子，因发明泥水匠工具，故为该业之守护神。"又一说为鲁班之妻。《中华旧礼俗·各业所奉之神》云："竹篾业奉荷叶先师（鲁班之妻）为祖师神。"

【贺亢】《苏轼集》有《送乔仝寄贺君六首》，小叙云："旧闻靖长官、贺水部皆唐末五代人，得道不死。章圣皇帝东封，有谒于道左者，其谒云'晋水部员外郎贺亢'，再拜而去，上不知也。已而阅谒，见之大惊，物色求之，不可得。天圣初，又使其弟子喻澄者诣阙，进佛道像，直数千万。"◆按：仙传及方志又有贺元者，与贺亢事全同。东坡此叙为贺氏最早文献，据此，则贺元应名贺亢，而元祐间尚存于世，上推至唐末，应过百岁矣。或贺本与苏轼同时人，其为晋水部及谒真宗等事，不过妄人妄语耳。参见"贺元"条。

【贺兰归真】宋·王君玉《国老谈苑》卷二："贺兰归真有奇志异术，隐居嵩山。景德中，真宗朝陵，因访异人，左右以归真闻。乃召对，问曰：'知卿有点化之术，可以言之。'归真奏曰：'臣请言帝王点化之术，愿以尧舜之道点化天下，可致太平，惟陛下用之。'"◆按：应即"贺兰栖真"。

【贺兰栖真】《宋史·方伎传》：贺兰栖真，不知何许人。为道士，自言百岁。善服气，不惮寒暑，往往不食。或时纵酒，游市廛间，能啖肉至数斤。始居嵩山紫虚观，后徙济源（今河南济源）奉仙观，张齐贤与之善。景德二年，诏赴阙。既至，真宗作二韵诗赐之，号宗玄大师。未几，求还旧居。大中祥符三年卒，时大雪，经三日，顶犹热，人多异之。

【贺栾】见"贺元"条。

【贺元】五代后晋人。《仙鉴》卷四六："不知何许人。仕后晋为水部员外郎，得道不死。宋真宗东封泰山，贺元谒道左，稽首而去。仁宗天圣初，使弟子喻澄诣阙，献浮屠老子像，值数十万。"而《（万历）东昌府志》卷二二有贺栾者，云为"茌平人，仕晋为水部郎，改名元。与葛洪相善，授导引之术。辞官归里，人称贺栾先生。游骊山，见金虾蟆，知为肉芝，服之仙去。宋真宗东封泰山，有人拜于道左，自称贺栾，忽不见。"◆按：《（康熙）济南府志》《（万历）兖州府志》俱作"贺元"，《（万历）东昌府志》云为晋人者，当为"后晋"所误，而与葛洪相善亦附会语。◆明·于慎行《（万历）兖州府志》卷五二："修真于费蒙山，得道不死。宋真宗东封，谒于道左，曰'晋水部员外郎贺元再拜'而去。苏东坡作诗送之，云：'旧闻父老晋郎官，已作飞腾变化看，闻道东蒙有居处，愿供菽水看烧丹。'"按：《东坡集》有《送乔全寄贺君六首》，叙中云贺君为"贺亢"，事迹与《仙鉴》全同，是贺元应为贺亢之误也。详见"贺亢"条。

【贺源】见"润济侯"。

【贺州道人】清·汪森《粤西丛载》卷一一引《西事珥》：颜博文，字持约，建炎中谪官贺州。持约好延方士。有客敝衣大冠，数过颜，辄出酒饮之。他日邀颜出城外十里许，入深山，同坐石上，谓颜曰："偶获名酒，同公一醉。"袖出瓢，取两杯共酌，各饮十四五杯。其瓢才受升余，而终日不竭。

【贺自真】五代·沈汾《续仙传》卷上：莫究其所来。为道士，居于嵩山，焚修精勤。年老，人亦不知其甲子。一日云鹤满空，自真忽飞升而去。

【赫连】又作赫廉、黑连。传说为黄帝时巧匠，发明木梳。常州木梳业奉其为祖师神。汉口木梳业奉赫胥为祖师，疑赫连即赫胥之误。赫胥氏为传说中的古帝王，其造梳事，初见于宋·高承《事物纪原》：《实录》（应指《二仪实录》）曰：赫胥氏造梳，以木为之，二十四齿，取疏通之义。"当亦源于当时梳匠之传说。而"赫"字字形似梳，赫胥氏为梳业祖师，或由于此。

【鹤龄子】清·杨凤辉《南皋笔记》卷四"鹤龄子"条：卢子远，清时为平江宰，好饲鹤，居恒以鹤自随，为政亦尚清简。一日放鹤，忽盘旋空际，飘然不返。卢惆怅累日，如失故人。越三日，鹤乃归，衔素书置于中庭。卢知其有异，再拜而后启之，其中皆炼丹服食之法。乃挂冠去，隐于庐山，别号鹤龄子。后二年，不知所之，人云乘鹤冲霄去矣。

【鹤民国】《太平广记》卷四八〇"鹤民国"条引唐·焦璐《穷神秘苑》：西北海戌亥之地，有鹤民国。人长三寸，日行千里，而步疾如飞，每为海鹤所吞。其人亦有君子小人。如君子性能机巧，每为鹤患，常刻木为己状，或数百，聚于荒野水际，以为小人，吞之而有患。凡百千度，后见真者过去，亦不能食。人多在山涧溪岸之旁，穿穴为国，或三十步五十步为一国，如此不啻千万。春夏则食草实，秋冬食草根，值暑则裸形，遇寒则编细草为衣。亦解服气。参见"李子昂"条。

【鹤衣道人】清·吴任臣《十国春秋》卷八九"吴越"：不知何郡县人，亦无姓名。日醉卧处州（今浙江丽水）凤凰山下。忽为里妇所诟辱，道人喋衣为鹤，跨之而去。竟莫知其何术。后人建祠祀之。

【hei】

【黑齿国】《山海经·海外东经》："黑齿国在其（青丘国）北，为人黑，食稻啖蛇，一赤一青，在其旁。一曰在竖亥北，为人黑首，食稻，使蛇，其一蛇赤。"《山海经·大荒东经》："有黑齿之国。帝俊生黑齿，姜姓，黍食，使四鸟。"郭璞注："《东夷传》曰：'倭国东四十余里有裸国，裸国东南有黑齿国，船行一年可至也。'《异物志》云：'西屠染齿，亦以放此人。'"吴任臣《广注》案："《吕氏春秋》：'禹东至黑齿之国。'《淮南子》：'自东南至东北，有黑齿民。'又云：'尧立，西教沃民，东至黑齿。'《后汉书》云：'自侏儒东南至黑齿国。'《三国志》云：'去女王四千余里，黑齿国复在其东南。'史言汉东道黑齿，皆此也。又屠移在海外，以草染齿，亦号黑齿。《南土志》：'黑齿蛮，在永昌关南，以漆漆其齿，见人，以此为饰，寝食则去之.'百济西部有黑齿氏,唐黑齿常之,其种族也,非此国。"

【黑狄】古仙人。唐·段成式《酉阳杂俎·前集》卷二言其尸解:"黑狄咽虹丹而投水。"此事源于梁·陶弘景《真诰》。《真诰》卷四"黑狄"作"墨狄"。◆按:"墨子"名翟,读如狄,此"黑狄"或即墨翟之误。

【黑帝】❶《史记·封禅书》:"汉兴二年,刘邦东击项羽还入关,问秦时上帝祠何帝。对曰:'祠四帝,有白、青、黄、赤四帝。'刘邦曰:'吾闻天有五帝,而有四,何也?乃待我而具五也。'于是立黑帝祠,命曰北畤。"是黑帝即五方帝之一。汉初承秦运,故尚黑而祠黑帝。汉·王符《潜夫论·五德志》:"黑帝颛顼,身号高阳,世号共工。"但亦有以颛顼之佐玄冥为黑帝者,《通典》卷四二:汉明帝"立冬日,迎冬北郊,祭黑帝玄冥"。❷玄武。《春秋文耀钩》:"东宫苍帝,其精为苍龙;南宫赤帝,其精为朱鸟;西宫白帝,其精为白虎;北宫黑帝,其精为玄武。"清·屈大均《广东新语》卷六:"吾粤多真武宫,以南海佛山镇之祠为大,称曰祖庙。盖天官书所称,北宫黑帝,其精玄武者也,或即汉高之所始祠者也。"清·蒲松龄《聊斋志异·江城》中,"江西临江府(今江西清江之西)有黑帝祠"。此黑帝指玄天上帝,即玄武。

【黑汉】宋·蔡絛《铁围山丛谈》卷三:"洛阳古都,素号多怪。宣和间,忽有异物如人而黑,遇暮夜辄出犯人。相传谓掠食人家小儿,且喜啮人也。于是家家持杖待之,虽盛暑不敢启户出寝,号曰'黑汉'。逾岁乃止。此《五行志》所谓'黑眚'者是也。不数年,金国寒盟,遂有中土,两都皆覆。"南宋·马纯《陶朱新录》所载稍异:"宣和壬寅、癸卯岁,每夏洛中辄有物如状,又如十五六小儿,蓬其首,往来城市间,昏夜即出,飞空而至,号曰'黑汉'。往往入人家,妇女小儿遇者,至有被抓伤至惊痫疾。民间传以为畏,故庭户多张灯烛及设柳橛以却之。河南尹范致虚遣使醮于嵩岳,乃绝。先巩县有石炭坑,相传有炭精,时出扰人,村野畏

黑齿国
山海经图 汪绂本

之。形如人,长丈余,裸而黑,因目曰黑汉。洛人疑是此怪,故亦谓之黑汉。"

【黑老】《太平广记》卷三五引"韦丹"条引唐·佚名《会昌解颐录》:西台御史韦丹好道,而未尝有遇。一有道者命其往徐州问黑老。韦丹遂往徐州,询问数日而无人知有黑老者。后有一吏知之,乃城外五里瓜棚看瓜者,因黑瘦,故人称黑老。韦丹遂至驿所,邀黑老来,礼貌甚恭,而黑老惶惧不知所云。韦执礼不懈。至夜半,黑老乃起云:"汝似好道,但骨格不成。且须享人间富贵,待合得时,我自来迎汝。"言讫不见。韦丹使人再访,黑老已于辰时死矣。自后二十年,韦丹官江西观察使。到郡二年,忽一日,有老人来,谓阍者曰:"尔报公,可道黑老来也。"韦闻之,急出迎之。次日,韦无病而终,皆言为黑老迎上天矣。

【黑煞将军】又作"黑杀神",即"翊圣将军",详见该条。宋·杨亿《杨文公谈苑》:"开宝中,有神降于终南道士张守真,自言:'我天之尊神,号黑杀将军,与玄武、天蓬等列为天之三大将。'言祸福多验,每守真斋戒请之,神必降室中,风肃肃然,声如婴儿,独守真能晓之。太祖不豫,驿召守真至阙下,馆于建隆观,令下神。神曰:'天上宫阙已成,玉锁开。晋王有仁心。'言讫,不复降。太祖以其妖,将加诛。会晏驾,太宗即位,筑宫于山阴,将塑像,请于神。神曰:'我人形,怒目被发,骑龙按剑,前指一星。'如其言造之。太平兴国六年,宫成,封神为翊圣将军,每岁春秋,遣中使祈醮,立碑记其事。守真时来京师,得召见。至道三年春,太宗不豫,召守真至,令为下神。守真屡请,神不降。后数日,宫车晏驾。"又见宋·张师正《括异志》卷一"黑杀神降"条。

【黑煞神】❶见"黑煞将军"条。❷宋时另有"黑煞",为北方之恶神。南宋·张端义《贵耳集》卷下:"均州武当山,真武上升之地,其灵应如响。均州未变之前,敌至,圣降笔曰:'北方黑煞来,吾当避之。'继而真武在大松顶现身三日,民皆见之。次年有范用之变,敌犯武当,宫殿皆为一空。"❸即"解道",见该条。

【黑煞神君】宋·马令《南唐书》卷二四云:五代道士谭紫霄醮星宿,事黑煞神君。禹步魁罡,禁沮鬼魅,禳祈灾福,颇知人之寿夭。

【黑神】❶即张巡部将南霁云。清·王士禛《居易录》卷二四:"贵阳有黑神庙,祀唐南霁云。凡水旱疠疫兵革之事,有祷必应。见田纶霞少司寇《黔

书》及郭雯《青螺集》。"南霁云面黑，故云。❷祀元平章乜吉帖木儿。清·清凉道人《听雨轩笔记》卷一："广西临桂县民赵某为盗所劫，死而复苏，控之官。临桂令郑公虔祷于黑神祠，夜梦神来见，一青面青衣人也。自言为元平章乜吉帖木儿。"

【黑眚】色黑之妖物，事涉妖异，统称为"黑眚"。北宋及明代常谣传此物出现，或因北边多事，或因政事不靖。如北宋·蔡絛《铁围山丛谈》卷三："洛阳古都，素号多怪。宣和间，忽有异物如人而黑，遇暮夜辄出犯人，相传谓掠食人家小儿，且喜啮人。号曰'黑汉'。此《五行志》所谓'黑眚'者是也。不数年，金国寒盟，遂有中土，两都皆覆。"明·尹直《謇斋琐缀录》卷四："成化十二年七月初旬，京师黑眚见，时民家多露宿，忽有物负黑气一片而来，至则人昏迷，被伤出黄水，伤亦不甚痛。有见者云：黑色金睛，修尾，如大猩。盖不啻二十余枚，遍城惊扰，兼旬始息。"明·王鏊《震泽长语》卷上："成化中，京师黑眚重见。相传若有物如狸，或如犬，其行如风，倏忽无定。或伤人面，或啮人手足，一夜数十发。或在城东，又在南北，讹言相惊不已。自是日遣内竖出诇，汪直时在遣中，数言事，由是得幸，遂立西厂，使侦外事。廷臣多被戮辱，渐及大臣，大学士商辂、兵部尚书项忠皆以事去。或往南京，或往北边，威权赫奕，倏忽往来不测，人以为黑眚之应也。"此为成化二十年事，明·徐咸《徐襄阳西园杂记》卷上亦记："成化甲辰（二十年）秋八月，有黑眚至，俗谓之妖魔，变幻不测，能伤人。初闻有白羊一群，自城北门入，是晚遂为害。民间皆鸣金击柝以警之，或以石灰印手于壁以惧之。否则，变化而入，终夕不得守寝。半月始息。"明·沈德符《万历野获编》卷二九"赤眚黑眚"条："正德七年六月，黑眚见于河间、顺德及涿州，夜出伤人，有死者。俄又见于京师，形赤黑色，大者如犬，小者如猫，若风有声，居民夜持刁斗相警，达旦不寐，跃月始息。既又见于河南封丘县，其状亦如之。此黑眚也，时逆刘瑾虽除，八党正炽，朝政日秕，水火皆违其性，故南北变异如此。"明·陆粲《庚巳编》卷三所载同。明·徐应秋《玉芝堂谈荟》卷一三"黑眚"条引《潮州志》："惠州先有鬼磷，飞入人家，辄成人形，黑色，侵妇女，辄吐黄水，出猴毛，多有死者。延及程乡，诸县益甚。或以竹稍击之，即变为黑禽而去，亦有变为灰者。盆覆以土封之，明日启视，乃僧首级也。时呼'黑眚'。"

【黑水将军】❶唐·皇甫枚《三水小牍》卷下："弋阳郡（治在今河南潢川县）东南，有黑水河，河岸有黑水将军祠。太和中，薛用弱自仪曹郎出守此郡，为政严而不残。一夕，梦赞者曰：'黑水将军至。'延之，乃魁岸丈夫，须目雄杰，介金附鞬。既坐，曰：'某顷溺于滋水，自以秉仁义之心，得上诉于帝，帝授此任。郎中可为立祠河上，当保佑斯民。'言讫而寤。遂命建祠设祭，水旱灾沴，祷之皆应。"❷道藏本《搜神记》卷五"黑水将军"条："凤阳府城之北门外逼近淮河，数崩决为民患。宋嘉定间，郡守柴将军铸造铁将军像，刻云：'濠州之北，淮河之边，干汝镇守，亿千万年。'自是河患宁息。于是立庙覆其上，居民争先祀之，有祷必应。"

【黑厮大王】明·陆粲《庚巳编》卷九：黑厮者，陕西按察司隶也。洪武中，有按察司诣京，造从者籍，黑厮在中。俄而黑病死，使将择代者更造其籍。是夕，恍见黑厮跪白："籍无庸改，小人虽死，尚能从行。患潼关难过，公但于关外大呼吾名，即出矣。"护至淮安，谢不肯行，曰："都城隍严，某不敢入京师，当止此以候公。"久之，黑厮遂降神于居民，言："吾黑厮大王也，当血食此土。"乡民信之，遂为立庙，祸福甚验。

【黑松使者】墨精，见"墨精"条。

【黑叟】《太平广记》卷四一引唐·佚名《会昌解颐录》、唐·薛渔思《河东记》：唐宝应中，越州（今浙江绍兴）观察使皇甫政妻陆氏，有姿容而无子息。至宝林寺魔母神堂，捻香祝曰："祈一男，请以俸钱百万贯缔构堂宇。"陆氏又曰："倘遂所愿，亦以脂粉钱百万，别绘神仙。"两月余，妻孕，果生男。政大喜，构堂三间，穷极华丽。陆氏于寺门外筑钱百万募画工，天下画者，日有至焉，皆不敢措手。忽一人自称剑南来，以一夜绘成，灿烂光明，俨然一壁，画人已不见矣。皇甫政择日率军吏州民，大陈伎乐。至午时，有一人形容丑黑，身长八尺，荷笠莎衣，荷锄而至，直上魔母堂，举手锄以刓其面，壁乃颓。百万之众，鼎沸惊闹，左右武士欲擒杀之。叟无怖色，曰："恨画工之罔上也。夫人与上官舍二百万，图写神仙，今比生人，尚不逮矣。"政怒而叱之。叟抚掌笑曰："如其不信，田舍老妻足为验耳。"政令十人随叟过湖南三二里，叟自苇庵间引一女子，年十五六，薄傅粉黛，服不甚奢，艳态媚人，光华动众。回至宝林寺，百万之众，引颈骇观，皆言所画神母果不及耳。皇甫政怒曰："尔一贱夫，乃蓄此妇，当进于天子。"叟夫妻携手而行，俱化为白鹤，冲天而去。

【黑凶】僵尸之一种。清·袁枚《子不语》卷二：凤翔（今陕西凤翔）以西，其俗人死不即葬，多暴露之，俟其血肉化尽，然后葬埋。尸未消化而葬者，一得地气，三月之后，遍体生毛，白者号白凶，黑者号黑凶，便入人家为孽。

【heng】

【哼哈二将】《封神演义》中之哼哈二将为郑伦与陈奇。郑伦曾拜西昆仑度厄真人为师。真人传以窍中二气，将鼻一哼，响如钟声，喷出二道白光，能吸人魂魄。陈奇亦受异人秘传，养成腹内一道黄气，张口一哈，黄气喷出，见之者魂魄自散。后二人战死，姜子牙敕封郑伦、陈奇二人镇守西释山门，宣布教化，保护法宝，为哼哈二将之神。◆按：《封神》之哼哈二将，即由佛寺山门前之二力士像（青叶髻、娄至德）化来。参见"金刚"条。清·俞樾《茶香室四钞》卷一九："天下佛寺，往往坐四金刚于三门内，建殿奉之，谓之天王殿。亦有三门之两旁，塑两金刚，皆立像者，向不知何名。俗曰哼哈二将，此儿童语耳。今乃知即青叶髻、娄至德也。"

哼哈二将 封神真形图

【姮娥】又作"恒娥"，即"嫦娥"，见该条。

【横公鱼】汉·东方朔《神异经》："北方荒中有石湖，方千里，恒冰，惟夏至左右五六十日解耳。有横公鱼，长七八尺，形如鲤而目赤，昼在湖中，夜化为人。刺之不入，煮之不死。以乌梅二枚煮之则熟，食之可止邪病。"又见梁·任昉《述异记》卷上。◆或作"黄公鱼"。

【衡山道人】宋·沈作喆《寓简》卷九：衡山有道人，本书生，弃家隐山中。一旦入城市药，故人忽见之，怪其神气清明，问其何为。对曰："佩蕙纫兰，已是青山独往；采芝食柏，终当白日上升。"故人邀饮酒，倏不见。

【衡山隐者】唐·戴孚《广异记》："衡山隐者，不知姓名。数因卖药，往来岳寺寄宿。复卖药至僧所，寺众见或四五日不食，知是异人，敬接甚厚。会乐将女诣寺，其女有色，众欲取之。父母求五百千，莫不引退。隐者将黄金两铤，谓女父曰：'此金直七百贯，今亦不论。'付金毕将去。乐师时充官，便仓卒使别。隐者示其所居，云：'去此四十余里，但至山当知也。'女父母事毕忆女，乃往访之。正见朱门崇丽，扣门，隐者与女俱出迎接。初至一食，便不复饥。留连五六日，亦不思食。父母将还，隐者以五色箱，盛黄金五铤赠送，谓父母曰：'此间深邃，不复人居，此后无烦更求也。'其后父母重往，但见山草，无复人居，方知神仙之窟。"◆按：此与唐·牛僧孺《玄怪录》卷一"种园张老"事相类。

【衡岳道人】唐·段成式《酉阳杂俎·续集》卷三：衡岳西原，近朱陵洞，其山险绝，多大木猛兽，人到者率迷路。长庆中，有头陀悟空，至朱陵原，游览累日，扪萝垂踵，无幽不迹。忽见前岩有道士坐绳床，遂告以饥困。道士欻起，劚石深数寸，令僧探之，得陈米斗余，即置于釜，敲火煮饭。僧食一口未尽，辞以已熟，道士笑曰："君餐止此，可谓薄食。"遂吃硬饭。又曰："我为客设戏。"乃处木裛枝，投盖危石，猿悬鸟跂，其捷闪目，有顷，又旋绕绳床，蓬转甚急，但睹衣色成规，倏忽失所。僧寻路归寺，数日不复饥渴。

【hong】

【弘成子】东汉时人。晋·葛洪《西京杂记》卷一：成子少时，尝有人过之，授以文石，大如鹅卵，成子吞之，遂大明悟，为天下通儒。成子后病，吐出此石，以授五鹿充宗，充宗又为硕学。

【红光】《山海经·西山经》："㶳山，神蓐收居之。是山也，西望日之所入，其气圆，神红光之所司也。"◆郝懿行《笺疏》以为红光即蓐收。

【红僵】生红毛之僵尸，凶恶胜于白僵。清·俞凤翰《高辛砚斋杂著》：某公在东省署课读，夜与一仆同卧书室。窗外立一人，面白，身火赤，向内嬉笑。忽跃入，径至仆榻，伸手入帐，捄其头拔出，吸脑有声，脑尽掷去头，复探手攫肠胃，仍跃去。某术士颇神符篆，闻之曰："此红僵也，幸面尚白，否则震霆不能诛矣。盍尾血迹迹之？"果得于城外荒冢中，集众白昼斫棺，尸犹奋臂起立格斗，幸人众，踣而焚之。

红光　山海经图　汪绂本

【红柳娃】清·纪昀《阅微草堂笔记》卷三：乌鲁木齐深山中，牧马者恒见小人高尺许，男女老幼，一一皆备。遇红柳吐花时，辄折柳盘为小圈，著顶上，作队跃舞，音呦呦如度曲。或至行帐窃食，为人所掩，则跪而泣。縶之，则不食而死。以形似小儿而喜戴红柳，因呼曰红柳娃。

【红娘】见"绿郎"条。

【红沙煞】明·钱希言《狯园》卷一四："相传民间嫁娶，忌用'红沙日'。万历初，顾尔行巡按顺天时，夜宿某驿亭下。雾月朦胧，更阑人寂，侍御微服出步于路傍。忽见败墙角中有一朱衣人，长可数十丈，自带已下皆不见。侍御从容正色而问曰：'卿为谁？是魑魅魍魉之属耶？'朱衣人俯躬言曰：'某非魑魅魍魉，乃红沙煞神也。前有娶妇者至，将不利于。幸而遇公，其灾可免矣。'言已，歘然遂灭。俄顷间，遥望灯光隐隐，有鼓吹导从之声，殷然绕驿亭而去。侍御还检箧中五行书，因取年历校勘，其日果红沙忌也。明晨传教于外，一切嫁娶之家，不得用红沙日。"◆按：此即"花煞""披麻煞"之类。

【红线】唐·袁郊《甘泽谣》：红线者，唐潞州（治在今山西长治）节度使薛嵩家青衣。时至德之后，两河未宁，魏博（治在魏州，今河北大名）节度使田承嗣募军中武勇十倍者，得三千人，将并潞州。嵩闻之，日夜忧闷。红线曰："此不足劳主忧。暂放某一到魏城，观其形势，觇其有无。"乃梳乌蛮髻，胸前佩龙文匕首，额上书太一神名。再拜而行，倏忽不见。嵩返身闭户，背烛危坐。忽闻晓角

吟风，一叶坠露。惊而起问，即红线回矣。红线曰："某子夜前二刻，即达魏城，凡历数门，遂及寝所。闻外宅儿止于房廊，睡声雷动。见中军士卒徒步于庭，传叫风生，乃发其左扉，抵其寝帐。田亲家翁止于帐内，鼓跌酣眠，头枕文犀，髻包黄縠，枕前露一星剑，剑前仰开一金

红线　剑侠图传

合，合内书生身甲子与北斗神名。某乃持金合以归。"嵩乃发使入魏，遗田承嗣书曰："昨夜有客从魏中来云，自元帅床头获一金合，不敢留驻，谨却封纳。"专使星驰，夜半到到。承嗣捧承之时，惊悚绝倒，不敢再萌异志。

【洪刚】沈平山《中国神明概论》第三章：俗云："洪刚师，白目眉。没人请，自己来。"这话是台湾地区民间平时用来讽刺贪食他人食物者，但民俗却以洪刚为妓院行神，人称"客兄神"。据说日本妓院也有供奉洪刚，其神像多为锅偶。传说洪刚是一位锅铁匠，曾得仙人授艺，平时食飨他人餐，因嫖淫妓院鸨母，两人常暗中勾搭。一天洪刚死于兴云作雾中，鸨母惊吓万分，恐事迹露扬，遂将洪刚尸体偷埋于床下，并日夕供祭牲醴。一次被夫撞问，慌道："洪刚曾夜里托梦，如日夜祭拜其灵，必能保佑生意滚滚，人流不息，又可避免硬汉闹市。"其夫被骗，信之。至此，妓院以洪刚为娼家保护神。笔者曾在一家古董店发现洪刚神像，头部上尖下圆，眉白眼赤，似鸳鸯，脸呈赭色。洪刚是妓院业行神，妓女一旦落户从良，须与夫同拜洪刚，谢其往日护育之恩。

【洪山真人】元时人。《（康熙）开封府志》卷二九：密县人。元初混迹耕牧，为人佣工，以所得易豆饲牛。牛或不行，辄跪拜于前，不用鞭策。后得道，趺坐而逝。乡人称为"使牛郎"，因立庙焉。

【洪圣】清·钮琇《觚剩》卷八"洪庙神梦"条：

广东高明县，县城及诸村俱有洪圣庙。平步村举人严学思，年四十，试进士不第，殊怏怏。人告本村洪圣庙甚灵，盍往祈焉。学思即往祈梦，夜梦神告曰："汝欲成名，须俟麦而炫乃同榜也。"学思遍访知名之士，并无其人。偶自村入城，见东门外有洪圣庙，见塾师训徒其中，中有一童子姓麦名炫，遂问其年岁，默记而去。越十余岁，炫一举获隽，学思资以行李，偕入京师，俱成进士。

【洪施时真君】《(正德) 淮安府志》卷一三："姓洪名荷，字道阳，安东县 (今江苏涟水) 人。依许真君，道成，能役鬼神。许真君飞升，命执策前导。"◆按：此即"时荷"之误，见该条。

【洪崖先生】洪崖先生有二。一为伶伦。明·王世贞《列仙全传》卷一："黄帝臣伶伦 (黄帝乐官，参见'伶伦'条)，得道仙去。姓张氏，或曰帝尧时已三千岁。汉武帝时有卫度世者，入山寻父叔卿，见叔卿在绝壑中与数人博。度世问为谁。答曰：洪崖先生与许由、巢父也。"《(雍正) 江西通志》卷一〇二："洪崖先生得道，居西山洪崖，有炼丹井。隋开皇中，以洪崖所在，故改名洪州 (今江西南昌)。得道后为青城真人。"伶伦之外又有一洪崖，即唐时张氲，号"洪崖子"者。因有将二者混为一人者，明·周婴《卮林》卷八引《玉壶遐览》辨之曰："《洪崖先生传》云：洪崖先生者，或云黄帝之臣伶伦也。得道仙去。姓张氏，尧时已三千岁矣。《真诰》云：洪崖先生今为青城洞真，故青城山有洪崖洞。司马天师《五岳朝仪》云：青城山洞周围二千里，皆洪崖。先生服琅玕花隐去，代为青城真人。据此，则古洪崖治青城山甚明。然传又云：洪崖山在豫章 (今江西南昌) 之西山，有仙坛临井上，为洪崖炼丹处，五春白色渥如丹，各圆深二尺余，为洪崖炼丹臼。则又似言豫章，何耶？盖青城为古洪崖所理

洪崖先生　列仙全传

无疑，而豫章则唐张氲先生隐处也。或疑洪州是开皇时改号，在唐前，然则豫章固旧有兹山，张氲隐焉，而井臼则氲之遗迹无惑也。且帝尧前安有张姓，其谓张姓者，断因唐之洪崖而讹矣。"◆明·谈迁《枣林杂俎·和集》"白眉神"条引《花锁志》："教坊供白眉神。朔望用白帕针线刺神面，祷之甚谨，谓撒帕著人面，则惑溺不复他去。白眉神，即古洪崖先生也。"清·方浚师《蕉轩随录》卷三"妓"条则云："洪涯妓，三皇时人，娼家托始，见《万物原始》。"按：此当由洪崖为伶伦之说而起。伶伦既为黄帝乐官，后世优伶奉为祖师 (唐·崔令钦《教坊记》载，开元间，教坊两院戏呼天子称"崖公"，即是洪崖)。伶、伎古时不分，故妓女亦奉祀之。

【洪真七】明·王兆云《白醉琐言》卷上：江西彭泽人，奉五雷法，行持有效，数为民祈雨旸，祛邪病。尝有法官过此，洪与之斗法。法官言可咒水满一室而不渗漏，真七言能咒民家米盈仓，各施伎俩，法官所禁室竟无滴水，恚忿拜辞，趁真七不备，以铁简鞭其腰三下而遁。此后真七患腰痛，又数年死。数著灵应。其子雕刻真形，庙而祀之，旱潦疾疫必祷，时降乩附体，为之剖判家事。

【洪志】《仙鉴》卷四四："不知何许人。博学通经，明星纬医药之书。出家为道士，隐于庐山，常乘青牛往来，人谓'青牛道士'。遇异人授以神方，自是能明六甲，役使鬼神，变化万端。后丹成仙去。"◆《(雍正) 江西通志》卷一〇五编入宋代。

洪志　列仙全传

【虹】传说常以虹霓为某种怪物探地饮水。梁·任昉《述异记》卷上："晋时，晋陵 (今江苏常州) 薛愿家有虹饮其釜中水，须臾而竭。愿因以酒祝而益之，虹复饮尽，吐金满釜而去。"北宋·黄休复《茅亭客话》卷五："昔韦皋镇蜀之日，与宾客宴于西亭，或暴

风雨作，俾有虹蜺自空而下，直入于亭，垂首于宴中，啄其食馔且尽焉。虹蜺首似驴，身若晴霞状。"明·李诩《戒庵老人漫笔》卷二"虹霓兆元"条亦言"虹霓落于沟中，色紫而头如驴，甚软"。明·陆容《菽园杂记》卷五："今人露置酒酱于庭，见虹则急掩之，不尔则致消耗。相传虹能食此。尝闻广西杜监云：其家舍旁瞖井，时时出虹。叔父颇健狠，率僮掘之，深丈余，见一肉块，大如釜，无首尾，蠕蠕而动。欲煮之，家人不可，乃举而投之水，自是此处不复出虹矣。"◆晋·陶潜《搜神后记》卷七："陈济为州吏，其妇独在家，忽疾病，恍惚发狂。有一丈夫，长大，来从之。后常相期于山涧间，有人道相感接。如是积年，妇每往期会，所至辄有虹见。后生儿，多肉，不觉有手足。后丈夫携儿去，人见二虹出其家。"◆纬书《孝经援神契》则云："孔子作《春秋》、制《孝经》既成，使七十二弟子向北辰星馨折而立，孔子向北辰而拜，告备于天。天降赤虹，化为黄玉，长三尺，上有刻文。"

【虹虹】即虹蜺。《山海经·海外东经》："虹虹在其北，各有两首。一曰在君子国北。"郭璞注："音虹。虹，螮蝀也。"郝懿行《笺疏》曰："虹有两首，能饮涧水，山行者或见之。亦能降人家庭院，蔡邕《灾异对》'所谓天投虹者也'，云'不见尾足'，明其有两首。"参见"虹"条。

【hou】

【侯伯】唐·释道世《法苑珠林》卷五八引《白泽图》："绝水有金者，精名曰侯伯，状如人，长五尺，五彩衣。以其名呼之则去。"

【侯道华】唐时人。唐·张读《宣室志》"侯道华"条："河中永乐县（在今山西芮城西）道净院，唐文宗时，道士邓太玄炼丹于药院中。药成，疑功未究，留贮院内。太玄死，周悟仙主院事。时有蒲人侯道华，事悟仙以供给使。诸道士皆奴畜之。道华又常好子史，手不释卷，一览必诵之于口。众或问之，要此何为，答曰：'天上无愚懵仙人。'咸大笑之。一旦，道华执斧，砍古松枝垂且尽，如削，院中人无喻其意。明日昧爽，众晨起，道华房中亡所见。古松下施案，致一杯水，留双履案前，道华衣挂松上。院中视之，中留诗一首，下列细字，称'去年七月一日，蒙韩君赐姓李名内芝'云云，院中人方知道华窃太玄药仙去。"又见五代·沈汾《续仙传》卷上。◆苏轼《与蒲廷渊书》云："河中永洛出枣，道家所贵。侯道华尝得无核者三，食之后，竟窃邓太玄药上升。"

【侯瑾】《水经注》卷四〇引晋·王隐《晋书》："汉末博士敦煌侯瑾善内学。"《晋书·张轨传》："汉末博士敦煌侯瑾，谓其门人曰：'后城西泉水当竭，有双阙起其上，与东门相望，中有霸者出焉。'至魏嘉平中，郡官果起学馆，筑双阙于泉上，与东门正相望矣，至是张氏遂霸河西。"◆按：侯瑾，东汉人，《后汉书》入"文苑传"，未言精内学事。

侯道华　列仙全传

【侯神仙】《（雍正）山西通志》卷一六〇："虞乡（在今山西永济东）人，为道士，资性笃实。师令汲水，见一异童，师知之，授以铁针红线，令簪童顶。侯如命。童归入葡萄架下，师掘出人参如童子形。师烹于釜，下山访友。侯闻异香，窃食之。师归大怒，将杖之，侯竟升天而去。"◆按：疑与"侯道华"为一人。可参看。

【侯生】见"卢生"条。《天地宫府图》"七十二福地之第十一君山（在洞庭青草湖中），为地仙侯生所治"。

【侯先生】《仙鉴》卷四九：莫知何处人。宋仁宗庆历间货药于京师，年四十余，无须眉，若患风疾者，身有赘瘤遍体。昼货药，少见有人买，夜则与丐同宿。有人见其出阊阖门，至池上，解衣入水，就视乃一大虾蟆，其大如席，目光如火。自云乃服气者。后不复见，有自蜀中来者，见先生仍货药于市。

【侯元】唐时妖人。唐·皇甫枚《三水小牍》卷下：侯元，上党郡铜鞮县（今山西沁县南）山村之樵夫。唐乾符间，于县西北山中伐薪。回憩谷口，傍有巨石，嵼然豁开若洞。中有一叟，曳杖而出，曰："我神君也，自可于吾法中取富。"叟引其入洞中，授以秘诀数万言，皆变化隐显之术。叟诫曰：

"汝若图谋不轨，祸必丧生！且归存思，如欲谒吾，但至心扣石，当有应门声。"元因拜谢而出。至家，遂入静室中，习熟其术。期月而术成，能变化百物，役使鬼魅，草木土石，皆可为步骑甲兵。于是悉收乡里少年勇悍者为将卒，出入陈旌旗幢盖，鸣鼓吹，自称曰"贤圣"。每朔望，必盛饰往谒神君。神必戒以无称兵，若固欲举事，宜待天应。至庚子岁，聚兵数千人。上党帅高公，寻命都将以旅讨之，方阵以前。元领千余人直突之，先胜后败，酒酣被擒。至上党，縶之府狱，严兵围守。旦视，枷穿，中唯灯台耳，失元所在。夜分已达铜鞮，径诣神君谢罪。君怒曰："庸奴终违我教，非吾徒也！"不顾而入。郁怏趋出。后复谒神君，石不为开矣。是秋，率徒掠并州之太谷（今山西太谷），而并骑适至，围之数重。术既不神，遂斩之于阵，其党与散归田里焉。

【猴玃】晋·张华《博物志》卷三："蜀山南高山上，有物如猕猴，长七尺，能人行，健走，名曰猴玃，一名马化，或曰猳玃。伺行道妇女有好者，辄盗之以去，人不得知。行者或每过其旁，皆以长绳相引，然故不免。得男子气自死，故取女也。取去为室家，其年少者终身不得还。十年之后，形皆类之，意亦迷惑，不复思归。有子者辄俱送还其家，产子皆如人，有不食养者，其母辄死，故无敢不养也。及长，与人不异，皆以杨为姓，故今蜀中西界多谓杨率皆猳玃、马化之子孙，时时相有玃爪者也。"唐《补江总白猿传》言白猿喜盗妇人之美者，"其状即猳玃类也"。

【猴王神】南宋·洪迈《夷坚甲志》卷六"宗演去猴妖"条："福州永福县能仁寺护寺神，乃生缚猕猴，以泥裹塑，谓之猴王。岁月滋久，遂为妖祟，遭之者即作大寒热，往往致死。居人召巫觋厌之，而寺僧撞钟击鼓，言助神战。"◆按：明清以后福州一带民间信仰齐天大圣，当是猴王神的另一演变。

【猴妖】南宋·周去非《岭外代答》卷一〇"桂林猴妖"条："静江府（治在今广西桂林）迭彩岩下，昔日有猴妖，寿数百年，有神力变化。多窃美妇人，欧阳都护之妻亦与焉，欧阳设方略杀之，取妻以归。猴骨葬洞中，犹能为妖，向城北民居，每人至，必飞石，惟姓欧阳人来则寂然。"◆按：欧阳事见汪辟疆辑《唐人小说》之《补江总白猿传》。猿猴掠妇人事参见"马化"条。

【吼】明·陈继儒《偃曝余谈》卷上："弘治中，西番贡人、狮各一，夜则人与狮相守，同宿木笼中。又畜小兽二，名曰吼，形类兔，两耳尖长，仅长尺余。狮作威时，则牵吼视之，狮畏服不敢动，盖吼溺著体即腐。"◆按：此"吼"或应作"犼"。

【犼】《集韵》："犼，兽名，似犬，食人。"而清·东轩主人《述异记》卷中："东海有兽名犼，能食龙脑。腾空上下，鸷猛异常。每与龙斗，口中喷火数丈，龙辄不胜。康熙二十五年夏，平阳县（今浙江平阳）有犼从海中逐龙至空中，斗三日夜。人见三蛟二龙合斗一犼。杀一龙二蛟，犼亦随毙，俱堕山谷。其中一物，长一二丈，形类马，有鳞鬣。死后鳞鬣中犹焰起火光丈余，盖即犼也。"汤用中《翼駉稗编》卷二"温州异灾"条所载相类："温州地气本暖，忽严冬骤热，重绵尽脱，尚觉炎蒸。须臾，天半渐有红气上冲，人益燥热。遥望海岛踞一奇兽，类世俗所画贪婪状，遍身皆赤，仰首吐火，竟天皆红。无何，满城房屋悉起烟焰，合郡呼号。忽海中二龙飞出，波涛震宕，城堞欲颓，与物斗两时许，轰雷掣电，大雨倾注，一昼夜方止。计城中房舍人畜烧毙震死者十之六七。似此奇灾，真从古未见。越半月，有海船归，云某岛中二龙一犼死崖下，龙皆大数百丈，犼死，鳞中火焰犹熠熠也。"◆袁枚《续子不语》卷三"犼"条有"僵尸化犼"之说，略云："佛所骑之狮、象，人所知也；佛所骑之犼，人所不知，犼乃僵尸所变。或曰：尸初变旱魃，再变即为犼。犼有神通，口吐烟火，能与龙斗，故佛骑以镇压之。"

【后仓】即"鹄苍"，见该条。

【后帝】厕神。刘宋·刘敬叔《异苑》卷五："陶侃曾如厕，见数十人，皆持大印。有一人朱衣平上帻，自称后帝，云：'以君长者，故来相报。三载勿言，富贵至极。'侃便起，旋失所在，有大印作公字当其秽处。《杂五行书》曰：'厕神曰后帝。'"

【后稷】《史记·周本纪》："周后稷，名弃。其母有邰氏女，曰姜原。姜原为帝喾元妃。姜原出野，见巨人迹，心忻然悦，践之而身动如孕者。居期而生子，以为不祥，弃之隘巷，马牛过者皆辟不践；徙置之林中，适会山林多人，迁之；而弃渠中冰上，飞鸟以其翼覆荐之。姜原以为神，遂收养长之。初欲弃之，因名曰弃。为儿时好种树禾黍桑麻五谷，相五土之宜，青赤黄黑，陵水高下，各得其理。尧时洪水，聘弃使教民山居，随地造区，穷营种之术，人无饥色，乃拜稷为农师，封之台，号为后稷。"清·徐道《历代神仙通鉴》卷四竟以为冥府主者之一："元始曰：'后稷乃东岳托生，向为太华真人，掌天仙六籍，为东岳天都府君，兹赐为太灵苍光司命真君，执掌人世臣民贵贱高下之分，禄科厚薄之事，地狱各案簿籍，七十五司生死修短之期。'"又，后稷为中央天帝后土佐神。东汉·袁康《越绝书·计倪内经》："黄帝于是上事天，下治地。故少昊治西方，蚩尤佐之，使主金。玄冥（一作日宿）治北方，白辩佐之，使主水。太皞治东方，袁何佐之，使主木。祝融治南方，仆程佐之，使主火。后土治中央，后稷佐之，使主土，并有五方，以为纲纪。"

后稷　山西新绛稷益庙

【后圣九玄帝君】《太平经》卷一：长生大主，号太平真正太一妙气、皇天上清金阙后圣九玄帝君。姓李，是高上太之胄，玉皇虚无之胤。玄元帝君时太皇十五年，太岁丙子兆气，皇平元年甲申成形，上和七年庚寅九月三日甲子犯时，育于北玄玉国、天冈灵境、人鸟阁蓬莱山中。因灵谷而氏族，用曜景为名字。年三岁，体道凝真，言成金华。二七之岁弃俗离情，拥化救世，精感太素，受教三元，习以三洞，业以九方。……六七之岁，受书为后圣帝君，与前天得道为帝君者无异，受记于今，故号后圣。总领九重十迭，故号九玄。

【后圣太师】《太平经》卷一："后圣李君太师，姓彭，学道在李君前，位为太微左真，人皇时保皇道君命封授兆民，为李君太师，治在太微北塘宫灵上光台。"《上清后圣道君列纪》："彭君讳广渊，一名玄虚，字大椿，一字正阳。"

【后土】后土有二义：一在五行，与金木水火并列，而地位稍尊。一在天地，与天相对，则天尊而地卑。故后土之神，初起于五行，为共工之子。后世尊天，纳后土为地祇，遂成女性。《汉书·郊祀志》："以日冬至，使有司奉祠南郊，高帝配而望群阳；日夏至，使有司奉祭北郊，高后配而望群阴。"《后汉书·世祖本纪》载："光武中元元年，改薄太后为高皇后，配食地祇。"是以后土为女性者当自汉始。此后六朝沿之，至隋文帝复改以太祖配后土。后土亦与"土地"相通，《春秋左氏传》曰：

"共工氏有子曰句龙，佐颛顼，能平九土，为后土，故封为上公，祀以为社，非地祇。"❶五行之后土。《礼记·月令》："中央土，其帝黄帝，其神后土。"《左传》昭公二十九年："故有五行之官，是谓五官，木正曰句芒，火正曰祝融，金正曰蓐收，水正曰玄冥，土正曰后土。颛顼氏有子曰黎，为祝融；共工氏有子曰句龙，为后土。后土为社。"《礼记·祭法》："共工氏之霸九州也，其子曰后土，能平九州，故祀以为社。"宛委山堂本《说郛》卷六引宋丘光庭《廉明术》"五行神"条："木神曰勾芒，火神曰祝融，土神曰后土，金神曰蓐收，水神曰玄冥。土神独称'后'，后，君也，位居中，统领四行，故称君也。或问曰：'此后土是五行之神，汉代立后土祠于汾阳（今山西太原西北），祀何神也？'答曰：'三代已前无此礼，盖出一时之制耳。其祀当广祀地神，即如《月令》所祀皇地祇氏者也。'"❷后土娘娘。或称"土母"。唐·杜佑《通典》卷四五："汾阴后土祠，为妇人塑像，武太后时移河西梁山神塑像就祠中配焉。"起码唐初时后土塑像即为女身。宋真宗朝大中祥符五年七月二十三日，诰封"后土皇地祇"。徽宗政和六年九月，上徽号曰承天效法厚德光大后土皇地祇。南宋·洪迈《夷坚志支·甲集》卷二"黑风大王"条，记南宋绍兴间，金人侵汾阴后土祠，统军黑风大王"乘醉欲入寝阁观后真容，且有亵渎之意"。五代·徐铉《稽神录》卷一，后土现形为妇人，珠珥珠履，衣五重，皆编贝玉为之。至《太平广记》卷二九九引《异闻录》竟有后土夫人下嫁生人韦安道事。因属特例，另设"后土夫人"条叙之。元·俞琰《席上腐谈》卷上特为辨之："《书》云'皇天后土'。皇者大火，后即厚也。古字后、厚通用也。扬州后土夫人祠塑后土为妇人像，谬矣。《月令》云：'其神后土。'注云：'颛帝之子孙。'《祭法》云：'共工氏之霸九州也，其子曰后土，能平九州，故祀以为社。'《左氏传》云：'共工氏有子曰勾龙，为后土。'此岂妇人哉？古者天子称元后，诸侯则为群后，若以后土为妇人，则后夔、后稷亦可为妇人乎？"❸又有掌治幽都之后土。《楚辞·招魂》："魂兮归来，君无下此幽都兮。"王逸注："幽都，地下后土所治也。地下幽冥，故称幽都。"

【后土夫人】《太平广记》卷二九九引唐人《异闻录》："京兆（治在今陕西西安）韦安道，唐大定年中，于洛阳早出，至慈惠里西门，见中衢有兵仗，中有飞伞，伞下人衣珠翠之服，美丽光艳。时天尚未明，问同行者，皆云不见。久之渐明，见其后骑一宫监，安道问之，宫监但指慈惠里之西门曰：'公但自此去，行百余步，有朱扉西向者，扣之问其由，当自知矣。'安道如其言扣之。久之，有朱衣官者出应门曰：'公非韦安道乎？后土夫人相候已久矣。'遂延入，至一宫中，置汤沐。遂乘以大马，引出慈惠之西门，出建春门。又东北行，约二十余里，乃至一大城。经翠楼朱殿十余处，遂入一门，复有大殿，上陈广筵重乐，美妇人十数如妃主之状者，列于筵左右。顷之，有美妇人出，与安道对立，乃是昔于慈惠西街飞伞下所见者也。宫监乃赞曰：'后土夫人，乃冥数合为匹偶。'命安道拜，夫人受之；夫人拜，安道受之，如人间宾主之礼。其夕偶之，尚处子也"云云。文长不录。◆按：此故事在唐颇有讥射武则天之意，

后土皇地祇　北京白云观

而后土娘娘竟化为与世人幽媾之神女，轻薄女神，亦唐人传奇常见手法，如卢肇《逸史》之"太阴夫人"、牛僧孺《玄怪录》之"玉卮娘子"、薛渔思《河东记》之"地祇夫人"之类。不意此故事大流行于民间，北宋·黄休复《茅亭客话》卷四即云有僧徒念《后土夫人变》而为神所责事，其内容当更多"亵慢"，而扬州蕃厘观竟塑后土与韦安道并坐者（胡仔《苕溪渔隐丛话》后集十八引《艺苑雌黄》）。近人叶德均有《后土夫人变考》，可参看。

【后土皇地祇】即"后土"。见该条。

【hu】

【鹄苍】或作"后苍"。晋·张华《博物志》卷七引《徐偃王记》云：徐君宫人娠而生卵，以为不祥，弃之水滨。独孤母有犬名鹄苍，猎于水滨，得弃卵，衔以东归。独孤母以为异，暖之，遂成儿。时正偃，故以为名。徐君宫中闻之，乃更录取。长而仁智，袭君徐国。后鹄苍临死生角而九尾，实黄龙也。偃王乃葬之徐界中。

【鹄国】汉·东方朔《神异经》："西海之外有鹄国，男女皆长七寸。为人自然有礼，好经论跪拜。其人皆寿三百岁。行如飞，日行千里，百物不敢犯之，惟畏海鹄，过辄吞之，亦寿三百岁。此人在鹄腹中不死，而鹄亦一举千里。"梁·任昉《述异记》卷上说同。应即"鹤民国"，见该条。

【呼子先】西汉·刘向《列仙传》卷下："呼子先，汉中关下卜师。寿百余岁。临去，呼酒家老妪曰：'急装，当与妪共应中陵王。'夜有仙人持二茅狗来至，呼子先。子先持一与酒家妪，得而骑之，乃龙也。上华阴山，常于山上大呼，言'子先酒家母在此'云。按：《太平广记》卷五九引《女仙传》则作"于老"。"于老"与"子先"字形相近，当有一误，而窃以为"于老"为正也。参见"酒母"条。

【忽】唐·释道世《法苑珠林》卷五八引《白泽图》："筑室三年不居，其精名忽，长七尺，见者有福。"

【忽悦】即"象罔"。见该条。

【狐刚子】唐·戴孚《广异记》"长孙甲"条：唐坊州中部县令长孙甲，笃信佛道。一日斋次，举家见文殊菩萨乘五色云从日边下。其家前后供养数十日，唯其子心疑之，知为狐所幻，入京求道士为设禁，遂击杀狐。后数十日，复有菩萨乘云来至，家人敬礼如故。其子复延道士，禁咒如前而不效。尽十余日，菩萨问道士："法术如何？"答曰："已尽。"菩萨问道士："汝读道经，知有狐刚子否？"答云："知之。"菩萨云："狐刚子者，即我是也。我得仙来，已三万岁。汝为道士，当修清净，何事杀生？且我子孙，为汝所杀，宁宜活汝耶！"因杖道士一百毕，谓令曰："子孙无状，至相劳扰，惭愧何言！当令君永无灾横，以此相报。"言讫飞去。

狐仙　北京

【狐精】《太平广记》卷四四七"说狐"条引《玄

中记》："狐五十岁，能变化为妇人。百岁为美女，为神巫，或为丈夫与女人交接，能知千里外事，善蛊魅，使人迷惑失智。千岁即与天通，为天狐。"清·纳兰性德《渌水亭杂识》卷四："兽中唯狐最灵，猿次之。狐多成仙，服役于上帝，如宫奴阉者然。猿，地仙耳。"◆唐·戴孚《广异记》"唐参军"条："千年之狐，姓赵姓张；五百年狐，姓白姓康。"又"刘众爱"条，言狐精口中有媚珠，得之为天下所爱。又有狐诞，可媚人。

【狐龙】《太平广记》卷四五五"狐龙"条引《奇事记》：骊山下有一白狐，惊挠山下人，不能去除。唐乾符中，忽一日突入温泉自浴。须臾之间，云蒸雾涌，狂风大起，化一白龙，升天而去。后或阴暗，往往有人见白龙飞腾山畔。如此三年，忽有一老父，每临夜，即哭于山前。数日，人乃伺而问其故。老父曰："我狐龙死，故哭尔。"人问之："何以名狐龙？老父又何哭也？"老父曰："狐龙者，自狐而成龙，三年而死。我狐龙之子也。"人又问曰："狐何能化为龙？"老父曰："此狐也，禀西方之正气而生，胡白色，不与众游，不与近处。狐托于骊山下千余年，后偶合于雌龙。上天知之，遂命为龙，亦犹人间自凡而成圣耳！"言讫而灭。

【狐媚】即"狐魅"。《北齐书·后主纪》：武平四年，邺都（今河北临漳）、并州（今山西太原）并有狐媚，多截人发。详见"狐魅"条。

【狐魅】北魏·杨衒之《洛阳伽蓝记》卷四"城西"：后魏有挽歌者孙岩，取妻三年，妻不脱衣而卧。岩私怪之。伺其睡，阴解其衣，有尾长三尺，似狐尾。岩惧而出之。妻临去，将刀截岩发而走。邻人逐之，变为一狐，追之不得。其后京邑被截发者一百三十人。初变为妇人，衣服净妆，行于道路。人见而悦之，近者被截发。当时妇人著彩衣者，人指为狐魅。

【狐王庙】宋·吕希哲《吕氏杂记》卷下："宋真宗时，王嗣宗守邠土（今陕西彬州），旧有狐王庙，相传能与人为祸福，州人畏之，岁时祭祀，不敢少息，至不敢道'胡'字。嗣宗至郡，集猎户百余人围其庙，熏灌其穴，杀百余狐。或云有大狐从白光中逸去，其妖遂息。后人有复为立庙者，则寂然无灵矣。"《仙鉴》卷五一"王文卿"条："京口有狐王庙，乃石祖皇帝置立，奉祀年深。一日庙中火出，焚尽，悉为草场。执政张天觉行德政，毁去狐王庙一千余所。"

【狐总管】清·俞樾《耳邮》卷四：京师西单牌楼有大宅，为狐居之，无赁者。屋主以久失业，怒甚，往而詈狐。是夕忽失其子，次日求而得之于此宅。问何以至此，则亦不自知，而其子日就羸瘠，奄奄欲毙。或言东便门楼有狐总管，实司京师狐政。乃具酒食，撰文疏而往诉焉。越数日，往侦空宅，则树上悬一首，似猫而巨，喙较长，盖已为总管所诛矣。

【狐祖师】清·袁枚《子不语》卷七：江苏盐城某村有戴氏女，为妖所凭。诉于村北圣帝祠，怪遂绝。已而有金甲神托梦于其家，曰："吾圣帝部下邹将军是也。前日当家妖是狐精，吾已斩之。其党约明日来报仇，尔等于庙中击金鼓助我。"次日，戴家集邻众往，闻空中甲马声，乃奋击金鼓，果有黑气坠于庭，村前后落狐狸头甚多。越数日，又梦邹将军来，曰："我以灭狐太多，获罪于狐祖师。狐祖师诉于大帝，某日大帝来按其事，请父老为我求之。"众如期往，至夜半，有冕服乘辇者冉冉来，侍卫甚众。后随一道人，庞眉皓齿，两金字牌署曰"狐祖师"，圣帝迎谒甚恭。狐祖师曰："小狐扰世，罪当死，但部将歼我族类太多，罪不可逭。"圣帝唯唯。村人自廊下出，跪而请命。闻庙内传呼曰："大帝有命，邹将军嫉恶太严，杀戮太重，念其事属因公，为民除害，可罚俸一年，调管海州地方。"村人欢呼而散。

【胡大明王】杭州西湖龙井有土庙，额曰"显应"，中有二神像，左曰胡大明王，右曰郎夫人。据清·俞樾《春在堂随笔》卷六，胡大明王应是胡则。胡则，北宋婺州永康（今浙江永康）人，于仁宗天圣、明道间两为杭州守，有惠政，在郡时独无潮患。以兵部侍郎致仕，死葬龙井山中。及高宗建炎间，有寇乱，聚永康方岩山，夜梦紫袍金甲神人，随被剿灭。朝廷为建庙，封显应侯。参见南宋·潜说友《咸淳临安志》卷七二。

【胡道安】明初人。明·王鏊《（正德）姑苏志》卷五八："吴江（今江苏吴江）人，性狂憨，人呼胡疯子。为玄妙观道士。遇异人授五雷法，洪武末，吴中大旱，延之祈雨。登坛大骂，雨即降。"◆按：其徒即"张皮雀"。

【胡道人】清·许仲元《三异笔谈》卷一"胡道人"条：北京白云观，每年重九日，各省全真皆集焉。胡道人亦必一至，然不住观。与程仪曹世淳善，多主其邸。贽郎汪员外秀峰，嗜奔走，内行不修，闻道人名，坚欲见。既见，道人色然起曰："汝汪启淑耶？见我何为？汝某日作某事，可见我否?"枚举数十端,皆屋漏暧昧事。汪汗出如浆,惶窘伏地。道人曰:"能痛改前非,幸保首领。不信,志吾言,三日后即有奇祸。"后三日,以坐快车出顺治门,触石坠车,碎首几殒。而胡仙人之名愈著。

【胡钉铰】唐·范摅《云溪友议》卷下"祝坟应":"胡生家贫,少为洗镜、铰钉之业。常以酒果祭于列御寇之墓。经年,忽梦一人以刀划其腹开,以一卷书置于心腑。及觉,吟咏之句,皆绮美之辞。然始终不弃旧业,远近称为胡钉铰。"宋·王铚《默记》卷下:"诸先生者,失其名,杭州人。举进士,当赴礼部,遇异僧慈上座传以易数。慈上座者别去,曰:'他日见胡钉铰者,知吾所在也。'后诸先生于坊间遇一作带者,极有风致,问之,乃胡钉铰也。惊问慈上座所在,曰:'君既仕宦矣,各行其志可也,上座岂可得而见耶?'先生固请见之,钉铰曰:'上座于人才举意便已知之,况顷刻万里,何可知其处也。'"又见北宋·钱易《南部新书》卷九。◆铜匠、锡匠、银匠、小炉匠所奉之祖师神"胡定",或即此人。

【胡二郎】《仙鉴》卷四六:"成都人,见一道士醉卧通衢,怜之,以石支其首。道士醒,感之,劝二郎修道。二郎问其姓名,曰:'我尔朱也。'乃即屠肆市猪血灌肠置溲中,使二郎食。二郎食之,觉甘美,方知为异人。道士既去,二郎亦化。家人葬之,怪其棺轻,发之,乃一竹竿。"◆按:"尔朱"当即"尔朱洞"。

【胡二姊】唐·郑还古《博异志》"马侍中"条:马燧贫贱时,寓游北京(今太原),忤护戎。有园吏匿燧于粪车中,载出郭而逃,狼狈窜六十余里。日暮,度不出境,求蔽于逃民败室之中。俄闻车马势渐远,稍安焉。忽于户牖,见一女人,衣布衣,身形绝长,手携一袱曰:"马燧在此否?"燧不敢对。又曰:"大惊怕否?胡二姊知君在此,故来安慰,无生忧疑也。"燧乃应诺而出。胡二姊曰:"大厄已过,尚有余恐。"令于旧处更不可动。胡二姊以灰数斗,放与燧前地上,横布一道,仍授之言曰:"今夜半,有异物相恐,不可动。过此厄后,勋贵无双。"言毕而去。夜半,有物闪闪照人,渐进户牖间。见一物,长丈余,乃夜叉也,携短兵直入室来,狞目电燮,吐火喷血。然此物终不敢越胡二姊所布之灰。久之,物乃撤一门扉,藉而熟寝。俄又闻车马来声,乃追马燧者,数人持兵器入,冲夜叉,夜叉奋起,大吼数声,裂人马啖食。夜叉既

饱,徐步而出。四更,东方月上,燧觉寂静,乃出而去,获免。后立大勋,官爵隆崇。询访胡二姊之由,竟不能得。思报不获,乃每春秋祠飨,别置胡二姊一座,列于庙左。

【胡浮先生】即施存。参见"壶公"条。

【胡公大帝】浙江金华锅炉公奉胡公大帝为行神。当即尉迟敬德(民间或称"胡敬德"),因尉迟敬德为铁匠等行奉为行神,而锅炉工与铁匠均烧煤炭,或连类及之也。

【胡弘】明时人。明·陆粲《庚巳编》卷九"胡弘"条:"宁波儒士胡弘,字任之。少时受术于江右日者张生,力学勤苦不厌。正统初游杭,遇老翁,深于《易》理。弘从之游,尽得其秘,由此以卜筮名。景泰初,从张都御史征闽寇邓茂七,在军中所言多奇中。后至苏,士大夫多从问休咎。尤善相字。有士人应试,书'串'字问之。弘云:'君不唯中举,兼擢进士。"串"字者,二中也。'别一士闻其语,亦书'串'字以问,弘云:'君且勿言科名,当忧疾病。'其后二人一连捷,一得重疾。弘云:'前问者出于偶尔,后问者从而效之,则有心矣。"串"下加"心",故应得患也。'其术大抵如此。"◆事又见明·都穆《都公谭纂》卷下。

【胡惠超】南宋·陈葆光《三洞群仙录》卷一引五代·杜光庭《仙传拾遗》:"唐胡惠超,身长,人谓之胡长仙。善能役使鬼神。"南宋·白玉蟾《修真十书·玉隆集》、《仙鉴》卷二七:"又称胡天师。名惠超,字拔俗。不知何许人,亦不知其年寿。唐高宗时,自庐山至豫章(今江西南昌)西山之洪井,类四十许人,自言五十二岁。逾数载问之,亦复云。谈晋张华事如其友。或云许真君尝授以延生炼化之术,能召神灵,驱风雨,又曾预陶弘景校《茅山华阳洞太清经》。又自云:'吾昔到此,客于旴母,用是不知为何代人物也。'豫章西门有樟木精,胡惠超除之,以其地为观。又以符召木筏于九十里外,役鬼神凿井,灵迹甚多。唐高宗赐洞真先生之号。天后以蒲轮召之,欲留都下,委以炼丹之事。胡辞,请还山炼丹。乃于洪崖先生古坛之际炼丹,首尾三年。后于长安三年尸解,复以洞真先生为谥。玄宗开元中,行狂复出,为明皇所重。世传明皇三公主从之学道,道成,皆隐去。"南宋·祝穆《方舆胜览》卷一九云,"江西新建(今江西南昌)游帷观,即许逊初学道之黄堂,惠超创观,以夜兴工,至晓则止,是役鬼神成之也。"《(雍正)江西通志》卷一〇三作"慧超",云:"遇日月二

君，授以净明忠孝之道。唐初隐于西山洪井。见有举家悲泣者，问之，曰：'庙神岁择女为配，吾女明日当行。'于是惠超驱风雷焚击妖庙，并投巨樟于江中云。"另《仙鉴》卷三六："唐武后时，游帷观道士胡惠超寿数百岁，游高安，以张惠感为师。"◆按：晋时许逊、吴猛等十二真君为净明道奉为祖师虽在北宋，但最早对许逊一派道士进行推崇的极可能就是胡惠超，而十二真的故事则亦似为胡及其门徒所搜集编造。《新唐书·艺文志》有道士胡法超所撰《许逊修行传》，或"法超"为"惠超"之误乎？

【胡将军】清·施鸿保《闽杂记》卷五：邵武（今福建邵武）城北有小庙，所祀神为胡将军，里人言是清初义民死难者。考《宋史》理宗绍定三年，漳州（今福建漳州）连城盗起，犯邵武，胡纯等死之，寇平，立庙以祀。胡将军疑即胡纯。

【胡敬德】门神。即"尉迟敬德"。敬德姓尉迟，何以民间却改为姓胡？按与尉迟敬德同为门神之秦琼，在唐封"胡国公"，或称"胡公"，则尉迟敬德之称敬德者，或以此连类而及之者。又梁·宗懔《荆楚岁时记》有云："十二月八日为腊日。村人并系细腰鼓，戴胡公头及作金刚力士，以逐疫。"是"胡公"在昔本为驱鬼傩神，后人之以秦、尉迟二人作门神辟鬼，其间或亦称为"胡公"，至于后来，则秦琼本有"胡公"之名，而尉迟则亦冒其姓。

【胡媚儿】《太平广记》卷二八六"胡媚儿"条引唐·薛渔思《河东记》：唐贞元中，扬州坊市间忽有一妓，以术求乞。一旦，怀中出一琉璃瓶子，可受半升，表里透明，置于席上，谓观者曰："有人施与满此瓶子，则足矣。"瓶口刚如苇管大。有人与之百钱，投之，琤然有声，则见瓶间大如粟粒，众皆异之。复有人与之千钱，投之如前。又有与万钱者，亦如之。或有以马驴入之瓶中，见人马皆如蝇大，动行如故。须臾，有度支两税纲数十车至，驻观之，乃谓媚儿曰："尔能令诸车皆入此中乎？"媚儿曰："许之则可。"纲曰："且试之。"媚儿乃微侧瓶口，大喝，诸车辂辂相继，悉入瓶，瓶中历历如行蚁然。有顷，渐不见，媚儿即跳身入瓶中。纲乃大惊，遽取扑破，求之一无所有。从此失媚儿所在。后月余日，有人于清河北逢媚儿，部领车乘，趋东平而去。是时，李师道为东平帅也。

【胡越神】《水经注·河水四》："华山有一神祠，名曰胡越寺，神像有童子之容。从祠南历夹岭，广裁三尺余，两箱县崖数万仞，窥不见底。祀祠有

感，则云与之平，然后敢度。"

【胡日新】明·张岱《石匮书》卷二〇六：金华人。精星学。高帝克金华，召见。推帝造曰："将军当极富极贵。"又推诸将校，或公或侯。帝恶其独不言官职。胡请屏左右，曰："极富者，富有四海；极贵者，贵为天子。"洪武四年，召至京，问欲何为，对曰："第欲得一符以游行天下。"高帝遂书其扇曰："江南一古叟，胸中罗星斗。许朕作君王，果应仙人口。赐官官不要，赐金金不受。持此一握扇，横向天下走。"识以御玺，遂去。遍游十二年，始回，入见后，帝温谕遣回。适蓝玉北征归，令日新推之。日新曰："公当封国公，但七月中某与公同被难。"玉果得封凉国公，遂骄同列。寻被发其不轨，临刑叹曰："早听日新言，不受封，或可免。"帝召日新问："曾许玉封公否？"对曰："有之。曾言其祸在七月中。"帝："尔命尽几时？"对曰："臣命尽今日酉时。"遂被戮。《九朝谈纂》《近峰闻略》作"刘日新"。

【胡太公】南宋·洪迈《夷坚丁志》卷一〇"天门授事"条：名胡雄，赣州宁都县（今江西宁都）民，生有异相，能自顾其耳，死后著灵响，能祸福人，里中因为立祠。后奏赐博济庙额，封灵著侯。

【胡桃怪】唐·段成式《酉阳杂俎·前集》卷一四：唐大历中，妇人柳氏寡居渭南（今陕西渭南）。有一子，年十一二。夏夜，其子忽恐悸不眠，三更后，见一老人，白衣，两牙出吻外，熟视之，良久渐近前。有婢眠熟，因扼其喉，咬然有声，衣随手碎，攫食之。须臾骨露，乃举起，饮其五脏。见老人口大如箕，子方叫，一无所见，婢已骨矣。数月后，日暮，柳氏露坐纳凉，有胡蜂绕其首面，柳氏以扇击堕地，乃胡桃也。柳氏取置堂中，遂长，初如拳如碗，惊顾之际，已如盘矣。曝然分为两扇，空中转轮，声如分蜂，忽合于柳氏首，柳氏碎首，齿著于树，其物飞去。竟不知何怪也。

【胡天放】南宋末术士，名龙，字天放。善扶乩召仙，南宋·周密《志雅堂杂抄》卷一〇记其事数则，所降神有岳飞、三茅、吴真人及地仙马巫父等。其请仙法，先念《净天地咒洞中元虚》，次念《北斗咒》咒斗，继又次顺念《揭地咒》七遍，又中念《揭谛咒》七遍。画符毕，次念四句咒，云："我今请大仙，愿降蓬莱阙。骑鹤下云端，谈风咏明月。"不绝口念之。

【胡羊道人】明·曹学佺《蜀中广记》卷七四引《江安志》："胡羊道人，容貌奇异，美髯明眸。唐

末在江安（今四川江安）七里山顶修炼，自号'胡羊'。尝适梓州（今四川三台），见狱吏王昌遇有阴德，投以仙诀，丹成，戒以百日后方可服，后果全家飞升。道人亦仙去，后人因名其山为胡羊山。"◆《仙鉴》卷四五记"王昌遇"事与此不同，可参见该条。

【胡伴】《（雍正）四川通志》卷三八之三："道士，容貌奇古，美髯修目。唐末修炼于江安（今四川江安）县东山峰绝顶。尝适梓州（今四川三台），见狱吏王昌有阴德，授以仙诀，举家白日上升。"◆按：此即所谓"胡羊道人"者，参见该条。

【胡隐遥】隋唐间人。《仙鉴》卷二九：为洞庭山（在太湖中）道士，自云角里先生之孙。其山有角里村、角里庙，累世多得道。隐遥居焦山，学太阴炼形之法。死于岩中，嘱弟子曰："常视吾体，勿使物犯，六年后若再生，当复我以衣冠。"及期，果再生。后十六年如前死，更七年复生。如此三度，约八十岁，貌如三十许人。隋炀帝、唐太宗均召问。后归山，不知所终。

【胡用琼】宋道士，《仙鉴》卷五〇：号冲真子，隶籍庐山太平兴国宫。神宗时，有道人衣服蓝缕，突入，自称"回道人"。观中道士不顾，唯胡礼遇之。回道人邀胡出饮，胡辞以日暮，回一笑面别。后数年，回挑二壶，自称"大宋客"，访胡于道院。壶中皆黄白之物，与胡，胡不受，求长生之术。回道人乃以刀剜土，以酒及口唾和之，嘘成墨丸，曰："服此可仙。"胡饮酒醉。及醒，异香满室，见剜土处有泉涌出，而道人不见。胡遂以墨研酒，饮之，貌如童子。由是渐厌人间，留诗蜕形而去。

【胡詹二王】南宋·白玉蟾《修真十书·玉隆集》：胡、詹二王者，旌阳县（今湖北枝江北）之二吏隶也，不知其名。许逊弃旌阳令还山且久，二吏思慕，遂舍家来从。许逊悯其诚意，而知其分不应成仙，使没后立祠于福地东南高峰，永享血食。

【壶公】即东汉时费长房于市肆所见卖药老翁，因身携一壶，市罢即跳入壶中，故称。《太平御览》卷六六二引《三洞珠囊》曰："壶公，名谢元。历阳人，卖药于市，不二价，治病辄愈。语人曰：'服此药，必吐某物，某日当愈。'言无不效。日收钱数万，施市内贫乏饥冻者。费长房为市令，知其人，后诣公，公携长房去，授以治病之术，令还。壶公后遂仙去。戴公柏有《大微黄书》十余卷，即公之师也。"参见"费长房"条。◆梁·陶弘景《真诰》卷一四云其为施存（孔子弟子）后身，又

名胡浮先生，一号婉盆子。晋·葛洪《神仙传》卷九云："今世所有召军符、召鬼神治病王府符二十余卷，皆出于壶公，故总名为'壶公符'。"◆按：南宋·陈葆光《三洞群仙录》卷四引《丹台新录》云壶公名"谢元一"。

【湖中姥】即"巢湖太姆"。北宋·乐史《太平寰宇记》卷一二六："合肥巢湖。耆老相传曰：居巢县地昔有一巫媪，预知未然，所说吉凶咸有验。居巢门有石龟，巫云：'若龟出血，此地当陷为湖。'末几，乡邑祭祀，有人以猪血置龟口中。巫妪见之南走，回顾其地，已陷为湖。人多赖之，为巫立庙，今湖中姥之庙是也。"◆按：此类陷湖故事在民间甚多，而最早本于晋·干宝《搜神记》卷一三："由拳县（在今浙江嘉兴南），秦时长水县也。始皇时童谣曰：'城门有血，城当陷没为湖。'有妪闻之，朝朝往窥。门将欲缚之，妪言其故。后门将以犬血涂门，妪见血便走，忽有大水欲没县，主簿令干入白，令曰：'何忽作鱼？'干曰：'明府亦作鱼。'遂沦为湖。"《太平广记》卷一六三"历阳妪"条引《独异记》："历阳县（今安徽和县）有一媪，常为善。忽有少年过门求食，媪待之甚恭。临去谓媪曰：'时往县门，见门阃有血，可登山避难。'自是媪日往之。门吏问其状，媪具以少年所教答之。吏即戏以鸡血涂门阃。明日，媪见有血，乃携鸡笼走上山。其夕，县陷为湖，今和州历阳湖是也。"南齐·祖冲之《述异记》亦有历阳老姥事，唯言"此县门石龟眼血出，此地当陷为湖"，有小异。另相似者尚有"邛都老姥"事，见"龙母"条。

壶公 列仙酒牌

【葫芦生】❶北宋·王谠《唐语林》卷六："唐宝应中，员外郎窦庭芝敬事卜者葫芦生。生言吉凶多中，一日曰：'君家大祸将成。'举家啼泣，请问求生之路。生曰：'非遇中黄君、鬼谷子不可救。然黄中君难见，但见鬼谷子，当无患矣。'生乃具述形貌服饰，令洤旬求之。时李泌居忧于河清县，骑驴入洛，至中桥，所乘骡忽惊佚，径入庭芝所居。窦家车马将出，忽见泌，皆惊愕而退。俄有人云：'请客入座，主人当愿修谒。'泌不得已就其厅。庭芝即出拜，延接殷勤，遂至信宿。数日告去，赠遗殊厚，但云：'贵达之日，愿以一家奉托。'后朱泚之乱，德宗车驾出幸奉天。庭芝方为陕西观察，遂降贼。及贼平，德宗首令诛庭芝。时李泌自南岳征还，便为宰相，因第投贼臣僚罪状，遂请庭芝减死。德宗意不解，于是泌具以前事闻，由是特原其罪。泌始奏，上密遣中使乘传于陕问之。庭芝录奏其事。德宗曰：'言中黄君，盖指朕耶？未知呼卿为鬼谷子，何也？'或曰：李泌先茔在河清谷前，浊谷后，恐以此言之也。"其事又见《太平广记》卷七七"葫芦生"条引唐·皇甫氏《原化记》及唐·李亢《独异志》卷上。❷唐·段成式《酉阳杂俎》卷二有一条亦记一"葫芦生"（另本作"胡芦生"），见"道左老人"条。

【槲衣仙】三国时吴国人。《两浙名贤外录》卷一"玄玄"、《（雍正）处州府志》卷一三：龙泉人，不知姓氏，无寒暑皆缀槲叶为衣，人遂以是名之。结庵于凤山之巅，童颜黑发，不御饮食。赤乌年中飞升。《（万历）括苍汇纪》卷一五载其持雌抱一之道，人问其寿，常言八十岁。有种种异术。

【胡涂】清·俞鸿渐《印雪轩随笔》："万全县（今河北万全）北十里许，有胡涂庙，不知所始。或云县与山西接壤，庙祀春秋时晋大夫狐突。今之庙额则曰胡神，其貌须猬卷，状狞恶，绝类波斯胡。相传七月朔为神诞辰，土人演剧酬神，焚香膜拜，三四日乃已。土人云：神司雹，不敬则雹为灾。"清·纪昀《阅微草堂笔记》卷一一："山西太谷县西南十五里白城村有胡涂神祠，土人奉事之甚严，云稍不敬辄致风雹，然不知神何代人，亦不知何以得此号。后检《通志》，乃知为狐突祠，元中统三年敕建，本名利应狐突神庙。狐、糊同音，北人读入声皆似平，故突转为涂也，是又一'杜十姨'矣。"◆按锡伯族友人王悌函告："胡涂"在锡伯（鲜卑族后裔）语中即"神"义，庙额曰"胡神"，正分毫不讹。现山西太原清徐县有胡涂庙，或是此

神之唯一庙宇也。又《阅微草堂笔记》卷八有一条云："乌鲁木齐巡检所驻，曰呼图壁。呼图译言鬼，呼图壁译言有鬼也。"此呼图应与胡涂为一义。

【虎伥】人为虎所食，则为虎伥，或称"虎鬼"。助虎食人，为虎伥通例，但说法亦不完全一致。大都如明·郎瑛《七修类稿》卷一七所云："凡虎之出入，虎伥则引导以避其凶。帮猎者捕虎，先设汤饭衣鞋于前，以为使之少滞，则虎不知，以落机阱；否则为虎发机，徒费猎心也。及虎为人所捕，又哀号于其所在，昏夜叫号，以为无复望虎食人矣，若为其复仇然。"又伥之为虎役，除为虎前驱发机外，尚有它用。有说虎之所食为何人，全由伥指挥者，如刘宋·刘敬叔《异苑》卷六"严猛妇"条："晋时会稽严猛妇出采薪，为虎所害。后一年，猛行至蒿中，忽见妇云：'君今日行必遭不善，我当相免也。'既而俱前，忽逢一虎，跳踉向猛，猛妇举手指挥，状如遮护。须臾有一胡人荷载而过，妇因指之，虎即击胡，婿乃得免。"有说强把人脚不令之逃，而待虎食之者，如南宋·洪迈《夷坚支志·戊集》卷一"师姑山虎"条："古田县师姑山有村妇采笋，为虎搏去。夜见梦于家曰：'我初下山，逢黑虎从对岩出，相去尚远。急匍匐登山避，为两个小儿强把我脚，不得前进。虎已在侧，即行啖食。苦哉，苦哉！'两儿乃伥鬼也。"又有于黑夜诱人开户而出，令虎攫之。或其人顾伟，虎不能攫，伥自后曳其足使仆，以奉虎。虎攫人，伥嬉笑随其后，为解衣带，虎俟裸而后食者，见清·俞蛟《梦厂杂著》卷八。然亦有身为伥而杀虎复仇者，如唐·戴孚的《广异记》："宣州有小儿，每至夜，恒见一鬼引虎逐己。小儿谓父母云：'鬼引虎来则必死。世人云："为虎所食，其鬼为伥。"我死，为伥必矣。若虎使我，则引来村中，村中宜设阱于要路以待，虎可得也。'后数日，果死于虎。久之，见梦于父云：'身已为伥，明日引虎来，宜于西偏速修一阱。'父乃与村人作阱。阱成之日，果得虎。"

【虎鬼】北宋·乐史《太平寰宇记》卷一七一：岭南爱州獠人多变为虎，其家相承有虎鬼，代代事之，若变成生虎，巫即杀鸡向林祭之，打竹弩弦作声诅咒。

【虎蛟】《山海经·南山经》："祷过之山，浪水出焉，南流注于海。其中有虎蛟，其状鱼身而蛇尾，其音如鸳鸯，食者不肿，可以已痔。"《文选》郭璞《江赋》"水物怪错，则有虎蛟钩蛇"，注引《山海经》，"蛇尾"下多"有翼"二字。郝懿行《笺疏》

虎蛟　山海经图　蒋应镐本

以为即鲭鱼："《水经注》引《广州记》'浪水有鲭鱼'，《博物志》：'东海蛟鲭鱼生子，子惊，还入母肠，寻复出。'与《水经》合。疑蛟鲭即虎蛟。所以谓之虎者，沈莹《临海水土异物志》云：'虎鲭长五尺，齿牙有似虎形，唯无毛，或变化成虎。'"

【虎神】清·憫讷居士《咫闻录》卷一"布客"条：从化县（在今广东广州东北部）地僻山深，有某布客过之，至更许，欲止宿，苦无旅店。忽见林薄中灯火荧煌，有人衣绯衣，戴金幞，仪仗鲜明，前呼后拥，队伍整齐，异舆而出。客惧不敢行，伏于林中。比晓，问诸土人，皆曰："山中虎神也。欲食人，则脱衣变为斑虎，大声哮吼而前。"

【虎头人】唐·戴孚《广异记》："唐天宝末，禄山作乱，潼关失守，梨园弟子有笛师者，窜于终南山谷。寓居一庙，援笛而吹。俄而有物虎头人形，自外而入。笛师惊惧，下阶愕眙。虎头人曰：'美哉，笛乎！可复吹之。'如是累奏五六曲。曲终久之，忽寐，乃哈嘻大鼾。师惧觉，乃抽身走出，得上高树。其物觉后，不见笛师，因大懊叹云：'不早食之，被其逸也。'乃立而长啸。须臾，有虎十余头悉至，状如朝谒。虎头云：'适有吹笛小儿，乘我之寐，因而奔窜，可分路四远取之。'言讫，各散去。"◆按：此虎头人应是虎王。

【虎王】唐·戴孚《广异记》："慈州（今山西吉县）稽胡以弋猎为业。唐开元末，逐鹿深山。鹿急走投一室，室中有道士，朱衣，凭案而坐。胡具言姓名，道士曰：'我是虎王，天帝令我主施诸虎之食，一切兽各有对，无枉也。适闻汝称姓名，合为吾食。'胡战惧良久，固求释放。道士云：'吾不惜放汝，天命如此，为之奈何？'久之乃云：'明日可作草人，以己衣服之，及猪血三斗、绢一匹，持与俱来。或当得免。'胡迟回未去，见群虎来朝，道士处分所食，遂各散去。翌日，胡乃持物以诣。道士令胡立草人庭中，置猪血于其侧。然后令胡上树，云：'可以绢缚身著树，不尔，恐有陨落。'寻

变作一虎，向树跳跃。知胡不可得，乃攫草人，掷高数丈，往食猪血尽。复为道士，谓胡曰：'可速下来。'胡下再拜。便以朱笔勾胡名，于是免难。"◆另参见"虎头人"条。

【虎威】唐·段成式《酉阳杂俎》卷一一："夜格虎时，必见三虎并来，挟者虎威。当刺其中者，虎死，威乃入地，得之可却百邪。虎初死时，记其头所藉处，候月黑夜掘之。欲掘时必有虎来，吼掷前后，不足畏，此虎之鬼也。深二尺，当得物如琥珀，盖虎目光沦入地所为也。"郎瑛《七修类稿》卷四四"周锦"条则云："虎威在颈下二肘间，如乙字，三寸许。"明·叶子奇《草木子》卷四："虎威如乙字，长一寸，在胁两傍皮内，尾端亦有之。佩之临官佳，能役伥鬼解衣。"

【虎爷】台湾地区寺庙神案下多塑虎，称"虎爷"。俗以虎爷为土地神所骑，亦有驱逐瘟疫及镇护庙宇之功用。儿童患腮腺炎，以金纸抚摸虎爷上腭，然后贴于患处，即可消肿。又有虎爷可衔来财宝之说，故赌徒信之极深。见仇德哉《台湾之寺庙与神明（四）》。

【虎鹰】宋·彭乘《墨客挥犀》卷二：鼓山有老僧，云数十年前曾登灵源洞，见一禽自海上至，身大如牛，翼广二丈余，下村瞳间低飞掠食，俄攫二大羖羊，复望海而去。识者云是"虎鹰"，能捉捕虎豹。

【互人国】《山海经·大荒西经》："炎帝之孙名曰灵恝，灵恝生互人，是能上下于天。"郭璞注云："言能乘云雨也。"吴任臣《广注》引《国名记》："炎帝孙灵恝生氐人，为氐国，俗作互，非。"袁珂以为即《海内南经》之"氐人国"，见该条。

【户夜神】清·袁枚《续子不语》卷二：息县（今河南息县）有巨绅子独坐书斋，见隔墙有美人露半身，秋波流注。挑之，微笑而下，方欲移梯而接，见墙上立金甲神，手执红旗二，一书"右户"，一书"左夜"，向女招展，女杳然遂灭。后有人为狐所惑，百计驱禳无效，因裁二纸，书"右户左夜"四字，贴于户牖之上。至夜狐至，果却步而言曰："户夜神在此，今且让汝，三年后当再来。"

【护界五郎】南宋·洪迈《夷坚志三补》"护界五郎"条："扬州僧士慧将至江州（今江西九江），日暮，适至孤村林薄间，见路旁一小庙，遂入宿。过夜半，见恶少年数辈舁一人来，就杀之以祭，旋舍去。才晓即行，甫数里，见一庙甚雄，榜曰'护界五郎'，其中白骨无数。僧知为妖鬼，以锡杖碎偶

像之首。是夕，遂为五人索命，僧诵大悲咒自卫。到江州，寓普贤寺，见五物并立于门楣下，高与楣齐，正满二丈。监寺使士慧念《火轮咒》，仅七字，每念百十遍，神辄露现形状，比初时低一寸许。自是日削，至于仅盈一寸，泣而求饶。僧不答，默诵愈精苦。俄旋风起，吹物成灰，扫空无遗。"◆参见"妖神"条。

【扈谦】东晋时人。《洞仙传》："魏郡人。性纵诞，不耻恶衣食，好饮酒。精于《易》，在建康后巷许新妇店前筮一卦一百钱，日限钱五百止。以三百供其母，余二百钱饮酒及济饥寒。晋海西公旦出，见赤蛇盘于床，召谦筮卦。谦言：'晋室有盘石之固，陛下有出宫

扈谦　列仙全传

之象。后年有大将北征失利。'后皆应验。一日谓许氏曰：'因缘尽矣。'去而不知所之。数日，许氏家人于落星路见谦卧于地，始谓其醉，以手牵引，唯空衣无尸。"◆按：扈谦，史有其人，事见《晋书》之《海西公纪》《五行志中》《后妃传下》。

【hua】

【花公】仇德哉《台湾之寺庙与神明（四）》：台南市临水夫人庙供有花公、花婆神像，并附负锄、提篮之花童二名，谓花公为保护树木之神，花婆为保护花卉之神。树木、花卉分别代表男女性，故男子阳衰，女子不孕，均可求祷。

【花姑】唐时女子。五代·杜光庭《墉城集仙录》卷七："女道士黄灵微，年八十而有少容，道行高洁，世人号为'花姑'。自唐初往来于江浙湖岭之间，名山灵洞，无所不至，或宿林莽，即有神灵护之，欲凌侮者立致颠沛。远近畏敬，奉若神明。闻南岳魏夫人有仙坛在临川郡（治在今江西抚州）临汝水西，访求不得，遂至洪州（今江西南昌）诣道

士胡惠超，于南郭乌龟原得之，建洞灵观。玄宗醮祭，祈祷不绝。开元九年升化。化前嘱弟子勿钉其棺，只以纱覆之。弟子如命。忽闻雷震，击纱上，有孔大如鸡子，棺中唯有被覆木简而已。"◆北宋·乐史《太平寰宇记》卷一一〇作"黄令微"。《（雍正）江西通志》卷一〇四："黄令微，临川（今江西抚州）人。少好道，丰神卓异，天然绝粒。旧有石井，故人称'井山姑'。唐开元九年上升。宋祥符二年封妙远真人。"明·王世贞《列仙全传》卷五云又称"黄华姑"，化后，刺史颜真卿撰《仙坛碑》载其事。◆后世因其名而作为花神祀之。《月令广义·春令》："春圃祀花姑。《花木录》：魏夫人弟子善种花，号花姑。"参见"黄令微"条。

【花果五郎】南宋·洪迈《夷坚志三补》"花果五郎"条："庆元间，赵师炽在临安时买一妾，忽常谵语不伦，时时作市井小贩叫唱果子。将半月，忽如梦醒，言：昨到一处，俨如王侯之家，其上有美丈夫五人，或立或坐，姬侍甚众，不觉身在其中。少顷登楼，见栏干外揭巨牌，金书'花果五郎'。其一人令我唱卖果子，辞以不能，相强再三，遂遣下，令一姬送出门，遂寤。意谓顷刻间耳，不知许日也。花果五郎者，里巷丛祠盖有之，非正神也。"◆按："花果五郎"即"花果五圣"，据张长工《余杭县超山花果农民间信仰习俗考察》一文云：超山五圣庙所祀花果五圣为花果、渔花、蚕花、六畜及田公地母等五神，而丁山则称五圣菩萨，为一白脸三眼之女性神。

【花花五圣】明·田艺蘅《留青日札》卷二八"五道将军"条："俗有游方五圣、树头五圣、花花五圣，皆贪淫邪乱之神，或曰即五通也。"明·钱希言《狯园》卷一二："吴俗患痘之家，必供五郎神于堂，名花花五圣。"◆按：此类称"五圣"之神者，浙江一带甚多，如蚕花五圣、鱼花五圣之类，未必与五通神为一类也。

【花魂】清·袁枚《子不语》卷二四：婺源（今江西婺源）士人谢某，读书张公山，晨闻树林中鸟声啾啾，近视之，乃一美女，长五寸许，赤身无毛，通体洁白如玉。遂携归，畜笼中，数日，为太阳所照，竟成枯腊而死。知者曰："此名花魂。凡树经三次人缢死者，其冤苦之气化为此物。沃以水，犹可活也。"试之果然。

【花婆】见"花公"条。

【花卿】道藏本《搜神记》卷四："姓花名敬定，长安人，庙在眉州（今四川眉山）之东馆镇。唐至

德间从崔光远入蜀，讨段子璋有功，封嘉祥县公。后与巨寇战，部伍溃落殆尽，单骑鏖战，不知觉间丧其首，犹骑马执戈，至镇下马盥洗。遇浣纱女，女曰：'无头如何盥洗?'遂僵仆。居民葬之溪上，历代庙祀之。"◆按：无头故事当由杜甫之《花卿歌》"头颅掷去血模糊"敷衍而成。清·王棻《（光绪）黄岩志》（今浙江黄岩）："县南有感应庙，神名花敬定，唐天宝中诛段子璋立功于蜀。至僖宗咸通八年，裘甫乱浙东，朝廷浙东副总师刘雄、刘从简暴虐害民，百姓皆曰：'安得成都猛将如花卿者，拯我于水火乎?'或呼名号于道，或立主祀于家。明年台州刺史李师望奉诏来讨，忽闻空中有鼓噪声，赤旗大书'成都大将花敬定神兵驻此'，战遂大捷。事闻，封靖国卫民大元帅。"

【花丘林】《天地宫府图》"三十六小洞天之小沩山，为仙人花丘林所治"。其人不详。

【花煞】清·鉴湖渔者《薰莸并载》卷二"花煞"条："吾乡（浙江绍兴）娶新妇，彩舆进门，必令道士祝祷数语，而后成亲，谓之'遣花煞'。人见彩舆，必避左右，谓犯之必凶，未知何据。"周作人有《花煞》一文，言花煞"是一种喜欢在结婚时作弄人的凶鬼"。"我只知道男家发轿时照例有人穿了袍褂顶戴，拿一面镜子、一个熨斗和一座烛台在轿内乱照，行搜轿的仪式。这当然是在那里搜鬼，但搜的似乎不是花煞，因为花煞仍旧跟着花轿来的。""这个怪物大约与花轿有什么神秘关系。""听说一个人冲了花煞就要死，或者至少也是重病，则其祸崇又波及新人以外的旁人了。"◆参见"红沙煞""披麻煞"条。

【花神】清·钱泳《履园丛话》卷一六"佛云夫人"条云，清时西湖有"花神庙"，花神为男子，能祟女子。

花神　北京神像

然清·陆长春《香饮楼宾谈》卷一"西湖花神庙"所记则非是："西湖花神庙像，为名手装塑，诸女像俱极美丽，其三为荷花神"云云。是神有男亦有女也。◆清·顾禄《清嘉录》卷二

"二月·百花生日"条："二月十二日为百花生日，闺中女郎剪五色彩缯，粘花枝上，谓之'赏红'。虎丘花神庙，击牲献乐以祝仙诞，谓之'花朝'。蔡云《吴歈》云：'百花生日是良辰，未到花朝一半春。红紫万千披锦绣，尚劳点缀贺花神。'"清·焦东周生《扬州梦》卷四亦记有花神故事。但均未言明花神具体为何名。花神之名稍具体者：❶女夷。《月令广义·岁令》卷一："女夷，主春夏长养之神，即花神也。"详见该条。❷花姑。亦为民间祀为花神，见"花姑"条。❸一些文人所拟的花神。如清·俞樾《曲园杂纂》有《十二月花神议》："正月梅花何逊，二月兰花屈平，三月桃花刘晨、阮肇，四月牡丹李白，五月榴花孔绍安，六月莲花王俭，七月鸡冠花陈后主，八月桂花郗诜，九月菊花陶潜，十月芙蓉花石曼卿，十一月山茶花汤显祖，十二月蜡梅花苏东坡、黄山谷。"而以迦叶尊者为总领群花之神。又每条下皆附"原议"，摘出如下："正月梅花林和靖，二月杏花□□（原缺），三月桃花东方朔，四月芍药韩琦，五月榴花班超，六月莲花周敦颐，七月秋葵鲍照，八月桂花郗诜，九月菊花陶潜，十月芙蓉石曼卿，十一月山茶石崇，十二月蜡梅苏、黄。"均据其人所爱、所咏或有关之故事与其花相配。而清人吴友如画十二花神，则为正月梅花柳梦梅，二月杏花杨玉环，三月桃花杨延昭，四月蔷薇张丽华，五月石榴锺馗，六月荷花西施，七月凤仙石崇，八月桂花绿珠，九月菊花陶渊明，十月芙蓉谢素秋，十一月山茶白乐天，十二月蜡梅老令婆，大多无稽。又清·乐钧《耳食录》卷一有"长春苑主"一篇，亦记花神故事。此与俞曲园之《花神议》，蒲留仙之《花神》，俱为文人弄笔，似与习俗所传闻者无涉。大抵花神与民生无大关系，故亦不如其它能为祸为福于人之神为民间所重视。◆清·姚福均《铸鼎余闻》卷四引《昆山新阳合志》："二月十二日为花朝花神生日，各花卉俱赏红。"《镇洋县志》则曰"十二日为崔玄微护百花、避封姨之辰，故剪彩系花树为幡。"按：唐·郑还古《博异记》载崔玄微事，第云春夜，未言月日也。

【花王父母】清·屈大均《广东新语》卷六：越人祈子，必于花王父母祝辞曰："白花男，红花女。"故婚夕亲戚皆往送花，盖取《诗》"华如桃李"之义。

【花仙】清·王士禛《池北偶谈》卷二六：花仙者，居鄠县（今陕西西安鄠邑区）终南山之圭峰。

有武弁张某访之，三日始至洞口，与之言，但劝孝悌。故太保梁大将军化凤供养甚诚，仙常往来其家，每至则闻风作，自庭树而下。唯唉果实，不火食。自言在山中恒与康对山（海）、王渼陂（九思）诸公相往还。其貌瘦健，声甚尖利，不类人，殆猿猴之属也。

【花月之神】南宋·何薳《春渚纪闻》卷四：章国老之妻潘氏，甚韶丽，嫁后不数岁而卒。卒之日，室中飞蝶散满，不知其数。后每展灵像，则一蝶停立，久之方去。其家疑其为花月之神。

【华芙蓉】刘宋·刘敬叔《异苑》卷六：安定梁清，居扬州右尚方间桓徐州故宅。元嘉十四年二月，数有异光，见一人，云姓华名芙蓉，为六甲至尊所使，从太微紫宫下来，过旧居，乃留不去。或鸟头人身，举面是毛。掷洒粪秽，引弓射之，应弦而灭，并有绛汁染箭。

【华盖三仙】道藏本《搜神记》卷四"仙华山之神"条："神有三，一晋浮丘翁，一其徒王褒，一其徒郭姒，时称'华盖三仙'。道场在抚州（今江西抚州）之崇仁仙华山。山又称华盖山。"◆《道藏辑要》有《华盖三仙祖师记》。

【华盖真人】《（雍正）山东通志》卷三〇："五代时人，姓刘，蜀人，居劳山（在今山东青岛）。庞眉皓发，面如渥丹，敝衣掩形，不冠不履。世称华盖真人。忽一夕尸解而去。"元·于钦《齐乘》卷一："大劳山有上清宫，五代末华盖仙人识赵太祖于侧微，宋人为建此宫。近世有刘使臣者，弃金符遁此山。"

【华光】即"五显灵官大帝"。宋·鲁应龙《闲窗括异志》："五显灵官大帝，佛书所谓华光如来，显迹婺源久矣，岁岁朝献不绝。淳熙中，乡人病于涉远，乃塑其像，迎奉于（海盐）德藏寺之东庑。"明·田汝成《西湖游览志》卷一〇："西湖北高峰有华光庙，以奉五显之神。"同书卷一七"南山分脉于城内胜迹"有"华光庙，本名宝山院，宋嘉泰间建。绍兴初重修，以奉五显之神，亦曰五通、五圣。江之南无不奉之，而杭州尤盛，莫详本始。"又明·余象斗《四游记》之《南游记》又称《五显灵官大帝华光天王传》，其叙华光本为妙吉祥童子，因忤如来，转世为三眼灵光，又转世为灵耀，师事天尊，大闹天宫。又转世萧家，方为华光，擒斩下界妖魔，娶铁扇公主。其母即吉芝陀圣母，因食萧家娘子，幻成其状，方生华光，后为佛所执，打入地狱以受恶报。华光因思母，遂大闹阴曹，救出其

母。此故事与《三教源流搜神大全》之"灵官马元帅"相类，而皆源于佛经中之"目连救母"。参见"目连"条。◆容肇祖以为即"王灵官"，见所著《五显华光大帝》一文。◆清·清凉道人《听雨轩笔记》卷三有一则云："广西梧州五显马头有华光庙，每岁冬间，士庶必奉神像巡行于城内外，以被不祥。相传神素用戟，土人造一铁戟，树于神侧，其长丈余，上蟠灵蛇，杆粗一握，重百余斤。"

【华侨】梁·陶弘景《真诰》卷二〇："华侨者，晋陵（今江苏常州）冠族，世事俗祷。侨初颇通神鬼，常梦共同飨醮，每尔辄静寐不觉，醒则醉吐狼藉。俗神恒使其举才用人，前后十数，若有稽违，便坐之为遣。侨忿患，遂入道于鬼，事得息。渐渐真仙来游，始亦止是梦，积年乃夜半角见，裴清灵、周紫阳至，皆使通传旨意于长史。而侨性轻躁，多漏说冥旨，被责，仍以杨君代之。侨后为江城县令，家因居焉。今江乘诸华皆其苗裔也。"《真诰》卷七又云："华侨漏泄天机，妄说虚无，乃令华家父子被考于水官。华侨之失道，由华骑之佞乱，破坏其志，念华团、华西姑者，三官因之以观试，遂不过，侨于是得有死罪，削夺名简，输头皮于水官。"◆按：由此可窥见当时道教宗派之争。华氏与许氏世为姻亲，亦南天师道之一大族，世传《周紫阳传》即华氏所为，观《真诰》所记，似后与许氏交恶，于是许氏乃奉杨羲而弃华氏矣。

【华山府君】唐·戴孚《广异记》："景云中，河东南县尉李某，妻王氏，有美色。王妆梳向毕，焚香闲坐，忽见黄门数人，自云中下至堂所，曰：'华山府君，使来奉迎。'辞不获放，遂死于阶侧，俄而彩云捧车浮空，冉冉遂灭。李自州还，既不见妻，抚尸号恸。忽有人诣门，自言能活夫人。其人坐床上，觅朱书符。朱未至，因书墨符飞之。须臾未至，又飞一符。笑谓李曰：'无苦，寻常得活。'有顷而王氏苏。王氏既苏，云：'初至华山，见王，王甚悦。列供帐于山椒，与其徒数人欢饮。宴乐毕，方申缱绻，适尔杯酌，忽见一人，乘黑云至，云："太一令唤王夫人。"神犹从容，请俟毕会。寻又一人乘赤云，大怒曰："太一问华山何以辄取生人妇？不速送还，当有深谴。"神大惶惧，便令送至家。'"◆按：此华山府君好夺人妇，与"华岳三郎"行径完全相似，故颇疑华岳三郎即华山神。详见"华岳三郎"条。又按：此种道士飞符召魂故事成一类型，见于唐人小说中颇多，而本篇与《太平广记》卷三〇一"仇嘉福"条引《广异记》尤相

类，参见"太乙神"条。

【华山玉女】即"明星玉女"。传说华山为明星玉女之别馆，华山有玉女像、玉女洗头盆等遗迹。

【华佗】又作"华陀"，《后汉书·方术列传》："字符化。沛国谯郡（今安徽亳州）人。通数术，精针灸方剂之术，能用麻沸散使人麻醉，破腹洗肠胃而人不知。后为曹操所杀。"而《仙鉴》卷二〇云："年且百岁而犹有壮容，时人以为仙。"

【华胥之子】即伏羲。晋·王嘉《拾遗记》卷二：禹凿龙门之山，至一空岩，深数十里，幽暗不可行，禹乃负火而进。行可十里，渐明，见一神，蛇身人面，示禹八卦之图，列于金版之上，又有八神侍侧。禹曰："华胥生圣子，是汝耶？"答曰："华胥是九河神女，以生余也。"乃探玉简授禹，长一尺二寸，以合十二时之数，使度量天地。蛇身之神，即羲皇也。

【华严三圣】释迦牟尼佛及左胁侍文殊菩萨、右胁侍普贤菩萨，因见于《华严经》，故称"华严三圣"。大同下华严寺大殿有三佛，成三组"一佛二菩萨"像。中为华严三圣，右为"东方三圣"，即药师佛及左胁侍日光菩萨、右胁侍月光菩萨，左为"西方三圣"，即阿弥陀佛及左胁侍观音菩萨、右胁侍大势至菩萨。

【华幽栖】唐时人。《（康熙）衡岳志》卷三："自西蜀游历各地二十四年，至衡岳修真，于五峰石台上注《灵宝经》，台上烟云缭绕，因名天香台。后尸解。"宋·陈田夫《南岳总胜集》则云"幽栖自西蜀游二十四治，历荆渚，溯潇湘而至衡岳"。

【华岳三夫人】唐·戴孚《广异记》：赵郡李湜，以开元中，谒华岳庙。过三夫人院，忽见神女悉是生人，邀入宝帐中，备极欢洽。三夫人迭与结欢，言终而出。临诀谓湜曰："每年七月七日至十二日，岳神当上计于天。至时相迎，无宜辞让。今者相见，亦是其时，故得尽欢尔。"自尔七年，每悟其日，奄然气尽。家人守之，三日方寤，形貌流涣，病十来日而后可。有术者见湜云："君有邪气。"为书一符。后虽相见，不得相近。二夫人一姓王一姓杜，骂云："酷无行，何以带符为？"小夫人姓萧，恩义特深，涕泣相顾，诫湜三年勿言。言之非独损君，亦当损我。湜问以官，云："合进士及第，终小县令。"皆如其言。

【华岳三郎】唐人小说中所载华岳三郎，多与娶妇相关，且读者常误以三郎为华岳之第三子，此须一辨。唐·戴孚《广异记》有"三卫传书"一条，故

事前半与"柳毅"事雷同，而后半则格调大异："开元初，有三卫自京还青州（今山东青州），至华岳庙前，遇一妇人，年十六七，容色惨悴。曰：'己非人，华岳第三新妇，夫婿极恶。家在北海，三年无书信，以此尤为岳子所薄。闻君远还，欲以尺书仰累，若能为达，家君当有厚报。'遂以书付之。妇人云：'海池上第二树，但扣之，当有应者。'言讫诀去。及至北海，如言送书。大王读书大怒，乃调兵五万，西伐华山，无令不胜。后三卫还青土，行至华阴，复见前时女郎，容服炳焕，流目清眄。见三卫，拜乃言曰：'蒙君厚恩，远报父母。然三郎以君达书故，移怒于君，今将五百兵于潼关相候。君若往，必为所害。可且还京，不久大驾东幸，鬼神惧鼓车，君若坐于鼓车，则无虑也。'言讫不见。后数十日，会玄宗幸洛，乃以钱与鼓者，随鼓车出关，因得无忧。"按：此处"三郎"似为华岳第三子，细审却未必然，北海君以女为三郎所虐，径以神兵伐之，如三郎为华山神之子，似应先与华山神通问也。而故事中三郎似即华山主者。故"华岳第三新妇"，则是华山神之第三夫人，而非子妇也（参看"华岳三夫人"条，可知华山神多畜妇人）。又《广异记》"崔敏悫"一条亦言"三郎"，则身份不甚明了："博陵崔敏悫，性耿直，不惧鬼神，为华州刺史。华岳祠傍有人，初夜闻庙中喧呼，及视，庭燎甚盛，兵数百人排列受勒，云当与三郎迎妇。又曰：崔使君在州，勿妄飘风暴雨。皆云不敢。既出，遂无所见。"至《太平广记》卷三〇三引《纪闻》一条，其中三郎夺人之妇，而迎亲者竟为"华山府君"。又唐·段成式《酉阳杂俎·续集》卷二云，巫有董氏者，事金天神，而所请祈者则为华岳三郎。《太平广记》卷三四一引唐·薛渔思《河东记》，巫者迎三郎神，"三郎，即金天也"。唐·郑綮《开天传信记》："玄宗东封，次华阴，上见岳神数里迎谒。帝问左右，左右莫见。遂召诸巫问神安在。独老巫阿马婆奏云：'三郎在路左，朱鬓紫衣，迎候陛下。'玄宗遂封为金天王。"是明以"三郎"为华岳神即金天王也。◆观三郎故事，亦脱胎于泰山三郎耳，而华岳三郎则非华山神之第三子，乃即华山神金天王，亦即"华山府君"也。可参见"华山府君"条。然华山神亦有子，如《广异记》，言华山神之子"状如贵公子，服色华侈，持弹弓而行，宾从甚伟"，唯不言为华山第几子也。

【华岳神姥】华山神之母。唐·范摅《云溪友议》

卷上"梦神姥"条："卢肇游仙掌诸峰，歇马于巨灵庙。忽寐，梦在数间舍中，见一老妪，于大釜中燃火。卢君询其所由，曰：'老人是华岳神姥也。'又问釜中煮者何物，母曰：'橡子也。''用此何为?'母憷然曰：'食之也。'卢曰：'儿为五岳神主，厌于祷祠，母食树子，岂无奉养之志乎?'母曰：'以鬼神之道，虽有君臣父子，祸福本不相及矣。祈祭之所，不呼字名者，不得享焉。'卢梦觉，召庙祝，令别置神母位。"按：华山多有神姥传说，苏轼《东坡志林》"孙抃见异人"条："眉山宋筹与孙抃同赴举，至华阴，大雪。天未明，过华山，有牌堠云'毛女峰'。见一老妪坐堠下，鬓如雪而无寒色，时道上无有行者，雪中亦无足迹。宋先过，未怪其异而不顾。独孙留连与语，有数百钱挂鞍，尽予之。是岁，孙以第三人及第，而宋老死无成。"此当为神姥传说之一。五代·徐铉《稽神录·拾遗》的"华阴店妪"条，言妪能知未来之事，疑亦华岳神姥传说之演变。◆另华山有"独坐姑姑"，实即神姥，见该条。

【华岳神女】唐·戴孚《广异记》："有士人应举之京，途次关西，宿于旅舍。俄有贵家奴仆数人，云'公主来宿'。须臾，公主车声大至，既见士人，熟视之曰：'此书生颇开人意。'遂为婚好。明日相与还京。公主宅荣华盛贵，当时莫比。某有父母，在其故宅。公主令婢诣宅起居，送钱亿贯，他物称是。某家因此荣贵。如是七岁，生二子一女，公主忽言，欲为之娶妇，云：'我本非人，不合久为君妇，君亦当业有婚媾。'其后亦更别婚，而与公主往来不绝。妇家以其一往辄数日不还，恐为鬼神所魅，乃命术士书符，施衣服中。某后复适公主家，公主大相责让云：'何故使妇家书符相间?'悉呼儿女，令与父诀，命左右促装，即日出城。某问其居，兼求名氏，公主云：'我华岳第三女也。'言毕诀去，出门不见。"◆民间又有沉香劈华山救母故事，谓其母乃华岳三娘，系由目连故事演变而来，但与此故事亦不无关系。◆北宋·乐史《太平寰宇记》卷三一："陕西同官县北三十里有女华山，上有女华夫人祠。每有大风雷，多从华岳至此。故老传云华岳女君在此山上，因立祠，每水旱祈祷，有验焉。"

【华子期】晋·葛洪《神仙传》卷二、《仙鉴》卷五："淮南人，师角里先生，受'仙隐灵宝方'，服之，日行五百里，能举千斤，一岁十易皮，后仙去。所居名子期山，在建宁府（治在今福建建

瓯）。"北宋·乐史《太平寰宇记》卷一〇一言其为秦汉间人，曾师商山四皓。◆《天地宫府图》："七十二福地第三十四泉源（在罗浮山中），华子期治之。"清·屈大均《广东新语》卷三："安期生常与李少君南之罗浮。罗浮之有游者，自安期始。自安期始至罗浮，而后桂父至焉。其后朱灵芝继至，治朱明耀真洞天；华子期继至，治泉源福地，为汉代罗浮仙之宗。"

【猾裹】《山海经·南山经·南次二经》："尧光之山。有兽焉，其状如人而彘鬣，穴居而冬蛰，其名曰猾

猾裹　山海经图　汪绂本

裹，其音如斫木，见则县有大繇。"郭璞注："（大繇）谓作役也。或曰'其县是乱'。"

【鳛鱼】《山海经·东山经·东次四经》："子桐之山。子桐之水出焉，而西流注于余如之泽。其中多鳛鱼，其状如鱼而鸟翼，出入有光，其音如鸳鸯，见则天下大旱。"

【化人】《列子·周穆王》："周穆王时，西极

鳛鱼　山海经图　汪绂本

之国有化人来，入水火，贯金石，反山川，移城邑，乘虚不坠，千变万化，不可穷极。穆王敬之若神。化人导穆王神游于天宫，穆王反，自失者三月。"◆南宋·洪迈《容斋四笔》卷一"西极化人"条："唐人所著南柯太守、黄粱梦、樱桃青衣之类皆本乎此。"

【化蛇】《山海经·中山经·中次二经》："阳山，阳水出焉。其中多化蛇，其状如人面而豺身，鸟翼而蛇行，其音如叱呼，见则其邑大水。"

【划船老爷】清·钱泳《履园丛话》卷一五：虞山（江苏常熟）以三月二十日竞龙舟，奉"划船老爷"。为一敞口船，载一木像，以艄倒行。纱帽袍笏，有须。邑中无赖子弟以仪仗拥护，奉若神明，旌旗满船，杂以鼓吹。其船有"南划船""北划船"之目。"南划船"奉唐张巡部将南霁云，故牌额称"南府"。北城无赖羡慕之，亦照样打一船，称曰"北府"，其神无庙祀，借民房为居。传说为神所居

之家，必发大财，故每家居一月，亦有居十日者。轮流转移，香烛盈庭，宛如祠庙，谓之"落社"。道光间知县刘元龄烧其船，焚其像。

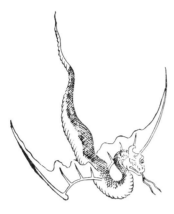

化蛇　山海经图　吴任臣本

【画鹤叟】明·钱希言《狯园》卷一"画鹤叟"条：苏州虎丘山后长荡村有钱氏，号涌峰子，少病目而好行善。一日探亲乘舟过浒墅，见岸上一老人求载，钱氏亟请登舟，款以饮食。老叟问及病目，乃以片纸画一鹤其上，授钱君曰："还家供于神堂内。"遂登岸别去，忽见林中涌出五色彩云，捧老叟足，去地渐远，凌空上升，久之方灭。钱君归家，供纸鹤于神堂，躬自奉礼。自此病目一朝顿除，家亦骤富，五十年间，起至巨万。钱君竟以寿终。忽一日神堂火起，屋庐荡然，人见火中飞出一朱鹤，冲天而去。

【huai】

【怀浚】五代时异僧。五代·孙光宪《北梦琐言·逸文》卷一：唐乾宁初，怀浚至秭归郡，善草书，知来藏往，皆有神验。里人以神圣待之。行旅经过，必维舟礼谒，告其吉凶，唯书三五行，终不明言，事往果验。占事多以书画。皇甫铉知州，问卜，怀浚乃画一人荷校，一女子在旁。后铉为婺民家女遭讼，锢身入府。

【淮渎】"四渎"之一，其神为裴说。淮水之祭典，文献见于秦汉。《史记·封禅书》："秦并天下，自崤以东，祠名山五，大川二，即济水、淮水。汉制因之。"唐天宝间封四渎，淮渎封长源公。宋大中祥符间加为四字公，康定间封广济王。清·吴任臣《十国春秋》卷三："杨吴睿帝乾贞二年封淮渎长源王。"◆《(雍正)江南通志》卷四〇："淮渎庙在淮安府治。"又有"淮神庙，在淮南府清河县。"同书卷四二，泗州盱眙（今江苏盱眙）龟山下大禹镇水怪处立庙，亦称淮渎庙。◆民间相传淮渎神为裴说，应是"裴谌"之误。详见"裴说"条。

【淮南八公】晋·干宝《搜神记》卷一："汉淮南王刘安好道术，正月上辛，有八老公诣门求见。门吏曰：'吾王好长生，而先生衰老，未敢以闻。'于是八公更形为八童子，面如桃花。王便见之，盛礼设乐，以享八公。"事又见晋·葛洪《神仙传》卷六"淮南王"条。五代·杜光庭《录异记》卷一："淮南王刘安既见八公，问其姓名，答曰：'我等之名，所谓文五常、武七德、枝百英、寿千龄、叶万椿、鸣九皋、修三田、岑一峰也。各能吹嘘风雨，震动雷电，倾天骇地，回日驻流，役使鬼神，鞭挞魔魅，出入水火，移易山川，变化之事无所不能也。'时淮南王之小臣告变于朝廷，证王必反。八公遂煮药使王服之，骨肉三百余人同日升天。"◆汉·高诱《淮南子序》以淮南八公为淮南王刘安之宾客，即苏飞、李尚、左吴、田申、雷被、毛被、伍被、习昌等八人。按：此八人中，仅左吴、雷被、伍被三人见于《汉书·淮南王传》，然皆非方士神仙者流。后世之神仙八公，乃原于此八公而改作神仙者。◆按：宋以前典籍所言"八仙"，常指此八公。如《太平寰宇记》卷一二八记永阳县有八石山："故老相传，云有八仙人至寿春。寻淮南王于此山经过。各踞一石坐。故号八石山。"《麈史》卷下记淮南庙有八仙公泊梅福等像。参见"八仙"条。

【淮泗乞者】北宋·张舜民《画墁录》卷七《郴行录》：刘士彦还京，舣舟宿淮泗间，岸次忽遇乞者，年十七八，目莹而唇朱，光彩可掬。刘怪而问之，乞者曰："吾卖豆，每粒一贯二百文。"即以纸一幅，于两乳间擦摩，即有乌豆数粒出，取一粒与刘，其余掷水中。又以纸摩胸腋间，复有菉豆数粒出，又以一粒与刘，余掷水中。刘即吞二粒毕，本病蛊不能下食，即食如初而益多。今刘面色如丹，然一岁一发渴，饮水数斗，觉二豆在腹中如枣大。异人曰："后某年复相见于淮西。"不知如何也。

【淮涡神】又名涡水神，即"无支祁"。《古岳渎经》云："禹治水，三至桐柏山（在河南桐柏县西南），获涡水神无支祁。"详见"无支祁"条。

【槐大相公】清·汤用中《翼駉稗编》卷三"槐大相公"条：济宁城中大街有古槐，高与云齐，千年物也。树根锁铁练，钉巨石上。相传树幻成人形至如皋，娶一妇，生子女，自言槐姓，山东济宁人，出资营口运，获利甚巨，顾十余年不言归。后携妻子返济宁，既至，谓舟人且止此，俟我先归。舟人尾之，入东关大街，忽不见，遍问居人无知者，忽见衣巾挂槐树上，方悟为树精。母子买屋树旁，以槐为姓焉。

【槐坛道士】《太平广记》卷一九"李林甫"条引唐·卢肇《唐逸史》："李林甫年二十，时在东都（洛阳），好于城下槐坛骑驴击球。一日，有道士来，谓李林甫曰：'吾行世间五百年，唯见郎君一人合入仙籍，应白日升天；如不欲，则为二十年宰相，握重权。'林甫愿为宰相。道士叹为可惜，诚其将来为宰相，勿行阴毒，则三百年后仍可白日上升。后林甫为相，都忘道士之言，肆行阴毒，诛锄异己。一日道士来谒，引其至仙境，云：'因相公肆行阴毒，须六百年后方可至此。'"◆按：旧时小说多以奸臣有仙分，除李林甫外，又有卢杞，见"太阴夫人"条；另有杨收，见《北梦琐言》卷一二；张士逊，见《玉芝堂谈荟》卷七、《文海披沙》卷三；夏竦，见《孙公谈圃》；安处厚，见《夷坚支志·景集》卷六"富陵朱真人"条。

【huan】

【欢喜佛】清·董含《莼乡赘笔》卷下"淫像"条：辽阳城中一古刹，守卫严肃，百姓瞻礼者俱于门外焚香叩头。内塑巨人二，长数丈，一男子向北立，一女南面，抱其颈，赤体交接，务极淫亵状，土人呼为"公佛母佛"，崇奉甚谨。尝阅《留青日札》，载嘉靖十五年大善殿有铸像，极其淫秽，巨细不下千百，乃元之遗制。郑所南《心史》载元人于幽州建佛母殿，铸佛裸形，与妖女合淫状，种种纤毫毕具，即此类也。

【讙】《山海经·西山经·西次三经》："翼望之山，无草木，多金玉。有兽焉，其状如狸，一目而三尾，名曰讙。其音如夺百声，是可以御凶，服之已瘅（即疸）。"郭璞注"夺百声"："言其能作百种物声也。或曰：夺百，物名。亦

讙　山海经图　吴任臣本

所未详。"

【讙头国】《山海经·海外南经》："讙头国在西南，其为人，人面有翼，鸟喙，方捕鱼。"郭璞注云："讙兜，尧臣，有罪，自投南海而死。帝怜之，使其子居南海而祠

讙头国　山海经图　汪绂本

之。画亦似仙人也。"即《大荒南经》之"驩头国"，参见该条。袁珂《校注》以为，讙头或讙朱，当即丹朱国，并引童书业《丹朱与驩兜》一文为证："尧子丹朱不肖，尧以天下让于舜，三苗之君同情丹朱，尧杀三苗之君，并放丹朱于丹水，三苗余众亦居于丹水以就丹朱，是为南蛮。丹朱与南蛮旋举叛旗，尧乃战之于丹水，人因谓尧杀长子，实则丹朱兵败怀惭，自投南海而死。尧怜之，使其子居南海而祠之，其后子孙繁衍，遂为此讙朱国，实则为丹朱国。《南次二经》所云之鴸鸟，'见则其县多放士'，即是丹朱神话之异闻。"所论甚精，可参见。又袁珂以为：《神异经·南荒经》之'鴅兜'一名'驩兜'，张华《博物志》之'驩兜'，皆本于《山海经》之'讙头'。"◆清·查嗣瑮《查浦辑闻》卷下："永顺司崇山有驩兜庙。土人修怨者持牲酒往诅之，三日，怨家多毙。汉官经此，判署止用蓝墨笔，用朱即被祟。"

【䑐疏】《山海经·北山经》："带山，有兽焉，其状如马，一角有错（角有鳞甲），其名曰䑐疏，可以御火。"

䑐疏　山海经图　汪绂本

【驩兜国】东方朔《神异经·南荒经》云："南方有人，人面鸟喙而有翼，手足扶翼而行，食海中鱼。有翼不足以飞。一名鴅兜。书曰'放鴅兜于崇山'。一名驩兜，为人狠恶，不畏风雨禽兽，犯死乃休耳。"晋·张华《博物志》卷二："驩兜国，其民尽似仙人。帝尧司徒驩兜之后。民常捕鱼海岛中，人面鸟口。"即"讙头国"，参见

该条。◆袁珂以为《神异经·南荒经》《博物志》之"驩兜"，皆本《山海经》之"讙头"而为言。

【驩头国】《山海经·大荒南经》："大荒之中有人，名曰驩头。鲧妻士敬，士敬子曰炎融，生驩头。驩头人面鸟喙，有翼，食海中鱼，杖翼而行。维宜芑苣，穋杨是食。有驩头之国。"参见"驩兜"条。

【獂】《山海经·北山经·北次三经》："乾山，有兽焉，其状如牛而三足，其名曰獂，其鸣自詨。"郝懿行《笺疏》："獂当为貆。见《说文》。"

獂 山海经图 汪绂本

【环狗】《山海经·海内北经》："环狗，其为人兽首人身。一曰猬状如狗，黄色。"袁珂《校注》："观其形状，盖亦犬戎、狗封之类。"

【洹水神】明·谈迁《枣林杂俎·和集》：林县东南三十里下洹村圣女祠，相传高欢之女。母尝养病于此，母亡，其女三人，愿殉其葬。天彰其德，以为洹水神。每灾害，祷之辄应。

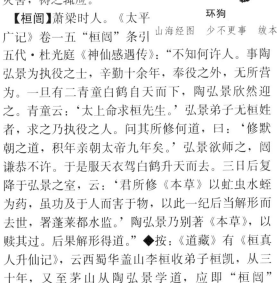

环狗 山海经图 少不更事 绘本

【桓闿】萧梁时人。《太平广记》卷一五"桓闿"条引五代·杜光庭《神仙感遇传》："不知何许人。事陶弘景为执役之士，辛勤十余年，奉役之外，无所营为。一旦有二青童白鹤自天而下，陶弘景欣然迎之。青童云：'太上命求桓先生'。弘景弟子无桓姓者，求之乃执役之人。问其所修何道，曰：'修默朝之道，积年亲朝太帝九年矣。'弘景欲师之，闿谦恭不许。于是服天衣驾白鹤升天而去。三日后复降于弘景之室，云：'君所修《本草》以虻虫水蛭为药，虽功及于人而害于物，以此一纪后当解形而去世，署蓬莱都水监。'陶弘景乃别著《本草》，以赎其过。后果解形得道。"◆按：《道藏》有《桓真人升仙记》，云西蜀华盖山李桓收弟子桓凯，从三十年，又至茅山从陶弘景学道，应即"桓闿"之误。

【浣肠国】晋·王嘉《拾遗记》卷一〇：移池国北有浣肠之国，甜水绕之，水流迅急，千钧投之，久久乃没。其国人常行于水上，逍遥于绝岳之岭，度天下广狭，绕八柱为一息，经四轴而暂寝。

【浣花夫人】唐末女子。清·陈祥裔《蜀都碎事》卷一："成都西南有浣花溪，一名百花潭，旧有浣花夫人祠、像。一说：浣花夫人任氏，本汉上小家女，其母祷于神祠，梦吞大珠而孕，后于四月十九日生女。女稍长，有僧疮疥满体，见者心恶，而女事之独谨。一日，僧持衣求浣，女忻然从之，于溪边每一漂衣，则莲花满溪。会节度使崔宁微服行于民间，见女，纳为妾。宁妻死，女为继室，累封冀国夫人。夫人既贵，每至生日，辄至浣衣故处，徘徊终日。后人因之成习，每至四月十九日，成都士女辄游浣花夫人祠，为当地盛节。又一说，女为成都人，四月十九日见一僧堕污渠，遂为其浣衣，顷刻百花满潭。"◆按：任一正有《游浣花记》，辨夫人与崔宁无关，甚是。

桓闿 列仙全传

【患】怪物。晋·干宝《搜神记》卷一一："汉武帝东游，未出函谷关，有物当道，身长数丈，其状如牛，青眼而耀睛，四足入土，动而不徙。百官惊骇。东方朔请以酒灌之，灌数十斛斛而物消。东方朔曰：'此物名患，忧气所生。此必是秦之狱地，不然，则罪人徒作之地。夫酒忘忧，故能消之也。'"◆按：他书或作"怪哉""积忧虫"。

【焕灵庙神】为白龙神及龙母。明·王鏊《（正德）姑苏志》卷二八：常熟焕灵庙，祭白龙之神，在顶山上。本破山龙堂，唐咸通十三年建。皮日休有记。宋政和三年赐焕灵庙额，五年封宣惠侯，迁其祠于山腰龙池上。宋人詹鲁有记云："父老相传，神诞育之异，在梁武之初。太平兴国中，积潦大涨，祷于神，不移暑而晴，岁大获，乃迎神与圣母像归于顶山寿圣土寺之西偏，是日白龙示现，盘旋冢上。"

【羬】《山海经·南山经·南次二经》："洵山。其阳多金，其阴多玉。有兽焉，其状如羊而无口，不可杀也，其名曰羬。"郝懿行《笺疏》曰："不可杀，言不能死也，无口不食而自生活。"

羬　山海经图　汪绂本

【huang】

【皇初平】晋·葛洪《神仙传》卷二："丹溪人。年十五，家使牧羊。有道士见其良谨，将至金华山（在今浙江金华北）石室中，四十余年，不复念家。其兄名初起，寻索历年，后为一道士引入山中，见初平，相见悲喜。问初平当年所牧羊何在，初平引至山之东，见一坡白石。初平叱之，白石皆起，化为羊数万头。初起求学道，亦成。后兄弟还乡里，亲族死亡殆尽。初平乃改字为赤松子，初起改字为鲁班。"北宋·乐史《太平寰宇记》卷一三、明·王世贞《列仙全传》卷四均作"黄初平"。宋·倪守约《金华赤松山志》"二皇君"条云："度二皇君之道士乃赤松子。二皇既得道，初起号鲁班，初平亦号赤松子，此盖二君不眩名惊世，故诡姓遁身，以求不显，此乃祖述赤松子称黄石公之遗意也。"

【皇初起】见"皇初平"条。

【皇甫君】涵芬楼本《说郛》卷四四引《炀帝开河记》：于雍丘（今河南杞县）起工至大林。林中有小祠庙，古老相传为隐士墓，其神甚灵。麻叔谋不信，掘其茔域，下现一穴。乃使武平郎将狄去邪入探，系索下数十丈方及地，有一石室，系一兽大如牛，熟视乃鼠也。一童子出曰："子非狄去邪乎？皇甫君望子久矣。"入见一人，朱衣顶云冠，呼力士"取阿麼（为炀帝小字）来"。武夫数人牵所系大鼠至。堂上人责鼠曰："吾遣尔脱去皮毛，为中国主，何虐民害物，不遵天道！"鼠但点头摇尾而已。堂上人令武士以大棒挝其脑，声如墙崩，其鼠大叫若雷吼。俄一童子捧天符而下，宣言曰："阿麼数本一纪，今已七年，更候五年，当以练巾系颈而死。"

【皇甫隆】晋·葛洪《神仙传》卷七"刘京"条："东汉末人，师事刘京，京以云母丸及交接之道二方授之。隆行服之，色理日少，发不白，齿不落，年三百余岁。而隆性淫，不能得度世之道。"明·方以智《物理小识》卷五："庞安常言：务成萤火丸，免疫甚验。其方乃汉武威太守刘子南得之尹公，受战阵，矢不能及。后有青牛道士传之皇甫隆，以传魏武帝。"

【皇甫嵩真】西汉时人。晋·葛洪《西京杂记》卷四：安定人，与玄菟人曹元理并明算术，皆汉成帝时人。真自算其年寿七十三。真绥和元年正月二十五日晡死，书其壁以记之。至二十四日晡时死。其妻曰："见真算时，长下一算，欲以告之，虑脱真旨，不敢言，今果较一日。"真又曰："北邙青陇上孤榇之西四丈所，凿之入七尺，吾欲葬此地。"及真死，依言往掘，得古时空棺，即以葬焉。

【皇甫坦】南宋时人。《宋史·方伎传》："皇甫坦，蜀之夹江人。善医术。显仁太后苦目疾，国医不能疗，诏募他医，临安守以坦闻。引至慈宁殿治太后目疾，立愈。帝喜，厚赐之，一无所受。令持香祷青城山，还，复召问以长生久视之术，坦曰：'先禁诸欲，勿令放逸。丹经万卷，不如守一。'帝叹服，书'清静'二字以名其庵，且绘其像禁中。荆南帅李道雅敬其术。坦又善相人，尝相道中女必为天下母，后果为光宗后。"《仙鉴续编》卷三："坦字履道。尝居临淄（在今山东淄博）及瑕丘（在今山东兖州），得三避五假之术。后遁迹蜀之峨嵋。一夕于风雪中遇一异人，后方知为妙通真人朱桃椎，传以内外二丹之诀。宋高宗二十七年显仁太后患目疾，先生为疗之。复留扇于禁中，曰：'宫中多患疟，有发寒热者以此扇扇之。'后果验。请还山，上为筑庵于庐山，以便宣召。淳熙五年故去。"按：为显仁太后目疾事，传说为"朱仙"，参见该条。宋·叶绍翁《四朝闻见录》卷二记一"皇甫真人"，云"号为有道，善风鉴。高宗间因大雪召入，以手提所衣缯絮数袭，谓皇甫曰：'先生亦怕冷耶？'皇甫从容对曰：'臣闻顺天者昌。'时逆亮谋南寇，故皇甫以对，上大悦。又自出山来见，上叩其所以来，则曰：'做媒来，臣为陛下寻个好孙媳妇。'上问为谁，则以慈懿皇后对。慈懿，大将之子，生于营中，生之日有黑风仪于营前大黑石上，慈懿小字凤娘，盖本于此。"按：此人疑即"皇甫坦"。◆南宋·郭彖《睽车志》卷一又记有一皇甫坦，不知与前者是一人否："皇甫坦，自云数百岁人，言休咎时验。尝馆于道院，有人访之，值其它出，启其门封，惟一榻，索席下，得一半臂，鲜血淋漓，惊惧而出。俄而坦至，相接甚欢，谓童子曰：'风冷，可取席下睡衣来。'童子即取半臂，坦对客衣之，甚新洁，并无血也。"

【皇甫玄真】唐·段成式《酉阳杂俎·前集》卷六："高瑀在蔡州（今河南汝南）。有军将甲知回易，折欠数百万。距州三百里，高方令锢身勘甲。甲忧迫，计无所出。其类因为设酒食间解之。座客十余，中有称处士皇甫玄真者，貌甚都雅，曰：'此亦小事。'众散，乃独留。谓甲曰：'余尝游东，获二宝物，当为君解此难。'至州，舍于店中。晨谒高。高一见，不觉敬之。因谓高曰：'玄真此来，特从尚书乞甲性命。某于新罗获巾子，可辟尘，欲献此赎甲。'即于怀探出授高。高才执，已觉体中清凉。惊曰：'此非人臣所有，且无价矣。甲之性命，恐足酬也。'皇甫请试之。翼日，因宴于郭外。时久旱，埃尘且甚。高顾视马尾鬣及左右骈卒数人，并无纤尘。高具礼往谒，将请其道要。一夕忽失所在。◆按：其师乃赵知微，参见"赵知微"条。

【皇甫玉】《北齐书·方伎传》：不知何许人。善相人，常游王侯家。高洋即位，试玉相术，以帛遮其眼，使历摸诸人，自高洋以下均验。曾为高归彦相，预知其必反。后因言高洋在位不过二年，为高洋所杀。

【皇甫真君】南宋·潜说友《咸淳临安志》卷二七：新城县（在今浙江富阳西）西有天柱山，亦名皇甫真君山。唐大中间岁旱，农夫汲水灌田，遇一老人云："何不往此山下祷于独角仙人。"言毕径去。农夫追及于余杭县（今浙江杭州西）界，遂口授醮谢名位，曰皇甫真君也。因名其山，岁旱祷多应。

【皇甫仲和】明时人。《明史·方伎传》：皇甫仲和，睢州（今河南睢县）人。精天文推步学。永乐中，成祖北征，仲和与袁忠彻扈从。师至漠北，不见寇，将引还，命仲和占之，言："今日未申间，寇当从东南来。王师始却，终必胜。"忠彻对如之。比日中不至，复问，二人对如初。帝命械二人，不验，将诛死。顷之，中官奔告曰："寇大至矣。"时初得安南神炮，寇一骑直前，即以炮击之，一骑复前，再击，寇不动。帝登高望之曰："东南不少却乎？"亟麾大将谭广等进击，诸将奋斫马足，寇少退。俄疾风扬沙，两军不相见，寇始引去。帝欲

即夜班师，二人曰："明日寇必降，请待之。"至期果降，帝始神其术，授仲和钦天监正。英宗将北征，仲和时已老，学士曹鼐问曰："驾可止乎？胡、王两尚书已率百官谏矣。"曰："不能也，紫微垣诸星已动矣。"曰："然则奈何？"曰："盍先治内。"曰："命亲王监国矣。"曰："不如立储君。"曰："皇子幼，未易立也。"曰："恐终不免立。"及车驾北狩，景帝遂即位。寇之薄都城也，城中人皆哭。仲和曰："勿忧，云向南，大将气至，寇退矣。"明日，杨洪等入援，寇果退。

【皇化】即九灵子。晋·葛洪《神仙传》卷四"九灵子"条：得还年却老、胎息内视之要，在人间五百余年，颜色益少，炼丹仙去。

【皇人】应即"天真皇人"。《云笈七签》卷一〇六《紫阳真人周君内传》："义山登合黎山，遇皇人，受八素真经。"按明·曹学佺《蜀中广记》卷七四云："《山海·西山经》：'皇人之山，皇水出焉。又有中皇、西皇之山。'按《峨眉图经》，皇人、中皇、西皇山，即所谓三峨也。《五符经》曰：'皇人在峨眉山北，绝岩之下，苍玉为屋，黄帝往受真一五牙之法焉。'《路史》曰：'泰壹氏，是为皇人。黄帝谒峨眉见天真皇人，拜求玉堂三一之道。'"

【皇太姆】明·王世贞《列仙全传》卷二作"皇太姥"。清·张正茂《龟台琬琰》："姆居武夷，游行乘白云一片。"参见"圣姥"条。

【皇天上帝】在汉之前为最高统治者承认的天帝。初见于《尚书·召诰》："呜呼！皇天上帝，改厥元子兹大国殷之命。惟王受命，无疆惟休，亦无疆惟恤。"至秦、汉犹然。《吕氏春秋·季夏纪》："季夏之月，是月也，令四监大夫合百县之秩刍，以养牺牲。令民无不咸出其力，以供皇天上帝、名山大川、四方之神，以祀宗庙社稷之灵，为民祈福。"又见《吕氏春秋·季冬纪》《淮南子·时则训》《逸周书·月

皇太姥　列仙图赞

令解第五十三》《礼记·月令第六》。《汉书·郊祀志下》："天子父事天，母事地。今称天神曰皇天上帝，泰一兆曰泰畤，而称地祇曰后土，与中央黄灵同，又兆北郊，未有尊称。宜令地祇称皇地后祇，兆曰广畤。"又见《汉书·翟方进传》《汉书·王莽传》。

【黄安】西汉时人。东汉·郭宪《洞冥记》卷二："代郡（今山西大同）人，为代郡卒，发愤读书，画地以记日数，日久地成池焉。人谓黄安年可八十余，而视之如童子。常服朱砂，举体皆赤。常坐一龟，自言：'伏羲始造网罟，获此龟以授吾坐，今此龟背已平矣。此虫畏日光，二千

黄安　列仙全传

岁一出头，已见此龟五出头矣。'人言黄安已有万岁。"又见《仙鉴》卷四，云："汉武帝闻其异，每屈礼焉。及封泰山，诏董谒、孟岐、郭琼、黄安五人同辇，谓之'五仙臣'。"

【黄宾臣】清·屈大均《广东新语》卷二八：黄宾臣，字敬而，琼山诸生。庚申七月至高州（今广东茂名），值天大旱，宾臣自请求雨。使取竹片十二为令牌，及大锅一，黑雄鸡一，鹿脯五器以待。明日披发仗剑，步罡捻诀，果雨，然不甚大。次日烈日如故。宾臣至发祥寺，登浮图，居第四层，上下左右悉以符篆封之。越三日，谓观者曰："明日雨必至，但从东南来可保无事，否则当有性命之忧。"因作书与家人诀。明日午时，烈日中狂风大作，霹雳一声，雨如注。有老人见一麻鹰，口含火丸，从塔第一重飞入，势甚可怖。须臾霹雳再震，众驰视之，宾臣僵仆塔外。高州人以宾臣为百姓而死，立庙祀之。

【黄拨沙】北宋·陈师道《后山谈丛》卷二：闽越黄拨沙，善相冢，画地为图，即知休咎，因号"拨沙"。婺人有世患左目者，问之，曰："祖坟木根伤

葬者左目。"发冢果然，出之即愈。

【黄伯祥】元时人。《（雍正）江西通志》卷一〇三："又名黄竹关。修真于万载（今江西万载）建城坊之道观。有八人者借碗以餐，概莫知所之。他日与邑商邂逅襄阳（今湖北襄阳），归碗而言曰：'我八仙也，黄亦仙也。'未几，黄飞升，遂名其观为九仙。"◆按：《（康熙）袁州府志》（今江西宜春）卷一三有黄竹，名伯详（应是"伯祥"之误）。见八仙之事与黄伯祥全同。当即一人。

【黄伯严】晋·陆云《登遐颂》所载二十一仙人中有黄伯严，颂云："伯严志道，翻飞自南。北食中岳，炼形嵩岑。奔星凌颜，朱光垂阴。云精九漠，握耀盈襟。"余不详。

【黄步松】清·吴任臣《十国春秋》卷六六"南汉列传"：黄步松，隐身不仕。常修炼山中，遇仙人点悟。丹成，羽化而去。

【黄彻】唐·佚名《大唐传载》：闽小吏。常衮为观察时，有僧善占气色，言事若神。衮命彻就学其术。僧遂于暗室中致五色丝于架，令自取之。旬日后能识其白者，后半岁五色洞然。僧乃传其方诀。李吉甫称彻神占可亚袁、许焉。

【黄初平】见"皇初平"条。

【黄大夫】南宋时人。《（雍正）福建通志》卷一五"灵惠庙"条："在连江县（今福建连江）新安里。名失传。仕宋为大夫，与元兵战被杀，持首就颈，遇老妪问曰：'头可续乎？'曰：'不能。'遂仆而死。邑人遂祀之。"又永福县亦有庙祀黄大夫。

黄初平　列仙全传

【黄大哥】见"黄老相公"条。

【黄大王】明时人。清·王士禛《池北偶谈》卷二五："黄大王者，河南某县人。生为河神，有妻子。每瞑目久之，醒则云：'适至某地踢儿船。'好事者以其地访之，果有覆舟者，皆不爽。李自成灌大

梁，使人劫之往。初决河水，辄他泛滥，不入汴城。自成怒，欲杀之，水乃大入。顺治时尚在。"清·俞正燮《癸巳存稿》卷一三《黄大王传》："黄大王，名守才，字英杰，号对泉，偃师（今河南偃师）南乡夹河王家庄人。明万历三十一年癸卯岁十二月十四日辰时生。生而神奇，空中有若言河神者。失父母，育母舅刘氏家。方岁余，表兄抱之出，坠于井，兄惊，驰去呼救，人至则儿坐嬉水面，若有载之者。尝随舅船至虞城张家楼，有粮船二百，滞河沙不得动。初，夜，运官吴姓者梦人告之曰：'沙壅不开，明日有刘船至，中有黄姓者，河神也。彼言开，即开矣。'船至，吴以诚投之，守才勉至头船，助之执篙，船俱开去。守才每瞑坐久之，自言如梦至某地，误踢坏几船。好事者以其言求之，地与事皆验。入清，顺治三年，考城流通口决。四年，河督杨方兴闻守才神，往请之。守才至，命于决溜中下埽，埽不动，塞决甚易。七年，沁溢，堤将溃。参政分守河北道佟延年亟请守才，守才书一纸，使拈香焚于沁水上，水即平。怀庆（今河南怀庆）人为立生神主于城北回龙庙。康熙二年癸卯岁十二月十四日申时，卒于家。葬县南万安山下。雍正十二年，陈留（今河南开封南）曲兴集建庙曰大王坛，赐名溥仁观。乾隆三年，敕封灵佑襄济王，岁祭以十二月十四日。四十二年，开封建黄大王庙。道光八年四月，以利漕加封显惠。十一年五月，以利漕加封昭应，是为灵佑襄济显惠昭应王。今清江浦南临清堰东有黄大王庙，曰灵佑观。神每见，托形小蛇。喜观优，偏好河南罗罗腔。每出见，则人立竿于盘，置盘案上。蛇蟠竿翘首听戏。凡神见皆然。"又见清·吴炽昌《客窗闲话》续集卷一"黄大王"条。◆《清续文献通考》卷一〇六《群祀考下》："光绪五年，加封黄大王为灵佑襄济显惠赞顺护国普利昭应孚泽绥靖普化宣仁保民诚感黄大王。"

【黄大仙】香港九龙狮子山南麓啬色园，中有"赤松黄仙祠"，祀黄大仙，香火极盛。其主神即黄初平（皇初平）。事见"皇初平"条。世传有所谓《赤松黄大仙自序》，中云："予本姓黄，名初平，晋丹溪（应是兰溪之误）人。因隐于赤松山，故号曰赤松仙子，与前张良从游之赤松子有异也。"◆按：黄初平之祀本在浙江金华，至清末，广东番禺有人扶乩，黄初平降灵，粤地始有黄大仙之祀。而香港之庙祀则始于1915年，据云大仙精通医药，故居人多来求药签者。

【黄旦】南宋·洪迈《夷坚支志·癸集》卷三：黄旦，登州文登县（今山东文登）人，村民。未尝学弈，自幼即能。既长，挟艺行游，与国手为敌。后忽死，友朋为买棺葬之。过数日，有客从京师来，持旦书，考其时日，乃在旦死之后。发其棺，已空矣。

【黄道大王】南宋·常棠《海盐澉水志》卷五：原名显应侯庙，建炎二年迁建，俗呼黄道大王。不知何所从始，或谓楚黄歇封于吴，其子隐海边修道。或谓古有姓黄者入居山后，山以人而得名，故就称为黄道山，神以山得名，故就称为黄道王。

黄大仙　民间神像

【黄道婆】民间又称黄婆、黄道仙婆、黄母、黄小姑、黄娘娘。元·陶宗仪《南村辍耕录》卷二四：闽广多种木绵，纺绩为布，名曰吉贝。松江府（今上海松江）东去五十里许，曰乌泥泾。其地土田硗瘠，民食不给，因谋树艺，以资生业，遂觅种于彼。初无踏车椎弓之制，率用手剖去子，线弦竹弧置案间，振掉成剂，厥功甚艰。元初时，有一妪名黄道婆者，自崖州（今海南三亚西）来，乃教以造捍弹纺织之具。至于错纱配色，综线挈花，各有其法。以人即受教，竞相作为，转货他郡，家既就殷。未几妪卒，莫不感恩洒泣而共葬之，又为立祠，岁时享之。越三十年，祠毁，乡人赵愚轩重立。今祠复毁，无人为之创建。道婆之名，日渐泯灭无闻矣。

【黄帝】❶神话传说中的大神，古帝王。《史记·五帝本纪》："黄帝者，少典之子，姓公孙，名轩辕。""索隐"："有土德之瑞，土色黄，故称黄帝。"皇甫谧曰："居轩辕之丘，因以为名，又以为号。"《汉书·古今人表》："黄帝作轩冕之服，故谓之轩辕。""索隐"又曰："以其本是有熊国君之子，故号有熊。"黄帝之生，《史记正义》则曰："母曰附宝，之祁野，见大电绕北斗枢星，感而怀孕，二十四月而生黄帝于寿丘。"而晋·王嘉《拾遗记》卷一云："轩辕出自有熊之国。母曰吴枢，以戊己之日生，故以土德称王也。"其在世之功，最主要的当是与蚩尤之战，而生民一切最基本的发明亦归之于黄帝。《拾遗记》卷一又曰："考定历纪，始造书契。服冕垂衣。变乘桴以造舟楫。吹玉律，正璇衡。置四史以主图籍，使九行之士以统万国。以观天地，以祠万灵。"在汉之前，黄帝本已完成从大神向人间帝王之转变，而到汉时，

黄帝 列仙图赞

在方士嘴里又变为仙人，但仍保留原来的大神特征。西汉·刘向《列仙传》卷上："号轩辕。能劾百神而使之。圣而预知，知物之纪。自以为云师。有龙形。"其升仙之说有二：一为白日升天，《史记·孝武本纪》："黄帝采首山铜，铸鼎荆山下。鼎既成，有龙垂胡须下迎黄帝。黄帝上骑，众臣后宫从上龙七十余人，乃上仙。"二为尸解，《列仙传》所云："黄帝自择亡日，七十日去，七十日还（按：以上八字据《抱朴子内篇·极言》引《列仙传》补)，与群臣辞。至于卒，葬桥山。山崩，枢空无尸，唯剑履存焉。"《云笈七签》卷一〇〇有《轩辕本纪》，采缀诸书，述其登仙事最为详尽。并云："黄帝上仙后升天为太一君，其神为轩辕之宿。"《云笈七签》卷六〇又称黄帝为"大黄帝君"。卷六四《金华玉女说丹经》称黄帝为"太极元真帝君"，简称"元真"，记与金华玉女问对炼丹事。清·薛大训《列仙通纪》至列为群仙之首，而卷三《广黄帝本行记》述其仙事甚备。❷五星中土星之神，道教"奔辰飞登五星法"云土星有四门，门各一黄帝，而中央为中黄真皇道君。黄帝或号黄灵公、黄神、黄精、黄帝君，受命于中黄上真之君。

【黄帝少女】宋·谢翱《晞发集》卷九《游仙华岩麓记》云：岩为黄帝少女修真之地，垂四千年，民始筑祠其上。以雨旸祷辄应，有欲移祠于麓，以便民祷者。一夕风雨大作，飘盂炉幡幢于所欲移处，瓦木石随晦冥云雾飞空而下，跕跕有声。

【黄洞源】唐时人。明·王世贞《列仙全传》卷七："武陵（今湖南常德）人。大历间学道于桃源宫。辰州瞿柏廷至武陵，师事之。寻遇一老僧，瞿遂辞洞源，约十八年后再见。后洞源往润州（今江苏镇江）之茅山，瞿忽至，二人相继化去。"◆《（雍正）湖广通志》卷七五"瞿柏廷"作"瞿廷伯"。

【黄发叟】元·吾丘衍《闲居录》：昔有老叟垂黄发，容貌甚异，捧一竹箧，中有木佛、经卷、香炉之类，且行且拜曰："今年大熟。"春旸出，秋至不知何往。自是岁皆丰稔。至元丁亥岁，忽不出，自后莫知死生，岁亦不得稔矣。

金神飞廉豹尾上朔日畜神众
水陆鬼神像

大将军黄幡白虎蚕官五鬼众
水陆鬼神像

【黄幡、豹尾】与丧门、吊客等均为太岁下的凶煞，但都是虚拟的星神。黄幡、豹尾本为帝王仪仗，水陆画中则以此二神为太岁护卫。明·万民英《星学大成》卷二一："黄幡，黄道之宿也，一名蚀神，隐行于天。其行宫度有喜怒，一宫一年半，十八年行一周天。逆行天道，喜则为天统星，怒则为天伤灾网星。天地犯之崩裂，山岳犯之倾颓，川泽犯之枯竭，至于云怪星妖、冬雷夏雪，未有不由此也。此曜不能兴善，好作妖孽，主血光伤破、斩截凶残、寒热瘴气。"《星学大成》卷二二："豹尾，黑道之宿也。擅行于天，与罗睺相对，逆行天道。喜则红鸾天水星，怒则为黑煞贯索星。遇交于晦朔圆望，能掩日月之光。"而《协纪辨方书》卷三引《乾坤宝典》曰："黄幡者，旌旗也，常居三合墓辰。所理之地，不可开门、取土、嫁娶、纳财、市买，及有造作，犯之者主有损亡。"又曰："豹尾者，亦旌旗之象，常居黄幡对冲。其所在之方，不可嫁娶、纳奴婢、进六畜及兴造，犯之者破财物，损小口。"

【黄房公】即"宋德芳"，见该条。

【黄飞虎】《封神演义》中商朝的武成王，死后被封为东岳。张政烺先生《〈封神演义〉漫谈》："元

刊《武王伐纣平话》中黄飞虎是'柘城县南燕王',又称'食殿王',大约起初是个地方性的神。而唐宋两代《会要》以及明刻《事林广记》都说武成王是姜尚。《武王伐纣平话》因《史记》有文王'非龙非罴非虎非彲'之卜,而附会姜尚号'飞熊'。(唐代讳'虎'字,各书征引《史记》多改'非虎'为'非熊'。)故《封神演义》之武成王黄飞虎实为武成王姜子牙所演变而成。"

黄飞虎 封神真形图

【**黄疯子**】见"黄知微"条。

【**黄辅**】许逊之婿黄仁览之父。亦求为许逊弟子,逊以其姻戚,仅以客礼待之。后随真君飞升。涵芬楼本《说郛》卷五一引《豫章古今记》:黄辅,字万石,高安人。东晋末飞升。

【**黄父鬼**】《后汉书·栾巴传》注引《神仙传》:巴为豫章太守。"郡中常患黄父鬼,为百姓害,巴到,皆不知所在,郡内无复疾疫。"刘宋·刘敬叔《异苑》卷六:"黄州(刘宋时无黄州,梁时始置黄州,在今广西钦州西南。疑此黄州为湖北之黄陂)治下有黄父鬼。出则为祟,所著衣裕皆黄。至人家张口而笑,必得疫疠。长短无定,随篱高下。"又云:"庐陵(在今江西吉安东北)人郭庆之有家生婢名采薇,年少有美色。宋孝建中,忽有一人自称山灵,如人裸身,形长丈余,胸臂皆有黄色,肤貌端洁,言音周正。呼为黄父鬼,来通此婢。婢云意事如人。鬼遂数来,常隐其身,时或露形。形变无常,乍大乍小,或似烟气,或为石,或为小鬼,或为妇人,或如鸟兽。足迹或如人,长二尺许;或似鹅迹,掌大如盘。开户闭牗,其入如神。与婢戏笑如人也。"《天中记》卷四〇引龚庆宣《鬼遗方序》:"刘涓子(晋宋间人)于丹阳郊外较射,忽有一物,高二丈许,因射而中之,走如电激,声若风雨,夜不敢追。明日率数十寻其踪迹,至山下,见一小儿,云主人昨夜为刘涓子所射,取水以洗疮。因问主人是谁,答曰是黄父鬼。"

【**黄公**】晋·干宝《搜神记》卷四:"益州(今四川地)之西,云南之东,有神祠,刻山石为室。下有神奉祠之,自称黄公。因言此神即授张良以兵书之黄石公之灵。清净不宰杀。诸祈祷者,持一百钱,一双笔,一丸墨,置石室中,前请乞,先闻石室中有声,须臾,问:'来人何欲?'既言,便具语吉凶,不见其形。"◆按:秦时又有"东海黄公",见该条。

【**黄拱斗**】明时人。《(雍正)云南通志》卷二五:字文极,晋宁人。性颖异,多读书,旁及百家技艺,无不精究。以计偕至京,遇隐者授观象之秘。及归,每月预书雨旸风雷及地震妖异之事,无不符合。将卒,先知死期,尽焚其书。

【**黄姑**】❶黄姑即牵牛星,但亦有以为织女星者。南宋·范成大《吴郡志》卷一三:"黄姑庙,在昆山县东,地名黄姑。父老相传尝有牵牛、织女星精降焉,女以金篦划河水,河水涌溢。今村西有百沸河。乡人异之,为立祠,旧列牛、女二像,后人去牵牛,独祠织女。祷祈有应。岁七夕,乡人酾集庙下,占事无毫厘差。案《荆楚岁时记》,牵牛谓之河鼓,后人讹为黄姑。(王应麟《困学纪闻》卷九:'黄姑,即河鼓也,吴音讹而然。')然古乐府有云'黄姑织女时相见',李太白诗'黄姑与织女,相去不盈尺',则指牵牛为黄姑。李后主诗乃云'迢迢牵牛星,杳在河之阳,粲粲黄姑女,耿耿遥相望',又以织女为黄姑,事久愈讹矣。"按:此说又见于宋·周密《癸辛杂识·前集》、南宋·龚明之《中吴纪闻》卷四"黄姑织女"条。清人翁元圻注《困学纪闻》卷九案云:"石氏《星经》织女三星、河鼓三星图皆作鼎足形。或以河鼓为织女,盖因星象之似,而误以河鼓为牵牛。"❷明·曹学佺《蜀中广记》卷七五:"唐贞观间万岁县白马渡人,黄道士之女。因洗菜于江干,见数青衣童子持白马请揽辔,姑归语嫂。次日,姑嫂偕至旧处,童马依旧,姑试揽辔上马,即登天而去。"

【**黄观福**】唐时女子。五代·杜光庭《墉城集仙录》卷八:雅州百丈县(今四川邛崃西南)民之女。幼不茹荤,好清静,家贫无香,以柏叶柏子焚之。既笄,父母欲嫁之,乃自投水中。父母打捞,得一古木天尊像,状貌与女无异。即以像置路旁,其母时来望之,泣念不已。一日,女与女子三人降于庭,云:"我本上清仙人,因小过降于人间。同来者为玉皇侍女、天帝侍宸女、上清侍女也。"后人呼为"黄冠佛",盖不识天尊像,讹言也。

【**黄观子**】梁·陶弘景《真诰》卷五:少好道,朝朝叩头求长生,积四十九年。后遂服食,入焦山。太极真人试以百四十事,皆过,遂服金丹而诵《大洞真经》,补仙官为太极左仙卿。

【黄冠道人】北宋时人。明·于慎行《兖州府志》卷五二：姓氏里居不传。熙宁间以医游于楚丘，不事方剂，但令病者见之，一与之语，即愈。居数月，忽不知所在。人皆神之，疑其为扁鹊，立祠祀之焉。至今犹存扁鹊祠。

【黄冠佛】见"黄观福"条。

【黄花老人】❶清·陈鼎《滇黔纪游》卷下记昆明崇圣寺有黄花老人石刻草书。老人为宋元间人，自江右来，住久仙去。❷明时人。《（康熙）盛京通志》卷三一："天顺中居盖州（今辽宁盖州）城外山坡小寺。有道术，修炼数年，一旦乘鹤而去，因名其地为伴仙山。"

【黄华姑】即"黄令微"，见该条。

【黄景华】梁·陶弘景《真诰》卷一二、五代·杜光庭《墉城集仙录》卷七：东汉司空黄琼之女，少好仙道，后师韩终，授其岷山丹。得入易迁宫，位为协晨夫人，领九宫诸神女。◆按：黄琼，后汉顺帝时官司徒、司空、太尉。《后汉书》有传。

【黄敬】晋·葛洪《神仙传》卷一〇：黄敬，字伯严，武陵人。少读诵经书，仕州为部从事，后弃世学道于霍山，八十余年，复入中岳，专行服气断谷，为吞吐之事。至二百岁，转还少壮。道士王紫阳数往见，从求要言。敬告紫阳曰："吾不修服药之道，但守自然，盖地仙耳，何足诘问。"

【黄老】本为清时天津府衙役，生时有德，殁而为神，天津城隍祠有其塑像，土人扶乩时往往降神。见清·李庆辰《醉茶志怪》卷一"判官"条、卷二"黄老"条。

【黄老君】明·曹学佺《蜀中广记》卷三引《录异记》："成都至真观道士黎元兴，唐龙朔中于学射山创造观宇，夜梦神人引升高山大殿之中，谒见黄老君，身长数丈，须发皎白，戴凤冠，著云霞衣，侍卫十余人，顾谓元兴曰：'吾近有材木可构此观，无须忧也。'后数日，有人于万岁池取鱼，见池底大木极多，遂用以起观，作黄老君殿，依梦中所见塑之。"◆按：黄老君即五老之一中央黄老君也。见"五老"条。

【黄老相公】清·鉴湖渔者《薰莸并载》卷一：明时，绍兴时疫盛行，有老翁教以医治之法。人问其名，曰："吾黄姓。"言讫不见。如其法治之，病果愈。乡人感德，谓能治瘟疫，捐资建庙，塑其像，称之曰"黄老相公"。旁立瘟神四五辈，状貌狰狞。有瘟神手执一物，似鼠非鼠，似兔非兔，不识何名，谓是瘟部化身，能入人家为祟，见则瘟作，俗

呼为"黄大哥"云。

【黄励】见"黄野人"条。

【黄列子】汉时人。《洞仙传》：黄列子者，尝游猎九江，射中五色神鹿，逐迹寻穴，遇神芝，服而得风仙。

【黄灵微】见"花姑"条。

【黄陵神】道藏本《搜神记》卷五"黄陵神"条："庙在荆州府夷陵州（今湖北宜昌）之西黄牛峡。相传神佐大禹治水有功。至蜀汉诸葛亮治蜀，为神立祠。"明·董斯张《广博物志》卷一四载有诸葛亮所撰《黄陵庙记》。清·俞樾《春在堂随笔》卷一〇有一条辨黄牛庙碑之伪。袁珂辨其为南宋以后人伪造，甚是。黄陵神即"黄牛神"，参见该条。按：黄陵庙又有二妃庙，即舜之二妃。◆苏轼有《书欧阳公黄牛庙诗后》一文，记欧阳修与同年丁元珍（宝臣）适来京师，丁梦与修同舟溯江，入一庙，神像为起，既出门，见一马只耳。丁觉而语修。已而丁除峡州判官，修亦贬夷陵令。一日二人同溯峡谒黄陵庙，入门惘然，皆梦中所见，门前镌石为马，缺一耳，相视惊愕。

【黄令微】见"花姑"条。

【黄龙真人】清·杨凤辉《南皋笔记》卷一"黄龙洞记"："西蜀松州之东偏，有黄龙洞，在雪山中，洞前有五色池水，俗传为黄龙真人修道处。咸丰庚申，松州夷人生变，太守之姻亲云南毛生逃难入洞，见一老者与一少年对弈，从旁观之，少者授生以棋。既竟别出，问居人，时松州已平定八年矣。生由是以善弈名天下。"◆按：即今之四川九寨沟附近之名胜"黄龙"。

【黄卢子】晋·葛洪《神仙传》卷四："姓葛名越。能治病，千里寄姓名，与治之，无不愈。善气禁之道，可禁虎狼百虫不能动，禁水逆流一里。年二百八十岁，力举千钧，行若走马。天大旱，召渊龙出行雨。后乘龙去，不返。"金·王处一《西岳华山志》云："黄卢子居华山，受术于赤松子，号曰西岳公。华山之黄神谷即其隐居之地。"

【黄鹿真人】明·曹学佺《蜀中广记》卷七三引宋·马成之《清虚观记》，略云："黄鹿真人，晚唐时女子，姓马氏。年七岁失怙恃。性慕玄虚黄老之学。时有黄冠野夫，年逾七十，货药于市。女师事之，授以铅汞符箓之术，易名曰道兴。女问其姓字，曰：'汝久自知。'年及笄，祖父逼以嫁人，女乃命一女奴携囊杖策，穿云而去。女止于罗江之东，修炼四十年，其师复至，出药点土石为金银，诫曰：'铁用自守，当有神护，坐历三岁，丹珠自

成。'后金化为鹿，银化为鹅，女跨鹿腾空而逝。"《(雍正)四川通志》卷三八之三云为宋时绵州(今四川绵阳)人。

【黄魔神】三峡水神。北宋·乐史《太平寰宇记》卷一四八："秭归有黄魔神庙。唐乾符中，袁循有《庙记》，云：'咸通中，萧遘自右史贬窜黔南，过三峡，次秭归。梦神人赤发碧眸，自称黄魔神，愿护公出此境。萧后为宰相，梦神告归，公因为设庙，列塑于宫之傍。《灵宝经》云：五方有大魔，其中央曰黄天魔王，横天担力者。'"道藏本《搜神记》卷五："未详朝代姓字。庙在荆州之归州峡(在今湖北秭归)，灵通显应，一方瞻依。庙记载唐李吉甫、宋寇准被贬过此，神皆出水护佑之。"是神为三峡水神，护舟旅平安者。又见南宋·祝穆《方舆胜览》卷五八。明·谢肇淛《五杂组》卷四："荆州黄牛峡，下有查波滩。宋寇莱公谪巴东，舟经此滩，闻水中人语，出视之，见一裸体者为之挽舟，公叱之，曰：'我黄魔神也，公异日当大用，故为公挽舟耳。但裸体不敢相见。'公以锦袄投之，神即披袄，再拜，冉冉而去。"◆按南宋·范成大《吴船录》卷下："归州有咤滩，其险又过东奔，土人云黄魔神所为也。"据此，或是黄魔神先造险滩，在民间初本恶神，而萧遘回朝为相，故神其事以示神助有德，因立庙宇，大事张扬，竟成佑护之神也。而又有以黄魔神为云华夫人之使者，见明·曹学佺《蜀中广记》卷七五。

【黄能】《国语·晋语》："鲧违帝命，殛之于羽山，化为黄能，以入于羽渊。"韦昭注："能，似熊。"《说文》则直云："熊属，足似鹿。"袁珂辨"能"为三足，可居陆亦可居于水，与熊非一物。其说当源于宋·罗愿《尔雅翼》，其书卷三一云："能，鳖之三足者。故魁下六星，两两而比者，曰三能，取此象也。昔晋侯寝疾，梦黄能入于寝门，以为厉鬼。子产称尧殛鲧于羽山，其神化为黄能，以入于羽渊。说者亦以为三足鳖。若从贤能之能读之，则能乃兽名，熊属鹿足，不当入渊中也。今祭禹庙不以鳖及能白，盖两避之。"

【黄牛神】《水经注》卷三四"江水二"："江水又东径黄牛山，下有滩，名曰黄牛滩。南岸重岭迭起，最外高崖间有石，色如人负刀牵牛，人黑牛黄，成就分明，既人迹所绝，莫能究焉。此岩既高，加以江湍纡回，虽途径信宿，犹望见此物，故行者谣曰：'朝发黄牛，暮宿黄牛，三朝三暮，黄牛如故。'言水路纡深，回望如一矣。"似当时尚无

"黄牛神"之说。南宋·陆游《入蜀记》卷四："神封嘉应保安侯。庙后山如屏风，第四迭上有若牛状，其色赤黄，前有一人如著帽立者。"南宋·范成大《吴船录》卷下："黄牛峡上有泝川庙，庙黄牛之神也，亦云助禹疏川者。大峰峻壁之上有黄迹如牛，一黑迹如人牵之，云：此其神也。"按：据《水经注》，此像迹为牵牛之人，则黄牛神非黄牛，乃牵牛之人也。明·董斯张《广博物志》卷一四引伪托诸葛亮之《黄陵庙记》云："石壁间有神像现焉，鬓发须眉冠裳宛然如彩画者，左竖一旌旗，右驻一黄犊，犹有董工开导之势。古传所载黄龙助禹开江治水，九载而功成，信不诬也"云云。南宋·祝穆《方舆胜览》卷二九峡州"黄牛庙"条："黄牛庙，在黄牛峡，名灵应庙。"◆按：黄牛峡在湖北宜昌西北八十里。

【黄七公】见"黄仙师"条。

【黄仁览】晋时人，"西山十二真君"之一。南宋·白玉蟾《修真十书·玉隆集》："字紫庭，豫章(今江西南昌)人。许逊之婿，受其道术。尝为青州从事，留妻于父母处，夜则还家。后随真君飞升。宋政和二年封冲道真人。有二弟，不从仁览深究道，专事畋猎。后仁览飞升，

黄仁览　列仙全传

二弟亦隐于豫章西山，俗呼黄朝四郎、五郎者是也。"《仙鉴》卷二七："其父黄辅亦来求许逊弟子，真君以其懿戚，故不与十一人之数。"

【黄阮丘】西汉·刘向《列仙传》卷下："睢山道士。衣裘披发，耳长七寸，口中无齿。日行四百里。于山上种葱薤百余年，人不知也。时下山卖药，朱璜发明之，乃知其神人。地动山崩道绝，预戒世人，世共奉祠之。"◆按：同书"朱璜"条则作"阮丘"，疑应以"阮丘"为是。其事参见"朱璜"条。王叔岷《列仙传校笺》引孙诒让云：《朱璜传》云：'就睢山上道士阮丘。'则阮丘为姓名，

黄乃县名。"

【黄山公】《天地宫府图》七十二福地第二十七洞宫山（在建州关隶镇五岭里），黄山公主之。不知何人，疑即黄山君。

【黄山君】晋·葛洪《神仙传》卷一：商末有黄山君，修彭祖之术，数百岁犹有少容。治地仙，不取飞升。彭祖既去，乃追论其言，以为《彭祖经》。◆《神异典》卷二二四引《神仙传》作"黄石君"，误。

【黄神】汉熹平二年瓦盆丹书"镇墓文"云："黄神生五岳，主生人录，召魂召魄，主死人籍。"按五行说，土居中色黄，而五岳本生于地，此黄神当指地神。吴荣曾先生引日本平凡社《书道全集》卷三之镇墓文"天帝使黄神越章""天帝神师黄越章""天帝神师使者"，以证"黄神越章即天帝使者，也可称为神师黄神越章"。镇墓文之"天帝使者"，即"黄神越章"，亦即"黄神"。但此"使者"概念尚需说明。自西汉时，使者既有传达上命的一般使者，也有身负重命督察地方长吏的直指使者即绣衣使者，其官秩虽然不高，但权力甚大，不仅可以直接发郡国兵，甚至可诛杀二千石。另外，两汉的十三州刺史，也不同于一般的地方长吏，他巡游郡国，无常驻地，更似是由中央派遣监察地方的使者，其权势之大，到东汉末年已经成了统治方面的方伯。此处的黄神有驱逐邪鬼、辟除山林猛兽的职能，他亲临地下，督导地下二千石及丘丞墓伯诸冥神为墓主清理邪祟，同时也保证亡灵不为祸生人。张氏朱书镇墓文有"天帝使者黄神越章，为天解仇，为地除殃"之语，宝鸡睢方镇汉墓镇墓文更说"黄神、北斗，主为葬者阿丘镇解诸咎殃"。所以黄神虽然号称"使者"，却不是传达天命的信使，其权力、地位与绣衣直指、州刺史更为相近。此时他的本尊是天神，把他看作天帝在人间和冥界的总代理也未尝不可。他不必往来于天地之间，他就是坐镇地下，代表天帝督管地下二千石以下诸冥神。他的神名有一个"黄"字，按五行之说，土色为黄，他的神职就是代天帝掌管大地。◆晋·葛洪《抱朴子内篇·登涉》亦云："古之人入山者，皆佩黄神越章之印，以封泥著所住之四方各百步，则虎狼不敢近其内。"亦因黄神为地神，故能制伏山林诸物也。◆又轩辕黄帝亦称"黄神"。《淮南子·览冥训》之"西老折胜，黄神啸吟"即是。

【黄升】明·王世贞《列仙全传》卷六：长汀人。自幼得道，钱沉水中，呼之即出。纳汞于口，运气

炼之，即成白金。有蔡道人死，升为棺殡。道士遗书约与崆山相候。升往见之，道士授其法，可役使鬼神。后尸解。

【黄十公】宋人。《（雍正）浙江通志》卷二〇一引《括苍汇纪》：庆元下官人，尝采樵仙桃山，见二叟对弈，得余桃啖之，弈未毕，世上已逾二载。遂居百花岩二十年，坐化于石上。

【黄石公】❶《史记·留侯世家》：张良游于下邳（今江苏邳州南）圯上，遇一老父，授以《太公兵法》，曰："读此可为王者师，后十三

黄石公　列仙图赞

年，孺子见我于济北谷城（今山东东阿之南）山下，黄石即我也。"后张良从高帝过济北，果见谷城山下黄石，取而祠之。后张良死，以黄石纳于墓。《太平广记》卷三九八"黄石"条引《录异记》：帝尧时，有五星自天而陨。一是土之精，坠于谷城山下，其精化为圯桥老人，以兵书授张子房。◆《（雍正）山东通志》卷二一：东阿县谷城山之阳有黄石公庙。有司岁以三月十八日致祭。❷晋·干宝《搜神记》卷四记益州、云南间庙祀野神有"黄公"者，言即黄石公之灵。北宋·乐史《太平寰宇记》卷七九、八〇均记云南山有祠，处石室，称黄石公。祀之必用纸一百张（明·曹学佺《蜀中广记》卷七一作"一百钱"），笔一双，墨一丸。室内有启，必知吉凶，但不见其形。按：刘宋·刘敬叔《异苑》卷五：十二棋卜出自张良，受法于黄石公，行师用兵，万不失一。逮至东方朔，审以占众事，自此以后，秘而不传。晋宁康初，襄城寺法味道人忽遇一老公，着黄皮衣，竹筒盛此书以授法味，无何失所在，遂复传流于世云。疑此黄衣老人即黄石公。

【黄石君】《神异典》卷二二四引《神仙传》作商时人：黄石君，修彭祖之术，数百岁犹有少容。按今本《神仙传》作"黄山君"。

【黄司空】清·李元复《常谈丛录》：金溪（今江西金溪）诸乡里常祀黄司空，多误称王四公，唯南昌进贤门外则称黄司空。考司空名法氍，字仲昭，巴山人（崇仁境内）。梁侯景之乱，黄曾助陈霸先败景兵。积功封侯。入陈，官至侍中、中权大将

军，出镇寿阳，死赠司空。相传谓司空有异术，变池水为盐池。

【黄损】苏轼《东坡志林》"黄仆射"条：五代时连州（在今四川境内）人，事南汉，官仆射。退归。一日忽遁去，莫知其存亡，子孙画像事之。凡三十二年复归，坐于阶上，召家人。其子适不在，孙出见之。索笔书诗于壁，投笔竟去。子归，问其状貌，孙云："甚似影堂老人。"

【黄太和】唐末人。《（雍正）福建通志》卷六○：侯官（今福建福州）人。好导引术。年三十余，弃家入鼓山。大顺初，有黄璞者游山，见人趺坐，问其家世，知为五世祖。璞悲泣请还家，不听。明日率家人往谒，不复见。

【黄天顺】清初人。《（雍正）云南通志》卷二五：新兴（今云南玉溪）人。不婚娶，佯狂行乞。有遗以衣履者，尽著之，旋脱于道上。能吞铜铁瓦砾，有与巴豆者，食数十粒无恙。康熙二十七年按察使赠以金，不受，拾零星小块咽之。后不知所往。

【黄万户】五代时人。五代·孙光宪《北梦琐言·逸文》卷一：五代王蜀时，巫山高唐观道士黄万户，本巴东万户村民，学"白虎七变术"，又云学"六丁法"于道士张君。常持一铁鞭疗疾，不以财物介怀。戎州刺史文思辂亦有戏术，曾翦纸鱼投于盆中而活，万户投符化獭而食之。将卒，戒家人勿葬，经七八日再活，不久而复亡。又见清·吴任臣《十国春秋》卷五七"后蜀列传"。它书有作黄万护、黄万枯、黄万佑者，均为"黄万户"之讹。

【黄万护】宋·李石《续博物志》卷三、《仙鉴》卷四六：巫山道士黄万护，以符药救人。蜀王建召之，铺草席水面，溯流而上，一日至成都。◆按：应即《北梦琐言》之"黄万户"，参见该条。

【黄万祜】见"黄万佑"条。

【黄万枯】《（雍正）四川通志》卷三八之三：未详何许人。唐时修道于黔南无人之境，累世常在，每三五十年一出。尝卖药于成都，言祸福神验。王建礼事之，问其服食，皆秘而不言。问其年，则曰："吾只记夜郎侯王蜀之岁，蚕丛氏都郫之年时被请出，竟不知其甲子矣。"一日南望嘉州（今四川乐山），曰："犍为之地何为炎炎？"已而来报，嘉州果大火，市肆为瓦砾。◆按：此人即"黄万佑"。

【黄万佑】《太平广记》卷八六引《录异记》（明钞本作《野人闲话》）：黄万佑修道于黔南无人之境，累世常在。每三二十年一出成都卖药，言人灾祸无不神验。蜀王建迎入宫，尽礼事之。问其服食，皆秘而不言。后坚辞归山，建泣留不住，问其后事，皆不言之。既去，于所居壁间见题处曰："莫交牵动青猪足，动即炎炎不可扑。鸯兽不欲两头黄，黄即其年天下哭。"智者不能详之。至乙亥年，起师东取秦凤诸州。报捷之际，宫内延火，应是珍宝帑藏，并为煨烬矣。乃知太岁乙亥，是为青猪，为焚爇之明也。后三年，岁在戊寅土而建殂。方知寅为鸯兽，干与纳音俱是土，土黄色，是以言鸯兽两头黄。此言不差毫发。◆按：明·曹学佺《蜀中广记》卷七五引《录异记》作"黄万祜"，疑此人及黄万枯均是"黄万户"之传误，而"黄万佑"乃"黄万祜"之笔误也。

【黄希旦】宋时人。明·王世贞《列仙全传》卷七："邵武（今福建邵武）长乐里人。号支离子，居邵武九龙观。翛然有出尘之志。熙宁四年召至京师。后二年化身于太乙宫，后复见于蜀。"按《宋诗纪事》卷九○言黄希旦"生于仁宗景祐间，入道本军九龙观。熙宁中诏住京师五福宫，又典太乙宫事，年四十二解化"。

【黄仙姑】晋时女子。《仙鉴后集》卷四：东晋神仙黄仁览之妹。先是吴猛葬母于新淦（今江西新淦）石壁，仁览兄妹皆与会葬。仙姑雅爱其地山水，遂依吴母墓修行炼丹。后白日飞升而去。遗迹存有沸石泉井，宋哲宗时赐额仙姑观，后改名黄仙灵应观，四方水旱疫病，祈祷辄应。

【黄仙师】即黄七公。《三教源流搜神大全》卷七：姓黄行七，福建汀州上杭（今福建上杭）人。业巫术，能鞭挞鬼魔，驱逐妖怪。相传昔有山精石妖为害，黄七公以符法治之，因隐身入石中不出。今石壁隐有人影若仙师云。◆《（雍正）福建通志》卷六○则云仙为三人，称

黄仙师 三教源流搜神大全

"黄幸三仙师"，即黄仙师及其子黄某，其婿幸某，称三仙师。

【黄妖】清·刘献廷《广阳杂记》卷三："平凉（今甘肃平凉）、静宁（今甘肃静宁，在平凉西约二百里）之间，有物如猫，而首大色黄，人呼曰'黄妖'。家猫见之，即随之去，饮于河以涤其肠胃，至妖前听其食。妖以舌舐之，毛随舐落，磔猫而食之。"刘献廷以为即郭璞所云"黄腰"之误。

【黄腰】或名黄腰兽，鼬身狸首，长则食母，形虽小而能食虎及牛鹿也。即《说文》之"穀"，似豹而小，腰以上黄，以下黑，形类犬，食猕猴，名黄腰。◆又有说"独"兽即黄腰者。见《本草纲目》卷五一下。

【黄杨一官人】明·钱希言《狯园》卷一四：长洲县前有一宅子，数见怪异，主人空而键之。医士陈生欲买而居焉，居后两三日，忽见空中一物，时时向陈牵衣捉臂。陈怒，厉声叱之，妖即以头戴其所凭药几，绕室而行，床荐之属，无故自移，取其药囊中格子，布之于地，交错累积，悉如算筹。陈因持梃逐之，若击树枝然。搜其踪迹，疑是中庭黄杨树，梢已老矣。征之邻人，亦咸谓"此黄杨一官人作耗也，君宜速祭"。陈素不信幽怪，遂用巨钉贯其上。祟不止，取斧伐去，深之，得盘根数尺，膏液淋漓，注地如血。亟焚为薪，宅遂无怪。

【黄野人】南宋·洪迈《夷坚丙志》卷一五"鱼肉道人"条："南宋初，黄元道过武当山，孙旭先生告之曰：'罗浮山（今广东惠阳地区之罗浮山）黄野人，五代时惠州刺史，弃官学道。今仙品已高，宜往敬拜，以求延年度世之术。'黄欣然而行，至罗浮，极攀援之力，终见野人。野人于钵中取鱼肉如故山所得者与之，指石窟宿溺使尽饮，曰：'汝归逢人与鱼肉，任意啖之，直等待不欲食时，复来见我。'"南宋·张端义《贵耳集》卷中："何文昌游罗浮，遇黄野人，一见便言做得尚书，年九十。袖出一柑，分食。月湖由是清健无疾。后果如其言。"明·陈

黄野人　仙佛奇踪

继儒《香案牍》："宋咸淳中，有客戴乌帽著靴，往来于罗浮山中，见人则大笑反走，不言姓氏。或是黄野人。"清·屈大均《广东新语》卷二八："黄野人居罗浮为地行仙，往往与人相遇，或为黄冠，或儒者，或溪翁山妇，或牛犬鸟蝶，凡山中所有物，皆能见之。苏轼游罗浮，见一田妪负儿，轼嘲其乳黑。妪答以歌，多为苏轼隐事。轼大惊，妪旋不见。此妪即野人所化。"《新语》载野人传说数则，且云："大率每年九月六日至九日，黄野人必出。以是日候之，然往往见之而不识云。"◆明·洪应明《仙佛奇踪》卷一："葛洪弟子。洪仙去，留丹于罗浮山柱石间，野人得一粒，服之，遂成地行仙。"按：观诸说野人似为五代时人，此则为晋时人，当因葛洪修仙于罗浮而附会。又清·吴任臣《十国春秋》卷六六"南汉列传"有黄励者，大有末官祯州刺史。时高祖（即刘龑）淫行峻法，励弃官入罗浮山。久之，闻云华野人之名，亦自号曰黄野人。尝逢仙真指授丹法，修炼得道。或即《夷坚志》所述之"黄野人"。

【黄一真】明时人。《（康熙）南阳府志》卷五：号云峰，又号诚一。内乡（今河南内乡）夏馆保人。生于明洪武间，入邑中奉仙观为道士，往来镇平五朵山。师全真李崇朴，修三十余年，人莫窥其秘。成化间寿八十一逝世。既逝次日，有见其谒唐王者，又三日，有见其于卢氏县募化核桃者。

【黄衣翁】晋·葛洪《西京杂记》卷三：司马相如将献赋，未知所为，梦一黄衣翁谓之曰："可为《大人赋》。"遂作《大人赋》，言神仙之事以献之。

【黄元道】南宋时人。南宋·洪迈《夷坚乙志》卷一二"秦昌时"条：秦昌时、昌龄，皆秦桧从子。绍兴二十三年，昌龄见达真黄元道，元道戒其不可受宣州（今安徽宣城）官，受则必死。既而授宁国军（今安徽宣城）签判，五日即死，竟不及赴官。昌时自浙东提刑来会葬，达真曰："今年葬签判，明年葬提刑。吾将往会稽（今浙江绍兴）相送。"至明年十二月十二日，达真果访昌时于会稽，取纸写诗，有"二五相逢路再迷"之句。昌时曰："寿止二年或五年邪？"曰否。"二月五月邪？"曰否。"然则但二日五日乎？"曰："恐如是。"至十八日，昌时果死。事又见同卷"王晌恶谶"条。

【黄云翔】《（万历）黄岩县志》卷七载：号云庭道人。少好道术，习雷法，能驱役鬼神。应氏五子为蛇妖所祟，云翔除之。应氏捐其居为道堂，今施水庵是也。

【黄真人】宋时人。《(雍正) 江西通志》卷一〇三：长乐乡茂山人。幼时天旱，父督之灌水，真人曰："可将我家田插标为记。"次日水满禾苏，他田皆否。乡人异之，向之祷雨，果大雨。后数日语其父曰："死矣，可置我于鼓中，仍封以革，随鼓所至，即我坟墓。"鼓封毕，自行至仰天岗，方不动，于是瘗之。至今乡人犹呼其地曰转鼓陵。

【黄镇】《(雍正) 湖广通志》卷七四：武昌人。少为继母所窘，逃出，遇异人于武夷山，授法。召天神立至，命移树，顷刻风雷交作，树果东西易位。及归，值岁旱，母命溉园，因磨墨染符，大雨，然不出园外。后为郡县祈雨，亦不出境。一日，母迫之，忽自经于九曲亭。举棺人觉轻，视之，唯一履存焉。

【黄知微】北宋时人。《仙鉴》卷五〇：字明道。庐山太平兴国宫道士。宋神宗元丰间充知殿奉香火。一日，潜山体道先生崔君来访，授一九谷神之道、金液沦景之旨。从此若狂若蹶，时人呼为"黄疯子"。每醉则浩歌，歌罢颠狂，一衲百结，裸露不顾。或居山间，或游城市，常携二布囊，每遇饼饵药物之属杂贮其中。本不知书，所谈多史传；素不能文，所出皆高妙之句。蔡子高、司马知白、崔疯子、高赤脚皆与之游。崇宁末年逾九十，貌若处子。谈人祸福，历历皆验。羽化，瘗于宫侧。数年后有自蜀中回者，云今在成都。发棺视之，唯存衣履。

【黄竹】见"黄伯祥"条。

【黄子阳】梁·陶弘景《真诰》卷五：魏 (今河北磁县南) 人，少知长生之妙，学道落落山中九十余年，但食桃皮，饮石中黄水。后逢司马季主，导以仙方，遂度世。

【黄祖】树神。晋·干宝《搜神记》卷一八：庐江龙舒县 (今安徽舒城西南) 陆亭，水边有一大树，高数十丈，常有黄鸟数千巢其上。忽见一妇人，著绣衣，自称曰："我树神黄祖也，能兴云雨。"

【黄尊师】《太平广记》卷四二引唐·卢肇《逸史》：黄尊师居茅山，道术精妙。有贩薪者，于岩洞间得古书十数纸，自谓仙书，因诣黄君，恳请师事。黄君纳其书，不语，日遣斫柴五十束，稍迟并数不足，呵骂及捶击之，亦无怨色。一日，见两道士于山石上棋，看之不觉日暮，遂空返。黄君大怒骂叱，杖二十，问其故。乃具言之。曰："深山无人，何处得有棋道士？果是谩语。"遂叩头曰："实，明日便捉来。"及去，又见棋次，乃傍前看，因而擒捉。二道士并棋局腾于高树。唯得棋子数枚。道士笑谓曰："传语仙师，从与受却法箓。"因以棋子归，悉言其事。黄公大笑，乃遣沐浴，尽传法箓。受讫辞去，不知其终。

【蝗神】清·蒲松龄《聊斋志异》卷四"柳秀才"：明季，蝗生青、兖间，渐集于沂 (山东沂水)，沂令忧之。退卧署幕，梦一秀才来谒，峨冠绿衣，状貌修伟，自言御蝗有策。询之，答云："明日西南道上有妇跨牝驴，蝗神也。哀之，可免。"令治具出邑南，伺良久，果有妇控驴北度。令便哀求："区区小治，幸悯脱蝗口。"妇曰："可恨柳秀才饶舌，泄我密机！当即以其身受，不损禾稼可耳。"乃尽三卮，瞥不复见。后蝗来飞蔽天日，竟不落禾田，尽集杨柳，过处柳叶都尽。方悟秀才柳神也。

【hui】

【灰袋】唐·段成式《酉阳杂俎·前集》卷二、《太平广记》卷三〇引五代·杜光庭《仙传拾遗》：蜀有道士佯狂，俗号为"灰袋"，即翟乾佑晚年弟子也。乾佑每戒其徒曰："勿欺此人，吾所不及。"多住村落，每住人愈信之。曾病口疮，不食数月，状若将死。村人素神之，因为设道斋，斋散，忽起就枕，谓众人曰："试窥吾口中，有何物也？"乃张口如箕，五脏悉露。同类惊异，作礼问之。唯曰："此足恶！此足恶！"后不知所终。◆按：《仙鉴》卷四二有舒虚寂者，亦乾佑弟子，与灰袋事极相类，疑是一人。可参看"舒虚寂"条。

【灰七姑娘】清·俞正燮《癸巳存稿》卷一三："今苏州有田三姑娘，嘉兴有灰七姑娘，皆紫姑类。"按：民间马桶内垫之以灰，故讳言粪便为灰，灰七姑娘之灰即此意。又称"七姑娘"，胡朴安《中华全国风俗志》下编"河南"章记沘源之闺阁游戏："一为抬石头神，二曰请鳖姑娘，用杵子一把，擀杖一条，小儿衣服数件，扎成人形，置于阴沟旁，焚香叩首，念咒数句，二人抬至灶神前，以卜一年吉凶。或询以将来之富贵贫贱，问话时杵头若点动即为应允。三曰请七姑娘，与上法略相同，唯所请之地在粪堆前。"

【挥文】《太平御览》卷八八六引《白泽图》："故宅之精名挥文。又曰山晃。其状如蛇，一身两头，五采文。以其名呼之，可使取金银。"

【晖】晋·葛洪《抱朴子内篇·登陟》：又有山精，如鼓赤色，亦一足，其名曰晖 (《太平御览》引作挥）。见之者以名呼之，即不敢为害也。

【回道人】南宋·洪迈《夷坚三志·壬集》卷五"续仙台道人"条言一道人，自称是西川打底州县人，姓回，自少放浪，几半天下。今年八十一。日诣市乞钱，旋散与童儿，未尝辄蓄。与邓道者定交，常倩邓取汤洗面，至则涤濯浣沐，垢腻满盆，使邓饮之。邓嫌不洁，覆于地，但闻盆与地皆郁然有异香。死后发其棺，上得白石三枚，盖尸解耳。◆按：《夷坚志》所言诸"回道人"多指明为吕翁化身，此独不言。又明·陆粲《说听》卷下记吴郡城东有回道院，中塑回道人像，时显灵异。

【回回】财神。《民间新年神像图画展览会》（中法汉学研究所1942年）："在四川，增福财神被人辨认为玄坛赵元帅，盖即赵公明也。民间传说之一以此神为回教徒，所以在北京、江苏、四川等地，供奉此神时不用□□。财神之旁有一助手，其面貌及所梳之发髻不类中国人，而多数人以为彼系回教徒。"同书附录二："民间传说以财神为回回，有'回回进宝'之俗语为证。此传说之来源，可以明初郑和屡次下西洋直抵亚拉伯之印象解释之。彼每由经历之地，带回各国遣派献宝之使者，朝觐永乐皇帝。郑和系云南人，近世考据家有以之为回回教徒者。此传说之较早来源或系根据回纥（回回）使者之献宝。民间故事中有一通行之题材，将回回教徒与发现财宝二事混为一谈。此题材之存在远在唐代。"◆按：近代多称财神赵公明为回族，□□□□，故祭祀皆以牛羊肉，则匪夷所思矣。然或亦有说。中国自古以来之对外贸易，西方之波斯、阿拉伯商人贡献颇多。唐时此风已盛，元以来更是如此。所以民间故事中每称"波斯胡"（或称"胡人"）识宝，善做生意。笔记小说亦多有此类叙述。以财神为回教徒，或即由此现实生活中的印象而来。姑存此说以备考。

【回禄】《春秋左氏传》昭公十八年："郑子产襄火于玄冥、回禄。"注："玄冥水神，回禄火神。"南宋·吴曾《能改斋漫录》卷一："《周语》曰：'昔夏之兴也，融降于崇山。其亡也，回禄信于聆隧。'注云：'回禄，火神。'按祝融之后有吴回、陆终。回禄者，回、陆也，举二人而言耳。陆、禄音相近。帝喾既诛重黎，而以吴回、陆终为后，复居火正，而为祝融。则前古以回禄配祝融而为火神，可以无疑矣。"

【回仙】清·俞樾《茶香室三钞》卷一八"回仙"条：褚人获《坚瓠集》云：道家言人身有尸虫三，即谚所谓腹中回虫也。今人召乩仙，所谓回仙、回老、回道人者，即回虫。乩仙巫神，赖此以知往。按回仙，世知为吕仙，不知又有此说。

【茴香道人】南宋·洪迈《夷坚丙志》卷一五"种茴香道人"条：宋徽宗政和末，林灵素讲于宝箓宫，道俗会者数千人，皆擎跪致敬。独一道人瞑目前立。林叱曰："汝有何能？"答曰："无所能。"林曰："既无所能，何以在此？"答曰："君无所不能，亦何以在此？"徽宗听而异之，宣问实有何能，对曰："臣能生养万物。"即命下道院取可以布种者，得茴香一搯以付之，俾二卫监视，种于艮岳之趾。及三鼓，失所在。明日视茴香蔚然成丛。

【秽迹金刚】全称秽积金刚乌刍涩么明王，主不净处之执金刚。南宋·洪迈《夷坚乙志》卷一四"全师秽迹"条，云"僧人全师者能持秽迹咒，可召秽迹金刚以擒鬼物，又云秽迹金刚有千手千眼。"明·刘基《诚意伯文集》卷一〇《送顺师住持瑞岩寺序》："予尝闻浮屠氏言大秽迹金刚事云：佛既涅盘西方，西方之鬼谓佛已寂灭，天下不复有佛，倾听弟子无足畏，因悉起为孽，佛之法且大坏。佛遂化其身为金刚，蓝色凿齿，出入无有中，咋群鬼食饮其肉血。鬼乃大惕，请命愿改为佛弟子。佛法由是不坏，今其咒语犹存，所谓《大秽迹金刚咒》是也。"

【惠岸】与木叉同为僧伽大士侍者。《僧伽传》言僧伽有弟子三人，为慧岸、慧俨、木叉。北宋·蔡絛《铁围山丛谈》卷五："宣和岁，都邑大水，高至五七丈。时泗州僧伽大士现形于大内上空，傍侍惠岸、木叉。"至明·吴承恩《西游记》，慧岸已作惠岸，且与木叉合成一人，为托塔天王之第二子、观音菩萨之大弟子，见该书第六回。《封神演义》中则名木吒，亦为李靖之次子，拜九宫山白鹤洞普贤真人为师。

【惠车子】《天地宫府图》云真人惠车子治三十六小洞天之西岳华山。不详何人。

【惠吉】北宋时人。南宋·洪迈《夷坚甲志》卷九：僧惠吉，本姓张氏，饶州余干（今江西余干西北）人。少无赖，为县役，遇一妇人授一卷书，曰："后当为僧。"言讫冉冉升空而去。张归，即能知人意中事。弃妻子出游，过宜黄县，时大旱，自请祈雨，不验则自焚以谢。如期果大雨。宣和三年，至泰宁，落发为僧。能厌水医病，数百里内来者络绎。绍兴四年死，泰宁人绘像事之，称"张公"。

【惠明】南宋时人。南宋·洪迈《夷坚三志·辛集》卷三"普照明颠"条：华亭县普照寺僧惠明者，常若失志恍惚，语言无绪。而信口谈人灾福，一切多验，因目曰"明颠"。每入市，唯曳裙跣足，行步张惶。或诣店铺兀坐，则其肆是日交易必获利倍常，故皆喜其至。好作偈颂，间有达理处，其末辄颠错不可晓。绍熙三年，日本国番舶泛海，距县境已近，值风波甚恶。见一僧就地拾土块扬掷，风为帖息，乃得舣泊。又告之曰："更宜且碇缆停待，次日始可前进。"如其戒，果得便风。后见之于道，乃明颠也。

【惠宁庙神】《神异典》卷五一引《（雍正）江西通志》卷二四：庙在安仁县北隅惠宁坊。神姓柳字敬德，潭州人。唐武德九年进士，道经安仁，游玉真山，见山水奇异，于上建读书之所，疾作而殁，葬溪南藜浦岭，遂有灵应，祀于墓所十年，迁于原读书处。王仙芝兵侵境，乡人倡义御之，夜梦神乘白马云端，贼首坠马而死。其后邑人于庙中避洪水，梦神投橛溪潭，次早起视，溪水顿缩五尺。

【慧感夫人】又有"灵姑""圣姑""善利夫人"诸称。南宋·范成大《吴郡志》卷一二："灵佑庙，即慧感显佑善利夫人庙，在能仁寺内。夫人陆氏，梁卫尉卿陆僧瓒之女。僧瓒舍宅为寺，夫人就居之，是为重玄寺，寺祀夫人为伽蓝神，号圣姑。元符元年郡大旱，通判祝安上摄郡，祷而应，以其事闻，赐封慧感夫人。"南宋·龚明之《中吴纪闻》卷四："慧感夫人，旧谓之圣姑，或以为大士化身，灵异甚著。祝安上通守是邦，事之尤谨，每有水旱，惟安上祷祈立验。后以剡荐就除台守，既至钱唐，诘旦欲绝江，梦一白衣妇人告之曰：'来日有风涛之险。'既觉，颇异之，卒不渡。至午，飓风倏起，果覆舟数十，独安上得免。建炎间，贼虏将至城下，有一居民平昔谨于奉事，梦中告之曰：'城将陷矣，速为之所。谨勿以此告人，佛氏所谓劫数之说，不可逃也。'不数日，兵果至。其它神验不一。后加封慧感显佑善利夫人。"

【hun】

【浑沌】一作"浑敦"。汉·东方朔《神异经·西荒经》："昆仑西有兽，其状如犬，长毛四足，有目而不见，行不开，有两耳而不闻。有腹而无五脏，有肠而直，食物径过。人有德行而往抵触之，人有凶德而往舐迎之。天使其然。名曰浑沌。"《左传》文公十八年："昔帝鸿氏有不才子，掩义隐贼，好行凶德，丑类恶物，顽嚚不友，是与比周，天下之

民谓之浑敦。"注谓浑沌即"讙兜"。◆又《庄子·应帝王》云："南海之帝为儵，北海之帝为忽，中央之帝为浑沌。儵、忽乃相遇于浑沌之地，浑沌待之甚善。儵与忽谋报浑沌之德，曰：'人皆有七窍以视听食息，此独无有，尝试凿之。'日凿一窍，七日而浑沌死。"袁珂以为此非庄子寓言，乃有古代神话为背景者。参见《中国神话传说词典》。

【魂精帝君】《云笈七签》卷五四："魂精帝君即九天司命，部九天之魂，下统后学算命也。帝君镇在日门金庭之内。"又有"魄灵帝君"，见该条。

【混沌生】北宋·文莹《续湘山野录》：太祖、太宗微时，尝与一道士游于关河，无定姓名，自曰混沌，或又曰真无。每有乏则探囊金，愈探愈出。三人者每烂饮剧醉。生善歌《步虚》为戏，能引其喉于杳冥间作清征之声，时或一二句，随天风飘下，惟祖、宗闻之，曰："金猴虎头四，真龙得真位。"至醒诘之，则曰："醉梦语岂足凭耶？"至膺图受禅之日，乃庚申正月初四也。太祖下诏遍访之，或见于轵辕道中，或嵩洛间。后十六载，开宝乙亥岁，太祖幸西沼，见生醉坐于树阴下，相见甚欢。太祖问寿有几何，生曰："但今年十月廿日夜，晴则可延一纪，不尔当速措置后事。"至期，夜果阴，太祖急召太宗。是夕，太祖崩。◆《仙鉴》卷四七作"混沌道士"。

【混沌圣君】太上老君于天地混沌时"化身"之一。《三教源流搜神大全》卷一"道教源流"略云：天地未辟时，自然中结百千万重道气，化生妙无圣君，历尊号曰妙无上帝、自然元始天尊，一号天宝丈人；经亿万劫，化生为妙有圣君，自称妙有大帝、虚皇玉晨大道君，一号灵宝丈人；又经亿万劫，化生为混沌圣君，纪号至真大帝、万变混沌玄元老君，一号神宝丈人。此说将并列关系的"三清"化为顺序关系，

䮝 山海经图 汪绂本

以元始天尊、玉晨大道君、混沌玄元老君相继为太上老君三次化身，此后，老君方化生为人神之老子。

【䮝】《山海经·北次三经》："归山，其上有金玉，其下有碧。有兽焉，其状如麢羊而四角，马尾

而有距，其名曰䳑，善还。"郝懿行《笺疏》："还"，当音"旋"。"善还"，谓善舞也。

【huo】

【豁口大王】洛阳龙门山阙口神，俗讹为豁口大王。北宋·欧阳修《归田录》卷下：西京（北宋以洛阳为西京）龙门山夹伊水上，自端门望之如双阙，山口有庙，曰阙口庙。而世俗传"阙"为"缺"，又转"缺口"为"豁口"，故塑神像甚勇，手持一屠刀按膝而坐，名曰"豁口大王"。

【活死人】《虞初新志》卷一一陈鼎《活死人传》：姓江，名本实，四川人。明亡，入终南山学道，十年而成，遂遨游四海。后止于妙高峰，从阎老人炼金丹，十年而丹成。座下弟子百余，推荆溪陈留王为首，能驾云往来，行于水面及峭壁。活死人怒而责之，以为道贵清净无为。临化，告弟子掘一土穴，活死人入居之，命人土掩，朝夕呼之。弟子如命，朝夕呼之，三年而不应，于是树碣曰"活死人之墓"。

【火德星君】"五德星君"之一，应是火星荧惑而为火神者。有数说。❶炎帝神农氏。《神诞谱》：火德真君，为炎帝神农氏之灵，祀之为火神，以禳火灾。❷谢天君谢仕荣，见"谢天君"条。另参阅"火神"条。❸即"火德真君"。见该条。

火德星君　大英博物馆

【火德真君】《宋史·礼志六》："建中靖国元年，因翰林学士张康国言，天下崇宁观并建火德真君殿，仍诏正殿以离明为名。"◆按：火德真君易与火德星君相混。自缘起而言，二者均与五行学说相关，但对于宋代来说，则有不同意义，"星君"之身份为"火星"或"火神"，而"真君"之身份为"火德"。依五德终始说，宋依次为"火德"，故宋时之"火德真君"类于国家之"本命神"，与一般火神性质有异，亦不同于火星之神。观宋人王铚《默记》卷上所记"火轮小儿"事可知（见"王朴"

条）。又宋祖发祥于商丘（即宋之南京），商丘为古阏伯所封，阏伯又为陶唐氏之火正，故有司请以阏伯从祀火德真君。明·田汝成《西湖游览志》卷一二，南宋临安宫城所在之吴山有火德星君庙。大火为宋分野，宋以火德王，故南渡后建庙于此。

【火光兽】汉·东方朔《海内十洲记》：炎洲有火林山，山中有火光兽，大如鼠，毛长三四寸，或赤或白。山可三百里许，晦夜即见此山林，乃是此兽光照，状如火光相似。取其毛发缉布，时人号火浣布。

【火精】❶道藏本《搜神记》卷五：神姓宋名无忌，汉时人。生有神异，没而为火精。唐牛僧孺立庙祀之，以禳火灾。庙在武昌府之城东七里。明朝重建，俗云火星堂。今江东各处之火星庙，皆其神也。参见"宋无忌"条。❷火精民间相传甚多，说亦不一，大多为穿红衣之小儿或妇人。仅取数则，以见一斑。《太平广记》卷三二○引刘宋·刘义庆《幽明录》："晋义熙五年，彭城刘澄，常见鬼。及为左卫司马，与将军巢营廨宇相接，澄夜相就坐语。见一小儿赭衣，手把赤帜，团团似芙蓉花。数日，巢大遭火。"唐·释道世《法苑珠林》卷五八引《白泽图》："火之精名曰必方，状如鸟，一足。以其名呼之即去。"按：应即"毕方"。唐·张鷟《朝野佥载》卷一："开元五年，洪、潭二州复有火灾。昼日人见火精赤焞，焞所诣即火起。东晋时，王弘为吴郡太守，坐厅事，见一物赤如信幡，飞向人家舍上，俄而火起。"《太平广记》卷三七三"胡荣"条引《祥异集验》："长庆元年春，楚州淮岸屯官胡荣家有精物，或隐或见。或作小儿，为著女人红裙，扰乱于人。或称阿姑。时复一处火发，所烧即少，皆救得之。三月，火大起，延烧河市营戍庐舍殆尽。"清·俞樾《右台仙馆笔记》卷三："宁波孙氏有屋一区，忽于戊寅之春，不时火起，虽旋起旋灭，而梁柱窗楹均有焦灼痕。孙氏之子亦猝然颠狂，时发时愈。愈时问之，云见有红袍纱帽者五，自云兄弟五人，皆明季翰林，欲孙氏为之立祠。"

【火神】民间火神所指不定，或为炎帝，或为祝融，以及火祖、火德真君、火帝真君、赤帝真君、炳灵公、南方火神菩萨、荧惑星君等。而其名除祝融外，又有吴回、回禄、阏伯、游光等。参见各条。

【火师汪真君】即"汪子华"，见该条。

【火鼠】汉·东方朔《神异经》：南荒之外有火山，昼夜火燃。火中有鼠重百斤，毛长二尺余，细如丝，可以作布。同书又有：不尽木火中有鼠，重千斤，毛长二尺余，细如丝。但居火中，洞赤，时时出外，而毛白，以水逐而沃之，即死。取其毛绩纺，织以为布，用之若有垢浣，以火烧之则净。《海内十洲记》之火光兽，亦即此物。《太平御览》卷八二〇引晋·张劲《吴录》："日南北景县有火鼠，取毛为布，烧之而精，名火浣布。"

【火星】亦"火神"之一称。道藏本《搜神记》卷五：武昌府火精庙，俗云火星堂。今江东各处之火星庙，皆其神也。

【火正】上古神话中五帝掌火之官，或称火官，实即古代火神。❶一说为吴回。《山海经·大荒西经》："有人名曰吴回，奇左，是无右臂。"郭璞注："吴回，祝融弟，亦火正也。"❷又有说即祝融者，《春秋左氏传》昭公二十九年：故有五行之官，是谓五官，木正曰句芒，火正曰祝融，金正曰蓐收，水正曰玄冥，土正曰后土。《淮南子·时则训》高诱注：祝融，颛顼之孙，老童之子吴回也。一名黎，为高辛氏火正，号为祝融。❸一说为阏伯。《春秋左氏传》襄公九年：陶唐氏之火正阏伯居商丘，祀大火，而火纪时焉。

【火祖】❶《汉书·五行志》：帝喾时有祝融，尧时有阏伯氏，民赖其德，死则为火祖。❷清·姚福均《铸鼎余闻》云：吴俗以炳灵公为火祖，六月二十三日是其诞辰，或云是七月十八日。又《（雍正）江南通志》载常熟县有至圣炳灵公庙，亦相传为火神。◆按：炳灵公即泰山三郎，据《玉匣记》，其诞为五月十二日，或"火祖"之炳灵公为另一神乎？

【祸斗】明·邝露《赤雅》卷三："祸斗，似犬而食犬粪，喷火作殃，不祥之兽。"明·方以智《通雅》卷四六："祸斗如犬，食火，粪亦为火，能烧人屋。"◆按：二书皆是"蜗斗"之误。见"蜗斗"条。

【霍光】❶见"金山大王"条。❷称"霍使君"神。南宋·吴自牧《梦粱录》卷七："南宋临安有霍使君庙，庙前有长生老人桥。"明·田汝成《西湖游览志》卷二一："显忠庙，奉汉大将军霍光，俗称霍使君庙。相传吴王孙皓有疾，梦神降于庭，自称霍光，求立祠于金山之咸塘，以捍水患。祠立而疾愈。后晋天福时立庙于此。元延祐间杭州大火，人见云中有旗帜，上书'霍使君'三字，火顿息。香火益盛。"

【霍山】南岳储副。《云笈七签》卷七九《五岳真形图序》：霍山，南岳储君，黄帝所命，衡岳之副主也。领灵官三万人，上调和气，下拯黎民，阅校众仙，制命水神，是峻险之府，而诸灵之所顺也。◆按：霍山，又名天柱山，在今安徽六合地区霍山县西北。《尔雅》："霍山为南岳。"注："即天柱山。"邢昺以为《经》所谓霍，即指衡山，一山而二名也。汉武帝移南岳于天柱，始名天柱为霍，汉以后衡、霍始别。

【霍山神】此霍山即山西之霍太山，故神又作"霍太山神"。《史记·赵世家》："智伯率韩、魏攻赵，赵襄子惧保晋阳（即太原）。原过从后，至于王泽，见三人，自带以上可见，自带以下不可见。与原过竹二节，莫通。曰：'为我以是遗赵毋恤（襄子名）。'原过既至，以告襄子。襄子斋三日，亲自剖竹，有朱书曰：'赵毋恤，余霍泰山山阳侯天使也。三月丙戌，余将使汝反灭智氏。汝亦立我百邑，余将赐汝林胡之地。'云云。卒如其言，遂祠三神，使过主之。"《旧唐书·高祖纪》："高祖义师发自太原，有兵三万。师次灵石县，营于贾胡堡。隋武牙郎将宋老生屯霍邑以拒义师。会霖雨积旬，馈运不给，高祖命旋师，太宗切谏乃止。有白衣老父诣军门曰：'余为霍山神使谒唐皇帝（按《混元圣纪》卷八则云霍山神为太上老君所使），曰'八月雨止，路出霍邑东南，吾当济师。''高祖曰：'此神不欺赵无恤，岂负我哉！'八月辛巳，高祖引师趋霍邑，斩宋老生，平霍邑。"参见"程逸人"条。

【J】

【ji】

【击竹子】《太平广记》卷八五引五代·景焕《野人闲话》：击竹子，不言姓名，亦不知何许人，年可三十余。在成都酒肆中，以手持二竹节相击，铿然鸣响，有声可听，以唱歌应和，乞丐于人，词旨皆合道意。得钱多饮酒，人莫识之。如此十余年。一旦，自诣东市卖生药黄氏子家，曰："我今病甚，若死，敢以火葬为托。今自赍钱两贯文，作买柴用。慎勿触我之心肝。"黄氏子翌日见击竹子，复与黄氏子金二斤，又曰："昨言不用；令人触我心肝则幸也。"言讫而逝。黄氏子将出于郊野，堆积柴炭，祭而焚之。即闻异香馥郁。至晚，只余其心，其大如斗。黄氏子收以归城，以杖触之，忽闻炮烈，其声如雷，人马皆骇。逡巡。有人长尺余，自烟焰中出，乃击竹子也。手击其竹，嘹然有声。杳杳而上。

【乩仙】后世称扶乩所降之灵，敬则称为乩仙，常则谓之灵鬼，其实扶乩事最早见于东晋，魏华存、杨羲等人造作道经，称天上仙人下降云云者，实皆乩仙也。而扶乩早期似多见闺中，故有"紫姑"之类传说。清·赵翼《檐曝杂记》卷三："扶乩请仙，到处皆有，不得谓无其事也。大约人死后，必有数十年灵爽，为符咒所召，则降乩而来，非必纯阳辈也。其中亦灵蠢不同。"参见"紫姑"条。

【机神】机织业之祖师神。清·钱泳《履园丛话》卷二三"机神庙"条："机杼之盛，莫过于苏、杭，皆有机神庙。苏州之机神奉张平子，不知其由，庙在祥符寺巷。杭州之机神奉褚河南（遂良），在张御史巷。相传河南子某者迁居钱唐，始教民织染，至今父子并祀为机神，并有褚姓者为奉祀生，即居庙右。按唐时以七月七日祭机杼，想又以织女为机神也。"按：祀张衡者应为织机之神，祀织女者应为织工之神，唯祀褚遂良者，其故难解，见"褚遂良"条。此外机神又有"伯余"者，见该条。

【鸡宝】《太平广记》卷四六一引魏·曹丕《列异传》：秦穆公时，陈仓（今陕西宝鸡）人掘地得物，若羊非羊，若猪非猪，牵以献穆公。道逢二童子曰："此为媪述，常在地中，食死人脑。若欲杀之，以柏插其首。"媪曰："此二童子名为鸡宝，得雄者王，得雌者伯。"陈仓人舍之，逐二童子，二童化为雉，飞入于林。陈仓人告穆公，发徒大猎，果得其雌，又化为石，置之沂渭之间。至文公立祠，名陈宝。雄者飞南集，今南阳雉飞县，即其地也。

【鸡趣】即"鸾鸟"。

【咭咯菩萨】江西地方所祀瘟神。清·平步青《霞外攟屑》卷二：江西五月初旬，省城迎咭（读若机，平声）咯（读若街，平声）菩萨，木偶百千，异舆者颠倒倾仄，杠戛作声，故名。神貌狞恶可怖，有云陈大元帅者，有云大老板、二老板者，相传皆伪汉陈友谅水军部将军，荒诞莫可考也。又云：镯铙爆竹，烟焰蔽天，谓之收方，云以逐疫，非是，岁必有灾。有司及乡士大夫皆谓系民间灾疠，不得不听从民便，亦古蜡之遗，特哗聒失其意耳。

【姬洞明】宋时人。《（雍正）陕西通志》卷六五：号抱真子。居华山文仙谷。宋绍兴丙子中秋前一日，谓门人刘裕之曰："张翁、骊姥、升元待吾久矣。"言讫化去。金·王处一《西岳华山志》乃谓吕洞宾来华山，易姓名为姬洞明，道号抱真子。

【积小塘】清·王士禛《居易录》卷三：积小塘，京师人，家昌平（今北京昌平）山中。少遇异人，受术，能冬月致荷花。尝召客饮，客至，取之壁间，水陆毕备。有他客叩门，辄复纳壁中，室空无所有。尝取磁碗碎之，推入壁，曰："为我治之。"闻壁中谩谩有声，须臾取出，碗已如故。总兵麻承恩召之，谓曰："若能盗吾头上巾否？"曰："易耳。"麻坐甲士于庭，昼夜伺之，明日巾已失去。麻怒，下之狱。小塘画一舟于壁，跃而登之，遂不见。后有人见于医无闾山。

【积忧虫】梁·任昉《述异记》卷上："汉武帝幸甘泉（今陕西甘泉），长平阪道中有虫，赤如肝，头目口齿悉具，人莫知也。时东方朔曰：'此古秦狱地也，积忧所致。'上使按图，果秦狱地。朔曰：'积忧者，得酒而解。'乃以虫置酒中，立消。" ◆

又有名"患""怪哉"诸说，见各条。

【嵇康】三国时魏人。《仙鉴》卷三四：字叔夜。谯国铚（今安徽濉溪西南）人。早孤，有奇才，远迈不负群。博览，无不该通。以为神仙禀之自然，非积学所得。至于导养得理，则安期、彭祖之伦可及。乃著《养生论》。与阮籍、山涛等为友，号"竹林七贤"。平

嵇康 列仙全传

生未尝有喜愠之色。至汲郡（今河南卫辉）山中见孙登，从之游。临别，登曰："君性烈而才隽，其能免乎！"康又遇王烈，共入山求道。为锺会所谮，杀于市，康抱琴而死。后开棺，空不见尸。南海鲍靓云："叔夜实尸解也。"晋·葛洪《枕中书》：周乞、嵇康为中央鬼帝，治抱犊山（在今山西长治南）。◆按：嵇康《晋书》有传。参见"孙登""王烈"二条。

【箕伯】即"风伯"。风伯在天为箕星，故称。张衡《思玄赋》："属箕伯以函风兮。"参见"风伯"条。

【箕姑】紫姑之属，亦正月闺中之戏。清·俞樾《茶香室四钞》引《嘉定县志》云：俗谓正月百草俱灵，故于灯时备诸祠。卜箕姑，以筲箕插箸，蒙以巾帕请之，至则能写字，能击人。

【箕仙】泛指扶乩所请之灵，即"乩仙"。参见该条。此俗虽传闻起于紫姑之戏，然自宋以来扶乩请仙少有紫姑降灵者，名目亦多非耳目所及，故笔记所载多为灵鬼所托。

【稽山大王】清·平步青《霞外攟屑》卷一〇："《越言释》卷二：'越城（今浙江绍兴）有禹迹寺，左楹祀稽山大王，盖伯益也。'俗传稽山大王管百虫，而《日知录》亦言世称益为百虫将军。盖益作虞官，若上下草木鸟兽，而后世遂祀之于蜡，蜡祀昆虫矣。"按：稽山在绍兴。

【吉吊】五代·孙光宪《北梦琐言·逸文》卷四："海上人云：龙生三卵，一为吉吊。其吉吊上岸与鹿交，或于水边遗精，形如葡萄，为壮阳药。"清·吴任臣《山海经广注》云："吉吊蛇头鳖身，为蛟类。"郝懿行注《山海经·北山经》之"龙龟"，言：郝懿行曰："龙、龟二物也。或是一物，疑即吉吊也。龙种龟身，故曰龙龟。裴渊《广州记》：'吉吊生岭南，蛇头龟身，水宿木栖。其膏至轻利，铜及瓦器盛之皆浸出，置鸡卵壳中则不漏，其透物甚于醍醐也。'"◆按：明人或说为"龙九子"之一。

【吉量】《山海经·海内北经》："犬封国，有文马，缟身朱鬣，目若黄金，名曰吉量，乘之寿千岁。"郭璞注："《周书》曰：'犬戎文马，赤鬣白身，目若黄金，名曰吉黄之乘。

吉量

成王时献之。'《六韬》曰：'文身朱鬣，眼若黄金，项若鸡尾，名曰鸡斯之乘。'《山海经》亦有'吉黄之乘，寿千岁'者，惟名有不同，说有小错，其实一物耳。"

【吉留馨】五代·刘崇远《金华子杂编》卷下：胶东属郡有隐士，莫详其姓氏乡里。布袍单衣，行乞于市。既醉，即以手握衫袖，霞举掉臂而行，曰："吉留馨，吉留馨。"市中群儿随绕噪拥，一城之人咸谓之"吉留馨秀才"。一旦往道斋大会中，白日上升。

【吉祥菩萨】《造天地经》："女娲氏，吉祥菩萨下生也。"《广弘明集》卷八则云："宝应菩萨名曰伏羲，宝吉祥菩萨名曰女娲。"按：佛教中八大菩萨中有"妙吉祥菩萨"，吉祥菩萨或指此。

【吉祥天】佛教中"二十天"之一。据《佛学大词典》，为施福德之女神。又称摩诃室利、室唎天女、吉祥天女、吉祥功德天、第一威德成就众事大功德天。本为印度神话中之神，后与帝释、摩醯首罗、毗湿奴等诸神，一并为佛教所承，成为佛教之护法天神。据早期印度佛教之传说，此天系毗沙门天之妃，其父为德叉迦，母为鬼子母神。

【吉祥王】吴县（今江苏苏州）称驱蝗神刘猛将为"吉祥王"，见清·顾禄《清嘉录》卷一"正月·祭

猛将"条，云苏州刘猛将军庙有五，一在阊门外江村桥西，一在盘门营内，一在横塘，一在洞庭山（在太湖中）杨湾。其在中街路宋仙洲巷者，俗称大猛将军堂，即吉祥庵。吉祥庵假创于宋景定间，因瓦塔而创。初名扬威侯，加封吉祥王。故庙名吉祥庵。

【吉知陀圣母】仓厫之神。明·叶盛《水东日记》卷六："岭北仓库草场中皆有土地祠，仓中奉萧王，问之，则曰'鄚侯'，盖以鄚侯尝督馈运故也。其配则吉知陀圣母，旁卧一犬，则曰'厫神'。甚矣其可笑也。"◆按：明·余象斗《南游记》中华光之母即为吉芝陀圣母，因吃生人而为佛打入地狱，后为华光大闹阴司而救出。如此魔母，竟祀为仓厫之神，最不可解。或因仓库最忌火灾，而华光则为火神，吉知陀既为华光之母，现奉为仓神，则孝子华光必不敢犯其母矣。而旁卧一犬者，此犬应是"神獒"，取与厫同音，且以防盗也。

【急脚先锋】清·屈大均《广东新语》卷六：有急脚先锋神者，凡男女将有所私，从而祷之，往往得其所欲，则以香囊酬之。神前香囊堆积，乞其一二，则明岁酬以三四。

【戟神】《太平御览》卷三五二引《太公兵法》：戟之神名大将。

【计都星君】见"十一大曜星君"条。

【计蒙】《山海经·中山经》："光山，神计蒙处之，其状人身而龙首，恒游于漳渊，出入必有飘风暴雨。"

【计子勋】《后汉书·方术列传》：不知何郡县人，皆谓数百岁。一日忽言："日中当死。"至

计都星君　水陆道场鬼神像

期果然。◆按其人与"蓟子训"音同，疑本是一人而传讹为二人者。参见"蓟子训"条。

【纪虱子】明·朱孟震《汾上续谈》：纪虱子，榆林人，家饶于赀，累数十万。兄某为榆林总兵，虱子故庶出也。少遇仙，得神术，奇诡百状。乡里有

疾，为符水饮之立愈。尤善丹青，常为人画一鹤悬空室中，人窃从窗隙窥之，鹤能自下地飞舞。每召客，歌妓云集，虱子令置琴瑟笙管闭他所，为纸人附乐器上，乃呼妓从外试取他乐奏

计蒙　山海经图　汪绂本

之，甫奏，他所乐声齐举。以赀与兄讦，兄尤忌之。一日从他所游，或谗之兄曰："虱子将诉之京兆矣。"兄亟令人追之，至纪家台，乃其祖葬处，群殴之，不得死。嫡母继至，趣令死。虱子素孝，乃跪曰："太太欲儿死，死不可逃。"乃纵火焚之，黄风大起，烟焰半天中。总督姚公素爱之，趣骑救之，死矣。兄亦以此坐累，家产荡尽。

【忌】唐·释道世《法苑珠林》卷五八引《白泽图》："故道径之精名曰忌，状如野人行歌。以其名呼之，使人不迷。"故道，废弃无人行走之道。《太平御览》卷八八六引《白泽图》："故水精名忌，状如人，乘车盖日驰千里。以其名呼之，可使人入水取鱼。"

【季道华】即"季隐子"。见该条。

【季咸】《列子·黄帝》：有神巫自齐来处于郑，命曰季咸，知人死生、存亡、祸福、寿夭，期以岁、月、旬、日如神。郑人见之，皆避而走。

【季隐子】宋时人。《（雍正）浙江通志》卷二〇〇引《两浙名贤外录》、《（万历）金华府志》卷二二：真定（今河北正定）人。名道华。晚游于义乌，与陈炳交，而以棋自晦。能饮酒，嗜纸，有纸即捻为枚；无酒无纸则默坐竟日。大雪卧于冰上，无冻色。一旦语其徒曰："吾饮止今日耳。"及期趺逝，众埋之。明年，金华吕道士遇之于小茅山。

【济伯】济水之神。唐·段成式《酉阳杂俎·前集》卷一四：南燕时，邵敬伯家于长白山。有人寄敬伯一函书，言："我吴江使也，令吾通问于济伯。吾今须过长白，幸君为通之。"仍教敬伯，但至社林中，取树叶投之于水，当有人出。敬伯从之，果见人引入。敬伯惧水，其人令敬伯闭目，似入水中，豁然宫殿宏丽。见一翁，年可八九十，坐水精床，发函开书曰："裕兴超灭。"侍卫者皆圆眼，具

甲胄。敬伯辞出，翁以刀子赠敬伯曰："好去，但持此刀，当无水厄矣。"果其年宋武帝刘裕灭燕慕容超。

【济渎】"四渎"之一。唐天宝六载始封爵清源公，宋时加封为清源王。传说其神为春秋时吴国伍员，盖伍员自杀后为吴王夫差盛以鸱夷，投于江中也。◆宛委山堂本《说郛续》卷四六引祝允明《语怪》："济渎祠，相传神与人假贷。祠有大池，凡欲假金者，祷于神，以珓决之，神许，则以契券投池中，良久，有银浮出如其数。贷者持去贸易，利市加倍，如期具子本祭谢而投之，银没而原契浮。其券如人间式，亦有中保人。若神不许，则投券入水，顷之，券复浮还。牛马百物皆可假借，投之复出，不死也。"明·陆粲《说听》卷上亦载济源神庙前池，借贷财物者，随卷所书，浮出水面，并其他灵异事。

【济公】宋时天台（今浙江天台）人，俗姓李，名心远，字湖隐，号方员叟。年十八，落发于杭州灵隐寺，法号道济。风狂不饬细行，饮酒食肉，与市井浮沉，人以为颠也，故称"济颠"。先后参访国清寺之法空一本、祇园寺道清、观音寺道净，后投虎丘山慧远门下，嗣其法。又依净慈寺，寺毁，行化严陵。濒湖居民食螺断尾，师每乞放水中，螺多活而无尾。居净慈寺，火发寺毁，济行化严陵，以袈裟笼罩诸山，山木尽拔，浮江而出。报寺众曰："木在香积井中。"六丈夫勾之而出，盖六甲神也。师临终作偈曰："六十年来狼藉，东壁打倒西壁。于今收拾归来，依旧水连天碧。"入灭

济公图　清王震

后，有人遇于六和塔下，附书归，有"忆昔面前当一箭，至今犹觉骨毛寒，只因面目无人识，又往天台走一番"之句。盖天台五百应真之一也。嘉定二年坐逝，世寿六十，葬于虎跑塔中。一说年七十三岁，端坐而逝。另柴小梵《梵天庐丛录》卷二九又载：济本天台李茂春子，字湖隐。母王氏，梦吞日光而生。年十八，就灵隐瞎堂处落发。风狂嗜酒肉，寺众讦之。瞎堂云："佛门广大，岂不容一颠僧？"自是人称济颠。瞎堂圆寂，往依净慈德辉为记室。济虽佯狂狼藉，而于经论无不通贯，凡经一过目，辄成诵。有高官过其斋，见有《金刚不二颂》，问曰："此是师所作否？"济即夺而投诸火曰："多言破道，不如安默。真如如如不动，那可枝枝节节。"官惭而去。

【济河神】明·钱希言《狯园》卷一二：徽州商贾，凡所托行贩之仆，俗皆呼为小郎。数年前，有某商小郎溺死于山东济河，后飞神还家，附于商之子，通姓名而言曰："某贩货还至济上，溺水死矣。某游魂无倚，因见河边有小水神庙，神运将衰，某与击斗数日，胜之，推仆于地，夺其位而坐。其神今已他适矣。某暂潜归，报于主人，欲索皂冠朱衣革带，如神明之服，焚之，某便得去其地为神，不复再来矣。"商急制与，焚罢，遂绝响。

【济生度死真人】《高上玉皇本行集经》载道教"四大真人"，即慈悲度厄真人、寻声救苦真人、济生度死真人、万福护身真人。位在诸玉帝、五老、诸上帝下。性质近于佛教之菩萨。

【济顺王】清·陈祥裔《蜀都碎事》卷三："唐广明二年，僖宗幸蜀，神率阴兵助顺，见形于桔柏津。帝幸其庙，解剑赠神，封济顺王。庙在剑州。"按：此神即梓潼神张亚子。北宋·乐史《太平寰宇记》卷八四："济顺王，本张恶子，晋人，战死而庙存。"

【寂感】即万回哥哥之师号，民间方术有"寂感报耳秘咒"。见元·陶宗仪《南村辍耕录》卷一一"龙广寒"条。

【蓟丘君】见《仙鉴》卷三。即"稷丘君"之误，见该条。

【蓟子训】东汉时人。晋·干宝《搜神记》卷一："蓟子训，不知所从来。建安中客于济阴宛句，有神异之道。到洛阳，见公卿数十处，皆持斗酒片脯候之，而座上数百人终日饮啖不尽。时有百岁老人曰：'我小儿时，见其卖药于会稽（今浙江绍兴）市，颜色即如此。'至魏正始中，有人见之于长安东霸城，摩挲铜人，曰：'适见铸此，已近五百岁

矣。'"又见《后汉书·方术列传·蓟子训传》。而晋·葛洪《神仙传》卷七云："蓟达，字子训，齐临淄（在今山东淄博）人，少尝仕于州郡，举孝廉，除郎中，又从军，除驸马都尉。从李少君学治病作医法，知少君有不死之术，遂师事之。少君授以胎息驻年之术。行之二百余年，颜色不老。少君又授以无常子大幻化之术。人莫知其有道。在乡里唯行信让，三百余年不老。在京师有异术，贵人无不虚心谒见。尝一日同时赴二十三处之宴，容貌无异而言语应答各不相同。一日，子训至陈公家，言曰：'吾明日日中时当去。'至期乃死，其尸芬芳。殡于棺，忽作雷霆之声，棺盖分裂，棺中已无人矣。"按预言死期一事，与《后汉书·方术列传·计子勋传》所载子勋事同。晋·张华《博物志》卷五："魏武帝集方士十六人，皆能断谷不食，分形隐没，出入不由门户。中有蓟子训。"南宋·陈元靓《岁时广记》卷二引陆机《要览》："昔羽山有神人焉，逍遥于中岳，与左元放共游蓟子训所。坐欲起，子训欲留之，一日之中三雨。今呼五月三雨亦为留客雨。"又《（雍正）浙江通志》卷一九九引《武康县志》云是武康（今浙江德清西）人。不知何所据。◆按：《后汉书·方术传》中既有"蓟子训"，又有"计子勋"，应是一人而误为二人者。

【稷丘君】汉时人。西汉·刘向《列仙传》卷上："泰山下道士。汉武帝时以道术受赏赐。发白再黑，齿落更生。武帝东巡泰山，稷丘君来迎拜，劝曰：'陛下勿上，必伤足指。'武帝不听，上数里，左足指果折，于是仅祠祭而还。遂为稷丘君立祠焉。"《太平御览》卷五七九、六六三引作"稷丘公"。◆一作"稷丘子"，《天地宫府图》："三十六小洞天之灊山，为仙人稷丘子所治。"

稷丘君　列仙全传

【稷神】纬书《孝经援神契》：稷者，五谷之长。五谷众多，不可遍祭，故立稷以祭之。稷神之说有二：❶柱。《春秋左氏传》昭公二十九年：有烈山氏（即炎帝）之子曰柱，能植百谷蔬果，故立以为稷。稷，田正也。❷弃，即"后稷"。《左氏传》杜预注："弃，周之始祖，能播百谷。汤既胜夏，废柱而以弃代之。"

【髻】《庄子·外篇·达生》："灶有髻。"疏曰："髻，灶神，其状如美女，著赤衣。"

【继无民】《山海经·大荒北经》："有继无民，继无民任姓，无骨子，食气、鱼。"郭璞注曰："言有无骨人也。《尸子》曰：徐偃王有筋无骨。"

【魃】《急就篇》："射魃、辟邪除群凶。"注："射魃、辟邪，皆神兽名也。魃，小儿鬼也，射魃言能射去魃鬼。"《说文·鬼部》："魃，鬼服也，一曰小儿鬼也。"孙国江《中国古代旱魃形象的起源与嬗变》一文，认为魃即《抱朴子内篇·登涉》之"蚑"。参看"蚑"条。

【jia】

【家鬼】南宋·周去非《岭外代答》卷一〇：家鬼者，言祖考也。钦（今广西钦州）人最畏之。村家入门之右必为升堂小巷，右壁穴隙方二三寸，名曰鬼路，言祖考自此出入也。人入其门，必戒以不宜立鬼路之侧，恐妨家鬼出入。岁时祀祖先，即于鬼路之下陈设酒肉，命巫致祭，子孙合乐以侑之。

【家神】家神之说不一。❶东汉·王充《论衡·解除篇》云："宅中主神，有十二焉。青龙、白虎，列十二位。龙虎猛神，天之正鬼也。飞尸流凶，不敢安集。"❷晋·葛洪《抱朴子内篇·登陟》有"州社、山卿、宅尉"，宅尉即是家神。❸有以灶、井、门、厕、十二辰为家神者。唐·戴孚《广异记》：唐太宗以美人赐赵国公长孙无忌，有殊

家宅六神　天津民间神像

宠。忽遇狐媚。有术者相州崔参军将达京师，狐便遁去。时太宗亦幸其第。崔设案几，坐书一符。太宗与无忌俱在其后。顷之，宅内井、灶、门、厕、十二辰等数十辈，或长或短，状貌奇怪，悉至庭下。崔呵曰："诸君等为贵官家神，职任不小，何故令媚狐入宅？"神等前白云："是天狐，力不能制，非受略也。"❹五代孟蜀时，神龙为蜀主家神。《太平广记》卷四二五引五代·景焕《野人闲话》：孟蜀主母后之宫有卫圣神龙堂，亦尝修饰严洁。盖即世俗之家神也。❺清·俞樾《右台仙馆笔记》卷一三，言天津民间有"顶神"之俗，信奉五家神，即猬（称白老太太）、黄鼠狼（黄少奶奶）、狐（胡姑娘）及蛇、鼠。另，北京近郊地方信奉"四大门"，即胡门为狐狸，黄门为黄鼠狼，白门为刺猬，常门为长虫（蛇）。四门又分为"坛仙"与"家仙"两类。其中家仙亦即家神。❻天津又有"家宅六位"神马，据王树村说，祀门神、土地、财神、福神、灶君、药王。❼又守护家庙之神亦可称为家神。南宋·洪迈《夷坚甲志》卷一二"向氏家庙"条，记向氏妇人为鬼所祟，祷于家庙，即梦仙官自空而下，取作祟诸鬼鞫治，云"仙官盖家庙神灵也"。

【猳国】晋·干宝《搜神记》卷一二："蜀中西南高山之上，有物，与猴相类，长七尺，能作人行，善走逐人，名曰猳国，一名马化，或曰玃猿。"即张华《博物志》所言之"猴玃"，详见该条。

【猳玃】见"猴玃"条。

【嘉应侯】北宋·王巩《甲申杂记》：内侍刘永达奉命北岳祈雨，久之不应。或云一巫甚验，刘亟召之，巫甚倨慢，曰："嘉应侯也。"刘曰："嘉应侯爵，岂凭女巫自售！"巫叱怒不已。刘曰："侯之庙在京师何地？"巫妄指他所，刘遂加鞭棰。巫乃服曰："我北京左藏库库子也。"按：封嘉应侯者有二，一为张太尉，系北岳属神，二为崔府君。此似为前者，详见"张太尉"条。

【甲交先生】宋时人。南宋·马纯《陶朱新录》：甲交先生，忘其何许人。宋初登进士第。多坐卧于屏风上，动作无常，竟去，不知所之。后寓淮阳军，馆于富民周氏，喜延方外士，有来者，先生辄极口骂之，无敢留者。先生饮食如常人，未尝出城，而人有见于数百里外与之语者。时与小儿戏，取壁土烧之，悉成香，和以酒则成墨。建炎间，先生犹在濮阳。

【甲作】后汉傩仪中十二神之一。《续汉书·礼仪志》：甲作食殃。

【贾】见"地狼"条。

【贾耽】唐时人。《太平广记》卷四五引唐·卢肇《逸史》：唐相国贾耽，滑州（今河南滑县）节度使，常令造鹿皮衣一副，既成，选一矫捷官健，操书缄付之曰："汝往某山中，但荆棘深处即行，觅张尊师送此书，任汝远近。"使者受命，挈粮而去，甚惶惑。入山约行百余里，荆棘深险，无不备历。至一峰，半腰中石壁耸拔，见二道流棋次。使者遂拜道流曰："贾相公使来。"开书大笑，遂作报书一曰："传语相公早归，何故如此贪著富贵！"使者赍书而返。贾公极喜，厚赏之。亦不知其故也。又尝令一健卒，入枯井中取文书，果得数轴，皆道书也。遂遣十余人写，才毕，有道士突入，呼贾公姓名叫骂曰："争敢偷书！"贾公逊谢。贾公谪仙事甚众，此尤明显者也。又《太平广记》卷七八引唐·丁用晦《芝田录》，卷八三引唐·佚名《会昌解颐录》，卷一九七引唐·卢言《卢氏杂说》，卷七八、卷三七三引《芝田录》，卷三九九引唐人《玉泉子》以及段成式《酉阳杂俎》诸书，均载贾耽用法术故事，可参看。◆按：贾耽，《唐书》有传，言其通蕃夷地理，从未言有道术及学道事。

【贾姑】《（雍正）贵州通志》卷三二：莫知其自来，自谓贾姑。终日栖于大定府殷官村之石洞，亦不见烟火。如此十数年，一日忽不见。有自滇来者，云在鸡足山。后人谓其洞曰贾姑仙洞。

【贾诎】明·董斯张《广博物志》卷四三引《白泽图》："千载木，其中有虫，名曰贾诎，状如豚，食之如狗肉味。"明·朱谋㙔《骈雅》卷五云："羵羊、贾诎，土精也。"◆唐·释道世《法苑珠林》卷五八引《白泽图》，"状如豚"后有"有两头"三字，应误。

【贾善翔】北宋时人。《仙鉴》卷五一：道士贾善翔，字鸿举，蓬州（今四川仪陇南）人。善谈笑，好琴嗜酒，默究修炼。苏东坡尝过之。宋哲宗朝作《犹龙记》及《高道传》，行于世。一日在亳州太清宫讲《度人经》，盲者目明。后梦众灵官传太上命，赐其仙服，以其为太清宫主者。数日后化去。

【贾玄道】梁·陶弘景《真诰》卷一二：河东人，生于周威王之末年，受道至勤，为地仙。今在太山支子小阳山中。陶弘景《真灵位业图》：地仙散位贾玄道、李叔胜、言成生、傅道流四人，并隶司命，主察试学道者，在泰山。

【贾谊】汉文帝时为梁孝王傅，因不得志，忧愤呕血而死。事见《史记》本传。梁·陶弘景《真诰》卷一五：贾谊死后任鄷都冥官，相继为西明都禁郎、泰山守、泰山君司马。

【贾众】北宋时人。南宋·陆游《老学庵笔记》卷七：庆历中，河北道士贾众妙善相，以为曾鲁公脊骨如龙，王荆公目睛如龙，盖人能得龙之一体者皆贵极人爵。见黄庠手，曰："左手得龙爪，虽当魁天下而不仕。若右手得之，则贵矣。"庠果为南省第一，不及廷对而死。

【jian】

【坚牢地天】据《佛学大词典》：又作坚牢、坚固地神、坚牢地神、地神天、坚牢地祇、持地神、地天。色界十二天之一。乃主掌大地之神。此神原系印度太古时代崇祀之神，《梨俱吠陀》等赞颂彼为具有伟大、坚固、不灭性、群生繁育、土地繁生等诸德之女神，《梨俱吠陀》更以之为诸神之母，而尊称为地母。《金光明最胜王经》卷八载为坚牢地神，即由其坚固之德而来，其后，佛教尊为菩萨而崇祀之。据《大唐西域记》卷八载，释迦牟尼佛成道时，第一地神由地涌出，降伏诸魔，第二地神再出，为佛明证。《方广大庄严经》卷九"降魔品"亦载，佛刚成道，地神为作证明，从地涌出，曲躬恭敬，捧盛满香花之七宝瓶供养。

【肩吾】❶《山海经·西山经》："昆仑之丘，是实为帝之下都，神陆吾司之。"郭璞注："即肩吾也。"见"陆吾"条。《庄子·大宗师》："冯夷得之，以游大川；肩吾得之，以处大山。"司马彪注以为"山神"。道藏本《搜神记》卷一以为即《山海经》之"陆吾"。❷《庄子》寓言中的隐士，与接舆为友。见《逍遥游》《应帝王》《田子方》诸篇。

【湔江水神】清·俞樾《右台仙馆笔记》卷九：四川石泉县（今陕西石泉）刘氏女，许嫁罗氏子，罗氏子年十五病死，次年，刘女投江而殉。道光间，旌表其闾，前一夕，其母梦女来，曰："奉上帝命，为湔江之神。"自此湔江有人堕水，往往为神女所救。邑人醵金建庙，香火颇盛。

【羛铿】彭祖名。见"彭祖"条。

【茧石先生】明时人。清·毛祥麟《墨余录》卷一五：万钟，晋人，轻世肆志，中年潦倒，游食四方。入蜀，独行山谷中，饿毙岩下，为少年所救。少年引见其师，称"茧石先生"，云却食吞气已三千年，所谓地行仙者也。

【笕头神】南宋·陆游《老学庵笔记》卷七：临江（今江西清江之西）萧氏之祖，五代时仕于湖南为将校，坐事当斩，与其妻亡命焉。王捕之甚急，将出境，会夜，阻水不能去，匿于人家溜槽中。湖湘间谓溜为笕。天将旦，有扣笕语之曰："君夫妇速去，捕者且至矣。"因亟去，遂得脱。卒不知告者何人，以为神物，乃世世奉祀，谓之"笕头神"。

【剪头仙人】明·钱希言《狯园》卷四：陕西延安府葭州深山中有剪头仙人。断粒不食，日饮净水三碗。间用法水疗民间疾苦，甚有灵验。其水止取一滴，滴入净磁罐中，携归，则盈罐矣，服之应手而愈。万历间，官府强之出山，时正寒冬，汗气如蒸。视其貌，可十六七岁少年。以金圈束额，发皆卷起，一如头陀之状，俗因呼为"剪头仙人"。淹贯古今，谈吐如流。问其年岁，默然不语。叩以国家运数，惟答以"尚绵远"三字。旋逸去，不知所之。数日后，抚帅两府各见空中堕下名刺一束，中有"周三畏拜谢"五大字。因知三畏为宋朝贤臣，朝廷命鞫岳飞狱，弃官入山者。

【简云颠】明·何乔远《名山藏》卷一〇四、张岱《石匮书》卷二〇八：简云颠，不知何许人，寓广州。状若风狂，善号召风雷，驱役百鬼。与人游蒲涧，病日色太炎，曰："卿无苦，吾能令雷师张伞。"即瞑目为呼使状。须臾，阴云如荖凝坐上，四外日光如故。乡人请祷雨，则为坛，箕踞其上，书符篆焚之。有顷，阴云蔽日，雷电而雨。人或谓曰："何以赠我？"则曰："赠君以雷公。"因以指画掌，使紧握，曰："望某方放之。"如其言，雷轰轰然。有女病魅，视之，曰："老龟作祟。昨一番蛮侮我，当令此奴捉之。"即呼叱四指。须臾，一番人拥阴飙逾垣入，手一巨龟，大三尺，铿然堕地昏仆。简大笑，斥之去，而龟死魅绝。

【剑神】《龙鱼河图》：剑神名飞扬。

【剑童公】仇德哉《台湾之寺庙与神明（四）》：有上帝、天帝、大帝等帝号之主神，则配以剑监、印监。拥有王号之主神，则配以剑童、印童。是剑童公为配属神。但台湾台北市亦有一所以剑童公为主神之庙宇，称剑童庙。

【剑仙】剑侠而近仙者，始自"越女"（见该条），至唐人传奇而愈出愈奇。唐·段成式《酉阳杂俎·前集》卷九"盗侠"中有数则。述其运剑，"风雷总至"，"空中有电光相逐"（"韦行规"条）；"拥剑长短七口，迭跃挥霍，批光电激，或横若裂盘，旋若规尺"（"黎幹"条）。裴铏《传奇》之"聂隐娘"

言剑仙之术，"身轻如风，能于峭壁上飞走，习之一年，能刺猿猴，二年刺虎豹，三年刺鹰隼，白日刺人于都市，人莫能见"。又言妙手空空儿之神术，"人莫能窥其用，鬼莫能蹑其踪，能从虚空之入冥，善无形而灭影"。而聂隐娘能化为蠛蠓，入人腹中以藏身。言其剑，初习时长二尺许，艺精而愈短，才数寸。至仅如弹丸，可藏于脑后。至明清时笔记小说多言剑仙者，或云其剑为双铁丸。清·王士禛《池北偶谈》卷二五"剑术"条："有铁丸二，即雌雄剑也。又方寸小戟一，金挖耳一。云练剑须寒天乃可，练时时有雷电绕户，逼人毛发。"剑仙之修炼，如纳兰性德《渌水亭杂识》卷四明末剑仙自言："亦服药，亦祭炼。术成，遇大风，即蓦然起行，不觉已乘空矣。后则微风初起而为之，又后则见旭日之光即为之，久久无不如意矣。"又清·陆长春《香饮楼宾谈》卷一"峨嵋盗"条：其人自云："我辈幼服缩骨丹，八尺之躯，可缩至怀抱中物。而又习换形法，妍丑老少，皆可变易。非幻术也。"清·陆长春《香饮楼宾谈》卷一"宜兴幕客"条亦言剑仙炼剑事。

【健儿】❶《三教源流搜神大全》卷七："雷部有神，名曰健儿，善走，与雷相疾速。后世道释巫流召帅将、风雷、城隍、社公，画符书咒时用'急急如律令敕'，使健儿传令。"参见"律令"条。❷《太平广记》卷一九一引《新津县图经》："汉朱遵为郡功曹，公孙述僭号，遵不伏，以兵拒述。为埋车绊马而战死。一说：遵失首，退至此地，绊马，以手摸头，始知失首。于是土人感而义之，乃为置祠，号为健儿庙，后改勇士庙。"

【渐耳】见"虅"条。

【箭神】《太平御览》卷三四九引《太公兵法》：箭之神名续长。

【虅】唐·段成式《酉阳杂俎·续集》卷四："俗好于门上画虎头，书'虅'字，谓阴刀鬼名，可息疫疠也。予读《旧汉仪》，说傩逐疫鬼，又立桃人、苇索、沧耳、虎等。虅为合'沧耳'也。"◆唐·张读《宣室志》"冯渐"条云："河东人冯渐，初以明经入仕，后弃官。有道士李君善视鬼，授术于冯渐。大历中，有博陵崔公，与李君为僚。李君寓书于崔曰：'当今制鬼，无过渐耳。'是时朝士咸知渐有神术，往往道其名。后长安中人率以'渐'字题其门者，盖用此也。"按依此说，"耳"本虚字，"虅"乃"渐耳"二字连书而误者。◆后则又有"鬼死为虅"之说。金·韩道昭《五音集韵》卷七：

"人死作鬼，人见惧之。鬼死作虅，鬼见怕之。若篆书此字贴于门上，一切鬼祟远离千里。"云出自《搜真玉镜集》。至清·蒲松龄《聊斋志异》卷五"章阿端"一则，亦用此说，云"人死为鬼，鬼死为虅。鬼之畏虅，犹人之畏鬼也。"

【jiang】

【江伯】见"观亭江神"条。

【江伥】江伥，又称水伥，或称"溺鬼""河水鬼"，即今所谓"淹死鬼"也。五代·孙光宪《北梦琐言·逸文》卷三："江河边多伥鬼，往往呼人姓名，应之者必溺，乃死魂诱之也。"

【江长老】明时人。明·钱希言《狯园》卷二"江长老"条：江盈科族人有江长老，受良常山上真秘法，灵异著于楚西、沅湘之间，目为"散圣"。能取生鸡卵二十枚置臼中杵之，鸡卵纷然跃起，复入臼中，无一损坏。孕妇难产，长老焚符为灰，服之立产，而产儿额上竟沾其符。人家失物，长老辄用术擒其贼。故盗贼深恨之，伺间捶杀长老，而次日长老高卧寺中，无恙也。

【江东庙神】石固。道藏本《搜神记》卷五：姓石名固，秦时赣县（今江西赣州）人，殁而为神。或阴雨霾雾，或夜深月淡，乡人往往见其出入，驺从如达官，盖受职于阴司云。人为立庙，设杯筊，往问吉凶应验如响。人又为著韵语百首，设神签。庙在赣州府城外贡水之东，故称为"江东灵签"。◆又江南苏杭一带多设其行宫。明·王鏊《（正德）姑苏志》卷二七："庙在绍兴城东北，姓石名固，秦时赣人，祀于赣江之东。汉灌婴讨南越，略定江南，至赣城，神现于某山，告以克捷之期。凯还，立庙赣江之东，至三国时孙氏迁于吴境，颇著灵异。"明·陆粲《庚巳编》卷七："苏州江东神行祠，在教场之侧，以百签诗决休咎，甚著灵验。"附记数事。清·陈弘绪《江城名迹》卷三"江东庙"条："宋隆佑太后驻跸于赣，金人深入至皂口，仿佛见神拥阴兵护卫前后。宋濂《记》：吴杨溥时封神为昭灵王，宋封至崇惠显庆昭烈忠佑王。"清·褚人获《坚瓠六集》卷四"江东签"云："朱元璋初起兵渡江，偶尔桅折，见江东神庙（原注：石固，秦人）有木可伐，将伐之。庙祝言神签颇灵，可问之。高皇从其请，得签曰：'世间万物皆有主，非义一毫君莫取。总然豪杰自天生，也须步步循规矩。'遂不伐。"《明朝小史》续言此事云：

"高皇怒其不许，乃取其诀本，送关圣掌之。至今关帝江东签，比本签诀更灵。"按：石固神与关帝神之关系，似不起于明时，宋、元人所作《大宋宣和遗事》元集："崇宁五年夏，有二神现于殿庭：一神绛衣金甲，青刀美须髯；一神乃介胄之士。张继先指金甲者曰：'此即蜀将关羽也。'又指介胄者曰：'此乃信上自鸣山神石氏也。'言讫不见。"此鸣山神石氏应即石固，说见"鸣山神"条。又胡小伟所著《关帝灵签研究》，对"关帝灵签"与"江东灵签"二者渊源论证甚详，可参见。

【江渎】"四渎"之一。按《史记·封禅书》：秦始皇时，"江水，祠蜀"。《正义》引《括地志》："江渎祠在益州成都县南八里。秦并天下，江水祠蜀。"秦并天下，立江水祠于蜀。入汉仍之，后又于江都立江水祠（见《汉书·地理志》），故"索隐"云："汉初祠之于源，后祠之于委也"。然成都之江渎庙始终未废。◆一说江渎神为奇相，见"奇相"条。又一说，南宋·祝穆《方舆胜览》卷五五引《图经》云："江渎神，姜姓，生于汶川。禹导江岷山，神佐之，是为昭灵孚应威烈广源王。"又一说，江渎神是楚大夫屈原。屈原被谗流放，后自沉汨罗江而死，后世有屈原为水神之传说，至明代遂以之实江渎之神。◆南宋·陆游《老学庵笔记》卷五，记成都有江渎庙，壁画中一伟丈夫，为李顺。按成都江渎庙，据苏德祥新修庙记，初建于隋文帝时。而湖北沙市之东亦有江渎庙，见南宋·范成大《吴船录》卷下。◆北宋·乐史《太平寰宇记》卷一二三："扬州江都县有江祠，《江妃志》云：岁三祀之，以伍员为配。"◆清·吴任臣《十国春秋》卷三《吴睿帝杨溥本纪》："乾贞二年正月，封江渎广源王。"据《容斋随笔》卷一〇，金主完颜亮南侵自毙，宋廷议加封江渎为帝。丞相朱汉章以为四渎一体，不能独帝江神。

【江妃】西汉·刘向《列仙传》卷上"江妃二女"："江妃二女者，不知何所人也。出游于江汉之湄，逢郑交甫。见而悦之，不知其神人也，谓其仆曰：'我欲下请其佩。'遂下与之言曰：'二女劳矣。愿请子。'二女遂手解佩与交甫。交甫悦受而怀之中当心，趋去数十步，视佩，空怀无佩，顾二女忽然不见。"而《太平广记》卷五九引《列仙传》则以佩为明珠，云"郑交甫常游汉江，见二女皆丽服华装，佩两明珠大如鸡卵"云云。应以明珠为是。◆《山海经·中山经·中次十二经》："洞庭之山，帝之二女居之。"郭璞注："天帝之二女而处江为

神，即刘向《列仙传》江妃二女也。《离骚》《九歌》所谓'湘夫人'称'帝子'者是也。"另晋·王嘉《拾遗记》卷二有"江汉二女"者，实亦江妃二女之敷衍，参见该条。

江妃二女　列仙全传

【江观潮】见"苏庠"条。

【江海保障之神】清·阮葵生《茶余客话》卷四：雍正二年，定江海保障之神皆有专祠，加封号：钱塘英卫公伍员、四川灌县通佑王李冰、浮梁县安澜之神张巡、临安县诚应武肃王钱镠、宿迁县显佑通济王谢绪、萧山县静安公张夏、绍兴府宁江伯汤绍恩、汶上县宁漕公宋礼、永济之神白英。祭仪与关庙同。

【江汉二女】晋·王嘉《拾遗记》卷二：周昭王二十四年，东瓯献二女，一名延娟，一名延娱，辨口丽辞，巧笑歌舞，步尘上无迹，行日中无影。及昭王南征，沦于汉水，二女同溺。故江汉之人，至今思之，立祀于江湄。至暮春上巳之日，禊集祠间。或为时鲜甘味，采兰杜包裹，以沉水中。或结五色纱囊盛食，或用金铁之器，并沉水中，以惊蛟龙。其水旁号曰"招祗之祠"。◆按：此当是江汉本有祠祀"江妃"之俗，王嘉方士，所著《拾遗记》多造作帝王求仙故事，故取大舜南巡事而造此说。

【江黄】人鱼一种。《太平御览》卷六八引祖台之《志怪》：隆安中，陈悝于江边作鱼笱。潮去，于笱中得一女人，长六尺，有容色，无衣服；水去不能动，卧沙中，与语不应。人有就辱之。悝夜梦云："我是江黄，昨失道落君笱，小人遂见加凌；今当白尊神杀之。"悝不敢移，潮来自逐水去。奸者寻病。

【江郎】南宋·祝穆《方舆胜览》卷七："江郎庙，在江山（今浙江江山）南五十里。《文思博要》云：有江姓三兄弟，登其巅，化为三石峰，因名焉。有湛满者亦居山下。其子仕，遭永嘉之乱，不得归。满使祝宗言于三石之灵。旬日中，湛子出洛水边，

见三少年，使闭眼入车栏中。但闻去如疾风，俄顷从空堕，良久乃觉，是家后园也。"南宋·郭彖《睽车志》卷五载，"衢州江山县江郎庙，中有二女像，甚美，俗传为江郎之女。"元·佚名《湖海新闻夷坚续志·前集》卷一："衢州江山县有江郎庙，乞梦甚验。"

【江神】江水之神。因长江绵延万里，各地均有奉祀之者，故其神亦因地而异，说法甚多。有祀江之头者，秦并中国，祠江水于蜀；至汉相沿，以江出于岷山，于是立岷山庙于江都（今江苏扬州）。有祀江之尾者，《汉书·地理志》江都有江水祠。又有观亭江神，刘宋·刘敬叔《异苑》所谓俗称"江伯神"者，则在长江中游。而秦时蜀守李冰于彭门阙立江神祠三所，是祀江之支流。有说江神名为奇相者，见"奇相"条。有说江神为"帝女"者。有说江神名幽灵者，见《木郎祈雨咒》注。此外又有江涛之神。南宋·吴自牧《梦粱录》卷一四载南宋时杭州祠祭江涛之神有十，曰平济王庙，曰顺济庙，曰英烈王，曰通应公庙，曰平波祠，曰昭应庙，曰孚应庙，曰广顺庙，曰惠顺庙，曰顺济龙王庙。◆江神封号：南宋·曾敏行《独醒杂志》卷五：江之神，今封安济顺泽王。凡江行有水族登舟，舟人即以为神，焚香拜之。王安石泛江归金陵，有水族见于舟，舟人请公致礼，安石时封荆公，仅揖之曰："朝廷班爵，公无拜侯之礼。"时江神尚未封王也。又，至南宋，金元颜亮败死于采石（今安徽当涂之北），洪迈遂请加江神以帝号。至四渎之江渎之神，虽列于国家祀典，却不能取代各地之江神。◆又泛指江中水神。《晋书·王浚传》："浚乃作大船连舫，又画鹢首怪兽于船首，以惧江神。"《太平广记》卷二九五引《洽闻记》："晋隆安中，丹徒民陈悝，于江边作鱼簖。潮去，于簖中得一女，长六尺，有容色，无衣裳，水去不能动，卧沙中。与语不应。有一人就奸。悝夜梦云：'我江神也。昨失路，落君簖中，小人辱我。今当白尊神，杀之。'悝不敢归。得潮来，自逐水而去。奸者寻亦病死矣。"按：此则为江中之水神，非江水之神也。

【江叟】唐·裴铏《传奇》"江叟"条："唐开成中，有江叟者多读道书，广寻方术，善吹笛。适阌乡（今河南灵宝西），至盘豆馆东官道大槐树下醉寝，醒遇树神，指示求仙之道，使入荆山求鲍仙师。叟入山，果遇仙师。仙师因令取笛而吹之。仙师叹曰：'子之艺至矣。但所吹者，枯竹笛耳。吾

今赠子玉笛，乃荆山之尤者。但如常笛吹之。三年，当召洞中龙矣。龙既出，必衔明月之珠而赠子。子得之，当用醍醐煎之三日，凡小龙已脑疼矣。盖相感使其然也。小龙必持化水丹而赎其珠也。子得当吞之，便为水仙，亦不减万岁。无烦吾之药也。盖子有琴高之相耳。'仙师赠以玉笛。叟吹之三年，至岳阳楼，有龙化为人，持丹而献。叟服之，变为童颜，入水不濡，乃成水仙。"明·陈士元《江汉丛谈》卷二所记与此少异："有江叟者，遇樵夫遗以铁笛，吹之无声。一日登白鹤山紫荆台，吹之，响振林谷。忽有两女子出，自称龙女，授叟药，曰：'服此当为水仙。'"

【江疑】《山海经·西山经》："符惕之山。神江疑居之。是山也，多怪雨，风云之所出也。"明·刘基《郁离子·省敌》云："江疑乘云，列缺御雷。"

江疑　山海经图　汪绂本

【江泽】见"泽仙"条。

【姜伯真】梁·陶弘景《真诰》卷五：姜伯真在猛山学道采药，遇仙人，仙人使平立日中，其影偏。仙人曰："子知仙道之贵而笃志学之，而不知心不正之为失。"因教以日出三丈时错手著两肩上，以日当心，心中间暖，则心正矣。如此而伯真得道。而《洞仙传》则云："遇仙人，观其心不正，因教之服石脑，遂得仙。"

【姜澄】宋·隐夫玉简《疑仙传》卷下：不知何乡人。常策一杖，杖头唯有一卷书。客长安近一年，每与轻薄者游处，自称得道人。叶静先生知之，责其不洁身以涤神，又尘杂其游处。姜澄辩之，静不能屈。澄又责静曰："君与今天子为友，却不教以为君之道，反以仙家之事诱之。"二人笑而分手。

后数日，不知所在，有见其乘鹤度关而去者。

【姜叔茂】秦时得道仙人。《洞仙传》：不知何许人。与周太宾学道于句曲山（即茅山），种菜果，售之以购丹砂，二人并得仙。叔茂自称："昔学道于鬼谷，得道于少室（在嵩山），养翮于华阳，待举于逸域。"梁·陶弘景《真诰》卷一三云其于秦孝公时封巴陵侯。故其地又名姜巴。成仙后与周太宾并为蓬莱左卿。

【姜太公】吕尚，又称姜太公、姜子牙、吕望、太公望、臧丈人。《史记》有《齐太公世家》，云："太公望吕尚，东海上人。先祖为四岳，佐禹治水有功，虞夏之际封于吕，姓姜氏。吕尚为其苗裔。尝事纣，见纣无道，去之，游说诸侯，无所遇，年老，钓于渭滨，周文王遇之，与

姜太公　封神真形图

语大悦，云：'吾太公望子久矣。'故号曰'太公望'，立为师。助文王阴谋修德以倾商政，其事多兵权与奇计。辅武王，天下三分，其二归周，遂伐纣而王天下。武王封之于齐，为姜齐之始祖。"按《史记》此说已多传说成分，而西汉·刘向《列仙传》卷上更以吕尚为仙人，云："冀州（今河北冀州）人，生而内智，预见存亡。避纣之乱，隐于辽东四十年。西适周，匿于南山，钓于磻溪，三年不获鱼，已而得兵钤于鱼腹中。文王梦得圣人，遂载归。至周武王伐纣，尚作《阴谋》百余篇。服泽芝、地衣、石髓，且二百年而告亡。有难而不葬，后子伋葬之，无尸，唯《玉钤》六篇在棺中。"《旧唐书·礼乐志》引《六韬》、《太平广记》卷二九一引《太公金匮》："武王伐纣，雪深丈余，五车二马，行无辙迹，诣营求谒。武王怪而问焉。太公对曰：'此必五方之神来受耳。'遂以其名召入，各以其职命焉。按五车指五方之神，二马则为风伯雨师。皆曰：'天伐殷立周，谨来授命。'顾敕风伯雨师，各使奉其职也。"清·梁绍壬《两般秋雨盦随

笔》卷六以为此乃姜太公"封神"所本。◆《唐会要》卷二三："开元十九年四月十八日，两京及天下诸州各置太公庙一所，以张良配享。"《唐书·肃宗纪》曰："上元元年闰四月己卯，追封太公为武成王，依文宣王例置庙。"《宋会要辑稿》曰："大中祥符元年十月诏加谥昭烈武成王，仍于青州（今山东青州）建祠庙。"◆《封神演义》中商朝的武成王黄飞虎，死后被封为东岳。张政烺先生《〈封神演义〉漫谈》以为武成王黄飞虎实为武成王姜子牙（字飞熊）所演变而成（唐代讳"虎"字，各书征引《史记》多改"非虎"为"非熊"）。

【姜真人】《天地宫府图》三十六小洞天之天目山（今浙江临安北），为姜真人所治，不详所指。

【姜子牙】见"姜太公"条。

【将军】江南民间丛祠所奉土神多以将军称者，如苏州、常熟一带之苏将军、宋将军、贺将军、朱将军、阎将军之类甚多，未必生前真为将军也。闽台一带亦然，但多称将军

姜子牙　漳州版画

爷。南宋·赵彦卫《云麓漫钞》卷一二："唐时随州大洪山大旱，有僧自五台来，为祈祷，成丰岁。乡人张素敬之，父子俱随僧入山。后逝去，赐僧号灵济菩萨，二张封将军。"按：此将军是否为朝廷所封，史无记载，大抵为民间先有其号，后乃附会为赐封也。故本书又云："自后多说神怪，桀黠四出，号端公，诳取施利，每及万缗，死则塑为将军。"按：是以土神称将军者，最晚亦在宋时。又，明清时河神多称大王、将军。清·薛福成《庸庵笔记》卷四"巨蛇出游"条，土人以大蛇称"大将军""二将军"。详见"大王"条。

【僵尸】平时传说中作祟之鬼多为死人亡灵或冥界魂灵，而僵尸则为尸怪，即以死者之尸身暴起为祟。清·纪昀《阅微草堂笔记》卷一〇："僵尸有二：其一新死未敛者，忽跃起搏人；其一久葬不腐者，变形如魑魅，夜或出游，逢人即攫。或曰'旱魃即此'，莫能详也。"新死未敛，其为祟即常说之"乍尸""走尸""尸蹶"，或总称为"尸变"者。

《聊斋志异》卷一中"尸变"一则所记即此类典型。而另一种久死已敛而尸首不腐者，历代多有记载，但未见其尸起为怪者，惟至明、清二代，僵尸为厉故事愈渐增多，仅袁枚《子不语》即载有近二十条，且有飞僵、毛僵、紫僵、白僵诸种。其最凶者能飞行空中，食人小儿，敢与龙斗。但僵尸虽凶，却畏饭团，畏鱼网，畏枣核，畏铃铛声，畏木匠之墨线，畏秤锤。◆传说僵尸可化为旱魃，见"魃"条。

【蒋鳌】明时人。《（康熙）零陵县志》卷九：号湘厓。正德举人。为河南扶沟令，以清著闻。归遇异人，授以服食之术。弃家入山，修炼数年，遂邀游名山，足迹在天台、雁荡间。山阴徐文长之兄徐淮，曾师事之。能出神谒友人。死之日，有乡人遇之于途，后数年又有人见之于蜀峨眉山。

【蒋疯子】宋时人。《仙鉴》卷五二：蒋风子，宋时邵阳（今湖南邵阳）之居民。性愚直，言无忌惮。周游南岳，遇一樵者，与一粒药，吞之，自此但饮水而已。衣衫尽弃，寒暑不问，人称疯子。周游湖湘，势位不能屈，毒药不能加，独行自语，人莫之测。

【蒋侯】即"蒋子文"。见该条。

【蒋晖】南宋时人。《（雍正）湖广通志》卷七五、《（康熙）祁阳县志》（今湖南祁阳）卷八：字吉甫。其先为阳羡人，后徙居于清湘。幼潜心于孔孟，博通群书，于天文地理、医卜术数无不殚究。世奉道教，尝刊布仙经，喜施济贫穷，减价粜谷，广为药肆。居祁山之阳，建观以奉玄武。与白玉蟾游。宋绍定间，有一道士来访，题诗壁间，称无上宫主，盖吕仙也。◆《（雍正）广西通志》卷八七亦有蒋晖，云为全州道士。吕洞宾尝谒之，适他出，题诗而去。是与字吉甫者为一人也。

【蒋泊】元·吾丘衍《闲居录》：字景裴，号自庵。居杭州葛岭宝胜寺。无儋石储而巾褐不完，晏如也。好抄书，床头灶侧尘积者三百余束。名公士大夫多器之。每一入城访诸公，必终日。年七十余而筋力不衰。一日，余于八氏家观降仙，忽灰书曰："可迎蒋地仙。"已而蒋至，众异之。已而复书曰："吾别公百四十载，今会于此，甲午当复会矣。"是时去甲午尚远。后四载，冬，忽病故，问其日，则甲午也。

【蒋七郎】明·田汝成《西湖游览志》卷一六："杭州有广福庙，祀蒋七郎。七郎名崇仁，仗义乐施，仿常平法，以家赀粜谷与贫者。其弟崇义、崇信亦承兄志，行之六七十年。既卒，里人立祠祀之，有祷辄应。南宋咸淳中封孚顺侯、孚惠侯、孚佑侯。至今父老言神异事甚多。"参见"蒋相公"条。◆南宋·吴自牧《梦粱录》卷一四、南宋·潜说友《咸淳临安志》卷七三："杭州盐桥有广福庙，神姓蒋，世为杭人，生建炎间。乐赈施。每秋成，籴谷预储，贵则贱粜如原价，岁歉或捐以予饥者。死之日，嘱其二弟存仁心行好事。里人相与祠其像以报。人心所趋，灵应如响，祈卜者肩相摩。咸淳初赐庙额曰'广福'。"按：此神即"蒋七郎"。◆按清·吴陈琰《旷园杂志》："蒋七郎又称'蒋自量'。兄弟置公量，乞籴者皆令自收米，岁歉亦然，人因目之为'蒋自量'。咸淳三年，诏封三蒋为广福侯。"

【蒋山神】即"蒋子文"。见该条。

【蒋深女】北宋时女子。南宋·吴曾《能改斋漫录》卷一八：元丰中，武陵（今湖南常德）太守蒋深之幼女，忽梦神人燎苍楮若虬龙状，强使吞之。自是辟谷，间诵《大洞》诸仙经。复言："上帝以我补花童。"继梦二童挈玉匣与之，所占如响。上元醮罢，次日坐蜕。

【蒋升】北朝时人。《北史·艺术传》：蒋升，字凤起，楚国平河人。少好天文玄象之学，西魏丞相宇文泰雅信待之。大统三年，东魏窦泰顿军潼关，宇文泰出师马牧泽。时西南有黄紫气抱日，从未至酉。宇文谓升曰："此何祥也？"升曰："西南未地，主土。土王四季，秦分。今大军既出，喜气下临，必有大庆。"于是与窦泰战，擒之。九年，高仲密以北豫州来附，宇文泰欲遣兵援之。升曰："春王在东，荧惑又在井鬼分，行军非便。"宇文泰不从。军至芒山，不利而还。

【蒋相公】又称"杭州蒋相公"。南宋·吴自牧《梦粱录》卷一四、《三教源流搜神大全》卷三："杭州人，生于南宋建炎间。乐赈施，每至秋成，贵籴贱粜，岁歉则施于饥者。死后里人为塑像，灵应如响，祈卜者甚多。"按：即"蒋七郎"，见该条。

【蒋先生】即"赤将子舆"，见该条。

【蒋庄武帝】即"蒋子文"，见该条。

【蒋子文】东汉时人。晋·干宝《搜神记》卷五："蒋子文，广陵（今江苏扬州）人。嗜酒好色，佻达无度。常自谓己骨轻，死当为神。汉末为秣陵尉，逐贼至锺山下，伤额而死。及吴先主孙权时，子文故吏见其乘白马，执白羽扇，侍从如平生，曰：'我当为土地神，福尔下民。为吾立庙，否则使虫入耳为灾。'孙权以为妖言，后果有虫入人耳，死者甚众。子文又云：'不祀我当有大火。'是岁数有火灾。又云：'不祀我当有大疫。'孙权患之，封中都侯，立庙于锺山，更名蒋山。"《三教源流搜神大全》卷三所载同上，又云："东晋时苏峻之难，子文见梦于晋帝，自云将助帝除逆，后苏峻果受诛。及苻坚南侵，王导亦祷于蒋山，神果显灵，使八公山草木皆兵。"是建康几次大难，俱为子文显灵所解矣。《大全》又载历代封号："宋高帝永初二年，加至相国大都督中外诸

蒋相公　三教源流搜神大全

蒋庄武帝　三教源流搜神大全

军事，封蒋王。齐永明中，进帝号。五代南唐谥曰庄武帝。"◆按：蒋子文六朝时传说灵异甚多，可参看晋·陶潜《搜神后记》。所记虽荒诞不伦，但可知蒋子文为一痞棍无赖之神。◆明万历间有《龙会兰池录》，云"福神蒋子文死于锺山之下"，是蒋子文竟为福神矣。

【绛县老人】南宋·洪迈《夷坚甲志》卷六：周公才，政和初为绛县（今山西新绛）尉，遇一道人，跨鹤去地数尺而行。人云是古绛县老人，今为地仙，时一游人间，识之者皆过百岁。按所谓"古绛县老人"者，见《春秋左氏传》襄公三十年：三月癸未，晋悼夫人食舆人之城杞者。绛县人或年长矣，无子，而往与于食。有与疑年，使之年。曰："臣小人也，不知纪年。臣生之岁，正月甲子朔，四百有四十五甲子矣，其季于今三之一也。"吏走问诸朝，师旷曰："鲁叔仲惠伯会却成子于承匡之岁也。是岁也，狄伐鲁。叔孙庄叔于是乎败狄于咸，获长狄侨如及虺也豹也，而皆以名其子。七十三年矣。"史赵曰："亥有二首六身，下二如身，是其日数也。"士文伯曰："然则二万六千六百有六旬也。"

【jiao】

【交胫国】《山海经·海外南经》："交胫国在其（穿胸国）东，其为人交胫。"郭璞注曰："言脚胫曲戾相交，所谓雕题、交趾者也。或作'颈'，其为人交颈而行也。"《淮南子·墬形训》海外三十六国中有"交股民"，是以交胫为是。

【郊间人】晋·陆云有《登遐颂》，记古仙二十一人，中有"郊间人"，颂曰："渊哉郊间，怀宝采薪，媚兹伯阳，常道是贪。附翼游周，携手入秦。遗

交胫国　山海经图　汪绂本

物执一，妙世颐神。思我玄流，浩若无津。"按晋·葛洪《神仙传》卷六"王真"条："郊间人者，周宣王时郊间采薪之人也。采薪而行歌曰：'巾金巾，入天门。呼长精，吸玄泉。鸣天鼓，养泥丸。'时人莫知，唯柱下史曰：'此是活国中人，其语秘矣。其人乃古渔父也。何以知之？八百岁人目瞳正方，千岁人目理纵。采薪者乃千岁之人也。'"

【骄虫】《山海经·中山经》："平逢之山，无草木，无水，多沙石。有神焉，其状如人而二首，名曰骄虫，是为螫虫，实惟蜂蜜之庐。"郭璞注："为螫虫之长。言群蜂之所舍集。蜜，赤蜂名。"螫虫，螫人之虫，如蜂之类。

【焦姑】明时人。《（康熙）江宁府志》卷二七：名奉真。有仙术，能祈晴雨。永乐时召入宫。后归，建玄真观于中和桥，以居之。弟为神乐观道士。一

日语弟曰："吾不食数日，死期已近。死后不用棺，但以芦席卷之，送江浦县定山上。吾愿足矣。"其弟从其言送于定山，忽雷雨骤作，遂失尸所在。封妙惠仙姑。◆明·叶盛《水东日记》卷一称"妖妇焦奉真"，当即此人。

【焦光】即"焦先"之误。

【焦湖庙赵太尉】北宋·乐史《太平寰宇记》卷一二六引《搜神记》《幽明录》：焦湖庙有一玉枕，枕有小缝。单父人贾客杨林，至庙祈求。巫引其近枕边，因入缝中。遂见朱门琼室，有赵太尉在其中，即嫁女与杨林。于是生子六人，皆为秘书郎。历数十年，并无思乡之念。忽如梦觉，犹在枕旁。

【焦侥国】又作"僬侥""周饶"。《山海经·大荒南经》："有小人，名曰焦侥之国。"即《海外南经》之"周饶国"。《淮南子·墬形训》海外三十六国，西南方曰焦侥，高诱注："焦侥，短人之国也，长不满三尺。"《列子·汤问》："从中州以东四十万里得僬侥国，人长一尺五寸。"

【焦静真】《仙鉴后集》卷四：唐时女真。因精思间，有人导至方丈山，遇二仙女，谓曰："子欲为真官，可谒东华青童道君受三皇法。"请名氏，则司马承祯也。归而诣承祯求度，未几升天。尝降，谓薛季昌曰："先生得道，高于陶都水（陶弘景仙职为蓬莱都水监）之任，当为东华上清真人。"◆按：事与"谢自然"事颇相类。

【焦炼师】唐时人。李白《赠焦炼师》小序：焦炼师，嵩山之神人，不知何许时妇人，或云生于齐、梁时，其年可五六十，常胎息绝谷，居无室庐，行走若飞，倏忽万里。或传其入东海，登蓬莱。李白访道登少室（在嵩山），慕炼师之名，遥为诗寄赠。

【焦生】晋·张华《博物志》卷五：魏明帝时河东（治在今山西永济）有焦生，裸而不衣，处火不焦，入水不冻。杜恕为太守，亲所闻见。◆晋·陆云《登遐颂》亦有"焦生"。按即"焦先"，见该条。

【焦先】《三国志·魏书·管宁传》注引《魏略》："字孝先，河东（治在今山西永济）人。关中乱，失家属，留于陕，注籍大阳。县给廪日五升，时有疾疫，死者甚多，县使先掩埋，童儿竖子皆轻之。然行不践邪径，拾穗不取大者，饥不苟食，寒不苟

骄虫 山海经图 吴任臣本

焦先 列仙图赞

衣。自作一瓜牛庐，呻吟独语其中。至魏大伐吴，有人问之，答以歌谣，有应验。朝廷遣官来访，不语。后病亡，寿八十九。"晋·皇甫谧《高士传》所述大致相同。而晋·葛洪《神仙传》卷六云："年一百七十岁，常食白石，分于人，食之如芋。日日伐薪以施于人。营草庵居其中，后野火烧其庵，人视之，见先危坐其下不动，火过方徐徐而起，衣裳不焦。人知其异，欲求道，曰：'我无道也。'如此二百余岁，后与人别去，不知所之。"

【蛟】蛟、龙虽连称，但蛟与龙实非一物。但蛟究为何物，历来众说纷纭。《山海经·中山经》："翼望之山，觐水出焉，其中多蛟。"郭璞注："似蛇而四脚，小头细颈，颈有白瘿。大者数十围，卵如一二石瓮，能吞人。"东汉·许慎《说文解字》："蛟，龙之属也。池鱼满三千六百，蛟来为之长，能率鱼飞。"晋·王嘉《拾遗记》卷六："元凤二年，昭帝泛灵溢之舟于琳池之上，钓一白蛟，长三丈，若大蛇，无鳞甲。命太官为鲊。肉紫骨青，味甚香美。"晋·陶潜《搜神后记》卷一〇："长沙有人，家江边，有女渚次浣衣，觉身中有异，后不以为患，遂妊身。生三物，皆如鳝鱼。女以己所生，甚怜之，著澡盘水中养。经三月，此物遂大，乃是蛟子。各有字，大者为当洪，次者名破阻，小者曰扑岸。天暴雨，三蛟一时俱去，遂失所在。后天欲雨，此物辄来。女亦知其当来，便出望之。蛟子亦出头望母，良久复去。经年，此女亡后，三蛟一时俱至墓所哭泣，经日乃去。闻其哭声，状如狗嗥。"梁·任昉《述异记》卷上："水虺，五百年化为蛟，蛟千年化为龙，龙五百年化为角龙，千年为应龙。"又云："虎鱼老者为蛟。"又李时珍《本草纲目》卷四二引《述异记》云："蛟，龙类，眉交生，故谓之蛟。"裴渊《广州记》云："蛟长丈余，似蛇，颈有白婴，尾有肉环。"北宋·文莹《玉壶清话》卷七引唐·陆禋《续水经》云："蛇雉遗卵于地，千年而生蛟。蛟，龙属。汉武帝元封中，寻阳浮江，亲射蛟于江中，获之是也。其蛟出壳之日，害于一

方，洪水飘荡，吴人谓之发洪。"五代·孙光宪《北梦琐言·逸文》卷四："蛟之为物，不识其形状。非有鳞鬣四足乎？或曰，虬螭蛟蜮，状如蛇也。南僧说蛟之形如马蟥，即水蛭也，涎沫腥粘，掉尾缠人，而噬其血。蜀人号为'马绊蛇'。头如猫鼠，有一点白，汉州古城潭内马绊蛇，往往害人。乡里募勇者伐之，身涂药，游泳于潭底，蛟乃跃于沙汭，蟠蜿力困，里灌噪以助，竟毙之。"宋·彭乘《墨客挥犀》卷三："蛟之状如蛇，其首如虎，长者至数丈，声如牛鸣。见人先以腥涎绕之，既坠水，即于腋下吸其血，血尽乃至。"明·叶子奇《草木子》卷四："鱼二千斤为蛟。"刘銮《五石瓠》"蛟"条：蛟有大只如蚓。又，蛟以眉交而得名。清·宋荦《筠廊偶笔》卷下按《庐山志》云蛇、雉、蚯蚓之类，穴山而伏三十年则化而为蛟，常以夏乘雷雨去之江湖。清·薛福成《庸庵笔记》卷四"蛟龙利害悬殊"条，云蛟首似牛，其身在龙蛇之间。清·俞樾《右台仙馆笔记》卷一四：有人于山上掘得一物，似鸭而毛，通体纯黑，两目皆闭。问博识者，曰："此蛟也。幸两目未开，故不为患。烹而食之，亦一异味。然其中不可著一滴水。得水即能变化，平地生波，庐舍为墟矣。"◆历代斩蛟者有：《博物志》澹台子羽，《吕览》荆佽飞，《韩诗外传》菑丘欣，《志怪录》周处，《襄阳耆旧传》邓遐，《方舆胜览》赵昱，《搜神记》古冶子，而许真君斩蛟事最著。

【蛟妾】梁·任昉《述异记》卷上：夏桀宫中有女子化为龙，不可近，俄而化为妇人，甚丽而食人。桀名之为蛟妾，能告桀吉凶。

【僬侥国】见"焦侥国"条。

【鲛人】晋·干宝《搜神记》卷一二：南海之外，有鲛人，水居，如鱼，不废织绩。其眼泣则能出珠。

【鲛鱼】南齐·祖冲之《述异记》：芦塘有鲛鱼，五日一化，或为美异妇人，或为男子，至于变乱尤多。郡人相戒，故不敢有害心，鲛亦不能为计。后为雷电杀之，此塘遂涸。

【角端】或作"角端"。瑞兽。其说不一。❶《文选》司马相如《上林赋》"其兽则麒麟角端"，郭璞注：角端似貊，角在鼻上，中作弓。❷《宋书·符瑞志》：角端日行万八千里，又晓四夷之语，明达方外幽远之事。❸元·陶宗仪《南村辍耕录》卷五：元太祖驻师西印度，忽有大兽，其高数十丈，一角如犀牛然，能作人语，云："此非帝世

界，宜速还。"左右皆震慑，独耶律楚材进曰："此名角端，乃旄星之精也。圣人在位，则斯兽奉书而至。且能日驰万八千里，灵异如鬼神，不可犯也。"帝即回驭。又云：至正庚寅，江浙乡试，八月二十二日夜二鼓，院中仿佛见一物，驰过甚疾，其状若猛兽者，因出"角端"为试题。❹清·王士禛《陇蜀余闻》：角端，产瓦屋山，不伤人，惟食虎豹。

【角龙】梁·任昉《述异记》卷上：水虺五百年化为蛟，蛟千年化为龙，龙五百年化为角龙，千年为应龙。

【㺍】《山海经·西山经》："玉山，有兽焉，其状如犬而豹文，其角如牛，其名曰㺍，其音如吠犬，见则其国大穰。"郭璞注曰："晋太康七年，邵陵扶夷县槛得一兽，状

㺍　山海经图　汪绂本

如豹文，有两角，无前两脚，时人谓之㺍。疑非此。"

【㺍兔】《本草纲目》卷五一上引《拾遗记》云："㺍兔生昆吾山，形如兔，雄黄雌白，食丹石铜铁。昔吴王武库兵器皆尽，掘得二兔，一白一黄，腹中肾胆皆铁，取铸为剑，切玉如泥。"今本《拾遗记》无此文。

【矫慎】《后汉书·逸民列传》：矫慎字仲彦，扶风茂陵（今陕西咸阳西）人也。少好黄老，隐遁山谷，因穴为室，仰慕松、乔导引之术。与马融、苏章乡里并时，融以才博显名，章以廉直称，然皆推先于慎。年七十余，竟不肯娶。后忽归家，自言死日，及期果卒。后人有见慎于敦煌者，故人以为神仙焉。

【缴父】即"赤将子舆"，见该条。

【叫蛇】清·王士禛《池北偶谈》卷二二：粤西有叫蛇，能呼人姓名，应之即死。然性畏蜈蚣。逆旅主人每以篋贮蜈蚣，客至辄授之，令置枕旁，云夜半舍外有呼姓名者，慎勿应，但开篋纵蜈蚣，蜈蚣即径去，食蛇脑已，仍还篋中。参见"人首蛇"条。

【jie】

【揭谛】见"森杀竭帝"条。另，宋代流传于南方的瑜伽教中有揭谛神，南宋·彭耜《海琼白真人语录》卷一《师徒问答》白玉蟾言及此教之神，有"猪头、象鼻二大圣，雄威、华光二大圣……及深沙神、揭谛神以相其法。"

【结胸国】《山海经·海外南经》："结胸国，其为人结胸。"郭璞注曰："臆前胅出，如人结喉也。"即今之所谓鸡胸。《淮南子·墬形训》：海外三十六国，自西南至东南方，首为结胸民、羽民。晋·张华《博物志》卷二："结胸国

结胸国　山海经图　蒋应镐本

有灭蒙鸟。"《山堂肆考》卷二二九言"外夷有结胸国，其民能从风远行"。不知所据，《博物志》中结胸与奇肱为一条。疑是将奇肱民事误入。

【捷飞】唐·牛僧孺《玄怪录》卷四"张宠奴"条：长庆元年，镇阳（镇州成德军，在今河北正定）兵乱，进士王泰避兵南逃。入信都（今河北冀州）五六里，忽有一黄犬相随，自称名捷飞，愿为仆从，可拯其难。泰许之，犬遂化为人，而化泰仆为驴，乘之偕行。路逢两怪，一物身长数尺，头面倍之，赤目而髯者，一物大面多眼，赤光闪闪。二物本以人为食者，因识捷飞，王泰遂安然而过。

【猳猳】唐·段成式《酉阳杂俎》卷一六：猳猳。微外勃樊州，熏陆香所出也，如枫脂。猳猳好啖之。大者重十斤，状似獭，其头身四肢了无毛，唯从鼻上竟脊至尾有青毛，广一寸，长三四分。猎得者斫刺不伤，积薪焚之不死，乃大杖击之，骨碎乃死。参见"风生兽"。

【絜钩】《山海经·东山经》：碨山，有鸟焉，其状如凫而鼠尾，善登木，其名曰絜钩，见则其国多疫。

【解道】明·顾起元《客座赘语》卷一：解道，洪武时为京卫，年方弱冠。一日，解道入朝，与张真

絜钩　山海经图　汪绂本

人遇，真人于班中向道拱手。时禁：百官入朝者不许行拱揖礼，纠仪者劾真人不敬。太祖召诘所以，真人对曰："臣不敢言，言则道死矣。"固问之，真人曰："道乃天上黑煞神，故臣为加礼耳。"太祖命道上殿，解大红团领衮龙袍赐之。道顿首谢，归家，未入室而死。即"黑煞神"，见该条。

【解奴辜】《后汉书·方术列传》："与张貂俱不知何郡国人，皆能隐沦，出入不由门户。奴辜能变易物形，以诳幻人。"晋·张华《博物志》卷五："魏武帝集方士十六人，皆能断谷不食，分形隐没，出入不由门户。"中有"鲜奴辜"，应即"解奴辜"之误。

【解形民】晋·王嘉《拾遗记》卷九：晋时，因墀国使者曰："东方有解形之民，使头飞于南海，左手飞于东山，右手飞于西泽，自脐以下，两足孤立。至暮，头还肩上，两手遇疾风飘于海外，落玄洲之上，化为五足兽，则一指为一足也。其人既失两手，使旁人割里肉以为两臂。"因墀国在西域之北。

【解廌】见"獬豸"条。

【介象】三国时人。晋·葛洪《神仙传》卷九："字符则，会稽（今浙江绍兴）人。善度世禁气之术，能于茅上燃火煮鸡而不焦，令一里内人家炊不熟、鸡犬三日不叫，令一市人皆坐不能起身。闻有《五丹经》，周游天下而不能得，遂入山精思，冀遇神仙。入山谷，见

介象　列仙全传

一女子，年十五六，乞长生之方而不得。乃遵其嘱，归而断谷三年。复往，于故处见之，得赠《还

丹经》一卷。象归家，吴主孙权知其贤，征至武昌，称为介君，欲从之学隐形之术。介象又为吴主行法术，有作坎钓鱼及画符遣人入蜀买姜。后告病，吴主遣美姬以梨一奁赐象，象食之，须臾便死。时为日中，而黄昏时已有人见之于建业。"按：此事与左慈为曹操钓吴江鲈鱼事正同。见《后汉书·左慈传》。

【介休王】应即山西介山之神。唐·段成式《酉阳杂俎·前集》卷八：唐李埔，介休县（今山西介休）民。送解牒，夜止晋祠（在今太原）宇下。夜半，闻人叩门云："介休王暂借霹雳车，某日至介休收麦。"遂见五六人秉烛，自庙后出，介山使者亦自门骑而入。数人共持一物，如幢，扛上环缀旗幡，授与骑者。骑即数其幡，凡十八叶，每叶有光如电起。民遂遍报邻村，令速收麦，将有大风雨，悉不之信，乃自收刈。至日，民率亲戚，据高阜，候天色。至午，介山上有云气如窑烟，须臾蔽天，注雨如绠，风吼雷震，凡损麦千余顷。

【介琰】三国时人。晋·干宝《搜神记》卷一：介琰，不知何许人。从师白羊公往来于东海（今山东郯城）。过秣陵，吴主留之。琰或为童子，或为老翁，不饮食，不受馈赠。吴主欲学其术，琰不教。吴主怒，缚琰，命甲士引弩射之。弩发，绳缚犹在，琰不知所之。

【介之推】或作"介子推""介子绥"。春秋时晋国人。《春秋左氏传》僖公二十四年：从晋公子重耳流亡列国，重耳归国为文公，赏从亡者，介之推不言禄，禄亦弗及。介之推遂隐于绵上而死。《史记》《吕览》亦仅言文公环绵之山而封之，以为介推田。立枯而死之说，始自《楚辞·九章·惜往日》："介子忠而立枯兮，文公寤而追求。"燔死之说，始自《庄子·杂篇·盗跖》："介子推至忠也，自割其股以食文公。文公后背之，子推怒而去，抱木而燔死。"东汉·蔡邕《琴操》卷下则愈甚：《龙蛇歌》者，介子绥所作。晋文公重耳与子绥俱亡。子绥割股以救重耳。及重耳复国，随从诸臣俱蒙赏，子绥独无所得。绥怨恨，乃作《龙蛇之歌》以感之，遂逃入山。文公惊悟，求之于绵山。使者迎之，终不肯出。文公令焚山以迫其出，子绥乃抱木而烧死。文公哀之，令民五月五日不得举发火。是为寒食节传说。至西汉·刘向《列仙传》卷上，介之推则完全仙化："介之推者，姓王名光。隐而无名。悦赵成子（明·陈继儒《香案牍》、清·薛大训《列仙通纪》作赵宣子），与游。且有黄雀在门上，

晋公子重耳异之，与出，居外十余年，劳苦不辞。及还介山，伯子常晨来，呼推曰：'可去矣。'推辞母入山中，从伯子常游。后文公遣数千人以玉帛礼之，不出。后三十年，见东海边，为王俗卖扇。后数十年，莫知所在。"◆关于介之推与寒食节。《后汉书·周举传》：太原一郡，旧俗以介子推焚骸，有龙忌之禁。至其亡月，咸言神灵不乐举火，由是士民每冬中辄一月寒食，莫敢烟爨，老小不堪，岁多死者。举既到州，乃作吊书以置子推之庙，言盛冬去火，残损民命，非贤者之意，以宣示愚民，使还温食。于是众惑稍解，风俗颇革。南宋·周密《癸辛杂识》别集下：绵上火禁，升平时禁七日，丧乱以来犹三日。相传火禁不严则有风雹之变，社长辈至日就人家以鸡翎掠灶灰，鸡羽稍焦则罚香纸钱。有疾及老者不能冷食，就介公庙卜乞小火，吉则燃木炭取不烟，不吉则死不敢用火。或以食暴日中，或埋食器于羊马粪窖中，其严如此。明·谢肇淛《五杂组》卷二：琴操谓介子推以五月五日死，文公哀之，令民不得举火，今人以冬至一百五日为寒食，其说已互异矣。《邺中记》载：并州为介子推断火，冷食三日；《汉书·周举传》谓太原以介子推焚骸，每冬中辄一月寒食，至魏武帝令，又谓太原、上党，冬至后百有五日，皆绝火，讹以传讹，日甚一日。至唐时，遂有"普天皆灭焰，匝地尽藏烟"之语，则无论朝野贵贱皆绝火食。故曰："日暮汉宫传蜡烛。"谓至是始举火也。然此犹之可也，至于民间犯禁，以鸡羽插入灰中，焦者辄论死，是何等刑法耶？国朝之不禁火，其见卓矣。又明·顾炎武《日知录》卷二五有"介子推"条，卷三一有"绵上"条，可参看。

【jin】

【金箔张】明·张岱《石匮书》卷二〇六《方术传》：金箔张者，山西平阳人。多幻术。高祖闻之，召至建康，问："汝有何术？"对曰："臣无他术，仅能植顷刻莲花及瓶中出云为戏耳。"命为之。张于袖中取出铁瓶，注水，书五符入其中，用火四炙，瓶中气出如缕，渐瀹成五色祥云，弥布殿上。又以莲子撒金水河，须臾莲开花万柄，鲜妍可爱。剪纸为船，置水面，张乃跳船上，唱《采莲歌》，东风泛泛为乐。高祖喜，大笑，忽失所在，莲花与舟俱不见，帝亦不之追也。

【金蚕】即金蚕蛊。五代·徐铉《稽神录》卷一：

"右千牛兵曹王文秉，丹阳（今江苏丹阳）人，世善刻石，其祖尝为浙西廉使裴璩采碑。于积石之下，得一自然圆石，如球形，式如砻砺，乃重迭如壳相包。砺之至尽，其大如拳。复破之，中有一蚕，如蛴螬，蠕蠕能动。人不能识，因弃之。数年，浙西乱，王出奔至下蜀，与乡人夜会，语及青蚨还钱事。佐中或云，人欲求富，莫如得石中金蚕畜之，则宝货自致矣。问其形状，则石中蛴螬也。"北宋·蔡絛《铁围山丛谈》卷六："金蚕毒始于蜀中，近及湖、广、闽、粤浸多。"宋·鲁应龙《闲窗括异志》："金蚕，蚕金色，食以蜀锦，取其遗粪置饮食中，毒人必死。喜能致他财，使人暴富。遣之极难，虽水火兵刃不能害。多以金银藏箧，置蚕其中，投之路隅，人或收之以去，谓之'嫁金蚕'。"涵芬楼本《说郛》卷一四引宋·毕仲询《幕府燕闲录》："池州（今安徽贵池）进士邹阆，家贫而有操守，一日见门前有一小竹笼，中有白金器数十，携归。忽觉左股有物蠕动，见金色烂然，乃一蚕，手拨不去，水火刀斧不能伤，寝食之间无所不在。有识者曰：'吾子为人所卖矣。此谓之金蚕，虽小而为祸甚大，能入人腹中，残啮肠胃，复完然而出。'又曰：'子能事之，即得暴富。此虫日食蜀锦四寸，收取粪干而屑之，置少许于饮食中，人食之者必死。虫得所欲，日效他财以报之。'又曰：'凡人畜此虫久而致富，即以数倍之息，并原物以送之，谓之嫁金蚕，其虫乃去。'"

【金蝉子】道教称佛教中的燃灯古佛为金蝉子。《仙鉴》卷五云："老子行西域，至竺乾舍卫国，因摩耶夫人昼寝，遂从兜率天降神，乘日精投入摩耶口中，剖右胁出，名曰悉达多，至东土从燃灯（又名金蝉子）求道，是为佛陀。"清·徐道《历代神仙通鉴》卷六亦云："金蝉子下首，西坐面东，紫金象，白毫光，庄严具足，变化无常者，乃西天竺国梵王太子悉达释伽牟尼佛。老子行西域，至竺乾舍卫国，因摩耶夫人昼寝，乘日精投入摩耶口中，剖右胁出，名曰悉达多。闻东土有金蝉子，号曰燃灯，得安定之道，乃不辞劳苦，三年始至中夏。时周穆王己卯二十一年也。访至嵩山，云在泰岱东梁山，寻见燃灯，与讲道十三日，语下彻悟，已得真道，遂归西方兴教，自号释迦牟尼。常住者阇崛灵鹫山雷音寺中，称名号曰佛。"◆《西游记》以唐僧为金蝉长老转世。

【金川神】明·曹学佺《蜀中名胜记》卷一五：金川神庙在富顺县西二百余步，有十像，莫知姓氏。

相传秦惠王时擒鳌治水有功，即此神。袁珂以为此十神即李冰父子三人（大郎、二郎）加梅山七圣。

【金都尉】清·范鈇《广雁荡山志》卷一五引《乐清县志》：石门潭内有龙井，常为患。元代有金都尉，奉整流伐龙，断其尾。龙拍山去，都尉亦溺。二女追之不及，亦投水中。后封都尉，为龙王。

【金盖老人】即闵小艮。见周作人《秉烛谈》中《莲花筏》一篇。言其证位玉斗右宫副相神玑明德真君。又言明初人高启为九天洪济明德真圆真人。参见"李泥丸"条。

金刚　山西新绛稷益庙

【金刚】金刚，佛寺中护法神，梵名跋阇罗波腻。跋阇罗，即金刚义，波腻，即手，谓手执金刚杵以立名。佛教《正法念经》，谓昔有国王夫人生千子，俱为佛，拘留孙、释迦、楼至等皆其子；第二夫人生二子，长子愿为王，请千兄转法轮，次子愿为密迹金刚神，护千兄教法。故寺门塑其像。唐以来则寺门塑二金刚像，或亦于殿中塑之，以侍释迦。宋人记载，谓即千佛之末次者：青叶髻、娄至德二圣者。娄至德，即《正法念经》所谓千佛之末位楼至。按：金刚，金中最刚之意。佛教则用为金刚力士之略称，指执金刚杵（杵为古印度兵器）的护法天神。故除青叶髻、娄至德二金刚外，四大天王也为民间称四大金刚。又西藏密宗佛教又以金刚为菩萨之称。

【金刚密迹】即"密迹金刚"，又称金刚力士，金刚手，执金刚等。总为执金刚杵现大威势拥护佛法之天神之通称。

【金刚明王】即"八大金刚明王"。《大妙金刚大甘露军挈利焰鬘炽盛佛顶经》说八大菩萨现八大明王身：一金刚手菩萨现作降三世金刚明王，二妙吉祥菩萨现作两臂六头六足金刚明王，三虚空藏菩萨现作大笑金刚明王，四慈氏菩萨现作大轮金刚明王，五观自在菩萨现作马头金刚明王，六地藏菩萨现作无能胜金刚明王，七除一切盖障菩萨现作不动尊金刚明王，八普贤菩萨现作步掷金刚明王。按诸菩萨有正法轮与教令轮二身，正法轮现菩萨之真实身，教令轮现明王之忿怒身。八大金刚又有一说，即转法轮菩萨现作不动金刚，普贤菩萨现作降三世金刚，虚空藏菩萨现作军荼利金刚，文殊师利菩萨现作六足尊金刚，摧伏一切主人魔怨菩萨现作净身金刚，以上为五大金刚明王，再加上秽迹金刚明王、无能胜金刚明王、马头明王，共八大金刚明王。◆按：此八大金刚明王乃菩萨之教令轮身，既与"十大忿怒明王"不相类，更与"四大金刚"不相类，而民间言及"八大金刚"，则往往以为即"四大金刚"之类，实属误解。

【金刚仙】唐·裴铏《传奇》"金刚仙"条：唐开成中，有僧金刚仙，西域人，居于清远（今广东清远）峡山寺。能梵音，弹舌摇锡而咒物，物无不应。善因拘鬼魅，束缚蛟螭，动锡杖一声，召雷立震。山上有穴，中有一大蜘蛛，足广尺余。与双首之虺斗，杀虺而取其齿。仙乃至穴，振环杖而咒之。蛛即出于僧前，俨若神听。及引锡触之，蛛乃俎于穴侧。及夜，金刚仙梦见老人，捧匹帛而前曰："我即蛛也，能织，愿为福田之衣。"语毕遂亡。僧及觉，布已在侧，精妙奇巧。僧制而为衣，尘垢不触。后数年，僧往番禺，泛舶归天竺。乃于峡山金锁潭畔，摇锡咒水。俄而水碎见底，得一泥鳅鱼。语众僧曰："此龙矣。吾将至海门，以药煮为膏，涂足，则渡海若履坦途。"是夜，有白衣叟挈转关槛，诣寺家人傅经曰："此槛一边美酝，一边毒醪。今有黄金百两奉公。为持此酒，毒其僧也。是僧无故取吾子，欲为膏。"傅经诣金刚仙。仙持杯向口次，忽有数岁小儿跃出，就手覆之曰："酒是龙所将来而毒师耳。"僧大骇，诘傅经。傅经遂不敢隐。僧乃问小儿曰："尔何人而相救耶？"小儿曰："吾昔日之蛛也。今已离其恶业，而托生为人，七年矣。"言讫而没。众僧怜之，共礼金刚仙，求舍其龙子。僧不得已而纵之。后仙果泛舶归天竺矣。

【金公】见"地主真官"条。

【金虹氏】东岳。《三教源流搜神大全》卷一："东方朔《神异经》曰：昔盘古氏五世之苗裔，曰赫天氏，赫天子曰胥勃氏，胥勃子曰玄英氏，玄英子曰金轮王，金轮王弟曰少海氏，少海氏妻曰弥轮仙女也。弥轮仙女夜梦吞二日，觉而有娠，生二子，长曰金蝉氏，次曰金虹氏。金虹氏者，即东岳帝君也；金蝉氏，即东华帝君也。金虹氏有功在长白山中，至伏羲氏封为太岁，为太华真人，掌天仙六籍，遂以岁为姓，讳崇。其太岁者，乃五代之前无上天尊所都之地，今之奉高是也。其后乃水一天尊之女也。至神农朝，赐天符都官号名府君。至汉明帝封泰山元帅，掌人世居民贵贱高下之分、禄科长短之事、十八地狱六案簿籍、七十五司生死之期。圣帝自尧、舜、禹、汤、周、秦、汉、魏之世，只有天都府君之位。"清·徐道《历代神仙通鉴》卷一五："东岳太灵苍光司命真君金虹氏。"

【金花夫人】清·梁绍壬《两般秋雨盦随笔》卷二：广东金花夫人庙最多，其说不一。或曰：金花者，本巫女，五月观竞渡，溺于湖。尸旁有香木偶，宛肖神像，因祀之月泉侧，名其湖曰仙湖。或曰：神本处女，有巡按夫人方娩，数日不下，几殆，梦神告曰："请金花女至则产矣。"密访得之，甫至署，果诞子。从此无有娶金花者。神羞之，投湖死。粤人肖像以祀，呼"金花小娘"。后以其能佑人生子，不当在处女之列，故改称夫人云。乾隆间，翁方纲视学至仙湖街，见男女谒拜，肩舆不能过，怒命有司毁之。于是粤人复奉祀于仙湖南岸之石鳖村。四月十七日为神诞日。◆又作"金华夫人"。清·屈大均《广东新语》卷六：广州多有金华夫人祠。夫人字金华，少为女巫不嫁，能调媚鬼神。后溺死湖中，数日不坏，有异香。即有一黄沉香木女像浮出。人以为水仙，取祠之。因名其地曰仙湖。祈子往往有验。妇女有谣云："祈子金华，多得白花。三年两朵，离离成果。"

【金花娘子】蜀中丛祠。传说是姜维之妹，没而为神。四川雅州诸处居民奉之甚虔。见清·陈祥裔《蜀都碎事》卷一。

【金华将军】❶曹杲。南宋·吴自牧《梦粱录》卷一四："姓曹名杲，真定人。五代后唐时为金华（今浙江金华）令，后仕于钱镠，于杭城浚三池，建涌金门。邦人德之，为立祠。"南宋·潜说友《咸淳临安志》卷七三："神姓曹名杲，真定人，仕后唐为金华令。时郡兵叛，杲以计平之。吴越王擢守婺。钱氏入朝，委以国事，尝即城隅浚三池，曰涌金。既殁，民为立祠池上。"清·黄斐默《集说诠真》引《闽杂记》："浙江杭州府涌金门内金华将军庙，本祀吴越将曹杲，俗亦讹为青蛙。"❷张顺。清·朱梅叔《埋忧集》卷七"武松墓"条："涌金门金华将军，俗传即张顺归神（按：即《水浒传》中之浪里白条张顺），则无稽矣。又讹为青蛙将军。"❸张姓者。清·百一居士《壶天录》卷下："杭城涌金门内有金华将军庙。将军张姓，从钱武穆治水有功，因得封。加以金华者，金华人也。人皆讹为青蛙将军。盖庙中固有蛙神，最著灵异，时或出游民家，以香烛彩亭送还，神即跳入神厨而隐，否则其家立见灾害。"❹即"青蛙将军"之讹。清·阮葵生《茶余客话·补遗》："杭州有金华将军者，盖青蛙二字之讹。其物极类蛙，但三足耳。其见多在夏秋之交。所降之家，以秫酒一盂、腐一方祀之。其物盘踞其旁，初不饮啖，而其皮壳由青而黄而赤。祀者曰：'将军受享既醉矣。'遂以盘送诸涌金门外金华太保庙中，指顾间顿失所在，其家数日内必有所获。"清·陈其元《庸闲斋笔记》卷九"青蛙神"条："青蛙神，杭俗称之为青蛙将军，或云金华将军。"

【金火二仙姑】为冶铸业所奉之"投炉神"。明·朱国桢《涌幢小品》卷四："遵化县（今河北遵化）西八十里有铁冶。炉有神，则元之炉长康侯也。康当炉四十日而无铁，惧罪，欲自经。二女劝止之，因投炉而死。众见其飞腾光焰中若有龙随而起者，顷之，铁液成。元封其父为崇宁侯，二女遂称金、火二仙姑，至今祀之。其地原有龙潜于炉下，故铁不成，二女投下，龙惊而起，焚其尾，时有秃尾见焉。"又见《日下旧闻考》卷一四三、《春明梦余录》卷四六。◆按：投炉神又有"葛佑二女"，事相近，可参看。又有"金火圣母"，或为河南禹县钧窑奉为窑神，或为铸钟业奉为投炉神。全称"金火圣母铸钟娘娘"，又称铸钟娘娘、金炉娘娘。娘娘名王元君，一说名华仙。传说其父为铸钟师，因铸钟不成，将受罚，华仙投身炉中，而钟遂成。◆传说中的干将之妻"莫邪"，亦为投炉神。见该条。

【金姬】明·张岱《石匮书》卷二〇六："金姬，姓李氏，名金儿，章丘人。明敏妙丽，诵经史仙佛百家书。父李素，精于医卜，悉以其术授之。遂极玄妙，言祸福皆回应。张士诚之乱，举家被俘。金儿侍伪太妃曹氏帐中，以卜艺见知。术既屡验，号称姑苏赏。乙未，士诚遣兵渡江窥姑苏，问之，姑以为江南不可居，且有大患。张不悟，遂取常熟，破姑苏，改为隆平府。姑见士诚骄横，每为高论动之，久不敢犯。及是，册为金姬，姑知不免，往辞于曹妃，出而拜跽祝天，须臾闭目奄然。士诚葬之福山江口，悉以珠玉殉。未几，大明兵至。士诚屡败，思金儿言，加封仙妃，祠而卜之。其夜，士诚妻刘氏梦姬泣曰：'国家举事大错，难为计矣。'他日又梦姬抚士诚二子曰：'有不测，当阴佑之。'姑苏被围将破，刘氏以二子付姬母，及二乳母匿民舍。兵事稍定，母出城潜行如葬所，则先为乱兵所发，尸已蜕去，惟衣衿存焉。掘其旁，珠玉尚在，尽取还章丘。"◆又见《涌幢小品》卷二九，作"李金儿"，末云："常熟西北二十五里有金鸡墩，盖讹以姬为鸡，遂妄言下有金宝，其气化为鸡，时夜鸣其上云。"

【金鸡】南齐·祖冲之《述异记》：南康雩都县沿江西出，去县三里，名梦口，有穴、状如石室，名梦口穴。旧传：尝有神鸡，色如好金，出此穴中，奋翼回翔，长鸣响彻，见之，辄飞入穴中，因号此石为金鸡石。昔有人耕此山侧，望见鸡出游戏，有一长人操弹弹之，鸡遥见便飞入穴，弹丸正著穴上，丸径六尺许，下垂蔽穴，犹有间隙，不复容人。

【金精】❶金星之精。道藏本《搜神记》卷五："金精，金星之精也。张丽英曰：'吾为金精之神，特降治此山耳。'言讫而去。后人名其山曰金精山。"详见"张丽英"条。❷黄金之精。唐·释道世《法苑珠林》卷五八引《白泽图》："金之精名石嘡，状如豚，居人家，使人不宜妻。以其名呼之则去。"而《太平御览》卷八八六引《白泽图》云："金之精名仓，状如豚，居人家，使人不宜妻。以其名呼之，即去。"旧有《金精戏仪》一剧，云：燕山窦仪读书精舍，金精化为美女前往戏之，云迷失路途，求借一宿。仪以礼待之，劝其回家。金精百计调之，仪终不为所动。金精乃化为金光，入地而去。仪掘地，得黄金一窖，以为非义之财，以原土掩之。❸五金之精。按西方之兽为白虎，五行属金。宋·龚明之《中吴纪闻》卷二"海涌山"条："虎丘旧名海涌山。阖闾王既葬之后，金精之气化为虎，踞其坟，故号虎丘山。"明·王鏊《（正德）姑苏志》卷八则云："虎丘山，《吴越春秋》云阖闾葬此，以扁诸、鱼肠之剑各三千为殉。越三日，金精结为白虎，踞其上，故名。"

【金井神童】见"井泉童子"条。

【金可记】五代·沈汾《续仙传》卷上：新罗（今朝鲜）人，宾贡进士，沉静好道，擢第后不仕，隐于终南山子午谷，常焚香静坐。后三年思归本国，航海而去。复归中华，衣道服，入终南山。至大中十一年上表言："臣奉玉皇诏为英文台侍郎，明年二月十五日当上升。"及期果然。

【金累】晋·葛洪《抱朴子内篇·登陟》：又有山精，如人，长九尺（《太平御览》引作"寸"，误），衣裘戴笠，名曰金累。

【金梁凤】《旧唐书·方伎传》：金梁凤，不知何许人也。天宝十三载，客于河西。善相人，又言玄象。时哥舒翰为节度使，诏入京师。裴冕为祠部郎中，知河西留后，在武威。梁凤谓冕曰："玄象有变，半年间有兵起，郎中此时当得中丞，不拜中丞，即得宰相，不离天子左右，大富贵。"又曰："有一日向东京，一日入蜀川，一日来向朔方，此时公得相。"冕惧其言，深谢绝之。其后安禄山反，玄宗幸蜀，肃宗北如灵武，冕会之，劝成策立，改元为至德元年。冕果为中书侍郎、平章事。冕以梁凤奏之，肃宗召拜都水使者。其验多此类。尔后佯聋以自晦。后乃病卒。

【金陵道士】清·陆长春《香饮楼宾谈》卷一：金陵市中有道士，衣履垢敝，肩负一儿，貌甚丑，道士时以舌舐其面，涎唾淋漓。至一药肆索钱，坐儿柜上，遗其屎。肆中人争相诟詈。道士曰："请无怒，仍令啖之，何如？"乃按儿项令啖屎，尽，负儿去。众视之，所负者乃一葫芦，疑为仙，追之已渺。柜边干屎少许，奇香酷烈，知是丹药，以些许投药中饮之，病立起。

【金龙大王】❶柳毅。柳毅为唐·李公佐《柳毅传》中的主人公，后民间继续神化为长江水神，为天帝封为金龙大王，见清·徐道《历代神仙通鉴》卷一四、一五。参见"柳毅"条。❷谢绪。又称"金龙四大王"。见该条。

【金龙四大王】明·朱国桢《涌幢小品》卷一九："金龙大王，姓谢名绪，晋太傅谢安之裔。金兵方炽，神以戚畹，愤不乐仕，隐金龙山椒，筑望云亭自娱。咸淳中，浙大饥，捐家资饭馁人，所全活甚众。元兵入临安，掳太后、少主去。义不臣虏，赴江死，尸僵不坏，乡人义而瘗之祖庙侧。大明兵起，神示梦，当佑圣主。时傅友德与元左丞李二战徐州吕梁洪，士卒见空中有披甲者来助战，虏大溃，遂著灵应。永乐间，凿会通渠，舟楫过洪，祷亡不应。于是建祠洪上。隆庆间，大司空潘季驯督漕河，河塞不流。司空为文责神，河塞如故。会司空有书史以事过洪，天将暮，遇伍伯，擒以见神。

神坐庙内，诘问书史曰：'若官人胡得无礼！河流塞，亦天数也，岂吾为此厉民？为语司空，吾已得请于帝，河将以某日通矣。'书史以告司空。已而河果以某日通，于是司空祗事神益虔。"清·翟灏《通俗编》卷一九引邵远平《戒山文存》："神父司徒公仲武生四子：纪、纲、统、绪，神居季，故号四大王。"◆《清文献通考·群祀考》卷二："顺治三年敕封显佑通济之神。"清·阮葵生《茶余客话》卷四："顺治三年，封黄河龙神为显佑通济金龙四大王之神。"清·赵翼《陔余丛考》卷三五："江淮一带至潞河，无不有金龙大王庙。"清·黄钧宰《金壶七墨》卷八"金龙四大王"条："大王姓谢氏，越人，为民捍灾赴水而死，灵爽赫奕，累请封锡因神行四，故曰四大王。化身常为金色小蛇，故曰金龙。"◆明·徐树丕《识小录》卷三"金龙庙诗"条言："金龙四大王姓谢，即亡宋谢太后子姓。赴水死，誓云：'黄河北流，胡运乃灭。'至元亡，黄河果北流。又以阴兵助我太祖，故封号特隆，灵迹尤著。世误传为龙神者，非也。"◆按：史无谢绪其人，且传说谢绪居浙，宋亡赴水而死，即成神亦应在浙地，绝无远赴千里之外且生前从未一至之吕梁洪显灵之理。吕梁洪为南北漕运之要津，其地甚险，漕船过洪，须以堤闸调整水位，或泄或蓄。故颇疑"谢绪"乃"泄蓄"之音转，而金龙四大王本为吕梁洪泄蓄之神。元末兵起，朱元璋与元军争夺吕梁洪，假托神道，以为号召。而亡宋谢太后以年近七十之老妪垂帘听政，勠力支撑残局，虽终于降元，在遗民中影响颇大。故以"泄蓄之神"转为谢绪，又附以谢太后戚党，遂使一方水神助明灭元，于理亦顺。◆又《明史·河渠志》言：弘治七年，"帝以黄陵冈河口功成，敕建黄河神祠以镇之，赐额曰昭应。"黄陵冈上流有荆隆口，"荆隆"与"金龙"音近，而荆隆口又名金龙口，弘治二年、五年河决于此，所谓"黄河神祠"以镇决口，疑即建于金龙口，于是神有"金龙四大王"之称，亦不无可能。

【金马碧鸡之神】《汉书·王褒传》："方士言益州（今四川地）有金马碧鸡之宝，可祭祀致也，宣帝使褒往祀焉。褒于道病死，上闵惜之。"《地理志》云越巂郡（今四川西昌）青蛉县禺同山有金马碧鸡。如淳注云："金形似马，碧形似鸡。"按青蛉在今云南昆明之西。道藏本《搜神记》卷五："金马神庙在金马山西，碧鸡神庙在碧鸡山东。二山对峙，中隔滇池。明·徐燉《徐氏笔精》卷八：金马碧鸡二山在云南，神在成都。汉遣王褒祀金马碧鸡之神，实在蜀也。蜀有碧鸡坊，薛涛曾居之。"又有一说：明·杨慎《南诏野史》卷下，谓西天竺摩竭国阿育王有三子，长名扶邦，次名宏德，三名至德。王有神马，其色如金，三子争欲之。王令纵马，以箠私授至德，下令曰："能获者与之。"至德追至东山，以箠收得马，即止焉，故名山为"金马"。扶邦、宏德继至，闻至德已得马，乃屯于西山，山有碧凤，故名山为"碧鸡"。三子既殁，扶邦为碧鸡之神，宏德为岩头山神，至德为金马山神。

【金母】即"西王母"。梁·陶弘景《真诰》卷五：汉初有四五小儿于路上戏，一小儿歌曰："著青裙，入天门，揖金母，拜木公。"时人莫知，唯张良知之，乃往拜之，曰："此小儿乃东王公之玉童。所谓金母者，西王母也；木公者，东王公也。"◆按：此与葛洪《神仙传》"郊间人"事相类。见"郊间人"条。

【金母元君】见《仙鉴后集》卷一。即"西王母"，见该条。

【金牛】刘宋·刘义庆《幽明录》："巴丘县自金冈以上二十里，名黄金潭，莫测其深；上有濑，亦名黄金濑。古有钓于此潭，获一金锁，引之遂满一船。有金牛出，声貌奔壮，钓人被骇，牛因奋勇跃而还潭，锁乃将尽，钓人以刀斫，得数尺。潭濑因此取名。"又云："淮牛渚津水极深无可算计，人见一金牛，形甚瑰壮，以金为锁绊。"

【金蓬头】❶元时道士。《仙鉴续编》卷五："名志阳，号野庵，永嘉（今浙江永嘉）人。常蓬头一髻，世因以为号。师全真道士李月溪。月溪乃真常李真人之徒，真常又师丘处机。四方闻其道者无远近，凡病患者呵之辄应，以所供果服之，无不愈。尝天旱，登龙井，召龙出语，少顷大雨。元统间复隐武夷，居玉蟾之止止庵。至元丙子岁坐解于庐山。"明·张宇初《岘泉集》卷三有《金野庵传》。❷明时人。《（雍正）浙江通志》卷二〇〇引《于越新编》："会稽（今浙江绍兴）人。弘治间住方泉桥。生平不栉沐，服垢衲，人呼为金蓬头。在青塘村幻出一舍，有女织其中，与金赓和，已忽不见。尝于武林逢道者共饮，已而覆杯去渡江。道者掷双履令渡，金难之，履忽化为舟，道者竟渡。金返酒肆，见道者所饮之杯不可启，及启，杯中有'洞宾'二字。"

【金婆】明·董斯张《吴兴（今浙江湖州）备志》卷一三引《西吴里语》：金婆，好施茶。人来啜茶，金婆辄饮其余沥，数十年不倦。一异人变为癞者来啜茶，金婆亦饮其余，悔而吐之，异香满室，因得仙道尸解。有乡人过洞庭湖，见金婆与一道士同舟，呼乡人以双履寄回。

【金阙帝君】即"太上老君"。梁·陶弘景《真灵位业图》"玉清三元宫"第三中位有"太极金阙帝君，姓李（壬辰下教太平主）。"一说为下三皇时老子化身。杜光庭《太上老君说常清静经注》云西方有琅玕世界琼瑶之国琉璃宫，即金阙帝君所居。《上清经》云：后圣玄元黄帝老君太上是也。《玄中记》曰：太上老君常居紫微宫，或号天皇大帝，或曰太一救苦天尊，或号金阙圣君。故知太上随方设化，应号无穷。

【金阙夫人】少室山（在嵩山）女神，禹妻涂山氏之妹，唐时称"少姨神"。武则天封之为金阙夫人。《旧唐书·礼仪志三》："天册万岁二年腊月甲申，新行登封之礼。遂尊夏后启为齐圣皇帝；封启母神为玉京太后，少室阿姨神为金阙夫人。"

【金阙老君】或作"金阙老子"。晋·葛洪《枕中书》："玄都玉京七宝山，在大罗之上，有上中下三宫。中宫为太上真人金阙老君所治。"又云："金阙老子，太上弟子也。"是太上与金阙老君为二人。至唐·段成式《酉阳杂俎·前集》卷二则云："老君又号太上真人。"

【金阙上帝】见"二徐真君"条。

【金阙圣君】见《集仙传》"茅盈"条，与天皇大帝、太微帝君、太上大道君并列，为天上主宰，疑即"金阙玄元太上老君"。

【金阙真君】与"玉阙真君"并称，为五代徐温之子徐知训及徐知询。见"二徐真君"条。又称"灵济真人"，见该条。

【金山大王】霍光。宋·鲁应龙《闲窗括异志》："金山忠烈王，汉博陆侯，姓霍氏。吴主孙权病，神附小黄门曰：'国主封界华亭（今上海松江）西南有金山咸塘湖，为民害，民将为鱼鳖之食。金山故海盐县一旦陷没为湖，无大神护也。臣汉之功臣霍某，部党有力，能镇之，可立庙于山。'孙权乃立庙。南宋建炎间为建行宫于当湖（即今海盐）。部下钱侯尤著灵异。王以四月十八日诞辰，浙之东西商贾接踵而至，一市为之鼎沸。"一说吴主为孙皓，元·徐硕《至元嘉禾志》卷一二引《吴国备史》："三国吴主孙皓病疟，有神降附于小黄门，曰：'华亭金山咸塘，风激重潮，海水为患，非人力所能防。臣汉之霍光也，可立庙，咸塘当统部属以镇之。'次日孙皓病愈，遂立祠。"南宋·洪迈《夷坚支志·戊集》卷三云："钱武肃霸吴越时，金山大王常以阴兵致助，故崇建其庙。"《至元嘉禾志》卷一二又云："宣和五年封忠烈公，建炎间加封忠烈顺济。"据"顺济"二字，当为水神。上海城隍庙旧为金山庙，祀霍光。见清·毛祥麟《墨余录》。又称"霍使君"，见南宋·潜说友《咸淳临安志》卷七三。◆《至元嘉禾志》卷二四：金山顺济庙陪祀有英烈侯钱氏，见"英烈侯"条。

【金山神】清·东轩主人《述异记》卷中"怪洋三则"：有洋船失风，飘至一岛，金光耀目，不能正视，抵岸，乃金山也。岸旁沙石皆紫金，同舟者喜甚，竞持锤凿凿取之。俄顷见山顶一人，头戴金冠，身披金甲，朱裩跣足，舞剑而来，疾若飞鸟，渐逼舟次。众皆大惧，海舟素奉天妃娘娘，共瓣香拜恳求救。忽天妃降一客言曰："此金山神也。汝等窃金，为祸不小。今我来救众人之命。"即持枪登樯杪，命舟中鸣金鼓助战，与神拒敌。良久，神不能胜而去。其客从樯端坠下，身无所损。举舟遂免于厄。

【金山下水府】见"扬子江三水府"条。南宋·洪迈《夷坚支志·庚集》卷九"金山妇人"条记有金山水府判官横夺生人妻事。五代·徐铉《稽神录》卷三"杨副使"条："壬午岁，广陵瓜洲（今江苏扬州）市中，有人市果实甚急。或问所用，云：'吾长官明日上事。'问长官为谁，云：'杨副使也。'又问官署何在，云：'金山之东。'遂去，不可复问。时浙西有副使被召之扬都，明日，船至金山，无故而没。"南宋·陆游《入蜀记》卷一："英灵助顺王祠，所谓下元水府也。祠属金山寺，寺常以二僧守之，无他祀史。然榜云'赛祭猪头，例归本庙'，观者无不笑。绍兴末完颜亮入境，枢密叶公审督视六军守江，祷于水府祠。事平，请加帝号，既而不果。隆兴中敌再入，有近臣申言之，议者谓四渎止封王，水府不应在四渎上，乃但加美称而已。"

【金申】明·王世贞《列仙全传》卷二：潞城（今山西潞城）人，幼聪慧而佯狂。遇异人，授以太阴炼形之术，能单衣卧雪中。能预知水旱灾祥寿夭。既卒，葬百余日，一夕雷霆大作，冢开数寸，惟留双履、棕扇。

【金神】❶五行神之一，即西方之神蓐收。袁珂云："或以为是少皞之子，《吕氏春秋·孟秋》高诱

注：'少皞氏裔子曰该，死为金神。'或以为是少皞之叔，《春秋左氏传》昭公二十九年：'少皞氏有四叔，曰重、该、修、熙，该为蓐收。'又以为少皞之佐。"为刑杀之神，后世以为凶煞之一。《国语·晋语二》："虢公梦在庙，有神人面白毛虎爪，执钺立于西阿。公惧而走。神曰：'无走。帝命曰：使晋袭于尔门。'公觉，召史嚚占之。对曰：'如君之言，则蓐收也，天之刑神也。'"《山海经·海外西经》："西方蓐收，左耳有蛇，乘两龙。"郭璞注云："金神也。人面，虎爪，白毛，执钺。"据此，则金神即蓐收，蓐收为刑杀之神也。◆三国·张揖《广雅》："金神谓之清明。"袁珂云："又为司日人之神。"见"红光"条。❷又为太岁下凶煞，《协纪辨方书》卷三引《洪范篇》曰："金神者，太白之精，白兽之神，主兵戈丧乱、水旱瘟疫。所理之地，忌筑城池、建宫室、竖楼阁、广园林、兴工上梁、出军征伐、移徙嫁娶、远行赴任，若犯干神者，其忌尤甚。"

【金神七煞】南宋·洪迈《夷坚支志·庚集》卷六"金神七煞"条："吴楚之地俗尚巫师，如修建屋舍，则尽室迁避，谓之'出宫'，最畏者金神七煞之类。"又《夷坚支志·乙集》卷五"顾六者"条

金申　列仙全传

金神等众　水陆道场鬼神像

言金神七煞现形，"自称为顾六耆家'方隅禁神'，顾氏穿掘井地，使其举体生疮，而因顾氏福旺，竟无可如何。"按金神古有凶神之说。参见"金神"条。南宋·赵彦卫《云麓漫钞》卷一三"支凶神"条有"金神七煞"，亦星神之属。

【金天神】西岳华山神。唐·段成式《酉阳杂俎·续集》卷二：李公外孙九岁不语。蜀有巫董氏者，事金天神，请祈华岳三郎，能使儿语。见"金天王"条。

【金天顺圣帝】北宋时"西岳"封号。真宗大中祥符四年二月，加号西岳曰顺圣金天王；五月，加西岳曰金天顺圣帝，

【金天王】西岳封号。《旧唐书·礼仪志三》："玄宗乙酉岁生，以华岳当本命。先天二年七月正位，八月癸丑，封华岳神为金天王。"故唐及五代关于西岳神的故事多称"金天王"，或作"金天神""金天大王"。

【金小一总管】明·钱希言《狯园》卷一二：数年前，苏州西闻衣缨之族，生子年十四，姿容端俊。一日遇道人过门，抚其顶曰："此儿有神骨，宜保护之。"未久忽病，病浸剧。召女巫至，巫作灵语曰："金小一总管为上帝所遣，盘门外有庙无神，议使汝子补职。非可救也。速购金冠玉带，衣以绿袍，送死之礼，一如神明。迎者且至矣。"言讫，即闻陌上鼓吹之声隐隐到门。其子便卒。

【金星之精】❶"金精"，见该条。❷《太平广记》卷三九八：金星之精，坠于中南圭峰之西，因号为太白山，其精化为白石，状如玉美，时有紫气覆之。天宝中，玄宗立玄元（玄元皇帝，即老子）庙于长安大宁里临淄旧邸，欲塑玄元像。梦神人曰："太白北谷中有玉石，可取而琢之，紫气见处是也。"翌日，令使入谷求之。山下人云："旬日来，尝有紫气，连日不散。"果于其下掘获玉石，琢为玄元像，高二丈许。

【金野仙】南宋时人。《（万历）休宁县志》卷八："名良之，字彦隆，峡东人。以荫为奉新尉。一旦狂肆，以病去官。自是祖跣垢污，动辄旬日不食，而貌常充悦，夜卧常有光。枢密朱朴一见则曰：'此八百仙中之一也。以金丹动荡，故有此态度。'栖止无常处。能前知，赠人诗句，往往为预言。常曰：'使吾为物外仙，难矣；若尘中仙人，拔生度死，可庶几也。'预言死期，至淳熙元年八月，如期而逝。葬城阳山，立坛其上。后有自蜀见之者。"南宋·罗愿《新安志》卷一〇："名梁之，其父为

两浙提刑金受。"

【金鱼神】梁·任昉《述异记》卷下：关中有金鱼神，云周平王二年十旬不雨，遣祭天神，俄而生涌泉，金鱼跃出而雨降。

【金玉之精】❶《太平御览》卷三八引《关令尹喜内传》曰：五百岁天下名山一开，开时金玉之精涌出。❷《太平广记》卷四四〇引《录异记》：白鼠，眼眶赤者为金玉之精。伺其所出掘之，当获金玉云。鼠五百岁即白，耳足不红者，乃常鼠也。

【金元七总管】明·谈迁《枣林杂俎·和集》："金元七，前元长洲（今江苏苏州）民，世出一人，生有神助，专拯垫溺之患，年四十上下死，辄著灵异。今其地曰金家庄（陆采《览胜纪谈》）。一日有二子痘夭，因愿没身为神，救危痘，七月七日赴周泾死，显灵国初。金元七总管，万历初封，专管痘司。"明·王鏊《（正德）姑苏志》卷二七："总管庙，神汴（今河南开封）人，姓金。初有二十相公，名和，随驾南渡，侨于吴，殁而为神。其子曰细，第八，为太尉者，理宗朝尝著灵异，遂封灵佑侯。灵佑之子名昌，第十四，初封总管。总管之子曰元七总管。元至正间能阴翊海运。初皆封为总管，再进封昌为洪济侯，元七为利济侯，应龙为宁济侯。"下注云："一在阊门外白莲桥，桥西一祠，祀元王积翁，亦名总管庙。一在盘门外仙塘桥，一在常熟县致道观，一在嘉定县安亭镇。"明·陆粲《庚巳编》卷二"七总管部使"条："成化间，苏人张文宝者，有子壮年夭没，死后为七总管部下。"清·王应奎《柳南续笔》卷四："元官制，诸路设总管府。达鲁花赤之下为同知、治中、判官，散府则达鲁花赤之下置知府或府尹。扬州、杭州皆为上路，则有总管而无知府。黄宗羲云：'今绍兴、杭州多有总管庙，皆是昔守郡者之生祠也。'吾邑亦有总管庙几处，则属之于金昌及其子元七。按邑志云：'神生前居淀山湖，父子没皆为神。元至元间，阴翊海运，俱封今职。则是总管之称，又非生前所受也。'吾意本系守郡者之生祠，而后人或以金神附会之耳。"◆又有以金元七总管为财神之一种者，《（光绪）归安县志》（今浙江湖州）卷一二云："湖俗好淫祀，有金元六总管、七总管。市井中目为财神，建庙尸祝，每月初二、十六日用牲醴，与五圣同馂，名曰'拜利市'。"

【金吒】小说《西游记》《封神演义》中托塔天王李靖之长子。按：《三教源流搜神大全》卷七"那吒太子"条作"军吒"，为托塔天王李靖之长子，

次子木吒，三子那吒。《西游记》遂以泗州僧伽大师（传说为观音化身）之弟子木叉、惠岸合为一人，名木叉，又名惠岸，附会为天王之次子、观音弟子，而金吒为如来前部护法。至《封神演义》中，金吒拜五龙山云霄洞文殊广法天尊为师，木吒则拜九宫山白鹤洞普贤真人为师。

【金州道人】《太平广记》卷八五引《王氏见闻录》：黄巢犯阙之年，有崔某为安康（今陕西安康）守，大驾已幸岷峨。惟金州（治在安康）地僻，户口晏如。忽有一道人诣崔言事曰："使君境内有黄巢谷金统水。巢贼禀此而生，请使君差丁役，赍畚锸，同往掘之，必有所得。"乃去州数百里，深山中果有此名号者。客遂令寻源而劚之，仍使断其山冈，穷其泉源。泉源中有一窟，窟中有一黄腰人，既逼之，遂举身自扑，呦然而卒。穴中又获宝剑一。客又曰："吾为天下破贼讫。"崔遂西向进剑及黄腰，未逾剑、利，闻巢贼已平，大驾复国矣。◆按：此与"太白山人"疑是一人，可参看。

【紧那罗王】即佛教中之紧那罗天。据《佛学大词典》：或称歌神、歌乐神、音乐天。原为印度神话中之神，后被佛教吸收为八部众之第七。《华严经探玄记》卷二载，此神形貌似人，然顶有一角，人见而起疑，故译为疑人、疑神。彼具有美妙的音声，能歌舞。《华严经疏》卷五载其为天帝之执法乐神。◆《（雍正）河南府志》卷七〇：唐紧那罗，西天菩萨也。至正初，忽有一僧至少林，蓬头裸背跣足，止著单裙，在厨中作务，数年殷勤，莫晓姓名。至十一年，颍州（今安徽阜阳）红巾贼率众突至少林，欲行劫掠，僧乃持一火棍出，变形数十丈，独立高峰。贼见惊怖，遁。僧大叫曰："吾紧那罗王也！"言迄遂殁。人始知为菩萨化身，塑像寺中，遂为少林护法伽蓝。又见明·王兆云《白醉琐言》卷一"少林棍"条。

【晋祠圣母】《职方典》卷三〇六："俗传太原晋祠圣母姓柳氏，金胜村人。姑性严。汲水甚难，道遇白衣乘马，欲水饮马，柳不吝与之。乘马者授之以鞭，令置瓮底，曰：'抽鞭则水自生。'柳归母家，其姑误抽鞭，水遂奔流不止。急呼柳至，坐于瓮上，水乃安流。"按：今晋祠圣母像仍作坐于瓮上状。

【禁魇婆】清·袁枚《子不语》卷二一：广东崖州（今海南三亚西）黎女有禁魇婆，能禁咒人致死。其术取所咒之人须发或吐余槟榔，纳竹筒中，夜间赤身仰卧山顶，对星月施符咒，咒至七日，其人必死，遍体无伤。但能魇黎人，不能魇汉人。

【靳八公】宋时人。《（雍正）山东通志》卷三〇、《（道光）济南府志》卷六〇：居长清（今山东长清）之靳庄，以鬻酒为业。有道者屡过其家，靳辄以醇酒饮之，不知其为仙也。后道人复至，称有疾，卧榻上，痰涎呕秽，索面食。食余不洁，为靳妻弃之，靳亟取而食之。道者即与八公登东山而去。《山东通志》言道人为吕洞宾。

【靳德进】元时人。《元史·方伎传》：靳德进，其先潞州（今山西长治）人，后徙大名（今河北大名）。父祥，师事陵川郝温，兼善星历。德进为人材辨，益自刻励，尤精于星历之学。世祖时选授天文、星历、卜筮三科管勾，凡交蚀躔次、六气侵沴，所言休咎辄应。累迁秘书监，掌司天事。从征叛王乃颜，揆度日时，率中机会。诸将欲剿绝其党，德进独陈天道好生，请缓师以待其降。成宗以皇孙抚军北边，德进预在行，凡攻战取胜，皆豫克期日，无不验者。亦间言事得失，多所裨益。成宗即位，授昭文馆大学士，知太史院，领司天台事。

【噤神】《陕西通志》卷八：宁州东石幢里有噤神祠。故老相传，神姓郭氏，噤治疮疾甚效。土人祀之，祷疮疾辄应。

【jing】

【京西店老人】唐时剑仙。唐·段成式《酉阳杂俎·前集》卷九：韦行规少时游京西，暮止店中，更欲前进。店有老人方工作，谓曰："客勿夜行，此中多盗。"韦曰："某善射，无所患也。"因行数十里。天黑，有人起草中尾之。韦叱不应，连发矢中之，复不退。矢尽，韦惧奔焉。有顷，风雷齐至，韦下马，负一大树，见空中有电光相逐，如鞠杖，势渐逼树梢，觉物纷纷坠其前。韦视之，乃木札也。须臾，积札埋至膝。韦惊惧，投弓矢，仰空中乞命。拜数十，电光渐高而灭，风雷

京西店老人 剑侠图传

亦息。韦顾大树，枝干尽矣。鞍驮已失，遂返前店。见老人方箍桶。韦意其异人也，拜而且谢。老人笑曰："客勿恃弓矢，须知剑术。"引韦入后院，指鞍驮，言却领取，聊相试耳。又出桶板一片，昨夜之箭，悉中其上。韦请役力承事，不许；微露击剑事，韦得一二焉。

【经成子】古仙人。《仙鉴》卷二："周成王时为柱下史，说《广化经》，又以道授周公旦，乃退而闲居。因出游西极大秦、竺乾等国，号古先生。"宋·谢守灏《玄元圣纪》卷一云："老子于周成王时仍为柱下史，号经成子。"

【荆次德】北朝术士。《北齐书·方伎传》：次德有术数，预知尔朱荣成败，又言"代齐者魏"。葛荣闻之，故自号齐王，待次德以殊礼，问其天人之事。对曰："齐当兴，东海出天子。今王据渤海，是齐地。又太白与月并，宜速用兵，迟则不吉。"荣不从也。

【荆伙飞】古时神人。应做"伙飞"，非荆姓。《淮南子·泛论训》："荆有伙非，得宝剑于干，还渡江中流，暴风扬波，两蛟夹舟。伙非谓溯船者曰：'有如此而得活者乎？'曰：'未尝见也。'于是伙非瞋目攘臂拔剑曰：'武士可以仁义说，不可劫而夺。此江中之腐肉朽骨弄剑而已，余又奚爱焉。'赴江刺蛟，遂断其头。舟人尽活。"南宋·刘昌诗《芦浦笔记》卷四："四明（即明州，今浙江宁波一带）城北盐仓之西有荆伙飞庙，无碑载神姓氏。考《淮南子》云云，今庙称荆伙飞侯，《图经》亦谓州北有蛟池。故老云尝有蛟自江来窟于此，人患之，故即其旁立伙飞庙以镇之。是则真以为荆之伙非矣。然予观《吕氏春秋》，荆有勇士次非，盖是姓次名非，岂应以神姓为庙号，而况加为侯哉。且次与伙、非与飞字皆不同，而好事者附会斩蛟之说，传流至今，载在祀典，竟未有辨之者。《汉·百官公卿表》：武帝太初元年更名左弋为伙飞，掌弋射，则伙飞之名实始于此。"又南宋·戴埴《鼠璞》卷下亦有辨荆伙飞庙一则，较此稍详，可参看。◆按：晋·张华《博物志》卷七言斩蛟事，作"荆轲字次非"。如是则有三说：荆人名伙非者，姓次名非者，荆轲字次非者，不知孰是。

【荆南仙女】五代时仙女。清·吴任臣《十国春秋》卷一○三《荆南列传》：荆南仙女者，平江（即今湖南岳阳）节度使王保义女。儿时聪颖，五岁通《黄庭》内外经。一夕梦涉水登山巅，见仙人自称麻姑，传以乐曲。自是每夕辄梦遇之，指授音律，得百余调，都非人间所有。已而适文献王之子保节，复梦麻姑至，曰："即当相邀。"次日庭中闻云鹤音乐，女奄然逝。

【精卫】神鸟。《山海经·北山经》："炎帝少女名曰女娃。女娃游于东海，溺而不返，故为精卫，常衔西山之木石以埋于东海。"梁·任昉《述异记》卷上：

精卫 山海经图 胡文焕本

"昔炎帝之女溺死于东海，化为精卫，其名自呼。每衔西山木石填东海。偶海燕而生子，生雌状如精卫，生雄如海燕。今东海精卫誓水处，曾溺此川，誓不饮其水。一名誓鸟，一名冤禽，又名志鸟，俗呼帝女雀。"

【井大夫】井神。《太平广记》卷三九九引唐人《玉泉子》：贾耽在滑台（今河南滑县）城北，命凿八角井，以镇黄河。于是潜使人于凿所侦之。有一老父来观，问曰："谁人凿此井也？"吏曰："相公也。"父曰："大好手，但近东近西近南近北也。"耽问之，曰："吾是井大夫也。"◆按：四库本唐人《玉泉子》"耽问之"一句为"耽闻之，曰：吾井太大，惜哉！"

【井毂轳生】见"白道玄"条。

【井公】古仙人。《穆天子传》："天子北入于邴，与井公博三日而决。"郭璞注："疑其贤人而隐者。"按：古乐府："井公能六博，玉女善投壶。"汉·东方朔《神异经》言东王公与玉女投壶，是玉女为神话人物，井公当亦仙人之属。明·杨慎《升庵集》卷五八"井公六博"条云："古乐府'井公能六博，玉女善投壶'，盖因井星形如博局而附会之，亦诗人'北斗挹酒浆'之意也。曹子建诗：'仙人揽六箸，对博泰山隅。'陈张正见诗：'已见玉女笑投壶，复睹仙童欣六博。'"所说甚是。

【井鬼】唐·段成式《酉阳杂俎·前集》卷一四：井鬼名琼。

【井渊之精】唐·释道世《法苑珠林》卷五八引《白泽图》："故井故渊之精名曰观。状如美女。好吹箫。以其名呼之则去。"其言故井故渊，均为弃置不用者。

【井泉童子】掌井泉之神。清·顾禄《清嘉录》卷一二"封井"条:"置井泉童子马于竹筛内,祀以糕果茶酒,庋井栏上掩之,谓之封井。至新正三日或五日,焚走纸马。初汲水时,指蘸拭目,令目不昏。"清·袁枚《子不语》卷一七:

井泉童子　北京民间神像

"有小儿戏溺于井,是夜得疾,呼为井泉童子所控,府城隍批责二十板。"或作"金井神童",清·俞樾《右台仙馆笔记》卷九:"杭州紫阳山之麓,有林氏妇晨起汲井,觉重不可举,视之,则井中有一赤体小儿攀缳欲上。大惊奔还,遂病,卧不能起,恒作呓语曰:'吾金井神童,方浴,何得窥我!'"

【井神】《太平御览》卷一八九引《白泽图》曰:井神为吹箫女子。◆参见"行神"条。

【景素阳】元末神仙。明·王世贞《列仙全传》卷八:襄陵(今山西襄陵)道士。师事梁古宾,居阜山道院。元末兵乱,乱兵欲杀古宾,素阳曰:"师老矣,愿以身代。"兵即以刀砍素阳,刀断为三,兵皆惊异,罗拜而去。

【景佑真君】即"张巡"。见该条。

【景知常】北宋时神仙。明·王世贞《列仙全传》卷七:邓州(今河南邓州)人。少从赵毡袄学道。宋太宗知其名,召至,俄辞去。尝遇吕洞宾。或语唐昭宗以来事,殆数百岁。卒,举其棺甚轻,开视之,唯有衣冠。

【景知果】五代时神仙。五代·杜光庭《录异记》卷二:景知果,亦有道者,居窦圌山(在今四川江油),与虎豹同处,驯之如家犬,鸦数集其肩上鸣戏。一旦不知所之。

【净光童子】唐初佛教说孔子为净光童子。唐·杨炯《盈川集》卷四《遂州长江县先圣孔子庙堂碑》:"净光童子来游姬旦之郊,十五而志学,三十而有成。"明·陈士元《名疑》卷四以为此说出自《清净法行经》。

【靖人】海外异人。《山海经·大荒东经》:"有小人国,名靖人。"《列子·汤问》:"东北极有人名曰诤人,长九寸。"袁珂以为:"靖人、僬侥、周饶、侏儒,并一声之转。"

【境主公】台湾地区民间所奉祀之神。有谓即"地基主",有谓为土地守护神,与土地公职守相近;有谓为寺庙之守护神,与伽蓝相似。亦有谓灵鬼假托之神者。见仇德哉《台湾之寺庙与神明(四)》。

【猄】怪兽。梁·任昉《述异记》卷上:猄之为兽,状如虎豹而小。生即还食其母,故曰枭猄。

【jiu】

【臼精】唐·释道世《法苑珠林》卷五八引《白泽图》:"故臼之精名曰意,状如豚。以其名呼之则去。"

【鸠摩罗什】十六国时神僧。《太平广记》卷八九引《高僧传》:鸠摩罗什,此云童寿,天竺人。善经律论,化行于西域。及东游龟兹,龟兹王为造金狮子座一处之。前秦苻坚遣骁将吕光等率兵西伐龟兹,临发谓光曰:"朕闻西域有鸠摩罗什,深解法相,善闲阴阳,

鸠摩罗什　三教源流搜神大全

为后学之宗。贤哲者,国之大宝,若克龟兹,即驰驿送什。"光破龟兹,获鸠摩罗什,未测其智量,见年齿尚少,以凡人戏之,强妻以龟兹王女。或令骑牛及乘恶马,欲使堕落。什常怀忍辱,曾无异色,光惭愧而已。光还中路,置军于山下,将士已休。什曰:"不可在此,必见狼狈。"光不纳。至夜,果有大雨,洪潦暴起,水深数丈,死者数千。光始密而异之。至凉州,闻苻坚已为姚苌所害,光三军缟素。于是窃号关外,年称太安。至光龙飞二年,沮渠蒙逊反,光遣庶子秦州刺史太原公纂讨之。什曰:"观察此行,未见其利。"既而纂败绩于合黎。吕光卒,子绍袭位。数日,光庶子纂杀绍自立。俄而有黑龙升于当阳九宫门,纂改为龙兴门。什奏以为必有下人谋上之变。纂不纳,与什博戏,杀棋曰:"斫胡奴头。"什曰:"不能斫胡奴头,胡

奴将斫人头。"光有侄名超，小字胡奴，果杀篡斩首，时人方验什之言也。及姚兴时，迎什入关，至长安，待以国师之礼。杯渡比丘在彭城（今江苏徐州），闻什在长安，乃叹曰："吾与此子戏，别三百余年，杳然未期。迟有遇于来生耳。"《晋书》入《艺术传》。

【九耳犬】见"雷神"条。

【九凤】九头怪鸟。《山海经·大荒北经》："大荒之中，有山名北极天柜，海水北注焉。有神，九首人面鸟身，名曰九凤。"郝懿行《笺疏》云："郭璞《江赋》云'奇鸧九头'，疑即此。"

九凤　山海经图　汪绂本

【九府仙师】台湾地区丛祠。有数说。❶即"九鲤湖仙"。❷九皇。❸魏晋清谈之何晏、王弼、阮籍、阮咸、王戎、刘伶、嵇康、山涛、向秀九人。❹为冷祥、陈孔圣、李乌来、吴必用、李元恭、董公、连成圣、瑟必逢、白凤隆九人。❺九宫贵神。❻北斗及遁甲等九星。见仇德哉《台湾之寺庙与神明（四）》。

【九宫贵神】又称"太一九宫神"，主司风雨水旱雹疫灾害诸事。《旧唐书·礼仪志四》：术士苏嘉庆上言："请于京东朝日坛东，置九宫贵神坛，其坛三成，其上依位置九坛，东南曰招摇，正东曰轩辕，东北曰太阴，正南曰天一，中央曰天符，正北曰太一，西南曰摄提，正西曰咸池，西北曰青龙。礼次昊天上帝，而在太清宫太庙上。"北宋·宋敏求《春明退朝录》卷下："九宫贵神始天宝初术士苏嘉庆上言请置坛，明皇亲祠。及王玙为相，又劝肃守亲祠。太和中监察御史舒元舆论列，遂降为中祀。会昌中李德裕为相，复为大祀。宣宗时又降为中祀。乾符中宰相崔彦昭因岁旱祷雨获应，又升为大祀。"按：唐术士苏嘉庆始置九宫神坛，坛上依次置九小坛，东南曰招摇，正东曰轩辕，东北曰太阴，正南曰天一，中央曰天符，北曰太一，西南曰摄提，正西曰咸池，西北曰青龙。《宋史·礼志六》：元祐七年，监察御史安鼎言："按汉武帝始祠太一一位，唐天宝初兼祀八宫，谓之九宫贵神。再

详《星经》：太一一星在紫宫门右，天一之南，号曰天之贵神。其佐曰五帝，飞行诸方，蹑三能以上下，以天极星其一明者为常居。主使十六神，知风雨、水旱、兵革、饥馑、疫疾、灾害之事。《唐书》曰：'九宫贵神，实司水旱。太一掌十六神之法度，以辅人极。'《国朝会要》亦云：'天之尊神及十精、十六度，并主风雨。'由是观之，十神太一、九宫太一与汉所祀太一共是一神。"◆明·于慎行《谷山笔麈》卷一七："九宫贵神，盖《易乾凿度》所谓太一也。"《黄帝九宫经》：一宫，其神太一，其卦坎，其方白；二宫，其神摄提，其卦坤，其方黑；三宫，其神轩辕，其卦震，其方碧；四宫，其神招摇，其卦巽，其方绿；五宫，其神天符，其卦离，其方黄；六宫，其神青龙，其卦乾，其方白；七宫，其神咸池，其卦兑，其方赤；八宫，其神太阴，其卦艮，其方白；九宫，其神天一，其卦离，其方紫。"

【九宫玄女】南宋·洪迈《夷坚三志·壬集》卷一○"解七五姐"条"蒙九宫玄女传教吾返生还魂之法"云云。而南宋·洪迈《夷坚乙志》卷六"毕令女"条："魂魄漂摇无所归，遇九天玄女出游，怜其枉，授以秘法。所谓九天玄女所授之法，即起死回生之术也。"是九宫玄女即九天玄女也。参见"九天玄女"条。

【九姑】箕仙。元·陶宗仪《南村辍耕录》卷二○："吴楚之地村巫野叟及妇人女子多能卜'九姑课'，又有一法曰'九天玄女课'，与'九姑课'相类。"按：陶氏以为九姑或即九天玄女之一名，未妥，九姑本即紫姑、帚姑、针姑之类，或为此类箕仙之总称。

【九光夫人】即西王母。晋·葛洪《枕中书》："西汉九光夫人，始阴之气，治西方。故曰木公金母，天地之尊神。"是亦即"西王母"也。

【九光元女】即西王母。晋·葛洪《枕中书》载："元始天王与太元玉女相媾，生扶桑大帝东王公，又生九光元女，号曰太真西王母。"

【九华安妃】女仙，又称九华真妃、紫清真妃。梁·陶弘景《真诰》卷一、《云笈七签》卷九七：九华安妃于晋兴宁三年与紫微王夫人降于杨羲家，年可十三四许。紫微夫人曰："此即上真元君金台李夫人之少子也。太虚元君昔遣诣龟山学上清道，道成，受太上书，署为紫清上宫九华真妃，赐姓安，名郁嫔，字灵箫。"南宋·郭象《睽车志》卷一载林灵素召九华安妃等仙。又云九华安妃为玉清

上真元君女，名郁宾，字灵霄。

【九华大仙】神仙。见"田先生"条。

【九华山人】明时神仙。明·朱国桢《涌幢小品》卷二九：侯钺，东阿县（今山东东阿）人。少年游古庙，见一髯翁，自称九华山人，执手曰："子必贵，再益一骨，必有通仙殊巧。"揭胁衣，若有所纳，微痛，久之乃平。自后遂能写人形神，一识面，去数十年仍能默肖。

【九华天仙】即巫山神女。南宋·洪迈《夷坚乙志》卷一三"九华天仙"条，宋绍兴九年，张渊道侍郎之女扶乩请大仙，忽书"九华天仙降"，问为谁，曰："世人所谓巫山神女者是也。"

【九华真妃】即"九华安妃"，见该条。

【九华真人】掌冥之仙真。《太平御览》卷六百六十引《灵宝隐书》："中极真人主人命籍，九华真人主九幽之上宿，对生死；太元真人受天地之符，度长度之魂；太极真人治赤城玉洞之府，司较太山死生之录；三元真人主紫微行道。"又引《玉清隐书》："九华真人治于南上宫中，校人功过善恶，三官列言。"

【九皇君】即北斗七星及辅、弼二隐星。《云笈七签》卷二四"北斗九星职位总主"以北斗九星为九皇君，即阳明星，天之太尉；阴精星，天之上宰；真人星，天之司空；玄冥星，天之游击；丹元星，天之斗君；北极星，天之太常；天关星，天之上帝；辅星，天尊玉帝之星也；弼星，太常真星也。

【九皇真人】《云笈七签》卷六引《九君申明道要》云："《太清中经》，元始出来；出于老君，传付元君、九皇真人，祖习不绝，皆开此君也。"是九皇真人仙位极高，而《历世真仙体道通鉴》卷四九"张用成"条云："徽宗政和中，紫阳一日通名姓，谒黄公冕仲尚书于延平。黄公素传容成之道，且酷嗜炉火，年加耄矣。语不契而去。继后，寓书于黄，其中大略，紫阳自谓昔与黄皆紫微天宫，号九皇真人，因误校勘劫运之籍，遂谪于人间。"

【九江八河神】即"晏公"神。明·何乔远《（崇祯）闽书》卷一四七，建阳县有江河庙，奉祀晏公，即九江八河神。

【九井之神】见"云安井神"条。

【九老丈人】古仙人。汉·东方朔《海内十洲记》：蓬丘，蓬莱山是也，对东海之东北岸，周回五千里，外别有圆海绕山。圆海水正黑，而谓之冥海也，无风而洪波百丈，不可得往来。上有九老丈人、九天真王宫，盖太上真人所居，唯飞仙有能到

其处耳。

【九郎】见"茅将军"条。

【九郎神】❶苻九郎。北宋·钱易《南部新书》卷八："江淮间多九郎庙与茅将军庙。九郎者，俗云即苻坚之第九子，曾有阴兵之感，事极多。"❷陈九郎。《淳熙三山志》卷八："福州有武胜王庙，旧传陈九郎神，五代时闽通文二年封宁应侯，永隆五年改昭义侯，寻升武胜王。"《赤城志》卷三一："灵通感应安邦王庙，祀陈九郎，俗称'护国大圣'。旧传陈于汉天福十二年策战功死，以灵显得王封。国朝澶渊之役，有旗金书王爵里揭阵中，遂赐今封。"❸昭明太子。南宋·陆游《入蜀记》卷二："池州秀山有昭明太子墓。池州城西有神甚灵者，曰九郎，或云九郎即昭明。"按：其余以九郎名庙者，各地尚多，惟无事可考记也。

【九鲤湖仙】《三教源流搜神大全》卷七："福建兴化府仙游县（今福建仙游）有何通判，其妻林氏生九子，皆瞽目，惟大公子一目不瞽。其父一日见之大怒，欲害之。其母速命人引九子逃至仙游县东北山中修炼，名曰九仙山。又居湖侧炼丹。丹成，各乘

九鲤湖仙 三教源流搜神大全

赤鲤而去。故湖名九鲤。庙在湖上，最灵验，每大比岁，各郡中士子祈梦于此。"《（雍正）福建通志》卷六"九何仙"条所载略不同，云："汉武帝时何氏兄弟九人。父任侠，有奇气，与淮南王安游。九人目俱盲，唯长者一眼，朗然如日。师大罗，学辟谷法，自九江入闽，始即石竹鼓山居焉。后谒胡道人，饮龙津庙中井水，眼尽开。后炼丹湖上，有九鲤化龙，九人乘之升天云。"明·陆粲《庚巳编》卷六言九仙为汉时人，未言其瞽目事："九仙山上有道观，中塑九仙及传梦判官像。人祈梦者，先于判官前致祷，祀以白鸡，因留宿祠中，夜必有梦，起用杯笺卜之，如得胜兆则已，否则此梦无准，及

夜再祈。多为隐语，过后始验。"又此书及《异林》（见宛委山堂本《说郛续》卷四六）、明·徐燉《徐氏笔精》卷八、明·郎瑛《七修类稿》卷四七、明·黄玮《蓬窗类纪》卷四、明·陈镐《百可漫志》等载九仙祈梦故事各若干则。而明·王同轨《耳谈类增》卷一五独言"九鲤之父为八公之徒，从淮南王叛败。九子谏不从，乘鲤而去"，其书全卷皆为九鲤祈梦事，可参看。◆台湾地区又称为"九府仙师"。《续文献通考》称"何氏九仙"，《异林》称"九仙神"。◆《（弘治）八闽通志》卷六〇：兴化府有惠应庙，即太平社，亦名仙水行宫。汉时只一古庙，名"龙津"，其中井泉灵异，胡道人修真于此。何氏九子往谒之，因饮是水，眼尽开。梁太平初建此，因以名庙。

【九梁星煞】亦太岁之类凶煞，施土木之功者当避之。但避此煞之俗似仅行于南宋，此后则不见记载也。南宋·洪迈《夷坚支志·乙集》卷九"九梁星"条："阴阳家有九梁星煞之禁，谓当其所值，不可触犯，或误于此方隅营建，则灾祸立起，俚俗畏之特甚。"《夷坚支志·癸集》卷四"郑百三妻"条："巫师言：今年九梁煞在门，不可移门换户。大忌百二十日，小忌六十日。若冲犯，必有年命衰谢之人当之。"《夷坚三志·己集》卷七"朱先觉九梁"条："朱称觉堂屋抉坏，将撤新之。阴阳家谓九梁星今年在堂，不宜动作，惧于主人不利。朱不听。频频出事。朱梦一神人责怒曰：'吾之所居，故意触犯如是，本不相舍，念汝平日为善，姑赦汝。'"《夷坚支志·丁集》卷二"大善寺白衣人"："元卿董督修缮之役。率意营筑，凡所谓方隅禁忌，一切不问。淳熙十三年四月，得病危困，二十六日晡时，似梦非梦，见伟人长可九尺，裹唐巾，白衫黑带，谓之曰：'汝犯九梁星，当死，故来报汝。有一法可以禳治：今夜三鼓，当有二神人来，必不利于汝。宜取木一截，覆以衾，置于床上，却用物藉地而卧，可脱此厄。'元卿顿首奉戒。才夜半，二神果来。奇形猛状，狞恶可怖，营营忽忽，若寻觅之状。俄划然有声，唐巾者出曰：'可贺，可贺，彼已为齑粉矣。'举手拽之，二物遂去。"

【九灵大妙龟山金母】即"西王母"，《三教源流搜神大全》卷一："西王母者，乃九灵大妙龟山金母也，号太虚九光龟台金母。"

【九灵老子】老子于神农时为九灵老子。见唐·段成式《酉阳杂俎·前集》卷二。

【九灵子】即"皇化"，见该条。

【九隆】《后汉书·南蛮西南夷列传》："哀牢夷者，其先有妇人名沙壹，居于牢山。尝捕鱼水中，触沉木若有感，因有娠，十月，产子男十人。后沉木化为龙，出水上。沙壹忽闻龙语曰：'若为我生子，今悉何在?'九子见龙惊走，独小子不能去，背龙而坐，龙因舐之。其母鸟语，谓背为九，谓坐为隆，因名子曰九隆。及后长大，诸兄以九隆能为父所舐而黠，遂共推以为王。后牢山下有一夫一妇，复生十女子，九隆兄弟皆娶以为妻，后渐相滋长。种人皆刻画其身，象龙文，衣皆著尾。九隆死，世世相继。乃分置小王，往往邑居，散在溪谷。绝域荒外，山川阻深，生人以来，未尝交通中国。"晋·常璩《华阳国志》卷四"沙壹"作"沙壶"，"九隆"作"元隆"。

【九娘神】胡朴安《中华全国风俗志》下编"寿春岁时纪"一节，言正月初九日妇女婆迎"九娘神"，或曰神即紫姑。

【九娘子】唐代丛祠。唐时泾州（今甘肃泾川）东二十里薛举故城之隅有水，名善女湫，广袤数里，水族灵怪往往见焉。乡人立祠于旁，曰九娘子神。唐·孙揆有《灵应传》记九娘子神故事，详见《太平广记》卷四九二引《灵应传》。

【九色鸟】宋·叶廷珪《海录碎事》卷二二：轩渠国多九色鸟，青口，绿颈，紫翼，红膺，丹足，绀顶，碧身，缃背，玄尾，亦名锦凤。其青多红少者，谓之绣鸾。常从弱水来，或云为西王母之禽。

【九山府君】《水经注·洛水》：九山东山际有九山庙，前有晋元康二年碑云：九显灵君（宋本为九显灵府君）者，太华之元子阳九，列名号曰九山府君也。

【九圣】邪神如五通之类。南宋·洪迈《夷坚乙志》卷一"九圣奇鬼"条："巫师沈安之能治鬼，某女患心疾，安之视之，遣神将执二魁，状类猴而手足不具，神将曰：'其三远遁，请得追迹。'无何，缚三魁至。又执二人，一青巾，一鬤髻，皆木叶被体。最后得一酋，冕服而朱缨。"《夷坚丁志》卷一二亦云，蒋士隆家遭九圣之异，其后称神物降其居者连年不绝。

【九天采访使者】北宋·沈括《梦溪笔谈》卷二〇："庐山太平观，乃九天采访使者祠，自唐开元中创建。元丰二年，道士陶智仙营一舍，令门人陈若拙董作。发地忽得一瓶，封镯甚固，破之，其中皆五色土，惟有一铜钱，文有'应元保运'四字。若拙得之，以归其师，不甚为异。至元丰四年，忽有诏进号九天采访使者为应元保运真君，遣内侍廖维持御书殿额赐之，乃与钱文符同。"按即"庐山九天使者"，见该条。又南宋·洪迈《夷坚支志·丁集》卷二"张承事女"："湖州张承事女，容色美丽。绍熙庚戌，为妖所附，医巫不能治。时有道流，善摄制鬼魅，行业孤高，呼为煞先生。邀至家，方仗剑噀水，此女出侮困之，殊不少慑。生深自愧闷，起行外间，假寐桥侧。魂气萦绕而上，若出神然。逢九天采访使者巡游，仪卫甚肃。因诣车下，再拜，告以张氏女为妖所缠，不容遣逐，愿赐指示。使者曰：'可用金桥诀治之。'旋即梦觉。再登张门行法，女抑首屈服。"据此，则九天采访使者直巡游四方，非仅显灵于庐山也。

【九天司命保生天尊】宋朝皇帝之"始祖"，为人皇九人中之一。此为宋真宗时一大造神丑剧。据《御制灵遇记》《宋朝事实》《宋史·礼志》载："宋真宗咸平间，有汀州（今福建长汀）人王捷（吴处厚《青箱杂记》卷一〇作王犍），贾贩至南康军（在今江西南康），于旅舍遇一道人，自言姓赵氏，传以炼金术。戒曰：'非遇人主，慎勿轻言。'后王捷以罪坐配隶岭南，未久，逃至京师，为官司所捕获。捷乃自言有炼金术，合门祗候谢德权即为奏请，得释。此真宗景德初年之事。刘承珪闻其异，令王捷改名为中正，得以召对于龙图阁，而言传其炼金术之赵姓道人为司命真君。后王捷出游廛市，常有道人与之偶语，云即向来授法司命真君也。而所言为何语，则秘而不传。至景德四年五月，刘承珪上言：司命真君屡降于其舍，凡有瑞异，必先告之。五年，真宗东封泰山毕，遂加神号为'司命天尊'。至大中祥符五年十月，真宗语辅臣曰：'朕梦先降神人传玉皇之命云："先令汝祖赵某授汝天书，令再见汝，如唐朝恭奉玄元皇帝。"翼日，复梦天尊至，曰："吾人皇九人中一人也，是赵之始祖，再降，乃轩辕皇帝，凡世所知少典之子，非也。母感电梦天人，生于寿丘。后唐时，奉玉帝命，七月一日下降，总治下方，主赵氏之族，今已百年。皇帝善为抚育苍生，无忘前志。"即离席，乘云而去。'十月己巳，遂诏上九天司命保生天尊圣号曰圣祖上灵高道九天司命保生天尊大帝。"是此王捷所编造之"司命真君"因姓赵氏，又为真宗仿唐时追尊老子为始祖故事，将此道士改造为自家祖宗，特加"圣祖"尊号。按：王捷（王犍）事详见《青箱杂记》卷一〇。◆宋·潘自牧《记纂渊海》卷八六，言三十六小洞天，第十四灊山，即皇朝圣祖九天司命所理。

【九天玄女】五代·杜光庭《墉城集仙录》卷六及《仙鉴后集》卷二："九天玄女者，黄帝之师，圣母元君弟子也。黄帝与蚩尤战于涿鹿，不能胜，九天玄女下降，授黄帝六甲六壬兵信之符，灵宝五符，策使鬼神之书，制妖通灵五明之印等等，助黄帝成功。"《云笈七签》卷一〇〇："黄帝梦一妇人，人首鸟身，曰：'吾玄女也。有疑问之。'于是教黄帝以《三官秘略》《五音权谋》阴阳之术，又传《阴符经》三百言。"◆南宋·洪迈《夷坚乙志》卷六"毕令女"条："路真官至灵璧（今安徽灵璧），县令毕造有次女为鬼所祟，久病，路至，女径起，著衣出拜，曰：'大姐得见真官，可吐平生抑郁：大姐乃前妈妈所生，二姐乃今妈妈所生，恃母钟爱，每相陵侮。顷居京师，有人议婚，二姐阻之，大姐鞅鞅而死。死后冥司以命未尽，不复拘录。魂魄漂摇无所归，遇九天玄女出游，怜其枉，授以秘法。法欲成，又为此妹所坏。今须与之俱逝，以偿至冤，且以谢九天玄女也。真官勿阻之。'盖发言之身为二姐，其言则大姐，死已数年矣。"◆按：所谓九天玄女所授之法，即炼魂法，术士炼耳报神、樟柳神皆与此相类，特托以九天玄女之名也。

【九天应元雷声普化天尊】南宋·洪迈《夷坚丙志》卷六"十字经"条："建炎元年，周举遇道士曰：'子明日当死于兵刃，能诵《十字经》，不唯免死，亦能解冤延寿。'举跪以请，云：'"九天应元雷声普化天尊"十字也。'明日遇盗，诵之，雷声大震，群盗惊走。"《明史·礼志

九天应元雷声普化天尊
北京白云观

四》："弘治元年，尚书周洪谟等言：'雷声普化天尊者，道家以为总司五雷，又以六月二十四日为天尊现示之日，故岁以是日遣官诣显灵宫致祭。'"清·徐道《历代神仙通鉴》卷四谓雷部有三十六面

雷鼓，有三十六神司之，而总领雷部之神，号九天应元雷声普化天尊。关于天尊的来历，却有几种不同的说法。❶黄帝。《历代神仙通鉴》卷四："黄帝封号为九天应元雷声普化真王。所居神霄玉府，在碧霄梵气之中，去雷城二千三百里。雷城高八十一丈，左有玉枢五雷使院，右有玉府五雷使院。真王之前有雷鼓三十六面，三十六神司之。凡行雷之时，真王亲击本部雷鼓一下，实时雷公雷师兴发雷声也。雷公即入雷泽而为神者也。力牧敕为雷师皓翁。三十六雷，皆当时辅相有功之臣。"❷神霄真王。范缵《格致镜原》引张七泽曰："白玉蟾谓阴阳之气结而成雷，有神主之，曰神霄真王。按此所谓神霄真王，即浮黎元始天尊第九子玉清真王。据道经《无上九霄玉清大梵紫微玄都雷霆玉经》，他化生为雷声普化天尊，掌雷霆之政。"此为有关雷声天尊来历的第二种说法。❸闻仲。《封神演义》载：雷部正神，乃闻仲也。额有三目，中目一睁，发出白光一道，计长二尺余。商纣朝拜相，称太师。尝骑黑麒麟，周游天下，霎时可行千里。会姬周伐商，仲秉黄旄白钺，得专征伐，领兵三十万众，西往拒周。于绝龙岭，被八根通天神火柱烧死。及周克商，姜子牙登封神台，令闻仲来坛受封，云：特敕封尔为九天应元雷声普化天尊之职，仍率领雷部二十四员催云助雨护法天君，任尔施行。◆仇德哉《台湾之寺庙与神明（四）》：雷声普化天尊与太乙救苦天尊为玉皇大帝二胁侍，常侍立左右。

【九天真王】《云笈七签》卷二一《三天正法经》曰："九天真王与元始天王俱生始气之先。天光未朗，郁积未澄，历七十余劫，玄景始分，九气存焉。一气相去九万九千九百九十岁，清气高澄，浊气下布，九天真王、元始天王使九气玄凝，于是而有日月星辰，而有九真之帝。"是九天真王为混沌未开时，生于始气之先者，与盘古、元始相类。而《云笈七签》卷一〇则云："帝喾时太上老君降世为录图子，命九天真王、三天真皇授地喾以九天真灵三天宝符。"九天真王反成老君下属矣。◆按汉·东方朔《海内十洲记》："蓬丘，蓬莱山是也。上有九老丈人、九天真王宫，盖太上真人所居，唯飞仙有能到其处耳。"《枕中记》又有九天真皇、三天真王，居于玄都玉京七宝山上中下三宫之下宫，而上宫为盘古真人、元始天王、太元圣母所治，中宫为太上真人、金阙老君所治，则其地位远在元始天王之下矣。

【九头虫】明·王兆云《湖海搜奇》卷上"九头虫"条：蜀地每正二月夜分，居民或喧嚷，官不能禁，问其故，则曰"此土旧有九头虫，其一头被斩流血，倘经过之处，有一滴血落其家者，一年内人畜大灾。如闻空中唧唧有声，是其虫之过也，即鸣锣伐鼓及举烟竞逐之，欲其过之速，不使血滴至地耳。"及阅稗家，果云九头虫魔力甚大，被孙行者以法力斩云一头，年久尚滴血，始信其说之不甚诞云。

【九头鸟】《太平御览》卷九〇二七引唐·丘悦《三国典略》："齐后园有九头鸟见，色赤，似鸭，而九头皆鸣。"南宋·洪迈《夷坚志补》卷四"九头鸟"条："九头鸟，谓之鬼车，人多闻其声而鲜睹形状。淳熙初，李寿翁守长沙，获之，身圆如箕，十脰环簇，其有九头，其一独缺，而鲜血淋滴。一脰各生两翅，当飞时，十八翼霍霍而动，亦有所向不同，更向争拗，用力竞进而翅翩伤折者。"唐·陆长源《辨疑志》云："应洛间，春三二月寒食之际，夜阴微雨，天色晦冥，即有鸟声轧轧然。家人更相惶怖，呼为九头鸟载鬼过。兼以此鸟曾经闭门碾断一头，至今血滴。若落人家，皆为灾咎。递拥门作犬吠以恐之，责其速过。"◆按：明·王兆云《湖海搜奇》卷上记一物，与此说全同，却名"九头虫"，见该条。◆参见"鬼车"条。

【九尾狐】《山海经·南山经》："青丘之山，有兽焉，其状如狐而九尾，其音如婴儿，能食人；食者不蛊。"而《海外东经》则云青丘国"有狐四足九尾"，《大荒东经》亦云青丘国"有狐九尾"。郭璞注：《汲郡竹书》曰：'柏杼子征于

九尾狐　山海经图　胡文焕本

东海，及王寿，得一狐九尾。'即此类也。"又云"太平则出而为瑞也。"东汉·赵晔《吴越春秋·越王无余外传》："禹三十未娶，行至涂山，见九尾白狐。禹以为王者之征，遂娶于涂山氏。"《太平广记》卷四四七引《瑞应编》："九尾狐者，神兽也。其状赤色，四足九尾。出青丘之国。音如婴儿。食者令人不逢妖邪之气，及蛊毒之类。"又《艺文类

聚》卷九九引《瑞应图》言："九尾狐者，六合一同则见。文王时东夷归之。一本曰：王者不倾于色则至。"袁珂《校注》云："汉代画像石、砖中，常有九尾狐与白兔、蟾蜍、三足乌之属列于西王母座旁，以示祯祥。九尾狐则象征子孙繁息。"按：九尾狐一向被看为瑞兽，至明时小说《封神演义》之类始为妖狐。

【九尾蛇】清·袁枚《续子不语》卷八"九尾蛇"条：有茅八者，入江西山中贩纸。月夜散步户外，见群猴数十奔泣而来，上一大树。茅亦上一树。见一大蛇从林际出，身台拱柱体甲如鱼鳞，腰以下生九尾，相曳而行，声如铁甲。至树下，倒植其尾，旋转作舞状。尾端有小窍，窍中出涎，弹射树上。猴有中者辄堕地，腹裂而死。乃徐啖三猴，曳尾而去。

【九仙】❶《（雍正）江西通志》卷一○五："不知何许人。兄弟九人，寓德安（今江西德安）博阳山之颠，丹成同日升举。今所居处名九仙台。"《九江府志》以为汉时人。❷见"黄伯祥"条。❸"九鲤湖仙"亦称九仙、九仙神。❹南宋·潜说友《咸淳临安志》卷二五："临安县西四十二里有九仙山，为葛洪、许迈炼丹之地。"苏东坡有《宿九仙山》诗，自注云："九仙，谓左元放、许迈、王、谢之流也。"❺诸地多有以九仙为名之山，并附以所谓九仙传说，但大多并无实名。如元·于钦《齐乘》卷一："密州（今山东诸城）东南有九仙山。"注云："汉琅琊郡（在今山东诸城）有太一仙人祠九所，岂以此得名邪?"北宋·乐史《太平寰宇记》卷一二九："安徽霍丘县（今安徽霍丘）南一百八十里有九仙山，上有九曰，旧有九仙人在此山中捣药。"◆《云笈七签》卷三《道教三洞宗元》："太清境有九仙，上清境有九真，玉清境有九圣。其九仙者，第一上仙，二高仙，三大仙，四玄仙，五天仙，六真仙，七神仙，八灵仙，九至仙。真、圣二境，其号次第同九仙。"

【九显灵君】《水经注·洛水》："九山，山际有九山庙，庙前有碑，云：'九显灵君者，太华之元子阳九，列名号曰九山府君也，南据嵩岳，北带洛瀍。'"

【九星】即北斗七星及辅、弼二隐星。《云笈七签》卷二○《太上飞行九神玉经》：太上大道君告北极真公曰："九星者，实九天之灵根，日月之明梁，万品之渊宗也。故天有九气，则以九星为其灵纽；地有九州，则以九星为其神主；人有九孔，则以九星为其命府；阴阳九宫，则以九星为其门户；五岳四海，则以九星为其渊府。"九星依次为天枢星、天璇星、天玑星、天权星、玉衡星、闿阳星、摇（或作瑶）光星、洞明星、隐元星。即北斗七星合左辅、右弼二隐星也。◆九宫星君名号系统不一，依次如下：天枢宫贪狼星君、天璇宫巨门星君、天玑宫禄存星君、天权宫文曲星君、天衡宫廉贞星君、闿阳宫武曲星君、摇光宫破军星君、洞明宫外辅星君、隐光宫内弼星君。合称北斗九皇，为信仰斗姆者所奉。◆《云笈七签》卷二○《太上飞行九神玉经》又云："阳明星，天之太尉，司政主非，上总九天上真，中监五岳飞仙，下领后学真人，天地神灵功过轻重，莫不隶焉；天枢星为其魂神。阴精星，天之上宰，主禄位，上总天宿，下领万灵及学仙之人，诸学道及兆民宿命禄位莫不隶焉；天璇星为其魂神。真人星，天之司空，主神仙，上总九天高璈，中监五岳灵仙，下领学道之人，真仙之流，莫不隶焉；天玑星为其魄精。玄冥星，天之游击，主伐逆，上总九天鬼神，中领北帝三官，下监万兆，伐逆不臣诸以凶勃，莫不隶焉；天权星为其魄精。丹元星，天之斗君，主命禄籍，上总九天谱篆，中统鬼神部目，下领学真兆民命籍，诸天诸地，莫不总统；玉衡星为其魂灵。北极星，天之太常，主升进，上总九天真，中统五岳飞仙，下领学者之身，凡功勤得道，转轮阶级，悉总之焉；闿阳星为其魄灵。天关星，天之上帝，主天地机运，如四时长养，天地否泰劫会，莫不隶焉；摇光星为其魂太明。辅星，天尊玉帝之星，主飞仙，上总九天，领九地，五岳四渎神仙之官悉由之焉；洞明星为其魂精。弼星，太帝真星也，主变化无方；隐元星为其魂明空灵。"

【九疑仙人】晋·陆云《登遐颂》所颂二十一仙人中有九疑仙人，云："茫茫九疑，登辉太素。有汉登闻，神具尔顾。发彼灵丘，聿为数步。贻我则歌，永扬遐祚。"按据"有汉登闻"句，当即汉武帝所遇之"九疑之神"，李白有诗"嵩岳逢汉武，云是九疑仙"。见"九疑之神"条。

【九疑之神】晋·葛洪《神仙传》卷一○"王兴"条："汉武帝上嵩山，登大愚石室，至夜，忽见有神人，长二丈，耳出头颠，垂下至肩，曰：'吾九疑之神也。闻中岳石上菖蒲一寸九节，服之可以长生，故来采耳。'"

【九婴】《淮南子·本经训》："尧时，九婴为民害，尧使羿杀九婴于凶水之上。"高诱注："九婴，水火之怪。"《太平御览》卷八〇引此，注云："九婴，水之大怪，为人之害者。"当以凶水之水怪为是。

【九御法王】《灵宝济度金书》云：三清、六御合称为九御法王。三清：玉清元始天尊、上清灵宝天尊、太清道德天尊。六御：万天帝主玉皇上帝、万地帝主后土大帝、万雷地主天皇大帝、万星帝主紫微大帝、万灵帝主长生大帝、万类帝主青华大帝。

【九元子】《洞仙传》："九元子者，炼紫金合神丹登仙，其经曰《庚辛经》。"《云笈七签》卷一〇〇"黄帝本纪"云："黄帝求至道，师事九元子。"

【九源丈人】《洞仙传》：九源丈人者，为方丈宫主，领天下水神及阴精水兽蛟鲸之类。

【九真庙神】清·董含《三冈识略》卷七：宜兴（今江苏宜兴）山中有九真庙。祀女仙九人。旁有古树，其叶每年一易。巡道方国栋议取之，夜梦有九女入室，若有所诉。方不为止，督工往伐，忽一白虎突出，咆哮而去。方归即病，终不起。

【九真神牛】晋·张华《博物志》卷三：九真有神牛，生于溪上。黑者出互斗，则海沸；黄者出互斗，家牛则惊怖。人或遮捕，则霹雳。

【九子母】即"女岐"。参见该条。《汉书·成帝纪》："元帝在太子宫生甲观画堂。"颜师古注引应劭曰："画堂画九子母。"◆南宋·朱翌《猗觉寮杂记》曾驳《成帝纪》之九子母，以为"佛教东来，在于后汉，西汉时何曾会有九子母？"此乃以佛经之"鬼子母"误为《成帝纪》画堂之"九子母"也。明·周婴《卮林》卷三"九子母"条专辨此。可参看。◆又游国恩《天问纂义》于"女歧无合，夫焉取九子"下引《史记·天官书》"尾为九子"，"正义"："尾九星为后宫，亦为九子星，近心第一星为后，次三星妃，次三星嫔，末二星妾，占均明，大小相承，则后宫叙而多子"，云《天问》于问月之后接言九子，或即指此九子星。游氏此说最早揭于上世纪四十年代，故闻一多

九子母 离骚图

见稿本后于《天问释天》中续有发明，是九子母本源于星神也，可参看。◆南宋·陆游《老学庵笔记》："都下九子母祠作一巾帼美丈夫，坐于西偏。俗以为九子母之夫。"

【九子魔母】明·钱希言《狯园》卷一〇"玉圭神女"条：常州吴生，参政公孙也。髫年美风度。一日毗陵城上徒行晚归，偶与一女郎同路。女郎年稍长于吴生，姿容妖媚，韵度绰约。顾盼之间，辄通眉语，问郎君居止何处。生喜不自胜，乘暝色，遽前拥之而归，匿于密室，不令人知。如是缠绵者浃旬。于时春色渐酣，女郎谓吴生曰："东望吴山越水，灵气蔚然，吾将往观。"生即驾二楼船，从女郎出游。两月之间，虎丘、茶磨、六桥、三竺诸胜地，无不探焉。临发杭城，令生多买好粉臙脂，乃返棹兰陵。吴生一日窥其小妆奁中，见有碧玉圭径尺许，问何用。女郎曰："卿自谛观，何问我为？"检之，圭足乃有镌摹"玉帝"二字，填金所书。生戏之曰："夫人能执此朝玉京天帝耶？"女郎曰："卿何了了若是！"欢洽既久，两情如胶，女郎既不甚藏密，吴生亦略无疑惧。家人忧郎君为邪所魅，阴遣道士结坛诵咒驱之，寂寂无验。最后得某法师术，挥剑击之而中女奴左臂，女郎大呼诟骂，与生惆怅鸣咽，挈四女奴白昼凌空而逝，疾如风雨。所伤之臂脱堕阶前，视之，乃土偶臂也。无何，家人于城北一古庙殿中，忽见九子魔母妆塑，姿容绝丽，旁有四侍者，一折其臂，容貌依俙宛如前遭。吴生竟无恙。所延法师不疾而殂矣。按：《会昌解颐》及《河东记》载，越州观察使皇甫政妻陆氏，出脂粉钱百万，别绘魔母神堂。忽遇善画者从剑南来，一夕而成，光明灿烂。观察择日设斋，大陈伎乐。复遇黑叟荷锄而至，直上魔母堂，举锄以刷其面，壁乃颓，抚掌笑曰："恨画工之罔上也。如其不信，田舍老妻足为验耳。"遂自苇莽间引一女子，年十五六，薄傅粉黛，服不甚奢，艳态媚人，光华动众。顷刻到宝林寺，百万之众，引颈骇观，皆言所画神母果不及耳。携手而行，二人俱化为白鹤冲天而去。由此验之，魔母信是神仙丽质，吴郎所遇不诬矣。《玉堂闲话》亦载，南中僧院有九子母像，装塑甚奇。行者少年夜入其堂寝宿，有一美妇人引同狎处。与此事今古相符。按：此事亦载冯梦龙《情史》卷一九"情疑类"。又《会昌解颐》及《河东记》所载详见"魔母"条。

【酒鬼】此为令人嗜酒之鬼。明末·佚名《集异新抄》卷四"酒鬼"条：有负笈师门者，月夜未寝，

闻窗外人语，乃穴窗窥之，见散发袒褉颓然而来者，自称酒鬼，与门神相语。神曰："主人不饮，鬼何以入？"鬼探怀中，出纸示之，乃入。肩鑐如故，声响寂然。明日侍其师午饭，师凤昔恶酒，不能一蕉叶，家无酿具，兼无饮具，至是忽命沽酒，试以指，欣然甘之，俄罄一茗碗，旋以倾壶而未醉。于是渐制杯槃樽罍之类，顿饮石余，侪辈称酒伯，而文业日荒，家益贫落，门下亦稍稍引去。然当沉醉后，常自叫骂，或叹息，或拊膺痛恨，殊不快也。

【酒客】西汉·刘向《列仙传》卷上："酒客，梁（今河南商丘）市上酒家人。作酒常美，日售得万钱。因过为主人所逐，此后主人酒常败，卒至穷困。梁市上贾人多以女妻而迎之，或去或来。后百余岁，来为梁丞，使民益种芋菜，曰'三年当大饥'。民信之，果如其言。后五年，解印去，不知所终。"

【酒魔】唐·冯贽《云仙杂记》卷八引《玄山记》：元载不饮，群僚百种强之，辞以鼻闻酒气已醉。其中一人谓可用术治之，即取针挑元载鼻尖，出一青虫如小蛇，曰："此酒魔也。闻酒即畏之，去此何患。"元载是日已饮一斗，五日倍之。

【酒母】《太平广记》卷五九引《女仙传》：阙下卖酒妇，遇于老，年五十余，云已数百岁，每加礼敬。忽一日，有一人持二茅狗，一与于老，一与酒妇，令骑之，化为龙，相随入华阴山。后常闻大呼："于老酒母在此！"◆按：事与"呼子先"同，参见该条。"子先"与"于老"字形相近，当有一讹。"呼子先"事虽出于西汉·刘向《列仙传》，但其书久佚，今本为后人所辑，似不如"于老"之说较正。

【厩山蛇王】《民权素笔记荟萃·侠乘》：厩山之西有巨树，树下有蛇窟，巨蛇甚毒，常伤人畜。有丐姓张名乐，人呼丐三，下窟与蛇斗而死。村人感其德，为立庙，呼为厩山蛇王。◆按：此书未记故事年代。南宋·洪迈《夷坚甲志》卷一五有"蛇王三"故事，不知与此有无关系。

【ju】

【拘留孙】丁福保《佛学大辞典》："又作俱留孙佛，鸠楼孙佛，拘留秦，迦罗鸠餐陀，迦罗鸠村驮，羯洛迦孙驮，羯罗迦寸地，羯句忖那等。译曰所应断已断，灭累，成就美妙等。当于过去七佛之第四佛，现在贤劫一千佛之最首者也。于贤劫中第九减劫人寿六万岁时出世。"《五灯会元》卷一："拘留孙佛。见在贤劫第一尊。《长阿含经》云：'人寿四万岁时，此佛出世。'种婆罗门，姓迦叶。父礼得，母善枝。居安和城。坐尸利沙树下，说法一会。度人四万。神足二：一萨尼，二毗楼。侍者善觉子上胜。"《三藏法数》："梵语拘留孙，华言所应断。谓断一切烦恼，永尽无余。于贤劫中第九减劫，人寿减至六万岁时，出世成佛，为千佛首。"又作俱留孙佛、鸠楼孙佛、拘留秦等，华译为所应断已断、灭累、成就美妙等，是过去七佛中的第四尊佛名。◆按：此即《封神演义》中的土行孙之师惧留孙原形。在小说中为元始天尊弟子，后人释成佛。

【拘缨国】《山海经·海外北经》："拘缨之国在其（博父国）东。一手把缨。一曰利缨之国。"郭璞注曰："言其人常以一手持冠缨也。或曰'缨'宜作'瘿'。"袁珂《校注》："'缨'宜作'瘿'。瘿，瘤也。多生于颈，其大者如悬瓠，有碍行动，故须以手拘之。"江绍原以为"利"或是"捋"字之讹。

【居暨】《山海经·北山经·北次二经》：梁渠之山，"其兽多居暨，其状如彙而赤毛，其音如豚"。郭璞注："彙似鼠，赤毛如刺猬也。彙音渭。"

居暨　山海经图　汪绂本

【鞠通】明·张岱孙《夜航船》卷一七："孙凤有一琴能自鸣，有道士指其背有蛀孔，曰：'此中有虫，不除之，则琴将速朽。'袖中出一竹筒，倒黑药少许，置孔侧，一绿色虫，背有金线文，道人纳虫于竹竟去。自后琴不复鸣。识者曰：'此虫名鞠通，有耳聋人置耳边，少顷，耳即明亮。喜食古墨。'始悟道人黑药，即古墨屑也。"

【菊花仙】南宋·洪迈《夷坚志补》卷三"菊花仙"条：成都府学有神祠曰菊花仙，相传为汉宫女，诸生求名往祈者，答如影响。

【橘中叟】唐·牛僧孺《玄怪录》卷三"巴邛人"条：有巴邛（今四川邛崃）人，不知姓。家有橘园，霜后诸橘尽收。余有二大橘，如三四斗盎，剖开，每橘有二老叟，须眉皤然，肌体红润，皆相对象戏，身仅尺余，谈笑自若，亦不惊怖，但与决赌。赌讫，有一叟曰："此中之乐，不减商山；但不得深根固蒂，为摘下耳。"又一叟曰："仆饥矣，须龙根脯食之。"即于袖中抽出一草根，方圆径寸，形状宛转如龙，毫厘罔不周悉，因削食之，随削随满。食讫，以水噀之，化为一龙，四叟共乘之，足下云起，须臾风雨晦冥，不知所在。

【举父】《山海经·西山经》：崇吾之山，有兽焉，其状如禺而文臂，豹虎（袁珂疑虎字应是尾字之误）而善投，名曰举父。郭璞注："或作'夸父'。"按《尔雅》"虏，迅头"，郭璞注云："今建平山中

举父　山海经图　吴任臣本

有虏，大如狗，似猕猴，黄黑色，多髯鬣，好奋迅其头，能举石搦人，玃类也。"明·李时珍《本草纲目》卷五一下以为虏即《西山经》之举父。

【举人公】仇德哉《台湾之寺庙与神明（四）》：相传姓许，逸其名，台南白河镇人，清乾隆间举人。为人公正，热心地方，造福乡里，素为乡人推崇。后因公赴台南府城，回程时为劫盗所害。后显灵，有祷则应，遂立小庙祀之。初名有应公庙，旋称圣妈庙，最后正名为举人公庙，建于道光九年。

【矩半拏】石家庄毗卢寺水陆壁画中有"矩半拏"神，其像甚高贵，似为佛教尊神。按，此像应系误题。据元代版画《水陆鬼神像》中亦有矩畔拏，但画有五神，面貌和衣饰都很怪异，与毗卢寺所绘迥然不同，其位置在旷野大将众、般支迦大将（即"散脂大将"）之后，

矩半拏众　水陆道场鬼神像

下接诃利帝母众和天药叉众，显然是佛教中的外道天神。查佛典中无"矩半拏"，但《金刚针论》卷

一中却提道："又如半拏嚩王，兄弟五人，同一母生，父乃各别。"所说正与矩半拏相类。而毗卢寺壁画有一组失题神像，亦为五人而形象怪异者，应即矩半拏。

【巨济大士】即"泗州大圣"，见"大觉金仙"条。

【巨灵】❶河神。晋·干宝《搜神记》卷一三："太华、少华二山本一山，当黄河，河水绕之而过。河神巨灵以手擘开其上，以足踏离其下，中分为两，以利河流。巨灵手迹留于华山之上，脚迹在首阳山下，至今犹存。"《水经注·河水四》引《遁甲开山图》曰："有巨灵胡者，遍得神元之道，能造山川，出河，所谓'巨灵颛顼，首冠灵山'者也。"《木郎祈雨咒》"巨神泰华登云中"注："泰华乃东岳上卿，巨神乃西岳白虎神主也。"按今华山有巨灵掌、巨灵祠等遗迹。清·徐道《历代神仙通鉴》卷一："有巨灵氏者，一号尸气皇，出于汾阴脽上，能揣丸变化，随物施为。万民见其握大象，持化权，皆从其治。巨灵居无恒处。尔时迹疃蜀中，有兄弟五人，号五丁力士。巨灵召之，逸于深林不出。巨灵乃烈火焚林，五丁无置足之地，不得已，皆来拜服。巨灵无疑忌，挥之驱阴扶阳，开山返泽。五丁身长力大，焚开林木，搭起浮桥，更有鸟道悬崖，盘古所未到者，都辟为路径。五丁功成复命，巨灵大喜，乃教以修真养静之道，相隐蜀之深山。"清·俞樾《茶香室三抄》卷一九引《三教感通录》云："巨灵名秦洪海。"❷《汉武故事》："东郡（在今河南濮阳南）送一短人，长五寸，衣冠具足，上疑其精，召东方朔。朔呼短人曰：'巨灵，阿母（即西王母）还来否？'短人不对，因指谓上：'王母种桃，三千年一结子，此儿不良，已三过偷之。'"按：此"巨灵"乃东方朔戏谑短人之辞，非短人之名也。❸东汉·郭宪《洞冥记》卷四："有一女人爱悦于帝（汉武），名曰巨灵。帝傍有青珉唾壶，巨灵出入其中，或戏笑帝前，东方朔望见巨灵，乃目之。巨灵因而飞去，化成青雀。"◆南宋·耐得翁《都城纪胜》"瓦舍众戏"条记南宋临安傀儡戏，"凡傀儡敷演烟粉灵怪故事、铁骑公案之类，其话本或如杂剧，或如崖词，大抵多虚少实，如巨灵神、朱姬大仙之类是也。"

【巨灵大人】即"秦洪海"，见该条。

【巨脸怪】清·俞凤翰《高辛砚斋杂著》：俞袭芸曾言：大外廊营住宅一小院，书房三间，向庋杂物，久闭置，某岁欲延师，始扫除焉。一日傍晚，偶至院散步，见有巨面塞门中，眉间尺许，双目瞠

然外视。急反，奔呼众入，已空洞无物矣。

【巨灵氏】《路史·前纪》卷三云：巨灵氏之在天下也，握大象，持化权，乘太极而跖灏淑，立乎无间，行乎无穷，揣丸变化而与物相弊。挥五丁之士，驱阴阳，反山川，正流并生，神化大凝。

【据比尸】《山海经·海内北经》："据比之尸，其为人折颈被发，无一手。"《淮南子·墬形篇》："诸

据比尸　山海经图　蒋应镐本

比，凉风之所生也。"高诱注："诸比，天神也。袁珂《校注》以为诸比即据比。并云："盖亦神国起讧，战斗不胜，惨遭杀戮之象。"

【虔】见"举父"条。

【飓风神】即"飓母"。见该条。

【飓母】唐·李肇《国史补》卷下：南海人言：海风四面而至，名曰飓风。飓风将至，则多虹霓，名曰飓母。然三五十年始一见。清·屈大均《广东新语》卷六：飓者具也，飓一起，则东西南北之风皆具而合为一风，故曰飓也。曰母者，以飓能生四方之风而为四方之风之母，分其一方之风可以为一大风，故曰母也。又巽为风，乾之长女主之。雷以复万物之性，有父之道，故曰公；风以复万物之命，有母之道，故曰母也。

【聚】晋·干宝《搜神记》卷一二："《尸子》曰：地中有人，名曰无伤。《夏鼎志》曰：掘地而得人，名曰聚。聚，无伤也。"

【聚肉】即"视肉"。见该条。

【juan】

【涓子】先秦人。西汉·刘向《列仙传》卷上："齐人，好饵术，接食其精，至三百年乃见于齐。著《天地人经》四十八篇。后钓于菏泽，得鲤鱼，腹中有符。隐于砀山，能致风雨。受伯阳九仙法。淮南王刘安少得其文，不能解其旨。其《琴心》三

篇，有条理焉。"《天地宫府图》以涓子为北海公。治十大洞天之括苍山（在今浙江台州地区）。《云笈七签》卷四九"金阙帝君五斗三元真一经口诀"，云涓子受之于东海青童君。明·胡应麟《少室山房笔丛》卷四三："名蜀梁，一作浊梁。"◆明·李日华《六研斋笔记》卷三："涓子周

涓子　列仙全传

游名山，看望八海，辗转六合，无所拘束，住世二千八百年，一旦被召为天位，为之惆怅绝气。"

【圈头五圣】即守护牲畜圈之神，北方之"圈神""圈头土地"神祃，亦即此类。参见"树头五圣"条。明·钱希言《狯园》卷一二"圈头五圣"条：卖浆家养猪牧豕，必于牢槛之侧造小橱，供养五郎神于中。夫妇参礼，祈求血财丰旺。卖猪讫，则豚蹄盂黍以祀之。有一等穷五郎享其祀，富五郎所不屑受也。此名圈头五圣。

【jue】

【撅儿】晋·干宝《搜神记》卷一四："晋怀帝永嘉中，有韩媪者，于野中见巨卵。持归育之，得婴儿。字曰撅儿。方四岁，刘渊筑平阳（今山西临汾）城，不就，募能城者。撅儿应募。因变为蛇，令媪遗灰志其后，谓媪曰：'凭灰筑城，城可立就。'竟如所言。渊怪之，遂投入山穴间，露尾数寸，使者斩之，忽有泉出穴中，汇为池，因名金龙池。"按：此类筑城传说后世亦有。《太平广记》卷三七四"汾州女子"条引唐·窦维鋈《广古今五行记》："隋末筑汾州城，惟西南隅不合，朝成夕败，如此数四焉。城中一童女，年十二三。告其家人云：'非吾入筑，城终无合理。吾今日死，死后瓮盛吾，埋于筑处。'言讫而终。如其言瘗之，瘗讫，即板筑，城不复毁。"另《酉阳杂俎》载波斯王女

截指遗血，工匠承受血筑城故事，是中外皆有也。又河工筑埽合龙，多有以人殉者，亦同此类。

【绝洞子】晋·葛洪《神仙传》卷四："姓李名修。其经曰：'弱能制强，阴能弊阳。常若临深履危，御奔乘驾，长生之道也。'年四百余岁，颜色不衰。著书四十篇，曰《道源》。服还丹升天。"明·王世贞《列仙全传》卷二以为太阳女之师。

【駃騠】又作"駃騠"。《艺文类聚》卷九九引《瑞应图》："駃騠者，后土之兽也。自能言语。王者仁孝于民则出。禹治洪水有功而来。"按：駃騠本为良马名，其为瑞兽则为后世所附会。《史记·鲁仲连邹阳列传》："苏秦相燕，燕人恶之于王，王按剑而怒，食以駃騠。""集解"引《汉书音义》曰："駃騠，骏马也，生七日而超其母。燕王敬重苏秦，虽有谗谤，而更膳以珍奇之味。"

【貜】北宋·乐史《太平寰宇记》卷七七："蜀汉源县有夜叉穴。《博物志》云：蜀南沈黎高山中有物似猴，长七尺，能人行，名曰貜。路见妇人辄盗之入穴。俗呼为夜叉穴。"按此即马化，参见"猳国"条。

【貜如】《山海经·西山经》："皋涂之山，有兽焉，其状如鹿而白尾，马脚人手而四角，名曰貜如。"按"貜"字，王念孙、郝懿行校当作"玃"。吴任臣《山海经广注》案：《埤苍》云：'皋涂之山，有兽如鹿，名曰玃如。'《骈雅》曰：'鹿四角为玃如。'或作貜如，《广雅》曰：'西方有兽焉，如鹿白尾，马足人手四角，其名曰貜如。'亦作玃玃，《事物绀珠》曰：'玃玃，状如白鹿，前两脚似人手，后两脚似马蹄。'"

貜如　山海经图　蒋应镐本

【jun】

【君山神】晋·干宝《搜神记》卷四：汉阳羡（今江苏宜兴）长刘殄尝言："我死当为神。"一夕饮醉，无疾而卒。风雨中失其柩。夜闻荆山有数千人喊声，人往视之，棺已成冢。遂改名君山，立祠祀之。

【君子国】《山海经·海外东经》："君子国在（奢比尸）其北，衣冠带剑，食兽，使二大虎在旁。其人好让不争。"又《大荒东经》："东口之山，有君子之国，其人衣冠带剑。"东汉·许慎《说文解字》卷四下："东夷从大，大人也，夷俗仁，仁者寿，有君子、大人之国。"晋·张华《博物志》卷二："君子国人衣冠带剑，使两虎，民衣野丝，好礼让不争。土千里，多熏华之草。民多疾风气，故人不蕃息。好让，故为君子国。"

君子国　山海经图　汪绂本

清·陆次云《八纮荒史》："君子国在东方，其人衣冠带剑，驱使文虎。凤凰出其郊。好礼让不争。土仅千里，人多疾病，故不蕃息。"吴任臣《广注》案："《淮南子》云'东方有君子之国'，注曰：'东方木德，仁，故有君子之国。其人衣冠带剑，食兽，使二文虎也。'天老曰：'凤五色备举，出于君子之国。'京房亦云：'凤皇高丈二，出于东方君子之国。'"

【菌人】《山海经·大荒南经》："有小人，名曰菌人。"按：或言其矮小如菌，或言其朝生暮死，短暂如菌。或以为即"肉芝"之类。吴任臣《广注》案：《抱朴子》云：'芝有石芝、木芝、肉芝、菌芝，凡数百种。山中见小人，皆肉芝类也。'《南越志》曰：'银山有女树，天明时皆生婴儿，日出能行，日没死，日出复然。'《事物绀珠》云：'孩儿树出大食国，赤叶，枝生小儿，长六七寸，见人则笑。'菌人疑即此。又《岭海异闻》注：'香山有物，如婴孩而躶，鱼贯同行，见人辄笑，至地而灭。泰泉黄佐目击之。'又商人高氏见清远县山中有小儿奔走，俨如人形，惟胁下多两翅耳。所说略同，岂亦斯类耶？"

菌人　山海经图　汪绂本

【峻灵王】南宋·祝穆《方舆胜览》卷四三昌化军（今海南儋州）"祠庙"："在峻灵山上，有巨石，极为灵异，祈祷多应。"苏轼集有《峻灵王庙碑》，略云："昌化县西北有山秀峙海上，巉然若巨人冠帽西南向而坐者，俚人谓之'山胳膊'，而伪汉之世封其山神为镇海广德王。宋元丰五年，诏封山神为峻灵王。"

【K】

【kai】

【开闭之鬼】宅鬼之一。西晋·王纂《太上洞渊神咒经》卷三："门户之鬼名承伯，开闭之鬼名阿伦然。"◆按：此开闭当指门闩之类。

【开路神】《三教源流搜神大全》卷七："即《周礼》之'方相氏'。俗名险道神，一名阡陌将军，一名开路神君。其神身长丈余，头广三尺，须长三尺五寸，须赤面蓝，头戴束发金冠，身穿红战袍，脚穿皂皮靴，左手执玉印，右手执方天画戟。出枢则先行，能押诸

开路神　三教源流搜神大全

凶煞，恶鬼藏形。行枢之吉神也。"参见"方相氏"条。后世娱神活动于游街之时，例有众多开路神，一般均为二人上下相迭，罩以冠服，遂成一绝高神像，行于队伍之前。此虽与出丧之开路神君性质不同，但亦当属于开路神之类。◆清·黄斐默《集说诠真》："《封神演义》载：开路神，乃方相也。方相与兄方弼俱系商纣朝之武臣。弼长三丈六尺，相长三丈四尺，赤面四眼，勇力兼人。时纣王之太子殷郊、殷洪触父王怒，纣令诛之。弼、相将二太子背负逃奔，日行三十里。继因路资无措，请太子自行前往。弼、相至黄河边，用一木筏揽渡行人，任意勒索，武断渡口。会有周将散宜生向灵宝法师借得定风珠，回至渡口。弼、相渡之过河，即将定风珠抢去奔逸。散宜生莫之谁何。未几，叛商归周之武将黄飞虎追至，着令还珠。弼、相将珠奉还。飞

虎劝弼、相归顺姬周。弼、相即随飞虎至西岐。周相姜子牙乃令方弼破风吼阵。商将董天君上神台，将黑旗一摇，突来万千刀兵。方弼四肢忽裂数段，跌倒而死。姜子牙又令方相破落魄阵。商将姚天君上神台，取黑沙一撒，方相大叫一声，登时气绝。迨周克商后，姜子牙敕封方弼为显道神，方相为开路神。"◆明·刘元卿《贤弈编·附录》："轩辕黄帝周游，元妃累祖死于道，令次妃好嫫监护，因置方相以防夜，盖其始也。俗名险道神、阡陌将军，又名为开路神。"

【开闽圣王】福建漳州、泉州一带祀五代时十国之闽王王审知。因传说审知好骑白马，又称白马三郎、白马尊王。见仇德哉《台湾之寺庙与神明（二）》。

【开明】《山海经·海内西经》："昆仑之墟方八百里，高万仞。上有木禾，长五寻，大五围。面有九井，以玉为槛。面有九门，门有开明兽守之，百神之所在。"又云："开

开明　山海经图　蒋应镐本

明兽，身大类虎而九首，皆人面，东向立昆仑上。"袁珂以为即《西次三经》"虎身九尾""人面虎爪"之"陆吾"。见该条。

【开山圣王】沈平山《中国神明概论》第四章：开山圣王陈陵将军。陵为隋炀帝时庐江（今安徽庐江）人。大业间为武贲郎将，泛海击琉球。开皇时又略地澎湖三十六岛。唐以后，澎湖人渡海至台湾，创将军祠。明末以将军庙为开山宫，陈陵为开山圣王。台南开山宫两侧供有平海将军、吞精大将、倒海大将、食鬼大将、江仙官、李仙姑、刘圣者、高元帅等。◆按：陈陵当作陈棱。参见"陈大王"条。

【开心尊者】台湾地区民间十八罗汉之一有开心尊

者，实即玄武大帝的演化。台湾地区民间传说：玄武本为一屠夫，因回心向善。往昆仑参拜观音，由于杀生太重，不许进入圣地，于是屠夫破腹洗净肠胃。诚意感动上帝，其肠化为蛇，胃化为龟，载屠夫升天为玄武大帝。因其破腹洗心，故民间列入十八罗汉之中，称开心尊者。

【开漳圣王】五代闽王王审知部将陈元光，驻闽南，开拓龙溪、漳浦、南靖等县，设漳州府（今福建漳州）。死后为土人奉为神明，建庙祀之，称开漳圣王，又称圣王公、陈圣王、陈府将军。其部将李伯苗亦为后世祀为辅信将军。今台湾地区尚有奉祀之庙数十座。见仇德哉《台湾之寺庙与神明（二）》。

开漳圣王　台湾地区寺庙神像

【kan】

【堪孖】《山海经·东山经》：“犲山，其上无草木，其下多水。其中多堪孖之鱼，其状如夸父而彘毛，其音如呼，见则天下大水。”

【阚相公】南宋·罗浚《宝庆四明志》卷一一：“府治（在今浙江宁波）北有大人堂，俗呼神为阚相公，事之甚谨。大读如驮，大人者，尊称之也。然莫知本始。吴越王时有近臣曰阚燔谪守于此，未几诛死，未知所祀即其神否。又有三国阚泽，为吴太傅，今慈溪（今浙江宁波北）普济寺乃其故宅，鄞（今浙江宁波）与慈溪相接，土人祀之，亦未可知。”南宋·戴埴《鼠璞》卷上以为，阚泽未守此土，不应有祠，附会可笑。

【看财童子】清·朱海《妄妄录》卷二“鬼奉承”条：韩复初明府畅，由进士授江西太和县。言昔于扬州主某鹾商家，同客戏掷骰子，夜酣被酒，喝雉甚豪。商开庄，每出巨注，而掷点恒大，时得不同，五子马军合巧，人无还手，偶掷七点，众喜概可获胜，不期与客连次双飞。既而归寝，小奚奴曰：“盆中有寸许小人，白体赤身，状如锡浇看财童子，替商翻骰。因筹落盆内，小人惊逸盆外，商掷七点，恐人赶大色，连抢二骰飞出，不知是神是鬼。”奴素朴，实不敢诳语，是亦奇异。

【kang】

【康保裔】见“康王神”条❸。

【康回】即“共工”。《楚辞·天问》：“康回凭怒，地何故以东南倾?”王逸注：“康回，共工名。”

【康王神】康王庙古时所在多有，而其神说法则不一。❶周康王。清·黄中《坚蓄斋集》有康王庙记，云：“铁瓶巷为旧时刑人之地，多鬼，故建周王庙以镇之。以周康王时刑措不用故也。”❷楚康王。南宋·祝穆《方舆胜览》卷一七南康军（在今江西南康）“景德观”条记，秦始皇并吞六国，楚王避难此地。有康王观，二十里入康王谷。❸宋时人康保裔。其余尚有宋康王、唐太尉康深、东岳十太保中的康元帅封号“安佑”者。清·俞正燮《癸巳存稿》卷一三“康王神”条叙之甚详：“《宋史·康保裔传》云：‘洛阳人，历任登州、淄州、定州、代州、深州等，后战高阳、河间，没焉。’江西泰和县东门外有康王庙，记云：‘真宗时，郡县请王封号者，即报可。南渡以后，尤著灵。’则宋时江西已为保裔立庙。建昌县（今江西永修）亦有康王庙，志云：‘保裔有德于建。’检保裔三代未曾至淮南，何由有德江西？鄱阳县（今江西鄱阳）亦有康王庙，在城中。福州福清县、连江县俱有康王庙，在东岳庙左，祀康保裔。新建县（今江西南昌）德胜门外一铺有康保裔庙，土人以木郎庙张巡并入祀之，额曰‘康张福地’。上高县有冲真庙，云庙自洪武时建，中祀张巡、许远、康保裔，是张巡、康保裔合赛之证。田雯《黔书》云：‘麦新县祀宋康保裔，其神介胄赭面。’今黔城中赛张、康神，张为厉状，康赭面，谓之老菩萨，亦曰张王、康王。又按刘宋元嘉时刘子卿事，庐山已有康王庙。进贤县（在今江西南昌）坛石山康王庙，则志云或曰周康王，或曰楚康王，或曰宋康王，或曰康佑，或曰康保裔。山西介休县康王庙，则祀唐康太尉深。又《岭南杂记》：‘高州（今广东茂名）建太平醮，于门外壅土为神，设蔗酒祭之，名曰康王。’不知何神矣。”◆按：“康王”之神古已有之，无论周康、楚康，其不始于宋康保裔明矣。据《宋史》，保裔生前死后并未封王，称为康王，不过后人因诸多康王庙之旧名而附会者也。又，唐时庐山亦有康王庙。《太平广记》卷二九五引隋以前人所撰《八朝穷怪录》，言庐山康王庙泥塑二神女现形与生人幽会故事。又清人田雯《黔书》云："万历时不雨，官民迎康公而祷之。公像不满三尺，而昇夫跟跄流汗，雷雨随至。"此康王不知又是何神。又清人吴震方《岭南杂记》亦云高州有康王。此康王或即清·东轩主人《述异记》卷中"康王庙虎"条之康王："广东高州有二猎户，入深山射猎，暮不及归，遂入康王庙神座下。夜中忽大风，群虎入庙，一一至神前跪拜如人，且作人言求食，神或许或不许。"末云："康王者，司虎之神也。"

【康仙】《（雍正）福建通志》卷六〇"漳州"：唐乾符间，卖药街市，居员山琵琶阪，常往来西溪渡口，今称康仙渡。郡守欲移其庙于山椒，忽梦仙授以诗曰："卖药因循未得还，却因耽酒到人间。有心只恋琵琶阪，无意更登山上山。"庙遂不复移。

【康元帅】《三教源流搜神大全》卷五：帅负龙马之精，而生于黄河之界，时仁皇炎德九年。生而慈惠，不伤胎，不折夭，不虐孤寡，不履生气，四方谓之能仁。闻于天，天帝封之曰仁圣元帅，以掌四方都社令。帅乃左执金斧，右执瓜槌，与玉玺相周旋。按：仁皇、炎德，俱为杜撰之古帝王及年号。"四方都社令"者，当即天下都土地也。◆明·余象斗《北游记》中玄武

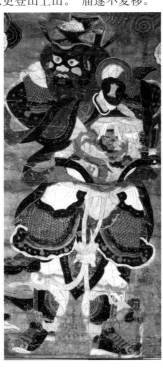

康元帅　湖南功德画

大帝部下有仁圣康元帅，姓康名席。台湾地区又有康、赵二元帅，为玄天上帝麾下神将。当即此神。

【亢仓子】《仙鉴》卷四：亢仓子，姓庚桑，名楚。陈人。得老君之道，能以耳视而目听，鲁君闻之，以上卿厚礼以致之。后游吴兴，隐毗陵（今江苏常州）孟峰，道成仙去。◆按：《史记·老庄申韩列传》"畏累虚、亢桑子之属，皆空语无事实。""索隐"按："《庄子》'畏累虚'，篇名也，老聃弟子畏累。亢音庚。亢桑子，王劭本作'庚桑'。司马彪云'庚桑，楚人姓名也'。""正义"："《庄子》云：'庚桑楚者，老子弟子，北居畏累之山。'此篇寄庚桑楚以明至人之德，卫生之经，若槁木无情，死灰无心，祸福不至，恶有人灾。言《庄子·杂篇·庚桑楚》已下，皆空设言语，无有实事也。"唐·刘肃《大唐新语》卷九："道家有《庚桑子》者，代无其书，开元末，襄阳处士王源撰《亢仓子》两卷以补之，序云：'《庄子》谓之庚桑子，《史记》作亢桑子，《列子》作亢仓子，其实一也。'"◆《天地宫府图》：七十二福地第五十九张公洞（在江苏宜兴），真人庚桑治之。当即亢仓子。

【亢金大神】见"温元帅"条。

【ke】

【科场鬼】鲁迅《无常》："城隍庙或东岳庙中，大殿后面就有一间暗室，叫作'阴司间'，在才可辨色的昏暗中，塑著各种鬼：吊死鬼，跌死鬼，虎伤鬼，科场鬼……"又《女吊》："于是戏文也接着开场，徐徐进行，人事之中，夹以出鬼：火烧鬼，淹死鬼，科场鬼（死在考场里的），虎伤鬼……"按：旧时科场中鬼物甚多，除恩鬼、仇鬼来此报仇报恩之外，另有各种闲杂混入的鬼物，但"科场鬼"一物专指死于科场之考生。据鲁迅所言，吊死、淹死、跌死、虎伤在鬼物中俱属讨替身之鬼，而科场鬼与之为伍，疑亦须讨替方可投生者。盖死于考场者多有幽冤之气，其魂往往滞留于考场。郭则沄《洞灵续志》卷六"打天秤"一则云："士子殁于琐闱，不得由龙门出，架绳于空，拽而置之垣外，谓之'打天秤'。然幽魂不泯，或尚留滞其中，苦雨凄风，飘泊良苦。"

【keng】

【坑三姑娘】紫姑又称坑三姑娘。清·顾禄《清嘉录》卷一"正月·接坑三姑娘"条："望夕，迎紫姑，俗称'接坑三姑娘'，问终岁之休咎。"清·姚福均《铸鼎余闻》卷四："范成大《吴郡志》（卷二）曰：'十二月十六日，妇女祭厕姑。'盖称为姑，自有姑娘之称，但何以行三，未见所出（厕作紫者，因字不雅而改之）。"清·黄斐默《集说诠

真》：《封神演义》载，坑三姑娘者，系三仙岛之仙姑云霄、琼霄、碧霄三姊妹也。云霄有胞兄赵公明，在峨山罗浮洞学道，当周武王伐商，公明出洞来岐，助商拒周，随被周将以符咒注箭射死。云霄等一得兄耗，齐来助商，欲报兄仇。摆下九曲黄河阵，以混元金斗及金蛟剪屡战屡胜。后元始天尊暨老子临阵，将斗、剪夺去，老子乃唤黄巾力士将云霄压死，元始天尊命白鹤童子以三宝玉如意将琼霄打杀。元始随袖出一盒，将碧霄装在盒内，碧霄遂化为血水。迨周武克商后，姜子牙敕封云霄、琼霄、碧霄三姑为坑三姑娘之神，执掌混元金斗，专擅先后之天。凡一应仙凡人圣、诸侯天子、贵贱贤愚，落地先从金斗转劫，不得越此。"张政烺先生《〈封神演义〉漫谈》云：混元金斗即人间之净桶，九曲黄河阵当是华北一带农家的大粪坑，而金蛟剪则为接生时剪脐带之剪。◆南方民间有以木板刻坑三姑娘像者，上有三女并列，印于红纸，祀于厕壁，每届岁末，与门神、灶君同时粘贴，盖为家神之一种。

【kong】

【空同山人】明时人。明·陆粲《庚巳编》卷一"空同山人"：蜀人卢川，弘治初卒业太学，质美而贫。有道士不自云姓达，号空同山人，与川交尤稔密。其人身颀然长形，状秀伟，而落魄善饮，日行歌于市，暮归携钱满袖，尽以与川。川赖以给，周旋岁余。一旦，欲辞还山。川时患疮遍体，久不瘥，道士出药少许，和酒与服，烧炕极热，令卧其上，重被覆之，川出汗淋漓，道士徐揭被，呼之起，则疮尽脱去，肤莹如玉矣。顾川曰："忧子贫无以赡。予有丹能点铜为白银，今相分与，他日聊试之，或能充数月费耳。"倾瓢中药一匕授川。无何，川值乏资，出其丹试之，觅铜杓重四两，炽火熔之，投丹其中，少顷五色焰起，已成雪白银。

【空室之精】唐·释道世《法苑珠林》卷五八引《白泽图》："筑室三年不居，其中有满财，长二尺，见人则掩面。见之有福。又筑室三年不居，其精名忽，长七尺，见者有福。又筑室三年不居，其中有小儿，长三尺而无发，见人则掩鼻，见之有福。"

【空王佛】唐初人。《（雍正）山西通志》卷一五九：陕之冯翊人，姓田名志超。孩时即喜礼佛。年十七削发，云游至五台。一老人点示曰：后当为佛。回至介休讲经修行，有五龙出听。贞观初化

去，时山雾倏开，见金字牌云"空王古佛"。太宗乃赐空王佛号。

【孔安国】汉时人。《太平广记》卷一三引《神仙传》：鲁人，常行气服丹铅，年三百岁，色如童子，隐潜山（在今安徽潜山西北）。弟子随之者数百人，而安国不肯轻传道要。自云：昔事于海滨渔父范蠡，受服饵之法。◆按：《汉

孔安国　历代圣贤半身像册

书·孔光传》及《儒林传》所载汉世大儒孔安国者，除均系鲁人之外，与此毫无共同之处。

【孔丘明】《仙鉴》卷一〇：孔丘明、骆法通、吴天印、张法枢、谢志空、周仙用、邹武君、谢幽岩、杨元中、何紫霄，十人为秦朝官，因见秦二世乱政，与唐建威等三人（见"秦三将军"条）弃官寻道。至庐山，唐建威三人留于灵溪之侧。而十人前行至群玉山修行。一日，有一老人持铜盆，中有小鲤鱼十条，嘱十人善视之。十人养鱼于池。后九人得道，乘九龙而去，唯何紫霄不与。后上帝命紫霄为地仙。◆按北宋·陈舜俞《庐山记》卷三引《玉笥山记》，所云颇有不同："秦乱，名官者十有三人，弃官学道，经于庐山。内武士三人，曰唐建威、李德殳、宋云刁，欲遂栖焉。余十人曰：'不然，初志归于群玉洞府，岂可中道而废。'言讫未行。一夕雷电奄至，庵舍左右化成大溪，溪中盘石上有玉简天篆，曰'神化灵溪，金简标题，真人受旨，玉洞潜栖'。十人者莫知所终。三武士遂栖于溪侧。"

【孔愉】刘宋·刘义庆《世说新语·栖逸》：孔车骑少有嘉遁意，年四十余，始应安东命。未仕宦时，常独寝，歌吹自箴诲。自称孔郎，游散名山。百姓谓有道术，为生立庙，今犹有孔郎庙。

【孔元】晋·葛洪《神仙传》卷六：孔元者，常服松脂、茯苓、松实，年更少壮，一百七十余岁，能以杖拄地倒立饮酒。于水边凿岸作一穴，止其间，断谷或一月或二月而出。后入华山得道。◆按：

《太平广记》卷九引《神仙传》作"孔元方"，文稍不同，可参见该条。◆明·王世贞《列仙全传》卷八入于宋金时人，误。

孔元 列仙全传

【孔元方】后汉人。《太平广记》卷九引《神仙传》：许昌人。常服松脂、茯苓，老而益少，貌如四十许人。与左慈、郄元节为友，俱弃五经而学道术。以一杖拄地，手把杖倒竖，头在下，足在上，持杯而饮。家中失火，元方坐篱下饮酒而不救。于水边作一窟室，广方丈，元方入其中，断谷往往逾月。后委妻子入华山，五十年后暂还乡里，时人犹有识之者。

【孔庄叶三女仙】唐时女子。《（雍正）浙江通志》卷二〇〇引《于越新编》：上虞（今浙江上虞）人。天宝间学道武夷，遇太姥元君，授丹诀，令往云虚洞炼之。宋治平间，有江公者至深山，忽遇洞曰云虚，三仙女在焉。仙童引见，款以胡麻饭。辞归至家，已三载矣。

【孔子】孔子之神化，当始于汉代儒生与方士合流之际，在纬书中即有孔子为"水精子"，且著《孔子闭房记》之说。晋·王嘉《拾遗记》卷三中所记较详："周灵王二十一年，夜有二苍龙自天而下，来附征在之房，因梦而生孔子。孔子未生时，有麟吐玉书于阙里，文云'水精之子，系衰周而素王'。及生，有二神女擎香露从空而降，以沐浴征在。空中有声，言天感生圣子。又有五老列于征在之庭，则五星之精也。"按：征在，颜氏女，嫁叔梁纥而生孔子。此后道教各宗派及佛教都把孔子列入仙佛。晋·葛洪《枕中书》：孔子为"太极上真公"（宋·潘自牧《记纂渊海》卷八六，言三十六小洞天，第二十三为九疑山洞，孔子为太极上真公所理）。唐·段成式《酉阳杂俎·前集》卷二：孔子为"元宫仙"。佛教针对道教《老子化胡经》而撰《造天地经》，以孔子为"儒童菩萨"。《清净法行经》则云孔子为"净光童子"化身。◆五代·杜光

庭《神仙感遇传》卷五，云孔子得道为真官，居于东海广桑山，至唐时尚有人见之。南宋·洪迈《夷坚三志·己集》卷一〇"界田义学"条则载孔子率十哲下食民家香火，民稍懈怠，辄现形相责。其怪诞不经，正民间俗信本色也。

孔子、文昌司命 北京白云观

【控鹤仙人】南宋·祝穆《方舆胜览》卷一一一建宁府"武夷山"条："天台山（今浙江天台北）玄虚老君华真仙师遣第七子属仁，乘云驾鹤，游历此山，铨叙地仙。今称控鹤仙人是也。"明·王世贞《列仙全传》卷二："控鹤仙人，名属仁，天台玄虚老君第七子。常控鹤至武夷山校定

控鹤仙人 列仙图赞

仙籍。时魏王子骞等祷雨龙潭之上，仙人适过其处，魏王与张湛等十二人因得谒见。仙人乃取仙籍检视，果有魏王子骞等名，乃赐胡麻饭、九品丹书。仙人以饮酒过度，谪居武夷，须八百年后方得脱骨仙化。"◆按：实即"武夷君"，参见该条。

【kou】

【寇谦之】《魏书·释老志》：北魏世祖时道士。字辅真。少修张鲁之术，服食饵药，历年无效。幽诚上达，有仙人成公兴，不知何许人，至谦之从母

家为佣，教谦之学算《周髀》。未几，与谦之共入华山，居一石室，采药与谦之服之，不复知饥。又引入嵩山，居石室，谓谦之曰："兴出后，当有人将药来，但食之，莫为疑怪。"寻有人将药至，皆是毒虫臭恶之物，谦之大惧而走。兴还，谦之具对，兴叹曰："先生未便得仙，但可为帝王师。"兴与之共处七年，尸解而去。谦之守志嵩岳，精专不懈。至神瑞二年，忽有大神降于嵩山之顶，自称太上老君，授谦之以天师之位，命其"清整道教，除去三张伪法"。于是授以服气导引之术。至泰常八年，有牧土上师李谱文来嵩岳，自称老君之玄孙，为牧土宫主，掌三十六方，每方万里，嵩岳所统广汉平土方，授与谦之。并命谦之为其子，赐谦之《录图真经》六十余卷。始光初，谦之献其书于朝。朝野将信将疑，唯崔浩独异其言，因师事之，受其法术，上疏世祖。于是世祖始崇奉天师，显扬新法。朝廷有大事，常问谦之。太平真君九年，谦之卒，弟子以其尸解云。◆宋·贾善翔《寇天师传》云：太上老君于泰常二年再次降灵，朝廷遣洛州刺史迎谦之至京，司徒崔浩师事之。至太平真君九年，谦之语弟子曰："昨梦成公兴召我于中岳仙宫。"于是尸解云。

【寇先】西汉·刘向《列仙传》卷上：周末宋国人。以钓鱼为业，居睢水旁百余年。得鱼，或卖或放或自食。常着冠带。好种荔枝，食其葩实。宋景公问其道，不告，即杀之。后数十年，踞宋城门上鼓琴，数十日乃去。宋人家家奉祀之。◆晋·干宝《搜神记》作"冠先"，见该条。

寇先　列仙图赞

【寇准】北宋·张师正《括异志》卷四"王待制"条，言有人入冥，见阎王为寇准。又北宋·陈师道《后山谈丛》卷四、《翰府名谈》亦言世相传寇准死为阎罗王："寇莱公南迁，再移光州（今河南潢川），妾倩桃泣曰：'妾前世师事仙人，今当别去。公当为地下主者阎浮提王也，不久亦亡。'有王克勤见公曹州境上，拥驴北去。后骑曰：

'阎浮提王交政也。'果为阎罗王也。"

【寇子隆】宋时人。《仙鉴续编》卷四：距青城山三十里有麻姑洞，相传为麻姑修真处。丈人观道士寇子隆往谒，途遇村妇，送萝卜一枚食之。自是神清气全，老无疾病。每为人章醮，自称火部尚书。寿过百岁，宋孝宗隆兴中羽化。

【ku】

【枯柴精】宛委山堂本《说郛》卷六九上引《辇下岁时记》：俗说务本坊西门是鬼市，或风雨曛晦，皆闻其喧聚之声。秋冬夜，闻卖干柴，云是枯柴精也。

【苦竹郎君】南宋·洪迈《夷坚志补》卷九：潭州善化县（今湖南长沙）苦竹村，所事神曰"苦竹郎君"。一妇唐氏见土偶素衣美容，悦慕之。神遂现形与通。妇有孕，过期不产，终腹裂而死，出黄水数斗。

【kua】

【夸父】❶《山海经·海外北经》："夸父与日逐走，入日。渴欲得饮，饮于河渭；河渭不足，北饮

夸父　山海经图　王崇庆本

大泽。未至，道渴而死。弃其杖，化为邓林。"《大荒北经》："有人珥两黄蛇，把两黄蛇，名曰夸父。"又云："应龙已杀蚩尤，又杀夸父。"袁珂《校注》云：夸父为炎帝之裔，与蚩尤并肩作战以抗黄帝者，以兵败而为应龙所杀。又吴任臣《广注》："《冠编》云：'句龙生垂及信，信生夸父。'又《蜀观井碑》：'成汤自上而临下，夸父处中而见受。'疑谓此人。"**❷**《山海经·东山经》："犲山有兽，其状如夸父而彘毛。"按：此"夸父"乃兽名。即《西山经》之"有兽焉，其状如禺而文臂，豹虎

（袁珂疑是'尾'字）而善投"之"举父"。（郭璞注：或作夸父。）详见《中国神话传说词典》"夸父"条。◆又《北山经》言："梁渠之山，有鸟焉，其状如夸父（郭注：或作举父）。四翼一目犬尾，名曰嚣。"

【夸父国】见"博父国"条。

【kuang】

【匡阜先生】即"匡续"。见该条。

【匡俗】《洞仙传》："匡俗，字子希，少以孝悌著称，召聘不起，潜心学道。遍游名山，至覆笥山（在江西兴国北），见山上有湖，多生灵草异物，又有石雁，至春秋时即飞。复有小石笥，中有玉牒，上记名山福地及得道者姓名。后服食得道。"又一说与前迥异，北宋·乐史《太平寰宇记》卷一一一："周武王时，匡俗字子孝，兄弟七人皆好道术，结庐此山。仙去，此庐尚在，故曰庐山。汉光武帝时乃封俗为大明公，称为'庐君'。"《（康熙）九江府志》卷一〇："匡俗字君孝。其父平野王与鄱阳令佐汉定天下而亡，汉封匡俗为越庐君。俗兄弟七人皆好道术，寓于洞庭之山，故世称之曰庐山。"

【匡续】《三教源流搜神大全》卷七："字君平，南楚人，号匡阜先生。周武王时师事老聃。武王屡征不起。汉武帝封先生为南极大明公，立祠于虎溪（在江西庐山）。先生伏五瘟使者为部将，故其祠能押瘟部之神，凡水旱疠疫，祷之皆应。"《仙鉴》卷一〇："匡阜先生姓匡名续，字君平（一云子孝，一云君季）。南楚人。周武王时师于柱下史老聃，得长生之道，遂结茅于南嶂山虎溪之上。武王闻其名，屡加征聘，不起。居久，有少年数诣之，自言姓刘名越，家在山下石中。匡续访之，石仅二尺，叩之，石开双扉，内有仙境。刘越饮以玉酒三杯。匡续别出，反顾仍为巨石。自后匡续神观日益精明。至周威烈王时，王遣

匡续　列仙图赞

使征之，匡续于使者未至之先，白日腾空而去。使者至，见唯存空庐，回奏，请以南嶂山为靖庐山。乡人又以先生之姓称山为匡山、匡阜、匡庐。匡续飞升之后，上帝命司吴楚水旱，赐以主瘟之印，统摄八部瘟神，俗因号为和温康阜先生。先生高弟二人，一为白鹿真人，一为洪真子。汉武帝南巡，射蛟于浔阳江，博士刘歆奏云：匡续先生得道于此。帝遂封先生为南极大明公（按：刘歆西汉末人，非武帝时人。）宋徽宗建中靖国元年，封先生为靖明真人。"◆按：庐山得名除匡续、匡俗（或匡裕）外，又有说为"万辅先生"者。见"万辅先生"条。

【匡野四将】匡野或作"旷野"。水陆画中常绘此四将：东方乐欲大将、南方檀帝大将、西方善现大将、北方散脂大将。四将各率五百眷属、二十八部鬼神，守护佛法。参见"旷野大将"条。

【匡裕】明·王世贞《列仙全传》卷一："匡裕，周武王时人。兄弟七人，皆有道术。结庐山中，后得仙去，唯空庐在焉，故曰庐山。汉武帝封裕为庐山君。"◆按：匡裕与匡俗显为一人，似应以匡俗为正。

匡裕　列仙全传

【匡智】唐时人。明·王世贞《列仙全传》卷五：长安人。贞观间，弃妻子，与侄大郎往庐山修炼。居七日，有老人谓曰："此山阴，地仙不可得。"于是复居于吉州义山。数年，至中元节，上帝降仙衣。匡智服之，足下生云，上升而去。次年，大郎亦尸解。

【狂】《太平御览》卷七三九引汉·东方朔《神异经》：西方有人，饮食，被发东走，其妇追之不止，怒，亦被发，名曰狂，一名颠，一名猖，一名风。此人夫妻与天俱生，狂走东西，没昼夜。

【狂章】《龙鱼河图》：斧神名狂章。

【邝仙】《（雍正）广东通志》卷五六：晋时在罗

浮（今广东惠阳地区之罗浮山）修仙道而治田耕。一日人见其骑牛入石，遂不知所在。

【旷野大将】参见"匡野四将"条。《佛学大词典》"旷野神"条："南本《大般涅盘经》卷一五载，佛陀在世时，此鬼神住于旷野聚落，多食众生，后虽受佛陀降伏教化，然犹仰血肉存活，故佛制戒随有佛法修行者之处，悉当施彼饮食。此鬼神已受降伏，密教乃以之为消除恶兽、水火、刀兵等障难，及镇护国土与众生之善神。《观佛三昧海经》

匡智　列仙全传

旷野大将　山西繁峙公主寺

述其形相，谓此鬼神有一颈六头六面，膝头有两面，全身生毛，状如箭镞，奋身射人，张眼焰赤，血出流下。"◆《佛说观佛三昧海经》卷七"观四威仪品第六之余"有居于旷野泽之散脂鬼神，即此："舍卫国内有一长者名曰财德，长者有子年始三岁，父教其子令受三归。散脂鬼神饥火所逼，入舍卫城接取婴儿。尔时婴儿称南无佛，以称佛故，鬼王口噤不能得食，但眼出火以怖婴儿。婴儿见鬼形状丑恶，胸有三面，脐有二面，两膝二面，面如象面，狗牙上出，眼复出火，火皆下流，童子惊怖，称南无佛南无法南无僧。尔时世尊，天耳远闻，独将阿难，足步虚空。尔时世尊到旷野泽，放眉间白毫大人相光，其光直照小儿身。小儿见光，如见父母，心无惊惧。佛既降伏鬼王，鬼王惊怖失声，称南无佛，五体投地，为佛作礼白言：'世尊，我恒啖人，今者不杀，当食何物？'佛敕鬼王：'汝

但不杀，我敕弟子常施汝食，乃至法灭。'鬼王闻已欢喜合掌，受佛五戒。"

【矿神】清·杨凤徽《南皋笔记》卷三"矿异记"条：嘉定五渡溪有铁矿。光绪初曾于此采矿。有矿师陈某，夜梦一痀瘘丈人扶杖来前，揖而言曰："吾矿山之神，为丁公守此物有年矣，明日当亲付与汝，转献丁公。"醒而异之，然不知丁公者何人。明日于矿中剖获一塔，高有九层，约八寸许。明年之二月，复于矿中获一渔者，高可五寸许，须眉毕肖。其时开办矿厂者为灌县董南熏，矿是由悉以献之。其后塔归丁穉篁宫保，渔者归王介卿明府。

【kui】

【奎山公】北宋·乐史《太平寰宇记》卷一九："济南府城西南十五里有奎山。《三齐记》：奎山公神，似猪头戴珠冠。殷时有道士隐此，野火四发，道士祈天，即雨。今人遇旱，烧山乞雨多应。"按：烧山求雨为古代习俗，如介休之"祭炉女"，见"炉女"条；太原之崖山，见"崖山神"条；又《太平寰宇记》卷一〇四记绩溪三姑山，百姓烧之即降雨。

【奎星】即"魁星"，主文章之神。南宋·曾敏行《独醒杂志》卷一："徽宗初建宝箓宫，设醮，车马尝临幸，迄事之夕，道士以章疏俯伏奏之，逾时不起，其徒与旁观者皆怪而不敢近。又久之方起，上宣问其故，对曰：'臣章疏未上时，偶值有奎宿星官入奏，故少候其退。'上曰：'奎宿何神？'对曰：'主文章之星，今乃本朝从臣苏轼为之。'上默然。"又见南宋·张端义《贵耳集》卷上。参见"魁星"条。

【魁星】明·顾炎武《日知录》卷三二以为是奎星之讹："今人所奉魁星，不知始自何年。以奎为文章之府，故立庙祀之，乃不能象奎，而改奎为魁，又不能象魁，而取之字形，为鬼举足而起其斗，不知奎为北方玄武七宿之一（按钱大昕云：奎，西方七宿之一，非北方也）。魁为北斗之第一星，所主不同，而二字之音亦异。"清·梁章钜《退庵随笔》卷一〇辨之云："今祀文昌者兼祀魁星，家塾中亦然。钱竹汀云：北斗以魁为首，故有九魁之称。斗魁戴筐六星曰文昌，下六星两两相比，曰三台。杜诗'君家最近魁三象'是也。惟顾氏《日知录》谓奎为文章之府，故立庙祀之，似属傅会。《天官书》奎为封豕，为沟渎，不云文章之府也。"◆按：《史

记·天官书》，魁星即北斗七星之第一星，或谓第一至第四星，并无主宰文运之说。而据纬书，东汉时有"奎主文章"的信仰。奎即西宫七宿中的第一宿。所以顾炎武认为所祀本为奎星，确为的论。然因"魁"字有"首"意，故科举之高第亦称魁。民间为图吉利，改奎

魁星　泉州木雕

为魁，遂流传至今。魁星信仰盛于宋代，从此经久不衰，成为封建社会读书人于文昌帝君之外崇信最甚之神。

【夔】❶《山海经·大荒东经》："东海中有流波山，入海七千里。其上有兽，状如牛，苍身而无角，一足，出入水则必风雨，其光如日月，其声如雷，其名曰夔。黄帝得之，以其皮

夔　山海经图　吴任臣本

为鼓，橛以雷兽骨，声闻五百里，以威天下。"此为一足而无角。❷东汉·许慎《说文解字》卷五："夔，神魖也，如龙，一足，象有角手人面之形。"此为一足而有角。❸木石之怪。《文选·东京赋》薛综注："夔，木石之怪，如龙，有角，鳞甲光如日月，见则其邑大旱。"晋·干宝《搜神记》卷一二："季桓子穿井，获如土缶，其中有羊焉，使问之仲尼，仲尼曰：'丘闻之：木石之怪，夔、魍魉。'"❹山魈。《国语·鲁语》韦昭注："夔一足，越人谓之山缫。"❺山精。《太平御览》卷八八六引《白泽图》"山之精名夔，状如鼓，一足而行。以其名呼之，可使取虎豹。"

【傀儡怪】清·俞凤翰《高辛砚斋杂著》：某家蓄一猫，猫质虎斑。一夜其主人独宿书斋，方梦寐

间，忽猫声甚厉。惊起坐视，月色照窗若白昼，见一小人黑面，将军装，手执鞭，跨猫疾驰至榻前，遂大叫悸绝。家人知有异，急排闼入，则猫声犹呜呜，人已僵矣。因捣姜救醒，始述所见，卒不知何怪。次日冥搜室中，至壁角，见一泥傀儡，乃玄坛像也。投之河，怪绝。

【傀儡神】见"郭秃"条。

【kun】

【昆仑奴】唐·裴铏《传奇》：唐大历中，有崔生者，奉父命往省某一品之疾。见一衣红绡之姬，心甚爱慕，而红绡亦会于心，临辞，姬立三指，又反三掌者，然后指胸前小镜子云："记取。"生归，神迷意夺，日不暇食。时家中有昆仑奴磨勒，生具告知，并白其隐语。磨勒曰："有何难会，立三指者，一品宅中有十院歌姬，此乃第三院耳；返掌三者，数十五指，以应十五日之数；胸前小镜子，十五夜月圆如镜，令郎来也。"而一品宅有猛犬，守歌姬院门，非常人不得辄入，入必

昆仑奴　剑侠图传

噬杀之。磨勒至三更，携练椎而往，食顷而回，曰："犬已毙讫。"是夜三更，与生衣青衣，遂负而逾十重垣，与姬相会。姬乞生为脱狴牢。磨勒遂负生与姬飞出峻垣十余重。姬隐崔生家二岁，后为一品家侦知，一品召崔生而诘之。生不敢隐，遂细言端由。一品命甲士五十人，严持兵仗围崔生院，使擒磨勒。磨勒遂持匕首，飞出高垣，瞥若翅翎，疾同鹰隼，攒矢如雨，莫能中之。顷刻之间，不知所向。后十余年，崔家有人见磨勒卖药于洛阳市，容颜如旧耳。

【昆仑之神】《礼记·曲礼》孔颖达疏曰："地神有二，岁有二祭。夏至之日祭昆仑之神于方泽，一也；夏正之日祭神州地祇于北郊，二也。按《地统书》《括地象》云，地中央曰昆仑，又云其东南方五十里曰神州，以此言之，昆仑在西北，别统四方九州，其神州者是昆仑东南一州耳，于一州中更分为九州，则《禹贡》之九州是也。"《左传》桓公五

年孔颖达疏曰:"郑玄注书多用谶纬,言天神有六,地祇有二。天有天皇大帝,又有五方之帝。地有昆仑之神,又有神州之神。唯郑玄立为此议,而先儒悉不然,故王肃作《圣证论》,引群书以证之。"

【昆山神】明·王鏊《(正德)姑苏志》卷二八:惠应庙祀昆山神。庙在昆山西北马鞍山之阳。唐中和二年建,宋崇宁间敕赐惠应庙额,封静济侯,至淳祐时封显佑王。洪武中改封昆山之神。即"大圣仙王",见该条。

【昆吾】陆终之长子。参见"陆终"条。《吕氏春秋·君守》:"昆吾作陶。"高诱注:"昆吾,颛顼之后,吴回之孙,陆终之子,为夏伯制作陶冶埏埴为器。"

【昆邪神】明·朱国桢《涌幢小品》卷一九:琼州临高县(今海南临高)西十里有昆邪山。建武二年,村民王氏者二人,长曰祈,次曰律,与乡人王居杰猎于山。憩石上,祈为石所吞唊,居杰三引刀不解。祈被吞未尽间,忽作声曰:"我为昆邪天神,隐此石室。以后可以纯白三牲一祀我。"言讫,遂没入石中,不复见。宋靖康间,逆酋王文满煽乱,聚兵攻临高。吏民乃祷于昆邪神。须臾,蜂虿弥空,群盗奔溃,民赖以安。

【髡顿】唐·释道世《法苑珠林》卷五八引《白泽图》:"故牧弊池之精名曰髡顿,状如牛无头,见人则逐人。以其名呼之则去。"

【L】

【la】

【邋遢仙】明时人。《(康熙)休宁县志》(今安徽休宁)卷八：不知何许人。明嘉靖间寄居于县之西郭镇桥庵，露宿门外，破衣跣足，不事浣濯，而触之无纤秽。人称之"邋遢仙"，又号"无心道人"。筑室齐云半山(齐云山，即白岳，在今安徽休宁县境内)中，日惟一食。人叩以休咎，即瞪目曰："做汝自家的事！"再问之，曰："忠孝是也。"后作偈示徒，端坐而逝。

【腊塌四相公】周作人《疟鬼》："疟鬼名'腊塌四相公'，幼时在一村庙中曾见其塑像。共四人，并坐龛中，衣冠面貌都不记忆，唯记得一人手持火筒，一持芭蕉扇，其余两个手中的东西也已忘却了。据同伴的工人说明，持扇者扇人使发冷，持火筒者一吹则病人陡复发热云。俗语称一般传染病云腊塌病，故四相公亦是名。"又其《咕咯菩萨》一文云："在水村社庙里又曾见到腊塌四相公，是管疟疾的四个小鬼，只有尺许高，没有出巡的份儿。"

【lai】

【来和】隋时人。《北史·艺术传》：来和，字弘顺，京兆长安(今陕西西安)人也。少好相术，所言多验。隋文帝微时，诣和。和曰："公当王有四海。"开皇末，和上表自陈龙潜所言，上览之大悦，进位开府。和同郡韩则尝诣和相，和谓之："后四五当得大官。"人初不知所谓。则至开皇十五年五月终。人问其故，和曰："十五年为三五，加以五月为四五。大官，椁也。"和言多此类。著《相经》三十卷。

【来和天尊】南宋·张端义《贵耳集》卷中："宋真宗即来和天尊，出杨砺之梦，载诸国史。"按：杨砺之梦，实有二说。一见宋·张师正《括异志》卷一："刑部尚书杨公砺为员外郎时，常梦人引导云：'谒来和天尊。'及见天尊，年甚少，睟穆之姿，若冰玉焉。及觉，莫谕其事。后入谒宫中，归后语诸子弟曰：'吾适谒皇太子，乃吾顷梦来和天尊之仪状也。'"一见元·佚名《湖海新闻夷坚续志·前集》卷一："杨砺未仕时梦至一宫殿，一王者上坐，案上簿籍填委，列世人名姓于上，己名冠其首。主案者指王者示砺曰：'此来和天尊，异日当为汝主。'砺再拜而出。后登进士第，为襄王府记室，砺见襄王正是来和天尊。后宋太宗立襄王为皇太子，继位后即真宗。"

【赖布衣】见"厉布衣"条。

【lan】

【兰公】❶《太平广记》卷一五引《十二真君传》："兖州曲阜人。家族百余口，精专孝行，感动乾坤。有斗中真人下降，自称孝悌王，付兰公以道秘旨，于是顿悟真机。因与里人出郊野，睹古冢三座，曰：'此是吾三仙解化之冢。第一冢昔有真人骸骨，今已复形，是为地仙。第二冢有仙衣、道函，复有一人醉卧，此乃太阴炼形，绵养真气。第三冢有玉液丹，服之，白日冲升。'当官开验，一一并同。兰公乃著仙衣，服金丹，招冢中二真人，耸身轻举。逾数年，百日一降。所传孝道之秘法，得之者唯许逊焉。"南宋·白玉蟾《修真十书·玉隆集》云其姓兰名期。《仙鉴》卷二七云："孝悌王付兰公秘旨，令传授丹阳黄堂靖女谌母，并告谌母：'将来有许逊者学仙，汝当以此授之。'"**❷**汉时仙人。《(康熙)开封府志》卷二九：兰公夫妇，密邑(今河南新密)人，化为双鹤飞去。今岩下有石相偶，形如双鹤。

【兰陵里老人】唐·段成式《酉阳杂俎·前集》卷九：唐黎干为京兆(治在今陕西西安)尹，有老人不避道。干怒杖之，如击鞭革，掉臂而去。黎疑其非常人，命坊老卒寻之。至兰陵里之南，入小门，大言曰："我困辱甚，具汤也。"坊卒遽返白黎，黎大惧。因衣坏服，与坊卒至其处，通官阀，趋入拜伏请罪。老人笑曰："老夫过。"乃具酒。夜深，语及养生，因曰："老夫有一技，请为尹设。"遂入，良久，紫衣朱鬓，拥剑长短七口，舞于中厅。迭跃挥霍，搀光电激。或横若制帛，旋若规火。有短剑二尺余，时时及黎之衽，黎叩头股栗。食顷，掷剑于地，如北斗状。黎归，气色如病。临镜，方觉须剃落寸余。翌日复往，室已空矣。◆按：《太平广记》卷四九

兰陵里老人　剑侠图传

"温璋"条引唐·皇甫枚《三水小牍》与此故事相类，而京兆尹黎幹作京兆尹温璋，老人作"真君"。

【蓝采和】"八仙"之一。五代·沈汾《续仙传》卷上："不知何许人。常衣破蓝衫，挎三寸余木腰带，一脚著靴，一脚跣足，夏则衫内加絮，冬则卧于雪中，气出如蒸。每持大拍板三尺余，行歌于市乞讨，老少观之，机捷谐谑，应答如响。似狂非狂，行则振靴踏歌曰：'踏歌蓝采和，世界能几何。红颜一春树，流年一掷梭。……'人以钱与之，则穿以长绳，拖地而行，散失亦不回顾，见贫

蓝采和像　元·佚名

者则与之。周游天下，人有为儿童时见之，及老再见之，颜色如故。后踏歌濠梁间，于酒楼上乘醉，云中忽有鹤鸣笙箫声，于是轻举，于云中掷下靴衫、腰带、拍板，冉冉而去。"◆按：《续仙传》多记唐末五代时事，蓝采和事迹于此之前无所记载，当是唐末五代时人。而清·周亮工《书影》卷四以为即晚唐诗人陈陶之误传，其说甚可采，其大略云："《南唐书·陈陶传》：陶所遁西山，先产药物数十种，陶采而饵之。宋开宝中，常见一叟，角发披褐，与一老媪货药市中，获钱则市鳜对饮，旁若无人。既醉，行舞而歌曰：'篮采禾，篮采禾，尘世纷纷事更多。争如卖药沽酒饮，归去深崖拍手歌。'

或疑为陶夫妇云。"按：此即晚唐诗人陈陶，赋"一将功成万骨枯"者。观本传，则知俗绘八仙中之蓝采和，岂人名哉！以"禾"为"和"，以"篮"为"蓝"，谬矣。◆又清·赵翼《陔余丛考》卷三四以蓝采和为女子。当是在八仙祝寿戏文中，蓝采和由旦角装扮，故致误解。

【蓝方】宋时人。北宋·刘斧《青琐高议》后集卷一○：字符道，亳州（今安徽亳州）人。黑发委地，肌若凝脂，父老言自儿童时见即如此。举动温厚，接物以和，大小皆得欢心。乐善好施。宋仁宗闻其名，诏见于芳林园。未几告去，赐号南岳养素先生，住南岳招仙观。尚书郎李观为进士时游南岳，过长沙，遇一人谓曰："子往南岳，为我问养素先生，十月怀胎如何？"李观至南岳，以语先生。先生惊曰："此海蟾子也，吾养圣胎已成，非此人不足以成吾道也。"一夕与人言语，侍者窥见红光满室，明日询之，曰："吾师刘道君（即海蟾）行雨过此，留话少刻也。"一日奄然而逝，自云一百七十二岁。后人时复见之。有弟子名陈通叟。

【蓝缕道人】明时人。《（雍正）山东通志》卷三○：不知姓氏。明成化间寓莱（莱阳）之凝祥观，终日取炉灰和成丸，积之座隅。一日辞众曰："来春此地人疫，此丸可救。"遂去，不知所之。次年春果疫，服丸即愈。

【蓝乔】宋时人。南宋·洪迈《夷坚甲志》卷一五"罗浮仙人"条：循州龙川（今广东龙川西）人。母祷于罗浮山而孕，梦仙鹤而生乔。乔求道，之江淮，抵京师，七年而归。遗母一粒丹，云服之可长年无疾。又一年，留黄金数斤，别母而去，遂不归。潮人吴子野遇之于京师，同登汴桥买瓜。乔曰："尘埃污吾瓜，当于水中啖。"遂自投于河，子野但见瓜皮时浮出水面。子野知乔得道，遂从之游。乔能踏纸百幅于足下，使人片片拽之，无一破者，盖身轻乃尔。语人曰："吾罗浮仙人也，由此升天也。"一日货药郊外，复使人置纸足底，令观者取之。纸尽，足浮风云，遂升天。◆明·王圻《续文献通考》作"蓝桥"，云其举进士不第，隐于霍山，常吹铁笛。飞升后有人见之于洛阳。

【揽诸】后汉傩仪中十二神之一。《续汉书·礼仪志》：揽诸食咎。

【缆将军】清·袁枚《子不语》卷一八"缆将军失势"条："鄱阳湖客舟遇风，常有黑缆如龙，扑舟而来，舟必损伤，号'缆将军'，年年致祭。雍正十年大旱，湖水干处，有朽缆横卧沙上。农人斫而

烧之，涎尽血出，从此缆将军不复作祟。"参见"宗三爷爷"等条。

【懒残禅师】唐·袁郊《甘泽谣》：懒残，唐天宝初衡岳寺执役僧。退食，即收所余而食，性懒而食残，故号懒残。时邺侯李泌寺中读书，察懒残所为，知非凡物。听其中宵梵唱，响彻山林。李公情颇知音，能辨休戚，谓懒残经音凄惋而后喜悦，必谪堕之人。候中

懒残禅师　三教源流搜神大全

夜，李公潜往谒焉。懒残大诟，仰空而唾曰："是将贼我。"李公愈加敬谨。懒残正拨牛粪火，出芋啖之。良久乃曰："可以席地。"取所啖芋之半以授焉，李公捧承，尽食而谢。谓李公曰："慎勿多言，领取十年宰相。"居一月，刺史祭岳，修道甚严。忽中夜风雷，一峰颓下阻道，以十牛数百人不能动。懒残一人履石而动，忽转盘而下，声若雷震。一郡皆呼至圣。懒残悄然怀去意。寺外虎豹，忽尔成群，日有杀伤，无由禁止。懒残曰："授我棰，为尔尽驱除。"众遂与之荆梃，皆躩而观之。才出门，见一虎衔之而去。懒残既去之后，虎豹亦绝踪迹。后李公果十年为相也。又见《三教源流搜神大全》卷六。

【懒妇】一云为兽，一云为鱼。梁·任昉《述异记》卷上："淮南有懒妇鱼。俗云：昔杨氏家妇为姑所溺而死，化为鱼焉。其脂膏可燃灯烛，以之照鸣琴博弈则烂然有光，及照纺绩则不复明矣。"北宋·乐史《太平寰宇记》卷一六五"懒妇兽"条引《异物志》云："昔有懒妇，织于机中，常睡，其姑以杼打之，恚死，今背上犹有杼文疮痕。大者得膏三四斤，若用照书及纺织则暗，若以会众宾歌舞则明。"又卷一六六引《南越志》，亦云为兽。南宋·范成大《桂海虞衡志》："懒妇如山猪而小，喜食禾。田夫以机轴织纴之器挂田所，则不复近。"清·赵翼《檐曝杂记》卷六似折中二说："懒妇，

状如豪猪，入海化为鱼，名奔鲜。"

【懒拙道人】明时人。明·李日华《六研斋笔记》卷一：懒拙道人，不知何许人，双髻赤脚，万历间游楚黄之麻城（今湖北麻城）。性懒无营，心绝机事，人或谓之懒拙，因亦以自称。或旬日不食，或一食升米。便溺无秽气，衣履经岁月无垢。后飘然不知何往，有人遇之于山西。

【lang】

【郎夫人】清·俞樾《春在堂随笔》卷六："杭州龙井有一土神庙，额曰显应，中有神像二，左曰胡大明王，右曰郎夫人，不知何神。及考田汝成《西湖游览志》，乃知胡大明王为宋明道间杭州太守胡则，而郎夫人当即其夫人陈氏。"参见"胡大明王"条。

【郎君神】北宋时称二郎神为"郎君神"，参看"二郎神"条。

【郎顗】《后汉书》本传：郎顗，字雅光，北海安丘（今山东安丘西）人也。郎宗之子。顗少传父业，兼明经典，隐居海畔，延致学徒常数百人。昼研精义，夜占象度，勤心锐思，朝夕无倦。顺帝时，灾异屡见，阳嘉二年正月，公交车征，顗乃诣阙拜章，书奏云云。特诏拜郎中，辞病不就，即去归家。至四月京师地震，遂陷。其夏大旱。秋，鲜卑入马邑城，破代郡兵。明年，西羌寇陇右。皆略如顗言。

【郎子神】唐·戴孚《广异记》：桐庐（今浙江桐庐）女子王法智者，幼事郎子神。大历中，忽闻神作大人语声，法智之父问："此言非圣贤乎？"曰："然。我姓滕，名传胤。本京兆万年（今陕西西安长安区）人，宅在崇贤坊。本与法智有因缘。"与酬对，深得物理，前后州县甚重之。

【郎宗】后汉时人。梁·陶弘景《真诰》卷一四：字仲绥，北海安丘（今山东安丘西）人。少仕宦为吴县（今江苏苏州）令。占候预知火烧大夏门。诸公闻之，以博士征。宗耻以占事受知，解印绶而去。后居华山，服胡麻得道。今在鹿迹洞中。◆按：郎宗即《后汉书》郎顗之父，《顗传》云："郎宗，字仲绥，学《京氏易》，善风角星算、六日七分，能望气占候吉凶，常卖卜自奉。安帝时，对策为诸儒之首，拜吴县令。卒有暴风，占知京师当有大火，果如其言。诸公闻而荐于朝，以博士征之。宗本以儒术自重，今却以占验受知，遂不待征书到

而挂印遁去，终身不复仕。"无服食得仙事。

【狼范】《（万历）淮安府志》卷一七："狼范者，失其名。始监海州（今江苏连云港）仓，岁饥，私货粮以活百姓。事觉，将刑于市，忽见神人仗剑护之。有司异之，遂释焉。先在狱时，有骊山老母屡馈食。后入山修行，与豺狼共处，故称狼范。"一说即金时人范常真，按《（雍正）山东通志》卷三〇："范常真，平度州人。丘长春弟子。住州之上清观。境有狼噬人，常真默咒遣之，人因称为'狼范'。后尸解去。"

【狼鬼】唐·释道世《法苑珠林》卷五八引《白泽图》："丘墓之精名曰狼鬼。善与人斗不休。为桃棘矢羽以鸱羽以射之。狼鬼化为飘风。脱履投之不能化也。"

【狼精】唐·释道世《法苑珠林》卷五八引《白泽图》："百岁狼化为人女，名曰知女，状如美女，坐道傍，告丈夫曰：'我无父母兄弟。'若丈夫取为妻，经年而食人。"

【阆州神】北宋·张唐英《蜀梼杌》卷下：孟昶明德二年七月，阆州（今四川阆中）大雨雹如鸡子，鸟雀皆死，暴风飘船上民屋。女巫云："灌口神与阆州神交战之所致。"◆按：此阆州神疑是蜀汉张飞。

【lao】

【劳民国】《山海经·海外东经》："劳民国，其为人黑（此下有注：'食果草实也，有一鸟两头。'疑是正文误入为注者）。或曰教民。一曰在毛民北，为人面目手足尽黑。"《淮南子·墬形训》海外三十六国有劳民，高诱注："劳民正理，躁扰不定。"

劳民国　山海经图　蒋应镐本

【劳真人】明时人。《（康熙）广东通志》卷二六：名勋，四会人。年二十二，妻殁不娶，学道，遂精其术，治邪魔，符咒立验，言吉凶皆验。卒后乡人往往遇于途。

【老成子】《列子·周穆王》：老成子学幻于尹文先生，三年不告。老成子请其过而求退。尹文先生揖而进之于室，屏左右而与之言曰："昔老聃之徂西也，顾而告予曰：有生之气，有形之状，尽幻也。知幻化之不异生死也，始可与学幻矣。吾与汝亦幻也，奚须学哉？"老成子归，用尹文先生之言深思三月，遂能存亡自在，幡校四时；冬起雷，夏造冰；飞者走，走者飞。终身不著其术，故世莫传焉。

【老吊爷】缢死鬼而为神者。清·俞樾《右台仙馆笔记》卷五：河南省城（今开封）有所谓老吊爷者，缢死鬼也。其人姓张，负布数匹售于市，而为贼所窃，愤而缢死。死后颇著灵异，县中捕役奉以为神，尊之曰"老吊爷"，为之立庙。凡捕盗不得则祷之，辄有应。初唯祥符有庙，后中牟亦立之。神像高才二尺许，立而不坐，手执雨伞，背负布数数匹，宛然一市井人。

【老姑】明·彭大翼《山堂肆考》卷二六：保定府唐县（今河北唐县）葛洪山西南有老姑谷。南宋时有一老姑，尝谓人曰："贫道住此二百年矣。"言毕投崖下，不坠，飞升而去。后人名其崖为舍身崖。

【老郎】清·顾禄《清嘉录》卷七："老郎庙，梨园总局也，凡隶乐籍者，必先署名于老郎庙。"沈平山《中国神明概论》论之甚详，大略如下：我国戏班，其后台多设有供案，神龛内供一老郎神，头戴皇冠，身穿锦黄袍，腰围玉带，足登朝靴，面如冠玉，目若朗星，伶界尊为祖师爷。其神有数说：❶唐明皇。清·钱思元《吴门补乘》：老郎庙，梨园弟子祀之。其神白面少年，相传为明皇，因明皇兴梨园故也。❷后唐庄宗。清人王文治诗集以为是五代后唐庄宗，其题老郎画赞云："人言天宝，我为同光。"按：同光为庄宗年号。❸老童。《山海经·西山经》："騩山，神耆童居之，其音常如钟磬音。"郭璞注云：耆童，老童也，颛顼之子。老郎疑即老童，为音声之祖，郎与童俱年少称。❹耿光。孙星衍《吴郡老郎神庙》谓：相传唐玄宗之时，耿令公之子名光者，雅擅霓裳羽衣舞，赐姓李氏，恩养宫中，教养子弟。旋光性嗜梨，故遍植梨树，因名梨园，后代奉以为乐之祖师。老郎神殆权舆于此乎？❺五代时吴让皇之子杨琏（见"老郎菩萨"条所引）。❻唐太宗之太子。据郭思九、王勇《云南省昭通地区镇雄县泼机乡邹氏端公庆菩萨调查》，老郎神在当地又称太子菩萨、老郎太子或戏主大神，传说李世民因老龙冤魂作祟，派唐三藏西天取经，取经归来，太宗在长安城设坛作斋，超度老龙亡魂。在七七四十九天的大斋中，唐王觉得只念经文太枯燥，便开台唱戏，徐茂公唱须生，秦叔宝扮武生，尉迟恭扮花脸，皇后唱小旦，唐王自扮小生。一时热闹非凡，观者甚众，人群拥挤，竟把皇太子踩死。唐太宗非常伤心，因太子死于唱戏，便封其为"老郎太子戏主大神"。◆按：除上列之外，又有"耿梦"一说，详见该条。◆又有妓女亦祀老郎，其神则为管仲之说。胡朴安《中华全国风俗志》下编"江苏"："六月十一日，妓女有老郎会之举，俗传为老脸会。每年三次，正月、六月、十一月。或谓所祀为管仲，以'女闾三百'故。或谓所祀为唐玄宗，以梨园子弟故。"

【老郎菩萨】清·平步青《霞外攟屑》卷一○："梨园演剧，后场必奉老郎菩萨。按《寄蜗残赘》卷一三：吴中老郎庙，梨园子弟祀之，相传为唐明皇，或云后唐庄宗。《山海经》颛顼之子名老郎，居骈山，其声如钟磬，为音乐所自始，殆其人欤？又吴中让王庙，亦司音乐，称为虞仲，有'句吴至圣'额。考南唐徐知诰迁吴主于丹阳（今江苏南京），尊为让皇，其太子琏性喜音乐，让皇庙或祀吴主，亦未可知（按吴主为杨溥）。"详见"老郎"条。

【老童】《山海经·大荒西经》："颛顼生老童，老童生祝融。"又云："老童生重及黎。"郭璞注曰："《世本》云：'老童娶于根水氏，谓之骄福，产重及黎。'"按袁珂《校注》："按《西次三经》云'骈山，神耆童居之'，郭注：'耆童，颛顼之子。'即此老童。"其说稍牵强。

【老王先生】即"王老志"。见该条。

【老子】《史记》有传，自道教兴起，老子遂成神仙始祖。汉·刘向《列仙传》："老子姓李名耳，字伯阳，陈人也。生于殷时，为周柱下史。好养精气，接而不施。转为守藏史，积八十余年。《史记》云：'二百余年，时称为隐君子。谥曰聃。'仲尼至周，见老子，知其圣人，乃师之。后周德衰，乃乘青牛车去入大秦。过西关，关令尹喜待而迎之，知真人也，乃强使著书，作《道》《德》上下经二卷。"《太平广记》卷一引《神仙传》："名重耳，字伯阳，楚国苦县曲仁里人。其母感大流星而孕，生于李家，故姓李。或云母怀之四十二年乃生，生时割左腋而出，生而白首，故谓之老子。或云其母无夫，老子是母家之姓。或云老子生于李树之下，生而能言，指李树曰：'以此为我姓。'或云：上三皇时为玄中法师，下三皇时为金阙帝君，伏羲时为郁华子，神农时为九灵老子，祝融时为广寿子，黄帝

老子骑牛轴 明·张路

时为广成子，颛顼时为赤精子，帝喾时为禄图子，尧时为务成子，舜时为尹寿子，夏禹时为真行子，殷汤时为锡则子，文王时为文邑先生，一云守藏史。或云：在越为范蠡，在齐为鸱夷子，在吴为陶朱公。皆见于群书，不见于神仙正经。或云：老子欲西度关，关令尹喜知其非常人，从之问道。老子惊怪，故吐舌聃然，遂有老聃之号。葛洪云：老子于周文王时为守藏史，武王时为柱下史，时以其久寿，故号之为老子。老子西化流沙八十一国，或现大人身长千丈，或现小人身长丈八，或为金仙，或为梵仙，随方设化，同体异名。至于后世，其圣迹仍然不断为道士造出：汉时曾授文帝《道》《德》二经；成帝时降曲阳泉，授于吉《太平真经》；章帝时，授于吉一百八十大戒；安帝时，降授刘图《罪福新科》；顺帝时，降授天师三洞经箓；桓帝时，降天台，授葛孝先《上清》《灵宝》《大洞》诸经。北魏时，降嵩山，授天师寇谦之新科符箓。唐高祖时降羊角山，语吉善行唐公受命符；玄宗天宝初，降丹凤门，帝亲享之兴庆宫，随又降语田同秀以函谷所藏金匮灵符，又降语王元翼妙真符。宋政和二年，降华阳洞天，授梁先生加句《天童护命经》。"◆老子名号之多，旷古无匹。除前述之外尚有：梁·陶弘景《真灵位业图》第三太极左位有"老聃"，第四中位又有"太清太上老君（为太清道主，下临万民）"。唐·冯贽《云仙杂记》卷六引《集真记》："老子始生，其母名之曰玄禄。"唐·段成式《酉阳杂俎·前集》卷二："老君又曰九天上皇洞真第一君、大千法王、九灵老子、太上真人、天老玄中法师、上清太极真人、上景君。"明·朱国桢《涌幢小品》卷二九："道家称老子化身名号尤众，参会众说而备录于后：老子初三皇时

化身号万法天师，中三皇时化身号盘古先生，亦曰有古大先生，后天皇伏羲时化身号郁华子，地皇神农时化身号大成子，人皇轩辕时化身号广成子，少昊时化身号随应子，颛帝时号赤精子，帝喾时号录图子，尧帝时号务成子，帝舜时号尹寿子，夏禹时号真行子，商汤时号锡则子，文王时号燮邑子，武王时号育成子，成王时号经成子，周王时号郭叔子，汉时号河上公。右见《真仙通鉴》及《道经》。又《造天地经》云：摩诃伽叶，往为老子。《清静法行经》亦云：老子名耳，字伯阳；一名雅，字伯宗；一名志，字伯光；一名石，字孟公；一名重，字子文；一名定，字符阳；一名元，字伯始；一名显，字符生；一名德，字伯文。"◆宋道士谢守灏造作《混元圣纪》，叙老君历世显化之迹，又云："周文王为西伯，召为守藏史，武王时迁为柱下史，成王时仍为柱下史。乃游西极大秦、竺乾等国，号古先生，化导其国。康王时还归于周，复为柱下史。昭王时，去官归亳隐焉。后复欲开化西域，乃以昭王二十三年，驾青牛车，过函谷关。关令尹喜知之，求得其道。二十五年，降于蜀青羊肆，会尹喜同度流沙胡域。至穆王时，复还中夏。平王时，复出关开化苏邻诸国，复还中国。"是老子凡三入西域以化胡，于是而有老子为佛陀之说。清·徐道《历代神仙通鉴》卷五云："老子行西域，至竺幹舍卫国，因摩耶夫人昼寝，遂从兜率天降神，乘日精投入摩耶口中，剖右胁出，名曰悉达多，至东土从燃灯（又名金蝉子）求道，是为佛陀。"清·薛大训《列仙通纪》述老子位号缘起，更以老子为"道"之化身。如"第一起无始"，言"老君生于无始，起于无因，为万道之先、元气之祖，无光无象、无音无声，幽幽冥冥，其中有精……故称大道，大道之身即老君也。"◆按：道教模仿佛教之佛本生故事而将老子演变出无数化身，而其本身则定位为太上老君。但太上老君也与老子本人相剥离，成为供奉在三清殿上的泥胎，而周末隐士骑牛出关的老子形象则为民间所喜爱。参见"太上老君"条。

【老子母】唐·段成式《酉阳杂俎·前集》卷二："老君母曰玄妙玉女。又曰：李母，本元君也。又《化胡经》称老子投净妙夫人体为释迦，则玄妙、净妙皆老子母也。"北宋·乐史《太平寰宇记》卷一二："老子者，道君也，三皇之始，始乘白鹿下托于李母，炼体易形，复命胞中七十二年，生于楚国。李母，星名也，在斗魁中。老子，星精也。唐乾封元年，册李母为先天太后。"

【老祖】清·袁枚《续子不语》卷四：湖广竹山县（今湖北竹山）有老祖邪教，单传一人，专窃取客商财物。其教分两派。破头老祖即竹山师弟。学此法者必遭雷击。学法者必先于老祖前发誓，情愿七世不得人身，方肯授法。避雷霆须用产妇马桶七个，于除夕日穿重孝麻衣，将三年内所搬运之银排高于几，叩头遍，遂钻马桶数遍，所以魔天神也。

【le】

【乐长治】东汉时人。梁·陶弘景《真诰》卷一三：乐长治，咸阳人，三茅君之乡里也。为茅衷（小茅君）所荐，汉桓帝时任中书郎。后师中岳李先生，受道行七元法，修之得道。仙后为保命丞。保命有四丞，乐长治主灾害，郑雄正主考注，唐公房主生死，赵威伯主仙籍并记学道者。

【乐长子】汉时人。《（万历）安庆府志》三○：齐人，少好道。遇仙于霜林，授以仙方，告曰："蛇服为龙，人服为童。"乐服之，年一百八十岁，貌如少女。隐潜山（在今安徽潜山西北），号潜山真君。◆按：此即"乐子长"之讹。

【乐神】唐·段成式《酉阳杂俎·前集》卷一：唐顺宗永贞年间，东市百姓王布有女，年十四五，艳丽聪悟，鼻两孔各垂息肉如皂荚子，触之痛入心髓。有异僧以药取之。复有一少年来，谓王布曰："上帝失乐神二人，近知藏于君女鼻中。我天人也，奉帝命来取，不意此僧先取之，当获谴矣。"

【乐氏二仙女】唐时人。《（雍正）山西通志》卷一五九：屯留人，母感仙光而孕，诞有奇德。继母吕氏御二女甚酷，单衣跣足，冬使采茹。二女性至孝，泣血浸土化为苦苣，其叶有赤斑若血。采一筐奉母，母益怒。移家壶关紫团山，又令拾麦于外，无所得，仰天号泣，感黄龙下降，二女乘龙升去。土人立庙祀之。宋崇宁间显灵边戍，赐谥冲惠、冲淑真人。同书卷一六五所记稍异。

【乐欲大将】东方乐欲大将，与南方檀帝大将、西方善现大将、北方散脂大将合称"匡野四将"。见"匡野四将"条。

【乐正子长】《（万历）莱州府志》（治在山东莱州）卷六："五代时人，遇仙于鳌山，授以方术，年百八十颜色不改。登劳山仙去。"《（雍正）山东通志》卷三○云是即墨人。

【乐子长】晋·葛洪《神仙传》卷二："齐人，少好道，于霍林山遇仙，授以巨胜赤松散方，告之曰：'蛇服此药化为龙，人服此药老成童，又能升云上下，改人形容。'子长妻子九人皆服其药，老者还童，乃入海登劳盛山（在今山东荣成）而仙去。"梁·陶弘景《真诰》卷八则云为"南阳人，淳朴，不师不受，顺天任命，亦不知修生之方，行不犯恶，德合自然。虽不得延年度世，死登福堂，名宾帝录，得补修门郎，位亚仙次"。《仙鉴》卷三四云其到霍林山所遇仙人为韩众，受灵宝符。又云："太上补为修门郎，位亚仙次。唐玄宗梦二十八仙，称星二十八宿，内真君是星宿。于潜山（在今安徽潜山西北）得道，号潜山真君。"参见"刘白云"条。◆晋·葛洪《抱朴子内篇·金丹》述诸丹法，中有"乐成子丹法"。

【乐子长】五代时人。《仙鉴》卷四六：海陵（今江苏泰州）人。梁太祖开平中，家酤酿而性好道，道人至即饮以酒。或诡为道士服者，子长亦饮之。有道人来，诧曰："人只以三升饮之，岂能足我？"子长乃纵使饮。至夕视之，道人竟醉堕瓮中死矣。子长惧祸，潜舁瓮并瘗之。后三日，香气自瘗处出。发其瘗，见酒满瓮，色如丹，芬冽异常。子长喜曰："是异人者使吾家成仙乎？"举家共饮之，俱升天而去，唯从子因食蒜堕地，其寿亦至百岁。

【勒毕国】东汉·郭宪《洞冥记》卷二：勒毕国，人长三寸，有翼，善言语戏笑，因名善语国。常群飞往日下自曝，身热乃归，饮丹露为浆。丹露者，日初出，有露汁如珠也。

【lei】

【獝】南宋·张端义《贵耳集》卷中："《夷门志》载：宣和间禁中有物曰獝，块然一物，无头眼手足，有毛如漆，中夜有声如雷，禁中人皆曰獝来，诸阁分皆扃户，徽宗亦避之。甚至登上金坐，移时或往诣嫔妃榻中睡，以手抚之，亦温暖，晓则自榻滚下而去，罔知所在。或宫妃梦中有与朱温同寝者，即此獝也。或者云朱温之厉所化。"冯梦龙《情史》卷一七云："朱温五伦俱绝，死当入无间狱，安能复为厉乎？獝形如猪而温暖，因戏名'朱温'耳。"按南宋·陆游《家世旧闻》卷下亦言一怪名"雷"者，疑即此物："徽宗时，宫中数有物怪，或见一老媪，黄帽黄衫，抱十余岁儿，红袍玉带，乘舆鸣跸而出，媪儿皆有悲泣容。其将见必有声如雷，宫中谓之雷。"

【雷媪】亦雷鬼之一种。南宋·洪迈《夷坚丁志》卷八：南丰县（今江西南丰）大雨，堕雷媪于庭，扰扰东西，仓皇失措，发苗然赤色甚短，两足但三指，大略如人形。

【雷部】《封神演义》卷九九回载雷部有二十四员催云助雨护法天君：邓天君（忠）、辛天君（环）、张天君（节）、陶天君（荣）、庞天君（洪）、刘天君（甫）、苟天君（章）、毕天君（环）、秦天君（完）、赵天君（江）、董天君（全）、袁天君（角）、李天君（德）、孙天君（良）、柏天君（礼）、王天君（变）、姚天君（宾）、张天君（绍）、黄天君（庚）、金天君（素）、吉天君（立）、余天君（庆）、

雷部五元帅 山西芮城永乐宫

闪电神（即金光圣母）、助风神（即菡芝仙）。明·吴承恩《西游记》第四回雷部天君则仅为八位：庞、刘、苟、毕、邓、辛、张、陶。而明时常熟致道观有雷部前殿，列律令大神邓元帅、银牙耀目辛天君、飞捷报应张使者、左伐魔使苟元帅、右伐魔使毕元帅、火犀雷府朱天君、纠伐灵官王天君、黑虎大神刘元帅、魁神灵官马元帅、朗灵上将关元帅、雷公江使者（名赫冲）、电母秀使者（名文英）。共十二位。清·徐道《历代神仙通鉴》卷四记雷部则为：雷城左有玉枢五雷使院，右有玉府五雷使院。有雷鼓三十六面，三十六神司之，皆当时（黄帝时）辅相有功之臣。◆雷部诸神名目烦琐，由南宋·白玉蟾《修真十书·武夷集》卷四七所载"雷府奏事议勋丹章"可见一斑，雷部各级神将有：风火元明君、火伯风霆君、雷主阔伯神君、火灵霹雳天仙、苍牙铁面大仙、龙雷卷水神君、风火龙骑震天沸海神君、霹雳火光银牙濯目神君、欻火律令大神、雷公火车元帅、三五铁面火车大将军、三五邵阳主帅将军、霹雳火车腥烟使者、四圣听察回车使者、浮云降雹力士、横身飞云使者、移山翻海铁

甲使者，洞风鼓震天威赤文使者，风雹金铃火铃使者，五雷飞捷使者，雷阵左右使者，散云送火禁炎使者，西台雷雨吏，负天担石太微令，威剑震灵吏，四季风雨令，玉光金精上吏，吞魔唼妖天甲神吏，丹元刑部都吏，擒龙捉蟄撼山神君，吹海扬波灵华猛吏，飞云走电神吏，太岁将军，掌疫疠使者，五方雷公将军，天雷晃光将军，水雷电光六龙将军，玉枢殿下左右二神将，北极殿下左右二神将，三十六雷鼓力士，啸命风雷大将，五雷诸司将帅，三雷诸司吏兵，五方蛮雷使者。雷霆的形态及功用几乎全部被命以神名。◆清·戴莲芬《鹂砭轩质言》卷二"某中丞道友"条言天狐最畏雷部、瘟部之神，而二部神多转世为人，京师尤多云。

【雷池君】《南史·陈武帝纪》：陈霸先讨侯景，进次大雷（今安徽望江）。军人杜棱梦雷池君、周、何神，自称征讨大将军，乘朱舫，陈甲仗，称下征侯景。须臾便还，云已杀景死。

【雷公】❶《楚辞·远游》："左雨师使径待兮，右雷公而为卫。"《石氏中官占》引石氏云："五车东南星名曰司空，其神名曰雷公。"东汉·王充《论衡·雷虚》曰："图画之工，图雷之状，累累如连鼓之形。又图一人。若士之容，谓之雷公。使之左手引连鼓，右手推椎，若击之状。其意以为雷声隆隆者，连鼓相扣

雷公　山西芮城永乐官

击之音也；其魄然若敝裂者，椎所击之声也；其杀人也，引连鼓相椎并击之矣。"晋·干宝《搜神记》卷一二具言雷公之形貌："唇如丹，目如镜，毛角长三尺余，状如六畜，头如猕猴。"此形貌大体为后世所沿承。如《元史·舆服志》云："雷公旗画神人，大首鬼形，白拥项，朱犊鼻，黄带，右手持斧，左手持凿，运连鼓于火中。"但亦有他种说法，有云"猪首，手足各两指，执一赤蛇啮之"者，有云"如貜，两目睒睒"者，俱见唐·段成式《酉阳杂俎·前集》卷八；有云"状类熊猪，毛角肉翼，

青色，手执石斧"者，见唐·戴孚《广异记》；有云"豕首鳞身"者，见唐·房千里《投荒杂录》；有云"大于猕猴，形似蝙蝠"者，见于清人《拙庵杂俎》。而明·谢肇淛《五杂组》卷一云："雷之形，不常有见之者，大约似雌鸡肉翅，其响乃两翅奋扑作声也。"按：雷公在上古时本为唯一之雷神，但随着它的人格化进程，人们逐渐认为雷公不止一个，并另外塑造了人性特征更显著的大神主宰雷部，遂把雷公的地位降到雷部六神之列，成为雷部诸天将的泛称。至于如禽如兽、可捕可食之"雷公"，疑本为各地民间对雷的认识，而为后人强统以"雷公"之名，与古代传说中的"雷公"并无沿承关系。◆道教又有"十二雷公"之说，谓天、地、人各有十二雷公。即天雷有神霄、五方、行雨、行风、行云、布泽、行雪、行冰、飞砂、食祟、吞鬼、伏魔等十二雷公；地雷有纠善、罚恶、社令、发稻、四序、却灾、收毒、救病、扶危、太升、巡天、察地等十二雷公；人雷有收瘟、摄毒、除害、却祸、封山、破庙、打鬼、伏虎、破瘴、灭尸、荡怪、管魄等十二雷公。见《朝天谢雷真经》。❷黄帝大臣，与岐伯并称，掌医药。《太平御览》卷七二一引《帝王世纪》："黄帝命雷公、岐伯论经脉。"《隋书·经籍志》有"《神农本草》雷公集注"，现存中医典籍有《雷公赋》，即托其名。《（光绪）邢台县志》卷二：襄国邢台之西有雷公山，盖三皇时雷公修仙处也。即此人。

【雷鬼】雷神之部卒。因民间传说其状如鬼，且为雷公下属，故称之。唐·张读《宣室志》"萧氏子"条："唐长庆中，兰陵萧氏子客游长沙。一夕暴雷震荡，萧持巨椎俯而扑焉。一举而中，有声甚厉，若呼吟者。睹一鬼极异：身尽青，伛而庳，有金斧木楔，以麻缕结其体焉，瞬而喘，若甚困状。于是具告寺僧观之，或曰：'此雷鬼也，盖上帝之使耳。'"南宋·洪迈《夷坚志》有多条叙雷鬼形状，如《丙志》卷七云："长仅三尺，面及肉色皆青，首上加帻，如世间幞头，乃肉为之，与额相连，见人掩面如笑。"《丁志》卷八云："发苫然，赤色甚短，两足但三指，大略皆如人形。"又卷一九云："长七八尺，面丑黑，短发血赤色，蓬首不巾，执挝如骨朵状。"又一条云："雷鬼头巾为青布制，可容三斗水。"大致可知为雷神之部卒也。明·王兆云《挥麈新谈》卷上"雷神"条，言"形似乌鸦，高二三尺许，两足行地，两翅下有二手下垂"。

【雷海青】唐时人。清·施鸿保《闽杂记》卷五

"雷海青庙"条："兴、泉等处，皆有唐乐工雷海青庙。在兴化（今福建莆田）者，俗称元帅庙，有碑记唐肃宗封太常寺卿，宋高宗时加封大元帅。此不见传记，殆里俗附会之说。在泉州者俗称相公庙，凡婴孩疮疖辄祷之。上元前后，香火尤盛。"又同书"五代元帅"条叙元帅即雷海青，为梨园之神。清·俞樾《茶香室丛钞》卷一五："习梨园者共构相公庙，自闽人始。旧说为雷海青，去雨存田，称田相公。此虽不可考，然以海青之忠，庙食固宜，伶人祖之亦未谬。"◆按：雷海青，唐玄宗乐工，安禄山反，入长安，海青骂贼而死。

【雷焕】《晋书·张华传》："初，吴之未灭也，斗牛之间常有紫气，及吴平之后，紫气愈明。张华闻豫章人雷焕妙达纬象，乃要焕登楼仰观，焕曰：'仆察之久矣，惟斗牛之间颇有异气。是宝剑之精，上彻于天。'华问曰：'在何郡？'焕曰：'在豫章丰城。'华曰：'欲屈君为宰，密共寻之，可乎？'焕许之。华大喜，即补焕为丰城令。焕到县，掘狱屋基，入地四丈余，得一石函，光气非常，中有双剑，并刻题，一曰龙泉，一曰太阿。其夕，斗牛间气不复见焉。焕遣使送一剑并土与华，留一自佩。或谓焕曰：'得两送一，张公岂可欺乎？'焕曰：'本朝将乱，张公当受其祸。此剑当系徐君墓树耳。灵异之物，终当化去，不永为人服也。'后张华被诛，失剑所在。焕卒，子华为州从事，持剑行经延平津，剑忽于腰间跃出堕水，使人没水取之，不见剑，但见两龙各长数丈，蟠萦有文章，没者惧而反。"◆宋·王应麟《困学纪闻》卷一三："丰城二剑事出雷次宗《豫章记》，所谓'孔章'者，即雷焕也，盖次宗之族。此刘知几所云'庄子鲋鱼之对，贾生服鸟之辞，施于寓言则可，求诸实录则否'。而唐史官之撰《晋史》者取之，后人因而信之，误矣。"按：《豫章记》双剑事见《艺文类聚》卷六〇所引，其中雷焕作"雷孔章"。

【雷精】《河图帝通纪》："黄帝以雷精起。"又《论语纬》："子路感雷精而生，尚刚好勇，亲罹卫难，结缨而死。孔子每闻雷鸣，中心恻怛。"

【雷默庵】元时道士，为天心派重要传人，首创"混元法"。《仙鉴续编》卷五：雷时中，字可权，号默庵。家于武昌金牛镇。生于宋嘉定辛巳。因避难居九江。甲子岁，殿帅往太平宫酬醮，默庵随行，夜宿太平宫，梦上帝亲语曰："阳禄无分，阴官有缘。"本宫知宫亦梦采访真君来告曰："来日午刻，有五百灵官中一灵官亲降于坛。"方知默庵为

五百灵官中人。庚午岁，遇一异人授以一书，曰混元六天如意道法。读毕，白昼如夜，雷火布满，雷神辛天君立于案上曰："吾奉昊天命，付卿开阐雷霆之教，普济众生。吾教上帝为主，以吾佐之，以卿行之。授卿之文者乃祖师路真君（按：指路大安）也。"四方闻其道行卓异，及其门者日众，弟子数千人，分东南、西蜀二派。

【雷蓬头】明时人。宛委山堂本《说郛续》卷四六引明·徐祯卿《异林》：名太云，不知何许人。少为书生。好道术。先为僧，后又学道。成化间居太和山（即武当山）。敝衣蓬头，行若飘云，踪迹无定。荆王求问仙术，太云曰："予丐人也，何足语仙。"问年几何，答曰："半岁。"问何许人，答曰："幽州生，建康长，广东编户，辽东应役。"遂大诋王。王怒，系之狱，欲杀之。至夜半忽不见。成化末不知所终。

【雷神】❶即雷兽。《山海经·海内东经》："雷泽中有雷神，龙身而人头，鼓其腹。"郭璞注曰："今城阳有尧冢、灵台，雷泽在北也。"《大荒东经》"雷兽"郭璞注曰："雷兽，即雷神也，人面龙身鼓其腹者。"详见"雷兽"条。

雷神　山海经图　蒋应镐本

《淮南子·隆形训》云："雷泽有神，龙身人头，鼓其腹而熙。"宛委山堂本《说郛》卷三一下《奚囊橘柚》云："轩辕游于阴浦，有物焉，龙身而人头，鼓腹而遨游。问于常伯，常伯曰：'此雷神也，有道则见，见必大雷雨而拔木。'"皆祖《山海经》之说。❷民间信仰及道教对行雷鬼神之统称。道教赋雷神以极大的功用，南宋·白玉蟾《修真十书》卷四七云："皇天所以建雷城，设雷狱，立雷官，分雷治，布雷化，示雷刑，役雷神，统雷兵，施雷威，动雷器，是皆斡赏罚之柄，宰生杀之权，以之于阴界可以封山破洞，斩妖馘毒，以之于阳道可以除凶诛逆，伐奸戮虐，宜乎发道用也，彰天威也。"故于雷神之设亦颇费心思。《木郎祈雨咒》注：东方蛮雷神将姓朱名青童。金光流精乃西南雷神，人首神身，仗火剑斩蟒蜓也。洞阳幽灵，乃东北雷神，人首鱼身。玉雷浩师，乃东南雷神，人首龟身。虚

皇泰华，乃西北雷神，人首蛇身。有五雷神之说，见"五雷神"条。又有三十六雷神之说，见"三十六神"条。雷神名目甚繁，参见"雷部"条。

【雷声普化天尊】全称"九天应元雷声普化天尊"，见该条。

【雷师】雷师亦雷神，名丰隆。《楚辞·离骚》："鸾皇为余先戒兮，雷师告余以未具。吾令丰隆乘云兮，求宓妃之所在。"王逸注：丰隆，云师，一曰雷师。东汉·张衡《思玄赋》："丰隆軩其震霆。"但又有以雷神与丰隆为二者：唐·瞿昙悉达《开元占经》卷六六引石氏云："五车，东南星，填星也，其神名曰雷公；西南星，荧惑也，其神名曰丰隆。"◆按：战国以后，雷与风、雨、云等神常被称为"师"，此应与诸神之人格化有一定关系。"丰隆"一名，《楚辞》注中认为是云神名。但看来至少在汉代，多已作为雷师之名了。且"丰隆"二字颇像雷声的拟声词。总之，人化的雷师取代了兽形的雷神。◆唐时雷神多用"雷师"之名。宋·马端临《文献通考》载天宝五年始祀雷师，诏每祀雨师，宜以雷师同坛。唐·戴孚《广异记》："唐欧阳绍，任雷州长史。率其徒二十余人，持弓矢排锵，与雷师战。雷电飞散，池亦涸竭。中获一蛇，状如蚕，长四五尺，无头目。"在五代·徐铉《稽神录》卷一中，雷师不仅娶妻，而且"亲族甚众，婚姻之礼，一同人间"。但是在民间，对雷神最普通的称呼却是雷公。有人以为雷公即雷师，也有人认为雷公自是雷公，雷师自是雷师。所以《石氏中官占》把雷公与丰隆视为二神。《历代神仙通鉴》谓雷师乃黄帝臣力牧，雷公亦黄帝属下之大臣。

【雷时中】见"雷默庵"条。

【雷兽】古代神话中雷神而形如兽者。《山海经·海内东经》："雷泽中有雷神，龙身而人头，鼓其腹。"又《大荒东经》："东海中有流波山，其上有兽，状如牛，苍身而无角，一足，出入水则必风雨，光如日月，其声如雷。其名曰夔。黄帝得之，以其皮为鼓，橛以雷兽之骨，闻五百里，以威天下。"郭璞注："雷兽，即雷神也，人面龙身，鼓其腹者。"清·徐道《历代神仙通鉴》卷二改造为黄帝之臣雷公所化：黄帝至一泽边，雷公下车，自往掬水解渴，忽翻入泽底。帝急令人捞救，但闻泽中震声如雷，其人奔起曰："直没至底，见雷公已化为神，龙身而人颊，自鼓其腹而鸣。"

【雷太云】即"雷蓬头"。见该条。

【雷霆】鬼物名，居于粪壤之中。《庄子·外篇·

达生》：桓公曰："然则有鬼乎?"曰："有。沈有履。灶有髻。户内之烦壤，雷霆处之。东北方之下者，倍阿鲑蠪跃之。西北方之下者，则泆阳处之。水有罔象，丘有莘，山有夔，野有彷徨，泽有委蛇。"疏："门户内粪壤之中，其间有鬼，名曰雷霆。"

【雷万春】台湾地区奉祀，称骑虎王，又有武安王、雷府大将诸称。又有说万春为田都元帅雷海青之弟者。参见"骑虎王"条。按《新唐书·雷万春传》："雷万春者，不详所来，事张巡为偏将。令狐潮围雍丘（今河南杞县），万春立城上与潮语，伏弩发六矢著面，万春不动。潮疑刻木人，谍得其实，乃大惊。方略不及南霁云，而强毅用命。每战，巡任之与霁云均。"

【雷王】南宋·洪迈《夷坚支志·景集》卷九："崇仁熊某，通判广府，摄守雷州（今广东雷州半岛）。至之日，吏白当致敬雷庙。其庙曰显震，其神曰威德昭显王。"而此雷州雷王庙并不限于雷州一地，《夷坚支志·甲集》卷五载，"淳熙丙申，桂林连月不雨，府守张钦夫杖遣驭卒持公牒诣雷州雷王庙，问何时当雨"。又宋·周去非《岭外代答》卷一〇："广西敬事雷神，谓之天神，其祭曰祭天。盖雷州有雷庙，威灵甚盛，一路之民敬畏之。钦人尤畏。圃中一木枯死，野外片地草木萎死，悉曰天神降也，许祭天以禳之。"◆按：此雷王即"雷州雷神"，详见该条。

【雷乌】清·褚人获《坚瓠续集》卷三"雷乌雷神"条："袁小修《随笔》载：崔封公本智，住牛头里。一日天雨，落一乌鸦于墀间，童子以鸡笼罩之。俄而雷电绕室，吼怒不已。崔曰：'此必雷乌也。'急召道士跪雨中祷告，手捧其乌，已而大雷一声，遂失所在，雷鸣亦息。"而《坚瓠秘集》卷一引《挥麈新谈》："澧州（今湖南澧县东）一日大雨震雷，将一人家屋柱劈碎。举家惊怖。忽见雷神入舍。形似乌鸦，高二三尺许，两足行地，两翅下有二手下垂。此则非雷乌，而言雷公形似乌也。"

【雷五】五代·杜光庭《神仙感遇传》卷一：叶迁韶，信州（今江西上饶）人。幼年樵采，避雨于大树下。忽见雷公为树枝所夹，奋飞不得。迁韶为取石楔开枝间，然后得去。仍愧谢之，曰："约来日却至此可也。"如其言，明日复至树下，雷公亦来，以墨篆一卷与之，曰："此行之，可以致雷雨，祛疾苦，立功救人也。我兄弟五人，要雷声，唤雷大、雷二，必即相应。然雷五性刚暴，无危急之事，不可唤之。"自是行符致雨，咸有殊效。尝于吉州市中醉，太守擒而责之，欲加凌辱。迁诏于阶下大呼"雷五"一声，时方旱，日光猛炽，便震霹一声，人皆颠沛。

【雷隐翁】宋时人。明·王世贞《列仙全传》卷七："名本，少磊落不群，业进士不第，即弃去，默坐终日。人笑其痴。后远游，不知所之。宋元祐中有人见于罗浮（今广东惠阳地区之罗浮山），自道姓名云雷隐翁，始知其成仙。"《（雍正）广西通志》

雷隐翁　仙佛奇踪

卷八七所载特详其医术，可参看。

【雷种】陈文玉感霹雳而生，有文在手曰"雷"，俗谓"雷种"。详见"雷州雷神"条。

【雷州雷神】雷州即今广东雷州半岛。北宋·蔡絛《铁围山丛谈》卷四："今南人喜祀雷神者，谓之天神。按陈时人陈栖者，捕猎得巨卵于丛棘中，携归，雷雨暴至，卵开，得一男子，其手有文，左'雷'右'州'。大业三年，为雷州刺史，名文玉。既没，屡著神异，民因祀为雷神。祀天神必养大豕，目曰神牲。"南宋·洪迈《夷坚支志·景集》卷九："南宋时雷州雷神加封，其庙曰显震，其神曰威德昭显王，其庙神土地曰协应侯。"又据《三教源流搜神大全》卷七、明·谈迁《枣林杂俎·和集》、明·王士性《广志绎》卷四及《明一统志》诸书云："陈太建初，州民陈氏者因猎获一卵如囊，携归家，忽霹雳震之而生一子，有文在手，曰'雷'，俗为雷种，后名文玉，为本州岛刺史，有善政，没而以灵显，乡人庙祀之。"◆清·屈大均《广东新语》卷六"雷神"条："雷州英榜山有雷神庙，神端冕而绯，左右列侍天将，一辅髦者捧圆物色垩，为神之所始，盖鸟卵云。堂后又有雷神十二躯，以应十二方位，及雷公、电母、风伯、雨师像，其在堂复，则雷神之父陈鉷也。庙名灵震，创于陈，禋祀于南汉，赐玉爵于宋，明初改为雷司，

定祀上元，俾雷神子孙世守之。岁之二月，雷将大声，太守至庙为雷司开印。八月，雷将闭藏，太守至庙为雷司封印。六月二十四日，雷州人必供雷鼓以酬雷，祷而得雷公之墨，光莹如漆，则以治邪魅惊痫及书讼牒。得雷屑或霹雳砧，则以辟婴儿惊以催产。"参见"陈鸾凤"条。

【雷祖】❶南宋·洪迈《夷坚三志·辛集》卷八"湘潭雷祖"条：庆元二年，湖湘米贵。湘潭境内有昌山，其竹皆开花，人取其实，如稻谷，民赖以济。有负米而归者云：昌山原有庙曰雷祖，欲得米者先谒神，尽敬则可不劳而厚获，徒加慢戏者得亦不多。❷清·袁枚《子不语》卷一二"雷祖"条：昔有陈姓猎户，畜一犬，有九耳。其犬一耳动则得一兽，两耳动则得两兽，不动则无所得。一日犬九耳齐动，陈喜必大获，急入山。得一卵大如斗，取归置几上。次早雷雨大作，电光绕室，霹雳一声，卵豁然而开，中有一小儿面目如画。陈抚之为子。长登进士第，即为本州岛太守。才干明敏，有善政。至七十五岁，忽肘下生翅，腾空仙去。至今雷州祀为雷祖。按：此即雷州雷神陈文玉传说之一种。参见"雷州雷神"条。❸清·戴莲芬《鹏砭轩质言》卷四：徽州歙县灵山，供雷祖极灵。每年六月二十四日，焚香者络绎于道。

【嫘祖】《史记·五帝本纪》："黄帝娶于西陵之女，是为嫘祖，为黄帝正妃。"南宋·罗泌《路史·后纪五》云："黄帝之妃西陵氏曰傫祖，以其始蚕，故奉为'先蚕'。"又有为祖神之说，见"祖神"条。

鸓　山海经图　吴任臣本

【鸓】《山海经·西山经》："翠山，其鸟多鸓，其状如鹊，赤黑而两首四足，可以御火。"吴任臣《广注》案："刘会孟曰：'鸟可御火者多，汉宫殿多以鸟名。'《事物绀珠》云：'鸥、鸓、䲹余，俱辟火。'"

【类】《山海经·南山经》："亶爰之山，有兽焉，其状如狸而有髦，其名曰类。自为牝牡，食者不妒。"《列子·天瑞》："亶爰之兽，自孕而生，曰类。河泽之鸟，视而生，曰鸥。"清·吴任臣《山海经广注》以为即"灵猫"："陈藏器曰：'灵猫生南海山谷，状如狸，自为牝牡。'《异物志》云：'灵狸一体，自为阴阳。'段成式言：'香狸有四外肾，自能牝牡。'详考诸说，则类为灵狸无疑也。"又引程良

儒《读书考定》曰:"《楚辞》'乘赤豹兮载文狸',王逸注云'神狸'而不言其状。考《南山经》'亶爰之山有兽名类,其状如狸,其文如豹',疑即此物也。"

类　山海经图　胡文焕本

【leng】

【棱睁神】南宋·洪迈《夷坚三志·壬集》卷四"湖北棱睁鬼"条:杀人祭祀之奸,湖北最甚,其鬼名曰"棱睁神"。得官员秀士,谓之聪明人,一可当三;师僧道士,谓之修行人,一可当二;此外妇人及小儿,则一而已。福州一士,少年登科,行至一处,见古木阴森之下,原设片石,若以憩行人者,即坐其上,遣仆先归旅舍。及仆来呼供餐,已失所在,后得于深山丛莽之间,既剖其肝矣。今湖北鬼区,官司尽已除荡,木阴石片,盖其祀所也。

【冷道者】宋时人。元·刘埙《隐居通义》卷三〇:南丰(今江西南丰)石仙观之前有一巨樟,世传宋延平辛丑岁,有方士冷道者在彼修炼。一日叱木使开,则木腹中虚,因入其中,坐化而逝,未久生合。里人相传以为神。后治平丙午,令公胡若者不信,斧而验之,则见道者兀然而坐,俨然如生。自是历二百年,木不复合。予亲见所斧木窍长盈尺阔数寸,中虚而枝叶茂,冷道者兀坐犹故也。

【冷谦】元、明时人。明·刘玉《已疟编》:"字启敬,杭州人。精音律,善鼓琴,工绘画。元末以道士隐居吴山顶上。明初召为太常协律。尝遇异人传仙术。"明·杨仪《高坡异纂》卷上:"张三丰尝跋冷谦画《蓬莱仙弈图》云:冷谦,武陵(武林,今浙江杭州)人,名启敬,龙阳其号。书无不读,尤邃于《易》。遇异人授中黄大丹,出示平叔悟真之旨,颖然而悟。至至正间,年百余岁,时值红巾之乱,避地金陵,以药济人,其方如神。"明·王鏊《震泽长语》卷下记其一异事如左慈:"其友极贫,求济于谦。谦乃于壁上画一门,入之,金玉烂然。其人恣取以出而遗其引。内库失金,见引上有人姓名,遂执而讯之,遂及谦。吏逮谦,将至城门,谦言渴求饮。吏以瓶汲水,谦即以足插瓶中,其身渐

隐去。吏无奈,但以瓶至御前,上问之,瓶中应如响。令其出,不应,上怒而击瓶,碎之,片片皆应,卒不知所在。"◆按:谦本杭州人,侨居嘉兴。清·许秋垞《闻见异辞》卷一"汪状元详梦"条:"嘉兴玄妙观后有冷仙祠,所祀即冷谦,祷梦甚灵。"其事又见明·都穆《都公谭纂》卷上、明·黄瑜《双槐岁抄》卷三"冷协律"条、明·王鏊《震泽长语》卷下"仙释"。

【冷寿光】东汉末人。晋·张华《博物志》卷五:"魏武帝集方士十六人,皆能断谷不食,分形隐没,出入不由门户。中有冷寿光。"《后汉书·华佗传》:"冷寿光、唐虞、鲁女生三人皆与华佗同时。寿光年可百五六十岁,行容成公御妇人法,常屈颈鹥息,须发尽白,而色理如三四十时,死于江陵(今湖北沙市)。"

协津郎冷谦　世传谦画酷似李昭道有仙奕圆天目山图人多见之

冷谦　明太祖功臣图

【li】

【梨山神】或称"梨岳李侯""李都官"。有二说,❶一说为李回。五代·徐铉《稽神录》卷六:"建州(今福建建瓯)梨山庙。土人云故相李回之庙。回贬为建州刺史,后卒于临川(今江西抚州)。卒之夕,建安人咸梦四乘白马,入梨山。及凶问至,因立祠焉。世传灵应。王延政在建安,与福州构隙,使其将吴某帅兵向晋安。吴新铸一剑,甚利。将行,携剑祷于梨山庙,且曰:'某愿以此剑,手杀千人。'其夕,梦人谓己曰:'人不当发恶愿,吾佑汝,使汝不死于人之手。'既战败绩,左右皆溃散。追兵将及,某自度不免,即以此剑自刎而死。"按:此神即"梨岳李侯",参见该条。❷一说为李频。南宋·洪迈《容斋续笔》卷一:"建安城东二十里,有梨山庙,相传为唐刺史李公祠。予守郡日,因作祝文曰:'亟回哀眷。'书吏持白回字犯相

公名，请改之，盖以为李回也。后读《文艺·李频传》，懿宗时频为建州刺史，以礼法治下。时朝政乱，盗兴相椎敓，而建赖频以安。卒官下，州为立庙梨山，岁祠之，乃证其为频。《稽神录》以为回，徐铉失于不审也。"

【梨园神】戏曲界所祀之梨园神，一称"相公"，一称"老郎"。相公者，或说为唐玄宗朝宫廷乐师雷海青。据说雷精于琵琶，安禄山入长安，掠诸乐师至洛阳，强令奏乐，雷抗拒骂贼而死。闽地梨园祀其神，而去雨存田，称田相公。《三教源流搜神大全》有风火院田元帅，谓为兄弟三人，皆唐玄宗朝乐师，助张天师驱疫鬼，封为神，掌歌舞红娘粉郎，当即由田相公衍化出来。至于老郎神，或说即唐玄宗，或说为后唐庄宗，或说为颛顼之子老童，未知孰是。而以唐玄宗之说较为流行，大约因其大兴梨园，故梨园神祀为保护神。此外梨园的保护神又有"狱猖元帅"（或作五猖）、"西秦王爷"、"田都元帅"、"翼宿星君"、"二郎神"（西秦王爷旁有一犬，实即二郎神与哮天犬的演变）诸说。可分见各条。◆近代名伶李洪春《梨园行供的祖师爷》一文云："梨园行供的祖师爷是唐明皇，道光之后，清朝宫廷内供的是道光皇帝的母亲，称为'御后祖师'。'御后祖师'是头戴冕旒冠的金身像。再一位是翼宿星君，又叫'三丞老郎'，俗称'老郎神'。武戏供'五昌兵马大元帅'。武行单供一位'勦斗祖师'白猿。乐队单供'音乐祖师'李龟年。管戏箱的单供'青衣童子'。青衣童子也叫'指天划地聋哑童子'，尊称叫'指天划地佛'。梳头的祖师是南海观世音。因为观音菩萨是男的，女菩萨像是他的化身。那时旦角都是男演员扮演，所以和观音男变女像拉上了关系，就以他为祖师了。他的牌位总是供在梳头桌的上方，梳头桌子除了戏具用品外，不许放其它物品，否则就是不恭的表现。"

【梨岳李侯】或作"梨山李侯"。庙在建安。南宋·洪迈《夷坚丙志》卷一五："绍兴间，黄师宪自莆田（今福建莆田）赴省试，过建安，诣梨岳李侯庙祈梦。"又《夷坚支志·丁集》卷八"陈尧咨梦"条："建宁城东梨岳庙所事神，唐刺史李频也，灵异昭格。每当科举岁，士人祷祈，赴之如织。至留宿于庙中以求梦，无不验者。"按：此即"梨山神"，说为李频，而又有作李回者，见该条。

【犁魖尸】《山海经·大荒东经》："有神人面兽身，名曰犁魖之尸。"吴任臣以为魖即古"灵"字。

【狸力】《山海经·南山经》：柜山，有兽焉，其状如豚，有距，其音如狗吠，其名曰狸力，见则其县多土功。

【离娄公】《艺文类聚》卷八九引《神仙传》："离娄公，服竹汁饵桂得仙。"按晋·葛洪《抱朴子内篇·极言》，离娄公为彭祖弟子。

犁魖尸　山海经图　汪绂本

狸力　山海经图　蒋应镐本

【离明】周幽王时仙人，即"太阳子"。晋·葛洪《神仙传》卷四："本玉子同年之友，玉子道成，离明乃师事之。好酒常醉，然善为五行之道，虽鬒发斑白而肌肤丰盛。在世间五百岁，方得道成仙。"《仙鉴》卷一〇称"太阳子离明"。

【离明大帝】沈平山《中国神明概论》第三章："道教称炎帝为离明大帝，掌管人间回禄大权。"按：此离明大帝乃火神也。

【离朱】见"离珠"条。

【离珠】《艺文类聚》卷九〇引《庄子》："南方有鸟，其名为凤，天为生食，其树名琼枝，高百仞，以璆琳琅玕为实。天又为生离珠，一人三头，递卧递起，以伺琅玕。"按即"离朱"。据《文选》卷一八《琴赋》注，《淮南子》"离朱之明，察针末于百步之外"，而《慎子》作"离珠"。

【骊山老母】清·俞樾《春在堂随笔》附《小浮梅闲话》："小说中多言骊山老母。骊山老母，实有其人，非乌有也。《史记·秦本纪》：申侯言于孝王曰：'昔我先骊山之女，为戎胥轩妻，生中潏，以亲故归周。'郦山女者，申国之女，故申侯曰'我先郦山女'。申国姜姓，则此女姜氏也。谓之'郦山女'者，申国之君娶于郦山而生此女，故以母名女，谓之郦山女。《汉书·律历志》载张寿王言：'骊山女亦为天子，在殷周间。'考郦山女为戎胥轩妻，正当商周之间，意其为人，必有非常才艺，为诸侯所推服，故后世有传闻为天子之事。而唐宋以后，遂以为女仙，尊曰老母。五代·杜光庭《神仙感遇传》卷一载唐少室书生李筌遇骊山老母，宋郑所南有《骊山老母磨铁杵欲作绣针图》诗。"

【黎道人】宋时人。南宋·洪迈《夷坚支志·庚集》卷八"黎道人"条：黎道人，溧阳（今江苏溧阳）人，足迹遍秦魏。政和间夜走陕西，为虎所窘，窜入三官庙。半夜后，见三道士饮酒，觉而呼之出，食以一枣梨。自是黎道人遂不饥，唯饮水。宣和间，走邢、磁村落，为除狗妖。后归故乡，结庐官道侧，卖药乞食。若有兵寇火疫，率预知。一夕县市大火，黎助之求火，四门各有一黎道人。自是人加崇礼。黎心不能安，忽奄然而逝，宗子买棺葬焉。后有人于建康遇之，寄书谢溧阳人。宗子开棺，仅草履耳。

【黎母】清·屈大均《广东新语》卷八："琼州府城西故有黎母庙。相传雷摄一卵于山中，生一女。有交趾人渡海采香，因与婚，子孙众多，是为黎母，亦曰黎姥。"《（道光）广东通志》卷三二四引《桂海虞衡志》："黎母山之巅，虽生黎亦不能至，相传其上有人，寿考逸乐，不与世接，虎豹守险，无路可攀，但觉水泉甘美绝异尔。"

【黎山老母】《薛丁山征西》小说中谓为樊梨花之师。即"骊山老母"，见该条。

【李阿】三国时人。晋·葛洪《神仙传》卷三："三国时蜀人，常乞于成都市，所得辄散与贫穷。或问吉凶，阿不言，人但观其颜色，若颜色欣然，则吉，若颜色惨戚，即凶，含笑则有大庆，微叹则有深忧，未尝不验。有古强者，疑阿异人，常亲事之，试随阿还，

李阿　列仙图赞

所宿乃在青城山中。后语人受昆仑山召，当去，遂不复还。"葛洪《抱朴子内篇·道意》曰："孙权时蜀有李阿者，穴居不食，传世见之，号为'八百岁公'。"言吉凶事同《神仙传》。明·王世贞《列仙

全传》卷三："李阿逢奔牛，以足胫置车下，轹其骨皆折。阿死，须臾复生，足亦如故。"按：有以李八百即李铁拐者（《三才图会》中二人像极似），此则或因之而来。

【李柳机】明、清间人。清·刘献廷《广阳杂记》卷二：李柳机，不知何许人。行乞于汉口，不畏寒暑，不择饮食，喜啖生肉，语蹇涩不可辨，至人家，辄取纸笔乱书不止，字多不识，间有一二成句者，语多奇中。有乩仙降笔，称为仙人李柳机，其所书诗句，多宗门语，盖宗门中人也。《汉皋小草》中有《李异人传》，纪其事。余遇之汉上，立一木器店前，群儿围绕，柳机带笠，衣绿布棉袄，口喃喃作声。恐此人乃金陵遗老，逃而之禅，别成心疾者，亦可怜矣。

【李八百】其得名，一说以为日行八百，一说以为年八百岁。晋·葛洪《神仙传》卷三："蜀人，莫知其名。卜居于筠阳（今四川筠连）五龙岗。历夏、商、周，年八百岁，又动行则八百里，时人因号为李八百。或隐于山林，或居市廛，后修行于华林山石室，丹成道备，还蜀中。至秦时，知唐公房有志而

李八百　列仙全传

不遇明师，乃先往试之。八百为公房作佣客，公房甚爱之，八百诈为恶疮，公房亲舐之。八百又云：'吾疮已愈，欲得三十斛酒以沐浴。'公房从之。八百浴后体如凝脂，乃告公房：'吾是仙人，特来相试。'遂授公房度世之诀。公房全家饮八百浴后之酒，拔宅飞升。"同书又引《混元实录》云："李脱学长生之道，周穆王时来居蜀之金堂山龙桥峰下，合九华丹。丹成，去游五岳，于海上遇飞阳君，授冰玉之道，还归此山炼药。成，又去，数百年或隐或显，后复回龙桥峰下，丹成，已八百岁。"按：此为葛洪认定之真李八百，而魏晋时又有数人号称李八百者：❶李阿。葛洪《抱朴子内篇·道意》："吴大帝时，蜀中有李阿者，穴居不食，传世见之，

号为八百岁公。"按：《神仙传》卷三"李阿"与"李八百"各立一条。❷李宽。《抱朴子内篇·道意》："后有一人姓李名宽，到吴而蜀语，能祝水治病颇愈。于是远近翕然，谓宽为李阿，因共呼之为李八百，而实非也。自公卿以下，莫不云集其门。而登堂入室高业先进者，不过得祝水及三部符，导引日月，行气而已。"❸李脱。《晋书·周札传》："有道士李脱者，妖术惑众，自言八百岁，故号李八百。自中州至建业，以鬼道疗病，又署官位，时人多信事之。"此为晋时人，是晋之妄人冒古之李脱之名，抑古之李八百冒脱之名，则不可知也。❹李真。明·洪应明《仙佛奇踪》卷一："李八百，蜀人，名真。"按五代·杜光庭《墉城集仙录》卷九言李脱之妹名"李真多"。李脱即八百，不应其名与妹相近如此。❺李洞宾。北宋·黄休复《茅亭客话》卷一："宋初大九井山有虎耳先生李洞宾者，为大名府有道之士，俗呼李八百。"❻李良。北宋·蔡絛《铁围山丛谈》卷五云："有魏汉津者，自云遇李良仙人、世号'李八百'者。"是八百又有姓李名良一说。

【李芨】南宋·洪迈《夷坚丁志》卷一八："字定国，南宋人。寓临安军营中，以聚学自给，暇则游湖山。一日诣净慈寺，于竹径迷路，见一青衣道人，邀食烧笋。食毕，道人不见，芨觉身轻神逸，不复思饮食。后云游名山，隐于青城（今四川都江堰），不久飞升。"《（雍正）山东通志》卷三〇云："金时济南人，寓临安净慈寺。"

【李白】《新唐书》有传，言："白生时，其母梦长庚星，遂以命名。于是而有李白为太白之精之说。风神秀逸，时人有'谪仙人'之目。而平生好道，诗咏多言仙事，因在采石矶捉月而溺死，人又谓之'水解'。"按李白成仙之说不一，大致如下：

李白 晚笑堂画传

❶蜀·何光远《鉴戒录》卷九"梦李白"条："懿宗之代有处士张孜，本京兆人，耽酒如狂，好诗成癖。然于吟讽终昧风骚，尔来二十余年，不成卷轴。孜与李山甫友善，常为山甫鄙之。张乃图写李白真仪，日夕虔祷。忽梦一人自天降下，飒曳长裾。是夕星月晃然，当庭而坐，与孜对酌，论及歌诗。孜问姓名，自云李白。孜因备得其要，白亦超然上升。孜后所吐篇章悉干教化，当时诗者稍稍善之。"❷为天帝掌笺奏，住嵩山。清·王琦《李太白集注》卷三六引《广列仙传》："白龟年，乐天之后。一日至嵩山，一人至前曰：'李翰林相招。'龟年乃趋入。其人褒衣博带，风姿秀发，曰：'吾李白也。向水解，今为仙矣。上帝令吾掌笺奏于此，已将百年。汝祖乐天亦已为仙，现在五台掌功德所。'因出素书一卷遗龟年，曰：'读之可辨九天禽语、九天兽言。'"❸宋·王铚《龙城录》："韩退之尝言李太白得仙去。元和初，有人自北海（今山东潍坊）来，见太白与一道士在高山，笑语久之。顷道士跨赤虬而去，太白耸身健步追及，共乘之东去。"❹为东华上清监清逸真人。宋·赵令畤《侯鲭录》卷二："东坡先生在岭南言：元祐中，有见李白在酒肆中，诵其近诗云：'朝披梦泽云，笠钓青茫茫。'此非世人语也，少游尝手录其全篇，叙云：'观顷在京师，有道人相访，风骨甚异，语论不凡，自云尝与物外诸公往还，口诵二篇，云东华上清监清逸真人李白作也。'"又明·钱希言《狯园》卷二"紫霞碧洞"条：正统间，嘉善姚绶，一夕，梦有大宾过其门，屣履出迎，望之则鹤氅云冠，道貌秀异，真神仙中人也。既坐定，请其姓名，对曰："我即唐朝李白，今为紫霞碧洞主矣。"觉而惊异。

【李班】❶苻秦时人。唐·段成式《酉阳杂俎·前集》卷二：好道术，入卫国县（今河南卫辉）西番瓜穴中，行三百步，朗然有宫宇，见二人对坐，须发皓白。班拜床下，一人曰："卿可还，无宜久住。"班还至家，已过四十年矣。❷唐时人。《（雍正）四川通志》卷三八之三：为蜀人。得黄石公丹道，改名栖真，号太虚。诣武夷山潜修七月，归经龙虎山。先一夕，雩坛有梦真人者，时旱，祷弗应。次日班至其处，梦者指为真人，群请祷，应时降雨。后至真州（今江苏仪征）玉虚庵，以道授张紫阳。寻归青城山，以九月九日上升。

【李鼻涕】宋时人。南宋·洪迈《夷坚志补》卷一九"李鼻涕"条：绍兴初，刘延仲寓居秀州，常见道人过门，丫髻垢衣，或从求药，则以鼻涕和垢腻为丸与之，因目为李鼻涕。刘疑其异人，延坐良久，曰："今日适无酒可以为乐。"李笑曰："床头珍珠泉一尊，何吝也?"刘大笑，呼童开尊。李曰："不必，但将一空瓶来。"索纸覆之，少顷，香溢于外，成美酒矣。明日，刘有他客，乃出珍珠泉，启之，印泥俨然，而中空无滴矣。◆明·王世贞《列仙全传》卷七作"宋绍圣初"，应是"绍兴"之误。

李鼻涕 列仙全传

【李冰】《史记·河渠书》载："李冰为秦蜀郡（今四川成都）守，凿离堆，辟沫水之害，穿二江成都之中，百姓享其利。"东汉·应劭《风俗通义》（《御览》卷八八二引）则云："秦昭王（晋·常璩《华阳国志》以为秦孝文王，甚有以为秦孝公者）使李冰为蜀守。江水有神，岁取童女为妇。冰佯以己女与神婚。至日，冰

李冰石像

自至祠，上神座进酒，先投杯，拔剑与神斗。忽不见，良久，有二苍牛斗于岸。有顷，冰还，嘱官属曰：'南向腰中正白者，我绶也。'再斗，官属刺北向者，江神遂死。"此后传说大抵本此而加详焉。如《太平广记》卷二九一引《成都记》："李冰为蜀郡守，有蛟岁暴，漂垫相望。冰乃入水戮蛟。已为牛形，江神龙跃，冰不胜。及出，选卒之勇者数百，持强弓大箭，约曰：'吾前者为牛，今江神必亦为牛矣。我以大白练自束以辨，汝当杀其无记者。'遂呼吼而入。须臾雷风大起，天地一色。稍定，有二牛斗于上。公练甚长白，武士乃齐射其神，遂毙。从此蜀人不复为水所病。至今大浪冲涛，欲及公之祠，皆弥弥而去。故春冬设有斗牛之戏，未必不由此也。祠南数千家，边江低坼，虽甚秋潦，亦不移适。有石牛，在庙庭下。唐大和五年，洪水惊溃。冰神为龙，复与龙斗于灌口（在四川都江堰），犹以白练为志，水遂漂下。左绵、梓、潼，皆浮川溢峡，伤数十郡。唯西蜀无害。"◆按二牛斗于水，民间传说屡见。除习见之许逊除蛟事外，又有陈灵洗事，见该条。又清·袁枚《续子不语》卷一"白龙潭"条，亦记弥勒县白龙潭龙化为黑白二羊斗。◆按北宋·黄休复《茅亭客话》卷一即以李冰为道家神仙："李冰自秦时代张若为蜀守，实有道之士也。蜀困水难，至于白灶生蛙，人罹垫溺久矣。公以道法役使鬼神，擒捕水怪，因是壅止泛浪，凿山离堆，辟沫水，于南北为二江，灌溉彭汉，蜀之三郡沃田亿万顷，仍作三石人，以誓江水曰：'俾后万祀，水之盈缩，竭不至足，盛不没肩。'又作石犀五，所以厌水物。于是蜀为陆海，无水潦之虞。"至《仙鉴》卷一〇则以李冰为上古神仙："李冰，蜀川得道之士，役御鬼神，驱斥云龙，无所不能。当开明氏（传说中之古蜀王）时，游息于蜀。至秦孝文王时又为蜀守。"至清人陈怀仁《川主三神合传》，竟言"李冰姓杜宇，号浮丘，为蜀主鱼凫裔孙。至周威烈王时，冰之祖犹为蜀主，即望帝。秦孝公时，冰始生。习诗礼，精河图洛书。稽元牒，定姓李，定名冰，复号浮丘子、浮丘伯、浮丘公、浮丘翁。六国称王，冰怫然遁深山。蛰居峨嵋，与鬼谷子为友。至秦惠王取蜀，先使张若守蜀，继以冰代之"云云。最为无稽。◆李冰亦称"灌口二郎"。南宋·曾敏行《独醒杂志》卷五："有方外士为言，蜀道永康军（今四川都江堰）城外崇德庙乃祠李冰父子也。太守名冰，秦朝人，尝守其地。有龙为孽，太守捕之，且凿崖中断，分江水一派入永康，锁孽龙于离堆之下，有功于蜀，人至今德之，祠祭甚盛。每岁用羊至四万余，凡买羊以祭，偶产羔者亦不敢留。永康藉羊税以充郡计。江乡人今亦祠之，号曰'灌口二郎'。每祭但烹一膻，不设他物，盖自是也。"◆李冰有功于民，历代奉祀不绝。而朝廷封典，有云始于唐玄宗幸蜀，追加司空相国者（《仙鉴》卷一〇）。而宋·高承《事物纪原》卷七云："广济王，在永康军导江县，李冰庙也。伪蜀封大安王，孟昶又应圣灵感王。宋开宝七年改号广济王。"《宋史·礼志八》云："永康军李冰庙，已封广济王，近乃封灵应公。"《清文献通考·群祀考二》云："雍正五年

封四川灌县都江堰口李冰为敷泽兴济通佑王。"

【李播】唐·戴孚《广异记》：唐高宗将封东岳，而天久霖雨。帝疑之，使问华山道士李播，为奏玉京天帝。因遣仆射刘仁轨至华山，问播封禅事。播云："待问泰山府君。"遂令呼之。良久，府君至，拜谒庭下，礼甚恭。播云："唐皇帝欲封禅，如何？"府君对曰："合封，后六十年，又合一封。"播揖之而去。时仁轨在播侧立，见府君屡顾之。播又呼回曰："此是唐宰相，不识府君，无宜见怪。"既出，谓仁轨曰："府君薄怪相公不拜，令左右录此人名，恐累盛德。所以呼回处分耳。"仁轨惶汗久之。播曰："处分了，当无苦也。"其后帝遂封禅。播，淳风之父也。

【李伯山】梁·陶弘景《真诰》卷一五：其童初府有王少道、范叔胜、李伯山，皆童初府之标者。少道，汉时人王遴儿也，汉时山阳太守。范叔胜，北地人也，魏文帝黄门郎。李伯山，李冲父也，冲汉时为白马令，行阴德，或积世有道，中行所钟。

【李伯行】南宋·张端义《贵耳集》卷中：名山大川皆有神司之。浔州一土神，并无土偶像，但有一木主，长五尺余，半在地，书云"唐御史李伯行"。殿上金银罗列，无一敢擅取者，立见报应。

【李常在】晋·葛洪《神仙传》卷三（《说库》本）：蜀郡（今四川成都）人。少治道术，为人医病，百姓累世奉事之，计其年已四五百岁而不老，常如五十许人。在家有二男一女，各嫁娶后，乃离家去。后三十年，居地肺山（即茅山），又娶妇生儿。后七十年，常在忽去，到虎寿山下，复娶妻生子。因世世见之，故称常在。

【李赤肚】明人。明·李日华《六研斋笔记》卷二："李赤肚，或云'出度'。伟岸疏野，饮酒至一石，啖肉数斤。常禁人不得泄气，大小遗节，忍至十日半月，非大闷绝不解也。礼严头陀为师。头陀去后，赤肚时在吾郡（嘉兴）。"又明·支允坚《梅花渡异林》卷四所载稍异："李道人者，徽之黟人，生于正德庚午望日，甫十岁，父殁，肆情酒色。中年病羸七载，濒死，忽有丐者至，为疗七昼夜，病霍然。问其姓名，曰：'吾乃丘长春十代孙清净敖蓬头也。'问宅里，则指东海上而已。于是道人与所昵之妓凤仙皆为徒三年，尽得其还丹修炼之术。一日同登天目，丐者忽不见，道人益虔奉之，筑庵于万年县，居凤仙为道姑，而自弃妻子孳利，云游天下。初走全州之湘山，更历太和山，与元时阎道人共证真修。从此不著衣履，虽严冬大雪，赤身以

为常，人皆呼为'赤肚子'云。居十年，转入终南山，与铁帽道人为侣。其年可数百，不知何许人。又十年之匡庐，又三年至茅山。万历己亥，大宗伯王忠铭迎至留都，都中公卿皆以睹道人为幸。大约道人以欢喜作缘，以游戏说法，冬夏一衲，不襦不袴，叩齿掠发，不辍于时，浩歌大笑，不绝于口；能一日九食，又能九日一食。"《神异典》卷二五八引《黟县志》"李赤肚"条则云："入终南山，与铜帽道人为侣。"

【李充】东汉·郭宪《洞冥记》卷二：冯翊人，自言三百岁，汉时伏生十岁就之学《尚书》。常经旬不语，人问之，云："世间无可食者，亦无可语者。"帝闻其神异，乃聘之。充负"五岳真形图"而至。帝礼待之，亦号"负图先生"。◆《洞冥记》另本作"李克"。陈继儒《香案牍》作"季充"。

【李崇】东汉时人。南宋·范成大《吴郡志》卷四〇引《真诰》："李崇，吴郡（治在今江苏苏州）人。少好道。林屋仙人王玮玄授之以流珠丹之法，曰：'子行此道，亦可以出身仕宦，无妨仙举。'崇遂仕，至宛陵（今安徽宣城）令。虎豹避去，蝗不入境。累迁汝南太守。年七十四，玮玄授以隐解法，去入大霍山，又受玮玄遁化泥丸紫户术以度世。今在华阳洞中为左理中监，准太府长史云。玮玄，楚庄王时人也。"◆按：梁·陶弘景《真诰》卷一二："韩崇，后汉吴郡毗陵（今江苏常州）人，字长季。少好道，林屋仙人王玮玄曾授以流珠丹一法，修之有验。玮玄云：'子行此道，仕宦无妨仙举。'"是李崇为韩崇之误也。

【李淳风】唐时人。《旧唐书》本传："李淳风，岐州雍（今陕西凤翔）人也。父播，弃官而为道士，自号黄冠子。淳风幼俊爽，博涉群书，尤明天文、历算、阴阳之学。贞观初，授将仕郎，直太史局。十五年，除太常博士。寻转太史丞，预撰《晋书》及《五代史》，其《天文》《律历》《五行志》皆淳风所作也。又预撰《文思博要》。二十二年，迁太史令。初，太宗之世有《秘记》云：'唐三世之后，则女主武王代有天下。'太宗尝密召淳风以访其事，淳风曰：'臣据象推算，

李淳风

李淳风　说唐演义全传

其兆已成。然其人已生，在陛下宫内，从今不逾三十年，当有天下，诛杀唐氏子孙歼尽。'淳风每占候吉凶，合若符契，当时术者疑其别有役使，不因学习所致，然竟不能测也。"◆按：自五代之后，民间盛传《推背图》，云即李淳风所著。又有所谓《藏头诗》者，亦据《唐书》本传与太宗问对"女主武王"事演成。《太平广记》卷七六引《国史异纂》及《纪闻》："唐太史李淳风，校新历，太阳合朔，当蚀既，于占不吉。太宗不悦曰：'日或不食，卿将何以自处？'曰：'如有不蚀，臣请死之。'及期，帝候于庭，谓淳风曰：'吾放汝与妻子别之。'对曰：'尚早。'刻日指影于壁：'至此则蚀。'如言而蚀。不差毫发。太史与张率同侍帝，更有暴风自南至。李以为南五里当有哭者，张以为有音乐。左右驰马观之，则遇送葬者，有鼓吹。又尝奏曰：'北斗七星当化为人，明日至西市饮酒，宜令候取。'太宗从之，乃使人往候。有婆罗门僧七人。入自金光门，至西市酒肆。使者登楼，宣敕曰：'今请师等至宫。'胡僧相顾而笑曰：'必李淳风小儿言我也。'"唐·张鷟《朝野金载》卷六："唐太宗极康豫。太史令李淳风见上，流泪无言。上问之，对曰：'陛下夕当晏驾。'太宗：'人生有命，亦何忧也！'留淳风宿。太宗至夜半，上奄然入定，见一人云：'陛下暂合来，还即去也。'帝问：'君是何人？'对曰：'臣是生人判冥事。'太宗入见，判官问六月四日事，即令还，向见者又迎送引导出。淳风即观玄象，不许哭泣，须臾乃窹。至曙，求昨所见者，令所司与一官，遂注蜀道一丞。上怪问之。选司奏：'奉进止与此官。'上亦不记，旁人悉闻，方知官皆由天也。"按：《西游记》唐太宗入冥故事，即本于此。

【李慈德】唐时妖人。唐·张鷟《朝野金载》卷三：唐大足年中，有妖妄人李慈德，自云能行符书厌。则天于内安置。布豆成兵马，画地为江河。与给使相知，削竹为枪，缠被为甲，三更于内反。宫人扰乱，相投者十二三。羽林将军杨玄基闻内里声叫，领兵斩关而入，杀慈德、阉竖数十人。

【李存忠】明时人。明·何乔远《（崇祯）闽书》卷一三八：桥仙李存忠，性冲和，善笑寡言，缝衣糊口养母。母死，寄食于兄，而不为嫂所容，馨身出居升仙桥之鹊梁下。单衣敝席，别无他物，饥则就饮者而止之，不言，人与言，但嘻笑而已。市中童子皆呼为"桥仙"。寒暑数十年，其容莞然，其体充然。隆冬仅单衣，雪中暖气如蒸。逝后又有人

见之于武夷。时万历二十五年也。

【李道人】❶见"李赤肚"条。❷清初亦有一李道人。清·钮琇《觚剩》卷四"半仙"条：李道人言未来事多奇中，甲午从山东入京，皆称为半仙。朱少宰鼎延，有子应顺天试，询得隽否？李大书云："有田皆种玉，无马不成龙。"朱以为嘉兆。及榜发，解首乃田种玉，而末名马成龙也。

【李洞】《（雍正）江西通志》卷一〇四："元丰中，宜黄（今江西宜黄）邹极好方士，李洞往谒之。一日乘醉求卧，极授以珊瑚枕，碎之，极愠于色，翌日复至，索破枕粘以胶，复完如故。邀同游曹、黄二山，极不欲往，洞指照壁所画楼阁叱之，户忽开，洞遂跃入不见，画亦不存。"按：此"李洞"或由"吕洞宾"而误。《玉芝堂谈荟》卷二四"佛面泉"条："宜黄县有玉斧泉。宋提刑邹极置别墅其旁，有道人自称姓吕，来辄索酒醉眠。公以珊瑚枕与之，戏掷地而碎，袖往井中，浣濯复完，随于井上书玉斧泉三字。今于井上顿足，则起二泡，合成'吕'字，盖仙迹也。"又《（雍正）江西通志》卷四〇亦言姓吕，且云："尝于壁画画一圆图，径不满八寸，楼阁女乐皆具。吕遽跃入，图亦渐褪。"

【李洞宾】北宋·黄休复《茅亭客话》卷一：宋初太平兴国五年，诏大九井山虎耳先生李洞宾赍香于绵州（今四川绵阳）罗璝洞。先生大名府有道之士，时呼为李八百，云已八百岁，如五十许，童颜鬓发，行速言徐。

【李都官】即"梨岳李侯"也。《（雍正）浙江通志》卷二二四："李都官祠，《严陵志》：'神名频，邑人，仕唐为建州刺史，卒而降灵其土。建人立庙于梨山以祀之。'"参见"梨山神"条。

【李恩主】仇德哉《台湾之寺庙与神明（二）》：台湾宜兰县奉祀主神。其人有二说：一说名李巨川，字少舟，少时力学，及长，著书劝善。后得道成仙。一说名李观涛，字少舟，号道观，为商纣王之臣，封邑陇西而为王卿士。纣王囚西伯姬昌，观涛谏而不从，遂辞卿士而归封地。武王灭商后，隐居，与门徒马、雷、何、陶俱成仙道。灵迹著于陕西。而据两《唐书》所载，李巨川为唐时陇西人，字下己，僖宗乾符间进士。河中（今山西永济）王重荣讨黄巢，书檄皆出其手。昭宗时为朱温所杀。此李恩公当系唐人为是。

【李二郎】李冰之子，或即"灌口二郎"。清·陈祥裔《蜀都碎事》卷一："蜀人奉二郎神甚虔，谓

之'川主'，其像俊雅，衣黄服，旁立扈从，擎鹰牵犬，然不知为何神。询之土人，莫有知者。谨按《名宦志》，秦昭王时，蜀刺史李冰行至湔山，见水为民患，乃作三石人以镇江水，五石牛以压海眼，十石犀以压海怪，遣子二郎董治其事。因地势而利导之，先凿离堆山，以避沫水之害，三十六江以次而沛其流。由是蜀中沃野千里，号为陆海。一日巡视水道，至广汉郡（治在今四川广汉），游石亭江而上，至后城山，遇羽衣徐谓李公曰：'公之德泽，入于民也深矣。上帝有命来迎。'遂升天而去。事闻于朝，敕封昭应公。至汉时，加封大安王，以其大安蜀民故也。元至顺元年，更封圣德宽裕英惠王，其子二郎神，封为英烈昭惠灵显仁佑王。而平武县玉虚观，有宋御制封二郎神碑，今见存，可考。世以为姓张，又为天帝之甥，则流俗传讹也。"宋·高承《事物纪原》卷七："元丰时，国城之西，民立灌口二郎神祠，云神永康导江县（在今四川都江堰）广济王子。王即秦李冰也。《会要》所谓冰次子'郎君神'也。宋后敕封灵惠侯。"

【李方回】《天地宫府图》七十二福地之第十二大若岩（在今温州永嘉县），属地仙李方回治之。其人不详。

【李奉仙】西汉时人。《仙鉴》卷一二：东蜀人。自幼不语。年十八，常欲寒栖以避臭茹。人问之，曰："知白守黑，道贵昏默。我师南岳公云：吾周灵王太子吹笙者也。今授子朱纲之法，将升度南宫。"云云。言讫遂隐，汉宣帝诏，不起。

【李福达】明时人。明·钱希言《狯园》卷二："李福达，嘉靖初扶沟县人。故为千侯。能分身散影，役使山魈，坐致行厨，兴腾云雨，飞沙走石，灵奇幻设之事不可胜纪。是时大狱始定，阁臣张璁、桂萼秉朝政，以其妖妄患之，械系其坚，使狱卒共守，而报京城内外戏场聚处皆有福达。"《狯园》并记福达神异事十余条。而清·王士

李福达　剑侠图传

祯《居易录》卷三四略述其事云："妖人李福达亡命吴中，匿常州杨七郎家。酒间辄唤屏风上美人下地歌舞。郡仓后有潭，深不可测，有蛟为祟。福达作符，令太守左右妥童持以入水，顷之，童握蛟出水，蛟甚巨，福达咒之，仅可五尺许，乃杀之，怪遂绝。又客华亭朱尚书家，一日告别云将往京师，且求二纲纪送之。既抵燕，令仆南归。归之明日，尚书方登台饮酒，福达忽从天而下，复留经年而去。"

【李根】三国魏人。晋·葛洪《神仙传》卷一〇：字子源，许昌（今河南许昌东）人，历世年貌不老。能变化，入水火中，坐致行厨，能供二十人，皆四方珍异之物。预言太尉王凌当族诛，已而果然。自言于汉元封中学道，至今已七百年，未得大丹之道，唯为地仙。

【李国用】南宋末人。《宋稗类钞》卷三〇："李国用，登州人。尝为卒，遇神仙教以观日之法，能洞见肺腑，世称神明。兼能望气。襄阳未破时，元世祖命即其军中望气，行逾两三舍，即还奏曰：'臣见卒伍中往往有台辅气，襄阳不破，江南不平，置此人于何地？'未几果下襄阳。"元·陶宗仪《南村辍耕录》卷四："尝于座中见赵孟俯，时赵患面疮，国用见即起迎，谓众曰：'我过江来仅见此人。面疮愈后即面君矣。此人官至一品，名闻四海。'后如其言。"

【李含光】唐时人。《云笈七签》卷五：父本名弘孝威，号贞隐先生，因避唐敬宗讳，改姓李氏。含光十三岁辞家奉道。后事贞一先生司马承祯。撰《仙学传》《论三元异同》《真经》《本草音义》。大历间化去，年八十七。其入室弟子为韦景昭、孟湛然。◆按：此人当即李涵光，参见"葛三"条。

【李涵光】即李含光。见"葛三"条。

【李汉雄】唐时人。《太平广记》卷八〇引五代·徐铉《稽神录》：李汉雄者，尝为钦州刺史，罢郡，居池州。善风角推步之奇术，自言当以兵死。天祐丙子岁，游浙西，始入府而叹曰："府中气候甚恶，当有兵乱，期不远矣。吾必速回。"既见，府公厚待之，留旬日，未得遽去。一日晚出逆旅，四顾而叹曰："祸在明日，吾不可留。"翌日晨，入府辞，坐客位中，良久曰："祸即今至，速出犹或可。"遂出至府门，遇军将周交作乱，遂遇害于门下。

【李和】见"麻衣子"条。

【李合】东汉时人。《后汉书·方术列传》：字孟节，汉中南郑（今陕西南郑）人。通五经，善

《河》《洛》风星。和帝即位，分遣使者，皆微服单行，至州县观采风谣。便使者二人当到益部，投合候舍。时夏夕露坐，合因仰观，问曰："二君以京师时，知朝廷遣二使否？"二人惊问："何以知之？"合指星示云："有二使星向益州分野。"其子即太尉李固。

【李贺】唐诗人，《唐书》有传。唐·张读《宣室志》"李贺"条："年二十四，卒，母念子深，哀不能解。一日梦贺来，云：'某虽死，非死也，乃上帝命。上帝近迁都于月圃，构新宫曰白瑶，召某为记也。今为神仙，甚乐。'"明·陈耀文《天中记》卷一引

李贺　列仙全传

《尘外志》则云："贺将终，昼见神人驾赤虬来，奉上帝命，云上帝白玉楼成，召贺为记。"

【李弘】晋时人。《晋书·周札传》："有道士李脱者，妖术惑众，自言八百岁，故号李八百。自中州至建业，以鬼道疗病，又署官位，时人多信事之。弟子李弘，养徒灊山，云应谶当王。"◆按：《老君变化无极经》有"老君变化易身形，木子为姓讳弓口"语，以李弘为老君化身，《太上洞渊神咒经》有"木子弓口，王治天下，天下大乐"之语，故此后起事者多托名李弘以应谶。如《隋书·炀帝纪》大业十年"扶风人唐弼举兵反，众十万，推李弘为天子，自称唐王"。即是。详见汤用彤《康复杂记》、唐长孺《魏晋南北朝史论拾遗》、卿希泰主编《中国道教》❶"李家道"条。

【李侯】明·陆楫编《古今说海》卷九五《三朝野史》：潘丙、潘壬于湖州册立济王为帝，事败，济王被鸩死，二潘枭首，又欲屠湖州一城人民。夜史弥远梦李侯太尉求免，遂追回原命。一城生灵均拜李侯更生之赐，至今长兴李侯庙人民敬祀，以报威灵。◆按：南宋时建安与长兴有二"李侯"，因非一人而俱有名于时，故以"梨岳李侯"及"威济李

侯"别之。救湖州者疑是"威济"。参见"威济李侯"及"李烈士"条。

【李惠姑】梁·陶弘景《真诰》卷一二："齐人夏侯玄之妻，昔世有仁行，得仙。"按：三国曹魏有夏侯玄，然为冯翊人，非齐人。

【李岌】五代·杜光庭《神仙感遇传》卷一：李岌，桂州人。采樵歇于大树下，见树枝间有一卷书，取而看之，或有识者，皆鬼神之名，读其名字，鬼神随应之。遂能役使鬼神，隐形藏影，或步行水上，或喝水逆流，变化万端，无所不可。人或疑其幻化，欲擒之于官。乃曰："我自法戏，不扰于人，何为怪也。"复隐居阳朔山修道，至今犹在。

【李贱子】南宋时人。明·彭大翼《山堂肆考》卷一五〇："李仙者，宋融州（今广西融县）人，名贱子。佣于柳城孙龙氏家为耕奴。性喜眠，龙氏常责之。贱子乃结草为人，驱使耕牛。龙氏惊遣之。嘉泰中化去。"清·汪森《粤西丛载》卷一一："为人除邪去疫，不假符咒立验。年八十余卒，葬时举棺甚轻。"

【李鉴夫】北宋时人。《仙鉴》卷五〇：不知何许人。宋太宗太平兴国初来游蓬池，居开元精舍。一日有剑出先生眉间，烁烁如电。先生弹其铗，且歌且舞，复纳于眉间。都寺始礼异之。俄醉踣于路以卒，官为瘗之。未几，先生见于旁郡。发其葬，失所在。

【李教】北宋时人。北宋·王铚《默记》卷中：李教者，都官郎中昙之子。自少不调，学左道变形匿影飞空妖术，既成而精，同党皆师而信服焉。昙之母以夏月昼寝于堂，而堂前阶井中忽雷电霹雳大震，续有龙自井飞出，昙母惊怖而死。家人徐视之，龙乃教所变也。昙见母死，怒杖教垂死，逐出。教与恶少年薄游不检，一日书娼馆曰："吕洞宾、李教同游。"昙知其尚存，遣人捕之，教惶窘自缢死。后王则叛于贝州，其徒皆左道用事，闻教妖术最高，声言教为谋主。朝廷大骇，捕昙及教妻儿兄弟下狱。虽昙言教被逐出自缢死，终不信也。又于娼馆得教所题，诏天下捕李教及吕洞宾二人。后知李教真死矣，乃独捕吕洞宾。甚久，乃知其寓托，无其人。◆或作"李校"。《欧阳修集》卷三三《镇潼军节度观察留后李公墓志铭》：李公初在冀，捕妖人李校，校穷，自经死，验得实矣。后贝州妖贼王则闭城叛，声言校在以惑众，公坐贬官。已而则诛，城开无李校者，乃还公防御使。

【李节】五代·刘崇远《金华子杂编》卷下：李

节，得道之士。通三礼，工欧阳书。自称东山道士，居止无定所。率多游于市井之间，纵饮酒肆。见士人，谓曰："速将二千钱来，二十日内教你欧书。"从之果然。又善射，兖州节度使王庶人闻之，迎而就试。节曰："当于隙所置一物，但略言，节可中也。"王公乃以小仆于球场内，以箸笼覆之，谓节曰："西望射之。"节曰："不识此奴可射乎？"王曰无妨。既发箭，王公使人视之，奴已贯心而毙矣。王大惊，欲从之学。节曰："不可，今日学成，明日即反矣。"王心恶之而不敢言。后节归山东，尸解而去。

【李金儿】元末女子。明·朱国桢《涌幢小品》卷二九：李金儿，章丘（今山东章丘）人。明敏妙丽，诵经史百家书，精于医卜，言祸福皆回应。侍张士诚妃曹氏，以卜艺见知。士诚据高邮（今江苏高邮），为元丞相脱脱所围，城垂破，金儿卜之，谓当固守，敌且退。俄报脱脱削官爵，铁甲军皆散去，遂开门纵击，大破元军。女见士诚横骄，每为高论劝之，不用。士诚欲册金儿为金姬，女知不免，拜跪祝天，闭目奄然而死。士诚葬之福山江口。未几，明兵来攻，士诚屡败，思其言，加封仙妃，祠而卜之。其夜，士诚妻刘氏梦姬泣曰："国事大错，难为计矣。"后又梦姬抚士诚二子曰："有不测，当阴佑之。"姑苏将破，刘以二子付姬母，匿民间。兵事定，二子随李母至章丘，长冒李姓。◆即"金姬"，见该条。

【李靖】《唐书》有传。为唐时名将第一，即历世名将中，能与韩信并提者，亦李靖一人而已。兵为凶事，杀人盈城，乃李靖死后竟有传其为仙者。《太平广记》卷二九引《原仙记》云，唐大历中，有人于嘉兴深山中见李靖，并授以长生方。至于李靖为神之传说，更有数种：❶唐·李复言《续玄怪录》卷四言："李靖微时，因射猎灵山，会暮，阴晦迷路，投宿人家，不意乃为龙神之

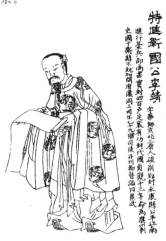

李靖　凌烟阁功臣

宅。适奉天符，次当行雨。遂请李靖代龙神行雨。而后世遂传为地方雨神。"《（雍正）山西通志》卷一六四："风雨神庙，在翠城县四望村，其神唐卫公李靖。"❷南宋·洪迈《夷坚丁志》卷一一："温城东有李卫公庙，州人每请祷祈梦，无不验。"❸元·冯端临《文献通考·郊社考》卷二三："灵显王庙在郑州城东仆射陂侧，是陂本后魏赐仆射李冲，唐末建庙，因陂为名，俗传李靖神也。后唐天成二年，册赠靖为太保，晋加号灵显王。"❹明·朱国桢《涌幢小品》卷一九："安吉州（今浙江安吉）有李卫公庙。每八月十八日，相传为卫公生日，众先期酿金，演扮先代人物，昼夜不绝，谓之'李王会'。"❺又为常熟土地神，庙在金泾。见姚宗仪《常熟私志》。而尤须一提者，即《封神演义》中，李靖竟成托塔天王之名。此似荒唐，然非无稽。托塔天王即毗沙门天王，在唐玄宗之后立庙州郡，奉为战神。而李靖在唐，实为战神，应为西北军将奉祀，或唐时即有李靖为毗沙门转世之说，亦未可知。唯在小说中，李靖只是托塔天王，而与唐之李靖毫无相似之处矣。

【李琚】即"灵派侯"，见该条。

【李珏】❶五代·沈汾《续仙传》卷中：唐广陵江阳（今江苏扬州）人，年十五，贩籴为业，授人以升斗，俾令自量，不计时之贵贱。年六十时，有道士教其胎息。至八十，不改其业。及相国李珏节制淮南，珏以新节度与己同名，乃改名为李宽。珏夜梦入洞府，见石壁有金字，列珏名，字长二尺，极喜，自谓名登仙籍。有二童出，珏问此地何所，答曰："华阳洞天，此姓名非相公也。"珏惊，复问此李珏为何人。仙童曰："此相公江阳部民也。"珏醒后，令人访求同姓名者，数日，方得李宽旧名李珏，遂以车迎入府中，斋沐拜谒，谓为道兄，问以道术。宽辞以不知，而授以胎息之术。宽年百余岁，尸解而去。❷明·王世贞《列仙全传》卷八：李珏，字双玉，崇庆州人。既得黄房公金丹之道，改名栖真，号太虚。往武夷，潜修半载，回经龙虎山，为祷雨而应。后至真州（今江苏仪征）玉虚庵，以道授张紫琼。入青城山，莫知所终。◆按：黄房公即元时人宋德芳。

【李君神】李树而祀为神者。东汉·应劭《风俗通义·怪神》：汝南南顿（在今河南项城西）张助，于田中种禾，见李核，置空桑中，以余浆灌之。后人见桑中复生李，转相告语。有病目痛者息于树下，言："李君令我目愈，当谢以一豚。"后目痛自

愈，远近传闻，号"李君神"，树下车骑常数千百，酒肉滂沲。一年之后，张助远出归来，见之，惊云："此有何神？乃我所种耳。"因斫之。

【李客】《太平广记》卷八五引五代·景焕《野人闲话》：李客者，不言其名，常披蓑戴笠，系一布囊，在城中卖杀鼠药。或有人买药，即曰："此不惟杀鼠，兼能疗人众病。但将伴餐之，即愈。"人恶其鼠药，少有服饵者。有百姓张赞，卖书为业。父年七十余，久患风疾。一日因鼠啮其文字数卷，赞买药将以饲鼠。赞未寝，灯下见大鼠数头出，倏忽皆有羽翼，望门飞出。赞深异之。因就李客语之。客曰："应不是鼠，汝勿诞言。"赞更求药，言已尽矣。从此遁去。其父取鼠残食之，顿觉四体能屈伸，下床履步如旧日。

【李孔目】即八仙中的李铁拐。元·岳伯川《吕洞宾度铁拐李岳》杂剧，李岳为郑州"六案都孔目"，孔目乃官吏名。至清·徐道《历代神仙通鉴》卷五则云：李凝阳元神借饿殍之壳还魂，黑脸蓬头，卷须巨眼，跛右一足，形极丑恶。老子赠以金箍束其乱发，铁拐拄其跛足。凝阳依言结束，以手扪两眼如环，遂自号"李孔目"，世称为"铁拐李先生"。《缀白裘》十一集杂剧《堆仙》一折，王母上寿八仙中作"姚孔目"："姚孔目将铁拐拄护得千秋。"

【李宽】❶号称为"李八百"者之一。晋·葛洪《抱朴子内篇·道意》："后有一人姓李名宽，到吴而蜀语，能祝水治病颇愈。于是远近翕然，谓宽为李阿，因共呼之为'李八百'，而实非也。自公卿以下，莫不云集其门。后转骄贵，不复得常见，宾客但拜其外门而退。其怪异如此。于是避役之吏民，依宽为弟子者恒近千人，而登堂入室高业先进者，不过得祝水及三部符，导引日月，行气而已。……余亲识多有及见宽者，皆云宽衰老羸悴，起止咳噫，目瞑耳聋，齿堕发白，渐又昏眊，或忘其子孙，与凡人无异也。吴大疫，宽亦得温病，死于庐中。"❷见"李珏"条。

【李坤】清·王士禛《池北偶谈》卷二六"李坤"：蔡琬，字玉汝，仕为粤东令，罢官不归，流寓山寺。一日于市肆遇道人，曰秦人李坤，精于《易》。蔡因拜求其学。李曰："可斋戒拜天四十九日，然后可教。"如其言，乃为剖晰河洛精义，留止五年，尽得其奥。将别去，语蔡曰："此后二十年癸丑岁，汝必游京师，是岁十二月二十日，即当扃门户，百日不见一人，否恐不免，慎之慎之。更几载某岁某日，与汝相见房山。"康熙十二年癸丑，蔡客京师，

如其所戒。是时果有妖人杨起龙之变，都门戒严，多所刑戮，至二三月始定。又二年乙卯某月日，忽有童子叩门云："师在房山相待。"蔡疾驰往，道人独坐树下，与语移晷，别去，云将归华山旧居。

【李老】❶《仙鉴》卷四四：唐末人。世业医，善鼓琴，自言得嵇康之妙。醉堕空井，行见一洞，门题玄都洞，见一道士，便鼓《广陵散》。道士云："嵇康即尔前身。"饮以石髓，赠以药方，令闭目，乃在青州（今山东青州）北门外。归家，合药治病，无不愈。后数年，断谷，因访枯井，一去不归。❷清·慵讷居士《咫闻录》卷二"李老人"条：陕西楼观台，常有道士往来。有一道人李老，不言何处人，其音似北方。不言年岁，时有年九旬者，幼时即见之。身穿大袖布衲，头戴草帽，冬夏皆赤足而行，人称"赤脚李半仙"。所谈多明末清初时事。载其异事数则，不录。

【李烈士】明·王鏊《（正德）姑苏志》："神姓李名禄，长兴县童庄人。庙记曰：神宋嘉定十七年生，生即有灵，人叩以雨旸祸福事，必应。年十八，告乡人曰：'吾将适山东之胶州。'遂坐逝。理宗时济王谋反事露，丞相史弥远欲屠长兴一城。将行，理宗梦白衣者曰：'臣李姓，吴兴（今浙江湖州）土神也。使济王僭窃者，其臣潘某也，罪应加其一身，一城人何辜！'于是班师。"明《（崇祯）常熟县志》云："明册封为灵惠英烈福济显忠王。"◆按：李禄即"威济李侯"。参见"李侯"与"威济李侯"二条。

【李林甫】《太平广记》卷一九引唐·卢肇《唐逸史》：李林甫年二十，时在东都（洛阳），好于城下槐坛骑驴击球。一日，有道士来，谓李林甫曰："吾行世间五百年，唯见郎君一人合入仙籍，应白日升天；如不欲，则为二十年宰相，握重权。"林甫愿为宰相。道士叹为可惜，诚其将来为宰相，勿行阴毒，则三百年后仍可白日上升。后林甫为相，都忘道士之言，肆行阴毒，诛锄异己。一日道士来谒，引其至仙境，云："因相公肆行阴毒，须六百年后方可至此。"◆按：旧时小说多以奸臣有仙分，除李林甫外，又有卢杞，见"太阴夫人"条；另有杨收，见《北梦琐言》卷一二；张士逊，见《玉芝堂谈荟》卷七、《文海披沙》卷三；夏竦，见《孙公谈圃》；安处厚，见《夷坚支志景集》卷六"富陵朱真人"条。

【李灵阳】金时人。《仙鉴续编》卷三：京兆（治在今陕西西安）人。姓李，名字不显，号灵阳子。

博学好仙。遇至人授以抱一符火大丹之诀。与白玉蟾、王重阳为终南林泉友。丘长春辈均以师叔称之。

【李六郎】唐时人。唐·郑还古《博异志》：元和四年，寿州霍丘县（今安徽霍丘）有李六郎，自称神人御史大夫李序。与人言，不见其形。有王筠者为之役。至霍丘月余，赁宅住，更无余物，唯几案绳床而已。有人请事者，皆投状。王筠铺于案侧，文字温润，须臾满纸。能书，字体分明，休咎皆应。

【李龙】元时人。清·汪森《粤西丛载》卷一一：至正间兴业大李村人。事修炼术。偶携妻访外家，酣饮还，途中谓妻曰："体中燥痒不可忍，须过前溪一浴，尔姑待于此。"有顷风雨骤作，妻趋视之，则遍身鳞甲矣。嘱曰："我岁一来归，当以米糕祀我。"遂化龙去。每岁果一还，还则雨足稼丰。乡人呼其居曰"李龙宅"。

【李禄】见"李烈士""威济李侯"条。

【李梦符】五代时人。《仙鉴》卷四六：不知何许人。后梁开平初寓南昌，放荡不羁。常以钓杆悬一鱼，歌《渔父引》，其词日新，人争买之。得钱即入酒家。或敲冰入水，及出，气如蒸。遇人与语，出口成诗。时钟传镇南昌，桂州刺史李琼以书嘱云："梦符，吾弟也，幸为遣归。"传令访于市，已不知其所在。

【李泌】唐时人。《太平广记》卷三八引《邺侯外传》云其少有仙骨，身轻，能立屏风上。道士云："年十五必白日升天。"故父母甚保惜，空中每有异香及音乐声，家属必迎骂之。常游衡山、嵩山，遇仙人桓真子、羡门子、安期先生，授以长生羽化服饵之道，并戒曰："太上有命，须辅佐人主，功及生灵，然后可登仙。"自是多绝粒咽气。曾诣南岳张先生受录，又与明瓒禅师（即

李泌　无双谱

懒残）游。死后中使林远曾见于蓝关。◆按：李泌，《唐书》有传，略云："字长源，赵郡中山（今河北定州）人。七岁能文，玄宗召试禁中，张说称为奇童，尤为张九龄奖爱，称小友。天宝间，以翰林供奉东宫，为太子友。安史乱后，以宾友辅肃宗，有中兴功，为李辅国所嫉，去隐于衡山。代宗立，复召之，又为元载所嫉，出历楚州、杭州等刺史。德宗时为宰相，多建奇策，封邺侯。史言泌有谋略而好谈神仙诡诞。"唐·李肇《国史补》卷上："李泌为相，以虚诞自任，常对客教家人速洒扫，云'今夜洪崖先生来宿'。有人送美酒，会有客至，乃曰：'麻姑送酒，与君同饮。'"

【李明】《天地宫府图》七十二福地第六十司马悔山（在台州天台山北），是李明仙人所治处。其人不详。

【李明香】《（正德）瑞州府志》卷一〇："李八百之妹，修行于华林山之元秀峰，于五龙冈飞升。"按：八百之妹名真多，为明香元君。见"李真多"条。

【李南】东汉时人。《后汉书·方术列传》：李南字孝山，丹阳句容（今江苏句容）人。少笃学，明于风角。和帝永元中，太守马棱坐盗贼事被征，当诣廷尉。南特通谒贺，棱意有恨，谓曰："太守不德，今当即罪，而君反相贺邪？"南曰："旦有善风，明日中时应有吉问，故来称庆。"旦日，棱延望景晏，以为无征；至晡，乃有驿使赍诏书原停棱事。棱乃服焉。后举有道，辟公府，病不行，终于家。南女亦晓家术，为由拳县人妻。晨诣爨室，卒有暴风，妇便上堂从姑求归，辞其二亲。姑不许，乃跪而泣曰："家世传术，疾风卒起，先吹灶突及井，此祸为妇女主爨者，妾将亡之应。"因著其亡日。乃听还家，如期病卒。

【李泥丸】清·许叔平《里乘》卷六"李泥丸"条：湖州闵小艮司马素好学道，得真仙李泥丸秘传，后以尸解上升。李泥丸者，初乞食于市，衣须洁而身垢秽，人不能近，以唾沫掬地上泥成丸，以服病者，立愈，故人称为李泥丸云。戏拾地上败叶，以气呵之，即成钱，分给群儿，使市果饵。人或曰：泥丸即李八百。

【李盘白】晋时人。《至大金陵新志》卷一四：仙者李盘白，溧阳人。西晋初筑室高邃山之西陲，炼丹，丹成，以九井藏之。得玉苗芝一本，类白莲花，养一虎，饲以药苗清水，不血食，谓之仁虎。元康元年八月十五日清晨，太极仙翁、八洞天仙俱

下降，乃服丹，玉皇遣朱衣使者赍玉册，诏补吴越仙任。盘白老鬓皤然而绀发盘顶，因以盘白为嘉号。或曰名盘柏云。

【李频】南宋·洪迈《夷坚支志·丁集》卷八："建宁（今福建建瓯）城东梨岳庙所事神，唐刺史李频也，灵异昭格。每当科举岁，士人祷祈，赴之如织。至留庙中求梦，无不验者。"清·王士禛《池北偶谈》卷二一："唐诗人李频，字德新，睦州（今浙江建德）人，名列《唐书·文艺传》。懿宗时为建州（今福建建瓯）刺史卒，见神梨岳，郡人祠祀之。宋绍兴中封灵显忠惠公，后加灵佑善应王，再加广济王，又加福佑威济信顺王。明洪武初，改建州刺史之神，载在祀典。"参见"梨山神""梨岳李侯"条。

【李破罐】明时人。《（雍正）云南通志》卷二五：不知其名。明时居于宜良岩泉山石洞。常携破罐入市，凡有所得，无论盐米蔬果，俱入罐中煨食。若无所得，即拾鹅卵石煨食。人问之，曰芋也。取食果芋，每于龙泉洗罐，翻里向外，洗净，仍翻如故，因呼曰李破罐。后不知所终。

【李谱文】《魏书·释老志》：寇谦之守志嵩岳，精专不懈。至神瑞二年，忽有大神降于嵩山之顶，自称太上老君，授谦之以天师之位。至泰常八年，有牧土上师李谱文来嵩岳，自称老君之玄孙，为牧土宫主，掌三十六方，每方万里，嵩岳所统广汉平土方，授与谦之。并命谦之为其子，赐谦之《录图真经》六十余卷。《录图真经》言二仪之间有三十六天，中有三十六宫，宫有一主，最高者无极至尊，次曰大至真尊，次天覆地载阴阳真尊，次洪正真尊，姓赵名道隐，殷时得道，即牧土上师李谱文之师。牧土以来，赤松、王乔之伦，及韩终、张安世、刘根、张陵，近世仙者，并为翼从。

【李琪】《宋史·隐逸·陈抟传》：华阴隐士李琪，自言唐开元中郎官，已数百岁，人罕见者；关西逸人吕洞宾有剑术，百余岁而童颜，步履轻疾，顷刻数百里，世以为神仙。皆数来抟斋中，人咸异之。

【李青霞】明时人。清·周亮工《书影》卷九述眉山（今四川眉山）人张元羽《四异人传》，其中有李青霞，云：眉州人，三四岁遇饥荒，为父母弃于大江，被渔人所得。至十载，为人佣，又习琵琶，善其艺。至绵州（今四川绵阳）遇一道士，随之去，十年后再归绵州，已有仙术，能搓泥为丸，投水中成鱼盈尺，治馔充客，鲜美异常。又为人道未来事，多奇中。嘉靖时还眉州，往豆团（即今江油

之窦圌山），居数载，无疾而化。十余年后，世宗亲见李青霞、白衲头二人之神，命所司张榜踪迹二人，不得。

【李清】唐·薛用弱《集异记》"李清"条：李清，北海（今山东潍坊）人。代传染业，家富于财。少学道。年六十九，生日前一旬，忽召姻族谓曰："尔辈各遗吾洪纤麻縻百尺，总而计之，是数千百丈矣，以此为绍续吾寿，岂不延长哉！"先是，青州（今山东青州）南十里有高山，峰顶中裂，豁为关崖，名云门山。清蓄意多时，及是谓姻族曰："云门山神仙之窟宅也，吾将往焉。吾生日坐大竹篑，以辘轳自缒而下，以纤縻为媒焉。设有所遇而能肆吾志，亦当复来归。"子孙姻族泣谏，不听。及期，姻族乡里，凡千百人，迟明大会于山椒。清乃挥手辞谢而入焉。良久及地，扪四壁，止容两席许。东南有穴，俯偻而入，约行三十里，及洞口，山川景象，宛非人世。望东南十数里，若有居人，及至，中有道士四五人，清遂居焉。后清巡视院宇，见北户斜掩，偶出顾望，下为青州，宛然在目，离思归心，良久方已。仙人已知，因与瓶中酒一瓯，其色浓白，谓曰："汝可且归。"清则叩头求哀，众谓清曰："会当至此，但时限未耳。汝无苦无途，但闭目，足至地则到乡也。"清不得已，流涕辞行。一人令清于堂内阁上取一轴书去，曰："脱归无倚，可以此书自给。"清遂闭目，觉身如飞鸟，须臾履地，开目即青州之南门。城隍阡陌，仿佛如旧，至于屋室树木，人民服用，已尽变改。独行尽日，更无一人相识者。即诣故居，见有业染者，因与之语。其人称姓李，自云："我本北海富家，此皆我祖先之故业。曾闻先祖于隋开皇四年生日自缒南山，不知所终，因是家道沦破。"清悒怏久之，乃换姓氏，寓游城邑。因取所得书阅之，则疗小儿诸疾方也。其年青州小儿疠疫，清之所医，无不立愈。不旬月，财产复振。时高宗永徽元年，而北海往往有知清者，因是齐鲁人从而学道术者凡百千辈。至五年，乃谢门徒云："吾往泰山观封禅。"自此莫知所往。

【李球】唐时人。《太平广记》卷四七引五代·杜光庭《仙传拾遗》：李球者，燕人也。宝历二年，与其友刘生游五台山。山有风穴，游人稍或喧呼，及投物击触，即大风震发，揭屋拔木，必为物害。球至穴口，戏投巨石于穴中。良久，石声方绝，果有奔风迅发，有一木如柱，随风飞出。球性轩悍，无所顾忌，遂力扳其木，却坠入穴中。良久至地，

见一人形如狮子而人语，引球入洞中斋内，见二道士弈棋。道士见球喜，问球所修之道。球素不知通修行之事，默然无以为对。因以一杯水令饮，谓之曰："但去，苟有希生之心，出世之志，他日可复来也。饮此神浆，亦延年寿矣。"球饮水拜谢讫，引者将球至向来洞侧，示以别路曰："此山道家紫府洞也。太帝命韩司少卿、东方君与紫府先生镇于此。"因衣带解药三丸，贯一槁枝之末，谓球曰："路侧如见异物，以药指之不为害；此药食之，可以无病。"球持此药，行于洞中黑处，药有光如火。数有巨蛇，张口向球，以药指之，伏不敢动。因至洞门，摧坏土朽树，久方得出，已在寺门之外矣。既见球还，众皆忻喜。具话所见之异。因以三丸药，与刘及子各饵一丸。乾符中，进士司徒铁与球相别三十年，别时球年六十，须已垂白，于河东见球，年九十余，容状如三十许人。其子亦如三十岁许。锐志修道，后与其子入王屋山（在今河南济源西北）去。

【李筌】唐时人。唐·范摅《云溪友议》卷上"南阳录"条：李筌为荆南节度判官，注《黄帝阴符经》，有所不解，忽梦乌衣人引理而教之，其书遂成，世谓留侯、鬼谷复生。后为邓州刺史，夜占星宿，见东南隅有异气，搜得胡妇生一子。筌曰："此假天子也。"坐客劝杀之，筌

李筌 列仙全传

不可，曰："此子必为国盗，然杀假恐生真也。"此胡妇子即安禄山。五代·杜光庭《神仙感遇传》卷一：号达观子。居少室山（在嵩山），好神仙之道，常历名山，博采方术，于嵩山虎口岩得《黄帝阴符经》，抄读数千遍，不能通。至骊山逢一老母，授以丹符，说以阴符之义。筌有将略，玄宗开元中为江陵节度副使、御史中丞，作《太白阴符》十卷。为李林甫所排，位不显，竟入名山访道，不知所

终。◆事又见《黄帝阴符经疏序》《集仙传》。

【李三夫人】《三教源流搜神大全》卷四：为大奶夫人佐神，称"圣妹海口破庙李三夫人"。当即三奶夫人之"李三娘"。

【李三娘】三奶夫人之一。见"临水夫人"条。又有谓李三娘与《白兔记》之李三娘为同一人者，乃附会耳。

【李山人】唐时人。《太平广记》卷四〇引唐·皇甫氏《原化记》：李中丞汶，在朝日，好术士。时李山人寓居门馆，汶敬之。汶有子数人，其长曰元允，自京之襄阳（今湖北襄阳）。发后，山人白汶曰："贤郎有厄，某能相救；只要少时不交人事，以图静处。"汶许之。山人别居，良久出曰："贤郎厄已过；然所乘马死，从者毙其一。身少见血，余无大损。"汶疑信半之，乃使人至襄州，沿路侦候。使回得信云："中道过大桥，桥坏，马死奴毙。身为横木决破颐颔间，少许出血，寻即平复。"公叹异之。后忽辞云："某久为此客，将有没化之期。"汶固留之，月余又云："欲遂前期。"汶又留半月。曰："此须去矣。"乃晨起，与汶诀别。其后诸相识人家，皆云："同日见李山人来告别。"

【李少君】《史记·封禅书》："汉武帝时方士，匿其年岁，常自谓七十，能使鬼物，可不老。善为巧发奇中。以祠灶、谷道、却老之方见武帝。俱以为少君数百岁人。居久之，少君病死，武帝以为化去。"◆晋·葛洪《神仙传》卷六："字云翼，齐国临淄（在今山东淄博）人。少好道，入泰山采药，修绝

李少君 列仙图赞

谷遁世之术，道未成而疾。遇安期先生，服以神楼散活之。少君遂师事安期，随之遍游五岳。如此数十年，一日安期被玄洲召，语少君曰：'六百年后当迎汝于此。'因授神丹炉火飞雪之方。少君于是还斋戒，卖于市估。六国时，或为吏，或作师医治病，或贸易，改名游行，人莫知其有道。逮汉武帝时召募方士，少君于安期先生得神丹炉火之方，家

贫，不能办药，遂以方上武帝，云黄金可成。武帝甚尊敬之，赐遗无数。侯王贵人闻其能令人不死，老更少壮，所遗金钱无数。少君乃密作神丹，丹成未服，乃以小丹方与帝，而非大丹方也。少君便称疾，帝往视之，并使人受其方，未竟而少君卒。帝曰：'少君不死，故化去耳。'及敛，忽失尸所在，中表衣带不解，如蝉蜕也。过百余日，行人有见少君于河东蒲阪者，乘青骡。帝闻之，使人发其棺，棺中无所有，唯余履在。"晋·王嘉《拾遗记》卷四云："汉武帝思李夫人，李少君曰：'暗海有潜英之石，色青，轻如毛羽，刻为人像，神悟不异真人。此石人能传译人言语，有声无气。'于是得楼船百艘，至暗海，十年而还，得此石，使工人刻成夫人形，置轻纱帐里，宛若生时。"◆清·屈大均《广东新语》卷三："安期生常与李少君南之罗浮。"

【李少翁】汉武帝时方士。晋·干宝《搜神记》卷二：汉武帝幸李夫人，夫人死后，武帝思念不已。方士齐人李少翁言能为致其魂。乃夜施帷帐，明灯烛，而令帝居它帐，遥望之，见美女居帐中，如李夫人之状，然不能就视。于是武帝拜少翁为文成将军。后因造伪书，被诛。◆按：《史记》《汉书》均记少翁事而不言姓李。详见"文成将军"条。

【李绅】《唐书》有传。字公垂，无锡人，元和间进士，累官翰林学士、淮南节度使，后拜相。唐·李复言《续玄怪录》"李绅"条：李绅少时游华阴，夜遇仙人唐若山，云绅名在仙籍，召同往罗浮山（在今广东惠阳地区）会南海群仙。仙人云："子虽仙录有名，而俗尘尚重，来世可居仙境。"于是送回华阴。

【李神仙】清初人。清·王士禛《池北偶谈》卷二二：利津李神仙者，占卜射覆多奇中。露化李吉津宫詹（呈样）在京师，一日问李前程事，李书一联云："洗耳目同高士洁，披襟不让大王雄。"后半载，宫詹以建言流徙出关，途次永平，有一秀才迎道侧，具刺自言贫苦，求资助。视其名，则高士洁也，大骇叹。及出关，一守备王姓，素受宫詹恩，闻公至，远来相送，因为诵前诗，及第六句，王骇曰；"雄，某小字也。"李公太息，以为定数不爽如此。至康熙元年，诏许生还。李公一日偶举此事语长洲尤侗，尤又骇曰："此诗乃某昔年戏作《论语诗》中之一也。"李今已老，尚往来燕、赵、齐、鲁间。

【李升】唐时人。五代·沈汾《续仙传》卷中：字云举，江夏（今湖北武昌）人。生于唐德宗时，博

学能文，师于少室山道士，学炼气养形之术。白居易、元稹皆与之交，慕其文学道术。僖宗时，宛陵（今安徽宣城）主帅田頵好道术，延升师事之。貌若四十许人，绝粮养气，雪中单衣。问其长生之事，皆托词以对。朱温篡唐，升闻之不平，翌日气绝。举之就棺，空衣而已，年已一百四十七岁。月余，田頵兵败祸及。后有人于蜀中见之。

【李叔升】梁·陶弘景《真诰》卷一二："涿郡（今河北涿州）人，生于汉元帝时。受学至勤，成地仙。今在太山支子小阳山中。"陶弘景《真灵位业图》："地仙散位贾元道、李叔胜、言成生、傅道流四人，并隶司命，主察试学道者，在泰山。"

【李顺兴】北朝时楼观派名道。《仙鉴》卷三〇："京兆（治在今陕西西安）人。母梦明星降天而孕。九岁即好清虚之教。年十一为道士，师事陈宝炽。常诵《大洞经》。宝炽为立坛，授《道德经》及《黄庭经》。逾三年，有二值日神奉上帝命来召，至一岩室，有三仙人，一为上清真人赵伯元，授顺兴《太上玉真金光经》，次为上清真人张仲逸，授《神洲七转七变儛天经》，三为上清真人李少君，曰：'吾与子有缘，故来监度。'依经行七年，身得飞腾。'顺兴归后修行七年，至十七岁道成，变化无方，应机接物，火不能焚，水不能溺。西魏文帝闻其名，诏都城百余坊同作斋，顺兴皆能分身赴斋。于是朝野钦信，号曰'李圣师'。至大统六年，顺兴托疾告终，年三十八。既葬之日，有伻遇之于骊山。"◆《北史·艺术传》亦载一李顺兴，亦西魏时人，而其事则颇有不同："李顺兴，人又称'李练'。京兆杜陵（今陕西西安东南）人也。年十余，乍愚乍智，时莫识之。其言未来事，时有中者。盛冬单布衣，跣行冰上及入洗浴，略不患寒。后稍出城市，常冠道士冠，人有忆者，不过数日，辄至其家。得人所施，辄散乞贫人。萧宝夤反，召顺兴问曰：'朕王可几年？'对曰：'为天子自有百年者，十年者，一年者，百日者，事由可知。'及宝夤败，才百日也。有侯终德者，宝夤之党。宝夤败后，收集反者。顺兴称其必败，德乃棒杀顺兴，置城隍中，顷之，起活如初。宇文泰尝至温泉，顺兴求乞温泉东间骊山下二亩地，泰曰：'李练用此何为？'对曰：'有用。'未几，至温汤遇患，卒于其地。初，大统十三年，顺兴谓泰曰：'可于沙苑北作一老君象，面向北，作笑状。'周文曰：'何为？'答曰：'令笑破蠕蠕。'时甚惑，未解其意。及蠕蠕国灭，泰忆语，遂作顺兴象于老君侧。"

【李思广】宋时人。《仙鉴》卷五二、《(雍正)江西通志》卷一○四：字景渊，吉水人。放意山水间，得钱即易酒，或醉卧市中。宋徽宗政和四年来螺川，止习溪桥。有酒姬颇异之，每饮不问其值。一日忽死，体发热如生。姬召人葬之。后有自衡岳来者，为景渊致书谢姬。发其冢，独有空棺。

【李思慕】唐时人。《仙鉴》卷三三：成纪（今甘肃秦安北）人。与董炼师、白先生为烟霞友。周游三湘名山。后访南岳五峰。虽师范不同，而各有指归。白先生于石鼓上升，思慕入京师，高力士荐于明皇，答问称旨，后乞归山，玄化于紫盖峰。惟董混迹于衡阳后洞，常以咒术治人病苦，后亦化去。

【李思齐】唐时人。五代·尉迟偓《中朝故事》卷下：常著绿，戴席帽于京师，状貌若三十许人。令狐楚召至宅，觉其异。其子令狐绹在侧。后三十年，令狐绹见之于淮南，其貌如故。后不知所终。

【李陶真】《(乾隆)福建通志》卷六○："不知何许人。尝访武夷山，好吹铁笛，因腊节，诸道人各招饮云房。陶真皆赴，诸房笛声一时并发，众骇之。后过建通仙岩，一日留诗别众。众闻笛音悠悠，不知所适。"

【李腾空】唐宰相李林甫之女，与蔡寻真同隐于庐山，贞元中仙去。见"蔡寻真"条。

【李铁箍】明时人。《(万历)武进县志》（今江苏常州）卷七：头带铁箍，故名。善行气治病，从学者戒不得观妇人。嘉靖间坐化于天宁寺僧房。后一载，人见卖药于阳羡（今江苏宜兴）之东关桥。

【李铁拐】明·王世贞《列仙全传》卷一："铁拐先生，李其姓也。质本魁梧，早得道。修真岩穴时，李老君与宛丘先生尝降山斋，诲以道教。一日，先生将赴老君之约于华山，嘱其徒曰：'吾魄在此，倘游魂七日而不返，若甫可化吾魄也。'徒以母疾迅归，六日而化之。先生至七日果归，失魄无依，乃附一饿殍之尸而起，故形跛恶，非其质矣。"又有说名李孔目，为王母所度者，明·彭大翼《山堂肆考》卷一五○："拐仙姓李名孔目，有足疾。西王母点化升仙，封东华教主，授以铁拐一根，前往京师度汉大将军锺离权，有功，加封紫府少阳帝君。权字云房，度吕岩有功，封开悟传道帝君，洞宾度张果老，果老度何仙姑，又度曹国舅。"按：倘依此说，则李铁拐为"八仙"领袖矣。又有说名岳寿，为吕洞宾所度者，元·岳伯川有《吕洞宾度铁拐李岳》剧，岳寿在郑州做都孔目，因忤韩魏公而惊死。吕洞宾使其借李屠之死以还魂，度登

仙籍。又有一说：《续文献通考》云为"隋时峡人，名洪水，小字拐儿，又名铁拐。常行丐于市，人皆贱之。后以铁杖掷空，化为龙，乘龙而去。"《东游记》则云其姓李名玄。最奇者为《缀白裘》十一集杂剧《堆仙》一折，王母上寿八仙中作"姚孔目"："姚孔目将铁拐拄护得千秋。"◆ 其跛丐之形，或言借于"刘跛子"，或言

李铁拐　铁拐仙人图　元·颜辉

借于南岳潇湘子（二人可参看"刘跛子"及"跛仙"条），说见于浦江清《八仙考》。而更可能的是与一度名气很大的"李八百"有关。又有李府仙祖、凝阳帝君、铁拐大仙、光耀大帝诸称，见仇德哉《台湾之寺庙与神明（四）》。

【李通敏】唐时人。《(雍正)山西通志》卷一五九：高平人。弃科举，学辟谷，去妻子隐于西山，不入城市。逾百岁，不疾而终。后有遇于王屋山（在今河南济源西北）者，仪貌如生。因名山为游仙。

【李焞】明时人。清·王士禛《居易录》卷二一：李焞，字振雅，长垣（今河南长垣）人，万历进士。好道术。蓄一不灰木火炉，炉中香烟起则吕仙降其室。官青州（今山东青州）知府，府后有园，前守游者辄病。焞入园周视，曰："无他异，唯荷池中瘗万金，此为祟耳。"其二子请发之，焞曰："金镂柴寅宾名字，吾何敢妄取？"一日坐公堂，忽对城南云门山（今山东青州南）咄咄久之，呼两隶前曰："南山某处有两狼厄一樵夫，亟往救，缓无及矣。"及往果然。一日忽对二子曰："吕仙召我，我将逝矣。"遂卒，年五十二。后十余年，柴寅宾果守青州，获藏金万。

【李脱】号称"李八百"者之一，但亦非仅一人。

❶五代·杜光庭《墉城集仙录》卷九："李脱居蜀金堂（今四川金堂）山龙桥峰下修道，蜀人历代见之，约其来往八百余年，因号曰'李八百'。初以周穆王时来居广汉（今四川广汉）栖玄山，合九华丹成，去游五岳十二洞二百余年，于海上遇紫阳君授水玉之道，又来在桥峰作金鼎炼九丹，丹成。三于此山学道，故世号此山为三学山。"南宋·陈葆光《三洞群仙录》卷一七引五代·景焕《野人闲话》："汉州昌利山李真人讳脱，自西周初于此山炼水玉及九华丹，三往三反，八百余年，人谓之'李八百'。"❷《晋书·周札传》："有道士李脱者，妖术惑众，自言八百岁，故号'李八百'。自中州至建业，以鬼道疗病，又署官位，时人多信事之。弟子李弘，养徒灊山，云应谶当王。"参见"李八百"条。

【李旺】明时人。《（雍正）江南通志》卷一七四：沛县（今江苏沛县）人。少过城隍庙，见衲子坐神像下，与旺语合，遂得异术。尝过金陵，过逆旅求宿，主人不纳，即趺坐门外。会大雪，主人以为不耐寒，死矣，启门视之，所坐三尺内无片雪，始异之，留其宿，竟谢去。后死，次日有人见之于丰县，方知其尸解云。

【李武】元人。《（康熙）九江府志》卷一〇：徽州歙县（今安徽歙县）人。客游江湖，偶遇异人授以仙术。施药治病，屡驱旱魃。后于邑之凤山岭结庐精修。道成，一日于酷暑中暴卒，旬余尸不坏。有牧童戏投以石，辄有铜钱触石而返。于是群儿投以石，大者得金，小者得银，石聚成冢，金钱遂绝。后有见李武于逍遥山者，启冢视之，唯有衣履。

【李奚子】东汉末女子。梁·陶弘景《真诰》卷一五："李奚子者，李忠之祖母也。忠，晋初东平太守。忠祖父，田舍人耳，而多行阴德，常大雪寒冻而不覆积稻，常露谷于园庭，恒恐鸟雀饥死，其用心如此。"卷一三云其居于易迁宫中。五代·杜光庭《墉城集仙录》卷七："李奚子，晋东平太守李忠之祖母，不知姓氏。与夫一志，唯以救人为务。后得道，居于华阳洞宫中。"

【李退周】唐时人。唐·郑处诲《明皇杂录》卷下：道士，颇有道术。开元间尝召入禁中，后求出，住玄都观。天宝末，一旦离去，不知所之，但于所居壁上留诗一首，篇末曰："燕市人皆去，函关马不归。若逢山下鬼，环上系罗衣。"正言禄山反，哥舒翰败，及杨妃马嵬之死事。

【李仙】南宋时人。南宋·洪迈《夷坚支志·戊集》卷一"石溪李仙"：南剑州顺昌县石溪村民李甲，年四十不娶，常伐木烧炭，鬻于市以自给。绍兴二年九月，入山稍深，倦憩一空屋外。闻下棋声，知是人居。望其中有两士对弈。李趋进揖之，弈者笑而问曰："能服药乎？"应曰："诺。"即顾侍童，取瓢中者与之。药正红而味微酸。服竟，亟遣出。约曰："三十年后，复会此山中。"出门反顾，茫无所睹。迨还家，既历三日矣，遂连夕大泻。自是不复饮食，惟啖山果，乡人称之曰"李仙"。

【李仙姑】晋时女子。《神异典》卷二三七引《（康熙）江西通志》卷四二：名不传。相传晋时三女穴居于乐安（今江西乐安）大墓山，一日雷雨暴途径，乡人见三女乘云去，遂名其岭曰圣姑。至宋嘉定间，有李木溯溪而上，邑丞程悦以木刻像于郁林院，因号李仙姑。

【李仙君】《天地宫府图》七十二福地第四十四桐柏山（唐州桐柏县，今河南桐柏县西南），李仙君所治处。不知所指。

【李仙女】❶唐时人。《（雍正）江西通志》卷一〇三：新淦（今江西新淦）李氏，乾符间聚众御黄巢。巢占卜云新淦有神人生紫气，不可犯，遂去之。是年李氏生女，后得道仙去。❷元时人。《（雍正）湖广通志》卷七五"石飞亭仙女"条：长沙李氏女。生而能言，自云麻姑化身。宅后有飞来石。年十二游其下，拾一桃食之，遂不食烟火。构亭石上，日坐蒲团。年三十六仙去，肉身犹存。后有商人张某过洞庭，见一女仙现形救难，访至石飞亭，为立庙祀焉。

【李仙人】唐·戴孚《广异记》：洛阳高五娘者，美于色，再嫁李仙人。李仙人即天上谪仙也，自与高氏结好，恒居洛阳，以黄白自业。高氏能传其法。开元末，一夕五鼓后，闻空中呼李一声。披衣出门，语毕，还谓高氏曰："我天仙也。顷以微罪，谴在人间耳。今责尽，天上所由来唤。我去之后，君宜以黄白自给，慎勿传人。"言讫飞去。高氏初依其言。后卖银居多，为坊司所告。时河南少尹李齐知其事，释而不问，密使人召之，前后为烧十余床银器。不一年，李及高皆卒。时人以为天罚焉。

【李仙药】唐武则天时善解梦者。唐·张𬸚《朝野佥载》卷三载其数事，其占法类于字卜。陈安平夜梦十一月养蚕，仙药占曰："十一月养蚕，冬丝也，君必送东司。"数日，果送吏部。又饶阳李瞿，夜梦一母猪极大，李仙药占曰："母猪，独主也，君必得屯主。"数日，果如其言。杜玄夜梦见其牛有两尾，李仙药曰："牛字有两尾，失字也。"经数日，果失之。

【李贤】《(雍正)云南通志》卷二五：元时定远人。黑井凤山坊原无水。贤往丐豆腐，索之至再，人曰："物值几何，但水难得耳。"贤笑曰："何不早语！"即诣山叩地，甘泉涌出。

【李相笏】北宋·钱易《南部新书》卷四：有李参军者，善相笏，休咎必验，呼为李相笏。

【李信卿】元初人。元·郑元祐《遂昌杂录》：江南始内附，有李信卿者自北来，能相人，能望气，崖岸倨甚。谢退乐（宋谢太后之支裔）以贵官咸敬之，设宴延致之。李至即中坐，省幕官皆下坐，不得其一言。时赵孟俯风疮满面，李遥见，即起迎，谓众人曰："我过江仅见此人。疮愈即面君。公辈记取，异时官至一品，名满四海。"襄阳未破时，世祖令其即军中望气。言于世祖曰："臣见卒伍中往往有公辅贵人。江南不平，何处著许多富贵人。"◆按：事与李国用相同，疑信卿是国用字。参见"李国用"条。

【李修】即"绝洞子"，得长生之道，年四百余岁而容颜不老，后升天。详见"绝洞子"条。

【李秀才】❶唐·段成式《酉阳杂俎·前集》卷五：元和中，定水寺院僧具蜜饵时果待客，客中有李秀才，院僧颇不礼之，且言语相侮。秀才乃白座客："某不免对贵客作造次矣。"因奉手袖中，据两膝，叱其僧曰："粗行阿师，争敢辄无礼，拄杖何在，可击之。"僧房门后有筇杖子，忽跳出，连击其僧。时众亦为蔽护，杖伺人隙捷中，若有物执持也。李复叱曰："捉此僧向墙。"僧乃负墙拱手，色青短气，唯言乞命。李又曰："阿师可下阶。"僧又趋下，自投无数，衄鼻败颡不已。❷南宋·洪迈《夷坚丙志》卷六：嵩山李秀才，不知从何来，投福州李纶门下，精点金术。庭下菟菊已槁，嘘呵之，即成金花。索水银两器，饮其一，竦身一跃，珠星从毛孔间涌出，的砾满地，坚凝可扫。复以一器漱口，吐之，皆成银。

【李亚】唐时人。明·曹学佺《蜀中广记》卷七三：李真人名亚，久居什邡（今四川什邡）邑北龙泉观，观中有井名秀华。真人有剑二口。忽一日，真人辞诸人曰："我当去矣。"交夜，里人守之，见真人背剑一，乘剑一，入井绝迹。明皇幸蜀，有司上其事。

【李一足】明时人。明·王猷定《李一足传》：名變。好读书，精于易，旁及星历卜算。父为人所

杀，因报仇而为官府通缉，流亡海内。至崇祯时，言往劳山访徐元直，云此山有一洞，风雨时有人披发鼓琴，即三国时徐庶。明亡后，一足化去。后有人见之于京师正阳门外，又有见之于赵州（今河北赵县）石桥者。

【李意期】汉时人。晋·葛洪《神仙传》卷一〇：无妻无子。欲远行者，意期以符授之，则千里不日而还。能撮土成四方国土宫观，盈寸而毕肖。后不知所之。至三国时复出，刘备欲伐吴以报关羽之仇，问意期以吉凶。意期不答，画兵马器仗数十纸，复一一裂之，又画一大人，掘地埋之。后刘备果为吴所败，卒于永安宫。意期少言，有问吉凶者，但占其颜色，若欢悦则吉，惨戚则凶。后入琅琊山，不复出。

【李翼】道教楼观派所奉先师之一。《仙鉴》卷九：西岳仙卿李翼，师真人王探，得道仙去。以道传河上公。上帝封为西岳仙卿。

【李聿】唐时人。《太平寰宇记》卷一〇五"当涂鼍浦"："李聿任歙刺史，经此浦。有鼍魅领聿妻子往新安就任，幽聿本身于潭中。三年，聿从潭出，往寻妻子，不复识。乃往山东学法，后斩其鼍魅，妻子乃识之。"《仙鉴》卷三九所载稍有不同："唐宗室，为歙州刺史，过大江，为鼍拘魂而冒其形。后罗公远校录水府，诛鼍而还聿魂。聿乃弃官，依公远学道，遂证仙果。"

【李元】宋·隐夫玉简《疑仙传》卷上："唐玄宗时人，常游华山下，采诸药食之。性复好酒，山下人多以酒饮之。忽一日，乘白鹿谓山下人曰：'我今去游天台。'有老父三人欲留之，李元留药三丸与老父，令快餐，言讫乃去。一老父不食药，经数月而死，其它二人食之，寿一百五十岁。人疑李元为仙。"明·胡应麟《少室山房笔丛》卷四三："李元号白鹿先生。"

【李元基】《仙鉴》卷三一：唐武德初隐建昌（今江西永修）葛山。有道术，能坐在立亡。时以符药救人。代宗末，插松柏满身飞去。后有人采药葛山，见元基跨青鹿，行若飞，问之不应，莫知所在。

【李元帅】❶《三教源流搜神大全》卷四："姓李名封，隋时锦江口人。本南海上飞航寇，刚直，有膂力。邻有不戴天之仇者，李封杀之，逃于海神庙中。遇五鬼，惊曰：'天神到也！'献以金刀。李破群海盗，与之誓曰：'无劫往来客商，无劫民间女，而专击倭寇与海盗之害民者。'众从之，李遂为众

人之首。一日操舟于大洋，遇一江豕卷浪翻风，李入水剡之，踏水面如平沙。又遇一怪，身巨如山，一尾九丈，傍有十数小怪，乃鳄也。李并戮之。是夜梦神来谢，曰：'当白于玉帝。'玉帝敕为元帅李先锋，委二将军为翼帅。"按此李元帅应为海神配祀。《(雍正)江南通志》卷三八，常熟致道观有海神李王祠，即此。❷东岳属神有李元帅，亦称李将军。南宋·吴自牧《梦粱录》卷一四云：广灵庙在石塘坝，奉东岳温将军。自温将军以下九神皆锡侯爵，中有李将军封孚佑。

李元帅 三教源流搜神大全

【李云卿】《仙鉴》卷四六：不知何许人。博通经史，尤善作诗。先隐西山，后徙居庐山北阜，数州千里之地，求医者盈门，皆不受金帛。所居近九天使者庙，每旦暮祝求神明佑护。居山六十载，颜色黄润，目光射人。一日入山采药，遇神人，自称此山之神，云："九天使者真王传命，授汝太清九华神丹、太微天帝君飞天纲步地纪金简玉字一通，自此当绝迹人间，精专修持。"云卿自此远离世俗，自唐穆宗至后唐庄宗同光二年白日仙去。

【李真】《仙鉴》卷四三：道士，隐于华山。岐州富人王佑设馆待天下客，真携琴负药诣之，自称以琴化人归于淳朴，以药保人少得疾病。饮酒醉，辞去，出门化为大鹿，不知所之。

【李真多】五代·杜光庭《墉城集仙录》卷九："为李八百之妹。随兄修道于绵竹（今四川绵竹）。后太上老君与元古三师降而度之，授以飞升之道，先于李八百升天。"南宋·陈葆光《三洞群仙录》卷一二："李真多者，神仙李脱之妹。随兄修炼，兄授以朝元之要，行仅百年，状如二十许，遇太上降，授以飞升之道。今蜀中有'真多治'是也。"明·曹学佺《蜀中广记》卷七一引《蜀志补罅》："真多观在旧新都（今四川新都）之栖贤山。山有

巨松，常见一婴儿出没其旁。真多迹之，得茯苓，饵服既久，身轻，登巨楠而仙去。唐赐号妙应真人。"《仙鉴后集》卷二："一日真多自蜀至，八百见真多手持莲花，身似有孕，怒，欲引剑挥之。真多觉之，倏尔凌空渡江，产下《童子经》一卷，遂乘云气升天。唐时于其产经之地瑞州城西逍遥山建道观，郡人每备香看经，以保产难。"又《宣和画谱》卷四有孙知微绘"李八百妹产《黄庭经》像"。是真多亦为"保生娘娘"之一种也。

【李真人】清·王韬《瓮牖余谈》卷三"神怪"条：河南本有李真人庙，肇自元代，盖兄妹二人，当时殉难救人，肉躯不坏，血食于此。同治乙丑，因省中大旱，抚宪于各处祷雨不应，一日诣李真人庙虔祈，甘霖即沛。遂移其躯壳供设抚署旁，建造道院，朔望拈香。至今凡遇雨旱，祷求三日必应。否则祷于其妹神前，更无不验。于是传闻者故神其说，香火日盛。

【李整】三国魏人。梁·陶弘景《真诰》卷一三：河内（今河南怀庆）李整，受守一法并洞房，得道。初在洛阳山，近来入华阳宫中。主诸考祟民间事。整曾为魏常道乡公（即魏元帝）傅，受道入山时年已六十。

【李芝】北宋时人。宋·张师正《括异志》卷六：广州新会县道士李芝，性和厚简默，居常若愚者，间为两韵诗，飘飘非尘俗语。常读史传，善吐纳辟谷之术。肤体不屡濯，自然洁清，发有绿光，立则委地。所居房室不施关键。或召设祠醮，一夜有数处见者。至和中多虎暴，芝持策入山，月余方出，谓之曰："已戒之矣。"自此虎暴亦息。今则尸解矣。

【李植】北宋·王铚《默记》卷中：京兆李植，字化光。观察使士衡之孙。自少年好道，不乐婚宦。初为侍禁，约婚慈圣。既娶，迎入门，见鬼神千万在其前。植惊走，逾墙避之。后即还父母家，俄选为后。植后自放田野，往来关中、洛阳、汝州，人以为有道之士也。

【李志亨】见"秦志通"条。

【李终南】宋·李石《续博物志》卷三：李德裕好饵雄黄、朱砂。有道士李终南笑曰："此是世间凡火，服之反促寿。"因出一玉象子状如拳，曰："此可求勾漏莹彻者，燃香致象鼻下，勿令妇人鸡犬见之，三五日象自服之，即复吐出，乃可服。此火玉太阳之精，凝结已三万年。以相公好道，因以奉借。"又出金象曰："此是雌者，贵其相伴。不尔玉

象飞去。"德裕服之有异，乃于都下采聘名姝至百数不止，象砂不复吐。后南迁，再遇道士，怒其，索二象。是夕风雨涛濑并作，玉象如团火飞出船。德裕遂死于朱崖。

【李仲甫】晋·葛洪《神仙传》卷三（《说库》本）："丰邑人，少学道于王君，服木丹有效，兼行遁甲，能步诀隐形。有书生姓张，从仲甫学隐形术，仲甫以其性褊急，不中教。张费数十万以供酒食，卒不能得，遂暗藏匕首，侬声而刺仲甫，不中。仲甫令书生牵一犬来，犬至，头便落地。书生大惧，而仲甫赦之。仲甫有相识人，在五百里外。一日相识人于门前张罗，罗中一鸟，视之，化为仲甫。在民间三百余年，后入西岳山，不复还。"东晋·葛洪《抱朴子内篇·辨问》："仲甫假形于晨凫。"当即李仲甫。

【李子昂】《天中记》卷二一引东方朔《神异经》："有李子昂，长七寸，日行千里，一旦被海鹄所吞，居鹄腹中，三百年不死。"唐·李冗《独异志》引文同。今本《神异经》原文并无"李子昂"："西海之外有鹄国焉，男女皆长七寸。为人自然有礼，好经纶拜跪。其人皆寿三百岁。其行如飞，日行千里。百物不敢犯之，唯畏海鹄，过辄吞之，亦寿三百岁。此人在鹄腹中不死，而鹄亦一举千里。"《太平御览》卷三七八引《博物志》作"李子敖"："齐桓公猎得一鸣鹄，宰之，嗉中得一人，长三寸三分，着白圭之袍，带剑持车骂詈瞑目。后又得一折齿，方圆三尺。问群臣曰：'天下有此及小儿否？'陈章答曰：'昔秦胡充一举渡海，与齐、鲁交战，伤折版齿。昔李子敖于鸣嗉中游，长三寸三分。'"敦煌本唐·句道兴《搜神记》亦作"李子敖"，"鹄"作"鹤"："官家自知身得，更款问曰：'天下有小人不？'田章答曰：'有。''有者是谁也？''昔有李子敖，身长三寸二分。带甲头牟，在于野田之中，被鸣鹤吞之，犹在鹤嗉中游戏，非有一人猎得者，验之即知。'官家道好。"袁珂曾经提到：陈章即田章，陈、田古本一姓，《史记·田敬仲完世家》："（陈公子）完之奔齐，以陈为田氏。"按："李子敖"或由"李子昂敖于鸣嗉中游"误书。参见"鹤民国"条。

【李子真】明时人。《（雍正）山东通志》卷三〇、《（万历）东昌府志》卷二二：濮州人。正德间其父为平凉（今甘肃平凉）知府，子真随任，遇洪道士，授以异术。后洪随子真至濮，每言祸福皆应。曾语乡人曰："旄头星见山东分野，境内有变乎？"

无何霸州盗起，残破城邑。数年后子真尸解，葬之日，有人见其骑白驴西去云。

【李自然】明·宋濂《文宪集》卷四《玄武石记》：吴兴（今浙江湖州）林静，嗜道家言，事玄武神尤谨。一旦出游虎林，忽遇羽客，髭髯方瞳，揖林君曰："吾与子同里，何遽忘之？"问其姓名，则曰："李自然也。客鳌峰之紫阳庵。"言讫飘然而逝。未几，梦自然持龟与蛇施施而来，约林君会于鳌峰。次日，林君往鳌峰，得一石，上有玄武神黄帕首按剑坐云中，龟蛇在下。

【李醉】南宋时人。南宋·周密《癸辛杂识》续集上：应山在淮阃日，吕少保荐一术士，能降仙，豪于饮，号曰李醉，施州（今湖北恩施）人。凡有所祷祈，令人自书一纸，实卷之，以香一片，令自祈祷，且自缄封书押，并金纸一百焚于香炉中，然后索酒痛饮，多至四五斗，乃浓墨大书，或草或画卦影，或赋诗词之类，多至数十纸，皆粲然可读。其答所问，往往多验。一日应山密书以扣襄樊之事，醉后大书十字云"山下有朋来，土鼠辞天道"，每字径尺余。至甲戌岁，度宗升遐。解者谓度宗庚子生，纳音属土，所谓土鼠者耶？

【鲤鱼蛇】清·鉴湖渔者《薰莸并载》卷三"蛇"：蛇类不一，未可悉数，惟鲤鱼蛇最利害。形如鲤鱼，行处有丝，人触其丝，则跃起击人面颊，中毒即死，幸有善蛇随之。善蛇身长尺许，首生一角，往往以角挑断其丝，故为害稍减。

【力牧】黄帝之臣。《云笈七签》卷一〇〇《轩辕本纪》：黄帝梦人执千钧之弩，驱羊万群。帝寤而叹曰："执千钧之弩，异力者也；驱羊万群，能牧民为善者也。天下岂有姓力名牧者乎？"求之，得力牧于大泽，进以为将。◆《天地宫府图》：七十二福地第二十一马岭山（在郴州郭内），力牧主之。

【历阳神母】《（雍正）江南通志》卷四二：和州（今安徽和县，即历阳）西三十里麻湖之阳有庙，祀历阳神母。母有神哲，知历阳将陷为湖。后人以为神，礼之。此与由拳、巢湖老母事相类，均为同一传说之转化。

【历布衣】宋时人。清·屈大均《广东新语》卷一九："宋有历布衣，善相坟地。今广州故家大族，其始祖二世、三世坟，多历布衣所定穴。谚曰：'族有布衣坟，繁昌必有闻。'"清·平步青《霞外攟屑》卷四："布衣名伯韶。"明·叶盛《水东日记》卷一四，"传为宋嘉定中人，精地理之学，名倾一时。广人土音称'赖布衣'。"《四库全书总目》

子部术数类云："赖文俊，字太素，处州（今浙江丽水）人，自号布衣子，故世称'赖布衣'。"而浙江、江西俱有赖布衣传说，其名则又有大有、太素之说。参见清·董含《三冈识略》卷三"祖墓先兆"条。

【厉归真】唐末人。南宋·陈耆卿《赤城志》卷三五："天台（今浙江天台）人。嗜酒，常单衣。精水墨。当乾祐二年飞升于中条山，自云台州唐兴（即浙江天台）人。"五代·于逖《闻奇录》、五代·陈纂《葆光录》卷一："厉归真善画。常至人家，有好事者将绢素铺于案上，即自下笔，预知人之所欲禽兽松竹之类；如请之，却多不允。饮酒数斗不醉。或人在州城竟日饮，其日有人于桐柏宫见之。或来国清寺游，又有见在开元宫。后往洪州，白日上升。"《（雍正）江西通志》卷一〇六引《玉堂清话》："唐末道士。游洪都信果观，见三官殿内功德塑像是玄宗时夹纻，制作甚妙，多被雀鸽粪秽其上。归真遂于殿壁画一鹞，笔迹奇绝，自是雀鸽无复栖止。"《仙鉴》卷四二："后有人见归真于罗浮山（在今广东惠阳地区），登真矣。"◆按北宋·刘道醇《宋朝名画评》："隋唐而下画牛者止三人，戴嵩、厉归真与裴文。"北宋·李廌《德隅斋画品》中亦著录归真所绘"渡水牛""出林虎"，云其为"朱梁时道士"。《宣和画谱》卷一四有其小传，可参看。

【厉鬼】为厉之鬼魂。因古有"鬼有所归，乃不为厉"之说，国有泰厉，祭帝王之无后者，诸侯有公厉，大夫有族厉，则祭诸侯、大夫之无后者，后世下至郡县以至乡里，均有厉坛之祭，以祀绝嗣无后之鬼魂。而为厉之鬼又多为兵死疫死者，兵死者往往少壮，疫死者往往全家尽命，故无后者多，于是非命而死即不享天年而死者亦多为厉鬼。推而广之，死于水火者亦归于厉祭。故厉鬼可以理解为无后嗣以及"横死"之鬼魂。《明会典》卷八七说及这些厉坛所祭之鬼，云"其间有遭兵刀而横伤者，有死于水火盗贼者，有被人取财而逼死者，有被人强夺妻妾而死者，有遭刑祸而负屈死者，有天灾流行而疫死者，有为猛兽毒虫所害者，有为饥饿冻死者，有因战斗而殒身者，有因危急而自缢者，有因墙屋倾颓而压死者，有死后无子孙者"，大抵包括了厉鬼的范围。

【厉神】非命而死者，其鬼称"厉鬼"，或称"厉神"。《楚辞·九章·惜诵》"吾使厉神占之兮"王逸注："厉神，盖殇鬼也。"袁珂以为，"厉"同

"疠"，疫也。古之厉神，非独殇鬼，也包括"疫神"。按袁说甚是，然似应更进一解：古时大批人民非命而死者，非兵即疫，而古时厉坛之祭亦为此等鬼魂所设，故所谓厉鬼者，不唯包括因疠疫而死之鬼，且厉鬼之名目或亦由疫鬼而生。此等非命而死之鬼大多无后，故厉鬼亦有死后无嗣则公祭之义。

【丽山氏】宋·高承《事物纪原》卷一引《遁甲开山图》："丽山氏产生山谷。"《汉唐地理书钞》辑荣氏《遁甲开山图》："丽山氏分布元气，各生次序，产生山谷。"

【利市婆官】元·虞裕《谈撰》：江湖间多祀一姥，曰利市婆官。或言"利市波"乃神所居地名，非婆也。

【利市仙官】又称"利市"，与"招财"等同为文武财神之辅神。元·夏文彦《图绘宝鉴》载宋嘉禾善画利市仙官像，可证此神在宋时已盛行。仇德哉《台湾之寺庙与神明（四）》：冀、鲁、豫、苏、皖等省民俗，春节初一至十五有跳财神者，沿门逐户乞讨财物，此种财神即利市仙官。

利市仙官　浙江余杭神像

【疠鬼】即疫鬼。南宋·洪迈《夷坚乙志》卷一四"鱼陂疠鬼"条："洪洋自乐平（今江西乐平）还家，至鱼陂畈，时已二更，闻大声发山间，如巨木数十本摧折者。其响渐近。洪急避枯涧下。其物已在前立，身长可三丈，从顶至踵皆灯也。洪急诵观音大悲咒。物稍退步，相去差远，入小民家，遂不见。洋归而病，一年乃愈，二轿仆皆死。后访畈下民家，阖门五六口皆死于疫，始知乃'疠鬼'云。"《夷坚支志·景集》卷二"孔雀逐疠鬼"条："抚州宜黄人邹智明，家饶于财。暴得疠疾，昏昏不知人。请僧诵经，两卷毕，出就饭。智明望见挂像处，一孔雀以尾逐疠鬼。僧竟读疏去。日将暮，一小鬼来告曰：'我辈佩佛敕，行当去此。但公头上

有钉未拔，愿多烧冥钱与我，便相为除之。'于是呼干仆饶山散买楮币，聚焚于庭。诸鬼奇形异状以十数，舞谢欢喜。其先告者径登床拔钉而去，且言曰：'我明日往县市曾打银家行病矣。'先是，智明最苦头极痛。登时豁然如失，平旦即能起。欲验其事，走介扣曾匠家，果云忽害伤寒。"

【栗大王】清·邹弢《三借庐笔谈》卷九"河神"条："按河神之懋膺封号者四。一为栗襄勤公讳毓美，曾官河督，晋太子太保，道光时人。"清·陈其元《庸闲斋笔记》卷六"栗恭勤公为河神"条："山西栗恭勤公毓美，由拔贡知县官至太子太保、东河总督，为治河名臣。年六十三岁，卒于河防工次，河南人如丧考妣，即生祠处处祀之。公没之明年，河决开封，各官昼夜堵筑。当合龙之际，河上忽来一蛇，众欢迎之。盖河将合龙，河神必化蛇至，有黄大王、朱大王、齐大王等神，老于河工，见蛇之色而知为某某，当称其号，以金盘迓之，蛇即跃入，以河督肩舆迎之庙中，祭赛数日，俟合龙，蛇乃不见。是役也，蛇作灰色，非向所见者。历祝以某某大王，均不为动，众人大惑。巡抚牛公鉴闻之，至河滨，一见咤曰：'是栗大人耶？'蛇遂跃入盘中。越日下埽，平安藏事。众问巡抚曰：'何以识为栗公耶？'曰：'栗公项下有白颠风，周围似玉。我见此蛇颈有白圈，疑是渠化身，呼之而应，渠真作河神矣！'于是奏请以公列入河神祀典。"

【栗公子】湖州丛祠，又名"力竭公子"。祠在湖州东祠，其像垂髫，戴发束冠，衣红袍，面向城外端坐，笑容可掬。传说神为山东夏津栗公祁之子，遗其名，明万历间栗公守湖州，大旱民饥，公以蠲租放赈请于上台，不许，因遣公子诣阙以请，得旨允之。公子抱病，昼夜驰归报命，甫至东门而卒。郡人德之，肖像祀之城上。后人呼为栗祁公子，又因其尽瘁而死，称力竭公子。见清·清凉道人《听雨轩笔记》卷一。

【栗毓美】见"栗大王"条。

【lian】

【连步云】明时人。《（雍正）山西通志》卷一五九：阳和人。木工，异人授以符咒，祷雨立应。耳著铜环。袖胡桃，摇动，应声起霹雳。隆庆末大涝，步云令家人设锅盖于门，蒙以白纸，上书"青天白日"，不三日遂晴。病者乞符多愈。

【连可久】宋时人。《（雍正）江西通志》卷一〇四：安仁人。父鳌，与熊曲肱游。可久幼时，为父旨见曲肱，曲肱令作《渔舟调》，目为神仙中人。长学道，将化，咬指以血书于盘面，血迹穿盘而下，即羽化去。

【莲花子】南宋时人。南宋·洪迈《夷坚三志·辛集》卷二"洞天真人殿"条：鄞县（今浙江宁波）人连生，嗜酒不检束，每饮酒，必插花满头，绕街狂歌，人多恶之，目为莲花子（按：此"花子"应为"叫化子"之花子，则莲亦以作连为当）。后入一古屋，见一道人坐其中，揖之，遂共谈神仙之事。道人指壁间，豁然洞开，乃大殿一所，楼阁参差，非凡世可比。引之入，宝殿正中金牌书云"洞天真人之殿"，两旁四殿皆立小牌，曰北极真人、西天真人、东升神君、南洞神君。一人著王者服坐其上。连生欲见之，道人不允，许以明日再来。此后连生频与往来，率以为常。至庆元间，连已六十余岁，颜色如婴儿，能言人祸福，其应如响。

【廉广】《太平广记》卷二一三引《大唐奇事》：廉广，鲁人，采药泰山。逢一人，有若隐士，曰："我与君一笔，但密藏焉。即随意而画，当通灵。"因怀中取一五色笔以授之。广拜谢讫，此人忽不见。尔后颇有验，但秘其事，不敢轻画。后因至中都县，李令者性好画，知其事，命广至。广不得已，乃于壁上画鬼兵百余，状若赴敌。其尉赵知之，亦坚命之。广又于赵廨中壁上，画鬼兵百余，状若拟战。其夕，两处所画之鬼兵俱出战。李及赵既见此异，不敢留，遂皆毁所画鬼兵，广亦惧而逃往下邳。下邳令知其事，命画一龙。广勉而画之，笔才绝，云蒸雾起，飘风倏至，画龙忽乘云而上。至滂沱之雨，连日不止，令忧漂坏邑居。复疑广有妖术，乃收广下狱。广于狱内梦神人言曰："君当画一大鸟，叱而乘之飞，即免矣。"广乃密画一大鸟，乘之远去。直至泰山而下，见神。谓广曰："本与君一小笔，欲为君致福，君反自致祸，君当见还。"广乃怀中探笔还之。神寻不见，广因不复能画。下邳画龙，竟为泥壁。◆《神笔马良》故事本此。

【liang】

【梁伯鸾】《天地宫府图》：三十六小洞天之玉笋山，为真人梁伯鸾所治。◆按：梁鸿，字伯鸾，新莽及东汉初人，《后汉书》有传。仅为隐士，与修仙无涉。

【梁谌】魏、晋间人。《仙鉴》卷三〇：字考成，京兆扶风（治在今陕西兴平）人。博通经史，精阴阳占候之术，乐神仙。魏元帝时年十七，事郑法师于楼观。常梦与仙人游。晋惠帝永兴二年，老君命真人尹轨降于楼观，乃尽弟子礼，受炼气隐形之法、水石还丹之术。后隐于终南山，食气吞符，服食丹砂，目能视地中物，耳能听数里声。一日语门人出访友，出则不见其形，唯闻空中鼓吹之声。时晋元帝大兴元年也。

【梁戴】见"梁野人"条。

【梁道士】《（雍正）云南通志》卷二五：不知何许人。居易门，有道术。易门艰于泉，梁以蜡为三龙，置隙地，俄涌三泉。其上泉之龙只一目，今泉中鱼亦一目。又有庙在石洞山，梁橄神一夕移之。

【梁可澜】明时人。《（康熙）广东通志》卷二六：字符叔。顺德人。博学能诗，性耽山水。隐居罗浮（今广东惠阳地区之罗浮山），慕葛洪修炼故事，自号三十二峰太狂长啸仙。卒年八十，举尸入棺，轻若空衣。其后十年，其侄遇一道士踵其门，曰："太狂仙约返罗浮，果行否？"人益以为仙去。

【梁亮】宋时人。明·王鏊《（正德）姑苏志》卷五八：家于驷马桥下，业渔。尝见一白鼠入穴，得书一卷，读之有悟。提刑吴潜舟次江，方饮，亮携篮步水上，入潜舟。潜怪问之，亮曰："欲假公笥中白金酒罂尔。"潜见其裸且篮小，意不能藏，遂出与亮，即纳罂于篮而去。翌旦于驷马桥上碎而分诸贫者，潜以为妖，急追逮至官，谓亮曰："能去此否？"亮因注水于盆，剪纸为鱼，游跃水中，复剪一鱼，飞达庭下，攫其鱼而上。众皆仰视，遂失亮所。家于苏州驷马桥下，以捕鱼为业。因逐白鼠入穴，得道书，读之而悟，遂能持法术，掷绳为蛇，剪纸为鱼，履水如平地。后不知所往。

【梁卢】晋时人。《（康熙）罗浮山志》卷九：安定人，尝为曹掾，弃职，行默朝三元法。太清真人教以神丹。卢乃自会稽（今浙江绍兴）南行三千里至罗浮（在今广东惠阳地区），修炼丹成仙去。

【梁母】刘宋时人。五代·杜光庭《墉城集仙录》卷七：盱眙（今江苏盱眙）人。孀居无子，营旅舍于平原亭，客来如至家，付钱多少，未尝有言。衣食之外，悉施贫病。曾有少年住经月，临去，云："我是东海小童。"母亦不知小童为何人。苍梧王元徽四年，道士徐道盛于蒙阴遇老母乘青羊车，自言是平原客舍梁母，被太上召还，应过蓬莱寻子乔云

云。并预言太平将近。后道盛至平原客舍访之，相遇之日正梁母去世之时也。

【梁渠】《山海经·中山经》：历石之山有兽焉，其状如狸，白首虎爪，名曰梁渠。见则其国有大兵。

【梁饶】元末人。《（雍正）江西通志》卷一〇六：德兴（今江西德兴，在乐平东）人。精堪舆术。一日过乐平

梁渠　山海经图　胡文焕本

（今江西乐平）大汾潭，遇雪。时岁暮，渡者李翁止宿，饮至酣，大呼曰："世上何人能识我，今日时师后世仙。"李恳求吉地。梁即批示穴处，嘱曰："贵从武功始，祸后福始应。"葬数年，李以罪戍定远，产黔宁王英。明祖育之军中，赐国姓，复赐姓沐，追封三代皆为王。

【梁山伯】即化蝶梁祝之梁山伯。《（光绪）鄞县志》卷一三记其事，与今传说稍异，略云："义忠王庙，一名梁圣君庙，祀东晋鄞县（在今浙江宁波鄞州区）县令梁山伯。晋末安帝时刘裕奏封义忠王。山伯名处仁，山伯其字，会稽（今浙江绍兴）人。其母梦日而孕，十二月而生山伯，时东晋穆帝壬子年。幼聪慧，长就学钱唐，路遇上虞（今浙江上虞）祝英台，同学三年，不知英台为女郎。后山伯往上虞访祝，方知为女子。归告父母，求婚于祝氏，而英台已许于鄞县（在今浙江宁波）廊头马氏。后简文帝举贤良，郡举山伯，诏为鄞县令。未久而婴疾，临终嘱葬于鄞西清道原九陇墟，时为孝武宁康癸酉。次年暮春，英台嫁马氏，乘舟西来，忽遇波涛，舟不能行，问知前有新坟，乃山伯葬处。英台遂临冢而哭，坟裂，英台赴入而复合。事闻于朝，丞相谢安奏请封义妇冢。至安帝时，孙恩寇会稽及鄞，刘裕讨之，梦山伯以神兵相助。奏闻于朝，封义忠神圣王，立庙。"明·陆容《菽园杂记》卷一一述《宁波志》有云，"和帝时，梁复显灵异，效劳于国，封为义忠，有司立庙于鄞云。吴中有花蝴蝶，橘蠹所化也，妇孺以梁山伯、祝英台呼之。"参见"祝英台"条。

【梁神】河梁之神。清·纪昀《阅微草堂笔记》卷一四：落星石（在河北易州与满城接壤处）北有渔

梁，土人世擅其利，岁时以特牲祀梁神。偶有人教以毒鱼法，用芫花于上流授渍，则下流鱼虾皆自死浮出，所得十倍于网罟。试之良验。因结团焦于上流，日施此术。一日，天方午，黑云自龙潭暴涌出，狂风骤雨，雷火赫然，燔其庐为烬。众惧，乃止。

【梁四公】《太平广记》卷八一唐·张说《梁四公记》：梁天监中，有四公谒武帝，帝见之甚悦，因命沈约作覆，将与百僚共射之。时太史适获一鼠，约匣而缄之以献。帝命闿公揲蓍，对曰："鼠，其数必四。"及启匣，鼠果妊三子。是日，帝移四公于五明殿西阁，示更亲近，其实因之，然有军国疑议，莫不参预焉。大同中，高昌国遣使贡盐二颗，颗如大斗，状白似玉，王公士庶皆不之识。帝命杰公迓之。谓其使曰："盐一颗是南烧羊山月望收之者，一是北烧羊山非月望收之者。南烧羊山盐文理粗，北烧羊山盐文理密。月望收之者，明彻如冰，以毡橐煮之可验。"杰公尝与诸儒语及方域，云："东至扶桑。扶桑之蚕长七尺，围七寸，色如金，四时不死。西至西海，海中有岛，方二百里，岛上有大林，林皆宝树，所谓拂林国也。四海西北，无虑万里，有女国，以蛇为夫，男则为蛇，不噬人而穴处。南至火洲之南，洲中有火木，其皮可以为布，炎丘有火鼠，其毛可以为褐，皆焚之不灼，污以火浣。北至黑谷之北，有山极峻造天，四时冰雪，意烛龙所居。昼无日，北向更明。夜直上观北极。"朝廷闻其言，以为诳妄，曰："邹衍九州、王嘉《拾遗》之谈耳。"俄而扶桑国使使贡方物，有黄丝三百斤，即扶桑蚕所吐；间岁，南海商人赍火浣布三端，明年冬，扶南大舶从西天竺国来，卖碧玻黎镜，面广一尺五寸，重四十斤，梁朝卿士，始信杰公周游六合，出入百代，言不虚说，皆为美谈。

【梁须】《仙鉴》卷三二："道士，不知何所人，闻柠槟赤者服之却老还少，令人夜间彻视见鬼，乃服之，年至一百四十岁，能夜看书，行及走马。后入青云山去。"按：原书编入唐人中。

【梁野人】南宋·洪迈《夷坚志补》卷一二"梁野人"条：名戴，长沙人，游方外，自称野人。盛暑昼寝于三清殿后，梦金人长丈余，提其左手于掌，以一金钱痛按之，戒曰："汝欲钱时，但缩左手袖中振迅，则钱随所须多寡而足。"试之果然。兄颜守庐州，戴谒之，颜令换衣冠，戴曰："山林风致，惟事内观。"即出寄旅邸，留书乘空而去，不知所往。遗所着敝衣，异香袭人。

【梁玉清】《太平广记》卷五九引唐·李冗《独异志》："《东方朔内传》云：秦并六国，太白星窃织女侍儿梁玉清、卫承庄，逃入卫城少仙洞，四十六日不出。天帝怒，命五岳搜捕焉。太白归位，卫承庄逃焉。梁玉清被谪于北斗下，常春。其子名休，配于河伯，骖乘行雨，每至卫城少仙洞，耻其为母淫奔之所，辄回驭，故此地常少雨。"

【梁真人】五代时人。《(雍正)江西通志》卷一〇五：无名籍。初入雩都北斗山紫霄观学道，既成将仙去，朝廷遣使来召，浮云而去。使者惧无以复命，遂自杀，人以北斗山神祠之。

【两贵】《太平御览》卷八八六引《白泽图》："故台屋之精名曰两贵，状如赤狗。以其名呼之，使人目明。"

【两面人】《山海经·大荒西经》"三面人"下郭璞注有云："玄菟太守王颀至沃沮国，问其耆老，云复有一破船，随波出在海岸边上。有一人，项中复有面，与语，不解了，不食而死。此是两面人也。"按此事又见晋·张华《博物志》卷二及《三国志·魏志·东夷传》。

【两头鹿】明·徐应秋《玉芝堂谈荟》卷三三："两头鹿。魏宏《南中志》：'云南郡有神鹿，一身两头，主食毒草，一名食毒鹿。'董逌云：'邪希有鹿两头，角且千。道书有五头鹿，其角且千。'《博物志》：'云南郡有神鹿，名茶首，其音为蔡茂，一身两头而角众列，今永昌有之。'盛弘之《荆州记》：'武陵郡西山有兽如鹿，首后有头，常以一头食，一头行，山中时有见之者。'"又清·吴任臣《山海经广注》引游氏《臆见》云："西区阳有鳖封，谓之两头鹿。"又云："《后汉书》：'云阳有神鹿两头，能食毒草。'《华阳国志》：'此鹿出云阳南郡熊（舍）[仓]山。'《酉阳杂俎》云：'双头鹿矢，名耶希，耶，鹿名也。'张华《博物志》云：'茶首机出永昌郡，音蔡茂机，是两头鹿名。'盛弘之所记，即此耳。"

【两头蛇】汉·贾谊《新书》卷六《春秋连语》："孙叔敖之为婴儿也，出游而还，忧而不食。其母问其故，泣而对曰：'今日吾见两头蛇，恐去死无日矣。闻见两头蛇者死，吾恐他人又见，吾已埋之也。'"唐·刘恂《岭表录异》卷下："两头蛇岭外多有，时有见者，如小指大，长尺许，腹下鲜红，背错锦文，一头有口眼，一头似有口眼。云两头俱能进退，亦谬也。昔孙叔敖见之为不祥，乃杀而瘗之，虑后人见之必受其祸，而南人见之以为常，其祸安在?"参见"弩弦蛇"条。《山海经》"延维""肥遗",皆蛇而两头者,但或为人首,或为蛇头。

【量人蛇】清·梁绍壬《两般秋雨盦随笔》卷四:广东琼州有量人蛇,长六七尺,遇人辄竖起,然后噬之。土人言此蛇于量人时,鸣声曰"我高",人亦应声曰"我高",蛇即自坠而死。按:此即"秤掀蛇",见该条。

【liao】

【廖半仙】明时人。《(崇祯)闽书》卷二四:失其姓名。泰宁(今福建泰宁)人。家赤贫,佣耕养母。一日出樵,遇二老人,与以二桃。廖不食,置怀中,欲以遗母。老人命其食,食已,老人不见。自此廖甚有力,为人筑田埂,取巨石,数十人不能扛者,廖手掇之。插秧须雨,廖以锄柄筑入石壁中,大呼:"水来矣。"拔柄,石壁出水不绝,灌田数十顷。人呼为半仙。

【廖冲】南朝梁时人。《(雍正)广东通志》卷四四:"字清虚,连州人。博学能文,经史无所不通。仕梁为本郡主簿、西曹祭酒。又为湘东王常侍。知天下将乱,遂挂冠,结庐于静福山,托迹黄老,以炼丹服气为名,幽栖自适。时大同三年。至陈光大二年卒,寿九十七。世之好事者传其白日上升,号其地为仙翁坛。"北宋·郑侠《西塘集·连州灵禧真君记》又云:"居人尊仰,若所以奉事上清之神者,于是共呼先生为真君,每岁时凶荒潦旱疫疠为虐,以告真君,未尝不应。"《仙鉴》卷三三:"梁武帝大通三年居连山郡,以才德见称,为本郡主簿。后辞官远游学道,居嵩高山。久之,过荆渚公安(今湖北公安北),二神作妖,起风浪阻船,因降伏二神,使护船至南岳,又使护丹炉。丹成归乡,常乘一虎,执蛇为鞭。年一百余,唐睿宗先天二年风云晦冥而升。"参见"廖法正"条。

【廖法正】唐时人。《(万历)衡岳志》卷三:"一名通玄,郴(今湖南郴州)人,为景星观道士。幼从方外得费长房、刘根之术,谈经演法,能召鬼神,为人驱除邪祟。当时士大夫无不知其名者。咸通六年,唐懿宗召入朝,行道术有验。帝欲拜以官,辞不受,于是赐号玄妙真人。归过荆州公安(今湖北公安)野渡,有二妖为害,兴波覆人舟。法正劈浪行于水上,收伏二怪。后游广东连州,结庐靖福山,二年后白日飞升。"韩愈文集中有《送廖道士序》,即其人。明·王世贞《列仙全传》卷七有"廖师"一条,亦此人。◆按:过公安及庐靖福山事与"廖冲"相同,似以廖冲为正。

【廖孔说】明人。清·钱谦益《列朝诗集小传》丁集下:字傅生,衡州(今湖南衡阳)人,从父至南京。为诸生,博闻强记。后弃妻子学禅。临终持佛号不绝。后人有见之于茅山者,以为尸解去。

【了机】明时人。《(雍正)湖广通志》卷七四:形类僧。自云从终南山来。初居崔家洞,后居招仙岩洞。岁余,忽谓人曰:"吾闭关,幸为塞垣七七日。"土人如其言。一日,岩罩浓云,众开垣入洞,无人踪,唯蒲团草履存焉。

【了然子】东晋时人。《仙鉴》卷三三:辽东人。不显名氏。因游西蜀二十四治,后居太白山。出入虎豹驯绕。不知其所修,百余年间,吴猛、郭璞、陆修静、谢灵运、僧慧远相继与其友善。庾亮尝师之,曾从其问道,了然曰:"子出此月再为汝道。"不逾月而亮卒。

【料石岗神】《金史·海陵纪》:贞元元年十月丁巳,猎于良乡(在今北京南),封料石岗神为灵应王。初海陵尝过此祠,持杯珓祷曰:"使吾有天命,当得吉卜。"投之,吉。又祷曰:"果如所卜,他日当有报,否则毁尔祠宇。"投之又吉,故封之。

【lie】

【列子】其名初见于《庄子·逍遥游》:"列子御风而行,泠然善也,旬有五日而后反。"《释文》云:"列子,郑人,名御寇。得风仙,乘风而行。与郑穆公同时。"又见于《庄子·应帝王》及《至乐》《达生》诸篇。《仙鉴》卷六云:"郑人。姓列,名御寇。问道于关尹子,复师壶丘子林,又师老商氏,友伯高子,进二子之道,九年之后能御风雨行。隐居郑圃四十年,人无知者"云云。大抵撮《庄子》之文而成,史未必有其人也。又云:

列子 列仙图赞

"得道之后，著书名《列子》。"按今传《列子》书为魏晋间人伪托，张湛作注，故有人疑其书即张湛所伪。唐时玄宗追号为冲虚真人，其书号《冲虚真经》。宋徽宗封致虚观妙真君。◆唐·范摅《云溪友议》卷下"祝坟应"条："列子终于郑，今墓在郊薮。里有胡生者，家贫，少为洗镜镀钉之业。遇甘果名茶美酝，辄祭于御寇之垄，似求聪慧而思学道。历稔，忽梦一人，刀划其腹开，以一卷之书，置于心腑。及觉，而吟咏之意，皆绮美之词，所得不由于师友也。"

【烈杰太子】清·袁枚《子不语》卷三：湖州乌程县（今浙江湖州）前有庙，神号烈杰太子。相传元末时有勇少年纠乡兵起义，与张士诚将战，死。土人哀之，为立庙。号杰烈者，以其勇烈而能为豪杰之意也。乾隆四十二年，邑人烧香庙中，相继染邪自缢死者三人，乡人遂毁其庙。

【lin】

【林道人】❶明人。明·钱希言《狯园》卷二：万历中，福建延平府有林道人，莫知其名。从纯阳祖师受指石成金之法，能令顽石瓦砾、草木诸药，人间所有之物，应手而变，不事炼合。然其术以救济贫乏为主，未尝自润也。每于静夜，密呼五脏神姓名，其神自出，宛若人形，并长寸许，行动如常，衣色精采，其分明者，容发皆具，是身无病，如或一脏受疴，则此脏之神飒萎不振，急召使人，忙用点检功夫，逡巡再呼之出，便不复尔。❷明人。《（雍正）合肥县志》卷一九：永贞观道士，踪迹诡异，人莫能测。每得钱，与数丐传瓢而饮。终日酣醉，同辈恶之。后白日冲举。❸《（雍正）陕西通志》卷六：明万历时人。隐山阳之下高山石龛。知未来事，能兴云雨。时训人忠孝廉节。不好人学己，来学者辄拒之。顺治二年，山中人共见其入三凤山古洞，方入，石门即合。后岁旱，祷洞外，入洞取水，即雨。

【林夫人】即林默娘。南宋·洪迈《夷坚支志·景集》卷九"林夫人庙"："兴化军（今福建莆田）境内地名海口，旧有林夫人庙，莫知何年所立，室宇不甚广大，而灵异素著。凡贾客入海，必致祷祠下，求杯珓，祈阴护，甩敢行，盖尝有至大洋遇恶风而遥望百拜乞怜见神出现于樯杆者。"详见"天妃"条。

【林癸午】明人。《（康熙）广东通志》卷二六：不

知何许人。年幼至阳江为人牧竖。每出牧，以箫管一枚自随，箕踞自适，以箫画地，牛不敢出。求神治病，应口而愈。河畔一巨石状如犬，每浴必坐其上。一日与石俱飞去。此万历间事。

【林和靖】元·吾丘衍《闲居录》："至元间，杨琏真伽掘杭州宋陵，孤山林和靖墓亦被掘，中无他物，仅一宝玉簪，尸已空矣，其亦仙者耶？"按元·郑元祐《遂昌杂录》则云："棺中无所有，独砚一枚。"按：林逋，字和靖，《宋史》入《隐逸传》，梅妻鹤子，然无好神仙事。

【林衡】南宋·洪迈《夷坚丙志》卷一：林衡，字平甫，平生仕宦以刚猛疾恶自任。后罢归，病且革，

林逋　列仙酒牌

见吏抱案牍来，纸尾大书"阎罗王林"，请衡书花名。衡觉，谓家人曰："前二十年尝梦当为此职，今不免矣。"遂卒。卒之夕，秀州精严寺僧十余人同梦，梦出南门迎阎罗王，车中坐者，俨然林君也。时乾道二年。

【林回阳】宋时人。元·吾丘衍《闲居录》：名自然，临江（今江西清江之西）人。善导引之术。咸淳间尝游宜兴张公洞，与诸仙人饮酒。素不识字，忽能作歌。宋之末年忽别去，不知所往。后数年，有道士见诸蜀山，呼之不应，追之不及。

【林九夫人】即"林纱娘"。大奶夫人（临水夫人）之姐，配祀于庙者。见"大奶夫人""临水夫人"条。然大奶夫人姓陈行四，其姐却称林九，或林九夫人本为不相干之神，及大奶夫人香火既盛，遂附会于其庙而撮成"干姐妹"者。◆明·王圻《稗史汇编》卷一三三"林九姑"条："闽古田有乔松，松下祠神曰林九姑，祷祈者云集，灵应如响。"按：

此林九姑应即林九夫人。

【林酒仙】❶南宋·洪迈《夷坚乙志》卷一七："北宋崇宁间，平江（即今江苏苏州）有狂僧，嗜酒亡赖，好作诗偈，冲口即成，郡人呼为'林酒仙'，多易而侮之，唯郭氏一家敬待甚厚。郭母病，林与药一盏，服之即愈。且留朱砂圆方与郭，郭如方货之，遂致富。"宋·龚明之《中吴纪闻》卷二："国初时，长洲县（即今江苏苏州）东禅寺有僧曰遇贤，姓林氏。以其饮酒无算，且多灵异，故乡人谓之'林酒仙'。口中可容两拳。能自图其形，纤毫不差。好赋诗，虽多俗语，中含理致。真身塑寺中。"又卷五"郭家朱砂圆"条："郭氏，本郡中一小民。所谓林酒仙者，每至其家，必解衣以醉之。酒仙迁化前数日，语郭氏曰：'畴昔荷相接之勤，以药一杯为报。'郭氏以味恶颇难之。力强之，饮至三呷而止。酒仙自举而尽，遂授以朱砂圆方曰：'惜乎，富及三世尔！'郭氏竟售此药，四方争求买之，自此家大富。三世之后，绝无有欲之者。"❷又明·钱希言《狯园》卷二有一林酒仙，当系明时人，述其四事，其一云："酒仙嗜食鸽，出作佛事，命侍者燔鸽以待，侍者窃食一翅。酒仙归而责以伤物命，侍者曰：'和尚尚食数百，不虑伤生，乃责某食一翅乎？'酒仙张口，飞出一鸽，惟少一翅，在地能行。"又云："万历初时有酒仙祠，祈祷有灵云。"◆清·钱泳《履园丛话》卷一四"异僧"条，将宋、明二酒仙合而为一："吴门东禅寺有林酒仙像，即宋异僧遇贤也。好酒喜食鸽，每食后鸽仍从喉吐出，飞集梁间，至今塑之，以著灵异。"

【林灵素】《宋史·方伎传》："林灵素，温州人。少从浮屠学，苦其师笞骂，去为道士。善妖幻，往来淮、泗间，丐食僧寺，僧寺苦之。政和末，王老志、王仔昔既衰，徽宗访方士于左道录徐知常，以灵素对。既见，大言曰：'天有九霄，而神霄为最高，其治曰府。神霄玉清王者，上帝之长子，主南方，号长生大帝君，陛下是也，既下降于世，其弟号青华帝君者，主东方，摄领之。己乃府仙卿曰褚慧，亦下降佐帝君之治。'又谓蔡京为左元仙伯，王黼为文华史，盛章、王革为园苑宝华史，郑居中、童贯及诸巨阉皆为之名。贵妃刘氏方有宠，曰九华玉真安妃。帝心独喜其事，赐号通真达灵先生，赏赉无算。建上清宝箓宫，密连禁省。天下皆建神霄万寿宫。浸浸造为青华正昼临坛，及火龙神剑夜降内宫之事，假帝诰、天书、云篆，务以欺世惑众。其说妄诞，不可究质，实无所能解。惟稍识五雷

林灵素　列仙全传

法，召呼风霆，间祷雨有小验而已。始欲尽废释氏以逞前憾，既而改其名称冠服。灵素益尊重，升温州为应道军节度，加号元妙先生、金门羽客、冲和殿侍晨，出入呵引，至与诸王争道。宣和初，都城暴水，遣灵素厌胜。方率其徒步虚城上，役夫争举梃将击之，走而免。帝知众所怨，始不乐。灵素在京师四年，恣横愈不悛，道遇皇太子弗敛避。太子入诉，帝怒，斥为太虚大夫，斥还故里，诏徙置楚州而已死。"南宋·赵与时《宾退录》卷一引耿延禧所作《林灵素传》所载稍异："林灵素，初名灵噩，字岁昌。家世寒微，慕远游。至蜀，从赵升道人（一说即张天师弟子赵升，见'赵升'条）数载。赵卒，林得其书，秘藏之，由是善妖术，辅以五雷法，往来宿、亳、淮、泗间，乞食诸寺。政和三年，至京师，寓东太一宫。徽宗梦赴东华帝君召，游神霄宫，觉而异之，敕道录徐知常访神霄事迹。知常素不晓，告假。或告曰：'道堂有温州林道士，累言神霄，亦作神霄诗题壁间。'知常得之，大惊，以闻。召见，上问有何术。林对曰：'臣上知天宫，中识人间，下知地府。'上视灵噩风貌如旧识，赐名灵素，号金门羽客、通真达灵元妙先生，赐金牌，无时入内。五年，筑通真宫居之。时宫禁多怪，命灵素治之，埋铁简九尺于地，其怪遂绝。因建宝录宫、太一西宫，建仁济亭，施符水，开神霄宝录坛。诏天下：天宁观改为神霄玉清万寿宫，无观者以寺充，仍设长生大帝君、青华大帝君像。上自称教主道君皇帝。皆灵素所教也。灵素受旨修道书，改正诸家醮仪，校雠丹经灵篇，删修注解。每遇初七日升座，座下皆宰执、百官、三衙、亲王、中贵，士俗观者如堵。讲说《三洞道经》，京师士民始知奉道。灵素为幻不一，上每以"聪明神仙"呼之。御笔赐玉真教主、神霄凝神殿侍宸，立两府班。上思已故明达皇后，欲见之。灵素复为

叶静能致太真之术，上尤异之。谓灵素曰：'朕昔至青华帝君处，获言"改除魔髡"，何谓也？'灵素遂纵言佛教害道，今虽不可灭，合与改正，于是将佛刹改为宫观，释迦改为天尊，菩萨改为大士，罗汉改尊者，和尚改德士，皆留须发，顶冠执简。有旨依奏。宣和元年秋九月，全台上言：'灵素妄议迁都，妖惑圣聪，改除释教，毁谤大臣。'灵素实时出宫。十一月，与宫祠，温州居住。二年，卒。生前自卜坟于城南山。"◆南宋·洪迈《夷坚丙志》卷一八言其为京师求雨有验。南宋·郭彖《睽车志》卷一载其召九华安妃等仙，并识李师师为狐精等事。南宋·王明清《投辖录》记其能召人魂魄，千里可致。◆宋·周辉《清波杂志》卷三言灵素诈死："宣和末，灵素死于温州。未死间，先自籍平日赐赉物寄之郡帑，且为治命：殓以容身之棺，棺中止置所赐万岁藤拄杖，封窆甚固。建炎初，唯下温州籍其赀而已。后数年，有内侍洗手刘太尉之侄避地至长沙，于酒肆见一驼裘丈夫，负壁而坐，熟视乃灵素也。刘叩先生何为至此。灵素曰：'吾亡命尔。向不早为此，身首异处矣。'"◆南宋·陆游《家世旧闻》卷下于灵素颇多揭露："灵素少尝事僧为童子，嗜酒不检，僧笞辱之，发愤弃去。为道人，颇知小术，亦时时自写所为歌诗遗人，然笔札词句皆鄙恶，了无可观。既得幸，其徒黠者稍润色之。然灵素本庸夫，每升高座说法，肆为市井俚谈，闻者绝倒。或择日施符水，为人治病。车驾间幸其所居，设次临观，则阴募京师无赖数十人，曲背为伛，扶杖为盲，噤口为喑，曳足为跛。既喫水投符，则伛者神背，盲者舍杖，喑者大呼，跛者疾走，或拜或泣，各言得疾二十年或三十年，一旦都除，欢声动地。上为大悦。"◆南宋·曾敏行《独醒杂志》卷五则载吕洞宾下凡，以术感徽宗，使知灵素之妄，灵素宠遂衰。而《投辖录》载灵素妒术士胜于己者，抑之不令见上。有神仙郑子卿化作道士，以术感徽宗，灵素遂宠衰。见"郑子卿"条。

【林容真】王母第四女，号"南极夫人"。见该条。

【林纱娘】三奶夫人之一，即"林九夫人"。相传其父为刺史。详见"临水夫人"条。

【林升真】《（隆庆）平阳县志》卷九：宋时平阳（今浙江平阳）人。林仁药之孙。能神游上清，知人祸福，祷雨辄应。

【林阳子】晋·陆云《登遐颂》二十一仙人中有林阳子，云："林阳饵车，明视聪耳。壮子既餐，步晞千里。"◆按：疑即"林子明"。

【林乂】北宋时人。南宋·洪迈《夷坚丙志》卷九"鄷都宫使"：林乂，刚正尚谊。官嘉兴主簿。任满还家，梦吏士来迎，入官府，升堂正坐。掾属数十辈列拜廷下，出文牍，摘纸尾使书。视官阶，乃印衔阔径三寸，不可辨，但识其下文五字曰"鄷都宫使林"。乂平生颇慕神仙事，顾谓吏曰："学道之人，皆当为仙官，此乃冥司主掌，非以罪谴谪者不至。且吾闻居此职者率二百四十年始一迁，非美官也。"不愿拜。吏曰："此上帝命也，安得拒？"乂不得已，乃书名，遂寤。知其命不可长，旋卒。◆南宋·方勺《泊宅编》卷中记从事郎林毅事，与此林乂为同一人：宣和六年，忽梦黄衣吏持文书一卷，列十人姓名，林在其中，谓曰："召公等作鄷都使者，请书知。"

【林益道】明时人。《（雍正）浙江通志》卷一九七：黄岩县人。号心月。四岁读书，日记千言。十五岁，当七夕，与群儿浴于江湄，一叟乱流而济，众儿莫见，唯益道能见。叟至，以手摩其目曰："好眼好眼！"归即双瞽。卧病二年，叟复至其家，授以禄命书。邻人为之口授一过，其字即灭。自是语祸福无不奇中。

【林遇贤】宋时人。明·王世贞《列仙全传》卷九：咸平初来寓长洲（即今江苏苏州）之明觉禅院。常以酒肉自纵。酒家或遇其来饮，则售酒数倍于它日，人称为酒仙。语人祸福必验，以符治病必痊。时创佛舍，助钱数百万，未尝称丐于人，人不知所自来。

【林子明】晋·葛洪《抱朴子内篇·仙药》：林子明服术十一年，耳长五寸，身轻如飞，能超越渊谷二丈许。

【临安土地】南宋·潜说友《咸淳临安志》卷八八：吴育为临安宰三日，谒庙廨后土地称属国侯者，视之，乃十余岁小儿。故老云：钱镠所用小史，一挥扇误触臂，一于睡时以水添沸汤使无声，悉令诛之。挥扇者甘死，止沸者称冤。乃赦挥扇者，曰："吾睡，方欲以水添沸汤使无声，此史已先知之矣，不可赦。"后见形于前，钱叹曰："我戮人无数，此小儿乃敢现身。封汝为属国侯，永为临安土地，受彼血食。"遂不见。

【临邛主簿】明·曹学佺《蜀中广记》卷七四引《眉州志》：眉州（今四川眉山）东南五十里大旺山顶有井，现一物，圆赤如斗，剖之甘香异常，得一脔者，实时羽化。临邛主簿闻之，乘骑骤上山，仅剩少许，食之羽化，骑骡舐余沥，亦化去。后人呼为主簿山。

【临水夫人】三奶夫人之一。仇德哉《台湾之寺庙与神明（四）》：姓陈名靖姑（诸书又多有做进姑者），因成神于福建古田县临水乡，故称临水夫人。又有陈进姑、慈济夫人、南台助国夫人、天仙圣母、碧霞圣母、顺天圣母、顺懿夫人诸称。又为三奶夫人之一。宋淳佑间封崇福昭惠慈济夫人，后加封天仙圣母青灵普化碧霞元君。清咸丰间加封顺天圣母（按此碧霞元君与泰山女之碧霞元君无涉）。◆台湾地区民间又有陈靖姑、李三娘、林纱娘闾山学道故事，云三女结为金兰，至闾山从许真君学法。学成传道，为闾山净明派。又因人称靖姑为陈大奶，三娘为李三奶，纱娘为林九奶，合称"三奶夫人"，故净明派又称三奶教。详见"大奶夫人"条。

【淋涔君】南朝梁·殷芸《殷芸小说》卷一：晋孝武帝尝于殿中北窗下清暑，忽见一人，著白袷黄练单衣，举身沾湿，自称是华林园中池水神，名曰淋涔君，语帝："若能见待，必当相佑。"帝时饮已醉，便取常佩刀掷之，刃空过无碍。神忿曰："不能以佳士见接，乃至于此，当令知所以。"居少时，而帝暴崩。◆按：《太平御览》卷八八二引此作《幽明录》。

【猲】《山海经·中山经》："依轱之山，有兽焉，其状如犬，虎爪有甲，其名曰猲，善駚牟，食者不风。"郭璞注："駚牟，跳跃自扑也。不风，不畏天风也。"

猲　山海经图　汪绂本

【麟主】明·徐应秋《玉芝堂谈荟》卷三三引《云窗杂志》："神鸟之山有兽，名麟主，服众兽而却百邪。此兽欲溺，则虎伏地仰首，麟主于是乘其背而溺其口，故中国溺器名虎子也。"

【廪君】《后汉书·南蛮西南夷列传》：巴郡、南郡蛮，本有五姓：巴氏、樊氏、瞫氏、相氏、郑氏。皆出于武落钟离山。其山有赤黑二穴，巴氏之子生于赤穴，四姓之子皆生黑穴。未有君长，俱事鬼神，乃共掷剑于石穴，约能中者，奉以为君。巴氏子务相乃独中之，众皆叹。又令各乘土船，约能浮者，当以为君。余姓悉沉，唯务相独浮。因共立之，是为廪君。乃乘土船，从夷水至盐阳。盐水有神女，谓廪君曰："此地广大，鱼盐所出，愿留共居。"廪君不许。盐神暮辄来取宿，旦即化为虫，

与诸虫群飞，掩蔽日光，天地晦冥。积十余日，廪君伺其便，因射杀之，天乃开明。廪君于是君乎夷城，四姓皆臣之。廪君死，魂魄世为白虎。巴氏以虎饮人血，遂以人祠焉。◆按：又见唐·樊绰《蛮书》卷一〇，文稍异。

【ling】

【灵安尊王】闽台丛祠。亦称"青山王"。沈平山《中国神明概论》第二章："青山王为泉州惠安县之灵岳神，即境主城隍神。神名张悃，东吴猛将，屯兵惠安青山，以防海寇。南宋建炎间采石之战，人见大旗题有张将军姓名，虞允文问知为青山神，乃奏闻，封灵惠侯。明洪武六年封灵安尊王。"仇德哉《台湾之寺庙与神明》则云名张滚："吴主孙权遣张滚镇守泉州惠安，因其正直廉洁，颇受军民爱戴。死后停柩于县衙东室，吏属就棺砌石为坛，春秋祀之。后历任长官，到任必诣坛臻致祭。至宋太宗太平兴国间，崔知节为惠安令，祭坛时墓碑忽倾倒，见碑阴有五言偈语云：'太平兴国间，古县名惠安。今逢崔知节，送我上青山。'崔询知县内有青山其地，乃迁其墓于青山之麓，并建庙塑像，岁时祀之。庙称青山宫，神称青山王。有关青山王之传说颇多。有谓南宋建炎间，金兵进犯，虞允文迎战，每见有擎张滚旗号之将军率部冲杀，金兵大败，后虞允文查明为惠安所祀之青山王，遂表上其事，敕封为灵安尊王。灵安尊王原为福建南安、惠安、晋江三县所奉祀，后来逐渐为闽台各地信仰。青山王配祀王妃名花宫夫人。下隶长寿、奖善、阴阳、罪恶、增禄、速报等六司，辅神有文、武二判、谢、范二将军。"

【灵哥】❶明清之"灵哥灵姐"，为樟柳神之一种，唯灵哥灵姐平时寄于术人腹内，或称"肚仙"，与樟柳神之为木偶不同耳。明·罗圯《圭峰集》卷一八《故都察院右副都御史谢公行状》："有巫自鲁来，妖凭之，言祸福如响。公曰：'是济人所神为灵哥者，今越吾境，何能为？'妖谓巫曰：'吾畏谢公，吾去。'巫忽觉，如常女子。"明·谢肇淛《五杂组》卷六"人部二"："近来妖人，有生剖割人，而摄其魂以为前知之术者，盖起于此。若樟柳神、灵哥，又其小者耳。"清·袁枚《子不语》卷一四"鬼入人腹"条："焦孝廉妻金氏，召算命瞽者，言往事甚验，乃赠以钱米而去。是夜，金氏腹中有人语曰：'我师父去矣，我借娘子腹中且过数日。'金

家疑为樟柳神，问：'是灵哥儿否？'曰：'我非灵哥，乃灵姐也。师父命我居汝腹中，诈取财帛。'言毕，即捻其肠肺，痛不可忍。"又《海游记》第十五回："臧居华取樟木作灵哥，柳木作灵姐，每用男女天灵盖各四十九个为粉填空心，半夜用油煎黑豆，把鬼拘在木人上符咒，百日炼成一对。"❷明时最盛行，其行止亦类于樟柳神，然时人多以为系猴狐之精，又与常言之"灵哥灵姐"稍异。明·祝允明《语怪》："灵哥事海内传诵，殆百年矣。景泰、天顺间日溢于耳，迩年多不信之，然闻见犹繁，不胜登载。其物性最软媚，往往与人缠绵缔结，托为友朋。先朝因旱潦尝令巡抚臣下有司迎入京师，比至京，不肯入城，云'禁中葵狗异常，我不可入'，人以是益疑为猴狐之类云。"至明·张志淳《南园漫录》卷三所记，则确为猴精："幼闻灵哥者，居济宁之鲁桥。能预言祸福。本猴也，窃陈希夷所炼丹药食之，遂灵通至今。今所居必择人妻少有色者，以其夫为'香通'而居其家。问事者踵至，香通家为设绛帐居之，于绛帐前传语。"

【灵沟医官大王】《(弘治)八闽通志》卷五八：庙在郡城南钓龙台之西，旧有洪沟。元至正间，溪水泛溢，忽一木像乘浮槎往来洪沟者数日，乡人异之，乃登于巨石上。是夜里中父老咸梦一绯衣神谓曰："吾素习岐黄，今当庙食兹土，以福汝等。"翌日各言所梦皆同，即其处立庙，凡疾疢疮疡，请其香烬，服之立愈。因号曰"灵沟医官大王"。

【灵姑】见"慧感夫人"条。

【灵官】即樟柳神之一名。清·破额山人《夜航船》卷六"江西樟柳神"条：樟柳人者，以樟木柳木接凑，雕作人形。其法觅人家儿女八字清秀者，刻在木人身上，呼曰"灵官"。呼之百日，魂附木人，便能说话行走，与人无二。善言人间一切阴阳吉凶事，并能关引亡魂到家。家人环集，问及生前事，对若影响。以故江湖术者奉为至宝。

【灵惠二郎】南宋·洪迈《夷坚丙志》卷八"江氏白鹇"条：宣和中，有江某自严州（今浙江建德东）往都城，入汴数十里，过灵惠二郎祠。舟人曰："神素爱此等物，愿收秘之。"即携入卧处。一婢入，至笼畔，无故失足，触笼坠，视之，鹇死矣。◆按：神以"灵惠"称庙封爵者甚多，此二郎疑即李冰之子"李二郎"，见"李二郎"条。

【灵惠夫人】即"天妃"。《元史·祭祀志五》：惟南海女神灵惠夫人，至元中，以护海运有奇应，加封天妃神号，积至十字，庙曰灵慈。直沽、平江、

周泾、泉、福、兴化等处，皆有庙。

【灵惠侯】❶即"李二郎"，见该条。❷神仇姓。《宝庆四明志》卷一五、《延祐四明志》卷一五：显佑庙在州南鲒埼镇，神姓仇。庙创于唐，祷之辄应。宋嘉定十七年封灵惠侯。❸太史慈。明·董斯张《吴兴备志》卷二三：奉新县有太史慈庙，宋乾道中封灵惠侯。❹竹王。《江汉丛谈》卷二：宋崇宁中，诏赐竹王为灵惠侯焉。◆按：庙神以灵惠为封爵者甚多，如宋·赵与时《宾退录》卷八之袁州显忠庙灵惠侯，宋·秦观《北海集》卷三六之秦望山灵惠侯庙等，均失其名，不具录。

【灵济菩萨】南宋·赵彦卫《云麓漫钞》卷一二："随州大洪山（在今湖北随州南），本名大湖，介于随、郢之间。其山高峻，上有三峰，中有积水，实为龙渊。云昔有二龙斗，穿崖而出，水遂涸。唐有僧自五台来，遇异人曰：'遇湖即至。'僧至，问地名，遂止。适逢大旱，乡人皆屠牛祈雨。僧为祈祷，成丰岁，遂入山，断足祭龙以谢。乡人张某素敬之，与子随僧入山。节帅以闻，僧赐号灵济菩萨，二张封将军。土人于落水处建庙宇，至宋尤盛。自后多说神怪，桀黠者四出，号'端公'，诳取施舍，每及万缗，死则塑作将军，立于寺殿。"◆南宋·洪迈《夷坚三志·辛集》卷四"李昌言贡"条："随州大洪山崇宁保寿禅院，以奉玉泉祠之故，受四远供献。寺帑之富，过于一州。有灵济菩萨道场者，开山祖师也。士民莫不施敬。"

【灵济昭烈王】元·徐硕《至元嘉禾志》（嘉禾即今浙江嘉兴）卷一二：灵济昭烈王别庙。考证：神姓张，自汉以来江浙多祀之。◆按：此即"祠山张大帝"也，见该条。

【灵济真人】即五代时徐温二子知训、知询，被封为金阙真君、玉阙真君者。见"二徐真君"条。

【灵济真人】即徐温二子知训、知询，被封为金阙真君、玉阙真君者。明·于慎行《谷山笔麈》卷一七：二子平生皆以凶德取败，不保其身，而列于诸神之祀，未审其由。世传（明）成祖有疾，尝梦二神进药，故崇祀之。然其祀不始于国初也。今京师禁城之西及福州城外皆有灵济宫。

【灵康王】赵炳，见"白鹤大帝"条。

【灵鳗菩萨】南宋·罗浚《宝庆四明志》卷一三："鄞县（今浙江宁波）阿育王山广利寺，环庙有圣井七。东晋时已著灵异，中井有二鳗，其一金线自脑达于尾，其一每现光耀。折花引之，则双红蟹或二虾前导而出。钱武肃王以岁旱，迎置钱塘之南

塔寺，山间凿石为井，立亭其上，以仿圣井，二鳗游泳自若。僧赞宁尝著《灵鳗菩萨传》。祷雨必应。"按宋·张耒《明道杂志》云："沈括为客话越州鳗井事，曰：'亲见上井时如常鳗，俄顷稍大，已而缘柱而上，大与柱等。'客曰：'启内翰，好粗鳗。'世谓无理诳人为'粗谩'。"

【灵女】❶晋·干宝《搜神记》卷二、晋·葛洪《西京杂记》卷三：汉高帝戚夫人侍儿贾佩兰，说宫内每十月十五日，共入灵女庙，以豚黍乐神，吹笛击筑，歌《上灵之曲》。既而相与连臂，踏地为节，歌《赤凤凰来》。乃巫俗也。❷唐·皇甫枚《三水小牍》卷下：汝州鲁山县（今河南鲁山）西六十里，小山间有祠，曰灵女观。其像独一女子焉，艳冶而有怨慕之色。祠堂后平地，左右围数亩，上擢三峰，皆十余丈，森如太华。父老云，大中初，斯地忽暴风疾雨，一夕而止，遂有此山。其神见形于樵苏者曰："吾商于之女也，帝命有此百里之境。可告乡里，立祠于前山，山名女灵，吾持来者也。"

【灵派侯】《三教源流搜神大全》卷三：李琚，卫州（今河南卫辉）三用人。周世宗朝为将，善骑射，于国有功。后病笃，语众曰："我授山东漆河将军也。"言讫而卒。后人立祠于此。唐玄宗开元元年（原文如此）封为灵派将军，宋真宗大中祥符间封为灵派

灵派侯　三教源流搜神大全

侯。◆按：唐时有李琚，玄宗第八子，善骑射，封光王。《搜神记》言玄宗封灵派侯事，或涉此而误。◆又明·查志隆《岱史》卷九云："灵派侯庙在泰安州城漆河东涘。其神旧名漆河将军，后曰通泉侯。"此则为冥府之神也。

【灵山十巫】《山海经·大荒西经》："大荒之中有灵山，巫咸、巫即、巫盼、巫彭、巫姑、巫真、巫礼、巫抵、巫谢、巫罗，从此升降，百药爰在。"

郭璞注："群巫上下此山采之也。"吴任臣《广注》曰："《酉阳杂俎》云：'大荒灵山有十巫，曰咸、即、盼、彭、姑、具、礼、抵、谢、罗，从此升降。''盼'作'盻'，'真'作'具'，未审孰是。又《水经注》引此，'巫真'作'巫贞'，'巫礼'作'巫孔'。又《同

灵山十巫　山海经图　汪绂本

姓名录》云：'开明有巫履，丰沮有巫礼。履、礼恐是一人。'郝懿行曰："又'盼'读如班，《海内西经》六巫有巫凡，盼、凡或即一人。《水经·涑水》注引此经作'巫盼'，盼、盼形声相近。巫真，《水经注》引作'巫贞'，巫礼作'巫孔'，礼、孔形近而讹也。《海内西经》有巫履，即礼也，是为一人无疑。其巫相疑即巫谢，谢、相声转，当即一人。"

【灵寿光】汉时人。晋·葛洪《神仙传》卷七：汉扶风（治在今陕西兴平）人，年七十余而得朱英九方，合而服之，转更少壮，年如二十。献帝建安元年，光已二百二十岁，寄寓江陵（今湖北沙市）胡田家，无疾而死。殡埋之日，人见于小黄，尚托寄书于胡田。田得书，发棺，中无所有。

【灵显侯】元·徐硕《至元嘉禾志》卷一二："灵显侯庙在嘉兴县北五里。土神施府君也。宋人，名伯成，九岁为神。几百余年，有祷辄应。因祷雨有应，景定五年敕封灵显侯。"又清·黄斐默《集说诠真》："明敕封护国镇海侯，所在立庙，甚著灵应。"

【灵显王】即二郎神。南宋·洪迈《夷坚甲志》卷一五"晁安宅妻"条、《夷坚丙志》卷一七"灵显真人"条，记阆州（今四川阆中）有灵显王，"神见梦于张魏公，自云：'吾昔膺受王爵，下应世缘，故吉凶成败，职皆主掌。自大观后，蒙改真人之封，名虽清崇而退处散地，其于人间万事，未尝过而问焉。'张公寤而惊叹，立请于朝，复旧封爵。自是灵响如初。俗谓二郎者也。"又同卷"兴元梦"

条，记兴元（今陕西汉中）有灵显王庙，甚灵验。《夷坚甲志》卷一七"永康倡女"条记永康军有灵显王庙。所祀应是二郎。

【灵胥】即涛神伍子胥。《初学记》卷六："涛之神曰灵胥。"注引《博物志》云："昔吴相伍子胥为吴王夫差所杀，浮之于江，其神为涛。"

【灵义侯】道藏本《搜神记》卷五：姓苟，佚其名，凤翔府陇州（今陕西陇县）人。有祠在陇州治左。其碑刻云：唐大历二年，故郡垒艰于得水，苟氏献地为城，因迁其城于此，军吏称便，故立祠祀之。神益著灵显，凡有祷辄应验如响。宋封灵义侯，赐庙额曰安佑。

【灵泽夫人】❶道藏本《搜神记》"灵泽夫人"条："夫人姓孙氏，吴王孙权之妹，蜀汉昭烈帝刘备之后也。相传孙权用周瑜之计，迎后于荆州（治在今湖北沙市），后乃识其诈，遂沉江死。一云：后闻昭烈帝崩，哀毁投江自尽。后人立庙枭矶山上，即今芜湖县西是也。明太祖龙飞渡江，阴兵冥助。既登极，敕封灵泽夫人，益新庙貌。"❷南宋·郭彖《睽车志》卷三："王圣图未第前，梦被任为给事，复有来议婚者，视其家世，唯题'灵泽夫人'四字。登第后知潞州（今山西长治），管内祠庙有灵泽夫人，圣图甚异之。其年，以给事召，圣图私念前梦，忽忽不乐，不复理装为行计。一日过灵泽庙阙门，状甚惶遽，遂卒。"

【灵杖夫人】清·俞蛟《梦厂杂著》卷三《乡曲枝辞·灵杖夫人传》：吾乡呼疫鬼为"王大哥"。乾隆二十五年立庙于鉴湖之畔，献牲演剧，酬愿者趾相错。五月五日，谬为王之生辰，龙舟竞渡，士女杂沓。璜山陈某，举家染疫，祷于王大哥。愈后，演戏酬神，立土地神位于旁，以作陪宾。剧未登场，忽阴云四合，天大雷电以风，台圮于水，优人几淹毙。是夕梦一老妇，拄杖而前曰："余为璜山保障久矣。御大灾，捍大患，余有力焉，所宜祀也。疫鬼何神，敢分庭抗礼乎？故以风雷逐之。传语村人，其安堵无恐。"盖土神为璜山王氏，号灵杖夫人，朱储村朱氏之始祖母也。临卒时，遗命投杖于河，视所止处为墓。如命投之，逆浮至母家而止。村人因其灵异，遂塑像祀之，而称之为灵杖夫人。

【灵照李夫人】老君之姑。《仙鉴》后集卷三："北元中玄道君李庆宾之女，太保玉郎李灵飞之小妹，受书为东宫灵照夫人，治方丈台第十三朱馆中。夫人年可十三四许。"按：据《仙鉴》，李灵飞即李聃之父。

【灵子真】《洞仙传》：服桃胶而得仙者。

【凌波神】五代·王仁裕《开元天宝遗事》："玄宗在东都，梦一女子，高髻广裳，拜而言曰：'妾，凌波池中龙女，久护宫苑。陛下知音，乞赐一曲。'帝为作《凌波曲》，奏之池上，神出波间。"又见唐·郑处诲《明皇杂录》、北宋·乐史《杨太真外传》。

【凌霄女】清·许缵曾《滇行纪程》：沅州（今湖南芷江）火神不祀祝融而祀凌霄女。一不虔，则神女立遣火鸦，衔火丸置茅屋之上，两翅扇风发火。居民屡屡见之，故州多火灾。

【陵阳子明】西汉·刘向《列仙传》卷下："铚乡（今安徽濉溪县西南）人，好钓鱼于旋溪（一作延溪），钓得白龙，解钩拜而放之。后得白鱼，腹中有书，教子明服食之法。子明遂上黄

陵阳子明　列仙酒牌

山，采五石脂，沸水而服之。白龙来迎，止于阳陵山。百余年，山去地千余丈。大呼下人，令上山半，告言：'溪中子安当来，问子明钓车在否？'后二十余年，子安死，人取葬石山下，有黄鹤来栖其冢边树上，鸣呼子安云。"按北宋·乐史《太平寰宇记》卷一〇五："石埭县（在今安徽）北有陵阳山。《舆地志》：陵阳令窦子明于溪侧钓鱼，得白龙子，怜而放之"云云。明·彭大翼《山堂肆考》卷一五〇亦云陵阳子明姓窦，汉时丹阳（今江苏南京）人。则陵阳子明即"窦子明"也，参见该条。◆按：陵阳子明又为方药名。晋·葛洪《抱朴子内篇·黄白》："凡方书所名药物，又或与常药物同而实非者，如陵阳子明，非男子也。"

【陵阳子仲】晋·葛洪《抱朴子内篇·仙药》：陵

阳子仲服远志二十年，有子三十七人，开书所视不忘，坐在立亡。

【陵鱼】即人鱼。《山海经·海内北经》："陵鱼，人面，手足，鱼身，在海中。"吴任臣《广注》案："屈子《天问》云：'鲮鱼何所。'柳宗元《天对》云：'鲮鱼人面，迩列姑射。'《岭海异闻》曰：'人鱼长四尺许，体发牝牡人也，惟背有短鬣微红。'注云：'西海陵鱼即此。'又《吕氏春秋》'大解陵鱼，大人之居，多无君。'亦谓斯也。"袁珂《校注》以为即《海外西经》之"龙鱼"。

陵鱼　山海经图　汪绂本

【鸧鹦】《山海经·中山经·中次六经》：厜山。其阴多㻬琈之玉。其西有谷焉，名曰蘁谷，其木多柳楮。其中有鸟焉，状如山鸡而长尾，赤如丹火而青喙，名曰鸧鹦，其鸣自呼，服之不眯。

鸧鹦　山海经图　汪绂本

【轵轵】《山海经·东山经》：空桑之山，有兽焉，其状如牛而虎文，其音如吟，其名曰轵轵，其鸣自叫，见则天下大水。

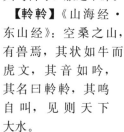

轵轵　山海经图　汪绂本

【零陵王】唐末人。道藏本《搜神记》卷四："姓唐，名世旻，字昌图，世居永州（今湖南零陵）府西南之龙洞。唐昭宗时盗起，世旻结乡兵，保闾里。刘建锋举为永州刺史。光化初，马复攻之，不屈而死。后或闻钲鼓声，且数昼见。尝有一木自洞流出，止于石荆峰。人送之中流，诘旦复还，如是数四。适天旱，祷而雨，遂取其木像而祀之。五代时马氏据湖南，建楚国，封世旻为零陵王，后宋亦累封焉。"北宋·沈辽《云巢编》卷六《零陵先贤赞》有"零陵王"一则，云："方其就擒，怒气抑扬，巨刃穴胸，不仆不僵。已而为神，白昼旁洋，福祸我民，克相彼苍。"

【领胡】《山海经·北山经》：阳山，有兽焉，其状如牛而赤尾，其颈腎（似肉瘤），其状如句瞿（隆起），其名曰领胡，其鸣自詨，食之已狂。

领胡　山海经图　汪绂本

【令公鬼】明·钱希言《狯园》卷一二：粤西临桂、灵川、兴安、阳朔之间，多祀令公鬼。各起灵庙，箫鼓牲牢之祭不绝于庭。

【令狐绹】五代·杜光庭《神仙感遇传》卷一：余杭太守令狐缥之子。雅尚玄微，不求仕进。时有神仙降之，异香闻于户外。尝言入静时忽有青衣引至高山之上，朝谒老君，因见册命张天师元中大法师以代尹真人之任，曰："群胡扰于中原，不能戢之，尹真人之过。再立二十四化，泽及生灵，道陵之功也。"后西川见张道士，言天师降授道法，与令狐所说无异。

【liu】

【刘曙】唐时人。五代·沈汾《续仙传》卷中：小字宜哥。家贫好道，与兄瞻随道士入罗浮山（在今广东惠阳地区）读书。瞻性慕荣达，而曙精思于道。后瞻中进士，屡历清显，升辅相；俄谪于岭南，行次广州，泊舟江边，忽有总角少年冲雨而来，衣履不湿，乃曙也，貌可二十许，而瞻已皤然。于是同舟话平生，一夕失曙所在。今罗浮山尚有见之者。

【刘憻】西汉时人。《洞仙传》：不知何许人。长大多须，垂手过膝。久住武当山，去襄阳（今湖北襄阳）五百里，朝发夕至。不见有所修为，而以药术救治百姓。雍州刺史忌其臂长，录送文帝。每旦以槛车载往山中采药，至暮乃还，监于廷尉狱中。后文帝杀之，殡后，棺中唯一竹杖。

【刘安】❶汉淮南王，封地在寿春，今安徽寿县。事见《史记·淮南衡山列传》。清·王照圆补刘向

《列仙传》卷下"刘安"一则，云："汉淮南王刘安，言神仙黄白之事，名为《鸿宝万里》三卷，论变化之道。于是八公乃诣王，授《丹经》及三十六穴水方。俗传安之临仙去，余药器在庭中，鸡犬舐之，皆得飞升。"《太平广记》卷八"刘安"条引《神仙传》："淮南王刘安好神

刘安　列仙全传

仙，凡天下道书及方术之士，不远千里，卑辞重币请致之。于是乃有八公诣门，授《玉丹经》三十六卷，药成，未及服。而郎中雷被与伍被共诬告，称安谋反。天子使宗正持节治之，八公谓安曰：'可以去矣，此乃是天之发遣王。'八公使安登山大祭，埋金地中，即白日升天。八公与安所踏山上石，皆陷成迹，至今人马迹犹存。安既升天，遇诸仙伯，安少习尊贵，坐起不恭。于是仙伯主者奏安不敬。八公为之谢过，乃见赦，谪守都厕三年。后为散仙人，不得处职，但得不死而已。时人传八公、安临去时，余药器置在中庭，鸡犬舐啄之，尽得升天，故鸡鸣天上，犬吠云中也。"◆五代·杜光庭《仙传拾遗》"刘商"条，商言："我祖淮南王，今为九海总司，居列真之任。"◆南宋·吴箕《常谈》：寿春八公山（在今安徽寿县北），至今有人时得药金于淮南祠旁。❷稗海本《搜神记》卷一：刘安，河中（今山西永济）人。少时得病，死三日而活。冥中见天帝，命为师，可通鬼道，未来之时皆知之。赵广槽上马忽变作人面，往问刘安。曰："此大恶也。君急归家，去宅三里，披发大叫，即可免之。"广乃依言，披发大叫，家中老小一时走出，堂内无人。堂屋一时崩倒，全家得免，不伤一人。

【刘安上女】南宋·洪迈《夷坚志补》卷一三"刘女白鹅"条："高化刘安上之女，宋雍熙初，年九岁，与羽人谈道得度。及笄，许于何氏子，嫁途有一白鹅自空而堕，刘氏乘之而去。"清·张正茂

《龟台琬琰》作"刘安女"，误。

【刘白云】唐时人。《太平广记》卷二七引五代·杜光庭《仙传拾遗》：扬州江都（今江苏扬州）人，家富好义，多所施舍。忽遇一道士，自称乐子长，与白云两卷书。于是能变化万物，召致风雨。曾于襄州小山上化兵马万余，节度使于頔疑其妖幻，遣兵攻之。白云与从者四十人行于汉水之上，追之不得。后游于江西、湖南，人多识之。复于江都见乐真人，授金液九丹之经，使其烧炼，千日之外可以登天。至乾符中，犹在长安卖药。

【刘本德】唐时人。明·李贤《明一统志》卷五九：鄂州（今湖北武昌）人。好古多艺。商贩于江湖。唐乾符中岁大饥，散米万石赈之。黄巢乱，避地五老峰下。有鹿裘道人来访，引入深涧，云其得名仙箓。后遍游名山，竟仙去。

【刘卞功】北宋时人。南宋·赵与时《宾退录》卷一："刘卞功，字子民，滨州（在今山东利津西）安定人。筑环堵于家之后圃，不语不出者三十年，或食或不食。徽宗闻其名，数召之，不赴。上知不可夺，赐号高尚先生。靖康之变，不知所终。"元·徐硕《至元嘉禾志》卷一七《隐真道堂记》："嘉兴府有隐真道院，建于北宋崇宁间。绍兴丁卯岁，一道友戴青巾，披青氅，自言姓刘，居滨州。留数日而去，于堂柱间题四十三字，后署刘卞功。字深透木，以水饮其字，可疗沉疴，开瞽蒙。乾道间，真人复来，称姓氏州里如初，而后人不复识。乃往望吴门外一画工家，自起稿，使画其像，约日来取。过期而真人未来，画工鬻画于市，为伶人王绮所得，归于道院，自后亦有灵迹。"《仙鉴》卷五一："自少好道，家居，有老父过其门，曰善补铁。先生知为异人，遽再拜，老父因以丹饵之。自是尽弃世事，穿窟室以居。"又云："其弟子在蜀有柴某、郄某，在吴有李次仲。尝与次仲约明年春赴茅山鹤会。次仲如期往，有鹤数百集山上，见先生神色与昔有异，云已换骨。"《（雍正）山东通志》卷三〇有"高尚处士"而失名，应即卞功。

【刘伯温】刘基，字伯温，《明史》有传，略云：元文宗时进士，曾任县丞、儒学提举。元末弃官归隐于故乡浙江青田。朱元璋起兵后，礼聘出山。朱元璋称吴王，刘伯温被任命为太史令，主持制定历法。朱元璋对天象变化常有疑问，也屡次手书请教。明朝建立，封爵为第三等诚意伯。刘伯温博通经史，尤其精于天文数术之学。他运筹帷幄，料事如神，当时就有人把他视如张子房、诸葛孔明一流

人物，死后传说更多。宛委山堂本《说郛》卷五引书数种，王文禄《龙兴慈记》："刘伯温微时，见西湖五色云起，知为天子气应在东南，微服密防之。至临淮（今安徽凤阳），见人人皆英雄直谅，屠贩者气宇亦异，算多王侯贵人命。叹曰：'天子必在此也！

刘伯温　明太祖功臣图

諴意佰劉基

彭蠡湖大战，伯温多手麾之速擘呼曰：难星已过可更舟。舟已离故处敌砲轰於故处矣然胜负未决伯温窑言决勝太祖従之遂平陳氏。
祝太祖曰可移軍湖口期以金木相尅日

不然何从龙者之众邪！'见太祖，知真命天子，遂深结纳之，许定大计。"又云："青田山中有异，刘伯温隐居时日对之坐。山忽开石门，进入，见石壁上有字，曰：'山为基开。'基取石掣之，石门又开。进入，内有道士枕书卧，遂取书看，乃兵书也。"又："少时读书寺中，僧房有一异人，每出神去，锁门，或一月半月。偶有北来使客，无房可宿，见此空房，掣开之，曰：'此人死矣，可速焚瘗，我住之。'僧不能禁，遂焚之。其人神返，身已焚，无复可生，每夜叫呼曰：'我在何处？'基知之，开窗应曰：'我在此！'神即附之。聪明增前数倍，天文兵法，一览洞悟。"而明·都穆《都公谈纂》卷上云："刘基于元末在燕京书肆见天文书一部，一览成诵，售书老人遂以书授之，并语其奥。"明·梁亿《遵闻录》云："太祖亲征陈友谅，大战于彭蠡湖，与伯温皆在御舟。伯温忽跃起大呼，连声曰：'难星过，可更舟！'太祖如其言而更之。坐未半晌，旧舟已为敌炮击碎矣。"事又见明·夏原吉《一统肇基录》。又王泌《东朝纪》云："太祖尝问刘诚意：'朕长孙享天下当几何？'刘对曰：'皇太孙骨气不凡，非富贵可久拘也。'上问其由，不答。固问之，刘曰：'若此出家，当得仙；若嗣大位，只四五年天下分。'上曰：'令出家，而以燕王为嗣，若何？'刘曰：'于理不可，贻笑于后，弗若令嗣大位而有难则避。'上言：'何以预为之所？'刘曰：'制一函，藏度牒、缁衣、剃刀其中，令遇难则启之，庶几赖此以免。且得天下者，必燕王也。燕王才度既雄，而此地常有王气。'上然之，

遂作牒函之，以遗建文。"此即后世"大预言"中《烧饼歌》所本。◆其神异事又见于明·徐桢卿《翦胜野闻》、明·陆粲《庚巳编》卷一〇"诚意伯"条等。

【刘跛子】北宋时人。北宋·释惠洪《冷斋夜话》卷八："刘跛子，青州（今山东青州）人，拄一拐，每岁必一至洛中看花，馆范家园，春尽即还京师。为人谈噱有味，范家子弟多狎戏之。有陈莹中赠跛子诗一则，云计其寿百四十五年许，尝馆于京师新门张婆店三十年，日坐相国寺东廊邸中，人无有识之者。"南宋·王明清《挥麈录·余话》卷二："刘跛子者，洛阳人。知人生死祸福。岁一至京师。至宣和时犹在。"宋·范公偁《过庭录》亦记其至洛阳看花，一日告人曰某日当死，及期果然。朱敦复为作墓铭，曰："跛子刘姓，河东乡山老，其名野夫，字某，丰髯大腹，右扶拐，不知年寿及平生。"

【刘长生】❶《云笈七签》卷七七"真人驻年藕华方"条记有刘长生者，南阳（今河南南阳）人，居清渊泽中北界，服药七十余年，不壮不老。❷明·郎瑛《七修类稿》卷五〇："莱州（今山东莱州）有神山洞，乃郡人刘长生学仙处。有石像卧榻，面有小窍，水出不涸。"此刘长生应是金元时人，名处玄，为全真道弟子。

【刘晨】东汉时人。《太平广记》卷六一引《搜神记》："刘晨、阮肇，入天台（今浙江天台山）采药，远不得返。遥望山上有桃树子熟，遂啖数枚，饥止体充。欲下山，出一大溪，溪边有二女子，色甚美，见二人，忻然如旧相识，夜后各就一帐宿。至十日求还，苦留半年，归思甚苦。

刘晨　阮肇　列仙全传

女遂相送，指示还路。乡邑零落，已十世矣。"南宋·高似孙《剡录》卷三一："剡县（今浙江嵊州）人，汉明帝永平十五年，与阮肇入天台山采药，遇

二女，留半年，归时人间已逾七世，时为晋太康八年。"◆按：今本干宝《搜神记》无此条，而晋·陶潜《搜神后记》卷一有剡县民袁相、根硕事，与此相类。《剡录》云刘晨为剡人，或因袁相而误。参见"袁相"条。

【刘承忠】元时人。有以为即驱蝗神刘猛将军者。清·阮葵生《茶余客话》卷四："八蜡庙，即将军祠，由来久矣。直省郡邑皆有刘猛将军祠，畿辅、齐鲁之间祀之尤谨，究不知为何神，据《畿辅通志》引《灵异录》云：将军姓刘，名承忠，元末指挥，驱蝗保稼，列郡祀之。"陶澍《印心石屋全集》有《皖城刘猛将军庙碑记》，云："神名承忠，吴川人，元末授指挥使。尝飞剑驱蝗，蝗飞境外。元亡，自沈于河，因封今号。"参见"驱蝗神""刘猛将"条。

【刘处静】唐时人。《（雍正）浙江通志》卷二〇一引《仙都志》、《（雍正）处州府志》卷一三：字道游，沛国彭城（今江苏徐州）人，避地遂昌（今浙江遂昌）。唐肃宗时，与宰相李泌为友。遇异人，授以吐纳之术。肃宗召见，赐绯衣。退居仙都山（今浙江缙云东）。咸通十四年解化。后数十年，有乡人于襄汉间见之，其子启墓，唯剑履存焉。《天台县志》：自号天台山耕人，会昌中与叶藏质、应夷节为林泉友。

【刘处士】五代时人。《太平广记》卷八五引五代·徐铉《稽神录》：处士刘某，颇有奇术。尝卖银与市中人，欠其值。刘往索之，市人既不酬值，且大骂刘。刘归谓人曰："吾当小惩之。不尔，必将为土地神灵之所重谴也。"既夜，灭烛就寝。刘床前炽炭烧药。暗中见一人，就炉吹火。火光中识其面，乃向之市人也，迨曙不复见。后问市人，云："一夕梦人召去，逼使吹火，气殆不续，既寤，唇肿气乏，旬日乃愈。"刘恒为河南尹张全义所礼，会与梁太祖食，思鱼鲙。全义曰："吾有客，能立致之。"即召刘。刘使掘小坎，汲水满之，垂钓良久，即获鱼数头。梁祖大怒曰："妖妄之甚者也。"即杖背二十，械系于狱，翌日将杀之，其夕亡去，不知所之。

【刘春龙】汉时女子。梁·陶弘景《真诰》卷一三："易迁宫中高业，有窦琼英、韩太华、刘春龙、王进贤、李奚子、郭叔香。此数人并天姿郁秀，澄上眇邈，才及拟胜，仪观骇众。"同书卷一五："刘春龙，汉宗正刘奉仙之女。"五代·杜光庭《墉城集仙录》卷七则云："刘春龙，不知何许人，以先世有阴德，故得道，入华阳易迁宫中，与郭叔香、韩西华、窦琼英同为明晨侍郎。"

【刘从善】北宋时人。《仙鉴》卷四八：字顺天，号浩然子，西洛人。幼明敏，好道。宋真宗祥符中，师道士王太和于建隆观，五年试业为道士。以贫窭，惟求化给其亲，寒暑无怠，人称其孝。仁宗天圣初赐紫衣，后赐号全素大师。至和二年，仁宗不豫，梦至一地，见葛将军。既醒，问从善葛将军何神。对以三天门下有神曰葛将军（详见"天门三将军"条）。熙宁三年化去，年八十一。后有客见从善乘白马如蜀，知为尸解。

【刘大瓢】明时人。清·周亮工《书影》卷九引眉山人张元羽《四异人传》，略云：刘大瓢，眉州（今四川眉山）人，嘉靖、隆庆间浪迹三吴。手持大藤瓢，容酒一斛，注满而后饮，饮三瓢而不醉。见刘经历，云与其曾祖相识，又云居眉州东馆乡，至今已离家六十年。刘经历思之，正德鄢蓝之变，东馆有刘烈者起兵应之，乱平，刘烈逃去，不知所之。因问之，大瓢垂首曰："往事勿言。"真其人也，是当百岁外矣。

【刘大师】唐时人。《（康熙）凤阳府志》卷三三：不知何许人，莫知其名。初骑白马过油店桥，见盲者，以药点之，立愈。往来倏忽，一日再至，坠马，鼾睡不醒，近之，则不见。后人于睡处创寺，称其桥为迎仙桥。

【刘大头】北宋时人。《仙鉴》卷五一：宋哲宗绍圣间，徐谊赴调京师，过洛中，时盛寒，有丐者卧道旁，徐恻然悯之，探箧中得三百文，尽与之。丐者初不谢，既行数十步，始于马后追呼："官人他日到京师，愿访竹册巷刘大头家。"徐既至京师，偶过竹册巷，扣门呼刘大头，大头出迎，正为丐者，申谢不已，临别赠以大桃数枚。及归所居，觉桃甚重，出视，皆真金。复往大头所居，其室已空。

【刘道昌】五代时人。宋·佚名《分门古今类事》卷一四"道昌篆书"条引《宾仙传》：天复初，有刘道昌，吴江人也。年九百岁，多知唐事。至成都郫县，一日跨鹤绕市别相知，留诗而去，人以为妖。后又得篆书于其室曰："八雄争天下，猪鼠先啾唧（自庚子年黄巢及朱全忠等八人僭号）。兔子上天床（王建肖兔，又以卯年开国），猿猴三下失（朱温三帝属猴也）。李子生狼藉（昭宗也），乃牛生叛孽（杨行密王于吴也，斗牛，吴之分也）。群犬斯首尾，走上中华国（即六侵中国也）。"其后事皆应。

【刘道成】晋时人。《仙鉴》卷三一：豫章新吴（今江西奉新西）人。学黄老术。晋怀帝永嘉中，以明经人仕，累迁陈州刺史。后归乡里，精持香火，奉大罗真符。至永嘉二年合宅飞升。梁武帝大同中立宅为开业观。

【刘道恭】见"毛伯道"条。

【刘道合】唐时人。《旧唐书·隐逸传》："道合与潘师正同居嵩山。时帝将封泰山而雨不止，命道合襄祝，俄而天霁。咸亨中，为帝作丹剂成，而道合卒。帝开其棺，见其形骸若蝉蜕。帝恨曰：'为我合丹而自服之！'所余丹无他异。"《仙鉴》卷二九："道合一名爱道，陈郡宛丘人。先住寿春（今安徽寿县）安阳山，后迁苏山，从仙堂观道士孟诜传道。复入霍山（今安徽六安地区）。一夜梦为人所召，恍然见一神人，身长丈余，曰：'吾为黄神大威使者。今六天丑类贼害民物。闻子好道，可制群魔，吾以三天正一盟威摄召符契授子。'自是道法所施无不验。唐高祖时，与潘师正隐于嵩山。高宗将封泰山，苦雨不止，诏道合襄之。又有以符禁蝗灾事。高宗咸亨中，谓从弟子曰：'庐山司命召吾。'遂化去。"

【刘道平】《仙鉴》卷四二：居玉笥（山在今江西峡江县东南）崇仙观，即今乾元观。汉武帝时，东方朔已奏云："后有当天曹选举者，唯彭城刘道平尔。"每有疫疠之家，辄书符以愈之。至旱蝗，呵之辄应。黄巢兵起，所至残破，邑人避于观中，道平遣神兵，大败巢。后轻举。

【刘道秀】明·王世贞《列仙全传》卷八：安肃（今河北徐水）人。少住盘溪山，礼和光道人为师。后归省，见庄客暴死，与之符，立活。有群盗夜劫，道秀遽呼，大风骤起，盗皆溃走。后仙去。按：当为元明间人。

【刘德本】唐末人。明·王世贞《列仙全传》卷七："鄂人，好古多能。尝为商贩，往来于大江。乾符时岁大饥，散米数万石。后避乱庐山五老峰，遇鹿裘道者，引入深涧中，云是洞天。自是游历名山，飞升而去。"而《（康熙）九江府志》卷一〇则云："鹿裘道者引其至五老峰深涧，入一大石洞中，行二三里，有大宫殿，榜曰'紫元景曜之门'，有老人云是九天使者所治。德本欲求见，老人不许。及出门，俄失道者所在。"未言其成仙事。

【刘德仁】明·宋濂《文宪集》卷二八《书刘真人事》：沧州乐陵（今山东乐陵）人。宋靖康之乱，徙居盐山（今河北盐山）。一日有老叟授以道德要言，投笔一支而去。自是玄学顿进，从游者日广。金大定初，诏居京城天长观，赐号东岳真人。有赵氏被狐祟，德仁劾之，狐数百鸣啸赴火死。卒后追封无忧普济开明洞微真人。

【刘栋】❶唐时人。《（雍正）山东通志》卷三〇、《（道光）济南府志》卷六〇："淄川（今山东淄博南）人。布衣缁巾，诈为愚懵无知之状。养母甚孝。所居临池，一旦忽扶母登山，是夕大水，平地丈余。众人始异之。后去城数里，作窟室以居，如是十余年。士大夫欲见者入窟室，相对不交一言，问亦不对，但云'速修速修'而已。母故去，遂不知所之。"《仙鉴》卷四四作"刘拣，淄川人"。❷北宋末人。南宋·叶梦得《避暑录话》卷上："宣和间道术既行，四方矫伪之徒乘间因人以进者相继，皆假古神仙为言，公卿从而和之，信而不疑。有王资息（即王仔昔）者，淮甸间人，最狂妄，言师事许旌阳。王老志者，濮州（今河南范县）人，本出胥史，言师事锺离先生。刘栋者，棣州人，尝为举子，言师韩君文。三人皆小有术动人。资息后有罪诛死。栋为直龙图阁，宣和末林灵素败，乞归。"◆按：此刘栋在陆游《老学庵笔记》卷九中作"刘炼"："其说皆出于林灵素、张虚白、刘炼"。而《铁围山丛谈》卷一、《能改斋漫录》卷一二"神霄乐郁罗萧台"条皆做"刘栋"，是刘栋不误也。

【刘斗子】北宋时人。明·王世贞《列仙全传》卷七：名奉真，或名刘斗子。建康人。张紫阳弟子。初修炼于白龙洞，后白日升天。

【刘遁】北宋时人。明·彭大翼《山堂肆考》卷八一：道士，丁谓尝与之往来。一日作诗相赠，有"他时驾鹤游沧海，同看蓬莱海上春"之句。谓当时未解，及南迁，见之于崖州（今海南三亚西），方悟遁为异人，遂与之泛舟海上而饮。又见明·王世贞《列仙全传》卷九。

【刘方瀛】唐时人。《云笈七签》卷一一九"灵验部三"：天台道士。师事老君，常以丹篆救人。与弋阳县令刘翱按天师剑法，于五月五日至弋阳葛溪造剑，敕符禁水，疾者立愈。于黄岩县立坛驱疫，有能见鬼者往视，见鬼神数千奔北溃散，一县之疫立愈。咸通末，方瀛无疾而终，遗令门人将尸与剑合葬。后有发其墓者，见其尸柔软，容色不变，而其剑哮吼有声。

【刘昉】北宋时人。北宋·刘斧《青琐高议》后集卷一〇有"中明子"条，记刘昉尸解后游京师事。

《仙鉴》卷五〇：字中明，酸枣人。初为丞相府卒吏，出为左殿直。忽思学道，居东都委巷中。达官贵人稍闻其名，愿见之而不可得。后南游衡山，访养素先生蓝元道（即蓝方）。尸解于南康（今江西南康），后有人见其于阆州（今四川阆中）卖药。

【刘讽】西汉时人。《真诰》卷一四："颍川刘玮惠，汉景帝时公交车司马刘讽也。后事季主，晚服日月炁，为入室弟子。道成，晚归乡里，托形杖履，身死桑树之下。"《洞仙传》、《仙鉴》卷一二作"字伟惠"，误。

【刘奉林】梁·陶弘景《真诰》卷五："周时人，学道嵩高山，积上百年。三合神丹，为邪物所败，乃入委羽山。能闭气三日不息，于今千余年，犹未升仙。"《天地宫府图》："七十二福地之第四东仙源（台州黄岩），为刘奉林所治。"是后世又云其成地仙也。

【刘纲】晋时人。晋·葛洪《神仙传》卷六："下邳（今江苏邳州南）人。初居四明山（在浙江奉化），后为上虞令。师事帛君，受道治中部事，历年道成。一日，邀诸亲故会别，饮食毕，上县厅侧大皂荚树上，去地十余丈，举手而别，忽然飞入云中而去。其妻亦得道，同日升举。"按北宋·乐史《太平寰宇记》卷一七："下邳有刘纲祠，祠前有皂树，《图经》云树高十丈。"

刘纲 列仙酒牌

◆按"帛君"即帛和。刘纲妻即"樊夫人"。各见该条。

【刘根】西汉时人。晋·干宝《搜神记》卷一："刘根，字君安，京兆长安（今陕西西安西北）人。

刘根 列仙图赞

汉成帝时，入嵩山学道得仙，能召鬼。颍川太守史祈以为妖，召刘根至府，将欲戮之，问曰：'汝使鬼现形，不则加戮。'须臾，有五六鬼缚二囚，现形于史祈之前。史祈视之，二囚乃祈父母，向刘根叩头乞哀。刘根忽去，不知所之。"《后汉书》本传则云为颍川（今河南许昌东），隐居嵩山，诸好事者自远而至，就根学道。余同《搜神记》。晋·葛洪《神仙传》卷八言其举孝廉，除郎中，后弃世学道，隐于嵩高山石室，冬夏不衣，身毛长一二尺，面色如十四五岁人。颍川太守事则益为铺张，太守改姓高，不唯其死去之先人备受困辱，本人及妻子亦全部猝死。又云刘根后入鸡头山仙去。又见《仙鉴》卷二〇、明·王世贞《列仙全传》卷三，云："根初学道于华山，见一人，自称韩众。"治三十六小洞天之都峤山。◆刘根又有"毛公"之称，南宋·范成大《吴郡志》卷九："毛公坛福地在洞庭山（在太湖中）中，汉刘根得道处也。根既仙，身生绿毛，人或见之，故名毛公。"

【刘公道】元时人。《（雍正）六安州志》（今安徽六安）卷一九：本州岛人，元大德中创上真堂。召入阙，治病有功，封道判真人。至元三年羽化，人见其乘白马腾空而去。

【刘海】即"刘海蟾"。民间称为"刘海"，其形象已经化为一蓬头童子，额前留有"刘海儿"，嬉戏金钱，与五代燕相之刘操全非一人矣。《玉匣记》："刘海，针匠祖师。"而康熙五十一年《重修针祖刘仙翁庙记》至以刘海为黄帝时人，造纫针与针灸之针，"佐黄帝而织就冠裳，辅神农而调和药饵"。按：刘海戏"金钱"，钱贯需以针线引之，奉为针匠祖师或以此。

【刘海蟾】五代时人。《仙鉴》卷四九："刘玄英，字宗成，号海蟾子。初名操，字昭远，后得道改称焉。燕地广陵（应是广阳之误，广阳在今北京）人。以明经擢第，仕燕主刘守光为相。素喜性命之说，钦宗黄老。一日有道者正阳子（即钟离权）来谒，操邀坐堂上。正阳子索鸡卵十枚，金钱十文，以一钱间一卵高迭之（即世称'刘海戏金钱'所由起也）。操叹异曰：'危哉！'正阳曰：'相公更危于此。'别去。操顿悟。见燕王光僭妄称燕帝，谏之不听，遂托疾解印去。改名玄英，道号海蟾子。遍游访道。后遇吕纯阳授金液还丹之旨。自此往来终南、太华间。复结张无梦、种放、陈抟

刘海蟾　明·刘俊

为方外交。隐代州（今山西代县）之凤凰山。后尸解，有白气自顶门出，化而为鹤。"◆宋时刘海蟾传说甚多。南宋·叶梦得《石林燕语》卷一○言晁迥初学道于刘海蟾，得炼气服形之法。北宋·魏泰《东轩笔录》卷八："进士李观往游南岳，过潭州（今湖南长沙）圣旗亭买酒，忽一人，眉间有白志，荷竹夋，持钉校之具，托李观捎口讯与养素先生蓝方。及见蓝方，知所见荷竹夋者为神仙刘海蟾。"南宋·何薳《春渚纪闻》卷三："宋真宗时，有天神下降，凭凤翔（今陕西凤翔）民张守真为传灵语，因以翊圣封之，度守真为道士，使掌香火，大建祠宇奉之。自庙百里间，有食牛肉及著牛皮履鞢过者，必加殃咎，至有立死者。一日有人苧袍青巾，著牛皮大履直至庙庭，慢言周视而出。守真即焚香启神，问何不殛。神乃降灵曰：'此人实新得道刘海蟾也。此人既得道，未肯就仙职，折旋尘中，寻人而度。我尚不敢正视，况罪之乎？'"另参见"海蟾子"条。◆明·王世贞《列仙全传》卷二以刘海蟾为秦时人。大误。◆清·王士禛《池北偶谈》卷二三记顺治间，有方士挟乱术，自称刘海蟾，教以食小儿脑。后置于法。

【**刘黑黑**】明人。《（康熙）苏州府志》卷一九：本山东人。万历间来常熟，栖泊无定，衣冠甚敝，或食生鱼，状若狂，人因目为"垢仙"。因不礼县令，被笞而逐之。遂入郡，危坐华阳、香花二桥。八年昼夜暴露，严寒大雪，气蒸汗流。有人缢死，以术

复生。后不火食者累月，一日不知所往。遍寻之，见其坐泖滩上，忽折芦苇掠水而去。

【**刘泓**】《云笈七签》卷六四《玄解录》：汉安帝时人，弃官入山学道，至延光元年，九霄君来降，传以金丹之术。刘泓乃于山中刻石记之。后有道士见而录出，遂传于世。至唐开元中，张果进上此方。

【**刘混康**】北宋末任茅山宗嗣法宗师。《仙鉴》卷五二："字志通，晋陵（今江苏常州）人。宋仁宗景佑二年十二月二日茅君圣诞日，梦一羽士入其室，觉而生混康。嘉祐五年为道士，诣三茅道士毛奉柔，受大洞经箓，乃结庵于积金峰。哲宗时曾召至京师。徽宗即位，召赴阙，崇宁二年乞归山。大观二年，同泰州（今江苏泰州）道士徐神翁、天师张虚静复会上清储祥宫，各赐道院以居。未几羽解。"南宋·王明清《挥麈录·后录》卷二："元符末，披廷讹言崇出。有茅山道士刘混康者，以法箓符水为人祈禳，且善捕逐鬼物，上闻，得出入禁中，颇有验。崇恩尤敬事之，宠遇无比，至于即其乡里建置道宫，甲于宇内。佑陵登极之初，皇嗣未广，混康言京城东北隅加以少高，当有多男之祥。始命为数仞岗阜，已而后宫诞子不绝。上甚以为喜，由是崇信道教，土木之工兴矣。"北宋·张邦基《墨庄漫录》卷二记王安石病革，吴夫人令蔡元度诣茅山谒刘混康问状。刘曰："公之病不可为已，适见道士数十人往迎公。"南宋·陆游《家世旧闻》卷下："混康颇有识，善劾鬼神，然未尝行。每曰：'安能敲枷击锁作老狱吏耶？'"陆游所谓"有识"，盖讥其无法术也。又南宋·洪迈《夷坚支志·乙集》卷六"茅君山隐士"条记刘混康为茅山观主时一事，可参看。

【**刘拣**】《仙鉴》卷四四：淄川（今山东淄博淄川）人。布衣缁巾，诈为愚懵无知之状。养母甚孝。所居临池，一旦忽扶母登山，是夕大水，平地丈余。众人始异之。后去城数里，作窟室以居，如是十余年。士大夫欲见者入窟室，相对不交一言，问亦不对，但云"速修速修"而已。母故去，遂不知所之。《（雍正）山东通志》卷三○作"刘栋"。按："刘栋"为是，见该条。

【**刘简**】唐时人。宋·隐夫玉简《疑仙传》卷上：齐人。家富而好道。每闻天下有神仙之迹，必策杖一游。开元初游八公山（在今安徽寿县北），逢一人自称虚无子，引其至一山，杳绝人迹。虚无子云已出人境万余里。至一宅，署曰"虚无子宅"。虚

无子赠简一草籽，复送其还乡。刘简种草籽，采苗服之，百余岁而发不白。后忽与乡党别而不知所之。

【刘京】汉时人。晋·葛洪《神仙传》卷七："字太玄，汉文帝时侍郎。后弃世，从邯郸张君学道，饵云母石英，至百三十余岁，视之如三十许人。后师事蓟子训，子训授以五帝灵飞六甲十二事、神仙十洲真形诸秘诀。能役使鬼神，立起风雨，坐在立亡，知吉凶之期，又能为人祭天益命。至魏武帝时有皇甫隆事之。黄初三年，入衡山中，遂不复见。"明·王世贞《列仙全传》卷二："刘京授九子丸于王公，公时已七十岁，服之御八十妾，生二十儿。"

刘京 列仙图赞

【刘景】北宋时人。清·汪森《粤西丛载》卷一一引《桂林府志》：字仲达，桂州（今广西桂林）人。初为屠，后为商。尝贩私盐，遇方士，授以化铜铁为金之术。自是游方外，至京师，馆于丞相贾昌朝家。二十年冬夏一裘，终日不食，谈《老》《庄》《周易》，皆玄妙。皇祐中还家，容色如少年。乃栖南溪山石室中。元丰八年卒，年一百一十八岁。死前嘱用火葬，及举火，棺自开，中惟布袍带履。后百余日，于廉州合浦（今广西合浦）寄书于家。参见"刘仲远"条。

【刘景鹤】汉时人。明·曹学佺《蜀中广记》卷七四：刘景鹤，汉景帝之弟。性好修炼。安期生谓之曰："南溪平盖山（今四川彭山北，张道陵二十四治之一）有洞，其中冰结倒垂如玉笋，山之木叶上作符文。汝往居焉。"景鹤遂往修道，至魏武帝时方骑鹤仙去。

【刘倔子】清时人。清·佚名《蝶阶外史》卷一：刘倔子，不知何许人，亦不详其年寿。康熙间往来通州城市中，出隐语谈人休咎，事后多奇中。性倔强负气，人遂呼为"刘倔子"。总兵王某引为客，欲邮书津门，倔子请往，逾宿归报。尝游西山，同行者自觉健步异常时。既登山，众苦饥，倔子忽出釜，纳石卵，拾松以炊，少顷即云"熟矣"，食之

如薯芋。有人窃其一置怀中，及归视之，仍顽石耳。后不知所在。

【刘侣】元末人。《（雍正）江西通志》卷一〇六：字豫甫，上高人。元末为瑞州路学正，与高安丞刘基、奉新胡泰为友。精于易卜。世乱，弃官家居。与人言吉凶无不验。上高业阴阳术者悉祖之。

【刘可成】明时人。《（雍正）云南通志》卷二五：洪武间居禄丰之南隅。有仙术。城中苦无水，真人为掘大井，邑人利之。西河有水怪，渡者多遭沉溺，真人以符除之。后奉诏诣京，祷无不应。封降魔真人。

【刘快活】北宋时人。北宋·蔡絛《铁围山丛谈》卷五："信州（今江西上饶）黥卒。始以佯狂避罪入山，遇异人，遂能出神，多作变怪。与人言吉凶，多验。每自称'快活'，故人呼之为'刘快活'。喜出入将相之门，能为容成之术（即房中术），或言年至百岁。能化形隐身，醉时吐出鱼肉，腥秽狼藉，次日俱成御香。后之雍州，自云是其乡井，一日尸解去。同时又有风僧哥者，言事多中，然一遇刘快活辄畏避拱退。"其事又见南宋·王明清《投辖录》、《玉照新志》卷二。

【刘宽】东汉时人。梁·陶弘景《真诰》卷一二：字文饶，弘农人。少好道，曾举方正，稍迁南阳太守，视民如子。后为司徒太尉。年七十三，一旦遇青谷先生降于寝室，授其杖解法。入太华山行九息服气。道成。今在洞中作童初府帅上侯，主始学道者。◆《后汉书》本传言刘宽性度宽容，海内称为长者。并无修仙之事。

【刘邋遢】明人。《（康熙）汉阳府志》卷九：汉川（今湖北汉川）人，或曰景陵（今湖北天门）人。初就试武昌，不第，遂佯狂于市，忘饮食寒暑。遇异人授以秘诀，渐知未来事。自饮其溺，唼秽浊。江夏人奇之，争为弟子，献财帛。于贡院侧聚板为屋，坐卧唯一片石。与人谈辄言忠孝经史；或遇人而骂，其人即愧伏，盖中其隐私也。应试诸生尝问试题，刘曰："一部《四书》自头至尾都是试题。"及试，题果为《大学》首二句，《孟子》最后二句。诸生有问本科中式者，答曰："都是王孙公子。"及开榜，果为王家宾、孙世恪。崇祯时死。不久有人见之于汉口。《（雍正）湖广通志》卷七四云为天门人，所记亦有异。

【刘累】《左传》昭公二十九年：陶唐氏既衰，其后有刘累，学扰龙于豢龙氏，以事夏孔甲。

【刘亮】刘宋时人。《宋书·刘怀慎传》：世祖大明

中，刘亮为武康令。太宗泰始间，历黄门郎、梁、益二州刺史。亮在梁州，忽服食修道，欲致长生。迎武当山道士孙道胤，令合仙药。至益州（今四川成都），泰豫元年药始成，而未出火毒。孙不听亮服，亮苦欲服，平旦开城门取井华水服，心动如刺，中间便绝。后人逢见，乘白马，将数十人，出关西行，共语分明，此乃道家所谓尸解者也。

【刘灵助】北魏时人。《魏书·术艺传》《北史·艺术传》：刘灵助，燕郡（今北京）人也。师事范阳刘弁，卖术于市。后事尔朱荣，荣信卜筮，灵助所占屡中，遂被亲待。进爵燕郡公，寻兼尚书左仆射。及尔朱荣死，庄帝幽崩，灵助本寒微，一朝至此，自谓方术堪能动众，又以尔朱有诛灭之兆，遂自号燕王、大行台，为庄帝举义兵。驯养大鸟，称为己瑞，妄说图谶，言刘氏当王。又云："欲知避世入鸟村。"遂刻毡为人像，书桃木为符术，作诡道厌祝法，人多信之。后战败被擒，斩于定州（今河北定州），传首洛阳，支分其体。初，灵助每云："三月末，我必入定州，尔朱亦必灭。"及将战，灵助自筮，卦不吉，以手折著弃之地，云："此何知！"寻见擒，果以三月入定州。而齐神武以明年闰三月，灭兆等于韩陵山。

【刘猛将】又作"刘猛将军"，驱蝗神也。清·顾禄《清嘉录》卷一："正月十三日，官府致祭刘猛将军之辰。相传神能驱蝗，天旱祷雨辄应。前后数日，各乡村民击牲献醴，抬像游街，以赛猛将之神，谓之'待猛将'。穹窿山一带，农人异猛将奔走如飞，倾跌为乐，不为慢亵，名曰'趁猛将'。"又引志书云："元旦，坊巷乡村各为天曹神会，以赛猛将之神，谓神能驱蝗，故奉之。会各杂集老少为隶卒，鸣金击鼓，列队张盖，遍走城市，富家施以钱粟，至二十日或十五日罢。"清·褚人获《坚瓠十集》卷二"尹山猛将会"条："长洲尹山乡人，醵金祭赛猛将，三年一大会，装演故事，遍走村坊，众竞往观，男女若狂。可见江南祭赛猛将之盛。"其神有数说：❶一说为宋人刘宰。清·王士禛《居易录》卷三二："俗祀南宋刘漫塘（宰）为蝗神。刘，金坛人，有专祠，往祀之，则蝗不为灾。俗呼为莽将，殊为不经。"按刘宰为南宋名儒，入《宋史·隐逸传》，史无捕蝗之事。❷一说为南宋名将刘锜。清·姚东升《释神》卷四引朱坤《灵泉笔记》："宋景定四年，封刘锜为扬威侯，天曹猛将之神，敕书除蝗。"又《怡庵杂录》、《（嘉庆）如皋县志》及《（康熙）常熟县志》亦皆以为刘锜。

❸一说为刘锜之弟刘锐。明·王鏊《（正德）姑苏志》："猛将名锐，乃锜之弟，尝为先锋，陷敌保土者也。尝封吉祥王，故庙亦名吉祥庵。"《清嘉录》则云："《宋史·刘锜传》无弟锐之名，而汪沆《识小录》云：据《宋史》，刘锐于端平三年知文州，死元兵难，诏立庙赐谥。然庙当在陕西，不当在吴地。"❹一说为刘韐。《清嘉录》卷一："韐字仲偃，宋钦宗时以资政殿学士使金营，不屈死。为神固宜，但又不宜祀于吾地。"按：刘韐为建安人而死于河北。❺一说为元末刘承忠。陶澍《印心石屋全集》有《皖城刘猛将军庙碑记》，云："神名承忠，吴川人，元末授指挥使。尝飞剑驱蝗，蝗飞境外。元亡，自沈于河，因封今号。"《（雍正）畿辅通志》卷四九《（道光）歙县志》亦主此说。❻一说为刘琦。《怡庵杂录》：宋淮南、淮东、浙西制置使刘琦，因驱蝗，理宗封为扬威侯、天曹猛将之神。按：此刘琦当系刘锜之误。❼一说为汉城阳景王刘章。《霞外攟屑》卷五"刘猛将军"条："至雍正二年，奉旨各省、府、州、县庙祀刘猛将军，始见《会典》。近《俞楼杂著》中《壶东漫录》，疑为城阳景王刘章，亦臆度不足信。"◆按：《清嘉录》辨刘猛将军最详，曰："刘猛将军能驱蝗，初封扬威侯，加封吉祥王。《怡庵杂录》云：'即宋名将刘武穆锜也。'按史，锜字信叔，甘肃秦州（今甘肃天水）人，绍兴二十七年擢太尉，迁镇江都统制。金人围顺昌，锜大败之。三十三年卒，谥武穆。其与驱蝗事毫无关涉。今俗皆奉为驱蝗神，且舆夫亦推为香火之主，不知何据。《（康熙）常熟县志》'刘太尉庙祀刘锜'，则又不称为猛将矣。《苏州府志》及《（正德）姑苏志》载'猛将军名锐，即宋将军刘锜弟，尝为先锋陷敌而死，后封为神'。然《宋史·刘锜传》但有侄汜，并无弟锐名。刘锐别见《宋史》，但云端平三年知文州，北兵来攻，锐久守无援，乃集家人饮以药皆死，聚尸焚之，己亦自刎。今俗又以猛将作刘韐。按：宋时福建人，字仲偃，钦宗时以资政殿学士使金营，不屈，自经死。皆于驱蝗事无涉。清·王应奎《柳南随笔》载'刘漫堂宰，金坛人，殁而为神，掌蝗虫，俗呼为猛将'。而《（道光）歙县志》又载：'刘猛将军，名承宗，吴川人，元末授指挥使，弱冠临戎，兵不血刃。适江淮有蝗灾，承宗挥剑逐之，蝗出境外。后鼎革，自沉于江。'是猛将又为元人。以数人而兼猛将之名，众说荒诞，殊不足信。"◆明·何栋如《梦林玄解》卷五："梦天曹猛将。士夫梦之宰铨

选，武将梦之封公侯。农人梦之田禾熟。五六月见兆，当有旱蝗之灾。"◆车锡伦《驱蝗神刘猛将的来历和流变》一文考清人以虚构的元人刘承忠取代南宋人刘锜或刘鞈为猛将，是因忌讳"抗金"之事而编造的，其说甚是（见《中国民间文化—稻作文化与民间信仰调查》一书）。

【刘摩诃】十六国时人。道藏本《搜神记》卷二："《寰宇记》：刘摩诃，洞晓经律，深入禅要，占记吉凶无不验。沮渠蒙逊时，求仙学道，经肃州（今甘肃酒泉），止治南小草庵，涅盘。荼毗之，骨化为珠，血化为丹。更为立祠，相传祈祷者往往获珠丹焉。自是禳火火灭，祈雨雨降，祷病病差。"《（乾隆）甘肃通志》卷一二："肃州卫治南有刘师祠，祀刘摩诃。"◆按：四库本北宋·乐史《太平寰宇记》卷一五二作"刘萨诃"。

【刘平】《太平广记》卷三三二引《剧谈录》：天宝中，平居于齐鲁。尤善吐纳之术，能夜中视物，不假灯烛。安禄山在范阳，厚币致于门下。平见禄山左右常有鬼物数十，殊形诡状，持炉执盖，以为导从。平心异之，谓禄山必为人杰。及禄山朝觐，与平俱至华阴县。值叶法善投龙西岳，平旋见二青衣童子，乘虚而至。所谓禄山鬼物，皆弃炉投盖，狼狈而走。平因知禄山为邪物所辅，必不以正道克终。及禄山归范阳，遂逃入华山而隐。

【刘平阿】东汉末人。梁·陶弘景《真诰》卷一四：无名姓，不以名姓示人也。汉末为九江平阿长，故以为号。行医术有功德。遇仙人周正时，授以隐存之道，托形履帽尸解，来居四平山。常服日月晨气，颜色如玉，似三十许人。

【刘凭】西汉时人。晋·葛洪《神仙传》卷五（《说库》本）：沛（今江苏沛县）人，因军功封寿光金乡侯，学道于稷丘子，常服石英及硫黄，年三百余岁而有少容；尤长于禁气。尝护长安诸商贾行路，于山中遇数百贼，贼以箭射众人，箭皆反著其身，凭又召天兵擒杀贼首。又能禁除妖怪。汉武帝闻之，召至试之。后入太白山，数十年复归乡里，颜色更少。

【刘任】明时人。《（康熙）凤阳府志》卷三三："字功甫，号绛弦。隆庆中河南乡举。笃好神仙。年五十二自订死期，置仙箓怀袖中，云：'吾将与诸仙期于海上。'死后十五年，有客游西山，见僧持一扇，墨迹方新，题曰'绛弦居士'，刘任手迹也。问之，云：'一先辈赁居寺中，数日前所赠耳。'"清·王士禛《池北偶谈》卷二〇引刘体仁

《刘先生传》："字弘父，颍川（今安徽阜阳）人。生而一瞳子正方。"余略同。

【刘日新】明人。《（康熙）金华杂识》卷一三："日新，金华星卜者。太祖下婺州，召推命。日新言：'极富极贵。'太祖怒其不言官职。刘请屏左右，曰：'极富者富有四海，极贵者贵为天子。'上喜。洪武四年召至京，问所欲富贵，皆对不欲，惟欲求一符，遍游天下。上题所用白扇赐之。"按：即"胡日新"，见该条。

【刘三妹】唐时女子。清·屈大均《广东新语》卷八："新兴（今广东新兴）女子刘三妹，相传为始造歌之人。生唐中宗年间。年十二，淹通经史，善为歌，千里内闻名而来者，对歌一日或二三日，卒不能酬而去。三妹解音律，游戏得道。尝与白鹤乡一少年登山而歌，围观者数十百层，七日夜歌声不绝，俱化为石。三妹今称为歌仙。凡作歌者，歌成，必先供一本与庙祝藏之，求歌者就而录焉，不得携出。"清·方濬师《蕉轩随录》卷九"刘三妹"：清溪小姑祠祀汉蒋子文妹，所谓蒋三妹是也。广东阳春县北八十里思良都铜石岩东之半峰，相传为李唐时刘三仙女祖父坟，今尚存，春夏不生草。刘三仙女者，刘三妹也。《寰宇记》《舆地纪胜》均载阳春有三妹山，以三妹坐岩上得名，今不知何在。正可与清溪小姑并作文人诗料矣。按：即歌仙"刘三姐"。

【刘三娘】南宋·洪迈《夷坚丁志》卷二：豫章（今江西南昌）狂妇刘三娘，病心疾，每持二木锤相敲击，终日奔走于市。衣服蓝缕垢污，好辱骂人，夜或突祠庙中。虽有子为兵，视之泊如也。枢密宋朴独识其为异人。忽向常往来者曰某日当死，已而果然。其子葬于野。后半年，有人于长沙见之，击锤如故。归而发其葬处，空空然。

【刘商】❶《太平广记》卷六引五代·杜光庭《仙传拾遗》：刘商者，中山靖王（中山，今河北定州）之后。举孝廉，历官合淝令。笃好方术服炼，五金八石，必力而求之。因泛舟苕雪间，遂卜居武康（今浙江德清西）上强山下。樵童药叟，虽持常草木之药诣门而售者，亦酬以善价。一旦，得尤一把。一日闲步田亩间，闻有人相与言曰："中山刘商，今日已赐真术矣。"窥林中杳无人迹。奔归取术，修而服之。月余，齿发盛壮，貌如婴童，又月余，坐知四方之事，验若符契。咸通初，有酒家以樵叟稍异，尽礼接之。因谓酒家曰："我山中刘商也，夙攻水墨，愿留一图，以酬见待之厚。"援毫

运思，顷刻而千山万水，非世工之所及。将去，谓酒家曰："我祖淮南王，今为九海总司，居列真之任。授我以南溟都水之秩，旬日远别，不复来矣。"如是十许日，樵者见空中骑乘，飞举南去。❷五代·沈汾《续仙传》卷中："刘商，彭城（今江苏徐州）人，家长安。好学强记，精思攻文。进士擢第，历台省为郎。性耽道术，逢道士即师资之，炼丹服气，靡不勤切。以病免官，道服东游。入广陵（今江苏扬州），于城街逢一道士，方卖药，聚众极多。所卖药，人言颇有灵效。众中见商，乃携手登楼，以酒为劝。道士所谈，自秦汉历代事，皆如目睹。商惊异，师敬之。道士出一小药囊赠商。后商开囊视，重纸裹一葫芦子，得九粒药，如麻粟，依道士口诀吞之，顿觉神爽不饥，身轻醒然。过江游茅山。久之，复往宜兴张公洞。当游之时，爱辇画溪之景，遂于胡父渚葺居，隐于山中，已为地仙矣。"按：此二刘商行迹相近，且俱为唐时人，疑为一人而传闻为二也。而宋·张邦几《侍儿小名录拾遗》引《树萱录》又有一刘商，亦似其人之佚闻也："刘商少游湘中，秋月方皎，见一画船中有七八女子，若为呼卢戏。又闻舟中语曰：'紫阳真人昨给刘商黄精二斤，乃玉帝所饵之余，食之者为地仙。'一妇曰：'此人不远，可邀致之。'忽闻人呼商，即舟边拜。一女子命侍儿斟一杯云母浆，商取饮。女子曰：'慎自精修，去尔贪忍，灵饵渐近，天爵宜修。'复送之岸。商觑之，直至舜妃庙前，落帆入庙。后果得人遗精服饵。后不知所在。"

【刘尚羔】明人。《（康熙）安庆府志》卷一三：字质明，怀宁（今安徽安庆）人。年三十访道至江西龙虎山（今江西贵溪西南），晤正一张真人，真人云："此山有洞，吾祖封识数百年，只待刘姓者来。"羔启户而入，见符箓有己名，怀归读之，遂达秘要。筑碧虚楼，常凝目静坐其上，或著书。为乡里祈雨甚应，又能击斩妖魔。一日作诗化去。

【刘少公】《天地宫府图》三十六小洞天之武夷山，为刘少公所治。其人不详，疑即"刘少翁"。

【刘少翁】梁·陶弘景《真诰》卷一二："曾数入太华山中拜礼，如此二十年，一旦得见西岳丈人，授其仙道。"《（雍正）陕西通志》卷六五作晋时人。

【刘施言】尧时人。《（乾隆）宁远县志》卷一〇：为何侯家童。何侯举家飞升之日，施言牧豕未归。归无所依，悲号伏地。后五日，祥云覆地，何侯掷以槐简缁衣金铃仙带。后为巫山仙祖，至今犹传其教。

【刘枢幹】南宋时人。南宋·洪迈《夷坚三志·壬集》卷三"刘枢幹得法"条：衢州（今浙江衢州）刘枢幹，本一书生，少年游京师，遇异僧授以卦影妙术，又一客传天心正法。离乱南还，穷悴日甚，乃习持正法，治妖魅著称。韩子师遭奇祟，刘为驱除五通神，病者安愈。韩赠金三百万及美人宝马。刘乘马自得，颠坠折臂，欻然省悟，行正一法不可受人金。遂罢其术，而无以衣食，乃售卦影，所言日验，踵门渐多，继而奇中非一，远近耸传。绍熙四年下世，年九十。又见《夷坚三志·壬集》卷五"黄炎司法"条。

【刘蓑衣】南宋时人。南宋·洪迈《夷坚乙志》卷一四："南宋隆兴二年，江东提刑何子应入茅山谒张达道，闻刘蓑衣者亦隐山中，常时不与士大夫接。子应杖策访，刘指其额曰：'太平宰相张天觉，四海闲人吕洞宾。'子应乃天觉外孙，惊其先知。"又见《夷坚丁志》卷六"茅山道人"条。南宋·祝穆《方舆胜览》卷一四建康府"刘莎衣庵"条："金主亮入寇，高宗召问之。云：'没事没事，两家都换主。'"

【刘天君】❶
《三教源流搜神大全》卷四："姓刘名后，东晋人，生于岷江渔渡中。时母取水于江，儿扑入江中，得浮槎于旁而获救。其父异之，适家贫，送于罗真人处为侍读。因精于五雷掌诀，能召风捉雨，以之济民。民欲祀之，刘逃名而去。民

刘天君　三教源流搜神大全

终为建祠坛，祈祝于其间。继而东京大旱，帝祷于祠，是秋大熟。帝敕之为玄化慈济真君。玉帝亦以此封之，命掌玉府事。"◆按：《封神演义》中雷部有刘天君，名甫。又姚宗仪《常熟私志》所记致道观雷部诸神，称黑虎大神刘元帅。或系此人。❷南宋·吴自牧《梦粱录》卷二：东岳天齐仁圣帝殿下有佐神，"敕封美号曰协英灵显安镇忠惠王，其神姓刘，父子俱为神，灵显感应，人皆皈依。五月二

十九日诞日，诸社献送，亦复如是。"其神不知名字，亦不详神名，查找刘姓诸神，亦无一合者。此神于南宋临安香火甚盛，而不数百年，竟并名亦不传。姑称为天君，俟考。

【刘天翁】见"天翁"条。

【刘綎】明时人。徐珂《清稗类钞·时令类》"祭堂子"条："或谓堂子之神乃明将军刘綎。刘以勇闻天下，死之日口啮一卒，胁挟二卒，足践二卒，见者犹懔懔也。定鼎后刘屡在宫中作祟，故太祖设堂子之祭以禳之。"按：刘为明都督，以忠勇名闻天下，万历四十七年，与满洲战，死于阵。◆清·钮琇《觚剩》卷四有"刘将军"一则记其事。

【刘同圭】北宋·吴淑《江淮异人录》卷上：洪州（今江西南昌）有刘同圭，赁屋而居，每至夜，出一土盆，以水喷之，鲜菌即满，及晓刘之，售于市。及病，谓人曰："我死，必置一杖于棺中。"及卒，如其言。初举棺觉其重，及至半路路渐轻，若无尸，荡其棺，唯觉杖在其中。

【刘图】东汉时人。《仙鉴》卷五：汉安帝永初三年，老君降于泰山，遣泰山使者以车骑召江夏善士刘图，使校定天下簿籍。图因此得道，遂为道士，后仙去。

【刘王】清·清凉道人《听雨轩随笔》卷二：德清（今浙江德清）南门外城山之阳有刘王堂，神像頳面修髯，浓眉巨目，旁坐者六人，皆甲胄兜鍪，状甚魁岸。或以为北宋刘翰，或以为南宋刘锜。而神之爵衔，则俗咸称东岳延寿司安镇刘王。予因忆昔在绍兴，曾游江桥东岳庙，见两庑各有小殿，东祀忠显公刘翰，西祀忠愍公李若水，皆宋钦宗时殉节之臣，当建炎初，高宗驻跸临安，为金兵所逼，出奔绍兴，凡死于王事者皆赠官特祀，而规模草创，刘、李二公暂寄于天齐之庙，以待专祠。后人不知其故，遂以为东岳所隶之神矣（刘称延寿司，李称增福司）。德清之刘王，人既称为东岳延寿司，则为刘翰而非刘锜无疑也。

【刘伟】明时人。明·杨仪《高坡异纂》卷上：朝邑（今陕西大荔东）人。以乡举为文水知县，擢御史，转兖州知府，有政绩。得仙术，尸解后隐于平定山。好神仙。比疾病，命其子曰："即死勿埋我。"及卒，乡人有自远方还者，多于道中见之，寄问其家。因不敢葬。发其棺，唯一履焉。为人推命多奇中。又见明·朱国桢《涌幢小品》卷二九、支允坚《梅花渡异林》卷四、王圻《稗史汇编》卷六三、王同轨《耳谈类增》卷二三。

【刘伟道】梁·陶弘景《真诰》卷五：中山（今河北定州）刘伟道。学仙在嶓冢山（今陕西勉县西），积十二年，仙人试之以石，重十万斤，一白发悬之，使伟道卧其下。伟道面不变色，安然卧于其下，积十二年。遂赐神丹而白日升天。《（雍正）陕西通志》卷六五引《洞仙传》误作"刘道伟"。

【刘玮惠】汉时人。梁·陶弘景《真诰》卷一四：即汉景帝时公交车司马刘讽也。事司马季主，晚服日月气，为入室弟子。道成，晚归乡里，托形杖履而尸解于桑树之下。

【刘无名】唐时人。《太平广记》卷四一引五代·杜光庭《仙传拾遗》：刘无名，成都人。生而聪悟。自幼好道探玄，不乐名利。弱冠，阅道经，学咽气朝拜、存真内修之术。入雾中山，尝遇人教其服饵雄黄，三十余年。一旦有二人，赤巾朱服，径诣其室，谓之曰："岷峨、青城，神仙之府，可以求诣真师，访寻道要。"刘乃入峨眉、岷山，登陟峭险，复入青城山，北崖之下得一洞，遇神仙居其间，云青城真人。真人指一岩室，使栖止其中，复令斋心七日，乃示其阳垆阴鼎，柔金炼化水玉之方，伏汞炼铅朱髓之诀。刘受丹诀，还于雾中山，筑室修炼，三年乃成。开成二年，犹驻于蜀，自述《无名传》以示后人。入青城去，不知所终。

【刘希岳】宋时人。《仙鉴》卷五〇：漳州（今福建漳州）人，宋端拱中为道士，居西都老子观中，遇异人得道，号朗然子。一日沐浴更衣而卧，须臾飞出一金蝉，遂失所在。◆按：《（康熙）河南府志》卷二七所记颇有异同：字望嵩，本漳水举人，弃儒归道，居水南之通仙观。灵异不能尽述。一日忽辞乡人，次日当远行。至期，乡人相聚送，见其拥衲兀坐，渐渐缩入，久而失所在，只有衲衣存焉。众方惊异，忽闻蝉鸣振耳，举首望空，见彩云轩轩而上，方知白日飞升。

【刘仙姑】❶晋时人。《仙鉴后集》卷二：名懿，靖安县人。年数百岁，貌若童子。谌姆尝称之。许真君往见之，则已飞升。❷宋时人。《（雍正）湖广通志》卷七四：居黄梅县东密峰侧。女未笄，父出耕，预言阴晴皆验。后入山，不知所在。土人祠之，曰仙女洞。

【刘仙人】《天地宫府图》七十二福地第三十九东白源（在洪州新吴），刘仙人所治处。不知何指。按《（雍正）陕西通志》卷九云：富平石迭山巅之阳石洞，上题"碧云岛"，传为刘仙颐养处。此刘仙亦不知何名及何代人。

【刘玄英】即"刘海蟾"，见该条。

【刘妍】宋时女子。《仙鉴后集》卷六：刘妍，代州（今山西代县）妓女。宋哲宗绍圣中，有老姥至其门丐钱，其家延之，为设食。食已，老姥引其离去，径入太行山学道，居于庵庐，日出乞食。一日忽辞常所乞食人家，

刘玄英　列仙全传

曰："翌日吾将行矣。"次日人往视之，见火发其庵，仙姑趺坐其中而化。世以为火解云。

【刘瑶英】秦时人。《（雍正）江西通志》卷一〇五：秦末，随父刘华避乱石城（今江西石城）琉璃山，因食异果，遂绝粒，跨一白鹤往来，后仙去。

【刘益】宋时人。《仙鉴》卷五二：京兆蓝田（今陕西蓝田）人。隐居六十年，肤如玉，面有病容，上下阪若履夷途。宣和初，徽宗遣使召之，方秋雨泥途，徒步而行，使者骑马不能及。既至东都，力求还山。宣和末告其徒曰："山川草木何腥膻甚矣！"遂尸解去。将葬，体如蜕焉。

【刘翊】梁·陶弘景《真诰》卷一二：字子翔，颍川（今河南许昌东）人。少好道德，而家世大富，常周穷困，好行阴德。献帝迁都长安，举计掾到都，拜郎中。迁陈留太守，出长安五百里，敛死恤穷，损己分人。行达阳平（在今陕西眉县西），遇马皇先生告翊曰："子仁心感天，使我来携汝，以求长生之道。"因将翊入桐柏山（今河南桐柏西南）中，授以隐地八术，服五星之华法。今度名东华，为定录右理中监。◆按：刘翊，史有其人，《后汉书》入《独行传》，其拯困济穷事俱同。末云："迁陈留太守，散所握珍玩，唯余车马，自载东归。出关，见士大夫病亡道次，以马易棺，脱衣敛之。又逢故知困馁于途，不忍弃之，因杀所乘牛以救其乏。后与人俱饿死于途。"无仙去事。

【刘玉】唐时人。《（雍正）江西通志》卷一〇三：字颐真，自鄱阳（今江西鄱阳）徙居洪州（今江西南昌），遇胡惠超、张洪崖，授以秘术。后许旌阳降其家。尸解去。三年后启其棺，空无一物。人称刘玉真。

【刘渊然】明时人。《（雍正）江南通志》卷一七四："萧县（今安徽萧县）人。遇异人，授以秘籍，能呼召风云，劾治鬼物。明太祖建西山道院居之。昭帝赐以御书，号曰长春真人。后趺坐而化。"《（雍正）江西通志》卷一〇五、《（雍正）云南通志》卷二五云是江西赣县（今江西赣州）人。年十六师赵元阳，授大丹诀，能呼风唤雨。◆按：《明史》入《方伎传》："刘渊然者，赣县人。幼为祥符宫道士，颇能呼召风雷。洪武二十六年，太祖闻其名，召至，赐号高道，馆朝天宫。永乐中，从至北京。仁宗立，赐号长春真人，给二品印诰，与正一真人等。宣德初，进大真人。七年乞归朝天宫，御制山水图歌赐之。卒年八十二，阅七日入殓，端坐如生。渊然有道术，为人清静自守，故为累朝所礼。"

【刘元靖】唐时人。明·王世贞《列仙全传》卷七："刘元靖，武昌人，为道士，师王道宗。道宗仙去，遂感悟，入南岳，凿石穴以居，绝粒炼气。唐敬宗召入问长生术，寻放归。武宗复召入，赐号广成先生，还山。宣宗大中五年灵鹤屡降，未几仙去。其弟子吕志真得其道。"◆南宋·吴箕《常谈》："衡岳有广成先生碑。先生方士也。大中五年萧邺撰，云：武宗朝擅权者欲以神仙绊睿思，亟言天下术士可致，不死药可求，乃命召先生，除银青光禄大夫、崇元馆大学士，加紫绶，号曰广成先生，创崇元馆，铸印置吏，唐之时待方士如此其厚，所谓擅权者，非德裕而何。"

【刘元真】北宋时人。《仙鉴》卷五：字子直，叶原人。年方龀，梦道人教其弈，且以杏啖之。既醒，不复食。及长，弃家，徜徉终南山水间，居于莎岭谷废祠中，盛冬以木叶蔽体。时有笙箫之音，群仙下其室。炼丹岭上，丹成，沉于泉，居一年出之，以施旁居人，饵之者皆寿百余岁。神宗元丰中，辞其邻曰："上帝召我，当与尔别。"于是昼有彩云如虹垂庐前，乘之而去。

【刘越】《仙鉴》卷六：周时匡续修于南嶂山。时有一少年来访，言论奇伟，自云姓刘名越，居山之左。山下有石高二丈许，叩之当相延。匡先生如言访之，石开，双户洞启，内有仙境。匡续欲居之，刘越真人谓曰："子阴功未满，后会可期。"匡续别出，回顾仍为一巨石。他日复叩，无所应矣。是刘

越竟为匡续之师矣。又见明·洪应明《仙佛奇踪》卷一。◆《（康熙）九江府志》卷一〇编入汉时人：尝邀康阜（即匡俗）过其所居，云："山阴有石高三尺者，吾宅也，叩之即见我。"康如其言往，果见异境，刘越在焉。既出，仍为巨石。后人号其石曰刘越洞天。

刘越　列仙全传

【刘瞻】唐时人。五代·孙光宪《北梦琐言》卷一〇："唐刘瞻相公，有清德大名，与弟阿初皆得道，已入仙传。"◆按：此即《太平广记》卷五四引五代·沈汾《续仙传》所载之刘瞻、刘瞻兄弟。但《太平广记》所载弟小名宜哥，此云阿初，当有一误。详见"刘瞻"条。◆清·刘献廷《广阳杂记》卷三："郴州（今湖南郴州）乌石矶旁有断碑，题为唐宰相刘瞻故里。郴土俗传有'九仙二佛'，瞻为九仙之一。瞻为唐名臣，以直谏显，乃有'刘氏三仙'之说，不知何据。"

【刘章】见"城阳景王"条。

【刘珍】隋时人。明·曹学佺《蜀中广记》卷七四："即合江（今四川合江）道士王法兴之后身。生十余岁即慕道，至合江安乐山，修葺而居。有故老谒之，俨然当年王真人。绝粒数十年，于开皇十九年四月十五日乘云而去。是日降于隋文帝殿，与帝辞别，遂不见。"明·王世贞《列仙全传》卷九："什邡（今四川什邡）人。隋开皇中居安乐山，忽取所藏经、钟磬封于石室，曰：'后六十年当有圣君取之。'且曰：'吾功行已成，四月之望上升。'后唐高宗遣使取经磬以进。"

【刘真人】《天地宫府图》三十六小洞天之洞阳山，为刘真人治所。又《天地宫府图》七十二福地之第六南田山（在东海东），亦为刘真人治所。不详所指。

【刘政】东汉时人。晋·葛洪《神仙传》卷四：沛（今江苏沛县）人。高才博物，学无不览。后求长生之术，拜师不远千里。复治墨子五行术及服朱英丸。年百八十余而色如童子。能变化隐形，以一人分作百人，千人作万人，又能隐千军之众成一丛林。能日行千里，呼风唤雨，召鱼鳖登岸。口吐五色之气，方圆十里。后不知所在。◆南宋·沈作喆《寓简》卷四以刘政为刘子政即刘向，而明·何孟春《余冬序录》卷三七更详证之，聊备一说。

刘政　列仙酒牌

【刘知常】北宋时人。南宋·郭彖《睽车志》卷三：刘知常，襄阳（今湖北襄阳）人。始生时皓首赭面，里俗谓之"社公"。年十四五，出游万山，独行迷路，遇一道士，出一物饵之，约明日复会。既归一夜而皓首变黑，面白如玉。如期而往，道士已在，遂授金丹之诀，且告之曰："我桐柏真人。他日若想见我，一念即至。"既归，脱然有遗世之念，于所居侧辟草庐居之，人谓草庵居士。崇宁、大观间，徽宗闻其名，召至京师，验其方术，能点铁成金，赐金冠象简，号丹华处士。

【刘知古】唐时人。《仙鉴》卷三二："刘知古，字光玄，彭城沛（今江苏沛县）人，家于蜀之临邛。其母感异梦而生。唐高宗龙朔中出家为太清观三洞道士。明皇开元中疫疾流行，召知古治之。有客授以神虎宝经上清隐文高奔上道之要，行之十年，乘三尺金鱼，飞空而去。"南宋·陈葆光《三洞群仙录》卷一引《高道传》，言其成道云："东阳伏牛山下有古观，因葺而居之。忽室中有光，产丹芝一茎，扣之有金玉声。梦神人谓曰：'后山壁中有金鱼，跨之可以冲天，非此芝扣石不可致。'知古从之，果得三尺金鱼，乘之飞空。"

【刘仲远】元时人。清·俞蛟《梦厂杂著》卷五"刘仙岩记"：桂林文昌门外三里有刘仙岩。刘仙，名仲远，元时人，以屠猪为业，家于岩下。岩上有庵。每旦钟声起，刘即磨刀屠猪。忽一夕，寺僧梦黑衣老妇跪求，请迟击晓钟，以救母子八口之命。僧觉，故迟击钟。刘起而问僧，僧遂以梦告。刘归家，而母猪生七子矣。刘于是大悟，掷去屠刀，隐于岩穴中服气炼神。久之，能预知吉凶。京师丘处机闻其名，致札邀往，住一年而还。后不知所终。村人疑其羽化，改庵为道观，肖像祀之。又见清·薛福成《庸庵笔记》卷三记"桂林刘仙岩"。按：清·汪森《粤西丛载》卷一一"刘仲远"条言：刘景字仲远，北宋时桂林人。参见"刘景"条。

【刘子光】《天地宫府图》七十二福地之第八清屿山，为真人刘子光所治。其人不详。

【刘子南】汉时人。五代·杜光庭《神仙感遇传》卷五：为汉冠军将军、武威太守。从道士尹公（《云笈七签》卷七七作"尸公"），受务成子萤火丸，辟疾病疫气、百鬼虎狼、虺蛇蜂虿诸毒，及五兵白刃、贼盗伤害。永平十二年，子南于武威与虏战，败北，为寇所围，矢下如雨而不能伤子南。汉末，青牛道士封君达得其方，以传安定皇甫隆，隆授魏武帝，乃稍传于人间。其方又名冠军丸，亦名武威丸。又见《云笈七签》卷七七"萤火丸方"条。

【刘宗道】明时人。《（雍正）陕西通志》卷六五：刘宗道，三原人，为玄通观道士。能役使鬼神，祈祷雨泽，又能以数知人生死，名曰"癸亥数"。死后有二鹤翔柩上。

【刘仲卿】宋·王铚《龙城录》卷下"刘仲卿隐金华洞"：金华山其北有仙洞，俗呼为刘先生隐身处，其内有三十六室，广三十六里，石刻上云："刘严字仲卿，汉室射声校尉，当恭显之际，极谏被贬于东瓯，隐迹于此，莫知所终。"山口人时得玉篆牌，俗传刘仲卿每至中元日来降洞中，州人祈福，寻溪口边，得此者当巨富。

【瘤道士】清·杨凤辉《南皋笔记》卷三"瘤道士"条：癸丑秋八月地震，声自东南来，如雷霆状，山鸣谷应，天崩地裂，城郭为之倾陷。川西七八百里间同日而震。同时松州大风自北而南，折木发屋。时有瘤道士者尝化缘于市，与人言吉凶辄应。因其颈生瘤，不识其姓名，故人以瘤道士呼之。人问之曰："今日地震而风，主何吉凶？"道士

曰："此为兵象，蜀中其有兵祸乎？风起于松，则其应当在松潘。风从北来，玄武为灾，日在尾七星中，必是时也。"冬十月朔，果有热雾沟逆番入城劫狱之事，官军败走之。往寻道士，则已不知所之矣。

【柳成】唐时人。唐·段成式《酉阳杂俎·续集》卷一：贞元末，开州军将冉从长轻财好士，儒生道者多依之。有画人宁采，图为竹林会，甚工。坐客有柳成秀才，忽晒图谓主人曰："此画巧于体势，失于意趣，今欲为公设薄伎，不施五色，令其精彩殊胜，如何？"冉惊曰："不假五色，其理安在？"柳曰："我当出入画中治之。"柳乃腾身赴图而灭，坐客大骇。图表于壁，众摸索不获。食顷，柳自图上坠下，指阮籍像曰："工夫只及此。"众视之，觉阮籍图像独异，唇若方啸，宁采睹之，不复认。◆按：《太平广记》引此作"柳城"。

【柳道士】《（雍正）山西通志》卷一五九入元代：不知何许人。相传法术甚高。右玉（今山西右玉）城北三里许有真武庙，庙前有泉，出怪物伤人。道士命弟子捧剑立泉侧，嘱曰："吾下捉怪，伸手取剑，尔当与我。"遂入，须臾见手出，大如轮，色如靛。弟子失声，弃剑而走。道士竟不出，怪亦随灭。◆按：此与"童志高"事相类。

【柳夫人】元明间人。《（雍正）湖广通志》卷七四："其先蜀人。生而灵异，稍长而好道及谶纬术。嫁龙氏子。其祖、父及夫因抗明兵而败亡，夫人为俘。洪武元年放还，溯行江上，昼夜波涛光怪随舟。至阳逻虎头矶，有老叟授以符箓一卷，曰：'明此可役鬼神。'将军邓愈讨麻阳经阳逻，微服往诣，夫人遂以阴兵助愈克麻阳。太祖赐封妙真夫人。夫人欲建泰岳祠，无材木，见江上木筏，遂以一丝系之，筏不能行。商人遂捐木，建祠矶上。夫人年九十化去。"《湖北黄冈县志》又言："卒后，舟商祭之曰水神，而乡人以为痘神。而于所赐封号则为妙应而非妙真。"

【柳根怪】民国·郭则沄《洞灵小志》卷二：如皋有邮者，经荒丛，遇一童子同行，渐与款语。抵一村舍，门闭，童自门隙入。异之，叩其门，一翁出，告以所见。是日，翁以秋熟使三子妇递相执爨，治具款众佃。季妇粥熟矣，捧钵出，骤倾。问之，曰："有童解其裙，拒之故尔。"季子将挞妇，翁止之。次妇复煮，则钵坠于釜，俱碎。翁曰："今日事大异，当镇静处之。"乃婉谢众佃，期以异日，而告诫其子。后邮者夜行，复遇童，怪其多

事。邮者怒曰："尔则害人，夫谁之过！"径执之，坐于其背。天明视之，则柳树根也，焚之有血。荒丛间向传有怪，自是寂然。

【柳侯】❶唐柳宗元为柳州（今广西柳州）刺史，有德于民，死后为神。韩愈有《柳州罗池庙碑》，云："罗池庙者，故刺史柳侯庙也。尝与其部将饮酒驿亭，谓曰：'明年吾将死，死而为神。后三年，为庙祀我。'及期而死。三年孟秋，侯降于州之

柳宗元　晚笑堂画传

后堂，并降梦告建庙于罗池。有过客乘醉慢侮堂上，得疾，扶出庙门即死。"北宋·刘斧《青琐高议》前集卷一"柳子厚补遗"条所记同此。而宋·王铚托柳宗元《龙城录》"罗池石刻"条言："罗池，北龙城胜地也。役者得白石，上微辨刻画，云'龙城神所守驱厉鬼山左首福土氓制九丑。'余得之，不详其理。"北宋·蔡絛《铁围山丛谈》卷四："柳州柳侯祠，距罗池者不十许丈尔。庙设甚严。柳人云：'父老递传，柳侯祠中，夕辄闻鸣锣伐鼓之声，亦时举丝竹之音。庙门夜闭，殆晓则或已开。'绍兴间，杨经幹过柳州，宴客于祠，还舍即卒。由是人终畏之。"**❷**东晋时人。南宋·郑瑶《景定严州续志》卷九："分水县（今浙江分水）柳陌乡有柳侯墓，旁有柳山灵佑庙。据庙记，神姓柳，本河东人，东晋为新安内史，卒，枢经此山，马骇人愕，百夫不能举，因葬焉，民庙而祠之。五代梁贞明四年赠尚书左仆射广信侯，后唐清泰三年封鸿仁广信王。"**❸**唐时人。浙江德清总管神。清·俞樾《右台仙馆笔记》卷一六、《春在堂随笔》卷五："柳侯者，吾邑（浙江德清县）总管神也。吾邑总管神有三：戴、柳、叶。"又云柳侯名察躬："唐天宝中（《春在堂随笔》作唐武后时）来德清为县令，有惠政。侯名察躬，乃柳宗元之祖。既殁，邑人祀之。岁久祠废。及戴侯兴，而邑人即以柳祠故址为之祠，于是祀戴兼祀柳，后又附以叶。"

清·清凉道人《听雨轩随笔》卷二作"督躬"，云"天宝间始来作令，有德于民，士庶立祠，祀之余不溪之东。迨至宋时，渐就颓废，理宗宝祐间，戴侯殁后，里人感其神异，即于柳公祠址建祠祀之，而附柳公于侧。明·陈水南《两山墨谈》、许恭简公《溪堂闲话》载之甚详。"

【柳将军】南宋·洪迈《夷坚甲志》卷一"柳将军"条：蒋静叔明，宜兴人，为饶州安仁令。邑多淫祠，悉命毁撤，投诸江，且禁民庶祭享。凡屏三百区。唯柳将军庙最灵，未欲辄废，故隐然得存。庙庭有杉一株，柯干极大，蔽阴甚广。蒋意将伐之。日昼卧琴堂中，梦异人被甲乘马，叩阶而下。长揖言曰："吾姓木卯氏，居此方久矣。幸司成赐庇，不敢忘德，后十五年当复来临。"觉而知其为神，但不晓司成为何官，颇加叹讶。因置木不伐，仍缮修其堂宇。逮秩满，诣庙告别，留诗壁间曰："梦事虽非实，将军默有灵。旧祠从此焕，古桧蔚然青。甲马宵中见，琴堂卧正冥。留诗非志怪，三五扣神扃。"今刻石尚存。后十五年，乃自中书舍人出镇寿春、江宁，钤辖江东安仁，实隶封部，入为大司成，至显谟阁直学士而卒。

【柳神】柳树之神。清·佚名《蝶阶外史》卷三有"柳神"条，言雍正间，畿南新安（在今河北安新）一贫女，坐河边老柳树下浣衣，怦然心动，归而孕。父母疑诘，女无以自明，遂投井自尽。其兄突至，抱其足，俱仆井侧。忽有绿衣人，绿面绿发，高丈许，曰："我柳神儿也，今日诞生，将觅吾父于金沙岛。儿生母死，抱恨终天。且母以冤死，谁从而白之？舅氏速起，葬我母于村东，树表以志。百余年后，城有水厄，我当来护之。"言讫不见。女死兄醒。至嘉庆六年，新安大水，几与城平，官民惊惧。忽一守城男子陡起，张目披发，指水中厉声曰："我柳神也，尔欲乘此水与吾寻仇，生死吾当之，一城老幼何辜！"水中现一兽，首大如轮，似龙似狮，四角森立，以首触城，横裂五六尺。柳神掬土播扬，以足盘辟其上，倏见千万柳枝逆流宛转，如弩刺水，食顷，水作深红色，腥闻于天。而彼男子昏然倒地，及醒，茫不省忆。独不知四角兽为何物，与柳神何仇。◆又清·蒲松龄《聊斋志异》卷四"柳秀才"条记柳神救蝗灾事，见"蝗神"条。

【柳神九烈君】唐·冯贽《云仙杂记》卷一：李固言未第前，行古柳下，闻有弹指声。固言问之，应曰："吾柳神九烈君也，用柳汁染子衣矣，科第无

疑。果得蓝袍，当以枣糕饲我。"固言许之，未几状元及第。

【柳实】唐时与元彻同得道成仙者。见"元彻"条。又见《仙鉴》卷三三。

【柳世隆】宋·孔平仲《续世说》卷六：齐柳世隆善卜筮。世祖武皇帝时，尝曰："永明九年我亡，亡后三年丘山崩，齐亦于此季矣。"屏人命典签李党取笔及高齿屐，题于帝旌曰："永明十一年。"因流涕谓党曰："汝见吾不见也。"十一年武帝崩。

柳实　列仙全传

【柳条青】唐时人。《仙鉴》卷四四："唐宣宗时，有异人号柳条青。一日暴卒，既葬，冢上有紫气。发视棺中，唯一青杖。"明·王鏊《(正德)姑苏志》卷二八："大中末，柳条青乞食苏州市中，击筇踏歌。因大雪，冻死于市中。市人葬于齐门之左，冢上生紫气高五六尺。后一年发墓，唯一青竹杖。"

【柳王】明·王圻《稗史汇编》卷一三三"柳王祠"条："都匀有柳王祠，其像狞恶，深目广颐，喙尖而长，人享之盛罗牲醴，拜祝毕，出而合户，从隙处窥之，见青巨蛇从神口跃出，食尽仍入口。少不虔辄得祸，祀者接踵。吉安陈金宪过而闻之，命具飨，于面中藏寸刀，合户窥之，蛇食如前。未几有飨神者，蛇不复出。公令毁像，蛇毙神腹，祟遂灭。"

【柳翁】唐时人。五代·徐铉《稽神录》卷四：天祐中，饶州（今江西鄱阳）有柳翁常乘小舟钓鄱阳江中，凡水族之类，与山川之深远者，无不周知之。鄱阳人渔钓者，咸咨访而后行。吕师造为刺史，修城掘濠，至城北则雨，止后则晴。或问柳翁。翁曰："此下龙穴也。震动其上，则龙不安而出穴。龙出则雨矣。掘之不已。必得其穴，则霖雨方将为患矣。"既深数丈，果得方木长数十尺，交

构迭之，累积数十重，其下雾气冲人，不可入而止。其木皆腥涎萦之，刻削平正，非人力所及。自是果霖雨为患。吕氏诸子将网鱼于鄱阳江，问柳翁。翁指南岸一处："今日唯此处有鱼，然有一小龙在焉。"诸子不信，网之，果大获。中有一鳝鱼长一二尺，双目精明，有二长须，绕盆而行。群鱼皆翼从之。将至北岸，遂失所在。柳翁竟不知所终。

【柳仙】元·马致远《吕洞宾三醉岳阳楼》杂剧中，吕洞宾要度柳树精，因其无人身，使之投胎转世为岳阳楼卖茶之人，即郭上灶。清·俞樾《右台仙馆笔记》卷一："世传柳仙为吕纯阳弟子，盖本元人杂剧，此岂足为典要？且考南宋·郑景望《蒙斋笔谈》载吕诗'唯有城南老树精，分明知道神仙过'，城南老树，乃古松也。则知元剧已属讹传也。"按："老树精"诗最早似见于北宋·张舜民《画墁录》卷七《郴行录》引李观所记吕洞宾事迹。◆清·佚名《蝶阶外史》卷三"鬼仙"条："周崇福生一子，年弱冠，美秀而文，以疾卒。后屡见乩盘，诗词清超，且云：'已蒙柳仙度为弟子，鬼而仙矣。'"按此鬼仙似即"樟柳神"之类，则所谓"柳仙"者可知。

【柳毅】唐时人。《太平广记》卷四一九"柳毅"条引《异闻集》："唐仪凤中，有儒生柳毅者应举下第，将还湘滨。过泾阳，见有美妇人牧羊于道畔，毅怪诘之。妇云：'妾洞庭龙君小女也，父母配嫁泾川次子。而夫婿乐逸，为婢仆所惑，日以厌薄。又得罪舅姑。舅姑毁黜以至此。'遂托柳毅寄书与其父洞庭君。毅如其言，遂至洞庭龙宫，见洞庭君述龙女惨状。洞庭君之弟钱塘君性暴躁，闻言，化为赤龙千尺，劈青天而飞去，至泾阳大战，杀泾阳小龙，救龙女而回。钱塘君欲嫁侄女与柳毅，毅不肯以德取报，拒不肯应。及归家，有媒人说卢氏女者，毅娶之，竟是龙女。乃相与归洞庭，人莫知其迹。至开元末，毅之表弟薛嘏谪官东南，经洞庭，见有彩船迎之，至一宫阙，见毅立于其中，方知柳毅已成神仙。"按：柳毅为神，一说为"洞庭神君"，一说为天帝封"金龙大王"，分别见各条。◆清·刘献廷《广阳杂记》卷三："郴州（今湖南郴州）苏仙桥有郴江祠，祀柳毅，俗传毅为郴人。"又南宋·祝穆《方舆胜览》卷二："太湖侧有柳毅泉，唐仪凤中柳毅灵姻于此。"元·高德基《平江记事》亦记苏州有柳毅桥。是有移柳毅事于太湖者，盖因太湖中有洞庭山，湖亦称洞庭，遂以洞庭

龙君为洞庭山之龙君也。明·王鏊《(正德)姑苏志》卷二七记苏州有水仙庙，古名苍龙堂，神即柳毅，今为上元乡土社祠，颇著灵异。◆柳毅传书故事，唐人小说多有类似者。如《会昌解颐录》昆明池神之女嫁剑阁神之子事，《广异记》"三卫传书"事等。

【柳真君】《吕祖全书》卷三二载"柳真君诰"，原注：真君，吕祖首座弟子，讳荣，号青青子。◆按：当即从"柳树精"故事而来。参见"柳仙"条。

【柳洲龙王】南宋·周密《武林旧事》卷五记南宋杭州有柳洲龙王庙，注云：名会灵，所谓柳洲五龙王也。

【柳子华】唐时人。《太平广记》卷四二四"柳子华"条：柳子华，唐时为成都令。一日有车骑盈门，云龙女且来，与君子为匹偶。遂成礼而去。自是往来为常，远近咸知。子华罢秩，不知所之，俗云入龙宫得水仙矣。《蜀中广记》卷七三云出自五代·杜光庭《录异记》。

【六驳】宋·罗愿《尔雅翼》卷九"六驳"条：六驳锯牙之兽，能食虎豹者，其状如马，亦名驳马。

【六出】西晋愍怀太子妃王进贤之女侍，与进贤同尸解而仙者。见"王进贤"条。梁·陶弘景《真诰》卷一三：六出本姓田，渔阳人，魏故浚仪令田讽之孙。讽曾有阴德，故及于六出耳。

【六丁】与"六甲"并称"六丁六甲"，均为道教使者神，可以符箓召而驱使之。晋·葛洪《抱朴子内篇·金丹》有"玉女六甲六丁神女"之句，似为女性。《三国志·魏书·董卓传》注引《献帝起居注》："李傕性喜鬼怪左道之术，

六丁神女　河北石家庄毗卢寺

常有道人及女巫歌讴击鼓下神，祠祭六丁，符劾厌胜之具，无所不为。"《后汉书·梁节王畅传》有卜忌者，"自言能使六丁"。唐章怀太子注云："六丁，谓六甲中丁神也。若甲子旬中，则丁卯为神，甲寅

旬中，则丁巳为神之类也。役使之法，先斋戒，然后其神至，可使致远物及知吉凶也。"则在唐代六丁又似男性之力士。而如四川剑阁鹤鸣山道教摩崖石刻中之六丁六甲像，即全系男性武士。至宋时，南宋·陆游《老学庵笔记》卷九记抚州（今江西抚州）紫府观真武殿所设六丁六甲神，六丁皆为女子像。至后世，六丁或为男或为女不一，如《三才图会》"人物"编中六丁六甲皆为男姓神将（只是均做十二属之禽兽相）。而《天上九霄雷霆玉经》云"六丁玉女，六甲将军"，明·王圻《续文献通考》亦云六丁为阴神玉女，六甲为阳神玉男。故世有六甲为阳神男性，六丁为阴神女性之说。河北石家庄毗卢寺壁画为元明间物，其中六丁即做女像。然《云笈七签》卷一〇一"三天君纪"有云："呼阳者，三气之所出也；召阴者，六丁之所往来也。若得三气之所生，能知六丁之所因者，则阳气化为龙车，阴气变为玉女。"亦以六丁属阴，但相对者为三气而非六甲也。◆六丁六甲神之名有多种说法，唐·段成式《酉阳杂俎·前集》卷一四："甲子神名弓隆，甲戌神名执明。"《老君六甲符图》："丁甲者，六丁、六甲也。六丁神即系丁卯神司马卿，丁丑神赵子任，丁亥神张文通，丁酉神臧文公，丁未神石叔通，丁巳神崔石卿。六甲神即系甲子神王文卿，甲戌神展子江，甲申神扈文长，甲午神卫上卿，甲辰神孟非卿，甲寅神明文章。"（《三才图会》同）《真武本传妙经》中六甲均为真武手下大将，其名为甲子水将李文思、甲戌土将李守通、甲申金将李守金、甲午火将李守左、甲辰风将李属进。明·董斯张《广博物志》卷一四引《鬼谷注阴符经》："丁卯神名孔林运筹，丁丑神名梁丘叔，丁亥神名林盛陆，丁酉神名费颜明，丁未神名王屈奇，丁巳神名许咸池。"需要说明的是此六丁六甲与值年守岁之六十甲子神中的六甲六丁神不属一套神系。颇疑此六丁六甲系由"六丁"而演成，故道教有"六丁法"而无"六甲法"。及至有"六甲"，而或有变"六丁"为阴神之说。◆此后又有"六甲六乙"之说，其实皆自"六丁"演变。而后世"六丁"形象则受"五丁力士"影响甚大。清·徐道《历代神仙通鉴》卷一言巨灵氏收伏五丁，卷三则言巨灵率六丁神将助禹治河，禹问曰："闻古止有五丁，而何有六？"答曰："童律为西方至刚之神，故招之以配丁甲之数。"则以"六丁"为五丁加童律为六力士。此虽小说附会，把风马牛不相及的五丁、六丁强扯在一起，但亦有其民间的基础。因此

之故，六丁六甲就很难脱离"力士"的身份了。◆《三教源流搜神大全》卷五"铁元帅"条云："殷之末年，魔王出世，太虚玉帝闻太乙真人奏，诏六丁入胎于石城颜氏，有母无父，因以铁为姓而头其名。"是则以六丁为一人矣。◆六甲神中甲子神王文卿即北宋末道士王文卿。据《林灵素传》，徽宗时京师大旱，上命灵素乞雨，未应，灵素遂荐建昌军南丰（今江西南丰）道士王文卿，谓文卿是神霄甲子之神兼雨部。文卿既至，执简救雨，果得三日。其余诸神名均无考。◆六丁六甲连称，初见于《汉武帝内传》：上元夫人所云"应须五帝六甲六丁六戊致灵之术。"然此六丁六甲六戊指"五帝六甲左右灵飞之符，太阴六丁通真遂灵玉女之录，太阴六戊招神天光策精之书"等十二物事，似与神将力士无关。但此六丁六甲六戊等十二事，缺之则不能召山灵、朝地神，则其书其术又与六丁六甲神、黄巾力士之类功用相近，即为"致灵"所用，其间似应有脉络相联。◆《云笈七签》卷一四"黄庭遁甲缘身经"中十干皆有神，所谓六甲、六乙、六丙、六丁之类，且各有神名。"假令甲子神姓王字文卿，王自是姓，文卿是字，至癸亥，他皆仿此。从神计八百七人，每日有一神当值。人能每日清旦三叩齿，诵值日之神名，云某君为值日，与我俱行，使我所在咸亨利贞。"

【六丁六甲】见"六丁"条。

【六丁神女】见"六丁"条。

【六癸玉女】灶神之女。《太上感应篇》李昌龄注引传云：灶神状如美人，有六女，即六癸玉女。

【六甲】"六丁六甲"中的六位阳神。《宋史·律历志》："六甲，天之使也，引风霆，策鬼神。"◆唐·段成式《酉阳杂俎·前集》卷一四："甲子神名弓隆，欲入水内，呼之，河伯九千导引，入水不溺。"又云："甲戌神名执明，呼之，入火不烧。"而《老君六甲符图》则云："六甲神即系甲子神王文卿，甲戌神展子江，甲申神扈文长，甲午神卫上卿，甲辰神孟非卿，甲寅神明文章。"二说不同，盖宋徽宗时林灵素既以王文卿为甲子神，则六丁六甲神名已非唐时之旧。

【六将爷】仇德哉《台湾之寺庙与神明（四）》：即指大爷、二爷、牛爷、马爷、柳爷、锁爷，亦即黑白无常、牛头马面等冥府差使。

【六郎神】清·袁枚《子不语》卷一九：广西南宁乡里祀六郎神。人或语言触犯，则为祟。尤善媚女子，美者多为所凭。凡受其害者，以纸钱一束、饭

六甲将军　河北石家庄毗卢寺

一盂，用两三乐人，午夜祀之，送至旷野，即去而之他。

【六神】《楚辞·九章》"戒六神与向服"，王逸注以为即《尚书》"禋于六宗"之六宗之神。而六宗或说为时、寒暑、日、月、星、水旱六神者，或说为星、辰、风伯、雨师、司中、司命者，或说为天、地及四时者，或说为日、月、星辰、泰山、河、海者，或以为即风、雨、火、土、社、稷者。其说不一，至后世民俗有迎祭六神之仪，如宋·周密《武林旧事》卷三"岁除"条："呈女童驱傩，装六丁、六甲、六神之类"，"岁晚节物"条："至除夕，则比屋以五色纸钱酒果，以迎送六神于门。"则不知所祭者为何神也。

【六十甲子神】即"值年太岁"。道教以六十甲子年，每年各配以神，掌当年人间祸福，称六十甲子神，或称"六十星宿"，又称值年太岁。各神又为当年所生男女之保护神，故又称"六十甲子本命元辰"。其神名亦有异说，据"六十甲子神图"，甲子太岁为金辨大将军，乙丑太岁为陈材（或作陈枋）大将军，丙寅为耿章（或作沈兴），丁卯为沈兴（或作耿章），戊辰为赵达（或作赵逢），己巳为郭灿，庚午为王济（或作王清），辛未为李素（或作李愫），壬申为刘旺，癸酉为康志，甲戌为施广（或作詹广），乙亥为任保，丙子为郭嘉（或作邵喜），丁丑为汪文，戊寅为鲁先（或作曾光），己卯为龙仲（或作龚仲），庚辰为董德，辛巳为郑但，壬午为陆明，癸未为魏仁，甲申为方查（或作方杰），乙酉为蒋崇，丙戌为白敏，丁亥为封济，戊子为邹铛（或作茅铛），己丑为傅佑（或作傅佐），庚寅为邬桓，辛卯为范宁，壬辰为彭泰，癸巳为徐单（或作徐华），甲午为章祠（或作张许），乙未为杨仙（或作杨贤），丙申为管仲（或作萧仲），丁酉

六十甲子神 左 北京白云观　　六十甲子神 右 北京白云观

为唐查（或作唐杰），戊戌为姜武，己亥为谢太（或作谢焘），庚子为卢秘（或作虞邹），辛丑为杨信（或作汤信），壬寅为贺谔（或作贤谔），癸卯为皮时，甲辰为李诚（或作吕诚），乙巳为吴遂，丙午为文哲（或作艾析），丁未为缪丙（或作伍炳），戊申为徐浩（或作俞浩），己酉为程宝（或作程实），庚戌为倪秘（或作倪复），辛亥为叶坚（或作蔡坚），壬子为丘德，癸丑为朱得（或作朱簿），甲寅为张朝（或作章朝），乙卯为万清（或作万春），丙辰为辛亚，丁巳为杨彦（或作商谚），戊午为黎卿，己未为傅赏（或作傅傥），庚申为毛梓，辛酉为石政，壬戌为洪充（或作洪克），癸亥为虞程（或作卢程）。其中"或作"系据李叔远编《道教大辞典》。又有《六十甲子本命元辰历》，所载六十甲子神名同于六十"日值神"，另除本命神外，又配以男女各六十元辰，如甲子本命神为王文卿，元辰乙未杜仲阳、女癸巳史公来等等。按：六十甲子神名各本出入较大，但俱属随意杜撰，而孰是孰非，亦难确定。今道观多造六十甲子神殿，供香客识认本生神，其意似仿佛寺之罗汉堂。◆北宋·黄休复《益州名画录》载五代时画家石恪于成都圣寿寺经阁院玄女堂画有六十甲子神。南宋·施宿《会稽志》卷七载绍兴开元宫，唐开元时即有六十甲子殿。

【六畜瘟神】清·蒲松龄《聊斋志异·牛瘟》：蒙山（在今山东蒙阴）人陈华封，盛暑枕藉野树下。忽一人奔波而来，首著围领，挥扇不停，汗下如流沔。陈笑曰："若除围领，不扇可凉。"客曰："脱之易，再著难也。"陈邀至家，出藏酒于石洞，客大悦，一举十觥。无何，客酩酊眠榻上。陈移灯窃窥之，见耳后有巨穴如盏大，数道厚膜间鬲如棂；棂外软革垂蔽，中似空空。骇极，潜抽髻簪，拨膜觇之，有一物状类小牛，随手飞出，破窗而去。方欲转步，而客已醒。惊曰："子窥见吾隐矣！放牛瘟出，将为奈何？"陈拜诘其故，客曰："实相告：我六畜瘟神耳。适所纵者牛瘟，恐百里内牛无种矣。"

【六御】道教以万天帝主玉皇上帝、万星之主北极紫微大帝、万地帝主后土大帝、万雷地主天皇大帝、万灵帝主长生大帝、万类帝主青华大帝合称"六御"。"六御"加上"三清"则称"九御法王"。

【六贼】《晋书·天文志》所谓"二十一妖星"之一。《隋书·天文志》云：六贼星形如彗，六贼出则兵起，其国乱，下有丧；出东方则南方之邦失地。

【long】

【龙】龙作为一种传说性的动物，产生于上古神话时期，但地位并不高，称"应龙"者为黄帝属下，"龙身人首"者为雷泽"雷兽"，而诸大神更以龙为坐骑，驱之乘之。故至传说时代，有"豢龙""扰龙"之夫，龙之为物，直与马同。迄于战国，随着阴阳五行学兴起，龙与五行五运相配合，竟成为天命象征，所谓"黄帝得土德，黄龙地螾见"之类是也。汉高祖刘邦出身平民，遂造作其母"息大泽之陂，交龙于上"的神话。于是纬书群起效之，感生帝总是通过龙与人的交配而传递天命。如神农，《孝经钩命决》云"任已感龙生帝魁"；黄帝，《河图握矩起》云："大电绕枢星，照郊野，感符宝而生黄帝。"而"其相龙颜"，亦自是龙种；帝尧，《初学记》九引《诗含神雾》云："庆都与赤龙合婚，生赤帝伊祁尧。"王充《论衡》有"龙虚篇"，即对龙之神圣化提出挑战。虽然后世各朝帝王始终承续了以"龙子龙孙"自命的传统，但"龙"之一物，尚未成为权势者的禁脔，也就是说，龙本身也有高低贵贱之分，除了为帝王象征者外，神仙仍不妨乘为坐骑，术士仍不妨驱其行雨，而民间传说中亦有逆龙乖龙，以至"龙生九子"之说。◆龙之类分，在《淮南子·墬形训》中有飞龙、蛟龙、应龙、先龙、屈龙五种，为毛羽鳞介诸属之祖。《广雅》则由形分，云：有鳞曰蛟龙，有翼曰应龙，有角曰虬龙，无角曰螭龙。而"鱼龙""龙蛇"并举，则龙不过鳞兽之长耳。《白泽图》所云"鸡有四距重翼者，龙也，杀之震死"，"羊有一角当顶，土龙也，杀之震死"，"赤蛾两头而白翼者龙也，杀之兵死"。可见龙形之多。至于后世，在江河池沼之龙，其形更不尽为龙也，或为鱼，或为蛇，或为蜥蜴。五代南唐·尉迟偓《中朝故事》卷下记唐懿宗时有豢龙户，擒得龙池中走失二龙，乃鳅鱼两条也。五代·孙光宪《北梦琐言》卷一〇载唐人崔枢于井中汲得一鱼，烹而啖之。忽梦冥官读判曰："人间小臣，辄食龙子，所有官爵并削除。"后一年卒。北宋·钱易《南部新书》丁：长安有龙户，见水色即知有龙。或引出，但如鳅鱼而已。此类故事甚多，如北宋·刘斧《青琐高议》后集卷一"大姆记""陷池"，卷三"异鱼记"诸条，故俗有不杀巨鱼之说。◆至宋时，河神为龙，而化形为蛇之传说益多。宋·佚名《异闻总录》言太原府二龙常化形为青蛇，人目为大青小青。北宋·沈括《梦溪笔谈》卷二〇记彭蠡小龙为小蛇。南宋·王明清《挥麈后录》卷七记泗州临淮（今安徽泗县）东门小蛇。北宋·蔡絛《铁围山丛谈》记江湖间小龙灵异，有化为蜥蜴，竟为蔡京进呈于徽宗者。龙又有变为鸭者。明·田艺蘅《留青日札》卷三〇"龙鸭"条：弘治间，江西河中有鸭七头，飞过之地，尽成川泽。是龙所变也。龙又有为牛形者。清·李庆辰《醉茶志怪》卷一"牛龙"条：山左郭基本贸易于榆关，一夕归，将近村，暴雨欲至，见田陇上卧巨牛四头，其色有青有黄，颔下有长须尺许，如山羊状，识者曰：此龙也。俄而震雷走空，天雨如注。◆《北梦琐言·逸文》卷四有多条。龙不尽居于江河湖海，或居于潭，或居于池，甚或盐井中亦有龙。其中有云：五代王蜀时夔州（治在今重庆奉节）大昌盐井、秭归永济盐井均有龙蟠其中，或白或黄，搅之不动。◆又有"乖龙"，因苦于行雨而逃窜，为雷神逐捕，往往逃匿于古木、楹柱之中；或于旷野无处逃匿，则入于牛角或牧童之身，故牛童往往为所累而震死。见"乖龙"条。◆清·纳兰性德《渌水亭杂识》卷三：天龙为贵，海龙次之，江湖之龙又次之，井潭之龙下矣。又云：龙喜睡，百年一觉，甚至积沙其身成村落，觉即脱神弃身而去，不伤于物。神龙行雨以利物，毒龙为恶风以害物。

【龙伯高】后汉时人。梁·陶弘景《真诰》卷一四："东汉伏波将军马援戒其兄子，称'此人之佳可法'，即伯高也。伯高从仙人刁道林受服胎气之法，托形醉亡而尸解，隐于四平山之方台。原注：伯高名述，京兆（在今陕西西安西北）人，建武中为山都长，擢至零陵太守。"《云笈七签》卷八五："龙述，不知何许人，于金山得神芝，服之得仙，尸解而去。"◆按：龙伯高，见《后汉书·马援传》。马援称其"敦厚周慎，口无择言，谦约节俭，廉公有威"。然未见其有修仙事。

【龙伯国】《列子·汤问》："渤海之东有蓬莱、方壶等五神山，高下周旋三万里，山之间相去七万里，常随波涛上下漂流。神山所居仙人患苦，诉于天帝，帝乃命海神禺强遣巨鳌十五头，举首而戴之，迭为三番，六万岁一交。于是五山始峙而不动。有龙伯国，其人甚大，举数步而至五山之所，一钓而连六鳌，五神山沉其二，仅余三神山。上帝震怒，令龙伯国人逐代变短，然至神农时犹长数十丈。"而晋·张华《博物志》卷二言龙伯国人长三十丈，生万八千岁而死。

【龙伯康】宋时人。明·王圻《稗史汇编》卷四〇"伯康先识"条：靖康间有龙伯康者，不知何许人，游京师，饮市肆中，叫呼大噱，时或箕踞笑歌，诙谐纵谑，旁若无人，目为狂生，不知异也。一日被酒从城外过大阅之所，戏挟弓矢而射，一发中的，矢矢相属，十发无一差者。众方惊讶，忽指其地而谓众曰："后三年，此间皆胡人，若等姑识之：火龙骑日，飞雪满天。此京城破灭之兆也。"因唏嘘长叹不自禁。后三年，京城失守，如其言。又见明·陈霆《两山墨谈》卷九。

【龙复本】唐时人。唐·康骈《剧谈录》卷上："唐开成中人，无目，善听声揣骨，每言休咎，无不必中。凡有象简竹笏，以手捻之，必知官禄年寿。"按相笏之术古即有之，见"庾道愍"条。又北宋·钱易《南部新书》卷四记有李参军者，亦善相笏，休咎必验，呼为"李相笏"。

【龙广寒】元时人。元·杨瑀《山居新话》卷四：龙广寒，江西人，居钱塘。挟预知之术，游食于诸公之门。一日居佑圣观陈提点房，陈扣以明日饮食之事。答曰："写了不可看。"陈俟其出，乃窃观之，书云："来日羊肉白面，老夫亦与其列。"适有人送活鲫鱼者，陈嘱候明日一日以鱼为食，诸物不用。至五更末，住持吴月泉遣人招陈来方丈相陪高显卿参政，盖高公避生日也。陈为吴言房中有活鱼取来下饭。高曰："我都准备了也，诸物皆不用。"陈自念龙之语有验，因言及龙广寒者在房中住。高曰："我识之，可请同坐。"果皆应其说。自言已一百八岁。卒于延祐末年。

【龙龟】《山海经·北山经》："堤山，堤水出焉，而东流注于泰泽，其中多龙龟。"明·王崇庆《释义》曰："龙龟，盖龟之大者。亦谓既有龙而又有龟也。"

龙龟　山海经图　汪绂本

清·郝懿行《笺疏》："龙、龟，二物也。或是一物，疑即吉吊也，龙种龟身，故曰龙龟。"参见"吉吊"条。◆吴任臣《广注》引《殊域周咨录》："满剌加海有龙龟，高四尺，四足，有鳞甲，露长牙齿人立死。"又是一物。

【龙九子】龙生九子，九本为多数，未必有实指。按《欧阳修集》载赵耕《张龙公碑》，记"龙生九子"事云："张路斯，夫人石氏生九子。路斯每夕出，自戌至丑归，常体冷且湿。石氏异而询之，公曰：'吾龙也。蓼人郑祥远亦龙也，骑白牛据吾池，自谓郑公池。吾屡与战，未胜。明日取决，可令吾子挟弓矢射之，系鬣以青绡者郑也，绛绡者吾也。'子遂射中青绡，郑怒东北去，投合肥西山死，今龙穴山是也。由是公与九子俱复为龙。"此龙神张路斯与其九子，然与后世所云"龙生九子，各有不同"之义无涉。而南宋·洪迈《夷坚支志·甲集》卷二"九龙庙"条所载一故事，却与后世"龙生九子皆不肖"之说相近："潼州白龙谷陶人梁氏，世人陶冶为业，乃立十窑烧瓦器，唯一窑所成最善，余九所每断火，器率窳邪不正，及鬻于市，则人争售之，莫知其所以。谷中故有白龙祠，不为乡社所敬。一日，梁氏梦龙翁来见曰：'吾有九子，今皆长立，未有攸处，分寄身于汝家窑下，往往致力，阴助与汝。'梁曰：'九窑未得一好器物，何助之云！'龙叟曰：'汝一何不悟！器劣而获厚利，岂非吾儿所致耶？'梁方竦然起谢。次日呼匠治材，立新祠于旧址，设老龙正中坐，东西列九位以奉其子。"◆至明时，因孝宗（弘治帝）有九龙名目之问，于是各博物家异说纷呈。李东阳《怀麓堂集》卷七二有《记龙生九子》一篇云："弘治间，泰陵（即明孝宗）尝令中官问龙生九子名目，东阳仓卒不能悉具，又询之编修罗玘及吏部员外刘绩，方聚成九子，以复命。龙生九子不成龙，各有所好。囚牛龙种，平生好音乐。今胡琴头上刻兽，是其遗像。睚眦平生好杀，今刀柄上龙吞口是其遗像。嘲风平生好险，今殿角走兽是其遗像。蒲牢平生好鸣，今钟上兽钮是其遗像。狻猊平生好坐，今佛座狮子是其遗像。霸上平生好负重，今碑座兽是其遗像。狴犴平生好讼，今狱门上狮子头是其遗像。赑屃平生好文，今碑两旁龙是其遗像。蚩吻平生好吞，今殿脊兽头是其遗像。"而其说似本于陆容《菽园杂记》卷二所记"古诸器物异名"条，云："屃赑，其形似龟，性好负重，故用载石碑。螭蚴，其形似兽，性好望，故立屋角上。徒牢，其形似龙而小，性好吼叫，有神力，故悬于钟上。宪章，其形似兽，有威，性好囚，故立于狱门上。饕餮，性好水，故立桥头。蟋蜴，形似兽，鬼头，性好腥，故用于刀柄上。蟫蛱，其形似龙，性好风雨，故用于殿脊上。螭虎，其形似龙，性好文彩，故立于碑文上。金猊，其形似狮，性好火烟，故立于香炉盖上。椒图，其形似螺蛳，性好闭口，故立于门上。今呼鼓丁，非也。蚵蛥，其形似龙而小，性好立险，故立于护朽上。鳌鱼，其形似龙，好吞火，故立于屋脊上。兽蛥，其形似狮子，性好食阴邪，故立门环上。金吾，其形似美人，首鱼尾有两翼，其性通灵不睡，故用巡警。"但陆容所记与李东阳所对差异甚大。其中只有赑屃、蚩吻完全相同，狻猊应与金猊是一物，蒲牢或与徒牢为一物之外，其他全不相重。二说相凑合，竟能得出十九种：囚牛、睚眦、嘲风、蒲牢（徒牢）、狻猊（金猊）、霸下、狴犴、赑屃、蚩吻、宪章、饕餮、蟋蜴、蟫蛱、螭虎、椒图、蚵蛥、鳌鱼、兽蛥、金吾。其后之陈洪谟《治世余闻》、罗鹤《应庵随录》、支允坚《梅花渡异林》、陆深《金台纪闻》、李诩《戒庵老人漫笔》、江应晓《对问编》、刘元卿《贤弈编》、沈德符《万历野获编》、穆希文《说原》、焦竑《玉堂丛语》、徐煳《徐氏笔精》、谢肇淛《五杂组》等对"龙生九子"一题俱乐此不疲，可是数目或多或少，组合也稍有异同，却基本上没有出此十九种范围，惟《徐氏笔精》多一"瓦猫"，云："好险，檐前兽。"而明·凌濛初《初刻拍案惊奇》卷一"波斯胡指破鼍龙壳"，又以鼍龙为龙之九子之一。至清初王士禛《香祖笔记》卷二又增一"觝犼"："觝犼，二兽名，秉心忠直。今承天门内华表顶上者是，又卫辉府前石亦是。"而五代·孙光宪《北梦琐言·逸文》卷四云："龙生三卵，一为吉吊。"是又有吉吊一种，另二种失名不计，"龙之九子"至此计已有二十三种。◆关于龙九子之来历，亦有人考之。明·徐应秋《玉芝堂谈荟》卷三三"龙生九子"条云："胡侍《真珠船》称历考传记，睢眦见《战国策》、聂政、范雎传。蒲牢见班固《东都赋》注，狻猊见《穆天子传》《尔雅》，狴犴见《字林》，赑屃见《西京赋》《吴都赋》，蚩吻当作鸱尾，汉世越巫请以厌火，都不见有龙子之说。"又清·查嗣瑮《查浦辑闻》卷上："昔鸱鸮氏生三子，长曰蒲牢，好声，故以饰钟；次曰鸱吻，好望，故以饰屋；次曰蚣蝮，好饮，故置闸口。"明·沈德符《万历野获编》卷七："……盖苗裔甚伙，不特九种已也。且龙极淫，遇牝必交，如得牛则生麟，得豕则生象，得马则生龙驹，得雉则结卵成蛟，最为大地灾害。其遗体石罅中，数十年后，裂山飞出，移城郭，夷墟市，所杀不胜计。比入海，往往为大鱼所噬，即幸成龙，未几辄殒，非能如神龙应龙之属变化、寿考也。……又龙生三子，一为吉吊，盖与鹿交，遗精而成，能壮阳治阴痿"。明·陆深《金台纪闻》云："昔鸱枭氏生三子，长曰蒲牢，次曰鸱吻，次曰蚣蝮。"又与"龙生九子"之说异焉。◆按晚明《十竹斋笺谱》有龙九子图九幅，分别为蟋蜴、鳌鱼、螭虎、饕餮、金猊、宪章、蚵蚼、椒图、蚣蝮。其图多凭想象，取怪异而已。

【龙马】马生龙翼者。明·陈仁锡《潜确类书》卷一一一引《瑞应图》："龙马者，神马也，河水之精。高八尺五寸，长颈，胳上有翼，旁有垂毛，鸣声九音。有明王则见。"

龙马　山海经图　胡文焕本

◆儒书有伏羲时"龙马负图出于河"之说。清·惠士奇《礼说》卷一一驳之曰："《周礼》廋人职：'马八尺以上为龙。'郑司农引《月令》曰'驾苍龙'。案《尔雅》'马八尺为駥'郭注引廋人职，'龙'作'駥'。而高诱注《月令》引廋人职作'龙'。然则'龙'与'駥'古音同也。'龙'亦作'驪'，《潜夫论》曰'求驪问驪'。或云：驪，野马。非也。学者好怪，乃谓'龙者仁马，河水之精，高八尺五寸，长头有翼，鸣声九音，遇明主则见'。于是有'龙马负图'之瑞应，皆妄言也。"

【龙母】此龙母专指人间女子生龙者。❶广东龙母。见"温媪""媪妪""温夫人"诸条。❷苏州龙母。南宋·洪迈《夷坚乙志》卷一〇"阳山龙"条："平江府（即今江苏苏州）二十里间阳山龙祠，相传其子每岁四月必一至祠下。"南宋·范成大《吴郡志》卷一三："阳山灵济庙，即白龙母庙。相传东晋隆安中，山下居民缪氏有女及笄，出行，风雨暴至，天地陡暗，避于今所谓龙塘之侧，遇一白衣老人，曰：'我无所归，欲至你家借宿一夜。'女应之，老人忽不见。女归即有孕，父母恶之，逐出，丐食邻里。明年三月十八日至今所谓龙冢之上，产一肉块，惊弃水中，破化为龙，夭矫母前，若有所诉，其母惊绝于地。即风雨如晦，开霁则见白龙升腾而去。众乃厚葬其母。自后累降巫语，始祠之于山巅。相传龙子分职潇湘，每岁是日必归山间，风雨凄冷，人以为龙子诞日，过是山中方有春意。绍兴二十九年，诏赐灵济庙，乾道四年封显应夫人。"南宋·祝穆《方舆胜览》卷二"阳山"条所述大致相同。清·汤用中《翼駉稗编》卷八"白龙娘娘"条所记亦类此，可参见"白龙娘娘"条。❸温州龙母。黄塘《（万历）温州府志》记浙江乐清县龙母神云："神姓江氏，方笄未嫁，浣纱见石，吞之有孕，以父母生疑，跃江溺死。忽雷电交作，其腹迸出蜥蜴，成龙入海，犹回顾其母。今其港有望娘汇。"清·齐召南《温州府志》："永嘉周氏女，用笄未字，汲水溪边，见一卵悦之，取含于口，不觉吞下，遂有娠。后产一白龙，女惊死。乡人取其骸骨，塑以泥，藏诸岩洞间，旱则迎之祈雨。"明·闵文振《涉异志》有一则亦记乞温州龙母降雨事。❹元·徐硕《至元嘉禾志》卷二四记海盐乍浦（今属浙江平湖）亦有龙母，称"显济庙"。清·清凉道人《听雨轩笔记》卷四亦记乍浦龙母云："嘉兴乍浦城外有山，屹立于海滨，连排九峰若屏扆。山半有石井，深不可测，相传为龙母之居，其子白龙别居他所，每岁五月间来省其母，必风雨晦冥，云气蜿蜒出入井中，晡时始散。山下有龙母庙，天旱时祷雨咸诣焉。"❺龙母较著者又有"张鲁女"，见该条。❻此外尚有名气不大者，如五代·徐铉《稽神录》卷三"史氏女"条："溧水五坛村人史氏女，因莳田倦，偃息树下。见一物，鳞角爪距可畏，来据其上。已而有娠，生一鲤鱼，养于盆中，数日益长，乃置投金濑中。顷之，村人刈草，误断其尾，鱼奋跃而去，风雨随之，入太湖而止。家亦渐富，其后女卒，每寒食，其鱼辄从群鱼一至墓前。至今每闰年一至尔。"南宋·周应合《景定建康志》卷五〇、《六朝事迹编类》卷下亦载此事，后云乡人为立庙，谓之"乌鲤庙"。❼《后汉书·南蛮西南夷列传》：哀牢夷者，其先亦有龙母名沙壹。见"九隆"条。❽北宋·乐史《太平寰宇记》卷七五引李膺《益州记》一条，亦龙母故事与陷湖故事相组合者："临邛郡下有老姥，家贫孤独。每食辄有一小蛇，头上有角，在盘之间。母怜而饲之。后渐长大丈余。县令有马，为此蛇吸之。令因大怒，收姥。姥云在床下，遂令发掘，愈深而无见。令乃杀母。其蛇因梦于令曰：'何故杀老姥，当报仇耳。'自此每夜常闻风雨声，四十余日，一夕百姓相见咸惊，皆言'汝头那得带鱼'。是夜方四十里一时俱陷为湖。土人谓之邛池。其母之故宅独不没，至今犹存。"❾明·徐应秋《玉芝堂谈荟》卷二四"龙母坟"条又记龙母数种：《集异志》："晋愍帝建兴二年十一月，枹罕羌妓产一龙子，色似锦文，常就母乳，遥见神光，不得就视。"宋·吕灌园南夫《测幽记》曰："熙宁中，农夫游践妻刘氏，浴于溪，遇黄犬，迫之有孕，期年产两鲶鱼，惊异，以大缸贮之。须臾雷电晦暝，鱼失其所。甫三日，刘亦死，葬于溪东。连日溪雨涨，两鱼游绕墓所，行处辄陷。里人呼为龙母墓。"《名胜志》："粤西梧州府容县有龙母坟，瑶妇入山，久不返，众往觅之，则为龙所据，阴云幂幂。既归所居，常有寒气，人莫敢近，妇不自觉也。岁余产一龙，胞中无血。顷之，云雾交集，腾举而去，妇亦无恙。后妇死，方殡，龙自空下，拥其骸以去。至白花村地，石自裂，龙置骸，陷而入，石复合。后龙常飞绕其居。"◆按：《太平御览》四二五引陶潜《续搜神记》记长沙女子浣纱水边，遂孕而生三蛟子，应属最早的龙母故事。

【龙女】除泛指者外，龙女著名者有：❶唐传奇《柳毅传》中洞庭君之龙女。见"柳毅"条。❷龙女三娘子，见该条。❸龙女七娘子，见"七娘子"条。❹吴城小龙女，见该条。❺成都龙女。北宋·黄休复《茅亭客话》卷五：益州（今四川成都）城西北隅有龙女祠。唐开元二十八年长史章仇兼琼拔平戎城，梦一女曰："我此城龙也，今弃番来归唐化。"表为立祠，锡号会昌。每旱潦，祈祷无不立应。乾符中，燕国公高骈筑罗城，收龙祠在城内，工徒设版至此，辄有风雨，朝成夕败。以闻于高骈，骈亦梦龙女曰："某是西山龙母池龙。君今筑城，请将某祠置于门外。"高从之。至五代前后蜀，甚严饰之，祈祷感应，封睿圣夫人。❻佛教"二十诸天"中娑竭龙王之女，为观音菩萨之右胁侍。据

《妙法莲华经》卷四，龙女八岁参拜如来，尔时龙女有一宝珠，价直三千大千世界，持以上佛。佛即受之，许其速成正觉。于是忽然之间龙女变成男子，具菩萨行，即往南方无垢世界，坐宝莲华成等正觉，有三十二相八十种好。据此则龙女本与观音无涉，且已成菩萨，与观音位相等。大约因有"南海观音"之说，谓大海必有龙王，遂以龙女牵来作陪也。

【龙女三娘子】南宋·章炳文《穷神秘览》卷一"龙女庙"："澶州黄河堤有龙女三娘子庙，极灵应。大河每有危，官府必祭祷。"南宋·周密《鸡肋编》卷下："宋时封善济夫人，时有五十三庙，皆为三娘子。"南宋·洪迈《夷坚支志·甲集》卷二"阳武四将军"条云四将军为龙女三娘子之子。详见"阳武四将军"条。

【龙身鸟首神】
《山海经·南山经》："自柜山至于漆吴之山，凡十七山，七千二百里。其神状皆龙身而鸟首。"

【龙身人面神】
《山海经·南山经》："自天虞之山以至南禺之山，凡一十四山，六千五百三十里。其人皆龙身而人面。"又《中山经》："凡首阳山之首，自首山至于丙山，凡九山，二百

龙身鸟首神　山海经图　汪绂本

六十七里，其神状皆龙身而人面。"

【龙述】《云笈七签》卷八五：不知何许人，于金山得神芝，服之得仙，尸解而去。《仙鉴》卷五、明·王世贞《列仙全传》卷三皆以为即后汉字伯高之龙述。详见"龙伯高"条。

【龙天王】妒后所化毒龙。《太平广记》卷四一八引《两京记》：梁武帝都皇后性妒忌。武帝初立，未及册命，因忿怒，忽投殿庭井中。众趋井救之，后已化为毒龙，烟焰冲天，人莫敢近。帝悲叹久之，因册为"龙天王"，便于井上立祠。

【龙王】龙王之称，似起于佛教传入之后。除佛典中本有之龙王外，道教亦仿造各色龙王。晋时《太上洞渊神咒经》卷一三有"龙王品"，除四海龙王

及镇守中央之大水龙王外，又有五方龙王：东方青帝青龙王、南方赤帝赤龙王、西方白帝白龙王、北方黑帝黑龙王、中央黄帝黄龙王。此外还有日月龙王、星宿龙王、天宫龙王、龙宫龙王、天门龙王、阎罗龙王、地狱龙王；又有天德龙王、地德龙王、天人龙王、飞人龙王、莲花龙王、花林龙王、五岳龙王、山川龙王。又有杀鬼、吞鬼、小吉、大吉、阳气、阴气、镇国、镇宅等诸龙王，而主雨水之云雨、大雨、散水、天雨四龙王仅居其末。是当

龙身人面神　山海经图　汪绂本

五湖百川龙王　河北石家庄毗卢寺

时龙王之职在于镇守护持（与西方民间故事中护守宝藏之毒龙相类），兴云行雨似仅为余事耳。至于后世，龙王之窟宅遂限于泽国，其职能亦限于行雨。清·俞樾《右台仙馆笔记》卷一五云："天下之龙，各分疆域，亦如人间州县。"江河湖海，以至池沼沟井，俱有龙王，其地位亦随所在而分高低，以致虽称龙王，不过一泥鳅耳。

【龙威丈人】即"山隐居"。《云笈七签》卷三《灵宝略纪》：吴王阖闾时，王出游包山，见一人在中，问曰："汝是何人？"答曰："我姓山名隐居。"乃入一石城，得素书一卷，以奉阖闾。阖闾召群臣观之，其文篆书不可识。乃令人诣孔子。孔子答曰："丘闻童谣云：'吴王出游观震湖，龙威丈人山隐居，北上包山入灵墟，乃入洞庭窃禹书。天帝大文不可舒，此文长传百六初，若强取出丧国庐。'此是灵宝五符真文。昔夏禹得之于锺山，然后封之于洞庭之室。"唐·陆广微《吴地记》："丈人姓毛名苌，号曰毛公。今洞庭有毛公宅，石室并坛存焉。"

按：毛苌乃别一人，与龙威丈人无涉。

【龙鱼】《山海经·海外西经》："龙鱼陵居在其北，状如狸。一曰鰕。即有神圣乘此以行九野。一曰鳖鱼在夭野

龙鱼　山海经图　汪绂本

北，其为鱼也如鲤。"郭璞注："或曰龙鱼似狸，一角。"郝懿行《笺疏》："龙鱼，郭氏《江赋》作'龙鲤'，张衡《思玄赋》仍作'龙鱼'。《淮南子·墬形训》作'硔鱼'，高诱注：'如鲤鱼，有神圣者乘行九野，在无继国之南。'"袁珂《校注》："龙鱼，疑即《海内北经》之陵鱼，均为神话中人鱼之类。"

【龙主】南宋·王明清《投辖录》"龙主"条：宋徽宗宣和七年，数太学生于酒肆遇一客，衣冠甚伟，自言姓龙名主。客才兼文武，诸生与之游。一日至汴梁新城下，时土木方毕，龙主云："不过一年，此城将毁为瓦砾场。诸君切记勿忘：敌骑将犯阙，天子当北狩，天下从此大乱，诸君宜各自出都。"异日诸生再访，龙主已离去。后悉如其言。有人观《华严经》，见有龙主鸠盘荼王，始悟即其人。

【聋皂隶】清·俞蛟《梦厂杂著》卷二《春明丛说》：直隶河间府献县（今河北献县）城隍庙，泥塑皂隶，昂首注目，状若倾耳而听。相传隶两耳无闻，喜为人作阳阴之媒。焚楮锭、附耳私语者实繁有徒。又岭南潮州揭阳城隍庙亦有聋隶，人俱呼三官。有调娈童不得者，焚香隶前，以指抉其耳窍，吻近窍密祷之，事无不谐，谐后酬以牲醴。肩摩踵接，日夕不休，若忘其有城隍神危坐于上者。

【隆恩真君】即"王灵官"。《明史·礼志》：隆恩真君者，玉枢火府天将王灵官也。宋徽宗时尝从萨守坚传符法。永乐中以道士周思得能传灵官之法，乃于禁城西建天将庙。宣德中改封真君。明永乐中，京师建天将庙，宣德中改庙为火德观，封萨守坚为崇恩真君，王灵官为

蠪蛭　山海经图　蒋应镐本

隆恩真君，合称二真君。成化改观为宫，加"显灵"二字。

【蠪蛭】《山海经·东山经》："凫丽之山，有兽焉，其状如狐而九尾、九首、虎爪，名曰蠪蛭，其音如婴儿，是食人。"吴任臣《广注》云："兽九首者，别有开明九首，又阿羊九头而更食，国乱乃出。"

【蠪蚳】《山海经·中山经》："昆吾之山，有兽焉，其状如彘而有角，其音如号，名曰蠪蚳，食之不眯。"吴任臣《广注》案云："《五侯鲭》云：'蠪蚳似九尾狐，见而年丰。'又《事物绀珠》云：'龙蚳兽，似狐，九首九尾，见则丰稔十年。'是合蠪蛭为一物也，误矣。"

蠪蚳　山海经图　汪绂本

【lou】

【娄驾】《天地宫府图》七十二福地第二十二鹅羊山（在长沙），娄驾先生所隐处。不知何人。

【娄金神】《（雍正）山西通志》卷一六四：娄金神庙在太原西门外。明万自约记云：迹得娄金神遗貌，而庙之前列铁犬三在楹，猵狖作厌河状，竖一栅，坊题曰"锁钥金汤"。◆按：二十八宿神中有"娄金狗"。

【娄近垣】清·昭梿《啸亭杂录》卷九：娄真人近垣，江西人。宪皇帝（雍正帝）时召入京师。有妖人贾某之鬼为患，真人为之设醮祷祈，立除其祟。上喜之，封妙应真人。真人虽嗣道教，不喜言炼气

娄近垣　斋醮设祭图

修真之法，云："此皆妖妄之人藉以谋生理耳，焉有真仙肯向红尘中度世也？"年九十余仙逝。清·悚讷居士《咫闻录》卷七有"娄真人"条，记死后显现，应亦娄近垣事。又清·袁枚《子不语》卷二

一"娄罗二道人"条言娄真人于雍正十一年，以五雷正法诛妖人贾士芳事，却言娄为松江之枫乡人。

【娄敬】明·来集之《倘湖樵书》初编卷二"种银种金种玉珠"条引《永寿县碑》：建信侯娄敬晚得道，居好畤明月山北。能种金，其地曰种金坪，今人往往得金云。◆按：娄敬，西汉初人，《汉书》有传，无修仙事。

【楼观仙师】即尹喜。《云笈七签》卷一〇四《楼观仙师传》《楼观本纪》并云："周康王闻尹先生有神仙大度之志，乃拜为大夫，并赐嘉名，因号其宅为楼观。"《楼观碑》云："楼观者，周康王大夫关令尹喜所立也，以其结草为楼，因即为号。"详见"尹喜"条。◆按：北朝楼观派奉尹喜为祖师，尹轨为先师。虽仙传云尹轨为尹喜从弟，实无稽考，其实似为魏晋间人。传云尹轨与杜冲同学道于尹喜，而尹轨传道与梁谌（谌初师郑法师），梁谌传王嘉，王嘉传孙彻，孙彻传马俭，马俭传尹通，尹通传尹法兴、牛文侯，文侯传王道义，道义传陈宝炽，宝炽又从陆景受秘法，宝炽传李顺兴、侯楷、王延，侯楷传严达。严达与王延、苏道标、程法明、周化生、王真微、史道乐、于长文、张法成、伏道崇十人称"田谷十老"。又有韦节一系，不叙。

【lu】

【卢敖】南宋·王应麟《困学纪闻》卷一〇引《庄子》逸篇："卢敖见若士，深目鸢肩。"《淮南子·道应训》："卢敖游乎北海，经乎太阴，入乎玄阙，至于蒙谷之上。见一士焉，深目而玄鬓，泪注而鸢肩，丰上而杀下。轩轩然方迎风而舞。"高诱注："卢敖，并人，秦始皇以为博士，使求神仙，亡而不返也。"按：高诱此注误以卢敖为秦之卢生也。◆明·彭大翼《山堂肆考》卷二四："处州府景宁县（今浙江云和东南）东有洞广数丈。唐道士卢敖栖息其中。"是又一卢敖乎？

【卢遨】秦时人。《（康熙）河南府志》卷二七："卢遨为秦博士，游北海求仙。至蒙谷，见一道士踞龟而食蛤。遨与为友，后登仙而去。"按：此即"卢敖"与"卢生"事混合而成者。

【卢耽】三国时吴人。《水经注》卷三七"油水"下引邓德明《南康记》曰："昔有卢耽，仕州为治中。少栖仙术，善解云飞，每夕辄凌虚归家，晓则还州。尝于元会至朝，不及朝列，化为白鹄至阙

前，回翔欲下。威仪以石掷之，得一只履，耽惊还就列，内外左右，莫不骇异。时步骘为广州，意甚恶之，便以状列闻，遂至诛灭。"而《太平御览》卷一八三引《水经注》，于"诛灭"事后又云："耽后题其门曰：珠门珠国，虽存无年。欲知此书，待卢耽还。太守削之，随削字更生。"北宋·乐史《太平寰宇记》卷一六四记"广西梧州有卢耽祠"，载卢耽事与《寰宇记》同。

【卢狗大王】明·钱希言《狯园》卷一二"卢狗大王"条：常州御史行署有大朴树，可二十围，中有卢狗大王巢。邹希孟居此盘库，不知也，日就树下践溺为常。一晚孟与书佐会饮，醉后唱歌，复往其处溺焉。未至树下，便为人以绳系头，悬着树杪。众人解下，便语言失次，口中操常州人音自责曰："汝为府吏，何得纵肆无忌至此！树上乃大王所居，践溺其下，理乎？今著我曹追汝。"随即自到树前，反接自缚，跪泥淖中，若人拥之至者。后郡丞归，命治其祭之，怪遂绝。相传常州人好杀犬以祭淫神，而犬名韩卢，斯即犬妖所作矣。

【卢沟桥神】明·刘侗《帝京景物略》卷二"卢沟桥"："俗言卢沟数溃，罔决圮于桥，桥有神焉。万历三十五年，阴霖积旬，水溢发，居民奔桥上数千人，见前水头过桥且丈，数千人喧号，当无活理。未至桥，水光洞冥间，有巨神人向水头按令下伏，从桥孔中去。"

【卢二舅】唐·卢肇《唐逸史》：有卢、李二生隐居于太白山，读书兼习吐纳导引之术。一旦李生不能忍苦，诀别而去。后李生掌橘子园，为吏隐欺，欠官钱数万贯，羁不得东归。一日于扬州遇卢生，衣甚褴褛。李生哀之。及卢生邀至其居，华丽殆非人间所有。归别，卢生问李生欠官钱多少，答云二万。卢与李一拄杖，云："以此可至波斯店取钱。"李如其言，波斯见拄杖，惊曰："此卢二舅拄杖，何以得之？"依言付钱。李再寻卢之居所，唯见荒草，不见亭台。◆按：此故事与唐·戴孚《广异记》所载张三事、五代·杜光庭《仙传拾遗》所载薛肇事、《续玄怪录》所载裴谌事均出一辙。

【卢扶国】晋·王嘉《拾遗记》卷四：燕昭王八年，卢扶国渡河万里来朝，云其国无恶禽兽，水不扬波，风不折木。人皆寿三百岁，结草为衣，至死不老，咸知孝让。死葬野外，以香木灵草掩其尸。昔大禹随山导川，旌其地为无老纯孝之国。

【卢慧】宋人。《（康熙）宝庆府志》卷二七：修真于望云山，真身犹存石洞中，生气凛然。土人以祠

祷烦扰，封其洞门。远近俱有卢真像，祈祷辄应。或云即秦时卢生。

【卢六】明·王世贞《列仙全传》卷八：上林（今广西上林）人。生不食肉。一日往大山樵，见二白衣对弈，六从旁观之。一白衣曰："汝且去，十日可再来。"忽不见。卢六如期往，不见人，唯有平石方丈。六端坐石上，无言而化。乡人以为仙去，建祠祀焉。

【卢眉娘】唐时女子。唐·苏鹗《杜阳杂编》卷中：唐顺宗时，南海贡奇女卢眉娘，时年十四，称北祖帝师之裔，自大足年间流落岭表。幼而慧悟，工巧无比，能于尺绢绣《妙法莲华经》七卷，字如粟粒而点画分明。又能以五彩丝一缕分为三缕，于掌中结飞盖五重，中有十洲三岛、天人玉女、台殿麟凤之象，外有执幢捧节之童，不啻千数。顺宗叹其工，谓之神姑。止于宫中，

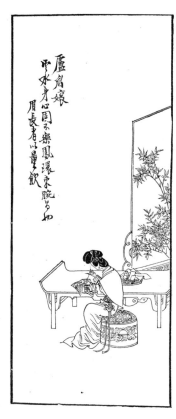

卢眉娘 列仙酒牌

日食胡麻两合。宪宗时，知眉娘不乐居宫掖，乃度为女道士，放归南海，仍赐号逍遥大师。尸解后，棺中仅一藕履。其后有人见眉娘乘紫云游于海上。时罗浮居士李象先作《卢逍遥传》。◆或作"卢媚娘"，误。

【卢琼】明·王世贞《列仙全传》卷五"张岊"条：张岊全家外出，留女使卢琼在家。至辰巳间，葛洪化为一疥癞道人至，浴于岊家酒缸中。岊归，闻酒香异常，全家八十余口合饮之，遂举家上升。唯卢琼亲见疥癞道人浴于其中，托疾不饮，升空至半而坠，上帝命其为土地，守仙坛。

【卢山人】唐·段成式《酉阳杂俎·前集》卷二：

唐敬宗宝历中，荆州（治在今湖北沙市）有卢山人，常贩烧朴石灰，往来于白湫南草市，时露奇迹，人不之测。预言祸福有应，时老时少，饮食不常。曾言："世间刺客隐形者不少。道者得隐形术，能二十年不试，可易形，再二十年，名籍地仙。"所论多奇异，盖神仙者流也。

【卢生】❶秦时人。《史记·秦始皇本纪》："三十二年，始皇之碣石，使燕人卢生求羡门高誓，卢生亡去。"明·王世贞《列仙全传》卷二、《（雍正）湖广通志》卷七五、《宝庆府志》："卢、侯二生，不知何邑人。秦

卢生 剑侠图传

始皇时，徐福、卢生等数百人入海求安期生，未至蓬莱，遇风波而还。卢生乃与侯生乃亡去，隐邵陵，入都梁之云山。今山有卢生影、侯生迹及秦古路、炼丹井等遗迹。"《天地宫府图》：七十二福地第六十九云山（在邵州武刚），仙人卢生治之。◆有卢生即"卢敖""卢遨""卢慧"诸说，见各条。❷唐时剑仙。唐·段成式《酉阳杂俎·前集》卷九：唐元和中，江淮有唐山人者，好道，自言善缩锡。后于楚州（今江苏淮安）逆旅遇一卢生，语及炉火。称唐族乃外氏，遂呼唐为舅。唐不能相舍，因邀同之南岳。中途，止一兰若。卢曰："知舅善缩锡，可以梗概论之。"唐笑曰："某数十年重迹从师，只得此术，岂可轻道也？"卢复祈之不已。唐辞以师授有时日，可达岳中相传。卢因作色："舅今夕须传，勿等闲也！"遂攘臂瞋目，出匕首，刃势如偃月。执火前熨斗，削之如札。唐恐惧具述。卢乃笑语唐曰："几误杀舅。此术十得五六。"方谢曰："某师，仙也，令某等十人，索天下妄传黄白术者杀之。至添金缩锡，传者亦死。某久得乘蹻之道者。"因拱揖唐，忽失所在。

【卢氏】汉时人。《仙鉴后集》卷二：第二代天师张衡之妻。衡得道，卢氏同于阳平山白日飞升。

【卢太翼】《隋书·艺术传》：卢太翼，字协昭，河间（今河北河间）人也。本姓章仇氏。七岁诣

学，日诵数千言，州里号曰神童。及长，博综群书，尤善占候、算历之术。隐于白鹿山，徙居林虑山茱萸涧。受业者自远而至，后惮其烦，逃于五台山。隋太子勇闻而召之。及太子废，坐法当死。文帝惜其才，配为官奴，久乃释。其后目盲，以手摸书而知其字。仁寿末，帝将避暑仁寿宫，太翼固谏曰："恐是行銮舆不反。"帝大怒，系之长安狱，期还斩之。帝至宫寝疾，临崩，命皇太子释之。及炀帝即位，汉王谅反，帝问之。答曰："何所能为！"未几，谅果败。赐姓卢氏。大业九年，从驾至辽东。太翼言黎阳有兵气，后数日而杨玄感反书闻。帝甚异之，数加赏赐。后数岁，卒于洛阳。

【卢童子】晋时人。《（雍正）山东通志》卷三〇：黄县人。幼有至性，九岁离家居县西南卢山，辟谷导引。后骑白鹤升仙。唐时封冲禧真君。◆或作"芦童子"，见该条。

【卢仙姑】清·黄汉《猫苑》卷下引《渊鉴类涵》：宋有卢仙姑者，指猫而问蔡京曰："识之否？此章惇也。"意盖讽京。

【卢逍遥】见"卢眉娘"条。

【卢医】清·东轩主人《述异记》卷上：山西潞城县南十余里有卢医山，上有卢医庙。庙皆石壁石柱石瓦。远近病者不服药，持香烛楮钱诣庙，通籍贯，述病缘，用黄纸空包压香炉下。祷毕，纸包角动，开视得红丸者，入口病即愈，白丸者淹缠数日亦愈；病不起者无药。倘再四祷之，即与黑丸，服之亦死，无益也。庙门有二黑虎守之，傍晚即相戒不敢上山矣。◆按：卢医即"扁鹊"，见该条。

【卢子基】见"桥顺"条。《神异典》卷二二六引《彰德府志》作"卢子綦"，周时人。隐居隆虑山栖霞谷，后冲举去。

【庐君】❶即庐山君，庐山之神。晋·干宝《搜神记》卷四：吴郡太守张璞过庐山，其女观于祠室，婢指庙像戏曰："以此配汝。"其夜璞梦庐君致聘。璞急起舟行，舟不能动。璞乃使妻投女于水，而妻投亡兄之孤女。璞觉而怒，又投己女，船乃得行。及渡，遥见二女在下，有吏在岸，曰："吾庐君之主簿也。庐君知鬼神非匹，又敬君之义，故悉还二女。"❷《太平广记》卷二九三引《志怪》所记庐君则似为邪物：顾邵为豫章（今江西南昌），崇学校，禁淫祀，风化大行，历毁诸庙。至庐山庙，一郡悉谏，不从。夜忽闻有排大门声，怪之，忽有一人，开阁径前，状若方相，自说是庐君。邵善《左传》，鬼遂与邵谈《春秋》，弥夜不能相屈。灯火

尽，邵不命取，乃随烧《左传》以续之。鬼频请退，邵则留之。鬼本欲凌邵，邵神气湛然，不可得乘。鬼反和逊，求复庙，言旨恳至。邵笑而不答，鬼发怒而退，顾谓邵曰："今夕不能仇君，三年之内，君必衰矣。当因此时相报。"邵曰："何事匆匆，且复留谈论。"鬼乃隐而不见。又《北堂书钞》卷七六引魏·曹丕《列异传》："田伯为庐江太守，移郡淫鬼，命尽到府，一月不自来见，当坏祠。唯庐君往见，自称县民，与府君约，刻百日当迁大都，愿见过。后如期，果为沛相。公不过于祠。常见庐君，月余病死。"

【庐陵侯】梁·任昉《述异记》卷上：庐陵郡（治在今江西吉安东北）有董氏之宅，前有董家祠。昔有董氏语其乡人曰："吾当尽室作神。"及死，家人老幼皆卒，乡人往往见之，称"吾于地下作庐陵侯"。乡人因为立祠，能致风雨。

【庐山夫人】鲁迅《古小说钩沉》据《太平御览》及《北堂书钞》引祖台之《志怪》：建康小吏曹著见庐山夫人，夫人为设酒馔。夫人命女婉出与著相见。婉见著欣悦，命婢琼林令取琴出，婉抚琴而歌。歌毕，婉便辞去。又一条：建康小吏曹著，为庐山使君所迎，配以女婉。著形意不安，屡求请退；婉潸然垂涕，赋诗叙别，并赠织成寝裤衫也。

【庐山府君】《太平御览》卷七五八引《志怪》：建康小吏曹著，为庐山府君所迎。见门有一大瓮，可受数百斛，但见风云出其中。

【庐山九天采访使】即"庐山九天使者"，见该条。

【庐山九天使者】又作"九天采访使者""九天使者""庐山九天采访使"，五代·杜光庭《录异记》卷一："唐开元中，玄宗梦神仙羽卫，千乘万骑，集于空中。有一人朱衣金冠，谒帝曰：'我九天采访，巡纠人间，欲于庐山西北，置一下宫，自有木石基址，但须工力而已。'帝即遣中使，诣山西北，果有基迹宛然。信宿，有巨木数千段，自然而至，非人所运。堂殿廊宇，随类致木，皆得足用。既而建昌渡有灵官五百余人，若衣道士服者，皆言诣使者庙。今图像存焉。初玄宗梦神人日，因召天台道士司马承祯，以访其事。承祯奏曰：'今名山岳渎血食之神，以主祭祠，太上虑其妄作威福，以害蒸黎，分命上真，监莅川岳，有五岳真君焉。又青城丈人为五岳之长，潜山九天司命立九天生籍，庐山九天使者执三天之符，弹劾万神，皆为五岳上司，盍各置庙，以斋食为飨。'玄宗从之。是岁，五岳三山，各置庙焉。"五代·徐铉《稽神录》卷五：

"南平王锺传镇江西，遣道士沈太虚祷庐山九天使者庙。"又卷六载江西节度使徐知谏以钱百万修庐山使者庙，典事之吏干没其钱，为神诛死。◆按：九天采访使，庐山向无此神，纯为道士司马承祯所造。五岳作为自然山川之神，在民间及朝廷祀典地位已经相当稳固，承祯乘玄宗崇奉道教之机，上言："今五岳神祠是山林之神也，非正真之神也。"请于五岳各置真君祠。五岳既为道教所据，承祯又建"三山"之说，以庐山、潜山、青城各造尊神，位居五岳之上，专纠五岳山神过失。此为庐山采访使之由来，以后历代沿袭，宋神宗封为应元保运真君。后民间认为该神不仅弹纠万神，亦巡察人间，故南宋·洪迈《夷坚志》载有民间请九天使者治妖之故事（见《支志·丁集》卷二"张承事女"条）。◆《（雍正）江西通志》卷一〇五："刘德本，鄂州（治今湖北武汉武昌区）人，避乱庐山，见鹿裘道者，与行至五老峰下深涧中，有一大石门，一老人邀之入内，洞中别有天地。行二三里有大宫殿，榜曰紫元景曜之门。老人曰：'此九天使者所治也。'及出门，失老人及道者所在。"◆道书有《庐山太平兴国宫采访真君事实》，云九天使者有五号：一曰九天真王，二曰朱陵上帝，三曰火炼真人，四曰南上真君，五曰九天采访使者。

【庐山君】《水经注·庐江水》："（庐）山下又有神庙，号曰宫亭庙，故彭湖亦有宫亭之称焉。山庙甚神，能分风擘流，住舟遣使，行旅之人，过必敬祀而后得去。昔吴郡太守张公直自穿征还，道由庐山。子女观祠，婢指女戏妃像人。其妻夜梦致聘，怖而遽发，明引中流，而船不行。合船惊惧，曰：'爱一女而合门受祸也。'公直不忍，遂令妻下女于江。其妻布席水上，以其亡兄女代之，而船得进。公直方知非女，怒妻曰：'吾何面目于当世也！'复下己女于水中。将渡，遥见二女于岸侧。傍有一吏立，曰：吾庐君主簿，敬君之义，悉还二女。故干宝书之于《感应》焉。"庐山有神庙，号曰宫亭庙。《太平御览》卷六八八引刘宋·刘义庆《幽明录》曰："孙权时，南方遣吏献簪，吏过宫亭湖庐山君庙请福。神下教求簪，吏叩头曰：'簪献天子，必乞哀念。'神云：'临入石头，当相还。'吏遂去。达石头，有三尺鲤鱼跳入船，吏破腹得之。"按：此事在干宝《搜神记》中则云为宫亭庙神，据此，则庐山君即宫亭神矣。《太平广记》卷二九三引《志怪》：顾邵为豫章，崇学校，禁淫祀。历毁诸庙，至庐山庙，一郡悉谏，不从。夜，忽有一人迳前，状若方相，自说是庐山君。邵善《左传》，鬼遂与邵谈《春秋》，弥夜不能相屈。邵叹其精辩，谓曰："传载晋景公所梦大厉者，古今同有是物也？"鬼笑曰："今大则有之，厉则不然。"灯火尽，邵不命取，乃随烧《左传》以续之。鬼频请退，邵辄留之。鬼本欲凌邵，邵神气湛然，不可得乘，鬼反和逊求复庙，言旨恳至。邵笑而不答。鬼发怒而退，顾谓邵曰："今夕不能仇君。三年之内，君必衰矣。当因此时相报。"邵曰："何事匆匆；且复留谈论。"鬼乃隐而不见。视门合悉闭如故。如期，邵果笃疾，恒梦见此鬼来击之，并劝邵复庙。邵曰："邪岂胜正。"终不听。后遂卒。又宋·曾慥《类说》卷四九"庐山君"条引《殷芸小说》，与《志怪》大致相同。

【庐山匡阜先生】即"匡续"。见该条。

【庐山老人】五代时人。明·朱国桢《涌幢小品》卷二九：桑维翰、宋齐丘、黄损同憩于庐山盘石上，有老人啸而至，谓桑曰："子当位宰相，然而狡，狡则不得其死。"指齐丘曰："亦至宰相，然而忍，忍则不得其死。"指损曰："子有道气，然才大位晦，不过一州从事耳。"损曰："有才何患无位？"叟笑曰："非所知也。"后桑相晋，宋相南唐，损在南海虽位仆射，禄视州从事。

【芦童子】元·于钦《齐乘》卷一："黄县（今山东龙口）南四十里有芦山，据云晋时有芦童子，九岁，居此山，食茯苓升仙。唐封冲禧真君。"《（雍正）山东通志》卷三〇作"卢童子"，云："骑白鹤升仙。唐时封冲禧真君。"

【芦王】明·钱希言《狯园》卷一二"芦王"条：明仁宗（洪熙）朝，缇骑千侯孙表，出使琉球，路经白石矶。见其地芦苇蒙茂，中有一芦最巨。孙戏之曰："可称芦王。"遂去。其后此芦作祟，艨艟往来，咸谓之神，宰牲祭祀，稍有不虔，便遭风波震惊。于是海上人依洲起屋，目为芦王庙。如此积年，孙使竣来还，见之笑曰："此我昔日戏言，岂有神乎！"遂命焚毁，乃绝。

【炉神】又称炉火之神，为炉匠所奉祖师神。❶尉迟恭。《太平广记》卷一四六引唐·卢肇《逸史》即有尉迟敬德为铁匠之说，小说《说唐》沿之。❷又有以太上老君为炉神者。《民间新年神像图画展览会》："炉火之神，乃为冶工、金银匠与兑换商之祖师。"注："在北京，此神被认为老君。明·吴承恩《西游记》第七回曾述说老君将孙悟空放在八卦炉中，欲炼出长生不死之丹。"

【角端】见"角端"条。

【鲁班】为木石泥瓦、彩绘油漆等行业祖师神，或称鲁班仙师、鲁班三郎、公输仙师、巧圣仙师、鲁班爷、鲁班公、鲁班圣祖、公输子先师等，实即春秋时鲁国人公输般也。《四书人物考》曰："公输子名班，又名般（《墨子》作公输盘），鲁之巧人也。或以为鲁穆公之子，削木以为鹊，成而飞之，三日不下。为母作木人为御，机关一发，其车遂行。楚攻

炉火神　民间神像

鲁班　民间神像

宋，般为设机械以攻城，墨子助宋以距楚。"《鲁班经匠家镜》卷一《鲁班仙师源流》记云："鲁班姓公输名班，字依智。鲁之贤圣路东平村人。生于鲁定公三年，是时白鹤群集，异香满室。十五岁，从师于子夏之门人端木起，不数月，遂妙理融通。愤诸侯僭称王号，因游说列国，志在尊周。其道不行，乃隐于泰山之南小和山。偶出与鲍老辈游，竟受业其门，遂成大匠。其妻云氏，天生神巧。年四十，复隐于历山，卒遇异人，授秘诀，云游天下，白日飞升。"而《鲁班书》云："姓龚输名般，字义之。少年时通木石泥瓦诸艺，后得终南山仙师玄文正之真传，肉身成仙。时下凡为人间解决难题云。"◆唐·段成式《酉阳杂俎·续集》卷四以为鲁班与春秋时公输般非为一人："今人每睹栋宇巧丽，必强谓鲁班奇工也。至两都寺中，亦往往托为鲁班所造，其不稽古如此。据《朝野佥载》云：鲁班者，肃州敦煌（今甘肃敦煌）人，莫详年代，巧侔造化。于凉州造浮图，作木鸢，每击楔三下，乘之以归。无何，其妻有妊，父母诘之，妻具说其故。父

后伺得鸢，楔十余下，乘之遂至吴会。吴人以为妖，遂杀之。般又为木鸢乘之，遂获父尸。怨吴人杀其父，于肃州（今甘肃酒泉）城南作一木仙人，举手指东南，吴地大旱三年。卜曰：'般所为也。'赍物具千数谢之，般为断一手，其日吴中大雨。国初，土人尚祈祷其木仙。六国时，公输般亦为木鸢以窥宋城。"◆又一说：鲁班乃西岳华山虚吁洞之树灵真人转世，于终南山得玄文正真传后，周玉王封其为鲁班，掌国家匠作事。◆又一说：鲁班乃仙人皇初起。详见"皇初平"条。◆台湾地区民间以鲁班为"水仙尊王"之一。

【鲁道】南宋时人。《（万历）武进县志》（今江苏常州）卷七：幼入天庆观奉洒扫。一日泉涌如沸，鲁饮之，自是佯狂，言事皆中，善疗人疾。时吴中有何襄衣有奇术，或有从就医者，何曰："汝郡自有鲁道，何来找我。"淳熙间逝去。死前数日，遍别相知。

【鲁颠】明·朱一是《鲁颠传》（见《虞初新志》卷五）：不知何里人，独行吴越间，体上裸，披单大幪，下体着絮厚裈。鬘飞蓬，足跣而跳。手一龟，颠俯首则龟昂，鼻息相接以为常。颠所过，群儿什百怪随之。颠即踞地展幪，头出中孔，伸缩象龟行，群儿狎且笑。颠喜酒，酒鼻饮。群儿愿观颠鼻饮，多就家索酒酒颠也。夜倒悬桥梁或城女墙卧，鼾鼾焉。横江徐氏要颠归，问吐纳水火之术，不答，唯日戏群儿如故。一日过华亭，太守方岳贡出，见市儿数百哗曰："颠来！颠来！"以为惑民，系且杖，杖下而颠死矣。后有人入杭之西山，复见颠曳杖躄躄行。◆又见清·王士禛《居易录》卷二四，同书卷二八又记有一"鲁颠子"，事相近，显系一人。参见该条。

【鲁颠子】清·王士禛《居易录》卷二八：鲁颠子，无名字。尝居平湖（今浙江平湖），盛暑或衣绵絮，雪中则赤体游行。饮酒数斗不醉。自言当在云间脱壳，遂往松江。遇知府方禹修出，作颠醉状，大呼斥其名，且曰："当不得好死。"方怒杖之，立毙。后二年有人见之于苏州阊门。

【鲁晋卿】南宋时术士。南宋·洪迈《夷坚支志·甲集》卷九：丰姿洒落，以片鳞置水中，可化为鱼，又能烧泥成铁。

【鲁妙典】五代·杜光庭《墉城集仙录》卷九：鲁妙典者，九嶷山女官也。生即敏慧高洁，不食荤饮酒，复知服气饵药之法。居十年，有麓林道士过之，授以《大洞》《黄庭经》。妙典奉戒受经，入九嶷山，岩栖静默。累有魔试，而贞介不挠。积十余年，有神人语之曰："此山大舜所理，天地之总司、九州之宗主地。古有高道之士，作三处麓床，可以栖庇风雨，宅形念贞。岁月即久，旋皆朽败。今为制之，可以遂性宴息也。"又十年，真仙下降，授以灵药，白日升天。

【鲁沐玄】北宋时人。明·李日华《六研斋笔记》卷二：鲁沐玄，风格高亮，气息深稳。宋治平中从海南来嘉兴，与人不交一言，默对终日。时有白鹤旋绕空中。至元初犹存，人以为年三百余岁。

【鲁女生】东汉末人。晋·张华《博物志》卷五叙魏武帝集方士十六人，中有鲁女生。《后汉书·华陀传》："鲁女生数说显宗（即东汉明帝，距华陀时已二百年）时事明了，人疑为其时之人。董卓乱后，不知所往。"晋·葛洪《神仙传》卷一〇："长乐人，饵胡麻及术，绝五谷八十余年，年甚少壮，日行三百里。传世见之，云二百余年。入华山。去时故人与女生别，后五十年入华山庙，逢女生乘白鹿，后有玉女数十人从。"梁·陶弘景《真诰》卷一〇："鲁女生、邯郸张君今皆在中岳及华山。"◆明·王世贞《列仙全传》卷二作"鲁生女"，误。

【鲁少千】西汉初人。晋·干宝《搜神记》卷一："山阳（今河南焦作东）人。汉文帝尝微服怀金诣之，欲求其道。少千挂金杖执象牙扇以应门。"晋·葛洪《抱朴子内篇·辨问》："少千执百鬼。"

【鲁四公】南宋时人。南宋·洪迈《夷坚支志·癸集》卷八"鲁四公"条：饶州（今江西鄱阳）小贩鲁四公，煮猪羊血为羹售人，以养妻子。日所得不过二百钱，安然守贫，与世无争。庆元元年，正负担售羹，一村痞如师巫者向其求钱。鲁正忙碌，应以少须片刻，巫冷笑而去。俄顷，釜中热羹皆冷如坚冰，买者不食而散。四公本善作法，息火归家。旋捧泥十块，置于灶口，解衣而睡。巫于它处丐索满志，还旅舍，忽腹内若炽炭，跳掷忍疼。店主人告以鲁公善法术。巫登门哀求，方免。巫愿为弟子，鲁不许。

【鲁仙】清初人。清·徐岳《见闻录》：余为童子时见有鲁仙者，挽双髻，冬夏皆披棉被数层，挑竹杖，上挂箫管鼓板，行则咚咚然。时高叫"快活快活真快活"。夜卧必在飞檐殿脊，疾行雉堞间如飞鸟。能以阴吸烧酒三四斤。松江太守方岳以其迹近妖妄，杖毙之。后有见鲁仙乘一小艇在平湖县之东湖，方惊呼，而跃入水中，后不复见。◆按：此与"鲁颠"似是一人而传闻有异。

【鲁质】明时人。《(雍正)浙江通志》卷一九九引《嘉兴府志》：扬淮村民。每食饼，辄碎以饲蚁。千家窑多蚁，质往居之，不设帐帷，裸以受噆，蚁害竟除。一日语人曰："鹤来，我即往矣。"一日，有鹤翔其上，火从口出，自焚。

【陆大相公】清·汤用中《翼駉稗编》卷五"陆大相公"条：华亭秀才陆某，武断一乡，人皆恶之。偶纵饮归，落水死，往往为厉。被祟者退之之法：制长缕盘金小帽，扎纸人如陆状戴之，预备一舟门外，设酒饭局馔，扶纸人置疾者床前。二三仁义君子老互相劝酬。少时则曰："房中苦闷，盍移席于堂。"少饮，移席门外。又少饮，则曰："何不上船一游？"遂拉众共登，故挤纸人于河，群哗曰："陆相公落水矣。"鬼即去。其帽浮沉水面，人不敢取，须两人设为问答。甲曰："噫，浮水者非小帽乎？盍取之？"乙曰："陆相公帽，不可动也。"甲勃然曰："人皆畏陆，我独不惧。"即戟手指河大骂，径入水取帽去，亦无恙。

【陆道姑】南宋·洪迈《夷坚支志·戊集》卷八：陆道姑，金陵人，自幼好诵佛，出家百丈山为尼。后还俗，嫁夫有子。夫出为商，累岁无音讯。遂寄子于亲，独往他乡寻之。路遇一僧，告以其夫已死，不用去，并尽索其囊中钱，复以手中持扇为报，曰："吾扇非常扇，遇病者，一挥即愈。"姑既归故里，遂以扇为人治病，聋盲跛躄，辄辇其居，赖以愈者十七八。谢以钱帛，笑而不纳。有恶人欲行不轨，则见姑旁有二龙蟠绕，仪状可怖。

【陆东美】三国吴人。《太平广记》卷三八九引《述异记》：黄龙时，吴郡海盐(今浙江海盐)有陆东美，妻朱氏，亦有容止。夫妻相重，寸步不离，时人谓之"比肩人"。后妻死，东美不食以求死，家人哀之，遂合葬。未一岁，冢上生梓树，同根二身，相抱合为一树，每有双鸿宿于树上。

【陆法和】南北朝时人。《北齐书》本传及宛委山堂本《说郛》卷五四引《五代新说》略云：陆法和，初隐于江陵(今湖北沙市)百里洲。衣食居处一同苦行沙门。侯景降梁，法和即识其必反。及侯景反，遣任约攻江陵湘东王。湘东王令兵随法和拒之，大败任约。法和曰："吾先于此州建一刹，虽名为刹，其实贼标，当往取之。"约果抱刹仰头出鼻，就而擒之。俄而武陵王起兵于蜀，法和于襄阳(今湖北襄阳)城北树下，令掘得一龟，长尺半。法和以杖扣之曰："汝欲出不得已，数百年不逢我者，岂见天日。"后元帝疑其为神。遂还京，白垩

涂门，著粗白布衣，大绳束腰，终日坐茅席上。不久魏破江陵。法和入齐，齐文宣帝以法和为荆州(治在今湖北沙市)刺史，法和但称荆山居士。后无疾死，文宣令开棺视之，空棺而已。死后所居墙壁破落，其下有书曰："十年天子为尚可，百日天子急如火，周年天子递代坐。"又曰："一母生三天，两天共五年。"说者以为娄太后生文宣帝、昭帝、武帝，文宣帝十年，其子废帝百日，昭帝一年，武陵传位后主，共五年焉。◆《太平广记》卷八二引《渚宫旧事》所述较详，中摘任约事云："侯景遣将任约，众号五万，伐湘东王于江陵。兵将逼，法和乃出诣湘东云：'自有兵马，乞征任约。'召诸蛮弟子八百人，在江津，二日便发，王遣胡僧佑，领千余人与之同行。法和登舰大笑曰：'无量兵马。'江陵多神祠，人俗常所祈祷，自法和军出，无复一验，人以为诸神皆从行故也。至赤洲湖，与任约相对。法和乘轻舟，不介胄，沿流而下，去约军一里。乃远谓将士曰：'观彼龙睡不动，吾军之龙甚自踊跃，即攻之。'纵火舫于前，而逆风不便，法和执白羽扇以麾风。风势即反，约众皆见梁兵步于水上，于是大溃，皆投水。约逃窜不知所之。法和曰：'明日午时当得。'及期未得。人问之，法和曰：'吾前于此洲水干时，建一刹，语檀越等，此虽为刹，实是贼摽，今何不白摽下求贼也。'如其言，果见任约在水中，抱刹柱头，才出鼻，遂擒之。约言求就师目前死，法和曰：'檀越有相，必不死，且于王有缘，决无他虑，王于后微得檀越力。'果释，用为郡守。及西军围江陵，约以兵赴救，力战焉。"《北史·艺术传》："死后尸缩至三尺许，后启棺，无尸。"

【陆圭】潮神。元·刘一清《钱塘遗事》卷一"浙江十庙"条："庙在浙江之边。其一是平水九州大王，其一是陆相公。陆有三位小娘子，皆绿袍方巾，列坐两旁。一主护岸，一主起水，一主交泽，各有司存。凡海船到庙下，必先诣三位小娘子前炷香，上真采及花朵、粉盒，拜许保安牲酒心愿。其或欲乘早晚潮汛之至而发舟，必须得卜而动，免风涛之险，不得卜则断不敢轻发也。庙旁别有一所，专祀十二位潮神，各武装持仗，每位各主一时焉。然皆不及三位小娘子香火之盛。"明·王圻《续文献通考·群祀考》卷三："钱塘协顺庙，祀宋陆圭及其三女，淳祐中扞潮有功，封广陵侯，三女封通济、涌济、永济夫人，赐额协顺。旁有小庙，祀十二潮神，各主一时。"明·田汝成《西湖游览志》

卷一九："陆圭，昭庆军人。宋熙宁间，官真州（今江苏仪征）兵马都监。宣和中征方腊，败死而为神。绍兴间，江潮冲激，堤随筑随圮，神与三女扬旗空中，浮石江面，以显其灵，岸赖以成。事闻于朝，封神为广陵侯，三女为显济、通济、永济夫人，一主护岸，一主起水，一主交泽。旁有小庙，祀十二潮神，各主一时。"清·姚福均《铸鼎余闻》卷二："为广灵侯，其妻封花锦夫人。"

【陆判官】五代·徐铉《稽神录》卷二"建康乐人"条：建康有乐人，日晚如市，见二仆夫云："陆判官召。"随之而去。至大宅，陈设甚严。宾客十余人，皆善酒，惟饮酒而不设食，酒亦不及乐人。向曙而散，乐人困甚，因卧门外床上。既寤，乃在草间，旁有大冢。问其里人，云："相传陆判官之冢。不知何时人也。"◆按：清·蒲松龄《聊斋志异》卷二有"陆判"一则，言陵阳十王殿有木雕立判，绿面赤须，貌尤狞恶。显灵后自称姓陆，无名字，亦好酒交友。

【陆四官】《太平广记》卷四〇二引《原化纪》："唐时苏州华亭县（今上海松江），有陆四官庙。"宋·鲁应龙《闲窗括异志》亦云："华亭陆四官庙，一名陆司空。"元·徐硕《至元嘉禾志》卷一二："陆司空庙在松江府南三里。考证：《祥符图经》云：陆四公，未详所出。今俗传陆机庙。按晋史，陆机未尝为司空，为司空者，机之从兄弟玩也。"又唐·皇甫氏《原化记》云"苏州华亭县有陆四官庙，元和初有盐船泊于庙前，守船者夜于庙中获光明珠"，则又以为陆四官也。宋·鲁应龙《闲窗括异志》："华亭陆四官庙，一名陆司空。"

【陆通】西汉·刘向《列仙传》卷上："即楚狂接舆也。好养生，食橐卢木实及芜菁子。游诸名山。后在蜀峨嵋山上，世世见之，历数百年。"《庄子·人间世》："孔子适楚，接舆游其门，歌曰：'凤兮凤兮，何如德之衰也！来世不可待，往世不可追也！'"《庄子》寓言，叙其与肩吾、连叔之语。晋·皇甫谧《高士传》："陆通，字接舆，楚人。楚昭王时，见楚政无常，乃佯狂不仕，故时人谓之楚狂。避不与孔子言，不受楚王之聘。其妻责其为人所知，于是夫妻变姓名游诸名山。隐于峨嵋，寿数百年，世传为仙云。"东汉·郭宪《洞冥记》卷三言陆通饮黄桂之酒。◆又称"歌凤先生"。

【陆吾】《山海经·西山经》："昆仑之丘，是实惟帝之下都，神陆吾司之。其神状虎身而九尾，人面而虎爪。是神也，司天之九部及帝之囿时。"郭璞

云："即肩吾也。庄周曰：'肩吾得之，以处大山'也。"袁珂以为即"开明兽"。

陆吾　山海经图　吴任臣本

【陆相公】见"陆圭"条。另有"陆大相公"，见该条。

【陆修静】南朝刘宋时人。又称庐山简寂陆先生。《云笈七签》卷五《真系》、《仙鉴》卷二四："吴兴（今浙江湖州）巨族。刘宋元嘉末至京师，文帝欲留之，不顾而去。孝武帝时构庐于庐山白云峰下。明帝聘之，不得已而应征。苍梧王时欲还山，未及行，解化。后三日，庐山诸弟子共见先生还庐，须臾不知所在。年七十二。有诏谥曰简寂先生。其门徒得道者有孙游岳、李果之。庐山多存遗迹。唐武则天曾降诏褒崇。宋徽宗封丹元真人。"《良常仙系记》云："字符寂，吴兴东迁人。与陶渊明、慧远交。"南宋·吴曾《能改斋漫录》卷一八载，宋时称陆修静为陆仙师，庐山太虚观有其塑像，哲宗时，江东漕使安处厚游庐山谒太虚观，陆仙师显形相迎。◆按：陆修静出身江南名阀，精通天师、上清、灵宝经籍，自称"三洞弟子"，于道教史中极具地位，可参看《中国道教》有关条目。

【陆压】《封神演义》中的散仙，神通莫测，玉虚宫弟子无人能比，却来历不明。张政烺先生《〈封神演义〉漫谈》认为是吕岩化名，根据是陆压自称"贫道闲游五岳，闷戏四海，吾乃野人也"，又作诗词，言"贫道乃是昆仑客"，却"不去玄都拜老君，不去玉虚门上诸"，又说"把功名付水流"；他的法宝是葫芦，与吕洞宾同；洞宾号纯阳子，陆压则为"火内之珍，离地之精"等。只因吕岩为唐末进士，不便在商末出现，故作者变个花样，将祖师爷塞了进去。此外，张先生未在文中说明的还有一点："陆压"与"吕岩"读音也是相近的。

陆压　封神真形图

【陆羽】唐时人。《新唐书·隐逸传》有传，《艺文

志》著录所著《茶经》三卷。唐·李肇《国史补》卷中：竟陵（今湖北天门）僧人于水边得婴儿，育为弟子，及长，筮得"鸿渐于陆"，乃姓陆，字鸿渐，名羽。有文学，多巧思，尤精茶术。巩县陶者多为瓷人，号曰陆鸿渐，买十器得一鸿渐；市人沽茗不利辄灌注之。羽于江湖称竟陵子，于南越称桑苎公。贞元末卒。唐·佚名《大唐传载》：常见鬻茶邸烧尾瓷为其形貌，置于灶釜上左右为茶神。有交易则茶祭之，无则以釜汤沃之。唐·赵璘《因话录》卷三：陆羽性嗜茶，始创煎茶法。至今鬻茶之家，陶为其像，置于炀器之间，云宜茶足利。

【陆禹臣】唐时人。《（雍正）广西通志》卷八七：字服休（一作复休），河东（治在今山西永济）人，避黄巢乱入南岳，遇轩辕弥明，授以仙术，且谓："子得道当在山穷木绝处。"于是隐于宜山县之北山，后尸解仙去。至宋时，常有人遇之，问其童子，曰："此紫府仙伯陆仙翁也。"

【陆终】《世本·帝系》：颛顼娶女禄，生老童。老童娶骄福，生重黎及吴回。吴回氏产陆终。陆终娶于鬼方氏之妹，谓之女隤，是生六子。孕三年，启其左胁出三人，启其右胁出三人。其一曰樊，是为昆吾；二曰惠连，是为参胡；三曰篯铿，是为彭祖；四曰求言，是为郐人；五曰安，是为曹姓；六曰季连，是为芈姓。亦见《史记·楚世家》。

【陆尊师】五代·杜光庭《神仙感遇传》卷四：京兆华原栎阳界有古观，有陆尊师者，隋时得坐忘之道，其遗蜕尚存。唐乾宁中，有奉使北京，于馆舍中与师相遇，言笑如旧交。后官使至栎阳观，于小殿中见陆尊师遗体，相貌与北都见者无异。

【录民】唐·段成式《酉阳杂俎·前集》卷四："录民，死后膝不朽，埋之，百二十年化为人。"《太平御览》卷七九七引《外国图》："录民，穴居食土。无夫妇，死即埋之，肺不朽，百二十年复生。去玉门万一千里。"按《山海经·海外北经》"无脊国"，郭璞注："其人穴居食土，无男女，死即埋之，其心不朽，死百廿岁乃复更生。"与录民相似。

【录图子】宋·谢守灏《混元圣纪》卷一："帝喾时老君降世，居于江滨，号录图子。"《仙鉴》卷二："帝喾时降于江湄，说《黄庭经》，教以清和之道。又命九天真王、三天真皇执八光之节、景云之符，下牧德台，授地喾以九天真灵三天宝符。后升天为玄宫真人。录图子传道与赤松子、被衣子、王倪、啮缺。"

【菉豆公】见"何以润"条。

【鹿】明·徐树丕《识小录》卷一：鹿千年化为苍，又五百年而白，又五百年为玄。汉成帝时中山人得玄鹿，烹而食之，骨皆黑色。玄鹿为脯，食之寿二千岁。

【鹿卢蹻】五代·孙光宪《北梦琐言·逸文》卷二：杜光庭自京入蜀，宿于梓潼厅。有一僧继至，县宰周某与之有旧，乃云："今日自兴元（今陕西汉中）来。"杜异之。明发，僧遂前去。宰谓杜曰："此僧乃鹿卢蹻，亦侠之类也。"按：该卷另有两则类似故事。蜀许寂少年，栖四明山（在浙江奉化），学《易》于晋征君。一旦有夫妇偕诣山居，携一壶酒。寂诘之，云："今日离剡县（今浙江嵊州）。"寂曰："道路甚遥，安得一日及此。"颇亦异之。其夕，以壶觞命许同酌。此丈夫出一拍板，遍以铜钉钉之。乃抗声高歌，悉是说剑之意，俄自臂间抽出两物，展而喝之，即两口剑。跃起，在寂头上盘旋交击，寂甚惊骇。寻而收匣之，饮毕就寝。迨晓，乃空榻也。至日中，复有一头陀僧来寻此夫妇。寂具道之。僧曰："我亦其人也，道士能学之乎（时寂披道服也）？"寂辞曰："少尚玄学，不愿为此。"其僧傲然而笑，乃取寂净水拭脚。徘徊间不见。尔后再于华阴遇之，始知其侠。诗僧齐己于沩山松下，亲遇一僧，于头指甲下抽出两口剑，跳跃凌空而去。

【鹿娘】梁·任昉《述异记》卷下：贞山在毗陵郡（治在今江苏丹徒东南）。梁时有村人韩文秀，见一鹿产一女子，遂收养之。及长，与凡女有异，遂为女冠。梁武帝为别立一观，号曰鹿娘。后死，入棺，武帝致祭，开棺视之，但闻异香，不见骸骨，盖尸解也。遂葬棺于毗陵，因号其处为贞山。

【鹿皮公】汉时人。西汉·刘向《列仙传》卷下："淄川（今山东淄博淄川）人，少为府小吏，举手能成器械。岑山上有神泉，人不能至。小吏白府君，请木工斤斧三十人，作转轮悬阁，意思横生，数十日，梯道四间成。上其巅，作祠舍，留止其旁，绝其二间以自固。食芝草，饮神泉，且七十年。淄水来山下，呼宗族家室得六十余人，令上山半，水尽漂一郡，没者万计。小吏乃辞遣宗家令下山，著鹿皮衣，遂去，复上阁。后百余年，下卖药于市。"◆梁·陶弘景《真诰》卷四言其尸解云："鹿皮公吞玉华而流虫出尸。"

【鹿蜀】《山海经·南山经》："杻阳之山，有兽焉，其状如马而白首，其文如虎而赤尾，其音如谣，其名曰鹿蜀。"《太平御览》卷九一三作"状如马而白文,头如虎而长尾"。吴任臣《广注》引《骈雅》曰:"鹿蜀,虎文马也。崇祯时鹿蜀见于闽南崇德,吴尔墭作诗纪之。"

鹿蜀　山海经图　蒋应镐本

【鹿王】《天中记》卷五四引《震泽事苑》《青琐高议》:楚王畋于震泽,遇群鹿约千余,诸军驱群鹿入一大谷,谷无他道,王将令弓弩并发,期尽殪之。忽一大鹿突围而走,至王前跪而人言曰:"我鹿王也。大王如尽取之,则我之族灭绝,无有遗类矣。我愿大王悯而释之,愿自今日日献一鹿,则大王可长享,而我等不至奸绝也。"王异之,遂命开道纵之。大鹿遂跳跃而往,鸣以呼其群,整行而出,入大山去。自是日有一死鹿置王所猎处。仅三年,王崩,遂止。山傍人奇其事,为立庙,因为鹿王庙。又言:楚元王大猎于云梦之泽,后吴侵楚,万鹿乘月黑驰绕吴军,若万马奔声,吴军惊遁。楚王明日达吴营,见鹿迹无数环之,一大白鹿见王,叙其报恩曲折。楚王乃为立庙,以旌其德,仍名其山曰仁鹿山,谷曰仁鹿谷,庙曰仁鹿庙。

【禄马神】沈平山《中国神明概论》第二章:一般文昌祠内,帝君神座旁,多伴有禄马神,俗云:"禄马得得跑,官位步步升。"所以一些居官者,余暇常到文昌祠祭拜,以祈官途顺利,平步青云。帝君的附从神有送禄神、送财神,或书童、印童。

【禄神】星神,实即禄星,"福寿禄三星"之一,多为吉祥图画,少见有庙宇像设者。详见"禄星"条。◆又作"注禄神",见《元曲选·庞居士误放来生债》。又有"禄粮神",《六壬大全》卷一○:"禄神亦名禄粮神。"又名"食禄神",《星学大成》卷一九:"食禄神坐命在丑,以为科甲。"

【禄星】掌禄之星有二说。❶南斗。《春秋佐助期》曰:南斗主爵禄,神名帙瞻,姓拒终。❷星有"司禄"。《五礼通考》卷三五:"《开元礼》立冬后亥日祀司中、司命、司人、司禄于国城西北。"《礼部志稿》卷八一"定中祀五神仪"条:"洪武二年九月乙巳诏以司中、司命、司民、司禄及寿星五神为中祀。"

【路大安】《仙鉴》卷二一:路真人,名光,又名大安。西蜀大宁军内黄县人。汉顺帝时生,历三国入晋,因仕途艰进,遂舍家修道。武帝太康间于姑射山遇仙叟,传为六天如意大法经录。于是往华山仙掌峰修炼,夜梦老君赐玉钥匙十事。梦觉神开,自此行功布气,治病驱邪,无不应验。永康间有虎入城,真人作法,化虎为蝇,一城安静。居华山,以《混元录》传之丁义,以《混元经》传之郭璞,以混元法传之许旌阳,以混元针灸传之妙通朱仙。大安元年梦老君谓曰:"年与名同,可以冲天,佐紫微北极大帝,职充司命真君。更宜每月三九日下降人间,察其功过,应有灾患急难,应声度之。"梦觉,升天而去。◆明·王世贞《弇州四部稿》续稿卷一五九有《书真仙通鉴后》一文,斥"《路大安传》尤为不经"。可参看。

【路神】即行神、祖神,见"祖神"条。

【路头神】即五通神,或曰即行神。清·顾禄《清嘉录》卷一"正月·接路头"条:"正月五日,为路头神诞辰。金锣爆竹,牲醴毕陈,以争先为利市,必早起迎

路神　云南

之,谓之'接路头'。"又云:"康熙间,汤斌巡抚江苏,毁上方五通神祠,祀者皆禁,遂更其名曰'路头',亦曰'财神'。予谓今之路头,是五祀中之行神。所谓五路,当是东、西、南、北、中耳。黎里汝秋士亦谓是行神。"按:是有以路头为行神者,有以为财神即五路财神者。

【路真官】宋时人。南宋·洪迈《夷坚乙志》卷六、《丙志》卷一三:路时中,字当可,年十七,遇道人授以符箓,后遂以治鬼著名,士大夫间目曰"路真官"。常赍鬼公案自随。建炎元年自都城东下至灵璧(今安徽灵璧)。详见"九天玄女"条。《夷坚丁志》卷一八"路当右"条、《夷坚三志·己集》卷八"南京张通判子"条载路当可行法捉鬼事。《夷坚志补》卷五"西江渡子"条为人申状东岳冥府事。宋·张知甫《张氏可书》:路时中,字可当,京师人。行正一箓,能致已焚之词,役使鬼神,呼

吸风雨，骇人耳目。又发炊饼布气令圆，其红如丹砂，谓之"三光丹"。南宋·曾敏行《独醒杂志》卷一〇：路真官为儿童时，有一道人授以文书治鬼之法。其父知之，尽举其符印文书藏去。寻又得之。父疑其窃取，破其符印，焚其文书。有顷文书复具。父知其有异，不复禁其所为。路能作"太阳丹"，置蒸饼面果粒于掌，望太阳嘘呵，揉而成丹，其色微红，以授病者，即愈。徽宗崇宁大观间曾入宫以丹治宫婢狂病。又能捕治鬼物，其术甚神。

【露筋娘娘】江苏高邮邵伯埭有露筋娘娘庙。唐·段成式《酉阳杂俎·续集》卷四"贬误"篇："相传江淮间有驿，俗呼露筋。尝有人醉至其处，为白鸟蚊噆，血滴露筋而死。据江德藻（陈时人）《聘北道记》云：'自邵伯埭三十六里有地名鹿筋，多白鸟。故老云：有鹿过此，一夕为蚊所食，至晓露筋，故名。'"◆明·张萱《疑耀》卷四："今高邮州露筋庙，世传有两女子过此遇夜，一女入宿于人家，一女贞洁，不肯入宿，宿于门外，遂为蚊蚋所噆，抵晓露筋而死。余尝疑之：蚊蚋虽猛，岂能噆人至死？此女即贞洁，岂能忍此蚊蚋不自搏拂耶？"◆清·黄钧宰《金壶浪墨》卷四"露筋祠"条："陶云汀以御史巡漕，祷冰于此，翌日冰泮，北风大作，空运船全数出江。始得奏请锡封，赐名贞应。自是灵异益著。祠中匾额极多。"◆清·陆以湉《冷庐杂识》言米襄阳《露筋词碑》云"神姓萧，名荷花"。

【露水姻缘之神】清·袁枚《续子不语》卷一"露水姻缘之神"：贾正经，娶妻聊氏颇佳。清明上坟，同行至半途，忽有旋风当道，乃列祭品沥酒祝之。次春，贾别妻远出，日将暮，忽有青衣伺于道旁，自云奉主人命相迎，遂随之去。约行里许，主人已在门迎客，曰："去年清明日，贤夫妇上墓祭扫，旋风当道者即我也。"贾曰："然则君为神欤？"曰："非也，地仙也。掌人间露水姻缘事。"

【瞭听】明·李时珍《本草纲目》卷四三："《字林》云：'瞭听，形如蜥蜴，出魏兴。居树上，见人则跳来啮之，啮已还树，垂头听，闻哭声乃去。'即此也。其状头尾一般，大如捣衣杵，俗名合木蛇，长一二尺。"明·方以智《通雅》卷四七："瞭听、千岁蝮、木仆、苟印，当一类也。"参见"千岁蝮"条。

【鯥】《山海经·南山经》："柢山，有鱼焉，其状如牛，陵居，蛇尾，有翼，其音如留牛，其名曰鯥。冬死而夏生。食之无肿疾。"郭璞《山海经图

赞》云："鱼号曰鯥，处不在水。厥状如牛，鸟翼蛇尾。随时隐见，倚乎生死。"

鯥　山海经图　胡文焕本

【lü】

【驴鼠】晋·干宝《搜神记》卷四：郭璞过江，宣城太守殷佑引为参军。时有一物，大如水牛，灰色，卑脚，脚类象，胸前尾上皆白，大力而迟钝，来到城下。众咸怪焉。佑使人伏而取之。令璞作卦，遇"遁"之"蛊"，名曰"驴鼠"。卜适了，伏者以戟刺，深尺余。郡纪纲上祠请杀之。巫云："庙神不悦。此是邗亭驴山君使，至荆山，暂来过我。不须触之。"遂去，不复见。

【驴仙】《太平御览》卷九〇一引《符子》："有驴仙者，享五百岁，负乘而不辍，历无定主，大骅于天下。"《仙鉴》卷四一"张氲"条："张氲指所乘白驴曰：'此乃千岁雪精也。'"清·陈祥裔《蜀都碎事》卷三："唐明皇幸蜀，过白卫岭，见玄元皇帝（按即老君）骑白卫而下，示取禄山之兆。遂封神曰'白卫公'。"

【闾成子】梁·陶弘景《真诰》卷五：闾成子，少好长生，学道四十余年。后入荆山中，积七十余岁，为荆山山神所试。成子谓是真人，拜而求道，而为大蛇所噬；赖悟之速，而存太上想七星以却之，因而得免。后复为邪鬼所惑，失其左目，遂不得道而绝于山中。

【闾丘方远】唐时人。五代·沈汾《续仙传》卷下：字大方，舒州宿松（今安徽宿松）人。幼辩慧，通诗书。学《易》于庐山陈玄悟，问大丹于香林左元泽，后师事仙都山（今浙江缙云东）刘处静。年三十四受法箓于天台山叶藏质。其声名播于江淮间。唐景佑二年，钱镠曾谒之于余杭（今浙江杭州西）大涤洞；唐昭宗召之，知唐祚不永，不赴。天复二年坐化，将敛，棺中唯有空衣而已。北宋·钱俨《吴越备史》卷一：钱镠赐号玄同先生。清·吴任臣《十国春秋》卷八九"吴越"：赐号洞元先生，又云妙有太师。天复中，一日，异香绕室，忽作控鹤状，怡然而逝。后有复见于仙都山者，人皆以为尸解。

【吕大郎】宋时人。《仙鉴》卷五〇：大名成安

（今河北成安）人。宋真宗时，忽发狂，有道人接入山。大郎不能忘其家，道人授以葫芦十数，令加以衣冠，以剑断之，又挂剑扉上。大郎如其言，还顾则家人皆断首，遂涕泣去。次日，家人见大郎投环扉上死矣。居数月，乡人自安阳以大郎书来，家人大骇，启墓，唯有一剑。

【吕道章】金时人。《明一统志》卷二○：垣曲（今山西垣曲西北）人，大定间为县吏，梦神告以修道，即避居洪庆观。道成，治疾有奇验，能分身数处。后解衲置黄河水面，坐其上，顺流而上，莫知所终。

吕道章 列仙全传

【吕洞宾】明·王世贞《列仙全传》卷六载吕祖事较详，略云：吕岩字洞宾，唐蒲州永乐县（今山西芮城西）人。祖渭，礼部侍郎。父让，海州（今江苏连云港）刺史。贞元十四年四月十四日巳时生，因号纯阳子。初母就蓐时，异香满室，天乐浮空，一白鹤自天而下，飞入帐中不见。少聪明，日记万言，矢口成文。身长八尺二寸，喜顶华阳巾，衣黄襕衫，系大皂绦。状类张子房。二十不娶。后游庐山，遇火龙真人传天遁剑法。唐会昌中，两举进士不第。时年六十四岁。游长安酒肆，遇锺离权，权曰：“吾云房先生也，居

吕洞宾 北京白云观

在终南鹤岭。子能从游乎？”洞宾未应。云房因与同憩肆中。云房自为执炊。洞宾忽就枕昏睡。梦以举子赴京，状元及第。始自郎署，擢台谏、翰苑、秘阁及诸清要，无不备历。两娶富贵家女，生子婚嫁早毕，孙甥振振，簪笏满门。如此几四十年。又独相十年，权势熏炙。偶被重罪，籍没家资，分散妻孥，流于岭表，一身孑然。穷苦憔悴，立马风雪中，方兴浩叹，恍然梦觉，炊尚未熟。云房笑吟曰：“黄粱犹未熟。一梦到华胥。”洞宾惊曰：“先生知我梦耶？”遂拜云房求度世术。云房曰：“子骨节尚未完，欲求度世，须更数世可也。”翩然别去。洞宾即弃儒归隐。云房自是十试洞宾，皆过。云房曰：“吾十试子，子皆心无所动，得道必矣。但功行尚未完。吾今授子黄白之术，济世利物，使三千功满，八百行圆，方来度子。”洞宾曰：“所作金有变异乎？”曰：“三千年后，还本质耳。”洞宾愀然曰：“误三千年后人，不愿为也。”云房笑曰：“子推心如此，三千八百，悉在是矣。”乃携洞宾至鹤岭，悉传以上真秘诀。俄清溪郑思远、太华施真人，由东南凌虚而来，相揖共坐。去后，云房谓曰：“吾朝元有期，当奏汝功行于仙籍。汝亦不久居此。后十年，洞庭湖相见。”又以灵宝毕法及灵丹数粒示洞宾。授受间，有二仙捧金简宝符语云房曰：“上帝诏汝为九天金阙选仙，当即行。”云房谓洞宾曰：“吾赴帝召，汝好住人间，修功立德，他时亦当如我。”于是云房乘云冉冉而去。洞宾既得云房之道，兼火龙真人天遁剑法。始游江淮，试灵剑，遂除蛟害。隐显变化四百余年，常游湘潭岳鄂及两浙汴谯间，人莫之识。◆《神异典》卷二四六《吕真人本传》所载更详，大都以洞宾本事杂糅诸神仙事而成，愈详则愈离奇也。◆按：吕洞宾在宋初似有其人。《宋史·隐逸·陈抟传》：“关西逸人吕洞宾有剑术，百余岁而童颜，步履轻疾，顷刻数百里，世以为神仙。皆数来抟斋中，人咸异之。”又北宋·王铚《默记》卷中云，有李教者，学左道既成，一日书倡馆云：“吕洞宾、李教同游。”以致朝廷缉捕，虽当时洞宾“已无其人”，但其名犹传于术士之间。◆洞宾事见于北宋笔记者尚有赵令畤《侯鲭录》卷四记洞宾题诗署回山人；陈师道《后山谈丛》卷三记“道者吕翁”如金陵过王安石，安石请道，而吕不可；又载世传吕先生像，奋须捉脱如市墨者；释文莹《玉壶清话》卷九有“回回客”唱《渔家傲》之谶；刘斧《青琐高议》前集卷八有“吕先生记”（小题“回处士磨镜题诗”）、“续记”

（小题"吕仙翁作沁园春"）"何仙姑续补"三条，记洞宾于宋时显灵事；王巩《闻见近录》载洞宾于岳州遇松树神事；魏泰《东轩笔录》卷一〇，记滕宗亮守巴陵，有华州回道士上谒，风骨耸秀，滕识其为吕洞宾；叶梦得《避暑录话》卷下，记元丰间沈东老遇回山人；张邦基《墨庄漫录》卷一有元符初吕洞宾见胡咏之于信州弋阳县（今江西弋阳）事；卷二云：世传吕公得道之士，唐僖宗进士，能作诗，往往卖墨世间。这些笔记俱为北宋后期人所作，时吕仙形象大体完成，为一市井化的浪迹江湖的文墨神仙。及至南宋，吕仙显形度世说更是层出不穷，仅洪迈《夷坚志》即有数十条。而吕仙显形多用幻名，计有昌虚中、回客、回道人、吕元圭、守谷客、无心昌老、无上宫主、同客人、吴昌老、洞口先生、同水客等，多据姓名变化而成。此一市井化神仙的出现当与两宋市民社会的出现有关。◆赵与时《宾退录》卷五及吴曾《能改斋漫录》卷一八均言吕洞宾尝"自传"，《漫录》且载岳州自传石刻，云："吾乃京兆（今陕西西安）人，唐末，累举进士不第。因游华山，遇锺离，传授金丹大药之方，复遇苦竹真人，方能驱使鬼神。再遇锺离，尽获希夷之妙旨。吾得道年五十。第一度郭上灶，第二度赵仙姑。郭性顽钝，只与追钱延年之法。赵性通灵，随吾左右。"此种"自传"，后世亦屡见，且出奇翻新。明·徐树丕《识小录》卷三"吕纯阳"条：济南府有石刻方碑，载吕洞宾嘉靖中降乩，自叙始末云：本是唐宗室，名琼字伯玉，娶金氏，有四子。五十登科，为县宰，避日月当空（武则天改名曌）之祸，弃官隐山崖中，故名岩，号洞宾。又与妻止二口，故改姓吕。妻死，又号纯阳，言无阴也。其学道得仙皆五十外事（清·张尔岐《蒿庵闲话》云：明天启中，济南盛传吕仙自叙传，云是得之乩笔者）。洞宾易形现世故事既多，其形象亦颇为民间注目，元·鲜于枢《困学斋杂录》著录书画中有"吕洞宾自写真"一幅，颇有"谨防假冒"之意。◆吕洞宾现形于世，自宋至清，缕缕不绝，其中除了假造的故事之外，还有不少假冒的吕洞宾，如元·佚名《湖海新闻夷坚续志·前集》卷一"假道取财"条所记。◆历代封号：宋徽宗政和中封为妙通真人。元世祖封号纯阳演正警化真君，元武宗加封孚佑帝君。◆清·薛大训《古今列仙通纪》收有《纯明神化妙道通纪》，与清·汪象旭所编《吕祖全传》集吕仙事甚备。◆按："锺吕八仙"之中心人物为吕洞宾，其余七仙无不与吕有关联，而七人之间则因吕而联系为一集团。此与全真教南北二宗皆以吕为祖师有关。全真教传说始祖为东华少君，东华传与锺离，锺离传与吕。于是吕传与刘海蟾，刘传与张紫阳，张传与石泰，石传与薛紫贤，薛传与陈泥丸，陈传于白玉蟾，白传与彭耜，此即所谓"南宗"。北宗则传说吕传与王重阳，王传于北七真。

【吕疙瘩】明时人。《说郛续》卷四六引徐祯卿《异林》：不详其名。明成化间游于襄、邓、河、洛之间。冬则卧雪，夏则披褐。好狎儿童，且谑且詈。头结小髻，每摇头则发理如栉，复为结之，如螺满头，时人呼为"疙瘩"。一日履行江上而去。弘治己未，相传于陇右白日上升而去。

【吕公】唐时人。明·叶盛《水东日记》卷一九：元世祖渡江次鄂（今湖北武昌），驻跸于黄鹄山，问诸父老曰："山头石矶何名吕公？"对曰："唐有道人姓吕，吹笛于其上，故名。"又曰："唐以前何名？"一老叟对曰："古传为大禹治水成功之所，后人讹为吕公也。"

【吕公子】河伯名。纬书《龙鱼河图》："河伯姓吕名公子，夫人姓冯名夷。"参见"河伯"条。

【吕恭】后汉末人。晋·葛洪《神仙传》卷二：字文敬，少好服食。采药于太行山，遇吕文起、孙文阳、李文上三人，皆为太清太和府仙人，随之去二日，授以秘方。及归，人间已过二百年，乡里不识。乃传秘方于其后代，入山仙去。◆《真诰》卷一〇有"吕恭口诀"。

吕恭　列仙全传

【吕蒙】三国时吴人。清·袁枚《子不语》卷八"吕城无关庙"条："吕城（在今江苏丹阳东），相传城为吕蒙所筑，至今以吕蒙为土地。吕城五十里无关帝庙，相传一造关庙，每夜必有兵戈角斗声。"又南宋·潜说友《咸淳临安志》卷七三、南宋·吴自牧《梦粱录》卷一四："杭州肇元乡有福德衍庆真君庙，世传所祀为吕蒙。"

【吕贫子】有二人。❶南宋时人。明·郑仲夔《耳新》卷一〇"履化鹤"条：吕贫子，有道者。南宋时流寓永丰，结庵于三官道院，后隐居六十余载，后殁，葬于道院之右。既二年，邑人有谪戍河南者，道遇之，相语平生，共饮于酒家，至暮曰："吾送若归。"令闭目，久之忽闻鸡犬声，振衣而起，抵家漏下，才三鼓耳。县尹诘其归速之故，为具述。尹使人发其墓，止遗像、诗赞与二草履在焉。履随化双鹤飞去，遗像供奉观中，传至明天顺间，为郡守金铣所得。惟诗赞留传人间。赞曰："福田多处作孽多，福田少处作孽少。我是无福人，无福无烦恼。一个破烧瓶，一领破衲袄。一不忧生死，二不忧贼盗。平心待物去，候他时日到。假饶不作仙，也证菩提道。"又赞曰："不管金乌西坠，任他玉兔东升，住则阎浮且住，去时撒手便行。"诗曰："六十年来此地居，灵台光映似冰壶。忽朝破屋风吹倒，且喜家中事事无。"❷明人。《(康熙)广信府志》卷二〇：住街舍中，只一锅，恐为小儿所污，出则摔破，入则仍取作炊，依然完好。至酒家乞钱，酒家夫妻争吵，即以一文掷街上。贫子以脚搓之而去。他人来拾，只可推移，不能拾起。尝以青竹截作连环套，卖与市人，有以一文钱买之者，即善啼小儿亦竟日不啼矣。

【吕尚】见"姜太公"条。

【吕生】❶《太平广记》卷二三引唐·卢肇《逸史》：居虞乡（在今山西永济东）、永乐（在今山西芮城西）二邑间，自幼不喜闻食气，上山自采黄精煮服。十年后行若飘风，过目不忘。后其母逼令餐饭，不肯，乃于酒中置猪油，使之饮。吕仍不肯，强逼之，方近其鼻，有一物自口中落，乃二寸长黄金人。吕生乃僵卧不起，须发顿白。母始悔。吕生乃垂泣拜别，云往茅山，从此无

吕尚　列仙全传

踪。◆按：此人姓吕，与吕洞宾同一乡里，又同为唐时人，颇疑是吕洞宾的最早传说。❷南宋人。《(康熙)广信府志》卷一九：不知其名。或言海州（今江苏连云港）人，来永丰，为丐，居真隐观，父老皆谓自童稚时即识之，而年貌不改。一衲蔽体，冬夏不易。有异迹。自书死期，至淳熙丙申十月，如期书偈而逝。

【吕翁】《太平广记》卷八二引唐·陈翰《异闻记》：开元十九年，道者吕翁，经邯郸（今河北邯郸）道上邸舍中，遇少年卢生。卢生自顾衣袋弊褻，乃发叹大丈夫应取功名方能适意。言讫，目昏思寐，是时主人蒸黄粱为馔，翁乃探囊中枕以授之曰："子枕此，当令子荣适如志。"其枕瓷而窍其两端，生俯首枕之，寐中，见其窍大而明朗可处，举身而入，遂至其家。娶清河崔氏女，举进士，登甲科，历官至宰相，荣华富贵，崇盛赫奕，一时无比。末节颇奢荡，好逸乐，后庭声色皆第一。前后赐良田甲第，佳人名马，不可胜数。后年渐老，屡乞骸骨，不许，及病，中人候望，接踵于路，帝遣中使就第候省，其夕遂卒。于是卢生欠伸而寤，见方卧于邸中，顾吕翁在傍，主人蒸黄粱尚未熟。良久谢曰："夫宠辱之数，得丧之理，生死之情，尽知之矣。此先生所以窒吾欲也，敢不受教。"再拜而去。后世遂有据此而演为《邯郸梦》、《续黄粱》及《反黄粱》（清·管世灏《影谈》卷一）者。◆宋时即有吕翁即吕洞宾之说。南宋·赵与时《宾退录》卷五引吴虎臣之辨，以为唐《异闻集》所载邯郸道上之吕翁非吕洞宾，云："盖洞宾自序，以为吕渭之孙。渭仕德宗朝，今云开元中，则吕翁非洞宾，无可疑者。而或者又以为'开元'恐是'开成'字，亦非。开成虽文宗时，然洞宾此时未可称翁。本朝《国史》称：'关中逸人吕洞宾，年百余岁，而状貌如婴儿。世传有剑术。时至陈抟室。'若以《国史》证之，止云百余岁，则非开元人明矣。"◆北宋·陈师道《后山谈丛》卷三："道者吕翁如金陵，过王荆公（安石），而公知之，伏拜请道。"按：此吕翁应是洞宾。

【吕志真】唐时人。《仙鉴》卷四〇：不知何许人。广成先生刘元靖之弟子。先居石室中十余年，后每岁一至京师，游潇湘。常荷二大瓢，贮药物经录。喜以药石救人。入林谷，辄有虎豹随之。问以道，则默然无所对。◆按：刘元靖，或作"刘元静"，唐时人。

【吕子华】梁·陶弘景《真诰》卷一四：山阳（今

河南焦作东）人，阴君弟子，服虹丹而不读内经，从东卿受太霄隐书，以幽隐方台为乐，不愿造于仙位。

【履】《庄子·外篇·达生》：桓公曰："然则有鬼乎？"曰："有。沈有履。灶有髻。"疏："沈，水下泥。"

【律令】清·徐道《历代神仙通鉴》卷二："方相死为险道神，一曰开路神。帝证果，召为雷部健儿。善走，能与雷相疾，号曰'律令'。咒云'急急如律令'，谓此。"《三教源流搜神大全》卷七"法术呼律令"条："雷部有神名曰健儿，善走，与雷相疾速，故符咒云'急急如律令敕'。留传后世，道释巫流召帅将风雷城隍，皆以用之。"◆唐·李匡乂《资暇集》卷中："符祝之类末句急急如律令者，人皆以为如饮酒之律令，速去不得滞也。一说，汉朝每行下文书，皆云如律令，言非律非令之文书，行下当亦如律令，故符祝之类末句有如律令之言。并非也。按律令之令字宜平声，读为零。律令是雷边捷鬼。此鬼善走，与雷相疾速，故云如此鬼之疾走也。"◆南宋·王楙《野客丛书》卷一二谓雷边捷鬼之说出于近世杂书，西汉未之闻也。汉人谓"如律令"者，戒其如律令之施行速耳，岂知所谓捷鬼耶！南宋·叶大庆《考古质疑》亦同此说，以为捷鬼也者为后世附会。南宋·赵彦卫《云麓漫钞》卷七："急急如律令，汉之公移常语，犹今云符到奉行。张天师汉人，故承用之，而道家遂得祖述。"

【律吕神】道藏本《搜神记》卷二："神祠在大同府浑源州北五里神溪狐石上，建于元魏，元时重修。相传泰初时弘州人张珪憩于狐石之上，忽一神人自空而下，顾珪谓曰：'律吕律吕，上天敕汝，此月二十日行硬雨。'语毕腾空而去。珪遍语村人，及时收麦云。"按：硬雨即冰雹。《（雍正）山西通志》卷一六五所记相同，惟"泰初"作"金泰和"。按古无泰初年号，疑即苻秦太初，泰和则为修志者妄改。

【绿僵】僵尸中毛僵之一种。清·袁枚《子不语》卷九"掘冢奇报"："杭州朱某，以发冢起家。聚其徒六七人，每深夜昏黑，便持锄四出。嫌所掘老多枯骨、少金银，乃设乩盘，预卜其藏。朱尝言所见，棺中僵尸不一，有紫僵、白僵、绿僵、毛僵之类。"同书卷一〇有"绿毛怪"一条似即绿僵："一物跃出，贩羊者于烛光鼓中视之，其物长七八尺，头面具人形，两眼深黑有光，若胡桃大，颈以下绿毛覆体，茸茸如蓑衣。良久，东方明，怪亦不见。掘朽棺，中有尸，衣服悉毁，遍体生绿毛，如贩羊人所见。乃积薪焚之，啧啧有声，血涌骨鸣。自此怪绝。"清·俞樾《右台仙馆笔记》卷四所载亦疑是"绿僵"："发而视之，则一女尸也。衣裙未坏，面目如生，遍体生绿毛，长寸许，栩栩欲动。"清·李庆辰《醉茶志怪》卷二"旱魃"条也是绿僵："房山亢旱，有术人云：西山冢中，有僵尸变为旱魃。开圹，乃一空棺，棺旁卧一物如人，遍体绿毛，长寸许，双目赤如灯火。见人起立欲遁，众缚而焚之。未几大雪。土人云：每阴云四布，辄有白气自坟中出，实时晴朗。"

【绿郎】清·屈大均《广东新语》卷六：广州女子年及笄，多有犯绿郎死者。以师巫茅山法治之，多不效。盖由嫁失其时，情欲所感，致为鬼神侵侮。绿郎一曰"过天绿郎"，亦曰"驸马"。又男子未娶，亦多有犯红娘死者。谚曰："女忌绿郎，男忌红娘。"皆谓命带绿郎红娘者可治，出门而与绿郎红娘遇者不可治。

【luan】

【栾巴】东汉时人。晋·葛洪《神仙传》卷五："蜀郡成都人。少好道。太守诣巴，请见一奇。巴遂却入壁中，冉冉如云气，须臾又化为虎。后举孝廉，官豫章太守。庐山庙鬼诈为神，巴捕逐之。鬼走入齐郡，化为书生，善谈五经，太守以女妻之。巴作符，书生化为老狸。豫章（今江西南昌）多鬼，又多独足鬼，为百姓病，巴至患除。后征为尚书郎，正旦大会，巴后到。赐百官酒，巴不饮而西南向喷之。有司奏巴不敬。巴曰：'适见成都市失火，故漱酒救之。'发驿书问成都，果正旦时失火，须臾有大雨

栾巴　列仙全传

三阵从东北来，皆带酒气。"梁·陶弘景《真诰》言："昔栾巴作兵解去入林虑山中，积十三年而后还家，今在鹤鸣赤石山中。"又载其捕鬼之法。《云笈七签》卷八五云："后为事而诛，即兵解也。"◆按《后汉书》本传："字叔元，魏郡内黄（今河南内黄东）人。素有道术。顺帝时以宦者补黄门令。虽在中官，不与诸常侍相接。后阳气通畅，乞退，擢拜郎中，四迁为桂阳太守，有治绩。为李固所荐，征拜议郎，守光禄大夫。后为豫章太守，郡多鬼怪，栾巴能役鬼神，乃悉毁淫祀，妖异自消。"是栾巴本后汉时一能吏，且敢毁坏淫祀，故虽云有道术而不入《方术传》。《神仙传》云云，显系据栾巴在豫章时毁淫祀之政绩而神化者。◆按：明·徐应秋《玉芝堂谈荟》卷六"喷酒救火"条记救火事除栾巴外，又有郭宪、成武丁、佛图澄。明·朱孟震《河上楮谈》卷二："栾巴喷酒救蜀火，郭宪喷酒救齐火，又樊英喷水救蜀火。樊、郭事并列《方术传》，而栾与樊俱救蜀火，似一事而传闻误也。"

【栾大】西汉方士。《史记·封禅书》：栾大，胶东王宫人，故尝与文成将军同师，已而为胶东王尚方。武帝既诛文成，后悔恨其早死，惜其方不尽，及见栾大，大悦。大为人长美，言多方略，而敢为大言，处之不疑。大言曰："臣尝往来海中，见安期、羡门之属。臣之师曰：'黄金可成，而河决可塞，不死之药可得，仙人可致也。'"乃拜大为五利将军。居月余，得四金印，佩天士将军、地士将军、大通将军、天道将军印。赐列侯甲第，僮千人。又以卫长公主妻之，赍金万斤，更名其邑曰当利公主。于是五利常夜祠其家，欲以下神。神未至而百鬼集矣，然颇能使之。其后治装行，东入海，求其师云。后事败诛死。

【栾侯】《太平广记》卷二九二引魏·曹丕《列异传》：汉中（今陕西汉中）有鬼神栾侯，常在承尘上，喜食鲊菜，能知吉凶。汉宣帝甘露中，大蝗起，所经处，禾稼辄尽。太守遣使告栾侯，祀以鲊菜。侯谓吏曰："蝗虫小事，则当除之。"言讫，翕然飞出。吏仿佛其状类鸠，声如水鸟。吏还，具白太守。即果有众鸟亿万，来食蝗虫，须臾皆尽。

【卵民国】《山海经·大荒南经》："有羽民之国，其民皆生毛羽。有卵民之国，其民皆生卵。"郭璞注曰："即卵生也。"吴任臣《广注》案："中国徐偃亦卵生。又《搜神记》：'高丽之先夫余王，尝得河伯女，感日光而孕，生一卵，一男子破壳而出，名曰朱蒙。'《平攘录》云：'五凤元年，朝鲜有苏伐公者，得大卵于萝林，有婴儿剖卵而出，长有圣德。六村异之，立为西于，方言君也。'《广志绎》云：'黎人之先雷，捫一蛇卵，中为女子，是生黎人，故云黎姥之山。'《贤愚经》云：'毘舍离怀衽生三十二卵，卵中各出一儿，勇健非凡。'《玄应录》曰：'世罗、优波世罗二比丘，从鹤卵生。又弥伽罗母生三十二子，般遮罗生五百子，皆卵生。'"

卵民国　古今图书集成

【lue】

【掠剩大夫】南宋·洪迈《夷坚丙志》卷一〇：扬州节度推官沈某，居官强直，殁后，郡遣夫力十余辈护枢归，两旁行人皆见一绿袍官人坐枢上，执梃左右顾，或时稍息，头辄痛，类有物击之者。后其灵归家，自言："吾今为掠剩大夫，勋业雄盛，无忆我。"又见宋·佚名《异闻总录》。◆按：即"掠剩使"，见该条。

【掠剩鬼】五代·徐铉《稽神录》卷三：广陵（今江苏扬州）法云寺僧珉楚，常与中山贾人章某者亲熟。章死，珉楚为设斋诵经。数遇章于市中，楚未食，章即延入食店，为置胡饼。既食，楚问："君已死，那得在此？"章曰："然，吾以小罪而未得解免，今配为扬州掠剩鬼（四库本作'今死为扬州掠剩儿'）。"复问何为掠剩，曰："凡吏人贾贩，利息皆有数常，过数得之，即为余剩，吾得掠而有之。今人间如吾辈甚多。"因指路人男女曰，某人某人，皆是也。

【掠剩使】实即掠剩鬼之长官。唐·牛僧孺《玄怪录》卷三：唐邠州新平（今陕西彬州）县尉裴璞，元和五年卒于官。至长庆初，其外弟韦元方下第，将客陇右，出开远门数十里，遇裴璞身穿武官服。元方惊问，裴曰："吾为阴官陇右山川掠剩使，职司人剩财而掠之。"元方曰："何为剩财？"裴曰："数外之财，即谓之剩，故掠之。"又曰："生人一饮一啄，莫非前定。数外之财，为吾所运，或令虚耗，或藉横事，或买卖不及常价。"参见"掠剩鬼"条。◆掠刷真君、掠剩大夫、掠剩相公俱名异而实同者，可参见。又东岳七十六司中有"掠剩司"。

掠剩使　三教源流搜神大全

【掠剩相公】南宋·洪迈《夷坚乙志》卷四：绍兴间，沈传曜侍郎用一小奴，一日求去，曰："奴自有所职，乃掠剩相公奴，所掌者人间鞋履也。人所著鞋，更新换旧，皆有簿历，书之唯谨。"

【掠刷真君】《月令广义·八月令》："一六日掠刷神降（天曹掠刷真君）。《搜神记》：掠刷神掌财蓄之有余者，咸刷而掠之，谓生人贫富有定分，勿越命以强求。"

【luo】

【罗卜】即目连。圭峰《盂兰盆经疏》：定光佛时，目连名罗卜。明·吴承恩《西游记》第十二回："罗卜寻娘破地关。"正是目连入地狱救母事。见"目连"条。

【罗池神】见"柳侯"条❶。

【罗赤脚】南宋·洪迈《夷坚丙志》卷二："罗赤脚，名晏。少时曾遇异人得道。宣和中或言于朝，赐封静应处士，能预知，又赐太和仲夷先生。绍兴间，馆于王志行家，志行买妾于流民中，罗一见即知为鬼，治之，妾即仆地化为枯骨。又以巾蒙枯骨，复化为人形，呼女侩领回而取其原值。绍兴三十年卒于温江（在成都西），人以为年百七八十岁矣。士人或问功名，奇应如神。"《仙鉴续编》卷三又言："金兵攻扰凤关，大将吴玠御之，晏在吴军中，奏封太和冲夷先生。"

【罗道成】北宋时人。《仙鉴》卷五〇：郴州（今湖南郴州）人，得道，跨白骡行石壁上，其骡迹今尚存。郴有罗真人观。宋仁宗庆历间，曾游东岳，谒主簿郭及甫，留诗数首。又见南宋·陈葆光《三洞群仙录》卷四。

【罗浮山神】清·屈大均《广东新语》卷六：罗浮君亦称四百三十二君，盖罗浮山（今广东惠阳地区之罗浮山）之神也。罗浮君每常出现。陈武帝时现于大石楼上，长三丈许，通体皓然，山中人莫不伏拜。其祀肇于晋，著于唐。唐玄宗尝于五龙堂南筑坛以祷。宋乃著为令，每岁十月下元，长吏醮山以礼事神，遣官设醮。盖皆以罗浮之神绝灵，为望秩者所必先焉者也。葛稚川云：罗浮乃正神所居，中多地仙之人，可以避难。若有道者登之，则山神援助，其药必成。故今入山者或是贤哲，山神辄遣五色鸟相迎，或有异云郁起如华盖以覆之。而神亦乘虎巡山，不使怪物为害。

【罗浮天王】南宋·洪迈《夷坚志补》卷六"金源洞"条：方腊未起之前一年。歙州人叶世宁梦乘麟而登山，山东北有一洞，洞有三堂四室。武士引至左堂，曰："天符已差罗浮天王居此，诸司往迎矣。"俄而见天王来，乃尚书彭汝砺也。◆按：此事又见北宋·张邦基《墨庄漫录》卷三。彭汝砺为北宋神宗时人，《宋史》有传。

【罗浮先生】即"轩辕集"，见该条。

【罗公远】五代·杜光庭《神仙感遇传》卷五、《仙传拾遗》、唐·卢肇《逸史》等："唐鄂州（治今湖北武汉武昌区）人。自幼好道术，为刺史召神龙，刺史具表进于朝。时玄宗与张果、叶法善棋，二人轻之，乃各握棋子数十枚，问曰：'此有何物？'公远曰：'空手。'及开手，果无一物，棋子并在公远处，二人始异之。玄宗于宫中赏月，公远取拄杖掷空，化为银桥，乃携玄宗并入月中，闻《霓裳羽衣》之曲。时武惠妃笃信金刚三藏。公远与三藏斗法，三藏伏焉。玄宗欲学隐遁之术，公远拒之。玄宗怒骂，公远走入柱中，玄宗破柱，复入玉础中。玄宗破为数十片，片片有公远之形。玄宗固求隐形术，公远不得已教之而使其不能尽隐，或露裙带，或见形迹，玄宗怒斩之。其后数年，中使奉命入蜀，见公远，公远笑曰：'为我谢陛下。'暨玄宗幸蜀，公远于剑门迎驾，护卫至成都，拂衣而去。"参见唐·段成式《酉阳杂俎·前集》卷二、唐·张鷟《朝野佥载》卷三、唐·郑綮《开天传信记》。《酉阳杂俎·前集》卷三又载罗公远与梵僧不空祈雨斗法事。◆北宋・文莹《湘山野录》卷上："绵州罗江县（今四川绵阳西南）罗公山有罗公远旧庐。太平兴国四年，有人乘车往来山中，石上有新辙迹，深三尺余，石尽五色。"◆《唐逸史》载玄宗与罗公远游月宫事，而《异闻录》以为与游者为申天师，薛用弱《集异记》以为叶法善。

【罗瑱】宋・黄休复《茅亭客话》卷一：绵州罗江县（今四川绵阳西南）罗瑱山，有罗瑱洞。昔罗真人名瑱，修道上升之所也。◆《大清一统志》卷三一三则言隐于罗瑱山者为罗公远。

【罗汉】即"阿罗汉"，为梵文Arhat音译。小乘以罗汉为最高即第四果位，得罗汉果即可超出六道轮回，凡得此果位者皆可称罗汉。而大乘虽以"菩萨行"为更高境界，但又"可望而不可及"，故罗汉仍为广大信众所景仰。罗汉数目多则可达亿万，但著名者则有"四大声闻""十大弟子""十六罗汉""十八罗汉""五百罗汉"数种。可参见诸

罗汉　贯休十六罗汉图・迦诺迦伐蹉

条。◆又称"应真"。南宋・吴曾《能改斋漫录》卷一三：政和八年御笔："罗汉已改为无漏和尚，未加封爵，可封作应真。"

【罗罗】❶《山海经・西山经》："莱山，其鸟多罗罗，是食人。"❷又《海外北经》："有青兽，状如虎，名曰罗罗。"

【罗娘】北宋・范致明《岳阳风土记》：南庙乃孝烈灵妃、孝感侯庙。秦武陵（今湖南常德）令罗君用因督铁运，溺水死，其女挈弟寻父尸不获，遂相继赴水死。邦人哀而祀之，谓之罗娘庙。灵响浸著，凡有舟楫往还，祈之利涉。后唐明宗天成二年，马殷承制列姐在左，弟在右。宋元丰中封孝烈灵妃、孝感侯。

【罗女】《仙鉴后集》卷四有"罗女"条，即"萼绿华"。见该条。

【罗蓬头】元时人。元・郑元祐《遂昌杂录》：居杭州一全真小庵，非痴非狂，冬夏唯一衲，室中无坐卧具。昼夜唯蹲地上，秽污殊甚。而往往能前知。有问休咎者，即书一二字，事皆奇验。后将死，大笑拍手而歌，立地卒。

【罗平鸟】北宋・钱俨《吴越备史》卷一：董昌僭立，议立国号，有客使倪德儒语昌曰："中和辰巳间，越中尝有圣经云：有罗平鸟，主越人祸福，敬则福，慢则祸，于是民间悉图其形以祷之。今观大王署名，与当时鸟状相类。"乃出图示昌，昌欣然，遂号为罗平国。

【罗刹】佛教中食人恶鬼，在中土故事中常幻作人形。《太平广记》卷三五七引刘宋・刘义庆《宣验记》："晋咸宁中，渤海张融，子妇产男，初不觉有异，至七岁，聪慧过人。融曾携孙射箭，孙请为融拾箭，箭方离弦，孙便赴，竟与箭同时至箭棚，候已捉矢而归。还

罗刹　水陆道场鬼神像

经再宿，孙忽暴病而卒。将殡，有一胡道人谓云：'君速敛此孙，是罗刹鬼也，当啖害人家。'须臾，闻棺中有扑摆声，咸辍悲骇愕，遽送葬埋。后数形见，融作八关斋，于是便去。"◆或作"罗刹魅"。唐・张鷟《朝野佥载》卷六："太定年中，泰州（今江苏泰州）赤水店郑家庄有一儿，年二十余，于驿路上，见一青衣女子独行，姿容殊丽，邀就庄宿，供给酒食，将衣被同寝。至晓，门久不开，呼之不应。于窗中窥之，惟有脑骨头颅在，余并食讫。家人破户入，于梁上暗处，见一大鸟，冲门飞出，或云是'罗刹魅'也。"◆罗刹与夜叉本为二物，但亦有相混者。唐・戴孚《广异记》："杜万之兄为岭南县尉，妻遇毒瘴，卒，瘗于绝岩之侧。及北归，方至岩所，欲收妻骸骨，而坎穴中仅存苇

席。岩有一径，某试寻，至一石窟，见其妻裸露，容貌狰狞，不可复识。怀中抱一子，子旁亦有一子，状类'罗刹'。极呼方窣，妇人口不能言，以手画地，书云：'我复活，为夜叉所得。今此二子，即我所生。'又云：'君急去，夜叉倘至，必当杀君。'某问：'汝能去否？'曰：'能去。'便起抱小儿，随某至船所。便发，夜叉寻抱大儿至岸，望船呼叫，以儿相示。船行既远，乃擘其儿作数十片，方去。妇人手中之子，状如罗刹，解人语。"

【罗神】清·黄斐默《集说诠真续编》引《华亭县志》（今上海松江）：明嘉靖间，御史冯恩成雷阳（广东雷州），时有罗氏兄弟五人，横肆乡里，忽一日各悔悟自经。及恩归，患目疾，感神入梦而愈。因于宅边建庙，郡中有目疾者辄祷之。

【罗升】北宋时人。明·王世贞《列仙全传》卷七：宜春（今江西宜春）人。少贫，业屠狗。晚遇异人，授以方术。年近百岁，忽辞亲奄然而逝。政和二年，有乡人见之于浏阳市中，托寄书归。乡人归，正其殁之明日。

罗升　列仙全传

【罗思远】唐·郑綮《开天传信记》：善隐形，唐玄宗就思远学之，思远虽传之而不尽其要，帝每试之，或余衣带，或露巾角。帝怒，命力士压杀之。不旬日，有中官自蜀道回，逢思远于路云云。◆按：此人不唯姓名，即事迹即亦与《逸史》所载罗公远事相类，应有一误。

【罗天祐】明时人。《（雍正）四川通志》卷三八之三：汉州（今四川广汉）人。来游长宁市，若颠若狂。善言人得失。尝隐语书乡榜，封以寄人。无不验者。后入成都，见司户薛瑗，于座上而化。

【罗通微】唐时人。明·王世贞《列仙全传》卷五：临晋（今陕西大荔东）人。采薪山中，遇阎使君棠，谓其骨相可学长生，授以幻养之术。遂避迹五老山，学步虚绝粒。贞观中，集众人大会，俄雷

震，地下跃出青龙，通微跨之升天。

【罗万象】五代·沈汾《续仙传》卷中：不知何许人。有文学，明天文易数，布衣游行天下。居王屋山（在今河南济源西北）久，后游罗浮（今广东惠阳地区之罗浮山），乃于石楼山下结庵以居，服气数十年。间或出游，来往无定。或不食，或食兼十数人。日行三四百里，缓行奔马莫及。后却归石楼庵，不复出。

【罗文佑】晋时人。《（康熙）歙县志》卷一○：南昌人，其父罗塘与许逊学道。晋太康中文佑奉母谌至歙县（今安徽歙县），采药于黄山，寻轩辕黄帝故地。结庐于长春里，烧丹，丹成，乘白狼去。里人祀之，称为"呈坎天尊"。◆按：其母姓谌，其父之师为许逊，又为江西人，或与净明道所奉之"谌母"有关。

【罗仙】❶《（雍正）福建通志》卷六〇"罗仙公"条：唐太和间，生于汀州连城（今福建连城），寓惠济桥之广福堂。年六十二，往清流（今福建清流）盈山庵修炼，数载得道羽化。里人以其身塑而祀之，表曰真仙。❷《（雍正）福建通志》卷一五"光济王庙"条：在兴化府（今福建莆田）大蚶山。故老云：宋初海中忽漂大木数百根，尽刻"罗"字。乡民获之，斫其字，愈斫愈现。忽见一人峨冠黄袍，谓众曰："我罗仙子也，卜居此地。"于是众为建庙，商舟往来必祷焉。南唐时封光济王。❸清·汪森《粤西丛载》卷一一引《庆远府志》：宋时宜山人。尝牧牛于会仙山下。一日遇一老翁，以水一勺饮之，觉身轻，举步如飞。后遂仙去。

【罗秀】《（雍正）广西通志》卷八七：不知何许人，好谈玄。闻葛洪寓罗浮山，即弃家往。久之，慨丹不成，遂往宣化（今广西南宁）青山峒岩独炼。一日危坐尸解而去。后人名其岩曰丹岩。阅数年，人有见秀于龟石上，与一仙人笑语，遗四足迹于石。后人名其石曰驻仙石。

【罗晏】❶见"罗赤脚"条。❷明·曹学佺《蜀中广记》卷七六：罗晏，阆中人。儿时牧山下，见二道人弈，观之，道人出囊中饼与之。晏食已，归家觉腹中如燎，发狂累日。自是常数日不一食，预言祸福无不验。又见《蜀中广记》卷七三引宋周时《学射山通真观记》。

【罗郁】即女仙萼绿华。梁·陶弘景《真诰》："萼绿华自云姓杨，又云是九嶷山中得道罗郁也。"见"萼绿华"条。

【罗真人】❶五代·杜光庭《录异记》卷一：鄂州

（治今湖北武汉武昌区）黄鹤楼前江中云有罗真人碑，言是罗真僧于鄂州化见，头为双髻，年可四十余，于民家佣力，未尝言语。忽一旦郡中大设，于众中叱责一人，令其速去，此人惊惧拜谢，奔入楼下江中。众皆异。太守问其所以，答云："所

罗真人

叱者，江中白龙也，潜欲害此城池，吾故叱之遣去。"太守疑其诈，请一见白龙。真人与太守登楼，以符投之，俄而江上晦暝，白龙即现，长数百丈。今罗公远真人于蜀频现，多主水旱事，鄂州所见，亦恐是公远耳。❷清·袁枚《子不语》卷二一"娄罗二道人"条记清初时有一罗真人，冬夏一衲，佯狂于市。取生麦，吹之即熟。京是由九门，一日九见其形。忽遁去无迹，人疑其已死，后三年，一家扫炕灰，闻炕中有鼾声，竟是罗真人。◆清·杨凤辉《南皋笔记》卷二"石室记"："灌县西南有大面山，每当月夜，山半有丝竹钟鼓声，故世谓之仙山也。为昔时罗真人隐居之所。又隋嘉州太守赵昱与兄冕隐居于此，故亦名赵公山。传闻有神仙踪迹，杳不可测，时或一显其灵异。"按：此罗真人应指罗公远。

【罗致福】晋时人。明·王世贞《列仙全传》卷四、《（雍正）湖广通志》卷七四引《明一统志》：黄梅（今湖北黄梅）人。修道于县北凤凰台。丹成。一日于檐下洗手，闻水腥，乃曰："龙有病，可瘳也。"明晨有秀士谒福；福曰："可示真形，俟我于北郊。"寻往，见一龙伏坎中，脑出白蜈蚣。福傅以丹，龙徐徐腾去。致福于元康中冲举。按：天顺《大明一统志》卷六一载：罗真人，黄梅人，名致福。晋时修道于县北凤台观。丹成，有老人来云：某龙也，有病，愿求丹疗之。致福赐之丹而愈。后于观北水塘洗足，飞升而去。今遗飞升台并洗足池。宋赐今号。

【罗子房】唐时人。《仙鉴》卷三五：号冲虚子。玄宗开元中，与其父修行于玉笥（今江西峡江县东南）元贞观。其父尸解，子房久亦功成，驾空舟于门外，腾空而去。

【罗祖】明时人。即罗清。清·蒲松龄《聊斋志异》卷七"罗祖"条："罗祖，山东即墨人，少贫。戍北边。居边数年，生一子。会守备迁陕西参将，欲

罗子房　列仙全传

携与俱去，罗乃托妻子于其友李某者，遂西。自此三年不得返。适参将欲致书北塞，罗乃自陈，请以便道省妻子，参将从之。罗至家，察妻子与李私通，大怒，抽刃出，已复韬之曰：'杀之污吾刀耳！与汝约：妻子而受之，籍名亦而充之，马匹械器具在。我逝矣！'遂去。后石匣营有樵人入山，见一道人坐洞中，未尝求食。众以为异，赍粮供之。或有识者盖即罗也。馈遗满洞。罗终不食。积数年，洞外蓬蒿成林。或潜窥之，则坐处不曾少移。又久之，见其出游山上，就之已杳；往瞰洞中，则衣上尘蒙如故。益奇之。更数日而往，则玉柱下垂，坐化已久。土人为之建庙，每三月间，香楮相属于道。"清·采蘅子《虫鸣漫录》卷一："明正德时有罗姓者，奉佛甚虔，茹斋持戒而不祝发，居室生子，无异平民。从者颇众，散处齐鲁间。有司惧其摇惑，执而系之狱。适大旱千里，祈祷无验，罗自言能致雨，遂至海滨望洋诵咒，不三日大雨如注。民竞为请命，遂释之归。数年病殁，一灵不泯，投生杭州姚姓。落地即不茹荤，及长，取法名普仁，传教益广。不昧旧根，仍承旧姓，称'罗祖教'。其经典支离怪诞，略如佛氏，惟所修者冀来生富贵，非如佛教之寂灭无求也。"◆郑志明《台湾瑶池金母信仰研究》："罗清俗称罗祖，生于明英宗正统七年，殁于明世宗嘉靖六年。著有'五部六册'经卷，号'无为卷'，以无极和无为的道理传授信徒，其弟子称其为无为祖师或无极圣祖。其教称罗教或罗祖教，以无生老母或普渡原灵为信仰核心。"

【螺精】见"祸斗"条。

【猡神】胡朴安《中华全国风俗志》下编湖南辰州

条云："辰州俗供神像，有有头而无躯者，名猡神。一于思红面，号东山圣公，一珠络窈窕，号南山圣母。两人兄妹为婚。不知其所自始，楚黔之人皆崇祀之。"按："猡"应即"夷猡"之"猡"，则猡神非土人所称之名，盖汉人概称其族之神也。

【嬴鱼】《山海经·西山经》：邽山，蒙水出焉，南流注于洋水，其中多嬴鱼，鱼身而鸟翼，音如鸳鸯，见则其邑大水。

嬴鱼　山海经图　吴任臣本

【洛伯】《水经注·洛水》："《竹书纪年》曰：'洛伯用与河伯冯夷斗。'盖洛水之神也。"

【洛神】洛水之神。❶一说为宓妃。三国·曹植有《洛神赋》，云其"翩若惊鸿，婉若游龙"。《文选·洛神赋》注引《汉书音义》云："宓妃，伏羲氏之女，溺死洛水，为神。"❷见"洛子渊"条。北宋·乐史《太平寰宇记》卷三于述洛子渊事末云："樊元宝出，唯见高崖对水，方知是洛水之神。因立祠，迄今人祀以祈水旱。"

【洛子渊】梁·任昉《述异记》卷下：后魏孝昌年中，有洛子渊自云洛中人，戍于彭城（今江苏徐州）。同营人樊元宝还，子渊附书至洛，书上题云：宅在灵台南延洛水。既至洛，忽逢一老翁，曰："吾儿书也。"引入，门馆甚盛。告退，老翁出送，但见高岸对水，无复人家。及还彭城，子渊已失。元宝与子渊同戍三年，不知是水神也。北宋·乐史《太平寰定记》卷二题为"洛子神"，云是"洛水之神"。

【骆山人】五代·孙光宪《北梦琐言》卷二：唐镇州（今河北正定）王廷凑在行伍时得士心。曾使河阳，忽有一人荷策而过，熟视之曰："贵当列土，非常人也。"致敬而问，其人自云："济源（今河南济源）骆山人也，向见君鼻中之气，左如龙而右如虎，二气交王，应在今秋，子孙相继。满一百年。"是年果为三军扶立为节度使。后归别墅，有飞龙山神，廷凑往祭之，将及祠百步，有人具冠冕，恭要于中路，及廷凑入庙，神像已侧坐。

【骆玄素】唐·张读《宣室志》：赵州昭庆民骆玄素，为小吏，得罪于县令，遂遁迹，匿身山谷中。遇老翁，召入深山，至一岩穴。其东斋有药灶，命玄素候火。老翁自称东真君，命玄素以"东真"呼之。东真以药十余粒，令玄素饵之。自是玄素绝粒。仅岁余，授符术及吸气之法，尽得其妙。一日谓玄素曰："子可归矣。"送玄素至县南数十里，执手而别。自此以符术行里中。常有孕妇，过期不产，玄素以符一道，令饵之，其夕即产，于儿手中得所吞之符。其他神效，不可具述。其后玄素犯法，刺史杖杀之。凡月余，其尸如生，曾无委坏之色，盖饵灵药所致。于是里人收瘗之。时宝历元年夏月也。◆按：参见"徐童"条。

【落鼻祖师】即清水祖师陈应。仇德哉《台湾之寺庙与神明（四）》：传说每逢天灾地变，清水祖师像的鼻子即自行落掉，以示防备。传说有三：一说某年某地抬祖师像绕境，道经某户门前，鼻子掉落，当夜此户发生火灾，大家传为祖师显灵；二说参拜者或身体不洁或心不虔诚，祖师生气，鼻子即落下；三说祖师像鼻子为山贼挖掉，后经和尚修复，从此每有异故，鼻子即落，而每落必在袍袖之中。参见"清水祖师"条。

【落魄仙】《明一统志》卷七二："落魄仙。姓张，尝卖鼠药于梓州（今四川三台）。狱吏王昌寓取药以归，鼠食皆生翼而飞。后昌寓至泸，又遇之，乃易其药饵之，改名为易元子，仙去。"按：明·曹学佺《蜀中广记》卷七六引《名山志》云："张守虚尝卖药于梓州，号'落魄仙'。"或即此人。参见"张守虚"条。又此仙或云为"胡羊道人""胡佯"，参见各条。

【落头虫】晋·张华《博物志》卷三：南方有落头虫，其头能飞，其种人常有所祭祀，其虫即至，故因取之焉。其飞因晚便去，以耳为翼，将晓还复著体。

【落头民】晋·干宝《搜神记》卷一二：秦时，南方有落头民。三国吴时，将军朱桓得一婢，每夜卧后，其头辄飞去，或从狗窦，或从天窗中出入，以耳为翼，将晓复还。旁人夜视之，有身无头，蒙以被，及晓头还，碍以被，头不能入，则气促若将死，去被，头则起而就颈。又见晋·张华《博物志》卷九。◆又作"落民"。

【落民】唐·段成式《酉阳杂俎·前集》卷四：于氏《志怪》：南方落民，其头能飞。其俗所祠，名曰虫落，因号落民。按：此落民与落头虫应是一种传说的演变。

【M】

【ma】

【妈祖】即"天妃"，详见该条。张学礼《使琉球记》："吾乡陆广霖进士云：台湾往来，神迹尤著，土人呼神为妈祖。倘遇风浪危急，呼妈祖，则神披发而来，其效立应；若呼天妃，则神必冠帔而至，恐稽时刻。妈祖云者，盖闽人在母家之称也。"沈平山《中国神明概论》第五章："妈祖虽在沿海地方成为共同祭祀的海神，但神号甚多，有天妃、天后、天上圣母、碧霞元君、水仙圣母、妈祖婆等

妈祖　庙岛显应宫

神名，有的因挂祖居地名，而有湄洲妈、温陵妈、银同妈、东安妈、潮州妈之别。另外以神序有大妈、二妈之分。"

【麻媪】见《仙鉴后集》卷五。即麻婆，见"太阴夫人"条。

【麻风神】林纾《铁笛亭琐记》：麻风院祀严嵩，以为嵩罢相之后，为麻风院主。余先茔在桑溪之溪口，清明、重九，扫墓必经院外，见分宜像方供之高座，演剧以祀之。神怒目颦眉，乌纱衮服，状至威猛。

【麻姑】神仙中称麻姑者，大致有以下数人。❶王方平之妹。晋·葛洪《神仙传》卷三"王远"条：汉桓帝时，神仙王远，字方平，降于蔡经家。独坐久之，即令人相请麻姑。约两时间，麻姑至矣。是好女子，年十八九许。入拜方平，云："接待以来，已见东海三为桑田。向到蓬莱，水又浅于往者会时

麻姑　北京白云观

略半也。岂将复还为陵陆乎？"又麻姑鸟爪，蔡经见之，心中念言："背大痒时，得此爪以爬背，当佳。"方平已知经心中所念，即使人牵经鞭之。谓曰："麻姑神人也，汝何思谓爪可以爬背耶？"但见鞭著经背，亦不见有人持鞭者。按：此事最早见于魏·曹丕《列异传》，但未言是王方平妹也。❷刘宋·刘敬叔《异苑》卷五：秦时丹阳县（今安徽当涂之东，称小丹阳）湖侧有梅（一作麻）姑庙。姑生时有道术，能著履行水上。后负道法，婿怒杀之，投尸于水。乃随流波漂至今庙处铃下。巫人当令殡殓，不须坟瘗。实时有方头漆披在祠堂下。晦朔之日，时见水雾中暖然有著履形。庙左右不得取鱼射猎，辄有迷径没溺之患。巫云："姑即伤死，所以恶见残杀也。"❸明·王世贞《列仙全传》卷四：麻姑为后赵石勒时麻秋之女。其父猛悍，尝督民筑城，昼夜不止。麻姑贤，恤民，假作鸡鸣，众工乃止。其父欲挞之，遂逃入山洞，修道后飞升。❹明·陈继儒《太平清话》卷下：麻姑姓黎，字琼仙，唐放出宫人也。出《耕余杂录》。❺北宋政和间亦有麻姑。明·王世贞《列仙全传》卷四：麻姑，建昌（疑指今四川西昌，时称建昌卫）人，宋政和中修道于牟州（明时云南定远古称牟州，今为云南牟定）东南姑余山，得道，册封真人。◆按：平时所说麻姑皆指王方平之妹，故吉祥画中的麻姑献寿及方志所载遗迹，皆是此人。梁·任昉《述异

记》卷上："济阳山，麻姑登仙处。俗说山上千年金鸡鸣，玉犬吠。"南宋·洪迈《夷坚丙志》卷四："青城山相去三十里有麻姑洞，相传亦麻姑修真处。丈人观道士寇子隆独往瞻谒，中途遇村妇数辈担萝卜从山中出，子隆曰：'将谒仙姑。'一妇曰：'仙姑今日不在山，无用去。'授以萝卜一枚，曰：'可食此。'子隆食之，忽若有所悟，回首视之，无所见矣。自是神清气全，老无疾病，寿过百岁。"《仙鉴后集》卷三："宋徽宗政和间封真寂冲应元君，宋宁宗敕封虚寂冲应真人。"

【麻襦】十六国时人。《晋书·艺术传》：不知何许人，亦不知其姓名。石虎时，在魏县（在今河北）为乞丐，常著麻襦，故称之。状如狂者而言语卓越。佛图澄以为异人，荐于石虎。见虎唯道："陛下当终一柱殿下。"后慕容儁投石虎尸于漳水，尸倚桥柱不流，时人以为"一柱殿下"即谓此也。

【麻衣道者】❶《高僧传》卷一○有《史宗传》，言东晋史宗常著麻衣，世号麻衣道士，为天上谪仙，常在广陵白土埭讴唱乞食。❷五代时人。北宋·邵伯温《邵氏闻见录》卷七："河南节度使李守正叛，周高祖为枢密使讨之。有麻衣道者谓赵普曰：'城下有三天子气，守者安得久？'未几城破。三天子者，周高祖、柴世宗、宋太祖，三人同时在军中也。"北宋·文莹《湘山野录》卷下："钱若水少时谒陈抟求相骨法，陈抟不能决，约钱半月后复来。至期钱往，有老僧拥坏衲坐于炉旁，钱问为何人，陈对云：'麻衣道者。'"是麻衣道者为僧人也，《盛事美谈》（涵芬楼本《说郛》卷八○）作"麻衣和尚"。❸宋·章炳文《搜神秘览》卷中记有"麻衣道者"，与前"麻衣道者"似非一人，云："麻衣道者，不知其姓名及乡里。常以麻辫为衣，蓬发，面积垢秽。然颜如童稚，双瞳凝碧。多在定州、真定、保塞（皆为今河北地）。人识之积久，未尝启口，惟缄默而已。见酒即喜。人问其甲子修短及卜前因未来，皆书画于纸。后不知所之。"

【麻衣和尚】清·董含《莼乡赘笔》卷上："明季有麻衣僧，不知何许人，冬夏常披麻衣，故人以此呼之。形状颇异，语默不常，偶发一言，往往有奇验。一日忽谓人曰：'此地不出数年，当罹杀戮之惨。我归矣。'询其所向，竟不答。未几，醉倚西林寺桥而化。适有人从江北来，遇于京口，相与握手，计其时，即蜕去之日。"又见清·徐岳《见闻录》卷一"麻衣僧"条。

【麻衣仙姑】明·何乔远《名山藏》卷一○三、张

岱《石匮书》卷二○八："汾州（治在今山西汾阳）人，姓任氏，隐于石室山，家人求之不得，后有人见之，辄逃入石室山壁中。汾州石室山石壁上犹存手迹，每岁旱，祷雨辄应。或以净瓶乞水，得水即雨，俗谓之仙高雨。"《（雍正）山西通志》卷一六四："文水县东北桑村有麻衣仙姑庙。姑任姓，曾聘魏氏。遁居汾阳（今山西汾阳）之黄芦山石室。魏氏诣山请归。姑披麻走入洞，因名麻衣仙洞。洞有姑手痕，屡著灵应，因立桑村庙。明洪武间建。"◆明·王世贞《列仙全传》卷七入于五代间。

【麻衣先生】元时人。明·王圻《续文献通考》："居长清（今山东长清）。抱道潜真，醉歌自娱。常以药愈人疾，或预告人吉凶，事无不验。年百余岁蜕化。"又《济南府志》："李坚，长清人。长于风鉴，尝卖卜于长安市，祸福寿夭，言无不中。居长清东山麻衣洞，世遂称为麻衣先生。"当系同一人。

【麻衣子】东晋时人。明·王世贞《列仙全传》卷五："姓李名和，生而绀发美姿，稍长，厌世秽腐，入终南山。遇一道者，授以秘诀，戒曰：'南阳之间，湍水之阳，有山灵堂，岩洞其旁，神开汝乡。'遂寻至其地，居洞中十九年。有十二龙助其祷雨，其道大行，乡人神之。至宋孝武帝大明初，年百一岁，尸解。"《（雍正）河南通志》卷七○、《（万历）南阳府志》卷一八："李和字顺甫，秦中人。生于晋穆帝升平元年。二十八弃家修道，入终南山，遇一道者，授以秘诀。遂至内乡（今河南内乡）之灵堂洞，修十九年。其道大行，乡人神之。至宋孝武帝大明元年坐化。唐太宗贞观十三年封慈惠普济真人。"

【马绊】《山海经·中山经》郭璞注："今永昌郡有钩蛇，长数丈，尾岐，在水中钩取岸上人、牛、马啖之，又呼'马绊蛇'，谓此类也。"吴任臣《补注》："张文仲云：钩蛇，尾如钩，能钩人兽入水食之。"元·郑元祐《遂昌杂录》："冯梦弼在八蕃云南宣慰司时，乘驿出向某所，最后至一驿，驿吏语以今夕晚矣，且马绊出在江上，不若毋行。梦弼漫不省，即选马呕行。行未三四十里，忽乌拉赤者急下马跪伏，而其意则甚哀窘。明月微明睹一物如小屋大，竟滚入流水，腥风臭浪袭人。行数里许，乃问之，乌拉赤曰：'是谓马绊，即马黄精也，遇之者即为所啖。'"又作"马判"，参见该条。

【马陂大王】涵芬楼本《说郛》卷一九引宋·曾三异《因话录》："江乡淫祠有马陂大王，为盗者多祀之。亦能出为灵响，俗呼为'殇神'。必是小人死

斗，忿怒之气不泯而为厉者也。"参见"殇神"条。

【马步】历朝祭典有四时祀马神之礼，其中冬祭马步。郑康成曰："马步神，为灾害马者。"贾公彦疏曰："马神称步，若玄冥之步，人鬼之步之类，与'醰'字异音同义。"郑锷曰："寒气总至，马方在厩，必存其神，使不为灾。唐人之颂曰：'冬祭马步，存神也。'"郑锷又曰："马之难育也，必祈诸神以为之助。故春祭马祖，夏祭先牧，秋祭马社，冬祭马步。四时各有所祭之神，顺其时各有蕃马之法。"道藏本《搜神记》卷五："有庙在武昌县南之梁子湖上，旧俗以仲月祭于大泽，用刚日。今县人率以五月五日竞渡时祭享于庙。"参见"醰神"条。

【马成子】《仙鉴》卷一一：周秦之间，天下鼎沸。扶风（今陕西咸阳东）人马成子志欲修道，去家访道，闻岐山之阳、汧渭之侧有伯阳川，是老君与尹喜经行之所，有老君授西伯至道之台，乃往寻焉。适遇一黄盖童子，自称为太上老君侍童，授以胎元炼

马成子　仙佛奇踪

气之法。乃入蜀之鹤鸣山（在四川大邑县北），遇异人，服丹成仙。拜太上太极上卿、九华侍郎。◆明·彭大翼《山堂肆考》卷一五〇作"马城子"。

【马处谦】五代·孙光宪《北梦琐言·逸文》卷二："五代前蜀时术士，本扶风（今陕西凤翔）人，病瘖，其父使学《易》以求衣食。于安陆卖卜为生，遇一异人，授以星算之诀，自此言人休咎寿夭多中。蜀先主王建令杜光庭密问享寿几何，处谦对曰：'主上受元阳之气四斤八两。'果七十二而崩。四斤八两，即七十二两也。"同书《逸文》卷一，亦有一条载处谦为叶逢谈命事。

【马大仙】民间女巫有名者。道藏本《搜神记》卷六："大仙姓马氏，衢州府景陵县（景陵县在湖北，即竟陵，今天门；衢州府无景陵县，疑有误）人。家贫，养姑孝，佣身以资薪米，恒苦不给，艰辛备尝，略无倦意。一日遇异人授以仙术，大仙如其

术，日给赡养，不劳余力，自是姑得所养，善所终。未几，大仙亦随之示寂。乡人重之，立庙以永其祀。凡祷水旱疾疫多应。明刘基有重修马大仙庙记。"明·彭大翼《山堂肆考》卷一五〇云是唐光化间人。又云："异人授以仙术，往来佣织，去家百里。食有羹，即以箬笠浮还家，荐于姑，顷之复回。人知其不凡，呼为马大仙。"

【马丹】春秋时人。西汉·刘向《列仙传》卷上言马丹为"晋之耿人。文侯时为大夫，至献公时复为幕府正。献公灭耿，杀恭太子（即申生），丹乃去。至赵宣子执政，马丹回晋。灵公欲仕之，不为礼，忽起迅风发屋，马丹入回风中而去。北方人尊而祀之"。参见"丹虾"条。

【马丹阳】《（康熙）河南府志》卷二七："嵩县人。笃嗜黄老术，隐于邑东千秋镇之南岩。丹成凌空而去。"《汝州志》谓丹阳曾遇吕洞宾食瓜自蒂始，怪而问之，答云："香从鼻里出，甜向苦中来。"遂悟道。◆按：王重阳弟子马钰，号丹阳子，或称马丹阳。《（泰昌）登州府志》卷一一又云死后加号丹阳顺化真人，又加号丹阳无为真人。疑此马丹阳为马钰之传讹。而《仙鉴续编》卷一言马钰年六十一卒，无飞升事。有人见空中鸾鹤交舞。元至元六年赠丹阳抱一无为真人。

【马当上水府】见"扬子江三水府"条，而马当又称"中元水府"。《月令广义·九月令》引《摭言》："王勃年十三，侍父宦游，舟次马当，见大门当道，榜曰'中元水府'。路遇老叟坐于矶，曰：'来日重九，南昌都督命客作《滕王阁序》子往赋之，路七百里，吾助清风一席。'勃拜谢，问叟仙耶神耶。叟曰：'吾中元水府君也。'"按：今五代·王定保《唐摭言》无此条。又，王勃虽初唐人，但此传说当兴于唐末五代之际，不能以此定水府之说起于唐初也。而马当水神故事又不止此。《太平广记》卷三〇〇引《广博异志》："开元中，王昌龄自吴抵京国，舟行至马当山。舟人云：'贵贱至此，皆合谒庙，以祈风水之安。'昌龄不能驻，命使赍酒脯纸马及一草履奉大王。时昌龄误将金错刀置履中。行不数里，忽有赤鲤跃入舟中。昌龄剖之，金错刀宛在其中。"此从《搜神记》宫亭湖神故事中脱出。◆按：马当山在江西彭泽东北，唐·陆龟蒙《马当山铭》："天下之险者，在山曰太行，在水曰吕梁，合二险而为一，吾又闻乎马当。"

【马道兴】见"黄鹿真人"条。

【马底子】南宋·陈葆光《三洞群仙录》卷一引五

代·杜光庭《仙传拾遗》：马底子者，不知何许人。与何丹阳隐居蜀鹤鸣山（在四川大邑北），修八道望云之法。后于洞府探石函，得黄帝金鼎之诀。炼丹于山中，丹成飞升。

【马福总管】即"马公"，见该条。明·何栋如《梦林玄解》卷五言马公见于梦："正直孝义，故能为神。梦之者主果敢勇为，以孝著名。老年者梦之，年臻耄耋，多享厚福。女人梦之，必生孝子。"

【马腹】《山海经·中山经》："蔓渠之山，有兽焉，其名曰马腹，其状如人面虎身，其音如婴儿，是食人。"吴任臣《广注》以为马腹即水虎。参见"水虎"条。

马腹 山海经图 胡文焕本

【马鬼】即马死后所成之鬼。《太平御览》八八三引《九鼎记》及《青灵经》："人物之死。皆有鬼也。马鬼常时以晦夜出行，状如炎火。"唐·段成式《酉阳杂俎前集》卷一四《诺皋记上》："马鬼名赐。"明·陆粲《庚巳编》卷一：有阙翁者，言其邻人有良马牧于沙湖塘，失足坠水死。自后，每风雨阴晦之日，常有一马奔驰塘上，毛色宛然如生，走近视之，辄不见。人皆谓此马之鬼。

【马公】与"宋相"俱为五通属神。明·钱希言《狯园》卷一二又称"插花马公"，云："为五郎部下伤官，巫祝称为'马福总管'，俗呼之为'马阿公'。别置矮席先祭享之，匆匆送去，然后登歌。相传马阿公者，葑门人，以卖鲜菱为业。每晨担菱出阊门，经过山塘宋相公庙，必择取其大者一双为供，日以为常。最后暮年，与人争担，斗不能胜，怒而登灭渡桥，自投于水。适宋相公神舟过桥下，收于帐前驱使。吴俗敬其正直，凡开张铺肆者，龛事于家，朝夕祈祷，以昔尝为担人又名福也。"清·钱泳《履园丛话》卷一五所记与《狯园》同，后又云："汤斌灭淫祀，五通神像俱被拉倒，唯马公、宋相不动，遂不问，至今乡人祀之。"

【马化】见"猴玃"条。

【马俭】十六国时人。明·王世贞《列仙全传》卷五："扶风（今陕西扶风）人。博通经史。苻秦甘露中，从孙彻学道，授五符真文，断谷服水，行气导

引，遂役使万灵，制御群邪。姚苌闻而异之，召之不至。年九十八飞举。"《仙鉴》卷三〇："字符约，为尹通之度师。苻秦甘露中，隶道士籍于楼观。"

【马见愁】怪兽名。元·伊士珍《嫏嬛记》卷中引《采兰杂志》：西域有兽如犬，含水喷马目，则马瞑眩欲死。因马皆畏之，名曰马见愁。唐宣宗时，国人献其皮，编为马鞭，一扬马即走，谓之"不须鞭"。

【马脚】清·慵讷居士《咫闻录》卷一"徐巫"条："滇黔风俗尚鬼，人有疾病，必延巫师，如有怪异，则降马脚。马脚者，南方谓之马脚，北方谓之鸡脚。"按：马脚，即降神时为神所附体之人，多为巫者。清·屈大均《广东新语》卷六："于是二司神各发马脚，马脚者，神所附之人也。"参见"马下"条。

【马胫国】即"钉灵国"，见该条。

【马郎妇】《神异典》卷七九：按《法华持验》：唐马郎妇者，出陕西。先是此地俗尚骑射，不知有三宝名。元和十二年，忽有美艳女子挈篮鬻鱼，人竞欲娶之。女曰："有一夕能诵《普门品》者，则吾归之。"黎明诵彻者二十余辈。复授以《金刚般若》，旦通犹十人。乃更授《法华经》全帙，期以三日通彻，独马氏子能，乃具礼迎焉。入门，女称疾，求止别房，须臾便死，体即烂坏，遂瘗之。数日，有紫衣老僧至葬所，命启视，惟黄金锁子骨存焉，谓众曰："此观音大士，悯汝辈障重，故垂方便，示现以化汝耳。"言讫飞空而去。明·梅鼎祚《青泥莲花记》卷一下有"马郎妇"一则，言："昔有贤女马郎妇，于金沙滩上施一切淫人。凡与交者，永绝其淫。死，葬后，一梵僧来，云求我侣。掘开，乃锁子骨。梵僧以杖挑起，升空而去。"同书又有"锁骨菩萨"一则，与此相类。◆按：《佛祖历代通载》卷一五记马郎妇事，仅言为"圣者"，未言为观音，而《佛祖统纪》卷五三云是普贤化身，《释氏稽古略》卷三云是观音化身。

【马灵官】即"灵官马元帅"。见"马元帅"条。

【马灵真】元时人。明·于慎行《（万历）兖州府志》卷五二：名了道。师事雷洪阳。洪阳为马丹阳弟子。人以其同姓，称小丹阳云。了道既传丹阳术，游至雪山，乃结庐于洞旁，服气导引。后形解仙去。

【马明生】汉时人。《太平广记》卷五七引《神仙传》（今本作马鸣生，文字稍异）："太真夫人过临淄（在今山东淄博）县，小吏和君贤，为贼所伤，殆死，夫人见愍，问之，君贤以实对。夫人曰：

'汝所伤乃重刃关于肺腑，五脏泄漏，血凝绛府，气激伤外，此将死之厄也，不可复生，如何？'君贤知是神人，扣头求哀，夫人于肘后筒中，出药一丸，大如小豆，即令服。登时而愈，血绝创合，无复惨痛。君贤再拜跪曰：'家财不足，不知何以奉答恩施，唯当自展驽力，以报所受耳。'夫人曰：'汝必欲谢我，亦可随去否？'君贤乃易姓名，自号马明生，随夫人执役。夫人携入东岳泰山石室中，明生方知夫人为神仙，一心求道。夫人屡试明生，见其心坚志静，遂令明生师事安期先生，得不死之术。《云笈七签》卷一〇六《马明生真人传》："本姓和，名君宝。少为县吏，捕贼，为贼所伤，遇太真夫人以仙丹救活。遂改名为马明生，随夫人执役，入东岳泰山石室学道。如此五年，夫人方使明生师事安期先生。明生乃随安期先生周游诸名山，授以太清金液神丹方，别去。明生遂入华阴山，依方合丹，丹成，服半剂而得仙体，游于人间，无人识者。至汉灵帝时，太傅胡广知明生为有道者，问以国祚长短。后又服半剂，升天而去。"◆晋·葛洪《神仙传》卷五作"马鸣生"，言救其活者为道士，非太真夫人。明·王世贞《列仙全传》卷二言其名和，字君实。

【马明王】❶蚕神。明·郎瑛《七修类稿》卷一九："所谓马头娘者，本《荀子·蚕赋》'身女好而头马首者欤'一句。又荀子尝为兰陵王，或世论为马明王也。"南宋·戴埴《鼠璞》卷下："俗谓蚕神为马明菩萨。"台湾地区又称马明尊王，仇德哉《台湾之寺庙与神明（二）》以为即蚕神："马明尊王又称马明王、马头娘、马头菩萨、蚕女、蚕神。"参见"马头娘"条。❷马神。明·陆容《菽园杂记》卷八："《周礼》春祭马祖，夏祭先牧，秋祭马社，冬祭马步，其文甚明。今北方府州县官凡有马政者，每岁祭马神庙，而主祭者不知所祭之神。尝在定州，适知州送马神胙，因问所祭马神何称，云称马明王之神。及师生入揖，问之，亦然。"

【马鸣生】见晋·葛洪《神仙传》卷五。即"马明生"，见该条。

【马判】元·陶宗仪《南村辍耕录》卷一〇："云南宣慰司令史冯梦弼，因差至一大溪，忽见一物如屋，自溪中出，腥风臭雾，触人口鼻。土人云：其名马判，实为马蟥精也。"按：马判，元·郑元祐《遂昌杂录》记此事作"马绊"。另参见"蛟"条。

【马皮婆】南宋·郭彖《睽车志》卷四：峡江水中有物，头似猕猴而无足，自颈以下扁阔如匹练，粘涎如胶，喜食马，土人谓之"马皮婆"。◆按：此即"马判"，蚂蟥精也。

【马荣】晋宋间人。《洞仙传》：住梁国谷城中。两眼赤烂，瞳子不见物而能明察洞视。北方多病癞，乡里不容者辄来投荣，荣为治之，皆瘥。常乘鹿车，行无远近，无人牛推引而车自行；或一日至数十处，处处有一马荣。宋孝建二年，作书与人别，至期而卒。

【马社】历朝祭典有四时祀马神之礼，其中"秋祭马社"。王昭禹曰："马社，厩中之土祇。凡马日中而出，日中而入。秋，马入厩之时，故祭马社。"郑锷曰："皁厩所在，必有神焉。赖乎土神以安其处所，故祭马社。"

【马身人面神】
《山海经·北山经》："自太行之山以至于无逢之山，凡四十六山，万二千三百五十里，其神状皆马身而人面者二十神。"

【马身龙首神】
《山海经·中山经》："凡岷山之首，自女几山至于贾超之山，凡十六山，三千五百里，其神状皆马身而龙首。"

马身人面神　山海经图　汪绂本

【马神】据《周礼》，周制以四时祭马祖、先牧、马社、马步诸神。所谓"春祭马祖，夏祭先牧，秋祭马社，冬祭马步"也。后世直至明清俱因之。民间又有"马王""水草马明王"诸神。参见诸条。◆明·王世贞《弇州四部稿》卷一六九："马步害，马神也。"明·徐应秋《玉芝堂谈荟》卷一三遂云："马神，其名马步害。"其说无稽。

马身龙首神　山海经图　汪绂本

【马师皇】西汉·刘向《列仙传》卷上：黄帝时马医，知马形气死生之，治之辄愈。后有龙下，向之垂耳张口，师皇知龙有病，乃针其唇下口中，以甘草汤饮之而愈。后数数有疾，龙出其波，告而求治之。一旦，龙遂负之上天。

马师皇 列仙图赞

【马头娘】蚕神。南宋·戴埴《鼠璞》卷下："唐《乘异集》载，蜀中寺观多塑女人披马皮，谓之马头娘，以祈蚕。《搜神记》载，女思父，语所养马：若得父归，吾将嫁汝。马迎得父，见女辄怒，父杀马，曝皮于苞中，皮忽卷女飞去桑间，俱为蚕。俗谓蚕神为马明菩萨以此。然《周礼》'马质禁原蚕'注：'天文辰为马蚕，天为龙精，月直大火。蚕马同气，物不能两大，禁再养者为伤马。'旧祀先蚕与马同祖，亦未可知。"明·郎瑛《七修类稿》卷一九："所谓马头娘者，本《荀子·蚕赋》'身女好而头马首者欤'一句。但蚕为马精所化，故古人禁原蚕，恐伤马也。白僵蚕擦马齿，马即不食，可见矣。欲祀其神，古者后妃享先蚕。先蚕，天驷也，非马之精何为？"◆《宋史·孔维传》载：孔维上疏曰："《月令》仲春祭马祖，季春享先蚕，皆为天驷房星也。为马祈福，谓之马祖，为蚕祈福，谓之先蚕。是蚕与马同其类尔。"

【马王】清·富察敦崇《燕京岁时记》："马王者，房星也，凡营伍中及畜养车马人家，均于六月二十三日祭之。"又引《春明采风志》："祭马：凡营伍及武职，有马差者，蓄养车马者，均于二十三日以羊祭之。"《北平风俗类征·岁时》引《京都风俗志》云："六月二十三日祭马王，京中畜养骡马之人、馆家及各

马王 河南开封民间神像

机关皆举行之。马王纸像，纸店皆有售者，名曰请，请至则供于桌台，前列钱粮（即元宝黄千章）及蜡烛、香炉、水果、鸡鱼、羊头之类。马王像红而多须，三目，一目竖立额际，六臂交叉，各执刀枪剑戟，身披铠甲，狰狞可怖，神马上书'水草马明王神位'字样，神像之下，绘一供桌，桌前绘一小马，并供清水一碗，净草一小斗，以示专诚供此马也。在三十年前之北京城郊，每届此时，极为热闹，内务府之上驷院、太仆寺以及素喜跑马之家，皆举行祀马王，均在马号，不在正宅，与祭者皆为仆役牧卒。盖每届此期，不仅为仆役等醉餍酒肉，照例要求主人发给银钱，以为置备祭品之需。至下午祀毕，所有供献酒肉果品，即由仆役享受，是名为供马王，实则赐宴仆御也。他如养畜运货与有轿车之家，以及专倚车马为生者，几莫不视此祭祀为特要。即磨面磨油之一类店铺，亦不敢轻此典礼，以为凡驴马等之健肥疲羸、死亡疾病，莫不归马王主之。享祀丰洁，则牲畜蕃庶，营业顺利，否则灾病交侵，营业亦有损焉。至其祀典，亦甚简单，由各仆御等在供桌前烧香叩头后，即移请神马于庭，而焚诸门外，无论祭者或未与祭者，团团围坐，大享祭余。此风近已逐渐消灭，盖豢养车马者少矣。"◆参见"水草马明王"条。

【马王爷】即"灵官马元帅"，见"马元帅"条。

【马五娘】北宋时女子。《（顺治）延平府志》（治在今福建南平）卷二〇：马氏名五娘，永安二十七都铜盘人。至道元年生，容貌丰美。及归，婚夜中毒而病，夫家弃还父家。父请僧徒送于河，将沉之，忽云雾飘起，有神附人语，引上百丈岩头，得仙果食之。二妹及嫂杜氏来看五娘，以果分与之食，俱飞升天。云是九天玄女度之。

【马西风】明·钱希言《狯园》卷三"马西风"条：江西永新彭明府，自少好道，不乐为官，解职归，云水之流常满座。一日有花篮鱼鼓道士闯入其室。彭问姓名，曰："我马西风也。"彭命左右进茶，马曰："贫道过武夷，携得旗枪数蕊，请出奉饷。"取怀中葫芦泻之，香茗二碗，甘冽殊常。彭命置酒，马即从葫芦中倾酒不竭。道士忽掷杯梁上，化双燕，众咸骇视，回顾座中，已失道士所在。又见明·王兆云《挥麈新谈》卷下"马西风"条。

【马下】明·陆粲《庚巳编》卷五"说妖"条："祭五圣，杂以观音、城隍、土地之神。别祭'马下'，谓是其（五圣）从官。"又有称"下马"者，清·徐时栋《烟屿楼笔记》卷一言有"下马"，实

亦此物："吾乡祭神，遇事稍大者，于神筵之旁别设一筵，其仪物减等，以享神之从者，名曰'下马'，谓'神马'中之下焉者耳。"◆按：此"马下"当是诸淫祀之从卒，未必仅属于五圣。而"下马"实即"马下"，以为"神马中之下焉者"，臆度之辞也。"神马"即"神祃"。◆按：又有"马脚"，或作"祃角"，为降神时神所附之人。

【马仙姑】❶宋时人。南宋·洪迈《夷坚甲志》卷一五：果州（今四川南充）马仙姑者，以女子得道。尝为一无赖道人醉以药酒而淫之，后忽忽如狂。靖康元年闰十一月二十五日，衣衰麻杖经哭于市，曰："今日天帝死，吾为行服。"市人皆唾骂之。后闻京师是日失守。❷《（雍正）山西通志》卷一六〇：金时永和人，名守明。母梦玉童而孕。幼敏慧，及笄，谒甘泉女冠张妙清为师。居三载，适绛州舍李氏。越明年无疾而逝，三日复苏，自是不复谷食，能前知吉凶，不假砭药而愈疾者。元至元间端坐而逝，年六十四。❸《（雍正）山西通志》卷一五九：元时永平人。幼慕栖真，结屋高平县西通义村，日以炼形为事。旁产香草，飞鸟不期而集。一日正襟逝。立祠祀焉。❹《（弘治）八闽通志》卷五八：候官县（今福建福州）十五都甘蔗洲上有马仙庙。马仙生建安县将相里，适人一岁，夫亡，誓志不二，纺绩养姑，每跣足出入，遇溪暴涨，无舟可渡，张伞仰置水上，乘之以济，众尽骇异。语人曰："我有姑在，终其天年，即仙去。"闽人像祀之。马坑江上亦有庙，舟航遇风，多著灵异。

【马仙娘】清·俞樾《春在堂随笔》卷五：福建福鼎县一岭上有马仙娘庙。有二说：一为马真人，温麻里马氏女，唐乾符中入昆田山炼丹仙去。一说为江南人女，随父宦来闽，年十八死于寿城，乡人庙祀之。倭寇入寿城，乡人见有女将军率兵至，倭遁去。

【马仙人】《天地宫府图》七十二福地第十八金庭山（在庐州巢县，今安徽巢湖），马仙人治之。不知所指何人。

【马衔】《文选·海赋》："则有海童邀路，马衔当蹊。"顾善注引陆经《海赋图》："马衔，其状马首一角而龙形。"◆一本作"马御"。

【马湘】唐时人。五代·沈汾《续仙传》卷上：字自然，杭州盐官（今浙江海宁南）人，世为县小吏，而湘独好经史，攻文学，治道术，遍游天下，后归江南。尝醉于湖州，堕溪中，经日方出，衣不沾湿，坐水上言曰："适为项羽召饮酒。"又能以拳入鼻，拳出，鼻如故。能指溪水使逆流，指桥断而复续。游常州，时宰相马植谪官为常州刺史，慕湘名，与相交。为常州驱除鼠患。南游越州（今浙江绍兴），经洞岩禅院，寺僧无礼，马湘做法使院中三百僧不得下床。又游霍桐山，旅舍主人戏言无房，马湘遂以脚挂梁上倒睡，又以身入壁中。大中十年归故乡，一夕卒。后二年，东川奏马道士马自然上升于梓潼。朝廷敕浙西杭州发其家之墓，棺中唯一竹杖。◆五代·于狄《闻奇录》：马自然貌丑，能饮，为人治病无不愈者。上升于四川梓潼。

【马行】秦汉时丛祠神名。《史记·封禅书》：汉武帝时有人上书云："古者天子常以春解祠，祠黄帝用一破枭镜；冥羊用羊祠；马行用一青牡马。"

【马绣头】明时人。清·周亮工《书影》卷九：张瑶星曰：崇祯四年秋，遇道人马绣头者，亦异人也。道人修髯伟干，黄发覆顶，舒之可长丈余，不栉不沐，略无垢秽。自言生于正统甲子，至是约百八十余岁。行素女术，所至，淫妪多从之游。为登州祈雨，万里无纤云，道人东向而嘘，则有片云自嘘处起，少焉浓云密布，雨下如注；挥手一喝，雨止云散。后刳一木，坐其中，乱流浮海而去，不知所终。

【马宣德】宋时人。《仙鉴》卷五〇：不知何许人。尝仕至宣德郎。宋神宗熙宁中，宋若谷通判岢岚军（今山西岢岚），一日宴坐，马宣德入谒，言："吾谢事久矣。现居抱犊山（在今山西长治南），君后一月当往彼，幸访我。"若谷吭然应曰诺。至期，果有命若谷至彼按牧马地，至抱犊山，尚不记与宣德之约。至一岭，见童子于道左致宣德意，若谷始大惊。既至其庐，宣德取二丸饵之。及辞出，回顾苍崖乔木，烟云蓊郁而已。

【马钰】全真道北七真之一。《仙鉴续编》卷一："初名从义，字宜甫，改名钰，字玄宝，号丹阳子。宁海（今山东牟平）人，母梦麻姑赐丹一粒而生。儿时，李无梦见而奇之，以为大仙之材。以孙不二为妻，生三子。金大定七年，王重阳自终南来，居于钰第，钰师事之。居昆嵛山（在今山东烟台地区）烟霞洞，能使枯木重荣，祷雨辄应。卒年六十一，有人见空中鸾鹤交舞。元至元六年赠丹阳抱一无为真人。"《神异典》卷二五五引《登州府志》："陕西扶风（今陕西扶风）人，因避乱居于宁海。金大定间遇重阳子，教以仙术。后游关东，回道经芝阳山，遂以为修炼之所。后游莱阳（今山东莱阳）游仙宫，羽化其间。加号丹阳顺化真人，又加号丹阳无为真人，又加号无为普化真君。"

【马御】《文选》木华《海赋》："海童邀路，马御当蹊。"注："马御一作马衔，一角而龙形。"

【马元帅】即"灵官马元帅"。《三教源流搜神大全》卷五：凡三显圣：一、原是至妙吉祥化身如来，以其灭焦火鬼坟，有伤于慈而降于凡世。遂以五团火光投胎于马氏。面露三眼，因名三眼灵光。生下三日，能斩东海龙王。二、继以盗紫微大帝金枪，寄灵于火魔王公主为儿，名灵耀，受业于太惠尽慈妙乐天尊，精一切法术。遂奉玉帝之敕，以服风火之神，遂

马钰　列仙全传

马元帅　北京白云观

能使风火二轮；又收百加圣母，遂能用五百火鸦；降乌龙大王，斩扬子江龙。玉帝授以左印右剑，掌南天事。玉帝赐宴，金龙太子为之行酒，忽忆太子傲侮，遂怒烧南天门，遍败天将，下走龙宫，笞金龙以泄愤。三、又化为一胎，内包五兄弟二姐妹，共产于鬼子母之遗体。又以母故下入地狱，过酆都，战哪吒，敌齐天大圣，如来佛为之解和，后复入于菩萨座左。玉帝以其功德齐天地，敕于玄帝部下为元帅。◆按：此灵官马元帅真为混世大魔王，

翻天覆地，集哪吒、华光、孙行者事迹于一身，而最终仅为玄武帐下一元帅。疑元明之时民间本有马元帅唱本，不幸而未能光大如哪吒、孙行者，至后世竟几乎没没无闻，所剩者似仅为"马王爷三只眼"一句俗语了。

【马之瑶】宋时人。《（康熙）河南府志》卷二七：太康县人。弃家游嵩，居太室之绝顶。善导引之术，雨雪绝粮，或数日不食。邑旱，马手持一轴，谓人曰："我与龙王作寿，为汝辈乞雨。"忽耸身入潭，须臾而出，衣履不湿，果雨。

【马重绩】五代时后唐人。《新五代史》本传：马重绩，字洞微，世事军中。重绩少学数术，明太一、五纪、八象、《三统大历》，居于太原。唐庄宗镇太原，每用兵征伐，必以问之，重绩所言无不中，拜大理司直。明宗时废不用。晋高祖以太原拒命，废帝遣兵围之，势甚危急，命重绩筮之，遇《同人》，曰："战而胜，其九月十月之交乎？"是岁九月，契丹助晋击败唐军，晋遂有天下。拜重绩太子右赞善大夫，迁司天监。卒年六十四。

【马周】《太平广记》卷一九引《神仙拾遗》：马周者，华山素灵宫仙官。唐氏将受命，太上命其辅佐。而周沈湎于酒，汨没风尘二十年。袁天纲见之，言其"五神奔散，旦夕将亡。"于是教以禳解之术，随一骑牛老叟至一宫阙，乃太华仙王之宫。又入一室，乃马周为仙官时所居之处，内有五人，服五方之衣，自云："我等皆先生五脏之神。先生酗酒流荡，我等归此久矣。"使马周闭目，五脏回位，顿觉心智明悟。于是马周再来长安，为太宗所知，一日九迁，百日位至宰相。◆按：马周为唐初名臣，《唐书》有传。

【马自然】❶即"马湘"，见该条。❷《仙鉴》卷四九：不知何许人。少习修真炼气之方。年六十四至建昌（今江西南城），于酒垆见四道人，问其名，曰锺离权、吕洞宾、刘海蟾、陈七子也。乃拜海蟾为师，授以道要，遂得道。后游庐山，酣寝石上六十日，为采薪者所惊方醒。俄去阁皂山访道。时复往来市道上，持大铁勺化钱市酒。后不知所终。

【马祖】历朝祭典有四时祀马神之礼，其中"春祭马祖"。按《周礼·夏官·校人》："春祭马祖，执驹。"郑锷曰："马未尝有祖。此言马祖者，贾氏谓天驷也。以天文考之，天驷房星也，房为龙马，马之生者，其气实本诸此，则马祖为天驷可知。于春则祭。春者，万物始生之时。"◆清·富察敦崇

《燕京岁时记》："马王者，房星也，凡营伍中及畜养车马人家，均于六月二十三日祭之。而《周礼》云'春祭马祖'。"◆仇德哉《台湾之寺庙与神明（四）》："又称马使爷，马舍公、舍人公、辅顺将军。"

【骂神】破额山人《夜航船》卷八"厨房联句"：吴越之野，有骂神庙。神喜骂，凡有所求，烛香牲醴之后，必继以大骂，始灵验。否则土木如故。

馬自然　仙佛奇踪

【mai】

【卖姜翁】南宋时人。明·钱希言《狯言》卷四、明·王世贞《列仙全传》卷八：未详姓字，在衡州（今湖南衡阳）市荷担卖姜，三十余年，颜貌不改。有道士遇之于茶肆，欲授以黄白之术，翁不答，但取姜纳口中，须臾吐出成黄金。自是不复见。

【卖蕨母】清·张正茂《龟台琬琰》：母卖蕨市上，衣百结，有饥色。王鲸遇而悯之，乃以千金买蕨。母谢而去。鲸归，蒸于乌头甑，尽成金钗。

【卖水叟】五代·杜光庭《神仙感遇传》卷一"于满川"条：于满川，成都乐官也。其所居缺水，有一老叟常担水以供数家久矣，忽三月三日，满川于学射山至真观看蚕市，见卖水老叟，与之语，云："居在侧近。"即邀过其家。行可十里许，即见门宇殿阁，人物喧阗，有像设图绘，若宫观焉。引至大厨中，人亦甚众。忽失老叟所在，问人，乃葛璝化厨中，顷刻之间，已十日矣。卖水老叟自此亦不复见。

【卖药翁】❶五代·沈汾《续仙传》卷上："不知其姓名，容貌数十年不变，常提一大葫芦卖药，人或告疾求药，得钱不得钱皆与之，人皆称有效。或有戏求药者，亦与之，而归家药即不见。后于长安市中卖药，求药者多，后葫芦中仅余一丸，极大光明，乃叹曰：'亿兆人无一人肯把钱买药吃，可哀

哉！'即自食之，足下云起，飞腾而去。"《仙鉴》卷三二编入唐人间。❷宋·隐夫玉简《疑仙传》卷上："蒲州（今山西永济）有卖药翁，不知姓名，人皆呼为卖药翁。人买药不得者，病必不愈。州有富人王谕者，恬静好道，俱酒邀之。卖药翁赠谕书一卷，别去，不知所往。谕读此书，大达医术。后有一道士求观此书，既与，道士与书忽然俱灭。"

【脉望】唐·段成式《酉阳杂俎·续集》卷二："建中末，书生何讽尝买得黄纸古书一卷，读之，卷中得发卷，规四寸，如环无端，讽因绝之，断处两头滴水升余，烧之作发气。讽尝言于道者，道者曰：'据仙经云，蠹鱼三食神仙字，则化为此物，名曰脉望。夜以规映当天中，星使立降，可求还丹，取此水而和服之，实时换骨上升。'因取古书阅之，数处蠹漏寻义读之，皆神仙字，讽方叹服。"五代·孙光宪《北梦琐言》卷一二："唐张褐尚书子，闻说壁鱼入道经函中，因蠹食神仙字，身有五色，人能取壁鱼吞之，以致神仙而上升。张子惑之，乃书神仙字，碎剪实于瓶中，捉壁鱼以投之，冀其蠹蚀，亦欲吞之，遂成心疾。每一发作，竟月不食，言语粗秽，无所回避。"

【man】

【蛮蛮】有两说。❶《山海经·西山经》："崇吾之山。有鸟焉，其状如凫，而一翼一目，相得乃飞，名曰蛮蛮，见则天下大水。"郭璞注："比翼鸟也。色青赤，不比不能飞。"❷《山海经·西山经》："刚山之尾，洛水出焉，而北流注下河。其中多蛮蛮，其状鼠身而鳖首，其音如吠犬。"

蛮蛮　山海经图　汪绂本　　蛮蛮　山海经图　胡文焕本

【满财】唐·释道世《法苑珠林》卷五八引《白泽图》："筑室三年不居，其中有满财，长二尺，见人则掩面。见之有福。"

【mao】

【猫鬼】《北史·独孤陀传》："独孤陀性好左道，其外祖母高氏先事猫鬼，已杀其舅郭沙罗，因转入其家。隋文帝微闻而不信。会献皇后及杨素妻郑氏俱有疾，召医视之，皆曰：'此猫鬼疾。'上令左仆射高颎等杂案之。陀婢徐阿尼言：本从陀母家来，常事猫鬼，每以子日夜祀之。言子者鼠也。其猫鬼每杀人者，所死家财物潜移于畜猫鬼家。陀尝从家中索酒，其妻曰：'无钱可酤。'陀因谓阿尼曰：'可令猫鬼向越公家，使我足钱。'阿尼便咒之，居数日，猫鬼向素家。后上初从并州（今山西太原）还，陀于园中谓阿尼曰：'可令猫鬼向皇后所，使多赐吾物。'阿尼复咒之，遂入宫中。杨远乃于门下外省遣阿尼呼猫鬼，阿尼于是夜中置香粥一盆，以匙扣而呼曰：'猫女可来，无住宫中。'久之，阿尼色正青，若被牵拽者，云猫鬼已到。"《太平广记》卷一三九引唐·张鷟《朝野佥载》："隋大业之季，猫鬼事起。家养老猫为厌魅，颇有神灵。递相诬告，郡邑被诛者数千余家。"南宋·王楙《野客丛书》卷三〇："南北朝多事蛊毒，有所谓猫鬼者。观隋《独孤陀传》，其家每夜以子时祀猫鬼，言子者鬼也。其猫鬼每杀人，所死之家财物潜移于畜猫鬼家。故当时下诏禁之甚力，谓畜猫鬼之家投四裔。仆始不晓猫鬼为何物，因观《巢氏病源》，知猫鬼乃老狸野物之精，变而为鬼蜮而依附于人，人畜之以毒害人，其病心腹刺痛，食人腑脏，吐血而死，乃知猫鬼如此。"◆后世西北亦有祀"猫鬼神"而行窃者，与隋之猫鬼稍近。清·慵讷居士《咫闻录》卷一："甘肃凉州界，民间崇祀猫鬼神。其怪用猫缢死，斋醮七七，即能通灵。后易木牌，立于门后，猫主敬祀之，旁以布袋约五寸，备待猫用。每窃人物，至四更许，鸡未鸣时，袋忽不见，少顷，悬于屋角，用梯取下，释袋口，倾注柜中，或米或豆，可获二石。"清·潘纶恩《道听途说》卷一二有"猫怪"一则云："有牝狐者，狸种也，生而能灵，南方为祟者多此种，人见其形似猫，或传为猫怪。"

【猫将军】清·黄汉《猫苑》卷上：安南有猫将军庙，其神猫首人身，甚著灵异，中国人往者必祈祷决休咎。或云猫即毛字之讹。前明毛尚书曾平安南，故有此庙。果尔，是又伍紫髯、杜十姨之故辙矣。

【猫神】清·黄汉《猫苑》卷上引《礼记》："腊日迎猫以食田鼠，谓迎猫之神而祭之。"又引陈笙陔曰："杭人祀猫儿神，称为降鼠将军。每岁终祭群神必皆列此。"又引张衡斋曰："金华府城大街有差猫亭，相传明时军装局鼠患甚暴，朝廷差赐一猫除鼠。后立庙其地，称灵应侯，至今里人奉为社神。"仇德哉《台湾之寺庙与神明（四）》："宜兰县头成镇天神宫供奉之将军爷，据说是一只山猫。传说光绪年间，当地有一只山猫作怪，捕食家禽家畜，传播瘟疫，百姓求祷无效。后山猫凭乩童传言：如为其立庙，将成为全村之守护神。百姓如言立庙，猫害果止。"

【猫王神】明·朱国桢《涌幢小品》卷一九：陆钶为贵州副使。尝行一山谷中鼓角不鸣，军皆衔枚疾走。怪之，左右对以"猫王神最灵，人辄避不敢犯"。公毅然曰："有是哉！"入见其像累累，令军人持一像以行。及下车，军且以像俯地，呼而请罪。公曰："是何惑人之深也！"焚之，无能为妖。

【猫魈】南宋·洪迈《夷坚支志·丁集》卷八记临安女子为魅所祟，见一少年，状貌奇伟，凡饮食所须，应声即办，讴吟笑语，与人不殊。而旁人皆不能见。请术士禳之，了不为动。有卖面人羽老，一问即知为猫魈。遂行法诛之。至后世有"金华猫妖"之说，即"猫魈"也。明·陆粲《说听》卷下："金华猫，人家畜之三年，后每于终宵，蹲踞屋上，仰口对月，吸其精，久而作怪。入深山幽谷，或佛殿文庙中为穴，朝伏匿，暮出魅人，逢女则变美男，逢男则变美女，每至人家，先溺于水中，人饮之，则莫见其形。凡遇怪者，来时如梦，日渐成疾，家人夜以青衣覆被上，迟明视之，若有毛，必潜约猎徒，牵数犬至家擒猫，剥皮炙肉，以食病者，方愈。"清·纳兰性德《渌水亭杂识》卷四："金华人家忌畜纯白猫，能夜蹲瓦顶，盗取月光，则成精为患也。"按：此说似盛行于浙江。清·黄汉《猫苑》卷上亦载猫能拜月成妖事数条，且言乃野猫而非家猫。清·袁枚《续子不语》卷五"绿郎红娘"条言金华有"猫魈"，妖鬼类也。

【毛】明·方以智《通雅》卷二一引《白泽图》："故市精曰毛。"即"毛门"，见该条。

【毛伯道】梁·陶弘景《真诰》卷五：与刘道恭、谢稚坚、张兆期皆后汉时人。学道王屋山（在今河南济源西北）中，积四十年，共合神丹。伯道先服之而死，道恭服之又死。谢、张不敢服，离山而去。后见伯道、道恭在山上无恙。二人悲泣请道，伯道与之茯苓，服之，亦各数百岁。

【毛苌】唐时人。《(雍正)江南通志》卷一七四："不知何许人。游宜兴张公洞，自洞底东至太湖洞庭山，得石穴而出。自方于洞中东行，闻顶上有风波声及舟人语。今山上有毛公洞。"按：毛苌本为传《毛诗》之儒者，不知何以此人亦名毛苌。

毛伯道　列仙图赞

【毛道人】❶南宋·曾敏行《独醒杂志》卷一〇：南宋建炎初，里中有狂者，自称为毛道人，往来诸大姓家，人不以为异。一日江涨，不解衣而涉，未登岸，人疑其溺，既济，衣裾不湿，人始异之。馆于胡氏家，夜半忽举火焚其门，主人惊救，毛升屋大笑，众怒逐之，不见所在，有顷乃闻在米斛中。后未知所终。❷南宋·洪迈《夷坚三志·壬集》卷一"南城毛道人"：南城毛道人者，不得其名。少年不娶，父母既终，翩然远引。三十年后乃还乡。时眸子炯然，往来寄宿它舍，不事生业。有信而师之者，其诲受之诀，不过熊经鸟伸之术而已。寡言笑，人待以饮膳，无论多少辄尽。饮酒至斗，略无宿醒。屡同客夜坐，一伸欠，则光自其口出。富家慕道者往造之，杳无一言。庆元四年正月九日，坐亡于南丰逆旅。迨焚化时，骨皆连环不断。仍得一物，如钱大，色白如玉雪，坚而莹，隐然通明，有人形跏趺而坐。

【毛道真】《(雍正)山西通志》卷一六〇：元时夏县人。至正间修养于瑶台山。既卒，门人立祠塑像祀焉。后数年，自河南募缘，觅小车数辆载之，抵夏县渡河，湿只履。托以事先行。及挽车人至瑶台山，询之，则死已久矣。一观大惊，视其像，一履尚湿。

【毛方】《(雍正)广东通志》卷五六："晋时电白人。自幼至老，色如渥丹。能预知阴晴，岁时丰歉，常以告人，无不应验。一旦隐迹，不知所之。"《(光绪)茂名志》作"许毛"。

【毛公】即"刘根"。见该条。

【毛鬼】《太平广记》卷三三九"刘参"条引唐·

陈劭《通幽记》："唐建中二年，江淮讹言有厉鬼自湖南来，或曰毛鬼，或曰毛人，或曰枨，不恒其称。而鬼变化无方。人言鬼好食人心，少女稚男，全取之。民恐惧，多聚居，夜燕火不敢寐，持弓刀以备。每鬼入一家，万家击板及铜器为声，声振天地，人有狂慑而死者。所在如此，官禁不能息。"参见"枨"条。

【毛家姑妈】僵尸女鬼。清·俞樾《右台仙馆笔记》卷五：湖北咸宁乡间有毛氏女，未嫁而与人私。父母怒而杀之，埋其尸于野，俄而成僵尸，出逐行人，乃发而焚之。俗言焚僵尸必覆以鱼网，则尸烬而鬼亦灭。时偶未计及，焚烟上彻，有红焰见于林端。已而其鬼果时出为厉，凡人家子女之洁白端整者，每每为所祟而死。远近咸称之曰毛家姑妈，不知其所起，亦不知其何以得此称也。为所祟者，初不自言，虽父母前不告也。其人了无疾苦，但言欲制某色衣，某色裤，某色鞋袜，女则并抹胸缠足，一一布置。诸物既具，始言毛家姑妈招我去矣，向所布置皆毛家姑妈为之也。乘人不觉，即取着之，或仰药，或雉经，无一免者。于是人皆畏之，各村皆为立庙；庙立之后，为祟如故。诸被祟者，或仍言毛家姑妈，或言某氏子某氏女，则皆向之死于祟者，盖其徒党也。异哉！

【毛僵】尸怪，为僵尸而生毛者。清·袁枚《子不语》卷九"掘冢奇报"："杭州朱某，以发冢起家。聚其徒六七人，每深夜昏黑，便持锄四出。嫌所掘老多枯骨、少金银，乃设乩盘，预卜其藏。朱尝言所见，棺中僵尸不一，有紫僵、白僵、绿僵、毛僵之类。"按：毛僵即生毛之僵尸，而紫僵、绿僵、白僵之类不过生毛之颜色不同，应均属毛僵。又有一种僵尸，所生之毛类于鸟羽，清·俞樾《右台仙馆笔记》卷四有一条云："金陵自遭兵燹后，往往于城中住屋内掘得棺木，盖皆乱中渴葬者也。一棺已成僵尸，上半身生兽毛，下半身生鸟羽，尤可怪也。"◆按："僵尸"为怪之说起于清初，而多在太湖流域流传，其主要特征即全身生毛。颇疑当地气候潮湿，土葬之尸或不即腐，则有于暑月生菌如毛状者，于是而造生此说也。

【毛来宾】明时人。《(雍正)浙江通志》卷一九六：鄞县（在今浙江宁波）人。多巧思，善制沙漏，以定晷刻，无毫发爽。遇一僧，重赂求授，不许，因以追魂法易之。其术于密室之中，洁坛坫，荐牲牷，置绘具几上，阅四十九昼夜，能令神将驱摄亡魂，追摹形貌，无不毕肖。且能令亡魂自述家事甚详。

【毛老人】吏胥行神之一种。有二说。❶明·郎瑛《七修类稿》卷九：明初朝觐，州县老人亦与焉。某年，太祖问老人曰："朕筑室后湖，为藏天下黄册，当作何为？"一老人对曰："当东西相向，早晚日色所晒，庶无潮湿。"太祖甚喜，问姓名，曰毛某。因其姓与猫谐音，即托守之，俾无鼠耗。后老人死，即埋于其地。至今虽有鼠，而黄册无恙。至弘治间，郎中邓琛管册于湖，偶见一老人，揖曰："吾为朝廷守此百四十年，一册不为鼠伤，未尝蒙管册诸公之赐，恐非所以待有功也。"言讫不见。明日，邓即具酒祀之，至今为常例。❷清·俞蛟《梦厂杂著》卷二《春明丛说》亦载此，云其神为"毛老相公"，且为朱元璋活埋而成神。后又云："今京师六部中亦有毛姓，相传系会稽（今浙江绍兴）人，曾为部中主案吏，卒后葬永定门外，凡有年久案牍卒无可见者，望空默祷，其应如响。三月某日为毛君生辰，奉瓣香而称祝者相望于道。每岁清明，部中从事者咸携樽挈榼，为之祭扫，如子孙奉祀其祖父，不敢懈。"

【毛门】《太平御览》卷八八六引《白泽图》："故市精名曰毛门，其状如囷，无手足。以名呼之，即去。"

【毛民国】《山海经·海外东经》："毛民之国在其（玄股国）北，为人身生毛。"《大荒北经》："毛民之国，依姓，食黍，使四鸟。"禹之裔循鲧杀绰人，"帝念之，潜为之国，是此毛民"。郭璞注："今去临海（今浙江临海）东南二千里，有毛人在大海洲岛上，为人短小，体尽有毛如猪熊，穴居，无衣服。"又曰："今去临海郡东南二千里，有毛人，在大海洲岛上。为人短小，面体尽有毛如猪，能穴居，无衣服。晋永嘉四年，吴郡司盐都尉戴逢，在海边得一船，上有男女四人，状皆如此，言语不通。送诣丞相府，未至道死。惟有一人在，上赐之妇，生子，出入市井，渐

毛民国　山海经图　吴任臣本

晓人语。自说其所在，是毛民也。"《淮南子·墬形训》有"毛民"，高诱注："其人体半生毛，若矢镞。"吴任臣《山海经广注》云："《职方外纪》'南亚墨利加之南，为智加人，遍体生毛'，《洞冥记》云'泥离国人，长四尺，自乳以下有灵毛自蔽'，又'乌苏国，其人三爪，号三爪蛮，身生长毛'，皆毛民类也。《神异经》：'八荒之中，有毛人，曰髯丽。'《异苑》云：'吴孙皓时，临海得毛人。'"

【毛女】西汉·刘向《列仙传》卷下："字玉姜，在华阴山中，猎师世世见之，形体生毛。自言为始皇宫人，秦亡入山，遇道士谷春，教食松叶，遂不饥寒，身轻如飞。至西汉时已百七十余年，所止岩中有鼓琴声云。"而晋·葛洪《抱朴子内篇·仙药》云："汉成帝时，猎者见之于终南山，无衣服，身生黑毛，奔腾如飞，不可追及。后合围而得之，乃自云为秦之宫人，秦亡，入山。遇一老翁，教以食松叶松实，遂不知饥寒。猎者将归，以谷食之。一年许，身毛稍脱落，转老而死。尚使不为人所得，便成仙人也。"一说隐华阴山，以所隐地生毛竹，故名。◆苏轼《东坡志林》记眉山人宋筹、孙抃赴举，大雪中过华山毛女峰，见一老姥，鬓如雪而无寒色，宋过而不顾，孙则与老姥留连而语，并赠以钱。是岁孙第三人及第，而宋则老死无成。北宋·蔡條《铁围山丛谈》卷五记蔡京于终南山见一裸女，其言为有道者，而其去如飞。蔡京以为观音，而世多谓之"毛女"。北宋·钱世昭《钱氏私志》亦云："蔡京帅成都，一日于药市遇一妇人，多发，如画者毛女，语蔡云：'三十年后相见。'言讫不知所在。蔡后致仕居京师，在相国寺纳凉，一村人自外入，云：'毛女有书。'书中唯大书'东明'二字。蔡不晓其意。后贬长沙，死于东明寺。"（按宋·周辉《清波杂志》则云"东明"为徐神翁书与蔡京者）而王明清《投辖录》则记为蔡卜于华岳见毛女，遍体皆毛，色如绀碧而发若漆，目光射人，对蔡言："万不为有余，一不为不足。"言讫而去，其疾如飞。◆按：北宋末笔记中屡见毛女，似当时实有其人者，而俱与蔡氏有关，又疑不过为一事之辗转变化。要之，皆与始皇宫人诸说无关。又清·王士禛《居易录》卷二三亦记有明末一毛女事。

【毛人】汉·东方朔《神异经》："八荒之中有毛人焉，长七八尺，皆如人形，身及头上皆有毛如猕猴。毛长尺余，见人则瞑目开口吐舌，上唇覆面，下唇覆胸。喜食人舌鼻。牵引共戏，不与即去，名曰髯公，俗曰髯丽，一名髯押。"刘宋·刘敬叔

《异苑》卷三："吴孙皓时，临海（今浙江临海）得毛人。《山海经》云：'山精，如人而有毛。'此蒋山精也。"晋·陶潜《搜神后记》卷七："晋武帝时，宣城（今安徽宣城）人秦精入武昌山采茗，遇一人，长丈余，遍体皆毛，引精至山曲，入大丛茗处，放之便去。既别，复还探囊中橘二十枚遗精，甘美异常。精负茗而还。"《太平广记》卷八六引五代·徐铉《稽神录》，亦记卢延贵于江岸遇毛人事，"自言为商贾，顷岁泛舟，至此遇风，举家没溺。而身独得就岸，数日食草根，饮涧水，因得不死。岁余，身乃生毛，自尔乃不饮不食，结庐于此，已十余年矣。"至宋·鲁应龙《闲窗括异志》："终南山中有一人，身无衣服，遍体生黑毛，飞腾不可及。为猎人所得，言秦宫人，避乱入山，有老翁教食松实，遂不饥。猎人以谷食之，初闻甚臭吐逆，数日乃安，身毛脱落，渐老而死。"清·王士禛《池北偶谈》卷二一："辽东医无闾山中，有人劚参，见毛人长丈许，惊而却走。毛人招之曰：'吾非妖魅，乃秦时筑长城卒，昔同辈数万人，今仅七人在耳。'因问其饮食居处状，曰：'始饥，食松柏实，渴饮溪水，久之不复饥渴矣。'言已，去如飞鸟。"清·袁枚《子不语》卷六："湖广郧阳房县有房山，多毛人，往往出山食人鸡犬，枪炮不能伤。相传制之之法，只须以手合拍，叫曰'筑长城，筑长城'，则仓皇逃去。土人曰：'秦时筑长城，人避入山中，岁久不死，遂成此怪，见人必问城修完否。'"

【毛仙翁】《全唐文》卷九四四五代·杜光庭《毛仙翁传》，大略为：名于，字鸿渐。不知其甲子，常如三十许人。唐大中时周游湖颍之间，以丹石为人治病，又能以鲍南海丸驱除妖邪。后上升而去。

【毛真人】《天地宫府图》七十二福地第六十一长在山（在齐州长山县），毛真人所治。不知所指。

【矛神】《太平御览》卷三五二引《太公兵法》："矛之神名跌跄。"《龙鱼河图》："矛名天矢阴。"

【茅安道】唐时人。唐·薛用弱《集异记》"茅安道"条：茅安道，庐山道士，能书符役鬼，幻化无端。曾授二弟子以隐形洞见之术，戒以不得恣情而炫其术。二弟子至润州（今江苏镇江），谒韩舒公，弛慢狂诞。晋公怒，缚二子，二子欲行术而不验。韩欲痛绝其源，问其师承。而安道时已在门，韩不觉离席迎之。安道云："二子冒犯，当薄惩之。"乃喷水使二子化为二鼠，已化为巨鸢，攫二鼠冲天而去。◆按：事与"永石公"同。

【茅固】茅固有二，一为隐居于句曲（即茅山）之茅君，名固字季伟者；一为"三茅真君"之中茅君，在《真灵位业图》中未记其名字，而他书则以句曲茅君之名字附之。其间瓜葛，见"茅盈"及"三茅真君"条。

【茅将军】❶北宋·钱易《南部新书》卷八："江淮间多九郎庙与茅将军庙。九郎者，俗云即苻坚之第九子，曾有阴兵之感，事极多。茅将军者，庙中多画缚虎之像。盖唐末浙西僧德林少时游舒州（今安徽潜山），路左见一夫持锄治方丈之地。问之，对曰：'顷时自舒之桐城至此，暴得疾，自分必死。俄有一人，部从如大将，至此下马，召二卒曰：善守此人，明日送至桐城县下。遂去。某问二卒，答此茅将军也。'此人醒即轻健，至桐城。后于所见之地立祠祀茅将军。"按：事又见五代·徐铉《稽神录》卷六。此茅将军应即"伏虎茅司徒"。❷北宋·李廌《师友谈记》：眉州（今四川眉山）或有神降，曰茅将军，巫觋皆狂，祸福纷错，州皆哺而祷之，共作大庙，像宇皆雄，祈验如响。太傅忽乘醉呼村仆二十许人，以斧碎其像投溪中，拆其庙，竟无所灵。后三年，太傅至剑门七家岭，忽见一庙甚大，其榜曰茅将军。太傅曰："是妖神却在此为幻耶！"方欲率众复毁，忽一庙吏迎拜曰："君非苏七君乎？某昨夜梦神泣告曰：明日苏七君至，吾甚畏之，哀告苏七君，且为容恕，幸存此庙。"众人怪之，乃舍。

【茅君】《太平广记》卷一三引《神仙传》：幽州人（汉时在今北京大兴），学道于齐。二十年道成归家，父母斥其不孝，举杖欲责之，杖碎成数十段。能起死人。其弟官二千石，乡里送之，茅君云："余虽不作二千石，亦有神灵之职，当于某月日之官。"至期，天上众仙来迎，去家十余里忽然不见。远近为立庙祀之。茅君在帐中与人言语，其出入，或化为白鹤。往请福，常煮鸡子十枚以内帐中，须臾掷出，其中黄者，病人当愈，其中土者，即不愈。◆按：茅君学仙归而父母杖之，其事与《云笈七签》卷一〇四所载大茅君茅盈事全同，则茅君即茅盈矣。而茅盈为咸阳人，此茅君为幽州人，又不言茅君有弟，又似与茅盈为二人。今四库本《神仙传》卷五"茅君"条则为茅盈，文亦与此大异。疑是后人妄改。参见"茅盈"条。

【茅濛】三茅君之祖。《史记·秦始皇本纪》"正义"引《茅盈内纪》《太平广记》卷五引《洞仙传》：字初成，咸阳南关人。性慈悯，好行阴德。

睹周室将衰，不求进于诸侯，于是师北郭鬼谷先生，受长生之术、神丹之方。后入华山，修道合药，乘龙驾云，白日升天。先是其邑有歌谣曰："神仙得者茅初成，驾龙上升入太清，时下玄洲戏赤城，继世而往在我盈，帝若学之腊嘉平。"始皇闻之，因改腊为嘉平。

茅濛 列仙全传

【茅司徒】即"伏虎茅司徒"，见该条。

【茅王】《（乾隆）无为州志》（今安徽无为）卷九："州治十字街有司徒祠，又名茅王庙。神姓茅，名胜，扬州人。隋时曾护驾有功，封司徒。宋绍定间李全谋逆，祷于神，不吉，乃曳神像剖破之。后全被戮于新塘，肢体解散如全之施于神者。请于朝，赐额英显，后复进王号，故所在称'茅王'。"按：此神亦当是"茅司徒"之异地变形。

【茅盈】"三茅真君"之大茅君。茅盈，字叔申，咸阳南关人。据盈《内传》，生于汉景帝中元五年。高祖即茅蒙。其传见四库本晋·葛洪《神仙传》，而《云笈七签》卷一〇四《太玄真人东岳上卿司命真君传》所载最详："茅盈字

茅盈 列仙图赞

叔申，咸阳南关人。其高祖即茅蒙。兄弟三人，盈居长，其弟茅固字季伟，茅衷字思和。盈年十八即弃家别亲，入于恒山，读《老子》《周易》。积六年，感太玄玉女下降，告曰：'西城王君得真道，

可为君师。'于是茅盈登山越岭，以至西城，师事王君。后二十年，从王君至龟山见王母，王母授以太极玄真之经等。盈辞师归，见父母。父母责以不孝，欲杖罚之。盈自陈得道，不可受杖。父母不听，方举杖，其杖即摧折成数十段，各段飞起如弓矢，中壁壁穿，中柱柱折。父母乃止。至汉宣帝时，二弟茅固为西河太守，三弟茅衷为执金吾，乡里相送数百人。盈亦在座，谓众宾曰：'吾虽不为二千石，亦有仙灵之职，来年四月三日当之官，能如今日之会乎？'众许之。至期，门前数顷地忽自平治整洁，众宾既集，但见金杯玉盏、奇肴异果，自至于众宾之前，仙乐声动天地，宾客六百人无不醉饱。次日，仙官文武数百人来迎，茅盈遂辞双亲归句曲山。自此乡人改句曲为茅山。二弟在官闻茅盈事，方信神仙可求，并各弃官归家。至汉元帝永光五年，二弟求兄于东山，跪求长生之道。茅盈谓曰：'卿已老矣，纵得真诀，仅可得地仙之道。'于是教二弟修行三年，上天降书，封茅固为定录，兼统地真，治丹阳句曲山。茅衷为三官保命，总括岱宗，领死记生。至汉平帝元寿二年，天帝遣使，授茅盈位为太元真人，领东岳上卿司命神君。"◆《太平广记》卷一一引《集仙传》，言茅盈于汉哀帝元寿二年升仙事，调动天皇大帝、太微帝君、太上大道君以下全部道教大神，极尽铺张。又本条言，天帝命茅盈为东岳上卿、司命真君、太元真人。其师为西城王君。◆梁·陶弘景《真灵位业图》：玉清三元宫第二左位，司命东岳上真卿太元真人茅君，讳盈字叔申。◆元·秦子晋《新编连相搜神广记》：茅盈之祖茅喜，字世伦。仕秦庄襄王为广信侯。父茅祚，字彦英。◆清·徐道《历代神仙通鉴》卷一五：东岳属神：婿山：九天司命应化太元真君茅盈。◆《（雍正）江南通志》卷一七四以茅盈为汉元帝时人。不知何据。

【茅衷】"三茅真君"之小茅君。详见"茅盈"条。

【mei】

【梅福】《汉书》有传："梅福字子真，九江寿春人也。少学长安，明《尚书》《穀梁春秋》，为郡文学，补南昌尉。后去官归寿春，屡因县道上书言事。至王莽专政，福一朝弃妻子，去九江，至今传以为仙。其后，人有见福于会稽者，变名姓，为吴市门卒云。"明·洪应明《仙佛奇踪》卷一："字子

真，寿春（今安徽寿县）人，仕汉为南昌尉。见王莽专政，乃弃家求仙。遍游雁荡、南闽诸山，至仙霞山，遇空同仙君，授以内外丹法，谓福曰：'汝缘在飞鸿山。'福遂往，结庵修炼。丹成复还寿春，后乘

梅福　列仙图赞

鸾而去。宋元丰间封寿春真人。"明·陈继儒《香案牍》："南昌县有墨池。梅福种莲花于池中，叹曰：'生为我酷，身为我桎，形为我辱，妻为我毒。'遂弃妻在洪崖山。"清·陈弘绪《江城名迹》卷二："宋高宗绍兴二年，封梅福为吏隐真人，见《通鉴长编》。"◆按：又与葛洪同被织染业奉为祖师神，见"梅葛仙翁"条。

【梅葛仙翁】梅福、葛洪，为印染工匠所奉祖师神。诸方志均有此类庙祀。如重庆梁平县旧有"梅葛庙"，祀梅福、葛洪。大足县有二仙宫，清乾隆五十六年建，神为梅福、葛洪，业染坊者祀之。

梅葛仙翁　民间神像

【梅姑】❶刘宋·刘敬叔《异苑》卷五："秦时丹阳县（今安徽当涂之东，称小丹阳）湖侧有梅姑（一作麻姑）庙。姑生时有道术，能著履行水上，后负道法，婿怒杀之，投尸于水，乃随流波漂至今庙处铃止。巫人当令殡殓，不须坟瘗。实时有方头漆棺在祠堂下。晦朔之日，时见水雾中暧然有著履形，庙左右不得取鱼射猎，辄有迷径没溺之患。巫云：'姑既伤死，所以恶见残杀也。'"《（康熙）太平府志》卷三四："秦梅姑，丹阳湖人。生有道术，能行水上。其婿恶之，杀而投于湖中。时有方棺自上流来，盛其尸而去。后土人渔猎，则有风涛之患，见梅姑于水雾之中。巫曰：'姑恶杀，不忍见渔猎也。'至今青山下有梅山、梅塘、梅姑庙（称娘娘庙）。"❷清·蒲松龄《聊斋志异·金姑夫》："会稽（今浙江绍兴）有梅姑祠。神故马姓，族居东莞，未嫁而夫早死，遂矢志不醮，三旬而卒。族人祠之，谓之梅姑。后有上虞金生赴试经此，入庙徘徊，颇涉冥想。至夜，梦梅姑许嫁，金应之。是夜，居人梦梅姑曰：'上虞金生，今为吾婿，宜塑其像。'像既成，金生告妻子曰：'梅姑迎我矣！'衣冠而死。"鲁迅《五猖会》一文曾提及此庙。

【梅鋗】南宋·罗愿《新安志》卷四："祁门县（今安徽祁门）祁山有洞元观，相传梅鋗故宅。今民间所祭，明府著古冠服，旁为垂髫女子，言为鋗女，得仙，号梅娘。"按：梅鋗，秦汉间人，为吴芮将，曾助刘邦攻析、郦二邑。

【梅芹】《（万历）温州府志》卷一三：永嘉人。元末不仕，韬晦黄冠。能驱鬼出神。或盗其树，辄焚符灶中，盗者披发负树而归。以水噀之，谢而归。自号"大歇子"。

【梅山七圣】梅山即四川眉山。南宋·吴自牧《梦粱录》卷一记南宋时庆祠山生辰，其日"有龙舟六只戏于湖中，其舟俱装十太尉、七圣、二郎神、神鬼、快行、锦体浪子、黄胖，杂以鲜色旗伞、花篮、闹竿、鼓吹之类。"◆《三教源流搜神大全》卷三言隋时嘉州守赵昱入水斩蛟，同时入水者有七人，而嘉州（隋嘉州治在今四川乐山）即眉山，此赵昱属下七人即所谓"眉山七圣"。《灌志文征·李冰父子治水记》："二郎喜驰猎，奉父命而斩蛟，其友七人实助之，即世传梅山七圣。"此则变为李二郎属下之七圣。《封神演义》有杨戬收梅山七怪的故事，见第九十二回。但故事中明明是把七怪一一杀死，回目中却说是"收七怪"，这便是既要杀死七怪以便在封神台上封神，又无意中保留了"七兄弟"为赵昱帐下部属之传说。这七怪是白猿精袁洪，蜈蚣精吴龙，长蛇精常昊，猪精朱子真，狗精戴礼，羊精杨显，俱为梅山人氏，称"梅山七圣"，正是赵昱"七圣"的本来面目。至明·吴承恩《西游记》第六回却说："显圣二郎真君，现居灌州灌江口，享受下方香火。他昔日曾力诛六怪，又有梅山兄弟与帐前一千二百草头神，神通广大。""这真君即唤梅山六兄弟，乃康、张、姚、李四太尉，郭申、直健二将军。……连本身七兄弟。"则把二郎自己纳入"七兄弟"之中，而"七怪"也顺便成了"六怪"，并把"六怪"与"六兄弟"含含糊糊地分

梅山七圣 新刻出像官板大字西游记

为两拨人马，竟成"七兄弟诛六怪"。

【**梅溪子**】南宋·洪迈《夷坚三志·辛集》卷五
"梅溪子"条：乐平（今江西乐平）湖口人汪经，
七岁时，有一道人至其家，疏眉秀目，颀然而长，
衣冠褒博，自称梅溪子，姓宇文氏，梓潼人，精于
太乙数，且善圆梦。一见汪经，即曰："真吾弟子
也。"授以书一编，一笑而去，再不复来。多年后，
汪经废学，方阅其书，一览即通，不假指教，遂用
此技名家。

【**梅真君**】五代·徐铉《稽神录》卷五：汝阴（今
安徽阜阳）人崔景唐，家甚富。尝有道士，自言姓
梅，来访崔。崔客之数月。景唐市得玉鞍，将之寿
春，以献节度使高审思。梅曰："吾乃寿春人也，
将此访一亲知，比将还矣，君其先往也。久居于此，
思有以奉报。君家有水银乎？"曰："有。"即以十两
奉之。梅乃置鼎中，少久成白银。以此与景唐，曰：
"以此为路粮，君至寿春，可于城东访吾家也。"即
与景唐分路而去。景唐至寿
春，即诣城东，访梅氏。数
日不得。村人皆曰："此中无
梅家，亦无为道士者；唯淮
南岳庙中，有梅真君像。得
非此耶？"如其言访之，果梅
真君矣。自后竟不复遇。◆
按：此梅真君既在寿春，自
应是梅福。

【**梅志仙**】宋时人。明·王
世贞《列仙全传》卷七：檀
州（今北京密云）人，修道
黑山二十余年，遂能出神远
游。有无根柏一株，使其徒

袜 山海经图 汪绂本

栽之，即见茂盛。年九十余端坐而化。

【**魃**】《山海经·海内北经》有袜。郭璞曰："袜即
魃也。"参见该条。《续汉书·礼仪志》："雄伯食魃。"

【**袜**】《山海经·海内北经》："袜，其为物，人
身、黑首、从目。"郭璞注曰："袜即魃也。"《续汉
书·礼仪志》："雄伯食魃。"不知是一物否。任臣
案：从、纵通，言其目纵生也。古人亦有纵目者。
蜀侯蚕丛，其目纵，死作石棺石椁，俗以为纵目人
冢。见《华阳国志》。

【men】

【**门**】唐·释道世《法苑珠林》卷五八引《白泽
图》："故市之精名曰门。其状如囷而无手足。以其
名呼之则去。"

【**门丞**】《月令广义·十二月令》："道家谓门神左
曰门丞，右为门尉。"南宋·赵与时《宾退录》云：
"除夕，用镇殿将军二人甲胄装门神，亦曰门丞。"

【**门户**】即门户之神。梁·宗懔《荆楚岁时记》：
"正月十五日，作豆糜，加油膏其上，以祠门户。"
注云："今州里风俗，是日祠门户，其法先以杨枝
插于左右门上，随杨枝所指，乃以酒脯饮食及豆粥
糕糜插箸而祭之。"

【**门户之鬼**】宅鬼之一。西晋·王纂《太上洞渊神
咒经》卷三："门户之鬼名承伯。"◆按：魏晋时人
以为宅中门户井灶墙垣皆有鬼，即为宅鬼。然宅鬼
不害主人。此门户之鬼其实与门神相类，如祭祀有
时，亦有守护门户之用。古人甚重门户，除桃符、
门神之外，又有刻木铸金像重明鸟者。

【**门精**】唐·释道世《法苑珠林》卷五八引《白泽
图》："故门之精名曰野，状如侏儒，见之则拜，以
其名呼之，宜饮食。"此言故门，即长久不用之门。

【**门神**】清·翟灏《通俗编》卷一九："《礼·祭
法》：'大夫三祀，门、行、族厉。'《王制》'大夫祭
五祀'，谓司命、中霤、门、行、厉也。《丧大记
注》：'君释菜，以礼礼门神。'门神二字始见此。"
《汉书·广川王传》："其殿门有成庆画，短衣大绔
长剑。"注：晋灼曰："成庆，荆轲也，卫人谓之庆
卿，燕人谓之荆卿。"师古曰："成庆，古之勇士
也，事见《淮南子》，非荆卿也。"清·恽敬《大云
山房杂记》卷二以此为门神之始。◆清·顾禄《清
嘉录》卷一二"十二月·门神"条："夜分易门神。
俗画秦叔宝、尉迟敬德之像，彩印于纸，小户贴
之。"◆清·纽琇《乡言解颐》卷四"门神"条：

门神 北京

"门者，五祀之一，有神固矣。至于绘文武之像，指将相之名，双扇门曰对脸儿，单扇门曰独坐儿，习俗之附会也。"按：独坐门神中最有名的是魏徵，参见该条。◆沈平山《中国神明概论》以常见门神为九种。1. 神庙、民宅的门神——神荼、郁垒。2. 佛寺门神为四大天王。3. 帝庙门神为"双护太监"。凡神庙主神居帝号者，门神以太监配。4. 衙署门神为朝官或武将。衙署门神依官品配之。如一品官衙署，门神以二品官以下配属。若是武官衙署，门神以武将配属。朝官手捧爵、鹿、冠、簪花；武将手捧蝠、蟹、马、鞍。5. 民宅门神为"加冠、进鹿"（加冠＝加官；进鹿＝进禄）。传说狄仁杰是唐朝第一位开科状元。一次唐明皇梨园作戏，狄仁杰的儿子狄光以父为荣，头戴面具，手拿冠子，歌云"唐朝一品"随舞。以后这种跳加官成了中国戏剧的办仙戏目，同时狄仁杰也成为民间所崇祀的禄神，常出现在门神板上。6. 神庙门神为尉迟恭、秦叔宝。7. 道坛门神为赵光明、康妙威。道教把他们当作护法神。8. 岁时神庙的门神为"节令神"。初一日值神王文卿、虎贲将，……三十日值神乐进卿、鬼仲阳。9. 天神庙的门神为二十八星宿。◆按：明清以来，门神的民俗性质远远压过信仰性质，故民居中的门神有相当之随意性，但凡戏文小说中可以配对的文臣武将，只要为百姓所喜闻乐见，无不可作为"门神"张贴，"门神"实际上已经成为"门画"。如《七国》中的孙膑、庞涓，《前汉演义》中萧何、韩信，《后汉演义》中的姚期（铫期）、马武，《说唐》中的李元霸、裴元庆，《杨家将》中的孟良、焦赞等等。◆南宋·袁褧《枫窗小牍》卷下："靖康以前，汴中家户门神多番样，戴虎头盔，而王公之门至以浑金饰之。识者谓虎头男子是'虏'字，金饰更是金虏在门也。不三数年而家户被虏，王公被其酷尤甚。"

【门尉】《月令广义·十二月令》："道家谓门神左曰门丞，右为门尉，或称右尉。"南宋·洪迈《夷坚支志·甲集》卷三"张鲶鱼"条，言鬼入人家，云："初时左门神见拒，而右尉为我通报。"

【meng】

【猛虫子】明时人。清·周亮工《书影》卷九引眉山（今四川眉山）张元羽《四异人传》，其中有猛虫子，略云："万历初行乞于成都青羊宫，见人畜之属，皆谓之'猛虫子'。逢人但索饼子与酒饮之。有屠人以生牛肉一片奉之，啖之尽。桐油、生漆、巴豆、野葛、砒霜，亦举啖之而不能伤。三年卧石上，不食米饭，冬夏一衲，绝无虮虱。行乞于市，遇方伯冯公成能出巡，呵叱不为动。冯异之，下车而揖，乃抱其头为耳语。冯叹啧登车，促执事还司，次日冯死矣。二司物色道人，已绝迹，不知所之。"《（雍正）四川通志》卷三八之三作"蜢虫子"。

【猛将】❶元·袁桷《延祐四明志》卷一五记有猛将祠，神名李显忠。宋高宗避难，神显灵扈驾，送御舟出海。赐爵猛将、重节武功大夫。水旱疫疠，番舶海舶，有祷辄应。❷即"刘猛将"。明·王鏊《（正德）姑苏志》卷二七，苏州有猛将庙，神名刘锐，尝封吉祥王。详见"刘猛将"条。◆按：神以猛将称者尚有尉迟猛将、陶猛将。见"陶四郎"条。

【猛兽】汉·东方朔《海内十洲记》：征和三年，汉武帝幸安定，西胡月支国王遣使献猛兽一头，形如五六十日犬子，大似狸而色黄。使者抱之，似犬赢细秃悴。一叫如霹雳，武帝掩耳不能动，武士虎贲失杖伏地。以兽付上林苑，令虎食之。于是虎闻兽来，乃相聚屈积如死虎。兽径上虎头溺虎口，虎辄闭目。◆又见晋·张华《博物志》卷三，云为大宛之北胡人所献。

【蒙倛】《荀子·非相》："仲尼之状，面如蒙倛。"杨倞注："倛，方相也。其首蒙茸然，故曰蒙倛。《子虚赋》曰：'蒙公先驱。'韩愈云：'四目为方相，两目为倛。'《慎子》曰：'毛嫱、西施，天下之至姣也，衣之以皮倛，则见者皆走也。'"◆萧参《希通录》云："据杨注，则'蒙''倛'似是二物。杨注非是。"按："蒙"系动词，"倛"则为驱疫傩神之假面，所谓"魌头"者。"蒙倛"即"面蒙皮倛"之意。参见"方相"条。

【蒙双民】晋·张华《博物志》卷二："蒙双民，昔高阳氏有同产而为夫妇，帝放之北野，相抱而死。神鸟以不死草覆之，七年男女皆活，同颈二头四手，是为蒙双民。"又见晋·干宝《搜神记》卷一四，作"蒙双氏"。"同颈二头四手"，干宝《搜神记》作"二头二足四手"，贾思勰《齐民要术》卷一〇引《外国图》作"同颈异头，共身四足"。

【蒙恬】制笔业祖师神。《太平广记》卷三一〇引唐·薛渔思《河东记》："蒙恬死后，上帝以长城之役劳功害民，配蒙恬守吴岳。当时吴山有岳号，众咸谓恬为王。其后岳职归于华山，恬但守空山。"清·俞樾《春在堂随笔》卷七："湖州善连村有蒙公祠。其地皆以笔为世业，笔工不忘所始，故有祠宇以祀蒙公。因古籍载蒙恬造笔，故后世笔工奉其为祖师神。"

【孟府郎君】仇德哉《台湾之寺庙与神明（四）》：又称御前清客，为闽南音乐之南管奉为守护神。相传康熙帝六十寿辰，该乐社曾御前演奏，被封为御前清客。按：台湾地区北管、南管大都奉西秦王、田都元帅为守护神，又有谓孟府郎君即西秦王或孟姓才子，又有谓即唐诗人孟郊者，亦有谓为五代后蜀主孟昶者。

【孟公孟姥】船神。唐·段公路《北户录》卷二"鸡骨卜"条："南方逐除夜及将发船，皆杀鸡择骨为卜，传古法也，卜占即以肉祠船神，呼为'孟公孟姥'，其来尚矣。按梁简文《船神记》云：'船神名冯耳。'《五行书》云：'下船三拜三呼其名，除百忌。'又呼为'孟公孟姥'。刘思真云：'玄冥为水官，死为水神，冥、孟声相似。'又孟公名帻，母名衣。孟姥父名板，母名履。或云：'冥父冥姥，固玄冥也。'"注："刘敬叔《异苑》曰：'船神曰孟公孟姥，利涉之所虔奉，商贾之所崇仰也。'荆州（治在今湖北荆州市）送迎，恒烹牛为祭。"宋·袁文《瓮牖闲评》卷五：今小词中谓"孟婆且告你，与我佐些方便，风色转，吹个船儿倒转。"孟婆二字不为无所本也。◆刘宋·刘义庆《幽明录》有一则云："秣陵人赵伯伦曾往襄阳，船人以猪为祷，及祭，但豚肩而已。尔夕，伦寻梦见一翁一媪，鬒首苍索，皆著布衣，手持桡楫，怒之。明发，辄触砂冲石，皆非人力所禁。更设厚馔，即获流通。"按此翁媪当即孟公孟姥。

【孟槐】《山海经·北山经》："谯明之山，有兽焉，其状如貆而赤豪，其音如榴榴，名曰孟槐，可以御凶。"

孟槐　山海经图　汪绂本

【孟节】晋时人。晋·葛洪《神仙传》卷六"王真"条：孟节师事王真，真授以蒸丹小饵法。能含枣核以不食至十年，又能闭气不息，身不动摇若死人，可至百日半岁。此法是王真所习"郊间人"法也。孟节为人质谨，不妄言。魏武帝为立茅舍。晋惠、怀之际，人有见其在长安市者。

【孟婆】❶风神。南宋·蒋捷词："春雨如丝，绣出花枝红袅，怎禁他孟婆合皂。"明·田艺蘅《留青日札》卷九"孟婆"条："北齐李骃聘陈，问陆士秀：'江南有孟婆，是何神也？'士秀曰：'《山海经》帝之女游于江中，出入必以风雨自随。以帝女故曰孟婆。犹《郊祀志》以地神为泰姬也。'此俚语也，亦未得其义。盖《易》巽为风，其卦为少女，三阴卦以孟仲季言之，故曰孟婆。"（按：二说俱为强解之辞，不足为训）清·虞兆湆《天香楼偶得》："杨升庵云：'孟婆，宋汴京匀栏语，谓风也。'愚谓重阳之后，风渐迅厉，故重阳前后大风，谓之重阳信。俗以九月十三为孟婆生日，以是日占一冬晴雨。盖春夏之风，多与雨偕，秋深之风，干燥无雨，是知孟婆生日犹云风生日也。祀孟婆者，祀风神，以祈其协候耳。"明·杨慎《谭苑醍醐》卷五："江南七月间有大风甚于舶棹，野人相传以为'孟婆发怒'。"❷船神。南宋·赵彦卫《云麓漫钞》卷四："徽宗既内禅，尝作小词，末句云：'孟婆且与我作些方便。'隆佑保佑之功，盖谶于此。谚语谓风为孟婆，非也。"下引《北户录》"南方祝船神名曰孟姥孟公"云云，参见"孟公孟姥"条。按：船神为孟公孟姥。古时行船最重风色，风神为孟婆，船神为孟姥，二者或为一人而二职也。❸冥府之神，能造迷魂汤，新死幽灵饮汤后顿忘生前之事。《玉历钞传》载："孟婆神生于前汉，幼读儒书，壮诵佛经，凡有过去之事不思，未来之事不想，在世唯劝人戒杀吃素。年至八十一岁，鹤发童颜，终是处女，只知自己姓孟，人故称之曰孟婆阿奶，入山修真。至后汉，世人有知前世因者，妄认前生眷属。是以上天敕令孟氏女为幽冥之神，造筑醹忘台，采取俗世药物，合成如酒非酒之汤，分为甘苦辛酸咸五味，派诸魂饮此汤，使忘前生各事。

如有刁狡鬼魂不肯饮者，令以铜管刺喉灌吞。"台湾等地又称为孟婆尊神、孟婆圣母、孟婆阿勤等。按：孟、冥音近。孟婆，冥婆也。

【孟岐】汉时人。东汉·郭宪《洞冥记》卷二：河清（今河南孟县西南）之逸人，年可七百岁，语及周初事了然如在目前。闻汉武帝好神仙，岐披草莱而来。武帝厚待之，后不知所往。

孟岐 列仙图赞

【孟钦】晋时人。《晋书·艺术传》："洛阳人，有左慈、刘根之术，百姓惑而赴之。苻坚召诣长安，恶其惑众，命苻融诛之，钦化为旋风，飞出第外。顷之有告在城东者，融遣骑追之，将及而已远。苻坚末年，复见于青州（今山东青州），寻入海岛。"明·王世贞《列仙全传》卷五云其仙去。

孟钦 列仙全传

【孟涂】《山海经·海内南经》："夏后启之臣曰孟涂，是神司于巴，人请讼于孟臣之所，其衣有血者乃执之，是请生。"郭璞注曰："听其狱讼，为之神主。"吴任臣《广注》案："《冠编》：'夏禹二岁，命孟涂为理。'《竹书纪年》：'帝启八岁，使孟涂为巴苍讼。'《路史》云：'孟涂敬职而能理神，爰封于丹。'"袁珂《校注》："孟涂之所为，盖巫术之神判也。"

【孟优】《（雍正）云南通志》卷二五：三国时蒙化人。世居巍宝山，与主帅孟获兄弟也。素怀道念，往来于澜沧、泸水间。得异人授长生久视方药诸书，随处济人。诸葛亮南征，军中误饮哑泉，优进仙草，立愈。后入峨眉山，不知所终。

【孟元帅】❶即"酆都元帅"，详见该条。❷南宋·吴自牧《梦粱录》卷一四云："广灵庙在石塘坝，奉东岳温将军。自温将军以下九神皆锡侯爵。其中孟封昭佑。"不知此孟元帅与酆都孟元帅有关系否。

【梦神】明·董斯张《广博物志》卷一四引《致虚阁杂俎》：梦神曰趾离，呼之而寝，梦清而吉。

孟元帅 三教源流搜神大全

【mi】

【弥衡】清·景星《杓山斋客谈》：吾杭仁和（今浙江杭州）北乡有瓜山土地祠。俗戏惧内者曰"瓜山土神，夫人作主"。有人过其祠，视碑，始知为汉人弥衡。弥正平为杭之土神，真不可解，乃更有惧内之说，则更杳矣。

【弥勒佛】据佛典，过去之弥勒生于南天竺婆罗门家，值佛而修得慈心三昧，然后先于释迦灭寂。待将来释迦教尽，大劫始坏，劫坏之后，弥勒方下生人间，于龙华树下以三会之说法，化了一切人天。故自南北朝以来，即为民间信奉，每于社会动荡，即有妄人自称弥勒出世者。至于近世民间秘密宗教，如白莲教等，也打出弥勒佛旗号，以为改天换地之象征。弥勒又译"慈氏"，河北正定隆兴寺有慈氏阁，所奉即弥

弥勒 山西兴化寺

勒佛。但中国民间所奉弥勒佛，乃一笑口常开、祖胸迭腹大胖和尚。此并非弥勒本来形象，而是五代时一个名叫契此的僧人，即"布袋和尚"。参见该条。

【迷龙】见"赌神"条。

【米芾】南宋·陆游《家世旧闻》卷下："元章晚病疡，前知死日，买棺异至便斋，倦则卧其中。客至，邀坐棺侧与语。如期死。且死，索笔大书曰：'吾自众香国来，今复归矣。'"明·陈继儒《眉公笔记》卷一："润州鹤林寺有马素塔。元章爱其松石沉秀，誓以来生为寺伽蓝，拥护名胜。公没时，伽蓝无故坍下。里人知公欲还宿愿于此，至今祀于寺之左偏。余谒之，乃袍笏像也。"

【宓妃】司马相如《上林赋》："若夫青琴、宓妃之徒，绝殊离俗，妖冶娴都。"扬雄《甘泉赋》："想西王母欣然而上寿兮，屏玉女而却宓妃。玉女亡所眺其清瞦兮，宓妃曾不得施其蛾眉。"《文选·洛神赋》注引《汉书音义》云："宓妃，伏羲氏之女，溺死洛水，为神。"

【mian】

【面然】或作"面燃"，或意译为"饿鬼王"，佛教地狱中饿鬼之王。佛藏中有《佛说救面然饿鬼陀罗尼神咒经》。但又有说为观音所化者。清·陈祥裔《蜀都碎事》卷二："嘉定州（今四川乐山）乌尤山，山上有乌尤寺。相传为观音大士至此，见两岸鬼魅啾啾，乃化为鬼王，名面然。"按：今山西蒲县东岳庙有面然塑像，做鬼王状，却称"面然大士"或"焦面大士"，与观音大士各占一龛，分处地藏菩萨主龛左右。

面然鬼王 北京白云观

【冕】明·董斯张《广博物志》卷一四引《白泽图》：故泽之精名曰冕，

其状如蛇，一身两头，五采文。以其名呼之，可使取金银。

【miao】

【苗光裔】北宋初术士。南宋·曾敏行《独醒杂志》卷五：太祖时，有人诣司天官苗光裔问卜。光裔布算成卦。其人问当迁宅，不损人口乎？光裔曰无害。既去，复有二人相继来问此事。光裔见三人面貌相类，疑之，问其为谁。不得已，其人遂对曰："我金明池龟，前二人乃吾父祖。朝廷欲广池，且及我穴，恐见杀，故来问。"光裔奏闻。后凿池，果得龟十数万，下令不得杀一龟，尽辇送入水。

【苗龙】宋·施宿《会稽志》卷七："宛委山东南一峰崛起，上平如砥，号苗龙上升台。苗龙者，不知其名，唐初人，善画龙，得道仙去。"

【苗民】《山海经·大荒北经》："西北海外，黑水之北，有人有翼，名曰苗民。"郭璞注曰："三苗之民。"吴任臣《广注》案："《神异经》云：'苗民人形而腋翼，不能飞，为人饕餮，淫侠而无度，居西北荒。'《述异记》云：'苗氏长齿，上下相冒。'"

苗龙 列仙全传

【苗守信】苗训之子。《宋史·方伎传》：守信，少习父业，补司天历算。改司天台主簿，知算造。淳化二年，守信上言："正月一日为一岁之首。每月八日，天帝下巡人世，察善恶。太岁日为岁星之精，人君之象。三元日，上元天官，中元地官，下元水官，各主录人之善恶。又春戊寅、夏甲午、秋戊申、冬甲子为天赦日，及上庆诞日，皆不可以断极刑事。"下有司议行。至道二年，上以梁、雍宿兵，弥岁凶歉，心忧之，召守信问以天道咎证所在。

【苗训】《宋史·方伎传》："苗训，河中（今山西永济）人，善天文占候之术。仕周为殿前散员右第一直散指挥使。显德末，从太祖北征，训视日上复有一日，久相摩荡，指谓楚昭辅曰：'此天命也。'夕次陈桥，太祖为六师推戴，训皆预白其事。既受禅，擢为翰林天文，寻加银青光禄大夫、检校工部尚书。年七十余卒。子守信。"北宋·文莹《玉壶清话》卷一云：苗训学星术于王处讷。

【藐姑射山神】《庄子·逍遥游》："藐姑射之山有神人焉。肌肤若冰雪，绰约如处子，不餐五谷，吸风饮露，乘云气，御飞龙而游于四海之外。大浸稽天而不溺，大旱金石流土焦而不热。尧往见之，窅然而丧其天下。"《列子·黄帝》作"列姑射山"："列姑射山在海河洲中，山上有神人焉，吸风饮露，不食五谷；心如渊泉，形如处女；不偎不爱，仙圣为之臣；不畏不怒，愿悫为之使；不施不惠，而物自足；不聚不敛，而己无愆。阴阳常调，日月常明，四时常若，风雨常均，字育常时，年谷常丰；而土无札伤，人无夭恶，物无疵厉，鬼无灵响焉。"◆《（康熙）临汾县志》卷二："姑射洞庙，在城西三十五里姑射山岩下姑射洞中，即藐姑射神人所居者。内有塑神人真人玉童玉女等像，政和八年敕立名。"按：《山海经·东山经》有"姑射之山"，吴任臣以为"山在平阳"，即今山西临汾。

【妙女】《太平广记》卷六七引唐·陈劭《通幽记》：唐贞元元年五月，宣州旌德县（今安徽旌德）崔氏婢，名妙女，年可十三四。夕汲庭中，忽见一僧，以锡杖连击三下，惊怖而倒，便言心痛，须臾迷乱。数日而愈，不复食。自言初迷乱之际，见一人引乘白雾，至一处，宫殿甚严。言本是提头赖咤天王小女，为泄天门间事，故谪堕人间，已两世矣。赖咤王姓韦名宽，弟大，号上尊。夫人姓李，号善伦。东王公是其季父，名括，第八。妙女自称小娘，言父与姻族同游世间寻索，今于此方得见。如此五六日，一旦忽言上尊及阿母并诸天仙及仆隶等，悉来参谢，其家初甚惊惶，良久乃相与问答，仙者悉凭之叙言。如此或来或往，日月渐久，谈谐戏谑，一如平人。每来即香气满室，有时酒气，有时莲花香气。后逐渐饮食。虽时说未来事，皆无应。

【妙善】汉化观音菩萨的本生传说。《三教源流搜神大全》卷四："观音乃鹫岭孤竹国祇树园施勤长者第三子施善化身，来生于北阙国中，父妙庄王。天帝以其父好杀，故夺其嗣而与之女，长曰妙清，次曰妙音，三曰妙善。妙善生时异香满座，霞光遍室，幼而聪达，至九岁，力阻父命，誓不成姻。父

乃禁于后园中。善守净弥笃，再舍入汝州龙树县白雀寺为尼，厄以苦行，毫无难色。诚感天使三千八部天龙持护伽蓝扫地，东海天王扫厨，六丁上香，游奕点烛，伽雀进茶，飞猿进菜，白虎衔柴，飞琼、毛嫱滋花，八洞神仙献果。众尼惧而复命于父，父遣五城兵马围寺焚之。而妙善口

妙善　香山三皇姑　清山东高密

叩灵山世尊，齿啮玉指，喷血成红雨，灭火救寺。父怒，乃因以冷宫，日夜宫娥父母苦劝，妙善不听，反失语激父。父大怒，立赐斩讫。玉帝赐以红光罩体，刀砍刀断，枪刺枪截。乃赐红罗绞死，彼时一虎跳入，负尸而去。原是天使猛虎负善入于黑松林中，正所以完善之果念也。妙善为一童子引往冥府，而十王躬候于步天桥。妙善合手一诵，天花乱坠，地涌金莲，铁狱铜枷，尽为齑粉，而八千余部地狱悉空。时诸判官奏曰：'非地狱也何以待凶人？则阳间造恶者将何以警耶！似此久留，则铁无坚狱，天帝闻之有责至矣！'遂请反阳，诸王与送于孟婆亭而别，命狱卒引至黑松林还魂。已而释迦如来驾云而来，曰：'越国南海中间普陀岩，是汝去处。'于是善坐普陀岩，九载功成，割手目以救父病，持壶甘露以生万民。左善才为之普照，右龙女为之广德。感一家骨肉而为之修行晋升天界。玉帝遂从老君之奏，封为大慈大悲救苦救难南无灵感观世音菩萨，赐宝莲花座，为南海普陀岩之主，赐父妙庄王为善胜仙官，母伯牙氏为劝善菩萨，大姐妙清为大善广殊菩萨，青狮骑座，次姐妙音为大善普贤菩萨，白象骑座。"按：事又见《香山宝卷》，大致相同。◆按：妙善之传虽元人所作，其说亦自有所本。《隋书》及《北史》之《王劭传》中已有称隋独孤皇后"圣德仁慈，福善祯符，备诸秘记皆云是妙善菩萨"之说，然是否即妙庄王之女，尚难确论。而唐僧义常已书大悲之事，宋人又润色为

传，谓有过去国（不知何国）庄王，王有三女，幼者名妙善，施手眼救父。元明僧人更铺染润色，采佛经前身为男子之说，谓观音本孤竹国施勤长者之子施善，来生于北阙国，为妙庄王之幼女云云，其故事委婉曲折，近世民间多信仰此说矣。

【妙手空空儿】剑仙。见"聂隐娘"条。

【妙应】南宋·王明清《挥麈后录余话》卷二：宣和时有僧妙应者，江南人，往来京、洛间，能知人休咎。其说初不言五行形神，且不必人求即告之。佯狂奔走，初无定止。饮酒食肉，不拘戒行。人呼之为风和尚。蔡京褫职居钱塘，一日忽直造其堂，书诗一绝云："相得端明似虎形，摇头摆脑得人憎。看取明年作宰相，张牙劈口吃众生。"又书其下云："众生受苦，两纪都休。"已而悉如其言。绍兴初，犹在广中，蜕寂于柳州。

【缪道者】北宋时人。《（雍正）浙江通志》卷二〇一引《（弘治）衢州府志》：西安（今浙江衢州）之原口山多猛兽阻险，往来者沿崖攀木，侧足以行，春夏水溢则病涉。缪道来居甘泉寺，凿山开道，遇虎狼则手抚之使去。熙宁间以火自化。今号"金川圣者"。

【min】

【鸥】《山海经·西山经》：符禺之山。其鸟多鸥，其状如翠而赤喙，可以御火。

鸥 山海经图 蒋应镐本

【闵公】姓闵名让和，唐时青阳（今安徽青阳）人。明·朱国桢《涌幢小品》卷二八："地藏菩萨，姓金，名乔觉，新罗国人。在池州东岩（即九华山之东岩）修习久，土人闵欲斋之。地藏谢不愿，愿得一袈裟地。闵许之。明日以袈裟冒之，凡四十里。闵即付之，举家悉成正觉去。"按：今诸处地藏殿，菩萨左右胁侍一为闵公，作老员外状，一为

闵公之子、金地藏之徒道明和尚。按"闵公"，山西蒲县东岳庙作"冥公"。参见"道明"条。

【闵小艮】参见"李泥丸""金盖老人"条。

【闽粤王】南宋·梁克家《淳熙三山志》卷八：武烈英护镇闽王庙，在闽县（今福建福州）钓龙台山之西，祀闽越王骑无

闵公 山西平遥双林寺

诸。当高帝五帝遣使封，后人遂于此立庙。武帝时国亡祠废。至五代王审知封为闽粤王，宋时赐号显圣武勇王庙。庙有左右二王，为闽粤王之二将，宋时屡现灵异，至宣和二年乃大新祠宇，二将又现形为青红二蛇。六年进闽粤王封为镇闽王，左封灵应侯，右封显应侯。建炎四年，王加封武烈，灵应侯加封广惠，显应侯加封嘉泽。

【ming】

【明崇俨】《旧唐书·方伎传》："明崇俨，洛州偃师（今河南偃师）人。崇俨年少时，随父任安喜令，父之小吏有善役召鬼神者，崇俨尽传其术。仪凤二年，累迁正谏大夫，特令入阁供奉。崇俨每因谒见，辄假以神道，颇陈时政得失，帝深加允纳。四年，为盗所杀。时语以为崇俨密与天后为厌胜之法，又私奏章怀太子不堪承继大位，太子密知之，潜使人害之。"唐·张鷟《朝野佥载》卷三："唐蜀县令刘靖妻患病。正谏大夫明崇俨诊之曰：'须得生龙肝，食之必愈。'乃书符，乘风放之上天。须臾有龙下，入瓮水中，剖取肝，食之而差。大帝盛夏须雪及枇杷、龙眼子。俨坐顷间，往阴山取雪，至岭取果子，并到。食之无别。时瓜未熟，上思之，俨索百钱将去。须臾，得一大瓜。云：'缑氏老人园内得之。'上追老人至，问。云：'土埋一瓜，拟进。适看，唯得百钱耳。'俨独卧堂中，夜被刺死，刀子仍在心上。敕求贼甚急，竟无踪绪。

或以为俨役鬼劳动，被鬼杀之。"事又见唐·戴孚《广异记》、《太平广记》卷二九九"韦安道"条引《异闻录》。

【明法仙】明人。《(康熙)饶州府志》卷三三：俗姓朱，生于嘉靖间。在胎及乳母不受荤。四岁偶逢大龙山一僧，便称师，遂出家大龙山。预占未来，人皆神之。十四岁终，先言终之岁月，嘱火化。死后颇显神应，于江湖间救人，祷雨辄应。

明崇俨　列仙全传

【明公神】北宋·乐史《太平寰宇记》卷四六：解县（今山西解州）东南八里有明公神祠。相传昔有女在中条山得道，其处名圣女崖。后有刘明于此学道，后人为立祠，因名焉。有碑，文曰汉安二年。汉安，后汉顺帝之年号也。

【明王】"明王"本佛教诸尊之称，又作持明王、忿怒尊、威怒王。其图像往往现忿怒身作降伏诸恶魔状。参见"八大金刚"及"十大明王"条。但江南常熟一带之丛祠往往称"明王"，即明·姚宗仪《常熟私志》所记，有社稷明王、社渎明王、四道明

明王　水陆道场鬼神像

王、露天明王、博士明王、蒋灵明王、显迹明王、无泽明王、李泽明王、四泽明王、沈大明王、四大明王、紫宫明王、潘景明王等。估计此明王与佛教无任何关系，却可能与民间秘密宗教的影响有关。

【明香元君】即李八百之妹李真多。见"李真多"条。

【明星神】《史记·秦始皇本纪》："禁不得祠明星出西方。"皇甫谧以为彗星，即欃枪。而大多以为应即太白星。《尔雅·释天》"明星谓之启明"，郭璞注云："太白星也。晨见东方为启明，昏见西方为太白。"《诗·大东》毛传："日且出，谓明星为启明；日既入，谓明星为长庚。"又《甘氏星经》云："太白，上公，妻曰女嬺，居南斗，食厉，天下祭之，曰明星。"按彗星及太白均主兵，始皇禁民间私祠，与销毁民间兵器用意正相一致。◆一说即"灵星"。蔡邕《独断》："明星神一曰灵星，其象在天。旧说曰：灵星，火星也，一曰龙星。火为天田，厉山氏之子柱与后稷能殖百谷，以利天下，故祠风伯、雨师及明星神。"◆按：《史记·孝武本纪》："令天下尊祠灵星。""正义"："灵星即龙星也。张晏云：龙星左角曰天田，则农祥也，见而祭之。"是灵星与明星本为二物，蔡邕之说似误。

【明星玉女】即华山玉女。五代·杜光庭《墉城集仙录》卷九：明星玉女，居华山，服玉浆，白日升天。华山上有玉女祠，前有五石臼，号玉女洗头盆。

【明月峡神女】即巫山神女。《太平广记》卷二九六"萧总"条引《八朝穷怪录》：萧总，字彦先，南齐太祖族兄环之子。自建业归江陵（今湖北沙市），因游明月峡，爱其风景，盘桓累岁。尝于峡下枕石漱流，时春向晚，忽闻林下有人呼"萧卿"，惊顾，见一女把花招总。总知此有神女，从之，恍然行十余里，乃见溪上有宫阙台殿甚严。一夕绸缪，以至天晓。将别，女曰："妾实此山之神，上帝三百年一易，不似人间之官，来岁方终。一易之后，遂生他处。"言讫乃别，神女并赠以玉指环。总下山数步，回顾宿处，宛见巫山神女之祠也。

【明州三佛】《(雍正)浙江通志》卷二五四"经籍"录有《明州三佛传》三卷，为《戒香哑女维卫佛传》《元僧悟光释迦如来真身舍利宝塔传》《元僧噩定应大师布袋和尚传》。明州即今浙江宁波。按其一即戒香寺哑女，见"哑女"条；布袋和尚即长汀契此，见"布袋和尚"条；另一为鄞阴佛真身设利罗，即元时阿育王寺雪窗悟光禅师，俗姓杨，原籍成都。《虞文靖公集》载，尝问道至山中，师曰："老僧这里，无道可谈。若欲求

道。须自往参取。"即此人。虞集云其"佛果一枝，凤毛麟角。"

【鸣山神】江西地方丛祠。五代·徐铉《稽神录》卷三："江西军吏宋氏尝赎救一大鼋，放于江中。后数年，泊船龙沙，为'元长史'所召。既往，至一府，官出迎，曰：'君亦记星子江中放鼋耶？身即鼋也。顷尝有罪，帝命谪为水族，见因于渔人，微君之惠，已骨朽矣。今已得为九江长，相召者，有以奉报。君儿某者命当溺死，名籍在是。后数日，鸣山神（四库本作'乌山神'，误）将朝庐山使者，行必以疾风雨，君儿当以此时死。今有一人名姓正同，亦当溺死，但先期岁月间耳。吾取以代之，君儿宜速登岸避匿，不然不免。'数日，果有风涛之害，死甚众，宋氏之子竟免。"南宋·洪迈《夷坚支志·癸集》卷二"昌田鸣山庙"条："鄱阳（今江西鄱阳）昌田旧有鸣山小庙，积以颓敝。一巫为物所凭，猖狂奔走，传神命告里中曹秀才，使主盟一新。越夕，一乡巫觋工匠百余人尽造曹居，不约而集，皆不知所以然。众人不假舟楫，直渡大溪，四境林木，不问其主，即行采斫，合抱十围者，数斧而断，当时丁壮百辈方可举者，此时不过三十人，其行如驰。首尾方过旬，殿宇已就。匠有倦懒者，或病或死。"《夷坚三志·辛集》卷七"叶道行法"条："乐平（今江西乐平）万全乡民朱廿一家疫病，叶道法广为驱邪，七日不退。叶梦鸣山神来云：'朱某家时疾，系吾奉天敕所行。'"◆按南宋·杨简《乐平孚惠庙记》云："吾邑之所崇敬，旱能致雨，祷焉而应，灵感著闻，遐迩毕趣者，曰鸣山之神。神之号曰威惠善济广佑忠烈王。庙本于信之贵溪自鸣山，乐平实为旁邑。神之所以灵者，以能弱冠起兵，报不共戴天之仇，追牟昌隐至贵溪祠所杀。兵至之日，风烈云涌，水泉腾跃，山谷自鸣，故遂以此名山。"又南宋·袁甫撰《信州自鸣山孚惠庙记》，言"鸣山之神以孝闻天下，由昔迄今，余八百载。"自南宋宁宗时上溯八百余年，应在东西晋间。◆此鸣山神疑即"石固"。《大宋宣和遗事》元集："崇宁五年夏，解州有蛟在盐池作祟，嗣汉三十代天师张继先治之，不旬日间，蛟祟已平。继先入见，帝问曰：'卿此蠲除，是何妖魅？'继先答曰：'昔轩辕斩蚩尤，后人立祠于池侧以祀焉。今其祠宇顿弊，故变为蛟，以妖是境。'帝曰：'卿用何神？愿获一见。'忽有二神现于殿庭：一神绛衣金甲，青刀美须髯；一神乃介胄之士。继先指示金甲者曰：'此即蜀将关羽也。'又指介胄者曰：'此乃信

上自鸣山神石氏也。'言讫不见。"按：此"信上"应指江西信州（今江西上饶），在宋时称信州上饶郡；而神为石氏，疑即江西赣州"江东庙神"之石固。参看"江东庙神"条。

【鸣蛇】《山海经·中山经》："鲜山，鲜水出焉，其中多鸣蛇，其状如蛇而四翼，其音如磬，见则其邑大旱。"又"帝囷之山，帝囷之水出于其上，潜于其下，多鸣蛇。"

鸣蛇 山海经图 汪绂本

【鸣童】耳报神之一种。南宋·周密《癸辛杂识》续集卷下："安吉县（今浙江安吉北）村落间有孕妇，日饷其夫于田间，每取道自丛祠之侧以往。祠前有野人以卜为业，日见其往，因扣之，情浸洽。一日妇过之，卜者招之，同入庙中一僻静处，笑曰：'汝腹甚大，必双生子也。'妇曰：'何从知之？'曰：'可伸舌出看，可验男女。'妇即吐舌，为其人以物钩之遂不可作声。遂刳其腹，果有孪子。因分其尸，烹以祀神，且以孪子炙作腊，为鸣童预报之神。至晚妇家寻觅不见，偶有村翁云其每日与卜者往来之迹，疑其为奸。遂入庙捕之，悉得其尸，并获其人，解之县中。盖左道者以双子胎为灵，单乃所不及也。"◆南宋·谢采伯《密斋随笔》卷二："汉武帝祠神君，最贵曰太一，非可得见，闻其言与人音等，时去时来，居室帷中，所言世俗之所知无殊绝者，而天子独喜。即今之鸣童也。"

【冥】《国语·鲁语》："冥勤其官而水死。"韦昭注："冥，契后六世孙，为夏水官，勤于其职而死于水。"按：后世船神有孟公孟姥，实亦水神之一种。孟、冥音近，疑孟公或从冥演变而来。

【冥羊】《史记·封禅书》：汉武帝时有人上书云："古者天子常以春解祠，祠黄帝用一破枭镜；冥羊用羊祠；马行用一青牡马；太一、泽山君地长用牛；武夷君用干鱼；阴阳使者以一牛。"

【mo】

【摸先生】《仙鉴》卷三二："不知何所人。游京

师，携小竹筒货药，人有疾，以手摸之辄愈，人故呼为'摸先生'。或与之钱则不受，不与之亦不索。束双髻于顶，其容甚野，然眸子明白，顾视动人。有分身术。后不知所之。"按：《仙鉴》编入唐人中。

【摸著较】宋·章炳文《搜神秘览》卷一：摸著较，不知其姓氏，亦不审何许人。熙宁中在京师，市廛疾走，常扬埃尘。恣口欲言，无所忌惮。手提一小竹罗，衣纸衣，跣足赤胫。凡病蜷曲者，以手扣摸，即不复有所苦，故皆呼曰摸著较。所得金不拘计多少，然必丐于患人，出门即抛掷街衢。间言人祸福，若应影响。一日告群儿曰："我明日往矣。"有视之者，果死于城隅。后有人见之于相州。

【嫫母】《云笈七签》卷一〇〇《轩辕本纪》："黄帝周游时，元妃螺祖死于道，帝祭之以为祖神，令次妃嫫母监护于道，因以嫫母为方相氏。"按明·刘元卿《贤弈编·附录》，嫫母作"好嫫"。

【摩利支天】佛教中"二十天"之一。据《佛学大词典》：又作摩里支天、末利支天。意译威光天、阳陷天。或称末利支天婆、摩利支天菩萨。此天具有大神通自在力，善于隐身，能为人消除障难，增进利益。此天原为古印度民间崇拜之神，后为佛教所吸收，而列于天部。

【摩酰首罗】佛教中"二十天"之一，即"大自在天"。

【磨嵯大王】道藏本《搜神记》卷五："庙在施州卫（今湖北恩施）之南。卫城西南与洛浦蛮接壤。洛浦蛮数为边患。有将孟蜀者率兵讨之，累战弗捷。蜀一日枕戈而眠，梦一神人，自称磨磋大王，愿助战。既觉，犹闻有刀马声。明日临阵，洛浦蛮披靡，如前后受敌状，遂解散降伏。神自是灵迹显著，施民所在祀之，无不感应。"南宋·祝穆《方舆胜览》卷六〇作"磨嵯神"。

【魔母】《太平广记》卷四一引唐·佚名《会昌解颐录》、唐·薛渔思《河东记》：唐宝应中，越州（今浙江绍兴）观察使皇甫政妻陆氏，有姿容而无子息。州有寺名宝林，中有魔母神堂，越中士女求男女者，必报验焉。政暇日率妻孥入寺，至魔母堂，捻香祝曰："祈一男，请以俸钱百万贯缔构堂宇。"陆氏又曰："倘遂所愿，亦以脂粉钱百万，别绘神仙。"两月余，妻孕，果生男。按：此名魔母，又能使人生育子女，当即"九子魔母"。见该条。

【魔王】晋·王纂《太上洞渊神咒经》："道君言：自辛巳壬午年（西晋末年），鬼兵纵佚，魔王行毒，

毒病生民。我今遣四十九亿禁官摄三十六天魔王来。"又云："召三十六天一切魔王及小鬼王等八十亿万王妻子眷属。"《神咒经》又有三天大魔、九天大魔、三十六世之魔、十方杀鬼神王、领鬼大王等诸名目。此等鬼王魔王俱受上天约束，或奉天命下界布疫杀人，或督令属下诸鬼众回避诵经通道之人。又道书《玉清隐书》有"八方大魔王"之说，即东方青帝大魔王、西方白帝大魔王、南方赤帝大魔王等等。

【抹脸儿妖人】清·东轩主人《述异记》卷中：石门朱石年司理平越（今贵州福泉），时戊申岁，滇黔全省延至楚郧、襄间，有妖人抹脸怪术。其人衣服言语与人无异，或数十人同入城市，或数人散行郊野，时隐时现，去来莫测，或戎服乘马，驰于颠崖绝壑之中，或变成弹丸，从屋漏而下，旋转渐大，裂出人形。人与交臂而过，忽然仆地，就视之则面目已失其半，仅存后枕颅骨而已。城野山僻，邃暗密室，多受此患，不知取为何用。作祟八九月方止，被抹者数千人。文武官弁，黄夜巡之，家户击鼓鸣金以备之。曾有数妖舁大木桶入城，兵卒围之，忽然不见，弃其桶，开视之，则有人面目百余，以石灰腌之。或云：取人面以为祭赛邪鬼厌胜之具，或云苗蛮瑶鬼，遇闰年辄出，亦宇宙间怪异之事。

【末多国】东汉·郭宪《洞冥记》卷三：汉武帝时，末多国献五味草。此国人长四寸，织麟毛为布，以文石为床。人形虽小而室宇崇广。

【茉莉夫人】清·许缵曾《东还纪程》："善卷山（湖南常德一带）之东半里有大石在竹林中，曰茉莉夫人。《鬼磨传》称：宣鉴和尚德山参证时，夫人以磨磨面供养大众。其说甚迂。郡乘及《袁中郎集》皆载之。茉莉夫人无考。或云即诸天中有摩利夫人，所称鬼子母者。或云《张三丰集》有茉莉元君，疑即夫人。未知孰是。"

【莫龙】清·清凉道人《听雨轩笔记》卷三：三江闸在绍兴府城西北三十里三江城畔，明太守汤绍恩建。初造时，其东岸为石坡，成之甚易，西岸即向日入海水道，为沙滑土松，不能成功。公因祷于汉太守马震之庙，梦马公告之曰："后迹追前迹，百世瞻功烈，君要此桥成，除非木龙血。"醒而思木龙安得有血，殆隐语也，传示左右觅善解之人。有皂隶莫隆者，戆直而不识字，闻木龙二字与己名相同，自报奋勇，割臂血傅于桩木以试之，桩次第入土，果屹然不动。莫欲自刎出血，俾成大功，公不

可，莫退而奋拳自击其胸，呕血斗余，遂以血遍傅木桩而下之，闸遂以成，而莫因伤重卒。闸成之后，民享其利，建汤公祠于三江闸，莫龙塑像陪祀。◆又见清·汤用中《翼駉稗编》卷八"木龙"条。

【莫起炎】即"莫月鼎"。见该条。

【莫邪】春秋时剑师干将之妻，见"干将"条。唐·陆广微《吴地记》："吴王使干将铸剑，材五山之精，合五精之英，使童女三百人祭炉神，而金银不销，铁汁不下。其妻莫邪问计，干将曰：'以女人聘炉神，当可。'莫邪闻语，即投炉中，铁汁遂出，成雌雄二剑，名干将、莫邪。"是莫邪亦传说中之"投炉神"也。

【莫王】清·汪森《粤西丛载》卷一一：隋莫王，名不传，本姓杜。立山郡峰寨人。生开皇中，一岁父卒，从母适荔浦石门村莫氏，从其姓。自幼蔬食，遇异人授翀举之术。唐贞观八年正月十六日尸解去。里人常见王素衣白马，披发仗剑，行村落中，因肖像祀焉。

【莫月鼎】宋元时人。《仙鉴续编》卷五："名洞一，字起炎，浙西雪川（今浙江湖州）人。莫合之裔。与同郡西野沈震雷真人同师事铁壁邹真人，得王侍宸《九天雷晶隐书》，由是名著当时。落魄无家，随所寓而止。求其道者其

莫月鼎 仙佛奇踪

众。至元丁亥，被召赴阙。自王侍宸演道以来，惟真人与西野沈真人二派支流衍迤，盛于西江，昌于东吴。延祐庚寅坐化。"明·洪应明《仙佛奇踪》卷三："名洞一，字起炎，湖州人。肌肤如雪，双目有光。入青城山丈人观，从徐无极受五雷法。遂自名'雷师'，驱使鬼魅，动与天合。元世祖召见，试以雷法，月鼎取胡桃掷地，雷应声而发。能呼风唤雨，除妖斩怪。七十三岁化于其徒王继华家中。"《（康熙）苏州府志》卷七九："闻建昌（今江西永修）邹铁壁得王侍宸斩勘法，乃委身为奴事之。邹

病危，授一符与之。精于持练，动与神合。愤世嫉邪，托狂于酒；信笔涂抹，出诡异语，时人莫晓。入元，至元间奉诏入京，祈祷有验。命掌道教事，力辞归。卒于至元三十一年正月。"《（雍正）浙江通志》卷则云为"钱塘人。召雷雨，破鬼魅，动无不验；嬉笑怒骂，皆若有神物随之"。又云为山阴人，更名洞元。

【莫州女】北宋时人。《仙鉴后集》卷六：莫州任丘（今河北任丘）境有溏泺市，积鱼如阜。宋徽宗大观间，有贫女不知所从来，常居丛祠，烧鱼而食。貌娟好，有坏人近之，则诟骂。州兵萌歹意，欲犯之，忽见其座有大蟒，惧而却走，回视，则座为宝莲花。俄不知所在。

【墨精】唐·冯贽《云仙杂记》卷一引《陶家瓶余事》：唐玄宗御案墨曰龙香剂。一日见墨上有小道士如蝇而行，叱之，即呼万岁，曰："臣即墨之精黑松使者也。凡世人有文者，其墨上皆有龙宾十二。"上神之，乃以墨分赐掌文官。

【墨秋】见"黑狄"条。

【墨神】宛委山堂本《说郛》卷三一下引《致虚杂俎》：墨神曰回氏。

【墨仙】明·来集之《倘湖樵书》初编卷二"墨仙笔仙"条、《（雍正）江西通志》卷一〇五：胡用琼，太平宫道士，遇道流于云堂，留之饮。既醉，道流以刀剜土，沥酒漱津，和之成墨，以授用琼。投之几上，铿然有声。翼日视之，紫磨金也。其所剜土处有泉出焉，甘而不竭，故谓其堂曰授墨堂，泉曰墨仙泉。用琼初以墨磨酒，饮其半，宿疾顿愈。由是厌人间事，学道，年七十颜如童子。◆又北宋时"潘谷"，时称"墨仙"，见该条。

【墨羽】梁·陶弘景《真诰》卷五：若如青光先生、谷希子、南岳松子、长里先生、墨羽之徒，皆为太极真人所友，或太上天帝所念者，兴云驾龙以迎之，故不学道而仙。◆按：疑为"墨翟"之误。

【墨子】晋·葛洪《神仙传》卷四："墨子，名翟，宋人。仕宋为大夫，外治经典，内修道术，著书十篇，号为《墨子》。鲁有公输般者，为楚造云梯欲攻宋，墨子闻之，往楚说楚王与公输般罢兵。年八十二，入周狄山修道，遇神人授以素书朱英丸。墨子乃成地仙，隐居以避战国之乱。至汉武帝时，帝遣使者以礼聘墨子，墨子不出。"晋·葛洪《枕中书》："墨翟为太极仙卿，治马迹山。"◆葛洪《抱朴子内篇·金丹》记各种丹法，中有"墨子丹法"。又《遐览》记各种道书，云"其变化之术，大者唯

有《墨子五行记》（又作《墨子枕中五行记》），本有五卷。昔刘君安未仙去时，钞取其要，以为一卷。其法用药用符，乃能令人飞行上下，隐沦无方，含笑即为妇人，蹙面即为老翁，踞地即为小儿，执杖即成林木，

墨子　列仙全传

种物即生瓜果可食，画地为河，撮壤成山，坐致行厨，兴云起火，无所不作也。"《云笈七签》卷五九载有墨子"闭气行气法"。五代·孙光宪《北梦琐言》卷一八又记有"墨子术"："五代后唐时有杨千郎者，魏州贱民，自言得'墨子术'于妇翁，能役使阴物，帽下召食物果实之类，又能赌博必胜"云云。◆按：是后世又有以邪术附于墨子者，或因《墨子》书有"迎敌祠"篇，言祷祝、厌胜、望气诸术，其后学遂有术士之流乎？◆《天地宫府图》：七十二福地第三十三灵山（在信州上饶县北），墨真人治之。不知何人，疑指墨子。

【貘】《山海经·中山经》郭璞注："邛来山，今在汉嘉严道县南，江水所自出也。山有九折阪，出貊，貊似熊而黑白驳，亦食铜铁也。"吴任臣《广注》："貊即貘，亦作膜，兽之食铜铁者。貊之外复有一角之豻，南方之啮

貘　山海经图　胡文焕本

铁，吐火罗之大兽，昆吾之狡兔，皆貊类也。《南中志》云：'貘大如驴，状似熊，苍白色，多力，舐铁消十斤，其皮温暖。'《五侯鲭》云：'食铁之兽，貘也。食烟之鼠，鼸也。'又曰：'貘粪可以切玉，貘溺可以消铁成水。'"白居易《貘屏赞序》曰："貘者，象鼻犀目，牛尾虎足，生南方山谷中。寝其皮辟瘟，图其形辟邪。予旧病头风，每寝息，

常以小屏卫其首，适遇画工，偶令写之。按《山海经》，此兽食铁与铜，不食他物。"清·王士祯《居易录》卷一六："貘生铜坑中，食铜铁，炼粪为兵，可以切玉；接溺为水，可以销铁。有十首者名曰貘。"◆字或作"貊"。《文选·蜀都赋》注："貊兽，毛黑白臆，似熊而小，以舌舐铁，须臾便数十斤。出建宁郡也。"

【貊泽】唐·段成式《酉阳杂俎》卷一六：貊泽，大如犬，其膏宣利，以手所承及于铜铁瓦器中贮，悉透，以骨盛则不漏。

【mu】

【牟罗汉】明·曹学佺《蜀中广记》卷七四：牟罗汉，眉山（今四川眉山）人，名安。往岷山，苦饥，遇异人以柏子投其口，自此遂不火食，亦往往通老庄。一日江水暴涨，舟不可行，人或戏指其笠曰："乘此渡可乎？"牟遂置笠水面，趺坐其上，截江以济。

【獏𤝊】汉·东方朔《神异经·西荒经》：西荒之中有人焉，长短如人，著百结败衣，手虎爪，名獏𤝊。伺人独行，辄食人脑。或舌出盘地丈余。人先闻其声，烧大石以投其舌，乃气绝而死；不然，食人脑矣。

【木伴哥】元·佚名杂剧《随何赚风魔蒯通》第三折，蒯通装疯，历数各路神仙，中有"俺爷是显道神，俺娘是个木伴哥"句。不知为何许鬼神。

【木叉】僧伽大师三弟子之一。明·吴承恩《西游记》中为托塔天王李靖之次子、观音（慈航真人）弟子，又名惠岸。按《僧伽传》，惠岸为僧伽另一弟子，与木叉并存者，至宋时此说仍旧（见"惠岸"条引北宋·蔡絛《铁围山丛谈》卷五）。盖因传说僧伽大师为观音下世，而木叉又与李天王之子哪吒读音相类，遂为小说附会如此。至《封神演义》木叉索性改为木咤，又名惠岸行者，为慈航道人弟子。慈航为观音的道教化，亦与僧伽传说有关。南宋·陆游《老学庵笔记》卷三："徽宗南幸还，至泗州僧伽塔下，问主僧曰：'僧伽旁白衣持锡杖者何人？'对曰：'是名木义，盖僧伽行者。'"◆元人杂剧有《木叉行者锁水母》，又作《木叉行者降妖怪，泗州大圣降水母》。

【木公】即"东王公"。《太平广记》卷一引五代·杜光庭《仙传拾遗》："木公亦云东王父，亦云东王公，盖青阳之元气，百物之先也。冠三维之冠，服

九色云霞之服，
亦号玉皇君。"
晋·葛洪《枕中
书》："元始君经
一劫乃一施太元
母，生天皇十三
头，治三万六千
岁，书为扶桑大
帝东王公，号曰
元阳父扶桑大
帝，住在碧海之
中。"是则木公
亦扶桑大帝也。
明·王世贞《列
仙全传》卷一：
"木公讳倪，字
君明。天下未有

木公　列仙全传

民物时，钟化而生于碧海之上，苍灵之墟。赞迪玄
功，育化万物，主阳和之气，理于东方，亦号东王
公。凡上天下地，男子登仙得道者，悉所掌焉。凡
品仙升天之日，先拜木公，后谒金母，受事既毕，
方得升九天，入三清，礼太上而观元始。汉初有群
儿戏谣于道曰：'著青裙，上天门，揖金母，拜木
公。'时人皆莫之知，惟子房往拜焉。乃语人曰：
'此东王公之玉童也。'"

【木精】即树精。晋·干宝《搜神记》卷一二：
"木精为游光，金精为清明。"梁·任昉《述异记》
卷上："千年木精为青牛。"《太平御览》卷八八六
引《玄中记》："千岁树精为青羊，万岁树精为青
牛，多出游人间。"按：此说当由"怒特"而来。
见"怒特"条。唐·释道世《法苑珠林》卷五八引
《白泽图》则言："木之精名彭侯，状如黑狗，无
尾，可烹而食之。又千载木，其中有虫，名曰贾
诎，状如豚，有两头，烹而食之如狗肉味。"

【木居士】道藏本《搜神记》卷五："神无姓名，
不记其朝代，刻木为像，庙在莱阳县（据下文，应
是耒阳之误）之东二十里。相传昔有火穿木类人
形，溯水而来，寺僧遂祠以奉之。宋时县令因祈雨
无应，欲析而焚之，不移时，大雨沾足，赖之有
年。为重其祀而新其庙，神益感应如响。"南宋·
叶梦得《岩下放言》卷下所记则有异："韩退之有
木居士诗，在衡州耒阳县（今湖南耒阳）鳌口寺。
退之作此诗，疑自有意，其谓'便有无穷求福人'，
盖当时固已尸祝之矣。至元丰初犹存，远近祈祷祭

祀未尝辍。一日邑中旱久不雨，县令力祷不验，怒
伐而焚之，一邑争救，不听。苏子瞻在黄州闻而喜
曰：'木居士之诛固已晚矣，乃间有此明眼人乎？
过丹霞远矣。'然邑人念之终不已，后复以木仿其
像再刻之，岁仍以祀。"◆又见明·王圻《稗史汇
编》卷一〇三三"木居士"条，云本以柘木类人
形，因以乞灵，在耒阳县北溯流三十里鳌口寺。

【木客】山都之一种。《初学记》卷八"州郡部"
引《异物志》曰："庐陵大山之间，有山都似人裸
身，见人便走，自有男女，可长四五尺，常在幽昧
之中，似魑魅鬼物。又曰：庐陵有木客鸟，大如
鹊，千百为群，不与众鸟相厕。云是'木客'所
化。"按：此木客当指伐取山木者，东汉·袁康
《越绝书》卷八云"初徙琅琊，使卒二千八百人，
伐松柏以为桴，故曰木客。"即是。《太平广记》卷
三二四引邓清明《南康记》曰："木客头面语声，
亦不全异人，但手脚爪如钩利。高岩绝岭，然后居
之。能斫榜，索著树上聚之。昔有人欲就其买榜，
先置物树下，随置多少取之。若合其意，便将榜与
人，不取亦不横犯也。但终不与人面对与交作市
井。死皆加殡殓之。曾有人往看其葬，以酒及鱼生
肉遗宾，自作饮食，终不令人见其形也。葬棺法，
每在高岸树梢，或藏石窨之中。南康三营伐船兵
说：往亲睹葬所，舞唱之节，虽异于人，听如风林
汛响，声类歌吹之和。义熙中，徐道复南出，遣人
伐榜，以装舟槛，木客及献其榜而不得见。"◆
明·朱孟震《浣水续谈》"木客鬼诗"条："鄱阳山
中有木客，秦时因造阿房宫入山，食木实，得
不死，时下山就民间取酒。"清·王士禛《居易录》
卷一六："木客形如小儿，在恭城见之，衣服不异
人。自云秦时造阿房宫，流寓于此。"◆按：此木
客颇似山民野人，因有伐木为榜事，故曰木客。而
至后世竟有与山魈相混，至以为"五通"之类者。
南宋·洪迈《夷坚丁志》卷一九"江南木客"条：
"大江以南地多山而俗禨鬼，其神怪甚诡异，多依
岩石树木为丛祠，村村有之。二浙、江东曰'五
通'，江西、闽中曰'木下三郎'，又曰'木客'，
一足者曰'独脚五通'，名虽不同，其实则一。"又
同书《支甲》卷七"邓兴诗"条亦载木客事，可参
考。◆又有"木客鸟"，说为木客所化。北宋·乐
史《太平寰宇记》卷一〇九引《庐陵异物志》："有
木客鸟，大如鹊，千百为群，飞集有度，不与众鸟
相厕。俗人云是木客化为此鸟也。"

【木郎】《木郎祈雨咒》注：太乙碧玉之府，乃木

郎皓灵神君居其左，主祈雨，瑞华东灵神君居其右，主祈灵。

【木龙】❶清·董含《莼乡赘笔》卷上"木龙"条："鄱阳湖有大木，乘风鼓浪，昂首掀舞，远近望如龙，一月数见，土人呼为木龙，犯之者能覆舟，有祷辄应。粮艘骈集，皆虔祀之。洞庭有楠木大王，想即此类。"参见"楠木大王"条。❷福建海船保护神，蛇神之一种。清·郁永河《海上纪略》云："凡海舶中必有一蛇，名曰木龙，自船成日即有之。平日不曾见，亦不知所处，若见木龙去，其船必败。"

【木平和尚】五代南唐人。北宋·马令《南唐书》卷二四："木平和尚，保大中至金陵，知人祸福死生，所言辄验。元宗召见于百尺楼，木平指曰：'此宜望火。'初不喻其意，后数载，淮甸兵起，龙安山置烽候以应江北，常登此楼以观动静。又庆王尚幼，元宗问寿命几何。木平遂书'九十乙'字予之。保大九年庆王卒，年十九。其书'九十'而继之以'乙'者，乃乙其九十而为十九也。"《至大金陵新志》卷一三下之下所载稍有异。又小注云："木平初见后主李煜，挂木瓶于杖头。煜出，歘不见，问和尚何在，木平引瓶自蔽，诡曰：'某在此澡浴。'煜拜之。木平曰：'陛下见群臣，勿言某在瓶中。'煜笑曰：'和尚见人，亦勿道吾拜汝。'"

【木平三郎】南宋·洪迈《夷坚乙志》卷一五：临川（今江西抚州）有巫，所事神曰"木平三郎"，专为人逐捕鬼魅，灵验彰著。

【木仆】唐·段成式《酉阳杂俎》卷四：木仆，尾若龟，长数寸，居木上，食人。

【木球使者】清·纳兰性德《渌水亭杂识》卷一："北京功德寺有木球使者，其事近于怪。"按宋·张世南《游宦纪闻》载："雪峰寺僧义存，于唐懿宗咸通十一年开山创寺，寺有木球，相传受义存役使，呼仆延客，球皆自往来。嘉泰间寺灾，球忽滚入池中，得不坏。"

【木下三郎】《太平广记》卷三四〇"卢顼"条引唐·陈邵《通幽录》：神言："杨郎在养安寺塔上，与杨二郎双陆。"问："杨二郎是何人？"答曰："神人耳。又有木下三郎，亦在其中。"南宋·洪迈《夷坚支志·甲集》卷七"邓兴诗"条言木下三郎为三美男子，建昌多其祠宇；《夷坚支志·戊集》卷三"池州白衣男子"条记池州（今安徽贵池）有木下三郎庙，其神为一大白蛇。

【木下三神】南宋·洪迈《夷坚支志》癸五"连少连书生"条：饶州（今江西鄱阳）安仁书生连少连，就馆于近村富家。当春夜月明，灯下诵读，见紫衣老媪，曰："媒人也。东里萧家有小娘子，姿色绝艳，慕秀才容仪，请于父母，愿为夫妇。萧女奁具万计，及早成婚，即日可化穷薄为豪富。"生沉吟良久，许之，默自计曰："姑与之结好，则奁中物皆吾有耳。"始合卺，觉女唇间有牛吻气，乃托以地迥招盗，悉收敛器皿金帛置箧中，加扃锁焉。一牛头人自外持梃入，喝曰："不得无礼。"俄冷风灭烛，众一切奔散。生惶惑，待早走告主翁，翁惊叹不已，云："是吾家所事萧家木下三神也。"生亟辞馆而去。◆按：此神姓萧，或即"山魈"之"魈"的音变，又"五显"亦有萧家五兄弟之说，其因或由于此。

【木先生】北宋时人。南宋·洪迈《夷坚甲志》卷二〇："汪致道，崇宁五年初登第，除宣州（今安徽宣城）教授，单车之官，投宿村店，见一秀才，云致道为唐牛僧孺后身，前生为武昌节度使，缘未尽，今生当再往。又自言姓雍名孝闻，失意功名，浪迹山林，偶有所遇，遂得道。后四十年，绍兴十八年，致道以司农少卿领湖北财赋，公宴中遇一道人，称木先生，即雍孝闻也。或云木名广莫，往来汉沔间，见人唯谈文墨，殊不及他事，无知其为异人者。政和中以道士入说法，徽宗以其道得林灵素之半，故易姓曰木。"南宋·费衮《梁溪漫志》卷七"雍孝闻"条所载略异："蜀人，崇宁间廷试对策，力诋时政缺失，驳放。后虽授以右列，然卒不仕。"《仙鉴》卷五二作"雍广莫"。

【木雁子】见"周贯"条。

【木叶老人】《（雍正）浙江通志》卷二〇一引《雁山志》有"木叶老人"条，即"雁荡老人"，见该条。

【木羽】西汉·刘向《列仙传》卷下："巨鹿（今河北巨鹿）人，母贫贱，为助产妇。曾接生一儿，生便开目，视母大笑。母大惧，夜梦有大冠赤帻者守儿，言：'此司命君也。当报汝恩，使汝子木羽成仙。'后母生子，名为木羽。及所接生之儿年十五，有车马来迎去，经过母家，使呼木羽为御，遂俱去。后二十余年，鹊雀旦衔二尺鱼著母户上，母卖鱼以生，寿至百岁。"

【目犍连】释迦十大弟子之一，被世尊称为"神足第一"，又与须菩提、摩诃迦旃延、摩诃迦叶合称"四大声闻"。有说即地藏王菩萨前身者。《三教源流搜神大全》卷七："职掌幽冥教主，十地阎君率朝贺成礼。相传王舍城傅罗卜，法名目犍连，尝师事如来，救母于饿鬼群中，作盂兰胜会，殁而为地藏王。以七月三十日为所生之辰，士人礼拜。或曰：今青阳之九华山地藏是也。"参见"目连"条。

【目连】即释迦十大弟子之"目犍连"，佛经中记有他入地狱见诸恶苦、超度饿鬼的故事，传入中国后，演为目连救母。清·黄斐默《集说诠真》："《目连记》载：傅罗卜，南耶王舍城人，父名相，母氏刘，合家向茹素。相

目连　合川淶滩石刻

卒，刘氏弟来，谆劝开荤，曰：'文王之时，五鸡二彘，以养亲老，世称仁政。故曾子养亲，必具酒肉。孔子食肉，必调以酱。孟子曰：鱼与熊掌，皆我所欲。'刘开斋，死入地狱。罗卜削发为僧，改名目连。一日禅定，见母在地狱，立往寻之。奈午至第一重地狱，刘氏已解往第二重，尾蹑之。至第六重，值四月八日狱主赴会，致押解稽迟，目连始获晤母，遽饷以所携乌饭，被饿鬼顷刻攫尽。鬼使又将刘氏押入第七重。目连蹑至第十重，知母已投生为郑官家犬，访得之，见犬向伊摇尾哀嗥并衔其衣。目连悟，输赏买归，事以母礼。七月十五日大设盂兰会，超度伊母，遂奉玉帝封刘氏为劝善夫人。"◆按：目连故事虽源于西土，传入中国之后，与中国提倡的孝道相凑合，成为僧、道之徒说法的工具，且最为民众所乐道。目连故事以多种民间艺术形式说演，不仅目连故事不断丰富，且派生出一批类似的"救母"故事。即今天最为脍炙人口的

《宝莲灯》，亦源出于目连戏。而目连本人在中国亦分化为多种神明，如地藏菩萨、灵官马元帅、华光等，多有目连痕迹。

【目神】《龙鱼河图》："目神名珠殃。"明·朱谋㙔《骈雅》卷五作"目神珠暎"，是。唐·段成式《酉阳杂俎·前集》卷一一："目神曰虚监。"

【目羽鸡】东汉·郭宪《洞冥记》卷三：祝鸡公善养鸡，得远飞鸡之卵孵之，名曰翻明，鸡如鹄大，色紫，有翼，翼下有目，亦曰目羽鸡。

【牧得清】《（嘉庆）南陵县志》卷一〇：承天观道士，精导引术。一日有谷客来访，弟子以师父有事而拒。客以茶水书桌上一诗，云："不因门外家人谨，还是无缘遇洞宾。"覆盂而去，坚不可举。牧知之，追至门桥，见一醉丐枕二瓶酣卧，遂返。后五载，客复至，牧惊悟，曰："先生吕公耶?"客曰："实枕瓶丐者也。"牧乃长吟一偈，与客同出。人见其尚在座中，细审，衣蜕而已。

【穆将符】唐时人。《太平广记》卷四四引《神仙拾遗》：穆将符者，幼而好学，不慕声利，得吐纳内修之道。长安东市酒肆姚生，与其友善，时往来其家。姚忽暴病，举家惶骇，使人奔访将符。将符笑曰："可救也。"遂解衣与姚同衾而卧，灭烛而寝。中夜方命烛视之，姚已起坐矣。良久，乃能言曰："适为黄衣使者三四人，以马载去，西行甚速。忽闻传呼云：'太乙有敕，使天兵遣回。'乃顾见骑乘旌旗，森然成列。所乘马及黄衣者，奔迸不知所之。别有朱衣一人，引而归之。"自是姚生平复如初，而将符不知所适。罗浮轩辕先生，大中年，征至京，曰："穆处士隐仙者也，名位列于九清之上矣。"

【穆若拙】北宋时人。《仙鉴》卷五〇：宋端拱中为洺州肥县（今河北肥乡）令，八月既望，宴客罢，忽有神人乘云而至，曰"上帝诏升南宫列仙"。若拙乃升天而去。

【穆天子】即"周穆王"。见该条。

【N】

【na】

【挐公】清·姚元之《竹叶亭杂记》卷三："海船敬奉天妃外，有尚书、挐公二神。挐公，闽之挐口村人，姓卜名偃，唐末书生。因晨起恍惚见二竖投蛇蝎于井，为阻止汲者，自饮井水以救一乡，因而成神。五代时即著灵异。"按挐公本应为井神，后闽江上下船民饮用江水，为防中毒，亦供奉挐公，遂渐至于海船。福州庙山有挐公庙。清·方浚师《蕉轩随录》卷九"挐公"：李鼎元《使琉球记》云："嘉庆庚申闰四月十六日戊辰，黎明至冯港，恭请天后行像并挐公登舟，祭用三跪九叩首礼。命道士举醮祭桅，行一跪三叩首礼，取旗祝之，噀以酒，合口同言顺风吉利。海船以鸦班为重，每舟三人，人管一桅，各披红执旗，缘一绳而上，疾如飞鸟，不负鸦班之目。挐公者，闽挐口人，常行贾舟，卧闻神语某日当行毒某地，公谨伺之，至期果见一人抛毒水中，公投水收取，尽食之，遂卒，以故面作靛色。土人感其德，祀之。以为挐口人，故曰挐公。或曰公卜姓，以业挐舟得名。"按：林芗溪《砚耕绪录》："挐公，邵武挐口人，姓卜，得异人授仙术仙去，明季尝化舟子而救人者。挐公碑今在省垣藩署，邵武府、县志皆失载。"云云。余曾托闽友拓挐公碑文，至今尚未寄到也。◆按：此类自饮毒井或以身投毒井阻止乡人中毒故事在闽台多有，且不仅挐公一神，参见"广利尊王"条、"五福大帝"条、"王爷"条之❷。

【纳民】《太平御览》卷七九七引《外国图》：纳民，陆居食土。无夫妇，死即埋之，其肝不朽，八年复生。去玉门五万里。

【nai】

【奶娘】近人郭则沄《洞灵续志》卷四：闽中多祀奶娘，谓能保婴，亦恒著灵验。有梅柳奶、汤边奶、欧奶、虎婆奶、蓝田奶诸庙，而龙山境所祀者为龙山奶。相传龙山境奶娘与井楼门内通天境奶娘、外通天境奶娘，称三姊妹。春正赛神，互有宴会。此外又有刘氏夫人主痘，潘氏夫人主疹，临水夫人主产，皆莫详所访。

【耐重鬼】见"任玄言"条。

【nan】

【南朝六神】清·清凉道人《听雨轩笔记》卷三：明末时，吴人悯周宗建与杨涟、左光斗、缪昌期、周顺昌、魏大中忠而惨死，率肖像而祀之于家。至今三吴士庶，每当岁时伏腊、令节良辰，莫不燃烛焚香，击牲酾酒以致敬，即俗所称"南朝六神"是已。

【南斗】《史记·封禅书》："及秦并天下，令祠官所常奉天地名山大川鬼神可得而序也。雍有日、月、参、辰、南北斗之属，百有余庙。"古代民间很早即有"南斗主生，北斗主死"之说。晋·干宝《搜神记》卷三："管辂至平原（今山东平原），见颜超貌主夭亡，曰：'子归，觅清酒一榼，鹿脯一斤，卯日，刘麦地南大桑树

南斗六星　河北石家庄毗卢寺

下，有二人围棋次，北边坐人是北斗，南边坐人是南斗。南斗注生，北斗注死。凡人受胎，皆从南斗过北斗。所有祈求，皆向北斗。'"《无锡金匮合志》云："南斗星君庙，俗称延寿司。"清·俞樾《右台

仙馆笔记》卷六："有一神赤发赪颜，手执笔，跳舞于前，若俗所画魁星之状，而能延人之寿。魁为北斗第一星，此神似魁星而赤发赪颜，南方之色也，则为南斗神无疑。"◆仇德哉《台湾之寺庙与神明（四）》："南斗星君有谓即南极老人、南极大帝，或谓即南极仙翁。考其源流，三者各异。盖南斗星位在南方，为六星组成，形似斗，故名南斗。南极星又称寿星、老人星、南极老人星、南极老人。至于南极仙翁，则俗喻人之寿考者，既非南斗星，亦非指南极星。"

【南方丹灵真老君】 道教"五老"之一。全称南方梵宝昌阳丹灵真老君，与东方安宝华林青灵始老君、中央黄老君、西方皓灵皇老君、北方五灵玄老君并列。《云笈七签》卷一〇一引《洞玄本行经》："本姓郑，字仁安，大炎之裔，生于禅黎世界赤明天中。年十二，弃世离俗而远游山林，遇元和先生

南方丹灵真老君　北京白云观

授以灵宝赤书五气玄天黑帝真文。于是奉斋戒，行功德。西那国有洪水之灾，万姓漂流。仁安于洪波之上诵戒书黑帝真文，以投水中，水开百顷之地，诸鸟兽皆往依亲。仁安失去真文，退仙一阶，死于北戎之阿。其尸暴露三十年而不坏，时国王游猎，放火烧山。其尸百步内不燃。国王异之，便伐木烧尸，火中现出人形，坐于青烟之上。后仁安改姓洞浮，名极炎，受号为南单梵宝昌阳丹灵真老君。"

【南海神】 即"祝融"。《艺文类聚》卷二引《太公金匮》云："南海之神曰祝融，东海之神曰勾芒，西海之神曰蓐收，北海之神曰玄冥。"唐·韩愈《南海神庙碑》："海于天地间为物最巨，自三代圣王莫不祀事。考于传记，而南海神次最贵，在北东西三神、河伯之上，号为祝融。天宝中，天子以为古爵莫贵于公侯，故海岳之祝，牲币之数，放而依

之，所以致崇极于大神。今王亦爵也，而礼海岳尚循公侯之事，虚王仪而不用，非致崇极之意也，由是册尊南海神为广利王，祝号祭式，与次俱升。"清·屈大均《广东新语》卷六："南海之帝实祝融。祝融，火帝也，帝于南岳又帝于南海者。盖天地之道，火之本在水，水足于中而后火生于外，火非水无以为命，水非火无以为性，水与火分而不分，故祝融兼为水火之帝也。"又云："今粤人出入海，凡自番禺者，率祀祝融、天妃。"◆亦有异说。《龙鱼河图》："南海君姓视名赤，夫人姓翳名逸寥。"《云笈七签》卷一四《黄庭遁甲缘身经》记四海大神名，南海神名巨乘。此外尚有南海龙王，实亦南海之神。

【南华真人】 即庄周，见"庄子"条。

【南极长生司命君】 全称上清真主录南极长生司命君。《云笈七签》卷一〇二引《洞真变化七十四方经》：姓王名改生，字易度，太虚元年生于东林广昌之城长乐之乡。年十四，遇紫府华先生，传以至道。寿至四百年，又从屠先生、太乙真人、戴先生受道。

【南极夫人】 《云笈七签》卷一〇六《清虚真人王君内传》："王褒隐阳洛山中，感南极夫人、西城真人并降。南极夫人乃指西城曰：'君当为王子登之师，子登亦佳弟子也。'"《太平广记》卷五八"魏夫人"条引《集仙录》："清虚真人王褒因告魏夫人曰：'我昔于此学道，遇南极夫人、西城王君，授我宝经三十一卷，行之以成真人，位为小有洞天仙王。今所授者即南极元君、西城王君之本文也。'"又称"南极元君"，参见该条。

【南极老人】 南极星又称"老人星"，或称"南极老人星"，为星神之"寿星"。《史记·封禅书》："秦时于杜、亳有三社主之祠、寿星祠。""索隐"："寿星，盖南极老人星也，见则天下理安，故祠之以祈福寿。"

【南极上元君】 《云笈七签》卷一〇二引《洞玄本行经》：灵凤以呵罗天中降生于卫罗天堂世界，卫罗国王畜之。王长女配瑛怜爱灵凤，灵凤常以两翼扇女。后十二年，女忽有胎。王遂斩凤头，埋于林中。配瑛生女，堕地能言，曰："我是凤子，位应天妃。"王于是名之曰皇妃。生三日，有群凤来贺。王女思灵凤，临于林中而歌，灵凤遂复活，抱女飞入云中。王女遂受封为南极上元君。

【南极王夫人】 《云笈七签》卷九七：西王母第四女，名林，字容真，一号南极紫元夫人，或号南极元君。汉平帝时降于阳洛山石室，授清虚真人小有

天王王褒太上宝文等经三十一卷。夫人年可十六七许。晋兴宁三年，与裴清灵真人、王桐柏真人（王子乔）、中候王夫人、南岳魏夫人同降于杨羲家。

【南极仙翁】梁·陶弘景《真灵位业图》："太极左位南极老人丹陵上真。"即"南极老人"，老人星是作为星神主寿，而仙翁则将其人格化为仙人，故后世虽有南极仙翁画像，但仍可称其为"寿星"。清·周亮工《书影》卷七："宋真宗二年，有异人，长仅三尺，而身与首几相半，丰髯秀耳，丐食辇下。叩其所自来，则言曰：'吾将益圣人寿。'一日闻于上，召见内殿，讯其能，则曰性嗜酒。命之饮，一举一石。俄逸其人。翌日，太史奏寿星之躔，密联帝座。后令访求，不可得，敕图其形，即今寿星像也。"

南极仙翁　封神真形图

【南极元君】❶《太平经》卷一："为后圣李君上保，乃四辅之一。"《上清经》："元始天帝与南极元君登太空琼台，五老上真仙都公开郁林之笈，云锦之囊，上清变化七十四方、解形之道、三元布经，以授于元君。"❷即"南极夫人"。《清虚真人王褒传》："王褒渡渤海丹海登长离山，诣南极紫元夫人，一号南极元君。"

【南极子】晋·葛洪《神仙传》卷四：姓柳名融，能含粉成鸡子，吐数十枚，与鸡子无异。取杯咒之，即成龟。服云霜丹仙去。

【南极尊神】《云笈七签》卷一〇二引《洞玄本行经》：本姓皇，字度明，乃阎浮黎国宛王之女，生于禅黎世界赤明天中。虽生于富贵，而志在求道。父王知其意，乃于宫中作土山，山上作台，女乃弃宫殿不居，栖身台中。独宿一十二年，感昊苍天帝君遣朱宫玉女二十四人下迎，使居于阳丘之岳丹陵上舍。后化生男身，赐南极上真之号。

【南霁云】清·王士祯《居易录》云："贵阳有黑神庙，祀唐南霁云。凡遇水旱疠疫兵革之事，有祷必应。"按《旧唐书·张巡传》："时贺兰进明以重兵守临淮（今安徽泗县），巡遣帐下之士南霁云夜缒出城，求援于进明。进明无出师意。霁云泣告之曰：'本州岛强寇凌逼，重围半年，妇人老幼，相食殆尽。霁云所以冒贼锋刃，匍匐乞师，谓大夫深念危亡，言发回应，安得宴安自处，殊无救恤之心？夫忠臣义士之所为，岂宜如此！霁云既不能达主将之意，请啮一指，留于大夫，示之以信，归报本州岛。'霁云自临淮还睢阳，绳城而入。十月，城陷，为贼所执，与张巡、姚訚同被害。"◆参见"划船老爷"条。

【南鲲鯓】仇德哉《台湾之寺庙与神明（四）》：为王爷、将军、有应公（俱为厉鬼）三者之混合神。相传数百年前有一牧童于现庙址附近放牛，遇雨，投树下避雨，其衣不湿。牧童十七岁病故，死前嘱家人葬于该林之下。葬时显示灵应，乡里建小庙祀之，称"有应公"。后有李、池、朱、吴、范五位王爷及一位将军来台，请有应公让出庙宇。有应公不肯，双方争斗。后经观音菩萨调停，六人同享庙食，称为"南鲲鯓"。

【南堂庙神】胡朴安《中华全国风俗志》下编"湖州岁时纪"：正月十一日，烧南堂香。城外石冢村有南堂殿，塑男女神，男神曰南堂广灵，俗呼为亲伯，女神曰太君夫人，俗呼为亲姆。如人家生男女小孩，俱寄名与神像为干儿，可保长寿。

【南浔国】晋·王嘉《拾遗记》卷一：舜时有南浔国，有洞穴下通地脉，中有毛龙、毛鱼。其国献毛龙一雌一雄，故置豢龙之官，至夏代养龙不绝，因以命族。至禹导川，乘此龙。

【南阳公主】梁·任昉《述异记》卷下："公主山在华山中。汉末王莽秉政，南阳公主避乱，奔入此峰学道，后得升仙。至今岭上有一双朱履。传云：公主既于山中得道，驸马王咸追之不及，故留二履以示之。"五代·杜光庭《墉城集仙录》卷九："汉南阳公主，出嫁王咸。时王莽秉政，公主谓咸退身修道，咸不从其言，公主遂于华山结庐修道。岁余，徐徐乘云气而去，仅遗朱履一双，化为石。"

【南岳】南岳神说法不一，杂列如下。《山海经·大荒西经》："南岳娶州山女。"吴任臣《广注》引《冠篇》："黄帝鸿初为南岳之官，故名南岳。"《龙鱼河图》："南方衡山君神，姓丹名灵峙。南方霍山将军，姓朱名丹。一云衡山君烂洋光。"◆《旧唐书·祀仪志四》："天宝五载，封中岳神为中天王，南岳神为司天王，北岳神为安天王。"《三教源流搜神大全》卷一：南岳衡山，衡州衡山县是也。以霍山（在今安徽六安地区）为储副。东方朔《神异经》云：神姓崇，讳䇦。南岳主于世界星辰分野之地，兼鳞甲水族龙鱼之事。大中祥符四年五月二十五日，追尊号曰司天昭圣帝、景明皇后。圣朝加封"大化"二字，余封如故。清·徐道《历代神仙通鉴》卷四：伯益即南岳后身，为庆华注生真君，主于世界分野之地，兼督鳞甲水族变化等事。参见"五岳"条。◆按：南岳亦五岳之一，西汉武帝

南阳公主 列仙全传

五岳 南岳司天昭圣帝

时定祀于庐江郡之天柱山（在今安徽霍山县西南），当时亦称潜山、霍山、衡山。今之南岳，则为湖南省衡山县西之衡山。据《衡岳志》，唐太宗贞观中定祀于此。通常的说法，以为隋文帝定祀于此。◆宋代有向衡岳"借兵"之俗。南宋·沈作喆《寓简》卷八：衡岳庙西掖门常以两铁础重各千钧搘门，不得妄启。国家出大兵有所征讨，则遣中使祭告，用武士百人移铁础，视出兵之数，凡兵出凡万，则启门若干尺寸，法甚严，不得少差，大约不过尺余。事毕，又遣使告谢，武士举铁础塞门如故。从有庙来如此，皆莫知其所谓也。◆又有说古帝尧司掌南岳者。宋·张师正《括异志》卷九"陈良卿"条：进士陈良卿，景祐四年自永州赴礼部

试。十月至长沙，梦一人引导入巨舰中，见一道士，自称清精先生，谓陈曰："吾已荐子于尧为直言极谏。"陈曰："尧今何在？"曰："见司南岳。"陈曰："尧乃古圣君也，安司在公侯之列？"先生曰："尧，人间之帝也，秉火德而王，弃天下而神位乎南方，子何疑焉？"

【南岳九真人】唐·廖偁《南岳九真人传》：唐枢密使孙沔治事长沙，梦一道服老人，自称姓王："朋侪九人，有田产为别观，占佃百余年，在公部下，幸一存问。"及孙奉命祠南岳，游九仙石坛，睹塑像中有王灵舆真人，正与梦中老人状貌相同。于是委县官清查诸道观田产，九仙宫田产果为邻观所占，申明勒还云云。九真人即晋道士陈兴明、施存、尹道全，宋徐灵期，齐陈惠度、张昙要，梁张始珍、王灵舆、邓郁之也。

【南岳真人】❶赤松子。宋·曾慥《集仙传》"茅盈"条："南岳真人赤君、西城王君从王母降于盈室"云云。此"赤君"即赤松子。《云笈七签》卷一○五《清灵真人裴君传》：仙人曰："我南岳真人赤松子也。"又卷七四录有"南岳真人赤松子茗杞煎丸"方。❷郑披云。《云笈七签》卷七七有"南岳真人郑披云传授五行七味丸方"。其人不详。❸傅先生。见该条。❹即宋仁宗。宋·张师正《括异志》卷一："庞相国籍既致政，居于京师，嘉祐八年春三月，公一旦奄然，数刻复生。翌日，命纸笔，屏左右，手书密封，俾其子奏。公既薨，发视之，云：初死，有人引导令朝玉皇，入一大殿庭排班，庞处下列，拜讫，有一人传玉皇诏，云：'庞某令且归。伺与南岳真人偕来。'既出殿门，又有人前导，云：'当见南岳真人。'复至一殿庭列班，庞居上游，卷帘毕，既拜，熟视乃仁宗皇帝也。至三月二十七日庞薨，越一日，仁庙上仙。"

【难陀】唐·段成式《酉阳杂俎·前集》卷五：魏公张延赏在蜀时，有梵僧难陀得如幻三昧，入水火，贯金石，变化无穷。初入蜀，与三尼俱行，或大醉狂歌，戍将将断之。及僧至，且曰："某寄迹桑门，别有乐术。"因指三尼。"此妙于歌管。"戍将反敬之，遂留连，为办酒。夜会客与剧饮，僧假褊袒巾帼。市铅黛，饰其三尼，徐进对舞，技又绝伦。良久，曲终而舞不已。僧喝曰："妇女疯耶？"忽起取戍将佩刀，众谓酒狂，惊走，僧乃拔刀砍之，皆踣于地，血及数尺。戍将大惧，呼左右缚僧。僧笑举尼，三枝筇枝也，血乃酒耳。又尝在饮

会，令人断其头，钉耳于柱，无血。身坐席上，酒至，泻入脰疮中，面赤而歌，手复抵节。会罢，自起提首安之，初无痕也。时时预言人凶衰，皆谜语，事过方晓。成都有百姓，供养数日，僧不欲住，闭关留之，僧因走入壁间，百姓遽牵，渐入，惟余袈裟角，顷亦不见。来日壁上有画僧焉，其状形似，日色渐薄。积七日，空有黑迹，至八日，黑迹亦灭，僧已在彭州矣。后不知所之。

【楠木大王】《（乾隆）黄冈县志》卷二〇：卢浚浮舟江上，风起，舟师频呼楠木大王。问其故，以妖对。卢乃撰文牒水府治妖。越三日，忽一木自樊口至，遂缚之登岸，时正修学宫，遂以为柱。

【楠木神】明·钱希言《狯园》卷一二"楠木神"条，云："湖广襄阳道中，襄河数十里有楠木神最灵，商旅行舟，触之皆碎，过其地者必祭祷之。相传是估客因风散簰，失此一木无获，岁月浸久，便成精怪。众以其祈福如神，因共置屋立庙，号为'南君'。不知年代也。"又清·许缵曾《东还纪程》云洞庭亦有楠木神："每遇暴风昼晦辄出游湖中。神首色沉绿如螺髻。往来于神木窖之前后左右，终古如斯。"

【nao】

【铙神】《日下旧闻考》卷五四引《图经志书》：鼓楼在地安门西，元建，置铜壶滴漏，故老相传，以为宋代故物。其制为铜漏壶四。中奉铙神，设机械。时至，则每刻击铙者八。

【ne】

【哪吒】哪吒本系佛教中人物，为毗沙门天王第三子。唐·不空所译《北方毗沙门天王随军护法真言》云：天王之塔"奉释迦牟尼佛。即遣第三子哪吒捧行，莫离其侧。"唐·郑綮《开天传信记》言玄宗时，宣律和尚夜行坠阶，觉有少年捧足，问之，少年曰："某非常人，即毗沙王之子哪吒太子也。护法之故，拥护和尚久矣。"经宋与元，毗沙门天王又演变为道教化的托塔天王李靖，而哪吒形象则更为丰满。《三教源流搜神大全》卷七谈哪吒："本是玉皇驾下大罗仙，身长六丈，三头九眼八臂，口吐青云，足踏盘石，手持法律，大喊一声，云降雨从，乾坤烁动。因世间多魔王，玉帝命降凡，托胎于托塔天王李靖。生五日，浴于东海，脚踏水晶殿，惹怒龙王，与哪吒战。哪吒杀死九龙，又于天

哪吒 郓城年画

门截杀老龙。后哪吒又无意射死石记娘娘之子。石记兴兵，哪吒又取父降魔杵杀死石记。李靖因石记为诸魔领袖，怒哪吒。哪吒遂割肉刻骨还父，魂灵求见世尊如来。如来遂折荷菱为骨，藕为肉，丝为筋，叶为衣而生之，授以法轮，亲授'木长子'三字，遂能大能小，透河入海，移星换斗。诸魔尽为所降；又击赤猴，降孽龙，灵通广大，变化无穷。故灵山会上，以为通天太师、威灵显赫大将军；玉帝即封为三十六员第一总领使，天帅之领袖，永镇天门。"《封神演义》中的哪吒在此已大致成型。◆因传说及小说中哪吒有闹海故事，故沿海渔民往往视其为保护神，闽台一带奉祀甚虔，据仇德哉《台湾之寺庙与神明（四）》统计，以哪吒为主神的庙宇仅台湾地区即有百余所。哪吒在台湾地区又有中坛元帅、太子元帅、三太子爷诸称，因其有风火轮、乾坤圈等法宝，又称其为李罗车、罗车公、大罗仙、金康元帅、金环元帅。

【ni】

【泥鬾】清·李庆辰《醉茶志怪》卷二：七里海边有泥鬾，状如婴孩，高二尺许，通体红色，每以湿泥投人，中之辄病。畏金铁，闻声即退，亦水鬼之类也。

【泥孩儿怪】元·佚名《湖海新闻夷坚续志·后集》卷二"泥孩儿怪"：临安风俗，嬉游湖上者，相尚多买平江泥孩儿。院西有一民家女，因得压被孩儿，归置于床屏彩桥之上，玩弄爱惜无厌。一日午睡，忽闻有人歌诗。及觉，不见有人。是夕，中夜睡醒，复闻有歌前诗句。惊觉，月影朦胧，见一少年进而抚之曰："毋恐，我所居去此不远，慕子之久，神魂到此，不待启关而入。"起视扃钥如故。女知其神，不得已与之合焉。正当风清月白之时，此子时复而来，因遗金环。女密投箱箧中，数日见金环实土为之，女心大惊。忽见压被孩儿左臂上金

环不存，知此为怪，遂碎而投诸河，其怪遂绝。

【泥离国】晋·王嘉《拾遗记》卷二：周成王时有泥离国来朝，其人称，自发其国，常从云里而行，闻雷霆之声在下；或入潜穴，又闻波涛之声在上。然同书卷四又云：其人长四尺，两角如茧，牙出于唇，自乳以下有灵毛自蔽。居深穴，其寿不可测，知女娲以前事。

【泥皂隶】清·慵讷居士《咫闻录》卷四"泥皂隶破案"条：江南之苏、松、常、镇，浙江之嘉兴、湖州，凡城隍庙中装饰皂隶，皆阳间得时皂隶，出赀鸠工，自塑形像于旁，高帽皂衣，腰牌书己姓名，望死后可作阴间皂隶也。常州金匮县，新建城隍庙，装设神像，当时有皂隶吴太者，即塑己貌于旁，书名姓于腰牌之上。是皂隶也，平日心极慈祥，竹板之厚者必磨刮之薄之，枷之重者，必设法以轻之，迨后王乔林作故，有作城隍之说，而吴太亦相继而亡。庙中皂隶，咸不灵应，惟吴太独见其灵，有求必应。土人因其灵，将其像扛至下旁，南面而立，百余年来，香火独盛。

【nian】

【年】近代民间所创造的一种怪兽。此兽不见于民国以前文献。祝淳翔在《年兽传说探源》等文中述其源流甚详：近百年来，华语世界普遍流传着一则年兽传说，大意是说"年"是一种凶猛的怪兽，终日休眠，每逢除夕才现身世上四处肆虐，但它怕红、怕光、怕响声，因此每当岁末，人们贴红纸、点

紫微星君座旁之兽为年兽
上海小校场年画

灯、燃爆竹来驱赶它。此传说最早见于 1933 年初孙玉声在上海城市小报《金钢钻》上的专栏文章《沪壖话旧录·岁时风俗之回忆》，称旧时人家过年时需悬挂紫微星画轴，"画家每绘一石柱，柱上锁一似狗非狗之兽，或云是兽即天狗星，或云是兽名

年，常欲食人，紫微星故锁系之，不令至下界肆恶"。又 1942 年《万象》杂志"新年特辑"云，有人在友人处见一幅中堂，上绘斜领宽袖之人盘腿而坐，手持明珠，旁有一尖角阔嘴、周身有鳞鱼形怪物，凝视明珠。据称此怪兽即"年"，此或即海兽版年兽的源头之一。此后该传说出现了各式版本，其形貌差异很大，有的抽象，有的具体。它之所以能经久流传，离不开两条因素，一是紫微星年画，二是旧社会年关难过。一旦有人将年关概念与传统的紫微星年画里的怪物形象挂上钩，年兽便出笼了。而紫微星年画各地都有，形制各有不同，但都有类似元素，如紫微星君、力士、天狗形象。其最初来源，或与杜甫《天狗赋》有关，其序述作者路过华清宫旁的兽坊，见有胡人与天狗，赋中有如下两句："宜其立闾阖而吼紫微兮，却妖孽而不得上干。"写来自西域的天狗能为皇宫看家护院，却被锁着，无法发挥。而后世或曲解其意，释为紫微星君遣力士锁住年兽，不许其肆虐人间。海兽版年兽，或与北方地区流行的大禹治蛟年画有关。

【捻胎鬼】元·佚名《湖海新闻夷坚续志·前集》卷二"益公阴德"条：周必大貌丑，入试前，梦入冥，见一判官拷掠一捻胎鬼，指必大曰："此人有阴德，当位宰相。貌陋如此，奈何！"鬼请为必大做帝王须。官首肯，鬼起摩必大颊，为之种须。按：既名"捻胎"，则不仅为生人做"整容"，似人在投胎前之相貌全由此辈捻捏而成。又南宋·华岳《赠刘相士》诗有句云："只应捻胎鬼，手段不合格。"是"捻胎鬼"之说最晚亦起于南宋时。

【niao】

【鸟身龙首神】《山海经·南山经》："凡䧿山之首

鸟身龙首神
山海经图　汪绂本

鸟身人面神
山海经图　汪绂本

自招摇之山以至箕尾之山，凡十山，二千九百五十里。其神状皆鸟身而龙首。"又《中山经》："凡洞庭山之首自篇遇之山至于荣余之山，凡十五山，二千八百里，其神状皆鸟身而龙首。"

【鸟身人面神】《山海经·中山经》："自景山至琴鼓之山，凡二十三山，二千八百九十里，其神状皆鸟身而人面。"

【鸟氏】《山海经·海内经》："有盐长之国。有人焉，鸟首，名曰鸟氏。"郭璞注曰："今佛书中有此人，即鸟夷也。"吴任臣《广注》案："《冠编》云：'太昊帝咸鸟，一曰帝鸟，是曰鸟氏。'又云：'黄帝封风后于任，锡之已姓，为帝咸鸟之后，于盐长之国，以崇太昊之祀。'即斯地也。"

鸟氏　山海经图　汪绂本

【nie】

【聂耳国】《山海经·海外北经》："聂耳之国在无肠国东，使两文虎，为人两手聂其耳。县居海水中。"郭璞注云："言耳长，行则以手摄持之。"袁珂《校注》按："《大荒北经》之儋耳国即此。儋耳任姓，禹号子。《淮南子·墬形训》无儋耳国而有耽耳，耽耳即儋耳，亦即此聂耳也。"唐·李冗《独异志》卷上云：《山海经》有大耳国，其人寝，以一耳为席，一耳为衾。

聂耳国　山海经图　吴任臣本

【聂家香火】道藏本《搜神记》卷四：在南昌之王家渡。有聂家一老媪甚贤。时有精风鉴者往来止宿其家，媪礼之始终不息。其人谓媪曰："当厚报汝家。"后果指点一穴为葬地，媪死时葬于其地，其人祝曰："愿代代为阴官。"自是聂家每代出一灵神显化，乡人争祀之。有聂大官，冠服如生，二官、三官、四官、五官、六官俱戎装摆甲。又有聂九舍人最小。人概呼之为"聂家香火"。

【聂绍元】北宋·吴淑《江淮异人录》卷上：字伯祖。为聂师道侄孙，少入道，师于金陵道士高朗昭。梦入一城，官府甚严，阅司禄之籍，云绍元十八入道，二十受上清箓法，二十六又往南岳。自金陵还问政山，筑室以居，自号无名子，世多以练师称之。风貌和雅，善属文，年二十余卒。绍元既病剧，有四鹤集于绍元屋上，及其卒，咸见五鹤冲天而去。

【聂师道】唐末人。五代·沈汾《续仙传》卷下："字通微。新安歙（今安徽歙县）人。以孝闻于乡里。十三出家，十五传法箓。后游行归南岳，寻蔡真人。遇彭真人、蔡真人及其子。每入山拾薪采药，或逢虎豹，见师道辄垂首伏地，或以薪药附于背上而归。又往九疑山（在湖南宁远

聂师道　列仙全传

南），访古仙人梅福、萧子云，遇谢通修。通修自言本居南岳，与彭、蔡同隐已三百年。并授以素书，皆秘要真诀。后吴太祖（即杨行密）霸江淮间，闻师道名，敕建玄元宫于广陵（今江苏扬州），使师道居之，称逍遥大师、问政先生。由是居广陵三十余年，有弟子五百余人。道成化去，时年六十八。后数日，有人见之于豫章（今江西南昌）。"又见北宋·吴淑《江淮异人录》卷上，云："宣州田頵、池州陶雅以兵围歙州，城将破，师道在城中，自请出城议降。即出，二将与语大喜，城竟获全。吴太祖闻其名，召之广陵，建紫极宫以居之。后卒于广陵。时吴主遣人使于湖湘，还时见师道于途，云'朝廷遣我醮南岳'。使者至吴境，始知师道已卒。"

【聂隐娘】唐·裴铏《传奇》：聂隐娘者，唐贞元中魏博（镇治魏州，在今河北大名）大将聂锋之女

也。年方十岁，有尼乞食于锋舍，见隐娘悦之，至夜，窃隐娘不知所向。后五年，尼送隐娘归。一家悲喜，问其所学，曰："尼与我药一粒，兼令长执宝剑一口，长二尺许，锋利，逐二女攀缘，渐觉身轻如风。一年后，刺猿狄百无一失。后刺虎豹，皆决其首而归。三年后能飞，使刺鹰隼，无不中。剑之刃渐减五寸。飞禽遇之，不知其来也。至四年，挈我于都市，能白日刺人于闹市。五年，能入重门深户，取大僚之首。临别，尼为吾开脑后

聂隐娘　剑侠图传

藏匕首，遂送还。云后二十年，方可一见。"锋闻语甚惧，后遇夜即失踪，及明而返。忽值磨镜少年及门，女曰："此人可与我为夫。"父不敢不从，遂嫁之。其夫但能淬镜，余无他能。至元和间，魏帅与陈许（镇在许州，今河南许昌）节度使刘昌裔不协，使隐娘贼其首。隐娘辞帅之许。刘能神算，已知其来，召衙将，令来日早至城北相迎。刘劳之，曰："魏今与许何异，顾请留此，勿相疑也。"隐娘知魏帅之不及刘，遂留。后月余，白刘曰："彼必使精精儿来杀某，及贼仆射之首。"半宵之后，果有二幡子一红一白，飘飘然如相击于床四隅。良久，见一人自空而踏，身首异处。隐娘亦出曰："精精儿已毙。"拽出于堂之下，以药化为水，毛发不存矣。隐娘曰："后夜当使妙手空空儿继至。但以于阗玉周其颈，拥以衾，隐娘当化为蠛蠓，潜入仆射肠中听伺，其余无逃避处。"刘如言。至三更，瞑目未熟，果闻颈上铿然，声甚厉。隐娘自刘口中跃出。贺曰："仆射无患矣。此人如俊鹘，一搏不中，即翩然远逝，耻其不中。才未逾一更，已千里矣。"后视其玉，果有匕首划处，痕逾数分。至元和八年，刘自许入觐，隐娘不愿从焉。云："自此寻山水，访至人。"后渐不知所之。

【啮缺】《庄子·天地》："尧之师曰许由，许由之师曰啮缺，啮缺之师曰王倪，王倪之师曰被衣。"《庄子·齐物论》："啮缺问乎王倪。"《淮南子·道应训》："啮缺问道于被衣。"晋·皇甫谧《高士传》："许由，字武仲，阳城槐里人，隐于沛泽之中。尧让天下于许由，不受而逃去。啮缺遇许由，

问曰：'子将何之？'许由曰：'将逃。'啮缺曰：'夫尧知贤人之利天下也，而不知其贼天下也，夫唯外乎贤者知之矣。'许由于是遁耕于颍水之阳箕山之下。"是啮缺本为《庄子》寓言中之隐士，而后世遂传为仙人。《仙鉴》卷二："录图子传道与赤松子、被衣子、王倪、啮缺。"又卷四云："王倪，帝喾以前为啮缺之师，行飞步之道。"

【啮铁】汉·东方朔《神异经·中荒经》：南方有兽，角足大小形状如水牛，皮毛黑如漆。食铁饮水，其粪可为兵器，其利如钢，名曰啮铁。

【ning】

【宁封】晋·王嘉《拾遗记》卷一："黄帝时仙人宁封食飞鱼而死，二百年更生，曾游于沙海。"又作"宁封子"，见"宁封子"条。

【宁封子】西汉·刘向《列仙传》卷上："黄帝时人，世传为黄帝陶正。有神人过之，为其掌火，能出五色烟，以教封子。封子积火自烧，而随烟气上下。

宁封子　列仙图赞

视其灰烬，犹有其骨。时人共葬于宁北山中，故谓之宁封子。"《云笈七签》卷八五作"宁封"，以为"火解"。晋·王嘉《拾遗记》卷一："仙人宁封食飞鱼而死，二百年更生。"《云笈七签》卷一〇〇作"宁子"，为黄帝陶正云云，与《列仙传》同。

【宁生】梁·陶弘景《真诰》卷四："宁生服石脑而赴火"。◆按：此宁生即宁封子，以火而尸解者。

【宁先生】西汉·刘向《列仙传》卷下"子主"条："子主诣江都王，自言：'宁先生雇我作客，三百年不与雇值。'问先生所在，云'在龙眉山上'。王遣吏将上龙眉山，果见宁先生，毛身广耳，被发鼓琴。主见之叩头。吏致王命，先生曰：'此主，吾比舍九世孙。且念汝家当有暴死女子三人，勿预吾事。'语竟大风发，吏走下山。比归，宫中相杀三人。王遣三牲立祠焉。"《云笈七签》卷八六引

《十真记》："宁先生者，古之神仙，在黄帝之前。常游四海之外。昆丘之下有兰沙之地，去中都万里，其沙随步随没，非得道者莫能涉之。其地有石蓝之花，一枝千花，各年一开。先生因玩赏其花而常至其地。又食飞鱼而死，卧沙中百余年，蹶然而起，形容如故。"按晋·王嘉《拾遗记》卷一云："仙人宁封食飞鱼而死，二百年更生。"据此则宁先生即宁封乎？又《云笈七签》卷一〇六《紫阳真人周君内传》："义山登峨嵋山，入空洞金府，遇宁先生，受《大丹隐书》八禀十诀。"不知此宁先生与前者是一人否？◆《云笈七签》卷一二〇有一"宁先生"："黄帝诣龙蹻真人宁先生受《龙蹻经》，得御飞云之道，乃封先生为五岳丈人，为五岳之上司，与潜山司命、庐山使者为三司之尊。敕五岳神一月再朝。"卷一〇一"三天君纪"还有一"宁氏先生"，不知与宁先生是一人否？参见"三天君"条。◆《云笈七签》卷一〇〇《黄帝本纪》云："时有宁子，为陶正"云云。此宁子即宁封子。

【宁野】唐·释道世《法苑珠林》卷五八引《白泽图》："故车之精名曰宁野，状如辒车，见之伤人目。以其名呼之，不能伤人目。"

【宁真人】《天地官府图》七十二福地六十六甘山（在黔南），是宁真人治处。当指宁封子。

【狞狰神】南宋·洪迈《夷坚丁志》卷一〇：宋政和间京师恶少数十成群，每三五年辄捕一美少年，入油锅中烹之以祭所奉之鬼，其鬼曰狞狰神。每捕少年时，先设祭案，呼少年姓名，投杯珓以请，神应方可捕之。◆按：此即"妖神"之属而传入京师者。参见"妖神"条。

【niu】

【牛班头】清·朱海《妄妄录》卷九：王方伯兆棠有长随曰华元，籍隶分宜。携有相府太仆像，晨夕拜祝，云即奸相严嵩家人牛信，江西人之为长随者皆祀之，若木匠祀鲁公输子，药肆祀神农。

【牛郎】即牵牛星，又称黄姑。《史记·天官书》："牵牛为牺牲。"是牵牛星名之本意为祭祀所用之牛，而后与织女星每年七夕在银河相近，遂产生"牛郎织女"传说。其传说最早见于《诗·小雅·大东》："维天有汉，监亦有光。跂彼织女，终日七襄。虽则七襄，不成报章。睆彼牵牛，不以服箱。"西汉时期的古诗则更为具体："迢迢牵牛星，皎皎河汉女。盈盈一水间，脉脉不得语。"晋·周处

《风土记》："七月七日，其夜洒扫于庭，露施几筵，设酒脯时果，散香粉于河鼓、织女，言此二星神当会。"晋·张华《博物志》卷一〇："有人居海滨，乘浮槎至一处，有城郭屋舍，遥望宫中多织妇，一丈夫牵牛饮于渚次，乃惊问此为何处。答曰：

牛郎织女 清苏州年画

'君还至蜀郡（今四川成都）访严君平则知之。'因还。后至蜀问君平。君平曰：'某年月日有客星犯牵牛宿。'"是晋时牛郎、织女已成为银河之特征。梁·宗懔《荆楚岁时记》："七月七日为牵牛织女聚会之夜。"注云："道书云：牵牛娶织女，借天帝二万钱下礼，久不还，被驱在营室中。河鼓、黄姑，牵牛也，皆语之转也。"后世脍炙人口之"天河配"故事，则又补充以多种民间传说而成者。然尚有异说多种。宋·龚明之《中吴纪闻》卷四："昆山县东三十六里地名黄姑。古老相传云：'尝有织女牵牛星降于此地，织女以金篦划河，河水涌溢，牵牛因不得渡。'乡人异之，为立祠，甚灵验。"宋·张文潜《七夕歌》则云织女"河东美人天帝子"，"帝怜独居无何娱，河西嫁与牵牛夫。自从嫁后废织紝，绿鬓云鬟朝暮梳。贪欢不归天帝怒，责归却踏来时路。但令一岁一相见，七月七日桥边渡。"明·张鼎思《琅琊代醉编》所记与前诗同。明末朱名世有《牛郎织女传》小说四卷，演义成天帝赐婚，而织女"导淫"，纯为道学家恶作。

【牛龙】清·李庆辰《醉茶志怪》卷一：郭某，一夕归稍晚，将近村，暴雨欲至，暝色四合，林啸风箫，云埋月镜，甚觉恐怖。见田陇上卧巨牛四头，其色有青有黄，颔下均有长须鬖鬖垂尺许，如山羊状。识者曰："此龙也。"俄而震雷走空，天雨如注。

【牛皮董】《（雍正）陕西通志》卷六五：不知其名。往来城市，言皆应验。夕宿咸宁（今陕西西安）金华落土洞中。冬夏不著衣，唯裹牛皮，人

又呼为牛皮董。后僵死洞中，身首异处。乡人葬之，后又见于它处。明正德间遍辞乡人，跨鹤升去。

【牛师】明·陆粲《说听》卷上：凤翔人，莫知其年岁，颜如婴儿，冬月不挟纩，雪深逾尺，略无寒态，其立处丈许雪不凝积。健饮啖，城中数十家，争延致之，一时食遍，不云饱。居城外故窑中。正德间，一旦卧疾，命弟子烹所蓄黄犬，勿去其皮，食之都尽。坐浴盘中，弟子益薪而去，汤沸而师不起，烂其半体，溃而成疮，臭不可近。弟子厌苦，相知问候者，亦不敢入门。因叹曰："吾乃为人所恶若此耶！"起易新衣，须臾而逝。十余日后，有人持书至，云："某日见师于某地，令达此书于弟子。"其日正师化去之时。后有人自他郡还者，皆曰见师牵一黄犬在前。

【牛头大王】清·袁枚《子不语》卷一三：溧阳（今江苏溧阳）村民庄光裕，梦一怪头上生角，曰："我牛头大王。上帝血食此方。汝塑像祀我，必有福应。"庄告知村农，时村方病疫，皆曰宁可信其有，遂起三间草屋，塑牛头人身者坐焉。嗣后病者皆痊，求子者颇效，香火大盛。村民周蛮子儿出痘，到庙祀神，掷卦大吉。未数日，儿竟死。周大怒，持锄碎神像，毁其庙。自此寂然，牛头神亦不知何往。

【牛头马面】地狱鬼卒。唐·佚名《大唐传载》："贾至常侍平生毁佛，尝假寐厅事，忽见一牛首人，长不满尺，携小锅而燃薪于床前，云：'此所谓镬汤者，专罪毁佛人。'"清·俞樾《茶香室三钞》卷二〇："外书云：神农牛首。今佛家作地狱中主煞者，亦牛首，复致疑焉。今俗传有牛头马面之说，观此乃知古止是牛头，其马面则后人以配牛头者耳。"按：唐·释道世《法苑珠林》谓毗沙国王为阎王，其部众为阿旁，即地狱之狱卒也。佛书又称阿旁牛头马首。如东晋昙无谶译《五苦章句经》，称其牛头，人手，牛蹄，持铁叉。《楞严经》："亡者神识，见大铁城，火蛇火狗，虎狼狮子，牛头狱卒，马头罗刹，手执枪矛，驱入城门。"民间俗称其为牛头马面，又以为泰山府君属下，亦牛头鬼矣。又地狱鬼卒有说不仅为牛头马面者，明·侯甸《西樵野记》卷一"林镐还魂"条："鬼使复引镐至一所，榜曰'善恶公境'，中一人袍笏，从卒皆人身，而首则或牛头，或马，或鳖，或鱼殊类。"笔记小说中又有以牛头鬼卒其形象本与常人无异，牛头特为面具，讯因时方戴之。如袁枚《子不语》卷

五"洗紫河车"条："牛头鬼入，取牛头掷于几上，一假面具也。既去面具，眉目言笑，宛若平人。"◆按：牛头阿旁，又作"牛头阿婆"。唐·张鹭《朝野金载》卷二：武则天时，酷吏周兴推劾残忍，人称"牛头阿婆"。

【牛体鱼】晋·张华《博物志》卷三：东海中有牛体鱼，其形状如牛，剥其皮悬之，潮水至则毛起，潮水去则毛伏。

【牛王】民间十月一日祭祀牛王。清·李调元《新搜神记·神考》"牛王"条：

牛王　河南开封民间神像

"今人多于十月初一日相率祭牛王。牛于农家有功，以报本也。但不知其始。按《大玉匣记》：牛王生辰在七月二十五日，今用十月初一者，以七月农方收获，故相沿改期，以便民也。"◆南宋·何薳《春渚纪闻》卷三："张觐钤辖家人，尝梦为人追至一所。仰视榜额，金书大字云'牛王之宫'。既入，见其先姨母惊愕而至云：'我以生前嗜牛复多杀，今此受苦未竟，所苦者日食铓饭一升耳。'始语次，即有牛首人持饭至。视之皆小铁蒺藜。"◆元·俞琰《席上腐谈》卷上："有自中原来者，云北方有牛王庙，画百牛于壁，而牛王居其中间。牛王为何人？乃冉伯牛也。呜呼！冉伯牛乃为牛王！"◆胡朴安《中华全国风俗志》下编记安徽泾县有牛王会，祀牛王大帝，大帝为汉时渤海太守龚遂，因有"卖刀买牛"故事也。

【牛仙】明时人。《（雍正）山东通志》卷三〇：不知姓名，卜居文登（今山东文登）东南平山之阳。栖息茅庐中，冬夏不易衣。出骑一青牛。丹成，取参汁和之，服而仙去。其牛饮其余沥，亦仙去。人称为牛仙。

【牛心道人】南宋·郭彖《睽车志》卷二：任章因小疾忽昏愦不知人，越一日乃醒，自言：初见二鬼差，逮至冥府，王者问姓名，云："误矣。"令送回。至其家入门，见己身卧榻上，追者先留一人守视其旁，迎语送者曰："吾守之久，饥甚，已食其

心之半矣，奈何！"恍惚间推仆榻上，乃苏。自此疾虽愈而常怔忡恐悸，若失心状。因出行，遇一道人瞪目视之，曰："汝失心之半，吾为疗之。"令市一牛心，为割取其半，咒祝已，令其食之，顿觉心地安泰。问道人姓氏，怒曰："吾牛心道人也，何问为？"不受谢而去，遂失所在。

【牛用之】北宋时人。宋·张师正《括异志》卷七"牛用之"条：道士牛用之，真定（今河北正定）人，幼逮事常铁冠（常铁冠，邢州人，有道术，祥符中得召见），后隐泰山，复游天台，颇得考召符禁之术。自余杭游姑苏，落魄不事仪检，好饮酒啖葫蒜犬肉。庆历中，薛纯之妻李氏性悍妒，谋害其夫，家人救之获免。会李之父母过姑苏，闻之，俾其弟持药饮之而毙。即夕，李氏为厉于薛氏，击户牖，碎器皿，或灭其灯烛，或啸于堂庑。牛乃夜召李氏魂，问曰："汝谋杀夫，死实其分，得不弃市，乃大幸也，安得更为祟厉以扰其家？汝若不见听，吾当请帝锢汝于石室中。"遂遣去。明日，遂具其所要洎楮锭数十万燔之城外，女厉自兹不至，牛后亦不知所在。

【钮婆】《太平广记》卷二八六引《灵怪集》：郓州（今山东东平）司法关某，有佣妇人钮婆，并有一孙万儿，年五六岁。关氏妻亦有小男，名封六，大小相类。封六常与万儿同戏，关妻每为封六新制衣，必易其故者与万儿。一旦，钮婆忽怒曰："皆是小儿，何贵何贱？而彼衣皆新，而我儿得其旧！"关妻曰："此吾子，尔孙仆隶耳。"钮婆笑曰："二子何异也？"遂引封六及其孙，悉纳于裙下，著地按之。关妻惊起夺之，两子悉为钮婆之孙，形状衣服皆一，不可辨。关妻大惧，祈请恳至。良久，又以二子致裙下按之，即各复本矣。关氏乃移别室居钮婆，厚待之，不复使役。积年，关某颇厌怠，私欲害之。令妻以酒醉之，司法伏户下，以镢击之，正中其脑，有声而倒。视之，乃栗木，长数尺。夫妻大喜，命斧砍而焚之。适尽，钮婆自室中出曰："何郎君戏之酷也！"言笑如前，殊不介意。关不得已，将白于观察使。入见次，见已有一关司法对使言说，与己形状无异。关遂归，及到家，堂前又有一关司法先归矣。妻子莫能辩之，又哀祈钮婆，涕泣拜请，良久渐相近，却成一人。自此其家不复有加害之意。至数十年，尚在关氏之家，亦无患耳。◆按：事又见唐·段成式《酉阳杂组·前集》卷一五，关某作"阆司仓"，事稍简略。

【nong】

【弄玉】《太平广记》卷四"萧史"条引五代·杜光庭《仙传拾遗》：萧史不知得道年代，貌如二十许人。善吹箫作鸾凤之响。而琼姿炜烁，风神超迈，真天人也。混迹于世，时莫能知之。秦穆公有女弄玉，善吹箫，公以弄玉妻之。遂教弄玉作凤鸣。居十数年，吹箫似凤声，凤凰来止其屋。公为作凤台。夫妇止其上，不饮不食，不下数年。一旦，弄玉乘凤，萧史乘龙，升天而去。秦为作凤女祠，时闻箫声。今洪州（今江西南昌）西山绝顶，有萧史仙坛石室，及岩屋真像存焉。莫知年代。◆唐人小说《异闻集》有"沈亚之"一篇，云弄玉婿萧史先死，弄玉另议嫁云云。唐人游戏神仙，多如此类，不足为说。

弄玉　列仙酒牌

【nu】

【弩神】《太平御览》卷三四八引《太公兵法》："弩之神名远望。"参见"弓弩神"条。

【弩弦蛇】两头蛇，前后有首。《山海经·海外西经》："并封，其状如彘，前后皆有首。"郭璞注："今弩弦蛇亦此类也。"郝懿行曰："弩弦蛇，即两头蛇也。见《尔雅·释地》'枳首蛇'注。"详见"枳首蛇"条。

【怒特】晋·干宝《搜神记》卷一八："秦时，武都（今甘肃成县西）故道有怒特祠。秦文公二十七年，使士卒伐祠上梓树，辄有大风雨，树创随合。

士卒还，有一人伤足，止于树下，闻鬼与树神语：'若使三百人披发赭衣，以朱丝绕树，汝安得不困？'树神无言。此卒闻于文公，文公如言伐之，树断，有一青牛从树中出，走入丰水中。其后青牛出丰水中，使卒击之不胜。有一卒堕地髻散披发，牛畏之，入水不敢出。按此青牛即庙神怒特也。"稗海本《搜神记》卷三载此，为"秦武王"时事。梁·任昉《述异记》卷上："千年木精为青牛。"即本此。或以为此即民间祀牛王之始。按牛王为耕牛之神，农家祀之以祈六畜平安，与怒特之祠性质不同。

【nü】

【女魃】即魃。《山海经·大荒北经》："有人衣青

虎吃女魃 汉画像石

衣，名曰黄帝女魃。蚩尤作兵伐黄帝，黄帝乃令应龙攻之冀州之野。应龙畜水，蚩尤请风伯雨师纵大风雨。黄帝乃下天女曰魃，雨止，遂杀蚩尤。魃不得复上，所居不雨。叔均言之帝，后置之赤水之北。叔均乃为田祖。魃时亡之。所欲逐之者，令曰'神北行！'先除水道，决通沟渎。"吴任臣《广注》案："《洪武正韵》云：'魃，

女魃 山海经图 汪绂本

鬼妇，《诗》"旱魃为虐"是也。'亦作'妭'，《文字指归》云：'女妭秃无发。'"◆女魃本为旱神，其功在可以止雨涝。而自汉以后多视为妖物。张衡《东京赋》即有"囚耕父于清泠，溺女魃于神潢"之语，把女魃与旱鬼耕父并提。至后世每遇旱时，或获怪物，则指为女魃，如《新唐书·五行志》："永隆元年，长安获女魃，长尺有二寸，其状怪异。"又宋·朱彧《萍洲可谈》卷三："世传妇人有产鬼形者，不能执而杀之，则

飞去，夜复归就乳，多瘁其母，俗呼为旱魃。亦分男女，女魃窃其家物以出，男魃窃外物以归。"

【女丑尸】《山海经·海外西经》："女丑之尸，生而十日炙杀之。在丈夫北。以右手障其面。十日居上，女丑居山之下。"又《大荒西经》："有人衣青，以袂蔽面，名曰女丑之尸。"《大荒东经》："海内有两人，名曰女丑。"郭璞《山海经图赞》曰："十日并煤，女丑以毙。暴于山阿，挥袖自翳。彼美谁子，逢天之厉。"郝懿行《笺疏》："十日并出，炙杀女丑，于是尧乃命羿射杀九日也。"袁珂《校注》："观《山海经》所记女丑形象，均暴巫求雨之像，女丑当是女巫。"吴任臣《广注》："《抱朴子·释滞篇》：'女仉倚栝，贰负抱柱。'女仉即女丑也。"

女丑尸 山海经图 汪绂本

【女狄】禹母。《天中记》卷一引《遁甲开山图荣氏解》：女狄暮汲石纽山下，泉水中得月精如鸡子，爱而含之，不觉而吞，遂有娠，十四月而生禹。又称女嬉、女志、修己，见各条。

【女国】《太平广记》卷八一引《梁四公记》："女国有六：四海西北，无虑万里，有女国，以蛇为夫，男则为蛇，不噬人而穴处。北海之东，方夷之北，有女国，天女下降为其君，国中有男女，如他恒俗。西南夷板楯之西有女国，其女悍而男恭，女为人君，以贵男为夫，置男为妾媵，多者百人，少者匹夫。昆明东南，绝徼之外，有女国，以猿为

夫，生男类父，而入山谷，昼伏夜游，生女则巢居穴处。南海东南有女国，举国惟以鬼为夫，夫致饮食禽兽以养之。勃律山之西有女国，方百里，山出石㲚之水，女子浴之而有孕，其女举国无夫。昔狗国之南有女国，当汉章帝时，其国王死，妻代知国近百年，时称女国，后子孙还为君。"清·陆次云《八纮荒史》："东女国，在扶桑东千里。容貌端正，色洁白，体有毛，发长委地。二三月竞入水，则妊娠。六七月产女，胸前无乳，项后生毫，中有乳汁。百日能行，三四年成人矣。又有女国，乃西羌别种，俗以女为王。有女官，外官以男为之。王死，于王族中求令女二人，大为大王，小为小王，大王顽强，小王继之，或姑死妇继。西女国，其先女主师子国王之妹也，兄妹皆为狮子所生。其本国之王憎其为兽产，使其兄妹各乘一船泛大海，听其所止而休。兄至婆罗门，遂有其国，妹泛波剌斯西，为鬼神所居之地，与之交焉，乃有群女，为西女国。地多珍宝。拂懔国王岁遣丈夫配焉，生男不举。又有狗女国，梁天监六年，晋安人渡海，飘至一岛，皆女人，貌近中华，言语不可晓。其男人身狗头，声如犬吠。"又有蛇女国、猿女国、鬼女国，与《梁四公记》同。◆明·来集之《倘湖樵书》初编卷三有"女国不同"条，可参看。◆参见"女子国"条。

【女姑】北宋·乐史《太平寰宇记》卷二〇：即墨县（今山东即墨）西南有女姑山。其山北旧有墓基，古老相传云此为明堂。《汉地理志》："不期，太一、仙人祠九所及明堂，武帝所起。"城西南有七神，号曰女姑，即此是也。

【女华夫人】北宋·乐史《太平寰宇记》卷三一：陕西同官县北三十里有女华山，上有女华夫人祠。每有大风雷，多从华岳至此。故老传云华岳女君在此山上，因立祠，每水旱祈祷，有验焉。

【女几】西汉·刘向《列仙传》卷下："女几，陈（今河南淮阳）市上酤酒妇人，作酒常美。仙人过其家饮酒，以素书五卷质其家。女几开视其书，乃养性交接之术。乃私写其要诀，更设房室，纳诸年少饮美酒，与止宿，行文书之法。如此三十年，颜色更如二十时。数岁后仙人复来，女几随之而去。"《太平广记》卷五九引《女仙传》又云："居山历年，人或见之。后不知所适，其山即今女几山也（在今河南洛阳西南）。"◆《仙鉴后集》卷二、明胡应麟《少室山房笔丛》卷四三均云姓陈氏，或由"陈市"而误。又，或以"女几"作"女丸""女凡"者，皆形近而误。

【女娇】即启母。东汉·赵晔《吴越春秋·越王无余外传》：禹娶于涂山，谓之女娇。禹行十月，娇生子启。

【女节】少昊之母。纬书《春秋元命苞》："黄帝时，大星如虹，下流华渚，女节梦接，意感而生白帝朱宣。"宋均注："朱宣，少昊氏。"

【女隤】丁山《中国古代宗教与神话考》："《帝系》：'吴回氏产陆终。陆终氏娶于鬼方氏之妹，谓之女隤氏，产六子。'女隤，《楚世家》'索隐'引《系本》作'女嬇'。女嬇，盖即民间所称道的'电母'，或曰'闪光娘娘'。"

【女郎神】《水经注·沔水》："女郎山上有女郎冢，远望山坟巋巋然，有女郎庙及捣衣石，言为张鲁女。"又"济水"之章丘、"漯水"之随山俱有女郎庙。唐·戴孚《广异记》："河西有女郎神。季广琛少时，曾游河西，憩于旅舍。昼寝，梦见云车，从者数十人，从空而下，称是女郎。姊妹二人来诣。广琛初甚忻悦，及觉开目，窃见仿佛犹在。琛疑是妖，于腰下取剑刃之。神乃骂曰：'久好相就，能忍恶心！'遂去。广琛说向主人，主人曰：'此是女郎神也。'琛乃自往市酒脯作祭，将谢前日之过，神终不悦也。于是琛乃题诗于其壁上，墨不成字。后夕，又梦女郎神来，尤怒曰：'终身遣君不得封邑也。'"

【女灵】唐·皇甫枚《三水小牍》卷下："汝州鲁山县（今河南鲁山）西六十里，小山间有祠，曰灵女观。其像独一女子焉，艳冶而有怨慕之色。祠堂后平地，左右围数亩，上擢三峰，皆十余丈，森如太华。父老云，大中初，斯地忽暴风疾雨，一夕而止，遂有此山。其神见形于樵苏者曰：'吾商于之女也，帝命有此百里之境。可告乡里，立祠于前山，山名女灵，吾持来者也。'"

【女鸟】可化身为鸟之神女。《水经注·江水》："阳新县（今湖北阳新西南）多女鸟，有男子与水次得之，遂与同居，生二女，悉衣羽而去。"晋·干宝《搜神记》卷一四亦有此类故事："豫章新淦县男子，见田中有六七女，皆衣毛衣。不知是鸟，乃藏一女之衣。诸鸟皆飞去，一鸟独不得去，男子娶为妇。生三女。后女觅得毛衣，飞去，复来迎三女去。""牛郎织女"传说亦用此情节。禽鸟而化女子的故事，历代多有，文人创作亦取为题材。

【女岐】《楚辞·天问》："女岐无合，夫焉取九子？"王逸注："女岐，神女，无夫而生九子也。"

丁晏笺："女岐，或称九子母。"说非是。参见"九子母"条。

【女人星】晋·常璩《华阳国志》卷一〇上：汉武时张宽为侍中，从祀甘泉（今陕西甘泉），至渭桥，有女子浴于渭水，乳长七尺。上怪问之，女曰："后第七车侍中知我所来。"时宽在第七车，对曰："天星主祭祀者，斋戒不洁则女人星见。"事又见晋·干宝《搜神记》卷四，但未言为女人星：张宽对曰："天星主祭祀者，斋戒不洁则见。"

【女尸】《山海经·中山经》："姑媱之山，帝女死焉，其名曰女尸。化为瑶草，服之可媚人。"袁珂以为，瑶草神话乃瑶姬神话之源，详见"瑶姬"条。

【女娃】即"精卫"。《山海经·北山经》：炎帝少女名曰女娃。女娃游于东海，溺而不返，故为精卫，常衔西山之木石以堙于东海。

【女娲】神话中的大神。其形人首蛇身。《楚辞·天问》："女娲有体，孰制匠之？"王逸注："传言女娲人头蛇身，一日七十化。"七十化者，应指她的化育人类及诸生物。《太平御览》卷七八引《风俗通义》："俗说天地开辟，未有人民，女娲抟黄土作人。"

女娲　离骚图

有以女娲为伏羲之妇者，有以为伏羲妹者，俱为人类主婚姻、繁殖之神。《风俗通义》："女娲，伏羲之妹，祷神祠，祈而为女媒，因置婚姻。"又有女娲补天立地神话。《淮南子·览冥训》："往古之时，四极废，九州裂，天不兼覆，地不周载。猛兽食颛民，鸷鸟攫老弱。于是女娲炼五色石以补天，断鳌足以立四极，杀黑龙以济冀州，积芦灰以止淫水。"◆唐·段成式《酉阳杂俎·前集》卷一："安史乱，肃宗将至灵武，黄昏，见一长大妇人，携双鲤鱼咤于营门曰：'皇帝安在？'众谓疯狂。妇人言已，止大树下，人见其臂上有鳞。天黑失所在。及乱平，虢州刺史奏天宝十三载，女娲坟涌出，上生双柳树，高丈余，下有巨

石。上初克复，使祝史就其所祭之。众疑向妇人其神也。"而唐·陆长源《辨疑志》则云："潼关北大河中有滩，出水可三二尺，滩上有一树，古老相传云本女娲墓。墓在大河中，水高与高，水下与下，盖神之所扶持也，于今数千年矣。立祠于岸，载在祀典。"◆又有以女娲为男性帝王者。宋·俞琰《席上腐谈》卷上：女娲氏继伏羲氏之王天下，后世以女娲为古圣女，乃伏羲之妹，颛顼之母。岂其然乎！且夫氏名女娲，犹国名女直，又如《左氏传》所谓女艾，《庄子》所谓偶女高，孟子所谓冯妇，果皆妇人哉！清·阮葵生《茶余客话》卷四：金桧门宗伯奏：女娲氏古之圣皇，乃陵殿塑成女像，村庄妇女祈嗣者群往渎祀，甚骇见闻。请敕令有司更正。奉特旨照所请行。而数年之后仍未执行，盖彼处香火之盛，皆由女像惑众，远近妇女祈祷酬谢，檀施无算，庙祝视为奇货，即地方官员亦有裨焉。若更易男像，香烟寥落矣。此说又见于清·赵翼《陔余丛考》、梁绍壬《两般秋雨盦随笔》。此则为道学积习，化神奇为腐朽者也，且录以备一家之说。但河北石家庄毗卢寺壁画中有三皇像，其中女娲正作男身。

【女娲之肠】《山海经·大荒西经》："有神十人，名曰女娲之肠，化为神，处栗广之野，横道而处。"郭璞注云："或作'女娲之腹'。女娲，古神女而帝者，人面蛇身，一日中七十变，其腹化为此神。"

女娲之肠　山海经图　汪绂本

【女嬉】禹母。《吴越春秋·越王无余外传》："禹父鲧者，帝颛顼之后，娶于有莘氏之女，名曰女嬉。年壮未孳，嬉于砥山，得薏苡而吞之，意若为人所感，因而妊孕，剖胁而产高密。家于西羌，地曰石纽，石纽在蜀西川也。"

【女夷】《淮南子·天文训》曰："二月之夕，女夷鼓歌，以司天和，以长百谷禽兽草木。"注云："女夷，春夏长养之神也。"梁简文帝《曲水诗序》："仓庚应律，女夷司候。"江淹文云："太皞驭节，女夷司景。"《月令广义·岁令》卷一："女夷，主

春夏长养之神，即花神也。"

【女偊】《仙鉴后集》卷二：南伯子葵问乎女偊曰："子之年长矣，而色若孺子，何也?"曰："吾闻道矣。"云云，以为古之女仙。按此出《庄子·内篇·大宗师》，注云古之怀道人，亦有云其为妇人者。

【女志】禹母。清·张澍稡集补注本《世本·帝系篇》："鲧娶有莘氏之女，谓之女志，是生高密。"同书又云："禹母修己，吞神珠如薏苡，胸拆生禹。"张澍补注："女志，即修己也。"

【女子国】《山海经·海外西经》："女子国在巫咸北，两女子居，水周之。"郭璞注："有黄池，妇人入浴，出即怀妊矣。若生男子，三岁辄死。"《大荒西经》亦有"女子之国"。《淮南子·墬形训》海外三十六国有"女子民"。《三国志·魏书·东夷传》："有一国亦在海中，纯女无男。"《后汉书·东夷传》云："或传其国有神井，窥之则生子。"余见"女国"条。

【nue】

【疟鬼】晋·干宝《搜神记》卷一六："昔颛顼氏有三子，死而为疫鬼。一居江水，为疟鬼；一居若水，为魍魉鬼；一居人宫室，善惊人小儿，为小儿鬼。"因是之故，后世关于疟鬼传说，多记其为小儿状。明·谈迁《枣林杂俎·和集》："疟鬼姓彭，兄弟三人，游于广漠之野，古帝王裔也。凡运劣者遇之辄病。病时呼其名即止。"按：此即颛顼氏三子，而姓彭者，或以"三尸"窜入。《太平广记》卷三一八引《录异记》："邵公者，患疟，经年不差。后独在墅居，疟作之际，见有数小儿，持公手足。公因阳瞑，忽起，捉得一小儿，化成黄鹠，其余皆走。仍缚以还家，悬于窗，将杀食之。及曙，失鹠所在，而疟遂愈。于时有患疟者，但呼邵公即差。"（《太平御览》卷七四三引《录异传》作"弘公"）又"吴士季"条引《录异传》："嘉兴令吴士季患疟，乘船经武昌庙，乞断疟鬼。既而去庙二十余里，寝际，忽梦塘上有一骑追之，与一吏共入船后，缚一小儿将去，既而疟疾遂愈。"清·袁枚《子不语》卷七："疟鬼为一童子，面白皙，衣帽鞋袜皆深青色。童子来则人疟作，去则疟止。扑之，著手冷不可耐。童子走出，飒飒有声。"清·李庆辰《醉茶志怪》卷四亦云"其形为一童子，绿衣红裤朱履，头绾双髻。向人笑，辄寒热交作，至昏昏

欲睡。以刀刺之，鬼嗥叫而遁，于是病愈。"而《太平御览》卷七四三引《抱朴子》曰"狒猴之鬼，令人病疟。"亦言其鬼身形之小也。亦有以疟鬼为妇人者。《醉茶志怪》卷三："一妇人白衣麻裙，面貌黄肿，眉目戚戚然，神色可畏。近人床榻，以手按人胸，便觉气闷如噎，寒热交作。或教人以桃木剑钉床四隅，粘符于壁，则疟鬼不复敢前。"同书卷四"疟童"条："苏州李氏妇，寄寓于津，患疟疾。昏乱中见一物如猫，跃登其榻。细视乃一小童子，绿衣红裤朱履，头绾双髻，向之笑，辄寒热交作，至昏昏睡去，则不知何作矣。如是数夕，悟其为疟鬼，欲驱之而无术也。一夕，甫登床，作退缩状。妇返顾，见窗上有剖瓜刀一柄，因思必其所畏。次日以刀置枕畔，果不敢近。妇取以掷之，物吱吱嗥叫而遁。自是病愈。"疟鬼有作鸟形如鸺鹠者，《太平御览》卷七四三引晋戴祚《甄异传》：吴兴张安病，正发觉有物在被上，病便更甚。安自力举被捉之，物化成鸟，如鸺鹠，疟登时愈。《录民传》：宏老，吴兴乌程人，患疟经年不差。宏后独至田舍，疟发，有数小儿或骑公腹，或扶公手脚。公因阳瞑，忽起捉得一儿，遂化成黄鹠，余者皆走。公乃缚以还家。县窗上，云明日当杀食之。比晓，失鹠处。公疟遂断。于时人有得疟者，但呼宏公，便疟断。◆南宋·洪迈《夷坚支志·景集》卷六、清·俞樾《右台仙馆笔记》卷一二记有"躲疟鬼"之说，当疟将发作之时，出外躲避，疟可不作。北宋·秦观《淮海集》卷三一有《遣疟鬼文》，其中言疟鬼云："疲极而寐，梦五鬼物，异服丑形，朱丹其发，运斤鼓橐，縻绠注缶，挥以五箠，跳踉而进。"是因患疟发高烧而联想到疟鬼为鼓铸冶炼形象。

【nuo】

【傩神】清·采蘅子《虫鸣漫录》卷一：义宁（今江西修水）有傩神，中元节击鼓迎之，略如古制。其像不塑全身，惟一首大如五斗栲栳，冠以兜鍪，舁之而行。迎毕，则埋于十字街中心，往来行人蹂躏践踏，不以为亵，谓必如是乃平安。殊不解其故。此大傩也。又有小傩神，官署前或巷口桥头皆有之，亦止供一首，惟不埋耳。

【诺皋】唐·段成式《酉阳杂俎》有"诺皋记"，又有"支诺皋"。南宋·姚宽《西溪丛语》卷上："支诺皋"，意义难解。《春秋左氏传》襄公十八年：

秋，齐侯伐我北鄙，中行献子将伐齐，梦与厉公讼，弗胜，公以戈击之，首坠于前，跪而戴之，奉之以走，见梗阳人巫皋。他日见诸道，与之言同。巫曰："今兹主必死。若有事于东方，则可以逞。"献子许诺。疑此事也。晁伯宇《谈助》云：《灵奇秘要》辟兵法：正月上寅日，禹步取寄生木三咒曰：诺皋敢告日月震雷，令人无敢见我，我为大帝使者。乃断取五寸，阴干，百日为簪二七循头还著，令人不见。晁说非也。明·方以智《通雅》卷二一有"诺皋太阴神也"条，云呼"皋"复而应"诺"，故取以为阴神之名。又南宋·吴曾《能改斋漫录》卷五、明·李诩《戒庵老人漫笔》卷一俱有辨诺皋者。可参看。◆按："诺皋"一语，最早当见于《抱朴子内篇·登涉》，云："往山林中，当以左手取青龙上草，折半置逢星下，历明堂入太阴中，禹步而行，三祝曰，诺皋大阴将军独闻，曾孙王甲，勿开外人"。

【诺距那尊者】南宋·洪迈《夷坚丙志》卷三："眉州青神县（今四川青神）中岩山，诺距那尊者道场也。"南宋·范成大《吴船录》卷上："眉州青神县中岩山，号西川林泉最佳处，相传为第五罗汉诺距那道场。旧说有天台僧，过病僧与一木锁匙，曰：'异日至眉之中岩，以此匙扣石笋，我当出见。'已而果然。天台僧怃然，识为病僧。挈以赴海中斋会，既回，如梦觉。自此中岩之名遂显。"

【O】

【ou】

【欧默】唐·佚名《瑯玉集》卷一二《感应篇》：欧默，黄帝时人，家有五曜神珠。欧无子，唯有三女，各嫁诸侯为妻。欧临终语左右曰："可投五曜珠于海，吾女若来，可告之。"及欧死，三女奔丧，因问神珠。告之，三女俱往海边号泣，神珠为之浮出。

【欧阳碧潭】《（雍正）广西通志》卷八七：平南秦川里人。明永乐初游江西龙虎山（今江西贵溪西南）求道，张真人鉴其诚，授以秘术，能役神鬼风雷。贵县旱，祷之，澍雨大作。能前知。后仙去。

【欧阳澈】清·袁枚《子不语》卷二二：宋浙西有陈东、欧阳澈庙，当时士民怜其忠，故私立而祀之。后王伦从金国来，见而恶之，命有司拆毁。至明季杭人李士贵复立庙于艮山门外，欧阳澈见梦于士贵曰："上帝怜我忠诚，命我司杭城水旱之事。我有友二人，一为樊安邦，一为傅国璋，皆布衣有气节，可塑像于我侧，助我安辑地方。"◆按：欧阳澈，《宋史》有传，建炎中，奸臣黄潜善、汪伯彦用事，澈与陈东建议朝廷用李纲，被黄、汪谮死。樊、傅二人，疑皆为后人附会，史未必有其人也。

【欧阳忽雷】唐·戴孚《广异记》：唐欧阳忽雷，本名绍，桂阳（今湖南郴州）人，劲健，勇于战斗。任雷州长史。馆于州城西偏，前临大池，常出云气，居者多死。绍至，处之不疑。令人以度测水深浅，别穿巨壑，深广类是。既成，引决水，于是云兴，天地晦冥，雷电大至，火光属地。绍率其徒二十余人，持弓矢排锵，与雷师战。衣并焦卷，形体伤腐，亦不之止。自辰至酉，雷电飞散，池亦涸竭。中获一蛇，状如蚕，长四五尺，无头目。斫刺不伤，蠕蠕然。具大镬油煎，亦不死。烊铁汁，方焦灼。仍杵为粉，而服之至尽。南人因呼绍为"忽雷"。

【欧阳生】《（顺治）浦城县志》（今福建浦城）卷一二：宋、元之际，闽郡人。为莫月鼎之弟子。善内炼精气，结为婴儿，从顶囱出入。御风而行，顷刻千里，朝发漳、泉，暮抵建水，与人谈笑自若，而本身仍酣睡在静室之中。道家谓之"出神"。

【欧阳修】南宋·叶梦得《避暑录话》卷下："唐人多言颜鲁公为神仙，近世传欧阳文忠公、韩魏公皆为仙，此复何疑哉！"

【欧阳佑】见"大乾惠应祠""广佑王"条。

【欧冶子】铸剑神匠。一说与干将同师。汉·赵晔《吴越春秋·阖闾内传》：干将者，吴人，与欧冶子同师，俱能为剑。一说为干将之师。唐·陆广微《吴地记》：干将曰：先师欧冶铸剑之颖不销。东汉·袁康《越绝书·外传记宝剑》：吴有干将，越有欧冶子。楚王因风胡子请二人作铁剑。欧冶子、干将凿茨山，泄其溪，取铁英，作铁剑三枚，一曰龙渊，二曰泰阿，三曰工布。《太平御览》卷三四三引《吴越春秋》：越王允常聘欧冶子作名剑五，三大二小。一曰纯钧，二曰湛卢，三曰豪曹，四曰鱼肠，五曰巨阙。初造此剑，赤堇之山破而出锡，若耶之溪涸而出铜，雨师洒道，雷公发鼓，蛟龙捧炉，天帝装炭，太一下观。于是欧冶子因天地之精，悉其伎巧，而造此剑。◆浙江龙泉铸剑业奉之为祖师神。

【P】

【pai】

【拍板精】明·钱希言《狯园》卷一四"妖孽"：万历乙巳年间，苏城船场巷宋氏，主人差使赴京，家数有怪，空中常闻拍板声，如人按曲状，已而作吴语，声甚清朗。因从人索食，其家抟食与之，取次食尽，搬弄器物，纷纭不止。邻妪来看者，辄呼姓名。如是半年矣。一日主人归，具白其事。主人怒持大棒乱击之，此怪呼曰："我是汝家至亲，何为捶我？"明日与妻挈绕屋搜寻，俱无所见。因至坏壁角中，索得一敝拍板，其上黏饭粒犹在，遂命焚之，弃灰河中，尔夜怪绝。

【pan】

【潘道泰】明时人。《（康熙）镇江府志》卷四〇：号无涯子。年八岁，为万寿宫道士巫得真弟子。幼遇异人授以法。一日登厕诵咒，误召雷将辛天君，辛天君怒以火笔烧其头，头烂，人呼为"潘烂头"云。性嗜酒。每醉，即取钱一文，以手书一字于钱上，令小儿固握之，撒手即声光迸烈如雷鸣。景泰间大旱，为郡守祈雨大验。又能以术为人治病。逝后棺轻如无物。后有自杭州来者，见道泰逍遥于湖上。封五雷法官、灵济真人。参见"潘烂头"条。

【潘法正】唐时人。唐·戴孚《广异记》：嵩山道士潘尊师名法正，盖高道者也。唐开元中，谓弟子司马炼师曰："陶弘景为嵩山伯，于今百年矣。顷自上帝求替，帝令举所知以代。弘景举余，文籍已定，吾行不得久住人间矣。"不数日，乃尸解而去。其后登封县嵩阳观西，有龙湫，居人张迅者，以阴器于湫上洗濯，俄为人所摄。行可数里，至一甲第，门前悉是群龙。入门十余步，有大厅事，见法正当厅而坐。手持朱笔理书，问迅："何以污群龙室？"迅载拜谢罪。又问："汝识司马道士否？"迅曰："识之。"法正云："今放汝还。"遂持几上白羽扇，谓迅曰："为我寄司马道士，何不来而恋世间乐耶？"使人送迅出水上，迅见其尸卧在岸上，心

恶之，奄然如梦，遂活。司马道士见羽扇，悲涕曰："此吾师平素所执，亡时以置棺中；今君持来，明吾师见在不虚也。"乃深入山，数年而卒。◆按：司马炼师即司马承祯。参见"司马承祯"条。

【潘谷】《苏轼文集·补遗》有《书潘谷墨》一则云：卖墨者潘谷，墨既精妙而价不二。士或不持钱求墨，不计多少与之。一日，忽取欠墨钱券焚之，饮酒三日，发狂浪走，遂赴井死。人下视之，盖趺坐井中，手尚持数珠也。

【潘侯】古之潮神，汉·赵晔《吴越春秋·勾践伐吴外传》云即伍子胥：越既灭吴，勾践逼杀大夫文种，葬于三峰之下。逾一年，伍子胥从海上穿山胁而持种去，与之俱浮于海。故前潮水潘侯者，伍子胥也，后重水者，大夫种也。

【潘金莲】沈平山《中国神明概论》第三章："乐户妓女，平素都祀奉潘金莲。潘金莲是《金瓶梅》叙述中的荡妇，妓女祀她为神，以为如其媚，必能引男子兴致迷游。"张江裁《燕京访古录》记有潘金莲的"神像"云："东四牌楼勾栏胡同，为元时之御勾栏处，中一巨室，废第花园内有一小庙，庙内有一铜铸女像，坐式，高四尺八寸，方面含笑，美姿容，头向左偏，顶盘一髻，插花二枝，身着短袄，盘右腿，露莲钩，右臂直舒，作点手式，扬左腿，左手握莲钩，情态妖冶，楚楚动人。按此第应是勾栏故址，此像当为妓女崇奉之神矣。"

【潘觉】南朝时人。宋·陈田夫《南岳总胜集》：刘宋义熙中，山人潘觉至衡山祝融峰，石裂，有物出，如紫泥香软可食。觉不知其为石髓，弃去。及悟而还，已不见。自此能役使鬼神，降伏龙虎。于元徽元年九月九日冲举。宋徽宗赐明真洞微真人号。

【潘烂头】明时人。《（康熙）江宁府志》卷一七："江宁（今江苏南京）人，不知其名。为朝天宫道士，能行穿心雷法。因于厕间召神取手纸，神怒，以雷火烧其头，故名烂头。每出游，群儿以钱索雷，则以手染头疮，书雷字于儿掌中，令固握，行数步开手，即云气蒸起，轰然雷作。人有疾病，则以头疮书符与之，或悬于门，或焚其灰而饮，病辄愈。后不知所终。"按：此与"潘道泰"事全同，

自系一人。又清·闲斋氏《夜谭随录》卷二有"潘烂头"一条，厕间召神而致头烂及以浓血书符治病事全同，又有与嗣张天师斗法事，为前书所未载，略云："潘所居古观在城外，跨一石桥，流水环绕。江西张真人入觐，将渡江。或谓潘曰：'汝素以术自炫，今能使天师不能渡江否？'潘乃注水于盆，取竹编小舟，以线牵之，至东复西，往来不已。天师之舟时已挂帆，乘风破浪而渡，然每将至岸，辄为逆风吹回，如此十余次，终不得渡。有人知潘所为，急白太守，太守亲往止潘，天师乃得渡。天师深衔潘，及自京返，亲往观中访潘。适潘外出，天师环视，指石桥曰：'此桥大碍风水。'命拆之，未及一半，得一白鹤，羽毛未充，见人惊飞，未逾丈，堕水而死。张乃去。潘自此得病，半月而亡。"◆《（雍正）云南通志》卷二五则云为云南永昌府（今云南保山）人，幼随长春真人学法。余同。

【潘老人】唐元和间人。《太平广记》卷七五引唐·皇甫氏《原化记》：不知其名，因风雨求宿于嵩山少林寺。二更后，寺僧见老人屋内通明，设茵褥翠幕，陈酒馔，饮啖自若。至五更睡起，将诸物纳于所携葫芦中。

【潘茂】唐·刘恂《岭表录异》卷下：潘州（今广东茂名北），昔有方士潘茂于此升仙，故名。◆按：即"潘茂名"也。不知何者为正。

【潘茂名】晋时人。明·王世贞《列仙全传》卷四："潘州（今广东茂名北）人。晋永嘉中入山，逢二道士弈。立观久之，道士观其相，云可修炼。于是授以服黄精不死之法。于东山采药，炼丹于西山，白日飞升。"清·屈大均《广东新语》卷二二"金龙"条："茂名灵湫中有一龙井。晋时有潘茂名真人者，以金铸五龙纳井中，自永嘉至今，每遇旱，高凉太守出五金龙祭之，雨立至。"◆参见"潘仙人"条。

【潘冕】北宋时人。《苏轼文集》卷一二《赵先生舍利记》：南海有潘冕者，阳狂不测，人谓之"潘盎"。南海俚人谓心疯为盎。盎尝与京师言法华偈颂往来，言其为日光佛所化。赵先生官南海，从潘游，潘以为尽得我道。潘既隐去，不知所终，赵先生亦坐化。

【潘仙人】南宋·洪迈《夷坚支志·景集》卷二"潘仙人丹"条："高州茂名县（今广东茂名），本唐潘县也。县界有黄尖岭。父老言昔有仙人姓潘，居此炼丹。近十数年来，土人入山凿石，得树木屏于石中者，盖仙人所遗丹堕地融结者也。"按：此即

"潘茂名"，见该条。

【潘先生】《（雍正）浙江通志》卷一九八引《名胜志》：潘先生建天柱观，禁樵采为长生林。有少年寄止其居六十日，不饮食，将去，传以异术，云能知九州内外吉凶。先生不受，曰："闲人何用知是。"后少年复来，授之符箓祛疾法。十余年尸解。◆按：此即《神仙感遇传》卷三之"潘尊师"。见该条❶。

【潘扆】五代时南唐人。北宋·吴淑《江淮异人录》卷上："潘扆，少居和州（今安徽和县），樵采于鸡笼山以养亲。尝过江至金陵，泊于秦淮，遇老父授以道术，自是所为绝异，世号曰潘仙人。尝至人家，见池沼中落叶甚多，命人捞取，置于地，皆化为鱼；更弃于水，仍为败叶。或至人家，有请以术为戏者，潘见门前有铁店，请其砧，出小刀细细切之至尽。复聚合之，仍为故砧。从袖中取弊巾以蔽面，人不可见其形。后病卒。"而马令、陆游《南唐书》亦皆有扆传，言其往来江淮间，自称野客。尝依海州（今江苏连云港）刺史郑匡国，不甚见礼。行笥中有二锡丸，光如白虹，人触之，身首异处。盖其所为类于剑客。匡国知其术，荐于烈祖，召居紫极宫，数年病卒。北宋·郑文宝《南唐近事》卷一亦记其为剑仙事。又云："其后欲传之于人，一夕梦其师怒其擅泄灵术，传非其人，阴夺其法。既寤，不复能剑。寻病终于紫极宫。临终上言乞桐棺葬于近地，后当尸解。上从之。至保大中，元宗命亲信发其冢，骸骨俱在，迄无异焉。"

【潘自然】《（雍正）浙江通志》卷二〇一引《崇祯处州府志》：明初人，为松阳（今浙江丽水西）逍遥观道士，善符咒，能召鬼神风雨。一日自然外出，有来求符者，治炊老人代自然呼神将。自然归，责老人，于是有泥神滕申君现形，告自然曰："彼五世法官，因有过，为上帝谪下侍公庖馔；公仅为三世法官，不若彼。"泥神语毕，老人遂不复见，而自然后亦仙去。

【潘尊师】❶五代·杜光庭《神仙感遇传》卷三："杭州人，家富足，好接延宾客，行功济人。居杭州曹桥福业观，一日有少年来，求住两月以避厄难。潘许之。少年不饮不食，越六十日，少年致谢，曰：'某曾受正一九州社令箓，九州内外吉凶之事靡不知也。若精洁守谨，可致长生。'言讫而去。自后果如其言，四方之事，灵官无不传报。潘曰：'闲人何必知四远之事。'乃却之。一夕少年复来，授以王子符两道。自是潘以符箓救人解难，赴

之者如市。十余年，少年复至，淹留逾月，多话及方外之事，然后别去。岁余，潘无疾而终，人疑其得尸解之道。"又见南宋·潜说友《咸淳临安志》卷六九。《（雍正）浙江通志》卷一九八引《名胜志》作"潘先生"，事少异。见该条。❷即"潘法正"，见该条。

【攀花五郎】清·徐逢吉《清波小志》：杭州清波门旧土谷祠，相传神为攀花五郎，降坛自言宋时为朱太尉（朱勔）运花石纲，过太湖，大风覆舟而死。生平忠直，上帝命为城西土谷神。生时喜簪花，排行第五，故称攀花五郎。

【盘沟大圣】南宋·洪迈《夷坚三志·壬集》卷八"赵氏二佛"条："昔有村渔，孝养父母，居于盘沟之上。因入水获一片木，有五色霞光，持之以归。母云此无用，父怒取刀碎之，木裂为两，其间或虚或实，有类佛像。渔者就沟辇泥，叩成七十尊，一起一倒，如人交拜，负出市求售，称为'盘沟大圣'。或问此有何异，曰：'随人所问事吉凶，像自能礼拜。'人争买之，有所祈祝，无不感应。"南宋·龚明之《中吴纪闻》卷五所载稍异："承天寺普贤院有盘沟大圣，身长尺许，人有祷祈，置之掌上，吉则拜，凶则否。人皆异之。推所从来，乃盘沟村中有渔者尝遇一僧，教之塑泗州像（参见'泗州大圣'条），云可以致富。并云：'吾授汝一法。'遂以千钱与之，令像中各置一钱，所售之值，亦以千钱为率。渔者如所教，竞求买之，果获千缗。今寺所藏其一也。岂非僧伽托此以度人耶？"涵芬楼本《说郛》卷二一引宋·陈直《韦居听舆》，所述又有不同："苏州承天寺西庑后普贤院，有神曰盘沟大圣。初济州盘沟民沈翁父子业塑，工于婴孩。翁死，妇语其子：'我不作福，汝父已丧，奈贫何？'因发愿饭僧，诘朝即有来者，自是不辍，以及一纪。有一僧出一包粟授其子曰：'以塑僧像，像置一粒于中。有祷者擎且祝，吉则拜，凶则否。一尊取钱一百二十，日无过五尊。'已而买者祈祷辄验，至于家有其像。"◆按：以上三说各异，但于盘沟像自能礼拜事则同。

【盘古】传说中开天辟地大神。文字记载最早见于三国·徐整《三五历记》及《五运历年记》（二书疑为一书而异名者），云："天地浑沌如鸡子，盘古生其中。万八千岁，天地开辟，阳清为天，阴浊为地。盘古在其中，一日九变，神于天，圣于地。天日高一丈，地日厚一丈，盘古日长一丈。如此万八千岁，天数极高，地数极深。"又云盘古"垂死化身"："气成风云，声为雷霆，左眼为日，右眼为月，四肢五体为四极五岳，血液为江河，筋脉为地里，肌肉为田土，发为星辰，皮肤为草木，齿骨为金石，精髓为珠玉，汗流为雨泽，身之诸虫，因风所感，化为黎甿。"梁·任昉《述异记》卷上所记相类，但言盘古生时："先儒说：盘古氏泣为江河，气为风，声为雷，目瞳为电。古说：盘古氏喜为晴，怒为阴。吴楚间说：盘古氏夫妻，阴阳之始也。"◆任昉又云："今南海有盘古氏墓，亘三百余里，俗云后人追葬盘古之魂也。桂林有盘古氏庙，今人祝祀。南海中盘古国，今人皆以盘古为姓。"而明·

盘古分天地　廿一史通俗衍义

盘古　三才图会

曹学佺《蜀中广记》卷七一云成都、夔门皆有盘古庙。仇德哉《台湾之寺庙与神明（二）》："台湾又有盘古大王、盘古王、盘古公、盘古星君、盘古万岁、盘古帝王诸称。"诸祠庙之盘古像少见记载，当与大多神像无异，唯《蜀中广记》引《地理坤鉴》云"盘古龙首人身"，似亦率性为之，与盘古本色无关。◆近人夏曾佑《中国古代史》首先提出盘古即盘瓠之说，而吕思勉以为非是。吕氏且以诸地之盘古庙皆非"垂死化身"之盘古。参见吕氏《盘古考》一文（《吕思勉读史杂记》）。又何新《诸神的起源》中论盘古一章述其源流，亦颇有见。◆道教对盘古的庸俗化改造，见"盘古真人"条。

【盘古妈】仇德哉《台湾之寺庙与神明（二）》：台湾奉祀盘古，为其加配偶，称盘古妈，是否即太玄玉女，无考。

【盘古三郎】五代·杜光庭《录异记》卷四：广都县（今四川双流）有盘古三郎庙，颇有灵应。民之过门，稍不致敬，多为殴击，或道途颠蹶。县民杨知遇者，尝受正一明威箓。一夕醉甚，将还其家。路远月黑，无伴还家，愿得神力，示以归路。俄有一炬火，自庙门出，前引二十余里至其家。

【盘古先生】宋·谢守灏《混元圣纪》卷一：人皇时，老君下降为师，号盘古先生。

【盘古真人】早期道教对盘古的庸俗化。晋·葛洪《枕中书》："昔二仪未分，溟涬鸿蒙，未有成形，天地日月未具，状如鸡子，混沌玄黄，已有盘古真人，天地之精，自号元始天王，游乎其中。"又云："玄都玉京七宝山，在大罗之上，有上中下三宫。上宫是盘古真人、元始天王、太元圣母所治。"二说互相矛盾，荒诞不足深究。◆清·徐道《历代神仙通鉴》卷一对此进一步演义："盘古治世功成，蜕去躯壳，一灵不昧，游行空中，遇圣女曰太元，乃化为青光投入其口，怀孕十二年始生。以前身是盘古，乃号曰元始，居于玉清。"此则以盘古即元始天尊之前身。

盘王　湖南

【盘王】即盘古。刘锡蕃《岭表记蛮》：盘古为一般瑶族所虔祀，称之为盘王。瑶人以为人之生死寿夭贫贱，皆盘王主之。天旱，祷盘王，昇王像游田间。除瑶族有手抄本《盘王书》《盘王歌》外，苗族亦有民间口头相传之《盘王书》。

【盘瓠】又作"槃瓠"。《后汉书·南蛮传》序引《风俗通义》："昔高辛氏有犬戎之寇，帝患其侵暴，而征伐不克，乃访募天下有能得犬戎之将吴将军头者，购黄金千镒，邑万家，又妻以少女。时帝有畜狗，其毛五采，名曰盘瓠，下令之后，盘瓠遂衔人头，造阙下。

槃瓠　三教源流搜神大全

群臣怪而诊之，乃吴将军首也。帝大喜，而计盘瓠不可妻之以女，又无封爵之道，议欲有报，而未知所宜。女闻之，以为帝皇下令，不可违信，因请行。帝不得已，乃以女配盘瓠。盘瓠得女，负而走，入南山，止石室中。经三年，生子一十二人，六男六女，盘瓠死后，因自相夫妻，织绩木皮，染以草实，好五色衣服，制裁皆有尾形。"又注引《魏略》曰："高辛氏有老妇，居王室，得耳疾，挑之，乃得物大如茧。妇人盛瓠中，覆之以盘，俄顷化为犬，其文五色，因名盘瓠。"又见于晋·干宝《搜神记》卷一四。而稗海本《搜神记》亦载此故事而略有改易，云："昔高辛氏时，房王作乱，帝乃召募天下有得房氏首者，赐金千斤，赏美女。辛帝有犬字盘瓠，其毛五色，忽失所在。犬乃走投房氏，咬下房氏之首而归。帝乃封盘瓠为会稽侯，赐美女五人，封会稽一千户。后生三男六女，其男当生之时，虽似人形，犹有犬尾。其后子孙昌盛，号为犬戎之国。只今土蕃，乃盘瓠之孕也。"又《元和郡县志》卷三一引《武陵记》云武溪山高可万仞，半有盘瓠石窟，窟中有石似狗形，蛮俗相传即盘瓠也。◆袁珂云："盘瓠神话至今犹传于我国西南苗、瑶、侗、畲等少数民族中，本为一民族起源之推原神话，迨神话演进，乃成为天地开辟之推原神话。开天辟地之'盘古'，即'盘瓠'之音转。"

按：《风俗通义》等所述盘瓠，实即流行于苗、瑶等族中的"盘王神"，如广东肇庆一带的盘王庙所祀，犬头人身，当为图腾始祖神祇，与开天辟地、"垂死化生"的创世神祇盘古，未必同源。

【鹌鹑】《山海经·北山经》：北嚻之山有鸟焉，其状如乌，人面，名曰鹌鹑，夜行而昼伏。食之已暍（中暑）。

鹌鹑 山海经图 汪绂本

【判官】自唐代以至明、清，冥府中上自阎王，下至各级城隍神，均设判官以主赏善罚恶事，其权甚大，仅次于冥府主神。除一般所说判官外，尚有"南曹判官""北曹判官"（见五代·徐铉《稽神录》卷六），又有"天曹判官""地府判官"（《敦煌宝藏》卷首所刊《地藏十王图》），"注禄判官""忠孝节义判官""水府判官"（均见洪迈《夷坚志》）等分别，大抵为小说随意

判官 永陆道场鬼神像

点缀。◆又有善恶二判官之说。南宋·周密《癸辛杂识》续集下"周弥陀入冥"条，云周入冥后，见判官乃陈本斋尚书，本斋名字体仁。又一书吏暴死，入冥见有善恶二判官，恶判官乃马裕斋，善判官乃陈本斋。《夷坚支志·癸集》卷四"杨大方"条称二判官为"善恶二部"。◆按：后世水陆画中冥府有三司，有六曹，主事者均称判官。而判官一名又不限于冥府，即天曹亦有判官。是判官为官府主吏之通称也。但判官又为一特殊形象之专称，凡言某某似判官者，即指纱帽虬髯，形如锺馗者。此或由戏曲舞台形象单一所致，但亦非"文献无征"，

盖二者俱有辟邪除鬼之功用，且均与士人功名事相关也。

【pang】

【彷徨】《庄子·外篇·达生》："桓公曰：'然则有鬼乎？'曰：'有。沈有履。灶有髻。户内之烦壤，雷霆处之；东北方之下者，倍阿鲑蠪跃之；西北方之下者，则泆阳处之。水有罔象，丘有峷，山有夔，野有彷徨，泽有委蛇。'"疏："（彷徨）其状如蛇，两头，五彩。"◆《山堂肆考》卷一四九"彷徨委蛇"："野中之神名彷徨，泽中之神名委蛇，水神名罔象，丘神名峷，山神名夔。"明·朱谋㙔《骈雅》卷五："倍阿鲑蠪、泆阳、彷徨，四野之神也。"

【庞蜂】唐·刘恂《岭表录异》卷下："庞蜂，生于山野，多在橄榄树上，形如蜗蝉，腹青而薄。其鸣自呼为庞蜂，但闻其声，采得者鲜矣。人以善价求之以为药。"明·李时珍《本草纲目》卷四〇作"庞降"，称其"形状似蝉，可为媚药"，"与李珣《海药》'青蚨雌雄不舍、秘精'之说相符"，"恐亦为青蚨之类"，而"在木上者也"。

【庞九经】后蜀·何光远《鉴诫录》卷一：梁朝（五代朱梁）方山道人，自号庞九经，身长七尺，不知年几百岁。每于石室修气，经年绝食。梁太祖朱温诏入内殿，求延生之术。庞讥太祖孽毒三军，诛残百姓，无缘长生。太祖怒曰："知卿是庞勋本身，朕欲问卿行止，何得妄指难易，非斥朕乎？"庞虑遭其诛责，乃取金丹二粒，进曰："望陛下清素守真百日，方可饵之。不然者，反恶耳。"上既深信，庞得归山。后帝久患石淋，忽宣至药服食，眉发立堕，头背生痈。及至弥留，为颍王所弑。◆按：庞勋，唐末人，僖宗时反，后败死于乱军中。事见《通鉴纪事本末》卷三六上"庞勋之乱"一节。而据《鉴诫录》所言，似庞勋败后隐山中，且为得道者。此正与黄巢、李自成败后出家传说相似。

【庞女】五代·杜光庭《墉城集仙录》卷九：庞女者，幼而不食，常慕清虚，每云："我当升天，不愿住世。"父母以为戏言耳。因行经东武山（此应指四川射洪之东武山）下，忽见神仙飞空而来。女即端立，不敢前进。仙人亦至山顶不散，即便化出金城玉楼。有一人自山而下，召女升宫阙之内，授以灵宝赤书五篇真文。既受真文，群仙亦隐。十年

之后，白日升天。◆庞女一本作"逢女"。

【庞乔】见"庞元帅"条。

【庞元帅】《三教源流搜神大全》卷四：姓庞名乔，字长清。生于汉献帝时。于汉江渡口为人摆渡，于往来客心存菩提，无不平等。重阳日，有客遗百金于船，庞原封还之，不受一文之报。又除夕前二日，来一少妇请渡，时大风雪，不能开船，庞留少妇食宿，一无

庞元帅　三教源流搜神大全

所犯。至除夕，庞父乘船过江，少妇随之。忽江风大作，船倾覆，庞父及少妇落水。庞冒寒入江涛中，救其父及少妇登岸。是夜群溺鬼现形哭道："余今年应取代，不意为孝子夺之，吾等轮回无日矣！"数夜不止。庞无奈，以香尘置掌中，以火熏其上，祝于天。玉帝闻而怜之，即敕庞为混气元帅，手执金刀，惟天门出入是命，以降阴魔，除阴恶。◆按：观庞乔事迹，应为地方丛祀，即晋为显神，亦只应作渡口之神或水神。而竟为把守天门之元帅，似不相类。或天门庞元帅本为一空头神明，而后人遂以庞乔故事实之。

【pao】

【狍鸮】《山海经·北山经》："钩吾之山有兽焉，其状羊身而人面，目在腋下，虎齿人爪，其音如婴儿，名曰狍鸮，是食人。"郭璞注："为物贪惏，食人未尽，还害其身。像在夏鼎，《左传》所谓饕餮是也。"参见"饕餮"条。◆宋·黄伯思《东观余论》卷上："饕餮之为物，食人未尽，还啮其躯。又其目在腋下，《山经》所谓狍鸮者，故多以饰器之腋腹，象其本形，示为食戒。"

【炮神】清·俞樾《右台仙馆笔记》卷八：江西南昌府照墙后有老屋数间，故炮局也。咸丰三年，粤贼围城，营于沙井。其地有文孝庙，为贼所据，庙

墙坚厚，城中发炮击之，不能破。有人夜过照墙后，见黑面人数十辈从炮局出，言愿助官军杀贼。次日访之，则无人焉。知为炮神，言于官，掘地得大小炮甚多，重三千斤者十三尊，重四千斤者一尊。舁至章江门炮台，向文孝庙击之，墙壁皆毁，毙贼无算，遂解南昌之围。

狍鸮　山海经图　汪绂本

【pei】

【裴长史】五代时人。南宋·周应合《景定建康志》卷五〇：裴长史，新罗国人，忘其名。南唐后主时为建州长史。开宝八年，宋师攻金陵，未下。长史预言五事，曰：一，金陵立春后即出灾，谥宁无事；二，润州（今江苏镇江）不过九月当陷；三，朱令赟舟师气候不过池州；四，江州（今江西九江）血气覆城，明年春末夏初血涂原野；五，大朝明年十月有大丧。后皆如其言。

【裴谌】唐·牛僧孺《玄怪录》卷一：裴谌、王敬伯、梁芳，约为方外之友。隋大业中，相与入白鹿山学道。辛勤采炼，手足胼胝，十数年间，梁芳死。敬伯亦下山求人间富贵。至唐贞观时，敬伯官大理廷评，奉使淮南，舟行过高邮。忽有一渔舟突过，中有老人，衣蓑戴笠，乃裴谌也，遂令追之，延之坐内，握手慰之曰："兄久居深山，抛掷名宦，而无成到此极也。"谌曰："吾与山中之友，市药于广陵（今江苏扬州），亦有息肩之地。青园桥东，即吾宅也。子公事少隙，当寻我于此。"遂倏然而去。敬伯到广陵，因出寻之。人引以入，初尚荒凉，移步愈佳。行数百步，方及大门，楼阁重复，花木鲜秀，似非人境。俄有一人，衣冠伟然，仪貌奇丽。敬伯前拜，视之乃谌也。器物珍异，皆非人世所有；香醪嘉馔，目所未窥。方知裴已得道。◆按：此即淮渎之神而误为裴说者，见"裴说"条。

【裴郭生】见"锺进明"条。

【裴航】唐时人。唐·裴铏《传奇》：长庆中，有裴航秀才，佣巨舟，载于湘汉。同载有樊夫人，乃国色也。既抵襄汉，不告辞而去。航遂饰装归辇

下，经蓝桥驿，因渴甚，遂下道求浆。茅屋有老妪绩麻。航揖之求浆，妪呼"云英"取茶，睹一女子甚丽。航向妪求婚。妪曰："昨有神仙，遗灵丹一刀圭，但须玉杵臼捣之百日，方可就吞，当得后天而老。君约取此女者，得玉杵臼，吾当与之也。"航约以百日为期，必

裴航 列仙全传

携杵臼而至。航至京国，竟访得玉杵臼，遂急挈而抵蓝桥。妪于襟带间解药，航即捣之，昼为而夜息，夜则妪收药臼于内室。航又闻捣药声，因窥之，有玉兔持杵臼，而雪光辉室，可鉴毫芒。如此日足，妪持而吞之曰："吾当入洞而告姻戚，为裴郎具帐帏。"遂挈女入山，逶巡车马仆隶，迎航而往。别见一大第连云，引航入帐就礼。及引见诸宾，多神仙中人也。后有仙女，正是鄂渚同舟樊夫人，问左右，曰："是小娘子之姊云翘夫人，刘纲仙君之妻也，已是高真，为玉皇之女吏。"妪遂遣航将妻入玉峰洞中，琼楼殊室而居之。神化自在，趋为上仙。

【裴老】❶唐时人。《太平广记》卷四二引唐·卢肇《逸史》、五代·杜光庭《神仙感遇传》：大历中，有水部王员外笃好道术，日与方术之士游。一日，与数道士在厅言方术，家中除厕裴老偶听之，窃笑不已。俄而王君如厕，裴老进言："在厅数人皆是凡流，但混骗酒食而已。"王君异之。裴老曰："员外非好道，乃好药术。"于是试以炼金之术，当时成黄金。王君请访裴老之居，裴老许之，告以地址。至日王君访之，堂宇洁净，有侍女十余人，皆殊色，服食甚珍。异日再来，其地已空，裴老亦不知所在。❷明·王世贞《列仙全传》卷九：世居江左，得道游闽，卜居清源山下。居处有虎十余，旬日必食一人。裴老每十余日买肉一块以饲之，且祝曰："食此肉，勿食人肉。"久之，虎为所化，绝不伤人，且为裴老驱使。有相公庙，庙神每年食一童

子。裴老夜至庙中，见相公像口中轰轰有声，腥气逼面，以火视之，皆为臭虫。及明，裴老取沸水浇之，臭虫死，相公亦不复灵。泉城诸父老，每年推一八十岁老者，架高座于桥，老者坐其上，夜静见红灯一对自空中来迎去，人皆以为登仙。裴老识为巨蛇作祟，拔剑除之。

【裴姥】南宋·潜说友《咸淳临安志》卷二四"阿姥堆"条："晋初有裴氏姥，居此采众花酝酒。凡士之贫者贳与之。经数年，忽有三人至，饮酒数斗不醉。谓姥曰：'知姥当仙，故来相命。'因授药数丸，姥饵之，忽不知所在。今堆上花草犹存，阴雨时或闻酒香，故名阿姥堆。"又见南宋·祝穆《方舆胜览》卷一"仙姥墩"。参见"仙姥"条。

【裴璞】见"掠刷使"条。

【裴清灵】晋兴宁三年，与王桐柏真人、中候王夫人、南岳魏夫人等同降于杨羲家。裴为杨说《宝神经》。梁·陶弘景《真诰》卷一："《宝神经》是裴清灵锦囊中书，侍者常所带者也。裴昔从紫微夫人授此书也。"晋·葛洪《枕中书》："裴清灵治四明山（在浙江奉化）。"即"裴玄仁"，见该条。《云笈七签》卷一○五有《清灵真人裴君传》，详见"清灵真人"条。

【裴庆】明时人，但传说略有异同。明·钱希言《狯园》卷三"飞神武当山"条："苏州裴庆，织机为业，因妇有外行，被弃行乞。一日吴城大雪数尺，忽见路旁一处蓬席之上，热气如蒸，启视之，则六七丐者在焉。庆即叩头称大仙，强乞破瓯中残食啖之。归而身轻如飞，言祸福无不验。庆终日行乞于吴市，而人每于武当山见之，盖出神之术也。张真人尝遇之于武当山，视其足蹑虚而行，异之，至姑苏寻见于驿夫之中，跪请求道。一日，担街头破草鞋垒成小洞，方广丈余，端坐其内，扃塞洞门，吐火自焚其身。吴人共见烈焰中裴仙人骑白鹤升天而去。"《（康熙）苏州府志》卷七九："以弹絮为业。落魄嗜酒，每卧人户外无醒时，群儿侮之，不以为意。居大石头巷，用二大缸，一承一覆，自处其间。嘉靖间，龙虎山张真人入朝，舆请于舟中，称裴仙而拜之，遂延往龙虎山。"而明·王同轨《耳谈》叙张真人礼敬裴庆事甚详，云："裴庆常宿猪圈中，臭秽不可闻。天师一见，则长跪延请，至舐其臭秽，涕泣求之。后裴庆约于庐山顶相会，至期，裴庆火解，携天师升天而去。"◆据明·王圻《稗史汇编》卷六三所载，裴并非神仙，仅一奇男子也："吴之大石人，以弹棉花为业。一

日薄晓冒寒出门，还忆其妻，蹀至床头，而妻与淫夫熟睡。庆乃潜出。及归，召淫夫与之妻，并割所贮金半授之，慨然别去。"又云嘉靖间无疾而终。

【裴说】淮渎之神。《三教源流搜神大全》卷二、《月令广义·岁令一》皆云是唐时人。按元·辛文房《唐才子传》卷一○有"裴说"小传，略云："工诗，得盛名。天祐三年状元及第。初年窘迫乱离，奔走道路，有诗曰'避乱一身多'，见者悲之。后仕为补阙，终礼部员外郎。"《全唐诗》有其诗一卷，均无与淮渎相关事，不知何以为后世奉为淮渎之神？窃疑裴说乃"裴谌"之误，裴谌仙人，有泛舟于淮上之事，故可能附会为淮渎之神。参见该条。

【裴休】唐时人。北宋·张邦基《墨庄漫录》卷三：明州（今浙江宁波）士人陈某，不知何年间赴举京师，于定海附舟泛海，遇风暴漂至一岛，登岸，见一精舍，榜曰天宫之院，堂上一老人据床坐，方若讲说，左右侍坐皆白袍乌巾三百余人。老人自言："我辈皆中原人，自唐末避乱至此，不知今几甲子。"又言："我辈号处士，非神仙，皆人也。"老人，唐丞相裴休也。弟子凡三等，皆授学于先生者。遥指一峰曰："此蓬莱岛也。山脚有蛟龙蟠绕。"陈生留久之，一日有西归意，老人遣送之归明州，至家，则妻子已死。陈生方知所遇即神仙也。◆按：裴休《唐书》有传，惟言其"嗜浮屠法"，无修仙事。

【裴玄静】唐时女仙。五代·沈汾《续仙传》卷上：缑氏（今河南偃师南）县令裴升之女，及笄而好道，置一静室，独在其中，常闻有人言笑。年二十，适李言为妻，常独居静室焚修。一日闻其内有言笑声，李言窃窥，见光明满室，有二女子与元静言谈。及旦问之，玄静云是昆仑仙侣。经年，生一子，于是与李言相别，乘白凤升天而去。时为大中八年。

【裴玄仁】汉时人。《云笈七签》卷一○五邓云子《清灵真人裴君传》：裴君，字玄仁，右扶风夏阳（今陕西韩城南）人。生于汉文帝时，家奉佛道。年十余岁即读经。尝与赵康子、皓季成乘车诣佛寺，天阴雨，遇一人求载。玄仁自己步行而载之。将至佛寺，其人奄然失之。寺中道人支子元者，年已一百七十岁，自云得蒋先生即赤将子兴之五首神诀，遂以传玄仁。玄仁奉神诀修行。以伐匈奴有功，封侯。后迁冀州刺史。又服食黄精积二十年，赤松子下降。玄仁遂辞官弃家，遍游名山。后遇五星之精、谷希子、青帝君、太山司命君、太素真人

等各授以真经。于是诣太素宫，见上清三元君，是成真仙。◆按《云笈七签》卷九七：晋兴宁三年，与王桐柏真人、中候王夫人、南岳魏夫人同降于杨羲家。参见"裴清灵"条。宋·潘自牧《记纂渊海》卷八六，言十大洞天，第四西玄山，名三玄极真之天，即裴真人所理。当指玄仁。

【peng】

【彭半壶】清·钱泳《履园丛话》卷一五"彭半壶"条：彭半壶，江西人，忘其名。游幕蜀中，善敕勒术。既长，弃举子业，在龙虎山学法三年，邀游天下，历幕显要。饮酒食肉如常人。彭不自术，人亦不知其术也。有某宦者官蜀中，太夫人年老，常卧病见鬼物，一鬼以扇扇之，即冷如冰，一鬼以火熨之，即身热如火，百医不效。彭适在座，于箧中取木剑一，羊筹二，披青布道袍，执笔书符，太夫人即亲见鬼物已被擒去。后半壶忽道装，芒鞋竹杖，辞别故人，曰从此入山，不复与诸君相聚矣。问何往，笑不答。后不知所终。

【彭钉筋】见"彭克明"条。

【彭宏大】元、明间人。清·董含《三冈识略》卷一、《（康熙）松江府志》卷四九：法名通微，号素云。河南汝阳人。母梦道士授一大桃，食之而孕。生于元大德十一年。年十二事刘月渊为师。至正四年游武当山，得太和张真人炼气栖神之旨。游历天下名山殆遍。明洪武十四年结茅于细林山。山旧有泉久涸，一日纯阳真人吕洞宾降，谓曰："晚来当具一井助汝修持。"其夜雷击石罅，果成一井。洪武二十七年八月书偈坐化。十月，太祖遣使来召，以羽化闻。复遣使启视其尸，见长爪绕身。赐号明真子。传闻其爪乘风化为金蛇，似蜥蜴而无足，长三四寸，今辰山尚有之。

【彭侯】晋·干宝《搜神记》卷一八："吴先主时，陆敬叔为建安太守，使人伐大樟树，下数斧，忽有血出，树断，有物，人面，狗身，从树中出。敬叔曰：'此名彭侯。'乃烹食之。其味如狗。"《太平御览》卷八八六引《白泽图》："木之精名彭侯，状如黑狗，无尾。可烹而食之。"◆明·谈迁《枣林杂俎·和集》"藏经志怪"条云："木之精名曰'鼓侯'。"应即"彭侯"之误。

【彭抗】晋时人。为"西山十二真君"之一。南宋·白玉蟾《修真十书·玉隆集》：字武阳，兰陵人，仕晋为尚书左丞，密修仙业，师事许逊，寻纳

女为许逊子妇。后致政，迁居豫章（今江西南昌），再诣许逊门下，尽传其术。至刘宋永初二年，全家飞升。政和二年封潜惠真人。◆清·陈弘绪《江城名迹》卷二"彭真观"条做彭伉。

【彭克明】唐、五代时术士。五代·孙光宪《北梦琐言·逸文》卷一：唐彭、濮间，有相者彭克明，号"彭钉筋"，言事多验，人以其必中，是有"钉筋"之名。九陇村富家子唐某，彭谓曰："唐郎即世，不挂一缕。"后果因泅水溺死。

【彭蠡小龙】北宋·沈括《梦溪笔谈》卷二〇：彭蠡小龙，显异至多，人人能道之，一事最著。熙宁中，王师南征，有军仗数十船，泛江而南。自离真州（今江苏仪征），即有一小蛇登船。船师识之，曰："此彭蠡小龙也，当是来护军仗耳。"主典者以洁器荐之，蛇伏其中。船乘便风，日棹数百里，未尝有波涛之恐。不日至洞庭，蛇乃附一商人船回南康。世传其封域止于洞庭，未尝逾洞庭而南也。有司以状闻，诏封神为顺济王。

【彭耜】南宋时人。《仙鉴》卷四九：字季益，三山（指福建之福州）人。事白玉蟾，得太乙刀圭火符之传，九鼎金铅砂汞之书，紫霄啸命风霆之文，遂杜门绝交。后尸解于福州。◆按彭耜为道教南宗祖师之一。

【彭廷坚】即"彭元帅"。

【彭望祖】明时人。《虞初新志》卷一二陈鼎《彭望祖传》：江西人，弱冠时为诸生，遇道士传以丹书，云读之可证飞仙。明亡，弃举子业，游江南，以草龙一具，祭而化为真龙，乘之瞬息千里。后乘草龙不知所往。

【彭小仙】明时人。《神异典》卷二五七引《（康熙）畿辅通志》卷四六：正德初，固安县（今河北固安）彭村，忽来一童子，诣一长者，自言彭姓，愿为长者牧牛。此人牧牛三十年，相貌仍为童子。能预知阴晴风雨，人号曰彭小仙。有以妖闻于都，捕者至，小仙别其村人曰："百年后兵来，白旗下者生矣。"道中拾一茎草周于项，身首即异处，捕者以状上闻。乡人收葬于村北，名小仙墓。十年后，有人见小仙于金陵道上。至崇祯岁，固安有兵变，人忆小仙言，望白旗下窜。白旗军掠得人不杀，后皆纵还。

【彭幼朔】明时人。清·钱谦益《列朝诗集小传》闰集：名龄。不知何许人。万历间游寓蜀之潼川州（今四川三台），自称邹长春。多谈容成御女之术。后七年又来吴中，居于云间，称江鹤，号甄甄子。

多与士大夫交，言其居官时事，皆有端绪，并云某巨公为其门生。又数年，游楚中，自称祝万寿，诸生从之学举业。于诸生中识杨涟为人才。杨涟父死，涟劳承成疾，不食数月，将死，彭出药一粒强服之，次日涟起死回生。后至吴，与钱谦益游，用服气法授人，间传汞银法，谈百余年朝野事历历如指掌。天启中杨涟因劾魏忠贤成大狱，彭出资装助其家。后至金陵，自营坟茔，谈笑而逝。葬后两月，寄书友朋，语葬后事甚详。一年后，又有人见之于登莱山中。

【彭元帅】道藏本《搜神记》卷四：姓彭讳廷坚，为崇安（今福建崇安）县令。平寇盗有功，元至正中官福建宣慰司副都元帅，削平群盗。后以马蹶遇害，群盗创之，尸僵立不仆，双目上指，须发飘动，盗不敢近。故吏奉其枢还崇安，民立祠肖像，岁时祭享，灵应如响。

【彭知微女】宋时女子。宋·隐夫玉简《疑仙传》卷上：彭知微，西川巨富。唯一女，生而好道。年十六，忽有一童儿乘白鹤来，谓女曰："我是道家人，特来教尔。"女甚喜，乃密藏童子及白鹤。后童子去，女绝滋味，去鲜华，常默然坐。忽一日失之，不知所在。

【彭宗】周时人，道教楼观派所奉先师之一。《仙鉴》卷九："太清真人彭宗，字法先，彭城（今江苏徐州）人。年二十，受业于杜冲。尝从师采药，堕深谷中，为蛇所中而无愠色。师遂授丹经五千文。宗修之，能三昼夜

彭宗　列仙图赞

一呼吸，或一年不动，人以为死。入水底一昼夜，竟日方出。能一气诵五千文两通。以术禁虎豹，终不得动。至周厉王十三年正月，太上道君遣仙官下迎，授书为太清真人，治赤城山（今浙江天台）。"按：《神异典》卷二三七为晋时人，误。

【彭祖】西汉·刘向《列仙传》卷上："彭祖者，殷时大夫，姓篯名铿。帝颛顼之玄孙，陆终氏之中子。历夏而至殷末，八百余岁。常食桂芝，善导引

行气。历阳（今安徽和县）有彭祖仙室，前世祷请风雨，无不应。常有两虎在祠左右，祠讫地即有虎迹云。后升仙而去。"晋·葛洪《神仙传》卷一："彭祖，姓籛名铿，帝颛顼之玄孙，至殷末已七百六十七岁而不衰老。不恤世务，不营名誉，以养生为事。王闻之，以为大夫。不自言有道，亦不

彭祖　列仙图赞

作诡异变化鬼怪之事。善服食闭气，常数十百日不食。时有采女者，年二百七十岁而视之如五六十岁，殷王遣其往问道于彭祖。采女受彭祖房中之术，告于王，王试之有效。而王欲独秘彭祖之术，乃下令国中有传其术者诛之。又欲害彭祖，祖知之，乃去，不知所。后七十年，有人于流沙之国见之。"又见葛洪《抱朴子内篇·极言》引《彭祖经》。◆司马彪《庄子注》："彭祖饵云母，御女数十，晚娶郑氏，妖淫败道而死。"平步青《霞外攟屑》卷二以为："彭祖娶郑氏仅见于司马彪《庄子》注'彭祖后娶郑氏'，而未言出处。而葛洪《神仙传》言殷王从彭祖学房中术，因娶郑女而殂，是娶郑女者为殷王而非彭祖也。"◆南宋·戴埴《鼠璞》卷上辨"彭祖之术"云："俗以素女术出于彭籛，予考《列仙传》，籛云'上士别床，中士异被，服药百裹，不如独卧'。后人集其采纳之术，号《彭祖经》。是籛之采纳，以存真葆卫为先务，与世之论大相反。所谓丧四十九妻五十四子，特欲形容八百岁之寿且久耳。"◆王逸《楚辞注》："彭祖好知滋味，善斟雉羹以事帝尧。"《孔子家语》"宰我问五帝德"亦云"尧举舜、彭祖而任之"。按此说则彭祖之生早在尧时，非仅为商大夫也。南宋·白玉蟾《修真十书·武夷集》："籛铿进雉羹于尧，尧封于彭城，后谓之彭祖。年及七百七十七岁而亡。生平惟隐武夷山，茹芝饮瀑，能乘风御气，腾身踊空。有子二人，一名籛武，一名籛夷，因此遂名武夷山。"◆南宋·程大昌《演繁露》续集卷五，对彭祖八百岁之说已表怀疑，认为"彭祖如为人，则其岁不止八百，如为彭祖氏，则八百为其及子孙存

在年代，非一人而八百岁也"。◆晋·葛洪《抱朴子内篇·极言》云彭祖弟子有青衣乌公、黑穴公、秀眉公、白兔公、离娄公、太足君、高丘子、不肯来七八人，皆历数百岁，在殷各仙去。◆清·袁枚《续子不语》卷四"彭祖举柩"条：商彭祖卒于夏六月三日，其举柩日，社儿等六十人皆冻死，就葬于西山下。其六十人墓至今犹在，号曰社儿墩。

【蓬球】晋时人。唐·段成式《酉阳杂俎·前集》卷二：字伯坚，北海（今山东潍坊）人。晋武帝太始中，入贝丘（今山东清平西）西玉女山中伐木，忽觉异香，寻之，山自开，现宫殿楼台。球入，见四女仙弹棋。球立久觉饥，以舌舔叶上垂露。俄为仙所逐，及还家，已是建平中（建平是西汉年号，明·王世贞《列仙全传》卷四作"建兴"，是），居庐皆为墟墓。《仙鉴》卷二一文全同，唯尾缀一句："因复周游名山，访道不还。"

【pi】

【邳彤】《后汉书》有传，为东汉光武帝云台二十八将之一。信都人。信都即祁州，在今为河北安国。安国为北方药都，据《祁州志》："汉将邳彤之庙，俗呼皮场庙，即药王也。王为本州岛土神，自宋迄今，以医显灵，有疾者祷之即愈。"按：依此说，是邳彤不唯为药王，且即北

邳彤　云台三十二将图

宋之皮场大王也。见"药王"及"皮场大王"条。

【披麻煞】煞鬼，传说中多见婚礼时。明末·佚名《集异新抄》卷五"披麻煞"条："郡中有娶妇者，亲迎之夕，有二鬼徜徉新妇舆前，披发，著麻布宽袖衣。千百人共见，虽驱逐略不动。后十余年，婚者竟无子，夫妻相继夭殁。"清·袁枚《子不语》卷三"披麻煞"："新安县曹媪之孙，订婚某氏，将娶有日，先期扫除楼房，待新娘居。日向夕，媪独坐楼下，闻楼上履声橐橐，门开，举首见一人，麻

冠麻鞋，手扶桐杖，立梯上层。见媪至，返身退走。婚后，新妇夜如厕，遂不见归，觅之，则新妇团伏一小漆椅下，四肢如有捆扎之状。扶出，白沫满口，气息奄然。以水浆灌之，逾时甫醒。问之，云：‘遇一披麻人为祟。’时夜漏将残，不能移宅，拥妇偃息在床，婿秉烛坐。至五更，婿亦劳倦，稍一交睫，觉灯前有披麻人破户入，直奔床前，以指掐妇颈三五下。婿奔前救护，披麻人耸身从窗棂中去，疾于飞鸟。呼妇不应，持火视之，气已绝矣。或曰此选日家不良于术，婚期犯披麻煞故也。”清·汤用中《翼駉稗编》卷一“披麻煞”条：“赵恭毅公未遇时，偶文会夜归，见少妇麻衣曳杖而来，见公，避桥侧不敢进。公意必鬼魅，立而阻之。相持将鸡鸣，妇跽恳曰：‘我披麻煞也。今夕某姓娶妇，应我值日，不赴，恐获天谴。’”◆即“花煞”之一种，见该条。

【披云真人】❶黄房公“宋德芳”。见该条。❷《(雍正）山东通志》卷三〇又有一披云真人：无名姓，平度人，年十二从刘长生学道。天性敏慧，道行淑真，后羽化于终南山。诏赠披云真人。

【皮场大王】皮场大王庙之祀盛于宋代。按皮场大王本为医神。南宋·洪迈《夷坚支志·乙集》卷五“张小娘子”条：“秀州（今浙江嘉兴）外科张生，本郡中虞候。其妻遇神人，自称皮场大王，授以《痈疽异方》一册，且诲以手法大概，遂用医著名，俗呼为张小娘子。因庙北宋时初在京师，赴试士子亦祷求功名，南渡后庙迁于杭州，此风依然。”南宋·王栐《燕翼贻谋录》：“京师试于礼部者，皆祷于‘二相’。今行都试礼部者，皆祷于皮场庙。皮场即皮剥也。建中靖国元年六月，传闻皮场土地主疡疾之不治者，诏封灵贶侯。今庙在万寿宫之晨华馆，与贡院为邻，不知士人之祷，始于何时，馆因何而置庙也。”南宋·潜说友《咸淳临安志》卷七三引《国朝会要》：“东京显仁坊皮场土地神祠，建中靖国元年六月封灵贶侯，崇宁元年三月封公，四年闰二月封灵惠王，七月加封灵惠显通王，大观元年改封明灵昭惠王。”明·田艺蘅《留青日札》卷二七“皮场庙”条：“今杭州皮场庙在吴山上，应试士子尚多祷之。亦有祷于江东庙、文昌祠者。”明·王鏊《(正德）姑苏志》卷二七：“神本东京显神坊土神。”其神有数说：❶神农。南宋·吴自牧《梦粱录》卷一四“东都随朝祠”条记南宋时杭州有惠应庙，即东京皮场庙，南渡时为值庙人商立携神像至杭，遂立祖庙及三行祠。神在东京时名皮场土地，政和间封王爵。至南宋累加号曰明灵昭惠慈佑王。庙刻云：“其神乃古神农，于三王时都曲阜。时世人食腥膻多病，神农乃集天下二十四义士，分十二分野，播种采药。故皮场庙两庑奉二十四仙医使者。”❷张森。明·田汝成《西湖游览志》卷一二：“相传相州汤阴（今河南汤阴）有皮场镇，会萃河北皮革，蒸溃后产蝎，螫人辄死。时有场库吏张森，素谨事神农氏，祷神杀蝎。镇民德之，为张森立祠。凡疹疾疮疡，有祷辄应。至东汉建武间，守臣以闻，遂崇奉之，傍邑皆立庙。宋时，建庙于汴京。建炎南渡，为商立携神像至杭，遂建惠应庙。”❸又有一说，皮场大王乃北宋末人席旦。南宋·洪迈《夷坚甲志》卷五：“席旦，政和六年，终于长安。其子大光（名益）终丧，后调官京师。时皮场庙颇著灵响，都人日夜捐施金帛。大光尝入庙，识其父殓时一履，大惊。既归，梦父曰：‘我死即为神，权势甚重，不减在生作帅时。知汝苦窘用，明日以五百千与汝。’大光悸而寤，闻扣户声甚急，出视之，数卒挽一车，上立小黄帜云：‘皮场大王寄席相公钱三百贯。’乃真铜钱也。”按《文献通考·郊社考》卷二三：徽宗建中靖国元年，已封皮场土地庙神为灵贶侯。席旦死于政和六年，后于建中靖国十余年，岂有人未死而预封为神者。此说显系不实。❹又有以为即东汉开国名将“邳彤”者，见该条。

【皮裘先生】《(雍正）山西通志》卷一五九：元时洪洞人。修真玉峰山，冬夏服一裘。云游金陵巨室，有太湖石，令坠于井。后归玉峰，淘井得其石。有病者求医，拔裘毛与之辄愈。后不知所往。

【皮王】即“皮场大王”。《古今图书集成·职方典·保定府部·祁州》有“皮王庙”条，云：在州治南。传云祁州土神，庙在南城门外左地。自宋迄今，以医显灵，有疾者祷之，即于梦中授以药，或与针砭，厥明即愈。故老传称，先朝有秦王得疾，访医莫疗，一医后至，进药数丸，立愈。问其姓名，对曰：“祁州南门人也。”遣使即其地问之，始知为神。宋建中靖国元年封为灵贶侯，后易为公。咸淳六年加封明灵昭惠显佑王，临安立庙。国家凡有灾殃，必遣使祷之。按：此言神为祁州土神，亦邳彤为皮场大王之一证。

【狴猁】冯梦龙《古今谭概》卷一七：南荒有兽，名曰狴猁，见人衣冠鲜采，辄跪拜而随之，虽驱击，不痛不去；身有奇臭，唯膝骨脆美，谓之“媚骨”，土人以为珍馔。

【毗卢舍那佛】佛之报身或法身。又作毗卢遮那。意译光明遍照、大日遍照。即以种种光明，照众生也。在中国水陆画中常为本尊佛。在五方佛中为中央佛。《佛学大词典》云：有关毗卢遮那佛，诸经之记载与各宗之解释各异。旧译《华严经》卷二"卢舍那佛品"谓，毗卢遮那佛修习无量劫海之功德，乃成正觉，住莲华藏世界（佛报身之净土），放大光明，照遍十方，毛孔现出化身。《梵网经》卷上谓，毗卢遮那佛于百阿僧祇劫修行心地法门，成等正觉，住莲花台藏世界海，其台周遍有千叶（即千世界），毗卢遮那佛化千身释迦佛住千世界。于每一叶世界复有百亿之须弥山、百亿之日月、百亿之四天下，及百亿之菩萨释迦坐百亿之菩提树下，宣说菩萨之心地法门。《观普贤菩萨行法经》谓，释迦牟尼名毗卢遮那，遍一切处，成就常乐我净之四波罗蜜，住于常寂光土。其中旧《华严经》卷二、《梵网经》卷上所说之毗卢遮那佛为报身佛，《观普贤菩萨行法经》所说为法身佛。法相宗立毗卢舍那、卢舍那、释迦等三尊，称毗卢舍那为自性身，卢舍那为受用身，释迦为变化身。天台宗亦立毗卢遮那、卢舍那、释迦等三尊，然以之次第配为法身佛、报身佛、应身佛。华严宗立十身具足融三世间之法界身云，而谓此三尊乃同一佛身。在密教，毗卢遮那佛与大日如来同体，或为大日如来之别名，乃理法身、智法身不二之体，有除暗遍明之义。

【毗沙门天王】《神异典》卷九一引唐·卢弘正《兴唐寺毗沙门天王记》："毗沙门天王者，佛之臂指也。右扼吴钩，左持宝塔，其旨将以摧群魔，护佛事。斯人在开元则玄宗图像于旗章，在元和则宪皇交神于梦寐，佑人济难，皆有阴功。

行道天王图 唐彩色绢画 敦煌石窟

自时厥后，虽百夫之长，必资以指挥，十室之邑，亦严其庙宇。"唐不空译《毗沙门仪轨》尾题有记事一段，云："唐天宝元年，西番五国来寇安西。

二月十一日，奏请兵解援。发师万里，累月方到。玄宗诏僧不空诵仁王护国陀罗尼，方二七遍，见神人五百带甲立于殿前。不空曰：'此毗沙门天王第二子独健，副陛下心往救安西也。'其年四月，安西奏有神兵助战解围。于是玄宗敕十道节度、所在军镇，令置形象，祈愿供养。"而僧赞宁《大宋僧史略》卷下《城阁天王》更云："玄宗敕诸道节度、所在州府，于城西北隅各置天王形像供养，至于佛寺亦敕别院安置。"◆按：四大天王中，毗沙门天王即北方多闻天王，在中国风头最健。据说它本称俱毗罗，为婆罗门教、印度教的财神，世上一切财富的守护者，北方的保护神，又是夜叉和紧那罗之王，罗波那（《罗摩衍那》中的魔怪名）的同父异母兄弟，相貌丑陋，三条腿，八颗牙，一只眼。佛教吸收其神，以为北方护法天王毗沙门（见任继愈《宗教词典》）。徐梵澄则认为从其造像来看，不甚像印度本土之神，很可能原是西域某部落的英雄，征服了某些领族或强暴者，安靖了地方，死后为人尊为天王（《关于毗沙门天王等事》）。《大唐西域记》称于阗国（今新疆和田县）为该神故乡，于阗王自称为毗沙门后代。天王故乡有神鼠，"大如猬，其毛则金银异色"。所以后世多闻天王塑像，手上常有银鼠。天王有五子，以二子独健和三子哪吒最为著名。张政烺先生《〈封神演义〉漫谈》说，毗沙门天王在中国轰动一时，是在唐天宝年间，其故事和画样是从安西（今新疆库车市）传入，而大力宣传者则是不空和尚。后世或称唐太宗起兵，天王助之，故诏天下公府祭之，尤荒唐。然自唐玄宗以来，毗沙门天王信仰大盛，奉为军中保护神，各处城楼、兵营设有天王庙堂，出征图其像于旗章，则是事实。所以唐人纹身，常刺天王像，以为可得神力之助。此俗宋、金仍沿之，至元、明而渐衰，唯僧寺尚存天王堂。然而民间虽对毗沙门天王印象淡薄，其形象萎缩为彻底中国化的"托塔天王李靖"，而其信仰的空缺则为关圣帝君所取代。胡小伟以为宋以后关公信仰渐盛，各地城西北之天王庙遂改为关帝庙，而关圣帝君神格中遂搀有毗沙门天王成分。不唯如此，即关帝胁侍之关平，实有毗沙门之子二郎痕迹。见所著《金代关羽神像考释》。

【毗邪天神】《(雍正)广东通志》卷六四：毗邪，琼临高县西十里有毗邪山。汉建武二年，村民王氏者二人，长曰祈，次曰律，与乡人王居杰猎于山，憩石上，祈为石所吞啖，居杰三引刀不解。祈被吞未尽间，忽作声曰："我为毗邪天神，隐此石室，已后可以纯白三牲一祀我。"言讫遂浸入石中，不复见。宋靖康间，贼王文满煽乱率众环攻临高，民受荼毒，无能御者，吏民乃祷之于毗邪神。须臾蜂虿弥空，肆毒行螫，群盗奔溃，民赖以安，盖神其佑也。

【琵琶蛇】清·鉴湖渔者《熏莸并载》卷三"琵琶蛇"条：江南富人刘某，好抚恤贫穷，乡人感德之。有乞丐至门，见其家男女俱两颊红肿，内有水光淫淫，如生水泡疮者。丐惊谓主人曰："君家有灭门之祸。此疮因侵毒气而生，初起尚可医，一俟百日后，则溃烂不可救矣！"曰："假我二十千，当为以毒攻毒之法。"如其言与之。逾数日，丐囊一蛇至，其粗如臂，遍身作黄色。周相宅内，至内房，见地板有巨穴，曰："在是矣。"解其蛇纵之。蛇以首入穴，呼呼作响，少顷，蛇胀腹如猪脬，崩裂而死。丐曰："毒物甚利害，此蛇尚不能制之也。"又囊一蛇，粗倍于前，再纵之，亦入穴口腹胀而死。众俱惊骇。丐曰："不妨，暂请合家他徙，勿再受毒。疮用药调敷，可望速愈。我费一月工夫，再觅一巨蛇来，必能制之矣。"主人复与以盘费，邀集群丐，果月余得之，其大如斗。纵入穴，作呼吸如雷鸣。闻地下跳踯声甚厉，蛇腹旋胀旋消，久之寂然。丐曰："可矣。"仍驱蛇入竹笼，开地板视之，则有一物死地上。其头项如鹅，身扁而阔，下具四足，有爪。丐曰："此琵琶蛇也，利吸人之精魂。人被吸中毒，则面颊生疮，至溃烂即死。"

【匹布夫人】《（雍正）浙江通志》卷二二四：匹布夫人庙，在寿昌县东南。相传唐末黄巢据县治，官军讨之，阻溪水涨，不得渡，忽见一女子涤布于水，以布掷之，化为长桥，士卒履之而过，遂破贼复县治。事闻于朝，敕封匹布夫人。唐宋列于祀典。今乡民皆祀之，以祈蚕谷。

【pian】

【偏胡子】明·王圻《稗史汇编》卷六三：姓许，善相术，寓太白山。比老，遇异人令之相，许答曰："子神清气清骨清，神仙相也。"异人笑拂其须，凡经手处，明日皆黑，遂名偏胡。后入终南山求道，嘉靖间尚见其在齐鲁运河中。

【pin】

【频斯国】晋·王嘉《拾遗记》卷九：晋太始元年，频斯国人来朝。以五色玉为衣，如今之铠甲。

其使有金壶，壶中有浆如脂，尝一滴寿千岁。其国有大枫木成林，高六七十里，雷电常出其半。树东有大石室，可容万人坐，壁上刻三皇之像，天皇十三头，地皇十一头，人皇九头，皆龙身。其国人皆多力，不食五谷，日中无影。发粗如缕，坚韧如筋，伸之几至一丈，置之自缩如螺。有丹井，水中有白蛙，两翅，能化为白鸠。周王子晋曾来此。

【ping】

【平安王】北宋·乐史《太平寰宇记》卷一○七："江西浮梁县（今江西景德镇）东有新昌庙，四面连山，淮川合流入新昌。《鄱阳记》：水口有庙，百姓祭之。有兴元道士屈兰子，拟烧此木人，遂弃于急水，曰：'如能逆流而上，吾为立庙。'其木人流上，遂立庙为平安王祭之。"

【平常生】西汉·刘向《列仙传》卷上："谷城乡平常生者，不知何许人也，数死复生，时人以为不然。后大水出，所害不一，而平辄在缺门山头大呼，言：'平常生在此。雨五日必止。'止，则上山求祠之，但见平衣帔革带。后数十年，复为华阴门卒。"◆按：王叔岷《列仙传校笺》引洪颐煊云："平常生"之"平"应是"卒"字之误，"谷城乡平常生"即常生为谷城乡之卒也。可备一说。

【平等王】十殿阎君之八。姓于，一说为第九殿，姓陆。据《预修十王生七经》《地藏十王经》等所载，此王之本地为观世音菩萨，系在冥途中掌管亡人百日时之冥王。以其公平司掌罪福之业，故称平等王。据《玉历钞传》等善书：第九殿，平等王陆，四月初八日诞辰，司掌酆都城铁网阿鼻地狱，另设十六小狱。凡阳世杀人放火、斩绞正法者，解到本殿，用空心钢柱炼其手足

平等王 南宋·陆信忠

相抱，煽火焚烧，烫烬心肝，随发阿鼻地狱受刑，直到被害者个个投生，方准提出，解交第十殿发生六道。一说九殿平等王：司掌大海之底，西南沃燋石下，阿鼻大地狱，环迭绕广四千八百里，另设十六小地狱。凡犯阳世法律如"十恶"中之极恶者，被判死刑死后虽受各殿刑罚，仍须遍受本殿各小地狱之苦，然后发落"阿鼻地狱"折磨。民间或以为掌管火山地狱、落磨地狱。◆按：据慧琳《一切经音义》卷五，平等王，在佛典中实即阎罗王之意译。在中国典籍，则最早见于唐·牛僧孺《玄怪录》"刘讽"条，有数女鬼相聚，一曰："某三四女伴，总嫁得地府司文舍人。不然，嫁得平等王郎君六郎子七郎子，则平生望足矣。"◆《十王经》钞本有作"平正王"者。

【平浪侯】长江水神晏公爷爷，明初封平浪侯。见"晏公"条。

【平水王】❶即周七郎，又名平水大王。南宋·陈耆卿《赤城（今浙江天台）志》卷三一云：临海（今浙江临海）平水王庙祀晋周清。俗传清以行贾往来温、台之间，人呼周七郎。娶临海林氏女。俄弃杵化龙，与妻皆不见。后有遇之于彭公屿者，遂祠焉。❷明时则另有一说。宋濂《文宪集》卷一六《温州横山仁济庙碑》："周凯，字公武，世居临海郡横阳（今浙江温州平阳）。善击剑，能左右射，博闻强记。司马氏平吴，与陆机兄弟入洛阳，张华荐之。知晋室将乱，辞不就，复归横阳。横阳地濒海，海水沸腾，龙蛇杂居，民受其毒。周随地形疏理三江，使东入海。永康中，三江逆流，周操弓冲潮入水，水裂，电光中见周乘白龙东去，但闻海门的声如雷，而周莫知所在。俄而水患遂平。邑长思其功，号其里曰平水，且建祠祀之。"浙江《乐清县志》所记与上相同，唯不及随陆氏兄弟入洛事，甚。宋濂碑记又记周凯死后于历朝显灵事，并云："初封于唐为平水显应公，寻升王爵。"明·谈迁《枣林杂俎·和集》载："周凯开导三江，悉注于海，因射箭退潮而没，民为立庙曰仁济庙。"◆清·姚福均《铸鼎余闻》卷二又云："其佐神为张铉。"详见"张铉"条。

【平仲节】晋时人。梁·陶弘景《真诰》卷一四：本河中（今山西永济）人，五胡入华，南渡入括苍山（在今浙江台州地区）学道，受师于宋君，存心镜之道，具百神，行洞房之事。积四十五年，于晋穆帝永和元年五月一日，中央黄老君遣迎，白日驾龙升天。◆陶弘景《真灵位业图》有"平仲卿"，

在第五右位散位。或因字形相近而误，惟不知何者为正也。

【凭霄雀】晋·王嘉《拾遗记》卷一：舜葬于苍梧之野，有鸟如雀，自丹州而来，吐五色之气，氤氲如云，名曰凭霄雀，能群飞衔土成丘坟。能反形变色，在木则为禽，在地则为兽，变化无常。时来苍梧之野，衔青砂珠，积成垄阜，名珠丘。其珠轻细如尘。

【屏蓬】《山海经·大荒西经》："大荒之中有山，名曰鏖鏊巨，日月所入者。有兽，左右有首，名曰屏蓬。"郭璞注云："即并封也，语有轻重耳。"郝懿行

屏蓬　山海经图　汪绂本

《笺疏》则云："并封前后有首，此云左右有首，似非一物。"

【屏翳】屏翳有雨师、云师、风师、雷师四说。❶雨师说。《楚辞·天问》云："蓱号起雨。"王逸注云："屏翳，雨师名。"《玉芝堂谈荟》卷一九"屏翳"条："《大象赋》：'太白降神于屏翳。'注云：'其精降为雨师之神。'《山海经》：'屏翳在东海中，人谓之雨师。'（按今本《山海经》无此文，而《海外东经》"雨师妾"下有郭璞注云："雨师，谓屏翳也。"）《搜神记》：'雨师一曰屏翳，一曰号屏，一曰玄冥。'虞喜《志林》：'雨师屏翳。'三国·张揖《广雅》：'风师谓之飞廉，雨师谓之屏翳，云师谓之丰隆。'"❷云师说。《史记·司马相如传》《大人赋》云："召屏翳，诛风伯，刑雨师。"下又有列缺、丰隆。赵翼以为司马相如盖以屏翳为云师。《玉芝堂谈荟》卷一九《屏翳》条："陆士衡诗：'屏翳吐重阴。'湛方生诗：'屏翳寝神变。'语意皆同。绎其字义，则云师为近之。"❸风师说。《文选》曹子建《洛神赋》云："屏翳收风，川后静波。"注引植《诘洛文》云："河伯典泽，屏翳司风。"谓曹指为风师。❹《文选》曹子建《洛神赋》注又引虞喜《志林》云："屏翳，韦昭说为雷师。"按：综上所述，似以雨师及云师之说为长。

【瓶隐】见"申徒有涯"条。

【po】

【婆官】唐·李肇《国史补》卷下，言江西船户，

每见暴风将至，必祭婆官而事僧伽。◆按：婆官，疑是风神孟婆之属。

【**婆姐**】沈平山《中国神明概论》第三章：台南临水夫人庙除供临水夫人外，尚有注生娘娘、花公、花妈、大圣爷、三十六宫婆姐。凡与生育有关的婆姐，俗称鸟母。鸟母身旁都拥有不同的孩子，俗说鸟母是依注生娘娘旨意赐予不同的孩子。古籍所说，鸟母乃燕子拟为神明偶像，燕子即为鸟母。但为了要表示鸟母与人的关系，于是一些贞妇烈女，亡后被托为鸟母。

【**婆女**】元·佚名《居家必用事类全集·丁集》明·徐应秋《玉芝堂谈荟》卷一三："釜甑鬼名婆女，凡遇釜鸣，呼其名不为灾。"日本鸟山石燕所绘"鸣釜"图说明引《白泽避怪图》曰："饭甑作声鬼，名敛女。有此怪，则呼鬼名，其怪忽自灭。"敛女应是婆女之误。◆按：釜鸣之怪，自古有之。汉·焦延寿《焦氏易林》有"井沸釜鸣，不可安居"之语。《开元占经》引《地镜》曰："宫中灶及釜甑鸣响者，不出一年，有大丧。"又引郭璞《洞林》："施安上家釜九鸣，旬月之中，寻有九丧。"明·周履靖所辑唐人《占验录》有云："釜鸣，若自外鸣来，吉，添财进喜；自内鸣出去，主凶，财散家破。若男作女拜，女作男揖，即止。"

【**婆婆庙**】南宋·洪迈《夷坚三志·辛集》卷八"横州婆婆庙"条：横州（今广西横县）城外有丛祠，目为婆婆庙，不知何神也，土人颇严奉之。淳熙初，雷州太守舟过城下，群妓迎谒，小憩庙中，纵步廊庑间，指泥像嬉笑，互言"你可嫁他"云云，有一营将在旁戏语云："我可做媒。"后不两月，七妓相继病死，营将亦然。

【**鄱阳水神**】明·陆粲《庚巳编》卷一〇：余姚（今浙江余姚）戚澜，字文澜，景泰二年进士，授翰林编修。丁艰，服阕上京，渡钱塘江，风涛大作。有绛纱灯数百对，照江水通明。丈夫九人，帕首袴靴，带剑乘白马，飞驰水面如平地。舟人大恐。戚公曰："勿恐。"推窗看之，九人皆下跪。公问："若辈非桑石九兄弟耶？"应曰："然。"公曰："去，吾喻矣。"公命舟人返棹，抵家，谓人曰："某日，吾将逝矣。"及期，向九人率甲士来迎。公卒后，人见车骑腾踔，隐隐入空而灭。后丘琼山夫人入京，过鄱阳湖，夜梦朱衣贵人来见曰："吾琼山故人戚澜也，现为水神。昨奉天符，应覆数百舟，夫人慎勿渡。"

【**破头老祖**】湖南祝由科所奉祖师。见清·吴炽昌《客窗闲话》续集卷一"祝由科"条：祝由一科，其术甚神，凡金枪及跌打死者，顷刻能生之。系湖南破头老祖所传。其祖师北宋时人，太祖闻其名，召入禁内。时有小臣不合上意而斩非其罪者，祖师为续其首而生。太祖怒，使武士以大斧臂祖师，云其脑而弃之。其徒潜移尸回，以术生之，遁深山穷谷间，从此不履尘世。

【**魄灵帝君**】《云笈七签》卷五四："魄灵帝君即九天丞相，部九天之魄灵，下统后学之录籍也，镇在月宫琳琅之都。"按：又有"魂精帝君"，见该条。

【pu】

【**仆程**】南方天帝祝融佐神。东汉·袁康《越绝书·计倪内经》：黄帝于是上事天，下治地。故少昊治西方，蚩尤佐之，使主金。玄冥（一作日宿）治北方，白辩佐之，使主水。太皞治东方，袁何佐之，使主木。祝融治南方，仆程佐之，使主火。后土治中央，后稷佐之，使主土，并有五方，以为纲纪。

【**仆仆先生**】唐时人。《太平广记》引唐·戴孚《广异记》、唐·陈翰《异闻记》：不知何许人，自云姓仆名仆。家于光州乐安县（今浙江仙居）黄土山，卖药为业。饵杏丹，饮食如常人。一日乘云而度，民吏观者如堵。光州刺史李休光令人召而责之曰："若为仙，当遂往矣；今去而复来，则妖也。"先生曰："麻姑、蔡经、王方平、孔、申、二茅之属问道于余，余说之未毕，故复来也。"刺史愈怒，命左右执之。有龙虎现于其侧，先生乘之而去。刺史奏闻，玄宗乃改乐安县为仙居县，以黄土山为仙堂村。后有人于义阳郊行，投宿路旁草舍，见一老人乘五色云，距地数十丈，自称"仆仆野人"。州司上闻，敕于草屋之处立仆仆先生庙。

【**仆食**】明·谢肇淛《滇略》卷九："夷人中有号为仆食者，不论男女，年至老辄夜变异形，若犬或豕或驴，于人坟前拜之，其尸即出，为彼所食。盖出百夷一种焉。"杨慎《滇程记》云："百夷家畜一拨厮鬼，无形而善噬人魂，中者越宿死，死则百夷取其尸为醢。鬼畏犬，闻犬声则远遁不返。殆谓是耶？"◆参见"拨厮鬼"条。

【**菩提树神**】佛教"二十天"之一。据《佛学大词典》，为菩提树之守护神。《大毗婆沙论》卷一二五载，昔有一王毁灭佛法，渐至菩提树时，菩提树神自化现殊胜女身，伫立其前，彼王见已，寻生贪染，护法善神遂得其便，杀王及其军队、恶神众。

【菩提王】《（同治）上元江宁志》引《摄山志》云："江宁（今江苏南京）摄山下有菩提王庙，其神为战国时楚大夫靳尚。靳尚谗杀屈原，天谴化为巨蟒，穴于山后，遂为立庙。"南宋·张敦颐《六朝事迹编类》卷下"菩提王庙"条："神即楚大夫靳尚。齐永明初有法度禅师，讲经于摄山，患山路不平，僧徒疲于往来，神为平治之。法度因为受菩提戒，立祠于彼，故世号菩提王庙。"

【蒲包仙】明时人。清·毛祥麟《墨余录》卷九：仙姓朱，前明邑界浜沈氏仆也。幼好拳勇，常与人斗。年十八，应募随军入川，遇一道人，馈以药丸服之。自此遂无饥渴寒暑，常衣破衲，冒以蒲包。夏月裸坐赤日中，不浴自净。冬敲冰裸坐河底，及起，气如蒸。以故人呼为"蒲包仙"。生平不肯为人谈祸福，而无意中吐一语，必奇中。后乃无疾而化。◆按：此应即"蒲仙"，见该条。

【蒲神】《神异典》卷五〇引《（康熙）江南通志》卷三三："蒲神庙，庙在海州（在今江苏连云港）石湫镇涟河西岸，凡遇蝗螟，有祷必应。"按：应是"醋神"之误，见该条。

【蒲仙】明·钱希言《狯园》卷四：蒲仙者，不知何许人，或云即上海高桥朱乞儿。少为人佣保，俄辞主人，行乞里中，冬夏无衣，露处人家篱下，雨雪不侵，取蒲囊五六领，连缀裹体，因呼之为"蒲仙"。尝在嘉兴城东六里街出入往来。每天将雨，辄临水自洗其蒲囊，人以是征验。里中有疾病，摘蒲施之，煮汤服之立愈。能分神于两处。后不知所之。

【醋神】《宋史·礼志六》："又有醋神之祀。庆历中，上封事者言：'螟蝗为害，乞内外并修祭醋。'礼院言：'按《周礼》："族师，春秋祭醋。"醋为人物灾害之神。郑玄云："校人职有冬祭马步。则未知此醋者，蝝螟之醋欤，人鬼之步欤？盖亦为坛位如雩祭云。"然则校人职有冬步，是与马为害者，此醋盖人物之害。汉有蝝螟之醋神，又有人鬼之步神。历代书史，悉无祭醋仪式。欲准祭马步仪，坛在国城西北，差官就马坛致祭，称为醋神。'"北宋·秦观《淮海集》卷三二有《祭醋神文》，云："自雨阙以来，飞蝗蔽天，敢为妖孽，土之毛发，所过为尽。惟尔有神，亦当上承天意，驱率丑类，入于江海。"北宋陆佃《陶山集》卷一三亦有《祭醋神祝文》，中有"吏政不修，虫蝝为害"语。◆

按：据此，醋神近于民间之"虫王"，掌驱除一切害虫之责者。◆参见"马步"条。

【朴父】汉·东方朔《神异经·东南荒经》：东南隅大荒之中，有朴父焉，夫妇并高千里。天初立时，使其夫妇导开百川，懒于用意，谪之并立东南，不饮不食，不畏寒暑，唯饮天露，须黄河清，当复使其夫妇导护百川。

【朴知义】元·姚桐寿《乐郊私语》：睦州（今浙江建德）民有朴知义者，幼生而不慧，至八岁不语，一日忽谓其母曰："今日墙外牛斗，娘可避之。"举家骇而且喜，已而邻人之牛果斗墙外。是后复不言。数日复言有官兵来。未几张军从云间来。自此言无不验，四方挟钱帛来问者如见神明。然见人有凶事辄指而告之如响，由是人见之始多面如死灰，恐其有恶言也。年十九始娶，与其妻一接而殒。

【浦回子】清初时人。清·王士禛《池北偶谈》卷二三：浦回子，固原（今宁夏固原）人。业染。所居对城隍庙。一道士夜坐庙门，火光绕身，浦意其异人，献以茗果，道士乃食一枣，曰："子诚信有根器，他日访我于罗山。"浦如其言访之，逾年归，以道授其妻，复去。王辅臣乱后，还家，日久居终南山，山中老人多眉长过面云云。归家数日，求见其妻，妻拒之曰："各做自家事，何必相见。"浦因别去，徐步出郭门，邻人送之，奔驰不及。

【普安老祖】土木营造业之行神。传说为鲁班之师，故其位尊于鲁班。或作"普庵"。北京前门外东珠市口内精忠庙祀岳飞，右配殿祀鲁班、吴道子及普庵。或以为即"普庵禅师"，恐非。当是兴作之家希图"普家安庆"，故捏造此名以求吉祥也。◆普庵禅师为宋时人，见《三教源流搜神大全》卷二。

普贤菩萨像 元·佚名

【普化和尚】北宋·钱易《南部新书》庚：镇州普化和尚，咸通初，将示灭。乃入市，谓人曰："乞一人直掇。"人或与披袄，或与布裘，皆不受，振铎而去。时临济令送与一棺，师笑曰："临济厮儿饶舌。"便受之。乃告辞曰："普化明日去东门死也。"郡中相率送出城，师厉声曰："今日葬不合青乌。"乃曰："第二日南门迁化。"人亦随之。又曰："明日出西门去。"人出渐稀，出已还返，人意稍怠。第四日，自擎棺出北门外，振铎入棺而逝。人奔走出城，揭棺视之，已不见。唯闻铎声渐远，莫测其由。

【普宁王】元·徐硕《至元嘉禾志》卷一二有普宁王庙：旧传嘉兴知县有善政，天降一铜棺，盖自开，知县入焉，又自合，其棺飞至常州宜兴山上，今为铜棺山。当时有一吏人坚挽，知县不可入，遂折一臂，后塑折臂曹司在其侧。

【普贤菩萨】中国佛教中"四大菩萨"之一，乘白象，以"四大佛山"之峨眉山为道场。据佛典，普贤为如来"长子"，即大弟子，如来有无数多，普贤亦无数。专司"理德""定德""行德"，与文殊菩萨之主"智德""证德"相对。在华严宗，普贤乘白象在右，与乘青狮在左之文殊同为释迦佛胁侍，合称"华严三圣"。

【Q】

【qi】

【七宝大王】南宋·赵彦卫《云麓漫钞》卷二：建宁府松溪县（今福建松溪）瑞应场，去郡二百四十余里，在深山中。居民采银以得利。宋隆兴中，有朱姓者言于府，闻于朝，赐名瑞应场，置监官。后朱死于场中，一子与人斗，亦死于场中，祀为神，号七宝大王。

【七佛八菩萨】《翻译名义》：七佛者，谓过去庄严劫中三佛，现在贤劫中四佛也。《五灯会元》卷一所言"七佛"为：1.过去庄严劫第九百九十八尊之毗婆尸佛；2.庄严劫第九百九十九尊之尸弃佛；3.庄严劫第一千尊之毗舍浮佛；4.见在贤劫第一尊之拘留孙佛；5.贤劫第二尊之拘那含牟尼佛；6.贤劫第三尊之迦叶佛；7.贤劫第四尊之释迦牟尼佛。八菩萨者：文殊师利菩萨、虚空藏菩萨、观世音菩萨、救脱菩萨、跋陀和菩萨、大势至菩萨、后大势至菩萨及坚勇菩萨。见《七佛八菩萨神咒经》。

【七姑】见"戚姑"条。

【七姑神】见清·恽敬《大云山房杂记》卷二。即"七姑子"，见该条。

【七姑子】南宋·洪迈《夷坚乙志》卷七、《支甲》卷六、《支景》卷八均载汀州（今福建长汀）"七姑子"，赣州（今江西赣州）亦有，盖山鬼也。状乃七妇人，颇能兴祸咎。清·施鸿保《闽杂记》亦云："今汀属诸处皆有七圣宫，郡城中尤多，像亦作七妇人，长仅尺许，或坐或立，奉祀甚谨。有谓即明溪莘七娘者，非也。"不唯闽地，即浙地亦有此祀。南宋·周密《癸辛杂识·前集》："鄞江（在今浙江宁波）贡士院有土神七姑庙，太守欲撤之，且命凿二井以便汲。既而得泉皆污浊不可用，胥吏遂言，不若存七姑庙。守曰：'神若能使二井清泠则可。'次日井水果可食，遂并葺七姑庙。"◆按：此即台湾地区所祀"七夫人"之原型。◆清·恽敬《大云山房杂记》卷二言"七姑子"来历，颇嫌穿凿，略云："《佛说七女经》云，拘留国婆罗门摩诃密有七女，端正慧好。佛为说法，言波罗李城国王机惟尼，有女七人，一羞耽，二须耽摩，三比丘尼，四比丘罗辅，五沙门尼，六沙门密，七僧大萨耽。七女说法，感忉利天王释提桓来听。此言鄙浅，盖即指七情言之。故言无根树，无形处，无阴阳之端，于其中生迦叶佛也。世之祀七姑神，盖本此。各地志所纪皆非也。或附会北斗者更诞。"

【七娘子】❶南宋·吴自牧《梦粱录》卷一四"土俗祠"条记南宋时杭州有七娘子庙。旧传为崇善王之妹。参见"崇善王"条。❷龙女。南宋·洪迈《夷坚支志·甲集》卷一"七娘子"条：大河之流，截太行而东注。峻滩数十，水势湍悍，其一曰七娘子滩，山巅有龙女庙，山下民千家。当夏潦稽天，岁有提防之劳、沦垫之虑。父老杂议，醵钱具牲牢酒醴，择日诣庙，求迁其祠于河滨。掷杯珓以请，得吉卜，众拜而归。方撰财虑费，是夜雷风大作，声如颓山。暴雨倾河，比晓，霁色融怡，一庙俨在平地，尺椽片瓦，无有坏堕。由是淫涨抵庙岸即止，民无复忧。

【七魄】道家以为人有三魂七魄，所谓人生四十九日而七魄全，其死四十九日而七魄散。《云笈七签》卷五四："人有七魄，一名尸狗，二名伏矢，三名雀阴，四名吞贼，五名非毒，六名除秽，七名臭肺。"

【七煞神】民间家宅中主吉凶之神。明·王兆云《挥麈新谭》卷下"钱翁横福"条：吴县东朱村有钱小乙，蛮横不信鬼神，尝筑室，术者言七煞在此，不可犯。小乙曰："吾正欲见其面目。"已而掘地，得蛇七。术者曰："此七煞神也。"小乙曰："七煞果灵，吾试犯之。"悉取其蛇钉椽上。或劝且休之，皆不听。他日，里中道人早作，见七小儿浴于虎山桥中水，鲜血遍体。道人问："公等何人？"曰："我钱翁家土神，被渠钉吾肤，燥痛，日取水濡之。"道人曰："公神明，奈何遭愚民涂炭，何不诛殛之，为吾里之祛害。"神曰："吁，我当不怨毒于心，顾此老横福正盛，安敢犯之？"道人曰："然则奈何？"曰："惟当坚忍数年，益助其富，使彼志气骄溢，以图望外之福，庶可覆灭耳。"言讫忽不见。已而小乙家日盛，田产以钜万计。及张士诚据吴，小乙谋夺其位，率乡民操田器兵仗，至枫桥大醉，卧寒山寺，为李伯昇缚去。士诚诛之，籍其家。果符神覆灭之说。

【七神】东汉·王符《潜夫论·巫列》："且人有爵位，鬼神有尊卑。天地山川、社稷五祀、百辟卿士有功于民者，天子诸侯所命祀也。若乃巫觋之谓独语，小人之所望畏，土公、飞尸、咎魅、北君、衔聚、当路、直符七神，及民间缮治微蔑小禁，本非天王所当悍也。"按此七神已无考，大抵为俗信所惧，如土公应是民间动土时所忌之神。

【七圣】❶"梅山七圣"，佐灌口二郎神治水者。见该条。❷南宋·洪迈《夷坚丁志》卷三"韶州东驿"条："王氏兄弟往广州，过韶州（今广东韶关）东境，将入驿，驿卒白：'此有所谓"七圣"者，多为往来之害。'王氏兄弟不信，遂宿。夜且半，内外诸门同时洞开，灯烛陈列，见七男子披发袒裼，各持两刀，跳踯作戏。众鬼入室，尽携箱箧出，取食物唼嚼，并断三仆人之首。王氏兄弟惧不敢视，渐昏睡，天明而起，则箱箧诸物仍在，三仆亦无恙，唯神气顿痴，面色枯悴。"按此七圣应是民间传说中的邪神，迎神赛会中常有人扮其形象，《夷坚支志·癸集》卷八"阁山排军"条记"市井恶少，臂股胸背，皆刺文绣。每岁郡人迎诸神，必攘袂于七圣袱队中为上首"。❸清·东轩主人《述异记》卷下："苏州汪某病瘫痪，困顿床第，月明人静，忽闻窗外妇人笑语，自远而近，见数女子艳妆，披帷而入。汪君强起问之，曰：'妾等七人，皆张士诚之姬。昔年齐云之变，同日殉节，上帝怜之，封为七圣。此园某处乃妾等埋身之处，君若能舍此园为妾等香火地，君疾可勿药而愈也。'汪欣然应之，愿为立庙。诸姬慰谢而去。汪疾果不旬日而愈，遂捐金立庙，称'七圣院'。"按：此七圣即"七姑子"，唯传说来历变以苏州本地色彩。

【七十六司】民间传说东岳大帝属下有七十六司，又说为七十二司、七十四司、七十五司者，各地东岳庙多塑其像及三曹对案之神像。而诸庙所置司名又不尽相同，至有差异甚大者。据刘澄园《东岳庙七十六司考证》，第一掌都签押司：签押即在各种文书签押盖印。凡行文定案，须由堂司官签章画押，阳间公事如此，阴司亦同。都签押即总签押处。第二掌生死勾押推勘司：阳世各司中有推勘，有磨勘，相当于初审和二审。此司为生死勾押之推勘，即决定生死之处。第三掌功德司：考察世人所

修功德，立功德簿，转交善报司。第四掌注生贵贱司：专掌鬼魂转世，按其前世功罪，定其所投之胎为贵为贱。第五掌三月长斋司：专为在家之善男善女所设，视其每年能守三月长斋与否，定其功德大小。第六掌掠剩财物司：有掠剩使者，专搜世间不义之财，参见"掠剩使者"条。第七掌官职司：考察人世官员政绩，死后交此审理。第八掌词状司：专察人世诉讼，如属舞文弄法，强词夺理之奸吏讼棍，死后交此司审理。第九行瘟疫司：差遣瘟神下界降瘟，以大规模地惩罚世人。第十掌山林鬼神司：掌人间山林丛祠，或有不当祭祀之淫祀，则察治之。第十一掌畜生司：掌轮回转世为畜生事。第十二掌地狱司：掌管阴司诸地狱，一说东岳所掌仅为地上小地狱，地下大地狱另有主管者。地下小地狱又叫孤魂地狱，据《庄桩录》，孤魂地狱在阎浮提诸处，或旷野，或海边，或山间，共有八万四千座。第十三掌十五种恶死司：据《观音大悲经》，十五种恶死为：饥恶困苦死，枷禁杖楚死，冤家仇对死，军阵相杀死，虎狼恶兽残害死，毒蛇虺蝎所中死，水火焚漂死，毒药所中死，蛊毒害死，狂乱失念死，山树崖岸坠落死，恶人厌魅死，邪神恶鬼害死，恶病缠身死，非分自害死。按民间水陆画中常画此十五种恶死。十四掌雨地分司：安排龙神在人间各地行雨多少，以成旱涝丰歉之局，此亦对各地方人民善恶之报应，故亦由阴司掌之。十五掌堕胎落子司：堕胎溺婴在阴律为大罪，专设此司监视。十六掌较量司：考究人世功过，详记于善恶二簿中，锱铢必较，不差分毫，以定其福罪。旧时城隍庙有一绝大铁算盘，即此意。十七掌僧道司：专察不守清规、为非作歹之僧人道人，其罪尤重于常人。而对于高僧高道，则遣鬼神呵护之。十八掌贼盗司：此贼盗不仅指世人所说之劫财掠物之贼人盗匪，即窃爵僭位、贪赃受贿之国贼，吃喝嫖赌、败家耗财之家贼，亦属此类。十九掌土地司：掌管各地村坊桥店、市井寺观等诸土地神。二十掌魍魉司：督察山林水泊各种邪魅，使其不得妄害生人。二十一掌枉死司：枉死有自杀、他杀、误杀三种。皆阳寿未尽，游魂无归，遂成野鬼，扰民闹宅。而为国而死之忠臣将士，尽节之义夫烈女，其死皆有为而死，不为枉死。二十二掌推勘司：此司似与第二司重复，但可解释成是对罪案的覆审。二十三掌放生司：放生为一功德，专设此司以录此善举。二十四掌施药司：专录施药救人之善行。二十五掌恶报司：总掌各种恶报，如掠剩、促寿等报应，均由

此司知会办理，并决定是速报，是现报等。二十六掌忤逆司：不孝为人生第一大恶，此司专录忤逆不孝之罪。二十七掌注福司，据人之功德，定其福禄寿考，或转世享受，或现世即报。二十八掌卵生司：专掌鬼魂转世为禽鸟爬虫等卵生物。二十九掌化生司：佛经中有胎生、卵生、化生、湿生诸种，蝉萤蠹蚊之类即属化生。三十掌长寿司：专管予行善积德者以长寿。三十一掌催行司：督促鬼犯转世投生。三十二掌毒药司，专掌以毒药害人及被害之鬼魂。三十三掌还魂司，冥府误勾或勾取阳寿未终之人，则须使其还魂复生。三十四掌正直司，掌正直之人善簿，待其死后奖励。三十五掌子孙司，掌生人子孙之多少，亦有以子孙贤不肖来奖善罚恶之责。三十六掌都察司，负责监察冥府各级官吏。三十七掌苦楚司，人生受种种苦，由此司分派。三十八掌速报司，对于人世中为恶者，有现世报有来世报，对罪大恶极如秦桧者，则须尽速惩治以警世人，传说岳飞即掌此司，山西蒲县东岳庙即塑岳飞在阴司刑讯秦桧。三十九掌生死司，此名太笼统，其实诸司哪个不掌生死？四十掌斋僧道司，斋僧道为人世善行，此司专记此种功德。四十一掌看经司，读佛经亦为善行，由此司记录。四十二掌勾生死司，与推勘生死司不同之处，似此司最后结算，然后一笔勾销。四十三掌取人司，即拘捕生人。四十四掌增延福寿司。四十五掌追取罪人照证司，冥府勘问，有时须提取生人为证，则由此司审批。四十六掌曹吏司，对冥府低级官吏的任免。四十七掌飞禽司，飞禽亦入六道轮回，有枉猎禽鸟，其魂投诉，则由此司勘问。四十八掌宿业疾病司，人生疾病，亦由前报，病之多少轻重，概有冥簿。四十九掌水府司，与掌飞禽司职同。五十掌十五种善生司，十五种善生为所生之处常逢善王，常生善国，常值好时，常逢善友，身根常得具足，道心纯熟，不犯禁戒，眷属和顺，财食丰足，得人扶助，财宝无人掠夺，所求皆遂，龙天善神常在左右，所生之处见佛闻法，所闻正法悟其深义。五十一掌无主孤魂司。五十二掌风伯司，风伯亦由阴府掌管，匪夷所思，其意似地方风雨关于丰歉，而丰歉则取于地方人民善恶，故亦由阴府量其善恶而分派风雨。五十三掌阴谋司，专管人间以阴谋害人者。五十四掌欺昧司，专掌人间设机谋以欺骗孤弱者。五十五掌城隍司，五十六掌山神司，五十七掌精怪司，五十八掌门神司，其职一致与掌风神司相类。五十九掌索命司，专掌冤魂索命。六十掌行污司，专记品行

不端如嫖妓宿娼，勾引良家妇女之类。六十一掌杀生司，滥杀禽兽，特别是宰杀耕牛，都是罪恶，由此司记录在案。六十二掌善报司。六十三掌忠孝司。六十四掌所生贵贱司，此亦空泛。六十五掌胎生司，六十六掌湿生司，六十七掌水族司，均与掌水府司之类重复。六十八掌促寿司，促寿，使恶人早死，不能享其天命也。六十九掌黄病司，黄病似指黄疸病，较瘟疫为轻，算是一种较轻的惩报。七十掌积财司，使善人积攒财富。七十一掌现报司，现世报，比速报为迟。七十二掌引路司，亡人鬼魂一入冥界，即茫然不辨东西，须有引路者。七十三掌磨勘司，负责审理鬼魂案卷的审查，以免错漏。七十四掌举意司，举意，即心萌其意而未见于行事者，即今之所谓"动机罪"也。七十五掌悯众司，施粥赈灾，减税轻徭，均属悯众。七十六掌真官土地司。◆另请参看顾颉刚《东岳庙游记》及《东岳庙的七十二司》。◆按：诸司均有神，乃人鬼为之，见于笔记小说中者，仅速报司为岳飞（一说为包拯），延寿司为"安镇刘王"（见清·清凉道人《听雨轩笔记》卷一）数字也。

【七仙】宋·李石《续博物志》卷三：李畋（北宋时人）《该闻录》所取神仙七人：尔朱先生、朱真人桃椎、神和子屈突无为、海蟾子刘昭远、荣隐先生、火井县许山人、杜光庭。

【七爷八爷】仇德哉《台湾之寺庙与神明（四）》：又称长爷短爷，即黑白二无常，习惯以谢范二将军及大爷二爷称之。相传七爷姓谢名必安，因其身高面白，故有长爷及白无常之称。八爷姓范名无救（或作无求），身矮面黑，故又称短爷、黑无常。均为福建闽县（今福建福州）人，自幼结义，情同手足。某日行至南台桥下，天将雨，七爷回家取伞，要八爷等待。不料七爷走后，天大雨，河水暴涨，八爷不肯离去，终因身矮被水淹没。七爷取伞归，知八爷已死，亦自缢于桥柱。阎王嘉二人信义，令在城隍府中捉拿不法鬼魂。有谓七爷八爷均无子女，故喜爱儿童，时化身入群童中，以保平安。又谓"谢必安"者，酬谢神明则必然平安，"范无救"者，犯法则无人能救也。

【七元真君】亦称北帝七元真人，实即北斗七星。《云笈七签》卷二五有《北极七元紫庭秘诀》，亦醮祭北斗之术，所祀七元，即北斗之七星：第一阳明星君，第二阴精星君，第三真人星君，第四玄冥星君，第五丹元星君，第六北极星君，第七天关星君。并附北帝七元真形图。

【戚姑】❶厕神之一。《月令广义·正月》："唐俗元宵请戚姑之神。盖汉之戚夫人死于厕，故凡请者诣厕请之。今俗称七姑，音近是也。"清·俞樾《茶香室四钞》引《江南嘉定县志》云："七姑，群女以笲篱偷门神糊于上，画成人面，以柳枝为身，以衣覆之。神来即能拜。或云：唐俗请戚姑之神，盖汉之戚夫人死于厕，故诣厕请之。今称七姑，音近也。"按：紫姑、七姑、戚姑，当均为"厕姑"音变而来。❷《（雍正）江西通志》卷一〇四："唐人戚文秀之女，师吴元朗。年十八乘云去。山有戚井，里人祷雨辄应。"

【戚澜】明时人。明·杨仪《高坡异纂》卷中：戚编修澜，字文湉。以母丧归。服阕，将入都，夜过陕山桥塔子岭前，遥见灯烛人马，夹岸而至。戚公方醉寝舟中，人告之。戚公起，推蓬谓之曰："君等为迎我来者，即当前驱；不为迎我来者，宜自散去。"一时所见恍惚皆前行，既远渐不见。戚公至钱塘，疾作，死。杭有神降，自称戚编修，死为钱塘潮神，人敬祀之。◆又有说为鄱阳水神者，见"鄱阳水神"条。

【戚无何】明人。《（康熙）安庆府志》卷一三：方外士也。多仙术，亦通文学百家之书。初至太湖，衣裳不整，状甚秽，宿古庙中，庙主拒之。无何伸一臂，庙倾一角，庙主怒欲执之。无何曰："无妨，明日自有代修者。"次日县令果捐金修之。自是无何知名，多与游者。或邀之饮，一日可数十家，处处有无何在。客有思鱼作脍者，无何拔一金簪投潭中，即有巨鱼跃出，取烹之，金簪固在鱼腹中。后不知所往。

【戚逍遥】五代·沈汾《续仙传》卷上：冀州南宫（今河北南宫）女子。十余岁好道，读老子经。二十余适同邑蒯浔，日以斋修为事，不理生计。后独处一室，夜中常闻室内有人语声。一日屋中响如雷，视之，室内唯存衣履，半天中有云雾鸾鹤，逍遥与众仙在云中。

【戚玄符】唐时女子。五代·杜光庭《墉城集仙录》卷一〇：冀州（今河北衡水冀州区）民女，三岁得疾而卒，父母方恸甚，有道士至门，以黑符救活，并云："我北岳真君也。女可名玄符，后得升天之道。"及嫁为冀州民之妻，舅姑严酷，玄符受捶楚而无怨。后有神仙降之，授以灵药，于大中十年升天。

【虒雀】《山海经·东山经》："北号之山，有鸟焉，其状如鸡而白首，鼠足而虎爪，其名曰虒雀，亦食人。"清·吴任臣《广注》案曰："《天问》云：'虒堆焉处。'王逸注：'虒堆，奇兽也。'柳子《天对》云：'虒雀在北号，惟人是食。'杨万里注：'堆当为雀，王、柳注误也。'李给谏《笔记》云：崇祯甲戌，凤阳出恶鸟数万，兔头鸡身鼠足，味甚美，犯其骨立死。稽其形状，疑即此鸟也。"郝懿行亦以为"虒堆"为误。

虒雀　山海经图　汪绂本

【虒堆】《楚辞·天问》："鲮鱼何所，虒堆焉处。"是为"虒雀"之误，见该条。

【鵸鵌】❶《山海经·西山经》："翼望之山，有鸟焉，其状如乌，三首六尾而善笑，名曰鵸鵌，服之使人不厌，又可以御凶。"❷《北山经》："带山，有鸟焉，其状如乌，五采而赤文，名曰鵸鵌，是自为牝牡，食之不疽。"郭璞注曰："上已有此鸟，疑同名。"

鵸鵌　山海经图　吴任臣本

【魌魋】元·贡师泰《黄河行》："天吴九首兮，魌魋独足。"按魌魋不见他书，似泛指丑怪之物，而此言独足，应是山魈之属。

【祁嘉】晋时人。明·王世贞《列仙全传》卷九：字孔宾，酒泉（今甘肃酒泉）人。少清贫好学，博通经传。年二十余，闻窗外有人歌呼，云"祁孔宾，隐去来"。遂西游海渚（《晋书》作敦煌），教授门生，张重华征为儒林祭酒。竟以求寿仙去。◆按：应作"祈嘉"，《晋书》入"隐逸传"，无仙去事。

【齐天大圣】明·吴承恩《西游记》中之孙行者，自封齐天大圣。而后世又有怪说。清·焦东周生《扬州梦》卷四云："《西游记》有齐天大圣、鹿力大仙，扬州旧城竟建祠同祀。庙主言说部多诬，齐天大圣本渔人子，形类猕猴，得奇书成道，因杀伤过多，贬谪尘世，在宋高宗时为大将，退金兵而枉死，上帝念其旧德，使复位。其说甚不经。又言鹿角大仙为汉时书生云云。"而清人尤侗《艮斋杂记》云："福州人皆祀孙行者为家堂，又立齐天大圣庙甚壮丽。四五月间迎旱龙舟，鼓乐喧阗，奔走若狂，其神即孙行者。"蒲松龄《聊斋志异·齐天大圣》亦载闽中大圣祠"猴首人身，盖齐天大圣孙悟空云"。林国平等著《福建民间信仰》一书引《闽郡别记》云，福州"城市乡村皆有齐天府，俗呼为猴王庙。有人来祈祷，信者得显应，慢者即降祸，故远近之人莫不敬畏，不敢轻慢。"并云至今福州屏山、邦洲、排尾、程埔头、闽侯的天水村等地还有齐天大圣庙，中祀孙大圣，香火鼎盛。

【岐舌国】《山海经·海内南经》："岐舌国在其（指不死民）东。"郭璞注："其人舌皆岐，或云支舌也。"郝懿行《笺疏》云："支与反字形相近，《淮南子·墬形训》有反舌民，高诱注

岐舌国　山海经图　蒋应镐本

云：'语不可知而自相晓。'而高注《吕氏春秋·功名》云：'一说南方有反舌国，舌本在前，末倒入喉，故曰反舌。'是'支舌'古本作'反舌'也。"袁珂以为郝说是，古本经文全文当作"反舌国在其东，其为人反舌。"

【奇恒民】见《太平御览》卷七九七引《括地图》，即晋·张华《博物志》之"奇肱国"。

【奇肱国】《山海经·海外西经》："奇肱之国在其北，其人一臂三目，有阴有阳，乘文马。"郭璞注云："其人善为机巧，以取百禽；能作飞车，从风远行。

奇肱国　山海经图　蒋应镐本

汤得之于豫州界中，即坏之，不以示人。后十年西风至，复作车遣返之。"晋·张华《博物志》卷二："奇肱民善为拭扛，以杀百禽。能为飞车，从风远行。汤时西风至，吹其车至豫州。汤破其车，不以视民。十年东风至，乃复作车遣返。其国去玉门关四万里。"郝懿行以为"拭扛"为"机巧"二字之误。又见梁·任昉《述异记》卷下。

【奇相】江神。三国·张揖《广雅·释天》："江神谓之奇相。"《史记·封禅书》"索隐"引庾仲容《江记》："奇相，帝女也，卒为江神。"郭璞《江赋》："奇相得道而宅神，乃协灵爽于湘娥。"◆北宋·张唐英《蜀梼杌》卷上云："成都府有奇相祠。按古史，震蒙氏女窃玄珠，沈江而死，化为此神。上应镇宿，旁及牛宿。"清·俞樾《茶香室四钞》卷二〇："按此则江渎之神为震蒙氏之女也。但震蒙无考，或古之诸侯乎？江渎之神，唐封广源公，宋封广源王，元封广源顺济王，似不应为女子。张氏之说，所未详也。"

【祈沦国】晋·王嘉《拾遗记》卷五：汉武帝时，渠搜国之西有祈沦之国。其俗淳和，人寿三百岁。有寿木之林，一树千寻，日月为之隐蔽。憩此木下，不病不死。

【祈泽夫人】南宋·张敦颐《六朝事迹编类》卷下：梁时有初法师，讲经于山中，有女郎来谒。初问之，答曰："儿东海龙王女也。"师告以山中乏水。后数日，忽闻风雨暴作，向晓，有泉出于座下。后遂为水旱祈祷之所，因号祈泽夫人。

【耆童】《山海经·西山经》："騩山，其上多玉而无石，神耆童居之，其音常如钟磬。"郭璞云："耆童，老童，颛顼之子。"按后人有以耆童即梨园神之老郎者，见"老郎"条。

耆童　山海经图　汪绂本

【耆域】明·王世贞《列仙全传》卷四：天竺人，神奇人莫能测。晋武帝时至襄阳（今湖北襄阳），不用舟楫，飘然过江。一日与众诀别，众送至城外，域徐行，人不能及。是日有人自长安来者，见域在彼，同时又有人见之于九千里外之流沙。

【蚑】晋·葛洪《抱朴子内篇·登涉》："山中山精之形如小儿而独足，足向后，喜来犯人。人入山谷闻其音声笑。其名曰蚑，知而呼之，即不敢犯人。"

【跂踵】《山海经·中山经》：复州之山，有鸟焉，其状如鸮，而一足彘尾，其名曰跂踵，见则其国大疫。

【跂踵国】《山海经·海外北经》："在拘缨东，其为人大，两足亦大。一曰大踵。"郭璞注："其人行，脚跟不著地也。"《淮南子·墬形训》有"跂踵民"，高诱注云："其人踵不至地，以五指行。"郝懿行《笺疏》以为"一曰大踵"之"大"应为"反"字之误。故跂踵即反踵。而《文选·曲水诗序》注引高注正作"反踵，国名，其人南行，迹北向也。"吴任臣《广注》："《竹书纪年》'夏帝癸二年，跂踵民来宾'，《吕氏春秋》云'桀染于羊辛跂踵夷'，即此国人也。"

耆域　列仙全传

跂踵　山海经图　吴任臣本

【骑虎王】又称武安王、骑虎尊王、雷府大将、雷大将、雷府天尊，为唐代守睢阳之张巡部将雷万春。唐玄宗时安禄山反，雷万春奉张巡命守雍丘（今河南杞县），令狐潮来攻，万春立城上，面中六矢，迄然不动，敌以为假人。后以援军不至战死。今骑虎王神像面有六黑点，谓即中箭之疤痕。见仇德哉《台湾之寺庙与神明（二）》。

【骑龙鸣】西汉·刘向《列仙传》卷下：浑亭人。年二十，于池中求得龙子状如守宫者十余头。养大，稍稍去。后五十年，水坏其庐而去。一旦骑龙来至浑亭下，语云："我，冯伯昌孙也。此间人不去五百

跂踵国　山海经图　汪绂本

里，必当死。"信者皆去，不信者以为妖言。至八月，果水至，死者万计。

【棋精】唐·牛僧孺《玄怪录》中"岑顺"条：汝南岑顺，字孝伯。好学有文，尤精武略。旅于陕州，贫无第宅，借住一凶宅中。夜中，闻鼓鼙之声，不知所来。几天之后，他梦一人身披甲胄，自言本国被敌，请他助战。只听鼓角之声四起，声渐振厉。须臾之间，户牖风起，帷帐飞扬，灯下忽有数百铁骑，飞驰左右，人马只有数寸高矮，而被坚执锐，星散遍地，倏闪之间，云阵四合。有士卒来禀道："会战之期，正在子夜。"至夜，岑顺高燃明烛，静候其变。夜半，只听鼓角四发，墙下鼠洞此时化为城门，金鼓三奏，四门出兵。双方列阵，东壁下是天那军，西壁下为金象军。西南墙角有一捣药石臼，王栖止臼中，化为城堡。部伍既定，军师向国王奏道："天马斜飞度三强，上将横行系四方，辎车直入无回翔，六甲次第不乖行。"国王道："善！"于是一阵鼓声过后，两军俱有一马，斜去三尺而止。又一阵鼓，各有一步卒，横行一尺。再鼓，兵车直进。如是鼓声渐急，而各出物色，矢石乱交。须臾之间，天那军大败奔溃，杀伤涂地。如是这般，连日会战，胜败不常。金象国王每日宴请岑顺，又赠以宝贝明珠。岑顺乐在其中，闭门不出，颜色憔悴，如中鬼气。亲戚料其有异，饮以醇醪，趁醉逼问，他才说了实话。亲友们暗自准备下锹锸，掘其室内，至八九尺深，忽然塌陷，原来是座古墓。墓有砖砌之室，明器甚多，其中有金床戏局，兵马满枰，全是青铜所铸。此时岑顺才明白，军师所说的那些，原来就是象戏行马之势。于是恍然而醒，想起每日宴会中吃的都是墓中之物，不禁恶心得大吐不止。但吐过之后，身体渐好，宅子也不凶了。按：这故事带些寓言性质，似乎告诫世上年轻人不要耽于棋戏，荒废时日和身体。

【棋仙】唐·冯贽《云仙杂记》卷七引《手参棋诀》：卞子京遇棋仙，束带拜金铸紫堂，仙仍坐于席上，胜克之利，万不失一。

【綦母怀文】北魏时人。《北史·艺术传》：綦母怀文，不知何许人也，以道术事齐神武。武定初，齐军战芒山，时齐军旗帜尽赤，西军尽黑，怀文曰："赤，火色；黑，水色。水能灭火，不宜以赤对黑。土胜水，宜改为黄。"神武遂改为赭黄，所谓河阳幡者也。怀文造宿铁刀，其法，烧生铁精以重柔铤，数宿则成刚。以柔铁为刀脊，浴以五牲之溺，淬以五牲之脂，斩甲过三十札。

【麒麟】又称"麟"。《春秋》哀公十四年春，"西狩获麟。"《左氏传》："叔孙氏之车子鉏商获麟，以为不祥，以赐虞人。仲尼观之，曰：'麟也。'然后取之。"《公羊传》："西狩获麟，孔子曰：'吾道穷矣。'"《左传》杜预注曰：

麒麟　东汉画像

"麟者仁兽，圣王之嘉瑞也。时无明王，出而遇获。仲尼伤周道之不兴，感嘉瑞之无应，故《春秋》绝笔于获麟之一句。"按：麟即麒麟，有说牡曰麒，牝曰麟者。《尔雅·释兽》云："大麃，牛尾一角。"儒者以其为"仁兽"，遂复演义曰："角端有肉。有角，示有武，肉，示不用。"《感精符》云："一角，明海内共一王也。"而后世记载屡见有麟者，有说为牛所产者。虽近世有说麒麟即长颈鹿者，其实不过一传说中动物，故牛生怪胎，即疑其为麟也，如清·破额山人《夜航船》卷五"奔牛麒麟"条所载："五六年前，常州奔牛村，牛产麒麟，遍体鳞甲，尚未生毛，自嘴唇以下至小腹，白痕如雪；尾阔二寸许，殷红若朱砂；蹄足软毛鹅黄色。生时红光烛天，合村惊为火发，远近奔至。数日后，观者填乡镇，坏房屋。麟母牝牛，怪其状，不肯乳，人竞以粥糜饲之。麟不欲食，竟饿死。村人以石灰清之，置一木阱中，舁至虎邱千人石上，鸣锣招看，获利颇多。后朽腐，不能博钱。或曰，鳞有两胃无肠部，视之果然。或曰，麟嗜铜铁屑，惜无有知之，听其辗转以毙。后其母在群中，他牛虽十百，必让其前行，物犹知贵所自出也。是年大水，阪田淹没，黎民阻饥。昌黎以为不祥也，信有然哉。"

【麒麟客】见"王夐"条。

【乞食公】梁·陶弘景《真诰》卷九：宋来子，楚庄王时市长，常洒扫一市。时有乞食公入市经日，作乞歌，无人能解，独来子悟为仙人，乃师之，弃官入山。后得道，今在中岳。乞食公者，即西岳真人冯延寿（冯长），周宣王时为史官者。参见"冯长"条。

【启母神】启母，大禹之妻涂山氏也。明·陈士元《名疑》卷四："登封有启母石，应劭、郭璞辈皆云启母涂山氏所化。历代崇祀，见《汉武帝纪》。《淮南子》云：'禹通轘辕，涂山欲饷，闻鼓乃来，禹跳石误中鼓，涂山忽至，见禹为熊，惭而去，至嵩山下化为石。禹曰：归我子。石破北方而生启。'此与广德所祀圣河夫人事相类。《吕氏春秋》又谓启母乃九尾白狐，益妄。卢元明辈又以启母为阳翟夫人。按：《嵩高记》，阳翟夫人妊三十月，子从背出，五岁入山学道，为母立祠，曰开母祠，开即启也，遂讹为涂山云。"

【弃】见"后稷"条。

契　古圣贤像传略

【契】商之祖先，自契至汤十四世。《史记·殷本纪》："殷契母曰简狄，有娀氏之女，为帝喾次妃。三人行浴，见玄鸟堕其卵，简狄取而吞之，因孕生契。"晋·王嘉《拾遗记》卷二："有神女简狄，游于桑野，见黑鸟遗卵于地，有五色文，作'八百'字，贮以玉筐，覆以朱绂。夜梦神母谓之曰：'尔怀此卵，即生圣子。'简狄乃怀卵，一年而有娠，十四月而生契。"◆清·徐道《历代神仙通鉴》卷四："（元始曰）契乃北岳转世，今为郁微洞元无极真君，主世界江河湖海淮济泾渭，兼虎豹走兽之类，虺蛇昆虫，四足多足等属。"

【契此】见"布袋和尚"条。

【qian】

【千里眼、顺风耳】沈平山《中国神明概论》第五章："《封神演义》卷九十回：棋盘山轩辕庙前有高明、高览兄弟二偶人，不甘寂寞，聚精幻形，叫千里眼、顺风耳，助纣伐周。后为姜子牙用打神鞭打死。后妈祖神像两侧塑千里眼、顺风耳，助妈祖巡视洋面，解救渔民。"◆按：元刊《武王伐纣平话》中的千里眼是离娄，顺风耳是师旷，而《封神演义》以此二人为神荼、郁垒。但明·余光斗《南游

千里眼 台湾地区妈祖庙神像

记》中千里眼、顺风耳仍为离娄、师旷，全称"聪明二大王"，为华光收伏后成其部将。

【千胜将军】明·田汝成《西湖游览志》卷一六："神名张亚夫，传为唐张巡之子。拜金吾大将军，立庙于洛阳。宋南渡时迁于杭。明洪武时重建。"清·翟灏《通俗编》卷一九引陈善《杭州志》："张巡之子亚夫，以巡死国，拜金吾大将军。巡守睢阳时，善出奇败贼。亦名'千胜将军'。宋时附祀汴都巡庙。南渡后，杭人别祠新安坊桥。按亚夫拜金吾大将军，见《新唐书》。而李翰《进巡传表》曰：亚夫虽受一官，不免饥寒之患。江淮既巡所得，宜封以百户。盖其初沮时议，诏恤甚薄，自翰等议定而始有金吾之拜也。"◆民间又称为"千胜小王"。或称"张太子"，明·王圻《稗史汇编》卷一三三"张太子神诗"条："浮梁东隅有昭烈庙，祀唐张巡，像旁设张太子位。"

【千胜小王】张巡之子张亚夫，民间称"千胜将军"，或称"千胜小王"。见"千胜将军"条。

【千岁蝮】明·李时珍《本草纲目》卷四三引苏颂曰："东间一种千岁蝮，状如蝮而短，有四脚，能跳来啮人，人或中之，必死。其啮已即跳上木，作声云'斫木斫木'者，不可救也，若云'博叔博叔'者，犹可急治之。"

【千岁和尚】见"宝掌"条。

【阡陌将军】开路神君。清·徐道《历代神仙通鉴》卷二："（黄帝）召募长勇人方相氏，执戈防卫，封阡陌将军。死后为险道神，一曰开路神。"参见"方相"条。

【钱处士】五代时人。北宋·吴淑《江淮异人录》卷下：钱处士，天祐末游于江淮，能预知国运大事。尝造作谶语，言江南李氏国祚长于杨氏将

一倍。

【钱国祯】明初人。《（康熙）和州志》（今安徽和县）卷二八：知符咒之术，祈祷无不应；尤精历数课命之学。年八十余，日行百里。卒后三年，有邻人见之于仙踪镇。后仙踪镇及其乡里皆塑像尸祝之。

【钱九五】《（雍正）浙江通志》卷二〇一引《万历严州府志》：元时淳安（今浙江淳安西）人，居蜀阜。幼习五雷天心正法。樵采山中，有雷部神为孕妇所魇，九五为解之，乃得去，因授以呼雷法。往龙虎山（今江西贵溪西南）受箓，道逢二老对弈，啖以数果，精爽倍常。又授以石子，自后常有二神人呵护。

【钱朗】唐时人。五代·沈汾《续仙传》卷中："字内光，南昌人。唐世读书西山，以五经登科第。文宗时为南安副都护，迁光禄卿。寻归隐庐山，得补脑遗元之术。钱镠闻其名，迎至临安，师事之。一日，朗语家人曰：'我顷为上清所召。'遂气绝，寿百七十余。"清·吴任臣《十国春秋》卷八九"吴越"："气绝数日，颜色如生，及举棺，尸已解去。"

【钱龙】《南史·梁本纪下·元帝》承圣三年"三月，主衣库见黑蛇长丈许，数十小蛇随之，举头高丈余南望，俄失所在。帝又与宫人幸玄洲苑，复见大蛇盘屈于前，群小蛇绕之，并黑色。帝恶之，宫人曰：'此非怪也，恐是钱龙。'帝敕所司即日取数千万钱镇于蛇处以厌之。因设法会，赦囚徒，振穷乏，退居栖心省。又有蛇从屋堕落帝帽上，忽然便失。又龙光殿上所御肩舆复见小蛇萦屈舆中，以头驾夹膝前金龙头上，见人走去，逐之不及。城濠中龙腾出，焕烂五色，竦跃入云，六七小龙相随飞去。群鱼腾跃，坠死于陆道。龙处为窟若数百斛圌。旧大城上常有紫气，至是稍复消歇。"此后，"六月癸未，有黑气如龙见于殿内。"南宋·洪迈《夷坚支志·景集》卷三"大钱村"条："湖州城外十八里曰大钱村。乾道十年春，农民朱七为人佣耕，一日，天气阴晦，见一青物自东北乘风飞过，状若簸除，坠下散钱如雨。俗所谓钱龙者，疑此是也。"元人王晔《桃花女》第四折："也不索家贮神龟，户纳钱龙，畅道术似君平，财如邓通。"明人寓山居士《鱼儿佛》第一出也有"钱龙到家家道整"的说法。至清·李庆辰《醉茶志怪》卷三"钱龙"条，则钱龙为一大蟒形怪物，所止之家则家中富足，如此家吝啬不仁，则钱龙作出示败其家。

【钱妙真】南宋·张敦颐《六朝事迹编类》卷下"燕洞宫"条：梁普通三年，晋陵（今江苏常州）县女子钱妙真幼年于此修行，诵《黄庭经》，积功三十年，道成，佩白练飞入洞中。天宝七年，奉敕于钱真人升仙之所建宫。

【钱女真】南朝时女子。《仙鉴后集》卷六：女真钱氏二姐妹，依陶隐居诵《黄庭经》，即茅山燕洞也。其姐寻披白练衣得道入洞，及妹至，洞已盖矣。而《（乾隆）武进县志》卷一〇则云：姐妹二人，田家女，依陶弘景居茅山，诵《黄庭内外篇》，修行三十年。梁武帝普通三年，姐佩白练入燕洞而隐。妹踵至，扉已合。南宋·张敦颐《六朝事迹编类》卷下则云为钱妙真，非姐妹二人，亦诵《黄庭》得道者。见"钱妙真"条。

【钱神】西晋时，南阳鲁褒作《钱神论》以刺时，谓钱可通神，所谓"忿争非钱不胜，幽滞非钱不拔，怨仇非钱不解，令闻非钱不发"，非指钱有神也。同时綦母民、成公绥亦皆有《钱神论》各一篇，亦皆寓言讽世。钱而有神，仅见于小说。南宋·洪迈《夷坚支志·庚集》卷三"詹抚干"条："会稽詹抚干甚富，藏镪尤多。尝梦甲士百数，从西庑趋出庭下拱立，皆再拜而出。詹惊寤莫测。至五鼓，复梦诸人由外入，仍立于庭。言曰：'走遍一府城内外，福无出抚干上者。不如依旧伏事，所以再来。'又拜而升庑。是时将晓，詹不能复寐。起行庑间。见地上及库门往往沾湿，库屋十余室，元堆栈缗钱，发钥视之，尽如从水中般出者。然后悟昨夕所梦，盖孔方兄欲舍之他，既乃还其故处也。"元·刘一清《钱塘遗事》卷六"钱神献梦"："宋咸淳癸酉春，贾似道连奏，乞出视师。奏罢归府，合目静坐，忽梦有男子团面方口，突然而入。贾相叱之曰：'尔何人，敢至此？'答曰：'我金主也。相公早间入奏太激，天下事不由相公，皆由我。相公好好做三年，我六年后亦不复顾人间事。'后三年而贾相罢，六年而钱禁行，乃知男子钱神也。"清·乐钧《耳食录》卷一："有一贫儿，不事产业，一日有一青衣人导一白衣人至其家。于是贫儿家地上皆青钱白银。于是知二人为钱银之神。"

【钱四娘】《（雍正）福建通志》卷一五"钱妃祠"条：祠在兴化府（今福建莆田）城南木兰陂上。四娘长乐人，筑陂不就，投水死。邑人祀之。南宋景定初封惠烈协顺夫人。女溺水时，尸流至陂下二里许，香闻于山下，乡人立庙，号香山宫。每风雨夕，隐隐见双灯自山过木兰陂，故老相传为"四娘

巡陵"云。

【钱王】南宋·洪迈《夷坚三志·己集》卷八"台岭钱王庙"：温州之境与福州相接，道中地名台岭。有小丛祠，曰钱王庙。不载祀典，亦不知起于何年及钱氏何王庙也。土俗往来，咸加敬事。细民贫婆不给旦暮者，过而祷之，随以竹根拨地中，必得一二百钱，多或至五百。度其心中所冀，不多与也。

【钱真人】《天地宫府图》三十六洞天之岣嵝山，为钱真人治所。按：南宋张敦颐《六朝事迹编类》卷下"燕洞宫"条："梁普通三年，晋陵（今江苏常州）县女子钱妙真幼年于此修行，诵《黄庭经》，积功三十年，道成，佩白练飞入洞中。天宝七年，奉敕于钱真人升仙之所建宫。"不知岣嵝山之钱真人是此人否。

【钱知微】唐·段成式《酉阳杂俎·前集》卷六：唐天宝末，术士钱知微尝至洛，居天津桥卖卜，云："一卦帛十匹。"历旬，人皆不诣之。一日，有贵公子意其必异，命取帛如数卜焉，钱命蓍而卦成，曰："予筮可期一生，君何戏焉？"其人曰："卜事甚切，先生岂误乎？"钱请为韵语曰："两头点土，中心虚悬，人足踏跋，不肯下钱。"其人本意卖天津桥绐之。其精如此。

【钳且】《淮南子·齐俗训》"钳且得道，以处昆仑"，注："钳且得仙道，升居昆仑山。"庄逵吉云："《庄子·大宗师》'堪坏袭昆仑'，陆德明《释文》云：'堪坏神人，人面兽形，《淮南》作钦负。'是唐本钳且作钦负也，形近而误也。而程文学据《山海经》云：'是与钦䲹杀祖江于昆仑之阳'，《后汉书》注引作'钦駓'，古駓、䲹本一字。钱别驾云：古丕与负通。堪、钦亦同声。"

【潜翁】明·董斯张《广博物志》卷一二引《九鲤湖志》：隋人号潜翁者，尝游鲤湖。见一叟携篮采叶，心异之，遂下拜乞长生药。叟以数叶与之，即失所在。后潜翁炼形于石壁山，养白虾蟆自随，久亦化去。

【潜山真君】北宋·乐史《广卓异记》卷二〇"潜山真君"条，云真君即"乐子长"。见该条。

【黔嬴】又作"黔雷"。《楚辞·远游》："召黔嬴而见之兮。"王逸注："问造化之神以得失。"洪兴祖补注："《大人赋》云：'左玄冥而右黔雷。'注云：'黔嬴也。天上造化神名，或曰水神。'《史记》作'含雷'。"

【倩平吉】晋·葛洪《神仙传》卷七："倩平吉者，沛人也。汉初入山得道，至光武时不老。后托形尸

假，百余年，却还乡里也。"或作"清平吉"，见该条。

【蒨桃】北宋·陈师道《后山谈丛》卷四："寇莱公南迁，再移光州（今河南潢川），妾蒨桃泣曰：'妾前世师事仙人，今当别去。公当为地下主者阎浮提王也，不久亦亡。'有王克勤见公曹州境上，拥驴北去。后骑曰：'阎浮提王交政也。'果为阎罗王也。"明·朱国桢《涌幢小品》卷二四则改蒨桃语为"妾前世师仙人为侠"，则似为红线、聂隐之流者矣。

【qiang】

【强练】北朝时人。《北史·艺术传》：强练，不知何许人也，亦不知其名字。先是李顺兴语默不恒，好言未然之事，当时号为李练，世人以强类之，故亦呼为练焉。初闻其言，略不可解，事过后，往往有验。晋公宇文护未诛前，练曾手持一瓠，到护第门外抵破，曰："瓠破子苦。"时柱国、平高公侯伏龙恩深被任委，强练至龙恩宅，呼其妻元氏及其妾媵并婢仆等，曰："汝等一例人耳，何有贵贱。"未几而护诛，诸子并死；龙恩亦伏法，仍籍没其家。建德中，每夜上街衢边树，大哭释迦牟尼佛，或至申旦。如此者累月，声甚哀苦。俄而废佛、道二教。

【强良】《山海经·大荒北经》："有神衔蛇操蛇，其状虎首人身，四蹄长肘，名曰强良。"郝懿行《笺疏》以为即后汉傩仪中十二神之"强梁"，见该条。

强良　山海经图　蒋应镐本

【强梁】后汉傩仪中十二神之一。《续汉书·礼仪志》："强梁、祖明共食磔死寄生。"

【强绅】五代时人。五代·孙光宪《北梦琐言·逸文》卷一："唐凤州（今陕西凤县）东谷有山人强绅，妙于三戒，尤精云气。预言吉凶有验。王氏初并秦、凤，张黄于通衢。强绅谓孙光宪曰：'更十年，天子数员。'于时蜀兵初攻岐山，谓其旦夕克之。强曰：'秦王久思妄动，非四海之主。虽然，

死于牖下，乃其分也。蜀人终不能克秦，而秦川亦成丘墟矣。'后秦王令终，王氏绝祚，果叶强绅之言。又善鹿卢蹻术，自叹无人可传。"按：鹿卢蹻术，剑仙术也。

【墙妖】《续汉书·五行志》："熹平二年六月，洛阳民讹言虎贲寺东壁中有黄人，形容须眉良是，观者数万。"东汉·应劭《风俗通义》以为天下摇动之兆。《风俗通义·怪神》又言：桥玄于中门外卧，夜半后，见东壁正白，如开门明，呼问左右，左右莫见，因起自往摸之，壁自如故，还床复见之。唐·段成式《酉阳杂俎·前集》卷一○载：高邮县有一寺，讲堂西壁，每日晚，人马车影，悉透壁上。衣红紫者，影中可辨。壁厚数尺，难以理究。辰午之时则无。最奇者为明·钱希言《狯园》卷一四所载：苏州阊门外沈廷华，其山墙下地如裂状，走出数十人，并长六七寸，或老或少，或好或丑，或乌纱绛袍，或角巾野服，或垂白寡发，鱼贯而进。薄暮，忽跳跃四散而隐。明日，其家故墙上幻出五色彩画，宛然金碧山水一幅。明日又换青绿山水，又明日换诸细巧人物故事，一日一变，绘藻鲜明。

【qiao】

【乔郭二真】《（雍正）甘肃通志》卷四一：乔真人、郭真人，俱唐时雪山凤林人。同遇吕仙，示以神仙之道、修炼之方，排五色石以象五行。后期年复遇，各赐火枣令食之。吕仙遗"乌兔海蟾"四字，了然顿悟，能见吉凶，知祸福。后升化于玉泉观。

【乔陆二侯】南宋·陈世崇《随隐漫录》卷二："先是太祖自陈桥驿拥兵入觐，乔、陆二卒率众拒于南门，乃入自北门，解衣折箭，誓不杀。二人咸义不臣宋，自缢。太祖亲至直舍，叹曰：'忠义孩儿。'赐庙曰忠义。二侯忠义见于建隆之初，福祉施于景定之后，雨旸灾患，祷辄应。"明·田汝成《西湖游览志》卷一六："昭节庙在保安坊，其神曰乔亢、陆轨。仕周为殿侍。宋太祖受禅，自宣佑门入，守者拒弗纳，乃自移门入。既受朝贺，即召宣佑门守者。一班皆自杀。太祖大惊，趋救之，得不死者二人，询之乃乔、陆也，改班长人，以青红二色帛为帽饰。二人既出，复自杀。太祖义之，命立祠祀之。南渡后立庙于杭州。适郡城大火，空中见青红二旗，书乔、陆二字，火遂息。民益神之。事

闻，孝宗赐额曰昭节。"

【乔顺】❶《（康熙）彰德府志》卷一五下："周时人，与其二子乔璋、乔瑞师事卢子綦于隆虑山。后父子白日飞升。"按：北宋·乐史《太平寰宇记》、明·彭大翼《山堂肆考》均作"桥顺"，无升仙事，而升仙者乃其二子。《太平寰宇记》卷五五引《颜修内传》："桥顺字重产，有二子，曰璋，曰琮，师事仙人卢子基于隆虑山栖霞谷，教二子清虚之术，服飞龙药一丸，千年不饥。故魏文帝诗曰：'西山有双童，不饮亦不食'，谓此也。"❷唐末时人。《云笈七签》卷八六："乔顺，字仲产，扶风茂陵人。少好黄老，隐山修道。年七十不娶。一旦归家，自言死日，至期果然。后有见顺于敦煌者，世传之以为升仙。"

【桥仙】见"李存忠"条。

【樵青神】青神，生前为樵夫。明·谢肇淛《滇略》卷一○：五代赵善政时，浪穹县天马山下有山，状如龟蛇，即善政所居其山。左涧有水，右涧无水。有樵青神者，善咒法。众樵谓之曰："若能分水于右涧乎？"青神曰遂以斧柯触山，右涧水即涌出，与左涧均，人居在右者咸利之。没后为神，附祀于善政之庙。

【谯定】明·曹学佺《蜀中广记》卷六"灌县"条、《仙鉴续编》卷四：字天授，涪州乐温县（今四川长寿西北）人。深于易学。隐青城大面山中，得道。宋高宗建炎初，以行经召至扬州，拜通直郎直秘阁致仕。今百三十余岁犹存。巢居绝险，人不能到。先生数年辄一出，至山前，人亦罕有见之者。

【谯周】三国时蜀人，《三国志·蜀书》有传，其中载其能先知司马昭死事。《晋书·五行志中》："蜀刘禅嗣位，谯周曰：'先王讳备，其训具也；后主讳禅，其训授也。若言刘已具矣，汉授与人。'蜀果亡。"又《宋书·符瑞志上》载其与术士杜琼论"当涂高"谶语事。又《元和郡县志》卷三四："谯周将亡，戒诸子曰：'吾后嗣当有黄头黑齿，几亡吾族。'及周孙纵之生也，头黄而齿黑。晋末，刺史毛璩使纵领白徒七百人由涪水讨桓玄，西人不乐远征，乃逼纵为主，攻陷巴蜀，遂居益州。既害毛璩，自号成都王。义熙九年，朱龄石讨平之，一如周言。"

【峭岩】唐·裴铏《传奇》"邓甲"条有茅山道士峭岩，云："真有道之士，药变瓦砾，符召鬼神。授邓甲以禁天地蛇术。"即"谭峭岩"，详见该条。

【伽蓝】本僧院之意，后寺院护法神亦称伽蓝，应是"护佑伽蓝之神"的略称，正如诸方土地之神称"土地"一样。佛寺护法神本已很多，如四大天王、二金刚、韦驮等。伽蓝之地位稍低，据说有十八位之多。《释氏要览》称其名为美音、梵音、天鼓、叹妙、叹美、摩妙、雷音、师子、妙叹、梵响、人音、佛奴、颂德、广目、妙眼、彻听、彻视、遍视。除此十八位伽蓝神外，中国民间又常以人鬼充当伽蓝，如城隍、土地之神者。这些伽蓝是中国化的佛教护法神，其中影响最大的则为关羽。

【窃脂】《山海经·中山经·中次九经》：崌山，有鸟焉。状如鸮而赤身白首，其名曰窃脂，可以御火。郭璞注：今呼小青雀曲嘴肉食者为窃脂，疑非此也。

窃脂　山海经图　汪绂本

【钦䲹】《山海经·西山经》："锺山之子曰鼓，与钦䲹杀葆江于昆仑之阳。帝乃戮之锺山之东，钦䲹化为大鹗，其状如雕而黑文，白首赤喙而虎爪，其音如晨鹄，见则有大兵。"郝懿行《笺疏》云：

钦䲹　山海经图　汪绂本

"《后汉书·张衡传》注引《山海经》作'钦䲹'，《庄子·大宗师》作'堪坏'，司马注云：'堪坏神名，人面兽形。'《淮南子》作'钦负'。"袁珂以为此处之"帝"为黄帝。

【钦原】《山海经·西山经》："昆仑之丘，有鸟焉，

其状如蜂，大如
鸳鸯，名曰钦原，
蠚鸟兽则死，蠚
木则枯。"按：
蠚，即螫。

钦原　山海经图　汪绂本

【秦广王】十地
阎君之第一殿，
姓萧，一说姓
蒋。据《预修十
王生七经》《地
藏十王经》，此
王之本地为不动
明王，系专司人
间寿殀生死册
籍，统管幽冥吉
凶鬼判等事。据
传其殿居大海沃
燋石外正西黄泉
黑路。死者于初
七日时，中阴身
至此殿之右孽镜
台前，论罪之轻
重，若罪重者，
则批解至第二殿
用刑。而《玉历

秦广王　南宋·陆信忠

钞传》等所载略异：秦广王专司人间夭寿生死册
籍，统管幽冥吉凶。人死之后，善人则接引往生；
功过参半者交第十殿发放，仍转投人世，男转为
女，女转为男，据前世业缘，或富贵，或贫贱；恶
多善少者，押往孽镜台，使从业镜中观看自身生时
所为诸恶，再交往第二殿用刑，发落地狱受苦。

【秦洪海】即"巨灵神"。唐·释道世《法苑珠林》
卷五二：昔太一未分，山连太行、王屋、白鹿。及
巨灵大人秦洪海者，患水浩荡，以左掌托太华，右
脚踏中条，太一为之裂，河通地出，山遂高显。

【秦景闲】唐时人。南宋·陈葆光《三洞群仙录》
卷五引五代·杜光庭《仙传拾遗》：不知何许人。
会昌中寓止会稽市，不常其居，或饮酒佯狂。张公
每加钦敬。一日取秤锤，随手引之如饧，取铁杵挼
之如饼。张素贫，景闲曰："我将去矣。"命张取釜
击碎之，以炭相杂，垒于炉内，炽火加药，合户，
告张曰："炭火息后，可取所化之物，以丰尔家。"
次日张视之，皆紫金也。

【秦琼】门神。即唐开国功臣秦叔宝。《三教源流

搜神大全》卷
七："门神乃是
唐朝秦叔保、胡
敬德二将军也。
按传唐太宗不
豫，寝门外抛砖
弄瓦，鬼魅呼
叫，三十六宫，
七十二院夜无宁
静。太宗惧之，
以告群臣，秦叔
保出班奏曰：
'臣平生杀人如
剖瓜，积尸如聚
蚁，何惧魍魉
乎？愿同胡敬德戎装立门以伺。'太宗可其奏，夜
果无警。太宗嘉之，谓二人守夜无眠，太宗命画工
图二人之形象全装，手执玉斧，腰带鞭练弓箭，怒
发一如平时，悬于宫掖之左右门，邪祟以息。后世
沿袭，遂永为门神。"明·吴承恩《西游记》第十
回："（魏微梦斩泾河老龙，宫中闹鬼惊扰唐太宗。
秦琼、尉迟恭披挂甲胄，执金瓜钺斧，把守宫门。）
好将军！你看他怎生打扮：头戴金盔光烁烁，身披
铠甲龙鳞，他本是英雄豪杰旧勋臣，只落得千年称
门尉，万古作门神。二将军侍立门旁，一夜天晚，
更不曾见一点邪祟。太宗又不忍二将辛苦，召巧手
丹青，传二将真容，贴于门上。夜间也即无事。"

秦琼　凌烟阁功臣图

【秦三将军】《仙鉴》卷一〇："秦三将军者，一
为唐建威，一为李德父，一为宋云刁，悉不知何许
人。秦始皇时三人皆武士，有大功于国，爵位崇
重。既而见秦政日乱，遂与朝士孔丘明等十人相率
而去。此十三人弃官学道，访名山，经庐山之阳，
至紫霄峰下，爱其山水之胜，三人有意栖于此，而
孔丘明、骆法通等十人曰：'初志归群玉府，岂可
中道而废？'犹豫间，雷电忽至，洪流泛滥，左右
化成二溪，溪中有盘石，上有玉简，云'真人受
真，玉洞潜栖'，而十人不知所之。于是三人栖于
溪侧，后得道仙去。"参见"孔丘明"条。

【秦志通】《（雍正）甘肃通志》卷四一：与李志
亨俱宋时金县人。自幼读书，即知慕道，内外二典
无不精研。得遇太虚真人，授以金液大丹、五行生
克、七返九还之道。于政和二年拔宅飞升。

【秦中】《史记·封禅书》："南山巫祠南山秦中。
秦中者，二世皇帝。"

【琴虫】《山海经·大荒北经》："有虫，兽首蛇身，名曰琴虫。"郭璞曰："亦蛇类也。"

琴虫 山海经图 汪绂本

【琴高】战国时仙人。西汉·刘向《列仙传》卷上："战国时赵人，以善鼓琴为宋康王舍人，行涓子、彭祖之术，浮游冀州（今河北衡水冀州区）、涿郡（今河北涿州）间二百余年。后辞众弟子，入涿水中取龙子，与弟子约明日出水。次日，果乘赤鲤鱼出水中，有万人观之。居一月，复入水中。"◆唐·陆广微《吴地记》"乘鱼桥"条："吴郡（治在今江苏苏州）

琴高 列仙图赞

丁法海与琴高友善，高世不仕，共耕东皋之田。二人行田畔，忽见大鲤鱼长丈余，一角两足双翼，舞于田中。法海乘之，鱼不动，遂下，琴高登鱼背，乃举翼飞腾，冲天而去。"按：此说当由本地有法海寺，遂编演而成。◆南宋·洪迈《夷坚支志·癸集》卷四："宁国泾县（今安徽泾县）有琴高庙，前有清溪，高台临其上，台下小鱼千万。渔人网取，渍以盐，邑官为苞苴土仪，须索无艺。"南宋·赵与时《宾退录》卷五亦云："今宁国泾县东北二十里有琴溪，溪侧有石台，高一丈，相传为琴高隐处。溪中别有一种小鱼，它处所无，俗谓琴高投药渣所化，号琴高鱼。"又《泾县志》载："泾县北二十里有山，名琴高台，相传为琴高乘鲤升天之处。"◆按：琴高赵人，所游在河北，其升仙处亦为涿水，在江南者应是附会。

【琴精】明·周绍濂《鸳渚志余雪窗谈异》"招提琴精记"：宋嘉熙间，邓州人金生游秀州，馆一富家。其卧室近招提寺，夜闻隔墙有歌声，初虽疑之，自后无夜不闻，遂不以为意。一夕，一少女歌竟，敲户来见，遂尽缱绻。自是，无夕不会，荏苒半载。忽一夕，女子泣下言曰："奴本曹刺史之女，

幸得仙术，优游洞天，但凡心未除，遭此谪降。不料数尽今宵。君前程远大，金陵之会，夹山之从，殆有日耳，幸惟善保始终。"至四鼓，金生赠女子以金，别去。金生亦离秀州而去。二年后，富家筑墙，于基下掘一石匣，获琴与金，竟莫晓其故。时闻金生宰金陵，念其好琴，使人携献。金生见琴光彩夺目，知非凡材，欣然受之，置于石床。远而望之，则前女子；就而抚之，则依然琴也。方悟女子为琴精，且惊且喜。适有峡州之迁，金得重疾，临死命家人以琴从葬。琴精之言，胥验之矣。

【qing】

【青城道士】妖人。《太平广记》卷二八七引《王氏见闻》：五代前蜀时青城山道士，能幻术，往往入锦城施其法，有所获，即潜挈归洞穴。或闻其行甚秽。后于成都诱引富室及勋贵子弟，潜于室内作法，或召西王母，或巫山神女，或麻姑、鲍姑，皆应召而至，与之杯馔寝处。又或城中化出金楼。众皆睹之，惑众颇甚，满城如狂。蜀少主知其妖，密使人擒之，以猪狗血沃之，不能施其术。及下狱讯之，云年年采民家处子住山中，行黄帝之道，死于岩穴者不知其数。少主不欲彰其恶，潜杀之。又见清·吴任臣《十国春秋》卷四七《前蜀列传》。◆又唐明皇时仙人徐佐卿、罗公远皆自称"青城道士"。见"徐佐卿""罗公远"条。汉王谷神、皮玄耀，五代杜光庭，皆隐于青城山。

【青城丈人】五代·杜光庭《录异记》卷一："青城丈人为五岳之长，与主九天生籍之潜山司命、执三天之符之庐山使者，合称'三山'，皆为五岳上司。开元中与五岳并置庙祀。"《云笈七签》卷七九《五岳真形图序》："青城丈人，黄帝所命也，主地仙人，是五岳之上司，以总群官也。领仙官万人。"《云笈七签》卷一〇〇"黄帝本纪"："黄帝东过庐山，为使者以次青城丈人也。庐山使者，秩比御史，主总仙官之道，是五岳监司也。又封潜山君为九天司命，主生死之录。"◆南宋·洪迈《夷坚丙志》卷一二："相州（今河南安阳）人作千道斋荐亡，僧道乞丐皆预，有道人但诵'太乙寻声救苦天尊'一声，云：'苟有益于死者，奚用多为？'斋罢径出，所食漆碗、碟中皆有朱书刻划，曰'青城丈人'。"又青城山有丈人峰，其名即由"青城丈人"而来，而丈人又称"五岳丈人"。南宋·范成大《吴船录》卷上言其游青城山："夜宿夫人观，观在

丈人峰下。丈人自唐以来，号五岳丈人、储福定命真君。传记略云：姓宁名封，与黄帝同时"云云。是南宋时又以宁封实之也。"宁封"见该条。

【青城真人】《太平广记》卷四一引五代·杜光庭《仙传拾遗》："刘无名复入青城山，北崖之下得一洞。行数里，忽觉平博，殆非人世。遇神仙居其间，云青城真人。"卷二〇"杨通幽"条引《仙传拾遗》："通幽对玄宗曰：'臣师乃西城王君、青城真人。'"◆一说洪崖先生得道后为青城真人，见"洪崖先生"条。

【青鹮】（南北朝）王嘉《拾遗记》卷一：羽山之北有善鸣之禽，人面鸟喙，八翼一足，毛色如雉，行不践地，名曰青鹮。其声似钟磬笙竽。世语曰："青鹮鸣，时太平。"

【青帝】五方帝之东方帝。《史记·封禅书》："秦宣公作密畤于渭南（今陕西渭南），祭青帝。或以太昊伏羲配之。"《礼记·月令》："孟春之月，其帝太皞，其神勾芒。"

【青娥】明·彭大翼《山堂肆考》卷一五〇：青娥，字愈意，为紫微左右夫人。王母第二十女。

【青蚨】晋·干宝《搜神记》卷一三："南方有虫，名'蟨蟖'，一名'蝍蟟'，又名'青蚨'，形似蝉而稍大，味辛美，可食。生子必依草叶，大如蚕子，取其子，母即飞来，不以远近，虽潜取其子，母必知处。以母血涂钱八十一文，以子血涂钱八十一文：每市物。或先用母钱，或先用子钱，皆复飞归。轮转无已。故'淮南子术'以之还钱，名曰'青蚨'。"唐·段成式《酉阳杂俎·续集》卷八："青蚨似蝉而状稍大，其味辛，可食。每生子，必依草叶，大如蚕子。人将子归，其母亦飞来，不以近远，其母必知处。然后各致小钱于巾，埋东行阴墙下，三日开之，即以母血涂之如前。每市物，先用子，即子归母；用母者，即母归子。如此轮还，不知休息。若买金银珍宝，即钱不还。青蚨者，一名'鱼伯'。"明·方以智《物理小识》卷一一："赞宁曰：状如蟆，色青，蹼然善登木。南人月夜捕之，经牝牡血涂钱，用牝留牡，则钱自归。若牡就索，则不能归矣。"

【青谷先生】《洞仙传》：不知何许人，修行九息服气之道，服丹得道。降于刘宽之室，授其杖解法。

【青光先生】仙人。梁·陶弘景《真诰》卷五：若如青光先生、谷希子、南岳松子、长里先生、墨羽之徒，皆为太极真人所友，或太上天帝所念者，兴

云驾龙以迎之，故不学道而仙。

【青洪君】晋·干宝《搜神记》卷四："庐陵欧明每过彭泽湖，则以舟中之物投于湖中。积数年，复过彭泽，忽见湖中出一大道，有吏来迎欧明，曰：'青洪君邀。'"是青洪君为彭泽湖神也。参见"如愿"条。

【青华大帝君】南宋·赵与时《宾退录》卷一："宋徽宗时，林灵素用事。诏天下：天宁观改为神霄玉清万寿宫，无观者以寺充，仍设长生大帝君、青华大帝君像。上自称教主道君皇帝。"南宋·陆游《老学庵笔记》卷九："神霄宫以长生大帝君、青华帝君为主，其次曰蓬莱灵海帝君、公元大帝君、东井大帝君、西华大帝君、清都大帝君、中黄大帝君。"◆按青华大帝君即东极青华大帝，或称青华帝君，实即东华君也。道教以"三清"、斗姥、玉皇大帝、后土元君、太极天皇大帝、北极紫微大帝、南极长生大帝、东极青华大帝为"十御法王"。

【青精先生】《云笈七签》卷一〇六《紫阳真人周君内传》："周义山登猛山，遇青精先生，受黄素传。"晋·葛洪《神仙传》卷一："殷王遣采女问长生导引之术于彭祖。彭祖言：'大宛山有青精先生，传言千岁色如童子，步行日过百里。'又云：'青精先生非仙人，乃得道者。'"◆又宋·张师正《括异志》卷九"陈良卿"条："陈良卿景祐四年赴礼部试，至长沙，梦入一巨舰，见一道者，自称青精先生，云：'已荐子于尧，为直言极谏臣。'又云'尧现今为南岳神'。"◆十大洞天之罗浮山（今广东惠阳地区之罗浮山）为青精先生治所。

【青龙白虎神】宅神，后亦作道观门神。东汉·王充《论衡·解除》："宅中主神有十二焉，青龙、白虎列十二位。龙虎猛神，天之正鬼也，飞尸、流凶，安敢安集？犹主人猛勇，奸客不敢窥也。"北宋·范致明《岳阳风土记》："华容令宅东北有老子祠，门之左右有二神像，道家所谓青龙、白虎也。"明·姚宗仪《常熟私志》寺观篇："致道观山门二大神，左为青龙孟章神君，右为白虎监兵神君。"明·钱希言《狯园》卷一一"青龙白虎神"条："苏州清嘉坊顾大参，为其子成婚，嘉礼既毕，傧相乐人皆散，忽见有二长神，并衣朱衣，冠带而见形于堂。其家大惊，拜之。曰：'吾属乃青龙白虎，吉神也。顷从申府来，护汝喜筵。'言讫，瞥然而没。"

【青眉子】北宋·朱彧《萍洲可谈》卷三：湖州安

吉朱斋郎昔游池州（今安徽贵池），齐山张道人与之一幅白纸，令寻青眉子，云："刺墨为眉，常为丐者。"朱他日在乡间见群丐中有刺青眉者，因叩之。青眉初诉骂，洎朱转与张所寄纸，即笑曰："张老无恙乎？"本是涎唾被面一穷殍耳，既笑，天真粲然，尘不可掩，宛若贵人。良久谓朱曰："汝无仙骨，又家富贵，黄白术不足以相累。有小技可以安乐终天年。"即授之而去。自是朱大能饮啖，凡四十年无老态。

【青苗神】青苗神即驱蝗神。王树村《中国古代民俗版画》载有"青苗之神"图。并云："北京城西广安门外有青苗神庙，内塑苗神、虫王、冰雹神等像。"又清·纪昀《阅微草堂笔记》卷六

青苗神　北京民间神像

记一青苗神，显与驱蝗神非一物："余乡（今河北献县）青苗被野时，每夜田陇间有物，不辨头足，倒掷而行，筑地登登如杵声。农家习见不怪，谓之'青苗神'，云常为田家驱鬼，此神出，则诸鬼各归其所，不敢散游于野矣。此神不载于古书，然确非邪魅。从兄懋园尝于李家洼见之，月下谛视，形如一布囊，每一翻折，则一头著地，行颇迟重云。"◆柴小梵《梵天庐丛录》卷一七"青苗会"条，云其乡（按指浙江慈溪）丁亢旱螟腾食禾之时，农人必行"青苗会"。其神曰"青苗神"，乃一童儿，云此童以捕蝗喝死，故后人祀之。又云："此实数典而忘其祖矣。据一老生言，神即王荆公。先是，荆公令鄞，以滨海多田，时患海啸，山麓之田又患旱干，皆害禾稼，民不给。乃于春初出官钱贷之，令筑堤防，修水利，其钱则于秋收后加利偿还，民皆便之。既而吾邑令仿之，县有青苗吏，乡有青苗保甲。民富政起，令誉大驰。县人以崇德报功之意，年必行青苗会一次。嗣荆公以行新法于全国，为人不满，至诟为奸邪，于是青苗神非荆公，而诡易曰捕蝗童矣。"

【青牛道士】❶封君达。见"封衡"条。❷宋人"洪志"，见该条。❸明初道士张柏亭自称青牛道人，见"张柏亭"条。

【青牛妪】《辽史·太祖淳钦皇后述律氏传》：后简重果断，有雄略。尝至辽土二河之会，有女子乘青牛车，仓猝避路，忽不见。未几，童谣曰："青牛妪，曾避路。"盖谶谓地祇为青牛妪云。太祖即位，群臣上尊号曰地皇后。

【青女】《淮南子·天文训》："至秋三月，青女乃出，降霜雪。"高诱注："青女乃天神，青霄玉女，主天霜雪。"

【青琴】司马相如《上林赋》："若夫青琴、宓妃之徒，绝殊离俗，妖冶娴都。"《文选》伏俨注："青琴，古神女也。"

【青丘狐】《山海经·海外东经》："青丘国在其（朝阳之谷）北。其狐四足九尾。"郭璞注曰："《汲郡竹书》曰'栢杼子征于东海，及三寿，得一狐九尾'，即此类也。"

【青丘先生】明·钱希言《狯园》卷三"青丘子"条：青丘子，不知何许人，俗或呼为青丘先生。隐于武当山，见者终莫测其年代。嘉靖间有王生，好寻名山，博采方术，因入一山谷僻处，遇一老父，自称为其远祖，即王重阳，食以青精饭。曰："汝骨格未就，只可学剑仙之术，游戏人间。汝师乃青丘先生，居于武当山。"王生即往武当，依老父言，寻至苍松六株，有茅屋数间，叩门，果见青丘先生，秀发庞眉，倚树而啸。先生以丹鼎炼金液六百斤，得精铁数十斤，锻成六剑，以其一畀王生，令童子开其脑后藏之，并传以击刺之秘，命往青城山中结茅栖止，不得轻用其剑。又以其四分授二青童二玉女，而自佩一剑。生住青城山，一年后复来武当，则室庐如故，寂无人矣。后行荆南，见先生混迹于丐者之中，乃相随同去，不知所之。

【青山大王】清·袁枚《续子不语》卷四"黑牡丹"条："福建惠安县有青山大王庙。庙阶下所种皆黑牡丹，开时数百，皆向大王神像；移动神像，花亦转面向之。"按：此应即"灵安尊王"。

【青童君】即东华帝君。治十大洞天之委羽山。《太平经》卷一："方诸宫青童君为后圣李君上相，乃四辅之一。"全称"方诸青童君"，见"安度明"条。

【青蛙将军】即"青蛙神"。清·陈其元《庸闲斋笔记》卷九"青蛙神"条：青蛙神，杭俗称之为青蛙将军，或云金华将军。蛙不恒见，见则视其色以占吉凶。或见一青蛙踞于案头，众具香烛，供以烧酒，众罗拜于下。蛙略不为动，久之，跃至杯畔，以两爪据杯沿，若呼吸状。又久之，身色渐变为淡

红，腹下则灿若金色。众皆曰："将军换袍矣。"参见"青蛙神"条。

【青蛙神】清·东轩主人《述异记》卷上："江西之金溪（今江西金溪）。邑有青蛙神，令初至，必虔祀之。陆令不为礼，未几，青蛙无数，至碍出入，渐至厅事，跳踯满案。俄而出入汤镬，合署不得举箸。陆怒甚，欲焚其庙，忽两眼肿痛，突如蛙目。然后躬往祀之，乃安。其蛙相传为晋物，在一匣贮之。祀者至庙，蛙或坐匣上，或据案头，或在梁间，或一或二或三，变化无定。土人水旱疾疫，祷之辄应。"而清·蒲松龄《聊斋志异》卷一一所载之"青蛙神"更为人熟知。又清·施鸿保《闽杂记》卷五"青蛙将军"条述福建延平、邵武、汀州、建阳四府青蛙神信仰甚悉。按：青蛙神之说甚远。北宋·钱易《南部新书》乙卷："李揆，乾元中为礼部侍郎，尝一日，堂前见一虾蟇俯于地，高数尺。以巨缶覆之，明日启之，亡矣。数日后入相也。"南宋·郭彖《睽车志》卷三："宣政间河决，横溃不得可塞。有河清卒牢吉，闻有呼其姓名者，寻之，乃一大虾蟆，蹲高如人。拜之，蟆即吐一物，状如生离支，曰：'吞此可没水七日，即能穷堰决之源。'且授以沉置荄椿之法，云：'堰成，须建庙以镇之。'出如蟆所教，河决迄塞而建庙焉。"◆参见"青蛙使者""金华将军"条。

【青蛙使者】即"青蛙神"，在金溪称"青蛙使者"。清·戒显《现果随录》："抚州金溪，唐置县初便有一神现身为青蛙，称青蛙使者。至今显灵。其形颇巨，色绀绿，身负七星，有圆爪，不类凡蛙。今在水门庙，每端坐一小榻，受人祷祝，但降福，不甚降祸，在相犯者，但多化蛙，乱集头面或袖中被里，使人警觉。时遇兵丁，剁作二块，立成二蛙，投入沸水，蛙遂满锅。严冬日入净水碗洗浴。隐显不常，多寡无定，灵异非一。"清·董含《莼乡赘笔》卷下"青蛙使者"条："抚州金溪县近郊有一蛙，状貌绝大，狰狞可畏。据土人云，自东晋时即见之，渐著灵异，商贾祭祷，获利必倍，病者祀之立差。迩来仕宦此地，亦必虔谒，因共号为青蛙使者。"清·姚福均《铸鼎余闻》卷四："《金溪县志》（今江西金溪）载创县时立三庙以禳瘟疫，北为天符，南为太紫，中为水门庙，庙有神物，号青蛙使者，颇著灵爽。"又云："水门庙所祀使者形即青蛙，背上七星，好事者以锡作盆，置金椅于内，闭以锡盖，使者来去自如。据云创县时作官舍取土深数丈，得青蛙，土人云掌邑中五瘟使者，故

祀于此。"而清·李元复《常谈丛录》则云："三庙神像皆肖人形，作紫黑面不一，真形即青蛙也。居天符庙者号为火眼金睛，伏椅上，肥大可重三四两，尻有云纹，即俗所谓背上七星者，其实不似也。后又见三使者皆在磁盘盛水居之，大小不一，竟无前者之形相。一小者身仅长寸余。或祀以酒，竟能吸饮，逾时体稍变赤，如醉状。"又董含《三冈识略》卷四云："抚州金溪县近郭有一蛙，状貌绝大，狰狞可畏。据土人言，自东晋时即见之，渐著灵异。因近来仕宦此地者心虔谒，因号为青蛙使者。"◆参见"青蛙神"条。

【青卫娘娘】见"北虎青卫"条。

【青乌公】梁·陶弘景《真诰》卷五："入华阴山中学道，积四百七十一岁，十二试之有三不过，后服金液而升太极。太极道君以为试三不过，但仙人而已，不得为真人。"注云："青乌公似是彭祖弟子。"《仙鉴》卷六、明·洪应明《仙佛奇踪》卷一、明·王世贞《列仙全传》卷一均以为彭祖之弟子。◆《天地宫府图》：七十二福地第二十四青玉坛（在南岳祝融峰西），青乌公治之。

青乌公　列仙图赞

【青溪道人】明时人。明·钱希言《狯园》卷三"青溪道人"条：嘉靖初，有青溪道人，名智，失其姓，疑其姓杨。善九转还丹之术。自云得南海王神仙斗蓬祖师之真传，复又受旨于衡山清风子。时京师布令天下，捕妖僧曾广，湖广德安府应城县尉高尚桂掌巡捕，一日过远乡市镇，见全真道人醉倒路旁。搜其身，得一残本，文字虫蚀，中多眼科方。高收书于行李，语酒家主人云："此全真酒醒，使留住店中。往还以半月为期。"高公既去，道人亦醒，酒家款待累日，一日道人忽腹疼而死，寻即臭烂蛆流，遂聚邻里瘗之。半月后，高公奉差还

县，主人具述其死事。高公曰："昨我遇之于大洪山下，全真向吾马前大骂而去，遣人追之不能及。安得以死诳我！"主人与高公发棺，其中空无尸首。后高公之甥祝良柱得其残书，大悟玄理。其书末云"弘农青溪道人智撰"。

【青溪小姑】南朝时，青溪在建康（今南京市）北，阔五丈，深八尺，以泄玄武湖水南入秦淮者。青溪小姑神，传说为蒋子文妹，一说为第三妹，见晋·陶潜《搜神后记》卷五："晋太康中，谢家沙门竺昙遂，年二十余，尝行经青溪庙前过，因入庙中看。暮归，梦一妇人来，语云：'君当来作我庙中神，不复久。'昙遂问：'妇人是谁？'妇人云：'我是青溪中姑。'如此一月许，便卒。"又刘宋·刘敬叔《异苑》卷五："青溪小姑庙，云是蒋侯（蒋子文）第三妹。"庙中女像有三，一说为二侍女（见《太平广记》卷二九五引《八朝穷怪录》），一说三女皆蒋子文妹，如唐·杨炯《少姨庙碑》云："蒋侯三妹，青溪之轨迹可寻。"而又有一说，以居中者为蒋妹，二侍为陈后主之二宠，南宋·张敦颐《六朝事迹编类》卷下"青溪夫人庙"条："近说者云：隋平陈，斩张丽华、孔贵嫔于青溪栅下。今祠像有三妇人，乃青溪姑与二妃也。"

【青魈菩萨】清·宋荦《筠廊偶笔》卷上："长安慈仁寺内青魈菩萨，即睢阳张巡，赤发蓝面，口衔巨蛇，如夜叉状。或曰：公自矢死为厉鬼杀贼，此盖厉鬼像云。"按：明·陆容《菽园杂记》卷六："张巡力竭，西向再拜曰：'生既无以报陛下，死当为厉鬼以杀贼。'此'厉'字与'伯有为厉'之'厉'不同，原其意誓欲为猛厉之鬼以杀贼耳。李翰表云：'臣闻强死为厉，游魂为变，有所归往而不为灾。'此正伯有为厉之厉。翰之意盖欲乞为墓招葬巡等，故云然耳，非解厉鬼字义也。后人多误解此字，致生邪说。至有以厉即古疠字，谓巡为掌疫疠之鬼，若致道观塑巡为青面鬼状。世之讹谬如此，正由误解此字之故也。"

【青羊道人】见"薛继茂"条。

【青衣神】《三教源流搜神大全》卷七："青衣神，即蚕丛氏也。按传，蚕丛氏初为蜀侯，后称蜀王，常服青衣，巡行郊野，教民蚕事。乡人感其德，因为立祠祀之。祠庙遍于西土，冈不灵验，俗概呼之曰青衣神。青神县（今四川青神）亦以此得名。"袁珂云："蚕丛之丛，义当为丛社之丛，蚕丛即蚕神，以蚕色青，故称。"后蜀·何光远《鉴诫录》卷六"神口骏"条："王建为行军司马，忽梦一青

衣神人大张其口。及问小将山章，章对曰：'青衣乃蜀之地名也，亦有青衣之神，其祠在平垒内。今青衣之神口开，是土地于公求飨，亦是启其唇齿，露彼腹心之兆也。'"北宋·张唐英《蜀梼杌》卷下："后蜀广政二十三年，蜀太后梦青衣神来言：'宫中卫圣龙神乞出居外。'时人以为不祥。"是青衣神亦为蜀之保

青衣神　三教源流搜神大全

护神也。◆又有一说。清·陈祥裔《蜀都碎事》卷一："青衣津在嘉定州治南，有青衣神庙。按《益州记》云：神号雷堆，庙即《华阳国志》之雷垣也。班固以为离堆下有石室，名玉女房，盖此神耳。"按：此说不甚了了，录以备考。

【青衣童子】明·郑仲夔《耳新》卷三"青衣童子"条：詹文学在所亲徙看设斋，偶见一童子身着青衣，欲走入纸灶内，众止之曰："是将化资钱，毋入！"不顾，径徐行其中去。随觅之，无所得，检书，是日为青衣童子临世。

【青真小童君】汉·班固《汉武帝内传》："伏见扶广山青真小童受六甲灵飞于太甲中元，凡十二事。"又云："青真小童君，太上中黄道君之师，元始十天王入室弟子也。姓延陵名阳，字庇华。形有婴孩之貌，故仙宫以青真小童为号。"《云笈七签》卷一○六《紫阳真人周君内传》："义山登扶广山，遇青真小童君，受全书秘字。"

【清灵真人】见"裴玄仁"条。

【清洪君】江西彭泽湖水神。《太平广记》卷二九二引《博异录》：庐陵邑子欧明者，从贾客道经彭泽湖。每过，辄以船中所有，多少投湖中。见大道之上，有数吏皆著黑衣，乘车马，云是清洪君使，邀明过。明知是神，然不敢不往。◆按：即"青洪君"，见该条。

【清明】晋·干宝《搜神记》卷一二："王子曰：木精为游光，金精为清明也。"

【清明山太太】清·俞樾《耳邮》卷一：吴中（今江苏苏州）钱氏婢，嫁乡间一农家子。其地有所谓清明山太太者，相传为太湖黑鱼精，忽附婢言："前生为姐妹，故来省视。"口操北音，清婉可听。嗣是每数日必一至，积三十余年，唯婢能见之。或问婢太太作何状，曰："年三十许，历年以来，未尝衰老。我今龙钟日甚，而太太仍如初见时也。"◆参见"白龙娘娘"条。

【清平吉】《云笈七签》卷八五引葛洪《神仙传》：沛国（今安徽淮北市西）人。汉高帝之卫卒。至后汉光武时，容色不老。后尸解去，百余年复还乡里，数日间又尸解而去。◆或本"卫卒"之"卒"误作"平"字，于是明·胡应麟《少室山房笔丛》卷四三妄改云"姓卫名平"。

【清水祖师】仇德哉《台湾之寺庙与神明（四）》：又称祖师公、蓬莱祖师、乌面祖师、落鼻祖师、

清平吉　列仙酒牌

清水真人、麻章上人、昭应大师、陈应、陈昭、普足。据《（雍正）福建通志》，相传清水祖师宋仁宗时生于福建永春县小姑乡，俗姓陈，名应，或名昭，字普足。幼出家于大云院，长事大静山明松禅师。学成居于麻章，施医济药，建桥修路。清溪大旱，求雨有灵。乡人德之。时祖师住蓬莱山石室，乡人醵金构精舍，名为清水岩。祖师居十九年，留偈而逝，年六十五岁。祖师生年有数说，有谓汉景帝时，有谓唐时蓬莱山高僧，有谓宋仁宗时人。又有传说：祖师原为屠夫，后弃业，从妈祖修道。妈祖命其洗物，不料越洗越黑。祖师问为何故，妈祖说："屠夫心地太脏，不能成道。"于是祖师切腹洗

清水祖师　台湾地区神像

净五脏，妈祖方引之成佛。此说与真武大帝出身传说类似。而更为较具真实性的情况是，乾隆五年《澎湖志略》及《台湾通史》均谓澎湖清水岩祖师庙所祀祖师为康熙间自泉州所来的一和尚，不言其名，为人治病，不取药资，不受钱米。去后乡人德之，立庙祀焉。而台湾各地祖师庙，多为由清水岩祖师庙分灵者。◆台湾地区又有三代祖师、三坪祖师，疑即清水祖师之另称。

【清溪小姑】见"青溪小姑"条。

【清元真君】南宋·洪迈《夷坚丁志》卷一七"阎罗城"条："张腆入冥，见阎罗天子，曰：'观状貌与人间所画不同，却与清元真君甚相似。'"◆按：《夷坚支志·甲集》卷九"益都满屠"条亦载益都（今四川成都）有"清元真君庙"。南宋·潜说友《咸淳临安志》卷七三，杭州西溪法华山有清元真君、义勇武安王庙。按此则又见南宋·吴自牧《梦粱录》卷一四，原文为"义勇武安王及清源真君庙在西溪法华山"。是"清元真君"或即"清源真君"之异文。清源真君即二郎神，而二郎神又有源于毗沙门天王第二子之说，在唐时往往为毗沙门天王陪祀，至南宋时天王庙或改作义勇武安王庙，而二郎之像或有改为关平者（至今四川有称关平为二郎者），此清元真君与义勇武安王同庙，或因天王已改塑为关侯，而二郎未改之故乎？

【清源妙道真君】即南宋末至元明时的"灌口二郎"赵昱。南宋·吴自牧《梦粱录》卷一四"东都随朝祠"条："二郎神，即清源妙道真君，在官巷。绍兴年间建祠。旧志云：东京有祠，随朝立之。"按：北宋东京之二郎神祠，自祀"灌口二郎"，其时二郎为李冰之子。至南宋时，"灌口二郎"之祀每年用羊四万口以上，且每羊需纳官五百钱，成为百姓极大负担。至南宋后期，民间遂以赵昱代之，而赵昱为道教封清源妙道真君，不食荤腥。故《梦

《梁录》所载之临安二郎神祠，所祀已经是赵昱了。详见"赵昱""二郎神"条。◆明·沈德符《万历野获编·补遗》卷四："蹴鞠家祀清源妙道真君，初入鞠场子弟必祭之，云即古二郎神，又云即徐知证、知谔。余思二徐已祀于京师灵济宫，恩宠逾制，何又司白打之戏耶？是未必然。"

清源妙道真君　河北石家庄毗卢寺

【庆忌】《管子·水地》："涸泽数百岁，谷之不徙，水之不绝者，生庆忌。庆忌者，其状如人，其长四寸，衣黄衣，冠黄冠，戴黄盖，乘小马，好疾驰。以其名呼之，可使千里外一日返报。此涸泽之精也。"唐·释道世《法苑珠林》卷五八引《白泽图》："故水石之精名庆忌，状如人，乘车盖，一日驰千里。以其名呼之，则可使入水取鱼。"清·王士禛《池北偶谈》卷二〇"庆忌"条："南阳浚河役夫夜宿岸侧，闻桥下每夜有哭声，视之，乃一巨鳖，因置铁镬烹之。忽镬中人语曰：'勿杀我，我当利汝。'众惧，益烈其火。少顷，无所闻，鳖已死。剖腹，得一小人，长数寸许，眉目宛然，以献于守。携之归，识者谓即《管子》涸泽之精曰庆忌是也。"◆按：后世炼"耳报"者，有狐报、猴报，庆忌报最古。

【qiong】

【邛疏】先秦人。西汉·刘向《列仙传》卷上："周封史也。能行气炼形，煮石髓而服之，谓之石钟乳。至数百年，往来入太室山中，中有卧石床儿。"◆宛委山堂本《说郛》卷五八下引《列仙传》，云是"陆终氏中子"。按：颛顼产老童，老童产重黎及吴回，吴回氏产陆终。陆终氏娶于鬼方氏，产六子，其三为彭籛即彭祖，无名邛疏者。《说郛》所引或是彭祖误窜于此。◆宛委山堂本《说郛》卷一〇〇有虞汝明《古琴疏》，言："琴鼓山。昔仙人邛疏尝鼓凤修之琴于此山，故名琴鼓，亦名凤修。"

【穷鬼】梁·宗懔《荆楚岁时记》："高阳氏子瘦约，好衣弊食糜，人作新衣与之，即裂破以火烧穿著之，宫中号曰'穷子'。正月晦日巷死。今人作糜，弃破衣，是日祀于巷，曰'送穷鬼。'"韩愈有《送穷文》，云："三揖穷鬼而告之。"南宋·陈元靓《岁时广记》卷一三"号穷子"条："昔颛顼时，宫中生一子，性不著完衣，作新衣与之，即裂破。以火烧穿著之，宫中号为'穷子'。"明·刘基《诚意伯文集》卷八亦有《送穷文》，述穷鬼之状云："龙首人身，蓬头鼠目，其音若呻，跳踉睒冶，若远而亲，欻往焂来，忽笑以擎。"文人想象之辞也。◆又唐·康骈《剧谈录》卷上"郭鄩见穷鬼"："通事舍人郭鄩，罢栎阳县尉，久不得调，穷居京华，委困方甚。胯窜间常有二物，状如猿，衣青衣碧衣，出入寝兴无不相逐。凡欲求索，所造之间如碍枳棘，不唯干禄不遂，且病于寒馁，亲友见之如仇。如此数年。一夕二物忽来别，云：'某等承君厄运不相离者久矣，今则候晓而行，无复与矣。今之所诣乃胜业坊王氏，其家大积金帛，将往散之。不久当竭。'"按：此亦穷鬼之属。◆明·谢肇淛《五杂组》卷二："秦俗以二月二日，携鼓乐郊外，朝往暮回，谓之'迎富'。相传人有生子而乞于邻者，邻家大富，因以二月二日取归，遂为此戏。此讹说也。大凡月尽为穷，月新为富，每月皆然，而聊以岁首举行之故，正月晦送穷，而二月二日迎富也。"

【穷奇】❶《山海经·西山经》："邽山，其上有兽焉，其状如牛，猬毛，名曰穷奇，音如獆狗，是食人。"《海内北经》亦云："穷奇状如

穷奇　山海经图　蒋应镐本

虎，有翼，食人从首始，所食被发。一曰从足。"《神异经·西北荒经》："西北有兽，状似虎，有翼能飞，便剿食人。知人言语。闻人斗，辄食直者。闻人忠信，辄食其鼻。闻人恶逆不善，辄杀兽往馈之。名曰穷奇。"注引别本云："穷奇似牛而狸尾，尾长曳地，其声似狗，狗头人形，钩爪锯牙。逢忠信之人啮而食之。逢奸邪则擒禽兽而伺之。是为凶兽。"❷《续汉书·礼仪志》所记大傩逐疫鬼之十二神中，亦有穷奇，能食蛊。此乃为神之穷奇。

《淮南子·墬形训》"穷奇，广莫风之所生也"高诱注："穷奇，天神也。在北方，道足，乘两龙，其形如虎。"吴任臣《广注》引《宛委余编》云："穷奇逐妖，一名神狗。"又言："《抱朴子》云'前导十二穷奇，后从三十六辟邪'，皆非此穷奇。"◆又《左传》文公十八年："少皞氏有不才子，毁信废忠，崇饰恶言，靖谮庸回，服谗搜慝，以诬盛德，天下之民谓之穷奇。"此乃以穷奇喻其人之凶，非其名即穷奇也。

【穷神】❶即"穷鬼"。❷南宋·洪迈《夷坚志补》卷一五"南安穷神"条：张子韶谪居南安，多蔬食。一日将享客，作蒸羊。薪火既燃，庖人举手加额，若祷然。须臾，鼎作声，有鹰自空俯首一鸣，鼎汁四溢，流注于地，肉皆狼藉。群鹰翻飞上下，攫搏不已。庖人有怒色，问之，乃云："此地有穷神，适因祷之，旋即致害，意欲先荐也。"张笑曰："俚谚鄙陋者为穷鬼，今乃有穷神耶？"

【琼华夫人】《天地宫府图》：七十二福地第六十四绵竹山（在汉州绵竹县），琼华夫人治之。不详何人，估计亦是王母第几女之类。

【蛩蛩】《山海经·海外北经》："北海内有素兽，状如马，名曰蛩蛩。"郭璞云："即蛩蛩巨虚也，一走百里。"袁珂《校注》以为：蛩蛩即邛邛，与距虚为一物。《吕氏春秋·不广》云："北方有兽名蹶，前象鼠而后象兔，不能趋走，常为距虚取甘草以与之，遇有祸患，距虚则负蹶以走。"袁珂以为"蹶与蛩蛩距虚，犹比肩之兽"。

【qiu】

【丘处机】元·陶宗仪《南村辍耕录》卷一〇、《仙鉴续编》卷二：长春真人姓丘名处机，字通密，号长春子。登州栖霞县（今山东栖霞）人。世务农。生于金皇统间，生而聪敏，相者谓其当为神仙宗伯。年十九，辞亲居昆嵛山（在今山东烟台地区）修真。次年谒王重阳于海宁，请为弟子。大定二十八年，世宗召见，问以至道。章宗明昌元年归栖霞。兴定二年居莱州（今山东莱州）昊天观，南宋及金均来使召请，不应。元太祖忽必烈遣使请，慨然率弟子十八人离莱州，行万余里，至西域大雪山。元主每问军国事，辄对以天道好生，敬天爱民；问及长生久视之道，则对以清心寡欲。元主甚信任，称为神仙。及东归燕京，居太极宫。并为改名长春宫，赐虎符，道教事一委处置。于是全真之教大兴。至

元六年，诏赐长春演道主教真人。
◆明·都穆《都公谭纂》卷上：元太祖尊礼丘长春，屡试其术。一日，长春入朝，语弟子可掘坎以俟。及入，太祖赐鸩酒一杯，长春饮之，无难色。讴归寝坎中，得生，顶发尽秃。明日，又谓弟子索丝绳以入，太祖赐玉冠，长春出丝绳系之而谢。太祖神其术，礼之愈隆。后欲妻以公主，坚不可

长春真人行道图　北京白云观

辞，遂自宫以告绝。其日乃十月九日，今京师谓之阉九，为会甚盛。

【丘浚】宋时人。南宋·罗愿《新安志》卷八：字道源，黟县人。天圣中登进士第。因读《易》，悟损益二卦，以此能通数，知未来兴废。早岁游华阳洞，求为句容令。历官至殿中丞。尝语家人曰："吾寿终九九。"后在池州（今安徽贵池），索笔为春草诗，诗毕端坐而逝，年八十一。及殓，衣空，众谓尸解。葬于九华山。后数年，有黄衣人持浚书抵滁州，家人启封，持书者忽不见。书中云："吾本预仙籍，以推步象数，谪为太山主宰。"

【丘了颠】明泰昌、天启间人。《（康熙）和州志》卷二八：和州（今安徽和县）人。业屠，卖肉不论价，多少随人所割，人以颠子目之。后锄地得佛像，遂弃屠，戴像于顶，夜诵佛号及《准提咒》不止。后遇异僧，为剃度，字之曰了颠。行脚齐鲁闽粤，数年归，颠益甚。语无伦次，多中人隐。或一食二三升，或数日不食。饭毕，以余粒召鼠百余来食，麾之即去。故生事入西城狱，狱中群囚疫病，汲井水一桶，以土搅之，令众囚饮，病即愈。官府申报其异，竟释众囚。是年天中节，辞众人，趺坐水面，至中流方没于波涛间。后月余，有遇之于丹阳者。

【丘墓之精】唐·释道世《法苑珠林》卷五八引《白泽图》："丘墓之精名曰狼鬼。善与人斗不休。为

桃棘矢羽以鸱羽以射之。狼鬼化为飘风。脱履投之不能化也。"故废丘墓之精名曰无，状如老役夫，衣青衣而操杵好春。以其名呼之，使人宜禾谷。"

【丘驼】明时人。《(雍正)浙江通志》卷二〇一引《两浙名贤外录》：桐庐（今浙江桐庐）人，病偻，因以驼名。家贫，操舟济渡，不索人钱，与之则受。隔岸一道士暮夜呼渡，驼急就之，无所见。顷之又呼，继往，又无所见。拔篙将行，蹉跌而仆，亦无怨言，及起，驼背已直。越数载，殁于舟中。既葬，邻人至衢州（今浙江衢州），见驼与道人同行，款洽若平生。

【秋姑】明·陆容《菽园杂记》卷六："北方老妪八九十岁以上，齿落更生者，能于暮夜出外食人婴儿，名秋姑。"按：此秋姑极似云南之"秋狐"，北方亦无此种传说，当是陆容误记。参见"秋狐""秋胡"条。◆又《太平广记》卷三六七"胡项"条引《记闻》一条颇相类："夏县尉胡项，尝至金城县界，止于人家。见一老母，长二尺，垂白寡发，据案而食，饼果且尽。其家新妇出，见而怒之，搏其耳，曳入户。项就而窥之，纳母于槛中，窥望两目如丹。项问其故，妇人曰：'此名为魅，乃七代祖姑也。寿三百余年而不死，其形转小。不须衣裳，不惧寒暑。锁之槛，终岁如常。忽得出槛，偷窃饭食得数斗。故号为魅。'"

【秋狐】明·谢肇淛《滇略》卷九：蒙山老玀不死，久则生尾，不食人食，不认子女，好山恶家，健走如兽，土人谓之秋狐。然亦不恒有。元时罗武蛮罗僄百年尪弱，子孙以毡裹送之深箐，后生尾，长一二寸。相传三百岁，不知所终。◆疑与"秋胡"为一物，可参看该条及"秋姑"条。

【秋胡】明·朱孟震《浣水续谈》"西域僧"条：又一种玀夷变秋胡者，居深山穷谷，平生食荍面，少尝盐卤之味，至九十余或百岁，尾闾骨渐长，如兽尾秃

秋胡戏妻 新津东汉崖墓

根，遍体生毛，手行于地，渐食生物。其子孙豫于深林挖一坑窟，置诸腥果食物于中，一日以毡衫包拥其头目，舁至窟所，潜自散匿，而彼遂忘归，乃食置之物，久则成兽，如熊猿之类，趫捷勇劲，

登木卧草，水饮洞居，数百岁不死，子孙以为荣福。冬月夷人采降真香于山中者，时或见之，犹知近人。◆参见"秋姑""秋狐"条。

【秋胡妻】《(康熙)山东通志》卷二〇："嘉祥县南五十里平山上有秋胡庙。其来已久。至元八年因祷雨有应重修。俗传秋胡妻邵氏为神，山下居民邵姓者自称秋胡妻族。庙中所祀为秋胡之妻，非秋胡也。"按：由乐府《陌上桑》而敷衍的《秋胡戏妻》故事流传甚广，多见于戏曲，兹略。

【仇季子】古仙人。梁·陶弘景《真诰》卷四："仇季子咽金液而臭彻百里。"言其尸解也。◆《天地宫府图》："七十二福地第三十五金精山（在虔州虔化县），仇季子治之。"

【仇生】西汉·刘向《列仙传》卷上："不知何所人。殷汤时为木正。三十余年而更壮。皆知其奇人，共师奉之。常食松脂，于尸乡（今河南偃师西）北山上作石室。至周，武王幸其室祠之。"王叔岷云：《艺文类聚》卷八八引《列仙传》'仇生'下有'赤'字，盖其名也。"◆王照圆云："《汉·地理志》：'河南郡尸乡，殷汤所都。'"

【仇王】刘宋·刘敬叔《异苑》卷五："余杭县（今浙江杭州余杭区）有仇王庙，由来多神异。晋隆安初，县人树伯道为吏，将归于汝南湾，觅载，见一朱舸，中有贵人，因求寄。须臾如睡，犹闻有声若剧甚雨。俄而至家，以问船工，云：仇王也。伯道拜谢而还。"◆按：此故事后世多移于它神，见"宋相公"条。又唐杭州刺史白居易有《祷仇王神文》，庙在余杭。南宋·潜说友《咸淳临安志》卷七四亦记余杭有仇王庙，为绍兴二年重建。

【犰狳】《山海经·东山经》："余峨之山，有兽焉，其状如菟而鸟喙，鸱目蛇尾，见人则眠，名曰犰狳，其鸣自叫，见则螽蝗为败（败伤田苗也）。"

犰狳 山海经图 汪绂本

【酋耳】《山海经·海内北经》有驺吾，郭璞注引《逸周书》"英林酋耳，若虎，尾参于身，食虎豹"，以为酋耳即驺吾，亦即驺虞。参见"驺虞"条。唐·张鹫《朝野佥载》卷二："天后中，涪州武龙（今重庆武隆区西北）界多虎暴。有一兽似虎而绝大，日正中逐一虎，直入

酋耳 山海经图 胡文焕本

人家，噬杀之，亦不食其肉。自是县界不复有虎矣。录奏瑞图，乃酉耳，不食生物，有虎暴则杀之。"◆明·朱谋㙔《骈雅》卷六："虎大而长尾曰酉耳，长尾而五采曰駮吾。"

【qu】

【瞿柏廷】唐时人。明·王世贞《列仙全传》卷七："辰溪人，幼聪慧，称为'瞿童'。大历间奉母避寇，入武陵（今湖南常德），师事黄洞源。已而得道。"又云："幼时因戏跃入井中，后自大酉华妙洞中出，依善卷祠修道。功成，越桃源宫仙去。"参见"黄洞源"条。《（雍正）湖广通志》卷七五作"瞿柏亭"，云是隋时人。当误。

【瞿道士】《太平广记》卷四五引唐·卢肇《逸史》：黄尊师修道于茅山，法箓绝高，灵应非一。弟子瞿道士，年少，不甚精恳，屡为黄师所笞。草堂东有一小洞，荒蔓蒙蔽。一日瞿生为师所棰，遂巡避杖，遂入此洞。食顷方出，持一棋子，曰："适观棋时，人留餐见遗，此秦人棋子也。"黄公方怪之，亦不甚信。明年八月望夜，天气晴肃，月光如昼；中宵五色云雾大起，仙乐满庭。弟子皆以为黄公上仙之期至矣。将晓，氛烟渐散，见瞿生乘五色云，自东方出在庭中，灵乐鸾鹤，弥漫空际，于云间再拜黄公曰："尊师即当来，更务修造，亦不久矣。"复与诸徒诀别，乘风遂去，渐远不见。

【瞿夫人】隋时人。明·王世贞《列仙全传》卷五：洪州（今江西南昌）黄元仙之妻。隋末，兄瞿君为辰州（今湖南沅陵）刺史，以夫人妻元仙，并荐以自代。元仙后弃官，与夫人隐于州西之罗山。贫甚，为人佣织。如此十余年，一日，忽谓元仙曰："昨闻帝命，当与君别。"俄顷化青气数丈，腾空而去。

【瞿君】东汉时人。清·陈祥裔《蜀都碎事》卷二："字鹊子，犍为（郡治在今四川彭山）人。入峨嵋山四十年得仙，乘白龙还家，于平岗治白日上升。"北宋·乐史《太平寰宇记》卷七二："成都有瞿君祠，在县东六里。得仙，与家人别，系龙于此。"卷七五："新津县亦有瞿君祠、系龙桥等遗迹。"◆按：瞿君祠或云为瞿武。见"瞿武"条。

【瞿如】《山海经·南山经》："祷过之山。有鸟焉，其状如𪁪而白首，三足，人面，其名曰瞿如，其鸣自号也。"

【瞿塘水府】"扬子三水府"之说起于五代，而长江实不仅三水府。五代·孙光宪《北梦琐言》卷七

云：唐乾宁中，有朝官李荛挈家自蜀往江陵（今湖北沙市），郡牧以水势正恶，劝其少住。而李荛似为人所促召，坚请东下。而方别不久，船破于江中，全家溺死。此前有一

瞿如 山海经图 蒋应镐本

名陈小奴者掉空船下瞿塘，见崖下一人，执铁蒺藜，问李荛行止，自言迎候。至是始知李荛为水神所召。事闻于朝，自后遂以瞿塘为"水府"，春秋祭之。

【瞿武】东汉时人。《仙鉴》卷七：七岁绝粒，服黄精、紫芝，入峨嵋山。天竺真人授以真诀，乘白龙而去。今蜀州有瞿君祠。

【瞿宗武】明·彭大翼《山堂肆考》卷二七：东汉时，邑人瞿宗武入峨嵋山得道，乘龙还家，系龙于潭。故潭名系龙。后乘龙而去，潭上有桥，亦曰系龙。◆按：此即"瞿武"，不知何者为正。

【曲阿神】《太平广记》卷二九五引《神鬼传》：曲阿（今江苏丹阳）有庙。晋孝武帝时，有一逸盗，官司十人追之。盗径至庙，跪请求救，许上一猪。因不觉忽在床下。追者至，觅不见。群吏悉见入门，又无出处。因请曰："若得盗，当上大牛。"少时盗形见，吏即缚将去。盗因云："神灵已见过度，云何有牛猪之异，而乖前福？"言未绝口，觉神像面色有异。既出门，有大虎张口而来，径夺取盗，衔以去。

【曲绍】《北史·艺术传》：南北朝时荥阳人。善占。侯景使与郭生卜二伏牛何者先起。郭生曰赤牛先起。火色赤也。绍曰：青牛先起，火将燃，烟先起，烟青色也。既而如绍言。

【曲张】《龙鱼河图》：弓之神名曲张。

【驱除大将军】刘宋·刘敬叔《异苑》卷五：晋义熙中，虞道施乘车出行，忽有一人著乌衣，求寄载十里许。道施视此人头上有光，口目皆赤，面悉是毛，异于始时。临别，语道施曰："我是驱除大将军。感汝相容。"因赠银铎（一作环）一双而灭。◆又见唐·段成式《酉阳杂俎·前集》卷一四。

【驱蝗神】❶蒲神。应即"酺神"之误。见该条。❷刘猛将。详见该条。又南宋·洪迈《夷坚支志·

甲集》卷一"护国大将军"条：绍兴二十六年，淮、宋之地将秋收。粟稼如云，而蝗虫大起，翾飞蔽天。所过田亩，一扫而尽。未几，有水鸟名曰鹜。形如野鹜而高且大，胠有长嗉，可贮数斗物。千百为群，更相呼应。共啄蝗，盈其嗉，不食而吐之，既吐复啄。连城数十邑皆若是。才旬日，蝗无孑遗，岁以大熟。徐、泗上其事于虏廷，下制封鹜为护国大将军。❸扬威侯。明·佚名《集异新抄》卷五"神驱蝗"条，言：蝗起，乡民相率祷于扬威侯之神。"夜闻空中戈戟铮然，推篷视之，见神在云际，亲执白旗挥指，若驱捕之状，自北迤西而去。"

【驱石神】清·范鈇《广雁荡山志》卷一五引《温州府志》：北合仙溪昔有神人驱石之海，祝曰："苍苍为牛，凿凿为羊，牛羊象斯，日骧而骧。"石皆群奔，鞭之流血。既出谷，遇一老妪，问曰："见吾牛羊乎？"老妪曰："牛羊吾不知，只见奔石。"神人曰："惜乎汝道破。"因忽不见，惟群石存焉。后人因名其滩为来斯滩。

【驱云使者】清·袁枚《子不语》卷一二：宣化把总张仁宿一古庙，夜见神灯万盏，投松下而灭。明早往探松下，掘得一大锦被，中裹一尸，口吐白烟，三目四臂，似僵非僵。张知为怪，聚薪焚之。后有美少年盛服而至，曰："我天上驱云使者，以行雨过多，违上帝令，谪下凡间，藏形石洞中，待限满后依旧上天。汝烧我原身，我今栖神无所，不得已，借王子晋侍者形躯来索汝。汝速召道士持诵《灵飞经》四十九日，我这原身犹可从火中完聚。"张唯唯听命。◆按：此尸形极似旱魃，是旱魃即天帝所命之驱云使者也。

【屈处静】明·王世贞《列仙全传》卷二："汉祁阳（今湖南祁阳）人，楚白公之后。幼而悟道，凡十二年，一旦驾鹤仙去。"北宋·沈辽《云巢编》卷六《零陵先贤赞》有"三元先生"一首，云楚之白公逃于三元山，其后改氏为屈，处静即其裔。而《康熙》祁阳县志》卷八则以为即白公："春秋时楚白公胜出逃，避居深山，改名为屈处静，于绝顶炼丹，丹成乘白鹤仙去。"◆按：史无白公胜出逃事，白公更非屈氏之祖。

【屈女】《仙鉴后集》卷二：葛玄在荆门军紫盖山修炼，天寒地冻，跣足蓝缕。时有屈家二女怜之，夤夜制成二履，次日欲献往炼丹之所，葛仙公已去，但存灰烬。二女拨灰得丹一粒，分食之，后仙去。

【屈坦】宋·陈耆卿《赤城志》卷三一：台州（今浙江临海）城隍为屈坦。三国时吴尚书屈晃之妻梦与神交，生子曰坦。有神变，能兴云雨。后与母俱隐山中。至唐武德初，祀为台州城隍。五代吴越时号兴圣永安王，南宋历朝有加封。世号"圣公"。◆按：屈晃，孙权时为尚书仆射，因谏忤权，斥归乡里。孙皓即位，封其子屈绪为东阳亭侯，未闻有子名坦者。

【屈突无为】见"神和子"条。

【屈原】晋·王嘉《拾遗记》卷一〇："屈原投水死，楚人思慕，谓之水仙。其神游于天河，精灵时降湘浦，楚人为之立祠。"刘宋·刘敬叔《异苑》卷一："长沙罗县有屈原自投之川，山明水净，异于常处。民为立庙在汨潭之西岸侧，盘石马迹尚存，相传云原投

屈原 元·张渥

川之日，乘白骥而来。"梁·吴均《续齐谐记》："屈原五月五日投汨罗水，楚人哀之，至此日以竹筒贮米投水以祭之。汉建武中，长沙区曲忽见一士人，自云三闾大夫，谓曲曰：'闻君当见祭，甚善。常年为蛟龙所窃，今若有惠，当以楝叶塞其上，以彩丝缠之。此二物蛟龙所惮。'"其神职亦有数说：❶江渎。《三教源流搜神大全》卷二："江渎，楚屈原大夫也。唐始封二字公，宋加四字公，圣朝加封四字王，号'广源顺济王'。"《月令广义·岁令一》："江神即楚大夫屈原。"按：屈原忠君而受谗，愤而投江。后人怀之，以为水神，于汨罗洲上立庙祀之，称忠洁侯。以屈原为江神之观念，想即由此衍生。南宋范成大《吴船录》卷下："归州东五里有清烈公祠，屈平庙也。"❷海伯。晋·葛洪《枕中书》："屈原为海伯，统领八海。"❸台湾地区以屈原为"水仙尊王"之一。见仇德哉《台湾之寺庙与神明（二）》。

【曲神】制酒之神。北宋·晁说之《景迂生集》卷二〇有《祭曲神文》："惟崇宁四年乙酉六月上寅，谨用茶果祭于五方土公、曲王、曲人曰：唯我曲王曲人，五更凄露，辘轳苦辛。前期白曲，亦未能先，二物既备，屏气逡巡。妇女不见，鸡犬不闻，

炉丸之丹，异品同勤。念尔有神，吉祥其臻。"云祭曲神，实伤曲人之勤苦辛劳也。

【渠胥国】晋·王嘉《拾遗记》卷三：周灵王之世，渠胥国来献玉骆驼高五尺，虎魄凤凰高六尺，火齐镜广三尺，暗中视物如画，向镜语，则镜中影应声而答。

【渠逸鸟】即"鬼车"，见该条。

【璩自忍】明·钱希言《狯园》卷二"葫芦藏世界"条：山阴璩生，名自忍，号衡阳山人，市井中凡民也，目不知书。少年贩茶入天姥山，遇神仙，受变化隐形之术，五雷请雨之法。杖头挂三葫芦，大如杯。一日醉后，向众客解下三葫芦，按亥卯未三方安置。诵胡僧咒一遍，揭葫芦盖，第三葫芦陡然震动，见人马无数，皆长二三寸，官僚将吏，士女老稚，队仗音乐，提携自戴，皆毛发分明，细若刻镂，杂然趋第二葫芦中。璩生仍诵咒如前，但闻其中铿然作铜铁声，又有鬼啸，须臾推出一队牛头马面，引罪人皆披枷带锁，现地狱种种变相，齐赶入南边第一葫芦。又复诵咒，忽见出天人玉女，珠幡宝盖，玉皇香案在前，其后拥诸佛菩萨，帝释龙神，其来如风，其去如雨，却走进第三葫芦。诸葫芦盖一时俱下，寂然无声。璩生后辞家入四明山中，不知所终。

【去留馨】《(雍正)山东通志》卷三〇、《(万历)莱州府志》(今山东莱州)卷六：相传姓范，元时人。自幼灵秀好游。遇异人授以导引术。既长，不饮食，身轻如楠叶，住处异香袭人，自号"去留馨"。歌舞于市，不以言笑假人。明洪武间乘云上升。

【quan】

【权师】《太平广记》卷七九引五代·王仁裕《玉堂闲话》：唐长道县(在今甘肃天水南)山野间，有巫曰权师，善"死卜"。至于邪魅鬼怪，隐状逃亡，地秘山藏，生期死限，罔不预知之。或人请命，则焚香呼请神，僵仆于茵褥上，奄然而逝，移时方喘息，瞑目而言其事。郭九舅之妻卧病数年，将不济。召令卜之。闭目而言曰："君堂屋后有伏尸，其数九。"遂令斸之，依其尺寸，获之不差其一，旋遣去除之。又一日，卧于民家，瞑目轮十指云："算天下死簿，数其邅迤州县死数甚多，次及本州岛村乡，亦十余人合死者。"后所言十余人应期而殁。

【犬封国】见"犬戎国"条。

【犬戎】《山海经·大荒北经》："有犬戎国。有神，人面兽身，名曰犬戎。"郝懿行《笺疏》："犬戎，黄帝之玄孙。是犬戎亦人也，神字疑讹。"

犬戎　山海经图　汪绂本

【犬戎国】《山海经·海内北经》："大行伯之东有犬封国。犬封国曰犬戎国，状如犬。有一女子，方跪进杯食。"郭璞注："昔盘瓠杀戎王，高辛以美女妻之，不可以训，乃浮之会稽东南海中，得三百里地封之，生男为狗，女为美人，是为狗封之国也。"袁珂说：封、戎音相近，故犬封国得称犬戎国也。此一神话之详细记录，即晋·干宝《搜神记》之盘瓠(盘瓠)故事。详见"盘瓠"条。◆又以为即《伊尹四方令》所云之"昆仑狗国"。参见"狗国"条。

犬戎国　山海经图　蒋应镐本

【劝善大师】即"泗州大圣"。北宋·张舜民《画墁录》卷八《郴行录》："洞庭湖南有青草庙，一排三殿，中曰劝善大师，乃一僧像；西曰安流大王，东曰昭灵大王。劝善即泗州大圣，昭灵即马援，安流者莫知其为谁。"按南宋·洪迈《夷坚支志·乙集》卷七"劝善大师"条记饶州(今江西鄱阳)东岳行宫有一僧像，祝吏云是："劝善大师。"自六朝以来，冥府中往往有僧人宣扬佛法，劝人为善。东岳大帝自北宋以来在民间即有治冥功能，而东岳在各地的行宫也俨然冥府，此劝善大师工或即冥府中劝善之僧人。

【R】

【ran】

【蚺蛇】清·王士禛《居易录》卷一六：蚺蛇长九十丈者吞蚁（按似指"赤蚁"，见"赤蚁"条），六十丈者吞象，三十丈者吞虎豹。凡蛇盘处，必在壬地。

【然独角】《太平广记》卷三九九引《渝州图经》："渝州仙池，在州西南江津县界，岷江南岸。其池周回二里，水深八尺，流入岷江。古老传者，有仙人姓然，名独角，以其头有角，故表其名。自扬州来居此。池边起楼，聚香草置楼下。独角忽登楼，命仆夫烧其楼，独角飞空而去，因名仙池。"参见"独角"条。

【然逸期】《增补中州集》卷六一王利用《洗橙子然先生碑》：字守约，京兆泾阳人。长慕玄风，礼青阳子桃花陈先生为师。至骊山，遇了真子赵公，默有所契。后游商颜，卜筑三阳草庵。居十岁，西游，住太白延祥观，士庶参谒，持纸幅恳求翰墨者比比。或者辞色颇倨，即书二诗付之，持归披读，了无一字。翌日再诣师席，具白其事，师笑曰："尔元不曾开眼，再读当有所见。"展而视之，墨迹俨然，惊悔拜谢而去。节度使伊喇金紫在邓，病笃，梦异人饮以法水，寤而即愈，命工绘其像，晨昏敬礼焉。闻师过邓，使数人邀于路，至则骇曰："乃梦中所遇之异人也。"出像示之惟肖。

【髯公】汉·东方朔《神异经》：八荒之中有毛人，长七八尺，皆如人形，身及头上皆有毛如猕猴，毛长尺余。见人则瞑目，开口吐舌，上唇覆面，下唇覆胸。喜食人，名曰髯公。俗曰髯丽，一名髯狎。

【髯仙】见"曹熏"条。

【燃丘国】晋·王嘉《拾遗记》卷二：周成王时，燃丘国献比翼鸟，雌雄各一。其国人皆拳头尖鼻，衣云霞之布。经历百余国，五十余年方至京师。发自其国时皆童稚，至京师须发皆白。及还燃丘，容貌还复少壮。

【冉伯牛】宋·俞琰《席上腐谈》卷上：有自中原来者，云北方有牛王庙，画百牛于壁，而牛王居其中间。牛王为何人？乃冉伯牛也。呜呼！冉伯牛乃为牛王！◆按：周耕，孔子弟子，字伯牛。俞琰嘲北方民间不通，其实南方亦有奉冉伯牛为牛王者。《月令广义·岁令一》：牛有牛王之祀，而越俗有谬图冉伯牛之像以祭者。

冉伯牛　历代圣贤半身像册

【冉遗】《山海经·西山经》："英鞮之山，涴水出焉，而北流于陵羊之泽。是多冉遗之鱼，鱼身蛇首六足，其目如马耳，食之令人不眯，可以御凶。"《太平御览》卷九三九引作"无遗之鱼"。郝懿行《笺疏》曰："疑即蒲夷之鱼也，见《北次三经》碣石之山下。"

冉遗　山海经图　汪绂本

【rao】

【饶道亨】南朝时人。《（雍正）湖广通志》卷七五：茶陵（今湖南茶陵）人。梁大同中尝为吏，正直不阿。厌吏事，自免去，修行于舍。梦神人自称老君，云："吾有玉函，在子舍中，当诣云阳山紫微真人学之，则道成。"道亨从之。真人授以斗极天心之法，归，行五七年，救人危难，不可数计。一日仙去。

【饶洞天】《（雍正）江西通志》卷一〇四、《（康熙）临川县志》卷二八：北宋抚州临川（今江西抚州）人。早年为县掾。淳化五年梦神人告曰："汝心公平，名已动天。"梦觉，见华盖山上有五色宝光，上冲霄汉。寻光掘地，得一金函，内有仙经，题曰"天心经正法"。后遇神人指点，令访谭紫霄，遇于南丰（今江西南丰）。一日顿悟玄理，见东岳帝君，授以宝印阴兵。后率众弟子登华盖山之巅，传道后别，遂不知所往。◆按：饶洞天为北宋道教天心派创始人，被称为"天心初祖"。

【饶娥】唐·柳宗元《饶娥碑》："饶娥，饶（饶州，今江西波阳）人，饶姓，娥名。世渔鄱水。父醉渔，风卒起，不能舟，遂以溺死，求尸不得。婢闻父死，走哭水上，三日不食，气尽伏死。明日尸出，鼋鱼鼍蛟浮死万数，塞川下流。人以为神奇，葬娥鄱水西横道上。"按：此亦"曹娥"异说之一。

【饶松】《（顺治）延平府志》卷二〇：宋时沙县（今福建沙县）人。入山采樵遇异人，自是落魄不羁。为人佣工，时亢旱，以锄掘地，水逆流而上，须臾涨溢。后于六月六日坐化，乡人像祀之，凡旱涝灾疫，叩之如响。文天祥率师经其处，士卒饥渴，饶松显形持壶浆劳军，遍饮而壶不竭。事闻，封都天法主饶公佑正天师。

【饶廷直】南宋时人。《仙鉴续编》卷四：字朝弼。建昌南城（今江西南城）人。第进士。绍兴七年，以事过武昌，有所遇，自是不近妻妾，翛然独居。后二年，为邓州通判。金人叛盟，城陷死之。后载其柩还乡，异者觉其轻，然无敢发验者，人以为尸解仙去云。◆明·王世贞《列仙全传》卷五入于唐人，误。

【ren】

【人皇】司马贞补《史记·三皇本纪》："人皇九头，乘云车，驾六羽，出谷口，兄弟九人，分长九州，各立城邑，凡一百五十世，合四万五千六百年。"晋·王嘉《拾遗记》卷一："人皇蛇身九首。"

【人面疮】唐·段成式《酉阳杂俎·前集》卷一五："江表有商人，左臂有疮，悉如人面，亦无他苦。商人戏滴酒口中，其面亦赤。以物食之，凡物必食。食多，觉膊内肉涨起，疑胃在其中也。或不食之，则一臂瘠焉。有善医者，教其历试诸药。金石草木悉试之，至贝母，其疮乃聚眉闭口。商人喜曰：'此药必治也。'因以小苇筒毁其口，灌之，数日成痂，遂愈。"按：此类似"应声虫"故事，可参看该条。◆后世往往将人面疮视为宿冤之鬼所

化。如明·王世贞《弇州续稿》卷一五六有《知玄法师传后》云：唐懿宗时有知玄法师，膝忽生人面疮，一日疮忽语曰："公知袁盎杀晁错乎？公即盎后身，吾乃错也。累世求报，而公十世为高僧，戒律精严，不得其便。今公受赐过奢，名利心起，故能害之。"王世贞之说本于宋人的《佛祖统纪》。又清·王士禛《池北偶谈》卷二〇"卢昭容"条："古月头陀，顺治时两膝忽患疡，痛入骨髓，数日宛成人面，眉目口鼻皆具。一日疮忽人言曰：'我梁时卢昭容也。子害我于洛阳宫，今日报汝，医何能为，诣佛忏悔可耳。'"（明·徐树丕《识小录》卷三则云为罗昭容）又清·俞樾《耳邮》卷一："广东高要县一乡官，曾练民兵备土寇，杀人颇多。癸酉九月膝生一疮，初仅如钱，久而益大，有目有口，粗似人面。一日忽出声曰：'我曾迪也。未尝作贼，因有表兄在贼营作厮养卒，我往视之，留我一饭，汝便以为通贼，枉杀我。我今得请于神，决不恕汝也。'每出一语，痛彻于心。月余竟死。"◆明·王兆云《白醉琐言》卷上有"九虫疮"一条，言有人生九虫疮于股，其虫首如蚓，有口待哺，食尽豕肉一斤，饥则咂其股肉，痛彻心髓。不敢不应其求也。如此数年，身家并瘁而亡。类此。

【人面虎身神】《山海经·大荒西经》："昆仑之丘。有神，人面虎身，有文有尾，皆白处之。"袁珂《校注》以为即《西次三经》之神陆吾。

人面虎身神　山海经图　汪绂本

【人面鸮】《山海经·西山经》："崦嵫之山，有鸟焉，其状如鸮而人面，蜼身犬尾，其名自号也，见则其邑大旱。"

【人面鸟身神】《山海经·中山经》："济山经之首自辉诸之山至于蔓渠之山，凡九山，一千六百七十里。其神皆人面而鸟身。"

人面鸮　山海经图　吴任臣本

【人面牛身神】见"人面马身神"。

【人面马身神】《山海经·西山经》:"自钤山至于莱山,凡十七山,四千一百四十里。其十神者,皆人面而马身。其七神,皆人面牛身,四足而一臂,操杖以行,是为飞兽之神。"

【人面三首神】《山海经·中山经》:苦山少室、太室皆冢也,其神状皆人面而三首,其余属皆豕身人面也。见"豕身人面神"。

【人面蛇身神】《山海经·北山经》:"自单狐之山至于堤山,凡二十五山,五千四百九十里。其神皆人面蛇身。"

【人面兽身神】《山海经·中山经》:"凡厘山之首自鹿蹄之山至于玄扈之山,凡九山,千六百七十里。其神状皆人面兽身。"

【人蛇】清·陈元龙《格致镜原》卷九九引《蛇谱》:人蛇,长七尺,色如墨。蛇头蛇尾蛇身,尾长尺许,而人足人手,长三尺。人立而行,出则群相聚,遇人辄嘻笑,笑已即转噬。然行甚迟,闻其笑即速奔可脱。

【人身龙首神】《山海经·东山经》:"自楸蘧之山以至于竹山,凡十二山,三千六百里。其神状皆人身龙首。"

【人身羊角神】《山海经·东山经》:"自尸胡之山至于无皋之山,凡十九山,六千九百里,其神状皆人身而羊角。是神也,见则风雨水为败。"

【人神】南宋·洪迈《夷坚丙志》卷八"胡秀才"条:胡秀才指上病赘疣,欲灼艾去之。或告曰:"今日人神在指,当俟他日。"胡不听,遂灸焉。七日而创发,皮剥去一重,见有人面在内,如镜所照。竟不起。

人面鸟身神　山海经图　汪绂本

人面马身神　山海经图　汪绂本

人面牛身神　山海经图　汪绂本

人面三首神　山海经图　汪绂本

【人首蛇】清·青城子《志异续编》卷三"人首蛇"条:人首蛇,粤西常有。客经山路行,往往闻唤姓名声,切不可应,应则夜间即来啖之。故饭铺主人客到必问:"今日路上有人唤否?"答曰无有则已,如有,主人即授以一箧,藏诸枕畔。夜睡,蛇来,箧中辄作风雨声。客启箧,有虫飞去,始免于患。翌日,即有一蛇死于店门。或曰:此虫名"飞蜈蚣",又云"葛仙蜂",能制此蛇。否则虽万里之外,亦无他术以避之。故饭店常蓄此以待宿客。◆此与"叫蛇"为一事,见该条。

【人膝怪】梁·陶弘景《古今刀剑录》:"汉章帝建初八年铸一金剑,令投于伊水中,以厌人膝之怪。弘景按:《水经》云伊水有一物,如人膝头,有爪,人浴辄没不复出。"按《水经注·沔水》:"沔水又南与疏水合。水中有物,如三四岁小儿,鳞甲如鲮鲤,射之不可入。七八月中,好在碛上自曝。膝头似虎掌爪,常没水中,出膝头,小儿不知,欲取弄戏,便杀人。或曰:人有生得者,摘其皋厌,可小小使,名为水虎者也。"参见"水虎"条。

【人鱼】《山海经·西山经》言"竹山出丹水,中多人鱼"。郭璞注:"如鳀鱼四脚。"又《北山经》言:"龙

人面蛇身神　山海经图　汪绂本

人面兽身神　山海经图　汪绂本

人身龙首神

人鱼　山海经图　汪绂本

侯之山，决决之水出焉，中多人鱼，其状如鯑鱼四足，其音如婴儿，食之无痴疾。"郭璞注："或曰人鱼即鲵也，似鲶而四足，声如小儿啼，今亦呼鲶为鯑，音啼。"吴任臣《广注》云："鯑鱼、鲵鱼皆名人鱼，此则鲵鱼也。李时珍谓'其声如小儿，故名'，盖即鯑鱼之能上树者。"又《中山经》熊耳山之浮濠之水，传山之厌染之水，阳华之山之杨水，朝歌山之潕水，均多人鱼。

人身羊角神
山海经图　汪绂本

【人足鸟】明·朱谋𬟁《骈雅》卷七："鹕𪃸六足，鹕鹁三首，酸与三足，周周、大首、鸳鸯、数斯，皆人足鸟。

【人祖】❶伏羲。《古今图书集成·山川典》卷二六："据《山水图经》，峄山（在今山东峄县）之西南为凫山，太昊之祠在焉。今土人皆呼为'人祖庙'。又与女皇（女娲）合为夫妇，言天下后世之人皆所自出，真野人语也。"❷秦始皇。顾炎武《山东考古录》："泰山上有人祖殿，不知何取。《三秦记》曰：'骊山颠有人祖庙，不斋戒而往，即风雨迷道。'《长安志》曰：'即秦始皇祠。'盖本之《史记》所云'祖龙者，人之先也'。今《临潼志》以始皇不应祀典，改为三皇庙。"

【忍辱仙人】指释迦牟尼。唐·释道世《法苑珠林》卷九九"忍辱部"："羼提比丘被刑残而不恨，忍辱仙人受割截而无瞋。"元·李冶《敬斋古今黈》卷五："佛可以为仙，故其书称'忍辱仙人'及'金仙'。"

【任敦】《洞仙传》："博昌（今山东博兴）人。少在罗浮山学道，后居茅山南洞，修步斗之道及洞元五符，能役鬼召神，隐身分形。"《罗浮山志》云字尚隐，宋元嘉中居于茅山南洞。

【任疯子】❶金时人。《（雍正）山东通志》卷三〇："黄县人。状貌奇异。师事马丹阳。修炼于莱阳迎仙观。气体充粹，寒暑不侵。人以休咎叩之，发言有验。大定间端坐而逝。❷明时人。明·于慎行《（万历）兖州府志》卷五二："范县人，流寓张秋，独居一室，自称有修炼术。隆冬不寒，大雪落其居即融。客过张秋者多倚舟召之，给以布帛，

疯子受之，下舟即随手分裂，以予贫者。其后不知所终。"明·王世贞《列仙全传》卷八所记有异："范县（今河南范县）人。状貌奇异。为酒家佣，遇异人，授以仙术。经旬不食，隆冬单衣，行乞于市。言休咎皆应。明弘治甲子冬端坐而逝。后有人见于辽阳，意其尸解云。"《（雍正）山东通志》卷三〇云其姓任名山。

【任公子】《庄子·外物》："任公子为大钩巨缁，五十犗以为饵，蹲乎会稽，投竿东海。已而大鱼食之，牵巨钩，鹜扬奋鬐，白波若山。任公子得鱼，离而腊之，自制河以东，苍梧以北，莫不厌若鱼者。"按此任公子本庄生寓言，不意后世遂有"任公子钓台"。南宋·施宿《嘉泰会稽志》卷九："新昌县（今浙江新昌）十五里南岩，世传任公子钓鱼之所。"

【任光】春秋时仙人。西汉·刘向《列仙传》卷上：任光，上蔡（今河南上蔡）人。善饵丹，卖于都市里间，积八九十年，容颜不改。赵简子聘之，与俱归。常在柏梯山上，三世，不知所在。

【任化子】晋·陆云《登遐颂》二十一仙人中有任化子，云："任化凯入，轻车挥止。移形善变，载坐载起。"其人或即"任子季"。

【任可居】唐时道士。《仙鉴》卷四二：不知何

任光　列仙酒牌

许人。年四十，木讷愿谨。师向道荣，受《镇元策灵书》，戒其须十八年后方可示人。经二十年，渐言人休咎，或为禳醮。每占，先令人斋戒向壁，列灯为斗魁之像，坐其前，祸福吉凶，历历如见。唐昭宗大顺中化去。

【任荣】明时人。《(雍正) 山西通志》卷一五九：明时大同人。世业医，至荣益精，尤好神仙术。弘治元年，年六十，无疾而终。次年，乡人过陈州(今河南淮阳)，见荣施药市中。嘉靖间，大同黄令妻父遇荣于伏牛山。万历二年，有人经武当山，见草庵中道士兀坐，自言任荣。后不复见。

【任三郎】唐时人。五代·杜光庭《录异记》卷二：王郚在相国满存幕中时，有客任三郎，独与王亲。居无何。忽谓王曰："或有小失意，即吾子之福也。"又旬月，王忽失主公意，因称疾百余日。任亦时来，一日谓王曰："此地将受灾，官街大树自枯。事将逼矣，叶堕之时，事行也。速求寻医，以脱此祸。"王如其言，乞于关陇已来寻医。不旬，即促行北去。十日至凤州(今陕西凤县)，人言已军变矣。满公归褒中，同院皆死于难，王独免其祸。

【任文公】东汉方士。《后汉书·方术列传》：巴郡阆中(今四川阆中)人，明晓天官风角秘要，为州辟为从事，后为治中从事。能知水旱灾变，以占术驰名。王莽时预知天下大乱，先为备。公孙述时，蜀武担山石折，文公曰："西州智士死，我乃当之。"后三月果卒。益部为之语曰："任文公，智无双。"

【任玄言】唐·牛僧孺《玄怪录》"王煌"条：太原王煌，唐元和间为一女所惑。洛中有道士任玄言，奇术之士，一见煌颜色，即云："所偶非人，乃威神之鬼。宜速绝之，尚可生全。"煌不听。又十余日，王煌遇玄言于南市，玄言告云："君必死矣。明日鬼来，君即死。"遂赠以符，令置怀中，云可见鬼之本形。玄言又谓其仆曰："汝可视尔主，是否坐死。"次日女来，煌以符投之，立变为"耐重鬼"，煌坐而惊死。至日暮，玄言来问其仆，仆言煌乃坐死。玄言曰："此鬼乃北天王脚下耐重也，例三千年一替。其鬼年满，自合择替，故化形为人而取之。煌得坐死，满三千年亦当求替。如卧而死，则终天不复得替矣。"

【任子季】晋·葛洪《抱朴子内篇·仙药》：任子季服茯苓十八年，仙人玉女往从之，能隐能彰，不复食谷，灸斑皆灭，面体玉光。

【任子明】清·王逋《蚓庵琐语》：任子明，嘉兴城南石佛寺里人，信无为教。一日遇一道人，传以运气之法。习之，五六月后息长数刻，年余息可长一炷香时，三年后添至三香，能有吸而不呼。一日正闭目运气，忽闻天地崩裂，周身火热，见山河大地皆成五色。此后冬可浴冰，夏能拥火，沉于水

中，竟日不出。年九十，遍别亲友，瞑目而逝，七日尸不腐，盖尸解云。

【ri】

【日宫天子】佛教诸天。据《佛学大词典》：又作日天子、日神。在印度称为日天，后为太阳神之别称。传入密教后，成为十二天之一。即大日如来为利益众生之故，住于佛日三昧，随缘出现于世，破诸暗时，菩提心自然开显，犹如太阳光照众生，故称为日天。又称"百明利生千光破暗日宫天子"，或作"日光天子"，即日神。

日宫天子　山西稷山青龙寺

【日光菩萨】即"日光遍照菩萨"，"东方三圣"之一，为药师佛即"药师琉璃光如来"之左胁侍。

【日精】《晋书·刘元海载记》："匈奴左贤王刘豹，妻呼延氏，魏嘉平中祈子于龙门，俄而有一大鱼，顶有二角，轩鳍跃鳞而至祭所，久之乃去。其夜，梦旦所见鱼变为人，左手把一物，大如半鸡子，光景非常，授呼延氏曰：'此是日精，服之生贵子。'自是十三月而生元海，左手文有其名，遂以名焉。"唐·段成式《酉阳杂俎·前集》卷二："李母本元君也，日精入口，吞而有孕，七十二年而生老子。"

【日林国】梁·任昉《述异记》卷下：日林国有神药数千种，其西南有石镜方数百里，光明莹彻，可鉴五脏六腑，亦名仙人镜。国中人若有疾，辄照其形，遂知病如何脏腑，即采神药饵之，无不愈。其国人寿三千岁，亦有长生者。

【日神】《云笈七签》卷二三《老子历藏中经》："日、月者，天地之司空、司徒也。日姓张名表字

长史。月姓文名申字子光。"《云笈七签》卷一八《老子中经上》："日神月神主司天子人君之罪过，使太白、辰星下治华阴、恒山。"◆按：中国日神甚多，然以"日神"为名者似仅此。

【日值神】道教天神名，一年三百六十日，各由一神将值守，监视人间鬼神杂事。《云笈七签》卷一四："存念善道，远离恶道，往来出入，当呼今日日神姓名字云：某送我去来。如是呼之，乃行其道。直日神与人同行神道，众恶不干，能却百鬼，不逢恶毒。又奏表上谒贵人，皆书符持怀中，三呼'直日之神，与我同行！'入疾病家、死生家，置符于怀中，遇阴日右畔，阳日左边。"据沈平山《中国神明概论》第三章，又有一月三十天各有二"日值神"者：初一为王文卿、虎贲将，初二为张仲卿、司马卿，云云，多属无稽。

【日主】即日神，古代齐国所祀"八神"之一，祀地为成山（即盛山，在今山东荣成），在齐极东北隅，入于海，为迎日出最早之处。

【rong】

【戎】《山海经·海内北经》："戎，其为人，人首三角。"

【戎宣王尸】《山海经·大荒北经》："大荒之中有山，名曰融父山，顺水入焉。有赤兽，马状无首，名曰戎宣王尸。"郭璞注："犬戎之神名也。"任臣《广注》案："此神兽状，非真兽也。"

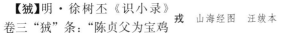

戎　山海经图　汪绂本

【狨】明·徐树丕《识小录》卷三"狨"条："陈贞父为宝鸡令，尝见鬻皮于市，似猿猱而长尾，尾色红。问之，曰狨也。云来林间如飞，猿猱之族，千百为群，出采山核，狨至，莫不俯首帖服，不敢张目视。狨历视其肥脺者，取小石或落叶识其首。啖且饱，狨卧或它去，猿猱散走。其首识者惴惴待牙吻，不敢动。其黠者乘间窃取首所识移之邻，已得脱去而邻代之矣。"清·钮琇《觚剩·续编》卷四则云生于"东粤山中"，"柔毛，善缘木"，

戎宣王尸　山海经图　汪绂本

未闻其以猕猴为食也。而陈恭尹《狨赋》曰："唯猴与狨，若见大吏，唇战爪缩，相泣而跪。狨呼猴前，膝行蒲伏。伸手探囊，扪胸抵脊，验其腰腹，孰肥孰瘠。瘠者还去，肥者戴石。使其湔洗，使自拔毛须臾之间，饫彼贪饕。"按：此赋虽意在讥刺贪吏，但类似传说多见于记载。如清·袁枚《子不语》所记"石掬"亦与狨相类。

【荥阳】北宋时人。《仙鉴》卷五二：东平（今山东东平）人。常鬻墨于市，人称为二郎。后游蜀至尤县，预知明年南蛮入犯。宣和初诏求异人，乘传至京都，上访以所学，不对，赐钱十万遣归，复还于蜀。平居不食，惟饮酒。饮于酒肆，举袂若有所招，俄而袂中出钱倾几上，正与酒值相当。能以术为人治病。多言唐五代事。高宗绍兴中于青城山化去。

【容成】即"容成子"。《云笈七签》卷一〇〇《轩辕本纪》，言黄帝时有女娲之后容成氏，善知音律，始造律历。按此容成氏即"容成子"条所云之"有道知律"之容成子。而《史记·历书》"索隐"云："黄帝使羲和占日，常仪占月，臾区占星气，伶伦造律吕，大挠作甲子，隶首作算数，容成综此六术而著《调历》也。"是容成又不仅识音律而已。

【容成公】西汉·刘向《列仙传》卷上："自称黄帝师，见于周穆王。善补导之术，取精于玄牝，其要，谷神不死，守正养气者也。发白更黑，齿落更生。事与老子同，亦云老子师。"◆晋·葛洪《神仙传》卷七："容成公者，字子黄。行元素之道，年二百岁，善房中之术。"◆又作容成先生，《（雍正）福建通志》卷四："容成先生，黄帝时人，尝栖太姥山（今福建福鼎南）炼药，后居崆峒，黄帝师之。"按《列仙传》有"容成公者自称黄帝师"语。◆容成公所修为采阴补阳之术，即所谓御女术。《汉书·艺文志》有《容成阴道》二十六卷，

容成公　列仙全传

当即此类方术。《后汉书·方术传》："甘始、东郭延年、封君达三人者，皆方士也。率能行容成御妇人术，或饮小便，或自倒悬，爱啬精气，不极视大言。"◆又有误以容成公为商容者，则是与《封神演义》相附会的结果，如仇德哉《台湾之寺庙与神明（二）》："台湾奉祀之护国尊王，除谢安、黄武惠外，尚有商容公，为周代武将。商容公即为一般神仙传略中之容成，又称商容、商成公、容成子。系商纣时大夫，因直谏国事，为纣王所贬。周武王克商，表其闾。"王叔岷《列仙传校笺》："容成公亦称容成子，盖即广成子。《列子·汤问》'黄帝与容成子居崆峒之上。'《艺文类聚》九十七引'容成子'作'广成子'。"

【容成子】❶《云笈七签》卷一〇〇《轩辕本纪》云："容成子，有道，知律者，女娲之后。"又云："帝使容成子为乐师，帝作《云门》《大卷》《咸池》之乐。"是此容成子即容成氏。而同文又言有容成公者，云善补导之术，与《列仙传》"容成公"条同，则与容成子又系二人。❷东周时又有一容成子。晋·王嘉《拾遗记》卷三："周灵王起昆昭之台，用苌弘之言，以招天下异能之士，时有容成子谏曰：'大王以天下为家而染异术，使变夏改寒，以诬百姓，文、武、周公不取也。'于是王乃疏苌弘而求正谏之士。"

【融州异蛇】南宋·洪迈《夷坚甲志》卷二〇：马扩谪融州，居天宁寺，营厕于竹间。尝持矛如溷，闻若有叱之者，周视之，则无人焉。复闻再叱声，乃一蛇在屋角，开口吐舌，头如斗大。马撄之以矛，刃入于栋，亟出唤仆共视，蛇已死，但不见其体。注目寻索，仅如细绳，缠檐桷数十匝。取以视邦人，虽老人亦无有识其为何等蛇者。

【rou】

【柔利国】《山海经·海外北经》："柔利国在一目东，为人一手一足，反膝，曲足居上。一云留利之国，人足反折。"郭璞云："一脚一手反卷曲也。"袁珂《校注》按："《大荒北经》之牛黎之国，有人无骨，即柔利国。牛黎、柔利音皆相近。"《淮南子·坠形训》海外三十六国，有"柔利民"。即此。晋·张华《博物志》卷二："子利国，人一手二足，拳反曲。"与柔利国相近，唯足为二。

【肉翅虎】清·王士禛《居易录》卷一六："肉翅虎出石抱山。晨伏宵出，比虎差小，翅如蝙蝠，身如虎文，飞而食人。其皮可辟鬼物。"清·陆祚蕃《粤西偶记》："肉翅虎产峒溪中，肋有双翅，下山食人，食已飞去，人莫能捕。"

柔利国　山海经图　蒋应镐本

【肉身土地】清·东轩主人《述异记》卷下：严州（治在今浙江建德东）山中有土地庙，夜有人卧香案下，夜半，见虎入庙，问土地明日应啖何人，神言："明日有人从某方来，身白衣，拍扇高歌者，是汝口中之物也。"其人明日持巨梃候之，果有人如神言，乃戒令他往。虎果突至，奋梃搏击，遂毙虎。乘怒趋至庙中，骂土地神曰："汝受地方香火，不保佑民生，乃教虎食人，此位还该是我坐。"遂推仆土地而踞其位，嗒然而逝。土人遂即其身装塑供养，号肉身土地。至今此地无虎患。◆又见清·陆长春《香饮楼宾谈》卷一，但事则为山西宁武县也。◆按：此与"邓公庙神"事相同。可参见该条。

【肉芝】晋·葛洪《抱朴子内篇·仙药》："五芝者，有石芝，有木芝，有草芝，有肉芝，有菌芝，各有百许种也。肉芝者，谓万岁蟾蜍，头上有角，颔下有丹书八字再重，千岁蝙蝠，色白如雪，此二物得而阴干末服之，令人寿四万岁。千岁灵龟，五色具焉，火炙捣服，寿千岁。行山中，见小人乘车马，长七八寸者，肉芝也，捉取服之即仙矣。风生兽似貂，取其脑以和菊花服之，尽十斤，得五百岁也。又千岁燕，服一头五百岁。凡此又百二十种，此皆肉芝也。"《太平广记》卷二四"萧静之"："兰陵萧静之，掘得一物，类人手，肥而且润，其色微红，叹曰：'岂非太岁之神，将为祟耶？'即烹而食之，美，既食尽，逾月而齿发再生，力壮貌少，而莫知其由也。偶游邺都，值一道士，曰：'子所食者肉芝也，生于地，类人手，肥润而红，得食者寿同龟鹤矣。然当深隐山林，更期至道，不可自混于臭浊之间。'静之如其言，舍家云水，竟不知所之。"

【ru】

【如来佛】"如来"为佛十号之一，即佛之尊称，故既称"如来"，则无须再有"佛"字，而中国民间已经习惯称释迦牟尼为"如来佛"。释迦或称世尊，佛教之祖师。"佛"者，汉言觉也，谓觉悟群生也。释迦佛之前已有六佛，一曰毗婆尸，二曰尸弃，三曰毗舍浮，四曰拘留孙，五曰拘那舍牟尼，六曰迦叶。释迦之后称为佛者，数以千计，而佛教奉为祖师者，唯释迦牟尼。释迦，其号也，牟尼，其名也。本名悉达多，姓瞿昙，为刹帝利种姓。其父为迦维罗越国净饭王，母名净妙，又名摩耶。甫生坠地，即作狮子吼，一手指天，一手指地，周行七步，目顾四方，曰："天上天下，惟我独尊。"释迦生七日，母摩耶弃世。释迦为太子时，娶有三夫人，生一子，名罗睺罗。年十九，逾城出家学道，先居檀特山，嗣居雪山，后至舍卫国。每日身披袈裟，手持钵盂，跣足入城，沿家乞食。乞已，出城，归孤独园佛说法处，与千二百弟子同居。在世行道四十九载而涅盘。道教则云释迦佛系李老子化身。盖老子于周昭王时，西往至天竺维卫国，国王夫人净妙昼寝，老子乘日精入其口中，净妙遂梦六牙白象而孕。所谓"老子化胡"也。

【如愿】梁·宗懔《荆楚岁时记》卷一："正月，以钱贯系杖脚，回以投粪帚上，云令如愿。"注引五代·杜光庭《录异记》云："商人区（一作欧）明过彭泽湖，有车马出，自称青湖君，邀明过家，厚礼之，问何所须，有人教明乞'如愿'。青湖君甚惜如愿，不得已许之，乃一少婢也。即归，商人或有所求，如愿并为得之，数年即大富。后至正旦，如愿起晚，商人以杖打之，如愿以头钻入粪中，渐没失所。后商人家渐贫。今北人正旦夜立于粪扫边令人执杖打粪堆，又以细绳系偶人投粪扫中，云'令如愿'者，亦为如愿故事耳。"《太平广记》卷二九二引《博异录》略同，唯青湖君作清洪君。末云："正月岁朝，鸡初一鸣，呼如愿。如愿不即起，明大怒，欲捶之。如愿乃走于粪上，有昨日故岁扫除聚薪，足以藏人。如愿乃于此逃，得去。明谓逃在积薪粪中，乃以杖捶粪使出。又无出者，乃知不能得。因曰：'汝但使我富，不复捶汝。'今世人岁朝鸡鸣时，辄往捶粪，云'使人富'。"唐·冯贽《云仙杂记》卷一○："今人正旦以细绳系绵人投粪扫中，云'乞如愿'。"南宋·范成大《吴郡志》卷二记年俗，于除夜天向明时，持杖击灰积，有祝词，谓之"打灰堆"，盖彭蠡庙中如愿故事。清·牛应之《雨窗消意录》卷三及纪昀《阅微草堂笔记》卷二二载吴锺侨之《如愿传》，大

抵据旧说敷衍，而别有寓意，可参看。◆按：如愿故事本生于"捶粪"之俗，非捶粪之俗生于如愿故事也。捶粪本农事所需，将其民俗化、游戏化，正有寓农于乐之意。

【茹荣】唐时人。明·曹学佺《蜀中广记》卷七三：新都（今四川新都）县南十里有龙门山，北有洞府灵湫，乃古龙君隐显之地。后灵池县有开元村有茹荣者，十五览群书，为县吏，亲终庐墓，感慈乌白兔、紫芝瑞草。宝历二年，敕旌其孝。及冠不娶，貌不少衰。六月十五日，雷雨大震，空中闻仙乐之音，荣升于半霄之上，谓父老曰："吾乃龙门柏茂山龙也，托生茹氏，化行孝道，功行已就。今奉玉敕上升矣。"言讫飘然而没。按《古今集记》，成都县南十里龙门山有白龙庙，传为茹荣孝感飞升处，号白龙神君。

【儒童菩萨】佛教说孔子为儒童菩萨。明·徐应秋《玉芝堂谈荟》卷一六"儒童菩萨"条："溧水县南七十五里，相传有儒童寺，本孔子祠，唐景福二年立，以孔子适楚经此，南唐改曰儒童寺。故唐杜嗣先有'吉祥御宇，儒童衍教'之说，李义山文：'儒童菩萨，始作仲尼；金粟如来，方为摩诘。'张文成《什迦像碑》：'儒童毓庆，阙里生叹凤之君；摩诃降迹，苦县诞犹龙之彦。'杨炯《孔子庙碑》：'净光童子，来游震旦之郊；乾象明灵，俯下庖牺之国。'"

【蓐收】《山海经·西山经》："泑山，神蓐收居之。"又《海外西经》："西方蓐收，左耳有蛇，乘

蓐收 山海经图 蒋应镐本

两龙。"郭璞注云："金神也。人面，虎爪，白毛，执钺。见《外传》。"《外传》即《国语》，按《晋语》："虢公梦在庙，有神人面白毛虎爪，执钺立于西阿，公惧而走。神曰：'无走！帝命曰：使晋袭于尔门。'公拜稽首，觉，召史嚚占之。对曰：'如君之言，则蓐收也，天之刑神也，天事官成。'"又

《太公金匮》云："西海之神曰蓐收。"《云笈七签》卷一八《老子中经上》："西方之帝，名曰蓐收。"详见"金神"条。

【ruan】

【阮丘】汉·刘向《列仙传》卷上："睢山上道士，衣裘披发，耳长七寸，口中无齿，日行四百里。于山中种韭葱百余年，时下山卖药。后度广陵人朱璜入道。"按：西汉·刘向《列仙传》卷下作"黄阮丘"。

【阮十六】南宋·洪迈《夷坚三志·己集》卷四：邹师孟为徐州萧县（今安徽萧县）白土镇窑户之首，总领三十余窑，陶匠数百。一匠名阮十六，禀性灵巧，制作规范过人，又廉谨。师孟爱之，妻以女。历数岁，生男女既皆长大，而阮之年貌不少衰。阮出外，登山陟巘，不持寸铁，未尝惧虎狼。一日忽云思亲，云："如要见我，只来州城下宝宁寺罗汉洞伏虎禅师边求我。"翩然别去。后二年，其妻至罗汉洞寻之，伏虎罗汉旁一土偶，容色体态，宛然阮生。

【阮肇】见"刘晨"条。

【rui】

【蕊宫仙史】清·乐钧《耳食录》卷一："乾隆间，金溪（今江西金溪）杨英甫为扶鸾之戏，有仙降坛，署曰蕊宫仙史。自叙为宋祥符间人，姓薛名琼枝，湘潭人，年十七，赍恨早逝，上元夫人命居蕊宫，掌玉女名录云云。"按：明清时士大夫为扶鸾之戏者，往往假托某某仙女之名降坛，其名目多为杜撰，道教中未必有此仙也。

【run】

【闰八相公】《重修婺源县志》：明初，邑人余海阳猎射麂母，其子抱母号而死。余感悟，引枪自杀，其仆胡仲亦以身殉。遂成神。俗称闰八相公。太仆余一龙为立庙于沱川之充头。

【润济侯】道藏本《搜神记》卷四：侯乃后魏贺（原文如此）房将军，韦原。尝行师屯汾州白彪山，苦躁渴不得水，军心汹汹。侯乃下马，礼天吁神，以死自誓。忽马跑，地出泉。自是灵源融液，灌溉者资其利。邑人为立庙于白彪山前，灵应特异。宋真宗赐庙额曰"水泽"，封为润济侯。

【ruo】

【若士】古仙人。《淮南子·道应训》："卢敖游北海，至蒙谷之上，见若士焉，方迎风而舞。敖与之语，若士曰：'吾与汗漫期于九垓之上，不可以久驻。'乃举臂竦身，遂入云中。"晋·葛洪《神仙传》卷一："若士者，古之仙人，莫知其姓名。"余与《淮南子》同而文稍繁。◆按：东汉·王充《论衡·道虚篇》云："卢敖学道求仙，游乎北海，离众远去，无得道之效，惭于乡里，负于论议。自知以必然之事见责于世，则作夸诞之语，云见一士，其意以为有仙，求之未得，期数未至也。"

【S】

【sa】

【**萨守坚**】北宋时人。《三教源流搜神大全》卷二：萨真人，名守坚，蜀西河人。少有济人利物心，尝学医，误用药杀人，遂弃医道。闻江南三十代天师虚静先生及林（灵素）、王（文卿）二侍宸道法，步往师之。行囊已尽，路遇三道人，云天师及二侍宸已化去。萨方怅恨，一道人云："继任天师道法亦高。"另一道人与棕扇一把，曰："有病者扇之即愈。"萨真人至信州（今江西上饶），见天师投信，举家皆

萨守坚 列仙全传

哭，乃虚静天师手笔也。于是真人道法愈显。尝经潭州（今湖南长沙），居民先一日闻神告曰："真人提刑，明日至。"次日入侯于途，只见真人携瓮笠至，而身悬"提点刑狱"之牌。继至湘阴县浮梁，见人用童男童女生祀本地庙神。真人怒焚其庙，闻空中语："愿法力常如今日！"至龙兴府，江边濯足，见水有神影，黄巾金甲，左手拽袖，右手执鞭。真人曰："尔何神也？"答曰："吾乃湘阴庙神王善。真人焚吾庙后，吾相随一十二载，只待真人有过，则复前仇。今真人功行已高，职隶天枢，望保奏以为部将。"于是真人命其立誓，遂收为部将。后真人至涪州（明·王世贞《列仙全传》为"闽"，《仙鉴》为"漳州"），天将现形，降天诏命真人为天枢领位真人（《仙鉴》云：诏居天枢，领位都天宗主大真人）。真人遂尸解。◆按：萨守坚当为宋

徽宗时一道士，而从张虚靖、林灵素、王侍宸辈学道者。至明永乐中，京师建天将庙，宣德中改庙为火德观，封萨守坚为崇恩真君，王灵官（即萨之部将王善）为隆恩真君，合称二真君。成化间改观为宫，加"显灵"二字，四季更换袍服，每万圣节、正旦、冬至及二真人示现之日，皆遣官致祭。其崇奉至此而极。

【**萨守贞**】《（雍正）山西通志》卷一五九：宋汾阳（今山西汾阳）人。少有济人利物志。尝学医，误用药伤人，遂弃而学道，遇三十代天师张虚静及林、王二侍宸，各授以法。自称汾阳萨客。◆按：此为"萨守坚"之误。

【san】

【**三部八景二十四神**】参见"身神""八景神童"条。《云笈七签》卷八〇有"三部八景二十四住图"，并载诸神名目如下。上部八景神：第一景聪明神，名觉元子，字道都，色白；第二景发神，名玄父华，字道锋，色玄；第三景紧肤神，名通众仲，字道连，色黄；第四景目神，名灵坚生，字道童，五色；第五景项髓神，名灵护盖，字道周，色白；第六景膂神，名益历辅，字道柱，白玉色；第七景鼻神，名仲龙玉，字微，青黄白三色；第八景舌神，名始梁峙，字道岐，色赤。中部八景神：中真一景喉神，名百流放，字道通，九色；中真二景肺神，名素灵生，字道平，色白；中真三景心神，名焕阳昌，字道明，色赤；中真四景肝神，名开君童，字道青，色青；中真五景胆神，名龙德拘，字道放，色青黄；中真六景左肾神，名春元真，字道卿，五色；中真七景右肾神，名象它元，字道主，白黑色；中真八景脾神，名宝无全，字道骞，正黄色。下部八景神：下真一景胃神，名同未育，字道展，黄色；下真二景肠神，名兆腾康，字道还，黄赤色；下真三景大小肠神，名逢送留，字道厨，赤黄色；下真四景胴中神，名受厚勃，字道虚，九色；下真五景胸膈神，名广瑛宅，字道仲，白色；下真六景两胁神，名辟假马，字道成，赤白色；下

真七景左阳神，名扶流起，字道圭，青黄白色；下真八景右阴神，名包表明，字道生，青黄白色。

【三虫】即"三尸"，见"三尸神"条。

【三大王】清·慵讷居士《咫闻录》卷二：广信府署有"三大王"者，蛇也。大与二相传已化龙去，其三者犹潜于署。不常见，见则官必升擢，人必发财。署之东西角门封闭不开，开则有奇异，以为两门乃蛇眼也。署后有小庙，即供三大王之位。

【三朵花】南宋·洪迈《夷坚支志·乙集》卷四："《东坡集》云：'房州（今湖北房县）有异人，常戴三朵花，莫知其姓名，能作诗皆神仙意。又自能写真，人有得之者。'人称三朵花先生。腰间有竹囊，视之空无一有，至酒肆，随手取钱不尽。绍兴中有剧贼亦名'三朵花'，意欲冒其名以惑众也。"按：所引《东坡集》，见卷一二《三朵花》诗之小序。

【三恩主】仇德哉《台湾之寺庙与神明（四）》：台湾地区合祀关圣帝君、孚佑帝君（吕洞宾）、司命真君（灶君），称三恩主，或称关吕张三恩主、关吕张三圣、三相恩主、三尊恩主。如加上诸葛亮，则称四恩主；如加王灵官、岳飞，则称五恩主。

【三姑】即三尸。唐·段成式《酉阳杂俎·前集》卷二："三尸一日三朝：上尸清姑，伐人眼；中尸白姑，伐人五脏；下尸血姑，伐人胃。"详见"三尸神"条。

【三姑神】❶即"陈三姑娘"，见"陈三姑"条。❷蚕神。金·元好问《续夷坚志》卷三记大明川有蚕神三姑庙。❸即青溪神。南宋·程大昌《演繁露》卷一三："建康青溪有庙，中塑三妇人像。《舆地志》谓为青溪姑。其在南朝数尝见形。今《建康志》因曰：'隋晋王广尝即其地斩张丽华、孔贵嫔，因并青溪姑者数以为三，俗亦呼三姑庙。'此说非也。按梁·吴均《续齐谐志》：会稽赵文韶宋元嘉五年为东宫扶侍，居青溪，夜遇妇人携二婢过之，女赠金簪，文韶报以银碗琉璃，比明至青溪庙中，见碗已在焉。庙中女姑神像青衣婢侍立，乃夜来所见。"❹宋·鲁应龙《闲窗括异志》："华亭县（今上海松江）北七十里有淀湖，山上有三姑庙。每岁湖中群蛟竞斗，水为沸腾，独不入庙中。神极灵异。"元·徐硕《至元嘉禾志》："三姑祠在府南七十里。按《吴地志》秦时有女子入湖为神，即此祠也。淀山湖中普王寺三姑祠灵甚，湖旁三数十里田者与往来之舟皆祷焉。故老相传秦时人，姓邢氏，女兄弟三人，谓即柘湖所祠也。"参见"邢三姑"条。❺紫姑神亦称"三姑"。《东坡集》有《仙姑问答》一则记其降紫姑事："仆尝问：'三姑是神耶？仙耶？'三姑曰：'曼卿之徒也。'欲求其事为作传。三姑曰：'妾本寿阳人，姓何名媚，字丽卿'"云云。按曼卿，石曼卿，死后为鬼仙。❻《（雍正）山西通志》卷一六五："三姑庙，在汉高山上。相传汉高祖征陈豨，驻兵于此，随驾三宫娃留驻山中，修真得道。土人立祠祀之。故附近山村多三姑庙。"

【三官】❶道教大神，即天官、地官、水官，合称三官大帝。又称三元，即上元天官、中元地官、下元水官，故亦合称三元大帝。东汉末年，张衡（或作张修）创五斗米

三官大帝 河北石家庄毗卢寺

道，为人请祷治病。"请祷之法，书病人姓名，说服罪之意，作三通，其一上之天，其一埋之地，其一沉之水，谓之三官手书。"（《三国志·魏书·张鲁传》注引《典略》）从此三官为道教徒所信奉。至北魏，寇谦之取三官配以三首月，为三元，即上元正月十五日祀天官，中元七月十五日祀地官，下元十月十五日祀水官。后又有天官赐福、地官赦罪、水官解厄之说，故《三教源流搜神大全》记三官尊号为：上元一品天官赐福紫微帝君、中元二品地官赦罪青灵帝君、下元三品水官解厄旸谷帝君。道书又有称为上元十天灵官、中元九地灵官、下元水府灵官者。◆三官信仰之由来，当系古人对天地水之自然崇拜，而自为道教所人神化，遂造作"神迹"。《三教源流搜神大全》卷一云："有陈子梼（一说名子椿）者，娶三龙女，各生一子，俱神通广大，法力无边，被元始天尊封为三官大帝，掌赐福、赦罪、解厄事。"而清·徐道《历代神仙通鉴》卷四则云："元始天尊于三元日各吐一子，即尧、舜、禹，为人间帝王，有功于民，遂封为三官大帝：上元为九气一品天官，处玄都元阳九气七宝紫微上宫，总主上宫诸天帝王、上圣高真、森罗万象星君。中元敕为七气二品地官，居九土无极世界洞空清虚之宫，总主五岳诸神，并二十四山川、九地土皇、四维八极诸神。敕下元五气三品水官，来往

洞元风泽之气、晨浩之精、金灵长乐之宫，总主九江三溇、三河五海十二溪真圣帝君。"◆又自唐以来，即有于三元日禁断屠宰之令，至宋初，用术士苗守信言，三元日不可以断极刑事。◆后世又有益"三官"为"四官"者，清·刘献廷《广阳杂记》卷四云："辛未秋，予寓汉上。时卧处有四官像，乃天、地、水、火也。三官始于黄巾，而道士家因之。不知何时益之以火，汉口皆是。"◆闽台一带称三官为"三界公"。❷酆都三官。梁·陶弘景《真诰》卷一三："酆都六天宫，二天宫各立一官，六天凡立三官。三官如今刑名之职，主诸考谪，常以真仙司命兼以总御之也，并统仙府，共司生死之任也。"此三官实为五斗米教之天地水三官之改造，把民间的三官上层社会化。而其在道教中的地位则已下降为酆都北帝之下的属员。按《真诰》卷一五："夏启为东明公，文王为西明公，邵公为南明公，季札为北明公，四时主四方鬼。至忠至孝之人，命终皆为地下主者，有上圣之德，命终受三官书，为地下主者，一千年，乃转三官之五帝，复一千四百年，方得游行太清，为九宫之中仙。又有为善爽鬼者，三官清鬼者，或先世有功，在三官流。逮后嗣易世练化，改世更生。此七世阴德，根叶相及也，命终当道遗脚一骨以归三官，余骨随身而迁。男左女右，皆受书为地下主者，二百八十年，乃得进处地仙之道矣。"云云，其中所说之"三官"，均为酆都三官。按三官既为阴官，人死后则赴三官考校，此与早期天师道道规有关，而六朝时言阴官多及三官，如《真诰》卷七"许贱为仇家所杀，今在水官，讼在三官求对考。""死生之事，三官秘禁，不宜外示"等。❸岱宗三官。《真诰》卷一三引《消魔经》云："岱宗又有左火官、右水官及女官，亦名三官，并主考罚。令三茅君通掌之。"按：此三官与五斗米教三官职能相同，亦为演变而成。❹《三教源流搜神大全》以吴客三真君唐、葛、周为三元。清·翟灏《通俗编》卷一九云："谢氏《文海披沙》、郎氏《七修类稿》各以木金水臆说傅会《道藏》，谓三官俱周幽王谏臣，一曰唐宏，一曰葛雍，一曰周实，皆未有实征也。"详见"吴客三真君"及"天门三将军"条。❺明·王圻《稗史汇编》卷一三三"三官神"："湖湘间事三官神甚谨，多获征报。"此三官则不知所指。

【三官大帝】见"三官"条❶。

【三官清鬼】唐·段成式《酉阳杂俎·前集》卷二：又有为善爽鬼者，三官清鬼者，或先世有功，在三官流。逮后嗣易世练化，改氏更生。此七世阴德，根叶相及也。命终当道遗脚一骨以归三官，余骨随身而迁。男左女右，皆受书为地下主者，二百八十年，乃得进处地仙之道矣。◆按：此为酆都系统冥府三官之属员，参见"三官"条❷。

【三官神】即"水府三官神"，见该条。

【三侯】南宋·费衮《梁溪漫志》卷一〇"临安旌忠庙"：绍兴初，张、杨、郭三大将建永乐三侯庙于临安柴垛桥之东，赐额旌忠，各有封爵。三侯者，高将军名永能，程阁使名博古，景崇仪名思谊。皆为国死于西陲。旧庙建于延安之肤施县。三侯既庙食西边，每王师与虏战，屡施阴助，诸将来东南讨方腊，亦著灵异。故相与作庙于临安，庙初成，有匠者醉溺于庭，立死。时时有三蛇出没殿庑，或行庭下，大者长尺许，鳞鬣齿爪悉具，通身小方，胜如金色；其次长八九寸；又其次稍小，自首至尾其脊皆有金线，身纹尽同，惟次者尾稍秃。天宇晴明，变化数百，往来游戏于庭卉芭蕉间，或缘幡而上。人或谓为"陕西三龙王"，盖三侯以节死，其英魂忠魄变幻飞潜，无所不可。

【三皇】❶"三皇"一词最早见于《吕氏春秋·贵公》等篇，然无具名。至《史记·秦始皇本纪》始有天皇、地皇、泰皇之说。而纬书《春秋保乾图》则云："天皇、地

三皇 河北石家庄毗卢寺

皇、人皇，兄弟九人，分为九州长天下也。"《尚书大传》以燧人、伏羲、神农为三皇。东汉·班固《白虎通义》以伏羲、神农、祝融为三皇。《春秋运斗枢》及《春秋元命包》皆以伏羲、女娲、神农为三皇。皇甫谧《帝王世纪》以伏羲、神农、黄帝为三皇。唐·司马贞补《史记·三皇本纪》以伏羲、女娲、神农为三皇。至后世道家又将"三皇"分为初三皇、中三皇、后三皇三组，而常说的三皇仅为后三皇。❷又道书云太微星内有三皇：一曰皇君，二曰天皇，三曰皇老。即三元之气、混沌之真，在太微总领符命。❸后世以三皇为医王。按《元史·祭祀志五》："元贞元年，初命郡县通祀三皇。太昊伏羲以勾芒配，炎帝神农以祝融配，轩辕黄帝以

风后配。黄帝臣俞跗以下十人姓名载于医书者并从祀。如宣圣释奠礼，以医师主之。"吴澄《宜黄县三皇庙记》曰："医有学，学有庙，庙以祀三皇，肇自皇天，前此未有也。"至永乐间别建三皇庙，十医从祀，以医官主之，以为万世医药之祖，遂与历代帝王并祀不废矣。据明·沈德符《万历野获编·补遗》卷三："明嘉靖间，诏修三皇庙，正位以伏羲、神农、黄帝，配位以勾芒、祝融、风后、力牧四人，从祀为季天师、岐伯、伯高、鬼臾区、俞跗、少俞、少师、桐君、太乙雷公、马师皇十人，拟于孔庙之十哲。"是时三皇庙与文庙、武庙并为三大祀，鼎立于京师。清·王峻《苏州府志》："医王庙旧称三皇庙，祀伏羲、神农、黄帝，康熙二十八年并祀夏禹，三十年知府请以岐伯、伯高、鬼臾区、少俞、少师、雷公配。"◆南宋·何薳《春渚纪闻》卷三："大观中，綦革先生往甘陵，过北州河滩，见三老人，皆布裘青巾，独坐而语，神矩清峻。即前揖之，一老人曰：'时将乱，汝之业儒竟无补于事，当求遁世修真，超脱尘累也。'革再拜而前行，约二十里，见一丛祠，其榜乃三皇阆宫，仰视塑像，俨然河滩三老人也。"按：此则不知为何种三皇也。

【三皇仙姑】《（康熙）金华府志》卷二二："三皇时仙姑，相传为轩辕黄帝少女。曾于仙华山修真上升，故山与庙俱以仙姑名。祈祷辄应，宋时赐额曰昭灵。"详见"黄帝少女"条。

【三魂】"三魂"一词始见于晋·葛洪《抱朴子内篇·地真》，然无具名。《云笈七签》卷五四："人身有三魂，一名胎光，太清阳和之气也，属之于天常，久居人身中，则生道备矣；一名爽灵，阴气之变也，属之于五常，常欲人机谋万物，多生祸福灾衰弄害之事；一名幽精，阴气之杂也，属之于地，常欲人好色嗜欲。"又云："正一真人（张道陵）告赵升曰：'三魂又谓之三命，一主命，一主财禄，一主灾衰。一居天上本属宫宿，一居地府五岳中，一居水府。'"

【三将军】❶指唐、葛、周三将军，见"天门三将军"条。❷清·采蘅子《虫鸣漫录》卷二：江西建昌府（今江西南城）蛇神号三将军者，最为灵应，与抚州青蛙神相似。幕友陆梅溪患病，时见鬼物，其妻默求三将军而愈。相传神栖于府署后园，夜巡击柝者往往遇之。唯仅有担水人出汲于井旁，遭蛇啮，祝曰："我未开罪于神，何以见责？"次日，即有一蛇毙于途，似遭神殛者。❸又民间祠宇以"三

将军"名者不一，多见于方志笔记，如南宋·洪迈《夷坚支志·丁集》卷七有"三将军"条，云有僧自随州大洪山归至江西浮梁，携归石拓三将军神像纸本，赠与某寺主持。遂据纸本雕为木像，竟有灵应。

【三戒庙】即"三界神"庙，见该条。

【三界神】广西地方丛祠。清·屈大均《广东新语》卷六："广有三界神者，人有争斗，多向三界神乞蛇以决曲直，蛇所向作咬人势者则曲，反之则直。或以香花钱米迎蛇至家，囊蛇而探之，曲则蛇咬其指，直则已。又或有寇仇，于神前书其人年生八字，以碗覆之。神前碗大小纷然，无有敢动其一者。"清·清凉道人《听雨轩笔记》卷二："神冯姓，生于北宋时。生前神异，死后感应，俗称游天得道三界之神。庙祀是处皆然，而梧州之祠最盛，拜祷者无虚日。神像须发半白，朝冠蟒袍而端坐，两旁侍从皆狰狞。常有数青蛇出入神之衣袂及从者领袖间，嗜食鸡卵，人称青龙将军，乃神之使者。凡江行者有蛇见于舟中，则必以净盘贮之，供以香灯，则舟无倾覆之患云。观此，似为水神之属，故往来商贾祷祀者众。"清·赵翼《檐曝杂记》卷四："粤西之梧、浔、南宁三府，有三界庙最灵。"明·邝露《赤雅》云："神姓许，平南人，采樵得一衣，轻如叶，带内有字，能召风雨，知未来事。明弘治中，制府捕至，覆以洪钟，积薪烧之。至夕发之，不见。后以遂为立庙曰'三界'，亦曰青蛇庙。人或飨神，则蛇出饮食。倘有许愿不偿者，虽数百里蛇必来索，人呼曰'青蛇使者'云。今庙之在梧州者，气焰尤著。商贾之演戏设祭以申报者，殆无虚日。"◆又名"三戒神"，清·慵讷居士《咫闻录》卷九："广西江河上多三戒庙，庙多蛇，人呼为青龙。神冯姓，其子孙每世出一活三戒神，幼时即已具不苟言笑之形，及成人，忽睡忽醒，睡则不可呼，呼多厥逆；醒则面红如醉。酒气喷人，此时必有赴庙献牲酬神者，盖其睡为受享也。寿皆不满三十，死后复有冯之子孙亦睡而受享、醒而如醉者。"

【三九郡王】杭州丛祠。清·俞樾《春在堂随笔》卷五："西湖北山有古郡王庙，匾额为'三九郡王'。神姓桑名宪保，唐人，行九，故俗称桑九郡王，而讹为'三九'。"参见"桑九郡王"条。而明·田汝成《西湖游览志》称为灵济庙。

【三郎神】❶南宋·洪迈《夷坚丁志》卷三"武师亮"条：抚州金溪（今江西金溪）主簿武师亮，秩满，泊家于近村龙首院，夜有掷瓦击窗者，次日行

廊庑间，瓦砾从空而下，纷纷不绝。家中箱箧，虽无锁钥，亦如为物所据，牢不可启。寺僧云："此邑三郎神，响迹昭著，莫非有所犯乎?"❷为吏胥之行神。清·翟灏《通俗编》卷一九："《史记·秦始皇纪》：'以罪过连逮，少年三郎官，无得立者。''索隐'注谓'中郎、外郎、议郎'。按今吏胥家俱奉三郎之神，本此。"◆按：书吏有祀苍颉为祖者，近代则有吏胥所奉三郎神，《通俗编》谓即秦之三郎官。此亦不可解者。京剧《乌龙院》阎婆惜呼宋江、张文远均为"三郎"。文远行第不得而知，宋江则绝非行三者。此应与"三郎神"有些关系。

【三灵侯】❶即唐、葛、周三将军。见"天门三将军"条。明·查志隆《岱史》卷九有三灵侯庙，在泰山南天门，祀周谏官唐、葛、周。河北石家庄毗卢寺壁画之三灵侯即此。❷《(雍正)山西通志》卷一六四"三灵侯庙"条：《魏书·傅竖眼传》：祖父融，性豪爽。有三子，灵庆、灵根、灵越，并有才力。融以此自负，谓足为一时之雄。尝谓人曰："吾昨夜梦有一骏马，无堪乘者，人曰：'何由得人乘之?'有一人对曰：'唯有傅灵庆堪乘此马。'又有弓一张，亦无人堪引，人曰：'唯有傅灵根可以弯此弓。'又有数纸文书，人皆读不能解，人曰：'唯傅灵越可解此文。'"融意谓其三子文武才干，堪以驾驭当世。常密谓乡人曰："汝闻之不? 融之子有三灵，此图谶之文也。"好事者然之，故豪勇之士多相归附。《山西通志》以为三灵侯，当指此。

【三茅真君】茅盈、茅固、茅衷三兄弟也。据晋·葛洪《枕中书》："三茅为保命定录司非监，在华阳洞府治北居，栖憩包山。"而汉·班固《汉武帝内传》亦曰："宣帝地节四年，咸阳茅盈，字叔升，受黄金九锡之命，为东岳上卿司命真君，又曰封弟固为定录君，衷为保命君。"据此则三茅似为冥府之官。而梁·陶弘景《真诰》卷一一云："句曲山，汉有三茅君来治其上，时父老又转名茅君之山。三君各乘一白鹄分集山之三处，故又分名之曰大茅山、中茅山、小茅山。"此三茅则为修真之仙人矣。又明·王世贞《列仙全传》中仅合称为"三茅真君"，至清·徐道《历代神仙通鉴》则云，"上帝敕三茅君分司三元，各辖三天，皆封为九天司命三茅应化真君"。又大茅君加封为太元真君，茅固为应化紫元真君，茅衷为应化少元真君。清·姚福均《铸鼎余闻》卷一又载宋太宗及真宗封上茅九天上卿司命太元妙道冲虚圣佑真应真君，中茅地仙上真定录右禁至道冲静德佑妙应真君，下茅地仙至真三官保命微妙冲慧神佑神应真君。◆按：据《太平广记》所引《集仙传》之"大茅君"为一人（见"茅盈"条），而所引《神仙传》之"茅君"似另为一人（见"茅君"条），二者籍贯事迹均不相同。又陶弘景《真灵位业图》所载茅君为四人，三人为大中小三茅君，另一为句曲山真人茅

三茅真君　北京白云观

君。而大茅君为茅盈字叔申，中小茅君俱无名字，句曲茅君则名固字季伟，正是后来所书中茅君。又茅君在句曲者本只一人，而后世则以三茅君置于句曲，原句曲之茅固则并于三茅之中，其事迹归于大茅君，其名字让与中茅君，而自己则消于无形。后世于三茅虽侈称其为修炼成道之仙真，而为民间所信奉者本因其为冥官，所谓"籍人寰生死"者也。《汉武内传》云大茅为东岳上卿司命真君，中茅为定录君，小茅为保命君，正是三茅本来面目。窃疑三茅本为东岳属官，而居句曲之茅君则为修真之士。后世茅山之道教徒将二者故意混成一团，把冥官之三茅附会为神仙之三茅，自泰山移于句曲，原句曲之茅则归并其中。此亦道教造仙之一技也。又《三教源流搜神大全》卷一述茅盈云："至汉明帝朝仪朔三年，天书忽降，皆玉篆龙文，云大帝保命真君，与圣帝同签生死，共管阴府之事。"清·徐道《历代神仙通鉴》以西城王君之弟为东岳神，谓其以泰山玉女招茅盈为婿，故佐东岳司命。此亦"鬼话"消息偶泄于"仙话"耳。又，今北京东岳庙中塑有三茅真君像，可见三茅始终未能摆脱鬼官身份。

【三美人】明·陆楫所编《古今说海》中有《辽阳海神传》，载：程宰世贤者，徽人也。正德间，挟重资商于辽阳。数年所向失利，辗转耗尽，受佣他商，为之掌计以糊口。戊寅秋，一夕风雨暴作，程

拥衾就枕。忽尽室明朗，殆同白昼，见三美人朱颜绿鬓，翠饰冠帔，前后左右侍女数百。俄顷，冠帔一人向前逼床，诱程相接，二美人暨众侍女俱退散。美人谓程曰："吾非仙也，实海神也。与子有夙缘，故相就耳。"迨邻舍鸡鸣，美人辞去。自后夜静即来，鸡鸣即去，率以为常云。◆按：天妃本有林氏三女之说，此三美人或即天妃故事之一也。

【三面人】《山海经·大荒西经》："大荒之中，有山名大荒之山，日月所入。有人三面，是颛顼之子，三面一臂。三面之人不死。"郭璞注曰：无左臂，人头三边各有面也。

【三苗国】《山海经·海外南经》："三苗国在赤水东，其为人相随。一曰三毛国。"郭璞注："昔尧以天下让舜，三苗之君非之，帝杀之。有苗之民，叛入南海，为三苗国。"《淮南子·坠形训》海外三十六国自西南至东南方有"三苗民"。

三面人　山海经图　汪绂本

【三奶夫人】陈靖姑、李三娘、林纱娘，合称三奶夫人，为"三奶教"之教主。陈靖姑又称陈大奶，李三娘又称李三奶，林纱娘又称林九娘。参见"临水夫人"条。◆沈平山《中国神明概论》第五章："道教有三奶派，以三奶夫人为主神，即李奶夫人李纱娘，主庙在铁坑（政和）；陈奶夫人陈靖姑，主庙在临水（古田）；林奶夫人林三娘，主庙在转水（宁德）。专以法术解产厄事。科仪有请神、安灶、作法、奏状、诰军、点兵、翻土、碗花驱蛇、祭送、退病刈阉、打桃汤、煮油净宅、送阴火、收魂返竹、合竹收魂、遇限、进钱、送三界、分花、求雨请神等。"

【三彭】即"三尸"。唐·张读《宣室志》"僧契虚"条："夫彭者，三尸之姓。"明·张燧《千百年眼》卷八"道家三尸神之谬"条："道家言三尸神，谓之'三彭'。"《云笈七签》卷八一引《太上三尸中经》曰："上尸名彭倨，在人头中，中尸名彭质，在人腹中，下尸名彭矫，在人足中。此尸形状似小儿，或似马形，皆有毛，长二寸，在人身中。既死矣，遂出作鬼，如人生时形象，衣服长短无异。"而《宋东京考》卷三六作："上尸名彭琚，中尸名彭颐，下尸名彭蹻。"明·方以智《通雅》卷二一引《玉函秘典》："上尸彭琚，小名阿呵；中尸彭

三彭

瓆，小名作子；下尸彭矫，小名季细；守尸之鬼曰破射。"◆详见"三尸神"条。

【三婆婆】清·俞樾《茶香室四钞》卷二〇："许联升《粤屑》云：'廉州（今广西合浦）、钦州（今广西钦州）有三婆婆庙，州人祀之甚虔。官此地者，朔望行香必诣焉。三月二十二日为婆婆生日，迎神遍游城内外，铙鼓嘲轰，灯彩炳耀，爆竹之声，震动一城。'余嘉庆壬申过浔州，有天后庙，崇碑屹立，叙天后世系，云有第三姊，亦同修炼成仙。然则三婆庙亦有据，非乌有先生也。"

【三青鸟】《山海经·西山经》："三危之山，三青鸟居之。"郭璞注："三青鸟主为西王母取食者。"又《海内北经》云："西王母之南有三青鸟，为西王母取食。"又《大荒西经》："有三青鸟，赤首黑目，一名曰大鵹，一名少鵹，一名曰青鸟。"

三青鸟　山海经图　汪绂本

【三清】三清为道教所言最高仙境。唐·段成式《酉阳杂俎·前集》卷二："三界外曰四人天，四人天外曰三清，三清之上曰大罗天，大罗之上又有九天。有以三清为三座仙宫者。"晋·葛洪《枕中书》："玄都玉京七宝山，在大罗之上，有上、中、下三宫。"此三宫即为三清。一般

说法如清·宫梦仁《读书纪数略》卷四三所云："三清者，玉清圣境，元始居之；上清真境，道君居之；太清仙境，老君居之。"又有以三清为三种仙境者，《云笈七签》卷三："三清之上即是大罗天，元始天尊居其中；天宝君治在玉清境，即清微天也；灵宝君治

三清　三教源流搜神大全

在上清境，即禹余天也；神宝君治在太清境，即大赤天也。"按：此为上清派以三洞（洞真、洞玄、洞神）之三君为三清。而《太真经》则曰："上品曰圣，中品曰真，下品曰仙。三清之间，各有正位：圣登玉清，真登上清，仙登太清。玉清有大帝宫殿，皇帝、王公、卿大夫、吏民，率以圣呼之，如圣皇、圣帝之类是也。上清有玄都玉京，七宝紫微，率以真呼之。太清有太极宫殿，率以仙呼之。"虽说法各异，但以玉清、上清、太清为三清则无异词。于是三清又指居于三清之中的三位道教最高神，其说甚多歧异，一般是指元始天尊、太上道君、太上老君。此三尊最早见于《真灵位业图》，分神仙为"七位"（位即等级），其中第一中位为玉清元始天尊，第二中位为高圣太上玉晨元皇大道君，第四中位为太清太上老君。而第三中位则为"太极金阙帝君，姓李"，当系教主老子。至于为历代帝王奉为天上至尊的昊天上帝，图中并无其名。《云笈七签》卷一〇一首列元始天王、太上道君、上清高圣太上玉晨大道君，实亦"三清"。清·徐道《历代神仙通鉴》卷六亦云："顶负圆光，身被七十二色，是高上虚皇玉清圣境大罗元始天尊。左首视之不见，听之不闻，抟之不得，希夷而微者，是太清仙境混元道德天尊。右首应变无穷，体有葆光，注而不满，酌而不竭者，为上清真境玉晨灵宝天尊。"而《云笈七签》卷三《道教本始部》与此说有异，云："四种民天上有三清境。三清之上即是大罗天，元始天尊居其中，施化敷教。天宝君治

在玉清境，即清微天也。灵宝君治在上清境，即禹余天也。神宝君治在太清境，即大赤天也。"是又以三清尊神为天宝君、灵宝君、神宝君，而元始天尊则凌于三清之上矣。◆主玉清境者为元始天尊，而《枕中书》称为盘古真人、元始天王、太玄圣母，《十二真君传》则称为元始太圣真王；主上清境者为太上道君，《枕中书》为太上真君、金阙老君，又有称为玉晨元皇大道君者；主玉清境者为太上老君，《枕中书》为九天真皇、三天真皇，《十二真君传》则为玉皇。但至唐、宋时，以三清代指元始天尊、太上道君、太上老君，似已成定论。◆关于三清的来历，南宋·赵彦卫《云麓漫钞》卷八云："唐置崇元学，专奉老氏，配以庄、列，道家者流，以谓天地未判，有元始天尊为祖气，次有道君以阐其端，老子以明其道。老子乃李氏之祖，取郊祀配天之义以尊之，号曰三清，然未尝殿而祀之。至本朝更定醮仪，设上九位，失于详究。"而朱熹《朱子语类》卷一二五云："道家之学，出于老子。其所谓三清，盖仿释氏三身而为之尔。佛氏所谓三身，法身者，释之本姓也；报身者，释家之德业也；肉身者，释迦之真具而实有之人也。今之宗其教者，遂分三象而并列之，则失其指矣。而道家之徒欲仿其所为，遂尊老子为三清：元始天尊、太上道君、太上老君，而昊天上帝反坐其下，悖戾僭逆，莫此为甚！且玉清元始天尊又非老子之报身，设有二象，又非与老子为一，而老子又自为上清太上老君，盖仿释氏之失而又失之者也。"观《云笈七签》卷三《道教本始部·道教三洞宗元》已有仿"三世佛"，把三清分称过去元始天尊、现在太上玉皇天尊、未来金阙玉晨天尊之说，则朱熹所论不为无据。◆按三清与昊天上帝之关系，《位业图》即不列昊天上帝，但玉清右位第十一有玉皇道君，第十九为高上玉帝，或隐约与上帝有关。此后至南宋，昊天则显然居于三清下首，而清人的《历代神仙通鉴》，"金阙至尊昊天玉皇上帝"亦屈于三清之下。然而在宋时已有将"太上玉皇天尊"奉为上清者，是将"太上老君"与"玉皇大帝"合而为一。至明代《西游记》等源于民间之小说，则全以三清为玉皇大帝之臣属了。由此可见，三清为道教所崇奉，而民间宗教则更重视玉皇大帝。◆《封神演义》有"老子一气化三清"故事，亦有根据。《云笈七签》卷三《天尊老君名号历劫经略》云："老君初生，号曰无极太上大道君，亦号曰最上至真正一真人，亦号曰无上虚皇元始天尊，在元

阳之上则无极上上清微天中高上虚皇道君也。”是元始天尊、太上大道君与老君为一也。

【三让王】《太平广记》卷二八〇“刘景复”条引唐·李玫《纂异记》：“吴泰伯庙，在东阊门之西。每春秋季，市肆皆率其党，合牢醴，祈福于‘三让王’，多图善马、彩舆、女子以献之。非其月，亦无虚日。”◆按：泰伯又作“太伯”。《史记·吴太伯世家》：“吴太伯，太伯弟仲雍，皆周太王之子，而王季历之兄也。季历贤，而有圣子昌，太王欲立季历以及昌，于是太伯、仲雍二人乃奔荆蛮，文身断发，示不可用，以避季历。季历果立，是为王季，而昌为文王。太伯之奔荆蛮，自号句吴。荆蛮义之，从而归之千余家，立为吴太伯。”◆所谓“三让”，《论语·泰伯》：子曰：“泰伯，其可谓至德也已矣。三以天下让，民无得而称焉。”郑玄注云：“托采药而行，一让；不奔丧，二让；断发文身，三让。”

【三煞】宋·高承《事物纪原》卷九：汉世京房之女适翼奉子，奉择日迎之。房以其日不吉，以三煞在门故也。三煞者，谓青羊、乌鸡、青牛之神也。凡是三者在门，新人不得入，犯之损尊长及无子。奉以谓不然，妇将至门，但以谷豆与草禳之，则三煞自避，新人可入也。自是以来，凡嫁娶者皆置草于门阃内，下车则撒谷豆，既至，蹙草于侧而入，今以为故事也。

【三山】道教“三山五岳”之三山，即庐山、潜山、青城山。五代·杜光庭《录异记》卷一：天台道士司马承祯奏于玄宗曰：“今名山岳渎血食之神，太上虑其妄作威福，公命上真监管，除五岳真君外，另有庐山九天使者执三天之符，潜山九天司命主九天生籍，青城丈人为五岳之长，合称‘三山’。”详见“庐山九天使者”条。

【三山国王】沈平山《中国神明概论》第二章引《潮州县志》：“潮州有独山、巾山、明山。当隋失其甲子二月下旬五日，有神三人出巾山，自称昆季，受命于帝，分镇三山。乡民陈姓者，见三神乘马而来，招为从者。未几，陈与神俱化去。土人遂将陈与三神合祭，称陈将军，尊称化王，以为界石之神。”据仇德哉《台湾之寺庙与神明（四）》：“三山指广东潮州揭阳之独山、巾山、明山，一说为明山、独山、幅山。”起源有数说：❶大国王名连杰，字清化，二国王名赵轩，字助政，三国王名乔俊，字惠威。南北朝时助杨坚成帝业，结为兄弟，被封开国驾前三大将军。后退隐成正果，隋恭帝封为三大元帅。宋太宗时显灵，封连杰为威德报国王，镇

三山国王 台湾地区寺庙神像

守巾山；赵轩为明肃宁国王，镇宁明山；乔俊为弘应丰国王，镇守独山。❷唐代潮州有匪乱，该地三山之神显灵。乱平，敕封为三山护国王。❸金灭北宋，金兵追康王赵构至此，有赤面、白面、黑面三人执矛相救。康王问其居处，答云：“在此三山之麓。”后赵构遣人查访，山下无人居住，乃知为山神显灵，遂敕封为三山国王。❹南宋末陈有连造反，帝昺派兵讨伐，麾下九十九将均告败，幸得三神相助帝方脱险，于是封三神为三山国王云。❺南宋帝昰（一说为帝昺）受元兵追击，为河所阻，忽见对岸三山有军旅来援，始得脱，乃赐封号。陪祀有张法星。张为巫师，以苇席作舟运米，三神召风覆舟。张怒，与三神斗。神不敌，允其居三神座右而讲和，故今庙亦塑张法星之像云。◆今台湾地区有“三仙国王”庙，中祀桃园兄弟刘、关、张，实亦三山国王之变形。

【三身国】《山海经·海外西经》：“三身国在夏后启北，一首而三身。”《大荒南经》：“大荒之中，有不庭之山，荣水穷焉。有人三身。帝俊妻娥皇，生此三身之国，姚姓，黍食，使四鸟。”《淮南子·墬形训》：海外三十六国，自西北至西南方，有三身民。注云：“三身民，一头三身。”按纬书《河图括地图》又造说云：“遂人氏后为庸成氏。庸成氏有季子，其性喜淫，昼淫于市。帝怒，放之于西南。季子仪马而产子，身人也而尾蹏马，是为三身之国。”《艺文类聚》卷三五引晋·张华《博物志》，“庸成氏”作“容成氏”。此三身非一头三身，乃身人而尾、蹄皆马，为三种之身。

【三神】❶《史记·封禅书》：有人上书言，古者天子祭三神，三神为天神、地神、太一神。❷《黄庭内景经》：“三神还归老方壮。”注：“三神即三元之神。”按：《云笈七签》卷一〇五：“三元，泥丸、

绛宫、丹田三神也。"

【三圣】❶南宋·施宿《嘉泰会稽志》卷六：护国旌忠庙，当睦寇（指方腊起义）作，是邦得三圣阴佑，遂建庙。绍兴间，吴玠陈请于凤翔（今陕西凤翔）和尚原立三圣庙，赐额旌忠，封忠烈灵应王、忠显昭应王、忠顺某应王。

三身国　山海经图　汪绂本

❷南宋·洪迈《夷坚支志·景集》卷九："建康土俗多事三圣，所在立庙，而塑像唯一驱。莫知为何神，灵威颇著，吏民奉之尤谨。"按：疑即"三圣大王"，见该条。❸《（雍正）江南通志》卷四一，宁国府（今安徽宣城）治有三圣庙。宋建炎间叛寇围城，神显灵护城。三圣长曰贺息，次曰游奕，三曰金甲。❹贵州地方丛祠有"三圣宫"。清·慵讷居士《咫闻录》卷七载土人于三圣宫求子灵验事。其神亦不详。◆按：另有"华严三圣""三圣大王"，参见各条。

【三圣大王】南宋·周应合《景定建康志》卷四四：建康府治有三圣庙，其神即"苍史王"也。庙记以"苍史王"即仓颉：王姓苍名颉，掌籍掌算、开聪、追失。三圣者，籍算为其一，开聪为其一，追失为其一。能明此三事，故曰三圣。三月三日为其圣诞。

【三圣公王】清·乐钧《耳食录》卷三"王侍御"条：饶州景德镇，江右一大都会。所居地有所谓三圣公王者，素能祸人，众为小石龛栖其主，岁时奉牲盛惟谨，或犯其龛旁树石，及语言不庄者，辄被射立死，轻亦疾发，如是不一人。王石林侍御之子闻而恶之，数其罪，取其主劈而焚之，以灰置溷中。卒无咎。后神见梦于邻人，求为新其主。邻人重为立之，至今奉祀不衰，然凶焰则已熄矣。

【三尸神】上尸、中尸、下尸，为人身内之神。《河图纪命符》言人身中有三尸，为魂魄鬼神之属，"欲使人早死，则其可得放纵四出，飧食世人祭物。故每至六甲穷日，三尸即上天将人之罪过白于司命。过大者夺人纪，过小者夺人算。故求仙之人，先去三尸"。又见晋·葛洪《抱朴子内篇·微旨》。《云笈七签》卷八一《三尸中经》则云："人之腹腔中各有三尸九虫，为人大害常以庚申日上告天帝，以记人之造罪，分毫录奏，欲绝人生籍，减人禄命，令人速死。死后魂升于天，魄入于地，唯三尸游走，名之曰鬼，四时八节，企其祭祀，祭祀既不精，即为祸患，万病竞作，伐人性命。又云：三尸九虫种类群多。三尸形状似小儿，或似马形，皆有毛长二寸，在人身中。人既死矣，遂出作鬼，如人生时形象，衣服长短无异。"唐·段成式《酉阳杂俎·前集》卷二所言略有不同："三尸一日三朝于天，上尸名清姑，伐人眼；中尸白姑，伐人五脏；下尸血姑，伐人胃。又曰：一居人头中，令人多思欲，好车马；一居人腹，令人好食饮，恚怒；一居人足，令人好色喜杀。"至此可见道家所谓"三尸"，即人之嗜欲的"人格化"。◆学仙者必先去三尸，去三尸之法有三说：❶节欲。《河图纪命符》："恬淡无欲，神静性明，积众善。"❷服药、吞符或用其他法术以杀三尸。其方《云笈七签》卷八一至八三"庚申部"所载甚多。❸"守三尸"，三尸神于庚申日乘人入睡，方上天奏闻本身罪过，以减禄命；故如遇此日不寐，则三尸不得脱身。故学仙者守庚申可以增寿。道教改"绝三尸"为"守三尸"，亦为其媚俗之一例。❹汉·东方朔《神异经·西北荒经》载："西北荒有小人，长一分，人食之可杀腹中三虫，三虫死，便可食仙药也。"是三尸又称三虫。◆南宋·孟元老《东京梦华录》卷三载北宋京城有"三尸庙"。三尸而立庙，似是徽宗崇奉道教所致，亦绝无仅有者。◆道家又有"三尸三恶门"之说，《云笈七签》卷八一："三恶门，第一门名色欲门，一名上尸道，一名天徒界；第二门名爱欲门，一名是尸道，一名人徒界；第三门名贪欲门，一名下尸道，一名地徒界。"又云："上尸青欲，自号彭倨，变化九种，鸟头蛇驱，混沌无心，或沉或浮，贪欲滋美华色，自居走作魂魄，司人过咎，断人命根。中尸彭质，号曰中黄，爱欲自居，依腹逃藏，沉浮变化，形无常方。下尸彭矫，贪欲自荣，白色混沌，体无常形。"◆清·虞兆湆《天香楼偶得》云："盖彭字之义，字书一训作近，而倨傲之性、质见之性、矫戾之性人皆有之，所谓三尸见帝者，不过谓人之性情一近于倨傲，一近于质见，一近于矫戾，则罪过日多，而上帝视之，如见其肺肝然。其所谓守庚申者，正欲人断除此三种性情，方可入道也。岂真有三尸哉！"

【三十六雷】道教有三十六雷神，其说不一。❶见"三十六神"条。❷天、地、人各十二雷公，合为三十六雷。见"雷公"条。❸《九天应元雷声普化天尊玉枢宝经集注》卷上有玉枢、玉府、玉柱、上清大洞、火轮、风火、飞捷等三十六雷。❹《道法会元》卷八七有五帝、阴阳、四令、六甲、霹雳、发水等三十六雷公。

雷部三十六将部分一
北京白云观

雷部三十六将部分二
北京白云观

【三十六神】雷部三十六神，又名三十六雷。南宋·白玉蟾《修真十书·武夷集》：天洞天真之神，毕火毕真之神，天乌天镇之神，威猛丁辛之神，冰轮水钵之神，流光火轮之神，滴昔喝伽之神，太乙元皇之神，咬网雀舌之神，天雷风领之神，火猪黑犬之神，火鹰腥烟之神，天关霹雳之神，铁甲飞电之神，仙都火雷之神，山雷火云之神，风火元明之神，火伯风霆之神，勾娄吉利之神，织女四歌之神，玉雷浩师之神，洞阳幽灵之神，四明公宾之神，火光流精之神，虚乘太华之神，金精清思之神，苍牙铁面之神，散烟雾黑之神，雷主阆伯之神，木狼奎光之神，欻火律令之神，邵阳火车之神，狼牙猛吏之神，六波卷水之神，飞鹰走犬之神，流金火铃之神。此三十六神或曰三十六雷。

【三十六天罡】道教以北斗丛星中有三十六天罡星，每星各有一神，道士作法召之，以为驱鬼降魔之神。《道藏》"洞玄部"有《上清天枢院回车毕道正法》，中有"三十六天罡，天中大神王"，"七总太无君，为吾驱祸殃"之句。《大宋宣和遗事·亨集》言宋江在九天玄女庙得了天书，天书中列梁山三十六将姓名，末后有一行字写道："天书付天罡院三十六员猛将使呼保义宋江为帅，广行忠义，殄灭奸邪。"《水浒传》据此又添"七十二地煞"，为一百零八将。

三十六天罡　北京白云观

【三十六天将】明·余象斗《北游记》中玄天上帝部下有三十六天将，民间俗信中又有哪吒为三十六天将总领使之说，均无具名，《道教文化辞典》载三十六天将名目，基本是杂取道教四大元帅、王灵官等天神又随意编造一些人名凑成：蒋光、锺英、金游、殷郊、邓郁光、辛汉臣、张元伯、陶元信、庞煜、刘吉、苟雷吉、毕宗远、赵公明、关羽、马胜、温琼、王善、康应、朱彦、吴明远、李青天、梅天顺、熊光显、高克、石远信、孔雷结、陈元远、林大华、周青远、纪雷刚、崔志旭、江飞捷、贺天祥、吕魁、方角、耿通。

【三十六员天将第一总领使】即哪吒太子，见"哪吒"条。

【三首国】《山海经·海外南经》："三首国在其东，其为人一身三首。"又《海内西经》："服常树，其上有三头人，伺琅玕树。"《淮南子·墬形训》海外三十六国有"三头民"。

三首国　山海经图　吴任臣本

【三台星】三台为主相之星。《史记·天官书》"索隐"："魁下六星，两两相比，曰三台。"又作"三能"。又《文选》潘正叔《赠王元贶诗》注引《袁绍檄豫州》："尚书为中台，谒者为外台，御史为宪台，谓之三台。"汉魏以来均以"三台"代称政府中枢。而星相家遂以三台星为主三司或主三公之星。所谓"三公在天法三台。"（《春秋汉含孳》）"天文三台，以三公法焉。"（《通典·职官二》）晋成帝祭天六十二神，中有三台。后世祭天神数虽有不同，而三台星均在祭。三台

三台星君　北京白云观

星明，为三公有德之兆；有彗、孛入三台，星占以为三公有灾。明·王鏊《震泽纪闻》记明宪宗时阁老万安，进房中术以媚上，及宪宗崩，万安被黜，犹夜看三台星，冀复用也。其无耻如此。◆《云笈七签》卷一〇〇《轩辕本纪》："黄帝始制三公之职，以象三台。风后配上台，天老配中台，五圣配下台（太公《六韬》曰：风后、力牧、五圣为七公。则五圣五人也）。"《云笈七签》卷二四则云："三台星，天之陛官，旦为龙，昼为蛇，暮为鱼。三神者，三台之灵也。上台神君字显真，上台名虚精，主金玉。中台神君字章明，中台名六淳，主禄位。中台两星小阔，晋张华为司空，死，其星开。下台神君字际生，下台名曲生，主土田。"◆明·江应晓《对问编》卷一"中台"条："占书又言彗炎入三台，三公灾，乃知三台属三公，非独中台也。又曰三台为天阶，中台二星即中阶，上为诸侯，下为卿大夫，又知中台不偏属宰相也。唐昭宣二年彗出三台，朱全忠尽杀朝士，夷唐宗社，此可为宗室公卿通验。"◆又惠栋注本《太上感应篇》："又有三台北斗神君，在人头上，录人罪恶，夺其纪算。"注引《武陵太守星传》云："三台一名天柱，上台司命，中台司中，下台司禄。"又以为文昌宫第四星曰司命，司命即三台，三台即文昌。

【三堂神】南宋·洪迈《夷坚志补》卷一五"奉化三堂神"条：奉化县（今浙江奉化）大姓家，率于所居旁治小室事神，谓之三堂，云祀之精诚，则能使人顺利。然岁久多能作祸。有富民钱丙，奉之尤谨，而壮岁为三堂神录去，强为奴仆。昼则臂鹰出原野，夜则涉历市井，造妖作怪。后钱丙之魂辗转诉于东岳，岳神诛三堂神。

【三天君】严格地说，应该是"主三天君"。《云笈七签》卷一〇一有《三天君列纪》，云：上清真人、总仙大司马、长生法师、主三天君，姓柏成，讳俟生，字芝高，乃中皇时人。以母感日华而怀孕。岁在东维之际，诞于北水中山柏林之下。年九岁求长生之道。至十四，与西归公子、巨灵伯尹俱师事黄谷先生，修静无为，以致不死。后五百年，遇金仙石公、宁氏先生、晃夜童子三人。又遇上清万石先生、广成子、始元童子、丰车小童，各授道法。后遇玉清文始东王金晖仙公，号曰玉皇二道君，授大洞真经三十九章。得为上清真人，位曰总仙大司马、长生法师主三天君，理太玄都阆风玉台，总司学道之仙籍，主括三天之人神万仙。

【三瞳国】《边裔典》卷八八引梁·任昉《述异记》：三瞳在轩渠国西南千里，人皆有三睛珠，或有四舌者，能为一种声，亦能俱语。

【三头人】❶《山海经·海内西经》：服常树，其上有三头人，伺琅玕树。袁珂以为即指离朱。《太平御览》卷九一五引《庄子》佚文："吾闻南方有鸟，其名为凤，天为生食，其树名琼枝，高百仞，以璚琳琅玕为食。

三头人　山海经图　蒋应镐本

天又为生离珠，一人三头，递卧递起，以伺琅玕。"此一人三头之离珠为日中三足神禽之离朱演变而成。而黄帝时有明目者，名离朱。离珠即离朱。❷《淮南子·墬形训》，海外三十六国中有三头民，身有三头。袁珂以为即《山海经·海外南经》之"三首国"。

【三王】❶《天台方外志》卷一〇：三王，谓夏禹王、白王、响王。宋贾观察自越奉夏禹王香火，拟石壁岭上，俄风雨雷电大作，因移松溪建庙。后贾秘书又于越奉白王、响王。白王乃隋炀帝子，封于

白，故名。响王乃会稽山土神。❷《（雍正）江南通志》卷三九：阳湖（今江苏常州）有三王祠，祀东岳、忠佑、广惠之神。◆按："广惠"即祠山大帝，神号"忠佑"者甚多，如常州武烈帝、仰山二王等，其庙均有忠佑之号，此处不详所指。

【三王得】南宋人。宋·叶绍翁《四朝闻见录》卷二：三王得，不知何许人，亦无姓名。额角有刺字，意拣罢军员也。头蓬面垢，或数日不食，莫迹其止宿。包道人成尝与之共衾，谓其体壮热。人即之，或咄咄秽骂，至以瓦砾诟群儿。光宗始开王社，位为第三。孝宗储副之位未知孰授。一日，三王得于道中前邀王车，卫者拽之。王问谓谁，但连称"三王得，三王得"。王悟其兆，纵使去之。既即大位，命入禁中，赐命，不拜而出。

【三王神】清·袁枚《续子不语》卷一〇：归安（今浙江湖州）有名医汤劳光。一日有求医者乘大沙船至，自言王姓，住菱山下，左臂有伤求治。从者捧一大元宝。医毕，乘船去，旗上书"三王府"三字，须臾不见，而元宝亦化为纸锭。明日，汤至东菱山拜神，见神左臂膏药犹在，而旁有一死蝎。

【三仙】元·刘埙《隐居通义》：南丰（今江西南丰）之军山，险峻倚天，号江南绝顶。上有石室，祠浮丘、王、郭三真君，曰三仙。祷祀者归焉。时见云雾瀜郁，中有光如日晕，大如车轮，乡人称曰圆光，光中见三仙，冠服貌像，隐隐可辨，其飞行翕忽，或升或沉，顷刻不见。

【三仙姑】台湾地区丛祠，说有二：❶关三仙姑。据《台湾之寺庙与神明》：又称关仙姑，姓关名瑛，字秋芙，清时钱塘人，嫁蒋坦之。性好佛，精诗文，有《梦影词》传世。此书又称：日人铃木谓，相传旧时有称为"三姑"之三岁女童，失母之后为嫂虐待致死，埋于猪圈之下，世人悼之。按此说为"紫姑"传说之变形。❷朱三仙姑，又称朱三懿仙姑，无考。◆又有以《封神演义》中之云霄、琼霄、碧霄三姐妹为三仙姑者。

【三仙女】《（雍正）湖广通志》卷七四：三仙女，何、许、陈三姓，广济（今湖北蕲春南）灵东乡人。结为姐妹，入山修真。唐大中元年，雷雨作，仙乐隐隐，云雾中遥见三女，顷之，莫知所之。乡人建祠山畔，有泉涌出，旱则取水祷雨。

【三星】见"福禄寿三星"条。

【三休】明时人。《神异典》卷二五八引《三客传》："三休，一破衲道人，昼趿市中，夜眠古刹，随一僮，募以给食。人或见其衣履中皆缀碎金，谓

善内外丹。居灵岩之僧室，夜读不燃灯烛，手持一珠照字。后遁去，不知所终。"《（光绪）桃源县志》卷一〇："明万历时寄寓本县，踪迹奇幻，人莫能测。或云为逃名之显宦。"

【三一】汉方士以天一、地一、太一为"三一"。文帝时方士新垣平崇祠五帝，至武帝时，方士谬忌又奏祠太一神之方，曰："天神贵者太一，太一佐曰五帝。"以太一神凌于五帝之上，是方士迎合武帝加强对诸侯王控制的政治需要。但不久又有人上书，云最高神非仅太一神，"古者天子三年壹用太牢祠神三一：天一、地一、太一"，在"三一"之中，太一位居最末。此说虽然与"天地人"的"三才"观念相关，不为无据，但在武帝时期始终不能取代太一为尊之说。

【三义之神】北京有"三义之神"神马，绘刘备、关羽、张飞。商侣结伴外出辄拜祀之。因传说张飞曾做屠夫，故屠户亦祀之。

【三元】即"三官"。《宋史·方技传》：苗守信上言："三元，上元天官，中元地官，下元水官，各主录人善恶。"以三官分派为三元日，首见于此。明·王逵《蠡海集》："人曰老氏之徒有天、地、水府三元三官之说，何也？盖天气主生，地气主成，水气主化，用司于三界。而三时首月之望候之，故曰三元。金为生，候天气；土为成，候地气；水为化，候水气。三元正当三归宫，故曰三官也。"清·赵翼《陔余丛考》卷三五："然张衡等但有三官之称，而尚未谓之三元，其以正月、七月、十月之望为三元日，则自元魏始。《魏书》'孝文帝以太皇太后丧，诏令长至三元绝告庆之礼'，是三元之名，魏已有之，盖其时方尊信道士寇谦之，三元之说盖即谦之等袭取张衡三官之说，而配以三首月为之节候耳。"

【三元大帝】上元一品天官赐福紫微帝君，中元二品地官赦罪青灵帝君，下元三品水官解厄旸谷帝君，合称三元大帝。参见"三官"条。

【三元先生】即"屈处静"。见该条。

【三元真人】《灵宝隐书》："中极真人主人命籍，九华真人主九幽之上宿，对生死；太元真人受天地之符，度长度之魂；太极真人治赤城玉洞之府，司校太山死生之录；三元真人主紫微行道。"又清·徐道《历代神仙通鉴》云，"上帝敕三茅君分司三元，各辖三天，皆封为九天司命三茅应化真君。又大茅君加封为太元真君，茅固为应化紫元真君，茅衷为应化少元真君。"是与三元相配者不仅有三官，

亦有三茅。

【三足鳖】❶《山海经·中山经》："从山，从水出其上，潜于其下，其中多三足鳖，枝尾，食之无蛊疾。"郭璞注："三足鳖名能（音耐）。"即传说鲧死后所化者。❷ 苏颂云：三足鳖食之杀人。明·王兆云《白醉琐言》卷上"三足鳖"条云三足鳖食之害人，明·陆粲《庚巳编》更云太仓民得三足鳖，烹食毕，形化为血水。与《山海经》所云"食之无蛊疾"者显非一物。◆另有一说。宋·罗愿《尔雅翼》卷三〇"蜮"条云："《说文》称蜮'似鳖三足，以气射害人'，陆玑《毛诗疏》亦云'蜮短狐，一名射影，如龟三足'，则蜮乃是三足鳖鲧所化为能者，与甲虫有异。"

三元大帝　搜神广记

【三足蟾】❶月之精，故月又称"蟾宫"。明·刘基《月蚀》诗："三足蟾惊入坎洼，八窍兔走罹罝毕。"清·东轩主人《述异记》卷上："古谓蟾三足，窟月而居，为仙虫。"❷ 仙人刘海所戏之蟾。清·褚人获《坚瓠五集》卷一记刘海蟾图云："今画蓬头跣足嬉笑之人，手持三足蟾弄之，为刘海戏蟾图。此系据刘海蟾之名而敷会者，与月精无涉。"明·钱希言《狯园》卷一四"妖孽"有"画墙"一则：万历四十二年七月，苏州阊门外沈廷华，其堂屋后邻近内寝，以山墙一带分隔中外。初有三足蟾蜍一，头生三角，角红如珊瑚，缘墙行走。看人稠迭，竟为持去，不知所向。俄顷，墙下地如裂状，走出数十人，并长六七寸，鱼贯而进，向廷华骂曰："还我宝来！"❸ 厕精。《玉芝堂谈荟》卷一三："闽俗，古溷中相传有三足蟾隐其中，其气袭人必死。"❹

【三足龟】《山海经·中山经》："大苦之山，其阳狂水出焉。其中多三足龟，食者无大疾，可以已肿。"郭璞曰："今吴兴阳羡县有君山，山上有池，水中有三足六眼龟。龟三足者名赍，出《尔雅·释鱼》。"

【三足乌】❶日精，纬书《河图括地象》又称"阳精"。诗文中以"金乌"代指太阳，以与称月亮之"玉兔"相对。《淮南子·精神训》："日中有踆乌。"高诱注："踆，犹蹲也，即三足乌。"而东汉·郭宪《洞冥记》卷四云："东北有地日之草，西南有春生之草，三足乌数下地食此草。羲和欲驭，以手掩乌目，不听其下。"如此则三足乌则为日神羲和驭车者。《宋书·五行志》："张重华在凉州，日暴赤如火，中有三足乌，形见分明，数旦乃止。"即此。❷ 司马相如《大人赋》曰："吾乃今目睹西王母暠然白首，戴胜而穴处兮，亦幸有三足乌为之使。"按《山海经·西山经》及《海内北经》均有"三青鸟"，郭璞注以为"主为西王母取食者"，又曰"又有三足乌主给使"。此与日精之三足乌非一物。❸ 瑞鸟。《宋书·祥瑞志》："三足乌，王者慈孝天地则至。"

三足龟　山海经图　吴任臣本

三足乌　汉画像

【散脂大将】佛教中"二十天"之一。又作"散支大将""散脂鬼神"。或谓是鬼子母神之夫，或谓是鬼子母第二子。北方毗沙门天王手下八将之一。巡行世间，赏罚善恶。据《观佛三昧海经》卷七载，其形状甚为丑恶，胸部有三面，脐有两面，两膝有两面，其面如象，獠牙似犬，眼中出火，火皆下流。在"水陆画"中又与东方乐欲大将、南方檀帝大将、西方善现大将合称"旷野四将"。见"旷野四将"及"旷野大将"条。

【sang】

【桑道茂】唐时人。《旧唐书·方伎传》："桑道茂者，大历中游京师，善太一遁甲、五行灾异之说，言事无不中。代宗召入禁中，待诏翰林。建中初，神策军修奉天城，道茂请高其垣墙，德宗不之省。及朱泚之乱，帝仓卒出幸，至奉天，方思道茂之言。时道茂已卒，命祭之。"五代·孙光宪《北梦琐言》卷一〇载其预言李鹏祸福事，《太平广记》卷七六引唐·康骈《剧谈录》所载较详："盛唐令李鹏遇桑道茂。曰：'长官只此一邑而已，贤郎二人，大者位极人臣，次者殆于数镇，子孙百世。'后如其言。初，李晟于左贲效职，久未迁超。闻桑道茂善相，赍绢一匹，凌晨而往。道茂闻李在门，亲自迎接，既而谓曰：'他日建立勋庸，贵甚无比。或事权在手，当以性命为托。'李莫测其言，但惭唯而已。请回所赆缣，换李公身上汗衫，仍请于衿上书名，云他日见此相忆。及朱泚叛，道茂陷贼庭。既克京师，从乱者悉皆就戮。时李受命斩决，道茂将欲就刑，请致词，遂以汗衫为请。李公奏以非罪，特原之。"◆按：此与"葫芦生"事相类，见该条。

【桑九郡王】有二说。❶桑神。江南丛祠，有讹为"三九郡王"者。又呼"桑神"，从者为周舍、史舍。明·朱国桢《涌幢小品》卷一九记姚江（此指浙江余姚）有桑神庙，俗呼桑九郡王，并祠其子周舍、史舍。传邑人十月间具旗伞鼓乐，舁桑神及二舍，迎于途，至桑巷祠而返，岁以为常。❷唐人桑宪保。按清·梁诗正等《西湖志纂》卷九："灵济庙，在关帝庙左。祀唐桑宪保，姚江人，行九，故俗称桑九郡王。仕唐宣宗时，使海昌，卒，追封为神。宋建炎间助张浚御金人，事闻建庙。明景泰嘉靖间又以治黄河功封王爵。"清·俞樾《春在堂随笔》卷五亦主此说，记西湖北山有"古郡王庙"，扁额为"三九郡王"。神桑姓，名宪保，唐人，行九，故俗称桑九郡王，而讹为"三九"。疑与此为同一神，而一在杭州，一在姚江，不知何故。

【桑俱凤】《仙鉴》卷四四：白鹿洞隐者，姓桑名俱凤，不知何许人。自称进士，阘茸性嚚，不近人情。寄住阆州（今四川阆中）紫极宫，买猪肠，借道士铛洗之，道士不借，遂生啖之。时冬夜，斋堂内冷风刺骨，俱凤乃脱衣裸露酣寝，众人大骇。到江夏，狂率依旧，节度使遣官递解出界，至星子潭，遂踊身腾空而去。

【桑三姐】清·钱泳《履园丛话》卷一五：常熟乡民每有疾病，辄祷王老相公及桑三姐。桑三姐，本地人，生时颇美，偶与和尚一笑，彼此直出无心，

其父疑之，遂将三姐捆缚投诸水中。和尚闻有此事，亦投河以明心迹。一灵未泯，为崇乡里。

【桑石将军】为九兄弟。见"鄱阳水神"条。

【丧门、吊客】与"黄幡、豹尾"等均为太岁下虚拟的星神。主凶，人家行事，每值二星当值，应当避之。《协纪辨方书》卷三引《纪岁历》曰："丧门者，岁之凶神也，主死丧哭泣之事，常居岁前

丧门、吊客　河北石家庄毗卢寺

二辰。所理之地，不可兴举，犯之者主盗贼遗亡死丧之事。"又引《纪岁历》曰："吊客者，岁之凶神也，主疾病哀泣之事，常居岁后二辰。所理之地，不可兴造及问病寻医、吊孝送丧。"◆此二星神在民间早已人格化，其形象颇类于无常鬼。清·许秋垞《闻见异辞》卷一："明于谦未遇时，一夜五更时乘夜行，途遇二竖，负包伞疾行，自称曰：'我辈系丧门、吊客二星。因某家上梁值我，是以前去。'于随至其家，问何人选日，答曰西席。于因求见，诘以'上梁吉日，须选紫微黄道，君奈何不避凶星？'答曰：'有文曲星可解。'于由是发愤下帷，竟科甲联登，为名臣。"参见"吊客""丧门神"二条。

【丧门神】宋·张耒《明道杂志》："杨国宝学士，元祐中任开封府推官，一家大小十余口死几尽，国宝最后亦卒。先是国宝有妹婿依其兄以居。妹有庖婢，一日忽如病心，狂语终日不休，语颇凶怪，或取土为丘坟状，守之而哭，人以为不祥，劝杨逐之，杨不听。时杨方娶一女，一日谓余曰：'余夜梦一蛇，首有冠。'余素闻蛇身而冠，谓之'丧门'，大不祥，知杨之祸未已也，已而果然。田京待制将取蟆头戴之，有蛇出蟆头下。或言蛇戴蟆头，丧门也，不数日京死。"南宋·方勺《泊宅编》卷中："范迪简初欲买宅。或云中有怪，不可买。试使诸仆宿于堂庑伺之，但见一物，人首而蛇身，往来其间，不甚畏人。诸仆遂谋以卧具兜之，束缚就烹，一夕而尽，其怪遂绝。或云：此'丧门'也。"又南宋·江万里《宣政杂录》"张德"一条亦

言丧门神为白蛇，能使天下受兵祸。至清时，或以"丧神"与"丧门神"相混，为丧服少妇状。如清·赵吉士《寄园寄所寄》卷五"灭烛寄"："崇祯十六年春，京营巡捕军夜宿棋盘街，一更初定，一老人嘱曰：'夜半子分，有妇人缟素涕泣，自西至东，勿令过，过者厄不浅，鸡鸣则免，以吾土地，故以告也。'夜半妇果至，军如所戒，不意五鼓前偶熟睡，妇折而东，旋返，蹑逻者醒之，曰：'我丧门神也，上帝命我行罚此方者，何听老人言阻我！'言毕不见。逻者惧，奔归，告家人，言未终，仆地死。大疫作。"

【丧神】应即"丧门神"。清·李庆辰《醉茶志怪》卷二所载"白衣妇"："（天津）杨柳青舟人夜泊河干，有少妇呼渡，颜貌甚丽，凶服练裙。既渡，舟子怪而尾之，至一村寺，推扉径入。舟人邀村人共搜之，见妇面墙而立，近迫之，乃白杨棺板也，遂焚。次日薄暮，妇至河干，责舟子曰：'吾丧神也。阎君命我有要差，干尔甚事，何故毁我所凭？此怨必报。'言毕卷袖风旋而去。至夜，舟子溺死。"按：此与《寄园寄所寄》卷五"灭烛寄"记丧门神事相类，而一称"丧门"，一称"丧神"，自是一物。

【sao】

【扫地和尚】五代时人。北宋·陶谷《清异录》卷上：王建僭位后，有一僧，常持大帚，不论官府人家寺院，过即泛扫，人以"扫地和尚"目之。建末年，于诸处写六字云："水行仙，怕秦川。"后王衍秦川之祸，方悟"水行仙"即"衍"字耳。

【扫晴娘】清·赵翼《陔余丛考》卷三三："吴俗雨后，闺阁中有剪纸为女形，悬檐下以祈晴，谓之扫晴娘。元初李俊民有扫晴娘诗：'卷袖搴掌手持帚，挂向阴空便摇手。'其形可见也。俊民泽州（今山西晋城）人，可见北省亦有此俗，不独江南为然矣。又其序云：可以使民免于溢之患。则不独祈晴，又以之祈雨。"清·富察敦崇《燕京岁时记》："六月乃大雨时行之际，凡连阴不止者，则闺中儿女剪纸为人，悬于门左，谓之扫晴娘。"

【sen】

【森杀竭帝】河北石家庄毗卢寺水陆壁画中有"森杀竭帝"，与韦驮并立，应为护法神。疑"竭帝"

即"揭谛"，如《西游记》中常说的"五方揭谛"即是。中国佛教自宋以来，有取自《心经》的《揭谛咒》"揭谛揭谛，波罗揭谛，波罗僧揭谛"（五方揭谛名即取自此咒：金光揭谛、银头揭谛、波罗揭谛、波罗僧揭谛、摩诃揭谛），寺庙中曾有过揭

森杀竭帝 河北石家庄毗卢寺

谛院或揭谛堂，开过揭谛道场，都与此竭帝神相关。

【seng】

【僧伽大师】又称泗州大圣、泗州僧伽大师。见"泗州大圣"条。◆按：南宋·赵彦卫《云麓漫钞》卷一四：宣和元年，佛寺改为宫，僧寺为观。泗州大圣封巨济大士，僧伽称修善。则僧伽与泗州大圣又似为二人。

【僧涉】《晋书·艺术传》：西域人，不知何姓。少为沙门，苻坚时入长安。服气不食五谷，日行五百里，能预言未来，以秘咒降神龙取雨。卒于长安。

【sha】

【煞】或称"煞神"，或称"煞鬼"。煞，或作衰，又作杀，亦称殃、殃煞，又称肯神。中国古代久有"避煞"之俗。按《三国志·魏书·陈群传》即有"避衰"之语，《隋书·地理志上》言梁州"好祀鬼神，尤多忌讳，家人有死，辄离其故宅"之俗。至近代则南北均有此俗，如沈三白《浮生六记》中的《坎坷记愁》所云："回煞之期，俗传是日魂必随煞而归，故居中铺设一如生前，且须铺生前旧衣于床上，置旧鞋于床下，以待魂归瞻顾，吴下相传，谓之'收眼光'。延羽士作法，先召于床而后遣之，谓之'接肯'。邗江（即扬州）俗例，设酒肴于死

者之室。一家尽出，谓之'避眚'。"其所避之煞，据北齐·颜之推《颜氏家训·风操》"死有归煞。子孙逃窜，莫肯在家"云云，本为死者亡魂。而又有说煞鬼为禽鸟之形者。唐·张读《宣室志》补遗："俗传人之死，凡数日，当有禽自柩中而出者，曰'杀'。"而其物凶恶如罗刹，《太平广记》卷三六三"卢瑗"条引唐·陈劭《通幽记》云："卢瑗父病卒，后两日正昼，忽有大鸟色苍，飞于庭，可阔丈四五，化为一女子，却往西间，拽其尸，如縻散之，讫，奋臂而去，出门而灭。"又有以煞神为押送亡魂归来之恶鬼者，清·袁枚《子不语》卷一"煞神受枷"条：

煞神

"见一鬼红发圆眼，长丈余，手持铁叉，以绳牵其夫从窗外入。"即是。◆按：避煞之俗，虽甚荒诞可怖，但其流传千年以上，自有合理成分。揣测其因，或以古人死后停灵之日较久，其尸内腐，遂生邪毒之气，中人则病，故渐有举家外避之事，相沿成俗，附以鬼神之说，即成避煞之说。

【煞神】见"煞"条。

【shan】

【单道开】《晋书·艺术传》："敦煌人。常衣粗褐，不畏寒暑。昼夜不卧，常服细石子。石虎时从西平来，一日行七百里。石虎令佛图澄与语，不能屈。止于临漳归德寺，日服药丸。石虎末年，南渡许昌（今河南许昌东），寻而邺中（今河北临漳）大乱。升平间至京师，后至南海，入罗浮山（今广东惠阳地区之罗浮山）。年百余岁，卒于山谷。弟子以尸置石穴中。"《（雍正）广东通志》卷五六云："相传尸解，其族女亦仙去。"又见《仙鉴》卷二八。

【山犭军】《山海经·北山经》："狱法之山，有兽如犬而人面，善投，见人则笑，名曰山犭军。其行如风，见则天下大风。"◆宋·罗愿《尔雅翼》卷一九"狒狒"条，以为山犭军即狒狒。吴任臣《广注》云："狒狒人形，山犭军兽状，故有差别，罗氏误矣。"袁珂《校注》以为即举父、枭阳之类。

山犭军 山海经图 胡文焕本

【山大人】北宋·乐史《太平寰宇记》卷一○○：剑山在沙县（今福建沙县）西北一百二十里，其中有山魅，形似人，生毛，黑色，身长丈余，逢人而笑，口上唇盖眼，下唇盖胸，乡人谓之"山大人"。

【山顶娘娘】即碧霞元君。清·闲斋氏《夜谭随录》卷三"孝女"条：往丫髻山（在今北京怀柔境内）进香，或以多病，或以乏嗣，各以心愿求之，山顶娘娘最灵感，应之如响。又云：旧说丫髻山上祀奉山顶碧霞元君之神，灵应昭于畿辅，上自大内后妃、中使及王公缙绅，下迄庶民，每际四月，则进香赛会者车马络绎不绝于道，而五更鸡鸣时，即上殿占香者，谓之上头香。头香必待宫使巨珰，他人罔敢僭越。◆按：顾颉刚等所著《妙峰山》一书记此俗甚详。

【山都】怪物，即山魈、狒狒之属。晋·干宝《搜神记》卷一二："庐江（郡治在今安徽舒城）大山之间，有山都，似人，裸身，见人便走。有男女，可长四五丈。常在幽昧之中，似魑魅鬼物。"南齐·祖冲之《述异记》："南康（郡治在今江西赣县西南）有神，名曰山都，形如人，长二尺余，黑色赤目，发黄披身。于深山树中作窠，窠形如卵而坚，长三尺许，内甚泽，五色鲜明。二枚沓之，中央相连。土人云，上者雄舍，下者雌室。旁悉开口如规，体质虚轻，颇似木筒，中央以鸟毛为褥。此神能变化隐形，猝睹其状，盖木客、山槮之类也。"清·王士禛《居易录》卷一六："山都形如昆仑，青毛有尾，见人辄闭目张口。好笑，好在深涧中翻石觅蟹啖之。"北宋·乐史《太平寰宇记》卷一○九引《异物志》："大山穷谷之间有'山都人'，不知其流绪所出，发长五寸而不能结，裸身，见人便走避之。种类疏少，旷时一见，然自有男女焉。"

【山膏】《山海经·中山经》："苦山有兽，名山膏，其状如豚，赤若丹火，善詈。"毕沅云即"山都"。

【山公】山公、山姆。东汉·应劭《风俗通义·怪神》："九江逡道（今安徽合肥东）有唐、居二山，各有神，众巫共为取公、姆。岁易，男不得复娶，女不得复嫁，百姓苦之。太守宋

山膏　山海经图　汪绂本

均到官，敕条巫家男女以备公、姆，巫扣头服罪，乃杀之，是后遂绝。"《后汉书·宋均传》："众巫遂取百姓男女，以为公、姆。"注："以男为山公，以女为山姆，犹祭之有尸主也。"◆按：为山之女神配以男，谓之山公；为山之男神配以女，谓之山姆。

【山鬼】❶《楚辞·九歌》有"山鬼"章，洪兴祖以为即夔与枭阳之属，近人有以为即巫山神女者。❷对小神的蔑称。《史记·秦始皇本纪》：三十六年秋，使者从关东夜过华阴平舒道，有人持璧遮使者曰："为吾遗滈池君。"因言曰："今年祖龙死。"使者问

山鬼　离骚图

其故，因忽不见，置其璧去。使者奉璧具以闻。始皇默然良久，曰："山鬼固不过知一岁事也。"❸即山魈。《太平御览》卷九四二引《永嘉郡记》："安国县有山鬼，形体如人而一脚，才长一尺许。好啖盐，伐木人盐，辄偷将去。不甚畏人，人亦不敢犯，犯之即不利也。喜于山涧中取石蟹，同伐木人眠息，便十十五五出就火边，跂石炙啖之。"南宋·洪迈《夷坚乙志》卷二"宜兴民"条："宜兴民素以滑稽著。有山鬼入其室，自天窗垂一足彻地，黑毛毵毵。民戏谓之曰：'若果神通，更下一足。'鬼不能答，少顷收足去。"南宋·郭彖《睽车志》卷四："蜀道多山鬼。有小吏暮行，见道傍一妇人立溪侧，小吏就丐饮且挑狎之，扪其胸臆间，

皆青毛数寸，吏惊呼而走，妇人大笑，徐步而去。"

【山和尚】清·慵讷居士《咫闻录》卷四：浙江于潜县岩峦纵错，怪异恒多。离城百里，有谭升者入城探亲，至夜寄住茅屋中。夜半，月光中照见山腰有一怪，缁衣露顶，青面獠牙，直趋而下，至茅屋，穴隙相窥，知内有人，即伏地膜拜，起即开口，咬开栅栏，正欲穿屋，适有数人来，怪遂遁。众人曰：此怪名"山和尚"，盘踞此山百余载，喜食生人脑。

【山精】东晋·郭璞《玄中记》："山精如人，一足长三四尺，食山蟹，夜出昼藏，人不能见，夜闻其声；千岁蟾蜍食之。"晋·葛洪《抱朴子内篇·登陟》："山中山精之形，如小儿而独足，足向后，喜来犯人。人入山谷，闻其音声笑语。其名曰蚑，知而呼之，即不敢犯人。一名热内（《太平御览》引作'超空'），亦可兼呼之。又有山精，如鼓赤色，亦一足，其名曰晖（《太平御览》引作'挥'），又或如人，长九尺（《太平御览》引作'寸'），衣裘戴笠，名曰金累。或如龙而五色赤角，名曰飞飞。见之者皆以名呼之，即不敢为害也。"唐·萨守真《天地瑞祥志》卷一四："山精名挥转，状如鼓，呼之取禽兽。"唐·释道世《法苑珠林》卷五八引《白泽图》："山之精名夔，状如鼓，一足如行。以其名呼之，可使取虎狼豹。"刘宋·刘敬叔《异苑》卷三："吴孙皓时，临海（今浙江临海）得毛人。《山海经》云：'山精如人，面有毛。'此蒋山精也。"《太平御览》卷八八六引《玄中记》："山精如人，一足，长三四尺，食蟹，夜出昼藏。人昼日不见，夜闻其声。千岁蟾蜍食之。"◆按：以上诸种，皆山魈类也。

【山炼师】《（康熙）怀庆府志》卷一〇：河内（今河南怀庆）人，学戴孟先生法，修炼二十年仙去，为太和真人。◆按梁陶弘景《真诰》卷九：山世远受孟先生法。则山炼师即山世远也。

【山臊】或作"山獚"。山中之怪兽，人或以为恶鬼。实即山魈。《国语·鲁语下》："夔一足，越人谓之山缲，人面猴身，能言。"汉·东方朔《神异经·西荒经》："西方深山中有人焉，身长尺余，袒身捕虾蟹，性不畏人。见人止宿，暮依其火以炙虾蟹。伺人不在而盗人盐以食虾蟹。名曰山臊，其音自叫。"梁·宗懔《荆楚岁时记》："元日爆竹于庭，以避山臊恶鬼。"显系野兽之山魈。按山魈本实有之野兽，因形容狰狞，口耳相传，遂成恶鬼。南齐·祖冲之《述异记》言其能变化，且知人姓名则

可伤人:"富阳人王姓者作蟹籪,且往视之,见一材长二尺许在籪中,而断裂开,蟹出都尽。乃修治断,出材岸上。明日复然,王疑此材妖异,乃系担头归。未至家三里,转顾见向材头变成一物,人面猴身,一手一足,语王曰:'我性嗜蟹,比日实入水破君蟹断,入断食蟹,相负已尔,望君见恕,开笼出我;我是山神,当相佑助,并令断大得蟹。'王曰:'汝犯暴人,前后非一罪,自应死。'物曰:'君何姓何名?我欲知之。'频问不已,王遂不答。王至家炽火焚之,后寂然无复异。土俗谓之山操,云知人姓名则能中伤人,所以勤勤问王,正欲害人自免。"《太平广记》卷三六一"元自虚"条引唐·佚名《会昌解颐录》亦言其为鬼魅而最为可怖:"开元中,元自虚为汀州刺史。至郡部,众官皆见有一人,年垂八十,自称萧老:'一家数口,在使君宅中累世,幸不占厅堂。'言讫而没。自后凡有吉凶,萧老为预报,无不应者。自虚刚正,常不信之。而家人每夜见怪异,或见有人坐于檐上,脚垂于地;或见人两两三三,空中而行;或抱婴儿,问人乞食;或有美人,浓妆美服,在月下言笑,多掷砖瓦。家人乃白自虚曰:'常闻厨后空舍是神堂,前人皆以香火事之。今不然,故妖怪如此。'自虚怒,殊不信。忽一日,萧老谒自虚云:'今当远访亲旧,以数口为托。'言讫而去。自虚以问老吏,吏云:'常闻使宅堂后枯树中,有山魈。'自虚令积柴与树齐,纵火焚之,闻树中冤枉之声,不可听。月余,萧老归,缟素哀哭曰:'无何远出,委妻子于贼手。今四海之内,孑然一身,当令公知之耳。'乃于衣带解一小合,大如弹丸,掷之于地,云:'速去速去。'自虚俯拾开之,见有一小虎,大才如蝇,自虚欲捉之,遂跳于地,已长数寸,跳掷不已。俄成大虎,走入中门,其家大小百余人,尽为所毙,虎亦不见。自虚者亦一身而已。"◆其名目不一,《抱朴子内篇》称为"山精",云其名为"魈"。唐·段成式《酉阳杂俎·前集》卷一五称为"山萧",云:"山萧,一名山臊。《神异经》作猓。《永嘉郡记》作山魅,一名山骆,一名晖,一名濯肉,一名热肉,一名晖,一名飞龙。如鸠青色,亦曰冶鸟。状如射侯,犯者能役虎害人,烧人庐舍。俗言山魈。"又有称"木客"者,《南唐记》:"山间有木客,形骸皆人也,但鸟爪耳。谓之山魈,亦曰山臊。"唐·戴孚《广异记》则云其又名山公、山姑。或称"独足鬼",清·俞樾《右台仙馆笔记》卷一:"宜兴山中有一赵姓者,每夕宿火于炉,加

煤其上,以供明日之用。忽一夜,煤火皆发弃地上,连夕皆然。伺之,则一独足鬼俯炉而窥,且笑且发。群起搏之,一跳即逝。或曰:此山魈也,最畏爆竹。乃伺其至,然爆竹投之。鬼惊仆,众执之,于其旁得一夔鼓。鬼虽黑丑,殊无所能,唯叩首作乞怜状。"是至清末犹有此种传说也。◆明·王兆云《白醉琐言》卷上"山魈"条与常说不同:"东广山僻处有山魈,半是鬼,半是人,盖能隐能显也。但有一手一足,必两人相帮,然后能行。租民间田耕种,临收获则田主自临,而分半与之。若多占升斗,则能为其家作祟。又善伏虎,虎见之帖然。"按:据此,则似对某种少数民族的神怪化。◆清·景星杓《山斋客谭》卷二有山魈数则,云祀之可致不义之财,是以山魈与五通为一物也。

【山神】❶山岭之神。其起源为原始宗教之山川崇拜。高山峻岭,生百物,出云雨,常为一地之望,故山川之祀,由来最久。进入阶级社会之后,山川之神也与人类一样开始分化,有奉为帝王如五岳者,亦有仅如人间之乡保里正,与土地公公为伍者。晋·葛洪《抱朴子内篇·登涉》所云"山无大小,皆有神灵。山大则神大,山小则神小"是也。后世所谓山神,多指后者。❷民间称虎为山神,又称山君。唐·冯贽《云仙杂记》卷一:琴叟耕凤岭之田,以虎纹巾裹犁推之,曰:"劳吾躬耕,山神必以丰年相报。"❸又山魈自称山神。晋·陶潜《搜神后记》卷七:宋元嘉初,富阳(今浙江富阳)人姓王,于穷渎中作蟹籪。旦往观之,见一材长二尺许,在籪中。而籪裂开,蟹出都尽。王疑此材妖异,乃取内蟹笼中,欲至家斧砍燃之。未至家二三里,闻笼中倅倅动。转头顾视,见向材头变成一物,人面猴身,一身一足。语王曰:"我性嗜蟹,比日实入水破君蟹籪,入断食蟹。相负已尔,望君见恕,开笼出我。我是山神,当相佑助,并令断得大蟹。"王回顾不应。物曰:"君何姓名,我欲知之。"频问不已,王遂不答。至家,炽火焚之。后寂然无复声。土俗谓之山魈,云知人姓名,则能中伤人。所以勤勤问王,欲害人自免。❹南宋·洪迈《夷坚丁志》卷一三"梁统制"条:汉阳人谓蟒为山神。❺明·董斯张《广博物志》卷一四引《广雅》:山神谓之离。

【山世远】梁·陶弘景《真诰》卷九:"山世远受孟先生法,暮卧先读《黄庭内景经》一过,乃眠,使人魂魄自制。行此二十一年,仙去。"《(康熙)怀庆府志》卷一〇:"河内(今河南怀庆)人,李

少君以神丹经传郭延，郭延传世远，世远传蓟子训。"◆《天地宫府图》：七十二福地第十七若耶溪（在今浙江绍兴市南），真人山世远治之。

【山图】西汉·刘向《列仙传》卷下："陇西（今甘肃陇西）人。少好乘马，马蹋之折脚。山中道人教令服地黄、当归、羌活、独活、苦参服之。一岁而不嗜食，病愈身轻。追道人问之，自言'五岳使，之名山采药。能随吾，使汝不死。'山图追随之六十余年。一旦归来，行母服于家间，期年复去，莫知所之。"

【山图公子】梁·陶弘景《真诰》卷一二："周哀王时大夫，修道成仙。后汉时授张激子长生之术。"《天地宫府图》：三十六小洞天之东岳太山，为山图公子所治。

【山王】江苏昆山淫祀。明·陆粲《庚巳编》卷一〇：嘉定人唐珏，年十八。一日隐几而坐，忽梦两皂衣牵马来曰："昆山某官邀饮。"珏上马驰出嘉定北门，入昆山南门。忽复有二人出，持牒叱曰："吾山王遣来，追违限者，汝不得乘马。"即捽珏至地，系其颈，行抵山王庙。神衣黄袍，插金花，侍卫甚众。谓珏曰："知汝有吏才，特召来掌四殿八厢文案。"珏知山王为昆山妖神，自念一受职永不得生，固不从。神怒，加以五刑，珏执词益坚。神无可奈何，呼前两人送珏付土地祠，令转达东岳还魂。

【山魈】见"山臊"条。

【山隐居】即"龙威丈人"，见该条。

【陕西子仙姑】宋时人。南宋·马永卿《嬾真子》卷五：有道术，能不食。貌约三十许，不知其真年岁。陕西提刑李熙民，闻人所传甚异，乃往亲验之。至则一见道貌高古，不觉心服。奉茶与姑。姑曰："不食茶久矣，今勉强一啜。"饮少顷，姑垂两手出，其白如雪，须臾，所饮茶自十指甲出。

【善财童子】观世音菩萨之胁侍。《华严经·入法界品》云善财童子为福城长者五百童子之一，其生时，种种财宝自然涌出，故名。因受文殊菩萨指引，南行求法，历一百十城，参拜五十三位善知识，终参普贤菩萨，即得一切佛刹微尘数三昧门。故常言有"五十三参"之说。而其参拜观音菩萨乃五十三参中之第二十七参，菩萨为其解说"大悲行法门"，此外与观音毫无关系，不知何故却成为观音胁侍，常参拜于侧。而《西游记》又将其变为牛魔王与铁扇公主之子"红孩儿"，乃吃人成性一魔头，后为观音收伏，以禁箍强其永作参拜状。

【善恶二部】南宋·洪迈《夷坚甲志》卷六"胡子文"条记东岳行宫神像有善恶二判官相对，即民间所谓"善恶二部"者。水陆画中多画此，亦有作女像者。又南宋·周密《癸辛杂识》续集卷下云：湖州人周弥陀入冥后，见判官乃陈本斋尚书，本斋名存字体仁。又一书吏暴死，入冥见善恶二判官，恶判官乃马裕斋，善判官乃陈本斋。

善财童子 北京法海寺

【善恶二山神】南宋·罗愿《新安志》卷五："婺源县（今江西婺源）南五十里有善山，又有恶山，隔溪对耸。《祥符经》云：善山神为王，恶山神为夫人。若两处致祭，则为灾。居人迎恶山神就善山祭祀。俗谓之妻婿山。"

善恶二部阿傍诸官众 水陆道场鬼神像

【善利将军】洞庭湖丛祠。南宋·佚名《朝野遗记》：洞庭庙在金沙堆中，至秋，风浪号怒，故行人必卜之，而妖巫倚为神怪。有无赖名刘彦者，凭神以恐吓人，逆顺行留，唯据贿赂多少是视。彦死后，土人塑其像于洞庭庙，以为社神，后遂讹为"舍人"，庙祀甚盛。至太守亦屡乞封于朝，竟得"善利将军"之号。

【善人国】清·陆次云《八纮荒史》：善人国，男朱衣带，女彩服，恭坐而不相犯，人有患，力救之，不妄言，仓卒见之，其态如痴。

【善神】南宋·洪迈《夷坚丙志》卷六："饶州（今江西鄱阳）双店民汪涣，世事善神，龛其像于室中。幼子五岁，戏折其中指。涣梦金甲神诉曰：'吾卫护翁家有年，未尝令翁家有小不祥事，奈何容婴儿毁吾指？'"又，元·陆友《研北杂志》卷下："嵩戒坛有吴生六善神刻石，在坛四周，石形如凸瓮，大难摹勒。"按：吴生当指唐吴道子。

【善爽鬼】唐·段成式《酉阳杂俎·前集》卷二："又有为善爽鬼者，三官清鬼者，或先世有功，在三官流。逮后嗣易世练化，改世更生。善爽鬼可为地下主者。"清·朱海《妄妄录》卷八"善爽鬼"条云："按《海录碎事》载，人之餐气学道，功行未满，不能尸解，成地仙。其精神当守躯壳，往来不出躯所数里间，名善爽鬼。"按：今本《海录碎事》卷一三上仅云："善爽鬼，仙之俦也。"

【善现大将】西方善现大将，与东方乐欲大将、南方檀帝大将、北方散脂大将合称"匡野四将"。见"匡野四将"条。

【shang】

【伤魂鸟】晋·王嘉《拾遗记》卷九：晋惠帝时，常山郡献伤魂鸟，状如鸡，毛色似凤。帝恶其名，不纳，复爱其毛羽。当时博物者云：黄帝杀蚩尤，有貙虎误噬一妇人，七日气不绝。黄帝哀之，葬以重棺石椁。有鸟翔其冢上，自呼为"伤魂"，则此妇人之灵也。后人不得令终者，此鸟来集其国园林之中。山野间时见此鸟，憎其名，改为"相弘"。

【殇神】有二种。❶涵芬楼本《说郛》卷一九引宋·曾三异《因话录》：江乡淫祠有马陂大王，为盗者多祀之。亦能出为灵响，俗呼为"殇神"。❷南宋·洪迈《夷坚三志·壬集》卷六"萧七佛经"条：饶州（今江西鄱阳）小民萧七忽无病而死，妻痛哭，不知所为。后三日，邻巷黄婆梦白发老人曰："萧七因不合突犯殇神，致掇死祸。"◆按：此殇神似指凶煞之属，即俗所谓"伤"者。

【商丘子】《天地宫府图》三十六小洞天之盖竹山，为仙人商丘子所治。商丘子不详，或即"商丘子胥"。

【商丘子胥】西汉·刘向《列仙传》卷下："高邑（今河北高邑东）人，好牧猪吹竽，年七十不娶而不老。邑人从之学道，问其要言，但食术、菖蒲根，饮水而已。如此传世三百余年。"

【商羊】《孔子家语·辨政》：齐有一足鸟，集于宫朝，止于殿前。齐侯使人问于孔子，孔子曰："此鸟名商羊，水祥也。昔有童儿屈其一足，振其两眉而跳，歌曰：'天将大雨，商羊鼓舞。'今齐有之，其应至矣。急告民治沟渠，修堤防，将有大水为灾。"《三教源流搜神大全》卷七：雨师神，商羊是也。商羊神鸟一足，能大能小，吸则溟渤可枯，雨师之神也。

【上成公】《后汉书·方术列传》：上成公者，密县（今河南新密东南）人。其初行久而不还，后归，语其家云："我已得仙。"因辞家而去，人见其举步稍高，良久乃没。◆按：晋·张华《博物志》作"成公"，不知孰是。参见该条。

【上官道人】❶宋时人。南宋·陆游《老学庵笔记》卷一：青城山上官道人，北人也，巢居，食松麨，年九十矣。人有谒之者，但粲然一笑耳。有所请问，则托言病喑，一语不肯答。❷宋时人。明·王世贞《列仙全传》卷八：剑浦（今福建南平）人。辟谷炼气。一日作偈辞世，后有人于广西见之者。◆按：《全传》所记亦为宋时人，不知与陆游所记为一人否。

【上逻神】《旧五代史·周书·马裔孙传》：裔孙初为河中从事，因事赴阙，宿于逻店。其地有上逻神。夜梦神见召，待以优礼，手授二笔，一大一小。及为翰林学士，裔孙以为契大笔之兆；旋知贡举，私自谓曰："此二笔之应也。"洎入中书，堂吏奉二笔，熟视大小如昔时梦中所授者。

【上清真人】❶《云笈七签》卷一〇一：上清真人、总仙大司马、长生法师主三天君，姓柏成，讳欻生，字芝高，乃中皇时人。诞于北水中山柏林之下，以母感日华而怀孕。年九岁，求长生之道。至十四，与西归公子、巨灵、伯尹俱师事黄谷先生。后遇玉清文始东王金晖仙公，号曰玉皇二道君，得为上清真人，位曰总仙大司马长生法师三天君，理太元都阆风玉台，总司学道之仙籍，主括三天之神人。此上清真人仙秩极高，于本卷中位在三清之后，五老之上。❷当指于上清之境位列真人者，有如下数人：司马承祯、李少君、赵伯元、张仲逸、许谧、冯延寿等。

【上虚夫人】《文选》郭璞《游仙诗》注引《初学记》："常娥，羿妻也，逃月中，盖上虚夫人是也。"见"嫦娥"条。

【上元夫人】女仙，名阿环。见汉·班固《汉武帝内传》："上元夫人，道君弟子也。亦玄古以来得道，总统真籍，亚于龟台金母。武帝元封元年七月七日，王母下降，言修仙之道。将别，帝叩头请留，王母乃遣侍女郭密香与上元夫人相问，请其下凡。须臾，上元夫人遣侍女报云：'阿环再拜。先被太帝君敕，使诣玄洲，校定天元。还便束带，愿暂少留。'帝因问

上元夫人　列仙全传

王母：'不审上元何真也？'王母曰：'是三天上元之官，统领十万玉女名录者也。'俄而夫人至，王母又曰：'此真元之母，尊贵之神女，当起拜。'于是上元夫人教帝以长生之道。"《太平广记》卷五六"上元夫人"条："汉宣帝地节四年，咸阳茅盈受命为东岳上卿、司命真君、太元真人。茅君之师乃总真王君，西灵王母与上元夫人，降于句曲之山金坛之陵华阳天宫，以宴茅君。时茅君中君名固，小君名衷，亦侍贞会，下席再拜，求乞长生之要。夫人悯其勤志，命侍女宋辟非出紫锦之囊，开绿金之笈，以《三元流珠经》《丹景道精经》《隐地八术经》《太极缘景经》凡四部，以授二君。授书毕，王母与夫人告去，千乘万骑，升还太空矣。"◆按：据此，上元夫人在女仙中地位仅次于王母，而唐·裴铏《传奇》"封陟"条竟有上元夫人下凡求偶事。唐人小说，不唯文辞夸饰，于古仙人亦随意调侃，不必做认真观也。

【上宰王君】《天地宫府图》云："十大洞天之西城山，为上宰王君所治。"按：《太平经》卷一："西城王君为后圣李君上宰，乃四辅之一。"是上宰王君即西城王君也。而《天地宫府图》又云西城王君治王屋山（在今河南济源西北），则又似非一人矣。

【尚书】清·姚元之《竹叶亭杂记》卷三：海船敬奉天妃外，又有尚书、拏公二神。按尚书姓陈名文龙，福建兴化（今福建莆田）人，宋咸淳五年廷试第一，官参知政事，《宋史》有传。明永乐中以救护海舟封水部尚书。

【尚阳子】明人。《（雍正）四川通志》卷三八之三：嘉靖间道士，自号尚阳子，寄住卖酒李长春家，三年酒家敬礼不倦。一年除夕，酒家乏盐，尚阳子云："但随我行，便可得盐。"命其闭目随行。酒家忽如醉梦，但闻耳中风声，睁目已至乐温压子岩边。又至江边，水势甚猛，道人乘白羊踏浪渡龙舌滩，少顷携盐一块归，重有半斤，云："归用之，可足三年之资。"又赠以药方，遂别去。酒家返里，每朝夕用盐，三年不减，至期忽然不见。又以药方为乡人治病，因而致富。

【shao】

【少昊】五方天帝之一，主西方。《史记·高祖本纪》"集解"应劭曰："秦襄公自以居西戎，主少昊之神，作西畤，祠白帝。至献公时栎阳（在今陕西富平东南）雨金，以为瑞，又作畦畤，祠白帝。少昊，金德也。"晋·王嘉《拾遗记》卷一："少昊以金德王。母曰皇娥，处璇宫而夜织，或乘桴木而昼游，经历穷桑沧茫之浦，时有神童，称为白帝之子，即太白之精，与皇娥谯戏，而皇娥生少昊。号穷桑氏，亦曰桑丘氏，因其母生其于穷桑之浦也。穷桑在西海之滨，有孤桑之树，万岁一实，食之不老。少昊以主西方，一号金天氏，亦曰金穷氏。时有五凤，随方之色集于帝庭，因曰凤鸟氏。"

【少千】晋·葛洪《抱朴子内篇·辨问》："少千执百鬼。"按：即"鲁少千"。见该条。

【少司命】见"大司命"条。

【少翁】《史记·封禅书》："齐人少翁以鬼神方见上。上有所幸王夫人卒，少翁以方术致王夫人及灶鬼之貌，天子自帷中望见焉。于是乃拜少翁为文成将军，赏赐甚多，以客礼礼之。文成言曰：'上即欲与神通，宫室被服非象神，神物不至。'乃作画云气车，及各以胜日驾车辟恶鬼。又作甘泉宫，中为台室，画天、地、太一诸鬼神，而置祭具以致天神。居岁余，其方益衰，神不至。乃为帛书以饭牛，佯不知，言此牛腹中有奇。杀视得书，书言甚怪。天子识其手书，问其人，果是伪书，于是诛文成将军，而隐其事。"◆按：少翁姓氏，《史记》不载，而《史记·外戚·李夫人传》"索隐"云："李延年之女弟。《汉书》云'帝悼之，李少翁致其形，帝为作赋'"云云。而查《汉书》，实无少翁姓李之说，"索隐"或因"李少君"而误，或因唐时已有少翁姓李之说。

【少姨】清·景日珍《说嵩》卷二〇："少姨，相传为启母涂山氏之妹。"即"阿姨神"，参见该条及

"启母神"条。唐·杨炯《盈川集》卷五《少室山少姨庙碑》："少姨庙者，则《汉书·地理志》嵩高少室之庙也。其神为妇人像者，则故老相传云启母涂山之妹也。"《明一统志》卷二九："少姨庙，在府（河南府）城东南。又偃师、巩、登封县俱有。世传神是启母之妹，故名少姨。"◆唐·戴孚《广异记》"朱敖"条言朱敖于少室山少姨庙，为庙中壁画少女所惑事。

【邵道人】明·李梦阳《邵道人传》：蜀人，年七十来庆阳（今甘肃庆阳），馆于钟楼，筑土披衲，无昼夜露坐。不好言，有事则颐指色授。为人治病，视其可活，即命弟子置饭于前，横铁尺于饭上，诵《大悲咒》，然后以尺摩病者，病即痊愈。若视其不能活，则告家人死日。治病不取人财，每岁自正月始，取人布补衲，补完即不复取。自知死日，预设几三层而坐其上；至夜半，霹雳起于屋脊，道人已故去。

【邵仁安】明·朱国桢《涌幢小品》卷一九：邵仁安，睦州（今浙江建德）清溪人。唐贞观初，与弟仁应俱隐蟠山，诵《道德经》，没而为神。有巫何氏惑人，神甚恶之，现形，以一木荷二大石，重各万斤，至山之巅，折所荷之木植于地，枝叶生焉，巫者惊走。人名其树曰虬锡，立庙以祀。

【邵武惠应庙神】邵武，地名，在今福建省。宋·佚名《异闻总录》卷二："邵武惠应庙神，初封佑民公。宋建中靖国元年，建阳江屯里亦立祠事之。"参见"大乾惠应祠神"条。

【邵雍】《宋史》入《道学传》："字尧夫。河南（今河南洛阳）人。于书无所不读，始为学，即坚苦刻厉。逾河、汾，涉淮、汉，周流齐、鲁、宋、郑之墟，久之，幡然来归，曰：'道在是矣。'遂不复出。师事北海（今山东潍坊）李之才，受《河图》、《洛书》、伏羲八卦六十四卦图像。雍探赜索隐，妙悟神契。及其学益老，德益劲，玩心高明，以观夫天地之运化，阴阳之消长，远而古今世变，微而走飞草木之性情，深造曲畅，庶几所谓不惑，而非依仿象类、亿则屡中者。熙宁十年，卒，年六十七，赠秘书省著作郎。元祐中赐谥康节。"又云："雍智虑绝人，遇事能前知。"按：《宋史》所谓"前知"，非卜筮者流之"亿则屡中"，乃哲人"知几"之谓，不意后人遂以"神仙"目之。其子邵伯温著《邵氏闻见录》，记康节于"洛阳天津桥闻杜鹃声"，曰："不三五年，上用南人为相，多引南人，专务变更，天下自此多事矣！"北宋·张邦基

《墨庄漫录》卷二，亦载其"于洛阳与司马光论《易》数，推园中牡丹某日某时当毁，温公命数客以观，向午花方秾，两马断辔突入，驰骤栏上，花果毁焉。雍又尝言：'天下可传此者，司马君实、章子厚尔，而君实不肯学，子厚不可学。'临终焚其书不传，只以《皇极经世》行于世。"是时人即有此类传闻，而后世竟有所谓《梅花诗》十首，托名邵雍，称"大预言"，事已近于巫觋矣。

邵雍 晚笑堂画传

【绍兴孚佑王】潮神。明·王圻《续文献通考·群祀考》之三：庆元四年封绍兴府宁济庙潮神为孚佑王。先是，徽宗政和六年，封顺应侯。孝宗淳熙末，以卫高宗灵驾功，加忠应翊顺灵佑公。至是晋王爵。

【she】

【奢比尸】《山海经·海外东经》："奢比之尸在其北。兽身人面，大耳，珥两青蛇。"《大荒东经》："有神，人面，犬耳，兽身，珥两青蛇，名曰奢比尸。"奢比，郝懿行《笺疏》以为即《管子·五行篇》之奢龙，奢龙善辩，黄帝以为土师。吴任臣《广注》案："奢比，黄帝

奢比尸 山海经图 胡文焕本

七辅之一，《冠编》云'黄帝友奢比，友地典'，《路史》'奢比辩乎东，以为土师，'是也。"

【舌神】《黄庭经》云："舌神名通命，字正伦。"唐·段成式《酉阳杂俎·前集》卷一一则云"舌神名始梁"。

【蛇姑】南宋·洪迈《夷坚志补》卷一三"台州蛇姑"条："台州（今浙江临海）后岭深林中有一小草庵，一道姑居其中，庵畔常有一蛇护守，善人至，蛇隐不出，不善人至，必逐之。道姑无姓字，土俗以蛇护之异，目为蛇姑。后不知所终。"南宋·陈耆卿《赤城志》（今浙江天台）卷三五："邑人张得一往谒，蛇姑授之诀。张矍然解悟，遂游方不归。"

【蛇身人面神】《山海经·北山经》：自管涔之山至于敦题之山，凡十七山，五千六百九十里，其神皆蛇身人面。

蛇身人面神
山海经图 汪绂本

【蛇神】《岭南杂记》卷上：潮州有蛇神，其像冠冕南面，尊曰游天大帝。龛中皆蛇也。欲见之，庙祝必致辞而后出，盘旋鼎俎间或倒悬梁椽上，或以竹竿承之，蜿蜒纠结，不怖人，亦不螫人，长三尺许，苍翠可爱。闻此自梧州而来。长年三老尤敬之。凡祀神者，蛇常游憩其家，甚有问神借贷者。

【蛇王】❶苏州娄门蛇王庙，最为有名。明·钱希言《狯园》卷一二："苏州城东娄门内，旧有蛇王庙。常年葑门外捕蛙船数百艘，各舟持短青竹竿子，并牲酒纸马来献。献已，复持去。每夜用此竿子开路，一切蟒毒，因尔敛迹，得以捕蛙无患。其不祭者，神立祟之。"清·顾禄《清嘉录》卷四"四月·蛇王生日"条："四月十二日为蛇王生日。进香者骈集于娄门内之庙，焚香乞符，归粘门户，能远毒蛇。人又以是日雨，主坏麦，谓巳日属蛇，麦收忌雨，有此说也。"民国郭则澐《洞灵小志》卷三："苏州娄门外有蛇王庙，蛇王者即明方正学先生。相传先生被祸时，有司掘其宅，众蛇踞之，遂不敢动。其尸改葬时，蛇蔽之，得不腐。乡人敬其忠烈，奉为蛇王。其庙负城面河，古木周绕，榜曰'蛇王古庙'，又曰'灵珠禅院'。壁嵌残碑，已剥蚀。殿上供方夫妇金身，高三尺许，作明代装，皆朝服。殿左设泥城模型，高三尺，周六尺，四周绕以小蛇。有神立于城上，旁塑皂衣隶四，分持剑鞭弓矢，皆一手握蛇。柱塑大蛇二盘其上，各长丈余。入庙者咸抚蛇颈以祈福。庙祝云：夜中往往见神降，每岁四月十二日为蛇王生日，香火甚盛。殿右别辟一室，奉正学画像。"❷漳州（今福建漳州）蛇王庙。清·施鸿保《闽杂记》卷一二载："福建漳州府城南门外，有南台庙，俗称蛇王庙。其神乃一僧像。不知其所自始。相传城中人有被蛇噬者，诣庙诉之，其痛自止，随有一蛇或腰断路旁，或首断在庙中阶庑间，俗谓蛇王治其罪也。唯林野间被噬者诉之不验。"据林国平等著《福建民间信仰》一书所述，南平樟湖阪一带，每年都有游蛇灯及蛇王节活动。并引明·谢肇淛《长溪琐语》，明代以前此地即有蛇王庙，庙内有蛇数百，每年夏秋则赛神。❸无锡蛇王庙。清·薛福成《庸庵笔记》卷六"蛇死为祟"条："无锡南门外，窑户甚多。同治丙寅，有某甲买一古窑。窑已闭弃数百年矣。将启而用之，忽见窑中大小蛇无数，皆毒虺也，击毙而火之。有一蛇大如瓮盎，亦死于火。顷之，某甲大病将死，蛇附之而言曰：'我已修百余年，未尝出为人害。汝不与我一信，而突来开窑，使我不及迁避。无故杀我，且杀我子孙甚众，今日必索汝命。'盖俗例凡起造动土，必于数日前祀土地神，则百虫无不徙避。某甲开窑，实未祭土地。于是家人涕泣哀呈，许蛇以讽经超度。不可。许以拜七日梁王忏。又不可。许以拜忏，而兼立蛇王庙。蛇乃允之。某甲寻愈。于是将军山有蛇王庙云。"❹蛇王又有"施相公"者，见该条。❺又有食蛇怪物而名"蛇王"者。清·袁枚《子不语》卷一八"蛇王"条："楚地有蛇王，状类帝江，无耳目爪鼻，但有口，其形方如肉柜，浑浑而行，所过处草木尽枯。以口作吸吞状，则巨蟒恶蛇尽为舌底之水，而肉柜愈觉膨然而大。有常州叶某兄弟二人，游巴陵道上，见群蛇如风而趋，若有所避。少顷见肉柜正方，如猬而无刺，从东方来。其弟挟矢射之，正中柜面，柜如不知，负矢而行。弟欲拔矢再射，方近身，已化为黑水。洞庭有老渔者云：'我能擒蛇王。'作馒头百余，用长竿铁叉叉之，送当其口。蛇王略吸，则去之而易新者。如是数十次，其初馒头霉烂如泥，已而黑，已而黄，伺馒头白如故，而后众人围而杀之。"❻古时往往以善治蛇者称"蛇王"。南宋·洪迈《夷坚甲志》卷一五有"蛇王三"者，善治蛇，人或以为蛇精。见该条。《夷坚支志·戊集》卷三记有成俊者，其治蛇之术通神，为诸书所载不及，偏无蛇王之称。清·俞樾《右台仙馆笔记》卷一四记江西真人府法官治萧山临浦蛇，以剑画地为三大圈，径三四丈，自仗剑立第三圈后。众小蛇至，甫至第一圈即毙，其后蛇来益大，入第二圈亦毙，最后一巨蛇长十余丈，直犯第三圈，入之亦毙。与"蛇王三"画地为沟者近似。《民权素笔记荟萃·侠乘》有"厩山蛇王"，亦"蛇王三"之俦，见该条。❼群蛇之首领即称蛇王。清·清凉道人《听雨轩笔记》卷一记乾隆间事，近于神话：在杭州有群丐往南屏山捕蛇，为首者肥黑短髯，得一洞口，髯丐于洞前禹步持咒，鼓气向洞喷之，众丐探手于囊，取草叶口嚼之。未几，洞中之蛇潮涌而出，先之以乌梢、青梢、时鳗，后皆赤练、虺蝮之类，其形有若蠏若鲤若履者，虎首而蛇身者，头锐身阔长止数寸者，可惊可愕，不一而足。众丐以所嚼之草汁涂手，捉蛇入竹篮，如拾常物。忽闻洞中作风雨声，髯丐曰："蛇王来矣，汝辈速避。"亦探囊取草嚼之，高举两臂于空，独立俟之。洞中风声愈急，一蛇黄首青身，头有短肉角，大如人股，随风抢出，径盘髯丐之身，昂首向丐喷气。丐则嚼草汁以敌之，蛇首立垂，而缠绕益紧。如是者三，蛇不能支，解缠蜿蜒入洞。人问巨蛇何故舍之，答曰："此蛇王也。我若杀之，则四山蛇王毕至，吾辈无噍类矣。吾昨来此施咒，故南山之蛇今日群集于此。四五里内，五年无蛇患，然吾亦数年不能过此，恐蛇王见仇也。"

【蛇王三】南宋·洪迈《夷坚甲志》卷一五：方城民王三，善捕蛇。每至人门，则能知其家蛇多少，见在某处。有为害者，取食之，人目为"蛇王三"。方城令得一蛇，召之使食，为爪所伤，抉二齿。近村民苦毒蟒出没为害，醵金十万，命王作法以捕。王画地为三沟，语人曰："若是常蛇，越一沟即死，极不过二。如能历三沟，则我反为所噬矣。"既而蛇径前，无所畏，欲就王。王甚窘，亟脱袴中裂之，蛇公为两，死焉。尝适麦陵村，谓富室曰："君家有巨黑蛇，方旺财，不宜取。"富室欲验其言，强使取之。王书片纸，命其人投于厨后墙左角小穴，呼曰"蛇王三唤汝"，即急走，勿反顾，恐伤汝。其人不信，投纸毕，少留观之，则巨蛇已出，其人惊仆。蛇从旁径出至王所，王袖之而行。其家自是果破。至建炎盗起，不知所终。或以为蛇精云。

【蛇瘟神】南宋·洪迈《夷坚支志·景集》卷二"易村妇人"条：庆元元年五月，湖州南门外一妇人洁白，呼赁小舟欲往易村。既登舟，妇人自取苇席蔽其上。舟人讶其久而无声响，掀席视之，乃见小乌蛇长尺许，几数千条，蟠绕成聚。舟人急覆之。行六十里，抵岸，妇人起，仍是人形，笑云：

"切莫说与人。我从城里来此行蛇瘟，一月后却归矣。"彼村居人七百家，是夏死者大半。

【舍人】福建地方淫祠常见神名。见"太保"条。

【舍神】护家宅之神，即"家神"。《太平广记》卷三六〇引唐·窦维鋈《广古今五行记》：梁邓差，南郡临沮（今湖北当阳西北）人，于麦城耕地，得古铜数斛，因此大富。行值雨，止于皂荚树下。遇一老公，谓差曰："君虽富，明年舍神若出，方衰耗之后，君必因火获殃。"明年，宅内见一物，青黑色，似鳖而非，可长二尺许。自出自入，或隐或见，伸缩举头，狗见，辄围绕共吠，吠则缩头，家人亦不敢触。如此者百余日。后有人种作，黄昏从外入，见之，谓是蚖，乃以镰斫之，伤其足血，曳脚入稻积下，因失所在。自后遭火。儿侄丧亡，官役连及。

【社公】古有以二十五家为一社之说，又有十家五家共为田社之说，是社为乡里组织之最小单位，而一社之神亦为神明世界中最卑者。后世所称之土地公公即与社公相类。晋·干宝《搜神记》卷一五："会稽（今浙江绍兴）人贺瑀，梦为吏人引上天，见架上层有印，中层有剑，凭其取之。瑀取剑而未取印。吏人叹曰：'恨不得印，可策百神，剑唯能使社公耳。'疾愈，果有鬼来，称社公。"《后汉书·方术传下》："费长房能医疗众病，鞭笞百鬼，及驱使社公。"◆南宋·程大昌《演繁露续集》卷六："勾龙、周弃为社稷，故曰食伐鼓于社，责上公也。今俗犹言社公者，上公之义也。杜佑驳之云：公者尊称，以人尊社，故曰社公。王肃言社公为上公，俗言天公、雷公，岂上公乎？"◆按：社公亦有甚显赫者，但多属小说家言，如《太平广记》卷三一八"甄冲"条引刘宋·刘义庆《幽明录》言社公之出，云："有人著帻，捉马鞭，罗列相随，行从甚多。社公寻至，卤簿导从如方伯，乘马辇，青幢赤络，覆车数乘。"◆清·徐时栋《烟屿楼笔记》卷一："社无屋。今官府遇祭之日，率以幕架坛上耳。《荆楚岁时记》称，社日四邻并会为屋于树下，先祭神，然后飨其胙。据此是古人祭社先期为屋于社上以蔽风雨也。又按据此是晋时仍用周秦以来旧礼，一变而尽作庙殿为境神，不知何时改变也。吾乡私社惟丁湾一社巍然独存，土人不知，呼为缸盖庙，或复疑是野鬼遗火之类，盖社礼之废久矣。"

【社郎】社公之子称社郎。《太平广记》卷三一八引刘宋·刘义庆《幽明录》：甄冲，中山（今河北定州）人，为云社令。未至惠怀县，忽有一人自称社郎，欲以妹相许，甄辞以老且有妇，相与反复数过，甄殊无动意。社郎有恚色，云："大人当自来，恐不得违尔。"既去，便见两岸上有人著帻，捉马鞭，罗列相随，行从甚多。社公寻至，卤簿导从如方伯云云。

【社君】即社公。又为鼠怪之别名。晋·葛洪《抱朴子内篇·登陟》："山中子日称'社君'者，鼠也。"见"十二辰怪"条。

【社神】《孝经援神契》："社者，土地之主。土地广博，不可遍敬，故封土以为社而祀之，报功也。"按：社有大小二说。大者近于后土，类于后世社稷之社。小者则为田社、里社，即二十五家为一社之社。大社之神即后土之类，《左传》昭公二十九年："共工氏有子曰句龙，为后土。"又云"后土为社"，为"五正"之一，"封为上公，祀为贵神"。是社神即后土也。然又有说社神为大禹者，《淮南子·泛论训》"禹劳天下，死而为社"是也。又东汉·蔡邕《独断》曰："先儒以社祭五土之神。五土者，一曰山林，二曰川泽，三曰丘陵，四曰坟衍，五曰原隰。"此社亦为土神。至于地方之社神，或称"社公"，或称"土地"，或称"地界"。详见有关各条。

【射工】晋·张华《博物志》卷三：江南山溪水中有射工虫，甲类也，长一二寸，口中有弩形，气射人影，随所著处，发疮不治则杀人。今蠷螋虫溺人影，亦随所著处生疮。

【射魅】《急就篇》："射魅、辟邪除群凶。"注："射魅、辟邪，皆神兽名也。魅，小儿鬼也，射魅言能射去魅鬼。"

【射洪道士】北宋·王巩《闻见近录》：张文懿（士逊）为射洪（今四川射洪）令，一道士诣邑，熟视文懿不语，取瓢出药令张吞之，张仅饵八十六粒。道士又问张欲为神仙耶欲为宰相耶。张曰欲为宰相。道士咨嗟久之，留一书，封缄甚密，曰："且候作相老倦时开。"及张八十六岁，未尝有疾，至上元，偶思道士所留书，启之，乃彩选一册。因会子弟作选，至宰相，视上唯有真人耳，始悟道士意也。明日道士忽至，顾张曰："打迭了未?"语毕即去。使人访之，即卧店中卒矣。张忽觉腹疼，下药八十六粒，炳然如新，遂卒。

【射木山神】道藏本《搜神记》卷三：肇庆府阳春县（今广东阳春）有射木山，山有灵云，罩其上则必雨，开则霁。山南有祠，曰射木山祠。汉封其神

曰储休侯，灵显最著。旧传江南有李氏者无子，一夕梦有一人托生为嗣，因名符。后登第，历官知春州，启行，辞其母曰："儿往必不归矣。"抵官，来谒射木山神祠，顾瞻门庭，一若旧识。未几卒。自符之生，庙食渐废，至此庙神复灵。按唐之春州即今之阳春县也。

【涉蟲】《山海经·中山经》：岐山，神涉蟲处之，其状人身而方面，三足。

【涉正】晋·葛洪《神仙传》卷六："字玄真，巴东人。说秦始皇时事了了如目见者。东汉末从数十弟子入吴。而正常闭目，虽行路不开。弟子求其开目，目开而霹雳大作。不服食，以行气绝房室为修炼。"《仙鉴》卷五：李八百呼涉正为"四百岁儿"。

涉蟲 山海经图 蒋应镐本

【shen】

【申公豹】在《封神演义》中，申公豹本是元始天尊弟子，却专与本教作对，曾为元始天尊用蒲团卷起填了北海眼。不意小说中的故事却让申公豹成了北海之神。清·汤用中《翼駉稗编》卷三"闻太师申公豹"条："闻太师、申公豹，系《封神传》荒诞之言，乃恰克图回部祀之甚虔。其地近俄罗斯，地居北海之南，过北岸则为狗头国。每当秋冬，海冰即合，两岸相距，渺无崖际，商旅未敢履冰径过，必诣申庙，焚香拜请，数日，昇像入水试冰。其像以木为之，裸体不着一丝。昇至海中，

涉正 列仙全传

直立不仆，渐次入水，俟灭顶，即可履冰过海，车驰马骤，了无妨碍。至次年二三月，遥望巨浸中见一指破水出，即群相告诫，速断行踪。逾数日而拳出，又数日而神体全出，即闻坚冰碎裂，海水沸腾，像即蠢立水面，彩舆异归，报赛惟谨。"

分水将军申公豹

申公豹　封神真形图

【申泰芝】唐时人。《（康熙）衡岳志》卷三："字广祥，其先洛阳人，卜居于邵州。游于南岳，访神仙之事，一夕于祝融峰顶遇真人，传以金丹火龙之术。归而炼丹，积年道成，能乘虚御风，隐现出入。开元二十六年，玄宗召至长安，赐以纸座，泰芝坐如木几。天宝十四载冲举。"明·王圻《续文献通考》云："玄宗赐号大国师；宋时封号为玄妙灵修真人。"又明·王世贞《列仙全传》卷六言其字符之，并述与太真侍儿赵云容仙丹，使其得道事，是与"申元之"混为一人也。

【申天师】❶即"申元之"，见该条。唐·裴铏《传奇》："田山叟即申天师，名元之。"❷清·吴任臣《十国春秋》卷五七"后蜀列传"："申天师者，唐玄宗之裔也。修道青城山，有奇验。"❸北宋·沈辽《云巢编》卷六《零陵先贤赞》有"申天师"一则云："天师乾乾，初事轩辕，尽得其道，遂至长安。时其老母，祁阳（今湖南祁阳）之干，越数千里，时致盘餐。母惊其神，欲往一观，天师请行，有如飞翰，一瞬而至，都城正欢。其母不虞，秽气旁奸。居于长安，遂不复还。"其事迹不详。

【申徒有涯】南宋·范成大《吴郡志》卷四六引《树萱录》："申徒有涯，方外之士，常携一白磁瓶，自阳羡（今江苏宜兴）游吴中。大风雪中脱衣赁舟，沽酒斗余。饮毕大吐，同载者恶之，舟人逐其上岸。乃倚树高吟，纵身跳入瓶中，悄然无迹。舟人大骇，举瓶碎之，无所见。他日复见于虎丘剑池侧。"涵芬楼本《说郛》卷三引《树萱录》、明·王世贞《列仙全传》卷七作"申屠有涯"。

【申仙】《（雍正）山西通志》卷一五九：金时潞城人，遇异人授以太阴炼形之术，能预知水旱灾祥。卒，葬百余日，一夕雷霆大作，棺开数寸，内唯只履棕扇而已。

【申先生】宋·章炳文《搜神秘览》卷下：申先生，来往淮浙间，自言姓申。盛暑烈寒，倒行逆施，为难履之行。有遇疾病，乃书纸以印诸阳之会，即有差者。在润州谓一豪民，言："汝心平善，可以奉道。"令置面一碗，嘘以气，使尽啖之，遂不嗜谷。尝在扬州货双泥牛，谓人曰："只丐百二十钱。"无顾者，惟一典吏售归。申公使喂以乳香酒，二牛乃奔逸不止。

【申元道】宋时道士。明·王鏊《（正德）姑苏志》卷五八：泰陵（今江苏泰州）人。师事徐神翁，得修炼术。将出游，请于师，师曰："逢虞则止，遇雪则开。"乃渡江，止于虞山，居无泉水。遇大雪，见门前一处无积雪，浚之得泉，因名雪井。

【申元之】唐时人。《太平广记》卷三三引五代·杜光庭《仙传拾遗》："不知何许人。游历名山，博采方术。开元中征至阙下。驾幸东洛，元之常扈从。善谈玄虚之旨。宫嫔赵云容慕道，元之与其绛雪丹一粒，得以度世。自号田先生，识者云其为魏时人，年已数百岁云。"◆五代·杜光庭《录异记》卷二云其"善三五禁术。常居于邵州，邵州人至今仍有习此术者。"又云"元之尝沉三石函道书于邵州潭中"。是申元之主要活动于邵州。宋·王铚《龙城录》载明皇与申天师、道士鸿都客三人游月宫故事，申即元之。◆按：同时在朝有申泰芝、申元之二人，姓名相似如此，或有一误。

【身神】人身各器官之神。道教中主张内视存思修炼一派，认为人身各器官五脏六腑、四肢五体、筋骨髓脑、肌肤血脉以至孔窍荣卫，均有神灵主宰。《云笈七签》卷一一《黄庭经》云："发神苍华字太元，脑神精根字泥丸，眼神明上字英玄，鼻神玉垄字灵坚，耳神空闲字幽田，舌神通命字正伦，齿神崿峰字罗千。心神丹元字守灵，肺神皓华字虚成，肝神龙烟字含明，肾神玄冥字育婴，胆神龙跃字威明"之类即是。而唐·段成式《酉阳杂俎·前集》卷一一所载身神诸名与《黄庭经》稍异："身神及诸神名异者：脑神曰觉元，发神曰玄华，目神曰虚监，鼻神曰冲龙玉，舌神曰始梁。"大要其名目多据各器官功能形态杜撰。《云笈七签》卷二九《解胎十二结法》整齐为二十四神，统称上、中、下八景神童，又名"三部八景二十四神"，所载又与

《酉阳杂俎》稍异。参见"八景神童"条。《云笈七签》卷八〇又有"三部八景二十四住图",与"五岳真形图"相类。又《云笈七签》卷五五《思神诀》云:"一身有一万八千神曰本份神,一万八千神曰影照神。又云:人身上部八景以应于天,下部八景以应于地,中部八景以应于空,三部八景七十二神,景皆有五。三万六千与天地合有一十万八千。"而《受生天魂法》云:"人身之中自有三万六千神。"◆明·徐应秋《玉芝堂谈荟》卷四有"人身神名"一条,可参看。

【𦍋】鬼物名。《庄子·外篇·达生》:桓公曰:"然则有鬼乎?"曰:"有。沈有履。灶有髻。户内之烦壤,雷霆处之;东北方之下者,倍阿鲑蠪跃之;西北方之下者,则泆阳处之。水有罔象,丘有𦍋,山有夔,野有彷徨,泽有委蛇。"注:"其状如狗,有角,身有文彩。"

【深目国】《山海经·海外北经》:"深目国在其东,为人举一手一目,在共工台东。"郭璞注:目字"一作'日'。"郝懿行《笺疏》以为"一目"当作"一日",连下读。袁

深目国　山海经图　蒋应镐本

珂以郝说为是,但又疑"为人"下尚脱"深目"二字,即"为人深目,举一手"。虽然如此,而后人或解作其国人以一手擎一目,《封神演义》之杨任形象(包括一些水陆画中之太岁)似本此。按:深目国又见《大荒北经》。

【神𩳂】《山海经·西山经》:"刚山,多神𩳂,其状人面兽身,一足一手,其音如钦(即吟)。"郭璞注:"𩳂,亦魑魅之类。"吴任臣《广注》案:刘会孟云:"深山魑魅多一足,故诗曰山鬼独一足。"郝懿行《笺疏》:"𩳂疑当为魅字之或体。《说文》云'魅,神兽也。'与郭音义俱合。"

【神宝君】见"天宝君"条。

【神宝丈人】❶即"混沌圣君"。❷《云笈七签》卷一六《灵宝洞玄自然九天生神章经》:"神宝君者,即洞神之尊神,神宝丈人则神宝君之祖气也。丈人是冥寂玄通元无上玉虚之气,九万九千九百九十亿万气,后至赤明元年化生神宝君。"参见"天

宝君"条。

【神丛】丛林之神。《战国策·秦策三》:应侯谓昭王曰:"恒思有神丛,一悍少年请与丛博,曰:'吾胜丛,请与我神三日;我不胜丛,丛困我。'乃博,胜丛,丛借其神三日,至期,少年不还其神,五日而丛枯,七日而丛死。"

【神和子】屈突无为,字无不为,五代、宋初时人,自称神和子,所著书亦以《神和子》名。北宋·苏辙《龙川别志》卷下:"张咏少时游封丘(今河南封丘,在开封北),旅舍中与一道人为邻,颇相喜。临别,道人告张:'我,神和子也。异日见子于成都。'后成都乱,张咏为成都守,于一处见道人画像,题曰'神和子'。"宋·吴处厚《青箱杂记》卷一〇记此事稍详。又见清·吴任臣《十国春秋》卷五七"后蜀列传":"屈突无为,成都人。有神仙之术,自号神和子。越百年尚著灵异云。"◆按:《全唐诗》王毂有《逢道者神和子》一首,不知是此人否。

【神君】❶《史记·封禅书》:"是时武帝求神君,舍之上林蹏氏观。神君者,长陵女子,以子死,见神于先后宛若。宛若祠之其室,民多往祠。平原君往祠,其后子孙以尊显。"武帝晚年又有"寿宫神君",亦见《史记·封禅书》。《汉武故事》则以神君为行房中术者:"武帝起柏梁台以处神君。神君者,长陵女子也。先嫁为人妻,生一男数岁死,女子悲痛亦死,死而有灵,其姒宛若祀之,遂通言语,说人家小事颇有验。上遂祠神君请术。初霍去病微时,数自祷于神君,神君乃现其形,欲与去病交接。去病不肯,因绝复往。及去病疾笃,上令祷于神君,神君曰:'霍将军精气少寿命不长,吾尝欲以太一精补之,可以延年。霍将军不晓此意,遂见断绝。今病,必死,不可救也。'上造神君请术,行之有效,大抵不异容成也。神君以道授宛若,亦晓其术,年百余岁,貌有少容。卫太子未败一年,神君亡去。东方朔娶宛若为小妻,生三子,与朔同日死,人疑化去未死也。自后贵人公主慕其术,专为淫乱。大者抵罪或夭死,无复验云。"◆南宋·谢采伯《密斋随笔》卷二亦云:"汉武帝祠神君,

神𩳂　山海经图　汪绂本

最贵曰太一，非可得见，闻其言与人音等，时去时来，居室帷中，所言世俗之所知无殊绝者，而天子独喜。即今之‘鸣童’也。”而明·田艺蘅《留青日札》卷二八“神君”条亦云：“闻其声不见其人，当即镇江以北之‘灵哥’类也。”按：灵哥、鸣童，皆樟柳神之类。❷泛指神物。《韩非子·说林上》：鸱夷子皮曰：“子独不闻涸泽之蛇乎？泽涸，蛇将徙。有小蛇谓大蛇曰：‘子行而我随之，人以为蛇之行者耳，必有杀子。不如相衔负我以行，人以我为神君也。’乃相衔负以越公道。人皆避之，曰：‘神君也。’”❸亦有山海之神称“神君”者，如“华岳神君”“东海神君”之类。

【神龙王】道教之守护神。五代·杜光庭《太上洞渊神咒经》有五方守墓镇宅神龙王，五方库藏神龙王；有天神神龙王、地祇神龙王；守护国邦、府郡，以及宫殿、厅堂、屋宅、房阁、厨灶、庄田，下至收藏诸物如丝绵、珠玉、金银、八谷俱有神龙王。又有护国、安府、保家、驱鬼、斩鬼诸神龙王，仁义、忠孝神龙王等等。其功用为“保镇家国，王民流俗，各得平安，无诸灾害，并消凶恶，福佑咸臻，贼盗潜踪。”

【神鹿】《华阳国志》卷四：“博南县有熊苍山，上有神鹿，一身两头，食毒草。”详见“两头鹿”条。

【神农】《史记·五帝本纪·正义》引《帝王世纪》：“神农氏，姜姓也。母曰任姒，有蟜氏女，登为少典妃，游华阳，有神龙首，感生炎帝。人身牛首，长于姜水。有圣德，以火德王，故号炎帝。初都陈，又徙鲁。又曰魁隗氏，又曰连山氏，又曰列山氏。”晋·王嘉《拾遗记》卷一：“炎帝始教民耒耜，躬勤畎亩之事，百谷滋阜。故而又称土神。”《礼记·月令》注：“土神称神农者，以其主于稼穑。”晋·干宝《搜神记》卷一：“神农以赭鞭鞭百草，尽知其平毒寒温之性，臭味所主。以播百谷，故天下号神农也。”《通鉴外纪》言神农尝百草酸咸之味，察水泉之甘苦令民知所避就。当此之时，一日而遇七十毒。按：后世药王“三皇”中有神农，当以此。◆梁·陶弘景《真诰》以神农为罗酆山之北太帝君。◆仇德哉《台湾之寺庙与神明（二）》：“神农在台湾又有神农大帝、先农、先帝爷、五谷先帝、五谷仙帝、药王、药仙、药王大帝、开天炎帝、五谷王、五谷仙、五谷大帝、粟母王、田祖、田主诸称。”

【神人氏】即盘古氏。明·曹学佺《蜀中广记》卷

神農
嘗穀教民
爰制醫藥
民鮮疵癘
養生大端
惟皇之仁
澤流無窮
與天地均

神农 集古像赞

七一引《历劫记》云：五龙氏后神人氏兴。神人氏其状神异，若盘古真人，亦号盘古，即是无劫苍生万物之所承也。以己形状类象分别天地日月星辰阴阳四时五行九宫八卦六甲山川河海，不能决定，故以天中元景元年七月一日上登太极，启元始太上天尊，更授神宝三皇内经并灵宝五符经，下世则按经图分画天地名。

【神神】即后世之“灵哥”之类。五代·徐铉《稽神录》卷三“舒州军吏”条：王琪为舒州（今安徽潜山）刺史，有军吏方某者，其家忽有鬼降。自言：“姓杜，年二十，广陵（今江苏扬州）富家子，居通泗桥之西。前生欠君钱十万，今地府使我为神神（此据《太平广记》卷三五八所引，四库本作‘今地府使我为人’，疑是妄改），偿君此债尔。”因为人占候祸福，其言多中。方以家贫告琪，求为一镇将。因问鬼：“吾所求可得否？”鬼曰：“诺，吾将问之。”良久乃至曰：“必得之，其镇名一字正方，他不能识矣。”既而得双港镇将，以为其言无验。未及之任，忽谓方曰：“适得军牒，军中令一人来为双港镇将，吾今以尔为皖口镇将。”竟如其言，凡岁余，鬼忽言曰：“吾还君债足。”告别而去，遂寂然。方后至广陵，访得杜氏，问其弟子。云：“吾弟二子，顷忽病，如痴人，岁余愈矣。”◆《太平广记》卷三六三“王诉”条中之“巫神”孙思儿，亦此类。参见“樟柳神”条。

【神荼、郁垒】二神，或说一名郁，一名垒；或说一名荼与，一名郁垒（或作郁律）；或说一名荼，一名郁；或说一名余与，一名郁雷；或说荼字应作蔡；且有说实为一神而姓蔡名郁垒者。纬书《河图括地象》："桃都山有大桃树，盘屈三千里。上有金鸡，下有二神，一名郁，一名垒，并执苇索，伺不祥之鬼、禽奇之属。将旦，日照金鸡，鸡则大鸣，于是天下众鸡悉从而鸣。金鸡飞下，食诸恶鬼。鬼畏金鸡，皆走之矣也。"东汉·应劭《风俗通义·祀典》曰："《黄帝书》称上古之时有兄弟二人荼与、郁，用度朔山桃树以制百鬼，于是县官以腊除饰桃人，垂苇索。"晋·干宝《搜神记》佚文："《黄帝书》云：上古之时，有二神人，一名荼与；二名郁垒，一名郁律。度朔山，山上有大桃树，二人依树而住。于树东北，有大穴，众鬼皆出入此穴。荼

神荼、郁垒　三教源流搜神大全

与、郁垒主统领简择万鬼。鬼有妄祸人者，则缚以苇索，执以饴虎。于是黄帝作礼驱之：立桃人于门户，画荼与、郁垒与虎以象之。今俗法，每以腊终除夕，饰桃人，垂苇索，画虎于门，左右置二灯，象虎眼，以祛不祥。"晋·郭璞《玄中记》："东南有桃都山，上有大树，名曰桃都，枝相去三千里。上有一天鸡，日初出，光照此木，天鸡则鸣，群鸡皆随之鸣。下有二神，左名隆，右名窔，并执苇索伺不祥之鬼，得而煞之。今人正朝作两桃人立门

旁，以雄鸡毛置索中，盖遗象也。"梁·宗懔《荆楚岁时记》亦云："绘二神贴户左右，左神荼，右郁垒，俗谓之门神。"◆后世学者有以神荼郁垒只是一人者。清·俞正燮《癸巳存稿》卷一三"神荼郁垒"条："晋·司马彪《续汉书·礼仪志》云：'大傩讫，设桃梗郁偛。'是专有郁垒或郁偛，一桃木人，而不云神荼、神蔡。晋·葛洪《枕中书》云：'元都大真王言蔡郁垒为东方鬼帝。'语虽不可据，然可知汉、魏、晋道士相传，'神蔡郁垒'止是一神，姓蔡名郁垒。汉时宫廷礼制亦以为一人，而通儒及汉时道家《黄帝书》皆以为二人。乃知古礼制、古儒说、古道说各不相喻也。审究其义，神荼郁律由桃椎辗转生故事耳。"◆宋·王楙《野客丛书》卷二〇："《山海经》曰：'东海中有度朔山，上有二神，一曰神荼，二曰郁襭。'《风俗通》亦曰：'黄帝时有神荼郁襭兄弟二人，性能执鬼。'故《东京赋》曰'守以郁襭，神荼副焉。'《括地图》曰：'度朔山尖桃树下有二神，一名郁，一名襭。'高诱注《战国策》则又曰：'一曰余与，一曰郁雷。'其纷纭如此，殆不可晓。"清·俞樾《茶香室丛钞》卷一五继此而言曰："余谓此二神一名荼，一名郁襭。《风俗通》云：'黄帝时有神荼、郁襭兄弟二人。''神'字包下二名，非以'神荼'连读也。《山海经》曰'度朔山上有二神，一曰神荼，一曰郁。'下'神'字衍文。高诱注本作'一曰余（即荼字），一曰郁雷（雷即襭字）。'又按：余所据剡川姚氏本《战国策》作'荼'不作'余'。"◆明·杨慎《谭苑醍醐》卷六："《风俗通》作郁律，陆法言《集韵》垒音律，神荼者，神舒也；郁律者，宛结也。周代以荼为舒，夏后荼、公子荼是也。沈休文曰：郁垒者，同屈律也。"◆按：神荼、郁垒二神，又有说出自《山海经》者，如应劭《风俗通》、戴埴《鼠璞》、罗泌《路史·余论》等。今《山海经》无此文。◆李剑国《唐前志怪小说辑释》据多种文献校理晋郭璞《玄中记》，其"桃都山"一则云："下有二神，左名隆，右名窔，并执苇索，以伺不祥之鬼，得而煞之。"

【神行】敦煌写卷《白泽精怪图》："雌雄无故入家者，名曰神行。家必有暴死者，急去勿留。居仓里。"

【神鸦】南宋·洪迈《夷坚丁志》卷二"富池庙"条："兴国（今江西兴国）江口富池庙，吴将军甘宁祠也，灵应章著，舟行不敢不敬谒，牲牢之奠无虚日。"《夷坚三志·己集》卷八又言"神鸦立于樯

杆，则有好风送舟"。清·王士禛《池北偶谈》卷二一："巫峡神女庙有神鸦迎送客舟。予壬子冬下三峡，果有鸦十余，往来旋绕。以肉食投之，即攫去，十不失一。其鸦比常鸦差小，栖绝壁石洞中，得食即入洞去。《天禄阁外史》曰：'嘉陵之墟，其鸟曰鸢，临溪啄饮，则孕吐于口而生。'方以智《通雅》云：'嘉陵漾江之口，下至巴东，皆有神乌。'所谓嘉陵之鸢，即指此。"

【神应王】即扁鹊秦越人。《（雍正）畿辅通志》卷五〇：顺德府内丘县西六十里鹊山下有神应王庙，始建不详，祀秦越人，宋仁宗封神应王。参见"扁鹊"条。

【神州地祇】元·马端临《文献通考》卷七六引《曲礼疏》曰："地神有二，岁有二祭。夏至之日祭昆仑之神于方泽，一也；夏正之日祭神州地祇于北郊，二也。按《地统书》，《括地象》云，地中央曰昆仑，又云其东南方五十里曰神州，以此言之，昆仑在西北，别统四方九州，其神州者是昆仑东南一州耳，于一州中更分为九州，则《禹贡》之九州是也。"按：《曲礼疏》所云似未妥。《通典·礼五》云："神州地祇，谓王者所卜居吉土，五千里之内地名也。"《旧唐书·礼仪志一》："房玄龄等始与礼官述议，以为神州者国之所托，余八州则义不相及。近代通祭九州，今除八州等八座，唯祭皇地祇及神州，以正祀典。"◆又明·陆容《菽园杂记》卷一〇："有所谓神州地祇之祭，即京畿土地也。是此'神州'乃小九州之一州，实即京畿所在之社神。故唐礼祭后土以配天，祭神州以配感生帝，明其为一朝之社也。"

【神洲庙】清·钱泳《履园丛话》卷一五：虞山（今江苏常熟）有神洲庙，不知始于何时。神为女像，端严美丽，凡妇人求子者皆祷焉。

【沈彬】唐时人。五代·徐铉《稽神录》卷五：吴兴（今浙江湖州）沈彬，少而好道，及致仕，归高安，恒以朝修服饵为事。尝游郁木洞观，忽闻空中乐声，见女仙数十，冉冉而下，径之观中焚香，良久乃去。初，彬恒诫其子云："吾所居堂中，正是吉地，即葬之。"及卒，如其言。掘地得自然砖圹，制作甚精，砖上皆作吴兴字。彬年八十余卒。后豫章（今江西南昌）有渔人投生米于潭中捕鱼，不觉行远，忽入一石门，焕然开朗，见一白髯翁，颇类于彬。谓渔人曰："此非尔所宜来，速出犹可。"渔人遽出登岸，云入水已三日矣。故老有知者云："此即西仙天宝洞之南门也。"◆按：其子"沈麟"

"沈廷瑞"均得道，见各条。

【沈东老】《仙鉴》卷五一："吴兴（今浙江湖州）之东林沈东老，能酿八仙白酒。宋神宗熙宁元年八月，一日有客自号回道人诣门，来求一醉。东老盛待之，饮间授以道妙，临别云：'此去五年，复遇今日，公当化去。'后果如期化去。"详见明·董斯张《吴兴备志》卷一三。

【沈汾】五代时人。宋·吴淑《江淮异人录》卷上：沈汾侍御好道。家有二妾。一日谓曰："我若死尔能哭我否？"妾愕然曰："安得不祥之言。"固问之，妾曰："苟若尔，安得不哭！"汾曰："汝今试哭，我欲观之。"妾不得已，左右拥袂而哭。毕，视之，汾已卒矣。◆按：沈汾著有《续仙传》行世。

【沈建】晋·葛洪《神仙传》卷二：沈建，丹阳（今安徽当涂之东）人，不肯仕宦，学导引服食之术、还年却老之法。能治病，奉事之者数百家。建尝欲远行，寄奴婢驴羊于主人，各与药丸，语主人曰："但烦住宿，不须饮食。"建去后，主人饮奴婢，奴婢闻食物气皆呕吐，驴羊亦然。经百余日，奴婢体貌光泽，驴羊皆肥。建去三年乃还，各与一药丸，人畜饮食如故。建遂断谷不食，轻举飞行，或去或还，如此三百余年，乃绝迹不知所之。

【沈敬】宋时人。宋·隐夫玉简《疑仙传》卷下：浙右人。自幼学道。后游锺山，遇一老姥谓之曰："后十年当得道。"与一白石，曰："以山泉煮之，待软如药剂即食之。"言讫不见。敬依言汲泉煮石，不停火，十年不软，遂停火。老姥复来，责之以心不诚。敬受教，明日虔心斋戒，以山泉煮之，一日而软。食之，顿变童颜，髭发如漆。后数日，不知所之。

【沈烂头】见"沈野云"条。

【沈麟】《仙鉴》卷四六：字廷瑞。笥阳人。父为唐吏部郎中沈彬。后弃妻学道于麻姑山（在今江西南城），一云玉笥山（今江西峡江县东南），常衣单褐，风雪不易，人遗新衣，多转遗贫乏或弃之。嗜酒工诗。时人呼为沈道者。南唐保大中，诣玉笥精思院隶籍，入室养气，人罕得见。宋太宗雍熙二年化去。后月有道士曾昭莹来访玉笥，遇于途，问何之，答曰："暂到玄都，寻当入庐山。"◆按：《（雍正）江西通志》卷一〇四有沈廷瑞，未言名麟。而卷一〇三则有一沈麟，字紫庭。唐时高安人。卒后有人见其乘舟江上。归视其墓，已裂尺余。颇疑沈麟与沈廷瑞本是二人，而《仙鉴》则混为一人也。

【沈七太保】清·黄士珣《北隅掌录》：明洪武时仁和县（今浙江杭州）建养济院，院中有庙，像设官带俨然，碑云为养济院沈七太保。相传里人沈七掌司院事，能善遇孤老。殁后祀为土地。正月十六为其诞日。

【沈僧昭】南朝时人。宋·孔平仲《续世说》卷六：梁沈僧昭，少事天竺沙门，自云为泰山录事。幽司中有所收录，必僧昭书名。梁武陵王纪宴坐池亭，蛙鸣聒耳。王曰："殊废丝竹之听。"僧昭咒厌十数口便息。及日晚，王欲其复鸣。僧昭曰："王欢已阑，今恣汝鸣。"即便喧聒。

【沈廷瑞】五代南唐人。《（雍正）江西通志》卷一〇四：沈彬次子。有道术。嗜酒却粒，寒暑一单衣，十数年不易。跣足日行数百里，林栖露宿，多在玉笥（今江西峡江县东南）、浮云两山。老而不衰，后不知所终。参见"沈麟"条。

【沈文泰】后汉时人。晋·葛洪《神仙传》卷一：九疑（今湖南宁远）人。得红泉神丹去土符，服之有效。欲去昆仑，留安息二十年，以传李文渊，文渊亦仙去。今以竹根汁煮丹及黄白、去三尸法，即源于此二人。

【沈羲】汉时人。晋·葛洪《神仙传》卷三：沈羲，吴郡（治在今江苏苏州）人，学道蜀中，但能消灾治病，救济百姓，不知服食药物。功德感天，天神识之。一日，羲与妻贾氏出，路遇白鹿车、青龙车、白虎车各一乘，从者皆数十骑，仗矛带剑，辉赫满道。中有人问知是羲，

沈羲　列仙全传

曰："羲有功于民，心不忘道。今年寿将尽，黄老遣仙官下迎。乘白鹿车者侍郎薄延之，青龙车者度世君司马生，白虎车者迎使者徐福。"遂迎羲升天。四百余年后，忽还乡里，自言：初上天时，不得见天帝，但见老君东向而坐。老君身长约丈，披发文

衣，身有光耀。须臾，有玉女持神丹，老君曰："此是神丹，饮者不死，夫妻各一杯，寿万岁。"乃告言："饮毕勿谢，暂还人间，治百姓疾病。如欲上天，书此符，悬之竿梢，吾当迎汝。"乃以一符乃仙方赐羲。羲奄奄如寐，已在地上。◆又见《仙鉴》卷四，后云："汉窦太后疾，遣使请羲。安帝时犹在人间，后复升天。"又明·董斯张《吴兴备志》卷一三所载有异："沈羲，武康（今浙江德清西）人，躬耕于野，忽弃耕亡去。家人求之不得，相传以为羽化。齐永明二年，归访旧里，呼诸孙谓之曰：'吾是汝四世祖，在蜀以符药治病，有活人功，上帝授吾为碧落侍郎。今归以告汝。'倏忽不见。邑人骇异，建道观塑像以奉之。"

【沈仙翁】宋时人。《（康熙）浙江通志》卷四三："旷荡戏嬉，不问世事。一日到县，正值求雨，沈曰：'求神不若求我。'众以为狂。沈持一净瓶，睡于太平乡支严殿，曰：'若不唤我不回。'须臾雨大注。人遥望仙翁在云端倒倾净瓶为雨。雨过夜分，众人方唤，翁已气绝，时年七十。"另《天台县志》亦载有沈仙翁求雨事，又言其子灵异如父，号小仙翁，并塑于尖山庙。

【沈先生】宋时人。南宋·洪迈《夷坚丙志》卷九：和州（今安徽和县）道士，不知何以得道。常时不与人往来，从容肆意谈说未来休咎，无不中的。宣和间，召入禁中，偃蹇不拜，不合旨，犹以为正素大夫，遣归故郡。建炎元年秋，忽著衰麻，立于谯门外抚膺大哭，又回首望门内而笑，三日乃止。未几，剧贼张遇攻破城，郡兵保子城，贼不能下，遂去，凡居民在外者皆遇害。后二年，与人相别，不知所往，是岁金虏犯淮西，和州受祸最酷。

【沈休文】即梁人沈约，字休文。传为湖州乌镇普静寺土地。南宋·洪迈《夷坚支志·乙集》卷九：湖州乌镇普静寺，本梁沈休文父墓。梁武帝时，休文贵盛，每岁祭扫，武帝必遣昭明太子迎之远郊，因就筑馆宇。休文不自安，迁葬金陵，舍墓域为寺，昭明亦以馆为密印寺，其后二寺各祀以为土地神。

【沈野云】明时人。明·王兆云《湖海搜奇》卷上："沈野云，名道清，德清（今浙江德清）人。明成祖闻其名，召见，令致云物。野云举一小瓶嘘之，云气充满一室。厚赐遣归。悬一牌于背云'卖雷雨'。时方旱，太守延之，食猪头饮酒即长卧，至午，乃命取四碗，于一碗书一'云'字，三碗书'雷雨'二字，掷之，有顷而雷雨大作。"明·王兆

云《漱石闲谈》卷下言其师事仙人王古峰，受炼气之术。而《两浙名贤录》云野云字道宁，乌程（今浙江湖州）人。《（康熙）嘉兴府志》卷一四："名道宁，号野云。居郁秀院，邋蹋不检，颈有烂疮，人号为'沈烂头'。其师厌之，逐去复来，杖之亦不怨。一日忽大叫，自谓得道。时大旱，烂头曰：'我来便有雨。'人怪之，令登坛，果大雨。由是号道人。永乐初兴大狱，建文诸臣株连者数万。道人至都下，诣诸王府化馒头，有施一万者，徐纳袖中，未尝满；道人至狱，向诸囚施馒头。锦衣系道人于狱，问所自来，云是嘉兴。乃遣人至嘉兴，而道人固在，须臾不见，于是摄观主至京，而狱中所系依然为烂头。于是都人竞往谒问祸福，皆中。仁宗封为至道高士，礼送还山。"

【肾神】南宋·洪迈《夷坚志再补》"肾神出舍"条：无锡游氏子，耽于酒色，得疾，势甚危。忽语家人曰："常见两女子，服饰华丽，其长才三四寸，每缘吾足而行，冉冉在腰而没。"扣以名医，曰：此肾神也。肾气绝而神不守舍，故病者见之。

【蜃】一说为巨蚌，《月令》"雉入大水为蜃"者即是。据云其吐气能成楼阁，故称海市蜃楼。一说其形如蛇，或云似蛟而无足，广目天王手持如蛇者是。北宋·乐史《太平寰宇记》卷一〇四："休宁县西南四十五里有篁墩湖。其湖有蜃，常与吕湖蜃斗。程灵洗好勇，梦蜃化为道人，告之曰：'吾为吕湖蜃所厄。明日又来，君能助我，必厚报。束白练者吾也。'明日，灵洗弯弧助之，湖水变为血，吕湖蜃伤归吕湖，未至而毙，后人名其处曰蜃滩。岁余，有道人诣灵洗家，指示一地，曰：'葬此可暴贵。'灵洗遂移其父葬于此。后灵洗随陈武帝建奇功，武帝受梁禅，灵洗为佐命功臣。"此蜃为蛤为蛇，则不可知。

【sheng】

【升卿】晋·葛洪《抱朴子内篇·登涉》：山中见大蛇有冠帻者，名升卿。呼之即吉。

【升仙太子】即周太子晋，武则天加号"升仙"，为撰文立碑。《旧唐书·礼仪志三》："天册万岁二年腊月甲申，新行登封之礼。封王子晋为升仙太子，别为立庙。"见"王子晋"条。元·纳新《河朔访古记》卷下："升仙太子庙在偃师县（今河南偃师）南，古缑氏县东南二十里曰府店，店南缑氏之上有升仙太子庙，古曰王仙君庙。汉武建西王母祠于其右，王母姓缑氏，故以名其山。"

【生魂神】南宋·何薳《春渚纪闻》卷一：余尝与许师正同过平江（即今江苏苏州），夜宿村墅。闻村人坎鼓群集为赛神之会，因同往视之。神号龙太保，实旁村陆氏子，固无恙也，每有所召，则其神往，谓之"生魂神"。既就享，村人问疾，虽数百里皆能即至其家，回语患人状。

【生身活鬼】南宋·洪迈《夷坚三志·壬集》卷一〇"颜邦直二郎"：弋阳农夫何一，自小伏事颜二郎名邦直者。凡三年，辞归父家。庆元二年四月，在何一田插稻，蓦见颜当前立。何一识为故主人，升垄唱喏。颜曰："可伴吾行！"何语同伴，即随以去。经半月不反，其妻齐氏，使兄询于颜宅，其子孙出曰："吾家二郎下世一十九年，如何却要何一使唤？"何一杳然不可求访，四年正月，忽还家，曰："二郎带我去游庐山，遍历诸寺。去岁四月到蕲州蕲水武三郎家，武点茶相待，二郎谓之曰：'君宅一女妾是生身活鬼，兼拾得一子在左侧七个月，亦是鬼魅。'武曰：'家间有妾五六，何者是鬼？'曰：'针线人桂奴是也。'武命唤至前，扣审其事，桂奴顾二郎曰：'道我非人，尔是何物！尔乃无身之鬼，脱赚力人何一，往来五千里，不得见妻儿，尔大段损害人命。'二郎答言：'吾虽无身，然赖生前看《度人经》有功，故逍遥自在。吾欲拔度何一，超生离苦，岂是损他！'桂奴无以对，大骂武生云：'吾处汝家，殷勤数年，并无违过。今日被颜二泄了，全不会与我做主。'抱拾得之子，走向厨中，遂不见。二郎尚要挟我游大孤山，我不肯从，私窜至此。"妻大惊，自是一切如常。二月间，因在田中，竟为颜所呼而死。◆按：依其情节，颜二郎似是鬼仙，其唤何一事，与"芙蓉城主"条石曼卿死后成鬼仙，欲召故人往游芙蓉城者同例。因其赖生前看《度人经》有功，故逍遥自在，不受冥府管辖，虽无形体，却可现形逍遥于人世间，故被骂为"无身之鬼"。而桂奴者则是"有身之鬼"，即尸身未腐，其魂仍能凭之往来于人世间者，故称为"生身活鬼"。

【生肖神】《太平广记》卷三〇一"食羊人"引《纪闻》：开元末，有人好食羊头者。常晨出，有怪在门焉，羊头人身，衣冠甚伟。告其人曰："吾，未之神也，其属在羊。吾以汝好食羊头，故来求汝。辍食则已，若不尔，吾将杀之。"其人大惧，遂不复食。

【眚神】即"煞神"。《说郛续》卷一六引侯甸《西樵野记》"眚神"条："乡人顾纲卒，煞回，值夜中，其妻设香楮牲馔于灵几，闺中障以彩绮，合门尽隐邻舍，独留一媪守家。媪见一物，其状如猿，大如犬，系纲从甍中而下，据案啖牲馔。见媪，连杖捶之，媪肆号呼，众入室，已失之矣。"又见清·钱泳《履园丛话》卷一五"打眚神"条。故"回煞"亦称"回眚"。

【圣】汉·东方朔《神异经》："西南大荒中有人焉，长一丈，其腹围九尺，践龟蛇，戴朱鸟，右手凭青龙，左手凭白虎，知河海斗斛，识山石多少，知天下鸟兽方语，知百谷草木咸苦。名曰圣，一名哲，一名贤，一名无不达。凡人见而拜者，令人神智。此人为天下圣人也。一名先通。"参见"大人国"。◆南宋·朱翌《猗觉寮杂记》卷下："凡物之怪者以为圣。《杜宗传》淮南旱，民漉漕渠遗米自给，谓之'圣米'。李德裕、裴度并禁亳州'圣水'。"

【圣道者】南宋时人。《（万历）绍兴府志》卷四八：不知何许人。绍兴初，居萧山净土寺。日乞于市。口每吐一珠，如弹丸大，光夺琥珀，出玩掌中。人欲扑取则复吞之。一日至山下，指田中一穴谓从游者："此有酒可饮。"人饮之，甚甘洌。他日复往取之，皆水耳。忽一日乞薪市邸，谓媪曰："我将去矣。"即自焚。葬后有人见之于蜀，归发其棺，则尸解矣。

【圣公】唐·段成式《酉阳杂俎·前集》卷一四：晋隆安中，吴兴（今浙江湖州）有人年可二十，自号"圣公"，死已百年。宋·陈耆卿《赤城志》（今浙江天台）卷三一：三国时屈坦有神变，能兴云雨，唐武德初祀为台州（今浙江临海）城隍，世号"圣公"。◆按：当似江浙民间对地方性神祇的尊称，非专指一神也。

【圣姑】❶《水经注》卷四〇：《吴越春秋》称覆釜山下有禹庙，庙有圣姑像。《礼乐纬》云：禹治水毕，天赐神女，圣姑即其像也。顾炎武《日知录》卷二五云："舜之湘妃，犹禹之圣姑也。"❷唐·陆长源《辨疑志》"圣姑棺"条："吴郡太湖中圣姑棺，在洞庭山中。有圣姑寺，并祠其棺在祠中。俗传圣姑死山中已数百年，其貌如生，远近求赛，岁献衣服妆粉不绝。"未言圣姑为何人，至南宋·范成大《吴郡志》卷一二，始言为晋王彪二女，相继卒，民以为灵而祀之。而《（洪武）苏州府志》卷一五则云王彪二女，一为圣姑，另一则为"素姑"。在太湖中著木履行于水上。人皆神之。后立圣姑庙于鸿雁山东。《（乾隆）江南通志》卷三八

则云庙在包山，圣姑为王彪二女，未言素姑。此太湖之在吴郡者，而吴兴亦有太湖圣姑，《太平广记》卷二九三引《纪闻》："吴兴郡（治在今浙江湖州）界首，有洞庭山（在太湖中），山中圣姑祠庙在焉。《吴志》曰：姑姓李氏，有道术，能履水行，其夫怒而杀之。自死至今，向七百岁，而颜貌如生，俨然侧卧。远近祈祷者，心诚则能到庙；心若不诚，风回其船，无得达者。今每月一日沐浴，为除爪甲。每日妆饰之，其形质柔弱，只如寝者。盖得道欤？"疑此二圣姑实为一人，似生前本为巫女，死后被奉为圣姑，且附会以豪族者。❸慧感夫人亦号圣姑。《（雍正）江南通志》卷三八："慧感夫人祠在苏州承天寺，夫人陆氏，梁卫尉卿僧瓒女，瓒舍宅为寺，遂以夫人为寺伽蓝神，号圣姑。"❹梁·任昉《述异记》卷下："河间郡（治在今河北献县南）有圣姑祠。姓郝，字女君。魏青龙二年四月十日，与邻女樵采于滱深二水处，忽有数妇人从水出，至女前曰：'东海使聘为妇，故遣相迎。'因敷茵于水上，请女君坐其上，顺流而下。家人奔追，郝姑遥语：'幸得为女仙，勿忧怖。'风起而没于水。乡人因立为祠，又置东海公像于圣姑侧，呼为姑夫。"又见《太平广记》卷六〇引《莫州图经》，末云："郝姑临没，遥语曰：'每至四月，送刀鱼为信。'至今四月多刀鱼，乡人为设祠。"北宋·乐史《太平寰宇记》卷六六："桓翊为尚书郎，试高阳长。主簿丁馥白：'县有圣姑祠，前后守令皆谒而后入。'翊不从，杖且教曰：'若视者有罪。'月余，翊在厅事，忽见十余妇人各持扇从门入，曰：'古今既殊，何相妨害而断吾路！'未经一旬，无病暴卒。"❺《南史·萧昂传》："昂为琅邪、彭城二郡太守。时有女子年二十许，散发黄衣，在武窟山石室中，无所修行，唯不甚食。或出人间，时饮少酒，鹅卵一两枚，人呼为圣姑。就求子，往往有效，造者充满山谷。昂呼问无所对，以为妖惑，鞭之二十。创即差，失所在。"❻民间丛祀中的年轻女神皆不妨以"圣姑"称之，如"孝娥"条中之投炉女子，参见该条。◆按：苏州圣姑、灵姑往往相混，或以慧感为灵姑，王彪女为圣姑，或以二女并称圣姑。大抵传闻不同，所记各异耳。

【圣姥】为武夷山之神。南宋·祝穆《方舆胜览》卷一一建宁府"武夷山"条："混沌初开，有神星曰圣姥，母子二人来居此山，秦时号为圣姥，众仙立为'皇太姥圣母'。"明·王世贞《列仙全传》卷二"皇太姥"条："皇太姥，闽人。相传为婺星之

精。母子二人居武夷，采黄精以饵。能呼风檄雨，乘云而行。众人呼为'圣母'。"◆按：圣姥之子即"魏王"，参见该条。

【圣母】民间诸神中称"圣母"者甚多，多为民间女神之尊称，如"晋祠圣母"、海陵圣母、武夷山"圣姥"等。亦有称圣人之母者，如老子之母即先天太后者亦称圣母。

【圣母元君】五代·杜光庭《墉城集仙录》卷一："圣母元君者，乃洞阴玄和之气凝化成人。亦号玄妙玉女，为上帝之师，太上老君之母。"《云笈七签》卷一一四《九天玄女传》："九天玄女者，黄帝之师，圣母元君弟子也。"

【圣女】义与圣姑相同，民间多用于年轻女神，而圣女之称似多在北方，而圣姑多在南方。❶北宋·乐史《太平寰宇记》卷六八：清苑县（今河北保定）樊城西南隅有圣女祠。女姓薛，字义姜，巨鹿人。嫁后死于樊城之隅。就而祭之，俗名祭隅城。汉元帝元初三年有"天渊玉女、巨鹿仙人"者是也。❷《太平广记》卷三〇七"樊宗训"条引《室异记》：硖石县（今河南三门峡东南）西有圣女神祠，县令韦谋，与前县令樊宗训游焉。宗训以鞭划其墙壁，抉剔神像衣袪，言笑慢亵。归数日，邑中有狂僧，忽突入县门大呼曰："县令奈何放纵恶人，遣凌轹恣横？"谋遣人逐出。旬余，韦谋小女病，召巫者视之，曰："圣女传语长官，土地神灵，尽望长官庇护。岂有教人侵夺？"韦君曰："恶人是谁？即与捕捉。"曰："前县令樊宗训，又已发，无可奈何。以后幸长官留意，勿令如此。"韦君谢之，令人焚香洒扫，其女数日即愈。

【圣婆】《（雍正）贵州通志》卷三二：圣婆，不知何许人。领五男行至镇远邛水司岑楼山，渴甚，以手拄竹杖卓地祝云："我得地，水当随杖出。"果得水。又以竹植地祝云："我得地，竹当成林。"果成林。土人拾得一裙，呼为"圣婆裙"。每与苗战，即揭以为帜，苗见帜即败去。

【圣七娘】南宋·洪迈《夷坚支志·景集》卷五："建炎初，高宗至扬州，邦人盛称女巫圣七娘行'秽迹法'通灵，能知未来事。云其为盛年女子，跣足立于通红火砖之上，首戴热鏊，神附其体。"清·周亮工《闽小纪》云："汀西丘坑口拨土一寸即有明珠，大如粟，色若水晶。相传圣七娘率师至此，有珍珠伞为敌所破，当即咒曰：'男拾之成水，女拾之成粉。'虽事属荒唐，而男女得之者诚如所传。"

【圣祖】全称为"圣祖上灵高道九天司命保生天尊"，即"九天司命保生天尊"，见该条。

【shi】

【尸曹】冥府吏，掌尸丧及误拘幽魂还阳事。晋·干宝《搜神记》卷一五：妇人李娥误为冥府所召，遇外兄刘伯文。伯文即遣门卒问尸曹："娥在此积日，尸丧又当殡殓，当作何等得出？"

【尸解仙】以尸解而得仙者。唐·段成式《酉阳杂俎·前集》卷二："人死形如生，足皮不青恶，目光不毁，头发尽脱，皆尸解也。白日去曰上解，夜半去曰下解。向晓向暮谓之地下主者。太乙守尸，三魂营骨，七魄卫肉，胎灵录气，所谓太阴炼形也。"梁·陶弘景《真诰》卷四云："鹿皮公天玉华而流虫出尸，王西城漱龙胎而死诀，饮琼精而扣棺。仇季子咽金液而臾彻百里。季主服霜散以潜升，而头足异处。黑狄咽虹丹而投水，宁生服石脑而赴火，柏成纳气而胃肠三腐。"皆为仙人诸种尸解之例。

【尸罗】晋·王嘉《拾遗记》卷四：燕昭王七年，沐胥国来朝，即申毒国之一名也。有道术人尸罗。自云一百三十岁，荷锡杖，持瓶，云自其国五年而至燕都。善炫惑之术，于指端出浮屠十层，高三尺，并有诸天神仙，人皆长五六分，绕塔而行，歌唱如真人，巧丽特绝。能喷水为雾，暗数里，复吹疾风，雾皆散去。又于左耳出青龙，右耳出白虎，始出仅一二寸，稍至八九尺，手一挥，复入耳中。炫惑之术，层出不穷。

【尸头蛮】"飞头蛮"之一种。《古今说海》卷一七引明费信《星槎胜览》："尸头蛮者，本是妇人，但无瞳人为异。其妇与家人同寝，夜深，飞头而去，食人秽物，飞回，复合其体，即活如旧。若知而封固其项，或移体别处，则死矣。人有病者，临粪时遭之，妖入腹必死。此妇人亦罕有，民间有而不报官者，罪一家。番人戏之，触弄其头，必有生死之恨。"《明史·外国·占城传》所载略同。唯明·邝露《赤雅》卷一"飞头獠"条所说稍异，云妇人食童子粪，粪尽，童子辄死，妇目益明。而元·汪大渊《岛夷志略》言占城所属之宾童龙，其尸头蛮之害又胜于占城：凡人居其地，大便后必用水净浣，否则蛮食其粪，即逐臭与人同睡，倘有所犯，则肠肚皆为所食，精神尽为所夺而死矣。

【师】明·董斯张《广博物志》卷四八引玄池子

《说林》：少皞出野，遇一兽，牛首而人身，惊告皇娥。娥曰："昔余闻之帝子，牛首人身，其名师，亲见之者百福胥臻。"

【师涓】晋·王嘉《拾遗记》卷三：师涓出于卫灵公之世，能写列代之乐，善造新曲以代古声，故有四时之乐。以此四时之声奏于灵公，灵公情酒心惑，忘于政事。蘧伯玉趋阶而谏曰："此为沉酒淫曼之音，非下臣宜荐于君也。"灵公乃去其声而亲政务。师涓悔其失为臣之道，乃退而隐迹。蘧伯玉焚其乐器于九达之衢，恐后世传造焉。

【师旷】春秋时晋国乐师，能听音而辨国之盛衰，事详《春秋左氏传》襄、昭二公及《史记·乐书》。晋·王嘉《拾遗记》卷三："师旷或出于晋灵公之世，以主乐官，妙辨音律，撰兵书万篇。晋平公之时，以阴阳之学显于当世。熏目为瞽人，以绝塞众虑，专心于星算音律。考钟吕以定四时，无毫厘之差。为平公奏清角之音，一奏而云自西北方起，再奏而大风雨至，坐者散走。"《汲冢周书》又载周太子晋问师旷寿之长短，师旷对以不寿，是师旷并有预知之能也。

【师门】夏时仙人。西汉·刘向《列仙传》卷上："师门，啸父弟子，亦能使火。食桃李葩。为夏孔甲龙师，孔甲不能修其心意，杀而埋之于野。一旦风雨迎之，讫则山木皆焚。孔甲祠而祷之，还而道死。"

【师王菩萨】即泗州大圣。明·吴承恩《西游记》卷六六回："在南瞻部洲盱眙山蠙城，即今泗州（今江苏盱眙）是也，那里有个大圣国师王菩萨。"

【师延】传说为黄帝时乐官，到殷世犹为乐官。晋·王嘉《拾遗记》卷二：师延，殷之乐人。设乐以来，世遵此职。至师延，精述阴阳，晓明象纬，莫测其人。世载辽绝，而或出或隐。在轩辕之世为司乐之官，及殷时总修三皇五帝之乐。拊一弦琴则地祇皆升，吹玉律而天神俱降。当轩辕时年已数百岁，知众国之声以审兴亡之兆。至夏末，抱乐器以奔殷。至纣时师延被囚，奏清商流征涤角之音，纣不肯释，及奏迷魂淫魄之曲，乃得免炮烙之害。周武王兴师，乃越濮流而逝，或云死于水府。故晋、卫之人镂石铸金以像其形，立祀不绝。◆按《史记·乐书》："卫灵公将之晋，至于濮水之上舍（即师延投水处）。夜半时闻鼓琴声，问左右，皆对曰'不闻'。乃召师涓曰：'吾闻鼓琴音，问左右，皆不闻。其状似鬼神，为我听而写之。'师涓因端坐援琴，听而写之。"而"正义"则云："昔殷纣使

师延作长夜靡靡之乐，以致亡国。武王伐纣，乐师师延将乐器投濮水而死。后晋国乐师师涓夜过此水，闻水中作此乐，因听而写之。既得还国，为晋平公奏之。师旷听之，以为亡国之音。"

【鸤鸠和尚】唐·范摅《云溪友议》卷下：邓州有老僧，日食二鸤鸠，僧俗共非之。当馔之际，贫士求湌，分其二足而食。食讫，僧盥漱，双鸠从口而出，一则能行，一则匍匐在地。贫士惊怪，亦吐其饭，其鸠二脚亦生。众加敬之，号曰南阳鸤鸠和尚也。"鸤鸠"或作"鸲鸠"。

【施岑】为"西山十二真君"之一。南宋·白玉蟾《修真十书·玉隆集》：字太玉，沛郡（今江苏沛县）人，徙居九江。雄伟多力，弓剑绝伦。许逊弟子，随许逊斩大蛇于海昏。东晋宁康间御虬乘云飞升。政和二年封勇悟真人。

【施存】❶一说为"婉盆子"。梁·陶弘景《真诰》卷一四："施存者，齐人也，自号婉盆子。得遁变化景之道。"又云："今在中岳或少室（在嵩山）住有壶公，正此人也。是孔子弟子三千之数。"❷一说为"胡浮先生"，一作"浮丘先生"。《（康熙）衡岳志》卷三："施存，号浮丘先生。师黄卢子，得《三皇内文》、驱虎豹之术。居衡岳西峰洞门观石室。或跨白豹而出。晋永康元年升举。"《仙鉴》卷三三："宋徽宗重和元年赐号冲和见素真人。"《（雍正）湖广通志》卷七五作"胡浮先生"。❸一说即"壶公"。《云台治中录》："施存，鲁人，孔子弟子。学大丹之道三百年，十炼不成，唯得变化之术。后遇张申，为云台治官。常悬一壶，如五升器大，中有日月如世间，夜宿其内，自号壶天。人谓曰壶公。因之得道。"◆治七十二福地之第二盖竹山（在浙江仙都，今缙云县）。

【施府君】宋时人。《（光绪）嘉兴府志》卷一〇：施府君庙，一名灵显侯庙，在秀水县北五里。神为宋代人，名伯成。九岁为神，有祷辄应。相传为施全（即行刺秦桧者）里人，患疮者祷之即愈。

【施肩吾】唐时人。《仙鉴》卷四五、《（雍正）浙江通志》卷二〇一："字希圣，号华阳。睦州分水（今浙江分水）人，家严陵七里濑。唐元和十五年登进士第。太和中自严陵入西山（南昌西山）访道栖真。初遇许逊，授以五种内丹诀及外丹神方。再遇吕洞宾，传内炼金液还丹大道。于是终隐西山。"《（雍正）江西通志》卷一〇三引《高安县志》："太和中举进士，后隐于洪州（今江西南昌）西山。集《西山会真集》五卷。尝有诗：若数西山得道者，

连余便是十三人。"《(万历)续修严州府志》卷一九:"长庆中隐于洪州西山学神仙。"◆南宋·陆游《老学庵笔记》卷五:"先太傅自蜀归,道中遇异人,自称方五,见太傅曰:'先生乃西山施先生肩吾也。'遂授道。盖施公睦州桐庐(今浙江桐庐)人。太傅晚乃自睦守挂冠,盖有缘契矣。"

【施糜】秦汉时楚地神名。《史记·封禅书》:"汉初荆巫祠施糜。""索隐"云为"主施糜粥之神"。当系据字面揣测,未必然也。

【施菩萨】南宋·洪迈《夷坚支志·戊集》卷三:钱林宗寓居华亭(今上海松江)之北庵净居院,一日,有蛇百数出室宇间,屏帐、甑釜皆是。钱不以为异,但命仆驱逐之。因步至僧院,见有新塑神像,乃俗所事"施菩萨"者,其前正塑一蛇。时邑人敬奉此妖,至不敢斥其姓,并"施"字左旁"方"字亦谨避焉。钱取斧碎其像,钱氏自此宁居。◆按:即蛇神"施相公"。参见该条。

【施全】参见"施相公"条。

【施淑女】梁·陶弘景《真诰》卷一二:山阳(今河南焦作东)人施绩之女。因昔世有仁行,得仙。◆按:三国吴孙皓时有施绩,为骠骑将军守西陵,吴兴人。

【施无疾】北宋·刘斧《青琐高议》后集卷一〇"施先生"条:先生姓施名无疾,不知何地人,时往来京索间,多不食,惟日饮酒;强之食,一饭斗米。体有青毛,未尝令人见。运气能令发直竖,溺能过屋。治病不以药,教人行孝悌仁义。◆《仙鉴》卷三五编入唐时人。

【施相公】辟蛇之神。清·黄斐默《集说诠真》:"《松江府志》载:施相公,相传宋将军施全,又云施谔。"顾禄《清嘉录》卷一二"盘龙馒头"条:"按《华亭县志》(今上海松江)载,施相公讳谔,宋时诸生,山间拾一小卵,后得一蛇,渐长,迁入筒。一日施赴省试,蛇私出乘凉。众见金甲神在施寓,惊呼有怪,持锋刃来攻,无以敌。闻于大僚,统兵殛之,亦不敌。施出闱,知之,曰:'此吾蛇也,毋患。'叱之,奄然缩小,俯而入筒。大僚惊曰:'如是,则何不可为?'奏闻,立斩施。蛇怒,为施索命,伤人数十,莫能治。不得已,请封施为护国镇海侯。侯嗜馒首,造巨馒祀之,蛇蜿蜒其上以死。至今祀者,盘蛇像于馒首(俗呼盘龙馒头),称侯曰相公云。"◆清·诸联《明斋小识》卷一二:"西关痘神庙中有施相公像,久无香火,去冬诸董事谋新之,缘漕艘齐集,改作金龙四大王像,于是舟子各助金。至春漕艘去,适朝廷有锡老之典,耆民俱蒙赏赍,复改塑寿星像,拈香老于于又至。自冬徂春,面目屡换,是为善于趋时。按:此像虽设于痘神庙,亦辟蛇之神。"◆施相公虽为辟蛇之神,但其初本为蛇神。"施",取"蛇"之音也。又南宋时即有蛇神曰"施菩萨"者,应即施相公之前身。参见"施菩萨"条。

【屎魔】清·李庆辰《醉茶志怪》卷三"屎魔":蒲阴有怪曰"矢魔",状如布囊,恒夜出,远闻臭气,即知魔至。急避之,物自过,不为人害也。或猝不及避,则粪汁污衣,臭秽不可耐。居人不以为怪。

【十八罗汉】《苏轼文集》卷二二有《自海南归,过清远峡宝林寺敬赞禅月所画十八大阿罗汉》,即在《法住记》之"十六罗汉"外另加庆友尊者、宾

十八应真图卷(局部) 明·吴彬

头卢尊者。而庆友实即难提密多罗,宾头卢即宾度罗跋罗堕阇,均为复出。又同卷有《罗汉赞十六首》,不俱名目,仅云第一尊者、第二尊者云云。蜀金水张氏所画"十八罗汉"亦为苏轼所赞,乃于十六罗汉之外加迦叶尊者、军徒钵叹尊者。明·王圻《三才图会》人物卷九有十八罗汉图并苏轼之颂,亦十八首,与前两种赞文字俱不同。又不书名目,仅云第一尊者、第二尊者,亦不知于十六罗汉之外所增为何者。清·梁章钜《浪迹续谈》卷七,云清高宗集中有唐贯休十八罗汉赞,乃于十六罗汉外另加降龙、伏虎二尊者,一为嘎沙鸦巴尊者,一为纳达密答喇尊者,以具大神通法力,故亦得阿罗汉名。又西藏所传十八罗汉则于十六罗汉之外加佛母摩耶夫人及弥勒佛。台湾地区民间更为大胆,完全突破了佛教原来的内容,如北港朝天宫妈祖庙的十八罗汉为:1. 降龙,2. 百衲,3. 进香,4. 弥勒,5. 开心,6. 飞钹,7. 目连,8. 达摩,9. 志公,10. 伏虎,11. 优婆,12. 进花,13. 进灯,14. 长眉,15. 多利,16. 戏狮,17. 洗耳,18. 梁武帝。

再如淡水关渡妈祖庙的十八罗汉为：1. 降龙，2. 进书，3. 梁武帝，4. 开心，5. 长眉，6. 达摩，7. 力风，8. 志公，9. 目连，10. 伏虎，11. 戏狮，12. 献钹，13. 进香，14. 进花，15. 布袋，16. 进灯，17. 悟道，18. 进果。不仅次序有异，名目也不尽相同。

【十大弟子】佛教以释迦生前有十大弟子，云：舍利弗称智慧第一，目犍连称神足第一，迦叶称头陀第一，阿那律称天眼第一，须菩提称解空第一，富楼那称说法第一，迦旃延称议论第一，优婆离称持律第一，罗睺罗称密行第一，阿难陀称多溯第一。十大弟子俱得阿罗汉果。

【十大忿怒明王】即"十大明王"，见"十大明王"条。

【十大明王】或称"十大忿怒明王"，多见于水陆画。道藏本《搜神记》卷三：1. 焰鬘得迦忿怒大明王；2. 无能胜大忿怒明王；3. 钵纳鬘得迦大忿怒明王；4. 尾觐那得迦大明王；5. 不动尊大忿怒明王；6. 咤枳大忿怒明王；7. 你罗难拏大忿怒明王；8. 大力大忿怒明王；9.

十大明王之一　水陆道场鬼神像

送婆大忿怒明王；10. 缚日罗播多罗大忿怒明王。此十大忿怒明王，各有三面，面各三目，皆头上顶佛，以虎皮为衣，髑髅为冠，发髻竖立。《十忿怒明王经》对十明王有详细描绘，兹仅举第一"焰鬘得迦忿怒大明王"为例，其余大致相似：光如劫火，身作大青云色，有六面六臂六足，身短腹大，作大忿怒相，利牙如金刚，面各有三目。以八大龙王为眷属，以虎皮为衣，以髑髅为冠，乘小牛，足蹈莲花，须赤黄色。有大辩才。头戴阿閦佛而坐，大恶相顾礼。正面笑容，右面黄色，舌相出外，左面白色，咬唇。是妙吉祥菩萨之化身也。右第一手执剑，第二手执金刚杵，第三手执箭。左第一手执羂索，复竖人指，第二手执《般若波罗蜜多经》，

第三手执弓。于此明王之下，想诸天魔怖畏而作礼。◆十大明王又译作：1. 大威德大笑明王；2. 大威德步掷明王；3. 大威德大力明王；4. 大威德不动尊明王；5. 大威德变现忿怒大轮明王；6. 大威德焰发德迦明王；7. 大威德无能胜明王；8. 大威德马首明王；9. 大威德甘露军咤明王；10. 大威德降三世明王。

【十殿阎王】或称地府十王，或作"十地阎君""十代阎王"。其说最晚始于唐末之伪经《十王经》（《佛说阎罗王授记四众预修生七往生净土经》，简称为《阎罗王授记经》，或者称《佛说预修十王生七经》），其十王名目顺序各抄本亦不尽同，大致为一秦广王（或作陈广王），二初江王（或作楚江王），三宋帝王，四五官王（或作仵官王），五阎罗王，六变成王（或作汴城王），七太山王，

十殿阎王　湖南盘王图

八平正王（或作平等王），九都市王，十五道转轮王。《十王经》中的"十殿阎王"与后世十王的职能颇有不同。此时之十王并不是分掌诸大地狱，而是"检斋"。所谓检斋，即检查验收亡魂亲属为佛所做功德。据《十王经》，人死后亡魂一七日过秦广王，二七日过初江王，三七日过宋帝王，四七日过五官王，五七日过阎罗王，六七日过变成王，七七日过太山王，百日过平正王，一年过都市王，三年过五道转轮王。每殿根据功德大小以发遣亡魂，或升天，或投生，功德没达到此殿阎王满意的，就到下一殿继续"检斋"。最后是"十斋具足，免十恶罪，放其生天"，投入六道轮回之中。◆最晚至

南宋，十王性质已与《十王经》所述不同，出现了十王并列，同讯鬼魂之说。南宋·洪迈《夷坚三志·己集》卷四"俞一郎放生"条述一郎至冥府，望殿上十人"列坐"，著王者之服，人曰："地府十王也。"同时期无名氏《鬼董》卷四言杭州杨老太，死后托梦于女儿，带她同游冥府，则见十王"环坐"，是已非各据一殿而分别检斋了。至明代以后，地府十王作为"东岳"和"城隍"的下属，除了一殿秦广王掌生死册籍，十殿转轮王掌轮回轮世之外，其他八王则分掌八大地狱，再各领十六小地狱，又回复到阎罗王为地狱主者的本职，但一王化为十王则成定局。◆明·吴承恩《西游记》第十回："那十代阎君：秦广王、初江王、宋帝王、仵官王、阎罗王、平等王、泰山王、都市王、卞城王、转轮王。"而道藏本《搜神记》云："第一殿秦广王萧，第二殿楚江王曹，第三殿宋帝王廉，第四殿五官王黄，第五殿阎罗王韩，第六殿变成王石，第七殿泰山王毕，第八殿平等王于，第九殿都市王薛，第十殿转轮王薛。"清·徐道《历代神仙通鉴》卷一五："大慈幽冥教主菩萨地藏。十殿森罗慈王：秦广萧王，楚江曹王，宋帝廉王，五官黄王，阎罗韩王，变成石王，泰山毕王，平等于王，都市薛王，转轮薛王。郓都鬼王。"宋龙飞《民俗艺术探源·十殿阎王图像》："又民间通俗道教认为十殿阎王是由道教的神祇'灵宝十方救苦天尊'所化。据《道统经纬》载：东方玉宝皇上天尊化第一殿秦广王，居玄冥宫。南方玄真万福天尊化第二殿楚江王，居普明宫。西方大妙至极天尊化第三殿宋帝王，居纠绝宫。北方玄上玉宸天尊化第四殿五官王，居太和宫。东北方度化上圣天尊化第五殿森罗王，居讨伦宫。东南方好生度命天尊化第六殿卞城王，居明辰宫。西南方太灵虚皇天尊化第七殿泰山王，居神华宫。西北方无量太华天尊化第八殿平等王，居七非宫。上方五虚明皇天尊化第九殿都市王，居碧真宫。下方真皇洞神天尊化第十殿转轮王，居肃英宫。以上为救苦天尊化为十殿阎王。按此说亦非无据，乃由佛教之说改造而成。据《梵汉对映私钞》的记载，十殿阎王与佛教所谓的十三佛有关。十三佛是司死者七七日乃至三十三次祭典之佛，他们是不动、释迦、文殊、普贤、地藏、弥勒、药师、观音、势至、阿弥陀、阿閦、大日、虚空藏等。不动明王，现于冥途时名秦广王，司初七日祭典。释迦如来在冥界称楚江王，司初二七日祭典。文殊菩萨在冥途成宋帝王，司初三七日祭典。普贤菩萨在地狱现五官王，司四七日祭典。地藏菩萨在冥界现阎罗王，司五七日祭典。弥勒菩萨于冥途现卞成王，司六七日祭典。药师如来在冥途中变泰山王，司七七日祭典。观音菩萨在冥途变平等王，司百日祭典。大势至菩萨冥途变都市王，司周年祭典。阿弥陀如来在冥途变五道转轮王，司三年祭典。其他阿閦如来在冥界变莲华王，司七年祭典。大日如来在冥界变祇园王，司十三年祭典。虚空藏菩萨在冥界变法界王，司三十三年祭典。此十三王，前十王即冥土十王，亦即世称的十殿阎王。"《藏外道书》第十三册有《十王转案集》，其中把十殿阎罗王封为真君："一殿秦广大王泰素妙广真君，二殿楚江大王阴德定休真君，三殿宋帝大王洞明普静真君，四殿五官大王玄德五灵真君，五殿阎罗大王最胜曜灵真君，六殿变成大王宝肃昭成真君，七殿泰山大王等观明理真君，八殿平等大王无上证度真君，九殿都市大王飞魔演庆真君，十殿转轮大王五华威灵真君。"参见"阎王"条。附表：

	《十王经》	《西游记》	道藏本《搜神记》	《玉历钞传》	《十殿转案集》
第一殿	秦广王	秦广王	秦广王萧	秦广王蒋	秦广大王萧
第二殿	初江王	初江王	楚江王曹	楚江王历	楚江大王曹
第三殿	宋帝王	宋帝王	宋帝王廉	宋帝王余	宋帝大王黄
第四殿	五官王	仵官王	五官王黄	五官王吕	五官大王韩
第五殿	阎罗王	阎罗王	阎罗王韩	阎罗天子包	阎罗大王麻
第六殿	变城王	平等王	变成王石	卞城王毕	变成大王吕
第七殿	泰山王	泰山王	泰山王毕	泰山王董	泰山大王崔
第八殿	平正王	都市王	平等王于	都市王黄	平等大王于
第九殿	都市王	卞城王	都市王薛	平等王陆	都市大王侯
第十殿	五道转轮王	转轮王	转轮王薛	转轮王薛	转轮大王薛

【十二潮神】明·王圻《续文献通考·群祀考》卷三：钱塘协顺庙，祀宋陆圭及其三女，淳祐中扞潮有功，封广陵侯，三女封通济、涌济、永济夫人，赐额协顺。旁有小庙，祀十二潮神，各主一时。

【十二辰怪】十二辰日内，山中轮流出现之兽精，列二十余种。晋·葛洪《抱朴子内篇·登陟》："山中寅日有自称虞吏者，虎也；称当路君者，狼也；称令长者，老狸也。卯日称丈人者，兔也；称东王父者，麋也；称西王母者，鹿也。辰日称雨师者，龙也；称河伯者，鱼也；称无肠公子者，蟹也。巳日称寡人者，社中蛇也；称时君者，龟也。午日称三公者，马也；称仙人者，老树也。未日称主人者，羊也；称吏者，獐也。申日称人君者，猴也；称九卿者，猿也。酉日称将军者，老鸡也；称捕贼者，雉也。戌日称人姓字者，犬也；称成阳公者，狐也。亥日称神君者，猪也；称妇人者，金玉也。子日称社君者，鼠也；称神人者，伏翼也。丑日称书生者，牛也。但知其物名，则不能为害。"

【十二宫神】唐开元间自西域传来之黄道十二宫，为宝瓶、金牛、天蝎、巨蟹、磨羯、双子、天马、天秤、双女、双鱼、白羊、狮子。水陆画中常有其像。

【十二神】❶大傩中，方相逐疫鬼时之部属也。又称十二兽。《续汉书·礼仪志》："先腊一日大傩，谓之逐疫。其仪选中黄门子弟，年十岁以上，十二以下，百二十人为侲子，皆赤帻皂制。方相氏黄金四目，蒙熊皮，玄衣朱裳，执戈扬盾。十二兽有衣毛角。中黄门行之，冗从仆射将之，以逐恶鬼于禁中。"又云："于是中黄门倡，侲子和，曰：'甲作

十二宫神

食㐌，胇胃食虎，雄伯食魅，腾简食不祥，揽诸食咎，伯奇食梦，强梁、祖明共食磔死寄生，委随食观，错断食巨，穷奇、腾根共食蛊。凡使十二神追恶凶。赫汝躯，拉汝干，节解汝肉，舞汝肺肠，汝不

十二神　大傩图

急去，后者为粮。'"❷古时宅神。《论衡·难岁》："或上十二神登明、从魁之辈，工伎家谓之皆天神也，常立子丑之位，俱有冲抵之气。"按：其名不俱载。❸太岁亦有十二神将。一说《月令广义》："亥为登明正月将，酉为从魁三月将，申为传送四月将，未为小吉五月将，午为胜光六月将，巳为太乙七月将，辰为天罡八月将，卯为太冲九月将，寅为功曹十月将，丑为大吉十一月将，子为神后十二月将。"一说为"六丁六甲"王文卿等十二神。

【十二兽】即大傩"十二神"，因形象怪诞如异兽，故称。

【十二胎神】沈平山《中国神明概论》第五章：道教有三奶派，以三奶夫人为主神。此派以为地府有繁花茂树，人的元神留在地府中为花蕊。临水夫人陈靖姑收伏的鸦、犬二妖成了保护花树之神。人有疾病，即表示元神花上有蛛丝、细虫缠杂，于是花公、花妈专职花蕊的成长，锄童、箕童是花树的栽培者，因此人有疾病即乞于花公花妈。另外又设想一年有十二花胎。正月建在寅，寅字排来人相虎，虎头人身奶母神，以此类推，谓分胎皇君门下有分胎三师三童子，正月奶母谬四娘取胎神，二月奶母江九娘收胎神，三月奶母金七娘持胎神，四月奶母何五娘护胎神，五月奶母何五娘定胎神，六月奶母郑六娘看胎神，七月奶母邓七娘保胎神，八月奶母陈一娘守胎神，九月奶母叶九娘养胎神，十月奶母林二娘迎胎神，十一月奶母周二娘送胎神，十二月奶母蔡三娘度胎神，闰月奶母苏三娘脱胎神。

【十二仙君】宋·黄休复《益州名画录》：五代前蜀道士张素卿于简州开元观画容成子、董仲舒、严君平、李阿、马自然、葛玄、长寿仙、黄初平、葛永璂、窦子明、左慈、苏耽十二仙君像，各写当初

卖卜、卖药、书符、导引时真。

【十大阴帅】旧时丰都"鬼城"天子殿中有十大阴帅塑像，为日游神、夜游神、黄蜂、豹尾、鸟嘴、鱼鳃、黑白无常、牛头、马面、鬼王。

【十二延女娘娘】仇德哉《台湾之寺庙与神明（四）》：为注生娘娘的配属神，按十二生肖共配保姆十二人，称十二延女，每人抱婴孩一人，表示年年生儿育女。

【十二玉女】见"盐井神"条。

十二元辰　水陆法会图

【十二元辰】即子、丑、寅、卯、辰、巳、午、未、申、酉、戌、亥十二地支之神，或称"十二元辰神君"。《罗天大醮上品妙经》："寅生属虎，功曹元辰；卯生属兔，太冲元辰；辰生属龙，天罡元辰；巳生属蛇，太乙元辰；午生属马，胜光元辰；未生属羊，小吉元辰；申生属猴，传送元辰；酉生属鸡，从魁元辰；戌生属犬，河魁元辰；亥生属猪，登明元辰；子生属鼠，神后元辰；丑生属牛，大吉元辰。"所绘为民间常用之十二属相。多见于水陆画。

【十二圆觉菩萨】佛教有《大方广圆觉修多罗了义经》，简称《圆觉经》，叙佛入神通大光明藏三昧，现诸净土，文殊、普贤等十二大士次第请问因地修证之法门，佛一一答之。此十二大士即为民间称为"十二圆觉菩萨"，水陆画中常绘之。又四川新津观音寺壁画有十二圆觉，东壁为文殊菩萨、普眼菩萨、弥勒菩萨、净慧菩萨、威德自在菩萨、圆觉菩萨；西壁为普贤菩萨、金刚藏菩萨、净诸业障菩萨、辨音菩萨、普觉佛菩萨、佛贤善首菩萨。

【十二真】❶"西山十二真"。详见该条。❷《宣和画谱》有"十二真人"图，其人为：容成真人、严君平、李阿、马自然、葛玄、长寿仙、皇初平、陵阳子明、左慈、葛永瑰、苏耽、董仲君。❸又有"武夷十二真"，见"王子骞"条。❹明·彭大翼《山堂肆考》卷二五：乐清有白石洞，相传十二真人所治之地。是雁荡又有十二真矣，惜不知姓名。

十二圆觉之一　四川新津观音寺

【十方救苦天尊】见"十方天尊"条。

【十方天尊】道教以东方玉宝皇上天尊、南方玄真万福天尊、东南方好生度命天尊、北方玄上玉宸天尊、东北方度仙上圣天尊、东南方好生度命天尊、西南方太灵虚皇天尊、西北方无上太华天尊、上方玉虚明皇天尊、下方真皇洞神天尊为"十方天尊"。实即"十方救苦天尊"。《太上洞玄灵宝救苦妙经》："十方诸天尊，其数如沙尘，化形十方界，普济度无人。"传说为太乙救苦天尊所化。

【十光佛】唐·张读《宣室志》"十光佛"条："兴福寺西北隅有隋朝佛堂，其壁有画十光佛者，笔势甚妙，为天下之冠。贞观初，寺僧以此堂年月稍久，虑一旦有摧圮，遂召数工，及土木之费，且欲新其制。忽一日，群僧斋于寺庭，既坐，有僧十人，俱白皙清瘦，貌甚古，相次而来，列于席。食毕偕起，入佛堂中，群僧亦继其后。俄而十人忽亡所见，群僧相顾惊叹者久之。因视北壁十光佛，见其风度，与向者十人果同。自是僧不敢毁其堂。"按：《佛说佛名经》中有"十光佛"，仅具名而已，未言为十尊佛也。

【十六罗汉】据《增一经》，佛涅盘时，指定大迦叶、宾头卢、阿难、罗怙罗四人为"罗汉"，此为"四罗汉"，亦称"四大声闻"。其名目有多种说法，不录。后陆续又增为十六罗汉。关于十六罗汉的译名和次序，中国大致有数种说法：❶前秦鸠摩罗什所译《阿弥陀经》，始举十六罗汉之名，为：1. 舍利弗，2. 摩诃目犍连，3. 摩诃叶，4. 摩诃迦㫮延，5. 摩诃拘希罗，6. 离婆多，7. 周利盘陀伽，8. 难陀，9. 阿难陀，10. 罗怙罗，11. 侨楚波依，12. 宾头卢颇罗堕，13. 迦留陀夷，14. 摩诃劫宾那，15. 薄拘罗，16. 阿㝹楼驮。❷唐玄奘译《法住记》，录十六罗汉名，为：1. 宾度罗跋罗惰阇尊者，2. 迦诺迦伐蹉尊

十六罗汉　伏虎　南宋·陆信忠

者，3. 迦诺迦跋厘惰阇尊者，4. 苏频陀尊者，5. 诺矩罗尊者，6. 跋陀罗尊者，7. 迦理迦尊者，8. 伐阇罗弗多罗尊者，9. 戒博迦尊者，10. 半托迦尊者，11. 罗怙罗尊者，12. 那迦犀那尊者，13. 因揭陀尊者，14. 伐那婆斯尊者，15. 阿氏多尊者，16. 注茶半托迦尊者。❸著名的五代僧人贯休所绘

《十六罗汉图》大致据《法住记》，但也略有不同，其名序为：1. 宾度罗跋罗堕阇尊者，2. 迦诺迦伐蹉尊者，3. 宾头卢颇罗堕誓尊者，4. 难提密多罗庆友尊者，5. 拔诺迦尊者，6. 耽没罗跋陀尊者，7. 迦理迦尊者，8. 伐阇那弗多尊者，9. 戒博迦尊者，10. 半托迦尊者，11. 罗怙罗尊者，12. 那迦犀那尊者，13. 因揭陀尊者，14. 伐那婆斯尊者，15. 阿氏多尊者，16. 注茶半托迦尊者。❹至清乾隆时清高宗与章嘉国师又据西藏惯用译名改定贯休十六罗汉译名及次序，据梁章钜《浪迹续谈》卷七"十六罗汉"条，为 1. 阿迎阿机达尊者（原第十三因揭陀尊者），2. 阿资答尊者（原第十五阿氏多尊者），3. 拔纳西尊者（原第十四伐那婆斯尊者），4. 嘎礼嘎尊者（原第七迦理迦尊者），5. 拔杂里逋答尊者（原第五伐阇那弗多尊者），6. 拔哈达喇尊者（原第六耽没罗跋陀尊者），7. 嘎纳嘎已萨尊者（原第三宾头卢颇罗堕誓尊者），8. 嘎纳嘎拔哈喇锱杂尊者（原第二迦诺迦伐蹉尊者），9. 拔嘎沽拉尊者（原第五拔诺迦尊者），10. 喇呼拉尊者（原第十罗怙罗尊者），11. 租查巴纳塔尊者（原第十六注茶半托迦尊者），12. 毕那查拉拔哈喇锱杂尊者（原第一宾度罗跋堕罗阇尊者），13. 巴纳塔嘎尊者（原第十半托迦尊者），14. 纳阿噶塞纳一马恩省尊者（原第十二那伽犀那尊者），15. 锅巴嘎尊者（原第九戒博迦尊者），16. 阿必达尊者（原第四难提密多罗庆友尊者）。附表：

序号	《阿弥陀经》	《法住记》	《十六罗汉图》	章嘉国师
1	舍利弗	宾度罗跋罗惰阇	宾度罗跋罗堕阇	阿迎阿机达（原第十三因揭陀）
2	摩诃目犍连	迦诺迦伐蹉	迦诺迦伐蹉	阿资答（原第十五阿氏多）
3	摩诃叶	迦诺迦跋厘惰阇	宾头卢颇罗堕誓	拔纳西（原第十四伐那婆斯）
4	摩诃迦㫮延	苏频陀	难提密多罗庆友	嘎礼嘎（原第七迦理迦）
5	摩诃拘希罗	诺矩罗	拔诺迦	拔杂里逋答（原第八伐阇那弗多）
6	离婆多	跋陀罗	耽没罗跋陀	拔哈达喇（原第六耽没罗跋陀）
7	周利盘陀伽	迦理迦	迦理迦	嘎纳嘎已萨（原第三宾头卢颇罗堕誓）
8	难陀	伐阇罗弗多罗	伐阇那弗多	嘎纳嘎拔哈喇锱杂（原第二迦诺迦伐蹉）
9	阿难陀	戒博迦	戒博迦	拔嘎沽拉（原第五拔诺迦）
10	罗怙罗	半托迦	半托迦	喇呼拉（原第十罗怙罗）
11	侨楚波依	罗怙罗	罗怙罗	租查巴纳塔（原第十六注茶半托迦）
12	宾头卢颇罗堕	那迦犀那	那迦犀那	毕那查拉拔哈喇锱杂（原第一宾度罗跋堕罗阇）

续表

序号	《阿弥陀经》	《法住记》	《十六罗汉图》	章嘉国师
13	迦留陀夷	因揭陀	因揭陀	巴纳塔嘎（原第十半托迦）
14	摩诃劫宾那	伐那婆斯	伐那婆斯	纳阿噶塞纳—马恩省（原第十二那伽犀那）
15	薄拘罗	阿氏多	阿氏多	锅巴嘎（原第九戒博迦）
16	阿㝹楼驮	注荼半托迦	注荼半托迦	阿必达（原第四难提密多罗庆友）

【十六神】《晋书·天文志上》："太一星亦天帝神也，主使十六神，知风雨水旱、兵革饥馑、疾疫灾害所在之国也。"明·木增《云薖淡墨》卷一"十六神"条引《太乙数》："四时之气，分在四维，行于十二支辰，故有十六。子神曰地主，言阳气初动，尤物在下也。丑神阳德，言二阳用事，布育万物也。艮神和德，言春冬将交，阴阳气和，群物方生也。寅神吕申，言阳气大申，草木甲折也。卯神高丛，言木气太旺，尤物皆出也。辰神太阳，言五阳正盛，飞龙在天也。巽神大灵，言光明发辉，尤物洁齐也。巳神大神，言六阳大备，火神司权，尤物长盛也。午神大威，言阳谢阴生，火神炳化，刑暴始行也。未神天道，言二阴任事，尤物生育也。坤神大武，言阴气就行了阳，尤物杀伤也。申神武德，言金气始旺，肃杀司权也。酉神大发，言万物成熟，大有品簴也。戌神阴主，言五阴正盛，黄裳元吉也。乾神阴德，言阴中阳生，大有其德也。亥神大义，言六阴大备，水神司权，尤物滋生也。"

【十太保】东岳属神。《三教源流搜神大全》卷五"孚佑温元帅"条："宋宁年间（原文如此），有嗣汉三十六代天师飞清真人张君始持符召之法，役用岳神，而得位十太保之列，有温太保之名，召之立庙。封东岳统兵天下都巡检五岳上殿奏事急取罪人案玉皇殿前左元金翊灵照武雷王佑侯温元帅。"南宋·吴自牧《梦粱录》卷一四云："广灵庙在石塘坝，奉东岳温将军。自温将军以下九神皆锡侯爵。温封正佑，李封孚佑，钱封灵佑，刘封显佑，杨封顺佑，唐封安佑，张封广佑，丘封协佑，孟封昭佑，韦封威佑。"◆按：后世有绘东岳大帝神像者，下列十太保与七十六司诸神。

【十太尉】南宋·吴自牧《梦粱录》卷一："二月初八日，龙舟六只，戏于湖中，其舟俱装十太尉、七圣、二郎神、神鬼……"按：疑此十太尉即温元帅等东岳十太保。

【十五女真】梁·陶弘景《真诰》记二十三真人、十五女真姓名仙秩。女真为：太和灵嫔上真左夫人，北海六微玄清夫人，北漠七灵右夫人，太极中华右夫人，紫微左宫王夫人，沧浪云林右英夫人，上真司命南岳夫人（魏夫人），八灵道母西岳蒋夫人，上真东宫卫夫人，方丈台昭灵李夫人，紫清上宫九华安妃，朱陵北绝台上嫔管妃，北岳上真山夫人，西汉夫人，长陵杜夫人。

【十一大曜星君】民间星命说以日、月、五星、紫炁、月孛、罗睺、计都为十一曜。明·谢肇淛《五杂组》卷一："今历家禄命，金、木、水、火、土五星之外，又有四余星：一曰紫炁，二曰月孛，三曰罗睺，四曰计都。而罗、计二星，人多忌之。考历代天文志，实无此二星也。不知此说昉自何时？余考宋《蠡海录》所载有之，则其说久矣。今术家以四余为暗曜，岂亦以天象无所见，故为强之说耶？"按：罗睺、计都之说源于梵历《九执历》以日月五星加罗睺、计都为九曜。而中土又加以紫炁、月孛二星，方为十一曜。在星象中本无罗、计二星，但于历法推步则宋以后常用之。北宋·沈括《梦溪笔谈》卷七言日月蚀条云："西天法罗睺、计都，皆逆步之，乃今之交道也。交初谓之'罗睺'，交中谓之'计都'。"胡道静释云："'罗睺'二字乃借梵语为之，障翳之义也。"又引释法云《翻译名义集》卷二："罗睺，此云障持，化身长八万四千由旬，举手掌障日月，世言日月蚀。"◆《明史·历志六》云："推四余入各宿次初末度积日"，置紫炁、月孛于各宿初，罗睺、计都于各宿末。炁、孛顺行，罗、计逆行。因罗、计有逆行之设，故民间以二者为凶宿，多有所忌。

【十御法王】道教以"三清"、斗姥、玉皇大帝、后土元君、太极天皇大帝、北极紫微大帝、南极长生大帝、东极青华大帝为"十御法王"。

【十种仙】清·宫梦仁《读书纪数略》卷四三"十种仙"：地行仙：坚固服饵不息，食道圆成。飞行仙：坚固草木不息，药道圆成。游行仙：坚固金石不息，化道圆成。空行仙：坚固动止不息，气精圆成。天行仙：坚固津液不息，润德圆成。通行仙：坚固精色不息，吸粹圆成。道行仙：坚固咒禁不息，术法圆成。照行仙：坚固意念不息，思忆圆成。精行仙：坚固交媾不息，感应圆成。绝行仙：坚固变化不息，觉悟圆成。

【石大夫】清·蒲松龄《聊斋志异》卷一二《韩方》吕湛恩注引《章丘县志》（今山东章丘）：东陵山下大石高丈余，有神异，不时化为人，行医邑中。嘉靖初化为一男子，假星命，自号石大夫。至陕西渭南，见刘凤池，见其干支，即下拜曰："我父母官也。异日登第，必令吾章丘。"刘后果登第，谒选为章丘令，访石大夫，父老皆不知其人。夜石大夫见于梦，曰："我非人，乃东陵山下大石也。"公因往祭其处，为立庙。邑人有疾，多往祈祷，辄托以梦为人医，无不立愈。

【石敢当】或称"石将军""石大夫"。宋·王象之《舆地碑目记》卷四"兴化军碑记"条："庆历中，张纬宰莆田，再新县治，得一石铭，其文曰：'石敢当，镇石鬼，压灭殃。官利福，百姓康。风教盛，礼乐昌。大历五年县令郑和字记。'今人家

石敢当

用碑石书曰'石敢当'三字镇于门，亦此风也。"元·陶宗仪《南村辍耕录》卷一七："今人家正门适当巷陌桥道之冲，则立一小石将军，或植一小石碑，镌其上曰'石敢当'，以厌禳之。按西汉·史游《急就章》云：'石敢当'，颜师古注曰：'卫有石碏、石买、石恶，郑有石制，皆为石氏。周有石速，齐有石之纷如，其后以命族。敢当，所向无敌也。'据所说，则世之用此，亦欲以为保障之意。"《姓源珠玑》："五代刘智远为晋祖押衙，潞王从珂反，愍帝出奔，遇于卫州（今河南卫辉）。智远遣力士石敢当，袖铁槌侍。晋祖与愍帝议事，智远拥入，石敢当格斗而死，智远尽杀帝左右，因烧传国

玺。石敢当生平逢凶化吉，御侮防危。故后人凡桥路冲要之处，必以石刻其志，书其姓字，以捍居民。"清·王士禛《古夫于亭杂录》卷六"太山石敢当"条："齐鲁之俗，多于村落巷口立石，刻'太山石敢当'五字，云能暮夜至人家医病。北人谓医士为大夫，因又名之曰'石大夫。'"◆清·黄斐默《集说诠真》："石敢当本系人名，取所向无敌之意，而今城厢第宅，或适当巷陌桥道之冲，必植一小石，上镌'石敢当'三字，或又绘虎头其上，或加'泰山'二字，名曰'石将军'，谓巷道直冲有关凶煞，此石能厌禳之。"◆按：据《舆地碑目记》，其石刻于唐大历五年。可知至迟至晚唐前已有这种风俗。王成竹先生撰有《关于石敢当》一文（载1929年12月《民俗》卷86—89合刊），谓："《淮南万毕术》云：'丸石于宅四隅，则鬼无能殃也。'庾信《小园赋》云：'镇宅以埋石。'吴兆宜注《荆楚岁时记》云：'十月暮日掘宅角，各埋大石，为镇宅。'此或其滥觞。"

【石公山神】五代·徐铉《稽神录》卷二"鞭牛"条：京中居人晚出，见江上石公山下有二青牛，腹青背赤，戏于水滨。一白衣老翁长可三丈，执鞭其旁。久之，翁回顾见人，即鞭二牛入水，翁即跳跃而上，倏然渐长，一举足，径上石公山顶，遂不复见。

【石姑】《（雍正）山西通志》卷一六四：翼城县北十五里龙女村有善渊。土人传张老夫妇于渊旁得一卵，持归，化为女，同居，饮食常丰给。后入石姑山石缝中，土人祀为石姑神。

【石固】见"江东庙神"条。

【石固大王】明·何乔远《（崇祯）闽书》卷一四七：汀州府长汀县（今福建长汀）有助威、盘瑞二王庙。相传神为汉末人，以身捍寇，死城下，郡人祀之，号"石固大王"。累著灵异。后庙前涧水暴溢，有神像乘流而至，屹立于石固之侧，因并祀之，号"石猛大王"。以息火患功，封石猛助威王，石固盘瑞王。

【石龟】道藏本《搜神记》卷五：石龟，在江西兴国县（今江西兴国）之儒林乡，石圆如龟，项背俱备，仿佛八卦形象，逐月随斗杓旋转。土人疑怪，移置他处，翌日复归故处，因而祀之。

【石侯】鲁迅《古小说钩沉》引《列异传》：豫宁女子戴氏久病，出见小石曰："尔有神，能差我疾者，当事汝。"夜梦人告之："吾将佑汝。"后渐差，遂为立祠，名石侯祠。

【石鸡】晋·王嘉《拾遗记》卷七：汉建安三年，胥徒国献沉明（《广记》引此作"沉鸣"）石鸡，色如丹，大如燕。常在地中，应时而鸣，声能远彻其国。闻其鸣，乃杀牲以祀之，当鸣处掘地，则得此鸡。若天下太平，翔飞颉颃，以为嘉瑞，亦谓"宝鸡"。其国无鸡，人听地中候晷刻。道家云：昔仙人桐君采石，入穴数里，得丹石鸡，舂碎为药，服之者令人有声气，后夭而死。

【石将军】❶台湾地区之石头公多称为石将军。❷石敢当。元·陶宗仪《南村辍耕录》卷一七：今人家正门适当巷陌桥头之冲，则立一小石将军，或杜一小石碑，镌其上曰石敢当，以厌禳之。❸石翁仲，亦有称作石将军者。❹战国时勇士孟贲。❺清·俞樾《右台仙馆笔记》卷八：江宁城（今江苏南京）旧有石将军庙。相传为东晋人司马流。❻见"石信将军"条。

【石掏】食猴怪物。清·袁枚《续子不语》卷一〇：湖南至道州（今湖南道县西）路有一山，山中多猴。有人游山，见群猴约有六七万，环集呦呦，皆有哭声。忽出一兽，绝似猴而小，高可尺许。从猴见之，皆俯伏。此兽据膝而坐，其身忽伸长丈余。久之，见一猴来，跪其座旁，自以双手向脑后剥去其皮，若供其食啖者。按《异物志》：石掏如猴而食猴，或即此欤？◆参见"狨"条。

【石巨】唐·戴孚《广异记》：石巨者，胡人也，居幽州。性好服食。大历中，遇疾百余日，形体羸瘦，而神气不衰。忽谓其子曰："河桥有卜人，可暂屈致问之。"子还云："初无卜人，但一老姥尔。"巨云："正此可召。"子延之至舍。巨卧堂前纸槅中。姥径造巨所，言甚细密。巨子在外听之，不闻。良久姥去。后数日，旦有白鹤从空中下，穿巨纸槅，入巨所，和鸣食顷，俄升空中，化一白鹤飞去。巨子往视之，不复见巨。子便随鹤而去，至城东大墩上，见大白鹤数十，相随上天，冉冉而灭。

【石郎】明·王鏊《（正德）姑苏志》卷二八：崇明县有石郎庙。宋末，风潮中有石人长二尺许，随潮浮至东乡广庆桥下，去而复来。人异之，立于桥侧，祈祷辄应。元至元间立庙祀之。

【石老翁】清·俞樾《右台仙馆笔记》卷一：广东花县桥畔一石，形似老翁，村中呼为桥头土地庙，香火颇盛。后有六女投水死，父老谓神不能保卫，遂废其祀。附近有砖窑，异神像归，奉为窑神。是夕窑中声如霹雳，所烧砖皆成血色。众咸谓石为祟，弃之河干。邻邑三山县窃之去，灵异大著，为

立庙，祭赛无虚日。

【石姥】❶南宋·吴自牧《梦粱录》卷一四"土俗祠"条记南宋时杭州有石姥祠。❷清·陈祥裔《蜀都碎事》卷三：仁寿县西跨鳌山，上有一石姥，不知何代之物，岁旱则土人转徙之，辄雨。文同有赋。

【石鹿神】明·朱国桢《涌幢小品》卷一九：青州（今江苏连云港）石鹿山，临海有神庙甚灵。南北朝时，萧梁青州刺史王神念以祈祷者惑众，毁庙坏像。梁上有一大蛇长丈余，走入海中。时阴子春为东莞（今江苏连云港）太守，梦神来云："宅舍为人破坏，无所依托，钦君厚德，欲憩此境。"子春于是办醴牲，召神安置。数日后复梦神来谢云。

【石曼卿】见"芙蓉城主"条。

【石猛大王】见"石固大王"条。

【石旻】唐时人。唐·张读《宣室志》"石旻"条："有石旻者，不知何许人也。浪迹江湖，道术玄妙，殆不可测。长庆中，客于宛陵郡（治在今安徽宣城）。有雷氏子与友人数辈会饮，旻亦在座。其家僮网得一鱼，长数尺，致于舍。时夏暑方甚，及明日视其鱼，已败烂不可食矣。家僮将弃之，旻谓之曰：'此鱼虽败，吾有良药，尚可活之，安可弃耶？'于是投药于败鱼之上，仅食顷，其鱼鲜润如初，摇鬛振鳞。会昌中卒于吴郡（治在今江苏苏州）。"事又见《太平广记》卷八四引《补录记传》。唐·段成式《酉阳杂俎·前集》卷六："唐石旻有奇术，在扬州。至开成初，在城亲故间，往往说石旻术不可测。又石旻尤妙打彄（按即藏钩之戏），注之必中。"

【石牛神】南宋·祝穆《方舆胜览》卷四〇贵州"北山"条：在城北十里。古经云：周穆王时，山上有物相闻，有群女号泣云："吾乃山神，因金牛星驱雷电与山上池中神物相斗，今神物已化为石牛矣。"世传石牛神，每岁祷旱无不应，祭则杀牲取血和泥，涂于牛背，用咸卤涂于牛口，乡人歌放牛之歌以乐之。祀毕即雨，泥尽乃晴。

【石婆婆】《（康熙六十年）青州府志》卷二一：嫌城，在博兴（今山东博兴）城东北十里。相传有妪石氏，夜闻妖怪谋筑城以围居民，鸡鸣前当尽食之。石氏大惧，以手拊箕作鸡鸣，群鸡皆鸣，妖惊去，民感其德，立庙祀之，曰石婆婆庙。

【石桥海神】《太平广记》卷二九一引《三齐要略》：秦始皇作石桥，欲过海，观日出处。或云，非人功所建，海神为之竖柱。始皇感其惠，乃通敬

于神，求与相见。神云："我形丑，约莫图我形，当与帝会。"始皇乃从石桥入三十里，与神相见。帝左右有巧者，潜以脚画。神怒曰："帝负约，可速去。"始皇即转马。前脚犹立，后脚随崩，仅得登岸。又见南朝梁·殷芸《殷芸小说》卷一，北宋·乐史《太平寰宇记》卷二〇引伏琛《齐记》，大致相同。◆按：此与"忖留神"故事相类，参见该条。

【石人神】❶《太平广记》卷二九三引《豫章古今记》：石人神，在丰城（今江西丰城）县南。其石状似人形。先在罗山下水中，流潦不没。后有人于水边浣衣，挂著左臂。天忽大雨，雷电霹雳，石人臂折，走入山畔。时人异之，共立为祠，每有灵验，号曰"石人神"。❷山东滨海一带多有人形之石，民间因有驱山石神传说。北宋·乐史《太平寰宇记》卷二〇："即墨县阴山有五石人，广数围，高一丈，古老相传云：秦始皇幸琅琊（在今山东胶南），至牢威山望蓬莱，又遣石人驱牢山入海不得，遂立于此。石人诸山往往有之。"按：牢山即劳山。唐·段成式《酉阳杂俎·前集》卷一〇："莱子国海上有石人，长一丈五尺，大十围。昔始皇遣此石人追劳山，不得，遂立。"与此稍异。❸《太平寰宇记》卷二九：下邽县（今陕西渭南东北）东南七里原有六石人同在一处，前赵石勒所造。西魏入关，移于府门外，经宿还归本处。往往夜行，昼则在本处。后分在三处。村人祷祭。❹《太平寰宇记》卷一六九：岭南昌化县西北有浴泊石神，石形似人，帽其首。西南侧有橘柑甘香之果，或携去，即黑雾暴风骇人。池中有鱼亦然。土人往往祈祷。❺《太平寰宇记》卷一七〇引《交州记》：石九子母者，坐高七尺，在今州寺中，九子悉附于石体。传云浮海而至，士庶祷祈求子多验，于今不绝。❻《太平广记》卷三九八引《玉歆始兴记》：桂阳有贞女峡。传云秦世数女，取螺于此，遇雨，一女化为石人。今石人形高七尺，状似女子。◆按：各地因石形似人而为民间编为传说者，书册所载，数不胜数，此仅取数条以见一斑耳。

【石神】道藏本《搜神记》卷五："廉州府（今广西合浦）城东石神庙。相传有渔人见一盘石浮潮而至，以为神，祈之，大获鱼，遂为立祠。廉州府在今广东合浦。"此与闽、粤、台一带之石头公崇拜为一事。

【石神王】南宋·潜说友《咸淳临安志》卷八八：至和中，郡守孙沔一夕梦人泣告曰："吾兄弟三十

六人沉埋市舶司园地久矣，愿公怜我。"遂遣人发园中地，果得石神王三十六身，各坐执宝瓶。

【石笋夫人】明·曾丙《石笋夫人庙碑记》：吾郡（嘉兴）皆平壤，宋咸淳初，东南十里石出如笋。里人异之，名石笋庙。庙之中央题曰顺天夫人，而并列者三。

【石泰】宋时人。《仙鉴》卷四九：常州人，字得之，号杏林，一号翠玄子。遇张紫阳得金丹之道。初，紫阳得道于刘海蟾，海蟾曰："异日有为汝脱缰解锁者，当以此道授之；余皆不许。"后紫阳得罪凤州（今陕西凤县）太守，以事坐黥配，经由邠境，饮于村肆，遇石泰。石泰与邠守有旧，紫阳获免。于是紫阳传丹法于石泰。石泰拜受，苦志修炼，寿一百三十七，于宋高宗绍兴二十八年尸解，后二年有人见石泰于罗浮山（今广东惠阳地区之罗浮山）。◆《（雍正）陕西通志》卷六五：以医药济人，不受其谢，唯愿植一杏树，久遂成林，故号杏林。世寿一百三十七。

【石坦】《仙鉴》卷七："渤海人。游赵魏诸名山，得道，能分身，同时请十余家，各家有一石坦，所言各异。"明·王世贞《列仙全传》卷八所记石坦，为宋、金之际人。◆按：此石坦当为"石垣"之误。

【石藤石棱二夫人】见"慈感庙神"条。

【石头公】台湾地区所祀之石神。凡地方岩石形状怪异者，往往加以穿凿附会，奉祀为神，称为石头公，相传事之可保儿童头壳坚硬，身体健康。又有称石将军、石佛公、石府将军、大伯公、大伯爷、石圣公者。见仇德哉《台湾之寺庙与神明（四）》。

【石屋丈人】清·沙定峰《石屋丈人传》：崇祯末，徐霞客登云南大理鸡足山，山之阴别有大岭，奇峰插天，开辟以来，莫有人迹。霞客锐志登之，经旬日，见有石屋，一隐者枯坐其中读《周易》。问其名，曰："身既隐矣，安用名，子遇我石屋中，呼我石屋丈人可矣。"丈人不饮不食，虎豹之属为其侣，能预知明之将亡，而曰："吾逃世者流，非仙也。"

【石武圣庙】清·程趾祥《此中人语》卷六：道光年间，笋溪（今福建晋江）建有石武圣庙。石武圣者，系一青石上刻"武圣"（按当即关羽）像，自水中浮来，有僧见而起之，遂成一庙，灵验异常云。

【石贤士神】石人而祀以为神者。东汉·应劭《风俗通义·怪神》：汝南汝阳（今河南周口市南）彭

氏墓有一石人。田家老母入市买回数饼，暑热行疲，歇息于石人之下，不慎失落一饼。老母去后，行路之人见石人之下有饼，颇怪之，有人戏谓曰："是石人能治病，病愈者来谢以饼。"此语辗转相告，于是头痛者来摸石人头，腹疼者来摸石人腹。有人病本自愈，亦以为神力，遂号石人为"石贤士神"。

【石养父母】清·屈大均《广东新语》卷六：华山上有石养父母祠，秦人往往祈子。

【石夷】《山海经·大荒西经》："有人名曰石夷，来风曰韦，处西北隅，以司日月之长短。"袁珂以为"四方神"之一，详见《山海经校注》。

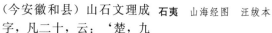

石夷　山海经图　汪绂本

【石印三郎】见"石印神"条。

【石印神】又称"石印三郎"。《三国志·吴书·三嗣主传》："天玺元年，历阳（今安徽和县）山石文理成字，凡二十，云：'楚，九州渚。吴，九州都。扬州士，作天子，四世治，太平始。'"注引《江表传》云："历阳县有石山临水，高百丈，其三十丈所，有七穿骈罗，穿中色黄赤，不与本体相似，俗相传谓之石印。又云：'石印封发，天下当太平。'下有祠屋，巫祝言：'石印神有三郎。'时历阳长表上言石印发，皓遣使以太牢祭历山。巫言：'石印神三郎说天下方太平。'使者作高梯，上看印文，诈以朱书石作二十字，还以启皓。皓大喜，曰：'吴当为九州作都渚乎？从大皇帝逮孤，四世矣。太平之主，非孤复谁。'遣使以印绶拜三郎为王，又刻石立铭，褒赞灵德，以答休祥。"

【石元帅】《三教源流搜神大全》卷五：姓石名神毓，生于周宣王七年，时风雨骤至，龙挂冥表。乡人对其父母曰："阿儿龙种也。"长游关中，受业于关尹子。时赤旱千里，百姓困苦，求告于元帅。于是率民祝祷，大雨三尺。而元帅遂登天，天帝封为五雷之长，典威福击伐事。

【石垣】《晋书》入《隐逸传》，云：字洪孙，自云北海（今山东潍坊）人。居无定所，不娶妻妾，不营产业。食不求美，衣必粗弊。能分身，路无远近，人或同时见之。又能暗中取物。姚苌之乱，不知所终。

【石真妃】明·闵文振《涉异志》：罗源（今福建罗源）紫霄岩有二女神，号石真妃，灵显颇著。二妃者，罗源徐公里石氏女也。姐曰月华，妹曰雪英，皆有姿色，涉书史。五季末，处州（今浙江丽水）青巾贼作乱，二女被掳，义不受辱，相继投河死。宋时，林孝子憨孙入山采樵，遇二女，明妆俨然。姐曰："吾石氏女，遭难而死。上帝悯吾贞烈，敕吾为火部曜灵真妃，妹为水部风毒真妃，封此岩为紫霄岩，命吾主之。"俗呼曰石八娘岩是也。

石元帅　三教源流搜神大全

【石真人】《天地宫府图》七十二福地第六十八金城山，是石真人所治。不详所指。

【石钟真人】汉时仙人。《（雍正）山西通志》卷一六〇：芮城人，姓陈，隐于北山石室。一日有蟾负芝，止于石上。真人食芝。后有鹿负洞，与真人共食宿。真人来京，鹿负行李随之。一夕梦神人告曰："今天大旱，汝当行雨，此鹿即龙也。"于是真人祷雨，远近沾足，而真人乘鹿飞升焉。

【石仲元】宋时人。明·王世贞《列仙全传》卷九：桂林人，号桂华子，为道士于七星山。天禧中逝去。后人见之于武夷山。清·汪森《粤西丛载》卷一一：石仲元，负能诗名，世传其警句如"石压木斜出，岸悬花倒生"之类甚多，学诗者不远千里而来。

【时邦印】明·李日华《六研斋笔记》卷一：时邦印，彭泽（今江西彭泽）人，号碧溪，幼慕神仙，有相者奇之，目为碧眼神仙。后师事枫庵和尚，受内炼之旨。年八十四，忽呼孙诚云："我将行矣，纯阳祖师在此，可设香供为礼。"令孙于背上画太极图，遂化去。

【时荷】"西山十二真君"之一。南宋·白玉蟾《修真十书·玉隆集》：时荷字道阳，巨鹿人。少修道德之教，入四明山（在浙江奉化），遇神人教以胎息众妙之术，能绝粒驱邪，点化金玉。许逊法盛江左，时荷徒步踵门，愿充弟子。真君纳之，授以秘诀，复遣还山教导徒众。晋明帝诏赴阙，寻还山。真君飞升，时荷导从。政和二年封洪施真人。◆明万历间《龙会兰池录》有"时奇"，云与许逊、吴猛皆晋时人，当为"时荷"之误。《（康熙）淮安府志》卷一三有"洪施时真君"，姓洪名荷，字道阳。实即"时荷"之误。

【实沈】高辛氏之子，其兄为阏伯。《春秋左氏传》昭公元年：子产曰："昔高辛氏有二子，伯曰阏伯，季曰实沈，居于旷林，不相能也。日寻干戈，以相征讨。后帝不臧，迁阏伯于商丘，主辰。商人是因，故辰为商星。迁实沈于大夏，主参。由是观之，则实沈，参神也。"

【拾得】与丰干、寒山合称"国清三隐"。《景德传灯录》卷二七："天台拾得者，不言名氏。因丰干禅师山中经行，至赤城道侧，闻儿啼声，遂寻之。见一子可数岁，问之，云孤弃于此。丰干乃名为拾得，携至国清寺。"《五灯会元》卷二："天台山拾得子，一日扫地，寺主问：'汝名拾得，因丰干拾得汝归。汝毕竟姓个甚么？'拾得放下扫帚，叉手而立。主再问，拾得拈扫帚扫地而去。寒山捶胸曰：'苍天，苍天！'拾得曰：'作甚么？'山曰：'不见道东家人死，西家人助哀。'二人作舞笑哭而出国清寺。"参见"寒山拾得"条。

拾得　拾得像　元·颜辉

【食火兽】清·吴任臣《山海经广注》："《事物绀珠》云：'厌虎兽，似猕猴，黑身，口出火。'《本草集解》曰'南方有厌火之民，食火之兽'，注云：'国近黑昆仑，人能食火炭。食火兽，名祸斗也。'"参见"祸斗"条。

【食金鱼】清·俞樾《右台仙馆笔记》卷六：咸丰癸丑岁，太平军陷金陵。有邓某者自城中逃出，而其子陷贼中，受伪职。后大军围城，贼势穷蹙，邓乃寄书于其子，速之出。子得书，将历年所得金银分装四坛，埋所居屋中，覆以巨砖，暗立标记，遂亡归其父。未逾月城复，邓恐子所埋金为他人得，急与其子入城。至家，见屋宇如故，埋金处标记犹存，大喜，及夜发之，则坛固在，益喜。启其砖，则空矣，骇甚。俄闻一坛中有声，视之，惟鳝鱼一尾，长二尺许，圆径寸，游行其内。邓疑为金所化，出而死之，血淋沥无异常鱼。县之檐下，冀其复化为金，翌日腐矣。

【食梦兽】宋·释赞宁《东坡先生物类相感志》卷六"食梦兽"条："莫详其状，实鬼物也，好食人梦而口不闭，常贪心不足人，凌晨说梦，善恶依人，故君慎说梦也。"◆按，《续汉·书礼仪志》载大傩侲子辞，有"伯奇食梦"之句。食梦兽之说或与此有关。而近年自日本传来"食梦貘"之说，以为食梦兽即"貘"。此于文献无征。

【食神】南宋·吴自牧《梦粱录》卷六："十二月二十五日，士庶家煮赤豆粥祀食神，名曰'人口粥'，有猫狗者亦与焉。不知出于何典。"

【豕身人面神】《山海经·中山经》："凡苦山之首，自休与之山至于大騩之山，凡十有九山，千一百八十四里。其十六神者皆豕身而人面。"

豕身人面神
山海经图　汪绂本

【史见魂】宋·黄休复《茅亭客话》卷四：史见魂，蜀人，名惟传，年七十余，孑然居数间屋于东市，唯以床座张纸钱而已，不知有何法，人皆呼之"见魂"。蜀人咸敬之，或云判冥，以称判官。有民姓李者常敬重之，因与偕行，至勾氏家酒肆前，史望空而揖。问之，云："有水府人吏在此。"后三日果大雨，勾氏出城看水，溺死于江中。

【史老】明时人。《（雍正）山东通志》卷三〇：嘉祥人。宣德间，修道焦城之牛山小洞中，有巨蛇护其洞口。一日下山，谓人曰："吾为某医牛去。"去即不返，蛇亦无迹。后有人见于太和山（即武当山）中，旋失去，不知所之。

【史通平】汉时人。明·曹学佺《蜀中广记》卷七四引《青神志》："光武时自会稽来蜀，至峨嵋山诣天皇真人，授以三一之法及五符诀，遂居青神（今四川青神），丹成飞升。"明·王世贞《列仙全传》卷二云其新莽时自会稽来蜀。

【史瞎子】清·赵翼《檐曝杂记》卷二：术家有揣骨听声之法，多瞽者为之。雍正年间，浙东有史瞎子者，遇男子则揣骨，女子则听声，言休咎奇中。

【史姁】汉时人。晋·干宝《搜神记》卷一五：陈留考城（今河南民权东）人史姁，字威明，年少时，尝病，临死，谓母曰："我死，当复生。埋我，以竹杖柱于瘗上，若杖折，掘出我。"及死，如其言。七日往视，杖果折，即掘出之，已活。走至井上浴，平复如故。后与邻船至下邳（今江苏邳州南）卖锄，不时售，云："欲归。"人不信之，曰："何有千里暂得归耶?"答曰："一宿便还。"即书，取报以为验。实一宿便还，果得报。考城令贾和姊病，欲急知消息，请往省之。路遥三千，再宿还报。

【使牛郎】见"洪山真人"条。

【始皇先生】《天地宫府图》七十二福地第六十三茭湖鱼澄洞（在西古姚州），始皇先生曾隐此处。不知何人。

【始均】《北史·魏本纪一》："黄帝之裔始均，仕尧时，逐女魃于弱水，北人赖其勋，舜命为田祖。"参见"田祖"条。

【屎魔】清·李庆辰《醉茶志怪》卷三：蒲阴有怪曰屎魔，状如布囊，常夜出，远闻臭气，即知魔至，急避之，物自过，不为人害。或猝不急避，则粪汁污衣，臭不可耐。

【市精】唐·释道世《法苑珠林》卷五八引《白泽图》："故市之精名曰门。其状如囷而无手足。以其名呼之则去。"

【侍郎神】南宋·周密《癸辛杂识》别集上：衡岳庙之四门皆有侍郎神，惟北门主兵，最灵验。朝廷每有军旅之事，则前期差官致祭，开北门，然不敢全开，以尺寸计兵数。或云其主司乃张子亮也。子亮为湘南运判，死于官。丁卯、戊辰之间，南北之兵未释，朝廷降香以借兵，神许启门三寸，臬使遂全门大启。兵出既多，全以捷告，而庙旁数里民居皆罹风灾，坏屋近千家。最后有声若雷震者，民喜曰："神归矣。"果遂帖息。

【视肉】《山海经·海外南经》："狄山，有视肉。"又《大荒南经》盖犹之山、南类之山皆有视肉。郭璞注："聚肉，形如牛肝，有两目也，食之无尽，寻复更生如故。"吴任臣《广注》以为即肉芝，不确，盖肉芝非食之又生也。吴氏又引刘会孟曰："视肉，犹南方无损兽。"近之，参见"无损肉"条。郭璞《山海经图赞》曰："聚肉有眼，而无肠胃。与彼马勃，颇相仿佛。奇在不尽，食人薄味。"

【shou】

【守财神】或称"藏神""守藏神"，称守财神者特为俗名耳。明·郎瑛《七修类稿》卷五〇："明时某御史巡按云南，至一地，秉烛独坐，突有一人在前，曰：'我非人，为君守财神也。待之已久。'告以金在座下。视之，有白金千两。"又见《闇然堂类纂》卷五"守财神"条。明末·佚名《集异新抄》卷三"地下银"条亦云："苏州清嘉坊舆夫潘姓者，赁屋而居，其妻夜炊，见一童子，白面垂髫，云：'为尔守视有年矣。'走入灶下而灭。夫妻掘地得银一瓮。"详见"藏神"条。◆又《天中记》卷五六引《玄怪录》，中有"守藏龙"，云"千秋无失，乃获稍迁，苟或失之，即受炎沙之罚"，亦属此类。

【守法真人】明时人。明·王圻《稗史汇编》卷六三：守法真人，字浩然，嘉定人。生有骨相，始学《易》为儒生，因病，遇一黄冠，遂劝入道。守法从之，疾果愈。颇精于术。成化间大旱，为祷雨有应。次年复旱，祷雨不应，守法篆符于铁，授中贵往投西湖之龙潭。顷之，西南云起，驻潭上，俄见青蛇长数尺，盘旋久之，雷雨大至。

【首阳之神】《水经注·浍水》引《古文琐语》：晋平公至浍上，见人乘白骖八驷以来。有狸身而狐尾，去其车而随公之车。公问师旷，师旷曰："狸身而狐尾，其名曰首阳之神。饮酒于霍太山而归，其逢君于浍乎，君其有喜焉!"（《水经注》有阙文，今据《太平广记》卷二九一"晋平公"条引《古文琐语》校补）。

【寿禅师】苏轼《志林》卷二：钱塘寿禅师本北郭税务专知官，每见鱼虾辄买放生，以是破家，遂盗官钱为放生之用。事发坐死，领赴市矣。吴越钱王使人视之，若悲惧如常人，即杀之，否则舍之。禅师澹然无异色，乃舍之。遂出家，得法眼净。禅师应以市曹得度，故菩萨乃见市曹以度之，学出生死法，得向死地走一遭抵三十年修行。

【寿春真人】即"梅福"。见该条。

【寿光侯】晋·干宝《搜神记》卷二：汉章帝时人。能劾百鬼众魅，令自缚现形。章帝闻之，征问，云："殿下有怪，夜半后常有数人，绛衣披发，持火相随。"寿光侯曰："此小怪也。"及夜，帝伪使三人为之。寿光侯施法，三人气绝。帝惊曰："非魅也，朕相度试耳。"即使解之。

【寿麻国】《山海经·大荒西经》："有寿麻之国。南岳娶州山女，名曰女虔，女虔生季格。季格生寿麻。寿麻正立无景，疾呼无响。"

【寿星】本为星神。《尔雅·释天》："寿星，角亢也。"《史记·天官书》："（西宫）狼比地有大星，曰南极老人。老人见，治安；不见，兵起。"《史记·封禅书》："秦时于杜、亳有三社主之祠、寿星祠。""索隐"："寿星，盖南极老人星也，见则天下理安，故祠之以祈福寿。"《续汉书·礼仪志》："仲秋之月，祀老人星于国都南郊老人庙。"道教始将"老人星"仙化，梁·陶弘景《真灵位业图》："太极左位：南极老人丹陵上真。"后世进一步人神化，有化形为道人降凡者。最迟至北宋，寿星形貌已大致定形，清·周亮工《书影》卷七引《濯缨亭记》："宋真宗二年，有异人，长仅三尺，而身与首几相半，丰髯秀耳，丐食辇下。叩其所自来，则言曰：'吾将益圣人寿。'闻于上，召见，讯其能，则曰性嗜酒。命之饮，一举一石。俄逸其人。翌日，太史奏寿星之躔，密联帝座。后令访求，不可得，敕图其形，即今寿星像也。"按《天中记》卷二引《濯缨记》述此为宋仁宗时事。

寿麻　山海经图　汪绂本

寿星　明拓本

【兽身人面神】《山海经·东山经》：自空桑之山至于碵山，凡十七山，六千六百四十里。其神状皆兽身人面戴觡。

【shu】

【书神】见"浮提国"条。

【书仙】见"曹文姬"条。

【叔服】春秋时周大夫。襄王二十六年，鲁文公即位，王使叔服如鲁葬僖公。公孙敖闻其能相人也，见其二子焉。叔服曰："谷也食子，难也收子。谷也丰下，必有后于鲁国。"后皆如其言。见《春秋左氏传》文公元年。

兽身人面神　山海经图　汪绂本

【叔均】《山海经·大荒西经》："帝俊生后稷，稷降以百谷。稷之弟曰台玺，生叔均。叔均是代其父及稷播百谷，始作耕。"此言叔均代其伯父后稷为田祖。而《海内经》又言"后稷是播百谷。稷之孙曰叔均，是始作牛耕。"则后稷又为叔均之祖。另《大荒北经》言黄帝与蚩尤战，蚩尤请风伯雨师纵大风雨，黄帝乃下天女曰魃，雨止，遂杀蚩尤。于是魃不得复上天，所居之地不雨。叔均言于帝，置魃于赤水之北。叔均乃为田祖。

【叔先雄】晋·干宝《搜神记》卷一一：犍为（今四川彭山）叔先泥和，其女名雄，永建三年，泥和为县功曹，以十月乘船，于城湍堕水死，尸丧不得。雄哀恸号咷，命不图存，告弟令勤觅父尸："若求不得，吾欲自沉觅之。"时雄年二十七，有二子，乃各作绣香囊一枚，盛以金珠环，预婴二子，哀号之声，不绝于口，昆族私忧。至十二月十五日，父丧不得，雄乘小船于父堕处，哭泣数声，竟自投水中，旋流没底。见梦告弟云："至二十一日，与父俱出。"至期，如梦，与父相持并浮出江。县长表言郡太守，肃登承上尚书，乃遣户曹掾为雄立碑，图像其形，令知至孝。◆按：与"曹娥"事同。◆清·袁枚《随园随笔》卷一八"孝女叔先雄之讹"条，据晋·常璩《华阳国志》，云此女应姓先名络。

【舒道纪】五代时人。宋·倪守约《金华赤松山志》：生长于婺，为赤松黄冠师。自号华阴子。常与禅月贯休为莫逆交。日夕瞻仰二黄君之祠，若意交神会，莫测其遇不遇也。后却食不疾而化。又数年，有于赤城（今浙江天台）见之者。◆按：二黄君，或作"二皇君"，黄初平、黄初起兄弟也。

【舒姑】梁·任昉《述异记》卷上：宣城（今安徽

宣城）盖山有舒姑泉。俗传有舒氏女，与父析薪，女坐泉处，忽牵拘不动。父遽告家，及再至其地，惟见清泉湛然。其母曰女好音乐，乃作弦歌，泉乃涌流。

【舒虚寂】《仙鉴》卷四二：字得真，开州人。师事翟乾佑天师，授《镇光策灵书》。虚寂修之，无不神验。游于蜀，常持灰数勺，贮纸袋中，云可治百病。有请者，以津液调与之，无不愈。又尝患口疮，令人视其口，乃张之如箕，五脏悉露。后入新繁铜马观。常与人言："昔黄帝与宁先生、天真皇人会众真于此。"居岁余，忽谓邻母曰："旦夕将他适，欲以后事相托。"因指其地，嘱"葬于此，当深三尺余，吾必有厚报"。是夕卒，邻母如其言而瘗之，果得金一镒，闻官，发其葬，但杖履而已。◆按：此与"灰袋"事甚相类，可参看该条。

【孰湖】《山海经·西山经》："崦嵫之山，有兽焉，其状马身而鸟翼，人面蛇尾，是好举人（喜抱举人），名曰孰湖。"

孰湖　山海经图　汪绂本

【鼠怪】晋·干宝《搜神记》卷一八："魏正始中，王周南为襄邑长。有鼠从穴出厅事上，语周南曰：'尔以某月日死。'周南不应，鼠还穴。至期，鼠更冠帻绛衣，语周南曰：'日中死。'南不应。鼠往复数次，曰：'尔不应，我复何求。'语讫颠蹶而死。"《太平广记》卷三二五"薄绍之"条引梁·任昉《述异记》："薄绍之与祖法开邻舍。法开母刘氏以二十二年五月一日夜半亡。二日，绍之见群鼠，大者如豚，鲜泽五色，或纯或驳，或著平上帻，或著笼头。大小百数，弥日累夜。"此类故事《太平广记》卷四四〇、《渊鉴类函》卷四三二收录甚多，或吉或凶，或能济人以粮食金玉。故后世人家有以鼠为仓神、财神。而民间年画有"老鼠娶亲"，衣裳冠冕如人，或与鼠怪故事出于同一想象，而多取其吉祥色彩。

【鼠王国】刘宋·刘敬叔《异苑》卷三："西域有鼠王国，鼠之大者如狗，中者如兔，小者如常。大鼠头悉白，然带金环枷。商估有经过其国，不先祈祀者，则啮人衣裳。若得沙门咒，则事如愿而无他。释道安昔至西方，亲见如此。"梁·任昉《述异记》卷上作"鼠国"。◆参见"二郎独健"条。

【蜀八仙】明·杨慎《升庵集》卷四八"蜀八仙"条云："谯秀《蜀纪》载蜀之八仙，首容成公，云即鬼容区，隐于鸿冢，今青城山也；次李耳，生于蜀，今之青羊宫；三曰董仲舒，亦青城山隐士，非《天人三策》之仲舒也；四曰张道陵，今大邑鹤鸣观；五曰庄君平，卜肆在成都；六曰李八百，龙门洞在新都；七曰范长生，在青城山；八曰尔朱先生，在雅州，有手书石刻五经在洞中。好事绘为图。"按：其中"李耳"应为"李阿"之误。董仲舒，注为青城山隐士（或作道士），当即"董仲君"之误。又按：蜀八仙出自谯秀《蜀纪》之说，似初见于杨慎，后又为《玉芝堂谈荟》等书所引，均未核定原书。愚意范长生与谯秀同时，而尔朱更为唐人，谯秀绝无记长生、尔朱为蜀八仙可能。且云蜀八仙出于《蜀纪》，不见于他书，疑是杨慎误记。蜀八仙之说实应始于五代孟蜀之时。宋·郭若虚《图画见闻志》卷六《八仙真》条云："孟蜀后主诞辰，有人持道士张素卿所画八仙真形以献。"后注云："八仙者，李阿、容成、董仲舒、张道陵、严君平、李八百、长寿仙、葛永璝。"虽与杨说略异，亦皆为蜀人或与蜀地相关者。又北宋·黄休复《茅亭客话》于上八人中"李阿"作"李耳"，"长寿仙"作"范长寿"。

【树公花妈】或作花公花妈。沈平山《中国神明概论》第三章：台南临水夫人庙除供临水夫人外，尚有注生娘娘、花公、花妈、大圣爷、三十六宫婆姐。俗以为树公花妈在地府主掌胎神。故拜祭注生娘娘时还要拜树公花妈，求在地府中为幼儿元神花改栽或除蜘蛛虫。据说树公名叫李赐叔，花妈叫祝三娘。

【树精】晋·葛洪《抱朴子内篇·登涉》：山中有大树，有能语者。非树能语也，其精名曰云阳。呼之则吉。

【树神】晋·干宝《搜神记》卷一八："龙舒陵亭，有一大树，高数十丈，黄鸟十数巢其上。时久旱，长老共相谓曰：'彼树常有黄气，或有神灵，可以祈雨。'因以酒脯往。亭中有寡妇李宪者，夜起室中，忽见一绣衣妇人曰：'我树神也，以汝性洁，佐汝为生。朝来父老皆欲祈雨，吾已求之于帝。'

至明日日中，果大雨，遂为立祠。"按：树之为神，或以其年久而大，自成精怪，不能砍伐，或以其枝叶有治病之效。清·俞樾《右台仙馆笔记》卷八："山东登莱青道署有朱藤二本，数百年物，所荫可数亩许。相传其树有神，当风清月白，往往见之。民间有疾病者，得其一花一叶，即可疗治。以是争来祷祀，香火不绝。"

【树头五圣】明·田艺蘅《留青日札》卷二八"五道将军"条："俗有游方五圣、树头五圣、花花五圣，皆贪淫邪乱之神，或曰即五通也。"明·钱希言《狯园》卷一二："苏杭民间，凡遇大树下，架一矮屋如斗大，绘五郎神母子弟兄夫妇于方版上，设香烛供养，以时享之不废者，此名树头五圣。"清·翟灏《通俗编》卷一九："今谓野中大树皆有神栖止，称曰树头五圣。五圣之号俗人率加也。"◆又有"圈头五圣"，《狯园》又云："卖浆家养猪牧豕，必于牢槛之侧造小橱，供养五郎神于中，夫妇参礼，祈求血财丰旺。卖猪讫，则豚蹄盂黍以祀之，乃一等穷五郎享其祀，富五郎所不屑受也。此名圈头五圣。另还有檐头五圣，即俗所谓'檐头神'者。"按：如此等小神，仅借五圣之名奉承之，实与"五通"之属不相干也。故称以"穷五郎"，亦实情也。

【树王】五代时人。《（雍正）山东通志》卷三〇：不知其名，居峄县沧浪西龙门观中。草衣木食，四时常栖树间，人呼为树王。同时有李先生者居此观，踪迹灵异，里人不知，树王行事，唯李先生数称之。后晋天福间，二人俱羽化去。

【竖亥】《山海经·海外东经》："帝命竖亥步量东极至西极，为五亿十万九千八百步。竖亥右手把算，左手指青丘北。一曰禹令竖亥。一曰五亿十万九千八百步。"郭璞注："竖亥为善行人。"帝既为天帝，竖亥当是天神之善走者。吴任臣《广注》案："《吴越春秋》作'孺亥'，曰：'禹使大章步东西，孺亥度南北。'王氏《释义》曰：'此所谓帝，或当为禹。天岂有命竖亥步地之理?'又黄帝臣亦名竖亥，《路史》'黄帝使竖亥通道路'，非此。"

【竖目怪】清·俞风翰《高辛砚斋杂著》：南京蒋心楣言，其家住房后有小屋数间，为贮薪之所。幼时偶入其庭，见有枕门限而卧于内者，发短赤倒立，闻人至，回顾，目竖生顶上，睒睒有光。急走，遂不见。后有老妪曝衣其处，薄暮收衣，有赤衣人抱其腰。大呼，怪即入薪中而灭。

【数斯】《山海经·西山经》："皋涂之山，有鸟焉，其状如鸱而人足，名曰数斯，食之已瘿。"

数斯 古今图书集成

【shua】

【耍子】明时人。《（雍正）山东通志》卷三〇、《（泰昌）登州府志》卷一一：幼从师修道于登州万寿宫，有异人来止于宫，师不礼之，而耍子私食之。异人授以点金术。后沐浴坐化。是日有人见之于城西三十里，逐一鹅行，曰："烦告吾师，吾寻异人去矣。"

【shuai】

【率然】《孙子》："故尝用兵者譬如率然。率然者，常山之蛇也，击其首则尾至，击其尾则首至，击其中则首尾俱至。"汉·东方朔《神异经》："西方山中有蛇，头尾差大，有色五彩。人物触之者，中头则尾至，中尾则头至，中腰则头尾并至，名曰率然。会稽常山多此蛇。"晋·张华《博物志》卷三："常山之蛇名率然，有两头，触其一头头至，触其中则两头俱至。孙武以喻善用兵者。"

【率子廉】宋时人。宋·苏轼《率子廉传》："本衡山农夫，愚朴不逊，人谓之'率牛'。晚隶南岳观为道士，守魏夫人坛，每日端默。侍郎王祜守长沙，奉诏祷南岳，访魏夫人坛，察其异，载与归。月余无所言，复送还山。太平兴国五年，有南台僧守澄自京师还，见子廉南熏门外，神气清逸。守澄问何故出山，笑曰：'闲游耳。'寄书与山中。守澄归，乃知其死，验其书，则死日也。发其冢，杖履而已。"又见宋·张师正《括异志》卷六"率子廉"条。《神异典》卷二五二引《衡岳志》作"帅子连"，误。《（康熙）衡岳志》卷三正作"率子廉"。

【shuang】

【双花庙神】清·袁枚《子不语》卷二三"双花庙"：雍正间，桂林蔡秀才，年少美风姿，与另一少年相好，出必同车，坐必同席。彼此熏香剃面，小袖窄襟，不知乌之雌雄也。城中恶棍王秃儿，伺于无人之处将强奸焉。二人拒之，遂被杀，横尸城角之阴。两家父母报官相验。捕役见秃儿衣上有血，擒而讯之，吐情伏法。两少年者，平时恂恂，文理通顺。邑人怜之，为立庙，每祀必供杏花一枝，号双花庙。偶有祈祷，无不立应，因之香火颇盛。

【双双】《山海经·大荒南经》："南海之外，赤水之西，流沙之东，有三青兽相并，名曰双双。"郭璞注曰："言体合为一也。"又双双亦鸟名。郝懿行《笺疏》："杨士勋疏引旧说云：'双双之鸟，一身二首，

双双　山海经图　吴任臣本

尾有雌雄，随便而偶，常不离散。'是以双双为鸟名。"袁珂《校注》："《大荒东经》所谓'三青鸟'、'三青马'、'三雕'，疑亦双双之类也。"

【双袭祖】南朝萧梁时人。《仙鉴》卷二八：字仲远。吴人。始居南岳，潜心修道，以求度世。作黄庭观，使弟子居之，而自栖于白马岩。往来于九嶷山。一日归，沐浴闭室而坐，七日不出。弟子开视之，忽然轻举，遗帔于木杪。

【shui】

【水伯】《山海经·海外东经》："朝阳之谷，神曰天吴，是为水伯。"参见"天吴"条。

【水草大王】近人蒋芷侪《都门识小录》云："六月二十三日，都城内外骡车夫皆醵钱以祭马王，是日车价昂至数倍，向客婪索，名曰'乞福钱'。其祭品用全羊一腔，不用猪，谓马王在教，不享黑牲肉也。其像则四臂三目，狰狞可怖。其神牌则书'水草马明王'字样。或告之曰：'汝辈车皆御骡，宜祭骡王。'则答曰：'骡本马种。现在骡族虽强，名居马上，几于自忘其种，然毕竟不能独立为王，故我辈仍祭马王也。'此言虽小，可以喻大矣。"清·姚东升《释神》引《同话录》云："世传水草大王为金日磾。"◆按：金日磾《汉书》有传，云：本匈奴休屠王太子。武帝元狩中，票骑将军霍去病将兵击匈奴，昆邪、休屠恐，谋降汉。休屠王后悔，昆邪王杀之，并将其众降汉。日磾以父不降见杀，与母阏氏、弟伦俱没入官，输黄门养马，时年十四矣。后拜为马监，迁侍中、驸马都尉、光禄大夫。

【水草马明王】马神，传说为汉时金日磾。详见"水草大王"条。

【水府三官神】即"长江三水府"。详见"长江三水府"条。◆水府三官有合祀者，如镇江丹徒有水府三官庙，见《(雍正)江南通志》卷三九。◆水府三官神之祀不限于长江。明·钱希言《狯园》卷一一"三官神"条：万历间，新安布商某，在上海县寄载一舟，舟夫三人为某庄之仆，见商囊裹灿然，遂起恶谋，行至黄浦中流，将商缚于大铁猫上沉之。其夜庄主纳凉于庭，忽见有一大物如车轮，从空堕下，取火视之，验是船上铁猫，猫上有一人反接，解缚问故，具述被盗三人，劫金沉水，幸遇水府三官神，遣鬼神百余辈捞起，并奇形怪状，不敢仰视，身亦不知何得至此。庄主心知盗者三人即其奴也，待奴还，遂缚三人于铁猫，沉之水。追舟中六百金，宛然在焉，归诸商。商遂捐金建三官庙于县东门外，勒碑以颂其事。

【水官】三官之一。南宋·吴自牧《梦粱录》卷六："十月十五日，水官解厄之日，宫观士庶，设斋建醮，或解厄，或荐亡。"按：晋时人死有罪应赴三官考校，有冤者亦赴三官讼诉，而或言三官，或言水官，从无单言天官地官者。或人死所赴之三官实为水官乎？泛言则曰三官，具言则曰水官，实即水官也。

【水虎】《水经注·沔水》："沔水又南与疏水合。水中有物，如三四岁小儿，鳞甲如鲮鲤，射之不可入。七八月中，好在碛上自曝。膝头似虎掌爪，常没水中，出膝头。小儿不知，欲取弄戏，便杀人。或曰：人有生得者，摘其皋厌，可小小使，名为'水虎'者也。"按陶弘景《古今

水官图　南宋·佚名（旧传吴道子）

刀剑录》称为"人膝之怪"。最后一句，《天中记》卷九引《襄沔记》云："或曰：人有生得者，摘其鼻耳，可小小使之。名曰水虎。"按：水虎在别书又有作"水唐""水卢"者。吴任臣《山海经广注》以为即《中山经》之"马腹"。

【水狐】郭璞《玄中记》："水狐者，视其形虫也，其气乃鬼也。长三四寸。其色黑。广寸许。背上有甲，厚三分许。其头有物，向前如角状。见人则气射人。去二三步即射人；中，十人六七人死。"

【水虿】梁·任昉《述异记》卷上：水虿，五百年化为蛟，蛟千年化为龙，龙五百年化为角龙，千年为应龙。

【水精】唐·释道世《法苑珠林》卷五八引《白泽图》："水之精名曰罔象，其状如小儿，赤目黑色，大耳长爪。以索缚之则可得，烹之吉。"又言："绝水有金者，精名曰侯伯，状如人，长五尺，五彩衣。以其名呼之则去。"唐·释道世《法苑珠林》卷五八引《白泽图》："左右有山石，水生其间，水出流千岁不绝，其精名曰喜，状如小儿，黑色。以其名呼之，可使取饮食。"

【水精子】孔子。《太平广记》卷一三七引晋·王嘉《拾遗记》：孔子之生日，麒麟吐玉书于阙里，其文曰"水精子降衰周为素王"。

【水脉】刘宋·刘敬叔《异苑》卷一：孙权赤乌八年，遣校尉陈勋漕句容中道，凿破窑，掘得一异物，无有首尾，形如数百斛物，长数百丈，蠢蠢而动，有顷，悉融液成水。时人莫识，或谓曰"水脉"。此后每至大旱，余渎皆竭，此水亘流焉。

【水莽鬼】清·蒲松龄《聊斋志异》卷二"水莽草"条：水莽，毒草也。蔓生似葛，花紫类扁豆，误食之立死，即为水莽鬼。俗传此鬼不得轮回，必再有毒死者始代之。以故楚中桃花江一带，此鬼尤多云。其鬼往往出而惑人以求代，又云受魅者若知鬼之姓氏，求其故裆煮服可痊。

【水母】❶民间多以江河水源之神称水母，或称水母娘娘。如山西太原晋祠难老泉，山西宁武汾水源等。民间小说戏曲中有泗州大圣降伏水母故事，其水母则为水神。❷宋·曾慥《类说》卷三引《王氏神仙传》："王玄芝夜见一道士，随之行，入西江水底，月光中不见泥沙，水随步自开，路旁一物，如龙又如蛇，长十丈许。道士曰：'此水母也。见者长生。'"而南宋·陈葆光《三洞群仙录》卷六引《晋逸史》则云："赵元芝一日出行，遇一道士，引入水中，见一物如蛇，有五色之光。道士曰：'此

谓之水母，见者神仙。'"❸明·徐应秋《玉芝堂谈荟》卷二四"水脉水母"条引陶弘景《冥通记》："仙人周子良见天西北有物，长数十丈，青赤色，首尾等大，状似虹霓。张理禁（张玄宾，主水雨之官）言：'名玄霞之兽，或呼水母，九六之灾显矣。'"

水母　山西宁武汾水源头

【水木之精】❶见"藻兼"条。❷清·袁枚《子不语》卷九"木籍头"条：关东有猎户，于大野中见一人，长三尺许，白须幅巾，揖于马前，猎户问是何人，摇手不语，但以口吹其马，马惊不行；张口吹人，则觉颈痒难耐，搔之，随手而长，软如蛇颈。或曰："此三尺许人乃水木之精，游光、毕方类也。能呼其名，则不为害。"

【水平王】明·王鏊《（正德）姑苏志》卷二七："太湖水神也。庙在洞庭山（在太湖中）消夏湾，建于宋时。其地本水中一洲，常与水平，虽巨浸不没，故名。众安山湖中多有此庙。旧传神为汉雍州刺史郁君。"又注云："郁使君庙在冲山毗陵，古云水平王。旧传后稷庶子佐禹平水至会稽，海人浚导，因祀之。"◆按：《（正德）江南通志》卷三九载阳湖（今江苏常州）水平王庙，亦云其神为后稷庶子，佐禹治水有功。

【水丘子】北宋时人。《仙鉴》卷五〇："真州（今江苏仪征）人。始业儒，已而遇至人，乃弃家放荡嗜酒，人未之知也。宋徽宗宣和中，登天庆精舍树上仙去。"又明·王世贞《读书后》卷八："水丘子，语不多而煞有至理，当是得道者。"

【水唐】即"水虎"，见该条。

【水太保】南宋·邵博《邵氏闻见后录》卷三〇：宣和中，李夷旷为发运司属，抵江上亭，亭吏曰："先有曰水太保者在焉。"夷旷遣吏谢之。屏内云："太保当避去。"已而老少妇人数辈传呼"太保来"。太保者，一十余岁卯角童子耳。各乘马去，人马皆

异状。夷旷遣人蹑之，归云："约十数里外，望大潭，人马皆投其中。"

【水太尉】南宋·王明清《投辖录》："宋徽宗大观间，湖北提学李夷旷以事至沔鄂之间，舟行至一驿，欲宿，而上挂一牌曰'水太尉占'。此外别无住处，夷旷遂投刺谒见。内出一鬌角少年，衣青衣，若世所塑勾芒神，一手持球杖，一手牵一物，似犬而高，似牛而无角。转忽之间，即率丽人数十辈疾趋而出，陈设俱不见。"南宋·洪迈《夷坚支志·景集》卷六亦载此事，而其驿乃在河北。最后一节为："一鬌髫儿裸跣，唯著犊鼻裈，身如金色，年可十五六，携两空桶先出，继一妇人椎髻皂裙，牵白马如雪，最后一老翁裹圈脚幞头，衣内衫，挑马杓并爬刷之属，若圉者然，径趋去，至驿门外，入大池水心而没。"◆按南宋·邵博《邵氏闻见后录》亦载此，而作"水太保"，参看该条。

【水西大王】《太平广记》卷一二六"陈岘"条：闽王审知初入晋安，府事多事，经费不给。孔目吏陈岘献计，请以富人补和市官，恣所征取，薄酬其直，富人苦之。数年，有二吏执文书诣岘里中，问陈支计家所在。人问其故，对曰："渠献计置和市官，坐此破家者众，凡破家者祖考，皆诉于水西大王，王使来追尔。"岘方有势，人惧不敢言。翌日，岘自府驰归，急召家人，设斋置祭，意色悔惶。是日，里中复见二吏入岘家，遂暴卒。初审知之起事，其兄潮首倡，及审知据闽中，为潮立庙于水西，故俗谓之水西大王云。

【水仙】❶清·宫梦仁《读书纪数略》卷四三："仙有五等，为鬼仙、人仙、地仙、神仙、天仙。《天隐子》五仙中有水仙而无鬼仙。"是以水仙为较低等之仙人也，故多为溺水而死者。东汉·袁康《越绝书》称伍子胥为"水仙"。晋·王嘉《拾遗记》卷一〇："屈原投水死，楚人思慕，谓之水仙。"《释文》引《清泠传》："冯夷，溺水死，得水仙。"清·屈大均《广东新语》卷六："广州多有金华夫人祠。夫人字金华，溺死湖中，数日不坏，人以为水仙。"❷未经修炼而在水为仙者，亦称水仙。如柳毅，如韦昉均是。❸水中仙人。唐·裴铏《传奇》"元柳二公"条，南溟夫人使者曰："吾辈水仙也。水仙，阴也，而无男子。"清·张正茂《龟台琬琰》："杨父女有绝色，嫁谢生，七年而逝。后谢生见之江中，曰：'吾水仙也，暂谪人间耳。'"❹《文选》郭璞《游仙诗》注引《遁甲开山图荣氏解》云："五龙，皇后君也，昆弟四人，皆人面而龙身，

长曰角龙，征龙，火仙也，次曰商龙，金仙也，次曰羽龙，水仙也，父曰宫龙，土仙也。"此则依五行之水也。

【水仙太保】南宋·陈郁《藏一话腴》卷下：姑苏愚民无贫富，薄于奉亲而厚于祀邪者相半。洞庭山（在太湖中）有村民之黠者，以诈鼓愚，号为"水仙太保"，掠人之财贿，诱人之妻妾，不可胜数，为害数十年。王实斋使君追而鞫之，殊无异状。乃毁坛绝祀于其家，黥面鞭背而不发语，于是投之江，又为辨惑之文发警众，意苏民必悟。而方且交哭于巷，望祭于江，三四年，迎迓僭侈，祭设丰腴，有加于昔。

【水仙王】❶南宋·潜说友《咸淳临安志》卷七一："杭州西湖第三桥北有水仙王庙。记文云：广润龙君祠即水仙王庙。"钱塘"水仙王"事始见苏轼诗《饮湖上初晴后雨二首》："朝曦迎客艳重冈，晚雨留人入醉乡。此意自佳君不会，一杯当属水仙王。"原注："湖上有水仙王庙。"明·陈继儒《眉公笔记》卷一："钱塘有水仙王庙，林和靖祠堂近之。东坡先生以为和靖清节映世，遂移神像配食水仙王。"❷即"水仙尊王"，见该条。

【水仙子】清·张正茂《龟台琬琰》：仙子为南溟夫人侍者，手恒弄一圆石子，如鸟卵，色类玉。后以赠青霞君为经镇。一日忽大风雨，石裂，有一虫走出，就砚池饮少水，乘风雨掣去，盖一龙也。

【水仙尊王】仇德哉《台湾之寺庙与神明（二）》：台湾地区有水仙尊王，或称水仙王，为航海者之守护神。一般水仙尊王庙列神像五座，一为大禹，一为伍员、一为屈原，余二座则以项羽、鲁班、李白、伯益、冥、王勃等轮递当之。

【水魅】清·钱泳《履园丛话》卷一五"嫖鬼"条：福建南台闽安口多妓船。妓名珠娘，又名踝蹄婆，以其赤脚不裹足也。每与嫖客宴饮，正嬉笑间，忽有一妓欠伸者，便神色如迷，不省人事，即入卧榻，自解褻衣，若有人来淫之者，客知之，必远避。移时而醒，问其故，曰："此水魅弄人也。"或曰："是善嫖之鬼也。"

【水银精】唐·张读《宣室志》"吕生"条：唐大历中，有吕生者，侨居京师永崇里。一夕有一妪，容服洁白，长二尺许，出于室之北隅，缓步而来，其状极异。生叱之，即没。次夕，妪又自北隅徐步而来，至榻前，生以剑挥之，其妪忽上榻，以臂揣生胸。久之，又有一妪忽上榻，复以臂揣生。生遽觉一身凛然，若霜被于体。生又以剑乱挥。俄有数

姬，亦随而舞焉。生挥剑不已。又为十余姬，各长寸许。虽愈多而貌如一焉，皆不可辨。中者一姬谓生曰：“吾将合为一矣，君且观之。”言已，遂相望而来，俱至榻前，翕然而合，又为一姬，遂退于北隅而没。明日，有谓吕生者，宜于北隅发之，可见矣。生喜而归，命家僮于其所没掘之，果不至丈，得一瓶，可受斛许，贮水银甚多。生方怪其姬乃水银精也。

【水月大师】南宋·洪迈《夷坚丙志》卷一四：绍兴二十一年，襄阳（今湖北襄阳）夏大雨，汉江且溢，知县阎君至江上，探怀中符投之，设祭而归。明日水平如故。自云其符：“以方三寸纸，朱书一圈，而外绕九重，末如一字书‘水月大师’四字于其上，凡水旱、疾疫、驵兵、鬼神、山林、木石之怪，无所不治。遇凶宅妖穴，书而揭之，皆有奇效。”

【睡神】见“宜楸”条。

【睡仙】夏侯隐者，每登山渡水，闭目美睡，同行闻其鼾声而不蹉跌，人谓之“睡仙”。详见该条。又·清·陈弘绪《江城名迹》卷二“睡仙楼”条：亦名睡仙观，在府治（江西南昌）西南大鱼巷。宋时为酒库。绍兴间，有一人幅巾野服，横壁睡卧于此，众观之，其人徐起，以袖障面趋出，遂失所之。后人因建楼肖像以祀。

【shun】

【顺济圣妃】南宋·吴自牧《梦粱录》卷一四、南宋·潜说友《咸淳临安志》卷七三：顺济圣妃庙，在艮山门外。宣和五年赐顺济庙额，绍兴二十六年封灵惠夫人，绍熙三年改封灵惠妃，庆元四年加助顺。◆按：即“天妃”。见该条。

【顺济王】❶道藏本《搜神记》卷五“顺济王”条：“庙在新建县（今江西南昌）之吴城山，世号小龙。相传即吴猛、许逊二真人所诛大蛇之子。宋封顺济王。”《苏轼文集》卷一二《顺济王庙新获石砮记》云：“吴城山顺济龙王祠，神之威灵，南放于洞庭，北被于淮泗。”❷江渎，元时封“广源顺济王”。❸江神涛神称“顺济”者甚多，如南宋·吴自牧《梦粱录》卷一四“山川神”条，有顺济庙、祀钱塘顺济龙王之昭应庙、顺济龙王庙。

【顺星】即本命星君。按胡朴安《中华全国风俗志》下编“京兆”：正月初八日，北京有“请顺星”之举。顺星有在庙、在家两种。在庙者须往白云观

中之后土殿，对其本年星宿礼拜焚香；在家者祭于晚间。祭法用灯花纸做成纸捻子，名曰灯花，以油浸透燃之。其数目须较本年岁数多一个。

【顺懿夫人】《（光绪）处州府志》卷八：“顺懿夫人庙，在丽水（今浙江丽水）县治西太平坊，祀闽中女子陈靖姑。”见“临水夫人”条。又道藏本《搜神记》卷六引《枫泾杂录》云：“唐大历间，闽古田县有陈氏女，生而颖异，能先事言，辄验。以纸剪鸟蝶，以水喷之辄能飞。未字而殁，附童子言事，乡人以水旱祸福叩之，言无不验。遂立庙祀焉。宋封顺懿夫人，代多灵迹。今八闽多祀之者。”◆按：此仍为“陈靖姑”传说之一种。

【si】

【司寒】即玄冥。《春秋左氏传》昭公四年：“古者，日在北陆而藏冰。”“其藏之也，黑牲、秬黍，以享司寒。”注：“司寒，玄冥，北方之神。故物皆用黑。有事于冰，故祭其神。”

【司金】天神。《隋巢子》：昔三苗大乱，天命夏禹于玄宫，有大神人面鸟身，降而福之，司禄益食而民不饥，司金益富而固家实，司命益年而民不夭。四方归之，禹乃克三苗而神民不违。

【司马承祯】唐道士。又号正一先生。唐·刘肃《大唐新语》卷一〇：“司马承祯，字子微，博学能文，隐于天台山玉霄峰，自号白云子，有服饵之术。武则天屡征不起，至睿宗时方赴召。无何归山。玄宗有天下，累征承祯至京，留于内殿，问以延年度世之事。玄宗自泰山封禅归，问承祯：‘五岳何神主之？’对曰：‘岳者山之巨，能出云雨，潜储神仙，国之望者为之，然山林之神也，亦有仙官主之。’于是诏五岳于山顶立仙官庙，自承祯始也。蜀中女道士谢自然

司马承祯　晚笑堂画传

司马真一先生讳承祯字子微河内人好学工篆隶居天白紫霄峰则天睿宗明皇累召问道术后居王屋山卒赠真一先生

泛海求仙，船为风飘，到一山，遇道人曰：'在天台山司马承祯，名列仙籍，真良师也。'自然遂拜承祯为师。承祯一百余岁，貌若三十许人。一旦忽告弟子曰：'吾自居玉霄峰，东望蓬莱，常有真仙降驾。今为东海青童君、东华君所召，须去人间。'俄顷气绝，若蝉蜕解化矣。"《良常仙系记》云："一名子微，字道隐，为晋彭城王司马权之后。生而能言，爪痕著几上成文，曰'东华上清真人'。"《仙鉴》卷二五："与陈子昂、卢藏用、宋之问、王适、毕构、李白、孟浩然、王维、贺知章为仙宗十友。"明·洪应明《仙佛奇踪》卷一："开元中，文靖天师与承祯赴千秋节，宿于长生殿中。至夜，天师见承祯额中有一小口如钱，出光照耀一室，而承祯脑中有诵经之声。"◆宛委山堂本《说郛》卷二〇引宋·叶梦得《玉涧杂书》："承祯貌类陶渊明，明皇以为渊明后身。"◆承祯入《旧唐书·隐逸传》，云为道士，事潘师正，传其符箓及辟谷导引服饵之术。卒于王屋山，年八十九。无成仙事。

【司马季主】西汉时卜士。《史记·龟策列传》："司马季主，楚人，卜于长安东市，中大夫宋忠、博士贾谊曾与同论《易》。"梁·陶弘景《真诰》卷一四、《云笈七签》卷八五："贾谊死

司马季主 列仙图赞

后，司马季主入委羽山大有宫中，师太玄仙女西灵子都，受石精金光藏景化形之道。后尸解而去。家人葬其形蜕于蜀升盘山之南。其弟子有鲍叔阳、刘玮惠、段季正等，均得道。其子司马法育、女司马济华亦得道，居委羽山中。"又王探、王养伯、董子阳亦师事司马季主，见各条。◆唐·段成式《酉阳杂俎·前集》卷二："范零子随司马季主入常山石室。石室东北角有石匮，季主戒勿开。零子思归，开石匮，见其家父母老幼，乃生悲念。季主遂逐之，竟未成道。"《真诰》卷四言其得道尸解之事："季主服云散（《酉阳杂俎》作霜散）以潜升，犹头足异处。"

【司马郊】唐时人。北宋·吴淑《江淮异人录》卷上："司马郊，一名凝正，一名守中。游于江表，

日行千百里。至洪州（今江西南昌）市中探鲊而食，市中小儿笑之，郊怒以物击小儿，中额流血。巡人执送于虞候。虞候怒杖之至十，郊谓人曰：'彼杖我十五，可得十五日活，杖我十，十日死矣。'既而果然。又能诈死，以至青肿臭腐，俄而复活。后入庐山简寂观，醉卧数日而卒。临终命置一杖于棺中。及葬棺空，发之，唯一杖在焉。"五代·杜光庭《录异记》卷一："司马凝正，工书好道，游于江湖间。咸通初，与道士于洞真观写经，复游历诸山，貌如五十许人。天复中来往西山（今江西南昌）、玉笥（今江西峡江东南）间，袁、吉诸郡人皆识之。性塌茸，每于市肆里巷与人斗殴。天祐间，于洪州僧院中连醉数日，为僧人所殴。及醒，怒曰：'我为僧人所辱，何以生为？'即仆地而死。州县检视，将敛，蹶然而起，出棺，神色自若。"

【司命】本为星名。《史记·天官书》："斗魁戴匡六星，曰文昌宫，一曰上将，二曰次将，三曰贵相，四曰司命，五曰司中，六曰司禄。"《索隐》："司命主老幼。"而《楚辞·九歌》有"少司命"神。是时司命已逐渐转化为主掌人间生死寿夭的神明。《史记·封禅书》："神君最贵者曰太一，其佐曰太禁、司命之属。"而《诗纬》则有"司命执刑行罚"之说，《礼记》郑注有"司命主督察三命"之文，则其职能于汉世已然确定。汉魏间，民间复将司命一神与主管人间生死的太山府君联系起来，从而为冥界之神，称"太山司命"。又东汉·应劭《风俗通义·祀典》云："民间祀司命，刻木长尺二寸为人像，行者置于担，居者别作小屋。"司命一神已然脱离文昌宫，从星宿神转化为人神。而道书中则以人鬼实之，如《云笈七签》卷二五云：左司命姓韩名思，字符信，右司命姓张名获邑，字子良，"皆汉高帝之臣也"，即以张良、韩信为左右司命。是"司命"一词为职能性称呼，不必为某神所专有。至于后世，大则有专司宋朝天子一家命运的"九天司命保生天尊"，小则有统管黎民百姓的"司命灶君"。又天神名。《隋巢子》：昔三苗大乱，天命夏禹于玄宫，有大神人面鸟身，降而福之，司禄益食而民不饥，司金益富而国家实，司命益年而民不夭。四方归之，禹乃克三苗而神民不违。◆明·谢肇淛《五杂组》卷一："俗言南斗注生，北斗注死，故以北斗为司命。"《云笈七签》所云张良、韩信为左右司命之说，其实亦为南斗注生、北斗注死之演变，以张良左司命主生，韩信右司命主死。是

司命者不唯北斗，亦有南斗也。而后世冥府之"善恶二部"亦为同一路数。

【司命君】❶东岳大帝辅神。相当于古时的太山司命。清·朱彝尊《日下旧闻考》卷八八："元大都南城长春宫都提点冯道颐始作东岳庙，又造炳灵公、司命君像。"清·王士禛《香祖笔记》卷一："朝阳门外东岳庙，庙中仁圣帝、炳灵公、司命君、四丞相像皆元昭文馆大学士正奉大夫秘书监卿刘元所塑。元最善抟换之法，天下无与比。"❷《太平广记》卷二七引五代·杜光庭《仙传拾遗》有"司命君"故事，与常说之司命绝不相类，惟借其名。另刘向《列仙传》"木羽"一则中言有"司命君"，参见"木羽"条。

【司命真君】❶俗称"圣祖"，全称为"圣祖上灵高道九天司命保生天尊"。南宋·洪迈《夷坚乙志》卷五"司命真君"条："绍兴间，朝散郎余嗣，梦中为司命真君所召。嗣即起，回视己身，卧榻如故，自知已死。途中高木阴森，行五六里不见人，入一城，所过金碧

司命灶君　三教源流搜神大全

辉映，铺地皆琉璃，至一处，宇舍雄丽，上榜'司命真官之殿'。视真官冠服与今朝服等。真官劝其辞荣纳禄，云可延寿一纪。语毕令送归。经一殿，人声嘈嘈，有呻吟号泣者，使者云：'司过真君殿也，方坐殿讯因。'又云：'人世重罪以不孝为大，欺诈次之，杀生又次之。'及外门，见一花冠者出，饮汤下阶而去。使者曰：'此是三十三天上人，以微过谪监门，满一年，即复归矣。'问所饮何汤，答曰：'入时是醍醐，出时为甘露。'"按：此司命真官或为司命真君下属，而观此城池官署，与冥府颇似，或亦泰山府君之变形。❷茅盈仙位为太玄真人东岳上卿司命真君。见《云笈七签》卷一〇四。❸又有"灊山司命真君"，五代·徐铉《稽神录》卷六："天祐初，舒州（今安徽潜山）有仓官李玫，

自言少时有病，遂见鬼，为人言祸福多中。淮南大将张颢，专废立之权，威振中外。玫时宿于灊山司命真君庙。翌日，与道士崔繟然数人，将入城，见张颢桎梏甚严，吏卒数十人卫之，向庙而去，意必为真君考召。不旬日而闻颢诛。"❹即灶君。灶神或称"灶君司命"。按真君本道教大神之称，灶君无缘获此，疑是司命灶君之"灶君"讹为"真君"。

【司禄】天神。《隋巢子》：昔三苗大乱，天命夏禹于玄宫，有大神人面鸟身，降而福之，司禄益食而民不饥，司金益富而固家实，司命益年而民不夭。四方归之，禹乃克三苗而神民不违。

【司书鬼】宛委山堂本《说郛》卷二六下《秘阁闲话》：司书鬼曰长恩。除夕呼其名而祭之，鼠不敢啮，蠹鱼不生。

【司天王】武后垂拱四年封中岳为中天王，玄宗封西岳为金天王，东岳为天齐王，南岳为司天王，北岳为安天王。五代·孙光宪《北梦琐言·逸文》卷三：五代时湖南境内大旱，祈祷不应，马希声封闭南岳司天王及境内神祠，竟亦不雨。大将周达自南岳回，见江上云雾中拥执希声而去，秘不敢言。及归，见有物如黑幕突入堂中，希声实时而卒。

【司徒】江南民间丛祠之神多以"司徒"称，如苏州之朱司徒，常熟之柴司徒、陈司徒、陶李司徒、太乙司徒、金李二司徒，南宋·洪迈《夷坚志》所载常熟梅李镇之"伏虎茅司徒"，以及著名之"扬州五司徒"等。

【司幽国】《山海经·大荒东经》："有司幽之国。帝俊生晏龙，晏龙生司幽，司幽生思士，不妻，思女，不夫。食黍食兽，是使四鸟。"郭璞注曰："言其人直，思感而气通，无配合而生子。此庄生所谓'白鹄相视，眸子不运而感风化'之类也。"《列子·天瑞》云："思士不妻而感，思女不夫而孕。"即此。

【司阴】疑指月中嫦娥。《太平广记》卷五七"太真夫人"条引《神仙传》：安期生谓太真王夫人曰："下官先日往九河，见司阴与西汉夫人共游，见问以阳九百六之期，圣主受命之劫。今既赐坐，愿请此数。"

【四大门】或称"四大家"。李慰祖《四大门》："大门为北京近郊一重要信仰。胡门为狐狸，黄门为黄鼠狼，白门为刺猬，常门为长虫（蛇）。四门又分为'坛仙'与'家仙'两类。家仙只保佑家宅平安、五谷丰收，足衣足食，一般称胡爷、黄爷、胡仙、常仙；坛仙则能治病、除祟、指示，有老爷

子、姑姑、大仙爷、二仙爷等专称。而平时统统尊称为'财神爷'。其实也是民间信仰的财神之一种。但四门能令人发家，也能令人败家，与南方养蛊有相似之处。四门中以狐仙身份最高，通过炼丹可成正果。"据周作人说，四大门的起因乃是萨满教的支流，其源头可追溯到西伯利亚，而漫延到朝鲜半岛、蒙古，又为满族所继承，入关后遂在中国北方站住脚。或说五大家即五显财神（即五通），那可能只是在小庙上贴个招牌自壮门面，其实是两个信仰系统。

【四大判官】冥府判官初非一人，所任者亦不固定。据黄正建《关于唐宋时期崔府君信仰的若干问题》所举，唐·唐临《冥报记》"柳智感"条记判官为六人，此后戴孚《广异记》所记入冥为判官者尚有李、韦、刘、黄等姓，牛僧孺《玄怪录》有崔、刘、王、李诸姓，五代时的《玉堂闲话》《稽神录》所记多唐人故事，其中判官又有刘、崔、周、贝、殷诸人。冥府判官整齐为四人，乃自唐末五代出现地藏十王图开始。但四判名目并未固定，或作"吴判官""赵判官""崔判官""□城王判官"，或作宋、王、崔、赵四判官，或作二"天曹判官"、二"地府判官"，而并无"四大判官"之称。而图中判官仅为四位者，其实仅是受图画幅面所限，故于一地藏十阎罗间安插四人以为象征。四大判官之称似起于清代之后，一般据城隍庙设置，称为赏善司、罚恶司、查察司、阴律司四大判官，由于崔判官名气太大，也有用他置换了四判官中之某一位者。

【四大菩萨】汉化佛教以文殊、普贤、观音、地藏为四大菩萨。至造《小乘经》以为妙庄王有三女，长为文殊，次为普贤，三为观音，另有一子即地藏。又有以观音、大势至、文殊、普贤为四大菩萨者，《悲华经》云转轮圣王生有千子，第一太子名不眴，即观音，第二王子名尼摩，即大势至菩萨，第三王子名王象，即文殊菩萨，第八王子名泯图，即普贤菩萨。

【四大声闻】佛陀之四大弟子。有数说：❶指法华会座中，受佛授记之四声闻，即迦叶、须菩提、目犍连、迦旃延等四大弟子。❷指大迦叶、君屠钵汉、宾头卢、罗云等四罗汉。此四人不入涅盘，止住于世以护持教法。❸指大目犍连、大迦叶、阿那律、宾头卢。❹指舍利弗、目连、迦叶、须菩提，此四人乃《维摩经》所列十大弟子中，定、慧、行、解之最胜者，称为四大声闻。

【四大天师】道教以张道陵、葛玄、许逊、丘处机为四大天师者，见《西游记》第五十一回。而白云观藏画无丘处机有萨守坚。按：张、葛、许、萨，道教以为"上帝四相"，应以白云观藏画为是。

四大天师　北京白云观

【四大天王】❶佛教四大天王，又称四大金刚。清·黄斐默《集说诠真》："清·宫梦仁《读书纪数略》载：'须弥四宝山，高三百三十六万里。四宝所成，东面黄金，西面白银，南西琉璃，北面玛瑙。天王各居一山。'《长阿含经》：'东方天王，名多罗咤，领乾闼婆及毗舍阇神将，护弗婆提人。南方天王，名毗琉璃，领鸠盘茶及薜荔神，护阎浮提人。西方天王，名毗留博叉，领一切诸龙及富单那，护瞿耶尼人。北方天

四大天王　宝宁寺水陆画

王，名毗沙门，领夜叉罗刹将，护郁单越人。按此即四金刚也。'谓之金刚，因所执杵以号之也。"❷道教四大天王。五代·杜光庭《道教灵验记》："成都乾元观三门之下，旧有东华、南极、西灵、北真

四天神王，依华清宫朝元阁样塑于外门之下，并金甲天衣。"另，道教又仿佛教四大天王而设马、赵、温、关四大元帅，见《西游记》第五十一回及白云观藏画。❸汉化的佛教四大天王。《封神演义》第九十九回："四大天王：辅弼西方教典，立地水火风之相，掌风调雨顺之权。增长天王魔礼青，职风；广目天王魔礼红，职调；多文天王魔礼海，职雨；持国天王魔礼寿，职顺。按：寺院多塑其像：东方持国天王，身白色，持琵琶；南方增长天王，身青色，持宝剑；西方广目天王，身红色，手绕缠一龙（或说蛇、蜃）；北方多闻天王，身绿色，右手持伞，左手持银鼠。"◆清·梁章钜《浪迹续谈》卷七：王业《在阁知新录》："凡寺门金刚，各执一物，俗谓'风调雨顺'。执剑者风也，执琵琶者调也，执伞者雨也，执蛇者顺也。独'顺'字思之不得其解。杨升庵《艺林伐山》云：'所执非蛇，乃蜃也，蜃形似蛇而大，字音如顺。'然则《封神传》之四大金刚，非无本矣。"

【四大真人】《高上玉皇本行集经》：慈悲度厄真人、寻声救苦真人、济生度死真人、万福护身真人。位在诸玉帝、五老、诸上帝下。近于佛教之文殊、普贤、观音、地藏四大菩萨。

【四渎】"四渎"之名始见于《礼记·王制》："天子祭天下名山大川，五岳视三公，四渎视诸侯。"而《史记·封禅书》云："昔三代之居皆在河洛之间，四渎咸在山东。"是古时天子即有四渎之祭，亦无后世之定名。天子以江、河、淮、济为四渎而行祭祀之典，始于汉宣帝神爵元年（见《汉书·郊祀志》）。祭四渎之地，汉宣帝时定为：河于临晋（今陕西大荔东），江于江都（今江苏扬州），淮于平氏（今河南唐河东南），济于临邑（今山东东阿）。是四处皆设有祠庙。至唐玄宗天宝六载，始加四渎封号，河为灵源公，江封广源公，济封清源公，淮为长源公。至十载又封四

四渎 河北石家庄毗卢寺

海为王爵，是四渎位低于四海也。至宋仁宗康定元年，始升四渎为王爵。（金章宗明昌六年，加五镇四渎王爵。见《金史·章宗纪二》）◆四渎实以古人，似始于明代之《月令广义》，其中江渎为楚大夫屈原，河渎为汉丞相陈平，济渎为吴伍子胥，淮渎为唐裴说（应是裴谌之误）。然南宋·洪迈《夷坚支志·景集》卷六"富陵朱真人"条云，诸神朝见真官，江渎神班在诸神下，或问："江渎尊神，蜀人素所严事，何故班在下？"真官云："鬼趣安得处神仙上？"是宋时即有以四渎为人鬼成神者矣。◆明·江应晓《对问编》卷二"四渎"："渎，独也。江、汉、淮、济，受水而不为水所受，径自入海，故名。水惟河最大，故不列四渎中，此神禹立言意也。汉魏而后言四渎者，去汉而进河，盖始于《穆天子传》，以汉合于江也。"

【四海】即四海之神，其名目有如下数种。❶《北堂书钞》卷一四四、《艺文类聚》卷二、《初学记》卷二引《太公金匮》，云："武王伐纣，都洛邑未成，天大雪十余日，深丈余。有五神人来访。问其次序，曰：先进南海君，次东海君，次西海君，次北海君，次河伯、雨师、风伯。"又曰："南海之神曰祝融，东海之神曰勾芒，西海之神曰蓐收，北海之神曰玄冥；河伯名冯夷，雨师名咏，风伯名姨。"按：此四海实为方位神。❷《纬书集成·河图》："东海君姓冯名修青，夫人姓朱名隐娥。南海君姓视名赤，夫人姓翳名逸寥。西海君姓勾大，名丘白，夫人姓灵名素简。北海君姓禹名帐里，夫人姓结名连翘。"❸《唐会要》卷二三："东海广德王，南海广利王，西海广运王，北海广泽王。"❹《云笈七签》卷一四《黄庭遁甲缘身经》："东海神名阿明，西海神名祝良，南海神名巨乘，北海神名禹强。"（明·董斯张《广博物志》卷一四引《养生杂书》云："东海神名阿明，南海祝融，西海臣乘，北海禹强。"与此稍异）❺《广博物志》卷一四："东海姓阘名内灵，西海姓导名洞清，北海姓喻名渊，东海姓何名归君，南海姓刘名漱君，北海姓吴名禽强君。"

【四海龙王】四海以龙王为主神，是佛教中的龙王与中国本土文化结合的产物，而主要见于民间。其名目在通俗小说中也略有差异。《封神演义》中四海龙王为敖光、敖顺、敖明、敖吉。至《西游记》则为东海龙王敖广、南海龙王敖钦、北海龙王敖顺、西海龙王敖闰。此说为民间所认可，《三宝太监西洋记》等小说都沿用，而《历代神仙通鉴》卷

一五更加以封号：东海沧宁德王敖广，南海赤安洪圣济王敖润，西海素清润王敖钦，北海浣旬泽王敖顺。◆民间的四海龙王至清朝为官方所认可，清·阮葵生《茶余客话》卷四："雍正二年，敕封四海龙神：东海显仁龙王之神、南海昭明龙王之神、西海正恒龙王之神、北海崇礼龙王之神。"

四海龙王 北京白云观

【四皓】商山四皓，秦汉间隐士，而后世有言其为仙者。《天地宫府图》："七十二福地第五十八商谷（在陕西商州），是四皓仙人隐处。"《史记·留侯世家》："高帝欲废太子，立戚夫人子赵王如意。吕后

商山四皓 五代·王齐翰

恐，不知所为。求于张良，良曰：'此难以口舌争也。顾上有不能致者，天下有四人。四人者年老矣，皆以为上慢侮人，故逃匿山中，义不为汉臣。然上高此四人。今公诚能无爱金玉璧帛，令太子为书，卑辞安车，因使辩士固请，宜来。来，以为客，时时从入朝，令上见之，则必异而问之。问之，上知此四人贤，则一助也。'""索隐"云："四人，四皓也，谓东园公、绮里季、夏黄公、角里先生。按：《陈留志》云：'园公姓庾，字宣明，居园中，因以为号。夏黄公姓崔名广，字少通，齐人，隐居夏里修道，故号曰夏黄公。角里先生，河内轵

（今河南轵城）人，太伯之后，姓周名术，字符道，京师号曰霸上先生，一曰角里先生。'"四皓之名，初见于扬雄《法言·渊骞》，曰："园公、绮里季、夏黄公、角里先生。"或断做"园公绮里、季夏、黄公、角里先生"。而据《齐东野语》卷五所云汉刻四皓神坐，则为前者。然亦有作绮季、东园公、夏黄公、角里先生者（《世说新语》）。◆北宋·董逌《广川书跋》"四皓神坐"条辨东园公应作东圈公："按《风俗通》楚鬻熊之后为圈西，郑穆公之子圈，其后为姓。至秦为博士，逃难而改为圈。考之《陈留志》，圈公自是秦博士周唐，以常居圈中，故谓圈公。"◆《五总志》："今商山四皓碑隶字以园公为圈公，当以碑为正。"南宋·范成大《吴郡志》卷二〇："角里先生，吴人，《史记正义》引周树《洞历》云姓周名术，字符道，太伯之后。一号霸上先生。"◆辨四皓之名者尚有元·白珽《湛渊静语》卷二、明·田艺蘅《留青日札》卷一七"四皓"条。

【四老太】清·东轩主人《述异记》卷下：赵州（此云南大理府之赵州）出西门行十八里，有池一泓，上塑龙神，乃女像，土人称之为四老太。每旱极，则州牧预发牒于城隍，至期，陈牲设醴，祷于神祠，以一瓢浮于水面，俄顷得一鱼，状如蜥蜴，鱼鳞鱼尾，四足五爪。州牧率吏民鼓吹迎归，供城隍几案前。俄而横风怒雷，挟雨而至。即备牲醴谢龙母，仍以瓢浮于水面，逡巡而没。

【四篱之鬼】宅鬼之一种，掌护家中四面围墙藩篱。西晋·王纂《太上洞渊神咒经》卷三："四篱之鬼名士伯供。"

【四灵】《礼记·礼运》："麟、凤、龟、龙，谓之四灵。"《三辅黄图》则以苍龙、白虎、朱雀、玄武为四灵。道教又称为"四灵帝君"，《太清玉册》录其名讳为：青龙帝君孟章，白虎帝君监兵，朱雀帝君灵光，玄武帝君执明。◆道家丹鼎派又谓之"四象"，见《云笈七签》卷七二。◆明·彭大翼《山堂肆考》卷一四九"四灵"："四灵，四方之神也。《韵府》：'朝四灵于九滨。'又八方之神曰八灵。"

【四明公】梁·陶弘景《真诰》卷一五：酆都北太帝君下有鬼官北斗君及四明公，夏启为东明公，文王为西明公，召公为南明公，季札为北明公，领四方鬼。◆按：据此则似东明公主东方鬼，西明公主东方鬼者。然同书又云四明公分掌酆都六天宫中之四天宫，而人死之后，先诣第一宫，而卒死暴亡者则尚须至第二宫，贤人圣人则须至第三宫云云，则四明公又

非仅分掌四方者。◆明·田艺蘅《留青日札》卷一七"四明公"条以为："东有启明星，故夏启为东明公，文王为西伯，故为西明公，邵公，召南也，故为南明公；唯不知延陵季子何以属北，可笑之甚。"

【四目老人】见"张远霄"条。

【四神】明·田艺蘅《留青日札》卷二九"四神四灵四祥"条：天有苍龙、白虎、朱雀、玄武，四星之精，降而在地，则为龙、虎、鸟、龟四兽之象，兵家谓之四神。

【四圣】❶北宋初，太宗用道士张守真言，以黑杀神为翊圣，与天蓬、玄武合为三大将。至南宋初又补以天猷，合称"四圣"。其职为护卫北极紫微大帝。其中天蓬称大元帅，天猷为副元帅，翊圣为黑杀将军，佑圣为玄武将军。明·姚宗仪《常熟私志》："四圣庙祀北极天蓬苍天上帝，北极天猷丹天上帝，北极翊圣皓天上帝，北极佑圣玄天上帝。"◆南宋·王明清《挥麈后录》："高宗为康王时使金，欲行，二后及宫人送至厅前。有小婢招儿者，见四金甲神，状貌雄伟，各执弓剑，拥卫上体。婢指示，后即悟曰：'我事四圣香火甚谨，必其阴助。'"南宋·吴自牧《梦粱录》卷八："高宗为康王时，出使金国，将行，见四金甲神人执弓箭护卫，故于绍兴间建四圣延祥观，内庭迎四圣像，奉安此观。"但四圣中以佑圣最为尊崇。宋帝于宗阳宫、万寿观及诸御前宫观，将佑圣与感生帝、元命并祀。❷台湾凤山县有四圣庙，供妈祖、关帝、水德星君、马明尊王。

四圣　宝宁寺水陆画

【四时主】主四季之神，为先秦齐国所礼八神之一，见"八神"条。

【四司】清·宫梦仁《读书纪数略》卷四三：天曹四司：司命，司禄，司非，司危。地府四司：司命，司禄，司功，司杀。

【四祥】明·田艺蘅《留青日札》卷二九"四神四灵四祥"条："麒麟、狮子、福禄、玄武，我朝谓之四祥。"又同卷"福禄"条云："福禄，番人本名福俚，状如驴骡，花纹黑白交错。"则即今之斑马也。

【四御】北极紫微大帝总御万星，南极长生大帝总御万灵，太极玉皇大帝总御万神，东极青华大帝总御万类。合称四御。其地位仅次于"三清"。

【四值功曹】即年、月、日、时四值功曹，又称"四值使者"。为天庭值守，下界焚烧的表文，即经其手转呈天庭。多见于民间水陆画。值日、值时犹有可说，年、月如何值？既值年矣，何须再有值月值日者？此不过借用生辰四柱之成说，排成名目，以壮观瞻耳。

四值功曹　河北石家庄毗卢寺

【泗州大圣】即"僧伽大师"，或言其为观音化身。《太平广记》卷九六引《本传》及《纪闻录》："西域人，俗姓何，唐龙朔初来游北土，隶名楚州（今江苏淮安）龙兴寺，后于泗州淮县（今江苏盱眙）乞地建寺。景龙二年，中宗迎为国师。寻出居荐福寺。常独处一室。其顶有一穴，常塞以絮，夜则去絮，香从穴中出，香烟满室，及晓，香复收于穴中。一日，中宗于内殿语师曰：'京畿无雨，已是数月，愿师慈悲，解朕忧迫。'师乃将瓶水泛洒，俄顷阴云骤起，甘雨大降。中宗大喜，诏赐所修寺

泗州大圣　搜神广记

额，以临淮寺为名。师请以'普照王'字为名，盖欲依金像上字也。中宗以'照'（曌）字是天后庙讳。乃改为普光王寺。至景龙四年三月二日，于长安荐福寺端坐而终。中宗即令于荐福寺起塔，漆身供养。俄而大风歘起，臭气遍满于长安。中宗问曰：'是何祥也？'近臣奏曰：'僧伽大师化缘在临淮，恐是欲归彼处，故现此变也。'中宗默然心许，其臭顿息。顷刻之间，奇香郁烈。即以其年五月，送至临淮，起塔供养，即今塔是也。后中宗问万回师曰：'僧伽大师何人耶？'万回曰：'是观音化身也。如《法华经普门品》云："应以比丘、比丘尼等身得度者。即皆见之而为说法。"此即是也。'其初至长安，万回执礼甚恭。师拍万回首曰：'小子何故久留，可以行矣。'后数月，万回亦卒。《僧伽传》言其有弟子三人，为慧岸、慧俨、木叉。唐僖宗乾符中谥证圣大师。◆《东坡志林》卷一："《泗州大圣僧伽传》云：'和尚何国人也。'又云：'世莫知其所从来，云不知何国人也。'近读陈隋西域传，乃有何国。余在惠州，忽被命责。儋耳太守方子容自携告身来，且吊余曰：'此固前定，可无恨。'吾妻沈素事僧伽谨甚，一夕梦和尚告别。沈问所往，答云：'当与苏子瞻同往，后七十二日当有命。'今适七十二日矣，岂非前定乎？"南宋·吴曾《能改斋漫录》卷一三："惠州太守方君，谓其家人素奉佛。一旦梦泗州大圣来别，云将送苏子瞻过海。问几时当去，答曰八日。果如其言。"◆北宋·蔡絛《铁围山丛谈》卷五："北宋宣和间，都邑大水，高五七丈。泗州僧伽大士忽现于大内明堂顶上，凝立空中，傍侍惠岸、木叉；又有白衣者跪于僧伽之前。观者以为白衣者或为僧伽所降伏之龙王。"按此僧伽亦与治水有关。僧伽被民间事为水神，自唐时已然。唐·李肇《国史补》卷下言江西船户，每见陌风将至，必祭婆官而事僧伽。◆民间又有称为"师王菩萨"者，见明·吴承恩《西游记》第六十六回。

【泗州普照王】南宋·吴曾《能改斋漫录》卷一八：张某为父置棺，锯解之，而杉木有泗州普照王之形，眉目衣座皆具，隐然如画。◆按：即"泗州大圣"，见该条。

【泗州文佛】即"泗州大圣"。清·姚福均《铸鼎余闻》卷四引清·施鸿保《闽杂记》卷五云："福省城中街巷间多供泗洲文佛，或作小龛，或凿壁为龛，有供像者，有供牌位者，亦有但凿四字壁上以奉者，犹吾乡之奉观音大士也。"◆按：或称"泗

州菩萨"。清·周亮工《闽小记》卷下："福州城内外凡巷口皆筑小屋祀泗州菩萨。人皆未晓其义。或有一二处求珓祈签，往往灵验。"

【似】敦煌写卷《白泽精怪图》：有五彩鸟，人面被发，名似，其鸟所集，人多疾病。

【song】

【松精】❶唐·冯贽《云仙杂记》卷四引《金陵记》："茅山有野人，见一使者，异服，牵一白羊。野人问居何地，曰偃盖山。随至古松下而没。松形果如偃盖，意使者乃松精，羊乃茯苓耳。"❷北宋·王巩《闻见近录》记有吕洞宾城南老松精故事："岳州唐白鹤寺前有古松，合数围，平顶如龙形。吕洞宾昔尝憩其下，有一翁自松顶而下，前揖甚敬，洞宾诘之，曰：'我，树神也。'洞宾即题于寺壁，曰：'独自行时独自坐，无限世人不识我。惟有千年老树精，分明知是神仙过。'"南宋·洪迈《夷坚三志·辛集》卷四"岳阳稚松"条："至建炎中，松犹存。绍兴二十三年，大风拔树无数，此松遂枯。有道人过之，折已仆一枝插于傍。咒曰：'彼处难安身，移来这里活。'自是日以畅茂，即今稚松也。道人者，盖吕仙翁云。"

【嵩山叟】《太平广记》卷一一四引五代·杜光庭《仙传拾遗》：晋时人。嵩山北有大穴，莫测其深浅，叟误堕其中，巡穴而行十余日，忽旷然见一世界，见二仙对棋。仙饮以浆，遂不饥渴。仙问愿留此否，答云不愿。于是指示从一井可出，叟行半年，饥即食井中之泥，及出井，已至蜀青城山。后归洛下，问张举，举云："二仙乃仙馆丈夫，所饮乃玉浆，而井中青泥乃龙穴石髓也。"叟于是复往寻洞，不知所之。◆"仙馆丈夫"或作"仙馆大夫"，见该条。

【竦斯】《山海经·北山经》："灌题之山，有鸟焉，其状如雌雄而人面，见人则跃，名曰竦斯，其鸣自呼也。"郝懿行《笺疏》以为即《楚辞·卜居》之"憷斯"。

竦斯　山海经图　蒋应镐本

【宋晨生】梁·陶弘景《真诰》卷一三：仙人，为蓬莱左公。张玄宾善论空无，曾诣晨生，与其论

无，粗得人意。

【宋大王】清·王士禛《池北偶谈》卷二四：明相国贺逢圣，崇祯时过九江鲟鱼嘴，风浪大作。公拜祷，忽见空中有绯衣人执一黑鬼投水中，风遽息。公设祭大王庙以答神佑。自是香火益盛。十三年，三昧律师过九江，梦神告曰："某九江神宋大王也。前生与师及贺相公三人同在山中修道，师不昧正因，今为大师，贺以福缘为宰相。唯某一念之差，为血食之神。前因救贺舟，庙祭宰杀日繁，将来必堕无间地狱。师明日过此，必至庙中为我授记，更布前事于四方，使不定期祷祀者戒无宰杀，幸甚。"师如其言，自是鲟鱼嘴行旅坦然。◆按：此与北宋·释惠洪《冷斋夜话》所记衢亭湖神托安息国王子建洪州大安寺事相类。

【宋道人】❶清康熙时人。清·王士禛《居易录》卷五：宋道人，长治（今山西长治）人。少孤，为人牧羊。一日失羊，群牧皆无所措，宋年十三，独入深山求之。行二日，见一老僧，面生黄毛寸许。老僧曰："尔羊固在，须中秋可得。"宋归，至期，约伴同往，果得羊，又溢四五百头。众议售羊，得百金，众牧分金不平，闻于官，官尽归其金于宋。牧中有王姓者，以计诈宋，夺其金。宋无所依，复入山，见一茅庵，有别一老僧居之。宋泣告以故，请留樵采。许之。厨中唯有燕麦、芋魁，食之，遂不饥。居五载，僧令宋视壁上画五古丈夫，曰："子但日目此骨节，寸寸皆须留意。"宋遂日坐卧其下。一夜梦二人自壁下，指示铜人穴道脉络甚悉，宋豁然有省。自后为人按摩，即骨已破碎，按摩即愈。不受人一钱。❷即李自成军师宋献策。清·佚名《蝶阶外史》卷三"宋道人"：宋道人，不知何许人，居京师正阳门外五道庙身不满三尺，日惟趺跏坐，目炯炯有光，力极雄伟。有人絚大绳，道人持其端，数十人牵之，不动毫末，道人曳之，数十人并仆于地。粤西朱刺史寓京师待铨。朱固博雅，且工导引术，访之，道人口若悬河，廿三史如指诸掌，微及呼吸颐养之法，朱语多中肯。道人曰："子亦非凡人。"期某日与会南西门外破庙中，朱往，道人先在，谈竟日，天文地理、兵法技击、剑术神仙，娓娓数万言，不能悉纪。及言历代盛衰事，道人曰："大战棋盘街时，曾亲见之，如目前事耳。"朱陡曰："君非宋献策乎？"乃瞑不言，再问，终不答。朱辞去，道人从此不知所之矣。后有人于四川峨眉山中见之。

【宋德芳】元时人。明·王世贞《列仙全传》卷

八：姓宋名有道，字德芳，号黄房公，沔阳府（治今湖北仙桃）人。无云能以符行云，有云能披云见斗，故时号披云真人。一日遇马丹阳（即"北七真"之首马钰），授以金丹火候秘诀。元世祖封为通玄弘教披云真人。坐逝于燕京之长春观。

宋德芳　列仙全传

【宋德玄】梁·陶弘景《真诰》卷一四：周宣王时人。服灵飞六甲得道，能一日行三千里，数变形为鸟兽，得玄灵之道。今在嵩高山。九疑真人韩伟远从之得道。

【宋帝王】十地阎君之第三殿阎王，姓廉，一说姓余。《佛学大词典》：为冥界十王之第三。据《预修十王生七经》《地藏十王经》等所举，此王之本地为文殊菩萨，系治人邪淫罪之冥官。亡者在冥途中，于三七日（即第三个'七日'）时至此王之大殿，接受生前所造善恶业之审判。在

宋帝王　南宋·陆信忠

王殿之前，恶猫群集，大蛇并出，割破亡者之乳房，并系缚其身，令受诸苦。此王掌管之冥界第三殿，系大海底东南沃焦石下之黑绳大地狱，此狱纵广五百由旬，另附有十六小地狱。◆据《玉历钞传》《阎王经》：第三殿，宋帝王余，二月初八日诞辰，司掌黑绳大地狱，另设十六小狱。凡阳世忤逆

尊长、教唆兴讼者，推入此狱，另发应至几重小狱受苦，受满转解第四殿，加刑收狱。一说司掌大海之底、东南沃焦石下黑蝇大地狱，纵广三千里，下设十六小地狱，凡生前犯有卖国、逃军、盗墓、不贞、伪造文书等罪者，交付十六小地狱受刑。十六小地狱为抽筋小地狱、刮脂小地狱、剐足小地狱、吸血小地狱、挖眼小地狱等。民间或以为宋帝王司掌孽镜台地狱、落蒸地狱。

【宋都相翁】南宋·洪迈《夷坚支志·戊集》卷一〇"宋都相翁"条：长安李履中，以元丰元年十月将适淮楚，维舟于宋都城下。旁有他舟，舟中一客如世俗道人者。李熟视之，见其面目光彻，目中白轮如十岁小儿，五色微碧。是时天晦微雪，水风甚寒。但披破布绵裘，草履不袜，肤体不起粟，神全气充。越两日，不见饮食。疑其收阳内养而有所得也。呼问其舟人，云十余年间三次来附载，颜色不改。惟蓄药一大瓢，更无他物。遇泊舟则携瓢入市，晚即醉归，不知所货何药。但闻能知人过去未来事，无一语失，因此称为"相翁"。

【宋耕】宋时人。明·王世贞《列仙全传》卷八："号雪溪先生，世家双流（今四川双流），迁崇庆。宋绍兴中为阆中令，仙去。"据《宋史·宋德之传》："宋耕为德之大父，性刚介，一朝弃官去，莫知所终。德之闻有人言蜀有宋宣教者，过浙江而去，入四明山（在浙江奉化）德之渡浙江寻访，至雪窦，有蜀僧言：'闻诸耆老云：山后有烂平山，有二居士焉，其一宋宣教也。'德之跻攀至烂平，见丹灶，置祠其上而归。"

【宋来子】梁·陶弘景《真诰》卷九：楚庄王时市长，常洒扫一市。时有乞食公人市经日，作乞歌，无人能解，独来子悟为仙人，乃师之，弃官入山。后得道，今在中岳。乞食公者，即西岳真人冯延寿，周宣王时为史官者。

【宋伦】道教楼观派所奉先师之一。《云笈七签》卷一〇四《太清真人传》："宋伦，字德玄，洛阳人。周厉王时入道，栖止于楼观。日诵《五千言》数遍，服黄精白术积二十年。感老君下界传以丹符。宋伦修之，自然通感，能入石岩，凌波涛，会变化。年九十余，周景王时，受封太清真人，下司中岳神仙之录。"《仙鉴》卷九则云，"以周宣王三十二年七月，太上遣仙官下迎，授书为太清真人，下司中岳嵩高山神仙之箓。"

【宋师儒】《太平广记》卷八四引唐·卢肇《逸史》：宋师儒者，累为盐铁小职，预知吉凶之事。

淮南王太尉璠甚重之。时淮南有僧常监者，言事亦有中。常监在从事院话道，师儒续入，常监甚轻之，微不为礼。师儒不乐曰："和尚有重厄，厄在岁尽。但记取去岁数日莫出城，莫骑骏马子。"常监勃然而去。后数

宋伦　列仙图赞

月，从事郑侍御新买一骏马，甚豪骏，将迎常监。常监曰："此非宋师儒之言骏马子，且要骑来。"未行数里，马惊，常监身曳于地，足悬于镫，脑破，血流被体，不知人事。太尉召宋君曰："此可免乎？"曰："彼院竹林中，有物未去，须慎空隙之所。"常监因腹疾，夜起如厕，被一黑物推之，陷于厕中。自颈已下，悉被沾污，时正寒，淋洗冻凛，又少顷不知人事。王太尉与从事速召宋君，曰："大是奇事。今复得免否？"曰："须得邻近有僧暴卒者，方可。"数日，有少僧剃头，伤刀中风，一疾而卒。宋君曰："此则无事也。"

【宋无忌】火神，而本为战国时方士。《史记·封禅书》："宋毋忌、正伯侨、充尚、羡门高、最后，皆燕人，为方仙道，形解销化，依于鬼神之事。"而"索隐"云：乐产引《老子戒经》云"月中仙人宋无忌"。又引《白泽图》云："火之精曰宋无忌。盖其人火仙也。"晋·干宝《搜神记》卷三："儿生便走，非能自走，直宋无忌之妖，将其入灶也。"晋·张华《博物志》卷九："火之怪为宋无忌。"唐五代时尚有祀之者。五代·徐铉《稽神录》卷一记武昌有宋无忌庙，圮败，其神托梦与人求葺治事。其神衣朱色。◆又称宋大夫、宋大宪。《（康熙）湖广通志》卷二四："武昌府城明月桥有宋大宪庙。云祀东汉宋无忌，为火精，唐立庙祀之，以禳火灾。"◆南宋·洪迈《夷坚支志·甲集》卷一"宋中正"条："金时魏人王员外，家富而性狠戾自暴，出遇神祠，未尝加敬。正隆初，有士人通谒，称名宋中正，谏曰：'荧惑真君不日将降临君家，速禳之，尚可免祸。'王不听。经旬，又一客来，绯衣，亦称姓宋，谏如中正。王复叱之。其人出外，仰天

大呼，即有火块从空飞下，散为数十炬，王家屋邸一切荡然。其居之侧，故有火星庙，略无所损。"按：此宋姓者或即荧惑真君，亦当为火神，而姓宋，或与宋无忌有关。

【宋仙】南宋·洪迈《夷坚丙志》卷一四"宜都宋仙"条：宣和中，外舅为峡州宜都令。盛夏不雨，遍祷诸祀无所应。邑人云："某山宋仙祠极著灵响。"乃具馔谒其庙。才下山，片云已起于山腹。方烈日如焚，忽大雷雨，百里沾足。邑人戴神之赐，相与出钱葺其庙，而莫知仙之为男为女。考诸图志，问于父老，皆无所适从。外舅昼寝，梦大舆自外来，旌盖麾旄，仪物颇盛，巍然高出于屋，转眄间已至庭中。窥之，则妇人盛饰坐其内，惊起欲致敬，倏然而寤。乃命塑为女仙像，未及请庙额而移官去云。

【宋相公】❶明·陆粲《庚巳编》卷六："一小民往苏州，至张家湾附船。时方黎明，见河中一大船，有贵人冠服坐其中，侍卫十数。民请搭船，贵人应之。民坐船尾，不觉入睡。及醒，乃见卧草间，惊起，日犹未晡，问路人，竟至枫桥。入阊门，至一庙中小息，举首见神像，正是舟中贵人，旁挂一船，与所乘者装饰无异，惟小耳。问庙祝，云：'宋相公庙也。'"明·钱希言《狯园》卷一二"宋相公"条则云："宋相公庙在度生桥西，相传是水府之神，或云其神主杀，故为五郎部下伤官。西寺北亦有宋相公庙，以尝戮人于其地也。"又一条云："宋相公为水府市曹之神。"按：此宋相公即五通之辅神"马公宋相"之"宋相"也，见"马公"条。又：此种乘船故事久已见于刘宋·刘敬叔《异苑》（见"仇王"条），此特移嫁于宋相公耳。❷又明·王同轨《耳谭类增》卷四二"杭郡猖寇"条则云为富阳（今浙江富阳）术士，以治妖闻，海内称相公，亦曰殿下。代代相传，至明万历时已为七相公。明·谈迁《枣林杂俎·和集》亦云："富阳县红山宋相公庙，宋宁宗时尚书，弃官修道，咸淳二年成神。今其后人皆习禳厌之术。"不知与苏州宋相公是一人否。

【宋玄白】五代·沈汾《续仙传》卷上：宋玄白，不知何许人也，为道士。身长七尺余，眉目如画。有道术，多游名山。辟谷服气，然嗜酒，或食彘肉五斤。以蒜韭一盆，手撮肉吃毕，即饮酒二斗，用一白梅。人有求得其一片蒜食之者，言不作蒜气，终日在齿舌间香不歇。人间得蒜食者毕身无病，寿皆八九十。玄白到处，住则以金帛求置三二美妾，行则舍之。人皆以为有老彭补脑还元之术。又游越州（今浙江绍兴），适大旱，遂于所止玄真观，焚香上祝。经夕大澍，雨告足。复南游到抚州（今江西抚州），又逢天旱祈祷，有道士知玄白能致雨，州人请之。遽作术飞钉城隍神双目。刺史韦德邻怪其贮妇女复钉城神，此类狂也，将加责辱。健卒辈欲向之，手脚皆不能动，悉自仆倒，枷杖亦自摧折。须臾致雨，礼而遣之。后之南城县，白日上升而去。

【宋益】南朝梁时人。清·姚福均《铸鼎余闻》卷二引《湖北黄冈县志》：宋益，青州人，番禺刺史，弃官隐于黄州之黄龄洞。有仙术，能役鬼神，救疾疫。后人祀之，有应。唐封显应侯，宋加封灵济侯。

【宋有道】即"宋德芳"。见该条。

【宋愚】唐时人。见"跛仙"条。

【宋云刁】见"秦三将军"条。

【宋真人】明时人。《(雍正)广西通志》卷八七：宣化（今广西南宁）宋村人。尝驾一龙。顷刻取生椒为鱼脍。书符咒能逐疫激电。

【宋中正】见"宋无忌"条。

【宋子贤】隋时妖人。《太平广记》卷二八五引唐·窦维鋈《广古今五行记》：隋炀帝大业九年，唐县（治今河北唐县）人宋子贤善为幻术。每夜楼上有光明，能变作佛形，自称弥勒佛出世。又悬镜于堂中，壁上尽为兽形。有人来礼谒者，转其镜，遣观来生像，或作蛇兽形。子贤辄告之罪业。当更礼念，乃转人形示之。远近惑信，聚数千百人，遂潜作乱。事泄。官捕之。夜至，绕其所居。但见火坑，兵不敢进。其将曰："此地素无坑，止妖妄耳。"及进，复无火，遂擒斩之。

【宋自然】宋·黄休复《茅亭客话》卷四：长兴元年，孟先主（知祥）与董太尉（昌）会兵攻围遂州（今四川遂宁）。城中有一贫士宋自然，常于街市乞丐，至重围中，宋饿死于州市，相识者以席裹埋城

送生娘娘　云南陆良神马

下。至明年，遂州驱使吏李彦往潞州（今山西长治）勾当，至城破方归，说见宋自然在潞州告云："君若归州时，须与我传语相识五七家，那时甚是劳烦。"人答以自然已死于重围，因发埋处，只见空席，其间有一文字，云："心是灵台神之室，口为玉池生玉液"云云。

【送子娘娘】或以泰山碧霞元君即泰山娘娘者为送子娘娘，其实民间凡专掌或兼职生育之女神，如天妃、大奶夫人以及林九夫人、林三夫人等皆可称送子娘娘。参见各条。

【sou】

【嗽月】晋·王嘉《拾遗记》卷一〇：岱舆山有兽名嗽月，形似豹，饮金泉之液，食银石之髓。此兽夜喷白气，其光如月，可照数十亩。轩辕之世获焉。

【su】

【苏澄隐】北宋·文莹《玉壶清话》卷一："宋太祖征太原还，至真定（今河北正定）龙兴观，道士苏澄隐年九十许，迎驾。自言：'顷与亳州道士丁少微、华山陈抟结游于关洛。尝遇孙君房、獐皮处士。'问得何术，曰：'臣得长啸引和之法。'遂令长啸，其声清入杳冥，终时不绝。上默久，低迷假寝殆食顷，及醒，其声尚未断。"明·王世贞《列仙全传》卷七："五代唐晋之君相继聘召，皆辞疾不至。后百岁尸解。"◆《宋史》有传："苏澄隐字栖真，真定人。为道士，住龙兴观，得养生之术，年八十余不衰老。"

【苏耽】即"苏仙公"，见该条。

【苏二十一郎】南宋·郭彖《睽车志》卷三：泉州永春县毗湖村苏二十一郎，为行商，死于外，同辈以烬骨还其家。苏之神随至，语言如婴儿，或见其形，亦能预言人休咎。有亲旧往视者，苏辄令其妻具饮馔待之，酒肴皆不索自至。其神每来，率以黎明时，先远闻空中击钲声渐至，既至如风雨然，自檐楹间入。村人敬畏，相与立庙祀焉。

【苏姑】清·薛福成《庸庵笔记》卷四"徐州府署中苏姑墓"：相传东坡知徐州府时，河水骤决，城将没矣。其幼女年甫十三，投河而死，水遽退，城获全。至今知府岁祀其墓。

【苏侯】六朝时神，在刘宋时为明帝以下诸帝所信奉，地位仅次于蒋子文。《宋书·礼志四》："明帝立九州庙于鸡笼山，大聚群神。蒋侯加爵，位至相国、大都督、中外诸军事，加殊礼，锺山王；苏侯骠骑大将军。"又《始安王刘休仁传》："休仁与苏侯神结为兄弟，以求神助。"《南史·张劭传》："薛元嗣处围城之中，无他经略，唯迎蒋子文及苏侯神，于州厅上祀以求福，铃铎声昼夜不止。"而新辑本陶潜《搜神后记》卷三"吴望子"条，记苏侯神与女巫相接事，则自东晋时已为民间所信奉。◆按：此神即东晋苏峻。《南齐书·崔祖思传》："祖思少有志气，好读书史。初州辟主簿，与刺史刘怀珍于尧庙祀神，庙有苏侯像。怀珍曰：'尧圣人，而与杂神为列，欲去之，何如？'祖思曰：'苏峻今日可谓四凶之五也。'怀珍遂令除诸杂神。"按：苏峻为东晋逆臣，事见《晋书》本传。

【苏将军】南宋·吴自牧《梦粱录》卷一四"土谷祠"条记南宋时杭州有苏将军庙，其神为东晋骠骑将军。与杨都督并为崇善王位下之神将。余不详。

【苏林】《云笈七签》卷一〇四有《玄洲上卿苏君传》，略云：字子玄，濮阳（今河南濮阳）曲水人。立志访道，年二十一，负担至赵，师琴高先生，受炼气益命之道。时琴

苏林　列仙图赞

高已九百岁，唯不死而已，非飞仙也。林志不终此，改师华山仙人仇先生。仇，商汤时木正，服胎食之法，曰："子，真人也，当学真道。"乃致林于涓子。林奉涓子之法，太极遣使者下拜为中岳真人。后太上又遣玉郎下拜为五岳地真人。汉元帝神爵二年飞升，领太极中候大夫。◆按：仇先生，参见"仇生"条。

【苏岭山神】《太平广记》卷二九六引《襄阳记》："襄阳（今湖北襄阳）苏岭山庙，门有二石鹿夹之，故谓之鹿门山。习氏记云：'习郁常为侍中，从光武幸黎丘。郁与光武，俱梦见苏岭山神，因使立祠。'郭重产记云：'双石鹿自立如斗，采伐人常过其下。或有时不见鹿。因是知有灵瑞。梁天监初，有蟒湖村人，于此泽间猎。见二鹿极大。有异于恒鹿，乃走马逐之。鹿即透涧，直向苏岭。人逐鹿至

神所，遂失所在。唯见庙前二石鹿。猎者疑是向者鹿所化，遂回。其夜梦见一人，著单巾帻，黄布裤褶，语云："使君遣我牧马，汝何驱迫？赖得无他，若见损伤，岂得全济。""道藏本《搜神记》卷三："汉光武帝幸黎丘，梦一神人来谒，自云苏岭山神。遂立苏山神祠于襄阳之东南，刻二石鹿夹祠前，百姓谓之鹿门庙。"

【苏轼】苏轼之前生后世，有数种传说。❶为奎星转世。南宋·曾敏行《独醒杂志》卷一：徽宗初建宝箓宫，设醮，车马尝临幸，迄事之夕，道士以章疏俯伏奏之，逾时不起，其徒与旁观者皆怪而不敢近。又久之方起，上宣问其故，对曰："臣章疏未上时，偶值有奎宿星官入奏，故少候其退。"上曰："奎宿何神？"对曰："主文章之星，今乃本朝从臣苏轼为之。"上默然。❷宋·李昌龄《乐善录》卷下又云苏轼为陕右戒禅师转世。此外尚有为邹阳十三世后身之说，见明·徐应秋《玉芝堂谈荟》卷一〇"前身轮回"条。❸南宋·何薳《春渚纪闻》卷六言苏东坡死后为紫府押衙。❹杭州梵天寺伽蓝，清·陆次云《湖壖杂记》"梵天寺"条云：其寺之伽蓝乃东坡。

苏轼　晚笑堂画传

【苏舜卿】明·王世贞《列仙全传》卷九：字子美。长于诗，与梅圣俞齐名。徙居苏州，买水石作沧浪亭，号沧浪翁。后崔存遇于王屋山（在今河南济源西北），问曰："世传学士仙矣。"良久曰："瀛洲有召。"遂飞去。◆按：舜卿，名诗人，《宋史》有传，无修仙事。

【苏仙公】汉时人。《太平广记》卷一三引葛洪《神仙传》："苏仙公者，桂阳（郡治在今湖南郴州）人，汉文帝时得道。少孤贫，牧牛为生，牛不驱自归。母欲食鲊，仙公须臾购回。母曰：'何处买来？'曰：'便县市也。'便县距家一百二十里，母以为欺己。手持一竹杖，时人谓曰：'苏生竹杖，

苏仙公　列仙图赞

固是龙也。'数年后，神仙降于门庭，乃与母别，曰：'明年大疫，庭中井水，檐边橘树，可以代养。井水一升，橘叶一片，可疗一人。'又留一柜，曰：'有所缺乏，可以扣柜言之。'遂升云汉而去。来年果大疫，远近求母疗之，活人无算。母有所缺，扣柜言之，所需即至。至百余岁，无疾而终。乡人共葬之。葬后，忽闻州东北牛脾山紫云上有号哭之声，而不见其形。哭声三年后服除乃止。"又引《洞神传》，并云其名为苏耽。◆唐·段成式《酉阳杂俎·前集》卷一八："仙桃出郴州苏耽仙坛。有人至心祈之，辄落坛上。或至五六颗，形似石块，赤黄色。破之，如有核三重，研饮之，愈众疾。尤治邪气。"清·姚元之《竹叶亭杂记》卷八："湖南郴州有苏仙公祠，即东汉时苏耽也。祠旁往往掘得土球，状如桃核，大如橄榄而扁，似土结成，摇之空，其中有物作响，以称苏仙公土桃。"◆五代时简州开元观画容成子、董仲舒、严君平、李阿、马自然、葛玄、长寿仙、黄初平、葛永瑨、窦子明、左慈、苏耽十二仙君。◆元·陈世隆《北轩笔记》："苏仙公耽升云而去。后有白鹤至都城北楼，以爪擿楼板书曰：'城郭是，人民非，三百甲子一来归。我为苏公，弹我何为。'"全仿丁令威化鹤归来事。◆清·蒲松龄《聊斋志异·苏仙》一条则以龙母故事与苏仙公故事合成者。

【苏庠】宋时人。南宋·马纯《陶朱新录》：苏庠，字养直，山居，以诗酒自娱，高尚不仕。绍兴甲子六七月间，一道人投谒，称罗浮山（今广东惠阳地区之罗浮山）长生道人江观潮，云："本师黄真人遣我来，专致丹于先生。此丹当延寿一纪。"遂辞去。至岁末，庠为痰疾所苦，遂服道人所馈丹，下黑汁一缶，自是遂愈。庠追感黄真人，求其像，欲以香火奉之，既得，竟与送丹道士酷肖。又过年余，忽有一道士至，适庠他出，留书一卷，飘然而去。庠归启视，乃服气炼形之诀。自此闭户潜修，得金丹大旨。后云游峨嵋，不知所终。《仙鉴续编》

卷四言其终则云：元日聚族欢饮达旦，披衣曳杖出门，曰："黄真人至矣。"其行如驰，婢仆惊奔不能及。◆按：此黄真人当指"黄野人"，参见该条。

【苏校书】五代时人。五代·杜光庭《录异记》卷一：苏校书者，好酒，唱《望江南》，善制球杖。外混于众，内潜修真。每有所缺，即以球杖市于人，得钱以易酒。一旦于郡中白日升天。

【苏许仙童公】仇德哉《台湾之寺庙与神明（四）》：相传一百五十年前，有苏、许二人为人佣工，牧牛于淡水枫树湖畔，因饥寒交迫，盗食附近庄稼，被地主打死。地方怜之，建庙奉祀，称苏许仙童公。

【苏元朗】《（康熙）罗浮山志》卷九：不知何许人。尝学道于句曲，得司命真秘，遂成地仙。生于晋太康时，隋开皇中来居罗浮（今广东惠阳地区之罗浮山），年已三百余岁。居青霞谷，修炼大丹，自号青霞子。内视九年，道成，冲举而去。

【苏忠先】元时人。《（雍正）云南通志》卷二五：元时安宁人。事母极孝。喜饮，放达不羁。遇异人授役龙术。松林村田苦无水，即凿龙泉，清冽异常，灌溉数十顷。一日使者往召，苏应诺，款之于山中。至夜半，屋宇四围俱金龙绕现，有吞噬状，使者骇而逃焉。

【苏州义师】唐·段成式《酉阳杂俎·前集》卷三：贞元中，苏州有义师，状如疯狂。有百姓起店十余间，义师忽运斧坏其檐。禁之不止。主人素知其神，礼曰："弟子活计赖此。"顾曰："尔惜乎？"乃掷斧于地而去。其夜市火，唯义师所坏檐屋数间存焉。常止于废寺殿中，无冬夏常积火，坏幡木像悉火之。好活烧鲤鱼，不具汤而食。垢面不洗，洗之辄雨，其中以为雨候。将死，饮灰汁数斛，乃念佛坐，不复饮食，坐七日而死。时盛暑，色不变，肢不摧。

【肃霜之神】《太平广记》卷二九二引刘宋·刘义庆《幽明录》：河南（今河南洛阳）阳起字圣卿。少时疟疾，于社中得书一卷，为谴劾百鬼法。为日南太守。母至厕上，见鬼，头长数尺。以告圣卿。圣卿曰："此肃霜之神。"劾之来出，变形如奴。送书京师，朝发暮返。作使当千人之力。有与忿恚者，圣卿遣神夜往，趣其床头，持两手，张目正赤，吐舌拄地，其人怖几死。

【素娥】花月之妖。唐·袁郊《甘泽谣》：素娥者，武三思之妓人也。善弹五弦，世之殊色。三思盛宴以出素娥，公卿大夫毕集，唯纳言狄仁杰称疾不来。三思怒，于座中有言。宴罢，有告仁杰者。明日谒谢三思曰："某昨日宿疾暴作，不果应召。他日或有良宴，必先期到门。"后数日，复宴，客未来，梁公果先至。三思特延梁公坐于内寝，请先出素娥。苍头出曰："素娥藏匿，不知所在。"三思自入召之，皆不见，忽于堂奥隙中闻兰麝芬馥，乃附耳而听，即素娥语音也，细如属丝，曰："请公不召梁公，今固召之，不复生也。"三思问其由，曰："某非他怪，乃花月之妖，上帝遣来，亦以多言荡公之心，将兴李氏。今梁公乃时之正人，某固不敢见。"言讫更问，亦不应也。

【素姑】晋时人。《（康熙）苏州府志》卷七九：与圣姑同为琅琊王彪之女，在太湖中著木屐行于水上。人皆神之。后立圣姑庙于鸿雁山东。参见"圣姑"条。

【suan】

【酸与】《山海经·北山经》：景山，有鸟焉，其状如蛇，而四翼六目三足，名曰酸与，其鸣自詨，见则其邑有恐。

酸与　山海经图　吴任臣本

【sui】

【隋炀帝】五代·陈纂《葆光录》卷二："洋山在海中，有庙，其神传是隋炀帝。又有神立于门首，号曰吕门官。凡欲祭飨，其厨多鼠而夏足蝇，告其门神，即绝之。"（又见唐·傅亮《灵应录》）又南宋·罗浚《宝庆四明志》卷二〇："昌国县（今浙江定海）东北海中有洋山庙。唐大中四年庙记云：'海贾有见羽卫森列空中者，自称隋炀帝神游此山，俾立祠宇。'宋建炎四年，高宗行海道，以炀帝不可加封，特封其二妃。知衢州袁甫有记，曰：'神游之说不经。然寇之欲掠也，必卜焉，不吉则散；并海之民赖之，宜其久而不废。'或又云炀帝迹不至此，陈棱伐琉球国，庙于岱山、朐山（今江苏连云港西南），或因其臣祀其君，如长沙祀定王而并祀高、文二帝也。"◆按：隋炀帝前世为鼠精，见《炀帝开河记》："麻叔谋于雍丘（今河南杞县）起工至大林。林中有小祠庙，古老相传为隐士墓。麻叔谋掘之，下现一穴，内有一石室，系一兽大如牛，熟视乃鼠也。一人朱衣顶云冠，呼力士'取阿麼（为炀帝小字）来'。武夫数人牵所系大鼠至。堂上人责鼠曰：'吾遣尔脱去皮毛，为中国主，何虐民害物，不遵天道！'鼠但点头摇尾而已。"

隋炀帝　历代帝王图

【随应子】宋·谢守灏《混元圣纪》卷一：少昊时老子复降于崆峒，号随应子，一号太极先生。说《庄敬经》，教以顺时气。

【碎蛇】清·赵翼《檐曝杂记》卷三：闻孟艮边外有碎蛇，每日必上树，跌而下，至地则散如粉，俄又合成一蛇，蜿蜒而去。盖其生气郁勃，必一散而泄之也。为接骨治伤之胜药。然余在滇未得见。

【燧明国】晋·王嘉《拾遗记·佚文》：不识四时昼夜，其人不死，厌世则升天。国有火树，名燧木，折枝相钻则火出。后世圣人因取小枝以钻火，号燧人氏，在庖牺之前，则火食起于兹矣。

【燧人氏】传说中的古人王，常与伏羲并称。纬书《礼含文嘉》："燧人始钻木取火，炮生为熟，令人无腹疾，有异于禽兽，遂天之意，故为燧人。"◆南宋·祝穆《方舆胜览》卷一四建康府"三茅观"条："元符宫石刻云：真宗尝遣左珰诣茅山乞嗣，遇异人言：'王真人已降生于宋朝。'珰问何人，答曰：'古燧人氏。'而章懿皇后亦梦羽衣数百人从一真人来托生。及生，宫中火光烛天。"按：此指宋仁宗。

【sun】

【孙博】晋·葛洪《神仙传》卷四：孙博，河东（治在今山西永济）人。博学能文，晚乃好道，治墨子之术，能令草木金石皆为火，光照数里。亦能使身成火，口中吐火。指草木则焦枯，再指还如故。有奴逃入军营，博以一赤丸掷军门，须臾火起烛天，奴走出，博复以一青丸掷之，火即灭，屋舍百物不损如故。能水上布席而坐，走入石壁。后入林虑山，服神丹仙去。

【孙不二】金时人。《仙鉴后集》卷六："名不二，号清净散人。天辅二年母梦鹤入怀而生。嫁马钰，生三子。王重阳祖师画骷髅劝化之。仙姑弃三子诣金莲堂祈度。时洛阳有风仙姑所居洞，孙往依之，六年而道成化去。时马钰居宁海（今山东牟平），道姑乘彩云过而告曰：'吾先归蓬岛矣。'元至元己巳年，赐号清净渊真顺德真人。"《（泰昌）登州府志》卷一一："仙姑嫁马钰，钰既师事王重阳，姑亦诣金莲堂出家。重阳赠以诗，并为改名为不二。游洛阳，居风仙姑洞二十二年而化。"

【孙彻】十六国时楼观派名道。《仙鉴》卷三〇：字仲宣，不知何许人。为尹通之籍师。性端直，少言语。前赵刘曜时十八岁，师事王先生（即王嘉字子年者）。时人呼王为大炼师，孙为小炼师。察人颜色而知吉凶。至前秦建元八年，谓侍者曰："吾须暂行。"遂拂衣，不知所终。其友马俭思之，乃张其所坐葛席置静室，供养数日，辄闻席上有人语。

【孙成】《仙鉴》卷四六：不知何许人。善为诗，预知休咎。至庐山，以诗题九天使者之庙，有"秦淮两岸沙堆骨，溢浦千家血染尘"，"九江太守勤王事，为放天兵渡此津"句。不数年金陵阪荡，九江重围，人受涂炭，竟应此谶。后殁于南昌，尸弃之江中，尸乃逆流而上，或以为得道尸解云。◆按：《仙鉴》编入五代末，而《南昌郡乘》所载文全同，却编入元明间人，误。

【孙承公】晋时人。明·彭大翼《山堂肆考》卷一七："梨洲山，在奉化县（今浙江奉化）。孙兴公弟承公游此，获仙梨，食之成仙，故名。"◆按《晋书》："孙统字承公，其弟孙绰字兴公。"此误。传称家于会稽，性好山水，求为鄮令。名山胜川，靡

孙博　列仙全传

不穷究。而无求仙事。

【孙道人】❶宋时人。南宋·何薳《春渚纪闻》卷三：不知何许人，寄居严州（今浙江建德东）天庆观。为人和易。初不挟术及言人祸福，但袖中常蓄十数白鼠子，每与人共饮，酒酣，辄出鼠为戏。约人饮，至一酒家，市一小尊，酌之不竭，客告兴尽，即覆尊而去，而酒家是日必大售。绍兴三年，坐化于观中，人为塑像。次年，有客自南来，云有道人寄书至天庆观，及见塑像，惊曰："此即寄书道人也。"❷明时人。明·钱希言《狯园》卷四：不知何所人。常披发佯狂，游行市里。形体垢秽，未尝栉沐。明于补导之术。能飞沙撒土，吹入人家屋中。又能嚼墨喷人，虽重裘之内，斑斑悉成点痣。又能搬运市肆中物于袖，引出鲜鲫诸鱼数十头。一日为小妓所侮，遂以桃掷其面，妓者立时面肿如桃。还复哀请，乃消。明·冯梦龙《古今谭概》卷三十二《灵异部》：孙道人有异术。尝画墨圈于掌中，遥掷人面，虽洗之不去。顷之，以手挥曰："当移著某人臂上。"虽重裘之内，而圈已在臂矣。尝至吴中，为小妓所侮。孙顾卖桃人担云："借汝一桃。"遂拾以掷其面，妓右颊遽赤肿如桃大，楚不可忍，哀祈再四。乃索杯咒之，取下仍是一桃，妓肿遂消。此万历己酉年间事。又孙道人至一大家，见鱼池绝大，问："鱼有数否？"主人曰："不知。"孙曰："可数也。"乃命二童子持长绳跨池相向而立，孙按绳徐掠池水，至半，止，连呼"双来双来"。顾童子曰："紧持而数之。"鱼大小成对，从绳上跃过。一童大笑，绳脱，鱼遂群跃焉。

【孙登】《晋书》本传："字公和，汲郡人。无家属，于郡北为土窟居之。夏则编草为衣，冬则披发自覆。好读《易》，抚一弦琴，性无恚怒。嵇康从游三年，问其所图，终不答。教康识真以全其年，康不能用，卒致祸。后不知所终。晋·葛洪《神仙传》卷六：孙登，不知何许人，常于山间穴地而坐，弹琴读《易》。冬夏单衣，发长丈余。市中乞得钱物，转施贫穷。嵇叔夜（康）有迈世之志，曾诣登，登不与语，知叔夜昧于保身，难免杀身之祸也。晋太傅杨骏遣人招之，不答。骏赠以布袍，受之，出门，借人刀断袍碎之。时人谓之狂，后乃知骏当族灭，故为预兆也。"葛洪《枕中书》又云："孙登为闾丘真人。"◆明·王世贞《列仙全传》卷四云孙登白日升天。不知何据。

【孙夫人】《太平广记》卷六〇引《女仙传》：张道陵之妻，同隐龙虎山（今江西贵溪西南）。与天师白日上天，位为上真东岳夫人。

【孙公】唐·封演《封氏闻见记》卷五：永泰中，大理评事孙广著《啸旨》一篇，云：啸，浊可以通人事，达情性，清可以感鬼神，致不死。故太上老君授南极真人，南极真人授广成子，广成子授风后，风后授务光，务光授舜，演之为琴以授禹。自后或废或续。晋太行仙人孙公能以啸得道而无所授。阮嗣宗所得少分，其后不复闻矣。

孙登 列仙酒牌

【孙姑】宋时女子。《（康熙）太平府志》卷三四：孙姑，采石（今安徽当涂之北）人。元祐间许嫁未聘而孕，为人所鄙。越十年，至其夫家，取水浴坐其中，产下一鹤，跨之而去。其妹继之，亦显灵迹。赐号灵宝大师，建白鹤观于宝积山。

【孙寒华】三国时女仙。梁·陶弘景《真诰》卷一三、五代·杜光庭《墉城集仙录》卷七："其父孙贲为孙权堂兄，寒华少时与杜契有私情，后从杜契受玄白之要，颜容益少。周旋吴越诸山十余年，得道仙去。"《仙鉴后集》卷四："一云即吴大帝孙权之女。于茅山修道，道成，冲虚而去，因号其山为华姥山。山在茅山崇禧观前。"《神异典》卷二五九入于明代，误。

【孙乐庵】明时人。《（雍正）河南通志》卷七〇：采药于商山。一日于市中化柴薪，至城东南崇国寺后山之颠，坐于柴薪中，吐火而焚化。后有遇于途者，曰："吾已脱身去。"言毕不见。

【孙龙】唐·释道世《法苑珠林》卷五八引《白泽图》："故室之精名曰孙龙，状如小儿，长一尺四寸，衣黑衣，赤帻大冠，带剑持戟。以其名呼之则去。"

【孙鲁西】明时人。《(康熙)凤阳府志》卷三三：嘉靖间游客，喜画葡萄。来颍十余载，常为游戏之术，人咸异之。后欲去，众留之不可，乃扃其室，把其衣。鲁西隐身入壁间，顷刻不见。

【孙卖鱼】北宋时人。宋·叶梦得《避暑录话》卷下："近世有孙卖鱼者，初以捕鱼为业，忽弃之而发狂。稍言祸福，无不验者，人争信之。灾福亦不可问，或谬发于语言，或书于屋壁，或笑或哭，人不可测，久而推其故，皆有为也。宣和末尝召至京师，狂言自若。或传其语有讥切者，罢归。兵兴，不知所终。"南宋·周密《鸡肋编》卷下："楚州（今江苏淮安）有卖鱼人姓孙，颇预知人祸福，时呼孙卖鱼。宣和间，徽宗召至京师，馆于宝箓宫道院。一日徽宗诣庙烧香，微饥，孙于怀中出蒸饼一枚。徽宗未肯接。孙云：'后来此亦难得食也。'明年遂有沙漠之行。"明·王世贞《列仙全传》卷七言"其初卖鱼楚州市，极暑中遇一道士，谓曰：'汝鱼馁矣，饮我酒，可使鱼活。'遂饮以斗酒。因与谈论，自是言人祸福辄应。宣和中召至京师，后还楚州。靖康初，一日于亳州太清宫号咷大哭，人莫之喻。后计其日，正汴京被陷之日。后不知所之。"

【孙千霞】宋时女子。明·董斯张《吴兴备志》卷一三：宋崇宁、大观间，内庭女道官孙千霞梦一道士，言曰："吾武康人也，在碧落中，与子有宿缘，他日当遇于彼。"及靖康乱，千霞避地南方，依石防御。防御者家于德清之韶村，始知武康为吴兴也。一日石氏设醮，羽衣毕集，道士姜景良与焉。千霞以其梦告，景良曰："吾邑沈羲也。"千霞急走羲祠，瞻塑像曰："真吾梦中所见也。"遂捐金遍施黄冠而去。后千霞于富阳太元山授徒数百人，年八十有九，忽髭鬐丛生，越三年而羽化。

【孙氏】明人。《(雍正)湖广通志》卷七四、《(康熙)郧阳府志》卷二五：万历间，八里川有农妇孙氏素悍，一日有魔道募食，孙即予之，道若有秘语状。既去，妇忽发狂，一夜抱一雄鸡奔腾如云，不移时，至小八里悬崖壁上，往来如登平地。其夫至，孙大叫曰："若不相忘，可于丁巳年收我骸骨于此岩第三窟中。"言讫不见。至今窟外露匣一半，风雨不坏。

【孙守荣】南宋末人。《宋史·方技传》："孙守荣，临安富阳（今浙江富阳）人。生七岁，病瞽。遇异人教以风角、鸟占之术，其法以音律推五数，播五

行，测度万物始终盛衰之理。凡问者，一语顷辄知休咎。守荣既悟，异人授以铁笛，遂去不复见。守荣因号'富春子'，吹笛市中，人初不异也。然其术率验。宝庆间，游吴兴（今浙江湖州），闻谯楼鼓角声，惊曰：'旦夕且有变，土人当有典郡者。'见王元春，即贺之曰：'作乡郡者，必君也。'元春初不之信。越两月，潘丙作乱，元春以告变功，果典郡。自是富春子之名大显，贵人争延致之。淮南帅李曾伯荐诸朝。既至，谒丞相史嵩之，嵩之一见，颇喜之。自是数出入相府。后为嵩之所忌，诬以他罪，贬死远郡。"明·宋濂《宋景濂未刻集》卷下《跋俞先辈所述富春子事实后》所载略不同："姓孙，其先居富春（今浙江富阳），因自呼'富春子'。七岁病瞽，遇异人，授以音律推五数、播五行之术，其于万物始终盛衰，恒于音决之。周垣未第时，坐于观桥厉声诟仆。孙君闻其声往揖之曰：'状元何怒邪！'周以其绐己，不答。后果擢进士第一。能听声而知人过去未来仕宦之迹。"

【孙思邈】明·王世贞《列仙全传》卷五：孙思邈，华原（今陕西耀州）人。七岁日诵千言。独孤信见之，称为"圣童"。及长，好谈老庄。周宣帝时隐于太白山学道，炼气养神，求度世之术。洞晓天文推步，精究医药，务行阴德。偶见牧童伤小蛇，思

孙思邈 仙佛奇踪

邈脱衣赎而救之。旬余出游，见一白衣少年下马拜谢，邀思邈至家。至一城郭，金碧炳耀，见一人裕帽绛衣，侍从甚众，谢思邈曰："深蒙道者厚恩，故遣儿子相迎。"因指一青衣小儿云："前者此儿赖道者脱衣赎救，得有今日。"乃令青衣小儿拜谢。思邈始省昔日脱衣救青蛇之事。潜问左右此为何所，对曰："此泾阳水府也。"留连三日，乃命其子取龙宫奇方三十首与思邈，以仆马送归。思邈以是方历试皆效，乃编入《千金方》中。隋文帝征为国子博士，不就。尝密谓人曰："过此五十年，当有

圣人出，吾方助之，以济生民。"至唐太宗召，始诣京师。高宗永徽三年，年已百余岁。一日沐浴，衣冠端坐，谓子孙曰："吾今将游无何有之乡矣。"俄而气绝。月余颜色不变，及入棺，唯空衣焉。又见唐·刘肃《大唐新语》卷一〇。◆思邈与龙王事尚有数说。1. 唐·段成式《酉阳杂俎·前集》卷二："孙思邈尝隐终南山，与宣律和尚相接，每来往互参宗旨。时大旱，西域僧请于昆明池结坛祈雨，诏令司备香灯，凡七日，缩水数尺。忽有老人夜诣宣律和尚求救，曰：'弟子昆明池龙也，无雨久，匪由弟子。胡僧利弟子脑，将为药，欺天子言祈雨。命在旦夕，乞和尚法力加护。'宣公辞曰：'贫道持律而已，可求孙先生。'老人因至思邈石室求救。孙谓曰：'我知昆明龙宫有仙方三十首，尔传与予，予将救汝。'老人曰：'此方上帝不许妄传，今急矣，固无所吝。'有顷，捧方而至。孙曰：'尔第还，无虑胡僧也。'自是湖水忽涨，数日溢岸，胡僧羞恚而死。孙复著《千金方》三十卷，每卷入一方，人不得晓。及卒后，时有人见之。玄宗幸蜀，梦思邈乞武都雄黄，即命中使赍十斤送于峨眉顶上。中使上山未半，见一人幅巾被褐，须眉皓白，二青衣童丸髻夹侍，指大盘石曰：'可置药于此。石上有表录谢皇帝。'使视石，上大书百余字，遂录之，随写随灭，写毕，石上无复字矣。须臾白气漫起，因忽不见。"2. 唐·李亢《独异志》卷上："孙思邈居嵩山修道，时大旱，有敕选洛阳德行僧徒数千百人于天宫寺讲《人王经》以祈雨泽。有二人在众中，须眉皓白。罢后，讲僧昙林问二老人所自来，曰：'某依洛二水龙也，闻至言当得改化。'林请其行雨，二龙曰：'雨者须天符乃能致之，居常何敢自施？'又曰：'有修道人以章疏闻天，则可。'林乃启则天，发使嵩阳，召思邈内殿飞章，其夕天雨大降。"3. 五代·杜光庭《神仙感遇传》卷五："释玄照于嵩山白鹊谷讲《法华经》，来者恒满讲席。时有三叟，眉须皓白，容状瑰异，虔心谛听。如此累日。忽一旦，晨谒玄照曰：'弟子龙也，得闻法力，无以为报，或长老指使，愿效微力。'玄照曰：'今愆阳经时，国内荒馑，可致甘泽，以救生灵。'三叟曰：'召云致雨，固是细事。但雨禁绝重，不奉命擅行，诛责非细，身首为忧也。试说一计，庶几可矣。少室山（在嵩山）孙思邈处士之仁，不可诊度，著《千金翼方》，惠利济于万代，名已籍于帝宫。如一言救庇，当保无恙。'玄照诣思邈所居，恳诚祇谒，具言云云。思邈许

之。三叟约一日一夜，千里雨足。翌日，玄照来谒思邈。对语之际，有一人骨状殊异，径往后沼之畔，暗哑叱咤。斯须，水结为冰。俄有三獭，二苍一白，自池而出。此人以赤索系之，将欲挈去。思邈召而谓曰：'三物之罪，死无以赎。然昨者擅命，是鄙夫之意也，幸望脱之。兼以此诚上达，恕其重责也。'此人受教，登时便释之而去。"◆按：思邈为唐时名医，《旧唐书》入"方伎传"。

【孙晤】唐时人。五代·于逖《闻奇录》、五代·陈纂《葆光录》卷一：家于严州（治在今浙江建德东）七里濑。善葬法，尤妙相冢，即知其家贵贱贫富、官禄、人口数，亦知穴中男女老少，及因何病而卒。时杨集统师收复睦州，至一岩下砦。杨占之曰："此岩上有二十五人。"点兵收之，仅二十人。问于民，曰："某等二十五人避于此，内一人孙晤善卜，云大军至此，宜往别处，不然遭擒掠。某等不顺其言，有四人信之，相随去矣。"杨曰："得此人，可师事之。"

【孙希龄】北宋时人。北宋·沈括《梦溪笔谈》卷二〇：供奉官陈允任衢州（今浙江衢州）监酒务日，允已老，发秃齿脱。有客侯之，称孙希龄，衣服甚褴褛，赠允药一刀圭，令揩齿。允不甚信之。暇日，因取揩上齿，及归家，家人见之，皆笑曰："何为以墨染须？"允惊，以鉴照之，上髯黑如漆矣。急去巾，视童首之发，已长数寸，脱齿亦隐然有生者。余见允时年七十余，上髯及发尽黑，而下髯如雪。

【孙仙】清·慵讷居士《咫闻录》卷七：孙仙，不知何许人。常来往于秦晋间，士大夫每延致之。有富室生辰，仙至，用手濯水于壁，画大黑圈，凡铺陈筵宴，悉取其中，三四十席，可以立致。或疑其妄，曰："席无美女，何能畅怀，君能致之乎？"曰："能。"遂弹指壁上，启扉，出一美女，对客劝酒。细视之，即疑其术者。后携其徒入山，不复再见。

【孙雄】五代时人。《北梦琐言》卷二〇：嘉州夹江县人孙雄，人号孙卵斋，其言事亦何奎之流。伪蜀主归命时，内官宋愈昭、将军数员旧与孙相善，亦神其术，将赴洛都，咸问其将来升沉。孙俯首曰："诸官记之，此去无灾无福，但行及野狐泉已来税驾处曰'孙雄非圣人耶'，此际新旧使头皆不见矣。"诸官皆疑之。尔后量其行迈，合在咸京左右，后主罹伪诏之祸，庄宗遇邺都之变，所谓"新旧使头皆不得见"之验也。

【孙甑生】唐·郑处诲《明皇杂录·补遗》：唐天宝中人，深于道术。玄宗召至京师。善辍石累卵，折草为人马，乘之东西驰走。太真数召入宫中试之。安禄山乱，不知所之。

【孙真人】孙思邈、孙不二等皆称孙真人。此外无名字者尚有：❶见"广东仙童"条。❷林纾《铁笛亭琐记》：泰山之王母池，有所谓孙真人者。甲寅四月朝岱，道经其处，则庙之右方有小屋，一小龛供真人肉身，髑髅傅泥，加以金涂，手足皆有筋嵌附不脱，积衾褥三数层，披道服。余摩其膝盖，其上似有皮。祠额有真人小传，年九十四，卒于康熙之二十四年。

【suo】

【莎衣道人】《宋史·方伎传》、明·王世贞《列仙全传》卷七有莎衣道人，即"何蓑衣"也。见该条。

【娑迦龙天】即"二十天"之"娑竭罗龙王"。据《佛学大词典》，又作娑伽罗龙王。娑竭罗，意译为海。八大龙王之一。依其所住之海而得名。龙宫居大海底，纵广八万由旬，七重宫墙，七重栏楯，七重罗网，七重行树，周匝皆以七宝严饰，无数众鸟和鸣。然诸龙皆为金翅鸟所食，仅娑竭罗龙王、难陀龙王等十六龙王幸免此难。此龙为降雨龙神，古来祈雨皆以之为本尊。又此龙为千手观音之眷属，为观音二十八部众之一。身呈赤白色，左手执赤龙，右手握刀，状甚威武。其女年八岁，智慧利根，以持《法华经》之功，即身成佛，现男子身，具菩萨行。

【蓑衣道人】又作"莎衣道人"，即"何蓑衣"，见该条。

【蓑衣师】南宋时人。《（康熙）淮安府志》卷一一：姓张名志朴，自号严浮子，泗水（今山东泗水）人。学玄黄飞炼之术。隐于东海（在今江苏连云港）溪云山青霄洞，昼惟一食，身惟一蓑衣，故人呼为"蓑衣师"。山行群鹿随之，舟行则有白龙相随。能大旱祷雨，冬时催花。宝祐间逝去，终葬之日，有人见其于涟水化斋，盖尸解云。

【蓑衣仙】唐时人。《（雍正）江西通志》卷一〇四：常衣蓑衣，不知其名。初诣玄妙观，已而来游青华，道士张天全纳之。一日呼天全与俱行，天全不欲，遂叹曰："此人为青面老子误一生。"青面老子，谓辛天君也。后有人自岭南来，为蓑衣仙寄书与天全，寄书之日，正与天全相别之日也。

【索紞】《晋书·艺术传》：字叔彻，敦煌人。明天文阴阳术数。司徒辟为郎中，知中国将乱而归。乡人从之问吉凶，门中若市，而故作虚说，使无验，求问者遂止。唯于占梦不逆问者，故以占梦名世。太守求占梦之书，辞以无有。年七十五卒于家。

【索姑】《（雍正）陕西通志》卷六五引《扶风志》：唐时扶风（治在今陕西凤翔）人。性至孝，清正恬淡，不喜尘俗事。其父贸易陇西，姑请为买白马。及父归，姑乘白马驰去，至鳌屋青山，趺坐而化。家人迹之，得其处，居人神之，为立庙焉。

【锁骨菩萨】唐·李复言《续玄怪录》卷五"延州妇人"条：昔延州（今陕西延安）有妇女，白皙颇有姿貌，年可二十四五。孤行城市，年少之子，悉与之游，狎昵荐枕，一无所却。数年而殁，州人莫不悲惜，共醵丧具为之葬焉，以其无家，瘗于道左。大历中，忽有胡僧自西域来，见墓，遂趺坐具，敬礼焚香，围绕赞叹。数日，人见谓曰："此一淫纵女子，人尽夫也，以其无属，故瘗于此，和尚何敬耶？"僧曰："非檀越所知，斯乃大圣，慈悲喜舍，世俗之欲，无不徇焉。此即锁骨菩萨，顺缘已尽，圣者云耳。不信即启以验之。"众人即开墓，视遍身之骨，钩结皆如锁状，果如僧言。州人异之，为设大斋，起塔焉。◆按：此即"马郎妇"故事之一说，参见该条。

【T】

【ta】

【阘非】《山海经·海内北经》：阘非，人面而兽身，青色。吴任臣《广注》案："《伊尹四方令》云：'正西鬼亲，枳已阘耳。'阘非疑即阘耳。"

阘非　山海经图　蒋应镐本

【塔墩圣母】明·谈迁《枣林杂俎·和集》：正统二年六月乙亥，云南晋宁州（今云南昆明晋宁区）城外塔墩有大树，颇怪异，居人祈祷辄应，因号"塔墩圣母"，目曰树神。永乐中大风折其树，军人陈福海锯以为板，内有神像，戴冠执简，容貌如画，猺皆惊异，立祠以祀，加封号。

【tai】

【台产】《晋书·艺术传》：字国儁，上洛（今陕西商洛商州区）人，专《京氏易》，善图谶秘纬、风角历算，尤精望气、占候、推步之术。隐居商洛南山。刘曜时灾异特甚，命公卿举博识直言之士，大司空举产。产极言灾变之祸，曜礼之，署博士祭酒、谏议大夫，领太史令。至明年，其言皆验，一岁三迁，历位尚书、光禄大夫、太子少师。

【台骀神】汾水之神。《春秋左氏传》昭公元年："昔金天氏有裔子曰昧，为玄冥师，生允格、台骀。台骀能业其官，宣汾、洮，障大泽，以处大原。帝用嘉之，封诸汾川，沈、姒、蓐、黄，实守其祀。"《太平广记》卷三〇七引唐·薛渔思《河东记》："晋阳（今山西太原）东南有台骀庙，在汾水旁。元和中有里民党国清梦黑衣人至门，谓'台骀神召汝'。"《（雍正）山西通志》卷一六四"汾河神"条："汾河神庙，在太原府阳曲县西门外。祀台骀神，以尹铎、董安于配。"又同卷"太原县"下亦有台骀神庙，云："盖汾神也。后人立庙祀之。唐河东节度使卢钧改为汾水川祠，晋天福中封昌宁公，宋封灵感元应公。"

【台屋之精】唐·释道世《法苑珠林》卷五八引《白泽图》："故台屋之精，名两贵，状如赤狗。以其名呼，使人目明。"又云："故室之精名曰孙龙，状如小儿，长一尺四寸，衣黑衣，赤帻大冠，带剑持戟。以其名呼之则去。"

【太白金星】见"太白星君"条。

【太白酒星】《太平广记》卷四〇引唐·卢肇《逸史》：章仇兼琼镇西川，令左右搜访道术士。有一酒家，常有纱帽藜杖者四人来饮，一饮数斗，话谈间常说孙思邈。一日饮酒毕，忽不见。兼琼异之，上奏朝廷，玄宗召孙思邈问之，孙曰："此太白酒星耳，仙格绝高，每游人间饮酒，处处皆至，尤乐蜀中。"

【太白老僧】唐·张读《宣室志》"太白老僧"条：大唐中，有平阳（今山西临汾）路氏子，性好奇。少从道士游，后庐于太白山。一日，有老僧叩门，路君延坐，与语久之。僧曰："檀越好奇者，然未能臻玄奥之枢，徒为居深山中。莫若袭轻裘，驰骏马，游朝市，可不快平生志，宁能与麋鹿为伍乎？"路君谢曰："吾师之言，若真有道者。然而不能示我玄妙之迹，何为张虚词以自炫耶？"僧曰："请弟子观我玄妙之迹。"言讫，即于衣中出一合子，径寸余，其色黑而光。既启之，即以身入，俄而化为一鸟，飞冲天。

【太白山人】唐时人。南宋·王明清《挥麈后录》卷二：姓王，不知何许人。金州（今陕西安康）老人言：每三年见入州市一度，自此见先生卖药，三四十年，颜貌不改。中和三年，太白山人修谒金州刺史崔尧封，云："本州岛直北有牛山，傍有黄巢谷。请闻奏蜀京，掘破牛山，此贼自败。"◆按：

此与"金州道人"事相类，可参看。

【太白山神】北宋·乐史《太平寰宇记》卷三〇："唐天宝八载，太白山人李浑上言：金星洞有玉版石纪圣皇福寿之符，命御史中丞王鉷入山求获，于是大赦天下，诏封太白山神为神应公。"而苏轼《东坡志林》卷五所记稍异："天宝十四年，方士上言：太白山金星洞有灵符宝药。玄宗遣使取之而获，诏封山神为灵应公。自此祷无不验，至宋犹然。后太守不知，奏封神为济民侯，神不悦，祷遂不灵。嘉祐间，苏轼查《唐会要》，得其封公事，于是告太守遣使祷之如应，则奏复公爵。因求雨，降甘霖三日，遂封为灵应公云。"◆《旧五代史·后唐末帝纪上》："先是，帝在凤翔（今陕西凤翔）日，有瞽者张蒙自言知术数，事太白山神，其神祠即元魏时崔浩庙也。时之否泰，人之休咎，蒙告于神，即传吉凶之言。"◆清·袁枚《子不语》卷二三："秦中太白山神最灵。山顶有三池，曰大太白、中太白、三太白。有木匠某坠池中，即见一黄衣人引至一殿，殿上王者命作一亭。三年功成，神赏三千金。匠者嫌金重难带，见府中多小犬，毛作金丝色，向王乞取。王不许。匠者偷抱一犬辞出。路上开怀视之，一小金龙腾空飞去。归家后，雷雨下冰雹，皆化为金，称之，正三千两。"

【太白星官】五代·杜光庭《神仙感遇传》卷五：唐寿州（今安徽寿县）刺史张士平，中年以来，夫妇俱患瞽疾，历求方术，不能治。遂退居别墅，杜门自责，唯祷醮星辰，以祈神之佑。元和七年有书生诣门请谒，倩丁夫十人，为开一井，至夕见水，士平眼疾顿轻，及得新水洗目，实时明净，平复如初，十年之疾，一旦豁然。书生曰："吾非世间人，太白星官也。以子精心祷醮，上感星辰。五帝星君使我降受此术，以祛重疾，答子修奉之心。"言讫升天而去。

【太白星君】太白，星名，即金星。唐代《七曜攘灾决》卷上称其"形如天女，手持印，骑白鸡当项带之。"大英博物馆藏敦煌绢画《炽盛光佛并五星图》，其形象为妇人，戴鸟冠，着白色练衣，弹奏琵琶。道教称其神为太白星君，又称太白金星。道藏本《搜神记》卷三："妙善公主，即观音大士也。初奉佛教，后得太白星君化为老人，指与香山修行，终于得道。"是太白星君竟为观音之师也。明·吴承恩《西游记》以太白金星为玉皇大帝文臣之首。而在古代民间传说中，竟有太白星窃织女侍儿私奔，而为天帝搜捕之事。《太平广记》卷五九引《东方朔内传》云，太白星窃织女侍儿梁玉清、卫承庄，逃入卫城少仙洞，四十六日不出（参见"梁玉清"条）。按：此说亦非无据，早在甘氏《星经》中，太白即有妻室："妻曰女媊，居南斗。"◆参见"太白之精"条。

太白星君　唐代炽盛光佛并五星图

【太白之精】《史记·天官书·正义》引《天官占》曰："太白者，西方金之精，白帝之子，上公、大将军之象也。"《龙鱼河图》："太白星主兵，其精下为雨师之神。"晋·王嘉《拾遗记》卷一"少昊"条，少昊之母皇娥，于穷桑沧茫之浦遇神童，称为白帝之子，即太白之精，于是而生少昊。晋·王嘉《拾遗记》卷八："孙坚母孕坚之时，梦肠出绕腰，有一童女负之，绕吴阊门外，又授以芳茅一茎，童女语曰：'此善祥也，必生雄才之子。'醒后筮之，筮者曰：'所梦童女负母绕阊门，是太白之精感化来梦。'"按：诸书言太白之精者，有谓少昊，有谓李白，有谓"白兽之神，主兵戈丧乱、水旱瘟疫"，不意又有此化形为女童者。

【太保】淫祠常见神名。清·周亮工《闽小记》卷上："予在闽前后十二载，有不解者七：于神不解太保、舍人。"《宋史·孙子秀传》言吴县（今江苏苏州）有妖人自称水仙太保。是太保并非仅见于闽地也。明·朱国桢《涌幢小品》卷一九"保障为神"条："吴江县（今江苏苏州吴江区）黎里秦氏，其祖乾，当宋季之乱，集乡兵自保，寇不敢犯，全者甚众。诏授'护民太尉'。没而为神，祀之至今。考五季之末，民间聚兵保乡党者率称'太保'，故有'遍地太保'之称。宋末则称'太尉'，非实授职衔也。"按：此说甚当，神之太保、太尉、将军、大王，实皆聚兵豪杰当时之称，生时有保障地方之劳，死后或为地方祠之为保护神，因沿旧名而称之。而再后之淫祀，则不问其生时是否为太保，亦不妨概以"太保"之类称之矣。

【太常蝶仙】郭则沄《洞灵小志》卷七：太常仙

蝶，屡见前人纪载，阮文达《蝶梦园诗序》尤详。余在京时，闻其屡过徐花农侍郎、延子澄学士家。太常寺废或云蝶居古庙中，或云徙居诚玉如京卿寓园，京卿为小龛奉之。陈仁先同年云：朱古微侍郎居海上，与蝶仙最契，数日辄一至。一日，仁先造访，欲致仙蝶。朱曰："计其时可矣，试默祷之。"于是宾主各静默致诚，须臾，一蝶集窗棂间，黄质黑章，四足，一足微损，与世所传者悉合。仁先举杯酒酬之，蝶即就饮，略不避人。翌日，王病山布政至，以不得见为恨。语未终，有蝶集其腕，视之，即仙蝶也。仁先尝为绘图且摄影，摄时仙蝶适至，若赴约者，观者叹异。相传蝶仙刘姓，为元时遗老云。

【太帝】即天帝。《淮南子·墬形训》："是谓太帝之居。"高诱注："太帝，天帝。"《史记·封禅书》："太帝使素女鼓五十弦瑟，悲，帝禁不止，故破其瑟为二十五弦。"太帝又作天帝。因汉武帝时用亳人谬忌言崇祀太一，以太一位在五帝之上，故称天帝为太帝也。《水经注·河水》引《昆仑说》："昆仑之山三级，上曰增城，一名天庭，是谓太帝之居。"

【太皇】《淮南子·精神训》："登太皇，冯（凭）太一，玩天地于掌握之中。"高诱注："太皇，天也。"按太皇即太一，异词同义，均以天帝代指天宇。

【太极真人】《灵宝隐书》："中极真人主人命籍，九华真人主九幽之上宿，对生死；太元真人受天地之符，度长度之魂；太极真人治赤城玉洞之府，司较太山死生之录；三元真人主紫微行道。"仙传中称太极真人者甚多，如❶赤松子。见《三洞珠囊》。❷杜冲。见《云笈七签》卷一〇四。❸淮南王刘安。❹西梁子文。《清虚真人王褒传》："王褒入华山，遇一神人，自称太极真人西梁子文，神仙之司、主试学校者。"❺徐来勒，治括苍山（在今浙江台州地区）。见晋·葛洪《枕中书》。"徐则"条所言太极真人徐君者，疑即此人。❻老子又称上清太极真人。❼王探。参见各条。

【太姥】《（雍正）福建通志》卷六〇："太姥，尧时人，以练蓝为业，家于路旁。有道士求浆，太姥饮以醪。道士授以九转丹砂之法。七月七日乘九色龙马而仙去。因名其山为太姥山。"亦有异说，北宋·乐史《太平寰宇记》卷一〇一："太姥山在浦城县（今福建浦城）东北七十里。《记》云：'太姥山，即魏夫人山也。'"按：南宋·祝穆《方舆胜览》卷一〇，太姥山在福建长溪县。

【太姥元君】南宋·白玉蟾《修真十书·武夷集》云太姥元君曾结庐于武夷山。◆按：当即"皇太姥"。见"圣姥"条。

【太妈】五通之母，见"五通母"条。

【太母】五通之母，见"五通母"条。

【太姆】北宋·刘斧《青琐高议》后集卷一有"大（读如太）姆记""大姆续记"二条，云："巢湖本为巢州，一日江水暴涨，水落后有巨鱼数十丈困于浅水，郡人脔其肉食之。大姆以为鱼之数百斤者皆异物，不食，悬肉于门。一日有老叟至门，谓大姆曰：'此吾子之肉也。尔独不食，吾当报汝。若东寺门石龟目赤，此城当陷，尔急去勿留。'大姆日日往视，有稚子怪之，问姆，姆以实告。稚子戏以朱涂龟目。姆再往见之，急去出城。俄有青衣童子曰：'吾龙之幼子。'引姆登山，回视全城，已陷为湖，即今巢湖。大姆庙今存于湖边，迄今渔者不敢钓于湖，箫鼓不敢作于船。"按：巢湖太姆故事又有一说，见"湖中姥"条。

【太清真人】❶唐·张读《宣室志》"闾丘子"条：荥阳郑又玄，好黄老之道，而又以门望清贵骄人。少与其邻闾丘子偕读书，以闾丘子贫贱，戏骂之，闾丘子惭，遂病死。其后郑又玄为唐兴尉，有仇生者，家赀亿万而非氏族，郑与之交而不以礼待之，因酒间辱骂，仇生又惭病死。郑罢官后，闻有吴道士者以道术名，遂求为弟子，修行十五年，志惰而辞去。后于旅舍遇一童子，辩慧无比，郑自谓不及。童子曰："我与君为故人，君忘之乎？我尝生闾丘氏家，后为仇氏子，君未尝以礼貌待我，君何骄傲之甚乎？"又言："我太清真人也。上帝以汝有道气，令我生于人间，与汝为友，将授真仙之诀，而汝以轻薄骄慢，终不能得其道。吁，可悲乎！"言讫不见。郑竟惭恚死。❷唐·李复言《续玄怪录》"麒麟客"条亦有太清真人。见"王夐"条。❸宋伦。❹彭宗。各见该条。

【太山府君】太山有二义，一即东岳泰山，一则为极大之山。作为东岳的泰山与作为冥府的太山虽然已经合流，但其起源却相距甚远。太山的冥府观念乃来于佛经翻译所造成的误解。隋·费长房《历代三宝记》卷九："东方太山，汉言代岳。阴阳交代，故云代岳。于魏世出，只应云魏言，乃曰汉言。不辨时代，一妄。太山即此方言，乃以代岳译之。两语相翻，不识梵魏，二妄。"所指为当时普遍现象。三国、魏晋时所译佛经如吴·康会译《六度集经》、吴·支谦译《佛说八吉祥神咒经》、晋·法矩译《法句譬喻经》、西晋·佚名译《佛说鬼子母经》、姚秦·竺佛念译《出曜经》、东晋·帛尸梨密多罗译《佛说灌顶七万二千神王护比丘咒经》等皆有"太山地狱"之语。佛经原文并无中华东岳之"泰山"一词，此之"太山"乃为译者所创，其意即为大山。佛经中之"太山"或做一般大山解，如"太山崩""重如太山"之类，或做"地狱"解，连称则为"太山地狱"，或径称"太山"，如"死入太山，烧煮脯割，诸毒备毕"之类。或以为佛经译者为使"太山地狱"更通俗化，遂用民众心目中的东岳泰山来借喻西方之地狱，但此说甚为勉强。泰山古为东岳，汉以前即有历代帝王封禅告天之说，在人们心目中本为仙都神山，佛经译者何必强以神山喻鬼狱？故窃以为佛经之太山本与东岳之泰山为二物，二者之合流乃在汉魏之际。◆太山府君即为冥府太山之主者，此为中国本土在佛教说法基础上所做的创造。"府君"在汉魏为一郡地方长官之尊称，太山府君则为天帝之属吏，专掌生死事。此词最初见于魏·曹丕《列异传》之"胡母班"条，但其中之太山府君仍未脱离泰山神的自然山川神形象，只是兼有冥府主者功能的泰山神而已。至《列异传》中蒋济儿故事（参见本书"泰山令"条），太山府君的自然神性质方消退，成为单纯的冥府主者。但此物之形成，只是中国方士借助于佛教材料而做的创造，既非佛教徒的有意把太山地狱汉化，亦与泰山本地的民间信仰无关。应劭于汉末任泰山太守，所著《风俗通义》于淫祠迷信搜剔扫荡不遗余力，而于太山府君未置一字，是泰山本地并无此信仰也。太山府君初见于魏晋小说，而小说作者名署曹丕，其实更可能是曹氏父子搜罗的那些方士之流。◆太山府君使佛教的太山地狱之说中国化，而在中国的冥府观念中成为一个系统。汉魏功令限制汉人为沙门，佛教势力极弱，于此毫无辩解能力，而太山府君于是在民间渐成俗信。至六朝时佛教兴起，遂有释宝林托名竺道爽而作的《檄太山文》（见《弘明集》卷一四），一面抨击民间对太山府君的信仰，一面把太山归于佛教的阎罗系统。自此太山府君一神在佛道二教的争斗中发生变化，或在笔记小说中仍残存其名，或为佛教归为阎罗天子属下之"尚书令录"，或为道教升为东岳大帝，反把阎罗天子置于麾下，而在唐末五代之伪《十王经》中，太山府君又以太山王名义成为十王之一，算是对佛道二教的一种调和。◆太山府君与山川神的泰山神不

同，多迎生人担任。最早见于晋·陶潜《搜神后记》卷三"桓哲"一条。其人多取刚介正直者。如南宋·洪迈《夷坚丙志》卷九记，临川雷度性刚介，死为泰山府君。◆按："太山府君"之称可有两解，一为"太山"之"府君"，则与汉魏时人间郡守之称"府君"者相合；另一解则是"太山府"之君长。东汉时"府君"一般为郡守之美称，但却并非专称，如干宝《搜神记》卷一五有贺瑀被"吏将上天，见官府，府君居处甚严"，此"府君"显然与人间郡守无关，而唐·牛僧孺《玄怪录》"刘讽"条有"太山府纠成判官"之官职，则明有"太山府"矣。"太山府君"命名之本始，或未必有与人间郡守凑合之意。

【太山公】阴司主者，疑即太山府君之类。《太平广记》卷三一九引王隐《晋书》："苏韶，字孝先，安平人也，仕至中牟令，卒后显灵，言冥间事，曰：'刘孔才为太山公，欲反，擅取人以为徒众。北帝知孔才如此，今已诛灭矣。'"◆按：刘孔才，在人世即汉魏之际的刘劭，魏文帝时为散骑侍郎，明帝时为陈留太守。《全唐文》卷一七二有"户部侍郎韦珍奏……"一条，中有"刘孔才矫制征兵，促黎元之残丧"之语，"矫制征兵"事不见于史，惟此处略露端倪，可知王隐《晋书》所云亦必有据。是王隐所说之"北帝""太山公"虽是神鬼，亦与现实政局相关也。

【太山录事参军】冥官，为"太山府君"的属吏。唐·释道世《法苑珠林》卷三三：唐坊州人上柱国王怀智，显庆初年，其母孙氏，及弟怀善、怀表并存。至四年六月，雍州（今陕西西安）高陵，有一人失其姓名，死经七日，背上已烂而苏，云："在地下见怀智，现任太山录事参军。遣吾执笔，口授为书，曰：'汝虽合死，今方便放汝归家，宜为我持此书至坊州。访我家，白我母云云。'"按：录事参军，初置于西晋丞相府，为录事曹长官，掌总录诸曹文簿。至南朝，诸公府及州府皆置。隋时州录事参军与州主簿合为一职，入唐后复旧，掌文书簿籍，监守符印。官从七品下至从八品下。由此官可看出太山府君在当时人心目中的品阶，也就是州府一级，与"府君"一称倒也相称。

【太山门主】冥吏，应为"太山府君"的门吏，亦即为冥府掌大门者。《太平广记》卷三八三引刘宋·刘义庆《幽明录》：北府索卢贞者，以晋太元五年六月中病亡，经一宿而苏。云死后见一曾邻居者，死已七八年矣，为太山门主。

【太山神姥】明·郑仲夔《耳新》卷七"神火"条：明熹宗时，徐州有太山神姥庙。一日，神姥口中吐火，延毁城楼学宫诸屋，遂导白莲倡乱。

【太山司命】应即"太山府君"。晋·干宝《搜神记》卷一五：汉献帝建安中，南阳贾偶字文合，得病身亡，有吏带诣太山，司命阅簿，谓吏曰："当召某郡文合，何以召此人？可速遣回。"◆按：旧籍中"太山司命"仅此一见。太山府君初见于汉魏之际，而司命之神源流甚远，方士者流既以"太山"为掌人生死事，随以古神名"司命"连缀之。其实即太山府君之一称也。此称后世不见于笔记，道教仙官名中却留有一些痕迹，如茅盈为司命神君，"司校太山死生录"等等。

【太上大道君】即"太上道君"，见该条。《老君圣纪》："元始天尊居玉清境，在三十五天之上；太上大道君居上清境，在三十四天之上；太上老君居太清境，在三十三天之上。"是为一说。《云笈七签》卷二一《玉京山经》言玉京山为天之中枢，为太上无极虚皇大道君所治，地位似天上独尊者。而《云笈七签》卷三《灵宝略纪》则云："天地初开为龙汉，生大圣人曰梵气天尊，经若干劫，天地复坏。又经一亿劫，天地重开，劫名赤明，生大圣人曰元始天尊。经二劫，天地又坏。再经五劫，天地乃开，是为开皇。太上大道君以开皇元年托胎于西方绿那玉国，寄孕于洪氏之胞。及长，元始天尊下降，授道君灵宝大乘之法十部。元始乃与道君游履十方，宣布法缘。既毕，然后以法委付道君，赐道君太上之号。"如此又以太上大道君为元始天尊弟子矣。又：梁·陶弘景《真灵位业图》"玉清三元宫"第二中位有"上清高圣太上玉晨元皇大道君（为万道之主）"，即此。

【太上道君】"三清"之二，全称"上清高圣太上玉晨元皇大道君"，又有"上清太卫真人""玉晨大法师""灵宝天尊"等称。《云笈七签》卷一〇一"太上道君纪"引《洞玄本行经》："太上道君者，于西那天郁察山浮罗之岳，坐七宝骞木之下。是时十方大圣至真尊神诣座烧香，稽首道前，上白道君：'不审灵宝出法从何劫而来，得今太上之任？'道言：'灵宝出法，随世度人。自元始开光，至于赤明元年，经九千九百亿万劫，度人有如尘沙之众，不可胜量。我随劫死生，世世不绝，常与灵宝相值同出，经七百亿劫中，会青帝劫终，九气改运，于是托胎于洪氏之胞。积三千七百年，至赤明开运，岁在甲子，诞于扶刀，盖天西那玉国浮罗之岳。复与灵宝同出度人。元始天尊以我因缘之勋，锡我太上之号，封郁悦那林昌玉台天帝君，位登高圣，治玄都玉京。'"◆按：道教仿释氏"三身"而造"三清"，今以太上道君掌"灵宝之法"，盖亦仿释氏"佛、法、僧"三宝之意。故梁·陶弘景《真灵位业图》以其为"万道之主"。而究其行实，恍惚渺茫，于三清中最为无稽。

【太上老君】道教最高神"三清"之第三位，实为道教祖师李聃之神化。北朝道教推尊老子，《魏书·释老志》："道之原出于老子。其自言也，先天地生，以资万类。上处玉京，为神王之宗；下在紫微，为飞仙之主。授轩辕于峨眉，教帝喾于牧德，大

太上老君 列仙图赞

禹闻长生之诀，尹喜受道德之旨。世祖（魏太武帝拓拔焘）时，道士寇谦之，守志嵩岳，精专不懈，以神瑞二年十月乙卯，忽遇大神，乘云驾龙，导从百灵，仙人玉女，集止山顶，称太上老君。"是以老子与老君为一人。而南朝道教则对老子取贬抑态度，梁·陶弘景《真灵位业图》则于第三中位有"太极金阙帝君，姓李"者，又于太极中位有"老聃"，第四中位有"太清太上老君"，则太上老君与老聃又显系二人（按：有说"太极金阙帝君姓李"者指李弘）。唐·段成式《酉阳杂俎·前集》卷二记老君又有九天（一作大）上皇洞真第一君、大千法王、九灵老子、太上真人、天老玄中法师、上清太极真人、上景君等号。老君于三清中虽位居第三，而在信仰中最为显赫。自东汉道教初兴，即以"黄老"目其教，而五斗米道亦以《老子》为诵习之经。至寇谦之假托老君下凡以改造天师道，老君之教主地位遂确定不移。唐高祖夸耀宗系，以老子为始祖，大倡道教，至高宗乾封元年追尊老子为太上玄元皇帝，玄宗开元间诏两京诸州各立玄元皇帝庙，天宝间累加尊号，为大圣高上大道金阙玄元皇帝。宋真宗时，祀老子于太清宫，加封为太上老君

混元上德皇帝。神仙之尊，至此而极。于是宋道士谢守灏作《混元圣纪》，叙老君历世显化之迹甚详（参见"老子"条）。至《云笈七签》卷一〇二《混元皇帝圣纪》则云："太上老君者，混元皇帝也。乃生于无始，起于无因，为万道之先、元气之祖也。"又云："老君者，乃元气道真造化自然者也，强为之容，则老子也。"则与元始天尊几无差别矣。老子神化为老君，而老君的无限神化又使其与老子的形象相剥离，人们已很难从太上老君联想到骑青牛而著五千言的老子了。◆台湾地区所祀老君，又有称太上道祖、三清道祖、无极老祖、无极圣祖、无极天帝、无极至尊者。见仇德哉《台湾之寺庙与神明（二）》。◆因《西游记》等传说故事中太上老君多守丹炉，故古代陶瓷、冶铸、炉匠等与炉火有关之行业常奉其为行神。

【太上真人】晋·葛洪《枕中书》："玄都玉京七宝山，在大罗之上，有上中下三宫。中宫为太上真人、金阙老君所治。"而汉·东方朔《海内十洲记》则云："蓬莱山，上有九老丈人、九天真王宫，盖太上真人所居，唯飞仙有能到其处耳。"唐段成式《酉阳杂俎·前集》卷二："老君又号太上真人。"

【太社之神】《龙鱼河图》："天岁星主德庆，其精下为太社之神。"◆宋·佚名《异闻总录》卷四：宋徽宗宣和七年春，相州士人来京师调官，归，出封丘门，见妇人著红背子，戴紫幂首，行于马前，相去十余步，无仆从随后。甚异之，策马追逐。到陈桥镇，忽小立回顾曰："汝何为见蹑？切勿起妄想，且得大祸。吾乃太社之神，奉上帝命部押汴都诸神五百辈，赴东岳收管，不为汝得见之。"俄风吹幂堕，士人喜而就视，乃大面如盘，无口与鼻，但纵横数十眼，光闪炯然。其人绝叫堕地，移时始苏。密与识者言，疑神祇舍去，非国之福。明年果受兵，城遂陷。◆又明·彭大翼《山堂肆考》卷一五一：李沆寓京师时，少出入，一日忽有一轿至，下轿，乃一盖头妇人，不见其面，然仪度甚美。入沆房，久然后出。众讶而问之。沆曰："是言某前程之类，何足深信。"诘之，乃曰："诸君曾见其面乎？一面都是目，殊可异也。"按：李沆，宋真宗时人。◆此太社之神形象与土中"太岁"相类，颇可玩味。

【太室神】《太平广记》卷二九六引唐·窦维鋈《广古今五行记》：后魏太武时，嵩阳太室中有宝神像，长数尺。孝文太和中，有人避疟于此庙，见太武来造神。因言："今日朝天帝，帝许移都洛阳，

当得四百年。"神言："昨已得天符矣。"太武出，神谓左右曰："虏性苟贪，天符但言四十，而因之四百。"明年，孝文选都洛阳，唯得四十年矣。◆按：太室，即嵩山。

【太司真人】北宋·朱彧《萍洲可谈》卷二：广州医助教王士良，元祐元年死三日而苏。自言被追至冥府，有衣浅绛衣如仙官者据殿引问士良尝为人行药杀妻事。士良不伏，有吏即取籍阅，云是误拘。遂放士良还。士良窃问左右此何所，或言"太司真人"，治天下医工。

【太岁】按"太岁"本为古代天文学中一个虚拟的星体，与实有的岁星相对应，以便于用十二次纪年。其假设的运行轨道与岁星相反，又因其为虚拟而非实有，遂有太岁"左行于地"之说。在星占中太岁为凶神，或用于厌胜，初见于《汉书·匈奴传》："哀帝元寿二年，单于来朝，以上

太岁 河北石家庄毗卢寺

太岁厌胜所在，舍之上林苑蒲陶宫。"《协纪辨方书》卷三引《神枢经》曰："太岁，人君之象，率领诸神，统正方位，斡运时序，总成岁功，以上元阏逢困敦之岁起建于子，岁徙一位，十二年一周。若国家巡狩省方，出师略地，营造宫阙，开拓封疆，不可向之。黎庶修营宅舍，筑垒墙垣，并须回避。"又引《黄帝经》曰："太岁所在之辰，必不可犯。"又因其"左行于地"，最晚至唐时，太岁已由星神化为异物，遂有太岁为土中怪物之说。一般以"太岁"为肉块：唐·段成式《酉阳杂俎·续集》卷二："莱州即墨县（今山东即墨），有百姓王丰，不信方位所忌，尝于太岁上掘坑，见一肉块，大如斗，蠕蠕而动。遂填其坑，肉随填而出，丰惧弃之，经宿肉长，塞于庭。兄弟奴婢，数日内悉暴卒，惟一女子存焉。"金·元好问《续夷坚志》卷一："土中肉块，人言为太岁，见者当凶，不可掘。"又有作土囊者，唐·皇甫枚《三水小牍》卷下："广州刺史张谋孙，尝凿一池，欲北引官渠水

涨之。或曰：'此处今年太岁所在也。'谋孙诚役夫曰：'掘得太岁则止。'明日及泉，获一土囊，破之，中有物斗余，色白如粟粒，忽跳跃四散而隐。谋孙遂中暴病，信宿而卒。"又有作红绣鞋者，黑鱼者，见《续夷坚志》卷一"郑叟犯土禁"条。又有做猪头状者，见清·钱泳《履园丛话》卷二四"陈状元犯土禁"条。有形似人而无眉目者，见北宋·孙升《孙公谈圃》卷上。又有说形体正方，遍体为眼，精光四射者，见清·汤用中《翼駉稗编》卷四"太岁"条。又有虽作异物状，且又能作人言者，如唐·戴孚《广异记》："晁良正性刚不怖鬼，每年常掘太岁。地坚，掘后忽见一白物，良正打之三日，送于河。其夜使人视之，三更后，车马甚众，来至肉所，问：'太岁何故受此屈辱，不仇报之？'太岁曰：'彼正荣盛，无奈之何。'暨明，失所在。"又清·李庆辰《醉茶志怪》卷二"金龟"条云："掘地得一物，如龟，方厚四五寸许，遍体金色，炫烂有光，四足齐动。惊顾已杳。或云是太岁也。"按：古人有动土之役，向有土神之祷，卜其时日方位，禁忌甚严。后与太岁之说合，而或有人于土中掘得异物者，遂指为太岁，于是而太岁遂成土中异物，实甚无稽。◆约至宋时，已有太岁为人形之说，称"太岁灵君"。南宋·洪迈《夷坚支志·戊集》卷三"张子智毁庙"条："张子智（贵谟）知常州。庆元乙卯春夏间，疫气大作，民病者十室而九。此邦东岳行宫后有一殿，土人奉祀瘟神，张指其中象衮冕者，问为何神，巫对曰：'太岁灵君也。'"至元明时则已有名姓，云是商纣王之子殷郊，见"殷元帅"条。而《封神演义》中姜子牙所封太岁神则为二人："封殷郊为执年岁君太岁之神，坐守周年，管当年之休咎。杨任为甲子太岁正神，率日直正神，循周天星宿度数，察人间过往愆由。"属下之神有：日游神温良，夜游神乔坤，增福神韩毒龙，损福神薛恶虎，显道神方弼，开路神方相，值年神李丙，值月神黄承乙，值日神周登，值时神刘洪。◆太岁作为星神又称"太岁大将军"，清·赵翼《陔余丛考》卷三四"太岁大将军"条："太岁避忌之法，汉已有之。其大将军之称，欧阳公《集古录》载李康碑云：岁在亥，大将军在酉。公谓出于阴阳家，前史所未尝见，周密以为即张晏所谓岁后二辰为太阴者也。《抱朴子》有诸皋太阴将军之称，术家盖本此。按《汉书》，王莽号其将军曰岁宿，则以太岁为大将军，并起于新莽矣。按《集古录》所云，则大将军系岁后二辰，

今术家则即以太岁为大将军。"◆又有以太岁为泰山者，《三教源流搜神大全》卷一："泰山者，乃群山之祖、五岳之宗、天帝之孙、神灵之府也。弥轮仙女夜梦吞二日，觉而有娠，生二子，长曰金蝉氏，次曰金虹氏。金虹氏者，即东岳帝君也；金蝉氏，即东华帝君也。金虹氏有功在长白山中，至伏羲氏封为太岁，为太华真人，掌天仙六籍，遂以岁为姓，讳崇。其太岁者，乃五代之前无上天尊所都之地，今之奉高是也。至神农朝，赐天符都官号名府君。至汉明帝封泰山元帅，掌人世居民贵贱高下之分、禄科长短之事、十八地狱六案簿籍、七十五司生死之期。圣帝自尧、舜、禹、汤、周、秦、汉、魏之世，只有天都府君之位。"◆太岁信仰本流行民间，不列国家祀典，宋太祖还曾痛斥司天监对太岁的迷信。但自元、明以来，太岁信仰即得到最高统治者的承认，设专坛祭祀。而太岁职掌，亦稍有变化，除土木兴建之方位禁忌外，又视其为"主宰一岁之尊神"。常与月将、日直之神并祭。

【太岁灵君】即太岁。南宋·洪迈《夷坚支志·戊集》卷三"张子智庙"条，记常州东岳行宫后有一殿，为瘟庙，中供一神为"太岁灵君"，左右数躯则为瘟司神。

【太岁殷元帅】见"殷元帅"条。

【太微天帝君】全名"太上太微天帝君"。《云笈七签》卷一〇二引《紫度炎光神玄变经》："太微天帝君生于始青之端，九曜神灵之裔，元气未凝之始。行年二七，金容内发，玉华外映。御紫度炎光回神飞霄登空之法，上登玉清高上之尊，道备，以传中央黄老君。"《集仙传》"茅盈"条作"太微帝君"，与天皇大帝、太上大道君、金阙圣君列为天上主宰。◆王树村藏有"太微仙君"神马，做老寿星状，王氏云："道家又称南极老人星为太微仙君。"按：《宋书·礼志》述晋成帝天郊，祀六十二神，太微与老人均在内，显系为二星。《淮南子·天文训》："太微者，太一之庭也。"即天之帝庭。三氏所云，不知何据。

【太玄女】后汉时女子。晋·葛洪《神仙传》卷四、《太平广记》卷五九引《女仙传》：姓颛名和。少丧父，忧人生不永，一心学道，得玉子之术，能入水不濡，入火不燃，单衣卧冰，颜色不变，搬移宫室，门户关锁，指之即开，指山山摧，指树树折，更指之，又如故。夜行山间，以杖叩石，即开门户，其中床帐酒食俱备。行三十六术甚效。起死回生，救人无数，白日升天而去。清·张正茂《龟

台琬琰》以为即"西灵子都"。

【太阳女】晋·葛洪《神仙传》卷四：太阳女者，姓朱名翼。敷演五行之道，加思增益。年二百八十岁，色如桃花，有如十七八者。奉事绝洞子，丹成升天。

【太阳星君】清·潘荣陛《帝京岁时纪胜》："二月初一为中和节，传自唐始，李泌请以二月朔为中和节。京师于是日以江米为糕，上印金乌圆光，用以祀日，曰太阳鸡糕。其祭神曰太阳星君。焚帛时，将新正各门户张贴之五色挂钱摘而焚之，曰太阳钱粮。"沈平山《中国神明概论》第二章："《水曹清暇录》：'二月初一俗称中和节，云起于唐李泌。市中货太阳糕，以祀太阳星君。'二月一日、三月十九日、冬月十九日，太阳与地球恰成中和。这三日，太阳宫必作醮礼神，人人向日焚香叩拜，供奉夹糖糕，或戳鸡形于糕上，或鸡图纸签，此叫太阳糕，宫内则斋诵《太阳经》。"◆按：以三月十九日为太阳生日，未必尽如沈平山之说。清·王嘉桢《在野迻言》卷七："三月十九日俗传太阳生日，家家焚香礼敬。其实明宗殉国之日也。民既乐新朝之盛泽，念故主而情深，谥曰思宗，其信欤？"又清·徐时栋《烟屿楼笔记》卷一亦主此说，云："国家定鼎之初，吾乡遗老最盛，感怀故国，每以庄烈帝死社稷之日私设野祭，相聚拜献，而事关禁忌，不敢明言，于是姑妄言之

太玄女 列仙全传

太阳星君

曰：'此太阳生日也。'"

【太阳子】晋·葛洪《神仙传》卷四：太阳子，姓离名明，本玉子同年之亲友。玉子学已成，太阳子乃事玉子，尽弟子之礼。玉子特亲爱之，门人三十余，莫与比也。而好酒常醉，以此见责。善为五行之道，虽鬓发斑白，而肌肤丰盛，面目光滑，三百余岁犹不改。著七宝树之术，深得道要。服丹得仙。时时在世间，五百岁中，面如少童，而须发皓白，因其多酒也。

太阳子 列仙全传

【太一】❶星神，在紫微宫阊阖门中。《星经》："太一星，在天一南半度。天帝神，主十六神。"《史记·天官书·正义》："太一星次天一南，亦天帝之神，主使十六神，知风雨、水旱、兵革、饥馑、疾疫。占以不明及移为灾也。《韩非子·饰邪》所云'丰隆、五行、太一、王相、摄提……'云云者，即此。"❷东皇太一。《楚辞·九歌》有《东皇太一》章，注云："太一星名，天之尊神，祠在楚东，以配东帝，故曰东皇。"❸天帝。《淮南子·诠言》注："太一，天神总万物者。"又《淮南子·本经训》："秉太一者，牢笼天地，弹压山川，含吐阴阳，伸曳四时，纪纲八极，经纬六合。"《史记·封禅书》：武帝时，"亳人谬忌奏祠太一方，曰：'天神贵者太一，太一佐曰五帝。'其后人有上书，言'古者天子三年一用太牢，祠神'三一'：天一、地一、太一。'"《索隐》："天一、太一，北极神之别名。"而此太一实即天帝，故当时又称天帝为太帝，《淮南子·天文训》："太微者，太一之庭，紫微宫者，太一之居。"注："太一，天之尊神曜魄宝也。"即天皇大帝。《周礼》郑注："昊天上帝，又名太一帝君。"◆按：在谬忌之前，汉祀五帝，谬忌始以太一为天之最尊神，而以五帝屈居于太一之佐。此天帝之太一与楚地之东皇太一疑有承续关系。谬忌亳人，亳，楚地。武帝用其议，始崇太一为天帝，

与汉帝本为楚人亦有关系。至成帝时，匡衡以祭太一为不合古法，复改为郊天。❹大神。《史记·封禅书》："汉武帝时有人上书云：'古者天子常以春解祠，祠黄帝用一破枭镜；冥羊用羊祠；马行用一青牡马；太一、泽山君地长用牛；武夷君用干鱼；阴阳使者以一牛。'"❺"太一十神"之简称。北宋·宋敏求《春明退朝录》卷中："宋太宗时建东太一宫于苏邸，遂例十殿，而五福、君䅺二太一处前殿。天圣中建西太一宫，前殿处五福、君䅺、大游三太一。熙宁五年建中太一宫，内侍主塑像，乃请下礼院议十太一冠服。"❻亦有以太一为仙人者。《汉书·王莽传下》：王莽下书曰："《紫阁图》曰：'太一、黄帝皆仙上天，张乐昆仑虔山之上。'"❼道之本原，近于元始者。《庄子·天下》："建之以常无有，主之以太一。"《吕氏春秋·大乐》："太一出两仪，两仪出阴阳。"皆此。《云笈七签》卷一八《老子中经上》："上上太一者，道之父也，天地之先也。乃在九天之上，太清之中，八冥之外，细微之内。吾不知其名也，元气是耳。其神人头鸟身，状如雄鸡，凤凰五色，珠衣玄黄。"◆闻一多以为太一即伏羲。见《东皇太一考》。◆《易乾凿度》曰："太一取其数以行九宫。"郑玄注曰："太一者，北辰神名也。下行八卦之宫，每四乃还于中央。中央者，地神。"顾炎武云："地神"疑作"北辰"。

【太一十神】或作"太乙十神"。南宋·吴自牧《梦梁录》卷八："东太乙宫，元东都祠五福太乙神也。按十神者，曰五福、君䅺、大游、小游、天一、地一、四神、臣䅺、民䅺、直符。凡五行宫，四十五年一移，所临之地，岁稔无兵疫。"清·宫梦仁《读书纪数略》卷四三作：

太乙十神部分　山西芮城永乐宫

"五福太一、君䅺太一、臣䅺太一、民䅺太一、九炁太一、大游太一、小游太一、四神太一、天一太一、地一太一。按：君䅺、臣䅺、民䅺，'䅺'本做'基'，避唐玄宗讳改。"《宋史·礼志六》："元

祐七年，监察御史安鼎以为：十神太一、九宫太一与汉所祀太一共是一神。而礼官详定，以为十神、九宫太一各有所主，非一神。至绍兴十一年，太常寺主簿林大鼐又言：十神太一，九宫太一，皆天之贵神，国朝分为二，并为大祀。"

【太一元君】老君之师。《仙鉴后集》卷一：老君远游山泽，求炼神丹。行经劳山，遇太一元君授以秘诀。元君曰："吾是群仙之尊，万道之主。"

【太乙】即"太一"。《天文大象赋》："太乙一星，天帝之臣也，主使十六龙，知风雨、水旱、兵革、饥馑、疾疫。"即"太乙十神""太一九神"之"太乙"。但十神之太一与九神之太一是否即一神，仍有分歧。

【太乙救苦天尊】即东极青玄上帝，《灵宝济度金书》："东极青玄上帝化为太乙救苦天尊，又化号为十万灵宝救苦天尊。"又名"太乙寻声救苦天尊"，见南宋·洪迈《夷坚丙志》卷一二。仇德哉《台湾之寺庙与神明（四）》："太乙救苦天尊与雷声普化天尊为玉皇大帝二胁侍，常侍

太乙救苦天尊　北京白云观

立左右。"或作"救苦天尊"，《夷坚三志·辛集》卷一"二屠鼎烹"条："德清民郑八，酷于屠牛。每行刃时，先刺其颈，血从中倾注数斗，目尚开阖。睹者念痛苦之状，或称救苦天尊，或诵解脱真言，助之冥果。"◆山西芮城永乐宫正殿龛后有"救苦天尊"像，可见其地位正与佛教中观世音菩萨相对应。

【太乙雷声应化天尊】道教所奉之雷神主蒦。《全真晚坛功课经》云："先天主将、一气神君、都天纠察大灵官、三界无私猛烈将。金睛朱发，号三五火车雷公；凤嘴银牙，统百万貔貅神将。飞腾云雾，号令雷霆，降雨开晴，驱邪治病。观过错于一十二年，受命玉帝；积功勋于百千万种，誓佐祖

师。至刚至勇，济死济生。方方阐教，处处开坛。害落猛吏三五火车大灵官、王天君、太乙雷声应化天尊。"甘肃武威雷台有雷祖庙，供奉主神即太乙雷声应化天尊，是即雷神主尊也。

【太乙真君】❶见"许栖岩"条。❷南宋·吴曾《能改斋漫录》卷一八：柴文元，本绵州彰明县（今四川绵阳北）弓手。山间遇一鹰绊林木间，柴取以归。道遇一少年，求索，即与之。少年愧谢，传以符术，授丹笔一支，曰："遇人疾厄，当书符以救之。"柴遂游于荆渚，书符以治疾。后游太华，见陈抟，问："子何处得太乙真君之笔乎？"方知所遇少年乃太乙洞主。❸《（雍正）湖广通志》卷七五：太乙真君寓居太乙寺，为药池炼丹。时疫疠大行，家书一符与以药，随愈。后莫知所之。遗有药池龙井尚存。

【太乙之精】或作"太一之精"。❶晋·王嘉《拾遗记》卷六：刘向校书天禄阁，夜有老人著黄衣，植青藜杖，登阁而进。见向在暗中独坐诵书，乃吹杖端，烂然出火，因以见向，说开辟以前。向因受《洪范五行》文。至曙而去，向问其姓名，云："我是太乙之精也。天帝闻金卯之子有博学者，下而观焉。"乃出怀中竹牒，有天文地理之书，授之。❷《初学记》卷五引《辛氏三秦记》言终南山中有石室灵芝，常有一道士不食五谷，自言太乙之

太乙之精　程氏墨苑

精，斋戒乃得见之。所居之地名曰地肺，可避洪水。◆按：《云笈七签》卷四四云：太一之精，起于太清，魂魄受化，形影为灵，摄御百神，拘制三阳。

【太阴法曹】东汉时出现之冥府官员。《太平经·庚部之十》："岁尽拘校簿上，山海陆地，诸祀丛社，各上所得、不用、不得失脱；舍宅诸守，察民所犯，岁上月簿；司农祠官，当辄转相付文辞。太阴法曹，计所承负，除算减年，算尽之后，召地阴神，并召土府，收取形骸，考其魂神。"

【太阴夫人】《太平广记》卷六四引唐·卢肇《逸史》：卢杞少时，穷居东都。邻有麻氏妪，一日引卢杞升天，见宫阙楼台，皆以水晶为墙垣。一女年十四五，甚美，谓杞："君合得三事，任取一事：与我为配，常留此宫，寿与天毕；次为地仙，常居人间，时得至此；下为中国宰相。"杞曰："在此处实为上愿。"女子喜曰："此水晶宫也。某为太阴夫人，仙格已高。足下便是白日升天。然定，不得改移，以致相累也。"乃赍青纸为表，当庭拜奏，曰："须启上帝。"少顷，有朱衣宣帝命曰："卢杞，得太阴夫人状云，欲住水晶宫。如何？"杞无言。夫人但令疾应，又无言。食顷间又问："卢杞！欲水晶宫住？作地仙？及人间宰相？此度须决。"杞大呼曰："人间宰相！"朱衣趋去。太阴夫人失色曰："此麻婆之过。速领回！"◆按：卢杞在《唐书》入《奸臣传》。此太阴夫人应即月神。所谓水晶宫者，即广寒宫。唐人小说多以神仙为戏笔，不足以说。参见"槐坛道士"条。

【太阴女】晋·葛洪《神仙传》卷四：太阴女，姓卢名全。为人聪达，智能过人。好玉子之道，颇得其法，未能精妙。时无明师，乃当道沽酒，密求贤师。会太阳子过之，见女恭敬，遂授补道之要，授以蒸丹之方。合服得仙，时年已二百岁，貌如少女。

太阴女　列仙全传

【太阴星君】清·富察敦崇《燕京岁时记》"月光马儿"条："八月中秋。京师谓神像为神马儿，不敢斥言神也。月光马者，以纸为之，上绘太阴星君，如菩萨像，下绘月宫及捣药之玉兔，人立而执杵，市肆间多卖之者。"又民间星命说以日、月、五星、紫炁、月孛、罗睺、计都为"十一大曜星君"。月则名"太阴星君"。

【太元圣母】晋·葛洪《枕中书》："天地混沌之时，已有盘古真人，天地之精，自号元始天王，游乎其中。及天地判，元始天王在天中心之上，名曰玉京山，山中宫殿并金玉饰之，常仰吸天气，俯饮地泉。复经二劫，忽生太元玉女在石涧积血之中，出而能言，人形具足，常游厚地之间，号曰太元圣

母。元始天王下游，与太元玉女相嬬，乃生天皇十三头，治三万六千岁。书为扶桑大帝东王公，号曰元阳父。又生九光玄女，号曰太真西王母，是西汉夫人。"又云："玄都玉京七宝山，在大罗之上，有上中下三宫。上宫是盘古真人、元始天王、太元圣母所治。"

【太真夫人】即"太真王夫人"。《太平广记》卷五七引《神仙传》："王母之小女，年可十六七，名婉罗，字勃遂。衣服奇丽，姿容绝世。嫁玄都太真王有子，有子为三天太上府司直，总纠天曹事，因年少好游逸而误事，降职主东岳。故夫人又称王夫人、东岳夫人。夫人因往东岳看视其夫，过临淄（在今山东淄博），正值县小吏和君贤为贼所伤将死。夫人悯之，出药救愈。君贤感之，遂改名自号马明生，随夫人执役。夫人还入东

太阴星君　黑水城遗址西夏画像

太真王夫人　列仙全传

岳泰山石室中，明生方知夫人为神仙，一心求道。夫人屡试明生，见其心坚志静，遂令明生师事安期先生，得不死之术。"又见《云笈七签》卷九八、一〇六，《仙鉴后集》卷三。晋·葛洪《神仙传》云其名婉，字罗敷。明·王世贞《列仙全传》卷一所记有异："太真王夫人，王母少女玉卮也。每弹一弦琴，即百禽飞集。时乘白龙，周游四海。"◆唐·释道世《法苑珠林》卷三一"潜遁部"引《幽冥录》有太真夫人嫁女故事。

【太子】清·俞樾《右台仙馆笔记》卷五：江西南昌府有所谓"抢魂"者，各村坊咸有庙，庙之神曰"太子"，白面而有笑容，其身著甲，首戴兜鍪，一手执旗，一手执剑，不知何许人也。凡病重者，请道士为之抢魂，迎太子之神至其家。既至道士叩头焚钱祈祷，夜发四人舁神至旷野盘旋三匝，飞奔而回，甫及门，即大呼患者之名，门内应曰诺，于是复奉神于其家。三四日后，送神归庙。

【太子爷】闽台一带多奉哪吒为中坛元帅，俗称"太子爷"。因哪吒为托塔天王之第三太子也。

【泰伯三郎】唐·陆长源《辨疑志》：吴阊门外有泰伯庙，往来舟船求赛者常溢，谓庙东又有一宅中，有塑像，云是泰伯三郎。《吴郡志》卷一二引此，谓是"泰伯长子三郎"。

【泰逢】《山海经·中山经》："和山，实惟河之九都。是山也五曲，九水出焉。吉神泰逢司之。其状如人而虎尾，出入有光，泰逢神动天地之气也。"郭

泰逢　山海经图　蒋应镐本

璞注："言其有灵爽能兴云雨也。"吴任臣《广注》案："《事物绀珠》云：'泰褷，司吉善之神。'纬书云：'褷黄，萯山之神，能动天地。'《冠编》二十二姓纪有泰逢氏，注云：'和山为河之九都，吉神泰逢寄精之所。'《郁离子》曰'泰逢起风，薄号行雨'，指此也。"又案："《通鉴·循蚩纪》：'泰逢氏没为河神，司之于萯山之阳，出入有光。'《路史》：'夏后氏游畋黄萯之颠，天风晦冥，遇神褷而迷。'《文心雕龙》云'夏甲叹于东阳，东音以发'，谓此事耳。《释义》曰：今深山有磷火，夜中望之，明灭倏忽，出入有光，无乃类是。"

【泰山府君】即"太山府君"，见该条。

【泰山君】"太山府君"的道教化。梁·陶弘景《真诰》卷一六酆都阴官有"泰山君荀颙"。（字景倩，或子。晋世起家为黄门郎，迁尚书仆射《真灵位业图》作"秦颛"，误）。领一万兵，镇处亦有数百处，皆有长史司马。《云笈七签》卷七九："太山君领群神五千九百人，主治死生，百鬼之主帅也，血祀庙食所宗者也。世俗所奉鬼祠邪精之神而死者，皆归泰山受罪考焉。泰山君服青袍，戴苍碧七

称之冠，佩通阳太平之印，乘青龙，从群官。"◆按：早在东汉末年的镇墓文（刘伯平镇墓铅券）中就已经有了"太山君"，那更可能是太山府君的前身。

【泰山老父】晋·葛洪《神仙传》卷八：泰山老父者，莫知其姓字。汉武帝东巡狩，见老翁锄于道旁，头上白光高数尺。帝问有何道术，老父曰："臣年八十五时衰老垂死，遇有道者教以绝谷，但服术饮水，并作神枕，中有三十二物，以应二十四气、八毒。此后臣转老为少，日行三百里。"老父后入岱山，十年五年一归乡里，历三百年，乃不复还。◆按：此与《神仙传》卷八所载"巫炎"事相似，或泰山老父即巫炎之另一传说。

泰山老父 列仙全传

【泰山老师】唐·段成式《酉阳杂俎·前集》卷二：邢和璞居终南，好道者多卜筑依之。崔曙年少，亦随焉。邢尝谓其徒曰："三五日有一异客见访，君等可为我各办一味。"数日后张宴于亭，邢下山延一客，长五尺，宽三尺，首居其半，色若削瓜，与邢剧淡，多非人间事。崔曙不耐，因走过庭。客熟视，顾邢曰："此非泰山老师乎？"邢应曰："是。"客复曰："更一转，则失之千里，可惜！"客去，邢谓崔曙曰："客乃天帝之弄臣，言君为泰山老师，颇记否？"崔泣曰："某实泰山老师后身，不复记忆，幼常听先人言之。"

【泰山令】《三国志·魏书·蒋济传》注引魏·曹丕《列异传》："蒋济为领军，其妇梦见亡儿涕泣曰：'死生异路，我生时为卿相子孙，今在地下为泰山伍伯，憔悴困辱，不可复言。今太庙西讴士孙阿，今见召为泰山令。愿母为白侯，属阿令转我得乐处。'母从之，后梦儿复来语云：'已得转为录事矣。'"又见晋·干宝《搜神记》卷一六"蒋济"条。按：泰山令在汉魏及后代笔记中仅此一见，实

即泰山府君。或太山冥府形成之初，其主者本无定名，故有称"府君"者，有称"令"者。但县令级别过低，因而未能被世人所接受耳。

【泰山录事】据《三国志·魏书·蒋济传》注引魏·曹丕《列异传》，蒋济亡子在冥间为泰山伍伯，后经泰山令转为录事，则录事最初仅为泰山令下书吏之类。至《南史·沈僧昭传》：僧昭自云为泰山录事，幽司中有所收录，必僧昭署名。其权已相当不小。又此录事在唐时或称"太山录事参军"，可参看该条。

【泰山娘娘】《民间新年神像图画展览会·附录十》：泰山娘娘之全名为东岳泰山天仙玉女碧霞元君，最通俗之名称为泰山娘娘。参见"泰山玉女""碧霞元君"等条。◆按：清·袁枚《子不语》多处提及泰山娘娘掌管天下狐仙，每

泰山娘娘

月朔，狐仙即往泰山娘娘处听差（卷四）。如有蛊惑人间男女事，则有处罚（卷五）。又云每年群狐往泰山娘娘处考试，文理通顺者方许修仙，否则只可为野狐也（卷一）。

【泰山女】晋·张华《博物志》卷七：周文王以太公望为灌坛令，期年，风不鸣条。文王梦一妇人，甚丽，当道而哭，曰："吾泰山之女，嫁为东海妇，欲归，今为灌坛令当道。我行必有大风雨，是毁其德也。"此泰山显系山川之神。而晋·干宝《搜神记》卷四"胡母班"条载泰山女嫁河伯妇事，则一变而为主掌幽冥之太山府君女也。另参见"碧霞元君""泰山玉女""泰山娘娘"诸条。

【泰山七郎】唐·薛用弱《集异记》"李纳"条：贞元初，平卢帅李纳病笃，遣押衙王佑祷于岱岳。斋戒而往，及岳之西南，遥见山上有四五人，衣碧汗衫，半臂，其余三四人，杂色服饰，乃从者也。碧衣持弹弓弹古树上山鸟，一发而中，鸟堕树，从者争掩捉。王佑前到山下，人尽下车却盖，向山齐拜。比欲到，路人皆止，令其下车，曰："此三郎

子、七郎子也。"

【泰山三郎】泰山神之子，多为纨绔恶少形象。《太平广记》卷三一三"葛氏妇"条引五代·王仁裕《玉堂闲话》："兖之东钞里泗水（今山东泗水）上有天齐王祠，中有三郎君祠神者。巫云，天齐王之爱子，其神甚灵异。相传岱宗之下，樵童牧竖，或有逢羽猎者，骑从华丽，有如侯王，即此神也。鲁人畏敬，过于天齐。朱梁时，葛周镇兖部署，尝举家妇女游于泗亭，遂至神祠。周有子十二郎者，其妇美容止，拜于三郎君前，熟视而退。俄而病心痛，踣地闷绝久之。举族大悸，即祷神，有顷乃瘳。自是神情失常，梦寐恍惚，尝与神遇。其家惧，送妇往东京以避之。未几，其神亦至，其夫畏神，竟不敢与妇同居。久之妇卒。"唐·戴孚《广异记》："赵州卢参军，其妻甚美。五月五日，妻欲之市求续命物，忽暴心痛，食顷而卒。卢生号哭毕，往见正谏大夫明崇俨。明云：'此泰山三郎所为。'遂书三符，三郎有惧色。使送赵妻还。赵妻魂至堂上，见身卧床上，被推入人形，遂活。"◆按：泰山三郎多掠良家妇女事，往往见于唐人小说，颇关影射，是民间本有其神，非列祀典者，而后世因其名声渐大，竟封为"炳灵公"，遂成正神。参见"炳灵公"条。◆按：太山府君有子，初见于《魏书·段承根传》："段承根之父名晖。少时师事欧阳汤，汤甚器爱之。有一童子，与晖同志。后二年，童子辞归，从晖请马。晖戏作木马与之。童子甚悦，谢晖曰：'吾太山府君子，奉敕游学，今将欲归。烦子厚赠，无以报德。子后位至常伯，封侯。非报也，且以为好。'言终，乘木马腾空而去。晖乃自知必将贵也。"参见"东岳三郎"条。

【泰山四郎】《太平广记》卷二九七引《冥报录》：唐兖州邹县张某，曾任县尉。贞观十六年，诣京赴试，途经泰山，谒庙祈福。庙中府君及夫人并诸子等，皆现形象。张遍拜讫，至第四子旁，见其仪容秀美，祝曰："但得四郎交游，一生分毕，何用仕宦！"及行数里，忽有数十骑马挥鞭而至，从者云是四郎，曰："向见兄垂顾，故来仰谒。"又曰："兄欲选，然今岁不合得官，复恐在途有灾，不须复去也。"张不从，执别而去。行百余里，张又同伴夜行，被贼劫掠，装具并尽。张遂祝曰："四郎岂不相助？"有顷，四郎车骑毕至，惊嗟良久，即令左右追捕其贼。

【泰山王】十地阎君之七名泰山王，或做"太山王"。姓毕，或云姓董。据《预修十王生七经》《地藏十王经》等所举，此王之本地为药师如来，系决定罪人生处之冥官。此王座前有直通六道之门。死者于七七四十九日中阴满时，过阊铁所，至太山王殿，决定当来之生处。然在一般民间信仰中，则认为亡者尚须经过八、九、十等三殿之审判，才能投胎转世。而据《玉历钞传》等：第七殿泰山王，三月二十七日诞辰，司掌热恼地狱，又名碓磨肉酱地狱，另设十六小狱。凡阳世取骸合药，离人至戚者，发入此狱，再发何重小狱。受苦满日，转解第八殿，收狱查治。一说，七殿泰山王：司掌大海之底，西北沃燋石下，热恼大地狱，其广亦纵横三千里，周围另设十六小地狱，凡犯盗墓、赌博、鱼肉乡里、逼良为娼、玷辱杏坛等罪者，均发入热恼大地狱与各小地狱受苦。民间或以为掌管污血池地狱、枉死城地狱、磔地狱。◆按："太山"本为佛教地狱之汉译，汉魏之际方士者流据此造作太山府君主掌冥府之说，事多见于汉魏小说，故后世十殿阎王中设"泰山王"一名，是泰山王即太山府君之演变也。

泰山王　北京白云观

【泰山玉女】泰山有碧霞宫，祀天仙玉女碧霞元君，或称玉女。世传为东岳女，又说为"东岳金虹太乙定父"所生而化身为观音者；又有说玉女为玉帝所封之女青真人者。泰山有女，早见记载，见"泰山女"条。《神异典》卷二一引明·王之纲《玉女传》："泰山玉女者，天仙神女也。黄帝时始见，汉明帝时再见焉。按《玉女考》李谔《瑶池记》云：'黄帝尝建岱岳观，遣女七，云冠羽衣，焚修以迓西昆真人。玉女盖七女中之一，其修而得道者。'《玉女卷》曰，'汉明帝时，西牛国孙宁府奉符县善士石守道妻金氏，中元七年甲子四月十八日子时生女，名玉叶。貌端而性颖，三岁解人伦，七岁辄闻法，尝礼西王母。十四岁忽感母教，欲入山，得曹仙长指示，入天空山黄花洞修焉。天空盖泰山，洞即石屋处也。三年丹就，元精发而光显，遂依于泰山焉。泰山以此有玉女神。'山顶故有池，名玉女池，旁为玉女石像。宋真宗东封，泉水忽瀑，清泚可鉴，味甘美。王钦若请浚之。像偶折，诏易以玉，复瓮石为龛，构昭真祠祀焉。尹龙谓世传天仙玉女碧霞元君之祠始此。明成化间，拓建改为宫。弘治间更名灵应。嘉靖间再更碧霞。碧霞宫之名始此。累朝增葺，宫制滋阔，而神之灵益显，四方之瞻礼者益奔走焉。若谓玉女为东岳金虹太乙定父所生，而化身为观音之在世，岂理也哉！世乃谓玉女亲受帝册，为女青真人，永镇泰山，以主其祀，岂不谬哉！"参见"碧霞元君"条。

【泰山主簿】唐·唐临《冥报记》："长史来报云：'是君乡人赵某，为泰山主簿。主簿一员缺，荐君为此官，故为文案，经纪召君耳。案成者当死。'"太山主簿为太山府君属官，但明显不止一员，或者应是都录的下属。唐·戴孚《广异记》："太山有两主簿，于人间如判官也。傧从甚盛，鬼神之事，多经其所。"

【tan】

【滩神】急流险滩之神。《氏族大全》卷二一："瞿乾佑有道术，以考召著名。云安一邑江流之险十有五处，一日召其滩神，使平之，至者十四，最后至乃一女人，曰：'沿江小民藉江流之险为人挽负以资生，岂可平也？'于是命滩神悉复其险。"《八闽通志》卷一二言福安黄牛滩甚险恶，传有池道士，死为滩神。舟楫上下必献楮币而后行。同书卷五九，记清流有九龙庙，庙前有大滩九，小滩十八，庙祀九龙神即九龙滩神。

【贪婪】清·汤用中《翼駉稗编》卷二"温州异灾"："温州地气本暖，忽严冬骤热，重绵尽脱，尚觉炎蒸。须臾，天半渐有红气上冲，人益燥热。遥望海岛踞一奇兽，类世俗所画贪婪状，遍身皆赤，仰首吐火，竟天皆红。又言此物即狐。"

【坛神】清·李调元《新搜神记·神考》："蜀中俱祀坛神，巫家所供也。名其神曰黑虎玄坛赵公明。按：赵公明之神，始见《搜神记》。据此则当是巫家所谓赵公明，而无所谓黑虎玄坛。按：遂宁李如石实《蜀语》谓，坛神名主坛罗公，黑面，手持斧，吹角，设像于室西北隅，去地尺许，岁暮则割牲，延巫歌舞赛之。考《炎徼纪闻·黑罗罗》曰：'乌蛮俗尚鬼，故曰罗鬼，亦曰乌鬼，今市井及田舍祀之，缙绅家否。'据此，则言罗公而不言赵公明，大抵因面黑而附会黑虎，因黑虎而并取明嘉靖年间道士所作《封神传》小说内之赵公明以附会其说，皆巫家之言，其实皆乌蛮之俗也。"◆清·慵讷居士《咫闻录》卷五"宰猪无血"条："大理伍家，世祀坛神，三年一醮，谓之庆坛。巫人张挂神像，例用牲血，对门有屠，遂招致之云。"

【昙霍】《晋书·艺术传》：沙门。不知何许人。秃发傉檀时从河南来，持一锡杖，云："此是般若眼，奉之可以得道。"人或遗以衣服，受而投之河，后日还回本主。行步若风云，言人死生，无毫厘之差。后兵乱，不知所在。

【昙阳子】明时王锡爵之次女，传闻得道成仙，白日飞升。见《皇明盛事述》卷三"王氏奇迹"条。明·沈德符《万历野获编》卷二三有"假昙阳"一条，云："王锡爵以侍郎告归。其仲女昙阳子者得道化去，一时名士如王世贞、世懋兄弟、沈懋学、屠隆、冯梦桢、瞿汝稷辈，无虑数百人，皆顶礼称弟子。先已豫示化期，至日并集于其亡夫徐氏墓次，送者倾东南。说者疑其为蛇所祟，盖初遇仙真，即有蜿蜒相随，直至遗蜕入龛，亦相依同掩，则此说亦理所有。"明·徐树丕《识小录》卷三"汤若士牡丹亭"一条据文启美云："汤显祖素恨王锡爵，此传奇中杜丽娘即况昙阳子，而平章则影射锡爵。"又云："其后太仓人更有异议，云昙阳入龛后复生，至嫁为徽人妇。"明·王世贞《弇州续稿》卷七八有《昙阳大师传》云："昙阳大师姓王氏，少好诵佛号，忽梦大士及朱真君，吸香烟，遂不饭。后诸真数至，久之能炼形出神。临化时曰：'吾昙鸾菩萨化身也。'因左手结印执剑，右手握麈尾，端立而瞑。明王叔承诗：'昙阳仙子王家姑，幼从节烈参虚无。七年服气绝烟火，玉楼明月寒冰壶。'"

【谭峭】五代时人。五代·沈汾《续仙传》卷下："字景升，幼聪敏，好黄老仙传。一旦别父母出游终南山，师嵩山道士十余年，得辟谷养气之术。冬卧风雪中，气咻咻然。行似疯狂。后居南岳炼丹，丹成，能入水不濡，入火不灼，亦能隐形变化。得入青城山而不出。"明·陆容《菽园杂记》卷一一："景升因游三茅，道过金陵，见宋齐丘，出《化书》授之，请为序。齐丘以酒饮景升大醉，以革囊裹之，缝之，投深渊中。齐丘遂夺此为己书，作序传世。后有隐者渔于渊，获革囊，剖而视之，一人大睡其中，问其姓名，曰：'我谭景升也。宋齐丘夺我《化书》，沉我于渊。今《化书》行于世否？'渔者曰：'行之久矣。'景升曰：'《化书》若行，不复入世矣。'复请渔者缝革囊，沉己于渊。"

谭峭　仙佛奇踪

【谭峭岩】唐时人。《仙鉴》卷三八："谭峭岩，茅山道士。唐敬宗宝历中游天台、江浙间，年貌如二十许人。以阴功救物，常遗金于途，以拯贫者。能以神丹化瓦砾，符箓以制鬼神。或者话隋炀帝东巡事，峭岩失言曰：'大业年中，开丹阳河，断三冈脉，其下血流，吾尝往观之。'由此知峭岩之寿盖数百年矣。弟子邓甲久事之，授以丹诀符术则不能尽其妙，但陆擒虎豹，水缚蛟螭而已。文宗开成中轻举于南岳。"按：此即裴铏《传奇》之"峭岩"，而加以谭姓者，或因"谭峭"而连及之也。参见"邓甲"条。

【谭女仙】清·汪森《粤西丛载》卷一一引《名胜志》：谭氏二女，昭州人。大宝初，于诞山下修黄老术，不知所之。一日同里以不雨为忧，二女至，谓里翁曰："汝能饷我，即可得雨。"翁饷之。二女甫去，果大雨如注。翁追觅，不复见，山下呼则上应，山上呼则下应。循至一巨石，四周无草木，二女之衣带在焉。是后恒见二女于石上栉发，因立庙祀之。

【谭仙姑】清·俞樾《右台仙馆笔记》卷一五：江西有谭仙姑者，不知何时人。或云孝女，或云贞女，盖女子而夭折者，其事不得而详也。在江西颇著灵异。嘉庆、道光间，湖北大旱，或言江西谭仙姑求雨最灵，乃往迎之，以纸书谭仙姑之位，置肩舆中。复使人执雉尾导其前，言神所凭依也。神至，果得大雨，于是遂为立庙。其后祈报者无虚日。遇有水旱偏灾，乡民辄迎其神祷焉。有舆夫戏言："空舆耳，异此何为？"言甫出口，神舆顿重，

压此舆夫仆地；再舁之，不能举矣。咸知获罪于神，使叩首谢过，乃复如初焉。

【谭宜】唐时人。《太平广记》卷二〇引五代·杜光庭《仙传拾遗》：谭宜者，陵州（今四川仁寿）民谭叔皮之子。生于开元末。数岁之间，身逾六尺，不饮不食，行及奔马。二十余岁，忽失所在。父母思念，乡里追忆，立庙以祀之。至大历元年，忽还家，霞冠羽衣，谓父母毁庙散金，以济贫民，言讫升空而去。

【谭真人】南宋·洪迈《夷坚支志·乙集》卷五：衡州（今湖南衡阳）道士赵祖坚，欲习五雷法，而无其师，但焚香于谭真人像前，冀获警悟。越数年，为人考召治祟，方使童子照视，童子忽跃起，披发跣足，厉声曰："吾即谭真人也。怜汝精勤，故教汝法。吾五雷符有七十二道，尔方得四符，如何可慑服邪妖。宜取百幅纸置几上，当为汝传。"仅食顷，赵揭示其纸，凡六十八幅，每幅画一符。赵惊喜，自是符验通灵。◆按：此谭真人疑即"谭紫霄"。

【谭紫霄】五代时人。《仙鉴》卷四三："金门羽客谭紫霄。祖籍北海（今山东潍坊），生于金陵。六经百氏、秘典灵书，多所该通。南之玉笥山（今江西峡江东南）为道士。后遇异人授以魁罡斗极、观灯飞符之术，行之灵验。入闽，闽主王审知礼之甚厚，一命洞玄天师，再命左街道门威仪贞一先生。闽亡，归金陵，南唐烈祖遣使劳问，授左街道门威仪，加真曜先生，保大中赐金门羽客。隐于庐山白云峰栖隐洞。宋开宝六年坐化于洞中，年一百五十岁。洞侧有人见其云气如龙，冲升而去。"清·吴任臣《十国春秋》卷九九"闽列传"："泉州人，与陈守元相善。守元掘地得张道陵符箓，不能用，授与紫霄。紫霄尽通之，遂自言得道陵天心正法，劾鬼魅治疾病多效。闽王鏻奉为师，封正一先生。闽亡，寓庐山栖隐洞。有道术，事'黑煞神君'，祈禳灾福，知人寿夭。南唐后主召至建康，赐号'金门羽客'，比蜀之杜光庭，皆让不受。年百余岁，卒于庐山，人谓之尸解。"马令、陆游二《南唐书》皆有传，较详，可参见。

【檀帝大将】南方檀帝大将，与东方乐欲大将、西方善现大将、北方散脂大将合称"匡野四将"，常见于水陆画。见"匡野四将"条。

【檀仙姑】宋时人。《神异典》卷二五四引《池州（今安徽贵池）府志》：宋给事檀倬之女，每及嫁而夫辄死，遂誓祝发。父母阻之不得，乃备一骑并侍

资，曰："骑之所至，即汝归所。"女于途中遇一僧，欲拜为师。僧曰："我为造塔，正欲它往。某日会我于西峰山下。"女如期至，果见造塔，而所塑像即僧。乃知为圣僧，即尽捐食资造塔。后精勤修炼，白日化升。

【tang】

【汤王】清·姚福均《铸鼎余闻》卷二引《安徽宁国县志》（今安徽宣城）：汤王山汤公庙，道光初有灵异，远近祈祷。值大旱，知县阮文藻将亲祷，前一夕神见梦于庙祝，曰："我非汤王，乃山中虾蟆精耳。阮公正人，吾不敢见，从此去矣。"后遂不灵。

【汤野云】明·王圻《稗史汇编》卷六三：汤野云，师事仙人王古峰，受炼气之术。古峰尝为吴人沈万三所尊礼，以《凡在经》十卷、炉火一方留其家，万三用以治富。永乐中，万三之孙被籍没，其书为南京王千户所得。王之子名鼎，有恶疾，募能医者。时野云道未成，过而怜之，语之曰："吾观子似可入道，病不足忧也。吾为子愈之，虽然，必为吾弟子。"鼎许诺，野云医之，不逾月而愈。于是鼎拜野云为师，出其书以奉之。野云遂择其粗以授鼎，而自用其精以得道。鼎后亦超玄秘，弃官游行江湖。

【汤周二仙】东晋时人。《（康熙）袁州府志》卷一三：失其名，俱广南人。晋安帝时，汤为靖州寿光令，周为洪州南昌令。见世将乱，汤弃官访周，隐居于万载（今江西万载）县西四十里，修炼道成，因名汤周山。上有棋盘石、试剑石，云是二仙遗迹。

【唐八郎】南宋时人。南宋·洪迈《夷坚丙志》卷三：唐八郎，本青城（今四川都江堰）赵氏子。父赵老，喜接道流。唐年十许岁，似有所遇，失之，逾两月，得于山后石上，取以归。自是率意狂言，言辄有验。隆兴初，成都村民入市，有道人授以书，曰："请送与仙井唐八郎。"民接书即行，同辈以为书中有仙方之类，发视之，白纸也，急封之。才至仙井，唐迎骂曰："何不还吾书！"执书再三读，叹曰："又迟了我二十四年。"不乐而去。乾道间尚存于世。

【唐法信】北宋·沈辽《云巢编》卷六《零陵先贤赞》有"景星观真人"一则，题注"唐氏女，讳法信"。原文前缺二十余字，大略云上帝迎其上天："先生稽首，上朝太清。弟子何知，但闻其声，瞻仰太虚，乍隐乍明。顷之双履，堕于清冥。"

【唐昉】刘宋·刘敬叔《异苑》卷三："唐鼠，形如鼠而稍长，青黑色，腹边有余物如肠，时亦污落，亦名易肠。昔仙人唐昉拔宅升天，鸡犬皆去，唯鼠坠下，不死而肠出数寸，三年易之，俗呼为唐鼠。"按：唐昉即"唐公昉"，详见该条。

【唐疯仙】宋时人。《（雍正）湖广通志》卷七四、《德安府志》：名守澄，随州人，幼入武当，杖头常挂葫芦数十，往来云、房之间。言人吉凶常中。常叱辱人，被叱者即蒙福庆。人以"风（疯）仙"称之。点墨片纸，可疗奇疾。居卧常有虎豹守卫。度徒百余。解化时面若童子。

【唐疯子】明时人。《（雍正）云南通志》卷二五：泸州（今四川泸州）人。知书，事父孝。朝为人佣，暮则歌咏。父亡，走山中。也与儿童戏，人以疯子呼之。严冬大雪，卧石上，汗蒸如雨。衣敝，以绳缀牛马骨披焉。或食铁及瓷、瓦。好事者趋问祸福，皆不答；有时漫语，又切中其隐。崇祯末，预言天下将乱。丁亥间，为兵卒所杀，刀方至颈，白气涌出。

【唐甘弼】南宋初人。明·陆楫编《古今说海》卷八四《海陵三仙传》：唐甘弼，海陵人，为郡小吏。一日晨出，若有所遇，忽裂巾毁屦，解衣濡水，裸裎亵语，见者遭嫚骂。家人以为狂，因于别室。岁余，其母哀而纵之。冬夏一布襦，仅蔽膝，负敝衣于左肩，蓬首胡髯，垢面跣足，徜徉井间中，人呼"唐九郎"。或发语干休咎，人始异之。稍就占讯，喜怒语黙，无不验。凡饮食，或捐半于地，或委沟渠而食其余。得炊饼，渍渠泥啖之。得酒，或覆于几，又祭之地，复收饮，无少损也。所临列肆，是日必大获，竞欲延致。以饮食为博徒者，数负，不自活，乞怜于先生。或与之钱，以为博资，则终日胜。酤酿欲成而败，先生至瓮下索饮，漉而饮之，香味俱变，未竟日而售。人家非常所游者，亦惮其来，其来也必有异。绍兴七年冬十一月，大呼于市曰："二十一日雪下，二十二日唐倒。"皆不测其意，至期大雪，明日往河西张氏舍求附火，潜抱薪自焚于隙屋。张觉之，体已灼烂，索寝衣披之，行至常所，居米肆端坐，手撷燔肉以食，且以饲犬，须臾而逝。有田夫自斗门至，中途遇其西行，问先生安往，曰："吾归也。"入城，已自焚矣。岁余后，有醝商见先生于江西，而蜀人亦见之于青城云。

【唐葛周三真君】即"天门三将军"。见该条。

【唐公成】《天地宫府图》："三十六小洞天之西山为真人唐公成所治。"唐公成不详。梁·陶弘景《真诰》卷一三称唐公房为"西山唐房"，如此则唐公成或为"唐公房"之误矣。

【唐公房】❶梁·陶弘景《真诰》卷一三："唐公房在仙班为保命四丞之一，主生死。"按：《隶释》卷三有东汉《仙人唐公房碑》，云："君字公房，成固人。耆老相传，王莽居摄二年，为郡吏，遇真人，进以美瓜，又从而礼敬之。真人乃与君神药，曰：'服药之后，当移意万里，知鸟兽言语。'是时府在西成，去家七百余里，休谒往来，转景即至。鼠啮被具，君乃画地为狱，召鼠诛之，视其腹中，果有被具。府君欲从学道，君不应，府君怒，欲收公房妻子。公房呼其师，其师以药饮公房妻子，并涂屋柱，饮牛马六畜。须臾大风起，举家飞升。"按：《(雍正)陕西通志》卷六五引《城固县志》载此，而误作"唐公昉"。❷又《仙鉴》卷一〇"李八百"条有"唐公房"，其事则与同书卷一一"唐公昉"相同，应是"唐公昉"之误。

【唐公昉】晋·葛洪《神仙传》卷三"李八百"条："李八百知汉中唐公昉有志，不遇明师，欲教授之。乃先往试之，为作客佣赁者，公昉不知也。八百驱使用意，异于他客，公昉爱异之。八百乃伪病困，当欲死，公昉即为迎医合药，费数十万钱，不以为损，忧念之意，形于颜色。八百又转作恶疮，周遍身体，脓血臭恶，不可忍近。公昉为之流涕。八百曰：'吾疮不愈，须人舐之当可。'公昉乃使三婢，三婢为舐之。八百又曰：'婢舐不愈，若得君为舐之，即当愈耳。'公昉即舐。复言无益，欲公昉妇舐之最佳。又复令妇舐之。八百又告曰：'吾疮乃欲差，当得三十斛美酒，浴身当愈。'公昉即为具酒，著大器中。八百即起，入酒中浴，疮即愈，体如凝脂，亦无余痕。乃告公曰：'吾是仙人也，子有志，故此相试。子真可教也，今当授子度世之诀。'乃使公昉夫妻，并舐疮三婢，以其浴酒自浴，即皆更少，颜色美悦。以丹经一卷授公昉。公昉入云台山（今四川苍溪东）中作药，药成，服之仙去。"《仙鉴》卷一一："兴元府（今陕西汉中）人，师事仙人李八百。兴元有斗山观，自平川内耸一山，四面壁立，其上方如斗底，故号之。上有唐公饮李八百仙酒、全家拔宅之迹。据云：公房全家飞升，鸡犬皆去，唯恶鼠不净，不将去。鼠自悔，一月三吐，易其肠。即所谓'唐鼠。'"同书卷一〇

"李八百"条则作"唐公房"。◆按：王莽时本有一仙人唐公房，而后人又据其故事模式另编此一唐公昉，事迹相近而情节大异，姑作二人列条。又按《(雍正)陕西通志》卷六五引《城固县志》有"唐公昉"，事则全同于《唐公房碑》。可知公房、公昉本为一人也。

【唐广真】南宋时人。明·王鏊《姑苏志》卷五八："严州（治在今浙江建德东）女子。既嫁而得疾，梦道人与药服之而愈。自是与夫仳离，径往平江（即今江苏苏州）谒蓑衣何先生，留于吴，号无思道人。淳熙间，昏睡二日，苏后自言：梦中若有呼

唐广真 列仙全传

我者，出门遇吕纯阳、曹混成、呆道僧三人，引至海边，跨水虾渡海，游名山洞府云云。高宗闻其名，召入德寿宫，行符水有验，御书'寂静先生'四字赐之。"明·王世贞《列仙全传》卷八云其所谒者为何仙姑。又云："淳熙中，在郭家食饭，若有人唤者，出门逢三仙人，引至海边，跨大虾蟆渡海，因随游名山。"

【唐介寿】宋时人。《(雍正)浙江通志》卷一九九引《名胜志》："号隐梅。居于荡岸，得异术，能役使鬼神。宋咸淳二年，海潮冲钱塘，介寿以朱符投于江，患遂却。诏授道录，以其所居为福源宫。"

【唐居士】唐·段成式《酉阳杂俎·前集》卷二：唐穆宗长庆时在郴州（今湖南郴州），土人谓其年百岁。山人杨隐之访之，留杨止宿。及夜，唐居士命其女剪纸如月状，粘于壁，祝之，一室光明。◆按：此与唐·张读《宣室志》"王先生"条之七娘剪纸为月事同，而杨隐之作"杨晦之"。

【唐举】战国时人。善相人，相李兑百日内可执国政，蔡泽寿止四十三岁，俱验。事见《史记·蔡泽传》。

【唐览】梁·陶弘景《真诰》卷一〇：居林虑山，为鬼所击，有道人救之。后居华山，得虹丹法，合

服而不死。◆《天地宫府图》以三十六小洞天之峨眉山为真人唐览治所。

【唐若山】唐时人。《太平广记》卷二七引五代·杜光庭《仙传拾遗》："鲁郡人，睿宗先天年间官尚书郎，玄宗开元间出守润州（今江苏镇江），有惠政。好长生之道，每遇丹客，必礼接之。炉鼎费，家财殆尽，至以府库官钱市药炼丹。一日有老叟诣门，形容枯槁，而自言有长生之术。若山见之，尽礼加敬，侍奉无倦色。老叟果为太上真人，度若山去，并点化黄金留其子孙。后二十年，有故旧见若山于淮南鱼肆中，怜其鬻鱼而贫，为治酒食。次日，若山点化黄金二十铤赠之。其弟若水为衡山道士，亦得胎元谷神之要，尸解于南岳。"五代·杜光庭《神仙感遇传》卷一"刘彦广"条所记稍异："刘彦广，尝为浙西衙职，事节度使唐若山。若山好道，与其弟若水皆遇神仙授以道要，开元中，明皇宠异之，杖节镇浙西，逾年而弃位泛海。事闻于朝，上诏若水于江岭仙山访之，不知所适。十年后，彦广奉使扬州，于鱼行遇若山担鱼货之。若山召彦广至其家，门巷陋隘，蒿径荒梗。及入门，渐有花卉台榭，繁华非世所有。若山闻彦广家贫，以生铁炼成黄金赠之。"又唐·李复言《续玄怪录》卷五云淮海节度使李绅与二友入华山，见一老叟，自云唐若山，引其游仙境而还。

【唐赛儿】清·翟灏《通俗编》卷三七：按杂说，唐赛儿夫死祭墓，径山麓，见石罅露出石匣，发视，得妖书，取以究习，遂得通诸术。削发为尼，以其教施于村里。凡衣食财物，随须以术运至。细民翕然从之，渐至数万。官军不能获。朝命数路击之，屡战，杀伤甚众。既而捕得，将伏法，刀不能入。不得已，复下狱，三木被体，铁絙系足。俄皆自解脱，竟遁去，不知所终。好事者演其事为《女仙外史》。按《明史·世祖纪》：永乐十八年二月，蒲台妖妇唐赛儿作乱。安远侯柳升帅师讨之。三月辛巳，败贼于石栅寨，都指挥刘忠战没，赛儿逸去。

【唐胜】明·钱希言《狯园》卷一一"唐胜祠"条：相传嘉靖乙卯之变，倭集城下，捍御无策，人情惶惧。忽有一小卒名唐胜者，夜至营将帐前，献计曰："急煎人矢如沸，取以灌之。"如其言而倭退。将欲叙功，而军中并无唐胜其人。知是鬼神所使，后遂立唐胜祠，今在昆山小西门外。

【唐檀】东汉时人。《后汉书·方术列传》：字子产，豫章南昌（今江西南昌）人。习《京氏易》《韩诗》《颜氏春秋》，尤好灾异星占，教授乡里，生徒常百余人。元初七年，郡界生兰草，檀以为外戚豪盛之兆。永宁元年，南昌一妇人生四子，檀以为京师当有兵气，其祸发于萧墙，后果有孙程诛阎显事。卒于家。

【唐王】清·诸联《明斋小识》卷八：唐王庙在青浦（今属上海）南关外。据里人云：神系金姓。宋理宗朝封月宁侯，而志乘皆未载记。乙丑岁（清嘉庆十年），庙邻钱氏女，睹神岸然自外入。钱戚刘生挟词控于县，复控上宪，俱以事涉虚无，不肯研鞫。刘至庙中大骂，以钉钉神之首，香火由是冷落。庙祝改为宁济侯，仍复冷落。

【唐仙姑】金时人。《（雍正）山东通志》卷三〇：姑余山人。幼有慧悟，十岁入烟霞观修炼，十三道成。有同里王处一来师事之。姑曰："我非汝师，数日后汝师当来。"已而王重阳至，处一与丘处机等七人奉以为师姑，辞去，即羽化。

【唐玄宗】❶北宋·王铚《默记》卷上：唐小说：唐玄宗为上皇，迁西内。李辅国令刺客夜携铁锤捶其脑。玄宗卧未起，中其脑，皆作磬声。上皇惊谓刺客曰："我固知命尽于汝手。然叶法善曾劝我服玉，今我脑骨皆成玉。且法善劝我服金丹，今有丹在，固难死。汝可破脑取丹，吾乃可死。"刺客如其言取丹，乃死。孙光宪《续通录》云：玄宗将死，云："上帝命我做孔升真人。"瀑然有声，视之崩矣。亦微意也。◆按：北宋·乐史《杨太真外传》作"元始孔升真人"。❷梨园界奉玄宗宗为行神，见"老郎"条。

【唐雪】晋·张华《博物志》卷五：魏武帝集方士十六人，皆能断谷不食，分形隐没，出入不由门户。中有唐雪。

【tao】

【涛神】司江涛之神，有伍子胥、冯俊诸说。南宋·吴自牧《梦粱录》卷一四"山川神"条：自平济至顺济十庙俱司江涛神也。平济王在浙江广子湾，累封曰显烈广顺王；顺济庙，原浙江里人冯氏，自侯加至王爵，曰英烈王；其余为平波祠、钱塘顺济龙王、孚应庙、广顺庙等。◆宋·鲁应龙《闲窗括异志》：伍子胥，吴王赐以属镂之剑自杀，浮其尸于江，遂为涛神，谓之"胥涛"。

【饕餮】❶传说中怪兽名。《吕氏春秋·先识》云："周鼎著饕餮，有首无身，食人未咽，害及其身。"

《山海经·北山经》有"狍鸮"，郭璞注以为："为物贪惏，食人未尽，还害其身，像在周鼎。"是饕餮又名狍鸮也。

饕餮 三才图会

❷《春秋左氏传》文公十八年："缙云氏有不才子，贪于饮食，冒于货贿，侵欲崇侈，不可盈厌；聚敛积实，不知纪极；不分孤寡，不恤穷匮。天下之民以比三凶，谓之饕餮。"是以兽喻人也。而汉·东方朔《神异经·西南荒经》云："西南方有人焉，身多毛，头上戴豕，贪如狼恶，好自积财，而不食人谷。强者夺老弱者，畏群而击单，名曰饕餮。《春秋》言：饕餮者，缙云氏之不才子也。一名贪惏，一名强夺，一名凌弱。此国之人皆如此也。"则似据怪兽饕餮及《左传》之文而虚构者。

【桃拔】见"符拔"条。

【桃花女】见"周公"条。

【桃俊】东汉时人。梁·陶弘景《真诰》卷一二：钱塘人。字翁仲。少为郡吏，游太学受业，明经术灾异。晚为交趾太守。汉末弃世入增城山（在今广东增城）学道，遇东郭延平，授俊以九精炼气、辅星存心之术。修之道成。居东华宫，兼为北河司命，主水官之考罚。

【桃人】以桃木雕为人形，象神荼郁垒，以辟鬼邪。东汉·应劭《风俗通义·祀典》："《黄帝书》：'上古之时，有荼与郁垒昆弟二人，性能执鬼，度朔山上立桃树下，简阅百鬼，无道理妄为人祸害，荼与郁垒缚以苇索，执以食虎。'于是县官常以腊除夕饰桃人，垂苇茭，画虎于门，皆追效于前事，冀以卫凶也。"

【陶安公】古神人。西汉·刘向《列仙传》卷下："陶安公者，六安铸冶师。数行火。火一朝散上，紫色冲天。须臾，有朱雀止于冶炉之上，曰：'安公安公，冶与天通。七月七日，迎汝以赤龙。'至时，安公骑龙往东南去。"《南昌郡乘》又言其二女亦修其术，俱仙去。则似与投炉神传说相关。

【陶八八】唐时人。明·彭大翼《山堂肆考》卷一七：颜真卿早年于江南遇道士陶八八，授以一刀圭碧霞丹，令服之，约他日相待于罗浮山。后真卿为卢杞所陷，令单车问罪于李希烈。至汜水忽逢陶，笑谓曰："吉，吉。"遂指嵩少而去。希烈既害真卿，归葬于偃师（今河南偃师）。后有商人至罗浮，忽见两道人树下围棋，其一即真卿，另一为陶八八。参见"颜真卿"条。

【陶淡】《晋书》入《隐逸传》，云："字处静，太尉陶侃之孙。幼孤，好导养之术。年十五六便服食绝谷，不婚娶。好读《易》，善卜筮。结庐于长沙临湘山中。后入罗县山中，莫知所终。"《长沙府志》云其于宁康二年举家飞升。

【陶道人】北宋时人。明·曹学佺《蜀中广记》卷一〇八：黎州（今四川汉源）卒也。宋绍圣间入狮子山采薪，得道。与王画龙同时。王所画龙，必有所阙，不然则随风雨变化。陶每见王作，辄以杖击之，称龙妖。后俱不知所终。◆《（雍正）四川通志》卷三八之三作"绍兴间入山采薪"。

【陶弘景】又称陶隐居、华阳陶先生、贞白先生。南朝梁时人。《梁书》入《处士传》："陶弘景，字通明，丹阳秣陵（今江苏南京之南）人也。母梦青龙而生。年十岁，得葛洪《神仙传》，便有养生之志。未弱冠，齐高帝作相，引为诸王侍读。朝仪故事，多取决焉。永明十年，上表辞禄，于是止于句容（今江苏句容）之句曲山，立馆，自号华阳隐居。始从东阳孙游岳受符图经法。遍历名山，寻访仙药。永元初，更筑三层楼，弘景处其上，弟子居其中，宾客至其下，与物遂绝，唯一家僮得侍其旁。尤明阴阳五行，风角星算，山川地理，方图产物，医术本草。萧衍平建康，闻议禅代，弘景援引图谶，令弟子进之。萧衍早与之游，及即位后，恩礼逾笃，书问不绝，冠盖相望。大同二年卒，时年八十五。颜色不变，屈伸如恒。诏赠中散大夫，谥

陶安公 列仙酒牌

曰贞白先生。"《太平广记》卷一五引五代·杜光庭《神仙感遇传》："梁武初未知道教，先生渐悟之。后诣张天师道裕，建玄坛三百所，皆先生之资也。"南宋·周应合《景定建康志》卷一九："陶贞白七次丹成，皆中等。神人告以定分，止合得此中丹。于是服之，遁景而去。"《云笈七签》卷一〇七有其"从子陶翊之"《华阳隐居先生本起录》，记载最详，亦可参见《仙鉴》卷二四。◆马枢《得道书》云受蓬莱都水监。弟子数百人，有先得道者，唯王远知、陆逸仲、桓清远嗣先生之德焉。《云笈七签》卷一〇七云其为孙游岳入室弟子。◆《天地宫府图》："七十二福地第二十八陶山（在浙江安国，当为安固，今浙江瑞安），陶先生曾隐居于此。"疑指弘景。

陶弘景　列仙酒牌

【陶九相公】《（雍正）江西通志》卷一〇九：南昌仁贵乡芳兰湖，九水会焉，曰九龙湾。明正德中，九江大旱，有僧谓湖滨父老曰："诸神能救兹旱者，惟陶九耳。今其像乃在黄梅五祖寺之庑下。"父老怪之，相率往访，果有像，迎归，饰而吁之，果大雨。因祀之。

【陶克忠】宋时人。《（雍正）广西通志》卷八七：平乐人。其妹适谭，生二女，白日飞升。克忠躬耕望雨，二女忽至，曰："饭我即雨。"饭毕果雨，忠随之羽化。

【陶四郎】《（万历）温州府志》卷一三：陶王庙在泰顺县。神姓陶名仁，备洪村人。生而勇猛神灵。年二十遇紫阳真人授仙诀。洪、抚二州大火，陶发风雨救之，云中见大旗书"安固陶四郎"。宋、元间封猛将通天大使忠烈圣王。

【陶松云】清·王士禛《池北偶谈》卷二二：陶松云，居吴江（今江苏吴江），自云少时遇许旌阳，谓曰："吾弟子三十余人，皆在下界，汝其一也。今命汝以度人为功行，汝其慎之。"常有一士夫往谒陶，求养生术。陶语人曰："此人不久当死，安望长生！"问其故，云："凡人作亏心事，一事则神缩一寸。今观此君，神才数寸耳。"竟如其言。

【陶太尉】南宋·洪迈《夷坚支志·丁集》卷八"陶太尉庙"条：南康陶太尉庙，盖晋大将军侃也。夙著灵威，土人事之甚谨。自绍兴以来，香火浸以衰落，栋宇颓仆，牲酒几于绝迹。淳熙初，村民童八八者，素横肆，遂毁庙以广其居。而于屋之隅立小堂，聊复寓祀。俄而妻病，诣巫者卜之，巫曰："犯陶太尉之子小将军，所以致祸。"陶侃，《晋书》有传。

【陶王】见"陶四郎""陶詹庙"二条。

【陶詹庙】明·闵文振《涉异志》：瑞安有陶詹庙，其神陈姓，著灵验，庙宇壮丽，蓄香火田二十亩，岁储积久不赀。正德间邻火延爇，烈焰弥天，忽一人狂发，仰卧于地，教市人异巨石自置腹上，实稻于中，数人执杵舂捣米，熟而火息，庙竟无恙，民庐亦赖以全。去日，狂人昏愦，诘旦乃醒，盖一村氓也。众诘之，则曰："火发时，陶王远赴斋会，望见火势，命我来此，教以舂稻救火耳。我实不知也。"自是境内病者，取所舂米数颗煮服，辄愈。

【梼杌】❶西汉·东方朔《神异经·西荒经》："西方荒中有兽焉，其状如虎而大，毛长二尺，人面，虎足，猪口牙，尾长一丈八尺，搅乱荒中，名梼杌。一名傲很，一名难训。"❷《春秋左氏传》文公十八年："颛顼氏有不才子，不可教训，不知话言。天下之民，谓之梼杌。"《史记·五帝本纪》："昔帝鸿氏有不才子，掩义隐贼，好行凶慝，天下谓之浑沌。少昊氏有不才子，毁信恶忠，崇饰恶言，天下谓之穷奇。颛顼氏有不才子，不可教训，不知话言，天下谓之梼杌。""集解"贾逵曰："梼杌，顽凶无畴匹之貌，谓鲧也。""正义"："谓鲧也。凶顽不可教训，不从诏

梼杌　三才图会

令，故谓之梼杌。案：言无畴匹，言自纵恣也。"
◆明·支允坚《梅花渡异林》卷七："梼杌，状如虎，长三尺，人面虎爪，口牙一丈八尺，与兽斗，终不退。"按：此说与《神异经》不同，不知何据。
◆明·焦竑《焦氏笔乘》卷四："梼杌，旧注恶兽名，非也。梼，断木也，一作刚木。注引'楚谓之梼杌'，恶木也，取其记恶以为戒。赵岐曰：'梼杌者，嚚凶之类，兴于记恶之名。'杌，树无枝也。从木从寿从兀。寿，久也；兀，不动也。不从犬，则非兽明矣。"明·田艺蘅《留青日札》卷三三"梼杌"条亦持此说。近人丁山《中国古代宗教与神话考》谓梼杌是雷电之神。可参看。

【淘沙子】宋·黄休复《茅亭客话》卷三：伪蜀大东市有养病院，凡乞丐贫病者皆得居之，中有携畚锸日循街坊，沟渠内淘泥沙，时获碎铜铁及诸物以给口食，人呼为"淘沙子"。辛酉岁，有隐迹于淘沙者，不知所从来及名氏。常戴故帽，携铁把竹畚，多于寺观间静处坐卧。东市国清寺有民宇文氏，识其异常，颇礼敬之。淘沙子与其论修道之要，并从衣带中解丹一粒，点铜钱成白金。次日凌晨，有人扣门，将一新手帕裹一物云："淘沙子寄与主人。"宇文开而观之，乃髻发一颗，莫测其由。至日高，方知今早五更，淘沙子在睡中为人截却头髻将去，淘沙子即出而不归，自此无复影响。

【讨债鬼】清·钱泳《履园丛话》卷一五："常州某学究，以蒙馆为生。有子才三岁，妇忽死。至四五岁即教以识字读书。年十五六，四书五经俱熟，亦可为蒙师矣。每年父子馆谷合四五十金，稍有积蓄，乃为子联姻。正欲行聘，忽大病垂死，乃呼其父之名，曰：'尔前生与我合伙，负我二百余金，某事除若干，某事除若干，今尚应找五千三百文，急急还我，我即去矣。'言讫而死。余每见人家有将祖父之业嫖赌吃着，不数年而荡然者，岂亦讨债鬼耶？"按：此类故事甚多。如清·汤用中《翼駉稗编》卷一"讨债鬼"条："屠姓某生子，素多病，破产疗治，为之贫，年十四，病不起，忽呼屠名曰：'我非若子，我乃江阴王二，来问汝索五百千，今已收清，尚剩十五千八百文，可将十二千为我市佳木，余三千做新衣殓我，其八百文悉买纸锭可也。'又向其母谢曰：'娘恩未报，愿矢来生。'"大抵民间谓不肖子为前世债主而今世来讨债者。《聊斋志异》卷一有"四十千"一则，后云："昔有老而无子者问诸高僧。僧曰：'汝不欠人者，人又不欠汝。乌得子？'盖生佳儿所以报我之缘，生顽

儿所以取我之债。生者勿喜，死者勿悲也。"

【teng】

【腾根】后汉傩仪中十二神之一。《续汉书·礼仪志》：穷奇、腾根共食蛊。

【腾简】后汉傩仪中十二神之一。《续汉书·礼仪志》：腾简食不祥。

【螣蛇】《淮南子·泰族训》："蛟龙伏寝于渊，而卵剖于陵，螣蛇雄鸣于上风，雌鸣于下风而化成形，精之至也。"《说苑·杂言》："螣蛇游于雾露，乘于风雨而行，非千里不止。"《尔雅翼》卷三二："螣蛇龙类，有鳞无足，能兴云雾而游其中，其行千

螣蛇圖

螣蛇　古今图书集成

里，因风而化。"又言："《淮南子》称上古圣人'驾应龙，骖青虬，前白螭，后奔蛇'，说者以为奔蛇，考即腾蛇，皆瑞应之物。乃知前古盖尝为用矣。郭氏所注《淮南》云蟒蛇者，蟒盖奔字之误。"

【滕六】雨神。唐·牛僧孺《玄怪录》卷三"萧至忠"条：萧至忠欲出猎，群兽求哀于山神。山神云："当令巽二起风，滕六致雨，翌日风雨，萧必不出矣。"◆明·杨宗吾《检蠧随笔》卷一则云滕六为雪神名。按：宋·文及翁有咏雪词《百字令》云："簸弄滕六，招邀巽二"，即作雪神名。

【ti】

【提脚道人】明时人。《（雍正）云南通志》卷二五：姓名不传。万历初至滇，住北郭外龙王庙。以绳提左脚趾而行，佯狂笑谑，人不能测。常披一衲，终岁不涤。时至莲花池吐肠出洗。一夕至冢间化去，葬庙侧。后有游武当者遇于南岩宫，衣服颜貌如旧云。

【tian】

【天宝君】道教茅山上清派所奉"三洞"教主之一。《云笈七签》卷三《道教三洞宗元》："三洞者，谓洞真、洞玄、洞神是也。天宝君为洞真教主，灵宝君为洞玄教主，神宝君为洞神教主。"《云笈七签》卷六三洞经教部《三洞》序云："洞者，通也，通玄达妙，其统有三，故云三洞。第一洞真，洞真之教以教主天宝君为迹，以混洞太无元高上玉皇之气为本；第二洞玄，洞玄之教以教主灵宝君为迹，以赤混太无元无上玉虚之气为本；第三洞神，洞神之教以教主神宝君为迹，以冥寂玄通元无上玉虚之气为本。天宝君住玉清境，灵宝君住上清洞，神宝君住太清境，此为三清妙境。"又引《业报经》《应化经》云："天尊曰：'吾以龙汉元年号无形天尊，亦名天宝君，化在玉清境，说《洞真经》十二部，以教天中九圣，大乘之道也。吾以延康九年号无始天尊，亦名灵宝君，化在上清境，说《洞玄经》十二部，以教天中九真，中乘之道也。吾以赤明之年号梵形天尊，亦明神宝君，化在太清境，说《洞神经》十二部，以教天中九仙，小乘之道也。'"此又似三洞三景皆为一神所化。

【天藏菩萨】唐·段成式《酉阳杂俎·前集》卷一一：佛画中有天藏菩萨、地藏菩萨。按唐·玄奘译《地藏十轮经》"无依行品"，世尊谓地藏菩萨："尔时会中有大梵天，名曰天藏，久殖善根，住第十地，具诸菩萨摩诃萨德，即从座起，合掌礼佛。"云云。在水陆画中，天藏菩萨下领四天王、十一

天藏菩萨 宝宁寺水陆画

大曜、十二宫、十二辰、二十八宿及普天列星，其在天上位置，近似于道教中的紫微大帝。◆石家庄毗卢寺水陆壁画中有"大藏菩萨"，应为"天藏菩萨"之误题。

【天曹猛将】见"刘猛将"条。

【天厨星】清·袁枚《子不语》卷一七：曹能始先生饮馔极精，厨人董桃媚尤善烹调。有同年某督学蜀中，乞董偕行，曹许之，遣董，董不往。曹怒逐之，董跪而言曰："吾乃天厨星。因公本仙官，故来奉侍。督学凡人，岂能享天厨之福乎？尔来公禄将尽，某亦行矣。"言毕升空向西去。不逾年，曹亦死。◆按《晋书·天文志》：紫宫垣东北维外六星曰天厨，主盛馔。

【天帝】❶上帝，或称帝，或称天，又作天公、天翁、天皇等。《礼记·曲礼》："天子祭天帝。""集解"："天、帝，一也。以一字言，则祀天缟帝之类。以二字言，则格于皇天、殷荐上帝之类。以四字言，则惟皇上帝、皇天上帝之类。以气所主言，则随方而立名，如青帝、赤帝、黄帝、白帝、黑帝之类。其实则一天帝也。"❷天上大神之通称，往往不具体专指某一神。五代·孙光宪《北梦琐言》卷一〇言及召李贺升天之"天帝"，云："或为北极天皇大帝，或为北方玄天黑帝道君，或为鬼部北帝。"则以上大神均可称为天帝。◆以天帝之尊，后世传说竟有下降于民居者。北宋·王巩《甲申杂记》云："荆南杨久中，一日忽遇天帝降其室，帝有随身宫殿，光彩焕耀，一室之间，望之无穷，赐久中号'廉正君'。"又王巩《随手杂录》载："杜常梦泛河，遇一伟丈夫，人指之曰：'天帝也。'帝与杜常钱二百文，曰：'此尔及第人数。'再请之，天帝曰：'过此，天机不可泄漏。'"

【天妃】在民间影响极大之海神。姓林，名默娘。又有天后、妈祖、林夫人、妈祖婆、天上圣母、天仙圣母、水仙圣母、碧霞元君、归山娘娘等名。有的因挂祖居地名，而有湄洲妈、温陵妈、银同妈、东安妈、潮州妈之别。《三教源流搜神大全》："天妃姓林，莆田（今福建莆田）县治八十里滨海湄州人。母陈氏，梦观音与以优钵花，孕而生妃，唐天宝元年三月二十三日也。方周岁，见神像即拜，五岁能诵《观音经》，十一岁能婆娑按节娱神，然以衣冠族，不欲以此闻乡里。兄弟四人业商，往来海岛间。忽一日，妃手足若有所失，瞑目移时。父母以为颠疾，急呼之。妃醒而悔曰：'何不使我保全兄弟无恙乎！'父母不解其意。兄弟自海归，哭言前三日飓风大作，巨浪接天，长兄没水，忽见一女子牵桅索，履波涛如平地，援救长兄。父母始知妃

出元神救兄也。其长兄不得救者，以父母呼之而神不及护救也。年及笄，誓不嫁人。居无何，端坐而逝。正其诞辰。自是往往现形，人多见其侍从如西王母云。尤善司孕嗣，一邑共奉之。邑有妇人十年不孕，祷于妃，即产男子。

天妃　山西繁峙寺

从此凡有不育者，随祷随应。宋路允迪出使高丽，道经湄洲。飓风作，船几覆溺，赖妃现形援救获安。还朝具奏，诏封灵惠夫人云。"此为较典型的一种说法（按：南宋·沈作喆《寓简》卷九记路允迪出海事，但未言遇神现形救护。作喆南宋初人，所记当可信）。略有差异者，以乾隆《台湾县志》为代表："天后姓林，世居福建莆田之湄屿。父林愿，官至巡检。母王氏，已有五女一男，夜梦大士授一丸，服之有孕，于宋太祖建隆元年三月二十三日生一女，名曰九娘，因弥月不啼，又名默娘。八岁就学，能解奥义，且喜焚香礼佛。十三岁得道士元通授以秘法，十六岁观井得符，能布席海上以济人。雍熙四年九月九日升化，或谓遣人于二月十九日，时年二十有八。后常云游岛屿，里人祀之，有祷必应云。"清·徐葆光《中山传信录》："天后为莆田湄洲屿林氏第六女，母王氏。生于宋建隆元年庚申三月二十三日，升化于雍熙四年九月初九日，室处三十八岁。"◆按：天妃之姓为林，几无异词，唯张学礼《使琉球记》云姓蔡，又云为"闽浤中梅花所人，为父投海身死"，与诸书均异，当系另一人。而天妃之父，多云为官为巡检之林愿，仅《琅琊代醉编》云为宋徽宗时道士林灵素，自属无稽。天妃之生，则有唐玄宗时、五代时、宋初时几种说法。天妃之籍贯，《三教源流搜神大全》云为湄州，而诸书皆云为莆田之湄洲屿或湄屿，自是《三教源流搜神大全》之误。◆最异者，明·陆深《金台纪闻》以为天妃为三女子，俗传姓林氏。而《琅琊代醉编》记云："其神为女子三人，俗称为林灵素（宋徽宗政和末温州人）三女。"此则为民间所增

饰，即三婆婆、三美人之属也。◆天妃之灵迹，历代多有记述，而最早见于南宋·洪迈《夷坚志》。其《支景》卷九云："兴化军（今福建莆田）境内地名海口，旧有林夫人庙，莫知何年所立，室宇不甚广大，而灵异素著。凡贾客入海，必致祷祠下，祈阴护，乃敢行，盖尝有至大洋遇恶风而遥望百拜乞怜，见神出现于樯竿者。"亦未明神祠创建之始。然据程端学《天妃庙记》，则元祐间已有祷祀者。至于天妃之历年封号可考者：北宋宣和间赐庙额为"顺济"，南宋绍兴间封"灵惠夫人"，乾道间封"灵惠昭应崇福夫人"，淳熙间加"善利"二字，绍熙封"灵惠妃"，庆元封"灵惠助顺妃"，嘉定间因显形助宋兵于紫金山破金兵，加"显卫"二字。至宋末，国运愈衰而加封愈频，然俱都为妃。元至元间封"护国明著天妃"，"天妃"之号始于此。元开海运，封号屡加，顺帝时加至十二字，为"辅国护圣庇民广济福惠明著天妃"，而庙宇扩散至直沽、平江、周泾、泉州、福州等处。明洪武初，以天妃有护海之功封孝顺纯天孚济感应圣妃。永乐间有郑和西洋之行，崇奉弥盛，加封弘仁普济护国庇民明著天妃，建宫于南京龙江关，每年正月十五日、三月二十三日遣太常寺官祭。崇祯时封天仙圣母青灵普化碧霞元君，又加静贤普化慈应碧霞元君。（《使琉球杂录·天妃》）清康熙间收复台湾，封"护国庇民妙灵昭应弘仁普济天妃"，而据《莆田县志》，则封为"昭灵显应仁慈天后"。"天后"之封，殆始于此。《清朝文献通考》云："乾隆二年，加天后封号，增福佑群生四字，寻加诚感咸孚四字，凡庙之所在，皆以春秋致祭。"至此封号全称为"护国庇民妙灵昭应弘仁普济福佑群生诚孚天后"，达二十二字之多。以上为朝廷之崇奉，而民间，尤其是沿海、闽台一带，奉祀更甚。故有人说："凡靠海的地方，以及江河码头，莫不有天后庙。"（《破除迷信全书》）。◆明·谢肇淛《五杂组》卷四云："天妃者，言其功德可以配天云耳，非女神也。"◆关于闽台一带信奉的情况，见"妈祖"条。清·赵翼《陔余丛考》卷三五："吾乡陆广霖进士云：台湾往来，神迹尤著，土人呼神为妈祖。倘遇风浪危急，呼妈祖，则神披发而来，其效立应。若呼天妃，则神必冠帔而至，恐稽时刻。妈祖云者，盖闽人在母家之称也。"清·杨凤辉《南皋笔记》卷二"林崇善"条云："海行遇难，舟人随呼圣母，遥见水上有金灯一盏，放大光明，冉冉而来。则知天后来解难矣。"◆清·梁章钜《退庵随笔》卷一〇以为天

后缘起见于宋人潜说友《临安志》，嗣是何乔远《（崇祯）闽书》、张燮《东西洋考》、吴任臣《十国春秋》皆因之，虽文有详略，而以为莆田林氏女则无异词。◆山东荣成地区又呼之为"归山娘娘"。◆按：明·陆容《菽园杂记》卷八："天妃之名，其来久矣。古人帝天而后地，以水为妃，然则天妃者，泛言水神也。"

【天公】即天帝。《汉书·王莽传》：齐郡临淄县（在今山东淄博）昌兴亭长辛当一暮数梦，曰："吾，天公使也。天公使我告亭长曰：'摄皇帝当为真。'"《晋书·天文志》："此复是天公愦愦，无皂白之征也。"晋·陶潜《搜神后记》卷一〇："雷欲击章苟，苟乃跳梁大骂曰：'天公！我贫穷，展力耕垦，蛇来偷食，罪当在蛇，反更霹雳我耶！'"句道兴本《搜神记》："天公见来，知是外甥，遂即心肠怜悯，乃教习学方术伎艺能。"以上皆指天帝。汉·东方朔《神异经》言东王公与玉女投壶，设有入而不出者，天为之噫嘘，脱误不接者，天为之笑。李白《短歌行》："天公见玉女，大笑万千场。"是东王公亦称天公。

【天狗】❶怪兽名。《山海经·西山经》："阴山，有兽焉，其状如狸而白首，名曰天狗，其音如榴榴（或作猫猫），可以御凶。"又《大荒西经》："有赤犬，曰天犬。"郭璞注以为天狗星："天狗所止，地尽倾，余光烛天为流星"云云。郝懿行以为非是，云："'赤犬名曰天犬'，此自兽名，亦如《西次三经》阴山之兽名曰天狗耳。"❷神犬。《太平御览》卷九〇五引《秦氏三秦记》："有白鹿原。周平王时白鹿出此原。原有狗枷堡，秦襄公时有天狗来其下，凡有贼，天狗吠而护之，一堡无患。"❸星神中恶煞。《汉书·天文志》："天狗，状如大流星，有声，其下止地，类狗。所坠及，望之如火光炎炎冲天，其下圜如数顷田处，上锐见则有黄色，千里破军杀将。"《宋书·文五王传》："有流星大如斗杆，尾长十余丈，从西北来坠城内，是谓天狗。占曰：'天狗所坠，下有伏尸流血。'"又《武经总要·后集》卷一八："军上有黑气如牛形，或如马

天狗　山海经图　胡文焕本

形，从气雾中下，渐渐入军，名曰天狗下食血，主军散败。"又北宋·句延庆《锦里耆旧传》卷二："五代前蜀永平二年五月二十三日丑时，天上忽震一声，有电光飞数丈，或明或潜灭，皆云天狗也，占其下杀万人。"明·郎瑛《七修类稿》卷四："元至正六年，司天台奏称：天狗星坠地，始于楚，终于吴，遍及于齐、赵诸地，但不及于两广，当血食人间五千日也。时云南玉案山忽生小赤犬无数，群吠于野。占者曰：此天狗坠地，有大军覆境。"明·王兆云《白醉琐言》卷上"天狗兆灾"条："万历十六年九月中旬天初明时，西南忽见有红白气如龙，亦如犬，长竟天，其光下扫地及拂人面，皆惊倒，良久方不见。寻考《天官书》，以为天狗星见，扫民间也。次年果赤旱数千里，民至采榆皮买麻饼充食，饿死者不知几千万人。又继之以大疫，死者无算，至有灭门者。"明·谢肇淛《五杂组》卷一："《周书》谓天狗所止地尽倾，余光烛天为流星，长数十丈，其疾如风，其声如雷，其光如电。吴、楚七国反时，吠过梁者是也。然梁虽被围，未有陷军败将之衄。略地屠城之惨，而七国不旋踵以亡，则天狗亦恶能为祸福？"按此皆凶煞天狗所敷演者。❹月中凶神。《协纪辨方书》卷四引《枢要历》："天狗者，月中凶神也。其日忌祷祀鬼神，祈求福愿。"每于月蚀，民间则云"天狗吃月亮"。❺民间所传妖兽，但历代所说不一。《南史·梁武帝纪》："天监十三年夏六月，都下讹言有枨，枨取人肝肺及血，以饴天狗。百姓大惧，二旬而止。"《五杂组》卷一又言："俗云：'天狗所止，辄夜食人家小儿。'故妇女、婴儿多忌之。"又清·东轩主人《述异记》卷中："康熙壬子（十一年）四月二十二日黎明，钱塘西北乡有孙姓者，家方育蚕，门尚未启，邻人采桑过其居，见孙屋脊上有一物，似狗而人立，头锐喙长，上半身赤色，腰以下青如靛，尾如箒，长数尺。惊呼孙告之，甫开门，其物腾上云际，发声如霹雳，委蛇屈曲，向西南而去，尾上火光迸裂，如彗之扫天，移时乃息，数十里内皆闻其声，亦有仰见其光者。所谓'天狗堕地，声如雷'也。甲寅（十三年），有逆藩之变。"❻菜市口天狗，仅见于民国郭则沄《洞灵续志》，云：京师刑人，必于菜市口。"市多菜摊，行刑时暂撤，事毕，血迹注地，以净土掩之，设摊售菜如故。相传血洒处，夕间恒有天狗舐之，若遇天狗过，必止步避道，不可触犯。有军尉李长葆者，夜访友横街，归途出懒眠巷，见众狗塞途，皆自骠马

市向彰义门西行，毛色斑斓，望之无际。遥见红光一道，自空下坠，及地亦化为狗，杂狗群中西去。离离纚纚，历半时许乃过尽。询之市旁商肆，谓居此间者恒见之，初不为异。"

【天关地轴】即玄武神之龟、蛇。北宋·蔡條《铁围山丛谈》卷二载，宣和四年童贯、蔡攸征辽，至雄州，"天关地轴"出现于厅事上，龟大如钱，蛇犹朱漆，相逐而行。二帅再拜，纳于银盒，置于城北楼真武祠中。次日视之，天关地轴俱亡。识者知其不祥。南宋·洪迈《夷坚支志·丁集》卷三"卞山佑圣宫"："绍兴初，湖州卞山之西，有沈崇真道人者。得真武灵应圣像，因结庵于彼奉事之。后增建一堂，忽有红光四道，起于堂后。试于光处掘地，获有青石，长三丈，阔尺许。上刻天关地轴相交纠，两日光彩浮动。"

【天官大帝】"三官大帝"之一，参见该条。道藏本《搜神记》卷一："上元一品九气天官紫微大帝。每至正月十五日上元之辰下降，考校大千世界之内，十方国土之中，分别善恶，随福受报，称为赐福之辰。"《上元天官消愆灭罪忏》："上元天官为玄都元阳一品，居紫微宫中，都三十六曹，主宰众生善恶之籍，致诸仙升降之司，号曰上元九气赐福天官、曜灵元阳大帝、紫微帝君。"

【天后】即"天妃"。据《莆田县志》，康熙二十二年以助克澎湖加封天后。据《清朝文献通考》，实至乾隆二年乃有"天后"之称。清代沿海城市之庙祀，则或称天妃宫，或称天后宫。见于清代笔记者，亦天妃、天后间用。是天后之称仅见于有清一代。而《大清一统志》言"元封为天妃，明加封为天后"，则不知何据。详见"天妃"条。

【天狐】狐之得道者。唐·段成式《酉阳杂俎·前集》卷一五："道术中有天狐别行法，言天狐九尾金色，役于日月宫，有符有醮日，可洞达阴阳。"《太平广记》卷四四七引《玄中记》："狐五十岁，能变化为妇人。百岁为美女，为神巫，或为丈夫与女人交接，能知千里外事，善蛊魅，使人迷惑失智。千岁即与天通，为天狐。"清·俞樾《右台仙馆笔记》卷一一："客曰：'仆乃天狐，窃闻天曹之议。'"此或"与天通"之义。◆唐·戴孚《广异记》"长孙无忌"条言天狐"宅内井、灶、门、厕、十二辰等"皆不能制。五岳神虽擒之而不能杀，因为天曹所役使也。同书"杨伯成""罗公远"条亦皆云"天曹驱使此辈，不可杀之"。

【天皇】❶即天帝。晋·陆机《列仙赋》："观百化于神区，觐天皇于紫微。"❷道教所谓"初三皇"之一。唐·司马贞《补史记三皇本纪》：天地初立，有天皇氏十二头，淡泊无所施为而俗自化。木德王，岁起摄提。兄弟十二人，立各一万八千岁。而《元始上真众仙记》则以天皇为东王公："元始君经一劫，乃一施太玄母，生天皇十三头，治三万六千岁，为扶桑大帝、东王公，号曰元阳父。"

【天皇大帝】《晋书·天文志》："钩陈宫中一星，曰天皇大帝。其神曰耀魄宝，主御群灵，执万神图抱北极。"《太平广记》卷一一引《集仙传》，言茅盈升仙，天皇大帝与太微帝君、太上大道君、金阙圣君并列为天上最高主宰。

【天鸡】《艺文类聚》卷九一引《玄中记》：东南有桃都山，上有大树，名曰桃都，枝相去三千里。上有天鸡，出照此木，天鸡即鸣，天下鸡皆随之。《太平御览》卷四七"桃都山"条引《郡国志》曰："台州桃都山，上有大桃树，上有天鸡，日初出桃树，天鸡即鸣，下鸡闻之而鸣。树下有两鬼，持苇索取不祥之鬼食之。"按汉·东方朔《神异经·东荒经》："扶桑山有玉鸡，玉鸡鸣则金鸡鸣，金鸡鸣则石鸡鸣，石鸡鸣则天下之鸡鸣，潮水应之。"

【天老】黄帝之臣。《竹书纪年》："黄帝五十年，天雾三日三夜，昼昏。帝问天老。天老曰：'天有严教以赐帝，帝勿患也。'天乃甚雨，得图书焉。"汉·韩婴《韩诗外传》卷八："黄帝未见凤凰，唯思其象，凤寐夜兴，乃召天老而问之。"晋·张华《博物志》卷五："黄帝问天老曰：'天地所生，岂有食之令人不死者乎？'天老曰：'太阳之草，名曰黄精，饵而食之，可以长生。'"

【天龙八部】为佛教八部神祇。本为婆罗门及各外道之神祇，后为佛教吸收相

天龙八部诸神　宝宁寺水陆画

容。一、天部。天即天神，如大梵天、帝释天、吉祥天，四大天王之多闻天、持国天、增长天、广目天等等，名目甚多。二、龙部。诸龙王，龙宫多聚珍宝的四海龙王即为此类。三、夜叉部。夜叉本为恶鬼，飞行迅捷，食人。但此夜叉为诸天手下将卒，类似于《西游记》中的"天兵天将"，只是相貌狰恶而已。如毗沙门手下有八位夜叉大将，每大将各统率众多夜叉。四、乾闼婆部。又称音乐天，为乐神。《智度论》云众乾闼婆弹琴赞佛，震动三千大千世界。五、阿修罗部。非神非鬼非人，其众与帝释天战，为古印度有名神话。六、迦楼罗部。迦楼罗即汉化后的大鹏金翅鸟，其大无比，一部洲仅能容其一足。七、紧那罗部。或译歌神，女性歌声曼妙，能迷乱人之本性。男子则马首人身。八、摩睺罗迦部。实为大蛇，其神像蛇首人身。◆在水陆画中，往往"天龙八部"绘成八人一组之神，而本为八部中之诸天如大梵、帝释、四大天王等则另绘。

【天聋地哑】❶ 文昌帝君之侍从。清·伏雌教主《醋葫芦》第十六回："文昌得旨，即忙骑上白骡，天聋前导，地哑后随，朱衣掌科甲之案，魁星携点额之笔，驾起祥云，霎时已到西天门外。"清·徐道《历代神仙通鉴》卷一一："梓潼帝君道号六阳，每出，驾白骡，随二童，曰天聋、地哑。真君为文章之司命，贵贱所系，故用聋哑于侧，使其知者不能言，言者不能知，天机弗泄也。"而明·王逵《蠡海集》以为："梓潼文昌帝君有二从者，一曰天聋，一曰地哑。盖不欲人之聪明用尽，故假聋哑以寓意。"**❷**《地母经》中，天聋、地哑实名玄童子及地母，且为世界之父母。则显与文昌侍者无涉。参见"地母"条。**❸** 又浙江民间有以天聋、地哑为和合二仙者。

【天鹿】《宋书·符瑞志下》："天鹿者，纯灵之兽也。五色光耀洞明，王者道备则至。"清·陈元龙《格致镜原》卷八九引《瑞应图》："天鹿者，神灵兽也，如牛，身披肉甲，五色光耀洞明，王者道备则至。"即"天禄"。见该条。

【天禄】 又作"天鹿"。宋·沈括《梦溪笔谈》卷二一："至和中，交趾献麟，如牛而大，通身皆大鳞，首有一角。考之记传，与麟不类，当时有谓之山犀者。然犀不言有鳞，莫知其。今以予观之，殆天禄也。按《汉书》'灵帝中平三年，铸天禄虾蟆于平门外。'注云：'天禄，兽名。今邓州南阳县北宗资碑旁两兽，镌其膊，一曰天禄，一曰辟邪。'

天聋　四川梓潼
七里大庙泥塑　　地哑　四川梓潼
七里大庙泥塑

其兽有角鬛，大鳞如手掌。今详其形，其类交趾所献异兽，知其必天禄也。"南宋·程大昌《演繁露》卷一六："乌弋有桃拔，一名符拔，似鹿长尾。一角者或为天鹿，两角者或为辟邪。"参见"符拔"条。

天禄　程氏墨苑

【天罗王】 据传说，宋钦宗赵桓前身为天罗王。宋·佚名《异闻总录》卷二：宋钦宗被金人所俘，北行至源昌州。有人携酒物来，曰："此庙神明最灵，隔夕报梦云：'明晚有天罗王，衣青袍，来此宿顿。'是以到此相候。"庙乃契丹天皇侍女神寺。"天罗王"究系何神，无考。

【天马】《山海经·北山经》："马成之山，有兽焉，其状如白犬而黑头，见人则飞，其名曰天马，其鸣自叫。"清·吴任臣《广注》案云："《韵宝》云'飞虞，天上神兽，鹿头龙身，在天为勾陈，在地为天马'，即其兽也。文人

天马　山海经图　吴任臣本

用'天马行空'之语，亦指此尔。"

【天门都督】南宋·罗浚《宝庆四明志》卷二一：祚圣庙，在象山县（今浙江象山）南一百里，世称其神曰天门都督。按天门山在南海中，最为湍险，舟舶往来必致祷焉。唐贞观间，有会稽贩客祭毕，误将祭肉携去，行十余里，忽逆风，复漂至庙下，乃悟所误，亟加祈谢，即反风安济。永徽间，有工人自泉州造佛像回，获钱数百缗，祀祷稍懈，发舟数里而覆。

【天门三将军】即"唐葛周三真君"。北宋·宋敏求《春明退朝录》卷下："张尚书安道言：尝收得旧本道家奏章，图其天门有三人守卫之，皆金甲

天门三将军　山西芮城永乐宫壁画

状，谓葛将军掌旌，周将军掌节（其一忘记）。嘉祐初，仁宗梦至大野中，如迷错失道，左右侍卫皆不复见。既而遥望天际，有幡幢车骑，乘云而至，辍乘以奉帝。帝问何人，答曰：'葛将军也。'以仪卫护送帝至宫阙，乃寤。后诏令宫观设像供事之。于道书中求其名位，然不如图之详也。"◆清·姚福均《铸鼎余闻》卷一引潘诒光《处州府志》云："唐葛周庙在宣平县，三神乃周厉王时三谏官。王失政，累谏不听，弃官奔吴。及厉王崩，宣王立，三官复归。王以辅导太子有功，迁秩山东兖州而国大治。三官没，王始以孚灵、威灵、浃灵侯爵等号封之。至宋真宗祥符元年封太山，至天门，忽见三神人，又加封焉。"◆按：明·查志隆《岱史》卷九，泰山南天门有三灵侯庙，祀唐、葛、周。据此，则真宗梦中之"天门"似与泰山之"南天门"亦有瓜葛矣。◆三将军之名，多云唐讳宏，葛讳雍，周讳武。而《（雍正）山西通志》卷一六四又云："唐字文明，葛字文乐，周字文刚。"◆《（雍正）福建通志》卷一五"都巡感应庙"条，云唐末黄巢犯福州，都巡检许忠梦唐葛周三将军助己征讨，明日果大胜巢军。遂立此庙。◆又：参见"吴

客三真君"条。

【天门子】后汉时人。晋·葛洪《神仙传》卷四：天门子者，姓王名纲，尤明补养之要，年二百八十岁，犹有童子之色。乃服珠醴得仙，入玄洲山。参见"王纲"条。

【天目山神】明·李日华《六研斋笔记》卷三：天目山（今浙江临安北）神形如白鹿，每年五月与震泽龙会，多暴风雨。

【天女】天上之神女。《山海经·大荒北经》："黄帝乃下天女魃。"唐·释道世《法苑珠林》卷六二引刘向《孝子传》："女出门谓董永曰：'我天女也，天令我助子偿债耳。'"五代·沈汾《续仙传》卷上："有天女降李言之室。经年，复降，送一儿与李言：'此君之子也。'"唐·戴孚《广异记》："唐蔡希闵，家在东都。暑夜大雨，雷电晦暝。堕一物于庭，作飒飒声。命火视之，乃妇人也，衣黄绸裙布衫，言语不通，遂目为'天女'。"

【天蓬】宋人以天蓬与天猷、翊圣、佑圣真君合称"四圣"。其职为护卫北极紫微大帝。其中天蓬称大元帅，天猷为副元帅，翊圣为黑杀将军，佑圣为玄武将军。◆按天蓬在南朝道教中为护卫北帝（紫微）诸将之首，并造《天蓬咒》杀鬼。杜光庭《道教灵验记》有"刘载之诵天蓬咒验"一条，云天蓬上将即太帝之元帅。《（康熙）衡岳志》卷三载唐

天蓬　北京白云观

人邓紫阳常诵《天蓬咒》，遂感北帝。

【天齐王】即东岳泰山。《唐会要》卷四七："垂拱四年，武后先封嵩山神为'神岳天中王'，先天二年，封华岳为'金天王'。至玄宗开元十三年，方封泰山神为天齐王。"按《史记·封禅书》云："齐

所以为齐，以天齐也。其祀绝，莫知起时。八神，一曰天主，祠天齐。天齐渊水，居临淄（在今山东淄博）南郊山下者。"则"天齐"之祀，由来甚久。然《封禅书》言八神之祀，又云："二曰地主，祠泰山梁父。"则泰山与天齐又非一地也。故赵翼以加泰山以天齐之号为不伦。◆唐·薛用弱《集异记》："天齐虽曰贵神，乃鬼类耳。"按：此说非是，盖因将东岳与太山府君相混而致。

【天泉池神】《天中记》卷一〇引《图经》：东晋孝武帝游于清暑殿。有人黄衣，自号天泉池神，名淋岑君，谓帝曰："若见善待，当福佑之。"帝怪恐，授以佩刀。神怒曰："君为不道，当使知之。"因不见，遂闻鼓掌之响而去。后帝与宫妓泛龙舟，神乃形见，攀龙舟，舟沉，帝遂溺死。

【天犬】《山海经·大荒西经》："大荒之中有山，名曰鏖鏊巨，日月所入者。有赤犬，名曰天犬，其所下者有兵。"郭璞注曰："《周书》云：天狗所止，地尽倾，余

天犬 山海经图 汪绂本

光烛天为流星，长十数丈，其疾如风，其声如雷，其光如电。吴楚七国反时，吠过梁国者是也。"按《山海经》所言为怪兽，而郭注所言为天狗星，大误。参见"天狗"条。

【天上圣母】即天妃、天后、妈祖也。据《天上圣母传》："妈祖姓林，闺讳默娘，福建兴化莆田县（今福建莆田）湄洲屿人。清康熙加封天上圣母，列入祀典。"按据《大清会典》，仅云"康熙十九年议准封为护国庇民妙灵昭应弘仁普济天妃"，无封"天上圣母"之文。而《使琉球杂录》"天妃"条则有"明庄烈帝（崇祯帝）封天仙圣母青灵普化碧霞元君"之说，当亦属民间传说，未必列入祀典也。

【天神】❶特言为居于天上之诸神，以与其它神灵（人鬼、地祇）相区别。《周礼·春官》叙大宗伯之职："掌建邦之天神、人鬼、地祇之礼。"其中天神为昊天上帝、日、月、星辰、司中、司命（司中、司命皆为文昌宫六星之一）等。西汉·刘向《说苑·修文》："天曰神，地曰祇。"《宋书·礼志三》："晋成帝立二郊，天郊则六十二神，五帝之佐、日月五星、二十八宿、文昌、北斗、三台、司命、轩

辕、后土、太一、天一、太微、钩陈、北极、雨师、雷电、司空、风伯、老人六十二神也。"❷南宋·周去非《岭外代答》卷一〇："广右敬事雷神，谓之天神，其祭曰祭天。盖雷州（今广东雷州半岛）有雷庙，威灵甚盛，一路之民敬畏之。钦人尤畏，圃中一木枯死，野外草木萎死，悉曰天神降，许祭天以禳之。"

【天师】犹云天为人所降之师。《云笈七签》卷一〇〇《轩辕本纪》："黄帝问牧马童子为天下之道，再拜稽首称天师而退。"自张道陵以后，多有称天师之号者，如寇谦之、胡惠超、邓紫阳、罗公远、李涵光、司马承祯、申元之辈，唯龙虎山天师世袭耳。至明太祖欲废"天师"之号，乃云"天岂有师"，则为故意曲解矣。

【天使】天帝之使者。"天使"一词始见于《史记·赵世家》"余霍泰山山阳侯天使"。或为妇人，晋·干宝《搜神记》卷四："糜竺路遇一新妇，从竺求寄载，曰：'我，天使也。'"或作"天公使"，《汉书·王莽传》：王莽居摄，宗室刘京上言："七月中，齐郡临淄县（在今山东淄博）昌兴亭长辛当一暮数梦，曰：'吾，天公使也。天公使我告亭长曰：摄皇帝当为真。'"《搜神记》引此条，径改"天公使"为"天使"。◆或云"天帝使者"而形为大鸟，《搜神记》卷四："戴文谋隐于阳城山，忽闻有神呼曰：'我天帝使者，欲下凭君，可乎？'于是现形为一大鸟。"又有帝王死而为天使者，晋·王嘉《拾遗记》卷四述秦子婴立，"夜梦一人身长十丈，须发皆青，曰：'余是天使也，从沙丘来，天下将乱，当有同姓者欲相谋乱。'"此即始皇之灵。而王嘉之意，始皇所以能成天使，盖因曾学神仙之道也。

【天孙】❶《汉书·天文志》：织女，天帝孙也。**❷**晋·张华《博物志》卷一：泰山一曰天孙，言为天帝孙也。主召人魂魄，东方万物始成，知人生命之长短。

【天台二女】见"刘晨"条。

【天童】南宋·罗浚《宝庆四明志》卷一二：天童山在鄞县（在今浙江宁波）东六十里。晋永康中，僧义兴庐于山间，有童子来给薪水。久乃辞去，曰："吾太白一辰，上帝遣侍左右。"言讫不见。太白天童之名，昉于此山。

【天王鬼】明·朱孟震《浣水续谈》"西域僧"条：余十三时，侍先曾祖显能府君。府君明爽好文学，教余调四声作近体诗。尝与宾客言：昔寓贵州思南

府之毛家庄，夷俗尚鬼。忽一村老祭天王鬼，有犯其防忌者，遂变为虎。

【天翁】即天公、天帝，唐·段成式《酉阳杂俎·前集》卷一四："天翁姓张名坚，字刺渴。少不羁，无所拘忌。尝张罗得一白雀，爱而养之。刘天翁每欲杀坚，白雀辄先报知，坚设法应付，终莫能害。天翁遂亲下界。坚盛设宾主，乃窃天翁车，乘白龙登天。天翁乘余龙追之，不及。坚既到玄宫，更易百官，自为天翁。刘天翁失所，徘徊五岳为祸。坚患之，以刘天翁为泰山太守，主生死之籍。"按张政烺先生《玉皇姓张考》说，此故事当起源于汉末，其中之张天翁影射太平道之张角，而刘天翁则影射刘汉政权。◆按：张天翁后世有被民间视即玉皇大帝者，如王秋桂等《贵州省德江县稳坪乡黄土村土家族冲寿傩调查报告》言其所供玉皇即名张坚。

【天吴】《山海经·海外东经》："朝阳之谷，神曰天吴，是为水伯。其为兽也，八首人面，八足八尾，皆青黄。"《大荒东经》则小异："有夏州之国，有

天吴　山海经图　胡文焕本

盖余之国。有神人，八首人面，虎身十尾，名曰天吴。"◆吴任臣《广注》案：《谈薮》曰：李天异尝诵杜'天吴紫凤'之句，顾坐客云：'吴音华，见《山海经》，未知复见何书。'王仲行对云：'《后汉书》戴就被收，狱吏烧鋘斧，使就挟之，注引何承天纂文，鋘音华。又《诗》不吴不敖，不吴不扬，亦皆音华。'据此，则天吴从华音矣。"

【天仙圣母】与"碧霞元君"相同，"天妃""临水夫人""泰山玉女"均有此号。可参见各条。

【天仙玉女】即泰山玉女碧霞元君。

【天医】有二说。❶明·钱希言《狯园》卷二"天医"条："吴人张叟究奇门六壬之术，奉斗母，间为亲戚祈祷疾病，候斗许救，约以某日某时命天医至焉。或现形往来，或空中授药，或示异梦中，或附耳而告。凡童男童女见之尤真，不独病者接瘵而已。而其形亦不同，或为高二尺许少年，负药葫芦，自楼檐飞下，或绿衣古貌。张云：天医有十三科，今在天曹属陶、许两真人职掌。余于西湖见天医祠，果祀陶、许于中焉。"明·陆粲《庚巳编》卷五"天医"条："乡人顾谦，弘治二年五月得伤寒疾，延医疗治，转加瞀眩。夜梦一老人曰：'尔为医所误，不速更医则当死。'谦请所更者，曰：'葑门刘宗序甚佳。'惊悟，亟迎之，服其药，病稍稍减。方夜分起食粥，举首见金冠绿袍者一人，踞坐梁上，室中悬药葫芦累百，呼谦名曰：'子知我乎？我天医也。'为谦具说其致病之故，言皆有理致。又授以数百言，曰：'子能行此，可为名医，善记之勿忘也。'语讫而隐。自是顿瘳，而苦耳聩。至冬月，往谒医士凌汉章针治。汉章为针两耳。移时而愈，曰：'子尝为天医传药乎？'谦惊问所自知，汉章曰：'大凡天医治疾，传药耳中，药入而气闭，故聩也。'"❷清·王士禛《池北偶谈》卷二三：俗说雷部击人，必有天医随之，或误击，则旋活之。近云南府有二人同行，遇雷皆殛死。其一人恍忽见一比丘坐其旁，以手摩其脑曰："汝不应死，勿虑。汝家人寻至矣。"时有目击者归告二人之家，家人皆号泣至，至则生矣。

【天眼尊者】见"赤脚僧"条。

【天猷】北宋初，太宗用道士张守真言，以黑杀神为翊圣，与天蓬、玄武合为三大将。至南宋初又补以天猷，合称"四圣"。"四圣"中天猷一神最为无谓。在北宋时，一直是"三天将"，只是到了南宋初，为了证明高宗赵构的天命，才以此凑成四将。天猷之原不可考，估计只是源于《天蓬咒》中的"四明破骸，天猷灭类"一句，既先有"翊圣"对"佑圣"，遂采"天猷"以对"天蓬"。

【天愚】神名。《山海经·中山经》："堵山，神天愚居之，是多怪风雨。"

【天真道君】《云笈七签》卷七九《五岳真形图序》：天真道君下观五岳山水之象，视其盘曲回转、形势高下，拟成书字之状，因如字之韵，随形而名山，成《五岳真形图》。

天愚　山海经图　汪绂本

【天真皇人】道教灵宝派所奉最高神。乃先天真

圣，为元始天王化身。《云笈七签》卷三《道教所起》："今传《灵宝经》者，则是天真皇人授于轩辕黄帝。"《仙鉴》卷四："天真皇人，不知其得道之始，然是前劫修真极道之人也。身长九尺，玄毛披体，皆长尺余。黄帝时在峨眉绝阴之下，苍玉为屋，黄金为座。黄帝再拜问道。授以五牙三一之文，与太上灵宝无量度人妙经授帝。"◆西晋·王纂《太上洞渊神咒经》中亦有天真皇人，地位似无此尊崇。

【天主】古齐国所祀"八神"，其一即为"天主"，详见"八神"条。

【天自在】《太平广记》卷八六引五代·景焕《野人闲话》：利州（今四川广元）市廛中，有一人，披发跣足，衣短布襦。与人语，多说天上事。或遇纸笔，则欣然画楼台人物，执持乐器，或云龙鸾凤之象。夜则宿神庙中。人谓之"天自在"。州之南有市，人甚阗咽。一夕火起，烟焰亘天。天自在于庙中独语曰："此方人为恶日久，天将杀之。"遂以手探阶前石盆中水，望空浇洒。逡巡有异气自庙门出，变为大雨，尽灭其火。掌庙者往往与人说之，天自在遂潜遁去。其后居人果为大火漂荡，始信前言有征。

【田纯静】元时人。《（雍正）江西通志》卷一〇五：自浙至赣，修炼于景德观。一日尸解朝天门外，令人弃于江中。江水湍急而尸不流，口中犹吟颂不止。

【田大神】唐时人。明·曹学佺《蜀中广记》卷七六引王隐居《栖妙山记》：田真人名大神，自南阳来隐栖妙山中。林丛多蛇虺，田有神术，驱绝之。修炼久，一日值江涨，乃游水上，若履坦途。唐广德间登会仙桥上升。至宋时封妙济真人。

【田都元帅】有二说。❶雷海青。仇德哉《台湾之寺庙与神明（二）》："又称雷元帅、相公爷、相公、相江爷，即唐玄宗时乐师雷海青。据《厦门志》载：'相公宫，祀唐忠烈乐官雷海青。唐肃宗追封为太常寺卿，宋高宗追封为大元帅。婴孩生疮毒，祈祷屡效。'有谓海青为玄宗主管梨园，后世奉为音乐之神。又传海青死后，玄宗奔蜀，海青显灵救驾，时空中浮现'田都'二字，故拜为田都元帅。"❷即西秦王爷雷万春。沈平山《中国神明概论》以为田都元帅即唐代名将雷万春，曾用傀儡、雷鼓吓走番兵。后来番将赚万春城头谈话，伏弩齐发，万春嘴角中七矢不动，番将以为木人，引兵自退。万春凯旋回睢阳，旗帜"雷"字遮成"田"字，张巡茫然疑惑，遂以"田都"称呼。常见的田都神像，

嘴角绘有蟹脚，说是睡中被杨贵妃戏绘，其实乃矢疤也。参见"田元帅"条。

【田公田婆】清·顾禄《清嘉录》卷二"二月·土地公公生日"条：二月二日为土地神诞，俗称土地公公，大小官廨皆有其祠。官府谒祭，吏胥奉香火者，各牲乐以酬。村农亦家户壶浆以祝神厘，俗称田公、田婆。

田都元帅　三教源流搜神大全

【田华】雷部神田华毕元帅。见"毕元帅"条。

【田良逸】唐时人。唐·赵璘《因话录》卷四："元和初，南岳道士田良逸、蒋含弘皆道业绝高，时号田蒋君。侍郎吕渭、杨凭等廉问湖南，皆北面事之。潭州（今湖南长沙）大旱，请良逸祈雨，人至而雨降。母为喜王寺尼，尼众皆呼先生为师。能以符却猛兽。"而宋·陈田夫《南岳总胜集》则云："田良逸名虚应，隋开皇时自攸县迁居南岳喜阳峰后，躬耕货薪以侍母，夜即独坐岩中。一日遇何尊师而问道。其母晒衣于山北，闻儿随道人远适，急往追之，不及，复回，衣已化为石。良逸后遇薛季昌，入天台山（今浙江天台北）而不出。唐宪宗时尸解。"二人同名，且俱为南岳道士，俱有母居近处，当是一人。又《高道传》《因话录》所载与此无大异，唯《仙鉴》卷四〇有"田虚应"一条，所记多有不同，略云："字良逸，齐国人。为性朴拙，吐露无忌。隋文帝开皇间侍亲于攸县，迁居南岳，躬耕紫盖峰下。母既逝去，乃游五峰自适。唐高宗龙朔中，居岳观降真堂，从薛季昌受上清大洞秘法。时吕渭、杨凭使湖南，尝就访高论。元和中东入天台，不复出。宪宗诏不起。一夕梦三神人持香炉自天降，若有所召，未几亦羽化。三神人者，冯惟良、陈寡言、徐灵府也。"

【田吕元帅】《三教源流搜神大全》卷四：其父乃苍龙之精，为慈济真君所逐，隐于西蜀黄沙洞，见庞氏美，强娶之。逾半载，庞氏有孕，而慈济真君

觅至，老龙化身脱逃，庞氏亦惊匿于田中。真君飞剑指庞氏之腹而胎落，固孩身而龙首也。尔时雷雨暴至，真君不忍破其胎以及其子也，育抚之，因田其姓，雨其名。及帅六岁，送往张真人帐下学法。学成，思慈济真君使父母仳离，欲报怨。遂突起，裂帐为旗，折竿

田吕元帅　三教源流搜神大全

为戚，喷水为雾，击令为雷，行于太虚，遍寻真君行藏。玉帝闻之，亲召至，曰："真君为民除害，不可仇也。"命其释怨，任以元帅之职，于三界行在以降妖魔，左执雷令，右执黄旄，上列于负屏之左。按：此文称帅姓田名雨，而题为"田吕元帅"，不知其由。田、雨二字合文为雷，是与田华毕元帅同为雷部神也。

【田鸾】唐时人。《太平广记》卷三五引唐·皇甫氏《原化记》：家居长安，富有。兄弟五六人，皆年未至三十而夭。鸾年二十五，母忧甚，鸾亦自惧，闻道者有长生术，遂入华山求道。至山下，见黄冠，祈问隐诀。黄冠指柏树示之曰："此即长生药。何必远求，只问志如何耳。"乃取柏叶曝干服之，先有热病，终不辍，至二年，热病更重，至七八年，身热如火，人不可近，诸疮溃烂，黄水遍体。忽求沐浴，遂浸于斛中，三日方寤，竟成道，号为柏叶仙人。至贞元中，年百二十三岁，尸解。

【田三姑娘】清·俞正燮《癸巳存稿》卷一三：今苏州有田三姑娘，嘉兴有灰七姑娘，皆紫姑类。

【田神】清·顾禄《清嘉录》卷七"七月·斋田头"条：中元〔七月十五日〕，农家祀田神，各具粉团、鸡黍、瓜蔬之属，于田间十字路口再拜而祝，谓之"斋田头"。《周礼》疏云："社者，五土之总神，又为田神之所依。"则是今之七月十五日之祀，犹古之秋社耳。

【田守忠】明人。《（康熙）怀庆府志》卷一〇：济

源（今河南济源）人。万历间弃妻子学道于金炉山，得舍身磨性之术。携木球二，白昼自山下踢于上，夜则掷下。常裸身佯狂于市，人呼疯子。一日辞众，自言某日当仙去。至期果然。

【田蓑衣】宋时人。《（雍正）湖广通志》卷七四、《（万历）襄阳府志》卷四一：不知其名。隐武当隐仙岩石室，冬夏止一蓑衣，故人称云。隆冬则真气如蒸，夏则温凉如玉。人有疾叩之者，则摘蓑衣草吹气与之，服之即愈。炼大丹。端平间失所在。

【田先生】唐时人。《太平广记》卷四四引五代·杜光庭《仙传拾遗》："田先生者，九华洞中大仙。唐元和中隐于饶州（今江西鄱阳）鄱亭村，教村塾，人不知其为神仙。进士李生之妻，分娩于州之后堂，梦鬼神责其腥秽，旋耳鼻流血而卒。后李生见妻之鬼魂于野，并告可至田先生处求其神力，或可再生。先生遂引李生出舍百余步，至夜，忽光明如昼，化为大官府，而先生据案而坐，拟于王者。遂传庐山、江滨、彭蠡等神，云为崇者乃鄱阳王吴芮。于是擒来吴芮，牒天曹诛之，又使李生之妻还魂。"按：此故事又见《太平广记》卷三五八，作"齐推女"，注出自《玄怪录》。而《玄怪录》卷三"齐饶州"条所述与此相同，唯进士李生为湖州参军韦会。

【田相公】❶清·汪鹏《袖海编》：习梨园者共建相公庙，自闽人始。旧说为雷海青，而去雨存田，称"田相公"。按：即"田元帅"，参见该条。❷南宋·洪迈《夷坚支志·庚集》卷一载，临安府都税院中有神祠，名田相公庙，其神为一大蛇。

【田元帅】或称"风火院田元帅"，即"田都元帅"之一说。《三教源流搜神大全》卷五：兄弟三人，长名田苟留，次名田洪义，三名田智彪。太平国人氏。唐玄宗善音律，开元时诏三人典音律，歌舞妙绝，帝封以侯爵。至汉天师因治龙宫海藏疫鬼，请教于田氏兄弟。乃作神舟，统百万儿郎为鼓竞夺锦之戏，诱疫鬼出观，然后天师治之，疫患尽消。玄宗封三兄弟爵号：田太尉昭烈侯，田二尉昭佑侯，田三尉昭宁侯。又配祀诸神有窦郭贺三太尉、金花小姐、梅花小娘、胜金小娘、万回圣僧、和事老人、何公三九承事、都和合潘元帅、天和合梓元帅、地和合柳元帅、斗中杨耿二仙使者、送梦报梦孙喜、青衣童子等等，多与喜庆相关。◆按：此田元帅为梨园神一种，而助天师驱鬼故事，亦傩戏之变形，可见古代戏曲与民间宗教之关系。又：田元帅即雷海青之变异，雷字去雨头而为田字也。清·

施鸿保《闽杂记》卷五"雷海青庙"条云："兴、泉等处，皆有唐乐工雷海青庙。在兴化（今福建莆田）者，俗称元帅庙。"是雷海青亦称元帅也。又清·俞樾《茶香室丛钞》卷一五："习梨园者共构相公庙，自闽人始。旧说为雷海青而祀，去雨存田，称田相公。海青既可称田相公，何妨称田元帅。一说田元帅为天上翼宿星君，故其神头插双鸡羽，象翼之两羽，田姓象翼之腹，共字象两手两足，故其神擅技击。羽又为五音之一，故其神通音乐，俗又谓之会乐宗师。"

【田章】见"董仲"条。

【田忠良】《元史·方伎传》：田忠良，字正卿，其先平阳赵城（今山西赵城）人，金亡，徙中山（今河北定州）。忠良好学，通儒家、杂家言。尝识太保刘秉忠于微时。秉忠荐于世祖，试以占筮之术，有验，诏官之司天。帝猎于柳林，顾忠良曰："今拜一大将取江南，朕心已定，果何人耶？"忠良环视左右，目一人，对曰："此伟丈夫，可属大事。"帝笑曰："此伯颜也，为西王旭烈兀使，朕以其才留用之，汝识朕心。"赐钞五百贯、衣一袭。七月十五日夜，白气贯三台，帝问何祥，忠良对曰："三公其死乎！"未几，太保刘秉忠卒。延祐四年卒，年七十五。

【田祖】《山海经·大荒北经》："蚩尤作兵伐黄帝，请风伯雨师纵大风雨。黄帝乃下天女曰魃，雨止，遂杀蚩尤。魃不得复上，所居不雨。叔均言之帝，后置之赤水之北。叔均乃为田祖。"《北史·魏本纪一》：黄帝之裔始均，仕尧时，

神农田祖

逐女魃于弱水，北人赖其勋，舜命为田祖。南宋·罗泌《路史》卷一八注："《五行书》云：田祖以甲寅日生，田主以乙巳死，辛亥葬。'大司徒'注云：田主田神，后土及田正之神所依。疏：弃为尧稷官，立稼穑，死配稷，名为田正。诗人谓之田祖。"宋·王应麟《玉海》卷一七八："神农始造田法，

典田大夫以其法教民。始教造田，谓之田祖。"又做"田祖氏"，王树村《中国古代民俗版画》载有神马，上书神农氏、田祖氏。

【tiao】

【挑生鬼】蛊鬼之一种。清·屈大均《广东新语》卷二四：广东诸山县，人杂瑶蛮，亦往往下蛊。有"挑生鬼"者，能与权量货物时，出则使轻而少，入则使重而多，以坑害商旅。蛊主必敬事之。投宿者视其屋宇洁净，则挑生鬼所为，饮食先嚼甘草，乃无患。挑生鬼亦蛊之属，盖鬼而蛊者也。

【鯈鱼】《山海经·北山经》："带山，彭水出焉，而西流注于芘湖之水。其中多鯈鱼，其状如鸡而赤毛，三尾六足四首，其音如鹊，食之可以已忧。"吴任臣《广注》案："《引书品钝》云：'鯈，似鸡赤毛，六足四目也，从鱼。'"是"四首"作"四目"，而王念孙、郝懿行亦校为"四目"。

鯈鱼　山海经图　汪绂本

【鯈蛫】《山海经·东山经》：独山，末涂之水出焉，而东南流注于沔。其中多鯈蛫，其状如黄蛇，鱼翼，出入有光，见则其邑大旱。

【tie】

【铁道人】清·杨凤辉《南皋笔记》卷一"铁道人"条：有黄生者，善青乌术，颇著名，凡堪舆家者流过其地，必造庐请谒焉。忽一日，有一道人，眇一目，跛一足，蓬首垢面，形容甚怪，左持一铁岩瓢，右扶一铁禅杖，上挂铁扫帚，诣生门，若化缘者。生问以地理之术，道人说偈数首，倏不见。生于是颇悟，不复妄谈地理。

鯈蛫　山海经图　汪绂本

【铁冠道人】❶即"张中"，见该条。❷北宋时又有"铁冠丈夫"，见"徐问真"条。又有一"铁冠道人"，见"徐熙春"条。又有一"铁冠道士"，南宋·曾敏行《独醒杂志》卷八："李若水为大名府元城县尉日，有村民持书一封，公得书，读竟即火

之。诘其人何所从来？对曰：'夜梦金甲将军告某曰：汝来日往县西，逢著铁冠道士，索取关大王书，下与李县尉。既而如梦中所见，故不敢隐。'"以上三铁冠不知有无关系。❸南宋·洪迈《夷坚三志·辛集》卷四"宜都铁冠"条："峡州宜都县（今湖北宜都）弓手向宥，少年时为清江渡子，遇一道人，戴铁冠，容貌奇伟，为言未来事，其后历历皆验。"◆明·徐𤊹《徐氏笔精》卷七："铁冠道人除明初张景和外，又有宋之苏轼、詹仲和，元之杨廉夫。"按：此三人与道流无关。

【铁冠子】即"张中"。明·宋濂《宋景濂集》有《张中传》云："尝戴铁冠，人因号曰'铁冠子'。"见"张中"条。

【铁瓢仙】即"张白"。宋·陈田夫《南岳总胜集》："南岳衡山有紫盖院，铁瓢仙张白居之。"详见"张白"条。

【铁山神】清·陈祥裔《蜀都碎事》卷四："安岳县（今四川安岳）有铁山，一名凤凰山。山神姓姚名苌，字景微。隋文帝时，普、昌、泸三州彝人作乱，帝命姚苌为都统，将兵讨平之。后人立庙于此。有灵异。有司以每年十月十七神诞日致祭。"南宋·祝穆《方舆胜览》卷六三："神姓姚，讳景彻。"不言名苌。◆按：史有姚苌，乃十六国时后秦国主，叛苻坚而自立者。此外史书所载，再无第二人名姚苌者。北宋·乐史《太平寰宇记》卷八四引《郡国志》云："张恶子昔至长安，见姚苌，谓曰：'却后九年，君当来蜀，若至梓潼七曲山，幸当见寻。'至建元十二年，隋杨安南伐，未至七曲山，迷路，游骑贾君蒙忽见一鹿，逐至庙门，鹿自死，追骑共剥之，有顷苌至，悟曰：'此是张君为我设主客之礼。'烹食而去。"此与《蜀都碎事》所载之姚苌似为一人，但此条亦无史可征，不但《隋书》无姚苌其人，亦无名杨安者。入蜀之杨安实为苻坚之将，曾陷梓潼及梁、益二州，西南夷邛、莋、夜郎等皆归之。苻坚遂以杨安为益州牧，镇成都；以姚苌为宁州刺史、领西蛮校尉。宁州为前秦所置，即今重庆合川。是"铁山神"之姚苌乃苻坚之将，非隋文帝时人也。

【铁四太尉】清·钱泳《履园丛话》卷一四"铁人"条："杭州城隍山东岳庙有铁人，高四五尺，俗谓之铁哥哥。厉樊榭有诗，翟晴川《湖山便览》亦载之，言江上浮来也。或传李宫保（卫）筑钱塘，挑土出之。杭人云此铁甚灵验，凡有人盗窃银钱对象者，失主祷之，十日内必有应验。"清·翟

灏《通俗编》卷一九引《凌柘轩集》有《吴山东岳庙化铁四太尉疏》，云："四神皆膺侯爵，一曰灵应，二曰福佑，三曰忠正，四曰顺佑，今杭人但呼曰'铁哥哥'。"

【铁塔神】南宋·洪迈《夷坚甲志》卷一"铁塔神"条：蔚州（今河北蔚县）城内浮图中有铁塔神，素著灵验，郡人事之甚谨。契丹将亡，州民或见其神奔走于城外，急诣寺视之，见神像流汗被体。至夜，神见梦于寺主讲师，云："吾奉天符，令拘刷城内合死人，连日奔驰，始克就绪。来日午时，城中合死者一千三百有奇，而本寺僧四十余，和尚亦在籍中。吾久处兹地，平日仰师戒德，辄为以它名易之，诘旦从此而逝，庶万一可脱。"

【铁元帅】《三教源流搜神大全》卷五：殷商末年，魔王现世，中华荼毒。玉帝遣六丁降生，胎于石城颜氏之梦。因有母无父，以铁为姓，头为名。幼而武勇，气排山岳，力倒九牛。杀乌兔于颍水之阳，降火马于阴山之北，歼魔鬼，擒妖狐，截灵蛇玄龟。玄天

铁元帅　三教源流搜神大全

上帝正降龟蛇，于是踏龟蛇，邀铁头同升天界。封为猛烈元帅，分掌玄冥。

【tong】

【通公】❶萧梁时高僧。《太平广记》卷九一引唐·窦维鋈《广古今五行记》：不知其姓氏，居处无常，所语狂谲，然必有应验。饮酒食肉，游行民间。扬州未陷时，拾无数死鱼头，积于西明门外，又拔青草荆刺棘栽市里。及侯景渡江，先屠东门，一城尽毙，置首级于东门外为京观；市井破落，所在荒芜。侯景甚信之。而所言多于景不利，景遂恶之而不敢加害。景后因宴召通公，通公取肉捏盐以进于景，问曰："好否？"景曰："大咸。"通曰：

"不咸则烂。"后景死，众以盐五石纳景尸腹中，送于建康市中，百姓争屠脍之。❷明时人。《(顺治)延平府志》卷二○："不知何名。清流县（今福建清流）人。《仙箓》云：王公传蓝公，蓝公传通公。幼为永安曹岩张家佣。一日耕田，众拔秧，公坐田畔不动。及众拔秧毕，公一挥手，数亩秧即栽讫。又能反水上田，令田不涸。一日撒树叶于溪中，即成鱼，众人趋往观鱼，公即坐化。乡人祀之，祈晴祷雨即应。"按：化叶为鱼与"何公冕"事同。

【通视】《淮南子·墬形训》："通视，明庶风之所生也。"高诱注："通视，天神也。"见"八风神"条。

【通天教主】
《封神演义》洪钧老祖"一道传三友"。所谓"三友"即原始天尊、太上老君、与通天教主。此三人其实是道教"三清"的小说化。张政烺先生《〈封神演义〉漫谈》说：《封神演义》的作者保留元始天尊、太上老君（即道德天尊），

通天教主 封神真形图

削去太上道君（灵宝天尊），或者说把他与太上老君并为一个，而加上通天教主。元始、太上为阐教，通天称截教。阐教大约是阐明正教之意。通天教主的来历有两种可能，或为古人称之为"通天神狐"的狐狸精，或为元明杂剧中常说的"通天大圣"猴子精。但更可能是前者，古人说"通天神狐醉露其尾"，截教的截字就是割去尾巴的意思。按：截教众弟子俱为禽兽修成之仙，也就是修得截去尾巴而成之仙。

【通玄天师】宋·谢守灏《混元圣纪》卷一："天皇时，老君降世，号通玄天师，一号玄中大法师。"《仙鉴》卷二："在天皇时出《洞真经》十二部，以无极大道下教人间。"

【通应公】南宋·吴自牧《梦粱录》卷一四载南宋时杭州祠祭江涛之神有十，其一为通应公。

【通真三太子】清·俞正燮《癸巳存稿》卷一三：《黟记》："唐封中书舍人通真三太子，即唐张巡也。明《咸宁县志》有通真太子庙，亦祀张巡。俞氏以为其致误之由，盖因张巡曾任太子通事舍人也。"

【仝寅】明时人。《明史·方伎传》："仝寅，字景明，安邑（今山西运城东）人。年十二岁而瞽，乃从师学京房术，占祸福多奇中。随父游大同，石亨时为参将，颇信之，每事咨焉。英宗北狩，遣使问还期。筮得《乾》之初，曰：'帝其复辟乎？'已而果验。石亨入督京营，挟自随。及也先逼都城，城中人恟惧，或请筮之，寅曰：'彼骄我盛，战必胜。'寇果败去。寅见石亨势盛，每因筮戒之，亨不能用，卒及于祸。寅以筮游公卿贵人间，莫不信重之，然无一语及私。年几九十乃卒。"明·黄瑜《双槐岁抄》卷八有"仝寅、王泰卜筮"条。

【桐川张王】即祠山张大帝。南宋·周密《武林旧事》卷三：二月八日为桐川张王生辰，霍山行宫，朝拜极盛，百戏竞集。

【桐君】《(雍正)浙江通志》卷二○一引《名胜志》《严州府志》："桐君，不知何许人，亦莫详其姓氏。尝采药求道，止于桐庐（今浙江桐庐）东山隈桐树下。或有问其姓名者，即指桐树示之，因名之曰桐君。有《药录》一卷行世。土人立祠于山顶，绘像祀之。或曰：黄帝时，桐君尝与巫咸同处。"晋·王嘉《拾遗记》卷七："汉建安三年，胥图国献沉明石鸡，色如丹，大如燕。常在地中，应时而鸣，声能远彻。其国闻其鸣，乃杀牲以祀之。当鸣处掘地，得此鸡。若天下太平，翔飞颉颃，以为嘉瑞，亦谓'宝鸡'。其国无鸡，听地中候晷刻。道家云：'昔仙人桐君采石，入穴数里，得丹石鸡，春碎为药。服者令人有声气，后天而死。'"

【铜箍儿】明时人。明·王圻《稗史汇编》卷六三"二仙翁"条：铜箍儿者，不知其姓名，好以铜箍束额，故名。尚书李充嗣过山东，闻其有道术，访之，所言不根，时露一二字，李深重之。尝邀李饭于山庵，其行如飞，至则珍品悉具，若预备者，而实无僮使也。问世间异人，则云："有一人在密云，疯狂不可与语。公欲见，但值酒肆呼韩尚书，彼必一驻耳。"后入京，使人访于密云，果得其人，俗呼为"赤肚儿老师"。候其入酒肆，追而拜之，亟去不顾。呼韩尚书，迟疑若有惊者，因奋前执其衣，竟脱去。闻人传其本元时尚书，弃官得道，居密云百年矣。

【铜精】唐·张鷟《朝野佥载》卷五：隋绛州夏县

树提家，新造宅，欲移入，忽有蛇无数，从室中流出门外，其稠如箔上蚕，盖地皆遍。时有行客云解符镇，取桃枝四枚书符，绕宅四面钉之，蛇渐退，符亦移就之。蛇入堂中心，有一孔，大如盆口，蛇入并尽。命煎汤一百斛灌之，经宿，以锹掘之，深数尺。得古铜钱二十万贯。因陈破，铸新钱，遂巨富。蛇乃是古铜之精。

【铜神】北魏·郦道元《水经注·湘水》："重安县（今湖南衡阳西南）东有略塘，相传塘中有铜神，时闻铜声于水，水辄变绿，作铜腥，鱼为之死。"唐·段成式《酉阳杂俎·前集》卷一〇作"唐安县"，误。

【铜铁之精】晋·葛洪《抱朴子内篇·登涉》：山中夜见胡人者，铜铁之精。

【童宾】为江西景德镇陶瓷业所奉之行神，又称广利窑神、风火仙师、陶神、火神。其祠称"佑陶灵祠"，俗称"风火仙祠"。传说童宾为明万历时陶工，因为内府造大器不成，诸陶工屡受鞭挞，童宾恻然伤之，愿以骨作薪，求器之成，遂赴火死，而窑器无不成者。于是被窑工奉为祖师。见乾隆《浮梁县志》卷四。

【童哥】亦"灵哥"之类。金·元好问《续夷坚志》卷二"童哥"条：金南渡后，京师一满师事一神童。自言出贵家，姓阿不罕氏，八岁，遭平章进忠弃都城，为人马蹂躏而死。前世负满师钱无算，今来偿之。童自与人语，明了可辨，寻其声，在空中。酹酒在地，则下如就饮者。问逋亡遗失，不涉争讼，不关利害，则言之。问以千里外事，则曰："我往问之。"良久至，必以困乏为言。按满师者，当为女真族之萨满师也。

【童律】传说中大禹治水时手下神将。见"巫支祁"条。

【童志高】唐时人。《（雍正）湖广通志》卷七四：孝感人。有异术。一日以旱于范公塘刺泉，谓其弟子曰：吾将驾龙入泉窟，当索符，亟与我。及志高出手索符，手有毛，弟子大骇而走。志高遂没不出。土人祀之，至今祷雨有应。参见"柳道士"条。

【童子先生】《洞仙传》：童子先生者，于狄山学道，修《浴契铃经》得仙。

【tou】

【头陀刘五】明时人。《神异典》卷二五八引《江宁府志》：本为北人，嘉靖、隆庆间来金陵，居城之西北。数日不食，面无饥色，赤脚履冰，雪中无寒态。诚意伯夫人病乳痈，头陀取纸笔划一石一木，吹气一口，缚于额上，越宿而愈。后自缢而死，死之日有人见其渡江，亦尸解也。事迹详见《（万历）金陵琐事》卷下。

【投炉神】见"金火二仙姑""孝娥""葛佑二女""童宾"诸条。

【tu】

【涂定辞】北宋时人。《仙鉴》卷四八：蓬州（今四川仪陇南）人。真宗咸平中，定辞隶役于郡，因辇帛入关，舍华阴客邸，遇陈抟。因求异术，陈出一刀圭，云饵之当寿百年。既归，凿所居之南山为石室，险绝，高数十仞，登陟如履平地。石室干燥，咒之得泉。尝游成都，谒僧希白，命膳，食盐数斤，坐客皆惊。尝以田产为人讼，置狱中一载，未始一食，遂惧而释。城北悬崖有古木，登其巅，七日不下。每到仲春，人服药，渠即临流露体，水自七窍中入，人谓涮肠。有人中暑暴死，定辞将一铁针钉入其额一寸许，少顷即活。一日呼家人于前曰："我九十三岁，不死何待？"索巴豆食之，尽三百粒乃化。人环而哭之，却复活，曰："坐去恐汝辈难作葬。"言讫而卧，复化去。及就圹，觉棺甚轻，识者以为尸解。◆按：南宋·陈葆光《三洞群仙录》卷五引《神仙传》作"徐定辞"。

【涂井神】明·曹学佺《蜀中广记》卷一九：四川临江县有盐官，在监、涂二溪，一郡所仰。"涂溪在州东八十里，发源蟠龙洞，来经涂井。井神为汉杨伯起。井庙碑云：神尝刺史荆州，遡江至此，憩于南城寺。谓人曰：'江北二三里间安得有宝气耶？'至蟠龙洞，见周柱下史丹炉，曰：'此地有龙无虎，宜其丹不就也。'至涂山，见白鹿饮泉，曰：'宝气在此矣。'土人从所指处凿盘石而得盐泉。"按：杨伯起，即东汉杨震也，《后汉书》有传。

【涂山氏】名女娇。大禹之妻，夏后启之母。涂山，即会稽山，禹会群神之处。西汉·刘向《列女传》卷一："启母者，涂山氏长女也。夏禹娶以为妃。既生启，辛壬癸甲，启呱呱泣，禹去而治水，惟荒度土功，三过其家，不入其门。涂山独明教训，而致其化焉。及启长，化其德而从其教，卒致令名。"东汉·赵晔《吴越春秋·越王无余外传》："禹三十未娶，行至涂山，见九尾白狐，以为王者之征，因娶涂山，谓之女娇。"《汉书·武帝纪》颜师古注："启，夏禹子也。其母涂山氏女也。禹治鸿水，通轘辕山，化为熊，谓涂山氏曰：'欲饷，闻鼓声乃来。'禹跳石，误中鼓。涂山氏往，见禹方作熊，惭而去，至嵩高山下化为石，方生启。禹曰：'归我子。'石破北方而启生。事见《淮南子》。"按今嵩山犹有"启母石"在焉。◆唐·苏鹗《苏氏演义》卷上："《史记》云：'禹娶于涂山氏。'今涂山有四，一者会稽（今浙江绍兴），二者渝州（今重庆），即巴南旧江州是也，亦置禹庙于其间。三者濠州，亦置禹庙。《左传》注云'涂山在寿春东北'，即此是也。其山有鲧禹启三庙，又有五诸侯城。四者《文字音义》云峹山，古之国名，夏禹娶之，今宣州当涂县（今安徽当涂）也。此峹山既为古侯国，禹娶之则宜矣。"

【土伯】《楚辞·招魂》："魂兮归来，君无下此幽都些。土伯九约，其角觺觺些。敦脄血拇，逐人駓駓些。参目虎首，其身若牛些。"王逸注："幽都，地下后土所治。地下幽冥，故称幽都。土伯，后土之侯伯也。言地有土伯，执卫门户，其身九屈，有角觺觺，主触害人也。土伯之状，广肩厚背，逐人駓駓，其走迅捷，以手中血漫污人也。土伯之头，其貌如虎，而有三目，身又肥大，状如牛也。"◆按：或以为土伯即冥府之主，恐非是。

【土地】即"社公"也。清·顾禄《清嘉录》卷二："《周礼·春官》，大祇而外，有土祇、地祇，此后代土地神之所由名也。五土之祇，即社也。地祇，地之百祇。今祀典自有社稷坛，而民间复立土地庙者，社坛，古之国

土地　山西平遥双林寺

社，后代之官社，民间土地祠，即后代之里社也。《明史》：里社，每里一百户，立坛一所，祀五土、五谷之神。"然而后世之"土地"又非昔之"社"所能包容。盖不仅乡里有土地，住宅亦有土地，南宋·洪迈《夷坚支志·甲集》卷九"史省幹"条云：一叟乌帻白衣，揖于庭，曰："予乃住宅土地

神也。"太学亦有土地，见《夷坚三志·壬集》卷九"诸葛贵致语"条。寺观亦有土地，《夷坚支志·甲集》卷八有"简寂观土地"条，同书卷五有"妙智寺土地"条，《支乙》卷二"大梵隐语"条有福山岳庙土地。坟墓亦有土地，清·钱泳《履园丛话》卷三："今坟墓上有土地之神，每年祭扫，必设酒脯祀之。"至于官府衙门之中亦有设土地者，如清·王士禛《池北偶谈》卷二所云礼部、吏部、翰林院土地祠皆祀韩文公是也。明时诏狱亦有土地，见清·朱竹垞《静志居诗话》卷一七"杨涟"条。山有土地，见《夷坚支志·癸集》卷四"画眉山土地"条。花园中亦有土地，见清·俞樾《右台仙馆笔记》卷一六"徐花农云"条。清·张焘《津门杂记》卷下记粤人寓津者，在桌台下供奉神位，曰"福德土地神"，直是家家皆祀土地，而太湖渔民至有"船头土地"之祀，是土地之众，几与灶神相埒矣。◆土地神之相貌，在初时当各有不同，某些土地既以乡贤名宦当之，则其像亦大致相类。而无名之土地，或有如田夫状者，《夷坚丙志》卷八："土地神布衫草履，全如田夫状。"而宋时已多有为白首老人者，仅《夷坚丁志》所载，卷一"南丰知县"条云为白须翁，坐小凉轿，仆从三十辈，卷一三"李遇与鬼斗"条云为一布袍草履之老叟，卷一四"明州老翁"条亦云其为"老翁"。由是可知，近世"土地公公"之形象由来已久矣。故土地及夫人有"田公田婆"之称，见《清嘉录》卷二。土地之像，例皆淳朴可亲，至有称朴直之人为"某土地"者，见明·王锜《寓圃杂记》卷九。◆土地于乡里有保护之责，瘟鬼散疫，里社之神或拒之，有为之而斗争者，见《夷坚支志·乙集》卷三"景德镇鬼斗"条；甚而有土地向城隍抗颜请命者，见《夷坚支志·景集》卷六"孝义坊土地"条。◆土地之有夫人，最早记载见于南宋，《夷坚志补》卷一五"榷货务土地"条云：土地临代，"俄有美人从中出，左右姬妾捧从围绕，指曰：'此山妻也，当与交代。'又云：'某今去此，不复携妻孥，亦悉以奉赠。'"《说郛续》卷一三引阚庄《驹阴冗记》："正德间，顾璘知台州（今浙江临海），府有土地祠，设夫人像。公曰：'土地岂有夫人！'命撤去。"然至于后世，则土地少有无夫人者矣。明·支允坚《梅花渡异林》卷三："近代无锡谢子兰与常学教授盛昭书，请除土地夫人。"◆最奇者，且有以妇人为土地者。《夷坚支志·乙集》卷二记常熟县寓客曾尚书，死后为福山岳庙土地，现形为妇人，绝

美。清·俞樾《耳邮》卷三："瓯越间一村落有土地庙，内塑女像，问之村人，则有二说。一曰：是庙本有两像，一翁一媪，久之翁像剥落，今所存者其媪也。一曰：村有某氏妇，孝于其姑。妇姑同卧一室。一夕妇闻姑床后墙簌簌有声，知其欲圮，急起负墙立，大呼姑醒。于是姑遑遽下床，得免于难，而妇竟压死。越旬日，土地神见梦于村中父老曰：'昨奉天符，吾以失于救护孝妇，故革职矣。代吾者，即此妇也。此后可改塑女像。'及旦，诸父老以所梦皆同，如言改塑，至今犹存其旧云。"
◆按清·姚元之《竹叶亭杂记》卷三说满洲跳神，极尊处所奉之神，首为观世音，次为关羽，次为土地。相传清太祖在关外时，请神像于明，明与以土地神。识者知明为自献土地之兆，故神职虽卑，受而祀之。

【土地公公】明·张鼎思《琅邪代醉编》卷二九："今之土地祠，几遍城乡镇市，其中塑像，或如鹤发鸡皮之老叟，或如苍髯赤面之武夫。问其所塑为谁，有答以不知为何许人者，有答以已故之正人某者，姓张姓李，或老或壮，言人人殊，但俱称为土地公公。或祈年丰，或祷时雨，供香烛，焚楮帛，纷纷膜拜，必敬必诚。"见"土地"条。

【土府】东汉时民间出现之冥府，见于《太平经》。《太平经·庚部之十》："岁尽拘校簿上，山海陆地，诸祀丛社，各上所得、不用，不得失脱；舍宅诸守，察民所犯，岁上月簿；司农祠官，当辄转相付文辞。太阴法曹，计所承负，除算减年，算尽之后，召地阴神，并召土府，收取形骸，考其魂神。"《太平经·庚部之十二》又云："为恶不止，与死籍相连，传付土府，藏其形骸，何时复出乎？精魂拘闭，问生时所为，辞语不同，复见掠治，魂神苦极，是谁之过乎？"

【土公】东汉·王符《潜夫论·巫列》："若乃巫觋之谓独语，小人之所望畏，土公、飞尸、咎魅、北君、衔聚、当路、直符七神，及民间缮治微蔑小禁，本非天王所当惮也。"北魏·贾思勰《齐民要术》载《祝麴文》："东方青帝土公，青帝威神；南方赤帝土公，南方威神；西方白帝土公，白帝威神；北方黑帝土公，黑帝威神；中央黄帝土公，黄帝威神。某年月某日辰朔日，敬启五方五土之神。主人某甲，谨以七月上辰，造作麦麴，数千百饼，阡陌纵横，以辨疆界，须建立五王，各布封境。"《太平御览》引裴玄《新语》："俗间有土公之神，云土不可动。"◆按：东汉·王充《论衡·解除》云："世间缮治宅舍，凿地掘土，功成作毕，解谢土神，名曰解土。为土偶人，以像鬼形，令巫祝延以解土神。"此土公应即此种"解谢"之土神。后世之动土而忌太岁，亦此俗之变化也。

【土蝼】《山海经·西山经》："昆仑之丘，有兽焉，其状如羊而四角，名曰土蝼，是食人。"

土蝼　山海经图　汪绂本

【土龙】❶刘宋·刘敬叔《异苑》卷三：晋义熙中，江陵（今湖北沙市）赵姥以沽酒为业。义熙中，居室内忽地隆起，姥察为异。朝夕以酒酹之。尝见一物出头似驴，而地初无孔穴。及姥死，家人闻土下有声如哭。后人掘地，见一异物蠢然，不测大小，须臾失之。俗谓之"土龙"。❷五代·徐铉《稽神录》卷四：楚王马希范修长沙城，开濠毕，忽有一物，长十余丈，高丈余，无头尾手足，状若土山，自北岸出，游泳水上，久之，入南岸而没，出入俱无踪迹，或谓之"土龙"。无何而马氏亡。

【土母】即"后土皇地祇"。见"后土"条。

【土螚】《清续通志》卷一七八：土螚生山石井坎间。《物类相感志》云：状类鳗，黄灰色，有两耳耸立脑后。能偷水，虽高山绝顶，亦能引之。江东人呼马土螚。或云：凡发泄洪水，皆其兴妖；天将雨，或时见吐云气。

【土神】❶即"土公"，《宋书·明帝纪》：宫内禁忌尤甚，移床治壁，必先祭土神，使文士为文词祝策，如大祭飨。参见"土公"条。❷即"土地神"。北宋·蔡絛《铁围山丛谈》卷四："刘器之购宅，宅中多蛇，除之不尽。器之焚香于土神祠前，曰：'蛇怪不止，是土神之不职耳，且当受罚。'于是命从者尽抛土偶于河中，召匠改塑其神。由是怪不复作。"是土神指"土地"。❸神农。晋·王嘉《拾遗记》卷一："炎帝始教民耒耜，躬勤畎亩之事，百谷滋阜。故而又称土神。"《礼记·月令》注："土神称神农者，以其主于稼穑。"

【土羊】《太平广记》卷二九一引《陇州图经》：陇州汧源县（今陕西陇县），有土羊神庙。昔秦始皇开御道，见二白羊斗，遣使逐之，至此化为土堆。使者惊而回。秦始皇乃幸其所，见二人拜于路隅。始皇问之，答曰："臣非人，乃土羊之神也。以君至此，故来相谒。"言讫而灭。始皇遂令立庙，至今祭享不绝。

【土主】《神异典》卷五〇引《（乾隆）无为州志》（今安徽无为）卷九：土主庙在州治小东门内，祀唐忠义袁杰。神系郡人。宋高宗与金人战，见空中袁字旗帜甚盛，知为神助，诏封土主、昭义嘉应侯，后又进封为王。其祀于乡者，曰草庙，曰横庙，曰黄庙，皆是也。

【吐钱怪】清·俞风翰《高辛砚斋杂著》：吾乡马桥镇某邻近作伙，家惟妻及婢。忽闻空室中钱声铿然落地上，遣婢往视，一物伏梁上，鲤鱼首，蛇身甚短，钱即口中吐出。婢呼主母至，物顿隐。就地得钱百二十文。

【兔儿神】清·袁枚《子不语》卷一九：清初，御史某年少科第，巡按福建。有胡天保者私恋之，为巡按所觉，毙其命于枯木之下。逾月，胡托梦于其里人曰："我以非礼之心干犯贵人，死固当然。毕竟是一片爱心，一时痴想，与寻常害人者不同。今阴官封我为兔儿神，专司人间男悦男之事。可为我立庙招香火。"闽俗原有聘男子为契弟之说，闻里人述梦中语，争醵钱立庙，果灵验如响。凡偷期密约，有所求而不得者，咸往祷焉。

【tuan】

【象】清·王士禛《居易录》卷一六：象似犀而角小，知吉凶。耳大如掌，目常含笑。生于两粤：东曰茅犀，西曰猪神，遇之则吉。

【tui】

【推潮鬼】南宋·洪迈《夷坚甲志》卷一四："明州（今浙江宁波）兵士沈富父溺钱塘江死，时富方五六岁，其母保养之，数被疾祟，访诸巫，皆云其父为厉。母祷之，是夕梦其父来曰：'吾死为江神所录为潮部鬼，每日职推潮，劳苦备至，须草履并杉板甚急，宜多焚以济用。明年满，方求代脱去矣。'母如其言焚之，富由是不复病。"宋·鲁应龙《闲窗括异志》："海盐县海滨业户某，与兄弟泛舟入洋口接鲜，遇大风，溺海而死。其家日夜号泣，一夕梦其夫归曰：'我今在海潮鬼部中极苦，每日

潮上皆我辈推拥而来。他佛事祭享皆为诸鬼夺去，我不可得。'"

【蜕仙】明·钱希言《狯园》卷四：武夷山接笋峰下幔亭坞中，有历朝以来蜕仙，共十有四人。居民供养，藏诸石龛中。每岁大旱，迎归其家，祷雨立应。赛谢毕，明日将具箫鼓送还原处，则蜕仙夜半自归坞中石龛，不失位次。又云：其中一龛为嘉靖十年广信府蜕仙，俗呼广仙，其貌清癯，肌如腊，目如电，皮毛若生。

【tuo】

【托塔李天王】见于小说《封神演义》，姓李名靖，原为商纣王属下大将，任陈塘关总兵，后归降周武王。同时亦为玉虚宫门下，燃灯道人之弟子。其子为金咤、木咤、哪吒。哪吒与父反目，李靖被逼，走投无路，燃灯道人授以宝塔制伏哪吒。至明·吴承恩《西游记》则已为上界天兵天将之统帅，玉帝封为降魔大元

托塔李天王　封神真形图

帅，受命降伏孙行者。此公名头虽大，但在二书中窝囊不堪，狼狈至极。无论是与其神格之原形毗沙门天王，还是与其名号之本主唐时大将李靖，都已无法相比拟。参见"毗沙门天王""李靖"二条。

【脱光】《龙鱼河图》：刀神名脱光。

【陀移国】晋·王嘉《拾遗记》卷一〇有"移池国"，《太平御览》卷三七八引作"陀移国"。见"移池国"条。

【橐𤟤】《山海经·西山经》："翰次之山，有鸟焉，其状如枭，人面而一足，曰橐𤟤，冬见夏蛰，服之不畏雷。"王念孙校，疑"畏"为衍字，"雷"当作"甾"（灾）。然郭璞《山海经图赞》曰："有鸟人面，一脚孤立。性与时反，冬出夏蛰。带其羽毛，迅雷不入。"是郭璞时所见即"雷"字。

橐蜚　山海经图　胡文焕本

【拓拔大郎】《太平广记》卷三六引唐·皇甫氏《原化记》：唐天宝中有扶风（治在今陕西凤翔）令，恃势轻物，不接寒素。其手下李主簿、裴尉，则颇好道。一日扶风令宴客，有一人自称拓拔大郎来谒，令颇不恭，大郎忿忿而出。裴、李疑是异人，私下礼敬之。不久，令忽中恶，食顷方苏，自言："昨晚被拓拔大郎录去，折桑条鞭之数百，云不看李主簿、裴尉之面，死矣。"命驾往县北三十里，果见大桑林中有人马之迹甚多，地有折条十余茎，方知拓拔大郎盖神仙之属也。

蟲围　山海经图　汪绂本

【蟲围】《山海经·中山经》："骄山，神蟲围处之，其状如人面，羊角虎爪，恒游于睢漳之渊，出入有光。"

【W】

【wa】

【娲皇】《神异典》卷四九引《山西通志》，赵城、临汾、洪洞、太平、蒲县、灵石等处均有娲皇庙，祀女娲。

【wai】

【外国道人】晋·荀氏《灵鬼志》："太元十二年，有道人外国来，解吞刀吐火，吐珠玉金银。自说其所受术，即白衣，非沙门也。行见一人担担，上有小笼子，可受升余，语担人云：'吾步行疲极，欲寄君担。'担人甚怪之，便语之云：'自可尔耳，君欲何许自厝耶?'其人答云：'若见许，正欲入笼子中。'担人逾怪之。乃下担，入笼中，笼更不大，其人亦不更小，担之亦觉重于先。既行数十里，树下住食，担人呼共食，云：'我自有食。'不肯出，止住笼中，饮食器物罗列，肴膳丰腆，乃呼担人食。未半，语担人：'我欲妇共食。'口中吐出一女子，容貌甚美，二人共食。食欲竟，其夫便卧，妇语担人曰：'我有外夫，欲来共食，夫觉，君勿道之。'妇便口中吐出一年少丈夫，食笼中。有顷，其夫动，如欲觉，妇便以外夫内口中。夫起，语担人曰：'可去。'即以妇内口中，次及食器物。此人既至国中，有一家大富贵而性悭，语担人云：'试为君破悭。'其家有好马，甚珍之，系在柱上，忽失去，寻索不得，明日见马在五升罂中，终不可破。便语曰：'君作百人厨，以周一方穷乏，马当得出耳。'主人即作之，毕，马还在柱下。明早其父母在堂上，忽然不见，举家惶怖，开妆器，忽然见父母在泽壶中。其人云：'君当更作千人饮食，以饴百姓穷者。'既作，其父母自在床也。"◆梁·吴均《续齐谐记》改此篇"外国道人"作"书生"，且裁去破悭一段。

【wan】

【宛丘先生】《仙鉴》卷六：服制命丸得道，至商汤之末世，已千余岁。以方传弟子姜若春，服之三百年，视之如十五岁童子。彭祖师之。

【宛渠国】晋·王嘉《拾遗记》卷四：秦始皇好神仙之术，有宛渠之民乘螺舟而至。舟行似螺，沉行海底而水不浸入。其国人皆长十丈。语及天地初开之时，了如亲睹。自云少时蹑虚而行，日游万里，至老能坐见天地之外事。其国以万岁为一日。俗多阴雾，遇晴则天豁然开裂，有玄龙黑凤翔下。

【宛若】见"神君"条《汉武故事》所引。

【婉妗】唐·段成式《酉阳杂俎·前集》卷一四：西王母姓杨名回，治昆仑西北隅，以丁丑日死。一曰婉妗。

【婉盆子】即壶公。梁·陶弘景《真诰》云其为施存（孔子弟子）后身，又名胡浮先生，一号婉盆子。参见"壶公"条。

【菀窳妇人】见"寓氏公主"条。

【鹓】司掌日月出入时刻之神。《山海经·大荒东经》："有女和月母之国。有人名曰鹓。北方曰鹓，来之风曰狻，是处东极隅以止日月，使无相间出没，司其短长。"郭璞注曰："言鹓主察日月出入，不令得相无间错，知景之长短。"

鹓 山海经图 汪绂本

【皖公山神】北宋·乐史《太平寰宇记》卷一二五："舒州怀宁县（今安徽潜山）有皖山祠，神为周大夫皖伯。"《汉书·地理志》云："灊县天柱山南有祠，其神聪亮，百姓归诚。至隋大业八年，移就皖水之阴吴陂堰侧，里人号为吴陂神。"

【万宝常】周、隋间人。《太平广记》卷一四引五代·杜光庭《仙传拾遗》：不知何许人。生而聪颖，妙解钟律。尝于野中遇十许人，召其至前，曰："上帝以子天授音律之性，将传八音于季末之世，救将坏之乐。"于是示以玄微之妙，历代之乐，宝常毕记之。良久，群仙升天而去。自此人间之乐无不精究，而历周泊隋，落拓不仕。隋开皇初，诏令宝常制乐，其声雅淡，不合于俗，寝而不行。因病，妻窃其财而逃，几至饿陨。一夕，所遇神仙降其家，曰："汝舍九天之高逸，念下土之尘爱，沦没于兹，限将毕矣。"于是宝常大悟。他日谓邻人曰："吾偶自天宫谪于人世，即将去矣。"旬日不知所之。◆按：宝常入《隋书·艺术传》。

【万法天师】宋·谢守灏《混元圣纪》：万法天师，老子三皇时化身。

【万凤】明时人。《（顺治）光州志》（今河南潢川）卷一二：性至孝，二亲既终，出家远游，遇异人授玄玄之旨，能以气传人腹，解人病。一日语童子曰："明日有高人至。"既而刘元子来。明世宗访天下异人，商城令以凤应，凤谢却之。临化时白云满洞，双鹤徘徊云中。所著有《中阳子》卷三篇。

【万福敦】明时人。明·王圻《续文献通考》卷二四三：字玉山，罗田（今湖北罗田）人。幼攻举业，弃而为僧，名道玑。善踵息修炼，不食米面盐酪。旁通风角、堪舆、奇门、符水，尤圣于医。其他谱琴、击剑诸伎，种种入能品。语人祸福多奇中。年九十二逝世，死时群鹤集于户外。

【万辅先生】宋·潘自牧《记纂渊海》卷八六，言三十六小洞天第八为庐山：周成王时有万辅先生，字君孝，跨白驴入山，结草为庐舍，炼丹得道，故曰庐山。◆按：此应是"方辅"之误，见该条。

【万回】唐·段成式《酉阳杂俎·前集》卷三："僧万回，年二十余，貌痴不语。其兄戍辽阳，久绝音问，或传其死，其家为作斋。万回忽卷饼茹，大言曰：'兄在。我将馈之。'出门如飞，马驰不及。及暮而还，得其兄书，缄封犹湿。计往返一日万里，因号焉。"又前集卷一："上（应是中宗）尝梦日乌飞，蝙蝠数十逐而堕地，惊觉。召万回僧，曰：'大家（称皇帝）即是上天时。'翌日而崩。"又同书前集卷三载："武则天时任酷吏罗织，官位高者朝不保夕。崔玄晖位望俱高，其母忧之，曰：'汝可一迎万回，此僧宝志之流，可以观举止以知祸福也。'及万回至，崔氏施以银匙箸一双。先是罗织者埋谶书于崔玄晖堂屋之顶，万回故掷银匙箸于屋顶，崔家上屋取之，见谶纬书，急焚之。数日，有司忽至其家，搜谶纬书不获，崔氏赖以免

祸。"《三教源流搜神大全》卷二言其为虢州阌乡（今河南灵宝西）人，姓张氏，贞观六年五月五日生。生而痴愚，八九岁方能语。玄奘自印度归，访公，公说印度事了如所见，玄奘作礼，称菩萨。又云景云二年卒。（按《僧伽传》云：僧伽大师卒于景龙四年，万回后其数

万回 三教源流搜神大全

月亦卒。与此不同）宋时赠司徒虢国公。◆《太平广记》卷九二引《谈宾录》《两京记》，云姓张，景龙中，时时出入，士庶贵贱，竞来礼拜。万回披锦袍，或笑骂，或击鼓，然后随事为验。◆宋人或称为"万回哥哥"，明·田汝成《西湖游览志余》卷二三云："其像蓬头笑面，身着绿衣，左手擎鼓，右手执棒，云是和合之神，祀之可使人在万里外亦能回来，故曰万回。"是又有将万回与和合相混者。元·刘一清《钱塘遗事》卷一"万回哥哥"条："临安居民不祀祖先，惟每岁腊月二十四日，各家临期书写祖先及亡者名号，作羹饭供养罢，即以名号就楮钱上焚化。至来年此日复然。惟万回哥哥者，不问省部吏曹、市肆买卖及娼妓之家，无不奉祀，每一饭必祭。其像蓬头笑面，身着彩衣，左手擎鼓，右手执棒，云是和合之神，祀之可使人在万里外亦能回家，故名'万回'。"◆后世因其为喜神，故又祀为风火院田元帅辅神。

【万里沙】汉时神祠。《汉书·地理志》东莱郡曲成，有参山万里沙祠。《汉书·郊祀志》："武帝元封间，公孙卿言见神人东莱山（在今山东龙口），帝遂至东莱，宿留数日，无所见。复遣方士求神人，采药以千数。是岁旱。天子既出亡名，乃祷万里沙，过祠泰山。成帝时，匡衡奏罢诸神祠，罢武帝时所立薄忌泰一、三一、黄帝、冥羊、马行、泰一、皋山山君、武夷、夏后启母石、万里沙、八神、延年诸祠祭。"◆按：元·于钦《齐乘》卷一："万里沙在莱州（今山东莱州）北三十里，夹万岁

水两岸，沙长三百里。《路史》云：云阳氏阳帝处于沙被，有万里沙祠，秦皇、汉武皆祷于此。"

【万历妈妈】清·姚元之《竹叶亭杂记》卷三言满洲跳神所供神有万历妈妈，为明万历皇帝之太后。盖其时明兵正盛，满人议和，朝臣执不肯行，独太后坚意许可，为感而祀之。而梁溪坐观老人《清代野记》卷上则云是清太祖攻抚宁，为明兵所擒，因于狱，清人贿明内监，言于太后而释之，故以此为报。《野记》载祭祀细节甚详，可参见。

【万蓬头】明时人。《（雍正）山西通志》卷一六〇：嘉靖时居芮城东滩狼窝之佛窟。精风鉴堪舆，言吉凶多应。妇孺皆称为蓬头师。后不知所之，人以为仙去。

【万寿寺门子】南宋·洪迈《夷坚支志·戊集》卷一"万寿寺门子"：福州万寿寺，绍兴初，有一獠子充守门之役，凡累年。启闭洒扫，昼夜不少息，在仆厮中最为勤饬。主僧议修堂殿，度须五百千。正拟精择廉干者出外求化，獠知之，白曰："在山门已久，无所陈力，愿为常住办此缘。"一寺皆指以为狂。少顷钱至，方大惊异。或扣所从来，笑而不答。后主僧诣山庄莅收禾稻，獠卒于门房。寺为敛瘗毕，始报主僧。主僧曰："两日前，吾见其人策杖过此，不作揖而去。谓其有所不合，不知其亡也。"命发瘗视之，但衣服耳。

【万仙童】北宋·郑文宝《江南余载》卷上：南唐李后主末年，洪州（今江西南昌）有妇人万氏，善言祸福，远近谓之"万仙童"。江正臣谓时人曰："此所谓国将亡，听于神者也。"未几而曹彬渡江。

【万一无】明时人。《（康熙）安庆府志》卷一三：江西羽士，还丹成，出游名岳，至安庆修佑圣殿，至桐邑，又建碧霞宫，宫成而一无卒。卒后三日，有人见其乘驴入龙眠山。

【万玉山】明·张岱《石匮书》卷二〇八《方术列传》：万玉山，名福敦，罗田人。玉山身短精悍，善踵息陶炼，不唉蒜面盐酪，深味丹经，旁通风角、堪舆、奇门、符水，而尤圣于医。绘竹兰清逸有韵，其他谱琴、击剑、蹴踘、踩跷、杂伎，种种入能品。语人祸福，多奇中。问其故，曰："太清无纤云，诚则明矣。"以霍山青龙河有佳气，往访之，一日谓其主人曰："灵鹤夜且至，倘予假寐，幸亟呼出户也。"是夜风声如骤，瓦甓尽鸣，主人举炬视之，则群鹤集竹，稍仆压墙屋。呼玉山不应，入之，正襟入灭矣。年九十二。赠玉山清微神霄演法真人。陶仲文尝学于玉山。

【万振】《仙鉴》卷三一：字长生，洪都南昌人。得长生久视之道，显晦于齐、梁间，人莫知其年岁。以符咒济物治人。隋文帝重之，诏于洪崖山为立精舍。唐高宗显庆二年，召见，问以治国养生之道。龙朔间尸解。

【万直臣】宋时人。《（雍正）江西通志》卷一〇四引《仙史类苑》：字道同，号元隐。不娶，修真妙元观（在南昌）。观有葛洪丹井，紫气冲腾，人以为毒，不敢汲。道同浚井，见气从砂颗中出，即取吞之。后举动异常。一日水涨，流大木于岁寒溪，跳跃其上，随洪涛去。数年后，其兄于无为州（今安徽无为）见之。引入山中留宿。及别，与一囊，曰："明年大歉，此可济一乡。"持至乐平（今江西乐平），开视之，糖也，遂弃之于溪中。回家告母，母探囊底，犹有存者，视之则为金。兄复往溪中淘取金归，故乡人称溪曰淘金滩。

【wang】

【尪公】即"保仪尊王"张巡。见该条。

【尪妈】仇德哉《台湾之寺庙与神明（四）》：为保仪尊王张巡之配偶神。相传尊王出巡，其神舆必须女前男后，否则必触神怒。此说或导源于张巡守睢阳绝粮，鼠雀食尽，杀妻妾以供士兵食用。后人怜之，特意安排也。

【汪华】南宋·罗愿《新安志》卷一"祠庙"："新安之神。绩溪（今安徽绩溪）人，隋将汪宝欢之从子。少以勇侠闻，隋末，保据郡境，渐并有宣、杭、睦、婺、饶五州，建号吴王。唐武德四年，遣使纳款于唐，封越国公。贞观二十二年薨，郡人为立祠。宋真宗时封灵惠公，政和七年封英济王。夫人钱氏，南宋乾道间追封灵惠夫人。王有八子，旧称'八郎君'。其庙有二武士立于门首，土人谓之毛甘将军、汪节将军。"按毛甘，歙县（今安徽歙县）人，汉建安之乱，率众保境。汪节，《太平广记》卷一九二引《歙州图经》："绩溪县太微村有汪节者，其母避疟于村西福田寺金刚下，因假寐，感而生节。节有神力，入长安，行到东渭桥，桥边有石狮子，其重千斤。节指而告人曰：'我能提此而掷之。'众不信之。节遂提狮子投之丈余，众人大骇。寻授入禁军，补神策将军。尝对御，俯身负一石碾，置二丈方木于碾上，木上又置一床，床上坐龟兹乐人一部，奏曲终而下，无厌重之色。德宗甚宠惜，累有赏赐。虽拔山拽牛之力，不能过也。"

《元史·顺帝纪三》："改封徽州土神汪华为昭忠广仁武烈灵显王。"

【汪芒氏】《国语·鲁语下》：客曰："防风氏何守也?"仲尼曰："汪芒氏之君也。在虞夏商为汪芒氏，于周为长翟，今为大人。"晋·干宝《搜神记》卷一六："南阳文颖，建安中为甘陵府丞，过界止宿，夜三鼓时，梦见一人跪前曰：'昔我先人，葬我于此，水来湮墓，棺木溺，渍水处半，然无以自温。闻君在此，故来相依，欲屈明日暂住须臾，幸为相迁高燥处。'颖梦中问曰：'子为谁?'对曰：'吾本赵人，今属汪芒氏之神。'"◆按：《搜神记》所云"汪芒氏"，似指水神，与防风氏无关。

【汪四】南宋·罗愿《新安志》卷一〇：谢泌微时，读书乌聊山，有汪四者常携钱相资。后数日不来，谢问之，人云："已盗驴逃去。"谢登第，为属县令，一日有道人来访，乃汪也。与坐书室，汪起画壁为岩洞，有朱门金锁，以腰间钥开之，挽谢同入。谢请归言之，汪遂先入，壁如故，汪不复见矣。

【汪台符】五代时人。明·王世贞《列仙全传》卷七：徽州人。生而灵异，逆知吉凶。能文章，博今古。性独嗜酒。徐知诰镇金陵，台符诣阙陈利害，知诰甚重之。宋齐丘妒之，饮酒使醉。台符知其意，故醉卧地，齐丘使人沉于石头蛎蚜矶下。后人每于黄山、白岳间见之。

汪台符　列仙全传

【汪仙翁】金时人。明·于慎行《(万历)兖州府志》卷五二：大定间来游单父（今山东单县），居无何，发狂，奔堕城南井中，救出已死。后有人见之于汴京，寄书与单父。发其葬，竟是空棺。因传云吕仙易姓也。

【汪元量】南宋末人。明·田汝成《西湖游览志余》卷六：汪元量，字大有，钱唐人。宋度宗时以善琴出入宫掖。宋亡，元世祖闻其善琴，召入侍，遂有高渐离之志（按指寻机行刺），而无机可乘。于是乞为道士，还钱唐，自号水云子，往来于彭蠡间，无定居，人莫测其去留之迹，遂传以为仙，多画像祀之。

【汪子华】唐时人。《仙鉴续编》卷五"火师汪真君"条：汪真君名子华，字时美。唐玄宗开元二年生于蔡州汝阳（今河南汝南）。开元中屡举不第，遂弃举业，与颜真卿同师白云先生李约，再师赤城先生司马承祯，学长生之术。禄山反，弃家南游，隐于南岳祝融峰下，九年不出。后遇紫虚元君授以至道，再修二十八年，丹成仙去。时为德宗贞元五年。◆据《冲虚通妙侍宸王先生家语》，北宋宣和间，王文卿遇汪子华于扬子江，子华授以飞神谒帝、劾召雷雨之术。故文卿创神霄派，以汪子华为祖师。

【王敖道】南宋时人。《(万历)瑞州府志》卷二二："号浪仙。入上高白土洞修道，经年不出，后不知所往。"按：疑此与瑞州上高之"敖真人"为同一人。

【王霸】南朝梁时人。南宋·梁克家《淳熙三山志》卷三八："其父增，自齐时渡江入闽，居候官（今福建福州），善黄老术。霸幼好之。年三十游武夷山，十六年还旧居，乃于山南凿井，炼药既成，点瓦成金。是岁闽中斗米千钱，乃鬻金运米，以济饥民。后以所余药服之，旬日如醉，蝉蜕而去。唐贞元中观察使即其宅建冲虚宫祀之，并祀任敦、董奉、徐登，号'四仙祠'。"《仙鉴》卷二二："南朝梁时人，于福州三山怡山飞升。霸尝以金板凿丹诀，埋于山后，有掘得之者亦能得道。"

【王褒】《云笈七签》卷一〇六"弟子南岳夫人魏华存"撰《清虚真人王君内传》："清虚真人王褒，字子登，范阳襄平（今辽宁辽阳）人，西汉安国侯七世孙。其父王楷，官至光禄大夫。王褒少读五经，旁通百家，阴阳律吕，无所不览。娶卫相孔光之女。褒不受四府之辟，辞亲入华山，遇太极真人西梁子文。后隐阳洛山，感南极夫人、西城真人下降，王褒拜西城真人为师，西城授以真经，携以游玄洲，入紫桂宫见太上丈人。丈人为集玄洲二十九真人，其第一位者自称主仙道君，授王褒上清隐书龙文八经。王褒修行九年而道成，乃登广桑山诣太帝君，又登长离山诣南极紫元夫人即南极元君，又诣景真三皇道君、高上虚皇大道玉君等。为太素三元上道君授为太素清虚真人，领小有天王三元四司右保上公，治王屋山（在今河南济源西北），号清虚真人小有仙人。"同书卷四《上清经述》则云："自开皇之后距天汉时，范阳桑平王褒，字子登，以正月一日辞二亲，寻神仙不死之道，入华阴山精思十八年，遂感上圣太极真人西梁子下降，授服云牙法。复五年，太极真人王总真下降，付上清经与褒，并携褒游五岳观名山，备受上法。"◆宋·潘自牧《记纂渊海》卷八六，言十大洞天，第一王屋山，名小有清虚之天，即杜冲、王褒为小有天王、清虚真人所理。

王褒 列仙图赞

【王抱台】《仙鉴后集》卷三：女仙。主仙道君之侍女，居元洲之宫。清虚王真人随西城王君登此洲，谒主仙道君。君命抱台出隐书龙文八灵真经，以授清虚真人。

【王抱一】北宋时人。北宋·王铚《默记》卷中：吕蒙正少时尝与张齐贤、王随、钱芳水、刘煜同学赋于洛人郭延卿。一日同渡水谒道士王抱一求相，抱一抚掌太息，云："吾尝四走天下，求所谓贵人者以验吾术，了不可得，岂意今日贵人尽在座中。"复徐曰："吕君得解及第，不过十年作宰相，十二年出判河南府（治在今河南洛阳）。自是出将入相三十年，富贵寿考终始。张君后三十年作相，亦富贵寿考终始；钱君可作执政，然无百日之久。刘君有执政之名而无执政之实。"抱一遍言诸弟子而不及其师，郭延卿忿然，抱一曰："必欲闻之，则在吕君出判河南府时可取解，次年虽登科，然不可作京官。"后皆如其言，无一差者。又见宋·章炳文《搜神秘览》卷下。

【王弼】字辅嗣，三国魏时山阳（今河南焦作东）人。学通儒道，注《易》及《老子》。年二十余卒。刘宋·刘敬叔《异苑》卷六："晋陆机初入洛，经河南偃师（今河南偃师），望道左有民居，见一少年神姿端远。与机言论，妙得玄机。机心服其能。

至晓辞去，至逆旅问老妪，老妪云：'此东数十里无村落，只有山阳王家冢耳。'机乃知所遇乃王弼。一说：陆云独行，夜暗迷路，忽望草中有火光，投至一家，见一少年可二十余，丰姿甚嘉。共说《老子》，极有辞致。临别语云：'我是山阳王辅嗣。'云出门回望，只是一冢。"五代·杜光庭《神仙感遇传》卷五，言刘宋时有名文广通者，入一山穴，乃神仙洞天，见十数书生从一老者学《老子》，其一书生即王弼，而老者为河上公。清·俞樾《右台仙馆笔记》卷一二亦记清人文古玉于黄岩九峰山许由庙遇王弼事。又晋·葛洪《枕中书》："王弼在仙界为北海监。"

王弼 至圣先贤半身像册

【王表】《三国志·吴书·吴主传》：临海罗阳县（今浙江瑞安）有神，自称王表。语言饮食，与人无异，然不见其形。又一婢，名纺绩。是月，孙权遣中书郎李崇，赍辅国将军罗阳王印绶迎表。表随崇俱出，所历山川，辄遣婢与其神相闻。表至，权于苍龙门外为立第舍。表说水旱小事，往往有验。诸将吏数诣王表请福，表亡去。

【王伯元】《天地宫府图》七十二福地第五十七天柱山（在杭州于潜），地仙王伯元治之。其人不详。

【王璨】唐时人。《仙鉴》卷三五："一本作琛。唐懿宗时为王屋令。念《黄庭经》六千遍，欲自注解而未了深意。及罢官，居山下，绝谷咽气。偶入洞中，行二三十里，忽然开阔，见万仞石壁下有石床案几，案上古经一卷。璨拜天求读，忽有一人坐于案侧，自称东极真人王太虚，《黄庭经》为其所注，于是授经与璨，并送仙桃核一枚。璨归，磨桃核服之，状貌益少，而东极真人注《黄庭经》遂传于世。"参见"王太虚"条。◆按：南宋·陈葆光《三洞群仙录》卷一引《王氏神仙传》作"王粲"，云其食桃后白日上升。

【王禅老祖】见于明清间话本小说，为骊山老母之类的神仙。小说《薛丁山征西》中为秦汉之师，与二郎神至厚。旧时年画中为长眉白髯之仙翁。典籍中无记载。疑即指"鬼谷子"。

【王昌遇】唐时人。《仙鉴》卷四五：梓州（今四川三台）人。为州狱吏，多所平反。有老父卖鼠药于市，终日不售，昌遇怜之，每遇辄鬻以归。老父疑其家鼠多，昌遇言购药之故，且言药俱在。老父曰："第用之，鼠未必死。"昌遇归，投药于食中，鼠食之，皆化为鸽飞去。昌遇大惊，往寻老父，不见也。未几有道士日醉卧于市，人呼"落魄仙"。时昌遇为牙校，夜巡，遇落魄仙卧于道，按法当死，而昌遇匿之，携归于家。落魄仙既醒，反诬昌遇窃己赀。昌遇不辩，如数偿之。落魄仙临去，曰："他日见子于泸上（今四川泸州）。"数年后，昌遇解纲至泸州，遇落魄仙。仙传以道，起名易玄子，并云："昔之鼠药乃外丹之本，服之可仙。"至唐宣宗大中间，昌遇仙去。◆明·王圻《续文献通考》作"王昌寓"。又有说其所遇仙人为胡羊道人者，参见"胡羊道人"条。

【王长】《仙鉴》卷一九："从正一真人张道陵学道，真人往云锦山，散群弟子，唯王长因通黄老留侍左右，尽得真人之传，白日飞升。"余见"赵升"条。晋·葛洪《枕中书》："王长为庐山中正。"宋·潘自牧《记纂渊海》卷八六，言三十六小洞天，第八庐山，为王长真人所治。

【王长生】《云笈七签》卷六四《王屋真人口授阴丹秘诀灵篇》云：真人姓王名长生，自言为东晋时人。妻姓刘，自言唐太宗时人，夫妇颜若冰雪，每同游名山。至代宗时，有刘守者遇之，获真人口诀，进于上。

【王长史】晋时人。《（雍正）江西通志》卷一〇三："名朔，王方平之裔孙，居栖梧山。许逊常过其家，授以修炼之术。真君飞升时，遗经香茅一根，令植之，久服可以长生。又尝遇仙女张丽英，黄冈有仙女塔，即其迹。"南宋·范成大《骖鸾录》："栖桐山，晋有王长史居此。许旌阳既仙，过其家，飞白茅数叶与之，曰：'此茅备五味，服之度五世。'乃以其居为观，入萧史洞隐去，以余茅植山后。"

【王赤腿】金末人。金·刘祁《归潜志》卷六："王赤腿，不知其名字年齿，人以其衣短，号'哨腿王'。或云名予可，字南云，河东人。居郾蔡间，以乞食为事。衣皮衣露膝，好插花额上，系一铜片如月，人问之，皆有说。又时时自言为天帝所召，有某仙某神在焉，所食何物，皆诞诡莫可测。然善

歌诗，有求之者索韵立成，字亦怪异，往往有奇丽语，多僻怪不可晓，问之，则曰出天上何书，书名亦不可晓，或云为鬼物所凭。后因病卒。"而《大金国志》云其卒后"有见之于淮上者"。

【王敕】明时人。明·于慎行《谷山笔麈》卷一五："济南王敕，博物君子也，然其平生多怪，人以为仙。少为诸生，即好谈仙道，多识古器物。尝读书大佛山中，与僧登山，僧先行，望见山顶有人，至则王生也。复使沙弥下山取食物，屋内有读书声，又一王生也。以进士及第，为太史，出为陕西学宪。一日行部道中，望见一片黑云，呼从吏往捉云来，至则落地为石。吏取以奉敕，敕擘食之。年六十余死，里人徭赋都城，于良乡见鼓吹自南方来，视之，敕也。"清·王士禛《池北偶谈》卷二二："字云芝，历城（今山东济南）人。成化甲辰进士，授翰林编修。历河南提学副使，终南京国子祭酒。少有仙骨。读书华不注山东卧牛山寺，得石匣函书二册。展诵一年，能知未来休咎，御风出神。语人曰：'地如筛子眼，珍异幽奇皆可见。'于大梁试士，诸屋皆锁，而每屋皆有敕在，危坐终日，诸生不敢做弊。预知死期，至期道服而瞑。时里人服役京城，于良乡道中见有鼓吹南来，视之乃敕也。"其异事又见清·王士禛《居易录》卷二七。又《四川总志》记王敕字嘉讦，号云芝，弘治间为四川督学。能前知，分身四出，煮石为粮。事与前同。

【王处讷】五代时人。北宋·文莹《玉壶清话》卷一："王处讷幼梦持镜照天，列宿满中，割腹纳之，遂通晓星纬之学。苗训仕周为殿前散员，学星术于王处讷。训从太祖北征，处讷预谓训曰：'庚申岁初，太阳躔亢宿，亢性刚，其兽乃龙，恐与太阳并驾。若果然，则圣人利见之期也。'至庚申岁旦，太阳之上复有一日，即太祖陈桥起圣之时也。"《（雍正）河南通志》卷七一："洛阳人。少时遇老叟谓曰：'汝性聪悟，后当为人师。'处讷留意星书占候之学，所言多验。汉乾佑初为尚书博士。入周，累迁司天监。"

【王处一】金时人。王重阳弟子，"北七真"之一。《仙鉴续编》卷三：号玉阳，宁海东牟（今山东牟平东）人。金熙宗皇统二年生，年七岁，悟生死之理。一日偶至山中，遇一老人，曰："子异日扬名帝阙，为道教宗主。"又尝闻空中有人自称玄庭宫主，自是狂歌漫舞，寒冬单衣。世宗大定八年，诣全真庵从王重阳为弟子，修行于昆嵛山（在今山东

烟台地区）烟霞洞，为重阳七子之一。隐于云光洞，常临危崖翘足立，人称铁脚仙人。后常往来于齐鲁间。至大定二十七年，世宗诏征诣阙。次年复召之，主万春节醮事。承安二年，章宗召见，问以养生之道、性命之理及国家之事。处一答对应旨，赐体玄大师之号，两

王处一　列仙全传

主普天醮事，戒度道士千余人。贞佑五年，处一语门人曰："群仙已约我矣。"言讫化去。元至元六年追赠玉阳体玄广度真人。

【王春】《北齐书·方伎传》：河东人。少好易占，明风角，游于赵魏之间，飞符上天。高祖起于信都，引为馆客。韩陵之战，高祖不利，将退军，春叩马谏曰："近未时，必大捷。"俄而果然。其后每从征讨，其言多中。位至徐州刺史。

【王次仲】秦时人。梁·任昉《述异记》卷下："大、小翩山在妫州（今河北怀来）。王次仲年少入学，而家远，常先到。师怪其不归，使人候之，又实归家。同学者常见仲捉一小木长三尺余，至则著屋间，欲共取之，辄寻不见。及年弱冠，变仓颉旧书为隶书。秦始皇遣使征之，不至。始皇怒，槛车囚之赴国。路次化为大鸟，出车而飞去。至西山，乃落二翮，一大一小，遂名其落处为大小翩山。"北宋·乐史《太平寰宇记》卷七一："怀戎县有大翩山，上有王仲庙，仲字次仲。"是王次仲本名仲也。又《寰宇记》卷六一云获鹿县（今河北鹿泉）亦有大翩山，引《隋图经》云："鹿泉县有大翩山，昔有二书生得道，化为二鹤冲天，堕二翮于此山，故得名。"

【王大哥】清·俞蛟《梦厂杂著》卷三《乡曲枝辞》："山阴（今浙江绍兴）呼疫鬼为王大哥。五月五日为王之生辰，龙舟竞渡，士女杂沓。"详见"灵杖夫人"条。

【王丹】明·徐应秋《玉芝堂谈荟》卷六"杨通幽召考"条引《情史》：马嵬变后，明皇朝夕思惟，形神憔悴。有道士王丹者以少君术见，出袖中笔墨，画女人像，使上斋戒凝神，想其平日。三日夜，出像观之，乃真贵妃面貌也。道士索十五六聪慧女子二十四人，歌子建步虚词。道士复焚符诵咒，吸烟呵像上。又翕诸女如方呵之。至定昏时，请上自秉烛入帐中。上既入，道士命反闭金扉，以葳蕤锁锁之。太真与上曲尽绸缪，脱臂上玉环内上臂。天未明，道士启扉，回视，不复见矣。◆今本《情史》卷九或作"王舟"，应误。

【王道士】南宋·洪迈《夷坚志补》卷二二"武当刘先生"：均州武当山王道士，行五雷法，效验彰著。其师刘先生，道业颇高。一日昏暮间，云雾拥门，幢幡旌节，相望踵至。一仙童持上天诏，召刘上升。刘大喜，王道士白言："常闻升天者多在白昼，今已曛黑，正恐阴魔作奇祟，切宜审谛。"刘不听，乃沐浴更衣，趺坐磻石上，与众诀别，将即腾太空。王密反室，敕呼雷部神将。忽霹雳一声震起，仙童与幡节俱不见。俄顷再震，有黑气一道，长数十百丈，直下岩谷中，道众遂散。明旦出视，一路血迹斑斑，穷其所之，有巨蟒死岩下。

【王道义】后魏时楼观派名道。《仙鉴》卷三〇：博览群书，兼明纬候。知终南山有尹喜登真之所（即楼观），于孝文帝太和中，携弟子六七人来居之（一说师事牛文侯）。楼殿坛宇，一皆新之。其性浩然无系累，室中常有人语，弟子辈潜往伺之，乃真仙之降会也。魏宣武永平中，忽白云满室，逾日方散，里人有见道义乘鹿而去者。

【王道真】《仙鉴》卷二〇：汉时人，得道于鬼谷山（荆州清溪）东古柏台。常有白云出于台中，远望如百尺楼台。道真常乘此云游戏山顶，暮归台中，白云亦敛入此台。◆明·王世贞《列仙全传》卷四入于晋时人。

【王鼎】❶唐初人。南宋·洪迈《夷坚三志·壬集》卷七"王道成先生"条："宋政和间，王鼎在荆南，身长七尺，广目美须髯，状貌如四十许人。自称洛阳人，唐武德初事秦王为御者，奔走兵间。后得仙法，隐华岳山中，以至于今。"❷北宋时人。《仙鉴》卷五〇："襄阳（今湖北襄阳）人，为医卜养妻子。后遇钟离权得道，自号'王疯子'。人不见其饮食，可一形数影。宋真宗祥符中，召至禁中，麻衣草鞋，长揖而已。后去，不知所之。著有《修真书》。"又见《（万历）襄阳府志》卷四一、《（雍正）湖广通志》卷七四。❸明初人。《（康熙）

江宁府志》三七："其父洪武初为卫千户，受命籍没沈万三家，得仙人王古峰丹经，宝藏之。遇道士沈野云，拜为师，献上丹经。野云以其粗授鼎，而自用其精，因以得道。鼎后亦得道，弃官游江湖间。时河南周王好道，延徐生者共事修炼。鼎往见之，周王不听其言，乃别去。明年，徐生乡人毛姓者与鼎相遇于他州，鼎以一封物寄徐生，曰：'急予之，或可救其命。'及毛至，徐已溺死，周王亦薨。毛以物付徐生之子，中有药二丸，信一封，云：'药可延年度世，化汞为金。'"

【王恶元帅】《三教源流搜神大全》卷四：襄阳（今湖北襄阳）洛里人，姓王名恶，字秉诚。父讳臣，早逝，母邵氏，遗胎而生于唐贞观间。帅幼孤不读，有膂力，性刚暴质直，喜打抱不平，人服其公，且惮其武。第多执，性不容人分曲直，故含恩者众，而仇之不尽泯焉。

王恶元帅　三教源流搜神大全

时扶风（治在今陕西凤翔）内有土豪王黑虎，冒王恶之名，强淫人之室女。王恶怒杀之。官枉法而欲置王恶于狱，王恶遂脱身至荆襄间，有古庙为江怪所占，显灵乡里，令每年六月六日备牛羊猪各十牵，酒十酿，可免瘟疫，否则人物流血而疫。王恶怒而焚其庙像，怪风大作。适值萨真人托药救瘟以来，遂作法反风而灭妖，境藉以安。土地神述事以奏，玉帝敕封豁洛王元帅，锡金印如斗，内篆"赤心忠良"四字，管天下都社令。凡有方士奏入者，雷厉风行，察有大过者，立槌之。官民不敢少干以私。◆按：王灵官名王善，而民间又造此王恶，显系由王灵官衍生而来。

【王二太爷】清·戴莲芬《鹂砭轩质言》卷三"王二太爷"条：北人传都城隍为杨继盛，颇著灵异。其偏殿又塑一像，红顶翠翎，若世显宦，谓之王二太爷，不知其所自。咸丰中，圆明园毁于火，同治改元，将葺而新之，欲用城隍庙殿材。会某大臣子

病，祷王二太爷，遂愈。诣庙谢，既返，有来谒者，其刺则王二太爷，正色言，若用城隍庙殿材充园役，关系甚巨，乞止之。次日大臣劝止，不获允，乃覆于庙。祷竟，见神鼻孔起白烟，火突出，自神身达于殿梁，一时许，正殿及两廊皆成灰烬。

【王二相公】清·清凉道人《听雨轩笔记》卷二："天下之神祇多矣，而惟水神为最灵，如天后、金龙四大王、洞庭君、杨四将军、王二相公，其最著者也。"按据陈俊才《太湖渔民信仰习俗调查》一文云："王二相公，渔民称'麻鞋公公'，庙在太湖西南长兴新塘。相传出身贫苦，贩卖红菱，八十四岁才娶妻成家。民间传说在太湖风急浪高船只遇险之际，高呼'王二救我'，即有身穿布衣、脚着麻鞋的神出现在湖面上，风浪立即平静，逢凶化吉。吴县善人桥筻村有'二、七阿太庙'，甚小。清·顾震涛《吴门表隐》上有'神姓金，名宁二，又姓尤，名宁七，皆汴人，从高祖南渡居此，殁为神。司江河渔捕，岁有白鱼朝庙之异'的记载。故王二相公与二、七阿太可能是同一神。"（见《中国民间文化——稻作文化与民间信仰调查》一书）

【王法进】唐时人。《太平广记》卷五三引五代·杜光庭《仙传拾遗》：剑州临津（在今四川剑阁东南）人。幼好道，十余岁时，有女冠过其家，授以"正一延生小箓"，名之曰法进。专勤香火，斋戒护持，亦食柏绝粒，时有感降。时三川饥荒，粮米翔贵，死者十五六。忽有三青童降其庭，奉上帝命迎其上天。既抵玉帝所，帝云："近进地司岳渎所奏，以世人厌掷五谷，不贵衣食之本，我已敕太华之府，收五谷之神，令所种不成，以示惩罚。汝当为上官侍童，入侍天府，今且令汝下归于世，告喻下民，使其悔罪，宝爱农桑。"命付以"灵宝清斋告谢天地仪"一轴，使传于世间，即今"清斋天公告谢之法"是也。法进后于天宝十二年升天。又见五代·杜光庭《墉城集仙录》卷七、《仙鉴后集》卷四、明·曹学佺《蜀中广记》卷七六。

【王法兴】北朝时人。明·曹学佺《蜀中广记》卷七四：周天和间，合江（今四川合江）有道士王法兴，以补气绝粒为事。居安乐山绝顶，四方请谒甚众。后与诸弟子诀，云将往绵竹（今四川绵竹），遂端坐解化。将火化，举棺觉轻，启视唯一履在焉。其后身生于绵竹刘氏，是为刘真人讳珍者。参见"刘珍"条。

【王梵志】唐·冯翊子《桂苑丛谈》：王梵志，卫州黎阳（今河南浚县）人也。黎阳城东十五里，有

王德祖，当隋文帝时，家有林檎树，生瘿大如斗，经三年朽烂，德祖见之，乃剖其皮，遂见一孩儿抱胎，而德祖收养之。至七岁，能语，曰："谁人育我，复何姓名？"德祖具以实语之，因名曰林木梵天，后改曰梵志。曰王家育我，可姓王也。梵志乃作诗示人，甚有义旨。盖菩萨示化也。◆梵志诗有集，今存。

【王方平】东汉末人。魏·曹丕《列异传》：有神王方平降陈节方家，以刀二口，一长五尺，一长五尺三寸，名泰山环，语节方曰："此刀不能为余益，然独卧，可使无鬼，入军不伤；勿以

王方平　程氏墨苑

厕混，且不宜久服。三年后，求者急与。"果有戴卓以钱百万请刀。晋·葛洪《神仙传》卷三："王远，字方平，东海（治在今山东郯城）人也。举孝廉，除郎中，稍加中散大夫。学通五经，尤明天文图谶河洛之要，后弃官入山修道。道成，汉孝桓帝闻之，连征不出，使郡国逼载以诣京师。远低头闭口不答诏，乃题宫门扇板四百余字，皆说方来之事。帝恶之，使削去外字，适去，内字复见，墨皆彻板里，削之愈分明。初远无子孙，乡里人累世相传供养之。同郡太尉陈耽为远营道室，旦夕朝拜之，但乞福，未言学道也。远在陈家四十余年，陈家曾无疾病死丧，奴婢皆然。六畜繁息，田桑倍获。远忽语陈耽曰：'吾期运当去，不得久停，明日日中，当发。'至时远死。至三日夜，忽失其尸，衣冠不解，如蝉蜕耳。远卒后百余日，耽亦卒。或谓耽得远之道化去。或曰知耽将终，故委之而去也。"王远度蔡经事，见"蔡经"条。◆宋·潘自牧《记纂渊海》卷八六，言十大洞天，第三西城山，名太玄总真之天，即王方平真人所理。故仙传中又称方平为"西城王君"。参见"西城王君"条。

【王奉仙】唐末女子。五代·杜光庭《墉城集仙录》卷八：宣州（今安徽宣城）人，家贫，父母耕织为业。年十四，有众仙女降于其室，终夕言笑。日久遂能登于竹梢，自言每与诸仙女升天，常由竹梢往来，并言天上景物历历如见。于是远近钦仰，

金玉堆积，皆委而不受。与二女弟先居洞庭山（在太湖中），后居钱塘千顷山，奉香火，建殿宇。年四十八，一旦而终，识者以为尸解。

【王夫人】有数人：❶右英王夫人。❷紫微王夫人。❸太真王夫人。❹中候王夫人。分见各条。

【王傅】周时人。《仙鉴》卷四：字恭确。年五十弃家修道，服黄连一百四十年，耳目聪明，白发转黑，齿缺复生，与其子并仙去。

【王刚】❶三国时魏城门校尉，得道升天，见"王鲁连"条。❷见《仙鉴》卷五，即天门子"王纲"之误，见该条。

【王纲】❶号天门子。明补养之诀，年二百八十岁，犹有童子之色。服珠酦得仙，入玄洲。见晋·葛洪《神仙传》卷四。《仙鉴》卷五作"王刚"，危山中诣胡毋丘、力君，受太极上元年纪之术，服朱草神芝，得仙。❷明人。《（雍正）山西通志》卷一五九：居汾州孝义北姚村之古庙。终年不举火。尝约人游五台，其人不告而去，至山下，纲已先至，临下山，纲嘱曰："我所居屋勿为风雨毁坏。"及其人归，纲已立化古庙中，因立碑以志异云。

【王高二元帅】《三教源流搜神大全》卷四：王铁、高铜。王生于榕城之南，高生于蓟雍之北。二人游仕于中夏，遇于洛。互问年岁，皆周历王壬戌年同月日，遂盟金兰。时二帅同仕于韩王，力谏不听，遂去官而隐。一日高铜往南岭，王铁知之，惊

王高二元帅　三教源流搜神大全

曰："彼虎穴也！"持刃迎之，人劝而不听。王遇虎而杀之。人曰："真铜铁友也！"玉帝以为猛兽不能改其心，封为虎丘长。

【王谷神】《仙鉴》卷一二：王谷神、皮玄耀，西汉蜀青城山道士，通《老》《庄》《文》《列》，妙于星纬。周游名山，至南岳，卜庵于金母殿。数年道成，东游群玉访九仙（见"孔丘明"条）。值武帝南巡，封王为太微先生，封皮为太素先生。后控骢

上升。

【王固】唐时人。唐·段成式《酉阳杂俎·前集》卷五：于頔在襄州，尝有山人王固谒见。頔不甚礼之。王殊怏怏，因至使院，造判官曾叔政，颇礼接之。王谓曾曰："予有一艺，自古无者，今将归，且荷公之厚，聊为一设。"遂诣曾所居，怀中出竹一节及小鼓，规才运寸。良久，去竹之塞，折枝击鼓。筒中有蝇虎子数十枚，列行而出，分为二队，如对阵势，击鼓或三或五，随鼓音变阵，天衡地轴，鱼丽鹤列，无不备也，进退离附，人所不及。凡变阵数十，复作队入筒中。曾睹之大骇，乃言于于公。王已潜去，于悔恨，令物色求之，不获。

【王轨】唐时人。《仙鉴》卷二五：字洪范，临沂人。年二十从师王远知。唐太宗知其名，常咨访道要。高宗乾封二年，忽谓门人曰："吾昨夜梦三人，羽衣执简，云：'华阳天官用师为神仙主者，兼知校领省官。'吾昔在桐柏山已感此梦，辞不获，今乃复然，殆将去矣。"八日后坐化。

【王郭二仙】晋时人。《（康熙）宜黄县志》卷六："师事浮丘先生。一日忽失浮丘所在，遂往江南高峰，望气求之。寻至宜黄，望见巴陵华盖二山灵光烛天，遂登，果见浮丘在焉，于是得以卒业，于晋元康三年同日飞升。"而《太平府志》则云"王郭二仙炼丹于隐玉山，丹成，一山震动。后入匡庐，不知所终。"◆《（雍正）江西通志》卷一〇四：颜真卿曰："王、郭为方平从弟、族弟。"又云"同胞双生，一从父姓，一从县令之姓"。

【王亥】《山海经·大荒东经》："有困民国，勾姓而食。有人曰王亥，两手操鸟，方食其头。王亥托于有易、河伯仆牛，有易杀王亥，取仆牛。河念有易，有易潜出，为国于兽，方食之，名曰摇民。"郭璞据《竹书纪年》注曰：殷王子亥宾于有易而淫焉，有易之君绵臣杀而放之。是故殷上甲微假师于河伯，以伐有

王亥　山海经图　蒋应镐本

易。有易本与河伯友善，上甲微，殷之贤王，假师

以义伐罪，故河伯不得不助灭之，遂杀其君绵臣。既而哀念有易，使得潜化而出，化为摇民国。袁珂《校注》以为《海内北经》之"王子夜之尸，两手、两股、胸、首、齿，皆断异处"即王亥故事之片段，是王亥惨遭杀害之后尸分为八，合于"亥有二首六身"之传说。

【王和平】《后汉书·方术列传》：北海（今山东昌乐西）人，性好道，自以当仙。济南孙邕少事之，从至京师。会和平殁，邕因葬之，遗物有书百卷、药数囊。后弟子夏荣言和平尸解，邕乃恨当时未取书、药。

【王和尚】清·汤用中《翼駉稗编》卷六"王和尚"条：扬州人，少无行，走京师数年，落拓无所遇，遂披剃于广惠寺。习幻术，谈言多中，一时朝贵崇信甚笃。后积有金钱，蓄发娶妻，改名树勋，入赘为通判，擢襄阳府。有狼藉声，逮刑部狱。诸尝师事之者左右之，得薄遣，戍伊犁。此嘉庆丙子丁丑间事。而有州佐万启昌者，亦师于和尚者，坚云其师为活佛，娶妻生子作贪官，皆转劫应耳。万氏云："余过白云庵，与众顶礼和尚。令余就榻，甫交睫，觉已至家，见老幼仓皇奔走络绎，祖母卧棺中，属纩未毕，一恸而醒。师笑曰：'半月后自知。'后接家书，祖母果卒。于是求为弟子。和尚曰：'汝从我半年，不可不睹我法身。'乃戟指作符，令闭目，少顷开，看一佛高丈六，四面金光，妙丽庄严，不可逼视。又取水一盂，咒之，涂目，令入市遍瞩市人，多牛羊犬马，曰皆前生像也。又付一镜，令照，前生则朱衣峨冠，白须飘拂；取镜呵之，中易一人，今生像矣；再呵之，则一屠缚一豕持刀欲杀状，曰：'此汝来生像也。'余简发直隶，需次十年，以解饷到京师，和尚已锢刑部狱。至庵，旧时道侣诸巨公咸集。须臾，见西边白气一缕上腾，屈曲下垂，则王也。谓诸公曰：'刑部欲薄余罪，余以受杖荷校，皆有定数，请治如律。明日出狱矣。'索笔砚作偈语分赠众人，曰：'脱有缓急，吾当自至。'遂腾空仍入狱去。"

【王槐】明时人。《（康熙）安庆府志》卷一三：字天植，望江（今安徽望江）人。母梦鹤投怀而孕。性灵慧，读书过目成诵。为邑诸生，癸酉应试，舟过太子矶，风浪危甚。忽江畔有人呼其名，及泊岸，乃一乞者，授以一杖，云："持此所求皆得意。"槐从父居谏垣，凡有建白赉赐，槐辄先知。持杖可日行千里。成化间云游，不知所之。

【王晖】三国时魏人。《仙鉴》卷二一：道士，白

羊公子之弟子。居华山熊牢岭洞真观，常种黄精于溪侧，虎为之耕，豹为之耘。出入乘虎豹，鞭策如乘马。饵黄精、苍术，积有岁时。后以道法传王法冲，乃尸解而去。

【王吉】北宋时人。《仙鉴》卷五二：宋徽宗时单州（今山东单县）老兵。盛夏坐卧烈日中，隆冬没溪中，唯露其首，邦人多称其有道。能以方治人疾。崇宁初化去，瘗后数月，有见之于旁郡者。

【王季文】唐时人。《（康熙）池州府志》（今安徽贵池）九一：字宗素。少厌名利。遇异人授以九仙飞化之术。咸通中举进士，授秘书郎。寻谢病归九华山。每日一浴于山之龙潭，寒暑不渝。遂仙去。

【王嘉】十六国时楼观派名道。字子年，陇西安阳（今甘肃陇西）人。貌丑滑稽，不食五谷，清虚服气，不与世人交游，隐于东阳谷，凿崖穴居。弟子百余人，亦皆穴居。一云：嘉御六气，守三一，冬夏不改其服，颜色日少。石赵末年，弃其门人，隐于终南山。门人复随之，乃迁于倒兽山。人问当世事，随问所对，辞如谶记，皆有验。前秦苻坚累征不就。坚南征，遣人问嘉，嘉曰："金刚火强。"仍乘使者马，正衣冠，徐徐东行百余步，然后策马驰，脱衣弃冠履而归。坚不解，复遣人问世祚如何，嘉曰："未央。"坚以为吉兆。明年癸未，苻坚大败于淮南，秦遂亡，是"殃"在"未"年也。秦居西为金，晋都南为火，火能烁金也。嘉寻移居嵩山，姚苌问能得天下否？嘉云："略得之。"苌怒，遂斩嘉及二弟子。而苌使者于陇右逢嘉及二弟子，正苌斩嘉时也。苌发棺，并无尸，各有竹杖一根。嘉著《拾遗记》十卷，记事多诡怪。见《晋书·艺术传》《洞仙传》。

【王贾】唐时人。《太平广记》卷三二引《纪闻》："太原人。少聪颖，沉静寡言。年十四，忽谓诸兄曰：'不出三日，家中当恐，且有大丧。'至期，果失火，祖母卒。又言河中有龙，诸父往观，贾入水，以鞭画水，水为之分，下有大石，二龙盘绕，各长数丈。众方知贾非常人。年十七举孝廉，擢第，选婺州参军。与杜暹过钱塘江，曰：'大禹以金柜玉符镇杭州，否则久陷矣。'暹不之信，贾令暹闭目跃下，遂至江底，见大石柜高丈余，中又有金柜，玉符在焉。贾有女夭死，贾不哭，对其妻谓暹曰：'吾第三天人也，有罪，谪为世人二十五年，今已满矣，后日当行。此女亦非吾子，所以早夭。妻崔氏亦非吾妻，即吉州别驾李乙之妻也，缘时岁未到，乙未合娶，以世人亦合有室，故司命权以妻

吾。吾今期尽，妻即当过李氏。'后皆如言。"《仙鉴》卷三五："王贾在东海山中诣神仙胡毋丘力君，受太极上元年纪之术，服朱草神芝得仙。"

【王皎】唐时人。唐·段成式《酉阳杂俎·前集》卷二：王皎（一作皎）与达奚侍郎往还。天宝中，偶与客夜中露坐，指星月曰："时将乱矣。"为邻人所告。上令密诏杀之，刑者砍其头数十方死。及安史乱平，又见于达奚之家。

【王捷】北宋时术士。南宋·曾敏行《独醒杂志》卷七："祥符中汀（今福建长汀）人，有烧金之术，时人谓之王烧金。能使人随所思想一一有见，人故惑之。大抵皆南法，以野狐涎与人食而如此。"宋·俞琰《席上腐谈》卷下："王捷，汀州沙人，贾贩往来江淮间，遇异人得烧金术，欲献于上，为有司所欲，遂以此获罪，窜岭外。"余见"九天司命保生天尊"条。

【王健】《（雍正）广东通志》卷六四引《万花谷》：宋真宗时有王健者，江州长江人。少时遇道士授黄白术，未尽其要，后再遇其人于茅山，相携至历阳，指示灵草，并传以合密诀，试皆有验。仍别付灵方，缄縢之，戒曰："非遇人，慎勿轻述。"健后以佯狂犯禁，配流岭南。为供奉官合下祇候谢德权所识。健后窜归阙下，德权乃馆于私第，炼成药银，上进。真宗异之，命解军籍。于是承珪乃为健改名中正，得召见，即授许州散掾，留止京师。寻授神武将军，致仕，仍给全俸。迁高州刺史康州团练使，前后贡药金银累巨万，辉彩绝异，不类世宝。当时赐天庆观金宝牌，即其金所铸也。然中正亦不敢妄费，唯周济贫乏，崇奉仙释。

【王进贤】《真诰》卷一三、《云笈七签》卷八五：晋武帝尚书令王衍之女，愍怀太子之妃。刘曜破洛阳，进贤与侍女六出投河自尽，遇嵩高女仙韩西华出游，救之，入嵩高山。授以道要，居于易迁宫中。◆按《晋书·列女传》有愍怀太子妃王氏，衍女，字惠风。洛阳破后，刘曜赐其将，氏拒，遂被害。

【王迥】宋时人。苏轼有《芙蓉城》诗，小序云："世传王迥字子高，与仙人周瑶英游芙蓉城。元丰元年三月，余始识子高，问之信然，乃作此诗。"宋·王铚《默记》卷上："世传王迥遇女仙周瑶英，禁中亦知之。是时皇储屡夭，晏殊为相，一日遣人召王迥之父郎官王璹至私第，问：'贤郎与神仙游，其人名在天帝所否？'王璹不敢言，对曰：'此子心疾，为妖鬼所凭。'晏又问：'勿深讳。其人与贤郎

之未来事，有验否？'璐对曰：'间有后验。'晏殊曰：'上有密旨，愿于天帝所问早晚之期，及后来王子还得定否？'璐曰：'不敢辞。'后数日，璐来言曰：'璐密令小儿问之，小儿言其人亲到九天，见主典籍簿者，言圣上若以族从为嗣，即圣祚绵久；而王子未见诞育之期也。'"

【王君】《仙鉴》卷三二："真人王君，少好道术。与妻同入山修道，遇太虚真人，以素书二十五卷，乃九天皇仙太上灵丹之道，授王君。七年后白日升天，为太和真人。太虚真人，即南岳赤松子也。"按：原书编入唐人中。◆晋·葛洪《抱朴子内篇·金丹》述诸丹法，中有"王君丹法"。其人不详。

【王俊明】宋时人。南宋·洪迈《夷坚乙志》卷一四：蜀人王俊明，洞知未来之数，虽瞽两目，而能说天星灾祥。宣和初在京师，谓人"汴都王气已尽"，大臣言其狂妄，有旨逐出府界。

【王柯】唐初人。《北梦琐言·逸文》卷五："唐仪凤中，青城县（今四川都江堰）横源翠围山下有民王仙柯，服道士所遗灵丹，拔宅上升，已具《仙传拾遗》。蜀州僧偶于龙池山逢人精神爽朗，异于常叟，即王仙柯也。寤公曰：'闻仙名已久，何幸相逢！飞升之后，胡为来此？'仙柯曰：'吾等有灵药，止能飞步。今全家隐于后山，更修道法，遐举之事，吾何望焉。但长寿而已。'自后不复遇。"《仙鉴》卷三九所记殊异，云："字仙柯，籍青城横源（一云蜀州永康）。母丁氏，梦大星照身而孕，及生，形状异常。长而仁慈好善，家巨富，见老弱穷困辄周急施惠。后遇至人传以丹诀，修炼历年无成，鼎忽破，丹化为金线石。后至味江龙潭，遇道士炼丹。柯乃助其薪炭，奉事三年，寒暑不移。丹成，柯服之，觉身轻，遂升天而去。时高宗仪凤年间，或云道士乃罗公远也。"

【王可交】五代·沈汾《续仙传》卷中："苏州昆山之农夫。幼时眼有五色光，暗中可以鉴物，人谓其亲曰：'此疾也，光尽则丧其目矣。'于是父母召医灸之，光乃绝。唐懿宗咸通十年，可交自市还家，于河边见一大船，张乐而游，中出一童，引可交登船。船上十余人，峨冠羽服，与可交栗子一枚。可交食其半，留一半在手。童子引之登岸，足才及地，已坠于天台山瀑布之岩下，顷刻之中，水陆千里，而已过三十日矣。可交自此不食，携妻子往四明山（在浙江奉化）。二十余年复出明州卖药，估观。时言药为壶公所授，酒则余杭（今浙江杭州西）阿母所传，里巷皆言'王仙人药酒'。三十余年，又入四明山，不复出。"又见五代·杜光庭《神仙感遇传》卷二，云其成仙后居于紫极宫。

【王廓】五代·杜光庭《神仙感遇传》卷五：唐僖宗时布衣，咸通中乘舟过洞庭，因风泊君山下。与同伴数人寻径登山，忽闻酒香，而同伴皆曰无。崖侧有洞穴，廓疑焉，遂入，见洞中石凹有酒，掬饮之。从此充悦无疾，渐厌五谷，乃入名山学道。又见《仙鉴》卷二二。

【王老】❶后汉三国时人。《仙鉴》卷二一："不知其名，与鲁女生、封君达为友。访道游名山，至东岳之阳，遇安期生，授度世之诀。力行三年，貌若处子，能分形变化，坐在立亡，周游四海，人时有见之者。"❷即宜君王老。五代·沈汾《续仙传》卷上："王老，坊州宜君县（今陕西宜君）人。居于村墅，与妻俱好道。一日，有蓝缕道士造门，夫妻礼遇之。居月余，道士患恶疮。王老求医治疗，愈加诚敬。逾年，道士忽曰：'此病不须凡药，但将数斗酒浸之自愈。'于是王老以大瓮盛酒，道士入瓮浸之，三日方出，鬓发俱黑，肌若凝脂。王老合家惊异。道士曰：'此酒可饮，能令人飞升。'王老信之，合家共饮，皆大醉。于是彩云如蒸，屋舍草木鸡犬人物，一时飞起。今宜君县西三十里有升仙乡存焉。"按此与李八百、唐公昉事颇同。又明·曹学佺《蜀中广记》卷七一："刘向《列仙传》云：王老者，慕道人也。一日饮道士浸疮酒，正方打麦，忽风动云蒸，拔宅轻举，至空中犹闻打麦之声。"按今《列仙传》无此条，而所引与《续仙传》相近，附于此。❸唐·戴孚《广异记》："王老，常于西京卖药，累世见之。有李司仓者，知老为术士，恒敬之。故王老往来常止于李家，且十余载。后李求随王入山，王亦相招。遂骑马行百余里，非人迹所至，田畴平坦，药

王老　列仙全传

畦石井，茅屋竹亭，中有神仙在焉。仙人谓李曰：'君有官禄，未合住此，待仕宦毕，方可来耳。'因命王老送李出山。"❹即青城（今四川都江堰）王老。唐·牛僧孺《玄怪录》卷三"李沇言"条："莫知何代人。唐玄宗时，蜀帅章仇兼琼见亡尉之妻某氏色美，欲纳为妾，不意先为卢舅者所得。兼琼大怒，强使某氏入己府第赴会。卢舅遂与某氏衣裙一匣，使服之而往。某氏至兼琼第，光彩绕身，艳色四射，令人不可正视。会罢辞归，兼琼不敢拦阻。某氏归后三日，无疾而终。兼琼大骇，具表上闻。玄宗问张果。果云：'知之，不敢言，请问青城王老。'玄宗即诏兼琼求访王老。兼琼使人搜索青城山前后，并无此人，唯草市药肆云：'常有二人来卖山药，称王老所使。'二人至，兼琼令衙官随至一处，见草堂中一老人幡然。衙官具道诏旨，老人曰：'此必多言小子张果也。'因至京，玄宗实时召问。时张果在侧，见王老，惶恐再拜。王老即复云：'卢二舅即上元夫人库子，因见亡尉妻微有仙骨，故纳为妾，又盗上元夫人衣服与之，已受冥责。'奏讫告还，不知所在。"按此故事与五代·杜光庭《仙传拾遗》所载许老翁事全同。❺卖钱贯王老。《太平广记》卷四二引唐·皇甫氏《原化记》："贺知章居西京宣平坊，对门一小板门，常有一老人乘驴出入，积五六年颜色不变，亦不见其家属。询问里巷，皆云是西市卖钱贯王老。贺遂与往来，渐加礼敬。老人自云善黄白之术。后知章持一明珠，上与老人，求说道法。老人即以明珠付童子，令其换胡饼三十余来。贺私念宝珠轻用，意甚不快。老人曰：'道可以心得，岂在力争，悭惜未止，术无由成。'知章颇悟。数日失老人所在。知章因求致仕，入道还乡。"❻脱空王老。又称杨府脱空王老。《云笈七签》卷五九有《太清王老口传服气法》，云："脱空王老，时人莫知其年岁，隐现自若，忽死忽生，屡于人间蝉蜕，故人谓之脱空王老。多游杨府，自言姓王，每向人传授服气法。"

【王老相公】清·钱泳《履园丛话》卷一五：常熟乡民，每有疾病，辄祷王老相公及桑三姐。相传老相公者，系本地人，一生好酒，乘醉投河，一灵未泯，因而为祟。祷者先备肴馔醇酒，置病人榻前，使两乡愚作陪，酒三行，渐移席出门外，且至近水河滨，预雇一舟，又移席置舟上，即解缆，摇到大河空阔处，陪者忽诡相怒，大骂攘臂，遂将席上所有余酒残肴尽弃河中，以为送老相公去矣。

【王老志】北宋末年人。北宋·蔡絛《铁围山丛谈》卷五："濮州（治今河南范县）人，事亲以孝闻。为漕计吏二十年，持心公平，不受人贿。往来市间，常遇一乞丐，辄施以钱。一旦乞丐自言为'锺离生'，因授以丹。老志服丹发狂，能知未来事，宋徽宗时多与宫禁豪贵相往来，人称'老王先生'（时又有小王先生名仔昔者）。后因病归濮而死。葬日或云'若有笙箫云鹤焉'。"南宋·洪迈《夷坚乙志》卷一〇"王先生"条："濮州王老志先生以术知名。"南宋·岳珂《桯史》卷一二："政和间，濮人王老志以方术幸，号洞微先生。时出微言，与林灵素等异趣，为可称。其在京师，每心非时事，亦屡以意风蔡京，使迁于善，而弗听也。曾与徽宗言：'陛下他日与宫中俱有难，臣将死，不及见。'"云云。入《宋史·方伎传》，大略同前引，后云："明年，见其师，责以擅处富贵，乃丐归，未得请，病甚，始许其去。步行出，就居，病已失矣。归濮而死。诏赐金以葬，赠正议大夫。"◆南宋·叶梦得《避暑录话》卷上："宣和间道术既行，四方矫伪之徒乘间因人以进者相继，皆假古神仙为言，公卿从而和之，信而不疑。有王资息（按即王仔昔）者，淮甸间人，最狂妄，言师事许旌阳。王老志者，濮州人，本出胥史，言师锺离先生。刘栋者，棣州人，尝为举子，言师韩君文。三人皆小有术动人。资息后有罪诛死。栋为直龙图阁，宣和末林灵素败，乞归。唯老志狡狯有智数，不肯为已甚。馆于蔡京家，自言锺离先生日相与往来，自始至即日求去。每戒京速避退，若将祸及者，京颇信之。一日苦口为京言其故，翌日京见之，辄暗不能言，索纸书云：其师怒其泄天机，故暗之。"

【王乐仙】南宋·何蓮《春渚记闻》卷三：王乐仙，或云潭州（今湖南长沙）人。初为举业，一不中即弃去，从太一宫王道录行胎养之术。岁余，王云："我非汝师，相州（今河南安阳）天庆观李先生，汝师也。"乐仙至汤阴（今河南汤阴），见于闹市茶肆中，一蓬首赤目人也。约于三日后见，既见，李诫乐仙不应烧假银以欺世，且曰："后更就汝相语。"次日，乐仙再访之，已无踪迹。于是乐仙西游党山，遇南岳蔡真人，授以内丹真诀。后不知所之，或传其解化。

【王烈】❶三国时人。晋·葛洪《神仙传》卷六：字长休，邯郸人。服黄精，至二百三十八岁犹有少容。魏中散大夫嵇康常就学，与入山采药。后烈入河东抱犊山（在今山西长治南），见一石室，中有素书二卷，不识其文字，不敢取去，暗摹数十字携归，以示嵇康。康尽识其字,乃共往读之,石室渺然。河东闻喜多奉事烈者。至晋永宁年间,烈出洛下,一年复去,莫知所终。❷《(雍正)山西通志》卷一五九:晋时泽州(今山西晋城)人。入太行,闻雷声,山石破裂数百丈,中一孔有青泥流出,烈食之,遂仙去。◆按:二者疑是一人。

王烈　列仙酒牌

【王灵官】又称王元帅,在二十六天将中居第一位。道观内多塑王灵官象,如佛寺之塑伽蓝,作镇山门。手执钢鞭,据云有不恭者则鞭之。明·魏禧《吴孝子传》言抚州(今江西抚州)大华山,来谒者或有罪,则灵官以鞭击杀之,亦有击后病狂,自道平生隐恶。顾彩《髯樵传》亦言,茅山有进香者堕崖死,则人传因其不敬而为王灵官鞭杀。而其人本不过一道士耳。明·沈德符《万历野获编·补遗》卷四“萨王二真君之始”条:“所谓灵官者,为玉枢火府天将,在宋徽宗时先从天师张继先及林灵素

王灵官　纠察　北京白云观

等传道法,又从师蜀人萨真君讳坚者学符术。”《明史·礼志》、清·李调元《新搜神记·神考》“王灵官”条:“国朝永乐中有杭州道士周思得以灵官之法,显于京师,附神降体,祷之有应,乃于禁城之西,建天将庙及祖师殿。宣德中改庙为火德观,封萨真人为崇恩真君,王灵官为隆恩真君。又建一殿崇奉二真君,左曰崇恩殿,右曰隆恩殿。成化初年改观曰宫,加‘显灵’二字,递年四季更换袍服。三年一小焚化,十年一大焚化,又复易以新制珠玉锦绮,所费不赀。每年万圣节、正旦、冬至及二真君示现之日,皆遣官致祭。其崇奉可谓至矣。”翟灏曰:“据此,则灵官受法于萨守坚,萨受法林灵素,而林乃一诗弈道士尔。不知今之塑象何以金盔、金甲、金鞭、金砖,以肖其威严如是也。”◆按:在民间信仰中,王灵官即所谓萨真人部将“王善元帅”者,其始不过一妖神耳。《三教源流搜神大全》卷二:“萨真人至湘阴县浮梁,见人用童男童女生祀本处庙神。真人曰:‘此等邪神,即焚其庙!’言讫,雷火飞空,庙立焚矣。人莫能救,但闻空中有云:‘愿法力常如今日!’自后庙不复兴。真人至龙兴府,江边濯足,见水有神影,方面黄巾金甲,左手拽袖,右手执鞭。真人曰:‘尔何神人也?’答曰:‘吾乃湘阴庙神王善,真人焚吾庙后,今相随一十二载,只候有过,则复前仇。今真人功行已高,职隶天枢,望保奏以为部将。’真人曰:‘汝凶恶之神,坐吾法中,必损吾法。’其神即立誓不敢背盟。真人遂奏帝,收为部将,其应如响。”◆清·潘纶恩《道听途说》卷一二有“王灵官”一则,云“王灵官本道门护法,而九华山之地藏王却以灵官镇山门”。

【王灵舆】南朝时人。宋·陈田夫《南岳总胜集》:“晋陵(今江苏常州)人,幼颖悟,不事婚宦,志勤于道,别亲友,结庐于庐山五老峰下。夜有神人告曰:‘得道者各有其地,既有飞升之骨,当得福地灵墟。’于是灵舆遵教迁至衡岳中宫。越一纪,道成,于天监十三年天仙下迎,升天而去。宋徽宗赐号通微集虚大师。”《衡岳志》云其于梁天监十一年升举。另参见“南岳九真人”条。

【王鲁连】三国魏人。梁·陶弘景《真诰》卷一四:三国时魏明帝城门校尉王刚之女,刚得道,鲁连见父升天,遂勤志修道。入陆沉山,遇一真人,授以飞升之法。行之,白日升天。

【王履冰】《仙鉴》卷三五:本不明大道,不知修行大丹之法,因偶得上清宝经太素真人隐朝礼愿上

法，秘行三十年，得乘云升入玄洲。

【王帽子】五代时人。明·曹学佺《蜀中广记》卷七五、清·吴任臣《十国春秋》卷四七"前蜀列传"作"王帽仙"：蜀人，失其名。常出入市井，为人修敝冠，号"王帽子"。暮则卧于涪州（今重庆涪陵）天庆观。一夕暴死，道士敛资葬之。月余，自果山贻书致谢，始知其为仙。

【王媚兰】《仙鉴后集》卷三："西王母第十三女。名媚兰，字申林。治沧浪山。受书为云林夫人。晋哀帝兴宁三年降句曲山。"梁·陶弘景《真诰》卷一称"沧浪云林右英夫人"。

【王妙想】五代·杜光庭《墉城集仙录》卷九：女仙。幼年入道，居苍梧山，辟谷服气，三十余年，始终如一。由是感通，每至月旦，常有光景云物之异。一日有大仙下凡，仙从数百，自称帝舜，授以《道德经》及《驻景灵文》而去。自是一年或三五降。十年后，妙想升天。

【王旻】❶唐时人。《太平广记》卷七二引《纪闻》《衡岳志》："号太和先生，居衡山，貌如三十余。其父得道，其姑亦得道，貌如童女，乃以房中术致不死者。旻常言其姑年已七百岁。唐天宝初，诏征至阙，明皇与贵妃访以道术。在京累年，天宝六载，南岳道者李遐周劝其归山。旻乃隐于高密牢山修炼。"❷《仙鉴》卷三二又有一王旻，同时而事异，云："居洛阳青罗山，乡里见之已数百岁，而常有少容。唐高宗时，诸武擅权，唯则天之侄武攸绪退身远祸，结宇于嵩阳，师事王旻，得其炼气之诀。玄宗开元间召旻至京师，遣赍诏书信币，就紫阳观请元靖先生补所缺杨君笔札。复命还京，岁余，请归旧山，尸解去。"又见明·王世贞《列仙全传》卷五："居洛阳青罗山，已数百岁。唐开元中召至京，待以优礼，复遣从李元靖求补仙书。还，请归旧山，不复入城市。尝与达奚侍郎相往还，死后犹杖履来访，人始知其尸解。"小注云："即王皎，又作王畋。"❸明时人。《（雍正）云南通志》卷二五亦记有一王旻："明时蜀华阳人。永乐初寓居蒙化，遇异人授道术，能役鬼神，召致风雨。邓川蟄龙为祟，旻至而龙遁去。成化间化去。"

【王明志】宋时人。《（康熙）开封府志》卷二九：幼入端明宫学道，后游太华、少室（在嵩山）诸名山，遇异人授以飞仙之术。后乘白鹤而去。

【王母父】指西王母、东王公。《史记·赵世家》索隐引谯周曰：余尝闻之：代俗以东西阴阳所出入，宗其神，谓之"王母父"。

【王母娘娘】民间称西王母为王母娘娘，见"西王母"条。◆其女见诸记载者，计第三女碧霞元君，第四女名林，字容真，号南极夫人，又号紫玄夫人；第十三女名媚兰，号云林夫人；第二十女名玉清，号紫微夫人，一云名青娥，字愈意；第二十三女即瑶姬，号云华夫人。小女名琬，字罗敷，号太真夫人，亦曰东岳夫人。

【王倪】《庄子·天地》："尧之师曰许由，许由之师曰啮缺，啮缺之师曰王倪，王倪之师曰被衣。"《仙鉴》卷四："太上老君之弟子，得道于羲皇、神农之世。黄帝遇之，以传道要。历少昊、颛顼世，常游人间。帝喾以前为啮缺之师，行飞步之道。尧舜之时，犹有见者。后一旦升天。"

王倪　列仙全传

【王女】五代时人。《仙鉴后集》卷四：五代荆南节度使高从诲行军司马王保义之女。五岁能诵《黄庭》。及长，梦渡水登山，见金银宫阙，云是方丈山，女仙数十，中一人曰麻姑，相结为姐妹，传以琵琶曲。后复梦麻姑，曰："即当相邀。"明日庭中有云鹤音乐，女奄然而化。

【王盘】明时人。《（雍正）云南通志》卷二五：通海人。日与群儿嬉戏。元夜，以一竹杆，令群儿闭目骑之，风声盈耳。至一大郡，银花火树，骇人心目。夜半归，谓人曰："适往江南观灯耳。"

【王坡】《（雍正）浙江通志》卷一九六引《两浙名贤录》：鄞（在今浙江宁波）人，病瘖。善六壬，兼释《易》繇。鄞县有一神祠，初塑神像成，乡人托以人名占之。坡曰："此人如木偶，难逃水火。"不久果为恶少投于江，后复取而毁之。

【王破头】明时人。《（雍正）福建通志》卷六〇：不知何许人。头破一罅缝，因以自名。嘉靖中住上杭，有童子卖茄，破头取茄置罅，顷刻立尽。童子泣，破头笑曰："勿忧，茄已还汝家矣。"童子归视果然。尝取阳姑梢花和药炼之，立成白金。元夕燕坐，众谈苏杭灯花之盛。破头语众曰："暂瞑目，可随我往。"众从之，遍览其胜，少顷即还。能分身赴数处宴。

【王朴】宋·王铚《默记》卷上：五代时，王朴为后周枢密使。一日见世宗，仓皇叹曰："祸起不久矣。臣观天象，不敢不言。陛下不免，臣则先当之。今夕请陛下观之。"是夜，与世宗微行至野次，止于五丈河旁，谓世宗曰："陛下见隔河如渔灯者否？"世宗见一灯荧荧然逦迤甚近，渐大，至隔岸，则巨如轮，其间一小儿约三数岁，引手相指。既近岸，朴曰："陛下速拜之。"既拜，渐远而没。朴泣曰："陛下既见，无可复言。"数日后，王朴得疾而死，世宗伐幽燕道崩。至明年，宋代周。◆按：此火轮小儿似即赵宋火运之征。而王朴植性刚烈，大臣藩镇皆惮之。宋祖曾言："使朴在，朕不得著此黄袍。"

【王乔】❶《淮南子·齐俗训》："王乔、赤诵子，吹呴呼吸，吐故内新，遗形去智，抱素反真，以游玄眇，上通云天。"南宋·陈耆卿《赤城志》（今浙江天台）卷三一："元应善利祠，祀仙人王乔。初，乔为右弼真

王乔　列仙图赞

人，治桐柏山（在浙江天台），掌天台水旱。五代时封元弼真君。宋政和中封元应真人，绍兴间加善利。"按此王乔即为"王子乔"，详见该条。❷东汉时为叶县令者。《后汉书·方术列传》："河东（治在今山西永济）人。后汉明帝时为叶令。有神术，每月朔望，常自县诣台朝。帝怪其来数而不见车骑，密令太史伺之。太史言其临至，辄有双凫从东南飞来。于是候凫至，举罗张之，但得一履。诏尚方审视，则四年中所赐尚书官属履也。每当朝时，叶县门下鼓不击自鸣，闻于京师。后言天帝召，乃沐浴入棺中。百姓为立庙，号叶君祠，祈祷无不应。或云即古仙人王子乔。"晋·干宝《搜神记》卷一则云初为尚书郎，后为邺令。❸《史记·封禅

书》索隐引裴秀《冀州记》云："缑山仙人庙者，昔有王乔，犍为武阳人，为柏人令，于此得仙，非王子乔也。"明·郎瑛《七修类稿》卷一九"名与人殊"条："汉明帝时叶令王乔，乃飞舄者也。周时王子乔，吹笙者也。《神仙传》曰蜀人王乔，食肉芝者也。《史记·封禅书》注：'缑氏仙人庵王乔，犍为武阳人。'四人同名而皆仙。"按：《七修类稿》所引《神仙传》指杜光庭《王氏神仙传》，非葛洪《神仙传》。◆"王乔"或作"王侨"，如《楚辞·九叹》"譬若王侨之乘云兮，载赤霄而凌太清。"王逸注称"仙人王侨"，实即王子乔，非另有一王侨也。◆《天地宫府图》：七十二福地第四十钵池山（在楚州，今江苏淮安），王乔得道处。

【王青】宋时人。北宋·孙升《孙公谈圃》卷上：王青，晏元献公门下常卖人，自号王实头。尝遇一奇士传其相术，时时相公之奴婢，辄中。夫人一日呼至堂下，遽见其女，曰："此国夫人也。"夫人笑曰："为我择一良婿。"青应声曰："恰有一秀才姓富，当须做宰相，明年状元及第。"秀才即富弼也，后果然。

【王清本】唐·段成式《酉阳杂俎》前集卷十四"诺皋记"：元和初，洛阳村百姓王清，佣力得钱五镮，因买田畔一枯栗树，将为薪以求利。经宿，为邻人盗斫，创及腹。忽有黑蛇，举首如臂，人语曰："我王清本也，汝勿斫。"其人惊惧，失斤而走。及明，王清率子孙薪之，复掘其根，根下得大瓮二，散钱实之，王清因是获利而归。十余年巨富，遂叠钱成龙形，号"王清本"。

【王晴溪】清时人。清·佚名《蝶阶外史》卷一：宝坻（今天津宝坻）王晴溪，工"打盘术"，卜人休咎。术用罗盘，置木尺，问者预书字覆盘下，令人持尺拨盘，视尺押何度，当作何字，毕，集诸字偏旁凑合之，文诗词不一格，间有似古谣谚者。识之，事后历历应。尝挟其术走京师四方，所至倾动。当和珅盛时，或决其必败。问当在何时，书一绝云："玉猴授首在羊年。"玉猴隐珅字。后果于己未年伏法。

【王琼】唐·段成式《酉阳杂俎·前集》卷五：唐元和中，江淮术士王琼，尝在段君秀家。令坐客取一瓦子，画作龟甲，怀之一食顷，取出乃一龟。放于庭中，循垣而行，经宿却成瓦子。又取花含，默封于密器中，一夕开花。

【王筌】北宋时人。南宋·洪迈《夷坚丁志》卷四：字子真，凤翔阳平（在今陕西眉县西）人。父

兄皆登科，筌独闲居乐道。一日郊行，憩瓜圃间，有妇人从乞瓜，乳长过腹。筌知非常人，问其姓，曰萧三娘。妇人食瓜所余，使筌食，筌无难色。妇人曰："可教矣。"引筌见神仙海蟾子，授以丹诀。筌归家，白母遣妻，周游名山。一时大臣荐其贤，封冲虚处士。哲宗元符三年，再游茅山，中峰华阳洞一闭千年，此时忽开，又甘露频降，道士云必有异人至，既而筌来，受上清箓。留逾岁，梦二天人引己见茅真君，茅君问劳甚厚，曰："帝已敕汝为华阳洞天司命府丞。"及寤，曰："吾数已尽，从此逝矣。"预言八月十七日当解化，如期坐逝，时徽宗建中靖国年间。◆南宋·吴曾《能改斋漫录》卷一八：王筌，字子真，有道之士，富郑公弼尝客之于门。元丰中，神宗时赐号冲熙处士。元符三年游茅山，受上清箓。茅山有石洞忽开，按其域，乃《真诰》所谓华阳洞天便门也，自左元放（慈）仙去即闭，已阅千岁。

【王叡】唐时人。五代·杜光庭《神仙感遇传》卷一：进士，博通经史，著《炙毂子》三十卷。苦读成疾，积年不愈。游燕中，遇异人名希道者，授以炉鼎之功，病遂愈。乃隐晦自处，佯狂混时。年八十，卒于彭山道中，识者瘗之，未几又见于成都市中。◆按：五代·孙光宪《北梦琐言·逸文》卷四记有新繁人王睿，于彭州蒙阳遇溪龙成亲事，疑即此人。

【王三奶奶】见顾颉刚《游妙峰山杂记》："娘娘（碧霞元君）正殿的右手有小间一，供王三奶奶。青布的衫裤，喜鹊巢的发髻，完全是一个老妈子的形状。"周振鹤《王三奶奶》："大殿西边露台下，有一个偏殿；黑地金字横额写着：'慈善引乐圣母广济

王三奶奶 妙峰山娘娘庙

菩萨宝殿'。这里供的那位菩萨，俗称王三奶奶。王三奶奶的装束，已不像《妙峰山》里说的'老妈子'模样，一变而为菩萨了：头上戴着凤冠，身上批着黄色华丝葛大衫。她左边是手里拿着一支长杆烟筒的侍者，她右边是手牵一匹黑毛驴的驴夫。镜框里嵌着一张丁卯年摄得的六寸半身的灵魂（真容）照片。"

【王山将军】《水经注·滹沱水》：行唐（今河北行唐）城内北门东侧王山祠后有神女庙，前有碑，其文曰："王山将军，故燕冀之神童，后为城神。圣女者，此土华族石神夫人之元女。赵武灵王初营此邑城，弥载不立。圣女发叹，应与人俱，遂妃神童，潜刊真石。百堵皆兴，不日而成，故祀此神，后之灵应不泯焉。"

【王山人】唐时有三"王山人"。❶五代·杜光庭《神仙感遇传》卷三：唐相国卢钧，以疾出为均州（今湖北丹江口市西北）刺史。到郡疾稍加，忽一人逾垣而入，云姓王，自山中来。以腰巾蘸于井中，解丹一粒，挼腰巾之水以咽丹，与之约曰："此后五日，疾当愈矣，康愈倍常。后二年，当有大厄。勤立阴功，救人悯物为意，此时当再相遇，在夏之初也。"自是卢公疾愈，旬日平复。明年解印还京，署盐铁判官。夏四月，于务本东门道左忽见山人，云："二十三年五月五日午时，可令一道士于万山顶相候。"及期，命道士牛知微，五日午时登万山之顶。山人在焉，以金丹二，使知微吞之，谓曰："子有道气而寡阴功，未契道品，更宜勤修也。"以金丹十粒，令授于公。忽不复见。其后知微年八十余，状貌常如三十许。卢公年九十，耳目聪明，气力不衰。既终之后，异香盈室矣。❷唐·李浚《松窗杂录》：太尉卫国公李德裕为并州（今山西太原）从事，忽有王山人者诣门请谒，曰："某善按冥。"因请正寝，备几案纸笔香水。因令垂帘静伺，生与公偕坐于西庑下。顷之，王生曰："可验矣。"纸上书八字甚大，且有楷注，曰："位极人臣，寿六十四。"后果然。❸唐·段成式《酉阳杂俎·前集》卷一一：宝历中，有王山人，取人本命日，五更张灯，相人影，即知休咎。言人影欲深，深则贵而寿。

【王善】见"王灵官"条。

【王升】清时人。清·王士禛《居易录》卷一六：同年王升胎仙，景州（今河北景县）人，有道术。知湖州府，有虎食人，以符致虎于公堂，杖杀之。弁山每稻熟，居人辄见雾中有人若负担者，十百为群，雾散则稻穗己空。王命结坛山上，令道士吴梅岑代己礼拜，忽顾吴曰："大风且至，但勿动。"须臾果大风，发屋拔木。已而风息，自是云雾不作，

岁获丰稔。

【王十八】《太平广记》卷三九引唐·卢肇《逸史》：唐宰相刘晏，少时好道，因于长安市中见三四道人饮酒，言及"王十八"之名，晏记之。及作刺史，过衡山县，偶闻官府菜园佣人名王十八，遂往见之。王十八状貌村野，见刘，趋拜战栗。刘请于县令，携王十八南行。途中，王日益矜弊，将至任所数百里，王忽患痢，闻者掩鼻，而刘无厌怠之色。王旋毙，刘嗟叹涕泣，送终之礼无不备。后年，刘任满归朝，过衡山县，县令问："使君所将园子，不久即遣回，想是不堪驱使。"刘大惊，方知王十八毙命之日，即归衡山之时。刘急往菜园，而王十八已于昨夜离去。刘数月至京师，偶得重疾，将不起，十八忽至，出药三丸。刘服之，即愈。王十八云："此药一丸可延十载，至期某再来。"遂去。刘拜相，兼领盐铁，坐事贬忠州。三十年矣，一旦有疾，王十八复来。刘急延入阁，又恳求之。王曰："所después即愈，且还某药。"乃以盐一两投水中饮之，遂吐出药三丸，颜色与三十年前无异。趋出而去，不复言别。刘寻痊，数月有诏至，乃赐死。

【王士能】明时人。明·王圻《稗史汇编》卷六三"王士能"条："初生海州（今江苏连云港），后徙居济宁（今山东济宁）。生于元至正间，殁于明成化间，年一百二十余岁。自幼慕长生之术。至蜀，入雪山访异人，能摄气炼形。归济宁，闭处一室，卧榻外无长物，不火食，或啖枣数枚、菜数茎而已。初时州人未识，久而人渐异之。宪宗敕守臣安车迎至京师，问以道，答以不知，赐银而遣之。弘治辛亥羽化。"明·于慎行《（万历）兖州府志》卷五二所载同。又见明·陆粲《庚巳编》卷四、明·都穆《都公谭纂》卷下、明·谢肇淛《五杂组》卷五、明·何乔远《名山藏》卷一〇三。◆明·黄瑜《双槐岁抄》卷九"东海二仙"条、王世贞《列仙全传》卷八"海上老人"条皆云："不知姓字。洪武壬午过济，永乐间复至。成化乙巳年指挥朱显奏闻，赐名王士能。"明·陈继儒《见闻录》卷八作"王士宁"，事与《稗史汇编》同。

【王氏】❶东晋时女子。《仙鉴后集》卷三：王徽之侄女，与母寓居义兴（今江苏宜兴）桂岩之下。幼年慕道。一日谓母曰："洞宫有召命，当补仙官，辞不获免，恐远行耳。"忽一旦微疾，石上题诗而终，有双鹤栖于庭木，音乐盈空，异香满野。❷唐末女仙，五代·杜光庭《墉城集仙录》卷七：中书

舍人谢良弼之妻。良弼为浙东从事时，王氏得沉疾。时吴筠天师来游会稽（今浙江绍兴），王氏之族为求救，信宿而愈。王氏乃诣天师受录，绝粒咽气，神和体轻。一日谓其女曰："吾须二十年后方可蝉蜕。吾死，勿用棺器，可作柏木帐，致尸于野中。"是夕而卒。家人如言而殡，其尸偃然如寐，亦无变改。过二十年，有盗发其殡，弃尸于野。忽闻雷震之声，家人疾视之，其尸轻如空壳。

【王世龙】晋时人。梁·陶弘景《真诰》卷四："与赵道玄、傅太初同隐于临海（今浙江临海）赤山中，许映游此山，师事世龙，受解束之道，修反行之法。"参见"许映"条。

【王侍宸】或作王侍晨，即北宋末道士王文卿，侍宸为其官名。见"王文卿"条。

【王守一】唐时人。《太平广记》卷八二引唐·李隐《大唐奇事》：贞观初，洛城有一布衣，自称终南山人，姓王名守一，常负一大壶卖药。人有求买之不得者，病必死，或急趁无疾人授与之者，其人旬日后必染沉痼也。柳信者，世居洛阳，家累千金。唯有一子，既冠后，忽于眉头上生一肉块。布衣于壶中探一丸药，嚼傅肉块。须臾肉块破，有小蛇一条突出在地，约长五寸，五色烂然，渐渐长及一丈已来。布衣乃叱蛇一声，其蛇腾起，云雾昏暗。布衣忻然乘蛇而去，不知所在。

【王守中】❶宋时人。《（雍正）江西通志》卷一〇五：嘉祐间居玉仙馆，修真养静，道行超卓。仁宗召至阙下，深异之。归而炼丹于观后飞凤山颠。丹成，召集里中樵牧童子，顷之云合，耸身腾空而去。诸童大呼，空中堕下二履及铜镜一面，皆化为石。❷明时人。《（雍正）四川通志》卷三八之三：泥溪司人。自幼学仙于后山。一日尹蓬头来访，遂引之去。十八年后忽还家，云来救兄。时兄方死，已入棺，以水浸之，复生。兄后仕于滇二十年，与守中共隐去。行前留言："我遗粪可疗诸疾。"家人试之，果然。

【王四郎】唐时人。唐·薛用弱《集异记》"王四郎"条：洛阳尉王琚，有孽侄小名四郎。孩提之岁，其母他适，因随去。自后或十年五年至琚家。唐元和中，琚自郑入京，道出东都，方过天津桥。四郎忽于马前跪拜，布衣草履，形貌山野。琚不识。因自言其名，曰："叔今赴选，费用固多，少物奉献，以助其费。"即于怀中出金，可五两许，色如鸡冠。因曰："此不可与常者等价也。到京，但于金市访张蓬子付之，当得二百千。"又曰："向

居王屋山下洞，今将往峨嵋山。"及至上都，琚令家奴访得张蓬子。出金示之。蓬子惊喜，立酬二百千。琚大异之，自诣蓬子。蓬子曰："此王四郎所货化金也。西域商胡，专此伺买，且无定价。"

【王叟】《云笈七签》卷八五：寓居冀氏县（今山西安泽县南）四十余年，不知所从来。状貌若七十余。常以针割治病及诸邪疾，无不愈者。忽谓人曰："余明年夏初将有所适，不可复住矣。"及期，无疾而终，葬时棺轻若无物，人以为尸解仙去云。

【王孙大使】闽台一带民间丛祠。仇德哉《台湾之寺庙与神明（四）》：相传姓谢名圣贤，宋末福建泉州人。时泉州因田螺精作祟，水患连年。谢入水斗田螺精，溺死。土人怀之，为设祠祭，并尊称"王孙大使"。清康熙间传入台湾，建庙于嘉义县。配祀者为犬公。相传谢入水时，有犬亦下水助斗。云林县所奉除大使外，又有二使、三使，谓为"明末三义士"，结为金兰，同除田螺精，相助者亦有义犬"榕王"。又谓三人于崇祯十七年救驾，因封大使、二使、三使云。

【王太尉】明·钱希言《狯园》卷一〇"三王太尉"条：长洲县荻匾王氏，故宋朝王太尉子孙。其先多为神，别开一港，赐名神泾。然为神者多不寿，厥后相与壅塞此港，灵圣都绝，而族无夭折之患矣。至今村落皆立王太尉庙，又传有万六太尉、百十五太尉，并是厹土。

【王太虚】《太平广记》卷四五引五代·杜光庭《仙传拾遗》：东极真人王太虚，隐居王屋山（在今河南济源西北）中。咸通壬辰年，王屋令王畛（《仙鉴》作"王璨"，或作"王玲"），凤志崇道，常念《黄庭经》。每欲自为注解，而未了深玄之理。闻王屋小有洞天乃神仙之府，求为王屋令。罢官，乃绝粒咽气数月，稍觉神旺身轻。入洞屋，誓不复返。初行三二十里，或宽广明朗，或幽暗泥黑。扪壁俯行，经三五日，忽坦然平阔，可坐数百人，石床案几，俨若有人居之。案上古经一轴，未敢遂取，稽首载拜，乞报应之兆。忽有一人坐于案侧曰："吾东极真人，子之同姓也。此《黄庭》宝经，吾之所注，使授于子。"复赠以桃，曰："食之者白日飞行。此核磨而服之，不唯愈疾，亦可延算。"言讫，不复见。畛亦不敢久住，携桃核与经而归。磨服桃核，身康无疾，颜状益少。人间因有传写东极真人所注《黄庭经》本矣。◆按：其事迹参见"王璨"条。

【王探】道教楼观派所奉先师之一。《仙鉴》卷九：

黄庭真人王探，字养伯，太原人。仕汉为中常侍中郎，以吕后专政，辞官，居于楼观，以修炼为事。广行赈惠，念及苍生。仙人赵先生托以狂人，形容毁弊，从探求乞，探欣然拯之。赵遂授以黄庭内修之诀及泽泻方。后入南山采药，遇太玄玉女西灵子都，授以藏景录形之道，即能变身化景，倏忽万端，或立丛林，或坐泉石，或化水火，或成鸟兽，而探之本身与人言笑无异。复师司马季主，得其神化无方之术。常与人同行，忽探身散为云雾，或屹立平地，即为高山。汉武帝元朔六年，西灵金母遣仙官下迎，授为太极真人，理于大有宫。

【王桃枝】五代时蜀中道士。涵芬楼本《说郛》卷一七引五代·景焕《野人闲话》，事皆同"王挑杖"，详见该条。

【王体靓】《（雍正）广东通志》卷五六：亦名"王野人"。初，罗浮观原未有室宇，乃缝纸为裳，取竹架树，覆以草，止其下。积十年，乃构草堂，垦田以供食。无妻子，少言语。唐贞观二十三年卒，处士陈恒发其棺，惟见空衣云。◆按宋·彭乘《墨客挥犀》卷一〇："东坡曰：罗浮（今广东惠阳地区之罗浮山）有野人，山中隐者或见之，相传葛洪之隶也。有邓道士者尝见其足迹。"此即罗浮野人之始。

【王挑杖】《太平广记》卷八六引五代·景焕《野人闲话》：王侍中处回常于私第延接布素之士。一旦有道士，庞眉大鼻，布衣褴褛，山童从后，擎柱杖药囊而已，造诣王公。于竹叶上大书"道士王挑杖奉谒。"王公素重士，得以相见，曰："弟子愿于青城山下致小道院，以适闲性。"道士曰："未也。"因囊中取花子二粒，以盆覆于上，逡巡去盆，花已生矣，长五尺已来，层层有花，烂然两苗。尊师曰："此仙家旌节花也。"言讫而去，出门不知所之。后王公果除二节镇，方致仕。自后往往有人收得其花种。◆涵芬楼本《说郛》卷一七引五代·景焕《野人闲话》作"王桃枝"。二者必有一误。

【王铁】见"王高二元帅"条。

【王万彻】唐时人。唐·戴孚《广异记》：武太后暮年，宫人多死，一月之间，已数百人。太后乃召役鬼者王万彻，使祝宫中。彻乃施席于殿前，持刀噀水，四向而咒。有顷曰："皇帝至。"彻乃廷诘帝曰："天道有去就，时运有废兴。此天意，非人事也。陛下圣灵在天，幽明理隔，何至不识机会，损害生人，若此之酷哉？"帝乃空中谓之曰："殆非我意，此王后诉冤得申耳。何止后宫，将不利于君。"

太后及左右了了闻之，太后默然改容，乃命撤席。明年而五王援立中宗，迁太后于上阳宫，以幽崩。

【王玮玄】梁·陶弘景《真诰》卷一二："楚庄王时侍郎，受术于玉君。后汉时传流珠丹之法与韩崇。"《仙鉴》卷四又云："玮玄既传韩崇道术，曰：'子行此道，无妨居世，功成之日，自当仙举。'崇行之大验。仕为汝南太守，年七十四，玮玄又降，授崇隐通解形之法，入大霍山，又授泥丸紫户之术而升天矣。治三十六小洞天之霍桐山。"《（康熙）苏州府志》卷七九："汉时人。号林屋山人，尝授宛陵（今安徽宣城）令李崇流珠丹法等术以度世。后在华阳洞中为左理中监。"

【王鲔】五代·尉迟偓《中朝故事》卷下：王鲔，多异术。有相知将往宣州（今安徽宣城），鲔出一小囊，其间如弹丸，不知何物，令长结在身边。既到宣州，昼寝于驿厅，睡中觉为弹子所隐，胁下甚疼，因跃下床，就外观之，屋梁忽折，落于榻上。

【王温】宋时人。《（万历）仙居县志》（今浙江仙居）卷一一：字如玉。好善。有二癞者至门，王温悯之，问可以愈否？答曰："以酒浸之可愈。"王温家酿适熟，许癞者入瓮浸之。三日后，癞者出，皆美少年。所浸之酒奇香，举家饮之，拔宅上升。

【王文卿】即"王侍宸"。《冲虚通妙侍宸王先生家语》、《仙鉴》卷五三："名文卿，字述道（一说字予道），号冲和子。江西建昌南丰（今江西南丰）人。生于宋哲宗元祐八年。性慕清虚，不贪名利，好旷游。宣和初遇火师汪君于扬子江，授以飞神谒帝之术。

王文卿 三教源流搜神大全

后游清真洞天，遇电母，授以嘘呵风雨之文。乃能役鬼神，致雷电。除旱治病，济人甚众，名闻江湖间。宣和间京师大旱，林灵素上奏徽宗，谓文卿乃三天都使掌文吏下生人世（《林灵素传》谓是甲子之神兼雨部）。徽宗下诏求之。宣和四年赴阙，为帝除宫中蟒妖、狐怪、鱼精，又为扬州祈雨。七年，诰封冲虚妙道先生王文卿为太素大夫、凝神殿校籍等职。未几，又授凝神殿侍宸，加同管辖九阳总真宫提举司命府事，封赠父母。复进位太中大夫、特进、徽猷阁待制，主管教门公事。屡乞还山，至靖康间方准。高宗绍兴二十三年化去。"南宋·洪迈《夷坚丁志》卷六，言其相术妙入神。又《夷坚支志·丁集》卷一〇"王侍晨"条言其在早年在闽不为人所敬，后与和尚斗法，方为人知。《夷坚支志·乙集》卷五"傅选学法"条言其授徒事。《临川县志》云为临川（今江西抚州）人。徽宗梦三天掌文史吏周伯威，醒后乃图形求之，得文卿。又云解化后有人见之于成都。《（雍正）江西通志》则云其字安道。晚年自书其棺曰："此身是假，松板非真，牢笼俗眼，跳出红尘。"书毕卧棺中，是夕风雷交作，明日视之，已解化。《三教源流搜神大全》卷七：宋徽宗赐号为金门羽客，宠冠当时。时扬州大旱，诏求雨。侍宸仗剑噀水，曰"借黄河三尺水。"后数日，扬州奏得雨水，皆黄浊。元时为建祠于建昌。◆按：王文卿为道教神霄派创始者。神霄派自称源于神霄玉清真王，祖师为火师汪真君，亲授文卿敕召风雷之术。◆明·王圻《三才图会》六丁六甲神中甲子之神为王文卿。

【王屋山道君】北宋·刘斧《青琐高议》前集卷一："河阳孟州公吏道过王屋山（在今河南济源西北）西峰，遇丞相庞公，云作王屋山道君。"按北宋时丞相姓庞者仅有庞籍，《宋史》有传。不知是此人否。

【王无二】元时人。《（嘉靖）池州府志》（今安徽贵池）卷九：玄妙观道士。其师命主炊，不之奇也。每夜至观前桥上与仙人会语，师往视之，则散去。一夕死，师葬之。后郡人于真州（今江苏仪征）见之，无二以草鞋一双寄其师。师以为怪邪，怒掷之，鞋化双鹤飞去。

【王西城】唐·段成式《酉阳杂俎·前集》卷二："王西城漱龙胎而死诀，饮琼精而扣棺。"即"西城王君"王方平，见该条。

【王锡】唐时人。《（万历）郴州府志》卷一九："桂阳（今湖南桂阳）郡人，为郡衙校。因部运至长沙，遇异人授以药术。适郡大疫，锡入山采药，全活甚众。咸通十一年，饮甘露而仙去。"《（雍正）湖广通志》卷七五作"王锡桂"，或涉下"桂阳"字而误。又云世号为"露仙"。

【王仙姑】❶唐人。南宋·陈耆卿《赤城志》卷三五：黄岩（今浙江黄岩）人。小名子松。家岱石村，行至石柜山，遇仙成道。咸通七上飞升。今其乡有王仙姑村。❷元人。《（雍正）山东通志》卷三〇、《（泰昌）登州府志》卷一一：居招远南十五里村落中。日樵于野，不采而薪自集。后卒，人于其樵所掘得石椁，题曰仙姑之墓，因葬之，土人立庙祀焉。

【王仙君】唐时人。《仙鉴》卷四六：以唐昭宗天复初自上党（今山西长治）游经北邙、缑氏，入嵩山。岁余，其门人与弟侄寻至，见仙君端居绝崖嵌窦中，宴坐凝然，悬崖百仞，非攀援所能上。门人炷香瞻礼，涕泣不忍去。仙君忽谓门人曰："太上以我夙有微功，署为少室仙伯。仙凡路隔，勿复悲恋。"言讫，腾空而去。◆按：王远知亦被封为少室伯，而此王仙君失其名字，虽世代悬隔，而未始不可疑为一人。

【王先生】❶唐时人。唐·张读《宣室志》"王先生"条：隐于乌江，里人或以为妖妄。一日里中火，先生叱火止，里人始奇之。长庆中有杨晦之自长安过乌江，来访先生。先生出其女七娘者，乃一七十余老妪，曰："此我女也，因不好道，今且老矣。"命七娘刻纸为圆月状，贴于墙上，光满一室。及旦，先生以杖击庭中，其庭顿为悬崖峭壁，山谷重迭。再持彗扫之，其庭如故。◆按：唐·段成式《酉阳杂俎·前集》卷二记有唐居士者，剪纸为月事与此同。后清·蒲松龄《聊斋志异》卷一"劳山道士"篇亦用此。❷明时人。明·杨仪《高坡异篆》卷上：永乐间，蔡敭居于北京，于酒楼遇一异人，自称王先生。引其骑马上天，须臾至一野寺，问其地，已是句容（今江苏句容）。居数日，王先生告别，赠敭一木杖，勉以读书进修，异日再会。敭后历官员外郎，出守衢州，路经句容，访此寺，正是旧游处，始信王先生为神仙。❸"王老志""王仔昔"，见该条。

【王向】《仙鉴》卷三五："唐玄宗时人。自幼慕道。举进士，三年不第，退居南山石门谷，以坐忘返照为事。神仙孟先生降授三一五千之道，能变化飞行，分形散影。开元末，友人郑爽为御史，至扬州，遇王向于途，见其弊衣伛偻，怜之。王向邀郑过其居，宝殿楼台，殆非世人之居，临别赠钱百万。"其故事与《太平广记》卷一七"卢李二生"同。参见"张三"条。

【王兴】❶晋·葛洪《神仙传》卷一〇："阳城（今河南登封东南）人，常居一谷中。汉武帝登嵩高，遇仙人，自称九嶷山人，来中岳采菖蒲，言讫不见。武帝以为仙人谕己，遂服菖蒲。王兴闻食菖蒲之言，亦采食不已。后为蒲江主簿。兴居此山，修炼九载，忽琼花吐艳，金蟾跳跃，引兴入洞。遇金液之丹，拜而服之，遂升天。"《（雍正）四川通志》卷三八之三言其所遇神仙为白玉蟾，乃以金蟾事附会所致，并时代亦颠倒矣。❷又有一王兴，蜀郡（今四川成都）人，在邛州蒲江县（今四川蒲江）主簿山学道得仙。见《云笈七签》卷二八"二十四治"。清·陈祥裔《蜀都碎事》卷一："唐时蒲江县主簿王兴好道，一日遇白玉蟾，引入长秋山，仙去。"◆按：邛州（今四川邛崃）主簿山本有一主簿服食成仙事，未言其为王兴，见"临邛主簿"条。葛洪《神仙传》原本久佚，今所见者乃后人所辑，多窜入葛洪以后事。"后为蒲江主簿"之后一段，乃四库本妄增，为蒲江主簿而遇蟾者，乃另一王兴也。

【王夐】唐·李复言《续玄怪录》卷一"麒麟客"条：号小有洞真人，因有过谪于人间。南阳张茂实家住华山下，偶游洛，因赁仆得夐。夐年四十余，勤干无私，茂实器之，为易名大宝。居五年，一旦辞茂实，曰："夐本居山，家赀不薄，遭厄须执役以禳。今厄尽，请从此辞。"及暮，别茂实，并请茂实往己家一游。茂实曰："可。"夐遂截竹数尺授茂实，曰："君杖此入室，称腹疼，潜置杖于床，抽身出来可也。"茂实如言，遂与夐出，行里余，见黄头奴驱一青麟、二赤虎俟于道左。于是茂实与夐乘之，越崟陵山，至一仙境。夐赠黄金百镒，送茂实归。后茂实亦游名山，不知所之。

【王玄甫】❶汉时东海（在今山东郯城）人，师白云上真得道。一号华阳真人。不知是何朝代，传道于锺离权。元至正间赠东华紫府少阳帝君。见《仙鉴》卷二〇。❷晋代沛（今江苏沛县）人，同吴郡邓伯元学道于赤城（今浙江天台）、霍山。受服青精石饭，吞日精丹景之法，积三十四年，乃内见五脏。晋穆帝永和元年，与邓伯元乘龙驾云，白日升天，在玄圃台受书为中岳真人。见梁·陶弘景《真诰》卷一四。

【王玄真】唐时人。明·王世贞《列仙全传》卷三误以为三国时人，曰："朱孺子师事王玄真，二人得枸杞，煮之三昼夜。玄真饮其汁，遂上升。孺子食其余，亦得不死。"参见"朱孺子"条。

【王养伯】汉时人。梁·陶弘景《真诰》卷一四：太原人。汉高吕后摄政时为侍中。少服泽泻，与留侯张良俱采药于终南山。后师事司马季主。

【王遥】晋·葛洪《神仙传》卷八："字伯辽，都阳人。能治病，不用符水针药，但以布敷坐于地，不饮不食，须臾病愈。有邪魅作祸者，遥画地作狱，鬼即现形入狱中。后辞妻而去，不复还。后三十年，弟子见遥于马迹山，颜色更少。盖地仙也。王遥真人有竹

王遥　列仙全传

箧，令弟子钱哥以九节竹杖担之，十余年未尝见开。后至华山一洞，见友人刁自然，遥遂开箧，取出五舌竹簧三枚，三人共鼓之。后三人皆成仙，此洞即号为王刁三洞。"明·王世贞《列仙全传》卷五入唐人，误。

【王爷】台湾地区民间所祀瘟神。仇德哉《台湾之寺庙与神明（四）》：又称千岁、李、朱、马、张、黄、顺、白、纪、吴、范、曹、魏、邢、通、苍、天、万、雷、智、康、伍、刘、许、秦、王、潘、郭、清、丘、吕、沈、印、梁、西、吉、连、薛、彭、姚、山、车、罗、莫、杏、诚、何、猪、周、谢、游、扬、巫、余、石、谭、法、郑、武、国、知、荆、番、抄、型、狄、灏、杰、方、盐、郝、韩、岳、龙、田、柳、户、董、昆、倪、徐、糖、江、卢、茅、廉、赫、樊、枫等九十八姓。一庙两尊者称二府王爷庙，或二府千岁庙，三尊者谓三府王爷庙，五尊者谓五府千岁庙。其具体名目甚多，大抵为"某府王爷""某府千岁"。据统计，今台湾地区以王爷为主神的庙宇多达六百余所，占台湾地区庙宇总数的九分之一。而诸王爷中名声最著者为五年千岁，或称五府王爷。◆王爷之来历有数种说法，但大致为三百六十人说及五人说两种。❶三百六十人说：①秦始皇所坑诸儒生，共三百六十人，死后封为王爷。②唐明皇为试张天师法力，藏三百六十名进士于大殿之地下，命吹笙张乐，然后谓张天师："朕常为此魔音所扰，请用法销止此音。"天

师作法，声顿止。明皇异之，往地下探视，众进士俱气绝身亡。明皇伤此冤魂，恐其为厉，一律封为王爷。③明末三百六十进士，不仕清朝，自尽而死，玉皇悯之，封为王爷，授命下凡视察人间善恶，所谓"代天巡狩"，其府称"代天府"。④明初三百六十进士自朝归，船覆溺死，朝廷怜之，封为王爷。以上二、四两说又有简化为三十六人者。❷五人说：①唐代五进士赴试，途中无意听见瘟神密议，拟于井中投毒，播发瘟疫。于是五人为救乡民，以身投井，乡民遂不敢汲水食用。五人升天为神，封为王爷。②唐太宗时，有五书生进京赶考，落第后沦为乞丐，于长安街头奏乐乞讨。为太宗所知，遂用来试验张天师法力云云，与唐明皇事同。此五人说与五方瘟神之传说有关，疑当先于三百六十人之说。且诸说虽然不同，然均为横厉而死者无异词，故其神多作为瘟神奉祀。闽台之间旧有"王爷船"之俗，三年一次，制王爷神像于舟，放于海中，谓之"送瘟神"。明·谢肇淛《五杂组·人部》即有福建沿海一带"使巫作法，以纸糊船，送之水际"的记载。传说大陆之"王爷船"漂流至台湾，所到之处，辄建庙祀之，是以台湾地区王爷庙独多。但关于大陆王爷船漂至台湾的记载，据云仅光绪二十九年一例。而"焚王爷船"之俗，今日台湾地区仍奉行不衰。

【王野人】见"王体靓"条。

【王义娘】清·钮琇《觚剩·续编》卷二"义娘"条：厦门，顺治初为郑锦所据。壬辰，清兵剿郑，大掠子女而还。有骑士挟一妇人于马上，过同安东关。妇见道旁有井，即跃入井。骑士大怒，连发三矢，中妇肩而去。越十日，有村民薛姓者经此，忽于烟雾中见一妇人，韶年丽容，迎前泣告曰："闻君夙有高义，幸出我于井，拔箭敛尸，埋棺井侧。妾当报君德。"薛应之，偶遇博场，薛欲验妇语，遂入场下采，复获大胜。即以钱买棺，出妇尸，殡而埋之。又月余，薛梦妇拜谢而言曰："阴府悯妾之节，命妾香火于此，望君为妾立尺五之庙。"薛觉而惊异，次日，异运砖土，筑成小庙，并以瓣香酬赛。自后举家安顺，事事获济。远近竞相传说，不数年，绅士商民各致钱镪，大启神宇，丹碧轮焕，而肖像于中，题其额曰"王义娘庙"。

【王永龄】宋时人。《（康熙）苏州府志》卷七九：嘉定人。不事生计，好谈仙远游，能为术戏。年逾七旬，遍辞亲友，曰："去见海龙王。"至海口天妃宫，蹈海而没。

【王予可】《金史》本传：字南云，河东吉州（今山西吉县）人，隶军籍。年三十，大病后忽发狂，能把笔作诗文及说世外恍惚事。金廷南渡后，居上蔡、遂平、偃城（俱在今河南）之间。躯干雄伟，貌奇古，衣常不能掩胫。落魄嗜酒，每入城市，人争以酒食遗之。居土室中，尸秽狼藉，不以为意。遇文士则称大成将军，于佛前则称谛摩龙什，于道前则称驺天元俊，于贵游则称威锦堂主人。人与纸笔，落笔数百言，或诗或文，无句读首尾。麻九畴与之游。卒后有见之于淮上者。

【王玉山】明人。《（康熙）凤阳府志》卷三三：不知何许人。癯面疲形，殊无他巧。来颍半载，辞去。知交为治装送之，同坐月下。玉山曰："某有小技。"于耳后取二黑丸，掷空中，化为两剑，盘舞如龙，寒光万道。明晨不别而去。人疑为剑仙云。

【王元芝】一作"王元之"。《仙鉴》卷三三：唐时钟陵（今江西进贤西北）人。十数岁时，遇道士，携游于江底，见有物如龙，云是水母，见之可以明目。自是好游山，诸名胜仙洞无不遍历。曾于江右遇仙人曹德休。元芝尝因事被系狱中，德休闻之，取水咒之，令元芝饮。饮讫，械系已脱，遂归。同德休来往九江、金陵、江都间，四十余年方归。元芝行处，山魈走避，神兵开路。唐懿宗咸通间，所善云水道士皮元休见元芝与数道者游，问所适，答曰："是萧子云、吴世云、梅福等，约我将登玉梁山，候蓬莱范仙伯尔。"言已不见。

【王远】王方平，名远。见"王方平"条。

【王远知】一作"王远智"。《旧唐书》入"隐逸传"：道士王远知，琅琊（在今山东诸城）人。父昙选，陈扬州刺史。母丁氏，昼寝，梦灵凤集身，因而有孕，又闻腹中啼声。沙门宝志谓昙选曰："生子当为神仙宗伯。"少聪敏，博综群书。初入茅山，师事陶弘景，后又师事宗道先生。隋炀帝杨广为晋王，召之来，远知须臾须发皆白，晋王惧而遣之，少顷复旧。唐高祖李渊未起兵时，远知尝密传符命。及太宗平王世充，与房玄龄微服谒之。远知谓曰："此中有圣人，得非秦王乎？"至贞观九年，敕润州（今江苏镇江）于茅山置太受观，并度道士二十七人。其年，远知谓弟子曰："吾见仙格，以吾小时误损一童子吻，不得白日升天。现署少室伯，将行在即。"翌日，焚香而逝，年一百二十六岁。高宗时追赠太中大夫，谥曰升真先生。武则天临朝，追赠金紫光禄大夫，改谥升玄先生。传又见

《云笈七签》卷五。《仙鉴》卷二五云："坐化后，将入棺，但空衣结带而已。春秋八十八。"◆宋·王铚《龙城录》：上元中，台州（今浙江临海）道士王远知，善《易》，于观感间曲尽其妙，知人生死祸福。作《易总》十五卷，世秘其本。一日雷雨，赤电绕室，冥雾中有老人降，斥远知《易总》泄天机。远知战栗云："青丘元老以臣不逮，故传授焉。"老人曰："上帝已敕授汝仙品，今延期二纪。"天后时，封远知金紫光禄大夫，但笑而不谢。一日告殂，遗言尸赴东流湍水中。后台州有人于海上见之云。◆北宋·乐史《广卓异记》卷二〇：远知临终谓其子绍业曰："汝年六十五，当谒金阙圣后，七十当逢元女神君。"至则天临朝，绍业以其言奏之，于是则天追赠远知云云。◆《太平广记》卷七一引《玄门灵妙记》，中言及道士王知远，亦唐贞观时人，疑即王远知之误。

【王越】明时人。明·王圻《稗史汇编》卷五九"王越长生"条：威宁伯王越之再起镇边也，郁郁不得志，素有筑基之功，托言病卒以归，益耽于养生。遇至人授中黄要诀，遂得久视，今尚在。终南山有一道人闻而求见，其子孙不可，再三泣请，乃曰："祖不耐聒，慎勿发一言，但可望其仪度而已。"道人如戒，子孙乃引至一石室，左右图史，一老人坐石床，焚香翻阅道书，容色芳秀如四十许人。曰："此真王老爷也。"此正德末事，记其年百二十余矣。◆按：《明史》有王越其人。景泰进士，以边功封威宁伯等事皆同。结交权阉汪直、李广，颇为士论所轻。无登仙事。

【王载玄】唐时人。明·谢肇淛《滇略》卷九：王载玄与张明亨，唐南诏时栖威楚（今云南楚雄）之五楼山，载酒峰头，攻吟狂啸。一夕酒酣，有道人乘风至，自称其名曰"无心昌道人"，促膝尽醉，订期而别。及期，道人果来，携醇酒一瓢，命二子饮。张不善饮，唯王饮之。道人吟诗而起，腾空而上，王随之。张无措，伏地大呼。道人曰："子仙骨已成，迟一劫耳。"张遂化。"昌无心"者，乃"吕"字。道人乃吕洞宾也。

【王早】北魏时人。《魏书·术艺传》《北史·艺术传》：王早，勃海南皮（今河北南皮）人也。明阴阳、九宫及兵法，善风角。明元帝时，丧乱之后，有人诣早，求问胜术。早为设法，令各无咎，由是州里称之。时郑氏执仇人赵氏，克明晨会宗族，就墓所刑之。赵氏求救于早。早为占候，并授以一符曰："君今且还，选取七人，令一人为行主者佩

此符，于鸡鸣时，伏在仇家宅东南二里。平旦，当有十人相随向西北，行中有二人乘黑牛，一黑牛最在前，一黑牛应第七。但捉取第七者将还，事必无他。”赵氏从之，果如其言。乃是郑氏男五父也，诸子并为其族所宗敬，故和解二家，赵氏竟免。太武围凉州未拔，许彦荐之。早，彦师也。及至，诏问何时当克此城。早对曰：“陛下但移据西北角，日内必克。”帝从之，如期而克。早苦以疾辞，乞归乡里。诏许之，遂终于家。或言许彦以其术胜，恐终妨己，谲令归之耳。

【王嚞】即“王重阳”，见该条。

【王真】❶东汉时人。《后汉书·方术列传》：“上党（今山西长治）人，年且百岁，面有光泽，似未五十者。自云‘登五岳名山，能行胎息胎食之方’。”注引《汉武内传》：“字叔经。”晋·葛洪《神仙传》卷六：“字叔坚，上党人。少为群吏，年七十乃好道。寻见仙经杂言说郊间人者，不明其旨。后有人授以胎息之术，断谷二百余年，肉色光鲜，力兼数人。自叹不能得神仙之道，遂师蒯子训（当是蓟子训之误），子训授其肘后方。曹操闻之，召见，似三十许人，疑其诈，遂验问乡里，皆异口同辞，多自儿童时见之者，武帝乃信。后郗孟节师事之，授以蒸丹小饵法，孟节得度世。真时年四百岁，携三少妾于女几山（在今河南洛阳西南）飞升。”❷吕洞宾有弟子名王真。《吕祖全书》卷三二有“王仙师诰”，注云：“仙师讳真，字通机，号峨嵋子。《参同经》之演，仙师与有力焉。吕祖弟子也。”

【王真人】❶晋·葛洪《枕中书》：赵文和、王真人为西方鬼帝，治嶓冢山（今陕西勉县西）。❷明时人。清·汪森《粤西丛载》卷一一引《南宁府志》：不知何许人。明景泰间谪戍驯象卫。有道术，能致雷雨。书篆于人手，令固握之，开手则雷轰然。遇旱祈雨，平地三尺。以术为人除邪怪。后羽化去。

【王质】梁·任昉《述异记》卷上、明·张萱《疑耀》卷六引《东阳记》：信安县（今浙江衢州）有悬室阪。晋中朝时有民王质者伐木至室中，见童子数人棋而歌，质因倚柯听之。童子以一物如枣核，与质含之，便不复饥。俄顷童子命其归，质方觉斧柯烂尽，既归，去家已数十年，无复时人。◆《仙鉴》卷二八说稍异：晋时东阳（今浙江金华）人，入山伐木，至信安郡石室山，见石室中数子围棋欢笑（一云遇赤松子与安期生围棋），质置斧柯观之。童子以物如枣核，令质咽其汁，即不觉饥渴。童子云：“汝来已久，可还。”质取斧，柯已烂尽。质归家，计已数百年，亲故零落，无复存者。复入山，得道，升天而去。浙东信安有烂柯山，即其地也。一名斧柯山，今属衢州西安县（今浙江衢州）。◆又广东信安亦有烂柯山。又明·曹学佺《蜀中广记》卷七四引《黎州图经》亦有烂柯故事：昔人有驾牛采樵于蒙泰山者，见二老弈棋，其人系牛坐斧而观，局未终而斧柯已烂。◆《天地宫府图》：七十二福地第三十烂柯山（在衢州信安县），王质先生隐处。◆按：刘宋·刘敬叔《异苑》卷五载：“昔有人乘马山行，遥望岫里有二老翁相对樗指，遂下马造焉。以策注地而观之，自谓俄顷，视其马鞭，摧然已烂，顾瞻其马，鞍骸枯朽。既还至家，无复亲属，一恸而绝。”当是王质事所本。

王质 列仙全传

【王中伦】唐·段成式《酉阳杂俎·前集》卷二：王中伦，周时卫人，宣王时入少室山（在嵩山）学道，因频往方壶，过高唐县鸣石山，岩高百余仞，人以物扣石，声甚清越。中伦爱此石响，故辄留听。至晋太康中，田宣隐于岩下，遇中伦，乃求养生之道。中伦留一石如雀卵，宣含之，百日不饥。◆《三洞群仙录》卷二引《王氏神仙传》及《(雍正）山东通志》卷三〇均作“王仲伦”。

【王仲都】汉时人。汉·桓谭《新论·辨惑》：“元帝被病，广求方士，汉中送道士王仲都者，诏问：‘何所能为?’对曰：‘但能忍寒暑耳。’乃以隆冬盛寒日，令袒衣，载以驷马，于上林昆明池上环冰而驰。御者厚衣狐裘，甚寒战，而仲都独无变色。卧于池台上，曛然自若。此耐寒也。因为待诏。至夏大暑日，使曝坐，又环以十炉火，不言热而身不汗出。”晋·葛洪《神仙传》卷七：“汉中人，学道于梁山，遇太白真人，授以虹丹，能御寒暑。汉元帝召至京师，试其方术。后仙去。"葛洪《抱朴子内篇·杂应》："幼伯子、王仲都，此二人衣以重裘，曝之于夏日之中，周以十二炉之火，口不称热，身不流汗。"又见晋·张华《博物志》卷五。

【王仲甫】梁·陶弘景《真诰》卷一〇：道士王仲甫，少好神仙，恒吸引二景餐霞之法，四十余年，都不觉其益。后南岳真人降而教仲甫服药，十八年而白日升天，为中岳真人。◆晋·葛洪《抱朴子内篇·辨问》："仲甫假形于晨凫。"当即王仲甫。

【王仲高】《洞仙传》："常在淮南（寿春，今安徽寿县）市中行卜。伍被言于淮南王刘安，安欣然迎之。仲高谓刘安曰：'黄帝，吾父之长子也。昔师朱襄君，受长生之诀。'即以长生诀传刘安。"《仙鉴》卷六则云："淮南王刘安既见仲高，执弟子礼。仲高谓伍被曰：'吾欲授大王道，王心志浮浅，既不能行，亦不宜闻。'仲高又曰：'黄帝，吾父之长也。昔师朱襄君，受长生之诀，又师黄洞君，受不死之道，于今已六千余岁矣。'遂以道传安。"

【王仲伦】《（雍正）山东通志》卷三〇："晋时卫国人。初入少室山（在嵩山）学道，常往来鸣石山，爱其响，辄留听。太康中，进士田宣隐于岩下，每见一人白衣道冠，徘徊岩上，及晚方去。宣执袂诘之，乃知为仲伦。求问养生诀，唯留一石，凌空而去。宣得石含之，百日不饥。"《三洞群仙录》卷二引《王氏神仙传》："王仲伦时居鹤鸣山，石自响。"◆按：此即"王中伦"，参见该条。

【王重阳】金初人，创全真道，为北五祖之一。《仙鉴续编》卷一："王嚞，始名中孚，字允卿，入道后改名嚞，字知名，号重阳子。京兆咸阳（今陕西咸阳东）人，迁终南之刘蒋村。生于宋徽宗政和二年。金海陵王正隆四年，年四十八，遇吕洞宾授

王重阳　列仙全传

以修真口诀，并令去东海'投谭捉马'。乃弃妻子，行丐鄠、杜、终南之间，举止若狂，人莫能测，以

害疯待之。又遇刘海蟾，饮以仙酎。遂东行出关，抵登州。金大定七年抵宁海（今山东牟平），馆于邑人马宜甫家，择地立庵，命名全真。全真之名始于此。示以神异，马执弟子之礼，改名马钰。又收谭处端、王处一等为徒。后领马珏等住昆嵛山（在今山东烟台地区），凿烟霞洞居之，而丘处机时年十九，亦来投焉。其徒马珏等七人，为后世称'北七真'。八年迁于文登（今山东文登）。至登州游蓬莱阁，大风忽起，人见师随风入海，有顷复跃出。所在多有灵迹。大定十年奄然而逝，年五十八。"明·王世贞《列仙全传》卷八："马钰嗣其教，与谭、刘、丘继为宗盟。元至元六年，赠重阳全真开元真君。"

【王仔昔】又作王资息。北宋末年方士，因时有"老王先生"王老志，故称其为"小王先生"。宋·叶梦得《避暑录话》卷上："宣和间道术既行，四方矫伪之徒乘间因人以进者查继，皆假古神仙为言。有王资息者，淮甸间人，最狂妄，言师许旌阳。后有罪诛死。"宋·蔡絛《铁围山丛谈》卷五："豫章（今江西南昌）人。自言遇许逊真君，授以《大洞隐书》、豁落七元之法，遂能知人祸福。老志死后始至汴京，寓蔡京府第等，徽宗常召问，以客礼待之。性傲，视巨阉若奴仆，欲使众道士皆师己。及林灵素出，为中官冯浩所陷，下开封狱杀之。此前以书示其徒曰：'上蔡（今河南上蔡）遇冤人。'后冯浩以罪窜，适行至上蔡县，徽宗降旨杀之。"又见宋·周煇《清波杂志》卷三，言封为通妙先生，后以言语不逊被杀。《宋史·方伎传》："政和中，徽宗召见，赐号冲隐处士。帝以旱祷雨，每遣小黄门持纸求仔昔画，日又至，忽篆符其上，仍细书'焚符汤沃而洗之'。黄门惧不肯受，强之，乃持去。盖帝默祝为宫妃疗赤目者，用其说一沃，立愈。进封通妙先生，居上清宝箓宫。献议九鼎神器不可藏于外，乃于禁中建圆象徽调阁以贮之。"

【王子登】❶女仙。汉·班固《汉武帝内传》：元封元年四月，帝闲居承华殿，东方朔、董仲舒在侧。忽见一女子着青衣，美丽非常。帝愕然问之，对曰："我墉宫玉女王子登也，乃为王母所使，从昆仑来。"后帝问东方朔，朔曰："此人是西王母紫兰宫玉女，常传使命往来扶桑，出入灵州，交关常阳，传言玄都。阿母昔出配北烛仙人，近又召还，使领命禄真灵官也。"❷即清虚真人小有仙人王褒。见"王褒""安度明"条。

【王子晋】刘宋·刘敬叔《异苑》卷五：陶侃微

时，遭父艰。有人长九尺，端悦通刺，字不可识，心怪非常，出庭拜送。此人告侃曰："吾是王子晋。君有巨相，故来相看。"于是脱衣帢，服仙羽，升鹄而腾扬。◆按：王子乔，名晋，又称王子晋。详见"王子乔"条。

【王子骞】《(雍正)福建通志》卷六〇："三国魏时人。求仙访道于武夷。继而张湛等十二人亦以修炼来山，推子骞为地主，相于栖隐于此。十二人者：张湛、孙绰、赵元、彭令昭、刘景、顾思远、白石先生、马鸣生、胡氏、季氏、二鱼氏也。"按：此云"三国魏人"名"王子骞"云云，全为望文生造。参见"魏王"条。

【王子乔】周时人。即周太子晋。其成仙传说不少，而历代辨驳者亦不少。西汉·刘向《列仙传》卷上："王子乔，周灵王太子晋也。好吹笙作凤凰鸣。游伊、洛之间，道士浮丘公接上嵩山。三十余年后，乘求之于山

王子乔　列仙图赞

上，见桓良曰：'告我家，七月七日待我于缑氏山巅。'至时，果乘白鹤驻缑氏山头，望之不能到。举手谢时人，数日而去。后人立祠于缑氏山下及嵩山首。"按：明·田艺蘅《留青日札》卷二八"王乔"条以为此"缑氏仙人"乃汉时王乔，非周时王乔。其据裴秀《冀州记》论曰："缑氏仙人庵者，昔有王侨，犍为武阳（今四川彭山）人，为柏人令，于此登仙，非王子乔也。"可备一说。◆晋·干宝《搜神记》卷一："崔文子学仙于王子乔。子乔化为白霓，而持药与文子。文子惊怪，引戈击霓，中之。文子俯视，辄子乔之尸也。置于室中，须臾化为大鸟，翻然飞去。"而梁·陶弘景《真诰》卷一四亦云其兵解，所谓"吞刀圭而虫流"者，或即指崔文子击戈事。晋·葛洪《枕中书》："王子乔为金阙侍中，治桐柏山。"晋·王嘉《拾遗记》卷九载王子晋曾至频斯国，"国有丹井，子晋临井而窥，有青雀衔玉杓以授子晋，子晋取而食之，乃有云起雪飞。子晋以衣袖挥云，云雪自止。"◆唐武

则天加号为升仙太子，亲为撰文立碑。又唐·张鷟《朝野佥载》卷五："天后令武三思为张易之作《传》，云是王子晋后身。于缑氏山立庙。"◆按：周王子晋成仙事，历代辨驳者甚多。《风俗通义·正失》："《周书》称：灵王太子晋，幼有盛德，聪明博达，师旷与言，弗能尚也。晋年十五，顾而问曰：'吾闻大师能知人年之短长也。'师旷对曰：'女色赤白，女声清，女色不寿。'晋曰：'然，吾后三年将上宾于天，女慎无言，祸将及女。'其后太子果死。后世以其自预知其死，传称王子乔仙。"《国语》"周灵王二十二年，谷、洛水斗，王欲壅之，太子晋谏。"韦昭注云："晋早卒，不立。"是王子晋不唯未成仙，且早卒也。又东汉·蔡邕有《王子乔碑》，称"王孙子乔"，而既云仙人，乃有丘墓？碑略云："王氏墓嗣续不继，荒而不祠。至永和元年十二月当腊之夜，墓上有哭声。明晨往视，见一大鸟迹，左右或以为神。其后有人著绛冠大衣立冢前，呼樵子曰：'我王子乔也，尔勿复取吾墓前树也。'须臾不见。"南宋·王观国《学林》卷四："《春秋左氏传》称太子晋，盖周灵王之太子名晋也，非姓王也。《左传》及《史记》不言太子晋字乔，而《列仙传》云王子乔者，必太子晋字乔，刘向得之于他书耳。后汉王乔者，姓王名乔也，既曰河东人，显宗世为叶令，则其乡里氏族服习仕版皆有定籍矣。而本传曰：或云此即古仙人王子乔。是何言耶？世有《王氏神仙传》一集，类聚古今王姓得仙者，王乔凡三人，以王子晋列为王姓固已非，又称有古王乔，无所经见，盖未尝考究耳。"《学林》又云："《汉书·王莽传》：莽曰：'是乃予之皇祖叔父子侨来迎我也。'观国按：莽言'子侨'，谓王子乔也。乔、侨二字通用。"◆《(康熙)江南通志》卷五八："王子乔乃周灵王太子，尝于终南山学仙，后避于巢，遂炼丹洞中，拔剑刺地，涌泉甘洁。一日仙去。"《天台县志》："道家称为右弼真人，治桐柏山，掌吴越水旱。五代时封元弼真君。宋政和三年封元应真人。绍兴间加号善利广济真人。"清·王士禛《池北偶谈》卷二一："蜀王衍追尊王子晋为圣祖至道玉宸皇帝。"◆《说郛续》卷二三引明·陈继儒《香案牍》：武阳北平山（今四川眉州彭山区西北，二十四治之一）有白虾蟆，谓之肉芝，王乔食之仙去。武阳山祠有三王乔，一太子晋，一叶令王乔，一食肉芝王乔。◆按：典籍所载，先有王乔，见于西汉之《淮南子》及《楚辞·惜誓》等篇，而不详其为何人。至《列

仙传》，方有周王子乔名晋之说。而细审《淮南子·泰族训》所云"王乔、赤松去尘埃之间"，《齐俗训》"今夫王乔、赤诵子"等语，其行文显指其人姓王名乔，如是周王子乔，不应略称为"王乔"也。《列仙传》云为周太子，颇嫌穿凿，王观国《学林》所疑诚是，窃以为王乔是另一古仙人，与王子晋者并无关系。又按：《枕中书》谓王子乔治桐柏山，似应指河南桐柏县之桐柏。浙江天台之桐柏，在唐以后方为道家窟宅，似非子乔所主者。

【王子乔奴】北宋·乐史《太平寰宇记》卷一〇九：江西新淦县（今江西新淦）有王山，昔王子乔控鹤于此，故以王为名。旱则祈雨必应。按《山川记》云，祈祷之时，有人误唤奴者，则随其所犯乡境，雨至必见云开，卒无沾润。相传王子乔既去，奴堕于此，因为神，至今操烈不可犯，民为之讳。

【王子瑶】晋时人。《（康熙）吉安府志》卷三一：字大皋，华阴人。王乔之后裔。晋永嘉中于黄茅冈筑坛醮录，感白鹤翔舞。后东游至义山，建坛礼斗，诵《黄庭经》。于是玉女降九鼎丹方。修炼四十八年，白日上升。

【王子夜尸】《山海经·海内北经》："王子夜之尸，两手、两股、胸、首、齿，皆断异处。"据郭璞《山海经图赞》曰："子夜之尸，体分成七。"江绍原以为"齿"系衍字，方与"体分为七"相合。吴任臣《广注》以为同于飞头、解形之国："《西京杂记》：'因墀国有解形之民，头飞南海，左手飞东海，右手飞西泽。至暮，头还肩。'又占城国有飞头妇，韩翕国有飞骸兽，亦然。"袁珂《校注》以为此即王亥故事之片段，是王亥惨遭杀害之后尸分为八，合于"亥有二首六身"之传说。

【王子芝】五代·杜光庭《神仙感遇传》卷三：字仙苗，自云河南缑山人，常游京洛间。耆老云："五十年来见之，状貌常如四十许人，莫知其甲子也。"好养气而嗜酒，蒲帅琅琊公待之甚厚。出遇一樵者，貌非常，以所得金尽饮酒，谓子芝曰："是酒虽佳，然殊不及解县石氏之醹。"子芝祈樵者："石氏之醹可得否？"樵者以丹笔书符，遣神取酒共饮之。后子芝再遇樵仙，受修炼之诀，遂为地仙。

【王总管】元·吾丘衍《闲居录》："王总管，宋之老兵。宋亡失志，常以蒲席为衣，寄宿道院及市井人家，自称王总管。然每到之处辄利，故人争邀之，然多不往。诸酒馆或遇其来，急以酒与之，乃满饮，掷杯于地而去，则其家终日获利倍于他日，

皆呼为利市先生。大雪极寒，乃解衣扣冰入水而浴，既出，汗流如雨。平生每狂歌，人听以卜休咎，多验也。"又明·闵文振《涉异志》云："台州（今浙江临海）城外数里有白塔观音院。初，于水滨获沉檀，破为薪，中有观音小影，遂刻像，建院侍奉。一日观音庙被毁，城中城隍庙后王总管祠亦毁。未几，王总管幻形为士人，至温州，语商人曰：'台州白塔观音院被毁，盍载材往，当得厚利。'商人果载材至白塔，城中人讴市之，为建总管祠，商人至祠，见总管像，即前士人也。"按：此庙之王总管不知与前者是一人否。

【王纂】西晋时道士。五代·杜光庭《神仙感遇传》卷五：金坛（今江苏金坛）人，居马迹山，常以阴功救物。西晋末，时有毒瘴，殒毙者多，闾里凋荒，死亡枕藉。王纂于静室飞章告天，感太上道君降，授以《神化》《神咒》二经，纂按行之江表，自是疫疠不复作。◆又见杜光庭《太上洞渊神咒经序》。

【罔两】❶水神。《春秋左氏传》宣公三年："故民入川泽山林，不逢不若。螭魅罔两，莫能逢之。"注："罔两，水神。"❷又作"蝄蜽"，木石之怪。《国语·鲁语下》："木石之怪曰夔、蝄蜽。"韦昭注："蝄蜽，山精，好效人声而迷惑人也。"《说文解字》卷一三提供了蝄蜽的形象："淮南王说：'蝄蜽，状如三岁小儿，赤黑色，赤目，长耳，美发。'"其形象与晋·干宝《搜神记》卷一二所载"罔象"形似，参该条。二者相混，或因《搜神记》卷一六有"疟鬼、魍魉鬼、小儿鬼"："昔颛顼氏有三子，死而为疫鬼：一居江水，为疟鬼；一居若水，为魍魉鬼；一居人宫室，善惊人小儿，为小鬼。"得疟疾之人眼睛发红，即有赤目，再与魍魉鬼、小儿鬼相混，则有小儿赤目的形象。❸南宋·周去非《岭外代答》卷一〇："南宋淳熙乙未，罔两见于融州融水县治，有人影，无人之形，裸而披发者万数。有一手力持纸钱焚之，影竞赴火，又复散乱，有顷乃没。"

【罔象】❶水中之怪，或曰水神。《庄子·达生》："水有罔象。"《释文》："罔象，司马本作无伤，云状如小儿，赤爪，大耳，长臂。一云水神名。"《国语·鲁语下》："水之怪曰龙、罔象。"韦昭注："罔象食人，一名沐肿。"晋·干宝《搜神记》卷一二引《夏鼎志》："罔象，如三岁儿。赤目，黑色，大耳，长臂，赤爪，索缚则可得食。"唐·释道世《法苑珠林》卷五八引《白泽图》云"水之精名曰

罔象，其状如小儿，赤目黑色，大耳长爪。以索缚之则可得，烹之吉。"❷《云笈七签》卷一○○《黄帝本纪》："黄帝出游，遗其玄珠，使明目人离娄求之不得，使罔象求而得之。后为蒙氏之女奇相氏窃其玄珠，沉海去为神。"按：此事本于《庄子·外篇·天地》，然"罔象"本作"象罔"："黄帝游乎赤水之北，登乎昆仑之丘而南望。还归，遗其玄珠。使知索之而不得，使离朱索之而不得，使吃诟索之而不得也。乃使象罔，象罔得之。黄帝曰：'异哉，象罔乃可以得之乎？'"注："象罔，无心之谓。"

【魍魎】❶见"罔两"条。❷大鬼。清·袁枚《续子不语》卷七："高进士父某翁，未遇时以佣为生。暮归，值长鬼立路侧，倚人屋，腰靠檐上，手捧一孩子而祝之曰：'我欲食尔，尔宜为九品官，有田三千亩，屋九椽，男子二人。我即欲食汝，心不忍食。'遂置之瓦上，回身欲走。翁被酒，无复畏惧，谓之曰：'吾闻神之长者为魍魎，能富贵人，我将乞汝致富。'鬼探袖得绳，缚竹竿一支，若秤物具。翁再索锤，鬼拂衣竟去。翁取梯抱儿下，乃冯村人姓冯者之子。后冯儿果为山西巡检，高亦自此致富。"清·东轩主人《述异记》卷下："新市胡士弘，慷慨好施，胆量兼人。崇祯己卯秋夜，独步月于朱家桥，见一巨鬼，身长数丈，坐人家屋脊上，濯其足于河。叱之，忽不见。其子琏是年中式，明春联捷。或曰：'此魍魎之类也，遇之则大吉。'"清·纪昀《阅微草堂笔记》卷八有一则云，见一巨人，高十余丈，大如一间屋。亦疑是罔两。明·佚名《集异新抄》卷六"魍魎"条亦言刘城见二魍魎跨坐石坊上，足垂至地，足大可三四尺。清·吴炽昌《客窗闲话》卷五"谈鬼"中有巨鬼"身坐楼房，巨足踏地，首当在霄汉间，所衣白袍之前幅披十余家门面"，亦云是魍魎。人以火燃之，火直上冲霄，至明，仅存纸灰一大堆而已。

【旺神】南宋·洪迈《夷坚支志·景集》卷二"余氏蛇怪"条：乐平（今江西乐平）里俗相传，山木间有所谓旺神者，魁类也。颇能见妖怪邀索祭享，然其威灵殊不章赫，虽村巫社觋亦能去之。甚者化为人，或为蛇，与妇人乱。

【望帝】即"杜宇"。见该条。

【望舒】《楚辞·离骚》"前望舒使先驱兮，后飞廉使奔属"。王逸曰："望舒，月御也。"《文选》扬雄《羽猎赋》"望舒弥辔"，服虔曰："望舒，月御也。"《三国志·蜀书·却正传》"羲和逝而望舒系，运气匿而耀灵陈。"《全晋文》卷三六《幽人箴》"羲和升而就羿，望舒满而就亏。"此处望舒则借指月。

【wei】

【危】《山海经·海内西经》："贰负之臣曰危，危与贰负杀窫窳。帝乃梏之疏属之山，桎其右足，反缚两手与发，系之山上木。"帝，指黄帝。参见"贰负之臣"条。

危　山海经图　汪绂本

【威惠广佑王】南宋·洪迈《夷坚支志·癸集》卷六"广佑王生辰"条："饶州（今江西鄱阳）民以八月十五日为威惠广佑王生辰，致供三昼夜。及罢散之际，每处各备酒果饮福，伺人静则集会。"又"星月之异"条云："八月十五日，程、刘二生主威惠王灯烛之役。"又"大浪滩神祠"条云："有威惠王行祠。"按：此威惠广佑王，与欧阳佑之广佑王有别。

【威惠显圣王】即"伍子胥"。见该条。

【威灵公】清·汤用中《翼駉稗编》卷六"威灵公"条：乾隆间，常郡太守胡文伯，清廉慈惠。适大旱，六旬不雨，羽士缁流更番虔祷，迄无应验。乃清刑狱，断屠酤，蒲冠草履，步祷诸神，赤日如故。遂祷于城隍神，夜梦神谓曰："此天意，冥吏分卑，安能违天？后夜五更，锺离祖师过境，天宁寺门外有顾而长者即是。君挈以左手，竭诚求之，当可致雨。"越日，胡宿天宁寺以待。五更许，果有数丐宿寺门外，胡如神教，伏地泣祷，坚执其手，膝行随之。丐曰："念汝实心为民，当违天降雨一尺二寸。城隍饶舌，并当奏闻天帝也。"一回首即失所在。顷刻阴云弥漫，大雨一昼夜，八邑沾足。复梦神曰："殆矣！我以妄泄天仙致雨，上干谴咎，出月某日将斩于东门。"胡曰："守为民求神，愿先期自杀以赎神。"曰："无益。今幸为期尚有三旬，君能以卫国卫民详请，速奏加封，仰邀封号，则免祸矣。"胡醒，据实申请，得旨加封"威灵公"，往来迅速，半月即返。是岁他郡皆灾，吾常独转歉为丰。太守倡捐修庙，至今神灵犹赫濯焉。

【威济李侯】

威济李侯　三教源流搜神大全

《三教源流搜神大全》卷三："姓李名禄，安吉州长兴县（今浙江长兴）人，生于宋徽宗崇宁三年。能预知祸福。宣和三年十八岁，忽告乡里云：'吾将往山东胶西为国家办事，须数年方归。'言毕端坐而逝。其后数显灵异于乡，附体于巫，预言年谷丰歉无不应验。于是父老为立香火之地而祠祭之。宋宁宗时赐庙额曰'显应'，理宗时封威济侯。"明·王鏊《（正德）姑苏志》卷二七："显应行祠，一名李王庙。神姓李名禄。或云即名将李显忠。"《（雍正）江南通志》卷四〇淮安"威济祠"条则云："南宋绍兴间，李宝自海道御敌，至石臼山，祷之，纵火焚敌，故大败。诏封佑顺侯，庙祀之。"按：此则言李宝祷于神，未言神之姓名，而淮安与长兴相距甚远，颇疑此神即指李宝，为威济李侯传闻之讹。参见"李侯"及"李烈士"二条。◆南宋人沈某所著《鬼董》卷三有一条，所说与前不同，云："李太尉者，吾乡里人（按作者应为湖州人），死水而能神。相传事祠山张王。张王所至，塑之祠下，今封为威济侯。"

【威烈侯】《（同治）丽水县志》卷五：丽水（今浙江丽水）城北有灵应庙，神姓叶，佚其名。据庙记，叶生于唐僖宗时，膂力绝人。有毒蛇害人畜，叶率其二子杀之。死后，有寇犯境，人见叶现形，率众驱寇。宋嘉祐间始创庙宇，皇庆间奏封广福威烈侯，长子助灵将军，次子昭显将军，庙号灵应。

【威雄将军】《三教源流搜神大全》卷一：唐太宗封东岳第三子为威雄将军。见"炳灵公"条。

【威佑三将军】即"唐葛周三将军"。《（雍正）山东通志》卷二一：高苑县治东有威佑庙，祀周谏官唐宸、葛雍、周武。因厉王失政，累谏不从，弃官游吴地。宣王立，复归，以辅导太子。后治兖州。设后封以孚灵、威灵、浃灵侯爵，立祠祀之。宋真宗祥符三年见于泰山天门，又加封号。徽宗宣和三年赐威佑三将军。即天门三将军。

【韦慈藏】明·冯应京《月令广义》卷一："巢元真人孙思邈，药王韦慈藏。"清·李调元《新搜神记·神考》："药王有三。其一为扁鹊，其一为唐孙思邈，其一为药王韦慈藏。《旧唐书·张文仲传》：'文仲少与乡人李虔从事慈藏，并以医术知名。慈藏，景龙中光禄卿，自则天、中宗以后，诸医咸推文仲等三人为首。'《新唐书·甄权传》：'后以医显者，京兆（治在今陕西西安）韦慈藏光禄卿。'别无他事迹，而药王之名亦不见于诸书。今世所塑绘药王，除扁鹊外，皆作孙思邈，并不言韦慈藏。而典礼所祀三皇庙，以药王为韦慈藏，未识所本，惟《释氏稽古略》载：'药王姓韦氏，名古，字老师，疏勒国人，开元二十五年至京，纱巾毳袍，杖藜而行。腰悬数百葫芦，普施药饵，以一黑犬自随。凡有患者，古视之即愈。帝与皇后敬礼之，并图其形容，朝夕供养，称为药王菩萨。'《太平广记》卷三九亦载：'嵩山道士韦老师者，性沉默少语，不知以何术得仙。常养一犬，多毛黄色，每以自随。唐开元末岁，牵犬至岳寺，求食，僧徒竞怒，问何故复来，老师云：'求食以与犬耳。'僧怒，又慢骂，令奴盛残食与之。老师抚其首，乃出殿前池上洗犬。俄有五色云遍满溪谷，僧骇视之，其犬长数丈，成一大龙。老师亦自洗濯，取绡衣骑龙坐定，五色云捧足，冉冉升天而去。寺僧作礼忏，悔已无及矣。'出《惊听录》。此与前韦老师事亦相类。据前二说，则所称药王又作'韦老师'矣。老师岂慈藏之字欤？抑别一人欤？"

【韦丹】唐会昌间得道者，见"黑老"条。

【韦鼎】宋·孔平仲《续世说》卷六：梁韦鼎明阴阳，善相术。陈武帝在南徐州，鼎望气知其当王，遂寄家焉。至德初，尽货田宅寓居僧寺。毛彪问其故，曰："江东王气尽于此矣，吾与尔当葬长安。"初鼎之聘周也，尝遇隋文帝，谓曰："观公容貌，不久必大贵，贵则天下一家，岁一周天，老夫当委质焉。"陈亡，驿召授上仪同三司。

【韦昉】唐时人。清·吴任臣《十国春秋》卷五七"后蜀列传"：蜀人，夜渡涪江，忽遇龙女遣骑迎入龙宫。后登第，知简州，龙女复遣书相迎，敕命充北海水仙。

【韦古】即"韦老师"。《仙鉴》卷四三：字老师，疏勒国人。唐玄宗时入中国。腰悬数百葫芦，常以一黑犬随行，施药饵以救人疾病。人称药王。后其犬化为龙，韦古乘之而去。时开元二十五年。

【韦古道】清·姚福均《铸鼎余闻》卷四：沈汾《续神仙传》云：药王姓韦名古道，号归藏，西域天竺人。开元二十五年入京师，纱巾氅袍，杖履而行，腰系葫芦数十枚，广施药饵，病人多效。帝召入宫，图其形，赐号药王。◆按：今道藏本、四库本《续仙传》均无"韦古道"条。此韦古道实即佛教所说之"韦老师"，见该条。

【韦集】《太平广记》卷三七引《异闻录》：唐大历中，代宗皇帝诏遣监察御史韦君，驰诣西岳太华山寻访仙坛。至山下，遇一老父，自云姓韦，曰："吾即尔之高祖也。吾名集，有二子，尔即吾之小子曾孙也。"韦君涕泣载拜。问韦君："尔今何之？"韦君曰："奉敕于此山中求真坛。州县及山中人，莫有知者。不审翁能知此处否？"老父曰："莲花中峰西南上，有一古坛，仿佛本址。"遂与韦君同宿。明日，韦君入山，老父杖策先去，韦君乘马奔驰，竟不能及，常在马前三十步。入谷，行不里许，到室，见三妪。老父曰："此乃尔之祖母及尔之二祖姑也。"祖母年可七八十，姑各四十余，俱垂发，皆以木叶为衣。◆《仙鉴》卷四三载此作"韦老"。◆按：此与"杨素弟"事相类，可参见该条。

【韦老师】一为佛教之说，明·陈耀文《天中记》卷四〇"医王"条引唐《本草序》："姓韦名古，字老师，疏勒国得道人也。常身披氅袍，腰悬数十葫芦，头戴纱巾，手持藜杖，往来城野，以一黑犬自随。开元中孟夏之月有人疾患稍多，师发慈心，遂普施药饵，无不痊平。睹之者便愈，后乃图形供养。皇帝敬礼为药王菩萨。"又有道教之说，《太平广记》卷三九"韦老师"条引《惊听录》，云是"嵩山道士，性沉默少语，不知以何术得仙。常养一犬，多毛黄色，每以自随。开元末，牵犬至岳寺，为犬乞食于僧，僧怒而谩骂。老师乃于殿前池中洗犬，犬化为龙，老师乘龙升天而去。众僧悔之不及。"按：此即"韦古"之另一说，参见"韦善俊"条。

【韦羌山神】南宋·陈耆卿《赤城志》卷三一：仙居县（今浙江仙居）西四十里有韦羌庙，祀韦羌山神。俗传五代时有韦三郎者，舍宅为金像寺，已而升仙，故祠之。一云：神乃颛顼之裔，号豕韦氏，其庙食最久，民蒙赖焉。又县东三里有韦大将军庙，俗传为韦三郎之兄。

【韦善俊】《太平广记》卷四七引五代·杜光庭

韦善俊　列仙全传

《仙传拾遗》："韦善俊者，京兆杜陵（今陕西西安东南）人也。访道周游，遍寻名岳。遇神仙，授三皇檄召之文，得神化之道。或静栖林野，或醉卧道途。常携一犬，号之曰'乌龙'。所至之处，必分己食以饲之。犬复病疥，毛尽秃落，无不嫌恶之。其兄为僧，久居嵩寺，最为长老。善俊将欲升天，忽谓人曰：'我有少债未偿耳。'遂入山见兄。众僧以师长之弟，多年忽归，弥加敬奉。每升堂斋食，即牵犬于其侧，分食与之。众既恶之，白于长老。长老怒，召而责之，笞击十数，遣出寺。善俊礼谢曰：'某宿债已还，此去不复来矣。'更乞一浴，然后乃去。许之。及浴移时，牵犬而去。犬已长六七尺，行至殿前，犬化为龙，长数十丈，善俊乘龙升天。拿其殿角，踪迹犹在。"明·王世贞《列仙全传》卷五："唐武则天时京兆（治在今陕西西安）人。遇道士韩元最，授以秘要。常有二青童侍左右。尝过坛墟店，遇黑犬绕旋不去，因畜之，呼为乌龙。世俗称为药王。一日谓弟子曰：'太上召我。'其犬忽长数丈，化为黑龙，善俊乘之而去。"《仙鉴》卷三六云其长寿年间寿百岁，乘龙仙去。

【韦驮】据《佛学大词典》："韦驮，韦将军、韦天将军。本为婆罗门教之神，原为战神，有六头十二臂，手执弓箭，骑孔雀。被大乘佛教吸收而为伽蓝之守护神，为南方增长天八大将军之一，乃四天王下三十二将军之首。世传佛陀涅盘时，捷疾鬼盗取佛牙一双，韦驮天乃急追取还。其形像身着甲胄，合掌，腕捧宝剑。自唐初之道宣律师感得其像后，各处之伽蓝均设有其神像。俗或误作'韦陀'，按《翻译名义集》五云：'韦陀是符檄，用征召也。'与今所谓护法韦驮无涉。其护法者，盖跋阇罗波腻。跋阇罗，此云金刚；波腻，此云手，其手执金刚杵，因以立名。"清·梁章钜《浪迹续谈》卷七：

"按今大小丛林头门内，皆立执杵韦驮，有以手按杵据地者，有双手合掌捧杵者。询之老僧，始知合掌捧杵为接待寺，凡游方释子到寺，皆蒙供养；其按杵据地者则否，可以一望而知也。"

韦驮　山西平遥双林寺

【苇姑】紫姑之属，为闺中元宵时之戏。清·顾禄《清嘉录》卷一："妇女又有召帚姑、针姑、苇姑，卜问一岁吉凶者。一名'百草灵'。范成大《上元纪吴下节物》诗注：'俗传正月百草灵，故扫、苇、针之属皆卜焉，多婢子辈为之。'弊帚系裙以卜，名扫帚姑。针姑以针卜，伺其尾相属为兆，俗名针姑。苇茎分合为卜，名苇姑。"

【委然】《艺文类聚》卷八三引《白泽图》曰：玉之精名曰委然，如美女，衣青衣，见之以桃戈刺之而呼其名，则可得也。夜行见女戴烛入石。石中有玉也。

【委蛇】泽神。《庄子·达生》："齐桓公田猎于泽，见鬼，齐有皇子告敖者曰：'泽中之鬼为委蛇。其大如毂，其长如辕，紫衣而朱冠，其为物也，恶闻雷车之声，见则捧其首而立，见之者殆乎霸。'"又东汉·应劭《风俗通义·怪神》引《管子书》："齐公出于泽，见衣紫衣，大如毂，长如辕，拱手而立。还归，寝疾，数月不出。有皇士者，见公语，惊曰：'物恶能伤公！公自伤。此所谓泽神委蛇者也，唯霸主乃得见之。'于是桓公欣然笑，不终日而病愈。"◆按：此委蛇即《山海经·海内经》之"延维"，参见该条。又闻一多《伏羲考》谓延维、委蛇即汉画像石砖中之伏羲女娲交尾之图。◆方以智以委蛇即"俞儿"，见该条。

【委随】后汉傩仪中十二神之一。《续汉书·礼仪志》："委随食观。"◆按：明·董斯张《广博物志》卷一四引《白泽图》："故井故渊之精名曰观，状如美女，好吹箫。以其名呼之，则去。"不知与此"观"是一物否。

【委维】《山海经·大荒南经》："苍梧之野有委维。"郭璞注曰："即委蛇也。"袁珂《校注》云："郭璞于《海内经》'延维'下亦注云'委蛇'，是委维即延维也。"见"委蛇"及"延维"条。

【隗】唐·段成式《酉阳杂俎·前集》卷一四：灶神名隗，状如美女。

【隗照】晋时人。《晋书·艺术传》：汝阴（今安徽阜阳）人。善《易》。临终，书版授其妻曰："后五年当有诏使来此，姓龚，负吾金，即以此版往责之。"后五年，果有龚诏使过，照妻如言责之。龚叹曰："吾不负金，贤夫自有金耳，知亡后当暂穷，故藏金以待太平耳。"于是卜得藏金处而指示之。

【卫朴】宋·张耒《明道杂志》：卫朴，楚州人，病瞽，居北神镇一神祠中。与人语，类有道者。每算历布算，满，按以手略抚之，人有窃取一算，再抚之，即觉。其市物择其良苦，虽毫厘不可欺，有取其已弃者与之，朴即怒曰："是已尝弃矣。"颇言人未来，亦屡中。年七十余卒。或言朴能养性导气，仙去不死也。朴尝令人听其脑中有声，常若滴水云。

【卫叔卿】晋·葛洪《神仙传》卷二：卫叔卿者，中山（今河北定州）人，服云母得仙。汉武帝时，驾白鹿从天降于殿前，帝不为礼，遂忽焉不知所往。帝大悔，遣使者至中山求之，但见其子卫度世。度世

卫叔卿　列仙图赞

云其父已离家四十余年，当在太华山。使者与度世至华山，欲上辄火，积数十日不能上。度世乃斋戒独上，至绝岩下，望见其父与数人博戏石上。叔卿曰："前为太上所遣，欲诫帝以大灾之期及救厄之法，帝乃强梁自贵，反欲臣我，不足告语，是以去耳。"度世问同坐者为谁，叔卿曰："洪崖先生、许由、巢父、火低公、飞黄子、王子晋、薛容。"又曰："吾斋室西北隅大柱下玉函中有神素书，取而按方服之，一年能乘云飞行。道成，来就吾于此，不得为汉臣也。"

【卫源神】《明一统志》卷二八：卫源庙在百门泉上。泉乃卫河之源，隋唐以来，已有此庙，盖祀其泉神。土人称为灵源公，宋封威惠，元加封洪济威惠王，本朝以水之本名称之。每岁四月八日，有司致祭。

【魏伯阳】晋·葛洪《神仙传》卷二：魏伯阳者，吴人也。性好道术，与弟子三人入山作神丹。丹成，知弟子心怀不诚，乃试之曰："丹虽成，然先宜与犬试之，若犬飞，然后人可服耳。"乃与犬食，犬即死。伯阳谓诸弟

魏伯阳　列仙图赞

子曰："吾背违世路，委家入山，不得道亦耻复还，死之与生，吾当服之。"乃服丹，入口即死。弟子相顾不敢服，唯有一弟子曰："吾师非常人，服此而死，得无意耶？"因取丹服之，亦死。余二弟子下山购棺木，二子去后，伯阳即起，将所服丹内死弟子及白犬口中，皆起。弟子姓虞，遂皆仙去。著有《参同契五行相类》，凡三卷，假借爻象以寓作丹之旨。◆按：民间以伯阳有白狗试丹故事，遂有"白狗仙人"之说。北宋·乐史《太平寰宇记》卷一二六云巢县（今安徽巢湖）有四鼎山，即"白狗仙人"得道处。

【魏二翁】宋时人。《仙鉴》卷五二：濮州雷泽（今河南濮阳东南）人，世业农。乡父老自幼见之，状貌常如七十余。身一布裘，手持蒲扇，曳杖而行。时时语人祸福。徽宗闻其名，遣使者召之，至其庐，但闻鼾声，不见其形，竟不能致。宣和初尸解去，葬时举棺若空，启视之，惟有"藏头诗"云："火田心主须防慎行方成后世传守坎离为要妙趋名利作忧煎程若识丹霞法路应归紫府仙。"（按：读时七字为句，句末一字兼为下句之首字）◆按：此人与"魏一翁"应是一人，见该条。

【魏方进弟】《太平广记》卷三六引唐·卢肇《逸史》：唐御史大夫魏方进弟，年十五，不能言，涕沫满身，皆视为痴人，无人恤养，唯一姐悯之，给与衣食。一日，在门外曝日，其邻里见朱衣使者

领数十骑寻问仙师，见弟，鞠躬趋前，俯伏称谢。弟高声斥问，神采洞彻，毫无痴状。朱衣辈既去，依旧痴呆，其夜即死。唯其姐悲恸不已，以平日所爱之黄披袄随葬。不久安禄山反，魏方进全家随驾西逃。至马嵬驿，乱兵诛杨国忠，魏公因与杨氏有亲，全家被害。其姐偶出店外，闻难作，其子女三人皆五六岁，料已预难。及明早军发，试往店内寻之，僵尸相接，唯一床上若有衣服，儿女三人皆安然在其中，衣服即殉葬之黄袄子也。

【魏夫人】即"魏华存"。见该条。

【魏汉津】宋时人。北宋·蔡绦《铁围山丛谈》卷五："黥卒。自云遇仙人李八百，得尸解法，尸解后投他尸再生，已六世。崇宁时徽宗召见，参预铸九鼎，议各用九州水土常置鼎中（按：此为厌胜之术）。与宦官杨戬交游。明乐律阴阳数术，言事多奇中。尝语所亲：'不三十年，天下乱矣。'未几死。死后几年，忽有人自陕右来，为汉津寄书其家，人始信其尸解。"《宋史·方伎传》："魏汉津，本蜀黥卒也。自言师事唐仙人李良号'李八百'者，授以鼎乐之法。尝过三山龙门，闻水声，谓人曰：'其下必有玉。'即脱衣没水，抱石而出，果玉也。皇祐中，与房庶俱以善乐荐，时阮逸方定黍律，不获用。崇宁初犹在，朝廷方协考钟律，得召见，献乐议。当时以为迂怪，蔡京独神之。"◆按：陆游《家世旧闻》卷下有一条，极言汉津之妄与蔡京之愚，可参看。

【魏华存】东晋时女子。号紫虚元君南岳夫人，为茅山上清派所奉祖师之一。《魏夫人传》："任城人。晋司徒魏舒之女，名华存，字贤安。幼而好道，读老庄，五经百氏无不该览。服食胡麻散、茯苓丸。年二十四适南阳刘文字幼彦者，生二子，长曰璞，次曰瑕。一日，忽有太极真人安度明、东华天神、方诸青童及清虚真人王褒等来降，奉扶桑大帝君之命授以神真之道，并赐仙经玉笈三十一卷。夫人因得冥心静修，在世八十三年，于晋成帝咸和九年，王褒与青童、东华君来降，授以仙药。夫人乃托剑化形而去，入阳洛山，诸仙又传以各经。夫人诵经万遍，积十六年，颜如少女。于是龟山九虚太真金母、金阙圣君、南极元君共迎夫人白日升天。"而《集仙传》"茅盈"条亦言及魏华存升仙事，云"紫虚元君魏华存夫人请斋于阳洛之山隐元之台，西王母与金阙圣君降于台中"云云，与此大异。◆《云笈七签》卷四《上清源统经目注序》言："《上清经》由西城王君传清虚真人小有天王王褒，王褒传

魏华存，华存传杨羲，杨羲传许映"云云。

【魏隆】唐时人。《(康熙）镇江府志》卷四○：字道真，贞观初居京口（今江苏镇江）之仁静观，修正乙法。郡守荐于朝，太宗与语悦之，赐号法师。无何，归京口。卒，葬马迹山。逾数月，有人遇之。及启其棺，中有一白鹤飞入云间。

【魏宁】北齐时人。《北齐书·方伎传》：巨鹿（今河北巨鹿）人。以善推禄命为馆客。武成帝高湛亲试之，皆中，乃以己生年月托于他人而问之。宁曰："极富贵，今年入墓。"武成惊曰："是我。"宁急变辞曰："若帝王，另有推算之法。"是年高湛死。

【魏王】南宋·祝穆《方舆胜览》卷一一建宁府"武夷山"条："昔有张湛、孙绰、赵元奇、彭令昭、刘景、顾思远、白石先生、马鸣生，并胡氏、李氏、二鱼氏三姓女子四人，凡十二人，同诣此山求道，偕谒魏王。值魏王祭仙祈雨，湛等献诗，仙人甚喜，乃遣何凤儿往天台山（今浙江天台北）取仙籍回归控视。具载魏王子骞与张湛一行先于上笼饮酒过度，触犯黄元真人，谪居此山，八百年后方得换骨归天。仙人既见此籍，各有姓名，因语魏王等，至八百年后可斫取黄心木为函，于小藏岩中冲化，迄今存焉。"按《仙鉴》卷四："昔有魏王名子骞，在同州立王城。此人是坠地仙人，后于武夷山得道。"《方舆胜览》卷一一建宁府"幔亭峰"条又云："秦始皇二年八月十五日，武夷君置酒会乡人于幔亭峰上。幔亭北壁当中设一宝床，谓之太极玉皇座，北壁西厦设太姥魏真人座，北壁东厦设武夷君座。"按："太姥"即"圣姥"，降世时为母子二人，是武夷君或为太姥之子，而太姥称"魏真人"，是否此武夷君即"魏王"？疑武夷君虽为后世定为仙人，但其初始极可能为闽地祖先之神。《方舆胜览》卷一一所云"混沌初开，有神星曰圣姥，母子二人来居此山"，正有始祖神特征。明·王世贞《列仙全传》等书将魏王混与张湛等人为十二人之数，实误。综合诸说，似魏王为武夷之神，即仙传所云之"坠地仙人"，而张湛等十二人乃来向魏王求雨者。及控鹤仙人过，乃度魏王并其他十二人为仙。此亦为仙话改造神话之一例。

【魏文昌】元末人。《(雍正）山西通志》卷一六一：壶关人。元季入神宇，见梁端有书，取视则风云变色。持归习之，遂尽遁甲覆射之术。尝被逮，剪纸为兔，锄禾人杂沓竞逐，得脱。

【魏显仁】梁·陶弘景《真诰》：大梁真人魏显仁，长乐人。《天地宫府图》：七十二福地第十六天姥岑（在剡县南），真人魏显仁治之。

【魏一翁】北宋时人。《(康熙）兖州府志》卷四○：曹州雷泽（今山东濮县东南）人。遇异人得道，手持蒲扇，与人语祸福，里巷重之。宋徽宗闻其名，遣使召之，至其庐，但闻鼾声如雷，不见形影。宣和间尸解。

【魏真君】明·王世贞《列仙全传》卷二："名子骞，求道于武夷山。后过控鹤仙人，授以换骨之诀。秦始皇时尸解。"参见"魏王"条。

【魏真人】《天地宫府图》七十二福地第七十北邙山（洛阳），魏真人治之。疑指魏伯阳。

【魏徵】明·吴承恩《西游记》第十回，魏徵与唐太宗下棋，梦中监斩泾河老龙。老龙鬼魂号泣纠缠，弄得太宗皇帝夜不安枕。遂命秦琼、尉迟恭把守宫门，但前门绝了鬼祟，后门又闹了起来。徐茂功进前奏道："前门不安，是敬德、叔宝护卫；后门不安，该著魏徵护卫。"太宗准奏，又宣魏徵今夜把守后门。于是民间前有以魏徵为后门门神者，如《双城县志》：后门别有一神为魏徵，俗称为"独坐"。祀门神时，即门前焚香楮焉。

魏徵　凌烟阁功臣图

【魏左二公】明时人。明·钱希言《狯园》卷三"魏左二公"条：万历间，有河南人魏公，失其名，号廓庵道人，年可七十余。其徒左公，名兼，号荆山隐者，河北真定人，年少于魏公数岁。二人时时游京师，皆莫知其甲子。通于变幻，奇怪恍惚，不详何来。能用纸剪驴，以水喷之，即成真驴，行甚疾迅。

【wen】

【温媪】唐·刘恂《岭表录异》卷上：温媪，康州（今广东德庆）悦城县媪妇。于野岸拾菜，见五小蛇壳，一斑四青，遂送于江次。媪常灌浣于江边。一日，鱼出水跳跃，戏于媪前。自尔为常，乡里咸谓之龙母，敬而事之。或询以灾福，言亦多应。朝廷知之，遣使征入京师，至义全岭，有疾，返回悦城而卒。乡里葬之江东岸。忽一夕，天地冥晦，风雨随作。及明，已移其冢于西岸。而道藏本《搜神记》卷六则为江西人：姓温，秦时女。庙在临江府新淦县（今江西新淦）南八十里峡江镇。相传秦时有温媪，经程溪，得巨卵，藏于家，生七龙，放之江。媪时至江口，龙辄献鱼，若祭养然。后媪死，葬于程溪之侧。将圮，一夕，雷电风雨交作，走石飞沙，诘旦，人见墓迁于岸北之高冈。乡人异之，为立祠堂。唐赐庙额曰孝通。◆按：北宋·乐史《太平寰宇记》卷一六四引《南越志》，云温媪是端溪人，事亦稍异。参看"温夫人"条。

【温彬】唐初人。宋·孔平仲《续世说》卷六：太原术士温彬，高宗时已老。临终，封一状谓其妻曰："吾死后年名垂拱，即诣阙献之，慎勿开也。"垂拱初，其妻献之。预陈则天革命及突厥至赵、定事，俱验。

【温夫人】清·屈大均《广东新语》卷六"龙母"条：龙母温夫人者，晋康（今广东云浮西北）程水人也。秦始皇尝遣使尽礼致聘，将纳夫人后宫。夫人不乐。使者敦迫上道，行至始安。一夕，龙引所乘船还程水。使者复往，龙复引船以归。夫人没，葬西源上。龙尝为大波，萦浪转沙以成坟。墓之南有山，天将雨，云气必先群山而出。夫人姓蒲，误作温。然其墓当灵溪水口，灵溪一名温水，以夫人姓温故名。或曰：温者，媪之讹也。夫人故称蒲媪，又称媪龙。然媪非生龙者也，得大卵而畜之，龙子出焉，养之以饮食物，龙得长大。始皇以为神，遣使迎媪，以尝闻徐福言，海神之使者铜色而龙形，光上照天，意媪其同类也。◆按：与"温媪""媪妪""温孝通"为一事，可参见该条。

【温琼】见"温元帅"条。

【温受】宋时人。《（顺治）吉安府志》卷三一：龙泉（今浙江龙泉）人。念佛三昧不依师，自言"吾即佛母"，故时人呼以"温道者"。宋至道元年入传担山，结茅庵以居。其山多虎，道者不忌，或卧于山，虎则坐而守之。有蓝、土二行者师事之。预知死期，趺坐于塔中而逝。人即封锢之，七日后再开，已失所在。后有人见之于陈留市中。

【温元帅】南宋·吴自牧《梦粱录》卷一四云："广灵庙在石塘坝，奉东岳温将军。自温将军以下九神皆锡侯爵。温封正佑，李封孚佑，钱封灵佑，刘封显佑，杨封顺佑，唐封安佑，张封广佑，丘封

协佑，孟封昭佑，韦封威佑。"《三教源流搜神大全》卷五：姓温名琼，字子玉。籍后汉东瓯郡，即后世之温州。父母祷于后土祠，夜梦金甲神持巨斧，手托一明珠投胎，于是元帅降生于汉顺帝汉安元年五月五日。幼通经史历算，而至二十六岁不中科第。抑郁间，见苍龙堕珠于前，拾而吞之，突变为青面赤发蓝

温元帅 北京白云观

身，英毅勇猛。泰山府君闻其威猛，召为佐岳之神。积阴功，玉帝封为亢金大神，赐以玉环、琼花、金牌，金牌上书"无拘霄汉"四字。至嗣汉三十六代天师飞清真人持符召之，列于"十太保"之首。明·宋濂《文宪集》卷一六有《温忠靖公庙碑》云：温琼字永清，温之平阳（今浙江温州平阳）人。父名民望，尝中明经甲科，因年老无嗣，与妻张道辉日夜祷于上帝。一夕梦巨神手擎火珠自天门飞下，自称大火之精，将降胎为神。张氏于是有妊，以唐长安二年五月五日午时降生。其余与《搜神大全》所记大致相同。又云：王初封翊灵昭武将军正佑侯，宋季累加为正福显应威烈忠靖王。清·薛大训《古今列仙通纪》卷六〇收有《地祇上将温太保传》，云温琼本为唐朝元帅郭子仪手下大将，随子仪讨贼，杀敌数千而不失一卒。子仪甚重之，然因梦其变黑蛇而头生一角，知为异人，终疑为患，欲杀之。琼觉而逃归岱山下，屠牛卖酒为生。后遇炳灵公化为道人点化，度其为东岳太保，然后斩妖除怪，灵应大显云云，较诸说大不相同，颇类于神怪小说。◆道教或以为门神。清·黄斐默《集说诠真》：门神或又作温、岳二神，想即温元帅、岳鄂王（飞）。《吴县志》谓门神彩画五色，多写温、岳二神之像。按：或说温元帅即晋之温峤，误。道教又以温元帅与关圣、马元帅、赵公明为护

法四神，号称四大元帅。而袁枚《续子不语》卷八"温将军"条言"俗祀温将军，道家谓之天蓬神，释流谓之药叉神"，其地位之高可见。◆清·俞樾《右台仙馆笔记》卷一六：杭州姚园寺巷有旌德观，祀疫神曰温元帅。按元人吴自牧《梦粱录》已载有此神，云是东岳所部，疑必起于宋世矣。每岁五月，居民舁神巡行市廛，盖亦逐疫之意。而温州历年自二月初一至三月十六举行东岳庙会，所迎"东岳爷"即忠靖王温元帅，而民间传说也是把他作为逐疫之神。当系由温、瘟二字联想而致。◆南宋·洪迈《夷坚支志·戊集》卷七载，东平忠靖王掌东岳第八司人间生死案，正直无私。民间又称"东平王"。清·钱泳《履园丛话》卷二二有"东平王马夫诈人"故事：江阴诸生陈春台，家甚贫，以蒙馆自给。一日出门，忽遇旋风一阵，觉心骨俱冷，归而病作。叩之巫者，说有东平王为祟。春台大怒，乃写一纸告诸东岳，谓："东平王是正神，何得向人索祭，扰累寒士耶？"夜梦东岳神拘审，查明是东平王马夫狡狯，东平实不知。东岳神遂斩马夫。按：此东平忠靖王疑与温元帅非一人，参见"张抃"条。

【瘟部鬼】瘟部为天府之一部，有瘟神及行瘟之鬼。南宋·洪迈《夷坚乙志》卷五"异僧符"条："豫章（今江西南昌）之南数十里有生米渡，乾道元年三月八日，有僧谓津吏曰：'少顷见黄衫五人荷笼而至，切勿使渡，渡则有奇祸。'取笔书三怪字，似符非符，以授吏曰：'必不可拒，当以此示之。'至午，果有五黄衣各负二竹笼来，直前登舟。吏不许，皆怒骂。吏示以所书字，黄衣者一见狼狈而走，委十笼于岸。吏发笼，中有小棺五百具。吏焚其棺而传其符，豫章人家家图祀之。是岁江浙多疫，唯此邦晏然。识者谓此五人乃'瘟部鬼'也。"又《夷坚乙志》卷一七"宣州孟郎中"条："南宋乾道元年，婺源（今江西婺源）石田村王十五耘田间，见十余人自西来，皆著道服，赍箱箧大扇，驱令王荷担行。至县五侯庙，有一冠带者出，问所须，答云：'当于婺源行瘟。'冠带者入，复出曰：'侯不可。'此十余人又入岳庙、城隍庙、英济王庙，皆遭逐斥。迤逦至宣州（今安徽宣城），入一大祠，才及门，数人已出迎，相见大喜，入白神，神许诺。是年浙西民疫祸不胜计。"又《夷坚丁志》卷一三"刘十九郎"条亦记瘟鬼行疫，每一村必先诣社神，言欲行疫，而社神咸拒而不听云。按此，瘟部行瘟，亦须所在之地神灵许可，正如阳世官府

越州县捕人，亦须与当地官府接洽也。参见"瘟鬼"条。

【瘟鬼】汉·蔡邕《独断》："帝颛顼氏有三子，生而亡去，为鬼。其一者居江水，是为瘟鬼。"《龙鱼河图》："岁暮夕四更，取二十豆子，二十七麻子，家人头发少合麻豆，著井中，祝敕井吏。其家竟年不遭伤寒，辟五温鬼。"晋·干宝《搜神记》卷二："夏侯弘于江陵（今湖北沙市），见一大鬼，提矛戟。大鬼过后，捉得一小鬼，问：'此何物？'曰：'杀人以此矛戟，若中心腹者，无不辄死。'弘曰：'治此病有方否？'鬼曰：'以乌鸡薄之，即差。'弘曰：'今欲何行？'鬼曰：'当至荆、扬二州尔。'时比日行心腹病，无有不死者，弘乃教人杀乌鸡以薄之，十不失八九。"《太平广记》卷三二五"司马文宣"条引《冥报记》："元嘉元年，司马文宣丁母艰。母灵床头有一鬼，肤体赤色，身甚长壮，云：'寅年有四百部鬼，大行疾疬，所应罹灾者。不悟道人耳，而犯横极众，多滥福善，故使我来监察之也。'"西晋·王纂《太上洞渊神咒经》所记大小瘟鬼动以数万计，其名目亦甚多。

【瘟神】散播瘟疫之鬼神。《管子·轻重甲》所云之"五厉"，西王母之"司天之厉"，《龙鱼河图》之"五温鬼"，《太上洞渊神咒经》之"五方瘟鬼""刘元达、张元伯、赵公明、李公仲、史文业、锺仕季、少都符各将五伤鬼精二十五万人，行瘟疫病"，《夷坚乙志》之"瘟部鬼"，《三教源流搜神大全》之"五瘟使者"，《聊斋志异》卷七"牛瘟"之"六畜瘟神"以及地方之"咕咾菩萨""太岁真君""瘟祖""尪王""王爷""五福大帝"之类皆是。◆《封神演义》第九九回瘟部正神：封吕岳为主掌瘟瘟昊天大帝，率领瘟部六位正神。◆南宋·范成大《吴郡志》卷二记吴俗于除夜夜分祭瘟神。

瘟神 河北石家庄毗卢寺

【瘟祖】四川梓潼文昌大庙有瘟祖殿，面目狰狞，手持如意。据梓潼谢焕智先生说，瘟祖为文昌化身，震慑五方瘟神。往昔每值春节赛会，民间即以圣父（文昌之父）、文昌、瘟祖三神木像置于轿中游行，

驻于城内文昌行宫，分置三殿，供士民祭拜。

【文宾】西汉·刘向《列仙传》卷下："太丘（在今河南永城）乡人，卖草履为业。数娶妻，数十年复弃之。后故妻寿至九十余，续见宾，年更壮。宾教故妻服菊花、地肤、桑上寄生、松子，取以益气。妪亦更壮，复百余年云。"

【文财神】民间通常以"比干"为文财神，但据说还有一位文财神，即"文昌神"。详见各条。

【文昌】星神。《史记·天官书》："斗魁戴匡六星，曰文昌宫。"《孝经援神契》："文者精所聚，昌者扬天纪，辅拂并居，以成天象，故曰文昌宫。"◆按：文昌宫六星中"三曰贵相，四曰司命，五曰司中，六曰司禄"，与命禄相关，故后世发展为司文运之"文昌神"。◆《元史·吕思诚传》："母冯氏，梦一丈夫，乌巾、白襕衫、红鞓束带，趋而揖曰：'我文昌星也。'及寤，思诚生，目有神光，见者异之。"

【文昌帝君】即"梓潼帝君"。明·田汝成《西湖游览志》卷一二："梓潼帝君庙，欲称文昌祠。神初祀于蜀，唐玄宗幸蜀，封神左丞相。宋元祐三年，加封辅元开化文昌司禄帝君。"详见"文昌神"条。

文昌帝君　文昌化书

【文昌神】即"文昌帝君""梓潼帝君"。传说其神为"张亚子"，张亚子为何神，亦有数说，见该条。关于文昌神之来历，清·赵翼《陔余丛考》卷三五叙之綦详："今世文昌祠所祀梓潼帝君，王弇州《宛委余编》谓即陷河神张恶子，而引其所著《化书》，谓本黄帝子，名挥，始造弦弧罗网，因以张为氏。周时为山阴张氏子，以医术事周公。卒，托生于张无忌妻黄氏，为遗腹子，诗所称张仲孝友者也。以直谏为幽王所烹，魂游雪山，治蜀有功。五丁拔山，蛇压死，蛇即其所化也。寻为汉帝子，曰赵王如意，为吕后所杀。魂散无归，孝宣世至邛池，其令曰吕牟，即吕后之后身也。母戚夫人亦生于戚，嫁

张翁，老无子，相与沥血石臼中，祝曰：'我无子，倘得一动物，亦遗体也。'自是感生为蛇。吕令有马，乃吕产后身，蛇辄食之。吕令怒，系张夫妇，将杀之，蛇遂扬海水作雨，灌城邑皆陷，今所谓陷河也。以所杀多，谪为邛池龙，受热沙小虫之苦。遇文殊，皈诚脱罪，复生于赵国张禹家，名勋，为清河令卒。又生为张孝仲，时顺帝之永和间也。西晋末，复生于越巂（今四川西昌）张氏，年七十三，入石穴悟道而化，改形入咸阳见姚苌。后苌入蜀，至梓潼岭，神谓之曰：'君还秦，秦无主，其在君乎？'请其氏，曰：'张恶子也。'后苌即其地立张相公庙。唐僖宗幸蜀，神又出迎，帝解佩赐之。还日赐遗无算。王中令铎有诗云：'夜雨龙抛三尺匣，春云凤入九重城'云云。按陷河事，亦见《王氏见闻》及《穷神秘苑》诸书，所载略同。《北梦琐言》（逸文卷四）亦谓梓潼张蟺子，乃五丁拔蛇之所也。或云巂州张生所养蛇，托生为伪蜀王建太子元膺，有蛇眼，竟以作逆诛。诛之夕，梓潼庙祝巫为蟺子所责，言'我在川，今始归，何以致庙宇荒秽若此'。据此，则所谓张恶子者，乃流转于人与蛇间一变幻不经之物耳。不知与文昌二字何与？然世以梓潼为文昌，则由来已久。按叶石林《崖下放言》，记蜀有二举人，行至剑门张恶子庙夜宿，各梦诸神预作来岁状元赋，甚灵异。然则张恶子之显灵于科目，盖自宋始，亦自宋之蜀地始。《朱子语类》卷三所谓'梓潼与灌口二郎两个神，几乎割据了两川也'。世人因其于科目事有灵异，元时遂以文昌帝君封之，前明又以文昌额其宫，而张恶子之为文昌帝君，遂至今矣。明·都卬《三余赘笔》则谓'梓潼乃四川地，四川上直参宿，参有忠良考谨之象，其山水深厚，为神明所宅，或又谓斗魁为文昌六府，主赏功进爵，故科名之士多事之'。此二说理虽较长，然皆从文昌二字立说，而于张恶子之所以称文昌，则毫无干涉也。"◆文昌或为蛇精，或为武将，使掌文运，为士人所不甘，于是而有斥文昌为淫祀者（见清·陈其元《庸闲斋笔记》卷六），又有梓潼神固为亚子，而文昌神则为文翁或为文君之说，清·翟灏《通俗编》卷一九："愚谓文昌神与梓潼神别，非张亚亦非张仲，盖汉蜀文翁也。《蜀志·秦宓传》云：蜀本无学士，文翁遣相如东受七经，还教吏民，于是蜀学比于齐鲁。"清·袁枚《随园随笔》卷一八有"学宫祀文昌魁星之讹"一条，云"明弘治时有拆毁之令，未及施行"，并以为奎星主文之说始于宋。清·俞樾亦

有《文昌改称梓潼文君议》:"文昌，天星也。而今世所奉文昌，称为梓潼帝君，相传二月三日为其生日。夫天星则何生日之有？且亦岂可系之梓潼一邑哉！然则今世所奉文昌，殆非天星也。愚谓东汉之初，自有梓潼文君，见于高联《礼殿记》。文君为梓潼人，官益州（汉时治今四川广汉）太守，王莽、公孙述并征用之，皆拒不受，是其人固贤者也。其子名忳，为北海守。父子相继，同典大郡。又有文恭，字仲实，必其子姓也。是梓潼文氏，亦大族矣。梓潼文君之祠，必始于益州，盖文君既殁，而益州之民立祠祀之，如石相祠、于公祠之例耳。相沿既久，而梓潼文君之祠满于蜀中，流俗讹传，因文君之神附会为文昌之神，至今遂遍天下矣。"

【文成将军】即"少翁"。见该条。又葛洪《神仙传》卷六"李少君"条:"时有文成将军，亦得少君术。事武帝，帝后遣使诛之，文成谓使者曰:'为吾谢帝，不能忍少日而败大事乎？帝好自爱，后三十年，求我于成山（在今山东荣成），方共事，不相怨也。'使者还，具言之。帝令发其棺视之，无所见，唯有竹筒一枚。帝疑其弟子窃其尸而藏之，乃收捕，检问其迹，帝乃大悔诛文成。后复征诸方士，更于甘泉祀太乙，又别设一座祀文成，帝亲执礼焉。"按:此处不言文成将军姓名，而《汉武故事》述此事，"文成将军"作"少翁"。

【文惠通】《仙鉴后集》卷五:"庐山青霞观后有石名黄龙，云文女真跨黄龙升天，因得名焉。又有文女真升仙台。"其世代名字事迹均未详，或云名惠通，晋人。而《(雍正)江西通志》卷一〇五作"文慧通":"修真于黄龙山，一日跨黄龙升仙去。"

【文斤】晋时人。明·王世贞《列仙全传》卷五:南昌人，咸康中为高平令。后弃官入山修炼，自号超然。哀帝时乘鹤仙去。

【文魁夫子】姜义镇《台湾的民间信仰》言:本省有二十余座庙宇主祀文昌帝君，有三座庙宇合祀五文昌。五文昌即梓潼帝君、文魁夫子、朱衣星君、孚佑帝君、关圣帝君之合称。看五文昌的塑像，文昌帝君居中位，其左第一位赤面大神为关圣帝君，第二位青面獠牙，貌似魁星，应即文魁夫子。

【文马】晋·张华《博物志》卷三:文马，赤鬣，身色似金，即古之乘黄，今谓之露犬也。能食虎豹。

【文女真】《仙鉴后集》卷五:"庐山青霞观后有石名黄龙，云文女真跨黄龙升天，因得名焉。又有文女真升仙台。"其世代名字事迹均未详，或云名惠通，晋人。参见"文慧通"条。

【文曲星】民间所信仰的掌握功名的星神，如《儒林外史》就称中举的士人"都是天上的文曲星"。文曲星，其实即指文昌星。武曲星是从文曲推衍出来的，但后来却独立出来，与文昌判为二神。如《封神演义》谓比干为文曲星，窦荣为武曲星，皆属北斗星官。分离出来的文曲星在星辰实体上无所依托，其实只是一个纯粹的"虚名"；而在民间信仰上，文曲星始终没能成为有具名有形象的祭祀偶像。◆清·俞凤翰《高辛砚斋杂著》:余杭姜联升未第时，家中延一师课其弟。一夕弟犹夜读，师方就寝，忽闻其弟噭然有声。急起视，已失其弟，见一长大黑人踞坐椅上，遂大喊，灯骤灭。家众奔入，则黑人已杳，其弟晕绝地上矣。灌之苏，述所见，披案上书，有鲜血一块。其家因大骇，次日召巫问之。巫贺曰:"此非妖，乃文曲星出现。老爷在京必联捷矣。"众犹未信也，而泥金帖至。

【文氏】唐时女子。《(雍正)广东通志》卷五九有陈公奉《贞烈祠记》，略云:贞元三年有女文氏，父母已许鲍生，未嫁，生樵于山，死于虎。文氏匍匐赴其丧，服衰三年，忽然归遁于山之阴，人莫迹其处。贞元十七年高秋九日，天气澄澈，俄有异云起西南，幡幢管磬，拥一妇人于杳霭间，咸谓文氏女仙去。◆按此与同书所载徐氏女事大体相同。见"徐女"条。

【文殊菩萨】"文殊师利"略称，其义为"妙德"。专司"智德""证德"，与普贤菩萨之主"理德""定德""行德"相对。在华严宗，文殊

文殊菩萨像　元·佚名

乘青狮在左，与乘白象在右之普贤同为释迦佛胁侍，合称"华严三圣"。五台山为其道场。

【文文】《山海经·中山经》：放皋之山，有兽焉，其状如蜂，枝尾而反舌，善呼，其名曰文文。

文文　山海经图　汪绂本

【文星典吏】唐·冯贽《云仙杂记》卷一：杜甫十余岁时，梦人令采文于康水。觉而问人，知此水在二十里外，乃往求之，见鹅冠童子告曰："汝本文星典吏，天使汝下谪，为唐世文章海，九云诰已降，可于豆垄下取。"甫依言，果得一石，金字，曰："诗王本在陈芳国，九夜扪之麟篆熟，声震扶桑享天福。"后因佩入葱市，归而飞火满室，有声曰："邂逅秽吾，令汝文而不贵。"

【文鳐】《山海经·西山经》：泰器之山，观水出焉，多文鳐鱼，状如鲤鱼，鱼身而鸟翼，苍文而白首赤喙，常行西海，游于东海，以夜飞，其音如鸾鸡，其味酸甘，食之已狂，见则天下大穰。

文鳐　山海经图　胡文焕本

【文挚】东汉·王充《论衡·道虚》：齐王病，使人之宋迎文挚。文挚至，视疾，谓太子曰："王之疾必可已，然必杀我。"太子问何故，曰："非怒王，疾不可治；王怒，挚必死。"于是文挚故使王怒，疾愈而必欲烹挚，烹三日三夜，颜色不变。文挚曰："诚欲杀我，何不覆之，以绝阴阳之气。"王使人覆，文挚乃死。

【文子】《仙鉴》卷四：文子姓辛名钘，一名计然，葵丘濮上人，其先晋公子也。学道于老君。周平王问道于文子，用其言而天下治。后南游吴越，范蠡师之。越王位以上大夫，不就，隐吴兴（今浙江湖州）余英禹山。相传以为登云升天。唐明皇追号为通玄真人，其书号《通玄真经》。与老、庄、列并而为四。◆按：《史记·货殖列传》注引《范子》云："计然者，葵丘濮上人，姓辛氏，字文子，其先晋国亡公子也。尝南游于越，范蠡师事之。"此为《仙鉴》所本。又《货殖传》云："范蠡既雪会稽之耻，乃喟然而叹曰：'计然之策七，越用其五而得意。既已施于国，吾欲用之家。'乃乘扁舟浮于江湖，变名易姓，适齐为鸱夷子皮，之陶为朱公。十九年之中三致千金，再分散与贫交疏昆弟。

故言富者皆称陶朱公。"是计然之学为重商强国之术，与老子之道不相通也。而今存《文子》十二篇大抵主老子言，显非计然之说。且老子为战国时人，计然为春秋末人，更无从所师。故《文子》之书与计然其人两不相涉，唐明皇追尊者，乃著《文子》之人也。

【闻太师】清·汤用中《翼駉稗编》卷三"闻太师申公豹"条："闻太师、申公豹，系《封神传》荒诞之言，乃恰克图回部祀之甚虔。其地近俄罗斯，地居北海之南。至闻太师威灵赫濯，又非申比。太师职掌天曹雷部。岁旱，诣庙虔祷，雨即立降，田畴沾足。或有冤抑，诣庙申诉，神即遣役拘拿惩治，甚至霹雳一声，被控之人已成灰烬。彼地奉之尤虔。"胡朴安《中华全国风俗志》下编记安徽泾县中元节演目连戏，中有闻太师逐鬼一出。俗称闻太师为"家堂神"，专管人家冥事。当出神时，台上灯火齐灭，缢鬼溺鬼浑身冥箔，满台乱扑，作鬼啸声甚凄厉。闻太师手执钢鞭逐之。

【问】明·董斯张《广博物志》卷一四引《白泽图》：故市之精名曰问，其状如囷而无手足。以其名呼之，则去。

【weng】

【翁婆庙神】元·于钦《齐乘》卷一："沂山山半有东镇东安王庙，石刻神像，俗传赵太祖微时为韩通所窘，于此弃衣，而石翁媪收之，神像犹作臂衣之形，故又云翁婆庙。本即沂山之神，历代封祀有典，碑志俱存。"又同书记章丘（今山东章丘）湖山有"公婆庙"，传有仙翁仙婆修道此山，皆得寿考。

【wo】

【蜗斗】《太平广记》卷八三"吴堪"条引皇甫氏《原化记》云：义兴吴堪为县吏，家临荆溪，忽得大螺，已而化女子，号螺妇。县宰闻而求之，堪不从，乃以事虐堪，曰："今要虾蟆毛、鬼臂二物，不获致罪。"堪语螺妇，即致之。宰乃曰："更要蜗斗一枚。"堪又语螺妇。良久，牵一兽至，大如犬，状亦如之。曰："此蜗斗也。能食火，其粪火也。君速送。"堪以此兽上宰，云能食火。宰遂索炭烧之遗食，食讫，粪之于地，皆火也。宰怒，方欲害堪，火飙暴起，焚爇墙宇，烟焰四合，弥亘城门，宰身及一家皆为煨烬。按：蜗斗，即螺也。明·邝露《赤雅》卷三及方以智《通雅》卷四六均误作"祸斗"。

【沃焦】明·王鏊《（正德）姑苏志》卷三五："沃氏，商王沃丁之后。《神仙传》有沃焦，吴人。"◆按：葛洪《神仙传》无沃焦，不知此"仙传"指何人书。

【偓佺】古仙人。西汉·刘向《列仙传》卷上：偓佺者，槐山采药父也。好食松实。形体生毛，长数寸，两目更方。能飞行，逐走马。以松子遗尧，尧不服。时受服者，皆三百岁。◆王照圆补刘向《列仙传》引郝懿行语云："槐山，见《山海经》，槐当为稷，稷山在山西闻喜县。"

偓佺　列仙图赞

【wu】

【狱猂元帅】或作"武猂元帅"，伶界武行所供行神。沈平山《中国神明概论》：每年五月二十三日有狱猂会，武戏伶工多聚集祭拜狱猂大元帅，祭拜用黄纸书一"狱猂大元帅"牌位，案桌上供有鸡、肉、蛋等，以及短刀一把。传说狱猂乃猿猴也，为山中奇兽，平时常在深山中玩耍打架，有一武人巧见，遂把它演成猴拳、翻斗。久之，此技引入梨园武戏，因此伶人是不养猴子的。道教称寒、葰、郭、高、张为狱猂元帅。另外《鹤孙说戏》云：梨园行拜师礼，所供之神位，普通皆为翼宿星君与狱猂大元帅，据云是战国时代之五大元帅，即白起、王翦、廉颇、李牧、孙武子是也。近年武戏退化，远弗如文戏吃重，故二十余年无人祭拜狱猂神。迨至民国二十六年五月二十三日，李洪春曾发起犬武狱猂祖师圣会，颇为人士所重视。◆此狱猂应与"五猂"有关。待考。按："狱猂"者，武倡也，武行之优伶也，其所以加"犬"者，或因武行以白猿为祖师乎？

【乌哀国】东汉·郭宪《洞冥记》卷三：乌哀国有龙爪薤，长九尺，色如玉，煎之有膏，和紫桂为丸，服一粒千岁不饥。有掌中芥，叶如松子，取其子置掌中，吹之而生，一吹长一尺，至三尺而止，然后可移于地上。不经掌中吹者，不生也。食之能空中孤立，足不蹑地，亦名蹑空草。

【乌将军】❶猪精。唐·牛僧孺《玄怪录》卷一"郭代公"条：代国公郭元振，开元中下第，自晋之汾，夜行失道。至一家，灯烛辉煌，若嫁女之家而悄无人。俄闻有女子哭声，公问之，答曰："妾此乡之祠有乌将军者，能祸福人，每岁求偶于乡人，乡人必择处女之美者而嫁焉。父利乡人之五百缗，潜以应选。醉妾此室，共锁而去，以适于将军者也。"公坐于西阶，若为宾而待之。及将军至，与对食，言笑极欢。公于囊中取利刀，捉其腕而断之，将军失声而走。天方曙，视所斩手，则猪蹄也。❷明·董斯张《吴兴备志》卷一四：乌将军庙在乌镇。将军姓乌讳赞，仕于晋，讨贼至东溪而没。神将吴起集余兵下城邑，还军设祀于神。神凭卒而言："子有功，皆吾也。吾当复佑兹土。"遂创庙。至宋时，睦寇将至，境民皆祷于神，已而寇见云雾蔽空，疑有官兵，遂自遁。❸归安（今浙江湖州）上智潭之鼋精。清·朱梅叔《埋忧集》卷七：莫渊《乌将军庙记》言：绍兴壬午，有房使过崇德（今浙江桐乡南），闻之，督吏取鼋以献。吏俄感疾，使者亦梦鼋自诉，遂复归焉。或曰：即乌将军之神，盖神物也。

【乌君】北宋·乐史《太平寰宇记》卷一〇一：邵武县（今福建邵武）有乌君山，秦汉间有徐仲山者于此山遇神仙，其妃偶多假乌皮为羽，飞走上下，故名。今有乌君石存焉。

【乌面祖师】即清水祖师陈应。仇德哉《台湾之寺庙与神明（四）》：相传祖师居清水岩，有畲鬼与约斗法。鬼置祖师于穴中，火熏七日夜不死。鬼服其神功，甘听祖师指挥，亦即所谓张、黄、苏、李四大将军。祖师因烟熏而面黑，故称乌面祖师。一说：祖师之嫂分娩，祖师为之煮炊，因柴尽，祖师以足代柴。炊毕，祖师从烟囱升天，因被烟囱灰所污，故成乌面。

【乌先生子】北魏·贾思勰《齐民要术》卷一〇引《括地图》曰："昔乌先生避世于芒尚山，其子居焉，化民食桑。三十七年，以丝自裹，九年生翼，九年而死。其桑长千仞。盖蚕类也。去琅邪二万六千里。"按：教化土著百姓食桑，而身化为蚕，卒使一方成蚕国，是亦蚕神之一种。

【邬通微】唐人。五代·沈汾《续仙传》卷上："不知何许人。为道士，神气清爽，静默虚夷，或吟或醉，多游于洪州（今江西南昌）名山。后于酒楼乘醉飞升而去。"《（雍正）江西通志》卷一〇三以为元人。误。

【巫彭】《山海经·海内西经》云："开明东有巫彭、巫抵、巫阳、巫履、巫凡、巫相，夹窫窳之尸，皆操不死之药以拒之。"此六巫，郭璞注云"皆神医也"。另《大荒西经》灵山十巫中亦有巫彭："大荒之中有灵山，巫咸、巫即、巫盼、巫彭、巫姑、巫真、巫礼、巫抵、巫谢、巫罗，从此升降，百药爰在。"十巫中巫礼，郝懿行《笺疏》以为即六巫之巫履，巫盼即巫凡，巫谢即巫相。

【巫山神女】见"瑶姬"条。

巫山神女　百美图咏

【巫咸】据《尚书·君奭》，巫咸为殷王太戊时人，其子巫贤为祖乙时人，父子俱仕于朝，而郑玄、马融谓巫为官职，孔颖达则谓巫为姓氏，父子俱为殷之大臣。不论是巫师是大臣，其为殷之臣子则无分歧。但又有神话中的巫咸。南宋·罗泌《路史·后纪》卷三"炎帝"条："乃命司怪主卜，巫咸、巫阳主筮。"是为神农时之巫咸；《太平御览》卷七九引《归藏》："昔黄帝与炎神争斗涿鹿之野，将战，筮于巫咸。"是为黄帝时之巫咸；《御览》卷七二一引《世本》："巫咸，尧臣也，以鸿术为帝尧之医。"是为帝尧时之巫咸。《山海经·大荒西经》巫咸为"灵山十巫"之一，秦《诅楚文》云"不显大神巫咸"，是则直以为神明矣。大约巫咸本殷商时大巫，精于天数卜筮，经后世神化，又属之于炎、黄、帝尧，遂成神话时代角色。参见明·顾炎武《日知录》卷二五"巫咸"条。◆明·彭大翼《山堂肆考》卷一八：郭璞《巫山赋》："巫山者，巫咸以鸿术为帝尧医师，生为上公，死为贵神，封于此山，因以名之。"◆北宋·乐史《太平寰宇记》卷六：硖石县东有巫咸山，下有巫咸祠，云即商臣之巫咸。《(雍正)江南通志》卷三八，常熟有巫咸庙，祀商相巫咸。

【巫咸国】《山海经·海外西经》："巫咸国在女丑北，右手操青蛇，左手操赤蛇，在登葆山，群巫所从上下也。"袁珂云：《大荒西经》有灵山，为十巫升降之所。《大荒南经》有登备山，郭璞注即登葆山，群巫所从上下也。参见"巫咸"条。

【巫炎】晋·葛洪《神仙传》卷八：巫炎，字子都，北海（今山东潍坊）人，汉驸马都尉。武帝出，见子都于渭桥，其头上郁郁紫气高丈余，自言年已百三十八岁，东方朔言其有"阴道之术"。二百岁时服饵水银，白日升天。◆按此与"泰山老父"事相似。

【巫支祁】见"无支祁"条。

【无】唐·释道世《法苑珠林》卷五八引《白泽图》："故废丘墓之精名曰无，状如老役夫，衣青衣而操杵好春。以其名呼之，使人宜禾谷。"

【无不达】见"圣"条。

【无肠国】《山海经·海外北经》："无肠之国在深目东，其为人长而无肠。"郭璞注："为人长大，腹内无肠，所食之物直通过。"郝懿行《笺疏》："《神异经》云：'有人知往，有腹无五脏，直而不旋，食物径过。'疑即斯人也。"另《大荒北经》亦有无肠国，云："无肠之国，是任姓，无继子，食鱼。"郭注曰："继亦当作脀，谓膊肠也。"

【无肠公子】晋·葛洪《抱朴子内篇·登陟》："山中辰日称无肠公子者，蟹也。"见"十二辰怪"条。

【无常】即冥府勾拿生魂的差役。而"无常"之名，乃由"人世无常"而来，其成为鬼卒之名，最早当始于民间，初见于南宋·洪迈《夷坚志补》卷

无常　重庆酆都鬼城

二"英州太守"，至明代多见于《水浒传》及"三言二拍"诸小说，清代更泛滥于笔记。无常多二人同行，一黑一白，称黑无常、白无常，又有称"七爷八爷"者，称"范谢二将军"者。清·李庆辰

《醉茶志怪》卷二："某医夜乘轿过城隍庙，见二大鬼高俱数丈，一衣白，一衣青。归后不数日，医与轿夫死三人，唯在轿后二人未见鬼者幸免。"清·钱泳《履园丛话》卷一五"无常鬼"："乌程江某，以翰林改官，任直隶青县知县。适发赈，从中节省年七八万金，恐上官督过之，乃告病归。初至家，即见一巨鬼，长数丈，青面，高鼻，红眼，著白衣，手持铁枪，若欲杀之者。"薛福成《庸庵笔记》卷六"狎游客遇无常鬼"："身长丈余，白衣高冠，肩挂纸钱，如世所称无常鬼者。"清·俞樾《右台仙馆笔记》卷一一言二无常"装束如公门中人，其身暴长，高过于屋"。鲁迅《朝花夕拾》中有《无常》一篇，可参看。又《玉历钞传》载有"活无常""死有分"二鬼卒，乃在第十殿，不但不是勾拿生魂，而是相反，是催亡魂投生。冥王既判鬼魂转世为人，先至醧忘台饮孟婆汤，"诸魂饮毕，各使役卒搀扶从甬道而出，推上麻札苦竹浮桥，下有红水横流之涧。桥心一望，对岸赤石岩前上有斗大粉字四行，曰：为人容易做人难，再要为人恐更难。欲生福地无难处，口与心同却不难。鬼魂看读之时，对岸跳出长大二鬼，分开扑至水面。两旁站立不稳，一个是头盖乌纱，体服锦袄，手执纸笔，肩插利刀，腰挂刑具，撑圆二目，哈哈大笑，其名活无常。一个是垢面流血，身穿白衫，手捧算盘，肩背米袋，胸悬纸绽，愁紧双眉，声声长叹，其名死有分。催促推魂，落于红水横流之内。"然后这些鬼魂就各投娘胎而去。◆清·陆长春《香饮楼宾谈》卷一"符老常"：湖城某家一儿溺水，有人掖之出，送归其家。父母见其人身体修伟，衣履半湿，交口称谢。时已昏黑，即辞去，问其姓氏，自称符老常，居归安县城隍庙前。次日见室中遗一扇，有"赏善罚恶"四字，大骇，趋城隍庙视之，则左廊塑无常鬼，所持扇已不见，泥像水痕淋漓。始悟符老常者即无常也。同卷又有"无常鬼助贫书生考费"一条。按：此亦可见无常在民众中的一种形象。

【无𦙾国】《山海经·海外北经》："无𦙾之国在长股东，为人无𦙾。"郭璞注云："其人穴居，食土，无男女，死即埋之，其心不朽，死百廿岁乃复更生。"无𦙾或作无启，晋·张华《博物志》卷二："无启民，居穴食土，无男女，死埋之，其心不朽，百年还化为人。细民国，其肝不朽，百年而化为人。皆穴居处，二国同类也。"袁珂云："无𦙾当作无启，无启，无继嗣也。无嗣而有国，当因其人能

如郭注所云'死百二十岁乃复更生'，实不死也。"◆唐·段成式《酉阳杂俎》卷四："无启人食土，其人死，其心不朽，埋之百年，化为人。录民膝不朽，埋之百二十年，化为人。细民肝不朽，埋之八年，化为人。"

【无继民】❶《山海经·大荒北经》："有无继民，任姓，无骨子，食气鱼。"郝懿行《笺疏》：食气鱼者，言此人食气兼食鱼也。❷又《太平御览》卷七九七引《外国图》曰：无继民，穴居食土，无夫妇。死则埋之，心不朽，百年复生。去玉门四万六千里。同卷又载"录民"，与无继民同，唯不朽者为肺。

无𦙾国　山海经图　吴任臣本

【无量寿佛】即"阿弥陀佛"，见该条。但又有言其真身现世者。明·朱国桢《涌幢小品》卷二八："无量寿佛遗蜕在广西全州，张口眼，露二齿。后毁于火，僧拾遗烬，和泥像之。"清·清凉道人《听雨轩笔记》卷一亦载无量寿佛真身在全州之湘山寺，并云："其法名曰真源，河南灵宝人。唐肃宗时修道于衡山，行居湘山寺，寿一百五十余。僖宗时奉为无量寿佛。明时有巡方御史某，恶其诞妄，断其一指以验，甫出门即呕血死。后见梦于寺僧曰：'吾为护法神所怒，以致殒身，可为我设像于寺门，以示皈依。'"云云，而未言身毁于火事。

【无路之人】唐·道世《法苑珠林》卷八引《神异经》：西北海外有人焉，长二千里，两脚中间相去千里，腹围一千六百里。但饮酒五升（原注：天酒，甘露），不食五谷鱼肉。忽有饥时，向天仍饱。好游山海间，不犯百姓，不干万物，与天地同生，名无路之人（原注：言无路者，高大不可为路）。一名仁（原注：礼曰仁人），一名信（原注：礼曰信人），一名神（原注：与天地俱生而不没，故曰神也）。按："饮酒五升，不食五谷鱼肉"，四库本《神异经》作"不食五谷鱼肉，唯饮天酒"。

【无启国】即"无𦙾国"。见该条。

【无启民】晋·张华《博物志》卷二、唐·段成式《酉阳杂俎·前集》卷四：无启民，居穴食土。其人死，其心不朽，埋之，百年化为人。

【无伤】❶晋·干宝《搜神记》卷一二引《尸子》：地中有人，名曰无伤。又引《夏鼎志》：掘地而得人，名曰聚，聚，无伤也。❷一说即罔象。《庄子·达生》："水有罔象。"《释文》："罔象，司马本作无伤，云状如小儿，赤爪，大耳，长臂。一云水神名。"参见"罔象"条。

【无上元君】太上老君之母。唐·段成式《酉阳杂俎·前集》卷二："李母，本元君也。日精入口，吞而有孕。"《仙鉴后集》卷一："老君虽历代应现，而未有诞生之迹，将欲和光同尘，以立世教，乃先命玄妙玉女降为天水尹氏之女，名益寿，适仙人李灵飞。玄妙玉女即无上元君也。尹氏昼寝，梦天开数丈，众仙捧日出，日坠地化为五色珠，捧而吞之，因而有孕，逾八十一年而生李耳。生母既诞育，道身将返天阙，复元君之位，欲示世人以师资传授之道，乃以神图宝章变化之方，还丹伏火水汞液金之术凡七十二篇，授老君。"

【无首民】《山海经·海外西经》："刑天与帝争神，帝断其首，葬之常羊之山。乃以乳为目，以脐为口，操干戚以舞。"郭璞注："是为无首之民。"《太平御览》卷七九七"无首民"条引《外国图》曰："无首民，乃与帝争神，帝斩其首，救之北野。以乳为目，脐为口。去玉门三万里。"

【无损兽】汉·东方朔《神异经·南荒经》："南方有兽，似鹿而豕首，有牙，善依人求五谷，名无损之兽。纵割取其肉不病，肉复自复。其肉惟可作鲊，使糁肥美，而咋肉不坏，吞之不入，糁尽更添肉复作鲊，如初愈美，名不尽鲊是也。"又张华《博物志》卷三："越巂国有牛，稍割取肉，牛不死，经日肉生如故。"又《艺文类聚》卷六五引《玄中记》曰："大月氏有牛，名曰日及，割取肉一二斤，明日疮愈。"均与《山海经》之"视肉"相类。

【无咸民】《太平御览》卷三七六引《括地图》："无咸民，食土，死即埋之，其心不朽，百年复生。去玉关四万六千里。"按：此与"无启国"郭璞注相同，疑为一也。

【无支祁】传说中淮水之水神。又作无支祁、无之祁、巫支祇、巫支祈、无支奇。唐·李肇《国史补》卷上："楚州（治在今江苏淮安）有渔人忽于淮中钓得古铁锁，挽之不绝，以告官。刺史李阳大集人力引之，锁穷，有青猕猴跃出水，复没而逝。后有验《山海经》云：水兽好为害，禹锁于军山之下，其名曰无支奇。"《太平广记》卷四六七引唐人

《古岳渎经》："禹理水，三至桐柏山（今河南桐柏县西南），惊风走雷，石号木鸣。禹乃获淮涡水神，名无支祁，善应对言语，辨江淮之浅深，原隰之远近，形若猿，缩鼻高额，青躯白首，金目雪牙，颈伸百尺，力逾九象，搏击腾踔，疾奔轻利。禹授之童律，童律不能制；授之乌木田，乌木田不能制；授之庚辰，庚辰能制。庚辰以戟逐击，遂以大索锁其颈，金铃空其鼻，徙于淮阴（今江苏淮安西）龟山之足下，俾淮水永安流注海。"元·陶宗仪《南村辍耕录》卷二九云："泗州塔下，相传泗州大圣锁水母处，缪也。唐永泰初，楚州有渔人夜钓山下，其钩为物所掣，沉水视之，见大铁锁绕山足，一兽形如青猿，兀若昏睡，涎沫腥秽不可近。（本于《太平记》卷四六七）又苏东坡濠州涂山诗注则云：'唐时有渔者钓得一古锁，牵出，其末有如猕猴者。'"北宋·乐史《太平寰宇记》卷一六："后唐永泰初年，汤任楚州刺史，时有渔人潜于水底可五十丈，见大铁锁盘龟山足。遂告汤，汤命渔人及能水者数十人，加以大牛五十头，锁乃振动，稍就岸。锁末见一兽，状如青猿，白首长鬣，雪牙金爪，闯然出岸，高五丈许，蹲踞起伏若猕猴，但两目不能视，兀若昏醉，耳目口鼻皆水流如泉，涎沫腥秽不可近，久乃引颈伸欠，双眸忽开，光彩若电，顾视人欲狂怒。观者奔走，兽亦徐徐引锁曳牛没水去。"◆按：以上诸说其实为一传说之敷衍，是巫支祁锁于临淮龟山。唐时流传甚盛的大禹锁巫支祁故事，至南宋时则演变为僧伽降伏无支祁，进而又演变为泗州大圣

巫支祈　庚辰擒巫支祈　清绵竹年画

锁水母，于是镇锁无支祁的龟山自然化为镇锁水母之处。又元人杨景贤《西游记》杂剧，言巫枝祇为骊山老母及孙行者之妹，系一女怪。此女怪当即水母无疑。《(光绪)重修安徽通志》："下龟山，盱眙县(今江苏盱眙)东北三十里，下临淮河。下龟山寺后，即大禹锁水神处，即支祁井，又称圣母井。"此圣母应即水母。由此可以看出无支祁向水母的演化，同时也可以看出在民众眼中水母形象已转化为被同情者，近世戏剧《泗州城》中的水母娘娘，就已经与《白蛇传》中的白素贞相似了。近人叶德均有《无支祈传说考》，考辨甚精，可参见。又按：有以淮水泛滥时水中出现之怪木为无支祁者，见于明·陈霆《两山墨谈》卷九及清·刘献廷《广阳杂记》。◆清·汤用中《翼駉稗编》卷八："盱眙县东北三十里彭城乡龟山，大禹锁巫支祁处，有沉牛潭。《盱眙县志》：龟山寺寺后山脚有石穴，以砖塞其口，云是无支祈所宅。"清·袁枚《子不语》卷二二"泗州怪碑"："泗州虹县有井，是禹王锁巫支祁处。"

【无状】《太平御览》卷八八六引《白泽图》：故丘墓之精名曰无状，如老役夫，衣青衣而操杵好舂。人其名呼之，使人宜禾谷。或误作"元状"。

【吴安王】即潮神伍子胥。五代·孙光宪《北梦琐言》卷二、卷七载，福建道海口黄碕岸横石巉峭，常为舟楫之患，闽王王审知思欲治理而惮于役力。至乾宁中，梦金甲神自称吴安王(原注：即伍子胥也)，许助开凿，遂命官往祭。三奠未终，海上灵怪具现，风雷暴起，中有一物，非鱼非龙，鳞黄鬣赤。凡三日，风雷止霁，已别开一港云。而北宋·钱俨《吴越备史》卷一则云，唐昭宗乾宁四年七月，敕封胥山惠应侯为吴安王。先是景福二年钱镠始作罗城，而江涛势激，板筑不能就。镠因祷之，沙涨一十五里余，功乃成，故有惠应之请。前年，安仁义以游兵往，复祷之，一夕惊涛，沙路尽毁，至是感其灵贶，请而封之。详见"伍子胥"条。

【吴彩鸾】元·林坤《诚斋杂记》："唐文宗太和末，有书生文箫，海内无家，居锺陵道观中。中秋夜士女出游，见一丽姝歌唱，辞有'文箫彩鸾'之句，以为神仙侣俦之兆，尾随之。姝引文箫至绝顶处，有仙娥上簿书，其间多江湖覆溺之事。忽风雷震怒，有仙童自天降，宣曰：'吴彩鸾以私情泄天机，谪为民妻一纪。'姝遂自言为吴天君(吴猛)之女，为仙人主阴籍者，与文箫下山。箫清贫，不能自给。彩鸾日写《唐韵》一部，鬻之可得五金，

夫妻以为生。逾十余年，至唐武宗会昌二年，稍为人知，夫妻乃潜往吴县(今江苏苏州)越王山侧，训童为生。忽一日，有二虎咆哮院外，二人各跨虎去。"按：吴彩鸾书《唐韵》世有传者，《宣和书谱》卷五亦载其书《唐韵》事，其亦唐代一女书法家

吴彩鸾　列仙全传

也。吴猛之女云云，不过为后人附会耳。《吉安府志》云："吴彩鸾，不知何许妇人，天宝间游安成福圣寺，手植两罗汉柏，七日手写《法苑珠林》百二十轴。"则更随意发挥矣。

【吴城小龙女】南宋·佚名《异闻总录》卷四：旧传荆州(今湖北沙市)亭柱间有词曰："帘卷曲栏独倚，山展暮天无际。泪眼不曾晴，家在吴头楚尾。数点雪花乱委，扑漉沙鸥惊起。诗句欲成时，没入苍烟丛里。"黄鲁直读之，凄然曰："似为余发也。笔势似女子，又'泪眼不曾晴'之句，疑为鬼耳。"是夕梦女子曰："我家豫章吴城山，附客舟至此，堕水死，不得归，登江亭有感作。"鲁直惊寤，曰："此必吴城小龙女也。"至孝宗乾道六年，新建尉朱景文在豫章(今江西南昌)，时府中修吴城龙王庙，更塑偶像。朱指壁间所绘女神谓工匠曰："必肖此乃佳。"复忆荆州词，谓语意凄婉，殆非龙宫闲雅出尘风度，为赋《玉楼春》一阕。是夜，朱梦龙女来谒，宴饮寝昵。将行，女谓朱曰："君前身本广利王幼子，因游行江湖，为我家婿。今君虽生朱氏，然吴城之念，正尔不忘，故得官多在豫章。待君官南海，阳禄且尽，当复偕佳偶。"后朱调袁州分宜(今江西分宜)主簿，廨前有南海王庙，朱恍然自失。明日抱疾，遂不起。

【吴丹】《(雍正)陕西通志》卷六五引《东乡县志》：世居鄜邑，初生时母为所苦，投诸白水河，三日不死，复收养之。长游名山，得吐纳伸缩之术。曹操召拜左奉驾郎，不就。年四十游终南山，得十六字篆文，曰："老哉吴丹，卓行异人，以番

而凤，致道之所。"遂游番至余干吴凤冈，结茅居之。年百三十，吴猛、许逊、张氲、葛洪、郭璞之徒常来，而猛独师之。晋义熙时飞升。

【吴道子】《仙鉴》卷三二："吴道子，得神仙之术，周游人间。后改名道玄。雅好画，其妙入神。唐玄宗诏入宫，为画粉墙。道子泼墨于墙，以帐幕蒙之，少顷揭幕，画已成，山水林木、人物鸟兽莫不俱备。道子指画中山岩之下有一小洞，以指扣

吴道子 列仙全传

之，洞门遂开，有童子在侧。道子奏云：洞中有神仙，可入其中。道子遂跃入，以手召玄宗，玄宗不能入，于是复闭其门。须臾，守城卒奏：吴道子越禁城跃出，莫知所之。上再视壁，莹白如故，无有山水矣。"《玉匣记》："吴道真人，油漆拔塑祖师。"按唐·朱景玄《唐朝名画录》："吴道玄，字道子（一说：初名道子，玄宗召入禁中，改名道玄），东京阳翟（今河南禹州）人也。少孤贫。天授之性，年未弱冠，穷丹青之妙。浪迹东洛，时明皇知其名，召入内供奉。时人评其画'古今独步'，入于'神品'。"道子又为油漆、彩画、泥塑、扎棚诸业之祖师神。

【吴刚】唐·段成式《酉阳杂俎·前集》卷一："旧言月中有桂，有蟾蜍，故异书言：月桂高一百丈，下有一人常斫之，树创随合。人姓吴名刚，西河人，学仙有过，谪令伐树。"唐·李贺《李凭箜篌引》："吴质不眠倚桂树。"是吴刚又名吴质。◆濮丽宏以为吴刚即《山海经·海内经》中之"吴权"，其说颇新，参见所著《吴刚伐桂的因由》一文。按：《山海经》吴权之妇与黄帝之孙伯陵私通，生鼓、延、殳。

【吴涵虚】五代时人。《仙鉴》卷四六：道士，字合灵。好睡，经旬不食，常言："人若要闲，即须懒；如勤，即不闲也。"素不工文，忽作《上升歌》。于后唐潞王清泰二年上升。《衡岳志》以为隋开皇中道士，居衡山华盖院，清泰二年上升。如此则寿数百年矣。

【吴鸿扈稽】东汉·赵晔《吴越春秋·阖闾内传》：吴王令于国中曰："能为善钩者赏之百金。"吴作钩者甚众，有人贪王之重赏，杀其二子，以血衅金，遂成二钩，献于阖闾。杂其二钩于众钩之中，形体相类，不知所在。钩师向钩呼二子之名曰："吴鸿、扈稽，我在此！"声绝于口，两钩俱飞著父之胸。

【吴回】古神话中的火神。一说为火神祝融之弟。《山海经·大荒西经》："有人名曰吴回，奇左，是无右臂。"郭璞注："（奇左）即奇肱也。吴回，祝融弟，亦火正也。"又有说即祝融者，《淮南子·时则训》高诱注："祝融，颛顼之孙，老童之子吴回也。一名黎，为高辛氏火正，号为祝融。"又《吕氏春秋·孟夏》高诱注则离析其名为"吴国回禄之神"。吴任臣《山海经广注》："《蛙萤子》言祝融有七，吴回亦祝融之一也。"

【吴济川】明初人。《（雍正）福建通志》卷六〇：德化人，隐居雪山金液洞，炼液养真，日惟饮水一盏。洪武中端坐而逝。明日，其神往莆见塑匠曰："我泉之金液洞徐友山也，请塑吾像。第先行，吾随至。"匠遂往塑其身像。

【吴矫】隋时人。北宋人《龙城录》：十三为道士，知天文，炀帝元年出邺中（今河北临漳），告其令曰："中星不守太微，主君有嫌，而旺气流萃于秦地。"至唐兴，方知不诬。吴矫即袁天罡之师。◆《（雍正）浙江通志》卷一九九引此作"吴峤"。

【吴进宝】明时人。《（雍正）四川通志》卷三八之三：成都道士。弘治中尝游新繁骆本隆家。夜有盗数十人来袭，进宝以草圈数十掷去，群盗如缚。又尝宿一处，近水多蚊，进宝以手画为界禁之，至今其地无蚊。

【吴景鸾】宋时人。《（雍正）江西通志》卷一〇六：字仲翔，德兴（今江西德兴）人。其父克诚，从华山陈抟习天文地理阴阳之术，抟谓克诚曰："汝子仙才，能绍业。"尽以青囊书授克诚。景鸾聪慧过人，得其书，精究有验。庆历中诏选精阴阳者，郡县举景鸾，入对称旨，授司天监。后以论牛头山山陵不利于至尊，帝不悦，遂下狱。寻以帝崩遇赦。又进言数事不报，遂佯狂，髡发修真于天门西岸白云山洞。往来饶、信二州，数处同日皆有其迹。治平初端坐而逝。

【吴客三真君】南宋·吴自牧《梦粱录》卷一四"土谷祠"条、南宋·潜说友《咸淳临安志》卷七

三，记南宋时杭州有吴客三真君庙，祀唐、葛、周三真君。按《续资治通鉴长编》卷二〇四载宋英宗诏命置唐、葛、周三将军殿于醴泉观。是三真君之祀不晚于此时，唯号为"将军"耳。《三教源流搜神大全》卷二："周厉王时三谏官：唐宏、葛雍、周斌。王好

吴客三真君　搜神广记

畋猎失政，三人屡谏不听，遂弃官南游于吴，吴王大悦。值楚兵入侵，三人用神策退楚兵。吴王赏之，不受。后周宣王立，三人复归于周。宋祥符元年，真宗东封泰山，至天门，忽见三仙自空而下，云为真宗护驾。帝封三人为上元道化真君、中元护正真君、下元定志真君，同判岱岳冥司。"是三真君又为"三元"之另一说，而为冥府判官者。然又有以唐、葛、周为"天门三将军"者，见该条。

【吴猛】《晋书·艺术传》："豫章（今江西南昌）人。少有孝行，夏手不驱蚊，恐去己而噬亲也。年四十，邑人丁义始授其神方。因还豫章，江波甚疾，猛不假舟楫，以白羽扇画水而渡。庾亮为江州刺史，遇疾，闻猛神异，乃迎之以问。猛辞以寿尽，请具棺服，

吴猛　列仙全传

旬日而死，形状如生，未及大敛而失其尸。识者以为庾亮不祥之征。"晋·干宝《搜神记》卷一云猛

为濮阳（今河南濮阳）人。误，汪绍楹有辩证。又云仕于吴，官西安令。亦误。晋·陶潜《搜神后记》卷二："吴舍人名猛，字世云，有道术。同县邹惠政迎猛，夜于家中庭烧香，忽有虎来，抱政儿超篱去。猛云：'无苦，须臾当还。'虎去数十步，复送儿归。猛性至孝，在父母旁卧，夏日多蚊，终不摇扇，恐蚊去叮父母也。及父母终，行服墓次，贼来，号恸不去，贼为之感，不相犯。"《太平广记》卷三七八引刘宋·刘义庆《幽明录》："晋有干庆者，无疾而终。时有术士吴猛，语庆之子曰：'干侯算未穷。我为试请命，未可殡敛。'尸卧静舍，唯心下稍暖。居七日，猛凌晨至，以水激之，日中许，庆苏焉。旋遂张目开口，自云：'初见十数人来，执缚桎梏到狱。同辈十余人，以次旋对。次未至，俄见吴君北面陈释，王遂救脱械令归。所经官府，皆见迎接吴君。而吴君与之抗礼，即不知悉何神也。'"《太平广记》卷四五六引《豫章记》："永嘉末，豫章有大蛇，长十余丈，断道，经过者，蛇辄吸取之，吞噬已百数。道士吴猛与弟子杀蛇，猛曰：'此是蜀精，蛇死而蜀贼当平。'既而杜弢果灭。"南齐·祖冲之《述异记》："庐山上有三石梁，长数十丈，广不盈尺，俯眄杳然无底。咸康中，江州刺史庾亮迎吴猛，猛将弟子登山游观，因过此梁。见一老公，坐桂树下，以玉杯承甘露，与猛，猛遍与弟子。又进至一处，见崇台广厦，玉宇金房，见数人与猛共言，若旧相识。"◆按：据六朝时记载，吴猛不过一术士耳，至唐时遂为仙人。《太平广记》卷一四引《十二真君传》："猛将游锺陵，江波浩渺，不假舟楫，以白羽扇画水而渡。一日狂风起，猛书符掷屋上，有一青鸟衔去，须臾风定。人或问之，答曰：'南湖有二道人遭风呼救，故为此拯焉。'猛后于西平乘白鹿宝车，冲虚而去。"又云："许真君逊曾从吴猛学道，猛传以三清法要。后湛姆又令猛反以许逊为师。"详见"许逊"条。《仙鉴》卷二七："宋徽宗政和二年封为神烈真人。"又见南宋·白玉蟾《修真十书·玉隆集》、《云笈七签》卷一〇六《吴猛真人传》。◆按：据晋宋间文献，吴猛史有其人。然俱未言其有徒名许逊者，至唐人撰《十二真君传》，始以吴猛为江西许逊教派所奉先师之一。此后诸书籍籍言之，吴猛遂成"西山十二君"之一。◆《南昌郡乘》又云为新吴人。师于丁义、鲍靓。

【吴明国】唐·苏鹗《杜阳杂编》卷上：贞元八年，吴明国贡常燃鼎、鸾蜂蜜。云，其国去东海数

万里，经揖娄、沃沮等国。其土宜五谷，多珍玉，礼乐仁义，无剽劫，人寿二百岁。俗尚神仙术，一岁之内，乘云驾鹤者，往往有之。常燃鼎，量容三斗，每修饮馔，不炽火而俄顷自熟，香洁异于常等。久而食之，令人返老为少，百疾不生也。鸾蜂蜜，其色碧，贮之于白玉碗，表里莹彻，如碧琉璃。久食令人长寿，颜如童子，发白者应时而黑。逮及沉疴眇跛，无不疗焉。

【吴睦】梁·陶弘景《真诰》卷一四：长安人。少为县吏，枉克人民，人民讼之，法当死。逃入山林。至石室，遇孙先生说以祸福，睦于是醒悟，扣头自搏，愿悔过。侍先生四十年，服食胡麻，经三百二十年，服丹白日升天。

【吴栖霞】《（雍正）浙江通志》卷二〇〇引《太平县志》：元时二十都消村人。居郡城栖霞宫。天旱，众请祷雨。吴以天谴不能多求，随持咒云："行雨三分，一分寄往太平二十都中。"是年消村借此有秋。

【吴僧伽】南宋·洪迈《夷坚丁志》卷八：吴僧伽，本姓吴，落发出游，主零都僧伽院事，故目之为吴僧伽。佯狂市廛，人莫能测。每日必诣松林，以杖扣之而歌曰："赵家天子赵家王。"不晓其意。逢善人于途，辄拱揖致敬；遇贪暴不仁者，率诋为狗彘不少屈。恶少年不乐，至群辈噪逐之。尝走避于某家竹园中，疾呼求救，且拊其竹曰："大大竹林成扫帚。"不旬日，万竹悉枯。此家固一凶族，自是衰替。学佛者孙德俊往汀州武平谒庆岩定应师，师曰："零川自有佛，礼我何为？"孙曰："佛为谁？"曰："吾法弟僧伽也。为吾持一扇寄之。"舟舣岸，吴已至，曰："我师寄扇何在？"孙以汀扇数十杂示之，径取所寄而去。由是狂名日减，多称为生佛。一夕，遍诣同寺诸刹门，铺坐具作礼曰："珍重！珍重！"皆寂无应者。中夕，趺坐而逝。时大中祥符己酉六月六日也。是日，邑大商在蜀遇之于河梁。

【吴山大王】即伍子胥。宋·张师正《括异志》卷三"樊预"条：樊预，眉州人，为杭州观察推官。一日，忽题于厅之堂扉云："三声鼓角云中见，一簇楼台海上高。"人莫喻其旨。后数日，若有牙兵数百人来云："吴山大王遣以奉迎。"预乞延数日，处置家事，迓者乃去。亟召同僚具以事告，且以妻子为托，同官见其无疾而遽有是语，以为病狂。又信宿乃卒，卒时正严鼓时也。吴山即子胥之祠，据州中之高阜，有楼殿亭宇之胜，"鼓角楼台"之句，乃自谶也。

【吴士】《北齐书·方伎传》：东魏末，有吴士双盲而妙于声相。丞相高澄历试之，闻刘桃枝之声曰："当代贵王侯将相死于其手。然譬如鹰犬，为人所使耳。"闻赵道德之声曰："亦贵人也。"闻太原公高洋之声曰："当为人主。"闻澄之声，不动。崔暹私掐之，乃缪言："亦国王也。"高澄曰："我家群奴犹当极贵，况吾身手。"后诸王大臣赐死，多为桃枝之所拉杀，而澄竟有兰京之祸。洋受禅，是为文宣帝。

【吴氏】宋时女仙。《仙鉴后集》卷六：妙明真人吴氏，句容县（今江苏句容）士人女。幼遇异人，得诀修炼，不食不饮。宋徽宗宣和间召赴阙，馆于蔡京第。后归钱塘，未几欲他往，人问之，曰："城中皆黑气，可速避去。"去才经旬，即有金人之祸。后隐于惠州罗浮（今广东惠阳地区之罗浮山）。

【吴守一】明时人。明·于慎行《（万历）兖州府志》卷五二：兰陵（今山东峄县）人。早为黄冠，后从渊然刘真人，授以炼度秘术。入琅琊（在今山东诸城）神峰山，辟谷有年。忽有道士入庵，出茶一包，烹与共饮，道士遂不见。年逾九十，鹤发童颜。羽化之夕，奇香满室。

【吴夲】《道教源流》："吴真君，名夲，字华基，号云衷，祖籍汉阳。年四十得神方，师南海太守鲍靓，得秘法。吴黄龙中，天降白云授之，遂以医术行于吴晋之间。晋武帝时，许逊从之传法。"按此条所述迹似吴猛，应误。据仇德哉《台湾之寺庙与神明（四）》引《漳州府志》："吴夲为宋时海澄（今福建漳浦）人，母梦吞白龟而孕。学道云游，得三五飞步之术。以济人为念。没而有灵，乡人祠之。《同安县志》：'同安人，由贡举授御史。仁宗时医帝后，炼丹救世。景佑间蜕化于泉州，乘鹤升天。'又《台湾通史》载庆元间救忠显，开禧间复封英惠侯。"沈平山《中国神明概论》第五章则云："吴夲之母梦白龟而孕，及夲降生，又梦长素道人及五老等仙庆诞。吴十七岁游名山，遇异人引至昆仑，见西王母，留宿七日，学得济世仙方及伏魔法术，遂还乡，不娶妻，不入仕。一日过桑林，见白骨一堆，失左腿，乃以柳枝代之，诵咒复活，收为童子，随伴云游。遇同安知县江某，识童子为旧仆，久为虎食，方知吴君有还生之术，遂弃印与主簿张圣者，愿从吴游。而圣公既知原委，亦不受印，遂俱随吴君云游，治病济世。后从者渐多，又有黄医官、程真人、郑仙姑等。明洪熙间，因下凡化为道士，治愈太后痼疾，辞不受赏，化鹤飞去，朝廷遂封为无极保生大帝云。按：江知县以下诸人，应是保生大帝庙中配祀诸神，而生前或为当地名医，或为当地神巫者。"◆福建、台湾一带祀之，称为"保生大帝"，又称"大道公"。参见"保生大帝"条。◆南宋·常棠《海盐澉水志》卷五："境内有医灵祠。开熙三年，里人梦神呼曰：'吾闽中吴真君，当食此方，福佑斯民。'晨见一神主浮海至岸，因舍宅创殿奉之。后闽商绘像传塑，祈疗病者甚验。"按此吴真君即吴夲。

【吴王庙神】祀三国时吴将甘宁。清·宋荦《筠廊偶笔》卷上：楚江富池镇（在今江西兴国）有吴王庙，祀甘将军宁也。宋时以神风助漕运，封为王。舟过庙前必报祀。有鸦数百飞集庙旁林木，往来迎舟数里，舞噪帆樯上下，舟人恒投食空中喂之，百不一堕，云是吴王神鸦。洞庭君山亦有之，传为柳毅使者。详见"甘宁"条。

【吴王小女】晋·干宝《搜神记》卷一六："吴王夫差小女，名曰紫玉，年十八，才貌俱美。童子韩重，年十九，有道术，女悦之，私交信问，许为之妻。重学于齐、鲁之间，临去，属其父母求婚。王怒，不与。女玉结气死，葬阊门之外。三年，重归，知玉死，哭泣哀恸，具牲币往吊于墓前。玉魂从墓出，见重歔欷流涕，要重还冢。重感其言，送之还冢。玉与之饮燕，留三日三夜，尽夫妇之礼。临出，取径寸明珠以送重云。"吴王小女传说不止此，东汉·袁康《越绝书》曰："夫差小女字幼玉，见父无道，轻士重色，其国必危，遂愿与书生韩重为偶，不果，结怨而死。葬阊门外。"东汉·赵晔《吴越春秋》云："阖闾有女，哀怨王先食蒸鱼，乃自杀。王痛之，葬于阊门外。其女化为白鹤，舞于吴市。千万人随观之，后陷成湖，今号女坟湖。"宋·范成大《吴郡志》："女坟湖在吴县（今江苏苏州）西北，昔吴王葬女处。"

【吴兴】《（雍正）福建通志》卷一五"吴长官庙"条：在兴化郡（今福建莆田）城北五里。神姓吴名兴。唐神龙中，捐资筑延寿陂，溉田万亩。复筑长堤障海。时有蛟数溃堤，兴持刀入水斩蛟，与蛟俱毙。乡人立祠祀之。

【吴兴楚王】即项羽。《南史·萧猷传》：梁宗室临汝侯萧猷，为吴兴郡守。性倜傥，与楚庙神交，饮至一斛。每酬祀，尽欢极醉，神影亦有酒容，所祷必从。后为益州刺史。时江阳（今四川泸州）人齐苟儿反，众十万，攻州城。猷兵粮俱尽，人有异

心，乃遥祷请救。是日，有田老逢一骑浴铁从东方来，问去城几里。曰"百四十"。日已晡，骑曰："后人来，可令疾马，欲及日破贼。"俄有数百骑如风，田父问为谁，曰："吴兴楚王来救临汝侯。"当此时，庙中请祈无验。十余日，乃见侍卫土偶皆泥湿如汗者。是日，猷大破苟儿。及猷卒，谥曰"灵"，与神交故也。◆又《南史·陈本纪》："永定二年，策吴兴楚王神为帝。"参见"项羽"条。

【吴秀】元·伊士珍《琅嬛记》：有仙风道骨，葛仙翁欲度之，而秀色心未绝。一日读书，来一美女，秀遂为所惑。异日仙翁出一丸药，谓秀曰："女子服此药可令颜色美好。"秀遂与女服之，女遂死，化为枯骨。此女盖仙翁所为也。秀乃色心顿释，受仙翁元明秘法，年八十九升天。◆《神异典》卷二五五以为元时人。

【吴铉卿】明时人。《（雍正）贵州通志》卷三二：黄平州人。世传先天教。家设雷坛，凡妖祟幻惑之家求符咒者，符到皆除。祷雨立降，远近奉之若神。年五十九无疾而死。葬时举棺甚轻，中若无物，人谓之尸解。

【吴优】宋时人。清·汪森《粤西丛载》卷一一：字世远，广西宜山人。初业儒，后为州吏。遇异人授以一杖，欲有所往，携之，顷刻即至。一日为郡守所责，拂袖谢去，至夕而终。时宣和间也。葬之日，异棺至桃源山，杠索忽断，举之不动。俄而蝼蚁衔土成坟。乡人立庙祀之。

【吴真君】❶吴猛，号大洞真君，见"吴猛"条。❷南宋·常棠《海盐澉水志》卷五："境内有医灵祠。开熙三年，里人梦神呼曰：'吾闽中吴真君，当食此方，福佑斯民。'晨见一神主浮海至岸，因舍宅创殿奉之。后闽商绘像传塑。祈疗病者甚验。"按此即"吴夲"，见该条及"保生大帝"条。

【吴子】唐时人。五代·杜光庭《神仙感遇传》卷二、《云笈七签》卷九九：成都双流县（今四川成都双流区）兴唐观道士费玄真。大中末，有道士自称吴子，止观中，淹留岁余，养气绝粒，时亦饮酒。忽谓玄真曰："吾欲为师写真，可乎？"玄真笑曰："夫欲写真，先须自写。"吴子如其言，引镜濡毫，自写其貌，顷刻而毕，惟妙惟肖。复自为赞，题诗三首，题罢振衣理策而去。◆按：此吴子当即"吴道子"。

【蜈蚣】晋·葛洪《抱朴子内篇·登涉》："以竹管盛活吴蚣。吴蚣知有蛇之地，便动作于管中。大蛇丈余，身出一围者，吴蚣见之，能以炁禁之，蛇即

死。蛇见吴蚣在涯岸，走入川谷深水底逃，吴蚣但浮水上禁，人见有物正青，大如綎者直下入水，至蛇处，须臾，蛇浮出而死。"清·清凉道人《听雨轩笔记》卷一记有蜈蚣精，为雷火所毙，长五尺，红黑灿然，其头中有珠，大如龙眼。人为毒蛇所啮，即以此珠熨之，恶水当泉涌而出，立致平复。身携此珠入深山，则蛇虺远迹。清·俞樾《耳邮》卷一载雷毙一蜈蚣，长二尺余，有四翅，雷每下击，则吐黑气御之。

【五百灵官】❶庐山九天使者之属神。五代·杜光庭《录异记》卷一："唐玄宗既建庐山九天使者庙，建昌渡有灵官五百余人，若衣道士服者，皆言诣使者庙，因图像于壁。"五代·徐铉《稽神录》卷五："南平王锺传，镇江西。遣道士沈太虚，祷庐山九天使者庙。太虚醮罢，夜坐廊庑间。怳然若梦，见壁画一人，前揖太虚曰：'身张怀武也，常为将军。上帝以微有阴功及物，今配此庙为灵官。'既寤，起视壁画，署曰'五百灵官'。"❷真武大帝属神。《三宝大有金书》："真武入山修道，其父净乐国王遣大臣率五百兵往寻。后五百人亦修道不返，得道，即为五百灵官。其帅则为'五显灵官'。"《太岳志》："紫霄岩旁礼斗台崛起灌莽中，莫知所从登。崖上片石刻灵官像，高五六尺，乱置小窍中，其数不能遍阅，曰五百云。"◆《道藏辑要》有《五百灵官爵位姓氏总录》。

【五百罗汉】五百罗汉出身有数说，一说佛在世时有五百弟子，得阿罗汉果；一

五百罗汉
观舍利光　南宋·周季常、林庭珪

说佛在世时度化五百盲人，此五百人后成罗汉果；一说佛涅盘后结集经律，参加者有五百僧徒，后世遂称五百罗汉。无论何种说法，五百罗汉的名号都不可能存下。现

在常见的五百罗汉名号大约是从佛教典籍中杂凑而成，其中有世尊弟子，也有后世高僧，不仅非一时之人，且次序混乱，前后失错，甚而有一人而二名者，如第三十八伐苏蜜多与第一百九十四世友即为一人。罗汉名号有说成于南宋之初，有说成于明代之末，无论如何，现在各寺院的五百罗汉堂基本上都沿用了这些杜撰的名号。济公，虽不在五百之数，然各寺五百罗汉堂多塑其像。

【五兵神】晋·葛洪《抱朴子内篇·杂应》：五兵名，刀名大房，虚星主之；弓名曲张，氏星主之；矢名彷徨，荧惑星主之；剑名失伤，角星主之；弩名远望，张星主之；戟名大将，参星主之。

【五残】五残即五残星，为星神中之凶煞。《史记·天官书》有"五残星"，"正义"曰："五残，一名五锋，出正东东方之分野。状类辰星，去地可六七丈。见则五分毁败之征，大臣诛亡之象。"《河图稽耀钩》曰："镇星散为五残，主奔亡。"《春秋合诚图》曰："五残主出亡。"《春秋考异邮》曰："五残，类辰星，有角，见则政在伯。"《文献通考》卷二八一"象纬考四"："五残一名五锋，或曰苍彗散为五残。主乖亡；为五分，毁败之征，亦为备急兵；见则主诛，政在伯，野乱成，有急兵，有丧，不利冲。"五残之凶，以《隋书·天文志》及《开元占经》卷八五"五残"条所言最详，所谓五残星出，或主乖亡，或下有丧，或四蕃虐天子，有急兵，或野乱成，或国残。《晋书·天文志》以五残为二十一"妖星"之一，如与"六贼"星同出，则"祸合天下，逆侵关枢"，最为凶厉。◆又《山海经·西山经》云西王母"司天之厉主五残"，郭璞注以五残为五刑残杀之气，是又一说也。

【五仓】谓人身中之"五脏神"也。《汉书·郊祀志》：谷永上言："世有仙人，服食不终之药，遥兴轻举，登遐倒景，览观县圃，浮游蓬莱，耕耘五德，朝种暮获，与山石无极，黄冶变化，坚冰淖溺，化色五仓之术者，皆奸人惑众，挟左道，怀诈伪，以欺罔世主。"李奇注曰："思身中有五色，腹中有五仓神。五色存则不死，五仓存则不饥。"参见"五脏神"条。

【五猖】清·俞正燮《癸巳存稿·补遗》："《大明会典》卷八四云：祭旗纛神七位，有阵前阵后神祇五昌等众一位。是五猖、五显，旧在明祀典，为五行之神，又主猛暴，若蚩尤之列，但以'猖'为'昌'耳。"◆按：宋时有杀猖、伤猖、狂猖、风猖之说，似为凶煞之属。另傩戏中有五猖，为擒杀鬼

物之神将，但面目狰恶可怖。各地具体名目不同，如王秋桂等《贵州省德江县稳坪乡黄土村土家族冲寿傩调查报告》记冲寿傩中五猖为含毛吐血五猖、追生逼死五猖、翻行倒走五猖、拿魂追鬼五猖、开肠破肚五猖。近人废名有《放猖》一文，言其故乡湖北黄梅有五猖庙，比土地庙还要小得多，猖神共五个，大约都是士兵阶级，在春秋佳日，常放他们到各处乱跑一下，以驱疫也。◆李洪春《梨园行供的祖师爷》：武戏供"五昌兵马大元帅"。五昌是战国时期白起、王翦、廉颇、李牧、孙武的总称。至于为什么供他们，就说不清楚了。武行单供一位"勏斗祖师"白猿。不过这牌位不在桌上，而在桌下单设，连同五昌一起称"武猖"。如果写"五昌神位"，那是代表五位神圣，写"武猖神位"，那就是代表六位神圣了。◆又民间或有以五猖即五通神者，见鲁迅《五猖会》一文。

【五彩鸟】《山海经·大荒东经》："有五彩之鸟，相乡弃沙。惟帝俊下友。帝下两坛，彩鸟是司。"吴任臣《广注》案："沙、莎通，鸟羽婆莎也。'相乡弃沙'，言五彩之鸟相对敛

五彩鸟　山海经图　汪绂本

羽，犹云仰伏而秝羽也。'惟帝俊下友'，言五彩鸟实司帝坛，如帝下驯抚之也。此古文倒贯语也。"帝俊，即天帝舜。又《大荒西经》："有五彩鸟三名：一曰皇鸟，一曰鸾鸟，一曰凤鸟。"又《海内经》："有五彩之鸟，飞蔽一乡，名曰翳鸟。"

【五大家】清·张焘《津门杂记》卷中："天津女巫自称'顶神'，能看香头，治人疾病，所顶之神或称'白老太太'，或称'黄少奶奶'，或称'胡某姑姑'。所称之'白'即是刺猬，'黄'即是黄鼬，一名黄鼠狼，'胡'即是狐狸，更有蛇、鼠二者，津人合称'五大家'，即'胡、黄、白、柳、灰'是也。比户供奉唯虔。"又云："有与仙缘者，仙即来福，人谓之'作仙家买卖'，一切商贾则利市三倍，庄农则富有千仓。"◆清·薛福成《庸庵笔记》卷四"物性通灵"条："北方人以狐、蛇、猬、鼠、黄鼠狼五物为财神。民家见此五者，不敢触犯，故有五显财神庙。"是又以五显为五大家者。◆金受

申《北京通》言北京只供"黄、白、胡、柳"，称"四大门"，且仅以白即刺猬为财神。

【五代元帅】清·施鸿保《闽杂记》卷五："福州俗敬祀五代元帅，或塑像，或画像，皆作白皙少年，额上画一蠏头，左右插柳枝，或插两雉尾，侍者男女四人，分执琵琶、三弦、胡琴、鼓板。相传神五代时人，在塾读书，一日午睡，同辈戏为作此形。及醒恚甚，不食而死。为神甚厉，常降童，无敢稍忤者。予疑即兴泉所祀雷海青也。闽音蠏与海近，柳枝则寓青字，本乐工，故侍者皆执乐器。"参见"雷海青"条。

【五盗将军】《三教源流搜神大全》卷四、道藏本《搜神记》卷六：《世略》曰：五盗将军者，即宋废帝永光年间五盗寇也，于一方之地作乱为盗。景和三年，帝遣大将军张洪破而杀之于新封县之北。其五人又作怪降祟于此。祭之者皆呼为五盗将军，即今时所谓

五盗将军　三教源流搜神大全

"贼神"也。五人为杜平、李思、任安、孙立、耿彦正。◆按：五盗将军疑为"五道将军"之讹转。五道将军本为地府凶神，"道""盗"音同，至元朝时"盗贼"蜂起，遂敷衍而奉事之。故后仍有"五盗""五道"混用者。"五道将军"条所引《留青日札》，亦"五道"演变为"五盗"之一说。至于实以宋废帝五盗，恐更为附会之辞。

【五道大使】《太平广记》卷二六引《纪闻》：有纳少妾，妾善歌舞而暴死者，请邢和璞活之。和璞墨书一符，使置妾卧处。俄而言曰："墨符无益。"又朱书一符，使命置于床，俄而又曰："此山神取之，可令追之。"又书一大符焚之。俄而妾活，言曰：为一胡神领从者数百人拘去，闭宫门，作乐酺饮。忽有排户者曰："五道大使呼歌者。"神不应。顷又曰："罗大王使召歌者。"方骇，仍曰："且留少时。"须臾，数百骑驰入宫中，大呼曰："天帝

诏：何敢辄取歌人！"令曳神下，杖一百，仍放歌人还，于是遂生。◆按：此五道大使应即五道将军，而所谓"罗王"者，即阎罗王也。

【五道将军】

唐·丘悦《三国典略》："崔季舒将遇害，其妻昼魇，云见一人身长一丈，遍体黑毛，欲来逼己。巫曰：'此是五道将军，入宅者不祥。'寻季舒以非罪被诛。"宋·孔平仲《谈苑》卷一："华山下有西岳行宫，道士以施利市酒食、畜妇

五道将军 水陆道场鬼神像

人。巡检马姓者知而持之，共享其利。一夕道士梦为官司所录，送五道将军殿中，并追马勘鞠，狱具，各决杖七十。寤后，二人并疽发于背而卒。"《太平广记》卷三〇二引唐·陈劭《通幽记》："皇甫恂，字君和，开元中授华州参军，暴亡。其魂神若在长衢路中，夹道多槐树，见数吏拥彗，恂问之，答曰：'五道将军于此息马。'恂方悟死耳。"唐·戴孚《广异记》："王籍者，太常璇之族子也。乾元中，客居会稽（今浙江绍兴）。其奴病死，数日复活，云，地下见吏，吏曰：'汝谁家奴？'奴具言之。吏云：'今见召汝郎做五道将军，因为著力，得免回。'路中多见旌旗队仗，奴问为何所，答曰：'迎王将军尔。'既还数日，籍遂死。死之日，人见车骑缤纷，队仗无数。问其故，皆是迎籍之人也。"按据以上所引，五道将军应为冥府中大神，或做"五道大使"。而其原本于佛教。丁福保《佛学大辞典》以为"十王之眷属"，即阎罗王下属。《焰魔供次第》曰："可别供阎罗王五道将军，即得削死籍，付生籍。"而所谓"五道"，则指地狱道、饿鬼道、畜生道、人道、天道。◆后世又有以"五道将军"为盗神者。明·田艺蘅《留青日札》卷二八"五道将军"条："今云五道将军，谓盗神也。余意出于《庄子·胠箧》'盗亦有道：妄意室中之藏，圣也；入先，勇也；屈后，义也；知可否，智也；分均，仁也。'是五者，岂非五道邪？"参见"五盗将

军"条。

【五德星君】即木德星君、金德星君、火德星君、水德星君、土德星君。道教全称为：东方九炁木德星君、西方七炁金德星君、南方三炁火德星君、北方五炁水德星君、中央一炁土德星君。其本始源于邹衍"五德终始"说，而后世参杂以"五星"，但仍保存着秦汉方士之德运说，如宋代按"五德"为火德，遂特别崇祀火德星君。

【五帝】除了所谓"历史"中的"三皇五帝"之五帝外，尚有神化之五帝。❶即五方帝，谓五方之大神也。《礼记·月令》《吕氏春秋》《孔子家语》皆以为东方太昊，南方炎帝，西方少昊，北方颛顼，中央黄帝。而《周礼·天官》贾公彦疏以为东方青帝灵威仰，南方赤帝赤熛怒，中央黄帝含枢纽，西方白帝白招拒，北方黑帝汁光纪。此说实始于郑玄以纬书为天官之名。又《史记·封禅书》即记有青、黄、赤、白、黑五帝之祠，后世流对此亦有自己的发展。明·董斯张《广博物志》卷一四引《广雅》："五帝庙苍曰灵府，赤曰文祖，黄曰神升，白曰显纪，黑曰玄矩。"又引《度人经》曰："青帝护魂，白帝侍魄，赤帝养气，黑帝通血，黄帝中主万人无越。"详见"五方帝"条。按：五帝之说盖出于战国之阴阳家，而多见于隋以前之纬书，后世鲜有言及者，但始终未能断绝此种迷信。清·姚元之《竹叶亭杂记》卷七：道光壬寅，英夷有欲来天津之谣，都人有设乩问者，太岁真人丁迈降坛，判云："殷天君即过此，当邀之。"有顷神降，问者问神何往，判云："将往天津会议。五帝轮递值年，一帝管五百岁。今时为赤熛怒帝值年。若有大事，仍集五帝会议。兹灵威仰诸帝尚未到。"❷道书又有以"五老上帝"为五帝者。《高上玉皇本行集经》五老又称"天地始祖五老上帝"，其名为：东方安宝华林青灵始老苍帝、南方梵宝昌阳丹灵真老赤帝、中央宝劫洞清玉宝元灵元老黄帝、西方七宝金门皓灵皇老白帝、北方洞阴朔单郁绝五灵玄老黑帝，位在玉帝下。但五老上帝实亦五方帝之变种。❸又五显、五通之类亦有称"五帝"者。清·阮葵生《茶余客话》卷四"五显五通"条："闽俗信鬼，家奉'五帝'，又名五显。康熙三十七年，有一贱隶称五帝附身，大言欲游江南，需船二百只供应，一时愚民煽惑，计口敛钱。应即此物。"

【五帝佐相】晋·葛洪《枕中书》：尧治熊耳山，舜治积石山，禹治盖竹山，汤治玄极山，青乌治长山及冯伟山长。右五人为五帝佐相，领五帝事，五

帝一劫迁，佐者代焉。

【五丁】即五丁力士。晋·常璩《华阳国志》卷三：“蜀有五丁力士，能移山，举万钧。周显王之世，秦惠王欲灭蜀，而蜀道不通，乃献石牛五头，诈云能粪金。蜀王遣五丁迎石牛，遂托牛成道。又云：秦惠王知蜀王好色，许嫁五女于蜀。蜀遣五丁迎之，还到梓潼，见一大蛇入穴中，一人揽其尾，不能出，至五人共揽，山崩，压杀五人及秦五女，而山分为五岭。”梁·任昉《述异记》卷下则言：“五丁曳蛇，山崩，五女上山，遂化为石。”

【五恩主】台湾地区以关羽、吕洞宾、灶君、王灵官、岳飞合称五恩主。见仇德哉《台湾之寺庙与神明（四）》。

【五方帝】关于五方帝说法甚多，其实均源自五行学说，不过变幻名目而已。纬书《龙鱼河图》：“东方苍帝神名灵威仰，精为青龙，南方赤帝神名赤熛怒，精为朱鸟，中央黄帝神名含枢纽，精为麒麟，西方白帝神名白招拒，精为白虎，北方黑帝神名叶光纪，精为玄武。”东汉·袁康《越绝书》：“少昊治西方，蚩尤佐之，使主金；玄冥治北方，白辩佐之，使主水；太皓治东方，袁何佐之，使主木；祝融治南方，仆程佐之，使主火；后土治中央，后稷佐之，使主土。”明·董斯张《广博物志》卷一四引道家《玉玦经》：“东方君姓爛讳开明，字灵威仰；南方君姓洞浮讳极炎，字赤熛怒；中央君姓通斑讳元氏，字含枢纽；西方君姓上金讳昌开，字耀魄宝；北方君姓黑节讳灵会，字隐侯局。”《云笈七签》卷一八又把五方帝与道教神仙相配，云：“五城真人者，五方五帝之神名也。东方之神名曰句芒子，号曰文始洪崖先生，东方苍帝东海君也；南方之神名曰祝融子，号曰赤精成子，南方赤帝南海君也；西方之神名曰蓐收子，号曰夏里黄公，西方白帝西海君也；北方之神名曰禺强子，号曰冥玄子昌，北方黑帝北海君也。中央之神名曰黄裳子，号曰黄神彭祖，中央黄帝君也。”

【五方鬼帝】晋·葛洪《枕中书》：蔡郁垒为东方鬼帝，治桃丘山；张衡、杨云为北方鬼帝，治罗酆山；杜子仁南方鬼帝，治罗浮山（今广东惠阳地区之罗浮山）；周乞、嵇康为中央鬼帝，治抱犊山（在今山西长治南）；赵文程、王真人为西方鬼帝，治嶓冢山（今陕西勉县西）。

【五方神将】《太上洞渊神咒经》卷一四：明罗真人上请五帝神仙兵马，搜擒鬼贼。五帝下之五方神将为：东方青帝九夷君青神将军，南方赤帝八蛮君赤神将军，西方白帝六戎君白神将军，北方黑帝五狄君黑神将军，中央黄帝三秦君黄神将军。

【五方圣】明·何栋如《梦林玄解》卷五：五方圣，即“五福显灵神”。梦则疾病荐至，缠连不已，急款五通神，庶可获免。

【五方瘟鬼】《太上洞渊神咒经》卷一四：东方青瘟木精之鬼，南方赤瘟火精之鬼，西方白瘟金精之鬼，北方黑瘟水精之鬼，中央黄瘟土精之鬼。

五方五帝众 宝宁寺水陆画

【五方五老】即东方青灵始老君、南方丹灵真老君、中央黄老君、西方皓灵皇老君、北方五灵玄老君。详见各条。

【五方贤圣】明·王稺登《吴社编》：会有松花会、猛将会、关王会、观音会，而最尚曰五方贤圣会。按五方贤圣之名，考古祀典、图经皆不载，或以为五行之神。余意吴为泽国，地滨五湖，当是五湖之神，或又以为五龙，亦此意也。又谓其司主民间疾疫，故吴中是会必以五月行。

【五福大帝】仇德哉《台湾之寺庙与神明（四）》：又称刘主公、宣灵公、五灵公。相传古代有张元伯、锺士秀、刘元达、史文业、赵光明五位书生到福州赶考，因夜行，见瘟神向井中施毒。五人恐百姓误饮中毒，乃留书投井而死。后人建庙祀之。张被封为显灵公，锺为应灵公，刘为宣灵公，史为扬灵公，赵为振灵公，合称五灵公。至于刘主公及宣灵公，则专指刘元达。《台湾通史略》认为：五福大帝似为五通神，此瘟神耳，是淫祀也。又清代方志中有谓五福大帝即五显大帝者，亦谓为五方瘟神。仇德哉以为：五福应为《洪范》所指“寿、富、康宁、修好德、考终命”，或世俗所云“寿、福、富贵、康宁、多子孙”之五福。今人自求福多，所祀五福即非瘟神，亦非淫神，如非财神之五福，即"富贵寿考"之五福。

【五福太一】"太乙十神"之一。宋·龚明之《中吴纪闻》卷一：太平兴国六年，方士言：五福太一在吴越分。太一，天之贵神也。行度所至之国，民受其福。

【五哥】清·俞蛟《梦厂杂著》卷一《春明丛说》：北京彰仪门外有神祠三楹，俗呼"五哥庙"，塑五神列坐，皆擐甲持兵，即南方之五通神也。好事者以纸作金银锭，大小数百枚，堆垒几上，求富者斋戒沐浴，备牲醴而往，计其所求之数，而怀纸锭以归，谓之"借"。数月后复洁牲醴，更制纸锭，倍前所借之数，纳诸庙中，谓之"还"。或还或借，趾错于途，由来久矣。

【五谷大帝】仇德哉《台湾之寺庙与神明（二）》：又名五谷王、五谷仙、五谷仙帝、五谷先帝等名目，实即"神农"。

【五谷神】五谷之神名初见于纬书，《春秋佐命期》曰："麦神名含福，姓习。粟神名许给，姓庆天。黍神名兰侒、兰郝。豆神名灵殖，姓乐。稻神名警置。"（诸书文本不同，此据《纬书集成》）而后世民间亦有五谷神，以广州最为有名。清·屈大均《广东新语》卷六："晋吴修为广州刺史，未至州，有五仙人骑五色羊，负五谷而来，止州厅上。其后图画于州厅梁上以为瑞，号广州曰五仙城。城中坡山，今有五仙观。春秋粤人祀谷，以此方谷为五仙所遗，一仙遗一谷，谷有五，故为五仙。而五仙当日复有丰年之祝，故皆称为五谷之神，州厅之绘，以重谷也。城名曰五仙，亦重谷也。"◆按此说与"五羊仙人"条有小异，可参看。

【五官王】或作"仵官王"。十地阎王之第四殿阎王，姓黄，一说姓吕。《佛学大词典》：据《预修十王生七经》《地藏十王经》等所举，此王之本地为普贤菩萨，系冥途中司掌五刑之王。亦即于三江之间建大殿，治众生妄语罪之冥官。亡者于四七日至此王处，接受生前所造善恶业之审判。五官王之称，古来散见于诸经。《灌顶经》卷一二："地下鬼神及伺候者奏上五官，五官料简除死定生。"又《经律异相》卷四九所引之《净度三昧经》谓，五官乃指鲜官、水官、铁官、土官、天官，分别禁制杀、盗、淫、两舌、饮酒等五恶。而上述之《地藏十王经》则以十恶配当冥界十王，故以五官王为治妄语之冥官，此系由净度三昧经之说转来者。又据《玉历钞传》《阎王经》：五官王吕，二月十八日诞辰，司掌合大地狱，又名剥戮血池地狱，另设十六

小狱。凡世人抗粮赖租、交易欺诈者，推入此狱，另再判发小狱受苦，满日送解第五殿察核。一说司掌大海之底、正东沃焦石下合大地狱，纵广三千里，下设十六小地狱，凡生前犯有逃税、漏税、造假药、抢夺、杀人、奸淫等罪者，交付沸汤浇手小地狱、戳眼小地狱、油豆滑跌小地狱、碎石

五官王　南宋·陆信忠

埋身小地狱等处受刑。民间或以为司掌铜柱地狱、剑山地狱、寒冰地狱。

【五鬼】虚拟之星神，水陆画中常与"蚕官"为对，俱为太岁下凶煞。《协纪辨方书》卷三："五鬼者，五纬之魄气也。五纬不皆十二岁一周，而五鬼则十二岁一周，以岁星为五纬之长，故从岁星也。鬼也者，气返而归者也，象其幽阴，故名之曰鬼也。鬼必五者，鬼五星，其中一星曰质，贶贶不明，为积尸气，明则所临之下有积尸，故取鬼宿第五星以象之，而名之曰五鬼，非真自一至五而鬼有五也。"

【五火神】清·纪昀《阅微草堂笔记》卷二二：宣武门子城内，如培娄者五，砌之以砖，土人云"五火神墓"。明成祖北征时，用火仁、火义、火礼、火智、火信五人制飞炮，破元兵于乱柴沟。后以其术太精，恐或为变，杀而葬于是。立五竿于丽谯侧，岁时祭之，使不为厉。后成祖转生为庄烈帝，五人转生李自成、张献忠诸贼，乃复仇也。戊子秋，余见汉军步校董某，言闻之京营旧卒云："此水平也。京城地势，惟宣武门最低，衢巷之水，遇雨皆汇于子城。每夜雨太骤，守卒即起，视此培娄，水将及顶，则呼开门以泄之。其城上五竿，则与白塔信炮相表里。设闻信炮，则昼悬旗、夜悬灯耳。与五火神何与哉！"

【五郎鬼】南宋·洪迈《夷坚甲志》卷一一有"五郎鬼"条，云钱塘有女巫曰四娘者，鬼凭之，目为五郎。有问休咎者，鬼作人语酬之。或问先世，验

其真伪，虽千里外，酬对如响，莫不谐合。

【五郎君】亦"五通神"之属。南宋·洪迈《夷坚支志·甲集》卷一：河中（今山西永济）市人刘庠，贫悴落魄。妻郑氏忽病肌热，昏冥不知人。后少愈，但独处一室，默坐不语，夜则常若与人私语，潜窥则无所睹。后庠归家，见金帛钱财盈室，问所从来，郑氏曰："每至更深，必有一少年来，自称五郎君，与我寝处，诸物皆其所与。"庠意虽愤愤，贪于钱财，竟不之责。

【五郎神】五通、五显之别称。明·田艺蘅《留青日札》卷二八"二郎三郎神"条："五郎神，即五通也，一作五显、五圣。吾乡有五郎山神，姓田氏，乡民奉事甚虔。"然又有呼山魈为五郎者，见金·元好问《续夷坚志》卷一"神哥"条。按：五通本有说即一足鬼者，则此山魈称五郎者，亦与五通相关。明·钱希言《狯言》卷一二有"五郎神"十九则，皆为五通事。故明·陆粲《庚巳编》卷五云："吴俗所奉妖神，号曰五圣，又曰五显灵公，乡村中呼为'五郎神'，盖深山老魅、山萧木客之类。"

【五老】❶五星之精。晋·王嘉《拾遗记》卷一："虞舜在位十年，有五老游于国都，舜以师道尊之，言则及教化之始。舜禅于禹，五老去，不知所从。舜乃置五星之祠以祭之。其夜有五长星出，熏风四起，连珠合璧，万国重译而至。"南宋·罗泌《路史·余论》卷七"五老人"条考辨此事，谓出自纬书《论语比考》，云："帝尧率舜等游首山，观河渚。有五老游河渚。有顷，赤龙衔玉苞，舒图刻版，题命可卷，金泥玉检，封盛书威曰：'知我者重瞳也。'五老乃为流星，上入昴。"于是尧乃禅舜。与《拾遗记》稍异。《拾遗记》卷三"周灵王"条，又载孔子生时，"有五老列于征在（孔子母）之庭，则五星之精也。"❷东王公、西王母、黄老、水精子、赤精子，合称五老，实亦五行五方之神的一种民间说法。见于龙虎主人张继宗《神仙通鉴》。❸五方之精。《拾遗记》卷三又载老聃在周末，与世人绝迹，唯有黄发老叟五人，或

五老　程氏墨苑

乘鸿鹤，或衣羽毛，耳出于顶，瞳子皆方，面色玉洁，手握青筠之杖，与珊共谈天地之数。五老即五方之精也。《云笈七签》卷一〇一列道教"五老"为：青灵始老君、丹灵真老君、中央黄老君、金门皓灵皇老君、五灵玄老君。亦为五方神之变形。《高上玉皇本行集经》五老又称"天地始祖五老上帝"，其名为：东方安宝华林青灵始老苍帝、南方梵宝昌阳丹灵真老赤帝、中央宝劫洞清玉宝元灵元老黄帝、西方七宝金门皓灵皇老白帝、北方洞阴朔单郁绝五灵玄老黑帝。位在玉帝下。❹《太上洞渊神咒经》有十方无极大道太始五老帝君，位在三清、空洞天尊下，三元之上。

【五雷神】道教有五雷之说，但诸书说法不一。据南宋·白玉蟾《修真十书》卷四七，道教各派大致有以下诸说：玉枢之雷书为天雷、神霄雷、水官雷、龙雷、社雷；神霄之雷书为风雷、火雷、山雷、水雷、土雷；大洞之雷书为圣充威灵震动雷、震电哮吼霹雳雷、八

五雷神　三教源流搜神大全

灵八猖邵阳雷、波卷水雷、正直霹雳闪电大洞雷；仙都之雷书为天雷、地雷、风雷、山雷、水雷；北极之雷书为龙雷、地雷、神雷、社雷、妖雷；太乙之雷书为东方青气木雷、南方赤气火雷、西方白气金雷、北方黑气水雷、中央黄气土雷；紫府之雷书为春雷、夏雷、秋雷、冬雷、轩辕雷；玉晨之雷书为紫微雷、酆都雷、扶桑雷、岳府雷、城隍雷；太霄之雷书为甲乙雷、丙丁雷、戊己雷、庚辛雷、壬癸雷；太极之雷书为神霄雷、地府雷、水官雷、九州雷、里域社庙雷。而掌管五雷之神亦诸说不同，如神霄派即以二十八宿之箕、房、奎、鬼、娄五宿分掌天、地、水、神、妖五雷。

【五厉】《管子·轻重甲》："桓公曰：'行事奈何？'管子对曰：'昔尧之五更五官无所食，君请立五厉之祭，祭尧之五吏。'"袁珂以为"厉"同

"疠","五厉"即"五疠",谓五种疫疠之神,亦"五瘟使者"所本。◆按:《管子》书前云尧之"五更五官",旧注以为五更应为五吏之讹,谓羲和、共、鲧之属。"厉"也者,为"无主后",即有功于前世而无后嗣以祭之者。后世帝王至地方郡县多设厉坛,则泛祭无主之鬼。

【五灵】❶明·田艺蘅《留青日记》卷二九"五灵"条:"龙、凤、麒麟、白虎、神龟,《左氏传》之所谓'五灵'也。配以五方,则龙东方木也,凤南方火也,麒麟中央土也,白虎西方金也,龟北方水也。"❷五灵庙。《(雍正)云南通志》卷一五:"五灵庙,在云南府城南门内,祀唐、葛、周三真君及崇宁至道真君、清源妙道真君,合称五灵。"按:崇宁真君即关圣,清源真君即隋嘉州太守赵昱。

【五灵公】"五福大帝"又称五灵公,实即"五瘟使者"。见仇德哉《台湾之寺庙与神明(四)》。参见"五福大帝""五瘟使者"条。

【五龙】有数说。纬书《春秋命历序》:"皇伯、皇仲、皇叔、皇季、皇少,五姓同期,俱驾龙,号曰五龙。"又《遁甲开山图·荣氏解》云:"五龙,皇后君也,昆弟四人,皆人面而龙身,长曰角龙,征龙,火仙也,次曰商龙,金仙也,次曰羽龙,水仙也,父曰宫龙,土仙也。父与诸子同得仙,治在五方。"自唐有五龙之祭,在于祭典,《宋会要辑稿·礼四》:"京城东春明坊五龙祠,太祖建隆三年自玄武门徙于此。国朝缘唐祭五龙之制,春秋常行其祀。先是熙宁十年八月信州有五龙庙,祷雨有应,赐额曰'会应'。自是五龙庙皆以此名额云。徽宗观二年十月,诏天下五龙神皆封王爵。青龙神封广仁王,赤龙神封嘉泽王,黄龙神封孚应王,白龙神封义济王,黑龙神封灵泽王。"地方亦有五龙神,道藏本《搜神记》卷五"道州五龙神"条:"庙在道州五龙井侧。晏殊《类要》云:唐阳城出守道州(今湖南道县西),至襄阳(今湖北襄阳),有五老人来迓,自云舂陵人,居城西北五里。城至则访焉,惟有五龙井。因为立庙,屡显灵异。"南宋·潜说友《咸淳临安志》卷七一载宋时杭州涌金门外之会灵王庙,本西湖柳洲五龙王庙。◆闻一多《端午考》中专论五龙,以为龙乃中华民族图腾,龙分五色,五色龙即五色帝,亦即五方帝。故五龙即五行神、五方神之变。

【五路财神】见"五路神"条。

【五路神】明·姚宗仪《常熟私志》云:"正月五日祀五路神。"有数说。❶古之五祀。清·姚福均《铸鼎余闻》卷四:"五路神俗称为财神,其实即'五祀'门、行、中雷之行神,出门五路皆得财也。"吕威《近代中国民间的财神信仰》一文(见《中国民间文化—民间俗神信仰》)考五路财神由来甚精,可参看。❷何五路。《无锡县志》载:"或说云神姓何,名五路,元末御寇死,因祀之。"❸五显。清初汤斌巡抚江苏,禁祀五显,遂更名为五路神。

五路神　无锡民间神像

【五路通达司】即"五路神"。明·何栋如《梦林玄解》卷五:执掌财帛之神。兆于梦者,则时运通达,攸往皆利,反贫为富,转困为亨,大吉之兆也。但当循例祀之,无不遂意。

【五娘】唐·段成式《酉阳杂俎·续集》卷二:元和初,上都义宁坊有妇人疯狂,俗呼为五娘。时中使茹大夫使于金陵。金陵有狂者,众名之信夫。或歌或哭,往往验未来事。盛暑拥絮,未尝沾汗;冱寒袒露,体无拘折。中使将返,信夫忽扣马曰:"我有妹五娘在城,今有少信,必为我达也。"中使素知其异,欣然许之。乃探怀中一袱,纳中使靴中,仍曰:"谓语五娘,无事速归也。"中使至长乐坡,五娘已至。拦马笑曰:"我兄有信,大夫可见还。"中史遽取信授之。五娘因发袱,有衣三事,乃衣之而舞,大笑而归,复至墙下。一夕而死。经年,有人自江南来,言信夫与五娘同日死矣。

【五女】见"五丁"条。

【五神】❶古以五方神配五方帝。按:五帝东方太昊,南方炎帝,西方少昊,北方颛顼,中央黄帝,而五神分别为东方句芒,南方祝融,西方蓐收,北方玄冥,中央后土。见东汉·班固《白虎通义》卷四"五行"。❷宋·高似孙《纬略》卷二引《金匮》曰:"武王伐纣,都洛邑,雪深丈余。甲子平旦,不知何神五大夫乘马车从两骑止门外。王使太师尚父谢五大夫宾幸临之。尚父使人持粥一器出，进五车两骑。王曰：'不知有名乎？'曰南海神曰祝融，东海曰勾芒，北海曰玄冥，西海曰蓐收，河伯雨师，请使谒者于殿下门内引祝融五神，皆惊，相视而叹。"

【五圣】❶五圣本指五位神圣，乃某类鬼神之通称。故五显可称为五圣，五通亦可称为五圣，即五道、五路之类，如被人称为五圣亦无不可。但又有一类野鬼则专称"五圣"者。明清以来，委巷空园，屋檐树下，树头花间，鸡埘猪圈，每有小庙，称五圣堂或五圣庙，

五圣 搜神广记

此种随处皆有之小神，显然不是声势烜赫之五显及五通。清·钮琇《觚剩》卷一："旧传明祖既定天下，大封功臣，梦兵卒千万罗拜殿前，曰：'我辈从陛下四方征讨，虽没于行阵，夫岂无功？请加恩恤。'高皇曰：'汝固多人，无从稽考姓氏，但五人为伍，处处血食足矣。'因命江南家立尺五小庙祀之，俗称'五圣祠'。"此为民间传说，却非无稽之谈，明·王圻《续文献通考》称明洪武三年，帝以兵革之余，死无后者，其灵无依，令京都王国各府州县及里社皆祭祀之，使鬼有所归，灾厉不兴，则确有其事。后世随处可见之五圣小庙，或有部分由此而来。❷五显。见该条。❸五通。明·陆粲《庚巳编》卷五："吴俗所奉妖神，号曰五圣，又曰五显灵公，乡村中呼为'五郎神'。盖深山老魅、山萧木客之类。"此五圣应指五通。详见"五通""五显"条。❹浙江民间神祃中多有五圣之名者，如蚕花五圣、鱼花五圣、六畜五圣、鸭儿五圣之类，则泛指掌管某农事之小神。❺《云笈七签》卷一〇〇："黄帝始制三公之职，以象三台。风后配上台，天老配中台，五圣配下台。"太公《六韬》曰："风后、力牧、五圣为七公。"则五圣为五人也。❻金

梁《光宣小记》"候试"条："宫内多狐、猬、蛇、蟾、蝙蝠等物，称'五圣'，宫女、内监常私祀之，戒不得犯，与外间俗同也。"

【五圣菩萨】见"花果五郎"条。

【五圣显应灵官】即"五显"。清·姚福均《铸鼎余闻》卷一引王棻《光绪黄岩志》："灵济庙在永利桥之西，旧名桥亭神，姓柴，婺源（今江西婺源）人，兄弟五人。相传齐永明中避乱，猎于圣堂山，能扼虎。邑令萧景恐其生乱，谕遣之。后复至，狂叫山谷中，云：'吾五圣也，能为地主捍灾御患。'言讫，列坐圣堂岩下，唉松柏三日而殂。是后每闻山间有鼓噪声。梁天监癸未，邑大疫，五人复骑虎现形于圣堂山颠，一村遂无恙。邑令奏封永宁昭惠卫国保民五圣显应灵官。"南宋·吴自牧《梦粱录》卷一四"外郡行祠"条："灵顺庙，即徽州婺源灵祠，余杭（今浙江杭州西）立行祠者七。宋朝赐五王美号曰显聪昭圣孚仁福善王、显明昭圣孚义福顺王、显正昭圣孚智福应王、显直昭圣孚信福佑王、显德昭圣孚爱福惠王。每岁都人瓣香致敬者纷纷咸趋焉。"又同书卷一九"社会"条："九月二十九日五王诞辰。"应指此五王。

【五时鸡】东汉·郭宪《洞冥记》卷三：有司夜鸡，随鼓节而鸣不息，从夜至晓，一更为一声，五更为五声，亦曰五时鸡。

【五祀】❶《礼记·祭法》："诸侯为国立五祀，曰司命，曰中霤，曰国门，曰国行，曰公厉。"《礼记·王制》："大夫祭五祀。"谓司命、中、门、行、厉也。❷东汉·班固《白虎通义》卷二："五祀者，何谓也？谓门、户、井、灶、中霤也。所以祭何？人之所处出入，所饮食，故为神而祭之。"按《太平御览》卷引郑氏驳《五经异义》云："王为群姓立七祀，一曰司命，主督察三命也。二曰中霤，主宫室居处也。三曰门，四曰户，主出入。五曰国行，主道路。六曰大厉，主杀。七曰灶，主饮食。"此五祀中无司命、大厉。按《礼记·祭法》天子立七祀，大夫立五祀。是郑注为周制也。❸东汉·蔡邕《独断》："门、户、灶、中霤、行。"此说有行祭而无井祭。后世以为祭井与祭行其实一也。语见陈立《白虎通疏证》卷二。❹《说郛续》卷一六引《询刍录》："世以门称丞，户称尉，井曰童，灶曰君，厕曰三姑，皆古戮于门而自投于井灶厕而死者，人遂以为所司之神而图其形焉。"按此虽未言为"五祀"，而五神与《白虎通义》所云五祀相近，唯中霤改为厕。◆《清史稿·礼志三》："五祀。

顺治八年定制，岁孟春宫门外祭司户神，孟夏大庖前祭司灶神，季夏太和殿阶祭中霤神，孟秋午门西祭司门神，孟冬大庖井前祭司井神，中霤门、午门二祀，太常寺掌之，户、灶、井三祀，内务府掌之，于是始分祭，旋复故。逮圣祖厘祀典，再罢之，并停专祀。惟十二月二十三日，宫中祀灶以为常。"详见"门神""司命""行神""厉神"等条。

【五通】即"五通神"，详见该条。北宋人《龙城录》：柳州旧有鬼名五通，予始到，不之信。一日，因发箧易衣，尽为灰烬。予乃为文醮诉于帝。帝恩我心，遂尔龙城绝妖邪之怪。

【五通大鬼】西晋·王纂《太上洞渊神咒经》卷七：自大汉之后，有五通大鬼，鬼名王蔓、白起、韩章、乐阳、楚狂。又有郝景、女娲、祝融三万九千人，各领八亿万人。此鬼从伏羲以来帝王相承，此大鬼主召领十二万人，天下小鬼依凭求食，与其鬼王作兵来耗动万民，万民患之。各各伺人家取人男女，疾病急厄、口舌官事、水火。万千为众，枉其良民，病杀无辜，诳斥家亲，催促灶君，令人宅神不安，每事不果，行万种病，病痛急疾，乘风驾雀，妄作光怪，自顷以来，不唯一条。

【五通母】五通神之母，又称太妈、太母。明·陆粲《庚巳编》卷五"说妖"条："吴俗所奉妖神，号曰五圣，又曰五显灵公，乡村中呼为五郎神，盖深山老魅、山萧木客之类也。五魅皆称侯王，其牝称夫人，母称太夫人，又曰太妈。"清·毛祥麟《墨余录》卷九："吴俗尚鬼，病必延巫。其人男女皆有，往往谬托鬼神，妄论休咎，又预通庙祝，多方勒索，必令其家礼拜太母忏，谓即五通母。而又非僧道所能礼，唯若辈之伙党能之。"又卷六"淫祠"条云："道光乙未，江苏按察使裕谦，复毁上方山五通祠，并禁民间如有私奉五通、太母、马公等像者，以左道论。"《三教源流搜神大全》卷二"五圣始末"条："五圣之母封'崇福慈济庆善夫人'。"◆明·陆容《菽园杂记》卷八："广陵之墟有五子庙，云是五代时，群盗尝结义兄弟，流劫江、淮间，衣食丰足，皆以不及养其父母为憾，乃求一贫妪为母，事之甚孝，凡所举动，惟命是从。卒化为善，乡人异之。殁后且有灵异，因为立庙。吴中祭五通神者，必有所谓'太妈'，疑即此鬼也。"按：广陵五子庙，应即"扬州五司徒"。是五司徒亦与五通有关联也。

【五通神】宋·王铚《龙城录》："柳州旧有鬼名五通。"按此书署柳宗元著，实为王铚伪托，铚为北宋末南宋初人，是为五通之名始见于文献。◆南宋·洪迈《夷坚丁志》卷一九"江南木客"条："大江以南地多山而俗機鬼，其神怪甚诡异，多依岩石树木为丛祠，村村有之。二浙、江东曰'五通'，江西、闽中曰'木下三郎'，又曰'木客'，一足者曰'独脚五通'，名虽不同，其实则一。考之传记，所谓木石之怪，夔、罔两及山魈是也。李善注《东京赋》云：'野仲、游光，兄弟八人，常在人间作怪害。'皆是物云。"按：此为南宋时之五通，洪迈概言"大江以南"，所述不唯有二浙、江东与江西、闽中之别，实亦有山林与聚落之别。洪云"名虽不同，其实则一"，于后世观之，未必然也。后世之五通多在聚落，而尤以苏杭为剧，已与"山魈木客"分为二物。今日再言五通，似不应再将"木客"之属牵扯在内。洪迈又云："五通变幻妖惑，大抵与北方狐魅相似。或能使人乍富，故小人好迎致奉事，以祈无妄之福。若微忤其意，则又移夺而之他。遇盛夏，多贩易材木于江湖间，隐见不常，人绝畏惧，至不敢斥言，祀赛惟谨。尤喜淫，或为士大夫美男子，或随人心所喜慕而化形，或止见本形，至者如猴猱，如龙，如虾蟆，体相不一，皆矫捷劲健，冷若冰铁。阳道壮伟，妇女遭之者，率厌苦不堪，羸悴无色，精神奄然。有转而为巫者，人指以为仙，谓逢忤而病者为仙病。又有三五日至旬月僵卧不起，如死而复苏者，自言身在华屋洞户，与贵人欢狎。亦有摄藏挟去累月方出者，亦有相遇即发狂易，性理乖乱不可疗者。所淫据者非皆好女子，神言宿契当尔，不然不得近也。交际讫事，遗精如墨水，多感孕成胎。"明·陆粲《庚巳编》卷五"说妖"所记吴地信奉五通之盛，更是邪气逼人："吴俗所奉妖神，号曰五圣，又曰五显灵公，乡村中呼为五郎神，盖深山老魅、山萧木客之类也。五魅皆称侯王，其牝称夫人，母称太夫人，又曰太妈。民畏之甚，家家置庙庄严，设五人冠服如王者，夫人为后妃饰。贫者绘像于板事之，曰'圣板'。祭则杂以观音、城隍、土地之神，别祭'马下'，谓是其从官。每一举则击牲设乐，巫者叹歌，辞皆道神之出处，云神听之则乐，谓之'茶筵'。尤盛者曰'烧纸'。虽士大夫家皆然。小民竭产以从事，至称贷为之。一切事必祷，祷则许茶筵，以祈阴佑，偶获佑则归功于神，祸则自咎不诚，竟死不敢出一言怨讪。有疾病，巫卜动指五圣见责，或戒不得服药。愚人信之，有却医待尽者。又有一辈媪，能为收惊、见鬼诸法，自谓五圣阴教，其人率与鬼为奸云。城西楞伽山是魅巢窟，山中人言，往往见火炬出没湖中，或见五丈夫拥骈从姬妾入古坟屋下，张乐设宴，就地掷倒，竟夕乃散去，以为常。魅多乘人衰厄时作祟，所至移床坏户，阴窃财物，至能出火烧人屋。性又好淫妇女，涉邪及年当夭者多遭之。皆昏仆如醉，及醒，自言见贵人巍冠华服，仪卫甚都，宫室高焕如王者居，妇女列坐及旁侍者百数十辈，皆盛妆美色。其间鼓吹喧阗，服用极奢侈。与交合时，有物如板覆己，其冷如水。有夫者避不敢同寝，或强卧妇旁，辄为魅移置地上。其妖幻淫恶，不可胜道。"是书又载五通十余事。明·黄玮《蓬窗类纪》卷五："吴下多淫祠，五神者，人敬之尤甚。居民亿万，计无五神庙者不数家。庙必极庄严，富者斗胜相夸。神像赭衣冲天巾，类王者，列于左，五夫人盛饰如后妃，列于右，中设太夫人，五神母也。皆面南。贫者亦绘于版奉之，曰圣版。迎版绘工家，主人赍香以往，乐道以归。迎像亦然。至则盛设以祀，名曰茶筵，又曰待天地，召歌者为神侑歌，则详神出处灵应以谀人。自后主人朝夕庙见，娶妇不祀庙不敢会，亲友有事必祷，祷必许茶筵祈神佑。"又清·蒲松龄《聊斋志异》卷一〇"五通"条，清·褚人获《坚瓠广集》卷五"锺馗"条，所记无一非邪淫之鬼物。此类"五通"与其余或称"五通"或称"五显"或称"五圣"之神鬼卓然有别。其名虽常与"五显"相淆，实为二物，不能以名号相同而视同一类也。详见"五显"条。◆明·郎瑛《七修续稿》卷四辨五通"为五行正气之神，市井所传邪祟之事，乃鬼魅假神之名所为者"。按：郎瑛以"五通"本为嘉名，颇有见，然五通之名，实本自佛教。《佛学大辞典》"五通仙"条谓"得五神通之仙人"。《维摩经·不思议品》曰："或现离淫欲，为五通仙人。""五神通"条："又曰五通、五神变。一天眼通，二天耳通，三他心通，四宿命通，五如意通。"苏轼《南华长老宠示四颂》，事忙，只还一偈诗："宿业相缠四十年，常行八棒十三禅。今著衲衣归玉局，可怜化作五通仙。"北宋·释惠洪《冷斋夜话》卷七引此诗，末句作"自疑身是五通仙"。东坡以"五通仙"自承，可证北宋时"五通"尚为嘉名也。但民间之"五通"似无此玄奥，《南游记》第一回，佛祖命妙吉祥投生，云："我就赐你五通：一通天，天中自行；二通地，地中自裂；三通风，风中无影；四通水，水中无碍；五通火，火里自在。"妙吉祥投胎为马耳山娘娘之次子，即

华光，而华光亦即五显大帝。此或五通神之名所由昉乎？但五通神名称之由来为一事，而其神之形成又为一事。洪迈通言"五通"，并纳木客、木下三郎等皆为五通一类，正可做研究五通神形成之锁钥。按五通神之记载虽起于南宋，但其由来甚远，不惟木客、木下三郎以至山魈为其前身，且疑南方之蛊神信仰也对五通神之形成有影响。而民间神祇，有合有分，诸物既可合成凝固为五通神，又可从中分离出正而不邪之五显。五显既成美号，也不妨邪神再冒其名，于是而有实为"五通"而冒称"五显"者。◆至于江西婺源之"五通"，实为"五显"。南宋·祝穆《方舆胜览》云："五通庙在徽州婺源县，乃兄弟五人，本姓萧，每四月八日，人争祭之。"《夷坚丁志》卷一三："荆南刘五家奉五通神，金银针帛，赠饷不知数。及与神反目，所畜诸物无一存。"同书卷一五："临川水东小民吴二，事五通神甚灵，凡财货之出入亏赢，必先阴告。"《夷坚志补》卷七"丰乐楼"条："沈生贪而黠，见其各顶花帽，锦袍玉带，容止飘然，不与世大夫类，知其为五通神。即拱手前拜曰：'小人平生经纪，逐锥刀之末，仅足糊口。不谓天与之幸，尊神赐临，真是夙生遭际。愿乞小富贵，以荣终身。'"此"五通"即后世奉为财神之五显一类，虽邪而非淫毒也。至于《说郛续》卷四六引田汝成《幽怪录》所云："杭人最信五通神。亦曰五圣，姓氏源委俱无可考，但传其神好矮屋，高广不逾三四尺，而五神共处之，或配以五妇。凡委巷若空园及大树下，多建祀之。而西泠桥尤盛。或云其神能奸淫妇女，输运财帛，力能祸福，见形人间，争相崇奉，至不敢启齿谈及神号。"按：此"五通"应为"五圣小神"，见"五圣"条，其"或云"云云，盖与"五通"相混而致。浙江又有"树头五圣""鱼花五圣""湖州五圣""游方五圣""花花五圣""鸭儿五圣"诸物，多皆民间所奉小神，祀以求渔耕之获者，不过借"五圣"之名，与"五通"全无干涉。明·田艺蘅《留青日札》卷二八"五道将军"条云"皆贪淫邪乱之神，或曰即五通也"，为猜测之辞，不足据。◆"五通"之为物，在宋时江南以为"山魈木魅"之属，或以为黄鼠狼（《夷坚丁志》卷一三"孔劳虫"条），而尚无以六畜当之者，至《聊斋志异》"五通"条、清·许秋垞《闻见异辞》"侠客"条始云为马、猪之精。◆江南五通之祀甚盛，南宋时会稽（今浙江绍兴）城内有五通祠，极宽大，虽不预春秋祭典，而民俗甚敬畏之（《夷坚三志·己

集》卷八）至清初，江宁（今江苏南京）普济寺供五通神，竟坐于关帝之上（清·袁枚《子不语》卷八）。至汤斌在江南大毁淫祠，五通尤为打击重点，其风稍戢。太平天国之后，江南兵燹之区，五通之祠，焚烧殆尽，其巢穴苏州上方山，今已无任何五通痕迹矣。◆清·破额山人《夜航船》卷七"五圣邪正辨"一条言上方五圣之由来，竟是蜘蛛精转世，姑录于此："当湖卢生甫云：五圣根柢，昉于炎宋。有蜘蛛五色，配以五行之精。既死，其精不散，托生西泠民家，同胞五子，俱横暴不轨，人被其害。仁和令悉杖毙之，化为厉鬼，地方不靖。久之，郡守请于朝，受封典，立庙于杭，始宁。延及吴郡，亦立祠于上方山"云云。委巷曲谈，聊备一说尔。

【五通仙人】水陆画中多有五通仙人。按五通之名，本自佛教。《佛学大辞典》"五通仙"条："谓得五神通之仙人。"《维摩经·不思议品》曰："或现离淫欲，为五通仙人。"《大智度论》："五通仙人得好宝物，藏着石中，欲护此宝，磨金刚涂之，令不可破。"

五通仙人　山西稷山青龙寺

刘宋·刘义庆《幽明录》："海中有金台，出水百丈；结构巧丽，穷尽神工。台内有金几，上有百味之食，四大力神常立守护。有一五通仙人，来欲甘膳，四神排击，延而退。"◆《（康熙）杭州府志》卷三五："周文兴，筑室清平山下，每辟谷至百日许，有群鸟翔绕其旁。有五通仙来试之，兴不顾，仙乃飞行篱上而去。自定死期，至日而化。"

【五土之神】五代·丘光庭《兼明书》卷一：先儒以社祭五土之神。五土者，一曰山林，二曰川泽，三曰丘陵，四曰坟衍，五曰原隰。

【五王】见"婺源灵祠"条。又"五通"曾封王爵，亦或称"五王"。

【五瘟使者】即五瘟神。《三教源流搜神大全》卷四："隋文帝开皇十一年六月，有五力士现于空中，

身披五色袍，各执一物，一人执杓与罐，一人执皮

五瘟使者　河北石家庄毗卢寺

袋与剑，一人执扇，一人执槌，一人执火壶。帝问太史张居仁。对曰：'此是五方力士，在天为五鬼，在地为五瘟：春瘟张元伯，夏瘟刘元达，秋瘟赵公明，冬瘟锺仕贵，总管中瘟史文业。如现形，主国民有瘟疫之疾。此为天行病也。'于是其年国人病死者甚众。帝乃为之立祠，诏封五立力士为将军：青袍力士为显圣将军，红袍力士为显应将军，白袍力士为感应将军，黑袍力士为感成将军，黄袍力士为感威将军。皆于五月五日祭之。匡阜先生至此祠，即收五瘟神为部将。"按上文显为晋·干宝《搜神记》卷五所记"上帝以三将军赵公明、锺士季，各督数鬼下取人"敷衍而成，且神名亦沿袭之。而改为五人，使各主一方，又为"五方神"说之漫衍。五瘟神之说并不始于隋，纬书《龙鱼河图》即记有"辟五温（瘟）鬼"之民间方术，而南宋·洪迈《夷坚志三补》仍有长沙南北两庙瘟神为五人的记载，可见五瘟影响之长远。◆袁珂以为"五瘟使者"即《管子·轻重甲》所说之"五厉"，而五厉即五疠。可备一说。◆按：清·徐道《历代神仙通鉴》卷一五，五瘟使者为东岳属神，与《搜神大全》所述为庐山匡阜先生所收者不同。◆按：张元伯五瘟神，在闽台又演义为"五福大帝"。见该条。◆《封神演义》中吕岳为瘟瘟昊天大帝，下有六瘟神："东方行瘟使者周信、南方行瘟使者李奇、西方行瘟使者朱天麟、北方行瘟使者杨文辉，另有劝善大师陈庚，和瘟道士李平。"实为五瘟使者所演变，而原来的中瘟即吕岳也。

【五文昌】姜义镇《台湾的民间信仰》：本省有二十余座庙宇主祀文昌帝君，有三座庙宇合祀五文昌。五文昌即梓潼帝君、文魁夫子、朱衣星君、孚

五文昌 台湾地区庙宇

佑帝君、关圣帝君之合称。

【五仙】❶清·宫梦仁《读书纪数略》卷四三"五仙"："仙有五等，鬼仙，鬼关无姓，三山无名，不入轮回，难返蓬莱；人仙，多安少疾，迟老晚死；地仙，不死而在人间；神仙，谢绝尘俗，以游三山；天仙，功行高足，历位天界。《天隐子》五仙中有水仙而无鬼仙。"❷《仙鉴》卷四："汉武帝封泰山，诏董谒、孟岐、郭琼、黄安五人同辇，谓之'五仙臣'。"❸清·李庆辰《醉茶志怪》卷三"鼠媪"条："天津有供五仙像者，其神曰胡、黄、白、柳、灰。胡，狐也；黄，黄鼠也；白，猬也；柳，蛇也；灰，鼠也。"又称作"五家神"，见"家神"条引《右台仙馆笔记》。

【五显】五显与五通之名久已相混。见诸记载者亦真伪掺杂，名实相淆，多以为五显即五通者，后世有以为二者非一物者，然辨之不力。兹试从另一角度对二者做一区分。按"五通"在先本为佳名，至宋时乃成淫鬼专用，故五显之神当初本称"五通"，及其名为妖神所窃，遂渐改称为五显，然五显本即五通，而妖神之五通亦不妨趁此浑水，冒称五显。后世载记忽言五通，忽言五显，读者区分全赖视其为善神为恶鬼，大抵善者即以其为五显，恶者即指为五通可也。然二者尚有一大区别，即五显之祖祠在江西德兴及徽州婺源；五通之祀，南宋至明清主要在两浙及江东一带，最后定其祖祠为苏州上方山。凡云德兴、婺源者，无论称五显抑五通、五圣，即为五显；在上方者，虽称五显，亦是五通。但婺源与德兴所祀五显又有区别。南宋·鲁应龙《括异志》云："五显灵官大帝，佛书所谓华光如来，显迹婺源久矣。"华光事迹详见余象斗《四游记》之《南游记》，又称《五显灵官大帝华光天王传》，所述与《三教源流搜神大全》之马元帅如出

一辙，而华光实即马元帅。《南游记》与鲁应龙之说一致，即华光只是一神，而婺源所祀之五显亦仅一神，故南宋典籍称之为"婺源神"。而德兴之五显，始终未提及与华光关系，所有文献均五神。洪迈《夷坚三志·己集》卷一〇"吴呈俊"条云："德兴以五显公事状申江东运司，在法须遣他州官核实，然后剡奏。于是五神得加封。"此为孝宗淳熙三年事。《夷坚三志·己集》卷一〇"林刘举登科梦"条，说在加封的第二年即淳熙四年，临安钱塘门外已经建有"五圣行祠"，而且颇著灵验。林刘举得五圣梦兆，秋天登第，除官德兴尉，又专门拜谒了祖祠。德兴神的发迹，促使了婺源神的演变。到南宋后期，祝穆《方舆胜览》已经说"五通庙在徽州婺源县，乃祖庙。兄弟凡五人，本姓萧"了。而吴自牧《梦粱录》记婺源灵祠在余杭的七处行祠，所奉五显神也是五位。到了元代的《连相搜神广记》"五圣始末"条，引《祖殿灵应集》，索性赖掉华光一段，直接编出早在唐代时五位神人就降于婺源的故事。婺源神与德兴神合而为一，华光大帝的身份已经隐没。还有一种说法，虽然迹近混赖，却也折中得很有趣。据《三宝大有金书》说：真武入山修道，其父净乐国王遣大臣率五百兵往寻。后五百人亦修道不返，得道，即为五百灵官，其帅则为"五显灵官"，亦称"灵官大圣华光五大元帅"。或做五人，或现一身。现一身时为"都灵官"或"赤心灵官"。做五人时称五显灵官。总而言之，婺源、德兴，本是一物，只是或做五人，或做一身而已。而最主要的是，婺源神的五显大帝，已经与江西德兴的五显灵官合流了。可是这合流并不代表从此和平共处，双方奉祀的既然都是同一套神，便发生了哪家才是祖庙的纷争。纷争最激烈时，竟大打出手，一方出动人马，越境数百里，突袭对方，把可做正统祖庙证据的文献甚至石碑一卷而空。◆"五显"其神之来历有数说：❶六朝齐代柴氏五兄弟。《（光绪）黄岩志》："灵济庙，在永利桥之西，旧名桥亭。神姓柴，婺源人，兄弟五人，相传齐永明中避乱，猎于圣堂山，能扼虎。邑令萧景恐其生乱，谕遣之。后复至，狂叫山谷中云：'吾五圣也，能为地方捍灾御患！'言讫，列坐圣堂岩下，唯松柏三日而殂。是后每闻山间有鼓噪声。梁天监癸未，邑大疫，五人复骑虎现圣堂山颠，一村遂无恙。邑令陆襄奏之，封永宁昭惠卫国保民五圣显应灵官。"《夷坚志补》卷一五"李五七事神"条，有邪鬼冒"婺源灵顺庙五显宫太尉"之名降于李五七

家。按此庙时又称五侯庙。❷六朝陈代顾氏五子。清·顾禄《清嘉录》引元初《石函小谱》及崇祯间《五陵小史》曰："神姓顾，陈黄门侍郎野王之五子，当黄门建祠翠微之阳，并祠五侯。"❸隋时五山神。《（雍正）江西通志》卷一〇九："灵顺庙，即五王庙，在德兴县东南儒学左。隋驸马张蒙逐猎，遇五神指山穴双银笋银宝始发，立庙祀之。"❹唐时五神。《三教源流搜神大全》卷二"五圣始末"条引《祖殿显应集》云："五显公之神在天地间相与为本始，至唐光启中（《弘治徽州府志》以为唐光启二年）乃降于兹邑。邑民王喻有园在城北偏，一夕，园中红光烛天，邑人糜至观之，见神五人自天而下，导从威仪如王侯状，呼喻而言曰：'吾受天命，当食此方，福佑斯人。'"❺宋时萧氏五子。清·李调元《新搜神记·神考》引《三教源流》云："五显父为萧永福，宋时人，一胎五子，俱以显为派，长曰萧显聪，次曰显明，三曰显正，四曰显直，五曰显德。四显俱有仙根，而五显尤灵异，能降妖救难，故民争立庙祀之。"❻华光。宋·鲁应龙《括异志》："五显灵官大帝，佛书所谓华光如来，显迹婺源久矣，岁岁朝献不绝。"明·田汝成《西湖游览志》卷一七："华光庙，在普济桥上，本名宝山院，宋嘉泰间建。绍兴初，丞相郑清之重修，以奉五显之神。"清·清凉道人《听雨轩笔记》卷三有一则云"梧州城外五显马头有华光庙，甚灵"，是马头名五显，当即因庙而得名。《（康熙）宁化县志》卷七："明太祖都金陵，即都中建十四庙。一曰五显灵官庙，以岁孟夏季秋致祭，今天下之崇祀五通者，当由此欤？俗说，神以救母罪怨，与目连尊者同一大孝，登正果，号华光藏主妙吉祥如来。然则天帝不离人伦赫濯，亦极仁慈耳，义固可祀也。"按以上所列，五显虽或有称作五通者，但俱为人鬼，而五通多属山魈野鬼之类，其不容混淆明矣。◆此外，冒"五显"之名者尚有"五路财神""五家神"之类，称"五显财神"。仇德哉《台湾之寺庙与神明（四）》："有将五显神称为五福财神、五通财神，或五路财神。在平剧（即京剧）《财源辐辏》中即将五路财神与五显财神合而为一。北京彰义门外曾有五显财神庙。"清·薛福成《庸庵笔记》卷四"物性通灵"条："北方人以蛇、狐、猬、鼠及黄鼠狼五物为财神，民家则此五者，不敢触犯，故有五显财神庙。南方亦间有之。学者则有以五显为九显灵君之误者。"清·翟灏《通俗编》卷一九："《水经·洛水注》：

'嵩麓有九山庙，庙有碑云：九显灵君者，太华之元子。'按：今云五显，疑属九显传讹。"◆至于"五显"之义，多以五行为说。明·罗鹤《应庵随录》卷一〇"五显事迹"条："五显事迹，无从核实，独胡定庵（升）谓为五行主宰之神，而尽废习传诸说。"明·王逵《蠡海集》云："九月二十八日为五显生辰。盖金为气母，五显者，五行五气之化也。"明·祝允明《苏州五显庙记》亦主此说。《宁化县志》："五显者，五行耳，五行之祭，见于《月令》国家星辰之祀，备五行也。此正气也，若邪气流行，亦足播弄祸福。"◆五显庙额曰"灵顺"，据云为宋大观三年所赐。其历代封号亦多后代追记，殊不可信。按据诸书所记为：北宋宣和五年，封通贶侯、通佑侯、通泽侯、通惠侯、通济侯，故称五通。（《（弘治）徽州府志》卷五）宋时赐号，一曰显聪昭圣孚顺福善王，二曰显明昭圣孚义福顺王，三曰显正昭圣孚智福应王，四曰显直昭圣孚爱福惠王。五曰显德昭圣孚庆王五王封号，皆有显字，故谓之五显庙云。（明·田汝成《西湖游览志》卷一七）南宋淳熙元年，改封五通神侯爵为公，曰显应公、显济公、显佑公、显灵公、显宁公。嘉泰二年，进封王爵，曰显聪王、显明王、显正王、显直王、显德王（《（弘治）徽州府志》卷五）。清·俞正燮《癸巳存稿·补遗》述云："五显始于唐，今安陆府（治在今湖北安陆）城南五显庙有明正德十五年周诏记碑言：唐称五圣，又称五显。宋宣和时封侯，淳熙时封公，嘉泰时封王，理宗时四字王。"按：以上诸封号均于史无征。◆《三教源流搜神大全》卷二"五圣"条之五圣应即五显，其辅神有"吏下二神"，另有黄衣道士、紫衣圆觉大师、辅灵翊圣史侯、辅顺翊惠卜侯、翊应助顺周侯、令狐寺丞、王念二元帅、打供高太保、打供胡百二检察、都打供胡靖一总管、打供黄太保、打供王太保、金吾二太使、掌善罚恶判官。俱不详为何神。

【五显灵公】明·陆粲《庚巳编》卷五："吴俗所奉妖神，号曰五圣，又曰五显灵公，乡村中呼为五郎神。"按此即五通神。详见"五圣"条。

【五显灵官】清·徐道《历代神仙通鉴》卷一五："东岳属神：梁父山：五显灵官、五瘟使者。《三宝大有金书》：真武入山修道，其父净乐国王遣大臣率五百兵往寻。后五百人亦修道不返，得道，即为五百灵官。其帅则为'五显灵官'，亦称'灵官大圣华光五大元帅'。或做五人，或现一身。现一身时为'都灵官'或'赤心灵官'。做五人时称五显灵官，封号分别为：都天威猛大元帅显聪昭应孚仁广济王、横天都部大元帅显明昭烈孚义广佑王、通天金目大元帅显正招顺孚信广惠王、飞天风火大元帅显直昭佑孚信广泽王、丹天降魔大元帅显德昭利孚爱广济王。"◆按：此"五显灵官"实即对"五显"的演义。参见该条。

【五星】亦名"五纬"，即金、木、水、火、土五星，与经天之日月合称"七政"。《榖梁传》疏："五星者，即东方岁星，南方荧惑星，西方太白星，北方辰星，中央镇星是也。"《史记·天官书》"索隐"："五星，五行之精。"《云笈七签》卷二四："五星者，日月之灵根，天胎之五脏，天地赖以综气，日月系之而明。"其神名为：东方岁星真皇君，南方荧惑真皇君，西方太白真皇君，北方辰星真皇君，中央镇星真皇君。又记诸君及夫人姓讳，不录。◆南宋·朱翌《猗觉寮杂记》卷下："世之画五星者形貌怪异，道家塑像亦如此。因为考之，得于《晋·天文志》，凡五星降于地为人，岁星为贵臣，荧惑为儿童歌谣嬉戏，镇星为老人妇女，太白为壮夫，辰为妇人。若以此为画，则有所本矣。"

【五行神】宫梦仁《读书纪数略》卷一有"五行神"一条，引《广雅》卷九："土神谓之羵羊，水神谓之网两，木神谓之毕方，火神谓之游光，金神谓之清明。"按《广雅》在此五神上尚有山神、河伯、江神、物神，非专言五行，亦无"五行"之名也。

五羊仙迹图　清·苏长春

【五羊仙人】北宋·钱易《南部新书》卷七："晋吴修为广州刺史，未至州，有五仙人骑五色羊负五谷而来。今州厅梁上画五仙人骑五色羊为瑞，故广南谓之五羊城。"清·屈大均《广东新语》卷五："周夷王时，南海有五仙人，衣各一色，所骑羊亦各一色，来集楚庭，各以谷穗一茎六出，留与州人，且祝曰：'愿此阛阓，永无荒饥。'言毕，腾空而去，羊化为石。今坡山有五仙观，祀五仙人，少者居中持粳稻，老者居左右持黍稷，皆古衣冠。像下有石羊五，有蹲者、立者，有角微弯势若抵触者，大小相交，毛质斑驳。观者一一摩挲，手迹莹然，诸番往往膜拜之。"◆按：又有说无仙人而仅有五羊者。涵芬楼本《说郛》卷四引《广州记》："广州厅梁上画五羊，又作五谷囊，随羊悬上。云：昔高固为楚王相，五羊衔谷，萃于楚庭，故图其像为瑞。"

【五营元帅】仇德哉《台湾之寺庙与神明（四）》：又称五营将军、五大将军、五神将军，简称五营将。俗以天罡、地煞等为天兵天将，统由所祀之主神调动指挥。此类神兵分东西南北中五营，各有元帅或将军统领。哪吒为中营统帅，称中坛元帅。其他四营统帅有二说，一说东营为罗昆，西营为罗灿，南营为文长，北营为招贤；一说东营为张公，西营为刘公，南营为萧公，北营为连公。

【五酉】老物为怪者。晋·干宝《搜神记》卷一九：孔子厄于陈，弦歌于馆中。夜有一人入，长九尺余，著皂衣，高冠，大叱，声动左右。子贡进，问："何人耶？"便持子贡而挟之。子路引出，与战于庭，有顷，未胜。孔子察之，见其甲车间时时开如掌。孔子曰："何不探其甲车，引而奋登？"子路引之，仆怪于地，乃大鳀鱼也。孔子曰："夫六畜之物，及龟、蛇、鱼、鳖、草、木之属，久者神皆凭依，能为妖怪，故谓之'五酉'。五酉者，五行之方，皆有其物。酉者，老也，物老则为怪，杀之则已，夫何患焉。"子路烹之，其味滋，病者兴。

【五岳】指东、南、西、北、中五方之名山。《周礼·春官·大宗伯》："以血祭祭社稷、五祀、五岳。"《礼记·王制》："天子祭天下名山大川，五岳视三公，四渎视诸侯。"是天子以天下五方之名山

五山五岳　河北蔚县故城寺

为五岳，岁时望祭，本为原始山川崇拜之延续。但究以哪五座名山为五岳，则因历代疆域不同，不可

能固定不变。《史记·封禅书》："昔三代之居皆在河洛之间，故嵩高为中岳，而四岳各如其方，四渎咸在山东。至秦称帝，都咸阳，则五岳、四渎皆并在东方。"以泰山为东岳，华山为西岳，霍山（即天柱山，在今安徽六安地区）为南岳，恒山为北岳，嵩山为中岳的概念，则只能产生于华夏大一统观念出现之后，从文献上看，盖始于《尔雅·释山》。五岳在唐时封王：武后垂拱四年封中岳为中天王，玄宗封西岳为金天王，东岳为天齐王，南岳为司天王，北岳为安天王。宋时又封五岳为帝：真宗大中祥符间封东岳为天齐仁圣帝，南岳司天昭圣帝，西岳金天顺圣帝，北岳安天玄圣帝，中岳中天崇圣帝，并为其"配偶"上后号。元时为五岳加号：至元二十八年加东岳为天齐大生仁圣帝，南岳司天大化昭圣帝，西岳金天大利顺圣帝，北岳安天大贞玄圣帝，中岳中天大圣崇圣帝。至明洪武间，诏定岳镇海渎神号，削去历代封号，只称东岳泰山之神，南岳衡山之神，中岳嵩山之神，西岳华山之神，北岳恒山之神。◆早期道教曾有把五方五帝与五岳相合之说。晋·葛洪《枕中书》："太昊氏为青帝，治岱宗山；颛顼氏为黑帝，治太恒山；祝融氏为赤帝，治衡霍山；轩辕氏为黄帝，治嵩高山；金天氏为白帝，治华阴山。"纬书则另成一套，更呈混乱，《龙鱼河图》即有三说：❶五岳君神：东方太山君神姓圆名常龙，南方衡山君神姓丹名灵峙，西方华山君神姓浩名郁狩，北方恒山君神姓登名僧，中央嵩山君神姓寿名逸群。呼之令人不病。❷五岳将军：东方太山将军姓唐名臣，南方霍山将军姓朱名丹，西岳华阴将军姓邹名尚，北岳恒山将军姓莫名惠，中岳嵩高山将军姓石名玄。恒存之，却百邪。❸五岳君：嵩山君角普生，泰山君玄丘目睦，华山君浩元仓，衡山君烂羊光，恒山君伏通萌。又《古微书》卷三四："东岳姓玄丘，名目（或作日）陆；南岳姓烂，名洋光；西岳姓浩岳，名元仓；北岳姓伏，名通萌；中岳姓角，名普生。"◆最晚在东汉末，即有五岳主人生死簿籍之说，汉熹平二年瓦盆丹书"镇墓文"："黄神生五岳，主生人录，召魂召魄，主死人籍。"◆五岳设道教神祠，始于唐玄宗时道士司马承祯上言。开元中，天台道士司马承祯言："今五岳神祠是山林之神，非真正之神也，五岳皆有洞府，有上清真人降任其职，山川风雨阴阳气序是其所理焉，冠冕服章、佐从神仙皆有名数，请别立斋祠之所。"玄宗奇其说，因敕五岳各立真君祠。于是五岳以山川之神为主，变而

为以上清仙人为主神，原山川之神反退居二流。《仙鉴》卷八云："周定王问太上老君在世神仙，老君对曰：'东岳有展禽先生，南岳有匡续先生，西岳有尹喜，北岳有皇人，中岳有古先生，即予是也。'"亦属同一用心。◆五岳各有名山为佐命。《云笈七签》卷七九："东岳泰山君，罗浮（在今广东惠阳地区）、括苍（在今浙江台州地区）佐命。南岳衡山君，黄帝所命霍山（在今安徽六安地区）、潜山佐命。中岳嵩高山君，少室（在嵩山）、武当（在今湖北十堰南）佐命。西岳华山君，地肺（即终南山）、女儿（在今河南洛阳西南）佐命。北岳恒山君，河逢、抱犊（疑指今山西长治南壶关之抱犊山）佐命。"◆五岳各有所主。《五岳真形图》即有五岳之神分掌世间一切有生无生物之说："泰山主掌人间生死贵贱，衡岳掌星象分野、水族龙鱼，嵩岳掌土地山川、牛羊食啖，华岳掌金银铜铁、飞走蠢动，恒岳掌江河淮济、四足负荷。"◆五岳无合祭之礼，而明时西安有五岳庙，似为仅见。见明·陆容《菽园杂记》卷一。

【五岳丈人】即"宁封子"，参见该条。

【五岳真君】元·马端临《文献通考·郊社十六》：开元时，天台道士马承祯言："今五岳神祠是山林之神也，非正真之神也。五岳皆有洞府，有上清真人降任其职，山川风雨阴阳气序，是所理焉。冠冕服章、佐从神仙皆有名数。请别立斋祠之所。"上奇其说，因敕五岳各置真君祠一所。◆按：此五岳真君为道教借助朝廷势力，在五岳诸神之上强加以道教"真君"一级仙官，以对山川神之五岳实行管制。但此说并未得到民间认可，虽然唐玄宗在五岳为真君立庙，但后世竟毫无影响。参见"司马承祯"条。

【五脏神】又作"五藏神"。《太平经》卷五二："天地间有'神宝'，随五行为色，随四时之气兴衰为天地使，入人腹中为'五藏神'。"而唐人所云之五藏神近似于人身中之魂魄，唐·戴孚《广异记》："郑齐婴，开元中途次华州，忽见五人，衣五方色衣，诣厅再拜。齐婴问其由，答曰：'是大使五藏神。'齐婴问曰：'神当居身中，何故相见？'答曰：'是以守气，气竭当散。'婴曰：'审如是，吾其死乎？'曰：'然。'"《太平广记》卷一九"马周"条引《仙传拾遗》，云马周本为华山素灵宫仙官，受命降世佐唐天子。而周沈湎于酒，五脏之神遂归其本宫。五神服五方之衣，长大奇伟，离人体则人神智不明，归人本则心智开悟。而《（雍正）福建通

志》卷六○"林道人"条则云："道人能于静夜密呼五脏神姓名，其神自出，宛若人形，并长寸许，行动如常其容发分明者，是神无病，如或一脏受瘕，则其神萎靡不振。"◆五脏神名。《黄庭内景经》："心神丹元字守灵，肺神皓华字虚成，肝神龙禋字含明，脾神常在字魂停，肾神玄冥字育婴。"《云笈七签》卷五二《五帝杂修行乘龙图》亦载五脏神名，有二说，一说："肝，东方青，其人姓娄，字君明；心，南方赤，其人姓张，字巨明；肺，西方白，其人姓文，字符明；肾，北方黑，其人姓玄，字子真；脾，中央黄，其人姓巳，字符巳。"一说："肝神名青龙，字恶龙子方；心神名豪丘，字陵阳子明；肺神名方长宜，字子元；肾神名双以，字林子；脾神名黄庭，字飞黄子。"

【五镇】古时有五岳四镇之说，《周礼集说》卷七薛氏曰："以职方考之九州山镇，五州五镇，各正其方，当以岳名之。所谓五岳：兖之岱，荆之衡，雍之岳，并之恒，豫之华是也。四州四镇不可以岳名也，直谓之镇而已。所谓四镇：青之沂山，幽之医无闾，冀之霍山，扬之会稽是也。四镇五岳，总言之皆山镇也。至隋开皇十四年始于四镇之外另加吴山，似以五镇与五岳相配。"《山堂肆考》卷一四九"镇神"："唐玄宗封东镇沂山为东安公，南镇会稽山为永兴公，西镇吴山为成德公，中镇霍山为应圣公，北镇医无闾山为广宁公。"《金史·章宗纪二》："明昌六年，加五镇四渎王爵。"

【五正】即司掌五行之神。正，官长也。《春秋左氏传》昭公二十九年：木正曰句芒（其祀为重），火正曰祝融（其祀为犁），金正曰蓐收（其祀为该），水正曰玄冥（其祀为修及熙），土正曰后土（其祀为句龙）。

【五足兽】晋·王嘉《拾遗记》卷九：因墀国献五足兽，状如狮子。问使者："五足兽是何变化？"对曰："东方有解形之民，使头飞于南海，左手飞于东山，右手飞于西泽，自脐已下，两足孤立，至暮头还肩上，两手遇疾风飘于海外，落玄洲之上，化为五足兽，则一指为一足也。"参见"解形民"条。

【五髭须】即"伍子胥"之讹。唐·李肇《国史补》卷下："唐时有为伍子胥神像者，五分其髯，谓'五髭须神'。"五代孙光宪《北梦琐言·逸文》卷五："江陵有村民，事伍子胥神，误呼'五髭须'。乃画五丈夫，皆胡腮，祝呼之，祭云：'一髭须，二髭须，五髭须。'"宋·高文虎《蓼花洲闲录》云："温州有土地杜十姨，无夫，五髭须相公，无妇，州人遂迎杜十姨以配五髭须，合为一庙。杜十姨为谁？杜拾遗（甫）也。"按：乡祠之谬者尚有"吴越王"，南宋·常棠《海盐澉水志》卷五载当地有吴越王庙，本为五代时吴越国王钱俶，而乡人竟并祀吴王夫差、越王勾践二仇人。

【五子庙神】见"五通母"条引陆容《菽园杂记》文。

【伍守静】明时人。《（康熙）乐安县志》（今江西乐安）卷一○："四十五都龙江人。永乐间入仙游观，得吴真人秘授法旨。时雩都张小鬼每逢闰岁四出布灾，将至乐安，伍与之斗法，擒之，夺其宝三件。"参见"张小鬼"条。

【伍相奴】鬼怪名，有鸟都、人都、猪都、山都等目，因祷于伍相（子胥）庙可止其厉祟，故称为伍相奴。唐·段成式《酉阳杂俎·前集》卷一五："伍相奴或扰人，许于伍相庙多已。旧说一姓姚，一姓王，一姓汪。昔值洪水，食都树皮，饿死，化为鸟都，皮骨为猪都，妇女为人都。鸟都左腋下有镜印，阔二寸一分，右脚无大指，右手无三指，左耳缺，右目盲。在树根居者名猪都，在树尾者名鸟都。其禁有打土垄法、山鹊法。其掌诀：右手第二指上节边禁山都眼，左手目禁其喉。"

【伍子胥】潮神，或称涛神，又为"四渎"之济渎。《史记·伍子胥列传》："姓伍名员，字子胥。春秋时楚人。父兄一门忠义，为楚平王所杀。子胥逃至吴，助吴公子阖闾谋得王位，富国强兵。辅吴王夫差西破强楚，鞭楚平王之尸。又灭吴之宿仇越国。因谏夫差而

伍子胥 搜神广记

被迫自杀。夫差取子胥尸盛以鸱夷，浮于江中。吴人怜之，为立祠于江上，名曰胥山。"至东汉·赵晔《吴越春秋》卷六已记有子胥成神事："吴王断子胥头置于高楼上，投其尸于江中。子胥因随流扬波，依潮来往，荡激崩岸。越王勾践入吴至胥门，

见子胥头巨若车轮，目若耀电，须发四张，射于十里。越军大惧。即日夜半，暴风疾雨，雷奔电激，飞石扬沙，越军僵毙。范蠡、文种稽颡肉袒，拜谢子胥之神，神乃许越军自东门入。越既灭吴，勾践逼杀文种，葬于三峰之下，逾一年，伍子胥从海上穿山胁而持种去，与之俱浮于海。故前潮水潘侯者，伍子胥也，后重水者，大夫种也。"东汉·袁康《越绝书》又称子胥为"水仙"："子胥死后，吴王使人弃尸于大江之口。勇士执之，乃有遗响，发愤驰腾，气若奔马，威凌万物，归神大海，仿佛之间，音兆常在。后世称述，盖子胥水仙也。"明·彭大翼《山堂肆考》卷二三引《临安志》："吴王既赐伍子胥死，乃取其尸，盛以鸱夷之革，浮之江中。子胥因流扬波，依潮来往，荡激堤岸，势不可御。或有见其乘素车白马在潮头者，因为立庙。仲秋既望，潮水极大，杭人以旗鼓迓之，弄潮之戏，盖始于此。"又云："子胥死，戒其子曰：'投吾于江中，吾当朝暮乘潮以观吴之败。'自是海门山潮头汹涌，高数百尺。"◆自汉至隋时，子胥潮神之庙已不限于钱塘。《后汉书·张禹传》："拜杨州刺史。当过江行部，人皆以江有子胥之神，难于济涉。"《太平广记》卷二九一引《钱塘志》："庐州城内淝河岸上，亦有子胥庙。每朝暮潮时，淝河之水，亦鼓怒而起，至其庙前。高一二尺，广十余丈，食顷乃定。俗云与钱塘江水相应焉。"◆按：唐宋时江南于诸有潮之处多设子胥之庙，而最大之庙似在杭州之吴山，因钱塘江潮最壮观也。至述江潮起时，见子胥乘白车素马，随巨潮往来，亦颇传神。又北宋·王谠《唐语林》："一乡一邑必有祀庙，号为伍员庙，必五分其髯，谓五髭须。"又南宋·陆游《入蜀记》云："楚故城，前临江水，对黄牛峡。城西北一山，有伍子胥庙。大抵自荆以西，子胥庙甚多。"按：自汉以来，民间奉祀伍子胥最盛，清·赵翼《陔余丛考》卷三五"伍子胥"条述之甚详。可参看。◆按：此不唯因其为潮神也。子胥亡走昭关，吹箫吴市，历尽艰难，终于鞭平王之尸，报父兄之仇，后又以其死后之灵示威于越兵，泄愤于夫差，以上故事使其为华夏最壮烈之复仇者，故民间崇仰子胥，未尝不是把他当作"复仇之神"奉祀。◆伍子胥封号。清·姚福均《铸鼎余闻》卷二："《史记》吴杀子胥，以鸱夷投之江中，吴人立祠江上。后汉太守糜豹移庙于吴郭东门外。南朝刘宋元嘉二年徙庙于匠门内。唐垂拱四年，狄仁杰奏毁江南淫祠一千七百余所，独存夏禹、泰伯、延陵季子及子胥庙。唐景福二年封广惠侯，五代钱镠奏改惠应，旋进爵吴安王。宋真宗大中祥符五年赐忠清庙额，封英烈王。徽宗政和六年加封威显。南宋高宗绍兴改封忠壮。宁宗嘉定十七年累封忠武英烈威德显圣王。元成宗大德间改封忠孝感惠显圣王。清雍正七年改封英卫公。"◆又"四渎"之祀，明代民间以伍子胥为济渎之神。又台湾地区民间以伍员为水仙尊王之一。见仇德哉《台湾之寺庙与神明（二）》。

【武抱一】《仙鉴》卷四八：建康人。初从茅山道士为童，以时击钟。宋太祖建隆中，遇至人乃得道，去来不可测，人谓之仙童。

【武财神】民间以赵公明为武财神，以与比干的"文财神"相对。后又有以关羽为武财神者。

武财神

【武昌丐者】清·王士禛《居易录》卷二四：田雯官武昌时，与毛际可游书肆，见一丐者，衣服褴褛而神宇清异，臂布囊，中畜鼠数十头，以为食。毛予之钱，不受，指其囊曰："只此足矣，得钱无所用也。"因阅毛所买书，曰："此习见书，岂不贮腹笥而更买诸肆乎？"毛益骇其言，与谈，九流三教无不淹贯。又索纸自写其诗，尽数十番，字杂行草篆隶，多警策语，间有隐语。后数年，夏包子作乱武汉间，以其语验之，皆合。

【武成王】❶姜太公。《通典》卷五三："唐乾元元年，追封太公望为武成王。飨祭之典同文宣王。"南宋·孟元老《东京梦华录》卷四，记北宋时汴梁有武成王庙。卷一五："祀太公，曰昭烈武成王。"❷《封神演义》中黄飞虎封武成王。◆按：黄飞虎封号同祀典中之姜太公，而太公有"飞熊"之名，飞虎又与之相近。太公封齐，而飞虎为东岳，又相同，故张政烺先生《〈封神演义〉漫谈》以为小说中的黄飞虎即从姜太公演变而来。

【武担山精】晋·常璩《华阳国志》卷三："武都（今四川绵竹西北）有一丈夫化为女子，美而艳，盖山精也。蜀王纳为妃，不习水土而死。王乃遣五丁之武都，担土为冢，盖地数亩，高七丈，上有石镜。今成都北角武担是也。"清·陈祥裔《蜀都碎事》卷一引《蜀记》："冢盖地数亩，上有一石，厚五寸，径五尺，莹彻如镜，号曰石镜。"又引《路史》云武担山有开明（古蜀王）妃之墓。

【武德英侯】仇德哉《台湾之寺庙与神明（四）》：又称章元帅，以犬为祭品牲物。相传章元帅生前为窃盗，一次行窃时因犬吠被捉入官，故对狗极痛恨，尝言一旦为神，当以狗为祭品。据传说，明代某年皇宫火灾，元帅显圣抢救，得封武德英侯，列入庙食，以狗为祭牲。

【武陵娘子】即西施。清·许缵曾《东还纪程》：辰（州）、常（德）之间，人多尚鬼。如蠡山庙祀越相（指范蠡），而山畔复有武陵娘子祠，云乃大夫之妻，载在府乘，得非谓沼吴有功，当日黄金铸像，兼及若耶丰度耶？

【武罗】《山海经·中山经》："青要之山，实维帝之密都。魊（即神字）武罗司之，其状人面而豹文，小腰而白齿，而穿耳以镱，其鸣如鸣玉。"

武罗　山海经图 蒋应镐本

【武蓬头】明时人。《（康熙）江宁府志》卷二七：年未二十，如老人。性与俗忤，不知时务，不冠不履，披发髯髭，因号曰武蓬头。诊人脉决生死，悉验；往往语未来事，无不应者。自言死期，人以为颠。至期，笑与众别，始知其仙去。

【武婆婆】南宋·周去非《岭外代答》卷一〇："广西人言武则天之母为钦州人，今皆祀武后，冠帔巍然，众神环坐，所在神祠无不以武为尊。巫者召神，称曰武太后娘娘，俗曰武婆婆。"明·钱希言《狯园》卷一二有"武婆"条亦言此，云："粤西民间，喜设淫飨之事，中秋宴会，家祀武婆，谓唐武曌也。临桂、灵川、兴安、阳朔、永福、古田间，其俗尤盛，村落皆立武婆祠矣。"

【武曲星】明·邢云路《古今律历考》卷二八："北斗居中天，第一贪狼星，第三禄存星，为东斗，主算；第二巨门星，第四文曲星，为西斗，记名；第六武曲星，正居本位，为北斗，落死；第五廉贞星，为南斗，上生；第七破军星，正居中位，为中斗。"清·姚福均《铸鼎余闻》卷一："斗第四星为文曲，卯酉生人所属斗。第六星为武曲，丑未生人所属。"

【武夷君】武夷山之仙人，早在汉武帝时即已立祠祭祀，见《史记·封禅书》：汉武帝时有人上书云："古者天子常以春解祠，祠黄帝用一破枭镜；冥羊用羊祠；马行用一青牡马；太一、泽山君地长用牛；武夷君用干鱼；阴阳使者以一牛。"后世有数说：❶彭祖父子。《天中记》卷七："武夷山为钱铿炼丹之所，有二子，一曰武，一曰夷，因以名山。"❷即控鹤仙人。《仙鉴》卷四："天台山（今浙江天台北）元灵老君华真仙师遣第七弟子名属仁，乘云驾鹤，游历此山，安排地仙。今人号为控鹤仙人者是也。"《仙鉴》卷四："昔有魏王名子骞，在同州立王城。此人是坠地仙人，后于武夷山得道。一说：昔有张湛等男子八人及胡氏等女子四人，共十二人，同诣武夷山求道，谒魏王为地主。会天亢旱，魏王置酒，祭仙祈雨。时控鹤仙人乘云鹤白马从空而下，遂降雨。张湛等献诗，云：'武夷山下武夷君，白马垂鞭入紫云。空里只闻三奠酒，龙潭陂上雨纷纷。'仙人得诗甚喜，乃遣何凤儿往天台山取仙籍一卷，检视魏王、张湛等十三人本为天上谪仙，合居此山八百年后方得道归天。于是安排魏王等居此山，各赐胡麻一合，汤药半合，云：'公等八百年后可斫取黄心木为棺，于此岩下玄化，魂魄便得归天。'至期果玄化，乃于小藏岩中安排棺木，悬于岩中，至今在焉。"❸无名仙人。《仙鉴》卷四："武夷山有神人，自称武夷君，曰：'吾居此山，因而为名焉。'"❹太姥之子。《仙鉴》卷四："混沌初开，有神曰圣姥，母子二人，居于武夷山。秦时人号为圣姥，众仙立为太姥圣母，今人祝庙呼为太元夫人者是也。又云：秦始皇二年八月十五日，武夷君置酒会乡人于幔亭峰上。幔亭北壁当中设一虚床，谓之太极玉皇座，北壁西厦设太姥魏真座，北壁东设武夷君座。"是武夷君当为太姥之子，而太姥姓魏，又与"魏王"之说相关。详见"魏王"条。◆清·袁枚《续子不语》卷一："大兴朱竹君学士，梦上帝召复武夷君位。先生以文集未成泣辞，帝许之。余按宋人说杨文公初生时，遍身紫毛长一尺，自呼武夷君，与竹君先生相似。"按：朱筠，字竹君。杨亿，谥文公。参见"武夷仙"条。◆朱熹《武夷图序》所说最为近理："武夷君之名，著自汉世，祀以干鱼，不知果何神也。今建宁府崇安县南二十余里有山名武夷，颇疑前世道阻未通、川壅未决时，夷落所居，而汉祀者即其君长，盖亦避世之士，生为众所臣服，没而传以为仙也。"

【武夷仙】明·朱国桢《涌幢小品》卷二五："杨亿之初生也，母章氏梦羽衣人，自言武夷仙托化，既诞，则一鹤雏也。弃之江，复追之江滨，已化为婴儿。"而元·佚名《湖海新闻夷坚续志·前集》卷一则云："英庙、神考、哲宗此三君者，杨大年（亿）以为皆武夷仙人应世。"明·彭大翼《山堂肆考》卷二五"升真"条云前说见于杨大年家集。◆清·袁枚《随园随笔》卷二七引《章渊赘笔》："杨文公死时命家人勿哭，曰：'汝等视我气绝后顶赤者，升天为仙；腹赤者，轮回为人；足赤者，坠落为物。'"

【武攸绪】唐·段成式《酉阳杂俎·前集》卷二：武则天从子，年十四，潜于长安市中卖卜，一处不过五六日。后隐居中岳。晚年肌肉殆尽，目有紫光，昼见星月，又能辨数里外语。◆按：武攸绪，《唐书》有传，略云：攸绪，少有志行。天授中封安平郡王，历迁殿中监，出为扬州大都督府长史。圣历中，弃官隐于嵩山，以琴书药饵为务。中宗即位，以车安备礼征之。寻请归嵩山，制从之。及三思、延秀等构逆，诸武多坐诛戮，唯攸绪以隐居不预其祸，时论美之。睿宗即位，征为太子宾客，不就。开元二年，攸绪又请就庐山居止，制不许。仍令州县数加存问，不令外人侵扰。十一年卒，年六十九。

【武元照】宋时人。南宋·洪迈《夷坚丁志》卷一四"武真人"条："会稽萧山（今浙江萧山）民女，自幼食素。及长，许嫁于富室，怏怏不乐。母责之，乃云：梦金甲神，告以后土见召，既见后土，戒曰：'汝本玉女，暂谪尘世三纪。汝归后不得食谷。'又授以灵宝大洞法。母遂为绝婚事。自是独居一室，以符水为人疗疾，远近奔辏，异事甚多。南宋高宗绍兴间尸解。"明·王圻《续文献通考》卷二四三："绍兴十一年某月日，忽诣数十家聚话。后往访其家，已于当日死矣。"

【武志士】宋时人。明·王世贞《列仙全传》卷八：不知何处人。修炼于来宾之武禅山。每出赴斋供，即架青布幕于桥，去五七里，或至市廛。人见而奇之。数年道成，宋建炎初白日上升。

【务成子】晋·王嘉《拾遗记》卷四："昔黄帝时，务成子游寒山之岭，得黑蚌于高崖之上，故知黑蚌能飞也。"《仙鉴》卷二："务成子于尧时降于姑射山，

武志士 列仙全传

说《玄德经》，教以谦逊之道。一云作《政事宣化经》四十卷。"宋·谢守灏《混元圣纪》卷一："老子于尧帝时降世，居姑射山，号务成子。"晋·葛洪《抱朴子内篇·明本》："昔赤松子、王乔、琴高、老氏、彭祖、务成、郁华皆真人，悉仕于世，不便遐遁。"◆《抱朴子内篇·金丹》述诸丹法，中有"务成子丹法"。明·方以智《物理小识》卷五："务成萤火丸，免疫甚验。其方乃汉武威太守刘子南得之尹公，受战阵，矢不能及。后有青牛道士传之皇甫隆，以传魏武帝。"

【务光】西汉·刘向《列仙传》卷上："务光，夏时人。耳长七寸，好琴，服蒲韭根。殷汤将伐桀，因光而谋。光曰：'非吾事也。'汤曰：'孰可？'曰：'吾不知也。'汤曰：'伊尹何如？'曰：'强力忍垢，吾不知其它。'汤既克桀，以天下让于光，光曰：

务光 列仙图赞

'废上非义，杀人非仁。人犯其难，我享其利，非廉也。'遂负石自沉蓼水（《庄子·让王》作'庐水'）。已而自匿。后四百余岁，至武丁时复见。武丁欲以为相，不从。武丁以舆迎而从，逼不以礼。遂投浮梁山，后游尚父山。"◆梁·陶弘景《真诰》卷四："务光剪韭以入清泠之渊。"乃言其尸解成仙事。◆《庄子·让王》作"瞀光"。

【务光子】《云笈七签》卷一〇〇《轩辕本纪》

云："有务光子者，身长八尺七寸，神仙者也。"注："夏时饵药养性鼓琴，有道寿永者。"

【务勿尘】《魏书·释老志》："三国魏时，北魏拓拔氏之始祖沙漠汗者，有随从名务勿尘，姿神奇伟，登仙于伊阙之山寺。"参见"鲜卑务尘"条。

【物女】西汉·董仲舒《春秋繁露·王道》："干溪有物女，水尽则女见。"清·俞樾《右台仙馆笔记》卷四："扬州北鄙雷塘乡，近年忽出一物女，与村中少壮者交，交辄病，病重者死。"按：此"物女"似指女魅，与干溪之物女无干。

【婺女星君】婺女，天上星座名，与河鼓（即牵牛）相近，其北为织女。民间常有婺女下降人间故事。《太平广记》卷六五"姚氏三子"条引五代·杜光庭《神仙感遇传》："织女、婺女、须女星皆无光，是三女星降下人间。"南宋·洪迈《夷坚支志·庚集》卷六"胡宏休东山"条："胡宏山母死，择吉地造墓。方施工之际，持锄者百辈，半染狂疾。至还舍，十六人死。胡必欲用，朝暮自程督。

尝醉寐草舍，恍然如梦。见三妇人立于前，著白衣襟袖，飘飘若神仙者流。同词曰：'我自婺女星君处来，家于此地。而君欲夺为立墓，诚为不可。'"
◆南宋·洪迈《夷坚甲志》卷一四、《仙鉴后集》卷六、《金华府志》："姓陈，名琼玉，金华人（志云义乌人），年十九，与姐浣于涧中，得桃实，食之，从此不火食，唯饮酒啖生果。初不识字，忽能诗词，为人言祸福悉验。一日邀其兄游四明（即明州，今浙江宁波一带）海中，兄乘舟，而己行水上。语人曰：'我水中遇婺女星君，相导至蓬莱，始知原是第十三洞主。'政和七年，召见，赐号妙靖炼师。寿九十端坐而化。"

【婺源灵祠神】南宋·吴自牧《梦粱录》卷一四"外郡行祠"条："灵顺庙，即徽州婺源（今属江西）灵祠。宋朝赐五王美号，曰显聪昭圣孚仁福善王、显明昭圣孚义福顺王、显正昭圣孚智福应王、显直昭圣孚信福佑王、显德昭圣孚爱福惠王。"按：此五神即"五圣显应灵官"，参见该条。

【X】

【xi】

【西城王君】《太平经》卷一："西城王君为后圣李君上宰，乃四辅之一。"《云笈七签》卷四《上清源统经目注序》言"《上清经》由西城王君传清虚真人小有天王王褒，王褒传魏华存，华存传杨羲，杨羲传许映"云云。梁·陶弘景《真诰》卷一四："张礼正，汉末于衡山修道，与冶明期俱受西城王君虹景丹方。"晋·葛洪《神仙传》卷七："帛和师事董奉，又诣西城王君求道。"《太平广记》卷二〇引五代·杜光庭《仙传拾遗》："杨通幽曰：'臣师为西城王君青城真人。'"《太玄真人东岳上卿司命真君传》："茅盈登山越岭，以至西城，师事王君。"《云笈七签》卷四《上清经述》："小有仙人王子登，曾于阳洛山遇南极真人西城王君，授以《大洞真经》三十一卷。"唐·段成式《酉阳杂俎·前集》卷二："王西城漱龙胎而死诀，饮琼精而扣棺。"按：《真灵位业图》："左辅后圣上宰西城西极真人总真君。"注云："姓王讳远字方平，紫阳君弟子，司命茅君师。"是西城王君即王方平也。参见"王方平"条。

【西方皓灵皇老君】道教五老之一。与东方青灵始老君、南方丹灵真老君、中央黄老君、北方五灵玄老君并列。《云笈七签》卷一〇引《洞玄本行经》：为灵凤之子。灵凤以呵罗天中降生于卫罗天堂世界，卫罗国王畜之。王长女配瑛怜爱灵凤，灵凤常以两翼扇女。后十二年，女忽有胎。王遂斩凤头，埋于林中。配瑛生女，堕地能言，曰："我是凤子，位应天妃。"王于是名之曰皇妃。生三日，有群凤来贺。王女思灵凤，临于林中而歌，灵凤遂复活，抱女飞入云中。王女遂受封为南极上元君。至上元之年，元始天尊会于卫罗国，皇妃所住室内忽有日象如镜，镜中映见普天大神。于是皇妃登台遥望，有神凤翔于台上。皇妃坐于凤翮之上，飞至天尊处。天尊指金台王母，使为皇妃之师。后皇妃复寄胎于李氏，三年而生于西那玉国，是为男身，改姓上余，名曰昌。至开光元年，元始天尊赐号西方七宝金门皓灵皇老君。

【西海神】晋·张华《博物志》："文王梦一妇人当道而哭，问其故，曰：'我东海泰山神女，嫁为西海妇'云云。"是中国西部虽无海，却有西海之神，其神之性质当属五方神，位次东海神后，故《太公金匮》以五方神名名之，云："南海之神曰祝融，东海之神曰勾芒，西海之神曰蓐收，北海之神曰玄冥。"而纬书《龙鱼河图》则云："西海君姓勾大名丘百，夫人姓灵名素简。"道书《黄庭遁甲缘身经》则云西海神名祝良。至于《唐会要》卷四七所云"天宝十载，封东海广德公，南海广利公，西海广运公，北海广泽公"，则为龙王封号，与西海神已非一物矣。

西方皓灵皇老君 北京白云观

【西汉夫人】《太平广记》卷五七"太真夫人"条引《神仙传》："安期生谓太真王夫人曰：'下官先日往九河，见司阴与西汉夫人共游，见问以阳九百六之期，圣主受命之劫。今既赐坐，愿请此数。'"按：正统道藏本《元始上真众仙记》（即葛洪《枕中书》）云："太元母生天皇十三头……又生九光玄女，号曰太真西王母，是西汉夫人。"而陶弘景《真诰》记二十三真人、十五女真，西汉夫人又为十五女真之一。《广记》所引《神仙传》应即葛洪《神仙传》，其中所言西汉夫人仙位自在西王母之下，只可在十五女真之列，却与《枕中书》相异如此。

【西河少女】汉时女子。《太平广记》卷五九引

《女仙传》：西河少女者，神仙伯山甫外甥也。山甫，雍州人（今陕西西安），入华山学道，精思服食，时还乡里省亲族。二百余年，容状益少。入人家，即知其家先世已来善恶功过，有如目击。又知将来吉凶，言无不效。见其外甥女年少多病，与之药。女服药时，年已七十，稍稍还少，色如婴儿。汉遣使行经西河，于城东见一女子，笞一老翁。头白如雪，跪而受杖。使者怪而问之，女子答曰："此是妾儿也。昔妾舅伯山甫，得神仙之道，隐居华山中。悯妾多病，以神药授妾，渐复少壮。今此儿，妾令服药不肯，致此衰老，行不及妾，妾恚之，故因杖耳。"使者问女及儿年各几许，女子答云："妾年一百三十岁，儿年七十一矣。"此女亦入华山而去。

【西皇】即少昊。《楚辞·离骚》"招西皇使涉予"王逸注："西皇，帝少皞也。"

【西极总真君】《茅君传》："西极总真君，茅司命之师。服青精及九转丹，治西城山宫。汉元帝时降于阳洛山，授玉清虚上经。晋时又降魏夫人于阳洛台。"按即称"西城王君"之王远。

【西灵王母】即"西王母"。见该条。

【西灵子都】梁·陶弘景《真诰》卷一四：西灵子都，太玄仙女也。授司马季主石精金光藏景化形法。

【西陵氏】即蚕神嫘祖。南宋·罗泌《路史·后纪五》云："黄帝之妃西陵氏曰傫祖，以其始蚕，故又祀先蚕。"《隋书·礼仪志》："后周制，皇后以一太牢亲祭，进奠先蚕西陵氏神。"北宋·刘恕《通鉴外纪》云："西陵氏之女嫘祖，为黄帝元妃，始教民育蚕，治丝茧以供衣服，后世祀为先蚕。"参见"嫘祖"条。

【西门豹】西门豹治邺事见《史记·滑稽列传》。其神化见于《三国志·魏书·田豫传》注引《魏略》：豫病将亡，戒其妻子曰："葬我必于西门豹祠边。"妻子难之，言："西门豹古之神人，那可葬于其边乎？"《晋书·苻坚载记》："其母苟氏尝游漳水，祈子于西门豹祠，其夜梦与神交，因而有孕，十二月而生坚焉。"◆南宋·费衮《梁溪漫志》卷一〇论祠庙之讹："邺中（今河北临漳）有西门豹祠，乃于神像后出一豹尾。"

【西门君】《洞仙传》：西门君者，少好道，明诸谶纬，以《开山图》授秦始皇，而不能用。◆按：新莽时有方士西门君惠，史称"好天文谶记"。此西门君或与君惠有关。

【西秦王爷】❶台湾地区谓即唐明皇李隆基，亦称"郎君爷"或"西秦王"。❷又有谓即雷海青者。见仇德哉《台湾之寺庙与神明（二）》。❸又说为唐太宗李世民，其在藩邸时为秦王。沈平山《中国神明概论》："西秦王爷就是李世民。传说他始创舞狮、乐阵，所以闽、台戏乐师奉为行神。"❹另说，西秦王是五代后唐庄宗李存勖，北管乐戏奉为行神。曾结怨于蛇，一夜，蛇入床帐欲害，适被狗所御。故乐师忌言蛇，神像之旁塑一狗，亦此由来。◆按：西秦王爷像旁所塑之犬，疑与二郎神有关。二郎本有梨园行神之说，此西秦王爷或由二郎演变而来。

【西山神】北宋·乐史《太平寰宇记》卷八五："四川仁寿县有陵井，七狼毒井，今名陵井。按《郡国志》云：'昔张道陵此处得盐井。因披排车引役人唱排车乐，愿心齐力祀玉女于井内。玉女无夫，后每年取一少年掷盐井中，若不送，水即竭。'又《蜀郡国志》云：'西山有大蟒蛇吸人，上有祠，号曰西山神。每岁庄严一女，置祠旁以为神妻，蛇即吸将去，不尔则乱伤人。周氏平蜀，许国公宇文贵为益州总管，乃改为神婚，择日设乐，送陵井玉女像以配西山神。自尔之后，无复此害。'"

【西山十二真】《新唐书·艺文志》有胡慧超《晋洪州西山十二真君内传》，慧超，唐高宗时道士，此应为"十二真君"命名之始。五代·王定保《唐摭言》卷九云："洪州（今江西南昌）之西山，乃十二真君羽化之地。"北宋·米芾《画史》中录有"西山十二真图"。南宋·陆游《老学庵笔记》卷二："西山十二真君，各有诗，多训诫语，后人取为签，以占吉凶，甚验。"可知此一组神仙在后世之影响。按：慧超之《晋洪州西山十二真君内传》应即《太平广记》所引之《十二真君传》。《十二真君传》记许逊等十二仙真事，然现仅存许逊、吴猛、兰公三人之传，其余九人不详。北宋·乐史《太平寰宇记》卷一〇六记十二真君宅，许、陈、施、周四真君并居南昌县水西敦孝乡，即游帷观是也。盱真君亦居游帷观侧。锺真君在南昌县蒙牙江丹陵观，彭真君在宗华观，黄真君在今祈仙观。甘真君丰城县（今江西丰城）飞皇观，曾真君丰城县贞阳观，时真君在游帷观，吴真君在分宁县吴仙观。据此，则十二真君者皆南昌及附近之人也。据南宋·白玉蟾《修真十书·玉隆集》此十二真君为许逊、吴猛及许逊的十大弟子洪施真人时荷、精行真人甘战、元通真人周广、正特真人陈勋、神惠真人曾亨、和靖真人盱烈、勇悟真人施岑、潜惠真人彭抗、冲道真人黄仁览、普惠真人锺离嘉。《玉隆集》所述十二真君之真君封号，为宋徽宗政和二年所封。◆按："十大弟子"中仅盱烈、施大王（当即施岑）二人见于现存《十二真君传》之"三传"中，余八人是否在唐代的十二真君数内，尚未可知。而现存"三传"中除许、吴、盱、施四人之外，尚有兰公、谌母、盱母三人，此三人是否不在十二真君数内，亦未可知。总之，这"十二真君"本始究竟是哪十二人，眼下尚无确切资料。◆按此十二真君传说为东晋时以许逊为中心的一个道教团体。此团体在传说中的师徒传承系统如下：孝悌明王传谌母及兰公，谌母传吴猛，吴猛传许逊，许逊传盱烈母子及盱烈、施大王等，许逊之仆为许大，许逊之婿为黄仁览，许逊之外甥为锺离嘉，许逊之亲家为彭抗。其教派推崇孝道，故奉孝悌明王为鼻祖，而谌母、兰公为祖师，其中特崇谌母，以见其事母之孝尤为重要。然而所有这些记载，除吴猛见于《晋书》，许逊见于宋·刘义庆《幽明录》等书之外，没有一人见于唐以前之文献，所以晋代是否已有"十二真君"或类似道团也是疑问。较为可能的是，在唐以前，洪州民间诸乡即有许逊等人之祀，然分散不相统属，及胡慧超至西山，方将各乡之祀组合为一团体，命名为"十二真君"。如此则以许逊为祖师的教派乃萌芽于唐初胡惠超，至后世则初盛于北宋徽宗，大盛于南宋之后，方为道教史中之"净明道"教派。又《太平御览》"地部"首列仙山，次五岳，次道教名山，均无豫章（今江西南昌）西山。而述南楚诸山时，豫章述及南昌山即西山，亦仅言洪崖先生事，而不及许逊诸人。可见五代及宋初，许逊教派尚无全国性影响。

【西施】西施灭吴故事详见东汉·赵晔《吴越春秋》，后世亦有神化者，晋·王嘉《拾遗记》卷三："春秋时，越谋灭吴，进美女二人，一名夷光，即西施，二名修明，即郑旦。吴人见之，莫不惊心动魄，谓之神人。吴王迷色忘政。及越兵入国，吴王乃抱二女逃于吴苑。越兵乱入，见二女在树下，皆言神女，望而不敢侵。今吴城蛇门内有朽株，尚为祠神女之处。"清·梁绍壬《两般秋雨盦随笔》卷八云："萧山土地祠为西施。毛西河《九怀词》载：宋淳熙中，敕封西施为土谷神，曰'苧萝村土地先施娘娘'。"又清·许缵曾《东还纪程》云蠡山庙祀西施，名"武陵娘子"，见该条。

【西王母】❶古代神话中的大神。《山海经·西山经》："嬴母之山又西三百五十里，曰玉山，是西王母所居也。西王母其状如人，豹尾虎齿而善啸，蓬发戴胜，是司天之厉及五残。"郭璞注："主知灾厉五刑残杀之气也。"又《海内北经》："西王母梯几而戴胜。其南有三青鸟，为西王母取食。"又《大荒西经》曰："西海之南，流沙之滨，赤水之后，黑水之前，有大山，名曰昆仑之丘。其下有弱水之渊环之，其外有炎火之山，投物辄燃。有人戴胜虎齿，有豹尾，穴处，名曰西王母。"郭璞注曰："《河图玉版》亦曰'西王母居昆仑之山'，《西山经》曰'西王母居玉山'，《穆天子传》曰'乃纪名迹于弇山之石，曰西王母之山也'。然则西王母虽以昆仑之宫，亦自有离宫别窟，游息之处不专住一山也，故记事者各举所见而言之。"吴任臣《广注》案："西王母，黄帝时乘白鹿授地图，舜时献白玉管，穆王时西王母来宾，特不过西方一国，如八百媳妇名尔。若豹尾虎齿，则亦贯胸、儋耳之类，又何足怪？"❷从战国至西汉，西王母虽仍是神话人物，但已为方士所改造，脱离了豹尾虎齿的原始形态，成为带

西施　百美新咏图传

西王母　山海经图　汪绂本

有一些"仙气"的"人神"。《穆天子传》："天子西征，至于西王母之邦，吉日甲子，天子宾于西王母。"《淮南子·览冥训》："羿请不死之药于西王母，姮娥窃以奔月。"西汉末，西王母影响已扩大到民众中，《汉书·哀帝纪》："建平四年春，大旱。关东民传行西王母筹，经历郡国，西入关至京师。民又会聚祠西王母，或夜持火上屋，击鼓号呼相惊恐。"东汉时纬书《龙鱼河图》："帝伐蚩尤，乃梦西王母遣道人以符授之曰'太乙在前，天乙备后，河出符信，战则克矣。'"❸魏晋以后则成为道教大神、女仙首领。又名西灵王母、金母，全称为九灵太妙龟山金母，或称太虚九光龟台金母元君。晋·葛洪《枕中书》云："元始天王与太元圣母相媾，先生木公即东王公，继生金母即西王母。又名九光玄女、西汉夫人。居于昆仑玄圃。西王母与东王公共理二气，育养天地万物，分掌十方之男女仙。"自后道士们开始为王母编造身世，仅其姓名，即有数说。一曰姓杨，一曰缑氏，一曰侯氏，一曰马氏，一曰何氏，一曰姓自然，有名回字婉妗者，有字君思者，有字太虚者，有字文殊者，俱为向空硬造。此后西王母在道教中的地位虽然始终未降，但其影响却日渐衰微，即在女神之中，天妃、碧霞元君也大大超越了王母。但亦间有以西王母顶替天妃、碧霞元君之神职者。如清·屈大均《广东新语》卷六："广州多有祠祀西王母，左右有夫人，两送子者，两催生者，两治痘疹者，凡六位。盖西王母弟子，若许飞琼、董双成、萼绿华之流者也。相传西王母为人注寿注福注禄，诸弟子亦以保婴为事，故人民事之惟恐后。"❹民间秘密宗教中瑶池金母。郑志明《中国社会与宗教》第二章"西王母神话的宗教衍变"云："金母与木公造人的传说，与明代新兴无生老母信仰相合，于是西王母神话与无生老母信仰渐渐合流，使西王母神话的内涵逐渐扩大。最近百年来，无生老母的形象逐渐被瑶池金母所取代。此时西王母的神格极为复杂，有的近于无极老母的性格，称为育化圣母、维皇上帝、明明上帝，等于至上神的无上崇高地位。"❺晋·葛洪《抱朴子内篇·登陟》："山中卯日称西王母者，鹿也。"见"十二辰怪"条。◆吴晗有《西王母的传说》一文，言西王母自《山海经》之梯几戴胜至仙传之龟山金母，凡八次衍变。

【西王母三鸟】《山海经·海内北经》："西王母梯几而戴胜。其南有三青鸟，为西王母取食。"又《大荒西经》："有三青鸟，赤首黑目，一名曰大鵹，

一名少鵹，一名曰青鸟。"郭璞注："皆西王母使也。"

西王母三鸟　山海经图　蒋应镐本

【西阳子】《（康熙）祁阳县志》（今湖南祁阳）卷八：无名氏，不知何许人。来自西蜀，上九疑山（在湖南宁远南）过祁阳，居卢处士家。人往求药，无不应，但取葫芦中丸子与之，沉疴立愈；虽给百余人不匮。人叩以仙术，答云："忠臣孝子，便是神仙。一切服食导引皆安，不可学也。"后还蜀，不知所终。

【西岳】自有五岳，华山即为西岳。由于华山地邻长安，所以历代甚受尊崇，在五岳中地位颇高，仅次于东岳。其人神化亦始于东汉，当时朝廷官府对西岳之祀亦极重视。唐玄宗仿武则天封中岳之举，以西岳正当本命，封为金天王，所以西岳封王尚在

五岳　西岳金天大利顺圣帝

东岳之前。宋又封为金天顺圣帝。自唐至五代，金天王声名显赫，民间信仰尤盛。但据唐·卢肇《逸史》等载，在当时的民间传说中，金天王霸占人妻，索贿徇私，亦一恶神耳。道教分配给西岳神的职司，是主管世界金银铜铁五金之属，陶铸坑冶，兼羽毛飞鸟。此亦从西方属金之五行说附会而来。◆唐·范摅《云溪友议》卷下："乐坤员外，素名冲，出入文场多蹇。元和十二年，夜祷华岳庙，虔心启祝，愿知升黜之分。中夜忽梦一青绶人，检簿书，报云：'来年有乐坤及第，坤名已到冥簿，不见乐冲也。'冲遂改名坤。果如其说，春闱后，经岳祈谢。"又唐·戴孚《广异记》，亦载华山神拷掠幽魂及掌生人禄簿事，据此则西岳亦掌冥府事也。

【希有】汉·东方朔《神异经·中荒经》：昆仑之

山有铜柱，其高入天，故曰天柱，围三千里，周圆如削，下有回屋，方百丈，仙人九府治之。上有大鸟，名曰希有，南向张翼，左翼覆东王公，右翼覆西王母，背上小处无羽，一万九千里。西王母岁登翼上之东王公也。

【郗俭】晋·张华《博物志》卷五：三国时阳城（今山西阳城）人，字孟节。能行导引，号三百岁。曹操召问修炼法，曹丕、曹植俱不信，因令辟谷百日，而作止自如。操遂重之，命为方士领袖。

【郗鉴】《太平广记》卷二八引《纪闻》：武威（今甘肃武威）段熟，少好清虚慕道，不食酒肉。年十六，辞父离家，寻名山，访异人求道。天宝五载，行过魏郡，舍于逆旅，见一客自驾一驴，七十余矣，雪眉霜须，而貌如花。熟知是道者，叩头诚祈，愿至山中，咨受道要。叟自言姓孟，居在恒山。乃引其入山，其中有瓦屋六间，诸先生居之，其一为"老先生"。熟在山四年，前后见老先生出户，不过五六度。但于室内端坐绳床，正心禅观，动则三百二百日不出。老先生常不多开口，貌有童颜，体至肥充，都不复食。每出禅时，或饮少药汁，亦不识其药名。后老先生忽云："吾与南岳诸葛仙家为期，今到矣，须去。"熟在山久，忽思家，因请还家省觐，老先生曰："知此人不终，何与来也？"于是使归。归后一岁，又却寻诸先生，至则室屋如故，门户封闭，遂无一人。熟在山间，常问孟叟："老先生何姓名？"叟取《晋书·郗鉴传》令读之，谓曰："欲识老先生，即郗太尉也。"

【奚乐山】唐·薛用弱《集异记》"奚乐山"条：上都通化门长店，多是车工之所居也。广备其财，募人集车，每治片辋，悬钱百文。虽敏手健力器用利锐者，日止一二而已。有奚乐山，携持斧凿，诣门自售，谓主人："幸分别辋材，某当并力。"主人讶其贪功，笑指一室曰："此有六百片，可任意施为。"乐山曰："或欲通宵，请具灯烛。"主人谓其连夜，当倍常功，固不能多办矣，所请皆依。乐山乃闭户屏人，丁丁不辍，及晓，启主人曰："并已毕矣，愿受六十缗而去也。"主人泊邻里大奇之。则视所为精妙，锱铢无失，众共惊骇。即付其钱，乐山谢辞而去。主人密候所之。其时严雪累日，都下薪米翔贵。乐山遂以所得，遍散于寒乞贫窭不能自振之徒，俄顷而尽。遂南出都城，不复得而见矣。

【徯龙】即"徯龙"，见该条。

【傒囊】晋·干宝《搜神记》卷一二：吴诸葛恪为丹阳太守，尝出猎两山之间，有物如小儿，伸手欲引人。恪令伸之，乃引去故地。去故地，即死。既而参佐问其故，恪曰："此事在《白泽图》内，曰：两山之间，其精如小儿，见人，则伸手欲引人，名曰傒囊，引去故地，则死。"◆按《太平寰宇记》卷八九引作"系囊"。《三国志补注》卷六引《异苑》作"徯"。

【犀渠】《山海经·中山经》："厘山，有兽焉，其状如牛，苍身，其音如婴儿，是食人，其名曰犀渠。"

犀渠　山海经图　汪绂本

【犀犬】晋·干宝《搜神记》卷一二：晋惠帝元康中，吴郡娄县（今江苏昆山）怀瑶家忽闻地中有犬声隐隐。视声发处，上有小窍，大如蟓穴。瑶以杖刺之，入数尺，觉有物，乃掘视之，得犬子，雌雄各一，目犹未开，形大于常犬。哺之，而食。左右咸往观焉。长老或云："此名'犀犬'，得之者，令家富昌，宜当养之。"以目未开，还置窍中，覆以磨砻，宿昔发视，左右无孔，遂失所在。瑶家积年无他祸福。

【徯】见"傒囊"条。

【徯龙】《太平御览》卷八八六引《白泽图》："室之精名徯龙，如小儿，长一尺四寸，衣黑衣，赤帻大冠，带剑持戟。以其名呼之，即去。"

【溪父】西汉·刘向《列仙传》卷下：南郡（治在今湖北沙市）埔人。居山间，有仙人常止其家，教以瓜子与桂附枳实共食，经二十年能飞走，升山入水。后百余年，居绝山顶，呼溪下父老，与道平生事云。

【蹊鼠】汉·东方朔《神异经》：北方层冰万里，厚百丈，有磎鼠在冰下土中焉。形如鼠，食草木。肉重千斤，可以作脯，食之热。其毛八尺，可以为羽褥，卧之却寒。其皮可以蒙鼓，闻千里。其毛可以来鼠，此毛所在，鼠辄聚焉。

【锡则子】宋·谢守灏《混元圣纪》卷一：商汤时老君降世，居于潜山，号锡则子。

【羲和】❶远古神话中天帝帝俊之妻。《山海经·大荒南经》："东海之外，甘水之间，有羲和之国。有女子名羲和，方浴日于甘渊。羲和者，帝俊之妻，生十日。"❷日御。《楚辞·离骚》："吾令羲和弭节兮，望崦嵫而勿迫。"洪兴祖注："日乘车，驾

羲和浴日　山海经图　汪绂本

以六龙，羲和御之。"❸黄帝之臣。《史记·历书》"索隐"："黄帝使羲和占日，常仪占月。"◆按郭璞注《大荒南经》曰："羲和，盖天地始生，主日月者也。故《启筮》曰：'空桑之苍苍，八极之既张，乃有夫羲和，是主日月，职出入以为晦明。'又曰：'瞻彼上天，一明一晦，有夫羲和之子，出于阳谷。'故尧因此而立羲和之官，以主四时。其后世遂为此国，作日月之象而掌之，沐浴运转之于甘水中，以效其出入汤谷虞渊也，所谓世不失职耳。"

【席琰】元·陆友《研北杂志》卷下：席琰，元时吴兴（今浙江湖州）人。幅巾野服，隐居南山下。性恬淡，学道家有数息法，终日危坐寡言。喜饮酒，复善鼓琴。自号山云。晚岁益纵酒，或行歌道上。其后无疾而逝，人以为仙。

【鳛鳛】《山海经·北山经》："涿光之山，嚣水出焉，而西流注于河。其中多鳛鳛之鱼，其状如鹊而十翼，鳞皆在羽端，其音如鹊，可以御火，食之不瘅。"

鳛鳛　山海经图　汪绂本

【喜】唐·释道世《法苑珠林》卷五八引《白泽图》："左右有山石，水生其间，水出流千岁不绝，其精名曰喜，状如小儿，黑色。以其名呼之，可使取饮食。"

【喜神】❶袁珂《中国神话传说词典》引《宣汉县志》卷一五："正月元日鸡初鸣时，祀喜神于其方，

喜神　妙峰山娘娘庙

日出天行。"清·富察敦崇《燕京岁时记》："除夕接神之后，即为新年。于初次出房时，必迎喜神而拜之。"《北平风俗类征·岁时》引《京华春梦录》："妓院中有俗，元旦黎明，携帕友走喜神方，谓遇得喜神，则能致一岁康宁。"胡朴安《中华全国风俗志》下编"河南"一章中记沘源县人家除夕之迎喜神云："祭祖先诸神之后，排列香表、鞭炮、酒肉各物于一方桌上，四人界起，一人整齐衣冠，向本年喜神所在方位，一直行去，谓之迎喜神。途中凡遇老少男女，或飞禽走兽，即焚烧香表，鸣鞭炮，叩首，意谓迎得喜神，一年内万事如意也。"按：据此，则喜神与福神、凶神、太岁之类相同，本为星卜家之抽象物，只是未随福神等人神化耳。❷梨园界之"喜神祖师"，张次溪编《清代燕都梨园史料》卷下有《重修喜神祖师庙碑志》《重修喜神殿碑序》《重修天喜宫祖师像碑记》，俱未详言其神为何人。据云喜神即舞台上所用道具"彩娃子"（如《四郎探母·坐宫》中公主所抱布娃娃者是），至后台则为伶界崇奉，地位仅次于老郎神。❸祖先之像。喜神风俗。清·顾禄《清嘉录》卷一："正月元日，比户悬挂祖先画像，肃衣冠，率妻孥以次拜，或三日、五日、十日，上元夜始祭而收者，至戚相贺，或有展拜尊亲遗像者，谓之'拜喜神'。杭州或称为'神子'。其三五世合绘一幅者，则曰'代图'，亦曰'三代图'、'五代图'。"按此喜神又称"彩神"，见明·李诩《戒庵老人漫笔》卷六"彩神图"条。❹即房中术之素女、玉女也。南宋·洪迈《夷坚丁志》卷一九"玉女喜神术"条："句容（今江苏句容）茅山有一女子未嫁而孕，问之，女曰：'每睡时似梦非梦，必为一道士迎置静室行房事。'女父疑茅山观中道士所为，使女侦之，果得之，擒讯之，曰：'某所行盖玉女喜神术也。'因于狱，忽黑雾四塞，雾散而道士不见。"❺欢喜

佛亦称"喜神"。明·于慎行《谷山笔麈》卷一七："元成宗建天宁、万寿寺，寺中塑秘密佛，形像丑怪，即所谓演揲秘密法也。传闻大内在一秘殿，内塑喜神，主上大婚，先期入参，虽沿旧俗，亦有深意，然不可闻于世也。演揲儿法，一名大欢喜秘密禅定，故曰喜神。"

【戏神】即梨园行之行业神。明·汤显祖有《宜黄县戏神清源师庙记》，中云："予闻清源，西川灌口神也，为人美好，以游戏而得道，流此教于人间，讫无祠者。子弟开呵时一醪之，唱罗哩而已。予每为恨。"此戏神为灌口二郎。详见"梨园神"及有关诸条。

【细民】晋·张华《博物志》卷二："细民，死后肝不朽，埋之百年，化为人。"唐·段成式《酉阳杂俎·前集》卷四"百年"作"八年"。

【细鸟】汉·郭宪《洞冥记》卷二：元封五年，勒毕国贡细鸟，以方尺之玉笼盛数百头，形如大蝇，状似鹦鹉，声闻数里，如黄鹄之音。国人常以此鸟候时，亦名曰候日虫。

【xia】

【虾子和尚】南宋·龚明之《中吴纪闻》卷五：承平时有虾子和尚，好食活虾。乞丐于市，得钱即买虾，贮之袖中，且行且食。或随其所往密视之，遇水则出哇，群虾皆游跃而去。后不知所终。

【瑕丘仲】或作"班丘仲"。西汉·刘向《列仙传》卷上："宁（似指今河南宁陵）人，卖药于宁百余年，人以为寿。地震，瑕丘仲家临水而坏，仲死。民或取仲尸弃水中，收其药而卖之。仲披裘而见，取药者惧而叩头求哀。仲曰：'恨汝使人知我耳。吾去矣。'后为夫余胡王驿使，复来至宁。北方谓之谪仙人。"东汉·郭宪《洞冥记》卷三："瑕丘仲采药得龙肝瓜，食之，千岁不渴。"◆《仙鉴》卷三有"瑕仲丘"，即"瑕丘仲"之误。

【夏得海】清·梁章钜《归田琐记》卷三"夏得海"条：泉州洛阳桥畔有夏将军庙。俗传蔡襄守泉时，因修桥，遣醉隶夏得海入海投文，得"醋"字而返，遂于二十一日酉时兴工。儒者多斥其妄。◆按洛阳桥托始于蔡襄，醉隶事则系蔡锡，见《明史》本传。又清·赵翼《檐曝杂记》卷四"洛阳桥"条亦录此则，且云："按《闽书》以此事属蔡锡，而《坚瓠集》《名山记》皆以为蔡襄事。"◆袁珂云："'夏得海'者，'下得海'之谐音也。"按此

说甚是，明清治河海者多迷信此道，下埽合龙，常选役卒名姓"吉利"如"党得住"（薛福成《庸庵笔记》卷四）之类者。

【夏馥】梁·陶弘景《真诰》卷一二：字子治，后汉陈留（今河南开封南）人。少好道，服术饵和云母。后入吴山，从赤须先生受炼魂法。又遇桐柏真人受黄水云浆法，得道。入东华方诸宫为明晨侍郎。◆按夏馥，《后汉书》有传：字子治，陈留圉（河南杞县南）人。少为书生，不事豪贵。汉桓帝时举直言，不就。党锢之祸，馥剪须变形，逃入林虑山，隐匿姓名，为冶家佣工。党禁未解而卒。又见晋·皇甫谧《高士传》。

【夏盖夫人】清·薛福成《庸庵笔记》卷四：浙江上虞有夏盖山，山有夏盖夫人庙，俗传为夏禹王妃涂山氏。海中有一白龙，每年于中秋前后必朝山一次。

【夏耕尸】夏臣为汤所杀者。《山海经·大荒西经》："有人无首，操戈盾立，名曰夏耕之尸。故成汤伐夏桀于章山，克之，斩耕厥前。耕既立，无首，走厥咎，乃降于巫山。"郭璞注：

夏耕尸　山海经图　汪绂本

"亦形天尸之类。"任臣案："《经》载奢比、据比、女妭、贰负、王子夜、肝榆、犁䝮、夏耕、戎宣王之尸，不一而足，详其名义，大都如今人尸解不化者，土人传以为神。"

【夏侯隐者】唐时人。《太平广记》卷四二引《神仙拾遗传》：不知何许人。大中末游茅山、天台间，独止一室，或宿草树间。人窃窥之，但见白云，不见其身。每登山渡水则闭目而睡，至则觉，人称为"睡仙"。诸书如《齐东野语》《绀珠集》《类说》等，多误作"夏侯隐"。

【夏后启】禹子，夏朝开国国君，其与神怪事相涉者，有❶《山海经·海外西经》："大乐之野，夏后启于此儛九代，乘两龙，云盖三层，右手操翳，右手操环，佩玉璜。"又《大荒西经》："西南海之外，赤水之南，流沙之西，有人珥两青蛇，乘两龙，名曰夏后开。开上三嫔于天，得《九辩》与《九歌》

夏后启　山海经图　蒋应镐本

以下。此天穆之野，高二千仞，开焉得始歌《九招》。"按：开即启，汉人避讳改。大乐之野即大穆之野，两条所述盖一事。❷ "东明公"。见"四明公"条。

【夏孟昌】明时人。《（雍正）贵州通志》卷三二：广顺州（今贵州长顺北）人。素有道术。土司金振武赴京遇张天师。天师托振武问孟昌安好，云："昔见于南天门外，今有一笏，为我致之。"

【夏王子】南齐·祖冲之《述异记》：章安县（今浙江临海东南）西有赤城山（在今浙江天台）。晋泰元中，有外国道人白道猷居于此山。山神屡遣狼怪形异声往恐怖之，道猷自若。山神乃自诣之云："法师威德严重，今推此山相与，弟子更卜所托？"道猷曰："君是何神？居此几时，今若必去，当去何所？"答云："弟子夏王之子，居此千余年。寒石山是家舅所住，某且往寄憩，将来欲还会稽山庙。"临去，遗信赠三奁香。又躬来别，执手恨然，鸣鞭响角，凌空而逝。

【夏熙】清·俞蛟《梦厂杂著》卷二"春明丛说"下"夏熙传"：濮州人夏熙者，随舅懋迁入都，授热河巡检。方拟赴任而卒。越三年，金坛于公悯江左客死者众，纠在京宦游者，购隙地于宣武门外之土地庙斜街，作义园，以安旅榇。择同乡淳谨者守之。每夕鬼魂嘶号惊扰，凡往来及附近居民，均为之不安。时天师入觐，于公乞符箓镇之。天师曰："宜择同乡生前有硕望而卒于京国者，作土地神，以资弹压。"于公曰："此席非夏熙莫充其选。"即为立庙塑像，像成，酷肖其生前，凡当日与熙识面者，见之无不知为夏熙也者。而义园之旅魂，从此安堵矣。

【夏元鼎】宋·俞琰《席上腐谈》："永嘉人，号云峰，注《阴符》《药镜悟真》二书。"《（万历）温州府志》卷一三："宋时永嘉人。字宗禹。尝登南岳祝融峰，遇赤城周真人，授以丹法。归隐西山修炼。后无疾端坐而逝。是日乡人于闽中见之，寄书归，号西城真人。"

【xian】

【仙馆大夫】晋·陶潜《搜神后记》卷一：嵩高山北有大穴，莫测其深。晋初，尝有一人误堕穴中。同辈冀其不死，投食于穴中。堕者得之，为寻穴而出。计可十余日，忽然见明。又有草屋，中有二人对坐围棋。局下有一杯白饮。堕者告以饥渴，棋者曰："可饮此。"遂饮之，气力十倍。棋者曰："汝欲停此否？"堕者不愿停。棋者曰："从此西行，有天井，其中多蛟龙。但投身入井自当出。若饿，取井中物食。"堕者如言，半年许，乃出蜀中。归洛下，问张华，华曰："此仙馆大夫，所饮者玉浆也，所食者，龙穴石髓也。"◆《太平广记》卷一四引五代·杜光庭《神仙感遇传》"嵩山叟"条，作"仙馆丈夫"。

【仙姥】明·田汝成《西湖游览志》卷三："杭州清波门外有仙姥墩。《神仙传》云：余杭（今浙江杭州西）人，嫁于西湖农家，善采百花酿酒。神仙王方平以千钱过蔡经家，与姥沽酒，饮而甘之。自后群仙时降，授仙丹一丸。姥服而化去。后十余年，有人经西湖边，见卖百花酒者，即姥也。"又南宋·祝穆《方舆胜览》卷一杭州"仙姥墩"条："东晋初，有裴氏姥，不知何许人，居此墩，采众花酝酒，沽贫者赏与。忽有三人至姥所，各饮数斗不醉，谓姥曰：'予非常士，知姥当仙，故来相命。'因授药数丸。姥饵之，月余，不知所在。"

【仙鼠】晋·崔豹《古今注》卷中："蝙蝠一名仙鼠，一名飞鼠，五百岁则色白，脑重集则头垂，故谓之倒折，食之神仙。"晋·葛洪《抱朴子内篇·仙药》："千岁蝙蝠，色白如雪，集则倒悬，脑重故也。得而阴干，末，服之令人寿四万岁。"按：《续博物志》载宋刘亮合丹药用白蝙蝠，服之立死。

【仙桐道人】明时人。《（康熙）兖州府志》卷四〇：不知何许人。万历间游曹县定清寺，敝衣垢面，常如醉狂。寺有枯梧，为僧所伐，止存朽根。道人趺坐根前，索水喷之，曰："此树由我再生也。"遂作歌。旦起已失所在，越三日，枯树中顿生萌芽，逾月枝叶扶疏，围大五六尺。

【仙童】明·田艺蘅《留青日札》卷二八"使鬼法"条：世有采生摘割之法，今越人亦能之。有宋文元者，以教书在余外祖余杭（今浙江杭州西）徐家，能役使鬼，每呼仙童，则其鬼即至，但无形声耳。命之移桌椅，则桌椅行动，自能整齐。命移置庭中，自能出户。命之斟酒，杯盘自行。或剪纸为神形贴于壁上，以水一碗，命之手执，则其碗自吸于壁而水不倾覆。一夕有一锡工同寝，宋恶之，命击其床，则飞砖走石，魂惊魄丧，乞哀移寝而止，不知果何术也。◆仙童之称早于宋代即有。南宋·洪迈《夷坚三志·辛集》卷二"古步仙童"条则为一生人而行"仙童术"者。其人自称仙童，凡遇人邀请致祷，香烟才起，辄降言于梁上，吉凶应验，尽如亲履其间。◆参见"樟柳神"条。

【仙夷】晋·张华《博物志》卷七：仙夷乘龙虎，水神乘鱼龙，其行恍惚，万里如室。

【先蚕】北宋·刘恕《通鉴外纪》："西陵氏之女为黄帝妃，始教民育蚕治丝茧，以供衣服，后世祀为先蚕。"按：西陵氏之女即嫘祖。《通典》卷四六"先蚕"："周制，仲春天官内宰诏后帅内外命妇，始蚕于北郊。后妃斋戒，享先蚕而躬桑，以劝蚕事（先蚕，天驷也）。汉皇后蚕于东郊。魏文帝黄初七年，皇后蚕于北郊，依周典也。晋武帝太康六年，蚕于西郊。"

【先牧】历朝祀典有四时祭马神之礼，其中夏祭先牧。《周礼·夏官·校人》郑康成注："先牧，始养马者，其人未闻。"郑锷曰："先始教人以放牧者也。夏草芳茂，马皆出而就牧，思其始教以养牧之法，故祭于夏。夏者，放牧之时，可以就牧，故颂而牧养之。"

【先农】❶神农。《续汉书·礼仪志》刘昭注引《汉旧仪》："春始东耕于藉田，官祠先农。先农即神农炎帝也。"❷后稷。《左传》襄公七年："夫郊，祀后稷以祈农事也。"❸《龙鱼河图》："天辰星之气司灾，其精下为先农之神。"

【先圣大王】明·黄瑜《双槐岁抄》卷六"先圣大王"条：正统改元之春，郡国多蝗。三月有制分命大臣捕之。工部右侍郎邵旻往保定，至府西北四十五里为满城县，县之南门有先圣大王祠，父老言："往岁遇蝗，祷之立应。时天久不雨，蝗生遍野，捕之愈盛。"旻乃如父老言，帅郡县吏斋沐祷于祠下，旬月间，蝗果殄息，乃勒石以章神功。神姓项名托，周末鲁人，年八岁，孔子见而奇之，十岁而亡。时人尸而祝之，号"小儿神"。《史记·甘罗传》项橐七岁为孔子师者，此也。第土人误谓托耳。

【先天菩萨】唐·段成式《酉阳杂俎·续集》卷六：开元初，有尼魏八师，常念《大悲咒》，双流县（今四川成都双流区）百姓刘乙名意儿，年十一，欲事魏尼。尼遣之不去，常于奥室立禅。尝白魏云："先天菩萨现身此地。"遂筛灰于庭。一夕，有巨迹数尺，轮理成就。因诣画工，随意设色，悉不如意。有僧杨法成自言能画。意儿常合掌仰祝，然后指授之，近十年工方毕。后塑先天菩萨凡二百四十二首。首如塔势，分臂如蔓。

【先天太后】老子之母尊号。《三教源流搜神大全》卷一："唐武后光宅二年九月追尊圣母曰先天太后。按：光宅无二年，当是元年之误。圣母，老子母也。"按：北宋·乐史《太平寰宇记》卷一二作"乾封元年册李母为先天太后"。参见"老子母"条。

【先医】即医王三皇。《皇明大政记》卷二三："世宗嘉靖十五年，帝作圣济殿，奉安先医之神，岁时致祭。"《清朝文献通考·群祀考上》："顺治元年定祭先医之神之礼（即祀三皇）。"

【纤阿】❶西汉·刘向《九叹·思古》："纤阿不御。"王逸注："纤阿，古善御者。"《汉书·司马相如传》"纤阿为御"注同。《天中记》卷一："《淮南子》曰：'月御亦曰纤阿。'束皙《补亡诗》曰：'纤阿按晷。'乐产曰：'纤阿，山名，有女子处其岩，月历数度，跃入月中，因为月御也。'"❷御月而行之神，即嫦娥。《文选》束皙《补亡诗》注："《淮南子》曰：'纤阿，月御也。'月御者，即驾月而行之神。"姜亮夫《楚辞通故》以为纤阿即"嫦娥"一声之转，"羲和"二音之变。羲和为生日之女神，又为日神，为日御，分化为嫦娥。

【鲜卑务尘】晋·陆云《登遐颂》所载二十一仙人中有鲜卑务尘，云："北狄务尘，在彼沙漠。合神自颐，静居有恪。自彼王庭，肀来伊洛。天子命之，载见紫阁。"按：此即"务勿尘"，参见该条。

【闲鬼】阳寿未尽而死者，若不能还阳，即成不入轮回之野鬼，或谓之闲鬼，往往三五百年不能轮回。见唐·戴孚《广异记》。

【显灵侯】南宋·罗浚《宝庆四明志》卷一九：定海县西五里有助海显灵侯庙，侯姓孔，象山县（今浙江象山）童翁浦人，行第七。志操刚烈，为乡里所惮，咸不敢斥其名。侯死，有巡吏梦侯告曰："上帝录吾平生之善，命为此境神。姓名已籍水府，而吾尸泛滥沙浦。"吏访其尸，得之，葬而祠之。吴越时，静海镇将以排筏航海，梦侯许以冥佑。既归，乃立庙于镇。

【显灵王】元时人吴汝。《（乾隆）黄冈县志》卷一〇：吴汝，字国栋，生而灵异，膂力绝人。其部将黄荣、沈权归于朱元璋。后鄱阳大战，事急，见巨人红袍白马从空中来，即是吴汝，遂大胜。因封护国忠臣显灵王。

【显王相公】清·焦东周生《扬州梦》卷四记清时扬州诸神祠：南城有显王相公。又云：一西商有妾，见美妇人手持红巾从门外过，屡回顾，知为怪。室故祀张仙，妾梦仙留一神，黑面虬髯，谓是显王相公。又记有名妓白秋门，为一黄目少年自称石成栋者来为祟，秋门悬显王相公之像，怪不敢来。后言显王故事，事同神魔小说。

【显应庙神】❶《（光绪）无锡金匮县志》卷一二："县西安阳山有显应庙，祀安阳侯周赟。"按北宋·乐史《太平寰宇记》引《风土记》："武王封周章少子赟于无锡安阳乡，卒葬山下。"❷《（万历）温州府志》卷一三："瑞安县莳村亦有显应庙，神姓陈名敏。屿门有五通庙，惊动祸福，众人惑之。陈曰：'吾闻正直为神，岂有殄民而庙祀耶！'负土偶投于水，曰：'我为尔镇此土。'言讫而逝。民祀之，宋宣和间赐额显应。"❸《（乾隆）温州府志》卷九："城南有显应庙，神姓张，宋宣和间御寇阵亡，因祀之。"◆按庙以"显应"名者甚多，有崔府君、胡大明王、郎夫人、威济李侯等。而显应公、显应侯、灵应公、灵应侯之类更多，大抵不拘何神，求其灵异，遂冠以嘉名，多为土人自号，并非朝廷封赐也。

【险道神】即开路神。明·刘元卿《贤弈编·附录》："轩辕黄帝周游，元妃累祖死于道，令次妃好嫫监护，因置方相以防夜，盖其始也。俗名险道神、阡陌将军，又名为开路神。"◆又作"显道神"。《封神演义》中方相又有兄方弼，俱系商纣朝之武臣。弼长三丈六尺，相长三丈四尺，赤面四眼，勇力兼人。后归顺西岐，伐商战死。迨周克商后，姜子牙敕封方弼为显道神，方相为开路神。

【陷河神】即梓潼神张垩子。《太平广记》卷三一二引《王氏见闻》：陷河神者，嶲州嶲县（今四川西昌）有张翁夫妇，老而无子，采薪自给。无何，一日于岩窦间刃伤其指，其血滂注，滴在一石穴中，以木叶塞之而归。他日复至其所，因抽木叶视之，乃化为一小蛇。翁取于掌中，此物卷卷然似有所恋，因截竹贮而怀之。至家则啖以杂肉，如是其

险道神 封神真形图

驯扰。经时渐长，一年后，夜盗鸡犬而食，二年后，盗羊豕。邻家颇怪失其所畜，翁妪不言。其后县令失一马，寻其迹，入翁之居，迫而访之，已吞在蛇腹矣。令惊异，因责翁蓄此毒物。翁伏罪，欲杀之。忽一夕，雷电大震，一县并陷巨湫，渺弥无际，唯张翁夫妇独存。其后人蛇俱失，因改为陷河县，曰蛇为张恶子。尔后姚苌游蜀，至梓潼岭上，息于路旁。有布衣来，谓苌曰："君宜早还秦，秦人将无主。其康济者在君乎？"请其氏，曰："吾张恶子也，他日勿相忘。"苌还后，果称帝于长安。因命使至蜀，求之弗获，遂立庙于所见之处，今张相公庙是也。僖宗幸蜀日。其神自庙出十余里，列伏迎驾。白雾之中，仿佛见其形，因解佩剑赐之，祝令效顺，期报贼平。驾回，广赠珍玩，人莫敢窥。◆按：恶子或作亚子、垩子。参见"梓潼神""文昌神"条。

【羡门】《史记·封禅书》："羡门子高与宋毋忌、充尚、正伯侨、最后，皆燕人，为方仙道，形解销化，依于鬼神之事。"《史记·秦始皇本纪》："始皇三十二年，始皇使燕人卢生求羡门高誓。"清·王照圆《列仙传校正》补"羡门"一则云："羡门高者，秦始皇使卢生求羡门子高。"晋·葛洪《抱朴子内篇·金丹》述诸丹法，中有"羡门子丹法"。◆马非百《秦集史》云："羡门即梵语'沙门'一词之音译，非固有之人名，乃与'仙人'类似之普通名词。又羡门子高非一人，羡门自羡门，子高自子高。"

【羡门子高】见"羡门"条。

【xiang】

【香阇黎】明·曹学佺《蜀中广记》卷八一：周释香阇黎者，莫测其来，止益州青城山寺。时俗每至

三月三日，必往山游赏，多将酒肉醢乐。香屡劝之，不断。后年三月，又如前集。香令人穿坑，方丈许，忽曰："檀越等常自饮啖，未曾见及，今日须餐一顿。"诸人争奉肴酒，随得随尽，若填巨壑。至晚曰："我大醉饱，扶我就坑，不尔污地。"及至坑所，张口大吐。鸡肉自口出，即能飞鸣；羊肉自口出，即能驰走；酒浆乱泻，将欲满坑；鱼虾鹅鸭，游泳交错。众咸惊嗟，誓断宰杀。

【相公】见"梨园神"条。

【相国寺老人】北宋·孙升《孙公谈圃》卷上：李撰、徐禧往相国寺小巷中，至一茅茨间，见一老人藉荐而坐。见撰曰："华山童子也，得也得。"次见禧，诧曰："许真君儿，五代时宰相，杀人多，减三品。"后禧败永洛，以给事中赠金紫光禄大夫，果第四品。禧，洪州（今江西南昌）人，家住许真君观后。京师盛传老人有奇术。西驸马店火，先一日往店后孙染家，怀中出一木，略如鱼状，曰："此行雨龙也，我于玉皇大帝处借来。"取水一碗，以木鱼尽洒屋壁，怀之而去。是夜火，孙氏宅惟焚一厕，乃洒水不至处也。

【相顾尸】《山海经·海内经》："北海之内，有反缚盗械、带戈常倍之佐，名曰相顾之尸。"郭曰："亦贰负之臣危之类。"参见"贰负"条。

相顾尸　山海经图　汪绂本

【相柳】《山海经·海外北经》："共工之臣曰相柳氏，九首人面，蛇身而青，以食于九山。（郭璞注云：头各自食一山之物，言贪暴难餍。）相柳之所抵，厥为泽溪。禹杀相柳，其血腥，不可以树五谷种。禹掘之，三掘而三陷，遂以为众帝之台。在昆仑之北，柔利之东。相柳者九首，人面蛇身而青，不敢北射，畏共工之台。台在其东。台四方，隅有一蛇，虎色，首冲南方。"袁珂《校注》按：《大荒北经》有共工之臣名相繇者，即此相柳。又按《楚辞·天问》之"雄虺九首"，疑即相柳。参见"相繇"条。

相柳　山海经图　胡文焕本

【相王】即伍子胥，盖其尝为吴相国也。南宋·洪迈《夷坚支志·景集》卷五：建昌（今江西永修）李朝隐家素事伍子胥之神甚谨，民俗呼为"相王"，有祷必应。

【相繇】《山海经·大荒北经》："共工之臣名曰相繇，九首蛇身，自环，食于九土。其所止即为源泽，味辛苦，百兽莫能处。禹湮洪水，杀相繇，其血腥臭，不可生谷，其地多水，不可居也。禹湮之，三仞三沮，乃以为池"云云。郭璞注："相柳也，语声转耳。"见"相柳"条。

【象蛇】《山海经·北山经》："阳山，有鸟焉，其状如雌雉而五彩以文，是自为牝牡，名曰象蛇，其鸣自詨。"

象蛇图　古今图书集成

【湘媪】唐·裴铏《传奇》"樊夫人"条：唐贞元中，有湘媪常以丹篆救疾。一日告乡人，欲往洞庭救数百人性命。至洞庭前一日，有大风涛碎一巨舟，所载百余人居岛上，有一白龟游沙上，人杀食之。明日，忽有城如雪围岛，其城渐窄狭，束其人为簇，其间不广数丈。媪至岸，飞剑刺之，雪城如霹雳遂崩，乃一大鼋，长十余丈，蜿蜒而毙。后有一道士识湘媪，云是刘纲仙君妻樊夫人也。

【湘夫人】一说以湘君为娥皇，则湘夫人为女英。一说即指二妃。一说与湘君共为湘水之神，与帝女、舜妃者无关。参见"湘君"条。

【湘君】❶天帝之二女，即江妃二女。《山海经·中山经》："洞庭之山，帝之二女居之，是常游于江渊。"❷舜之二妃。刘向《列女传》曰："帝尧之二女，长曰娥皇，次曰女英，尧以妻舜于沩汭。舜既为天子，娥皇为后，女英为妃。舜死于苍梧之野，二妃死于江湘之间，俗谓之湘君。"《山海经·中山经》汪绂注："帝之二女，谓尧之二女以妻舜者娥皇、女英也。相传谓舜南巡，崩于苍梧，二妃奔赴哭之，陨于湘江，遂为湘水之神，屈原《九歌》所称湘君、湘夫人是也。"刘宋·刘敬叔《异苑》卷七"蒋道支"条亦云湘君为二妃。韩愈《黄陵庙碑》曰："秦博士对始皇帝云：湘君者，尧之二女，舜妃者也。"❸湘君为舜。王逸以为湘君者自其水神，而谓湘夫人乃二妃。《礼记·檀弓》"舜葬于苍梧之野，盖三妃未之从也。"郑康成注："帝喾立四妃，象后妃

湘君 湘夫人 离骚图

四星，其一明者为正妃，余三小者为次妃。帝尧因焉。至舜不告而娶，不立正妃，但三妃而已，谓之三夫人。《离骚》所歌'湘夫人'，舜妃也。"按：郑玄以古礼定二妃为湘夫人，而未明言湘君为舜。南宋·吴曾《能改斋漫录》卷五"辨误""湘君湘夫人"条亦取郑说。❹湘水之神，无关于帝女。《山海经》郭璞注以为二女者舜后，不当降小水为其夫人："按《九歌》湘君、湘夫人自是二神，江、湘之有夫人，犹河、洛之有虙妃也。此之为灵，与天地并，安得谓之尧女？且既谓之尧女，安得复总云湘君哉！何以考之？《礼记》云：舜葬苍梧，二妃不从。明二妃生不从征，死不从葬。且《传》曰：'生为上公，死为贵神。'《礼》：'五岳比三公，四渎比诸侯。'今湘川不及四渎，无秩于命祀，而二女帝者之后，配灵神祇，无缘复下降小水而为夫人也。"明·顾炎武《日知录》卷二五"湘君"条，引郭璞之说，以为甚正。清·赵翼《陔余丛考》卷一九"湘君湘夫人非尧女"条亦主此说："湘君、湘夫人，盖楚俗所祀湘山神，夫妻二人，如后世祀泰山府君、城隍神之类，必有一夫一妻，以及《蓼花洲闲录》所载杜拾遗讹为杜十姨，而以之配伍子胥也。"

【襄阳老叟】《太平广记》卷二八七引《潇湘记》：唐并华者，襄阳（今湖北襄阳）鼓刀之徒也。尝因游春，醉卧汉水滨。有一老叟叱起，谓曰："我有一斧与君，君但持此造作，必巧妙通神，他日慎勿以女子为累。"华因拜受之。华得此斧后，造飞物即飞，造行物即行。至于上栋下宇，危楼高阁，固

不烦余刃。后因游安陆（今湖北安陆）间，止一富人王枚家，为造一独柱亭。工毕，枚尽出家人以观之。枚有一女寡居，容色殊丽，罕有比伦。既见深慕之，遂相私。乃出斧斤，以木造飞鹤一双，与女俱乘鹤而归襄阳。至曙，枚失女，求之不获，因潜行入襄阳，以事告州牧。州牧密令搜求，果擒华。州牧怒，杖杀之，所乘鹤亦不能身飞。

【向道荣】唐时道士。《仙鉴》卷四二：不知何许人。事舒虚寂，受《镇元策灵书》，名闻于蜀。与华阳丞吕翼友善，自言去世月日，曰："以平生之故，当送我于东郊巨松之下，以薪火燎棺为惠。"其日前一夕，道荣遍辞故知。既焚其棺，道荣出烈焰中，冉冉凌虚而去。

【向辅】见"向王"条。

【向王】道藏本《搜神记》卷五：姓向名辅，归州（今湖北秭归）东阳人。母依氏，梦一巨星入手，吞之而有孕。怀二十六月而生。初生不能言，七八岁时见一道士，书符呼之，自是语言如成人。长益有道术，咒水符法不袭人旧，而自无不验。殁而为神。乡人立祠祀之，有祷即应。人称"向王"。

【向隐】唐末术士。五代·孙光宪《北梦琐言·逸文》卷一：向隐，攻历算，精射覆，无不中。唐天复中，成汭镇江陵（今湖北沙市），张特进为监军使。向隐与人言："监军使、副监、小判官以下皆带灾色。"又云："此地某年失守，化为丘墟。五年后东北上有人来镇此邦，二十年不动。二十年后更有一人，五行不管。"后有密敕诛宦官，监军、副监、小判官同日受戮。余事亦验。

【项蔓都】东汉·王充《论衡·道虚》："河东蒲阪（在今山西永济北）人项曼都，好道学仙，委家亡去，三年而返。家问其状，曼都曰：'去时不能自知，忽现若卧形，有仙人数人，将我上天，离月数里而止。仙人饮我以流霞一杯，数月不饥。不知去几何年月，忽然若卧，复下至此。'河东号之曰'斥仙'，盖讥之也。"晋·葛洪《抱朴子内篇·祛惑》亦讥之为"假仙人"。而《仙鉴》卷三一竟录之，云其入山求仙，十年而归家。

【项橐】《战国策·秦策》：甘罗曰："夫项橐生七岁而为孔子师。"见"小儿神"条。

【项羽】刘宋·刘敬叔《异苑》卷五："晋武太始初，萧惠明为吴兴（今浙江湖州）太守。郡界有卞山，山下有项羽庙，相传云：羽多居郡厅事，前后太守不敢上厅。惠明曰：'孔季恭曾为此郡，未闻有灾。'遂命盛设宴榻接宾。未几，惠明忽见一人，

长丈余，张弓挟矢向之，既而不见。因发背，旬日而殒。"《南齐书·萧惠休传》："永元元年，惠休徙吴兴太守。征为右仆射。吴兴郡项羽神旧酷烈，世人云：'惠休事神谨，故得美迁。'"《南史·萧琛传》："吴兴郡（今浙江湖州）界有卞山，山下有项羽庙，土人

项羽　无双谱

名曰愤王，甚有灵验，遂于郡厅事安床幕为神坐，公私请祷，前后二千石皆于厅拜祠，以轭下牛充祭，而避居他室。"南宋·洪迈《夷坚丁志》卷一五"杜默谒项王"条："杜默累岁不成名，因过乌江，谒项王庙，时正被醉，据神颈大哭曰：'英雄如大王而不能得天下，文章如杜默而不能进取得官，好亏我！'言毕大恸。神像亦垂泪不已。"南宋·王观国《学林》卷四"祠卜"条录项羽神灵应事甚多，可参看。◆唐·戴孚《广异记》："博陵崔敏悫，性耿直，不惧神鬼。为徐州刺史。皆不敢居正厅，相传云，项羽故殿也。敏悫到州，即敕洒扫。视事数日，空中忽闻大叫曰：'我西楚霸王也。崔敏悫何人，敢夺吾所居！'敏悫徐云：'鄙哉项羽！生不能与汉高祖西向争天下，死乃与崔敏悫争一败屋乎！且王死乌江，头行万里，纵有余灵，何足畏也。'乃帖然无声，其厅遂安。"南宋·费衮《梁溪漫志》卷九："和州（今安徽和县）乌江英惠庙，其神盖项羽也。绍兴间金人犯淮南，过庙下，神显灵。郡上其事于朝，封为灵佑王。"◆按：南朝时又称"吴兴楚王"。《南史·陈本纪》"策吴兴楚王神为帝"，即是。参见"吴兴楚王"条。◆《异苑》卷一："乌程卞山，本名土山，有项籍庙，自号卞王，因改名山。"

【xiao】

【枭】❶恶鸟，一名鸱鸺，一名鸺留（鹠），一名

鬼车，一名夜游女，一名夜行游女，一名天帝女，一名钓星，一名隐飞。唐·段成式《酉阳杂俎·前集》卷一六："夜行游女，一曰天帝女，一名钓星，夜飞昼隐，如鬼神。衣毛为飞鸟，脱毛为妇人，无子，喜取人子，胸前有乳。凡人饴小儿，不可露。小儿衣亦不可露晒，毛落衣中，当为鸟祟，或以血点其衣为志，或言产死者所化。"唐·刘恂《岭表录异》卷下："鸺鹠，即鸱也，乃鬼车之属也，皆夜飞昼藏。或好食人爪甲，则知吉凶，凶辄鸣于屋上，其将有咎耳。故人除指甲埋于户内，盖忌此也。又名鬼车，春夏之间，稍遇阴晦则飞鸣而过。"而唐·段公路《北户录》卷一则云："人截手爪弃露地，此鸟夜至人家，拾取视之，则知有吉凶。"◆《太平广记》卷四六二引曹植《恶鸟论》："夏至阴气动为残杀，盖贼害之候，故恶鸟鸣于人家，则有死亡之征。"又云："鸱枭食母眼精，乃能飞。"郭璞云："伏土为枭。"《汉书·郊祀志》云："古昔天子，尝以春祠黄帝，用一枭破镜。"

【枭羊】见"枭阳国"条。

【枭阳国】《山海经·海内南经》："枭阳国，在北朐之西。其为人人面长唇，黑身有毛，反踵，见人则笑。左手操管。"郭璞注曰："《周书》曰：'州靡髴髴者，人身，反踵，自笑，笑则上唇掩其面。'

枭阳国　山海经图　蒋应镐本

《尔雅》云'髴髴'。《大传》曰：'《周书》成王时州靡国献之。'《海内经》谓之'赣巨人'，今交州南康郡深山中皆有此物也。长丈许，脚跟反向，健走，被发，好笑，雌者能作汁，洒人即病，土俗呼为山都。南康今有赣水，以有此人，因以名水，犹《大荒》说地有蜮人，人因号其山为蜮山，亦此类也。"又作"枭羊"，《文选》左思《吴都赋》"其下则有枭羊"刘逵注："枭羊，善食人，大口。其初得人，喜笑，则唇上覆额，移时而后食之。人因为筒贯于臂上，待执人，人即抽手从筒中出，凿其唇于额而得擒之。"又作"枭杨"，吴任臣《广注》引王氏《彙

苑》云：“狒狒仗枭杨先导。”

【宵明、烛光】舜之二女。《山海经·海内北经》："舜妻登比氏，生宵明、烛光，处河大泽。二女之灵能照此所方百里。"南宋·罗泌《路史后纪》卷一一："舜次妃癸比氏生二女，曰宵明，曰烛光，处河大泽，灵照百里，是为湘之神。"◆按：湘水之神本为尧之二女，舜之二妃，此则因"帝之二女"变为舜之二女。袁珂以为系同一传说之分化。

【消面虫】唐·张读《宣室志》"陆颙"条：吴郡（治在今江苏苏州）陆颙，自幼嗜面，为食愈多而质愈瘦。及长，为太学生。有胡人数辈，挈酒食诣其门，曰："食面者，非君也，乃君肚中一虫耳。今我欲以一粒药进君，君饵之，当吐出虫。则我以厚价从君易之，其可乎？"颙允之。已而胡人出一粒药，命饵之。有顷，遂吐出一虫，长二寸许，色青，状如蛙。胡人曰："此名消面虫，实天下之奇宝也。"颙问此虫之用。胡人约颙至海上。胡人结宇而居，置油膏于银鼎中，构火其下，投虫于鼎中炼之。七日，忽有一童自海水中出，献径寸之珠，胡人拒之。食顷，又有一玉女捧紫玉盘，中有珠数十，来献胡人。胡人斥之。俄有一仙人献一珠，径三寸许，奇光泛空，照数十步。胡人笑而受之，吞其珠，谓颙曰："子随我入海中，慎无惧。"其海水皆豁开数十步，鳞介之族，俱辟易回去。游龙宫，入蛟室，珍珠怪宝，惟意所择，才一夕而获其多。按：此故事与张羽煮海事相类。◆宋·周密《癸辛杂识》别集卷上亦记一虫，与此相类："永嘉平阳陈仲潜，健啖过人。仕至邑宰，偶临安，会北使至，亦健啖，求为敌者，使为馆伴。陈闻而自炫，因获充选。食已复索，乃各以半豚进，使者辞不能容，陈独大嚼。由是得湘阴庚节使。还，不为生计，每饭必肉数斤，未几，所蓄一空。其妻以告，饥愁中吐出一虫，如小龟，金色，遂殂。"又《聊斋志异》卷五有"酒虫"，类此。

【逍遥】唐·裴铏《传奇》"樊夫人"条：唐贞元间湘潭女子，年十六，艳美。时有一媪，不云姓氏，亦不知从何而来，以丹符为闾里救疾，见逍遥，即收为弟子。后月余，媪闭逍遥于室，云往罗浮。一去三年，居人窥室中，见逍遥懵坐其中。媪归，始唤逍遥醒。后逍遥与媪俱仙去。有道士云："此媪即张纲之妻樊夫人。"

【逍遥翁】明·杨仪《高坡异纂》卷上：卓敬，温州瑞安人。幼警悟绝人，读书能十行俱下。七岁时从群儿游，有异人过而见之，曰："此儿骨法异常，

后日当为名公卿，惜不能善其终耳。"年十五，读书山中，尝夜归，遇风雨迷途，至一小院。叩门，一童子应声而出，曰："先生知君当来，使吾候于此。"入内，见一老翁，问其姓，童子曰："先生不欲人知其姓，向人自称逍遥翁。"而童子名少孤。翁曰："昔体玄先生常居逍遥谷中。吾世业为医，往来中条山中，后因避难，闻陶隐居有丹室在此，因采药南来，结庵少憩，不觉遂淹岁月。不久亦还故山耳。"又问体玄为何人。翁曰："此吾先世事，郎君亦无用知也。"敬请还家，翁命少孤牵一牛送敬归，又唤一童名少逸者取一旧笼，笼中取僧帽，云："以此帽为赠。"敬辞曰："吾为书生，平生志气将匡济天下。翁为长者，安得以此相戏？"翁曰："吾亦尝有志于斯，后因所辅非材，几致不测，得此一笼，始获解脱。郎君第收此帽，异日自当理会。"敬坚却之，翁但再三叹息而已。牛既送敬归，化为黑虎而去。◆按：此逍遥翁当影射宋初人潘阆。阆字逍遥，大名人，因出入时相卢多逊门下，多逊败，受牵连缉拿。阆遂服僧服剃发，变姓名入中条山。卓敬为洪武进士，建文登极，建言削藩。成祖即位，被杀。《明史》有传。

【逍遥子】明时人。《（雍正）陕西通志》卷六五引《延绥志》：嘉靖二十年间自东来榆林，科头赤脚，隆冬不寒，大雪时端坐于地，竟夕不移，汗津津出。居榆三月而去，出城方一时，有人于二百里外遇之。后不知所终。

【萧伯轩】"萧公爷爷"名。

【萧防】明·王世贞《列仙全传》卷九：南昌人。为句容（今江苏句容）县簿。游玉晨观华阳洞，至芷珠殿，一紫袍人称东方大夫、华阳洞主，谓曰："汝之远祖萧史真人，命董双成与汝成婚。"令梁玉清引上殿，见一女子，交拜。宴终，恍如梦觉。即弃官入山学道，竟成飞举。

【萧弓手】唐时人。《（雍正）湖广通志》卷七五：耒阳人，役于茶陵，往乡督税，夜宿欠税者家，闻间壁鹅作人语云："明日主人将杀我饷弓手，萧之作佛作人，在我生死间。"萧异之，明旦主人将宰鹅，萧索其鹅，归隐山中，相与说法。久之，与鹅俱飞去。

【萧公爷爷】长江水神。《三教源流搜神大全》卷七、明·谈迁《枣林杂俎·和集》、明·王士性《广志绎》卷四：姓萧名伯轩，龙眉蛟发，美髭髯，面如童。刚正自持，言笑不苟，善善恶恶。没于宋咸淳间，遂为神，附灵于童子，预言祸福。乡民为

立庙于江西临江府新淦县（今江西新淦）之太洋洲。保船救民。元时，以其子萧祥叔死而有灵，合祀于庙。明永乐间封水府灵通广显应英佑侯。◆明·徐渭《青藤山人路史》卷下："永乐中，其孙天任亦为神。"明江西新淦人朱孟震《河

萧公爷爷　民间神像

上楮谈》卷上"萧公灵异"条更云："余乡太洋洲去县四十里有萧公庙。公名天任，祖伯轩，宋咸淳间死，为神，立庙，元时以其子祥叔合祀。本朝尝遣官谕祭。公永乐中屡著灵异，诏加封水府灵通广济显应英佑侯。相传公客游四川时，从舟人求寄一锚，重千余斤。舟人难之。公曰：'第许我，我自能致之。'因去，不知所在。舟至洋洲，舵浅不进。前夕其家梦公云：'吾寄一锚在客舟，明日可往取。'比出至江，问客舟锚所在，舟人怪讶。家人云：'昨夕吾翁梦报我。'因共曰：'昔发舟时有一老人求寄金锚，后不果来，岂即此也？'共从舵尾索之，锚系其上。又客舟载芝麻江上，舟忽漏，然不可寻，因共祝神，漏辄止。比舣舟，出所载，舟漏如故，索之，有一鱼从漏中出，腐矣。年八十一坐化洞庭之上。成祖北征，见有神从空中助，旗帜书'萧'字，因加封顺天王。今其锚在庙门之右，大可盈屋。又有靛桶一，在门之左，家人谓公死时嘱无葬我，第以靛桶覆之。今其尸故在，凡从江行者叩之无不回应，于蜀尤著云。"◆《（雍正）畿辅通志》卷五〇："萧、晏二公祠，在冀州城西一里高原上。建于明成化间。"是此二神不仅祀于江南也。

【萧何】❶狱神。汉相萧何之神化，初见于纬书。《春秋佐助期》言其为"昴星精""萧何禀昴星而生"，而"昴主狱事"。清·黄斐默《集说诠真续编》引《苏州府志》："萧何庙在卧龙街乐桥上。相传桥近市曹戮人处，以萧何制律，故祀之。"参见"狱神"条。又，亦被吏胥奉为祖师神。❷仓神。明·叶盛《水东日记》卷六："岭北仓库草场中皆有土地祠，仓中奉萧王，问之，则曰'酇侯'，盖以楚汉时酇侯尝督馈运故也。其配则吉知陀圣母，旁卧一犬，则曰'廐神'。甚矣其可笑也。"❸北宋·乐史《太平寰宇记》卷一四五："谷城县有故酇城，为汉相萧何封，另有废汉阴城，今相传萧何为城隍神。"

萧何　三才图会

【萧吉】《北史·艺术传》：萧吉，字文休，梁宗室。博学多通，尤精阴阳、算术。入隋，时文帝阴欲废立，每被顾问。及献皇后崩，上令吉择葬所。吉历筮山原，至一处，云："卜年二千，卜世二百。"具图而奏之。退而告族人萧平仲曰："太子得政，隋其亡乎！当有真人出矣。吾前给云'卜年二千'者，是'三十'字也；'卜世二百者'，取世二运也。"及炀帝嗣位，拜太府少卿，加位开府。尝行经华阴，见杨素家上有白气属天，密言于帝。帝问其故，吉曰："其候，素家当有兵祸，灭门之象。改葬者，庶可免乎！"帝后从容谓杨玄感曰："公宜早改葬。"玄感亦微知其故，以为吉祥，托以辽东未灭，不遑私门之事。未几而玄感以反族灭。

【萧净兴】金时女子。《（雍正）畿辅通志》卷八五：宗城（今河北威县东）人。初入道，九年不语，既语能解文义，人有请必先知之。金明昌二载，帝昼寝梦一仙姑驾鹤来，论神仙事。既觉，画像求之，得萧净兴。明昌六年羽化。

【萧静之】五代·杜光庭《神仙感遇传》卷五：举进士不第，性好道，绝粒炼气，结庐于漳水之上。十余年面貌憔悴，齿发凋落，怒而迁居邺下（今河南安阳），为商贾。因造屋掘地，得一物类人手，遂食之，逾月而齿发再生。后遇道士，云其所食乃肉芝。静之遂隐于山林，不知所之。参见"萧逸人"条。

【萧孔仲】《（弘治）八闽通志》卷五八：庙名英显庙，在连江县南新安里兑峰。建安人，五代唐庄宗时中甲科，不乐仕进，削发为僧，志行坚苦，能

伏虎豹。没而邑人祀之。宋靖康初，建寇叶侬逼县境，神兵见于罗仑，贼遂遁去。绍兴间海寇掠荻芦寨，神复现异九龙江。累封昭烈正顺公。

【萧灵护】唐时人。宋·陈田夫《南岳总胜集》、《(康熙)吉安府志》卷三一：字天祐，庐陵（今江西吉安）人。少好道，好赈人之急。游岳麓，遇邓真人，授以火鼎黄白之术。炼丹于山北，丹成服之，唐高宗弘道二年尸解。《(雍正)广西通志》卷八七：唐贞观五年溯潇湘居招仙观，创寻真阁于桂州（今广西桂林）。铸造铜钟一口，重五百斤。后选幽胜地炼丹尸解仙去。

【萧綦】明·王世贞《列仙全传》卷三：后汉末人，修道于太平山延寿宫。善吹箫，能致鸾凤，号碧霄真人。道成，白日升举。

萧綦　列仙图赞

【萧三娘】见"王笙"条。

【萧史】西汉·刘向《列仙传》卷上："秦穆公时人。善吹箫，能致孔雀、白鹤于庭。穆公有女，字弄玉，好之，公遂以女妻焉。日教弄玉作凤鸣，居数年，吹似凤声，凤凰来止其屋。公为作凤台，夫妇止其上，不下数年，一旦皆随凤凰飞去。故秦人为作凤女祠于雍宫中，时有箫声。"《太平广记》卷四引五代·杜光庭《仙传拾遗》，其末略异，云："一旦弄玉乘凤，萧史乘龙，升天而去。"又云："今洪州西山绝顶有萧史石仙坛石室及岩屋，真像存焉。"而《仙鉴》之说稍异：萧仙者，以周宣王十七年五月五日生。

萧史　列仙图赞

宣王之末，史籍散乱，萧仙能文，著本末以备史之不及，人以史目之，实无名也。行第三，浪迹入秦，善吹箫，能致孔雀白鹤于庭。穆公有女名弄玉，善吹笙，无和者，求得吹笙者以配，孟明荐史，因召见。秦侯问史，云善箫，曰："吾女好笙，子箫也，奈何？"史以不称旨退。女在屏门呼曰："试使吹之。"一吹清风生，再吹而彩云起，三吹而凤皇来。女曰："是吾夫也，愿嫁之。"史曰："女亦且吹笙，且三吹之。"如史所感。于是孟明为媒，蹇叔为宾。◆明·王圻《续文献通考》卷二四一，竟以萧史为老君降世："萧史，周宣王时人，父萧钦好道。老君降于其家而生，初无名，宣王召以为史官，故以史为名。善吹箫，能致孔雀白鹤。秦穆公有女，字弄玉，悦萧史。公遂命孟明为媒，以女妻萧史。"◆《水经注·赣水》言赣水径南昌县西，有鸾冈，"有二崖，号曰大萧、小萧，言萧史所游萃处也"，宛委山堂本《说郛》卷三一下引《嘉莲燕语》，云"弄玉嫁萧史，生子五人"，皆如雷次宗所云"系风捕影之论"也。

【萧王】即汉丞相"萧何"，见该条。

【萧逸人】唐·张读《宣室志》"地下肉芝"条：兰陵萧逸人，亡其名。尝举进士下第，隐居潭水上，从道士学神仙。因绝粒吸气，每旦屈伸支体，冀延其寿。积十年余，发尽白，色枯而背偻，齿有堕者。即还居邺下（今河南安阳），学商人逐什一之利。凡数年，资用大饶，为富家。后因治园屋，发地得物，状类人手，肥而且润，色微红。逸人烹而食之，自是听视明，力愈壮，貌愈少。后有道士至邺下，逢逸人，因诊其脉，曰："先生尝食灵芝矣。"逸人悟其事，以告。道士曰："当退休山林，弃人事，神仙可致。"逸人喜而从其语，遂去。竟不知所在。◆按：此即"萧静之"，参见该条。

【萧云山】明时人。《(雍正)贵州通志》卷三二：天柱人。万历初得异人授以奇门之术，知人世吉凶。本所千户徐弘被苗掠入深山，云山作法，夜行越数寨，直抵山中取回，鸡犬不惊。苗人骇以为神。后尸解去。有人复见其飘然独行，始知为仙。

【萧子云】《仙鉴》卷三一：字景慕，南齐高帝之孙。梁武受禅，降爵为子，幼而好道，虽为名宦，而常接异人。官黄门侍郎、左长史。常携家游江表名山。一日至庐陵玉笥山（今江西峡江县东南），师事杜昙永。一旦上帝赐玉册，封元洲长史，仍司郁木福庭之籍，神仙之府，八十二口同隐世不复见。◆按：萧子云，《梁书》有传，侯景围金陵时，东奔晋陵（今江苏常州），饿死于显灵寺僧房，亦无所谓慕道事。

【潇湘子】见"跛仙"条。

【魈鬼】明·彭大翼《山堂肆考》卷一五一引五代·陈纂《葆光录》：越僧全清善书符厌役鬼神之术。有市人姓王者，儿妇染邪气，全清治之，缚草人长尺余，衣之五彩，咒之良久，有物呜咽而语，乞命。全清问是何精魅，云是魈鬼，顷岁春日于禹庙前见其人，遂相附。全清取一瓮，驱魈鬼入瓮，埋于桑林下，戒家人勿开。经五载，兵乱，人皆逃避，有人见埋瓮，以为有物，遂打破，见雉飞出，立于桑杪，作人语曰："今日方见见日光。"

【蟂矶神】明·朱国桢《涌幢小品》卷一九："芜湖江心有矶，矶上有祠，祠孙夫人，曰蟂矶，甚有神灵。孙夫人至此矶，闻先主崩，哭而自沉。又曰：孙刘有隙，夫人归吴，不忍见孙权，遂均于此。夫人真烈丈夫也。蜀既不传，吴亦遂讳，宜其为神。郭青螺并塑先主像，改曰蜀望台。"清·顾恩瀚《竹素园丛谈》说则有异："杨子江蟂矶有孙夫人庙。史载吴中讹言昭烈帝逝世，孙夫人闻之，祭奠江滨，遂投水死。尸逆流而上，至芜湖之蟂矶止焉。按：此说始自宋、元。黄山谷文云：'矶有灵泽夫人庙，相传蜀先主夫人葬此。'"元·林坤《诚斋杂记》："先主入蜀，权遣船迎妹，妹回至焦矶，溺水而死。今俗呼为焦矶娘娘。"清·薛福成《庸庵笔记》卷五"浩劫前定"条："嘉庆二年封为崇节惠利灵泽夫人。矶在芜湖北岸，并无高岗，遥望之，不过乱石堆耳。"《涌幢小品》卷一九又一条云："吴猷任兖州通判，库有羡金千余两，例皆取之，而猷不取。后十年，其子总税赴京，至芜湖蟂矶，触石破，赋金沉于江。诘旦，家僮狂叫曰：'我蟂矶神也。汝父不取兖库金，今所沉者称是。亟取之，必获。'亟如神言，果获。"◆按：此条所记之神未言为女性，疑蟂矶本有神，孙夫人则或为后人所附会者也。明·顾炎武《日知录》卷三一"蟂矶"条有辩证："孙夫人归于孙权之后，不知所终，蟂矶之传为妄。"◆按：南宋·祝穆《方舆胜览》卷一五"蟂矶"条："蟂，毛蛟。黄鲁直云：蟂，似蛇四足，能隐伏。"

【嚣】❶《山海经·西山经》："翩次之山。有兽焉，其状如禺，而长臂善投，其名曰嚣。"袁珂《校注》："郝懿行《笺疏》云'嚣、夒声相近'，毕沅以为

'嚣、夒形相近'。《说文》：'夒，母猴，似人。'嚣即夒之讹变。"**❷**《山海经·北山经》："梁渠之山，有鸟焉，其状如夸父，四翼，一目，犬尾，名曰嚣，其音如鹊，食之已腹痛，可以止衕。"

嚣　山海经图　吴任臣本

【小儿鬼】晋·干宝《搜神记》卷一六：昔颛顼氏有三子，死而为疫鬼。一居江水，为疟鬼；一居若水，为魍魉鬼；一居人宫室，善惊人儿，为小儿鬼。

【小儿神】明·董斯张《广博物志》卷一四引《图经》："项橐，鲁人，十岁而亡。时人尸而祝之，号小儿神。"参见"先圣大王"条。

【小蜚虫】汉·东方朔《神异经》：南方蚊翼下有小蜚虫焉。目明者见之，每生九卵，复未尝有殰，复成九子，蜚而复去，蚊遂不知。亦食人及百兽，食者知言虫小，食人不去也。此虫既细且小，因曰细蠓。陈章对齐桓公小虫是也。此虫常春生，以季夏藏于鹿耳中，名婴蜺。

【小姑神】见"大姑神"条。

【小人】《山海经·大荒南经》："有小人，名曰菌人。"《大荒东经》："有小人国，名靖人。"汉·东方朔《神异经》："西海之外有鹄国。男女皆长七寸。又言西北荒中有小人，长一分。"东汉·郭宪《洞冥记》卷二有勒毕国，人长三寸。卷三有末多国，人长四寸。《汉武故事》："东郡（在今河南濮阳南）送一短人，长七寸，名巨灵。《诗含神雾》：东北极有人长九寸。"梁·任昉《述异记》卷下："魏时河间（治在今河北献县南）王子元家，雨中有小儿八九枚堕于庭前，长六七寸许。自言家在河东南，为风所飘而至于君庭。与之言，甚有所知。"

【小人国】《大荒东经》："有小人国，名靖人。"郭璞注曰："《诗含神雾》曰：东北极有人长九寸，殆谓此小人也。或作净，音同。"见"小人"条。

【小沈】明·谢肇淛《滇略》卷九：唐永贞间，南诏（今云南大理）鸡足山有僧小沈，与二僧同住一庵。小沈入城乞食，诏问识何法门。小沈云："我能使死者生极乐世界。"诏令国中但有死者请小沈起棺。如此十余年，有谗于诏曰："小沈妄人也。

小人国　山海经图　吴任臣本

能超度死魂，何所证验？臣愿入棺试之。"诏如言，其人果死。复使其生，其人复苏，悔曰："我已生七宝宫殿中，如何复来此！"小沈还旧庵，求食，二僧不与，曰："汝从城中来，乃不裹粮，却至此求食耶！"小沈遂走叩迦叶石门，门訇然中开，小沈入门内。二僧追呼，则石门已闭，遂悔恨焚身门外，焚处生柏二株。或谓小沈为迦叶所化。

【小王先生】即"王仔昔"，参见该条。

【孝娥】北宋·乐史《太平寰宇记》卷一〇五："贵池县北四十里有孝娥庙。吴孙权时，娥父为铁官，冶铁遇秽不流。女忧父受刑，投身炉中，铁乃涌溢，流注入江，娥所蹑履浮出于铁。时人号圣姑，遂立庙。"《（雍正）江南通志》卷四一："池州府（今安徽池州）有孝娥庙，俗名仙姑庙。"

【孝烈将军】即花木兰。道藏本《搜神记》卷六："将军名木兰，湖北朱氏女也。代父西征，颇著劳绩。既没，人为立庙。唐封孝烈将军。今黄陂县之木兰山及保定完县俱有庙。"

【孝悌王】即"斗中真人"《太平广记》卷一五"兰公"条引《十二真君传》："兖州曲阜县高平乡九原里，有至人兰公。家族百余口，精专孝行，感动乾坤。忽有斗中真人，下降兰公之舍，自称孝悌王。云：'居日中为仙王，月中为明王，斗中为孝悌王。夫孝至于天，日月为之明；孝至于地，万物为之生；孝至于民，王道为之成。且其三才肇分，始于三气，三气者，玉清三天也。玉清境是元始太圣真王治化也；太清者，玄道流行，虚无自然，玉皇所治也。吾于上清已下，托化人间，示陈孝悌之教。后晋代尝有真仙许逊，传吾孝道之宗，是为众仙之长。'因付兰公至道秘旨。"参见"斗中真人"条。明·胡应麟《少室山房笔丛》卷四三："孝悌明王名弘康，字伯中。"不知何据。

【孝佑夫人】唐时女子。《两浙名贤录》：永嘉有卢氏女，与母出樵，遇虎，将噬母，女急投虎口，以代母死。死后有人见女跨虎而行，遂立祠祀之。宋理宗朝赐号孝佑夫人。

【哮天犬】《西游记》及民间戏曲小说中，二郎神俱有哮天犬，多作常犬形，唯《封神演义》云"形如白象势如枭"。◆按：二郎此犬，实本于毗沙门天王之神鼠，见"二郎独健"条。

哮天犬　明二郎搜山图

【啸父】西汉·刘向《列仙传》卷上："冀州人。少在曲周（今河北曲周）市上补履，数十年人不知也。后奇其不老，好事者造求其术，不能得。唯梁母得其作火法。临上三亮山，与梁母别，列数十火而升天。曲邑多奉祀之。"又《列仙传》卷上"师门"条："师门，啸父弟子，亦能使火。"又言师门为夏孔甲龙师，则啸父为夏时人可知。◆宛委山堂本《说郛》卷一〇〇有孙广《啸旨》一篇，略言："夫气激于喉中而浊，谓之言；激于舌而清，谓之啸。啸之清可以感鬼神，致不死。老君授王母，母授南极真人，真人授广成子，广成子授风后，风后授啸父，啸父授务光，务光授尧，尧授舜，舜演之为琴。"

【xie】

【蝎魔】明·陆粲《庚巳编》卷九：西安有蝎魔寺，塑大蝎于栋间。相传国初有女子，素不慧，病死复生，遂明敏，以文史知名。为某布政使婆为夫人。一日，见榻上有一老蝎，辗转间又化为女形。女遂告其夫曰："身本蝎魔，得罪冥道，赖观音大士救拔，免死。因借女尸为人，幸获侍左右，望公建一寺，以报大士之德也。"布政应之，女子遂隐去。于是而有蝎魔寺。

【协济公】道藏本《搜神记》卷五：二神也，姓曾，兄弟二人。平生重气节，轻财乐施，友爱尤笃。三国时隐于青阳之九子山，即今之九华山。既殁，屡显灵异，为民捍灾御患。邑人德之，为立二庙，一在九华山之东，一在九华山之西。宋大观间赐额曰协济。

【邪】晋·干宝《搜神记》卷一二：《夏鼎志》曰：掘地而得狗，名曰贾；掘地而得豚，名曰邪。

【鞋帮子】明人。《（雍正）陕西通志》卷六五：住咸宁（今陕西西安）凤栖原金潭沱村。村民陈师馆之甚勤。日饮酒醉卧，街人触之则大骂。日与儿童嬉戏为乐。以旧鞋帮百衲为衣，冬夏服之。有与新衣，辄与贫人。人问其姓名，自云"鞋帮子"。万历时，一日往城乞黄纸钱百余，自糊于身，是夜卒，乡人敛之。后陈氏贸易于蜀，路遇之，谈笑詈骂如故。归发其棺，唯余鞋帮衲衣及纸钱而已。

【谢宝】宋时人。《（雍正）宁波府志》卷三二：乌岩村人。父母无嗣，祷于真武，梦雷震而孕，次年生宝。数岁即有灵异，尝梦真武为之浣肠溪上。天旱，束刍龙祈雨，即雨，放刍龙于溪上，行数里，触石而没，遂成深潭，每阴雨，龙即现。尝得小鱼，变成小龙，宝即跨之，游水中，出而衣不沾湿。尝大旱，令祈雨，密嘱母簸箕，旋纺车而洒水。母如其言而忘洒水，则有雷而无雨。元祐间事闻于朝。人称活神仙。建炎三年，与邻里亲故别，曰："明日辞世，三年后当复生。幸勿葬。"次日果逝，三年，忽闻棺内有声，启视之，容貌如生。忽见火从顶出，遂化焉。

【谢璠】五代·杜光庭《神仙感遇传》卷四：蜀川人。幼而好道。与同志三人共入峨嵋山求道，既至，各投一谷。璠入木皮谷，逢四老人，引之行数十里，见有台阁华盛，入一殿，天尊像前经书委积，遂令璠闭目信手探取一卷，因而授之曰："此天文大篆也，行之可以长生度世，可以积功救人。"璠辞别出山，至谷口，宿于民家。有小儿堕沸汤中，数处糜烂，救护无门。璠视经书中有可治之文，乃书其文，为灰调水洗之，逡巡即愈。自此常以天篆阴功救人，不可胜计。后复游诸山，不知所之。

【谢范二将军】见"七爷八爷"条。

【谢圣公】刘宋·刘敬叔《异苑》卷五：晋隆安中，吴兴（今浙江湖州）有人，年可二十，自号圣公，姓谢，死已百年，忽诣陈氏宅，言是己旧宅："可见还，不尔烧汝。"一夕火发，荡尽。因有鸟毛插地，绕宅周匝数重。百姓乃起庙。

【谢石】北宋末南宋初测字术士。北宋·蔡絛《铁围山丛谈》卷三："蜀人，宣和岁壬寅到辇下，以术得名，善相字，使人书一字，即知人之用意。以卜吉凶，其应如响，遂得荣显。君相皆召其测字。宣和七年归蜀，临行，告蔡絛天下将乱，独蜀尚存，二十年外不知也。"南宋·何薳《春渚纪闻》卷二："字润夫，成都人，宣和间至京师，以相字言人祸福。求相者但随意书一字，即就其字离拆而

言，无不奇中者。名闻于九重。"下载其事多条，可参看。南宋·洪迈《夷坚志补》卷一九"谢石拆字"条云其绍兴八年来临安。南宋·沈作喆《寓简》卷九言其初为武臣。

【谢仕荣】见"谢天君"条。

【谢守灏】南宋时人。《仙鉴续编》卷五：字怀英，永嘉（今浙江永嘉）人。生于宋高宗绍兴四年。弱冠刻志于学，弃儒从道。游江海，多历名山，尝遇至人，授以《许旌阳石函记》一部，金丹之理，愈造妙门。光、宁两朝眷遇优渥。平生交游多当代大贤。至晚年，相貌清古，须发皓白，人谓之"活老君"。著《混元实录》。宁宗嘉定五年，七十有九，梦天人下降，云太上有命召修真仙史记。次日端坐而化。

【谢天地】宋时人。《神异典》卷二五四引《武当山志》：不知姓名。绝粒不食，步履如飞。居武当（在今湖北十堰南）南岩更衣台下石室中，下临深渊，凡人不能往来，公飞行自若。人有启问，但应以"谢天地"，无它语，人以是名之。后仙去，不知所在。

【谢天君】《三教源流搜神大全》卷四：姓谢名仕荣，字雷行。生于贞观初，降生之时，一轮火光如斗，直射入山东火焰山界谢恩之家，即其父也。姓烈貌恶，不屈于豪，亦不败于法。为山阴令时，督司索贿千金，不从。于是责令制水银盔甲，谢以锡饰应之。又责以鼓革牛胶，谢以败革应之。上司不能害，推其为将才，令其讨贼，图阴害之，而谢又克贼。死后为神，受职火德天君，执金鞭，架火轮，头顶道冠，以司亢阳之令。◆按：谢仕荣为传说中一强项令也，有德于民，或死后得民之奉祀。而观其事迹，与"火"并无干涉。或以其为火德天君，似与火神"谢仙"有关。谢仙传说始于唐宋时，而宋时并无谢仕荣任何记载。当是元明

谢天君　三教源流搜神大全

时有好事者以谢仙有姓无名，遂以谢仕荣实之。

【谢通修】唐时人。《仙鉴》卷四二：宜春郡（今江西宜春）人。奉母至孝。代宗大历初，忽梦一人令学道，既觉，乃诣衡岳为道士。后五年，入玉笥山（今江西峡江县东南），居于岩穴，谢绝人世，凡三十余年。一日探溪源，见一碑，云是萧侍郎清虚馆旧址，遂结庵于此，里人为创观宇。由此四方问道者众。穆宗长庆初，因入郁木坑，遇萧子云、梅福二仙，赐嘉禾五穗、松叶半斤。其年化去，年九十八。至咸通初，问政山道士聂师道游郁木坑，遇之，乃知通修已仙。

【谢仙】北宋·张舜民《画墁录》卷八《郴行录》云："岳阳天庆观木柱上有'谢仙火'三字，体兼篆隶，皆倒书，入木三寸，笔划雄劲，非人力所能为。或云永州何仙姑能道幽隐事，因走人致问。何仙姑还报云：'此雷部中火神也，兄弟三人，形质如墨，然其长各不过三尺，此"谢仙火"三字系用铁笔倒书也。'"又宋·王得臣《麈史》卷二永州何仙姑则云"为雷部中神，昆弟二人，并长三尺"。诸书所言差异如此。◆据北宋·沈括《梦溪笔谈》卷二一、南宋·赵彦卫《云麓漫抄》卷二、南宋·周密《齐东野语》卷一二、《麈史》卷二，皆言岳州华容县玉真观木柱上有"谢仙火"字，沈括辩之曰，皆似唐人字，其"火"字，疑若队伍若干人为"一火（伙）"耳。北宋·张耒《明道杂志》云："世传谢仙火字，云谢仙是雷部中神名，主行火。此乃木枞上各私记其主姓名耳。火犹甲也，乃谢仙火中木也。今枞商皆刻木记主名，不惟谢仙也。王得臣亦云：凡记木必刻于木本，营建法本在下，故倒书。"据此，则"谢仙"者本为一木商名，"谢仙火"则指谢仙一批商伙也。恰巧玉真观为雷所击，检视发现此三字，而其中又有一"仙"字，遂说为此雷乃雷神谢仙者所发，而"谢仙火"则为雷神署记。又据《齐东野语》，岳州玉真观为火所焚，乃北宋大中祥符间事，而清·黄斐默《集说诠真》引李肇《唐国史补》："谢仙者，雷部中鬼也。夫妇皆长三尺，其色如玉，掌行火于世间。"李肇，唐人，又似谢仙为雷鬼之说与玉真观木柱无涉而另有来历者。然《诠真》所引《国史补》云云，今本皆无此条，当是黄氏误记《麈史》为《国史补》也。◆又雷部又有"谢天君"者，似为谢仙传说衍生，参见该条。

【谢仙翁】《（雍正）江西通志》卷一〇五：瑞金人。五代后周时登龙雾嶂采樵，偶见二女弈，从旁观之。女食桃遗核，谢拾而食之，遂不饥。弈罢，忽失二女所在。谢归，后入山，莫可踪迹，有见之者，追不可及。里人为立祠，名曰宝仙。

【谢绪】见"金龙四大王"条。

【谢夷吾】《后汉书·方术列传》：谢夷吾，字尧卿，会稽山阴（今浙江绍兴）人也。少为郡吏，学风角占候。太守第五伦擢为督邮。时乌程长有赃，伦使收案其罪。夷吾到县，无所验，即还，白伦曰："窃以占候，知长当死。近三十日，远不过六十日，游魂假息，非刑所加，故不收之。"伦听其言，至月余，果有驿马赍长印绶，上言暴卒。举孝廉，为寿张令，稍迁荆州刺史，迁巨鹿太守。所在爱育人物，有善绩。预克死日，如期果卒。诫其子曰："汉末当乱，必有发掘露骸之祸。"使悬棺下葬，墓不起坟。

【谢佑】北宋时人。《（弘治）八闽通志》卷六〇：谢佑，延平人也。元丰中从剑浦黄裳学。为人质直，素慕张巡之忠烈，愿为其庙从神，预塑像于巡之侧。及卒，素著灵响。绍兴九年封灵惠将军，淳熙十年赐庙额正顺。庙在尤溪县治西。

【谢元】即"壶公"名。见该条。

【谢允】晋·陶潜《搜神后记》卷二："谢允从武当山（在今湖北十堰南）还，在桓宣武座，有言及左元放为曹公致鲈鱼者，允便云：'此可得耳。'求大瓮盛水，朱书符，投水中，俄有一鲤鱼鼓鳍水中。"《（康熙）和州志》卷二八："字道通，历阳（今安徽和县）人。任罗邑宰。博览群书，有遁世之志。晋太康中辞官，西上武当。至襄阳（今湖北襄阳），见一道士，引其至武当见孟盛子（即戴孟）。孟授以炼神冲虚之道。于是结茅石室，不数年，能飞行绝壁。自号谢罗仙。后仙去。故武当山又名谢罗山。"◆又《太平广记》卷四二六"谢允"条引《甄异传》，所言谢允无为官事，云：允字道通，年十五为苏峻贼兵所掠，卖东阳蒋凤家。尝饲虎槛中，甫入，则一虎攀木仰视。允谓虎曰："此槛木本为汝施，而我几死其中，汝不杀我，我放汝。"乃开槛出虎。贼平之后，乌程令张球不为鉴别，置桎梏中。一夜，允睹一少年通身黄衣，忽进狱，与允言语。狱吏知是异人，不敢枉，蒙理还都。允到襄阳，见一道士说："吾师戴先生，非世间人也，云若有西山欲见我者，可将来。君是谢允否？"允因随去，入武当山。进见先生，赐以神药三丸，服之，便不饥渴，无所思欲。戴先生亦无常处，时有祥云紫气荫其上，或闻芳香之气彻于山谷。按：戴先生即汉武帝所遣殿上将军戴甄生也。
◆《天地宫府图》：谢允治七十二福地之第一地肺山（即茅山）。

【谢真人】《天地宫府图》："三十六小洞天之桃源山，为谢真人所治。"不详所指。又七十二福地第七十一卢山（在福州连江县），亦谢真人所治。按北宋·乐史《太平寰宇记》卷一〇六："江西高安县西北一百里有谢山，为谢真君上升之处，上有真人祠，祷祈皆应。"亦未言为何人。而下又记此县东北有"康乐县故城，谢灵运为康乐侯就第，即此"。如此则谢真人为谢灵运耶？或以灵运诛死，故虽有上升传说而文人不取，遂含混以谢真人目之耶？又唐·韦绚《刘宾客嘉话录》亦有一果州谢真人，与前述似非一人："果州谢真人上升前，在金泉山道场，上帝赐以马鞍，使安其心也。刺史李坚遗之玉念珠，后问：'念珠在否？'云：'已在玉皇之前矣。'一日，真人于紫极宫致斋，金母下降，郡郭处处有虹霓云气之状。至白昼轻举，万目睹焉。"

【谢仲初】明·王世贞《列仙全传》卷五："袁州万载（今江西万载）人，修炼于阁皂山，得道而归。过县西，见其地无水，拔剑刺地出泉。过江无舟，以竹叶渡之。后登谢山，冉冉仙去。"《清一统志》卷八以为宋时人。

谢仲初　列仙全传

【谢自然】唐时女子。五代·杜光庭《墉城集仙录》卷一〇："谢自然，其先兖州人。性颖异，不食荤血，年七岁，所言多道家事。其家在大方山下，顶有古像老君。自然因拜礼，不愿却下。母从之，乃徙居山顶。年十四绝粒，食柏叶，七年之后，柏亦不食；九年之外，乃不饮水。贞元九年，筑室于金泉山居之。一日有一大蛇，围三尺，长丈余，有两小白角，以头枕房门，吐气满室。斯须云雾四合，及雾散，蛇亦不见。白蛇去后，常有十余小蛇，旦夕在床左右。又有两虎，出入必从，人至

则隐伏不见。贞元十年三月三日，移入金泉道场。明日，上仙送白鞍一具。此后自金母以下，神仙屡降。有神力，日行二千里，或至千里，人莫知之。冥夜深室，纤微无不洞鉴。又不衣绵纩，寒不近火，暑不摇扇。人问吉凶善恶，无不知者。后于金泉道场白日升天，士女数千人，咸共瞻仰。"又见五代·沈汾《续仙传》卷上："谢自然，蜀华阳女真，幼入道，其师以黄老

谢自然　列仙酒牌

仙经示之，一览皆如旧。好琴书，善笔札。年四十，远游青城、大面、峨眉、三十六靖、二十四治，寻离蜀历京洛，抵江淮，凡有名山洞府，无不历览。闻天台道士司马承祯居玉霄峰，遂诣师事之。承祯以女罕传上法，恐泄慢大道，但唯诺而已。自然于是告别承祯，去蓬莱。掣一席投于海，泛于波上，幸遇新罗船搭乘之，航于海上，至一岛，遇一老人，云蓬莱去此三十万里，非舟楫可至，仍令师司马承祯。自然复往天台，承祯授以上清法。归蜀，于果州南充县金泉山修道。功成，唐德宗贞元十年，白日飞升。"◆按：《集仙录》与《续仙传》所叙，以时代及籍贯似为一人，而事迹差异之大，竟似不相关者。且《集仙录》未言是女子，亦颇可疑。

【獬豸】又作"解𧳜（廌）"。有多种形态。❶如牛，一角。东汉·许慎《说文解字》卷一〇："解𧳜，兽也，似山牛，一角。古者决讼，令触不直。"❷如羊，一角。梁·任昉《述异记》卷上："獬豸者，一角之羊也。性知人有罪。皋陶治狱，其罪疑者，令羊触之。"清·陈元龙《格致镜原》卷八二

引《神异经》同此说，并称为"任法兽"。清·段玉裁《说文解字注》"觟"字下也有类似文字。然今本《神异经》并不载。❸如鹿，一角。《汉书·司马相如传上》："弄解𧣾。"颜师古注

獬豸　山海经图　胡文焕本

引张揖曰："解𧣾，似鹿而一角。人君刑罚得中则生于朝廷，主触不直者，可得而弄也。"宋·张君房《云笈七签》卷一〇〇："时外国有以神兽来进，名獬豸，如鹿，一角。置于朝，不直之臣，兽即触之。帝问：'食何物？'对曰：'春夏处水泽，秋冬处松竹。'此兽两目似熊。"所答应有缺失，当依《说文解字》卷一〇所载，"薦，兽之所食草。从𧣾从艹。古者神人以遗黄帝。帝曰：'何食？何处？'曰：'食薦；夏处水泽，冬处松柏。'"◆汉·王充《论衡·是应篇》作"觟𧣾"，"一角之羊也，青色四足，或曰似熊，能知曲直，性识有罪。皋陶治狱，其罪疑者，令羊触之。有罪则触，无罪则不触。斯盖天生一角圣兽，助狱爲验，故皋陶敬羊，起坐事之。"（文依黄晖《论衡校释》）按："觟"，同"獬"。◆此兽与执法刑狱有关。西晋·司马彪《续汉书·舆服志下》："法冠，执法者服之，或谓之獬豸冠。獬豸神羊，能别曲直，楚王尝获之，故以为冠。"楚王即楚庄王或楚文王，冠即觟冠。《太平御览》卷六八四引《淮南子》："楚庄王好觟冠。"今本《淮南子·主术训》："楚文王好服獬冠。"

【觟𧣾】见"獬豸"条。

【燮邑子】宋·谢守灏《玄元圣纪》卷一：周文王时，老君降于岐山之阳，号燮邑子。文王为西伯，召为守藏史。

【xin】

【辛七师】唐·张读《宣室志》"辛七师"条：辛七师，陕人。十岁好浮图氏法，日阅佛书，自能辨梵音，不由师教。其后父为陕郡守。先是郡南有瓦窑七所。及父卒，辛七哀毁甚，一日发狂遁去。其家僮迹其所往，至郡南，见辛七在一瓦窑中端坐，身有奇光，粲然若炼金色。家僮惊异，次至一窑，又见一辛七在焉。历七窑，俱有一辛七在中。由是呼为辛七师。

【辛兴】雷门苟元帅之名。见"苟元帅"条。

【辛玄子】梁·陶弘景《真诰》卷一五、《云笈七签》卷八五、卷九六：玄子字延期，陇西定谷人，汉明帝时谏议大夫，上洛、云中、赵国三郡太守辛隐之子。少好至道，而享年不永，溺死于秦川长梁。为西王母、酆都北帝所悯，救三官摄取形骸，还魂复真，选补禁元中郎将，吴越鬼神之司命。

【辛元帅】雷部元帅，或称"辛天君"。《封神演义》称辛环，《三教源流搜神大全》谓辛兴，却又说被封为雷门苟元帅，则是将辛、苟视为一神也。民间或又传言其雷部主簿神。《三教源流搜神大全》卷五"辛兴苟元帅"条：雍州（在今陕西，因时代不明，不知具体所指）有神雷山，至惊蛰时雷气发扬，威气闪赫，无物不折。至夏秋，雷藏于地中，作鸡状。雍州有民姓辛（原文做新）名兴，字震宇，家贫，卖薪以养母。一日入雷山，于石中得鸡形者五，以为可做母膳，以内衣裹之持归。母欲烹之，一鸡作人言："予雷也，不可食。乞宥一剐之恩。"其母不允，雷霹雳而起，母受惊破胆而死。辛兴卖薪携酒归，抱母尸而泣，知为雷鸡所震死，遂欲将五雷鸡并捶毙。雷神冲虚而起，风霆交至，欲下击辛兴，而悯其为孝子，便化作道士，揖辛兴曰："误伤尔母，勿怨也。我等愿听命以谢罪。"因奉十二火丹，辛兴食之，遂易形貌，头如妖，嘴如鸟，肩生翼，左持凿，右持槌，脚踏五鼓，而升化母尸而去。天帝感其孝，封为雷门苟元帅，与毕元帅共五方事，往来行天，剪除幽明邪魔。◆按：其本姓辛却称为"苟元帅"者，当与晋·陶潜《搜神后记》卷一〇所载章苟事有关，详见"苟元帅"条。◆清·顾禄《清嘉录》卷六"六月·辛斋"条：六月二十五日为辛天君诞辰。谓天君为雷部中主簿神。凡奉雷斋者，至日皆茹素，以祈神佑。又月之辛日及初六日，俗呼"三辛一板六"，不御荤，谓之辛斋。

【新妇子怪】新妇子，美人人偶也，有布绢瓷陶诸种。唐·戴孚《广异记》"韦训"条：唐京兆韦训，暇日读《金刚经》，忽见门外绯裙妇人，长三丈，逾墙而入，径投其家先生，为捽发曳下地，又以手捉训，训以手抱《金刚经》遮身，仓卒得免。先生被曳至一家，人随而呼之，乃得免。其鬼走入大粪

堆中，先生遍身已蓝淀色，舌出长尺余。家人扶至学中，久之方苏。率村人掘粪堆中，深数尺，乃得一绯裙白衫破帛新妇子，焚于五达衢，其怪遂绝。又"卢赞善"条：卢赞善家有一瓷新妇子，经数载，其妻戏谓曰："与君为妾。"卢因尔惘惘，恒见一妇人卧于帐中。积久，意是瓷人为祟，送往寺中供养。有童人，晓于殿中扫地，见一妇人，问其由来，云是卢赞善妾，为大妇所妒，送来在此。其后见卢家人至，因言见妾事。赞善穷核本末，所见服色，是瓷人。遂命击碎，心头有血，大如鸡子。

【信夫】见"五娘"条。

【信郎神】《元丰九域志》卷五："《郡国志》曰：东海信郎神，娶海女为妻，破石为帆。今东海有信郎神是也。"

【xing】

【兴善庙神】《（万历）温州府志》卷一三："庙在瑞安县广化乡右溪，神樊氏兄弟。山内巨潭有蛟，每出入挟风雨，潭流暴涨，没田庐为民害。神誓除之。天圣四年，罄家资入积善院养其母，兄弟持刃入潭，风雷昼暝，与蛟力斗，戮之，潭水涌出皆赤。兄弟乘流至溪口，对立而没，里为立祠。"明·闵文振《涉异志》："台州城中委巷有兴善庙，神颇显，有赵小一者游其中，遇商人携囊金息肩庑下。入夜，小一杀商人，取其金，祝神曰：'神道切莫说。'方拜下，神语曰：'我倒不说，只怕你自家说。'小一惊起。数岁，小一同友人过庙门，诧曰：'此庙神极显。'友人问故，小一曰：'吾往岁杀商人取金，祝神莫说，神曰："只怕你自家说。"此其显也。'友人叹异，逾年，小一与友人交恶，友人以其事诉于官，小一坐死。"

【狌狌】即"猩猩"，音亦同。《山海经·南山经》："招摇之山有兽，其状如禺而白耳，伏行人走，其名曰狌狌，食之善走。"《海内南经》："狌狌知人名，其为兽，如豕而人面。"郭璞注曰："《周书》曰：'郑郭狌狌者，状如黄狗而人面，头如雄鸡，食之不眛。'今交阯封溪出狌狌，土俗人说云：状如豚而后似狗，声如小儿啼也。"《淮南子·泛论训》："猩猩知往而不知来。"《水经注·淹水》云：交阯"有猩猩兽，形若黄狗，又状狟独。人面，头颜端正，善与人言，音声丽妙，如妇人好女。对语交言，闻之无不酸楚。其肉甘美，可以断谷，穷年不厌。"

【刑神】《国语·晋语二》：虢公梦在庙，有神人

面白毛虎爪，执钺立于西阿。公惧而走。神曰："无走。帝命曰：'使晋袭于尔门。'"公觉，召史嚚占之。对曰："如君之言，则蓐收也，天之刑神也。"

【刑天】见"形天"条。

【刑天国】清·袁枚《续子不语》卷一：温州诸生王谦光云：

狌狌　山海经图　蒋应镐本

曾飘至一岛，男女千人，皆肥短无头，以两乳作眼，闪闪欲动，以脐作口，取食物至前，吸而唼之。识者曰："此《山海经》所载刑天氏也。"

【行钦】南宋·洪迈《夷坚支志·丁集》卷九：楚州（今江苏淮安）痴僧。武锋军陈某结党谋叛，楚人皆不知。忽行钦遇之，猝拔其腰间剑杀之，呼曰："今日杀了大贼！"为街吏所执，囚于狱，不答不词，唯酣睡而已。闭之空室，数日不与食。后引出，郡守命一府胥兵各买一蒸饼与食，尽三百枚不言饱。囚拘近一月，军中告变，始知陈为首谋，既死而事不成。郡守呼僧慰谢，亦无一言。行过市，观者如织。忽卧于地，视之，死矣。

【行神】❶《礼记·祭法》："王为群姓立七祀，曰司命，曰中霤，曰国门，曰国行，曰泰厉，曰户，曰灶。诸侯为国立五祀，曰司命，曰中霤，曰国门，曰国行，曰公厉。大夫立三祀，曰族厉，曰门，曰行。嫡士立二祀，曰门，曰行。"郑注："行主道路行作。使者出，释币于行；归，释币于门。今时民家或春秋祠司命、行神。"按：此即祖神，参见"祖神"条。❷而行神又有一说，即井神。《吕氏春秋·孟冬纪》"其祀行"高诱注曰："行，门内地也。各守在内，故祀之。行或作井。水给人，冬水，王故祀之也。"是行神即井神，故士虽二祀，亦有行神。《淮南鸿烈解·时则训》高诱注同。东汉蔡邕《独断》卷上："冬为太阴，盛寒为水，祀之于行。"宋·王观国《学林》卷一"五祀之别名"条亦云："五祀或变行为井者，行、井皆属水神之祀，乃其类也。"

【邢疯子】明时人。《(康熙)江宁府志》卷二七：自云高淳人。嘉靖中来县，骑虎食蛇，放荡不羁，人以疯子呼之。安远柳公送居茅山天心坞。死，即葬坞侧。死时适柳公遣使送一衲衣，因焚于墓侧。使回，遇疯子于山下，正著所焚衲子，以所执麈尾与使者复命，乘云而去。

【邢和璞】唐时人。《唐书·方伎传》："善知人夭寿，喜黄老，作《颍阳书》，世传之。"唐·郑处海《明皇杂录》卷上："开元中，房管为卢氏宰，邢和璞自太山来，携手闲步，不觉行数十里，至夏谷村，掘地得一瓶，中皆娄师德与永公

邢和璞　列仙全传

书。和璞笑谓管曰：'省此乎？'管方悟其前世为永公。璞并预言房管未来事，甚验。"《太平广记》卷二六引《纪闻》："邢先生名和璞。善方术，常携竹算数计，算长六寸。人有请者，到则布算为卦，纵横布列，布数已，乃告家之休咎，言其人年命长短及官禄，如神。唐开元二十年至都，能增人算寿，又能活其死者。友人已死信宿，其母哭而求之。和璞乃出亡人置于床，引其衾，解衣同寝。令闭户，眠熟。良久起，其子已苏矣。母问之。其子曰：'被录在牢禁系，拷讯正苦，忽闻外曰："邢仙人自来唤其人。"官吏出迎，再拜恐惧。遂令从仙人归，故生。'又有纳少妾，妾善歌舞而暴死者，请和璞活之。和璞墨书一符，使置妾卧处。俄而言曰：'墨符无益。'又朱书一符，复命置于床。俄而又曰：'此山神取之，可令追之。'又书一大符焚之。俄而妾活。言曰：'为一胡神领从者数百人拘去，闭宫门，作乐酺饮。忽有排户者曰："五道大使呼歌者。"神不应。顷又曰："罗大王使召歌者。"方骇。仍曰："且留少时。"须臾，数百骑驰入宫中，大呼曰："天帝诏，何敢辄取歌人？"令曳神下，杖一百，仍放歌人还。于是遂生。'和璞此类事至多。后不知所适。"◆《五总志》："唐玄宗射猎沙苑，道士邢和璞化为羽鹤，孤飞其上。帝弯弓射之，中

其左股。复还玉局观，留箭以示其徒曰：'此主天子明年幸蜀。'"按：此本"徐佐卿"事。◆唐·段成式《酉阳杂俎·前集》卷二有记邢和璞一事，见本书"泰山老师"条。

【邢三姑】清·汪巽东《云间百咏》有《会灵仙祠》诗，注云："秦时人，邢氏三姑，入湖为神，大姑云鹤主沉湖，二姑月华主柘湖，三姑降圣主淀湖。"按：三湖在今浙江海盐、嘉兴一带。参见"三姑神"条❹。

【邢仙翁】《仙鉴》卷五一：宋神宗熙宁四年，有武人李某官衡州（今湖南衡阳），深入九嶷，与举子李彦高同至一峰绝顶处，忽得平地，草堂数间，见一老人，自称姓邢，唐末人，避世至此。后彦高复来，留五日，老人授以吐纳炼气术。

【形天】《山海经·海外西经》："形天与帝争神，帝断其首，葬之常羊之山。乃以乳为目，以脐为口，操干戚以舞。"袁珂《校注》云："形天，炎帝之臣。形天神话乃黄帝与炎帝斗争神话之一部分。"此"帝"即指黄帝。南宋·罗泌《路史·后纪三》云："炎帝乃命刑天作《扶犁》之乐。"是为证。吴任臣《广注》案：《抱朴子》谓'无首之体'，即此也。'形天'或作'刑天'，陶诗云：'精卫衔微木，将以填

刑天　山海经图　汪绂本

沧海。刑天舞干戚，猛志故常在。'亦作'形夭'，段成式《诺皋记》云：'形天与帝争神，帝断其首，葬之常羊山，乃以乳为目，脐为口，操干戚而舞焉。'刘会孟曰：'律陀有天眼，形天有天口。'洪容斋曰：'旧本渊明《读山海经》诗"刑天无千岁"，疑上下文义不贯，遂取经文参校。形天，兽名也，好衔干戚而舞，乃知是"形夭舞干戚"，五字皆讹。'而《二老堂诗话》复云：'靖节兹题十三篇，大概篇指一事，此恐专说精卫填海，无千岁之寿，而猛志常在，化去不悔，若并指形夭，似不相续。'其辞甚辨，而要以曾、洪之解为得之。邢凯《坦斋通编》云：'天山有神名刑天，操干戚而舞不止。'张氏《代醉编》曰：'《山海经》形天与帝争神，形刑天夭四字，当再考善本。'又青阙山人

《路史》曰：'刑天即浑澂。'"

【砺上童子】灶君辅神。砺，磨刀石，为厨房所备。见唐·段成式《酉阳杂俎·前集》卷一四。

【幸灵】《晋书·艺术传》："豫章建昌（今江西南城）人。少时少言无慢色，里人以为痴。后县令发百姓作官船，吏令人各作篙一双。灵作成而未缴，为人窃。俄而窃者心疼，乃出篙。灵饮以水，心疼立愈。人由是奇之。船成，二百人牵之，船不为动。或请益人。灵请自牵之，惟用百人，而船去如流。众以为神。能以水为人治病，驱怪不用符。十余年间赖其术以济者甚多。"《太平广记》卷八一引《豫章记》，事同本传而文多润色，且云："有龚仲儒女，病积年，气息才属，灵以水噀之，应时大愈。又吕猗母黄氏，痿痹一十余年，灵去黄氏数尺而坐，瞑目寂然，有顷，曰：'试扶起。'于是两人扶以立，又令去扶人，即能自行。高悝家内有鬼怪言语，器物自行，以巫祝厌之而不能绝。灵至门，见符甚多，曰：'以邪救邪，岂得已乎？'并使焚之，其鬼怪遂绝。从此以后，百姓奔赴如云。"

【幸潭】《（万历）瑞州府志》卷二二：宋时人，字子渊，高安人。少有奇气，寡言笑。遇异人得道，终为神。有乡人遇之于汴都，托寄书，曰："城北潭边古木，即吾家，叩之必应。"乡人如其言，果有二童子出，一丈夫继出，竟是幸潭。郡人异而祠之，或谓其委蜕成仙。历代崇祀，屡封龙王。

【xiong】

【雄伯】后汉傩仪中十二神之一。《续汉书·礼仪志》：雄伯食魅。

【熊德融】唐时人。《仙鉴》卷四二：字大光，荆州（治在今湖北沙市）人。年十三辞家访道，至九嶷山，遇一人，引至一石室，饮以酒，约他日相会。唐宣宗大中初，游庐山，居简寂观，常宴坐一室，人莫测其所为。至懿宗咸通二年，解化。葬讫数日，有道士南归，道逢德融。既归，发棺视之，唯一簪而已。

【熊廷弼】明时人。清·全祖望《鲒埼亭集》卷二六《熊襄愍公佚事略》：廷弼既入狱，其卧用一藤枕，不分寒暑，未尝以去身。每晚人静，焚香再拜，礼北辰则取此藤枕供之。莫能知其意也，或以问，廷弼笑不答。已而赴西市，怡然就刃。时奉有传首九边之旨，西曹郎俄录其首，则法场中空无

有，但见一藤枕。按：廷弼《明史》有传。

【熊仙人】清·王士禛《池北偶谈》卷二五"熊仙人"条：崇祯间，楚人熊生，客某公家塾为童蒙师。一旦谓其亲某生曰："我修真有年，合得仙道，有书若干卷，当以授子。"逾旦又谓曰："昨不合作某事，不应得仙，明日我午刻当逝矣，慎无窥伺，闻室中声响，乃启户。"至期阖户入，寂无所闻。顷之，忽闻霹雳一声，发窗视之，香气绸缊，熊生已端坐化去，现形云端，挥手别众，久之始没。

【xiu】

【修】祖神。东汉·班固《白虎通义·杂录》："共工之子曰修，好远游，舟车所至，足迹所达，靡不穷览，故祀以为祖神。"（今本《白虎通义》无此文，见《通典》礼一一所引。又见汉·应劭《风俗通义》卷八引《礼传》。）《山海经·海内北经》："有人曰大行伯，把戈。"袁珂《校注》疑为即共工之子修。

修羊公 列仙全传

【修臂民】《淮南子·墬形训》海外三十六国，有"修臂民"。高诱注："一国之民皆长臂，臂长于身，南方之国也。"

【修股民】《淮南子·墬形训》海外三十六国，自西北至西南，其中有"修股民"。按：即"长股国"。

【修己】禹母。四库本《竹书纪年》卷上，母曰修己，出行见流星贯昴，梦接意感，既而吞神珠，修己背剖而生禹于石纽。

【修羊公】西汉时人。西汉·刘向《列仙传》卷上：汉景帝时魏郡人。居华阴石室中，有悬石榻，卧其上，石尽穿陷。略不食，时取黄精食之。以道干景帝，帝礼之，使止王邸中。数年道不可得，景帝使人问之，化为石羊，胁上有字曰"修羊公谢天

子"。置石羊于灵台上，羊后复去，不知所之。

【鹙鹠】《太平御览》卷九二七引《博物志》曰："鹙鹠一名鸱鹠，昼目无所见，夜则目至明。人截爪甲弃露地，此鸟夜至人家，拾取爪分别视之，则知吉凶。凶者辄便鸣，其家有殃。"又引《纂文》曰："鹙鹠一名忌欺。白日不见人，夜能食蚤虱也。蚤、爪音相近，俗人云鹙鹠拾人弃爪，相其吉凶，妄说也。"唐·段公路《北户录》卷一："鹙鹠即姑获、鬼车、鸮、鹏类也。"

【嗅石】《拾遗记》卷一〇：瀛洲有兽，名嗅石，其状如麒麟，不食生卉，不饮浊水。嗅石则知有金玉，吹石则开金沙宝璞，粲然而可用。

【xu】

【盱烈】为"西山十二真君"之一。南宋·白玉蟾《修真十书·玉隆集》："字道微。少孤，事母以孝闻。其母为许逊之长姐。母子日闻许真君道妙，随真君飞升。政和二年封和靖真人。"参见"盱母"条。

【盱母】五代·杜光庭《墉城集仙录》卷六："豫章（今江西南昌）人。外混世俗而内修真要，常云：'我千年之前曾居西山。'其子名烈，事母以孝闻。晋武帝时，师事同郡许逊。即与母结草于逊宅东北八十步。母常于山下采花果，以奉许君。许逊飞升之日，赐母子以灵药，从之升天。"《仙鉴后集》卷二又云："许逊每出，盱母代掌其家事。"

【胥徒国】晋·王嘉《拾遗记》卷七：（汉献帝）建安三年，胥图国献沉明石鸡，色如丹，大如燕。常在地中，应时而鸣，声能远彻。其国闻其鸣，乃杀牲以祀之。当鸣处掘地，得此鸡。若天下太平，翔飞颉颃，以为嘉瑞，亦谓"宝鸡"。

【顼天竺】厕鬼。唐·段成式《酉阳杂俎》卷一四："厕鬼名顼天竺，一名笙。"明·方以智《通雅》卷二一："顼天竺、笙、依倚、后帝、卑，皆厕鬼。"

【虚耗】鬼名。南宋·陈元靓《岁时广记》卷四〇"梦锺馗"条引唐·卢肇《唐逸史》："唐明皇病，昼梦一小鬼，衣绛犊鼻，跣一足，履一足，腰悬一履，执一竹扇，盗太真绣香囊及玉笛，绕殿奔戏于上前。上叱问。小鬼曰：'臣乃虚耗。虚者，望空虚中盗人财物如戏，耗即耗人家喜事成忧。'上怒，欲呼武士。俄见一大鬼，破帽蓝袍，脚带朝靴，径捉小鬼，先刳其目，然后劈而食之。上问大鬼，

曰：'臣终南进士锺馗也。'"同书卷三九引《岁时杂记》："交年之夜，门及床下以及圊溷皆燃灯，除夜亦然，谓之'照虚耗'。"

【虚监】目神名。见唐·段成式《酉阳杂俎·前集》卷一一。

【虚上夫人】即嫦娥。《文选》郭璞《游仙诗》注引许慎《淮南子注》："嫦娥，羿妻也，逃月中，盖虚上夫人是也。"

【嘘】《山海经·大荒西经》："大荒之中有山，名曰日月山，天枢也。吴姬天门，日月所入。有神，人面无臂，两足反属于头上，名曰嘘。"又云"帝令重献上天，令黎邛下地，下地是生噎。"袁珂曰："此噎即上文之嘘，亦即《海内经》之噎鸣。《海内经》云'后土生噎鸣'。而'黎邛下地'，是黎即后土也；黎所生之噎亦即后土所生之噎鸣也。"

嘘 山海经图 蒋应镐本

【魖】恶鬼名。扬雄《甘泉赋》"属堪舆以壁垒兮，捎夔魖而抶猛狂。"《文选》李善注引孟康曰："魖，耗鬼也。"

【徐珵】见"徐有贞"条。

【徐纯翁】明·徐应秋《玉芝堂谈荟》卷一七"八仙"条中有徐纯翁。◆按：应是"徐神翁"之误，事见该条。

【徐道广】明时人。《（雍正）云南通志》卷二五：昆明人。嘉靖时修真于楚雄（今云南楚雄）之玄真观。能书符咒水除祟，役使鬼神，禳灾祈雨。时黔府瘟疫，医不能疗，遣使求符。遇道广于乌龙寺，方食活鳝，即以鳝血书二符。使笑之。道广起掷一符于水，忽见水中鳝百余以首捧符。使始惊讶。后封雷霆都史。

【徐道季】《洞仙传》：少住鸣鹄山，后遇真人，传以道，修行得仙。◆按：此应是"徐季道"之误，见该条。

【徐道生】宋时人。《仙鉴后集》卷六：山阳（今江苏淮安）军妇也。后入神光观为道士。闻徐神翁在海陵（今江苏泰州），即往事之。闻神翁云太行山有换骨岩，将轻举者先往换骨，然后乃得登上清，列仙品。于是道生即往换骨岩，抵其危巅，果

有大屋，四周有仙人锁子骨千余趺坐庑下。道生以熏陆香各纳之喙中而归。自是不知所之。

【徐登】❶《后汉书·方术列传》："闽中人。本女子，化为丈夫。善巫术。又有赵炳，东阳（今浙江金华）人，能为越方。时遭兵乱，疾疫大起，二人相约共以其术治病。各试其术，登能使水止不流，炳能禁枯树生芽。后登物故，炳东入章安（今浙江临海东南），能乘车盖渡乱流，百姓神服，从者如归。章安令恶其惑众，收杀之。人为立祠于永康（今浙江永康），俗呼为赵侯祠。"晋·干宝《搜神记》卷二所载同。又言徐登、赵昞（即赵炳）贵尚清俭，祀神以东流水，削桑皮以为脯。参见"白鹤大帝"条。❷北宋·文莹《玉壶清话》卷六："徐登者，山东人，世传近二百岁，得异术以固龄体。不以实年告人，每说周（五代后周）末及国初事，则皎如目击，校之已百五六十岁矣。而死后尸即腐。文莹曰：世之眈方士者，登可鉴焉。"

【徐钧者】五代·沈汾《续仙传》卷中：徐钧者，不知其名，自称东海（今江苏连云港）蓬莱乡人。言谈清爽，捷而能文，每自吟曰："曾见秦皇驾石桥，海神忙迫涨惊潮。"常悬一葫芦，棹扁舟泛于鄂渚，上及三湘，下及五湖。每将鱼就沿江市井博酒，垂白者言，识之数十年矣，而颜貌不改。见人有疾，即葫芦中取药救之，不许服，惟以酒研涂腹间，其疾便愈。人问可服食否，曰："可，只是入口便憎饭。"好道者服其药一粒，十年绝食，寿皆八九十。今江湖渔人时有见者，逐之，舟去如飞，不可近，乃水仙也。◆《仙鉴》卷四五作"徐钧"。疑钧字为钧字之误。

【徐定辞】见"涂定辞"条。

【徐二公】北宋时人。北宋·魏泰《东轩笔录》卷一三："元丰间，泰州（今江苏泰州）徐二公者，异人也，无家，无子孙亲属，亦不知其何许人。日持一帚，扫神祠佛殿。未尝与人言，有问则不对而走。忽发一言，则应祸福。"而苏辙《龙川略志》卷一〇则作徐三翁，云："泰州天庆观布衣徐三翁，不知所从来，日扫观中地，非众道士残食不食。时言人灾福，必验。"

【徐福】"福"或作"市"。《史记·秦始皇本纪》："秦始皇时，齐人徐市等上书，言海中有三神山，名曰蓬莱、方丈、瀛洲，仙人居之。请得斋戒，与童男女求之。于是遣徐市发童男女数千人，入海求仙人。"注引《括地志》云："亶洲在东海中，秦始皇使徐福将童男女入海求仙人，止在此州，共数万家。至今洲上人有至会稽（今浙江绍兴）市易者。吴人外国图云亶洲去琅邪万里。"汉·东方朔《海内十洲记》："徐福，道士也，字君房，后亦得道云。"《太平广记》卷四引五代·杜光庭《仙传拾遗》："字君房，不知何许人。秦始皇时，大宛中多枉死者横道，数有乌衔草覆人面，皆登时活。始皇遣使问北郭鬼谷先生，云是东海中祖洲不死之草。始皇因遣徐福及童男女各三千人，乘楼船入海，自此不返。逮沈羲得道，黄老遣徐福、度世君司马生、侍郎薄延之等为使者，迎沈羲而去。由是人知徐福得道。"又唐·戴孚《广异记》："唐开元中，有士人患半身枯黑，闻大海中有仙方可疗此疾，因乘舟浮海，至一岛。岛上有数百人，白发中坐者即徐福。徐福赠士人以药，士人以归。"

徐福　列仙酒牌

【徐复】北宋时人。南宋·叶梦得《避暑录话》卷下：徐复，所谓冲晦处士者，建州人，初亦举进士，《京房易》世久无通其术者，复尝遇隐士得之，而杂以六门遁甲，自筮终身无禄，遂罢举。范仲淹知苏州，尝疑夷狄当有变，使复占之，复为言西方用师起某年月，盛某年月，天下当骚然。故仲淹论边事无一不验。仁宗闻而召见，问以兵事，命以大理评事，不就，赐号而归杭州万松岭，其故庐也。时林和靖尚无恙，杭州称二处士。

【徐公】❶晋时人。《艺文类聚》卷九引刘宋·郑缉之《东阳记》：北山有湖。徐公常登岭至此，见湖水湛然，有二人共博于湖间，自称赤松子、安期先生。有一壶酒，因酌以饮徐公。徐公醉而寐其侧，比醒，不复见二人，而宿草攒蔓其上。家人以为死也，丧服三年，服竟，徐公方反。今其处犹为徐公湖。唐·王松年《仙苑编珠》卷中所言稍异：徐公入山，见数道士饮酒，乃与公一杯，饮讫醉卧，觉来见其地成一湖。归家已数代孙。今金华有徐公湖。❷五代时人。《(雍正)江西通志》卷一〇四：修真于德兴（今江西德兴）之双溪龙潭侧，旁有巨石，常坐卧石上。貌如四五十许人，妻亦如之。一日告众，与妻同入潭，龙来接之。岁旱，远近祷之，辄雨。

【徐光】晋·干宝《搜神记》卷一：三国时吴人，尝行术于市井中，从人乞瓜，主人不与，便索瓜瓣，就地种之，俄而生蔓开花结实，因遍送围观者。卖瓜者反顾己瓜，已皆无存。凡言水旱皆验。过大将军孙綝门，云："流血臭腥，不可耐！"綝怒斩其首，无血。及綝废幼帝，见徐光现形嗤笑。未几，綝伏诛。◆按：徐光种瓜事，为《聊斋志异》改写为《种梨》。

【徐季道】梁·陶弘景《真诰》卷五：徐季道学道于鹄鸣山中，时时出民间，屡见一拄桃杖者，季道悟是有道者，拜求之。其人语季道曰："欲学道，当巾天青，咏大历，跖双白，徊二赤，此五神之事也。"其语隐《大历三皇文》也。

【徐继先】《(雍正)江西通志》卷一〇五：与王齐祥同为石城（今江西石城）太极观道士。宋大中祥符间，有许家女为鬼所魅，家人祷于龙虎山张真人。真人曰："汝邑太极观有二仙，何舍近而求远？"许氏亟还，求徐、王二人。于是为书符于许氏之掌，其妖遂息。而二道士亦去而不返。后有商人遇之于金陵市中，始知为仙云。

【徐甲】《太平广记》卷一"老子"条引《神仙传》：老子有客徐甲，少赁于老子，约日雇百钱，二百余年，计欠甲七百二十万钱。甲见老子将出关，索钱。老子曰："汝久应死，吾以太元清生符与汝，所以至今日。吾原想到安息国后以黄金计值偿汝，汝何以不能忍！"遂令甲张口向地，太元真符立出于地，而甲乃成一枯骨。尹喜知老子为神人，能使甲复生，乃叩头为甲请命。老子复以太元符投之，徐甲立更生。喜乃以二百万钱与甲，遣而去。至《云笈七签》卷四《道教相承次第录》，乃云第一代老君授三百人，唯三人系代：王方平、尹喜、徐甲。徐甲竟成老子门人。至元代徐甲又封真君。《元史·顺帝纪》：至元三年，封徐甲垂玄感圣慈化应御真君。

【徐将军】明·宋濂《文宪集》卷一六《狮子山徐将军庙碑》：将军乌程（今浙江湖州）人。晋时行贾江淮间，道庐之巢湖溺死，死而为神，巢民奉之甚谨。上初渡江，诸将多祀神舟中，所向克捷。或以事闻于上，命南安侯俞某即龙江卢龙山为庙祀焉。既登大位，敕改卢龙山为狮子山。

【徐君】刘宋·刘敬叔《异苑》卷五：吴郡桐庐（今浙江桐庐）有徐君庙，吴时所立。左右有为劫盗非法者，便如拘缚，终致讨执。东阳长山县吏李瑶，义熙中遭事在郡，妇出料理，过庙，请乞恩，拔银钗为愿。未至富阳（今浙江富阳，在桐庐东），有白鱼跳落妇前，剖腹，得所愿钗。夫事寻散。

【徐钧】见《仙鉴》卷四五。实即《续仙传》之"徐钓者"之误，见该条。

【徐困默】南宋人。《(康熙)金溪县志》（今江西金溪）卷九：蒲塘人，生于宋淳佑间。左手拘挛，右足跛，蓬发垢面，逢人则笑，有时野外大哭，人以疯子呼之。岁有祲疫，辄先知，言必验。命人隐几瞑目，便携游于千里外，及归，仍隐几上。后委蜕于武夷山。

【徐来勒】《云笈七签》卷三《灵宝略记》：葛玄隐居天台学道。太上命太极真人徐来勒为玄作三洞法师。南宋·陈耆卿《赤城志》（今浙江天台）卷三五：字符和。《本际经》云，昔在赤明劫一百八身为道士，济三度，死后白昼乘火上升，至东汉为太极法师，隐括苍洞。又宋·潘自牧《记纂渊海》卷八六，言十大洞天，第十括苍山，名成德隐真之天，即徐来勒真人所理。《两浙名贤外录》：来勒得道上升。至东汉为太极法师，总司水旱罪福之籍。

【徐灵期】南朝时人。《(康熙)衡岳志》卷三：刘宋时修道于南岳，一十五年，遍游诸山谷，作《衡山记》。不知所修何道，能制伏虎豹，役使鬼神。以元徽二年白日升举。宋·陈田夫《南岳总胜集》则云：灵期幼遇神人授以玄丹之要，含日晖之法，守泥丸之道，服胡麻之饭，故得周游海岳。

【徐明府】《太平广记》卷八五引五代·徐铉《稽神录》：金乡徐明府者，隐而有道术，人莫能测。河南刘崇远，崇龟从弟也，有妹为尼，居楚州。常有一客尼寓宿，忽病劳，瘦甚且死。其姊省之，众共见病者身中有气如飞虫，入其姊衣中，遂不见。病者死，姊亦病。俄而刘氏举院皆病，病者辄死。刘氏既函崇远求于明府。徐曰："尔有别业在金陵，可致金陵绢一匹，吾为尔疗之。"如言送绢讫。翌日，刘氏梦一道士执简而至，以简遍抚其身，身中白气腾上如炊。既寤，遂轻爽能食，异于常日。顷之，徐封绢而至，曰："置绢席下，寝其上即差矣。"如其言遂愈。已而视其绢，乃画一持简道士，如所梦者。

【徐启玄】南朝时人。稗海本《搜神记》卷六：道士。宋文帝元嘉中居终南山。能通法术，预知吉凶，说人前世之事，历历可闻。时有王大夫，只养一女，名金英，绝色。启玄偶过王大夫门，见宅上有宿世冤仇，怨气亘天，遂通报谒见，告王大夫有宿世冤仇在门事。启玄遍视群仆，皆不是，及唤金英，其女乃闭门不出，面壁而叹曰："正欲报宿世冤仇，为无赖道士所破。"于是启玄为施法术，其女遂化为白骨。◆明·王世贞《弇州四部稿·续稿》卷一五九："徐启玄为王大夫治女金英事，怪甚不可言，而又涉无谓，得非启玄者欲窃其女，故为障眼隐形之术诳张以摄之耶？"

【徐若浑】宋时人。《(康熙)广信府志》卷一九、《(雍正)江西通志》卷一〇四：字居明。政和间，林灵素讲道宝箓宫，士大夫咸会，徐以言折灵素，上异之，宣问肯为道士否，徐对以亲老，乞归山。出入渔樵，寓兴诗酒。隐玉虚之西。尝携一布囊入市，令群儿探钱，随取随有。又尝戏言欲入壁中，已而果入壁，不知所终。

【徐三翁】见"徐二公"条。

【徐神公】南宋·何薳《春渚纪闻》卷二：蒋颖叔为发运使，至泰州（今江苏泰州），谒徐神公。按：即"徐神翁"，见该条。

【徐神翁】❶宋·章炳文《搜神秘览》卷上及《仙鉴》卷五二："徐守信，海陵（今江苏泰州）人。为天庆观佣役，服弊衣，曳绳履，或时跣足而行。终日无为，惟执篲洒扫，且诵《度人经》不绝口。有道士徐元吉自他方来，病癞，众厌恶之，神翁独往事之。已而元吉死，神翁丐钱为敛，庐哭三日，出而佯狂，稍稍有异事。人神之，因呼为神翁，始知得道于癞道士。自是四方多来问灾异，吕惠卿、蒋之奇皆曾过问吉凶。宋徽宗崇宁初召之，不肯往，强舆至东都，复不可留，乃礼归之。大观末尸解去。"北宋·刘延世《孙公谈圃》卷下："开宝试院火，泰州举人赴试求字，皆从火旁。徐王病，遣中使设斋求字，中使去得一'蚀'字。盖王以久不食，至明年三月一日日蚀，是日忽索粥，自是病愈。庄公岳为湖北漕，得'冥'字，未几卒。"宋·何薳《春渚纪闻》："哲宗皇帝即位既久，而皇嗣未立，密遣中贵往泰州天庆观问徐神翁，翁但书

'吉人'二字授之。继而哲宗升遐，徽宗即位，徽宗名佶，正是'吉人'二字合成。"宋·周辉《清波杂志》卷二："徽宗召天下道术之士，海陵徐神翁亦至。神翁好写字与人，多验。蔡京得'东明'二字，皆谓东明乃向日之方，可卜富贵未艾。后京贬死潭州（今湖南长沙）城南五里外东明寺。"按：据上自变量事，神翁乃以测字而为人所神者。又北宋·钱世昭《钱氏私志》："徐神翁自海陵（今江苏泰州）到京师。蔡京谓徐曰：'且喜天下太平。'是时河北盗贼方定，徐云：'太平天上方多遣魔军下界，托生人间，作坏世界。'蔡云：'如何识得其人？'徐笑曰：'太师亦是。'"明·窦文照《窦子纪闻类编》卷三"行止分定"条："宋高宗在潜丘，遇道人徐神翁，甚礼敬之。神翁献诗曰：'牡蛎滩头一艇横，夕阳西去待潮生。与君不负登临约，同上金鳌背上行。'当时不解其意。后高宗避金狄之难，将游于海，次章安镇，阁舟滩上，以避晚潮，问舟人曰：'此何处？'曰：'牡蛎滩。'遥见楼阁巍然，问居人曰：'此何阁？'曰：'金鳌阁。'高宗登焉，见神翁大书往年所献诗在壁间，墨痕如新。"◆北宋·蔡絛《铁围山丛谈》卷一："宋哲宗元符时，祈嗣于泰州徐守真世号'徐神翁'者。"如此则神翁又有名守真之说。◆曾为"锺吕八仙"之一。明·胡应麟《少室山房笔丛》卷四〇、《诚斋杂剧》中《群仙庆寿蟠桃会》、范子安《陈季卿误上竹叶舟》等剧及山西永乐宫壁画中的渡海八仙俱有徐神翁。《(雍正)江西通志》云神翁于崇宁间来游安福北真观，忽江涨，徐飞巾水上而渡。或与八仙传说有关。◆明·陆楫编《古今说海》卷八四有《海陵三仙传》，首为徐神翁，凡数千余言，可参看。❷《(雍正)陕西通志》：镇原人，修炼飞升之术，居潜夫山洞中。❸《徐州府志》：萧人，居陈疃村。通黄月之术，后白日飞升。

【徐生】汉时人。《(康熙)淮安府志》卷一〇：学道于海州（今江苏连云港）郁林观，一日化去，葬于山中。后有人见之于太山下，徐付以一履。此人归东海（今连云港），其徒视之，乃葬时物。发棺无人，乃尸解也。

【徐守信】见"徐神翁"条。

【徐守真】见"徐神翁"条。

【徐庶】三国时人。明·王猷定《李一足传》云：崇祯时，李一足言往劳山（今山东青岛）访徐元直，云此山有一洞，风雨时有人披发鼓琴，即三国时徐庶。清·汤用中《翼駉稗编》卷三有"徐庶成

真"一则,记罗思举遇徐庶事。清·薛福成《庸庵笔记》卷四载三国徐庶成仙事数则,一云罗思举遇之于终南山;一云乾嘉间徐庶现身于广东某县,救当地大疫;一云三藩之乱时助朝廷灭贼;一云现形于无锡药王庙中,喜谈三国时事:皆为清时之事,

徐庶 古圣贤像传略

而又皆自言为三国时徐庶。清·东轩主人《述异记》卷下亦云:康熙三十五年,广东五指山白日云鹤翔空,香雾缭绕,有一仙人升举空中,语山中人曰:"我三国时徐庶也。修炼千年,今得冲举,可传与世人知之。"另民初人孙静庵《栖霞阁野乘》言明崇祯九年,汉中人刘一真入终南山采药,遇仙人自言为徐元直。未注出处。◆按:《三国演义》中徐庶用计连破曹兵及走马荐诸葛故事,深入人心,而后来则未叙其终,于是使读者有神龙见首不见尾之感。后人造出许多徐庶成仙传说,或与此心理有关。按据《三国志》,徐庶以事魏而终,颇不得志,无修仙事。《元明事类钞》卷一九:"彭仙翁幼幼尝语余:近有人入青朔山中,见老人跨白鹿,曰:我三国徐庶也。世宁有英雄不为神仙者乎?"柴小梵《梵天庐丛录》卷二九有《徐庶灵迹》九则,所录多为明清之际事。可参看。

【徐泰定】宋时人。元·虞集《道园学古录》卷四六《处州路少微山紫虚观记》:徐泰定,名虚寂。有道人吹笛过之,授以双笔,遂善画山水。后十年,吹笛者复来,为诗招之去,相传为吕洞宾云。而《(雍正)浙江通志》卷二〇一引刘基《紫虚观记》则云:后十年,道人欲与远游,泰定辞,道人乃留诗别去。泰定年八十坐化。

【徐童】元·纳新《河朔访古记》卷上:徐童树,在元氏县(今河北元氏)封龙山修真观。树类梧桐,香气袭人,其籽可以染碧,移植他所则死,俗呼为徐童花。世谓北岳徐真君登仙于此。记云:骆玄素遇一老人,得药十粒,且告曰:"服此则不饥。

吾本姓徐氏,字符英,新受长桑君牒,为北岳长史。"言既,化童子乘云而去,因以名云。◆按:参见"骆玄素"条。

【徐弯】唐时人。《云笈七签》卷八五:"海盐(今浙江海盐)人。少有道术,能收伏邪精。钱塘杜氏女患邪,弯作术召魅,见一丈夫,斥之,化为白龟。一旦与群兄弟登石崎山斫柴,日暮不返。明旦寻觅,见弯立于山上不动,唯有空壳。"明·王世贞《列仙全传》卷八入于宋金时人,误。

徐弯 列仙全传

【徐湾】元·姚桐寿《乐郊私语》:天仙湖急递铺,湖旁有徐湾故居,湾得仙道者,后以委蜕仙去,故以名湖。然复有庙,神称徐王,盖误以徐湾为徐王也。◆按:不知与"徐弯"是一人否。

【徐问真】北宋时人。苏轼《东坡志林》、南宋·洪迈《夷坚支志·庚集》卷六:潍州(今山东潍坊)人,嘉祐、治平间多游京师。嗜酒狂肆,以指为针,以土为药,治病辄验。欧阳修在政府时,患足疾,曾求其治疗,且相往来。一日求去,公使人送之出,有铁冠丈夫候于道左,同去,莫知所之。

【徐五真人】唐时人。《(雍正)浙江通志》卷一九八引《东天目志》:兄弟二人,号大徐五、小徐五。大历初,于东天目山(今浙江临安北)学道上升。其妹徐仙姑,隐于东天目山之北。

【徐武功】见"徐有贞"条。

【徐熙春】宋时人。明·王世贞《列仙全传》卷七:宋时邵武(今福建邵武)人。熙宁中,梦铁冠道人,仪容修伟。既寤,至城南五峰院后,遇所梦者,自云姓蔡,住武夷,遗以五华草,食之甘美。自是不复粒食。约以某日会武夷。至期而往,蔡已先至,徐以水深不能渡,止于金身院,修炼尸解而去。

【徐仙】❶汉时人。《(乾隆)广德州志》(今安徽广德)卷三六:"不知何许人。相传州南十里一山,

徐居之，今号丹井山。炼丹，丹成而仙去。"❷
清·袁枚《子不语》卷二三"翻洗酒坛"条："广
信府徐姓，少年无赖，斗酒殴死邻人，畏罪逃去。
官司无处查拿，家人以为死矣。五年后，其叔某，
偶见江上浮尸，即其侄也，取而葬之。又五年，徐
忽归家，家人皆以为鬼。徐曰：'我以杀人故逃。
不料入庐山中，遇仙人授我炼形分身之法，业已得
道。恐家中念我，特浮一尸，以相安慰。今我尚有
未了心事，故还家一走。'徐故未娶。其嫂半信半
疑，且留住焉。一日，溲于酒坛，嫂大怒骂之。徐
曰：'洗之何妨？'嫂曰：'秽在坛里，如何可洗？'
徐伸手入坛，拉其里出之，如布袋然，仰天大笑，
蹑云而去。至今翻底坛尚存。徐昔所殴死邻家，早
起在案上得千金。或云：徐来作报，所云'了心
事'者，即此之谓也。"

【徐仙姑】❶五代·杜光庭《墉城集仙录》卷七：
"北齐仆射徐之才之女。不知其师为何人。至唐末
已数百岁，常如二十四五岁。善禁咒之术。游海内
名山殆遍。偶止僧院，为豪僧十辈所嘲，姑咒之，
众僧皆僵立如尸；及姑去数里，方解。来往于江
表，吴人见之四十年，颜色如旧，其行若飞。所至
之处，人敬若神明。"❷南宋·潜说友《咸淳临安
志》卷二六："于潜县有徐仙姑石庵，古记云仙姑
即徐仙之妹，于此成道，冲云而升。"按：参见
"徐仙"条❶。

【徐仙翁】《（康熙）袁州府志》卷一三、《（雍正）
江西通志》卷一○三：唐时徐仙翁尝于萍乡（今江
西萍乡）西炼药。时有黄犬绕丹鼎旁。徐异之，次
日以红绳系其颈，随犬所至，入枸杞丛中不见。掘
之，得枸杞根形似犬，食之仙去。元·佚名《湖海
新闻夷坚续志·后集》卷一作"徐仙"。

【徐相公】宋时人。明·张元忭《（万历）绍兴府
志》：徐相公庙在会稽（今浙江绍兴）县学西。
明·徐渭碑云：神姓徐名龙佛，世为凤阳人。宋端
平三年三月十三日生。尝从道士拾鸡卵，掀之成白
鸡，用以斗，无敌者。父母憎其行，遂去家为县狱
长。未几，改行读书，归事父母，以孝闻。殁而为
神。咸淳三年诏封为白衣顶真人。越人争奉之。因
其曾为狱卒，故狱中亦设像祀之。

【徐偃王】晋·张华《博物志》卷七："《徐偃王
记》云：徐君宫人娠而生卵，以为不祥，弃之水
滨。独孤母有犬名鹄苍，猎于水滨，得弃卵，衔以
东归。独孤母以为异，暖之，遂成儿。时正偃，故
以为名。长而仁智，袭君徐国。后鹄苍临死生角而

九尾，实黄龙也。偃王既主其国，仁义著闻，江淮
诸国服从者三十六国。周王使楚伐之，偃王仁，不
忍以斗害其民，为楚所败，逃走彭城（今江苏徐
州）。随之者以万数，后遂名其山为徐山。山上立
祠有灵，民人祈祷至今。"清·俞樾《春在堂随笔》
卷七载龙游有徐王祠，中有韩愈碑，云祀徐偃王。
又浙江兰溪有偃王庙，亦祀徐偃王，庙中为偃王之
像，两旁列三十六诸侯，皆冕旒执圭。◆按：徐偃
王，西周穆王时徐国子爵，治国以仁义，欲舟行上
国，乃导沟陈蔡之间，得朱弓矢，以为得天瑞，遂
自称为徐偃王，江淮诸侯从者三十六。周王令楚伐
之，偃王爱民不战，遂败亡。

【徐仪君】西汉时人。《汉武故事》：长陵女子徐仪
君，善传东方朔房中术，至今上元延中，已百三十
七岁，视之如童女，诸侯贵人更迎致之，问其道
术。善行交接之道，无他法也。受道者皆与之通，
或传世淫之，陈盛父子皆与之行道。京中好淫乱者
争就之。后为朝廷徙于敦煌，遂入胡，不知所之。

【徐有贞】明时人。初名珵，景泰间改名有贞。以
复辟功封武功伯，世又称"徐武功"。《明史》有
传。明·陆粲《庚巳编》卷六"徐武功"条："武
功伯徐公天才绝世，其学自天文地理、释老方伎之
说，无所不通。土木之祸前数月，荧惑入南斗，公
曰：'祸不远矣。'亟命妻孥南归，比过临清数驿，
而土木败报至矣。其后得君柄国，锐意功业，而居
间多不乐，时谓所亲曰：'火星甚急，俟稍退，吾
可为也。'未几，竟为曹、石所挤，讫不得伸其
志以去。天顺辛巳七月，公居乡。一日语客曰：
'子见天象乎？宦官之祸作矣！吾为吉祥所陷，今
彼之受祸，视吾更惨也。'未旬日而吉祥从子钦被
诛。公初下制狱，引镜自鉴曰：'面色灰败，吾定
不免。'乃日拱手默诵其所奉《斗母咒》。又数日，
复就镜曰：'吾今乃知免矣。'追狱且论决，而风雷
大作，承天门灾。方瞑晦中，或见锦衣堂上有物如
豕者七，蹲焉，盖神所为也。公奉斗极诚，每日
必北向西十九拜，虽寒暑无间。阖门不食豕肉，公
亦自秘其术，不轻示人。"明·伍余福《苹野纂闻》
"徐武功神术"条："武功伯徐珵雅奉摩利诸天法。
当英庙初，或中以飞语。英庙特加严刑以核之。珵
不能堪，遂借水以试其术，俄而雷电交作，震殿一
角。上以其冤而天监之也，遂赦之，不知堕其术中
也。"其事又见明·祝允明《野记》、明·王锜《寓
圃杂记》卷四"武功天文"条。

【徐则】《隋书·隐逸传》云："东海（治在今江

苏连云港）人。沉静寡欲。受业于周弘正，善三玄，精于议论。入缙云山，后学数百人苦请教授，则谢而遣之。不娶妻。陈太建时，应诏来京师。期月，复入天台山（今浙江天台北）。因绝谷养性，所资唯松水而已，虽隆冬不服绵絮。初在缙云山，有太极真人徐君

徐则 列仙全传

（即徐来勒）来降，曰：'汝年出八十，当为王者师，然后得道。'晋王杨广镇扬州，知其名，手书召之。于是遂诣扬州。晋王请受道法，则辞以时日不便。一旦死去，颜色如生。是时自江都至天台，在道多见徐则，自云得放还。至其旧居，取经书分遗弟子，然后跨石梁而去。须臾尸柩至，方知其灵化。"◆苏轼《志林》有《书徐则事》，言："徐则高世之人，义不受炀帝所污，故辞不肯传其道而死，徐君之言，盖聊以避祸也。"

【徐真君】宋·张世南《游宦纪闻》卷四：福之永福西山曰高盖，天下第一福地，徐真君上升东西二室，归寂其所。徐本牧儿，放牛山椒。一日闻乐声，见有二人弈棋，拱立良久，遗徐棋子一，叱令归，归即精于棋。后游岩上，往往与二人遇，遂得修行烧炼诀。有赵真君不远千里访之，以所得秘密与之参契。徐功成，将入山炼大丹仙去，埋棋子田中，涌土成墩，后有耕者发其墩，致风雷之变。丹成，与兄弟姐妹七人饵之，同时上升，故其地有七仙亭。◆明·王圻《稗史汇编》卷六三收徐真君入于明代，误。

【徐真人】《天地宫府图》七十二福地第三十八逍遥山（在洪州南昌），徐真人所治。不知何指。

【徐子奇】明·朱国桢《涌幢小品》卷二九：张文僖公升为举子时，北上会试，遇一青巾道士附舟。舟中人皆慢之，张颇加礼意。道士读程文，一遍即成诵，即《洪武正韵》，亦仅二遍即能诵。张知其为异人，乃叩以后日事。道士曰："公有三大事：

其一举状元，其二买饶正己宅，其三则于滕王阁饮酒三日。"张问："其一其二可解悟，其三谓何?"曰："久当自知。"问其姓名，曰："我徐慧，字子奇，《忠孝经》有吾名。"遂别去。张升果大魁天下，后劾阁臣刘吉奸邪，贬南京工部员外，道过南昌，诸公乃于滕王阁置酒，款洽三日。游铁柱宫，见观中人方读《忠孝经》，张翻阅之，见所谓徐子奇者，乃晋仙人也。

【徐宗度】梁·陶弘景《真诰》卷一三：三国晋陵（今江苏常州）人，仕吴为孙皓左典军吕悌司马。受风谷先生气禁道。与杜契、晏贤生常居于茅山。

【徐佐卿】唐·薛用弱《集异记》、《太平广记》卷三六引《广德神异录》：唐玄宗天宝十三载重阳日猎于沙苑。时云间有孤鹤徊翔。玄宗亲御弧矢中之。其鹤即带箭西南而逝。益州（今四川成都）城西十五里，有道观焉。有自称青城山道士徐佐卿

徐佐卿 列仙全传

者，一岁率三四至焉。一日忽自外至，神彩不怡，谓院中人曰："吾行山中，偶为飞矢所加。然此箭非人间所有，吾留之于壁，后年箭主到此，即宜付之，慎无坠失。"乃援毫记壁云："留箭之时，则十三载九月九日也。"及玄宗避乱幸蜀，暇日命驾行游，偶至斯观，忽睹其箭，深异之，因询观之道士。具以实对。则视佐卿所题，乃前岁沙苑之箭也，佐卿盖中箭孤鹤耳。自后蜀人亦无复有遇佐卿者。《仙鉴》卷四二作"徐左卿"，误。◆按：化鹤被箭，宋·吴炯《五总志》记为邢和璞事。

【许宸】清·任渭长《列仙酒牌》有许宸一幅，其赞及酒约曰："旌羽曼曼，佩珠溥溥，俨乎其为侍班之官。名父子饮。"按：历代神仙中无名许宸者。神仙家中姓许而有名者不少，如许逊、许宣平等，然父子兄弟俱学仙道者则仅有东晋之丹阳士族许氏，即许迈及其五弟许穆，许穆第二子许虎牙及许翙，许翙之子许黄民等。许氏为当时及后世少有之

神仙世家，而且累世簪缨，在东晋为华族，在仙界亦膺显秩，与此许宸之赞甚合。按此许宸应是许翙之误。许翙在《真诰》为"侍帝晨"，在王世贞《列仙全传》为"侍宸仙翁"。许翙既为"侍宸仙翁"，即可称为"许侍宸"，再由此而误为"许宸"，遂成其名。又，宋人乐史于《广卓异记》卷二〇"五世十二人登仙"条云："羽，穆之第三子翙，名宸，小字玉斧，为侍帝宸仙翁"，但此条原本残断，其文系清人黄秩模据诸仙传增删补苴，仍龃龉不通，不足以证明宋时即有此误也。

许宸 列仙酒牌

【**许大**】南宋·白玉蟾《修真十书·玉隆集》：许逊之仆。许逊飞升之日，大适与妻运米于西岭，闻真君飞升，即奔驰而归。真君以其分未应仙，乃授以地仙之术。夫妇俱隐于西山，不欲人知，改姓曰牛，复改曰干。

【**许道居**】梁·陶弘景《真诰》卷四：与陈仲林、尹林子、赵叔道四人汉末时隐于竹叶山中修道成仙。

【**许道育**】南朝时人。《云笈七签》卷八六：许黄民之女。刘宋孝建元年亡于埠山。世谓之许大娘。卧尸石上，尸坏不殡，常有香气。

【**许飞琼**】西王母侍儿。汉·班固《汉武帝内传》："王母乃命诸侍女王子登弹八琅之璈，又命侍女董双成吹云和之笙，石公子击昆庭之金，许飞琼鼓震灵之簧，婉凌华拊五灵之石。"《太平广记》卷七〇引唐·卢肇《逸史》："唐开成初，进士许瀍游河中（今山西永济），忽得大病，不知人事。亲友数人，环坐守之。至三日，蹶然而起，取笔大书于壁曰：'晓入瑶台露气清，坐中唯有许飞琼。尘心未尽俗缘在，十里下山空月明。'书毕复寐。及明日，又惊起，取笔改其第二句曰'天风飞下步虚声'。书讫，兀然如醉，不复寐矣。良久，渐言曰：'昨梦到瑶台，有仙女三百余人，皆处大屋。内一人云是许飞琼，遣赋诗。及成，又令改曰："不欲世间人知有我也。"既毕，甚被赏叹，令诸仙皆和，曰："君终至此，且归。"若有人导引者，遂得回耳。'"

许飞琼 列仙酒牌

【**许负**】汉初人。河内温（今河南温县）人。善相人。相薄姬当生天子，后为刘邦所幸，生代王，立为文帝。周亚夫为河内太守，负相之曰："君后三岁而侯，侯八岁为将相，持国柄，后九年而饿死。"后果如其言。见《史记·外戚世家》、《绛侯世家》。

【**许给**】明·朱谋㙔《骈雅》卷五：粟之神曰许给。

【**许虎牙**】许穆第二子，亦求仙得道。见《云笈七签》卷一〇六《许迈真人传》。

【**许黄民**】《云笈七签》卷五《真系》："许翙之子，许穆之孙，字玄文。其妻为葛洪之孙葛万安之女。生于晋升平五年。二十一入仕，历郡主簿、石头仓丞、南蛮参军、临沮令。永兴三年，京畿乱，乃奉经入剡（今浙江嵊州），为马朗、马罕礼奉养。时人皆知黄民父祖皆得道，故皆敬奉黄民。宋元嘉六年，移居钱塘，乃封其真经一厨付与马朗。旋终，年六十九。"梁·陶弘景《真诰》云其登仙。

【**许翙**】《云笈七签》卷五《真系》："雷平山真人

许翱，晋护军长史许穆之子，字道翔，小名玉斧。郡举上计掾主簿，并不赴。居雷平山，师杨羲，传三天正法、曲素凤文。年二十八登仙。同书卷八六云其得仙后为上清仙公。"◆明·王世贞《列仙全传》卷四"许穆"条，云"许穆幼子羽，小字玉斧，为侍宸仙翁"，不知何据。

【许坚】北宋时人。《仙鉴》卷四六："字介石，庐江（今安徽舒城）人。或云许穆之后裔。性嗜酒，善属文。无冬夏常持一大扇，自号江南野人。不苟名声，所居无常，多往简寂观或白鹿洞，人莫知其趋向。后往茅山，或之九华，随意所适。一日至阳羡（今江苏宜兴），涉西津，凌波而行，众方惊以为神。宋真宗景德末卒于金陵。岁余，人见之于洪州（今江西南昌），发其瘗，无所睹，人以为尸解云。"而《江宁府志》卷二七所云则似另一人："五代南唐人，性嗜鱼，炙火上不去鳞肠。白山观前有放生池，坚吐所食鱼，入水即活。一日与道士浴于湖中，忽凌波而去。"清·吴任臣《十国春秋》卷三四"南唐列传"亦载许坚，则将吐鱼事合入。

【许建宗】《太平广记》卷七九引《传异记》：唐济阴郡（治在今山东菏泽定陶区）东北六里佐山龙兴古寺前，路西第一院井，其水至深，人不可食，腥秽甚，色如血。郑还古太和初与许建宗同寓佐山，闻此井，建宗谓还古曰："某与回此水味何如？"还古及院僧曰："幸甚。"遂命朱瓯纸笔，书符置井中，二更后，院风雨暗黑。还古于牖中窥之，电光间，有一力夫，以约索于井中，如有所钓，凡电三发光，洎四电光则失之矣。及旦，建宗封其井。三日后，甘美异于诸水，至今不变。建宗后去太山，不知所在。

【许将军】王棻《（光绪）黄岩志》引《赤城志》（今浙江天台）：灵感王庙在县东，祀邑人许氏子，失其名。广明之乱，许起义兵卫一邑。尝谓人曰："吾死当庙食。"乃以一石祝而掷之曰："石所止，吾庙也。"父老从之。俗号许将军，寻封义安侯。

【许旌阳】即许逊，西晋时曾任旌阳县（在今湖北枝江北）令，有惠于民。详见"许逊"条。

【许老翁】《太平广记》卷三一引五代·杜光庭《仙传拾遗》：许老翁，不知何许人，隐于峨嵋山。唐天宝中，益州（今四川成都）士曹柳某之妻李氏，容色绝代。节度使章仇兼琼遣柳某至安戎城，三载不还。李氏闭门不见客。一日有裴兵曹者，自称为李氏之中表丈人，李氏遂开门纳之，二人竟成夫妻。一日章仇公设宴请僚属夫人，李氏将往，服饰甚盛，而裴叹曰："人间之服华丽止此耳。"乃回谓小仆取第三箱衣来，云："第三箱已非人世所有。"及衣到，异香满室。裴顾谓小仆："章仇安知此，唯恐许老翁知之耳。"李氏服之预宴，一座皆惊。章仇因留李氏，李氏具言本末。章仇遂遣人访许老翁，终得于深山。老翁至府，谓章仇公曰："裴某乃上元夫人衣库之官，因俗情未断，谪于人间为吏。"◆此故事与唐·牛僧孺《玄怪录》所载崔某之妻事同，唯许老翁为王老。见"王老"条❹。

【许迈】《晋书》本传："字叔玄，一名映。丹阳句容（今江苏句容）人。家世士族，而迈不慕仕进。未弱冠，造郭璞，璞谓其宜学升遐之道。南海太守鲍靓隐迹修道，不为人知，而迈往候之，探其至要。归立精舍于茅山。永和二年，入临安西山，登岩茹芝，有终焉之志。乃改名为玄，字远游。与妇书告别，自后莫测所终，好道者皆谓之羽化矣。"《云笈七签》卷一〇六《许迈真人传》云其于临安山中密感元虚太元真人、定录茅君下降，授以上法。后移临海（今浙江临海）赤山，遇王世龙、赵道玄、傅太初。许迈师事王世龙，受解束反行之道，服玉液朝脑精，三年之中，面有童颜。将得道，三官都禁遣典柄侯周鲂、主非使者严白虎，审诘许迈一生功德罪愆，迈抗声而答，遂得度为地仙中品。◆《天地宫府图》："七十二福地之第七玉溜山（东海近蓬莱岛），为地仙许迈所治。"而宋·潘自牧《记纂渊海》卷八六，言三十六小洞天，第一霍桐山，即郑思远、韩众、许映真人为司命府君所理。◆后世许逊道大盛，有以许迈附为许逊从弟者，如明·王世贞《列仙全传》卷四。

【许曼】东汉时人。《后汉书·方术列传》：汝南平舆（今河南平舆北）人。祖父峻，善卜占之术，时人比之京房。自云少尝笃病，三年不愈，乃谒太山请命。行遇道士张巨君，授以方术。曼少传峻学。桓帝时，陇西太守始拜郡，开绶笥，有两赤蛇分南北走。曼筮之，曰："三岁之后，君当为边将，官有东名，当东北行三千里，复五年，为大将军。"后皆如占。

【许毛】明·王世贞《列仙全传》卷四入于晋时，云："电白（今广东电白）人，自幼至老，两颊如丹，能预知风雨、水旱、丰歉。一旦隐迹，莫知所之。"明·王圻《续文献通考》卷二四三云为"元时人，不知所之，人以为仙去"。

【许懋】南宋·陈葆光《三洞群仙录》卷一七：许懋，吴人，好黄白术。一日遇一道人，将一画扇簇挂于壁，上有药炉、童子在上。道人呼童子，而童子跪于炉前，画扇频动，炉火光炎，少顷药成。道人曰："黄白之术，设天地之数，非积功累行不可求之。"遂告懋曰："五十年后，当于茅山相寻。"遂不知所在。

【许谧】即"许穆"。见该条。

【许穆】《云笈七签》卷一〇六《许迈真人传》："许谧，小名穆，许迈之第五弟。官至护军长史、散骑侍郎。年七十二始学仙，西王母第二十七女号紫微夫人（明·王世贞《列仙全传》卷四作华林夫人）者下降，授以飞步之道。其第二子虎牙、第三子玉斧（许翙小名玉斧）亦得道。"《仙鉴》卷二一："字思玄，一名谧。少知名，晋简文帝在藩，为世表之交。起家为太学博士，累迁散骑常侍、护军长史。心慕道德，以第四兄远游不返，遂辞官，宅于茅山。与杨羲偏该灵奥。天降玉札，授为上清真人。年七十二去世。"◆按：许穆为杨羲弟子，道教上清派追称为"第三代真师"。亦称许真君，《（雍正）江南通志》卷三九载宜兴许真君庙，即祀许谧。又按：诸书皆云许谧即许穆，唯《良常仙系记》云："许穆字思玄，汝南平舆（今河南平舆北）人"，似是"许曼"之误。

【许栖岩】唐·裴铏《传奇》"许栖岩"：许栖岩，岐阳人也。举进士，习业于昊天观。将为入蜀之计，市一马，有道流曰："此龙马也，宜善宝之。"洎登蜀道危栈，栖岩与马俱坠崖下，积叶承之，幸无所损。四面路绝，计无所出，

许栖岩　列仙全传

于崖下见一洞穴，行约十余里，忽及平川。有一道士卧于石上，二女侍之。云是太乙真君。真君饮之以石髓，曰："嵇康不能得近，尔得之矣。"乃邀入别室。有道士，云是"颍阳尊师"，为真君布算，言今夕当东游十万里。栖岩视之，乃卜马道士也。是夕，栖岩与颍阳从太乙君登东海西龙山石桥之上，以赴群真之会。座内仙容有东黄君，见栖岩喜

曰："许长史孙也，有仙相矣。"及明，复从太乙君归太白洞中，居半月，思家求还。太乙曰："汝饮石髓，已寿千岁，无输泄，无荒淫，复来此再相见也。"以所乘马送之。既别，逶迤已达虢县，则无复故居矣。问乡人，已过六十年。出洞时，二玉女托买虢县田婆针。乃市之，杖系马鞍上，解鞍放之，化龙而去。栖岩幼在乡里，已见田婆，至此惟田婆容状如旧，盖亦仙人也。栖岩大中末年，复入太白山去。◆《仙鉴》卷三二云：栖岩后隐匡庐间，多有人见之者。又见明·曹学佺《蜀中广记》卷七六，情节稍异。

【许碏】唐时人。五代·沈汾《续仙传》卷上："自称高阳（今河北高阳）人。少时举进士不第，晚学道于王屋山（在今河南济源西北），周游五岳、峨嵋、茅山、天台、四明、仙都、罗浮等无不历览。到处皆于悬崖峭壁人所不能至处题曰：'许碏自峨嵋寻偃月子到此。'好事者诘之，曰：'我天仙也，方在昆仑就宴，失仪而见谪。'人皆笑之，以为疯狂。后当春日，插花满头，把花作舞，上酒楼醉歌，升云而去。"宋·陈田夫《南岳总胜集》云为元和末人。◆《仙鉴》卷四四有"许鹊"，当即许碏之误。

【许鹊】《仙鉴》卷四四：唐末游南岳招仙观，题诗一首于壁。题后数日上升。◆按：疑即"许碏"之误。

【许氏】❶晋时女子。《仙鉴后集》卷二：许逊之女。适建安黄仁览。仁览尽得真君道妙，日究神仙之学。任青州（今江苏淮阴）从事，单骑之官，留许氏侍翁姑。仁览每夜以竹杖化为青龙，乘之而归。后仁览夫妇及父母三十二口白日飞升。**❷**唐时女子。《太平广记》卷六九"韦蒙妻"条引五代·杜光庭《仙传拾遗》：韦蒙之妻，蒙早夭，舅姑亦逝，唯一女年十二岁，一旦无疾而死。许氏不忍远葬，殡于堂侧。过数月，忽闻殡宫中有人语，发棺，女已复生。女言初卒时见二青衣童子，引至天上，见韩君司命，曰："汝九世祖有功于国，有惠于民，已擢为地下主者，即迁地仙之品。汝母心与道合，亦应登仙品。"于是放女还，令其迎母升天。过三日，果有仙乐下其庭，母女遂升天。时为长庆元年。

【许氏子】明时人。《（康熙）开封府志》卷二九：居宣平坊，逸其名。性好饮赌，身多癞，日乞于市，夜卧东岳庙廊庑下。一日八仙降于庙，韩湘子与许书一卷。后许归家，昼出夜入，拥呼如王者。父怪之，恐祸及，以石击杀，瘗而葬之。棺方出门

即觉轻，开视之，止有一敝帛，尸已不见。

【许翁翁】宋时人。南宋·赵彦卫《云麓漫钞》卷一：许翁翁，亳人。少尝隶军籍，以功补官。遇异人，遂弃家入襄汉山中学道。山上捕麇鹿如飞。乾道间来临安，已九十余，双眸炯然。能针，出于方伎之外。好作诗，多言神仙剑术。后过常州、宜兴之间，不知其终。

【许宣平】唐时人。五代·沈汾《续仙传》卷中："唐景云中隐于城阳山（在今安徽歙县）南坞，绝粒不食，颜如四十许人，行及奔马。时担柴入市卖之，路上独吟。李白见其诗，云为仙人诗，访之不获，题诗于其庵。宣

许宣平　列仙全传

平归见诗，遂迁去，不知所之。过百余岁，至咸通七年，有许明奴家姬入山，见一人坐石上食桃其大，自云为明奴之祖。与姬一桃，食之童颜体轻，后入山成仙。"明·王世贞《列仙全传》卷六云是新安歙县（今安徽歙县）人。

【许逊】又称许真君、许旌阳、许太史。字敬之。曾祖琰，祖玉，父肃。世为许昌（今河南许昌东）人，父汉末避地于豫章之南昌（今江西南昌）。生于吴赤乌二年。少时尝从猎，射一牝鹿，中之，鹿子堕，鹿母犹舐之，未竟而毙。于是感悟，即折

许真君

许逊　仙佛奇踪

弃弓箭，克意为学。博通经史，明天文地理音律五行谶纬之书，尤嗜神仙修炼之术。闻西安吴猛得至

人丁义神方，乃往师之，悉传其秘。遂与郭璞访名山，求善地，为栖真之所。日以修炼为事。举孝廉，于晋武帝太康元年起为蜀郡旌阳县（旌阳在今湖北枝江北，蜀郡无旌阳）令，颇有惠政，时年四十二。知晋室将乱，乃弃官东归。与吴猛游于嵩阳，闻金陵丹阳县黄堂靖有女师谌姆多道术，遂同往致敬，叩以道妙。谌姆授以孝道明王之法，铜符铁券、金丹宝经，并正一斩邪之法，三五飞步之术，诸阶妙法，并命吴猛反以许逊为师。周游江湖间，以除妖斩邪为事，世间多传其斩蛟故事，南昌等地多有遗迹。晋武帝太康二年八月仙去，年一百三十六岁。（《青琐高议》为东晋太康二年八月一日。东晋无太康年号，疑为太宁之误），玉皇封为九州都仙太史高明大使（一说为高明太史，一说为九州都仙大使高明主者）、中玄妙行真君。事迹详见唐张鷟《朝野佥载》卷三、《太平广记》卷一四《十二真君传》、白玉蟾《旌阳许真君传》、北宋·刘斧《青琐高议》前集卷一"许真君"条、《云笈七签》卷一〇六《许逊真人传》、《仙鉴》卷二六、《许太史真君图传》及《许真君八十五化录》、明·王世贞《列仙全传》。而许逊其人见于载记者，最早为《艺文类聚》《太平御览》诸类书所引之宋·刘义庆《幽明录》及《许逊别传》等，仅为一有孝行之术士。而北宋·乐史《太平寰宇记》卷一〇七引南齐·刘澄之《鄱阳记》云术士许旌阳斩蛟于信州贵溪馨香岩，又《太平寰宇记》卷九三引刘宋·山谦之《吴兴记》："许逊尝造郭景纯，景纯筮之，遇泰爻，谓曰：'君元吉自天，宜求升遐之道。'于是乃往师仙者鲍靓。"按：许逊师于鲍靓，当为早期许逊传说，自胡慧超撰《十二真君传》，为突出许逊道团的孝行宗旨，未采此说，而以另一孝子吴猛为许逊之师。故后世诸书多不载许逊与鲍靓关系，唯《仙鉴》卷二一云"鲍靓曾受真仙要诀于谌姆"，则略露此一消息，然又似与许逊为同门矣。《三教源流搜神大全》卷二言："东晋时王敦作乱，许逊与吴猛谒敦，欲止其乱，敦怒，欲杀二君，二君隐形去。太康二年于洪州（今江西南昌）西山举家白日飞升。其族人以所遗诗一百二十首，写竹简之上，载之巨筒，令人探取，以决休咎，名曰'圣签'。其飞升之地，后人立祠，至宋真宗时，改题额曰'玉隆宫'。"《新唐书·艺文志》有道士胡法超《许逊修行传》，今佚。南宋·白玉蟾《修真十书》中有《玉隆集》，专载许逊一派事迹。宋徽宗政和间上尊号为"神功妙济真君"。明人小说《铁

树记》即演说许逊及吴猛等十二真人故事。◆按：据《十二真君传》，许逊为一道教教派之首领，所奉之神明为斗中真人孝悌王，谌母、兰公亦为其教祖，而著名仙真共十二人，后世又称为"西山十二真君"。然许逊虽云为晋人，而其信仰实自唐始，以后历代奉祀，最盛于宋元，而许逊亦与张、葛、丘并为"四大天师"。参见"西山十二真"条。◆又按：晋时丹阳许氏为句容大族，世奉天师道，许谧、许迈皆其族人，诸仙传或言许迈、许穆为许逊之再从兄弟（如《许真君七十五化录》），或言为许逊之族子，大抵攀附贵胄，于史无稽。

【许杨】东汉时人。《后汉书·方术列传》：字伟君，汝南平舆（今河南平舆北）人。少好术数。王莽辅政，为酒泉都尉，及莽篡位，乃变姓名为巫医，逃匿它界。汝南旧有鸿郄陂，成帝时丞相翟方进奏毁之。建武中，太守邓晨欲修复，知许杨晓水脉，召为都水掾，使典其事。许杨因高下形势，起塘四百余里，百姓复利。而豪右潜杨受赇略，邓晨遂收杨下狱，而械辄自解。晨急释之。杨出狱，时天大阴晦，道中若有火光照之。后以病卒，晨为杨起庙，图画形象，百姓皆祭祀之。

【许映】见"许迈"条。

【许由】《庄子·逍遥游》："尧让天下于许由，许由曰：'子治天下，天下既已治矣，而我犹代子，吾将为名乎？'不受。"晋·皇甫谧《高士传》："许由，字武仲，阳城槐里人，隐于沛泽之中。尧让天下于许由，不受而逃去。啮缺遇许由，问曰：'子将何之？'许由曰：'将逃。'啮缺曰：'夫尧知贤人之利天下也，而不知其贼天下也，夫唯外乎贤者知之矣。'许由于是遁耕于颍水之阳箕山之下。尧又召为九州长，许由不欲闻之，洗耳于颍水。其友巢父时牵犊欲饮之，见许由洗耳，问其故。许由对曰：'尧欲召我为九州长，我恶闻其声，故洗耳。'巢父曰：'子若处高山深谷，人道不通，谁能见子？子故浮游欲闻，求其名誉。污吾犊口！'牵其犊于下流饮之。许由没，葬于箕山，尧因号之曰箕山公神。奉祀至今不绝。"《庄子·天地》："尧之师曰许由，许由之师曰啮缺，啮缺之师曰王倪，王倪之师曰被衣。"后世传其为仙，见"洪崖先生"条。

【许玉斧】即"许翙"，小名玉斧。

【许元长】唐·康骈《剧谈录》卷下：唐武宗皇帝好神仙异术。海内道流方士，多至辇下。会昌中，召元长至京国，出入宫闱。谓武宗曰："臣之受法，未臻玄妙。若涉越山海，恐诬圣德；但千里之间，

可不日而至。"武宗曰："东都常进石榴，时已熟矣。卿今夕当致十颗。"元长奉诏而出。及旦，寝殿始开，以金盘贮石榴，置于御榻。俄有中使进奏，亦以所失之数上闻。灵验变通，皆此类也。及武皇厌代，诸方士俱窜逐岭表，唯元长逸去，莫知所在。

【许远】唐安史乱时与张巡同守睢阳者。按《新唐书》，许远在天宝末为睢阳太守，安禄山反，进至睢阳。时张巡任谯郡真源县令，率兵西上讨贼。许远以军事不及张巡，遂交兵与张巡，同心抗贼。被围数月，粮尽城陷，被执，囚送洛阳，被杀。此前章仇兼琼镇剑南时，许远被辟为从事，因忤兼琼，贬为高要（今广东高要）尉，故于南粤为名宦。

许真君 搜神广记

又传说有谓许远曾帅河南光州、固始之高、林、张三姓移住福建泉州者，为泉州三姓奉为守护神，而三姓迁于台湾者，祀之不绝，并因张巡声著于许远，遂合张巡许远为双忠庙。台湾地区民间称张巡为保仪尊王，而称许远为保仪大夫，云能驱除虫害、保护乡里。

【许肇】梁·陶弘景《真诰》卷一六："许肇今为东明公右帅晨。帅晨之任，如世间中书监。"小注云："许肇字子阿，即长史（即许穆）七代祖。"

【许真君】即"许逊"，封中玄妙行真君。

【许仲源】唐时人。《仙鉴》卷三五：蜀人，一日遇道士，授一卷，曰："此老君返老还童之术也，吾饵此药，今寿四百二十三年矣。"言讫化白鹤而去。许归，炼服不息，数百岁而有少容，行及奔马，力兼数人。后入青城山，遂不复见。

【许遵】《北齐书·方伎传》：高阳（今河北高阳）人。明《易》，善筮，兼晓天文、风角、占相、逆刺，其验若神。曾为清河王高岳记室。齐文宣帝高洋无道日甚，许遵语人曰："多算来，吾筮此狂夫何时当死。"布算满床，大言曰："其死不出冬

初。然我不及见矣。"高洋果于十月崩，而遵则死于九月。

【续长】《龙鱼河图》：箭神名续长。

【续生】《太平广记》卷八三引唐·窦维鋈《广古今五行记》：濮阳郡（治在今河南范县）有续生，莫知其来。身长七八尺，肥黑，剪发留二三寸。不著裈袴，破衫齐膝而已。人遗以财帛，则转施于贫穷。每四月八日，诸市场戏处，皆有一续生，人以此奇之。天旱，续生入泥涂，偃展久之，天必雨。土人谓之"猪龙"。夜中有人见北市灶火洞赤，往视之，有一蟒蛇，身在灶里，头出灶外，大如猪，并有两耳。及明视之，竟是续生。后不知所之。

【猵狂】鬼名。《文选》扬雄《甘泉赋》"属堪舆以壁垒分，捎夔魖而抶猵狂"，李善注引孟康曰："魖，耗鬼也；猵狂，亦恶鬼也。"张衡《东京赋》："捎魑魅，斮猵狂。"《文选》薛综注："猵狂，恶戾之鬼名。"《后汉书·礼仪志》注引《埤苍》曰："猵狂，无头鬼。"

【xuan】

【轩辕国】《山海经·海外西经》："轩辕之国在此穷山之际，其不寿者八百岁。在女子国北。人面蛇身，尾交首上。"又《大荒西经》亦有轩辕之国，云"江山之南栖为吉，不寿者乃八百岁。"袁珂《校注》云："古天神多为人面蛇身或龙身人首，其著者如伏羲、女娲、共工、相柳、窫窳、贰负等是矣，或龙身人首，如雷神、烛龙、

轩辕国　山海经图　汪绂本

鼓等是矣，亦人面蛇身之同型也。此言轩辕国人面蛇身，固是神子之态。推而言之，古黄帝或亦当作此形貌也。"晋·张华《博物志》卷二："西海内西北有轩辕国，在穷山之阴。其不寿者八百岁。诸沃之野鸾自舞，民食凤卵，饮甘露。"

【轩辕黄帝】见"黄帝"条。

【轩辕集】唐时人。唐·苏鹗《杜阳杂编》卷下：罗浮先生轩辕集，年过数百，颜色不衰，发垂至地。坐暗室，目光可长数尺。每采药于深岩峻谷，则有毒龙猛虎护卫。或民家具斋饭邀之，虽一日百处，无不分体而至。若与人饮，即袖出一壶，才容

三二升，纵宾客满座，而倾之弥日不竭。饮酒则百斗不醉，夜则垂发于盆中，其酒沥沥而出。或飞朱篆于空中，则可届千里。病者以布巾拭之，无不应手而愈。唐宣宗召入内廷，问以长生之道。宣宗命宫中人传汤茶。有笑集貌古布素者，而缜发朱唇，年

轩辕集　列仙全传

始二八，须臾变成老妪，鸡皮鲐背，鬘发如丝，于宣宗前涕泗交下。宣宗知宫人之过，遂令谢先生，而貌复故。宣宗问曰："朕得几年作天子？"即把笔书曰："四十年。"但十字跳脚。及晏驾，乃十四年也。初辞归山，自长安至江陵（今湖北沙市），忽亡其所在，使臣惶恐不自安。后数日，南海奏先生归罗浮山（今广东惠阳地区之罗浮山）矣。

【轩辕弥明】唐时人。《太平广记》卷五五引五代·杜光庭《仙传拾遗》：轩辕弥明者，不知何许人。在衡湘间来往九十余年，善捕逐鬼物，能囚拘蛟螭虎豹，人莫知其寿。

【玄帝】❶梁·陶弘景《真诰》卷一一：玄帝者，昔轩辕子昌意娶蜀山之女生高阳，德号颛顼，是为玄帝。❷玄天上帝，即真武大帝。

【玄都先生】《洞仙传》：玄都先生者，受仙人黑玉天地钤经，行而得道。

【玄符先生】明时人。明·钱希言《狯园》卷三"玄符先生"条：玄符先生，别署寒阳子。自幼出家云水，受谷神子真传，凡修身延命之术，无不研讨。后遇习虚子传授净明忠孝宗派，猛参知识，游行人间。嘉靖中，遇婺人胡清虚，度之成仙。

【玄股国】《山海经·海外东经》："玄股之国在其（雨师妾）北。其为人衣鱼，食䲎，使两鸟夹之。"《大荒东经》亦有玄股之国，使四鸟。郭璞注曰："髀以下尽黑，故云。"《淮南子·墬形训》海外三十六国中有"玄股民"。高诱注："玄股民，其股黑，两鸟夹之。"即《山海经》之玄股国。

【玄龟】❶即旋龟。《山海经·南山经》："怪水出

焉而东流，注于宪翼之水。其中多玄龟，其状如龟而鸟首虺尾。其名曰旋龟，其音如判木。佩之不聋，可以为底。"清·吴任臣《广注》案："《本草拾遗》曰：'鹗龟生南海，状如龟，二三尺，两目在侧如鹗。'李时珍释云：'《山海经》旋龟鸟首虺尾，乃此类也。'又《岭南异闻》言海龟鹰首鹰吻，大者方径丈，其形状亦与此类。"

玄股国　山海经图　汪绂本

❷晋·王嘉《拾遗记》卷二："禹尽力于沟洫，导川夷岳。黄龙曳尾于前，玄龟负青泥于后。玄龟，河精之使者也。龟颔下有印，皆古篆字，作九州山川之字。禹穿凿之处，皆以青泥封记其所，使玄龟印其上。"袁珂以为玄龟所负青泥，即"息壤"。

玄龟　山海经图　胡文焕本

【玄壶子】明·王懋登《三宝太监西洋记》第四十四回有八仙出场，其中无张果、何仙姑，而别有风僧寿、玄壶子。按：玄壶子不详其人，"玄壶"或为"悬壶"之误，则当为"壶公"之类矣。

【玄虎】明·田艺蘅《留青日札》卷二九"玄虎"条："玄虎，本名曰䖺。《尔雅》：黑虎也，貙似豹，无前足。或曰似虎而黑，无前两足。"

【玄洛】晋·陆云《登遐颂》（见《全晋文》）记古仙十二人，中有"玄洛"者，不知何许人，颂曰："玄洛妙识，饥饵神颖。在阴儵逝，即阳无景。逍遥北岳，凌霄引领。挥雾昊天，合神自靖。"按：疑为"玄俗"之误，见该条。

【玄妙玉女】老君母。见唐·段成式《酉阳杂俎·前集》卷二：老君母曰玄妙玉女，天降玄黄，气如弹丸，入口而孕。又一说：李母，本元君也。日精入口，吞而为孕。◆老子母又有数说，见"老子母"条。

【玄冥】玄冥为北方帝颛顼之佐。《礼记·月令》："孟冬之月，其帝颛顼，其神玄冥。"玄冥为北方之神，主水。《淮南子·天文训》亦云："北方，水也，其帝颛顼，其佐玄冥，执权而治冬。"故玄冥亦为水神，《春秋左氏传》昭公二十九年："木正曰句芒，火正曰祝融，金正曰蓐收，水正曰玄冥，土正曰后土"是也。《史记·郑世家》"集解"服虔曰："玄冥，水官也。"因其为水神，故子产禳火则祀玄冥（《春秋左氏传》昭公十八年）。因其在北方，又为北海之神。见"四海"条。◆刘宋·刘敬叔《异苑》卷四：凉州张祚和平年间，有神见于玄武殿，自称玄冥，与人言语。祚日夜祈之，神言与之福利，祚甚信之。◆闻一多《司命考》以为屈原《九歌》中之"大司命"即玄冥。

【玄凝子】明·宋濂《文宪集》卷二六《说玄凝子》：玄凝子，密（今河南新密）人。往来吴越间，人问姓名，不答，以指就案画"玄凝子"字，人因称之玄凝子。年十三，牧猪东海上，有道士过，授药一丸，赤如火，吞之，即随道士去，涉瞿塘，上艳滪，入青城山。未几，道士去三神山采药，留玄凝子独处洞中。一年或三月不食，食即黄精石芝。因思故乡，遂还密。人见玄凝眼有碧焰，意其已仙。俄道士复至，同去，不知所之。

【玄女】《云笈七签》卷一〇〇《轩辕本纪》：黄帝梦一妇人，人首鸟身，曰："吾玄女也。有疑问之。"于是教黄帝以《三官秘略》《五音权谋》阴阳之术，又传《阴符经》三百言。按此玄女即九天玄女。

【玄丘民】《山海经·海内经》："北海之内有大玄之山，有玄丘之民。"郭璞注："言丘上人物尽黑也。"郝懿行《笺疏》曰："《水经注·温水》云：'林邑国人以黑为美。'所谓'玄国'，亦斯类也。"

玄丘民　山海经图　汪绂本

【玄俗】西汉·刘向《列仙传》卷下："自言河间（治在今河北献县南）人。饵巴豆。卖药于市，七丸一钱，能治百病。河间王病瘕，买药服之，下蛇十余头。问药意，俗云：'王瘕乃六世余殃下堕，即非王所招也。王常放乳鹿，怜母也，仁心感天，故当遭俗耳。'王家老舍人自言父世见俗，俗形无影。王乃呼俗日中看，实无影。王欲以女配之，俗夜亡去。后人见于常山下。"而《太平广记》卷六〇引《女仙传》则云：河间王女幼绝荤血，洁净好道。王以此女妻玄俗。居数年，俗与女俱入常山，时有见者。◆按：清·沈涛《铜熨斗斋随笔》以玄俗即《史记·秦始皇本纪》为始皇入海求仙药之"充尚"，《汉书·郊祀志》作"玄尚"者。

【玄坛神】即玄坛元帅赵公明，但民间相传，往往别生异说以炫奇。❶清·俞樾《耳邮》卷四：嘉定城西有玄坛庙，颇著灵异。庚申城陷，庙亦旋毁。相传其始有某生者，馆于江西龙虎山张真人府。一日得家书，知其父病，急欲归，谋于真人。真人以一符与之，戒曰："到家即焚化。"生登舟解缆，但闻波涛澎湃，舟行如飞，一日夜而至。父病已危，方寸瞀乱，竟忘焚符。符神屡见形求去，乃始忆真人言，具香烛焚化之。是夜神复示梦曰："送我太迟，已逾限期，不能归矣。"生乃酾金建庙以奉神。初不知神何名，因其像颇肖世间所塑玄坛神，故谓之玄坛庙。❷清·许叔平《里乘》卷四"玄坛"条则云：世俗商贾所祀黑虎玄坛，称赵大元帅，其实非也。神姓陈氏，初当捕役，相传捕役至穿窬家，类皆奉如贵官。一日至一偷儿某甲家，某甲唯有一母鸡，将杀之以奉陈。陈夜闻母鸡做人言，与其子哀哀告别。陈于是大悔悟，求某寺长老皈依。长老罕其意诚，与陈约，必忍饿七日，并将各水瓮担满，方许摩顶。陈荷担挑水，忽见寺外来一黑虎，陈乃横担跨虎而去。世所塑玄坛所持金鞭，即挑水担也。

【玄坛元帅】即"赵公明"。

【玄天二女】晋·王嘉《拾遗记》卷四：燕昭王即位二年，广延国来献善舞者二人，一名旋波，一名提嫫，并玉质凝肤，体轻气馥，行无影迹，经年不食。盖因昭王好神仙，此玄天二女托形此二人。昭王末年，不知二女所在，或游于江汉，或在伊洛之滨。◆按：此从"江汉二女"及"洛妃"事敷衍而成。

【玄天上帝】即"玄武大帝"。

【玄武大帝】二十八宿中北方斗、牛、虚、危、室、壁等七星座合称玄武，而以虚、危为主宿。至先秦时遂又演为主北方七星之神，与青龙、白虎、朱雀合称"四灵"或"四神"。其形为龟蛇相纠，故《淮南子·天文训》以为北方帝之兽：北方水也，其帝颛顼，其佐玄冥，其神为辰星，其兽玄武。至东汉纬书，进而为北帝之精，《诗含神雾》《河图》称：其北黑帝座，神名曰协光纪，其精为玄武。又

云：北方黑帝，体为玄武，其人夹面兑头，深目厚耳。则其形仍为龟蛇，并未完全人神化。其神格因在北方，故有以为水神者，《楚辞·九怀·思忠》："玄武步兮水母。"《后汉书·王梁传》："元武，水神也。"总之，玄武在神界中的地位无显赫可言。

玄武 西夏

五代·陈纂《葆光录》卷二：有沈氏子于竹林见蛇缠一龟，以锄击杀之，其家数十口旬日相次而卒，识者云是玄武神。神而可杀，神格可知。其升为大神，乃在北宋之初，因张守真言，借翊圣之光，与翊圣、天蓬等列为天帝辅将。详见"翊圣真君"条。至真宗祥符间，因避圣祖讳，改玄武为真武。旋加号为"真武灵应真君"，正式为道教收编，其位置已在翊圣等前。至北宋末，金兵威胁北疆，朝廷加号玄武为佑圣助顺真武灵应真君，似望其镇厌北界，不旋踵而汴京破陷，时又有以真武北方之神，为"金虏之谶"者（见南宋·赵彦卫《云麓漫钞》卷九）。故直到南宋，玄武地位仍不稳固，朱熹云："今乃以玄武为真圣，而作真龟蛇于下，已无义理。"玄武再度兴起，起于元大德七年，加封真武为元圣仁威玄天上帝（《元史·成宗纪》）。至于明初，成祖因靖难之役，兴于北方，不唯以"开国靖难，神多效灵"，且以玄武自神，于是建祠祀北极佑圣真君，玄武之祀始大盛，于是出现完整的玄武出身。《三教源流搜神大全》卷一引《混洞赤文》，略云：乃元始化身，太极别体。上三皇时下降为太始真人，中三皇时下降为太元真人，下三皇时下降为太乙真人，至黄帝时下降为玄天上帝。开皇初劫下世紫云元年，托胎化生净乐国王善胜夫人之腹孕十四月乃生，为太上八十二化。生而神灵，知微察远，长而雄猛，唯务修行。感玉清圣祖、紫虚元君，授以无极上道。遂越东海游览。又遇天神，授以宝剑。入武当山（在今湖北十堰南）修炼，居四十二年功成，白日飞升。奉上帝命镇北

方，披发跣足，蹑离坎真精，建皂纛玄旗，统摄玄武之位。而后世道流比拟佛教以释迦为净饭王太子，遂演成玄武为净乐王太子故事。明·姚宗仪《常熟私志》：雷部后殿奉北极镇天真武佑圣真君玄天神威上帝、圣父净乐天君、圣母善胜天后琼真上仙。清·徐道《历代神仙通鉴》卷四云：玄武大帝初为太始化身，太极别体，在天皇时为太始，地皇时在天曰太素，人皇时下降为太朴。托胎于玄天净乐国王善胜夫人之腹。孕秀十四月，从母左胁而产，生而神灵，举措隐显，号曰太玄。而最离奇者为明·余象斗《北方真武玄天上帝出身志传》，收于《四游记》中，另清·薛大训《古今列仙通纪》收有《玄天上帝启圣录》五卷，可参看。◆关于玄武之真容，明·王圻《稗史汇编》卷一三三云：太和山真武像披发跣足。相传永乐时塑像，不识其貌，请之成祖，时成祖正披发去膻，云："当如我。"然现存元代以前之玄武像即作披发状，又《仙鉴》卷五三载宋徽宗问林灵素愿见真武圣像，乃宿殿致斋，于正午时，黑云蔽日，大雷霹雳，火光中见苍龟巨蛇塞于殿下。霹雳一声，龟蛇不见，但见一巨足塞于殿下。帝又上香再拜，须臾遂现身，长丈余，端严妙相，披发，皂袍垂地，金甲，大袖，玉带，腕剑，跣足，顶有圆光，结带飞绕，立一时久，帝自能写真，写成，忽不见。是玄武之像与明成祖无关也。◆据姜义镇《台湾的民间信仰》：玄天上帝的称号除玄天上帝、真武大帝、玄武帝、真武帝外，尚有玄天大帝、北极大帝、上公、上帝爷、帝爷、开天大帝、开天炎帝、开天真帝、元武帝、真如大师、元帝、元天上帝、小上帝、北极佑圣真君、北极圣神君诸称。◆又，玄武大帝出身，在民间自有多种传说，如有谓玄武本民间一位屠夫，以杀猪为业，后为观音点化，以刀剖腹，取出脏腑，洗清罪过。于是至诚感天，遂成神仙。其弃于河中胃脏则变成龟，肠变为蛇云。参见沈平山《中国神明概论》。◆元·俞琰《席上腐谈》卷上：真武即玄武，宋避祖讳，改玄为真。夫玄武乃斗牛女虚危室壁七宿，位居北方，属水，江南人家祀之以厌火灾。又云：玄武即乌龟之异名。龟，水族也，水属北，其色黑，故曰玄；龟有甲能捍御，故曰武。其实只是乌龟一物耳。北方七宿如龟形，其下有腾蛇星，蛇，火属也，丹家借此以喻身中水火之交，遂绘为龟蛇蟠纠之状。世俗不知其故，乃以玄武为龟蛇二物。

【玄夷苍水使者】东汉·赵晔《吴越春秋·越王无余外传》：禹伤父治水不成，乃东巡登衡山，血白马以祭之。忽然而梦赤绣文衣男子，自称"玄夷苍水使者"，谓曰："欲得我山神书，请斋于黄帝之岳。三月庚子登山发石，金简之书存矣。"

玄夷苍水使者　方式墨谱

禹退又斋，三月庚子登宛委山，发金简之书，案金简玉字得通水之理。◆按：苍，青也，黑也。水色黑，苍水使者应即主水之神。其授禹之书即为理水之书。而《太平广记》卷二二六引《大业拾遗记》及《天中记》卷九等书均云：玄夷苍水使者授禹之书为《山海经》。此则大误也。按《吴越春秋》后文云：禹得金简之书，然后周行天下，使伯益记之，方为《山海经》。

【玄元皇帝】即老子。《旧唐书·高宗纪下》：麟德三年二月己未，次亳州，幸老君庙，追号曰太上玄元皇帝，创造祠堂。其庙置令、丞各一员。

【玄真子】即"张志和"，见该条。

【玄中法师】宋·谢守灏《混元圣纪》：老子上三皇时化身。五代·杜光庭《录异记》卷二：道士郗法遵居庐山简寂观，道行精确。忽梦玄中法师谓之云云。

【悬衣翁】据《预修十王生七经》《地藏十王经》等载：二殿初江王，系监视亡人渡河之冥官。盖人死后，于二七日时至此王之大殿，其间有奈何桥，河畔衣领树下有夺衣婆，待亡人至时，脱取其衣，交予悬衣翁，此翁将其衣悬于树枝，以量罪之轻重；若罪重而树枝下垂时，则为引路之牛头与催行之马头两鬼逐向王殿审判。

【xue】

【薛昌】唐时人。《仙鉴》卷三七：幽蓟（今北京一带）人，为进士，天宝中栖止于蜀之青城（今四川都江堰）洞天观。忽得商陆酒饮之，七窍流血而死，经三日蹶然而苏，势欲飞举，明见远近。节度使欲送至京师，忽不知所在。

【薛季昌】明·王世贞《列仙全传》卷六："河东

（治在今山西永济）人，遇正一先生司马承祯于南岳，授以玉洞经录。唐明皇召入禁中，与语甚悦。后还山，丹成凌虚而去。"宋·陈田夫《南岳总胜集》："唐明皇诏季昌居京师九真降圣观，进讲《道德经》。撰《玄微论》，御书批答十数次。后辞荣宠，乞回草庐。"

【薛继茂】明时人。《（雍正）云南通志》卷二五：永昌府（今云南保山）人。任贵州巡按时，有道人来见，曰："公宜急告归，明年秋风起，吾当至永昌一晤。"未几继茂果归，道人如期而至，日与讲修炼法。后引一青羊与继茂家，道人与羊忽不见，继茂亦无疾而卒。乡人有自大理来者，见继茂与道人同行，云往苍山一游，并寄语其子。及抵永昌，其家方治丧，始知其尸解去。

【薛炼师】《仙鉴后集》卷二：女真。不知何许人。晋时世乱，避居南岳寻真台，修至道。常骑白豹游，后于云龙峰尸解。

【薛灵芸】晋·王嘉《拾遗记》卷七："三国时魏之常山（今河北正定）人，其父为亭长。年十五，容貌绝世。咸熙元年，谷习出守常山，以千金聘之，献与文帝（咸熙为魏元帝年号，必有一误）。灵芸别父母，泪下沾衣，既升车，以唾壶承泪，壶中泪凝成血。未至京师数十里，时为夜间，道上膏烛之光联属不绝，以其夜间所至，故名为'夜来'。灵芸妙于针指，虽处于深帏之内，不用灯烛，裁制立成。宫中号为'针神'。"明·冯应京《月令广义》："因薛夜来针工入神，能暗室蔑裁，故后世女子祀之，以卜巧吉。"仇德哉《台湾之寺庙与神明（二）》："农历七月七日，女子乞巧之前，先拜织女，后拜针神。"此针神即薛灵芸。

【薛玄同】唐末时人。五代·杜光庭《墉城集仙录》卷八：河中（今山西永济）少尹冯徽之妻，道号玄同。嫁冯徽二十年，乃托疾独处，日诵《黄庭经》二三遍。有玉女二人降其室，云奉紫虚元君命下教。咸通十五年，元君下降，赐九华丹一粒，使八年后吞之。至中和二年，玄同饵丹，沐浴而终。及敛，棺盖飞起，失尸所在。

【薛玄真】唐时人。《太平广记》卷四三引五代·杜光庭《仙传拾遗》：薛玄真者，唐给事中伯高之高祖也。少好道，不嗜名宦。遨游云泉，得长生之道，常于五岭间栖憩。贞元末，郑余庆谪郴州长史，门吏有自远省余庆者，未至郴十余里，店中驻歇，与玄真相遇，状貌如二十三四，神彩俊迈，词多稽古，时语及开元、麟德间事，有如目睹。又言

明年二月，余庆当复归朝；余言皆神异。问其姓氏，云姓薛，名玄真。明年二月，余庆征还，及到长安，语及异事，给事中薛伯高流涕对曰："某高祖，自左常侍弃官入道，隐终南，不知所终，是矣。"

【薛肇】唐时人。《太平广记》卷一七引五代·杜光庭《仙传拾遗》：薛肇，不知何许人，与进士崔宇读书于庐山。崔宇勤苦，寻擢第，而薛肇独以修道为务。不知以何人为师，数年之间，已得神仙之道。崔宇既及第，授东畿尉，赴任过三乡驿，遇薛肇，见薛风尘满面，遂有自矜之色。薛邀崔至其居，华丽如王者，设宴款崔，有一箜篌妓最美，崔颇悦之。薛曰："他日与君。"既别，后崔宇求婚得柳氏，即当年箜篌妓。柳云："昔日病热，梦中见使者云：西城大仙陈溪薛君有客，命将五百里内处女解音律者尽皆追去。"崔方知薛已得道成仙。◆按：此与唐·戴孚《广异记》张三事、唐·卢肇《逸史》卢二舅事、唐·李复言《续玄怪录》裴谌事皆相类，而杜光庭《神仙感遇传》卷三"薛长官"条则与此全同，惟"薛肇"作"薛长官"耳。

【薛尊师】《太平广记》卷四一引唐·皇甫氏《原化记》：薛尊师者，则天末为阳翟（今河南禹州）令。数年间，兄弟沦丧都尽，遂精心归道，弃官入山。召同志者，唯小胥唐臣愿从之。杖策负囊，往嵩山口。忽遇一人，自云求道之人，姓陈，云近有仙境。薛遂求问其路。陈曰："但止于此，吾当入山求之。知所诣，即来相报。"期以五日，既而过期，十日不至。薛遂自往。缘磴入谷三四十里，忽于路侧见一死人，虎食其半，乃陈山人也。唐子欲归。尊师曰："吾闻嵩岳本灵仙之地，岂为此害？盖陈山人所以激吾志也。"言讫直往，唐亦决意从之。数日，忽见一岩下有道士六人，如修药之状。薛遂顶礼，道士曰："吾虽至此，自服药耳，亦无术可以授君。"俄睹一禅室中有一老僧，又礼拜求问。僧亦无言，忽于僧床下见藤蔓缘壁出户。僧指蔓视，薛遂寻蔓出，具蔓傍岩壁不绝，经两日犹未尽，忽至流泉。石室中有道士数人，围棋饮酒，其陈山人亦在。笑谓薛曰："何忽而至？子之志可教也。"遂指授道要。尊师道成后入京，居于昊天观，玄风益振。时唐玄宗皇帝奉道，数召入内礼谒。开元末，时已百余岁，忽告门人曰："天帝召我为八威观主。"无病而坐亡，颜色不变。唐臣后亦为国师焉。

【xun】

【熏池】《山海经·中山经》:"敖岸之山。其阳多㻬琈之玉,其阴多赭、黄金。神熏池居之。"

【寻声救苦真人】《高上玉皇本行集经》载道教"四大真人",为:慈悲度厄真人、寻声救苦真人、济生度死真人、万福护身真人。位在诸玉帝、五老、诸上帝下。性质近于佛教之菩萨。按《真灵位业图》,"救苦真人"为尹轨。《云笈七签》卷一一七有《文铢台二僧击救苦天尊像验》,自言"我奉太上之敕,历救众生之苦,名曰救苦真人。"又卷一一九有《李昌遐诵消灾经验》,言"李昌遐生而奉道,

熏池　山海经图　汪绂本

常诵《太上灵宝升玄消灾护命经》。因昼寝,梦坐烟霞之境,四顾而望,熊罴虎豹,围绕周匝,莫知所措。忽空中有一道士呼其名而语之曰:'吾即救苦真人也,汝勿惊骇,吾奉太上符命与诸神将密卫于汝。'"显系仿佛教观世音菩萨而造,其他三真人不过虚设陪衬而已。

【荀瓌】梁·任昉《述异记》卷上:荀瓌,字叔伟。尝东游憩江夏黄鹤楼上,望西南有物飘然降自霄汉,俄顷已至,乃驾鹤仙人。仙者就席,羽衣虹裳,宾主欢对,已而辞去,跨鹤腾空,眇然而灭。◆登黄鹤楼事参见"费文祎"条。

【巽二】风神名。唐·牛僧孺《玄怪录》卷三"萧至忠"条:萧至忠欲出猎,群兽求哀于山神。山神云:"当令巽二起风,滕六致雨,翌日风雨,萧必不出矣。"《事物异名录》曰:"风神名巽二,又名风姨,又名方道彰。"

【Y】

【ya】

【鸭儿五圣】清·俞樾《右台仙馆笔记》卷一二："杭州贡院之后有鸭儿五圣庙。"按：当系"蚕花五圣"之类，农家祈保鸭儿养殖之神。

【鸭人国】清·陆次云《八纮荒史》：鸭人国在海外，人形鸭脚。遇雨，一足伫立，一足上竖，展其掌以为盖。

【崖山神】唐·段成式《酉阳杂俎·前集》卷一四：太原郡东有崖山，天旱，土人常烧此山以求雨。俗传崖山神娶河伯女，故河伯见火，必降雨救之。

【衙神】即官府之土地神。清·袁枚《子不语》卷一一"通判妾"条："徽州府署之东，前半为司马署，后半为通判署，中间有土地祠，乃通判署之衙神也。"又云："阴司例，凡死于官署者，为衙神所拘，非墙屋倾颓，魂不得出。"

【哑女】北宋时女子。明·释妙声《东皋录》卷中云："四明号为三佛之地，三佛者谓鄞阴佛真身设利罗，戒香寺哑女为古维卫佛，并长汀契此曰慈氏。"其事详见《（雍正）浙江通志》卷一九九引《戒香寺哑女传》："莫详其氏族。熙宁中，见于明州（今浙江宁波）戒香寺。状丑而蠢，跣足行市井间，所至现惨容则其家有凶祸，现喜色则其家有福祥。人得候之为趋避计。乡人卫开遇一道士于洛阳，谓开曰：'君乡哑女，维卫佛也。归可往礼拜之。'及归，哑女已坐化矣。明年入杭州，见数十小儿拥一尼，哗言曰哑女。开惊顾，哑女为书曰：'须弥山上摆铎，大洋海底摇铃。若问哑女姓氏，只此便是真名。'出门径去，与小儿俱不见。"按：维卫佛，即毗婆尸佛，过去七佛之第一尊也。

【亚醮】清·钮琇《觚剩·续编》卷二："明万历间增城（今广东增城）狱卒名亚醮，素称朴健。戊午岁十二月末，狱中重囚五十余人号哭不止。亚醮问其故，众曰：'岁朝将临，合邑之人无不完聚。我等各有父母妻子，势不可出，是以悲耳。'亚醮曰：'我与尔等约：今夕各各还家，正月二日齐来赴狱。我释尔，罪应死。尔俱不来，吾亦应死；少一人，我亦死；尔俱来，吾寿尽亦死。等死耳，何如行此善事。'至期，众囚皆至，不少一人。亚醮鼓掌大笑，趺坐而逝。狱众感德，浣濯其体而加漆焉。以其事言于县，县上巡按御史，请为县狱之神。今肉身尚在狱中，有疾病瘟疫，祷无不应。"又清·俞蛟《梦厂杂著》卷三"狱卒纵囚记"作"阿醮哥"，云为"广东新会人。新会土俗，凡生子最少者曰醮。醮字，土音呼'赖'，字典不载。"

【亚驼神】应即滹沱河之河神。清·惠栋《九经古义》卷九云："晋人将有事于河，必先有事于恶池。注云：恶当为呼声之误也。呼池、呕夷，并州川。秦惠王《诅楚文》云：'告于不显大神亚驼。'亚驼即恶池也。"按明·方以智《通雅》卷一六："亚驼即嫭沱，一作虖池、恶池、呼沱、恶沱、虖勺。"

【猰貐】见"窫窳"条。

【窫窳】又作猰貐。❶《山海经·北山经》："少咸之山，无草木，多青碧。有兽焉，其状如牛，而赤

窫窳　山海经图　蒋应镐本

身、人面、马足，名曰窫窳，其音如婴儿，是食人。"郭璞注："《尔雅》云'窫窳似貙，虎爪'，与此错。"吴任臣《广注》案："《尔雅》：'猰貐类㺎，食人，迅走。'《淮南子》：'尧时窫窳为民害，乃使羿杀之。'"郝懿行《笺疏》："《海内南经》云：'窫窳龙首，居弱水中。'《海内西经》云：'窫窳蛇身人面。'又与此及《尔雅》不同。"❷又《山海经·海内南经》："窫窳龙首，居弱水中。其状如龙首，食人。"《海内经》亦云："有窫窳，龙首，是食

人。"郭璞云："窫窳，本蛇身人面，为贰负臣所杀，复化成此物。"《海内西经》又云："开明东有巫彭、巫抵、巫阳、巫履、巫凡、巫相，夹窫窳之尸，皆操不死之药以拒之（郭璞：为拒却死气，求更生）。窫窳者，蛇身人面，贰负臣所杀也。"袁珂《校注》解郭注："原本蛇身人面之天神窫窳，被杀治活后，复化而成此怪物也。"❸梁·任昉《述异记》卷上："猰㺄，兽中最大者，龙头马尾虎爪，长四百尺，善走，以人为食。遇有道君即隐藏，无道君即出食人。"此即由《海内南经》演化而成。◆吴任臣《广注》云："或为猰㺄，或为猰窳，形状不同，所传亦异，实未详也。"

【yan】

【烟萝子】 五代时人。清·王士禛《居易录》卷四："王屋山（在今河南济源西北）有烟萝子祠，即烟萝子宅。晋天福间耕于阳台宫之侧，得异参，食之，拔宅上升。"《怀庆府志》云："姓燕，失其名，王屋人。"

【延娟】 见"江汉二女"条。

【延明子高】《洞仙传》：服麋角得仙者。

【延年】 西汉时神祠。《汉书·郊祀志》："武帝后五年，复至泰山修封。东幸琅邪，礼日成山（在今山东荣成），登之罘，浮大海，用事八神、延年。成帝时罢其祀。"按：当系主寿之神，汉以延年为人名者甚多，如杜延年、李延年、韩延年、严延年、赵延年等，皆为名人。

【延维】《山海经·海内经》："有神焉，人首蛇身，长如辕，左右有首，衣紫衣，冠旃冠，名曰延维。人主得而飨之，伯天下。"郭璞注曰："委蛇。"详见该条。◆吴任臣《广注》案："野有方皇，泽有委蛇，二神皆如蛇两头。"《东京赋》注云：'委蛇大

延维　山海经图　蒋应镐本

如车毂。'《代醉编》曰：'南方神名延维。'《事物绀珠》曰：'委蛇紫衣朱冠，闻雷车之声则捧其首而去。'"

【弇兹】《山海经·大荒西经》："西海渚中有神，人面鸟身，珥两青蛇，践两赤蛇，名曰弇兹。"郝懿行《笺疏》："此神形状，全似北方神禺强，唯彼作践两青蛇为异。见《海内北经》。"袁珂《校注》："此神与北方神禺强、东方神禺貌似均属海神而兼风神。"

弇兹　山海经图　汪绂本

【严君平】 晋·张华《博物志》卷一〇："旧说天河与海通。近世有人居海滨，年年八月有浮槎去来不失期，此人即赍粮乘槎而去。十余日中犹观星月日辰，自后芒芒忽忽，不觉昼夜。至一处，有城郭屋舍，遥望宫中多织妇，一丈夫牵牛饮于渚次，乃惊问此为何处。答曰：'君还至蜀郡（今四川成都）访严君平则知之。'因还。后至蜀问君平。君平曰：'某年月日有客星犯牵牛宿。'计年月正是此人到天河时也。"◆君平成仙之说，最晚亦在唐、五代间，"蜀八仙"及张素卿所画"十二仙君"中皆有严君平。至南宋·洪迈《夷坚乙志》卷一："两宋间，福州有一道人，无他技，独传相神仙之术，于市中见一老叟，须发如雪而两脸红润，瞳子深碧，遂执弟子礼甚恭。老叟为所感，曰：'吾乃汉庄君平也，行天下千岁矣。'授道人书一卷，明日出门不复归。"按君平本姓庄，避汉讳改姓严。明·曹学佺《蜀中广记》卷七一记宋·杨师鲁《严真观碑》略云："君平父名子晞，卜地创观于武都（今四川绵竹西北）山，开基得碑，乃知古已有上清之号。观成而君平生，时武帝后元元年也。君平长而学道，炼丹成仙，时成帝和平元年也。"宋·潘自牧《记纂渊海》卷八六，言三十六小洞天，第七峨眉山洞，严君平佐理此山。◆按：《汉书·王吉传》前小引："四皓之后，谷口有郑子真，蜀有严君平，皆修身自保，非其服弗服，非其食弗食。君平卜筮于成都市，日阅数人，得百钱足自养，即闭肆下帘而授《老子》。博览无不通，依老子、庄周之指

著书十余万言。扬雄少时从游学，已而仕京师显名，数为朝廷在位贤者称君平德。君平年九十余，遂以其业终，蜀人爱敬，至今称焉。"又晋·常璩《华阳国志》卷一〇上云："严遵，字君平。"《汉书》有严遵，"后有王褒、严遵，扬雄之徒，文章冠天下。"似辞赋之士，扬雄既从君平学，所学当为辞赋之属，则君平确为严遵之字，严遵即君平也。又南宋·施宿《会稽志》卷一四云严子陵一名遵，则臆说无根矣。

【严七师】唐·段成式《酉阳杂俎·续集》卷三：成都乞儿严七师，臭秽不可近，言语无度，往往应于未兆。尝有帖衙俳儿于满川等五人为伙，七师遇于途，各与十五文，勤勤若相别为赠之意。后数日，监军宴，于满川等为戏以求衣粮。少师李相怒，各杖十五，递出界。

【严青】晋·葛洪《神仙传》卷七：会稽（今浙江绍兴）人，尝于山中作炭，忽神人授书一卷。青不能识字，神人曰："不须读，但以洁器盛之，置于高处。"并教以服石髓法。此后为人治病辄愈，百姓尊奉之。断谷不食一年，入小霍山仙去。今吴会多奉事青，为"严家道"，但不知食药物以求长生，惟存其祭祀耳。

【严卿】《晋书·艺术传》：会稽（今浙江绍兴）人，善卜筮。乡人魏序欲东行，卿筮之，曰："不可东行，必遭暴戾之气。如必欲行，可索西郭外独母家白雄狗系于船前。"求索只得驳色狗。卿曰："亦可，但余小毒，及于六畜也。"魏序行半，狗忽死，吐血斗余。其夕，魏序家白鹅数头无故死。

【严士则】《太平广记》卷三七引《剧谈录》：严士则，穆宗朝为尚衣奉御，颇好真道。午日于终南山采药，迷路，腹饥难忍。遇一隐者，求食，隐者取囊，其中有百余颗，如扁豆之形，拾薪汲水，以一粒煮之。良久，微有香气，视之已如掌大，曰："可以食矣。"渴即取铛中余水饮之。士则方啖其半，自觉丰饱。隐者复曰："汝得至此，当由宿分，自兹三十年间，无复饥渴，俗虑尘情将澹泊也。他时位至方伯，倘能脱去尘华，兼获长生之道。辞家日久，可以还矣。"士则既归，至文宗时为建州刺史，年已九十，到郡才周岁，即解印归罗浮。

【严头陀】明·李日华《六研斋笔记》卷二：严头陀，武林（今浙江杭州）人，止于嘉兴南宫二十余年。一日醉，履行于水面十余丈。后隐于句曲山，授道于崔光头。◆按：参见"阎希言"条。

【严真青】《天地宫府图》三十六洞天之九疑（在湖南宁远南），为仙人严真青治所。其人不详，疑为"严青"或"颜真卿"之误。

【言城生】梁·陶弘景《真诰》卷一二："吴人，后汉刘圣公（即刘玄，为平林、新市诸将立为更始帝者）时为武当郡尉。受学至勤，后为地仙，居太山支子小阳山中。"陶弘景《真灵位业图》："地仙散位贾元道、李叔胜、言成生、傅道流四人，并隶司命，主察试学道者，在泰山。"

【岩元元】明时人。《（雍正）湖广通志》卷七五：华容人，文昌宫道士。与邑人王某从张三丰游。数载无所获，拟辞去。三丰饯之，痛饮醉卧，呕吐满地。二人不及辞。明早入揖，三丰曰："汝果弃吾耶？舔吾唾，道在是矣。"王不肯舔，元元舔之，遂悟道，能运掌心雷，常以雷神随后。客至，呼雷神行茶。

【沿江游奕神】南宋·周应合《景定建康志》卷一九引《翰苑名谈》：陈尧咨泊舟三山矶（安徽芜湖繁昌区东北），有老叟曰："来日有大风，舟行必覆，宜避之。"来日天晴，万里无云，舟人请解缆。陈不肯。同行舟一时离岸，俄而黑云四起，舟多沉没。陈惊叹，又

沿江游奕神 三教源流搜神大全

见老叟来曰："某实非人，乃江之游奕将也。以他日公当位宰相，固相奉告。"

【炎庆甲】梁·陶弘景《真诰》卷一五："炎庆甲者，古之炎帝也，今为北太帝君，天下鬼神之主也。"陶弘景《真灵位业图》："第七中位 酆都北阴大帝"小注："炎帝大庭氏，讳庆甲，天下鬼神之宗，治罗酆山，三千年而一替。"

【盐池神】明·于慎行《谷山笔麈》卷一七：河东盐池，唐时曾有封号，谓之宝应、灵应二池。明初赐额"灵惠"。◆按：《元史·成宗纪三》：大德三年，加解州盐池神惠康王曰广济。《泰定帝纪一》：泰定元年，敕封解州盐池神曰灵富公。

【盐井神】《太平广记》卷三九九"盐井"条引《陵州图经》："陵州（今四川仁寿）盐井，后汉仙者沛国（今安徽淮北西）张道陵之所开凿。周回四丈，深五百四十尺。井上有玉女庙。古老相传，有十二玉女，尝与张道陵指地开井，遂奉以为神。"北宋·乐史《太平寰宇记》卷八五："按《图经》，汉时有山神号十二玉女，为道人张道陵指陵上开盐井，因陵上有井，名陵州。今州上有玉女庙甚灵。若以火坠井中，即雷吼沸涌，烟气上冲，溅泥漂石，甚可畏也。或云井泉旁通江海，时有败船木浮出。同卷又云：仁寿县有陵井，七狼毒井，今名陵井。按《郡国志》云：昔张道陵此处得盐井。因披排车引役人唱排车乐，愿心齐力祀玉女于井内。玉女无夫，后每年取一少年掷盐井中，若不送，水即竭。后以玉女配'西山神'，此俗遂改。"事见"西山神"条。此外又有"云安井神"，亦盐井神。《太平寰宇记》卷八五尚载四川仁寿县之"西山神"，明·曹学佺《蜀中广记》卷一九有"涂井神"，皆盐井神。均见各条。

【盐龙】❶《宋稗类钞》卷三〇：萧注从狄青破蛮洞，收其宝货珍异，得一龙，长尺许，云是盐龙，蛮人所豢，籍以银盘，每鳞中出盐少许，以玉箸撩得，用酒和饮之，可以助阳。后因蔡元度就其体舐盐而龙死。❷明·徐应秋《玉芝堂谈荟》卷三三"盐龙"条，云：杨用修云吉吊上岸与鹿交，或在水边遗精，遇流槎枯枝粘裹，号紫稍花，道枢所谓"盐龙"，有益帷箔者也云云。按杨慎《升庵集》卷八一"吉吊"条原文为："龙生三卵，一为吉吊，上岸与鹿交，或在水边遗精，流槎遇，粘裹浮木枝，如蒲桃焉，号紫梢花，道枢所谓龙盐，有益帷箔者也。"《谈荟》误"龙盐"为"盐龙"。

【盐神】清·梁章钜《退庵随笔》卷一〇："古夙沙氏初煮海为盐，遂为盐之神。安邑县（今山西运城东）旧有盐宗庙，即祀此神。夙，又作宿，又作质，神农时诸侯，大庭氏之末世也。见《吕氏春秋》《淮南子》《说苑》《水经注》《说文》。乃今之业盐者不闻祀盐神，何耶？吾乡（福州）业盐之家必祀天后，而夙沙氏更在其先。"按：盐神除"盐池神""盐井神"外，尚有"盐水神女"者，见"廪君"条。

【盐枭】清·袁枚《子不语》卷一：山西蒲州盐池（今山西解州）有关帝祠，塑关羽、张飞像，旁有周仓像，怒目狰狞，手拖铁练，锁朽木一枝。土人称此朽木为"盐枭"，云：宋元祐间，盐池之水不

能成盐，商民祷于庙。梦关帝谓曰："汝盐池为蚩尤所据，故烧不成盐。吾能制蚩尤；其妻名盐枭，我不能制，吾弟张飞来始能制之。吾已遣人自益州（今四川成都）召之矣。"次日，众人于庙中添塑张飞像。是夕风雨大作，朽木一根已在铁索之上。次日取水煮盐，成者十倍。

【阎浮提王】即"阎罗王"，参见"寇准"条。

【阎罗王】❶阎罗，梵语音译，或译作阎摩王、阎浮提王、阎波罗王，简称为阎王，直译则为平等王。《一切经音义》卷二四云："琰摩，或作琰摩罗，或言阎罗，亦作阎摩罗社，又言夜摩卢迦，皆是梵音。"◆唐·释道世《法苑珠林》卷一二："阎罗王者，昔为毗沙国王。与

阎罗王　南宋·陆信忠

维陀如生王战，不敌，遂立誓愿为地狱主。臣佐十八人领百万之众，头有角耳，同立誓云：后当奉助。于是毗沙王为今阎罗王，十八大臣为今十八小王，百万之众则为阿傍鬼卒之属。"而《法苑珠林》卷四八又引《阎罗王五使者经》，云"阎罗本为一人，及人死当堕地狱，阎罗现身为五使者而问言"。是又有五阎罗之说。佛教传入中华之后，方士变阎罗为中土化之"太山府君"，此后佛教渐兴，民间渐渐转信阎罗。上言"十八小王"者，或即十八层地狱之原始。至唐末五代，更出现十殿阎罗之说。参见"十殿阎王"条。◆按：释典又有阎罗为"双王"之说，双王者，乃兄妹二人同为地狱主者，兄治男事，妹治女事。是又有女阎罗也。而南宋·郭彖《睽车志》遂有十阎罗中八男二女之杜撰故事。◆世之名臣达官如羊祜、韩擒虎、寇准、范仲淹、韩琦、包拯、蔡襄、王阳明等皆有死后为阎罗王事，分见各条，不述。然亦有平常人为之者，如唐·张读《宣室志》载唐大历间漳南尉郏惠连为上帝召命为阎波罗王；南宋·洪迈《夷坚丙志》卷七

载南宋建炎二年进士周庄仲，梦至一殿，一人持文字令画押，盖二十年后当为阎罗王也；又《夷坚内志》卷一之林衡，《夷坚支志·甲集》卷四之"饶州洪右相"（即洪迈之兄洪适），北宋·张邦基《墨庄漫录》卷三之刘极，宋·叶寘《爱日斋丛钞》之严安之，清·王士禛《池北偶谈》卷二三之赵定宇、冯具区、张西樵，清·袁枚《子不语》卷一四之杨四佐领，见于笔记小说者甚多。❷十地阎君之第五殿阎王称阎罗王，或做阎魔王、森罗王，姓韩，或云姓包，一些水陆画做包拯状。据《预修十王生七经》《地藏十王经》等载，阎罗王本地为地藏菩萨，系于冥途中掌管亡人五七日之冥王。《玉历钞传》诸书言：阎罗王天子包，正月初八日诞辰。前本居第一殿，因怜屈死，屡放还阳伸雪，降调此殿，司掌叫唤大地狱并十六诛心小狱。凡解到此殿者，押赴望乡台，令之闻见世上本家因罪遭殃各事，随即推入此狱，细查曾犯何恶，再发入诛心下六小狱，钩出其心，掷与蛇食。受苦满日，另发别殿。一说五殿阎罗王司掌大海之底、东并沃焦石叫唤大地狱，纵广三千里，下设十六小地狱，凡生前犯有。司掌大海之底，东北沃燋石下，交换大地狱，其广纵横三千里，另设十六"诛心小地狱"。凡鬼犯发至本殿者，先赴"望乡台"，然后发入"叫唤大地狱"，如有须割碎其心者，交十六"诛心小地狱"受苦。望乡台，台高四十九丈，刀山为坡，砌就六十三级。一登此台，望乡甚近，可见可闻其死后家人的举动。十六诛心小地狱内，各埋有木桩，铜蛇为练，铁犬作墩，捆压手脚，用一小刀，开膛破腹，钩出其心，细细割下，心使蛇食，肠给狗吞，受苦满日，止痛完肤，另发别殿。民间或以为十殿阎君之首，司掌油鼎地狱。

【阎希言】明时人。明·钱希言《狯园》卷一"阎蓬头"条："阎道人，不知何许人，名希言。顶一髻，不巾栉。腰腹十围，叩之如铁彭彭然，秤之重可三百斤。而行步健迅，虽少壮不如。寒冬凿冰而浴。人称阎蓬头，又讹为阎头陀。"明·陈继儒《见闻录》卷六亦记阎头陀事。《（康熙）江宁府志》卷二七、《（康熙）镇江府志》卷四〇："不知何许人。自云家山西，年二十七时得病将死，遇师传导引法得生。嘉靖间去家修道。腰腹十围，虽盛暑日中不汗，严冬则凿冰而浴，所至人皆异之。有人以为二百岁，或云止五六十岁。万历初过金陵毛百户家，沐浴跌坐而化，颜色如生，盖尸解云。"

【颜笔仙】南宋时人。明·来集之《倘湖樵书》初编卷二"墨仙笔仙"条：高邮人颜姓者，少落魄。宋建炎初，鬻笔遇仙，日售笔十则止。会转运使过境见之，问曰："能饮否？"曰："可饮一斗。"饮毕，长揖而去，遗所携笔篮于中。转运命左右取而还之，尽莫能胜。凡得其笔者，剖而视之，管中必有一诗或偈，记其破损岁月及人姓氏祸福，无不验者，故号笔仙。年九十七，一日积苇庭中，坐其上，自举火焚之。人见烈焰中乘火云飞升而去。又见明·王世贞《列仙全传》卷八。◆按明·王圻《续文献通考》卷二四三有"顾笔仙"者，事与此全同。"顾"当是"颜"字之误。

【颜恶头】北朝时人。《北史·艺术传》：颜恶头，章武郡（治在今河北大城）人。妙于《易》筮。游州市观卜，有妇人负囊粟来卜，历七人，皆不中，而强索其粟。恶头尤之。卜者曰："君若能中，何不为卜？"恶头因筮之，曰："登高临下水洞洞，唯闻人声不见形。"妇人曰："妊身已七月矣，向井上汲水，忽闻胎声，故卜。"恶头曰："吉，十月三十日有一男子。"诣卜者乃惊服。恶头又语人曰："长乐王某年某月某日当为天子。"有人姓张，闻其言，数以宝物献之，豫乞东益州刺史。及期，果为天子，擢张用之。恶头自言厄在彭城。后游东都，逢彭城王尔朱仲远将伐高欢于邺，召恶头令筮。恶头不知避忌，高声言："大恶！"仲远怒其沮众，斩之。

【颜公】南宋·罗愿《新安志》卷四：休宁县南九十里有颜公山，上有湖广五亩，中多鲤鱼。昔有颜公隐此山，一旦乘风去。岁苦旱，祷辄应。

【颜回】孔子弟子，而僧徒纳之于佛教，称"月明儒童"；道士亦收入于神仙，或曰"明晨侍郎"，或曰"三天司直"，或与孔子另一弟子卜商同为鬼仙修文郎。

【颜文姜】北宋·乐史《太平寰宇记》卷一九：笼水，古名孝水。《地舆志》曰：齐有孝妇颜文姜，事姑孝养，远道取水，不以寒暑易心。感得灵泉生于室内，文姜常以绢笼盖之。姑怪其须水即得，值姜不在，私入姜室，去笼观之，水即喷涌，坏其居宅。故俗亦呼为笼水。

【颜真卿】唐代名臣，事见《唐书》本传。因其好道术，故死后传其为仙，《仙传拾遗》《续仙传》《青琐高议》《次柳氏旧闻》《戎幕闲谭》《玉堂闲话》《续博物志》等皆载其事。略云："真卿在朝，为卢杞所陷，令单车问罪李希烈。内外知公不还矣，亲族相饯于水乐坡。公谓诸姻族曰：'吾早典郡于江南，道士陶八八曾授与一刀圭碧霞丹，令服之，自后体健，至今不衰。谓我七十上有厄，如有即吉。他日待我于罗浮山，得非今日之厄乎？'公至氾水，忽逢陶，笑谓公曰：'吉吉！'遂指嵩山而去。公至汴州（今河南开封），希烈

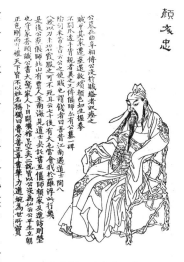

颜真卿 晚笑堂画传

僭号，使人害公于近郊。真卿将死，解金带以遣使者曰：'吾尝修道，以形全为先，吾死之后，但割吾支节血为吾吮血以给之，则吾死无所恨矣。'缢者如其言，既死，复收瘗之。及希烈败，诏得归葬偃师（今河南偃师）北山。后有商人至罗浮，忽见两道人树下围棋。一道士谓商人曰：'子何人？'对曰：'洛阳人。'道士笑曰：'奉寄一书达吾家。'立札一封，题寄偃师北山颜家。商人至偃师，询所居，即茔庄也。守冢老苍头得书大惊曰：'老太师亲翰也。'因此藏于室，子孙选吉日，发冢开棺，即已空矣。于是，子孙竞往罗浮求之，竟无迹。"按：此言授真卿仙道者为陶八八，而五代·沈汾《续仙传》则为"北山君"："真卿年十八九时卧疾百余日，医不能愈。有道士过其家，自称北山君，出丹砂粟许救之，顷刻即愈。谓之曰：'子有清简之名，已志金台，可以度世，上补仙官，不宜自沉于名宦之海。若不能摆脱尘网，去世之日可以尔之形炼神阴景，然后得道也。'复以丹一粒授之云云。"又《别传》云："真卿殁后十余年，颜氏之家自雍遣家仆往郑州征庄租回，及洛京，偶到同德寺，见鲁公衣长白衫，张盖，在佛殿上坐。仆拜欲哭，公遽止之，遂略问一二儿侄，仍遣速去：'归勿与人说。'"唐·李德裕《次柳氏旧闻·补遗》："隐士曹庸山见真卿之尸，曰：'后三十年，必飞腾而去，被羽衣行山泽间，即所谓地仙也。'"

【檐头五圣】明·钱希言《狯园》卷一二"檐头五圣"：人传五郎神常常自檐而下，或夜宿人家檐间，俗所谓檐头神者，此名檐头五圣。

【衍客】宋·潘自牧《记纂渊海》卷一〇"福建路"："衍仙山，在剑浦，衍客升仙之处。"明·王世贞《列仙全传》卷四："晋时人。避乱隐居于延平郡（治在今福建南平）之北山，结庐炼丹，丹成，举家上升。"

【偃师】《列子·汤问》：周穆王西巡狩还，未及中国，道有献工人名偃师，穆王问曰："若有何能？"偃师曰："臣唯命所试。然臣有所造，愿王先观之。"翌日，偃师谒见王，有偕来者。王问："与偕来者何人？"对曰："臣之所造能倡者。"穆王惊视之，趋步俯仰，信人也，歌则合律，舞则应节，千变万化，惟意所适。王以为实人也，与盛姬内御并观之。技将终，倡者瞬其目而招王之左右侍妾。王大怒，立欲诛偃师。偃师大慑，立剖散倡者以示王，皆傅会革、木、胶、漆、白、黑、丹、青之所为。穆王始悦而叹曰："人之巧乃可与造化者同功乎？"诏贰车载之以归。◆按：季羡林揭出，此故事乃抄自西晋竺法护所译佛经。

【掩耳道士】《太平广记》卷八六引五代·景焕《野人闲话》：利州（今四川广元）南门外，乃商贾交易之所。一旦有道士，羽衣褴褛，来于稠人中，卖葫芦子种。云："一二年间，甚有用处。每一苗只生一颗，盘地而成。"兼以白土画样于地以示人，其模甚大。逾时竟无买者，皆云："狂人不足信。"道士又以两手掩耳急走，言"风水之声何太甚耶？"巷陌孩童，竞相随而笑侮之，时呼为掩耳道士。至来年秋，嘉陵江水，一夕泛涨，漂数百家。水方渺弥，众人遥见道士在水上，坐一大瓢，出手掩耳，大叫："水声风声何太甚耶？"泛泛而去，莫知所之。

【眼光娘娘】碧霞元君配祀，主掌治疗眼病。因小儿最易发眼，故眼光娘娘亦属保生娘娘之类。

【魇鬼】千年鼠精，魇三千人后化为狸。唐·戴孚《广异记》：天宝初，邯郸县境恒有魇鬼。旷骑三人夜投村宿，媪云："不惜留住，但恐魇

眼光娘娘 天津

鬼，宜自防之。虽不能伤人，然亦小至迷闷。"骑初不畏鬼，遂留止宿。二更后，其二人前榻寐熟，一人少顷而忽觉，见一物从外入，状如鼠，黑而毛。床前著绿衫，持笏长五六寸，向睡熟者曲躬而去，其人遽魇。魇至二人，次至觉者，觉者径往把脚，鬼不动，然而体冷如冰。至曙，村人悉共诘问。鬼初不言，骑怒云："汝竟不言，我以油镬煎汝。"乃言："已是千年老鼠，若魇三千人，当转为狸。然所魇亦未尝损人，若能见释，当去此千里外。"骑乃释之，其怪遂绝。

【厌光国】晋·张华《博物志》卷二："厌光国民，光出口中，形尽似猿猴，黑色。"即《山海经·海外南经》之"厌火国"，"火"误为"光"字也。

【厌火国】《山海经·海外南经》："厌火国在其国南，兽身黑色，生火，出其口中。"郭璞注曰："言

厌火国　山海经图　蒋应镐本

能吐火。画似狝猴而黑色也。"吴任臣《广注》案："《博物志》曰'厌光国民，光出口中'《事物绀珠》云'厌光民形如猿猴，光出口中'，又云'厌虎兽，似狝猴，黑身，口出火'，即此也。《本草集解》曰'南方有厌火之民，食火之兽'，注云：'国近黑昆仑，人能食火炭。食火兽，名祸斗也。'"

【砚神】明·包衡《清赏录》卷一：砚神曰淬妃。

【晏公】长江水神。❶一说为元时人。《三教源流搜神大全》："姓晏名戌子，江西临江府清江镇（今江西清江）人。浓眉虬髯，面如黑漆。平生嫉恶如仇，为人敬惮。元初为文锦局堂长，因病归，登舟即奄然而逝。行柩未抵家，里人已见其驺导于旷野间。月余死讯方至，启棺视之，一无所有，盖尸解云。父老知为神，立庙祀之。常显灵于江河湖海，凡遇风波，祷之即安。"明·郎瑛《七修类稿》卷一二"封晏公"条："国初，江岸常崩，盖猪婆龙于下搜抉故也。以其与国同音，嫁祸于鼋。朝廷又以与元同音，下旨令捕尽，而岸崩如故。有老渔翁

晏公爷爷　三教源流搜神大全

过曰：'当以炙猪为饵以钓之。'钓之而力不能起。老渔他日又曰：'四足爬土石为力，尔当以瓮通其底，贯钓缗而下之，瓮罩其项，必用前二足推拒，从而并力掣之，则足浮而起矣。'已而果然。众曰：'此鼋也。'老渔曰：'鼋之大者能食人，即世之所谓猪婆龙。汝等可告天子，江岸可成也。'众问姓名，曰晏姓，倏而不见。后岸成，太祖曰：'昔救我于覆舟，云为晏公。'遂封其为神霄玉府晏公都督大元帅，命有司祀之。"清·赵翼《陔余丛考》卷三五引《七修类稿》并云："常州城白云渡口有晏公庙，为明太祖所封。盖徐达与张士诚战不利，太祖与十人扮商贾乘舟往援，途遇江风，舟将覆。忽有红袍者挽舟至岸，自云为晏公。及太祖定天下，有猪婆龙（即鳄鱼）毁江岸，晏公又化为老渔翁，教明祖擒猪婆龙，江岸以成。于是明太祖封晏公为平浪侯、神霄玉府晏公都督大元帅。江南民间称为'晏公爷爷'。"明·王鏊《（正德）姑苏志》卷二七："元以其阴翊海运，封平浪侯。今漕运官兵犹祈赛之。"❷又有一说，以晏公爷爷为宋时人晏敦复。敦复《宋史》有传，字景初，江西抚州人，官左司谏，退居卒。《（雍正）江西通志》云："封临淄侯，立庙于饶州府（今江西鄱阳）。"❸又有说为棕绳成精者。清·王士禛《居易录》卷二二："先十七从祖有晏公庙诗，自叙谓：本江中棕绳为怪，许旌阳以法印击之中额，遂称正神。"又见清·赵翼《檐曝杂记》卷六。此说可参见"棕三舍人""宗三爷爷""鬃三爷"诸条。❹又据明·徐渭《青藤山人路史》卷下，明时有误以晏公为唐人刘晏者。

【晏仙人】明·王世贞《列仙全传》卷九"晏仙人"条：采樵鄞江（今浙江宁波一带）山间，见一道人食桃，余半颗与之食，遂能前知人之祸福。汀人目为晏仙人。◆参见"晏真人"条。

【晏贤生】梁·陶弘景《真诰》卷一三：三国吴人，步骘外甥，徐宗度之弟子。仙后与杜契、徐宗度常居茅山。

【晏颖】北宋时宰相晏殊之季弟。北宋·王暐《道山清话》：临川（今江西抚州）人。其未生时，有仙人曹八百见其父，谓之曰："上界有真人当降汝家。"自是其家日贫。晏殊既显，晏颖亦警悟，章圣闻其名，召入禁中，令作赋，大见称赏，赐出身授奉礼郎。颖闻之，走入书室中反关不出。其家人辈破壁而入，则已蜕去。旁书一纸云："江外三千里，人间十八年。此时谁复见，一鹤上辽天。"时年十八。

【晏真人】宋元时人。明·谈迁《枣林杂俎·和集》：晏真人，名北海，晏坊人。牧牛至旗面山，遇二仙弈石下，侍阅良久，各授桃食之。后羽化，乡人立真源堂奉焉。凡蝗螟水旱，祈之有应。临江府清江县（今江西清江之西）北三十里清江镇晏成仔，宋初为文锦堂局长，因疾归，登舟即尸解。人以为神，立庙祀之，有灵异于江湖，国朝封平浪侯。按两晏公今郡县多祀，晏公或清江晏氏耶？

【雁荡老人】北宋·沈括《梦溪笔谈》卷二〇：熙宁七年，嘉兴僧道亲，号通照大师，游温州雁荡山，见一人衣布襦，行涧边，身轻若飞，履木叶而过，叶皆不动。心疑其异人，遂相与坐石上，问其氏族、闾里、年齿，皆不答。须发皓白，面色如少年。谓道亲曰："今宋朝第六帝也。更后九年，当有疾。汝可持吾药献天子。此药人臣不可服，服之有大责。宜善保守。"乃探囊出一丸，曰："龙寿丹也。"欲去，又谓道亲曰："明年岁当大疫，吴、越尤甚，汝名已在死籍。今食吾药，勉修善业，当免此患。"探囊中取一柏叶与之，道亲实时食之。南方大疫，两浙无贫富皆病，死者十有五六，道亲殊无恙。至元丰六年夏，梦老人趣之曰："时至矣，何不速诣阙献药？"梦中为雷电驱逐，惶惧而起，径诣秀州，具述本末，谒假入京，诣尚书省献之。执政亲问，以为狂人，不受其献。闻其药至今在彰善阁，当时不曾进御。◆《雁荡山志》作"木叶老人"。

【燕道人】南宋·洪迈《夷坚志补》卷一三"燕道人"条：燕道人者，静海县（在今江苏南通）人。幼入州城，被酒宿望仙桥下，恍若有遇，自是率意狂言，浪游江淮，多游池阳（今安徽贵池）。麻衣椎髻，不好修饰。后归故乡，或与之寸帛尺布，必联缀之，衣上重迭絤氅，虽盛暑不易。一日忽鲜洁若新浣，人怪而问之，曰："我前日去池州（即贵池）洗衣来也。"皆不之信。已而有客自池来，见而惊曰："此道人比在池州自濯衣，何以遽得来？"人始知其异。居累岁，再如豫章（今江西南昌），告同行者曰："某日吾当去矣。"果不疾而卒。焚其枢时觉轻，启之唯草履一双。

【燕济】东汉时人。金·王处一《西岳华山志》"三公山"条：燕济，字子微，汉明帝时人。隐于三公山石室，服术、黄精，常有白云覆其上。后辞别交友，乘云而去。

【燕昭王】战国时燕国国王，即位后设黄金台招贤纳士，国以富强，用乐毅伐齐，未下者三城。《太平广记》卷二引五代·杜光庭《仙传拾遗》："即位后好神仙之道，仙人甘需臣事之，为王述昆台登真之事，去嗜欲，撤声色，无思无为，可以致道。谷将子乘虚而至，告王曰：'西王母将降。'后一年，王母果至。自是王母三降燕宫。而昭王徇于攻取，不能守甘需澄静之旨，王母遂不复至。"晋·王嘉《拾遗记》卷四又记昭王好神仙之术，玄天二女化形来侍昭王事，见"玄天二女"条。同卷又有沐胥国术士尸罗来见昭王事，见"尸罗"条。又有谷将子与王言西王母将来游事，见"谷将子"条。

【燕真人】不知何许人，南宋·洪迈《夷坚丙志》卷一六"王屋山"条有燕真人岩。金·元好问《续夷坚志》卷四云天坛中岩有仙猫洞，世传燕真人丹成，鸡犬升仙，而猫独不去，在洞已数百年。

【yang】

【殃】即"煞"。见该条。

【殃煞】即"煞"。《太平广记》卷三一八引五代·徐铉《稽神录》："彭虎子，少壮有膂力，常谓无鬼神。母死，俗巫诫之云：'某日殃煞当还，重有所杀，宜出避之。'"见"煞"条。

【殃神】即"煞"。清·李庆辰《醉茶志怪》卷二"殃神"条：张某好私窥人室。夜至一家，茅屋逼仄，环以秫篱。闻窗中细语哝哝，似兴云雨。舐窗窥之，见床前停一尸，覆以纸衾，旁一白衣妇掩面悲泣。灯光暗而忽明，几上坐一大鬼，高几齐屋，黑面红须，状甚丑恶。左臂架苍鹰，双翼鼓动。张惊毙。及苏，天已明，狼狈而返。

【扬威侯】明·佚名《集异新抄》卷五"神驱蝗"条："戊辰七月，郡中有蝗，乡民相率祷于扬威侯之神。"按：即驱蝗神"刘猛将"也，见该条。

【扬州五司徒】南朝梁时扬州有茅、许、祝、蒋、吴五人，结为异姓兄弟，好畋猎，曾为民除虎害。梁末，陈将吴明彻攻陷寿阳，执杀梁巴陵王、寿阳守帅王琳，传其首至建康。有茅智胜等五人密送王琳之尸至北齐邺都（今河北临漳）。事见《南史》《北齐书》之《王琳传》。扬州百姓念五人德

扬州五司徒 三教源流搜神大全

义，立庙祀之。至隋炀帝时，五神显灵护驾，封司徒；唐加侯号；至南宋，加封王号：茅为灵威忠惠翊顺王，许为灵应忠利辅顺王，祝为灵助忠卫佐顺王，蒋为灵佑忠济助顺王，吴为灵勇忠烈孚顺王。史于五人中仅载茅名知胜，余四人姓名俱未载。参见《三教源流搜神大全》卷三。另参见"伏虎茅司徒"条。

【扬子江三水府】长江水神。《新五代史·吴世家》："乾贞二年正月，封马当（在江西彭泽东北）上水府宁江王，采石（今安徽当涂之北）中水府定江王，金山下水府镇江王。"《文献通考·郊社考》："三水府神者，伪唐保大中，封马当上水府为广佑宁江王，采石

扬子江三水府 水陆道场鬼神像

中水府为济远定江王，金山下水府为灵肃镇江王。大中祥符二年八月，诏改封上水府为福善安江王，中水府为顺圣平江王，下水府为昭信泰江王。令九江、太平、润州遣官祭告。"《宋史·礼志五》：

"（真宗）诏封江州马当上水府，福善安江王；太平州采石中水府，顺圣平江王；润州金山下水府，昭信泰江王。"《三教源流搜神大全》卷七作"洋子江三水府"："本朝（指明朝）俱称水府之神，水面江心，一呼即应，舟人过者，必具牲帛以祷。"◆又有称马当为"中元水府"者，不知三水府是否俱有"三元"之别。明·冯应京《月令广义·九月令》："王勃年十三，侍父宦游江左，舟次马当，见大门当道，榜曰'中元水府'，侍御狰狞。勃回，路遇老叟坐于矶，曰：'来日重九，南昌都督命客作滕王阁序，子往赋之。路七百里，吾助清风一席。'勃拜谢，问：'叟仙耶？神耶？'曰：'吾中元水府君也。'"◆按：五代·孙光宪《北梦琐言》卷七记朝官李莅自蜀往江陵（今湖北沙市），船破，莅为水神所召。事闻于朝，后遂以瞿塘为"水府"。是长江水府又不止于三，凡长江崖陡水急、舟行艰险之处，皆不妨以为水神之居而称水府也。又《新五代史·雷满传》："满尝凿深池于府中，客有过者，召宴池上，指其水曰：'蛟龙水怪皆窟于此，盖水府也。'"唐·郑还古《博异志》白幽求至海岛，海中神怪之居称"水府"，唐·裴铏《传奇》"郑德璘"条洞庭君所居称"水府"，《太平广记》卷二三二"周邯"条："此井乃龙神所处，水府灵司，岂得辄犯，"则江河湖海以至井池，凡诸神怪麇聚之处皆可称"水府"也。

【羊魅】清·李庆辰《醉茶志怪》卷二"泥魅"条：羊魅，状如小羊，长数寸，夜出水边寻食，不为人害。乃羊骨浸水多年，感天地之精气而成者也。

【羊城使者】唐·裴铏《传奇》"崔炜"条：崔炜在南海误入仙洞，中有四女，逡巡间，四女云："羊城使者至矣。"遂有一白羊自空而下，背有一丈夫，衣冠俨然，执大笔，兼封一青竹简，上有篆字，上书："广州刺史徐绅死，安南都护赵昌充替"云云。及崔回人世，果然。

【羊公修】《天地宫府图》："三十六小洞天之华盖山，为仙人羊公修所治。"其人不详，疑即"修羊公"，参见该条。

【羊祜】唐·戴孚《广异记》：唐江陵（今湖北沙市）尉薛涛，以乾元中死三日活。自言为冥吏所追，至一城，厅中一人羽卫如王者，按问毕，又问："知晋朝有羊祜否？"曰："知之！"王曰："即我是也。我昔在荆州（治在今湖北沙市），曾为刺史，卒官舍，故见君江陵之吏，增依依耳。"言讫辞出，

命所追之吏送之归舍，遂活。◆按：羊祜，《晋书》有传。

【羊权】《云笈七签》卷九七：羊权，晋简文帝时黄门郎羊欣之祖，潜修道要，耽玄味真。晋穆帝升平三年，感仙女萼绿华降其家，授以长生之术。得尸解药，隐影化形而去。

羊祜　无双谱

【羊身人面神】《山海经·西山经》："崇吾之山至于翼望之山，凡二十三山，六千七百四十四里，其神状皆羊身人面。"

羊身人面神　山海经图　汪绂本

【羊神】清·纪昀《阅微草堂笔记》卷一五："奴子王廷佑之母言：幼时家在卫河侧，一日晨起，闻两岸呼噪声。时水暴涨，疑河决，踉跄出视，则河中一羊头昂出水上，巨如五斗栲栳，急如激箭，顺流向北去，皆曰'羊神过'。余谓此蛟螭之类，首似羊也。"《埤雅》载龙有"九似"，亦称"首似牛"云。

【羊愔】五代·沈汾《续仙传》卷下：太山人，家于缙云（今浙江缙云）。明经及第，官夹江县尉，罢归，幽栖括苍山（在今浙江台州地区），常慕道术。一日与缙云观道士饮酒，忽仆地若毙。七日后醒，云为一人名灵英者引入洞府，食以青灵芝；又引见小有天王君、华阳大茅君、隐元天佐命君，咸云羊有仙骨，未能飞升，应于地上修炼。灵英送之出，乃括苍洞西门也。从此绝谷，但饮水，日食百合一升，经年后，并百合亦不食。后南行入委羽山，人莫得见。

【阳城】见"福神"条。

【阳关神】即三国蜀汉之张飞，庙在梓州（今四川三台）。《太平广记》卷三五四"王延镐"条："梓州有阳关神，即蜀车骑将军西乡侯张飞也。灵应严暴，州人敬惮之。"

【阳侯】波神。《楚辞·九章·哀郢》："凌阳侯之泛滥兮，忽翱翔之焉薄。"《汉书·扬雄传》注应劭曰："阳侯，古之诸侯也，有罪自投江，其神为大波。"《淮南子·览冥训》："武王伐纣，渡于孟津，阳侯之波，逆流而击，人马不相见。于是武王左操黄钺，右秉白旄，瞋目而撝之曰：'余任天下，谁敢害吾意者！'于是风济而波罢。"高诱注："阳侯，陵阳国侯也。其国近水，溺水而死，其神能为大波，有所伤害，因谓之阳侯之波。"清·马骕《绎史》卷三引《论语摘辅象》："伏羲六佐，阳侯为江海。"宋衷云："阳侯，伏羲之臣，盖大江之神者也。"《路史》又有"阳侯司渡"之说。

【阳平谪仙】《太平广记》卷三七引五代·杜光庭《仙传拾遗》：阳平谪仙，不言姓氏。初，九陇（今四川彭县）人张守珪，仙君山有茶园。每岁召采茶人力百余人。有一少年，自言无亲族，赁为摘茶，甚勤愿了慧。守珪怜之，以为义儿。又一女子，年二十，亦云无亲族，愿为义儿之妻。一旦山水泛溢，市井路隔，盐酪既缺，守珪甚忧之。新妇曰："此可买耳。"取钱出门十数步，置钱于树下，以杖叩树，得盐酪而归。后或有所需，但令叩树取之，无不得者。其术夫亦能之。因与邻妇十数人，于墟口市相遇，为买酒一碗，与妇饮之，皆大醉，而碗中酒不减。远近传说，人皆异之。守珪问其术受于何人。少年曰："我阳平洞中仙人耳。因有小过，谪于人间。不久当去。"旬日之间，忽失其夫妇。

【阳神】生人魂。清·鉴湖渔者《薰莸并载》卷二"摄阳神"条：邑有巫，能致生人魂魄入冥界，与亡者通问讯，曰"摄阳神"。摄，谓遣；阳神，谓生人魂，邑方言也。

【阳生】《洞仙传》：阳生者，住少室（在嵩山）西金门山，山有金罂浆，服之得道。

【阳童】刘宋·刘敬叔《异苑》卷九：永嘉（今浙江永嘉）阳童，孙权时俗师（即巫师）也。尝独乘船往建宁（今福建建瓯），泊在渚次，宵中忽有一鬼来，欲击童。童因起曰："谁敢近阳童者！"鬼即稽颡云："实不知是阳使者。"童便敕使乘船，船飞迅驶，有过猛帆。至县乃遣之。

【阳翁伯】《太平广记》卷四引五代·杜光庭《仙传拾遗》：卢龙（今河北卢龙）人，事亲孝。葬父母于无终山，山高八十里，无水，翁伯庐于墓侧，日夜号恸，感神出泉，乃引水就官道以济行人。后有行人以白石一升与之，令翁伯种之，果生白璧。一日有青童乘虚而至，引翁伯至海上，谒群仙。后北平徐氏有女，翁伯求婚，徐氏要白璧一双，翁伯则以五双为聘，遂为徐氏婿。后数年，有龙下迎，夫妇俱仙去。而翁伯所居，人谓之玉田。

【阳武四将军】南宋·洪迈《夷坚支志·甲集》卷一"阳武四将军"条：黄河之南阳武（今河南原阳）下埽，在汴京西北。金皇统中决口，发卒塞之，朝成夕溃。汴守募能潜水者探水底，一渔夫自言能潜伏水底一昼夜。遂持古剑入水，斩蛟提首而出。封爵金帛俱不受。后死，立祠于其处，请于朝，封为"四将军"，以为龙女三娘子之子，塑像立于傍，灵应甚著。◆按：此或与明清时甚著于河工之"杨四将军"有关。参看该条。

【阳主】先秦时齐地所祀"八神"之一，祭于之罘（在今山东福山），另祭阴主于三山（今山东莱州北），在之罘之西。《古今图书集成·山川典》引《福山县志》云之罘山之麓有阳主祠。是其神虽不详何指，其祠则未全毁。

【杨保宗】五代时南唐女子。清·吴任臣《十国春秋》卷三四：杨保宗，不知何许人。自幼爽秀。及笄，许聘矣，忽有感悟，遂乞为女道士。入庐山，栖于上霄峰崇善观。却粒炼形，顿忘尘念。时以丹药符箓救人疾苦。元宗闻之，特召赴阙，延入禁中，命妃嫔乐道者见之，舍金钱千万，令新其宇，仍赐观额。保宗年已老，而色如孺子。既殁，容貌如生，举棺甚轻，人以为尸解。◆《（康熙）九江府志》卷一〇作"保宗"，误。

【杨波远】《（雍正）云南通志》卷二五：相传为东汉人。唐永徽中，常骑三青牛游苍洱间。后遇迦叶波于三阳峰下，以石案供具。石广长丈许，杨以一手持之。后不知所终。

【杨伯丑】隋时人。《太平广记》卷一八引五代·杜光庭《仙传拾遗》：冯翊武乡人。好读《易》，隐于华山。开皇初隋文帝征至京师，见公卿不为礼。常披发佯狂，游行市里。亦开肆卖卜，无不中。数年复归华山。后世时有人见之。◆《隋书》《北史》均入《艺术传》，事同，唯言以寿终，无复归华山事。又云："时有张永乐者，卖卜京师，伯丑每从之游。永乐为卦有不能决者，伯丑辄为分析爻象，寻幽入微，永乐嗟服，自以为非所及也。"

【杨布袋】明时人。《（顺治）汝阳县志》卷九：不知姓名。汝阳人称为仙师。蓬头跣足，冬夏唯披一衲若布袋。嘉靖间居平舆，为人治病，唯手抚患处，扯衲败絮令吞之，病即愈。遨游虚空，顷刻百里。

【杨成】即"阳城"之误，见"福神"条。

【杨抽马】南宋·洪迈《夷坚丙志》卷三："杨望才，字希吕，蜀州江原人。儿童时所见已异，从同学借钱，预言其笥中钱数。既长，以术闻，容状丑怪，双目如鬼，所言事绝奇，蜀人目为杨抽马（原注：谓与人抽检禄马也）。晚来成都，士人问命，应时即答。每类试，必先为一诗示人，语秘不可晓，及揭榜，则魁者姓名必委曲见于诗。或全榜百余人，预书而缄之，多空缺偏旁，不成全字，等级高下，无一不合。"所载异事甚多。《夷坚三志·壬集》卷二"杨抽马卦影"条："杨抽马卦象，言人死生吉凶，贵贱寿夭，往往如神。"

【杨初】五代时人。五代·杜光庭《神仙感遇传》卷一：杨初，成都人。家富赡，居市北金银行。事亲以孝。因游葛仙观，得罗公远真容，晨夕以香灯供养。蜀王收成都，公私力困，杨初鬻产以充税，才及其半，且夕为官府追迫。忽有一村夫与之语，告以忧迫状。此人令初求生铁备炭火，在家锻之成金。临别留药，曰："此金半以备官钱，半以资家产。我青城罗真人也。"约会于青城山，令服此药，乃去。一旦初吞其药，径往青城。时还其家，亦得药与母，母已年老，发鬓变黑。

【杨道和】元时人。《（雍正）河南通志》卷七〇：上蔡（今河南上蔡）人。生而奇异，相之者云有仙骨。及长，弃俗修道，居蔡之白云洞。复遇至人授以仙诀，至元初白日冲举。后有人见之于淮上。

【杨道人】❶北宋时人。宋·张师正《括异志》卷六"杨道人"：不知何许人也，往来郢之京山县（今湖北京山）丰国范顿市中，好与小儿戏狎，虽大寒甚暑而未尝巾帻衣裳。往往逆知人中心事。有彭长官者，欲求地葬其母，以纸干之，乞数字，直书云："翻车二十五千。"既而果于翻车村得其地，以二十五贯市之。道途商贩皆云："见其死于数处矣，而形状不改。"熙宁七年，卒于范顿豪民张绛家，为买棺，埋于市侧。市民朱如玉方客京师，是日见杨来访，不交一言，后朱自京师回，白县，开其藏，惟空棺耳。❷南宋·郭彖《睽车志》卷四：成都杨道人，本坊正也，素嗜酒无行。尝于市遇异人，与之饮，凡日所得皆为饮费。久之，异人曰："能从我游乎？然子有妻子之累。"杨曰："何难。"即嫁妻，以子予人，随异人去。相将出行，是夜月明如昼，渐入水中，初则没膝，俄而至腹，及至颐，杨大呼，以水深难行。异人叹曰："惜哉，子未可往也。"恍惚间如梦觉，仍在城濠桥上。异人即赠以皮箧及一铁铛，曰："子缘未至。"乃长揖去。杨自是发狂，乍悲乍喜，语言无伦，如病心人，往往预言人休咎。学道者从之浸多。每月八日辄施贫丐者，自府治前分坐通衢两边，直抵城门，杨以铛煮粥，令其徒异以自随，以勺盛粥给丐者，仍于皮箧中取钱与之，人二十文，丐者数百人，而铛、箧常满。

【杨德祖】唐初人。见"凡八兄"条。

【杨都督】南宋·吴自牧《梦粱录》卷一四"土俗祠"条记南宋时杭州有灵应庙，其神为杨都督，与苏将军并为崇善王位下之神将。

【杨二郎】❶即"二郎神"，见"杨戬"条。❷精魅，疑亦五通之类。《太平广记》卷三四〇引唐·陈邵《通幽录》：鬼言："杨郎在养安寺塔上，与杨二郎双陆。"问："杨二郎是何人？"答："神人耳。又有木下三郎，亦在其中。"又问："小金前见车马何人？"曰："此是精魅耳。本是东邻吴家阿嫂朱氏，平生苦毒，罚作蛇身。今在天竺寺楮树中有穴，久而能变化通灵，故化作妇人。"

【杨府君】《（光绪）永嘉县志》（今浙江永嘉）卷四："姓杨名精义，唐太宗时。生十子，俱入山修道，一夕拔宅飞升，同登仙籍。"而《温州府志》则云："临海神杨氏，失其名，兄弟七人，入山修炼，后每著灵异。"按：应是一神而传说有异。参见"杨府圣王"条❷。

【杨府圣王】有二说。❶杨泗将军。见该条。❷杨精义、杨济美。仇德哉《台湾之寺庙与神明（四）》：为浙东温州一带民众信仰之地方神祇，影响远及闽北。据方志所载推论，杨府圣王应为杨姓二人之合称，或应一称杨府，一称圣王。称杨府者为唐时人杨精义，生子十人，三人入仕，七人修道于瑞安，拔宅飞升。从宦三子闻之，皆挂冠归，寻亦仙去。因屡次显灵，御灾捍患，宋时封福德应真君，清同治时加封福佑，民间简称福佑真君、杨真君，乐清等地有杨七相公庙，即其第七子。称圣王者，姓杨名济美，浙江平阳（今浙江温州平阳）人，生于宋崇宁五年，殁于元祐元年。家赀巨万，乐善好施，每遇天灾，变产赈济，活人无数，时人以菩萨称之。殁后建庙祀之，屡显奇迹。受封为杨府忠靖福佑圣王。

【杨黼】明时人。《神异典》卷二五七引《明外史》本传：云南太和（今云南大理）人。好学，五经皆读百遍。工篆籀，好释典，不应科举。缚板于桂树上，题曰桂楼，偃仰其中，歌诗自得。后入鸡足山，栖罗汉壁石窟山十数年。寿八十，子孙迎归。一日沐浴毕，与子孙别，次日即卒。既殓，人见其自外而入，大笑曰："杨黼先生今日才了事也。"《（雍正）云南通志》卷二五："自号存诚道人。卒之日，亲友之家皆见其登门作别，或又见之于安庆道中。人又称为桂楼先生。"

【杨艮】南宋时人。南宋·岳珂《桯史》卷一五：蜀有杨艮者，善议命，游东南公卿间。瞽而多知，自云知数，言颇不碌碌，其得失多以五行为主。嘉泰辛酉，时韩平原得君，权震天下，艮屏人愀然曰："是不能令终。夫年壬申，金也，申为金位，有坤土以厚之，故金之刚者莫加焉，目曰剑锋，从可知矣。"既而艮言大验。

【杨侯】清·董含《莼乡赘笔》卷下"三吴风俗"条："西关（指松江）岳庙侧有杨侯祠，其来久矣。神像狰狞可畏，相传为冥府理刑。年来造孽者众，争媚神以祈免祸，祭献者无虚日。"又董含《三冈识略》卷三"柘泽神显灵"一条言青溪（应是青浦）柘泽桥杨侯庙最灵，应与松江者为一人，参见"柘泽庙神"条。

【杨回】唐·段成式《酉阳杂俎·前集》卷一四：西王母姓杨名回，治昆仑西北隅，以丁丑日死。一曰婉妗。

【杨季雅】清初人。《（雍正）福建通志》卷六〇：仙游人。奉母孝，不娶。捐己产与族人。好读书，以箕为业，置书其上读之。后遇异人，得运气术，或旬日不食，或一食兼数日食。所言前知皆验。自号"无名氏"。及母卒，丧葬毕，一日坐化。

【杨监真】《太平广记》卷六七引唐·卢肇《逸史》：唐元和十二年，虢州湖城（今河南三门峡西）小里正吴清，妻杨氏，号监真。因头疼，乃不食。自春及夏，每静坐入定，皆数日。四月十五日夜，更焚香端坐，忽不见。十七日，县令自焚香祝请。其夜四更，牛驴惊，见墙上棘中衫子。逡巡，牛屋上见杨氏裸坐，衣服在前，肌肉极冷。扶至院，与村舍焚香声磬，至辰时方醒。称十四日午时，见仙鹤语云："洗头。"十五日沐浴，五更，有女冠二人并鹤驾五色云来，乃乘鹤去。到仙方台，见道士云："华山有同行伴五人，煎茶汤相待。"汴州姓吕，名德真；同州姓张，名仙真；益州姓马，名辨真；宋州姓王，名信真。又到海东山头树木多处，及吐番界山上，五人皆相随。却至仙方台，见仙骨，有尊师云："此杨家三代仙骨。"令礼拜。却请归云："有父在年老。"遂还。◆按：此即"杨敬真"，参见该条。

【杨戬】明代以来传为"二郎神"之名。灌县二郎神有李冰之子"灌口二郎"、隋嘉州刺史赵昱、送子张仙等诸多说法，而杨戬一说出现最晚，明·吴承恩《西游记》中有二郎神，未言其姓名，至明人许仲琳的《封神演义》，玉泉山金霞洞玉鼎真人门下有杨戬，虽为道童，但服装"似道非道，似俗非俗"，

二郎神杨戬

杨戬　封神真形图

又云其有"九转玄功，七十二变化，无穷妙道，肉身成圣，封清源妙道真君"，则分明与《西游记》中二郎神为一人。按《封神演义》惯将佛、道二教神明加以改造，半隐半露，杨戬虽未点明即"二郎神"，但并不能据此断言当时尚无杨戬即二郎神之说。◆按：杨戬本为宋徽宗朝巨阉，与童贯、梁师成辈齐名，在《水浒》中为"宣和六贼"之一，"二郎神"最后竟名为杨戬，实为大怪事，但亦事出有因。张政烺先生《〈封神演义〉漫谈》：二郎神与杨戬发生关系仅见于小说。《醒世恒言》第十三卷《勘皮靴单证二郎神》叙述宋徽宗宫内的韩夫人，因为养病下放到杨戬家中。韩病愈后到清源妙道真君二郎神庙中烧香还愿，庙官孙神通会妖法，假扮二郎神，夜夜逾墙与韩私通。此故事与南宋洪迈《夷坚支志·乙集》卷五"杨戬馆客"条相似，情节显系编造。经过南宋、金、元、流传二三百年，无论有意无意，二郎神和杨戬两个词结下不解之缘，杨戬竟成了二郎神的代名。又京剧舞台上的二郎神形象，勾脸无须，与权阉如《黄金台》伊立、《法门寺》刘瑾极为相似。所以二郎神与巨阉同名，绝非偶尔巧合。◆又，与李冰治水者

有杨磨其人，而李冰有"大郎神"之说，二郎神之姓杨，或与杨磨亦有关联。参见"杨磨"条。

【杨将军】❶清·张祥河《偶忆编》："江神杨将军，名腊，四川人。父朗，为木商，驾筏下楚江，触石鹰嘴溺死。将军由蜀走万里至楚，求尸不得，哭三日，自沉于江，两尸并出。土人感其孝，收葬两山间。唐贞观间敕封水府金甲御史。宋时有李姓者，梦神为将军。今二官庙塑神像戎服执殳，故群称将军。"❷清·姚东升《释神》："《嘉兴府志》：名字世次莫考。尝入井斩妖蜃，出化为神。按《浙江通志》梁乾化中将军守城，城陷，赴井死。其井大旱不竭。则其梁时人可知。"

【杨敬真】唐·李复言《续玄怪录》卷一：杨敬真，虢州阌乡县（今河南灵宝西）长寿乡天仙村田家女也。年十八，嫁同村王清。性沉静，不好戏笑，有暇必洒扫静室，闭门闲居。生三男一女。年二十四岁，元和十二年五月十二日夜，焚香闭户而坐。及明，家人开门视之，衣服委于床上，若蝉蜕然。至十八日夜五更，村人闻云中仙乐异香从东来，复下王家宅，房中仿佛若有人声，共扣其门，则妇宛在床矣。但觉面目光芒，有非常之色。敬真自言："十五日夜三更，有仙乐彩仗入于房中，飞起而五云捧出，彩仗前引，至于华山玉台峰。峰上有盘石，已有四女先在焉。一人云姓马，宋州人；一人姓徐，幽州人；一人姓郭，荆州人；一人姓夏，青州人。皆其夜成仙，同会于此。旁一小仙曰：'并舍虚幻，得证真仙，今当定名，宜有真字。'于是马曰信真，徐曰湛真，郭曰修真，夏曰守真。俄而复前引东去，倏然间已到蓬莱，见大仙伯茅君，饮以玉杯，赐以金简、凤文之衣、玉华之冠，配居蓬莱华院。四人者出，敬真独前曰：'王父年高，无人侍养，请回侍其残年。惟仙伯哀之。'仙伯因敕四真送至其家，故得还也。"于是遂谢绝其夫，服黄冠。廉使以闻，唐宪宗召见，舍于内殿，问道，而无以对，罢之。今在陕州，终岁不食，食时啖果实，试饮酒二三杯，绝无所食，但容色转芳嫩耳。◆按：此与"杨监真"显系一人。

【杨九娘】清·王应奎《柳南随笔》：嘉定县（今上海嘉定）东南有杨氏女，名九娘。父命夜守桔槔，为蚊所啮，至死不易其处。里人以为孝女，立庙祀之。◆参见"露筋娘娘"条。

【杨救贫】见"杨仙师"条。

【杨居士】唐·张读《宣室志》"杨居士"条：海南郡有杨居士，常至郡，会太守好奇者，闻居士

来，甚喜，每宴游，未尝不首召居士。一日使酒忤太守，太守不能容，后又会宴，阅妓乐，遂不召居士。时有数客谓居士曰："先生尝自负有奇术。今闻太守大宴客郡斋，而先生不得预其间，即不能设一奇术以动之乎？"居士笑曰："此末术耳，我为君召其妓佐酒。"居士因命具酒，使诸客环席而坐，又命小童闭西庑空室，久之乃启之。有三四美人自庑下来，装饰华焕，携乐而至。乃命列坐，奏乐且歌。时昏晦。至夜分，居士谓诸妓曰："可归矣。"于是皆起，入西庑下空室中。客相目骇叹。明日，有郡中吏曰："太守昨夕宴郡阁，妓乐列坐，无何皆仆地，瞬息暴风起，飘其乐器而去。迨至夜分，诸妓方寤，乐器亦归于旧所。太守质问众妓，皆云黑无所见，竟不穷其由。"

【杨珏】明时人。《（万历）滁州志》卷九：白鹤观道士，志行清洁。得异人传，以符水驱疫。有人失金圈，珏云："必鼠窃也。"召群鼠至，唯窃圈者留，杖而遣之，其鼠衔圈而出。尝游溧阳（今江苏溧阳）、句容（今江苏句容）间，有巨姓延诸道士建长生醮，珏入斋，衣裳褴褛，为主人所轻厌。珏曰："请为主人召鹤。请立竹。"主人立竹百竿以试之，珏咒方发，果一竿一鹤，翩跹上下。

【杨郎】刘宋·刘敬叔《异苑》卷五：剡县西乡有杨郎庙，县有人一先事，后就祭酒。侯褚求入大道，遇谯郡楼无陇，诣褚共至神舍，烧神座器服，无陇乞将一扇。经岁，无陇闻有乘马人呼"楼无陇"数四声，云："汝故不还杨明府扇耶！"言毕回骑而去，陇遂得痿病死。

【杨六】南宋·洪迈《夷坚支志·癸集》卷四"洞口先生"条：信州（今江西上饶）渔人，孑然一身，以网钓为业，日所得钱悉为酒肉之资，酒酣则鸣棹高歌，类有道者。淳熙间，有自称洞口道人者察其朴质，挽其登小舟至一仙境，授以金丹秘诀。既归，修之五年，蹑空升天。其洞口先生者，盖吕翁也。

【杨磨】南宋·王象之《舆地纪胜》引五代·杜光庭《水记》：与李冰皆为蜀川得道之士，役御鬼神，驱斥云龙，无所不能。于大皂江侧决水灌田，与龙为誓。◆据刘德馨《读〈灌口氏神考〉的商榷》引《崇庆县志·方舆》：羊马河本名羊磨河。秦守李冰之所穿也，郦道元引《益州记》言之。征诸《舆地纪胜》引杜光庭《水记》，杨磨有神术，能伏龙虎，于大皂江侧决水壅田，与龙为誓。光庭唐人，说必有本，意李守施工，磨为辅翼，江得是名，嘉厥绩

也。◆按：此杨磨或与传说中之杨二郎有关。李冰既有"大郎神"之号，则杨磨辅翼李冰治水，或为"二郎神"。

【杨魔头】明时人。《（雍正）山西通志》卷一五九：太谷人。出家资福寺，散发蓬头似风癫。洪武时晋恭王数召见，有事叩问，辄先知。能梦中出神百里外。一日侍奕，忽假寐，既觉，诘之，云："自平阳来，看刘麦，且得斋。"即出二麦穗四馒头于袖中。验之平阳，信然。寻还晋阳，莫知所终。

【杨权】宋时人。明·王世贞《列仙全传》卷九：旴江（在江西南城）人。自少颖悟不群。闻张真牧有道行，即往从之。真牧授以九返之术，曰："逢江莫行，至泥则止。"后舟次九江江沱嘴，便悟，遂结庐修炼其中。时大疫，施以符水，辄效。后作颂而解去。宋咸淳中封通慧孚惠真人。

【杨山太尉】明·冯梦龙《智囊全集》卷七《明智部·剖疑》"黄震"条按云："杨山太尉庙在苏州东城，专主人间疮疖事，六月二十四为太尉生辰，香火尤盛。"明·何栋如《梦林玄解》卷五："梦杨山太尉。兆之者主有痛疽疮疖之灾，祈之则解。如仕宦梦之，主成开渠水利之功。"

【杨生】《（雍正）山东通志》卷三〇：明时历城（今山东济南）诸生。喜谈神仙。居龙山镇，有儿夜啼，生剪纸为二月，吹上天，使二月相斗，娱儿止哭，百里内皆见之。巡抚某屡访之，生携妻子去，不知所之。

【杨四将军】河神，见"大王"条引清·薛福成《庸庵笔记》卷四"贾庄工次河神灵迹"。又作"杨泗将军"，见该条。

【杨四菩萨】见"杨泗将军"条。

【杨泗将军】清·杨凤辉《南皋笔记》卷四"江神"条："世俗礼杨四将军为江神，江之上下，舟人筏夫多崇拜之者。行舟每遇险处，亦辄虔祷之。"仇德哉《台湾之寺庙与神明（二）》："据《大清会典》，杨泗将军为河南温县人，明永乐元年六月六日生。生而灵异，未冠成神，以治水功绩在民，建庙于张秋镇。明代封为将军，清初封为总理江湖河道翼运平浪镇东侯，同治五年封为灵佑杨泗将军。并注：行四，名无考。江西德安称为杨四菩萨，以六月六日其生辰日为晒袍之日，如该日天雨，谓杨四菩萨未在一月十三日供雨给关帝磨刀，故关帝于此日亦不给杨四晒袍云。"沈平山《中国神明概论》第四章："凡滨邻河海的居民，如患病而数日不能痊愈者，即到神庙迎杨泗神像回家，请道士祭祀，

驱邪招魂。"◆按：此应即南宋·洪迈《夷坚支志·甲集》卷第二所载之"阳武四将军"，或自宋时即有。参见该条。

【杨素弟】《太平广记》卷三七引唐·卢肇《逸史》：唐建中初，楚州司马杨集自京之任，至华阴宿，夜有老人戴大帽到店，向炉就火。杨集问之，云姓杨；又问其祖先，答云与杨素最亲。杨集为杨素之侄孙，复问之。老人乃云："我乃越公之季弟，因家祸而亡命，因遇道真。"杨集乃再拜。老人曰："知汝过此，故来相看。祖母与姑数人皆在，汝欲见否？"与约次日相见。明旦入山约里余，有大洞宽数丈，老父超然跃过，回首谓杨集在此相候。少顷，有老母及诸女绕山而至，相与隔涧叹泣。明日杨集复来，深水高峰，并不见矣。◆按此与"韦集"事相类，可参看该条。

【杨燧】明时人。《（雍正）畿辅通志》卷八五：保定左卫人。得异术，祈雨遣将，无不征验。正月十六日，邀妻弟去扬州看灯，使闭目驾席，须臾而至。而遗下妻弟自归，妻弟沿路乞食，半年始还家，告以妖术害人。燧即瞑目而死，形骸臭烂。及葬，有人见其自棺走出。开坟视之，棺已空。

【杨泰明】唐时人。《仙鉴》卷三八：事父至孝，人呼杨孝子。为郭子仪幕客，子仪掌兵二十年不妄诛杀，军士爱之如父兄，皆泰明之力。出为长安令。代宗永泰元年易道士服，先隐茅山，后结庵于庐山峰顶，祷于九天使者真王，求长生之道。积十四年，感九天使者下降，授以《高上大洞经》。至宪宗元和八年乘云飞升。

【杨谭真】五代时人。《（雍正）山西通志》卷一五九：黎城（今山西黎城）人。后唐清泰改元，敕下诸州取黄冠精博者。明年春谭真诣阙，献诗五篇，赐紫绶归山。修炼二十五年，昭义节度使延至镇，祈禳有应。一夜忽不见，床上惟遗珠千粒，形似桐子，色似金星。

【杨通幽】唐时人。《太平广记》卷二〇引五代·杜光庭《仙传拾遗》：本名什伍，广汉什邡（今四川什邡）人。幼遇道士，教以檄召之术，受三皇天文，役使鬼神，无不立应，能禳水旱，致风雨，而木讷疏傲，不拘于俗。玄宗幸蜀，思念贵妃，召通幽行术，上天入地，遍加搜访。第一夜，通幽遍行九地之下，第二日，又升于九天之上，均无贵妃。第三日至九洲三岛，于蓬莱见贵妃。贵妃乃取金钗钿盒为信物。通幽归见上皇，上皇叹为真神仙，赐号通幽。问其受道之由，通幽曰："臣师为西城王君青城真人。"

【杨望才】见"杨抽马"条。

【杨维】南宋时人。《（雍正）福建通志》卷六〇：字耕常，南平人。母年五十六，未曾举子，遇异人授丹吞之，夜梦大星入怀，遂有孕生维。维七岁始能言，长而颖敏，间如疯痴。学道得三五飞升呼雷之术，驱疫祷雨皆验。宋淳佑四年逝世。有自临安来者，遇维于途，寄蒲扇布履与其姐。启棺视之，唯只履焉。赐号清隐妙济披云杨真人。

【杨翁仲】东汉·王充《论衡·实知》：广汉（今四川广汉）人，能听鸟兽之语。乘骞马之野。田间有放马者，相去鸣声相闻。翁仲谓其御曰："彼放马骂此马骞，而此马骂放马目眇。"其御不信，往视之，果为眇马。

【杨希孟】北宋时人。南宋·何薳《春渚纪闻》卷三：号醇叟，居杭州。精相术，时蔡京自翰长黜居西湖，醇叟一见，知其为二十年太平宰相，然其终则不可问矣。能驱使鬼神，取物于百里之外。

【杨羲】东晋时人，为道教上清派第二代玄师。因居茅山，又称茅山真人。《云笈七签》卷五《真系》云："杨羲于晋咸和五年生于句容（今江苏句容），攻书好学，该涉经史。与二许（许映、许穆）早结神明之交。以荐为相王公府舍人。永和初，受中黄制虎豹法，又就刘璞（魏华存夫人之长子）传灵符。兴宁间，年三十六，上相青童君、太虚真人、赤君上宰、西城王君、太元茅真人、清灵裴真人、桐柏王真人、紫阳周真人、中茅君、小茅君、范中侯、紫元夫人、南岳夫人、右英夫人、紫微夫人、九华安妃、昭灵夫人、中侯夫人等众真降授道法口诀。而其师为魏华存夫人。安妃云：'明君必高佐四辅，承制圣君，主察阴阳之和气，为吴越鬼神之君，后二十年将乘龙白日升天。'"而梁·陶弘景《真诰》卷一九《叙录》则云："兴宁二年，众仙下降，魏华存将清虚真人王褒所授上清众经传于杨羲，杨羲以隶书书之，传与许穆，许穆又传与其子许翙，即为上清派所奉之《上清大洞真经》。"故道教上清派奉魏华存为开派第一代太师，而奉杨羲为第二代玄师，许穆为第三代真师，许翙为第四代宗师。《云笈七签》卷一〇六《杨羲真人传》又云："杨羲仕晋简文帝为舍人。羲得仙后，简文帝又以羲为师，亦得道。"◆卿希泰《中国道教》"上清派"条以为《上清》诸经应为杨羲、许翙所造。青童君等之降神，即"扶乩降笔"。

【杨仙公】五代时人。清·吴任臣《十国春秋》卷五七"后蜀列传"：淄、齐间道士，莫知其年寿。时或有白头翁，往往言儿时见之。或就铁铺借铁椎自击其顶，或令人奋力击之，无所损。入山与虎豹为戏。高祖（即孟知祥）改元前一岁，来蜀，居峨嵋山。后不知所终。

【杨仙师】唐末人。仇德哉《台湾之寺庙与神明（二）》："又名杨救贫，据该庙主持说，杨仙师为唐僖宗时国师，为堪舆家祖师，得天书五本，收门生五人，名曾文迪、廖顺受、刘江东、黄廖应、赖太素，分别以五书授之，各成堪舆名家云。"作者据《直斋书录解题》考云："唐僖宗时有杨筠松，字叔茂，精堪舆之术，官至金紫光禄大夫，掌灵台地理事。后黄巢陷长安，遂断发入昆仑山。后以地理术行世，时称救贫先生。所著有《撼龙经》《墨囊经》等，为堪舆所宗。"◆《（雍正）江西通志》卷一〇六言其为宾州人。以术授曾文迪、刘江东，世称救贫仙人。◆明·王圻《稗史汇编》卷一三三"杨尚书"条："庐陵富室欧阳氏得一沉香辛天君像，奉之甚谨。一日天君降笔云：'感汝一家敬事之勤，当赐汝福。'主人言欲得吉壤安葬。答云：'问雷部杨尚书，即唐末杨筠松。'遂召筠松降笔，历示诸处，乃曰：'此地葬之，出官一斗芝麻之数。'依言窆之，今果大发，举进士者二十余人，贡例小官，不可胜计。"

【杨勋】五代时人。清·吴任臣《十国春秋》卷四七"前蜀列传"：不知其家世，自号仆射。能于空中请自然还丹，其丹立降。又能召九天玄女、后土夫人，经宿而去。后主以其妖妄，折其一足，戮之西市。毕命时，咏诗言失国事，不数岁，国果亡。

【杨宸】五代时人。《仙鉴》卷五〇：荣德（今四川荣县）人。隐居不仕，人谓之隐君。能货殖，积财至巨万。一日三分其产，一以奉老佛，一以赈贫穷，一以赒宗族，径去华山谒陈抟先生。先生授以道要，临别饵以丹，遂返其里，从此不复食。年八十而化，逾五十年，忽归，见其从子。

【杨亿】北宋时人。一说为怀玉山人转世。《宋史》本传记杨亿初诞之异，云："亿将生，其祖父梦一道士，自称怀玉山人来谒，未几亿生，有毛被体，长尺余，经月乃落。"又一说为武夷仙转世，明·朱国桢《涌幢小品》卷二五："杨亿之初生也，母章氏梦羽衣人，自言武夷仙托化，既诞，则一鹤雏也。弃之江，复追之江滨，已化为婴儿。"◆清·袁枚《随园随笔》卷二七引《章渊贽笔》："杨文公死时命家人勿哭，曰：'汝等视我气绝后顶赤者，

升天为仙；腹赤者，轮回为人；足赤者，坠落为物。'"

【杨由】东汉时术士。《后汉书·方术列传》：字哀侯，蜀郡成都人。少习《易》，并七政、元气、风云占候。为郡文学掾。时有大雀夜集于库楼上，太守廉范问由，对曰："此占郡内当有小兵。"后十余日，广柔县蛮夷反。又有风吹削哺，太守问由，对以"当有荐木实者，其色黄赤"。顷五官掾献橘数包。其言多验，卒于家。

【杨元帅】❶杨彪。《三教源流搜神大全》卷五：姓杨名彪，于汉时为廷尉，奉公守法。按盗主玩器者，帝欲杀之，彪不听；按佞幸侮官者，决以笞杀，帝欲赦之，彪亦不听。有三老犯赃，台臣以势请之，彪不顾；有故友挠法，以千金为贿，亦不

杨元帅　三教源流搜神大全

从。死后天帝命以地祇之任，其形象为手执武士，以杀为威。其职：下察五方之凶秽，幽按十二阊君之横纵，阳纠人间图圉之曲直，阴鉴海岳之魑魅。◆按：东汉末有杨彪，桓灵时历官侍中、五官中郎将、太仆、卫尉、司空司徒，即杨修之父。早年曾发宦官王甫之奸赃，而于董卓、曹操专政仅委曲求生保位而已。此杨元帅似与此有关。❷东岳属神亦有杨将军，南宋·吴自牧《梦粱录》卷一四云：广灵庙在石塘坝，奉东岳温将军。自温将军以下九神皆锡侯爵。其中杨将军封顺佑。

【杨云外】唐时人。五代·孙光宪《北梦琐言·逸文》卷一：唐乾宁中，云安县（今四川云阳）汉城宫道士，常以酒自晦，而行止异常。进士钱若愚甚敬之。一日，钱曰："神仙之事，果有之乎？"杨曰："我即其人也。"因腾跃上升至空中，良久而下。而《仙鉴》卷四五亦有杨云外，所记事迹相差甚大：字慕仙，徐州人。年方冠，白父母求为道士，父母不能夺其志。遇异人授以道，能辟谷，驯虎狼。游历洞府甚多，唐宣宗大中末始止峡抵万州

（今重庆万州区）石城山。多虎，云外朝夕坐其间。未儿，至云安之云升。能预知峡中兵乱。光启二年，过邑人袁生，告之曰："吾自白水王氏有宿负未尽偿，行当偿之。"二月，王果作难，剽云升，云外触刃而死。袁生瘗之。后有人见之于房陵。发其葬，但存短褐而已。

【杨湛然】明时人。《（康熙）苏州府志》卷七九：名茂林。有道行，书片纸可召鬼神。明永乐间赴阙做法筵，帝称曰至人。不受官，行游天下，至吴江（今江苏吴江）祷雨而应，因留崇真道院。一日蜕化，年盖约百余岁。后有自洞庭还者，以双履寄归，始知乃湛然仙。

【杨真人】❶南宋·洪迈《夷坚支志·癸集》卷三：政和初，河北有杨真人，莫知所从来。年四十许。久游赵魏，耆老或见之，六七十年颜貌不少变，故有真人之称。人与之钱不谢，径诣酒家独饮，钱尽乃止，不发一言。一日，杨殴杀一市民，而己自缢于城外。官命葬之，掘土数尺，内已有一死者，衣服容貌与杨无异，竟不能辨。后五月，蜀有客来河北，出杨真人致友人书信。❷《（雍正）山东通志》卷三〇：不知何处人，栖真于费县白云岩。金大定中白日冲举。后有人于扬州见之，寄还石像数龛。

【杨正见】唐时女子。五代·杜光庭《墉城集仙录》卷一〇："眉州通义县（今四川眉山）民杨宠之女，幼而聪悟，雅好清虚。及笄，聘于同郡王生。一日舅姑会亲故，市鱼，使正见为脍。正见不忍杀。舅姑促之，正见逃于荒野。行数十里，至蒲江县山中，见一女道士，因止焉。因食人形茯苓而白日升天，时为开元二十一年。"明·曹学佺《蜀中广记》卷七四："杨正见于开元时入蒲江长秋山修炼，垦田无水，忽见白牛语曰：'我伏地下有神水，可穿丈余得水。'正见如其言，果有涌泉。后得道上升。"

【杨卓】明·曹学佺《蜀中广记》卷七五引《万县志》：杨卓，魏文帝时人。居木枥山修炼，山有池，水色如乳，卓饮之上升。

【杨子仙】清·丘逢甲《岭云海日楼诗钞》有《题东山杨子仙庙》一首，小序云：杨子仙者，不知何许人，亦不知何姓名。仙去后，人但以当时混俗之称、呼之为杨子仙云。仙在明中叶曾晦迹镇平（镇平县，在广东）东山予族祖家为牧者，灵迹迭著，出语玄远。族祖异之。一旦，遂不知所在。邑人为立庙东山下，祷之辄应。香火甚盛。

【杨尊师】唐时人。宛委山堂本《说郛》卷一一八上引五代·杜光庭《录异记》：咸通中居吉州（今江西吉安）东山道观中。有道术，能飞符救人。观侧有三井，一出盐，一出茶，一出豉，每有所阙，师令取之，皆得食之，能疗众疾，人食之可愈疾。师得道后，井不复出物矣。

【仰山二王】龙神，祖庙在袁州宜春（今江西宜春）之仰山，名曰"二神庙"。南宋·祝穆《方舆胜览》卷一九袁州"仰山"条云："旧传二神捐地与僧人小释迦结庵于此山。"此二神应即"二王"。南宋·范成大《骖鸾录》云："由袁州往仰山，二十五里先至孚忠庙，栋宇之盛与祠山张王庙相埒。兄弟二王不血食，其神龙也。旧传二龙昔居仰山中，以其地施仰山祖师（即《传灯录》中号小释迦者），迁居于此。又云广西梧州亦有此庙，乃李金方作乱，广西岌岌，时中书舍人张安国赴镇过袁州，祷于二王，曰：如广西不被兵，当于桂林为神立行庙"云云。又，南宋时临安亦建二王行宫，南宋·潜说友《咸淳临安志》卷七三："在观桥东马军司西营。旧传本军尝遣兵将官市木于袁州分宜，值水涸，筏滞沙碛。乃祷于神，求助以巨涨，且约建行祠本军以报。既而水夜长三尺，木尽起，其人迎小像二呕返，筏已出大江矣。抵临安，遂即天王堂后为祠，以奉香火。"又引《宜春志》云："二神姓萧氏，自西汉著灵，世列祀典，至宋灵异尤著。开庆间，金人犯衡、潭，景定间又迫临、瑞，皆不能前，宜春之境赖以安堵，皆二王之功。"南宋·吴自牧《梦粱录》卷一四云："二王俱姓萧，自汉显灵，至宋，功烈尤著，锡以王爵，曰显德仁圣忠佑灵济王、福德仁圣忠卫康济王。其王祖父母以下及左右佐神，并沴、仰二祖师，凡列祠者，咸加赍焉。"◆宋·祝穆《方舆胜览》卷一九"仰山庙"条云："故老相传，昔有邑人徐潘再至大孤山，见一人称萧大分，一人称萧陆，云所居宜春仰山石桥，与同载而归。至浦东告别而去，期后至石桥相寻。后潘见二龙于此。"道藏本《搜神记》卷五有"仰山龙神"条，亦记此事，而"徐潘"作"徐璠"，是。又五代·徐铉《稽神录》卷六云："袁州城中有老父，性谨厚。一日有紫衣少年，车仆甚盛，诣其家求食。老父即延入，设食甚至。少年谓曰：'我不能为君隐，我仰山神也。'父悚然再拜，曰：'仰山日厌于祭祀，奈何求食乎？'神曰：'凡人之祀我，皆从我求福。我有力不能致者，或非其人不当受福者，我皆不敢享之。以君长者，故从君求食耳。'食讫，辞让而去，遂不见。"南宋时多有至仰山祈梦者。宋·范镇《东斋记事》"辑佚"有一条，言仰山神祠祭之盛："袁州仰山神祠，自唐以来威灵颇著，幅员千里之内，事之甚谨。柔毛之献，岁时相继，故动以数百羊为群。"◆参见南宋·洪迈《夷坚支志·甲集》卷五"汤省元"条、"龚舆梦"条、卷七"锺世若"条，《支乙》卷二"吴虎臣梦卜"条、"王茂升"条，《支戊》卷八"仰山行宫"条。

【仰山龙神】见"仰山二王"条。

【块圠子】元时人。《（雍正）浙江通志》卷一九九引《两浙名贤外录》：姓蒋氏，嘉兴人。涉猎经史，言辞简邃。蓬首垢面，动静不羁。元至正初抵松江，历市廛狂走，人呼为疯子。一夕叩沈蒲团门大呼曰：将蒲团来坐我。沈异之，导其诣蔬圃中坐地。沈忽有所悟，竟委身为弟子。由是四方崇向，争相施与，遂以其地为庵。一日语沈曰："吾乘化尽矣。"言毕而蜕。

【养皮袋】南宋时人。南宋·洪迈《夷坚三志·己集》卷六"养皮袋"条：婺州有野叟如散浪道人之状，不知姓名乡里，自称"养皮袋"。行事怪异而有预知之术，言人祸福如指诸掌。庆元元年，坐于一瓮中而逝。

【恙】宋·高承《事物纪原》卷一〇"无恙"条："《神异经》云：北方大荒中有兽食人，咋人则病，罹人则疾，名曰猲。猲，恙也。常近人村落，入人屋室，皆患之。黄帝杀之，由是北方人得无忧疾，谓之无恙。"东汉·应劭《风俗通义》"佚文"："上古之时，草居露宿，恙，噬人虫也，善食人心，人患苦之，必相问云'无恙'。"

【yao】

【妖神】宋·袁乘《墨客挥犀》卷二："湖南之俗，好事妖神，杀人以祭之。凡得儒生为上祀，僧为次，余人为下。"南宋·洪迈《夷坚支志·癸集》卷四"醴陵店主人"条亦记此，称妖鬼。又言："事鬼者岁以一人祭。如祭之不果，则事鬼者自毙。事鬼之家，悬像于堂，其鬼之眼如盏大，至欲食人，遂自画轴而下，盘旋不已，其眼进作小眼无数，其状可畏。"◆按：随地域不同，有"独脚神""狞狰神""护界五郎"诸种，见各条。

【妖星】《晋书·天文志》言妖星二十有一：一曰彗星，二曰孛星，三曰天棓，四曰天枪，五曰天

槐，六曰蚩尤旗，七曰天冲，八曰国皇，九曰昭明，十曰司危，十一曰天逸，十二曰五残，十三曰六贼，十四曰狱汉，十五曰旬始，十六曰天锋，十七曰烛星，十八曰蓬星，十九曰长庚，二十曰四填星，二十一曰地维藏光。

【姚成】明时人。《（雍正）云南通志》卷二五：临安府人。少慕神仙，不娶。遇异人饮以酒，仰观天表，若有所见，遂能言风雨阴晴及休咎之事。手持一芭蕉叶，四时皆有青色。能日行万里。后不知所在。

【姚道士】明时人。《（雍正）广西通志》卷八七：号青溪，宾州（今广西宾阳）人。明洪武二十三年于龙虎山学道，常骑虎，遇旱，祷雨如注，曾斩南宁孽龙、蛇精。后白日飞升。

【姚道真】唐时人。明·曹学佺《蜀中广记》卷七五：合州（今重庆合川）石照人。舍家得道，俗谓之姚仙。自言咸通末从吕洞宾往来，倾药十二丸授之，遂得仙。

【姚二仔】明崇祯间人。清·汪森《粤西丛载》卷一一：生不茹荤，种茱萸充腹。天旱，有司延至祷雨。姚以尺量河干，限以尺水。果大雨三日，河水涨至一尺而罢。

【姚馥】晋·王嘉《拾遗记》卷八：三国魏末，有一羌人，姓姚名馥，字世芬，充厩养马，妙解阴阳之术。时晋武帝司马炎尚为抚军大将军，府内后堂忽生草三株，时人未和何祥。姚馥曰："此草以应金德之瑞。"好读书，嗜酒，每醉时好言帝王兴亡之事。入晋，为酒泉太守，有善政，民为立生祠。

【姚光】三国时人。《洞仙传》、明·王世贞《列仙全传》卷三："不知何许人，得神丹之道，能分形散影，坐在立亡，火不能焦，刀不能伤。吴主亲试之，积柴数千束，令光

姚光　列仙图赞

坐其中，四面发火，烟焰蔽天，观者盈都下。火息，光从灰中振衣而起，神容晏如。手持一卷书，吴主读不能解。后复见于唐武德中。"《太平广记》卷七七引《广德神异录》："《金陵六朝记》曰：姚光，葛玄弟子，自言得为火仙，吴大帝积薪焚之，

光安坐火中，手阅素书一卷。"

【姚泓】十六国时后秦国主，为东晋刘裕所灭，斩于建康市中。而《太平广记》卷二九引唐·卢肇《逸史》云：太宗时，有高僧居于南岳，忽见一物绿毛覆体，人行而来，细视之，则人也。自言即后秦姚泓，刘裕所斩乃替身，身则逃窜于荒野，至于南岳，唯餐松柏之叶，遂得长生。

【姚基】明时人。宋·隐夫玉简《疑仙传》卷下：魏人。性奢侈不拘。少好道。因游洞庭，遇一道人，授以转神丹之法及烧金之术。既归魏，因炼金以大富。逾数年，道人复来，姚基与之俱去，不知所往。

【姚将军】南宋·陆游《剑南诗稿》卷七有诗，题并小序云："姚将军，靖康初以战败亡命。建炎中下诏求之，不可得。后五十年，乃从吕洞宾、刘高尚往来名山，有见之者。予感其事，作诗寄题青城山上清宫壁间，将军傥见之乎？"按：此即"姚平仲"，参见该条。

【姚俊】清·俞樾《春在堂随笔》卷七：元·刘大彬《茅山志》云：姚俊，钱塘人，为交趾太守。汉末，弃世入增城山（在今广东增城）。道成，来洞中，兼北河司命，主水官之考罚。按梁·陶弘景《真诰》卷一二：北河司命，为中茅君定录右禁郎官属，主水官考罚。此位虽隶定录，其实受事于东华宫中节度。姚俊曾居此职。

【姚平仲】明·曹学佺《蜀中广记》卷六"灌县"条："姚太尉平仲，字希晏。宋钦宗靖康初在围城中，夜率死士攻敌营，不利，骑健骡逸去。后隐青城（今四川都江堰）大面山，孝宗时有人见之于青城山观道院，年近九十，长发委地，盖已得仙云。"元·盛如梓《庶斋老学丛谈》卷中之上有"姚将军"一条，云靖康初以战败亡命，后五十年，乃从吕洞宾、刘高尚往来名山，有见之者。按：此即"姚平仲"。◆姚平仲史有其人，北宋末抗金，与李纲齐名。其劫营失利事亦史实，唯其逃逸不知下落，民间悯之，或传其仙隐。

【姚器】清·姚福均《铸鼎余闻》卷二引《光绪鄞县志》（在今浙江宁波）：庙在县北三里桃花渡。神姓姚名器，凡海艘遇飓风者，有祷皆应。元大德间都漕运万户卢荣，感神效，捐址建庙。后圮。明成化元年，神附人语，重建。嘉靖三十三年敕封显德灵征侯。

【姚坦】道教楼观派所奉先师之一。《仙鉴》卷九：玄洲真人姚坦，字符泰，平阳（今山西临汾）人。

周平王东迁后，晋襄公重修观庙，度硕儒十七人为道士。坦时年十九，以其稽古，襄公顿首称师。至其子文公，亦修钦仰。坦以烦扰，远栖幽岩。岩崩木折，惊沙飞石，大蛇绕身，坦不之惧。又有山神率群鬼擎巨石若山，以相逼迫，坦张目叱之，神鬼销形。于是有三人现形，云是正神，上帝遣来试其诚心。坦潜心修行，服松脂数十年，目有神光，开如电发。年二百一十岁，以周简王十一年五月，太素元君遣仙人下迎，授书为玄洲真人，莅于白水宫。

【姚紾】《太平寰宇记》卷九四"乌程县"（今浙江湖州）："白鹤山在县西北三十六里。《吴兴记》云：昔乌程人姚紾，化为白鹤，游于此山。"同卷"安吉县"（今浙江安吉）："五山，《括地志》云：山有五峰，昔村人姚紾尝于此采樵，忽遇仙人，及还家，因入瓮中隐身，谓家人云：'可七日勿开。'日限未至，家人开之，紾变为白鹤飞向五山。"明·彭大翼《山堂肆考》卷一七："安吉州南有五山，山有五峰。昔乡人姚紾采薪，见二人弈，观之稍久。二人曰：'汝可还家，今日为汝祥矣。'紾还家，因入瓮中隐身，谓家人曰：'可七日后开。'未至七日，家人误开，紾化为白鹤，飞上五山。"◆按《（雍正）浙江通志》卷一九九列入晋时人。

【窑神】❶古代陶瓷业所奉之行神，各地名目不一，有舜、老君、范蠡、红脸掌柜、章生一、章生二、伯灵翁、土山大王、金火圣母等。参见各条。至清代将窑神列入祀典，则为琉璃之窑，全与民间无关矣。除行业内共同供奉之行业窑神外，各窑亦自有护窑之神，唯多无名目，仅泛称"窑神"而已。其中有以龙神为护窑神者。南宋·洪迈《夷坚支志·甲集》卷二"九龙庙"条："潼州白龙谷陶人梁氏，世人陶冶为业，乃立十窑烧瓦器，唯一窑所成最善，余九所每断火，器率窳邪不正，及鬻于市，则人争售之，莫知其所以也。谷中故有白龙祠，不为乡社所敬。一日，梁氏梦龙翁来见曰：'吾有九子，今皆长立，未有攸处，分寄身于汝窑下，往往致力，阴助与汝。'梁曰：'九窑未得一好器物，何助之云！'龙叟曰：'汝一何不悟！器劣而获厚利，岂非吾儿所致耶？'梁方竦然起谢。次日呼匠治材，立新祠于旧址，设老龙正中坐，东西列九位以奉其子。"❷采煤业所奉之行神亦称窑神，俗称窑王爷、窑神爷。有男女双像者。

【窑仙】明时人。《（康熙）建昌府志》卷二一：临川（今江西抚州）人，不知名姓。常居窑中。明万历中游麻姑洞，草衣木食三月。人有叩之者，则大棒逐之。人施钱不受。后有人于庐山见之。

【殽坑君】《隶释》卷二有东汉光和四年《殽坑君神祠碑》，中云："夫中条之山者，盖华岳之体也。石堤树谷，南通商洛，以属熊耳。时有盛雨，彭濞涌溢，乘高趋下，扬波跳沫。于是殽坑以为之窦，承泻其流，北注诸渭，躅溧溢暴，使不为害。故为立祠。以报其功。"是为一天然畜水之坑，因能防涝而利于民，故人祀之为神。

【瑶姬】有二说：❶炎帝之女。《文选》宋玉《高唐赋》注引《襄阳耆旧传》："赤帝女曰瑶姬，未行（出嫁）而卒，葬于巫山之阳，故曰巫山之女。楚怀王游于高唐，昼寝，梦与神遇，自称是巫山之女，王因幸。遂为置观于巫山之南，号为朝云。"又《别赋》注引《高唐赋》瑶姬之言云："我帝之季女，名曰瑶姬，未行而亡，封于巫山之台。精魂为草，寔曰灵芝。"❷西王母之女。清·陈祥裔《蜀都碎事·艺文补遗》上卷马永卿《神女庙记》：按《禹穴记异》及杜光庭《墉城集仙录》卷三"云华夫人"条载，禹导岷江，至于瞿塘，实为上古鬼神龙蟒之宅，及禹之至，作为妖怪，风沙昼冥，迷失道路。禹乃仰空长叹，俄见神人状类天女，授禹太上先天呼召万灵玉篆之书，使其臣狂章、虞余、黄魔、大翳、庚辰、童律为禹之助。禹于是能呼吸风雷，役使鬼神，开山疏水，无不如志。禹询于童律，对曰："西王母之女也。受回风混合万景炼形飞化之道，馆治巫山。"禹至山下，躬往谒谢，亲见神人，倏忽之间，变化不测，或为轻云，或为霏雨，或为游龙，或为翔鹤，既化为石，又化为人，千状万态，不可殚述。禹疑之而问童律，对曰："上圣凝气为真，与道合体，非寓胎禀化之形，乃西华少阴之气也。"◆南宋·范成大《吴船录》卷下云："乘舟下巫峡，至神女庙，见庙中石刻引《墉城记》（按当指《墉城集仙录》）曰：瑶姬，西王母之女，称云华夫人，助禹驱鬼神，斩石疏波，有功见纪，今封妙用真人。从祀有白马将军，俗传所驱之神也。"南宋·陆游《入蜀记》卷四："巫山凝真观妙用真人祠，真人即世所云巫山神女也。"

【瑶水天神】《山海经》中异兽。《山海经·西山经》："爰有淫〔瑶〕水，其清洛洛。有天神焉，其状如牛而八足二首，马尾，其音如勃皇，见则其邑有兵。"郝懿行《笺疏》："'洛洛'本作'落落'，'淫'本作'瑶'，皆假借声类之字。'瑶水'即'瑶池'。"

瑶水天神　山海经图　汪绂本

【要册大王】宋·高承《事物纪原》卷七"显圣王"条："庙在宁州真宁县，即要册湫也。汉祠官所领，唐乾符中封神为应圣侯，光化二年封普济王。宋朝太宗在晋邸，有神告之，应太平兴国二年七月四日封显圣王。按张绪《续锦里耆旧传》曰：太宗尹天府，登极前，有邠州客打军巡。引见问争由，曰：'争说要册大王。'上曰：'有侵伤不均，吾为平之，若争要册大王，外边商量。'此盖神告之事耳。"

【药鬼】即蛊鬼。清·屈大均《广东新语》卷二四：下蛊皆出于僮妇。蛊有鬼，名曰药鬼。药鬼之所附僮妇，皆不得自由，代代相传，必使其蛊不绝。

【药葫芦道人】明初人。《（康熙）苏州府志》卷七九：不知姓名，卖药于吴市，人有求，则从葫芦中倾出，饮无不愈者。或倾不出，则曰无救。明成祖病于漠北，乘传召之，未至而成祖崩。后道人亦不知所之。

【药师佛】又作药师如来、药师琉璃光如来、大医王佛。为东方净琉璃世界之教主。此佛于过去世行菩萨道时，发十二大愿，愿为众生解除疾苦，使具足诸根，导入解脱，故依此愿而成佛，住净琉璃世界，其国土庄严如极乐国。其十二大愿之第七愿，愿成佛时，若诸有情，众病逼切，无救无归，无医无药，无亲无家，贫穷多苦，一闻其名号，众病悉除，身心安乐，家属资具，悉皆丰足。及至成佛，所以称为药师。又第二愿，愿成佛时，身如琉璃，内外明彻，净无瑕秽，光明广大，过于日月，所以称为琉璃光。

【药兽】宛委山堂本《说郛》卷三一下引陈芬《芸窗私志》：神农时，白民进药兽。人有疾病，则拊其兽，授之语，语如白民所传，不知何语。语已，兽辄如野外，衔一草归，捣汁服之，即愈。后黄帝命风后纪其何草，起何疾，久之如方悉验。古传黄帝尝百草，非也。故虞卿曰：黄帝师药兽而知医。

【药王】据清·李调元《新搜神记·神考》：药王有三。其一为扁鹊，其一为唐孙思邈，其一为药王韦慈藏。三人并见各条。此外民间传为药王者又有数说：❶以医王三皇兼为药王者。明·刘侗《帝京景物略》卷三"药王庙"条："天坛之北药王庙，庙祀伏羲、神农、黄帝，而秦汉来名医侍。伏羲尝草治砭，以制民疾；神农磨蜃鞭茇，尝草木而正名之；黄帝咨于歧雷而《内经》作。左次孙思邈，曾医

药王韦真人 民间神像

龙子，出《千金方》于龙藏者。右次韦慈藏，左将一丸，右蹲黑犬，人称药王也。侧十名医，三皇时之岐伯、雷公，秦之扁鹊，汉之淳于意、张仲景，魏之华陀，晋之王叔和、皇甫谧、葛洪，唐之李景和，盖儒道服不一矣。"❷以韦善俊为药王者。清·俞樾《茶香室丛钞》卷一五："按《列仙传》（此指明·王世贞《列仙全传》）：韦善俊，唐武后朝京兆（治在今陕西西安）人，长斋奉道法，尝携黑犬，名乌龙。世俗谓为药王云。"详见"韦善俊"条。❸以韦老师为药王者。《仙鉴》卷四三："韦古，字老师，疏勒国人。唐玄宗时入中国，每施药饵以救人疾疹，行莫不愈。玄宗重之，敬称药王。"❹以韦古道为药王者。沈汾《续神仙传》云："药王姓韦名古道，号归藏，西域天竺人。开元二十五年入京师，纱巾毳袍，杖履而行，腰系葫芦数十枚，广施药饵，病人多效。帝召入宫，图其形，赐号药王。"以上"三韦"似为道教所倡之药王而流传于民间者。韦善俊、韦古道名字不同，生地不同，然事迹年代皆相仿，疑即一事而讹传为二者。韦慈藏于正史有传，似亦为唐初医术高明者，然并未以医术行世，不知何以祀为药王。❺河北安国又奉东汉元励云台二十八将之邪彤为药王，见该条。◆清·顾禄《清嘉录》卷四：四月二十八日为药王生日。

【药王菩萨】清·施鸿保《闽杂记》卷五："福州于山有药王菩萨庙，或以为即扁鹊，故亦称卢医庙。"清·姚福均《铸鼎余闻》卷四："予按《天中记》引《唐本草序》：'药王菩萨姓韦，名古道，字老师，疏勒国得道人也。常身被毳袍，腰悬数十葫芦，头戴纱巾，手持藜杖，往来城野，以一黑犬自随。开元中疾疠盛行，医治辄效，朝野崇敬，称为

药王菩萨，或传其年已五百余矣。'又引《神仙传》言：'自尧舜至唐，凡五度化身救世，其后黑犬化为黑龙，负以升天。今庙中像有二，在上者草衣卉服，跣足科头，

药王菩萨 药上菩萨 山西繁峙寺

腰间亦悬葫芦。在下者，巾服如汉唐人。或谓在下者即扁鹊，在上者乃神农也。恐非。当时建庙，既称药王菩萨，当即前二书所云者，惟异其巾袍，故误耳。'"◆按：神医而称菩萨，盖因佛教中本有"药王"一名，如《维摩诘经》"佛告天帝：过去无量阿僧祇劫，时世有佛，号曰药王如来"；而佛经又有《药师如来本愿经》《观药王、药上二菩萨经》。此为佛教信仰之药王，即药师佛，参见"药师佛"条。

【ye】

【椰冠道人】明·钱希言《狯园》卷一：万历中，苏州城东陆氏子，年十四，与客游石湖之治平寺，遇一椰冠道人，取葫芦中药丸一粒，投其口中。陆子既归，遂不思火食，惟啖果饮水而已。三年后，有丐者跛而过其门，患疮遍体。陆氏子呵之出，丐者笑曰："不记三年前相会时否？"陆子方识为道人。既入，丐请以浴，陆子急捧盆具汤请浴。既出，体如凝脂，无复疮瘢。道人请陆子从之游，家人恳求，乃怅然别去。后十年，陆子贾于燕京，遇道人于酒肆，追逐而去，遂不复还。

【冶明期】三国魏时人。见"张礼正"条。《仙鉴》卷一二作"始明期"。

【冶鸟】晋·张华《博物志》卷三、晋·干宝《搜神记》卷一二：越地深山中有鸟，大如鸠，青色，名曰"冶鸟"，穿大树，作巢，如五六升器，户口径数寸；周饰以土垩，赤白相分，状如射侯。伐木者见此树，即避之去；或夜冥不见鸟，鸟亦知人不见，便鸣唤曰："咄咄上去，明日便宜，急上树去。咄咄下去，明日便宜，急下树去。"若使去，但言笑而不已者，人可止伐也。若有秽恶，乃犯其树者，则虎通夕来守，人不知者即害人。此鸟白日见

其形，鸟也；夜听其鸣，人也。时欢乐，便作人悲喜，形长三尺。洞中取石蟹，就人火间炙之，不可犯也。越人谓此鸟为越祝之祖。

【噎】《山海经·大荒西经》：下地是生噎，处于西极，以行日月星辰之行次。郭璞注：言察日月星辰，依之度数次舍。《山海经·海内经》：共工生后土，后土生噎鸣。噎鸣生岁十有二。袁

噎　山海经图　汪绂本

珂校注：噎即此噎鸣，盖时间之神。郭世谦《山海经考释》认为，噎鸣"生十有二岁"，则反映了祝融部落首先创造了以"岁"纪年，十二年为一周期的古历法。

【野】唐·释道世《法苑珠林》卷五八引《白泽图》："故门之精名曰野，状如侏儒，见之则拜，以其名呼之，宜饮食。"

【野叉】即"夜叉"。见该条。

【野婆】南宋·周密《齐东野语》卷七：邕宜以西有兽名野婆，黄发椎髻，跣足裸形，俨然一媪。上下山谷如飞猱，自腰以下有皮累垂盖膝若犊鼻，力敌数壮夫。喜盗人子女。人家知为所窃，则聚邻里大骂。野婆不胜其骂，则挟而还之。其群皆雌，每负男子去求偶。尝为仆夫设挤之大壑中，集众刺之，至死手护腰间，剖之得印方寸，莹若碧玉，字类符箓，自然之文，盖不可识，莫知其何用。

【野仲、游光】《文选》张衡《东京赋》："殪野仲而歼游光。"薛综注：野仲、游光，恶鬼也，兄弟八人，常在人间作怪害。东汉·应劭《风俗通义·佚文》：夏至著五彩，辟兵，题曰游光。游光，厉鬼也，知其名者无温疾。又永建中，京师大疫，云厉鬼字野重、游光。亦但流言，无指见之者。其后岁岁有病，人情愁怖，复增之，冀以脱祸。《后汉书·马融传》："捎罔两，拂游光。"注：游光，神也，兄弟八人。参见"游光"及"二八神"条。

【叶藏质】唐时人。南宋·陈耆卿《赤城志》卷三五、《天台县志》：字函象，括苍（在今浙江台州地区）人。咸通初创道斋于天台玉霄峰，号石门山居。精符箓，常为人除祟。一日召其友告以行日，

及期而化。《（雍正）处州府志》卷一三云懿宗屡召而不赴。《云笈七签》卷一一三载其以符箓为人除祟斩妖事。◆《仙鉴》卷四〇：字含象。处州松阳（今浙江丽水西）人。叶法善之裔，冯惟良之徒。化时年七十四。

【叶昌龄】明时人。《（雍正）浙江通志》卷二〇一引《永嘉县志》（今浙江永嘉）：幼机警，为一叟引入岩洞中，教以正一五雷之法。正德间郡大旱，登坛祷雨，以墨笔于纸上作一圈，旁点乱点如雨。已而掷笔空中，俄见白气上冲，雷电交作，城中仅飞洒而四郊大沛。

【叶法善】唐时人。《太平广记》卷二六引唐·薛用弱《集异记》、五代·杜光庭《仙传拾遗》：叶法善，字道元，年七岁，溺于江中，三年而还，自言青童引朝太上，太上留之。归即有役使之术。有巨石当路，师投符起石，须臾飞去，路乃平坦。自是诛荡精怪，扫祓凶妖，所在经行，以救人为志。师青城山赵元阳，受遁甲。与嵩阳韦善俊传八史，东入蒙山，神人授书。

叶法善　列仙酒牌

诣嵩山，神仙授剑。则天时征至神都，请于诸名岳投奠龙璧。中宗时，为武三思所忌，窜于南海。岁余，入洪州（今江西南昌）西山，养神修道。景龙四年八月，诏征入京。玄宗承祚继统，师于上京佐佑圣主，凡吉凶动静，必予奏闻。先天二年授银青光禄大夫、鸿胪卿、越国公、景龙观主。开元初，正月望夜，玄宗召师观灯，师令玄宗闭目距跃，俄顷已至凉州，观灯尽兴，复闭目腾空，顷之已在楼下，而歌舞之曲未终。又尝因八月望夜，师与玄宗

游月宫，聆月中天乐。其余又有追岳神，致风雨，烹龙肉，祛妖伪，灵效之事。◆其携玄宗观灯凉州事，又见《太平广记》卷七七引《广德神异录》、唐·蒋防《幻戏志》，而唐·牛僧孺《玄怪录》卷三则记为观灯于扬州。事迹又见《唐书·方伎传》、唐·张鷟《朝野佥载》卷三、唐·郑綮《开天传信记》、唐·戴孚《广异记》"洛阳妇人"条、五代·王仁裕《开元天宝遗事》卷一、《太平广记》卷四四八引《纪闻》、卷七二引唐·皇甫氏《原化记》、宋·邓牧《洞霄图志》卷五、《仙鉴》卷三九等。◆又《广记》卷二六记叶法善与龙王故事，颇与孙思邈故事相类：师居四明（四明山，在浙江奉化）之下。忽于五月一日，有老叟诣门，号泣求救，曰："某东海龙也。有婆罗门逞其幻法，住于海峰，其法将成，海水如云，卷在天半，五月五日，海将竭矣。统天镇海之宝，必为幻僧所取。五日午时，乞赐丹符垂救。"至期，师敕丹符，飞往救之，海水复旧。其僧愧恨，赴海而死。参见"孙思邈""叶静"条。

【叶侯】清·清凉道人《听雨轩笔记》卷二：德清城溪东有保济侯祠，祀宋戴继元，载在祀典。旁有偶坐者二人，曰叶侯、柳侯。叶侯之名与世代及所以得祀之故均不可考，惟新市里巫神祝文中有所谓德清叶小伤者，岂其人与？

【叶简】五代时人。五代·于狄《闻奇录》：剡（今浙江嵊州）人。善卜筮。凡有盗贼，皆知其名。有农夫失牛，卜之曰："占失牛，已被边家载上州。欲知贼姓一斤求，欲知贼名十千头。"乃邻人丘甲耳。北宋·佚名《丁晋公谈录》、明·田汝成《西湖游览志余》卷一九：钱镠左右算术医流无非名士，有叶简、李咸者善卜筮。一日，有旋风自东南来，钱镠召叶简问之，曰："无妨，此淮帅杨渥已毙，当早遣吊祭使去耳。"已而果然。

【叶静】《（雍正）浙江通志》卷一九九引《成化四明郡志》："有道术，尝讲经虚白观，忽有南海龙化为一叟，诉云：胡僧咒力甚大，欲竭南海。静乃书符，遣门人持往海上救之，海水复还。初，观在原上，无井，老龙遂穿一井以报。"按：此在《太平广记》卷二六引《集异记》、《仙传拾遗》作叶法善事，而唐·牛僧孺《玄怪录》则作叶静能事。此叶静者，当因叶静能而误也。又按：明·王世贞《列仙全传》卷五"鄺去奢"条，亦改五代·沈汾《续仙传》文中之叶静能为叶静。

【叶静能】唐·李冗《独异志》卷下："道士叶静能，多知解，玄宗问：'张果老何人？'静能答曰：'臣即知之。然臣言讫即死，臣不敢言。若陛下免冠跣足救臣，臣即能活。'帝许之。静能曰：'此混沌初分白蝙蝠精。'言讫，七窍血流，偃仆于地。玄宗遽往，果老徐曰：'此小儿多口过，不谪之，败天地间事耳。'帝哀恳久之，果老以水噀其面，复生。"《太平广记》卷七二引唐·薛渔思《河东记》："唐汝阳王好饮，终日不乱。叶静能常过焉，王强之酒，不可，曰：'某有一生徒，酒量可为王饮客矣。明日使谒王。'明旦，果有投刺者，自称'道士常持蒲'，长二尺。既坐，谈三皇五帝、历代兴亡、天时人事、传子史，历历如指诸掌。王令左右行酒。已数巡，持蒲以巨觥取而饮之。忽倒，视之，则一大酒榼，受五斗焉。"按：此与叶法善以"麴处士"见张说事相类。◆按：《太平广记》卷二六引《集异记》及《仙传拾遗》："叶法善之叔祖名靖能，颇有神术，高宗时，入直翰林，为国子祭酒。武后监国，南迁而终。"而唐·赵璘《因话录》卷五则言叶静能为唐中宗时人，坐妖妄伏法。颇疑叶静能即叶法善之叔祖叶靖能，中宗时本已伏法，而唐·薛用弱撰《集异记》，复将其事附于叶法善，遂致二人传说多有相混者。唐·牛僧孺《玄怪录》卷三有"叶天师"一条，言叶静能讲道于明州奉化兴唐观，观南小海中老龙化为老父，言为胡僧所禁，海水将枯，求静能相救。于是静能与胡僧斗法而胜之，老龙遂为静能门人。此故事又见于《太平广记》卷二六"叶法善"条，注出《集异记》及《仙传拾遗》，可见二人事迹多有相重者。

【叶炼师】北宋时女子。南宋·周密《鸡肋编》卷下：婺州义乌县（今浙江义乌）菩蕾村田家女，随嫂浣纱于溪，见二巨桃流水上，叶啖之。归遂绝粒，性通慧。初不识字，从此能操笔。宋徽宗闻之，引入禁中，赐号"炼师"。◆按：此事与"何仙姑"同。

【叶林】元·陆友《研北杂志》卷下：叶林，字去文，钱塘人。与邓牧隐大涤山。或数日不食，或一食兼人。清夜放游则不避虎犬，白昼危坐则客至不起。所为文章多世外语。某年冬，叶忽驰书别亲友，云将它往，且诣邓言别。至明年年五十九，端坐而逝。后十余日，邓知叶已仙去，叹曰："叶君出处与我同，奈何绐我言别？吾亦当长往耳。"乃述叶墓志，又于灯下取其文集，读毕而终。◆又见元·吾丘衍《闲居录》。

【叶镠】明末得道者。《（康熙）福建通志》卷五一：字叔粹，号笋冠道人。本广信人，为贡生，遭乱弃家，以诗画游。丁巳年飘然不知所之，启其户，有留札曰："时日已至，吾水解之。"人泛舟寻之，见其拱立水中，不欹不侧。众火化其尸，藏骨于狮峰塔。

【叶梅卿】《(雍正)浙江通志》卷二〇一引《严陵志》、《(万历)续修严州府志》卷一八：寿昌(今浙江建德南)人。明《春秋》，通史传。宋理宗时任抚属舍人，后弃官家居，习修炼导养之法。有异术，能存神谒天帝与诸神将。六十七岁作偈而终。葬时棺甚轻，启视之，唯衣服存焉。

【叶千韶】唐末人。五代·沈汾《续仙传》卷中："叶千韶，字鲁聪。洪州建昌(今江西永修)人。少师事西山道士，学十二真君道术，辟谷服气。尝独居，忽大风雨雷电，有朱衣神降，从吏执簿籍，谓曰：'天命授君此簿，神将吏兵，幸备役使，以救世人。'千韶拜受，视之若人间兵籍。吏掌其簿，召则应命。后自长啸则风生林壑，噀水则雨流原野，足擦地则雷鸣，手画空则电起。乃游行天下，每佯狂醉傲于城市间，祈雨驱邪无不应。唐懿宗咸通十一年游濠州，刺史刘昉素好道，忽中风不治，垂死，叶为愈之。后隐于西山，时有人见之。"五代·杜光庭《神仙感遇传》卷一则作"叶迁韶"，见该条。

【叶迁韶】五代·杜光庭《神仙感遇传》卷一：信州(今江西上饶)人。幼年樵采，见雷公为树枝所夹，不得飞起，救之。雷公授以墨篆一卷，曰："行之可以致雷雨，祛疾苦，立功救人。我兄弟五人，要雷声可唤大雷二雷，必即相应。唯雷五性刚，无危急之事切勿唤之。"从此行符致雨，咸有殊效。其迹多在江浙之间。好荤腥，不修道，后不知所之。◆《(雍正)江西通志》卷一〇五亦有叶迁韶，云为建昌(今江西永修)人，字鲁隐。少隐于庐山学道，辟谷服气。忽有一白衣人传以秘术，后即能致风雨、救人疾病。按此即"叶千韶"，参见该条。

【叶限】唐·段成式《酉阳杂俎·续集》卷一：南人相传，秦汉前有洞主吴氏，娶两妻。一妻卒，有女名叶限，少惠，善淘金。父卒，为后母所苦，常令樵险汲深。叶限尝得一鱼二寸余，颊鳍金目，遂养于盆。日日长，乃养于池中。女每至池，鱼必露首。后母知之，因诈女，为更新衣，令汲于他泉，而自衣其弊衣，至池，鱼即出首，因斫杀之。鱼已长丈余，膳其肉，而藏其骨于郁栖之下。次日女至池，不复见鱼，乃哭于野。忽有人被发粗衣，自天而降，告女曰："尔母杀鱼，骨在粪下。尔归，可取鱼骨藏于室，有所须，当祈之。"女用其言，金玑玉食，随欲而具。及洞节，母往，令女守庭。女伺母行远，乃衣翠纺上衣，蹑金履，亦前往。至节所，为母所生女认出，女觉，遽返，遂遗一履，为洞人所得。其洞邻海岛，岛中有国名陀汗，兵强，王数十岛。洞人货其履于陀汗国，国王得之，令国中妇人履之，即足最小者亦差一寸，举国无一称者。后察至洞，唯叶限能履，于是衣物翠纺衣，著金履，色若天人。王于是载叶限及鱼骨回国，以叶限为上妇。而其母及女为飞石击死。◆按：周作人揭出，此为中国版之"辛德莱拉"(即"灰姑娘")。

【叶元】明时人。《(雍正)浙江通志》卷一九七引《绍兴府志》：新昌(今浙江新昌)人。幼时溺于水，见一赤面长须人救之不死，自是遂通符咒，谙五雷祈雨法。成化间为郡祈雨有验。又能除妖。后不知所终。

【叶真君】《(康熙)江西通志》卷二四：贵溪王宗岭有叶真君祠，后改筑于青山之阳。真君能致风云雷雨，役鬼神。事唐玄宗，拜鸿胪卿，封越国公，后为神。宋崇宁间赐号真君。

【夜叉】佛经中恶鬼，或作"野叉"，行动迅捷，能飞，能土遁。有为诸天收伏者，即"夜叉大将"及所率夜叉众，多见于水陆画，而民间传说中的夜叉则仍为害人恶鬼。夜叉之状甚可怖：唐·张读《宣室志》"杨慎矜"条杨慎矜家见夜叉，"长丈余，状极异，火吻电眸"，又"朱岘女"条云"赤发蓬然，两目如电，四牙若锋刃之状"。有夜叉生于人胎者，南宋·洪迈《夷坚丙志》卷一六"余杭三夜叉"条："乾道五年，余杭县(今浙江杭州西)人余某妻产子，青面毛身，两肉角，狞恶可怖。未几，同邑文氏妇生子与前类，而两面相向。已而一圊人妻复生一物，亦然。"明·田艺蘅《留青日札》卷三"飞天夜叉"条："正德间，杭州吴景隆妻生一夜叉，青面无发，头有双角，生屋而走，用布囊百计擒之捶死。嘉靖十六年上虞(今浙江上虞)一妇生一子，离腹时将稳婆手指啮伤而奔走，不知去何所，至夜，俟母睡熟，由壁隙进饮母乳。凡数月，后见于阴沟中，以刀杖击杀。"有夜叉而为人妻妾者，《宣室志》"江南吴生"条："吴生娶妾刘氏，初尚柔婉，数年后忽犷烈自持，竟能生食狐兔，吴生急召吏卒十数辈持兵杖入，刘氏见吴生来，尽去襦袖，挺然立庭中，一夜叉尔，目若电光，齿如戟刃，筋骨盘蹙，身尽青色。"又有夜叉至死方现其形者，南宋·王明清《投辖录》言："北宋末有朝士张子能，娶妻宗氏，宗常轻其夫，故不甚和谐。未久，宗病将死，自云为某处神，以过罚为人妻，并嘱张死后不得揭视其面，不得再娶，否则将有奇祸。宗寻死，张揭视，见如所画夜叉。"《夷坚甲志》卷二"张夫人"条："张子能夫人郑氏，美而艳，以疾殂，临终云：'我死当有变相，宜置空室，勿令一人守视。'张不忍从，犹置一老妪设榻其旁。至夜半，尸自揭面帛，现夜叉相。"◆其最可怖者为"飞天夜叉"，见该条。

【夜叉国】唐·段成式《酉阳杂俎·前集》卷四："苏都识匿国有野叉城，城旧有野叉，其窟见在。人近窟住者五百余家，窟口作舍，设关钥，一年再祭。人有逼窟口，烟气出，先触者死，因以尸掷窟中。其窟不知深浅。"唐·刘恂《岭表录异》卷下："陵州刺史周遇尝云，顷年自青杜之海，归闽，遭恶风，飘五日夜，不知行几千里也，凡历六国。有狗国、毛人国。又到野叉国，船抵暗石而损，有数人同入深林采野蔬，忽为野叉所逐，一人被擒。余人惊走。回顾，见数辈野叉，同食所得之人，同舟者惊怖无计。顷刻，有百余野叉，皆赤发裸形，呀口怒目而至。有执木枪者。有雌雄挟子者。篙工贾客五十余人，遂齐将弓弩枪剑以敌之，果射倒二野叉，即舁拽而遁。"清·蒲松龄《聊斋志异》卷三有《夜叉国》一篇，略云："交州徐姓，泛海为贾，忽被大风吹去至一处，深山苍莽。缆船而登，负粮腊焉。方入，见两崖皆洞口，密如蜂房，内隐有人声。至洞外伫足一窥，中有夜叉二，牙森列戟，目闪双灯，爪劈生鹿而食。惊散魂魄，急欲奔下，则夜叉已顾见之，辍食执入。二物相语，如鸟兽鸣，争裂徐衣，似欲啖噉。徐大惧，取囊中粮糒，并牛脯进之。分啖甚美。"◆按：以上诸篇虽云夜叉国，而其物皆类于野人，而非恶鬼之夜叉也。

【夜察神】清·李庆辰《醉茶志怪》卷四"控鬼"条：介休（今山西介休）某生，夜自邻村归，见垄畔卧一大鬼，身长盈寻，青面赤须，貌极狞恶。生乃抽笔作词，焚于城隍神前，略云："人鬼殊途，阴阳有界，鬼宜退藏于密。今当道陈，惊恐路人，贻患甚巨"云云。次日复经其处，见大鬼长跪，哀曰："吾夜察神也。偶因贪杯，狼狈醉眠，冒犯文旌。昨被控城隍，将达天庭，罚必不免。望先生格外作词开释，感德无穷矣。"◆按：此即"夜游神"。参见该条。

【夜星子】清·闲斋氏《夜谭随录》卷二"夜星子"二则之一本于《子不语》：京师某宦家，其祖留一妾，年九十余，甚老耄，居后房，上下呼为老姨。日坐炕头，不言不笑，不能动履，形似饥鹰而健饭，无疾病。尝畜一猫，与相守不离，寝食共之。宦一幼子尚在襁褓，夜夜啼号，至晓方辍，匝月不愈，患之。俗传小儿夜啼谓之夜星子，即有能捉之者。于是延捉者至家，礼待甚厚，捉者一半老妇人耳。是夕就小儿旁设桑弧桃矢，长大不过五寸，矢上系素丝数丈，理其端于无名之指而拈之。至夜半月色上窗，儿啼渐作，顷之隐隐见窗纸有影倏进倏却，仿佛一妇人，长六七寸，操戈骑马而行。捉者摆手低语曰，'夜星子来矣来矣！'亟弯弓射之，中肩，唧唧有声，弃戈返驰，捉者起急引丝率众逐之。拾其戈观之，一搓线小竹签也。迹至后房，其丝竟入门隙，群呼老姨，不应，因共排闼燃烛入室，遍觅无所见。搜索久之，忽一小婢惊指曰，'老姨中箭矣！'众视之，果见小矢钉老姨肩上，呻吟不已，而所畜猫犹在胯下也，咸大错愕，亟为拔矢，血流不止。捉者命扑杀其猫，小儿因不复夜啼，老姨亦由此得病，数日亦死。"后有兰岩评语云："怪出于老姨，诚不知其何为，想系猫之所为，老姨龙钟为其所使耳。卒乃中箭而亡，不亦冤乎。"（清·袁枚《子不语》卷二三"夜星子"条大致同此而略有删减）又二云："某一亲戚家有小儿夜啼，越两月不愈。有老妪识为夜星子，自云能捉，问所需，无难办者。惟用木作方笼，四面糊白纸，置灶上，灶窟内设油灯一盏燃之，光射纸上。俟小儿啼作，即灶前覆一粗磁碗，碗上横置一菜刀，踞小凳面灶门而坐，家人悉令回避，童男稚女则弗禁。时隆君年甫十二三，立妪身后观焉。妪一手叩刀，哝哝不解作何语。食顷，灯骤暗，纸上隐隐见黑影往来闪烁不定，或人或马或猫犬，悉仿佛其形。妪诅咒愈急，灯愈暗，黑影往来其伙。最后一影色暗黪，映纸独真，止而不动，形颇似槊。妪急举刀背力碎覆碗，砉然一声，灶中灯忽大明，黑影印纸上不灭，如淡墨所染。妪举笼以火焚之，儿啼顿止。"

【夜行游女】唐·段成式《酉阳杂俎·前集》卷一六："夜行游女，一曰天帝女，一名钓星。夜飞昼隐如鬼神，夜毛为飞鸟，脱毛为妇人。无子，喜取人子，胸前有乳。凡人饴小儿不可露处，小儿衣亦不可露晒，毛落衣中，当为鸟祟，或以血点其衣为志。或言产死者所化。"又见明·叶子奇《草木子》

卷四。◆即"姑获鸟"。详见该条。◆破额山人《夜航船》作"夜行娘子"。

【夜游神】《山海经·海外南经》："有神人二八，连臂，为帝司夜于此野。"杨慎《补注》："南中夷方或有之，夜行逢之，土人谓之夜游神，亦不怪也。"按《山海经》未必如杨慎所述，然可见明时民间已有此传说。《封神演义》所封三百六十五神中亦有日游神、夜游神。至清代，小说中屡见言及。清·李庆辰《醉茶志怪》卷四"夜游神"条："夜游神，往往为人所遇。王某夜行见墙阴一物如袄，俯视乃巨靴。举头则眉际复一靴。仰望一巨人，坐檐际，高约数丈。忽有一人提灯而来，巨人抬其足，其人若未之见，匆匆遂过。王亦欲随之过，巨人仍以足挡之。相持数刻，始不见。归家后，不数日而死。殆衰气所感，鬼神揶揄之也。又某宦居天津河北寓舍，夜归，至北关浮桥，见钞关东有巨人坐屋上，高以丈计，服制仿佛纱帽宽袍，气象雄阔。俄而不见，某归后亦无恙。"

【yi】

【一臂国】《山海经·海外西经》："一臂国在其

一臂国　山海经图　蒋应镐本

北，一臂一目一鼻孔。有黄马，虎文，一目而一手。"郭璞注："此即半体之人。"即《大荒西经》之"一臂民"。《淮南子·墬形训》：海外三十六国，自西北至西南十国中，有"一臂民"。明·王圻《三才图会》："一臂国在西海之北，半体比肩，犹鱼鸟相合。"

【一目国】《山海经·海外北经》："一目国在其东，一目中其面而居。"《大荒北经》："有人一目，当面中生。一曰是威姓，少昊之子，食黍。"又《海内北经》有鬼国，为物人面而一目。袁珂《校注》按："鬼、威间近，当亦是一目国也。"《淮南子·墬形训》："西北方曰一目，曰沙所。"高诱注："国人一目，在面中央。"

【一目九仙】《（泰昌）登州府志》卷一一：宋时九人，一人有一目，余八人俱瞽，有目者前行，共乞于市，夜辄止于桥下，人莫之识。后州守以书示之，倏化去，桥遂名迎仙。

一目国
山海经图　吴任臣本

【一目五先生】清·袁枚《子不语》卷九"一目五先生"条：浙中有五奇鬼，四鬼尽瞽，惟一鬼有一眼，群鬼恃以看物，号"一目五先生"。遇瘟疫之年。五鬼连袂而行，伺人熟睡，以鼻嗅之。一鬼嗅则其人病，五鬼共嗅则其人死。四鬼伥伥然斜行踯躅，不敢作主，惟听一目先生之号令。

【一瓢道人】明时人。明·袁中道《一瓢道人传》：不知其姓名。常持一瓢，浪游鄂岳间，人遂呼为一瓢道人。少读书，不得志，投军征倭寇，以功至禅将。后失律畏诛，又匿于群盗间。后购歌妓十余，卖酒于淮扬，拥艳冶，食酒肉。复厌而去之，乞食湖湘间。后至澧州，出语颠狂，多奇中；发药有效。人渐敬之。栖古庙中，一日自炉炭中取金一铤，付庙祝，令召僧礼忏，毕，购一棺，自坐其中，不覆盖，令十余人移至城市，拱手与大众作别，还至庙中，令人覆棺盖。众人不敢覆，视之，已逝去矣。埋时举棺甚轻，不类有人者。◆清·青城子《志异续编》卷三"曾允吉"条，言允吉尝在澧州夜行失路，遇一草庵，残灯犹明，径入内，一道人宿酒未醒，以瓢枕头，颓然卧地上。案上有书数卷，乃手录，中一条辨宰予被杀之误云云。正读间，灯适不明，以竹枝拨之，不意灯花著书上即著，遂延于屋。而道人鼾声如雷，极力推摇不醒。火势既猛，顿成焦土。允吉吓极而奔，约二三里而止。及天明，问农人，曰："桥头乃一瓢道人墓，何曾有庵。"

【一髟】明时人。《（雍正）陕西通志》卷六五引《延绥志》：字幼朔，号海侗子。不知何许人。貌甚古，数更姓名，人不能测。万历四十六年，副使陈性学等邀致，授以服气炼神之道。每于指光中见未来事。后一旦飘然去。又云：姓彭氏，多往来吴楚间。

【一行】《旧唐书·方伎传》："僧一行，姓张氏，先名遂，魏州昌乐人（今河南南乐）。少聪敏，博览经史，尤精历象、阴阳、五行之学。时道士尹崇博学先达，素多坟籍。一行诣崇，借扬雄《太玄经》，将归读之。数日，复诣崇，

一行　日本奈良博物馆

还其书。崇曰：'此书意指稍深，吾寻之积年，尚不能晓，吾子试更研求，何遽见还也?'一行曰：'究其义矣。'因出所撰《大衍玄图》及《义决》一卷以示崇。崇大惊，因与一行谈其奥赜，甚嗟伏之。出家为僧，隐于嵩山，师事沙门普寂。开元五年，玄宗令其族叔礼部郎中洽赍敕书就荆州强起之。一行至京，置于光太殿，数就之，访以安国抚人之道，言皆切直，无有所隐。《麟德历经》推步渐疏，敕一行考前代诸家历法，改撰《开元大衍历经》。至十五年卒，年四十五，赐谥曰'大慧禅师'。"唐·段成式《酉阳杂俎·前集》卷一："僧一行，博览无不知，尤善于数，钩深藏往，当时学者莫能测。幼时家贫，邻有王姥前后济之数十万。后王姥子因杀人当问斩，一行以术掩北斗，奏玄宗当大赦天下，王姥子遂免死。"卷三又载开元间大旱，玄宗召其祈雨事。卷五载其强记，数千言一览无遗忘。卷一二言其初不解弈棋，只观王积薪一局，遂成国手。

【一字天王】唐·牛僧孺《玄怪录》卷五"崔绍"条：唐元和间，崔绍家两世奉事一字天王。后绍为冥吏拘，入阴间，忽有一神人来，自称一字天王："知尔有难，故来相救。"二人相行，至一城，有二神守之，对天王甚敬。又至一城，有四神守之，见天王亦甚礼敬。再至一城，城门关闭，天王先乘空而入。及城门洞开，见十神人，天王亦在其间。及入冥府，判官降阶而迎。及见"大王"，天王则与正对相坐。◆按：此一字天王未言究为何神，唐僧菩提流支译有《一字佛顶轮王经》，则一字天王者，或即一字轮王欤?

【一字王佛】南宋·周密《鸡肋编》卷上：陈州（今河南淮阳）城外有厄台寺，乃夫子绝粮之地。今其中有"一字王佛"，云是孔子像。旧榜是"文宣王"，因风雨洗剥，但存"一宣王"，而僧人附会为"一字王"。

【一足鬼】刘宋·刘敬叔《异苑》卷六：宋元嘉中，宋寂昼见一鬼，一足，长三尺。遂为寂驱使。又云：元嘉中，张承吉之子元庆，年十二，见一鬼，长三尺，一足而鸟爪，背有鳞甲，来招元庆。◆按：此即传说中之山魈一类。

【一足国】梁·萧绎《金楼子》：大秦国人长十丈，小秦国人长八尺，一足国人长九寸。

【伊祁玄解】唐时人。唐·苏鹗《杜阳杂编》卷中：处士伊祁玄解，缜发童颜，气息香洁。常乘一黄牝马，游历青兖间。话千百年事，皆如目击。帝诏入宫内，亲自访问，颇加敬仰。而玄解鲁朴，未尝娴人臣礼。帝因问之曰："先生春秋高而颜色不

伊祁玄解　列仙全传

老，何也?"玄解曰："臣家于海上，种灵草食之，故得然也。"即于衣间出三等药实，为帝种于殿前。一曰双麟芝，二曰六合葵，三曰万根藤。灵草既成，而玄解请帝自采饵之，颇觉神验，由是益加礼重焉。玄解将还东海，亟请于帝。未许之。遇宫中刻木作海上三山，丝绘华丽，间以珠玉。帝日与玄解观之，帝指蓬莱曰："若非上仙，朕无由得及是境。"玄解笑曰："三岛咫尺，谁曰难及?"即踊体于空中，渐觉微小，俄而入于金银阙内，连声呼之，竟不复有所见。帝追思叹恨，因号其山为藏真岛，每诘旦，于岛前焚凤脑香，以崇礼敬。后旬日，青州（今山东青州）奏云："玄解乘黄牝马过海矣。"

【伊尹】《楚辞·天问》王逸注："伊尹母妊身，梦神女告曰：'臼灶生蛙，亟去无顾。'居无何，臼灶中生蛙，母急出东走，顾视其邑，尽为大水，母因溺死，化为空桑之木。水干之后，有小儿啼于水

涯，人取养之。既长大，有殊才。汤举伊尹，知其贤，以备辅翼。后辅汤灭夏桀。"《云笈七签》卷二八"二十四治"：伊尹曾于蒙秦治（在越巂郡台登县）学道。

【伊用昌】《太平广记》卷五五引五代·王仁裕《玉堂闲话》：伊用昌，不知何许人也。其妻甚少，有殊色，音律女工之事，皆曲尽其妙。夫虽饥寒丐食，终无愧意。其夫能饮，多狂逸，时人皆呼为"伊疯子"。多游江左庐陵（今江西吉安）、宜春（今江西宜春）等诸郡，爱作《望江南》词，夫妻唱和。或宿于古寺废庙间，遇物即有所咏，其词皆有旨。时县官及胥吏大为不可，逐出界。天祐癸酉年，夫妻至抚州南城县（今江西南城）所，有村民毙一犊。夫妻丐得牛肉一二十斤，一夕俱食尽。至明，夫妻为肉所胀，俱死于乡校内。县镇吏民，以芦席裹尸，于县南路左百余步而瘗之。其镇将姓丁，一年后得替归府，忽一旦于北市棚下，见伊疯子夫妻，唱《望江南》词乞钱。既相见甚喜，上酒楼，三人共饮。伊疯子索笔题诗酒楼壁。题毕，夫妻连臂高唱而出城，入西山。时人皆见蹑虚而行，自此更不复出。后人开其墓，只见芦席两领，裹烂牛肉十余斤，臭不可近，余更无别物。

【衣服鬼】❶唐·段成式《酉阳杂俎·前集》卷一四：衣服鬼名甚辽。❷又指鬼物附于衣上者。如清·王士禛《池北偶谈》卷二〇"博罗韩氏女"条：周生市得一裤，置床侧衣架上。夜分将寝，忽一好女子搴帏，生惧趋出。比晓，邻里闻之，竞来侦视，闻有人声自裤中出，若近若远，久之，形渐见，姿首绰约，若在轻尘，曰："妾博罗韩氏女也。城陷被贼俘掳，横见凌逼，骂贼而死。此袴平生所著，故附之以来。"近人柴小梵《梵天庐丛录》卷三二"鬼附衣服"条：无锡甘露镇一富室，衣架上所悬罗纺长衫，忽于白昼自槌下，冉冉离地自行，衣纽与纽襻相入，衣身袖管中扩，若衣于人身然。是衣自堂阶下行，由庭中过，穿屏门而出。至门口，直立移时，复转由屏门入，过中庭，登堂立片刻，向内行，而还于槌上。群咄咄怪之，谓是乃亡祖灵身附衣以行，即焚其衣。后亦无他。

【医官大王】林纾《铁笛亭琐记》：闽人称社公恒曰大王。社中祀鬼医，则曰医官大王。唯车弩境之医官大王最灵，社外人恒来求请，无不应者。

【医王】即药王。清·黄斐默《集说诠真续编》引《苏州府志》：医学有药王庙，旧称三皇庙，祀伏羲、神农、黄帝，后并祀夏禹。康熙三十年知府卢

腾龙请以岐伯、伯高、鬼臾区、少俞、少师、雷公配，改名"医王庙"。

【依倚】《太平御览》卷八八六引《白泽图》："厕之精名曰依倚，青衣，持白杖。知其名呼之者除，不知其名则死。"而明·董斯张《广博物志》卷一四引《白泽图》，则作"厕精名倚"。

【夷坚】大禹之臣。《列子·汤问》："终北之北有溟海者，天池也，有鱼焉。其广数千里，其长称焉，其名为鲲。有鸟焉，其名为鹏，翼若垂天之云，其体称焉。世岂知有此物哉？大禹行而见之，伯益知而名之，夷坚闻而志之。"洪迈名其志怪之书为《夷坚志》，本此。

【夷羊】《国语·周语》：内史过曰："商之兴也，梼杌次于丕山；其亡也，夷羊在牧。"注："夷羊，神兽。牧，商郊牧野。"

【移池国】晋·王嘉《拾遗记》卷一〇：员峤山有移池国，人长三尺，寿万岁，以茅为衣服，皆长裙大袖，因风以升烟霞。人皆双瞳，修眉长耳，浪九天之正气，死而复生，于亿劫之内，见五岳再成尘。扶桑万岁一枯，其人视之如旦暮。

【移门子】晋·葛洪《抱朴子内篇·仙药》："移门子服五味子十六年，色如玉女，入水不沾，入火不灼。"◆按《太平御览》卷九九〇引此作"羑门子"，误，《抱朴子内篇·遐览》记有"移门子记兵法立亡术炼形记五卷"，是本有移门子其人也。

【猱母鬼】《新唐书·五行志》：懿宗咸通十四年秋，成都讹言有猱母鬼，夜入人家。民皆恐，夜则聚坐。或曰某家见鬼眼，晃然如灯焰，民益惧。

【蚁王】《太平广记》卷四七三"乌衣人"条引刘宋·东阳无疑《齐谐记》：吴富阳县（今浙江富阳）有董昭之者，曾乘船过钱塘江。江中见一蚁著一短芦，遑遽畏死，因以绳系芦著舡。船至岸，蚁得出。其夜，梦一乌衣人谢云："仆是蚁中之王也，感君见济之恩，君后有急难，当相告语。"历十余年，时所在劫盗，昭之被横录为劫主，系余姚。昭之忽思蚁王之梦。结念之际，同被禁者问之，昭之具以实告，其人曰："但取三两蚁著掌中语之。"昭之如其言，夜果梦乌衣云："可急投余杭山中。天下既乱，赦令不久也。"既寤，蚁啮械已尽，因得出狱，过江，投余杭山。旋遇赦，遂得无他。

【倚】唐·释道世《法苑珠林》卷五八引《白泽图》："厕之精名曰倚，衣青衣，持白杖，知其名呼之者除，不知其名则死。"

【义阳神】梁·任昉《述异记》卷下：晋末群盗蜂

起，义阳公主自洛中出奔至洛南，士卒二千余人留守不去，以卫京都。刘曜攻破之。主有殊色，曜将逼之，主手刃曜不中，遂自刃。曜奇其节，遣葬之，封义阳公主。民怜之，为立庙，今义阳神是也。

【义勇武安王】即关羽。见"关圣帝君"条。

【易迁夫人】梁·陶弘景《真诰》卷八：即许穆之妻、许翙之母，七复得入易迁宫，因呼为号。易迁宫，女仙所居也。

【易退】晋时人。《（康熙）袁州（今江西宜春）府志》卷一三：字楠隐。与宜春杨法道慧及陈归真耽，相与结庐于萍乡之九疑山，炼气朝真，朝夕不倦。越二十年丹成，于永嘉九年凌云去。又传云：易退等飞升时，陈耽妻周氏呼之，耽闻呼而坠，蜕于石上。

【洗阳】《庄子·外篇·达生》：桓公曰："然则有鬼乎？"曰："有。沈有履。灶有髻。户内之烦壤，雷霆处之；东北方之下者，倍阿鲑蠪跃之；西北方之下者，则洗阳处之。"疏："豹头马尾，名曰洗阳。"释文："一作狗头。一云神名也。"明·朱谋㙔《骈雅》卷五："倍阿鲑蠪、洗阳、彷徨，四野之神也。"

【疫鬼】疫鬼之类不一，大抵皆瘟鬼之一称。晋·干宝《搜神记》卷一六："昔颛顼氏有三子，死而为疫鬼，一居江水为疟鬼，一居若水为魍魉鬼，一居人宫室为小鬼。于是正岁命方相氏帅肆傩以驱疫鬼。"梁·宗懔《荆楚岁时记》："共工氏有不才之子，以冬至日死，为疫鬼，畏赤小豆。故冬至日作赤豆粥以禳之。"南宋·洪迈《夷坚丙志》卷一一有"牛疫鬼"："绍兴六年，余干张氏家，牧童在牛圈，闻有扣门者，起视之，见壮夫数百辈，皆被五花甲，著红兜鍪，突而入，既而隐不见。及明，圈中牛五十头尽死。盖疫鬼也。"《夷坚丁志》卷二"管枢密"条："管枢密出门遇大鬼数辈，形貌狞恶，叱问之，曰：'我等疫鬼也，岁首之日，当行病于人间。'问：'何以得免？'曰：'或三世积德，或门户将兴，或不食牛肉，三者有一焉则我不能入，家无疫患。'"《夷坚三志·壬集》卷四"陶氏疫鬼"条："陶室病疫。詹庆晨兴入厨，见灶上两异物，状如猕猴，而有衣裾，适举目外视。庆立观之甚详，俄跳入灶而没。陶门多死，庆独无恙。"明·钱希言《狯园》卷一三"鬼买棺"条：太仓州沙头镇，相去镇三五里，村名新洋。有编户谢甲，为人美须髯，而行多不谨。万历癸丑春三月，一家

长幼连甲十一口，悉病疫。甲死，妻孥相续而亡，计殇者九人矣，止存二老姬呻吟在床。中外宗姻入其门问疾者，并见两疫鬼，朱发青面，齿如剑戟，踞立于门左右，各各震怖，狼狈却走，所遇无不染疾而死。

【疫神】见东汉·蔡邕《独断》。即"瘟神"，见该条。

【宜栎】明·朱国祯《涌幢小品》卷一六"宜栎神"条：古有善睡者，其神名曰宜栎。昊渊颖先生久病嗜睡，作《窜宜栎辞》。

【羿】古神话中的天神。《山海经·海内经》："帝俊赐羿彤弓素矰，以扶下国。"帝俊者，天帝也。《海外南经》："羿与凿齿战于寿华之野，羿射杀之，在昆仑墟东。羿持弓矢，凿齿持盾。"《淮南子·本经训》："尧时十日并出，焦禾稼，杀草木，民无所食。猰貐、凿齿、九婴、大风、封豨、修蛇皆为民害。尧乃使羿诛射诸凶，上射十日。万民皆喜，置尧以为天子。于是天下广狭、险易、远近，始有道里。"◆袁珂以为十日乃帝俊之子，既为羿射杀，帝自厌羿，遂逐羿于下土。羿既为人，不复能长生，遂又有至西王母处求不死药之事。不死药为其妻嫦娥所窃，羿在人间，终为逢蒙暗杀。详见袁珂《中国古代神话》。顾颉刚《羿的故事》以为，《山海经》《淮南子》所载之羿为尧时为民除害之羿，又《楚辞·天问》所载之羿则为夏时淫游佚畋之羿，死于寒浞。《孟子》之羿则为一善射者，死于其徒逢蒙。诸说不同，而善射则无异辞。

【益】即"伯益"，见该条。

【益州老父】《太平广记》卷二三引《潇湘录》：唐武则天末年，益州（今四川成都）有一老父，携一壶于市中卖药，得钱即转济贫乏。百姓赖之。时自游江岸，凝眸终日，或登高引领，不语竟日。忽一日，独诣锦江，解衣而浴，探壶中，仅余一丸药，乃自吞之，对众人云："老夫罪已满矣，今却归岛上。"俄化为一白鹤飞去。

【翊圣】宋人以天蓬、天猷、翊圣、佑圣真君为"四圣"。《云笈七签》卷一〇三有《翊圣保德真君传》言："建隆初，凤翔盩厔县（今陕西周至）有张守真，闻空中有声召之，守真不敢应；及回家，又闻声至室中，其神自称'高天大圣，玉帝辅臣'者，云'能役使五岳四渎。观汝虔心，授汝剑法，俾为民除害'。自是神居于守真家中，授守真剑法、坛法，守真拜而受之，多有灵验。至乾德中，太宗时在藩邸，颇闻灵应，即遣近侍带香致醮。太祖闻

之，召守真至阙，并遣内臣王继恩就观虔告。神曰：'吾受上帝符命降世，卫护宋朝社稷。'云云。及太宗即位，封翊圣将军，建上清太平宫于终南山；真宗则加号翊圣保德真君。"而北宋·杨亿《谈苑》则云："开宝中，有道士张守真者，遇神自言：'我天之尊神，号黑煞将军，与真武、天蓬列为天之大将。'"南宋·邵博《邵氏闻见后录》亦云："神降张守真家后，守真方为道士。每神欲至，室中风萧然，言祸福多验。开宝九年，太祖召守真，疑其妄，命内侍王继恩就建隆观降神，神言'晋王（即太宗）有仁心'等语。明日太祖晏驾，晋王即位，是为太宗。太宗诏筑上清太平宫于终南山下，封神为翊圣将军。"又《朱子语类》卷一二五云："所谓翊圣，乃今所谓晓子者，真宗时有此神降，故遂封为真君。"以上诸说已不尽一致，而又有误以翊圣为玄武者，《四库全书总目·子部·道家类存目》："王钦若《翊圣保德传》言：'翊圣真君降盩屋民张守真家，太祖、太宗皆崇信之。'事殊怪妄。盖自张鲁之教有三官，天、地之外独有水官，而木、金、火、土不与。故道家独尊玄武。此所谓翊圣真君，即玄武也。"或有以为即"温将军"者，明·王鏊《姑苏志》卷二八：常熟有翊圣庙，俗称温将军庙。

【意】唐·释道世《法苑珠林》卷五八引《白泽图》："故白之精名曰意，状如豚。以其名呼之则去。"明·方以智《通雅》卷二一引《白泽图》则云："故池之精名意，又名髡顿。"

【意而子】元·伊士珍《嫏嬛记》：周穆王迎意而子居灵卓之宫，访以至道。后欲以为司徒。意而子奋身化为玄鸟，飞入云中。故后人呼玄鸟为意而。

【缢鬼】自缢而死，亘古即有，泛言之，凡缢死者皆可称缢鬼。但自宋以前，缢死之鬼与常鬼并无不同，如《北梦琐言》所记红叶传诗故事，女子自缢而死，仍不失其娟好多情。即春秋时晋太子申生缢死为厉，然形貌则无异于他鬼。"缢鬼"之有别于常鬼，似自南宋始。一为其形可怖，吐舌、瞠目、伛颈、披发，自洪迈《夷坚志》多有记载。一为缢鬼之讨替，盖非此则不能托生转世，如《夷坚三志·辛集》卷九"焦氏见胡一姊"："张大夫妾，为其妻凌逼，不容存活，遂自缢于此室中，至今未得托化，所以累次现形。觊望娘子慈悲，与少善缘，使之脱去。"而缢鬼讨替之说盛于明清，明·沈德符《万历野获编》卷四"赵王缢死"条："俗称夜卧不得独一室，虑有鬼物侵扰。又相传室有投缳

者，必觅一人为替代，始得托生。"

【裔】晋·王嘉《拾遗记》卷四：秦始皇元年，骞霄国献刻玉善画工名裔。使含丹青喷地，即成魑魅及诡怪群物之象；刻玉为百兽之形，毛发逼真。以指画地，长百丈，直如绳墨。方寸之内，画以四渎五岳列国之图。又画龙凤而不点睛，点则飞走。使以漆点两玉虎各一睛，旬日则失去，后闻山泽之人云：见二白虎各无一目，毛色相似，异于常见者。

【翼宿星君】《福建通志·坛庙志》：一说田元帅（梨园行神）为天上翼宿星君，故其神头插双鸡羽，象翼之两羽，田字象翼之腹，共字象两手两足，故其神擅技击。羽又为五音之一，故其神通音乐。

翼宿星君　程氏墨苑

【yin】

【因墀国】晋·王嘉《拾遗记》卷九：晋时，因墀国献五足兽，状如狮子。问其使者五足兽是何变化，对曰："东方有解形之民，使头飞于南海，左手飞于东山，右手手飞于西泽，自脐以下，两足孤立。至暮，头还肩上，两手遇疾风飘于海外，落玄洲之上，化为五足兽，则一指为一足也。其人既失两手，使旁人割里肉以为两臂。"因墀国在西域之北。

【因霄国】晋·王嘉《拾遗记》卷五：西方有因霄之国，人皆善啸，丈夫啸闻百里，妇人五十里。

【因因乎】《山海经·大荒南经》："南海渚中，有神名曰因因乎，南方曰因乎，夸风曰乎民，处南极以出入风。"

【阴长生】东汉时人。晋·葛洪《神仙传》卷五："新野（今河南新野）人。汉皇后之亲属。不好荣贵，专务道术。事马鸣生数十年不懈，鸣生携入青城山，授以太清神丹经。长生服之，不即升天，作黄金十数万斤以济天下贫乏。在民间三百余年，后于平都山（在今丰都县）白日升天而去。"《仙鉴》卷二一"鲍靓"条："鲍靓于蒋山（今南京锺山）遇阴长生，长生云：'吾当度尔仙去。考得仙者，

尸解为妙。上尸解用刀，下尸解用竹木，皆以神丹染笔书《太上太玄阴生符》于刀刃左右，须臾便灭所书者面目死于床上矣，其身遁去，无复还家，家人谓刀是其人也。'"按此，尸解之说似起于阴长生。又见《云笈七签》卷一〇六《阴真君传》云东汉和帝阴皇后为阴长生之曾孙，又云葛洪为其弟子。明·曹学佺《蜀中广记》卷七五引《仙都山阴君洞验记》云长生之门人有刘玄远。◆《天地宫府图》："七十二福地第四十五平都山，是阴真君上升之处。"晋·葛洪《枕中书》："阴长生为地肺真人。"

因因乎　山海经图　汪绂本

【阴摩罗鬼】即"煞鬼"。宛委山堂本《说郛》卷三四上引廉布《清尊录》：郑州进士崔嗣复预贡入都，宿僧寺，忽有声叱之者，惊起，见一物如鹳，色苍黑，目炯炯如灯，奋翅大呼甚厉。嗣复惧，避之庑下。明日语僧，曰："素无此。顷有停枢于堂者，恐是耳。"后对开宝一僧言之，僧曰："佛经有之，此新死尸气所变，号阴摩罗鬼。"参见"煞"条。◆按：《侲亭和尚阅经十二种》之《涅盘末后句》云："拘尸那城阿耨达池，深一尺，阔一丈。东门西门，南门北门，灵棺自举，阴摩罗鬼惑乱于人，不用大惊小怪。"此处之阴摩罗鬼使墓中棺材自动离地而起，似是夜叉恶鬼之类，与中国的煞鬼全非一类。

【阴山神】南宋·张敦颐《六朝事迹编类》卷下：东晋建武中，丞相王导于冈阜间隐约见数十步骑驻立于陇上，导怪之，使人致问，俄失其所。夜见梦于导，曰："我乃阴山神也。昨随帝渡江，寓泊于晨见之所。卿为我置祠，当福晋祚。"导乃以其事上闻，置庙。

【阴生】西汉·刘向《列仙传》卷下："阴生，长安渭桥下乞儿也。市人厌之，有以粪洒之者，而其身不污如故。长吏收之，系以桎梏，而续在市中乞；又欲杀之，乃去。洒粪者家室自坏，杀十余人。故长安谣曰：'见乞儿，与美酒，以免破屋之咎。'"

◆按阴生即干宝《搜神记》卷一之"汉阴生"，"汉阴"原指地名，此或以"阴"为姓，则"汉"为朝代矣。

【阴先生】《云笈七签》卷一〇六《紫阳真人周君内传》："周义山登岷山，遇阴先生，受九赤斑符。"按：《真诰》卷一二"十三真人"中有"岷山真人阴友宗"，即此。

【阴阳使者】《史记·封禅书》：汉武帝时有人上书云："古者天子常以春解祠，祠黄帝用一破枭镜；冥羊用羊祠；马行用一青牡马；太一、泽山君地长用牛；武夷君用干鱼；阴阳使者以一牛。"《汉书》孟康注：阴阳之神也。

【阴真人】《天地宫府图》七十二福地第十九清远山（在广州清远），阴真人治之。不详所指，一般诗文中提及阴真人，均指阴长生，但阴长生既主七十二福地之平都山，则此似应指岷山真人阴友宗。

【阴主】先秦时齐地所祀"八神"之一，祭于齐北境之三山（今山东莱州北）。又祭阳主于之罘（在今山东福山），之罘虽于齐在北境，然与三山则一东一西，是阳在东而阴在西。阴阳二主，后世无之，或与《封禅书》中之"阴阳使者"有关。

【殷道筌】或作"道全"，即"殷七七"，见该条。

【殷郊】见"殷元帅"条。

【殷七七】唐末时人。五代·沈汾《续仙传》卷下：名文祥，又名道筌（或作道全）。常自称七七，不知何许人也。游行天下，人不测其年寿，到处或易其姓名。曾于泾州（今甘肃泾川）卖药，得钱即施人。泾原节度使周宝甚礼重之。后周宝移镇浙西，七七忽至，复卖药于市。宝迎之入府，常为戏术，能开顷刻之花，化水为酒，削木为脯，呼鸟自随，唾鱼而活，聚蝼蚁成城市人物。后二年，薛元、刘浩作乱，周宝南奔，七七亦为众推落崖下，人以为堕江死矣。其后，人见之于江西，又入蜀卖药，莫知所止。《续仙传》又云：鹤林寺有杜鹃花，或见女子红裳艳妆游花下，人谓花神。周宝镇浙江，谓七七曰："鹤林寺花可开到重九乎？"七七曰可，乃前二日往宿花下。见女子来谓曰："今为道者开之。"来日晨起，花渐拆，至九日烂熳。故东坡诗有"安得道人殷七七，不论时节使花开"之句。◆元·李冶《敬斋古今黈》卷八据《古今诗话》有"韦七七"，每醉歌"解酝逡巡酒，能开顷刻花"，辄以为东坡诗有误，其实乃李冶自误也。

【殷七子】五代·陈纂《葆光录》卷一：润州大将与术士殷七子善。大将之妻妒杀一婢，大将惧闻于廉使，请七子活之。七子遂解衣带间药一丸，打其婢一齿落，以酒下之，婢遂活。七子又尝春游，酒尽，咒水成浓醪。又能变沙为盐，变木札为笋。七子名邬，后游诸国。又见唐·孙頠《幻异志》。◆按：疑此即"殷七七"之讹传。

【殷天祥】见"殷七七"条。

【殷王女】清·张正茂《龟台琬琰》："女食蓬累根得道。"详见"昌容"条。

【殷王子】见"昌容"条。

【殷文亮】《(雍正)河南通志》卷七一：唐洛州（今河南洛阳）人，为县令。性巧好酒。刻木为小儿，衣以绘，酌酒行觞，皆有次第。又作木妓，唱歌吹笙，皆能应节。

【殷元帅】传说中为商纣王之子，姓殷名郊。《三教源流搜神大全》卷五："母皇后姜氏践巨人迹而孕，生一肉球。宠妃妲己潜之，纣王命弃于郊。适金鼎化身申真人过此，知为仙胎，以剑剖之，得一婴儿，因得于郊，故名殷郊，法名唲叮哎，正名唲哪吒，交乳母贺仙姑育之。至七岁，乳母告其出身，殷郊欲为母报仇。真人命殷郊先下山收赘神、鸦将为副帅，又杀十二丧门哭鬼骷髅神，以其首挂胸前。其骷髅能助阵，一响则敌人头昏手软。于是殷郊助武王伐纣，至于牧野，率雷震等为前锋，大破纣师，并诛妲己。玉帝封为地司九天游奕使、至德太岁、杀伐威权殷元帅。"明·许仲琳《封神演义》殷郊故事大致本此，而改其助周为助纣，后为其师以术毙之，姜子牙封神，为太岁神。

殷元帅　三教源流搜神大全

【氤氲大使】宋·陶谷《清异录》卷上：朱起心系女妓宠宠，而隔于馆院，不能遂志。一日精神恍惚，似至郊外，逢青巾短袍者，曰："郎君幸值贫道，有急事，请直言，吾能济。"起诉以宠事。青巾笑曰："世人阴阳之契，有缱绻司总其事，其长官号氤氲大使。诸凤缘冥数当合者，须鸳鸯牒下乃成。"

【银伥】清·袁枚《续子不语》卷四：朱元芳家于闽，在山峪中得窖金银归，忽闻秽臭不可近，且人口时有癥瘕。长老云："是流贼窖金时，常困苦一人，至求死不得，乃约之曰：为我守窖否？其人应许，闭之窖中。凡客遇金者，祭度而后可得。"朱氏如教，乃祝曰："我得此金，当超度汝。"秽果净，病亦已。

【银精】白银成精怪则为人形。或为老人，梁·任昉《述异记》卷下："桂阳郡（郡治在今湖南郴州）有银井，凿之转深。汉有村人焦先于半道见三老人，遍身皓白，云：'逐我太苦，今往他所。'先知是怪，以刀斫之，三老各以杖受刀，忽不见。视其断杖是银，其后井遂不生银也。"南宋·洪迈《夷坚支志·甲集》卷三"姜彦荣"条："鄱阳医者姜彦荣，停烛独坐，寻绎方书。见老人拊户而立，注目视之，已不见。他夕，复遇之，灼然可识，庞眉白首，髭髯如雪，著皂绿素袍。姜大呼叱之，没于地。姜曰：'是必窖藏物欲出耳。'迟明，发土二尺许，获银小锭，重十有二两。复劙之，铿铿然闻金革之声，坚不可入。姜虑无望之福或反致祸，乃止。"或为小儿，《夷坚甲志》卷一二："姑苏人殿中丞吴感造宅，居数月，颇有怪异，至夜则有数白衣人泣而出。吴君卒，宅售与林茂先，卜居才一日，见庭前小儿数十，皆白衣，行至屋角不见，掘其地未数尺，得银孩儿数十枚，下皆刻'林'字。"或为妇人，《夷坚支志·庚集》卷九"景德镇妇人"："景德镇一巫，梦白皙妇人二十七辈，皆素衣。前拜曰：'愿伏事君家。'后开山为生穴，得一窖。中藏银二十七铤，皆汉裹蹄样也。"南宋·龚明之《中吴纪闻》卷一"林大卿买宅"条，"林颜大卿中夜据厅事独坐，忽见一白衣妇人，纵其所如，俄至一处所，潜伏不见。诘朝，使人穿其地，得银百余锭。"而无论男女老幼，衣着皆为白色，如《夷坚支志·戊集》卷四："张拱之梦白衣人二十余辈拜揖床下，问其为谁，皆不答，旋没于地。掘其所没处，得大银二十枚，各重五十两，样制甚古，料为千岁前物。"宋·鲁应龙《闲窗括异志》亦言夜见白衣人，逐之至灶而没，掘之得银一瓶。◆明·陆容《菽园杂记》卷三有银精为鬼之事，清·清凉道人《听雨轩笔记》卷四有言银化为白鸟事，清·俞樾《右台仙馆笔记》卷六记银人为怪祟事。大抵古人多藏银于窖，既经战乱，主者亡故，有数百十年而无人掘藏，遂有成精成怪之说。清·李庆辰《醉茶志怪》卷四"银异"条，银精则为雏鸡。

【银瓶娘子】南宋·周密《癸辛杂识》续集下："临安太学忠文庙，其神相传为岳飞，并祠所谓银瓶娘子者。其灵签文字与《天竺灵签》同。"按清·钱彩《说岳全传》以银瓶娘子为岳飞之女。清·董含《莼乡赘笔》卷下"银瓶祠"条："浙江按察司署，宋岳忠武故宅也。岳被祸时有女名银瓶，赴井死，屡著灵异，因立庙祀之。明季东郡宋君者负气不信鬼神，既入署，吏以旧例请祀，叱曰：'予受命一辈子，小女子何能为！'后方听事，忽睹一女子弯弓射之，正中其肩，未几，疽发背死。"

【银童】清·张培仁《妙香室丛话》卷一三"银童"条引《闻见厄言》：秀水贾人黄豫松，买舟至嘉兴籴米，值疾作，拥衾而卧。舣舟于岸，一童求附舟，舟人坚拒之，童竟突入舱中。黄疾甚，不知也，舟人疑为黄所留。明日黄见之，问而知其无所归，乃携至家，入门仆地，惊视之，乃白银铸成人也。秘藏别室，香火奉祀，家遂富。黄之子亵慢之，童遂去，家亦渐落。

【尹澄】道教楼观派所奉先师之一。《仙鉴》卷九：太微真人尹澄，字初默，汾阳（今山西太原西北）人。年二十八，以周安王三年十月，修炼于楼观，清斋讽经，不杂人事，精感神灵，入山林有神祇垂护。秦始皇闻之，屡降诏致请，问以长生之术。入汉，惠帝、景帝并向垂注，礼问不绝。尹澄以其喧哓，乃改名为林，逃遁于山谷。后于峨嵋山遇仙人宋君（按：疑即楼观先师宋伦），授以三皇内文及九丹秘诀，修之大验，能封山掌岳，临水投符，水逆流数步，以药救暴死者，皆得生。年三百四十岁，以汉昭帝始元年六月，太微帝君遣仙官下迎，授书为太微真人。

【尹道全】晋时人。廖侁《南岳九真人传》：天水（今甘肃天水）人。于衡岳观后峰修洞真还神彻视之道。天降仙真授以"五岳真形图"。至永嘉九年飞升。

【尹公】南宋·潜说友《咸淳临安志》卷三六："余杭县（今浙江杭州西）苕溪，每春日风云生，辄水长数寸，土人号为尹公潮。俗传尹公有异术，能叱水成潮。"明·徐应秋《玉芝堂谈荟》卷二三引《图经》："苕溪在余杭，夹峰多苕花，因得名。相传古有尹公，善推候，有异术。乡人王氏有女美

质，尹公求之不得，叱水成潮，以溺其居。至今日暮则风生，水长数寸，号为尹公潮。"

【尹轨】道教楼观派奉尹喜为祖师，尹轨为先师。晋·葛洪《神仙传》卷九：字公度，太原人。博学五经，尤明天文星气河洛谶纬。晚乃学道，常服黄精，年数百岁。言天下安危治乱无不中。腰佩漆竹筒十数枚，中皆有药，言可辟兵疫，涂一粒于门，全家不病。后入南阳太和山仙去。◆《云笈七签》卷一○四《太和真人传》、《仙鉴》卷八又云，尹轨为文始真人尹喜之从弟。尹喜教以服黄精并诸道书百余篇。尹喜飞升之后，尹轨即与隐士杜冲等同于尹喜宅修学。时年二十八，绝粒行气，专修上法。太上赐任为太和真人，下统仙寮于杜阳宫。晋惠帝永兴二年，尹轨降于楼观，时掌观道士为梁谌。尹轨自言二十八岁得道，至今已一千三百余岁。言毕竦身腾空，升天而去。

尹轨　列仙图赞

【尹君】唐时人。唐·张读《宣室志》"尹君"条：唐故尚书李公镇北门时，有道士尹君隐于晋山，不食粟，常饵柏叶，发尽白而颜若童子，往往独游城市，人言七十年前其貌如此，当是神仙。北门从事严绶慕之，常诣焉。后严绶为北门帅，即迎之至府，馆于公署。严公女弟信佛，怒其兄与道士游，密进毒汤。尹君饮之，吐出一麝脐，于是貌衰齿堕，当夜死于馆中。二日后严公葬之于汾水西二十里。明年秋，有道士来晋山，遇尹君于山中。于是严公知其为尸解。

【尹蓬头】明·钱希言《狯园》卷一"尹蓬头"条，言"不知其名氏，相传是明初人。与张三丰同时游行天下，人莫测其年寿。至正德、嘉靖年间尚在梁溪。后还西川鹤鸣观，乘观前石鹤而去"。明·顾起元《客座赘语》卷八："燕人。怀中有羊皮度牒，为元世祖时天庆观道士。明成化间游南京。发累岁不栉而乱，人称尹蓬头。常闭门卧旅邸中，多者逾月，少者五六日而后起。居常不食，人或馈以食，一餐能尽四十碗，或食一担瓜。能预知。馆于魏国公第，常昼睡，醒则云：'适游姑苏洞庭山而返。'魏公不信，蓬头出袖中橘。其时南

京尚无洞庭橘也。南都一贵人少子病不治，诸医束手，向尹恳求。尹以儿两足抵于己足，运气达涌泉，直贯其子双足，遂遍体流汗，诘朝而愈。逆阉刘瑾潜图不规，恐尹知之，罗织以罪，戍于关右。至戍所，过铁鹤观，化为一鹤凌空而去。"《（康熙）江宁府志》《（光绪）无锡金匮县志》《（雍正）陕西通志》卷六五则云其名从龙，华州（今陕西华阴）人，橐中有宋理宗时度牒。事迹略与《客座赘语》所述同。又明·支允坚《梅花渡异林》卷四则云："其名继先，临洮人。目见徽钦北狩时事。至元得礼部度牒为僧，遇异人授以接命之术。元末尝乘黑驴游燕云间，接命于真定。遇群盗夺其驴刀，伤其身面，遂入滇南避乱。景泰中往来荆襄陕洛间，人未之知也。成化末过江西，有宗室叩其术，不答，宗室怒杖之，垂死，令左右置棺中异出生焚。尹告异棺人曰：'死则死矣，幸微露窍穴，少便呼吸。'其人怜而许之，及举火，特空棺也。游南都，成国公见所佩元朝羊皮度牒，始共骇异，知其年且二百余矣。"明·伍余福《苹野纂闻》："不知何许人。手持一杖，披羽袍，翻然而行，见者以其童颜鹤发，有仙风，争延致之。叩其中，不答。或以年问，则曰：'吾历绍兴以来，盖三百十有一岁矣。'郡守林公世远闻而异之，一日召见，亦嗒然不答，惟曰：'吾宋人，吾宋人于今何有。'寻遁去。近有自天台来者，亦云见之。"明·王圻《稗史汇编》卷六三"尹蓬头"条所言又更早："不知何代人，自言曾见宋太祖入汴时，与我太祖入金陵时不同。尝为神乐观道士，与张三丰、周颠仙同游海内，公卿咸敬礼之。雪天举身流汗，盛暑乃发寒向火。正德末年居南京复成桥晏公庙。嘉靖初，鄱阳陈春塘官南都，欲测其异，约同年十余人同期召斋。至期，每家各有一尹。坐久，出袖中果数种，曰：'此某家物也。'处处皆然。后入华州，州守以为妖民，收系狱。夜出神，不复见。后至铁鹤观，掘地得铁鹤，乘之而去。"同卷"胡尚书仙契"条又言尹与胡淡交往事，云"胡致仕后，尹虽千里外必往视其生日，语人曰：'胡公我辈人，不幸堕落功名中。'公之将卒，尹自远方来，谓曰：'公将远行，是以奉别。'居二日，公卒，尹视其殓乃去。"◆其事又见清·姚福均《铸鼎余闻》卷一"蓬头尹真人"条、清·王士禛《居易录》卷二四等。

【尹虔子】梁·陶弘景《真诰》卷一四：晋武帝时人，与张石生、李方回学道于华阴山，受仙人管成子蒸丹饵术法，又受苏门周寿陵服丹霞之道，得以飞升。尹虔子为高仙真人，张石生为东源伯。

【尹寿子】宋·谢守灏《混元圣纪》卷一：帝舜时老君降世，居河阳，号尹寿子。

【尹思】晋时人。《太平广记》卷一三引《神仙传》："尹思者，字小龙，安定人也。晋元康五年正月十五夜，坐屋中，遣儿视月中有异物否。儿曰：'今年当大水，中有一人被蓑带剑。'思目视之曰：'将有乱卒至。'儿曰：'何以知之?'曰：'月中人乃带甲仗矛。当大乱三十年，复当小清耳。'后果如其言。"《云台治中内录》记太上老君传授四十一代人名代数，其中第二十九代，老君命紫衣使者下于庐山，授五人，其中有尹思、尹轨系代。尹思又授七十人，唯女子樊忠和韦义山系代。

【尹喜】又称关尹、关令尹喜、关喜、关尹子。因北朝楼观道派奉其为祖师，又称"楼观仙师"。西汉·刘向《列仙传》卷上："周大夫，善内学，常服精华，隐德修行。时人莫知。老子西游，喜先望见其气，知有真人当过，物色而遮这，果得老子。老子亦知其奇，为著书授之。后与老子俱游流沙，化胡，莫知其终。尹喜亦自著书九篇，号曰《关尹子》。"《云

尹喜　列仙图赞

笈七签》卷一〇四《楼观仙师传》、《楼观本纪》、《仙鉴》卷八并云："周康王闻尹先生有神仙大度之志，乃拜为大夫，并赐嘉名。后召为东宫宾友。结草为楼，仰观天象，精思至道，号为楼观。喜因瞻见东方有紫气西迈，知有圣人当度关，乃求出为函谷关令。及昭王二十三年七月十二日，果有一老人，皓首聃耳，乘白舆，驾青牛而至。尹喜知为圣人，跪伏留驾。老者自云：姓李字伯阳，号老聃。尹喜遂执弟子礼。老君传以《道德经》五千言。次年四月二十八日，老君于尹喜宅南山阜上升天，与喜相约：千日之外，可寻吾于蜀青羊之肆。喜于是以老君所说至道叙而编之为三十六章，以将升西极之际所演，故名《西升经》。喜于草楼清斋，屏绝人事三年，自著书九篇，号《关尹子》。至丁巳岁，即往西蜀寻访青羊之肆。而此时老君复从太微宫分身，降生于蜀国大官李氏之家，又敕青帝之青龙化为青羊，常在婴儿之侧。一日，羊忽失去，婴孩啼

哭不止。李氏遣童子寻觅，得于市肆。时尹喜方至肆中，见童子牵一青羊。于是关尹随童子至李家，婴儿见喜即振衣而起，化为老君数丈金身，而天上众仙毕至。老君遂册尹喜号文始先生，位无上真人。关尹既得道，老君乃引其入西域，西化流沙。"◆按：元·陈栎《勤有堂杂录》云：《关尹子》书乃三国六朝以后人托为之，窃老庄之近似而杂以术数之小巧者。

【尹用】唐末人。《江西通志》卷四二：不知何许人，人呼尹疯子。天祐中至抚州（今江西抚州），有村民毙一牛，夫妻得肉十余斤，尽食之而卒。吏以菅席葬于路旁。后吏又见尹用夫妻唱《江南》词丐于道，出城于道观壁上题名"主南方赤龙神"。吏发其葬，唯菅席二领、牛肉十斤。◆按此与"伊用昌"事迹全同，即姓名亦相近，当系"伊用昌"之误。

【尹真人】❶即"尹喜"。唐·张读《宣室志》"尹真人"条记有"尹真人石函"故事，真人即尹喜。❷隋时人。《（雍正）处州府志》卷一三：尹真人，隋大业中炼丹成，举家上升。今胜因院，其故宅也。迨宋·龚原作《胜因院记》，颇详其事。后原守扬州，有道人谒原题疏，欲得钱万贯。原如数与之。真人至和州（今安徽和县），创宅买田，置器具，交易标记悉作龚侍郎名字。后原谪和州，道人来请入宅，云："田土器具，皆公扬州舍钱所置。"或云道人即尹真人也，报其为胜因院作记耳。◆《天地宫府图》："三十六洞天之大酉山，为尹真人所治。"所指似为尹喜。又七十二福地之第十三焦源（在福建建阳北），是尹真人隐处。又七十二福地第三十七始丰山（今江西丰城），亦为尹真人所治处。均不详所指。

【引路王菩萨】又作"引路菩萨"，为引导亡者往生净土的菩萨。其名号未见诸佛典，然敦煌千佛洞之出土物中有其图像及其名号，而民间诸水陆画多绘其像于冥界诸鬼魂之前。

【引魂童子】清·朱海《妄妄录》卷一〇：吴俗：僧道度亡，每扎纸状人，曰"引魂童子"，摄召亡魂，沐浴度桥，作诸法事。

【隐形蛇】五代·徐铉《稽神录》卷二：舒州有人入灊山，见大蛇，击杀之。视之有足，甚以为异。因负之而出，将以示人。遇县吏数人于路，因告之曰："我杀此蛇，而有四足。"吏皆不见，曰："蛇何在？"曰："在尔前，何故不见？"即弃蛇于地，乃见。于是负此蛇者皆不见，人以为怪，乃弃

之。按：此蛇生不能自隐其形，死乃能隐人之形，此理有不可穷者。

【隐游】刘宋·刘敬叔《异苑》卷一〇（《说库》本）：魏安厘王观翔鹄而乐之，曰："寡人得如鹄之飞，视天下如芥也。"客有隐游者闻之，作木鹄而献王。王曰："此有形无用者也。夫作无用之器，世之奸民也。"召隐游，欲加刑焉。隐游曰："大王知有用之用，未悟无用之用也。今臣请为大王翔之。"乃取而骑焉，遂翻然飞去，莫知所之也。

引路王菩萨　河北石家庄毗卢寺

【ying】

【应靖】唐末人。《仙鉴》卷四五：僖宗时为登封令，有惠政。黄巢犯东都，徇登封。靖空一邑保嵩山，自为殿，以死捍之，百姓获全。弃官学道，遂仙去。隐其姓，以名显，故世称靖长官。宋元祐中，刘几遇之于嵩山，眼光如炬。

【应龙】❶《山海经·大荒东经》："应龙处南极，杀蚩尤与夸父，不得复上，故下数旱。旱而为应龙之状，乃得大雨。"郭璞注曰："应龙，龙有翼者也。"应龙杀蚩尤后，遂常在地下，不能升天作雨。北宋·郑侠《西塘集》卷三有《英州应龙祠记》，因感荆、交之间淫祠如织，诘其鬼，无名氏十常六七。而如应龙之祠，乃缺而不置。又英州时涝时旱，民生甚艰。元丰间，郑侠默与龙期，以七年为约，如七年之间雨旸以时，不为民害，则为龙立祠。至期果如约，乃建应龙祠。❷大禹时神龙。《楚辞·天问》："应龙何画？河海何历？"王逸注：禹治洪水，有神龙以尾画地，导水所注，当决者，因而治之。晋·王嘉《拾遗记》卷二：禹尽力沟洫，导川夷岳，黄龙曳尾于前，玄龟负青泥于后。《古岳渎经》曰："尧九年，巫支祈为孽，应龙驱之

应龙　山海经图　蒋应镐本

淮阳龟山足下，其后水平，禹乃放应龙于东海之区。"❸梁·任昉《述异记》卷上："水虺五百年化为蛟，蛟千年化为龙，龙五百年化为角龙，千年为应龙。"❹三国·张揖《广雅》："有鳞曰蛟龙，有翼曰应龙，有角曰虬龙，无角曰螭龙。"

【应声虫】南宋·洪迈《夷坚甲志》卷一五："永州（今湖南零陵）人毛景，得奇疾，每语，喉中辄有物作声相应。有道人教令诵《本草》药名，至'蓝'字而默然，遂取蓝榨汁饮之。少顷，呕出肉块，长二寸许，人形皆具。"宋·张杲《医说》卷五引陈正敏《遯斋闲览》："杨勔中年得异疾，每发言应答，腹中有小声效之。数年间，其声渐大。有道士识为'应声虫'，令读《本草》，遇虫不应者服之。勔如言，读至雷丸，虫忽无声，乃服数粒，遂愈。"◆按：此事最早见于唐·张鷟《朝野佥载》卷一，唯不言其名为"应声虫"，而称为"应病语"耳：洛州有士人患应病，语即喉中应之。以问善医张文仲，经夜思之，乃得一法。即取《本草》令读之，皆应；至其所畏者，即不言。仲乃录取药，合和为丸，服之应时而愈。

【应元】明·王圻《稗史汇编》卷四〇引《妙观雅言》：少年悟道，恒曰："天地内外前后百千万亿劫事，不知，非圣人也。"有人取十九史中最僻一人试之，应元屈指历历言之，若亲识其人，尚曰："此大略耳，若审言之，则自生至死，一日一时无不可也。"其人即指史传曰："此处多不合，何耶？"应元笑曰："非我不合，乃史不合我也。"其人因遣人觅平生不相识者数人来面试之，应元即一一言其往事，惟大理则为隐之，数人无不魂动股栗，叩头不已。至问未来穷通得失，则曰"勉之"而已。

【英济侯】水神，或称捍沙王、护堤侯。庙祀在杭州、萧山、山阴、海宁等处均有，而神亦有数说。

一以为萧山布衣，一以为五代吴越之张亮，一以为即张夏。清·翟均廉《海塘录》卷一二有文辨之曰："英济庙。《海宁县志》俗称捍沙王庙，在县东三十里。相传萧山布衣张某，溺海为神。或为宋张夏，筑堤捍江，人赖以安，为之立祠。大观二年封安济公。臣谨案：萧山县长山有英济侯庙，旧称护堤侯庙，宋建以祀漕运张行六五者，俗呼张老相公。考《王多吉集·张氏先茔碑记》云：吴越王时刑部尚书张亮，厥后一传护堤侯十一税院，袭为长山海神。则所谓六五者，即指十一言也。郡志以为六五即张夏。然夏封宁江侯，改安济公，而六五于明天启时封灵应英济侯，庙号不符。今海宁之庙亦称英济，与长山神同号，其谓捍沙王为萧山布衣者，与萧山护堤侯事亦相类，姑标识之，以待稽考。"◆按：张夏事参见"张夏"条。五代之张亮不见于史，且吴越自唐末迄宋初均称臣于中原诸朝，职官本无尚书之设。唐时任刑部尚书而名张亮者，乃唐初功臣，入凌烟阁而后以"谋反"被诛者，与吴越无涉。故颇疑英济侯或为张夏，或为浙江沿海土神，而绝无张亮之可能。

【英烈侯】即钱太尉。南宋·赵孟坚《彝斋文编》卷四《金山顺济庙英烈钱侯碑》，略云：家闽，姓钱，行七。附祀于金山大王庙。五月二十一日为其生辰，沿海祭祠，在在加谨，而金山祠祀尤严。是日盐商海估，寨伍亭下，社鼓喧迎，香花罗供。而本无位号，仅称太尉，殆同于野庙。宋元之际，率阴兵十万助顺，排空而下，旗著"华亭钱太尉"，于是而受封为英烈侯。

【英烈王】北宋·沈括《长兴集》卷一〇有《延州重修嘉岭英烈王庙碑记》，略云：曹魏黄初二年二月，天有大声，陨星于乌水之阴，大如车，盖石也。赫连勃勃据有朔方，始尊而祠之。唐末，北平王高万兴节制彰武军，有所感于神，名其山为嘉岭，而石人之祠始盛。北宋康定中，党项入庐关，袭虚薄延州（今陕西延安），城甚危。州人祷于嘉山，中夜大雪，虏惊起视，南山草木皆兵，于是师溃而归。始封神为威显公。凡有所祈荐辄应。今上（宋神宗）即位，复尊神为英烈王。

【英显王】梓潼神张亚子，宋真宗咸平中追封英显王。南宋·洪迈《夷坚甲志》卷一八："王龙光入京赴试，过剑州梓潼县七曲山，谒英显武烈王庙。"原注："俗呼张相公庙。"宋·高承《事物纪原》卷七："英显王庙，在梓州梓潼县，本梓潼神也。唐明皇狩蜀，神迎于万里桥，追命左丞相。僖宗播迁，亦有助，封济顺王。咸平中，益卒为乱，王师讨之，忽有人呼曰：'梓潼神遣我来。九月二十日城陷。'果克。四年，州以状闻，故命追封英显王。"

【英招】《山海经·西山经》：槐江之山，实惟帝之平圃，神英招司之。其状马身而人面，虎文而鸟翼，徇于四海，其音如榴（未详其义）。

英招　山海经图　吴任臣本

【婴母】谌母，姓谌氏，字曰婴，众号为婴母。详见"谌母"条。

【玃如】《山海经·西山经》："皋涂之山，有兽焉，其状如鹿而白尾，马脚人手而四角，名曰玃如。"王念孙校以为"玃"当作"玃"。见"玃如"条。

玃如　山海经图　汪绂本

【鹰虎神】清·蒲松龄《聊斋志异》卷一"鹰虎神"：济南东岳庙在南郭。大门左右，神高丈余，俗名"鹰虎神"，狰狞可畏。庙中道士任姓，每鸡鸣辄起焚诵。有偷儿预匿廊间，伺道士起，潜入寝室，于荐底得钱三百纳腰中，拔关而出，将登千佛山。南窜许时，方至山下。见一巨丈夫自山上来，左臂苍鹰，适与相遇。近视之，面铜青色，依稀似庙门中所习见者。大恐，蹲伏而战。神揪令还庙，使倾所盗钱跪守之。道士课毕，回顾骇愕。盗历历自述。道士收其钱而遣之。

【鹰神】明·闵文振《涉异志》：大兴太宰刘公机初为秀才时，畿郡有鹰神，乃一猎鹰也。一日飞止公宅，造糜饲之，偶不洁，鹰攫其奴若惩之者。居数日，呼公名语曰："公大贵人，他日当得八人抬轿，参赞南京。"已而飞去，公后举进士，累官兵部尚书，参赞南京机务，如鹰语云。

【荧惑】即火星。晋·干宝《搜神记》卷八：三国吴孙休永安三年二月，有一异儿，长四尺余，年可六七岁，衣青衣，忽来从群儿戏。诸儿莫之识也，皆问曰："尔谁家小儿，今日忽来？"答曰："见尔群戏乐，故来耳！"详而视之，眼有光芒，爚爚外射。诸儿畏之，重问其故。儿乃答曰："尔恐我乎？我非人也，乃荧惑星也，将有以告尔。三公归于司马。"（《三国志·吴书·三嗣主传》注引荧惑所告为"三公锄，司马如"）诸儿大惊，或走告大人，大人驰往观之。儿曰："舍尔去乎！"耸身而跃，即以化矣。仰而视之，若曳一匹练以登天。大人来者，犹及见焉。飘飘渐高，有顷而没。一说即火神，参见"宋无忌"条所引《夷坚支志·甲集》卷一。

【荧惑真君】火神，见"宋无忌"条。

【营陵道人】晋·干宝《搜神记》卷二：汉北海营陵（今山东昌乐东南）有道人，能令人与已死人相见。其同郡人妇死已数年，闻而往见之，曰："愿令我一见亡妇，死不恨矣。"道人曰："卿可往见之。若闻鼓声，即出，勿留。"乃语其相见之术。俄而得见之，于是与妇言语，悲喜恩情如生。良久，闻鼓声，恨恨不能得住，当出户时，忽掩其衣裾户间，掣绝而去。至后岁余，此人身亡。家合葬之，开冢，见妇棺盖下有衣裾。

【颍州道士】清·王士禛《池北偶谈》卷二五：颍州（今安徽阜阳）一少年为邪所侵，疾入膏肓，家人谓不可活，置之路旁。一道士过之，自言善医，命取铁锤，重数十斤，锤病者头面。父母泣不肯。道士曰："无伤也。"锤下，病者若无知，辄有一美妇人长二寸许自口中跃出而灭。凡百锤，口出百妇人，大小形状如一。少年立愈，道士亦不复见。

【影神】与身神相类，皆为道家炼丹派所奉之神。唐·段成式《酉阳杂俎·前集》卷一一："人影有九，九影各有神，一名右皇，二名魍魉，三名泄节枢，四名尺凫，五名索关，六名魄奴，七名灶囵，八名亥灵胎，九名（原阙）。"而清·宫梦仁《读书纪数略》卷四三径言"影神八名"。

【yong】

【雍法志】宋·黄休复《茅亭客话》卷一：雍法志，东川飞乌县（今四川简阳东北）元和乡人。人虽鄙朴而性慕清虚，常供养一石老君，诵《天蓬咒》《枕中经》。梦一道士，云："吾于汝处求钱三千贯。"法志辞以贫。道士取石像前棕帚云："但有患者，将此帚扫之即愈。"法志从之，求医者不绝。

郡城西为青羊宫，兵火之后，仅余二台，知州任公请重修旧殿。法志医人得钱即送监造处保管。后法志悦一妇人，潜出不归，医者渐少，至冬，其帚再扫病不应，法志自惭而退。问其修造掌籍者，得钱正三千贯。

【雍广莫】见《仙鉴》卷五二。即"木先生"，见该条。

【雍和】《山海经·中山经》："丰山，有兽焉，其状如猨，赤目、赤喙、黄身，名曰雍和，见则国有大恐。"

雍和　山海经图　汪绂本

【雍泰】明时人。明·王圻《稗史汇编》卷六三：为都御史镇大同，一小卒犯盗当死，问之，泣云："某非盗，乃异人所授炼银之术，因而见疑。"泰乃令疏其方，试之良验，遂释囚而弃官归。托云病死，家人葬于先垄。泰遁出，游行江湖三十年。正德中一边卒遇之于途，泰乃赠以白金，人方知其尸解。

【颙】《山海经·南山经》："令丘之山。有鸟焉，其状如枭，人面四目而有耳，其名曰颙，其鸣自号也，见则天下大旱。"吴任臣《山海经广注》卷一："朱谋㙔《异林》云：万历二十年，颙鸟集豫章城永宁寺，高二尺许，燕雀群噪之。是年五月至七月，酷暑异常甚。朱国祯《涌幢小品》亦云万历壬辰颙鸟集豫章，人面四目而有耳，其年夏无雨，田禾尽枯。"

颙　山海经图　吴任臣本

【永清大王】《太平广记》卷三〇七"永清县庙"条引《集异记》：房州永清县去郡东百二十里，山邑残毁，城郭萧条。穆宗时，有县令至任逾年，其弟宁省，乍睹牢落，不胜其忧。暇日，周览四隅，无非榛棘，见荒庙岿然，土偶罗列，无门榜牌记，莫知谁氏。访之邑吏，但云永清大王而已。令弟徙倚久之，昏然成寐，与神相接。神曰："我名迹不显久矣。郁然欲自述其由，恐为妖怪。今吾子致问，得伸积年之愤。我毗陵人也，大父子隐，《吴书》有传。诛南山之虎，斩长桥之蛟，与民除害，

阴功昭著。余素有壮志，以功佐时。余名廓，为上帝所命，于金商均房四郡之间，捕鸷兽。余数年之内，剿戮猛虎，不可胜数，生聚顿安。虎之首帅在西城郡，其形伟博，便捷异常，身如白锦，额有圆光如镜，害人最多，余亦诛之。居人怀恩，为余立庙，自襄汉之北，蓝关之南，凡三十余处，皆余憩息之所也。岁祀绵远，俗传多误，以余为白虎神，幸君子访问，愿为显示，以正其非。"他日，令弟言于襄阳从事，乃书版寘于庙中。尘侵雨渍，文字将灭，大中壬申岁，襄州观察判官王澄，刻石于庙。

【永石公】《太平广记》卷七六引《列仙传》：武昌赵廓，齐人也。学道于吴永石公，三年，廓求归，公曰："子道未备，安可归哉？"乃遣之。廓及齐，行极方止息，同息吏以为犯法者，将收之。廓走百余步，变为青鹿。吏逐之。复变为白虎，急奔，见聚粪，入其中，变为鼠。吏悟曰："此人能变，此必是也。"遂取鼠缚之，而廓形复焉，遂以付狱，法应弃市。永石公闻之，叹曰："吾之咎也。"乃往齐王曰："吾闻大国有囚，能变形者。"王乃召廓，勒兵围之。廓依前化为鼠，公从坐翻然为老鸥，攫鼠而去，遂飞入云中。◆按：事与"茅安道"同。

【勇卢】《龙鱼河图》：鼻神名勇卢。

【涌铁夫人】广东冶铁业所奉之投炉神。清·屈大均《广东新语》卷一五：相传有林氏妇，以其夫逋欠官铁，于是投身炉中，以出多铁。今开炉者必祠祀，称为涌铁夫人。

【you】

【狓狓】《山海经·东山经》："硽山，有兽焉，其状如马而羊目，四角牛尾，其音如獋狗，其名曰狓狓，见则其国多狡客。"

【尤尊师】北宋·沈辽《云巢编》卷六《零陵先贤赞》"尤尊师"条：道人始来，行丐市廛。其道若狂，手持败鞭。数语市人，我将升天，身跨白龙，

狓狓　山海经图　汪绂本

此鞭用焉。州将闻之，囚于土圜。有顷已出，犹如风烟，复持此鞭，笑语自然。守兵怒之，兵不得

前。徐徐引去，乃知其仙。

【由吾道荣】北朝时人。《北史·艺术传》：由吾道荣，琅琊沭阳（在今江苏北部）人也。少为道士，入长白山、太山，又游燕、赵间。闻晋阳（今山西太原）有人大明法术，乃寻之。是人为人家佣力，无名者，久求访始得。其人道家符水禁咒、阴阳历数、天文药性，无不通解。以道荣好尚，乃悉授之。岁余，是人谓荣云："我本恒岳仙人，有少罪过，为天官所谪。今限满将归。"道荣仍归本郡，隐于琅邪山中，辟谷求长生之秘。寻为齐文宣帝追往晋阳，道荣恒野宿，不入逆旅。至辽阳山中，夜初马惊，有猛兽去马止十余步，所追人及防援者并惊怖将走。道荣徐以杖画地成火坑，猛兽遽走。道荣至晋阳，文宣见之甚悦。后归乡里。隋开皇初，备礼征辟，授上仪同三司、谏议大夫、沭阳县公。从晋王平陈还，苦辞归。至乡卒，年八十五。又见《北齐书·方伎传》。

【油筒子】北宋时人。宋·章炳文《搜神秘览》卷一：不知何许人。成都耆老见之四十年，容貌若一人，莫究其甲子。背破席帽，负一筒丐油于廛肆间，满辄持去，其行如飞。故人号之油筒子。始卖老君卜于市，卦售一钱。其后惟伸手丐钱于人，所得寻以散施。复贮物于囊，有求取者，探囊中，食物钱帛随所有。熙宁九年，大醉归，明旦死之。既死之明日，或传有见于汉州之市者。

【游方五圣】明·田艺蘅《留青日札》卷二八"五道将军"条："俗有游方五圣、树头五圣、花花五圣，皆贪淫邪乱之神，或曰即五通也。"明·钱希言《狯园》卷一二："苏州上方山有五圣庙，管弦填咽，酒肉滂沱。山下田夫往往见灯烛人马，出没石湖烟雾中，有五丈夫执弓挟弹，拥驺从姬侍，张乐设宴于田间，若贵介少年状，亦间用王者威仪。此名'游方五圣'。"按：据此乃是五通之一名。

【游光】有数说。东汉·应劭《风俗通义·辨惑》："夏至著五彩，辟兵，题曰游光。游光，厉鬼也，知其名者无温疾。五彩，避五兵也。"明·方以智《通雅》卷二一据此云："《魏志》谤语曰'李丰兄弟如游光'。向不得解，观此便知。"晋·干宝《搜神记》卷一二："木精为游光。"三国·张揖《广雅》："火神谓之游光。"《玉芝堂谈荟》引《鹖子》："火精为游光。"敦煌写卷《白泽精怪图》："夜行见火光，下有数十人，光头戴火车，此一物两名，上为游光，下为野童，见是者之下多疫死，兄弟八人。"按"野童"应是"野仲"之讹。详见"野仲游光"条。

【游师姨】南宋·洪迈《夷坚三志·辛集》卷五"揽事游师姨"条：乐平（今江西乐平）大东关外一尼姑，俗呼"揽事游师姨"。不详其所自来，日携一竹筐入市，为邻左右家买物，自一钱两钱至于十百，粉饵、针缕、果料，其项目纤微，无不一一记忆，反而付之，不少差。性和易，人誉之无喜色，诋之无愠色。往来累年，一旦遍诣诸家告别，不疾而终，瘗于归仙桥下。明年，一道人至，启其穴，视其骸，乃金锁子骨也。以杖挑之，凌空而去。桥因是得名。

【游天大帝】见"蛇神"条。

【幽頞】《山海经·北山经》："边春之山，有兽焉，其状如禺，而文身善笑，见人则卧，名曰幽頞，其鸣自呼。"郭璞《山海经图赞》：

幽頞 山海经图 蒋应镐本

"幽頞似猴，俾愚作智。触物则笑，见人佯睡。好用小慧，终是婴累。"

【有古大先生】宋·谢守灏《混元圣纪》卷一："地皇时老君下降为师，号有古大先生。"《仙鉴》卷二："于地皇时出《洞玄经》十二部，化人以无上正真之道。"

【有黄】神巫。东汉·张衡《灵宪》（见《全后汉文》）：姮娥窃不死之药，将奔月，往筮于有黄。有黄占之，曰："吉。翩翩归妹，独将西行。逢天晦芒，毋惊毋恐。后且大昌。"

【有穷鬼】《山海经·西山经》："槐江之山，东望恒山四成，有穷鬼居之，各在一搏。"郭璞注："搏，犹胁也，言群鬼各以类聚，处山四胁。有穷，其总号耳。"

【有应公】仇德哉《台湾之寺庙与神明（四）》：又称有英公、百姓公、金斗公、恩公、万善同归、无嗣阴光、万恩公、万善诸公、万应公、万善爷；女性之有应公称有应妈。有应者，取其有求必应之意。亦属无主孤魂，厉鬼之一。

【右英王夫人】《仙鉴后集》卷三：西王母第十三女。名媚兰，字申林。治沧浪山。受书为云林夫人。晋哀帝兴宁三年降句曲山。梁·陶弘景《真诰》称"沧浪云林右英夫人"。

【幼伯子】周时人。西汉·刘向《列仙传》卷上："幼伯子，苏氏客。冬常著单衣，盛暑著襦裤，形貌岁异，后数十年更壮。世世佑护苏氏子孙。"晋·葛洪《抱朴子内篇·杂应》："幼伯子、王仲都，此二人衣以重裘，曝之于夏日之中，周以十二炉之火，口不称热，身不流汗。"

【佑圣真君】❶即茅盈。《三教源流搜神大全》卷一："茅盈得道，汉明帝时降天书，封大帝保命真君，与东岳大帝同签生死，共管阴符之事。宋太宗封茅盈为佑圣真君，真宗加封为九天司命上部赐福佑圣真君。"故所谓"佑圣"者，佑天齐圣帝也。参

佑圣真君　三教源流搜神大全

见"茅盈"条。❷即玄武。宋人以天蓬、天猷、翊圣、佑圣真君合称"四圣"。其职为护卫北极紫微大帝。其中天蓬称大元帅，天猷为副元帅，翊圣为黑杀将军，佑圣为玄武将军。南宋·洪迈《夷坚三志·辛集》卷二"佑圣观梦"条记其下降，其长七尺，著道士羽服，形容端严，视其刺字曰"北方镇天真武灵真君"。又《夷坚三志·壬集》卷九"杨母事真武"条言真武下降。"身躯长大，被发仗剑"，杨母曰："是佑圣真君救汝也。"南宋·吴自牧《梦梁录》卷二："三月三日上巳之辰，此日正遇北极佑圣真君圣诞之日。"

【yu】

【于半仙】《(雍正)山东通志》卷三〇：明时人，居淄川(今山东淄博南)城西冶头店。性质朴。家有铁拐仙人像，日具香斋奉。阅数岁，一日早起，途中见一人宛然所供像，遂求度。仙乃令闭目，须臾至大海畔。惊怖求归，乃与之金，旬日抵家。年九十无疾而化。

【于儿】《山海经·中山经》：夫夫之山，神于儿居之，其状人身而身操两蛇，常游于江渊，出入

有光。

【于公】明末人。清·周亮工《书影》卷五：登州文登(今山东文登)人，草衣木食，相传能前知，洞人隐微，远近竞称之为仙，多有就之问祸福者。

【于吉】晋·干宝《搜神记》卷一、《洞仙传》："琅琊(在今山东临沂)人。其父祖世有道术，不杀生命。于吉游于曲阳水上，得神书百余卷，号《太平青录书》。至会稽(今浙江绍兴)，士民皆呼为于郎，事之如神。孙策召为客，后见将士多在吉所，遂怒吉，使祷雨，雨至而策复杀之。策先为许贡门客射伤，此时照镜，见于吉在镜中，因拍镜大叫，疮裂而死。"又见《三国志·吴书·孙破虏讨逆传》注引《江表传》。◆又：于吉，诸书或作"干吉"。《后汉书·襄楷传》："初顺帝时，琅邪宫崇诣阙，上其师干吉于曲阳泉水上所得神书百七十卷，皆缥素、朱介、青首、朱目，号《太平清领书》。其言以阴阳五行为宗，而多巫觋杂语。有司奏崇所上妖妄不经，乃收藏之。后张角颇有其书焉。"按：自顺帝至孙策时，于吉若在，应已百岁之上。故顺帝时吉乃为真于吉，而孙策所杀之于吉或为冒其名者。◆台湾地区又称其为"太平神"，应与当时之《太平经》有关。见仇德哉《台湾之寺

于儿　山海经图　汪绂本

于吉　列仙图赞

庙与神明（二）》。

【于老】见"呼子先""酒母"条。

【于仙姑】北宋末人。南宋·马纯《陶朱新录》："凤翔（今陕西凤翔）太守邵公恭信事于仙姑，即于真人，其人甚异。一日本司幹官汤东野沿檄自京回凤翔，至境上，憩于村邸，忽见一妇人携十六七女子行于田野中，隐约似于真人，遂相问。真人曰：'未暇往见，请到凤翔致意邵公。'汤至府谒邵道其事，邵曰：'真人寝于家已数日。'因往同视，方酣睡室中。宣和间羽化于陕西，有《大洞真经》传世。"《仙鉴后集》卷六："于仙姑，凤翔人。家以卖茶为业。自小日诵《老子》，后于败纸中得道家之说，乃辟谷。年十四，不肯嫁，偶于石室玉函中得《大洞经》，如其方修之，遂得度世炼形之术。宋徽宗闻之，召至东都，赐真人号。钦宗靖康初化去。"

【于章】北朝时楼观派名道。《仙鉴》卷三〇：字长文，右扶风（今陕西乾县）人。年七岁，父母教读《孝经》，乃曰："闻有《道德经》，意愿习诵。"父母异之，随其所好，令师事道士侯楷。于西魏大统九年入道，历十四年，侯楷授以三洞众真要法。书写符章，无不应验。北周时为田谷十老之一。隋文帝开皇十七年，复受皇化丈人太极真公六十甲子及五帝五岳符印，除妖翦祟，神变无量。至炀帝大业十年羽化，年八十二。葬时有一白鸟自棺而去，人谓得蜕形之道。

【于梓人】明初人。明·陆粲《庚巳编》卷八"于梓人"条：湖广武冈州（今湖南武冈）人。其父尝夜梦梓潼神，遂能雕塑神像，极于工致。生七八岁，因其父艺，以"梓人"名之。及长，有隽才，且多异术。举洪武乙丑进士，历知登州府。部民有诉其家人伤于虎者，梓人命卒持牒入山捕虎，两卒不得已，入山焚其牒，火才息而虎随至，弭耳帖尾。随行入城，至庭下伏不动，梓人厉声叱责，杖之百而舍之。寻为部民告讦，以为妖术惑众，有诏逮梓人下吏治之，数月瘐死狱中，弃其尸，家人发丧成服。一夜忽闻扣门声，开门乃是梓人。梓人不自晦匿，日与故旧游宴。或泛舟不用柁楫，逆水而上以为乐。里人刘氏，其怨家也，执而縶之，白知州伍芳，请奏闻。芳异其事，不许。刘遂诣阙告之，朝命法官来州推按，未至，一日忽失梓人所在，但存铁索而已。刘无以自明，竟坐欺罔得重谴，而梓人自是不复见云。梓人自号七十一峰道人。又见明·刘玉《已疟编》。

【余道人】明时人。清·汪森《粤西丛载》卷一一：居剑峰石下，用口咒桃符治病立愈，祷雨逐疫有应。年九十无病而逝。有梁姓者同日暴病而死，死后二日复苏，云为社公所执，欲杖一百后押往酆都。忽见一官乘白骡来，金冠绣服，正是余道人。余为说情而放梁归。

【余儿】见《太平广记》卷二九一引《管仲子》。即"俞儿"。见该条。

【余听声】南宋·洪迈《夷坚支志·庚集》卷二"余听声"条：三衢（今浙江衢州）余山人，善相气色，又工听气物声。常至婺源邑士李熙仲家，试其术。使立户外，而自登廊上鼓梯，执两椎敲击数四，乃呼入问之。即曰："鼓有双声，当应两子弟喜庆事。击者亦非碌碌人也。"是岁淳熙十三年，及秋试，二子偕荐名，明年赴省。其叔智仲以左藏提辖充贡院点检试卷官，牒往别院。皆遭黜。

【余仲宇】明时人。《（康熙）辰州府志》卷六：不知何许人，万历初至辰溪（今湖南辰溪）。善风鉴，更善医。医皆用针，奇疾濒死，一针即活。能化瓦石为金银，以易酒饮，饮则呕吐满室，然无恶气。谈未来事奇中。寓辰州（今湖南沅陵）数年，忽一日遍诣相知，约明晨远去，同来一别。至期众至，则已逝世。众具棺葬之。数日后，有人亲见其卖药他所。

【鱼道超】南宋·白玉蟾《修真十书·武夷集》：与鱼道远皆秦时女真，隐于武夷。其地多毛竹，土人或见二鱼，称为"毛女"。

【鱼凫】《全汉文》卷五三扬雄《蜀王本纪》："蜀王之先名蚕丛，后代名曰柏濩，后者名鱼凫，此三代各数百岁，皆神化不死。其民亦随王化去。鱼凫田于湔山，得仙，今庙祀之于湔。"晋·常璩《华阳国志》卷三："鱼凫田于湔山，忽得仙道。蜀人思之，为立祠。"明·曹学佺《蜀中广记》卷七一："今温江县（在成都西）北十里鱼凫城是其上升处。"

【鱼妇】《山海经·大荒西经》："有鱼偏枯，名曰鱼妇。颛顼死即复苏。风道北来，天乃大水泉，蛇乃化为鱼，是为鱼妇。颛顼死即复苏。"郭璞注："后稷垄在建水西，其人死复苏，其半为鱼。盖谓此也。"吴任臣《广注》案："《星槎胜览》：'占城有飞头妇，号尸致鱼，夜飞头入人家，食小儿，头返合体如故。'亦此类也。又《冠编》云：'虞幕取颛顼氏女，曰鱼妇，生穷鳝。'名与此同，然语不相蒙，疑非是。"又案："高诱《淮南注》云：'人死复生，或化为鱼。'杨慎《补注》曰：'今南中诸苗能以术咒尸为鱼而食之。'《西南国风土记》云：'邪术有卜思鬼者，妇人习之，夜化为猫犬，遇病者，摄其肉，唾水中化为水虾，取而货之。即斯术也。'"

鱼妇　山海经图　汪绂本

【鱼花五圣】江南有鱼花五圣之神，清·翟灏《通俗编》卷一九以为此神本于《管子·轻重篇》："立五厉之禁，祭尧之五吏，春献兰，秋敛落，原鱼以为脯，鲵以为殽，若此则泽鱼之征百倍异日。"

【鱼肉道人】南宋·洪迈《夷坚丙志》卷一五"鱼肉道人"条："成都人，宋大观中生，手足挛缩，暗不能言。遇异人，以药一粒纳口中，遂能言语动作，知隐匿事。至罗浮山（今广东惠阳地区之罗浮山）谒黄野人。野人曰：'子可教。'取鱼肉与之食。道人自此能食生肉，号曰'鱼肉道人'。绍兴末封达真先生。"又见明·田艺蘅《留青日札》卷二七"鱼肉道人"条，"黄野人"作"王野人"，误。明·王世贞《列仙全传》卷九云其生于宋天圣中，亦误。◆《夷坚丙志》卷一六"秦昌龄"条有"鱼肉和尚"，亦南宋初人，能做谶语，预言死生，不知与道人是否一人。

【鱼子英】北宋·乐史《太平寰宇记》卷九二江阴有圣英祠，云是鱼子英庙。见"子英"条。

【俞儿】《管子·小问》："齐桓公北征孤竹，未至卑耳之溪，见一人长尺，冠，右祛衣，而走于马前。管仲曰：'登山之神有俞儿，霸王之

俞儿　山海经图　胡文焕本

君兴则见，且走马前疾导也。祛衣示前有水也，右祛衣示从右方涉也。'至卑耳之溪，有赞水者曰：'从左方涉，其深及冠；右方涉，其深至膝。'"明·方以智《通雅》卷二一"俞儿即蟋蛐"条："《管子》言俞儿见者霸，《御览》作'俞而'。《庄子》王子敖告齐公以委蛇，即此事。《博物志》泽有委蛇，短毂长辕，见者霸。特易其名耳。"

【俞灵瓅】唐时人。《仙鉴》卷四二：河间（今河北河间）人。入衡山修道，南岳赤君授以回风术及守明梁之法。行之二十年，能坐见天上事如视诸掌。与人谈说，多四海九州游历事。其貌常若三十许人。后入九疑山（在湖南宁远南），绝粒仙去。明·王世贞《列仙全传》卷六：唐宪宗元和中，郴州官吏见其谈说，始异之。

【俞柳仙】《（万历）绍兴府志》卷一九："俞柳仙判官庙，在诸暨县东南孝义乡。父老传有姓俞者久寓村媪家，病革，语媪曰：'死以两大瓮合以葬我，杠折则窆。'乡人如其说。复梦俞曰：'今为天曹雨雪部判官。'会野火且至，烈日中雨雪冢上，远近异之，即其地立祠。宋绍兴初，久旱，迎神至大雄寺，祷雨有应，岁以大稔。相传神喜柳枝，邑人致祷，必持柳枝以献，因名柳仙云。"◆按：此即"俞判官""俞神君"，可参见诸条。

【俞判官】南宋·马纯《陶朱新录》：诸暨县（今浙江诸暨）孝义乡有俞判官庙，祈求雨旸，颇著灵应。相传其初本村落间逐什一者，无家，不知所自来，临死自云："本天曹主雨雪判官。"尝指其地曰："我死，当庙食于此。"既而六月飞雪，厚数寸，乡人即其地建祠祀之。

【俞神君】明·宋濂《宋景濂未刻集》卷上《序俞神君灵迹》：神君姓俞，不知其名与州里所居。相传唐末来句吴，主上林里吴姬家，以播鼗鼗筊珓为事。出言隐显不常，颇类鬼神语。或张盖行赤日中，必雨，否则雨虽甚必霁。近枫桥十里所有溪善溢，咫尺若千里，涉者告病。神君释芒蹻掷之，后遂涸。性喜插柳帻间，手植园蔬，一夕皆化为柳。人异之，呼为"柳仙人"。阅三载，忽谓姬曰："吾乃柳星之精，被谪来人间，期满当逝。既逝，勿棺我，合瓮瘗之山椒。他日庙食，勿用牺牲为荐。吾将利尔后人也。"姬从其言。乡人为建庙，水旱虫螟，咸祷焉。

【俞叟】唐·张读《宣室志》"俞叟"条：尚书王潜节度荆南时，有吕氏子，衣敝举策，投刺来谒。公不为礼。甚怏怏。有市门监俞叟者，召吕生而语，且问其所由。于是延入一室，谓吕生曰："今夕为吾子设一小术，以致归路裹粮之费。"叟因取一缶合于地，仅食顷，举而视之，见一人长五寸许，紫绶金腰带，俯而拱焉。俞叟指曰："此乃尚书王公之魂也。"吕生熟视其状貌，果类王公，心默而异之。因戒曰："吕乃汝之表侄也，家苦贫，无以给旦夕之赡，故自渭北不远而来。汝宜厚给馆谷，尽亲亲之道。汝何自矜，曾不一顾，岂人心

哉!"紫衣偻而揖,若受教之状。叟又曰:"吕生无仆马,可致一匹一仆,缣二百匹,以遗之。"紫衣又偻而揖。于是却以缶合于上,有顷再启之,已无见矣。明旦,天将晓,叟谓吕生曰:"子可疾去,王公旦夕召子矣。"及归逆旅,王公果使召之,方见且谢曰:"吾子不远见访,属军府务殷,未果一日接言,深用为愧,幸吾子察之。"是日始馆吕生驿亭,与宴游累日。吕生告去,王公赠仆马及缣二百。

【俞仙人】明末·佚名《集异新抄》卷二"俞仙人"条:长洲(今江苏苏州)沈玉岑家仆,名俊,不知所从来,亦不知年岁。貌古朴,无妻子,冬夏一装,亦不见垢弊。扫除之暇,便市酒酤饮。常于灶下,以数茎草投火中,须臾拨火,即成小银饼。主人询其术,云少年时得之方士。于是称为俞仙人,而作仆如故。后主人远出,且一岁,俞忽云:"郎君今日某时归,老仆亦将谢别。"至期,主人果归,俞顿地迎候,不复起矣。

【俞允】见"白鹤大仙"条。

【俞震斋】明时人。《(崇祯)闽书》卷一三八:"沙(今福建沙县)人,秘传符箓,精五雷祈祷术。洪武二十年省城大旱,震斋求雨有验。晚居其里之三官堂。一日有老妪求救,自云为某山母龙,坐行雨失律,当午时震死,过午则无害。震令其化为小蜒,置盂中,以令牌覆之。须臾雷至,过午乃息。俞命龙出,仍化为老妪,谢曰:'有祈雨,当如命。'每三年辄一来朝,至今六月初有暴风疾雨由南而北,民间必曰'龙姑朝俞'云。"又见《(雍正)福建通志》卷六〇。明·徐应秋《玉芝堂谈荟》卷九"祷雨之奇"条、张岱《石匮书》卷二〇八亦记俞震斋事,云:"俞震斋精五雷祈祷术。同时有黄天玄者亦能此术。洪武二十年闽中大旱,藩司召二人祈雨。既至,分东西立坛,分书朱墨二符,私约曰:'吾二人雨当如其符色。'乃以书符朱墨二砚分投水缸中。须臾雨至,一坛水黑,一坛水红,时并异之。"

【俞竹心】元时人。元·陶宗仪《南村辍耕录》卷二二:居庆元(今浙江庆元)。嗜酒落魄,与人寡合。顺其意者即与推算,醉笔如飞,道以往之事极验,时皆以为异人。

【禹京】即"禹强"。见该条。

【禹虢】《山海经·大荒东经》:"东海之渚中有神,人面鸟身,珥两青蛇,践两黄蛇,名曰禹虢。黄帝生禹虢,禹虢生禹京。禹京处北海,禹虢处东海,是为海神。"郭璞注曰:"言分治一海而为神也。虢一本作號。"是为东海之神,黄帝之子,北海之神禹强之父。

禹虢　山海经图　汪绂本

【禹号】一说即禹虢,见"禹虢"条。又《山海经·大荒北经》云:"有儋耳之国,任姓,禹号子。"是禹号之后有成国者。又《海内经》云"帝俊生禹号。"是又与为黄帝之子说相异。

【禹强】❶古代神话中的北海之神。东海之神禹虢之子。《山海经·海外北经》:"北方禹强,人面鸟身,珥两青蛇,践两青蛇(《大荒北经》作两赤蛇)。"郭璞

禹强　山海经图　蒋应镐本

注:"字玄冥,水神也。庄周曰:'禹强立于北极。'一曰禹京。一本云'北方禹强,黑身手足,乘两龙。'"袁珂《校注》以为:"强、京一音之转,禹强即禹京。《庄子·逍遥游》所云北冥之鲲,鲲即鲸,或与禹京有关联。"且疑"黑身"乃"鱼身"之误。又云:"禹强又兼风神之职,《淮南子·墬形训》:'隅强,不周风之所生也。'尧时害民之物有'大风'者,即禹强。《庄子》所云鹏鲲相化,即有原始神话背景在其后。"其说甚新且辩。◆吴任臣《广注》案:"《太公金匮》:'北海神名玄冥。'《越绝》云:'玄冥治北方,白辩佐之。'《五岳真形图》云:'北海神名帐余里,又名禹强。'"◆《三教源流搜神大全》卷七谓禹强为河伯。

【愚公】元·于钦《齐乘》卷一:临淄(在今山东淄博)西二十里有愚山。桑钦云:山东有愚公冢,山北有愚公谷。按《韩非子》云:桓公逐鹿入谷,问一老父:"此何名愚公谷?"对曰:"臣畜牸牛生犊,卖之而买驹。少年谓牛不能生马,遂持驹去。傍邻闻之,以臣为愚,故名愚公谷。"后人因为立庙。宋元丰间祷雨有验,封隐利侯。

【虞吏】晋·葛洪《抱朴子内篇·登陟》："山中寅日有自称虞吏者，虎也。"见"十二辰怪"条。

【虞翁生】三国时人。梁·陶弘景《真诰》卷一四：会稽（今浙江绍兴）人，受仙人介象之食日精法，吴孙权时隐于海中狼五山，兼行云气回形之道。晋穆帝时乘云上天。

【虞仙姑】南宋·周辉《清波杂志》卷一二："宋徽宗时人，年八十余，有少女色，能行大洞法。徽宗信服。命诣蔡京，见京家有一大猫，虞抚猫背语京曰：'识此否？乃章惇也。'"《天中记》卷五四作"卢仙姑"。误。《仙鉴后集》卷六有"虞真人"一条云："本女流，遇异人，不食，隐终南山。士大夫多敬之。宋徽宗崇宁初，首于茅山诏刘混康，海陵（今江苏泰州）诏徐神翁，终南诏虞真人，弋阳诏张虚静，日集秘殿，讲究道妙。"按此人应即"虞仙姑"。

【羽林将军】明·陆容《菽园杂记》卷六：吴中有羽林将军庙，而俗讹为"雨淋"，遂不覆以屋。

【羽民国】《山海经·海外南经》："羽民国在结胸国东南，其为人长头，身生羽。一曰：在比翼鸟东南，其为人长颊。"郭璞注曰："《启筮》曰：羽民之状，鸟喙赤目而白首。"又《大荒南经》："有羽民之国，其民皆生毛羽。"袁珂以为或与《海外南经》之羽民国为一国。晋·张华《博物志》卷二："羽民国民有翼，飞不远，多鸾鸟，民食其卵。"

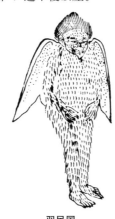

羽民国
山海经图　吴任臣本

吴任臣《广注》案："《蠃虫录》：'羽民国在海东南崖嶬间，有人长颊鸟喙，赤目白首，生毛羽，似人而卵生。'是与卵民本一国也。《括地图》曰：'羽民有羽，飞不远，去九疑四万二千里。'《归藏·启筮》曰：'金水之子，其名曰羽蒙，乃羽民，是生百鸟。'《金楼子》云：'舜时贯胸、羽民皆至。'《路史·余论》云：'舜九载，羽民献火浣布。'《冠编》：'舜时羽民庭，裸国、大人、反踵咸被其泽。'"

【羽人】晋·王嘉《拾遗记》卷二：周昭王即位二十年，昼而假寐，梦有人衣服并皆毛羽，因名羽人。王梦中与语，问以上仙之术，遂教以绝欲。再梦，则为王易心。羽人囊中有仙药，服之后天而

死，涂足可飞天地万里之外。按《楚辞·远游》："仍羽人于丹丘兮，留不死之旧乡。"亦指仙人，与《山海经》之"羽民"非一类。王逸以羽民注羽人，是混二为一也。

【羽山民】晋·王嘉《拾遗记》卷九：晋太康元年，有羽山之民献火浣布万匹。其国有羽山，上有文石，生火，烟色随四时而见，名净火。有不洁之衣，投于火石之上，皆如新浣。

【雨工】《太平广记》卷四一九"柳毅"条引《异闻集》：柳毅见龙女牧羊于泾阳道畔，问之，女曰："非羊也，雨工也。""何为雨工？"曰："雷霆之类也。"数顾视之，则皆矫顾怒步，饮龁甚异，而大小毛角，则无别羊焉。

【雨虎】《遁甲开山图》：霍山南岳有云师、雨虎。云师如蚕，长六寸，似兔。雨虎如蛹，长七八寸，似蛭。云雨之时，出在石上。

【雨师】❶屏翳，一曰号屏。《楚辞·天问》云："蓱号起雨。"王逸注："蓱，蓱翳，雨师名也。"三国·张揖《广雅》云："雨师谓之蓱翳。"晋·干宝《搜神记》卷四："风伯、雨师，星也。风伯者，箕星也；雨师者，毕星也。雨师一曰屏翳，一曰号屏，一曰玄冥。"❷商羊。见该条。❸玄冥。东汉·应劭《风俗通义·祀典》："《春秋左氏传》说'共工之子，为玄冥师'，'郑大夫子产襄于玄冥。'雨师也。"❹太白之精。《龙鱼河图》："天太白星主兵，其精下为雨师之神。"❺赤松子。干宝《搜神记》卷一："赤松子者，神农时雨师也。服冰玉散，以教神农。能入火不烧。至昆仑山，常入西王母石室中，随风雨上下。炎帝少女追之，亦得仙，俱去。至高辛时，复为雨师，游人间。今之雨师本是焉。"❻李靖。《（雍正）山西通志》卷一六四："风雨神庙，在翟城县（今山西翼城）四望村。其神唐卫公李靖。"❼名咏。《北堂书钞》卷一四四、《艺文类聚》卷二、《初学记》卷二引《太公金匮》云："河伯名冯夷，雨师名咏，风伯名姨。"❽《木郎祈雨咒》注："雨神名溁溇，字郁光。"❾又有冯修、陈华夫、陈天君诸说。《云笈七签》卷一八《老子中经上》："雨师名冯修，号曰树德。"明·方以智《通雅》卷二一："雨师名陈华夫。见道经。今俗又塑雨师像，乌髯壮汉，左手执盂，内盛一龙，右手若洒水状，称曰雨师陈天君。"❿名滕六。见该条。民间又称能行雨者为雨师，见"陈鸾凤"条。⓫《遁甲开山图》：郑有不毛山，上有无为之君，分布云雨于九州之内。◆宋宣和间加封东海神，仍

封附祀风神曰宁顺侯，雨神曰宁济侯。《元史·舆服志二》：雨师旗，青质，赤火焰脚，画神人，冠五梁冠，朱衣，黄袍，黑襕，黄带，白袴，皂舄，右手仗剑，左手捧钟。◆晋·盛弘之《荆州记》：湘东有雨母山，山有祠坛。每祈祷无不降泽，以是名之。◆龙之别名。晋·葛洪《抱朴子内篇·登陟》："山中辰日称'雨师'者，龙也。"见"十二辰怪"条。

【雨师妾】《山海经·海外东经》："雨师妾在其（黑齿国）北，其为人黑，两手各操一蛇，左耳有青蛇，右耳有赤蛇。一曰为人黑身人面，各操一龟。"郭璞曰："雨师，谓屏翳也。"郝懿行《笺疏》以"雨师妾"为国名。是。

雨师妾　山海经图　汪绂本

【禹】东汉·赵晔《吴越春秋·越王无余外传》："帝尧时洪水，使鲧治之，九载不成，乃殛鲧于羽

禹神　山西新绛稷益庙

山。舜与四岳举鲧之子禹治水，禹伤父功不成，循江溯河，劳身焦思，过门不入，七年功未成，愁然沉思。乃梦见玄夷苍水使者，登宛委山，发金简之书，得通水之理。遂乘四载以行川，始于霍山，回集五岳，巡行四渎，到名山大泽，召其神而问之，山川脉理，物产风俗，使益疏之，名曰《山海经》。禹年三十未婚，行到涂山，有白狐九尾造于禹，遂

娶涂山之女名女娇。禹使大章步东西，竖亥度南北，得天地之数。于是周行宇内，东造绝迹，西延积石，南逾赤岸，北过寒谷。决弱水，通大江，疏九河，开五水，凿龙门，辟伊阙，平易相土，观地分州。乃号禹曰伯禹，官曰司空。尧禅位于舜，禹改官司徒，内辅虞位，外行九伯。舜崩，禅位于禹。"此神话之大禹也。《云笈七签》卷一〇〇《黄帝本纪》则又造一说，是为仙话中之大禹："古有大禹，为女娲十九代孙，寿三百六十岁，入九疑山（在湖南宁远南）仙去。后三千六百岁，至帝尧时天下洪水，大禹念之，乃化生于石纽山泉中。女狄汲水，得石如珠，吞之有孕，生子，及长，代父治水。功成，尧帝以其功如古之大禹，乃赐号名禹。"◆道书说，大禹有治水之功，为天帝封为紫庭真人。见五代·杜光庭《墉城集仙录》"云华夫人"条。

【语忘、敬遗】唐·段成式《酉阳杂俎·前集》卷一四："语忘、敬遗，二鬼名，妇人临产呼之，不害人，长三寸三分，上下乌衣。"清·青城子《志异续编》卷四"语忘敬遗"条："又闻人云：妇人临产时，用黄纸书本县知县名，倒贴于床身上，令左右人呼'语忘敬遗'，则易产云。"

【庾道愍】南朝刘宋时人。宋·孔平仲《续世说》卷六：宋庾道愍，尤精相木手板。时山阳王休佑，屡以言语忤颜色，以己板令道愍占之。道愍曰："此虽甚贵，然令人多忿怍。"休佑以褚彦回详密，求换其板。它日，彦回侍明帝，自称下官，帝多忌，甚不悦。休佑具以状言，帝意乃解。

【玉蟾大王】清·俞樾《茶香室四钞》卷二〇引元·吴师道《敬乡录》云："福州有玉蟾大王庙，在子城上。时见白玉蟾，形大小不异，威灵甚厉。"俞樾按云："白玉蟾，世所称仙人也。相传其人姓葛名长庚，白玉蟾乃其别号，与此玉蟾大王未知是一是二。余疑此所谓玉蟾大王庙，乃近世所奉青蛙神之类，而又疑仙家白玉蟾亦即此神。"

【玉晨大道君】全名为上清高圣太上玉晨大道君。《云笈七签》卷一〇一，与元始天王、太上道君相并列，即"三清"之一。同书引《洞真大洞真经》："上清高圣太上大道君者，盖二晨之精气，九庆之紫烟，寄胎母氏，育形为人，讳箓，字上开元，母妊三千七百年，乃诞于西那天郁察山浮罗岳丹元之阿。于是受录紫皇，受书玉虚，眺景上清，位司高仙，为高圣太上玉晨大道君。"此后又从玉清紫道虚皇上君受九晖大晨隐符，从玉清翼日虚皇太上道

君受观灵玉晨隐符，又从玉清昌阳始虚皇高元君等受总晨九极等隐符。说最无稽。◆按梁·陶弘景《真灵位业图》名为上清高圣太上元皇大道君，位在第二中位，称"万道之主"。是在"三清"之上清真人之上架床架屋也。

【玉峰老人】明时人。明·钱希言《狯园》卷三"玉峰老人"条：玉峰老人姓王，失其名。不知何来，僦居京师象房侧。惟以交接补导，取精玄牝，数娶小妻及好女。经历多年，人奇其不死。为少年所构，官府系之，旋轻释流海外。能撮土成黄金。囊中无一钱而资斧不乏。人以道叩之，则曰我无道也。世传其二百五十岁，又有言其为周秦以上人者。人以为得老彭补脑还元之术。

【玉皇大帝】或作"玉皇上帝"，或作"玉皇大天尊"，或称其尊号作"玉皇大天尊玄穹高上帝"，或与昊天上帝混合作"太上开天执符御历含真体道昊天玉皇上帝"，或简称"玉帝""玉皇"。名虽繁复，以通俗眼光视之，即

玉皇大帝　河北石家庄毗卢寺

天庭之皇帝是也。《宋史·礼志七》："真宗于大中祥符五年十月，语辅臣曰：'朕梦先降神人传玉皇之命'云云。七年九月，即滋福殿设玉皇像。八年正月朔，驾诣玉清昭应宫奉表奏告，上玉皇大帝圣号曰太上开天执符御历含真体道玉皇大天帝。徽宗政和六年九月朔，上玉帝尊号曰'太上开天执符御历含真体道昊天玉皇上帝'，盖以论者析玉皇大天帝、昊天上帝言之，不能致一故也。"◆《高上玉皇本行集经》言玉皇大帝本生："往昔有国，名号光严妙乐，其国王者，名曰净德。时王有后，名宝月光。其王无嗣，尝因一日作是思：'惟我今将老而无太子，身或崩殁，社稷九庙委付何人？'作是念已，即便敕下，诏诸道众，遍祷真圣。忽从一夜，宝月光皇后梦太上道君与诸至真，驾五色龙舆，拥耀星旄，荫明霞盖。是时太上道君安坐龙舆，抱一婴儿，身诸毛孔放百亿光，照诸宫殿，浮空而来。皇后心生欢喜，长跪道前，言：'愿乞此

子为社稷主。'道君许之。皇后梦归，觉而有娠。怀胎一年，于丙午岁正月九日午时诞于王宫。当生之时，身宝光焰充满王国。幼而敏慧，长而慈仁，于其国中所有库藏一切财宝，尽将散施穷乏困苦、鳏寡孤独、无所依怙、饥馑癃残一切众生。之后王忽告崩，太子治政，俯含浮生，告敕大臣，嗣位有道，遂舍其国，于普明香岩山中修道。功成超度，过是劫已历八百劫，常舍其国，为群生故割爱，学道于此。后又经八百劫，行药治病，拯救众生，令其安乐。如是修行三千二百劫，始证金仙，号曰清净自然觉王如来，教诸菩萨顿悟大乘正宗，又经亿劫，始证玉帝。"《三教源流搜神大全》、道藏本《搜神记》、清·徐道《历代神仙通鉴》所述与此大同小异。按：玉皇上帝为中国民间信仰中天庭最高神。恰如《聊斋志异》卷一二"鸦鸟"条所说"天上有玉帝，地下有皇帝"，乃封建皇权在鬼神世界的象征。但相对于天帝、东王公、昊天上帝等相类大神来说，玉帝最为晚出。中国自殷周以来，已有最高神——上帝之观念，惟初视天与上帝为一物，故有昊天上帝、皇天上帝之称。以后社会组织、社会意识日趋复杂，神鬼世界也逐渐等级森严，分工明细，上帝的形象、功用也趋向社会化、人格化。西汉有五方帝及太一，东汉有五感生帝，皆具上帝职能。东汉末又以北极星为天皇大帝，名耀魄宝，总领天地五帝群神。但自新莽以迄于唐，国家祭天大典，皆以祀昊天上帝（或称昊天上帝）为主。玉皇、玉帝之称，最早见于梁·陶弘景《真灵位业图》，但仅列为玉清境元始天尊属下诸神，玉皇道君位居右位第十一，高上玉帝位居右位第十九。至唐代，玉皇、玉帝之称渐趋普及。《云笈七签》为宋初张君房采集前代典籍传说编撰的道教丛书，其《道教本始部》称太上老君为玉皇；又谓天尊有十号，第九号曰玉帝；《三洞经教部》又谓凡行太上之道者，皆得为大上之真（神仙之品位），位为上真玉皇君。则此仅为道行高深者之泛称，唐代文人骚客亦常称天帝为玉皇、玉帝。天长日久，约定俗成，民间信仰中的天帝和道教诸神中的玉皇合而为一。故张政烺先生说，唐人心目之中玉皇已与后代无殊，其宫殿仪仗权势作用皆俨然人世皇帝，且诸家所述玉皇之服饰、侍御一若皆有定式，盖当时已宫观祠祀，造像写图者众矣。宋初仿效唐代，尊崇道教，宋真宗为掩饰澶渊之耻，在王钦若等人推波助澜之下，装神弄鬼，伪造符命，于是把民间信仰的玉皇正式列为国家的奉祀对象。宋徽宗则干脆把

玉皇与传统奉祀的昊天上帝合为一体，上尊号曰昊天玉皇上帝。至此国家、民间、道教三方面的信仰正式合流。然而这种合流的局面未能保持多久，就又一分为三了。自徽宗以后一直到清，除了个别皇帝在宫中自设三清、玉皇之像供奉外，在国家祭天大典中，并不承认玉皇，仍奉祀昊天上帝。道教虽然顺水推舟，承认了玉皇的新身份，且为增强其诱惑力，仿造释迦出身造《高上玉皇本行集经》，但仍然坚持三清为最高神，认为玉皇只是三清的辅佐或即三清之第二位。故在此类故事中，有太上道君（或作老君）送子的描写。但在民间俗信中，玉皇却逐渐脱离了国家祀典和道教经典的束缚，成为至高无上的天神，号称昊天金阙至尊玉皇上帝，总管三界十方，是神鬼世界真正的皇帝。又按：玉皇上帝其实并不是像太上老君、梓潼帝君一样的具体神明，而仅仅是天界的一种位号，如人间帝王和冥界阎王以及城隍、土地一般，其充当者是不固定的。在古代的传说中，三皇五帝已经完全神化，成为神话世界的天帝，而他们之间的相互更迭必然直接影响到宗教世界的最高神位的性质。所以，从古至今，天帝是没有固定主名的。魏明帝、宋英宗死后为天帝正是三皇五帝亦人亦天传说的余绪。而人间帝王名位的僭窃和篡夺，使天帝的名位也更加不稳定了，所以《酉阳杂俎》中张天翁的故事正是这种反映。随着道教势力的加强，为了维护天界最高统治者的尊严，也为了与佛教相抗衡，玉皇上帝的身份才像如来佛一样固定下来，成为万劫不替的三界主宰（民间宗教则是另外一回事）。但这时的天帝形象其实却更加空虚了，他只会在灵霄宝殿上端拱而坐，没有姓名，没有来历，只有一个莫名其妙的"正月九日玉皇诞辰"证实着他的存在和稳定。至于天帝更替嬗代的余绪，只是在一些秘密宗教中还可以见到。近代又有所谓十八代玉皇大帝之说，见于"善书"，荒诞固不足论，但也可以从中看出民间对玉皇大帝的一些认识。第一代玉皇大天尊　玄玄高上帝—黄老；第二代玉皇大天尊　玄元高上帝—紫微帝君；第三代玉皇大天尊　玄明高上帝—大寰教化圣主；第四代玉皇大天尊　玄微高上帝—鸿钧老祖；第五代玉皇大天尊　玄寰高上帝—星化帝君；第六代玉皇大天尊　玄中高上帝—气原天尊；第七代玉皇大天尊　玄理高上帝—光华圣主；第八代玉皇大天尊　玄天高上帝—大罗祖师；第九代玉皇大天尊　玄运高上帝—精一天师；第十代玉皇大天尊　玄化高上帝—延衍祖师；第十一代玉皇

大天尊　玄阴高上帝—北华帝君；第十二代玉皇大天尊　玄阳高上帝—广度尊王；第十三代玉皇大天尊　玄正高上帝—度化天尊；第十四代玉皇大天尊玄气高上帝—伏魔祖师；第十五代玉皇大天尊　玄震高上帝—兴儒天尊；第十六代玉皇大天尊　玄苍高上帝—救世天王；第十七代玉皇大天尊　玄穹高上帝—妙乐国王；第十八代玉皇大天尊　玄灵高上帝—关圣帝君。

【玉鸡】汉·东方朔《神异经》："扶桑山上有玉鸡，玉鸡鸣则金鸡鸣，金鸡鸣则石鸡鸣，石鸡鸣则天下之鸡悉鸣，则潮水应之矣。"北宋·乐史《太平寰宇记》卷三〇："宝鸡县陈仓山，《辛氏三秦记》云：陈仓山上有石鸡，与山鸡不别。赵高烧山，山鸡飞去而石鸡不去，晨鸣山头，声闻三十里，或谓是玉鸡。"

【玉京太后】《旧唐书·礼仪志三》：天册万岁二年腊月甲申，新行登封之礼。遂尊夏后启为齐圣皇帝，封启母神为玉京太后，少室阿姨神为金阙夫人。

【玉精】晋·王嘉《拾遗记》卷七：三国魏元帝时，宫中夜有异兽，白色光洁，绕宫而行，乃一小白虎。以戈投之，即中左目，寻不见。后检宝库得一玉虎枕，眼有伤，血痕尚湿。颔下有篆书字，云是帝辛之枕，尝与妲己共枕之。珍宝久则生精灵，必神物凭之也。唐·释道世《法苑珠林》卷五八引《白泽图》："玉之精名曰岱委，其状如美女，衣青衣。见之以桃尖刺之，而呼其名，则得之。"《太平广记》卷四〇一引《潇湘录》亦记玉精化为人形故事。

【玉女】❶天女。明·田艺蘅《留青日札》卷九"玉女"条："相如《大人赋》'排阊阖而入帝宫兮，载玉女而与之归'。张揖曰：'玉女，青要、乘弋等也。'扬雄赋'玉女无所眺其清卢'，《灵光赋》'玉女窥窗而下视'。"❷"泰山玉女"。见该条。❸五方玉女。《云笈七签》卷一八《老子中经上》："东方青腰玉女，南方赤圭玉女，中央黄素玉女，西方白素玉女，北方玄光玉女。"❹唐·薛用弱《集异记》"玉女"条："唐开元中，华山云台观有婢玉女，年四十五，大疾，遍身溃烂臭秽。观中人惧其污染，即共送于山涧幽僻之处。忽有道士过前，遥掷青草三四株，玉女食之，疾渐瘥，不旬日复旧。初忘饮食，惟恣游览，但意中飘摇，不喜人间，自后筋骸轻健，翱翔自若。如此数十年，发长六七尺，体生绿毛，面如白花。往往山中人过之，则叩

头遥礼而已。大历中，有书生班行达者，性气粗疏，诽毁释、道，见玉女，欻然遽捉其发，仍加逼迫。玉女号呼求救，誓死不从，而气力困惫，终为行达所辱。扃之一室，翌日行达就观，乃见幡然一媪，尪瘵异常，起止殊艰，视听甚昧。行达惊异，遽召观中人，细话其事，即共伺

玉女 山西芮城永乐宫

问玉女，玉女备述始终。观中人固有闻知其故者，计其年盖百有余矣。众哀之，因共放去，不经月而殁。"

【玉人】汉·东方朔《神异经》：九府玉童玉女，与天地同休息，男女无为匹配，而仙道自成。男女名曰玉人。

【玉仙娘娘】即泰山碧霞元君。《三教源流搜神大全》卷一：东岳圣帝一女玉女大仙，即岱岳太平顶玉仙娘娘是也。

【玉仙圣母】宋时于西太一宫设玉仙圣母殿。北宋·钱世昭《钱氏私志》：贤穆公主无子，至玉仙圣母观求嗣。祠仅留一老道士。道士见贵主车服之盛，歆羡富贵，云："愿贫道得与公主做儿子。"公主归而有孕。至明年四月十五日，贤穆公主云："我昨夜梦见玉仙观知观来与我做个孩儿。"遣人诣庙祈祷，且问道士动静。回云：知观自去年大主上庙后便不安，不下床多日。及公主将分娩，知观笑云："来催我也。"是日告殂而公主生子。

【玉源道君】北宋·刘斧《青琐高议》前集卷一有"玉源道君"条：大丞相刘公，吉州人，赴举经独木镇，遇一老叟，曰："公此去不唯得意，且大富贵，况公自是罗浮山玉源道君后身。"

【玉真娘子】南宋·郭彖《睽车志》卷三："绍兴八年，程迥居临安，一日有物如燕自外飞入，就视乃一美妇人，仅长五六寸，自言：'我玉真娘子也。偶至此，非为君祟。苟能事我亦甚善。'其家乃就

壁为小龛，香火奉之。颇能预言休咎，皆验。好事者争往求观，人输百钱，乃为启龛，至者络绎不绝。期年忽复飞去，不知所在。"按：此亦后世"樟柳神"之类。

【玉卮娘子】西王母第三女，亦唐人小说中语，不足为典。唐·牛僧孺《玄怪录》卷二"崔书生"条：唐开元天宝中，有崔书生，于东州逻谷口居，好植名花。一日初晨，忽见一女，自西乘马而来，有殊色，未及细视，则已过矣。明日又过，崔生乃先致酒茗樽杓，迎马首拜请憩息。一老青衣谓崔生曰："君即未婚，予为媒妁可乎？"崔生大悦，遂定婚期。至期，女及娣皆到。其姊亦仪质极丽，送留女归于崔生。崔生母在故居，殊不知崔生纳室。崔生以不告而娶，但启以婢媵。母见新妇之姿甚美，曰："今汝所纳新妇，妖媚无双，必是狐魅之辈，伤害于汝。"崔生入室，女泪涕交下曰："本侍箕帚，望以终天；不知尊夫人待以狐魅辈，明晨即别。"崔生亦挥涕不能言。明日，女车骑复至，女乘一马，崔生亦乘一马从送之。入逻谷三十里，馆宇屋室，侈于王者。召崔生入，责诮再三。食讫命酒，其姊谓女曰："须令崔郎却回，汝有何物赠送？"女遂袖中取白玉盒子遗崔生，生亦留别，于是各呜咽而别。后有胡僧扣门求食曰："君有至宝，乞相示也。"崔生试出玉盒子示僧。僧起，请以百万市之。崔生问僧曰："女郎谁耶？"曰："君所纳妻，西王母第三女，玉卮娘子也。姊亦负美名于仙都，况复人间！所惜君纳之不得久远，若住得一年，君举家不死矣！"

【玉子】❶西周时人。晋·葛洪《神仙传》卷四、《云笈七签》卷八五：姓章名震（一作韦震），南郡（治在今湖北沙市）人。少好学，周幽王征之，不出。师从长桑子，别造一家之法，著道书百余篇。能消灾治病，起飘风发屋折木，变木石为六畜龙

玉子 列仙图赞

虎，能分形为百千人，含水喷之，皆成珠玉。能令弟子举眼见千里之外。以器盛水置两肘之间，嘘之，水中起赤光一丈，以此水治病，内服外用皆立愈。后入崆峒山，白日升天而去（一说合丹服之，佯死尸解而去）。又，周幽王时有仙人离明，为玉子之友。❷即帝喾。梁·陶弘景《真诰》卷一四：玉子者，帝喾也。曾诣锺山，获九化十变经，以隐通日月，游行星辰。后一旦疾崩，冢在渤海山。夏中衰时，有发玉子墓者，室中无所有，唯见一剑。

【育成子】宋·谢守灏《混元圣纪》：老子武王时化身。

【郁华子】晋·葛洪《抱朴子内篇·明本》："昔赤松子、王乔、琴高、老氏、彭祖、务成、郁华皆真人，悉仕于世，不便遐遁。"宋·谢守灏《混元圣纪》卷一："伏羲时老子降世，居荒野，号郁华子。"《仙鉴》卷二："郁华子，在宓牺时降于田野，授天皇内文，又降河图八卦之文，教人以顺性之道。一号宛华，称田野子，作《元阳经》。"

【郁垒】见"神荼"条。

【狱神】❶皋陶。《后汉书·范滂传》："滂坐系黄门北寺狱。狱吏谓曰：'凡坐系皆祭皋陶。'滂曰：'皋陶贤者，古之直臣，知滂无罪，将理之于天帝；如其有罪，祭之何益！'众人由此亦止。"《晋书·礼志上》："故事，祀皋陶于廷尉寺，新礼移祀于律署，以同祭先圣于太学也。故事，祀以社日，新礼改以孟秋之月，以应秋政。挚虞以为：'案《虞书》，皋陶作士师，惟明克允，国重其功，人思其当，是以狱官礼其神，系者致其祭，功在断狱之成，不在律令之始也。'"参见"皋陶"条。又《宋史·何时传》："何时字了翁，为临江军司理参军。郡狱相传，旧斩一寇，尸能行一里许。众神之，塑为肉身皋陶。时至，取故牒阅，此寇尝掠杀数人，曰：'如此可为神乎？'命鞭之，沉于水。"❷萧何。清·姚宗仪《常熟私志》县狱称"萧王"。按即萧何也。南宋·洪迈《夷坚支志·乙集》卷九云："宜黄县狱有庙，相传奉事萧相国，不知所起也。县人言神多化为青虾蟆而出，惟以小为贵。"❸"徐相公"。见该条。❹"草野三郎"。明·田艺蘅《留青日札》卷二八"二郎三郎神"条："草野三郎神，狱讼所祀者。"❺"亚㔉"。见该条及"阿㔉哥"条。

【浴池神】❶清·采蘅子《虫鸣漫录》卷二：金陵城北常府有白石浴堂，水至夜无秽气。俗云浴池有神，每岁须啖一人。堂主最讳其事。然闻其每岁必有一日闭肆时多出衣履一份。一夕，有浴者偶话

及，同浴者咸唾之，是夜即有一人不知去向。❷旧时浴堂供奉之行业神。《新民晚报》1995年8月1日范来苏文：靠账台的墙壁上有一龛，供奉帝王打扮的女像，每年腊月二十四深夜祭祀。按范文以为浴室业当兴起于武则天时，其实可能源于民间猥亵的传说。

【喻常清】明时人。《（雍正）四川通志》卷三八之三：邑里无考，寓黔江（今重庆黔江区）千户陈纲家三年，纲敬礼之。常入八面山采药，归寓烧炼。一日丹成，欲度纲，纲适他往，谓其仆曰："吾在此三载，汝主遇我厚，无以报汝主，留葫芦一枚，草履一双，以作后验。汝主有难时，二物可以解脱。"纲归，仆以告之。未几，有自渝郡来者，亦见常清。考其时日，正别纲家时，纲始知其为仙。纲后果为人所讼，几致重谴，因献葫芦及草履与中丞。中丞竟脱纲于难，而己乃携葫芦及履入山修道焉。

【尉迟恭】门神，见"胡敬德""秦琼"条。因民间故事及小说云其曾为铁匠（见唐·卢肇《逸史》、《说唐》），故为后世铁匠奉为祖师神。又见《五山志林》卷七"火焙鸭"条。又有称"景云大王"者。明·王鏊《（正德）姑苏志》卷二八有景云大王庙，祀尉迟敬德。相传敬德生此村，故祀之。或云敬德封吴国公，故庙食于此。

尉迟恭　凌烟阁功臣图

【尉迟猛将】为天枢院神将。宋·佚名《异闻总录》卷四：南宋乾道间，沈唯之寓居杭州苋桥门内一空宅，有婢迎寿为鬼所魇。沈之子见壁间仿佛如画像，兵甲满前，旗帜俱备。一甲士出队，若有禀告然。沈曾遇主人，得天枢法，即焚香洞视，见火光中神将提一女鬼，杖之而去。沈问神将名，见一铁骑跃出展旗，上书"天枢院尉迟猛将"。按：此尉迟猛将当是尉迟恭。

【寓】《山海经·北山经》："虢山，其鸟多寓，状如鼠而鸟翼，其音如羊，可以御兵。"郝懿行《笺疏》以为蝙蝠之类。

【寓氏公主】

《续汉书·礼仪志上》：“(永平二年三月)是月，皇后帅公卿诸侯夫人蚕。祠先蚕，礼以少牢。”李贤注引《汉旧仪》：“春蚕生而

寓　山海经图　汪绂本

皇后亲桑于菀中。祭蚕神曰菀窳妇人、寓氏公主，凡二神。”晋·干宝《搜神记》卷一四：“汉礼，皇后亲采桑祀蚕神，曰‘菀窳妇人’‘寓氏公主’。公主者，女之尊称也。菀窳妇人，先蚕者也。故今世或谓蚕为‘女儿’者，是古之遗言也。”《玉烛宝典》卷二引《淮南毕万术》：“二月上壬日，取道中土、井华水和塈蚕屋四角，宜蚕。神名菀窳。”北宋·秦观《蚕书》：“卧种之日，升香以祷天驷、先蚕也。割鸡设醴，以祷菀窳妇人、寓氏公主，盖蚕神也。”(见《淮海后集》卷六)

【蜮】

一名短狐。《山海经·大荒南经》：“有蜮山者，有蜮民之国，桑姓，食黍射蜮是食。有人方扦弓射黄蛇，名曰蜮人。”郭璞注曰：“蜮，短狐也，似鳖，含沙射人，中之则病死。此山出之，亦以名云。”《汉书·五行志下之上》：“刘向以为蜮生南越。

蜮人　山海经图　汪绂本

越地多妇人，男女同川，淫女为主，乱气所在，故圣人名之曰‘蜮’。蜮，犹惑也，在水旁，能射人，甚者至死。南方谓之短弧，近射妖，死亡之象。刘歆以为，蜮，盛暑所生，非自越来也。”晋·郭璞《玄中记》：“蜮长三四寸，蟾蜍、鹡鸰、鸳鸯悉食之。”晋·干宝《搜神记》卷一二：“中平(汉灵帝年号)中，有物处于江水，其名曰‘蜮’，一曰‘短狐’。能含沙射人。所中者，则身体筋急，头痛，发热。剧者至死。江人以术方抑之，则得沙石于肉中。《诗》所谓‘为鬼为蜮，则不可测’也。今俗谓之‘溪毒’。”《太平广记》卷四七三引《感应经》：“蜮以气射人，去人三十步，即射中其影。中人，死十六

七。”《竹书纪年》卷下云：“晋献公二年春，王子颓乱，周惠王居于郑，郑人入王府取玉马，玉化为蜮，以射人也。”三国·陆玑《毛诗草木鸟兽虫鱼疏》：“蜮，短狐也。一名射影。如鳖，三足。在江淮水中。人在岸上，影见水中，投人影，则杀之，故曰射影。或谓含沙射人，入皮肌，其创如疥。”南宋·吴曾《能改斋漫录》卷一五“辨蜮”条：“蜮虽以水弩射人之影，然畏鹅，鹅能食之，是非不可得也。”亦不以《五行传》之说为然。参见“短狐”条。又有以蜥蜴之“变色龙”为蜮者，见南宋·周去非《岭外代答》卷一〇。

【鸶履道人】

宋时人。《(雍正)贵州通志》卷三二：鸶履道人，不知何许人。开宝间，瓮蓬洞民杨再从好仙术。一日，有道人貌如乞丐，持草履一双诣再从求售，索金五两。再从知有异，欲买之，入商于妻，妻不从。道人掷履于地，化为双鹤飞去，旋失道人所在，而柱上题诗一首云云。其柱至明洪武间方圮。

【yuan】

【冤辱】

五代·何光远《鉴戒录》卷九：“梁朝彭城王刘中令制置同州(在今陕西大荔)日，因筑营墙掘得一物，重八十余斤，状若油囊。召宾幕诸将问之，或曰地囊，或曰飞廉，或曰金神七杀，独刘参谋曰：‘此冤辱也。古老图圄之地即有此焉。昔王充据守洛阳，修河南府狱，亦获此物，而某远祖记之，乃是冤枉囚人死魄入地，聚为此物，凝结不消。纵鼓铸不燃，浸沃不湿，刃之不入，击之转坚，经千百年间而不腐烂。但于清夜致之酒食，许以申冤，当有黑气冲天，不异丰城之剑气也。此非吉瑞之兆，实为窜逐之征。’公一一试之，皆如其说。”按：此说即干宝《搜神记》东方朔识“患”事之改造。参见“患”条。

【元】

《太平御览》卷八八六引《白泽图》：“故废丘墓之精名曰元，状如老役夫，衣青衣而好杵春。以其名呼之，宜禾谷。”

【元藏几】

唐·苏鹗《杜阳杂编》卷下：隋炀帝时任奉信郎，大业九年为过海使判官，遇风浪，舟破，凭破木漂至一海岛。岛上人告曰：“此是沧洲，去中国数万里。”洲上殆是仙境。后洲人以凌风舸送其归，至中国已是唐贞元年，距去时已二百年。藏几工诗好酒，事闻于朝，上召之。至中途亡去。后有人见之于海上。

【元彻】《太平广记》卷二五引五代·沈汾《续仙传》："唐元和初，元彻与柳实居于衡山。二人俱有从父因罪流于海南，因共结舟往省焉。至合浦，遇飓风，漂至大海中，挂于巨鲸之须，因至海岛，遇玉虚尊师与南溟夫人相会。夫人托二公寄琥珀盒与南岳神，遂以仙桥送归合浦，时已过十二年矣。二公至南岳，送盒子，南岳神赠以还魂膏。二公后访太极先生，拜为师，从此得道。"按：今本《续仙传》无此条。又曾慥《类说》收此，列入唐·裴铏《传奇》。

【元帝】元帝，"玄帝"也，即玄天大帝真武。清·诸联《明斋小识》卷二：古时青浦（今属上海）北郭外瘟疫盛行，有道士至一孝妇家，留元帝像一幅，即不见。孝妇悬于中堂，病即愈。遍传里闾，病者皆愈。自此三月三日相聚为会，名"元帝会"。其会以一神像为一塔，有所谓十八塔、四十八塔、七十二塔者，各名其社，巡行阡陌间。

【元宫仙】唐·段成式《酉阳杂俎·前集》卷二：孔子为元宫仙。

【元将军】清·王端履《重论文斋笔录》卷一一：江西巡抚吴文镕奏称：江西鄱阳湖面宽阔，漕艘均由此经行。湖滨之左蠡镇尤为极险，向有元将军庙一座，灵应显著，往来船只，无不肃恭祀事，以祈神佑。

【元君】❶即老子之母无上元君。见"无上元君"条。唐·段成式《酉阳杂俎·前集》卷二："李母，本元君也。"❷老子之师。晋·葛洪《抱朴子内篇·金丹》："复有太清神丹，其法出于元君。元君者，老子之师也，大神仙之人也，能调和阴阳，役使鬼神风雨，骖驾九龙十二白虎，天下众仙皆隶焉，犹自言亦本学道服丹之所致也，非自然也。"《洞仙传》："元君者，合服九鼎神丹得道者。"

【元洛】晋·陆云《登遐颂》记古仙十二人，中有"元洛"者，不知何许人，颂曰："元洛妙识，饥饵神颖。在阴儵逝，即阳无景。逍遥北岳，凌霄引领。挥雾昊天，合神自靖。"疑为"玄俗"之误，见该条。

【元始天王】即道教化的盘古。晋·葛洪《枕中书》："天地混沌之时，已有盘古真人，天地之精，自号元始天王，游乎其中。及天地判，元始天王在天中心之上，名曰玉京山，山中宫殿并金玉饰之，常仰吸天气，俯饮地泉。复经二劫，忽生太元玉女在石涧积血之中，出而能言，人形具足，常游厚地之间，号曰太元圣母。元始天王下游，与太元玉女相婚，乃生天皇十三头，治三万六千岁，书为扶桑

大帝东王公，号曰元阳父。又生九光元女，号曰太真西王母，是西汉夫人。"清·徐道《历代神仙通鉴》卷一亦云："盘古治世功成，蜕去躯壳，一灵不昧，游行空中。见一圣女曰太元，四十余岁，抱守童真，独自在嵯峨山中。盘古喜其贞洁，乘其仰天呼吸之际，化青光投入其口。怀孕十二年，始化生于脊膂之间，即能言语行动，常有彩云护体。以己前身是盘古，乃号曰元始。元者，本也。始者，初也，先天之气也。此气化为开辟世界之人，即为盘古；化为主持天界之祖，即为元始。"按此说，元始天王即盘古，化身不同耳。而《枕中书》另处则以为二人："玄都玉京七宝山，在大罗之上，有上、中、下三宫。上宫是盘古真人、元始天王、太元圣母所治。"按现存《枕中书》本非葛洪原文，乃后人撮合而成，故所说自相矛盾如此。《云笈七签》卷一〇一《元始天王纪》又以其为"太上大道君"，云："元始天王禀天自然之胤，结形未沌之霞，托体虚生之胎，生乎岷峒之际。积七千余劫，栖心霄霞之境，练容洞波之滨，独秉灵符之节，抗御元降之章。进登金阙，受号玉清紫虚高上元皇太上大道君，受金简玉札，使奏名东华方诸青宫。其受号'玉清紫虚高上元皇太上大道君'。"◆《太平广记》卷三引汉·班固《汉武帝内传》："此元始天王在丹房之中所说微言。"又云："敢告刘生，尔师主是真青童小君、太上中黄道君之师，真元始十天王入室弟子也。"◆《枕中书》以东王公即扶桑大帝，为元始天王与太元玉女所生。而梁·陶弘景《真灵位业图》第四中位左位第四有"元始天王"，注云"西王母之师"。按：早期道教门派丛杂，各造经典，所奉大神亦各有纷歧，故常有自相矛盾之处。

【元始天尊】《真灵位业图》："第一中位　上合虚皇道君，应号元始天尊。"是元始天尊为茅山上清派道教所奉之至高无上之神，与北朝天师道之奉老子为最高神相对。《云笈七签》卷三《灵宝略纪》云："最早有劫名龙汉，生大圣人曰梵气天尊。经九万九千九百九十九劫，天地复坏，无复光明。又经一亿劫，天地乃开劫名赤明，有大圣出，号曰元始天尊。"《初学记》卷二三引《太玄真一本际经》曰："无宗无上，而独能为万物之始，故名元始。运道一切为极尊，而常处二清，出诸天上，故称天尊。"南北朝后期，北朝道教亦开始接受元始天尊，至隋并南朝，讲经则以《老子》为本，说神则以元始天尊为尊。《隋书·经籍志四》云："隋大业中，道士以术进者甚众，云天尊姓乐名静信。"又云：

"元始天尊生于太元之先，禀自然之气，冲虚凝远，莫知其极。所说天地沦坏，劫数终尽，略与佛经同。以为天尊之体，常存不灭，每至天地初开，或在玉京之上，或在穷桑之野，授以秘道，谓之开劫度人。然其开劫，非一度矣，故有延康、赤明、龙汉、开皇等年号，其间相去四十一亿万载。所度皆诸天仙上品，有太上老

元始天尊　北京白云观

君、太上丈人、天真皇人、五方上帝及诸仙官，世人莫之预也。"《老君圣纪》："元始天尊居玉清境，在三十五天之上。"◆元始本为世界本初之义，而又有于元始天尊之前置梵气天尊者。《云笈七签》卷三《灵宝略记》则云："最早有劫名龙汉，生大圣人曰梵气天尊。经九万九千九百九十九劫，天地复坏，无复光明。又经一亿劫，天地乃开劫名赤明，有大圣人出，号曰元始天尊。"

【元始真人】即"元始天王"。

【元俗】即"玄俗"。见该条。

【元阳父】见"东华帝君"条。

【元阳子】晋时人。《云笈七签》卷一〇四："仙人也。生于北极之端，育于虚无之中，与天地浮沉，随日月周回。老君遗之《黄庭经》一卷，遂粗为之注。"而《(康熙)济南府志》卷五一云："晋元阳子，长白长山人。得《金碧潜通》于伏生墓中，细为注解。修真于华阳宫，衍为《还丹诀》。十九年仙去。"◆按《云笈七签》卷二《太上老君开天经》又云："颛顼时老子下为师，号元阳子。"

【元载孔升大帝】涵芬楼本《说郛》卷一八引宋·叶寘《坦斋笔衡》：徽宗内醮，命方士刘混康伏章出神，到天闻玉帝降敕，命元载孔升大帝降皇后郑氏阁。时郑后诞弥，既而乃降生帝姬，上谓其无

验。未几，韦才人在郑后阁生皇子，是为高宗。生时红光满室。盖元载孔升大帝乃《度人经》称出真定光者，位极西方八天之一也。

【员神】《山海经·西山经》："长留之山，其神白帝少昊居之。实惟员神魂

元载孔升大帝　山西芮城永乐宫

氏之宫。是神也，主司反景。"郭璞注云："日西入则景反东照。"杨慎《山海经补注》云："日西入则景反东照，故曰反景。"◆郝懿行《笺疏》以为员神即少昊。

【园客】西汉·刘向《列仙传》卷下："济阴人。姿貌好而性良，邑人多愿以女妻之，客终不取。常种五色香草，积数十年，食其实。一旦有五色蛾止其香树末，客收而荐之以布，生桑蚕焉。至蚕时，有好女夜至，自称客妻，道蚕状。客与俱收蚕，得百二十头，茧皆如瓮大，缲一茧六十日始尽。讫则俱去，莫知所在。故济阴人世祠桑蚕，设祠室焉。或云陈留济阳氏。"《太平御览》卷八二五引《列仙传》，末句作"济阳今有华蚕祠"。

【圆蛇】清·朱翊清《埋忧集》卷四"异蛇"：圆蛇，状如石卵，斑烂可爱。误持之，得人气，即化为蛇。啮人即毙，尸不敢收。五里内外，人不敢行，触其秽气，肿胀而死。苗人三日后，以竹矢插死所，七日取用。中人即毙。此蛇变态愈幻，而毒愈甚矣。

【爱居】《国语·鲁语上》："海鸟曰爱居，止于鲁东门之外三日。"《庄子·至乐》："爱居举头高八尺。"《尔雅·释鸟》："汉元帝时，琅琊有大鸟如马驹，时人谓之爱居。"《獪园》卷一五："万历丙戌，太仓州城内某氏园池中，堕一海鸟，不能去，翼如垂天之云。群众不识。曹子念至，识是爱居。州牧遂下令，遣居民供其食，日费鱼肉数十斤，粟数斗。停十余日，众力不能给，谋以毒制之而死。明年即有大涝，民死于饥馑者无算。"又"怪鸟"条云："万历十五年五月尽间，苏、松、嘉禾滨海之地，中夜海啸，涌溢数十里，声如迅雷，漂荡室庐亡数。人皆在

梦寐中，死于床下梁间树头屋角者又无数。流尸暴骨，悉填沟壑。其年岁亦大祲，斗米千钱，菜色相望。先是一年前，海上有大鸟如艨艟之状，翅若车轮，点额掉尾，空蒙中作风雨声，鼓翼于风涛之际，人咸以为鲁东门爰居，识者已预知有此变矣。"

【袁大娘】唐时人。唐·裴铏《传奇》"张无颇"条：长庆中，有善易者袁大娘，能还魂起生，与鬼神通。乃袁天纲女，程先生妻。

【袁根】晋时人。南宋·陈耆卿《赤城志》（今浙江天台）卷三五："与柏硕皆剡（今浙江嵊州）人，因驱羊度赤城山，有石门忽开，见二女方笄，遂为室家。后谢归，女以香囊遗之。根后羽化，硕年九十余。"按此即晋·陶潜《搜神后记》袁相、根硕事，"根"字涉下而误也。参见该条。

【袁公】见"越女"条。

【袁珙】元明间人。明·张瀚《松窗梦语》卷六："名珙，字廷玉，柳庄其号。四明（即明州，在浙江宁波一带）人，明初，以相术游燕中。识朱棣为太平天子。闻袁居浙时，入深山遇异人，命以五色线向日下辨之，后阅人富贵寿夭，如别黑白。成祖即位，官太常寺丞。"明·陆粲《庚巳编》卷一："相术在元末已名满天下。洪武时，姚广孝尚为僧，珙一见即以辅相期之。后广孝入燕邸，荐珙于燕王。"明·王锜《寓圃杂记》卷四："袁柳庄廷玉，在成祖藩邸，屡相有验。登极，授以太常丞。太宗一日出宋、元诸帝容，命相，袁见太祖、太宗，曰：'英武之王。'自真宗至度宗，曰：'此皆秀才皇帝。'元自世祖至文宗，曰：'皆是吃绵羊肉郎主。'见顺帝，则曰：'又是秀才皇帝也。'太宗大笑。岂顺帝果合尊太师（宋末帝降元封瀛国公，学佛于土蕃，号合尊大师）之苗裔与?"清·慵讷居士《咫闻录》卷四："袁柳庄见一时塑成之四神像，为之相曰：'富贵贫贱。'后一庙里下科甲不断，一庙里下仓满箱盈，一庙里下荜路蓝缕，一庙里下跟官作役。"◆其子名忠彻，官尚宝监，得父之传，相术亦入神。父子均入《明史·方伎传》："珙生有异禀，好学能诗。尝游海外洛伽山，遇异僧别古崖，授以相人术。先仰视皎日，目尽眩，布赤黑豆暗室中，辨之，又悬五色缕窗外，映月别其色，皆无讹，然后相人。其法以夜中燃两炬视人形状气色，而参以所生年月，百无一谬。珙在元时已有名，所相士大夫数十百，其于死生祸福，迟速大小，并刻时日，无不奇中。珙相人即知其心术善恶。人不畏义，而畏祸患，往往因其不善导之于善，从而

改行者甚多。为人孝友端厚，待族党有恩。所居鄞（在今浙江宁波）城西，绕舍种柳，自号柳庄居士，有《柳庄集》。永乐八年卒，年七十有六。赐祭葬，赠太常少卿。"◆明·黄瑜《双槐岁抄》卷三"柳庄相术"条，又同卷"金尚书际遇"条，祝允明《志怪录》"袁尚宝相术"条，可参看。

【袁何】东方帝太昊之佐神。东汉·袁康《越绝书·计倪内经》：黄帝于是上事天，下治地。故少昊治西方，蚩尤佐之，使主金。玄冥（一作日宿）治北方，白辩佐之，使主水。太暤治东方，袁何佐之，使主木。祝融治南方，仆程佐之，使主火。后土治中央，后稷佐之，使主土。并有五方，以为纲纪。

【袁六】见《仙鉴》卷三二，编入唐人间。其事与"袁元"全同，可参见该条。

【袁客师】唐时人。宋·张淏《云谷杂记》卷二：袁天罡子，传其父术。尝渡江，叩舟而还。左右请故，曰舟中人鼻下气皆黑，不可以济。俄有一男子跂而负直就舟。客师曰："贵人在，吾可以济。"江中风忽起，几覆而免，跂者乃娄师德也。◆按：客师，《唐书》有传。

【袁柳庄】即"袁珙"，见该条。

【袁玘】东汉人。北宋·乐史《太平寰宇记》卷九二引《风土记》、南宋·陈葆光《三洞群仙录》："后汉会稽（今浙江绍兴）人，官阳羡（今江苏宜兴）长。生有神异，能知水旱，自言死当为神。一夕饮醉，无病而卒。殡后风雨晦冥，忽失柩所在。夜闻荆山有

袁千里 三教源流搜神大全

数千人喊声，则棺已成冢。遂改荆山为君山，立祠祀之。"按晋·干宝《搜神记》卷四作"刘玘"。

【袁起】五代时人。五代·杜光庭《录异记》卷二：后汉时湘中人。在乡忽醉，三日始醒，起吐皆闻酒气。自云与群仙共饮。后任汉阳令，逆说丰俭有验，白日判阳，夜判阴。忽乘云上天，不知所在。

【袁千里】宋时人。《三教源流搜神大全》卷二：

袁胜，字千里，南丰（今江西南丰）人。王侍宸之甥。通斩勘雷法。端平间寓戴颠（据清·徐道《历代神仙通鉴》卷二〇，应为"顒"字之误）家，一日语颠曰："吾逝矣，可焚我。"言毕而卒，戴焚之，火中有旗现金字，曰"雷霆第三判官袁千里"。

【袁时】明时人。《（雍正）江西通志》卷一〇六：字仰夏，零都人。弃儒明医，濒死者能起之。乡人召请，即地险僻，天大寒暑，应之无倦色。又能呼风霆，役鬼物。岁旱，为民祷雨辄应。邑东灵泉岩古渡下有怪作祟，岁溺者无算，时焚符潭中，其患遂息。

【袁氏庙神】东晋·佚名《录异传》：有王更生者，为汉中太守。郡界有袁氏庙，灵响。更生过庙祭，去而遗其刀。遣小史李高还取刀。高见刀在庙床上。高进取去，仰见座上有一君，着大冠袍衣，头鬓半白，谓高曰："可取去。如言不道，后吾当佑汝。"高还，如言不道。后高仕为郡守，当复迁为郡。高时年已六十余；祖高者百余人。高乃道"昔为更生小吏，见遣至庙，取所遗刀，见庙神，使吾莫道，至今不敢道，然心常以欺君为惭。"言毕，此刀立刺高心下，须臾死。

【袁天纲】《旧唐书·方伎传》：袁天纲，益州成都人也。尤工相术。大业元年至洛阳。时杜淹、王珪、韦挺就之相。天纲谓淹"必得亲纠察之官，以文藻见知"，谓王"十年已外，必得五品要职"，谓韦"公面似大兽之面，初为武职"。复谓淹等"二十年外，终恐同被责黜，暂去即还"。后皆如所言。则天初在襁褓，天纲一见大惊曰："此郎君子龙睛凤颈，贵人之极也。"更转侧视之，又惊曰："必若是女，实不可窥测，后当为天下之主矣！"天纲相人所中，皆此类也。申国公高士廉尝谓曰："君更作何官？"天纲曰："自知相命，今年四月尽矣。"果至是月而卒。

袁天罡　说唐演义全传

参见唐·刘肃《大唐新语》卷七、卷一三，《太平广记》卷七六引《感定录》。◆南宋·吴曾《能改斋漫录》卷一八：本蜀郡（今四川成都）人，隋末居于阆州（今四川阆中）蟠龙山。岐阳李淳风闻其名，事以师礼。◆民间或作"袁天罡"。

【袁相】晋·陶潜《搜神后记》卷一：会稽剡县（今浙江嵊州）民袁相、根硕二人猎，逐山羊六七头，过石桥，见绝崖壁立，名曰"赤城"，上有瀑布。羊入一穴，二人亦随入，既入，内甚宽敞，有一小屋，二女子在其中，容色甚美。见二人来，欣然曰："早望汝来。"遂为室家。忽二女出行，二人思归，潜去归路。二女追还，乃以一腕囊与根等，语曰："慎勿开也。"乃归。后出行，家人开视其囊，至五重，中有小青鸟，飞去。根还，怅然而已。后根于田中耕，家依常饷之，见在田中不动，就视，但有壳如蝉蜕也。◆按：此与刘晨、阮肇事相类，疑刘晨事本于此。此故事本剡县事，因中有"赤城"二字，遂疑为天台也。

【袁隐居】唐时人。唐·张读《宣室志》"袁隐居"条：贞元中，有袁隐居者，家于湘楚间，著《阴阳占诀歌》一百二十章。时故相国李吉甫，自尚书郎谪官东南。一日，隐居来谒公，曰："公之禄真将相也！公之寿九十三矣。"其后李公果相宪宗皇帝，节制淮南，再入相而薨，年五十六，时元和九年十月三日也。校其年、月、日，亦符九、十、三之数。

【袁元】北宋·刘斧《青琐高议》后集卷一〇"袁元"条：袁元，不知何地人。葛裘草履，遍游天下，所至终日沉醉。一日至齐州长清县，遇李生，日饮其家，经岁李生无怠。一日有跛丐迎门秽骂，李生不能忍，忿然殴之，跛丐倒地而死。李生大悔，求于先生。先生出元神附于丐体，丐遂能起，走入深山无人知处，于是李生免于官司。◆宋人《分门古今类事》卷二〇引此做"袁亢"，《仙鉴》卷三二亦作"袁亢"，不知何者为正。

【袁真君】晋时人。《（康熙）淮安府志》卷一一：尝典淮郡，炼药成丹三粒，自服其一，袖二丹游于涟城，以度有缘者。至化龙桥，见一白鳝喁然相迎，三过皆然，遂掷一丹，鳝吞而化龙。又投一丹于井，井水遂甘洁，因名丹泉。

【袁忠彻】明时人。袁珙之子。《明史·方伎传》：忠彻，字静思。幼传父术。随父谒燕王朱棣，王宴北平诸文武，使忠彻相之。谓都督宋忠面方耳大，身短气浮，布政使张昺面方五小，行步如蛇，都指挥谢贵拥肿蚤肥而气短，都督耿瓛颧骨插鬓，色如飞火，金都御史景清身短声雄，于法皆当刑死。王大喜，起兵意益决。及为帝，即召授鸿胪寺序班，赐赉甚厚。帝尝屏左右，密问武臣朱福、朱能、张辅、李远、柳升、陈懋、薛禄，文臣姚广孝、夏原吉、蹇义及金忠、吕震、方宾、吴中、李庆等祸福，后皆验。宣德初，睹帝容色曰："七日内，宗室当有谋叛者。"汉王果反。尝坐事下吏罚赎。正统中，复坐事下吏，休致。二十余年卒，年八十有三。◆明·陆粲《庚巳编》卷三、明·王兆云《白醉琐言》卷下各有一则。

【袁宗善】南宋时人。南宋·张端义《贵耳集》卷下：平江（今江苏苏州）道士袁宗善，曾遇异人，得验状法，遭际三殿，赐通真先生。孝宗一日使中贵持白纸三幅，默祷在内，令通真书来。中贵先排定资次。第一纸书"不可行"，第二纸书"无分"，第三纸书"真真"二字。奏呈寿皇。隔数月皆验。"不可行"，要请陵寝，北报不从。"无分"，乃刘小娘子要册后，半年而殂。"真真"二字，乃受禅光宗，后来光宗有心疾，寿皇宣以通真私问二真字，通真奏云："臣书先定二真合成一字，即顛字。"寿皇大喜，前定皆验，赐赉甚厚。

【猿仙神】明·朱国桢《涌幢小品》卷一九：韩苑洛为浙江佥事，王镇守潜之，被逮。时山东鲁桥有庙曰"猿仙神"者，能预言人祸福。官校孙百户等谒神，且布施。神一见即曰："汝辈非拿韩金事乎？韩大好官，好人，浙江民以青天呼之。王镇守无天理。我近日自京归，无一人不惜其枉。此人异日大用，汝辈当善待之。"

【鼋将军】清·汤用中《翼駉稗编》卷二"鼋异"：某观察携妾赴湖南，渡鄱阳湖，守风夜泊，月明甚朗。妾启窗观之，一巨鼋跃水出，攫妾去。观察望湖长恸，审知鼋将军香火最盛，颇著灵异，为文檄之。次夜，梦一人戎服带剑，高冠峨峨，揖而入座，谓观察曰："顷得檄，遍查诸部，皆未伤人。吞君妾者，乃外江阑入蠢类，已戮之，在某处湖滩。"言毕而去。明早踪迹之，果一巨鼋死焉，剖其腹，则妾之钗珥俱未化。自此鼋将军香火益盛。

【远飞鸡】东汉·郭宪《洞冥记》卷三：有远飞鸡，夕则还依人，晓则绝飞四海，朝往夕还，常衔桂枝之实归于南山。

【远望】《太平御览》卷三四八引《太公兵法》："弩之神名远望。"明·朱谋㙔《骈雅》卷五："远望，弩神也。"

【媻胡】《山海经·东山经》：尸胡之山，有兽焉，其状如麋而鱼目，名曰媻胡，其鸣自訆。懿行案：嘉庆五年，册使封琉球，归舟泊马齿山下，人进二鹿，毛浅而小，眼似鱼眼。使者箸记，谓是海鱼所化。余以经证之，知是媻胡也。沙鱼化麋，海人常见之，非此。

媻胡　山海经图　汪绂本

【yue】

【月孛星君】民间星命说以日、月、五星、紫炁、月孛、罗睺、计都为"十一大曜星君"。又称孛星，为凶神。明·郎瑛《七修类稿》卷四五：某处延一道士祈雨，其术名月孛法，用十五六岁女子，共入密室，虽线缝以纸封固。守欲得雨之速，任其所为，惟见黑云密布，雷声隐隐，雨则无之，势将移日矣。守乃令人密开纸缝以瞰之，则道士披发仗剑，足蹑女子阴门，而彼此口舌尽出，势已垂危。时则霹雳一声，大雨如注，道士起步而女子苏省矣。又明·余象斗《东游记》三十五回：令黄琼女赤身裸体，立于旗下，手执骷髅骨，遇

月孛星君　山西浑源永安寺

战大哭。按此即为月孛星。◆参见"孛星"条。◆明·钱希言《狯园》卷二"太一星君授法"条，言："按月孛即彗星也，其神裸形赤脚，右手持剑，左手提一人头。相传法官用月孛法祷雨，令侍者持鲜花鬻于市，市中妇人有买花者，月孛即附之而至，裸而登坛。法官用左脚踏其地户，被发持剑诵咒，咒未毕，雨大注。其人邪心一起，此星君即用剑倒斫之。故手中提人首者，即法官首也。"

【月宫天子】即佛教诸天中之"月天"。据《佛学

大词典》，又作月天子、宝吉祥天子。印度婆罗门教将月神格化，称为月天。为十二天之一，金刚界曼荼罗外部二十天之一，胎藏界曼荼罗外金刚部院之一尊。《长阿含经》卷二二谓，月天子住于月宫殿，宫中有一大辇。辇为青琉璃所成，高十六由旬，广八由旬，月天子即于此辇中与诸天女和合受乐种种五欲功德。其寿五百岁，子孙相承以持彼月宫。月天身有千光，五百光下照，五百光傍照，故又有千光明、凉冷光明等异名。按，在中国又称"星主宿主、清凉照夜月宫天子"，或称"月光天子"。

【月光童子】《艺文类聚》卷七：仙经云：嵩高山东南大岩下石孔，入有大室，自然明烛，与日月无异。有十六仙人，云月光童子，常在天台，时亦往来，非有道不得见。

【月精】❶《天中记》卷一："《归藏》曰：昔嫦娥以西王母不死之药服之，遂奔月为月精。"《初学记》卷一引《淮南子》："羿请不死之药于西王母，其妻姮娥窃以奔月，托身于月，是为蟾蜍，而为月精。"《春秋演孔图》："蟾蜍，月精也。"❷《遁甲开山图》荣氏解："女狄暮汲石纽山下，泉水中得月精如鸡子，爱而含之，不觉而吞，遂有娠，十四月而生禹。"按：据此说则禹为月精降世。

【月下老人】唐·李复言《续玄怪录》卷四：杜陵韦固，贞观二年，将游清河，旅次宋城南店。客有以前清河司马潘昉女为议婚者，来旦期于店西龙兴寺门。固以求之意切，且往焉。斜月尚明，有老人倚巾囊，坐于阶上，向月检书。问之，老人笑曰："此非世间书，乃幽冥之书，天下之婚牍耳。"固遂问以近日婚事，老人曰："未也，君之妇适三岁矣。年十七，当入君门。"因问囊中何物？曰："赤绳子耳，以系夫妇之足，及其坐则潜用相系。虽仇敌之家，贵贱悬隔，天涯从宦，吴楚异乡，此绳一系，终不可逭。君之脚已系于彼矣，他求何益。"◆清·俞凤翰《高辛砚斋杂著》：杭州白云庵月下老人祠，祈科名签极灵。语系拉杂各成语为之。

【月主】月神，先秦齐地所祀"八神"之一，祭于莱山（在今山东龙口），在齐之北境。见"八神"条。元·于钦《齐乘》卷一：黄县西南有莱山，上有月主真君祠。一云莱阴山，多仙圣所居。

【岳飞】岳飞之前生，民间传说为张飞或张巡后身，《说岳全传》则以为大鹏金翅鸟转世。而南宋·洪迈《夷坚甲志》卷一五"猪精"条，竟言岳飞为猪精转世。至其后身，则因被秦桧等冤杀，民间以为东岳七十二司中速报司主者。又道教以岳飞

与马胜、赵公明、温琼为"四大元帅"。又明·田汝成《西湖游览志》卷二一"北山分脉城内胜迹"中"忠佑庙"条云临安太学土地为岳飞："宋绍兴十三年，以岳飞故宅改为太学，学中时时相惊以岳将军现。孝宗时诏复岳飞官，建庙于太学之左，曰忠佑庙。淳祐中，学中复惊岳将军降为土地。景定二年，从监学之请，立为土神。"《天台方外志》卷一〇云：岳飞死后为神，居天台第一峰，擒秦桧受诸苦楚。〇明·沈德符《万历野获编》卷一四：加封岳忠武谥号云"诛邪辅正大将，精忠武穆帝君，主治洞天福地，统领禋祀蒸尝，协理三十六雷律令、赞七十二候天罡、受命上清、永扬帝化、

岳飞像　明代

越女　剑侠图传

神霄右监门靖魔忠勇岳鄂王，荡虏大元帅。"

【岳真人】元时人。明·王世贞《列仙全传》卷八：涿州（今河北涿州）人。其母梦老人皓发冠剑投胎，次日有青气自西北天降至其家，于是真人乃生。长学道，师事太元真人。元至元中封崇元广化真人，大德初升仙而去。

【越女】汉·赵晔《吴越春秋》卷五：越有处女出于南林，越王请之，处女将北见于王，道逢一翁，自称"袁公"，问曰："吾闻子善剑，愿一见之。"处女曰："惟公试之。"袁公即挽林内之竹似枯槁末

折堕地，女接取其末（此二句用《艺文类聚》所引文），袁公则飞上树，变为白猿，遂别去。见越王，与论剑，越王即加女号，号曰"越女"。

【yun】

【蝹】东汉·应劭《风俗通义·佚文》（《御览》卷九五四引）、梁·任昉《述异记》卷下："秦穆公时，陈仓人掘地得物若羊，将献之，道逢二童子，谓曰：'此名谓蝹，常在地中食死人脑。若杀之，以柏束两枝捶其首。'由是墓侧皆树柏。"参见"媪"条。

【云安井神】清·陈祥裔《蜀都碎事》卷二：汉时蜀中云安有扶嘉者，生一女。一日女游于溪畔，恍惚有孕，年余生一物，无手足耳目。扶嘉怒，劈为九段，投于溪中，化为九龙。嘉异之，告云安人不得于溪中捕鱼。嘉临终有记云："三牛对马岭，不出贵人出盐井。"没后，其女示以井脉处所，遂得盐井。其民立嘉为井主。至今为云安井神，封为昭利广济王。又封九龙为龙王，今为九井之神。

【云华夫人】即"瑶姬"。五代·杜光庭《墉城集仙录》卷三：云华夫人，王母第二十三女，太真王夫人之妹也，名瑶姬。尝东海游还，过江上，见巫山峰岩挺拔，林壑幽丽，留连久之。时大禹理水，驻山下。大风卒至，崖振谷陨不可制。因与夫人相值，拜而求助。即敕侍女，授禹策召鬼神之书，因命其神狂章、虞余、黄魔、大翳、庚辰、童律等，助禹斫石疏波，决塞导厄，以循其流。禹拜而谢焉。禹尝诣之，顾盼之际，化而为石；或倏然飞腾，散为轻云，油然而止，聚为夕雨；或化游龙，或为翔鹤，千态万状，不可亲也。禹疑其狡狯怪诞，非真仙也，问诸童律。律曰："天地之本者道也，运道之用者圣也，圣之品次，真人仙人也。其有禀气成真，不修而得道者，木公、金母是也。盖二气之祖宗、阴阳之原本、仙真之主宰、造化之元光。云华夫人，金母之女也。昔师三元道君，受上清宝经，受书于紫清阙下，为云华上宫夫人。主领教童真之士，理在玉英之台，隐见变化，盖其常也。"禹然之，后往诣焉，夫人宴坐于瑶台之上。禹稽首问道，因命侍女陵容华出丹玉之笈，开上清宝文以授，禹拜受而去。又得庚辰、虞余之助，遂能导波决川，以成其功。其后楚大夫宋玉，以其事言于襄王，王不能访道要以求长生，筑台于高唐之馆，作阳台之宫以祀之。有祠在山下，世谓之大仙，隔岸有神女之石，即所化也。◆按闻一多《高

唐神女传说之分析》："此云华夫人助禹治水及化石事，与禹妻涂山氏相类。"参见"瑶姬"条。

【云林夫人】又名"云林右英夫人"，名媚兰，字申林，王母第十三女。受书为云林宫右英夫人，治沧浪山。晋兴宁三年，与众仙降于杨羲家。见梁·陶弘景《真诰》

【云师】❶即"丰隆"，见该条。❷《开山图》：霍山南岳有云师、雨虎。云师如蚕，长六寸，似兔。雨虎如蛹，长七八寸，似蛭。云雨之时，出在石上。

【云阳】树精。晋·葛洪《抱朴子内篇·登陟》：山中有大树，有能语者。非树能语也，其精名曰云阳。呼之则吉。

【云阳先生】古神人。《三辅黄图》卷二"甘泉宫一曰云阳宫"条下云："《遁甲开山图》云：'云阳先生之墟也。'"《汉唐地理丛钞》引《遁甲开山图》："绛北有阳石山，中有神龙池。黄帝时，遣云阳先生养龙于此。"

【云英】见"裴航"条。

【云中君】云神。《楚辞·九歌》有《云中君》章，王逸注："云神丰隆也，一曰屏翳。"《史记·封禅书》："晋巫祠五帝、东君、云中君。"

云中君　离骚图

【Z】

【za】

【杂罗山神】北宋·乐史《太平寰宇记》卷一〇二：长汀县有杂罗故城。唐·牛肃《纪闻》云：开元末，杂罗县令孙奉先，昼日见神现庭中，披戈执殳，状甚恶可畏，曰："吾杂罗山神也。今从府主求一牛为食，吾当佑汝。"奉先对曰："神既有请，诚不敢违。然格令有文，杀牛事大，请以羊豕代牛可乎？"神怒而灭。于是瘴疠大起，月余不息，奉先疾死，其家二十口亡尽。◆按：道藏本《搜神记》作"新罗山神"，误。

【zan】

【昝老】唐·段成式《酉阳杂俎·前集》卷五：衡山有村人为毒蛇所噬，须臾而死，疮处肿起尺余。其子请昝老至，乃以灰围其尸，开四门，曰："若从足入，则不救矣。"遂踏步握固，久而蛇不至。昝大怒，乃取饭数升，捣成蛇形，诅之，忽蠕动出门。有顷，饭蛇引一蛇从死者头入，径吸其疮，疮渐小，蛇疱缩而死，村人乃活。

【zang】

【藏神】❶掌地下宝藏之神。清·董含《莼乡赘笔》卷上"掘藏获殃"条："松郡（今上海松江）东二十里名红桥，有王斗儒者，一日方炊，觉灶下有物，掘之，遇一瓮，中贮白金数百锭，大喜过望。夜半将寝，忽地中作声，闻呼半儒名曰：'我藏神也，天将富汝，特来相就。伴侣甚众，当络绎至。'移灯视之，遍地皆金，无下足处。"此种故事早见于唐五代时，惟无"藏神"之名耳。《太平广记》卷一四六"尉迟敬德"条引《逸史》："隋末太原一书生苦贫，所居与没官库相邻，潜作地道入库，有钱数万缗。俄见金甲人持戈曰：'汝要钱，但取尉迟敬德帖来，此是伊钱。'书生访求至铁冶处，有尉迟敬德者袒露蓬首煅炼之次。书生拜曰：

'某贫困，足下富贵，乞钱五百贯。'尉迟怒曰：'某打铁汉，安得富贵。'生曰：'但赐一帖，他日公自知之。'尉迟不得已，书曰'付某钱五百贯'。生拜谢而去。复至库中，金甲人令系于梁上高处遣生取钱。后敬德立殊功，敕赐乡里一库物，遂得此钱。据元簿欠五百贯，罪主者，忽于梁上得帖子，乃打铁时所书也。"五代·徐铉《稽神录》卷五"建安村人"条："建安有村人，乘小舟往来建溪中，卖薪为业。尝泊舟登岸，将伐薪。忽见山上有数钱流下，稍上寻之，及山半，有大树，下有大瓮，高五六尺，钱满其中。而瓮小欹，故钱流出。于是推而正之，以石支之。以衣襟贮五百余而归。尽率家人复往，将尽取。既至，得旧路，见大树而亡其瓮。村人徘徊，数日不能去。夜梦人告之曰：'此钱有主。向为瓮敧，以五百雇尔正之。余不可妄想也。'"南宋·洪迈《夷坚支志·甲集》卷一〇"羽客钱库"条类此。此类故事至清时仍缕缕不绝，情节大致相类，不过言富贵有命而已。如清·钮琇《觚剩》卷二"藏金券"条、《聊斋志异》卷四"库官"条、清·东轩主人《述异记》卷上"曹某"条、清·清凉道人《听雨轩笔记》卷四"钱塘狗葬村"条、清·慵讷居士《咫闻录》卷二"陈安张福"条、清·杨凤辉《南皋笔记》卷三"余某"条。其中有说守藏神为五路财神属下者。清·许秋垞《闻见异辞》卷一"梦册获报"条："某郡有旷室甚敞，因鬼怪白昼现形，人不敢居。林买之，价极廉，入宅第一夜，林见黑面人语云：'小卒奉五路财神密旨，守此空宅久矣。公既至，当交代禀辞。'"◆或叫"守财神"，参见该条。❷守护寺院转轮藏或经藏之神。南宋·洪迈《夷坚支志·庚集》卷五"真如院藏神"："台州临海县上亭保，有小刹曰真如院。东庑置轮藏，其神一躯，素著灵验。海商去来，祈祷供施无虚日。绍兴中，童行金法静主香火之事甚敬，为寺参头。因令剃工缴鼻，为僧智全从傍过，误触其首。刀中断，牢不可取。出血至数升，闷仆不醒。恍惚间见藏神至，举手拔之，便觉痛少止。刀坠于侧，旬日疮愈。自是远近传说，檀信益众。"有守藏之神为龙者，如唐·牛僧孺《玄怪录》卷一"叶静能"条之守藏龙即是。

【臧先生】《天地宫府图》七十二福地第四十八彰龙山（在潭州醴陵县，今湖南醴陵），属臧先生所治。按：疑指臧延甫。

【臧湘友】明时人。清·王士祯《池北偶谈》卷二五"剑术"条：长兴（今浙江长兴）人，少遇异人授以一卷书，中有剑术。臧得其传。人或见其剑盒，乃以雷击木雕成，内有铁丸二，即雌雄剑也。

【臧延甫】古仙人。《云笈七签》卷一〇六《紫阳真人周君内传》："义山登岐山，遇臧延甫，受《忧乐曲》《素诀辞》。"又卷八四言其尸解，云："服金丹而告终者，臧延甫、张子房、墨翟是也。"

【脏腑神】清·俞凤翰《高辛砚斋杂著》：吴子姜言，其叔嗜臭鸡鸭数十年。一日静坐，忽闻腹中人语："吾脏腑神。汝以多食秽物污我，将祸子。"因悸得膈症，年余卒。

【zao】

【凿齿】《山海经·海外南经》："羿与凿齿战于寿华之野，羿射杀之。羿持弓矢，凿齿持盾。一曰戈。"郭璞注："凿齿，亦人也，齿如凿，长五六尺，因以名云。"又《大荒南经》："大荒之中有山，名曰融天，海水南入焉。有人曰凿齿，羿杀之。"《淮南子·墬形训》海外三十六国有"凿齿民"，高诱注："吐一齿出口下，长三尺也。"而高注《本经篇》则云："凿齿，兽名，齿长三尺，其状如凿，下彻颔下，而持戈盾。"又与前异。

鑿齒國

凿齿国　古今图书集成

【藻兼】水木之精。梁·任昉《述异记》卷下：汉武帝宴于未央宫，忽闻人语云："老臣自诉。"见梁上一老翁，长八九寸，面皱须白，拄杖偻步至前。帝问何姓名，所诉者何。翁缘柱放杖，叩头不言，因仰视屋，俯视帝脚，忽不见。帝骇惧，问东方朔。朔曰："其名为藻兼，水木之精也。陛下顷来频兴宫室，斩伐其居，故来诉耳。仰头看屋而后视陛下脚者，愿陛下宫室足于此，不欲更造也。"又见刘义庆《幽明录》。

【灶鬼】即灶神。《史记·封禅书》："少翁以方盖夜致王夫人及灶鬼之貌云，天子自帷中望见焉。"清·徐时栋《烟屿楼笔记》卷一："陆龟蒙《祀灶解》亦曰灶鬼以时录人罪过上白天。"

【灶君】即"灶神"，参见该条。《战国策·赵三》：卫灵公近雍疽、弥子瑕。二人专君之势以蔽左右。复涂侦请君曰："昔日臣梦见君。"君曰："子何梦?"曰："梦见灶君。"◆按：此为称"灶君"之始。

灶君　天津杨柳青年画

【灶君夫人】❶王搏颊。《五经异义》：祝融为灶神，姓苏名吉利，妇姓王名搏颊。《玉烛宝典》卷一二引《灶书》：灶神，姓苏名吉利，妇名搏颊。❷王卿忌，或作卿吉。唐·段成式《酉阳杂俎·前集》卷一四：灶神夫人字卿忌。

【灶君女】唐·段成式《酉阳杂俎·前集》卷一四：灶神名隗，状如美女。又姓张名单，字子郭。夫人字卿忌，有六女皆名察（一作祭）洽。

【灶神】灶神之祭，起源甚早。自王之七祀以至平民一祀，均祭灶神。《礼记·祭法》："王立七祀，曰司命，曰中霤，曰国门，曰国行，曰泰厉，曰户，曰灶。庶士庶人立一祀，或立户，或立灶。"至于后世，灶神为"一家之主"，不唯主炊爨，且有司命之责。晋·葛洪《抱朴子内篇·微旨》："又月晦之夜，灶神亦上天白人罪状。大者夺纪。纪者，三百日也。小者夺算。算者，三日也。"《敬灶全书·真君劝善文》曰："灶君乃东厨司命，受一家香火，保一家康泰，察一家善恶，奏一家功过。

每逢庚申日，上奏玉帝。终月则算，功多者，三年之后，天必降之福寿。过多者，三年之后，天必降之灾殃。"而灶神之角色却有多种，大致如下：❶先炊。《仪礼·特牲馈食礼》曰："主妇视饎爨。"又曰："尸卒食而祭饎爨、雍爨。"郑注："爨者，老妇之祭。"孔疏："老妇，先炊者也，此祭先炊，非祭火神。"《史记·孝武本纪》"索隐"：如淳云："祠灶可以致福。按：礼灶者，老妇之祭，盛于盆，尊于瓶。"《汉书·郊祀志》"族人炊"，师古注："族人炊，古主炊母之神也。"《续汉书·礼仪志中》："灶神是祭老妇，报先炊之义也。"❷炎帝。《淮南子·泛论训》曰："故炎帝于火，而死为灶；禹劳天下，而死为社；后稷作稼穑，而死为稷；羿除天下之害，死而为宗布。"注："炎帝神农，以火德王天下，死祀于灶神。"❸黄帝。《事物原会》曰："黄帝作灶，死为灶神。"❹颛顼之子黎。东汉·应劭《风俗通义》卷八"灶神"条引《周礼》说："颛顼氏有子曰黎，为祝融，祀以为灶神。"❺吴回。《淮南子·时则训》高诱注曰："祝融吴回，为高辛氏火正，死为火神，托祀于灶。"❻名禅字子郭。《后汉书·阴就传》注引《杂五行书》：灶神名禅，字子郭，衣黄衣，夜被发从灶中出，知其名呼之，可除凶恶。《酉阳杂俎》作"名单，字子郭"当有一误。❼名髻。《史记·孝武本纪》"索隐"引司马彪注《庄子》云："髻，灶神也，如美女，衣赤。"❽苏吉利。《五经异义》："灶神，苏吉利。夫人，王搏头。"❾隗。唐·段成式《酉阳杂俎·前集》卷一四："灶神名隗，状如美女。"❿壤子。唐·段成式《酉阳杂俎·前集》卷一四："一曰灶神名壤子。"⓫驹掇，即鸲掇。《酉阳杂俎前集》卷十四："列生言灶下之驹掇。"《列子·天瑞》："陵舄得郁栖，则为乌足。乌足之根为蛴螬，其叶为胡蝶。胡蝶胥也化而为虫，生灶下，其状若脱，其名曰鸲掇。"⓬宋无忌。《三国志·魏书·管辂传》云："王基家贱妇人生一儿，堕地即走入灶中，辂曰：'直客舍久远，魑魅魍魉为怪耳。儿生便走，非能自走，直宋无忌之妖将其入灶也。'"《史记·封禅书》集解、《艺文类聚》卷八〇引《白泽图》："火之精曰宋无忌。"⓭"种火老母"及其属神。详见该条。⓮玉皇第三子。姜义镇《台湾的民间信仰》："有一种传说，灶神为玉皇大帝的第三儿子，不务正业，性情怪僻，整日游手好闲，以专看女神为乐。诸神物议，玉皇大帝告诫不听，于是下命令要他下界为灶神，可饱看女人。"⓯傩公傩母。清·

顾禄《清嘉录》卷一二"十二月·跳灶王"条："李绰《秦中岁时记》：'岁除日进傩，皆作鬼神状。内二老儿，为傩公、傩母。'顾雪亭《土风录》谓即今之灶公、灶婆。"◆灶君有保家室平安之责，见于北宋以来笔记者甚多。北宋·刘斧《青琐高议》前集卷一"彭郎中记"条记灶神乌衣朱冠，苍然焦黑，有饥饿无主之鬼，盗食厨中食物，神则缚而挞之。又云：灶神主内外事，酉刻则出巡，遇魑魅魍魉皆逐之。南宋·洪迈《夷坚乙志》卷八"秀州司录厅"条："灶神称司命，监视鬼物不得入宅。"《夷坚丁志》卷二〇："杨氏某子为父所逐，宿于草棚，为虎伥所诱，忽有神人出，逐虎及伥，俄而神人召土地神责之：'汝受杨氏祭祀有年，竟纵虎为暴，郎君几为虎所食，致烦吾出神兵驱之，可谓不职！吾乃其家灶君司命也，汝识乎！'土地谢罪而退。"◆杨堃有《灶神考》一文，可参看。

【灶王】即灶神，或称"灶王爷"。唐·李廓《镜听词》曰："匣中取镜辞灶王。"清·褚人获《坚瓠集》：吴中以腊月一日行傩至二十四日，丐者为之，谓之"跳灶王"。

【灶下小儿】纬书《礼含文嘉》：灶下小儿名绳，呼之吉。

【ze】

【泽精】《管子·水地》："涸泽数百岁，谷之不徙，水之不绝者，生庆忌。庆忌者，其状如人，其长四寸，衣黄衣，冠黄冠，戴黄盖，乘小马，好疾驰。以其名呼之，可使千里外一日返报。此涸泽之精也。"唐·释道世《法苑珠林》卷五八引《白泽图》：故泽之精，名曰庆，其状如蛇，一身两头，五采文。以其名呼之，有使取金银。

【泽山君地长】《史记·封禅书》：汉武帝时有人上书云："古者天子常以春解祠，祠黄帝用一破枭镜；冥羊用羊祠；马行用一青牡马；太一、泽山君地长用牛；武夷君用干鱼；阴阳使者以一牛。"

【泽仙】《（雍正）福建通志》卷六〇：江道士名泽，俗称泽仙。明嘉靖间，邵武（今福建邵武）大旱，江为结坛召雨，甘霖沛足。后结茅于翠云庵。一日出门见一丐者，出其腐肠涤于桥下。江知为纯阳子之游戏，乃哂曰："何必乃尔！"吕闻之曰："谁为饶舌！乃雷部老判官乎！"江归即端坐而化。后数日，有人于建昌（今江西永修）遇之。

【zei】

【贼星】《太平广记》卷三〇六"魏耽"条引五代·于狄《闻奇录》：贞元中，吉州刺史魏耽，罢任居洛。有女年甫十六，颜色美丽。夏中纳凉于庭，忽天裂，有长人佩金者于裂处下，直至耽前，曰："我姓朱，天遣与君为女婿。"耽不敢阻，约期后月，乃腾空而去。耽与其妻，虽甚忧迫。有圉人突入拜耽，曰："使君不足忧，小事耳。"言讫而出。佩金者及期而至，圉人复突入，佩金者见之，趋下再拜。圉人作色而叱之曰："天恕尔，罚汝在人间，奈何又复扰人如是！"圉人升堂而坐，佩金者甚有惧色，唯言死罪，更无他词。圉人曰："送天狱禁百日。"乃腾空而去。圉人曰："吾乃使君北斗本命星也，魏使君昼夜焚修，今乃报之。适无礼者，即贼星也，今已禁之，请去他虑。"言讫而去。◆另有"六贼星"，为"二十一妖星"之一。

【zeng】

【曾广】明时人。明·钱希言《狯园》卷三"西角头幻戏"条："万历初年，悬图购募妖僧曾广。后闻曾广是道非僧，实有奇术，世之隐遁仙人也。左道淫邪之徒聚众举事而败，伪托其名以鼓愚聩。及收真曾广至，讯验不服，强状其罪，押赴西角头就戮。观者数千人，徘徊之间，漫起青气数十丈，横亘天半。众齐仰望，而曾广隐形而去，唯绳缚存焉。忽刑部吏奔告，尚书堂上有曾广倚柱而啸，手作反接状。急捕押市曹，方出部门，蹶然倒地，披起细认，乃守门吏之父也。三日后，有人见曾广在顺成门外看戏，且频上酒楼，吟咏自若，见者终不敢言之。"《狯园》卷三又有"南屏寺幻戏"一条，亦记曾广事。

【曾亨】晋时人。为"西山十二真君"之一。南宋·白玉蟾《修真十书·玉隆集》：曾亨，字兴国，泗水（今山东泗水）人。少为道士，明敏博学，能修三天法师之教，逆知未来，妙诀灵符，无治不愈。神人孙登见之，勉其修仙。后隐居豫章之丰城（今江西丰城），闻许逊真君名，投之门下。真君飞升，与周广同骖龙车。宋政和二年封神惠真人。

【曾文迪】唐末五代人。《（雍正）江西通志》卷一〇六：雩都崇贤里人。师事杨筠松，凡天文谶纬、黄庭内景之书靡不根究，尤精地理。梁贞明间至袁州万载（今江西万载），爱西山之胜，谓其徒曰："死葬我于此。"卒如其言。后其徒忽见于豫章（今江西南昌），归启其棺，无有也。◆明·王世贞《列仙全传》卷五作"曾文迪"。

【曾虚舟】清时人。清·袁枚《子不语》卷一"曾虚舟"条：自言四川荣昌人，康熙时佯狂吴楚间。言多奇中，所到处，老幼男妇环之而行。嬉笑怒骂，所言辄中人隐。或与人好言，其人大哭去；或答骂人，人大喜过望：在问者自知之，旁人不知也。

【曾义山】元明间人。明·杨慎《升庵集》卷六八"曾义山"："元至正间，瑞州上高县有术士曾义山。尝开卜肆于县南之桥埠，有瞽丐日过肆前，义山必礼之。久之，丐者告山曰：'明日有三人共一目者来，有异术，君宜叩之。'明日果有眇一目者曳杖导二瞽人过肆，山随之，拜于县北之鸬鹚洲。一瞽者遂以其书授山，且画沙指诀，尽其秘妙。其书名《银河棹》。后义山占卜如神，邑人皆知预避。红巾贼行掠无所得，恨欲杀之，隐匿县西观音阁得免，遂不复行其术，密藏其书于胡芦石洞中。临终谓其子曰：'某月某日有刘姓过吾家取书，畀之，戒不可泄。'后刘伯温官江西高安，果经其家。其子如山言授之。"《（雍正）江西通志》卷一〇六："曾义山一名法兴。上高人。善占术。青田刘基为高安丞，法兴过之，语曰：'相公聪明绝世而器宏远，当为一代伟人。'刘基借观乾象诸书，法兴以原本畀之，曰：'吾不欲留此以为家祸也。'"

【曾易明】明时人。《（雍正）江西通志》卷一〇六：金溪人。明景泰中，遇异僧授以堪舆术，为人卜地，衰旺兴废，辄先定其年月日时，皆奇中。或以富贵傲，即有重金，辄拂衣去。不娶妻，无子。渐能辟谷，不知所终。

【曾志坚】明时人。《（雍正）贵州通志》卷三二：楚人。有道术。天顺间，以讹误系京师。值大暑，上命祈雪，止以皇城为限。夜半，果降大雪，而皇城以外略无雪迹。因免死，改戍上坝卫。木石妖幻，符至即除。后端坐而逝。

【曾志静】北宋时人。曾慥《集仙传》、《明一统志》卷五六、《仙鉴》卷五〇：庐陵（今江西吉安）人。为道士，不与世接。忽有异人过之，授以道，自是闭门辟谷。至仁宗至和二年，告其徒欲作衡山之游。至期正坐而化。既葬，俄有自衡山持志静书来，勉其徒学道云。

【增福财神】财神，其辅神为招财、利市。仇德哉

《台湾之寺庙与神明（四）》：相传增福财神生前曾任道州刺史，力阻贩卖道州矮民为奴。地方感其恩，奉为福神，由祈福而求财，渐变为增福财神，亦即今之文财神。按：此即唐道州刺史阳城。参见"福神"条。◆四川则以赵公明为增福财神。《民间新年神像图画展览会》："在四川，增福财神被人辨认为玄坛赵元帅，盖即赵公明也。"◆《元曲选·庞居士误放来生债》中有"增福神"。

增福财神　民间神像

【增福相公】《三教源流搜神大全》卷三：姓李名诡祖，魏文帝时治相府事，白日管阳间冤滞不平之事，夜判阴府是非枉错文案。兼管随朝三品以上官人衣饭禄料，及在世居民每岁份定合有衣食之禄。五代后唐明宗时赠为"神君增福相公"。◆按：是其职类于"掠刷

增福相公　三教源流搜神大全

神"。李诡祖史有其人，北魏时任曲梁令，则魏文帝乃北魏孝文帝也。《同治畿辅通志》卷一七六引明王一鹗重修庙记："公家世淄川（今山东淄博南），魏文帝朝仕曲梁，时殄狐妖，塞横水，心切民隐，贻福孔多。既逝之后，民作庙祀之。有唐封增福相公，元封福善平施公。"

【增长天王】佛教"四大天王"之一。又称南方天，全称南方增长天王，名毗琉璃。住于须弥山之南面半腹之善见城中，常时观察阎浮提之众生，率领鸠盘茶、薜荔多等鬼神，守护于南方，能折伏邪

恶，增长善根，为护法之善神。其形象亦各有不同，中国一般说法手持宝剑，但在寺庙中也有持琵琶或伞或蛇者。

【zhai】

【宅鬼】❶指人家宅舍门垣井灶之类各处所主鬼神，虽名曰鬼，其实与五祀之神（门、户、灶、中霤、行）相类。祭祀有时，不唯不害主人，亦有保护作用。西晋·王纂《太上洞渊神咒经》卷三："门户之鬼名承伯，开闭之鬼名阿伦然，井灶之鬼名真连子，四篱之鬼名士伯供，道上之鬼名乌子丁，舍宅之鬼名玄子都。"即此类也。《太平御览》卷八八六引《白泽图》："故宅之精名挥文，又曰山晃。其状如蛇，一身两头，五采文。以其名呼之，可使取金银。"故宅，久废不居之宅也。❷指各种鬼狐精怪窜入人家而寄居不去者，及居室之下所埋人尸之鬼魂。此二者均居于人家，但性质不同，故《神咒经》中言及二者区分之事。

【宅仙】清·李庆辰《醉茶志怪》卷一有"宅仙"条，云：为一老叟，高三四尺，手持小木杵，至更时则自墙隅出，杵声丁丁，一夜凡四五出，意其按更筹也。昔予家盛时，有仙为守仓廪，有盗米者，则手迹显然，明日盗者自行跪述，或有外盗至，则盘桓不能去，皆仙之所为也。《醉茶志怪》卷三"黑山大王"条：天津李氏家供蟒仙，名黑山大王。能隐现其形，细则如蚓，巨则如瓮。其家有吉凶事则预示之兆。故李氏供奉甚虔。◆按：天津一带人家多供"五大家"，所谓"胡、黄、白、柳、灰"，"蟒仙"应即"五大家"之"柳仙"，而小个子老人似为刺猬精，即"五大家"中的"白仙"。

【宅魔之妖】"宅魔"之说自古即有，家室的地下如果埋有异物，往往引起家人的不安、疾病甚至死亡。晋·干宝《搜神记》卷三：信都令家，妇女惊恐，更互疾病。管辂筮之，曰："君北堂西头有两死男子，一男持矛，一男持弓箭，头在壁内，脚在壁外。持矛者主刺头，故头重痛，不得举也；持弓箭者主射胸腹，故心中悬痛，不得饮食也。昼则浮游，夜来病人，故使惊恐也。"于是掘其室，徙骸骨，去城二十里埋之，无复疾病。南宋·佚名《鬼董》载：有富民妾，孕不成子，每产皆多怪禽异物，状不肖人类，间一似人，则角其首，翼其腋。其家大怪之。有游僧过门，因指石狮子曰：「此其彪也。」为之诵咒，呼工凿目斩趾而去。后遂安妥。

连得丈夫子。而匠人造屋，故埋人偶，以做魔魅而祸主人，其事传说甚多，仅录数则。明·钱希言《狯园》卷一四：常州某大家，延一姚江书生为西宾。其人少年，每才眠即梦有美丽女子裸形而来，不觉失精而寐。如是者经岁，书生竟病瘠以死。主人命相宅者来视之，发其屋东头第七椽下，凿出一裸形妇人，炽火焚之，出血如缕，于是遂绝。又言：有士人迁入新居，夫妻子女，时相格斗。莫知所由，累求禁咒而不能制。后遇善相宅者路经其舍，入门索镜揽照，乃命梯于堂屋正梁凿破，得木刻男女一双，长五寸余，眉目形体根相悉具，两手各捽头发，贯作对纽，遍体青紫，伤血淋漓。方知匠氏行魔蛊之术以祸人，人不知所也。遂析新焚之，弃灰河中，举家贴然，安好如故。又清·东轩主人《述异记》卷中云：昆山李左君，召匠修墙门，薄其工食。匠作为魔魅，人不知也。修理毕，即典与曹明经青虹迁居之。居后每岁家中多病，禳祷方愈，未久又病，又复禳祷，十年以来，禳费不赀矣。后值墙门壁坏，见壁内木穿画一绿衣判官，旁有小鬼持铁索，一足跪，一手指内，傍写"妙诀"二字，字甚端楷。遂刮去之，宅得平安。

【宅中主神】东汉·王充《论衡·解除篇》云："宅中主神，有十二焉。青龙、白虎，列十二位。龙虎猛神，天之正鬼也。飞尸流凶，不敢安集。"此十二神虽未列全，但六壬家有贵人、腾蛇、朱雀、六合、句陈、青龙、天空、白虎、太常、玄武、太阴、天后十二神，分布十二方位。应即十二"宅中主神"。

【翟法言】即"翟乾佑"。见该条。

【翟乾佑】唐·段成式《酉阳杂俎·前集》卷二："翟天师，名乾祐，峡中人，长六尺，手大尺余。晚年往往言将来事。尝入夔州（今重庆奉节）市，大言曰：'今夕当有八人过此，可善待之。'人不知悟，其夜，火焚数百家。'八人'，乃火字也。"又同书《前集》卷五，载翟乾佑驱群龙以风雷平一十四处险滩，以便商旅故事。天宝中诏赴上京，岁余还故山，得道而去。《太平广记》卷三〇引五代·杜光庭《仙传拾遗》："翟乾佑，云安人也。庞眉广颡，常于黄鹤山师事来天师，尽得其道。能行气丹篆，陆制虎豹，水伏蛟龙，卧常虚枕。往往言将来之事，言无不验。每入山，群虎随之。曾于江上与十许人玩月。或问曰：'月中竟何所有？'乾佑笑曰：'可随我手看之。'乃见月规半天，琼楼金阙满焉，良久乃隐。"明·曹学佺《蜀中广记》卷七五

引唐·韦德融《云安洞灵观翟天师记》："天师姓翟名法言，字乾佑，夔州云安西县玉石乡人。生于开元三年，至天宝十四载，年四十一，梦有仙童来报，云来日于溪畔相寻，有灵丹秘篆相奉。至日，果见二真人在溪侧，赐三般秘篆，药一百二十丸云云。"后载神迹甚详，可参看。

【zhan】

【旃涂国】晋·王嘉《拾遗记》卷二：周成王时，旃涂国献凤雏，育于灵禽之苑，饮以琼浆，饴以云实，二物皆出上元仙。中国飞走之类，不复喧鸣，咸服神禽。及成王崩，远飞而去。

【詹道人】唐时人。《（雍正）甘肃通志》卷四一：采药贺兰山阴，遇神人授学。出言成文。修复普照寺，有人从窗牖间望见，护法神泥像起立，听道人安排。工竣，道人坐化。后有从数百里外来者，言见道人南去云。

【詹何】晋·张华《博物志》卷八：詹何以独茧丝为纶，芒针为钩，荆条为杆，剖粒为饵，引盈车之鱼于百仞之渊，汩流之中，纶不绝，钩不申，竿不挠。

【詹妙容】唐时人。《（雍正）浙江通志》卷二〇〇引《名胜志》：番阳女子。唐贞元初修真于须江县之筋竹山。楮衣木食，腾空而逝。

【斩鬼张真君】即张巡。见"张巡"条。

【展上公】梁·陶弘景《真诰》卷一三：上古高辛时人。学道于伏龙地，植李树于所居之山。后得道，今为九宫右保司。常向人说，昔在华阳下食白李，味异美，忆之未久，而忽已三千年矣。

【展先生】古仙人。《云笈七签》卷一〇四《太极真人传》：周时降于杜冲之宅，授以九华丹方。详见"杜冲"条。

【zhang】

【张鳌】《仙鉴》卷四六：不知何许人。唐末得道。既仙去，常至成都玉局化洞微大师李乘应之室。宋神宗熙宁五年，卖药于市，人莫识也。乘应字应之，能语人休咎，无一不验。

【张白】北宋时人。宋·张师正《括异志》卷六"张白"条：张白，字虚白，自称白云子，清河人，性沉静，博学能文，两举进士不第。会亲丧，乃辟谷不食，以养气全神为事，道家之书无不研赜。开

宝中，往往入廛市中，多所诟骂，切中人微隐之事，众皆异之。每遇风雪苦寒，则必破冰深入，安坐水中，永日方出，衣褥沔湿，气如蒸炊，指顾之间，悉以干燥。或与人为戏，仰视正立，令恶少数辈尽力推曳，略不少偃。居常饮崔氏酒肆，崔未尝讨其直，家人每云：此道士来则酒客辐辏。尝题其壁云："武陵溪畔崔家酒，地上应无天上有。南来道士饮一斗，卧在白云深洞口。"自是沽者尤倍。南岳道士唐允升、魏应时，亦当时有道之士也。慕其人，常与之游。一旦称疾，巫语观主曰："我固不起，慎勿燔吾尸，恐乡亲寻访。"言讫而绝，身体润泽，异香满室，倾城士女观瞻累日，为买棺葬于西门外。逾年，其仆遇白于扬州开明桥，又，步奏官余安者，以公事至扬州，亦遇白携大葫芦货药，巫召安饮于酒肆，话武陵旧游。白曰："为我附书谢崔氏。"余归致书，崔氏览之大惊，遽掘所埋棺，已空矣。白注《护命经》，穷极微旨，又著《指玄篇》，五七言杂诗，唐魏集而名为《丹台》，并传于时。

【张百子】宋·黄休复《茅亭客话》卷五："学射山旧名石斛山。昔张百子三月三日得道上升。今山上有至真观，即其遗迹也。"按：即张伯子，又作张柏子，见"张伯子"条。

【张柏亭】明初人。明·徐象梅《两浙名贤外录》卷二：洪武间人，为玄妙观都纪。永乐间奉敕建武当山宫观，遇异人授以葫芦、拄杖及五雷法。还衢州日，跨青牛出入，自号青牛道人。后如期而化，人云仙去。

【张班】土木营造业之行神之一。传说与鲁班同为普安老祖之徒，而张班为师兄。神祃中有"张鲁二班先师"。明·吴承恩《西游记》第四回："玉帝命工幹官张、鲁二班在蟠桃园右首起一座齐天大圣府。"即是。

【张鼻鼻】明时人。《神异典》卷二五八引《南阳府志》：不知何许人，敝衣垢面，遍体疮痍。嘉靖间依裕州仙灵宫，住持邢道士不为礼。一日邢病，思食杏，时值十二月，鼻鼻持红杏一枝进，始知其有道术。明年辞去，指阶前隙地曰："此地来春生草，可疗诸症。"后果然。

【张卞】三国时人。明·曹学佺《蜀中广记》卷七五引《梁山蟠龙洞碑》：张卞者，谏蜀先主刘备攻吴，不听，入山，遇樵叟，自称鸥夷，授以丹诀，修炼于洞穴，莫知所终。

【张抃】唐时人。江西《金溪县志》载："永乐旧志：'东岳庙左庑祀忠靖王。'按《临淮弃指亭记》：'王姓张名抃，与南霁云同守睢阳，同乞师于贺兰进明，同断指以示信，城陷又同死。托梦于家曰："吾得请于上帝，辅东岳为司录事。"唐封感应太保。宋封灵佑侯，累赠至王号，曰忠靖威显灵佑，庙号昭烈。'考唐史无张抃事，或竟指为张巡。"清·姚福均《铸鼎余闻》卷二引《江南省志》："歙县（今安徽歙县）忠靖王庙，王姓张名卞，家于滑县之白马，与张、许同死睢阳。"而清·王士禛《居易录》："南霁云乞师时同行将王抃者，亦断一指，后同死睢阳。黔阳赤宝山立祠，号昭烈王。"◆按张抃封忠靖王，而又有一神称"东平忠靖王"者，亦为张姓。元·卢镇《琴川志》记东平忠靖王云："王淮阴人，张有严之子，唐开元元年八月十八日生，十四年七月二十五日殁，为神护国救民，封咸济侯。宋太祖征太原，神显灵，又加'征应护圣使者'；熙宁时升'济物侯'，王安石时又封'忠懿文定武宁嘉定侯'。南宋时灵显于浙，累封'东平忠靖王'。"《琴川志》未载此神名字，而明·龚立本《常熟县志》（常熟雅称琴川）云："明弘治中查毁淫祠，遂以唐忠臣张巡实之，作厉鬼之像。"此东平忠靖王不唯祀于常熟，浙江宁波亦有东平忠靖王庙，俗称十四太保庙，神为张巡。至于以东平王庙而祀张巡者更不知凡几，其中当有不少原为地方淫祠，而后以张巡之名实之者。

【张标】北宋·吴淑《江淮异人录》卷下：闽中处士张标，有道术，能通于冥府。或三五日卧如死而体不冷，既苏，多说冥中事。或先言未来，一一皆验。郡中大信之。

【张伯端】北宋时人。即张紫阳真人。明·王世贞《列仙全传》卷七：张伯端，天台（今浙江天台）人。少好学，晚传混元之道而未备，孜孜访问，遍历四方。宋神宗熙宁二年，游蜀，遇刘海蟾授金液还丹火候之诀，乃改名用成，字平叔，号紫阳。尝有一僧修戒定慧，自以为得最上乘禅旨，能入定出神，数百里间顷刻即到，与紫阳雅志契合。一日紫阳曰："禅师今日能与远游乎？"僧曰："可。愿同往扬州观琼花。"紫阳于是与僧处一静室，相对瞑目趺坐出神。紫阳至时，僧已先至，绕花三匝。紫阳曰："可折一花为记。"僧与紫阳各折一花归。少顷紫阳与禅师欠伸而觉，紫阳曰："禅师琼花何在？"禅师袖手皆空。紫阳乃拈出琼花，与僧把玩。英宗治平中，随龙图陆公寓桂林，后转徙秦陇。久之，访扶风马默处厚于河东，乃以所著《悟真篇》

授处厚。元丰五年夏，趺坐而化，住世九十九岁。后七年，刘奉真遇紫阳于王屋山（在今河南济源西北），留诗一张而去。紫阳尝自谓己与黄勉仲、维扬于先生三人皆紫微星，号九皇真人，因误校勘劫运之籍，遂谪人间。今垣中光耀可见者，只六星

张伯端 仙佛奇踪

已。◆方景濂《（康熙）台州府志》卷一三云：宋张伯诚，临海（今浙江临海）人，原名伯端，字平叔。为吏，在府办事，家送膳至。众以其所食鱼戏匿之梁间。平叔疑其婢所窃，归扑其婢。婢自经死。一日，虫自梁间下，验之，鱼烂虫出也。平叔乃喟然叹曰："积牍盈箱，其中类窃鱼事不知凡几！"纵火将所署案卷悉焚之。因按火烧文书律遣戍。先是郡城有盐颠，每食盐数十斤。平叔奉之最谨。临别属曰："若遇难，但呼祖师三声，即解汝厄。"后械至百步溪，天炎浴溪中，遂仙去。◆明·洪应明《仙佛奇踪》卷三作"张柏端"。◆按：疑婢窃鱼事，或作"陈昉"，见该条。

【张伯子】清·陈祥裔《蜀都碎事》卷一："成都府北门外有升仙桥，鱼凫王、张伯子俱乘虎仙去，桥因以名。"又《蜀都碎事》卷三："三月三日出北门，游学射山。张伯子以是日即此地上升。巫觋卖符于道，游者佩之以宜蚕辟灾。"按：张伯子，又作张柏子。宋人文同《学射山仙祠记》云："有张柏子者，尝居此学道，于三月上巳日成，得上帝诏，驾赤文于菟升天。"或误作"张百子"，见宋·黄休复《茅亭客话》。

【张渤】即"祠山张大帝"，见该条。

【张超】金·王处一《西岳华山志》："华山张超谷内有一石室，为张超真人蜕骨之处。后为樵牧嬉戏其间，忽有飞石自空而来，塞其穴，今只称为卧仙坪。"按：疑张超为张公超之传讹。张楷字公超，事见"张楷"条。

【张乘槎】明人，精于拆字术。《古今说海》卷一四引《霏雪录》：近世拆字言吉凶者，无如张乘槎。按字画成卦，即云云不为钩距。明·田汝成《西湖游览志》卷一三：洪武八年，行省刘、王两参政改拱北楼为来远楼。既榜揭，遣拆字人张乘槎往视之。槎曰："三日内主哀丧之事。"如期王母死，刘以历日纸坐法。王延乘槎问故，对曰："'来'带丧形，'遽'从衰，带哀形，旁之两点相续者，泪形也。"

【张痴六】明时人。《（雍正）江南通志》卷一七四：华亭（今上海松江）人，以不修绳检，人呼为"痴六"。日游行市中，夜则卧桥上。虽大雨不濡，霜雪时热气上蒸。黄面碧眼，齿平如砺。常蓬首。与人言多不解，而往往有验。

【张储】明时人。清·王士禛《池北偶谈》卷二一：张储，字曼胥，南昌人，大学士张位之弟。多才艺，医卜星相、堪舆风角之术无不通晓。万历间游辽东，归语人曰："吾观王气在辽左，又观人家葬地，三十年后皆当大贵，行伍间闾阎儿童走卒，往往多王侯将相。天下其多事乎！"人以为狂，既而其言果验。储年七十余卒。

【张绰】唐时人。唐·冯翊子《桂苑丛谈》：咸通初，有进士张绰，多游淮海间，颇有道术。常养气绝粒，好酒耽棋。或人召饮，若合意，则索纸剪蛱蝶二三十枚，以气吹之，成列而飞。盐城邑宰多张之才，次求其道，日夕延接，欲传其术，张不应。他日将欲离去，乃书琴堂而别。后人多云江南上升。初去日，乘酒醉，因求片楮，剪二鹤于厅前，以水噀之，俄而翔翥。乃曰："汝可先去，吾即后来。"◆《太平广记》卷七五引《桂苑丛谈》及《仙鉴》卷四四作"张辞"。

【张辞】《太平广记》卷七五引《桂苑丛谈》："咸通初，有进士张辞，多游淮海间，颇有道术"云云。按：即"张绰"也。《仙鉴》卷四四亦作"张辞"。见"张绰"条。

【张大明王】水神。《（雍正）山西通志》卷一六五："水神庙在（临县）东城楼上，岁四月七日祀金龙四大王，三月六日祀张大明王，夏至日祀漱河神。"◆周作人《关于祭神迎会》："范寅《越谚》云：'《梦粱录》答赛带枷锁是也，越赛张大明王最久而盛。'则似张老相公出巡时亦有之，不知何意。"据此，在越地张大明王即是张老相公也。

【张大王】南宋·洪迈《夷坚志补》卷二五"陈唐兄弟"条：陈唐与其弟陈霆以不善著于乡里。庆元二年秋，梦至城隍庙，城隍神令押赴张大王庙。张

王者，非广德祠山之神，盖主瘟部者。越数日，合门大疫，唐、霆同时七窍流血死。◆按：清·徐昆《遯斋偶笔》卷下"瘟神"条中记有张王庙，云是祠山神张渤。乃以瘟神张王误为祠山张王也。

【张单】灶神一名张单，字子郭。见唐·段成式《酉阳杂俎·前集》卷一四。◆按：《后汉书·阴就传》注引《杂五行书》："灶神名禅，字子郭。"禅、单应有一误。

【张淡】南宋·洪迈《夷坚乙志》卷一八：南宋时游衢州（今浙江衢州），精轨析算步之术，凡人生死日时与什器成坏，皆可预知。好饮酒，自朝至暮，饮之不醉，夜入室，倒立壁下，以足挂壁，酒自发中流出。其徒有头陀一人，一日令头陀买火麻四十九斤，纽为大索，嘱曰："吾将死，死时勿棺敛，只以索从肩至足通缠之，掘寺后空地为坎埋之，过七日一发视。"头陀从之。至七日发其穴，面色如渥丹。至四十九日，凡七发，但余麻绳在，尸不见矣。

【张道宽】元时人。《（雍正）畿辅通志》卷八五：安州（治今河北安新）人。壮年患危疾，一夜梦神人授以符咒，且云："北去结缘呼奴山。"既醒，疾愈。遂访至顺州，得呼奴山，馆焉，号白云。无何疫疠大作，宽依法咒果实，令病者食之，立愈。远近谒者日千百计。东平王苦疡，召宽至，顿瘥。卒葬于馆西壁下。至今居民疾病，祷多灵应，呼为"圣师"。

【张道陵】即"张天师"。本名陵，道教徒尊之，加"道"字。《后汉书·刘焉传》："张陵，顺帝时客于蜀，学道鹤鸣山（在四川大邑县北）中，造作符书，以惑百姓。受其道者辄出米五斗，故谓之'米贼'。"◆晋·葛洪《神仙传》卷五："张道陵者，沛国（今安徽淮北市西）人也，本太学书生，博通五经。晚乃叹曰：'此无益于年命。'遂学长生之道，得黄帝'九鼎丹法'，欲合之。闻蜀人多纯厚，易可教化，且多名山。乃与弟子入蜀，住鹄鸣山，著作道书二十四篇，乃精思炼志。忽有天人下，千乘万骑，金车羽盖，骖龙驾虎，不可胜数。或自称柱下史，或称东海小童，乃授陵以新出'正一明威'之道，陵受之，能治病，于是百姓翕然奉事之，以为师，弟子户至数万。即立祭酒，分领其户，有如官长。并立条制，使诸弟子，随事轮出米绢器物纸笔樵薪什物等，领人修复道路，不修复者，皆使疾病。陵又欲以廉耻治人，不喜施罚刑，乃立条制：使有疾病者，皆疏记生身已来所犯之

罪，乃手书投水中，与神明共盟约，不得复犯法，当以身死为约。陵乃多得财物，以市其药，合丹。丹成，服半剂，不愿即升天也，乃能分形作数十人。其有九鼎大要，唯付王长。又云'而后合有一人从东方来，当得之。此人必以正月七日日中到。'至时果有赵升者从东方来，陵乃七度试升，皆过，乃授《升丹经》。

张道陵　北京白云观

后陵与升、长三人，皆白日冲天而去。"◆《三教源流搜神大全》卷七："天师者，汉张道陵也，子房八世孙，光武建武间生于吴天目山（今浙江临安北），学长生法术，隐北邙山。章帝、和帝累召不起。久之，遍游名山，东抵兴安云锦溪，升高而望曰：'是有异境。'缘衍流而之云锦洞，有岩焉，炼丹其中。三年，青龙白虎旋绕于上，丹成，饵之。时年六十，容貌益少。又得秘书，通神变化，驱除妖鬼。后于蜀之云台峰升天，遗经箓符章并印剑，以授子孙。其四代日盛，复居此山。历代重之。今其子孙世袭真人，居于江西广信府贵溪县之龙虎山。"又见于清·徐道《历代神仙通鉴》卷九，而明·王世贞《列仙全传》造作张道陵事迹最为神异，可参阅。◆《全后周文》卷二〇甄鸾《笑道论》引《蜀记》云："张陵避疟丘社中，得咒鬼之术，自造符书，以诳百姓，为大蛇所吞。弟子耻之，云白日升天。"此说为后世攻天师道者屡引。又《全陈文》卷九徐陵《答周处士书》云"张陵弟子，自坠高岩（事见'赵升'条），孙泰门人，竞投沧海"，以孙恩投海死，其徒党及姬妾谓成水仙，随之赴海者百数，与张陵弟子投崖事并提，可悟赵升、王长当亦殒命崖底，所谓得道者，亦其徒党之遮掩真相也。◆熊德基先生《〈太平经〉的作者和思想及其与黄巾和天师道的关系》一文指出："五

斗米道的领袖非张陵而是张修。及张陵之孙张鲁袭杀张修，夺取天师道领导权，方自称'师君'，然后伪造其祖其父两代创教的历史，以取代张修的历史。"此说石破天惊，直以张陵创教传道故事为张鲁所造谎言。参见"张鲁"条。◆按《南齐书·祥瑞志》建元元年四月，有司奏："延陵季子庙，掘得沸泉，泉中得一银木简，隐起文曰：'庐山道人张陵再拜谒诣起居。'谨案《瑞应图》：'浪井不凿自成，王者清静，则仙人主之。'《孔氏世录》云：'叶精帝道，孔书明巧，当在张陵。'宋均注云：'张陵佐封禅。一云陵，仙人也。'"不知此张陵与天师张陵是一人否。

【张道清】南宋时人。《仙鉴续编》卷五：字得中。蒲骚（今湖北应城）里中人。生于绍兴六年。自幼神异，入山半旬不返，人寻得之于岩中，有两虎踞于侧。又一日寝觉，告母曰："适往复州见大姐矣。"二十七年上元日，默坐前山，见五云缥缈间众神拥帝君至，授以秘诀灵文。道望始显，于其地建祠，乡里水旱，祈祷辄应。孝宗乾道二年，遍览襄汉名山。后建祠于郢州长森湾，为常住地。淳熙元年，至龙虎山瞻礼天师，受上清大洞箓。庆元五年宁宗赐号真牧真人。开禧三年端坐而化。

【张道人】❶南宋·何薳《春渚纪闻》卷三：张道人，福州福清人，以樵采为给。一日樵归，遇二道人对棋，遂观之。棋者顾曰："子与吾二人为同学，不意子困蹶如是，复能从我竟学乎？"张忽然醒悟，顿知宿命，曰："我安能从尔学神仙，我将学大乘法，不久吾师且至。"棋者问："子师为谁？"曰："真觉大师志济是也。"遂还家，次日入城市以相字为名，而言人祸福如见。次年志济来，张即投之，祝发，而郡人但以道人呼之。每择寺宇敝坏者辄入居，不俟遣化而施者云集，至鼎新然后迁他处。❷明末人。清·王士禛《池北偶谈》卷二四：商丘高辛镇有道人，尝周游归德属邑。貌类少壮，虽长老自童幼见之，形容不改，莫知其年。自云张姓，鹿邑人，居少林若干年，武当若干年，劳山若干年，屈指百数十年矣。一日募修东岳庙，需石灰数千斤，急切不能办。张募于某寡妇家，妇辞以贫。张曰："汝家槐树旁有石灰三千斤，何云无也。"发之，果如其言。或问何以知之，张笑曰："渠先祖建楼所余，吾见之，其家不知也。"颇能前知。有问者，则曰："我是颠子，我是颠子。"日可行三百里。崇祯末，袁贼乱梁宋间，致道人，缚置地上，驱所掠妇女裸体淫之，遂败其道，日行仅百五

六十里，亦谷食矣。

【张德元】明时人。不知其名，德元其字，号为乘槎。《（雍正）浙江通志》卷一九七引《两浙名贤录》云：德元避乱山阴（今浙江绍兴），其友病，以"丰"字示之。德元曰："死矣。明日讣至。"或问其故，曰："丰字：山，墓所也；两丰，封树也；豆，祭器也。墓既成矣，尚欲生乎？"◆按：此即"张乘槎"，参看该条。

【张颠仙】明时人。《（雍正）贵州通志》卷三二：名道凝。古夜郎侯之裔。颠仙为其自号。弱冠遇异人授洞天法，能役鬼神。后与熙真子于紫霞石室论三教一源之理，诲人忠孝。仙去，莫知所终。

【张貌】晋·张华《博物志》卷五：魏武帝集方士十六人，皆能断谷不食，分形隐没，出入不由户。中有张貌。又见"解奴辜"条。

【张定】唐末人。《太平广记》卷七四引五代·杜光庭《仙传拾遗》：广陵（今江苏扬州）人。幼入学途中遇道者，教以变化之术，能召鬼神，变化人物，自以刀剑剪割手足，刳剔五脏，分挂四壁，旋复如故；又能手指屏风上人物，使其飞动歌舞。父母问其所从学，答："我师姓药，海陵山（在广东阳江西南海中）神仙也。约十年后升天，今已七年矣。"辞家入天柱山，父母想念，即感应回家，复飞去。一日谓父母曰："十六年后广陵为瓦砾。"使移家于海州（今江苏连云港）。

【张恶子】见"张亚子"条。

【张二郎】见"张金箔"条。

【张法乐】北朝时楼观派名道。《仙鉴》卷三〇：南阳人。少师事楼观法师尹起，遂受道要。后卜居耿谷之西，衣弊茹素，谢绝人事，诵五千言及修抱雌守一之术。炼形养气，抱一守真，凡三十年，云生于梁栋间，人号为云居观。有神虎卫护之异。每斋日，有草衣人二十许来送熏陆香及干枣，出户辄不见。至西魏废帝三年，凭几而化。时有白气如云，穿牖而出。

【张飞】《太平广记》卷三五三引五代·景焕《野人闲话》："梓州（今四川三台）去城十余里有张飞庙。"又卷三五四曰："梓州有'阳关神'，即蜀西乡侯张飞也。灵应严暴，州人敬惮之。"北宋·张唐英《蜀梼杌》卷上："五代前蜀王建天汉元年，封张飞为灵应王。"南宋·洪迈《夷坚三志·壬集》卷七"张翼德庙"条："蜀车骑将军张益德庙，原在遂宁之涪江。元丰三年，邑人始大之。绍兴初，金兵震摇关辅，张浚宣抚处置秦蜀，屯阆中。有死

张飞　新刊校正古本大字音释三国志通俗演义

卒更生，传张飞神语，欲助顺诛逆。已而金兵屡犯汉中，皆败归。张浚进封神为忠显王。"《元史·顺帝纪》："至元六年，加封张飞武义忠献英烈灵惠助顺王。"清·蒲松龄《聊斋志异》卷一二有"桓侯"一则，亦记张飞灵应事。◆明·王圻《稗史汇编》卷一三三：蜀车骑将军张翼德庙在遂宁之涪江。

【张疯子】南宋时人。南宋·洪迈《夷坚丙志》卷一八：张风（疯）子者，不知何许人。绍兴中来鄱阳（今江西鄱阳），每旦出卖相，晚辄醉归。与人言，初若可晓，忽堕渺茫中，不可复问。最善呼鼠，诵咒数句，群鼠累累而至。或请除之，则诵咒遣往官仓中，云："法不许杀也。"

【张奉】东汉人。《神异典》卷二三三引《太平广记》：张奉，字公先，河内（今河南怀庆）人。太傅袁隗赞其高操。后入剡山（在今浙江嵊州），遇山图公子，授以九云木强梁炼桂法。仙后居东华宫为太极仙侯。◆按：今本《太平广记》无此条。张奉又名激子，详见"张激子"条。

【张福】明·冯时可《雨航杂录》卷下：张福，淮阴盐徒。性悍恣。一日乘凉树下，有老僧同坐，猛击张一掌，张竟默然，至三击，张则叩首曰："吾解师意矣。"随僧至一庵，对坐旬日，若有所得。张归家，其妻正与少年淫媾，张即将妻让与少年，又送子与邻老无子者。竟投万总戎为阍者，每日出入数百人，张日危坐，至晚必报主人，居数月，万氏门肃然。万知其可托，命之守书舍，司金钱出纳，则铢两无爽。一日，万自外归，见张坐其所坐处，呼曰："若何敢踞我坐！"张曰："将军何无平等心耶？"万登坐，觉席热如火，心异之。居无何，

叩头告辞。万使人追之，其行如飞，不能及。张至故所遇老僧处，趺坐合掌而化。万乃开其缄箱，则上书曰："小子以某日行，请以布敛金制龛，主人亲封之。"居有顷，有人自长安来，云于济上遇张福，谈笑竟日。万急开龛，其骸不见矣。

【张复阳】明时人。明·李日华《六研斋笔记》卷二："张复阳，当湖人，初业儒，既娶，有感弃去，从朱艮庵学道，妻亦为尼。喜作云水游，止于金陵朝天宫，与尹蓬头为侣。后止于余杭（今浙江杭州西）洞霄宫。洞霄宫石壁有张果老题字，云五百年后吾当挑书再来。复阳欣然得句，中云：'生前欠下烟霞债，今日挑书重又来。'俄有虎从石壁中出，弭耳随行，麾之不去。居余杭二十年，丹就还乡。弘治三年，年八十八，尸解去，仙乐满空，香气经月不散，举其棺，甚轻，如空器焉。"《（雍正）浙江通志》卷一九九："平江（即今江苏苏州）人，自言张果老后身。宣德中为朝天宫道士，又主余杭洞霄宫。"

【张镐妻】五代·杜光庭《神仙感遇传》卷五：张镐，南阳人也。隐王屋山（在今河南济源西北），未尝释卷。山下有酒家，镐每日饮二三杯而归。一日，见美妇人在酒家，揖之与语，邀以同饮，欣然无拒色。妇人曰："君非常人，愿托终身。"镐许诺，与之归，山居十年。而镐勤于坟典，意渐疏薄，时或忿恚。妇人曰："君情若此，我不可久住。但得鲤鱼脂一斗合药，即是矣。"镐未测所用，力求以授。妇以鲤鱼脂投井中，身亦随下。须臾，乘一鲤自井跃出，凌空欲去，谓镐曰："吾比待子立功立事，同升太清。今既如斯，固子之薄福也。他日守位不终，悔亦何及！"于是乘鱼升天而去。镐后出山，历官位至宰辅。为河南都统，常心念不终之言，每自咎责。后贬辰州司户，复征用，薨时年方六十。

【张公弼】唐·牛僧孺《玄怪录》卷三"刘法师"条：唐贞观中，华阴云台观道士刘法师，绝粒迨二十年。每三元设斋，辄有一人，衣缝掖而面鬁瘦，来居坐末，斋毕而去。如此十余年而衣服颜色不改。问之，答云："姓张名公弼，住莲花峰东隅。"刘法师请偕往，许之。遂入荒山，至一石壁，高千仞，下临无底之谷。公弼扣石壁，遂开一门，中有天地日月。内有人问法师欲住否。法师请以后期。及送出，石壁如故。法师后悔未留，而公弼不复至矣。

【张拱】北宋时人。北宋·李廌《济南集》卷六

《张拱传》：字辅之，浚仪（今河南开封）人，举进士不第，卖药宜春门。一日有道士来，云拱有道质，授以枣七枚。拱食之，从此不饥，神明气爽，日行数百里。又见南宋·洪迈《夷坚丙志》卷一八、《仙鉴》卷五二，云其后游名山，不知所终。

【张谷山】清·王士禛《池北偶谈》卷二二：张谷山，颍州（今安徽阜阳）人。日与小儿嬉戏，人不知其有道者。张有表兄客蓟州，一日除夕，嫂方制馄饨，念夫而叹。谷山在侧曰：“嫂无忧。吾为嫂今日一至蓟州，请寄馄饨为信。”颍去蓟二千余里，日未移晷已返，出其兄家书。自是人始惊其神异。后入武当山，不知所终。◆按：此与“万回”事相类。

【张鬼灵】北宋时人。南宋·何薳《春渚纪闻》卷二：三衢（即浙江衢州）人，学相墓术，因以鬼灵为名。建中靖国初至钱塘，请者踵至。不看坟墓，只视图画，知合葬时间，皆可相其吉凶。自知非久居于世，年二十五卒。

【张果】即“张果老”，锺吕八仙之一。《唐书》入《方伎传》：“张果者，晦乡里世系以自神，隐中条山，往来汾晋间，世传数百岁人。武后时遣使召之，即死。后人复见居恒州山中。开元二十一年，刺史韦济以闻。玄宗令通事舍人裴晤往迎。见晤辄气绝仆，久乃苏。晤不敢逼，驰白状。帝更遣中书舍人徐峤赍玺书邀礼，乃至东都，舍集贤院。肩舆入宫，帝亲问治道神仙事，语秘不传。果善息气，能累日不食，数御美酒。常云：‘我生尧丙子岁，位侍中。’其貌实年六七十。时有邢和璞者，善知人夭寿；师夜光者，善视鬼。帝令和璞推果生死，懵然莫知其端。帝召果密坐，使夜光视之，不见果所在。帝谓高力士曰：‘吾闻饮堇无苦者，奇士也。’时天寒，因取以饮果。三进颓然曰：‘非佳酒也！’乃寝。顷视齿燋缩，顾左右取铁如意击堕之，藏带中，更出药傅其龈，良久，齿已生，粲然骈洁。帝益神之，欲以玉真公主降果，未言也。果忽谓秘书少监王迥质、太常少卿萧华曰：‘谚谓“娶妇得公主，平地生公府”，可畏也！’二人怪语不伦。俄有使至，传诏曰：‘玉真公主欲降先生。’果笑，固不奉诏。有诏图形集贤院。恳辞还山，诏可，擢银青光禄大夫，号通元先生，赐帛三百匹，给扶侍二人。至恒山蒲吾县，未几卒。或言尸解。帝为立栖霞观。”事又见唐·郑处海《明皇杂录》卷下、唐·刘肃《大唐新语》卷一〇、唐·张读《宣室志》、唐·李德裕《次柳氏旧闻》、唐·牛僧孺《玄怪录》、唐·苏鹗《杜阳杂编》、唐·李冗《独异志》卷下、唐·牛肃《纪闻》诸小说及五代·沈汾《续仙传》卷中。◆《（同治）畿辅通志》卷一四七：“敕封仙人张果碑，在（今河北邢台）栖霞观，开元二十三年。碑称仙翁名果，隐于中条山，尝往来邢洺间。人传其乘白驴日行千里，有仙术。开元间为建祠立石祀之。”唐·李肇《国史补》卷上：“天宝中，有人于汾晋间古墓穴中，得所赐张果老敕书、手诏、衣服。进之，乃知其异。”◆《（雍正）江南通志》卷一七四：“张果老，六合园叟也，后携妻至王屋天坛山仙去。”此系把“灌园张叟”与张果误合者。

【张果老】“八仙”之一。见“张果”条。

张果老　仙佛奇踪

【张皓】汉魏时人。道教楼观派所奉先师之一。《仙鉴》卷二一：字文明，汝南（今河南汝南）人。汉安帝永初中为道士，遇封衡，授以青要紫书金根上经及神丹。皓入赤城山（在今浙江天台），服丹修道，久之耳能洞听，目能彻视，有人来访，或为白鹤，或为飞云。至魏明帝太和初升天。

【张衡】❶东汉时人。《仙鉴》卷一九：嗣师张衡，字灵真，张道陵长子。少博学，隐居不仕，有大名于天下。时帝闻其有道，征为黄门侍郎，不就。不关世务，吐纳不食。于灵帝光和三年正月二十三日，以真人之法付子师与妻卢氏，得道阳平山，白日飞升。❷字平子，即东汉大科学家、文学家，苏州纺织业奉为机神。清·钱泳《履园丛话》卷二三“机神庙”条：“机杼之盛，莫过于苏杭，皆有机神庙。苏州之机神奉张平子，不知其由，庙在祥符寺巷。”◆晋·葛洪《枕中书》：“张衡、杨云为北方鬼帝，治罗酆山。”按：此张衡即张平子，杨云即扬雄字子云。

【张弘国】《山海经·海外南经》：“有人名曰张弘，在海上捕鱼。海中有张弘之国，食鱼，使四鸟。有人焉，鸟喙有翼，方捕鱼于海。”郭曰：“或曰即奇肱人，疑非。”袁珂《校注》：“案此张弘实即《海外南经》之长臂国。张弘即长肱亦即长臂。"

【张怀素】北宋时人。南宋·周辉《清波杂志》卷一二："张怀素，舒州（今安徽潜山）人，自号落魄野人。道术通神，能呼遣飞禽走兽。好大言，自言孔子诛少正卯，彼尝谏以为太早，汉楚成皋相持，彼曾登高观战。崇宁元年入京师，至大观元年事败。"南宋·王明清《挥麈后录》卷七："张怀素本舒州僧人，自称插花和尚，言休咎颇验。从者甚众。后蓄发，自称落拓道人。大观中，怀素以左道游公卿间，言金陵有王气，欲谋非常，遣其徒游说士大夫之有名望者。事泄，朝廷兴大狱，坐死者数十人。"

【张怀武】唐时人。五代·徐铉《稽神录》卷五：南平王锺传镇江西，遣道士沈太虚祷庐山九天使者庙。太虚醮罢，夜坐廊庑间，恍然若梦，见壁画一人，前揖太虚曰："身张怀武也，常为将军。上帝以微有阴功及物，今配此庙为灵官。"既寤，起视壁画，署曰"五百灵官"。太虚归，以语进士沈彬。彬后二十年，游醴陵，县令陆生客之。方食，有军吏许生后至，语及张怀武，彬因问之。许曰："怀武者，蔡之神将，某之长史也。顷甲辰年大饥，闻豫章独稔，即与一将，各率其属奔豫章。既上路，两军稍不相能。比至武昌，克日将决战。禁之不可，怀武乃携剑上戍楼云梯，谓其徒曰：'凡两军所以致争者，以有怀武故也，今为汝等死。'遂自刎。于是两军之士皆伏楼下恸哭，遂相与和亲，比及豫章，无人逃亡者。"许但怀其旧恩，亦不知灵官之事。

【张惠感】唐初人。《仙鉴》卷三六：字智元，高安人，张道陵第十四代孙。自崇元观迁隐于浮云。志修神仙之道。唐武后时，游帷观道士胡惠超寿数百岁，游高安，以惠感为师。长安五年，武后以惠感为国师，斋于明堂，感庆云、神龙、黄鹤之应。后归浮云山炼丹。天宝中丹成冲举。

【张惠明】唐时人。《仙鉴》卷三三："赵郡人。结庐于中条山，遇混元子，授高上之道。唐太宗诏入内殿，致醮有感，乞归南岳，封妙济大师。一夕遇南岳石英夫人，传以道，后尸解。"明·王世贞《列仙全传》卷三云为汉时人，当误。

【张激子】东汉时人。梁·陶弘景《真诰》卷一二："即张奉，字公先，少时名激子。河内（今河南怀庆）人。太傅袁隗叹其高操，妻以女。女服饰奢丽，激子不顾，无异路人。女改服，乃后成室家。后弃世入剡山（在今浙江嵊州），遇山图公子，

授以九云强梁炼桂法，修之得道。今在东华宫，领九宫尚书，与北河侯对职，共治水官考。"◆按：袁隗欲妻以女者为张范，字公先者为张范之弟张承。张奉之"奉"字与"承"相近，或张奉即张承之误，而又移其兄之事于此乎？然无论张范、张承，均与修道事无涉。

【张季连】参见"戴孟"条。《天地宫府图》：三十六小洞天之太白山为张季连治所。

【张坚】即"张天翁"，见"天翁"条。

【张健】即痘神张元帅。见"张元帅"条。

【张姜子】梁·陶弘景《真诰》卷一二：西州人张济之妹，世有仁行，成仙。◆按后汉董卓部将有张济，西凉人，不知是其人否。

【张将军】❶东岳属神。南宋·吴自牧《梦粱录》卷一四云：广灵庙在石塘坝，奉东岳温将军。自温将军以下九神皆锡侯爵。其中张将军封广佑。❷南宋末人。道藏本《搜神记》卷五："姓张名孝忠，淮士也。庙在饶州府安仁县（今江西鹰潭西北）之玉真山。按元兵至安仁，提刑谢枋得调忠孝御之，阵于团湖坪。相持数日，忠孝战死。贼入安仁，忽夜半城东南角鼓角齐喧，若千军万马状，见将军骑白马舞双刀，于云雾中往来杀贼。土人因为立祠于死所，数著灵异。"

【张角】东汉末人。《后汉书·皇甫嵩传》："巨鹿张角自称'大贤良师'，奉事黄老道，畜养弟子，跪拜首过，符水咒说以疗病，病者颇愈，百姓信向之。角因遣弟子八人使于四方，以善道教化天下。十余年间，众徒数十万，连结郡国，自青、徐、幽、冀、荆、扬、兖、豫八州之人，莫不毕应。遂置三十六方。方犹将军号也。大方万余人，小方六七千，各立渠帅。讹言'苍天已死，黄天当立，岁在甲子，天下大吉'。以白土书京城寺门及州郡官府，皆作'甲子'字。中平元年，大方马元义等先收荆、杨数万人，期会发于邺（今河北临漳）。元义数往来京师，以中常侍封谞、徐奉等为内应，约以三月五日内外俱起。未及作乱，而张角弟子济南唐周上书告之。角等知事已露，晨夜驰敕诸方，一时俱起。皆著黄巾为摽帜，时人谓之'黄巾'，亦名为'蛾贼'。杀人以祠天。角称'天公将军'，角弟宝称'地公将军'，宝弟梁称'人公将军'，所在燔烧官府，劫略聚邑，州郡失据，长吏多逃亡。旬日之间，天下响应，京师震动。"《后汉书·刘焉传》注引《典略》曰："初，熹平中，妖贼大起，三辅有骆曜。光和中，东方有张角，汉中有张修。

骆曜教民缅匿法，角为'太平道'，修为'五斗米道'。太平道师持九节杖，为符祝，教病人叩头思过，因以符水饮之。病或自愈者，则云此人道通，其或不愈，则云不通道。"晋·干宝《搜神记》卷六："张角徒众数十万，皆是黄巾，故天下号曰'黄巾贼'，至今道服，由此而兴。"

【张岊】南朝时人。《(雍正)湖广通志》卷七五引梁·任昉《述异记》："字巴玉，清河郡人。齐明帝时仕至司空。及东昏侯嗣位，归林泉，隐于潇湘之南之寿山朱陵洞。后闻洞南有麒麟山，汉代苏隐真人隐此得道，于是倾家南来止此修真。蹑足登云，全家八十余口白日冲举。"《仙鉴》卷三四："辞官后隐于攸县温水山，又称紫麟山。全家斋戒，诵《大洞真经》。过二十年，见神人自称葛洪之子，授以金丹火鼎之诀，遂能点瓦砾而成金。至梁武帝天监二年，全家八十余口白日轻举。宋徽宗政和三年七月封太素真人，八月又特封冲升真人。"而明·王世贞《列仙全传》卷五，径言其所遇神人为葛洪："一日张岊全家外出，留使女卢琼在家，葛洪化为一疥癞道人至，浴于岊家酒缸中。岊归，闻酒香异常，全家八十余口合饮之，遂举家上升。唯卢琼亲见疥癞道人浴于其中，托疾不饮，升空至半而坠，上帝命其为土地，守仙坛。"

【张金箔】明初人。明·陆粲《庚巳编》卷九"金箔张"条："金箔张，山西人，自幼多技能。尝以乡人不善金箔，往学于杭，归以授之，用此得名。尝遇道人，以龙乘之至一山，道人指庭中曰：'此有丹在，子可取之。'张周视无所见。道人乃叹曰：'子无缘，且当留形住世耳。'居月余，颇得道人底蕴。一日，偶出散步，少顷回顾，唯空山而已。询之人，乃在大同城外。张归，不以道自名，犹来杭剥金，旦乘驴而至，暮则还家，倏忽数千里。或缚草为龙，跨之而行，归则以挂房檐间。时作戏术以娱人，每适市，人争随求观。太祖闻之，召至阙下，而责以妖术聚众。张谢曰：'臣非妖术，特戏术耳。'上欲试之，张出袖中小铜瓶，以汤沃之，瓶口出五色云，充满殿庭。上悦，欲尽其术，时正腊月，命开荷花。张请驾至金水河，索干石莲子，乱撒池中，顷刻花开满池，香艳可爱，张索纸剪为一舫，置之水，蹈而登焉，鼓棹放歌，往来花丛中。倏忽转向岸，即失所在，而荷花亦无有矣。亟命四远索之，竟不可得，后莫知其所终。"◆明·王世贞《列仙全传》卷九亦载其事而稍异，有云："有一老道约其往游，至日道遣两童子骑龙来邀，

至一山，老道危坐其中，其两腿倚置于壁前，道曰：'老夫不欲涉尘世，以二足置他所。'以手招之，两足自凑其体。"按：此事出于明·钱希言《狯园》卷二"卸足道人"及"金水桥幻戏"二条，云皆"金箔张"之子张二郎事，非张金箔本人也。又"张金箔"应做"金箔张"，山西平阳府人，以世造金箔为业，故呼"金箔张"。

【张憬藏】唐初人。唐·张鷟《朝野金载》卷一、唐·佚名《大唐传载》：长社人。善相，技与袁天纲等。魏元忠尚少，往见憬藏，问之不答。元忠怒，拂衣将去。憬藏遽起曰："君之相在怒时，位必卿相。"裴光廷当国，憬藏以纸大署"台"字投之。光廷曰："吾既台司矣，尚何事！"后三日，贬台州刺史。

【张九哥】北宋时人。宋人《分门古今类事》卷五引《翰苑名谈》："张九哥，不知何地人。仁宗庆历间游京师。人皆言有道者。燕王常以酒与之。一日诣门见王，取匹帛重迭，剪为蜂蝶，随剪飞去，或集王衣，或聚美人钗髻。少选呼之，一一皆来，复为罗一端。王异之，因问吾寿几何，九哥曰：

张九哥 列仙全传

'与开宝寺浮屠齐。'后浮屠灾，王亦薨。"《仙鉴》卷四九："庆历间在京师，昼则闲行于市，问人化钱。夜多宿闲屋或粪壤中，虽盛冬单衣，汗流覆面。后有人见于湖湘，风神如旧。"

【张酒酒】北宋时人。宋·张师正《括异志》卷七"张酒酒"条：失其名，不知何许人。天圣中，主西都张水县之天禧观，善淬，鉴经其手，则光照洞彻，他工不可及。或时童稚持鉴来治者，遇醉则或抵破之，或引之长三尺。小儿惊呼，乃笑曰："吾与若戏。"乃取药傅其上，以败毡覆之，摩拭良久，清莹如故。得钱唯买酒，未尝一日不醉。一旦，拂衣入王屋山，立而尸解于药柜山中。始村人见有人立于岩石之上，久而不去，经旬往视之，故在，遂

闻于乡。啬夫就而察之，乃一道士拱立且僵也，啬夫以为不祥，推仆之。邑尉检视，顶有一窍如鸡卵大，殊无血渍，面色如生。尉闻啬夫推仆，鞭之，即瘗于解化之地。

【张巨君】《洞仙传》：不知何许人。时有许季山，得病不愈，清斋祭泰山。忽有神人来，自称仙人张巨君，为之筮卦除祟。季山病愈，巨君传以筮诀。季山遂精于晚易占。◆《天地宫府图》：七十二福地第三十二龙虎山（今江西贵溪），仙人张巨君主之。又五十三德山（在朗州武陵县）亦为仙人张巨君所治。

【张君宝】明·何乔远《名山藏》卷一〇三《方外记》："张君宝，字全一，一字玄玄，别号保和、容忍、三丰子。"即"张三丰"。见该条。

【张楷】东汉时人。晋·葛洪《抱朴子内篇·辨问》："张楷吹嘘起云雾。"《后汉书·张楷传》："楷字公超，通《严氏春秋》《古文尚书》，门徒常百人。车马填街，楷疾其如此，辄徙避之。家贫无以为业，常乘驴车至县卖药，足给食者，辄还乡里。隐居弘农山中，学者随之，所居成市。五府连辟，举贤良方正，不就。性好道术，能作五里雾。时关西人裴优亦能为三里雾，自以不如楷，从学之，楷避不肯见。桓帝即位，优遂行雾作贼，事觉被考，引楷言从学术，楷坐系廷尉诏狱，积二年，恒讽诵经籍，作《尚书注》。后以事无验，见原还家。"

【张宽】晋·干宝《搜神记》卷四：汉武帝时，张宽为侍中，从祀甘泉，至渭桥，见有女子浴于渭水，乳长七尺。上怪其异，遣问之。女曰："帝后第七车者知我所来。"时张宽在第七车，对曰："天星主祭祀者，斋戒不洁则见。"

【张邋遢】❶见明·朱孟震《游宦余谈》、清·朱梅叔《埋忧集》卷七。即"张三丰"，见该条。❷清·程趾祥《此中人语》卷四："江宁（今江苏南京）有乞丐张邋遢，终岁不洗浴，不更衣，故人以名之。一夜卧石桥上，闻土地神与夜游神相语，云明日八洞神仙经此。至天晓，邋遢凝神静候，果见八人冉冉而来，最末一丐，疑是李铁拐，遂前持其袖曰：'仙度我，仙度我。'丐笑自身上揭一疮痂与之而去。邋遢闻疮痂有异香，持至鱼肆，入疮痂于死鱼中，鱼尽活。邋遢大笑，以疮痂尽入口，遂腾空去。"按：清·乐钧《耳食录》卷三"捕鱼仙"事同此。

【张剌达】《说郛续》卷四六引明·徐祯卿《异林》："张剌达者，相传为宋时人，为华州掾。尝从

州太守谒陈抟先生，既坐，复来一道人，陈抟事之甚恭，而太守不悦。道人出枣三枚，赤者自食，白者与陈抟，青者投太守。太守愈不悦，乃与张掾，掾乃食之。及道人去，太守问为何人，陈抟曰：'吕纯阳真人也。'太守大悔。而张掾自后得道，于明初往往游于人间，每显异迹。朱棣在北平燕邸时，尝召见之，语有神异。及即位，遣尚书胡濙遍海岳求访之，后于秦中邂逅，乃入朝。成祖问：'何为是道?'张曰：'能食能粪，此即是道。'帝不悦，命试以仙术。张遣侍竖昇一瓮，入内，即不见。帝命击破，人持破瓮一片，呼之，如月印水，在在俱是，随呼而应。"◆按：此亦"张三丰"传说之一种，张剌达即"张邋遢"也。

【张老】❶六合张老，唐时人。唐·牛僧孺《玄怪录》卷一：扬州六合人，园叟也。其邻有韦恕者，梁天监中自扬州曹掾秩满归。其女方及笄，张老求媒为婚。韦恕闻之大怒，故告媒氏曰："为吾报之，日内得五百缗则可。"不料张老立应，送五百缗于门。韦氏大惊，力辩前乃戏言。而张老不应。韦恕问女，女曰："此固命也。"遂嫁之。张老既娶韦氏，园业不辍，负秽锄地，其妻亦亲执炊爨，了无愧色。韦恕以为门户之羞，置酒召张老，令其远去。张老云："某王屋山（在今河南济源西北）下有一小庄，明旦且归。他岁相思，可令大兄往天坛山南相访。"后数年，韦恕思女，以为蓬头垢面，不可识也，乃令弟子往天坛山访之。及至，见朱户甲第，楼阁参差，张老已为伟岸丈夫，而韦女服饰之盛，人间所无。张老盛待妻兄，临别赠金二十镒，并与一破故草帽，云："可于扬州北邸卖药王老家取一千万贯。"大兄归后，至扬州寻得王老，验其帽有红线为记，立付一千万。韦家始惊，知张老为神仙。❷天台张老，亦唐时人。《太平广记》卷四九"陈惠虚"条引五代·杜光庭《仙传拾遗》：天台国清寺僧陈惠虚，与同侣游山，至一悬崖，有石桥，下不见底。惠虚独过，入一仙境，楼台连云十里许，其门题额"会真府"，左为"金庭宫"，右为"桐柏"。遇一老叟，人称张老者，云："此真仙之福庭，天帝之下府，号曰金庭不死之乡，神仙右弼桐柏上真王君主之。王君者，周灵王之子，瑶丘先生之弟子。"又告惠虚学仙之道，因引之出门，行十余步，已在国清寺。从此惠虚慕道。后归终南山捧日寺。及老病，张老负药囊至寺。惠虚购而吞之，病即愈，挥手升天而去。时为大中十二年。❸荆襄张老。《太平广记》卷四二四引唐·皇甫氏

《原化记》：荆襄僧居近水，有龙时挟雷雨出入。种园张老者，术士也，嗔此龙损物，密禁以法。龙潜告僧："某乃龙也，住此水多年，今为张老所禁，命在危急。请和尚救之，愿酬一宝珠。"僧如其言，请于张老。张老不应，僧求之不已。张老乃放龙出水。至张老去后，龙复作雷雨，坏僧舍，夺其珠。

【张老相公】水神。❶一说即张夏。清·俞蛟《梦厂杂著》卷九《齐东妄言》："山阴（治今浙江绍兴）有神，姓张名夏，本宋景佑中工部郎中，受命护堤，封宁江侯，又封英济王，今则称为张大明王，或有呼张老相公者，不知何据。神左手执金锭，右手竖二指。世俗相传，金锭指金人，二指为徽、钦也。乃乡里儿又谓神能操财用之权，执金锭者，欲假人以金，竖二指，索二分息也。于是求利者香楮酒醴，争先恐后。"详见"英济侯"条。❷一说为张亮。清·翟均廉《海塘录》卷一二："萧山县长山有英济侯庙，旧称护堤侯庙，宋建以祀漕运张行六五者，俗呼'张老相公'。考《王多吉集·张氏先茔碑记》云：'吴越王时刑部尚书张亮，厥后一传护堤侯十一税院，袭为长山海神。'则所谓六五者，即指十一言也。郡志以为六五即张夏。然夏封宁江侯，改安济公，而六五于明天启时封灵应英济侯，庙号不符。今海宁之庙亦称英济，与长山神同号，其谓捍沙王为萧山布衣者，与萧山护堤侯事亦相类，姑标识之，以待稽考。"按萧山与山阴毗邻，民间俱祀张老相公，而文人欲以古人实之，遂一以为张夏，一以为张亮。而五代吴越国未见有任"刑部尚书"之张亮，有则在唐太宗时，曾图于凌烟阁，则以"谋反"被诛。❸清·蒲松龄《聊斋志异》卷二"张老相公"条："张老相公，晋人。将嫁女，携眷至江南，舟抵金山，张先渡江，嘱家人在舟勿爆膻腥。盖江中有鼋怪，闻香辄出，坏舟吞行人，为害已久。张去，家人忘之，炙肉舟中。忽巨浪覆舟，妻女皆没。张悼恨欲死，便招铁工起炉山半，治赤铁重百余斤。审知所常伏处，使二三健男子，以大钳举投之，鼋跃出，疾吞而下。少时波涌如山；顷之浪息，则鼋死已浮水上矣。行旅寺僧并快之，建张老相公祠，肖像其中以为水神，祷之辄应。"◆按：绍兴一带奉祀张老相公为潮神。见周作人《关于祭神迎会》一文。

【张礼正】东汉时人。梁·陶弘景《真诰》卷一四：汉末于衡山修道，服黄精，颜色少壮，常如四十许人。与治明期俱受西城王君虹景丹方，能日行五百里。后升仙。

【张丽英】西汉初人。五代·徐铉《稽神录》卷五："虔州虔化县（今江西宁都）金精山，昔长沙王吴芮时，仙女张丽英飞升之所，道馆在焉。"《云笈七签》卷九七引《金精山记》："张丽英，汉时张芑之女，面有奇光，不对镜，但对白纨扇，即如镜鉴。汉初，长沙王吴芮闻其异质，自领兵来聘。女时年十五，闻芮来，乃登山披发卧石鼓下。人谓其死，芮亲往视之，忽紫云郁起，失女所在，仅留歌一首于石上。"道藏本《搜神记》卷五："金精，金星之精也。相传汉时宁都县张姓者名金华，生女曰丽英，生禀瑞相，能先事言休咎。去县之西北十五里有山，丽英年十五入山修炼，遂得道。长沙王吴芮闻而聘焉，丽英弗许，乃升山之高处，始曰：'山有石室，中通洞天。若能凿之，当相见也。'芮大发兵攻凿，既通，见女乘紫云在半空，曰：'吾为金精之神，特降治此山耳。'言讫而去。后人名其山曰金精山，道家以为第三十五福地。"南宋·祝穆《方舆胜览》卷二〇"金精山"条："张丽英，汉初张芒女。"

【张连翘】唐时女子。唐·戴孚《广异记》：黄梅县女道士张连翘者，年八九岁。常持瓶汲水，忽见井中有莲花如小盘，渐渐出井口。往取便缩，不取又出。如是数四，遂入井。家人怪久不回，往视，见连翘立井水上。自是渐不复食，岁时或进三四颗枣，父母因命出家为道士。年十八，昼日于观中独坐，见天上坠两钱，连翘起就拾之。邻家妇人乃推篱倒，亦争拾，连翘以身据钱上。又与黄药三丸，遽起取之。妇人攫手夺一丸去，因吞二丸，俄而皆死。连翘顷之醒，便觉力强神清，倍于常日。其妇人吞一丸，经日方苏，饮食如故。天宝末，连翘在观，忽悲思父母，如有所适之意。百姓邑官，皆见五色云拥一宝舆，自天而下。人谓连翘已去，争来看视。连翘初无所觉，云亦消散。谕者云："人众故不去。"连翘至今犹在，两肋相合，形体枯悴，而无所食矣。

【张良】《史记·留侯世家》："字子房，其先韩人，大父、父俱相韩。韩为秦灭，张良矢志报韩，募壮士击秦始皇于博浪沙。后至下邳（今江苏邳州南），遇黄石公授以《太公兵法》。及陈涉起兵，张良亦募少年百余人，从刘邦，运筹帷幄，助汉统一天下，封留侯。自言：'今以三寸舌为帝者师，封万户，位列侯，此布衣之极，于良足矣。愿弃人间事，从赤松子游。'乃学道辟谷，欲轻举。高帝崩，吕后强使之食。后八年，死。"《太平广记》卷六引五代·杜光庭《仙传拾遗》："张良幼时遇黄石公，读其书，能应机权变，佐高祖定天下。后人谓其书为《黄石公书》，修之能炼气绝粒，轻身羽化。与绮里季等四皓为云霞之交。汉初，有四五小儿群戏，一儿歌曰：'著青裙，入天门，揖金母，拜木公。'时人莫知。张良往拜之，曰：

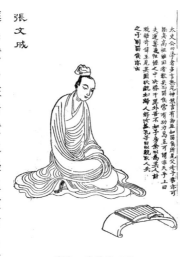

张良　晚笑堂画传

'此东王公之玉童也。'解形于世。至汉末赤眉发其墓，但见黄石枕化而飞去，不见其尸。张良登仙，位为太玄童子，常从老君于太清之中。其裔孙张道陵得道，朝于昆仑，子房在焉。又见《仙鉴》卷一〇。一说为"三天大丞相、天枢上相"。《高上玉皇本行集经》有天枢上相张良"辞表"。

【张亮】见"英济侯"条。

【张六五相公】明·田汝成《西湖游览志余》卷二三云："有所谓草野三郎、宋九六相公、张六五相公，不知何等神，杭人无不祀之。"◆按：此张六五即"张老相公"之一说，亦即浙江民间所信仰之"张六相"。

【张龙公】即"张路斯"。见该条。

【张鲁】东汉末人。《仙鉴》卷一九：字公期，张道陵之孙，张衡之子。称"系师"。好道，守真人之法。仕汉，历典农校尉、安民中郎将，汉中、南郑（今陕西南郑）二郡太守。后隐身学道，以符法治病。致米一斗，疾苦立愈。久之，积米巨万。魏公曹操闻之，遣使统兵来讨。鲁以手板画地，即成巨河。操以水兵进，鲁即以手板画河中，遂成大山。曹操遣使追谢，赍印绶，拜为梁益二州刺史、镇南将军，封阆中侯，食邑三万户。鲁不受，曰："吾修道之士，世慕冲举，请还印绶。"后修炼，白日乘龙升天。而《徐州志》于其终则曰：曹兵不能追，鲁遂逃入巴中。后刘备起兵攻巴中，张鲁遂隐形仙去。◆按《后汉书》张鲁附于《刘焉传》后，于其终云："曹操攻汉中，张鲁降操，拜镇南将军，封阆中侯，邑万户，将还中国，待以客礼。其五子

皆封侯，且与曹联姻。"次年即卒。无升仙事。又按：《刘焉传》言张鲁之起家："张鲁之母有姿色，兼挟鬼道，往来刘焉家。焉遂任张鲁为督义司马，命其与别部司马张修将兵掩杀汉中太守苏固，断绝斜谷，杀使者。鲁既得汉中，遂复杀张修而并其众。"熊德基先生以为真正的五斗米教首领是张修，张鲁仅以其母与刘焉之特殊关系而起家，并无教众。张鲁既袭杀张修，并夺其众，复伪造其祖陵、其父衡创教传教的历史，以代替张修的历史。汉魏时人均知真正的五斗米教首领为张修，至晋初《三国志·魏书·张鲁传》方提及张陵及张衡（见《六朝史考实》中《〈太平经〉的作者和思想及其与黄巾和天师道的关系》一文）。

【张鲁女】北宋·乐史《太平寰宇记》卷一三三："南郑县（今陕西汉中南郑区）有龙溪，《道家杂记》云：张鲁女尝浣于山下，有雾蒙身，遂孕。后耻之，投汉水而死。鲁因葬女于龙冈山顶。后有龙子数来游母墓前，遂成溪径。"明·彭大翼《山堂肆考》卷一九引《郡国志》："梁州有女郎山，张鲁女浣衣于石上，女便怀孕，生二龙。及女死将殡，枢车忽腾跃升此山，遂葬焉。"又《水经注·沔水》："女郎山上有女郎冢，远望山坟嵬嵬然，有女郎庙及捣衣石，言为张鲁女。"

【张路斯】隋唐间人。北宋·欧阳修《集古录》引唐人赵耕《龙公碑》："张路斯，颍上人，隋初明经登第，唐景龙中为宣城令。夫人石氏生九子。罢归颍上，常钓于焦氏台之阴。一日，见钓处有宫室楼殿，遂入居之。自此夜出旦归，归辄体寒而湿。夫人惊问，曰：

昭灵侯　三教源流搜神大全

'我龙也。蓼人郑祥远者亦龙也，骑白牛据吾池。吾屡与战，不胜，明日取决，可使九子助我。领有绛绡者我也，青绡者郑也。'次日九子以弓矢射青绡者，中之。张路斯逐之至淮，所过处皆为溪谷。

张文成（竖排，图旁）

青绡者投于合肥之西山而死，其地名为龙穴山。张九子皆化为龙云云。"又见清·陈元龙《格致镜原》卷九。◆元祐六年，苏轼知颍州（今安徽阜阳），因祷雨而应，撰《昭灵侯庙碑》，所述龙公之事与赵耕碑略同，后云："自景龙以来，颍人世祠之于焦氏台。乾宁中始大其庙。宋乾德中蔡州（今河南汝南）大旱，祷之而雨，翰林承旨陶穀为记其事，于是陈蔡许汝诸州皆祠之。宋熙宁中诏封昭灵侯，石氏为柔应夫人。"又云："庙有穴五，往往见变异，出云雨，或投器穴中，则见于池。"◆米芾作《辩名志》云："岂有人而名路斯者乎？盖苏翰凭旧碑'公名路'，当是句断，'斯颍上人也'。唐人文赘多如此。"南宋·王明清《挥麈后录》卷六以米芾之辩为误。

【张落魄】明时人。明·何乔远《名山藏》卷一〇三：不知其籍，或曰钱塘人。嘉靖中寄黄谷山下，自称张落魄。饮酒数斗不醉，出入莫测。一日入市，以指画壁，若有所志。数日大水浸壁到所画处，人始悟。去之日，口吐三枣，令道士王道陵啖之。道陵秒之，与道童啖之。而落魄瞬息间不见，道陵知其为仙人，令道童追之，甫一日即至杭州。道童遇落魄于途，落魄问其何以至此，道童告以食枣之故。落魄捶道童背，出枣，化为双蝶而去。

【张蒙山】元时人。《（康熙）怀庆府志》卷一〇：不知何许人。寓温县（今河南温县）麒麟村庙内。一日与众叟坐，瞑目少许，出蒸粮团以献，言在某家化缘而得。其人归家，果然。工匠重修殿宇，蒙山向壁上画一酒坛，命匠取饮，终日不绝。一年暑月，忽言渴甚，自投于井，不知所往。

【张梦乾】宋时人。《（雍正）陕西通志》卷六五：孟店镇人。老而好道，有离俗之志。遇刘海蟾授以仙术。一日辞村人，举宅飞升。而旧志则云：字大游，泾阳人，家富好仙。一日遇海蟾，授以道术。咸平元年化去。

【张明】明·王圻《稗史汇编》卷六二"张明"：张明者，永静农家子。有道人引入牢山，授以修炼内丹之法。明后馆于刘毅，一日，塞其两楹间，使毅立阼阶上，明祖臂中立，忽仰而大呼。喷吐一赤丸，其大如橘，霞彩四发。须臾复吸而吞之。出谓毅曰："此五十五年之所养也。"翌日不告而去，莫知所之。

【张模】明·王世贞《列仙全传》卷八：字君范，德兴（今江西德兴）人。后闻道，改名道心，号紫琼。太虚（即李珏字双玉者）偶寓安仁熙春宫，紫琼求授金丹，弗与。继而适市，见其施与乞丐三十文，乃曰可授，遂以金丹之道付之。后紫琼以至道授于与赵友钦，乃即隐去。按：似为元代人。

【张穆子】《洞仙传》：修太极上元年纪以升仙。后以此法授龚叔进、王文卿、尹子房，皆得道。

【张女郎】❶《太平广记》卷三二六引《异闻录》："沈警，字玄机，吴兴武康（今浙江德清之西）人。美风调，善吟咏，为梁东宫常侍，名著当时。后荆楚陷没，入周为上柱国，奉使秦陇，途过张女郎庙。旅行多以酒肴祈祷，警独酌水具祝词。既暮，宿传舍。凭轩望月，作《风将雏合娇曲》。忽见一女子褰帘而入，拜云：'张女郎姊妹见使致意。'警异之，乃具衣冠，未离坐而二女已入，大女郎谓警曰：'妾是女郎妹，适庐山夫人长男。'指小女郎云：'适衡山府君小子，并以生日，同觐大姊。属大姊今朝层城未旋，山中幽寂，良夜多怀，辄欲奉屈。无惮劳也。'俄至一处，朱楼飞阁，备极焕丽。揖警就坐，具酒肴。于是大女郎弹箜篌，小女郎援琴。为数弄，皆非人世所闻。良久，大女郎命履，谓小女郎曰：'润玉可使伴沈郎寝。'将晓，小女郎起，遂相与出门，复驾辒辌，送至下庙，乃执手呜咽而别。"❷唐·张读《宣室志》"韦氏子"条："汧阳郡（治在今陕西千阳）有张女郎庙。上元中，有韦氏子客于汧阳，途至其庙。遂解鞍以憩。忽见庙宇中有二屦子在地上，生视之，乃结草成者，文理甚细，色白而制度极妙。韦生乃收贮于囊中。是夕，生以所得屦，致于前而寐。明日已亡所在，乃于馆亭瓦屋上得焉。仆者惊愕，告于韦生，生即命升屋而取之。即得，又致于前，明日又失其所，复于瓦屋上得之。如是者三，韦生窃谓仆曰：'此其怪乎？可潜伺之。'是夕，其仆乃窃于隙中伺之，夜将半，其屦忽化为白鸟，飞于屋上。韦生命取焚之，乃飞去。"按：北宋·乐史《太平寰宇记》卷三二记汧源县有张女郎祠，相传汉张鲁女死于此，时人为立祠，祷之有验。

【张皮雀】明时人。明·都穆《都公谭纂》卷上："张尊师，俗称张皮雀，名景忠，后更名道修，别号云峰，长洲人（今苏州）也。父为江西参议，携尊师以随，时尊师年才十余，翛然有尘外之志，尝潜出经宿不返。母夫人使人觅之，见一民家延道流诵经，尊师从旁窃听，若有得者，夫人异之。年十六，还吴，求道之志愈坚，遂不肯娶，入玄妙观，礼胡元谷，俗称胡风子为师。胡得莫月鼎之传，然秘其术，不轻授人。一日，天将雨，胡呼张曰：

‘汝亟其乘屋.’如其言,启瓦,见有书一帙,取视之,乃月鼎五雷诸法也。由是尊师之名藉藉,闻吴楚间。宣德八年夏,长洲不雨,苗将槁死,江阴大家周氏恳请尊师,尊师命雷神击碎大树凡二,周氏之廪悉为雷火所焚,粟无粒存。已而黑云蔽天,有龙凡四,雨下如注,观者莫不股栗。十年乙卯,昆山不雨,县尹某延尊师致祷,尊师约三日雨,雨果如期而至,田畴沾足。尊师风神高朗,每天日晴美,行市井间,人招之不至,或不招自来,惟闻人之患则犹己之患。朱明寺桥有戴翁,以鬻鸡为业,子忽遘疾,谵语不省人事,延尊师治之,尊师入其门,求棒就床次连击十下,子病遂瘥。槐市里马氏妇一日自外来,为祟所凭,狂叫欲走,见尊师来,即俯伏于地,苏而如故。尊师之术之神如此。尊师年六十一,以正统庚申四月无疾而没,没后一月,人有见于吴江之长桥者,或疑为尸解云。”明·王鏊《姑苏志》卷五八、明·黄玮《蓬窗类纪》卷三、《神异典》卷二五七引《异林》、《苏州府志》所记大致相同,惟又云:“人谓其捕鬼,随行鬼作声,类俗所鬻儿戏皮雀者,因呼为张皮雀。”《(雍正)江南通志》卷一七四则云:“常束双髻,手持皮雀,日引群儿为戏,故名。”又明·钱希言《狯园》卷二有张皮雀神异事五条,可参看。◆明·徐树丕《识小录》卷三“张皮雀”条云为万历间人。当误。《元明事类钞》卷一九引《异林》:“张道修师事胡风子,欲密授以五雷法。以书置屋上,覆瓦中,呼道修曰:‘天将雨,急乘屋’道修如其言往。胡公曰:‘得乎?’曰:‘得矣。’于是能驱风雷如神。常怀一皮雀狎小儿,每出则小儿群绕之,故时人谓之‘张皮雀’。”

【张七相公】宋时人。道藏本《搜神记》卷五:“相公姓张行七,麻城(今湖北麻城)人。尝就异人学道术,能呼役鬼神,知幽冥事。以毁沿江诸庙系狱。适城东南隅有火灾,蔓延千百家,一城骚动。相公出自狱中,骑白马,持短棍,指东东灭,指西西灭,火患立息。遂引至城西北五脑山,人马俱化。闻于官,检狱吏视之,则狱门紧闭如故。咸惊异之,因就其化处建庙。相传礼拜士人衣物随委于道,无敢拾者。间有奸顽,则迷道不知所出。”《(雍正)湖广通志》卷七四云:“世传宋时西蜀人。宋封紫微侯,明封助国顺天王。”

【张七政】见唐·段成式《酉阳杂俎》卷五,《太平广记》卷八〇引《逸史》作“张士政”,当有一误,见“张士政”条。

【张齐物】宋时人。《仙鉴》卷四八:宋太宗淳化间,燕人李臻游荆湘,侨居江陵(今湖北沙市)。忽有客来访,自称张齐物,求寓。李诺之,但愧贫乏,无所待客。齐物曰:“贫道不食,日得酒数升即为厚赐。”一日大醉归,抵臻寝所,呕吐狼藉,李不之责。明日齐物告行,曰:“周游人间五十年,未尝见仁厚如君者,愿授以黄白术。”李曰:“命薄不敢当。”齐物茫然自笑曰:“君之道非某所及也。”遂抽剑划地,地裂,投身于中,地亦随合。

【张齐贤】宋·张耒《明道杂志》:张齐贤以端明殿学士尹成都,日值药市,其门医李生因市药遇一老人,相与问讯。老人曰:“张公已再镇蜀矣。”齐贤实一至,老人似言其前身事也。又曰:“今有药二粒,君为我达之公。或公不信,未肯饵,则以一粒烹水银,俟汞成金,可无疑也。”李生以药献公,公素好道,闻之甚喜,乃于府第小亭取水银,构火,投药一粒烹之。既烹,有声如粥沸,有红光自鼎中起,俄顷光罩一亭,而鼎中声亦屡变,火灭,视鼎中,烂然金饼矣。公取余一粒即服之。公寿八十五岁,康宁终身,无疾,坐而逝。殡后枢有大声,疑是尸解。◆按:张齐贤,《宋史》有传。

【张如珍】南朝梁时人。《(康熙)衡岳志》卷三:南阳人,居南岳。遇神仙降授明镜之道,使其修之,并云此道受之于长桑公子。如珍修之九年而成。洞视千里,无一物可隐。于梁天监十三年白日升举。宋徽宗赐号全真达道真人。

【张孺华】唐时人。唐·康骈《剧谈录》卷下:张孺华,襄汉豪士,耽味玄默。一旦广赏财宝,访道于江湖之间。至吴门,知周隐遥出世修炼,径往洞庭诣之,竭资以助香火。隐遥知其志,俾于岸坐守药炉。其或风雨晦冥,往往有神物来,殊形诡状,深可骇人,孺华端洁自安,不为动。如此者经周岁,隐遥谓之曰:“炉中炼药乃七返灵砂,虽非九转金丹,饵之可还魂返魄。”鼎开药成,才十粒,但令宝之,未传吞饵之法。孺华告归省亲,隐遥谓之曰:“吾知汝未能久住,自兹复为世网所萦。付汝之药,每丸可益算十二。有疾终者,审其未至朽败,虽涉旬能使再活。”孺华归,甚为乡里所敬。父母遘疾而殁,服药皆愈。居数岁,复诣洞庭,与隐遥俱隐。

【张润子】宋时人。《仙鉴》卷五二:不知何许人。往来嵩高山中,常为役于诸道士精舍,不受一钱。每语人曰:“人身要滋润。”人不领其旨,但呼为“润子”。或叩其言,则复谬乱其辞,不可诘。后佣于新郑李氏。宋徽宗崇宁三年，辞李氏，语其徒曰："玉皇有诏，吾升天矣。"顷之舍东南起五色云，乘云而去。

【张三】唐时人。唐·戴孚《广异记》：唐开元中，有张、李二公于泰山学道，张行三。李中途而归，至开天宝末，仕至大理丞。安禄山反，李携家走襄阳（今湖北襄阳），寻奉使至扬州，途遇张三。引至其家，甚宏丽，置酒待李，有弹筝乐妓，貌极似李之妻，李亦不敢认。临别，张以破草帽赠李，曰："持此诣王老药铺，可取三百千钱。"李从之，果得三百千。后李归家，其妻云："某日梦见五六人，拘我去一家弹筝。"李方知张三已成仙。◆按此与唐·卢肇《逸史》卢李二生事、五代·杜光庭《仙传拾遗》薛肇事、唐·李复言《续玄怪录》裴谌事均同，盖一事数传而主名各异者。

【张三丰】元明间人。《明史·方伎传》："张三丰，辽东懿州（今辽宁黑山）人，名全一，一名君宝，三丰其号也。以其不饰边幅，又号张邋遢。颀而伟，龟形鹤背，大耳圆目，须髯如戟。寒暑惟一衲一蓑，所啖，升斗辄尽，或数日一食，或数月不食。书经目不

张三丰 列仙全传

忘，游处无恒，或云能一日千里。善嬉谐，旁若无人。尝游武当诸岩壑，语人曰：'此山异日必大兴。'时五龙、南岩、紫霄俱毁于兵，三丰与其徒去荆榛，辟瓦砾，创草庐居之，已而舍去。太祖故闻其名，洪武二十四年遣使觅之，不得。后居宝鸡之金台观。一日自言当死，留颂而逝，县人共棺殓之。及葬，闻棺内有声，启视则复活。乃游四川，见蜀献王。复入武当，历襄、汉，踪迹益奇幻。永乐中，成祖遣给事中胡濙偕内侍朱祥赍玺书香币往访，遍历荒徼，积数年不遇。乃命工部督丁夫三十余万人，大营武当宫观，费以百万计。既成，赐名太和太岳山，设官铸印以守，竟符三丰言。或言三

丰金时人，元初与刘秉忠同师，后学道于鹿邑之太清宫，然皆不可考。天顺三年，英宗赐诰，赠为通微显化真人，终莫测其存亡也。"明·何乔远《名山藏》卷一〇三《方外记》云："张君宝，字全一，一字玄玄，别号保和、容忍、三丰子。汉天师之后，生于金世。"明·杨仪《高坡异纂》卷上："张仲安第五子。有仙术，所言时事悉征验。元末居宝鸡金台观，忽留颂而逝。临葬，觉棺中展动有声，以视之，乃复生。以小鼓一具留其家，入秦游蜀，登武当山，时至襄邓间。洪武二十四年诏求之，不得。永乐中，上遣胡濙等诣天下名山访求，终不遇。"所述事与《明史》相近，而尸解乃在洪武之前。又引《玉堂漫笔》云："张三丰名通，号玄玄子，汉张天师之后。"而明·王圻《稗史汇编》卷六三"张三丰"条则叙其遇陆龙仙师，授以黄白之术。洪武初去武当，二十六年自武当归宝鸡，二十七年居安东王景岊家。及成祖即位，求见，先生首肯，始客金陵，只以医药治人。曹国公李景隆笃信之。至英宗土木之变，张又现形，欲度英国公张辅。至天顺初，三丰又现形敝衣道人为童子治病。此书载张三丰异事较多，而多取别仙人事迹改窜而成者。如成祖既见三丰，欲观其仙术，三丰遂入瓮中不见，帝命击破瓮，使人各持一片，随呼而应之类。◆《（雍正）陕西通志》卷六五误作"张君实"，引徐桢卿《异林》云："张剌达，相传宋时为华州掾，尝从州守入华山谒陈抟。已而一道人至，出枣三枚，以青者授守，守持以与张，张啖之，自后得道。明初时往游人间，每显异迹。"其神异事又见明·朱孟震《游宦余谈》、明·沈德符《万历野获编》卷二七、明·黄瑜《双槐岁抄》卷三"三丰邈老"条、"东海二仙"条、明·陆深《玉堂漫笔》等书，盖明时神仙最有名者。明·钱希言《狯园》卷一言其正德中尚在，多游云贵之间。◆明·王兆云《白醉琐言》卷上有"三丰异物"条，言张三丰在甘州留三物而去，其一蓑笠，其二为药胡芦，人有疾者，或取一草投其中，明旦煎炀饮之，疾立愈。其三为八仙过海图，人能闻海涛声。

【张山人】中唐时有张山人，见于多种笔记，应是当时著名术士。《太平广记》卷第七二引唐·皇甫氏《原化记》：唐曹王贬衡州。时有张山人，技术之士。王尝出猎，因得群鹿十余头，围已合，无何失，不知其处。召山人问之。山人曰："此是术者所隐。"遂索水，以刀汤禁之。少顷，于水中见一道士，长才及寸，负囊挂杖，敝敝而行。众人视

之，无不见者。山人乃取布针，就水中刺道士左足，遂见跛足而行。即告曰："此人易追，止十余里。"遂命走向北逐之，十余里，果见道士跛足而行，与水中见者状貌同，遂以王命邀之。道士笑而来。山人曰："不可责怒，但以礼求请之。"道士至，王问鹿何在。曰："鹿在矣。向见诸鹿无故即死，故哀之，所以禁隐；亦不敢放，今在山侧耳。"王遣左右视之，诸鹿隐于小坡而不动。王问其患足之由，曰："行数里，忽患之。"王召山人，与之相视，乃旧识焉，其足寻亦平复。有一客过郴州，寄宿此观，缚马于观门，粪污颇甚，观主见而责之。客大怒，诟骂道士而去。未十日，客忽遇张山人。山人谓曰："君方有大厄，盖有所犯触。"客即说前日与道士争骂之由。山人曰："此异人也，为君致祸，却速往辞谢之，不然，不可脱也。此为震厄。君今夕所至，当截一柏木，长与身齐，致所卧处，以衣衾盖之；身别处一屋，以枣木作钉子七枝，钉地依北斗状，仍建辰位，身居第二星下伏，当免矣。"客大惊，登时即回，求得柏木，来郴州，宿于山馆，如言设法。半夜，忽大风雨，雷电震于前屋，须臾电光直入所止。客伏于星下，不敢动。电入屋数四，如有搜获之状，不得而止。比明前视，柏木已为粉矣。客益惧，奔谢观主，哀求生命，久而方解。◆《太平广记》卷五五引《逸史》记一术士，人称"小张山人"。又《刘宾客嘉话录》亦载一张山人，善相，不知是一人否。

【张涉】五代时人。《太平广记》卷八六引五代·景焕《野人闲话》：后蜀度支员外郎何昭翰，尝从知于黔南。暇日闲步野径，于水际见钓者，谓翰曰："我野人张涉也。余昔与子交知久矣，子今忘我也。"翰惝然。复谓翰曰："子有数任官，然终于青城县（今四川都江堰）令。我则住青城山也，待君官满，与君同归山中。"遂辞而去。翰深志之。后累历官，及出为青城县令，有忧色。钓者亦常来往，何甚重之。一旦宋军到城，劫贼四起，钓者与翰相携入山，何之骨肉尽在城内。贼众入县，言杀县令，脔而食之。贼首之子自号小将军，其日寻觅不见。细视县宰之首，即小将军之首也。贼于是自相残害，莫知县令所之。后有人入山，见何与张同行。何因寄语妻子曰："吾本不死，却归旧山。尔等善为生计，无相追忆也。"自此人不复见，莫知所之。

【张深】《北史·艺术传》：张深，不知何许人也。明占候。自云，尝事苻坚，坚欲征晋，深劝不行，

坚不从，果败。又仕姚兴为灵台令，姚泓灭，入赫连昌。昌复以深及徐辩对为太史令。统万平，深、辩俱见获，以深为太史令。神䴥二年，将讨蠕蠕，深、辩皆谓不宜行，与崔浩争于太武前。深专守常占，而不能钩深赜远，故不及浩。后为骠骑军谋祭酒，著《观象赋》，其言星文甚备，文多不载。

【张神卜】明时人。《（雍正）云南通志》卷二五：曲靖寻甸人。精数学，触物能知其终，不失时刻。与人言，初若不经意，后悉验。人遂以神卜呼之。

【张声】北宋时人。《（顺治）延平府志》卷二〇：字鸣道，通易象，辟谷炼气。宣和间游延平，结庐剑浦（今福建南平）溪源山。后遇异人，得仙丹，服后绝烟火食。一日往郡西花心洞，于舟中跃入水，人谓水解。

【张圣】《（雍正）贵州通志》卷三二：遵义府桐梓人。为道士，得修炼术，结庐山中，运精伏气数十年，鲜有见者。值寇乱，携妻入葫芦山不出，人以为尸解。后有人举火入山内一洞，见男女足迹，今日踏平，明日复有，疑即为张仙夫妇云。

【张圣者】宋时人。南宋·洪迈《夷坚支志·丁集》卷一〇："南宋绍兴间人，本福州水西双峰居民，入山采薪，逢两人对弈石上，与之生笋令食。张不能尽，遂谢去。即日弃家卖卜，无须排钱布卦，而人之祸福死生随口而出，自称'张锄柄'。素不识字，而时时作诗。后因忤官府，以妖言罪流于梅州。旋还乡。所遇弈者一巾一髽，髽者盖锺离子也。"南宋·张世南《游宦纪闻》卷四所载略异："永福有农家子，姓张，以采薪鬻锄柄为业，乡人目为'张锄柄'。状貌丑怪，口能容拳。一日入山，遇仙人对弈，投之以桃，苦不可食，张心知为仙，冀有所遇，忍苦唉咽，且及半，若将螫舌，遂弃其余而归。因忽忽若狂，绝粒，食草木实。时言人隐恶，能道未来祸福。素不谙书，忽奋笔作字，得羲、献体。口占颂偈立成，如宿构。传闻四方，士夫多往赴之。因度为僧人，号为'张圣者'。"

【张盛】张道陵曾孙。《（雍正）江西通志》卷一〇四引《龙虎山志·天师世家》：字符宗，汉天师曾孙。初嗣教，居南郑（今陕西南郑）。魏太祖封都亭侯，不受，以父鲁曾训之曰：龙虎山祖师玄坛在焉，其地天星照应，地气冲凝，神人所都，丹灶秘文藏诸岩洞，汝宜往宣吾化，修炼累功。遂携剑印经箓，自汉中还鄱阳入山，得祖师玄坛丹灶故址，即地为居。四方学道者日众，遂以剑钱付子昭成。既示化，不逾年，复于广西贺州为广王说法。

【张士政】唐时人。《太平广记》卷八〇引《逸史》：王潜在荆州，百姓张士政善治伤折。有军人损胫，求张治之。张饮以一药酒，破肉，取碎骨一片，大如两指，涂膏封之，数日如旧。经二年余，胫忽痛，复问于张。张曰："前君所出骨寒则痛，可遽觅也。"果获于床下，令以汤洗，贮于絮中，其痛即愈。王子弟与之狎，尝祈其戏术。张取草一掬，再三揉之，悉成灯蛾飞去。又画一妇女于壁，酌满杯饮之，酒无遗滴。逡巡，画妇人面赤半日许。其术终不传人。◆《酉阳杂俎》卷五作"张七政"，应有一误。

【张守清】元时人。《神异典》卷二五五："《荆州府志》：'宜都（今湖北宜都）人，号月峡叟，习举子业未成，更为县掾。年三十二入道，隐于清微妙化岩。一日乘鹤冲举。'《武当山志》：'闻武当鲁洞云名而出家，创建南岩天一真庆宫。奉诏祈雨雪，有应，宣授体玄妙应太和真人。后退隐于妙化岩，蜕去。'"

【张守虚】明·曹学佺《蜀中广记》卷七六引《名山志》云："张守虚尝卖药于梓州（今四川三台），号'落魄仙'。曾过县之延禧山访友尔朱氏。后以九日飞升，现身于东方青云之际。"《（雍正）四川通志》卷三八之三："宋时凤翔（今陕西凤翔）人，字无知，尝卖药于梓州。因访友过金鸡，遂栖名山延禧观。后归梓州，号'落魄仙'，以九日飞升。"

【张司封】宋时人，即张夏，字伯起。南宋·潜说友《咸淳临安志》卷七二："候潮门外浑水闸东，故司封郎官张夏祠也。"详见"张夏"条。

【张四郎】南宋·洪迈《夷坚丙志》卷三"张四郎"条："邛州（今四川邛崃）南十里白鹤山有张四郎祠，山下有碑，字画不可识，郡人云碑为仙人张四郎所立以御魑魅、救疾病者，后人有能识其字者，即可学仙。"明·岳伯川《吕洞宾度铁拐李岳》剧中"八仙"，无何仙姑而有张四郎。◆按：此张四郎或云即"张远霄"，参见该条。

【张叟】唐末人。北宋·钱易《南部新书》卷四：崔慎由镇西川，有异人张叟与之熟。慎由忧年四十而无子。张叟曰："为公求之。惟终南翠微寺有僧绝粒五十五年矣。君宜遗之服玩，若爱而受之，则其嗣也。"果受之。僧寻卒。遂生一男。叟复相之曰："贵则过公，恐不得其终。"因字曰衲僧，即崔彻也。

【张蓑衣】明·王圻《稗史汇编》卷六三：不知何许人。有日者批其命云："五猪三羊成仙道。"问何

义，答云："我亦不知也，子行求之。"乃云游天下求其地，至弘农，问其地曰乌猪，历言其村有猪槽、猪集之名已五，又得一处曰羊肠、羊脊等三名，乃曰："岂了吾道之所耶？"即居东海山学道。久而有得，然未为人所信。有商人往见，方煮饭，弟子云无笊篱，曰："吾至县中买之。"去少顷，以笊篱归，商未信。他日又试之曰："我嗜食安东王家馒头。"张即往市，俄顷归，市两袖热馒头，果王家物。大神其术。其名传四方，扣者云集。有司以为妖，收之，与弟子皆乘云而去。事在洪武年间。

【张太尉】宋·高承《事物纪原》卷七：熙宁间，百姓共立东岳张太尉祠于国城之外东南隅。俗传神姓张氏，淮阴人，死隶岳神，主阴府要职。京东州郡，往往有祠，世谓张舍人者是也。至此号太尉。元丰中光献太皇太后祈祷有感，始封嘉应侯号。◆按：此即东岳之"东平王"。参见该条及"张抃"条。

【张昙要】南朝时人。《（顺治）衡岳志》卷三：居衡山招仙观，感天真降授大道。行之十三年，神游太空，面朝皇极大帝，赐以琼实琅膏。服之变化不测，神用无方。以齐中兴元年升举。宋徽宗赐号葆光袭明真人。

【张桃枝】东汉时女子。梁·陶弘景《真诰》卷一二：汉司隶校尉朱寓之母。寓，沛（今江苏沛县）人，与太尉陈蕃俱被害。桃枝久行阴德，成仙后入易迁宫，后于方诸宫任明晨侍郎。

【张天帝】天帝姓张之说，首见于唐·段成式《酉阳杂俎》，参见"天翁"条。此说当时似在民间多有流传。宋·鲁应龙《闲窗括异志》亦云："晋时周兴死而复生，自云见天帝面方一尺，问左右曰：'此张天帝耶？'答云：'张天帝久已成圣，此近世曹明帝也。'"

【张天觉】南宋·陆游《入蜀记》卷四："宜都（今湖北宜都）有张天觉墓，有道人结屋其旁守之，出一石刻草书，云：'莫将外物寻奇宝，须问真师决汞铅。寄八琼张子高锺离权始自王屋游都下，弟子浮玉山人来乞此字，今又将西还，丹元子再请书卷之末。绍圣元年仲冬望日。'权即世所谓锺离先生，子高即天觉，丹元子即东坡先生，与之酬唱者。后有魏泰道辅跋云：'天觉修黄箓醮法成，浮玉山人谓之曰：上天录公之功，为须弥山八琼洞主，宜刻印谢帝而佩之。天觉不以为信，故浮玉又出锺离公书为证。后丹元子又为天觉求书卷末。'

又有徐注者跋云：'天觉舟过真州（今江苏仪征），方出谒，有布衣幅巾者径入舟中，索笔大书"闲人吕洞宾来谒张天觉"十字，掷笔即去，而天觉适归，墨犹未干。'注，真州人，亲见之。"按：天觉，张商英字，商英《宋史》有传，徽宗时为相，为人反复于新旧二党间，史云"商英作相，适承蔡京之后，小变其政，譬饥者易为食，故蒙忠直之名。"不意竟有成仙之事。

【张天师】见"张道陵"条。

【张天翁】见"天翁"条。

【张王】梓潼帝君张亚子、祠山张大帝、张巡等皆有"张王"之称。可参见各条。另，《夷坚志补》卷二二《陈唐兄弟》条言城隍命吏押陈唐赴张大王庙。言"张王者，非广德祠山之神，盖主瘟部者"，押赴张王庙后不久，陈唐全家即患大疫而死。又《狯园》卷一〇"王府基夜行"条所言"张王"显灵事，指张士诚。

【张王神】见清·俞正燮《癸巳存稿》卷一三"张王神"条。即"张巡"，见该条。

【张微子】汉时女仙。梁·陶弘景《真诰》卷一三、五代·杜光庭《墉城集仙录》卷七："汉昭帝时大匠张庆之女。少好道，因得尸解去。在含真台（与易迁宫俱为女子初成仙后所居）师东华玉妃淳文期，受服雾气之道，能散形入室，与云雾合体。"又见陶弘景《真诰》卷一〇。《仙鉴后集》卷四云："先在易迁宫，后掌含真台洞天。"

【张无梦】宋时人。《仙鉴》卷四八：张无梦，字灵隐，号鸿蒙子。凤翔鳌屋（今陕西周至）人。以孝闻乡里。及冠，以赀产委弟，入华山，与种放、刘海蟾结方外交。事陈抟，多得微旨。游天台、赤城（在今浙江天台），庐于琼台，十余载间，以修炼内事形于歌咏，累成百首，题曰《还元篇》。真宗召对，除著作佐郎，乞还山。有旨令台州给著作郎俸以养老，无梦亦不受。居琼台又十余年，复隐于终南鹤池。年九十九，终于金陵。经三日，顶中出白气高三尺余，移时方散。

【张无无】南宋·洪迈《夷坚三志·壬集》卷二"吕仲及前程"条：先为通判，后弃而入道。从师于闽僧张圣，超然有所悟，能信口谈人祸福，与师同寓于建昌（今江西永修）太平寺。

【张夏】南宋·潜说友《咸淳临安志》卷七二："杭州候潮门外浑水闸东，故司封郎官张夏祠也。（《会要》作工部员外郎）。夏，雍丘人，景祐中为两浙漕使。江潮为患，故堤率用薪土，潮水冲击，

每缮修不过三岁辄坏，重劳民力。夏始作石堤，延袤十余里，人感其功。庆历二年立祠堤上。嘉祐六年褒赠太常少卿，政和二年封宁江侯，后改安济公，赐昭贶庙额，绍兴十二年以后累封，至庆元四年锡以王爵，又累封至今为灵济显佑威烈安顺王。"南宋·叶绍翁《四朝闻见录》卷一："以本末考之，初无神怪之事。今临安相传以伯起治潮三年，莫得其要领，不胜扼愤，尽抱所书牍自赴于江，上诉于帝。后寓于梦，继是修江者方得其说，堤成而潮亦退。盖真野人语也。江之所恃者堤，安有伯起不知以石代薪土之便？功未及成，效匹夫沟渎之为，此身不存，而凭虚忽之梦以告来者，万一不用其梦，患当何如？是尚得生名之智、殁谓之神乎？"参见"英济侯"条。◆《清朝文献通考·群祀考二》："雍正三年加封浙江江海保障之神。封伍员为英卫公，庙祀钱唐；封钱镠为诚应武肃王，庙祀杭州；封张夏为静安公，庙祀萧山；封汤绍恩为宁江伯，庙祀绍兴。"

【张仙】❶祈子之神。有数说：①一说古时本有张仙其神，未留其名者。明·胡应麟《少室山房笔丛》卷四〇云："古来有此张弓挟弹图，后人因附会以张弓为张，挟弹为诞，遂流传为祈子之祀。"清·赵翼《陔余丛考》卷三五云："古者男子生而悬弧矢。是张弓本与生子有关。

张仙　天津杨柳青年画

后人因此而画为图，为祈子之神像。"清·徐道《历代神仙通鉴》卷一九："宋嘉祐中，帝梦一美男子粉面五髯，挟弹而前，曰：'君有天狗守垣，故不得嗣。赖多仁政，予为张而逐之。'又云：'予桂宫张仙也。天狗在天掩日月，下世啖小儿，见予则当避去。'帝顿足而觉，即命图像悬之。"②有说为张远霄者。详见"张远霄"条。③有说因后蜀主孟昶之像而故指作张仙者。《陔余丛考》卷三五引

明·陆深《金台纪闻》云："世所传张仙像，乃蜀主孟昶挟弹图。蜀亡后，花蕊夫人入宋宫。因念旧主，偶携此图，悬于壁。太祖问之，乃诡云：'此我蜀中张仙神，祀之令人有子。'于是传之人间，遂为祈子之祀云。"此说在明·刘元卿《贤弈编·附录》则云："花蕊不忘故主，私奉孟昶小像于宫中。太祖怪问。花蕊答曰：'此灌口二郎神也。'太祖因命传于京师，令供奉。"是此像托为二郎神者。《陔余丛考》又云："王世贞《勘书图跋》云：'宋初降王唯孟昶具天人相，见于花蕊夫人所供，当时进御者以胜国故，不敢具其实，乃目为文皇耳。'据此则此像又有托之为唐太宗者。"④又有以为二十八宿之"张星"之神者。赵翼《陔余丛考》卷三五："世所称张仙像，张弓挟弹，似贵游公子，或曰即张星之神也。"❷元时人。《（雍正）山东通志》卷三〇：招远人。初为佣耘田，若有神助。后居罗山灯草洞，绝谷茹松柏饮水，三年竟蜕化于罗峰绝顶。◆赵翼《陔余丛考》卷三五："按古者男子生，悬弧矢。又祀高禖之礼，于所御者带以弓韣，授以弓矢。此本是祈子之事，后人或缘此写为图，以为祈子之神像，遂辗转附会，而实以姓名耳。"

【张仙姑】❶北宋时人。《仙鉴后集》卷六、《（雍正）河南通志》卷七〇：南阳人。人有疾，辄瞑目为之布气，俄而腹内如火，已而如鸣，虽沉痼无不愈。宋徽宗召至中都，后不知所终。❷明时人。《（雍正）陕西通志》卷六五引《延安府志》：中部河西人。居常知未来事。人莫识其所从，一夕，闻空中有人呼曰："张仙姑，张仙姑。"笑曰："此必吕岩（吕洞宾）也。"开户视之，遂飞身升天。

【张先生】❶晋时人。《（康熙）安陆府志》卷二九（治在今湖北安陆）：晋时有萧行美者，年九十，行于汉上，遇一老人，自称张先生，指草一丛，令携归栽之，云可煮铁成银，并戒以勿泄于人。萧试之，果然。后泄于人，一夜大风雨，漂失其草。再入山访之，不复有矣。❷宋时人。《（康熙）池州府志》（今安徽贵池）卷九一：宋政和间人。少遇异人，既得道，结庐齐山。常默坐，人问之，直观不答。在山三十年，容颜如童。后尸解。◆按：以上两条显系二人，而明·王世贞《列仙全传》卷九则揉为一人，云：贵池人。少遇异人得道，结庐齐山中。常默不语。士大夫问之，直视不对，终日端坐庐下。宋政和间尸解而去。后沔阳萧行美，年九十余，游对融山，遇一老人，自称张先生，指草一丛，令携归栽之，云可煮铁成银，并戒以勿泄于

人。萧试之，果然。后泄于人，一夜大风雨，漂失其草。再入山访之，不复有矣。

【张相公】清·纪昀《阅微草堂笔记》卷二〇："京师有张相公庙，其缘起无考，亦不知张相公为谁。土人或以为河神。然河神宜在沽水（指天津）、漷县（今河北香河西）间，京师非所治也。又密云亦有张相公庙，是实山区，并非水国，不去河更远乎！委巷之谈，殊未足征信。余谓唐张守珪、张仲武皆曾镇平卢，以理推之，或土人立庙祀仲武，未可知也。"《神异典》卷四九引《畿辅通志》："在通州境内。神本越人，入水为神。明万历乙未，越人有商于此者获神之佑，为庙祀焉。"按：此张相公应即越人所祀之"张老相公""张六五相公"。

【张逍遥】明末清初人。《（雍正）江西通志》卷一〇三：居西山老虎洞，虎常环绕左右。士大夫闻而过访，与之谈休咎，多奇中。或问以金丹，则不答。谈明季事历历可听，似曾立朝者。清顺治间，一夕尸解去。

【张小鬼】明·王兆云《白醉琐言》卷上"张小鬼"条及王圻《稗史汇编》卷四〇云："江西有谣：'金鹅头向天，代代出神仙。金鹅头向水，代代出神鬼。'今张真人家山头向上，故子孙相继膺封锡。赣州张氏其山顶向下，故世出一人与冥道相通，每岁夏为阴府行疫于四方。其将往也，蹶死于榻，从者马匹继之，至数日而苏，手握甲马一纸，云：'行瘟至某地止，某甲当活，某甲当亡，此天神尊命，不能违易。'已而果然。其初魂游至民家，下马入门，人亦延拜祭享，亲见举箸，了不异恒人，但回时乘马一顾则不复见耳。至今如此，号曰'张小鬼家'。"参见"伍守静"条。

【张信真】金时人。《（雍正）山东通志》卷三〇、《（嘉靖）青州府志》卷一六：金时乐安（今山东广饶）人。世以农桑为业。其母梦一驭鹤仙人而孕，遂生信真。金泰和初年十五，从父参礼大通为师，后于天长观问天师授正一盟威秘箓，赐号真人。年五十五，凌空而去。

【张虚白】北宋时人。宋·朱弁《曲洧旧闻》卷六："张侍晨虚白，徽宗每以'张胡'呼之。性喜多学，而于数术靡不通悟，尤善以太乙言休咎，然多发于酒后。宣和间，金遣使来，上宴其使。虚白曰：'天祚在海上筑宫室以待陛下久矣。'至靖康中都城失守，上见虚白，抚其背曰：'汝平日所言，皆应于今日，吾恨不听汝言也。'"《仙鉴》卷五一："字致祥，邓州南阳（今河南南阳）人。自言前身

系武陵张白先生。宋徽宗知其道行过人，俾管辖龙德太一宫。后官至太虚大夫、冲和殿侍宸、金门羽客。徽宗时有九人官侍宸，而有金门羽客之号者唯林灵素、王允诚及张虚白三人。"按"武陵张白"为北宋初时神仙，其字为虚白，见于宋·张师正《括异志》卷六。参见"张白"条。

【张虚靖】第三十代天师，平生不娶，京师将乱，潜出城还乡。尸解，复隐于峨眉山，蜀人时或见之。天师嫡派遂绝。南宋·洪迈《夷坚支志·戊集》卷九载其宣和间除灭同州白蛇妖事，除灭蔡京家猿妖事，甚神异。

【张玄宾】东汉末人。梁·陶弘景《真诰》卷一三："张玄宾者，定襄人。魏武帝时曾举茂才。归乡里，事师西河蓟公，服术饵，兼行洞房白元之事。后遇真人樊子明于少室，授以遁变隐景之道。昔在天柱山中，今来华阳内，为理禁伯（理禁伯主诸水雨官也）。又见《洞仙传》，云其"善谈空无"。

【张铉】平水王佐神。据《（光绪）永嘉县志》（今浙江永嘉）：张铉，字子元，南宋端平间进士，刚烈正直，因上疏忤史嵩之被斥归。未几卒，自言当为平水佐神。殁后有灵，封协惠侯。元时封正肃英烈王。其助神名黄德正。

【张巡】即"斩鬼张真君"。新、旧《唐书》均有传，可参看。其成神事，《三教源流搜神大全》卷五："唐玄宗时进士，官拜睢阳令。安禄山反，公负孤城，前后三百余战，城陷，不屈而死。唐宋历封为宝山忠靖景佑福德真君。"北

张巡　晚笑堂画传

宋·钱易《南部新书》卷四："张巡、许远，宋州立血食，谓之'双庙'，至今岁列常祀。"《宋人佚事汇编》卷一五引《摭青杂说》，记南宋绍兴间，张巡与许远、雷万春、南霁云显灵率鬼兵助战事。清·徐道《历代神仙通鉴》卷一九以为张飞后身。按：张巡以忠烈为历代朝廷及民间所崇奉，封号及神名甚多，元·卢镇《琴川志》云曾封"咸济侯"；

宋太祖征太原，张巡显灵，又加"征应护圣使者"；宋熙宁时升"济物侯"，王安石时又封"忠懿文定武宁嘉定侯"。南宋时灵显于浙，累封"东平忠靖王"。而"忠靖景佑福德真君"简称"景佑真君"之号似为元时所封。所谓"东平忠靖王"又与岱岳之东平王相混，故《八闽通志》载兴贤有东平王庙，祀张巡，而汀州（今福建长汀）东岱庙亦祀张巡，是以巡为岱岳之东平王者。而张巡虽非东平王，亦有传说为东岳属神者，清·俞正燮《癸巳存稿》卷一三"张王神"条引《黄冈县志》，言正德时张巡显灵，自言充东岳押案、酆都狱推。至民间张巡神号更滥，有名"通真三太子"者，有名"十四太保"者，甚至有青面獠牙，名"青魈菩萨"者。清·周召《双桥随笔》卷一二："吾邑有庙奉景佑真君，额曰忠烈，幞头金甲，目眙而面蓝，杂以白圈红点，如世所扮鬼王之状。相传以为张睢阳，殊可骇异。"又有以张巡为治水之神者，《清朝文献通考·群祀考》云："雍正十二年，加封'江西鄱阳湖显佑安澜之神'，神为唐张巡，据御史奏言，张巡临危受命，保障江淮，捍御鄱阳一湖，屡昭显应"云云。◆明·陆容《菽园杂记》卷六："张巡力竭，西向再拜曰：'生既无以报陛下，死当为厉鬼以杀贼。'后世误以'厉'即古'疠'字，谓巡为掌疫疠之鬼，若致道观塑巡为青面鬼状。"《癸巳存稿》卷一三云丹徒、句容有"都天降福元帅祠，中祀瘟神，即张巡也"。清·戴莲芬《鹂砭轩质言》卷一"都天灵签"条："张睢阳，吴中处处祀之，尊为'都天'。"胡朴安《中华全国风俗志》下编"江苏"章中记南京有"善司会"："善司即都天，主瘟疫，蓝面赤发，狰狞可畏。每年三月出巡一次，云可去疫疠之患。"◆北宋·张舜民《画墁录》卷七《郴行录》："张巡与许远并祀，其庙称'双庙'，兼南霁云、姚訚、雷万春则称'五王庙'。"◆又台湾地区多设双忠庙，祀张巡、许远，称张巡为"保仪尊王"。参见"保仪尊王"条。

【张亚】梓潼帝君张亚子，又说其名为张亚者。如蜀中安岳（今四川安岳）大云山有石龙书院，紫府飞霞洞，其记为"神君张亚"所撰。见《蜀都碎事》卷二。

【张亚子】"亚"读作"恶"。又作张垩子、张蜀子。梓潼神名。本作"恶子"，无"张"字。四川梓潼之文昌帝君，据说即其人，而其人之身世至今尚未分明。一说为晋时武将，北宋·乐史《太平寰宇记》卷八四："张恶子，晋人，战死而庙存。《郡

国志》云：恶子昔至长安，见姚苌，谓曰：'却后九年，君当来蜀，若至梓潼七曲山，幸当见寻。'至建元十二年，隋杨安南伐，未至七曲山，迷路，游骑贾君蒙忽见一鹿，逐至庙门，鹿自死，追骑共剥之，有顷苌至，悟曰：'此是张君为我设主客之礼。'烹食而去。"（姚苌非隋时人，参见"铁山神"条所辩。）晋·常璩《华阳国志》卷二："梓潼县有善板祠，一曰恶子。"一说本为蛇精，五代·孙光宪《北梦琐言·逸文》卷四："梓潼县张蚩子神，乃五丁拔蛇之所也。或云巂州（今四川西昌）张生所养之蛇，因而祠，时人谓之张蚩子。其神甚灵。伪蜀王建世子名元膺，聪明博达，骑射绝伦，牙齿常露，多以袖掩口，蛇眼而黑色，凶恶鄙亵，通夜不寐，竟以作逆伏诛。就诛之夕，梓潼庙祝亟为蚩子所责，言：'我久在川，今始方归，何致庙宇荒秽如此！'由是蜀人乃知元膺为庙蛇之精。"一说即"陷河神"，参见该条。一说本为士人，《文献通考·郊社考》卷二三："《文昌化书》云梓潼神，本清河张户老之子，名亚，字儒美，周后七十三代，世为大夫，未尝酷民虐史。西晋末，丁未岁二月三日生。"

【张英】北宋时人。明·曹学佺《蜀中广记》卷七六：英宗时初拜仪陇尹，过采石（今安徽当涂之北），江边遇一女子，姿貌绝世，谓曰："五百年凤约，与君当会于大仪山。"至任几半载，日夕闻机声。一日率众逐机声而往，行数里，至大仪山。一石洞门开，前女出迎，相携而入，洞门即闭。邑人建祠塑像，至今有祷辄应。

【张咏】北宋时人。《宋史》有传。北宋·沈括《梦溪笔谈》卷二〇："张咏少时，谒华山陈抟，遂欲隐居华山。抟曰：'他人即不可知。如公者，吾当分半

张咏　剑侠图传

以相奉。然公方有官职，未可议此。'乃赠以一诗曰：'自吴入蜀是寻常，歌舞筵中救火忙。乞得金陵养闲散，亦须多谢鬓边疮。'始皆不谕其言。后咏更镇杭、益，晚年有疮发于顶后，治不差，遂自请得金陵，皆如此诗言。咏在蜀日，与一僧善。及归，谓僧曰：'君当送我至鹿头，有事奉托。'僧依

其言至鹿头关，忠定出一书，封角付僧曰：'谨收此，后至乙卯年七月二十六日，当请于官司，对众发之。慎不可私发，若不待其日及私发者，必有大祸。'僧得其书，至大中祥符七年，岁乙卯，僧持书诣府帅凌策，凌集从官共开之，乃咏真容也。其上有手题曰：'咏当血食于此。'后数日，得京师报，忠定以其年七月二十六日捐馆。凌乃为之筑庙于成都。蜀人自唐以来，严祀韦皋，自此乃改祠张咏至今。"又见元·陈世隆《北轩笔记》，云："张咏自知死日，亦有道者。"宋·文莹《湘山野录》卷下，言钱若水少时谒陈抟求相骨法，有麻衣道者在座。

【张用成】即"张伯端"，见该条。

【张用诚】宋时人。南宋·陈耆卿《赤城志》卷三五：天台（在今浙江天台）人。字平叔。尝入成都，遇异人，得金丹术以归。以所得粹成秘诀八十一首，号《悟真篇》。已而仙去。至淳熙中，其家早起，忽有一道流踞主席而坐，言其家事甚历历。会其孙他出，乃去，人以为用诚归也。按：即"张伯端"。见该条。

【张俞】见"白云片鹤"条。

【张与材】元时人。《元史·释老传》：元贞元年，与材嗣天师，为三十八代，袭掌道教。时潮噆盐官、海盐两州，为患特甚，与材以术治之。一夕大雷电以震，明日见有物鱼首龟形者磔于水裔，潮患遂息。

【张玉兰】东汉时人。五代·杜光庭《墉城集仙录》卷九：张天师之孙张灵真之女。十七岁梦赤光入口，遂有孕。母氏责之。玉兰剖腹欲以自明，而腹中出素金书《本际经》十卷。人以经随葬玉兰，堵塞百余日，天大风雨，玉兰坟开棺裂，尸首已不见。人云其产经得道（《太平广记》卷六〇云引自《传仙录》）。◆《仙鉴后集》卷二则云为第二代天师张衡之女。

【张元化】《仙鉴》卷四八：不知何许人，称华盖先生弟。宋初来游汝坟（治今河南汝州），主北极观。以慈爱及物，汝人无不悦之，独不知密修何道。有施油灯于北极殿者，元化以大盆贮水泛八灯而自成星斗之列，杓建所指，随晨昏而转。事能先见。尝岁旦秉苇炬绕巷陌，云逐瘟鬼。人以为狂而不信。及夏，城外果疫作，而城中人均无恙。卒后其棺初甚重，若有石物圆转其中，俄而渐轻，棺顶有一窍，识者谓蝉蜕。未几，有客自河阴来，云途中遇一道士，自称为汝坟张观主。明·王世贞《列

仙全传》卷四：葛玄弟子。尝寓汝州（今河南临汝）。一日语道士周元亨："吾化后，无损吾躯。"既化，元亨如命，葬于城北二里。后二年，汝州卒戍于蜀者逢元亨于山峡间。后开棺视之，唯履存焉。宋政和时封冲妙先生。◆按：元化似是五代宋初时人，不应远接葛玄也。

【张元始】南朝梁时人。《（雍正）湖广通志》卷七四：居荆门。好黄老。能隐形易貌。年一百十六，告别所知而殁。湘东王奇之，留其枕。

【张元帅】名张健。痘神。《三教源流搜神大全》卷五：唐武则天时生于山东宁海县（今山东牟平）。幼而聪俊，长而神清，貌似灵官。官至刺史，仁直而刚，民不称冤。则天选拔俊美之士，张耻之，时多痘疫，遂以无中选者报。玉帝以为不曲不阿且才辩于给，封以飞捷报应之职，赐以瘟榼，加以二郎金盔，兼理麻痘之疫，专以保童为司命之官。

【张元英】宋时人。《（康熙）广信府志》卷一九：长沙人。宋景定间遇异人，授以道法，令为道士。尝祈雨不应，忽有神凭人语云："水南樟树妖梗雨耳。"元英向空叱雷神击其树，大雨顿降。其他灵异甚多。

【张远霄】明·曹学佺《蜀中广记》卷七四："唐时眉山（今四川眉山）人。见老人，持竹弓一、铁弹一，质钱三百千，而张无靳色。老人曰：'吾弹能辟疫疠，宝而用之。'再见老人，遂授以度世法。熟视老人目有重瞳。后往白鹤山，垂钓西湖。峰上有异人曰：'此乃四目老人，君之师也。'"又引《临邛志》云："远霄自号'四郎'，以灵符神弹救世病苦。忽一日书符于壁，如四目老翁状，符就，落壁隐身不见，人即其地立祠焉。"明·徐树丕《识小录》卷二"张仙"条："挟仙楼，在四川邛州北崇真观后。昔有仙人张远霄者，往来于此，每挟弹，视人家有灾者为击散之。此其故居也。则世传张仙弹子图，乃远霄也。乃讹而为文昌化身，为孟昶，为花蕊夫人诡对，总无干涉。"按：因其持弓射弹，而弹与"诞"音谐，遂有以为即送子之"张仙"者。

【张云灵】东晋时人。南宋·陈葆光《三洞群仙录》卷一引五代·杜光庭《仙传拾遗》：张云灵，修道于南岳招仙观，精思感天，降真密授大道。行之十三年，神游太玄，面朝皇极，天帝赐以琼腴琅膏、混神合景之液。受而服之，变化恍惚，神用无方。建兴元年升天。

【张云容】见"赵云容"条。

【张氲】唐时人。《仙鉴》卷四一："晋州神山县（今山西浮山）人。一名蕴，字藏真。生于唐高宗永徽四年。工琴书，善长啸，好黄老方士之说。慕古洪崖仙人，遂自号洪崖子。游青盖山，拜景成子为师，景成子指曰：'姑射之南有古洞，当居之，若得五药童役之，则成仙。'遂如言往，果得五童，曰橘、栗、术、葛、柚。居洞中十五年。常乘青驴，携五童入灵夏，访昆仑，游终南，往来青城、王屋、太行间，与叶、罗二天师为侣。圣历中，武后召之，不至。明皇开元七年赴召，拜太常卿，累迁至司徒，皆不受，辞归山中。尝指所乘白驴曰：'此乃千岁雪精也。'入姑射山，绝粒服气，不复出。开元十六年洪州（今江西南昌）大疫，遂跨驴从五童施药市中，病者立愈。时乘雪精携五童往来城市，醋笑自若，仍莫知所言。天宝四载四月，年九十三，尸解。是岁八月，复于晋州与里人剧饮，至六日，亦尸解去。"《（雍正）江西通志》卷一〇三："玄宗召见于湛露殿，问曰：'先生善啸，可得闻乎？'即应声而发，声若鸾凤。"又云张说有《洪崖子张氲传》。◆宋·李纲《梁溪集》有《洪崖先生画赞》，序云："洪崖先生张氲，隋唐间人，隐于南昌之西山。所乘驴名之曰雪精。仆数人，曰拙，曰木，曰藤，曰葛，曰橘。出则负巨扇长瓢以从之。"◆明·周婴《卮林》卷八云："陈子昂诗序曰：'《鸾鸟篇》者，晋人洪厓子作也。洪厓子矫迹汾水，乘白驴，衣羽褐云云。'按张氲在晋州神山县，洪州大疾疫，氲来施药，病者立愈，玄宗驿召之，果氲也，常服红蕉衣，跨白驴。此与伯玉所叙合，氲时一至豫章耳，安用炼丹井曰为？然能和墨洒翰，则张洪厓亦一文人。"

【张湛】明·朱国桢《涌幢小品》卷二九：武夷张仙岩，盖晋张湛飞升处，岩高百丈，遗蜕在焉。◆按：张湛史有其人，字处度。通方药，好于斋前种松柏。著有《列子注》，后世疑《列子》即其托名所著者。

【张招】晋·陆云《登遐颂》所载二十一仙人中有张招，云："张招澄精，妙思元芒。则是神物，错综徽章。乃幽乃显，若存若亡。因形则变，倏忽无方。"

【张昭成】明·王世贞《列仙全传》卷五：字道融。学道不懈，每端坐室中，出神数百里外。能驯虎豹。晋咸康中年一百一十九岁卒。既葬，人见白鹤穿墓而出。后启其墓，惟冠履在焉。

【张昭烈】道藏本《搜神记》卷五：姓张，名失传，五代时滑台（今河南滑县）人。殁而为神，有显应。庙在浪州府之黔阳县。宋时有贼潘宗来攻城，未及至城濠，见出城诸军或青面獠牙，或红须绛帻，或牛头马面，长者丈余，矮者不满三尺，喷火腾烟，千态万状。贼惊走，自相践踏，因散去。土人以为皆神之力，诏封为王，庙号昭烈，至明时犹崇祀之。

【张兆期】《天地宫府图》：七十二福地之第五西仙源（在浙江黄岩），为地仙张兆期治所。又五十五蓝水，亦为张兆期所治。兆期见"毛伯道"条。

【张震】晋·葛洪《神仙传》卷四"玉子者，姓张名震"。见"玉子"条。《广博物志》卷一二误作"章宸"。

【张芝】东汉时人。《仙鉴后集》卷二：一云名芳芝。汉天师张道陵第四女，一云第六女。适魏公第二子。夫故犯父讳，女郁郁不乐，白日飞升。

【张殖】唐时人。《太平广记》卷二四引五代·杜光庭《仙传拾遗》：彭州导江（在今四川都江堰东）人，遇道士姜元辩，授以六丁驱役之术。大历中，西川节度使崔宁差人上奏章，发已三日，方觉所发乃奏草。崔宁甚忧，召张殖。殖乃焚香一炷，将奏章置香烟上，忽飞去；食顷，原发奏草坠于殖前。及使回，并不知易表之事。大历十二年，张殖与姜元辩隐去不复见。◆明·曹学佺《蜀中广记》卷七三作"彭殖"，应误。

【张志和】唐时人。五代·沈汾《续仙传》卷上："号玄真子，会稽山阴（治今浙江绍兴）人，博学能文，擢进士第，善画，饮酒三斗不醉，卧雪不寒，入水不濡，遍游天下山水。颜真卿与之友善。真卿为湖州太守，志和与之唱和《渔父词》。后真卿东

张志和 仙佛奇踪

游平望驿，志和酒酣，于水上铺席，独坐啸吟，寻于水上挥手别真卿，上升而去。"又见《仙鉴》卷三六："一云婺州金华人。本名龟龄，字子同。志

和为及第时唐肃宗所赐名。亲丧不仕，自称烟波钓徒。著《玄真子》，亦以自号。"明·王世贞《列仙全传》卷六："字不同，金华人。母梦枫生腹上而生。"

【张中】即"铁冠道人"，字景华，一云字景和。《明史·方伎传》："张中，字景华，临川（今江西抚州）人。少应进士举不第，遂放情山水。遇异人，授数学，谈祸福多奇中。太祖下南昌，以邓愈荐召至，赐坐。问曰：'予下豫章（今江西南昌），兵不血刃，此邦之人其少息乎？'对曰：'未也。且夕此地当流血，庐舍毁且尽，铁柱观亦仅存一殿耳。'未几，指挥康泰反，如其言。寻又言国中大臣有变，宜豫防。至秋，平章邵荣、参政赵继祖伏甲北门为乱，事觉伏诛。陈友谅围南昌三月，太祖伐之，召问之。曰：'五十日当大胜，亥子之日获其渠帅。'帝命从行，舟次孤山，无风不能进。乃以洞玄法祭之，风大作，遂达鄱阳。大战湖中，常遇春孤舟深入，敌舟围之数重，众忧之。曰：'无忧，亥时当自出。'已而果然。连战大胜，友谅中流矢死，降其众五万。自启行至受降，适五十日。始南昌被围，帝问'何日当解'，曰'七月丙戌'。报至，乃乙酉，盖术官算历，是月差一日，实在丙戌也。其占验奇中多若此。为人狷介寡合。与之言，稍涉伦理，辄乱以他语，类佯狂玩世者。尝好戴铁冠，人称为铁冠子云。"明·宋濂《文宪集》卷一〇有《张中传》，与《明史》同，唯末有赞云："上（明太祖）尝亲疏十事，命濂作传"云云。按宋濂所言，张中乃为朱元璋"御制"神仙（张颠仙亦如是），而当明初法网严酷之时，神仙亦战战兢兢而不敢言矣。明·顾起元《客座赘语》卷二："名张中。太祖召道人问：'今日我有何事？'对曰：'太子某时进饼。'于是锁道人于房以俟验。时中秋，至某时，太子果进

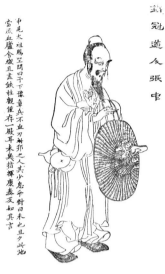

张中 明太祖功臣图

饼。上方食月饼，思道人，遂以饼赐之。及开锁，道人已失所在，留《蒸饼歌》于案。歌辞于靖难、土木之事一一明验。"按：即后世所传"七大预言"之《烧饼歌》。◆明·陆粲《庚巳编》卷七云为铁冠道人张景和。明·都穆《都公谭纂》卷上："道人尝结庐锺山下，梁国公蓝玉一日乘间访之，道人野服出迎，玉戏之曰：'脚穿芒屩迎人，足下无履。'时玉以椰子瓢饮，道人答云：'手执椰杯劝酒，尊前无锺。'盖密寓讥讽之意。不久玉果被祸，而道人之言始验。道人一日无故投大中桥水而死，后潼关守臣奏有铁冠道人者，以某日过关，计之，即投水之日也。盖异人云。"

【张重华】晋时人，见"郑景世"条。《天地官府图》七十二福地之第三仙磕山，为真人张重华所治。

【张子冲】明时人。《(崇祯)闽书》卷一三八：卖樵事母，常曰："一心无挂碍，唯愿见吕先生(洞宾)。"一日上山砍柴，有蓝缕道人至其家，告以饥。其妻尚未炊，曰："唯蒸糯一斗，待夫归酿酒，可食少许。"道人竟食尽。其妻恐夫归见责。道人令其妻取水一缸，以余粒置盖，拂袖而去。子冲归，其妻告之，见缸水已化为酒。子冲惊曰："吕先生至矣。"追及洞桥，求度。道人答："今日无缘，来年中秋可于建阳龙游桥相遇，三人共一目为记。"如期往，见二盲人搭眇一目者肩，已过桥矣。道人责其来迟，复期来年。如期又往，与道人相遇。子冲后弃妻子寄迹北胜寺，创建翠云庵。居止无定处。明初，县以为妖，械槛车中送京师。及至京开车箱，人已不见，只有破笠敝衣竹节冠。◆《(雍正)福建通志》卷六〇云其号三丰。似与"张三丰"相混者，恐非是。

【张子信】北朝时人。《北齐书·方伎传》："河内(今河南怀庆)人。以医术知名，常隐于白鹿山。时游京邑，为魏收、崔季舒所礼。善易卜风角，能解鸟语，知吉凶。"《太平广记》卷七六引唐·丘悦《三国典略》："齐琅琊王俨杀和士开也。武卫奚永洛与河内人张子信对坐，忽有鹊鸣，斗于庭而堕焉。子信曰：'鹊声不善，向夕若有风从西南来，历树间，拂堂角。必有口舌事。今夜若有人相召，慎不得往。'子信既去，果有风至，俨使召永洛，且云敕唤。永洛欲赴，其妻劝令勿出。因称马坠折腰，遂免于难。"

【张紫阳】即紫阳真人张伯端。见"张伯端"条。

【张自明】宋时人。清·汪森《粤西丛载》卷一一引《西事珥》：建昌(今江西永修)人，为宜州知州事，风流文雅，宦迹多可记者。一日集士民谓曰："吾将入关矣。"士民随之诣九龙山，有一洞，奇香烟霭，光景殊别，有石碑题"刺史丹霞张公之墓"。公飘然而入，洞口渐合。今其洞门仅容一人侧身可进。

【张祖常】三国时人。梁·陶弘景《真诰》卷一四：彭城(今江苏徐州)人，三国吴时从北来，居四平山(在茅山西南)。托形堕车而死，故隐身幽馆，而修守一之业。师事上党鲍察。鲍察受道于王君。

【章詧】北宋时人。《仙鉴》卷五一：章詧，字隐之，成都人。注《太玄经》至九卷，一夕梦扬子云曰："《太玄》犹如一浮图，有十三卷，汝注至九，天机岂容易泄耶。"詧觉，甚异之。后略注至十卷，进上，宋神宗喜，赐爵不受，封冲退处士。与邵雍友善。因游广汉(今四川广汉)，遇一青衣童子持书来，詧既接书，已失童子所在。书封曰"南岳布衣真一子书至西州冲退处士处"，及开，但一章诗。炼丹服之，化时如蝉蜕。◆《宋史》入《隐逸传》。

【章宸】见《广博物志》卷一二引《湖广志》，实即《神仙传》之"玉子"名张震者。

【章苟】见"苟元帅"条。

【章全素】唐·张读《宣室志》"章全素"条：吴郡蒋生，好神仙。弱岁弃家，隐四明山(在浙江奉化)下。后寓游荆门，见有行乞于市者，裸然而病。生怜其穷困，解裘衣之，因命执侍左右。其人姓章名全素，家南昌。于是与蒋生同归四明山下。而全素甚惰，常旦寐自逸。蒋生恶骂而捶者不可计。生有石砚在几上，忽一日，全素于衣中出一瓢甚小，顾谓蒋生曰："此瓢中有仙丹，能化石为金。愿得先生石砚，以一刀圭傅其上。可乎？"蒋生以为诞妄，诟骂之。明日，蒋生独行山水间，命全素守舍，于是键其门而去。至晚归，则见全素已卒矣。生乃以簀蔽其尸，将命棺而瘗于野。及彻其簀，而全素尸已亡去，徒有冠带衣履存焉。生大异，且以为神仙得道者，即于几上视石砚，亦亡矣。生益异之。后一日，蒋生见药鼎下有光，即于烬中探之，得石砚，其上寸余，化为紫金。生始悟全素果仙人，独恨不能识，益自惭恚。其后蒋生学炼丹卒不成，竟死于四明山。

【章寿仙人】《(雍正)福建通志》卷六〇：永福人。牧羊于炉峰，遇王、谢二仙而得道。尝斩蛇于延平后峰。白日升天。峰旁石壁有"章仙峰"

三字。

【章思廉】元·虞集《道园学古录》卷四六《少微山紫虚观记》：名居简，以字行。师王清烈于观中，授《灵宝经》，每日望太阳吐纳，遂不语不食。久之，暑不挥汗，寒不袭衣，行及奔马。人各从东西行，皆若与思廉面语，及合而即之，则一思廉耳。能劾治鬼物。自达官贵人以至里巷皆神明之。

【章元帅】见"武德英侯"条。

【章震】即"玉子"，见该条。

【樟柳神】巫术蛊神，当源于古代诅咒用木偶，迄于后世，其说不一。清·宣鼎《夜雨秋灯录》续集卷一"樟柳神"条云："有张大眼者入城，见路旁人家豆花棚上有一小木雕婴孩，粉面朱唇，目清眉秀，长二寸许，为一缕头发所系。大眼心知其为樟柳神，素审其灵妙，能报未来事，即断发擎腕中，跃跃若不安，急藏于笠中。"又云："某人从巫蛊家买一樟柳神而归，意可以未卜先知矣。而神殊缄默，所报者，无非鼠动鸡啼鸦噪等事，且夜伏枕畔，哓哓烦顼，搅梦不酣。及问以他事稍有关系者，皆对以不知。私问何故，则曰：'惧祸耳。'"樟柳神多为术人咒毙儿童之鬼魂，明·王士性《广志绎》卷四："奉新有樟柳神者，假托九天玄女之术，俗名耳报。乃其地有此树，人取树刻剂形而传事之。其初乃章、柳二家子死，共埋于树下，久之其树显灵。儿形以一手掩耳，贯以针，炼以符咒，数以四十九日，耳边传言则去其针。其神乃小儿，故不忌淫秽，不讳尊亲，不明礼法，随事随报。然亦不能及远，亦不甚知来。其术炼之有用万家土、万人路者，土谓燕窠，路谓板桥，取伴其神而裹之，验最速。若用金银诸物者，则皆冀以诓赚而去，非实也。"清·钱泳《履园丛话》卷二四"樟柳神"条："今吴越间有所谓沿街算命者，每用幼孩八字，咒而毙之，名曰'樟柳神'。星卜家争相售卖，得之者，为人推算，灵应异常，然不过推以往之事，未来者则不验也。"清·破额山人《夜航船》卷六"江西樟柳人"条："樟柳人者，以樟柳木接凑，雕作人形。其法，觅人家小儿女八字清秀者，刻在木人身上，呼曰'灵官'。呼之百日，魂附木人，便能说话行走，与人无二。善言人间一切阴阳吉凶事，并能关引亡魂到家。家人环集，问及生前事，对若影响。以故江湖术者，奉为至宝，怀藏于胸，神仙不啻。好事者广植二木，罗致无数八字，千呼万唤，如同搦作伎俩，做出许多人材，教以清音演剧，教你文墨应酬。十人为一班，五人

为一伙。此种人物，皆绝世聪明，几乎不学而能，诚非血肉烟火可比。江西一带，所在多有。"◆又作"商陆神""章陆神"。明·谢肇淛《五杂组》卷一〇："《易》曰：'苋陆夬夬。'陆，商陆也，下有死人，则上有商陆，故其根多如人形，俗名樟柳根者是也。取之之法，夜静无人，以油炙枭肉祭之，俟鬼火丛集，然后取其根，归家以符炼之，七日即能言语矣。一名夜呼，亦取鬼神之义也。此草有赤、白二种，白者入药，赤者使鬼。若误服之，必能杀人。又《荆楚岁时记》：'三月三日，杜鹃初鸣，田家候之。此鸟昼夜鸣，血流不止，至商陆子熟，乃止。'盖商陆未熟之前，正杜鹃哀鸣之候，故称'夜呼'也。"清·蒋超伯《南漘楛语》卷一"章陆"条："左道刻商陆为人形，咒之，能知休咎，名章陆神。盖即《尔雅》之蓫蕩，马尾也。郝《疏》言其状甚详，并云一名王母柳（按：郝懿行《尔雅义疏》卷下之一云：王母柳，一名夜呼，如人形者有神）。"清·张尔岐《蒿庵闲话》卷一："左道刻章陆根为人形，咒之能知祸福，名章陆神。章陆即商陆。医书云：取商陆花，阴干百日，捣末服之，卧思念所欲事，即于眼中自见。"又《仙鉴》卷三七载唐人薛昌得商陆酒饮之，七窍流血而死，经三日蹶然而苏，势欲飞举，明见远近。按：是商陆之为物，近于今之大麻，可使人产生幻觉，故连类思之，浸以酒则服之有神效，刻其根亦可为神物。◆又呼"樟柳人"。近人孙玉声《退醒庐笔记》："余弱冠时曾目睹一樟柳人，长二寸许，似系柳木所雕，五官毕具。术人有咒语，方可与樟柳人对语。语须深夜。问以次日贸易事，言必有中，问及他事，则不知对。问多则怒，且会詈人。按：樟柳人相传为'富阳法'，出自富阳（今浙江富阳），乃由术者侦访聪慧子女之年庚八字，拜祷而成之。"有不用刻木为人形者。明·王同轨《耳谈》"显灵宫道士"条："万历甲午，河南一方士寓显灵宫道士房。道士出行淫，方士必悉知之，盖其腹中鬼语也。道士即致金币，求援其术，得之。因用符水于天坛僻地，杀一行路小儿，取肝、心及耳、鼻、唇尖，咒之，儿灵爽即归道士腹中，语世间祸福幽隐皆验，赚取资财无算。"又明·钱希言《狯园》卷四"慧虚子"条所载亦此鬼。或呼为"刻木神"，明·郑仲夔《耳新》卷四"神解围"条言刘中丞岳，"偶得一刻木神，能言，无事不报"云，即是。◆其由来甚久远，有以为春秋时即有此物。清·平步青《霞外攟屑》卷五"樟柳神"条："陈

祖范《掌录》:《汉书·艺文志》杂占家,有执不祥 劾鬼物八卷。符箓之法,其来已久。《国语》:楚灵 王拒谏者曰:'右执鬼中,左执殇宫,凡百箴谏, 吾尽闻之矣。'鬼中者,鬼身也。殇宫者,小儿魂 也。此即今之樟柳神、耳报法之所为也。" ◆按唐 时或称"神神""神巫",见"神神"条;宋时或称 "仙童",见该条及"独骑郎君"条;又有"仙童" "童哥""灵哥灵姐""髑髅神""鬼仙""灵官"诸 名,参见各条。而清·蒲松龄《聊斋志异》卷二 "珠儿"一条所载,亦此类,可参看。 ◆江湖术士 又有"柳人"者,亦此类。沈平山《中国神明概 论》"玄术篇"言及"柳人预报术",当亦樟柳神之 变种:"此术流传已久,传说大凡命相、道术之人 都会此术。欲炼此术,须心存正道,戒去好贪,常 存道德,否则将受天谴。炼时先择吉日,取东方常 流水边的柳枝一段,雕刻成人形,长二寸六分,按 阴数眉目七窍玲珑,左手阳印,右手阴覆,头挽双 髻,身著绿衣,用朱砂乳汁调写心肝脾肾肺于黄纸 上,卷入腹中,次以鸡冠血抹口内,记年、月、 日、时八字,待甲子、庚申日,祭炼于静室之中, 用白鸡、鱼脯、兔头、香果供献,每日甲辰先念二 怂咒,次念追魂现形咒四十九遍,午晚照前行持, 炼至二十一日,所挂红旗自然交加,是显也。二 十五日见形,不许猫犬产孝之人触污,置于瓦器 内,罩以红布,持竹箸击器,则其中扑朔有声,能 告于未来事。"

【丈夫国】《山海经·海外西经》:"丈夫国在维鸟之北,其人衣冠带剑。"郭璞注云:"殷帝太戊,使王孟采药,从西王母至此,绝粮,不能进,乃食木实,衣木皮。终身无妻,而生二子

丈夫国 山海经图 蒋应镐本

(郭璞《玄中记》作'从背肋间产二子'),其父即死。是为丈夫民。"又《大荒西经》亦有"丈夫之国"。《淮南子·墬形训》海外三十六国中有"丈夫民"。高诱注云:"丈夫民,其状皆如丈夫,衣黄衣冠,带剑。"

【zhao】

【招商神】南宋·郑瑶《景定严州续志》(严州在今浙江建德东)卷四:辑睦坊北有招商神祠。旧以招商为名,岂非土俭俗贫,假懋迁之利以粒斯民,故汲汲然耶? ◆按:此神始末不详,因名色在诸神中极特殊,故存此目。

【昭烈武成王】即"姜太公"。南宋·周密《鸡肋编》卷中:宋朝祠祭,以文宣王与武成王、先农、五龙、先蚕、历代帝王、岳渎等为中祠。仲春、仲秋之上丁释奠至圣文宣王庙,上戊释奠昭烈武成王庙。

【昭灵大王】北宋·张舜民《画墁录》卷八《郴行录》:洞庭湖南有青草庙,一排三殿,中曰劝善大师,乃一僧像;西曰安流大王,东曰昭灵大王。劝善即泗州大圣,昭灵即马援,安流者莫知其为谁。

【昭灵夫人】❶见"昭灵李夫人"条。❷汉高祖之母。北宋·乐史《太平寰宇记》卷一:"昭陵灵夫人陵庙,在陈留(今河南开封南)县北三十里。《风俗传》曰:沛公起兵野战,丧皇妣于黄乡。天下平定,乃以梓宫招魂幽野。有丹蛇在水,自洒濯入梓宫。其浴处仍有遗发。今庙号昭灵焉。" ◆按:女神以"昭灵"称者尚有天妃、三皇仙姑等。

【昭灵侯】见"张路斯"条。

【昭灵李夫人】梁·陶弘景《真诰》卷三:"北元中玄道君李庆宾之女,太保玉郎李灵飞之小妹。受书为东宫灵照夫人。治方丈台第十三朱馆中。夫人著紫锦衣,带神虎符,握流金铃。年可十三四许。"《云笈七签》卷九七:"商汤时得道,白日升天,受书为东宫昭灵(一作灵照)夫人。晋兴宁三年,与裴清灵真人、王桐柏真人、中候王夫人、南岳魏夫人同降于杨羲家。貌若十三四岁。"

【赵爱儿】梁·陶弘景《真诰》卷一四:东汉幽州刺史刘虞别驾赵该之姐。得道尸解。后又受灵飞六甲符。

【赵抱一】《宋史·方伎传》:"秦州(今甘肃天水)民家子赵抱一者,常牧羊田间。一夕,有叩门召之者,以杖引行,杖端有气如烟。俄至山崖绝顶,见数人会饮,音乐交奏,与人间无异。抱一骇而不测。会巡检使过其下,闻乐声,疑群盗欢聚,集村民梯崖而上。至则无所睹,抱一独在,援以下之,具言其故。凡经夕,若俄顷。自是不喜熟食,凡火化者未尝历口。茹甘菊、柏叶、果实、井泉,

间亦饮酒，貌如婴儿。素不习文墨，口占辞句，颇成篇咏。有道家之趣。遂不亲农事，野行露宿。大中祥符四年，至京师，犹丱角，诏赐名，度为道士。自是间岁或一至京师，常令居太一宫，与人言多养生事焉。"《仙鉴》卷四八所记大异："凤州两当（今甘肃两当）人。年十二牧牛，遇一老人，食以状如罗卜者，又与拄杖一条，瓢一只，中有药，乃豌豆也。云令人服食，可起沉疴。先生自食罗卜，不复思烟火食。至京师，时疫方甚，先生取瓢中豆令食之，尽愈，而瓢中豆愈出不绝。官府见人来日多，申报朝廷。时真宗东巡未还，留守丞相验其实，奏行在以闻，有旨辟简寂宫以居之。车驾还，度为道士，赐名抱一，送至石门山修真。至宣和间，先生复来京师，寓太乙宫。后归，化时年七十八。识者谓其所遇老人为张果先生。"

【赵抃】明·游潜《博物志补》卷下：宋参政赵抃，字悦道。初好神仙术。有僧上诗云："须向维摩顶上行。"顿若超悟。在青州有何郎中者，相传为晋时人。公招之至，则须发皓白，肌肤如槁木，龙钟几不能步。公悯之，使两吏扶掖，出门外，则行步如飞，吏还报，使健步追之，已失所在。公后归乡里，一日，忽遍辞亲友。其子问后事，不语，少顷，趺坐而化。

【赵丙】《仙鉴》卷五有"赵丙"，实即"赵炳"。见该条。

【赵昞】晋·干宝《搜神记》卷二。即"赵炳"，见该条。

【赵炳】《后汉书·方术·徐登传》："徐登者，闽中人也。善为巫术。又赵炳，字公阿，东阳（今浙江金华）人，能为越方。时遭兵乱，疾疫大起，二人遇于

赵丙　列仙全传

乌伤溪水之上，遂结言约，共以其术疗病。各相谓曰：'今既同志，且可各试所能。'登乃禁溪水。水为不流，炳复次禁枯树，树即生荑，二人相视而笑，共行其道焉。登年长，炳师事之。贵尚清俭，礼神唯以东流水为酌，削桑皮为脯。但行禁术，所疗皆除。后登物故，炳东入章安（今浙江临海东南），百姓未之知也。炳乃故升茅屋，梧鼎而爨，主人见之惊慷，炳笑不应，既而爨熟，屋无损异。又尝临水求度，船人不和之，炳乃张盖坐其中，长啸呼风，乱流而济。于是百姓神服，从者如归。章安令恶其惑众，收杀之也。人为立祠室于永康（今浙江永康），至今蚊蚋不能入也。"南宋·陈耆卿《赤城志》卷三一："临海（今浙江临海）有灵康庙，即祀赵炳。北宋大观二年封显仁公，此后屡加封号。"南宋·谢采伯《密斋随笔》卷五记其父尝谒灵康神求梦，即此。◆晋·干宝《搜神记》卷二作"赵昞"。《仙鉴》卷五误作"赵丙"。◆按：后世以赵炳为"白鹤大帝"，见该条。晋·葛洪《抱朴子内篇》言施禁术者有左慈、赵明，以气禁水，水为之逆流一二丈。以大钉钉柱，入七八寸，以气吹之，钉即涌射而出。又以气禁沸汤，以百许钱投中，令一人手探摝取钱，而手不灼烂。又能禁一里中炊者尽不得蒸熟。又禁犬令不得吠。云云。其"赵明"即赵炳。又刘宋·刘敬叔《异苑》卷九有"晋南阳赵侯"，"少好异术，能吹气作禁"者，亦指赵炳，而"南阳"乃"东阳"之误也。"少好诸异术。姿形悴陋，长不满数尺。以盆盛水，闭目吹气作禁，鱼龙立见。侯有白米，为鼠所盗，乃披发持刀，画地作狱，四面开门，向东长啸，群鼠俱到。咒之曰：'凡非啖者过去，盗者令止。'止者十余，剖腹看脏，有米在焉。会徒跣滇履，因仰头微吟，双履自至。人有笑其形容者，便佯说以酒杯向口，即掩鼻不脱，乃稽颡谢过，著地不举。永康有骑石山，山上有石人骑石马，侯以印指之，人马一时落首，今犹在山下。"

【赵成子】《云笈七签》卷七四《太上巨胜腴煮五石英法》：赵成子为南岳真人（同书卷八六作南岳夫人）入室弟子，初受镇生五脏上经，后欲还入太阴，求改貌化形，故自死亡于幽州上谷（今河北怀来一带）元丘石室之下。后五六年，有山行者见白骨在室中，五脏自生不烂，因手披之，五脏中各有一白石子，于是取而吞之。后四五年，成子当生，彼人所吞石子皆从口中飞出，还于成子之尸。于是成子改形而起，而吞石子者满门皆死。又见梁·陶弘景《真诰》卷四。

【赵初旸】《（雍正）浙江通志》卷一九七引《两浙名贤录》：宋人，字必复，缙云人。生而神异，

右掌有"雷使"二红字。学道术，能役使鬼神，治疾无不愈。岁旱，呼吸可致雷雨。时令小儿伸掌，书一雷字握之，开手则雷鸣，兼能辟邪。尝卖雨于临安市，墨汁咒符，雨点皆黑。人皆称为"赵雷使"。

【赵达】《三国志·吴书·赵达传》：三国时河南（郡治在今江南洛阳）人。少从汉侍中单甫受学，用思精密。谓东南有王者气，可以避难，故脱身渡江。治九宫一算之术，究其微旨，能应机立成，对问若神。至计飞蝗，射隐伏，无不中效。尝事孙权，权尝出师，令其推步，皆如其言。问其法，终不言，由是见薄。

【赵道人】明·朱孟震《游宦余谈》：潼川州（今四川三台）有云台山赵道人者，宋理宗时人也。每日村市中化铁，数年积数十万斤。一日，兴冶铸玄帝像高数丈，阔称之，其像端重凛凛有生气。一夕，风雨晦冥，忽自五里移置云台，因起大殿覆之，当时鼓铸灶迄今尚存。或曰赵道人即玄帝再世也。尸解时遗偈曰："神仙手内一竿竹，惟是神仙打得熟。"其真身至今俨然如生，遂龛奉于铁像殿之西偏，甚著灵异。

【赵道隐】《魏书·释老志》："寇谦之云：二仪之间有三十六天，有三十宫，宫有一主最高者无极至尊，次曰大至真尊，次天覆地载阴阳真尊，次洪正真尊，姓赵名道隐，殷时得道牧土之师也。"参见"李谱文"条。

【赵得秀】清·佚名《蝶阶外史》卷一"赵得秀"条：明赵得秀，肥乡（今河北肥乡）人。工木工，多巧思，人谓鲁班复生。南游武夷，得异人传修真诀。归至林虑，爱其山水陡绝，练藤葛为绳，横以木登凳辘轳，拾级而升，造三清等殿，精巧绝伦，人迹罕到，遂遁迹其中。隆庆五年，磁州牧罗潮征造州南石桥，桥百丈一甃而无斧凿痕。又于西涯绝渡处悬木以通，凿石函，函外高揭石板丈许。将死，语其徒云："葬我函中，速出，勿久留。"及死，如其言。葬毕，甫出数武，悬石以下，周匝无痕。常有猿守之，绝涧千丈，人不能至，至今呼为鲁班墼云。

【赵度】南宋·陈葆光《三洞群仙录》卷一引五代·杜光庭《仙传拾遗》：不知何许人。因猎于大房山，逐一白兔，入于伏龙穴中。见瑶台玉堂，壁立千仞。有白蝙蝠，其大如鸦。因与群仙相遇，授灵药而得仙。

【赵辅和】《北齐书·方伎传》：清都人。少以明《易》善筮为馆客。高欢崩于晋阳，召众术士卜葬地，吴遵世筮得《革》卦，众人皆言不可用。时辅和最少，在众人之后，进言曰："《革》卦于天下人皆凶，唯于王家为吉，'汤武革命，应天顺人'也。"曾官通直常侍。

【赵高】秦时人。晋·王嘉《拾遗记》卷四：秦王子婴疑赵高，因于咸阳之狱，悬于井中，七日不死，更以镬汤煮，七日不沸，乃戮之。时方士说赵高先世受韩终丹法，冬坐坚冰，夏卧炉上，不觉寒热。及高死，弃尸于九衢，泣送者千家，或见一青雀从高尸中出，直飞入云。先是狱吏曰："初囚高之时，见高怀有一青丸，大如雀卵。"

【赵杲】《太平广记》卷四六八"姑苏男子"条引《三吴记》：后汉时，姑苏有男子，衣白衣，冠帻，容貌甚伟，身长七尺，眉目疏朗。从者六七人，遍历人家，奸通妇女，昼夜不畏于人。人欲掩捕，即有风雨，虽守郡有兵，亦不敢制。苟犯之者，无不被害。术人赵杲在赵，闻吴患，泛舟遽来。杲步至姑苏北堤上，遥望此妖，见路人左右奔避无所，杲曰："此吴人所患者也。"因请水烧香，长啸数声，天风欻至，闻空中数十人回应，杲掷手中符，符去如风。顷刻，见此妖如有人持至者，甚惶惧。杲乃按剑曰："诛之。"便有旋风拥出。有大白蛟，长三丈，断首于路旁，余六七者，皆身首异处，亦鼋鼍之类也。左右观者万余人，咸称自此无患矣。◆按：或作"赵晃"，见该条。

【赵公成】梁·陶弘景《真诰》卷一〇：赵公成两脚曳不能起，旦夕常心存拜太上。如此三十年，太上真人赐公成流明檀桓散，一剂即能起行，后遂得道。今在鹄鸣山下。

【赵公明】赵公明本为瘟神。晋·干宝《搜神记》卷五：初有妖书云："上帝以三将军赵公明、锺士季，各督数鬼下取人。"《太上洞渊神咒经》：又有刘元达、张元伯、赵公明、李公仲、史文业、锺仕季、少都符名将五伤鬼精二十五万人，行瘟疫病。至元、明时，仍有公明为五瘟使者之说，但元代的《新编连相搜神广记》因"赵元帅"条把赵公明定为玄坛元帅，便在"五瘟使者"条中把赵公明等五人姓名全部删去。可是到明代据《搜神广记》增编的《三教源流搜神大全》卷四"五瘟使者"条又把五人姓名恢复：隋文帝开皇十一年六月，有五力士现于空中，太史张居仁曰："此是五方力士，在天为五鬼，在地为五瘟：春瘟张元伯，夏瘟刘元达，秋瘟赵公明，冬瘟锺仕贵，总管中瘟史文业。如现形，主国民有瘟疫之疾。此为天行病也。"《新编连相搜神广记·后集》"赵元帅"条中，赵公明完全洗去瘟神痕迹：姓赵讳公明，终南山人。自秦时避世山中，精修至道，功成，钦奉玉帝旨召为神霄副帅。头戴铁冠，手执铁鞭，面色黑而胡须，跨

赵公明 民间神像

虎。奉天门之令，策役三界，巡察五方，提点九州，为直殿大将军，为北极侍御史。及张道陵成道，上奏天帝，请威猛神吏为之守护。于是元帅奉玉旨授正一玄坛元帅。其部下有八王猛将以应八卦，有六毒大神以应天煞、地煞、年煞、月煞、日煞、时煞，又有五方雷神、五方猖兵以应五行，二十八将，以应二十八宿。天和地合二将，象天门地户之阖辟；水火二营将，象春生秋煞之往来。至此行瘟之神竟有了"除瘟翦疟，保病禳灾"之职！同书又云："至如讼冤伸抑，公能使之解释公平；买卖求财，公能使之宜利和合。但有公平之事，可以对神祷，无不如意。"其神职已经有了商贾保护神性质，至于后来又兼任"武财神"，其说亦不晚于明代。明人《封神演义》中赵公明为峨眉山罗浮洞主，助纣王抗周，为姜子牙所杀，封神时被封为金龙如意正一龙虎玄坛真君之神，部下四正神为招宝天尊、纳珍天尊、招财使者、利市仙官，有迎祥纳福、追捕逃亡之责。或其所以为财神，以能施其威风而逼讨逋债也。◆至于赵公明之身世，除前述之外，有说为回族者，清·顾禄《清嘉录》卷三：三月十五日为玄坛神诞辰。谓神司财，能致人富，故居人多塑像供奉。又谓神回族，□□□，祀以烧酒牛肉，俗称"斋玄坛"。有说为赵子龙之兄弟者，明·王鏊《姑苏志》卷二七：玄妙观前有玄坛庙，神姓赵，名朗，字公明，与关圣同时，即赵云子龙之从兄弟。有说为秦时隐士者，明万历间《龙会兰池录》：赵玄坛，名公明，秦始皇时高士。还有说是"日精"者，仇德哉《台湾之寺庙与神明

（四）》：据道家的《典籍实录》记载，赵公明是"日之精"。上古时十日并出为害为后羿射落九日，都在青城山化为鬼王，其中八鬼发病害人，只有一个变成人，就是赵公明。

【赵光明】即"赵公明"。见该条。

【赵广信】汉魏时人。梁·陶弘景《真诰》卷一四：阳城人，三国魏末时南渡，入剡县（今浙江嵊州）小白山学道，受李法成服气法，又受师左慈守玄中之道。如此七八十年，周旋郡国，时卖药于民间。于晋穆帝时乘龙升天。

【赵归真】唐时人。唐·康骈《剧谈录》卷下：唐武宗好神仙异术。海内道流方士，多至辇下。赵归真探赜玄机，以制铅汞，见之者无不竦敬。请于禁中筑望仙台，高百尺，以为骖鸾驭鹤，可刻期而往。常云飞炼须得生银。诏使于乐平山收采，既而大役工徒，所出者皆顽石矿。归真乃斋醮数朝，以御札致于岩穴。俄有老人杖策而至曰："尊师无复怀忧，明当从请。"语罢而出，莫知所之。是夕有声如雷，山矿豁开数十丈，银液泫然而涌，与入用之数相符。禁中修炼至多，外人少知其术。及武皇厌代，归真窜逐岭表。

【赵侯】刘宋·刘敬叔《异苑》卷九：晋南阳赵侯（一作度），少好诸异术。姿形悴陋，长不满数尺，以盆盛水，闭目吹气作禁，鱼龙立见。侯有白米为鼠所盗，乃披发持刀，画地作狱，四面开门，向东长啸，群鼠俱到，咒之曰："凡非淡者过去，盗者令止。"止者十余，剖腹看之，有米焉。

【赵晃】东汉时人。南宋·范成大《吴郡志》卷四七引《三吴记》、《稽神异苑》：后汉时，姑苏（今江苏苏州）忽有男子，从者六七人，遍扰民家，常带风雨声，郡兵不能擒。术士赵晃闻之，泛舟来，步至姑苏台，长啸一声，大风应至，闻空中数十人应响。晃怒掷手中符，少顷见有人持至，复为旋风拥去。晃谓郡守使人视之，报云："去此百步，有大白蛇长三丈，断首路旁。"◆按：似应为"赵昺"之误，见该条。

【赵惠宗】唐时人。《仙鉴》卷四一：峡州宜都（今湖北宜都）人。隶道士籍，久之，得九天仙箓三洞秘法。唐天宝末，还峡，忽于郡东北积薪自焚。吏民往观，惠宗怡然坐火中，诵《度人经》，斯须化为瑞云仙鹤而去。《（雍正）湖广通志》卷七四编入元人中，误。

【赵吉】北宋时人。北宋·苏辙《栾城集》卷二五有《丐者赵生传》，洪迈《夷坚志补》卷一三"高

安赵生"条节略之云：丐者赵生，高安人。敝衣蓬发，未尝洗沐。好饮酒，醉辄殴骂市人，一见即能道其宿疾与平生善否。元丰中，苏辙谪筠，忽来见，语以养生养性之说，自言生于周甲寅，今百二十七岁，家本代州（今山西代县），

赵吉　列仙全传

名吉。久之，求书往黄州谒东坡，遂留半岁。坡归，从行至兴国（今湖北阳新），为所畜骏骡踢死。具棺葬诸野。元祐初，二苏在京，有蜀僧来言："于酒家逢一丐者云姓赵，在黄州识苏学士，为我致声问候。"时知兴国军朱彦博之子在坐，归告其父，发其葬，空无所有，惟一杖及两胫在。道书：尸假（即尸解）之下者留脚一骨。生岂假者耶？

【赵将军】清·冯咏词《原乘》：赵将军，俗传为东乡城下阪人，性至孝。为狱吏，除夕点囚，一死囚哭曰："家有老母，但得一见，死甘心矣。"赵感其情，遂纵之归，约三日后赴狱。及期不至，赵知为所卖，乃以身代。县官怜之，令自捕赎罪。赵行至毛陶峰，见一白兔走入古墓，赵亦入，见囚匿于其中。囚遂就捕。忽有人奉天书至，曰："上帝感汝孝思，封为威灵显化将军。"赵遂坐化于毛陶峰。

【赵瞿】晋·葛洪《神仙传》卷七：字子荣，上党（今山西长治）人。得癞病，垂死，语家人曰："当及生弃之，若死于家，则世世子孙相蛀。"家人为作一年粮，送置山洞中。瞿昼夜啼哭，历百余日，忽见石室外有三人，心知是神人，叩求救。神人乃以松子松脂赐之。瞿服之未尽，病已愈。更服之二年，颜色转少，走如飞鸟。在人间三百年，后入抱犊山，不知所之，当成地仙矣。又见葛洪《抱朴子内篇·仙药》，较详。

【赵郎】《仙鉴》卷三四：赵郎、左慈等皆以气禁水，水为之逆流一二丈。又于茅屋燃火煮物，物熟而茅不燃。以一大钉钉入柱七八寸，以气吹之，钉即踊射而出。◆按：此赵郎即"赵炳"，见该条。

【赵灵运】北宋时人。《仙鉴》卷五〇：不知何许

人。宋太宗雍熙中为莫州莫县（今河北任丘）令。岁大旱，祈祷无验，叹曰："吾为令而旱若是，民将不得食，吾何以生为！"乃著道士服，积薪于庭，请于上帝曰："三日不雨，以此自焚。"居三日，天晴无纤云，乃趋薪，方举火而云起，雷电大雨，火即灭。俄与所侍小吏乘云而去。后人即其地筑赵仙坛焉。

【赵麻衣】❶唐末人。《仙鉴续编》卷四：不知何许人。唐僖宗时黄巢乱起，避于终南山，遇道人数十，麻衣无食，愿为佣役，由是有所遇而得道。宋高宗建炎初，始来游青城山，久之，入成都玉局化，常服麻衣百结，人因号为麻衣。时时言及五代及本朝事，颇有条理。或云五代时尝为兵，已而免去，帖尚存。平生鳌黑，一旦化去，肢体洁白如玉。❷明时人。《莱州府志》：其名不传。冬夏恒衣麻，隐于胶州（今山东胶州）大珠山石室。辟谷得仙。

【赵孟俯】清·清凉道人《听雨轩笔记》卷一：德清戴湾村下坦山之麓有土谷祠，人咸称神为元赵文敏公，祠址系其故居。予考郡志，公宅在郡城中甘棠桥之南，戴湾祠址为公阳林堂别业。自戴湾以东，若白杨圩、贾坞、藤山、东衡诸村，皆祀公为土谷神，二十里内，若公之汤沐邑然，而东衡里则公墓所在。

【赵明】见晋·葛洪《抱朴子内篇·至理》。即"赵炳"，见该条。

【赵乞】明·王兆云《说圃识余》卷上"赵乞灵异"条：金华有丐者曰赵乞，颇灵异。方太古欲访之，恐为里人所讥笑，乘夜雪诣其所居山亭。时寒甚，太古重裘而赵单衣卧石栏上，气上腾如蒸，揣其胸，有微汗，尤异之，乃问曰："冒雪访君，何以指授？"赵大呼云："今年有灾，一洞天开。"更不语。太古不解其旨。是秋，客游江右，寓野寺中，一室扁云"洞天"，大惊。是夕得疾，卧月余，瘥。方悟赵所云也。赵年几八十，临终以银一两遗居民："吾以某月日死，敢以后事为托。"至日无疾而化。

【赵如如】清·东轩主人《述异记》卷下：蜀人赵如如，长髯伟躯，明时为边将，已殉难矣。康熙癸卯，与昆山何英相遇于浙之衢州（今浙江衢州）。何疑其为鬼，赵曰："子不知吾为学道之人耶？"盖赵生平精天文术数之学，兼习五行遁法，其殉难也，盖古人尸解者然。

【赵三翁】北宋时人。南宋·洪迈《夷坚支志·丁

集》卷八：赵三翁，名进，字从先，中牟县（今河南中牟）白沙镇人。遇孙思邈于枣林，授以道要。以医名世，至宣和壬寅已一百八岁，徽宗召见。于技术无所不通，能役使鬼神，知未来事。后不知所终。又见南宋·郭彖《暌车志》卷六。

【赵升】东汉时人。《太平广记》卷八引晋·葛洪《神仙传》：张道陵七度试赵升，皆过，乃授升丹经。七试者：第一试，升到门不为通，使人骂辱，四十余日，露宿不去，乃纳之。第二试，使升于草中守黍驱兽，暮遣美女，托言远行，过寄宿，与升接床。明日又称脚痛不去，遂留数日。亦复调戏，升终不失正。第三试，升行道，忽见遗金三十饼，升乃走过不取。第四试，令升入山采薪，三虎交前，咬升衣服，唯不伤身。升不恐，颜色不变，虎乃起去。第五试，升于市买十余匹绢，付直讫，而绢主诬之，云未得。升乃脱己衣，买绢而偿之，殊无吝色。第六试，升守田谷，有一人往叩头乞食。衣裳破弊，面目尘垢，身体疮脓，臭秽可憎。升怆然，为之动容，解衣衣之，以私粮设食，又以私米遗之。第七试，陵将诸弟子，登云台绝岩之上，下有一桃树，如人臂，傍生石壁，下临不测之渊，桃大有实。陵谓诸弟子曰："有人能得此桃实，当告以道要。"于时伏而窥之者三百余人，股战流汗，无敢久临视之者，莫不却退而还，谢不能得。升从上自掷，投树上，足不蹉跌，取桃实满怀。而石壁险峻，无所攀援，不能得返。于是乃以桃一一掷上，正得二百二颗。陵得而分赐诸弟子各一，陵自食，留一以待升。陵乃以手引升，众视之，见陵臂加长三二丈，引升，升忽然来还。乃以向所留桃与之。升食桃毕，陵乃临谷上，戏笑而言曰："赵升心自正，能投树上，足不蹉跌，吾今欲自试投下，当应得大桃也。"众人皆谏，唯升与王长嘿然。陵遂投空，不落桃上，失陵所在。升、长二人相谓曰："师则父也，自投于不测之崖，吾何以自安！"乃俱投身而下，正堕陵前。见陵坐局脚床斗帐中，见升、长二人笑曰："吾知汝来。"乃授二人道毕，三日乃还。归治旧舍，诸弟子惊悲不息。后陵与升、长三人，皆白日冲天而去。《仙鉴》卷一九：真人赵升，号鹿堂子。

【赵圣卿】晋·张华《博物志》卷五：魏武帝集方士十六人，皆能断谷不食，分形隐没，出入不由门户。中有魏国军史河南赵圣卿。

【赵十四】《太平广记》卷二八三引唐人《灵异记》：许至雍之妻早岁亡没，至雍颇感叹。八月十五日夜于庭前抚琴玩月，忽觉帘屏间有人行，乃是亡妻，云："若欲得相见，遇赵十四，莫惜三贯六百钱。"自此常记其言，然不知赵十四是何人也。后数年，至雍游苏州。时方春，见少年十余辈，皆妇人装，乘画船将谒吴太伯庙。许君问之，人曰："此州有男巫赵十四者，言事多中，善致人之魂。此皆赵生之下辈也。"许生乃诣赵十四，具陈恳切之意。赵生乃计其所费之直，果三贯六百耳。至夕，赵生令许君处于堂内东隅，至三更，见许生之妻，淡服薄妆，拜赵生，徐入堂内，西向而坐。因问儿女家人及亲旧闾里等事，往复数十句。良久方挥泪别，若乘空而去。赵生名何。

【赵叔道】梁·陶弘景《真诰》卷四：与陈仲林、许道居、尹林子四人，汉末时隐于竹叶山中，修道成仙。

【赵叔期】梁·陶弘景《真诰》卷五：不知何许人，学道于王屋山（在今河南济源西北）。后遇卜者传以道并《胎精中记》。诵之，后合神丹，得道升天。

【赵素台】汉时女子。梁·陶弘景《真诰》卷一三、《云笈七签》卷八五：汉幽州刺史赵熙之女。熙少有善行，济穷困，因救免王惠族诛，有阴德数十事，得诣朱陵儿子，得遁化游洞天。素台在易迁宫中已四百年，不肯离去，自谓天下无复乐于此处。数微服游行山泽间。◆按：易迁宫为女子初成仙者居处，意其如人间之太学，学成而后可入仕，女仙居易迁宫若千年后亦可得仙职也。

【赵缩手】南宋人。南宋·洪迈《夷坚丙志》卷二：赵缩手，不知其名，本普州（今四川安岳）士人。少年遇异人，遂弃家出游。至绍兴末已百余岁。来彭、汉间，行则缩两手于胸次，以是得名。人饮之酒，一杯至百杯皆不辞，或终日不食，亦怡然自乐。人问以休咎，则答以诗词，有灵应。死后火化，其骨钩连如锁子。

【赵他子】晋·葛洪《抱朴子内篇·仙药》：赵他子服桂二十年，足下生毛，日行五百里，力举千斤。

【赵棠】明·于慎行《(万历)兖州府志》卷五二：曹州人，隐居番禺。汴京景德寺有异僧曰志言，人传棠与志言数以偈颂相寄，万里间辄数日而达。棠死，值盛夏时，其身不坏。参见"志言"条。

【赵天雷】《(康熙)济南府志》卷五一：宋时道士，居洞真观。有异人授以符咒，能召鬼神。后无疾而终，颜面如生。其亡日，有乡人遇之于陕西潼关。《(雍正)山东通志》卷三〇又有一赵天雷，云其为明时人：弘治中修真于长清洞真观，得正乙法，勘摄符咒，试之皆验。岁旱，呼童子至前，掌中书一雷字，遣下山，霹雳自手中出，大雨如注。因名其山曰雷山。◆按：二者显系一人，宋时者应为误记。

【赵童】即"赵应童"，见该条。

【赵威伯】梁·陶弘景《真诰》卷一三：东郡（在今河南濮阳南）人，少好道，师邯郸张先生，晚在中岳授《玉佩金珰经》于范丘林。丘林乃汉楼船将军卫行道之妻。威伯仙后在华阳洞为保命丞。保命有四丞，乐长治主灾害，郑雄正主考注，唐公房主生死，威伯则主仙籍并记学道者。

【赵武灵王】见"主父"条。

【赵温圭】五代时人。《太平广记》卷八〇引五代·王仁裕《玉堂闲话》：伪蜀有赵温圭，善衰许术，占人灾祥，无不神中，蜀谓之赵圣人。武将王晖事蜀先主，累有军功。为性凶悍，至后主时，为一二贵人挤抑，久沉下位，王深衔之。尝一日，于朝门逢赵公，见之惊愕，乃屏人告之曰："今日见君面有杀气，怀兵刃，欲行阴谋。但君将来当为三任郡守，一任节制，自是晚达，不宜害人，以取殃祸。"王大骇，乃于怀中出一匕首，掷于地，泣而言曰："今日欲刺杀此子，便自引决，不期逢君为开释，请从此而止。"勤勤拜谢而退。王寻为郡，迁秦州节度。蜀亡，老于咸阳。

【赵仙伯】《天地宫府图》卷三六洞天之仙都山（今浙江缙云东），为赵仙伯所治。不详所指。

【赵仙姑】南宋·吴曾《能改斋漫录》卷一八：吕洞宾尝作自传，岳州有石刻云："吾得道年五十，第一度郭上灶，第二度赵仙姑，郭性顽钝，只与追钱延年之法。赵性通灵，随吾左右。"《仙鉴》后集卷六有"赵仙姑"，其出身事迹全同宋时永州何仙姑，特换其姓名籍贯而已。浦江清考其更改之由甚详，见所著《八仙考》。

【赵仙人】《天地宫府图》七十二福地第六十二中条山（在河中府虞乡县，虞乡在今山西永济东），赵仙人治处。

【赵相公】❶见"蒿里相公"条。❷山西临县南有赵相公庙。《(雍正)山西通志》卷一六五："神姓赵氏，宋元丰四年，帅臣孙永因祈祷有应，奏封明灵侯。元符初征西夏，进筑堡寨，有神助，安抚使林希特奏加封明灵公。"又按云："五代时赵莹字符晖，华阴人，事晋高祖为翰林学士承旨，官至中书令，出为晋昌军节度使、开封尹。契丹灭晋，从北行，没于幽州。其子护丧南归经此。后宋将西征，屡有灵应，因立庙祀焉。"❸宋·庞元英《文昌杂录》卷二：石州（今山西吕梁离石区）定胡县有赵相公庙，神每降祸福事，如婴儿状。韩绛知太原府时，有经略司勾当公事张某欲议毁此庙，既至祠，忽自空中飞下一磁碗，至香炉前自碎，飞上张面，血流不已。张惶恐再拜而去。

【赵小哥】南宋人。南宋·洪迈《夷坚乙志》卷一八：道人赵小哥，字进道，绍兴间在秀州（今浙江嘉兴）。状貌短小，能以果实草木治人病，所用物非方书所传，而随手辄愈。喜饮酒，醉后能谈人祸福。后三年来临安，有人自洪州（今江西南昌）来，云赵道人死于洪州，而实在临安无恙也。绍兴三十年死，敛毕，役者见赵现形示谢，众人异之，发其棺，空无一物。

【赵延之】唐时人。明·曹学佺《蜀中广记》卷七五引《重庆志》：赵延之，大历中为巴州（今重庆）令，夷寇掠县境，延之率民兵袭破之，以功授合州刺史，兼渝合资泸经略安抚使。后挈家入茅来山修炼，据土人言，于铜梁县西仙去。一说延之死为壁山神，庙在巴县重壁山，宋时封感烈侯。

【赵应童】明·何乔远《名山藏》卷一〇三《方外记》：自洪武初，已乞食应城，披百结衣，系瓢杖头，悬葫芦，出膏药，人莫知其年。自谓乞食应城，故名应童。邑中叟有九十余者，言幼时见应童貌即如此，至今无异。发黑白无常，冬露坐大雪中，丈余内无雪。应城人远出者，常见应童于襄、荆、岳间，而应童实未尝离应城。于是人呼赵神仙。嘉靖中，遍辞市人，居二日，龙虎山张真人以舟迎之，求长生术。童无一言，居数月，真人怒鞭之，童遽死。出瘗觉棺轻，启视唯一竹杖。《(雍正)湖广通志》卷七四、《(康熙)德安府志》卷一九均作"赵童"。

【赵逸】北魏·杨衒之《洛阳伽蓝记》卷二"城东"：后魏崇义里有杜子休宅。时有隐士赵逸者，云是晋武时人，晋朝旧事，多所记录。正光初来至京师，见子休宅，叹息曰："此是晋朝太康寺也。"时人未之信，问其由，答曰："龙骧将军王浚平吴后，立此寺，本有三层浮图，用砖为之。"指子休园曰："此是故处。"子休掘而验之，果得砖数万，并有石铭云："晋太康六年，仪同三司襄阳侯王浚敬造。"乃服逸言，号为圣人。汝南王闻而异之，因问何所服饵以致延年。逸云："吾不娴养生，自然长寿。郭璞常为吾筮云，寿年五百岁，今始余半。"帝给步挽车一乘，游于市里，所经之处，多说旧迹，三年已后遁去，莫知所在。

【赵用贤】明时人。明·谢肇淛《五杂组》卷一五："人有死而为阎罗王者，如韩擒虎、蔡襄、范仲淹、韩琦等，皆屡见传记。而近日如海瑞、赵用贤、林俊，皆有人于冥间见之。明·姚士麟《见只编》卷中：晋江陈开府镇云南之某年，其夫人某病呕气绝者，逾日始苏。陈泣问何所见，云至一城中，有官府，府旁一舍，坐一官，收摄人押我入见此官，官云："且暂去，新阎罗某日到任，方与偕来。"我问新阎罗为谁，官云："常熟赵侍郎也。"明·钱希言《狯园》卷一一"金碧山神"条亦言"春官侍郎赵用贤，今为第五殿阎罗王，按察人间善恶"。按：赵用贤，字汝师，号定宇。江苏常熟人。自史官疏止张居正夺情，廷杖削籍归，负海内重望。

【赵友钦】元代人。明·王世贞《列仙全传》卷八："字缘督，饶郡（今江西鄱阳）人，为赵宗室。凡遁甲韬钤、天文历算之学无不精究。得张紫琼金丹大道，乃作三教一家之文，名曰《仙佛同源》。己巳之秋（应是元文宗时）寓衡阳，以金丹妙授上阳子陈观吾。"《（康熙）衢州府志》卷二九："一日游芝山，酒肆中遇一丈人，授以丹书，遂隐处海滨二十年，注《易》数万言。常乘青驴往来于衢婺山水间，后飘然坐化于龙游之鸡鸣山。明开国勋臣刘基、宋濂皆从其游。"《（康熙）江西通志》卷四二："死后有于白鹤观见之者。"

【赵昱】宋·王铚《龙城录》："赵昱，字仲明，与兄冕俱隐青城山，事道士李珏。隋炀帝时强起为嘉州（今四川乐山）守。时犍为（乐山南）潭中有老蛟为害，截没舟船无数。昱率甲士千人、州民万人，夹江岸鼓噪，声震天地。昱则持刀入水。俄顷，满江皆红，赵昱手持蛟首跃出江面。州人顶戴，奉若神明。隋末隐去，不知所终。后嘉陵涨溢，蜀人思昱。顷之，见昱于雾中乘白马行于波面。眉山太守以闻，太宗封神勇大将军，庙食灌江口。玄宗幸蜀，加封赤城王。"清·陈怀仁《川主三神合传》云："寿州太守赵昱既斩蛟，州民戴以为神。后数年，嘉陵涨溢。蜀人祷于江岸。俄见云雾中赵昱挥长矛，乘白马，引白犬，从猎者过水面，水尽退。蜀人益德之，造像奉祀，与灌口二郎俨然相肖。赵昱旋辞官，隐于赤城大面山。一日出山谒崇德祠，见二郎雕像，忽自身与像合而为一，

赵遂不复见。人喧传赵昱即李二郎再世，乃合奉为灌口二郎神云。"清·俞樾《茶香室丛钞》卷一五："昱斩蛟时年二十六，又行二，与所谓'二郎神'颇合，岂后人失其传而误以为李冰之子耶?"《三教源流搜神大全》卷三："昱斩蛟时有七人入水佐之，即'七圣'是也。"又言："宋真宗时张咏治蜀乱，曾诣于祠下，乱平，朝廷追尊为'清源妙道真君'。"◆张政烺先生《〈封神演义〉漫谈》："成都青城山自汉以来是道教的圣地，道教徒不能容忍毗沙门天王的二郎独健在这一带割据，遂抬出一个赵昱进行偷换。这个说法起源不晚，但不如李冰次子顺理成章，所以宋仁宗承认后者。赵昱是灌口二郎，流行于民间。宋元明人小说戏曲中没有说灌口二郎是李冰次子的。元明人杂剧《二郎神醉射锁魔镜》《二郎神锁齐天大圣》《灌口二郎斩健蛟》中的二郎神都是赵昱。但是他和哪吒三太子还确保兄弟关系，并未消除毗沙门天王眷属的痕迹。"◆清·杨凤辉《南皋笔记》卷二"石室记"：灌县西南有大面山，每当月夜，山半有丝竹钟鼓声，故世谓之仙山也。为昔时罗真人隐居之所。又隋嘉州太守赵昱与兄冕隐居于此，故亦名赵公山。

赵昱 列仙全传

【赵云容】唐玄宗时杨贵妃之侍儿，为申元之真人赐仙药，死而复生，遂成仙。见"申元之"条。唐·裴铏《传奇》作"张云容"：元和间有薛昭者，为平陆县尉，常慕侠客。有因为母复仇而杀人，昭故纵之，而自黜为民，亡命。遇老人姓田，名山叟，自云己数百岁，示昭往某处，曰："不唯可避难，且得美姝。"昭遵嘱而往，至一古殿，果遇三美人，其一名张云容，与昭结百年之好。云容自言：本为开元中杨贵妃侍儿，多遇明皇与申天师论道，窃听而慕焉。因向天师乞药，天师乃与云容绛雪丹，曰："汝服之，虽死而身不坏。百年之后遇生人交合，可再生而成地仙。"昭因诘申天师相貌，

乃知即田山叟也。于是云容复为生人，与薛昭取古墓中宝器，同归金陵而居焉。此申天师即申元之。

【赵翟】见《仙鉴》卷三四。应即"赵瞿"之误。

【赵真人】《天地宫府图》卷三六洞天之仙都山，为赵真人所治。不详所指。

【赵知微】唐时人。唐·皇甫枚《三水小牍》卷上：九华山道士赵知微，乃皇甫玄真之师，少有凌云之志，入九华，结庐于凤凰岭前，好奇之士多从之。玄真即申弟子礼，殷勤执敬，历十五年。至咸通辛卯岁，来京师，寓于玉芝观之上清院。是岁中秋，自朔淫雨，至于望夕。玄真谓同门生曰："堪惜良宵而值苦雨。"语顷，赵君忽命侍童备酒果，遍召诸生谓曰："能升天柱峰玩月否？"众忧雨正大，及开门，长天廓清，皓月如昼。众人扪萝援藤，及峰之巅，赏玩尽兴，及月落，方归山舍。既各就榻，而凄风飞雨宛然，众方服其奇致。玄真棋格无敌，黄白术复得其要妙，壬辰岁春三月归九华，后亦不更至京洛。

【赵自然】《宋史·方伎传》：赵自然，太平繁昌（今安徽繁昌）人，以鬻茗为业，本名王九。年十三，疾甚，父抱诣青华观，许为道士。后梦一人状貌魁伟，纶巾素袍，鬓发班白，自云姓阴，引之登高山，谓曰："汝有道气，吾将教汝辟谷之法。"乃出青柏枝令啖。及觉，遂不食，神气清爽，每闻火食气即呕，惟生果清泉而已。岁余，复梦向见老人教以篆书数百字，寤悉能记。写以示人，皆不能识。或云："此非篆也，乃道家符箓耳。"太宗召赴阙，亲问之，赐道士服，改名自然，赍钱三十万。月余遣还，住青华观。《（康熙）太平府志》卷三四：自然死后，有人遇于天都道上，以衣履二物寄其母。母视之，乃殡时之物。及发墓，唯存木剑而已。明·王世贞《列仙全传》卷九云其居铜陵县陶村，种杏炼丹。

【赵尊师】《太平广记》卷七九引《野人闲话》：赵尊师者，遂州人，飞符救人疾病，又善役使山魈，令挈书囊席帽，所居前后百里内，无妖怪鬼物为人患者。有民阮琼女，为精怪所惑，每临夜别梳妆，似有所伺，必迎接忻喜，言笑自若。琼乃奔请尊师救解，赵曰："不劳亲去，但将吾符贴于户牖间，自有所验。"乃白绢朱书大符与之。琼贴于户，至一更，闻有巨物中击之声，如冰坠地，遂燃烛照之，乃一巨鼍，宛转在地，逡巡而死，符即不见，女乃醒然自悟，惊骇涕泣。赵慰劳之，又与小符，令女吞之。自后无恙。大符即归于案上。◆

按：此与"赵呆"事相类，疑是一人。参见该条。

【zhe】

【遮须国王】即三国曹植。宋·曾慥《类说》卷三二"洛浦神女感甄赋"条：萧旷弹琴洛水之上，有女子，曰洛浦神女也。旷曰："或闻洛神即甄后，后谢世，陈思王遇其魄于洛滨，为《感甄赋》，改为《洛神赋》，托于宓妃，有之乎？"女曰："有之。妾即甄后也。"旷曰："思王今在何处？"女曰："见为遮须国王。"◆按《十六国春秋》卷一，刘聪有子约，死而复苏，言见其祖元海在不周山，谓约曰："东北有遮须国，无主，待汝父为之。汝父三年当来。"则刘聪死后为遮须国王之说已在前矣。

【折丹】《山海经·大荒东经》：大荒之中，有山名鞠陵于天、东极、离瞀，日月所出。有人名曰折丹。东方曰折，来风曰俊，处东极以出入风。

折丹　山海经图　汪绂本

【折像】《后汉书·方术列传》："字伯式，广汉雒（今四川广汉）人。其先本姓张，因封折侯，故改姓为折。甚有资财，家童八百人。性仁慈，好京氏《易》及黄老言。父死，散家财。自知亡日，召宾客九族饮食，辞诀而终，时年八十四岁。"《云笈七签》卷八五作"折象"，言其"尸解如蛇蜕而去"。又见《仙鉴》卷五，云："少好黄老，师事东平先生。"

【柘湖神】南宋·祝穆《方舆胜览》卷三"柘湖"条："在华亭县（今上海松江）南十里。东汉·赵晔《吴越春秋》：'海盐县沦没为柘湖。'《吴地记》：'秦时有女人入湖为神，今其祠存。'王安石诗'秦女亦何事，能为此湖神。年年赛鸡豚，渔子自知津'，即咏此。"

【柘泽庙神】清·诸联《明斋小识》卷一一："青浦（今属上海）南门外有柘泽庙，祀杨侯。明嘉靖间，倭寇肆掠，村人惶恐，群躲入庙，倭兵追至，忽见神像坐立，惧而逸去。一村感神佑，遂纠社祭赛，至今不废。闻神像塑时，暗藏发机，误踏者像即行动。今因改塑，不得示异矣。"清·董含

《莼乡赘笔》卷上"柘泽神显灵"条亦记其神。按元·邵亨贞《野处集》卷四有《重建柘泽庙疏》，是庙建于元代之前也。参见"杨侯"条。

【zhen】

【贞义女】南宋·俞文豹《吹剑录》：建康之溧阳（今江苏溧阳）有贞义女庙。按图经：女姓史，伍子胥奔吴过此，病困，见女漂，有饭一盂，因乞食焉。女不言而色授之。子胥饭毕，曰："我得志必报汝。"女曰："吾年三十，以母故不嫁，今失色于男子，何以见吾母？"言讫沉水死。子胥自吴还至此，捐千金于水而去。邑人取金立庙，名其水曰金濑。唐李白为之记。宋端平元年，邑宰新其庙。

【针姑】紫姑之属，为闺中之戏，或在七夕，或在正月。南宋·范成大《上元纪吴下节物》诗注："俗传正月百草灵，故扫、苇、针之属皆卜焉，多婢子辈为之。针姑以针卜，伺其尾相属为兆，俗名针姑。"仇德哉《台湾之寺庙与神明（二）》："范成大诗注谓吴俗七夕女子卜巧之神名针姑，而《宋史》所载针姑庙为淫祠，里人奉之甚笃，为唐末曲阜人颜衎任临济令时焚毁（按见《颜衎传》，应为五代后梁时事）。"◆清·俞樾《茶香室四钞》引《江南嘉定县志》云："针姑，以针对穿一线请之，神至则针尾相合。旧说魏文帝美人薛妃针指入神，故后世祀之以乞巧。"

【针神】即"薛灵芸"，见该条。

【真公】汉·东方朔《海内十洲记》：玄洲在北海之中戌亥之地，方七千二百里，去南岸三十六万里，上有太玄都，仙伯真公所治。

【真武】即"玄武"，宋真宗时避讳，改曰真武。有二说，一说为避真宗之讳：按《宋史》《弘简录》，宋真宗生于太祖开宝元年，初名德昌，太宗太平兴国八年，改名玄休，端拱元年，改名玄侃，至道元年，又改名恒。又说为避始祖玄朗之讳，明·刘元卿《贤弈编·附录》：宋有天下，尊崇圣祖，嫌名玄朗，改玄为真。

【真行子】宋·谢守灏《混元圣纪》卷一："夏禹时老子降世，居商山，号真行子。"《仙鉴》卷二："真行子，一号宁真子。禹时降于商山，教以勤俭之道，授禹《九畴书》及《灵宝五符》《治水真文》。"

【真真】《太平广记》卷二八六引五代·于逖《闻奇录》：唐进士赵颜于画工处得一软幛，图一妇人甚丽。颜谓画工曰："世无其人也，如令生，某愿纳为妻。"画工曰："余神画也。此亦有名，曰真真，呼其名百日，即必应之，应即以百家彩灰酒灌之，必活。"颜如其言，果活，下步言笑，饮食如常人。终岁生一子。儿两岁，颜生有友人曰："此妖也，余有神剑，可斩之。"乃遗颜剑。才入室，真真乃泣曰："妾南岳地仙也。君既疑妾，不可住也。"言讫，携子上画中。再睹其幛，惟添一小儿，皆是画焉。

【砧杵精】明·王世贞《艳异编·续集》卷九"古占娘"条：黎阳儒生纪纲，葺旧庐为书舍，前则疏渠引泉，后则高峰入云，纪生读书其间，忘倦。一日读至夜分，忽有女子叩门声，自言为邻家女。已而鸡三唱，女谓纲曰："郎君珍重，明当重来。"纲执意留之，女力奔，纲以被裹而抱之。久之不动，及启视，则一砧杵也。

【甄后】梁·任昉《述异记》卷上：魏文帝甄后陵在邺中临漳（今河北临漳）东北，至今有甄后神。而萧旷遇仙故事，言曹植《洛神赋》为甄后而作，遂传甄后为洛神。参见"遮须国王"条。

【甄栖真】《宋史·方伎传》：甄栖真，字道渊，单州单父（今山东单县）人。博涉经传，长于诗赋。应进士举，一不中第，遂弃其业，读道家书以自乐。初访道于牢山华盖先生，久之出游京师，因入建隆观为道士。周历四方。以药术济人，不取其报。祥符中，寓居晋州，为紫极宫主。年七十有五，遇人，或以为许元阳，授炼形养元之诀。栖真行之二三年，渐反童颜，攀高摄危，轻若飞举。乾兴元年秋，谓其徒曰："此岁之暮，吾当逝矣。"不食一月，与平昔所知叙别，以十二月二日衣纸衣卧砖榻卒。人未之奇也。及岁久，形如生，众始惊，传以为尸解。栖真自号神光子，与隐人海蟾子者以诗往还。论养生秘术，目曰《还金篇》，凡两卷。

【枕精】魏·曹丕《列异传》：阳城县吏王臣家有怪，无故闻拍手相呼，伺无所见。其母夜作倦，就枕寝息。有顷，复闻灶下有呼曰："文约，何以不见？"头下应曰："我见枕，不能往，汝可就我。"至明，乃枕与饭甑，即聚烧之，怪遂绝。刘宋·郭季产《集异记》：中山刘玄居越城。日暮，忽见一着乌袴来取火，面首无七孔。乃请师筮之。师曰："此是家先代时物，久则为魅，杀人。及其未有眼目，可早除之。"刘因执缚，刀断数下，乃变为一枕，乃是祖父时枕。

【阵头大王】《（康熙）西安县志》卷八：西安县

南十里有坑西庙，祀阵头大王，不知其为何神，或言即伪汉陈友谅之神。其神赭面金甲，状狰狞勇猛。每岁旱，祈雨祷之，辄应。凡迎神，不由邑城门，皆城上縆以出入，以友谅之有愤于明太祖也。民国《衢县志》卷四亦载此事，又引《（嘉庆）衢县志》作神武庙，在城南十里铿溪村，祷雨辄应。顺治年间修，嘉庆二年重建。

【震蒙氏之女】北宋·张唐英《蜀梼杌》卷上："时大霖雨，祷于奇相之祠。唐英按古史，震蒙氏之女窃黄帝玄珠，沉江而死，化为此神，今江渎庙是也。"清·俞樾《茶香室四钞》卷二〇："按此则江渎之神为震蒙氏之女也。但震蒙无考，或古之诸侯乎？江渎之神，唐封广源公，宋封广源王，元封广源顺济王，似不应为女子。张氏之说，所未详也。"参见"奇相"条。◆按：《云笈七签》卷一〇〇《轩辕本纪》只云"蒙氏之女奇相氏"，无"震"字。

【zheng】

【征侨】即"正伯侨"。扬雄《甘泉赋》："虽方征侨与偓佺兮，犹仿佛其若梦。"《文选》李善注："征侨，姓征名侨也。"司马相如《大人赋》曰"斯征伯侨"，《汉书》曰"正伯侨"，并同也。

【狰】《山海经·西山经》："章莪之山，无草木，多瑶碧。所为甚怪。有兽焉，其状如赤豹，五尾一角，其音如击石，其名曰狰。"

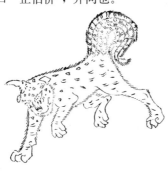

狰　山海经图　胡文焕本

【正伯侨】秦时方士所传与海上仙人通者。《史记·封禅书》："宋无忌、正伯侨、充尚、羡门高最后皆燕人，为方仙道，形解销化，依于鬼神之事。"是本战国时燕方士，后传为神仙。又作"征侨""征伯侨"。

【郑遨】《新五代史》本传：郑遨，字云叟，滑州白马（在今河南）人也。少好学，敏于文辞。唐昭宗时，举进士不中，见天下已乱，入少室山为道士。后遨闻华山有五粒松，脂沦入地，千岁化为药，能去三尸，因徙居华阴，欲求之。与道士李道殷、罗隐之友善，世目以为三高士。遨种田，隐之卖药以自给，道殷有钓鱼术，钩而不饵，又能化石为金，遨尝验其信然，而不之求也。天福四年卒，年七十四。

【郑册】《太平广记》卷四九引唐·皇甫氏《原化记》：温州刺史郑册，好黄老之术，常密为之。因疾，自见女仙三百余人，云："迎公。"乃命设馔，焚香礼拜。其兄及家人皆无所睹。明日天明。又阴官来催曰："员外禄运见终，今请速登驾。"又命酒果祭之，云："员外授职，六月朔视事，至午时当奉迎。"如期而逝，形体柔软，颜色不改。

【郑景世】梁·陶弘景《真诰》卷一四：晋初与张重华同学道于庐江潜山（即天柱山，在今安徽潜山西北），受仙人孟德然口诀，行守五脏含日法，兼服胡麻、玄丹。后飞升。

【郑全福】五代时人。南宋·罗愿《新安志》卷五：浮梁（在今江西景德镇）人。梁开平中，游猎，深入穷谷，有老人导游新安灵岩诸洞。及出，有鹿引上山半坡，遂结茅修炼，为道士。后徙居莲华洞之石室，将游天井，乃求麻为缠，辘轳而下，

郑全福　列仙全传

中极宽广，步至桃花溪，见有老人乘铁船其中，约以三年后复来。至开成九年，年百余岁，语门人曰："必葬我浮梁白水乡。"及卒，弟子舁棺至夕阳岭，觉轻，发棺，唯杖履而已。◆按：开成为唐文宗年号，在后梁开平之前七十年，显然有误。疑开成或为"开宝"之误。而明·王世贞《列仙全传》卷七则径云唐文宗时人新安诸灵洞修炼云云。

【郑山古】五代·孙光宪《北梦琐言·逸文》卷一：伪蜀王先主（王建）时，有军校黄承真就粮于广汉绵竹县（今四川绵竹），遇一叟曰郑山古，谓黄曰："此国于五行中少金气，有'剥金'之号，曰'金炀鬼'。此年蜀宫大火，至甲申、乙酉，则杀人无数。我授汝秘术，诣朝堂陈之，倘行吾教以

襄镇，庶几减于杀伐。然三陈此术，如不允行，则子亦不免，盖泄于阴机也。子能从我乎？"黄亦好奇，乃曰："苟禀至言，死生以之。"乃赍秘文诣蜀。三上不达，乃呕血而死。其大火与乙酉亡国杀戮之事俱验。

【郑思远】即葛洪之师郑隐。《晋书·葛洪传》："葛玄学道得仙，号葛仙翁，以其术传弟子郑隐。葛洪就隐学，悉得其法。"晋·葛洪《抱朴子内篇·遐览》："本大儒士，晚而好道。年八十，先发鬓斑白，数年间颜色丰悦，能引强弩射百步，步行日数百里。九宫

郑思远 列仙全传

三奇、推步天文、河洛谶记，莫不精研。太安元年，知季世之乱，江南将鼎沸，乃负笈持仙药，将入室弟子东投霍山，莫知所在。"唐·段成式《酉阳杂俎·前集》卷一六："仙人郑思远常骑虎。故人许隐牙疼，求虎须，郑为拔之，虎不敢动。"《洞仙传》："少为书生，善律历候纬。晚师于葛玄，受正一法、三皇文、五岳真形图等。入庐江马迹山。每出行，骑虎，二小虎负经书衣药。"宋·潘自牧《记纂渊海》卷八六，言三十六小洞天，第一霍桐山，即郑思远、韩众、许映真人为司命府君所理。又见《仙鉴》卷二四、明·王世贞《列仙全传》卷四，云仙去后为丹阳真人。

【郑天生】梁·陶弘景《真诰》卷一二："邓芝之母，因昔世有仁行，得仙。"按邓芝，南阳人，字伯苗，三国时为蜀车骑将军。

【郑仙姑】❶唐时人。《（雍正）处州府志》卷一三：姐妹二人同心修道，师以谢自然，每静夜焚香求度。后得吕祖丹法，又得叶法善授云腾之法，白日可以凌空，化为仙鹤。❷宋时人。北宋·苏辙《龙川略志》卷一〇：歙州（今安徽歙县）人，其父曰郑八郎，学道者也。仙姑与父居一阁上。客至，父见之于阁下，姑捧茶与汤而下，人未尝见阁

上举火也。父死不葬，曰："吾父非死也。"仙姑初不出郭门，而有见之于百里外者。苏辙为绩溪令，时仙姑年已八十，尚处子。其后不知所终。❸南宋·周密《癸辛杂识》前集：瑞州高安县旌义乡郑千里有女定二娘，千里疾甚，二娘刲股和药，疾遂瘥。次年，女出汲，井中云涌于地，不觉乘空而去。人有见若紫云接引而升者。于是乡保闻之县，县闻于州，立庙旌表，名仙姑祠，祷祈辄应，远近翕然趋之，作会达数千人。县宰洪某疑其事，密访之，盖郑二娘已定姻而与人有奸而孕，其父丑之，辗转售于他县为婢，而以成仙事掩之。周密评云："昌黎《谢自然》《华山女》诗，盖亦可见。然则世俗所谓仙姑者，岂皆此类也耶？"

【郑相如】唐时人。唐·戴孚《广异记》：郑虔工诗嗜酒，名籍甚著，门庭车马，无非才俊。有郑相如者，沧州（今河北沧州东南）人，应进士举入京，闻虔重名，以宗姓因谒，虔因之叙叔侄，见其潦倒，未甚敬之。后数日谒，虔问其艺业，相如笑曰："相如若在孔门，当处四科，犹居游、夏之右。若叔在孔门，不得列为四科。今生不遇时而应此常调，但销声晦迹而已。"虔闻之甚惊，请穷其说。相如曰："国家至开元三十年，当改年号，后十五年，当有难。天下至此，兵革兴焉，贼臣篡位。当此时，叔应授伪官，列在朝省，仍为其累。愿守臣节，可以免焉。此后苍生涂炭未已。相如今年进士及第，五选得授衢州信安尉，至三考，死于衢州。官禄如此，不可强致也。"后其言俱验。

【郑摇铃】宋时人。南宋·郭彖《睽车志》卷二：京师有道人，姓郑，持一铜铃，终日摇鸣，阛阓间丐钱为食，用余则分惠贫者，号为"郑摇铃"。宣和末，忽南来扬州，摇铃丐钱如故。一日谓主人曰："吾将死，愿以随身衣物置棺中而焚之。"已而果死，主人如其言，舁棺出城，觉渐轻，复闻铃声如在数十步外，铃声愈远而棺愈轻。至焚所启视，唯一竹杖而已。

【郑野严】《（雍正）山西通志》卷一五九：元时沁水人。通天文历数地理。隐历山，遇异人授左慈术。卧冰雪不僵。县令召之，强试其术。乃索一瓶，侧身入，不出。人击瓶碎之，了无所见。明洪武初，有人遇于襄邓山中，疾行如飞。

【郑夷甫】北宋时人。北宋·沈括《梦溪笔谈》卷二〇：吴人郑夷甫，少年登科，有美才。嘉祐中监高邮军税务。尝遇一术士，能推人死期，无不验者。令推其命，不过三十五岁。忧伤感叹，殆不可

堪。人有劝其读《老》《庄》以自广。久之，润州（今江苏镇江）金山有一僧，端坐与人谈笑间，遂化去。夷甫闻之，喟然叹息曰："既不得寿，得如此僧，复何憾哉！"乃从佛者授《首楞严经》，往还吴中。岁余，忽有所见，曰："生死之理。我知之矣。"遂释然放怀，无复芥蒂。后调封州判官，预知死日，先期作书与交游亲戚叙诀。至期，沐浴更衣，至舍外小园亭中，亲督人洒扫及焚香。挥手指画之间，屹然立化。

【郑隐】即"郑思远"，详见该条。

【郑雉正】梁·陶弘景《真诰》卷一三：京兆孟君入室弟子，成仙后为保命丞。保命有四丞，乐长治主灾害，郑雉正主考注，唐公房主生死，赵威伯主仙籍并记学道者。◆按：疑与"郑子真"为一人而误出者，音相近也。

【郑子卿】南宋·王明清《投辖录》：林灵素得幸后，凡有艺能之士皆掩抑不以闻于上。忽有青年道人自江南来，愿供洒扫之役。会禁中设醮，诸道士写青词皆不如意，年青道士信笔为之，即端谨精密，前所未见。灵素惊其能而心忌之，百般阻挠不令见徽宗。一日徽宗至灵素第，言及黄白术，叹息未遇其人。上既去，道士告灵素曰："某实有此术。"遂以药点铜香炉，即成黄金。灵素大骇，知为神仙，延之上座。少选，其人竟不见。数日后，徽宗再幸灵素第，忽仰视见三清阁牌上有金书小字两行，字细小，而牌出飞檐之外，非人所能到。乃令人缚梯往观，字云："郑子卿居此两月，不得见上而去。"上即问其事，灵素不能隐，即言之。自此灵素宠衰。

【郑子真】梁·陶弘景《真诰》卷一〇："子真为郑玄之孙，今在阳濯山。"《天地宫府图》："三十六小洞天之北岳常山为真人郑子真治所。"按：晋·常璩《华阳国志》卷一〇下："郑子真，褒中人。玄静守道，履至德之行。汉成帝元舅大将军王凤备礼聘之，不应。家谷口，世号谷口子。真亡，汉中与立祠。无修仙事。"又：郑玄，东汉末人，成帝则在西汉，是子真无由为郑玄之孙，《真诰》大误。◆明·彭大翼《山堂肆考》卷二六："兴元府褒城县（今陕西汉中北）西北有箕谷，一名道人谷。汉成帝时郑子真耕于谷口，又曰郑谷。"

【zhi】

【支提国】东汉·郭宪《洞冥记》卷二：太初四年，朔从支提国来。国人长三丈二尺，三手三足各三指，多力善走，国内小山能移之，有涧泉饮能尽。结海苔为衣。其戏笑取犀象相投掷以为乐。

【知女】唐·释道世《法苑珠林》卷五八引《白泽图》："百岁狼化为人女，名曰知女，状如美女，坐道傍告丈夫曰：'我无父母兄弟。'若丈夫取为妻，经年而食人。""知女"，明·方以智《通雅》卷二一引作"知"。明·谈迁《枣林杂俎·和集》"藏经志怪"条引作"智女"。

【织女】天上有星名"织女"，《开元占经》卷六五引《黄帝》曰："织女主丝帛五采之府，大星后两小星。三星齐明，天下和平，丝绵彩帛贱。星若不明，主后有忧，丝绵缯帛贵。"世人将其人格化。晋·张华《博物志》卷一〇："旧说天河与海通。近世有人居海滨，年年八月有浮槎去来不失期，此人即赍粮乘槎而去。十余日中犹观星月日辰，自后芒芒忽忽，不觉昼夜。至一处，有城郭屋舍，遥望宫中多织妇，一丈夫牵牛饮于渚次，乃惊问此为何处。答曰：'君还至蜀郡（今四川成都）访严君平则知之。'因还。后至蜀问君平。君平曰：'某年月日有客星犯牵牛宿。'计年月正是此人到天河时也。"于是而有众多织女下嫁神话，最有名者自是牛郎织女故事。然织女非止一人，干宝《搜神记》中"董永"故事，下凡者亦为织女。《太平广记》卷六五"姚氏三子"条引五代·杜光庭《神仙感遇传》："织女、婺女、须女星皆无光，是三女星降下人间。"同书卷六八"郭翰"条引《灵怪集》，竟言织女到人间偷情，自荐曰："吾天上织女也。久无主对，而佳期阻旷，幽态盈怀。上帝赐命游人间，仰慕清风，愿托神契。"又人间妇女，于七夕牛女相会时，有"乞巧"之戏，是以织女为"巧神"也。《太平广记》卷三八七"采娘"条引《史遗》："郑

织女　百美新咏图传

氏女年十六，名采娘。七夕夜，陈香筵，祈于织女。是夜，梦云舆羽盖蔽空，驻车命采娘曰：'吾织女，汝求何福？'曰：'愿工巧耳。'乃遗一金针，长寸余，缀于纸上，置裙带中。令三日勿语，汝当奇巧。"于是后世又有以织女为织机之神者，参见"机神"条。

【织女四哥】《太乙三山木郎祈雨神咒》"织女四哥心公忠"注：在雷府，乃霹雳大仙，其心公忠，为民祈雨。◆按："四哥"或作"四歌"。

【祇支国】晋·王嘉《拾遗记》卷一："尧时有祇支国献重明之鸟。"见"重明鸟"条。东汉·郭宪《洞冥记》卷二有郅支国，即此。

【值日功曹】道教天神名，以一年之三百六十日，各由一神将值守，监视人间鬼神杂事。又有一月三十天各有二"日值神"者，如初一为王文卿、虎贲将，初二为张伸卿、司马卿之类，似即以六十甲子神分为三十日者。

【植柱庙神】《（弘治）八闽通志》卷五八：庙在长乐县南八都，亦名显应庙。开元中，有神降于察山之阴，乘大木溯流而上，渔者林生负之趋下，复溯而至，如是者三，心异之，取置石室下，远视之若植柱，遂以名庙。尝有洪氏女浣纱，见水中浮若银卮者，褰裳探之，为蛟所吞。其家诉于神，不终日，雷雨暴作，剐蛟于水滨，得女尸于蛟腹中。洪氏刻所取木为像祠焉。

【纸神】宛委山堂本《说郛》卷三一下引《致虚杂俎》：纸神曰尚卿。

【志公】见"宝志禅师"条。

【志言】《宋史·方伎传》：僧志言，自言姓许，寿春人。落发东京景德寺，事清璨。动止轩昂，语笑无度，多行市里，褰裳疾趋，举指书空，伫立良久；时从屠酤游，饮啖无所择。众以为狂，璨独曰："此异人也。"人有欲为斋施，辄先知其至，不俟款门，指名取供。仁宗每延入禁中，径登坐结跏，饭毕遽出，未尝揖也。王公士庶召即赴，然莫与交一言者。或阴卜休咎，书纸挥翰甚疾，字体遒壮，初不可晓，其后多验。仁宗春秋渐高，嗣未立，默遣内侍至言所。言所书有"十三郎"字，人莫测何谓。后英宗以濮王第十三子入继，众始悟。与曹州士赵棠善，后棠弃官隐居番禺。人传棠与言数以偈颂相寄，万里间辄数日而达。言将死，作颂，不可晓。已而曰："我从古始成就，逃多国土，今南国矣。"仁宗遣内侍以真身塑像置寺中，榜曰显化禅师。

【郅支国】东汉·郭宪《洞冥记》卷二：汉武帝元鼎五年，郅支国贡马肝石。国人长四尺，惟饵此石而已。按：当即"祇支国"。

【智积菩萨】南宋·龚明之《中吴纪闻》卷一"智积菩萨"：苏州灵岩寺，乃智积开山之地。智积当东晋末，自西土来此，创立伽蓝。泗州僧伽，持钵江南，至常之无锡，闻智积在苏，即回曰："彼处已有人矣。"由此名遂显。有一贫妪慕其行，尝持角黍为献。智积受之，妪因得度。至今上巳日，号智积诞日，聚数十百妪为角黍会。明·王鏊《姑苏志》卷五八：梁天监中，灵岩山初造寺，有异僧负钵而入，长身鬶面，相貌古苍。众莫之省。逾三日，以墨自图其形于殿东北壁，黎明不知所在，众始惊异。无何，有僧人顾其画愕曰："此西土智积菩萨像也，何为在此！"于是道俗趋来观拜，知师出世。

【智琼神女】即"成公知琼"。见该条。

【枳首蛇】《尔雅·释地》："中有枳首蛇焉，此四方中国之异气也。"郭璞注："岐头蛇也。或曰：今江东呼两头蛇为越王约发，亦名弩弦。"宋·罗愿《尔雅翼》卷三二："枳首者，岐头，盖两头也。大如指，一头无目无口，然两头俱能行。一名越王蛇，亦名越王约发，亦名越王弩弦。旧云见之令人不利，然孙叔敖杀而埋之，亦无他，此未可信也。"或作"轵首蛇"。

彘 山海经图 汪绂本

彘身神 山海经图 汪绂本

【彘】《山海经·南山经》："浮玉之山。有兽焉，其状如虎而牛尾，其音如吠犬，其名曰彘，是食人。"一说即长彘。清·吴任臣《广注》引《事物绀珠》曰："长彘出湖州浮玉山，如猴四耳，虎身牛尾，声如犬吠。"即斯兽也。

彘身人首神 山海经图 汪绂本

【彘身神】《山海经·北山经》：自太行之山以至于无逢之山，凡四十六山，万二千三百五十里。其十四神状皆彘身而载玉。其十神状皆彘身而八足蛇尾。

【彘身人首神】《山海经·中山经》："凡荆山之首自翼望之山至于几山，凡四十八山，三千七百三十二里，其神状皆彘身人首。"

【zhong】

【中候王夫人】梁·陶弘景《真诰》卷三、《云笈七签》卷九七：名观香，字众爱，周灵王之女，王子晋（即王子乔）之妹。灵王有子女三十八人，五男二女得道。观香受子乔飞解脱网之道，得入缑氏山中。后与子乔入陆浑，积三十九年而道成，为紫清宫内传妃领东宫中候真夫人。晋兴宁三年，与裴清灵真人、王桐柏真人、昭灵李夫人、南岳魏夫人同降于杨羲家。

【中皇丈人】明·曹学佺《蜀中广记》卷七一引《先天本纪》：黄帝南至青城山，礼中皇丈人，问真一之道。丈人曰："子既居有海内，复求长生，不亦贪乎？"频相反复而后授道。

【中黄真人】《云笈七签》卷三《天尊老君名号历劫经略》："黄帝于鼎湖山白日升天，登太极，官号曰中黄真人。"按南宋·陆游《老学庵笔记》卷九记徽宗用林灵素说，于神霄宫祀长生大帝君等神，其中有中黄大帝君。不知与中黄真人有关否。◆《云笈七签》卷一三有《太清中黄真经》，云九仙君撰，中黄真人注。

【中霤】古时五祀中有中霤之祀。《礼记·王制》"大夫祭五祀"，谓司命、中霤、门、行、厉也。而东汉·班固《白虎通义》卷二云："五祀者，何谓也？门、户、井、灶、中霤。所以祭何？人之所处出入，所饮食，故为神而祭之。"《太平御览》卷五二九引郑氏驳《五经异义》云："王为群姓立七祀。一曰司命，主督察三命也。二曰中霤，主堂室居处也。三曰门，四曰户，主出入。五曰国行，主道路。六曰大厉，主杀。七曰灶，主饮食。"南宋·何薳《春渚纪闻》卷二："中霤之神，实司一家之事，而阴佑于人者。余少时过林棣赵倅家，见其庄仆陈青者睡中多为阴府驱令，放摄死者魂，云：每奉符至追者之门，则中霤之神先收讯问，不许擅入，青乃出符示之，审验反复得实，而后鋻蘁而入，青于门外呼死者姓名，则其神魂已随青往矣。其或有官品崇高之人，则自有阴官迎取，青止随从而已。"此条又言："中霤神乃一白髯老人，居于中霤。"又言："东州人刘安行每遇啜茶，必先酬中霤

神而后饮。一夕忽梦一老人告之曰：'主人禄命告终，阴符已下而少迟之，幸速处置后事，明日午时不可逾也。'"◆参见顾颉刚《史林杂识初编·中霤》。

【中水府】洋子江三水府之一，在采石（今安徽当涂）。宋·张耒《明道杂志》记采石中水府有韩幹画马一幅，盖摹本也，而人皆以为真。张唐公罢太平上守，过祠下，见之不能舍，乃令画工模易取去，以模者纳庙中，及行，他舟皆发，独载画一舟引之不动，其势自沉。张公大恐，还旧本，舟乃安。由此言之，非独唐公之鉴未精，虽庙神亦误也。◆又名"定江神"，见该条。

【中坛元帅】仇德哉《台湾之寺庙与神明（四）》："即哪吒三太子。在台湾又有太子元帅、太子爷、李罗车、罗车公、大罗仙、金康元帅、金环元帅等称。"见"哪吒"条。沈平山《中国神明概论》第五章："台湾有很多村落奉有中坛元帅，俗称太子爷，作为村中的保护神。地方如生瘟疫，即祭拜中坛元帅及土地、城隍、炳灵公、五营将，驱除疫疠。"

【中堂神王】❶清·姚福均《铸鼎余闻》卷四引宋·洪迈《夷坚支志·景集》卷九"李三妻"条，有"吾为中堂神王，汝家从来香火严洁"之语，以为即五祀之中霤神。**❷**地方神祠。《夷坚支志·丁集》卷一〇"李梦旦兄弟"条："饶州学生李梦旦尽室病疫，唯其弟梦说得免。先是，旦卧病虽剧，然五日即愈。梦中见神人相与言：'梦说亦合有五日病，但见他若不安，此家事无人掌管，如何？'即见傍一人云：'何不教渠兄替？'神曰：'可。'便觉遍体大热，其病如初。经四日，梦中具状告神祇，乞免余日。恍若中堂。中堂者，蠙州门向庙也。"又《夷坚支志·丁集》卷一〇"江友扫庙"条："鄱阳市人江友，以庸力自给，一生不娶妻。老而强健，负担不衰。淳熙十六年，正年八十，始舍去故业。捐身为中堂奴，供扫洒事。"此二中堂皆地方神祠，非中霤。

【中央黄老君】道教五老之一。与东方青灵始老君、南方丹灵真老君、西方皓灵皇老君、北方五灵玄老君并列。《云笈七签》卷一〇一《洞真九真中经》："中央黄老君，为太上太微天帝君之弟子。生于混皇二年，七岁知长生之要、天仙大法。于是太微天帝君授以九真之诀，为太极真人。"又《云笈七签》卷一〇六："紫阳真人周义山朝拜洞房，中央黄老君处其中，无英君处其左，白元君处其右。"

又云："中央黄老君是太极四真王之师老，上摄九天，中游昆仑。求仙学道者，若见白元君，得寿三千岁，见无英君，得寿万岁，若见中央黄老君，寿与天齐。"《太平御览》卷六六七引《峤峒经》："周君少遇中央黄老君游丹城，乞长生度世之道，授以上真之道。"

中央黄老君 北京白云观

【中岳】按《五岳名号》："中岳黄元大光合德真君，又云中岳嵩高山，是寇真人得道之处，女几、少室二山为副。岳神姓恽，讳禜，主世界土地山川陵谷，兼牛羊食稻。"《云笈七签》卷七九《五岳真形图序》："中岳嵩高君，领仙官玉女姑万人，道士入其中岳所部，名灵皆来迎拜。太

五岳 中岳中天崇圣帝

上常用有德望者以居之。"余见"五岳"条。◆嵩山虽为五岳之中，但其地位却远不如其它五方神中的中黄重要，但它也曾显赫一时，那就是唐武则天时期。《旧唐书·礼仪志三》："则天证圣元年，将有事于嵩山，先遣使致祭以祈福助，下制，号嵩山为神岳，尊嵩山神为天中王，夫人为灵妃。嵩山旧有夏启及启母、少室阿姨神庙，咸令预祈祭。至天册万岁二年腊月甲申，亲行登封之礼。礼毕，便大

赦，改元万岁登封，改嵩阳县为登封县，阳成县为告成县。粤三日丁亥，禅于少室山（在嵩山）。又二日己丑，御朝觐坛朝群臣，咸如乾封之仪。则天以封禅日为嵩岳神祇所佑，遂尊神岳天中王为神岳天中皇帝，灵妃为天中皇后，夏后启为齐圣皇帝；封启母神为玉京太后，少室阿姨神为金阙夫人；王子晋为升仙太子，别为立庙。登封坛南有槲树，大赦日于其杪置金鸡树。则天自制《升中述志碑》，树于坛之丙地。"五岳之封王，以中岳为最早，西岳、东岳封王乃在玄宗时。而五岳封帝，乃在北宋，唯独中岳在则天时封为"皇帝"，并行封禅礼（帝号旋即被撤）。中岳之"异数"，自与当时政治有关。盖高宗已于乾封间封东岳，东岳似已成唐室本命，则天称帝，遂封中岳以厌东岳。至玄宗登基，又把西岳地位抬高，压住中岳，亦同此意。

【中岳真人】中岳真人见于本编者有王仲甫、王玄甫、邓伯元、高丘子、苏林。参见各条。

【忠洁侯】即屈原。宋·张舜民《郴行录》："汨罗江洲上有忠洁侯庙，即三闾大夫也。"北宋·朱彧《萍洲可谈》卷二："忠洁侯者，屈原也。大观间议开直河，省洞庭迁险，使者沈延嗣总其事，其属官卢某过湖溺死。或传傍舟见鬼物出波间，云：'吾血食此，若由直河，则将安仰？'余以为忠洁侯当无此言。"

【忠靖公】即温元帅温琼。明·宋濂有《温忠靖公庙碑》："王姓温名琼字永清云。"见"温元帅"条。

【忠靖王】一说为"张抃"，一说为"温琼"，各见该条。又有姓张之"东平忠靖王"，据元·卢镇《琴川志》为唐开元间人，淮阴张有严之子，名俫。宋时封东平忠靖王。至明时毁淫祠，遂冒以张巡之名。按传说，三忠靖王均为东岳辅神。

【忠孝鬼】明·王圻《稗史汇编》卷一三三：义门郑氏有天神主之，每祭必于中夜，家长率子姓男女以次序列。神尝现形云："吾天地间忠孝鬼，昔主江州陈氏，今奉帝命为汝家依表，毋得为非义以取祸。"言讫而隐。郑氏建神光阁奉安，其所以累叶同居者，神有助焉。

【忠孝节义判官】南宋·洪迈《夷坚丙志》卷一四：杨纬为广州观察推官，死于官。一日其侄忽见纬乘马从徒而来，自云："吾今为忠孝节义判官，所主人间忠臣孝子、义夫节妇事也。"

【终南山翁】见"陈季卿"条。

【钟精】《太平广记》卷三六八"清江郡叟"条引《宣室志》：唐开元中，清江郡叟牧牛于郡南田间，

忽闻有异声自地中发。自是叟病热且甚，仅旬余，病少愈，梦一丈夫，衣青襦，谓叟曰："迁我于开元观。"叟惊寤，然不知其旨。后数日，又适野，复闻之。即以其事白于郡守。守怒叱遣之。是夕，叟又梦衣青襦者告曰："汝速出我，不然得疾。"叟大惧，与其子往郡南凿其地，约丈余，得一钟，色青，乃向所梦丈夫色衣也。遂再白于郡守。置于开元观。是日辰时，钟不击忽自鸣，声极震响，清江之人俱异而惊叹。

【锺进明】元·佚名《湖海新闻夷坚续志·后集》卷一：凤翔（今陕西凤翔）人。慕道，遇道人，自云姓裴名郭生，授以一钱，命其救人。时街坊有患热渴瘟疫者，进明将此钱投净水中浸之，虔祷真君降气于水中，沿门散施，病者服之即愈。进明遂弃家远游，一日无病而逝。后祈祷甚灵，宋朝廷赐报慈庙额，封安道善寂仙君。

【锺馗】北宋·沈括《补笔谈》卷三："禁中有吴道子画锺馗，其卷首有唐人题记曰：'明皇开元讲武骊山，岁翠华还宫，上不怿，因店作，将逾月，巫医殚伎，不能致良。忽一夕，梦二鬼，一大一小，其小者衣绛犊鼻，屦一足，跣一足，悬一屦，搢一大筠纸扇，窃太真紫香囊及上玉笛，绕殿而奔。其大者戴帽，衣蓝裳，袒一臂，鞹双足，乃捉其

锺馗　民间神像

小者，刳其目，然后擘而啖之。上问大者："尔何人也？"奏云："臣锺馗氏，即武举不捷之进士也。誓与陛下除天下之妖孽。"梦觉，店若顿瘳，而体益壮。乃诏画工吴道子，告之以梦曰："试为朕如梦图之。"道子奉旨，恍若有睹，立笔图讫以进。上瞠视久之，抚几曰："是卿与朕同梦耳，何肖若此哉！"上大悦，劳之百金。批曰："灵祇应梦，厥疾全瘳。烈士除妖，实须称奖。因图异状，颁显有司。岁暮驱除，可宜遍识，以祛邪魅，益静妖氛。

仍告天下，悉令知委。"熙宁五年，上令画工摹拓镂板，印赐两府辅臣各一本。是岁除夜，遣入内供奉官梁楷就东西府给赐锺馗之象。'观此题记，似始于开元时。皇祐中，金陵上元县发一冢，有石志，乃宋征西将军宗悫母郑夫人墓。夫人汉大司农郑众女也。悫有妹名锺馗。后魏有李锺馗，隋将乔锺馗、杨锺馗。然则'锺馗'之名，从来亦远矣，非起于开元之时。开元之时，始有此画耳。"南宋·叶梦得《石林燕语》卷五："元丰元年除日，神宗禁中忽得吴道子画锺馗像，因使镂版赐二府。"南宋·吴自牧《梦粱录》卷六："十二月，岁旦在迩，街市有贫丐者三五人为一队，装神鬼、判官、锺馗、小妹等形，敲锣击鼓，沿门乞钱，俗呼为'打夜胡'，亦驱傩之意也。"◆锺馗辟鬼非起于明皇，其说始于沈括，自明胡应麟氏之后屡有人辨之，而以明·顾炎武《日知录》卷三一"终葵"条及清·赵翼《陔余丛考》卷三五"锺馗"条最详。赵翼云："顾宁人谓：'世所传锺馗，乃终葵之讹。'其说本于杨用修、郎仁宝二人。仁宝《七修类藁》云：'《宣和画谱·释道门》，载六朝古碣得于墟墓间者，上有锺馗二字，则非唐人可知。《北史》：魏尧暄本名锺葵，字辟邪。意葵字传讹，而捉鬼之说起于此也。'用修《丹铅总录》云，'唐人戏作《锺馗传》，虚构其事，如毛颖、陶泓之类也。盖因尧锺葵字辟邪，遂附会画锺葵于门，以为辟邪之具。又宗悫妹名锺葵，后世因又有锺馗嫁妹图，但葵、馗二字异耳。'用修之说，较仁宝更详。则锺馗由尧终葵字辟邪之讹，固属有因，而大圭之终葵，何以转为人名之终葵，则未见之义。顾宁人乃引马融《广成颂》'挥终葵，扬玉斧'，谓古人以椎逐鬼，如大傩之执戈扬盾，此说近之。盖终葵本以逐鬼，后世以其有辟邪之用，遂取为人名。流传既久，则又忘其为辟邪之物，而意其为逐鬼之人，乃附会为真有是食鬼之姓锺名馗者耳。"◆顾颉刚《羿的故事》以为羿死而为宗布，可能是较早的锺馗神。王正书《锺馗考实》以为锺馗始源于上古神话之重黎即重回，亦即商代之仲虺。而终葵之物为上古巫师之装束，故商代巫师之族为终葵氏，至周则为方相氏。故仲虺、终葵氏和方相氏都是锺馗的原型。见《中国民间文化—民间仪俗文化研究》一书。◆民间传说又有"锺馗嫁妹"故事，清·俞樾《茶香室三钞》卷二〇："明文震亨《长物志》云：'悬画月令，十二月宜锺馗迎福，驱魅嫁魅。'按此知世传锺馗嫁妹，乃嫁魅之讹。赵瓯北《陔余丛考》云，

宗悫妹名锺葵，后世因有锺馗嫁妹图，此说恐非。"◆台湾地区又称锺馗为伏魔公、伏魔爷。见仇德哉《台湾之寺庙与神明（四）》。

【锺离大王】五代·杜光庭《录异记》卷四：遂州（今四川遂宁）东岸唐村云：古有一人，宽衣大袖，著古衣冠，立于道左，与村人语曰："我锺离大王也。旧有庙在下游十余里，因水摧坏，今形像溯流而上，即将至矣。汝可于此为我立庙。"村人诣江视之，得一木人长数尺，遂于所见处立庙，号"唐村神"。至今水旱祷祈无不征验。或云：初见时似道流形。

【锺离嘉】为"西山十二真君"之一。南宋·白玉蟾《修真十书·玉隆集》：字公阳，南昌人。许真君次姐之子（一说为妹之子），真君喜其有道资，乃教以神方。后同日冲举。宋政和二年封普惠真人。

【锺离简】《仙鉴》卷二〇：后汉人，为郎中，与弟锺离权俱入华山三峰，得道升天。

【锺离权】《仙鉴》卷三一综述诸仙传所载云："真人姓锺离名权，后改名觉，字寂道，号和谷子，一号正阳子，又号云房先生，燕台人也（一云京北咸阳人，曾祖讳朴，祖讳守道，父讳源，皆汉代著名）。生时异光数丈，状若烈火。真人之相，顶圆额广，耳厚肩长，目深鼻耸，口方颊大，唇脸如丹，乳远臂垂，如三岁儿，昼夜不哭不食，第七日跃而有声曰：'身游紫府，名书玉京。'（一云：少攻文学，仕汉至谏议大夫，因表李坚边事，谪官江南，汉祚既终，历魏

锺离权 明·赵麒

仕晋）及壮，仕晋为大将，统兵出战西北土蕃。两军交锋，忽天大雷电，风雨晦暝，人不相睹，两军不战自溃。（一云：晋武帝时，命与偏将军周处攻征失利。）真人独骑奔逃山谷，迷失道路，乃遇一胡僧，蓬头拂额，体挂草结之衣，引行数里，到一村庄，曰：'此东华先生成道之所。'揖别而退。（一云：'此紫府少阳帝君所居也。'）良久，庄中一老人出，曰：'来者非大将军锺离权否？'真人闻而大惊，不觉回心向道，哀求度世之方。于是老人授以长生诀，真诀、赤符玉篆金科灵文、金丹火候、青龙剑法，嘱之勤行。真人告辞出门，回顾庄居，不见其处，自是领悟玄旨。一云：自知凤有仙骨，故摆脱世故，冀绍仙果。首遇上仙王玄甫，得长生再遇华阳真人，传太乙刀圭火符内丹，洞晓玄玄之道。一云：昔轩辕黄帝得金丹秘诀，以玉匣藏于寿春县东紫金山悬钟洞。真人得遇师传之后，复游云水，至鲁，居邹城，入崆峒，于紫金四皓峰居之。遇仙人引入洞，获玉匣秘诀，至德内全，遂终妙道（《全真传》云：真人生于汉代四月十五日，于晋朝五月二十日下升，不记何年）。"按：此言其得道之由，而锺吕关系始见于《宣和书谱》卷一九："神仙锺离先生，名权，不知何时人。间出接物，自谓生于汉。吕洞宾于先生执弟子礼，有问答语及诗成集。状其貌者，作伟岸丈夫，或峨冠绀衣，或虬髯蓬鬓，不冠巾而顶双髻。文身跣足，颀然而立，睥睨物表，真是眼高四海而游方之外者。自称'天下都散汉'，又称'散人。'"◆按：锺离权，似史有其人，然亦甚恍惚，《宋史·陈抟传》："陈尧咨谒抟，有髭髯道人先在坐。尧咨私问抟。抟曰：'锺离子也。'"此虽未言名字，但其'髭髯'却成为锺离权之形象特征。如南宋·洪迈《夷坚志补》卷一二"新乡酒务道人"条记锺离权为人治病事，"其丫髻美髯，喜饮酒。"又北宋·蔡絛《铁围山丛谈》卷五言王老志，往来市间，常遇一乞丐，辄施以钱。一旦乞丐自言为"锺离生"，因授以丹。此则似是而非，或出于老志自言，不足为据。然即使实有其人，亦当为北宋仁宗之前人。而诸说以为汉人者，学者考为杜甫元日诗"近闻韦氏妹，远在汉锺离"流传之误，另秦汉间项羽将有锺离昧者，亦因缘而误之由。或说因锺离权尝自称"天下都散汉"，后人遂以"汉"字属下，讹为"汉锺离"。亦可通。◆五代·孙光宪《北梦琐言》卷一〇载有一人，姓锺，其名忘记，书称"锺大夫"，唐末时为"广南节度使下元随军"，晚年流落，旅

寓陵州（今四川仁寿），自云曾在湘潭岳麓寺，服僧人所合知命丹。锺面色红润，强饮啖，后不知所终。按：此人或为与陈抟所游之"锺离子"。而其曾为军人，游于湖湘，亦似与"八仙"之汉锺离有所牵扯。姑记于此。

【锺三郎】清·纪昀《阅微草堂笔记》卷四：百工技艺，各祠一神为祖。长随所祀曰钟三郎，闭门夜奠，讳之甚深，竟不知为何神。曲阜颜介子曰："必'中山狼'之转音也。"关于长随，同书卷七有一则可作"中山狼"注解：州县官长随，姓名籍贯皆无一定，盖预防奸赃败露，使无可踪迹追捕也。石窗陈公有一长随，自称山东朱文；后再见于高淳令梁公涧堂家，则自称河南李定。梁公颇倚任之。临启程时，此人忽得异疾，其疾自两足趾寸寸溃腐，以渐而上，至胸膈穿漏而死。死后检其囊箧，有小册作蝇头字，记所阅凡十七官，每官皆疏其阴事，详载某时某地，某人与闻，某人旁睹，以及往来书札，谳断案牍，无一不备录。其同类有知之者，曰："是尝挟制数官矣。其妻亦某官之侍婢，盗之窃逃，留一函于几上，官竟弗敢追也。"

【锺士贵】五瘟使者之一。《三教源流搜神大全》卷四："五方力士，在天为五鬼，在地为五瘟：春瘟张元伯、夏瘟刘元达、秋瘟赵公明、冬瘟锺士贵、总管中瘟史文业。"按：似为"锺士季"（锺会）之讹。

【锺士季】晋·干宝《搜神记》卷五："初有妖书云：'上帝以三将军赵公明、锺士季，各督数鬼下取人。'"又作"锺仕季"，西晋·王纂《太上洞渊神咒经》卷一一："又有刘元达、张元伯、赵公明、李公仲、史文业、锺仕季、少都符将五伤鬼精二十五万人，行瘟疫病。"按：此锺士季，即魏、晋间之"锺会"。

【锺万五】《（雍正）湖广通志》卷七五、《（康熙）辰州府志》卷六：明时辰溪（今湖南辰溪）人。为道士，人无知其异者。后有异僧过门，见其在园中锄菜，足离地尺许，与人言："此子成仙道已久。"章朝元言：上帝署万五为北极驱邪院普济真君。

【锺髶髻】明·陆粲《说听》卷上：乾州人，隐于终南山，有遁法。都御史张泰欲受其术，不从，乃遣还。时大雨，锺径冲雨而出，倏忽不见。至其家，室门尚扃，而锺已在内，了无沾濡。与诸生共行至乾陵，诸生戏请其术，谢无有，因强之，握土一块，遂不见。诸生至城门，则见锺卧其下，曰："君辈何来迟也？吾寝二觉矣。"

【种茴香道人】南宋·洪迈《夷坚丙志》卷一五"种茴香道人"条：宋徽宗政和末，林灵素讲于宝箓宫，道俗会者数千人，皆擎跽致敬。独一道人瞑目前立。林叱曰："汝有何能？"答曰："无所能。"林曰："既无所能，何以在此？"答曰："君无所不能，亦何以在此？"徽宗听而异之，宣问实有何能，对曰："臣能生养万物。"即命下道院取可以布种者，得茴香一掬以付之，俾二卫监视，种于艮岳之趾。及三鼓，失所在。明日视茴香蔚然成丛。

【种火老母】《敬灶全书·灶王经》曰："昆仑之山，有一老母，独处其中，莫知其由。是时有妙行真人，上白天尊曰：'此之老母，未审复是何人，独住此山，殊无畏惧。'天尊曰：'唯此老母，是名种火之母，能上通天界，下统五行，达于神明，观乎二气，在天则为天帝，在人间乃为司命，又为北斗七元使者，主人寿命长短、富贵贫贱，掌人职禄。又为五帝灶君，管人住宅十二时辰，普知人间之事，每月朔旦，记人造诸善恶，及其功德，录其轻重，夜半奏上天尊，定其簿书，悉是此母也。凡人家灶，皆有禁忌，若不忌之，此母能致祸殃，弗可免也。'又曰：'此昆仑之老母，为种火老母元君。又有东方青帝灶君，南方赤帝灶君，西方白帝灶君，北方黑帝灶君，中央黄帝灶君，五方五帝灶君夫人，天厨灵灶神君，地厨神灶神君，曾灶祖灶神君，灶公灶母神君，灶夫灶妇神君，灶子灶孙神君，灶家姊妹媳妇眷属神君，五方游奕神君，灶下炊涛神女，运火左右将军，进火神母，游火童子，天帝娇男，天帝娇女，卤中童子童男童女。'"

【仲甫】晋·葛洪《抱朴子内篇·辨问》："仲甫假形于晨凫。"即"李仲甫"，见该条。

【重、黎】重与黎为二人。或以为兄弟，皆出于颛顼，《山海经·大荒西经》："颛顼生老童，老童生重及黎。帝令重献上天，令黎邛下地。"或以为一出于少皞，一出于颛顼，《春秋左氏传》昭公二十九年："蔡墨对魏献子曰：'少皞氏有四叔，曰重、曰该、曰修、曰熙，实能金、木及水。使重为句芒，该为蓐收，修及熙为玄冥，世不失职，遂济穷桑，此其三祀也。颛顼氏有子曰犁，为祝融；共工氏有子曰句龙，为后土，此其二祀也。'"其中"犁"即"黎"之异文。此二人在神话中的重要地位为"绝地天通"，即奉天帝之命，断绝人神通道。如《书·吕刑》所言"乃命重、黎，绝地天通"。袁珂《中国古代神话》一书考之极详，可参看。据《左传》，重即句芒神，为木正；黎即祝融，为火正。后世又以五正之四正配于四海，遂又以重为东海神名，以黎为南海神名，以该为西海神名，以修为北海神名。◆另有以"重黎"为一人之说。如《大戴礼·帝系篇》："老童娶于竭水氏之子，谓之高緺氏，产重黎及吴回。"《史记·楚世家》云"卷章生重黎"，徐广注引《世本》云"老童生重黎及吴回"，与《帝系》同，是皆以重黎一人也。

【重明鸟】晋·王嘉《拾遗记》卷一：尧时祇支国献重明鸟，一名"双睛"，言双睛在目。状如鸡，鸣似凤，能搏掷猛兽虎狼，使妖灾不为害。国人或刻木，或铸金为此鸟之状，置于门户之间，则鬼魅退伏。今人元日画鸡于牖上，是其遗像。◆清·周亮工《书影》卷二：按《岁时记》正月一日贴画鸡，《拾遗记》无乃因元日贴鸡而幻出重明鸟乎？

【zhou】

【周斌】"吴客三真君"之一。见《三教源流搜神大全》。按：周武王封周章之子周赟于无锡，后有庙曰显应庙，岂周斌为周赟之误乎？

【周仓】清·纪昀《阅微草堂笔记》卷五："关帝祠中，皆塑周将军，其名则不见于史传。考元·鲁贞《汉寿亭侯庙碑》，已有'乘赤兔兮从周仓'语，则其来已久。其灵亦最著。"《（雍正）山西通志》卷一六七："周将军仓，平陆人。初为张宝将，后遇关公于卧牛山，遂相从。"其说似本于《三国演义》，亦不足为实有其人之据。◆清·焦东周生《扬州梦》卷四记清时扬州诸神祠："东城有渔婆婆、周将军。"又云："帝君庙傍周将军无须。相传有周姓者，推命当死，归宿此庙，闻妇哭，知为卖身葬夫者，周赠金为赎之。梦帝君赐以算，且言其相寒薄，虬髯当贵，将军割与之。醒，见神无须而己于思矣。是科冠南闱。或言将军转身为协戎，被围，贼诱之降，诺之，即诱贼首来营，伏火药同焚死。门客有吕太公者，亦王平转身，遣求救，吕挟资逃，协戎死，吕竟得官。协戎少年，今所塑者其像。"清·袁枚《子不语》卷一三"关神世法"条言解梁武庙所塑周仓少年无须。

【周打毡】明时人。《（康熙）江阴府志》（今江苏江阴）卷一六：名不传。为毡帽店做佣以养母。遇二道人于江岸，问欲得仙否？周曰欲之。道人携至鹅鼻山，指水之湍急处谓周曰："但耸身入此，吾能度你成仙。"周即跃入水中，忽已跻身君山之颠，而道人已不见。从此往还千里若飞。后归乡与母哭

别，化去，其棺甚轻，发视，唯一竹杖。

【周迪】即"周仙王"，见该条。

【周颠】元末<ruby>昷<rt>颠</rt></ruby>人。明·杨仪《高坡异纂》卷上、《明史·方伎传》：周颠，建昌（今江西永修）人，无名字。年十四，得狂疾，走南昌市中乞食，语言无恒，皆呼之曰颠。及长，有异状，数谒长官，曰"告太平"。时天下宁谧，人莫测也。后南昌

周颠 明太祖功臣图

为陈友谅所据，颠避去。太祖克南昌，颠谒道左。泊还金陵，颠亦随至。一日驾出，颠来谒。问"何为"，曰"告太平"。自是屡以告。太祖厌之，命覆以巨缸，积薪煅之。薪尽启视，则无恙，顶上出微汗而已。太祖异之，命寄食蒋山僧寺。已而僧来诉，颠与沙弥争饭，怒而不食且半月。太祖往视颠，颠无饥色。乃赐盛馔，食已闭空室中，绝其粒一月，比往视，如故。诸将士争进酒馔，茹而吐之，太祖与其食则不吐。太祖将征友谅，问曰："此行可乎？"对曰："可。"曰："彼已称帝，克之不亦难乎？"颠仰首视天，正容曰："天上无他座。"太祖携之行，舟次安庆，无风，遣使问之，曰："行则有风。"遂命牵舟进，须臾风大作，直抵小孤。太祖虑其妄言惑军心，使人守之。至马当（在江西彭泽东北），见江豚戏水，叹曰："水怪见，损人多。"守者以告。太祖恶之，投诸江。师次湖口，颠复来，且乞食。太祖与之食，食已，即整衣作远行状，遂辞去。友谅既平，太祖遣使往庐山求之，不得，疑其仙去。洪武中，帝亲撰《周颠仙传》纪其事。◆《明太祖文集》有《周颠仙人碑》，盖以此为天命归己之证明也。◆明人笔记记周颠事者甚多，可参见明·王圻《稗史汇编》卷六三"周颠仙"条、明·都穆《都公谭纂》卷上。

【周公】据许道龄《玄武之起源及其蜕变考》，北平一带，明末清初所创建的真武庙，其像的两旁，则多改塑周公和桃花女。据小说《桃花女破法嫁周

公》：周公，洛阳人，善箕卜，桃花女任姓，父曰任定，人称任二公，善解禳。一日，周公闷坐无事，为其佣人彭祖算命，算毕，谓彭祖曰："汝后日午时，合该于土坑上板僵身死。"彭祖闻之大惊，即至任二公家告别，女问其故，彭祖以实告，女乃教彭祖祷告于北宫七星君真武神，为之增寿三十年，得以不死。周公闻之，怒甚，即命彭祖备花红酒礼，送于任家，名为答谢，实则为其子增福订婚，桃花女早知其来意，因即允之。周公俟其迎亲日，处处择凶神恶煞时辰，以谋加害，而女则一一设法破之，周公佩其高明，即备庆喜筵席，以宴宾客，一家团聚，其乐融融。因周公与桃花女二人皆天上种，故归天后，真武皆收为侍将云。

【**周狗师**】南宋时人。南宋·洪迈《夷坚支志·乙集》卷三：岳州崇阳县（今湖北崇阳）村巫，以嗜狗肉得名。工于致雨，其法以纸钱十数束，猪头鸡鸭之供，乘昏夜诣湫洞有水源处，用大竹插纸钱入水，谓之"刺泉"。不移日，雨必降，其所刺泉穴或源水实时干竭。

【**周贯**】宋时人。南宋·吴曾《能改斋漫录》卷一八："周贯，自言胶东人，常称'木雁子'。游于洪州（今江西南昌）西山，嗜酒不羁，布褐粗全。西山人见贯往来者五十余年，而颜色如故。人或访以道术，则以恶声相报。宋神宗熙宁元年，至豫章（今江西南昌）石头市，遇故人张生，酒后而化。张生还家，其弟曰：'周公适来访。'方知周贯实未死也。"北宋·释惠洪《冷斋夜话》卷八："周贯者，不知何许人，自号'木雁子'。治平、熙宁间往来西山，时至高安。日酤饮，畜一大瓢，行旅夜以为溺器。工做诗，成癖。至袁州（今江西宜春），见市井李生，欲携同归林下，李嗜酒色，意欲无行。年八十，死于西山。后有人见于京师桥，寄书与袁州李生云。"

【**周广**】"西山十二真君"之一。南宋·白玉蟾《修真十书·玉隆集》：字惠常，庐陵（今江西吉安）人，吴周瑜之后。少好天文音律之学，长通无为清净之教。与同学游巴蜀云台山（今四川苍溪东），得张天师驱邪之术，救民间疾苦。闻许逊在旌阳（在今湖北枝江北），径诣公庭，愿执弟子礼。真君飞升，周广与曾亨同骖龙车。宋政和二年封元通真人。

【**周恢**】南宋人。《（万历）温州府志》卷一三：瑞安人，字复元。宋末避乱于青田山中，从蒋梅庄学玄学，居雁荡。一日入城，遇髽角道人，为冲应葛仙翁，遂师之。由是周恢飞神上下，去来无碍，不食烟火四十年。七十六岁化去。

【**周惠拎**】北朝女子。《仙鉴后集》卷二"薛炼师"条附：后周武穆公主周惠拎，生而有异光满室。长思独处。慕魏夫人、缑仙姑之志，居薛炼师修真之石室，感西灵圣母降，传经箓，修三素之道。谭、衡之境士女景慕者数百人。世代将乱，告诸学者曰："我当暂往，约百余年再来。"◆按：既是后周公主，似不应姓周。

【**周季道**】《（雍正）山东通志》卷三〇：唐时人，号紫阳真人。游费蒙山，遇羡门子乘白鹤，季道叩乞长生诀。羡门子曰："尔名已在仙籍，何忧不仙？但摄静俟之。远来江湖，来此何事？"◆按：紫阳真人周义山，字季通，此当是"周季通"之误。见"周义山"条。

【**周君**】不知其名字。梁·陶弘景《真诰》卷五：周君兄弟三人，并和而好道，在常山（即河北曲阳之北岳恒山）积九十七年，精思无所不感。忽见老翁头皓白，授以书七卷，令诵之。三人俱精读之。忽有白鹿现于山边，二弟置书看鹿，唯周君读之不辍。迄周君诵至万遍，翻然升仙，而二弟仅九千七百三十三遍，再取书读之，书忽为火烧去，二人遂不得仙。

【**周凯**】即"平水王"，见该条。

【**周恪**】明·陆楫编《古今说海》卷八四《海陵三仙传》，首为徐神翁，次为周恪："周处士名恪，字执礼，海陵人。元祐初，再举进士下第，颇郁郁不得志。既壮不娶，尝从郡学释奠，方坐以待事，忽大呼仆地，不知人。阅四日而苏，问之，云：'吾诵老子书至"谷神不死"，若有人异坐榻行数步，吾骇而呼，不觉其仆且久矣。'自此动静颇异，人直以为狂耳。先是徐神公语人云：'周家门前石生青毛，当得仙矣。'已而果然。家武烈帝祠侧，未尝远游。忽有老农负瓦木为葺精庐，曰：'向病亟，赖先生至，以良药起死。'乃知其出神也。"

【**周烂头**】明·王圻《稗史汇编》卷六三"周烂头"条：明初，无锡有周烂头者，初为担夫，待雇于大市桥。见一老翁独行，衣帽古朴，意色甚倦，顾谓周曰："病体不耐行，能相担至惠山乎？"周许之，负翁行，觉其身或重数百斤，或轻如一叶。及山，翁下，解其襦贻周曰："适无钱，以是偿汝。"周惘然，谢不受。翁笑曰："子乃有是心，可教也。"就地拔一茎草与之，曰："是可愈痢。"又拔一茎曰："是可愈疟。"且曰："汝识道院中辛天君像乎?"曰:"识之。"取块土以授曰:"有所欲,但蒸少许,天君立降,可驱使治百魅。"又令周侧卧,向其耳嘘气,气热如蒸,自耳入喉,以达于腹,周顿觉神思开爽。既别去,周以草为人治病,得米散与贫者。后因无事召天君,神怒其轻率,举手中戟点其额而灭,点处遂溃成疮,至老不瘥,人以烂头目之。为人治疾驱祟,大著灵验。莫知所终。

【周亮】道教楼观派所奉先师之一。《仙鉴》卷九:太素真人周亮,字泰宜,太原人。姚坦弟子。坦授亮五千文及八素真经,能驱邪治怪,或年如七十,或为年少。周灵王太子晋闻之,召与相见,同游于商洛。周威烈王二十四年,年一百九十余岁,天帝遣仙官下迎,授书为秦陇宫真人。

周亮 列仙图赞

【周穆王】西周昭王之子,名姬满。《穆天子传》言其西游昆仑见西王母事甚详,而后世又侈言之。《列子·周穆王》:"穆王不恤国事,不乐臣妾,肆意远游。命驾八骏之乘,驰驱千里,至于巨搜氏之国。巨搜氏乃献白鹄之血以饮王,具牛马之湩以洗王之足及二乘之人。已饮而行,遂宿于昆仑之阿,赤水之阳。别日升昆仑之丘,以观黄帝之宫。遂宾于西王母,觞于瑶池之上。西王母为王谣,王和之,其辞哀焉。乃观日之所入。一日行万里。"晋·王嘉《拾遗记》卷三:"穆王即位三十二年,巡行天下,驭八骏,黄金碧玉之车,傍气乘风,起朝阳之岳,自明及晦,穷宇县之表。"《太平广记》卷二引五代·杜光庭《仙传拾遗》:"昭王子,五十岁登位,在位五十四年。少好神仙之道,乃乘八骏,以造父为御,西至瑶池与王母会。又召隐士尹轨、杜冲,居于草栖。或云:西王母降穆王之宫,相与升云而去。"◆按:顾颉刚以为《穆天子传》造于战国赵武灵王时代,与赵武灵王之开边远游有关。见《〈穆天子传〉及其著作时代》。

【周鹏举】《(康熙)绍兴府志》卷一九:遗德庙,一在上虞五夫镇,一在法界。神周鹏举,东晋时宰上虞,后守雁门。后游上虞渔浦湖,乘白驹泛舟,

全家没于水。自是数示灵响,民立祠奉之,号仙官庙,血食甚盛。宋宣和中,睦州方腊犯境,有素旗之异。

【周七娘】《天台山方外志》卷五:临海紫岩人,行乞于市,逍遥度日,夜卧普济桥下,每与戒公(即戒阇黎)同游唱歌。世人皆笑曰:"疯僧疯婆,吃酒蹉跎。"一日闻戒师化去,亦于普济桥下瞥然而化。越七日,有异僧持钵歌曰:"戒师文殊,周婆普贤。"

【周栖野】汉时人。《神异典》卷二二七引《嵩高志》:"周栖野,中岳(即嵩山)人。著破衣,隐姓名,如疯如狂,往来于九衢,狂歌曰:'巾金巾,入天门'云云。人莫能喻,唯张良微服往谒,延入密室,潜有所授。约后日会于嵩山小有洞天。后留侯佐汉成功,竟从之。"按:狂歌"金巾金"事,又见"长桑公子""郊间人",可参看。

【周群】三国时人。晋·王嘉《拾遗记》卷八:"三国时蜀人周群,精算术谶说。游岷山采药,见一白猿从绝峰而下,对群而立。群解所佩书刀投猿,猿化为一老翁,握中有玉版长八寸,以授群。群问其年,翁曰:'忘其年月,犹记轩辕之时始学历数,风后、容成就余学。'群服其言,后更精勤算术,验于谶纬,知蜀应灭,乃奔吴。"按:周群,《三国志·蜀书》有传,云:"周群字仲直,巴西阆中人也。父舒,字叔布,少学术于广汉杨厚,名亚董扶、任安。数被征,终不诣。群少受学于舒,专心候业。于庭中做小楼,家富多奴,常令奴更直于楼上视天灾,才见一气,即白群,群自上楼观之,不避晨夜,故凡有气候,无不见之者,是以所言多中。州牧刘璋辟以为师友从事。先主定蜀,署儒林校尉。"

【周饶国】《山海经·海内南经》:"周饶国在其东,其为人短小,冠带。一曰焦侥国,在三首东。"郭璞注:"其人长三尺,穴居,能为机巧,有五谷。"郭璞又引纬书《诗含神雾》:"从中州以东西四十万里,得焦侥国人,长尺五寸也。"吴任臣《广注》又列诸书所载之小人:"又人之短者:广延国人长二尺;张仲师长一尺二寸;鹄国男女长七寸,陈章与齐桓公所言是也;鹤民国人长三寸,日行千里,见《穷神秘苑》;木多国长四寸;李子敖长三寸三分;黄帝时务光长七寸;《西京杂记》云东都献短人五寸,或云东郡送人长七寸,名曰巨灵;《神异经》曰西北荒中有小人长一寸,朱衣玄冠,较焦侥更异也。"又列诸短人之国云:"《拾遗

周饶国 　山海经图　蒋应镐本

记》遗池国、陀移国人皆长三尺，寿万岁。《后汉书》朱儒国人长三四尺。《洞冥记》云勒毕国人长三尺，有翼，或云三寸。《朝野金载》云留仇国人长三足二三寸。《职方外纪》曰欧罗巴西海有小人国，高不二尺，跨鹿而行，鹳鸟尝欲食之。马端临云：大秦有小人国，躯才三尺，耕稼之时，惧鹳所食，大秦每卫助之。《北域本末记》曰自狄山北马行一月，为短人国，长者不逾三尺，北方呼为羊胞头国。然则人长三尺，不独焦侥也。"袁珂《校注》亦多举典籍中所载小人，并以为：周饶、焦侥，并"侏儒"之声转，侏儒，短小人，焦侥国即小人国也。另疑《大荒南经》有小人名菌人，《大荒东经》有小人国，名靖人，菌人、靖人亦"侏儒"音转。

【周生】❶唐时人。唐·张读《宣室志》"周生"条：唐太和中，有周生者，庐于洞庭山（在太湖中），时以道术济吴楚，人多敬之。后将抵洛谷之间，途次广陵（今江苏扬州），舍佛寺中，会有三四客皆来。时方中秋，其夕霁月澄莹，且吟且望。有说开元时明皇游月宫事，周生笑曰："某尝学于师，能掣月于怀袂，子信乎？"或患其妄，或喜其奇，生因命虚一室，翳四垣，不使有纤隙。又命以箸数百，呼其僮，绳而架之，告客曰："我将梯此取月去，闻呼可来观。"乃闭户。久之，忽觉天地曛晦，仰而视之，即又无纤云。俄闻生呼曰："某至矣。"因开其室，生曰："月在某衣中耳，请客观焉。"因以举之。其衣中出月寸许，忽一室尽明，寒逼肌骨。客再拜谢之，愿收其光。因又闭户，其外尚昏晦。食顷方如初。❷宋时人。南宋·郭彖《睽车志》卷四：建炎间，术者周生，观人书字，分配笔划，以知休咎。车驾驻杭，人心疑危，执政戏呼周生，偶书"杭"字示之。周曰："惧有警报，敌骑将逼。"乃拆其字，以右边一点配木为术，下即为兀。不旬日，果传兀术南侵。赵鼎、秦桧不

合，各欲引退。二公各书"退"字示之。周曰："赵公即去，秦必留。日者君之象，赵书退字，人去日远，秦书人字密附日下。"已而皆验。

【周史卿】北宋时人。南宋·洪迈《夷坚甲志》卷六：周史卿，建州浦城（今福建浦城）人。元祐初，如京师赴省试，中途遇道者，即归，与妻子入由果山炼丹。在山二十年，丹垂成，一夕风雷大作，丹忽失去。周遂出神求之，谓妻曰："我当往七日，未死也，切勿焚我。"周平日与一僧善，闻周死来吊，力劝其妻焚周尸。明日周元神归，已无形骸可生。异日僧来，妻以前事告之，僧云："前日我未尝至。"妻方悟前僧为魔所化。其家后置周影像于僧舍，奉香火，每日必得四钱于地。留醋一瓮，至今不败，往往为人取去，亦未尝竭。

【周思得】明时人。明·田汝成《西湖游览志》卷二一："仁和人，精五雷法。成祖召试称旨，建天将庙居之。有异人赤脚张，与思得友善。"清·钱谦益《列朝诗集小传·闰集》："字养真，钱塘人。行灵官法，先知祸福。成祖北征，召扈从，屡试不爽，除灾祈雨，咸如影响。乃命祀灵官神于宫城西。历事五朝，年逾九十，赐谥弘道真人。"《明一统志》卷三八："思得从四十三代天师张宇初学道家书。宣德、正统间封崇教弘道高士，九十二卒，赠通灵真人。"《（雍正）浙江通志》卷一九八云其九十三岁时还山尸解。

【周太宾】梁·陶弘景《真诰》卷一三云其为秦时人。仙后为蓬莱左卿。《洞仙传》：不知何许人，与姜叔茂学道于句曲山（即茅山），种果菜货之以购丹砂，后俱得仙。太宾善鼓琴，独弦而八音和，教以麋长生、孙登，二人后亦得道。

【周韦节】北朝时人。明·王圻《续文献通考》卷二四一：杜陵（今陕西西安东南）人。后魏时弃官，谒赵法师，入华山，因号华阳子。饵黄精，撰《三洞仪序》《老子易论》。周武帝赐号精思法师。天和四年乘彩云化升。

【周文兴】明人。《（康熙）杭州府志》卷三五：江郎山人。登进士，官至符卿。筑室清平山下，每辟谷至百日许，有群鸟翔绕其旁。有五通仙来试之，兴不顾，仙乃飞行篱上而去。自定死期，至日而化。

【周仙葫】明时人。《（雍正）四川通志》卷三八之三：名子兴，成都人。一日遇道士李丹阳于青羊宫，遂师事之。丹阳授以酿酒法，酿成，香彻数家。数年，丹阳辞去，子兴治宴款待。临行，丹阳

以熟肉一盘纳于袖中而去。明年，有自楚归者，云某月日遇丹阳于诞圣坊，登楼共饮，丹阳自袖中出熟肉一盘，云："此周君所赠。"子兴计其日，正是相别之时，因悔不与其去，乃取丹阳所遗书读之。后弃家佩一葫芦往湖湘寻道，人称之"周仙葫"，莫知所终。

韦节 列仙全传

【周仙王】即南朝梁、陈之际周迪也，《陈书》有传："梁末侯景乱时，周迪起兵据有临川（今江西抚州），梁元帝立，授迪高州（今广东阳江）刺史，迁衡州刺史。陈受禅，迪屡立战功，进号安南将军。后屡召不至，内怀猜忌，遂反，兵败逃至临川。后为临川太守诱杀之。"清·李元复《常谈丛录》："迪慷慨信实，起兵临川时，独不扰民。临川人德之，以私爱报祀焉。所历二郡地每有周王庙，即迪也。今临川境内有地名九井。相传迪有仙术，与其夫人戏赌，欲以一夕开百井。至子夜后，夫人故作鸡鸣，而群鸡皆应，乃缺一井未成。予尝见其神牌，书'敕封九十九井周宣侯王'。当时敬奉迪而神之，故附会而为此说。原称为仙王，改仙为宣者误。其实迪无谥，历朝亦未有封号，其封曰侯王者，愚妄人沿诸神牌之例而书之也。"

【周孝子】南宋时人。明·姚宗仪《常熟私志》：名周容，早孤，事母朱氏至孝。乾道间为邑从事。有事顶山，得栗数十颗，择美大者奉母，小者遗其妻。妻私食大者。周容知妻非孝妇，遂以他故出妻。未几，周容死，次日即降神于家，告母曰："儿当输忠朝廷，尽力乡里。"后多有灵异，淳祐中朝廷赐庙额曰灵惠。明洪武敕封周孝子之神。又云九月二十一日为孝子诞辰。◆按："周宣灵王"亦以孝子成神，可参见该条。

【周雄】清·姚福均《铸鼎余闻》卷二引《安徽黟县志》："灵顺将军，姓周名雄，信州（今江西上

饶）玉山人，为五显之从神。宋端平三年封翊应将军，淳祐四年封翊应侯，宝佑五年加封翊应助顺侯。"按：《黟县志》所载又有周宣灵王，亦名周雄，唯事迹出处均不类。参见"周宣灵王"条。

【周宣】三国魏人，善占梦。《三国志·魏书·方伎传》：周宣字孔和，乐安（在今山东桓台）人也。为郡吏。太守杨沛梦人曰："八月一日曹公当至，必与君杖，饮以药酒。"使宣占之。是时黄巾贼起，宣对曰："夫杖起弱者，药治人病，八月一日，贼必除灭。"至期，贼果破。文帝问宣曰："吾梦殿屋两瓦堕地，化为双鸳鸯，此何谓也？"宣对曰："后宫当有暴死者。"帝曰："吾诈卿耳！"宣对曰："夫梦者意耳，苟以形言，便占吉凶。"言未毕，而黄门令奏宫人相杀。无几，帝复问曰："我昨夜梦青气自地属天。"宣对曰："天下当有贵女子冤死。"是时，帝已遣使赐甄后玺书，闻宣言而悔之，遣人追使者不及。

【周宣灵王】《安徽黟县志》："神姓周名雄，改名缪宣，临安新城（在今浙江富阳西）太平上里人，生于南宋淳熙十五年。幼孤，事母孝。遇仙人授以方术。家贫，卖椒以

周宣灵王 衢州周宣灵王庙

养。会岁疫，食其椒者病皆愈。自衢州（今浙江衢州）归家，舟阻于鸬鹚滩，闻母讣，痛急欲归，乃破浪而行，为水所没。其尸逆流至衢，香闻数十里。众惊为神，就肉身加漆，祀于衢城西。端平间请于朝，封广平侯，屡著灵爽。嘉熙二年，理宗谢后病，众医措手莫治。有士人自称周某，药之而起，已而不见。淳祐元年乃进封护国广平正烈宣灵王。自是至今，庙祀遍江浙。或以为晋人周处，误也。"俞公谷《湖北纪游》则云："周宣灵王名雄字世伟，杭新城（在今浙江富阳西）人。其死则为闻母丧，五内俱裂，僵死于舟中。"《衢州西安县志》引《卉庵摭言》云："西门周孝子祠，自宋迄今肉身挺立。相传孝子之母常化为绿蟾，求探其子，时观者如堵。余以庚子春拜堂下，见神前灯烛光辉煌，蟾耸身凝睇，踞乎座侧云。"是又有以青蛙神附会者。◆明·钱希言《狯园》卷一〇云："周宣

灵王为五显灵官部下，而庵寺中常以为伽蓝神。"是以五显属神之周雄与宣灵王之周雄合而为一者。

【周玄豹】五代·孙光宪《北梦琐言》卷一九：周玄豹，燕人，少为僧，其师有知人之鉴，从游十年，不惮辛苦，遂传其秘，还乡归俗。卢澄为道士，与同志三人谒之，玄豹退谓人曰："适二君子，明年花发俱为故人，唯彼道士它年甚贵。"来岁二人果睹零落，卢果登庸。后归晋阳，张承业犹重之，言事多中。承业俾明宗李嗣源易衣列于诸校之下，以他人请之，曰："此非也。"玄豹指嗣源于末缀曰："骨法非常，此为内衙太保乎？"或问前程，唯云"末后为镇帅"。其言果验。凡言吉凶，莫不神中，事多不载。明宗后自镇帅承大位，玄豹官至光禄卿，年八十而终。

【周玄初】明初人。明·王世贞《列仙全传》卷八：姑苏人。事母孝。初得道于李拱瑞，能除邪妖，祷雨奇验。洪武中屡被召命，呼致雷雨，数著神异。时设神乐观，授正一仙官，领观事。别号鹤林，有《鹤林集》。

【周玄真】明初人。明·何乔远《名山藏》卷一〇四："居嘉兴紫虚观，从李琪瑞为道士，受劾召鬼神之术，寻受灵宝大法于曹桂孙。郡县请祷，辄有奇应。明洪武初京师旱，李善长迎玄真至，书铁符投扬子江中，波涛遽兴，有黑龙见于西方，大雨沾足。"按，事似"周玄初"。

【周瑶英】见"王迥"条。

【周颐真】元时人。《（崇祯）闽书》卷一三八："少遇西蜀异人，授以隐书及壬遁返闭之法，因自号'山雷子'。后从开元观道士蔡术嗣灵宝法。凡玄学运用，俱以《易》变通之。元统甲戌岁旱，祈雨有应。未几，有人讦其左道，捕之急。颐真立州桥石栏侧，捕者不能见。"《（万历）温州府志》卷一三："闽清（今福建闽清）人，世称兰室先生，有《洞浮老人集》。"

【周义山】《云笈七签》卷一〇六有《紫阳真人周君内传》，略云：紫阳真人周义山，字季通，汝阴（今安徽阜阳）人，汉丞相周勃七世孙。其父官陈留太守。义山少读六经，性沉重寡言笑，好精思。每日平旦之后，向日咽气再拜。岁大旱，倾资以济贫民。后遇陈留黄泰，见义山好道，自言是中岳仙人苏林，教之以守三一之法、灵妙小有之书。服神芝五年，目视千里之外，日行五百里。遂寻游名师，至蒙山遇衍门子，至王屋山（在今河南济源西北）遇赵陀子、黄先生、上卫君、张子房、李伯阳、赤松子等，俱传以秘要。后朝拜中央黄老君、无英君、白元君，授以大洞经。遂升天诣太微宫，受封紫阳真人，治葛衍山。紫阳有八真人，义山其一也。

【周隐克】《太平广记》卷八〇引《逸史》：唐道士周隐克，有术数，将相大僚咸敬如神明，宰相李宗闵修弟子礼。前宰相段文昌镇淮南，染疾，曰："尊师去年云我有疾，须卧六日。"段公与宾客博戏饮茶，周生连吃数碗，段起旋溺不已。良久，惊语尊师曰："乞且放，虚惫交下不自持。"笑曰："与相公为戏也，盖饮茶愞起，遣段公代之。"

【周隐遥】隋时人。《太平广记》卷六引五代·杜光庭《仙传拾遗》："洞庭山（在太湖中）道士，自云甪里先生之孙。甪里村人言其数世得道。尝居焦山中，学太阴炼形之道，死于崖窟中，嘱其弟子善护其尸，六年后再生。至六年后，果复生。过十六年又死，更七年复生。如此三度，已四十年余，近八十岁而状貌如三十许人。隋炀帝闻之，征至洛阳，旋恳还山。至贞观中召至长安，于内殿安置。寻亦请还山。"事又参见"张孺华"条。按：唐·康骈《剧谈录》卷下"说方士"条云其侄昊天观道士于乾符中年九十七，则隐遥至早亦应为中唐时人矣。

【周爱支】汉时女子。梁·陶弘景《真诰》卷一二：周爱支者，汉河南尹周畅伯持之女也。畅为汝南安成（今河南汝南之东南）人，好行阴德。为河南尹，收葬城旁客死骸骨万余。太上以畅有阴德，令爱支从南宫受化。爱支少好道，服茯苓三十年，后遇石长生教之，以化遁。化遁，上尸解也。保命府官属有七人，四女三男，爱支为明晨侍郎。

【周云宗】明·董谷《碧里杂存》"周云宗"条：成化弘治间人。有神力，能隔墙掷马。又获神剑，可以屈伸，仗之作耗于太湖中，官兵捕之不能得。一日束身归罪，曰："吾今自诣，毋苦斯民为也。"遂三木下狱。一夕视之去矣，惟枷杻存焉。后竟不复见。尝入山，遇龙蜿蜒逸入石壁，云宗执其尾，以剑截断之，霹雳随下，复急走获免。

【周印】《宋书·符瑞志下》："周印者，神兽之名也，星宿之变化。王者德盛则至。"

【周匦】明·徐应秋《玉芝堂谈荟》卷三三引《孙氏瑞应图》："周匦者，神兽也，知星宿之变化。王者德盛则至。"即"周印"，二者当有一误。

【周贞实】北宋·沈辽《云巢编》卷六《零陵先贤赞》有"澹岩先生"一则，题注"姓周氏，讳贞实"。南宋·曾敏行《独醒杂志》卷四误作"周贞宝"："零陵淡山有石岩，中空，可容千人。秦时有隐者曰周贞宝，尝隐于岩中。始皇好方士神仙，或荐贞宝，三遣使者，贞宝不赴，化为石岩。"《（康熙）零陵县志》卷一四作"周正实"："秦始皇时人，居于零陵澹山岩，凡一切成败未来之事皆能先知。始皇三召不起。后尸解焉。"《天地宫府图》则作"周正时"：三十六小洞天之庐山为真人周正时治所。

【周祖师】元人。《（雍正）山东通志》卷三〇、《（泰昌）登州府志》卷一一：招远县埠头村有周太公，与四子入螺山中采木。忽闻儿啼，见一虎在儿旁，遂抱儿归。育之十二年，始能言，冒周姓。后往螺峰山修道，与神仙唐公、郎公、化公、志公、张公、廖公同升。

【帚姑】紫姑之属。清·顾禄《清嘉录》卷一："妇女又有召帚姑、针姑、苇姑，卜问一岁吉凶者。"一名"百草灵"，范成大《上元纪吴下节物》诗注："俗传正月百草灵，故扫、苇、针之属皆卜焉，多婢子辈为之。弊帚系裙以卜，名扫帚姑。针姑以针卜，伺其尾相属为兆，名针姑。苇茎分合为卜，名苇姑。"清·俞樾《茶香室四钞》引《江南嘉定县志》："俗谓正月百草俱灵，故于灯时备诸祠。帚姑，以敝帚系裙以卜，至则能起卧。"

【帚精】笤帚为日用之物，多受人手持精气，年久则为精怪。刘宋·刘义庆《幽明录》：江淮有妇人思春，尝醉，旦起，见屋后有少年，甚鲜洁，妇因欲抱持，忽成扫帚，取而焚之。刘宋·刘敬叔《异苑》卷八：徐氏婢忽患羸黄，而忽好修饰，众人伺之，见扫帚从壁角来趋婢床，乃取而焚之，婢即平复。明·钱希言《狯园》卷一四：苏州城里一家，有丫角女子立后门，见卖花人过，呼曰："取花来！"其人开筐，以通草像生花一对授之。女子曰："少待，我索钱去也。"其人久立而伺，寂寂无踪，乃负筐而入，呼之室。诸妇女相顾而笑，寻思中外无人买花。穷其迹，忽见厕壁角中竖一笤帚，已敝矣，宛然二花插其上，乃知丫角女子即此物所为也。遂还钱，立命取火燔之。清·俞风翰《高辛砚斋杂著》：钮羹梅言：其族某家，每日早起见当门有遗矢，诟责婢仆，弗之异也。既橝桌上旋见矢秽，大骇，且见者弗语即拭去，稍净，否则随拭随遗，不知所从来。积半载，偶见厕中有敝帚，其下遗矢堆积，异而焚之，患遂绝。

【纣王】清·梁绍壬《两般秋雨盦随笔》："汲县

（今河南卫辉）有纣王庙，凡龙阳皆祷于是。"按：龙阳，即娈童也。

【zhu】

【朱独】梁·陶弘景《真诰》卷一四：陈留（今河南开封南）人，为人无道，专作劫盗。后为人发觉而逃逸。至汝南少室山遇冯先生，修道三十八年，后入东坑山中，寿百四十七岁时得道，入大有洞中。

【朱八相公】清·俞风翰《高辛砚斋杂记》：沈梦岩因事寓西湖上某寺，寺旁屋数十楹，为历来厝棺之所。中仃灵柩以千百计，惟当中一棺独巨，设香案其前。僧曰："此宋末朱八相公柩也。相公尝授徒寺中，死后殡此，历数百年，且神，凡厝诸棺有为厉走僵者，舆梓至相公傍数夕，即帖然，香火不绝焉。"既而归寓，僧忽曰："君欲见朱八相公乎？"沈且喜且惊曰："何也？"僧曰："相公虽死，实不死，为地仙，常游海内名山大川，时则归，归时可见，或不见。今且归，容卜之。"僧既卜，曰："有缘哉，相公许于某日见矣。"及期薄暮，僧引至殡室对面一屋，遥望之，果见停柩厅廊有人一，伟身白面美髯，方巾茧袍，倚栏瞻眺。有顷入室，遂不见。

【朱彻】南宋·潜说友《咸淳临安志》卷七四：新城县（在今浙江富阳西）北五里松溪有广利庙，其神为朱彻，字仲通。仕晋为分水令。与郭文为友。既卒，溪中忽有靴溯回而上者数四。居人异之，乃即靴之所止立庙。吴越钱氏封为安境通灵侯，政和四年赐额广利，宣和三年封威显侯。

【朱痴】明时人。《（康熙）苏州府志》卷七九：不知其名。居高桥镇，负担为生。一日为势家所虐而发狂。久之，得秘授。卧大雪中，卧处无沾湿。太仓王锡爵病中恍见蓬首跣足若丐者，称朱仙。觉而异之，询知高桥有异人，图其形，与所见无异，因访之，与之言，多隐语。自此三吴间颇多访者，朱痴厌见人，每掩龛憩息。如是数年，一日启龛视之，已僵脱矣。后岁余，有人遇之于当湖、武林之间，踪迹之，已失所在。

【朱大仙】《（雍正）福建通志》卷六〇：建宁（治在今福建建瓯）三溪人，失其名。传尸解于三溪山中。今称朱仙嶂。岁旱，乡人取嶂顶石迎下，雨随而至。

【朱道人】❶南宋时人。南宋·洪迈《夷坚三志·

壬集》卷七"当涂朱道人"条：朱道人，本当涂县（今安徽当涂）弓手。乾道初，因捕盗夜行，月下遇一贫士，布素百结，而颜貌清古，疑是异人，遂加礼敬。临别，其人赠药一丸，令之即服。朱嫌其不洁，姑藏于怀。其人去，试探取之，但一青禽飞去。朱方叹己不遇，忘寝与食，状如痴狂。归家不认妻子，策杖浪游，往来襄汉二十余载，至淳熙丁未乃还故乡。一日于街心扫地一片，索纸作偈云："我是杀心汉，从来无侣伴。尘土不沾身，坐地教人看。"书讫长逝。又《夷坚志再补》有"朱道人治脚挛"一条。❷清·汤用中《翼駉稗编》卷一"朱道人"条：海州有朱道人，居如意山，貌似七十叟，自言宋太祖时蜘蛛，修炼千年，得宝珠，可证仙班。平时不饮不食，往往出游，恒经年累月，归必述所遇之人而评隲之。人与往还，问以休咎，不答。一日谓居人曰："我未尝伤犯生灵，而恶龙辄思攫我珠，不能不与斗。"越日果有龙来，大战三日，龙败遁去。龙又邀其党来斗，复败去。道人叹曰："海滨多怪，不可久居。"遂隐去。

【朱棣】南宋初人。南宋·罗浚《宝庆四明志》卷九：字彦诚，鄞（今浙江宁波）人。靖康初自江南逃难至明、越之界，入万山中，望一石壁立千仞。忽有老父曰："此圣公岩也，神人居之，上每有金鼓声，且有毒蛇猛兽守其窟。"棣不顾，鱼贯而入，得一黑匣，中有书与印，言役鬼治病之术。寇退，奉之以去，自是役鬼物如反掌，且能追魂诊脉，妻病则诊其夫，父病可诊其子。自言所为乃周天大数。

【朱疯子】明时人。《（雍正）湖广通志》卷七四、《（康熙）荆州府志》卷二二：不知何许人。状类颠者。居清溪，言人祸福多奇中。时行乞，有余，则散给众丐。一日谓土人曰："吾将死，幸葬吾。"土人应之。无何果死。居岁余，有人见其荷担而行于道。发冢，唯空棺。

【朱佛】南宋·郑瑶《景定严州续志》卷一〇：寿昌县（今浙江建德南）西六十里有朱佛庵，其神曰朱佛，岁旱，祈祷辄应。相传昔有朱姓农民，耕山诵佛于此，遇亢旱，常有云覆之，诸人以雨，辄应，邑人指为活佛。后趺坐示化，人为立庵。

【朱邯】唐时人。《太平广记》卷三六九"李楚宾"条引唐·陆勋《集异记》：豫章（今江西南昌）人。精于周易，得京、管遗法。建中初游楚卖卜。青山岭人董元范母患奇病，至夜即发。邯为筮之，乃谓元范曰："君今日未时，可于道侧伺之，当有执弓挟矢过者。君求之斯人，必愈君母之疾。"元范如言，果得楚宾，以母疾告之，宾许诺。元范遂宿楚宾于西庑。是夜，月明如昼。楚宾乃出户，见空中有一大鸟，飞来元范堂舍上，引喙啄屋，即闻堂中叫声，痛楚难忍。楚宾曰："此其妖魅也。"乃引弓射之，两发皆中，其鸟因而飞去，堂中哀痛之声亦止。

【朱宏佑】清·许秋垞《闻见异辞》卷一：海昌（今浙江海宁南）天仙府塑朱宏佑像，曾显灵现和尚身，往各乡募建，故庙貌巍峨，里人有九堭十三殿之称。后值大旱，里民祷雨甚虔，宏佑因上天取水，天门已闭，但见玉案设一大砚，神人以指取墨三弹，因下黑雨三日，禾苗之槁者立苏。

【朱璜】汉时人。西汉·刘向《列仙传》卷下："广陵（今江苏扬州）人。少病毒瘕，就睢山上道士阮丘，丘怜之，言：'卿除腹中三尸，有真人之业，可度教也。'璜曰：'病愈，当为君作客三十年，不敢自还。'丘与璜七物药，日服九丸，百日病下如肝脾者数斗。养之数十日，肥健，心意开朗。与《老君》《黄庭经》，令日读三遍，通之，能思其意。丘遂与璜俱入浮阳山玉女祠，且八十年。后现故处，白发尽黑，鬓更长三尺余。过家食止数年，复去。如此至武帝末故在焉。"按：阮丘，即"黄阮丘"，参见该条。

朱璜　列仙图赞

【朱姬大仙】南宋·耐得翁《都城纪胜》"瓦舍众戏"条记南宋临安傀儡戏："凡傀儡敷演烟粉灵怪故事、铁骑公案之类，其话本或如杂剧，或如崖词，大抵多虚少实，如巨灵神、朱姬大仙之类是也。"此朱姬大仙或是"朱橘"音误，抑是灵仙观的"朱仙"。不详。

【朱橘】南宋时人。《仙鉴》卷四九：号翠阳。淮西安庆望江（今安徽望江）人。母梦吞一星而娠，孕十五月不娩，有道人来，持一橘与其母曰："食此则子生矣。"问其姓名，道人出扇示之，上有

"曲君子"三字，言讫不见。子既生，因名为橘。聪慧精易数，两领乡荐，喜阅道释书。后因临池顾影，惊悟，遂薄名利而慕修炼。后遇"曲君子"于郊外，授以九鼎火符之诀、五雷三篆之文，令往皖山筑室修炼。橘遂修于皖公山。后有登山者，见一小儿如玉，行如流星，即橘也。后至惠州之博罗（今广东博罗），坐化于旅舍。殡埋者甚众，乃复苏，曰："吾当立化，化后用泥塑之。"明·王世贞《列仙全传》卷八云是宋理宗时人。◆《(雍正)广东通志》卷五六则云：号翠阳，宋时安庆人。游博罗，遇道士手持一橘，状若疯狂，拜之，授以九鼎刀圭之诀、五雷金书玉篆之文，九八飞神阳遁之法。淳祐六年尸解去。◆《(雍正)江南通志》卷一七五云号华阳，且编入明人中，误。

【朱建平】《三国志·魏书·方伎传》：朱建平，沛国人也。善相术，于闾巷之间，效验非一。太祖为魏公，闻之，召为郎。文帝为五官将，坐上会客三十余人，文帝问己年寿，又令遍相众宾。建平曰："将军当寿八十，至四十时当有小厄，愿谨护之。"文帝黄初七年，年四十，病困，谓左右曰："建平所言八十，谓昼夜也，吾其决矣。"顷之，果崩。

【朱库】《洞仙传》：不知何许人。服石春辟谷，不饥不渴。自云应得仙，遂与亲旧别。忽有两黄鹤下于中庭，朱便尸解而去。《仙鉴》卷二二编在晋时人杜昺后。

【朱灵芝】清·屈大均《广东新语》卷三："安期生常与李少君南之罗浮。罗浮之有游者，自安期始。自安期始至罗浮，而后桂父至焉。其后朱灵芝继至，治朱明耀真洞天；华子期继至，治泉源福地，为汉代罗浮仙之宗。"《(雍正)广东通志》卷五六："汉时人。其先宛人，初无名字。后徙北谷，师事太素真人，以饵青精，人称青精先生。来罗浮修炼，有五色鸟衔赤龙芝，取而服之，因名灵芝。能叱咤风云，摄召鬼神，后白日升天。"

【朱六郎】见"朱相公"条。

【朱默】《(雍正)福建通志》卷一五"显济庙"条：庙在兴化府治（今福建莆田）。神姓朱名默。母梦金甲神而孕。生年十七，至谷城古庙，祈立功名。庙下有泥塑神马，人见朱乘之以登山，驺从甚都。至其家，见朱方酣寝。里人神之。年三十二，无疾而卒。宋建炎初，高宗渡江，中流风涛大作。忽见神拥朱氏旗至，风遂息。诏封威灵侯。神妹六十娘，亦生而神灵，并附祀。

【朱獳】《山海经·东山经》："耿山，有兽焉，其状如狐而鱼翼，其名曰朱獳，其鸣自叫，见则其国有恐。"

朱獳 山海经图 吴任臣本

【朱蒲包】明时人。《(康熙)松江府志》卷四九：上海界浜沈氏之仆。十八岁为宝山募兵，途中遇异人授以一丸，服之，遂不觉饥渴寒暑。身衣破衲，帽以蒲包，与之酒饮辄醉，笑呼当街卧，人呼"蒲包仙"云。每行必携四竿竹自随，宿则植竹于途，不施苦盖，大雨霜雪，鼻息鼾如。市人酿酒败，朱挟竹搅瓮，酒即变甘。生平不为人谈祸福，无意吐一语，必奇中。后无疾而化。

【朱孺子】❶三国时人。梁·陶弘景《真诰》卷一四：三国吴末入赤水山中学道，服菊花及术饵。后遇西归子，授以要言入室存泥丸法，三十年遂能坐致云雨。晋穆帝时乘五色云车升天。❷唐时人。五代·沈汾《续仙传》卷上：永嘉安固（今浙江瑞安）人，幼师道士王玄真，深慕仙道，常服黄精。历十余年，于溪边见二犬，逐入枸杞之下，掘之，得二根如犬，服之，忽飞升仙去。按：明·王世贞《列仙全传》卷三有"朱孺子"一条，乃糅合二人事成之者。

朱孺子 列仙全传

【朱泗】清·清凉道人《听雨轩笔记》卷三：德清（今浙江德清）新市镇土谷之神曰灵感公朱泗。按县志，神为晋元帝将，永昌元年王敦反，公突阵力战死，葬于新市。明帝即位，追赠镇国大将军，立祠新市以祀之。周太祖广顺中改封保宁将军。宋高宗绍兴五年诏封显佑侯，赐额永灵。时进封灵感公。明太祖洪武初列于祀典，县官春秋虔祀罔替，昭代因之。历朝屡著灵异，有白蛇却寇、神兵破敌之事。土人奉之惟谨。庙在觉海寺西，即今之西庙是也。宋元祐中，东隅人以走祀不便，复建庙于平桥之东，是为东庙。东庙辖东南境，西庙治西北方，疆域井然，两庙巍然并峙也。

【朱桃椎】唐初人。唐·刘肃《大唐新语》卷一〇："蜀人。澹泊无为，隐居不仕，披裘带索，浮沉人间。窦范为益州（今四川成都），召之，遗以衣服，逼为乡正。桃椎不言而逃入山，夏则裸形，冬则以树皮自覆，凡所赠，一无所受。每织草履，置于路，取者以米置本处，桃椎至夕取之，终不见人。高士廉下车，深加礼敬，降阶与语，桃椎瞪目不答。"五代·杜光庭《录异记》卷一："唐武德元年居于蜀县白女毛村，织履自给，口无二价。后居栋平山白马溪，好古之士多来游。长史李厚德、高士廉召之，并笑傲不答。时薛稷为彭山令，解印还京，过访之，其室已空。后数年，人时见桃椎，而竟不知其所在。后邑宰刻碣于其洞门官道之侧。乡邑祈祷，颇有灵应云。"北宋·张唐英《蜀梼杌》卷下："有道士朱桃椎谒王处回，于阶前以剑拨土，取花子三粒种之，须臾成花三朵。谓处回曰：'此仙人旌节花，公富贵之兆。'处回后历三镇，果如其言。"按：王处回，唐末五代时人。《仙鉴》卷四三："朱桃椎得道证果，不乐飞升，混迹樵牧，以救世度人为念。成都画师许某善传神。有道人敝衣憔悴求传神，许笑之。其人以手摩面则童颜，以手捋须则应手而黑。许大惊，遂为其传神。道人命悬画于肆，后有识者，云即仙人朱桃椎。后求画者辐辏。"按桃椎《唐书》有传："益州成都人。淡泊绝俗，人莫能测。结庐山中，夏则裸，冬则衣以木皮，不与人接。高士廉为长史，备礼以请，与之语，不答，瞪视而出。"据上述，盖一矫行隐士也，而后世遂渐传为仙人。◆明·王圻《稗史汇编》卷六二"朱姚旌"条误作"朱姚旌"。

【朱天大帝】近人马叙伦《石屋余渖》："朱天大帝者，实即明崇祯皇帝也。故塑像右手持环，左手持棍。邵裴子说：'棍以象树，环以象结绳，正似思宗自缢也。'杭俗礼朱天甚虔，持斋一个月，世世相传，不得废。"胡朴安《中华全国风俗志》下编"江苏"章"杭州之迷信"条亦认为朱天菩萨为崇祯帝，且云："杭州人无论男女老幼，莫不崇信朱天菩萨，每当四月二十三、二十四诞日，满城香火供奉，盛极一时。庙亦遍城皆是，而皆附设于他庙，无一独立者。"

【朱熹】明·徐𤊻《徐氏笔精》卷八引《异闻总录》：宋咸淳间，蜀人彭澹轩游武夷山，独行林薮，入草庵中，见二士夫峨冠博带，对食。所言皆先天图、易传、性理之学，玄妙深奥。彭问其姓字，右坐者曰姓魏，左坐者不答。日暮辞出。彭明日携仆再往，无径可达。下山至一富家，言所以，富家曰："异哉，昨日至朱祠致祭，正俎中之肴。"方悟左者朱晦庵右者魏鹤山也。

【朱仙】南宋·佚名《朝野遗记》："南宋与金和议成，金送高宗生母显仁韦太后南归，临行，钦宗谓曰：'当语九哥（宋高宗），吾南归，只为太乙宫主足矣，无他望也。'后誓曰：'苟不来迎，瞽吾目。'太后归南，见高宗殊无迎还钦宗之意，遂不敢言。未几双目失明。后募得一道士，金针一拨，左目复明。太后更求治右目，道士曰：'留此以存誓言。'后惕然起拜，曰：'吾师圣人也，知吾之隐事。'道士曰：'太后不相忘，略修灵泉县朱仙观足矣。'忽不见。高宗遂命成都帅王刚中修朱仙观，图其形，俨然当日道士也。"按：为显仁医目疾者，《宋史》说为"皇甫坦"，见该条。◆按：自北宋初成都即有朱真人现世使人画像传说，见"朱真人"条。至南宋·洪迈《夷坚丙志》卷二"朱真人"条亦言："成都民李氏遇一丐者，容体垢污，与之钱，不肯去，叱逐之，入于门侧，遂隐不见。后三日，别一道士至，顾其家曰：'殆有神仙过此。'指左扉拱手曰：'此灵泉朱真人像也。'"是与北宋时之灵泉朱真人为一人也，而《朝野遗记》所说之朱仙，亦言及"灵泉县朱仙观"，是朱仙即朱真人也。而此朱真人有说即唐时蜀地神仙朱桃椎者，见"朱真人"条。◆又按：仙人路大安以《混元录》传之丁义，以《混元经》传之郭璞，以混元法传之许旌阳，以混元针灸传之妙通朱仙。即此朱仙。

【朱相公】《（光绪）嘉兴府志》卷一〇：朱相公祠在嘉善县（今浙江嘉善）治西北三十里。相传宋高宗梦登紫微楼而坠，有力士持之，得不委地。问其姓氏，则云："秀州迁善三十五都朱六郎也。"既觉访之，时六郎已死七日矣。封为紫微侯。

【朱宣】《春秋元命苞》："黄帝时，大星如虹，下流华渚，女节梦接，意感而生白帝朱宣。"宋均注："朱宣，少昊氏。"

【朱厌】《山海经·西山经》："小次之山。有兽焉，其状如猿而白首赤足，名曰朱厌，见则大兵。"郭璞注曰：一作"见则有兵起焉"，一作"见则为兵"。

【朱衣】亦为文昌神之一种，或称朱衣老人、朱衣星君。仇德哉《台湾之寺庙与神明（四）》："五文昌之一有朱衣。按唐制，凡省官出使，得朱衣吏前导。"五代·王定保《唐摭言》卷八，"锺辐梦朱衣吏白云：'松围三尺，子当及第。'"王定保次匡庐，其夕遥祝九天使者，俄梦朱衣道人，长丈余。是有关于科举之神灵亦服朱衣。宋·周必大

朱厌 山海经图 汪绂本

《玉堂杂记》："朝殿日，皇太子、宰相、亲王、使相、参政，各有朱衣吏二人自下马处姑至殿门；此外唯翰林学士有之。"是"朱衣前导"为士人最高梦想。清·梁章钜《称谓录》："朱衣使者，宋人诗中屡见，亦言试官也。"北宋·赵令畤《侯鲭录》："欧阳修知贡举，每阅考试卷，时觉一朱衣人在身后点头，再阅其卷，其文果入格。欧公回视，并无其人。欧公有诗：'清夜梦中糊眼处，朱衣暗里点头时。'正指其事。"是"朱衣"竟为才士之保护神矣。◆清·金捧闾《守一斋笔记》云："宜兴储孝廉将入闱，梦至一殿，中坐文昌帝君，旁侍朱衣神。"是以朱衣为文昌侍神也。又言："如梦朱衣而赤足，则为凶服之兆。"清·姚福均《铸鼎余闻》引《和州志》："十月十三日祀朱衣神。"◆台湾地区祀"五文昌"神，即梓潼帝君、文魁夫子、朱衣星君、孚佑帝君、关圣帝君。

【朱衣老人】科举考场之神，即"朱衣"。杨柳青年画有"朱衣老人"神祃，手持一卷，上书"阴骘"二字。参见"朱衣"条。

【朱医】《（崇祯）闽书》卷一四七：不知何许人，以医显，尤精于眼科。宋端平间，上病瞀，召入禁中，一拨了然，赐冠带银钞。卒后异香七夕不散，里人礼葬。其所居地忽产一樟，未久成抱，用雕像以祀，称"朱医先生"。迄今眼病者供奉之，无不立愈。庙在兴化府黄石。◆按：此即"朱仙"事变化而来。

【朱友】《（雍正）甘肃通志》卷四一：宋祥符间人，修真养性于回山西真宫，绝烟火粒食，日餐松柏叶，行履如飞。世传其得道。后隐太和山（即武当山），不知所终。◆按，与"朱有"俱为宋时甘肃人，应是一人。可参见该条。

【朱有】宋时人。明·王世贞《列仙全传》卷七：泾州（今甘肃泾川）人。少窜成五符。元丰初，泸贼犯塞，诏起秦卒征之。军次资中，有游醮坛山李阿试仙台，见二鸟争食，食坠地，若松脂，有取食之，即腹胀且渴。遇一道士，令食松叶，有如其言，渴遂止。自觉心爽神清，遂仙去。

朱衣老人 民间神像

【朱元帅】《三教源流搜神大全》卷五：姓朱名彦夫（原为"矢"字，误），法号体元。寄胎于昆仑山顶，为六气之精，四时不散而成形，其体蓝青，蚕眉巨眼。持胎元袋，人物入袋，七日化为铁水。而六气为六杀神，为虐民间，玉帝患之，遣玄天上帝、太清、谢天君等擒之而不能取胜。玉帝招抚，封以元帅。乃受戒，左金槌，右皂袋而威显云。

朱元帅 三教源流搜神大全

【朱悦】《太平广记》卷七九引《广德神异记》：唐鄂州（今湖北武汉武昌区）陈士明，常斗鸡为事。时里有道者朱翁悦，得缩地术。居于鄂，而未尝游于城市。与士明近邻，因与之游。而士明褻狎于翁，多失敬。翁曰："尔孺子无赖，以吾为东家丘，吾戏试尔可否？"士明之居相去三二百步，翁以酒饮之，使其归取鸡斗。自辰而还，至酉不达家，度其所行，逾五十里，及顾视，不越百步。士

明亟返，拜翁求恕，翁乃释之。

【朱载堉】明郑恭王长子，父死让国，疏凡七上乃得报。儿时即悟先天学，审律制器，音叶节和，妙有神解。荬谥端清。清·王士祯《池北偶谈》卷二五"郑端清世子"条载其佚闻：郑端清世子让国，自称道人，造精舍怀庆郭外居之。每出，坐竹兜，四人舁之。精邵康节之学，宫中有一柜，手自缄鐍，每岁益一封，遗令遇急乃开。及其孙寿平王，值河北流寇之乱，发柜，得破布衫五，一阔大，四稍窄小。王躯干甚伟，其弟四人则短小也，遂衣而逃。某年乱定，归王府，一旧人忽遇端清于山中，云："传语诸孙，当速去，故里不可居也。"寿平兄弟以为妄，不听，未几遇难。◆按：此与王泌《东朝纪》所记刘伯温请太祖遗皇孙度牒僧衣事相同。

【朱真人】北宋·黄休复《茅亭客话》卷四记有"灵池朱真人"往周元裕家写真事。北宋·张师正《括异志》卷六"许偏头"条亦记成都府画师许偏头为朱真人画像事。至南宋·洪迈《夷坚丙志》卷二"朱真人"条，亦言："成都民李氏遇一丐者，入于门侧，遂隐不见，而化为图像，有识者谓是灵泉朱真人像。"按灵泉即灵池，《蜀中广记》卷七三引《灵池县图经》，云朱桃椎为当地隐士。是以朱真人即唐人朱桃椎也。参见"朱仙""朱桃椎"条。

【朱之锡】清·董含《三冈识略》卷六"总河为神"条：朱尚书之锡治河有惠政，殁于任，颇著灵异。地方官请肇封，朝议以无所凭据，难加封号。总河王光裕力请，敕为河神。百姓立庙以祀。至今血食，遂与金龙神并盛云。

【朱仲】汉时人。西汉·刘向《列仙传》卷上："会稽（今浙江绍兴）人。常于市上卖珠。时高皇后下书募三寸珠，朱仲诣阙献珠，即赐五百金。鲁元公主私以七百金从仲求珠，朱仲献四寸珠于阙下。后不知所在。至景帝时，复来献三寸珠数十枚。"

【朱自英】《仙鉴》卷四八：字隐芝，句曲（今江苏句容）朱阳里人。十一岁度为道士，与张炼师绍英居积金峰却谷。渡江将礼天师于青城，路逢一叟，令闭目，谨执予裾，惟觉林梢拂足，开目乃在青城山下。叟自称"陈铁脚"，授以金鼎九转飞精剑法，旋失所在。游濑乡，校雠太清古本道藏。岁余，有道人武姓者来，令闭目，少选即至河中府（治在今山西永济）。及黄河，武道人截流而涉，先生从之，若蹈平陆。武曰："信士可教。吾水星童子也。此一行已抵度形太阴，异时再会。"先生还

故山，得九老仙都君印，济人不倦。仁宗即位，召至京师，受命昭应宫。后归山隐居，称疾不起。

朱仲 列仙全传

【珠鳖鱼】《山海经·东山经》："葛山之首，无草木。澧水出焉，其中多珠鳖鱼，其状如肺而有目，六足有珠，其味酸甘，食之无疠。"郭注曰："《吕氏春秋》曰：澧水之鱼名曰朱鳖，六足有珠，鱼之美也。"吴任臣《广注》案："鳖通作鳖。《埤雅》云：'鳖珠在足，蚌珠在腹。'《玄览》亦云：'鱼之珠在目，鳖之珠在足。'"

【珠妈】见"保珠娘娘"条。

珠鳖鱼 山海经图 吴任臣本

【诸比】《淮南子·坠形训》："诸比，凉风之所生也。"高诱注："诸比，天神也。"郝懿行《山海经笺疏》以为即《海内北经》之"据比"。

【诸葛氏】《仙鉴后集》卷五：九华山樵者妇，感时疾，数日起，白舅姑曰："新妇不唯疾愈，且得仙矣。"俄出门乘空而去。又数日复降，言天上事，复乘云车冉冉而去。

【诸怀】《山海经·北山经》："北岳之山，有兽焉，其状如牛，而四角、人目、彘耳，其名曰诸怀，其音如鸣雁，是食人。"

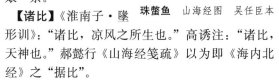

诸怀 山海经图 吴任臣本

【诸犍】《山海经·北山经》："单张之山，其上无草木，有兽焉，其状如豹而长尾，人首而牛耳，一目，名曰诸犍，善咤，行则衔其尾，居则蟠

其尾。"

【诸稽摄提】《淮南子·墬形训》："诸稽摄提，条风之所生也。"高诱注："诸稽摄提，天神之名也。"见"八风神"条。

诸犍　山海经图　吴任臣本

【诸先生】见"胡钉铰"条。

【猪母佛】《东坡志林》卷五：眉州青神县（今四川青神）道侧有小佛屋，俗谓之猪母佛。云百年前有牝猪伏于此，化为泉，有二鲤鱼在泉中，云盖猪龙也。蜀人谓牝猪为母，而立佛堂其上，故以名之。◆按：五代·孙光宪《北梦琐言》佚文卷三有"母猪龙"，与此可参看：邛州临汉县内有湫，往往人见牝豕出入，号曰母猪龙湫。唐天复四年，蜀城大旱，使俾守宰躬往灵迹求雨。每酒巡至，湫上黑气如云，氛氲直上，狂电烨然，玄云陡暗，雨雹立至。令长与僚吏鼓舞去盖，蒙湿而归。翌日，此一境雨足，他邑依然赤地。

【猪头和尚】南宋·方勺《泊宅编》卷中"猪头和尚"条："婺州有僧嗜猪头，一噉数枚，俗号猪头和尚。莫测其人。祥符寺转藏成，僧俗设斋以落之，一僧丐斋，众见其蓝缕，不加礼，拂袖而去。或曰'此猪头和尚也'，使人邀请。指大藏曰：'我不转此，藏亦不转。'众闻其语异，相率自追之。僧曰：'要我转，更三十年去。'竟不顾而去。三衢之守馔猪头召师食，自窗牖窥之，见一鬼从旁食，师无预焉。守以告之，师寻坐亡，衢人奉香火良谨，有祷辄应。一日见梦于人曰：'吾将还乡矣。'盖自师之出，至是恰三十年，寂无施金转藏者。故老忆师言，相与备礼迎师真身归至藏院，郡人辐凑，日获数千。此寺遂为长堂。予时侨寓，亲睹盛事，因阅师辞世颂，知是'定光佛'也。"明·田艺蘅《留青日札》卷二七"猪头和尚"条："宋衢州（今浙江衢州）人，戒律精严，平生唯嗜食猪首，人以猪首与之，日食数十枚，曾不见其骨。人皆异之，称为活佛。与赵清献公友善。今骨相留定光寺中，从者捧一猪首侍之，仍当时之名，故曰猪头和尚庙。"

【猪嘴道人】南宋·王明清《投辖录》："宣和初，西京洛阳有道人，行吟跌宕，或负担卖楂梨桃杏之属。能道人未来事，而无所企求。以其喙长，号曰'猪嘴道人'。有异术，能以麦种植地，旋即成秀结实，夏日可令桃花开于荷池之中。以一砾石画壁，

壁即开门，入之成另一世界。"又见南宋·洪迈《夷坚志补》卷一九"猪嘴道人"条。◆清·蒲松龄《聊斋志异·寒月芙蕖》济南道人事本此。

【鴸】《山海经·南山经》："柜山，有鸟焉，其状如鸱而人手，其音如痹，其名曰鴸，其鸣自号也，见则其县多放士。"吴任臣《广注》云："乙酉岁夏六月，有鸟止于杭之庆春门上三日，足如小儿，面若老人形，其鸣曰鴸。或以为即鴸鸟也。"

鴸　山海经图　胡文焕本

【竹神】明·朱国桢《涌幢小品》卷一九：陈渭为闽录事，为人逭死。明年，见梦于妻，曰："吾当报仇。然公署非可卒入。卿为我诉冤，我当随之。"明日妻往诉至县，遇一仇吏于桥上，击其首，即仆而死。及入，凡吏尝害公者，以次十死八九，唯二吏奔至临江得免。陈墓前忽生竹二根，从树柯中出。人以为异，遂为盖"竹神祠"。

【竹王】晋·常璩《华阳国志》卷三："汉时有竹王者兴于遯水。有一妇子浣于水滨，有三节大竹流入女子足间，推之不肯去，闻有儿声，取持归，破之，得一男儿。长养，有材武，遂雄夷狄。氏以竹为姓，捐所破竹于野，成竹林，今竹王祠竹林是也。后汉使唐蒙开牂柯郡，斩竹王首。夷獠咸怨，诉以竹王非血气所生，求为立后嗣。太守吴霸以闻，帝封三子为侯，死配食父庙。今竹王三郎祠是也。"又见《后汉书·南蛮西南夷列传》。南朝刘宋·刘敬叔《异苑》卷五则误"兴于遯水"之"兴"字为竹王之名，云"汉武帝时，夜郎竹王神者，名兴"。按夜郎王有名兴者，乃汉成帝时王夜郎者。道藏本《搜神记》卷五：宋崇宁中赐庙额曰灵惠。明时正祀典，只称夜郎王之神。

【竹王三郎】见"竹王"条。

【烛龙】《楚辞·天问》："日安不到，烛龙何照。"《山海经·大荒北经》："西北海之外，赤水之北，有章尾山。有神，人面蛇身而赤，直目正乘，其瞑乃晦，其视乃明，不食不寝不息，风雨是谒。是烛九阴，是谓烛龙。"《淮南子·墬形训》之烛龙乃"在雁门北，蔽于委羽之山，不见日，其神人面龙身而无足"，又《楚辞·大招》"北有寒山，逴龙赧只"，逴龙即烛龙，亦在北寒之地。按烛龙实即"烛阴"，仅所处之地略有不同耳。参见"烛阴"

条。◆袁珂《校注》以为：烛龙神格与盘古相似，亦为盘古原型之一。

【烛阴】《山海经·海外北经》："锺山之神，名曰烛阴，视为昼，瞑为夜，吹为冬，呼为夏，不饮不食不息，息为风，身长千里。其为物，人面，蛇身，赤色，居锺山下。"郭璞云："烛龙也，是烛九阴，因名云。"袁珂《校注》："按《大荒北经》云：'西北海之外，赤水之北，有章尾山。有神，人面蛇身而赤，直目正乘。其瞑乃晦，其视乃明。不食，不寝，不息，风雨是谒。是烛九阴，是谓烛龙。'故烛龙即烛阴，烛阴即烛龙。"

烛龙　离骚图

烛阴　山海经图　汪绂本

【主父】即赵武灵王。明·董斯张《广博物志》卷一二：主父既胡服，夜恒独观天象。一夕，见有神人自天而降，主父拜之。睹其状貌端庄艳丽，面有光辉，手指如玉，音声清亮，授主父以玄女隐身术、九炼变骨之丹。忽复足下起五色云，从天西北去。后主父入秦，直至昭王所居六英之宫，而人不觉。夜静，昭王方与仪姬戏帷中，主父因以匕首刺昭王，中之而不伤。昭王惊，疑有诸侯刺客，遣官追捕，而主父犹在傍。主父知秦之世数未绝，故归。亡何，遇李兑之变，闭主父于沙丘。三月启视，重门镮锔，封识如故，而主父去矣，盖尸解云。其后赵最遇主父于嵩山之下，道服闲行。最拜，主父答拜。最曰："君犹在也，忘李兑之仇乎？"主父笑而不答。

【主柱】西汉·刘向《列仙传》卷下：不知何所人。与道士共上宕山，言此有丹砂，可得万余斤。长吏知之而封山。丹砂流出，飞如火，乃听柱取

焉。邑令章君饵砂，三年得神沙飞雪服之，五年能飞行，遂与主柱俱仙去。

【鶹鸟】《山海经·大荒西经》："有青鸟，身黄，赤足，六首，名曰鶹鸟。"

鶹鸟　山海经图　蒋应镐本

【注生娘娘】仇德哉《台湾之寺庙与神明（四）》："主司怀孕、保胎、分娩，为妇女所奉祀。即《封神演义》中之云霄、琼霄、碧霄三娘娘，为龟灵圣母门徒，玄坛赵公明之妹。其法宝为混元金斗，实即旧时接生所用净桶，故在黄河阵中，凡胎生之神仙俱难逃混元金斗之劫。又称'授子神'，佐神有十二婆姐，又称十二保姆、十二延女，各抱一婴孩，六好六坏，以示生男育女之贤与不肖。台湾地区又有以陈靖姑为注生娘娘者。实则自女娲、高禖以来所有与生育相关之女性神都有注生娘娘的职能。"沈平山《中国神明概论》第三章："台南临水夫人庙，除供临水夫人外，尚有注生娘娘、花公、花妈、大圣爷、三十六宫婆姐。"

注生娘娘　台东天后宫

【注生真君】宋·陈田夫《南岳总胜集》：南岳衡山有注生真君庙。真君又称南上司命，以太虚真人领，实即赤帝。潜山魏冲为副治，霍山韩众为佐治，霍林山许映、丹霍山周紫阳、金华山黄初平、南霍山郑隐、天柱山阮徵、紫虚元君魏华存、冲寂元君麻姑诸仙真俱为佐命之司。

【柱础神】明·钱希言《狯园》卷一二："苏州盘门内故有子胥庙，临河旧立小石幢一座，幢下有黄沙石一块，长可一丈，广不盈二尺，乃是牌坊柱础，不知何代物也。村郭之间入城者经过其地，必祭之，灵应非一。酒肉不断，纸钱草履之属，来者转多，不敢触忤。"

【祝大伯】宋时人。《仙鉴》卷五二：不知何许人。尝为佣于信州贵溪（今江西贵溪），外若椎钝，服

役唯谨。一日忽自外来，曰："有道人以药遗我，今能不食矣。"验之果然。自是盛夏暴烈日中，冬卧冰上。然为佣如故，主人重之，欲以为客，辞曰："吾当为人佣，岁满当去。"宋徽宗大观三年，有仙乐起，忽不见。

【祝鸡翁】西汉·刘向《列仙传》卷上："祝鸡翁，洛人，居尸乡北山下。养鸡百余年，鸡千余头，皆立名字，呼名则至。

祝鸡翁　列仙图赞

卖鸡及子得钱千余万，辄置钱去之吴，作养鱼池。后升吴山，白鹤孔雀数百常止其旁。"东汉·郭宪《洞冥记》卷三："祝鸡公善养鸡，得远飞鸡之卵孵之，名曰翻明，鸡如鹄大，色紫，有翼，翼下有目，亦曰目羽鸡。"清·陈元龙《格致镜源》卷八〇引晋·张华《博物志》："祝鸡翁喜养鸡，故世人呼鸡曰'祝祝'。"又《太平御览》卷九一八引《风俗通义·佚文》："呼鸡朱朱。俗说鸡本朱公化而为之。今呼鸡者朱朱也。"是祝鸡翁本为朱公，祝鸡翁乃其绰号也。◆杜甫《奉寄河南韦尹丈人》诗："尸乡余土室，难说咒鸡翁。"注引《列仙传》亦作"咒鸡翁"。

【祝融】火神。位主南方，故又为南海之神。《山海经·海内经》云："炎帝之妻，赤水之子听訞生

祝融　山海经图　蒋应镐本

炎居，炎居生节并，节并生戏器，戏器生祝融。"是祝融乃炎帝四世孙。而《大荒西经》则云："颛顼生老童，老童生祝融。"如此则祝融又为黄帝之裔（颛顼为黄帝曾孙）。袁珂《校注》以为炎帝与黄帝本系同族，故两说皆通。又，《山海经·海外

南经》："南方祝融，兽身人面，乘两龙。"郭璞注云："火神也。"在古代神话中祝融以火神身份为天帝之猛将。鲧窃帝息壤以堙洪水，帝令祝融杀鲧于羽郊；汤伐夏桀，天又命祝融降火于夏城；武王伐商，祝融与诸神乘雪相助，当亦奉天命而来。而最为人知的是与大神共工战，共工败，怒触不周山。而祝融在古神话中还是南方炎帝之佐神。至于后世，影响仍然不小，他不仅于五正中为火正（《左传》昭公二十九），在四海神中为南海神（《太公金匮》），在民间，祝融又为灶神，见《五经异义》，或称为"火祖"（《汉书·五行志》：帝喾时有祝融，尧时有阏伯氏，民赖其德，死则为火祖。）在道教，祝融以五方神身份而为赤帝，治衡霍山（葛洪《枕中书》），又号曰赤精成子，称南方赤帝南海君（《云笈七签》）；而东汉·班固《白虎通义》中甚至以伏羲、神农、祝融并为三皇。

【祝英台】明·田艺蘅《留青日札》卷二一"祝英台"条：英台，上虞（今浙江上虞）祝氏女子，易为男子装出游学，与会稽（今浙江绍兴）梁山伯者同肄业。山伯字处仁。祝先归二年，山伯访之，方知为女子，怅然如所失，告其父母，求聘，时祝已许马氏矣。山伯后为鄞令，疾革，葬鄮城（在今浙江宁波）西。明年，祝适马氏，舟过墓所，风涛不能进。英台闻有山伯墓，因登家号恸，地忽裂开，马遂埋双璧。人皆异之。晋丞相谢安奏之，因表其墓云。参见"梁山伯"条。

【祝由氏】清·许叔平《里乘》卷三"祝由科"条：相传黄帝有二臣，曰岐伯氏，曰祝由氏，皆善医。岐伯氏治疾按脉，能知人七十二经，投以药，无不效。祝由氏治疾不用药，唯以清水一碗，以手捏剑诀，敕勒书符水面，以饮病者，亦无不效。祝由氏为湖南辰州府人，故今辰州人多擅此术，名曰祝由科。

【zhuan】

【颛顼】黄帝之裔，据《山海经·海内经》，"黄帝生昌意，昌意生韩流，韩流生颛顼"，是颛顼为黄帝重孙。而《史记·五帝本纪》等以为黄帝与嫘祖生二子，其一曰玄嚣，是为青阳。其二曰昌意，娶蜀山氏女，曰昌仆，生高阳。黄帝崩，其孙昌意之子高阳立，是为帝颛顼也。则以颛顼为黄帝之孙。在五帝中颛顼地位仅次于黄帝，或称"黑帝"。《河图》："瑶光如蜺，贯月正白，感女枢于幽房之宫，

生黑帝颛顼。首戴干戈，有德文也。"晋·王嘉《拾遗记》卷一："帝颛顼高阳氏，黄帝孙，昌意之子。昌意出河滨，遇黑龙负玄玉图。时有一老叟谓昌意曰：'生子必叶水德而王。'至十年而生颛顼，手有文如龙，亦有玉图之象。"一说颛顼母名昌仆，一说其母名女枢。后世道士亦仿黄帝铸鼎桥山故事，编造颛顼铸鼎羽山而升仙。

五目爰命为万物生递
神民不韩天地以住

颛帝

颛顼　历代古人像赞

【鱄】《山海经·南山经》："鸡山，黑水出焉。其中有鱄鱼，其状如鲋而彘毛，其音如豚，见则天下大旱。"吴任臣《广注》："《集韵》：'鱄鱼似蛇而豕尾。'与此小异。"

鱄鱼　山海经图　汪绂本

【转轮王】十殿阎君之第十殿曰转轮王，又名"五道转轮王"。姓薛。据《预修十王生七经》《地藏十王经》等所举，此王系执掌冥间亡人第三年之官王。其本地为阿弥陀如来，即领二官众狱司，专治众生愚痴烦恼之冥官。《玉历钞传》《十王经》等：第十殿，转轮王

转轮王　南宋·陆信忠

薛，四月十七日诞辰，专司各殿解到鬼魂，分别善恶，核定等级，发四大部洲投生。男女寿夭，富贵贫贱，逐名详细开载，每月汇知第一殿注册。凡有作孽极恶之鬼，著令更变胎卵湿化、朝生暮死。罪满之后，再复人生，投胎蛮夷之地。凡发往投生者，先令押交孟婆神醧忘台下，灌迷饮汤，使忘前生之事。一说十殿转轮王：殿居幽冥沃燋石下，正东直对世界五浊之处，设有金、银、玉、石、木板、奈何等桥六座。专司各殿解到鬼魂，分别核定，发往世界四大部洲，投生于何处，该为男女、寿夭、富贵、贫贱，逐名详细记明，每月汇集，通知第一殿注册，送呈酆都。民间或以为主管最后判决，使恶人转生禽兽，或使之永世不能转生，善人则送往西天极乐世界。

【zhuang】

【庄伯微】后汉时人。梁·陶弘景《真诰》卷五：少好道，而不知求道之方，唯于日入时向西北闭目握固，想昆仑山。积三十年，后见昆仑山人，授以金液方，合服成道。

【庄真人】《天地宫府图》七十二福地第四十二毛公坛（在苏州长洲县），庄仙人修道之所。

【庄子】《史记·老庄申韩列传》："姓庄名

庄伯微

庄伯微　列仙全传

周，战国时蒙人，曾为蒙漆园吏，与梁惠王、齐宣王同时。其学本老子之言，著书百余篇。"晋·葛洪《枕中书》："庄周为太玄博士，治在荆山。"梁·陶弘景《真诰》卷一四："庄子师长桑公子，授其微言，谓之《庄子》也。隐于抱犊山（在今山西长治南），服北育火丹，白日升天，补太极闱编郎。"下注云："长桑即是扁鹊师。"按据《隋书·经籍志》，大业中，道士以术进者甚众。其所以讲经，由以《老子》为本，次讲《庄子》及《灵宝》《升玄》之属。是《庄子》由国家列入道教经典之始。

庄子　列仙全传

至唐玄宗，追号庄子为南华真人，其书号《南华真经》。宋徽宗封庄子为微妙元通真君。

【zhui】

【坠地仙人】《仙鉴》卷四：昔有魏王名子骞，在同州立王城。此人是坠地仙人，后于武夷山得道。详见"魏王"条。

【zhuo】

【卓晚春】明时人。明·何乔远《名山藏》卷一〇三：莆田（今福建莆田）人，生嘉靖间。自号无山子，亦曰上阳子，人呼为小仙。幼孤，行丐于市。八岁善算，筹指掌上，虽千万不爽。言休咎皆奇中。初不识字，至十四岁能诗，十六善草书。当道闻其名，召之，辄与抗礼。时莆中寇疫频仍，有问郡中事者，小仙谓当大厄。甲寅岁，托言北行，过江桥谓人曰："我去后，桥石折，朝阳变矣。"丙辰桥石果折，壬戌遂有陷城之变。后蜕化于杭州净慈寺。

【卓小仙】明时人。明·朱谋垔《画史会要》卷四：卓小仙，蜀人，善画，好吟咏，举止异常。嘉靖间寓鄱阳，或纳片石于口，须臾成银，以给贫人。郡守王公傲待之。小仙微笑屏左右，附耳语，王即自失逊谢。一日别众去，竟不知所之。◆按：卓晚春亦号小仙，亦嘉靖间人，唯籍贯、事迹全然不同。

【zi】

【子贡】孔子弟子端木赐，字子贡。清·梁章钜《浪迹续谈》卷五"文庙两遗像"条：明嘉靖初，张璁建言凡直省各学圣贤塑像皆改用木主，朝议从之。温州文庙各旧像时方议撤，绅民等不忍毁弃，俱归之海中，民间私夺回二像，一为端木子像，直送至大南门外长衖内小祠中，缘端木有货殖之称，即奉为土地之神，庙门悬额仍题端木祠。

子贡　历代圣贤半身像册

一为澹台子像，因闻貌恶，改装青脸，奉为东岳之神，即温元帅也。

【子姑】即"紫姑"。苏轼有《子姑神记》。

【子路】孔子弟子仲由，字子路，史称"好勇力，志伉直"。故后世以其为儒门"护法"，近于道教之王灵官。其"显圣"事多见于明清时笔记。明·谈迁《枣林杂俎·和集》："成化间，河内（今河南怀庆）县学居民于文庙棂星门内及

子路　历代圣贤半身像册

先师殿前牧，日聚其中，忽见一人顾而黑，手持木器怒而责之，即入殿中。随视，乃十哲中子路也。"清·蒲松龄《聊斋志异·鬼令》："教谕展先生，酒狂不持仪节，每醉归，辄驰马殿阶。阶上多古柏。一日纵马入，触树头裂，自言：'子路怒我无礼，击脑破矣！'中夜遂卒。"清·东轩主人《述异记》卷上：

"崇德县（今浙江桐乡南）教谕私贪缉修文庙资，一日下阶，忽见子路从后击之，踣于阶下，口称仲夫子击我。遂成废疾。未几丁艰归，卒。"清·王士禛《居易录》卷三二："康熙三十八年，青州（今山东青州）议修葺府学，学训某多侵渔，忽得狂疾，大呼子路击之，跪拜乞哀，数日而死。"

【子韦】晋·王嘉《拾遗记》卷三：宋景公之世，召善星文者，许以上大夫之位，处高楼以望气象，设以珍食，施以宝衣。忽见野人被草扣门以见景公，语及未来已往之事，万不失一，夜则观星望气，昼则执算披图，不服宝衣，不甘奇食。景公遂赐姓子氏，名之曰韦。又曰："宋子韦世司天部，妙观星纬，抑亦梓慎、裨灶之俦。"

【子先】明·彭大翼《山堂肆考》卷一五〇："子先，汉中卜师。寿百余岁，临去呼酒家妪曰：'急装，当与汝俱去。'夜有仙人骑二茅狗呼子先，子先将一与妪，乃龙也，骑之上华阴山。人后尝于山上大呼曰：'子先、酒母在此。'"西汉·刘向《列仙传》卷下作"呼子先"，不知孰是。参见"呼子先"条。

【子英】西汉·刘向《列仙传》卷下："舒乡人。善入水捕鱼，得赤鲤，养于池中，数以米谷食之。一年长丈余，遂生角，有翅翼。子英怪异。鱼言：'我来迎汝，汝上背，与汝俱升天。'即大雨，子英上鱼背，腾升而去。岁岁来归故舍，食饮、见妻子。鱼复来迎之。如是七十

子英　列仙全传

年。故吴中门户皆作神鱼，遂立子英祠。"◆梁·任昉《述异记》卷下云江阴北有子英庙。子英，晋时人。◆一说名"子英春"，《太平广记》卷四六七引《神鬼传》：子英春者，舒乡人，善入水。捕得赤鲤，爱其色，持归，养之池中。数以米谷食之，一年，长丈余，遂生角有翅。子英怖，拜谢之，鱼

言："我来迎汝，上我背，与汝具升。"岁来归见妻子，鱼复迎之。故吴中门户作神鱼子英祠也。◆或称"鱼子英"。北宋·乐史《太平寰宇记》卷九二：刘遯之《神异录》云：晋陵（今江苏常州）暨阳城，或云是鱼子英庙。南宋·范成大《吴郡志》卷四四引《列仙传》作"宋吴子英"。吴，或指其为吴人。

【子州】见"子主"条。

【子主】西汉·刘向《列仙传》卷下："楚语而细声，不知何所人。诣江都王，自言宁先生雇我作客，三百年不与雇值。问先生所在，云在龙眉山上。王遣吏将上龙眉山，果见宁先生，毛身广耳，被发鼓琴。主见之叩头。吏致王命，先生曰：'此主，吾比舍九世孙。且念汝家当有暴死女子三人，勿预吾事。'语竟大风发，吏走下山。比归，宫中相杀三人。王遣三牲立祠焉。"◆按：《天地宫府图》："七十二福地第五十二马蹄山（在饶州鄱阳县。今江西鄱阳），真人子州所治。"疑此子州即子主。又按晋·葛洪《抱朴子内篇·释滞》："北人、石户、善卷、子州，皆大才也，而沉遁放逸，养其浩然，升降不为之亏，大化不为之缺也。"

【茈鱼】《山海经·东山经》："东始之山，泚水出焉，其中多茈鱼，其状如鲋，一首而十身，其臭如蘼芜，食之不糟。"吴任臣注："糟，气下泄也。"

茈鱼　山海经图　汪绂本

【蚼蛉神】❶山西多有蚼蛉庙（如阳曲县、交城县），谓即八蜡神庙。据《（雍正）山西通志》卷一六五云，乃为田子方祠之讹。介休仙台有田子方庙，土人讹为蚼蛉庙，每岁祷祀，虫不为灾。按汾乘，子方与卜子夏、段干木号三贤，想昔之好义者建祠于兹。后人不核，徒以子方与蚼蛉音相合，而又冠以田，遂置二贤不道，而子方之名独以讹显。今庙像尚三，其冕而疏，则后人附会而新之也。门额有"三贤"字，其字迹断落，犹可寻云。❷陕西亦有此庙。《（康熙）陕西通志》卷八：巩昌府安定县南七里有蚼蛉庙，庙塑一女像，相传为汉薄太后，恶蚼蛉害稼而吞之，害遂息。

【梓慎】春秋时星占家。事见《春秋左氏传》襄二十八、昭七年、昭十五年、昭十七年、昭十八年、昭二十年、昭二十一年。

【梓桐神】唐·薛用弱《集异记》"卫庭训"条：卫庭训，累举不第。天宝初，饮于酒肆，偶值一举人，相得甚欢，乃邀与之饮。其人曰："吾非人，乃华原（今陕西耀州）梓桐神也。他日宜相访也。"后旬日，乃访之。神遂拜庭训为兄，为设酒食歌舞。来日复诣，告之以贫。神顾谓左右："看华原县下有富人命衰者，可收生魂来。"鬼遍索之，其县令妻韦氏衰，乃收其魂，掩其心，韦氏忽心痛殆绝。神谓庭训曰："可往，得二百千与疗。"庭训乃自署云："解医心痛。"令召之。庭训如神教，求二百千，令许之。庭训投药，即愈如故。令喜，奉钱为宴饮。自尔无日不醉，主人谕之曰："君当隐贫窭，何苦使用不节乎？"庭训曰："但有梓桐神在，何苦贫也！"主人以告令，令召问之，具以实告。令怒，逐庭训而焚梓桐神庙。庭训夜宿村店，忽见梓桐神来曰："非兄之过，乃弟合衰。弟今往濯锦江立庙，极盛于此，可诣彼也。"言讫不见。◆按：与鬼神相谋而诈为人医，此一故事程序多见于唐人小说，如张读《宣室志》卷二所记赤水神事。

【梓潼帝君】即"文昌帝君"，因祖庙在四川梓潼，故称。见该条。

【梓潼神】即"张恶子"。清·翟灏《通俗编》卷一九：明《一统志》（卷六八"灵应庙"条）："梓潼神姓张，名亚，字恶子。其先越嶲（今四川西昌）人，徙居梓潼县（今四川梓潼）之七曲

梓潼帝君　出像增补搜神记

山。自秦伐蜀，世著灵异。宋建炎以来，累封仁文圣武孝德忠文王。按：张恶子见崔鸿《后秦录》，其言曰：姚苌至梓潼岭，见一神人，谓之曰：'君早还秦，秦无主，其在君乎？'苌请其姓名，曰：'张恶子也。'及苌称帝，即其地立张相公庙祀之。"明·田汝成《西湖游览志》卷一二："神初祀于蜀，唐玄宗幸蜀，封左丞相。宋元祐三年加封辅元开化文昌司禄帝君。嘉熙间，蜀破，民多徙钱唐，而蜀

人牟子才等遂请立庙于吴山，多有灵验。"清·陈祥裔《蜀都碎事》卷二记蜀中安岳（今四川安岳）大云山中有梓潼观，宋开禧间邑人于观后洞穴中刻梓潼父母之像，扶乩请梓潼神亲自做《紫府飞霞洞记》。记中"神君张亚""自叙"生平，《蜀都碎事》全录其文，可参阅。◆清·王士祯《陇蜀余闻》："张献忠破蜀，追尊梓潼神为太祖高皇帝，重修七曲山神祠。"参见"文昌神""张亚子"等条。

【紫姑】刘宋·刘敬叔《异苑》卷五："世有紫姑神，古来相传，是人妾，为大妇所嫉，每以秽事相次役，正月十五日感激而死。故世人以其日作其形，夜于厕间或猪栏边迎之，祝曰'子胥不在'，间其婿名也，'曹姑亦归去'，即其大妇也，'小姑可出'。戏捉者觉

紫姑　三教源流搜神大全

重，便是神来。奠设酒果，亦觉貌辉辉有色，即跳踉不住，占众事，卜行年蚕桑，又善射钩，好则大舞，恶便仰眠。平昌孟氏恒不信，躬试往捉，便自跃穿屋，永失所在。"又有一说，明·程良孺《读书考定》卷二引《洞览》云："紫姑是帝喾氏女，将死，云生平好乐，至正月半可以衣见迎。"◆至宋时，文人于其事有所增饰。《苏轼文集》有《子姑神记》（卷一二）、《仙姑问答》（卷七二）、《天篆记》（卷一二）数篇，皆记紫姑神事。《仙姑问答》记三姑（即紫姑）自述身世云："妾本寿阳人，姓何名媚，字丽卿。父为廉民，教妾曰：'汝生而有异，他日必贵于人。'遂送妾于州人李志处修学。不月余，博通九经。父卒，母遂嫁妾与一伶人。亦不旬日，洞晓五音。时刺史诬执良人，置之囹圄，遂强娶妾为侍妾。不岁余，夫人侧目，遂令左右擒妾，投于厕中。幸遇天符使者过，见此事，奏之上帝。敕送冥司，理直其事，遂令妾于人间主管人局。又自云为唐武则天时人，其夫先为刺史，后入相。"按：宋时降紫姑已经从闺房发展为文人游戏，

所降之仙多能诗善弈者，遂变紫姑为一才女，而其为人妾亦属被迫。而此文是否出于东坡之手，后人亦有疑之者。盖苏轼本有《子姑神记》，而《仙姑问答》文字与之相近而有所增益也。至于《异苑》本非僻书，东坡又无书不读，似不应将刘宋时之何媚移至则天时。然《子姑神记》所叙"妾姓何名媚"云云者，乃乩神自书，非苏氏自撰，其与《异苑》所出入者，正是当时造神者言也。◆世间所云迎紫姑者，已为扶乩召仙之通称，所召非必为姓何名媚之女子也。宋·孔平仲《谈苑》卷二："紫姑者，厕神也。金陵有致其神者，沈遘尝就问之，即画粉为字曰：'姓竺，《南史》竺法明，吾祖也。'"苏轼《天篆记》之神则曰李全，曰刘苞。洪迈《夷坚乙志》卷六记所请紫姑则为唐进士刘叉。是不唯不必为何媚，且不必为女子也。北宋·沈括《梦溪笔谈》卷二一："正月望夜迎厕神，谓之紫姑。亦不必正月，常时皆可召。景佑中，太常博士王纶家，因迎紫姑，有神降其闺女，自称上帝后宫诸女，能文章，颇清丽。亦有时见其形，但自腰以上见之，乃好女子，其下常为云气所拥。近岁迎紫姑者颇多，大率多能文章，予屡见之，多自称蓬莱谪仙，医卜无所不能，棋能与国手为敌。"宋·张世南《游宦纪闻》卷三："世南少小时尝见亲朋间有请紫姑仙，以箸插筲箕，布灰桌上画之。有能作诗词者，初闻必先书姓名，皆近世文人如于湖、石湖、止斋者，亦有能作时赋时论记跋之类者，往往敏而工，言祸福却不验。"南宋·洪迈《夷坚志》所载迎紫姑者多条，所迎俱为各种仙灵，至有邪鬼假托仙灵而降者，唯无一为何媚。《夷坚乙志》卷一七"女鬼惑仇铎"条："紫姑神类多为邪鬼假托，或能害人。"《夷坚支志·庚集》卷二"蓬瀛真人"条有母猪精现形为祟，亦请紫姑所致。而《夷坚丙志》卷一八"星宫金钥"条所记一紫姑，则为天宫仙女，其位甚尊，岂上仙亦借"紫姑"之名而与生人往来耶？◆宋时降紫姑之法，同于后世之扶乩。苏轼《子姑神记》云为"衣草木为妇人，而置箸手中，二小童子扶焉，以箸画字"；《天篆记》云"衣服箕帚为子姑神，或能数数画字"，或有"以箸为口，置笔口中，与人问答如响"者。《夷坚三志·壬集》卷三"沈承务紫姑"条载其法甚详："紫姑仙之名，古所未有，至唐乃稍见。近世但以箕插笔，使两人扶之，或书字于沙中，不过如是。有以木手作黑字者，固已甚异，而衢人沈生之术，特为惊听。其法：从占者各自书心疏，仍自缄封，用印

蜡亦可，沈漫不知。既至当门，焚褚锭而祷。沈居武雄营门，无厅事，只直头屋一间，逼街狭小，室仅容膝，供神九位，标曰侍御玉虚真人、太乙真人、南华真人之类。先焚疏毕，乃入室中，磨墨濡毫，展幅纸于案。来者又增拈白纸成卷而实缄之，多至四十幅。沈接置于砚傍而出，虽垂疏帘，不加糊饰，了然可睹。沈同客坐伺于外，少则闻放笔声，共入视，才有数字，只是报真人名称为何神。又坐食顷，复放笔，然后取其书，上有'讫'字皆满，墨迹未干，凡所谒，无不报。但每问弗许过三事，钱止三百五十文，可谓奇奇怪怪矣，无用论其或中或否也。"◆按：宋时又称"紫仙"，见宋·章炳文《搜神秘览》卷中。民间又有"坑三姑娘"之称。清·顾禄《清嘉录》卷一"正月·接坑三姑娘"条："望夕，迎紫姑，俗称'接坑三姑娘'，问终岁之休咎。"◆沈平山《中国神明总论》第三章："台闽把紫姑称作坑三姑或厕姑神，吴人称箕筲姑，昆山人称饭箩仙，杭人称三姑娘，海宁人称米笤箩娘，浙东人称簸箕神，象山（今浙江象山）人称三娘子，山东人称斗桶姑。"◆按：清·袁枚《子不语》卷一〇有"紫姑神"一条，所云紫姑神自称为上清仙女，偶谪人间，司云雨之事。是与常说之紫姑非一种也。

【**紫素元君**】《仙鉴后集》卷四：有任生隐居嵩山，一夕有美女至，劝其学仙，不纳，又求为配偶，亦不允，女遂去。后数月生病卒，为冥吏所追，道遇一女子，笑曰："是嵩山读书薄命汉。"取吏所持文书，曰："既相遇，不能无情。"索笔判云："更与三年生。"吏谓生曰："此乃紫素元君，仙官之最贵者。"吏送回生，乃活三年而卒。

【**紫微大帝**】又称"北极紫微大帝"或"紫微北极大帝"。《春秋合诚图》云："紫微，大帝室，太一之精也。"紫微即北极星，即太一，为天神之最贵者。故道教或称北极紫微大帝为"万星之主"，与万天帝主玉皇上帝、万地帝主后土大帝、万雷地主天皇大帝、万灵帝主长生大帝、万类帝主青华大帝合称"六御"。"六御"加上"三清"则称"九御法王"。又有以紫微帝君为"三元"之天官者。可见其地位之尊。道教故事中或将紫微大帝说成是天皇大帝之弟，《北斗本命经》：龙汉国王有玉妃号紫光夫人，至金莲花温玉池，脱服澡盥，忽有所感，生莲花九苞，应时开发，化生九子。其二长子为天皇大帝、紫微大帝。其七幼子为北斗七星。而天上之紫微垣一向被星占术士视为人间皇朝在天上的"本

命"，陈抟说丞相赵普不过为"紫微帝垣一小星"，则宋太祖即紫微大帝矣，如此则人间皇帝即天上玉皇之兄弟，紫微帝君即皇帝之本命。宋以翊圣、天猷、玄武等"四圣"为紫微大帝之辅，即为宋朝皇帝之保护神。此说基本上为历代所沿用。近代民间传说紫微星君降伏年兽，多见于年画。参见"年"条。

紫微大帝　水陆道场鬼神像

【**紫微夫人**】《云笈七签》卷二三引《太丹隐书》：西王母第二十四女，姓王名青娥，字愈音（一作愈意）。紫微宫在北滨外羽明野玄垄山，山在昆仑之东北。一说为王母第二十女，名玉清。一说为二十七女。晋兴宁三年，与裴清灵真人、王桐柏真人、中候王夫人、南岳魏夫人同降于杨羲家。◆按《仙鉴后集》卷三作"紫微王夫人"，云：名清娥，字愈音。西王母第二十女。

【**紫相公**】宋·陶谷《清异录》卷四：于则谒外亲于沔阳（今陕西沔阳），未至十余里，野店旁有紫荆树，村民祠以为神，呼曰"紫相公"。则烹茶，因以一杯置相公前，策马径去。是夜梦峨冠紫衣人来见，自陈："余为紫相公，主一方菜蔬之属。隶属有天平吏，掌丰，辣判官主俭。然皆嗜茶，而奉祠者鲜以是品为供。早蒙厚供欢饮，可谓非常之惠。"

【**紫玄夫人**】王母第十三女，名娟兰，又号云林夫人。见明·胡应麟《少室山房笔丛》卷二七。

【**紫阳真人**】❶周义山。《云笈七签》卷一〇六：周义山受封为紫阳八真人之一，治葛衍山金庭铜城，即所谓紫阳宫。详见"周义山"条。❷张伯端。见该条。❸山玄卿。唐·薛用弱《集异记》"蔡少霞"条：《苍龙溪新宫铭》，紫阳真人山玄卿撰。❹李八百。《四川总志》：八百尝修炼于华林山石室，丹成还蜀中。周穆王时居金堂山，号紫阳真君。其后又封应真人。明·曹学佺《蜀中广记》卷

七一：唐时赐八百号紫阳真人。◆《天地宫府图》：十大洞天之句曲山（即茅山）为紫阳真人治所。

【**紫英夫人**】清·程趾祥《此中人语》卷四"难产"条："凡妇人难产，数日不下，用黄纸朱书'北斗紫英夫人在此'，贴产妇帐上即生，如移时不生，可将此纸揭下，贴产妇背，无不产者。俟小儿及胞衣下后，宜速将此纸焚化，当备香烛谢神，不可迟缓，缓则恐大肠随之而下也。"沈平山《中国神明总论》第三章说稍不同，曰："将黄条纸蘸朱墨，上写'北斗紫英妇人在此'，颠倒贴于产妇背，不能让产妇知。如婴儿生下，速将符揭下，放入炉中焚化，迟则恐妇肠亦下矣。"

【**訾亘**】明·王世贞《列仙全传》卷八：陈留（今河南开封南）人，师事马钰、丘处机，自号宁真子，人称訾仙翁。金太和间大雪丈余，亘不出十余日，人以为死，及除雪视之，端坐俨然。金哀宗奔蔡州（今河南汝南），孤城自守，元兵累攻不下，人以为仙翁在城中之故。及訾亘羽化，蔡州随陷。

【zong】

【**宗本**】南宋·洪迈《夷坚甲志》卷九：僧宗本，本邵武（今福建邵武）田家子，宣和元年，遇麻衣椎髻道人，授红药三颗，本食其一。道人曰："分止此耳。"忽不见。本遂不归家，入近村双林院，能言僧徒隐事。从此来问休咎者不绝。寺僧指为活佛，欲令久居。本曰："吾缘不在是，当往汀州（今福建长汀）谒定光佛。"至泰宁，梦紫衣人人挽留，亦乐其山水，遂止不去，始祝发为僧。时李纲方为小吏，宗本一见，即与颂曰："青共立，米去皮，此时节，甚光辉。"至靖康时，李纲果大拜。

【**宗超之**】刘宋·刘敬叔《异苑》卷五：武陵（今湖南常德）宗超之，奉经好道。宋元嘉中亡，将葬，犹未合棺，其从兄简之来会葬，启盖视之，但见双履在棺中。

【**宗三秀才**】明·黄瑜《双槐岁抄》卷七"彭蠡缆精"条："天顺初元，予北上经彭蠡湖。舟人言宗三秀才灵异，当具牲醴求神福。问之，扣齿摇首不敢言。既望奠后，乃言曰：'昔圣祖之鏖战伪汉也，有棕毛巨缆分判为三，岁久乃化为蛟龙。宗一宗二飞腾而去，独其季弟淹留在此，每蜿蜒波涛中，舟人稍欠修敬，遇之辄有祸败。或化为丈夫，题诗作谶，后无不验。'予大不然之。后告往南监，再经其地，则妖已熄矣。时都昌知县孔镛者最号廉能。

偶岁大旱，乃往验之，一巨木，岁久为水草交络，真若鳞鬣然。笑曰：'宗三秀才乃汝耶？'命左右秉炬焚之，了无他异。"参见"宗三爷爷"条。清·董含《三冈识略》卷二"木龙"条，亦言"鄱阳湖有大木，乘风鼓浪，远望如龙，一月数见，土人呼为木龙。犯之者能覆舟"。应是一物。

【宗三爷爷】清·东轩主人《述异记》卷中：徐孟交适岭南，道鄱阳湖，方举帆，舟子急请祀宗三爷爷。孟交问："宗三是何神？"舟子侧身摇手戒勿言。既渡后，数月归，复渡湖，舟人竟举棹而渡，问何不祀宗三爷爷，舟子笑曰："今安得尚有此怪？"因诘其所以，答曰："昔明太祖与陈友谅战于此湖，夺其所乘巨舰棕缆，大如斗，三断之，投湖中，其二化为蛟螭随风雨远去，其一在湖为祟，不祀即有波涛覆溺之患。此怪时现湖中，往来触舟，无敢径渡者，今年湖涸，棕怪浮入浅汊，不能出，初犹动荡，涸甚，径卧沙潆间，人竞往观之，荇藻满身，有若鳞鬣。报之邑令，命举火焚之，中有腥血，臭闻数里，五六日方尽。"盖彼时行军祭赛，或牲血所衅，或人马血所渍，取精多而用物弘，宜乎其为祟也。又明·何乔远《名山藏·孔镛传》所载相类，而为孔镛事："彭蠡江有巨木，岁久，络荇藻若鳞，每风雨，波涛相击，木蜿蜒若怪物，舟触辄坏，行者祀酒肉乃敢过。会岁大旱，镛往视之，木也，火之。"又清·董含《三冈识略》卷二"再补遗"有"木龙"一条，记鄱阳湖有大木，"乘风鼓浪，昂首掀舞，远望如龙，土人呼为木龙，触之者辄覆舟"。亦与"宗三"为一类，而屡焚仍有，可见非仅一具。◆此与"晏公爷爷""棕三舍人""鬃三爷爷"出处相同，而收局各异，可参看诸条。

【棕三舍人】明·陆粲《庚巳编》卷一〇："棕三舍人者，棕缆也。明太祖御舟师败陈友谅于鄱阳湖，死者数十万。返还，委棕缆于湖，冤魂凭之，遂为妖，称'棕三舍人'。舟人必祭，否则有覆溺之患。"明·张岱《石匮书·群雄列传》："帝振旅，以赤舟载俘，白舟乘士。过湖，浮尸蠢蠢，帝叹曰：'噫！士为我死，复之！'以棕缆三投之湖，魂之凭者能为厉，神其缆曰'棕三舍人'，舟行祷焉。"◆按：即"宗三爷爷"。

【鬃三爷爷】宛委山堂本《说郛》卷五引明·夏原吉《一统肇基录》：朱元璋与孙友谅大战彭蠡湖之康郎山，所乘舟胶于沙，不动。上拔剑斩鬃索，仰天言曰："如我有天下分，舟当得脱。"索忽如龙形，扶舟而出。及陈氏平，上立庙致祭，封舟索为

鬃三爷爷（斩为三段，故云）。至今过彭蠡湖者，祭鬃三爷爷则风浪无阻。◆按：此与明太祖封晏公爷爷之说相类。

【总管】明·王鏊《(正德) 姑苏志》卷二七记有"总管庙"，即"金元七总管"，参见该条。又清·袁枚《子不语》卷二二"降庙"条，言粤西有降庙之说，每村中有总管庙，所塑之像，美丑少壮不同。《续子不语》卷六"飞钟哑钟妖钟"条，言塞北张家口亦有总管庙，其中有妖钟，三更外无故自鸣。

【zou】

【邹葆光】北宋时人。《仙鉴》卷五二：邹葆光，少隶罗浮山冲虚观道士籍。宋徽宗宣和间，名闻九重，召至凝神殿，试以道术，有七道士从之，倏不见。上问为谁，葆光对曰："臣居山习剑术，七人者古松也。"上异之，拜金坛郎。

【邹法主】宋·鲁应龙《闲窗括异志》：巫家丘氏世事邹法主。其家盛时，神极灵异。人有祷之者，能作人语，指其祸福，感应如响。

【邹公】南宋时人。元·佚名《异闻总录》卷二：宋宁宗时，新淦县（今江西新淦）有雷神击物，为产妇所触，不得上升。时邹巫能诵解咒。有神请曰："时诵解秽咒千遍，当有以报。"邹诵千遍，神授鞭、印各一，曰："祈晴顺用印，祈雨倒用印，用鞭画空，雨止画处。"神忽不见，雷升天矣。邹尝过其女，时女晒菱于庭，邹望空四向而画，独庭无雨。由是远近之人招之祈祷，如法用印，无不立应。年九十余卒，鞭印亦亡。今乡人祀之于玉笥山（今江西峡江县东南）承天宫前庙中，但号"邹公"而已。

【邹月宾】清·王士禛《居易录》卷二六：景陵熊寅，万历进士，客京师，遇异人自称邹月宾。以赫蹏书授寅曰："有厄发此，当相助。俟芙蓉岭更相见也。"后渡彭蠡，风大作，发书视之，风忽止。谒选得婺源令。一日之郡，行岭上，忽于空中见月宾，相与道故，良久始见。询其地，则芙蓉岭也。不久遂卒。

【驺吾】《山海经·海内北经》："林氏国有珍兽，大若虎，五采毕具，尾长于身，名曰驺吾。乘之日行千里。"郭璞注曰："纣囚文王，闳夭之徒诣林氏国，求得此兽，献之，纣大悦，乃释之。《周书》曰：'英林酋耳，若虎，尾参于身，食虎豹。'《大传》谓之'侄兽'。'吾'亦作'虞'也。"按《尚书大传》卷二言散宜生"之于氏（一作于陵氏），

取怪兽，尾倍其身，名曰虞。"是郭璞即以驺吾为驺虞也。详见"驺虞"条。

驺吾　山海经图　汪绂本

【驺虞】《诗·驺虞》毛传："驺虞白虎黑文，不食生物。"故世以为仁兽。《六韬》："纣囚文王，闳夭之徒诣林氏国求得驺虞而献之，纣大悦而释之。"《淮南子·道应篇》则云"散宜生以千金求天下珍怪，得驺虞、鸡斯之乘"。亦以为祥物也。而汉儒尚符瑞，以龙、麟、凤、龟为四灵，后增驺虞以配五行，曰龙

驺虞　山海经图　胡文焕本

仁兽，凤礼兽，驺虞义兽，龟、麟知与信兽。◆北宋·欧阳修《诗本义》、南宋·戴埴《鼠璞》则云驺虞非兽，乃文王囿名。可备一说。明·周梦旸《常谈考误》卷四"驺虞"条，以驺虞指驺从及虞人，《诗·召南》"于嗟乎驺虞"，乃言文王田猎，虽驺从与虞人之贱，皆有仁心，故叹美之。而"自毛传以为义兽，宋人因之，及本朝附会其说，遂有献驺虞者"（明·郎瑛《七修类稿》卷四云：永乐二年，周王畋于钧州而获驺虞。宣德四年有滁州献二驺虞），为一大误。按：明·焦竑《焦氏笔乘》卷一"驺虞"条、明·周祈《名义考》卷一〇"驺虞斗牛螭虎"条，皆驳仁兽之说，可参看。◆一说即《山海经》之"驺吾"。

【zu】

【鬽鬼】《太平广记》卷四六七引五代·杜光庭《录异记》：鳋鱼，状如鳢，其文赤斑，长者尺余，豫章界有之。多居污泥池中，或至数百，能为鬽鬼，幻惑妖怪，亦能魅人。其污池侧近，所有田地，人不敢犯。或告而奠之，厚其租值，田即倍丰。但匿己姓名佃之，三年而后舍去，必免其害。其或为人患者，能掩人面目，反人手足，祈谢之而后免。亦能夜间行于陆地，所经之处，有泥踪迹；所到之处，闻嗾嗾之声。

【足訾】《山海经·北山经》："蔓联之山，其上无草木。有兽焉，其状如禺而有鬣，牛尾文臂马蹄，见人则呼，名曰足訾。其鸣自呼。"郝懿行《笺疏》以为即《楚辞·卜居》之"呢訾"。

足訾　山海经图　汪绂本

【族人炊】明·徐应秋《玉芝堂谈荟》卷一三："爨神，其名族人炊，见《郊祀志》。"按《汉书·郊祀志》："晋巫祠五帝、东君、云中君、巫社、巫祠、族人炊之属。"颜师古注："族人炊，古主炊母之神也。"其实族人炊更应为灶神。

【祖江】陶渊明《读山海经》诗："祖江遂独死。"注："锺山神其子曰鼓，是与钦䲹杀祖江于昆仑之阳。"《山海经》中"祖江"做"葆江"。

【祖明】后汉傩仪中十二神之一。《续汉书·礼仪志》：强梁、祖明共食磔死寄生。

【祖神】又名道神、行神，即掌行旅之神，使人行路不迷，以求道路之福者。有数说。❶共工之子修。东汉·班固《白虎通义·杂录》："共工之子曰修，好远游，舟车所至，足迹所达，靡不穷览，故祀以为祖神。"（今本《白虎通义》无此文，见《通典》礼一一所引）❷黄帝子。《宋书·历志》引《四民月令》云："祖，道神也。黄帝之子曰累祖，好远游，死道路，故祀以为道神，以求道路之福。"❸嫘祖。《云笈七签》卷一〇〇《轩辕本纪》则云："黄帝游行四方，元妃嫘祖死于道，帝祭之以为祖神，令次妃嫫母监护于道，以时祭之，因以嫫母为方相氏。"其注下云，"颜师古注《汉书》、崔寔《四民月令》以黄帝子为道神为误。"◆按：祖，亦有高禖之义。《墨子·明鬼》："燕之有祖，当齐之社稷，宋之桑林、楚之云梦也。此男女之所属而观也。"是黄帝元妃即与夏之女娲、商之简狄、周之姜嫄相同，均为本族之先妣。故嫘祖之祖即先妣之义，与祖道之祖实非一物，《轩辕本纪》所云当为王钦若之辈臆说。◆又称"行神"。《曾子问》"正义"述軷祭之义："宫内之軷，祭古之行神；城外之軷，祭山川与道路之神。"按："軷"即今之"跋"也。◆按：道神中又有"道径之精"，明·董斯张《广博物志》卷一四引《白泽图》："故道径之精，名曰忌，状如野人行歌，以其名呼之，使人不迷。"

【祖元君】《仙鉴续编》卷五：名舒，又名遂道，字昉仲。唐广西零陵永州祁阳（今湖南祁阳）人。月亭化身。九月九日生。面黑，大圆眼，露齿，头

发蓬松，插竹节钗，手足黑而有毫。身长七尺，寿一百三十二岁。遍游名山，师事许真君、郑真人、灵光圣母。于西京清虚洞遇太玄夫人，从而师之，于洞中变现男女，历试诸难，乃授以元始大道。由是会四派而一之。元君统辖雷霆，变相不一，性烈令严，虽雷神亦加严劲。功成冲举，居金阙昭凝宫主清微洞照府，又曰金阙中灵凝照府，主持教法，惠济生灵。◆二仙庵木刻神像有"清微传教祖元君"，做女相。

【祖珍俭】唐·张鷟《朝野佥载》卷三：唐咸亨中，赵州（今河北赵县）祖珍俭有妖术。悬水瓮于梁上，以刀砍之，绳断而瓮不落。又于空房内密闭门，置一瓮水，横刀其上。人良久入看，见俭支解五段，水瓮皆是血。人去之后，平复如初。冬月极寒。石臼冰冻，咒之拔出。卖卜于信都市，日取百钱即止。后被人纠告，引向市斩之，颜色自若，了无惧，命纸笔作词，精彩不挠。

祖状之尸

山海经图　汪绂本

【祖状尸】《山海经·大荒南经》："有人方齿虎尾，名曰祖状之尸。"

【zui】

【最后】《史记·封禅书》："宋无忌、正伯侨、充尚、羡门高、最后，皆燕人，为方仙道，形解销化，依于鬼神之事。"王念孙《读书杂志》卷三以"最后"为人名，即《文选》宋玉《高唐赋》"有方之士羡门高谿，上成郁林，公乐聚穀"之聚穀："'聚'与'最'古字通，'穀'有毂音，毂与后声相近。"按："聚穀"与"最后"形亦相近。聚穀其人事迹不详。

【zuo】

【左贵】南宋·郭象《睽车志》卷一：字彦文，有道术。游京师，卒，举棺甚轻，发视，仅余衣衾，乃尸解也。

【左彻】晋·张华《博物志》卷八：黄帝登仙去，其臣左彻削木象黄帝，率诸侯以朝之。七年黄帝不还，乃立颛顼，而左彻亦仙去。◆按《竹书纪年》注亦言此事，而未云"仙去"。又明·陈士元《名疑》卷一云：黄帝臣左彻，一作扶微。

【左慈】东汉末人。晋·干宝《搜神记》卷一："字符放，庐江（今安徽舒城）人。少有神通。尝

左慈　仙佛奇踪

在司空曹操座，以竹竿钓于盘中，得松江鲈鱼。后操欲杀之，慈入壁中，不知所在。又现形于市，曹操令人捕之，一市人皆为左慈之形。"《后汉书》本传所载大致相同。而晋·葛洪《神仙传》卷八云："左慈明五经，兼通星气。见汉祚将衰，天下乱起，乃学道，于天柱山石室得九丹金液经，能变化万端。"除前书所云戏曹操事外，又记左慈至荆州（在今湖北襄阳）刘表及东吴诸事。《云笈七签》卷八五则云其为曹操下令捕杀，使者献上左慈首级，曹操视之，则一束茅草耳，还视其尸，亦失所在。后有人从荆州来，云左慈在荆州矣。晋·张华《博物志》卷五叙曹操集方士十六人，中有左慈，并云其修房中之术，善辟谷不食。梁·陶弘景《真诰》卷一一："汉建安中左慈闻句曲（即茅山）有神山之名，故渡江斋戒来登，遇三茅君，授以神芝三种。"又云："左慈曾从小茅君乞丹砂十二斤。"

【左辅右弼】按北斗七星合左辅、右弼二隐星，是为"九星"。左辅称左辅星君，右弼称右弼星君。《道藏》有《北斗九星隐讳经》。水陆画中北斗七星画为七少年，外另有左辅、右弼二老人。

【左萝石】左懋第，号萝石，明亡，为南明出使清营，不屈而死。《聊斋志异》卷六"阎罗"条："沂州徐公星自言夜作阎罗王。州有马生亦然。徐

闻之，访诸其家，问马昨夕冥中处分何事？马曰：'无他事，但送左萝石升天。天上堕莲花，朵大如屋'云。"又清·王士禛《池北偶谈》卷二二"成御史遇仙"条，言明时御史成勇，明亡后隐昆嵛山（在今山东烟台地区），一日大雪，遇一异人。问其年，云："不记年岁，只忆少在京师见杨椒山赴西市，遂发愤出家学道耳。向见左萝石、沈周泉二公，托讯问公起居，故候于此。"问二公何在，曰："在上帝左右。"又清·李澄中《艮斋笔记》卷六言山东左懋第死后为第五殿阎罗王。

【左右二王】南宋·梁克家《淳熙三山志》卷八：闽王庙有左右二王，相传为闽王二将。不显姓氏，英灵间发，惠佑一方，土人世事之。宋熙宁中，闽兵出戍熙河，二王现云端，大战获捷。政和间复戍桂府征蛮，二王复现，降大雹，飞黄蜂，以退蛮兵。宣和二年，浙寇连陷数郡，俞提刑自建安领兵南下，黄蜂数万，随舟蔽江，居民咸谓神兵之助。乃大新祠宇，其日有青红二蛇蜿蜒香几间。俞公临奠前夕，梦有神人青色者相谢。六年进封闽粤王为镇闽王，二王左封灵应侯，右封显应侯。参见"闽粤王"条。

【左元泽】唐时人。《仙鉴》卷四〇：永嘉（今浙江永嘉）人。赋性耿介，不俯仰于时。师事徐灵府。后归松房，绝粒不语。忽携一布囊入山，莫知所之。或一月两月即出，访其友应夷节。温州青障观有土地神，里人常以血食祀之，苟祀不至，辄为祟。元泽以杖击神背，次日有大狸死于庭。后克日化去。◆按：徐灵府为唐元和间人。

【作器】唐·释道世《法苑珠林》卷五八引《白泽图》："在道之精名作器，状如丈夫，善眩人。以其名呼之则去。"按："在道之精"，明·朱谋㙔《骈雅》卷五作"故道之精"，方以智《通雅》卷二一引作"故道径之精"。

【坐雪道人】元明间人。《（雍正）陕西通志》卷六五引《朝邑志》：不言姓名。朝邑（在今陕西大荔东）程济微时，墅外有小祠，值大雪，深无人迹，济入取火，先有道人峨然危坐，因馈之食。将去，授济书一卷，曰："子忠臣也，习此可免祸。"其书皆符咒秘箓。济习之，遂成异术，周旋于靖难之祸。参见"程济"条。

附录一 真灵位业图

按：《真灵位业图》，又称《洞玄灵宝真灵位业图》，在正统《道藏》中入"洞真部谱牒类"。署梁陶弘景撰，唐道士闾丘方远校定，前且有陶弘景自序，但后人仍多有疑其为伪作者。《四库总目提要》云："弘景有《真诰》已著录，《真诰》见于唐宋志，朱子谓其窃佛家至鄙至陋者。此书杜撰凿空，又出《真诰》之下。"而王渔洋《居易录》卷六更云："或是林灵素、刘炼一辈所造作。"

说此书的伪和陋，那是不错的，但却还不至于全部出自宋朝道士之手。因为其中所列神仙多出于刘向《列仙传》、葛洪《神仙传》及陶弘景《真诰》诸书，无六朝以后人物，所以大致可信是六朝时人所为。且其中神仙次第颇为混乱无序，乃至颠倒重沓，措置不伦，博学多通如陶弘景者不应鄙陋乃尔。但因其取材十九出于《真诰》，而且其思想脉络更是南朝道士一系，所以冒署弘景之名，也并不是毫无道理。

真，仙真；灵，灵鬼。所谓"位业"，即诸仙真灵鬼在灵界之地位。此图把众真灵按尊卑主从排列出来，分为七个等级，每级又分中、左、右三位，每"位"大神之下各统若干属神。自第一至第七级，其间地位自不相埒，而各级真灵的性质亦不相同。第一级都是元皇教主一级的大神，其下第二级即是产生于东晋南朝的"上清派"诸真，第三级是见于刘向《列仙传》的古仙人，第四级基本上把葛洪《神仙传》中的魏晋神仙囊括。"上清派"后来居上，如此"自高位置"，我们也就可以推想此书的作者是哪路神仙了。老子的地位在《位业图》中并不高，而且身份也混乱，因为老子为北朝道教推为教祖，所以南朝道士对他的有意贬抵也是自然的。第五、六两级为《真诰》中的二三流神仙，第七级即最低一级则全为人鬼，不要说"秦皇汉武"，就是神农炎帝以下的文、武、周公也只能屈居于末流，按照南朝道士的说法，"文解一百四十年一进，武解二百八十年一进"，他们不知要经过多少年才能脱离"地下主者"的身份而侧身于仙界的下层。与梁武帝来往极为密切的"山中宰相"陶弘景，大约是不敢这样和皇帝比高下的。

南朝的士族道教使得神仙也士族化，《位业图》的仙秩等级正是这一现象的反映。在道教后来的发展中，为朝廷所支持的道教系统基本延续了这一贵胄化神仙传统，而在野的民间道教则以另一种身份的神仙，比如剑侠、流浪者甚至疯子和乞丐，与其相对抗。所以研究宋、明的"正统"道教也不能不从《位业图》里挖掘一下它的老根。但需要说明的是，现存《真诰》已非原本，《位业图》是否即原本更为可疑。尤其是"第一级"中的大量"道君"并排出场，也确实很像北宋道士的口吻，所以王渔洋的怀疑也不是全无根据，也就是说，此书难免有宋代道士往里面掺水，把自己那一路神仙塞进了最顶层。

《位业图》里共有几百名仙灵，有一些在《神典》中列入辞条，但还有相当一部分找不到来由。可是他们的"位置"本身就是他们的"履历"，所以我们把它作为附录列在书末，那些为《神典》所收的神名，就用【】标在右边。但需要说明的是，有些神名虽然相同，却未必即是一物。

玉清三元宫 上第一中位： 上合虚皇道君，应号元始天尊	【元始天尊】（但《云笈七签》卷三《天尊老君名号历劫经略》云：老君初生，号曰无极太上大道君，亦号曰最上至真正一真人，亦号曰无上虚皇元始天尊，在元阳之上则无极上上清微天中高上虚皇道君也。是合元始天尊、太上大道君与老君为一也）

左位： 五灵七明混生高上道君 东明高上虚皇道君 西华高上虚皇道君 北玄高上虚皇道君 南朱高上虚皇道君 玉清上元宫四道君（各有讳字） 玉清中元宫紫清六道君（各有讳字） 玉清下元宫高清四元君（各有讳字） 玉清中散位一十君（讳字不显）	"高上虚皇道君"出于上清派经典《大洞真经》。另参见【十方天尊】条
右位： 紫虚高上元皇道君 洞虚三元太明上皇道君 太素高虚上极紫黄道君 虚明紫兰中元高上停皇道君 三元上元老虚皇元晨君 三元四极上元虚皇元灵君 三元晨中黄景虚皇元台君 三元紫映挥神虚生主真元胎君 玉元太皇君 上皇道君 玉皇道君 清元道君 上皇天帝 玉天太一君 太上虚皇道君 太上玉真保皇道君 元皇高真 太一玉君 高上玉帝　右玉清境元始天尊为主，已下道君皆得策命学道，号令群真，太微天帝来受事，并不与下界相关。自九宫已上，上清已下高真仙官皆得朝宴焉。	《云笈七签》一〇一《元始天王纪》：元始天王，受号玉清紫虚高上元皇太上大道君。 "上皇道君"见《老子中经》"第五十五神仙" 宋时有"清元真君"，与此无关。
第二中位： 上清高圣太上玉晨元皇大道君（为万道之主） 左位： 左圣紫晨太微天帝道君 左圣南极南岳真人左仙公太虚真人赤松子（黄老君弟子，裴君师） 左辅后圣上宰西城西极真人总真君（姓王讳远字方平，紫阳君弟子，司命茅君师） 紫清太素高虚洞曜道君	 【太微天帝君】 【赤松子】 【王方平】【西极总真君】【西城王君】

太虚上霄飞晨中央道君	
太微东霞扶桑丹林大帝上道君	
后圣太师太微左真保皇道君	【后圣太师】
紫明太微九道高元玉晨道君	
紫元太微八素三元元晨道君	
九微太真玉保王金阙上相大司命高晨师东海王清华小童君	
领九宫上相长里先生薛君（周时得道，许长史前缘兄也。）	【长里先生】
太微右真公领九宫上相希林真人燕君（从小有天王受王君替代）	王君即"王褒"。燕君则不详。
司命东岳上真卿太元真人茅君（大茅君，讳盈，字叔申）	《真诰》卷一：东岳上真卿司命君为二十三真人之首。【茅盈】
左卿仙侯真君许君（讳穆，南岳夫人弟子，事晋为护军长史，退居句曲山）	【许穆】
侍帝晨清盖真人郭君（名世翰）	《真诰》卷一：青盖真人侍帝晨郭世干列二十三真人之六。
紫阳左真人周君（义山）	【周义山】
清灵真人裴君（汉右扶风人，当时得道）	【裴清灵】
灵飞太真太上夫人	【太真夫人】
侍帝晨东华上佐司命杨君	【杨羲】
协晨大夫石叔门	
正一羽晨侯公杨子明	
玄洲主仙道君太上公子（姓勤，主关奏仙名）	
经命仙伯太保真人	
八元仙伯右仙公谷君	
正一左元执盖郎郄伟元	
绣衣使者孟六奇	
太素宫官保禁仙郎裴文坚	
左杨王华仲戒	
绣衣使者西林藻	
右嫔之姬赵约罗	
三天左官直御史管长条	
逸域宫　八景城　七灵台　凤台琼阙　金晨华阙	
右位： 右圣金阙帝后圣元元道君（壬辰运当下生）	
右辅侍帝晨令五岳司命右弼桐柏真人金庭宫王君（讳晋，灵王太子下教）	《真诰》卷一：桐柏真人右弼王领五岳司侍帝晨王子乔列二十三真人之五。【王子乔】【王子晋】
右辅小有洞天太素清虚真人四司三元右保公王君（讳褒，魏夫人师下教矣）	《真诰》卷一：清虚小有天王王子登列二十三真人之四。【王褒】
侍帝晨右仙公许君（长史子，讳翙）	【许翙】
玄洲仙都太上丈人（治元洲紫柱宫，元洲之主矣）	
太保玉郎李君（名飞）	
侍帝晨观大夫九宫太傅玉晨郎	
北牖帝子中侯仙人（姓范讳邈字度世，曾名永，汉桓帝侍郎，撰《魏夫人传》）	

女真位： 紫微元灵白玉龟台九灵元真元君	【西王母】
紫虚元君领上真司命南岳魏夫人（讳华存，字贤安，小有王君弟子，杨君师）	《真诰》卷一记十五女真中有上真司命南岳夫人（魏夫人），位第七。【魏华存】
八灵道母西岳蒋夫人	《真诰》卷一记十五女真中西岳蒋夫人位第八。
北海元微玄清夫人	《真诰》卷一记十五女真中玄清夫人位第二。
上真东宫卫夫人	《真诰》卷一记十五女真中卫夫人位第九。
北汉七灵石夫人	《真诰》卷一记十五女真中有北漠七灵石夫人，位第三。
	《真诰》卷一记十五女真中有紫清上宫九华安妃，位第十一。
紫清上宫九华真妃（姓安，晋朝降于茅山）	【九华安妃】
紫虚左宫郭夫人	
太极中华石夫人	《真诰》卷一记十五女真中有太极中华右夫人，位第四。
太真王夫人	【太真夫人】
沧浪云林右英王夫人	《真诰》卷一记十五女真中有沧浪云林右英夫人，位第六。【王媚兰】
朱陵北绝台上嫔管妃	《真诰》卷一记十五女真中有朱陵北绝台上嫔管妃，位第十二。
方丈台昭灵李夫人	《真诰》卷一记十五女真中有方丈台昭灵李夫人，位第十。【昭灵李夫人】
北岳上真山夫人	《真诰》卷一记十五女真中有北岳上真山夫人，位第十三。
琼华夫人	
三元冯夫人	
右华九成范夫人	
紫微左宫王夫人（讳青娥，字愈音，阿母第二十六女也）	《真诰》卷一记十五女真中有紫微左宫王夫人，位第五。【紫微夫人】
长陵杜夫人	《真诰》卷一记十五女真中长陵杜夫人位第十五。
太微玄清左夫人	
右阳王华仲飞姬	
西华灵妃甄幽箫	
后圣上保南极元君紫元夫人	【南极夫人】
后圣上傅太素元君	
东华玉妃淳文期（青童之妹）	
东宫中侯王夫人（桐柏真人别生妹）	【中侯王夫人】桐柏真人即王子晋。
太和上真左夫人	《真诰》卷一记十五女真中左夫人位第一。
西汉夫人	《真诰》卷一记十五女真中西汉夫人位第十四。【西汉夫人】
华山夫人	
玉清神女房素	
西王母侍女： 　王上华	
董双成	【董双成】
石公子	
宛绝青	
地成君	

郭密香	【郭密香】
于若宾	
李方明	
张灵子	
太帝宫官：	
灵林玉女	
贾屈庭	
金阙宫官：	
太保侯范法安	
经命仙伯牙叔平	
东华宫玉女：	
烟景珠	
上元夫人侍女：	
宋辟非	
主仙道君侍女：	
范遥华	
赵峻珠	
王抱一	
华敬涤	
李伯益	
鲜于灵金	
太和殿　寥阳殿　蕊珠殿七映房　长锦楼	
<div align="center">第三中位</div>太极金阙帝君　姓李（壬辰下教太平主） <div align="center">左位：</div>太极左真人中央黄老君	【中央黄老君】
太极左真人	
紫阳左仙公	
中华公子	
太极左卿黄观子	【黄观子】
无上真人文始先生尹喜	【尹喜】
朱火丹灵宫龚仲阳、幼阳（兄弟二人，受道于青童君。）	
东阳真人陵阳子明	【陵阳子明】
中元老人中央上元子	
北极真人安期生	【安期生】
北极老子元上仙皇	
清和天帝君	
南极老人丹陵上真	【南极老人】
青精先生太宛北谷子	【青精先生】
元和阴陵上帝	
太极高仙伯延盖公子	
元洲仙伯	

太极左仙公葛玄（吴时下演《灵宝》，下为地仙）	【葛玄】
西极老人素灵子期	
五老上真仙都老公（撰灵书紫文）	
东极老人扶阳公子	
太极左宫北谷先生	
三天都护：	
王长	【王长】
赵升	【赵升】
太极上真公孔丘	【孔子】
明晨侍郎三天司真颜回	【颜回】
元圃真人轩辕黄帝	【黄帝】
玄帝颛顼（黄帝孙，受灵宝五符）	【颛顼】
王子帝喾（黄帝曾孙，受灵宝五符）	【帝喾】
帝舜（服九转神丹，入九疑山而得道矣）	
柏成子高（汤时退耕，修步纲之道）	【柏成】
夏禹（受锺山真人灵宝九迹法，治水有功）	【禹】
周穆王（至昆仑见西王母）	【周穆王】
帝尧	
风后（黄帝师，出四扇者）	【风后】
西归子（未显）	
蒲衣（《庄子》云，犹是被衣矣）	
丰车子（未显）	
支离	
被衣	
王倪	【王倪】
啮缺	【啮缺】
巢父	【巢父】
许由	【许由】
卞随	疑指卞和
华封	疑即华封三祝之野人
北人	
子州	【子州】
善卷	
马皇	【马师皇】
安公（姓陶，乘赤龙矣）	【陶安公】
大项（名托）	即项橐，传说少年为孔子师者。
右位：	
太极右真人西梁子文	见【太极真人】
太极右真人安度明	【安度明】
玄洲仙都绛文期	
紫阳真人范明期	
郁绝真人裴玄仁	【裴玄仁】《真诰》卷一列二十三真人之二十。
太玄仙女西灵子都	【西灵子都】
司马季主（受西灵子都剑解之道）	【司马季主】
太极仙侯张奉	【张奉】
洞台清虚七真人	

西岳卿副司命季翼仲甫（左元放师）	见【李仲甫】
八老元仙	
正一上元玉郎：	
王中	
鲍丘	
南陵玉女	
阳谷真人领西归傅淳于太玄	《真诰》卷一列二十三真人之十七。
戎山真人右仙公范伯华	《真诰》卷一列二十三真人之七，
陆浑真人太极监西郭幼度	《真诰》卷一列二十三真人之十二。
中黄四司大夫领北海公涓子（苏君师矣）	【涓子】
太极法师徐来勒（吴时天台山，传葛仙公法轮经）	【徐来勒】
邯郸张君	【邯郸张君】
庚桑子	【亢仓子】
萧史	【萧史】
太上元一三真（吴时降天台山，传葛仙公灵宝经）	
刘京	【刘京】
玄洲上卿太极中侯大夫苏君（名林，字子元，涓子弟子，周君师）	【苏林】
弄玉	【弄玉】
二女（白水使者）	
长桑公子（庄子师）	【长桑公子】
韦编郎庄周	【庄子】
秦佚	
接舆	【陆通】
伯昏	【伯昏无人】
郗间	
老聃	【老子】
第四中位： 太清太上老君（为太清道主，下临万民） 上皇太上无上太道君	【太上老君】
左位： 正一真人三天法师张（讳道陵） 东华左仙卿白石生 张叔茂 元始天王（西王母之师） 元成青天上皇（此三人太清尊位，不领万民） 南上太道君 太上丈人 天帝君 九老仙都君 九气丈人（此并太清三天东宫之真官，章奏关启，学道所得） 中岳真人高丘子 景云真人	【张道陵】 【白石生】

鬼谷先生	【鬼谷子】
泰清王	
九天郎吏　北斗真符七人	
定气真人　监仙真人	
五仙夫人　郭内夫人	
二十四官君将吏	
千二百官君将吏（二条气化结成）	
赵伯元	
刘子先	
臧延甫	
张子房	【张良】
宁仲君	
燕昭王	【燕昭王】
茅初成	【茅蒙】
少室山伯北台郎千寿	《真诰》卷一列二十三真人之八。
赤松子	【赤松子】
大梁真人魏显仁	《真诰》卷一：魏显仁列二十三真人之十，
华山仙伯秦叔隐	《真诰》卷一：秦叔隐列二十三真人之十五。
葛衍真人周季通	《真诰》卷一：周季通列二十三真人之十六。
太和真人山世远	《真诰》卷一：山世远列二十三真人之二十三。
句曲真人定录右禁师茅君（讳固字季伟，为地真）	《真诰》卷一：茅季伟列二十三真人之十九。
磻冢真人右禁郎王道宁	《真诰》卷一：王道宁列二十三真人之九。
太清右公李抱祖	
蓬莱左公宋晨生	
蓬莱右公贾保安	《真诰》卷一：贾宝安列二十三真人之三。
潜山真仙赵祖阳	《真诰》卷一：赵祖阳列二十三真人之十八。
九疑仙侯张上贵	《真诰》卷一：张上贵列二十三真人之十三。
蓬莱左卿姜叔茂	【姜叔茂】
周太宾	【周太宾】
毛伯道	【毛伯道】
刘道恭（二人王屋山得道）	【刘道恭】
东方朔	【东方朔】
马明生	【马明生】
彭铿（西入流沙）	【彭祖】
凤纲	【凤纲】
韩终	【韩终】
墨翟（宋大夫，水解矣）	【墨子】
乐子长	【乐子长】
李明（雷平山合丹矣）	【李明】
商山四皓	【四皓】
淮南八公	【淮南八公】
青乌公	【青乌公】
黄山君	【黄山君】
宁封子	【宁封子】
方明	【方明】
力牧	【力牧】
昌宇	疑是"昌容"之误。【昌容】

庄伯微	【庄伯微】
右位：	
太清仙王赵车子	
太清仙王李元容	
小有仙王邓离子	
五岳司西门叔度	
中央真人宋德玄	【宋德玄】
中岳仙卿衍门子	【羡门】
中岳真人孟子卓	
西岳真人冯延寿	【冯延寿】
南岳真人傅先生	【傅先生】
青城真人洪崖先生	【洪崖先生】
九疑真人韩伟远	【韩伟远】
岷山真人阴友宗	《真诰》卷一：阴友宗列二十三真人之十一。
司命、太玄、定录、紫台四真人	按："三茅"中大茅为东岳上卿司命真君，中茅为定录君，小茅为保命君。
中岳真人王仲甫	【王仲甫】
北陵丈人	
太元丈人　北上丈人	
南上丈人　太气丈人	
益命丈人　飞真丈人	
九道丈人　示安丈人	
百福丈人　百千神气丈人	
登天上箓玉女四人　上天玉女三人	【玉女】
三天玉女百人　青腰玉女官十人	
下等玉女　北宫玉女	
五帝玉女　太素玉女	
天素玉女　白素玉女	
平天玉　六戊玉女	
青天益命玉女　神丹玉女	
九流玉女（自登天上箓玉女以下号十五玉女）	
高上将军　衡山使者	
上天力士　天丁力士（以上四人有姓名，各领天兵十万，号四将军）	
飞天使者　九天使者	
九天真王使者　高仙启天使者	
游天使者　太清使者	
六乙使者　六丙使者	
六丁使者　六壬使者	
六癸使者（以上十五使者，自然之神）	
东方威灵仰　南方赤熛弩	
西方曜魄宝北方隐侯局	
中央含枢纽（此太清五帝，自然之神）	

续表

五岳君（五百年而一替）	【五岳】
河侯	
河伯（此三条是得道之人所补）	【河伯】
西岳丈人	
三天玉童	
洛水神女（此三条亦是学道人所补）	【洛神】
飞天丈人太一中黄元上玉童	
猛兽先生（此自然之神，主天下鬼神禽兽）	
赵升期（在王屋山）	【赵叔期】
阴长生	【阴长生】
刘伟道（汉时人）	【刘伟道】
郭崇子（殷人）	【郭崇子】
郭声子（洛市中卜）	【郭声子】
周君	【周君】
徐季道（鹄鸣山）	【徐季道】
鹿皮公	【鹿皮公】
仇季子	【仇季子】
司录君	
张巨君	【张巨君】
郭芍药	【郭芍药】
赵爱儿	
王鲁连（此三人女真）	【王鲁连】
救苦真人尹轨	【尹轨】
司危　司厄　司命	
八威	
徐福	【徐福】
帛和	【帛和】
华子期	【华子期】
鲍察	【鲍察】
栾巴	【栾巴】
葛洪（隐罗浮山）	【葛洪】
左东玄上王	
四天官王　昌命天王	
佐命君王　飞真虎王	
九都去死王　四海阴王	
太一元君　上虚君	
摩病上元君七星瑶光君	
三元万福君夜光夫人	
和适夫人	
第五中位： 九宫尚书（姓张名奉，字公先，河内人。先为河北司命禁保侯，今为太极仙侯，兼领北职，位在太极矣） 左位： 左相（清虚真人从小有洞天王受王真人替己度上清）	【张奉】

左仙公郭四朝，兼玉台执盖郎	【郭四朝】
左仙公王遥甫（赤君弟子，齐献公时人）	
辛彦云（赤君弟子，随师下降）	
散位：	
朱陵嫔	
丁叔英	
管城子	
苏门先生	
周寿陵	
孟德然（郑景女师）	
宋君	
李法成（赵广信师）	
邓元伯	疑应做"邓伯元"，见【王玄甫】
王玄甫（霍山人）	【王玄甫】
尹虔子（华山人）	【尹虔子】
张石生（为东源伯）	【张石生】
李方回（三人并晋时，服术）	【李方回】
张礼正（衡山，汉末，服黄精）	【张礼正】
治明期（衡山）	疑即【冶明期】之误
郑景世（庐江潜山）	【郑景世】
右位：	
右相（已度上清）	
右保　召公奭（从罗酆南明公受此位）	
右保司展上公	【展上公】
右真公郭少金	
协晨夫人黄景华（黄琼之女）	【黄景华】
文德右仙监张叔隐	
真人禹君章	
散位：	
张重华（晋，服初胡麻）	【张重华】
平仲卿（括苍山，受仙境）	【平仲节】
赵广信（魏末小白山）	【赵广信】
虞公生（海中狼山）	【虞翁生】
朱孺子（赤水山）	【朱孺子】
黄卢子（西岳公，姓葛，禁气召龙。）	【黄卢子】
孙田广（一名登）	【孙登】
麋长生（周大宾弟子）	
许肇（先在罗酆都为职东明公右司晨）	
许副（字仲先，修大洞真经。）	
第六中位：	
右禁郎定录真君中茅君（治华阳洞天）	

左位：	
三官保命小茅君	《真诰》卷一列二十三真人之二十二。【茅固】
三官大理都李丰	
三官大理守王附子	
荀中侯（不显名字）	
白水仙都朱交甫	《真诰》卷一：朱交甫列二十三真人之二十一。
北河司命保禁侯桃俊	
左理中监韩崇（如大府长史，左如司马）	
九宫协晨夫人	
文解地下主者	【鲍靓】
鲍靓（南海太守）	
岱宗神侯领罗酆右禁司鲍元节	《真诰》卷一：鲍元节列二十三真人之十四。
地仙散位：	
许虎牙（名联，字文晖，受杨君守一之道）	【许虎牙】
王真（上党人也）	【王真】
孟君（京兆人也）	
鲁女生（在中岳。此三人受行三一真一）	【鲁女生】
左元放（孟仲甫弟子，在小括山）	【左慈】
九疑山女真罗郁（今在湘东山）	【萼绿华】
杜陵夫人	
宜安宋姬（此二人并受西梁真人青精方，而不书位号，未委何仙，且在地真之列）	
许迈（字叔元，小名映，改名远游。东华署为地仙矣）	【许迈】
翁道远	
姜伯真（猛山学道采药，二人映之俦侣）	【姜伯真】
郭声子	【郭声子】
黄子阳（一云魏夫人食桃皮师。二人葛玄常相随矣）	【黄子阳】
葛玄（字孝先，丹阳句曲人，稚川之从祖也。初在长山，乘虎使鬼，无处不至。位在太极宫）	【葛玄】
郑思远（即葛玄弟子。晋永昌元年入括苍山）	【郑思远】
戴孟（本姓燕，名济，字仲微。裴君弟子）	【戴孟】
谢允（历阳人。戴孟弟子。晋成帝时得道）	【谢允】
施存（一号婉盆子。孔子弟子三千人，数得道）	【施存】
刘奉林（周时人。服黄连）	【刘奉林】
张兆期（费长房之师）	【张兆期】
周君（二人俱读素书七卷得道）	【周君】
雷氏（周氏，养龙）	
姜叔	【姜叔茂】
田公刘安之（裴君时冀州别驾）	
赤鲁班（即黄初起也）	【黄初平】
范安远	
贾元道	

李叔胜	【李叔升】
言成生	【言城生】
傅道流（五人并隶司命，主察试学道者，在泰山）	【傅道流】
真人樊子明	
龙威丈人	【龙威丈人】
刘少翁（华山人）	【刘少翁】
梁伯鸾	【梁伯鸾】
樊大夫	
吴睦（长安，少为县吏）	【吴睦】
朱狨（陈留人。昔作劫盗）	【朱狨】
郭端（颖川人，少孤，为县吏）	
范伯慈（桂阳人，少曾邪病）	【范伯慈】
鲍叔阳	【鲍叔阳】
王养伯	【王养伯】
段季叔	【段季正】
刘伟惠（四人师西灵子都）	【刘玮惠】
宋玄德（嵩高山）	【宋德玄】
李东	
童初府　萧闲宫（并男真）	
易迁宫（八十三人）　含真台（共二百人。并女真）	
右位：	
右理中监刘翊	【刘翊】
典柄执法郎淳于斟	【淳于斟】
理禁张玄宾（主水雨之官，亦保命书。）	【张玄宾】
童初府师上侯刘宽（即保命府）	【刘宽】
丞四人：	
赵威伯（主仙籍并暴雨水）	【赵威伯】
乐长治（主灾害）	【乐长治】
郑稚政（主考注）	【郑雉正】
唐公房（主其死者）	【唐公房】
明晨侍郎七人，比御史中丞：	
三男真：	
夏馥，字子恬，陈留人；	【夏馥】
桐柏真人弟子二人，不显。	
四女真：	
周夏友，汝南安城人，河南尹周畅之女；	【周爱支】
张桃枝，沛人，司隶朱寓之母；二人不显	【张桃枝】
监二人：	
范幽冲，辽西人，汉尚书郎。	【范幼冲】
李整，河南人。	【李整】
武解鬼帅者：	
王延	见《真诰》卷七。
范粮	
傅晃	
徐衔（四人已度）	

地仙散位：	
中岳仙人宋来子（先为楚市长，遇冯延寿）	【宋来子】
中岳李先生	见【乐长治】条
扁鹊弟子五人：	
子容、子明、子威、子戏、子游	
赵太子（服术者）	
蒋先生（支子元之师）	见【裴玄仁】条
支子元（作裴君小时师）	见【裴玄仁】条
卢生	【卢生】
侯公	【侯生】
石生（入东海为始皇使）	《史记·秦始皇本纪》三十二年："使韩终、侯公、石生求仙人不死之药。"
山图公子（周哀王时大夫，张禁保之师）	【山图公子】
赤须子（夏明晨之师）	【赤须子】
青谷先生（刘上卿之师）	【青谷先生】
惠车子（淳于典柄之师）	【惠车子】又见【淳于斟】条。
石长生（周明晨之师）	见【周爱支】条。
东郭幼平（桃北河之师）	【东郭幼平】
郑子真（阳翟山人）	【郑子真】
邓云山	【邓云山】
唐览（华山人）	【唐览】
西河蓟公（张理禁之师）	见【张玄宾】条
周正时	【周贞实】
刁道林（龙伯高之师）	【刁道林】
郭子华	【郭子华】
赵叔逵	【赵叔道】
张季连（三人在霍山）	【张季连】
赵公成（鹤鸣山）	【赵公成】
范丘林（女真，赵威伯六甲之师）	
修羊公（化为白石矣）	【修羊公】
稷丘子	【稷丘君】
崔文子	【崔文子】
商丘子（服菖蒲而不老）	【商丘子】
刘根（服甘草）	【刘根】
介象	【介象】
白羊公（不显姓名）	【白羊公】
介琰（白羊弟子）	【介琰】
刘纲妻	【樊夫人】
严青（并善禁气。以上六人善禁劾）	【严青】
陈仲林道君	《真诰》卷四：尹林子、陈仲林、许道居、赵叔道四人汉末时隐于竹叶山中修道成仙。按：道君应是许道君之误。
赵叔道（二人盖竹山中真人）	
王世龙（许远游师）	【王世龙】按：许迈字远游。参见【许迈】条。
赵道玄	见【王世龙】条

续表

傅太初（远游之交）	见【王世龙】条
龚幼节李开林（远游代对者）	
王少道范叔胜李伯山（三人童初府标表）	
李仲文　傅知礼	
女真位：	
窦琼英	【窦琼英】
韩太华（安国妹，李广利妇）	【韩太华】
刘春龙	【刘春龙】
李奚子	【李奚子】
王进贤（衍女）	【王进贤】
郭叔香	【郭淑香】
赵素台（熙女）	【赵素台】
郑天生（邓艾母）	【郑天生】
许科斗（长史妇）	按：长史指许穆。
李惠姑（夏侯玄妇）	【李惠姑】
张美子	
施淑女（绩女）	【施淑女】
宋漂金母	
鲍靓妹	见【鲍靓】条。
张微子	【张微子】
傅和（二人含真台主）	【傅礼和】
山外其东者杜契	【杜契】
徐宗度	【徐宗度】
晏贤生（二人契友）	【晏贤生】
孙寒华（女真）	【孙寒华】
陈世景（二人契弟子）	【陈世京】
赵熙（方山下洞主者）	见【赵素台】条。
张祖常	【张祖常】
刘平阿	【刘平阿】
吕子华	【吕子华】
蔡天生	【蔡天生】
龙伯高（五人并处方壶）	【龙伯高】
谢稚坚	见【葛玄】【毛伯道】条。
王伯辽	【毛伯道】
繁阳子何苗	【繁阳子】
冯良	【冯良】
郎宗（五人在鹿迹洞）	【郎宗】
王叔明	【王叔明】
鲍元治	见【王叔明】条
尹盖妇（三人之外，馀三十人并北山下绝洞）	
比干（在戎山）	【比干】
李喜（南阳人）	
务光	【务光】
第七中位：	
酆都北阴大帝（炎帝大庭氏，讳庆甲，天下鬼神之宗，治罗酆山，三千年而一替）	【酆都大帝】【酆台北帝】
左位：	
北帝上相秦始皇	秦始皇。

北帝太傅魏武帝	曹操追谥魏武帝。
五帝上相（未显）	
西明公领北帝师周公（北少傅）	周公旦。
宾友晋宣帝	司马懿追谥宣帝。
中护军周顗	东晋初人。
东明公领斗君师夏启	夏后启。
宾友孙策	东汉末江东孙策。
右师晨（如世中书监）许肇	
南明公召奭（一云东明公，已度九宫右保宫）	西周召公奭。
宾友汉高祖	汉高祖刘邦。
北明公吴季札（吴王寿梦之子，阖闾之叔延陵季子）	春秋吴国季札。
宾友荀彧（字文若，魏武谋臣，汉尚书令）	东汉末曹操谋士。
赵叔台	
王世卿	
（以上四明主领四方，各治一天宫，在职一千六百年，得补仙官，其馀不得矣）	
鬼官北斗君周武王（治一天宫）	周武王。
三官都禁郎齐桓公（姓姜名小白）	春秋五霸。
水官司命晋文公（姓姬名重耳）	春秋五霸。
大禁晨二人，比尚书令：	
汉武帝	汉武帝。
孙文台（名坚）	东汉末人，孙坚字文台。
中禁二人，比中书令监：	
颜怀（字思季）	
杨彪（字文光）	东汉末人。杨修之父。
北帝南朱阳大门灵关侯郗鉴，先是高明司直，郗鉴今为之，位比尚书仆射	晋人郗鉴。
右禁监谢幼舆（名鲲，晋官太常）	晋人谢鲲。
司马邓岳	晋人邓岳。
右禁监侍帝晨庾元规（名亮，晋时位比侍中领右卫，又云元规前为中卫大将军）	东晋人。
司马冯怀（字相思，晋太常）	晋人。
华歆	晋人。
长史虞翻（字长翔，武昌人，庾亮江州引为上佐，不就）	按虞翻为三国吴人，与庾亮不同时，应是郭翻之误。东汉末人。
后中卫大将军孔文举（名融）	
长史唐周（为吴尚书）	
司马张绣（后汉将军）	东汉末张绣。
监海伯，治东海，温太真，位比大将军	东晋人温峤，字太真。
长史杜预（晋征南将军，注《左传》）	西晋人。
北帝侍晨八人，位比侍中：	
徐庶（字符直）	东汉末人。
庞德（字令明）	东汉末人。
爰榆（字世都）	爰俞，字世都，魏晋间人。
李广（汉将）	西汉人。
王嘉	晋道士。
解结（字叔连）	西晋人。

何晏（字平叔）	三国魏人。
殷浩（字深源）	东晋人。
四明公、北斗君各有侍帝晨五人（未显姓名）	
河北侯二人：刘备（字玄德）	三国蜀先主。
韩遂（以上此职纯属仙官）	东汉末人。
右位：	
中厩直事四人，如世尚书：	
戴渊（字若思，晋骠骑）	晋时人。
公孙度（字叔齐，王辽东）	东汉末人。
郭嘉	东汉末人。
刘封（备养子）	三国蜀人。
北帝南门亭长二人：	
郗鉴	东晋人。
周抚（字道和，代郗鉴）	东晋人。
北天修门郎二人：	
虞讳	疑是虞潭之误。潭，东晋人。
纪瞻	东晋人。
修门郎八人（北斗君门亦有此职，姓名未显）	
北斗君天门亭长二人：	
臧洪（字子源）	东汉末人。
王放（晋中书郎）	晋时人。
期门郎：	
王允之（王敦堂弟）	东晋初人。
谢凤	谢凤为谢灵运子，谢超宗父，刘宋时人。第七位诸鬼官中唯此人最晚。
典柄侯：	
范明	东晋时有临平人范明，平苏峻有功。不知是此人否。
周鲂（字子鱼，主察试）	三国吴人。
北帝执盖郎顾和（字君孝，晋吏部尚书）	东晋人。
部鬼将军王廙（字世将，晋时荆州刺史）	东晋时人。
杀鬼、地映、日游（三鬼北帝常使杀人，无姓名）	
西门郎十六人（未显。主天下房庙血食之鬼，亦应隶四明公）	东汉末人。
主非使者严白虎（吴时人，为孙策所杀）	《真诰》卷一五作许长史。
南弹方侯许副，领威南兵千人（已度九宫，未委谁代）	应是"留赞"之误。《真诰》作刘赞，亦误。
主南门钥司马留钻（长山人，为吴将）	三国魏人。
北弹方侯鲍勋，领威并兵千人（字叔业，魏中丞）	东晋时人。
主北门钥司马韦遵（吴时昭孙，备门主收执，如世羽林监）	
西河侯陶侃（字士元，亦领兵数千）	晋人陶侃。
长史（先用徐宁，被弹，今用蔡谟，字道明，晋司徒）	徐宁、蔡谟俱晋人。
庐山侯魏钊（会稽人也）	东晋时人。
南山伯蒋济（字子通，魏太尉。以上三任各有封掌）	三国魏人。
泰山君苟颢（字景倩）	原作秦颢，误，据《真诰》卷一六改。
将军顾众（字长始，晋丹阳尹，仆射）	东晋时人。

长史桓范（字符则）	三国魏人。
司马曹洪（魏武帝操弟，字子康。又云：先用贾谊，前汉人）	东汉末人。
卢龙公曹仁（字子孝，魏武帝弟，位大将军）	东汉末人。
长史司马（未显）	
南巴侯何曾（字颖孝，魏司徒）	三国魏人。
东越大将军刘陶（字子寄，后魏人。以上为四镇，各领鬼兵万人）	三国魏人有刘陶，字季冶。
楚严公（即楚庄王熊鬻）	
赵简子（此二人先未有职，今方受位）	俱春秋时人。
梁成（作《酆都宫颂》者）	
杜琼（蜀人）	三国时蜀人。
马融	后汉时人。
刘庆孙（与贾谊争名誉）	
王逸少	东晋王羲之字逸少。
邓攸（此六人位未显。）	东晋人。
右鬼官见有七十五职，名显者凡一百一十九人。	

附录二 《封神演义》神谱

按：明人许仲琳的神魔小说《封神演义》，把武王伐纣这一段历史，"演义"成一场"昆仑派"与"蓬莱派"（这是我仿造武侠小说的说法，小说中则是阐教和截教了）的神仙大战，热闹程度远远胜过荷马史诗中的特洛伊战争，但除了哪吒闹海和姜子牙卖卜之外，大部分的故事情节就很逊色了。所以无论从思想价值还是从艺术价值上看，《封神演义》都无法与时代相近的《三国》《水浒》《西游记》一争短长。但它却有自己的胜出之处，其中最主要的就是它的"神谱"，其影响之大，真是匪夷所思。

几年前，我和吕宗力先生到山西蒲县的东岳庙考察，当地人介绍说，这庙里供的是黄飞虎。我们想，这不过是在口头上把东岳大帝"人格化"一下罢了。及至进入庙中，才发现，里面原来还有武成王的老爹老娘——《封神演义》中的黄滚夫妇。不仅如此，庙中后土祠的娘娘也成了黄飞虎的夫人贾氏。而虔信神明的台湾地区民众也有把火德星君拉扯到罗宣，把萧升、曹宝当成财神的。特别值得一提的是，据《翼駉稗编》，清代蒙古恰克图的回部竟崇祀那位被填了北海眼的申公豹，因为恰克图的北境是辽阔的贝加尔湖，也就是中国古代所说的"北海"，这样申公豹就成了当地人的"北海神"。但这只是《封神演义》"神谱"中的末流影响而已，最了不起的是，它对哪吒、二郎神、四大天王、哼哈二将以及三山五岳诸神的故事作了"大话西游"式的改造，几乎取代了佛道二教的"正统"。这一成功是任何小说都未能达到的。

《封神演义》的作者在对民间信仰的研究和改造上确实有独到的智慧和功力，在这一点上可能并不比《西游记》的作者逊色。唐代不空和尚讲的毗沙门天王神鼠，到了小说中就成了魔里寿的"花狐貂"，同时又变成了杨戬的哮天犬，（当然也不妨在《西游记》中分身为悬空山无底洞的金鼻白毛老鼠精），元明两代来自民间的小说戏曲家们把宗教故事演义得出神入化却又羚羊挂角、了无痕迹，真是伟大的创作。这里把《封神演义》的"神谱"简要地拉出来，与《神典》的辞条做一对照，就不仅是要"揭破"小说的谜底，而且还希望有心的读者不妨探讨一下这"谜"是怎么编造出来的。我个人认为，那功力是现在的"戏说"剧作家们远不能望其项背的。

伏羲 炎帝 轩辕	【三皇】【伏羲】 【神农】 【黄帝】
女娲娘娘	【女娲】
鸿钧道人	
老子 　玉清 　上清 　太清	【老子】【太上老君】 【三清】

元始天尊	【元始天尊】
九仙山桃源洞广成子	【广成子】
殷郊	入封神榜【太岁】
二仙山麻姑洞黄龙真人	
乾元山金光洞太乙真人	【太乙真人】【太乙救苦天尊】
哪吒	【哪吒】【中坛元帅】【太子爷】
五龙山云霄洞文殊广法天尊（后成文殊菩萨）	【文殊菩萨】
金吒	【金吒】
普陀山落伽洞慈航道人（后成观世音菩萨）	【观世音】【僧伽大师】【泗州大圣】
金庭山玉屋洞道行天尊	
韦护	【韦驮】
太华山云霄洞赤精子	【赤精子】
殷洪	入封神榜
夹龙山飞云洞惧留孙（后入释成佛）	【拘留孙】
土行孙	入封神榜
崆峒山元阳洞灵宝大法师	【灵宝丈人】
九宫山白鹤洞普贤真人（后成普贤菩萨）	【普贤菩萨】
木吒	【木叉】
玉泉山金霞洞玉鼎真人	
杨戬	【二郎神】【杨戬】
梅山七怪	【梅山七圣】
青峰山紫阳洞清虚道德真君	
姜子牙	【姜太公】
申公豹	【申公豹】
李靖（西昆仑度厄真人弟子）	【李靖】【毗沙门天王】
终南山玉柱洞气士云中子 雷震子 陆压道人	【雷公】
接引道人 准提道人 灵鹫山元觉洞燃灯道人	《封神》中似指阿弥陀佛，云是西方教主。 佛教中有准提菩萨 佛教中有燃灯过去佛
通天教主	
四海龙王： 东海敖光 北海敖顺 南海敖明 西海敖吉	【四海龙王】
封神榜中诸神	
管领三山正神丙灵公黄天化	【炳灵公】【泰山三郎】【三山】❷
五岳 　东岳泰山天齐仁圣大帝黄飞虎 　南岳衡山司天昭圣大帝崇黑虎 　中岳嵩山中天崇圣大帝闻聘 　北岳恒山安天玄圣大帝崔英 　西岳华山金天顺圣大帝蒋雄	【五岳】 【东岳】【东岳大帝】【泰山府君】 【南岳】 【中岳】 【北岳】 【西岳】

雷部 　　九天应元雷神普化天尊闻仲 　　二十四员催云助雨护法天君： 　　邓天君忠　辛天君环　张天君节 　　陶天君荣　庞天君洪　刘天君甫 　　苟天君章　毕天君环　秦天君完 　　赵天君江　董天君金　袁天君角 　　李天君德　孙天君良　柏天君礼 　　王天君变　姚天君宾　张天君绍 　　黄天君庚　金天君素　吉天君立 　　余天君庆 　　闪电神即金光圣母 　　助风神菡芝仙	【雷部】【雷神】 【九天应元雷声普化天尊】 【辛元帅】 【苟毕元帅】【苟元帅】【章苟】 【电母】 【风神】【风伯】
火部 　　南方三气火德星君罗宣 　　火部五位正神	【火神】 【火德星君】
瘟部 　　主掌瘟瘽昊天大帝吕岳 　　瘟部六位正神： 　　东方行瘟使者周信 　　南方行瘟使者李奇 　　西方行瘟使者朱天麟 　　北方行瘟使者杨文辉 　　劝善大师陈庚　和瘟道士李平	【瘟神】【瘟部鬼】 【五瘟使者】
斗部 　　　坎宫斗母正神金灵圣母 　　五斗群星吉曜恶煞正神： 　　　东斗星君：苏护　等 　　　西斗星君：黄天禄　等 　　中斗星君：鲁仁杰　等 　　中天北极紫微大帝姬伯邑考 　　南斗星君：周纪　等 　　北斗星君：黄天祥（天罡） 　　　比干（文曲） 　　　窦荣（武曲） 　　　韩升（左辅） 　　　韩变（右弼） 　　　苏全忠（破军） 　　　鄂顺（贪狼） 　　　郭宸（巨门） 　　　董忠（招摇）	【斗姆】 【四斗君】 【紫微大帝】 【南斗】 【北斗】【九星】【北斗君】 【比干】 【武曲星】【闾阳】 【左辅右弼】 【瑶光】 【天枢】 【天璇】
群星（略） 　　二十八宿（略） 　　天罡星三十六位（略） 　　地煞星七十二位（略） 　　九曜星官（略） 　　北斗五气水德星君	【二十八宿】 【三十六天罡】 【十一大曜星君】 【水星真君】

太岁 　　值年岁君太岁之神殷郊 　　甲子太岁之神杨任 　　太岁部下日值众神： 　　　　日游神温良　夜游神乔坤 　　　　增福神韩毒龙　损福神薛恶虎 　　　　显道神方弼　开路神方相 　　　　值年神李丙　值月神黄承乙 　　　　值日神周登　值时神刘洪	【太岁】【殷元帅】 【太岁】 【夜游神】【夜察神】 【福神】 【显道神】【险道神】【开路神】 【四值功曹】
镇守灵霄宝殿四圣大元帅 　　王魔　杨森　高体乾　李兴霸	【四大天王】❷
金龙如意正一龙虎玄坛真君赵公明 　　招宝天尊萧升 　　纳珍天尊曹宝 　　招财使者陈九公 　　利市仙官姚少司	【赵公明】【财神】 【利市仙官】【利市婆官】
四大天王： 　　增长天王魔礼青，掌青光宝剑，职风。 　　广目天王魔礼红，掌碧玉琵琶，职调。 　　多闻天王魔礼海，掌混元珍珠伞，职雨。 　　持国天王魔礼寿，掌紫金龙花狐貂，职顺。	【四大天王】 【毗沙门天王】
哼哈二将： 　　　　郑伦　陈奇	【金刚】【哼哈二将】
主痘碧霞元君余化龙 　　卫房圣母元君金氏 　　五方主痘正神余达等	【痘神】【保珠娘娘】【张健】
感应随世仙姑云霄娘娘、琼霄娘娘、碧霄娘娘	【碧霞元君】【三奶夫人】【临水夫人】【坑三姑娘】
分水将军申公豹	【申公豹】

附录三　诸神祭诞日表

按：这个表所反映的只是民间祭祀诸神的情况。第一栏取材于正统道藏本《诸神圣诞日玉匣记等集目录》，其中括号内的文字是根据现行坊本《许真君玉匣记》"三元五腊圣诞日期"所增补；第二栏取材于明人徐应秋《玉芝堂谈荟》卷一"神圣降生日辰"。这两部分大致可以看出明代的民间祭神日程。第三栏则是根据台湾地区的仇德哉、姜义镇、刘文三、宋龙飞、吕育儒等先生的著作整理而成，但所列的只是台湾地区民间祭神活动的一部分，有一些与本书关系不大的就从略了。台湾地区民间甚重祭神，但值得注意的是，他们所祭的诸神不仅有那些传统的民间鬼神，而且包括了近代甚至当代为中华民族的解放以及为公众事业而献身的英烈。但不管怎样，我们从中也可以看出台湾与大陆之间永远不可分割的血缘关系。

			台湾地区民间祭祀神明
正月			
正月初一	天腊之辰。 弥勒佛圣诞。	元始天尊登九玄，传大帝君，以太极金书天神地祇朝三清玉帝。 弥勒佛诞日。 纯阳真人成仙。	无极老祖 灵宝天尊 元始天尊
正月初二		宝圣佛生。	宝圣佛生 汉昭烈帝 符家神
正月初三	（孙真人圣诞。 郝真人圣诞。）	北斗翼圣真君降。 太白金星现。	孙真人先师 孙不二仙姑 郝太古仙翁（郝大通） 天医真人孙思邈
正月初四		重阳全真开化真君上升。 玉晨大道君登玉霄宫，四盼天下。	
正月初五		大慈佛生。	定光古佛 无极混元圣祖 何仙姑
正月初六	（定光佛圣诞。）	定光佛生。	清水祖师 东海龙王
正月初七		北极玄天真武上帝午时下降。 太上老君乘白鹿，张天师乘白鹤，至成都玉局治说《南北斗经》，玉床自地而出。	
正月初八	定光佛圣诞。 江东神圣诞。 四阎王圣诞。 （五殿阎罗天子圣诞）	南无华严众意甘露苦王观世音菩萨示现。 五殿阎罗王韩生。	五殿森罗王
正月初九	玉皇上帝圣诞。	玉皇大帝生。 南斗星君降现。 太真三元朝真。	玉皇大天尊
正月十三	刘猛将圣诞。		
正月十四		三官降。	

			台湾地区民间祭祀神明
正月十五	上元天官圣诞。 初八日至十五日，显大神通降魔。此日戒斋，比常日有千万功德。（门神户尉圣诞。 佑圣真君圣诞。 正一靖应真君圣诞。 混元皇帝西子帝君圣诞。）	佑圣司命真君诞。 金精山张灵源真人飞升。	紫姑娘娘 临水夫人陈靖姑 门神 陈章将军 佑圣真君
正月十七			蚕神
正月十八			水德星君 八卦祖师
正月十九	（长春丘真人圣诞。）	北阴圣母降。	天仙状元邱长春
正月二十		南斗星君降。	
正月廿五			木德星君
正月廿六			柳星君（柳仙）
正月廿七		北斗降。	
二月			
二月初一	头阎王圣诞。 （太阳升殿之辰，宜焚香祭祀。勾陈圣诞。 刘真人圣诞。） （一殿秦广王圣诞。）	二殿秦广王萧诞。	勾陈星君 张紫阳真人（张伯端） 祭芒神（句芒）
二月初二	土地正神圣诞。		福德正神土地公。 济公菩萨 亚圣孟子 百花公主
二月初三	梓潼帝君圣诞。	北斗降。 梓潼帝君诞。	文昌帝君
十月初四	（曹大将军圣诞。）	南斗六司真君降。	
二月初五		辟支佛生。 北极天蓬都元帅生。	唐玄奘祭（玄奘，于麟德元年，二月五日圆寂，寿六十有五）
二月初六	（东华帝君圣诞。）		东华帝君 狄青元帅
二月初七		南无七宝林中一十二面观音示现。 南斗、北斗、西斗帝君降。	长生真人（刘长生） 竹篙山之神（即抗日烈士林昆冈）
二月初八	释迦文佛出家。此日念经一卷，比常日千万功德。 （张大帝圣诞。 昌福真君圣诞。） （三殿宋帝王圣诞）	释迦佛生。 庆古佛生。 三殿阎王诞。	宋帝王
二月初九		东斗降。 南无光藏法王白衣妙德观世音现。	

续表

			台湾地区民间祭祀神明
二月初十		长生护真天尊降。	
二月十二			百花神
二月十三	（葛真君圣诞。）	中元葛真君生。	葛玄真君
二月十四			闾邱仙祭（闾邱方远）
二月十五	太上老君圣诞。 （精忠岳元帅圣诞。）	三教宗师太上老君诞。	道德天尊太上老君 岳武穆王 九天玄女
二月十六			开漳圣王 洞真先生胡惠超 伏羲大帝
二月十七	（东方杜将军圣诞。）		
二月十八	（四殿五官王圣诞。）	四殿阎王诞。 大慈大悲救苦救难观世音诞。	五官王
二月十九	观音菩萨圣诞。		观世音菩萨
二月廿一	普贤菩萨圣诞。 （水母圣诞。）	普贤菩萨生。	普贤菩萨佛诞 顾欢真人祭
二月廿三			山三境威烈侯
二月廿五	（玄天圣父明真帝圣诞。）		三山国王大王连杰
二月廿六			南天赵天君（赵云）
二月廿七	六阎王圣诞。	北斗降。	
	二月二十八日 三阎王圣诞。		
	二月二十九	圣母元君降。	
三月			
三月初一	二阎王圣诞。 （二殿楚江王圣诞。）	九里玉皇君诣波梨天，奏九地学仙得道人 名于四天王。 又二殿楚江王曹生。 玉皇诞。	楚江王 长真真人谭处端
三月初三	真武上帝圣诞。	北极玄天真武上帝诞。 南无唐西来僧大圣观世音示现。	玄天上帝 五福大帝刘宣灵公祭
三月初四			杨五赛元帅祭（据说即杨 家将之杨五郎）
三月初五		南斗天蓬下降。	
三月初六	（眼光娘娘圣诞。 张老相公圣诞。）	南无清净海众山月面吉祥观世音菩萨示现。	眼光娘娘
三月初七	七阎王圣诞。		
三月初八	五阎王圣诞。 （六殿卞城王圣诞。）	八殿阎君变成王石诞。	王天君（即王灵官王善） 卞城王 李八百祭 杨公祖师（即杨仙师）

续表

			台湾地区民间祭祀神明
三月初十			玉阳真人（王处一）
三月十二	（中央五道圣诞。）		
三月十三		南无天香山妙香观世音菩萨示现。	
三月十五	赵元帅圣诞。 祖天师圣诞。 （昊天大帝圣诞。 玄坛赵元帅圣诞。 雷霆驱魔大将军即唐将军雷万春圣诞。 祖天师圣诞。）	玉晨道君登玉霄琳房四盼天下。 元始天尊游玉京元阳观，会三界神仙真圣说法。	保生大帝 赵公明玄坛元帅 白玉蟾
三月十六	（准提菩萨圣诞。 山神圣诞。）		准提菩萨
三月十七			雷府元帅、雷府王爷、骑虎尊王（雷万春）
三月十八	后土娘娘圣诞。 （三茅真君圣诞。 中岳大帝圣诞。 王阳真人圣诞。）		制纸先师蔡伦 梨园祖师 中岳大帝 三茅真君 黄石公 造酒仙翁（杜康）
三月十九			南斗星君降。 太阳星君
三月二十	子孙娘娘圣诞。		注生娘娘
三月廿三	天妃娘娘圣诞。		天上圣母（妈祖）
三月廿六			鬼谷仙师
三月廿七	（七殿泰山王圣诞。）	七殿太山王毕诞。	泰山王
三月廿八	东岳圣诞。 （仓颉至圣先师圣诞。）	东岳泰山诞。	东岳大帝 苍颉仙师
三月廿九			开山大帝（介子推）
四月			
四月初一	八阎王圣诞。 （萧公圣诞。） （八殿都市王圣诞。）	南方七宿下降。	都市王
四月初二		太虚元君生。	
四月初三		北斗北极翼圣下降。	
四月初四	文殊菩萨圣诞。 狄梁公圣诞。	文殊生。	
四月初七	九阎王圣诞。	南斗、北斗、西斗降生。	蓝采和仙翁
四月初八	释迦文佛圣诞。 （九殿平等王圣诞。）	释迦佛生。	平等王 白佛主公

		台湾地区民间祭祀神明
四月十一		勾践天君
四月十二		苏府王爷
四月十三	（天尹真君圣诞。 葛孝先真人圣诞。）	炉公先师
四月十四	（吕纯阳祖师圣诞。）	孚佑帝君
四月十五	释迦文佛成道。此日念真言一句，比常日有千万功德。（锺离祖师圣诞。）	吕纯阳下生。	钟离权仙翁 李铁拐、李府仙师
四月十六			虎爷（虎爷为一般神庙之配神，以作为主神之脚力，或为镇庙之地神） 麻姑仙姑
四月十七	（十殿转轮王圣诞。）		转轮王 金花娘娘（即金花夫人）
四月十八	紫微大帝圣诞。 顶上娘娘圣诞。	碧霞元君生。	华陀仙翁 碧霞元君
四月二十	（眼光圣母娘娘圣诞。）		
四月廿一		普贤菩萨生。 南无广月寺宫中千手千眼观世音菩萨示现。	
四月廿二	十阎王圣诞。		
四月廿五			目莲尊者
四月廿六	（锺山蒋公圣诞。）		南鲲鯓李府王爷 神农大帝 风神诞 锺山蒋公
四月廿七			南鲲鯓范府王爷
四月廿八	药王圣诞。	药王佛生。	药王诞
四月廿九			孔德尊王
五月			
五月初一	（南极长生大帝圣诞。）		新庄大众爷及董大爷 南极仙翁 陶弘景仙翁（华阳真人）
五月初二			五月二日：巧圣仙师鲁班
五月初三		北极下降。 南无天竺藏王庆信观世音菩萨示现。	
五月初四		孔子诞。	王孙大使

续表

			台湾地区民间祭祀神明
五月初五	地腊之辰。 温元帅圣诞。 （雷霆邓天君圣诞。）		三闾大夫屈原夫子祭 曹娥仙姑祭 伍子胥忌日 温太保元帅 南天骆恩师（传为骆宾王）
五月初七	朱太尉圣诞。		
五月初八	（南方五道圣诞。）		永济夫人（一说即龙母温媪）
五月十一	都城隍圣诞。		天下都城隍爷
五月十二	炳灵公圣诞。		
五月十三	关王圣降。	武安王生。	大势至菩萨 关平太子
五月十六	天地玄氙及造化万物之辰，最宜戒酒色。		五雷元帅
五月十七		南无晶日宫中八难观世音菩萨示现。	辅顺将军
五月十八	（张天师圣诞。）		张道陵天师
五月二十	（丹阳马真人圣诞。）		范文正公忌 丹阳真人（马钰）
五月廿二		中明王生。	廿二日：中明王生。
五月廿五		太平真君升仙。	张巡王爷、保仪尊王（张巡）
五月廿九	（许威显王许远圣诞。）		许威显王、保仪大夫（许远） 协英灵显忠惠尊王
五月三十			杨戬例祭
六月			
六月初三			悯世天尊林则徐祭 护法神韦驮
六月初四	南瞻部洲黑心大法轮，此日供养一日，比常日十千万功德。	南瞻部洲转大法轮。	
六月初六	（崔府君圣诞。 杨四将军圣诞。）		谷神 抗日烈士余清芳祭 杨泗将军 一阳帝君张果老仙翁
六月初七		瑶华帝君生。	瑶华帝君韩湘子

续表

			台湾地区民间祭祀神明
六月初八			口湖牵藏万善爷（于台风暴雨中拯救八个孩童而遇难，民众感念，建庙祀之，其像为九头十八手，身背八童） 牛王大帝（汉人龚遂）
六月初十	（刘海蟾帝君圣诞。）	金粟如来生。	
六月十一	（井泉龙王圣诞。）		田都元帅
六月十二			彭祖祭
六月十三	井龙王圣诞。		
六月十五		佛啰神生。	王灵官 陈抟老祖 辛元帅神诞（即辛兴）
六月十六		南无宝陀山大悲救苦观世音菩萨示现。	周仓将军
六月十七			水母娘娘
六月十八		南无西十洋海中庆一十二面观世音菩萨示现。	池府王爷
六月十九	观音菩萨成佛。	南无清净座主白衣满愿观世音菩萨示现。	
六月二十			代书祖师狄仁杰
六月廿三	南方火神圣诞。 王天将圣诞。（即王灵官） 马神圣诞。 （关圣帝君圣诞。）	南无清净宝海庆音观世音菩萨示现。	火德星君 水草马明尊王 车行祖师马王爷
六月廿四	九天应元雷声普化天尊圣诞。 雷祖圣诞。 关王圣诞。	九天应元雷声普化天尊诞。	二郎神清源妙道真君 西秦王爷 关圣帝君 雷祖大帝 南极大帝
六月廿五			三山国王二府赵王
六月廿六	二郎圣诞。	二郎神诞。	
六月廿九	（天枢左相真君宋丞相文天祥圣诞。）	九华真妃降。	
七月			
七月初三			萧升、曹宝，财帛真人

续表

			台湾地区民间祭祀神明
七月初七	道德腊之辰。		卫房圣母（据说即《封神演义》中痘神余化龙之妻金氏。实即一女痘神） 魁星 七娘妈生（见【七星娘娘】） 境主公 机神祭
七月十二	（长真谭真人圣诞。）		骊山老母
七月十三	大势至菩萨圣诞。	南无广庆幸愿观世音菩萨示现。 大势至菩萨生。	轩辕黄帝祭 罗祖真人
七月十四			开台圣王（即延平郡王郑成功）
七月十五	中元地官圣诞。 灵济真君圣诞。		地官大帝
七月十八	王母娘娘圣诞。	太真西王母诞生。	瑶池金母
七月十九	殷太岁圣诞。 （值年太岁圣诞。）	力吉祥国圣母化生贤劫千佛诞。	地司太岁殷天君
七月廿一	普庵祖师圣诞。 （上元道化真君即唐真君圣诞。）		普庵祖师
七月廿二	（马元帅圣诞。）		
七月廿三	（天枢上相真君即诸葛亮圣诞。）		法主公 鬼面大士爷（即面然大士） 诸葛武侯孔明
七月廿四	龙树王菩萨圣诞。	龙树王生。	龙树王菩萨 抗日烈士罗福星祭
七月廿五		景佑真君生。（按：即张巡。）	
七月三十	地藏王菩萨圣诞。	地藏王菩萨生。	地藏王菩萨
八月			
八月初一	（神功妙济真君许真君圣诞。）		许旌阳祖师 姜太公子牙
八月初三	灶君圣诞。	北斗降。 灶神诞。	司命灶君 北斗星君 徐府王爷（即唐初开国元勋徐世绩）
八月初五	（雷声大帝圣诞。）		

续表

			台湾地区民间祭祀神明
八月初八			八字娘娘 十家将祭（包括使役、文差、武差、柳、范、甘、谢四将军，以及春、夏、秋、冬四季神，为主神之开路将。一般五福大帝庙才有什家将祭）
八月初十	（北岳大帝圣诞。）		北岳大帝
八月十二	（西方五道圣诞。）		龙王祭
八月十五	太阴朝元之辰，宜守夜烧香。		太阴星君 月下老人
八月十七		太白长庚降。	
八月十八	（酒仙圣诞。）	四海龙王神会之日。	九皇仙师（即九鲤湖仙）
八月廿一		燃灯佛生。	
八月廿二	燃灯佛圣诞。 初三日二十七日北斗下降。 每月初八日、十四日、十五日、二十三日、二十九日、三十日持斋念佛诵经，胜如常日十千万功德。（出《西天王经》）		广泽尊王
八月廿三	（伏魔副将张显即张飞圣诞。）		桓侯大帝（即张飞） 乌面将军（郑成功部将）
八月廿四			南鲲鯓团仔公
八月廿六		南极老人降。	许烈士祭（一八九五年割台战役，许烈士号召乡亲共赴国难，壮烈牺牲）
八月廿七		诸佛庆会东海。	至圣先师孔子
八月廿九			八月廿九日：十八罗汉祭
九月			
九月初一	（南斗下降之辰。）	太上老君于玉天琼房金阙上宫校集灵篇。	南斗星君 飞天大将（即《封神演义》中的雷震子）
九月初三	五瘟圣诞。	九垒上皇君诣答愬天陈奏九地得仙名。	五疫神
九月初九	葛仙翁圣诞。 蒿里圣诞。 （斗母元君圣诞。 玄天上帝飞升。 重阳帝君圣诞。 酆都大帝圣诞。 梅葛二仙翁圣诞。）	北极真武玄天上帝成道于武当山。	哪吒太子 韩昌黎祭 竹山圣义庙红旗公圣义元帅 酆都大帝 斗母元君

			台湾地区民间祭祀神明
九月十三			孟婆娘娘（掌地府醧忘台）
九月十五	从三十三天南瞻部洲救度众生，此日布施一文，比常日十千万功德。 先师圣人圣诞。	南瞻部洲救度众生。	吴府王爷 十八王公（福建泉州一带抗清的十七义士加一义犬，合称十八王公也） 朱熹夫人 女娲娘娘
九月十六	（机神圣诞。）		
九月十七	增福财神圣诞。 洪恩真君圣诞。 （金龙四大王圣诞。）		金龙四大王 福建宫林府王爷圣诞
九月十八		北斗星降。	
九月十九		日月宫会合诸天列宿上朝。 无始北斗大帝降。	
			马公施公祠祭（即施琅）
九月廿三	萨祖师圣诞。	南无华严海众观世间菩萨示现。	马公爷祭（台湾马公爷，为掌管军马之神）
九月廿四			荷叶先师（荷叶先师又称柯叶先师，为泥水匠之祖师，传为鲁班弟子）
九月廿五		长生大帝降。	三山国王乔府三王（名乔俊）
九月廿八	马元帅圣诞。 五显灵官圣诞。		五显大帝、五显马元帅
九月三十	琉璃光王佛圣诞。	琉璃光佛生。	药师佛 王阳明夫子
十月			
十月初一	民岁腊之辰。 （东皇大帝圣诞。 下元定志周真君圣诞。）		台南开山宫陈府千岁（即陈棱） 伽蓝尊王 五福大帝驾前诸家将，据传系为上界十大洞天真君下凡转世，以辅佐五福大帝。 佳里镇埔顶镇山宫黄府王爷（一八九五年，日军攻占台南府城时期，极力抗日的忠烈义士，姓黄）
十月初二		南无妙吉祥林中海月观世音菩萨诞。	
十月初三	三茅真君圣诞。	三茅真君诞。	宗圣曾参夫子 台北晋德宫助顺将军（又称老古将军，相传为明末忠臣黄道周）

续表

			台湾地区民间祭祀神明
十月初五	达摩祖师圣诞。	达摩祖师诞。	十月五日：达摩祖师
十月初六	天曹诸司五岳五帝圣诞之辰。		
十月初八	释迦文佛涅盘。此日放生一个，比常日放生十千万功德。此日作一罪业，比常日作十千万罪业。	火德星君诞。	
十月初十		王母娘娘降。	水仙尊王
十月十五	下元水官圣诞。（痘神刘使者圣诞。）	九江水府帝君、十五河源溪谷大神与阳谷神、五水府灵官同降人间，定校人生善恶罪福。	水官大帝
十月十八		五百阿罗汉会。	倪府王爷 地母娘娘
十月廿一			嘉义牛神庙牛将军
十月廿二			青山王灵安尊王（即张滚） 周公祭。
十月廿五			感天大帝（即许逊。）
十月廿六			廖添丁祭（廖添丁生于清光绪九年，台中县人。十二岁拜唐山武师为师，劫富济贫，常与日人相抗，于宣统元年被杀害）
十月廿七	（北极紫微大帝圣诞。）	北极紫微星降。	
十月廿九			马鸣山镇安宫五年王爷。
十一月			
十一月初一		葛仙翁受太上三天金简策书。	温府王爷 玄帝赵、康元帅（赵、康元帅即玄帝之龟蛇二将也）
十一月初三		太上玉高大道君登玉霄琳房四盼天下。	
十一月初四	（大成至圣先师文宣王孔子圣诞。）		
十一月初六	（西岳大帝圣诞。）		西岳大帝
十一月初九		南斗、东斗星降。	
十一月十一	太乙救苦天尊圣诞。	太乙救苦天尊诞。	太乙救苦天尊
十一月十三		海空智藏天尊降。	
十一月十五			古公三王
十一月十七	阿弥陀佛圣诞。	西方妙善阿弥陀佛生。	阿弥陀佛

			台湾地区民间祭祀神明
十一月十九	日光天子圣诞。 （大慈至圣九莲菩萨圣诞。）	日光天子生。 诸天华严菩萨出世。 文殊菩萨出世。 南无清凉宝山自在观世音菩萨示现。	九莲佛祖圣诞。
十一月廿三	张仙圣诞。 （南斗降下。）	南斗六司星君奏录生籍之辰。	十一月廿三日：送子张仙
十一月廿五			谢府护国尊王（谢府尊王，传为东晋谢安）
十一月廿六	（北方五道圣诞。）	妙果天尊降。	朱橘真人。
十二月			
十二月初一	念经一卷，比常日念经胜如十千万功德。	八仙聚会蓬莱之辰。	
十二月初三		北斗星降。	
十二月初四		九垒玉皇君诣答愆天奏仙名。	
十二月初五：			九天三圣帝（三圣帝传为战国时赵国名将李牧）
十二月初八	王侯腊之辰。 释迦成佛。念经一卷比常日念经胜如十千万功德。 （张英济王即张巡圣诞。）		
十二月九日			文真君文天祥祭
十二月初十			十二月十日：钟馗祭
十二月十二		玉晨道君登玉霄琳房四顾天下。	
十二月十五		西斗星君降。	
十二月十六	（南岳大帝圣诞。）		南岳大帝
十二月二十	（鲁班先师圣诞。）		
十二月廿一	（天猷上帝圣诞。）		
十二月廿三		五岳神君下降人间。	
十二月廿四	（司命灶君上天朝玉帝奏人善恶。）		
十二月廿五		玉皇下降。	华严菩萨（华严菩萨，即佛教华严宗之五祖也）
十二月廿八		老君化胡，降伏九十六种邪魔。	
十二月廿九	华严菩萨圣诞。	华严菩萨下生。	
十二月三十	（诸佛下界采访善恶。）